개정증보판

자본거래와 세무

홍성대 저

SAMIL | 삼일인포마인

www.samili.com 사이트 **제품몰** 코너에서 본 도서 **수정사항**을 클릭하시면
정오표 및 중요한 수정 사항이 있을 경우 그 내용을 확인하실 수 있습니다.

이 책을 읽는 독자들은,

“자본거래와 세무의 논점은
자본이익의 개념 이해와
이익계산을 어떻게 하느냐이다.”

“이 책은 일반적인 세법지식은 대부분 생략하고
자본거래와 관련되어 발생되는 조세문제에 대해
분석하고 있다.
따라서 독자들은 세법에 대한 일반적인 지식이
있어야 한다.”

“이 책을 읽음으로써 독자는 자본거래 조세문제에 대해
이론적 · 논리적으로 명확한 이해를 구할 수 있다.
궁극적으로는 기업을 경영하는데 자본거래를 활용할 수 있을 것이다.”

2024년 개정증보판을 내면서

17년 갈 책을 쓰자.
자본거래 세무가 과세체계의 근간이 바뀌지 않는 한 가능한 일이다.
2022년 1월 개정 증보판을 내면서 저자가 한 말이다.

2022년 12월 "주식의 포괄적 교환에 따른 이익"의 계산에 관한 대법원의 판결은
자본거래 세무의 과세체계 근간이 바뀔만한 사건이었다.

저자는 2015년부터 "주식의 포괄적 교환에 따른 이익"의 계산은 '합병규정'을
준용하는 것이 합리적인 이익계산 방법이라고 주장해 왔다.
이 책에서 "주식의 포괄적 교환에 따른 이익"의 계산에 관한 부분은
저자 개인의 주장이었다.

지금까지 저자 개인의 주장에 그쳤던 "주식의 포괄적 교환에 따른 이익"의
계산 방법이 이번 대법원(대법원 2022.12.29. 선고 2019두19 판결)의 판결로
좀 더 구체적이고 명확하게 되었다.

이 모든 것들은 이 책을 아껴주시는 독자들에 의해 비롯된 것이다.
애독자가 이 책을 만들어 가고 있다. 감사합니다.

2024년 4월
홍 성 대

2022년 개정증보판을 내면서

17년 갈 책을 쓰자.
잘못된 해석과 설명이 명확하지 않았던 부분에 대해 사과하자.
이 두 가지가 이번 개정판에 임했던 저자의 마음가짐입니다.

17년 갈 책은 자본거래 세무가 과세체계의 근간이 바뀌지 않는 한 가능한 일입니다.
잘못된 해석과 설명의 명확성은 더 많은 질문과 분석을 하면 가능한 일입니다.
이 두 가지 모두 가능했던 일이기에 이번 개정판을 출간하게 되었습니다.

이 책은 2004년 11월 한국세무사회가 주관한 「합병과 이익증여」 강의를
위해 만든 100여 쪽의 작은 보조교재에서 시작되었습니다.
17년이란 시간이 흘렀습니다.

17년 동안 부족한 책을 보아주신 독자에게 감사드립니다.

2021년 12월
가을을 두 번 보냈다. 그리고 겨울이 왔다.
홍성대

개정증보판을 내면서

요즘 시대는 검색만 하면 대부분의 정보를 얻을 수 있다. 대법원과 국세청의 법령정보시스템이 이를 말해주고 있다. 조세전문 서적이 법령정보를 전달하는 역할은 이제 필요 없게 되었다. 이 책을 전면 개편하게 된 주된 이유 중 하나이다.

이번 개편의 주된 관심은 제1편 제3장(주식교환과 자본이익)의 신설이다.

2016.3.2.부터 시행되고 있는 삼각주식교환 제도는 실행을 하는데 어려움이 있어 보인다. 과세이연 등 충분하지 못한 부분도 있지만 세법해석과 적용을 하는데 있어 불분명함과 문제점이 정리되지 않은 것도 이유가 될 것이다.

이와 같은 관점에서 삼각주식교환에 대한 세법적용의 문제점을 집중 분석하였다. 이와 함께 삼각주식교환과 유사한 삼각합병에 대해서도 많은 부분을 보완하였다. 또한 이번 개편에서는 주제(조문)를 설명하고 분석하는데 꼭 필요한 판례・예규만 싣고, 기타 개념 설명 등은 전면 삭제하였다.

이번 전면 개편은 자본이익에 대한 세법지식의 확장과 보기에 편한 책이 되도록 다음과 같이 신설, 보완과 재배치를 단행하였다.

삼각주식교환 신설

삼각주식교환은 도입 이유와 관계없이 경영권승계의 한 방편으로 활용될 수 있다.

제1편 제3장(**주식교환과 자본이익**)에서는 다양한 형태의 삼각주식교환을 예상해 보고 현행 법인세법의 해석과 적용상의 문제점을 살펴보았다. '삼각주식교환과 이익증여'에서는 '이익계산 방법'에 대해 분석하였다.

삼각합병 보완

삼각주식교환과 마찬가지로 삼각합병도 도입 이유와 관계없이 경영권승계의 한 방편으로 활용되기에 충분하다. 제1편 제1장 제7절(**삼각합병과 이익증여**)에서는 '삼각합병과 이익증여'를 삼각합병 형태별로 분석하고, 지난 개정판에서 부족했던 부분을 전면 보완하였다.

차례 재배치

보기에 편한 책이 되기 위해 차례의 재배치와 제목을 수정하였다. 주식교환의 중요성을 감안해 별도의 제3장(**주식교환과 자본이익**)을 신설하여 제1편 제2장(분할과 자본이익) 다음에 배치하였다. 그리고 제2편의 제목 '영업권과 경영권대가'를 **'기업 무형가치'**로 수정하고, 제2편 제3장(신주인수와 조세)을 제1편 제4장 제4절(신주인수와 세법적용)에 배치하였다. 또한 "자본이익의 논점 또는 논쟁에 대해 분석한 원고"를 각 장의 마지막 "연구"편에 배치했던 것을 모아 제4편(**자본이익 주요논점**)을 신설하였다.

비상장주식평가 전면 개편

주식평가가 일반화되면서 주식평가의 어려움을 호소하는 독자들이 있다. 예상하지 못했던 일들이다. 주식평가는 기업(법인)을 평가하는 것이므로 법인세법의 개념이 충실하지 못하다보니 이러한 어려움이 발생하게 된 것이다. 비상장주식평가는 기업회계와 법인세법 그리고 상속증여세법이 가지고 있는 고유 목적을 이해하는 것이 주식평가의 본질을 이해하는 것이다. 제3편(**주식평가**)에서 이러한 점들을 주의 깊게 관찰하였다.

기타 제1편 제5장 제1절(기타의 자본이익과 이익증여) '2. 현물출자(사업양도)와 이익증여(2)'를 신설하고, '4. 특정법인과 이익증여'에서는 무효판결과 개정, 개정과 무효판결, 신설을 거치면서 주목받고 있는 부분을 수정·보완하였으며, 제2편 제1장 제2절(영업권과 경영권대가) '1. 영업권'을 보완하였다. 또한 그동안 진행되어 왔던 논점에 대한 대법원 판결 결과를 수정하여 정리하였다.

그동안 이 책에 대해 마음 한편으로 늘 무거운 부분이 있었다. 이번 전면 개편으로 이러한 부분을 정리하게 되어 독자들을 대하는 마음이 한층 편안하게 되었다. 모든 것은 시간이었다. 해를 보내고 맞이하는 시간들은 경험이 되고 우리를 성장하게 하듯이, 이 책도 2004년 "합병에 따른 이익증여와 부당행위계산부인"이라는 100여 쪽의 작은 강의교재에서부터 시작되어 오늘에 이르게 되었다.

모든 것이 감사하고 감사하다. 출간 때마다 편집을 위해 애쓰는 삼일인포마인의 송상근 대표이사님과 편집부 직원들께 감사드린다. 어머니께는 마지막이 될 수 있는 이 책을 바치고 하고 싶은 말을 꼭 해야겠다.

2018년 3월

홍 성 대

개정증보판을 내면서

이번 개정증보판은 신설된 자본거래유형인 주식의 포괄적 교환에 대한 이익계산방법과 회계상 합병영업권의 분석이 주요 내용이다.

자본거래세무 분야가 늘 그렇듯이 대형 사건의 중심에 있으면서 그 내용 또한 민감한 부분이다. 이번에 공개되는 **"합병영업권"**의 세무문제는 현재 대법원에서 심리 중에 있는 사건으로, 많은 기업들이 이와 유사한 사건들과 관련되어 있다. 그럼에도 이번 개정증보판에서 다루게 된 이유는 독자들이 관심을 갖는 문제이기도 하지만 대법원의 최종 판단 결과와 관계없이 합병영업권의 문제는 자본거래세무분야를 분석하는데 있어 그 깊이를 더할 수 있기 때문이다.

2016년 시행되는 자본거래세무의 주요 개정내용은 자본거래세무 유형과 이익개념의 명확화이다. 신설 및 개정된 이익증여 유형에는 상속세및증여세법 제42조(재산사용 및 용역제공 등에 따른 이익의 증여), 제42조의2(법인의 조직 변경 등에 따른 이익의 증여), 제42조의3(재산 취득 후 재산가치 증가에 따른 이익의 증여), 제45조의4(특수관계법인으로부터 제공받은 사업기회로 발생한 이익의 증여의제), 제45조의5(특정법인과의 거래를 통한 이익의 증여 의제) 등이 있다. 이러한 신설 및 개정규정은 대법원이 판단하고 있는 증여세 완전포괄주의 과세제도의 한계를 반영한 것으로 본다.

특히 이번에 신설된 자본거래유형에서 관심이 가는 부분은 (구)상속세및증여세법 제42조(그밖의 이익의 증여)에 대한 부분이다.

개정된 내용을 보면 제1항 제1호 및 제2호가 상속세및증여세법 제42조(재산사용 및 용역제공 등에 따른 이익증여)로, 제1항 제3호의 전반부인 "출자 · 감자, 합병(분할합병 포함) · 분할, 상속세및증여세법 제40조 제1항의 규정에 의한 전환사채 등에 의한 주식의 전환 · 인수 · 교환 등 법인의 자본을 증가시키거나 감소시키는 거래로 인하여 얻은 이익"이 상속세및증여세법 제4조(증여세 과세대상) 제1항 제6호(분할은 제외)로, 후반부인 "사업양수도 · 사업교환 및 법인의 조직변경 등에 의하여 소유지분 또는 그 가액이 변동됨에 따라 얻은 이익"은 상속세및증여세법 제42조의2(법인의 조직변경 등에 따른 이익증여. 주식의 포괄적 교환 포함)로, 제4항은 상속세및증여세법 제42조의3(재산 취득 후 재산가치 증가에 따른 이익증여)의 유형으로 각각 분리되면서 이익의 개념과 이익계산방법을 보다 명확히 하고 있다.

그럼에도 이익계산방법은 부족한 점이 있다. 예를 들면, 그동안 분명하지 않았던 주식의 포괄적 교환이 상속세및증여세법 제42조의2(법인의 조직변경 등에 따른 이익증여)임을 분명히 하고 있으나 "상법상의 주식의 포괄적 교환에 따른 이익의 증여에 관하여서는 (구)상속세및증여세법 제42조 제1항 제3호를 적용하여 증여세를 과세해야 한다(대법원 2014.4.24. 선고 2011두23047)"는 대법원의 세법 적용의 문제점은 여전히 남아 있게 된다.

한편 (구)상속세및증여세법 제42조 제1항 제3호의 "출자 · 감자, 합병(분할합병 포함) · 분할, 상속세및증여세법 제40조 제1항의 규정에 의한 전환사채 등에 의한 주식의 전환 · 인수 · 교환 등 법인의 자본을 증가시키거나 감소시키는 거래로 인하여 얻은 이익"이 상속세및증여세법 제4조(증여세 과세대상) 제1항 제6호의 규정으로 신설되었다. 이 규정의 신설로 인해 "자본을 증가시키거나 감소시키는 거래로 인하여 얻은 이익"의 유형과 이익의 개념을 명확히 하게 되었고, 이익계산에 대한 혼란도 줄어들게 되었다. 다만, 개정된 상속세및증여세법 제4조(증여세 과세대상) 제1항 제6호에서는 (구)상속세및증여세법 제42조 제1항 제3호의 "분할"에 관한 부분은 제외되었다. 이 부분은 법인세법 시행령 제88조 제1항 제8호의2에서 "증자 · 감자, 합병(분할합병 포함) · 분할… 등 법인의 자본을 증가시키거나 감소시키는 거래를 통하여 법인의 이익을 분여하였다고 인정되는 경우"인 분할에 대해서 부당행위계산 대상이 됨을 분명히 하고 있다. 그러나 개정된 상속세및증여세법에서는 "분할에 따른 이익증여"가 증여재산임은 분명하지 않다.

이와 같은 관점에서 개정증보판은,

첫째, 합병은 자본거래세무에서 가장 중요하며 이익계산의 핵심이 된다. 따라서 그 내용이 방대하고 깊을 수밖에 없다. 합병세무의 주요내용 중 하나인 **"합병영업권"**의 실체를 독자들이 보다 쉽게 접근할 수 있도록 관련 내용을 보완하였다.

둘째, 그동안 논란이 되어왔던 **"주식의 포괄적 교환"**에 대하여 개정된 상속세및증여세법 제42조의2의 이익계산방법을 (구)상속세및증여세법 제42조 제1항 제3호와 연관하여 보다 깊이 있게 분석하였다.

셋째, 기타 신설된 자본거래유형과 개정된 부분은 관련 자료와 판례를 참고하여 그 내용을 소개 · 보완하였다.

아쉬운 점은 분할세무와 관련하여 일부의 내용은 수정 · 보완하였으나 현재 진행중인 소송사건이 종결되지 않아 그 부분을 분석할 수 없어 다음 기회로 미루었다.

이번 개정증보판을 위해 많은 분들이 토론하고 조언하였다. 이 자리를 빌려 감사드린다. 끝으로 삼일인포마인 송상근 대표이사님과 편집부 직원들, 늘 함께했던 공동저자들의 가족들께도 깊이 감사드린다.

2016년 4월
공동저자들을 대표하여
홍 성 대

개정증보판을 내면서

이번 개정증보판은,

첫째, 분할 · 합병 과세체계의 정비다.

지금까지의 분할 · 합병과세는 2010.6.8.에 전면 개정된 과세체계를 설명하는데 미흡한 점이 있었다. 특히 분할과세를 체계화해서 독자들에게 알리는 데는 부족했다고 본다. 이번 개정증보판은 이러한 점에 염두를 두고 저자의 연구보고서를 바탕으로 하여 분할과 증여, 분할과 부당행위계산 등 분할과세체계를 한 눈에 볼 수 있도록 정비하였다.

한편 현행의 합병과세체계의 올바른 이해를 위해서는 개정 전의 합병과세체계를 이해하는 것이 반드시 필요하다. 합병과세체계를 2010.6.8. 개정 전과 개정 후를 비교분석해 보고, 현행의 과세체계에 맞도록 관련 내용을 전면 수정 · 보완하였다.

둘째, 분할과세의 적격분할요건과 주식평가 해석의 정비다.

그간 논란이 되어 왔던 적격분할요건이 이번 법인세법의 분할관련 시행령(2014.2.21.)과 시행규칙(2014.3.14.)의 신설로 상당부분 해소되었다. 적격분할요건의 중요성을 감안하여 그 판단기준을 실무에 적용하는데 도움이 되도록 다양한 해석을 살펴보았다.

한편 현행 분할과세에서 분할과 관련된 기업가치 평가규정이 정비되어 있지 않아 실무상 어려움이 있었다. 행정해석의 의미를 정리해 보았다.

셋째, 주식교환가액 평가문제의 정리다.

주식교환과 관련하여 발생되는 조세법상의 쟁점은, 주식의 양도, 주식의 현물출자, 주식의 불공정교환 등이다. 판례에서 나타난 주식교환과 관련된 주식교환가액의 문제점을 분석해 보았다.

넷째, 합병영업권의 분석이다.

2013년 3월에 있었던 합병영업권의 시비는 2010.6.8. 합병과세체계의 전면 개정 전의 문제였다. 그러나 이러한 문제가 개정 후라고 해서 달라질 것이 없다. 합병과세의 구조상 발생할 수밖에 없는 합병영업권에 대해 관련내용을 분석해 보았다.

그 밖에 세법개정된 부분의 수정, 내용설명이 부족한 부분의 보완, 숫자의 오류 등을 이번 기회에 정비하였다.

2004.11.12. 초판발행 후 지금까지 5차례에 걸쳐 개정증보를 하였다. 자본거래와 관련된 조세의 개정증보는 판례에서도 그렇듯이 조심스럽게 접근할 수밖에 없다. 그러다 보니 독자들에게 충실한 내용을 제때에 전달할 수 없어 늘 부족한 개정증보가 되었다. 하지만 연구하는 자세와 새로운 사례발굴에는 소홀하지 않고 있다는 것을 독자들에게 알리고 싶다.

끝으로, 이 책을 출판해주신 삼일인포마인 이진영 대표이사님께 감사드리며, 또한 편집부 임직원에게 감사의 말씀을 전한다.

2014. 5.

공동저자들을 대표하여

홍 성 대

머 리 말

자본거래라 함은 합병, 분할, 주식교환, 현물출자, 증자, 감자, CB, BW, 영업권, 경영권 premium, 자기주식 등과 관련하여 발생하는 거래를 말한다. 회계이익이 손익거래에서 발생되는 전통적인 이익이라면, 자본이익(이득)은 자본거래로 인하여 발생되는 이익으로 회계이익에 대비되는 용어이다. 회계이익에 대해 다양한 세무문제가 있듯이 마찬가지로 자본이익에 대해서도 복잡한 세무문제가 있다.

「자본거래와 세무」는 자본거래 과정에서 발생되는 「자본이익」에 대한 **세무문제를 심층적으로 분석한 책이다.** 「자본이익」의 핵심은 이익의 개념이 무엇인지와 이익의 계산을 어떻게 하느냐이다. 이익의 개념과 이익계산방법의 문제는 바로 자본거래 세무문제를 해결하는 방안이기 때문이다.

이익의 개념과 이익계산방법은 이익의 발생 원인을 분석해 봄으로써 그 의미를 분명하게 할 수 있다. 또한 눈으로 직접 확인할 수 있는 최선의 방법이기도 하다. 따라서 이 책은 다양한 자본거래 유형 중에서 대표격인 합병과 증자, 감자를 기본으로 하여 그 이익이 발생하는 이유를 구술이 아닌 숫자를 통해 밝히고 있다. 이러한 이익분석방법은 자본거래의 세무문제와 과세체계를 이해하는데 매우 유용하다.

2003.12.30. 도입된 '증여세 완전포괄주의'는 예상하지 못한 다양한 형태의 자본거래에서 발생되는 이익에 대하여 증여세를 과세하기 위한 증여개념이다. 이러한 증여개념의 도입배경과 입법취지는 합리적인 계산방법이라면 모든 자본거래 이익을 증여로 볼 수 있다는 것이다. 여기서 이익(증여)의 개념과 계산방법의 합리성이란 무엇인가? 이러한 문제는 지금도 계속되고 있는데, 특히 이익계산방법이 쟁점이 되는 이유는 '증여세 완전포괄주의' 입법 형식상 모든 자본거래에서 발생되는 이익(증여재산)의 계산방법을 직접 규정하는 것은 불가능하기 때문이다.

이와 같이 자본이익에 대해 혼란과 쟁점이 계속되는 이유는 바로 이익의 '개념'과 '계산방법'에 대한 이해의 부족 때문이다. 이해의 부족을 해결하기 위해서는 단순한 법조문의 세법 해설로서는 불충분하다. **이 책이 필요한 이유는 다양한 사례의 분석을 통해 이익의 개념과 계산방법을 직접 눈으로 확인함으로써 자본거래의 이해는 물론이고 합리적인 방법이 무엇인지를 스스로 찾을 수 있게 될 것이다.** 또한 이 책은 예측하지 못한 자본거래유형일지라도 그 '개념과 계산'에 대한 합리적인 방안을 제시할 수 있을 것이다.

이 책은 2005년 「합병에 따른 이익의 증여와 부당행위계산」, 2006년 「자본이익과 조세」, 자본거래 과세 관련 기고와 강의자료 등을 정리하여 새롭게 출간하였다. 조세와 관련된 대부분의 책들이 일반적 또는 포괄적인 법조문의 나열이라면, 이 책은 자본거래 분야의 세무문제에 국한하여 분석하였다는 점이 내세울 만하다. 아무쪼록 이 책을 필요로 하는 독자들에게 실질적인 도움이 되기를 기대해 본다.

끝으로, 이 책을 출판해주신 삼일인포마인 이정민 대표이사님께 감사드리며, 또한 편집부 임직원에게 감사의 말씀을 전한다.

2013. 4.
공동저자들을 대표하여
홍 성 대

차 례

제 1 편 자본이익

차 례

차 례

차 례

차 례

차 례

차 례

차 례

차 례

차 례

차 례

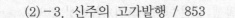

차 례

차 례

제2장 무형가치와 세법적용 · 1165

차 례

제3편 주식의 평가

제1장 주식평가의 개관 · 1227

차 례

차 례

차 례

제4편 자본이익의 주요 논점

※ 제4편 「자본이익의 주요 논점」은 2022년 개정판부터는 PDF 방식으로 제공하고 있습니다. 이 책을 구입한 독자는 삼일인포마인 제품몰에서 해당 도서를 검색 후 자료를 다운받아 볼 수 있습니다.

제 1 편

자본이익

제 1 장

자본이익의 개념

제1절 자본이익의 개념

조세법상 자본이익은 상속증여세법과 법인세법에서 법조문 형식으로 존재하고 있다. 일반적으로 자본거래에서 발생하는 이익을 "자본이익"이라고 하는데 자본거래는 손익거래와 대비되는 용어로서 회계학, 경영학, 조세법 등에서 널리 사용되고 있다.

자본이익은 '자본'에서 파생된 용어임은 틀림없겠으나 '자본이익'이라는 용어는 정립된 개념이라기보다는 각 분야에서 목적하는 바에 따라 사용하는 것으로, 사전적 의미는 자본적 자산인 토지 · 주식 등의 가격 상승으로 생기는 가치의 상승에서 얻어지는 이익을 말하고 있다. 또는 재산의 소유자가 그 재산을 이용하여 얻은 이익을 의미하기도 한다. 자본이익은 조세분야에서는 과세목적으로 오래전부터 사용되어 온 개념이다.

조세법 규정에서는 자본이익이란 무엇이 다가 아니라 "… 자본거래로 인하여 받은 이익… 또는 … 합병으로 인하여 얻은 이익…"으로 표현되고 있는데, 이때 '이익'은 자산거래가 아닌 자본의 거래에 따라 발생된 이익을 의미한다. 조세법에서의 자본이익은 상속증여세법과 법인세법에서 구체적인 그 유형을 찾아볼 수 있다.

상속증여세법에서는 자본거래의 유형을 합병(제38조), 증자(제39조), 감자(제39조의2), 현물출자(제39조의3) 등으로 그 유형을 예시하고 있다. 그리고 일반거래의 유형 또는 기타이익의 증여로 별도로 예시하고 있는데(2004년 「개정세법 해설」), 여기서 별도로 예시하고 있는 거래유형도 결국 자본의 거래 또는 이용에 의해서 발생되는 경제적 이익에 대해 과세하려는 것이 대부분이다. 따라서 별도로 예시하고 있는 거래유형에서도 그 이익은 경제적 · 재산적 이익에 따라 판단하는 것으로 회계적인 이익, 즉 자산거래에 의한 이익이 아닌 자본의 거래에 의한 이익과 같은 개념으로 볼 수 있겠다.

한편 법인세법에서는 자본거래의 유형을 법인세법 제16조(배당금 또는 분배금의 의제),

제17조(자본거래로 인한 수익의 익금불산입), 제18조(평가차익 등의 익금불산입), 제20조(자본거래 등으로 인한 손비의 손금불산입), 제44조(합병 시 피합병법인에 대한 과세), 제46조(분할 시 분할법인 등에 대한 과세) 및 시행령 제11조 제9호(수익의 범위) 및 제88조 제1항 제8호(부당행위계산의 유형 등) 등에서 그 유형을 찾아볼 수 있다.

순수 '자본이익'은 주주가 회사에 출자한 자본의 대가로 받는 이익 배분인 '배당'이 될 것이다. 그러나 조세법에서의 자본이익은 이보다 넓은 개념으로 사용되고 있다.

위의 유형에서 보았듯이 자본이익은 회계학적인 이익이 아닌 경제적 이득(이익), 실질적인 재산가치를 의미하고 있다. 특히 상속증여세법에서의 자본이익은 민법상의 증여(이익)로 보기는 어렵지만 이러한 이익을 증여로 보는 이유는, 실질적 소득·수익이 있는 곳에 과세함으로써 조세회피 방지와 실질과세를 이루고 공평한 조세부담을 통한 조세정의를 실현하기 위한 것으로 보고 있다(헌재 2001헌바13, 2002.1.31.).

법인세법에서는 오래전부터 자본거래 과세 여부에 관해 규정하고 있었는데 법인세법에서의 자본이익이라는 개념은 회계학에서 차용(합병차익 등)하여 사용하고 있는 개념으로 그 본질은 회계학에 있다. 이 책에서 중점적으로 다루고자 하는 자본이익은 상속증여세법상의 자본거래 유형(합병, 분할, 분할합병 등)에 따른 이익을 말하려는 것으로 전통적인 법인세법상의 자본이익과는 그 내용 내지는 의미하는 바가 다르다고 하겠다.

『자본거래와 세무』에서 말하는 자본거래 이익은 자본의 거래로 인해 발생하는 이익을 기본으로 하면서 상속증여세법에서 규정하고 있는 이익의 증여로 보는 이익을 말한다.

1 전통적인 자본이익

상속증여세법상의 자본이익은 전통적인 법인세법상의 자본이익과는 그 의미가 다르다고 했다. 즉 경제적 이득 또는 재산가치를 의미하는 새로운 개념의 자본이익이다. 전통적인 법인세법상의 자본이익은 배당·이자 등이 있다.

대법원은 배당·이자 등외에 자본거래에서 발생한 이익을 자본이익으로 보는 판단기준을 제시하고 있는데, 일반적으로 자산거래로 보는 경우에도 그 거래가 자산거래인 손익거래에 해당하는지 자본거래인 자본의 환급 등에 해당하는지는 형식에 불구하고 거래 전체의 과정을 보고 판단해야 한다는 것이다. 관련 판결의 주요 내용을 보면(대법원 2001두6227, 2002.12.26.), "주식의 매도가 자산거래인 주식의 양도에 해당하는가 또는 자본거래인 주식의 소각 내지 자본의 환급에 해당하는가는 법률행위 해석의 문제로서 그 거래의 내용과 당사자의 의사를 기초로 하여 판단하여야 할 것이지만, 실질과세의 원칙상 단순히 당해 계약서의 내용이나 형식에만 의존할 것이 아니라, 당사자의 의사와 계약체결의 경위, 대금의 결정방법, 거래의 경과 등 거래의 전체 과정을 실질적으로 파악하여 판단하여야 한다(대법원 92누3786, 1992.11.24. 참조). 따라서 이 사건 주식거래는 주식소각 방법에 의한 자본감소 절차의 일환으로 이루어진 것으로서 주주에 대한 자본의 환급에 해당하므로 그로 인하여 주주가 얻은 이득은 의제배당소득을 구성한다."고 판시하고 있다.

단순한 주식 양도에 해당한다는 주장에 대해 주식 양도의 거래과정을 전체적으로 살펴볼 때 주식 양도가 자본의 환급에 해당하므로 이러한 거래는 자본거래로 본다는 것이다. 결국 자본거래인지 자산거래인지는 기업회계에 의한 거래형식이 아니라 거래의 실질에 따라 구분하여야 한다는 것이 된다.

한편, 자본거래에서 발생하는 이익인 자본이익이 재산가치 증가에 의한 경제적 이익 측면이 아닌 자본거래 그 자체를 자산거래로 보는 경우가 있는데 관련 내용을 보면(대법원 79누370, 1980.12.23.), "원래 주식회사가 자기주식을 취득하는 것은 상법 제341조가 규정한 특별한 경우에 한하는 것이지만, 자기주식도 다른 유가증권과 마찬가지로 양도성 있는 자산임이 분명하므로 그 처분도 다른 유동자산의 처분에 있어서와 같이 그 취득과 양도를 1개의 거래로 간주하여 그 취득가액과 양도가액의 차액을 유가증권 매각 손익으로 처리하는 것이 상당하다고 보이며, 자기주식을 처분할 때 생기는 주식의 액면가와 양도가액의 차액은 상법 제459조가 규정한 합병잉여금과는 그 성질이 달라 자본준비금으로 적립하여야 하는 것도 아니므로 이러한 견해 아래 회사의 자기주식 처분을 자본거래로 보지 아니하고 과세처분의 대상이 되는 손익거래로 본 조치는 정당하다."고 판시하고 있다.

다음에 보는 판결도 자본거래에 해당하나 경제적 이득이 아닌 순자산을 증감시키는 거래이므로 명목상은 자본거래이나 자산거래에 해당하므로 경제적 이익 개념이 아닌 순수한 손익거래, 회계학적인 손익 개념으로 보고 있다. 그 주요 내용을 보면, "기업회계기준 및 합병회계준칙이 일반적으로 공정 · 타당한 기업회계의 기준 또는 관행에 해당한다고 하더라도 법인세법 제9조 제1항 · 제2항 · 제3항, 제15조 제1항 제2호 · 제3호, 상법 제459조 등의 규정에 의하면, 자본감소 절차의 일환으로서 자기주식을 취득하여 소각하거나 회사합병으로 인하여 자기주식을 취득하여 처분하는 것은 자본의 증감에 관련된 거래이다. 따라서 자본의 환급 또는 납입의 성질을 가지므로 자본거래로 보는 것이 타당하다. 그러나 그 외의 자기주식의 취득과 처분은 순자산을 증감시키는 거래임에 틀림이 없고 그것은 법인세 과세대상인 자산의 손익거래에 해당한다(대법원 79누370, 1980.12.23., 대법원 91누13571, 1992.9.22., 대법원 94누21583, 1995.4.11.)."고 판시하고 있다.

결론은 기업회계에서 자본거래라 하더라도 자본거래인지 손익거래인지는 거래의 실질 내용에 따라 판단해야 한다는 것이다. 자본이익은 각 법률이나 규정 또는 목적하는 바에 따라 그 의미가 조금씩 다르게 전개되고 있는데, 이와 같은 판결은 전통적인 법인세법과 상속증여세법상의 자본이익의 개념 내지는 그 의미의 차이를 이해하고 세법을 해석하고 적용하는 데 참고가 될 것이다.

2 | 상속증여세법상의 자본이익

(1) 2015.12.15. 개정되기 전

상속증여세법상의 자본이익은 새로운 개념의 자본이익으로 경제적 이익, 재산가치의 증가를 의미한다고 했다. 이때 '이익'은 유형 · 무형의 재산으로서 금전으로 환가할 수 있는 경제적 가치가 있는 모든 물건과 재산적 가치가 있는 법률상 또는 사실상의 모든 권리를 포함하는 개념이다. 상속증여세법에서는 이익의 유형을 다음과 같이 일반적인 이익(증여)과 자본거래 관련 이익(증여)으로 구분하여 예시하고 있다(2004년 개정세법 해설).

| 자본이익(증여) 유형 |

일반적 이익	자본거래 관련 이익
① 신탁의 이익	⑧ 증자에 따른 이익
② 보험금	⑨ 전환사채 등의 주식전환에 따른 이익
③ 저가・고가양도에 따른 이익	⑩ 합병에 따른 이익
④ 채무면제 등에 따른 이익	⑪ 감자에 따른 이익
⑤ 부동산 무상사용에 따른 이익	⑫ 특정법인과의 거래를 통한 이익
⑥ 명의신탁 재산(의제)	⑬ 주식 또는 출자지분의 상장 등에 따른 이익
⑦ 금전 무상대부 등에 따른 이익	⑭ 합병에 따른 상장 등 이익

* 상속증여세법 2004년 「개정세법 해설」(기획재정부 세제실 재산세제과)을 개정 이후 규정에 맞게 수정하였음(2003.12.30. 신설: 현물출자에 따른 이익).

위에서 예시하고 있는 자본거래 관련 이익의 유형은 전형적인 자본거래에서 발생되는 이익임에는 분명하다. 상속증여세법에서 이익의 유형 분류는 특별한 의미는 없다고 하겠다. 이 책에서 말하고자 하는 자본이익은 자본의 거래로 인하여 발생되는 이익인데, '특정법인과의 거래를 통한 이익 등'은 자본거래로 인한 그 자체에서 발생된 이익에 해당되지 않는다. 자본거래 이익을 위와 같이 분류한다면 일반적인 이익으로 제시하고 있는 유형 중에서 자본을 이용함에 따라 발생되는 이익은 자본이익으로 분류하여야 한다. 이와 같은 분류의 의미는 분류하는 기준이 전통적인 법인세법상의 자본이익 개념과는 다르다는 것을 이해하는 것으로 만족하면 될 것이다. 전통적인 자본이익 과세는 자본거래로 인한 처분 등으로 실현된 이익으로 보고 있으나 위에서 예시한 자본거래 관련 이익은 실현되지 않은 보유이익으로 경제적 이익 또는 재산가치의 증가를 의미하고 있다. 이러한 이익은 회계적인 이익과는 다른 것으로 그 이익의 측정방식 등에 대해서는 상속증여세법에서 규정하고 있다.

세법의 자본이익의 유형과 이익의 계산(측정)은 경제적 이익의 무상이전을 차단하는 핵심적인 역할을 하고 있다. 그러나 완전포괄주의 과세는 법률에 구체적으로 과세요건이 열거되어 있지 않더라도 증여세를 과세할 수 있도록 한 것이나, 전혀 다른 자본이익의 유형은 그 이익을 계산할 방안이 없으므로 과세에 한계가 있을 수밖에 없다. 따라서 상속증여세법상 자본이익의 유형(유사 유형을 포함)은 과세요건을 정하는 데 중요한 역할을 한다고 볼 수 있겠다.

기획재정부 세제실 2004년 「개정세법 해설」에 따르면 2004년 상속증여세법 개정의 가장 큰 변화는 포괄주의 도입이다. "소득이 있는 곳에 세금 있다."는 것은 공평과세의 기본원리이며, 경제력 집중을 완화하고 조세정의를 실현하기 위해서는 세금 없는 변칙적인 부의 세습에 대해 엄정하게 대처할 필요가 있다고 하였다.

개정 전 상속·증여세 유형별 포괄주의는 2001년부터 증자·합병 등 자본거래 6개 유형에 대해 시행해 오던 것을 2003년부터 합병에 따른 상장차익 증여의제 등을 신설하여 모든 증여의제 규정(14개 유형)에 확대 시행되고 있던 제도로서 과세유형을 법률에 열거 규정하고 이와 유사한 경우에 관하여는 추가적인 법률 보완 없이 증여세를 과세할 수 있도록 한 것이다. 유형별(자본거래 유형) 포괄주의의 시행으로 법률에 규정된 과세요건과 조금만 달라도 과세하지 못하는 문제가 해결되어 변칙 상속·증여에 대해 상당 부분 과세가 가능하게 되었다. 그러나 열거되어 있지 않은 새로운 유형의 변칙 상속·증여에 대해 과세하지 못하는 한계가 있었다. 포괄주의는 이러한 유형별 포괄주의의 문제를 근본적으로 보완하기 위한 것으로 실질적인 경제적 이익의 증여가 있는 경우 법률에 구체적으로 과세요건이 열거되어 있지 않더라도 증여세를 과세할 수 있도록 하였다.

(2) 2015.12.15. 개정된 후

2015.12.15. 개정 및 신설된 자본거래 유형은 구 상속증여세법 제42조 '그 밖의 이익의 증여'에 대한 부분을 세부 규정으로 구분하고 있다. 그 세부 유형을 보면 구 상속증여세법 제42조 제1항 제1호 및 제2호가 상속증여세법 제42조(재산사용 및 용역제공 등에 따른 이익증여)로, 제1항 제3호의 전반부인 "출자·감자, 합병(분할합병 포함)·분할, 상속증여세법 제40조 제1항의 규정에 의한 전환사채 등에 의한 주식의 전환·인수·교환 등 법인의 자본을 증가시키거나 감소시키는 거래로 인하여 얻은 이익"이 상속증여세법 제4조(증여세 과세대상) 제1항 제6호(분할은 제외)로, 후반부인 "사업양수도·사업교환 및 법인의 조직변경 등에 의하여 소유지분 또는 그 가액이 변동됨에 따라 얻은 이익"은 상속증여세법 제42조의2(법인의 조직변경 등에 따른 이익증여, 주식의 포괄적 교환 포함)로, 제4항은 상속증여세법 제42조의3(재산 취득 후 재산가치 증가에 따른 이익증여)의 유형으로 각각 분리되면서 이익의 개념과 이익계산 방법을 더 명확히 하고 있다. 이와 같은 포괄 유형에서 세부 유형으로 규정된 배경에는 대법원이 판결하고 있는 증여세 완전포괄주의 과세제도의

한계를 반영한 것으로 보인다. 다만, 이와 같은 세부 유형의 규정으로 인해 이익의 개념과 이익계산 방법이 더 명료하게 되었으나, 완전포괄주의 과세제도의 한계가 해소되었다고 볼 수는 없을 것이다.

(2)-1. 완전포괄주의 과세제도의 도입 배경

증여의제 규정에 열거되지 아니한 새로운 금융기법이나 자본거래 등의 방법으로 부를 무상이전하는 경우에는 적시에 증여세를 부과할 수 없어 적정한 세부담이 없는 부의 이전을 차단하는 데에 한계가 있었다. 이러한 지적에 따라 변칙적인 상속·증여에 사전적으로 대처하기 위하여 세법 고유의 포괄적인 증여개념을 도입하게 되었다. 종전의 증여의제 규정을 일률적으로 가액산정 규정으로 전환한 점 등에 비추어 보면, 원칙적으로 어떤 거래·행위가 상속증여세법 제2조 제3항에서 규정한 증여의 개념에 해당하는 경우에는 같은 조 제1항에 의하여 증여세의 과세가 가능하다(대법원 2013두14283, 2015.10.15.). 유형별 포괄주의에서 완전포괄주의로 전환한 것은 변칙 증여를 방지하고 과세 강화를 하기 위한 목적이다. 특히 자본거래를 통한 경제적 이익의 유형을 법규정에 열거한다는 것은 현실적으로 불가능하며 새로운 유형의 자본이익 출현에 적절히 대응하지 못한다는 한계가 있었다. 그러나 전혀 다른 새로운 '자본이익' 유형이 출현했을 때 유사한 방법으로도 이익계산을 할 수 있는 방법이 없을 경우에는 변칙 증여를 방지한다는 완전포괄주의가 의미하는 바가 무엇인지 의문이었다. 이러한 의문에 대해 2013년 개정세법에서는 상속증여세법 제32조를 신설하면서, 제3호 나목에서 타인의 기여에 의하여 재산가치가 증가하는 경우 증여재산가액 계산을 "재산가치 증가 사유가 발생하기 전과 후의 시가의 차액"에 상당하는 금액으로 함을 분명히 하고 있다. 이 규정은 2015.12.15. 상속증여세법 제31조로 개정되면서 증여의 유형에 따라 재산 또는 이익을 무상으로 이전받은 경우, 재산 또는 이익을 현저히 낮은 대가를 주고 이전받거나 현저히 높은 대가를 받고 이전한 경우 및 재산 취득 후 해당 재산의 가치가 증가하는 경우 등으로 각각 구분하여 증여재산가액 계산의 일반원칙으로 정하게 되었다. 이 규정은 현재까지 이어 오고 있다.

대법원(대법원 2008두17882, 2011.4.28.)은 상속증여세법 제31조(증여재산의 범위)는 "제2조의 규정에 의한 증여재산에는 수증자에게 귀속되는 재산으로서 금전으로 환가할 수 있는 경제적 가치가 있는 모든 물건과 재산적 가치가 있는 법률상 또는 사실상의 모든 권리를 포함한다고 규정하였으므로, 제33조 내지 제42조의 증여재산가액의 계산 규정을 직접 적용할 수 없는 경우라 하더라도, 수증자에게 귀속되고 환가가 가능한 경우라면 합리적인 계산 방법을 적용하여 증여세의 과세가 가능하다고 해석되는 점 등 법 제2조 제3항의 도입 배경, 입법 취지, 다른 조문과의 관계 등에 비추어 보면 위 조항에 근거한 증여세의 과세는 가능하다."고 하였다.

(2) - 2. 완전포괄주의 혼란과 증여세 과세범위의 한계

납세자의 예측가능성과 조세법률관계의 안정성을 도모하고 완전포괄주의 과세제도의 도입으로 인한 과세상의 혼란을 방지하기 위하여 종전의 증여의제 규정에 의하여 규율되어 오던 증여세 과세대상과 과세범위에 관한 사항을 그대로 유지하려는 것은 입법자의 의사가 반영된 것으로 본다. 따라서 납세자의 예측가능성 등을 보장하기 위하여 개별 가액산정 규정이 특정한 유형의 거래 · 행위를 규율하면서 그중 일정한 거래 · 행위만을 증여세 과세대상으로 한정하고 그 과세범위도 제한적으로 규정함으로써 증여세 과세의 범위와 한계를 설정한 것으로 볼 수 있는 경우에는, 개별 가액산정 규정에서 규율하고 있는 거래 · 행위 중 증여세 과세대상이나 과세범위에서 제외된 거래 · 행위가 상속증여세법 제2조 제3항의 증여의 개념에 들어맞더라도 그에 대한 증여세를 과세할 수 없다고 할 것이다(대법원 2013두14283, 2015.10.15.).

(3) 증여의 개념과 증여세 과세체계

상속증여세법에서는 증여의 개념과 증여세 과세체계를 다음과 같이 설명하고 있다. "증여"란 그 행위 또는 거래의 명칭 · 형식 · 목적 등과 관계없이 직접 또는 간접적인 방법으로 타인에게 무상으로 유형 · 무형의 재산 또는 이익을 이전하거나 타인의 재산가치를 증가시키는 것을 말하는 것으로(상증법 제2조 제6호), "증여재산"이란 증여로 인하여 수증자에게 귀속되는 모든 재산 또는 이익으로 금전으로 환산할 수 있는 경제적 가치가 있는 모든 물건, 재산적 가치가 있는 법률상 또는 사실상의 모든 권리, 금전으로 환산할 수 있는 모든 경제적 이익을 말한다(상증법 제2조 제7호). 그러므로 증여세는 증여재산의 경제적 또는 재산적 가치를 정당하게 산정한 가액을 기초로 하여 과세하여야 하고, 납세의무자가 증여로 인하여 아무런 경제적 · 재산적 이익을 얻지 못하였다면 원칙적으로 증여세를 부과할 수 없다고 보아야 한다(대법원 2015두45700, 2017.4.20.). 여기서 "타인의 재산가치 증가"의 개념을 주주의 이익증여로 보는 상속증여세법 제38조(합병), 제39조(증자), 제39조의2(감자), 제39조의3(현물출자), 제40조(전환사채 등), 제41조의3(주식 상장), 제41조의5(합병 상장), 제42조의2(법인 조직변경 등)는 모두 보유주식의 주식가치 증가분인 미실현이익을 증여재산으로 삼고 있고, 그 외에는 모두 직접적인 경제적 이익이나 보유재산 가치 증가분을 증여재산으로 삼고 있다. 한편, 대법원(대법원 2006두9818, 2009.4.9.)은 특정법인의 주주가 특수관계자로부터 특정법인과의 거래를 통하여 증여받은 것으로 보는 이익의 계산은 증여이익 상당액으로 인하여 증여 전에 비하여 '실제로' 증가된 주식 1주당 가액에 해당 최대주주의 주식수를 곱하여 계산하여야 하고, 이 경우 1주당 가액은 그 거래를 전후한 가액을 산정하여야 함에도, 단순히 무상대여금의 이자 상당액을 주식수로 나누어 그 가액만큼 주식의 1주당 가액이 증가된 것으로 본 것은 위법하다고 하였다.

지금까지 앞에서 본 완전포괄주의 과세방식과 그 한계, 증여의 개념 및 증여세 과세체계는 상속증여세법의 자본이익 개념을 이해하고 세법을 해석하고 적용하는 데 있어 기준이 된다.

제2절 자본이익의 과세

1 입법취지

지금까지 조세법상 자본이익의 개념을 살펴보았는데, 자본이익에 대해 과세하는 이유는 무엇인가. 자본이익 과세의 한 유형인 증자와 관련하여 발생된 자본이익에 대해 헌법재판소는 법형식으로는 증여가 아니나 실질적인 경제적 이익을 얻었으므로 증여로 본다는 것이다. 즉 구 상속세법 제34조의4와 제34조의5의 법률조항의 입법연혁을 보면, 구 상속증여세법 제34조의4(무상 등으로 양도받은 경우의 증여의제. 1990.12.31. 법률 제4283호로 개정되기 전의 것)는 헌법재판소의 위헌결정(1998.4.30.)으로 효력을 상실하고, 1990.12.31. 법률 제4283호로 개정되면서 구 상속증여세법 제34조의4(합병 시의 증여의제)와 제34조의5(증자·감자 시의 증여의제)는 신설된 조항이다. 위와 같이 개정된 구 상속증여세법은 기업합병을 하면서 합병비율을 조작함으로써 대주주 등이 현저한 이익을 받은 경우에는 그 이익에 상당하는 금액을 증여받은 것으로 보아 증여세를 과세하도록 하고, 대주주와 특수관계에 있는 주주의 주식만을 불균등하게 증자와 감자함으로써 대주주가 얻은 이익에 증여세를 과세하는 제도를 정비하고자 함이라고 그 이유를 설명하고 있다.

경제적 이익에 대한의 과세 이유를 헌법재판소(헌재 95헌바55, 1998.4.30.)는, "실질은 증여나 다름없는 경우에도 형식적으로는 신탁이나 채무의 인수, 채무면제 등을 가장하거나 재산 이전의 대가를 조작함으로써 이를 면탈하려 하는 시도가 많았다. 따라서 이와 같은 조세회피를 방지하고 실질과세를 이룸으로써 공평한 조세부담을 통한 조세정의를 실현하기 위하여 법은 추정 규정들을 둠과 동시에 형식적으로는 증여로 보기 어려우나 실질은 증여로 볼 수 있는 경우 이를 증여로 보는 의제 규정들을 두고 있다."고 하였다.

증여세는 재산의 무상 이전을 과세대상으로 하는 것이며 상속세는 자연인의 사망으로 재산을 취득한 자에게 과(課)하는 조세인데, 생전에 재산을 증여하면 그 부담을 경감내지 회피할 수 있으므로 조세회피를 방지하기 위하여 증여세 제도를 마련하게 되었다. 증여세가 상속세의 보완세적인 성질을 갖고 있다는 이유가 바로 여기에 있다.

한편, 신주인수권의 포기가 실질적인 부의 이전에 해당한다는 헌법재판소의 판결을 보면(헌재 2001헌바13, 2002.1.31.), "일반적으로 법인이 증자를 하면서 주식가치보다 낮은 가액으로 신주를 발행하면 구주식의 가액은 증자액의 비율에 따라 희석되어 감소되고 신주식의 가액은 거꾸로 증가하게 되므로 증자하기 전의 주식비율에 따른 신주인수를 하지 아니하면 신주의 전부 또는 일부를 인수하지 아니한 자가 소유하고 있는 구주식의 가액은 증자를 한 비율만큼 감소되고 반면에 비율을 초과하여 신주를 인수한 자의 주식가치는 구주식의 가액이 감소한 만큼 증가하게 되므로 실권주를 인수한 자는 신주인수를 포기한 자로부터 그 차액에 상당하는 이익을 취득한 것으로 볼 수 있다."고 하였다. 따라서 "법인의 유상증자의 경우에 주주가 신주인수권을 포기하여 그 포기한 실권주를 제3자가 배정받게 함으로써 제3자가 이익을 얻은 경우 엄격한 의미에서 민법상의 증여로 보기 어렵지만 실질적으로는 실권주를 포기한 자가 그 실권주를 배정받은 자에게 위에서 본 가액만큼 증여한 것과 다름이 없으므로 이 사건 법률조항은 위와 같은 이익을 증여로 보아 증여세를 과세하기 위한 규정으로서 실질적 소득・수익이 있는 곳에 과세한다고 하는 실질과세 원칙을 관철하기 위한 규정이라 할 수 있다."고 판시하고 있다. 또한 신주인수권의 무상취득에 대해서도 대법원(대법원 94누15905, 1995.12.8.)은, "증여의제로 되는 과세대상은 경제적 가치가 있는 유형・무형의 재산과 권리를 아울러 가리키는 개념이므로 신주인수권에 의한 이익을 무상으로 취득하는 경우에는 이 사건 법률조항의 증여의제에 해당되는 '이익'으로 해석함이 타당하다."고 판시하고 있다.

2 자본이익의 과세

자본이익 과세의 입법연혁(구 상속증여세법)을 보면 1990.12.31. 개정 법률(법률 제4283호)에서는 제34조의5에서 시행령이 규정하였던 법인의 증자 및 감자 시의 이익에 관한 증여의제를 직접 규정하였고, 제34조의4는 법령의 합병으로 인한 이익에 대한 증여의제를 새로 규정하였다. 그 후 1993.12.31. 개정 법률(법률 제4662호)에서는 제34조의5에 신주발행 시 실권주를 배정하는 경우 외에 실권주를 다시 배정하지 아니한 경우까지도 증여로 본다고 규정하였다. 1996.12.30. 전문이 개정된 상속증여세법(법률 제5193호)에서는 법인의 합병 시의 증여의제를 제38조로, 증자 · 감자 시의 증여의제를 제39조로 규정하는 외에 제40조에서 전환사채이익에 대한 증여의제를 새로 규정하기에 이르렀다. 자본이익에 대한 과세체계는 실질적으로는 1990년대에 들어서 갖추게 되었다.

상속증여세법의 자본이익의 과세 개념을 적절히 표현하고 있는 세법의 규정으로 '합병 직후와 합병 직전의 평가가액의 차액'을 증여재산으로 한다고 하는 상속증여세법 제38조(2015.12.15. 법률 제13557호로 개정되기 전)의 합병에 따른 이익증여 규정이다. 이 규정의 표현은 2015.12.15. 개정에서 대통령령에 위임하면서 다른 표현 방식으로 바뀌었다. 대법원(대법원 2015두45700, 2017.4.20.)은 "증여세의 과세체계와 증여 및 증여재산의 개념 등에 비추어 볼 때 재산의 무상제공으로 인하여 주주가 얻을 수 있는 '이익'은 그가 보유하고 있는 주식의 가액 증가분 외에 다른 것을 상정하기 어렵다. 따라서 재산을 증여하는 거래를 하였더라도 그 거래를 전후하여 주주가 보유한 주식의 가액이 증가하지 않은 경우에는 그로 인하여 그 주주가 얻은 증여이익이 없다."고 하였다. 자본이익의 과세에서 말하려고 하는 증여세의 과세체계와 증여 및 증여재산의 기본개념을 "합병 직후와 합병 직전의 평가가액의 차액"과 대법원의 판결에서 그 의미를 찾을 수 있다.

자본이익 과세의 논점은 "이익"이란 무엇인가, "이익의 계산"은 어떻게 하는가에 있다. 따라서 상속증여세법 각 조문에서 합병에 따른 이익 ……, 증자에 따른 이익 ……으로 표현되는 "이익"의 개념을 명확하게 이해하는 것이 매우 중요하다. 이 책 자본이익 과세의 대표라고 할 수 있는 제2장 "합병과 자본이익"에서는 '이익'의 개념을 자세히 설명하고 있으며, 다양한 사례로서 이익을 해석하고 있다. 자본이익 과세(이익증여를 말한다)에서 말하는 상속증여세법상 자본이익과 법인세법상 자본이익의 '이익'은 그 계산방법과 의미가 같다. 다만, 상속증여세법상의 '이익'이라 함은 '얻은 이익'을 말하고 법인세법상의 이익은 '분여한 이익'을 말한다. 제2장 "합병과 자본이익"에서 이익의 의미를 이해하게 된다면 제3장 "분할과 자본이익", 제4장 "주식의 포괄적 교환과 자본이익", 제5장 "현물출자와 자본이익", 제6장 "증자 · 감자와 자본이익", 제7장 "기타의 자본이익"에서는 이익의 개념과 계산이 새로울 것이 없다. 제2장 "합병과 자본이익"은 이익의 개념뿐만 아니라 증여자와 수증자의 분여한 이익과 얻은 이익의 계산과 배분 방법 등을 설명하고 있으므로 '자본이익'에서 "이익=증여"임을 명확히 이해하기 위해서는 제2장 "합병과 자본이익"은 반드시 확인하고 넘어가야 할 부분이다.

이 책 『자본거래와 세무』에서 다루고 있는 자본이익 과세는 상속증여세법의 이익증여를 의미하므로 자본이익 과세체계를 제대로 파악하기 위해서는 상속증여세법의 자본이익의 각 조문을 충실히 이해하여야 하며 입법의 취지와 목적뿐만 아니라 '이익'을 계산하는 구체적인 방법을 알아야 한다. 또한 법인세법에서의 자본이익 과세는 '이익'의 계산 방법을 상속증여세법에서 준용하도록 하고 있으므로 부당행위계산과 관련된 '분여한 이익'과 상속증여세법상의 '얻은 이익'과의 관계를 이해하는 것도 중요하다. 이 책의 편성 주요 내용은 다음과 같다.

"합병과 자본이익"은 합병과정에서 발생(불공정합병)하는 자본이익에 대한 과세 문제뿐만 아니라 기업합병 전반에 관한 문제, 예를 들면 합병양도손익, 매수차손익, 합병영업권, 의제배당 등은 합병과정에서 동시에 발생되는 것으로 이러한 과세 문제를 별개로 취급해야 할 이유가 없다. 오히려 불공정합병에서 나타나는 자본이익이 의제배당과 양도손익 등에 영향을 미칠 수 있으므로 동시에 검토가 이루어져야 한다. 삼각합병은 합병의 기본개념에서 시작된 것이므로 "합병과 자본이익"에 포함하였다.

근래 들어 분할에 관해 관심이 증가하고 있다. "분할과 자본이익"에 대해서도 심층적으로 분석하였다. 분할은 과세체계가 정비되려면 시간이 필요해 보인다. 분할합병은 합병의 영역에 가까우나 분할의 연장으로 보아 "분할과 자본이익"에서 다루었다.

2018년 신설된(상속증여세법 제42조의2) "주식교환과 자본이익"은 지금까지는 저자의 주장에 불과하였던 것이 대법원의 최종 판결(대법원 2019두19, 2022.12.29.)로 인해 저자의 주장이 타당하게 되었다. "주식교환과 자본이익"의 과세 문제는 "합병과 자본이익"과 유사한 점이 많아 합병과세 문제의 분석방식을 대부분 그대로 사용하였다. 삼각주식교환은 주식교환의 개념에서 시작된 것이므로 "주식교환과 자본이익"에 포함하였다.

"현물출자와 자본이익"은 주식현물출자와 사업현물출자로 나누어 분석하였다. "증자 · 감자와 자본이익"은 대부분 '증자와 자본이익'과 관련된 사례를 소개하고 분석하는 데 지면을 할애하였다. "기타의 자본이익"은 '합병(삼각합병 포함), 분할(분할합병 포함), 주식교환(삼각주식교환 포함), 현물출자, 증자 · 감자'를 제외한 모든 자본이익 내지는 유사 이익을 망라하여 각 조문 순서에 따라 소개하고 있다.

제1편에서 자본이익 유형을 6종류로 분류하고 있으나, 그 내용은 상속증여세법상 각 조문에서 분류하고 있는 유형 일부를 제외하고는 모두 소개하고 있으므로 각 조문이 자본이익의 구체적인 유형에 해당한다고 보면 될 것이다. 다만, 중요성과 분류의 필요성에 따라 제2장 합병과 자본이익, 제3장 분할과 자본이익, 제4장 주식의 포괄적 교환과 자본이익, 제5장 현물출자와 자본이익, 제6장 증자 · 감자와 자본이익, 제7장 기타의 자본이익으로 분류하고 있다.

자본거래와 세무

제 2 장

합병과 자본이익

제1절 부당한 합병

1 개 설

부당한 합병을 이 책 『자본거래와 세무』에서 첫 번째로 다루는 이유는 "합병에 따른 이익"이 기타 모든 자본거래의 "이익개념"과 "이익계산"을 설명할 수 있기 때문이다.

합병이란 서로 독립된 두 개 이상의 회사가 법정된 절차에 따라 단일회사가 되는 것으로 합병의 동기와 목적은 회사가 처한 상황에 따라 다르겠으나 기업의 가치 극대화로 경제적 이익을 달성하려는 합병의 시너지 효과가 주목적일 것이다. 즉 규모의 경제로 인한 효과, 영업 다각화 추진, 시장점유율 확대, 차입능력의 증대, 영업비용의 절감, 유통과정의 개선 등을 들 수 있겠다.[1] 이와 같이 합병하는 이유는 경제적 타당성을 갖는 양(+)의 가치를 지닐 때 가능한 것이다. 그러나 최근 일부 합병실태를 보면 합병을 이용한 경제적 이익의 무상이전(부의 이전)이라는 방법으로 이루어지는 등 부정적인 면이 나타나기도 한다. 주식가치가 서로 다른 회사의 합병에 있어서는 각 회사의 주식가치에 따라 합병비율을 산정하여 합병이 이루어지는 것이 원칙이다.

그러나 합병비율의 산정에 있어 기업의 가치평가(주식평가)를 부당하게 과대・과소 평가하여 합병한 결과로 인한 보유주식의 가치증가는 부의 무상이전이나 다름이 없다. 또한 결손법인의 처리를 위한 합병, 비상장법인의 변칙적인 상장을 위한 수단 등도 부정적인 합병의 한 형태라고 볼 수 있다. 분식결산이나 허위자료에 의한 평가를 통해 공정한 합병으로 위장하는 사례의 합병들은 우리 주변에 늘 상존하고 있다.

부당한 합병[2]은 특정기업이나 특정인을 고려한 경우가 대부분이다. 예를 들면, 부모

1) 송인만・김문철, 「고급재무회계」(제2판), 신영사, 2003, p.16; 송인만・최신재 외, 「경영분석과 가치평가」, 2004, pp.298~303

2) 합병에 따른 이익의 증여(증여세)나 부당행위계산(법인세) 대상에 해당하지 않지만 공정하지 않은 합병을

(또는 특정기업)가 대주주로 있는 우량기업(A)과 자녀(또는 특정기업)가 주주로 있는 부실기업(B)이 합병을 할 때 분식결산 또는 합병비율의 조작 등으로 B사의 주식가치를 과대평가하거나 또는 A사의 주식가치를 과소평가(그 반대의 경우도 성립된다) 함으로써 합병 후에는 결과적으로 B사의 주주(자녀 또는 특정기업 등)들이 보유한 주식가치가 증가하는 경우가 되겠다.

이 경우 B사의 주주들은 A사의 주주(부모 또는 특정기업 등)들로부터 경제적 이익을 얻는 효과가 발생하게 되며, 반대로 A사의 주주들은 B사의 주주들에게 경제적 이익을 분여한 효과가 발생하게 된다. 합병이 부를 이전시키는 수단이나 방법으로 동원되고 있는 공정하지 않은 합병은 대부분 특수관계에 있는 법인 간의 합병을 통하여 이루어지고 있다. 이때 주식가치(재산가치)의 무상이전에 대해 이익을 얻은 주주는 증여가 되고, 그리고 이익을 분여한 주주는 부당행위계산 등의 과세문제가 발생하게 된다.

(1) 상속증여세법 신설

합병에 관한 종전의 증여세 과세 문제는 장부가액(액면가액) 기준으로 1 : 1의 합병을 하는 경우 소멸한 법인의 의제배당이나 존속법인의 합병차익의 문제이지 증여세 과세 문제는 발생하지 아니한다고 해석해 왔다(재산 1264.5-1055, 1984.3.22.). 1991년 한 재벌기업의 계열사 간의 합병이 공정하지 아니한 것에 대해 과세당국이 과세한 사건이 발생하였으나 이에 대해 과세할 수 없다는 대법원의 판결이 나왔다(실제로 이 사건은 1989년에 세무조사가 시작되어 1991년에 부과 처분이 이루어진 것으로, 이 사건이 계기가 되어 상속증여세법을 개정하게 되었다). 그 이유는 기업이 특수관계자에게 보유주식을 양도한 직후 불공정합병이 이루어져 특수관계자에게 경제적 이득이 돌아갔다 하더라도 주식양도 당시는 위와 같은 거래행위로 인하여 받게 될 장래의 기대이익이 불확실하거나 미확정적이었으므로 법적 안정성과 예측가능성의 보장을 중핵으로 하는 조세법률주의의 원칙을 해친다는 것이다.

이 사건을 계기로 1990.12.31. 법률 제4283호(구 상증법 §34의4)에 "합병으로 인하여 합병당사법인의 주주로서 대통령령이 정하는 대주주가 합병으로 인하여 대통령령이

통칭하여 '부당한 합병'이라 부르기로 한다.

정하는 이익을 받은 경우에는 당해 합병일에 그 상대방의 합병당사법인의 주주로부터 그 이익에 상당하는 금액을 증여받은 것으로 본다."로 상속증여세법이 개정되어 부적정한 합병비율에 의하여 이익을 얻었을 경우 그 이익을 얻은 자[3]에 대해 증여세를 부과하기 위한 구체적 근거 규정을 마련하게 되었다.

그 후 법조문이 '제34조의4'에서 '제38조'로 변경되었으며 3번의 조문 자구의 수정이 있었다. 2003.12.31. 상속증여세법의 포괄주의 도입으로 합병에 따른 이익의 증여가 개별증여의제에서 예시 규정으로, 열거주의에서 포괄주의로 전환됨에 따라 증여의제 과세 대상 규정(증여의제에 관한 포괄적 규정)은 과세가액 산정기준 등 과세요건 불비를 실체적 규정이 아니라 선언적 규정으로 해석하게 되었다.

한편, 법조문의 제목을 '합병 시의 증여의제'에서 '합병에 따른 이익의 증여'로 조문 내용을 '……증여받은 것으로 본다.'에서 '……증여재산가액으로 한다.'로 수정되었다.

관련규정 및 예규판례

합병 시 증여의제(구 상속증여세법 제34조의4, 1990.12.31. 신설)

법인이 합병함에 있어서 합병으로 인하여 '합병당사법인'의 주주로서 대통령령이 정하는 대주주가 합병으로 인하여 대통령령이 정하는 이익을 받은 경우에는 당해 합병일(합병등기를 한 날을 말함)에 그 상대방의 합병당사법인의 주주로부터 그 이익에 상당하는 금액을 증여받은 것으로 본다. 그 이익에 상당하는 금액은 합병당사법인의 주주가 소유하는 주식(지분)에 대하여 합병 직후와 합병 직전의 현황을 기준으로 대통령령이 정하는 바에 의하여 평가한 가액의 차액으로 한다.

불공정합병이 이익분여에 해당 여부(대법원 95누5301, 1996.5.10.)

이 사건에서 피고의 주장은, 원고가 특수관계자에게 보유주식을 양도한 직후 ○○건설이 ○○개발과 불공정합병계약을 체결하고 다시 위 소외 ○○개발과 합병한 점을 들어, 원고의 주식 양도행위가 우회행위 또는 다단계행위 등 경제적 합리성이 없는 거래형식을 취하여 소외인에게 법인의 이익을 분여한 것으로 위 제9호에 해당한다는 것이나, 이 사건 주식

3) 이익을 얻은 자는 개인주주와 법인주주로 나눌 수 있으며 시행 초기에는 법인주주가 영리법인일 경우에는 영리법인의 개인주주에게 증여세가 과세된다고 하였다(재정경제부 재산 46014-95, 1999.12.31.). 그 이후 영리법인이 증여받은 재산 또는 이익에 대하여 「법인세법」에 따른 법인세가 부과되는 경우 해당 법인의 주주에 대해서는 제45조의3부터 제45조의5까지의 규정에 따른 경우를 제외하고는 증여세를 부과하지 아니한다(상속증여세법 제4조의2 제4항).

양도 당시는 위와 같은 거래행위로 인하여 받게 될 장래의 기대이익이 불확실하거나 미확정적이었다 할 것이므로 법적 안정성과 예측가능성의 보장을 중핵으로 하는 조세법률주의의 원칙에 비추어, 원고가 특수관계자에게 보유주식을 양도한 행위가 위 제4호에 규정한 저가양도 행위에 해당하지 아니하는 것이라면 양도 이후에 일어난 법인합병 계약과 그에 따른 합병 등의 일련의 행위를 이와 별개의 거래행위의 하나로 파악하여 이를 위 제9호 소정의 이익분여 행위로 볼 수는 없다(이와 관련하여 이 사건 주식 양도 이후인 1990.12.31. 상속세법 제34조의4가 신설되어 법인합병으로 인하여 특수관계자 등에게 이익이 분여된 때에는 이를 증여로 의제할 수 있는 규정이 따로 마련되었다).

(2) 법인세법 시행령 개정

합병으로 인하여 '이익을 얻은 자'에게는 얻은 이익에 대해 구 상속증여세법 제34조의4의 규정에 의해 증여세를 부과할 수 있게 되었다. 그러나 합병으로 인하여 '이익을 분여한 자'인 분여한 이익에 대해서는 과세할 근거 규정이 마련되어 있지 않아 그동안 적용상의 혼란이 있었다. 이익을 분여한 자가 법인주주일 경우에는 분여한 이익은 부당행위계산 대상이 될 수 있기 때문이다. 불공정한 합병[4]으로 법인주주가 분여한 이익 또는 법인주주가 얻은 이익[5]에 대하여는 그동안 명시적인 규정이 없어 적용상 혼란이 있었던 것을 1998.12.31. 법인세법 시행령 제88조 제1항 제8호 가목의 개정으로 법인주주가 분여한 이익에 대해서는 부당행위계산으로 법인세를 과세할 수 있게 되었다. 또한 법인주주가 분여받은 이익(상대방법인의 법인주주 또는 개인주주로부터 얻은 이익)에 대해서도 개인주주가 분여받은 이익(얻은 이익)에 대해 증여세를 부과하는 것과 같이 과세형평을 유지하기 위하여 법인세법 시행령 제11조 제9호(2019.2.12. 제8호로 개정)의 수익의 범위에 해당되는 것으로 보아 법인주주로부터 분여받은 이익에 한해 수익(익금)으로 법인세를 과세할 수 있게 하였다(구 법인령 §11 9).

한편, 개인주주로부터 분여받은 이익에 대해서도 과세당국은 수익의 범위에 해당되므로 수익(익금)으로 법인세를 과세하여 왔다. 그러나 국세심판원은 개인주주로부터 분여받은

4) 불공정합병이라는 용어는 법인세법 시행령 제88조 제1항 제8호 가목에서 '특수관계인인 법인 간의 합병(분할합병을 포함한다)에 있어서 주식 등을 시가보다 높거나 낮게 평가하여 불공정한 비율로 합병한 경우'에서 '불공정한 비율'을 차용하여 '불공정합병'이라는 용어로 실무에서 사용하고 있다. 상속증여세법에서는 불공정합병이라는 용어를 사용하고 있지 않다.

5) 상대방법인의 법인주주 및 개인주주로부터 분여받은 이익을 말한다.

이익은 법인세법 시행령 제11조 제9호의 수익에 해당되지 않는다고 하였다. 따라서 개인주주로부터 분여받은 이익에 대해서는 법인세를 과세할 수 없게 되었다. 즉 분여받은 이익이 그 이익을 분여한 상대방 주체가 법인이냐 개인이냐에 따라 과세를 달리하고 있었던 것이다. 이와 같은 불합리한 점을 개선하여 2000.12.29. 법인세법 시행령 제11조 제9호의 개정에서는 법인주주뿐만 아니라 개인주주로부터 분여받은 이익에 대해서도 수익(익금)으로 법인세를 과세할 수 있게 되었다.

이와 같이 부당한 합병과 관련하여 세법해석과 적용에 있어 상속증여세법과 법인세법은 그 이익을 각각 다루고 있으면서도 과세방식이 합리적이지 못한 점이 있었다. 그러나 지금은 이러한 문제는 완전하게 해소되었다. 부당한 합병에 따른 영향은 상속증여세법과 법인세법에서 공통적인 과세 문제를 가져오고 있다. 이 책에서는 이러한 점을 감안해 합병에 따른 이익에 대해 세법을 해석하고 적용하는 데 있어 증여세와 법인세로 나누어 소개하고 있다. 부당한 합병의 결과는 증여세와 법인세가 동시에 발생할 수 있으며 합병에 의한 의제배당, 합병에 의한 양도손익 등에도 영향을 미치게 된다. 결국 합병의 과세문제의 이해는 다양한 관련 사례를 통해 합병 과세체계를 이해하는 것이 중요하다고 하겠다.

관련규정 및 예규판례

합병에 따른 부당행위계산 여부(재경원 법인 46012-14, 1998.1.26.)

합병법인과 피합병법인에 출자한 법인의 합병계약 승인행위에 대하여는 (구)법인세법 시행령(1998.12.31. 개정 전) 제46조 제2항의 부당행위계산 부인규정이 적용되지 아니함.

부당행위계산의 유형 등(법인세법 시행령 제88조 제1항)

8. 다음 각 목의 1에 해당하는 자본거래로 인하여 주주 등인 법인이 특수관계자인 다른 주주 등에게 이익을 분여한 경우
   가. 특수관계자인 법인 간의 합병(분할합병을 포함한다)에 있어서 주식 등을 시가보다 높거나 낮게 평가하여 불공정한 비율로 합병한 경우(1998.12.31. 개정)
8. 다음 각 목의 어느 하나에 해당하는 자본거래로 인하여 주주 등인 법인이 특수관계인인 다른 주주 등에게 이익을 분여한 경우(2009.2.4. 개정)
   가. 특수관계인인 법인 간의 합병(분할합병을 포함한다)에 있어서 주식 등을 시가보다 높거나 낮게 평가하여 불공정한 비율로 합병한 경우. 다만, 「자본시장과 금융투자업에

관한 법률」 제165조의4에 따라 합병(분할합병을 포함한다)하는 경우는 제외한다. (2009.2.4. 단서개정)

수익의 범위(법인세법 시행령 제11조 제9호. 2019.2.12. 제8호로 개정)

9. 제88조 제1항 제8호의 규정에 의하여 특수관계자로부터 분여받은 이익(1998.12.31. 개정)
9. 제88조 제1항 제8호 각 목의 규정에 의한 자본거래로 인하여 특수관계인으로부터 분여받은 이익(2000.12.29. 개정)
9. 제88조 제1항 제8호 각 목의 어느 하나 및 같은 항 제8호의2에 따른 자본거래로 인하여 특수관계인으로부터 분여받은 이익(2008.2.22. 개정)

(3) 공정한 합병과 부당한 합병

앞서 살펴본 바와 같이 상속증여세법 신설과 법인세법 시행령 개정으로 부당한 합병에 해당하게 되는 경우에는 증여세와 법인세를 부과할 수 있게 되었다. 여기에서 '부당한 합병'이란 무엇이며, 부당한 합병의 발생 원인이 어디에서 오는지를 알아보자.

부당한 합병은 공정하지 않은 합병을 말한다. 공정한 합병과 부당한 합병을 비교하면서 그 차이점이 어디에서 오는지 사례를 중심으로 하여 설명하기로 한다.

> 이 책에서는 합병에 따른 이익을 ≪사례 1≫에서 보는 것과 같은 방식으로 이익을 계산하고 있다. 이 방식에서는 합병 후 1주당 주식가치(평가액)는 (합병법인의 총주식 평가액 + 피합병법인의 총주식 평가액) ÷ 합병 후 주식수가 되며, 이때 합병 후 주식수란 존속법인 또는 신설법인이 발행한 발행주식총수(합병법인이 합병 전 발행한 주식총수 + 합병신주수)를 말한다. 즉 합병법인의 합병 후 주식(총)수는 합병법인이 발행한 발행주식총수가 되고, 피합병법인의 합병 후 주식(총)수는 피합병법인의 발행주식총수 × 합병비율이 되므로 피합병법인의 합병 후 주식(총)수는 합병신주수가 된다. 합병당사법인의 합병 전 1주당 평가액은 각각 총주식 평가액 ÷ 합병 후 주식수가 되고, 합병당사법인의 1주당 평가차손익은 각각 합병 후 1주당 평가액 - 합병 전 1주당 평가액의 차액(±)을 말한다.

다음의 ≪사례 1≫은 A법인의 기업가치(주식가치) 20억원과 B법인의 기업가치(주식가치) 15억원인 두 기업이 합병으로 하나의 기업이 되었을 경우(합병비율 또는 합병조건에 따라 A′ 또는 A″로 구분), 합병조건과 관계없이 합병 후의 기업가치(총주식가치)는 35억원(A법인 20억원 + B법인 15억원)이 된다.

사례 1 ••• 공정한 합병과 부당한 합병

| 합병당사법인의 합병 전 내용 |

구분	A (합병법인)	B (피합병법인)
발행주식총수	200,000	300,000
1주당 평가액	10,000	5,000

〈1-1〉 공정한 합병(1 : 0.5)

구분	A (합병법인)	B (피합병법인)	A′ (합병 후 존속법인)
총주식 평가액	2,000,000,000	1,500,000,000	3,500,000,000
합병비율	1	0.5	
합병 후 발행주식총수	200,000	150,000	350,000
합병 전 1주당 평가액	10,000	10,000	
합병 후 1주당 평가액			10,000

* 합병비율(1 : 0.5): B법인 주식 2주당 A법인 주식 1주씩 교부

〈1-2〉 부당한 합병(1 : 1)

구분	A (합병법인)	B (피합병법인)	A″ (합병 후 존속법인)
총주식 평가액	2,000,000,000	1,500,000,000	3,500,000,000
합병비율	1	1	
합병 후 발행주식총수	200,000	300,000	500,000
합병 전 1주당 평가액	10,000	5,000	
합병 후 1주당 평가액			7,000

* 합병비율(1 : 1): B법인 주식 1주당 A법인 주식 1주씩 교부

위 사례의 합병비율에 따라 합병신주를 교부하면 합병의 결과는 다음과 같게 된다. 즉 합병비율을 1 : 0.5(A′ 법인)와 1 : 1(A″ 법인)로 서로 달리하여 합병하면 그 결과 합병 후의 1주당 평가액이 A′ 법인(10,000원)과 A″ 법인(7,000원)이 서로 다르게 평가된다는 것을 알 수 있다. 사례의 경우 합병비율을 1 : 0.5로 할 경우(〈1-1〉) 합병

후 1주당 평가액이 A′ 법인인 경우는 10,000원이 된다. 합병비율을 1 : 1로 할 경우(〈1-2〉) 합병 후 1주당 평가액이 A″ 법인인 경우 7,000원으로 평가되었다.

합병 후 1주당 평가액이 서로 다르게 평가되는 이유는 합병비율이 공정하지 않은 결과이다(이 결과는 합병신주수와 관련된 문제로 "제3절 2. 얻은 이익"에서 설명하고 있다). 결국 두 기업의 합병조건 중에 어느 하나가 공정하지 않은 합병을 하였다는 것으로 해석된다(합병 전 1주당 평가액과 합병 후 1주당 평가액의 계산방식 또는 그 의미에 대해서는 제3절에서 설명하기로 한다. 다만, 여기에서는 공정한 합병과 부당한 합병의 의미와 그 발생원인, 합병비율과의 관계 등을 정리해 두기로 한다).

B법인의 합병 전과 합병 후 1주당 평가액

〈공정한 합병〉

A′: 합병 전 1주당 평가액 10,000원 ⇒ 합병 후 1주당 평가액 10,000원

* 합병 전과 합병 후 주식가치에 차이가 없다.

〈부당한 합병〉

A″: 합병 전 1주당 평가액 5,000원 ⇒ 합병 후 1주당 평가액 7,000원

* 합병 전과 합병 후 주식가치에 차이가 난다.

* 합병 후 존속법인의 기업가치는 〈1-1〉과 〈1-2〉 모두 35억원이다. 그러나 합병 후 1주당 평가액은 각각 10,000원과 7,000원으로 서로 다르다.

≪사례 1≫ 〈1-1〉에서 두 기업의 1주당 주식가치(각 기업의 기업가치를 상속증여세법에 의하여 평가하였을 때의 1주당 평가액을 말함)는 각각 10,000원과 5,000원으로 두 기업의 주식가치가 서로 다르게 평가되어 있다. 이와 같이 단위당 주식가치가 서로 다르므로 합병비율도 서로 달라야 할 것이다. 따라서 A′ 합병의 경우 두 기업의 1주당 주식가치가 10,000원과 5,000원으로 서로 다르므로 그 서로 다른 주식가치에 따라 합병비율을 산정하게 되면 1 : 0.5(5,000원 ÷ 10,000원 = 0.5)가 될 것이다.

이 합병비율에 따라 합병한 결과 합병 후 1주당 평가액 10,000원, 합병 전 1주당 평가액이 10,000원으로 A법인의 주식과 B법인의 주식은 합병 후와 합병 전의 주식가치에 차이가 나지 않는다(합병 전 1주당 평가액은 B법인의 경우도 15억원 ÷ 30만주 × 합병비율 0.5하면 10,000원이 된다. 계산 방법은 제3절에서 설명한다).

그러나 〈1-2〉에서 A″ 합병의 경우는 두 기업의 1주당 주식가치가 각각 10,000원과 5,000원으로 서로 다른데도 합병비율을 1 : 0.5가 아닌 1 : 1로 한 결과 합병 후 1주당 평가액이 7,000원이 되고, 합병 전 1주당 평가액은 A법인 주식 10,000원, B법인 주식 5,000원이 된다. 합병 후와 합병 전의 주식가치에 차이가 난다. 합병 후와 합병 전의 주식가치에 차이가 나지 않는 A′ 합병인 경우를 공정한 합병이라 하고, 합병 후와 합병 전의 주식가치가 차이가 나는 A″ 합병인 경우를 부당한 합병이라고 한다. 계산 방법에 대한 자세한 설명은 제4절 "합병과 이익증여"에서 하기로 하고, 여기에서는 주식가치가 서로 다른 두 기업이 합병비율을 같게(1 : 1) 함으로써 합병 후와 합병 전의 주식가치가 차이 난다는 결과만을 이해하기로 한다.

합병비율

취득기업(A사)은 대상기업(B사)의 가치를 분석하여 취득가격을 책정하게 된다.
위 사례에서 A사의 B사에 대한 가격(취득가격)은 15억원이다. A′의 경우 B사의 주식 2주당 A사 주식 1주를 주었는데 비율로 보면 1 : 0.5가 되며, A사는 B사의 주식을 1주당 10,000원(15억원 ÷ 150,000주)에 취득한 결과가 된다. 한편, A″의 경우 B사의 주식 1주당 A사 주식 1주를 주었는데 비율로 보면 1 : 1이 되며, A사는 B사의 주식을 1주당 5,000원(15억원 ÷ 300,000주)에 취득한 결과가 된다. 따라서 합병비율은 대상기업의 가격에 대한 취득기업의 인수가격을 대상기업의 주식 1주당 취득기업이 교부하는 주식수에 따라 결정된다.

다음 사례에서 부당한 합병의 원인이 어디에서 오는지 사례를 통해 알아본다. 합병법인 ○○㈜가 피합병법인 ▲▲㈜를 흡수합병하고 신고한 합병내용이다.

| ○○㈜ 합병신고 내용 |

구분	○○㈜	▲▲㈜	A′(합병 후)
총주식 평가액	1,190,390,365,012	120,847,132,875	1,311,237,497,887
발행주식총수	122,116,369	18,956,413	
합병가액	9,748	6,375	
합병비율(신고)	1	0.654	
합병 후 주식수(신고)	122,116,369	12,397,121	134,513,490
합병 후 1주당 평가액			9,748

구분	○○㈜	▲▲㈜	A′(합병 후)
합병 전 1주당 평가액	9,748	9,748	
1주당 평가차손익	0	0	

회사가 신고한 합병가액(1주당 평가액)이 합병법인 ○○㈜ 9,748원, 피합병법인 ▲▲㈜ 6,375원이다. 따라서 합병비율은 1 : 0.654(6,375원 ÷ 9,748원)가 된다. 회사는 신고한 합병가액에 따라 합병비율을 정하였다. 신고한 합병비율에 따라 합병 전·후의 주식가치를 평가하면 합병 후 1주당 평가액은 9,748원이 되며 합병 전 1주당 평가액은 ○○㈜과 ▲▲㈜ 모두 9,748원이 된다.

합병법인과 피합병법인 모두 합병 후와 합병 전 주식가치에 차이가 나지 않으므로 1주당 평가차손·익이 발생하지 않게 된다. 즉 공정한 합병이 되었음을 의미하고 있다. 그러나 ○○㈜가 신고한 합병에는 합병가액에 변동사항이 발생되어 합병가액을 수정한 결과 다음과 같은 부당한 합병이 되었다.

〈1-3〉 공정한 합병과 부당한 합병

구분		○○㈜	▲▲㈜	A′(합병 후)
회사신고	총주식 평가액	1,190,390,365,012	120,847,132,875	1,311,237,497,887
	발행주식총수	122,116,369	18,956,413	
	합병가액	9,748	6,375	
	합병비율	1	0.654	
	합병 후 주식수	122,116,369	12,397,121	134,513,490
	합병 후 1주당 평가액			9,748
공정합병(수정)	총주식 평가액	1,190,390,365,012	76,356,431,564 ①	1,266,746,796,576 ②
	합병가액	9,748	4,028	
	합병비율	1	0.413	
	합병 후 주식수(신고)	122,116,369	7,833,036	129,949,405
	합병 후 1주당 평가액			9,748
	합병 전 1주당 평가액	9,748	9,748	
	1주당 평가차손익	0	0	

구분		○○㈜	▲▲㈜	A′(합병 후)
부당합병(결과)	합병 후 주식수(신고)	122,116,369	12,397,121 ③	134,513,490 ④
	합병 후 1주당 평가액			9,417 (②/④)
	합병 전 1주당 평가액	9,748	6,159 (①/③)	* 소수점에 따라 금액 차이가 발생됨.
	1주당 평가차손익	-331	3,258	
	평가차액 계	-40,390,320,029	40,390,320,029	

사례 〈1-3〉에 의하면, 피합병법인 ▲▲㈜는 신고한 합병가액이 1주당 6,375원이었으나 상속증여세법에 의한 합병가액(공정합병)은 1주당 4,028원이 되었다. 이에 따라 합병비율이 1 : 0.654에서 1 : 0.413(4,028원 ÷ 9,748원)으로 변동되었다. 합병비율이 변경된 원인을 보면 피합병법인 ▲▲㈜가 신고한 총주식 평가액이 120,847,132,875원이었으나 수정된 총주식 평가액은 76,356,431,564원이다. 이미 발행된 합병신주수는 변동될 수 없으므로 합병가액이 1주당 6,375원에서 1주당 4,028원으로 수정되어야 하며, 이에 따라 합병비율도 1 : 0.654에서 1 : 0.413으로 수정된다.

피합병법인 ▲▲㈜의 합병 후 주식수는 합병비율(회사가 신고한 합병비율)이 1 : 0.654에서는 교부받은 주식수가 12,397,121주이나 합병비율(수정된 합병비율)이 1 : 0.413일 때는 교부받을 주식수를 계산하면 7,833,036주가 된다. 이와 같은 영향으로 인해 신고한 합병비율에서는 합병 후 발행주식총수는 134,513,490주가 되고 수정된 합병비율에서는 합병 후 발행주식총수는 129,949,405주가 된다. 즉 공정한 합병비율로 하여 주식을 교부받은 것과 신고한 합병비율에 의해 교부받은 주식의 주식수를 비교해 보면, 신고한 합병비율에 의해 교부받은 주식수가 4,564,085주 더 많다. 공정한 합병비율에 따라 교부받아야 할 주식수보다 더 많이 교부받은 것이 된다(결국 상속증여세법 제38조 합병에 따른 이익은 이와 같이 합병비율의 차이로 인한 교부받은 주식수의 과다 및 과소가 그 원인이 된다. "제3절 2. 얻은 이익" 참조).

합병 후 1주당 가액이 변동되는 과정을 살펴보면, 앞서 피합병법인의 1주당 평가액 6,375원이 수정 후 1주당 4,028원으로 변동되었다. 수정된 총주식 평가액(합병법인 총주식 평가액 + 피합병법인 총주식 평가액)에 따라 합병 후 1주당 평가액을 계산하면 9,417원이 되고 합병 전 1주당 평가액을 계산하면 합병법인 ○○㈜가 9,748원, 피합병법인 ▲▲㈜는 6,159원이 된다. 수정된 합병 후 1주당 가액 9,417원(수정된 총주식 평가액 ÷ 합병 후 주식수)과 합병 전 1주당 가액(합병법인 9,748원, 피합병법인 6,159원)이 수정되기 전과 차이가 난다. 이와 같이 수정된 평가로 인해 합병 후와 합병 전의 주식가치에 차이가 나므로 부당한 합병이 된다. 결국 합병 후와 합병 전의 주식가치가 차이 나는 원인은 다음과 같이 합병가액의 차이이며, 합병비율과 관계가 있다.

구분	신고합병		공정합병	
합병가액/1주	9,748	6,375	9,748	4,028
합병비율	1	0.654	1	0.413

위 사례의 공정한 합병(수정)에서 보면, 공정한 합병비율은 1 : 0.413(4,028원 ÷ 9,748원)이므로 그 합병비율에 따라 합병을 하였다면 합병 후 1주당 평가액이 9,748원이 되고 합병 전 1주당 평가액은 ○○㈜와 ▲▲㈜ 둘 다 9,748원이 된다. 합병 후의 주식가치와 합병 전의 주식가치에 차이가 나지 않으므로 1주당 평가차손・익이 발생하지 않게 된다.

(4) 합병가액 산정방법

(4)-1. 상속증여세법의 합병가액

합병비율은 회사합병의 근간을 이룬다. 합병비율을 계산하기 위해서는 합병가액을 산정해야 한다. 회사합병에서 합병법인이 피합병법인의 자산과 부채를 인수한 것에 대한 대가로 피합병법인의 주주에게 합병법인이 발행하는 주식(합병신주)을 몇 주를 교부해야 할 것인가는 합병비율에 의해 정해진다. 대법원(대법원 2007다64136, 2008.1.10.)은 "합병비율을 정하는 것은 합병계약의 가장 중요한 내용이고, 그 합병비율은 합병할 각 회사의 재산 상태와 그에 따른 주식의 실제적 가치에 비추어 공정하게 정함이 원칙이며, 만일 그 비율이 합병할 각 회사의 일방에게 불리하게 정해진 경우에는 그 회사의 주주가 합병 전 회사의 재산에 대하여 가지고 있던 지분비율을 합병 후에 유지할 수 없게 됨으로써 실질적으로 주식의 일부를 상실케 되는 결과를 초래할 것이다."라고 합병비율의 중요성을 말하고 있다. 여기서 '실질적으로 주식의 일부를 상실케 되는 결과를 초래한다'는 것에 대해 세법적인 방식으로 나온 것이 합병비율이 공정하지 않은 경우의 이전되는 이익을 과세대상(합병에 따른 이익증여)으로 규정한 것이 된다.

회사의 합병에서 합병비율의 불공정은 곧바로 상속증여세법 제38조 '합병에 따른 이익증여'의 문제가 된다. 여기서 '합병비율의 불공정'이란 것은 '합병비율의 공정'이란 무엇인가에 대한 대답이 된다. 즉 공정한 합병비율이란 무엇인가가 되겠다. 공정한 합병비율은 합병가액의 문제이고 합병가액 평가방식의 문제가 된다. 결국 합병비율의 중요성을 말한 대법원의 판결은 합병당사법인의 합병가액 평가의 적정성 여부에 귀착된다. 합병비율의 불공정에 대한 합병에 따른 이익증여 규정(상속증여세법 제38조 및 같은 법 시행령 제28조)은 합병가액을 상속증여세법 시행령 제28조 제1항의 규정을 따르지 않을 경우에 한해 발생하게 된다. 따라서 합병에 따른 이익증여에 해당되지 않기 위해서는 상속증여세법 시행령 제28조 제1항의 규정을 따라야 한다. 공정한 합병비율이란 무엇인가를 확인하기 위해서는 "합병에 따른 이익증여"의 규정인 상속증여세법 제38조의 도입 배경과 같은 법 시행령 제28조 제1항의 개정 연혁을 살펴보는 것이 중요하다.

현행 상속증여세법 제38조에 해당되는 구 상속세법 제34조의4를 신설하면서 자본거래를 이용한 상속세 또는 증여세의 회피를 방지하도록 하고, 기업이 합병하면서 합병비율을 조작함으로써 주주가 받은 이익에 상당하는 금액을 증여세를 과세하도록 함이라고 했다. 합병을 이용한 상속증여세의 회피 방지는 합병비율 조작을 방지하는 데 있고, 이를 위해서는 합병당사법인(이하 "합병법인과 피합병법인"을 말한다)의 범위를 규정하는 데 있다. 합병당사법인 범위의 규정은 곧 합병비율 산정방식의 규정을 의미한다. 여기서 합병비율을 계산하기 위해서는 합병가액의 산정방식(주식평가방식)이 있어야 한다. 주식평가의 산정방식은 증여세 준용 규정인 구 상속세법 시행령 제5조(상속재산의 평가방법)에서 규정하고 있다. 합병비율 조작 방지를 위한 합병당사법인의 기준을 제시하고 있는 것이 구 상속증여세법 시행령 제41조의3 제1항에 해당한다. 이 조항에서 합병당사법인의 범위를 특수관계에 있는 법인으로 제한을 둔 것은 특수관계에 있지 않은 법인 간의 합병에서는 합병비율을 조작하면서까지 상속증여세를 회피하는 것은 불가능하다고 보기 때문일 것이다.

현행 상속증여세법 시행령 제28조 제1항에 해당되는 구 상속증여세법 시행령 제41조의3 제1항은 1990.12.31.에 신설된 조항으로 "특수관계에 있는 법인"의 범위를 법인세법 시행령

제46조에 규정된 특수관계에 있는 법인을 말하고 있으므로, 이 조항 신설 당시에는 법인세법 시행령 제46조에 규정된 특수관계에 있는 법인 간의 합병은 모두 합병에 따른 이익증여의 대상이 되었다. 이와 같은 합병당사법인의 범위 규정은 2000.12.29. 개정되기 전까지 계속되어 왔다. 다만, 1998.12.31. 개정에서 한시적으로 1999.12.31. 이전까지 합병하는 경우에는 증권거래법에 의한 합병가액에 의할 수 있도록 하였다. 그 이유를 기업의 합병에 따른 주주의 증여세부담을 경감하기 위하여 기업의 합병으로 주주가 받는 이익을 계산하면서 상장주식의 가액 평가를 비상장주식과 같은 방법에 의하는 것이 주주에게 유리한 경우에는 상장주식을 비상장주식과 같은 방법에 의하여 평가할 수 있도록 한다는 것이다.

한편, 2000.12.29. 개정에서 합병당사법인 모두가 상장법인 또는 협회등록법인인 경우에는 특수관계에 있는 법인으로 보지 않는 것으로 개정되었다. 2000.12.29. 개정으로 특수관계에 있는 법인의 범위를 상장법인(협회등록법인 포함)과 비상장법인 간의 합병과 비상장법인 간의 합병으로 제한하였다. 그리고 2001.12.31. 개정에서는 증권거래법에 의한 주권상장법인 또는 협회등록법인이 다른 법인과 합병하는 경우 특수관계에 있는 법인으로 보지 않는 것으로 개정되면서, 이 규정은 현재까지 이어져 오고 있다. 2001.12.31. 개정으로 특수관계에 있는 법인의 범위를 비상장법인 간의 합병만을 특수관계 있는 법인의 합병으로 본다.

특수관계에 있는 법인의 범위가 점차 축소하게 된 이유를 찾자면, 자본시장법에 의해 합병하는 경우(자본시장법 시행령 제176조의5)는 상장법인의 경우 합병가액 산정방식에 대해 구체적으로 규정하고 있다. 또한 상장법인과 비상장법인 간의 합병 경우 비상장법인의 합병가액은 금융위원회가 정하여 고시하는 방법에 따라야 하고 그 합병가액의 적정성에 대하여 외부평가기관의 평가를 받도록 하고 있어서 비상장법인이라고 하더라도 공정한 합병비율의 적정성이 보장될 수 있도록 규정하고 있기 때문이다(현실적으로 공정한 합병비율의 적정성을 보장한다는 것은 논란이 된다). 이런 이유로 자본시장법에 의해 합병하는 경우를 특수관계에 있는 법인 간의 합병으로 보지 않게 되었다(※ 자세한 내용은 저자의 "합병비율과 합병대가에 대한 세법 적용의 문제" –상속증여세법 시행령 제28조 제1항 단서 적용에 대하여– 참조).

(4)-2. 상속증여세법의 합병가액 산정방식

비상장법인 간의 합병가액에 대해서는 산정방식과 절차를 특별히 정하고 있지 않다. 다만, 상속증여세법 시행령 제28조 제6항에 따르면 제3항 제1호 나목에 따른 '1주당 평가가액'과 제5항에 따른 '합병 직전 주식의 가액'은 상속증여세법 제60조 및 제63조에 따라 평가한 가액에 따르도록 하고 있다(상증령 §28 ⑥). 여기서 말하는 1주당 평가액과 합병 직전 주식가액은 같은 의미로서 합병 전 주식의 평가액을 말한다. 비상장주식의 합병가액은 시가이며 시가가 없는 경우는 비상장주식평가액(자산가치와 수익가치를 가중평균한 가액인 보충적 평가방법)을 말한다. 곧, 비상장주식의 평가방식이 합병가액의 산정방식이 된다.

주권상장법인의 경우는 상속증여세법 제60조 및 제63조 제1항 제1호 나목의 평가방법에 의한 평가가액(비상장주식 평가액을 말한다)의 차액(합병 후 평가액 − 합병 전 평가액)이 상속증여세법 제60조 및 제63조 제1항 제1호 가목의 평가방법에 의한 평가가액(상장주식 평가액을 말한다)의 차액보다 적게 되는 때에는 상속증여세법 제60조 및 제63조 제1항 제1호 나목의 방법(상장주식 평가방법을 말한다)에 따라 평가한다. 즉 비상장주식 평가차액(비상장주식 평가방법에 의한 합병 후 1주당 평가액 − 비상장주식 평가방법에 의한 합병 전 1주당 평가액) ≤ 상장주식 평가차액(상장주식 평가방법에 의한 합병 후 1주당 평가액 − 상장주식 평가방법에 의한 합병 전 1주당 평가액)일 경우는 비상장주식 평가방법에 의한 1주당 평가액이 합병가액이 된다. 상장주식의 경우는 유리한 평가방식을 택한다는 것이 된다.

그런데 앞에서 말하는 합병가액은 법인 간의 합병 중 자본시장법에 따른 주권상장법인이 다른 법인과 자본시장법 제165조의4 및 자본시장법 시행령 제176조의5에 따라 하는 합병은 특수관계에 있는 법인 간의 합병으로 보지 아니하므로(상증령 §28 ① 단서), 자본시장법령에 따른 법인 간의 합병인 주권상장법인 간의 합병, 주권상장법인과 주권비상장법인 간의 합병은 합병에 따른 이익의 제외 대상이 된다. 결국 상속증여세법의 주권상장법인의 합병가액이란 특수관계에 있는 법인 간의 합병으로서 자본시장법령에 따른 합병(자본시장법령의 합병비율이 아닌 합병비율 등)을 하지 아니할 경우(상장법인 간의 합병, 상장과 비상장법인 간의 합병이라고 하더라고 자본시장법령에서 정한 평가방식이 아닌 평가방식을 사용한 경우 등으로서 사후에 부실평가가 확인되는 경우)에 적용할 수 있게 된다. 즉 자본시장법령에 따른 합병(주권상장법인 간의 합병, 주권상장법인과 주권비상장법인 간의 합병)을 하는 경우는 현실적으로 상속증여세법의 합병가액의 적용문제는 발생하지 않게 된다. 일반적으로 상속증여세법의 합병가액 산정방식은 비상장법인 간의 합병의 경우에만 의미가 있다.

(4)-3. 자본시장법(시행령 제176조의5)의 합병가액 산정방식

〈주권상장법인 간의 합병〉

다음의 종가를 산술평균한 가액(±30%, 계열사 간 합병 ±10%)

가. 최근 1개월간 평균종가

나. 최근 1주일간 평균종가

다. 최근일의 종가

〈주권상장법인과 주권비상장법인 간의 합병〉

가. 주권상장법인의 경우에는 주권상장법인의 가격. 다만, 주권상장법인의 가격이 자산가치에 미달하는 경우에는 자산가치로 할 수 있다.

나. 주권비상장법인의 경우에는 자산가치와 수익가치를 가중산술평균한 가액. 다만, 자산가치와 수익가치를 가중산술평균한 가액으로 산정하는 경우에는 상대가치를 비교하여 공시하여야 한다. 자산가치 · 수익가치 및 그 가중산술평균방법과 상대가치의 공시방법은 금융위원회가 정하여 고시한다.

※ 증권의 발행 및 공시 등에 관한 규정 시행세칙
제4조(합병가액의 산정방법) 규정 제5-13조에 따른 자산가치 · 수익가치의 가중산술평균방법은 자산가치와 수익가치를 각각 1과 1.5로 하여 가중산술평균하는 것을 말한다.

(5) 합병가액 평가기준일

상속증여세법 시행령 제28조 제4항 1호에 따르면 합병가액 평가기준일을 상법 제522조의2에 따른 대차대조표 공시일 또는 자본시장과 금융투자업에 관한 법률 제119조 및 같은 법 시행령 제129조에 따라 합병의 증권신고서를 제출한 날 중 빠른 날로 한다.

다만, 주권상장법인에 해당하지 아니하는 법인인 경우에는 상법 제522조의2에 따른 대차대조표 공시일로 한다. 상법 제522조의2(합병계약서 등의 공시) 제1항에서 이사는 상법 제522조 제1항의 주주총회 회일의 2주 전부터 합병을 한 날 이후 6개월이 경과하는 날까지 다음 각 호의 서류를 본점에 비치하여야 한다. 다음의 각 호에서 제2호는 합병을 위하여 신주를 발행하거나 자기주식을 이전하는 경우에는 합병으로 인하여 소멸하는 회사의 주주에 대한 신주의 배정 또는 자기주식의 이전에 관하여 그 이유를 기재한 서면, 제3호는 각 회사의 최종의 대차대조표와 손익계산서를 말한다. 자본시장법 제119조 제1항은 증권의 모집 또는 매출은 발행인이 그 모집 또는 매출에 관한 신고서를 금융위원회에 제출하여 수리되지 아니하면 이를 할 수 없다. 위의 관련 규정을 보면 합병가액의 평가기준일은 상장법인 간의 합병 또는 상장법인과 비상장법인 간의 합병은 주주총회 회일의 2주 전 대차대조표 공시일과 증권신고서 제출일 중 빠른 날이 되며, 비상장법인 간의 합병은 주주총회 회일의 2주 전의 대차대조표 공시일이 되겠다.

다만, 각 회사의 최종 대차대조표와 손익계산서 등을 실제로 본점에 비치하였다고 인정하기에 부족하고, 달리 실제 '대차대조표 공사일'을 인정할 만한 아무런 자료도 없다. 이 사건과 같이 상법의 규정에 따른 '대차대조표 공사일'을 알 수 없는 경우 그 평가기준일을 언제로 보아야 하는지에 관하여 상증법이나 법인세법은 아무런 규정을 두고 있지 아니하여 결국 객관적이고 합리적인 방법에 의하여 평가기준일을 정하여야 할 것인바, 합병당사법인의 '대차대조표 공시일'을 알 수 없어 부득이 이 사건 '합병등기일'을 평가기준일로 하여 합병 직전 주식가액 등을 평가한 것은 나름대로 객관적이고 합리적인 방법에 의하여 평가기준을 정한 것이라고 봄이 상당하다(서울고법 2010누18934, 2010.12.9.).

한편, 상속증여세법 시행령 제52조의2 각 호가 그 평가기간 내에 증자 · 합병 등의 사유가 발생한 경우 그로 인하여 영향을 받기 전의 기간 또는 받은 후의 기간을 제외하고 상장주식을 평가하도록 한 것은 그러한 사유가 유가증권시장에서 형성되는 주가에 상당한 영향을 미침으로써 평가기준일이 속한 기간의 주가와는 본질적인 차이를 가져옴을 감안한 것으로, 상속증여세법 시행령 제29조 제4항이 '주금납입일'을 기준으로 하여 신주의 저가인수에 따른 이익을 계산하도록 정하고 있으므로 '증자 전 1주당 평가가액'은 그 평가기준일인 주금납입일 전날을 기준으로 하여 특별한 사정이 없는 한 그 이전 2월의 기간 동안 형성된 주가의 평균액으로 산정하여야 할 것이다(대법원 2014두2560, 2016.6.28.).

그렇다면 상장법인의 합병 이익증여의 계산 시 상속증여세법 시행령 제28조 제4항 제2호의 "합병 직전 주식가액"의 평가는 합병의 증권신고서 제출일의 전날을 기준으로 그 이전 2월이 되는 날까지의 기간을 대상으로 종가평균액으로 하여야 할 것이다.

사례 2 ••• 합병가액 산정방법(상장법인과 비상장법인 간의 합병)

주권상장법인 □□산업은 비상장법인 ▲▲산업을 흡수합병하기로 하였다. 합병가액 산정에 필요한 자료는 다음과 같다(아래의 사례는 구 증권거래법 실제 사례임).

(가) 주권상장법인 □□산업의 합병가액

자본시장과 금융투자업에 관한 법률 시행령 제176조의5 제1항(기준주가)

① 기준주가의 산정방법

20××.2.2. 전일을 기산일로 한 최근 1월의 종가 및 거래량

일자	종가(원)	거래량(주)	종가×거래량
20××.2.01.	9,750	1,701,902	16,593,544,500
1.31.	10,000	2,046,850	20,468,500,000
1.28.	9,930	4,419,192	43,882,576,560
1.27.	10,200	6,663,650	67,969,230,000
1.26.	9,940	2,672,102	26,560,693,880
1.25.	9,430	1,198,886	11,305,494,980
1.24.	9,410	1,622,187	15,264,779,670
1.21.	9,100	1,171,302	10,658,848,200
1.20.	9,020	1,297,506	11,703,504,120
1.19.	9,270	2,097,053	19,439,681,310
1.18.	9,450	1,775,300	16,776,585,000
1.17.	9,580	2,943,259	28,196,421,220
1.14.	9,400	2,339,079	21,987,342,600
1.13.	8,840	988,865	8,741,566,600
1.12.	8,740	963,397	8,420,089,780
1.11.	9,100	1,510,595	13,746,414,500
1.10.	8,850	1,196,044	10,584,989,400
1.07.	8,600	1,148,487	9,876,988,200

일자	종가(원)	거래량(주)	종가×거래량
1.06.	8,810	1,961,489	17,280,718,090
1.05.	8,890	1,545,659	13,740,908,510
1.04.	8,780	2,022,641	17,758,787,980
1.03.	8,580	1,379,737	11,838,143,460
계		44,665,182	422,795,808,560

② 산술평균종가의 계산

구분	종가×거래량	거래량(주)	종가(원)
최근일 종가(A)	16,593,544,500	1,701,902	9,750
최근 1주일 평균종가	202,044,819,590	20,324,769	9,941
최근 1개월 평균종가	422,795,808,560	44,665,182	9,466
산술평균 종가(B)	(9,750 + 9,941 + 9,466) / 3 = 9,719		

③ 기준주가

구분	최근일 종가(A)	산술평균종가(B)	기준주가(A와 B 중 낮은 가액)
(구)증권거래법	9,750원	9,719원	9,719원
자본시장법		9,719원	9,719원

(나) 비상장법인 ▲▲산업의 합병가액

자본시장과 금융투자업에 관한 법률 시행령 제176조의5, 증권의 발행 및 공시 등에 관한 규정 제5-13조 및 같은 규정 시행세칙 제4조 내지 제8조[본질가치(자산가치와 수익가치를 가중산술평균한 가액)와 상대가치의 가액을 산술평균한 가액]

① 본질가치(자산가치와 수익가치를 가중산술평균한 가액)의 산정방법

㉮ 자산가치의 산정방법(증권의 발행 및 공시 등에 관한 규정 시행세칙 제5조)

| 자산가치 산정내역 | (단위: 백만원)

계정과목	금액(원)
Ⅰ. 자본총계(20××.12.31.)	363,188
Ⅱ. 조정 항목	
(1) 가산항목	
토지(주1)	2,880
(2) 차감 항목	
퇴직위로금(주2)	11,000
유상감자(주3)	154,000
Ⅲ. 조정 후 순자산가액	201,068
Ⅳ. 발행주식총수	18,956,413
Ⅴ. 자산가치에 의한 주당 평가액(Ⅲ/Ⅳ)	10,607

(주1) 실사기준에 의한 공시지가 평가에 따른 증가액
(주2) 합병 전 퇴직위로금 예상되는 금액
(주3) 이사회 유상감자결의, 유상감자금액 자산가치에 반영

㈏ 수익가치의 산정방법(증권의 발행 및 공시 등에 관한 규정 시행세칙 제6조)

| 수익가치 산정내역 | (단위: 백만원)

구분	금액(원)	
	제1차 사업연도	제2차 사업연도
Ⅰ. 추정경상이익(주1)	10,759	25,247
Ⅱ. 유상증자 추정이익		
Ⅲ. 계(Ⅰ+Ⅱ)	10,759	25,247
Ⅳ. 법인세 등(주2)	2,921	6,943
Ⅴ. 우선주 배당조정액	–	–
Ⅵ. 각 사업연도 추정이익(Ⅲ–Ⅳ–Ⅴ)	7,838	18,304
Ⅶ. 발행주식총수(주3)	18,956,413	18,956,413
Ⅷ. 각 사업연도 주당 추정이익(Ⅵ/Ⅶ)	413원	966원
Ⅸ. 주당 추정이익(주4)	634원[(413원×3+966원×2)/5]	
Ⅹ. 자본환원율(주5)	6.0%	
XI. 수익가치(Ⅸ/Ⅹ)	10,567원	

(주1) 아래 "추정손익계산서" 참조

(주2) 법인세 등은 추정경상이익에 유상증자추정이익을 가산하여 산정된 금액에 대한 법인세 및 주민세액으로 한시적인 법인세 등의 감면사항은 고려하지 않았음.
(주3) 발행주식총수는 분석기준일 현재의 발행주식총수에서 이사회결의에 의한 유상감자에 의한 주식의 감소를 반영한 것임.
(주4) 향후 2개 연도의 주당 추정이익을 각각 3과 2로 가중산술평균한 가액임.
(주5) 시중 5개 은행의 1년 만기 정기예금 최저금리 고려 6.0%(4%×1.5) 적용

| 추정손익계산서 | (단위: 백만원)

계정과목	제1차 사업연도	제2차 사업연도
Ⅰ. 영업수익	109,294	122,451
수수료수익	59,143	69,614
이자수익	18,531	21,217
배당금수익	498	498
유가증권 등 손익	31,117	31,117
기타수익	5	5
Ⅱ. 영업비용	14,499	16,589
수수료비용	10,070	11,565
이자비용	4,429	5,024
Ⅲ. 판매비와 관리비	84,563	80,515
인건비	47,145	42,317
물건비	37,054	37,844
대손상각비	364	354
Ⅳ. 영업이익	10,232	25,347
Ⅴ. 영업외손익	527	-100
Ⅵ. 경상이익	10,759	25,247
Ⅶ. 법인세비용	2,921	6,943
Ⅷ. 당기순이익	7,838	18,304

㉰ 본질가치

자산가치(A)	수익가치(B)	본질가치[(A+B×1.5)/2.5]
10,607원	10,567원	10,583원

② **상대가치의 산정방법(증권의 발행 및 공시 등에 관한 규정 시행세칙 제7조)**

㉮ 유사회사별 비교가치

유사회사별 비교가치 = 유사회사의 주가

$$\times \left(\frac{\text{발행회사의 주당 경상이익}}{\text{유사회사의 주당 경상이익}} + \frac{\text{발행회사의 주당 순자산}}{\text{유사회사의 주당 순자산}}\right) \div 2$$

□□산업: 15,664 × [(136/2,436) + (10,607/29,857)] / 2 = 3,220원

▲▲산업: 7,402 × [(136/2,021) + (10,607/14,796)] / 2 = 2,902원

* 유사회사의 주가: □□산업 15,664원, ▲▲산업 7,402원

* 발행회사의 주당 경상이익 136원, 주당 순자산 10,607원

| 유사회사의 주당 경상이익 | (단위: 백만원)

구분	□□산업	▲▲산업
최근 사업연도 경상이익(조정 후)	42,031	68,816
직전 사업연도 경상이익(조정 후)	10,525	12,189
분석기준일 현재 보통주 발행주식총수	9,386,237	19,154,353

□□산업: [(42,031/9,386,237) + (10,525/9,386,237)] / 2 = 2,436원

▲▲산업: [(68,816/19,154,353) + (12,189/19,154,353)] / 2 = 2,021원

$$\text{주당 경상이익} = \left(\frac{\text{최근 사업연도의 경상이익}}{\text{발행주식의 총수}} + \frac{\text{직전 사업연도의 경상이익}}{\text{발행주식의 총수}}\right) \div 2$$

* 유사회사의 주당 경상이익 (단위: 백만원, 주)

구분	□□산업	▲▲산업
보통주 순자산가액(조정 후) ①	280,241	283,415
분석기준일 현재 보통주 발행주식총수 ②	9,386,237	19,154,353
주당 순자산(①/②)	29,857원	14,796원

㉯ 비교가치의 평균을 30% 할인한 가액:

[(3,220원 + 2,902원) / 2] × 0.7 = 2,142원

㉰ 유사회사의 주가평균: (15,664원 + 7,402원) / 2 = 11,533원

㉱ 상대가치(㉯와 ㉰ 중 적은 금액): 2,142원

③ 1주당 가치

본질가치(A)	상대가치(B)	주당가치[(A+B)÷2]
10,586원	2,142원	6,364원

(다) 합병가액 및 합병비율

구분	합병법인(□□산업)	피합병법인(▲▲산업)
합병가액	9,719원	6,364원
합병비율	1	0.654

| 합병관련 법규정 |

관련 법규정	내용
자본시장과 금융투자업에 관한 법률	제165조의4【합병 등의 특례】 주권상장법인은 다음 각 호의 어느 하나에 해당하는 행위를 하려면 대통령령으로 정하는 요건·방법 등의 기준에 따라야 한다. 1. 다른 법인과의 합병 2. 대통령령으로 정하는 중요한 영업 또는 자산의 양수 또는 양도 3. 주식의 포괄적 교환 또는 포괄적 이전 4. 분할 또는 분할합병
자본시장과 금융투자업에 관한 법률 시행령	제176조의5【합병의 요건·방법 등】 ① 주권상장법인이 다른 법인과 합병하려는 경우에는 다음 각 호의 방법에 따라 산정한 합병가액에 따라야 한다. 이 경우 주권상장법인이 제1호 또는 제2호 가목 본문에 따른 가격을 산정할 수 없는 경우에는 제2호 나목에 따른 가격으로 하여야 한다. (2014.12.9. 개정) 1. 주권상장법인 간 합병의 경우에는 합병을 위한 이사회 결의일과 합병계약을 체결한 날 중 앞서는 날의 전일을 기산일로 한 다음 각 목의 종가(증권시장에서 성립된 최종가격)를 산술평균한 가액(기준시가)을 기준으로 100분의 30(계열회사 간 합병의 경우에는 100분의 10)의 범위에서 할인 또는 할증한 가액. 이 경우 가목 및 나목의 평균종가는 종가를 거래량으로 가중산술평균하여 산정한다. 가. 최근 1개월간 평균종가. 다만, 산정대상 기간 중에 배당락 또는 권리락이 있는 경우로서 배당락 또는 권리락이 있은 날부터 기산일까지의 기간이 7일 이상인 경우에는 그 기간의 평균종가로 한다. 나. 최근 1주일간 평균종가

관련 법규정	내용
	다. 최근일의 종가 2. 주권상장법인(코넥스시장에 주권이 상장된 법인은 제외)과 주권비상장법인 간 합병의 경우에는 다음 각 목의 기준에 따른 가격 가. 주권상장법인의 경우에는 제1호의 가격. 다만, 제1호의 가격이 자산가치에 미달하는 경우에는 자산가치로 할 수 있다. 나. 주권비상장법인의 경우에는 자산가치와 수익가치를 가중산술평균한 가액 ② 제1항 제2호 나목에 따른 가격으로 산정하는 경우에는 금융위원회가 정하여 고시하는 방법에 따라 산정한 유사한 업종을 영위하는 법인의 가치("상대가치")를 비교하여 공시하여야 하며, 같은 호 각 목에 따른 자산가치·수익가치 및 그 가중산술평균방법과 상대가치의 공시방법은 금융위원회가 정하여 고시한다. ④ 주권상장법인이 주권비상장법인과 합병하여 주권상장법인이 되는 경우에는 다음 각 호의 요건을 충족하여야 한다. (2012.6.29. 개정) 2. 합병의 당사자가 되는 주권상장법인이 법 제161조 제1항에 따라 주요사항보고서를 제출하는 날이 속하는 사업연도의 직전사업연도의 재무제표를 기준으로 자산총액·자본금 및 매출액 중 두 가지 이상이 그 주권상장법인보다 더 큰 주권비상장법인이 다음 각 목의 요건을 충족할 것 가. 법 제390조에 따른 증권상장규정("상장규정")에서 정하는 재무 등의 요건 나. 감사의견, 소송계류, 그 밖에 공정한 합병을 위하여 필요한 사항에 관하여 상장규정에서 정하는 요건 ⑤ 특정 증권시장에 주권이 상장된 법인이 다른 증권시장에 주권이 상장된 법인과 합병하여 특정 증권시장에 상장된 법인 또는 다른 증권시장에 상장된 법인이 되는 경우에는 제4항을 준용한다. 이 경우 "주권상장법인"은 "합병에도 불구하고 같은 증권시장에 상장되는 법인"으로, "주권비상장법인"은 "합병에 따라 다른 증권시장에 상장되는 법인"으로 본다. ⑦ 법 제165조의4 제2항에 따라 주권상장법인이 다른 법인과 합병하는 경우 다음 각 호의 구분에 따라 합병가액의 적정성에 대하여 외부평가기관의 평가를 받아야 한다. (2014.12.9. 개정) 1. 주권상장법인(기업인수목적회사는 제외)이 주권상장법인과 합병하는 경우로서 다음 각 목의 어느 하나에 해당하는 경우

관련 법규정	내용
	가. 주권상장법인이 제1항 제1호에 따라 합병가액을 산정하면서 기준시가의 100분의 10을 초과하여 할인 또는 할증된 가액으로 산정하는 경우 나. 주권상장법인이 제1항 제2호 나목에 따라 산정된 합병가액에 따르는 경우 다. 주권상장법인이 주권상장법인과 합병하여 주권비상장법인이 되는 경우. 다만, 제1항 제1호에 따라 산정된 합병가액에 따르는 경우 또는 다른 회사의 발행주식총수를 소유하고 있는 회사가 그 다른 회사를 합병하면서 신주를 발행하지 아니하는 경우는 제외한다. 2. 주권상장법인이 주권비상장법인과 합병하는 경우로서 다음 각 목의 어느 하나에 해당하는 경우 가. 주권상장법인이 제1항 제2호 나목에 따라 산정된 합병가액에 따르는 경우 나. 제4항에 따른 합병의 경우. 다만, 다른 회사의 발행주식총수를 소유하고 있는 회사가 그 다른 회사를 합병하면서 신주를 발행하지 아니하는 경우는 제외한다. 다. 주권상장법인(코넥스시장에 주권이 상장된 법인은 제외)이 주권비상장법인과 합병하여 주권비상장법인이 되는 경우. 다만, 합병의 당사자가 모두 제1항 제1호에 따라 산정된 합병가액에 따르는 경우 또는 다른 회사의 발행주식총수를 소유하고 있는 회사가 그 다른 회사를 합병하면서 신주를 발행하지 아니하는 경우는 제외한다. 3. 기업인수목적회사가 다른 주권상장법인과 합병하는 경우로서 그 주권상장법인이 제1항 제2호 나목에 따라 산정된 합병가액에 따르는 경우
증권의 발행 및 공시 등에 관한 규정	제5-13조【합병가액의 산정기준】 ① 영 제176조의5 제2항에 따른 자산가치·수익가치 및 그 가중산술평균방법과 상대가치의 산출방법·공시방법에 대하여 이 조에서 달리 정하지 않는 사항은 감독원장이 정한다. ② 제1항에 따른 합병가액은 주권상장법인이 가장 최근 제출한 사업보고서에서 채택하고 있는 회계기준을 기준으로 산정한다. ④ 영 제176조의5 제3항 각 호 외의 부분에서 "금융위원회가 정하여 고시하는 요건"이란 다음 각 호의 요건을 말한다. 1. 기업인수목적회사가 법 제165조의5 제2항에 따라 매수하는 주식을

관련 법규정	내용
	공모가격 이상으로 매수할 것 2. 영 제6조 제4항 제14호 다목에 따른 투자매매업자가 소유하는 증권(기업인수목적회사가 발행한 영 제139조 제1호 각 목의 증권으로 의결권 없는 주식에 관계된 증권을 포함한다)을 합병기일 이후 1년간 계속 소유할 것 3. 주권비상장법인과 합병하는 경우 영 제176조의5 제3항 제2호 나목에 따라 협의하여 정한 가격을 영 제176조의5 제2항에 따라 산출한 합병가액 및 상대가치와 비교하여 공시할 것 ⑤ 영 제176조의5 제2항에 따른 상대가치의 공시방법은 제2-9조에 따른 합병의 증권신고서에 기재하는 것을 말한다.
	제5-15조【합병 등 종료보고】 주권상장법인이 합병 등의 사유로 법 제161조에 따라 주요사항보고서를 제출한 이후 다음과 같이 합병 등을 사실상 종료한 때에는 지체없이 이와 관련한 사항을 기재한 서면을 금융위에 제출하여야 한다. 다만, 제2-19조 제3항에 따라 증권발행실적보고서를 제출하는 경우에는 그러하지 아니하다. 1. 합병등기를 한 때 2. 등기 등 사실상 영업양수·양도를 종료한 때 3. 관련 자산의 등기 등 사실상 자산양수·양도를 종료한 때 4. 분할 또는 분할합병 등기를 한 때 5. 주식교환을 한 날 또는 주식이전에 따른 등기를 한 때
증권의 발행 및 공시 등에 관한 규정 시행세칙	제4조【합병가액의 산정방법】 규정 제5-13조에 따른 자산가치·수익가치의 가중산술평균방법은 자산가치와 수익가치를 각각 1과 1.5로 하여 가중산술평균하는 것을 말한다.
	제5조【자산가치】 ① 규정 제5-13조에 따른 자산가치는 분석기준일 현재의 평가대상회사의 주당 순자산가액으로서 다음 산식에 의하여 산정한다. 이 경우에 발행주식의 총수는 분석기준일 현재의 총발행주식수로 한다. 자산가치 = 순자산 / 발행주식의 총수 ② 제1항의 순자산은 법 제161조 제1항에 따라 제출하는 주요사항보고서(이하 이 장에서 "주요사항보고서"라 한다)를 제출하는 날이 속하는 사업연도의 직전사업연도(직전사업연도가 없는 경우에는 최근 감사보고서 작성대상시점으로 한다. 이하 "최근사업연도"라 한다) 말의 재무상태표상의 자본총계에서 다음 각 호의 방법에 따라 산정한다.

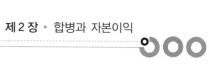

관련 법규정	내용
	1. 분석기준일 현재 실질가치가 없는 무형자산 및 회수가능성이 없는 채권을 차감한다. 2. 분석기준일 현재 투자주식 중 취득원가로 평가하는 시장성 없는 주식의 순자산가액이 취득원가보다 낮은 경우에는 순자산가액과 취득원가와의 차이를 차감한다. 3. 분석기준일 현재 퇴직급여채무 또는 퇴직급여충당부채의 잔액이 회계처리기준에 따라 계상하여야 할 금액보다 적을 때에는 그 차감액을 차감한다. 4. 최근사업연도 말 이후부터 분석기준일 현재까지 손상차손이 발생한 자산의 경우 동 손상차손을 차감한다. 5. 분석기준일 현재 자기주식은 가산한다. 6. 최근사업연도 말 이후부터 분석기준일 현재까지 유상증자, 전환사채의 전환권 행사 및 신주인수권부사채의 신주인수권 행사에 의하여 증가한 자본금을 가산하고, 유상감자에 의하여 감소한 자본금 등을 차감한다. 7. 최근사업연도 말 이후부터 분석기준일 현재까지 발생한 주식발행초과금 등 자본잉여금 및 재평가잉여금을 가산한다. 8. 최근사업연도 말 이후부터 분석기준일 현재까지 발생한 배당금지급, 전기오류수정손실 등을 차감한다. 9. 기타 최근사업연도 말 이후부터 분석기준일 현재까지 발생한 거래 중 이익잉여금의 증감을 수반하지 않고 자본총계를 변동시킨 거래로 인한 중요한 순자산 증감액을 가감한다.
	제6조【수익가치】 규정 제5-13조에 따른 수익가치는 현금흐름할인모형, 배당할인모형 등 미래의 수익가치 산정에 관하여 일반적으로 공정하고 타당한 것으로 인정되는 모형을 적용하여 합리적으로 산정한다.
	제7조【상대가치】 ① 규정 제5-13조에 따른 상대가치는 다음 각 호의 금액을 산술평균한 가액으로 한다. 다만, 제2호에 따라 금액을 산출할 수 없는 경우 또는 제2호에 따라 산출한 금액이 제1호에 따라 산출한 금액보다 큰 경우에는 제1호에 따라 산출한 금액을 상대가치로 하며, 제1호에 따라 금액을 산출할 수 없는 경우에는 이 항을 적용하지 아니한다. 1. 평가대상회사와 한국거래소 업종 분류에 따른 소분류 업종이 동일한 주권상장법인 중 매출액에서 차지하는 비중이 가장 큰 제품 또는 용역의 종류가 유사한 법인으로서 최근사업연도 말 주당 법인세비용 차감 전 계속사업이익과 주당순자산을 비교하여 각각 100분의 30 이

관련 법규정	내용
	내의 범위에 있는 3사 이상의 법인(이하 이 조에서 "유사회사"라 한다)의 주가를 기준으로 다음 산식에 의하여 산출한 유사회사별 비교가치를 평균한 가액의 30% 이상을 할인한 가액 유사회사별 비교가치 = 유사회사의 주가×{(평가대상회사의 주당 법인세비용 차감 전 계속사업이익 / 유사회사의 주당 법인세비용 차감 전 계속사업이익) + (평가대상회사의 주당순자산 / 유사회사의 주당순자산)} / 2 2. 분석기준일 이전 1년 이내에 다음 각 목의 어느 하나에 해당하는 거래가 있는 경우 그 거래가액을 가중산술평균한 가액을 100분의 10 이내로 할인 또는 할증한 가액 가. 유상증자의 경우 주당 발행가액 나. 전환사채 또는 신주인수권부사채의 발행사실이 있는 경우 주당 행사가액 ② 제1항의 유사회사의 주가는 당해 기업의 보통주를 기준으로 분석기준일의 전일부터 소급하여 1월간의 종가를 산술평균하여 산정하되 그 산정가액이 분석기준일의 전일종가를 상회하는 경우에는 분석기준일의 전일종가로 한다. 이 경우 계산기간 내에 배당락 또는 권리락이 있을 때에는 그 후의 가액으로 산정한다. ③ 제1항의 평가대상회사와 유사회사의 주당 법인세비용 차감 전 계속사업이익 및 제6항 제1호의 주당 법인세비용 차감 전 계속사업이익은 다음 산식에 의하여 산정한다. 이 경우에 발행주식의 총수는 분석기준일 현재 당해 회사의 총발행주식수로 한다. 주당 법인세비용 차감 전 계속사업이익 = {(최근사업연도의 법인세비용 차감 전 계속사업이익 / 발행주식의 총수) + (최근사업연도의 직전사업연도의 법인세비용 차감 전 계속사업이익 / 발행주식의 총수)} / 2 ④ 제1항의 평가대상회사의 주당순자산은 제5조 제1항에 따른 자산가치로 하며, 제1항의 유사회사의 주당순자산 및 제6항 제2호의 주당순자산은 분석기준일 또는 최근 분기 말을 기준으로 제5조 제1항에 따라 산출하되, 제5조 제2항 제8호 및 같은 항 제9호의 규정은 이를 적용하지 아니한다. ⑤ 유사회사는 다음 각 호의 요건을 구비하는 법인으로 한다. 1. 주당 법인세비용 차감 전 계속사업이익이 액면가액의 10% 이상일 것 2. 주당순자산이 액면가액 이상일 것 3. 상장일이 속하는 사업연도의 결산을 종료하였을 것

관련 법규정	내용
	4. 최근 사업연도의 재무제표에 대한 감사인의 감사의견이 "적정" 또는 "한정"일 것
	제8조【분석기준일】 제5조부터 제7조까지의 규정에 따른 분석기준일은 주요사항보고서를 제출하는 날의 5영업일 전일로 한다. 다만, 분석기준일 이후에 분석에 중대한 영향을 줄 수 있는 사항이 발생한 경우에는 그 사항이 발생한 날로 한다.

2 | 합병세제의 이해

이 부분은 합병에 따르는 과세체계의 흐름만을 이해한다.

합병과 관련된 과세문제는 과세 목적과 범위, 성격에 따라 각 세법에서 규정을 달리하고 있으며 같은 세법 내에서도 각 규정이 분산되어 있어 합병과세를 체계적으로 이해하는 데 어려움이 따르고 있다. 기업이 합병하는 과정에서 발생할 수 있는 세법상의 문제로서 합병에 따른 이익의 증여, 합병에 따른 부당행위계산, 합병에 의한 의제배당, 합병에 의한 양도손익, 매수차손익, 자산 및 부채의 조정계정 등이 있겠다. 이러한 것들은 어느 하나가 독립적으로 일어나기보다는 대부분 동시에 발생할 수 있어 기업이 합병하는 데 있어 세심한 검토가 필요하다.

특히 어느 하나의 과세문제는 다른 부분의 과세문제와 직접 연결된다는 것이 실무에 있어 합병과세의 문제를 적용하는 데 있어 주의해야 할 부분이다. 예를 들면, 부당한 합병은 상속증여세법상의 증여세에 국한되는 것이 아니고 법인세법상의 불공정합병에 대한 부당행위계산, 합병에 의한 의제배당과 합병에 따른 양도손익, 매수차손익, 자산 및 부채의 조정계정 등에 대한 영향 등으로 하나의 과세문제는 또 다른 종류의 과세소득에 직접적인 과세의 문제를 일으키게 된다. 따라서 합병에 관여하고자 하는 실무자는 합병과정에서 발생할 수 있는 여러 종류의 합병과세의 유형을 명확히 정리해 두고 있어야 한다.

다음은 기업의 합병에 있어 일반적으로 확인하고 넘어가야 할 사항을 정리한 것으로, 직접 실무에 적용하는 데는 해당 유형에 따라 각 세법규정을 반드시 확인하고 실행해야 한다.

| 합병과세 요약 |

① 합병과 이익의 증여(상증법 제38조 제1항)
② 불공정합병과 부당행위계산(법인령 제88조 제1항 제8호 가목)
③ 불공정합병과 수익(법인령 제11조 제9호)
④ 합병과 의제배당(법인법 제16조 제1항 제5호 및 소득법 제17조 제2항 제4호)
⑤ 피합병법인과 합병양도손익(법인법 제44조 제1항 및 법인령 제80조)
⑥ 합병법인과 합병매수차손익(법인령 제80조의3)
⑦ 합병법인과 자산조정계정(법인령 제80조의4)
⑧ 불공정한 비율 합병과 부당행위계산(법인령 제88조 제1항 제3호의2)
⑨ 그 밖의 불공정합병과 부당행위계산(법인령 제88조 제1항 제8호의2)
⑩ 그 밖의 불공정합병과 수익(법인령 제11조 제9호)
⑪ 그 밖의 합병과 이익의 증여(상증법 제4조 제1항 제6호)

이와 같이 합병과세의 문제는 그 유형과 내용이 매우 복잡하게 되어 있다. 여기에서는 합병과 관련하여 발생되는 과세유형을 간단히 소개하고 각 과세유형이 실제 합병과정에서 어떻게 적용되는가를 살펴본 다음, 절을 달리하여 각 과세유형에 대한 구체적인 내용과 계산 방법, 적용 등 사례를 통해 설명하기로 한다.

첫째, 합병요건 충족 여부를 확인한다.

이 책은 합병과 자본이익에 대한 것이므로 합병요건 충족 여부는 중요시하지 않고 있다. 그러나 합병요건 충족 여부는 합병 성사 여부와 관계가 있을 정도로 합병에서는 첫 번째 검토 대상이다. 합병에 따른 양도손익과 매수차손익, 합병에 의한 의제배당 등은 과세이연이 되지 않을 경우 합병이 무산되기도 한다. 의제배당의 경우 합병대가에 포함된 주식 등의 가액을 평가하면서 법인세법상 합병요건을 충족한 경우에는 종전의 장부가액을, 합병요건을 충족하지 않은 경우에는 시가에 의하도록 하고 있어 합병요건 충족 여부에 따라 의제배당 발생 여부가 결정된다. 또한 합병요건의 충족 여부와 부당한 합병은 과세요건이 서로 다르지만, 서로 영향을 미치는 경우도 있다. 예를 들면, 불공정한 비율 합병은 합병양도손익(법인령 제88조 제1항 제3호의2)에 영향을 미치기도 한다.

둘째, 부당한 합병 여부를 확인한다.

이 책의 주요 부분이다. 기업은 일련의 과정을 거쳐서 합병하게 되는데, 이 과정에서 가장 중요한 것은 기업의 가치를 평가(주식평가)하여 합병비율을 정하는 것이다. 이때 주식가치를 공정하게 평가하지 아니하여 합병비율을 정하게 되면 그 결과가 부당한 합병에 이르게 되는데, 상속증여세법상 부당한 합병에 해당이 되면 합병에 따른 이익증여로 이익을 얻은 자는 그 이익을 증여받은 것으로 보고 있다. 또한 법인세법상 불공정합병에 해당이 되면 분여한 이익은 부당행위계산부인, 분여받은 이익은 수익의 범위에 해당되어 익금산입하게 된다. 분여받은 이익은 합병에 의한 의제배당금의 계산 시 합병대가에서 제외하는 규정도 있다. 불공정한 합병은 합병양도손익과 합병매수차손익에도 영향을 미치게 된다. 부당한 합병(불공정합병)의 결과가 미치는 영향을 분석해야 한다.

셋째, 승계한 자산의 평가를 확인한다.

합병요건 충족(적격합병) 여부와 관계없이 피합병법인으로부터 승계한 자산은 반드시 법인세법 제52조 제2항에 따른 시가로 평가하여야 한다. 따라서 합병에 따른 양도손익과 자산조정계정, 매수차손익의 계산에 있어 이들의 관계를 확인하여야 한다.

다음은 합병과세체계의 이해를 돕기 위해 합병으로 인하여 발생할 수 있는 여러 유형의 과세문제를 사례에서 살펴보도록 한다. 여기에서는 합병과정에서 일반적으로 발생할 수 있는 과세문제들이 어떻게 서로 연관되어 있는가를 살펴보기로 하고 구체적인 계산방법과 해설에 대해서는 제6절에서 설명하기로 한다. 이 절에서는 합병과세체계의 구조와 흐름을 이해하는 것으로 만족하면 되겠다.

(1) 합병과세체계의 이해

구체적인 사례에 앞서 일반적인 합병과세체계를 이해하여야 한다. 합병과세체계의 이해를 위해서는 2010.6.8. 개정되기 전(대통령령 제22184호로 개정되기 전)의 합병 과세체계와 2010.6.8. 개정된 후의 합병과세체계를 함께 분석해 보는 것이 바람직하다. 합병유형(조건)에 따른 합병평가차익, 청산소득, 합병양도손익, 합병매수차손익, 자산조정계정의 관계를 살펴보면 다음과 같다. 피합병법인의 재무상태표는 다음과 같이 제시되었다.

| 피합병법인 재무상태표 | (단위: 원)

자산총계	10,000	부채총계	5,000
		자본금	3,000
		잉여금	2,000
계	10,000	계	10,000

≪유형 1≫

합병조건: 자산총계(시가) 10,000원, 부채총계(시가) 5,000원, 합병대가(시가) 6,000원, 합병자본금(증가된 자본금) 3,500원

• 2010.6.8. 개정되기 전

| 합병법인 |

자산총계	10,000	부채총계	5,000
합병영업권	1,000	자본금	3,500
		합병평가차익	1,000
		주식발행초과금	1,500
계	11,000	계	11,000

• 2010.6.8. 개정된 후

| 합병법인 |

비적격합병				적격합병			
자산총계	10,000	부채총계	5,000	자산총계	10,000	부채총계	5,000
매수차손	1,000	자본금	3,500	자산(영업권)?	1,000	자본금	3,500
		주발초	2,500			주발초	2,500
계	11,000	계	11,000	계	11,000	계	11,000

* 자산(영업권)? 1,000에 대해서는 종합분석내용 참조

| 피합병법인 |

비적격합병				적격합병			
부채총계	5,000	자산총계	10,000	부채총계	5,000	자산총계	10,000
합병대가	6,000	양도손익	1,000	합병대가	3,000	양도손익	0
				잉여금	2,000		
계	11,000	계	11,000	계	10,000	계	10,000

≪유형 2≫

합병조건: 자산총계(시가) 11,000원, 부채총계(시가) 5,000원, 합병대가(시가) 5,000원, 합병자본금(증가된 자본금) 3,500원

• 2010.6.8. 개정되기 전

| 합병법인 |

자산총계	11,000	부채총계	5,000
		자본금	3,500
		합병평가차익	1,000
		주식발행초과금	500
		합병잉여금	1,000
계	11,000	계	11,000

• 2010.6.8. 개정된 후

| 합병법인 |

비적격합병				적격합병			
자산총계	11,000	부채총계	5,000	자산총계	10,000	부채총계	5,000
매수차손	0	자본금	3,500	자산조정계정	1,000	자본금	3,500
		주발초	1,500			주발초	1,500
		매수차익	1,000			잉여금	1,000
계	11,000	계	11,000	계	11,000	계	11,000

| 피합병법인 |

비적격합병				적격합병			
부채총계	5,000	자산총계	10,000	부채총계	5,000	자산총계	10,000
합병대가	5,000	양도손익	0	합병대가	3,000	양도손익	0
				잉여금	2,000		
계	10,000	계	10,000	계	10,000	계	10,000

≪유형 3≫

합병조건: 자산총계(시가) 11,000원, 부채총계(시가) 5,000원, 합병대가(시가) 7,000원, 합병자본금(증가된 자본금) 3,500원

• 2010.6.8. 개정되기 전

| 합병법인 |

자산총계	11,000	부채총계	5,000
합병영업권	1,000	자본금	3,500
		합병평가차익	2,000
		주식발행초과금	1,500
계	12,000	계	12,000

• 2010.6.8. 개정된 후

| 합병법인 |

비적격합병				적격합병			
자산총계	11,000	부채총계	5,000	자산총계	10,000	부채총계	5,000
매수차손	1,000	자본금	3,500	자산조정계정	1,000	자본금	3,500
		주발초	3,500	자산(영업권)?	1,000	주발초	3,500
계	12,000	계	12,000	계	12,000	계	12,000

* 자산(영업권)? 1,000에 대해서는 종합분석내용 참조

| 피합병법인 |

비적격합병				적격합병			
부채총계	5,000	자산총계	10,000	부채총계	5,000	자산총계	10,000
합병대가	7,000	양도손익	2,000	합병대가	3,000	양도손익	0
				잉여금	2,000		
계	12,000	계	12,000	계	10,000	계	10,000

≪유형 4≫

합병조건: 자산총계(시가 12,000원), 부채총계(시가) 5,000원, 합병대가(시가) 6,000원, 합병자본금(증가된 자본금) 3,500원

• 2010.6.8. 개정되기 전

| 합병법인 |

자산총계	12,000	부채총계	5,000
		자본금	3,500
		합병평가차익	2,000
		주식발행초과금	500
		합병잉여금	1,000
계	12,000	계	12,000

• 2010.6.8. 개정된 후

| 합병법인 |

비적격합병				적격합병			
자산총계	12,000	부채총계	5,000	자산총계	10,000	부채총계	5,000
		자본금	3,500	자산조정계정	2,000	자본금	3,500
		주발초	2,500			주발초	2,500
		매수차익	1,000			잉여금	1,000
계	12,000	계	12,000	계	12,000	계	12,000

| 피합병법인 |

비적격합병				적격합병			
부채총계	5,000	자산총계	10,000	부채총계	5,000	자산총계	10,000
합병대가	6,000	양도손익	1,000	합병대가	3,000	양도손익	0
				잉여금	2,000		
계	11,000	계	11,000	계	10,000	계	10,000

위에서 분석내용에 따라 합병평가차익 · 양도손익 · 매수차손익 · 자산조정계정의 관계를 종합하여 정리하면 다음과 같게 된다.

• 2010.6.8. 개정된 후

구분				합병 영업권 (①−②)	비적격합병		적격합병	
유형	합병대가 ①	순자산 시가 ②	순자산 장부가액 ③		피합병법인 양도손익 (①−③)	합병법인 매수차손익 (②−①)	피합병법인 양도손익	합병법인 자산조정 계정 (②−③)
1	6,000	5,000	5,000	1,000	1,000	−1,000	−	−
2	5,000	6,000	5,000	−	−	1,000	−	1,000
3	7,000	6,000	5,000	1,000	2,000	−1,000	−	1,000
4	6,000	7,000	5,000	−	1,000	1,000	−	2,000

* 비적격의 양도손익 + 매수차손익 = 적격의 자산조정계정(±)

한편, 구 법인세법 시행령 제12조 제1항 제1호에 의하면 합병평가차익과 청산소득은 다음과 같이 계산하고 있다.

> 합병요건 충족: 합병평가차익 = 승계한 순자산시가 − 장부가액
> 합병요건 미충족: 합병평가차익 = 승계한 순자산시가 − 〔장부가액 + 청산소득 (합병대가 − 장부가액)〕

이 계산방법은 자산을 평가하여 승계한 경우(합병영업권을 포함한다) 그 평가이익은 합병평가차익이든 청산소득이든 한 번은 과세된다는 것이다. 이 계산식에 따라 합병요건 충족과 미충족에 따라 합병평가차익을 계산하면 다음과 같게 된다.

• 2010.6.8. 개정되기 전

구분						요건 미충족		요건 충족	
유형	충족 합병대가 ①	미충족 합병대가 ①	순자산 장부가액 ②	자산승계 가액③	자산장부 가액 ④	청산소득 (①-②)	합병평가차익 [③-④+(①-②)]	청산소득 (①-②)	합병평가차익 [③-④+(①-②)]
1	6,000	3,500	5,000	11,000	10,000	1,000	-	-	1,000
2	5,000	3,500	5,000	11,000	10,000	-	1,000	-	1,000
3	7,000	3,500	5,000	12,000	10,000	2,000	-	-	2,000
4	6,000	3,500	5,000	12,000	10,000	1,000	1,000	-	2,000

* 자산승계가액은 합병영업권을 포함한 금액임. 청산소득이 △인 경우는 0임.
* 합병요건 미충족의 청산소득 + 합병평가차익 = 합병요건 충족의 합병평가차익

2010.6.8. 개정되기 전과 개정된 후의 합병평가차익 · 청산소득 · 양도손익 · 매수차손익 · 자산조정계정의 관계를 보면, 비적격합병의 양도손익 = 합병요건 미충족 합병의 청산소득, 적격합병의 자산조정계정 = 합병요건 충족 합병의 합병평가차익이라는 계산식이 성립된다. 그러나 적격합병의 경우 자산조정계정 = 합병평가차익이라는 계산식이 성립되지 않는 경우가 있다. 즉 ≪유형 1≫과 ≪유형 3≫의 경우 자산조정계정 = 합병평가차익이라는 계산식이 성립되지 않는데, 그 원인을 보면 둘 다 2010.6.8. 개정되기 전에는 합병영업권이 발생하고 있다. 이러한 현상은 2010.6.8. 개정을 전후해서 합병과세체계의 계산방법이 달라진 데서 오는 현상이다.

사례에서 합병영업권을 과세소득으로 보는 경우, 2010.6.8. 개정되기 전의 합병과세체계는 합병으로 인해 발생되는 합병영업권을 합병요건 충족이나 미충족 구별 없이 피합병법인의 소득으로든 합병법인의 소득으로든 과세소득으로 하고 있었다.

즉 ≪유형 1≫과 ≪유형 3≫의 경우는 2010.6.8. 개정되기 전의 합병 과세체계에서는 합병으로 인해 발생되는 과세소득과 평가차익이 합병요건 미충족인 경우는 청산소득으로, 합병요건 충족인 경우는 합병평가차익으로 각각 1,000과 2,000의 과세소득이 발생하고 있다. 그러나 2010.6.8. 개정된 후의 합병과세체계에서는 ≪유형 1≫과 ≪유형 3≫의 경우 각각 0(양도이익 1,000 + 매수차손 1,000 = 자산조정계정 0)과 1,000(양도이익 2,000 + 매수차손 1,000 = 자산조정계정 1,000)의 과세소득이 발생하고 있다. 2010.6.8. 개정되기

전과 2010.6.8. 개정된 후의 과세소득의 차이는 ≪유형 1≫과 ≪유형 3≫이 각각 1,000이다.

이 차이 나는 과세소득 1,000은 둘 다 2010.6.8. 개정되기 전의 합병영업권에서 발생한 과세소득이다. 한편, 2010.6.8. 개정된 후에는 매수차손과 양도손익의 합이 영(0)인 경우에는 자산조정계정(±)이 발생하지 않게 되는데 이 경우에는 매수차손과 양도손익의 합이 영(0)인 경우에도 0보다 큰 자산조정계정인 자산(영업권)?이 발생하게 된다. 합병대가에 대응되는 차변의 금액이 어떤 형식으로든 자산?이 발생하는 것은 분명하다. 그러나 위에서 분석한 바와 같이 "비적격의 양도손익 + 비적격의 매수차손익 = 적격의 자산조정계정"이라는 계산식이 성립하지 않게 된다는 점이 발생한다. 이 경우 자산조정계정과 유사한 자산(영업권)?의 성격을 어떻게 보느냐이다. 적격합병의 경우 피합병법인의 자산을 장부가액으로 양도받은 것으로 보아야 하므로 양도손익이 없는 것으로 한 경우에는 매수차손은 손금대상으로 볼 수 없다고 하였다(법인세과-146, 2011.2.25.). 그러나 2010.6.8. 개정된 후의 ≪유형 1≫, ≪유형 3≫의 경우 적격합병에서도 합병법인의 차변에 자산(영업권)?이 발생되고 있다.

차변의 자산(영업권)?의 발생원인은 합병대가에 있다. 적격합병에서 합병법인은 양도받은 자산 및 부채의 가액을 시가로 계상하되, 시가에서 피합병법인의 장부가액을 뺀 금액을 자산조정계정으로 계상하도록 하고 있다. 순자산의 시가와 장부가액의 차액이 자산조정계정이다. 이때 장부가액을 0으로 본다면 자산조정계정은 다음과 같이 될 수 있다. 즉 '순자산의 시가[자산(영업권)?] - 장부가액(0) = 자산조정계정[(자산(영업권)?]'이 된다. 차변에 발생하는 자산(영업권)?은 합병대가와 순자산의 시가의 차액이다. 결국 합병대가에서 발생되는 것이므로 자산(영업권)?은 합병영업권의 성격과 유사하다. 그러나 법인세법의 합병영업권은 비적격합병의 매수차손만을 인정하고 있다.

다음의 사례는 A(합병법인)와 B(피합병법인)가 합병비율(주식가치)을 각각 1 : 0.8과 1 : 0.4로 서로 다르게 합병하여 A'(합병 후 존속법인)가 된 경우이다. 비상장법인 간의 합병으로 발행주식총수 A법인 20,000주, B법인 25,000주이며, 1주당 액면가액(취득가액)은 각각 5,000원이다. 각 법인의 주주는 법인주주 1인으로 구성되어 있다고 가정한다. 합병법인과 피합병법인의 주식평가에 있어 1주당 순자산가치는 재무상태표를 기준으로 하여 산정하였으며, 1주당 순손익가치는 추정(가정)금액을 사용하여 주식평가를 하였다. 합병법인과 피합병법인의 재무상태표는 다음과 같다.

| A(합병법인) |

자산(장부가액)	250,000,000	부　　채	100,000,000
(* 시가	1,000,000,000)	자 본 금	100,000,000
		잉 여 금	50,000,000
자산총계	250,000,000	부채와자본총계	250,000,000

| B(피합병법인) |

자산(장부가액)	225,000,000	부　　채	80,000,000
(* 시가	600,000,000)	자 본 금	125,000,000
		잉 여 금	20,000,000
자산총계	225,000,000	부채와자본총계	225,000,000

A와 B가 합병비율을 각각 1 : 0.8과 1 : 0.4로 합병한 경우 합병에 따른 이익의 증여(분여받은 총이익), 합병에 따른 부당행위계산(분여한 총이익), 합병평가차익, 청산소득, 의제배당, 합병양도손익, 합병매수차손익, 자산조정계정이 각각 어떻게 나타나는지를 비교해 보자.

먼저 A와 B가 합병비율을 1 : 0.8로 한 경우의 사례이다.

(2) 부당한 합병

| 합병내용 |

구분	A	B	A′(합병 후)
총주식 평가액(공정)	500,000,000	250,000,000	750,000,000
발행주식총수	20,000	25,000	
1주당 평가액(공정)	25,000	10,000	18,750
1주당 평가액(신고)	25,000	20,000	
합병비율(신고)	1	0.8	
합병 후 주식수(신고)	20,000	20,000	40,000
합병 전 1주당 평가액	25,000	12,500	
1주당 평가차손·익	▲6,250	6,250	
평가차액 계	(125,000,000)	125,000,000	

(2) - 1. 주식평가액

① A법인의 1주당 평가액

- $\dfrac{11{,}667원 \times 3 + 45{,}000원 \times 2}{5} = 25{,}000원$

- 1주당 순손익가치(가정): $\dfrac{233{,}333{,}333(추정)}{20{,}000주} = 11{,}667원$

- 1주당 순자산가치: $\dfrac{1{,}000{,}000{,}000 - 100{,}000{,}000}{20{,}000주} = 45{,}000원$

② B법인의 1주당 평가액

- $\dfrac{2{,}800원 \times 3 + 20{,}800원 \times 2}{5} = 10{,}000원$

- 1주당 순손익가치(가정): $\dfrac{70{,}000{,}000(추정)}{25{,}000주} = 2{,}800원$

- 1주당 순자산가치: $\dfrac{600{,}000{,}000 - 80{,}000{,}000}{25{,}000주} = 20{,}800원$

- 합병신주수: 피합병법인 발행주식총수 × 합병비율 = 20,000주
- 합병대가(시가): 25,000원 × 20,000주 = 500,000,000원
- 합병대가(액면가): 5,000원 × 20,000주 = 100,000,000원

③ 피합병법인(B법인)의 주주들이 분여받은 총이익: 125,000,000원

(18,750원 - 12,500원) × 25,000주 × 0.8 = 125,000,000원

④ 합병법인(A법인)의 주주들이 분여한 총이익: 125,000,000원

(18,750원 - 25,000원) × 20,000주 = ▲125,000,000원

⑤ 합병세무(2010.6.8. 개정되기 전)

자산총계	600,000,000	부채총계		80,000,000
		자본금		100,000,000
		합병차익	합병평가차익	375,000,000
			감자차익	25,000,000
			합병잉여금	20,000,000
계	600,000,000	계		600,000,000

(2) - 2. 합병요건 충족 및 적격합병

(가) 2010.6.8. 개정되기 전

청산소득	=	합병대가(액면가)	-	자기자본총액		
▲45,000,000	=	100,000,000	-	145,000,000		
합병평가차익	=	승계한 자산	-	장부가액	-	청산소득
375,000,000	=	600,000,000	-	225,000,000	-	0
의제배당	=	합병대가(액면가)	-	구주 취득가액		
▲25,000,000	=	100,000,000	-	125,000,000		

(나) 2010.6.8. 개정된 후

양도손익	=	양도가액(순자산장부가액)	-	순자산장부가액
0	=	145,000,000	-	145,000,000
자산조정계정	=	승계한 순자산시가	-	양도가액(순자산장부가액)
375,000,000	=	520,000,000	-	145,000,000
의제배당	=	합병대가(종전 장부가액)	-	구주 취득가액
0	=	125,000,000	-	125,000,000

(2) - 3. 합병요건 미충족 및 비적격합병

(가) 2010.6.8. 개정되기 전

청산소득	=	합병대가(시가)	-	분여받은 이익	-	자기자본총액
230,000,000	=	500,000,000	-	125,000,000	-	145,000,000
합병평가차익	=	승계한 자산	-	장부가액	-	청산소득
145,000,000	=	600,000,000	-	225,000,000	-	230,000,000
의제배당	=	합병대가(시가)	-	분여받은 이익	-	구주 취득가액
250,000,000	=	500,000,000	-	125,000,000	-	125,000,000

(나) 2010.6.8. 개정된 후

양도손익	=	양도가액(시가)	-	순자산장부가액				
355,000,000	=	500,000,000	-	145,000,000				
합병매수차익	=	승계한 순자산시가	-	양도가액(시가)				
20,000,000	=	520,000,000	-	500,000,000				
의제배당	=	합병대가(시가)	-	분여받은 이익	-	구주 취득가액		
250,000,000	=	500,000,000	-	125,000,000	-	125,000,000		

(2)-4. 합병차익 분석

(가) 2010.6.8. 개정되기 전

구분	금액	계산근거
합병차익 ①	420,000,000	420,000,000 = 승계한 자산 600,000,000 - 승계한 부채 80,000,000 - 자본금 증가액 100,000,000
합병평가차익 ②	375,000,000	375,000,000 = 평가하여 승계한 자산 600,000,000 - 장부가액 225,000,000
합병감자차익 ③	25,000,000	25,000,000 = 피합병법인의 자본금 125,000,000 - 자본금 증가액 100,000,000
합병잉여금	20,000,000	20,000,000 = ① 420,000,000 - ② 375,000,000 - ③ 25,000,000

* 합병요건 충족: 합병평가차익 375,000,000원 익금산입(손금산입 가능)

* 합병요건 미충족: 합병평가차익 375,000,000원 중 법인세법상 합병평가차익으로 익금에 산입할 금액은 피합병법인으로부터 평가하여 승계한 자산에서 장부가액을 차감한 금액이다. 이때 청산소득으로 과세된 금액이 있는 경우 당해 청산소득을 장부가액에 가산하도록 하고 있어 중복과세를 방지하도록 하고 있다. 따라서 청산소득으로 과세된 금액 230,000,000원을 차감한 후의 금액인 145,000,000원에 대해서 익금산입한다(자세한 사례와 설명은 제7절 "합병과 영업권" 참조).

* 계산근거(법인령 §12 ①1)

600,000,000 - {225,000,000 + [500,000,000 - 125,000,000 - (225,000,000 - 80,000,000)]} = 145,000,000

- 합병법인이 평가하여 승계한 자산 - {피합병법인의 자산 장부가액 + [합병대가의 시가 - 분여받은 이익 - (자산 - 부채)]}
- 청산소득 = 합병대가 총액(시가) - 분여받은 이익 - 자기자본 총액(자산 - 부채)

* 참조 조문

법인법 §16(배당금 의제)·§17(자본거래 수익 익금불산입)·§80(합병청산소득), 상법 §459(자본준비금), 법인령 §12(합병평가차익 등)·§14(재산가액의 평가 등)·§15(주식발행액면초과액 등)·§122(합병청산소득 계산), 법인칙 §7(합병대가의 계산)

(나) 2010.6.8. 개정된 후

개정 후 법인세법에서는 합병평가차익의 익금산입 규정이 삭제됨에 따라 상법의 합병차익을 발생 원천별로 구분할 이유가 없어졌다고 하겠으나 합병차익의 자본전입에 따른 의제배당 해당 여부를 판단하기 위해서는 개정 전과 마찬가지로 발생 원천별로 구별해야 한다.

| 적격합병(합병법인) |

구분	금액	계산근거
합병차익 ①	420,000,000	420,000,000 = 승계한 자산 600,000,000 - 승계한 부채 80,000,000 - 자본금 증가액 - 100,000,000
자산조정계정 ②	375,000,000	375,000,000 = 승계한 순자산시가 520,000,000 - 양도가액(순자산장부가액) 145,000,000
합병감자차익 ③	25,000,000	25,000,000 = 피합병법인의 자본금 125,000,000 - 자본금 증가액 100,000,000
합병잉여금	20,000,000	20,000,000 = ① 420,000,000 - ② 375,000,000 - ③ 25,000,000

* 법인세법의 합병차익(승계한 자산 - 부채 - 자본금 증가액)에는 주식발행액면초과액(400,000,000원 = 합병대가 500,000,000원 - 자본금 증가액 100,000,000원)이 포함된다.

법인세법 제16조 제1항 제2호에서 법인의 잉여금을 자본에 전입함으로써 취득하는 주식의 가액은 의제배당에 해당한다. 다만, 「상법」 제459조 제1항에 따른 자본준비금으로서 대통령령으로 정하는 것과 재평가적립금(토지 재평가차액은 제외)의 자본전입은 제외한다. 여기서 자본준비금으로서 대통령령으로 정하는 것이란 법인세법 시행령 제12조 제1항의 금액[법인세법 제17조 제1항 각 호의 금액으로서 주식발행액면초과액, 주식의 포괄적 교환·이전차익, 감자차익, 합병차익(합병평가차익 익금은 제외), 분할차익]을 말한다. 다만, 채무출자 전환 주식발행초과금, 2년 내 발생 자기주식 소각이익, 적격합병의 경우 합병차익(다만, 합병차익을 한도로 자산조정계정 금액, 피합병법인의 상법 제459조 제1항의 자본거래로 인한 잉여금 중 위 대통령령으로 정한 자본준비금 외의 잉여금, 피합병법인의 이익잉여금)의 자본전입은 의제배당에 해당된다(법인령 §12 ① 3). 적격합병의 경우 의제배당이 되는 자산조정계정 금액 등은 (자산조정계정 금액 + 위 대통령령으로 정한 자본준비금 외의 잉여금 + 이익잉여금) ≤ 합병차익이 된다.

적격합병의 자산조정계정 금액 등을 전입하는 경우 자산조정계정 금액 등 외의 금액을 먼저 전입한다(법인령 §12 ③). 적격합병의 합병차익 자본전입을 적용할 경우 「상법」 제459조 제2항에 따른 준비금(이익준비금 + 법정적립금)의 승계가 있는 경우에도 그 승계가 없는 것으로 보아 이를 계산한다.

* 합병차익(법인법 §17 ① 5): 상법 제174조에 따른 합병의 경우로서 소멸된 회사로부터 승계한 재산의 가액이 그 회사로부터 승계한 채무액, 그 회사의 주주에게 지급한 금액과 합병 후 존속하는 회사의 자본금 증가액 또는 합병에 따라 설립된 회사의 자본금을 초과한 경우의 그 초과금액. 다만, 소멸된 회사로부터 승계한 재산가액이 그 회사로부터 승계한 채무액, 그 회사의 주주에게 지급한 금액과 주식가액을 초과하는 경우로서 이 법에서 익금으로 규정한 금액은 제외한다.
합병차익은 합병법인이 피합병법인들로부터 승계한 순자산가액에서 피합병법인의 주주에게 교부한 주식의 액면가액과 지급한 교부금을 차감한 금액이고, 이때 순자산가액은 합병법인이 인수한 자산의 공정가액에서 부채의 공정가액을 차감한 금액으로 평가한다(대법원 2001두6241, 2003.4.1.). 합병차익 = 순자산가액 - (자본금 증가액 + 합병교부금). 따라서 합병차익은 합병평가차익 + 합병감자차익 + 피합병법인의 자본잉여금 + 피합병법인의 합병이익잉여금으로 구성된다.

사례의 경우 합병차익 중 자본전입에 의한 의제배당은 적격합병의 경우 자산조정계정 금액은 375,000,000원이다. 합병차익 420,000,000원을 한도로 의제배당에 해당하므로 의제배당에 해당되는 금액은 자산조정계정 375,000,000원, 피합병법인의 잉여금 20,000,000원을 합계한 395,000,000원이 해당된다.

비적격합병의 경우도 합병차익을 발생 원천별로 구별해 보면 다음과 같게 될 것이다.

| 비적격합병(합병법인) |

구분	금액	계산근거
합병차익 ①	420,000,000	420,000,000 = 승계한 자산 600,000,000 - 승계한 부채 80,000,000 - 자본금 증가액 - 100,000,000
주식발행 액면초과액 ②	400,000,000	400,000,000 = 합병대가 500,000,000 - 자본금 증가액 100,000,000
합병잉여금	20,000,000	20,000,000 = ① 420,000,000 - ② 400,000,000

* 법인세법의 합병차익(승계한 자산 - 부채 - 자본금 증가액)에는 주식발행액면초과액(400,000,000원 = 합병대가 500,000,000원 - 자본금 증가액 100,000,000원)이 포함된다.

비적격합병의 경우 의제배당에 해당되는 금액은 피합병법인의 잉여금 200,000,000원이다. 비적격합병의 경우 합병매수차익 20,000,000원과 합병양도이익 355,000,000원의 합계 375,000,000원이 이미 익금이 되었다. 따라서 합병차익에서 의제배당에 해당되는 금액은 합병매수차익과 합병양도이익 상당액을 제외해야 한다. 결국 과세되는 금액은 적격합병이나 비적격합병(합병매수차익과 합병양도이익은 배당의 원천이 되므로)이나 동일한 금액이 된다. 위의 분석내용에 따라 개정 전과 개정 후의 법인세법 제16조 제1항 제2호의 금액(자본전입 시 의제배당) 및 익금을 요약하면 다음과 같다.

개정된 후				개정되기 전			
의제배당 및 익금		적격	비적격	의제배당 및 익금		요건 충족	요건 미충족
익금	자산 조정계정	375,000,000	0	익금	합병 평가차익	375,000,000	145,000,000
	매수차익	0	20,000,000				
	양도이익	0	355,000,000		청산소득	0	230,000,000
의제배당	합병 잉여금	20,000,000	20,000,000	의제배당	합병 잉여금	20,000,000	20,000,000
계		395,000,000	395,000,000	계		395,000,000	395,000,000

다음은 A와 B가 합병비율을 1 : 0.4로 한 경우의 사례이다. 앞의 사례와 비교하면서 합병에 따른 이익의 증여(분여받은 총이익), 합병에 따른 부당행위계산(분여한 총이익), 합병평가차익, 청산소득, 의제배당, 합병양도손익, 합병매수차손익, 자산조정계정이 각각 어떻게 나타나는지를 비교해 보자.

(3) 공정한 합병

| 합병내용 |

구분	A	B	A′(합병 후)
총주식 평가액(공정)	500,000,000	250,000,000	750,000,000
발행주식총수	20,000	25,000	
1주당 평가액(공정)	25,000	10,000	25,000
1주당 평가액(신고)	25,000	10,000	
합병비율(신고)	1	0.4	
합병 후 주식수(신고)	20,000	10,000	30,000

구분	A	B	A′(합병 후)
합병 전 1주당 평가액	25,000	25,000	
1주당 평가차손·익	0	0	
평가차액 계	0	0	

(3)-1. 주식평가액

① A법인의 1주당 평가액

- $\frac{11,667\text{원} \times 3 + 45,000\text{원} \times 2}{5} = 25,000\text{원}$
- 1주당 순손익가치(가정): $\frac{233,333,333(\text{추정})}{20,000\text{주}} = 11,667\text{원}$
- 1주당 순자산가치: $\frac{1,000,000,000 - 100,000,000}{20,000\text{주}} = 45,000\text{원}$

② B법인의 1주당 평가액

- $\frac{2,800\text{원} \times 3 + 20,800\text{원} \times 2}{5} = 10,000\text{원}$
- 1주당 순손익가치(가정): $\frac{70,000,000(\text{추정})}{25,000\text{주}} = 2,800\text{원}$
- 1주당 순자산가치: $\frac{600,000,000 - 80,000,000}{25,000\text{주}} = 20,800\text{원}$
- 합병신주수: 피합병법인 발행주식총수 × 합병비율 = 10,000주
- 합병대가(시가): 25,000원 × 10,000주 = 250,000,000원
- 합병대가(액면가): 5,000원 × 10,000주 = 50,000,000원

③ 피합병법인(B법인)의 주주들이 분여받은 총이익: 0원

(25,000원 - 25,000원) × 25,000주 × 0.4 = 0원

④ 합병법인(A법인)의 주주들이 분여한 총이익: 0원

(25,000원 - 25,000원) × 20,000주 = 0원

⑤ 합병세무(개정되기 전)

자산총계	600,000,000	부채총계		80,000,000
		자본금		50,000,000
		합병차익	합병평가차익	375,000,000
			감자차익	75,000,000
			합병잉여금	20,000,000
계	600,000,000	계		600,000,000

(3)-2. 합병요건 충족 및 적격합병

(가) 2010.6.8. 개정되기 전

청산소득	=	합병대가(액면가)	-	자기자본총액		
▲95,000,000	=	50,000,000	-	145,000,000		
합병평가차익	=	승계한 자산	-	장부가액	-	청산소득
375,000,000	=	600,000,000	-	225,000,000	-	0
의제배당	=	합병대가(액면가)	-	구주 취득가액		
▲75,000,000	=	50,000,000	-	125,000,000		

(나) 2010.6.8. 개정된 후

양도손익	=	양도가액(순자산 장부가액)	-	순자산 장부가액
0	=	145,000,000	-	145,000,000
자산조정계정	=	승계한 순자산 시가	-	양도가액(순자산 장부가액)
375,000,000	=	520,000,000	-	145,000,000
의제배당	=	합병대가(종전 장부가액)	-	구주 취득가액
▲75,000,000	=	50,000,000	-	125,000,000

(3)-3. 합병요건 미충족 및 비적격합병

(가) 2010.6.8. 개정되기 전

청산소득	=	합병대가(시가)	-	분여받은 이익	-	자기자본총액
105,000,000	=	250,000,000	-	0	-	145,000,000
합병평가차익	=	승계한 자산	-	장부가액	-	청산소득
270,000,000	=	600,000,000	-	225,000,000	-	105,000,000
의제배당	=	합병대가(시가)	-	분여받은 이익	-	구주 취득가액
125,000,000	=	250,000,000	-	0	-	125,000,000

* 불공정합병에 해당되는 경우에는 분여받은 이익을 익금산입한다. 따라서 의제배당 계산 시에는 분여받은 이익을 합병대가(시가평가)에서 공제하여 중복과세를 방지하도록 하고 있다. 그러나 불공정합병에 해당되지 않은 경우에는 익금에 산입한 금액이 없으므로 공제할 것도 없다(소득세법과는 차이가 있는데 자세한 내용은 제7절 "합병과 영업권" 참조).

(나) 2010.6.8. 개정된 후(법인령 §80 ① 2)

양도손익	=	양도가액(시가)	-	순자산 장부가액		
105,000,000	=	250,000,000	-	145,000,000		
합병매수차익	=	승계한 순자산 시가	-	양도가액(시가)		
270,000,000	=	520,000,000	-	250,000,000		
의제배당	=	합병대가(시가)	-	분여받은 이익	-	구주 취득가액
125,000,000	=	250,000,000	-	0	-	125,000,000

(3)-4. 합병차익 분석

(가) 2010.6.8. 개정되기 전

| 장부가액 승계 |

구분	금액	계산근거
합병차익 ①	470,000,000	470,000,000 = 승계한 자산 600,000,000 - 승계한 부채 80,000,000 - 자본금 증가액 50,000,000
합병평가차익 ②	375,000,000	375,000,000 = 평가하여 승계한 자산 600,000,000 - 장부가액 225,000,000
합병감자차익 ③	75,000,000	75,000,000 = 피합병법인의 자본금 125,000,000 - 자본금 증가액 50,000,000
합병잉여금	20,000,000	20,000,000 = ① 470,000,000 - ② 375,000,000 - ③ 75,000,000

* 합병요건 충족: 합병평가차익 375,000,000원 익금산입(손금산입 가능)
* 합병요건 미충족: 합병평가차익 375,000,000원 중 법인세법상 합병평가차익으로 익금에 산입할 금액은 피합병법인으로부터 평가하여 승계한 자산에서 장부가액을 차감한 금액이다. 이때 청산소득으로 과세된 금액이 있는 경우에는 당해 청산소득을 장부가액에 가산하도록 하고 있어 중복과세를 방지하도록 하고 있다. 따라서 청산소득으로 과세된 금액 105,000,000원을 차감한 후의 금액인 270,000,000원에 대해서 익금산입한다(자세한 사례와 설명은 제7절 "합병과 영업권" 참조).
* 계산 근거(법인령 §12 ① 1)
  600,000,000 − [225,000,000 + {250,000,000 − 0 − (225,000,000 − 80,000,000)}] = 270,000,000
  - 피합병법인이 평가하여 승계한 자산 − {피합병법인의 자산 장부가액 + [합병대가의 시가 − 분여받은 이익 − (자산 − 부채)]}
  - 청산소득 = 합병대가 총액(시가) − 분여받은 이익 − 자기자본 총액(자산 − 부채)

(나) 2010.6.8. 개정된 후

| 적격합병(합병법인) |

구분	금액	계산근거
합병차익 ①	470,000,000	470,000,000 = 승계한 자산 600,000,000 − 승계한 부채 80,000,000 − 자본금 증가액 − 50,000,000
자산조정계정 ②	375,000,000	375,000,000 = 승계한 순자산시가 520,000,000 − 양도가액(순자산장부가액) 145,000,000
합병감자차익 ③	75,000,000	75,000,000 = 피합병법인의 자본금 125,000,000 − 자본금 증가액 50,000,000
합병잉여금	20,000,000	20,000,000 = ① 470,000,000 − ② 375,000,000 − ③ 75,000,000

* 법인세법의 합병차익(승계한 자산 − 부채 − 자본금 증가액)에는 주식발행액면초과액(200,000,000원 = 합병대가 250,000,000원 − 자본금 증가액 50,000,000원)은 법인세법의 합병차익(승계한 자산 − 부채 − 자본금 증가액)이 포함된다.

사례의 경우 합병차익 중 자본전입에 의한 의제배당은 적격합병의 경우 자산조정계정 금액은 375,000,000원이다. 합병차익 470,000,000원을 한도로 의제배당에 해당하므로 의제배당에 해당되는 금액은 자산조정계정 375,000,000원과 합병잉여금 20,000,000원이 된다.

| 비적격합병(합병법인) |

구분	금액	계산근거
합병차익 ①	470,000,000	470,000,000 = 승계한 자산 600,000,000 - 승계한 부채 80,000,000 - 자본금 증가액 - 50,000,000
주식발행액면초과액 ②	200,000,000	200,000,000 = 합병대가 250,000,000 - 자본금 증가액 50,000,000
합병감자차익 ③	75,000,000	75,000,000 = 피합병법인의 자본금 125,000,000 - 자본금 증가액 50,000,000
잉여금	195,000,000	195,000,000 = ① 470,000,000 - ② 200,000,000 - ③ 75,000,000

* 법인세법의 합병차익(승계한 자산 - 부채 - 자본금 증가액)에는 주식발행액면초과액(200,000,000원 = 합병대가 250,000,000원 - 자본금 증가액 50,000,000원)은 법인세법의 합병차익(승계한 자산 - 부채 - 자본금 증가액)이 포함된다.

* 잉여금 195,000,000원에는 소멸된 회사로부터 승계한 재산의 가액이 그 회사로부터 승계한 채무액, 그 회사의 주주에게 지급한 금액과 합병 후 존속하는 회사의 자본금증가액을 초과한 경우의 그 초과금액(상법 제174조) 175,000,000원과 피합병법인의 잉여금 20,000,000원이 포함되어 있다.

잉여금 195,000,000원 중 175,000,000원은 상법 제174조의 해당 금액으로 의제배당에서 제외하므로 비적격합병의 경우 의제배당에 해당되는 금액은 합병잉여금 20,000,000원이다. 비적격합병의 경우 합병매수차익 270,000,000원과 합병양도이익 105,000,000원의 합계 375,000,000원이 이미 익금이 되었다. 따라서 합병차익에서 의제배당에 해당되는 금액은 합병매수차익과 합병양도이익 상당액을 제외해야 한다. 결국 과세되는 금액은 적격합병이나 비적격합병(합병매수차익과 합병양도이익은 배당의 원천이 되므로)이나 동일한 금액이 된다. 위의 분석내용에 따라 개정 전과 개정 후의 법인세법 제16조 제1항 제2호의 금액(자본전입 시 의제배당) 및 익금의 관계를 요약하면 다음과 같다.

<table>
<tr><th colspan="4">개정 후</th><th colspan="4">개정 전</th></tr>
<tr><th colspan="2">의제배당 및 익금</th><th>적격</th><th>비적격</th><th colspan="2">의제배당 및 익금</th><th>요건 충족</th><th>요건 미충족</th></tr>
<tr><td rowspan="6">익금</td><td rowspan="2">자산 조정계정</td><td rowspan="2">375,000,000</td><td rowspan="2">0</td><td rowspan="6">익금</td><td rowspan="3">합병 평가차익</td><td rowspan="3">375,000,000</td><td rowspan="3">270,000,000</td></tr>
<tr></tr>
<tr><td rowspan="2">매수차익</td><td rowspan="2">0</td><td rowspan="2">270,000,000</td></tr>
<tr><td rowspan="3">청산소득</td><td rowspan="3">0</td><td rowspan="3">105,000,000</td></tr>
<tr><td rowspan="2">양도이익</td><td rowspan="2">0</td><td rowspan="2">105,000,000</td></tr>
<tr></tr>
</table>

개정 후				개정 전			
의제배당 및 익금		적격	비적격	의제배당 및 익금		요건 충족	요건 미충족
의제배당	합병 잉여금	20,000,000	20,000,000	의제배당	합병 잉여금	20,000,000	20,000,000
계		395,000,000	395,000,000	계		395,000,000	395,000,000

(4) 부당한 합병과 공정한 합병의 차이

위에 분석한 내용들을 종합적으로 보면, 합병차익 중 자본전입 의제배당에 해당되는 금액은 부당한 합병과 공정한 합병이 차이가 있지만 의제배당의 합계액은 차이가 없다. 합병평가차익과 자산조정계정도 부당한 합병과 공정한 합병이 차이가 없다. 또한 양도손익과 매수차손익이 차이가 발생하나 그 합계액은 차이가 없다. 한편, 부당한 합병과 공정한 합병의 합병차익이 420,000,000원에서 470,000,000원으로 되었는데 그 이유는 합병감자차익이 부당한 합병 25,000,000원에서 공정한 합병 75,000,000원으로 증가한 데 있다. 증가 원인은 자본금 감소액의 차이이다. 부당한 합병과 공정한 합병의 합병평가차익, 청산소득, 자산조정계정, 합병양도손익, 합병매수차손익을 정리하면 다음과 같다.

• 2010.6.8. 개정된 후

비고	부당한 합병			공정한 합병		
	자산조정계정	양도이익	매수차익	자산조정계정	양도이익	매수차익
적격	375,000,000	0	0	375,000,000	0	0
비적격	0	355,000,000	20,000,000	0	105,000,000	270,000,000

• 2010.6.8. 개정되기 전

비고	부당한 합병		공정한 합병	
	합병평가차익	청산소득	합병평가차익	청산소득
요건 충족	375,000,000	0	375,000,000	0
요건 미충족	145,000,000	230,000,000	270,000,000	105,000,000

제2절 인수합병 회계처리

인수·합병에 대한 이해가 필요하지 않은 독자라면 이 부분은 넘어간다.

1 인수·합병의 개요

합병은 상법, 증권거래법, 독점규제 및 공정거래에 관한 법률, 회사법, 기업회계기준 등과 관련이 있으므로 관련법 규정을 두루 검토하여야 하나 여기에서는 2017.9.27.에 개정된 일반기업회계기준 사업결합 중 영업권 관련 부분에 대해서 살펴본다.

(1) 영업권의 인식과 측정

취득자는 취득일 현재 다음 "①"이 "②"보다 클 경우, 그 초과금액을 측정하여 영업권으로 인식한다.

① 다음의 합계금액

㉮ 이 장에 따라 측정된 이전 대가로 일반적으로 취득일의 공정가치*

㉯ 이 장에 따라 측정된 피취득자에 대한 비지배지분의 금액**

㉰ 단계적으로 이루어지는 사업결합의 경우, 취득자가 이전에 보유하고 있던 피취득자에 대한 지분의 취득일의 공정가치

② 이 장에 따라 측정된 취득일의 식별가능한 취득자산과 인수 부채의 순액

한편, 취득자와 피취득자(또는 피취득자의 이전 소유자)가 지분만을 교환하여 사업결합을 하는 경우, 취득일에 피취득자 지분의 공정가치가 취득자 지분의 공정가치보다 더 신뢰성 있게 측정되는 경우가 있다. 이 경우, 취득자는 이전한 지분의 취득일의 공정가치

대신에 피취득자 지분의 취득일의 공정가치를 이용하여 영업권의 금액을 결정한다. 대가의 이전이 없는 사업결합에서 영업권 금액을 결정하는 경우, 취득자는 이전 대가의 취득일의 공정가치 대신에 가치평가기법을 사용하여 피취득자에 대한 취득자 지분의 취득일의 공정가치를 결정하여 사용한다.

한편, 영업권은 그 내용연수에 걸쳐 정액법으로 상각하며, 내용연수는 미래에 경제적 효익이 유입될 것으로 기대되는 기간으로 하며, 20년을 초과하지 못한다.

* 취득일의 공정가치
사업결합에서 이전 대가는 공정가치로 측정하며, 그 공정가치는 취득자가 이전하는 자산, 취득자가 피취득자의 이전 소유주에 대하여 부담하는 부채 및 취득자가 발행한 지분의 취득일의 공정가치 합계로 산정한다. 대가의 잠재적 형태의 예에는 현금, 그 밖의 자산, 취득자의 사업 또는 종속기업, 조건부 대가, 보통주 또는 우선주와 같은 지분상품, 옵션, 주식매입권 및 상호실체의 조합원 지분을 포함한다.

** 모든 사업결합에서 취득자는 취득일에 피취득자에 대한 비지배지분의 요소를 다음과 같이 측정한다.
① 피취득자에 대한 비지배지분의 요소가 현재의 지분이며 청산 시 보유자에게 기업 순자산의 비례적 지분에 대하여 권리가 부여된 경우, 당해 비지배지분 요소는 피취득자의 식별가능한 순자산에 대해 인식한 금액 중 현재의 소유 지분의 비례적 몫으로 측정한다.
② 그 밖의 모든 비지배지분 요소는 일반기업회계기준에서 측정방법을 달리 요구하는 경우를 제외하고 취득일의 공정가치로 측정한다.

(2) 염가매수차익의 인식과 측정

영업권의 인식과 측정에서 "(1)"의 "②"의 금액이 "①"의 금액을 초과하는 사업결합, 즉 염가매수의 경우, 염가매수차익을 인식하기 전에, 취득자는 모든 취득자산과 인수부채를 정확하게 식별하였는지에 대해 재검토하고, 이러한 재검토에서 식별된 추가 자산이나 부채가 있다면 이를 인식한다. 이때 취득자는 취득일에 이 장에서 인식하도록 요구한 다음의 모든 사항에 대해, 그 금액을 측정하는 데 사용한 절차를 재검토한다.

① 식별가능한 취득자산과 인수 부채
② 단계적으로 취득한 사업결합의 경우, 취득자가 이전에 보유하고 있던 피취득자에 대한 지분
③ 이전 대가

재검토하는 목적은 취득일 현재 이용가능한 모든 정보를 고려하여 관련 측정치에 적절히 반영하였는지 확인하기 위해서이다. 만일 그 초과금액이 재검토 후에도 남는다면, 취득자는 취득일에 그 차익을 당기손익으로 인식한다. 그 차익은 취득자에게 귀속된다.

매수법과 지분풀링법을 요약하면 다음과 같다.[6)]

2 | 매수법

합병의 본질을 현물출자설로 보는 경우 피합병기업의 자산을 현물출자하고 그 대가로 합병신주를 교부한다. 따라서 장부가액이 아닌 공정가치로 자산과 부채를 평가하고 기록한다. 그러나 피합병기업의 이익잉여금은 인수하지 않는다. 합병대가로 합병회사의 주식을 발행하여 교부하는 지분통합법의 경우와는 달리 매수법에서는 주식 이외에 현금이나 현물로 합병대가를 지급할 수 있다. 이때에도 합병대가로 지급하는 현물은 공정시가로 평가하여 기록한다. 여기에서 공정시가로 평가한 피합병기업의 순자산가액이 합병대가와 일치하지 않는 경우에는 다음과 같이 회계처리를 한다.

취득한 순자산의 공정시가가 합병대가보다 적다면(합병대가가 취득한 순자산의 공정가액을 초과하면) 그 차액을 영업권으로 기록한다. 즉

합병대가(대금지급액) > 공정가치 = 영업권

영업권을 자산으로 기록하면 취득 이후의 연도에 이를 어떻게 평가할 것이냐의 문제가 발생한다. 즉 영업권을 상각할 것인가, 상각한다면 즉시 상각할 것인가 혹은 내용연수에 걸쳐 상각할 것인가 등의 문제가 발생한다. 이에는 즉시상각법, 내용연수상각법, 무상각법 등 세 가지의 방법이 있다. 기업회계기준에서는 내용연수상각법을 따르고 있다. 취득한 순자산의 공정시가가 합병대가보다 큰 경우(합병대가가 취득한 순자산의 공정가액에 미달하면) 그 차액을 부의영업권으로 기록한다.

합병대가(대금지급액) < 공정가치 = 부의영업권

부의영업권에 대한 회계처리는 합병차익(자본잉여금)으로 처리하는 방안, 이연이익(부의영업권)으로 처리하는 방안, 합병자산의 매수원가를 조정한 후 잔액을 이연이익

6) 송인만 · 김문철, 「고급재무회계」(제2판), 신영사, 2003; 김진봉, 「현대재무관리」, 박영사, 2003

(부의영업권)으로 처리하는 방안 등이 있다. 기업회계기준에서는 부의영업권을 무형자산의 차감 항목으로 기록하고, 미래예상비용이나 손실 때문에 발생하는 '미래손실 관련 부의영업권'과 매수회사가 협상 능력 등의 이유로 피매수회사의 순자산을 실제로 염가로 취득하여 발생한 취득이익에 해당하는 '기타 부의영업권'으로 나누고 있다. 이와 같이 부의영업권을 두 가지로 구분하는 것은 발생 원인과 관련하여 회계처리 방법을 달리하기 위해서이다.

3 | 지분통합법

지분통합법은 합병을 단순한 자본의 결합이라고 보기 때문에 피합병기업의 인격이 그대로 승계되는 것을 전제로 한다. 따라서 피합병기업의 자산, 부채, 자본을 장부 과목 가액으로 기록한다. 지분을 결합하기 위하여 합병기업은 반드시 피합병기업의 주주에게 합병기업의 주식을 발행하여 교부하여야 하며 이때 결합을 위해 발행되는 주식은 액면가액으로 기록한다. 다만, 합병 전 자본계정과 합병 후 자본계정의 차액은 자본잉여금, 이익잉여금 순으로 조정하여야 한다. 즉 결합 후에는 존속하는 기업은 결합되는 기업의 이익잉여금을 그대로 인수하며 합병하는 기업이 지급하는 합병대가가 피합병기업의 자본금과 자본잉여금을 포함한 납입자본의 합을 초과할 때는 그 초과금액만큼 이익잉여금에서 차감하여야 한다.

- 액면총액 < 납입자본: 결합된 실체의 자본잉여금에 가산
- 액면총액 > 납입자본: 먼저 합병회사의 자본잉여금에서 차감하고 부족하면 합병참여회사(합병회사와 피합병회사)의 이익잉여금에서 차감

지분통합법을 적용할 때 발생할 수 있는 문제점은 합병회계는 실질적 목적인 경제적 효과를 대상으로 하는 것이지 법률적, 형식적인 것이 아니라는 점과 합병 시 영업권의 계상이나 자산의 평가 등에 대하여는 설명할 수 없다는 점이다.

4 | 매수법과 지분통합법의 비교[7]

합병절차에서 매수법을 따르면 자산을 시가로 평가하여야 하므로 복잡하나 지분통합법에 의하면 간단하다. 또한 순자산가액을 초과하는 합병대가의 회계처리에서도 매수법에 의하면 장부가액과 합병대가의 차이로 인한 합병차익(부의영업권)이나 영업권이 발생할 수 있으나 지분통합법에 의하면 순자산과 합병대가는 일치하여야 하므로 영업권이 발생하지 않는다. 기업합병 시 합병회계처리를 지분통합법과 매수법 중에서 어떤 방법을 채택하느냐에 따라 기업의 재무상태와 경영성과는 각각 다르게 보고될 수 있다.

지분통합법은 인수한 자산·부채와 합병대가의 기록금액, 그리고 그 차액의 회계처리 방법에서 매수법과 크게 차이가 난다. 매수법에서는 인수한 자산·부채를 공정가액으로 기록하는 반면, 지분통합법에서는 장부가액으로 기록한다. 합병대가를 매수법에서는 공정가액으로 기록하고, 지분통합법에서는 액면가액(지분통합법에서는 반드시 주식발행으로 합병대가를 지급해야 함)으로 기록한다. 인수한 자산·부채와 합병대가의 차액을 매수법에서는 영업권(또는 부의영업권)으로 기록하고, 지분통합법에서는 직접 자본(먼저 자본잉여금, 다음에는 이익잉여금 순으로)에 반영한다.

| 회계처리 방법의 차이 |

매수법		지분통합법
공정가액	[인수한 자산·부채]	장부가액
	|	
공정가액	[합병대가]	액면가액 (반드시 주식발행)
	‖	
영업권(부의영업권)	차 액	자본에 반영

7) 송인만·김문철, 「고급재무회계」(제2판), 신영사, 2003, p.42

| 회계처리 결과 |

관련 항목	회계처리		지분통합법이 순이익 및 배당가능액에 미치는 영향
	매수법	지분통합법	
• 자산 · 부채의 평가	공정가액	장부가액	• 낮은 감가상각비 • 높은 유형자산처분이익 • 이익발생시점의 선택이 가능
• 영업권의 인식	인식함	인식 않음	• 영업권 상각 없음
• 이익잉여금의 승계	승계 않음	승계함	• 배당가능액의 확대

매수법과 지분통합법의 회계처리 방법의 차이로 합병기업의 합병 후 재무상태와 경영성과는 영향을 받게 되는데, 지분통합법은 매수법에 비해 다음과 같은 특징을 가지고 있다.

① 합병으로 취득한 자산 및 부채를 장부가액으로 기록하는데, 일반적으로 자산의 장부가액이 공정가액보다 낮아 자산이 낮은 가액으로 계상된다. 자산가액이 낮게 계상되면 감가상각비가 상대적으로 적게 계상되고, 합병 후에 자산을 처분하면 높은 처분이익을 실현시킬 수 있다. 이에 따라 기업의 순이익이 증가할 뿐만 아니라 경영자가 합병으로 취득한 자산의 처분 시점을 선택함으로써 특정 기간의 이익을 증가시킬 수 있는 등 이익조정의 여지가 있다.

② 영업권을 인식하지 않으므로 합병 후 영업권 상각으로 인한 이익감소 효과가 발생하지 않는다.

③ 피합병기업의 이익잉여금을 그대로 승계한다. 따라서 합병기업은 영업활동을 수행하지 않고 이익잉여금을 증대시켜 배당가능액을 확대시킬 수 있다.

특히 주가수익률(PER)이 일정하게 유지된다고 가정할 때 위 지분통합법을 적용하면 "①"과 "②"의 결과로 인하여 이익이 증대하기 때문에 합병기업의 주가가 상대적으로 상승할 수도 있다. 대부분의 경영자는 기업의 순이익과 배당가능액, 그리고 당해 기업의 주가가 상승하기를 바란다. 위에 언급한 지분통합법의 특징 때문에 경영자에게 선택권이 주어진다면 대부분 매수법보다는 지분통합법을 선호할 것이다. 그러나 기업실체 입장에서 볼 때 재무구조를 부실하게 할 가능성이 있으므로 바람직한 회계처리라고는 볼 수 없다. 따라서 최근 국제적 추세는 지분통합법을 폐지하는 방향으로 나아가고 있다.

제3절 합병과 이익

1 합병 직후와 합병 직전의 평가차액

'합병에 따른 이익'을 설명할 때 '이익'의 의미를 명확히 이해하고 있어야 한다.

이익개념의 기본적인 문제는 합병에 따른 이익의 증여와 합병에 따른 부당행위계산의 과세문제를 위해서도 필요하지만, 합병에 따른 이익의 문제는 자본거래 과세체계의 올바른 이해를 위해서도 분명하게 확인하고 넘어가야 한다.

합병에 따른 '이익'에 대해 각 세법에서의 표현을 보면, 상속증여세법 제38조에서는 "…합병으로 인하여 이익을 얻은 경우…"로 표현되고 있으며, 법인세법 시행령 제88조 제1항 제8호에서는 "…법인이 특수관계인인 다른 주주에게 이익을 분여한 경우…"로 표현되고 있다. 상속증여세법과 법인세법의 '이익'의 개념을 이해하기 위해서는 그 이익이 산정되는 구조를 알아야 한다.

구 상속세법 제34조의4(1990.12.31. 법률 제4283호로 신설) 도입 당시 합병에 따른 이익을 '합병 직후와 합병 직전의 평가차액'으로 한다고 하여 이익의 개념을 명시하고 있었다. 그 이후 2015.12.15. 개정에서는 구체적 이익을 대통령령에 위임하고 있다. 그러나 개정 전의 이익의 개념은 유효하다. 즉 상속증여세법의 "…합병으로 인하여 이익을 얻은 경우…"의 '이익'이라 함은 합병 후 평가액에서 합병 전 평가액을 차감한 금액이 양수(+)인 경우를 의미한다(이하 이 책에서는 '합병 직후와 합병 직전의 평가차액'을 '합병 후 평가액과 합병 전 평가액의 차액'이라고 한다). 이때 이익은 평가차액으로 평가차익(+)을 말하는데 '평가차익'의 '평가'는 당연히 주식 또는 지분의 가치를 말한다. 이와 같은 이익의 개념은 이 책에서 주식교환, 현물출자, 증자 및 감자, 기타의 자본에서의 '이익'을 이해하는 데도 그 개념을 제공하고 있다.

한편, 법인세법의 "…다른 주주에게 이익을 분여한 경우…"의 '이익'이라 함은 합병 후 평가액에서 합병 전 평가액을 차감한 금액이 음수(－)인 경우를 의미한다. 이때 이익은 평가차액으로 평가차손(－)을 말한다. 이와 같은 이익의 개념은 부당행위계산에서 '이익'을 이해하는 데 필요하다.

〈합병에 따른 이익〉

• 얻은 이익: 합병 후 1주당 평가액 － 합병 전 1주당 평가액 ＝ ＋(양수)
• 분여한 이익: 합병 후 1주당 평가액 － 합병 전 1주당 평가액 ＝ －(음수)

평가차액(±)을 계산하기 위해서는 '합병 후 평가액'과 '합병 전 평가액'을 계산하여야 한다. 계산방법은 다음과 같이 한다.

(1) 합병 후 1주당 평가액

합병 후 1주당 평가액이란, 이 책에서 다음과 같이 설명된다.

합병 후 신설 또는 존속하는 법인의 1주당 평가액은 합병 후 신설 또는 존속하는 법인이 주권상장법인 또는 주권비상장법인인가의 여부에 따라 다음과 같이 계산한다(상증령 §28 ⑤).

(1)-1. 주권상장법인의 경우

합병 후 신설 또는 존속하는 법인이 주권상장법인인 경우에는 다음의 "①" 또는 "②"의 가액 중 적은 것으로 한다(주식평가에 대한 자세한 내용과 평가사례는 "제3편 주식의 평가" 참조).

① 주권상장법인의 평가방법[상속증여세법 제63조 제1항 제1호 가목의 규정에 의하여 평가한 가액: 평가기준일 이전 · 이후 각 2개월 동안 공표된 매일의 한국거래소 최종시세가액(거래실적의 유무를 불문)의 평균액(종가평균액)]. 다만, 평균액을 계산할 때 평가기준일 이전 · 이후 각 2개월 동안에 증자 · 합병 등의 사유가 발생하여 그 평균액으로 하는 것이 부적당한 경우에는 평가기준일 이전 · 이후 각 2개월의 기간 중 대통령령으로 정하는 바에 따라 계산한 기간의 평균액으로 한다.

② 주권비상장법인 등의 평가 방법[아래 (1)-2.]

(1)-2. 주권비상장법인의 경우

주가가 과대평가된 합병당사법인의 합병 직전 주식가액(상속증여세법에 의하여 주식을 평가한 가액을 말한다)과 주가가 과소평가된 합병당사법인의 합병 직전 주식가액을 합한 가액을 합병 후 신설 또는 존속하는 법인의 주식수로 나눈 가액을 말한다.

이 경우 합병 직전 주식가액의 평가기준일은 상법 제522조의2의 규정에 의한 대차대조표 공시일 또는 자본시장과 금융투자업에 관한 법률 제119조 및 같은 법 시행령 제129조에 따라 합병의 증권신고서를 제출한 날 중 빠른 날(주권상장법인 등에 해당하지 아니하는 법인인 경우에는 상법 제522조의2의 규정에 의한 대차대조표 공시일)로 한다(상증령 §28 ⑤ 2). 주권비상장법인의 합병 후 1주당 평가액을 정리하면 다음과 같다.

$$\frac{\left(\text{주가가 과대평가된 합병당사 법인의 합병 직전 주식가액} + \text{주가가 과소평가된 합병당사 법인의 합병 직전 주식가액}\right)}{\text{합병 후 신설·존속하는 법인의 주식수}}$$

위 계산식에서 '합병 직전 주식가액'이란 다음의 "(2) (2)-1."의 방법으로 하는 주식평가를 말한다. 즉 합병당사법인의 합병 직전 각각의 총주식평가를 말한다. 합병 후 신설·존속하는 법인의 주식수는 합병법인과 피합병법인의 합병 후 주식수를 합한 것으로 1 : 1 합병을 제외하고는 합병당사법인의 합병 직전 주식수의 합과 합병당사법인의 합병 후 주식수의 합은 항상 서로 다르게 나온다. 합병법인이 A, 피합병법인이 B, C, D인 경우 합병 후 1주당 평가액을 계산식으로 나타내면 다음과 같다.

$$\frac{\text{합병법인 A의 총주식 평가액} + \text{피합병법인 B, C, D의 총주식 평가액 합계}}{\text{합병법인 A의 주식수} + \text{합병비율에 따라 새로 취득하게 되는 피합병법인 B, C, D의 주식수 합계}}$$

〈합병 후 1주당 평가액〉

상장주식: ①과 ②의 가액 중 적은 것
비상장주식: ②

① 평가기준일 이전·이후 각 2개월 동안 공표된 최종시세가액의 평균액
② (주가가 과대평가된 합병당사법인의 합병 직전 주식가액 + 주가가 과소평가된 합병당사법인의 합병 직전 주식가액) ÷ 합병 후 신설·존속하는 법인의 주식수

(2) 합병 전 1주당 평가액

합병 전 1주당 평가액이란, 이 책에서 다음과 같이 설명된다.

합병 전 1주당 평가액의 이해를 위해서는 합병당사법인의 합병 직전 주식가액(합병가액)을 평가하기 위한 평가[합병가액: 아래 (2)-1.의 평가방식]와 합병 후 평가액과 합병 전 평가액의 평가차액을 계산하기 위한 평가[합병 전 1주당 평가액: 아래 (2)-2.의 평가방식]를 구별해야 한다. 즉 두 기업이 합병하기에 앞서 취득기업(합병법인)과 대상기업(피합병법인)은 각 기업의 기업가치를 평가하게 된다. 기업가치는 주식평가를 의미하는데, 이 경우 주식평가는 상속증여세법 제60조(평가의 원칙 등) 및 제63조(유가증권의 평가)의 규정에 의하여 평가한 가액에 의하도록 하고 있다. 이와 같은 방법으로 평가된 주식은 두 기업의 주식평가(기업가치)에 따라 대상기업의 취득가격(합병가액)이 정해지고 따라서 합병비율이 정해진다.

한편, 합병에 따른 이익의 증여에서 합병 전 1주당 평가액이 의미하는 바는 합병으로 인한 합병 후와 합병 전의 평가차액을 계산해내고자 하는 과정에서 나온 것이다. 곧 평가차액을 계산하기 위해서 합병 후 1주당 평가액과 비교할 수 있는 합병 전 1주당 평가액의 개념이 필요하게 된 것이다. 이때 합병 전 1주당 평가액의 계산은 상속증여세법 시행령 제28조 제3항 제1호 (나)목에 의하도록 하고 있다.

(2)-1. 합병 직전 주식가액(합병가액) 계산을 위한 주식평가

1주당 평가액(상속증여세법상 주식의 평가를 말하며 합병에 따른 이익계산에서의 합병 전 1주당 평가를 말하는 것이 아니다)은 상속증여세법 제60조(평가의 원칙 등) 및 같은 법 제63조(유가증권의 평가)의 규정에 의하여 평가한 가액에 의한다. 따라서 주권상장법인

등의 주식인 경우에는 상속증여세법 제63조 제1항 제1호 가목의 규정에 의하여 평가한 가액(상장주식평가액)을 말하며, 주권비상장법인 주식인 경우에는 같은 법 제63조 제1항 제1호 나목의 규정에 의하여 평가한 가액(비상주식평가액)을 말한다.

다만, 주권상장법인인 경우 주권비상장법인 주식의 평가방법에 의한 평가액의 차액(합병 후 1주당 평가액 - 합병 전 1주당 평가액)이 주권상장법인의 주식에 대한 평가방법(평가기준일 이전·이후 각 2개월 동안 공표된 매일의 한국거래소 최종시세가액의 평균액)에 의한 평가액의 차액보다 적게 되는 때에는 상속증여세법 제60조 및 제63조 제1항 제1호 나목의 방법(주권비상장주식의 평가방법)에 의하여 평가할 수 있도록 하였다(상증령 §28 ⑥).

즉 비상장주식 평가차액(비상장주식 평가방법에 의한 합병 후 1주당 평가액 - 비상장주식 평가방법에 의한 합병 전 1주당 평가액) ≤ 상장주식 평가차액(상장주식 평가방법에 의한 합병 후 1주당 평가액 - 상장주식 평가방법에 의한 합병 전 1주당 평가액)일 경우는 비상장주식 평가방법에 의한 1주당 평가액이 주권상장법인의 합병 직전 주식가액이 된다. 비상장주식 평가차액이 상장주식 평가차액보다 큰 경우는 상장주식 평가방법에 의한 1주당 평가액이 주권상장법인의 합병 직전 주식가액이 된다.

이 경우 분할합병을 하기 위하여 분할하는 법인의 분할사업부문에 대한 합병 직전 주식의 가액은 상속증여세법 제63조 제1항 제1호 나목에 따른 방법(비상장주식 평가방법)을 준용하여 분할사업부문을 평가한 가액으로 한다(상증령 §28 ⑦, 2016.2.5. 신설).

〈주식 평가방법〉

상장법인 등: 원칙 ①, 예외 ②
비상장법인: ②

① 상속증여세법 제60조(평가의 원칙 등) 및 제63조(유가증권의 평가)의 규정에 의하여 평가한 가액에
② 상속증여세법 제60조 및 제63조 제1항 제1호 다목(비상장주식 평가)의 방법에 의한 평가액

한편, 합병비율을 평가기준일 이후에 결정하는 것이 상법상 불가능하고, 합병비율의 불공정성은 합병무효 사유에 해당하는 등 합병에 관한 상법상의 조항들은 사후적인 자산가치의 변동을 합병비율 산정 시 고려할 수 없음에도 상속증여세법이 상법상 불가능한

것을 요구하는 것은 상속증여세법 제38조 및 기본통칙 38－28…4*에 비추어 납세자에게 무리한 수인의무를 지우는 것이다. 따라서 합병법인이 보유한 상장주식에 대하여는 평가기준일(대차대조표 공시일) 이전 2개월 동안의 한국증권선물거래소 최종시세가액의 평균액으로 평가하여 합병비율을 산정함이 합리적이고, 평가기준일 이전 · 이후 각 2개월 동안 공표된 최종시세가액의 평균액으로 재평가하여 과세한 것은 잘못이다(조심 2013서0567, 2014.1.13.). 위 조세심판원의 사건은 합병법인이 보유한 상장주식의 평가방법에 대한 것이다. 이와 같은 점을 반영하여(2016.12.20. 개정) 상속증여세법 제38조에 따라 합병으로 인한 이익을 계산할 때 합병(분할합병을 포함)으로 소멸하거나 흡수되는 법인 또는 신설되거나 존속하는 법인이 보유한 상장주식의 시가는 평가기준일 현재의 거래소 최종시세가액으로 한다(상증법 §63 ① 1). 한편, "평가기준일 이전에 합병의 사유가 발생한 날의 다음 날부터 평가기준일 이후 2월이 되는 날까지의 기간"에서 합병의 사유가 발생한 날의 다음 날이란 상법 제523조 제6호에 따른 합병을 할 날의 다음 날을 말한다(기획재정부 조세법령운용과 814, 2021.9.23.). 상장법인의 합병 직전의 주식가액(합병가액) 계산을 위한 평가방법(자본시장법에 따른 합병가액 산정방식을 부인하고 상속증여세법에 따른 합병가액을 산정하는 경우가 되겠다)은 "평가기준일 이후에 증자 · 합병 등의 사유가 발생한 경우에는 평가기준일 이전 2월이 되는 날부터 동 사유가 발생한 날(상법 제523조 제6호에 따른 합병을 할 날)의 전일까지의 기간"의 종가평균액이 평가액이 된다(유사 판례 파기 환송심 서울고법 2023누18, 2023.1.19.).

* 기본통칙 38－28…4
주권상장법인인 경우 합병 전후 1주당 평가가액은 상법 제522조의2에 따른 대차대조표공시일과 자본시장법 제119조 및 시행령 제129조에 따라 합병신고를 한 날 중 빠른 날 이전 2월간의 기간, 합병 후 1주당 평가가액은 합병등기일부터 2월이 되는 날까지의 기간에 의한 평가액으로 한다.

(2)－2. 평가차액 계산을 위한 합병 전 1주당 평가액

위 "(2)－1." 주식평가에서의 1주당 평가액은 상속증여세법상의 일반적인 주식평가를 말한다. 합병 후와 합병 전의 평가차액을 계산하기 위한 합병 전 1주당 평가액은 합병기업 또는 대상기업의 취득가격 등을 결정하기 위한 또는 합병비율 산정을 위한 주식가치평가를 말하는 것이 아니다. 이 책에서 말하는 합병 전 1주당 평가액은 합병 후와 합병 전의 평가차액을 계산하기 위해 상속증여세법 시행령 제28조 제3항에서 별도의 계산방법에 의하여 평가하는 방법을 말하고 있으므로 일반적으로 합병을 하기 전의 합병당사법인의 합병 직전의 주식평가가 아니라는 것을 분명하게 구별해야 한다. 상속증여세법 시행령 제28조 제3항 제1호 나목의 합병 전 1주당 평가액을 다음과 같이 정리할 수 있다.

〈합병 전 1주당 평가액〉

$$\text{주가가 과대평가된 법인의 1주당 평가액} \times \frac{\text{주가가 과대평가된 법인의 합병 전 주식수}}{\text{주가가 과대평가된 법인의 주주가 교부받은 주식수}}$$

위의 계산식은 주가가 과대평가된 법인의 합병 전의 구주식의 평가(총주식가치)를 합병 후 교부받은 주식수로 나눈 금액이 되므로 합병신주의 1주당 가치를 평가한 것이 된다. 주가가 과대평가된 법인에 해당되는가의 여부는 합병당사법인 모두를 각각 평가하여야 알 수 있다. 이것을 다른 산식으로 나타내면 다음과 같다.

$$\frac{\text{주가가 과대평가된 법인의 총주식 평가액}}{\text{주가가 과대평가된 법인의 주주가 교부받은 주식수}}$$

합병 전 1주당 평가액은 과대평가된 법인과 과소평가된 법인 모두 계산대상이 되나 상속증여세법에서는 과대평가된 법인에 대해서만 계산방법을 제시하고 있다. 그러나 과소평가된 법인에 대하여도 합병 전 1주당 평가액을 계산해 보고 그 평가차액(평가차손)의 의미를 알아볼 필요가 있다. 평가차손의 의미는 분여한 이익개념으로 증여자 또는 법인세법상 부당행위계산과 관련지어 생각할 수 있기 때문이다.

상속증여세법에서는 평가차익 개념인 얻은 이익을 기준(증여)으로 하고 있기 때문에 평가차손에 대한 의미는 고려할 필요가 없다. 따라서 상속증여세법에서는 평가차익(+)에 해당되는 과대평가된 법인에 대해서만 규정하고 있다. 얻은 이익을 기준으로 한다는 것은 곧 평가차익의 개념인 과대평가된 법인을 의미하고 있기 때문이다. 이와 같이 부당한 합병에 대해 상속증여세법과 법인세법에서 각각 '이익'이라는 용어를 사용하고 있는데, 여기서 이익은 '얻은 이익(분여받은 이익)'과 '분여한 이익'으로 나눌 수 있다. 상속증여세법에서의 이익은 '얻은 이익'을 말하고, 법인세법에서의 이익은 '분여한 이익'을 말한다. 즉 얻은 이익은 증여세, 분여한 이익은 부당행위계산과 연결된다.

관련규정 및 예규판례

합병 후 신설 · 존속하는 법인의 1주당 평가액(재삼 46014-987, 1999.5.24.)
상속증여세법 제38조의 규정에 의한 합병 시의 증여의제 가액을 계산할 때 "합병 후 신설 · 존속하는 법인의 1주당 평가액"은 합병당사법인의 합병 직전 주식가액 합계액을 합병 후 신설 · 존속하는 법인의 주식수로 나누어 계산함.

합병 후 신설 · 존속하는 법인의 1주당 평가가액의 계산 시 자기주식가액 차감 여부(재삼 46014-1174, 1998.6.27.)
합병 시 증여의제되는 특수관계에 있는 법인 및 이익을 계산하는 경우 합병 후 신설 · 존속하는 법인의 1주당 평가가액의 계산 시에는 자기주식가액을 제외하지 아니하는 것임.

2 얻은 이익

일반적으로 합병에 따른 '이익'이라 함은 합병당사법인(합병법인과 피합병법인을 말함)의 주주들이 '얻은 이익'을 말한다(상증법 §38 ①). 얻은 이익이라 함은 합병 직후와 합병 직전의 주식평가 차액을 말하는 것으로, 이때 평가차액은 평가차익(평가차손이 아님)으로 합병 직후의 1주당 평가액에서 합병 직전의 1주당 평가액을 차감한 금액이 양수(+)인 것을 말한다(상증령 §28 ③). 여기서 양수(+)의 의미는 합병 전보다 합병 후의 주식가치가 증가했음을 의미한다. 양수(+)인 평가차익은 이익을 얻은 것으로서, 곧 합병에 따른 이익이라 함은 얻은 이익을 의미하고 있다. 합병 직후와 합병 직전의 주식가치가 차이가 나는 이유는 합병비율을 산정할 때 합병당사법인의 주식가치에 따라 합병비율을 산정하지 않은 결과이다.

상속증여세법 제38조의 '합병에 따른 이익의 증여'에서 '이익'은 평가차익으로 얻은 이익을 의미한다고 했다. 공정하지 않은 합병비율로 합병계약을 체결한 결과는 합병으로 인한 평가차익이나 평가차손이 발생하게 되는데, 2개 이상의 법인이 합병하여 하나의 법인이 될 때 합병당사법인 중에서 어느 하나의 법인(평가차익과 평가차손의 결과는 결국 각 주주들의 평가차손익이 된다)에서 평가차익이 발생하게 되면 반드시 상대방 어느 하나의 법인에서는 평가차손이 발생하게 된다(3개 이상의 법인이 합병하는 경우

2개의 법인은 평가차익이면 나머지 법인에서는 평가차손 또는 반대로 2개의 법인에서는 평가차손이면 나머지 법인에서는 평가차익이 발생하게 된다).

이와 같이 되는 이유는 합병으로 인하여 이익을 얻었다는 의미(평가차익)는 상대방에서 이익을 주었다는 의미(평가차손)가 되기 때문이다. 또한 평가차익의 합계와 평가차손의 합계는 항상 일치하게 되는데, 평가차익의 합계는 얻은 이익의 합계를 의미하고 평가차손의 합계는 분여한 이익의 합계를 의미하므로 이익을 받은 금액과 상대방이 준 금액이 일치한다는 것은 당연한 것이기도 하다. 이러한 평가차익(이익)의 개념은 합병당사법인의 주주들이 얻은 것으로 합병법인의 주주 또는 피합병법인의 주주 어느 쪽에서도 발생할 수 있다. 상속증여세법 제38조의 '합병에 따른 이익의 증여'에서의 '이익'은 합병법인과 피합병법인 구분 없이 발생한다. 이와 같은 평가차익이 발생하는 이유는 합병비율에 있다고 했다.

다음 ≪사례 1≫ 첫 번째 사례(①)는 A법인의 주식가치는 1주당 10,000원, B법인의 주식가치는 1주당 10,000원으로 A법인과 B법인의 1주당 주식가치가 서로 같으므로 합병비율은 1 : 1이 되어야 한다.

두 번째 사례(②)는 A법인의 주식가치는 1주당 10,000원, B법인의 주식가치는 1주당 5,000원으로 A법인과 B법인의 1주당 주식가치가 서로 다르다. 그리고 서로 다른 A법인과 B법인의 1주당 주식가치의 비율은 B법인의 주식가치가 A법인의 주식가치의 50%에 해당한다. 따라서 합병비율은 1 : 0.5가 되었다.

한편, 세 번째 사례(③)에서 보면, A법인의 주식가치는 1주당 10,000원, B법인의 주식가치는 1주당 5,000원으로 두 법인의 1주당 주식가치가 서로 다른데도 합병비율을 1 : 1로 하여 합병하였다. 그 결과 합병에 따른 이익(평가차익)이 1주당 2,500원이 발생하게 되었다. 세 번째 사례(③)에서 A법인과 B법인의 1주당 주식가치에 따라 공정한 합병을 하게 되면 합병비율이 1 : 0.5(5,000원 ÷ 10,000원 = 0.5)가 되어야 한다.

사례 1 ••• 주식가치에 따른 합병비율

① 주식가치 A와 B가 @10,000원으로 동일 → 합병비율 1 : 1 ⇒ 1 : 1 합병

구분	A	B	A′(합병 후)
총주식 평가액	1,000,000,000	1,000,000,000	2,000,000,000
발행주식총수	100,000	100,000	
1주당 주식가치	10,000	10,000	10,000
합병비율	1	1	
합병 후 주식수	100,000	100,000	200,000
합병 전 1주당 평가액	10,000	10,000	
1주당 평가차손익	0	0	

② 주식가치 A @10,000원, B @5,000원 → 합병비율 1 : 0.5 ⇒ 1 : 0.5 합병

구분	A	B	A′(합병 후)
총주식 평가액	1,000,000,000	500,000,000	1,500,000,000
발행주식수	100,000	100,000	
1주당 주식가치	10,000	5,000	10,000
합병비율	1	0.5	
합병 전 1주당 평가액	10,000	10,000	
합병 후 주식수	100,000	50,000	150,000
1주당 평가차손익	0	0	

③ 주식가치 A @10,000원, B @5,000원 → 합병비율 1 : 0.5 ⇒ 1 : 1 합병

구분	A	B	A′(합병 후)
총주식 평가액	1,000,000,000	500,000,000	1,500,000,000
발행주식총수	100,000	100,000	
1주당 주식가치	10,000	5,000	7,500
합병비율	1	1	
합병 전 1주당 평가액	10,000	5,000	
합병 후 주식수	100,000	100,000	200,000
1주당 평가차손익	▲2,500	2,500	

* 위 사례에서 두 기업의 주식가치에 따라 합병비율을 1 : 1 또는 1 : 0.5로 하면 합병에 따른 이익이 발생하지 않는다. 그러나 세 번째의 경우에는 주식가치가 @10,000과 @5,000으로 서로 다른데도 1 : 1 비율로 합병하였다. 그 결과 합병에 따른 평가차손 · 익이 발생하게 된다.

다음 ≪사례 2≫에서 A법인과 B법인이 합병하여 A' 법인이 된 경우 합병에 따른 이익(얻은 이익)을 분석해 보면, B법인의 주주들이 1주당 1,250원(합병 후 1주당 평가액 3,750원 - B법인의 합병 전 1주당 평가액 2,500원)의 얻은 이익이 발생하게 된다. 즉 B법인의 주식가치가 합병 전에는 1주당 2,500원이었으나 합병 후에는 1주당 3,750원으로 주식가치가 1주당 1,250원이 상승하여 B법인의 주주들이 합병으로 인하여 얻은 이익(1주당 주식가치가 증가한 금액)은 1주당 1,250원이 된다. 그리고 B법인의 주주들이 얻은 총이익은 250,000,000원(1주당 얻은 이익을 합병 후 보유주식 수를 곱한 금액)이 된다. 한편, B법인 주주들이 얻은 이익은 상대방 A법인의 주주들이 분여한 이익이 된다(분여한 이익에서 설명).

〈1주당 얻은 이익〉

합병 후 1주당 평가액 3,750원 - 합병 전 1주당 평가액 2,500원 = 1,250원

이와 반대로 A법인의 주식가치는 합병 전에는 1주당 5,000원이었으나 합병 후에는 1주당 3,750원으로 주식가치가 오히려 감소하였다. A법인의 주식가치 감소 현상은 다음에 분석하는 바와 같이 B법인의 주식가치(합병신주수)의 영향 때문이다. 이와 같이 합병 후에 주식가치가 증가하거나 감소하게 된 원인을 보면, A법인과 B법인을 주식가치에 따라 합병비율을 산정하게 되면 1 : 0.4(B법인의 1주당 주식가치 2,000원 ÷ A법인의 1주당 주식가치 5,000원 = 0.4)가 공정한 합병비율이 되나, 사례의 경우는 1 : 0.8로 합병비율을 산정하여 합병계약을 체결한 결과이다. 그 결과 부당한 합병이 되어 합병에 따른 이익이 발생하게 되었다.

이를 정리하면 다음과 같다(자세한 계산방법은 제5절에서 설명).

① B법인의 주주가 합병으로 인하여 1주당 얻은 이익

합병 후 1주당 평가액 - B법인의 합병 전 1주당 평가액

3,750원 - 2,500원 = 1,250원

* 합병 후와 합병 전의 주식가치(주식평가액)의 차이가 얻은 이익임.

② B법인의 주주들이 합병으로 인하여 얻은 총이익

1주당 얻은 이익 × B법인의 합병 후 발행주식총수(합병신주총수)

1,250원 × 200,000주(250,000주 × 0.8) = 250,000,000원

* 합병 후 발행주식총수는 합병비율(0.8)에 따라 B법인의 주주들이 새로 취득하는 주식수를 말함.

사례 2 ••• 얻은 이익과 분여한 이익

| 공정한 합병비율 1 : 0.4 실행한 합병비율 1 : 0.8 |

구분		A(합병법인)	B(피합병법인)	A′(합병 후 존속법인)
기본사항	총주식 평가액(공정)	1,000,000,000	500,000,000	1,500,000,000
	발행주식총수	200,000	250,000	
	1주당 평가액(공정)	5,000	2,000	3,750
신고한 합병에 따른 계산	1주당 평가액	5,000	4,000	
	합병비율	1	0.8	
	합병 후 주식수	200,000	200,000	400,000
	합병 전 1주당 평가액	5,000	2,500	
	1주당 평가차손익	▲1,250	1,250	
	평가차액 계	▲250,000,000	250,000,000	
공정한 합병에 따른 계산	1주당 평가액	5,000	2,000	5,000
	합병비율	1	0.4	
	합병 후 주식수	200,000	100,000	300,000
	합병 전 1주당 평가액	5,000	5,000	

* 1주당 평가차손익: (A) 3,750 − 5,000 = ▲1,250, (B) 3,750 − 2,500 = 1,250

≪사례 2≫의 내용 구성은 이 책에서 합병당사법인에 대한 합병에 따른 이익계산 과정을 보여주기 위한 방식으로 '기본사항'란의 총주식 평가액은 상속증여세법의 평가액이며 총주식 평가액을 발행주식총수로 나눈 것이 1주당 평가액이다. '신고한 합병에 따른 계산'란은 회사가 합병 신고한 내용에 따라 상속증여세법에 따른 이익을 계산하고 구조와 이익의 결과를 보여주고 있다. '공정한 합병에 따른 계산'란은 합병신고를 공정한 합병으로

하는 경우의 합병신고 내용이 된다.

□ **계산 방법**

① 합병 후 총주식 평가액(기본사항: 합병 후 존속법인): A법인과 B법인의 총주식가치(총주식 평가액)를 합한 금액을 말한다.

1,000,000,000원(5,000원 × 200,000주) + 500,000,000원(2,000원 × 250,000주) = 1,500,000,000원

② 합병 후 주식수(신고한 합병에 따른 계산: 합병 후 존속법인): A법인의 발행주식총수와 합병비율에 따라 B법인의 주주들이 새로 취득하는 주식수(합병신주수)를 합한 것을 말한다.

200,000주 + (250,000주 × 0.8) = 400,000주

③ 합병 후 1주당 평가액(기본사항: 합병 후 존속법인): 합병 후 총주식 평가액(위 "①"의 금액)을 합병 후 주식수(위 "②"의 주식수)로 나눈 금액이다.

1,500,000,000원 ÷ 400,000주 = 3,750원

④ 합병 전 1주당 평가액(신고한 합병에 따른 계산)

㉮ A법인: 1,000,000,000원 ÷ 200,000주 = 5,000원

A법인의 합병 전 총주식 평가액을 A법인의 발행주식총수로 나눈 금액이다.

㉯ B법인: 500,000,000원 ÷ (250,000주 × 0.8) = 2,500원

B법인의 합병 전 총주식 평가액을 합병비율에 따라 B법인의 주주들이 새로 취득하게 된 주식수(합병신주수)로 나눈 금액이다.

⑤ 1주당 평가차손익(신고한 합병에 따른 계산): 합병 후 1주당 평가액에서 합병 전 1주당 평가액을 차감한 금액이다.

B법인(평가차익): 3,750원 − 2,500원 = 1,250원

A법인(평가차손): 3,750원 − 5,000원 = ▲1,250원

또는 5,000원 − 3,750원 = 1,250원

⑥ 평가차액 계(신고한 합병에 따른 계산)

㉮ 얻은 총이익: 1,250원 × (250,000주 × 0.8) = 250,000,000원

얻은 총이익은 B법인의 주주들이 1주당 얻은 이익을 B법인 주주들의 합병 후 주식총수를 곱한 금액이다.

㉯ 분여한 총이익: 1,250원 × 200,000주 = 250,000,000원
분여한 총이익은 A법인의 주주들이 1주당 분여한 이익을 A법인 주주들의 합병 후 주식총수를 곱한 금액이다.

≪사례 2≫를 공정한 비율(1 : 0.4)에 의해 합병한 경우는 다음과 같이 된다.

| 공정한 합병비율 1 : 0.4 실행한 합병비율 1 : 0.4 |

구분		A(합병법인)	B(피합병법인)	A′(합병 후 존속법인)
기본 사항	총주식 평가액(공정)	1,000,000,000	500,000,000	1,500,000,000
	발행주식총수	200,000	250,000	
	1주당 평가액(공정)	5,000	2,000	5,000
신고한 합병에 따른 계산	1주당 평가액	5,000	2,000	
	합병비율	1	0.40	
	합병 후 주식수	200,000	100,000	300,000
	합병 전 1주당 평가액	5,000	5,000	
	1주당 평가차손익	–	–	
	평가차액 계	–	–	

합병비율은 합병신주의 발행할 주식수를 정한다. 일반적으로 법인이 합병하면서 공정한 합병비율은 합병법인의 가치와 피합병법인의 가치에 의해 정해진다. 이와 같이 산정된 합병비율에 따라 합병신주를 발행하면 합병 후 1주당 구 주식의 가액(합병법인의 주식)과 교부받은 주식의 가액(합병신주: 피합병법인의 주식)은 같은 가액으로 평가되고, 공정하지 않은 합병비율에 의해 합병신주를 발행하면 합병 후 1주당 구 주식의 가액과 합병신주의 가액은 같지 않은 가액으로 평가된다. 합병신주의 수를 정하게 되는 것이 합병비율이므로 불공정한 비율에 의한 합병신주의 수는 공정한 비율에 의한 합병신주의 수보다 많거나 적게 되므로 피합병법인의 합병 전 1주당 주식의 가액(평가차액 계산을 위한 합병 전 1주당 평가액을 말한다)에 영향을 미치게 된다. 즉 피합병법인의 합병 전 1주당 주식의 가액이 합병신주를 과다교부한 경우는 감소되고 과소교부한 경우는 증가된다. 이와 같은 영향으로 인해 합병한 후의 발행주식총수도 많거나 적게 되므로 합병한 후의 1주당 주식의 가액도 합병신주를 과다교부한 경우는 감소되고 과소교부한 경우는 증가하게 된다.

헌법재판소(헌재 2001헌바13, 2002.1.31.)가 증자에 따른 이익증여의 구조를 증자한 후의 구 주식과 신 주식의 희석효과를 들어 설명했듯이(저자의 '증자와 감자의 이익계산 방법 소고' 참조) 합병에 따른 이익증여의 구조도 유사하다. 일반적으로 법인이 합병하면서 공정한 합병비율보다 높은 합병비율로 합병신주를 발행하면(합병신주를 과다 발행하면) 합병한 후의 구 주식가액(합병법인의 주식)은 합병신주 수의 비율에 따라 희석되어 감소되고 합병신주의 가액은 거꾸로 증가하게 된다. 즉 공정한 합병비율에 따른 합병신주를 발행하지 아니하면 합병한 후의 주식의 가액은 합병신주를 과다교부한 주식수의 비율만큼 감소되고, 반면에 과다교부받은 주식(합병신주)의 주식가치는 구 주식의 가액이 감소한 만큼 증가하게 되므로 주식을 과다교부받은 자는 과다교부한 자로부터 그 차액에 상당하는 이익을 취득한 것이 된다. 한편, 공정한 합병비율보다 낮은 합병비율로 합병신주를 발행하는 경우는 이와 반대의 현상이 발생하게 된다(합병법인의 주주들에게 얻은 이익이 발생하는 경우는 각각 합병법인의 과대평가 또는 피합병법인의 과소평가가, 피합병법인의 주주들에게 얻은 이익이 발생하는 경우는 각각 피합병법인의 과대평가 또는 합병법인의 과소평가가 된다. 추가적인 설명은 저자의 "자기주식 이익증여와 불공정합병에 대한 세법적용"을 참조).

≪사례 2≫는 공정한 합병비율이 1 : 0.4이나 실행한 합병비율은 1 : 0.8로 합병신주를 과다교부한 사례가 된다. 합병비율이 1 : 0.4인 경우 합병신주의 수는 100,000주가 되고 1 : 0.8인 경우 합병신주의 수는 200,000주가 되어 합병신주의 수가 1 : 0.4 합병보다 1 : 0.8 합병이 100,000주를 더 많이 교부한 것이 된다. 이와 같이 과다교부한 주식수는 '신고한 합병에 따른 계산'과 '공정한 합병에 따른 계산'에 의하면, 피합병법인의 합병 전 1주당 평가액 5,000원(1 : 0.4 합병의 합병 전 1주당 평가액)을 2,500원(1 : 0.8 합병의 합병 전 1주당 평가액)으로 감소시키고 있다. 이 의미는 피합병법인의 주식의 가액을 2,000원으로 보고 합병신주를 100,000주(1 : 0.4) 발행해야 했으나 피합병법인의 주식의 가액을 4,000원으로 보고 합병신주를 200,000주(1 : 0.8) 발행했다는 것이 된다. 과다교부한 주식은 합병한 후의 발행주식총수를 증가시키게 되므로 1 : 0.4 합병에서는 300,000주가 1 : 0.8 합병에서는 400,000주로 100,000주가 증가되었다. 증가된 발행주식총수로 인해 합병 후 1주당 평가액 5,000원(1 : 0.4 합병)이 3,750원(1 : 0.8 합병)으로 감소하게 된다.

결국 합병신주의 과다교부로 인한 영향은 피합병법인의 합병 전 1주당 평가액 5,000원을 2,500원으로 감소시키고 합병 후 1주당 평가액을 5,000원에서 3,750원으로 감소시킨 것이 되고 합병 후 1주당 감소된 금액 비율은 25%가 된다. 합병에 따른 이익증여의 주식가치 희석효과는 과다교부한 주식수의 비율은 25.0%(과다교부 주식수 100,000주 ÷ 합병 후 발행주식총수 400,000주)가 되고 분여한 이익(감소된 금액)의 비율은 ▲25%(1주당 분여한 이익 ▲1,250원 ÷ 합병 전 1주당 평가액 5,000원)가 되어 과다교부한 주식수의 비율만큼 구 주식의 가치가 감소(분여한 이익 250,000,000원)되고, 과다교부받은 주식(합병신주)의 가치는 구 주식의 가액이 감소한 만큼 증가(얻은 이익 250,000,000원)한 것이 된다.

다음은 ≪사례 2≫를 변형하여 공정한 합병비율이 1 : 1.2이나 실행한 합병비율은 1 : 0.8로 합병신주를 과소교부한 사례가 된다. 합병비율이 1 : 1.2인 경우 합병신주의 수는 300,000주가 되고 1 : 0.8인 경우 합병신주의 수는 200,000주가 되어 합병신주의 수가 1 : 1.2 합병보다 1 : 0.8 합병이 100,000주를 더 적게 교부한 것이 된다. 이와 같이 과소교부한 주식수는 '신고한 합병에 따른 계산'과 '공정한 합병에 따른 계산'에 의하면, 피합병법인의 합병 전 1주당 평가액 3,333원(1 : 1.2 합병의 합병 전 1주당 평가액)을 5,000원(1 : 0.8 합병의 합병 전 1주당 평가액)으로 증가시키고 있다. 이 의미는 합병법인의 주식의 가액을 3,333원으로 보고 합병신주를 300,000주(1 : 1.2) 발행해야 했으나 합병법인의 주식 가액을 5,000원으로 보고 합병신주를 200,000주(1 : 0.8) 발행했다는 것이 된다. 과소교부한 주식은 합병한 후의 발행주식총수를 감소시키게 되므로 1 : 1.2 합병에서는 500,000주가 1 : 0.8 합병에서는 400,000주로 100,000주가 감소되었다. 감소된 발행주식총수로 인해 합병 후 1주당 평가액 3,333원(1 : 1.2 합병)이 4,167원(1 : 0.8 합병)으로 증가하게 된다.

결국 합병신주의 과소교부로 인한 영향은 피합병법인의 합병 전 1주당 평가액 3,333원을 5,000원으로 증가시키고 합병 후 1주당 평가액을 3,333원에서 4,167원으로 증가시킨 것이 되고 합병 후 1주당 증가된 금액 비율은 25%가 된다. 합병에 따른 이익증여의 주식가치 희석효과는 과소교부한 주식수의 비율은 25%(과소교부 주식수 100,000주 ÷ 합병 후 발행주식총수 400,000주)가 되고 얻은 이익(증가된 금액)의 비율은 25%(1주당 얻은 이익 833원 ÷ 합병 전 1주당 평가액 3,333원)가 되어 과소교부한 주식수의 비율만큼 구 주식의 가치가 증가(얻은 이익 166,666,667원)되고, 과소교부받은 주식(합병신주)의 가치는 구

주식의 가액이 증가한 만큼 감소(분여한 이익 166,666,667원)한 것이 된다.

이와 같은 분석의 결론은 불공정한 비율에 의한 합병으로 인해 합병에 따른 이익이 발생하게 되는 원인은 피합병법인의 주주에게 발행되는 합병신주의 수에 의한 것으로 합병신주의 수는 결국 합병비율에서 비롯된 것이고 합병비율은 합병법인의 과대 및 과소평가, 피합병법인의 과대 및 과소평가에 의한 것이 된다는 것을 알 수 있다.

| 공정한 합병비율 1:1.2 실행한 합병비율 1:0.8 |

구분		A(합병법인)	B(피합병법인)	A'(합병 후 존속법인)
기본 사항	총주식 평가액(공정)	666,666,667	1,000,000,000	1,666,666,667
	발행주식총수	200,000	250,000	
	1주당 평가액(공정)	3,333	4,000	4,167
신고한 합병에 따른 계산	1주당 평가액	5,000	4,000	
	합병비율	1	0.80	
	합병 후 주식수	200,000	200,000	400,000
	합병 전 1주당 평가액	3,333	5,000	
	1주당 평가차손익	833	▲833	
	평가차액 계	166,666,667	▲166,666,667	
공정한 합병에 따른 계산	1주당 평가액	3,333	4,000	3,333
	합병비율	1	1.20	
	합병 후 주식수	200,000	300,000	500,000
	합병 전 1주당 평가액	3,333	3,333	

≪사례 2≫에서 합병신주를 과다교부받은 B법인의 주주들이 얻은 총이익은 250,000,000원이 되고, 반대로 과다교부한 A법인 주주들이 분여한 총이익은 250,000,000원이 된다. 얻은 이익의 합계와 분여한 이익의 합계는 항상 일치한다. 이익을 얻은 B법인의 개인주주에게는 증여세, 법인주주에는 법인세 문제가 발생하고, 이익을 분여한 A법인의 법인주주는 부당행위계산 문제가 발생하게 된다. 이와 같이 합병에 따른 이익(부당한 합병이 되었을 때는 반드시 합병에 따른 이익이 발생한다. 다만, 그 이익이 증여재산이 되기 위해서는 과세요건을 충족해야 한다)은 상속증여세법에서는 증여세, 법인세법에서는 부당행위계산 등의 문제가 발생하게 되는데 이 부분에 대해서는 앞으로 사례 위주로 그 내용을 상세히

분석하고 있다. 이 책에서 소개되는 사례는 대부분 판례 등에서 실제 발생한 거래 또는 저자가 세무조사를 하는 과정에서 발생한 거래들로 구성되어 있다. 독자에게 사실의 내용과 사건의 판결을 충실하게 전달하기 위해 사건을 재구성하였으며, 그 내용을 계산 양식(표)으로 보여주고 있다.

관련규정 및 예규판례

▶ 1주당 평가차액(구 상속증여세법 제38조)

① …합병으로 인하여 대통령령으로 정하는 이익을 받은 경우에는 그 이익에 상당하는 금액은 그 이익을 얻은 자의 증여재산가액으로 한다.

② 제1항에 따른 이익에 상당하는 금액은 합병당사법인의 주주가 소유하는 주식 또는 지분에 대하여 합병 직후와 합병 직전을 기준으로 대통령령으로 정하는 바에 따라 평가한 가액의 차액으로 한다.

▶ 1주당 평가차액(현행 상속증여세법 제38조)

① …대통령령으로 정하는 대주주 등이 합병으로 인하여 이익을 얻은 경우에는 그 합병등기일을 증여일로 하여 그 이익에 상당하는 금액을 그 대주주등의 증여재산가액으로 한다.

③ 제1항을 적용할 때 합병으로 인한 이익의 계산방법 및 그 밖에 필요한 사항은 대통령령으로 정한다. 〈신설 2015.12.15.〉

3 | 분여한 이익

'분여한 이익'은 얻은 이익의 반대개념이다. 이미 앞에서 설명한 대로 얻은 이익이라 함은 합병 직후와 합병 직전의 주식가치의 차액을 말하는 것으로, 이때 차액은 평가차익(평가차손이 아님)으로 합병 후의 1주당 가치에서 합병 전의 1주당 가치를 차감한 금액이 양수(+)인 것을 말한다고 하였다. 합병 후의 1주당 가치에서 합병 전의 1주당 가치를 차감한 금액이 음수(−)가 나오는 경우인 평가차손(−)의 개념은 평가차익(+)의 반대개념이므로 이때 평가차손은 이익을 분여했다는 의미가 된다.

즉 분여한 이익이라고 함은 합병 전의 주식가치가 합병 후의 주식가치보다 감소했을 때를 말한다. 합병 후에 주식가치가 합병 전에 비해 감소했다는 것은 주식가치가 감소한 금액만큼 상대 법인의 누군가에게 그 이익을 준 것이나 다름이 없다.

얻은 이익과 마찬가지로 분여한 이익의 합계는 얻은 이익의 합계와 일치해야 함은 물론이다. 평가차손(-)의 개념인 분여한 이익은 상속증여세법에서는 증여자를 파악하는 데 있어 의미가 있고 법인세법에서는 부당행위계산을 하는 데 있어 알아두면 유용한 개념이다. 즉 법인세법 시행령 제88조 제1항 제8호에서 "자본거래로 인하여 주주 등인 법인이 특수관계인인 다른 주주 등에게 이익을 분여한 경우"에서 이때 이익의 분여한 의미는 곧 평가차손의 개념으로 보면 쉽게 이해할 수가 있다.

이와 같은 평가차익과 평가차손의 개념은 자본거래로 인해 법인의 주주비율의 변동을 가져오는 합병에 따른 이익은 언제나 개별 주주의 얻은 이익의 반대편에는 개별 주주의 분여한 이익(손실)이 발생하게 되고, 이때 개별 주주들의 얻은 이익의 합계는 반드시 개별 주주들의 손실의 합계와 같아야 한다. 이와 같은 이익의 계산구조라면 자본거래로 인한 법인의 주주비율의 변동을 가져오는 이익의 계산방법으로는 합리적인 이익계산 방법이라고 할 수 있을 것이다. 따라서 이러한 이익의 계산구조는 뒤에서 보게 되는 분할합병, 현물출자, 주식의 포괄적 교환, 증자, 감자 등에 따른 이익의 계산구조에서도 적용되어야 할 것이다.

위 ≪사례 2≫에서 합병에 따른 이익(분여이익)을 분석해 보면 A법인의 주주들은 1주당 1,250원(▲1,250원 = 합병 직후 1주당 가치 3,750원 - A법인의 합병 직전 1주당 가치 5,000원)의 분여한 이익이 발생하게 된다. A법인의 주식가치가 합병 전에는 1주당 5,000원이었으나 합병 후에는 1주당 3,750원으로 합병 전보다 합병 후에 주식가치가 감소하였으므로 A법인의 주주들이 분여한 이익(1주당 주식가치가 감소된 금액)은 1주당 1,250원이 된다. 그리고 A법인의 주주들이 분여한 총이익은 250,000,000원(1주당 분여한 이익을 합병 후 보유주식 수를 곱한 금액)이 되는데, 이 이익은 상대방 B법인의 주주들이 얻은 총이익 250,000,000원과 일치하게 된다. 이를 정리하면 다음과 같다.

〈1주당 분여한 이익〉
합병 후 1주당 평가액 3,750원 - 합병 전 1주당 평가액 5,000원 = ▲1,250원

① A법인의 주주가 합병으로 인하여 1주당 분여한 이익
합병 후 1주당 평가액 - A법인의 합병 전 1주당 평가액
3,750원 - 5,000원 = ▲1,250원

② A법인의 주주가 합병으로 인하여 분여한 총이익
1주당 분여한 이익 × A법인의 발행주식총수
1,250원 × 200,000주 = 250,000,000원

위 사례에서 보듯이, '얻은 이익'이라고 함은 합병 전의 주식가치와 합병 후의 주식가치를 비교하여 합병 전보다 합병 후의 주식가치가 증가하여 평가차익(+)이 발생하게 되었을 때를 말하고, '분여한 이익'이라 함은 합병 전의 주식가치와 합병 후의 주식가치를 비교하여 합병 전보다 합병 후의 주식가치가 감소하여 평가차손(-)이 발생한 때를 말하고 있다. 따라서 합병당사법인 중 과대평가된 법인(평가차익이 발생된 법인)의 주주들에게서는 얻은 이익(평가차익)이 발생하게 되고, 과소평가된 법인(평가차손이 발생된 법인)의 주주들은 이익을 분여한 것(평가차손)이 된다.

> '주가가 과대평가된 합병당사법인' 또는 '주가가 과소평가된 합병당사법인'이란 용어는 적절하지 않아 보이나(그 이유에 대해서는 다음 "제4절 1. (3) 얻은 이익" 참조) 세법에서 사용하고 있는 용어이므로 이 책에서는 세법 용어를 사용하고 있다.

과대평가된 법인(사례에서는 B법인)이 있으면 과소평가된 법인(사례에서는 A법인)은 필연적이다. 즉 일방 법인의 주주가 이익을 얻었다면 얻은 이익만큼 다른 상대 법인의 주주는 이익을 주었을 것이기 때문이다. 이익을 얻은 일방 법인은 과대평가된 법인의 주주들이고 이익을 준(분여한 이익) 상대 법인은 과소평가된 법인의 주주들이다.

이와 같이 공정한 합병이 아닐 경우에는 반드시 이익을 얻은 주주와 이익을 준 주주가 있게 된다. 이익을 얻었거나 아니면 이익을 주었다고 해서 모두 증여세나 법인세가 과세되는 것은 아니다. 상속증여세법과 법인세법에서는 일정한 과세요건을 충족한 경우에 한해서 증여세와 법인세를 부과할 수 있다. 이 경우 부당한 합병은 합병당사법인의 주주구성(개인주주와 법인주주)에 따라 증여세와 법인세 과세문제가 동시에 발생할 수도 있다.

관련규정 및 예규판례

- **분여한 이익**(법인세법 시행령 제88조 제1항 제8호)

  다음 각 목의 어느 하나에 해당하는 자본거래로 인하여 주주 등인 법인이 특수관계인인 다른 주주 등에게 이익을 분여한 경우

- **특수관계법인 간 불공정비율로 합병하는 경우 부당행위계산 부인대상 여부**

  (법인 46012-1178, 2000.5.19.)

  특수관계에 있는 법인 간의 합병에 있어서 합병당사법인의 주주 등인 법인이 다른 합병당사법인의 주주 등에게 이익을 분여한 경우에는 법인세법 제52조 및 같은 법 시행령 제88조 제1항 제8호의 규정에 의하여 부당행위계산의 부인규정을 적용하는 것이나, 같은 법 제80조 제1항의 규정에 의한 청산소득금액의 계산 및 같은 법 제16조 제1항 제5호의 규정에 의한 배당금액을 계산함에 있어서는 그러하지 아니함.

제4절 합병과 이익증여

일반적으로 둘 이상의 기업이 합병함에서는 각 기업의 주식가치(기업가치)를 평가하여 평가한 주식가치에 따라 합병비율을 산정하게 된다. 그러나 기업이 의도하고 있는 어떠한 목적을 가지고 있다거나 다른 이유로 합병을 한다면 각 기업의 주식가치에 따른 합병비율을 무시하고 합병을 하게 된다. 이 경우 합병당사법인의 주식가치는 합병 전과 합병 후가 서로 다르게 평가되어 주식가치의 증감에 따른 경제적 이익 또는 손실이 발생하게 된다.

주식가치 증가에 따른 경제적 이익은 재산의 무상 취득으로 실질적으로 증여에 의한 무상 취득과 다를 것이 없다. 상속증여세법에서는 특수관계에 있는 법인 간의 합병에 있어 대주주가 합병으로 인하여 이익을 얻은 경우 그 합병등기일을 증여일로 하여 그 이익에 상당하는 금액을 대주주 등의 증여재산가액으로 하고 있다(상증법 §38 ①). 합병에 따른 이익은 합병당사법인(과대평가된 법인)의 주주들이 이익을 얻게 되는데 그 이익을 얻은 자가 개인주주일 경우에는 그 이익을 얻은 개인의 증여재산가액으로 하도록 하고 있으며, 그 이익을 얻은 자가 법인주주일 경우에는 법인세법의 특수관계인 여부에 따라 법인의 수익(익금)으로 하고 있다.

한편, 증여의 시기와 관련하여서는 상속증여세법 제38조에서 '합병으로 인하여 이익을 얻은 경우' 합병등기일을 증여일로 하여 그 이익에 상당하는 금액을 그 이익을 얻은 자의 증여재산가액으로 한다고 되어 있으므로 '이익에 상당하는 금액'을 합병등기를 한 날에 그 상대방 합병당사법인의 주주로부터 증여받은 것으로 된다. 증여자는 합병당사법인(과소평가된 법인)의 주주들로서 이익을 분여(증여)한 법인주주 또는 개인주주가 해당된다. 합병으로 인한 이익의 계산 방법은 대통령령으로 정하도록 하고 있다(2015.12.15. 신설). 2015.12.15. 개정되기 전 구 상속증여세법 제38조에서는 합병에 따른 이익의 계산은 합병등기일의 합병 직후와 합병 직전의 평가차액으로 한다고 되어 있었다(상증법

§38 ②). 개정된 의미는 개정되기 전의 경우 합병의 이익증여(증여재산)는 주식의 평가차액만을 말하는 것이 되므로 합병대가를 현금 등으로 지급하는 경우 이익계산 방법의 문제가 따르게 되었다. 2015.12.15. 개정에서는 이러한 점을 해소하기 위해 구체적인 이익계산 방법을 시행령에 위임하게 되었다.

1 과세요건

- 합병법인의 요건: 특수관계에 있는 법인 간의 합병(자본시장법 합병은 제외)
- 이익을 얻은 주주의 요건: 대주주
- 얻은 이익의 요건: ① 주식: 합병 후 주식 평가액의 30% 이상 또는 3억원 이상
  ② 주식 외의 재산: 3억원 이상

(1) 합병당사법인

다음에 해당하는 특수관계에 있는 법인 간의 합병(분할합병 포함)이어야 한다(상증법 §38 ①). 특수관계가 없는 법인 간의 합병에는 합병에 따른 이익이 발생하여도 상속증여세법 제38조의 증여세 과세문제는 발생하지 않게 된다. 특수관계에 있는 법인 간의 합병 중 자본시장과 금융투자업에 관한 법률에 따른 주권상장법인이 다른 법인과 자본시장법 제165조의4 및 자본시장법 시행령 제176조의5에 따라 하는 합병은 특수관계에 있는 법인 간의 합병으로 보지 아니한다(상증령 §28 ① 단서). 여기서 자본시장법에 따라 하는 합병이라고 함은 주권상장법인 간의 합병, 주권상장법인과 주권비상장법인 간의 합병을 말한다. 특별한 경우를 제외하고 현실적으로는 비상장법인 간의 합병만 상속증여세법 제38조의 합병에 따른 이익의 대상이 된다.

〈특수관계에 있는 법인 간의 합병의 범위〉

① 법인세법 시행령 제2조 제5항에 따른 특수관계에 있는 법인

② 상속증여세법 시행령 제2조의2 제1항 제3호 나목에 규정된 법인(기업집단소속법인)

③ 동일인이 임원의 임면권 행사 또는 사업방침의 결정 등을 통하여 합병당사법인의 경영에 대하여 영향력을 행사하고 있다고 인정되는 관계에 있는 법인

자본시장법 제165조의4 및 시행령 제176조의5

* 자본시장법 제165조의4

주권상장법인이 다른 법인과 합병하는 경우 자본시장법령 제176조의5에서 정하는 요건 · 방법 등의 기준에 따라야 한다.

* 자본시장법령 제176조의5

주권상장법인이 다른 법인과 합병하려는 경우에는 다음의 방법에 따라 산정한 합병가액에 따라야 한다.

- 주권상장법인 간의 합병
  다음의 종가를 산술평균한 가액(±30%, 계열사 간 합병 ±10%)
  가. 최근 1개월간 평균종가
  나. 최근 1주일간 평균종가
  다. 최근일의 종가
- 주권상장법인(코넥스시장 제외)과 주권비상장법인 간의 합병
  가. 주권상장법인의 경우에는 주권상장법인의 가격
  다만, 주권상장법인의 가격이 자산가치에 미달하는 경우에는 자산가치로 할 수 있다.
  나. 주권비상장법인의 경우에는 자산가치와 수익가치를 가중산술평균한 가액
  다만, 자산가치와 수익가치를 가중산술평균한 가액으로 산정하는 경우에는 상대가치를 비교하여 공시하여야 한다. 자산가치 · 수익가치 및 그 가중산술평균방법과 상대가치의 공시방법은 금융위원회가 정하여 고시한다.

여기서 "특수관계에 있는 법인 간의 합병"이란 합병등기일이 속하는 사업연도의 직전 사업연도 개시일(그 개시일이 서로 다른 법인이 합병한 경우에는 먼저 개시한 날)부터 합병등기일까지의 기간 중의 법인 간의 합병을 말한다. 법인세법은 특수관계인의 판정 시기를 그 행위 당시를 기준으로 하고 있으나(법인령 §88 ②) 불공정한 비율 합병의 경우는 예외적으로 특수관계 여부 판정 시기를 상속증여세법과 동일하게 합병등기일이 속하는 사업연도의 직전 사업연도의 개시일(그 개시일이 서로 다른 법인이 합병한 경우에는 먼저 개시한 날)부터 합병등기일까지의 기간에 의한다(법인령 §88 ② 단서).

* A, B, C, D법인이 합병할 경우에 과대평가된 법인은 C법인이고 나머지 A, B, D법인은 과소평가된 법인이다. A, B, C법인은 서로 특수관계에 있는 법인이고 C와 D는 특수관계가 없는 법인이다. C법인의 주주들이 얻은 이익 중 D법인의 주주들로부터 얻은 이익은 C와 D법인이 특수관계가 없는 법인 간의 합병이므로 합병에 따른 이익으로 볼 수 없다. 이 경우 합병에 따른 이익의 대상이 되는 합병당사법인은 A, B, C가 된다.

(2) 이익을 얻은 주주

합병으로 인하여 '이익을 얻은 자'라 함은 합병당사법인(소멸 · 흡수되는 법인 또는 신설 · 존속하는 법인)의 주주로서 대주주를 말한다. 이때 합병당사법인의 주주는 과대 평가된 법인의 주주들이다. 합병으로 인하여 주주들이 얻은 이익은 무상으로 얻은 이익으로 증여에 해당된다. 그러나 상속증여세법에서는 이익을 얻은 모든 주주에 대해서 증여세를 과세하는 것이 아니고 그 이익을 얻은 자가 대주주이어야 한다(상증법 §38 ①). 소액주주가 합병에 따른 이익을 얻었을 경우에는 금액의 많고 적음에 관계없이 합병에 따른 이익으로 증여세를 과세할 수 없다. 이때 '대주주'라 함은 당해 주주의 지분 및 그와 특수관계인의 지분을 포함하여 해당 법인의 발행주식총수의 100분의 1 이상을 소유하고 있거나 소유하고 있는 주식의 액면가액이 3억원 이상인 주주를 말한다(상증령 §28 ②).

(3) 얻은 이익

부당한 합병은 반드시 합병에 따른 이익이 발생하게 되는데 상속증여세법에서는 발생한 이익 모두에 대해 증여세를 과세하는 것이 아니라 일정한 '요건을 충족'한 얻은 이익에 대해서만 증여세를 과세하고 있다. 즉 대주주가 합병으로 인하여 얻은 이익이 기준금액 미만인 경우는 제외하고 있다(상증령 §28 ④). 한편, 얻은 이익 중 이익을 증여한 자가 대주주 외의 주주(소액주주)로서 그 주주가 2인 이상인 경우에는 주주 1인으로부터 이익을 얻은 것으로 본다. 따라서 증여자별 · 수증자별 증여재산가액을 계산할 때 소액주주로부터 얻은 이익은 주주 1인이 증여한 것으로 보고 증여세 과세에 따른 신고 등의 절차를 이행한다. 기준금액의 계산은 다음과 같은 방식으로 한다.

(3)-1. 합병대가를 주식으로 받은 경우

합병이익 = (가)와 (나) 중 적은 금액

(가) 합병 후 주식평가액의 30%

얻은 이익이 합병대가를 주식으로 교부받은 경우 합병 후 신설 또는 존속하는 법인의 주식의 평가액의 100분의 30에 상당하는 가액 미만인 경우는 제외한다(상증령 §28 ④ 1).

즉 얻은 이익이 합병 후 주식평가액의 100분의 30 이상 되어야 한다. 합병 후 신설 또는 존속하는 법인의 주식의 평가액 계산은 다음과 같이 한다.

얻은 이익 ≥ [(주가가 과대평가된 합병당사법인의 합병 직전 주식의 가액 + 주가가 과소평가된 합병당사법인의 합병 직전 주식의 가액) ÷ 합병 후 신설 또는 존속하는 법인의 주식의 수 × 주가가 과대평가된 합병당사법인의 대주주 등이 합병으로 인하여 교부받은 신설 또는 존속하는 법인의 주식의 수] × 30%

위 계산식을 요약하면 다음과 같다.

얻은 이익 ≥ (합병 후 1주당 평가액 × 합병 후 대주주가 교부받은 주식수) × 30%
= 얻은 이익 ≥ 대주주가 교부받은 합병 후 총주식 평가액 × 30%

얻은 이익 요건 ≥ (① × ②) × 30%

① 합병 후 1주당 평가액
② 합병 후 대주주가 교부받은 주식수

얻은 이익이 합병 후 주식 평가액(대주주가 교부받은 주식의 총평가액)의 100분의 30에 상당하는 가액과 3억원 중 적은 금액 이상이어야 하므로, 다음 "(나)"의 얻은 이익이 3억원에 미달하는 경우에도 얻은 이익이 합병 후 주식 평가액의 100분의 30 이상일 경우는 합병에 따른 이익에 해당된다.

한편, 구 상속증여세법(2015.12.15. 개정되기 전)은 얻은 이익 요건을 합병 후와 합병 전의 1주당 주식가치(주식 평가액)의 평가차액(평가차익) 비율이 30% 이상 차이가 나는 경우에 해당되는 이익으로 하고 있다(상증령 §28 ③ 1). 평가차액의 비율은 다음과 같이 계산하고 있다.

$$\frac{(① - ②)}{①} \geq 30\%$$

① 합병 후 신설 또는 존속하는 법인의 1주당 평가액
② 주가가 과대평가된 합병당사법인의 1주당 평가액 × (주가가 과대평가된 합병당사법인의 합병 전 주식수 ÷ 주가가 과대평가된 합병당사법인의 합병 후 주식수)

위 계산식 "①"의 합병 후 1주당 평가액은 주권상장법인은 다음 "ⓐ"와 "ⓑ" 중 적은 가액, 주권비상장법인은 "ⓑ"의 가액으로 한다.

ⓐ 상속증여세법 제63조 제1항 제1호 가목에 따라 평가한 가액

ⓑ 합병당사법인의 합병 직전 주식의 가액을 합한 가액을 합병 후 신설 또는 존속하는 법인의 주식수로 나눈 가액 중 적은 가액으로 한다.

위 산식 "②"는 주가가 과대평가된 법인의 총주식 평가액을 합병비율에 따라 새로 취득하는 주식수(합병법인의 경우는 합병 전 발행주식총수)로 나눈 것으로, 합병 전 1주당 평가액을 의미한다. 주가가 과대평가된 법인이 합병법인인 경우 합병가액이 합병 전 1주당 평가액이 된다. "②"의 계산식을 풀어보면 다음과 같게 된다.

$$\text{합병 전 1주당 평가액} = \frac{\text{주가가 과대평가된 법인의 총주식 평가액}}{\text{주가가 과대평가된 법인의 합병 후 주식수}}$$

* 평가차액 비율 30%

2015.12.15. 개정에서 얻은 이익 요건을 "합병대가를 주식으로 교부받은 경우 합병 후 신설 또는 존속하는 법인의 주식의 평가액의 100분의 30에 상당하는 가액으로 한다(상증령 §28 ④ 1)."로 변경되었다. 변경된 계산식은 개정 전의 평가차액 비율[(합병 후 평가액 - 합병 전 평가액) ÷ 합병 후 평가액 = 30%]이 개정 후 "합병 후 평가액 - 합병 전 평가액 = 합병 후 평가액 × 30%"의 계산식으로 변경된 것에 불과할 뿐 그 내용과 결과에는 변동이 없다. 평가차액 비율 30%의 금액이나 합병 후 평가액의 30%의 금액이나 같다는 것이다. 한편, 법인세법 시행령 제88조 제1항 제8호 가목 "…불공정한 비율로 합병한 경우…"에서는 '불공정한 비율'이라는 용어를 처음 사용하고 있다. 이 책에서는 합병 후 평가액의 100분의 30과 평가차액 비율 30%를 각각 계산해 보고 있다.

(나) 주식으로 얻은 이익(평가차액)이 3억원

합병대가를 주식으로 교부받은 경우 얻은 이익이 3억원 미만인 경우는 제외한다(상증령 §28 ③ 1). 즉 얻은 이익이 3억원 이상 되어야 한다.

얻은 이익의 계산은 다음과 같이 한다.

[합병 후 신설 또는 존속하는 법인의 1주당 평가액 - 주가가 과대평가된 합병당사법인의 1주당 평가액 × (주가가 과대평가된 합병당사법인의 합병 전 주식의 수 ÷ 주가가 과대평가된 합병당사법인의 주주가 합병으로 인하여 교부받은 신설 또는 존속하는 법인의 주식의 수)] × 주가가 과대평가된 합병당사법인의 대주주가 합병으로 인하여 교부받은 신설 또는 존속하는 법인의 주식수 ≥ 3억원

위 계산식을 요약하면 다음과 같다.

1주당 평가차액(합병 후 1주당 평가액 - 합병 전 1주당 평가액) × 합병 후 대주주가 교부받은 주식수 ≥ 3억원 = 대주주가 얻은 총이익 ≥ 3억원

① × ② ≥ 3억원

① 1주당 평가차액(합병 후 1주당 평가액 - 합병 전 1주당 평가액)
② 합병 후 대주주가 교부받은 주식수

대주주가 얻은 이익이 3억원 이상이 되면 합병 후 주식평가액의 100분의 30에 미달하는 경우에도 증여재산가액에 해당된다.

한편, 구 상속증여세법(2015.12.15. 개정되기 전)에서는 합병 후와 합병 전의 평가차액의 비율이 30% 이상 차이가 나지 않을 경우(30%에 미달하는 경우)에는 합병 후와 합병 전의 평가차액(+)이 3억원 이상인 경우의 당해 이익은 증여재산가액으로 한다(상증령 §28 ③ 2). '평가차액이 3억원 이상'이라 함은 다음의 계산식에 의하여 계산한 금액으로 한다. 이때 합병으로 인하여 얻은 이익(차액)이 3억원 이상인 경우의 판정 기준은 주가가 과대평가된 합병당사법인의 대주주 1인이 얻은 이익을 기준으로 하여 적용하는 것으로 대주주 1인과 특수관계자가 얻은 모든 이익을 합하여 판정하는 것은 아니다(상증통 38-28…3; 재삼 46014-1974, 1999.11.15.).

(① - ②) = 평가차익[(위 1)의 산식)
평가차익 × 주가가 과대평가된 합병당사법인의 대주주의 합병 후 주식수

위에서 (① - ②)는 합병 후와 합병 전의 1주당 평가차액(평가차익)을 의미하므로 1주당 평가차액을 주가가 과대평가된 합병당사법인의 대주주의 합병 후 주식수를 곱한 금액이 3억원 이상이 되면 평가차액의 비율이 30% 미달하는 경우에도 증여재산가액으로 보아 증여세를 과세할 수 있게 된다. 합병에 따른 이익의 증여 판단기준인 평가차액은 종전의 1억원에서 2000.1.1. 이후 최초로 합병등기하는 분부터는 그 평가차액(평가차익)이 3억원으로 상향 조정되었다.

* 상속증여세법 시행령 제28조(2016.2.5. 개정) 평가차익 계산

개정 후: 1주당 평가차액(합병 후 1주당 평가액 − 합병 전 1주당 평가액) × 주가가 과대평가된 합병당사법인의 대주주가 합병으로 인하여 교부받은 신설 또는 존속하는 법인의 주식수

개정 전: 1주당 평가차액(합병 후 1주당 평가액 − 합병 전 1주당 평가액) × 주가가 과대평가된 합병당사법인의 대주주의 합병 후 주식수

개정 후와 개정 전의 평가차익의 차이점은 개정된 후에는 1주당 평가차액에 대주주가 교부받은 주식수를 곱한 금액을, 개정되기 전에는 1주당 평가차액에 대주주의 합병 후 주식수를 곱한 금액이다. 여기서 대주주의 합병 후 주식수(개정 전)는 흡수합병 또는 신설합병 구분 없이 합병법인 주주와 피합병법인의 주주 모두를 포함하나, 대주주가 교부받은 주식수(개정 후)는 흡수합병일 경우 피합병법인의 주주만을 말하는 게 될 수 있어 이와 같은 해석이라면 합병이익(평가차익)의 계산방식에도 문제점이 있어 보인다.

* 다자 간 합병의 경우 얻은 이익의 요건

다자 간의 합병에서 과대평가된 법인이 2 이상인 경우, 즉 특수관계에 있는 A, B, C법인의 합병에서 B법인이 과대평가된 법인으로 A법인과 C법인으로부터 대주주가 얻은 이익이 각각 2억원일 경우에 각각의 법인으로부터 얻은 이익은 2억원으로 3억원에 미달된다. 그러나 A법인과 C법인으로부터 얻은 이익을 합하면 4억원이 되어 3억원 이상에 해당된다. 이 경우 대주주가 얻은 이익 합계 4억원이 "평가차액 3억원 이상"의 요건에 해당하는지 여부에 대한 판단이다.

사건 개요: 합병으로 얻은 이익이 A법인의 대주주로서 1,121,652,766원, C법인 대주주로서 226,417,737원이 발생하였다.

처분청: 얻은 이익을 모두 합산하여 과세요건 충족하는지 판단하여야 한다.

원고: C법인의 대주주로서 얻은 이익은 3억원에 미달하므로 그 부분은 증여세 과세대상에서 제외되어야 한다.

이에 대해 대법원(대법원 2011두18427, 2013.10.31.)은 "다자 간 합병의 경우에 시행령 제28조 제3항 제2호에서 정한 대주주 합병차익이 3억원 이상일 것이라는 과세요건의 충족 여부는 양자 간 합병의 경우와 마찬가지로 주가가 과대평가된 합병당사법인별로 대주주가 얻은 이익에 대하여 판단함이 타당하다. 따라서 주가가 과대평가된 2개 이상의 합병당사법인에 관한 주식을 보유하고 있던 대주주가 그 합병으로 얻은 이익의 합산액이 3억원 이상이더라도

합병당사법인별로 계산한 대주주 합병차익이 3억원에 미달하는 경우에는 그 3억원에 미달하는 합병당사법인의 대주주 합병차익에 대하여 증여세를 과세할 수 없다."고 하였다.

그 이유는 "시행령 제28조 제3항 제1호는 증여세의 과세요건으로 합병 후 1주당 평가액에서 합병 전 1주당 평가액을 차감한 금액이 합병 후 1주당 평가액의 100분의 30 이상일 것을 요구하고 있는데, 그 문언 내용이나 취지에 비추어 볼 때, 다자 간 합병의 경우에도 주가가 과대평가된 합병당사법인별로 그 비율을 산정하여 위 요건에 해당하는지 판단하는 것이 자연스러우며, 이에 비추어 보면 제2호의 경우에도 합병당사법인별로 그 요건의 해당 여부를 판단함이 상당하다. 또한 다자 간 합병의 경우에 대하여 양자 간 순차 합병의 경우와 다른 기준을 적용하여 시행령 제28조 제3항 제1호, 제2호에서 정한 증여세 과세요건의 충족 여부를 판단하여야 한다고 볼 합리적인 근거를 찾기도 어렵다."는 것이며, 또한 시행령 제28조 제3항 제1호, 제2호에서 대주주의 합병차익이 일정 규모에 미달하는 경우 증여세 과세 대상에서 제외한 취지는 "합병계약일부터 합병의 효력발생일로서 증여이익 산정의 기준이 되는 합병등기일 사이에 합병당사법인의 주가에 약간의 변동만 있어도 증여세가 과세되는 문제점 등을 해소하려는 데에 있는 것으로서, 이와 같은 문제점의 발생 가능성은 합병당사법인의 수가 늘어날수록 더 커진다."는 것이다.

주가가 과대평가 및 과소평가된 합병당사법인이란?

피합병법인에 합병이익이 발생하게 되는 경우는 다음 2가지가 있다. 피합병법인이 과대평가가 되고 합병법인은 공정한 평가가 된 경우의 합병과 그리고 피합병법인이 공정한 평가가 되고 합병법인은 과소평가가 된 경우의 합병일 경우가 된다(합병법인의 경우는 그 반대가 되겠다). 이 경우 둘 다 피합병법인에 합병이익이 발생하게 된다. 여기서 후자인 '피합병법인이 공정한 평가가 되고 합병법인은 과소평가가 된 경우의 합병'은 피합병법인은 공정한 평가가 되었으므로 피합병법인의 과대평가와는 관계가 없다. 앞서 제1절 ≪사례 2≫에서 보았듯이 합병이익이 발생하게 되는 원인이 공정한 합병비율보다 높거나 낮은 합병비율로 합병하는 경우가 되는데, 이 의미는 합병신주의 과다교부와 과소교부에 의한 것이라고 하였다. 상속증여세법의 합병이익은 피합병법인의 주주가 교부받은 주식수와 관련된 것으로 반드시 피합병법인의 과대평가에서만 발생되는 것은 아니다. 결국 합병에 따른 이익계산 방식인 상속증여세법 시행령 제28조 제3항 제1호에서 말하는 "주가가 과대평가된 합병당사법인"이라고 함은 '피합병법인이 과대평가가 되고 합병법인은 공정한 평가가 된 경우의 합병'은 되겠으나 '피합병법인이 공정한 평가가 되고 합병법인은 과소평가가 된 경우의 합병'은 해당하지 않게 된다. 합병에 따른 이익계산 방식에서 "주가가 과대평가된 합병당사법인"이라는 용어의 표현은 적절하지 않아 보인다. "주가가 과소평가된 합병당사법인"이라는 표현도 마찬가지다. 이 책에서 사용하는 표현은 세법 용어인 "과대평가된 합병당사법인" 또는 "과소평가된 합병당사법인"을 원칙으로 한다.

(3)-2. 합병대가를 주식 외의 재산으로 받은 경우

합병대가를 주식 등 외의 재산으로 지급한 경우 합병당사법인의 대주주가 얻은 이익은 다음의 구분에 따라 계산한다(상증통 38-28…5).

〈합병대가가 액면가액 미달하는 경우〉
(1주당 합병대가 − 1주당 평가가액) × 합병당사법인의 대주주의 주식수

〈합병대가가 액면가액 초과하는 경우〉
(1주당 액면가액 − 1주당 평가가액) × 합병당사법인의 대주주의 주식수

위 계산식은 합병당사법인의 1주당 평가액이 액면가액에 미달하는 경우로서 그 평가액을 초과하여 지급받은 경우에 한정한다(상증령 §28 ③ 2). 합병대가를 주식 외의 재산으로 지급받은 경우에도 얻은 이익이 3억원 미만인 경우는 제외한다(상증령 §28 ④ 2).

이 규정은 얻은 이익을 계산하는 방법(상증령 §28 ③ 1)인 위 "(가)"의 계산방식인 '합병 후 주식평가액의 30% 이상인 경우의 당해 이익(개정 전 평가차액, 평가차익)이 3억원 이상인 경우의 당해 이익)' 또는 위 "(나)"의 계산방식인 '주식으로 얻은 이익(평가차액)이 3억원'과는 별개의 계산방식으로 합병대가가 주식이 아닌 경우 등의 요건을 충족한 경우에 한해 얻은 이익을 계산하는 방법이다. 즉 합병당사법인의 1주당 '평가가액'이 액면가액에 미달하는 경우 "그 평가가액"을 초과하여 합병대가를 주식 등 외의 재산으로 지급받은 경우로서, 액면가액(합병대가가 액면가액에 미달하는 경우에는 당해 합병대가)에서 그 평가액을 차감한 가액에 합병당사법인의 대주주의 주식수를 곱한 금액이 3억원 이상인 경우의 당해 이익을 말한다(상증령 §28 ③ 2). 여기서 "그 평가가액"이 무엇인지는 분명하지 않으나 계산방식의 문언으로 보면 합병당사법인의 합병 직전 주식가액으로서 합병하기 전의 상속증여세법에 의한 주식의 평가액을 말한다(상증령 §28 ⑥). 이 책에서 말하는 합병

전 1주당 평가액(평가차액을 계산하기 위한 1주당 평가액) 또는 회사가 신고한 합병가액은 아니라고 본다. 또한 대주주의 주식수의 경우도 대주주가 실제로 교부받은 주식수만을 말하는 것인지, 현금으로 지급받은 금액에 상당하는 주식수를 말하는 것인지가 명확하지 않다(이 부분에 대해서는 다음 ≪사례 1≫에서 설명하고 있다).

한편, 이와 같은 방법으로 이익증여를 계산하는 이유는 합병이익을 합병 후와 합병 전의 평가차액으로 계산하는 방식은 합병대가를 주식으로 받는 것을 전제로 한 계산방식이다(상증령 §28 ③ 1). 즉 합병대가를 현금으로 지급받은 경우는 이 계산방식으로는 현금으로 지급받은 합병대가에 대해서는 합병이익을 계산할 수 없다. 다만, 합병대가를 현금으로 지급받은 경우에도 합병당사법인의 1주당 평가가액이 액면가액(구 주식 취득가액이 액면가액 이상인 경우에는 액면가액 표현은 적절하지 않다) 이상인 경우에는 그 이상인 금액은 의제배당으로 과세가 되기 때문에 1주당 평가가액이 액면가액에 미달하는 경우로 한정하여 계산하는 방식이 된다. 결국 이와 같은 계산방식은 합병대가를 현금으로 지급한 금액이 합병이익으로 과세되든 의제배당 소득으로 과세되든 모두 과세가 된다는 계산방식이다. 합병대가의 현금지급 등에 대한 계산방식은 종전(2000.12.29. 개정되기 전)에는 합병대가가 액면가액 이하의 금액에 대하여는 의제배당으로 과세되지 아니하는 점을 이용하여 합병당사법인의 대주주 간 변칙적인 증여의 수단으로 악용될 수 있었던 것을 액면가액과 평가액의 차액에 대해 2001.1.1. 이후부터 합병등기를 하는 경우 증여세를 과세하도록 상속증여세법 시행령 제28조 제3항 제3호의 규정을 개정하게 되었다.

다음 ≪사례 1≫은 합병당사법인의 "1주당 평가액이 액면가액에 미달하는 경우"에 합병대가를 합병신주와 현금으로 지급받은 경우 증여재산가액을 계산하는 방법과 그 의미를 분석해 보았다. 앞에서 상속증여세법 시행령 제28조 제3항 제2호의 계산방식이 합병대가를 현금 등으로 지급받은 경우 1주당 평가가액이 액면가액에 미달하는 경우로 한정하여 계산하는 방식으로, 합병대가가 액면가액 이상인 경우에는 그 이상인 금액은 의제배당으로 과세가 된다는 것을 전제로 하는 계산방식이라고 했다. 이와 같은 계산방식은 합병대가를 과세하기 위한 하나의 과세방식으로서 그 계산방식의 의미를 알기 위해서는 "합병당사법인의 1주당 평가가액이 액면가액 이상인 경우"의 과세방식을 먼저 분석해 볼 필요가 있다. 다음 사례는 합병대가를 현금을 포함하여 지급받은 경우 이익계산방식을 분석하고 있다. 사례를 단순화하기 위해 합병당사법인의 주주는 대주주(법인주주 1인)에 해당된다고 가정한다. 이 사례는 다음에 설명하는 증여재산가액(2. 얻은 이익의 계산)을 먼저 이해한 다음 보는 것이 순서이나 법인세법상 합병에 의한 의제배당에 대한 이해가 선행된 독자라면 좋겠다.

사례 1 ••• 합병대가(현금 포함)와 이익증여

다음에 제시된 자료는 합병대가를 주식 50% + 현금 50%를 각각 지급받은 경우가 된다. 합병대가를 주식 외의 재산으로 지급받은 경우로서 "합병당사법의 1주당 평가가액이 액면가액 이상인 경우"를 먼저 계산해 보고, "합병당사법의 1주당 평가가액이 액면가액 미달인 경우"에서 '합병대가가 액면가액 미달인 경우'와 '합병대가가 액면가액 초과인 경우'로 나누어 합병에 따른 이익증여와 의제배당을 계산하고 있다(다음은 시행령의 계산방법이 불합리하다는 점을 설명한 것임).

(가) 합병당사법인의 1주당 평가가액이 액면가액 이상인 경우

| 합병내용 |

구분	A	B	A′(합병 후)
총주식 평가액	16,000,000,000	7,500,000,000	23,500,000,000
발행주식총수	2,000,000	1,500,000	
1주당 평가액	8,000	5,000	7,344
합병비율(신고)	1	0.8	
합병 후 주식수(신고)	2,000,000	1,200,000	3,200,000
합병 전 1주당 평가액	8,000	6,250	
1주당 평가차손익	-656	1,094	
평가차액 계	-1,312,500,000	1,312,500,000	

합병대가(액면가액 5,000원)의 지급조건은 다음과 같다.

합병대가		교부받은 주식수	구 주식수
주식 50%	4,800,000,000	600,000	750,000
현금 50%	4,800,000,000	(600,000)	750,000
계	9,600,000,000	1,200,000	1,500,000

* 합병대가 합계: 합병법인 합병가액 8,000원 × 교부받은 주식총수 1.2000,000주

□ 계산 근거

① 주식 이익의 증여(상증령 §28 ③ 1)

(합병 후 1주당 평가액 - 합병 전 1주당 평가액) × 대주주의 합병 후 주식수

(7,344원 - 6,250원) × 600,000주(50%) = 656,250,000원

② 현금 이익의 증여(상증령 §28 ③ 2)

1주당 평가가액이 액면가액 이상이므로 해당 없음.

③ 의제배당

상속증여세법 시행령 제28조 제3항 제2호가 합병대가를 현금으로 지급받은 경우로서 합병대가가 액면가액 이상인 경우에는 이익증여로 과세하지 않고 의제배당으로 과세하게 되므로 구 주식 취득가액 5,000원인 경우 의제배당 계산을 다음과 같이 할 수 있을 것이다(피합병법인의 주주는 법인주주 1인이다).

구분		합병대가 ①	취득가액 ②	이익증여 ③	의제배당 (① - ② - ③)
주식 50%	적격	3,750,000,000	3,750,000,000	-	-
	비적격	4,800,000,000	3,750,000,000	656,250,000	393,750,000
현금 50%	적격	4,800,000,000	3,750,000,000	-	1,050,000,000
	비적격	4,800,000,000	3,750,000,000	-	1,050,000,000

* 합병대가가 주식인 경우 합병대가 산정방식: 적격합병은 합병대가를 종전의 장부가액으로 하되 합병대가로 금전을 받은 부분은 취득한 주식을 시가로 평가한 가액이 종전의 장부가액보다 적은 경우는 시가. 비적격합병은 취득 당시의 시가로 하되 특수관계인으로부터 분여받은 이익이 있는 경우 그 금액을 차감한 금액(법인령 제14조 제1항 제1호)
* 증여재산에 대하여 수증자에게 「소득세법」에 따른 소득세 또는 「법인세법」에 따른 법인세가 부과되는 경우에는 증여세를 부과하지 아니한다(상증법 제4조의2 제3항).

④ 과세되는 금액

합병에 따른 과세금액의 합계(이익증여 + 의제배당)를 계산하면 다음과 같게 된다(의제배당은 구 주식 취득가액을 각각 1주당 5,000원, 4,000원, 6,000원으로 보고 위의 계산방식에 따라 한 것임).

| 구 주식 취득가액 5,000원인 경우 |

구분		이익증여 ①	의제배당 ②	계(① + ②)
주식 50%	적격	656,250,000	-	656,250,000
	비적격	656,250,000	393,750,000	1,050,000,000
현금 50%	적격	-	1,050,000,000	1,050,000,000
	비적격	-	1,050,000,000	1,050,000,000

| 구 주식 취득가액 4,000원인 경우 |

구분		익증여 ①	의제배당 ②	계(① + ②)
주식 50%	적격	656,250,000	-	656,250,000
	비적격	656,250,000	1,143,750,000	1,800,000,000
현금 50%	적격	-	1,800,000,000	1,800,000,000
	비적격	-	1,800,000,000	1,800,000,000

| 구 주식 취득가액 6,000원인 경우 |

구분		이익증여 ①	의제배당 ②	계(① + ②)
주식 50%	적격	656,250,000	-	656,250,000
	비적격	656,250,000	-	656,250,000
현금 50%	적격	-	300,000,000	300,000,000
	비적격	-	300,000,000	300,000,000

⑤ 합병대가가 주식 100%인 경우 과세금액

위의 합병이 비적격합병에 해당되고 합병대가를 주식으로 100% 교부받은 경우 합병에 따른 과세금액(이익증여 + 의제배당)은 다음의 계산과 같이 구 주식 1주당 취득가액이 5,000원과 4,000원인 경우는 의제배당이 발생하나 6,000원인 경우는 의제배당이 발생되지 않고 있다.

구분	1주당 취득가액	이익증여 ①	의제배당 ②	계(① + ②)
주식 100%	5,000	1,312,500,000	787,500,000	2,100,000,000
	4,000	1,312,500,000	2,287,500,000	3,600,000,000
	6,000	1,312,500,000	-	1,312,500,000

위의 계산 결과에 따라 비적격합병으로 합병대가로 주식 100%(이하 "주식 100%"라고 한다)를 교부받은 경우와 합병대가로 주식 50%와 현금 50%(이하 "주식 50% + 현금 50%"라고 한다)를 각각 지급받은 경우 과세금액의 합계(이익증여 + 의제배당)를 비교하면 다음의 계산과 같이 구 주식 1주당 취득가액이 각각 5,000원과 4,000원일 때는 주식 100%인 경우와 주식 50% + 현금 50%인 경우의 과세금액의 합계는 같다. 이 의미는 구 주식 취득가액이 각각 5,000원과 4,000원일 때는 주식 50% + 현금 50%를 지급받은 경우 과세된 금액(이익증여 + 의제배당)이 주식 100%를 교부받은 경우 과세되는 금액(이익증여)이 된다는 점이다. 즉 합병대가 100%를 주식으로 교부받은 경우의 얻은 이익의 합계가 합병대가를 주식과 현금으로 지급받은 경우의 과세금액의 합계가 된다는 것을 말하고 있다.

그러나 6,000원인 경우는 주식 100%인 경우보다 주식 50% + 현금 50%인 경우가 과세금액의 합계가 더 적게 계산되고 있다. 적게 계산되는 원인은 과세금액 합계의 구성을 보면 주식 50% + 현금 50%인 경우 주식 이익증여 656,250,000원 + 의제배당 300,000,000원이 되고, 주식 100%인 경우 이익증여 1,312,500,000원 + 의제배당 0원이 된다. 주식 100%인 경우 이익증여로 과세되는 금액은 1,312,500,000원이고 주식 50% + 현금 50%인 경우 주식 이익증여로 과세되는 금액은 656,250,000원이다. 주식 50% + 현금 50%인 경우 주식 이익증여로 과세되지 않은 금액인 656,250,000원(주식 100% 이익증여 1,312,500,000원 - 주식 50% 이익증여 656,250,000원)은 의제배당으로 과세가 되어야 한다. 그러나 의제배당으로 과세되고 있는 금액은 300,000,000원만 과세되고 나머지 금액인 356,250,000원(주식 50% 이익증여 656,250,000원 - 현금 50% 의제배당 300,000,000원)은 과세되지 않고 있다. 이 의미는 구 주식 취득가액이 6,000원일 때도 주식 100%를 교부받은 경우의 과세금액의 합계가 주식 50% + 현금 50%를 지급받은 경우의 과세금액의 합계가 되어야 하는데 합병대가의 현금지급 이익계산방식에 따르면 그렇지 않다는 점이다. 합병에 따른 과세금액이 이익증여가 되든 의제배당이 되든 과세금액의 합계는 합병대가를 주식으로 교부받든 현금으로 지급받든 같아야 하는데 그렇지 않다는 점은 합병대가를 주식 외의 재산으로 지급받은 경우의 이익계산방식이 합리적이지 않음을 말한다.

구분	1주당 취득가액	주식 100%	주식 50% +현금 50%
비적격 합병	5,000	2,100,000,000	2,100,000,000
	4,000	3,600,000,000	3,600,000,000
	6,000	1,312,500,000	956,250,000

⑥ 합병대가가 현금 100%인 경우 과세금액

합병대가 전부를 현금으로 지급받은 경우 구 주식 취득가액이 5,000원과 4,000원인 경우 합병대가를 주식 100%로 교부받은 경우와 과세금액에 차이가 없다. 그러나 구 주식 취득가액이 6,000원인 경우는 주식으로 교부받은 경우가 현금으로 지급받은 경우보다 과세금액이 356,250,000원(956,250,000원 − 600,000,000원) 더 많다.

구분	1주당 취득가액	합병대가 ①	구 주식취득가액 ②	의제배당(① − ②)
현금 100%	5,000	9,600,000,000	7,500,000,000	2,100,000,000
	4,000	9,600,000,000	6,000,000,000	3,600,000,000
	6,000	9,600,000,000	9,000,000,000	600,000,000

⑦ 부당행위계산

익금에 산입할 금액의 계산에 관하여는 상속증여세법 제38조와 같은 법 시행령 제28조 제3항부터 제7항까지의 규정을 준용한다. 이 경우 얻은 이익("이익" 및 "대통령령으로 정하는 이익")은 "특수관계인에게 분여한 이익"으로 본다(법인령 §89 ⑥). 따라서 구 주식 취득가액이 5,000원인 경우를 보면, 부당행위계산부인 금액은 주식 50% + 현금 50%인 경우 656,250,000원, 주식 100%인 경우 2,100,000,000원, 현금 100%인 경우 0원이 된다. 합병대가가 동일함에도 부당행위계산은 각각 다르게 계산된다.

(나) 합병당사법인의 1주당 평가가액이 액면가액 미달인 경우

(나)-1. 합병대가가 액면가액 미달인 경우

| 합병내용 |

구분	A	B	A′(합병 후)
총주식 평가액	8,000,000,000	6,000,000,000	14,000,000,000
발행주식총수	2,000,000	6,000,000	
1주당 평가액	4,000	1,000	2,800
합병비율(신고)	1	0.500	
합병 후 주식수(신고)	2,000,000	3,000,000	5,000,000
합병 전 1주당 평가액	4,000	2,000	
1주당 평가차손익	-1,200	800	
평가차액 계	-2,400,000,000	2,400,000,000	

합병대가(액면가액 5,000원)의 지급조건은 다음과 같다.

합병대가		교부받은 주식수	구 주식수
주식 50%	6,000,000,000	1,500,000	3,000,000
현금 50%	6,000,000,000	(1,500,000)	3,000,000
계	12,000,000,000	3,000,000	6,000,000

* 합병대가 합계: 합병법인 합병가액 4,000원 × 교부받은 주식총수 3,000,000주

□ 계산 근거

① 주식 이익의 증여(상증령 §28 ③ 1)

(합병 후 1주당 평가액 - 합병 전 1주당 평가액) × 대주주의 합병 후 주식수

(2,800원 - 2,000원) × 1,500,000주(50%) = 1,200,000,000원

② 현금 이익의 증여(상증령 §28 ③ 2)

(1주당 합병대가 - 합병 전 1주당 평가액) × 대주주의 합병 후 주식수

(합병대가 4,000원 - 합병 전 1주당 평가액 2,000원) × 1,500,000주 = 3,000,000,000원

* 합병대가에서 차감할 가액을 합병 직전 가액인 1,000원으로 하는 경우
(합병대가 4,000원 - 1주당 평가액 1,000원) × 1,500,000주 = 4,500,000,000원

③ 의제배당

상속증여세법 시행령 제28조 제3항 제2호가 합병대가를 현금으로 지급받은 경우로서 합병대가가 액면가액에 미달하는 경우 이익증여로 과세되지 않은 부분은 의제배당으로 과세하게 되므로 구 주식 취득가액 5,000원인 경우 의제배당 계산을 다음과 같이 할 수 있을 것이다(피합병법인의 주주는 법인주주 1인이다).

구분		합병대가 ①	취득가액 ②	이익증여 ③	의제배당 (① − ② − ③)
주식 50%	적격	15,000,000,000	15,000,000,000	-	-
	비적격	6,000,000,000	15,000,000,000	1,200,000,000	−10,200,000,000
현금 50%	적격	6,000,000,000	15,000,000,000	3,000,000,000	−9,000,000,000
	비적격	6,000,000,000	15,000,000,000	3,000,000,000	−9,000,000,000

* 합병대가가 주식인 경우 합병대가 산정방식: 적격합병은 합병대가를 종전의 장부가액으로 하되 합병대가로 금전을 받은 부분은 취득한 주식을 시가로 평가한 가액이 종전의 장부가액보다 적은 경우는 시가. 비적격합병은 취득 당시의 시가로 하되 특수관계인으로부터 분여받은 이익이 있는 경우 그 금액을 차감한 금액(법인령 제14조 제1항 제1호)

* 증여재산에 대하여 수증자에게 「소득세법」에 따른 소득세 또는 「법인세법」에 따른 법인세가 부과되는 경우에는 증여세를 부과하지 아니한다(상증법 제4조의2 제3항).

* 적격합병의 합병대가는 종전의 장부가액보다 낮아 의제배당이 발생하지 않지만 합병대가를 종전의 장부가액으로 통일하였다(이하 모든 계산방식은 동일하다).

④ 과세되는 금액

합병에 따른 과세금액의 합계(이익증여 + 의제배당. 의제배당 ▲일 경우 "0원")를 계산하면 다음과 같게 된다(의제배당은 구 주식 취득가액을 각각 1주당 5,000원, 4,000원, 6,000원으로 보고 위의 계산방식에 따라 한 것임).

| 구 주식 취득가액 5,000원인 경우 |

구분		이익증여 ①	의제배당 ②	계(① + ②)
주식 50%	적격	1,200,000,000	-	1,200,000,000
	비적격	1,200,000,000	−10,200,000,000	1,200,000,000
현금 50%	적격	3,000,000,000	−9,000,000,000	3,000,000,000
	비적격	3,000,000,000	−9,000,000,000	3,000,000,000

| 구 주식 취득가액 4,000원인 경우 |

구분		이익증여 ①	의제배당 ②	계(① + ②)
주식 50%	적격	1,200,000,000	-	1,200,000,000
	비적격	1,200,000,000	-7,200,000,000	1,200,000,000
현금 50%	적격	3,000,000,000	-6,000,000,000	3,000,000,000
	비적격	3,000,000,000	-6,000,000,000	3,000,000,000

| 구 주식 취득가액 6,000원인 경우 |

구분		이익증여 ①	의제배당 ②	계(① + ②)
주식 50%	적격	1,200,000,000	-	1,200,000,000
	비적격	1,200,000,000	13,200,000,000	1,200,000,000
현금 50%	적격	3,000,000,000	-12,000,000,000	3,000,000,000
	비적격	3,000,000,000	-12,000,000,000	3,000,000,000

⑤ 합병대가가 주식 100%인 경우 과세금액

위의 합병이 비적격합병에 해당되고 합병대가를 주식으로 100% 교부받은 경우 합병에 따른 과세금액(이익증여 + 의제배당. 의제배당 ▲인 경우 "0원")은 다음의 계산과 같이 구 주식 1주당 취득가액과 관계없이 모두 의제배당이 발생되지 않는다.

구분	1주당 취득가액	이익증여 ①	의제배당 ②	계(① + ②)
주식 100%	5,000	2,400,000,000	-20,400,000,000	2,400,000,000
	4,000	2,400,000,000	-14,400,000,000	2,400,000,000
	6,000	2,400,000,000	-26,400,000,000	2,400,000,000

위의 계산 결과에 따라 비적격합병으로 합병대가로 주식 100%를 교부받은 경우와 주식 50%와 현금 50%를 각각 지급받은 경우에 과세금액을 비교하면 다음의 계산과 같이 구 주식 1주당 취득가액과 관계없이 주식 100%인 경우보다 주식 50% + 현금 50%인 경우가 18억원이 더 많게 계산되고 있다. 앞에서 '합병대가가 액면가액(5,000원) 이상인 경우'에서 주식 100%를 교부받은 경우의 과세금액의 합계가 주식 50% + 현금 50%를 지급받은 경우의 과세금액의 합계와 같아야 된다고 하였다. 합병대가를 어떤 방식으로 지급받든 적격합병으로써 과세이연이 아닌 한 과세금액의 합계는 주식 100%를 교부받은

경우의 과세금액을 초과하거나 미달되지 않아야 할 것이다.

구분	1주당 취득가액	주식 100%	주식 50% + 현금 50%
비적격 합병	5,000	2,400,000,000	4,200,000,000
	4,000	2,400,000,000	4,200,000,000
	6,000	2,400,000,000	4,200,000,000

(나)-2. 합병대가가 액면가액 초과인 경우

| 합병내용 |

구분	A	B	A′(합병 후)
총주식 평가액	12,000,000,000	6,000,000,000	18,000,000,000
발행주식총수	2,000,000	6,000,000	
1주당 평가액	6,000	1,000	3,600
합병비율(신고)	1	0.5	
합병 후 주식수(신고)	2,000,000	3,000,000	5,000,000
합병 전 1주당 평가액	6,000	2,000	
1주당 평가차손익	-2,400	1,600	
평가차액 계	-4,800,000,000	4,800,000,000	

합병대가(액면가액 5,000원)의 지급조건은 다음과 같다.

합병대가		교부받은 주식수	구 주식수
주식 50%	9,000,000,000	1,500,000	3,000,000
현금 50%	9,000,000,000	1,500,000	3,000,000
계	18,000,000,000	3,000,000	6,000,000

* 합병대가 합계: 합병법인 합병가액 6,000원 × 교부받은 주식총수 3,000,000주

□ 계산 근거

① 주식 이익의 증여(상증령 §28 ③ 1)

(합병 후 1주당 평가액 - 합병 전 1주당 평가액) × 대주주의 합병 후 주식수

(3,600원 - 2,000원) × 1,500,000주(50%) = 2,400,000,000원

② 현금 이익의 증여(상증령 §28 ③ 2)

(1주당 액면가액 - 합병 전 1주당 평가액) × 대주주의 합병 후 주식수

(액면가액 5,000원 - 합병 전 1주당 평가액 2,000원) × 1,500,000주 = 4,500,000,000원

* 액면가액에서 차감할 가액을 합병 직전 가액인 1,000원으로 하는 경우
(액면가액 5,000원 - 1주당 평가액 1,000원) × 1,500,000주 = 6,000,000,000원

③ 의제배당

상속증여세법 시행령 제28조 제3항 제2호가 합병대가를 현금으로 지급받은 경우로서 합병대가가 액면가액에 미달하는 경우 이익증여로 과세되지 않은 부분은 의제배당으로 과세하게 되므로 구 주식 취득가액 5,000원인 경우 의제배당 계산을 다음과 같이 할 수 있을 것이다(피합병법인의 주주는 법인주주 1인이다).

구분		합병대가 ①	취득가액 ②	이익증여 ③	의제배당 (① - ② - ③)
주식 50%	적격	15,000,000,000	15,000,000,000	-	-
	비적격	9,000,000,000	15,000,000,000	2,400,000,000	-8,400,000,000
현금 50%	적격	9,000,000,000	15,000,000,000	-	-6,000,000,000
	비적격	9,000,000,000	15,000,000,000	-	-6,000,000,000

④ 과세되는 금액

합병에 따른 과세금액의 합계(이익증여 + 의제배당. 의제배당 ▲일 경우 "0원")를 계산하면 다음과 같게 된다(의제배당은 구 주식 취득가액을 각각 1주당 5,000원, 4,000원, 6,000원으로 보고 위의 계산방식에 따라 한 것임).

| 구 주식 취득가액 5,000원인 경우 |

구분		이익증여 ①	의제배당 ②	계(① + ②)
주식 50%	적격	2,400,000,000	-	2,400,000,000
	비적격	2,400,000,000	−8,400,000,000	2,400,000,000
현금 50%	적격	4,500,000,000	−6,000,000,000	4,500,000,000
	비적격	4,500,000,000	−6,000,000,000	4,500,000,000

| 구 주식 취득가액 4,000원인 경우 |

구분		이익증여 ①	의제배당 ②	계(① + ②)
주식 50%	적격	2,400,000,000	-	2,400,000,000
	비적격	2,400,000,000	−5,400,000,000	2,400,000,000
현금 50%	적격	4,500,000,000	−3,000,000,000	4,500,000,000
	비적격	4,500,000,000	−3,000,000,000	4,500,000,000

| 구 주식 취득가액 6,000원인 경우 |

구분		이익증여 ①	의제배당 ②	계(① + ②)
주식 50%	적격	2,400,000,000	-	2,400,000,000
	비적격	2,400,000,000	11,400,000,000	2,400,000,000
현금 50%	적격	4,500,000,000	−9,000,000,000	4,500,000,000
	비적격	4,500,000,000	−9,000,000,000	4,500,000,000

⑤ 합병대가가 주식 100%인 경우 과세금액

위의 합병이 비적격합병에 해당되고 합병대가를 주식으로 100% 교부받은 경우 합병에 따른 과세금액(이익증여 + 의제배당. 의제배당 ▲인 경우 "0원")은 다음의 계산과 같이 구 주식 1주당 취득가액과 관계없이 모두 의제배당이 발생되지 않는다. 의제배당이 발생되지 않는 것은 '합병대가가 액면가액 미달인 경우'와 마찬가지이다.

구분	1주당 취득가액	이익증여 ①	의제배당 ②	계(① + ②)
주식 100%	5,000	4,800,000,000	−16,800,000,000	4,800,000,000
	4,000	4,800,000,000	−10,800,000,000	4,800,000,000
	6,000	4,800,000,000	−22,800,000,000	4,800,000,000

위의 계산 결과는 비적격합병으로 합병대가로 주식 100%를 교부받은 경우와 주식 50%와 현금 50%를 각각 지급받은 경우에 과세금액을 비교하면 다음의 계산과 같이 구 주식 1주당 취득가액과 관계없이 주식 100%인 경우보다 주식 50% + 현금 50%인 경우가 21억원이 더 많게 계산되고 있다. 앞서 '합병대가가 액면가액 미달인 경우'에도 주식 100%인 경우보다 주식 50% + 현금 50%인 경우가 더 많은 금액으로 계산되었다. 주식 100%를 교부받은 경우의 과세금액의 합계가 주식 50% + 현금 50%를 지급받은 경우의 과세금액의 합계와 같아야 되는 것은 '합병대가가 액면가액 미달인 경우'와 마찬가지이다.

구분	1주당 취득가액	주식 100%	주식 50% + 현금 50%
비적격 합병	5,000	4,800,000,000	6,900,000,000
	4,000	4,800,000,000	6,900,000,000
	6,000	4,800,000,000	6,900,000,000

(나)-3. 이익계산 방식과 적용요건

① 피합병법인이 과대평가된 경우

계산식에서 합병대가를 주식 외의 재산으로 지급받은 경우이므로 합병대가를 지급받은 피합병법인에 한하여 적용되고 그 피합병법인이 과대평가가 되어야 한다. 합병법인의 과대평가에서는 적용되지 않는다.

② 합병당사법인

계산식 '합병당사법인의 1주당 평가가액이 액면가액에 미달하는 경우'에서 "합병당사법인"은 합병법인 또는 피합병법인을 말하므로 피합병법인의 1주당 평가가액이 액면가액에 미달되어야 한다.

③ 그 평가가액

계산식 "액면가액(또는 합병대가)에서 그 평가가액을 차감한 가액"에서 말하는 "그 평가가액"이 의미하는 바가 분명하지 않다. "그 평가가액"이 피합병법인의 공정한 1주당 평가액인 1.500원인지 합병 신고한 1주당 평가액인 2,000원인지 아니면 합병 전 1주당 평가액인 3,000원인지가 명확하지 않다. 이 사례는 합병 전 1주당 평가액 2,000원을 "그 평가가액"으로 보고 있다. 본문에서 설명했듯이 계산방식의 문언으로 보면 "그 평가가액"이 합병당사법인의 합병 직전 주식가액으로서 합병하기 전의 상속증여세법에 의한 주식의 평가액(상증령 §28 ⑥)이지, 이 책에서 말하는 합병 전 1주당 평가액(평가차액을 계산하기 위한 1주당 평가액) 또는 회사가 신고한 합병가액은 아니라고 하였다. 그런데 이 사례에서 합병 직전의 주식가액(공정한 평가액)을 "그 평가가액"으로 보게 되면 "그 평가가액"이 1,000원이 되므로 현금으로 지급받은 합병대가에 대해 이익증여가 45억원이 발생되고 의제배당이 12억원이 발생되어 합계 57억원의 과세금액이 발생하게 된다. 이 금액은 "그 평가가액"을 합병 전 1주당 평가액 2,000원으로 보는 경우보다 더 많은 차이를 가져오게 된다.

④ **합병당사법인의 대주주의 주식**

계산식 '합병당사법인의 대주주의 주식의 수를 곱한 금액'에서 합병당사법인의 '대주주'는 피합병법인의 대주주가 된다. 여기서 "대주주의 주식수"는 피합병법인의 대주주가 합병대가를 현금으로 지급받은 경우 현금으로 지급받은 금액에 상당하는 주식수를 말하는 것인지, 실제로 교부받은 주식수만을 말하는 것인지 명확하지 않다. 상속증여세법 시행령 제28조 제3항 제2호의 문언으로 보면 '합병당사법인의 대주주의 주식의 수'라고 함은 합병 후의 합병당사법인의 대주주의 주식수를 말하므로 피합병법인의 대주주가 합병 후 보유하고 있는 주식수가 된다. 그러나 합병대가로 지급받은 현금은 합병대가를 주식으로 교부받지 않은 주식의 가치에 대한 대가이므로 "대주주의 주식수"는 대주주가 합병 후 보유하고 있는 주식수가 아니라 현금으로 지급받은 금액에 상당하는 주식가치에 해당되는 주식수가 되어야 할 것이다.

합병대가를 주식 외의 재산으로 지급받은 경우 "합병당사법인의 1주당 평가가액이 액면가액에 미달하는 경우"로 한정하는 이익증여 계산방식은 이익증여로 과세되지 않은 금액은 의제배당으로 과세된다는 것을 전제를 두고 하는 계산방식이다. 그러나 '합병대가가 액면가액 미달인 경우'와 '합병대가가 액면가액 초과인 경우'는 물론이고 "합병당사법인의 1주당 평가가액이 액면가액 이상인 경우"도 과세되는 금액 계산을 만족시키지 못하고 있다. 합병대가를 주식 외의 재산으로 지급받은 경우의 이익증여 계산방식은 합리적이지 않을뿐더러 그 계산식 자체에 의구심이 든다.

관련규정 및 예규판례

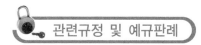

▶ **합병대가를 주식 외의 재산으로 지급한 경우**[재산(상속) 46014-465, 2000.4.17.]
상속증여세법 시행령 제28조 제3항 제3호의 규정에 의하여 합병대가를 주식 외의 재산으로 지급한 경우 증여의제가액을 계산할 때, 그 가액에 소득세법 제17조 제2항 제4호의 의제배당금액이 포함된 경우에는 이를 차감한 금액에 대하여 증여세가 과세되는 것임.

2 | 얻은 이익의 계산

합병에 따른 이익의 증여는 합병당사법인의 합병 후와 합병 전을 기준으로 하여 평가(주식평가)한 가액의 차액으로 하고 있다. 따라서 합병 후의 주식가치와 합병 전의 주식가치의 차액이 곧 증여재산가액이 되는 것이며, 얻은 이익과 분여한 이익의 설명으로 보면 얻은 이익의 개념이 된다. 얻은 이익은 주가가 과대평가된 법인에서 발생한다는 것은 앞에서 설명한 바 있다. 얻은 이익(증여재산가액)을 계산식으로 나타내면 다음과 같다(상증령 §28 ③ 1).

〈얻은 이익(증여재산가액)〉
1주당 평가차익(합병 후 1주당 평가액 − 합병 전 1주당 평가액) × 주가가 과대평가된 합병당사법인의 대주주가 교부받은 주식수

위 계산식에서 대주주가 교부받은 주식수의 의미는 합병비율에 따라 합병으로 인하여 새로 취득하는 합병신주를 말한다(합병법인의 경우는 적절한 표현이 아니라고 하였다). 합병법인을 '1'로 기준 할 때 합병법인의 주식수는 합병 전과 합병 후에 변동이 없다. (합병 전과 합병 후의 주식수는 같다) 1 : 1 합병일 경우에는 합병법인과 피합병법인 모두가 합병 전과 합병 후의 주식수는 변동이 없다. 그러나 1 : 1 합병을 제외하고는 피합병법인의 경우 합병 전과 합병 후의 주식수는 다를 수밖에 없다.

한편, 주가가 과대평가된 법인에서 주주들이 얻은 이익이 발생하게 되는데 과대평가된 법인은 합병법인과 피합병법인 어느 법인에서나 발생할 수 있다. 이때 과소평가된 법인의

주주들은 증여자가 된다. 증여자별・수증자별 증여재산가액을 계산할 때 2000.1.1. 이후 합병부터는 이익을 증여한 자가 대주주 외의 주주로서 2인 이상인 경우에는 주주 1인으로부터 이익을 얻은 것으로 보아 증여재산가액을 계산한다. 이익증여를 계산할 때 증여자별・수증자별 증여재산가액을 구별해서 계산해 놓으면 증여자(이익 분여자)에 따라 얻은 이익에 대해 익금산입 여부가 결정되고 부당행위계산 대상 여부를 판단하여야 하므로 증여자별・수증자별 증여재산가액을 구분해 놓으면 실무를 하는데 편리하다. 합병으로 인하여 개별 주주가 얻은 이익의 총액은 분명하고 확실하게 계산이 되나(1주당 평가차익에다 합병 후 보유주식수를 곱한 금액이므로), 상대방 증여자의 증여금액(과소평가된 법인의 주주들이 분여한 이익)은 합병당사법인의 수와 주주가 많을 경우에는 그것을 구분(배분)하는 데 있어 복잡한 과정을 거쳐야 한다.

특히 동일인이 동시에 합병당사법인의 지분을 소유하고 있을 경우에 증여금액을 구별계산할 때 여러 가지 계산상의 문제가 발생하게 되는데, 이에 대해서는 증여자별・수증자별 증여재산가액 계산에서 다루기로 한다.

(1) 계산방법 [I]

합병 후 1주당 평가액에서 합병 전 1주당 평가액을 차감한 평가차액이 평가차익(+)이 될 때 얻은 이익이 계산된다. 합병당사법인 중 과대평가된 법인의 주주에게서 얻은 이익이 발생하게 된다. 이때 얻은 이익의 주주와 이익 분여자의 이익 배분(귀속) 문제가 따르게 된다. 합병당사법인이 2개인 경우를 예를 들어 계산해 본다.

사례 2 ••• 증여재산가액

합병내용

구분	A			B			A′(합병 후)		
발행주식 총수	200,000			250,000			400,000		
1주당 평가액	5,000			2,000			3,750		
주주현황	주주	주식수	지분율	주주	주식수	지분율	주주	주식수	지분율
	갑	40,000	20%	김	125,000	50%	갑	100,000	25%
	을	100,000	50%	이	50,000	20%	을	100,000	25%
	병	60,000	30%	갑	75,000	30%	병	60,000	15%
	합계	200,000	100%	합계	250,000	100%	김	100,000	25%
							이	40,000	10%
							합계	400,000	100%

* 합병비율(1 : 0.8) : B법인 주식 1.25주당 A법인 주식 1주씩 교부

□ 계산 근거

① 합병 후 존속법인의 1주당 평가액

$$\frac{(\text{A법인 총주식 평가액} + \text{B법인 총주식 평가액})}{(\text{A법인의 합병 후 주식수} + \text{B법인의 합병 후 주식수})}$$

$$\frac{(5{,}000\text{원} \times 200{,}000\text{주} + 2{,}000\text{원} \times 250{,}000\text{주})}{(200{,}000\text{주} + 250{,}000\text{주} \times 0.8)} = 3{,}750\text{원}$$

② B법인의 합병 전 1주당 평가액

$$\frac{\text{B법인 총주식 평가액}}{\text{B법인 합병 후 주식수}}$$

$$\frac{(2{,}000\text{원} \times 250{,}000\text{주})}{(250{,}000\text{주} \times 0.8)} = 2{,}500\text{원}$$

* A법인의 합병 전 1주당 평가액

$$\frac{\text{A법인 총주식 평가액}}{\text{A법인 합병 후 주식수}}$$

$$\frac{(5{,}000\text{원} \times 200{,}000\text{주})}{(200{,}000\text{주} \times 1)} = 5{,}000\text{원}$$

③ 1주당 평가차액(합병 후 1주당 평가액 - 합병 전 1주당 평가액)

㉮ B법인(평가차익): 3,750원 - 2,500원 = 1,250원

㉯ A법인(평가차손): 3,750원 - 5,000원 = ▲1,250원

또는 5,000원 - 3,750원 = 1,250원

④ 합병 후 평가액의 30%

얻은 총이익 ≥ (합병 후 1주당 평가액 × 합병 후 대주주가 교부받은 주식수 × 30%)

250,000,000원 ≥ 225,000,000원(3,750원 × 200,000주 × 30%)

* 대주주들이 얻은 총이익이 합병 후 평가액의 30% 이상이므로 대주주가 얻은 이익이 3억원 미만이라도 상속증여세법상 증여세 과세대상이 되고 법인세법상 부당행위계산대상에도 해당된다(이 계산법은 대주주들이 얻은 총이익을 기준으로 하였으나 개별 주주가 얻은 이익의 요건도 동일하다).

* 1주당 평가차액(평가차익) 비율

$$\frac{\text{(합병 후 1주당 평가액 - 과대평가된 법인의 합병 전 1주당 평가액)}}{\text{합병 후 1주당 평가액}}$$

$$\frac{(3{,}750\text{원} - 2{,}500\text{원})}{3{,}750\text{원}} = 0.333 \geq 0.3$$

⑤ 얻은 총이익 = 분여한 총이익

㉮ B법인의 주주(김, 이, 갑)가 얻은 총이익

1주당 평가차익 × B법인의 합병 후 주식수

1,250원 × (250,000주 × 0.8) = 250,000,000원

㉯ A법인의 주주(갑, 을, 병)가 분여한 총이익

1주당 평가차손 × A법인의 합병 후 주식수

1,250원 × 200,000주 = 250,000,000원

⑥ 각 주주별 얻은 이익(증여재산가액)

얻은 이익이 합병 후 평가액의 30% 이상 요건에 해당되므로 평가차액이 3억원

이상 인지의 여부는 검토할 필요가 없다.

갑으로부터 얻은 김의 증여재산가액(얻은 이익 계산)
(합병 후 1주당 평가액 – 합병 전 1주당 평가액) × 김의 합병 후 주식수 × 갑의 합병 전 소유지분율 또는 B법인 주주들이 얻은 총이익 × 김의 합병 전 소유지분율 × 갑의 합병 전 소유지분율

각 주주별 증여재산가액은 '얻은 이익을 기준으로 계산하는 방법'과 '분여한 이익을 기준으로 계산하는 방법'이 있는데, 먼저 얻은 이익을 기준으로 계산하는 방법에 의해 계산해 보면 다음과 같다.

㉮ 각 주주별 얻은 이익계산

각 주주의 1주당 얻은 이익 × 각 주주의 합병 후 주식수

• 주주 김: 1,250원 × 125,000주 × 0.8 =	125,000,000원
• 주주 이: 1,250원 × 50,000주 × 0.8 =	50,000,000원
• 주주 갑: 1,250원 × 75,000주 × 0.8 =	75,000,000원
• 계(얻은 총이익)	250,000,000원

또는 B법인의 주주(김, 이, 갑)가 얻은 총이익은 250,000,000원이므로 각 주주별로 소유지분율(합병 전 소유지분율)에 따라 얻은 이익을 배분하면 다음과 같게 된다.

B법인의 주주(金, 李, 甲)가 얻은 총이익 × B법인 각 주주의 합병 전 소유지분율

• 金이 얻은 이익: 250,000,000원 × 50% =	125,000,000원
• 李가 얻은 이익: 250,000,000원 × 20% =	50,000,000원
• 甲이 얻은 이익: 250,000,000원 × 30% =	75,000,000원
• 계(얻은 총이익)	250,000,000원

위의 계산식에서 주주 甲이 얻은 이익 75,000,000원은 본인(A법인의 갑)으로부터 얻은 이익(본인으로부터의 증여에 해당하는 금액)을 차감하기 전의 금액이다(다음 ≪사례 3≫ 참조). 참고로 분여한 이익을 기준으로 하여 증여재산가액을 계산해 보면 얻은 이익을 기준으로 하는 것과 같은 금액이 계산된다(분여한 이익기준은 "제5절 합병과 부당행위계산"에서 설명한다). 다음은 분여한 이익을

기준으로 계산하는 방법이다.

㉯ 각 주주별 얻은 이익계산

A법인의 주주(갑, 을, 병)가 분여한 총이익 × A법인 각 주주의 합병 전 소유지분율 × 분여받은 B법인 주주의 합병 전 소유지분율

- 甲이 金에게: 250,000,000원 × 20% × 50% = 25,000,000원
- 乙이 金에게: 250,000,000원 × 50% × 50% = 62,500,000원
- 丙이 金에게: 250,000,000원 × 30% × 50% = 37,500,000원
- 합계(金이 얻은 이익) 125,000,000원
- 甲이 李에게: 250,000,000원 × 20% × 20% = 10,000,000원
- 乙이 李에게: 250,000,000원 × 50% × 20% = 25,000,000원
- 丙이 李에게: 250,000,000원 × 30% × 20% = 15,000,000원
- 합계(李가 얻은 이익) 50,000,000원
- 甲이 甲에게: 250,000,000원 × 20% × 30% = 15,000,000원
- 乙이 甲에게: 250,000,000원 × 50% × 30% = 37,500,000원
- 丙이 甲에게: 250,000,000원 × 30% × 30% = 22,500,000원
- 합계(甲이 얻은 이익) 75,000,000원

김, 이, 갑이 얻은 이익의 합계 250,000,000원(= 125,000,000원 + 50,000,000원 + 75,000,000원)은 위 "㉮"에 의하여 계산한 금액과 동일하다. '얻은 이익의 계산'을 분여한 이익을 기준으로 하는 계산 방법으로 계산을 하게 되면 위와 같이 각각 주주의 얻은 이익의 합계는 앞에서 얻은 이익을 기준으로 하는 계산 방법과 같게 된다. 결국 얻은 이익기준과 분여한 이익기준은 계산 방법상의 차이에 불과하나 증여자별 · 수증자별 증여금액을 분류하는 데 유용하다. 위의 사례를 증여자별 · 수증자별 증여금액을 정리하여 보면 다음과 같다.

사례 3 ••• 증여자별 · 수증자별 증여재산가액

| 얻은 이익기준(1) |

수증자	수증금액	증여자별 증여금액	증여자
김	125,000,000	125,000,000 × 20% = 25,000,000 갑으로부터	갑
		125,000,000 × 50% = 62,500,000 을로부터	을
		125,000,000 × 30% = 37,500,000 병으로부터	병
이	50,000,000	50,000,000 × 20% = 10,000,000 갑으로부터	갑
		50,000,000 × 50% = 25,000,000 을로부터	을
		50,000,000 × 30% = 15,000,000 병으로부터	병
갑	60,000,000 = 75,000,000 − 15,000,000	75,000,000 × 20% = 15,000,000 갑으로부터	갑
		75,000,000 × 50% = 37,500,000 을로부터	을
		75,000,000 × 30% = 22,500,000 병으로부터	병

| 분여한 이익기준(2) |

수증자	수증금액	증여자별 증여금액	증여자
김	125,000,000	250,000,000 × 20% × 50% = 25,000,000 김에게	갑
		250,000,000 × 50% × 50% = 62,500,000 김에게	을
		250,000,000 × 30% × 50% = 37,500,000 김에게	병
이	50,000,000	250,000,000 × 20% × 20% = 10,000,000 이에게	갑
		250,000,000 × 50% × 20% = 25,000,000 이에게	을
		250,000,000 × 30% × 20% = 15,000,000 이에게	병
갑	60,000,000 = 75,000,000 − 15,000,000	250,000,000 × 20% × 30% = 15,000,000 갑에게	갑
		250,000,000 × 50% × 30% = 37,500,000 갑에게	을
		250,000,000 × 30% × 30% = 22,500,000 갑에게	병

* ≪사례 3≫ 증여자별 · 수증자별 증여재산가액은 각 주주가 얻은 이익의 구성 내용을 분석하려는 것으로 증여재산가액과 부당행위계산부인 금액을 계산하는데 있어 그 의미가 있다고 하겠다. 다만, 여기에서는 각 주주가 얻은 이익의 구성 내용을 음미해 보자는 취지로 작성한 표이다. 아래에서 설명하고자 하는 甲의 증여재산가액 계산 방법에 대한 자세한 내용은 "2. (2) 계산방법 [Ⅱ]"를 한 다음 보는 것이 순서일 것이다.

위에서 甲의 수증금액(증여재산가액) 계산방법을 "얻은 이익기준(1)"으로 할 때, 甲의 수증금액(증여재산가액)의 계산은 甲이 얻은 총이익 중에서 甲 본인으로부터의 증여에 해당하는 금액을 제외한 금액이 증여재산가액이 되므로 증여재산가액은 60,000,000원이 된다. 이러한 계산은 아래의 기획재정부 해석과는 다른 것이다. 위의 계산 방법에 따를 경우, 앞에서 甲이 얻은 총이익(수증금액)의 계산은 75,000,000원(1,250원 × 75,000주 × 0.8)이 된다. 이 중에서 본인(A법인의 甲)으로부터 분여받은 이익 15,000,000원[얻은 이익 기준(1)]을 차감하면 60,000,000원(75,000,000원 − 15,000,000원)이 甲의 증여재산가액이 된다.

다른 방법으로는 B법인의 각 주주(김, 이, 甲)가 얻은 총이익은 250,000,000원이며 이 중에서 B법인의 甲 소유지분율은 30%이므로 甲이 얻은 총이익은 75,000,000원(250,000,000원 × 30%)이 된다. 이 금액은 A법인의 甲, 乙, 丙으로부터 얻은 이익의 합계액이므로 여기서 A법인의 甲으로부터 얻은 이익을 제외한 乙과 丙으로부터 얻은 이익만 계산하면 甲의 증여재산가액이 된다. 이 계산방식에 따르면 甲이 乙과 丙으로부터 얻은 이익의 합계액은 60,000,000원(37,500,000원 + 22,500,000원)이 된다. 이 금액은 앞서 甲이 얻은 총이익 중에서 본인으로부터 증여에 해당하는 금액을 제외하는 계산 방법에 의한 것과 같은 것이 된다.

한편, 기획재정부(재산 46014-46, 1997.2.12.)에 의하여 甲의 증여재산가액을 계산하면 다음과 같게 된다.

① 甲**이 합병 후 얻은 총이익**

> 1주당 평가차익(합병 후 1주당 평가액 − 합병 전 1주당 평가액) × 주가가 과대평가된 합병당사법인의 대주주(甲)의 합병 후 주식수(합병 후 B법인의 甲 주식수)

1,250원 × 60,000주(75,000,000주 × 0.8) = 75,000,000원

또는 250,000,000원 × 30% = 75,000,000원

② **본인(A법인의 甲)으로부터의 증여에 해당하는 금액**

$$\text{주주 甲이 얻은 총이익} \times \frac{\text{주가가 과소평가된 합병당사법인의 당해 주주 갑의 소유지분율}}{\text{주가가 과대평가된 합병당사법인의 당해 주주 갑의 소유지분율}}$$

* 여기서 甲의 소유지분율은 과소평가된 법인과 과대평가된 법인의 각각 합병 전 甲의 소유지분율을 말한다.

$$75{,}000{,}000\text{원} \times \frac{20\%}{30\%} = 50{,}000{,}000\text{원}$$

③ 甲**의 증여재산가액(본인으로부터의 증여에 해당하는 금액을 차감한 후의 금액)**

(① - ②): 75,000,000원 - 50,000,000원 = 25,000,000원

또 다른 방법에 의하면,[8]

① 甲**이 합병 후 얻은 총이익**

1주당 평가차익(합병 후 1주당 평가액 − 합병 전 1주당 평가액) × 주가가 과대평가된 합병당사법인의 대주주(甲)의 합병 후 주식수(합병 후 A법인의 甲 주식수 + 합병 후 B법인의 甲 주식수)

1,250원 × (40,000주 + 75,000주 × 0.8주) = 125,000,000원

② **본인(A법인의 甲)으로부터의 증여에 해당하는 금액**

$$\text{B법인의 甲주주가 얻은 총이익} \times \frac{\text{A법인의 甲 소유지분율}}{\text{B법인의 甲 소유지분율}}$$

$$125{,}000{,}000\text{원} \times \frac{20\%}{30\%} = 83{,}333{,}333\text{원}$$

---

8) 이광재, 「상속 · 증여세의 이론과 실무」, 세경사, 2003, p.825; 이 책에서는 재정경제부 해석을 두 종류의 방법으로 소개하고 있다.

③ 甲**의 증여재산가액(본인으로부터의 증여에 해당하는 금액을 차감한 후의 금액)**
(① - ②): 125,000,000원 - 83,333,333원 = 41,666,667원

이와 같이 대주주 甲의 증여재산가액이 계산방식에 따라 각각 60,000,000원, 25,000,000원, 41,666,667원으로 서로 다르게 계산된다. 먼저 재경부 해석과 위의 다른 방법이 차이가 나는 이유는 대주주 甲의 증여재산가액을 계산할 때의 계산식이 기획재정부 해석에 의하면 다음과 같이 계산하게 되어 있는데(재산 46014-46, 1997.2.12.), 대주주가 얻은 총이익의 계산방법이 다르기 때문이다.

$$\text{구 상속세법 시행령 제41조의3 제4항의 규정에 의한 가액} \times \frac{B}{A}$$

A: 주가가 과대평가된 합병당사법인의 당해 대주주의 소유지분비율
B: 주가가 과소평가된 합병당사법인의 당해 대주주의 소유지분비율

위에서 '구 상속세법 시행령 제41조의3 제4항의 규정에 의한 가액'이라고 함은 대주주가 얻은 총이익을 말하는 것으로 대주주가 얻은 총이익의 계산은 다음과 같이 하고 있다.

$$(\text{제3항 제1호의 가액} - \text{제3항 제2호의 가액}) \times \frac{\text{주가가 과대평가된 합병당사법인의}}{\text{대주주의 합병 후 주식수}}$$

합병 후 존속법인의 甲의 소유주식수는 합병 후 A법인과 B법인의 甲 소유주식수를 합하면 100,000주(40,000주 + 75,000주 × 0.8)가 되고, 과대평가된 법인(B법인)만의 합병 후 甲의 소유주식수는 60,000주(75,000주 × 0.8)가 된다. 위 계산식을 풀어 보면 대주주가 얻은 총이익은 1주당 평가차익을 주가가 과대평가된 합병당사법인의 대주주의 합병 후 주식수를 곱한 금액이 된다. 이때 甲의 합병 후 주식수를 합병법인의 甲의 소유주식수와 합병비율에 따라 새로 취득한 피합병법인의 甲의 소유주식수를 합한 주식수(결국 합병 후 존속법인의 甲의 소유주식수 100,000주가 됨. 위에서 말한 다른 방법), 다시 말하면 과소평가된 법인(A)과 과대평가된 법인(B)의 합병 후 甲의 소유주식수를 합한 것으로 할 것인지, 아니면 과대평가된 법인의 합병 후 주식수(기획재정부 해석 60,000주)만을 할 것인지에 따라 甲의 증여재산가액도 각각 다르게 계산된다.

한편, 증여에 해당하는 금액이 서로 다르게 계산되는 또 다른 이유는 합병 후 주식수에 대한 해석 차이뿐만 아니라 과소평가된 법인과 과대평가된 법인의 甲의 소유지분율에 따라 본인(甲)으로부터의 증여에 해당하는 금액을 계산하는 계산식도 검토해 볼 필요가 있다. 이러한 방법(소유지분율에 따라 나누는 계산식을 말함)은 B법인의 甲이 얻은 이익 중 본인으로부터의 증여에 해당하는 금액(A법인의 甲으로부터 받은 이익)을 우선하고 나머지 차액이 있을 때 乙과 丙으로부터 받은 이익이 있는 것으로 본다는 것인데, 부당행위계산과 함께 생각해 보아야 할 문제로서 결론을 내리기가 간단하지 않아 보인다. 이에 대해서는 계산방법(Ⅱ)에서 두 가지 사례(동일인이 동시 지분 보유 시 계산)를 통하여 분석해 보도록 한다(다음 ≪사례 4≫, ≪사례 5≫ 참조).

다음 ≪사례 4≫, ≪사례 5≫에서 동일한 대주주가 합병당사법인의 지분을 동시에 소유하고 있는 경우 대주주 본인으로부터의 증여에 해당하는 금액의 계산방법(해석 1)은 기획재정부 해석과 다른 것으로 배분(구분) 계산에 대한 의미를 다양한 방식으로 접근해 보자는 데 그 취지가 있겠다. 한편, 이 책에서 과세당국과 다른 의견을 제시하고 있는 부분은 많은 연구와 논의가 있어야 할 것이며, 이러한 문제점들은 세법을 해석하고 적용하는 데 있어서 1차적으로는 과세당국의 해석을 따라야 할 것이다.

(2) 계산방법 [Ⅱ]

합병에서 동일한 대주주가 합병당사법인의 지분을 동시에 소유하고 있는 상태에서 합병한 경우 당해 대주주 본인이 증여자와 수증자 모두에 해당하므로 당해 대주주 본인으로부터의 증여에 해당하는 금액(분여받은 금액)이 증여재산가액에 포함되어 있어, 동일인이 합병법인과 피합병법인의 주식을 동시에 소유하고 있는 경우 합병에 따른 이익(증여재산가액) 중에는 자기가 증여자와 수증자가 되는데, 이 경우 증여재산가액의 계산을 어떻게 할 것인가 하는 문제가 발생하게 된다. 상속증여세법 제2조에서 증여의 개념을 "증여"란 그 행위 또는 거래의 명칭 · 형식 · 목적 등과 관계없이 직접 또는 간접적인 방법으로 타인에게 무상으로 유형 · 무형의 재산 또는 이익을 이전(移轉)하거나 타인의 재산가치를 증가시키는 것을 말한다고 되어 있다. 타인으로부터 무상 취득한 재산이 증여재산이 되므로, 자기로부터 무상 취득한 재산은 증여재산이 될 수 없을 것이다.

합병의 경우 甲주주가 A법인과 B법인에 각각 주식을 소유하고 있을 경우(과소평가된 법인을 A, 과대평가된 법인을 B라고 가정한다) 합병에 따른 이익의 계산 결과는 A법인의 甲(본인)으로부터 증여받은 금액이 B법인의 甲의 증여재산가액에 포함되어 있게 되는데, 이 경우가 甲이 甲에게 증여한다는 것으로 증여자와 수증자가 동일인이 된다.

증여는 타인의 증여에 의하여 재산가치가 증가를 하여야 증여세 과세대상이 되는데 자기가 자기에게 증여한 것은 자기 자신이 주고받은 것이 되므로 결과적으로 보면 본인의 재산가치의 증가나 경제적 이익을 얻었다고 할 수 없다. 합병에서 자기가 자기에게 증여한 금액에 해당하는 금액을 계산하는 방식은 기획재정부 해석(재산 46014-46, 1997.2.12.)에 따르고 있다. 본인으로부터의 증여에 해당하는 금액을 계산하는 계산식에 대해 앞의 사례에서 일부 검토가 있었지만, 합병에 따른 부당행위계산과 관련지어 생각해 보면 더 많은 의미를 찾을 수 있다. 이에 대해서는 다음의 ≪사례 4≫를 보면서 그 이유와 의미를 생각해 본다. 기획재정부 해석에 의하면 본인으로부터의 증여에 해당하는 금액은 다음 계산식에 의하도록 하고 있다.

$$\text{본인(甲)의 증여재산 가액에서 제외할 금액} = \text{甲이 얻은 총이익} \times \frac{\text{주가가 과소평가된 합병당사 법인의 甲의 소유지분율}}{\text{주가가 과대평가된 합병당사 법인의 甲의 소유지분율}}$$

관련규정 및 예규판례

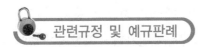

▶ **합병당사법인의 주식을 동일인이 소유하고 있는 경우**(재산 46014-46, 1997.2.12.)

동일한 대주주가 합병당사법인의 지분을 동시에 소유하고 있는 상태에서 합병한 경우 당해 대주주 본인이 증여자와 수증자 모두에 해당하므로 당해 대주주 본인으로부터의 증여에 해당하는 금액은 구 상속세법 제34조의4 제1항의 규정에 의한 증여의제가액에서 제외되는 것이며, 당해 대주주 본인으로부터의 증여에 해당하는 금액은 다음 산식에 의하여 계산함. 이 경우 B/A 〉 1인 경우에는 1로 보아 계산함.

$$구\ 상속세법\ 시행령\ 제41조의3\ 제4항의\ 규정에\ 의한\ 가액 \times \frac{B}{A}$$

A: 주가가 과대평가된 합병당사법인의 당해 대주주의 소유지분비율
B: 주가가 과소평가된 합병당사법인의 당해 대주주의 소유지분비율

사례 4 동일인이 지분 동시 소유 시 계산법 (1)

| 합병내용 |

구분	A		B		A′(합병 후)	
총주식 평가액	4,500,000,000		1,000,000,000		5,500,000,000	
발행주식총수	600,000		500,000			
1주당 평가액	7,500		2,000		5,500	
합병비율(신고)	1		0.8			
합병 후 주식수(신고)	600,000		400,000		1,000,000	
합병 전 1주당 평가액	7,500		2,500			
1주당 평가차익			3,000			
평가차액 계	▲1,200,000,000		1,200,000,000			
주주	주식수	지분율	주식수	지분율	주식수	지분율
甲	240,000	40%	250,000	50%	440,000	44%
乙	360,000	60%			360,000	36%
金			250,000	50%	200,000	20%
합계	600,000	100%	500,000	100%	1,000,000	100%

* 주주 甲이 A법인과 B법인에 각각 240,000주(40%)와 250,000주(50%)를 보유하고 있다.

□ 계산 근거

① 합병 후 1주당 평가액

$$\frac{5,500,000,000원}{1,000,000주} = 5,500원$$

② 합병 전 1주당 평가액

$$A법인: \frac{4,500,000,000원}{600,000주} = 7,500원$$

$$\text{B법인: } \frac{1,000,000,000원}{500,000주} \times 0.8 = 2,500원$$

③ 1주당 평가차손 · 익

B법인(과대평가)의 1주당 평가차익: 5,500원 - 2,500원 = 3,000원

A법인(과소평가)의 1주당 평가차손: 5,500원 - 7,500원 = ▲2,000원

④ 얻은 총이익 = 분여한 총이익

얻은 총이익(B법인 주주): 3,000원 × (500,000주 × 0.8) = 12억원

분여한 총이익(A법인 주주): 2,000원 × 600,000주 = 12억원

해석1

과대평가된 B법인의 甲이 얻은 총이익은 600,000,000원(3,000원 × 250,000주 × 0.8 또는 1,200,000,000원 × B법인의 甲의 소유지분율 50%)으로 A법인의 甲과 乙로부터 얻은 이익의 합계액이다. 甲이 얻은 총이익을 A법인의 甲과 乙로부터 얻은 이익으로 구별해 보면 甲으로부터 얻은 이익은 240,000,000원(600,000,000원 × 甲 소유지분율 40%)이 되고, 乙로부터 얻은 이익은 360,000,000원(600,000,000원 × 乙 소유지분율 60%)이 된다. 이 계산방식에 따르면 甲의 증여재산가액은 본인으로부터의 증여에 해당하는 금액 240,000,000원을 차감하게 되면 360,000,000원(600,000,000원 - 240,000,000원)이 된다.

한편, A법인의 주주들이 분여한 총이익은 1,200,000,000원으로 이 중에서 甲이 분여한 이익은 지분 40%에 해당되는 480,000,000원이 된다. 甲이 분여한 이익 480,000,000원은 B법인의 주주들에게 분여한 것이 되는데, B법인의 주주 甲과 金에게 각자의 지분 50%에 해당되는 240,000,000원을 각각 분여한 것으로 볼 수 있다. 甲이 자신으로부터 분여받은 이익은 240,000,000원이 되므로 이 계산방식에 따르면 甲의 증여재산가액은 본인으로부터의 증여에 해당하는 금액 240,000,000원을 차감하게 되면 360,000,000원(600,000,000원 - 240,000,000원)이 된다.

그러나 합병으로 인하여 甲이 실제로 얻은 이익은 120,000,000원이 된다(A법인의 甲이 분여한 총이익은 480,000,000원이고 B법인의 甲이 얻은 총이익은 600,000,000원이므로 합병으로 인하여 甲이 실제로 얻은 이익은 분여한 이익과 얻은 이익을 상계한 금액이 된다).

해석2

과대평가된 B법인의 甲이 얻은 총이익은 600,000,000원(3,000원 × 250,000주 × 0.8 또는 1,200,000,000원 × B법인의 甲의 소유지분율 50%)이다. 甲이 얻은 총이익 중 A법인의 甲으로부터 얻은 이익은 480,000,000원(600,000,000원 × A법인의 甲의 소유지분율 40% / B법인의 甲의 소유지분율 50%)이 된다. 이 계산방식에 따르면 甲의 증여재산가액은 본인으로부터의 증여에 해당하는 금액 480,000,000원을 차감하게 되면 120,000,000원(600,000,000원 - 480,000,000원)이 된다(기획재정부).

한편, A법인의 주주들이 분여한 총이익은 1,200,000,000원으로 이 중에서 甲이 분여한 이익은 지분

40%에 해당되는 480,000,000원이 된다. 甲이 분여한 이익 480,000,000원은 B법인의 甲에게만 분여한 것으로 볼 수 있다. 이 경우 甲이 얻은 총이익 중 A법인의 甲으로부터 얻은 이익 480,000,000원을 차감하게 되면 120,000,000원(600,000,000원 – 480,000,000원)이 된다. 甲이 합병으로 인하여 실제로 얻은 이익은 120,000,000원이었다(해석 1 하단).

해 석 3

과대평가된 B법인의 甲이 얻은 총이익은 1,320,000,000원[3,000원 × 440,000주(240,000주 + 250,000주 × 0.8)]으로 계산된다. B법인의 甲이 얻은 총이익 1,320,000,000원은 A법인의 甲과 乙로부터 얻은 이익의 합계액이다. 甲이 얻은 총이익을 A법인의 甲과 乙로부터 얻은 이익으로 구별해 보면 甲으로부터 얻은 이익은 1,056,000,000원(1,320,000,000원 × A법인의 甲 소유지분율 40% / B법인의 갑 소유지분율 50%)이 된다. 이 계산방식에 따르면 甲의 증여재산가액은 본인으로부터의 증여에 해당하는 금액 1,056,000,000원을 차감하게 되면 264,000,000원(1,320,000,000원 – 1,056,000,000원)이 된다.

한편, A법인의 주주들이 분여한 총이익은 1,200,000,000원으로 이 중에서 甲이 분여한 이익은 지분 40%에 해당되는 480,000,000원이 된다. 그러나 A법인의 甲으로부터 얻은 이익은 위에서 보면 1,056,000,000원으로 계산되었다. 분여한 이익과 얻은 이익이 일치하지 않는다. 정리하면 다음과 같다.

구분	얻은 총이익 100%	12억원	증여자		분여한 총이익 100%	12억원
해석 1	甲이 얻은 총이익 50%	6억원	甲으로부터 50%	2.4억원	甲이 분여한 총이익 12억원 × 40% = 4.8억원	
			乙로부터 50%	3.6억원		
	金이 얻은 총이익 50%	6억원	甲으로부터 50%	2.4억원	乙이 분여한 총이익 12억원 × 60% = 7.2억원	
			乙로부터 50%	3.6억원		
해석 2	甲이 얻은 총이익 50%	6억원	甲으로부터 $\frac{40\%}{50\%}$	4.8억원	甲이 분여한 총이익 12억원 × 40% = 4.8억원	
			乙로부터 20%	1.2억원		
	金이 얻은 총이익 50%	6억원	甲으로부터 20%	1.2억원	乙이 분여한 총이익 12억원 × 60% = 7.2억원	
			乙로부터 80%	4.8억원		
해석 3	甲이 얻은 총이익 50%	13.2억원	甲으로부터 $\frac{40\%}{50\%}$	10.56억원	甲이 분여한 총이익 12억원 × 40% = 4.8억원	
			乙로부터 20%	2.64억원		
	金이 얻은 총이익 50%	6억원	甲으로부터 20%	1.44억원	乙이 분여한 총이익 12억원 × 60% = 7.2억원	
			乙로부터 80%	4.56억원		

위 계산표에서 甲이 얻은 총이익 6억원(해석 1 · 해석 2)과 13.2억원(해석 3)은 각 계산식에 의해 본인(甲)으로부터 증여받은 금액을 차감하기 전의 얻은 총이익이다. 위의 계산을 근거로 각 해석에 따른 甲의 증여재산가액을 정리해 보면 다음과 같다.

甲이 얻은 총이익 - 본인(甲)으로부터 받은 이익 = 甲의 증여재산가액
해석 1: 600,000,000원 - 240,000,000원 = 360,000,000원
해석 2: 600,000,000원 - 480,000,000원 = 120,000,000원
해석 3: 1,320,000,000원 - 1,056,000,000원 = 264,000,000원

사례 5 동일인이 지분 동시 소유 시 계산법 (2)

| 합병내용 |

구분	A		B		A′(합병 후)	
총주식 평가액	4,500,000,000		1,000,000,000		5,500,000,000	
발행주식총수	600,000		500,000			
1주당 평가액	7,500		2,000		5,500	
합병비율(신고)	1		0.8			
합병 후 주식수(신고)	600,000		400,000		1,000,000	
합병 전 1주당 평가액	7,500		2,500			
1주당 평가차익			3,000			
평가차액 계	▲1,200,000,000		1,200,000,000			
주주	주식수	지분율	주식수	지분율	주식수	지분율
甲	300,000	50%	250,000	50%	500,000	50%
乙	300,000	50%			300,000	30%
金			250,000	50%	200,000	20%
합계	600,000	100%	500,000	100%	1,000,000	100%

* 주주 甲이 A법인과 B법인에 각각 300,000주(50%)와 250,000주(50%)를 보유하고 있다. 계산 근거는 앞 ≪사례 4≫와 같다.

해석 1

과대평가된 B법인의 甲이 얻은 총이익은 600,000,000원(3,000원 × 250,000주 × 0.8 또는 1,200,000,000원 × B법인의 甲 소유지분율 50%)이다.

B법인의 甲이 얻은 총이익 600,000,000원은 A법인의 甲과 乙로부터 얻은 이익의 합계액이다. 甲이 얻은 총이익을 A법인의 甲과 乙로부터 얻은 이익으로 구별하게 되면 甲으로부터 얻은 이익이 300,000,000원(600,000,000원 × 甲 소유지분율 50%)이 되고, 乙로부터 얻은 이익이 300,000,000원(600,000,000원 × 乙 소유지분율 50%)이 된다. 이 계산방식에 따르면 甲의 증여재산가액은 본인으로부터의 증여에 해당하는 금액 300,000,000원을 차감하게 되면 300,000,000원(600,000,000원 - 300,000,000원)이 된다. 한편, 甲이 '분여한 이익'과 '얻은 이익'을 각각 계산해 보면 A법인의 甲이 분여한

총이익은 6억원, B법인의 甲이 얻은 총이익은 6억원으로 주주 甲이 합병으로 인하여 실제로는 얻은 이익은 없게 된다(분여한 총이익과 얻은 총이익이 같으므로). 그런데 위의 계산방식으로는 甲의 증여재산가액이 3억원이 있게 된다.

해석 2

과대평가된 B법인의 甲이 얻은 총이익은 600,000,000원(3,000원 × 250,000주 × 0.8 또는 1,200,000,000원 × B법인의 甲 소유지분율 50%)이다. B법인의 甲이 얻은 총이익 600,000,000원은 A법인의 甲과 乙로부터 얻은 이익의 합계액이다. 甲이 얻은 총이익을 A법인의 甲과 乙로부터 얻은 이익으로 구별하면 甲으로부터 얻은 이익은 600,000,000원(600,000,000원 × A법인의 甲소유지분율 50% / B법인의 甲 소유지분율 50%)이 되고, 乙로부터 얻은 이익은 0원(甲이 얻은 총이익 600,000,000원 - A법인의 甲으로부터 얻은 이익 600,000,000원)이 된다(B법인의 甲이 얻은 총이익 모두를 A법인의 甲으로부터 얻은 이익으로 보기 때문에 乙로부터 얻은 이익은 없게 된다). 이 경우 甲의 증여재산가액은 본인으로부터의 증여에 해당하는 금액 600,000,000원을 차감하게 되면 0원(600,000,000원 - 600,000,000원)이 되어 甲의 증여재산가액은 없게 된다. 이와 같은 계산방식은 주주 甲이 합병으로 인하여 실제로 얻은 이익이 있는지에 대해 분석해 보면 '해석 1' 하단에서의 설명과 같이 주주 甲은 실질적으로는 얻은 이익이 없으므로 이 계산방식의 결과와 일치하게 된다.

이 계산방식에 의하면 A법인의 乙이 분여한 총이익 600,000,000원 전부를 B법인의 金에게만 분여한 것이 되므로 부당행위계산부인 금액은 없게 된다(A법인의 乙이 B법인의 甲에게 분여한 이익은 없다).

해석 3

과대평가된 B법인의 甲이 얻은 총이익은 1,500,000,000원[3,000원 × 500,000주(300,000주 + 250,000주 × 0.8)]이다. B법인의 甲이 얻은 총이익 1,500,000,000원은 A법인의 甲과 乙로부터 얻은 이익의 합계액이다. 甲이 얻은 총이익을 A법인의 甲과 乙로부터 얻은 이익으로 구별하면 甲으로부터 얻은 이익은 1,500,000,000원(1,500,000,000원 × A법인의 甲 소유지분율 50% / B법인의 甲 소유지분율 50%)이 되고, 乙로부터는 0원(1,500,000,000원 - 1,500,000,000원)이 된다(B법인의 甲이 얻은 총이익 모두를 A법인의 甲으로부터 얻은 이익으로 보기 때문에 乙로부터 얻은 이익은 없게 된다).

이 경우 甲의 증여재산가액은 본인으로부터의 증여에 해당하는 금액 1,500,000,000원을 차감하게 되면 0원(1,500,000,000원 - 1,500,000,000원)이 되어 甲의 증여재산가액은 없게 된다. 이와 같은 계산방식에 따르면 '해석 2'와 같이 A법인의 乙이 분여한 총이익 전부를 金에게만 분여한 것이 되고 A법인의 乙이 분여한 총이익은 600,000,000원인데 B법인의 金이 얻은 총이익은 1,500,000,000원으로 계산되고 있다. 정리하면 다음과 같다.

구분	얻은 총이익 100%	12억원	증여자		분여한 총이익 100%	12억원
해석 1	甲이 얻은 총이익 50%	6억원	甲으로부터 50%	3억원	甲이 분여한 총이익 12억원 × 50% = 6억원	
			乙로부터 50%	3억원		
	金이 얻은 총이익 50%	6억원	甲으로부터 50%	3억원	乙이 분여한 총이익 12억원 × 50% = 6억원	
			乙로부터 50%	3억원		
해석 2	甲이 얻은 총이익 50%	6억원	甲으로부터 100%	6억원	甲이 분여한 총이익 12억원 × 50% = 6억원	
			乙로부터 0%	0		
	金이 얻은 총이익 50%	6억원	甲으로부터 0%	0	乙이 분여한 총이익 12억원 × 50% = 6억원	
			乙로부터 100%	6억원		
해석 3	甲이 얻은 총이익 50%	15억원	甲으로부터 100%	15억원	甲이 분여한 총이익 12억원 × 50% = 6억원	
			乙로부터 0%	0		
	金이 얻은 총이익 50%	6억원	甲으로부터 0%	0	乙이 분여한 총이익 12억원 × 50% = 6억원	
			乙로부터 100%	6억원		

위 계산표에서 甲이 얻은 총이익 6억원(해석 1・해석 2)과 15억원(해석 3)은 각 계산방식에 의해 본인(甲)으로부터 증여받은 금액을 차감하기 전의 얻은 총이익이다. 위의 계산을 근거로 각 해석에 따른 甲의 증여재산가액을 정리하면 다음과 같다.

甲이 얻은 총이익 − 본인(甲)으로부터 받은 이익 = 甲의 증여재산가액

해석 1: 600,000,000원 − 240,000,000원 = 360,000,000원

해석 2: 600,000,000원 − 480,000,000원 = 120,000,000원

해석 3: 1,320,000,000원 − 1,056,000,000원 = 264,000,000원

위 두 사례에서 ≪사례 5≫를 분석해 보면(≪사례 4≫도 같은 결론에 이르게 된다), 이익을 얻은 B법인의 각 주주 입장에서 보면 B법인의 주주(甲과 金)가 얻은 총이익은 1,200,000,000원(3,000원 × 500,000주 × 0.8)으로 甲이 얻은 이익 600,000,000원(12억원 × 50%), 金이 얻은 이익 600,000,000원(12억원 × 50%)으로 나누어진다. 이익을 분여한 A법인의 각 주주 입장에서 보면 A법인의 주주(甲과 乙)가 분여한 총이익은 1,200,000,000원으로 甲이 6억원(소유지분율 50%), 乙이 6억원(소유지분율 50%)을 각각 분여한 것이 된다. 그렇다면 B법인의 주주 甲이 얻은 이익 6억원은 A법인의 주주 甲과 乙이 분여한 이익으로 이를 각각 소유지분율 50%로 나누면 甲과 乙이 각각 3억원을 분여한 것이 되며, B법인의 주주 甲은 A법인의 주주 甲과 乙로부터 각각 3억원을 분여받은 것이 된다. 그러나 위 '해석 2'와 '해석 3'은 甲이 乙로부터 받은 금액, 다시 말하면 乙이 분여한 이익이 0원이 되는데 乙이 甲에게 분여한 이익은 위 계산에서 보듯 분명 300,000,000원으로 '해석 2'와 '해석 3'에서는 그 차이에 대한 규명을 할 수 없다.

이러한 해석은 위 사례(≪사례 5≫)에서 주주 乙이 개인주주가 아닌 법인주주로 보고 증여재산가액과

부당행위계산을 연관시켜 보면 그 차이에 대한 규명이 더욱 분명해진다. 먼저 주주 甲과 乙(주)이 특수관계에 있다고 보면 과소평가된 A법인의 주주 乙㈜과 B법인의 주주 甲은 부당행위계산 대상이 된다. A법인의 주주 甲과 乙㈜이 분여한 이익은 위 계산에서와 같이 각각 6억원이 된다. 그러나 '해석 2'에서 B법인의 주주 甲이 얻은 이익이 6억원으로 본인으로부터 증여에 해당하는 금액 6억원을 차감하면 甲이 얻은 이익은 없게 된다(0원). 그렇다면 A법인의 주주 乙㈜은 B법인의 주주 甲에게 분여한 이익이 없다는 것이 된다. 따라서 주주 乙㈜이 甲에게 분여한 이익이 없으므로 부당행위계산을 할 수 없다는 결론에 이르게 된다. A법인의 주주 乙㈜이 분여한 이익 6억원 모두를 B법인의 주주 金에게만 분여했다는 것이 된다('해석 3'의 예도 같은 결론에 이르게 된다). 결국 기획재정부 해석은 합병법인과 피합병법인에 동일인이 동시 지분 소유 시 각 주주가 얻은 총이익은 자기로부터 분여받은 이익을 우선 차감하고 잔액이 있을 경우에 다른 주주로부터 분여받은 것으로 본다는 것이 된다. 이를 정리하면 다음과 같다.

구분	얻은 총이익 100%	12억원	증여자별		분여한 총이익 100%	12억원
해석 2	甲㈜이 얻은 총이익 50%	6억원	甲㈜으로부터 100%	6억원	甲㈜이 분여한 총이익 12억원 × 50% = 6억원	
			乙㈜로부터 0%	0		
	金이 얻은 총이익 50%	6억원	甲㈜으로부터 0%	0	乙㈜이 분여한 총이익 12억원 × 50% = 6억원	
			乙㈜로부터 100%	6억원		

3 | 3개 이상 법인의 합병

2개 법인의 합병에서 증여자별·수증자별 증여재산가액을 계산함에 있어서는 과대평가된 법인의 주주들이 얻은 이익은 상대방 과소평가된 법인이 하나밖에 없으므로 주주들이 각각 얻은 이익은 상대방 과소평가된 법인의 주주들이 소유한 지분율만큼 얻은 것이 되므로 이미 앞에서 제시한 여러 종류의 사례에서 보듯이 증여재산가액을 간단히 계산할 수 있다. 그러나 3개 이상 법인의 합병에서는 이러한 계산방식으로는 증여자별·수증자별 증여재산가액을 계산하기가 곤란한 경우가 있다. 3개 이상 법인의 합병에서 증여자별·수증자별 증여재산가액을 계산할 때에는 분여이익인 평가차손 개념을 활용하여 계산하면 편리하다. 제3절에서 얻은 이익과 분여한 이익에 대해 설명할 때, 얻은 이익(1주당 평가차익)의 합계와 분여한 이익(1주당 평가차손)의 합계는 항상 일치한다고 했다. 이 원리에 의해 증여자별·수증자별 증여재산가액을 계산하게 되면 증여재산가액인 얻은 이익은 상대방 합병당사법인의 주주들이 분여한 이익의 합계와 같으므로 각 주주들이 분여한 이익을 계산하여 합한 금액이 곧 증여재산가액이 된다. 3개 이상(A, B, C, D) 법인의 합병에서 증여자별·수증자별 계산방법은 다음과 같이 2가지 모델(모델Ⅰ, 모델Ⅱ)을 제시할 수 있을 것이다.

[모델 Ⅰ] **과대평가된 법인이 하나인 경우(B법인이 과대평가된 경우)**

3개 이상 법인의 합병에서는 과대평가된 법인이 B법인 하나일 때는 B법인의 주주들이 얻은 이익은 과소평가된 A, C, D법인의 주주들로부터 얻은 이익이 되는데 A, C, D법인의 주주들로부터 얻은 이익은 곧 A, C, D법인의 주주들이 분여한 이익과 같은 것이다. A, C, D법인의 주주들이 분여한 이익을 B법인의 주주들이 소유한 지분율에 따라 각각 배분하게 되면 그 금액이 A, C, D법인의 주주들이 B법인의 주주들에게 증여한 금액이 되므로 증여자별·수증자별 증여재산가액을 계산할 수 있다.

증여자별·수증자별 증여재산가액을 계산할 수 있는 계산법은 각 주주가 분여한 총이익에다 이익을 얻은 주주의 소유지분율을 곱하여 각 주주가 분여한 이익을 계산하고, 각 주주가 분여한 이익을 합하면 이익을 얻은 주주의 총이익이 된다([모델 Ⅰ]).

다른 계산법으로는 다음의 ≪사례 6≫에서 주주 金이 얻은 총이익 225,000,000원은 A법인의 갑, 을, 병과 C법인의 월, 화, 수가 주주 金에게 분여한 이익의 합계액이 된다. 다시 말하면 갑, 을, 병, 월, 화, 수로부터 주주 金이 분여받은 이익은 분여한 총이익 중에서 각 주주가 분여한 총이익이 차지하는 비율만큼 상대방 각 주주로부터 얻은 이익이 되므로 주주 金이 상대방 각 주주로부터 얻은 이익의 계산은 주주 金이 얻은 총이익에다 상대방 각 주주가 분여한 총이익이 분여한 총이익의 합계금액에서 차지하는 비율을 곱하여 계산하는 방식 등이 되겠다([모델 Ⅱ]).

예를 들면, 주주 갑·을·병·월·화·수가 분여한 이익의 합계액인 분여한 총이익 750,000,000원 중 주주 金이 갑·을·병·월·화·수로부터 얻은 총이익 225,000,000원이 차지하는 비율(30% = 225,000,000원 ÷ 750,000,000원)을 갑·을·병·월·화·수의 각각 개인이 분여한 총이익(갑 25,000,000원, 을 37,500,000원, 병 62,500,000원, 월 250,000,000원, 화 218,750,000원, 수 156,250,000원)에다 곱하면 주주 金이 갑·을·병·월·화·수로부터 얻은 이익이 각각 계산된다(방법 1). 이와 같은 계산법은 주주 金이 얻은 총이익 225,000,000원에다 갑, 을, 병, 월, 화, 수가 분여한 이익의 합계액인 분여한 총이익(평가차손 계) 750,000,000원 중 갑, 을, 병, 월, 화, 수의 각각 개인이 분여한 총이익이 차지하는 비율을 곱하면 갑, 을, 병, 월, 화, 수로부터 얻은 이익이 각각 계산되고 이 금액의 합계가 주주 金이 얻은 총이익이 되는 것과 같다(방법 2). 이를 계산식으로 나타내면 다음과 같다.

① 주주 甲이 주주 金에게 분여한 이익 ➡ 주주 金이 주주 甲으로부터 얻은 이익과 같다.

$$7{,}500{,}000\text{원} = \text{주주 甲이 분여한 총이익 } 25{,}000{,}000\text{원} \times \frac{\text{金이 얻은 총이익 } 225{,}000{,}000\text{원}}{\text{갑, 을, 병, 월, 화, 수가 분여한 분여한 총이익 합계 } 750{,}000{,}000\text{원}} \Rightarrow$$

$$7{,}500{,}000\text{원} = \text{주주 金이 얻은 총이익 } 225{,}000{,}000\text{원} \times \frac{\text{甲이 분여한 총이익 } 25{,}000{,}000\text{원}}{\text{갑, 을, 병, 월, 화, 수가 분여한 분여한 총이익 합계 } 750{,}000{,}000\text{원}}$$

② 주주 乙이 주주 金에게 분여한 이익 ➡ 주주 金이 주주 乙로부터 얻은 이익과 같다.

$$11{,}250{,}000\text{원} = \text{주주 乙이 분여한 총이익 } 37{,}500{,}000\text{원} \times \frac{\text{金이 얻은 총이익 } 225{,}000{,}000\text{원}}{\text{갑, 을, 병, 월, 화, 수가 분여한 분여한 총이익 합계 } 750{,}000{,}000\text{원}} \Rightarrow$$

$$11{,}250{,}000\text{원} = \text{주주 金이 얻은 총이익 } 225{,}000{,}000\text{원} \times \frac{\text{乙이 분여한 총이익 } 37{,}500{,}000\text{원}}{\text{갑, 을, 병, 월, 화, 수가 분여한 분여한 총이익 합계 } 750{,}000{,}000\text{원}}$$

위의 계산법을 주주별로 정리하면 다음과 같다.

분여한 총이익	각 주주가 분여한 총이익		$\frac{\text{金이 얻은 총이익}}{\text{분여한 총이익}}$ = 각 주주로부터 金이 얻은 이익
750,000,000 (A법인의 주주 + C법인의 주주)	갑이 분여한 총이익	×	$\frac{225{,}000{,}000}{750{,}000{,}000}$ (30%) = 7,500,000
	을이 분여한 총이익		$\frac{225{,}000{,}000}{750{,}000{,}000}$ (30%) = 11,250,000
	병이 분여한 총이익		$\frac{225{,}000{,}000}{750{,}000{,}000}$ (30%) = 18,750,000
	월이 분여한 총이익		$\frac{225{,}000{,}000}{750{,}000{,}000}$ (30%) = 75,000,000
	화가 분여한 총이익		$\frac{225{,}000{,}000}{750{,}000{,}000}$ (30%) = 65,625,000
	수가 분여한 총이익		$\frac{225{,}000{,}000}{750{,}000{,}000}$ (30%) = 46,875,000

위의 계산법은 주주 갑, 을, 병, 월, 화, 수가 분여한 이익 중 金에게 분여한 이익은

갑, 을, 병, 월, 화, 수가 분여한 총이익 750,000,000원 중 金이 얻은 총이익 225,000,000원이 차지하는 비율(30%)만큼 각각 金에게 분여한 이익으로 본다(방법 1).

분여한 총이익	金이 얻은 총이익	각 주주가 분여한 총이익 / 분여한 총이익 = 각 주주로부터 金이 얻은 이익
750,000,000 (A법인의 주주 + C법인의 주주)	225,000,000 ×	갑이 분여한 총이익 / 750,000,000 = 7,500,000
		을이 분여한 총이익 / 750,000,000 = 11,250,000
		병이 분여한 총이익 / 750,000,000 = 18,750,000
		월이 분여한 총이익 / 750,000,000 = 75,000,000
		화가 분여한 총이익 / 750,000,000 = 65,625,000
		수가 분여한 총이익 / 750,000,000 = 46,875,000

위의 계산법은 金이 얻은 총이익 225,000,000원은 상대방 법인의 주주 갑, 을, 병, 월, 화, 수가 분여한 총이익 750,000,000원 중 갑, 을, 병, 월, 화, 수가 각각 분여한 총이익이 차지하는 비율만큼 갑, 을, 병, 월, 화, 수로부터 각각 분여받은 것으로 본다(방법 2). 위와 같은 계산법으로 하면 주주 갑, 을, 병, 월, 화, 수가 金에게 분여한 이익의 합계액(7,500,000원 + 11,250,000원 + 18,750,000원 + 75,000,000원 + 65,625,000원 + 46,875,000원)은 주주 金이 얻은 총이익 225,000,000원과 일치한다.

위의 계산법에서 [모델 Ⅱ]는 [모델 Ⅰ]에도 적용됨은 물론이다. 이러한 계산법은 증여자별·수증자별 증여재산가액을 계산하는 데 사용할 뿐만 아니라 법인세법상 부당행위계산에서 이익을 분여한 자와 부당행위계산부인 금액을 계산하는 데도 편리하다. 3개 이상 법인의 합병에서 증여재산가액을 증여자별·수증자별로 계산법을 요약하면 다음과 같다.[9] 특수관계에 있는 A, B, C, D법인이 합병하여 A' 법인이 된 경우 증여재산가액은 다음 순서에 따른다.

9) 한국세무사회, 「상속세·증여세신고서 작성실무」, 2002, pp.205~206

① 각 주주(㉮, ㉯, ㉰, ㉱……)의 합병 전 주식평가액

예 주주 ㉮의 합병 전 주식평가액의 합계

A법인 합병 전 1주당 평가액 × ㉮의 합병 전 소유주식수 = 0

B법인 합병 전 1주당 평가액 × ㉮의 합병 전 소유주식수 = 0

C법인 합병 전 1주당 평가액 × ㉮의 합병 전 소유주식수 = 0

D법인 합병 전 1주당 평가액 × ㉮의 합병 전 소유주식수 = 0

합　　계　(ⓐ)

② 각 주주(㉮, ㉯, ㉰, ㉱……)의 합병 후 주식평가액

예 주주 ㉮의 합병 후 주식평가액의 합계

A′ 법인: 합병 후 1주당 평가액 × ㉮의 합병 후 소유주식수 = (ⓑ)

③ 주주(㉮, ㉯, ㉰, ㉱……) 각자의 차익 합계 또는 차손 합계

예 주주 ㉮: ⓑ － ⓐ ＝ ＋C(과대평가, 수증자)

주주 ㉯: ⓑ′ － ⓐ′ ＝ ＋C′(과대평가, 수증자)

주주 ㉰: ⓑ″ － ⓐ″ ＝ ▲C″(과소평가, 증여자)

주주 ㉱: ⓑ‴ － ⓐ‴ ＝ ▲C‴(과소평가, 증여자)

* 각 주주의 차익과 차손의 합계액은 항상 같음.
| C + C′ + …… | = | ▲C″ + ▲C‴ + …… | ⇒ T(차익 계 = 차손 계)

④ 차익(얻은 이익)이 3억원 이상인 대주주의 증여재산가액 계산

예 ㉮의 증여재산가액

$$C \times \frac{C''}{T} = \text{주주 ㉰로부터 수증한 증여재산가액}$$

$$C \times \frac{C'''}{T} = \text{주주 ㉱로부터 수증한 증여재산가액}$$

* 위 산식에서 주주 ㉰로부터 수증한 증여재산가액 계산

$$\text{㉮의 차익 계} \times \frac{\text{주주 ㉰ 차손 계}}{\text{주주 ㉮ ㉯ 차익 계}} = \text{주주 ㉰ ㉱ 차손 계}$$

⑤ 차익이 3억원 미만인 대주주의 증여재산가액 계산

합병당사법인(A, B, C, D)의 대주주가 얻은 이익이 30% 비율에 해당하는지 여부를 검토하여 30% 비율에 해당되는 법인으로부터 얻은 이익의 합계액과 전체 거래에서 발생한 대주주의 이익 중 적은 금액을 증여재산가액으로 본다.

〈증여자별 수증금액 계산〉

$$증여금액 \times \frac{C''}{T} = 주주\ ㉰로부터\ 수증한\ 증여재산가액$$

$$증여금액 \times \frac{C'''}{T} = 주주\ ㉱로부터\ 수증한\ 증여재산가액$$

(1) 과대평가된 법인이 하나인 경우 [모델 Ⅰ]

사례 6 ••• 3개 이상 법인의 합병 (1)

| 합병내용 |

구분	A(과소)	B(과대)	C(과소)	A′(합병 후)
총주식 평가액	2,000,000,000	1,500,000,000	1,000,000,000	4,500,000,000
발행주식총수	250,000	500,000	250,000	
1주당 평가액	8,000	3,000	4,000	7,500
합병비율(신고)	1	0.6	0.2	
합병 후 주식수 (신고)	250,000	300,000	50,000	600,000
합병 전 1주당 평가액	8,000	5,000	20,000	
1주당 평가 차손익	▲500	2,500	▲12,500	
평가차익 계 (과대) B		750,000,000		750,000,000
평가차손 계 (과소) A, C	▲125,000,000		▲625,000,000	▲750,000,000

구분	주주	주식수	주주	주식수	주주	주식수
주식수	갑	50,000	김	150,000	월	100,000
	을	75,000	이	250,000	화	87,500
	병	125,000	박	100,000	수	62,500
	합계	250,000	합계	500,000	합계	250,000

구분	A(과소)		B(과대)		C(과소)		A′(합병 후)
지분율	주주	지분율	주주	지분율	주주	지분율	
	갑	20%	김	30%	월	40%	
	을	30%	이	50%	화	35%	
	병	50%	박	20%	수	25%	
	합계	100%	합계	100%	합계	100%	

B법인의 주주들이 얻은 총이익은 A법인과 C법인의 주주들로부터 얻은 이익의 합계액이다. 이 금액은 A법인과 C법인의 주주들이 B법인의 주주들에게 분여한 이익의 합계액과 같다. 합병에 따른 이익과 증여자별 · 수증자별로 증여재산가액을 계산해 보자.

□ **계산 근거**

① 합병 후 1주당 평가액

$$7{,}500\text{원} = \frac{(2{,}000{,}000{,}000\text{원} + 1{,}500{,}000{,}000\text{원} + 1{,}000{,}000{,}000\text{원})}{250{,}000\text{주} + (500{,}000\text{주} \times 0.6) + (250{,}000\text{주} \times 0.2)}$$

② 합병 전 1주당 평가액

$$\text{A법인: } 8{,}000\text{원} = \frac{2{,}000{,}000{,}000\text{원}}{250{,}000\text{주}}$$

$$\text{B법인: } 5{,}000\text{원} = \frac{1{,}500{,}000{,}000\text{원}}{500{,}000\text{주} \times 0.6}$$

$$\text{C법인: } 20{,}000\text{원} = \frac{1{,}000{,}000{,}000\text{원}}{250{,}000\text{주} \times 0.2}$$

③ 1주당 평가차손 · 익(합병 후 1주당 평가액 − 합병 전 1주당 평가액)

A법인: 7,500원 − 8,000원 = ▲500원(차손)

B법인: 7,500원 − 5,000원 = 2,500원(차익)

C법인: 7,500원 − 20,000원 = ▲12,500원(차손)

④ 과대평가된 B법인의 주주들이 얻은 이익

㉮ 1주당 평가차익: 7,500원 − 5,000원 = 2,500원

㉯ B법인의 주주들이 얻은 총이익

2,500원 × 300,000주(500,000주 × 0.6) = 750,000,000원

㉰ B법인의 주주들이 각각 얻은 총이익

김:	2,500원 × 90,000주(150,000주 × 0.6) =	225,000,000원
이:	2,500원 × 150,000주(250,000주 × 0.6) =	75,000,000원
박:	2,500원 × 60,000주(100,000주 × 0.6) =	150,000,000원
계		750,000,000원

또는

김:	750,000,000원 × 30% =	225,000,000원
이:	750,000,000원 × 50% =	375,000,000원
박:	750,000,000원 × 20% =	150,000,000원
계		750,000,000원

⑤ 과대평가된 B법인의 주주들이 얻은 총이익 750,000,000원은 다음과 같이 구성되어 있다.

㉮ 과소평가된 A법인의 주주들로부터 얻은 총이익(A법인의 주주들이 분여한 총이익)

500원 × 250,000주 = 125,000,000원

㉯ 과소평가된 C법인의 주주들로부터 얻은 총이익(C법인의 주주들이 분여한 총이익)

12,500원 × (250,000주 × 0.2) = 625,000,000원

⑥ 증여자별 · 수증자별 증여재산가액

3개 이상 법인의 합병에서 증여자별 · 수증자별 증여재산가액은 분여한 이익인 평가차손 개념을 활용하면 주주 金이 얻은 이익은 상대방 주주들(갑, 을, 병, 월, 화, 수)이 분여한 이익의 합계금액과 같다. 이익을 분여한 주체(주주)별로 배분하면 다음과 같다.

[모델 Ⅰ] 金**이 얻은 총이익(상대방 주주들이 분여한 이익의 합계)**

甲이 金에게	500원 × 50,000주 × 30% =	7,500,000원
乙이 金에게	500원 × 75,000주 × 30% =	11,250,000원
丙이 金에게	500원 × 125,000주 × 30% =	18,750,000원
소계		37,500,000원

월이 金에게	12,500원 × (100,000주 × 0.2) × 30%	=	75,000,000원
화가 金에게	12,500원 × (87,500주 × 0.2) × 30%	=	65,625,000원
수가 金에게	12,500원 × (62,500주 × 0.2) × 30%	=	46,875,000원
소계			187,500,000원
합계			225,000,000원

또는

甲이 金에게	125,000,000원 × 20% × 30%	=	7,500,000원
乙이 金에게	125,000,000원 × 30% × 30%	=	11,250,000원
丙이 金에게	125,000,000원 × 50% × 30%	=	18,750,000원
소계			37,500,000원
월이 金에게	625,000,000원 × 40% × 30%	=	75,000,000원
화가 金에게	625,000,000원 × 35% × 30%	=	65,625,000원
수가 金에게	625,000,000원 × 25% × 30%	=	46,875,000원
소계			187,500,000원
합계			225,000,000원

한편, A법인의 주주들(갑, 을, 병)과 C법인의 주주들(월, 화, 수)이 주주 金에게 분여한 총이익은 주주 金이 얻은 총이익 225,000,000원과 같다. 주주 金이 A, C법인의 각 주주들로부터 얻은 이익의 계산은 과소평가된 A법인의 주주들과 C법인의 주주들이 분여한 총이익 750,000,000원(계산 "⑤"에 의하면 A법인의 주주들이 분여한 총이익 125,000,000원 + C법인의 주주들이 분여한 총이익 625,000,000원)에서 갑, 을, 병, 월, 화, 수가 각각 분여한 총이익이 차지하는 비율을 B법인의 각 주주들이 얻은 총이익에다 곱하여 계산할 수도 있다([모델 Ⅱ] 방법 2). 이렇게 하여 계산된 금액은 결과적으로 보면 A, C법인의 각 주주들이 주주 金에게 분여한 이익과 같게 된다. 주주 金이 얻은 이익을 그 이익을 분여한 주체(주주)별로 배분해 보면 다음과 같게 된다.

[모델 Ⅱ] 金이 얻은 총이익(상대방 주주들로부터 분여받은 이익의 합계)

甲으로부터 $225{,}000{,}000\text{원} \times \dfrac{25{,}000{,}000\text{원}}{750{,}000{,}000\text{원}} = 7{,}500{,}000\text{원}$

乙로부터 $225{,}000{,}000\text{원} \times \dfrac{37{,}500{,}000\text{원}}{750{,}000{,}000\text{원}} = 11{,}250{,}000\text{원}$

丙으로부터	225,000,000원 × $\frac{62,500,000원}{750,000,000원}$	=	18,750,000원
소계			37,500,000원
월로부터	225,000,000원 × $\frac{250,000,000원}{750,000,000원}$	=	75,000,000원
화로부터	225,000,000원 × $\frac{218,750,000원}{750,000,000원}$	=	65,625,000원
수로부터	225,000,000원 × $\frac{156,250,000원}{750,000,000원}$	=	46,875,000원
소계			187,500,000원
합계			225,000,000원

[모델 Ⅰ]과 [모델 Ⅱ]는 계산방법 차이에 불과하므로 그 결과가 같아야 한다. 다만, ≪사례 6≫은 [모델 Ⅰ]의 계산법으로 증여자별·수증자별 증여재산가액 계산이 가능하나, 다음의 ≪사례 7≫은 [모델 Ⅰ]의 계산법으로는 증여자별·수증자별 증여재산가액을 계산하는 것은 불가능하다. ≪사례 6≫을 [모델 Ⅰ]과 [모델 Ⅱ]를 사용하여 증여자별·수증자별 증여재산가액을 계산하면 다음과 같다.

| 증여자별 · 수증자별 증여재산가액 [모델 Ⅰ] |

A법인	1주당 분여이익 500 ×	갑 50,000주	× 金의 지분율 30%	金에게	7,500,000	金이 얻은 총이익 225,000,000
		을 75,000주			11,250,000	
		병 125,000주			18,750,000	
		계 250,000주		소계	37,500,000	
C법인	1주당 분여이익 12,500 ×	월 20,000주	× 金의 지분율 30%	金에게	75,000,000	
		화 17,500주			65,625,000	
		수 12,500주			46,875,000	
		계 50,000주		소계	187,500,000	
개인별 주식수는 합병 후 주식수임				합계	225,000,000	

A법인	1주당 분여이익 500 ×	갑 50,000주	× 李의 지분율 50%	李에게	12,500,000	李가 얻은 총이익 375,000,000
		을 75,000주			18,750,000	
		병 125,000주			31,250,000	
		계 250,000주		소계	62,500,000	
C법인	1주당 분여이익 12,500 ×	월 20,000주	× 李의 지분율 50%	李에게	125,000,000	
		화 17,500주			109,375,000	
		수 12,500주			78,125,000	
		계 50,000주		소계	312,500,000	
개인별 주식수는 합병 후 주식수임				합계	375,000,000	

A법인	1주당 분여이익 500 ×	갑 50,000주	× 朴의 지분율 20%	朴에게	5,000,000	朴이 얻은 총이익 150,000,000
		을 75,000주			7,500,000	
		병 125,000주			12,500,000	
		계 250,000주		소계	25,000,000	
C법인	1주당 분여이익 12,500 ×	월 20,000주	× 朴의 지분율 20%	朴에게	50,000,000	
		화 17,500주			43,750,000	
		수 12,500주			31,250,000	
		계 50,000주		소계	125,000,000	
개인별 주식수는 합병 후 주식수임				합계	150,000,000	

| 증여자별 · 수증자별 증여재산가액 [모델 Ⅱ] |

金이 얻은 총이익 225,000,000	갑으로부터	7,500,000: 金이 얻은 총이익 225,000,000 × 25,000,000/750,000,000
	을로부터	11,250,000: 金이 얻은 총이익 225,000,000 × 37,500,000/750,000,000
	병으로부터	18,750,000: 金이 얻은 총이익 225,000,000 × 62,500,000/750,000,000
	소계	37,500,000
	월로부터	75,000,000: 金이 얻은 총이익 225,000,000 × 250,000,000/750,000,000
	화로부터	65,625,000: 金이 얻은 총이익 225,000,000 × 218,750,000/750,000,000
	수로부터	46,875,000: 金이 얻은 총이익 225,000,000 × 156,250,000/750,000,000
	소계	187,500,000
	합계	225,000,000

李가 얻은 총이익 375,000,000	갑으로부터	12,500,000: 金이 얻은 총이익 375,000,000 × 25,000,000/750,000,000
	을로부터	18,750,000: 金이 얻은 총이익 375,000,000 × 37,500,000/750,000,000
	병으로부터	31,250,000: 金이 얻은 총이익 375,000,000 × 62,500,000/750,000,000
	소계	62,500,000
	월로부터	125,000,000: 金이 얻은 총이익 375,000,000 × 250,000,000/750,000,000
	화로부터	109,375,000: 金이 얻은 총이익 375,000,000 × 218,750,000/750,000,000
	수로부터	78,125,000: 金이 얻은 총이익 375,000,000 × 156,250,000/750,000,000
	소계	312,500,000
	합계	375,000,000

朴이 얻은 총이익 150,000,000	갑으로부터	5,000,000: 金이 얻은 총이익 150,000,000 × 25,000,000/750,000,000
	을로부터	7,500,000: 金이 얻은 총이익 150,000,000 × 37,500,000/750,000,000
	병으로부터	12,500,000: 金이 얻은 총이익 150,000,000 × 62,500,000/750,000,000
	소계	25,000,000
	월로부터	50,000,000: 金이 얻은 총이익 150,000,000 × 250,000,000/750,000,000
	화로부터	43,750,000: 金이 얻은 총이익 150,000,000 × 218,750,000/750,000,000
	수로부터	31,250,000: 金이 얻은 총이익 150,000,000 × 156,250,000/750,000,000
	소계	125,000,000
	합계	150,000,000

위 계산표([모델 Ⅱ])에서 증여자별・수증자별 증여재산가액을 분석해 보면, B법인의 주주 김, 이, 박이 甲으로부터 얻은 총이익은 주주 金이 甲으로부터 7,500,000원, 주주 이가 甲으로부터 12,500,000원, 주주 박이 甲으로부터 5,000,000원으로 합계 25,000,000원이 된다. 이 금액은 앞([모델 Ⅰ])에서 계산한 甲이 김, 이, 박에게 분여한 이익의 합계액 25,000,000원과 일치한다. 위 사례에서 주주 金을 甲, 주주 월을 甲으로 보면 주주 甲이 A, B, C법인에 주식을 동시에 소유하고 있는 경우에 해당된다. 주주 甲의 증여재산가액을 '해석 1'과 '해석 2'에 따라 계산하면 다음과 같게 된다.

먼저 甲이 얻은 총이익 중에서 자기로부터 분여받은 이익을 계산하기 위해서는 甲이 얻은 총이익과 그 이익의 구성을 분별하여야 한다. 위의 사례에서 B법인의 甲이 얻은 총이익은 225,000,000원(2,500원 × 150,000주 × 0.6)이 되며, 그 이익의 구성을 보면 A법인의 주주들(갑, 을, 병)로부터 얻은 총이익 37,500,000원과 C법인의 주주들(갑, 화,

수)로부터 얻은 총이익 187,500,000원으로 구성되어 있다(㉰ + ⓒ).

해 석 1

① B법인의 甲이 A법인의 甲으로부터 분여받은 금액

㉮ A법인의 주주들(갑, 을, 병)이 분여한 총이익

500원 × 250,000주 = 125,000,000원

㉯ A법인의 甲이 분여한 총이익

500원 × 50,000주 = 25,000,000원

㉰ 甲이 A법인 주주들(갑, 을, 병)로부터 얻은 총이익

500원 × 250,000주 × 30% =37,500,000원

㉱ 본인(甲)으로부터의 증여에 해당하는 금액

$$37{,}500{,}000\text{원} \times \frac{25{,}000{,}000\text{원}}{125{,}000{,}000\text{원}} = 7{,}500{,}000\text{원}$$

② B법인의 甲이 C법인의 甲으로부터 분여받은 금액

ⓐ C법인의 주주들(갑, 화, 수)이 분여한 총이익

12,500원 × (250,000주 × 0.2) = 625,000,000원

ⓑ C법인의 甲이 분여한 총이익

12,500원 × (100,000주 × 0.2) = 250,000,000원

ⓒ 甲이 C법인 주주들(갑, 화, 수)로부터 얻은 총이익

12,500원 × (250,000주 × 0.2) × 30% = 187,500,000원

ⓓ 본인(甲)으로부터의 증여에 해당하는 금액

$$187{,}500{,}000\text{원} \times \frac{250{,}000{,}000\text{원}}{625{,}000{,}000\text{원}} = 75{,}000{,}000\text{원}$$

③ 甲의 증여재산가액(㉰ + ⓒ) - (㉱ + ⓓ)

(37,500,000원 + 187,500,000원) - (7,500,000원 + 75,000,000원) = 142,500,000원

위 계산[모델 Ⅱ]에서 보면 甲(김)이 얻은 총이익 225,000,000원 중에는 A법인의 甲으로부터 받은 이익 7,500,000원, C법인의 甲(월)으로부터 받은 이익 75,000,000원이 포함되어 있다. A, C법인의 甲으로부터 받은 이익(본인으로부터의 증여에 해당하는 금액)을 각각 제외하면 甲의 증여재산가액은 다음과 같이 142,500,000원이 되는데 이 금액은 위 계산과 일치하게 된다.

얻은 총이익 225,000,000원 - 자기로부터 받은 이익(7,500,000원 + 75,000,000원) = 증여재산가액 142,500,000원

그러나 甲이 합병으로 인하여 실질적으로 얻은 이익을 보면, 甲이 얻은 총이익은 225,000,000원이나 甲이 분여한 총이익은 275,000,000원(㉯+ⓑ)으로 합병으로 인하여 甲이 실질적으로 얻은 것은 손실(분여한 이익)이 50,000,000원(275,000,000원 − 225,000,000원)이 된다.

해석 2

한편, 계산식에 의하여 甲의 증여재산가액을 계산해 보면,

$$\text{주주 甲이 얻은 총이익} \times \frac{\text{주가가 과소평가된 합병당사법인의 당해 주주 甲의 소유지분율}}{\text{주가가 과대평가된 합병당사법인의 당해 주주 甲의 소유지분율}}$$

① A법인의 주주로부터 얻은 총이익 중 본인(甲)으로부터 얻은 이익

$$37,500,000\text{원} \times \frac{20\%}{30\%} = 25,000,000\text{원}$$

② C법인의 주주로부터 얻은 이익 중 본인(甲)으로부터 얻은 이익

$$187,500,000\text{원} \times \frac{30\%(40\%)}{30\%} = 187,500,000\text{원}$$

③ 본인(甲)으로부터 얻은 이익의 합계(① + ②)
25,000,000원 + 187,500,000원 = 212,500,000원

④ 甲의 증여재산가액
225,000,000원 − 212,500,000원 = 12,500,000원

B법인의 甲(김)이 얻은 총이익 225,000,000원은 A법인의 주주들(갑, 을, 병)로부터 얻은 총이익 37,500,000원과 C법인의 주주들(갑, 화, 수)로부터 얻은 총이익 187,500,000원으로 구성되어 있다(㉰ + ⓒ). B법인의 甲은 C법인의 주주 갑, 화, 수로부터 얻은 이익의 합계액인 총이익 전액인 187,500,000원을 甲으로부터 얻은 이익으로 본다. 그리고 B법인의 甲은 A법인의 주주 갑, 을, 병으로부터 얻은 이익의 합계액인 총이익 37,500,000원 중 25,000,000원을 甲으로부터 얻은 이익으로 보고 있다. 따라서 甲의 증여재산가액은 다음과 같이 계산된다.

얻은 총이익 225,000,000원 − 자기로부터 받은 이익(187,500,000원 + 25,000,000원) = 증여재산가액 12,500,000원

그러나 甲이 얻은 총이익은 225,000,000원이며 甲이 분여한 총이익은 275,000,000원으로 합병으로 인하여 甲이 실질적으로 얻은 것은 손실(분여한 이익)이 50,000,000원이 된다.

(2) 과대평가된 법인이 둘 이상인 경우 [모델 Ⅱ]

[모델 Ⅱ] **과대평가된 법인이 둘 이상인 경우**(B, C**법인이 과대평가된 경우**)

과대평가된 법인이 B, C법인으로 둘 이상일 경우에는 위 [모델 Ⅰ]의 계산법으로는 증여자별 · 수증자별 증여재산가액을 계산할 수 없다. 그 이유는 과소평가된 A, D법인의 주주들이 분여한 이익은 상대방 과대평가된 법인이 둘(B, C) 이상이므로 A, D법인의 각 주주들이 분여한 이익이 B, C법인의 각 주주들에게 얼마나 분여한지를 [모델 Ⅰ]의 계산법으로는 계산해 낼 수가 없다(분여받은 법인이 하나가 아니고 둘 이상이므로 B, C법인의 주주들이 소유한 지분율로는 계산할 수 없다). 앞에서 설명한 바와 같이 이러한 경우에는 얻은 총이익(평가차익 계)과 분여한 총이익(평가차손 계)이 같다는 원리를 이용하면 증여자별 · 수증자별 증여재산가액을 계산해 낼 수가 있다. 각 주주가 얻은 총이익은 상대방 주주들이 분여한 총이익과 같으므로 분여한 총이익 계산법으로 이익을 분여한 상대방 주주와 분여한 이익을(상대방 주주로부터 얼마나 이익을 받은지를) 가려내는 방식이 되겠다.

사례 7 ••• 3개 이상 법인의 합병 (2)

| 합병내용 |

구분	A(과소)	B(과대)	C(과소)	D(과대)	A'(합병 후)
총주식 평가액	1,800,000,000	300,000,000	600,000,000	900,000,000	3,600,000,000
발행주식총수	300,000	150,000	200,000	600,000	
1주당 평가액	6,000	2,000	3,000	1,500	4,500
합병비율(신고)	1	0.8	0.4	0.5	
합병 후 주식수(신고)	300,000	120,000	80,000	300,000	800,000
합병 전 1주당 평가액	6,000	2,500	7,500	3,000	
1주당 평가차손익	▲1,500	2,000	▲3,000	1,500	
평가차익 계		240,000,000		450,000,000	690,000,000
평가차손 계	▲450,000,000		▲240,000,000		▲690,000,000

구분	A(과소)		B(과대)		C(과소)		D(과대)		A′(합병 후)
주식수	주주	주식수	주주	주식수	주주	주식수	주주	주식수	
	갑	150,000	가	45,000	김	100,000	월	180,000	
	을	90,000	나	75,000	이	40,000	화	120,000	
	병	60,000	다	30,000	박	60,000	수	300,000	
	합계	300,000	합계	150,000	합계	200,000	합계	600,000	
지분율	주주	지분율	주주	지분율	주주	지분율	주주	지분율	
	갑	50%	가	30%	김	50%	월	30%	
	을	30%	나	50%	이	20%	화	20%	
	병	20%	다	20%	박	30%	수	50%	
	합계	100%	합계	100%	합계	100%	합계	100%	

위의 사례는 과대평가된 법인과 과소평가된 법인이 각각 2개 법인이다. 얻은 이익의 계산은 과대평가된 법인의 이익을 각각 계산한 다음, 그 이익이 과소평가된 어느 법인의 누구로부터 얻은 이익인지를 구별해 내야 한다. 증여자별·수증자별로 증여재산가액을 계산해 보면 다음과 같다.

□ **계산 근거**

① 합병 후 1주당 평가액

$$4{,}500\text{원} = \frac{3{,}600{,}000{,}000\text{원}}{800{,}000\text{주}}$$

② 합병 전 1주당 평가액

$$\text{A법인: } 6{,}000\text{원} = \frac{3{,}600{,}000{,}000\text{원}}{300{,}000\text{주}}$$

$$\text{B법인: } 2{,}500\text{원} = \frac{3{,}600{,}000{,}000\text{원}}{120{,}000\text{주}}$$

$$\text{C법인: } 7{,}500\text{원} = \frac{3{,}600{,}000{,}000\text{원}}{80{,}000\text{주}}$$

$$\text{D법인: } 3{,}000\text{원} = \frac{3{,}600{,}000{,}000\text{원}}{300{,}000\text{주}}$$

③ 1주당 평가차손·익(합병 후 1주당 평가액 - 합병 전 1주당 평가액)

A법인: 4,500원 - 6,000원 = ▲1,500원(차손)

B법인: 4,500원 - 2,500원 = 2,000원(차익)

C법인: 4,500원 - 7,500원 = ▲3,000원(차손)

D법인: 4,500원 - 3,000원 = 1,500원(차익)

④ 과대평가된 B법인의 주주들이 얻은 이익

1주당 평가차익: 4,500원 - 2,500원 = 2,000원

가: 2,000원 × 36,000주(45,000주 × 0.8) = 72,000,000원

나: 2,000원 × 60,000주(75,000주 × 0.8) = 120,000,000원

다: 2,000원 × 24,000주(30,000주 × 0.8) = 48,000,000원

⑤ 과대평가된 D법인의 주주들이 얻은 이익

1주당 평가차익: 4,500원 - 3,000원 = 1,500원

월: 1,500원 × 90,000주(180,000주 × 0.5) = 135,000,000원

화: 1,500원 × 60,000주(120,000주 × 0.5) = 90,000,000원

수: 1,500원 × 150,000주(300,000주 × 0.5) = 225,000,000원

⑥ 과대평가된 B법인의 주주들이 얻은 총이익 240,000,000원과 과대평가된 D법인의 주주들이 얻은 총이익 450,000,000원은 다음과 같이 구성되어 있다.

㉮ 과소평가된 A법인 주주들로부터 얻은 총이익(A법인의 주주들이 분여한 총이익)

1,500원 × 300,000주 = 450,000,000원

㉯ 과소평가된 C법인 주주들로부터 얻은 총이익(C법인의 주주들이 분여한 총이익)

3,000원 × (200,000주 × 0.4) = 240,000,000원

⑦ 증여자별·수증자별 증여재산가액

과소평가된 A, C법인의 각 주주들이 주주 B법인의 주주 '가'에게 분여한 총이익은 주주 '가'가 얻은 총이익 72,000,000원과 같다(위 "④"). 주주 '가'가 과소평가된 각 주주로부터 얻은 이익의 계산은 과소평가된 A법인의 주주들과 C법인의 주주들이 분여한 총이익의 합계 690,000,000원(위 "⑥"에 의하면 A법인의 주주들이 분여한 총이익 450,000,000원 + C법인의 주주들이 분여한 총이익 240,000,000원)에서 각

주주들이 분여한 총이익이 차지하는 비율을 주주 '가'가 얻은 총이익에다 곱하면 A, C법인의 각 주주로부터 분여받은 이익이 계산된다([모델 Ⅱ] 방법 2. 과소평가된 A, C법인의 각 주주들이 주주 '가'에게 분여한 금액이 된다).

주주 '가'가 얻은 총이익(위 "④"와 "⑤") × 각 주주들이 분여한 총이익(1주당 평가차손 × 각 주주의 합병 후 주식수) ÷ 분여한 총이익(평가차손 계) 690,000,000원 = 각 주주로부터 분여받은 이익

주주 '가'가 얻은 이익을 그 이익을 분여한 주체별로 배분하면 다음과 같다.

甲으로부터	72,000,000원 ×	$\frac{225,000,000원}{690,000,000원}$	= 23,478,261원
乙로부터	72,000,000원 ×	$\frac{135,000,000원}{690,000,000원}$	= 14,086,957원
丙으로부터	72,000,000원 ×	$\frac{90,000,000원}{690,000,000원}$	= 9,391,304원
소계			46,956,522원
金으로부터	72,000,000원 ×	$\frac{120,000,000원}{690,000,000원}$	= 12,521,739원
李로부터	72,000,000원 ×	$\frac{48,000,000원}{690,000,000원}$	= 5,008,696원
朴으로부터	72,000,000원 ×	$\frac{72,000,000원}{690,000,000원}$	= 7,513,043원
소계			25,043,478원
합계			72,000,000원

이와 같은 계산법([모델 Ⅱ] 방법 2)으로 증여자별·수증자별 증여재산가액을 계산하면 다음과 같다.

| 증여자별 · 수증자별 증여재산가액 [모델 II] |

'가'가 얻은 총이익 72,000,000	갑으로부터	23,478,261	'나'가 얻은 총이익 120,000,000	갑으로부터	39,130,435
	을로부터	14,086,957		을로부터	23,478,261
	병으로부터	9,391,304		병으로부터	15,652,174
	소계	46,956,522		소계	78,260,870
	김으로부터	12,521,739		김으로부터	20,869,565
	이로부터	5,008,696		이로부터	8,347,826
	박으로부터	7,513,043		박으로부터	12,521,739
	소계	25,043,478		소계	41,739,130
	합계	72,000,000		합계	120,000,000

'다'가 얻은 총이익 48,000,000	갑으로부터	15,652,174	'월'이 얻은 총이익 135,000,000	갑으로부터	44,021,739
	을로부터	9,391,304		을로부터	26,413,043
	병으로부터	6,260,870		병으로부터	17,608,696
	소계	31,304,348		소계	88,043,478
	김으로부터	8,347,826		김으로부터	23,478,261
	이로부터	3,339,130		이로부터	9,391,304
	박으로부터	5,008,696		박으로부터	14,086,957
	소계	16,695,652		소계	46,956,522
	합계	48,000,000		합계	135,000,000

'화'가 얻은 총이익 90,000,000	갑으로부터	29,347,826	'수'가 얻은 총이익 225,000,000	갑으로부터	73,369,565
	을로부터	17,608,696		을로부터	44,021,739
	병으로부터	11,739,130		병으로부터	29,347,826
	소계	58,695,652		소계	146,739,130
	김으로부터	15,652,174		김으로부터	39,130,435
	이로부터	6,260,870		이로부터	15,652,174
	박으로부터	9,391,304		박으로부터	23,478,261
	소계	31,304,348		소계	78,260,870
	합계	90,000,000		합계	225,000,000

위 계산표에서 증여자별 · 수증자별 증여재산가액을 분석해 보면, B법인주주 가, 나, 다와 D법인의 주주 월, 화, 수가 甲으로부터 얻은 총이익은 주주 '가'가 甲으로부터 23,478,261원, 주주 '나'가 甲으로부터 39,130,435원, 주주 '다'가 甲으로부터 15,652,174원,

주주 '월'이 甲으로부터 44,021,739원, 주주 '화'가 甲으로부터 29,347,826원, 주주 '수'가 甲으로부터 73,369,565원으로 합계 225,000,000원이 되는데, 이 금액은 甲이 분여한 총이익 225,000,000원(1,500원 × 150,000주)과 일치하게 된다.

① B법인의 주주 가, 나, 다가 甲으로부터 얻은 총이익
78,260,870원 = 23,478,261원 + 39,130,435원 + 15,652,174원
② D법인의 주주 월, 화, 수가 甲으로부터 얻은 총이익
146,739,130원 = 44,021,739원 + 29,347,826원 + 73,369,565원
③ B, D법인의 각 주주들이 甲으로부터 얻은 총이익의 합계
225,000,000원 = 78,260,870원 + 146,739,130원

제5절 합병과 부당행위계산

특수관계에 있는 법인 간의 합병(분할합병 포함)에 있어서 법인주주가 특수관계에 있는 다른 주주에게 이익을 분여한 경우에는 부당행위계산의 대상이 된다(법인령 §88 ① 8). 합병으로 인한 부당행위계산 대상이 되는 이익을 분여한 주주는 합병당사법인 중 과소평가된 법인의 법인주주가 해당된다. 부당한 합병 등으로 인하여 주주가 다른 주주에게 이익을 분여한 경우에는 종전(법인령 §88 ① 8 가목, 1998.12.31. 개정 전)까지는 이익을 분여받은 개인주주에 한하여 증여세를 과세하도록 하고(상증법 §38), 이익을 분여받은 법인주주(특수관계자인 법인주주로부터 분여받은 이익)와 이익을 분여한 법인주주에 대하여서는 수익이나 부당행위계산으로 법인세를 과세할 수가 없었다.

그러나 부당한 합병 등을 통한 이익분여를 사전에 방지하고 개인주주에 대한 증여세 부과와 형평을 유지하기 위해 법인세법 시행령 제88조 제1항 제8호 가목의 개정(1998.12.31.)에 의하여 합병으로 인하여 특수관계인에게 이익을 분여한 법인주주에 대하여서도 분여한 이익에 대해 부당행위계산으로 익금에 산입하여 법인세를 과세하도록 하였다. 한편 법인세법 시행령 제11조(수익의 범위) 제9호(2019.2.12. 제8호로 개정)에 의하여 법인주주가 분여받은 이익으로서 불공정합병으로 인한 부당행위계산으로 특수관계인인 법인주주로부터 분여받은 이익에 대해서도 수익의 범위에 해당되어 수익으로 익금에 산입하도록 하였다. 즉 이익을 분여한 법인주주와 이익을 분여받은 법인주주에 대하여 각각 익금에 산입하도록 하고 1999.1.1. 이후 최초로 거래하는 분부터 적용하도록 하였다.

다만, 특수관계인에 있는 법인주주가 아닌 개인주주로부터 분여받은 이익에 대해서 익금산입(수익의 범위)의 여부에 문제점이 있었던 것을 2000.12.29. 법인세법 시행령 제11조(수익의 범위) 제9호의 개정으로 특수관계인에 있는 개인주주로부터 분여받은 이익도 법인주주로부터 분여받은 이익과 마찬가지로 수익의 범위에 해당되어 법인세를 과세할 수 있게 되었다.

이와 같이 불공정합병에 해당이 되면 합병당사법인의 주주구성에 따라 이익을 분여한 주주가 법인일 경우에 분여한 이익은 부당행위계산으로 익금에 산입하고 익금에 산입할 금액(분여한 금액)의 계산에 관하여는 상속증여세법의 규정을 준용하도록 하고 있다. 불공정한 합병의 결과는 합병당사법인의 주주구성에 따라 익금에 산입할 내용과 금액이 각각 다르다고 하겠다.

수익의 범위【법인세법 시행령 제11조】

9. 제88조 제1항 제8호의 규정에 의하여 특수관계자로부터 분여받은 이익 (1998.12.31. 개정)
9. 제88조 제1항 제8호 각목의 규정에 의한 자본거래로 인하여 특수관계인으로부터 분여받은 이익 (2000.12.29. 개정)
9. 제88조 제1항 제8호 각 목의 어느 하나 및 같은 항 제8호의2에 따른 자본거래로 인하여 특수관계인으로부터 분여받은 이익 (2008.2.22. 개정)

1 과세요건

(1) 합병당사법인

상속증여세법 시행령 제28조 제1항의 특수관계에 있는 법인 간의 합병(분할합병을 포함)이어야 한다(상증법 §38 ①). 특수관계가 없는 법인 간의 합병은 합병으로 인하여 분여한 이익이 있는 경우에도 그 이익을 분여한 법인주주는 기부금 대상이 아니며, 이익을 분여받은 법인주주도 '무상으로 받은 자산'으로 볼 수 없다(재경부 법인 46012-69, 1999.5.14.). 특수관계인 간의 거래(특수관계인 외의 자를 통하여 이루어진 거래를 포함)에서 특수관계인인 법인의 판정기준에 대하여 일반적인 부당행위계산부인 규정은 그 행위 당시(거래 당시)를 기준으로 하고 있으나 불공정합병의 규정을 적용함에 있어서는 특수관계인에 있는 법인의 판정기준을 합병등기일이 속하는 사업연도의 직전 사업연도의 개시일(그 개시일이 서로 다른 법인이 합병한 경우에는 먼저 개시한 날)부터 합병등기일까지의 기간에 의하도록 하고 있다(법인령 §88 ②).

특수관계에 있는 법인 간의 합병의 범위에 대해 상속증여세법에서는 2001.1.1. 이후 합병등기하는 분부터는 주권상장법인 또는 협회등록법인과 주권상장법인 및 협회등록법인이 아닌 법인 간의 합병의 경우 증권거래법 제190조의2 및 동법 시행령 제84조의7의 규정에 따라 행하는 합병(금융감독위원회와 한국거래소에 합병신고하고 규정에 의하여 산정한 합병가액으로 행하는 합병)은 특수관계에 있는 법인 간의 합병으로 보지 않고 있었다(상증령 §28 ①). 그러나 법인세법에서는 별도의 규정을 두고 있지 아니하고 있어 불공정한 합병에 대해 부당행위계산을 적용하여야 할 것인가 하는 의문이 제기되었던 것을 2006.2.9. 법인세법 시행령 제88조 제1항 제8호 가목의 개정에서 증권거래법 제190조의2 및 동법 시행령 제84조의7의 규정에 따라 합병하는 경우를 제외한다고 하여 특수관계에 있는 법인 간의 합병의 범위를 명확히 하고 있다.

종전의 증권거래법 제190조의2 및 동법 시행령 제84조의7은 증권거래법이 자본시장법에 흡수・통합되면서 "자본시장과 금융투자업에 관한 법률" 제165조의4에 따라 합병(분할합병을 포함)하는 경우로 개정되었다(2009.2.4.).

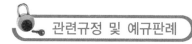

합병법인의 요건

법인세법 시행령 제88조 제1항 제8호 가목에 의하면 '……특수관계인인 법인 간의 합병(분할합병을 포함한다)에 있어서……'라고 표현되어 있어 특수관계인의 범위를 법인세법상의 특수관계인으로 오해할 수가 있다. 법인세법상의 특수관계인(법인세법 시행령 제2조 제5항에 따른 특수관계에 있는 법인)은 법인세법 제52조의 부당행위계산을 적용하기 위한 규정이며, 부당한 합병 해당 여부는 상속증여세법 시행령 제28조 제1항에 해당하는 법인 간의 합병을 말한다. 이와 같이 부당한 합병요건의 특수관계인과 부당행위계산 대상인 특수관계인의 범위가 그 적용을 달리하고 있다.

관련규정 및 예규판례

- **합병당사법인의 주주법인(A)이 특수관계 없는 피합병법인의 주주법인(B, C)으로부터 이익을 분여받은 경우 A, B, C법인에 대한 세법상 처리방법**(재경부 법인 46012-69, 1999.5.14.)

  법인의 합병에 있어서 합병법인과 피합병법인의 주식을 상속증여세법에 의한 평가액과 달리 평가한 가액비율로 합병함으로써 합병법인 및 피합병법인의 주주인 법인(A)에게 피합병법인의 다른 주주인 법인(A법인과 특수관계가 없음)으로부터 이익이 분여된 것이 있는 경우 그 이익분여와 관련하여서는 구 법인세법 시행령(1998.12.31. 개정되기 전의 것) 제12조 제1항 제6호(수익) 및 같은 법 시행령 제40조 제1항 제1호(기부금)의 규정을 적용하지 아니한다.

(2) 분여이익과 불공정한 비율

기업이 합병계약을 함에 있어 합병당사법인의 주식가치를 평가하여 그 주식가치에 따라 산정된 합병비율에 의해 합병이 이루어지는 것이 일반적이다. 그러나 기업이 주식가치를 부당하게 평가하여 합병을 하는 경우 부당한 합병이 되는데, 법인세법에서는 부당한 합병의 범위를 "불공정한 비율"에 의한 합병이라고 규정하고 있다(법인령 §88 ① 8 가목). 법인세법에서의 부당한 합병은 '…주식을 시가보다 높거나 낮게 평가하여 불공정한 비율로 합병한 경우'에 해당되어야 한다.

법인세법은 '불공정한 비율'이 무엇인지에 대해서는 명확한 규정은 없지만, 법인세법 시행령 제89조(시가의 범위) 제6항에서 '동법 시행령 제88조 제1항 제8호의 규정에 의하여 특수관계인에게 이익을 분여한 경우 제5항의 규정에 의하여 익금에 산입할 금액의 계산에 관하여는 그 유형에 따라 상속증여세법 시행령 제28조 제3항 내지 제6항의 규정을 준용한다'고 되어 있다. 2015.12.15. 개정된 세법에 의하면 상속증여세법에서 얻은 이익이라 함은 합병 후 주식평가액의 100분의 30에 상당하는 가액과 3억원 중 적은 금액 이상이어야 한다. 개정 상속증여세법에서는 평가차액 비율을 의미하는 내용은 없어졌지만, 개정 후의 합병 후 주식평가액의 100분의 30이 의미하는 바는 평가차액 비율 30%의 내용과는 다를 게 없다. 용어의 선택에 관한 문제라고 본다. 법인세법의 불공정한 비율의 개념을 합병 후 주식평가액의 100분의 30으로 본다고 해서 혼란이 올 것도 없을 것이다.

2015.12.15. 상속증여세법 개정 전의 평가차액 비율을 불공정한 비율의 의미로 본다면, 2007.2.28. 법인세법 시행령 개정되기 전에는 "특수관계자에게 분여한 이익" 중 "3억원 이상" 및 "1억원 이상"은 이를 적용하지 아니하므로 불공정한 비율이 상속증여세법에 의해 계산한 1주당 평가차액의 비율이 30% 이상 차이가 나는 경우이어야만 부당행위계산을 할 수 있었다. 즉 법인세법에서는 공정한 합병이 아니더라도 상속증여세법에 의해 계산한 평가차액의 비율이 30% 미만일 경우에는 부당행위계산을 할 수가 없었다. 이때는 '…주식 등을 시가보다 높거나 낮게 평가하여 불공정한 비율로 합병한 경우'에서 말하는 불공정한 비율을 상속증여세법 시행령 제28조 제3항 제1호를 준용하는 의미로 해석되었다. 그러나 2007.2.28. 개정된 후에는 "분여이익"은 합병 직후와 합병 직전의 평가차액 비율 30%

이상의 이익(상증령 §28 ③ 1) 또는 3억원 이상의 이익(상증령 §28 ③ 2 및 3)으로 변경되었다. 평가차액 비율 30% 미만인 경우에도 분여한 이익이 3억원 이상이 되면 부당행위계산 대상이 된다. 이 경우의 분여한 이익은 얻은 이익을 의미하고 있는데 '얻은 이익'이 '분여한 이익'과 같으므로 얻은 이익이 분여한 이익이 된다. 개정에 따라 평가차액 비율이 30% 미달하는 경우에도 분여이익이 3억원(현금을 포함한 이익 포함) 이상인 경우 부당행위계산을 할 수 있게 되었으므로 위에서 제기한 문제점은 해소되었다.

2015.12.15. 개정되기 전 상속증여세법의 불공정한 비율과 관계가 있는 평가차액 비율 30%의 의미를 분석해 보자. 계산식은 다음과 같았다.

(① − ②) ÷ ① ≥ 30%

① 합병 후 신설 또는 존속하는 법인의 1주당 평가액
② 주가가 과대평가된 법인의 합병 전 1주당 평가액

위에서 1주당 평가액은 상속증여세법상 합병에 따른 이익(상증법 §38)을 계산할 때의 1주당 평가액을 말하므로 평가차액 비율 30%는 합병 후와 합병 전의 평가차액의 비율임을 알 수 있다. 이때 평가차액은 평가차익(+)을 의미한다. 합병대가에 합병신주와 현금 등의 자산을 포함하여 합병대가로 지급한 경우 현금 등을 포함하여 계산한 차액 비율(≪사례 3≫ 합병대가에 현금 등이 포함된 경우)은 평가차액에 대한 비율이 아니므로 불공정한 비율을 계산할 때는 적용할 수 없을 것으로 보인다. 또한 평가차액의 비율을 계산하는 방식을 보면 신설(존속)하는 법인의 합병 후 1주당 평가액에서 주가가 과대평가된 법인의 합병 전 1주당 평가액을 차감한 평가차액(평가차익)에 대한 비율이므로 과소평가된 법인의 평가차액(평가차손)에 대한 비율이 아니라고 할 것이다. 다만, 과소평가된 법인의 평가차액(평가차손)에 대한 비율이 30% 이상일 경우에 부당행위계산을 할 수 있을지에 대하여는 검토가 필요해 보인다.

(3) 합병당사법인의 주주

상속증여세법상 합병에 따른 이익의 증여는 합병당사법인 간의 주주 사이에 특수관계 여부를 불문하나 법인세법상 합병에 따른 부당행위계산은 합병당사법인 간의 주주 사이에 반드시 법인세법 시행령 제2조 제5항에 따른 특수관계가 성립되어야 한다(법인령 §2 ⑤).

즉 과소평가된 법인의 법인주주(이익을 분여한 자)는 상대방 과대평가된 법인의 주주(법인, 개인)와 특수관계인이 성립되어야 한다. 법인세법은 특수관계인의 판정 시기를 그 행위 당시(거래 당시)를 기준으로 하여 적용하고 있으나(법인령 §88 ②) 상속증여세법의 합병의 경우는 예외적으로 특수관계인 여부의 판정 기준을 합병등기일이 속하는 사업연도의 직전 사업연도의 개시일(그 개시일이 서로 다른 법인이 합병한 경우에는 먼저 개시한 날)부터 합병등기일까지의 기간에 의한다(법인령 §88 ② 단서). 부당행위계산에서의 합병 당사법인의 주주 간의 특수관계인 판정 시기를 상속증여세법 제38조의 특수관계에 있는 법인 간의 합병 판정 시기와 같게 하고 있다.

2 | 분여한 이익과 분여받은 이익

분여이익 계산(부당행위계산부인 금액)

〈방법 1〉 분여한 이익기준

- 1주당 분여한 이익 × 과소평가된 법인의 합병 후 주식수 × 상대방(과대평가된 법인) 특수관계인 주주의 합병 전 소유지분율
  * 1주당 분여이익(−) = (합병 후 1주당 평가액 − 합병 전 1주당 평가액)

〈방법 2〉 얻은(분여받은) 이익기준

- 1주당 얻은 이익 × 과대평가된 법인의 합병 후 교부받은 주식수 × 상대방(과소평가된 법인) 특수관계인 주주의 합병 전 소유지분율
  * 1주당 얻은 이익(+) = (합병 후 1주당 평가액 − 합병 전 1주당 평가액)

법인세법 시행령 제88조 제1항 제8호 가목(불공정합병으로 인하여 이익을 분여한 경우)의 규정에 의하여 특수관계인에게 이익을 분여한 경우에 익금에 산입할 금액의 계산에 관하여는 상속증여세법 시행령 제28조 제3항부터 제7항까지의 규정을 준용하도록 하고 있다. 부당행위계산 부인으로 익금에 산입할 금액(분여한 이익)의 계산은 상속증여세법에서 계산하는 방법에 따라야 한다(법인령 §89 ⑥). 한편, 불공정합병에 따른 자본거래로 인하여 특수관계인으로부터 분여받은 이익은 수익으로 익금이 되는데, 이때의 얻은 이익의 계산도 상속증여세법 시행령 제28조 제3항부터 제7항까지의 규정을 준용한 금액이 되어야 한다. 분여한 이익이 곧 얻은 이익이 된다.

상속증여세법에서는 얻은 이익(이익의 증여금액)을 계산하는 방법에 대해서만 규정을 해놓고 있는데 부당행위계산부인 금액인 분여이익을 계산하는 방법은 앞에서 설명한 대로 얻은 이익이 분여한 이익이므로 얻은 이익과 분여한 이익의 개념을 둘 다 사용하여 계산할 수 있다. 분여이익의 계산은 얻은 이익기준과 분여한 이익기준의 계산방법으로 나눌 수 있겠다. 이익계산에 대한 결과는 어떠한 방법에 의하든 동일한 금액이 나오게 되므로 부당행위계산이 분여한 이익의 개념이므로 분여이익을 이용한 계산방법이 더 친근하다고 볼 수 있겠다(≪사례 1≫).

(1) 분여한 이익계산

(1)-1. 계산방법 [Ⅰ]

① 합병 후 신설 또는 존속하는 법인의 1주당 평가액
② 주가가 과대평가된 법인의 합병 전 1주당 평가액
③ 주가가 과소평가된 법인의 합병 전 1주당 평가액

〈방법 1〉 분여한 이익기준
부당행위계산 부인금액 = (|① − ③| = |③ − ①|) × 이익을 분여한 법인주주(과소평가된 법인)의 합병 후 주식수 × 특수관계인인 주주(과대평가된 법인의 법인주주 및 개인주주)의 합병 전 소유지분율

위 계산식의 의미는 부당행위계산 대상인 과소평가된 법인의 법인주주가 분여한 총이익을 계산한 다음, 그 분여한 총이익 중에서 특수관계에 있는 상대방 주주(과대평가된 법인의 법인주주 및 개인주주)에게 분여한 이익을 과대평가된 법인의 합병 전 소유지분율에 의해 구별해 내는 방법이다. 즉 계산식 "(|① − ③| = |③ − ①|) × 이익을 분여한 법인주주(과소평가된 법인)의 합병 후 주식수"의 의미는 과소평가된 법인의 법인주주가 분여한 총이익이다.

〈방법 2〉 얻은(분여받은) 이익기준
부당행위계산 부인금액 = (① − ②) × 이익을 얻은 주주(과대평가된 법인의 법인주주 및 개인주주)의 합병 후 주식수 × 특수관계인인 법인주주(과소평가된 법인)의 합병 전 소유지분율

위 계산식의 의미는 과대평가된 법인의 주주(법인주주 및 개인주주)가 얻은 총이익을 계산한 다음, 그 얻은 총이익 중에서 부당행위계산 대상인 특수관계가 있는 상대방 과소평가된 법인의 법인주주로부터 얻은 이익을 과소평가된 법인의 합병 전 소유지분율에 의해 가려내는 방법이다. 즉 계산식 "(① - ②) × 이익을 얻은 주주(과대평가된 법인의 법인주주 및 개인주주)의 합병 후 주식수"는 과대평가된 법인의 법인주주 및 개인주주들이 각각 얻은 총이익을 말한다. 이와 같이 〈방법 1〉은 법인주주가 분여한 총이익을 계산한 다음 그 분여한 이익 중 상대방 특수관계인인 주주에게 분여한 이익을 가려내는 방식이고, 〈방법 2〉는 주주(법인주주 · 개인주주)가 얻은 총이익을 계산한 다음 그 얻은 이익이 상대방 특수관계인인 법인주주로부터 얻은 이익을 가려내는 방식이다. 법인세법상 부당행위계산은 이익을 분여한 경우에 적용되므로 얻은 이익기준 〈방법 2〉보다는 분여한 이익기준 〈방법 1〉이 편안해 보인다.

법인세법에서 합병 후 1주당 평가액과 합병 전 1주당 평가액의 평가차액(분여한 이익과 얻은 이익)은 상속증여세법 제38조 및 동 시행령 제28조의 규정을 준용하도록 하고 있으며, 1주당 평가액에 대해서는 이미 앞에서 설명하였으므로 여기에서는 계산식만 소개하기로 한다.

(가) 합병 후 1주당 평가액

$$\frac{\left(\text{주가가 과대평가된 합병당사 법인의 합병 전 주식가액} + \text{주가가 과소평가된 합병당사 법인의 합병 전 주식가액}\right)}{\text{합병 후 신설・존속하는 법인의 주식수}}$$

합병 후 신설 · 존속하는 법인의 주식수는 합병법인과 피합병법인의 합병 후 주식수를 합한 것으로 1 : 1 합병을 제외하고는 합병 전과 합병 후의 주식수는 다르게 나온다. 이것을 다른 계산식으로 나타내면 다음과 같다.

$$\frac{\text{합병법인의 총주식 평가액} + \text{피합병법인의 총주식 평가액}}{\left(\text{합병비율에 따라 새로 취득하는 합병법인의 주식수} + \text{합병비율에 따라 새로 취득하는 피합병법인의 주식수}\right)}$$

(나) 합병 전 1주당 평가액

$$\text{주가가 과대평가된 합병당사 법인의 1주당 평가액} \times \frac{\text{주가가 과대평가된 합병당사법인의 합병 전 주식수}}{\text{주가가 과대평가된 합병당사법인의 합병 후 교부받은 주식수}}$$

이것을 다른 산식으로 나타내면 다음과 같다.

$$\frac{\text{주가가 과대평가된 법인의 총주식 평가액}}{\text{주가가 과대평가된 법인이 합병비율에 따라 새로 취득하는 주식수}}$$

합병 전 1주당 평가액은 과대평가된 법인과 과소평가된 법인 모두 계산해 보아야 하나 상속증여세법에서는 과대평가된 법인만을 대상으로 하고 있다. 그러나 과소평가된 법인에 대해서도 합병 전 1주당 평가액을 계산해 보고 합병 후 1주당 평가액과의 차액인 평가차손의 의미를 과대평가된 법인의 합병 전 1주당 평가액과 합병 후 1주당 평가액의 차액인 평가차익의 의미와 비교하여 그 차이의 의미가 무엇인지를 알아 둘 필요가 있다. 평가차손의 의미는 분여한 이익의 개념으로 증여자 또는 법인세법상 부당행위계산과 관련지을 수 있다고 하였다. 상속증여세법에서는 얻은 이익을 기준으로 하므로 평가차손에 대한 의미는 고려할 필요가 없으므로 과대평가된 법인인 평가차익에 관해서만 규정하고 있다. 증여재산가액은 얻은 이익을 기준으로 하며 이것은 곧 평가차익의 개념인 과대평가된 법인만을 말하고 있기 때문이다.

관련규정 및 예규판례

- **피합병법인이 보유한 합병법인의 주식은 최대주주 보유주식 할증평가 규정을 적용하지 아니함**(재산세제과-23, 2007.1.5.).

  피합병법인의 주주가 합병대가로 받는 합병법인의 주식과 관련하여 상속증여세법 제38조의 규정을 적용함에 있어 피합병법인이 보유한 합병법인의 주식에 대하여는 상속증여세법 제63조 제3항의 규정을 적용하지 아니하는 것임.

사례 1 ••• 불공정합병과 부당행위계산

| 합병내용 |

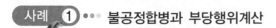

<table>
<tr><th>구분</th><th colspan="3">A</th><th colspan="3">B</th><th>A′(합병 후)</th></tr>
<tr><td>발행주식총수</td><td colspan="3">400,000</td><td colspan="3">500,000</td><td>500,000</td></tr>
<tr><td>1주당 평가액</td><td colspan="3">2,000</td><td colspan="3">1,500</td><td>3,100</td></tr>
<tr><td rowspan="6">주주현황</td><td>주주</td><td>주식수</td><td>지분율</td><td>주주</td><td>주식수</td><td>지분율</td><td rowspan="6"></td></tr>
<tr><td>甲</td><td>40,000</td><td>10%</td><td>月</td><td>150,000</td><td>30%</td></tr>
<tr><td>乙</td><td>80,000</td><td>20%</td><td>火</td><td>250,000</td><td>50%</td></tr>
<tr><td>丙㈜</td><td>120,000</td><td>30%</td><td>水㈜</td><td>100,000</td><td>20%</td></tr>
<tr><td>丁</td><td>160,000</td><td>40%</td><td>합계</td><td>500,000</td><td>100%</td></tr>
<tr><td>합계</td><td>400,000</td><td>100%</td><td colspan="3"></td></tr>
</table>

* 합병비율(1 : 0.2): B법인주식 5주당 A법인 주식 1주씩 교부
* 주주 丙㈜과 火, 水㈜는 법인세법 시행령 제2조 제5항에 따른 특수관계인에 해당됨.

□ 계산 근거

① 합병 후 존속법인의 1주당 평가액

$$\frac{2{,}000\text{원} \times 400{,}000\text{주} + 1{,}500\text{원} \times 500{,}000\text{주}}{400{,}000\text{주} + 500{,}000\text{주} \times 0.2} = 3{,}100\text{원}$$

② B법인의 합병 전 1주당 평가액(과소평가된 법인)

$$\frac{1{,}500\text{원} \times 500{,}000\text{주}}{500{,}000\text{주} \times 0.2} = 7{,}500\text{원}$$

* A법인의 합병 전 1주당 평가액(과대평가된 법인) = 2,000원

③ 1주당 평가차손익(합병 후 1주당 평가액 - 합병 전 1주당 평가액)

A법인: 3,100원 - 2,000원 = 1,100원

B법인: 3,100원 - 7,500원 = ▲4,400원

④ 합병 후 평가액의 30%

얻은 총이익 ≥ (합병 후 1주당 평가액 × 합병 후 대주주의 주식수) × 30%

440,000,000원 ≥ 372,000,000원(3,100원 × 400,000주 × 30%)

* 합병법인 A의 대주주들이 얻은 총이익이 합병 후 평가액의 30% 이상이므로, 대주주가 얻은 이익이 3억원 미만이라도 상속증여세법상 증여세 과세 대상이 되고 법인세법상 부당행위계산 대상에도 해당된다.

* 1주당 평가차액 비율(불공정비율)

$$\frac{3{,}100원 - 2{,}000원}{3{,}100원} = 0.354 \geq 0.30$$

* 35.4%로 30% 이상이므로 불공정합병에 해당됨.

⑤ 얻은 총이익 = 분여한 총이익

㉮ A법인의 주주들(甲, 乙, 丙, 丁)이 얻은 총이익

1주당 평가차익 × A법인의 합병 후 주식수

1,100원 × 400,000주 = 440,000,000원

㉯ B법인의 주주들(月, 火, 水)이 분여한 총이익

1주당 평가차손 × B법인의 합병 후 주식수

4,400원 × (500,000주 × 0.2) = 440,000,000원

⑥ 각 주주가 얻은 이익

1주당 평가차익 × A법인의 주주별 합병 후 주식수

주주 甲: 1,100원 × 40,000주 = 44,000,000원

주주 乙: 1,100원 × 80,000주 = 88,000,000원

주주 丙: 1,100원 × 120,000주 = 132,000,000원

주주 丁: 1,100원 × 160,000주 = 176,000,000원

계(총이익) 440,000,000원

또는 A법인의 주주들이 얻은 총이익을 각 소유지분율에 따라 나누면,

주주 甲: 440,000,000원 × 10% = 44,000,000원

주주 乙: 440,000,000원 × 20% = 88,000,000원

주주 丙: 440,000,000원 × 30% = 132,000,000원

주주 丁: 440,000,000원 × 40% = 176,000,000원

계(총이익) 440,000,000원

⑦ 각 주주가 분여한 이익

1주당 평가차손 × B법인의 주주별 합병 후 주식수

주주 月: 4,400원 × (150,000주 × 0.2) = 132,000,000원
주주 火: 4,400원 × (250,000주 × 0.2) = 220,000,000원
주주 水: 4,400원 × (100,000주 × 0.2) = 88,000,000원
계(총이익) 440,000,000원

⑧ 익금에 산입할 금액

㉮ 부당행위계산: 부당행위계산으로 익금에 산입할 금액은 水㈜가 분여한 이익 중 특수관계인인 丙㈜에게 분여한 이익

〈방법 1〉 분여한 이익기준

• 水㈜가 丙㈜에게 분여한 이익: 水㈜가 1주당 분여한 이익 × 水㈜의 합병 후 주식수 × 丙㈜의 합병 전 지분율

(7,500원 - 3,100원) × 100,000주 × 0.2 × 30% = 26,400,000원

〈방법 2〉 얻은 이익기준

• 丙㈜이 水㈜로부터 얻은 이익: 丙㈜이 1주당 얻은 이익 × 丙㈜의 합병 후 주식수 × 水㈜의 합병 전 지분율

(3,100원 - 2,000원) × (120,000주 × 1) × 20% = 26,400,000원

水㈜가 丙㈜에게 분여한 이익은 부당행위계산 부인금액으로, 익금에 산입할 금액은 26,400,000원이 된다.

㉯ 수익: 수익으로 익금에 산입할 금액은 丙㈜이 얻은 이익 중 특수관계인인 火와 水㈜부터 얻은 이익(㉠ + ㉡)

㉠ 丙㈜이 火로부터 얻은 이익: 1주당 얻은 이익 × 丙㈜의 합병 후 주식수 × 火의 합병 전 소유지분율

(3,100원 - 2,000원) × (120,000주 × 1) × 50% = 66,000,000원

㉡ 丙㈜이 水㈜로부터 얻은 이익('㉮' 〈방법 2〉): 26,400,000원

丙㈜이 火와 水㈜부터 얻은 이익은 수익으로, 익금에 산입할 금액은 92,400,000원(66,000,000원 + 26,400,000원)이 된다.

수익

법인세법 시행령 제11조 제9호(2019.2.12. 제8호로 개정)의 수익은 '같은 법 시행령 제88조 제1항 제8호 각 목의 규정에 의한 자본거래로 인하여 특수관계인으로부터 분여받은 이익'을 말한다. 시행령 제11조 제9호의 수익의 과세요건은 불공정합병에 해당되면서 특수관계인으로부터 분여받은 이익이어야 한다. 불공정합병에 해당되어도 특수관계인이 아닌 자로부터 분여받은 이익과 불공정합병에 해당되지 않으면서 특수관계인으로부터 분여받은 이익은 수익의 범위에 해당되지 않는다. 위에서 丙㈜이 얻은 이익 132,000,000원은 B법인의 주주 月, 火, 水㈜로부터 얻은 이익이다. 丙㈜이 얻은 이익 중 月로부터 얻은 이익은 불공정합병에 해당되지만 특수관계인으로부터 얻은 이익이 아니므로 수익에 해당되지 않는다. 火, 水㈜로부터 얻은 이익은 불공정합병에 해당되면서 특수관계인으로부터 얻은 이익이므로 수익에 해당된다.

⑨ 증여재산가액

甲의 증여재산가액: 1,100원 × 40,000주 = 44,000,000원

乙의 증여재산가액: 1,100원 × 80,000주 = 88,000,000원

丙㈜의 증여재산가액: 1,100원 × 120,000주 × 30% = 39,600,000원

丁의 증여재산가액: 1,100원 × 160,000주 = 176,000,000원

위 사례를 분석해 보면 B법인의 주주 水㈜가 분여한 총이익 88,000,000원 중 특수관계인인 丙㈜에게 분여한 이익 26,400,000원은 부당행위계산에 해당된다. 그리고 A법인의 주주 丙㈜이 얻은 총이익 132,000,000원 중 특수관계인인 B법인의 주주 火와 水㈜로부터 얻은 이익의 합계액 92,400,000원은 법인세법상 수익의 범위에 해당되므로 수익으로 익금산입하게 되며, 특수관계인이 아닌 月로부터 얻은 이익 39,600,000원은 상속증여세법상 증여재산가액에 해당되어 丙㈜의 개인주주에게 증여세가 과세된다(재산상속 46014－2199, 1999.12.31.). 정리하면 다음과 같다.

분여자	분여한 이익	이익을 얻은 자		유형
月	4,400원 × (150,000주 × 0.2) = 132,000,000원	갑 10%	13,200,000	증여재산가액
		을 20%	26,400,000	증여재산가액
		병㈜ 30%	39,600,000	병법인 개인 주주 증여재산가액

분여자	분여한 이익	이익을 얻은 자		유형
		정 40%	52,800,000	증여재산가액
		합계	132,000,000	
火	4,400원 × (250,000주 × 0.2) = 220,000,000원	갑 10%	22,000,000	증여재산가액
		을 20%	44,000,000	증여재산가액
		병㈜ 30%	66,000,000	수익
		정 40%	88,000,000	증여재산가액
		합계	220,000,000	
水㈜	4,400원 × (100,000주 × 0.2) = 88,000,000원	갑 10%	8,800,000	증여재산가액
		을 20%	17,600,000	증여재산가액
		병㈜ 30%	26,400,000	수익
		정 40%	35,200,000	증여재산가액
		합계	88,000,000	

해 석 1

① 부당행위계산부인 금액

水㈜가 분여한 총이익 88,000,000원 중 水㈜가 丙㈜에게 분여한 이익 26,400,000원은 부당행위계산에 해당된다.

② 수익

丙㈜이 月, 火, 水로부터 얻은 총이익 132,000,000원(39,600,000원 + 26,400,000원 + 66,600,000원) 중 丙㈜이 火와 水㈜로부터 얻은 이익 92,400,000원(26,400,000원 + 66,000,000원)은 수익에 해당된다.

③ 증여재산가액

㉠ 甲의 증여재산가액

甲이 月, 火, 水로부터 얻은 총이익

44,000,000원 = 13,200,000원 + 22,000,000원 + 8,800,000원

㉡ 乙의 증여재산가액

乙이 月, 火, 水로부터 얻은 총이익

88,000,000원 = 26,400,000원 + 44,000,000원 + 17,600,000원

㉢ 丙㈜의 개인 주주의 증여재산가액

丙㈜이 月로부터 얻은 이익: 39,600,000원

㉣ 丁의 증여재산가액

丁이 月, 火, 水로부터 얻은 총이익

176,000,000원 = 52,800,000원 + 88,000,000원 + 35,200,000원

사례 ② 합병과 이익증여 및 부당행위계산

| 합병내용 |

구분	A			B			A′		
발행주식총수	550,000			250,000			750,000		
1주당 평가액	6,000			3,000			5,400		
주주현황	주주	주식수	지분율	주주	주식수	지분율	주주	주식수	지분율
	갑	275,000	50%	김	125,000	50%	갑	275,000	36.7%
	을㈜	165,000	30%	이	75,000	30%	을㈜	165,000	22.0%
	병	110,000	20%	박㈜	50,000	20%	병	110,000	14.7%
	합계	550,000	100%	합계	250,000	100%	김	100,000	13.3%
							이	60,000	8.0%
							박㈜	40,000	5.3%
							합계	750,000	100%

* 합병비율(1 : 0.8): B법인 주식 1.25주당 A법인 주식 1주씩 교부
* A법인의 주주 甲, 乙㈜과 B법인의 주주 李, '박㈜'은 법인세법 시행령 제2조 제5항에 따른 특수관계인에 해당됨.

□ 계산 근거

① 합병 후 존속법인의 1주당 평가액

$$\frac{6{,}000\text{원} \times 550{,}000\text{주} + 3{,}000\text{원} \times 250{,}000\text{주}}{550{,}000\text{주} + 250{,}000\text{주} \times 0.8} = 5{,}400\text{원}$$

② B법인의 합병 전 1주당 평가액

$$\frac{3{,}000\text{원} \times 250{,}000\text{주}}{250{,}000\text{주} \times 0.8} = 3{,}750\text{원}$$

* A법인의 합병 전 1주당 평가액: 6,000원

③ 1주당 평가차손·익(합병 후 1주당 평가액 − 합병 전 1주당 평가액)

A법인: 5,400원 − 6,000원 = ▲600원

B법인: 5,400원 − 3,750원 = 1,650원

④ 합병 후 평가액의 30%

얻은 총이익 ≥ (합병 후 1주당 평가액 × 합병 후 대주주가 교부받은 주식수 × 30%)

330,000,000원 ≥ 324,000,000원(5,400원 × 200,000주 × 30%)

* 1주당 평가차액비율

$$\frac{5{,}400\text{원} - 3{,}750\text{원}}{5{,}400\text{원}} = 0.305$$

⑤ 얻은 총이익 = 분여한 총이익

얻은 총이익: 1,650원 × 250,000주 × 0.8 = 330,000,000원

분여한 총이익: 600원 × 550,000주 = 330,000,000원

⑥ 합병에 따른 이익의 증여와 부당행위계산

㉮ 증여재산(과대평가된 B법인의 주주)

상속증여세법 제38조 합병에 따른 이익의 증여에 해당되는 주주는 B법인의 주주가 얻은 이익이다.

구분	B법인의 주주가 얻은 이익
방법 1	김: 1,650원 × 125,000주 × 0.8 = 165,000,000원 이: 1,650원 × 75,000주 × 0.8 = 99,000,000원 박㈜: 1,650원 × 50,000주 × 0.8 = 66,000,000원
방법 2	김: 330,000,000원 × 50% = 165,000,000원 이: 330,000,000원 × 30% = 99,000,000원 박㈜: 330,000,000원 × 20% = 66,000,000원

박㈜이 얻은 이익 분석

수익의 범위【법인세법 시행령 제11조】

9. 제88조 제1항 제8호의 규정에 의하여 특수관계인으로부터 분여받은 이익 (1998.12.31. 개정)

9. 제88조 제1항 제8호 각 목의 규정에 의한 자본거래로 인하여 특수관계인으로부터 분여받은 이익 (2000.12.29. 개정)

9. 제88조 제1항 제8호 각 목의 어느 하나 및 같은 항 제8호의2에 따른 자본거래로 인하여 특수관계인으로부터 분여받은 이익 (2008.2.22. 개정)

박㈜이 갑, 을㈜, 병으로부터 얻은 총이익 66,000,000원 중 갑과 을㈜로부터 얻은 이익은 수익에 해당되므로, 수익으로 익금에 산입할 금액은 52,800,000원(33,000,000원 + 19,800,000원)이다. 박㈜이 얻은 총이익을 주주별로 구별해 보면 다음과 같게 된다.

구분	박(주)이 얻은 총이익
방법 1	갑으로부터 66,000,000원 × 50%(갑 지분율) = 33,000,000원 을㈜로부터 66,000,000원 × 30%(을 지분율) = 19,800,000원 병으로부터 66,000,000원 × 20%(병 지분율) = 13,200,000원
방법 2	갑이 박㈜에게 600원 × 275,000주 × 20%(박 지분율) = 33,000,000원 을㈜이 박㈜에게 600원 × 165,000주 × 20%(박 지분율) = 19,800,000원 병이 박㈜에게 600원 × 110,000주 × 20%(박 지분율) = 13,200,000원

한편, 박㈜이 얻은 총이익 중 병으로부터 얻은 이익 13,200,000원은 박㈜의 증여재산가액에 해당된다. 다만, 박㈜이 영리법인일 경우 영리법인의 개인주주의 증여재산가액으로 본다. 그런데 영리법인의 주주 중에 법인주주가 있을 경우 그 법인주주에 대해서 또다시 증여재산가액을 계산하게 된다면 끝없이 증여재산가액을 계산해야 하는 문제가 제기될 수 있다. 영리법인의 주주에게 과세하는 문제는 과세 여부를 떠나 많은 논란이 있을 것으로 보인다.

㉯ 부당행위계산(과소평가된 A법인의 주주)

을㈜이 분여한 총이익 99,000,000원 중 특수관계인인 이와 박㈜에게 분여한 이익이 부당행위계산에 해당된다. 따라서 부당행위계산부인 금액은 49,000,000원(29,700,000원 + 19,800,000원)이다.

구분	A법인의 각 주주가 분여한 총이익
방법 1	갑: 600원 × 275,000주 = 165,000,000원 을㈜: 600원 × 165,000주 = 99,000,000원 병: 600원 × 110,000주 = 66,000,000원
방법 2	갑: 330,000,000원 × 50% = 165,000,000원 을㈜: 330,000,000원 × 30% = 99,000,000원 병: 330,000,000원 × 20% = 66,000,000원

| 을㈜이 분여한 이익 분석 |

법인세법 시행령 제88조 제1항【부당행위계산 유형】

8. 다음 각 목의 어느 하나에 해당하는 자본거래로 인하여 주주 등인 법인이 특수관계인인 다른 주주 등에게 이익을 분여한 경우 (2009.2.4. 개정)
   가. 특수관계인인 법인 간의 합병(분할합병을 포함한다)에 있어서 주식 등을 시가보다 높거나 낮게 평가하여 불공정한 비율로 합병한 경우. 다만, 자본시장과 금융투자업에 관한 법률 제165조의4에 따라 합병(분할합병을 포함한다)하는 경우는 제외한다.

법인세법 시행령 제89조【시가의 범위】

⑥ 특수관계인에게 이익을 분여한 경우 익금에 산입할 금액의 계산에 관하여는 상속증여세법 제38조와 같은 법 시행령 제28조 제3항부터 제7항까지의 규정을 준용한다. 이 경우 "이익" 및 "대통령령으로 정하는 이익"은 "특수관계인에게 분여한 이익"으로 본다.

을㈜이 분여한 총이익을 주주별로 구분해 보면 다음과 같게 된다.

김에게 99,000,000원 × 50% = 49,500,000원, 이에게 99,000,000원 × 30% = 29,700,000원, 박㈜에게 99,000,000원 × 20% = 19,800,000원

따라서 부당행위계산부인 금액은 을㈜이 이와 박㈜에게 분여한 이익의 합계액인 49,500,000원(29,700,000원 + 19,800,000원)이다.

⑦ 동일인이 지분 동시 보유 시 계산

A법인의 주주 갑을 김으로 보면, 주주 김은 A법인과 B법인의 주식을 동시에 보유하고 있다. B법인의 주주 김이 얻은 총이익은 165,000,000원으로 이 중에는 A법인의 주주 김으로부터 얻은 이익이 포함되어 있다. 이 경우 본인으로부터 분여받은 이익에 해당하는 금액을 제외한 후의 금액이 B법인의 주주 김의 증여재산가액이 된다.

㉮ 주주 김의 증여재산가액: 주주 김이 얻은 총이익 165,000,000원은 다음과 같이 구성되어 있다.

구분	김이 얻은 총이익
방법 1	김으로부터 165,000,000원 × 50% = 82,500,000원 을㈜로부터 165,000,000원 × 30% = 49,500,000원 병으로부터 165,000,000원 × 20% = 33,000,000원
방법 2	• 김이 김에게 330,000,000원 × 50%(김 지분율) × 50%(김 지분율) = 82,500,000원 • 을㈜이 김에게 330,000,000원 × 30%(을 지분율) × 50%(김 지분율) = 49,500,000원 • 병이 김에게 330,000,000원 × 20%(병 지분율) × 50%(김 지분율) = 33,000,000원

B법인의 김의 증여재산가액은 본인으로부터의 증여에 해당하는 금액을 차감한 후의 금액이 되므로, 이 경우 김의 증여재산가액은 82,500,000원(165,000,000원 − 82,500,000원)이 된다. 또는 B법인의 김의 증여재산가액은 A법인의 주주 을㈜과 병으로부터 얻은 이익의 합계액이므로 김의 증여재산가액은 82,500,000원(49,500,000원 + 33,000,000원)이 된다. 그러나 주주 김이 합병으로 인하여 얻은 이익은 실제적으로는 없는데도(A법인의 김이 분여한 총이익이 165,000,000원이고, B법인의 김이 얻은 총이익이 165,000,000원으로 김이 분여한 이익과 얻은 이익이 서로 같으므로 실질적으로는 얻은 이익은 없다) 증여재산가액이 있는 것으로 계산된다. 이러한 계산방법(앞에서 주주별로 얻은 이익과 분여한 이익의 계산 방법)을 따를 경우 을㈜의 부당행위계산부인 금액은 49,500,000원, 박㈜의 수익은 52,800,000원이 된다.

㉯ 주주 김의 증여재산가액

본인으로부터의 증여에 해당하는 금액의 계산법(기획재정부)을 보면,

$$\text{주주 김이 얻은 총이익} \times \frac{\text{주가가 과소평가된 합병당사법인의 당해 주주 김의 소유지분율}}{\text{주가가 과대평가된 합병당사법인의 당해 주주 김의 소유지분율}}$$

계산법에 따라 본인으로부터의 증여에 해당하는 금액을 계산하면 165,000,000원[165,000,000원 × (50%/50%)]이 된다. 이 경우 김이 얻은 총이익 중 본인으로부터의 증여에 해당하는 금액을 제외하면 김의 증여재산가액 0원(165,000,000원 − 165,000,000원)

으로 주주 김의 증여재산가액은 없다. 이 경우 A법인의 주주 김이 분여한 총이익 전부를 B법인의 주주 김에게만 분여했다는 것이 된다. 이 계산법의 결과는 합병으로 인하여 주주 김이 분여한 이익과 얻은 이익이 같아 실질적으로는 얻은 이익이 없다는 것과 같은 결과가 된다(앞서 "제4절 3. 3개 이상 법인의 합병"에 의하면 이 계산법도 합리적인 계산방식이 아니었다). 이러한 경우 을㈜이 분여한 총이익 99,000,000원은 B법인의 주주 이와 박㈜에게만 분여한 결과가 되어(주주 김에는 분여한 것이 없으므로) 을㈜의 부당행위계산부인 금액은 99,000,000원이 되는데 이것은 "㉮"에서 계산한 49,500,000원과 차이가 난다. 또한 박㈜이 얻은 총이익은 을㈜과 병으로부터만 얻은 이익이 되는데(A법인의 김으로부터 얻은 이익은 없으므로) 박㈜의 수익은 을㈜로부터 얻은 이익이 39,600,000원
으로 "㉮"에서 계산한 52,800,000원과 차이가 난다.

박㈜의 수익

박㈜이 얻은 총이익은 을㈜과 병으로부터 얻은 이익의 합계액이다(A법인의 주주 김이 분여한 총이익은 모두 B법인의 주주 김이 분여 받았으므로 박㈜이 A법인의 주주 김으로부터 분여받은 이익은 없게 된다). 따라서 을㈜이 분여한 이익은 박㈜에게만 분여한 이익이 되어 박㈜에게 분여한 이익[박㈜이 을㈜로부터 분여받은 이익]의 계산은 다음과 같게 된다.

$$\text{을㈜이 분여한 총이익 } 99{,}000{,}000\text{원} \times \frac{\text{박㈜ 지분율 } 20\%}{\text{이 지분율 } 30\% + \text{박㈜ 지분율 } 20\%} = 39{,}600{,}000\text{원}$$

사례 3 ••• 합병대가(현금 포함)와 이익증여 및 의제배당

다음 사례 분석은 ≪사례 1≫과 마찬가지로 합병대가를 주식과 현금으로 받은 경우 합병에 따른 이익증여를 계산하고 있다. 상속증여세법(상증령 §28 ③ 2)의 이익증여 계산방식에서 이익증여로 과세되지 않은 금액이 의제배당으로 과세되고 있는지에 대해 분석하고 있다. 과세금액의 계산과정은 ≪사례 1≫의 계산방식을 기본으로 한다.

□ 계산 근거

기본통칙(상속증여세법) 38－28…2에 따르면 영 제28조 제4항의 규정에 의하여 계산한

금액에 소득세법 제17조 제2항 제4호의 의제배당 금액이 포함된 경우에는 이를 차감한다. 상속증여세법 시행령 제28조 제3항 제2호는 합병대가가 액면가액에 미달하는 경우로서 현금을 지급받은 경우 이익증여로 과세하고 과세되지 않은 부분은 의제배당으로 과세한다는 계산방식이다. 다만, 이익증여에 의제배당에 해당되는 금액이 포함되어 있는 경우에는 의제배당을 차감하고 이익증여 금액을 계산한다. 이와 같은 합병에 따른 과세금액의 계산방식은 과세되는 총금액에 미치는 영향은 없으나 부당행위계산에는 영향을 미치게 된다. ≪사례 1≫의 경우는 피합병법인의 주주가 법인이므로 법인의 경우는 의제배당 계산 시 이익증여로 과세된 금액을 차감하고 있어 개인주주의 과세방식과 차이가 있다.

합병에 따른 의제배당과 이익증여를 각각 계산해 보고 과세되는 총금액을 비교해 보자. 이해와 계산의 편의를 위해 주주구성을 1인으로 하였으며, 1주당 평가액(시가)이 액면가액 이하이므로 합병대가를 계산하는 데 있어 합병요건(법인법 §44 ② 1 및 2)을 충족한 경우나 충족하지 않은 경우나 주식의 가액은 시가에 의하여 평가하므로 합병대가는 합병요건 충족 여부와 관계없이 동일하다.

(가) 합병대가가 액면가액 미달인 경우

| 합병내용 |

구분	A		B		A′(합병 후)
총주식 평가액	3,960,000,000		900,000,000		4,860,000,000
발행주식총수	800,000		500,000		
1주당 평가액	4,950		1,800		4,500
합병비율(신고)	1		0.56		
합병 후 주식수(신고)	800,000		280,000		1,080,000
합병 전 1주당 평가액	4,950		3,214		* 계산금액의 차이는 소수점 차이임.
1주당 평가차손·익	(450)		1,286		
평가차액 계	(360,000,000)		360,000,000		
주주	주주	지분율	주주	지분율	
	법인	100%	개인	100%	

합병대가(액면가액 5,000원)의 지급조건은 다음과 같다.

합병대가		교부받은 주식수	구 주식수
주식 80%	1,108,800,000	224,000	400,000
현금 20%	277,200,000	(56,000)	100,000
계	1,386,000,000	280,000	500,000

* 합병대가 합계: 합병법인 합병가액 4,950원 × 교부받은 주식총수 280,000주

(가) - 1. 증여재산가액과 의제배당

① 이익의 증여

- 주식(상증령 §28 ③ 1)

  (합병 후 1주당 평가액 - 합병 전 1주당 평가액) × 대주주의 합병 후 주식수

  (4,500원 - 3,214원) × 224,000주(80%) = 288,000,000원

- 현금(상증령 §28 ③ 2)

  (1주당 합병대가 - 합병 전 1주당 평가액) × 대주주의 합병 후 주식수

  (합병대가 4,950원 - 합병 전 1주당 평가액 3,214원) × 56,000주 = 97.200,000원

  * 대주주의 합병 후 주식수를 224,000주로 보는 경우
  (합병대가 4,950원 - 합병 전 1주당 평가액 3,214원) × 224,000주 = 388,800,000원

② 의제배당

상속증여세법 기본통칙(38-28…2)에 따르면 이익증여에 의제배당 금액이 포함된 경우에는 이를 차감하도록 하고 있으므로 구 주식 취득가액이 5,000원인 경우 의제배당과 이익증여를 다음과 같이 계산할 수 있을 것이다(피합병법인의 주주는 개인주주 1인이다).

구분		합병대가 ①	취득가액 ②	의제배당 (① - ②)
주식 80%	적격	2,000,000,000	2,000,000,000	-
	비적격	1,108,800,000	2,000,000,000	-891,200,000
현금 20%	적격	277,200,000	2,000,000,000	-1,722,800,000
	비적격	277,200,000	2,000,000,000	-1,722,800,000

* 합병대가가 주식인 경우 합병대가 산정방식: 적격합병은 합병대가를 종전의 장부가액으로 하되 합병대가로 금전을 받은 부분은 취득한 주식을 시가로 평가한 가액이 종전의 장부가액보다 적은 경우는 시가(소득령 제27조 제1항 제1호)

* 증여재산에 대하여 수증자에게 소득세법에 따른 소득세 또는 법인세법에 따른 법인세가 부과되는 경우에는 증여세를 부과하지 아니한다(상증법 제4조의2 제3항).
* 적격합병의 합병대가는 종전의 장부가액보다 낮아 의제배당이 발생하지 않으나 합병대가의 계산을 종전의 장부가액으로 하였다(이하 모든 계산방식은 동일하다).

③ 과세되는 금액

합병에 따른 과세금액을 '의제배당 과세 후 이익증여'와 '이익증여 과세 후 의제배당'으로 구분해서 금액의 합계(의제배당 + 이익증여 및 이익증여 + 의제배당. 각 ▲인 경우 "0원")를 각각 계산하면 다음과 같게 된다(의제배당은 구 주식 취득가액을 각각 1주당 5,000원, 4,000원, 6,000원으로 보고 위의 계산방식에 따라 한 것임).

| 구 주식 취득가액 5,000원인 경우 |

〈의제배당 과세 후 이익증여 금액〉

구분		의제배당 ①	이익증여 ②	계(① + ②)
주식 80%	적격	-	288,000,000	288,000,000
	비적격	-891,200,000	288,000,000	288,000,000
현금 20%	적격	-1,722,800,000	97,200,000	97,200,000
	비적격	-1,722,800,000	97,200,000	97,200,000

〈이익증여 과세 후 의제배당 금액〉

구분		이익증여 ①	의제배당 ②	계(① + ②)
주식 80%	적격	288,000,000	-	288,000,000
	비적격	288,000,000	-1,179,200,000	288,000,000
현금 20%	적격	97,200,000	-1,722,800,000	97,200,000
	비적격	97,200,000	-1,722,800,000	97,200,000

| 구 주식 취득가액 4,000원인 경우 |

〈의제배당 과세 후 이익증여 금액〉

구분		의제배당 ①	이익증여 ②	계(① + ②)
주식 80%	적격	-	288,000,000	288,000,000
	비적격	-491,200,000	288,000,000	288,000,000
현금 20%	적격	-1,322,800,000	97,200,000	97,200,000
	비적격	-1,322,800,000	97,200,000	97,200,000

〈이익증여 과세 후 의제배당 금액〉

구분		이익증여 ①	의제배당 ②	계(① + ②)
주식 80%	적격	288,000,000	-	288,000,000
	비적격	288,000,000	-779,200,000	288,000,000
현금 20%	적격	97,200,000	-1,322,800,000	97,200,000
	비적격	97,200,000	-1,322,800,000	97,200,000

| 구 주식 취득가액 6,000원인 경우 |

〈의제배당 과세 후 이익증여 금액〉

구분		의제배당 ①	이익증여 ②	계(① + ②)
주식 80%	적격	-	288,000,000	288,000,000
	비적격	-1,291,200,000	288,000,000	288,000,000
현금 20%	적격	-2,122,800,000	97,200,000	97,200,000
	비적격	-2,122,800,000	97,200,000	97,200,000

〈이익증여 과세 후 의제배당 금액〉

구분		이익증여 ①	의제배당 ②	계(① + ②)
주식 80%	적격	288,000,000	-	288,000,000
	비적격	288,000,000	-1,579,200,000	288,000,000
현금 20%	적격	97,200,000	-2,122,800,000	97,200,000
	비적격	97,200,000	-2,122,800,000	97,200,000

④ **합병대가가 주식 100%인 경우 과세금액**

위의 합병이 비적격합병에 해당되고 합병대가를 주식으로 100% 교부받은 경우 합병에 따른 과세금액(의제배당 + 이익증여. 의제배당 ▲인 경우 "0원")은 다음의 계산과 같이 구 주식 1주당 취득가액과 관계없이 모두 의제배당이 발생되지 않으므로 과세되는 부분은 이익증여만 해당된다.

구분	1주당 취득가액	의제배당 ①	이익증여 ②	계(① + ②)
주식 100%	5,000	-1,114,000,000	360,000,000	360,000,000
	4,000	-614,000,000	360,000,000	360,000,000
	6,000	-1,614,000,000	360,000,000	360,000,000

위의 계산결과에 따라 비적격합병으로 합병대가로 주식 100%를 교부받은 경우와 주식 80%와 현금 20%를 각각 지급받은 경우에 과세금액을 비교하면 다음의 계산과 같이 구 주식 1주당 취득가액과 관계없이 주식 100%인 경우보다 주식 80% + 현금 20%인 경우가 더 많게 계산되고 있다. ≪사례 1≫에서 '합병대가가 액면가액 이상인 경우'에 따르면 주식 100%를 교부받은 경우의 과세금액의 합계가 주식 80% + 현금 20%를 지급받은 경우의 과세금액의 합계와 같아야 한다. 이 의미는 합병대가를 어떤 방식으로 지급받든 적격합병으로써 과세이연이 아닌 한 과세금액의 합계는 소득 종류가 다를 수는 있어도 주식 100%를 교부받은 경우의 과세금액을 초과하거나 미달되지 않아야 한다는 것을 말한다.

구분	1주당 취득가액	주식 100%	주식 80% + 현금 20%
비적격 합병	5,000	360,000,000	385,200,000
	4,000	360,000,000	385,200,000
	6,000	360,000,000	385,200,000

(가)-2. 증여재산가액과 부당행위계산

불공정합병에 따른 부당행위계산 부인으로 익금에 산입할 금액의 계산에 관하여는 상속증여세법 제38조와 같은 법 시행령 제28조 제3항부터 제7항까지의 규정을 준용한다. 이 경우 얻은 이익은 "특수관계인에게 분여한 이익"으로 본다(법인령 §89 ⑥). 구 주식

취득가액의 구분 없이 부당행위계산은 주식 80% + 현금 20%인 경우 과세되는 금액 전부가 이익증여이므로 부인 금액은 385,200,000원이 되고, 주식 100%인 경우는 360,000,000원이 된다. 부당행위계산부인 금액이 차이가 난다.

(나) 합병대가가 액면가액 초과인 경우

| 합병내용 |

<table>
<tr><th>구분</th><th colspan="2">A</th><th colspan="2">B</th><th>A′(합병 후)</th></tr>
<tr><td>총주식 평가액</td><td colspan="2">4,800,000,000</td><td colspan="2">900,000,000</td><td>5,700,000,000</td></tr>
<tr><td>발행주식총수</td><td colspan="2">800,000</td><td colspan="2">500,000</td><td></td></tr>
<tr><td>1주당 평가액</td><td colspan="2">6,000</td><td colspan="2">1,800</td><td>5,277.8</td></tr>
<tr><td>합병비율(신고)</td><td colspan="2">1</td><td colspan="2">0.560</td><td></td></tr>
<tr><td>합병 후 주식수(신고)</td><td colspan="2">800,000</td><td colspan="2">280,000</td><td>1,080,000</td></tr>
<tr><td>합병 전 1주당 평가액</td><td colspan="2">6,000</td><td colspan="2">3,214.3</td><td rowspan="3">* 계산금액의 차이는 소수점 차이임.</td></tr>
<tr><td>1주당 평가차손·익</td><td colspan="2">(722.2)</td><td colspan="2">2,063.5</td></tr>
<tr><td>평가차액 계</td><td colspan="2">(577,777,778)</td><td colspan="2">577,777,778</td></tr>
<tr><td rowspan="2">주주</td><td>주주</td><td>지분율</td><td>주주</td><td>지분율</td><td rowspan="2"></td></tr>
<tr><td>법인</td><td>100%</td><td>개인</td><td>100%</td></tr>
</table>

합병대가(액면가액 5,000원)의 지급조건은 다음과 같다.

합병대가		교부받은 주식수	구 주식수
주식 80%	1,344,000,000	224,000	400,000
현금 20%	336,000,000	(56,000)	100,000
계	1,680,000,000	280,000	500,000

* 합병대가 합계: 합병법인 합병가액 6,000원 × 교부받은 주식총수 280,000주

(나)-1. 증여재산가액과 의제배당

① 이익의 증여

- 주식 80%(상증령 §28 ③ 1)

(합병 후 1주당 평가액 − 합병 전 1주당 평가액) × 대주주의 합병 후 주식수

(5,277원 − 3,214원) × 224,000주 = 462,222,222원

• 현금 20%(상증령 §28 ③ 2)

(1주당 액면가액 - 합병 전 1주당 평가액) × 대주주의 합병 후 주식수

(액면가액 5,000원 - 합병 전 1주당 평가액 3,214원) × 56,000주 = 100,000,000원

② **의제배당**

상속증여세법 기본통칙(38-28…2)에 따르면 이익증여에 의제배당 금액이 포함된 경우에는 이를 차감하도록 하고 있으므로 구 주식 취득가액이 5,000원인 경우 의제배당과 이익증여를 다음과 같이 계산할 수 있을 것이다(피합병법인의 주주는 개인주주 1인이다).

구분		합병대가 ①	취득가액 ②	의제배당 (① - ②)
주식 80%	적격	2,000,000,000	2,000,000,000	-
	비적격	1,344,000,000	2,000,000,000	-656,000,000
현금 20%	적격	336,000,000	500,000,000	-164,000,000
	비적격	336,000,000	500,000,000	-164,000,000

* 합병대가가 주식인 경우 합병대가 산정방식: 적격합병은 합병대가를 종전의 장부가액으로 하되 합병대가로 금전을 받은 부분은 취득한 주식을 시가로 평가한 가액이 종전의 장부가액보다 적은 경우는 시가(소득령 제27조 제1항 제1호)

* 증여재산에 대하여 수증자에게 소득세법에 따른 소득세 또는 법인세법에 따른 법인세가 부과되는 경우에는 증여세를 부과하지 아니한다(상증법 제4조의2 제3항).

* 적격합병의 합병대가는 종전의 장부가액보다 낮아 의제배당이 발생하지 않으나 합병대가의 계산을 종전의 장부가액으로 하였다(이하 모든 계산방식은 동일하다).

③ **과세되는 금액**

합병에 따른 과세금액을 '의제배당 과세 후 이익증여'와 '이익증여 과세 후 의제배당'으로 구분해서 금액의 합계(의제배당 + 이익증여 및 이익증여 + 의제배당. 각 ▲인 경우 "0원")를 각각 계산하면 다음과 같게 된다(의제배당은 구 주식 취득가액을 각각 1주당 5,000원, 4,000원, 6,000원으로 보고 위의 계산방식에 따라 한 것임).

| 구 주식 취득가액 5,000원인 경우 |

〈의제배당 과세 후 이익증여 금액〉

구분		의제배당 ①	이익증여 ②	계(① + ②)
주식 80%	적격	-	462,222,222	462,222,222
	비적격	-656,000,000	462,222,222	462,222,222
현금 20%	적격	-164,000,000	100,000,000	100,000,000
	비적격	-164,000,000	100,000,000	100,000,000

〈이익증여 과세 후 의제배당 금액〉

구분		이익증여 ①	의제배당 ②	계(① + ②)
주식 80%	적격	462,222,222	-	462,222,222
	비적격	462,222,222	-1,118,222,222	462,222,222
현금 20%	적격	100,000,000	-264,000,000	100,000,000
	비적격	100,000,000	-264,000,000	100,000,000

| 구 주식 취득가액 4,000원인 경우 |

〈의제배당 과세 후 이익증여 금액〉

구분		의제배당 ①	이익증여 ②	계(① + ②)
주식 80%	적격	-	462,222,222	462,222,222
	비적격	-256,000,000	462,222,222	462,222,222
현금 20%	적격	-64,000,000	100,000,000	100,000,000
	비적격	-64,000,000	100,000,000	100,000,000

〈이익증여 과세 후 의제배당 금액〉

구분		이익증여 ①	의제배당 ②	계(① + ②)
주식 80%	적격	462,222,222	-	462,222,222
	비적격	462,222,222	-718,222,222	462,222,222
현금 20%	적격	100,000,000	-164,000,000	100,000,000
	비적격	100,000,000	-164,000,000	100,000,000

| 구 주식 취득가액 6,000원인 경우 |

〈의제배당 과세 후 이익증여 금액〉

구분		의제배당 ①	이익증여 ②	계(① + ②)
주식 80%	적격	-	462,222,222	462,222,222
	비적격	-1,056,000,000	462,222,222	462,222,222
현금 20%	적격	-264,000,000	100,000,000	100,000,000
	비적격	-264,000,000	100,000,000	100,000,000

〈이익증여 과세 후 의제배당 금액〉

구분		이익증여 ①	의제배당 ②	계(① + ②)
주식 80%	적격	462,222,222	-	462,222,222
	비적격	462,222,222	-1,518,222,222	462,222,222
현금 20%	적격	100,000,000	-364,000,000	100,000,000
	비적격	100,000,000	-364,000,000	100,000,000

④ 합병대가가 주식 100%인 경우 과세금액

위의 합병이 비적격합병에 해당되고 합병대가를 주식으로 100% 교부받은 경우 합병에 따른 과세금액(의제배당 + 이익증여. 의제배당 ▲인 경우 "0원")은 다음의 계산과 같이 구 주식 1주당 취득가액과 관계없이 모두 의제배당이 발생되지 않고 이익증여만 해당된다.

구분	1주당 취득가액	의제배당 ①	이익증여 ②	계(① + ②)
주식 100%	5,000	-820,000,000	577,777,778	577,777,778
	4,000	-320,000,000	577,777,778	577,777,778
	6,000	-1,320,000,000	577,777,778	577,777,778

위의 계산결과에 따라 비적격합병으로 합병대가로 주식 100%를 교부받은 경우와 주식 80%와 현금 20%를 각각 지급받은 경우에 과세금액을 비교하면 다음의 계산과 같이 구 주식 1주당 취득가액과 관계없이 주식 100%인 경우보다 주식 80% + 현금 20%인 경우가 더 많게 계산되고 있다. ≪사례 1≫에서 '합병대가가 액면가액 이상인 경우'에 따르면 주식 100%를 교부받은 경우의 과세금액의 합계가 주식 80% + 현금 20%를

지급받은 경우의 과세금액의 합계와 같아야 한다. 이 의미는 합병대가를 어떤 방식으로 지급받든 적격합병으로써 과세이연이 아닌 한 과세금액의 합계는 소득 종류가 다를 수는 있어도 주식 100%를 교부받은 경우의 과세금액을 초과하거나 미달되지 않아야 한다는 것을 말한다.

구분	1주당 취득가액	주식 100%	주식 80% + 현금 20%
비적격 합병	5,000	577,777,778	562,222,222
	4,000	577,777,778	562,222,222
	6,000	577,777,778	562,222,222

(나) - 2. 증여재산가액과 부당행위계산

불공정합병에 따른 부당행위계산 부인으로 익금에 산입할 금액의 계산에 관하여는 상속증여세법 제38조와 같은 법 시행령 제28조 제3항부터 제7항까지의 규정을 준용한다. 이 경우 얻은 이익은 "특수관계인에게 분여한 이익"으로 본다(법인령 §89 ⑥). 구 주식 취득가액의 구분 없이 부당행위계산은 주식 80% + 현금 20%인 경우 과세되는 금액 전부가 이익증여이므로 부인 금액은 562,222,222원이 되고, 주식 100%인 경우는 577,777,778원이 된다. 부당행위계산 금액이 차이가 난다.

(1) - 2. 계산방법 [II]

같은 법인이 합병법인과 피합병법인의 주식을 동시에 소유하고 있는 경우 자기가 자기에게 이익을 분여한 경우가 된다. 자기가 자기에게 이익을 분여하는 경우는 상속증여세법에서 자기로부터 증여받은 것과 마찬가지로 이익분여를 받은 자는 실질적으로는 분여받은 이익이 없으므로 분여한 이익도 없는 것이 된다. 상속증여세법에서 동일인이 합병법인과 피합병법인의 주주인 경우 자기가 자기에게 증여한 것은 증여재산가액에서 제외하도록 하는 것과 마찬가지로 부당행위계산에서도 자기가 자기에게 분여한 이익에 대해서는 부당행위계산에서 제외하여야 할 것이다. 제4절(2. 얻은 이익의 계산)에서 본 계산방식은 다음과 같았다.

〈자기(甲)에게 분여한 이익의 계산〉

$$\text{법인주주 갑이 분여한 총이익} \times \frac{\text{과대평가된 합병당사법인의 갑의 소유지분율}}{\text{과소평가된 합병당사법인의 갑의 소유지분율}}$$

위의 계산방식에 대해 동일인이 지분 동시 소유 시 계산법을 설명할 때 소유지분율로 계산하는 방법에 대해 한차례 검토를 하였다. 여기서는 부당행위계산부인 금액과 증여재산가액이 함께 있는 경우의 계산이 되겠다. "제4절 합병과 이익증여" ≪사례 5≫에서 합병당사법인의 주주가 특수관계인에 해당되며 주주 甲과 乙을 개인주주가 아닌 법인주주로 보고 부당행위계산을 계산방식에 따르면 다음과 같게 된다.

〈자기(甲)에게 분여한 이익의 계산〉

$$\text{A법인의 甲이 분여한 총이익 6억원} \times \frac{\text{과대평가된 합병당사법인의 甲의 소유지분율 50\%}}{\text{과소평가된 합병당사법인의 甲의 소유지분율 50\%}} = \text{6억원}$$

위 계산식에서 A법인의 甲이 합병으로 인하여 분여한 총이익은 6억원이다. 이 중에서 B법인의 甲(자기에게)에게 분여한 이익 6억원을 제외하고 나면 A법인의 甲이 분여할 이익의 잔액은 0원(6억원 － 6억원)으로 없게 된다. 이 경우 A법인의 甲은 B법인의 金에게 분여한 이익이 없으므로 부당행위계산을 할 수가 없게 된다. 계산방식에 따를 경우 A법인의 甲이 분여한 총이익 6억원은 상대방 B법인의 甲에게만 분여했고 金에게는 분여한 이익이 없다는 결론에 이르게 된다.

그러나 A법인의 甲이 분여한 총이익 6억원은 상대방 B법인의 甲(50%)과 金(50%)에게 분여한 이익으로 볼 수도 있다면 이 경우 A법인의 甲이 B법인의 金에게 분여한 이익은 3억원(50%)이 된다. 이 경우 A법인의 甲이 실질적으로 다른 주주에게 분여할 이익이 없는데도(甲이 얻은 총이익이 甲이 분여한 총이익과 같으므로 甲이 다른 주주에게 분여할 이익은 없게 된다) 金에게 분여한 이익이 있다는 것이 문제점이다.

결국 기획재정부 해석은 동일 법인이 합병당사법인의 주주인 경우 분여한 이익 중 자기가 자기에게 분여한 이익을 우선하고 잔액이 있을 경우에 다른 주주에게 분여한 것으로 본다는 것이 되나, 이 계산방식도 합병당사법인이 3개 이상인 경우에는 합리적이지 않다는 것을 "제4절(3. 3개 이상 법인의 합병)"에서 보았다.

사례 4 ••• 동일법인이 합병당사법인의 주주인 경우

| 합병내용 |

<table>
<tr><th>구분</th><th colspan="2">A</th><th colspan="2">B</th><th>A′(합병 후)</th></tr>
<tr><td>총주식 평가액</td><td colspan="2">12,800,000,000</td><td colspan="2">2,000,000,000</td><td>14,800,000,000</td></tr>
<tr><td>발행주식총수</td><td colspan="2">800,000</td><td colspan="2">500,000</td><td></td></tr>
<tr><td>1주당 평가액</td><td colspan="2">16,000</td><td colspan="2">4,000</td><td>14,800</td></tr>
<tr><td>합병비율(신고)</td><td colspan="2">1</td><td colspan="2">0.4</td><td></td></tr>
<tr><td>합병 후 주식수(신고)</td><td colspan="2">800,000</td><td colspan="2">200,000</td><td>1,000,000</td></tr>
<tr><td>합병 전 1주당 평가액</td><td colspan="2">16,000</td><td colspan="2">10,000</td><td rowspan="3"></td></tr>
<tr><td>1주당 평가차손익</td><td colspan="2">▲1,200</td><td colspan="2">4,800</td></tr>
<tr><td>평가차액 계</td><td colspan="2">▲960,000,000</td><td colspan="2">960,000,000</td></tr>
<tr><td rowspan="5">주주</td><td>주주</td><td>지분율</td><td>주주</td><td>지분율</td><td rowspan="5"></td></tr>
<tr><td>갑㈜</td><td>60%</td><td>갑㈜</td><td>50%</td></tr>
<tr><td>을</td><td>30%</td><td>나</td><td>20%</td></tr>
<tr><td>병</td><td>10%</td><td>다</td><td>30%</td></tr>
<tr><td>합계</td><td>100%</td><td>합계</td><td>100%</td></tr>
</table>

* 주주 갑㈜이 A법인과 B법인의 주식을 동시에 소유하고 있음.

□ 계산 근거

① 합병 후 존속법인의 1주당 평가액

$$\frac{16{,}000\text{원} \times 800{,}000\text{주} + 4{,}000\text{원} \times 500{,}000\text{주}}{800{,}000\text{주} + 520{,}000\text{주} \times 0.4} = 14{,}800\text{원}$$

② B법인의 합병 전 1주당 평가액(과대평가된 법인)

$$\frac{4{,}000\text{원} \times 500{,}000\text{주}}{500{,}000\text{주} \times 0.4} = 10{,}000\text{원}$$

* A법인의 합병 전 1주당 평가액(과소평가된 법인): 16,000원

③ 1주당 평가차손・익(합병 후 - 합병 전)

A법인 14,800원 - 16,000원 = ▲1,200원

B법인 14,800원 - 10,000원 = 4,800원

④ 합병 후 평가액의 30%

얻은 총이익 ≥ (합병 후 1주당 평가액 × 합병 후 대주주들이 교부받은 주식수 × 30%)

960,000,000원 ≥ 888,000,000원(14,800원 × 200,000주 × 30%)

* 피합병법인의 대주주들이 얻은 총이익이 합병 후 평가액의 30%보다 많으므로 대주주가 얻은 이익이 3억원 미만인 경우에도 상속증여세법상 증여세 과세대상이 되고 법인세법상 부당행위계산 대상에 해당된다.

* 1주당 평가차액비율(불공정비율)

$$\frac{16{,}000\text{원} - 14{,}800\text{원}}{16{,}000\text{원}} = 32.0\% \geq 30\%$$

* 32.0%로 30% 이상이므로 불공정합병에 해당됨.

⑤ 분여한 총이익 = 얻은 총이익

㉮ A법인의 주주들[갑㈜, 을, 병]이 분여한 총이익

1주당 평가차손 × A법인의 합병 후 주식수

1,200원 × 800,000주 = 960,000,000원

㉯ B법인의 주주들[갑㈜, 나, 다]이 얻은 총이익

1주당 평가차익 × B법인의 합병 후 주식수

4,800원 × (500,000주 × 0.4) = 960,000,000원

⑥ A법인의 갑㈜이 B법인의 갑㈜에게 분여한 이익

㉮ 갑㈜이 분여한 총이익

A법인의 주주들이 분여한 총이익 × 갑㈜의 합병 전 지분율

960,000,000원 × 60% = 576,000,000원

㉯ A법인의 갑㈜이 상대방 B법인의 각 주주에게 분여한 이익

A법인의 갑㈜이 분여한 총이익 × B법인의 각 주주의 합병 전 지분율

B법인의 갑㈜에게 576,000,000원 × 50% = 288,000,000원

B법인의 '나'에게 576,000,000원 × 20% = 115,200,000원

B법인의 '다'에게 576,000,000원 × 30% = 172,800,000원

위 계산에 의하면 A법인의 갑㈜이 B법인의 갑㈜에게 분여한 이익은 288,000,000원이 되나, 다음의 계산방식에 따를 경우에는 480,000,000원이 된다.

$$\text{A법인의 갑㈜이 분여한 총이익} \times \frac{\text{B법인의 갑㈜의 합병 전 지분율}}{\text{A법인의 갑㈜의 합병 전 지분율}}$$

$$576{,}000{,}000\text{원} \times \frac{50\%}{60\%} = 480{,}000{,}000\text{원}$$

자기가 자기에게 분여한 이익은 288,000,000원과 480,000,000원으로 서로 차이가 나게 되는데 이와 같은 계산의 결과는 결국 증여재산가액과 부당행위계산, 법인세법 시행령 제11조 수익의 범위에 영향을 미치게 된다.

(2) 분여받은 이익계산

불공정합병에 따른 자본거래로 인하여 특수관계인으로부터 분여받은 이익은 익금(수익)이 된다(법인령 §11 8). 앞서 불공정합병에 따른 부당행위계산에서 특수관계인에게 이익을 분여한 경우 익금에 산입할 금액의 계산에 관하여는 상속증여세법 제38조와 시행령 제28조 제3항부터 제7항까지의 규정을 준용한다고 했다. 분여받은 이익의 계산은 지금까지 계산한 방식에 의하면 분여한 이익이 곧 얻은 이익이 되고 얻은 이익이 분여한 이익이 되므로 분여한 이익을 다음과 같은 방식으로 계산할 수 있었다.

분여이익 계산(부당행위계산부인 금액)

〈방법 1〉 분여한 이익기준

- 1주당 분여한 이익 × 과소평가된 법인의 합병 후 주식수 × 상대방(과대평가된 법인) 특수관계인 주주의 합병 전 소유지분율

  * 1주당 분여이익(−) = (합병 후 1주당 평가액 − 합병 전 1주당 평가액)

〈방법 2〉 얻은 이익기준

- 1주당 얻은 이익 × 과대평가된 법인의 합병 후 교부받은 주식수 × 상대방(과소평가된 법인) 특수관계인 주주의 합병 전 소유지분율

  * 1주당 얻은 이익(+) = (합병 후 1주당 평가액 − 합병 전 1주당 평가액)

불공정합병으로 인해 법인주주가 분여받은 이익은 원칙적으로 "평가차익(합병 후 1주당 평가액 – 합병 전 1주당 평가액) × 특수관계인인 법인주주의 합병 후 주식수)"에 의한다. 이 계산식에서 '합병 후 1주당 평가가액'이라 함은 '주가가 과대평가된 합병당사법인의 합병 직전 주식가액과 주가가 과소평가된 합병당사법인의 합병 직전 주식가액을 합한 가액을 합병 후 신설 또는 존속하는 법인의 주식수로 나눈 가액'을 말한다. 그리고 "합병당사법인의 합병 직전 주식가액"은 상속증여세법 제60조 및 제63조에 따라 평가한 가액에 따르도록 하고 있으며, "합병당사법인의 합병 직전 주식가액(순손익가치와 순자산가치를 가중평균한 가액으로 비상장주식평가를 말한다)"의 산정방식에서 순손익가치의 산정방법은 '1주당 최근 3년간의 순손익액의 가중평균액'에 의하도록 하고 있다.

(2)-1. 대법원의 순손익가치와 추정이익

그런데 대법원(대법원 2011두2736, 2013.12.26.)은 상속증여세법 제38조의 규정에 의한 "증여받은 이익을 산정하기 위하여 합병당사법인의 주식가액을 산정하는 경우"에는 순손익가치 산정방법 중의 하나인 '1주당 최근 3년간의 순손익액의 가중평균액'이 아닌 '1주당 추정이익의 평균가액'으로 해야 한다고 하였다. 대법원은 "합병당사법인의 합병 직전 주식가액"의 평가 방법에 대해 상속증여세법 시행령 제28조 제3항 내지 제6항 등에 따라 특수관계에 있는 비상장법인의 합병으로 인하여 증여받은 이익을 계산하기 위하여 '합병당사법인의 합병 직전 주식가액'을 산정하는 경우에는 특별한 사정이 없는 한 순손익가치 산정 방법을 '1주당 최근 3년간의 순손익액의 가중평균액'으로 할 수 없고, '1주당 추정이익의 평균가액'으로 해야 한다고 하면서, 그 이유에 대해 사업 개시 후 3년 미만이거나 일시 우발적 사건에 의하여 최근 3년간의 순손익액이 비정상적으로 증가하는 등의 사유로 '1주당 최근 3년간의 순손익액의 가중평균액'에 의하는 것이 불합리한 것으로 재정경제부령이 정하는 경우에는 '1주당 추정이익의 평균가액'으로 할 수 있도록 규정하고 있는데, '상속증여세법 제38조의 규정에 의한 증여받은 이익을 산정하기 위하여 합병당사법인의 주식가액을 산정하는 경우'가 '1주당 최근 3년간의 순손익액의 가중평균액'으로 산정하는 것이 불합리한 사유의 하나로 되어 있으므로, 합병으로 인하여 분여받은 이익을 계산할 때 순손익가치의 산정을 '1주당 최근 3년간의 순손익액의 가중평균액'이 아닌 '1주당 추정이익의 평균가액'으로 해야 한다는 것이다.

이 판결을 분석하기 위해서는 순손익가치의 계산방법에 대한 상속증여세법의 시행령과 시행규칙의 연혁을 알아볼 필요가 있다. 해당 조항의 연혁을 요약하면 다음과 같다.

(2)-2. 순손익가치와 시행령 및 시행규칙 연혁

(가) 2000.12.29. 개정되기 전

1주당 최근 3년간의 순손익액의 계산방법【시행령 제56조】

① 제54조 제1항의 규정에 의한 1주당 최근 3년간의 순손익액의 가중평균액은 다음 각 호의 1에 해당하는 가액으로 한다. (1996.12.31. 개정)

1. 다음의 산식에 의하여 계산한 가액

   1주당 최근 3년간의 순손익액의 가중평균액 = [(상속개시 전 1년이 되는 사업연도의 1주당 순손익액 × 3) + (상속개시 전 2년이 되는 사업연도의 1주당 순손익액 × 2) + (상속개시 전 3년이 되는 사업연도의 1주당 순손익액 × 1) × 1/6

2. 재정경제부령이 정하는 신용평가전문기관 등이 재정경제부령이 정하는 기준에 따라 산출한 1주당 추정이익의 평균가액(법 제67조 및 법 제68조의 규정에 의한 상속세과세표준신고 및 증여세과세표준신고의 기한 내에 신고한 경우로서 1주당 추정이익의 산정 기준일과 평가서 작성일이 과세표준신고기한 내에 속하고, 산정 기준일과 상속개시일 또는 증여일이 동일연도에 속하는 경우에 한한다) (1999.12.31. 개정)

(나) 2000.12.29. 개정된 후

1주당 최근 3년간의 순손익액의 계산방법【시행령 제56조】

① 제54조 제1항의 규정에 의한 1주당 최근 3년간의 순손익액의 가중평균액은 제1호의 가액으로 하되, 당해 법인이 사업 개시 후 3년 미만이거나 일시 우발적 사건에 의하여 최근 3년간의 순손익액이 비정상적으로 증가하는 등의 사유로 제1호의 가액에 의하는 것이 불합리한 것으로 재정경제부령이 정하는 경우에는 제2호의 가액으로 한다. (2000.12.29. 개정)

1. 다음의 산식에 의하여 계산한 가액

   1주당 최근 3년간의 순손익액의 가중평균액 = [(상속개시 전 1년이 되는 사업연도의 1주당 순손익액 × 3) + (상속개시 전 2년이 되는 사업연도의 1주당 순손익액 × 2) + (상속개시 전 3년이 되는 사업연도의 1주당 순손익액 × 1) × 1/6

2. 재정경제부령이 정하는 신용평가전문기관 등이 재정경제부령이 정하는 기준에 따라 산출한 1주당 추정이익의 평균가액(법 제67조 및 법 제68조의 규정에 의한 상속세과세표준신고 및 증여세과세표준신고의 기한 내에 신고한 경우로서 1주당 추정이익의 산정기

준일과 평가서 작성일이 과세표준신고기한 내에 속하고, 산정 기준일과 상속개시일 또는 증여일이 동일연도에 속하는 경우에 한한다) (1999.12.31. 개정)

1주당 최근 3년간의 순손익액의 계산방법【시행규칙 제17조의3】

① 영 제56조 제1항 각 호 외의 부분 전단에서 "재정경제부령이 정하는 경우"라 함은 다음 각 호의 1에 해당하는 사유로 1주당 최근 3년간의 순손익액의 가중평균액으로 평가하는 것이 불합리한 경우를 말한다. (2001.4.3. 신설)

1. 사업개시 후 3년 미만인 경우
2. 기업회계기준상의 특별손익의 최근 3년간 가중평균액이 경상손익의 최근 3년간 가중평균액의 50퍼센트를 초과하는 경우
3. 평가기준일 전 3년이 되는 날이 속하는 사업연도 개시일부터 평가기준일까지의 기간 중 합병·분할·증자 또는 감자를 하였거나 주요업종이 바뀐 경우
4. 법 제38조의 규정에 의한 증여받은 이익을 산정하기 위하여 합병당사법인의 주식가액을 산정하는 경우
5. 제1호 내지 제4호와 유사한 경우로서 국세청장이 정하는 사유에 해당하는 경우

2000.12.29. 개정되기 전 순손익가치 산정을 위해서는 '1주당 최근 3년간의 순손익액의 가중평균액'을 원칙적으로는 '1주당 최근 3년간의 순손익액의 가중평균액'으로 하고 예외적으로 요건을 갖춘 경우는 '1주당 추정이익의 평균가액(상속증여세과세표준신고의 기한 내에 신고한 경우 등 충족인 경우에 한한다)으로 하고 있다. 이때까지만 해도 불공정합병에 따른 분여받은 이익을 산정하는 경우 순손익가치를 계산함에 있어 '1주당 추정이익의 평균가액'을 '1주당 최근 3년간의 순손익액의 가중평균액'의 하나로 보지 않고 있었다. 그러나 2000.12.29. 개정된 후 순손익가치 산정을 위해서는 '1주당 최근 3년간의 순손익액의 가중평균액'을 '1주당 최근 3년간의 순손익액의 가중평균액'의 가액으로 하되, '1주당 최근 3년간의 순손익액의 가중평균액'으로 하는 것이 불합리한 경우 '1주당 추정이익의 평균가액'으로 한다고 개정되었다. 그리고 2001.4.3. 불합리한 경우를 재정경제부령이 정하는 사유(일시 우발적 사건 등의 경우)가 있는 경우로 하면서 그 사유 중의 하나로 "상속증여세법 제38조의 규정에 의한 증여받은 이익을 산정하기 위하여 합병당사법인의 주식가액을 산정하는 경우"를 포함하게 되었다. 이 규정으로 인해 '상속증여세법 제38조의 규정에 의한 증여받은 이익을 산정하기 위하여 합병당사

법인의 주식가액을 산정하는 경우'는 '1주당 추정이익의 평균가액'으로 해야 한다.

이러한 개정 내용, 즉 '상속증여세법 제38조의 규정에 의한 증여받은 이익을 산정하기 위하여 합병당사법인의 주식가액을 산정하는 경우'에 순손익가치 산정 방법의 하나로 '1주당 추정이익의 평균가액'으로 한다는 규정은 2014.2.21. 개정되기 전까지 남아 있게 되었다.

이와 같은 개정(2000.12.29.) 과정에서 '상속증여세법 제38조의 규정에 의한 증여받은 이익을 산정하기 위하여 합병당사법인의 주식가액을 산정하는 경우' 순순익가치 산정 방법 중 '1주당 최근 3년간의 순손익액의 가중평균액'이 아닌 '1주당 추정이익의 평균가액'을 강제하도록 한 이유를 찾아보기는 어렵지만 다음과 같은 사정이 아닌가 생각된다.

앞서 상속증여세법의 시행령과 시행규칙의 연혁에서 알 수 있는 것은 2000.12.29. 개정되기 전에는 '상속증여세 과세표준신고의 기한 내에 신고한 경우 등을 충족한 경우"에 한해 순손익가치 산정방법을 '1주당 추정이익의 평균가액'으로 하도록 하고 있었다. 이 규정은 2000.12.29. 개정된 후에도 순손익가치 산정방법을 '1주당 추정이익의 평균가액'으로 하기 위해서는 '상속증여세 과세표준신고의 기한 내에 신고한 경우 등을 충족한 경우'를 한한다는 규정은 바뀌지 않았다.

그런데 순손익가치 산정방법을 '1주당 추정이익의 평균가액'으로 할 수 있는 재정경제부령이 정하는 사유가 신설되고, 이 신설과정에서 재정경제부령이 정하는 사유의 하나로 '상속증여세법 제38조의 규정에 의한 증여받은 이익을 산정하기 위하여 합병당사법인의 주식가액을 산정하는 경우'가 들어가게 되었다. 순손익가치 계산에서 1주당 추정이익의 평균가액으로 할 수 있는 요건은 '상속증여세 과세표준신고의 기한 내에 신고한 경우 등'을 충족하고 '재정경제부령이 정하는 사유'를 동시에 충족하는 경우가 되어야 하는데 '재정경제부령이 정하는 사유'만을 충족하는 경우에도 '1주당 추정이익의 평균가액'으로 할 수 있게 된 것이다. 이러한 과정으로 본다면 입법과정에서 착오가 발생한 것으로 보인다. 그로 인해 '상속증여세법 제38조의 규정에 의한 증여받은 이익을 산정하기 위하여 합병당사법인의 주식가액을 산정하는 경우' 순손익가치 산정방법은 '1주당 최근 3년간의 순손익액의 가중평균액'이 아닌 '1주당 추정이익의 평균가액'이 될 수밖에 없게 되었다.

(2)-3. 현행 규정의 순손익가치

상속증여세법 시행령 제56조 제1항에서 상속증여세법 제63조 제1항 나목의 비상장주식의 평가는 '1주당 순손익가치'와 '1주당 순자산가치'를 각각 3과 2의 비율로 가중평균한 가액으로 하고 1주당 순손익가치는 '1주당 최근 3년간의 순손익액의 가중평균액'으로 하되, 제2항에서 다음 괄호 안의 요건을 모두 갖춘 경우(일시적이고 우발적인 사건으로 해당 법인의 최근 3년간 순손익액이 증가하는 등 '기획재정부령으로 정하는 경우'에 해당할 것, 상속세 과세표준 신고기한 및 증여세 과세표준 신고기한까지 1주당 추정이익의 평균가액을 신고할 것, 1주당 추정이익의 산정 기준일과 평가서 작성일이 해당 과세표준 신고기한 이내일 것, 1주당 추정이익의 산정 기준일과 상속개시일 또는 증여일이 같은 연도에 속할 것)에 한해 '1주당 추정이익의 평균가액'으로 할 수 있도록 하고 있다. 위의 '괄호 안'의 요건인 '기획재정부령으로 정하는 경우'의 요건은 시행규칙 제17조의3 제1항에서 '상속증여세법 제38조의 규정에 의한 증여받은 이익을 산정하기 위하여 합병당사법인의 주식가액을 산정하는 경우'를 들고 있다.

현행 규정은 순손익가치 산정방법으로 '1주당 추정이익의 평균가액'으로 할 수 있는 경우를 위의 '괄호 안'의 요건을 모두 충족하도록 하고 있다. 현행 규정도 이 요건이 충족되면 특별한 사정이 없는 한 '합병당사법인의 합병 직전 주식가액'을 산정하는 경우 순손익가치 산정방법으로 '1주당 최근 3년간의 순손익액의 가중평균액'으로는 할 수 없고 '1주당 추정이익의 평균가액'으로 해야 한다. 과거의 규정과 다를 것이 없다. 다만, '1주당 추정이익의 평균가액'으로 할 수 있다는 규정이 종전에는 기획재정부령으로 정하는 사유가 있는 경우 중 하나(상속증여세법 제38조의 규정에 의한 증여받은 이익을 산정하기 위하여 합병당사법인의 주식가액을 산정하는 경우)의 요건만 충족하면 되었지만, 현행은 위의 '괄호 안'의 요건을 모두 갖춘 경우로 바뀌었다(2014.2.21. 개정). 이와 같은 개정으로 인해 앞서 대법원이 판단한 '1주당 추정이익의 평균가액'이 산정되지 아니하였거나 '상속증여세 과세표준신고의 기한 내에 신고한 경우 등을 충족한 경우'의 요건을 갖추지 못함으로써 '1주당 추정이익의 평균가액'을 기초로 "1주당 순손익가치를 산정할 수 없다고 하여 달리 볼 것은 아니다"라고 하는 문제는 해소되었다.

"상속증여세법 제38조의 규정에 의한 증여받은 이익을 산정하기 위하여 합병당사법인의 주식가액을 산정하는 경우" 1주당 추정이익의 평균가액으로 할 수 있기 위해서는 상속세 과세표준 신고기한 및 증여세 과세표준 신고기한까지 1주당 추정이익의 평균가액을 신고할 것, 1주당 추정이익의 산정 기준일과 평가서 작성일이 해당 과세표준 신고기한 이내일 것, 1주당 추정이익의 산정 기준일과 상속개시일 또는 증여일이 같은 연도에 속할 것"을 모두 충족하는 경우가 되어야 한다. 상속증여세법 제38조의 규정에 의한 증여받은 이익을 산정하기 위하여 합병당사법인의 주식가액을 산정하는 경우는 현실적이지 않다. 합병가액 신고(합병등기 완료 등)는 추정이익으로 할 수 없으므로 합병신고 이후에 발생되는 1주당 추정이익을 증여세 과세표준 신고기한까지 신고하는 등의 요건을 갖춘다는 것은 합병 신고를 하면서 불공정합병을 예정하고 합병신고를 한다는 것이 되는데, 이와 같은 합병 신고가 실행되기는 가능하지 않다.

(2)-4. 2014.2.21. 개정된 시행령(상증령 제56조 제2항의 요건)의 적용 한계

대법원의 추정이익 적용 판결과는 달리 심판원과 행정해석은 여전히 상속증여세법 시행령 제56조 제2항의 요건을 모두 갖춘 경우에 한해 1주당 추정이익의 평균가액으로 할 수 있다. 즉 ① 일시적이고 우발적인 사건으로 해당 법인의 최근 3년간 순손익액이 증가하는 등 기획재정부령으로 정하는 경우에 해당할 것, ② 법 제67조 및 제68조에 따른 상속세 과세표준 신고기한 및 증여세 과세표준 신고기한까지 1주당 추정이익의 평균가액을 신고할 것, ③ 1주당 추정이익의 산정기준일과 평가서작성일이 해당 과세표준 신고기한 이내일 것, ④ 1주당 추정이익의 산정기준일과 상속개시일 또는 증여일이 같은 연도에 속할 것의 4가지 요건을 모두 갖춘 경우에 한하여 순손익가치를 추정이익의 평균가액으로 할 수 있다(조심 2016서3366, 2016.12.12.; 조심 2018서1885, 2018.8.21.). 요건을 모두 갖춘 경우에는 같은 조 같은 항에 따른 1주당 추정이익의 평균가액으로 할 수 있다(기획재정부 재산세제과 138, 2021.2.8.; 서면-2021-자본거래-8173, 2022.1.18.). 그러나 대법원은 2014.2.21. 개정된 시행령 조항(상증령 제56조 제2항의 요건) 이후의 사건에서도 대법원의 판결은 종전과 다르지 않다. 대법원(대법원 2023두32839, 2023.5.18.)은 "합병당사법인의 합병 직전 주식가액'을 산정하거나 평가기준일로부터 최근 3년 이내에 합병이 있는 경우 등 상증세법 시행규칙 제17조의3 제1항 각 호의 사유가 있다면 특별한 사정이 없는 한 구 상증세법 시행령 제56조 제1항의 가액인 '1주당 최근 3년간의 순손익액의 가중평균액'을 기초로 1주당 순손익가치를 산정할 수 없다고 보는 것이 타당하다. 이는 구 상증세법 시행령 제56조 제2항의 가액인 '1주당 추정이익의 평균가액'이 산정되지 아니하였거나 위 규정에서 정한 적용요건을 모두 갖추지 못함으로써 추정이익의 평균가액을 기초로 1주당 순손익가치를 산정할 수 없다고 하여 달리 볼 것도 아니다."고 하였다. 그리고 만일 비상장주식의 1주당 가액을 순손익가치와 순자산가치를 가중평균한 금액으로 평가할 수 없는 경우에는 순자산가치만에 의하여 평가하도록 한 구 상증세법 시행령 제54조 제4항의 방법 등 구 상증세법이 마련한 보충적 평가방법 중에서 객관적이고 합리적인 방법을 준용하여 평가할 수 있다(대법원 2011두32300, 2012.6.14., 대법원 2011두31253, 2013.11.14. 등 참조).

3 분여한 이익의 소득처분

법인세법상 불공정합병에 따른 부당행위계산과 수익의 과세구분은 합병에 따른 이익을 분여한 자와 분여한 그 이익을 받은 자로 나눈다. 일반적인 부당행위계산(고가매입, 저가양도 등)은 이익을 분여한 당해 법인에 대해서만 소득금액을 재계산하고 그 거래상대방에 대해서는 어떠한 대응(계산)을 요구하지 아니한다. 예를 들면, 고가매입이나 저가양도에 대해 거래상대방에게 양도가액과 취득가액을 시가로 수정하여 처분 손익 또는 감가상각 등을 재계산하도록 요구하는 것은 아니다.

그러나 불공정합병에 따라 과소평가된 법인의 법인주주가 분여한 이익은 부당행위계산으로 익금에 산입하고, 분여한 그 이익을 분여받은 상대방 과대평가된 법인의 법인주주는 분여받은 이익이 법인세법 시행령 제11조 제8호의 수익으로 익금에 산입하도록 하고 있다. 거래상대방에 대해 재계산을 요구하지 않는 일반적인 부당행위계산과는 다르며 예외적이라고 할 수 있겠다.

(1) 이익을 분여한 자

(1)-1. 법인세법 시행령 제106조(1998.12.31. 전부 개정된 후)

합병에 따른 이익을 분여한 자는 과소평가된 법인의 주주들이다. 과소평가된 법인의 주주에는 개인주주와 법인주주가 있을 것이다. 여기에서 부당행위계산 대상이 되는 것은 법인주주가 분여한 이익 중 특수관계인인 상대방 주주(개인, 법인)에게 분여한 이익을 말한다. 분여한 이익은 합병등기일이 속하는 사업연도에 익금산입하고 귀속자에게 소득처분한다. 귀속자라고 함은 상대방 과대평가된 법인의 법인주주 또는 개인주주가 해당될 것이다. 법인세법 시행령 제106조 제1항 제1호에 따르면 "법인세법 제67조의 규정에 의하여 익금에 산입한 금액이 사외에 유출된 것이 분명한 경우에는 그 귀속자에 따라 배당, 상여, 기타소득, 기타사외유출로 처분한다."고 규정하고 있다. 그런데 법인세법 시행령(대통령령 제15970호, 1998.12.31. 전부개정) 제106조 제1항 제3호 (자)목은 같은 항 제1호의 규정에도 불구하고 "제88조 제1항 제8호의 규정에 의하여 익금에 산입한 금액으로서 귀속자에게 상속증여세법에 의하여 증여세가 과세되는 금액"을 '기타 사외유출'로 하도록 규정하고 있다. 그리고 법인세법 시행령 제88조 제1항 제8호에서는 "다음 각 목의 1에 해당하는 자본거래로 인하여 주주인 법인이 특수관계자인 다른 주주에게 이익을 분여한 경우"를 규정하면서 그 (가)목에서 "특수관계자인 법인 간의 합병에 있어서 주식 등을 시가보다 높거나 낮게 평가하여 불공정한 비율로 합병한 경우"를, (나)목에서 "법인의 자본을 증가시키는 거래에 있어서 신주를 배정 · 인수받을 수 있는 권리의 전부 또는 일부를 포기하거나 신주를 시가보다 높은 가액으로 인수하는 경우"를, (다)목에서 "법인의 감자에 있어서 주주의 소유주식의 비율에 의하지 아니하고 일부 주주의 주식을 소각하는 경우"를 들고 있다.

합병에 따른 이익으로 익금에 산입한 금액은 법인세법 시행령 제106조 제1항 (자)목에 해당되어 '기타사외유출'로 처분하므로 부당행위계산 부인 금액으로서 개인주주에 대해서는 증여세가 과세되는 경우 기타사외유출로 처분한다. 귀속자가 개인주주인 경우 사외유출은 합병에 따른 부당행위계산 부인 금액이 증여재산가액이어야 하므로 대주주에 분여한 이익만 해당되겠다. 증여세는 원칙적으로 연대납세의무가 있으나 합병에 따른 이익의 증여는 연대납부의무에서 제외하고 있다(상증법 §4 ④). 그러나 귀속자가 법인주주(영리법인 및 비영리법인)의 경우는 증여세가 아닌 법인세가 과세된다. 이 경우에도 기타사외유출로 처분한다. 그 이유를 다음에 보는 대법원의 판결은 참고할 만하다.

즉 대법원(대법원 2012두25248, 2014.11.27.)은 주식의 포괄적 교환에서 고가양수에 대해 주식의 포괄적 교환은 기본적으로 '법인의 자본을 증가시키는 거래'의 성격을 가지는 것이지만, 그 자본의 출자가 완전자회사가 되는 회사의 주식이라는 현물에 의하여 이루어지게 되므로 그러한 한도에서 '자산의 유상 양도라는 손익거래'의 성격도 병존한다. 이와 같이 주식의 포괄적 교환은 자산의 유상 양도로서의 성격도 있기 때문에 주식의 포괄적 교환에 의하여 완전모회사가 되는 회사가 완전자회사가 되는 회사의 주식을 시가보다 높은 가액으로 양수한 경우에는 법인의 자산이 과대계상되므로 법인세법 시행령 제88조 제1항 제1호의 부당행위계산 부인에 의하여 그 시가초과액을 자산의 취득가액에서 제외하는 한편, 그 금액을 완전모회사인 법인의 익금에 산입하게 되는 것이다. 그런데 주식의 포괄적 교환에 의하여 완전자회사가 되는 회사의 주주가 얻은 이익은 '법인의 자본을 증가시키는 거래에 따른 이익의 증여'로서 구 상속증여세법 제42조 제1항 제3호에 따라 증여세가 과세된다(대법원 2011두2304, 2014.4.24.). 따라서 주식의 포괄적 교환에 의하여 완전모회사가 되는 회사가 완전자회사가 되는 회사의 주식을 시가보다 높은 가액으로 양수함으로써 부당행위계산 부인에 따라 법인의 익금에 산입되는 금액에 대하여는 구 법인세법 시행령 제88조 제1항 제8호의 경우에 준하여 '기타사외유출'로 처분하여야 하고 그 귀속자에게 배당, 상여 또는 기타소득의 처분을 할 수 없다.

(1)-2. 법인세법 시행령 제106조(1998.12.31. 전부 개정되기 전)

2002년 간추린 개정세법에 의하면, 2002.12.31. 개정된 법인세법 시행령 제72조 제3항 제3호에 제88조 제1항 제8호 (나)목의 규정에 의한 시가초과액을 취득가액에서 제외하도록 규정한 것은 특수관계자 간 신주의 고가매입에 대하여도 일반자산의 고가매입과 동일한 방법으로 취득 시점에 취득가액에서 시가 초과액을 차감하였다가 당해 자산을 처분하는 시점에 과세하도록 부당행위계산 부인규정을 적용하기 위한 취지라고 설명하고 있다. 상속증여세법 제39조 증자에 따른 이익으로서 신주의 고가발행과 실권주의 인수에 대해 대법원(대법원 2007두5363, 2009.11.26.)은 실권주 고가매입을 부당행위계산 부인 대상으로 판단하고 분여한 이익에 대해 상여처분(근로소득세 원천징수 처분)하는 한편, 이익을 분여받은 주주에게 증여세를 부과하였다.

증여세 납세의무 【상증법 제4조】

④ 증여자는 수증자가 납부할 증여세에 대하여 연대하여 납부할 의무를 진다. 다만, 제35조, 제37조부터 제41조까지, 제41조의3부터 제41조의5까지, 제42조 및 제48조(출연자가 해당 공익법인의 운영에 책임이 없는 경우로서 대통령령으로 정하는 경우만 해당한다)에 해당하는 경우에는 그러하지 아니하다. (2010.1.1. 개정)

(2) 이익을 분여받은 자

불공정합병의 결과는 분여한 이익이 발생하게 되는데, 주가가 과소평가된 법인의 주주(법인, 개인)는 주가가 과대평가된 법인의 주주(법인, 개인)에게 이익을 분여한 것이 된다. 이때 상대방 과대평가된 법인의 주주들 중에는 법인주주도 있고 개인주주도 있을 것이다. 이익을 분여하는 입장이 아닌 이익을 분여받은 입장에서 구별해 보면 다음과 같이 나눌 수 있을 것이다.

(2) - 1. 법인주주

특수관계인에 있는 법인 및 개인주주로부터 분여받은 이익은 법인세법 시행령 제11조(수익의 범위) 제9호(2019.2.12. 제8호로 개정)에 의하여 익금산입(유보)하고 주식 취득가액(또는 보유주식가액)에 가산한다. 이때 분여받은 이익은 이익의 분여주체에 따라 법인주주로부터 분여받은 이익과 개인주주로부터 분여받은 이익으로 구별할 수 있을 것이다. 종전 규정(법인령 §11 9, 2000.12.29. 개정 전)에서는 수익의 범위를 "법인세법 시행령 제88조 제1항 제8호의 규정에 의하여 특수관계자로부터 분여받은 이익"이라고 규정하고 있어 동 규정의 해석을 법인주주로부터 분여받은 이익에 대해서만 익금산입이 가능한 것으로 해석되었다.

즉 법인세법 시행령 제11조(수익의 범위) 제8호(분여받은 이익)의 익금산입에 대해 심판례에서는 "2000.12.29. 개정된 법인세법 시행령 제11조(수익의 범위) 제9호에서 '제88조 제1항 제9호 각 목의 규정에 의한 자본거래로 인하여 특수관계인으로부터 분여받은 이익'이라고 규정하고 있는바, 이러한 이익은 청구법인이 신주를 인수함으로써 예상되는 손실을 회피한 데 따른 반사적 이익이므로 이러한 반사적 이익은 법인세법상 수익에 포함할 수 있도록 특별히 규정함으로써 익금을 구성하는 의제익금이라 할 것이며", 또한 "법인의 순자산을 증가시키는 수익의 범위를 법인세법에서 모두 열거할 수 없으므로 법인세법 시행령 제11조에서 수익의 범위를 예시적으로 규정하고 있으나, 이와 같은 반사적 이익은 법인의 순자산을 직접 증가시킨 것이 아니고 법인세법에서 수익의 범위로 규정되어야만 비로소 익금이 되는 것이므로 쟁점 금액과 같은 경우에는 법인세법상 명확한 근거 규정이 있어야만 과세대상인 익금에 포함시킬 수 있다(국심 2002중2682, 2003.4.23.)."고 하였다. 그러나 2000.12.29. 법인세법 시행령 제11조 제9호의 개정('특수관계인으로부터 분여받은 이익'에서

'자본거래로 인하여 특수관계인으로부터 분여받은 이익'으로 개정)으로 법인주주와 개인주주로부터 분여받은 이익 모두에 대해 수익으로 익금산입이 가능하게 되었다.

① 특수관계인으로부터 분여받은 이익

특수관계인에 있는 법인주주로부터 분여받은 이익과 개인주주로부터 분여받은 이익은 법인세법 시행령 제11조(수익의 범위) 제9호(2019.2.12. 제8호로 개정)에 의하여 수익의 범위에 해당되어 수익으로 익금산입(유보)하고 주식 취득가액(보유주식가액)에 가산한다. 이 경우 특수관계인으로부터 분여받은 이익이라 함은 법인세법상 불공정합병에 해당되는 경우의 이익을 말하는데 이때 이익은 상속증여세법 제38조 합병에 따른 이익에 상당하는 이익을 말하므로 합병 후 존속법인의 주식평가액의 30% 등의 요건을 충족하는 이익이어야 한다.

② 특수관계인이 아닌 자로부터 분여받은 이익

특수관계인이 아닌 법인주주로부터 분여받은 이익과 개인주주로부터 분여받은 이익은 증여재산가액이 된다. 다만, 분여받은 자가 영리법인이면 그 영리법인의 주주(법인주주, 개인주주)에게 증여세를 과세하게 되는데 그 영리법인의 주주 중 개인주주가 아닌 법인주주일 경우에는 그 법인주주의 개인주주에게 증여세를 과세할 것인지에 대해 논란이 있겠으나 과세할 수 있는 것으로 해석하고 있다(재정경제부 재산 46014-95, 1999.12.31.).

한편, 영리법인의 주주 중 법인주주가 있을 경우에는 끝없이 증여재산가액을 계산하여야 하는 문제가 야기될 수도 있는데, 이때 증여재산가액은 주식평가액의 30% 이상 요건을 충족한 경우에 상속증여세법에서 요구하고 있는 3억원 이상의 요건을 고려할 필요가 없다고 보여지나, 이 문제에 대해서는 논의가 있어야 한다. 다만, 주식평가액의 30% 이상 요건일 경우에도 범위와 한계(2차, 3차 등의 경우)를 정하여야 할 것으로 본다.

(2)-2. 개인주주

개인주주가 분여받은 이익은 상속증여세법에 따라 증여세가 과세된다. 따라서 개인주주가 분여받은 이익은 특수관계인 또는 법인주주 및 개인주주 여부를 가릴 필요가 없다. 부당행위계산으로 분여받은 이익이라고 하더라도 대주주일 경우에 한하여 증여세를 과세할 수 있다. 합병에 따른 이익의 증여로 증여세를 과세할 수 있는 주주는 대주주의 요건을 갖추어야 하기 때문이다. 부당행위계산으로 분여받은 이익은 3억원 이상의 요건을 고려할 필요가 없다. 부당행위계산은 이미 주식평가액의 30%의 요건 등을 충족했으므로 금액 한도(3억원 이상 등)는 의미가 없기 때문이다.

관련규정 및 예규판례

▶ **수익의 범위(법인세법 시행령 제11조 제9호) (2019.2.12. 제8호로 개정)**

9. 시행령 제88조 제1항 제8호의 규정에 의하여 특수관계자로부터 분여받은 이익 (1998.12.31. 개정)

9. 시행령 제88조 제1항 제8호 각 목의 규정에 의한 자본거래로 인하여 특수관계인으로부터 분여받은 이익 (2000.12.29. 개정)

9. 시행령 제88조 제1항 제8호 각 목의 어느 하나 및 같은 항 제8호의2에 따른 자본거래로 인하여 특수관계인으로부터 분여받은 이익 (2008.2.22. 개정)

▶ **법인세법 시행령 제11조 제9호 개정 전 수익의 범위(국심 2002부3389, 2003.5.13.)**

구 법인세법 시행령(2000.12.29. 개정 전의 것) 제11조(수익의 범위) 제9호에서 "제88조 제1항 제8호의 규정에 의하여 특수관계자로부터 분여받은 이익"이라고 규정하고 있어 동 규정에 의할 경우 같은 법 시행령 제88조 제1항 제8호 본문과 각 목의 규정을 적용하여 해석하여야 하는 것으로 보이고, 같은 법 시행령 제88조 제1항 제8호 본문에서 자본거래로 인하여 주주 등인 법인이 특수관계자인 다른 주주 등에게 이익을 분여한 경우에 이를 부당행위계산의 유형이라고 규정하고 있어 법인주주가 특수관계자인 다른 주주 등에게 이익을 분여한 경우에 대하여만 부당행위계산 부인할 수 있는 것으로 해석됨(같은 뜻: 국심 2002서1767, 2003.9.5.).

(2)-3. 2000.12.29. 개정되기 전의 분여받은 이익

위 심판례(국심 2002부3389, 2003.5.13.)는 2000.12.29. 개정되기 전의 것으로 그 요점은 구 법인세법 시행령 제11조 수익의 범위 제9호에서 '특수관계자로부터 분여받은 이익'의 의미는 특수관계자인 법인주주로부터 분여받은 이익에 한하고 개인주주로부터 분여받은 이익은 수익으로 볼 수 없다는 해석이다. 2000.12.29. 개정된 법인세법 시행령 제11조 제9호에서는 종전 규정이 개인주주로부터 이익을 분여받은 경우 익금산입 여부가 불분명한 점을 감안하여 이를 명확히 하여 개인주주로부터 분여받은 이익을 익금에 산입하도록 하였다. 위 심판례의 내용을 재구성해 보면 다음과 같다.

사례 5 ••• 법인세법 시행령 제11조 제9호 개정되기 전 수익의 범위

| 합병내용 |

구분	○○상선(합병법인)	○○운수(피합병법인)	○○상선(합병 후)
총주식 평가액	6,000,000,000	200,980,611,876	206,980,611,876
발행주식총수	6,000,000	498,590	
1주당 평가액	1,000	403,097.96	31,850.08
합병비율(신고)	1	1	
합병 후 주식수(신고)	6,000,000	498,590	6,498,590
합병 전 1주당 평가액	1,000	403,097.96	
불공정비율	0.9686		
1주당 얻은 이익	31,850.08 - 1,000 = 30,850.08		
평가차액 계	185,100,480,000	▲185,100,480,489	

구분	○○상선			○○운수		
	주주	주식수	지분(%)	주주	주식수	지분(%)
주주현황	㈜○○수산	2,158,038	35.97	㈜○○수산	131,831	26.44
	청구법인	454,287	7.57	박○우	327,403	65.67
	박○우	1,000	0.02	박○진	39,356	7.89
	박○진	1,000	0.02	합계	498,590	100
	기타주주	3,385,675	56.42			
	합계	6,000,000	100			
청구법인이 얻은 총이익	합계	14,014,790,327		개인주주 박○우, 박○진 으로부터 얻은 이익	합계	
	㈜○○수산으로부터	3,705,510,562			10,309,279,764	
	박○우로부터	9,203,512,807			9,203,512,807	
	박○진으로부터	1,105,766,956			1,105,766,956	

* 위 사례의 숫자는 심판례에 있는 금액 그대로를 옮겨 놓은 것으로 심판례에 있는 내용 중 ○○운수의 주주들이 보유한 주식수에 오기가 있어 이를 바로잡아 표기하였다.

합병으로 인하여 과대평가된 법인은 합병법인인 ○○상선으로, ○○상선의 주주들이 피합병법인인 ○○운수의 주주들로부터 이익을 분여받은 것이 된다. 위의 사례를 분석해 보면 다음과 같다.

□ **계산 근거**

① 합병 후 1주당 평가액

$$\frac{6{,}000{,}000{,}000\text{원} + 200{,}980{,}611{,}876\text{원}}{6{,}000{,}000\text{주} + 498{,}590\text{주}} = 31{,}850.08\text{원}$$

② 합병 전 1주당 평가액

○○상선: $\frac{6{,}000{,}000{,}000\text{원}}{6{,}000{,}000\text{주}} = 1{,}000\text{원}$

○○운수: $\frac{200{,}980{,}611{,}876\text{원}}{498{,}590\text{주}} = 403{,}097.96\text{원}$

③ 1주당 평가차손 · 익

○○상선: 31,850.08원 − 1,000원 = 30,850.08원

○○운수: 31,850.08원 − 403,097.96원 = ▲371,247.88원

④ 얻은 총이익 = 분여한 총이익

○○상선: 30,850.08원 × 6,000,000주 = 185,100,480,000원

○○운수: ▲371,247.88원 × 498,590주 = ▲185,100,480,489원

위에서 ○○상선의 주주들[㈜○○수산, 청구법인, 박○우, 박○진]이 얻은 총이익 185,100,480,000원 중에서 청구법인이 얻은 이익은 ○○상선의 주주들이 얻은 총이익의 7.57145% 지분(454,287주)에 해당되는 14,014,790천원이 된다(과세당국이 계산하여 익금에 산입한 금액). 청구법인이 익금에 산입할 금액을 다음과 같은 방법으로 계산하면 익금에 산입할 금액의 구성 내용을 파악하는데 편리하다. 얻은 이익기준과 분여한 이익기준에 따라 계산해 보면 다음과 같다. 먼저 청구법인에 이익을 분여한 주체(주주)별로 나누어 보면(얻은 이익기준) 다음과 같게 된다.

㈜○○수산으로부터	3,705,510,562원(14,014,790,327 × 26.44%)
박○우로부터	9,203,512,807원(14,014,790,327 × 65.67%)
박○진로부터	1,105,766,956원(14,014,790,327 × 7.89%)
계	14,014,790,327원

또는 분여한 이익을 기준(과소평가된 ○○운수 주주들이 분여한 이익)으로 하여 나누어 보면 다음과 같게 된다.

① 주주 ㈜○○수산이 분여한 총이익

371,247.88원 × 131,831주 = 48,941,979,268원

② 주주 박○우가 분여한 총이익

371,247.88원 × 327,403주 = 121,547,669,655원

③ 주주 박○진이 분여한 총이익

371,247.88원 × 39,356주 = 14,610,831,565원

계(분여한 총이익) 185,100,480,488원

한편, 분여한 총이익의 합계는 다음과 같은 계산에 의해서도 확인이 가능하다.

371,247.88원 [합병 전 1주당 평가액(403,097.96원) − 합병 후 1주당 평가액(31,850.08원)] × 498,590주 = 185,100,480,489원

위의 계산에 따라 ○○운수의 각 주주가 분여한 총이익 중 청구법인에 분여한 이익을 계산하면 다음과 같이 위에서 계산한 얻은 이익을 기준으로 하는 금액과 같은 결과가 나오게 된다(계산금액에 차이가 나는 것은 소유지분율 등의 소수점 차이에 의한 것임).

① 주주 ㈜○○수산이 청구법인에

48,941,979,258.36원 × 7.57145% = 3,705,617,488.56원

② 주주 박○우가 청구법인에

121,547,669,630.99원 × 7.57145% = 9,202,921,032.28원

③ 주주 박○진이 청구법인에

41,106,251,327.16원 × 7.57145% = 1,106,251,806.33원

계 14,014,790,327.16원

청구법인이 익금에 산입할 금액은 14,014백만원이 된다. 그러나 2000.12.29. 개정되기 전 법인세법 시행령 제11조(수익의 범위) 제9호에 의하면 청구법인이 얻은 이익 14,014백만원 중 개인주주로부터 분여받은 이익 10,309백만원(박○우 9,203백만원 + 박○진 1,106백만원)은 수익의 범위에 해당되지 않으므로 익금에 산입할 수 없다. 그 이유는 이익을 분여한 주체가 법인주주일 경우에는 수익의 범위에 해당되나 개인주주가 분여한

이익은 수익의 범위에 해당되지 않으므로 익금으로 볼 수 없다는 것이다.

법인세법 시행령 제11조(수익의 범위) 제8호의 개정 전·후 조문을 살펴보면 개정되기 전 제9호에는 제88조 제1항 제8호의 규정에 의하여 특수관계자로부터 분여받은 이익에서, 개정된 후 제8호에는 제88조 제1항 제8호 각 목의 규정에 의한 자본거래로 인하여 특수관계인으로부터 분여받은 이익으로 되어 있다. 개정된 후 조문에는 "자본거래로 인하여"라는 규정이 새로 삽입되어 있음을 알 수 있다.

심판례에서는 법인세법 시행령 제11조(수익의 범위) 제9호가 개정되기 전 수익의 범위에 대한 해석을 보면, 법인세법 시행령 제88조 제1항 제8호의 규정은 부당행위계산 규정의 한 유형으로 동 규정의 부당행위계산은 개인주주가 아닌 법인주주가 특수관계자인 다른 주주 등에게 이익을 분여한 경우에 대하여만 부당행위계산을 할 수 있는 것으로 해석하고 있다. 즉 이익을 분여한 주체가 개인이 아니라 법인이어야 한다는 것이다. 따라서 이익을 받는 입장에서 보면 법인주주가 분여한 이익만 익금산입 대상이라는 의미가 된다. 그러나 법인세법 시행령 제11조(수익의 범위) 제9호가 개정된 후에는 '자본거래로 인하여' 이익을 얻었다면 그 이익을 분여한 주체가 법인이든 개인이든 이익을 얻은 법인의 입장에서는 그 이익 모두가 수익의 범위에 해당하므로 익금산입이 가능하다는 것이 위 심판원의 판단이다.

4 | 불공정합병의 법인세법 적용

(1) 합병양도손익과 부당행위계산

합병세제의 개편으로 피합병법인에서 발생되는 양도손익에 대해 부당행위계산을 신설하였다(2010.6.8. 신설). 법인세법 시행령 제88조 제1항 제3호의2에서 "특수관계인인 법인 간 합병(분할합병 포함)·분할에 있어서 불공정한 비율로 합병·분할하여 합병·분할에 따른 양도손익을 감소시킨 경우"에는 부당행위계산 대상이 된다(다만, 「자본시장과 금융투자업에 관한 법률」 제165조의4에 따라 합병(분할합병 포함)·분할하는 경우는 제외한다). 합병양도손익의 발생이 비적격합병의 경우에 해당되므로 불공정한 비율 합병에 따른 양도손익에 대한 부당행위계산 부인은 비적격합병이면서 불공정한 합병이 되어야 한다.

법인세법상 "불공정한 비율"을 과세요건으로 하는 부당행위계산은 법인세법 시행령 제88조 제1항 제8호 및 제8호의2가 된다(법인령 §89 ⑥). 이때 "불공정한 비율"이란 상속증여세법의 규정을 준용하도록 하고 있으므로 분여한 이익이 합병 후 평가가액의 100분의 30 이상이 되어야 한다. 그러나 불공정한 비율에 의한 합병양도손익의 부당행위계산인 법인세법 시행령 제3호의2는 분여한 이익계산을 준용하는 규정이 없다.

이와 같이 자본거래로 인한 분여한 이익과 양도손익이 동일하지 않은 이유는 법인세법 시행령 제8호 및 제8호의2와 제3호의2는 부당행위계산 부인 금액의 성격이 다르기 때문이다. 제8호 및 제8호의2는 합병당사법인의 주주와 주주 사이의 이익분여를 대상으로 하지만 제3호의2는 법인과 법인 간의 이익분여를 대상으로 하고 있다. 또한 제8호 및 제8호의2는 합병당사법인의 모든 주주에서 발생할 수 있는 반면, 제3호의2는 피합병법인에서만 발생하게 된다. 이와 같은 해석으로 볼 때 제3호의2의 불공정한 비율이란 합병비율의 회사신고와 세법이 차이가 나는 경우는 모두 해당된다고 보아야 할 것이므로 합병양도손익 계산 시 불공정한 비율을 법인세법 시행령 제88조 제1항 제8호 및 제8호의2에서 말하는 불공정한 비율을 따를 수 없을 것이다. 합병양도손익과 합병비율의 관계를 알아보자 (이 부분의 계산과정은 제6절에서 설명하고 있다).

사례 6 ••• 합병비율과 합병양도손익

피합병법인의 재무상태표는 다음과 같다.

자산(장부가액)	225,000,000	부　　채	80,000,000
(* 시가 600,000,000)		자 본 금	125,000,000
		잉 여 금	20,000,000
자산총계	225,000,000	부채와 자본총계	225,000,000

특수관계인인 법인 간의 비적격합병으로서 합병비율을 각각 1 : 0.6과 1 : 0.8로 합병한 경우 합병에 따른 양도손익의 부당행위계산 부인 금액은 다음과 같게 된다.

① 합병비율이 1 : 0.6인 경우 합병내용은 다음과 같이 제시되었다.

| 합병내용 |

구분	A	B	A'(합병 후)
총주식 평가액(공정)	500,000,000	500,000,000	1,000,000,000
발행주식총수	20,000	25,000	
1주당 평가액(공정)	25,000	20,000	28,571
1주당 평가액(신고)	25,000	15,000	
합병비율(신고)	1	0.600	
합병 후 주식수(신고)	20,000	15,000	35,000
합병 전 1주당 평가액	25,000	33,333	
1주당 평가차손익	3,571	-4,762	
평가차액 계	71,428,571	-71,428,571	

합병비율을 1 : 0.6으로 한 경우 불공정한 합병에 해당되어 피합병법인의 주주가 합병법인의 주주에게 분여한 이익은 71,428,571원이 된다.

② 합병비율이 1 : 0.8인 경우 합병내용은 다음과 같이 제시되었다.

| 합병내용 |

구분	A	B	A'(합병 후)
총주식 평가액(공정)	500,000,000	500,000,000	1,00,000,000
발행주식총수	20,000	25,000	
1주당 평가액(공정)	25,000	20,000	25,000
1주당 평가액(신고)	25,000	20,000	
합병비율(신고)	1	0.8	
합병 후 주식수(신고)	20,000	20,000	40,000
합병 전 1주당 평가액	25,000	25,000	
1주당 평가차손익	0	0	
평가차액 계	0	0	

합병비율을 1 : 0.8로 한 경우 공정한 합병에 해당되어 합병당사법인의 주주 모두는 이익을 분여한 것이 없다.

③ 합병양도손익 계산

합병비율이 1 : 0.6인 경우와 1 : 0.8인 경우 양도손익을 계산하면 다음과 같다.

〈합병비율이 1 : 0.6인 경우〉

양도이익	=	양도가액(시가)	-	순자산장부가액
230,000,000	=	375,000,000	-	145,000,000
합병매수차익	=	승계한 순자산시가	-	양도가액(시가)
145,000,000	=	520,000,000	-	375,000,000

양도가액(합병대가): 1주당 25,000원 × 15,000주
순자산시가: 자산시가 600,000,000원 - 부채 80,000,000원
순자산장부가액: 자산장부가액 225,000,000원 - 부채 80,000,000원

〈합병비율이 1: 0.8인 경우〉

양도이익	=	양도가액(시가)	-	순자산장부가액
355,000,000	=	500,000,000	-	145,000,000
합병매수차익	=	승계한 순자산시가	-	양도가액(시가)
20,000,000	=	520,000,000	-	500,000,000

양도가액(합병대가): 1주당 25,000원 × 20,000주
순자산시가: 자산시가 600,000,000원 - 부채 80,000,000원
순자산장부가액: 자산장부가액 225,000,000원 - 부채 80,000,000원

④ 부당행위계산 부인 금액

비적격합병으로서 불공정한 비율로 합병하여 합병에 따른 과세소득에 영향을 미치는 손익은 피병법인의 양도손익과 합병법인의 매수차손익이 있다. 법인세법은 피합병법인의 양도손익에 대해서만 부당행위계산을 한다. 위 계산에 따르면 공정한 합병비율 1 : 0.6으로 합병한 경우가 양도이익이 355,000,000원인데 불공정한 합병비율 1 : 0.8로 합병한 경우 양도이익은 230,000,000원으로 불공정한 비율로 합병한 경우가 양도이익이 125,000,000원(공정한 합병비율 양도이익 355,000,000원 - 불공정한 비율 양도이익 230,000,000원) 과소 계산되었다. 이 경우 불공정한 비율로 합병하여 합병에 따른 양도손익을 감소시킨 경우에 해당이 되므로 부당행위계산 부인 금액은 125,000,000원이 된다.

(2) 시가보다 낮게 평가하여 합병한 경우

(2)-1. 부당행위계산과 불공정합병 연혁

부당한 합병에 대해 1990.12.31. 구 상속세법 제34조의4의 신설로 합병에 따른 이익으로 증여세를 과세하여 왔으나 법인세법에서는 1998.12.31. 법인세법 전문이 개정되면서 (1998.12.28. 법률 제5581호) 법인세법 시행령 제88조 제1항 제8호 (가)목의 신설로 인해 부당행위계산 및 수익(익금)으로 법인세를 처음 과세하게 되었다. 법인세법 시행령 제88조 제1항 제8호 (가)목(부당행위계산 유형, 1998.12.31. 개정) 및 같은 법 시행령 제11조 제9호가 신설되기 전에는 합병으로 인하여 불공정합병에 해당되어 합병당사법인의 주주 간에 특수관계가 있는 경우에도 부당행위계산을 적용할 수 없었으며, 주주 간에 특수관계가 없는 경우에 기부금으로도 보지 아니하였다. 또한 불공정합병으로 인하여 법인주주가 분여받은 이익에 대해서도 수증익으로 과세할 수 없었다.

한편, 부당행위계산 부인 금액에 대해 2007.2.28. 법인세법 시행령 제89조 제6항이 개정되기 전에는 특수관계자에게 분여한 이익으로 익금에 산입할 금액은 불공정한 비율이 30% 이상인 경우에 한해 부당행위계산 대상이 되고 금액 한도인 '3억원 이상'은 적용하지 아니하였다. 즉 2007.2.28. 개정되기 전은 "익금에 산입할 금액의 계산에 관해 「상속증여세법」 제38조 동법 시행령 제28조 제3항 내지 제6항의 규정을 준용하고 이 경우 '이익'은 특수관계인에게 분여한 이익으로 보되 그 이익 중 '3억원 이상'은 이를 적용하지 아니한다."에서 개정된 후는 "익금에 산입할 금액의 계산에 관해 「상속증여세법」 제38조 동법 시행령 제28조 제3항 내지 제6항의 규정을 준용하고 이 경우 '이익'은 '특수관계인에게 분여한 이익'으로 본다."로 개정되었다.

(2)-2. 시가보다 낮게 평가의 요건

불공정합병에 따른 법인세법의 부당행위계산은 "주식 등을 시가보다 높거나 낮게 평가하여 불공정한 비율로 합병한 경우"가 된다. 이때 "주식을 시가보다 높거나 낮게 평가하여"는 시가보다 높게 평가한 경우는 과대평가가 되어 얻은 이익이 발생되고 시가보다 낮게 평가한 경우는 과소평가가 되어 분여한 이익이 발생한다. 분여한 이익 요건을 평가차익의 요건으로만 본다면, 법인세법 시행령 제88조 제1항 제8호 (가)목에서 '주식 등을 시가보다 높거나 낮게 평가하여'는 과대평가와 과소평가 모두를 말하므로 과대평가인 평가차익과 과소평가인 평가차손의 비율이 각각 30% 이상인 경우 모두 부당행위계산 대상이 되는 것처럼 해석될 수 있다. 법인세법에서는 불공정한 비율이 무엇인지에 대해 직접적으로 규정하고 있지 않으나 분여한 이익계산을 상속증여세법을 준용한다고 되어 있기 때문에 상속증여세법에서 적용하고 있는 과대평가된 법인을 기준으로 하는 평가차익에 대한 비율이 30% 이상일 경우에 한해서만 부당행위계산 부인 요건이 된다. 따라서 '시가보다 낮게 평가하여'는 평가차손의 비율이 아닌 평가차익의 비율이 30% 이상인 경우를 말하고 평가차익의 비율이 30%에 미달되나 평가차손의 비율이 30% 이상에 해당될 경우라고 하더라도 부당행위계산은 하기가 어려울 것이다.

① 2016.2.5. **상속증여세법 시행령 제28조 제1항 제4호가 개정된 후**

2016.2.5. 상속증여세법 시행령 제28조 제1항 제4호가 개정되기 전 상속증여세법의 얻은 이익의 요건은 합병 후 1주당 평가액과 주가가 과대평가된 법인의 합병 전 1주당 평가액과 비교하여 그 평가차익(얻은 이익)의 비율이 30% 이상 또는 그 금액이 3억원 이상 차이가 나는 경우에 대해서 증여재산가액으로 보고 있었다. 개정된 후는 합병 후 주식의 평가가액의 100분의 30에 상당하는 가액(얻은 이익)과 3억원 중 적은 금액을 증여재산가액으로 보고 있다. 얻은 이익의 요건인 개정 전의 '평가차익의 비율 30%'와 개정 후의 '평가가액의 100분의 30'은 계산의 결과로 보면 같은 의미가 되어 얻은 이익이 개정되기 전과 개정된 후는 차이가 없으므로 분여한 이익에도 차이가 없다. 다만, 개정되기 전 '주식 등을 시가보다 높거나 낮게 평가하여'에서 '낮게 평가'의 의미를 평가차손의 비율로 그 의미를 명확히 할 수 있었으나, 개정된 후는 그렇지 않은 점은 있다.

(3) 시가보다 낮게 평가와 부당행위계산

다음의 사례는 피합병법인이 합병 신고한 1주당 평가액은 2,250원, 공정한 1주당 평가액은 6,000원으로 주식을 시가인 6,000원보다 낮은 2,250원으로 평가하여 합병한 경우이다. 시가보다 낮게 평가하여 합병한 경우의 부당행위계산 부인 금액의 의미를 생각해 보자.

사례 7 ••• 시가보다 낮게 평가하여 합병한 경우

| 합병내용 |

구분	합병법인	피합병법인	A′(합병 후)
총주식 평가액	13,500,000,000	12,000,000,000	25,500,000,000
발행주식총수	1,500,000	2,000,000	
1주당 평가액(공정)	9,000	6,000	12,750
1주당 평가액(신고)	9,000	2,250	
합병비율(신고)	1	0.25	
합병 후 주식수(신고)	1,500,000	500,000	2,000,000
합병 전 1주당 평가액	9,000	24,000	액면가액(취득가액): 1주당 5,000원
불공정비율	29.41%	46.88%	
1주당 평가차손익	3,750	▲11,250	
평가차액 계	5,625,000,000	▲5,625,000,000	
합병 후 평가액 × 30%	7,650,000,000		

합병법인			피합병법인		
주주	주식수	지분율	주주	주식수	지분율
김	750,000	50%	갑㈜	2,000,000	100%
이	675,000	45%	계	2,000,000	100%
박	75,000	5%			
계	1,500,000	100%			

* 주주 金, 李와 갑㈜은 법인세법 시행령 제87조에 의한 특수관계인에 해당됨.

□ 계산 근거

① 합병 후 1주당 평가액

$$\frac{13{,}500{,}000{,}000\text{원} + 12{,}000{,}000{,}000\text{원}}{1{,}500{,}000\text{주} + 500{,}000\text{주}} = 12{,}750\text{원}$$

② 합병 전 1주당 평가액

A법인(과대평가된 법인): $\frac{13{,}500{,}000{,}000\text{원}}{1{,}500{,}000\text{주}} = 9{,}000\text{원}$

B법인(과소평가된 법인): $\frac{12{,}000{,}000{,}000원}{500{,}000주}$ = 24,000원

③ 1주당 평가차손 · 익

A법인: 12,750원 - 9,000원 = 3,750원

B법인: (12,750원 - 24,000원 = 24,000원 - 12,750원) = 11,250원

④ 불공정합병

평가차익비율: 29.41% $\left(\frac{3{,}750원}{12{,}750원}\right)$ × 100

평가차손비율: 46.88% $\left(\frac{11{,}250원}{24{,}000원}\right)$ × 100

(3)-1. 2007.2.28. 법인세법 시행령 제89조 제6항이 개정된 후

사례는 피합병법인의 1주당 평가액이 합병 신고한 평가는 2,250원, 공정한 평가는 6,000원으로 "주식을 시가 6,000원보다 낮은 2,250원으로 평가하여 불공정한 비율로 합병한 경우"가 된다. 그 결과 갑(주)이 분여한 이익이 김에게 2,812,500,000원, 이에게 2,531,250,000원, 박에게 281,250,000원을 각각 분여한 것이 된다. 그러나 평가차익의 비율이 29.41%로 30%에 미달하고 얻은 이익이 합병 후 주식의 평가가액의 100분의 30에 미달하므로 부당행위계산이 될 수 없다. 그런데 평가차손 비율(46.,88%)로 하면 부딩행위계산을 할 수 있다. 즉 얻은 이익이 3억원 이상이 되어야 부당행위계산 대상이 되므로 박이 얻은 이익은 281,250,000원으로 3억원에 미달하므로 갑(주)이 박에게 분여한 이익은 부당행위계산에 해당하지 않으나 나머지 주주가 얻은 이익은 5,343,750,000원 (김에게 2,812,500,000원 + 이에게 2,531,250,000원)은 갑(주)의 부당행위계산 부인에 해당한다.

(3)-2. 2007.2.28. 법인세법 시행령 제89조 제6항이 개정되기 전

앞서 2007.2.28. 법인세법 시행령 제89조 제6항이 개정되기 전에는 익금에 산입할 금액의 계산에 관해 「상속증여세법」 제38조 동법 시행령 제28조 제3항 내지 제6항의 규정을 준용하고 이 경우 '이익'은 '특수관계인에게 분여한 이익'으로 보되 그 이익 중 '3억원 이상'은 이를 적용하지 아니한다고 했다. 따라서 갑(주)의 부당행위계산 부인 금액은 평가차익의 비율이 29.41%로 30%에 미달하므로 분여한 이익 5,625,000,000원 전부가

부당행위계산이 될 수 없다. 그러나 평가차손 비율(46..88%)로 하면 분여한 이익 전부가 부당행위계산이 된다.

(3)-3. 평가차손과 분여한 이익의 요건

법인세법상 불공정합병에 따른 부당행위계산을 분여한 이익의 개념으로 보면 "평가차손"의 개념을 적용하는 것이 더 바람직하다고 볼 수 있다. 법인세법에서의 부당행위계산은 당해 법인이 이익을 받는 것을 기준으로 하는 것이 아니고 평가차손의 개념인 이익을 분여한 것을 기준으로 하고 있다. 이와 같은 분여한 이익과 부당행위계산의 개념으로 본다면 당해 법인이 이익을 분여한 경우가 부당행위계산 대상이 되므로 과소평가된 법인을 기준으로 하는 평가차손에 대한 비율 30%을 적용하는 것이 평가차익에 대한 비율 30%를 적용하는 것보다 분여한 이익의 의미와 맞는 면이 있다. 사례의 경우 부당행위계산을 분여한 이익을 기준으로 하는 과소평가된 법인을 기준으로 한다고 할 경우 평가차손의 비율이 46.88%로 30% 이상에 해당되므로 분여한 이익 전부가 부당행위계산에 해당한다.

관련규정 및 예규판례

대법원 95누5301(선고일 1996.5.10.)

이 사건 주식 양도 당시는 위와 같은 거래행위로 인하여 받게 될 장래의 기대이익이 불확실하거나 미확정적이었다 할 것이므로 법적 안정성과 예측가능성의 보장을 중핵으로 하는 조세법률주의의 원칙에 비추어, 원고가 특수관계자에게 보유주식을 양도한 행위가 위 제4호에 규정한 저가양도 행위에 해당하지 아니하는 것이라면 양도 이후에 일어난 법인합병계약과 그에 따른 합병 등의 일련의 행위를 이와 별개의 거래행위의 하나로 파악하여 이를 위 제9호 소정의 이익분여행위로 볼 수는 없다고 할 것이다(이와 관련하여 이 사건 주식 양도 이후인 1990.12.31. 상속세법 제34조의4가 신설되어 법인합병으로 인하여 특수관계자 등에게 이익이 분여된 때에는 이를 증여로 의제할 수 있는 규정이 따로 마련되었다).

(4) 구 상속세법 제34조의4

위 대법원의 판결(대법원 95누5301, 1996.5.10.)은 개정되기 전(구 상속세법 §34의4)의 것으로 그 내용을 요약하면 다음과 같다.

원고(○○중공업)는 1986.9.11. 자신이 보유하고 있던 ○○건설주식 ○○○주를 자신(원고)의 대표이사 ○○○에게 금 ○○○원에 양도하였다. 한편, 위 ○○건설은 1986.9.12. 소외 ○○개발과 1 : 1 비율로 합병하기로 하는 계약을 체결하여 합병 절차를 마친 후 ○○건설은 소외 ○○개발을 흡수합병하여 상호를 ○○산업으로 변경하였다.

대법원에서는 이와 관련하여 합병 전에 ○○중공업이 자신의 대표이사로 있는 ○○○에게 ○○건설의 주식을 1986.9.11. 양도할 당시 그 주식 양도가 저가양도에 해당하지 않는다면 이와 같은 합병 후에 발생한 합병에 따른 이익은 법인세법상 부당행위계산은 할 수 없다고 하였다. 그러나 ○○중공업이 대표이사 ○○○에게 위 주식을 1986.9.11. 양도 직후인 바로 다음 날인 1986.9.12.에 위 내용과 같이 합병한 결과 이러한 합병으로 인하여 ○○건설의 주주들(○○중공업의 대표이사 포함)은 1주당 1,042원의 이익을 얻게 되었다. ○○건설의 주식을 대표이사 ○○○에게 양도한 ○○중공업은 주식 양도 당시에는 저가양도에 해당되지 않으므로 부당행위계산을 할 수가 없겠으나 ○○건설의 주식을 합병 직전일에 ○○중공업으로부터 취득한 대표이사 ○○○이 합병 후에 얻은 이익은 합병으로 인하여 얻은 이익에 해당된다. 따라서 합병에 따른 이익으로 증여세 또는 법인세를 과세할 수 있겠으나 이 사건 당시에는 불공정한 합병에 대해 과세할 수 있는 법적 근거 규정이 없어 결국 국가가 패소한 사례이다.

다음 ≪사례 8≫은 위 대법원의 판결내용을 재구성한 것으로 합병법인의 주식가치가 서로 다른데도 1 : 1로 같은 비율로 합병한 결과 불공정한 합병이 되었다. 주식가치에 따라 합병비율을 정한다면 1 : 5.33이 될 것이다. 불공정한 합병으로 ○○건설의 주식가치는 합병 전에는 1주당 374원이었으나 합병 후에는 1주당 1,416원이 되어 주가가 과대평가 되었다. 합병으로 인하여 ○○건설의 주주에게는 얻은 이익이 발생하였다.

한편, ○○개발의 주식가치는 합병 전에는 1주당 1,995원이었으나 합병 후에는 1주당 1,416원이 되어 주식가치가 오히려 떨어져 주가가 과소평가되었다. 합병으로 인하여 ○○개발의 주주는 이익을 분여한 결과가 되었다. 따라서 합병으로 인하여 주가가 과대평가된 ○○건설의 주주들은 1주당 1,042원의 이익을 얻게 되었으며, ○○건설의 주주에는 합병 직전일에 ○○중공업으로부터 주식을 취득한 ○○중공업의 대표이사 ○○○이 포함되어 있다. 다음은 위와 관련된 사건을 재구성해 보았다.

사례 8 ••• 구 상속세법 제34조의4(현행 제38조 신설 전)

| 합병내용 |

구분	○○건설	○○○개발	○○산업(합병 후)
총주식 평가액	1,870,000,000	17,955,000,000	19,825,000,000
발행주식총수	5,000,000	9,000,000	
1주당 평가액	374	1,995	1,416
합병비율(신고)	1	1	
합병 후 주식수(신고)	5,000,000	9,000,000	14,000,000
합병 전 1주당 평가액	374	1,995	
불공정비율	0.7359		
평가차액 계	5,210,357,143	▲5,210,357,143	
1주당 평가차액	1,416 − 374 = 1,042		

* 위 사례는 1990.12.31. 구 상속세법 제34조의4(현행 제38조의 개정되기 전)의 것으로, 자료내용 중 합병비율 1 : 1, 합병 전 ○○건설의 1주당 평가액 374원, 합병 후 ○○산업의 1주당 평가액 1,416원, ○○건설 주주들의 1주당 평가차익 1,416원은 법원의 판결내용으로 당사자 사이에 다툼이 없다(고등법원 93구8025, 대법원 95누5301 선고 1996.5.10.). 기타의 숫자와 금액들은 상황 설정을 위한 가상의 숫자와 금액이다.

□ 계산 근거

① 합병 후 1주당 평가액

$$\frac{1{,}870{,}000{,}000\text{원} + 17{,}955{,}000{,}000\text{원}}{5{,}000{,}000\text{주} + 9{,}000{,}000\text{주}} = 1{,}416\text{원}$$

② 합병 전 1주당 평가액

$$\text{A법인: } \frac{1{,}870{,}000{,}000\text{원}}{5{,}000{,}000\text{주}} = 374\text{원(과대평가된 법인)}$$

$$\text{B법인: } \frac{17{,}955{,}000{,}000\text{원}}{9{,}000{,}000\text{주}} = 1{,}995\text{원}$$

③ 1주당 평가차손 · 익

A법인: 1,416원 − 374원 = 1,042원

B법인: 1,416원 - 1,995원 = ▲579원

④ 불공정합병

평가차익비율: 73.59% = $\frac{1,042원}{1,416원}$

* 평가차익비율이 73.59%로 30% 이상이므로 불공정합병에 해당됨.

제6절 합병과 과세소득

합병과 과세소득은 합병에 따르는 세무회계와 기업회계의 차이를 분석하는 것이 된다. 합병에 따르는 과세소득은 합병양도손익과 합병매수차손익(또는 자산과 부채의 조정계정)이 주류가 된다. 합병양도손익 또는 합병매수차손익(또는 자산과 부채의 조정계정)의 계산구조는 모두 합병대가를 과세하기 위한 방식에서부터 출발하고 있다. 합병과세소득이 합병대가를 과세대상으로 삼고 있으므로 합병양도손익 또는 합병매수차손익(또는 자산과 부채의 조정계정)은 합병대가를 중심으로 그 관계가 연관되어 있다. 합병대가를 중심으로 과세소득이 계산되는 구조는 2010.6.8. 합병과세체계가 전면 개정되기 전의 청산소득 또는 합병평가차익의 계산구조와도 유사하다. 합병양도손익 또는 합병매수차손익(또는 자산과 부채의 조정계정)의 이해를 위해서는 청산소득 또는 합병평가차익과의 관계를 함께 이해하는 것도 중요하다(이 부분은 "제7절 합병과 영업권"에서 분석한다). 합병양도손익, 합병매수차손익(또는 자산과 부채의 조정계정), 청산소득, 합병평가차익의 계산구조는 모두 합병대가를 과세하기 위한 하나의 계산방식이므로 합병대가의 개념이 매우 중요하다.

≪ 개정법 2009.12.31.≫

(법인세법 2009.12.31. 개정, 같은 법 시행령 2010.6.8. 신설)

1 | 합병대가

기업결합(기업인수 및 합병 등)이란 어느 한 회사가 다른 회사(사업부를 포함)의 순자산 및 영업활동을 지배하거나 통합함으로써 별도의 독립된 둘 이상의 회사가 하나의 경제적 실체가 되는 것을 말한다.[10) 이때 취득기업에서는 대상기업의 가치를 분석(평가)하여 대상기업의 주주에게 인수가격(취득가격)에 상당하는 금액을 지불하게 된다.[11] 법인세법에서도 회사의 합병에 있어 합병법인은 피합병법인으로부터 이전(승계)받은 자산 및 부채 등에 대하여 대가를 지급하게 되는데, 이때의 대가란 소멸되는 회사의 주주가 합병법인으로부터 합병으로 인하여 취득하는 합병법인의 주식가액과 금전 또는 그 밖의 재산가액의 합계액을 말한다(법인법 제16조 제2항 제1호). 합병대가는 피합병법인의 주주에게는 의제배당 소득이 되고 피합병법인에는 자산과 부채의 양도에 따른 대가이므로 양도손익이 발생하게 된다. 또한 합병대가는 합병법인이 자산과 부채를 승계(포괄 양수)한 대가로 지급했으므로 합병법인에는 매수차손익이 발생한다.

이와 같이 '합병대가'는 피합병법인과 합병법인의 과세소득을 계산하는 데 있어 반드시 이해하고 넘어가야 할 개념이다. 회사합병을 하는 데 있어 합병당사법인들은 기업가치를 평가하여 각 기업의 가치(주식평가)에 따라 합병비율을 정하여 합병하는 것이 일반적인 과정이다. 존속하는 회사(또는 설립되는 회사)는 합병조건(합병비율)에 따라 소멸하는 회사의 주주에게 합병신주 등(합병대가)을 교부하게 된다. 합병과정에서 필연적으로 발생되는 합병대가에 대해 법인세법에서는 상세히 규정하고 있다. 상법에서는 회사가 합병하는 데 있어 합병계약서를 작성하게 되는데, 합병계약서의 공통적인(흡수합병, 신설합병) 기재사항(상법 §523 및 §524)에는 다음과 같은 것들이 있다.

① 발행할 주식의 총수가 증가하는 때에는 그 증가할(또는 발행할) 주식의 총수, 종류와 수
② 증가할(또는 설립되는 회사의) 자본과 준비금의 총액
③ 합병 당시에 발행하는 신주의 총수, 종류와 수 및 합병으로 인하여 소멸하는 회사(또는 각 회사)의 주주에 대한 신주의 배정에 관한 사항
④ 소멸하는 회사(또는 각 회사)의 주주에게 지급할 금액을 정한 때에는 그 규정
⑤ 기타 각 회사에서 합병의 승인 결의를 할 사원 또는 주주의 총회의 기일, 합병을 할 날

합병계약서의 기재사항 중 합병 당시에 발행하는 신주의 총수, 증가할 자본과 준비금의 총액, 소멸하는 회사의 주주에게 지급할 금액을 정한 때 등의 내용은 합병대가와 관련된

10) 기업인수·합병 등에 관한 회계처리준칙(3. 용어의 정의)
11) 송인만·최신재 외, 『재무제표를 이용한 경영분석과 가치평가』, 2004, pp.298~319

규정이다. 법인세법의 합병대가는 합병양도손익 또는 합병매수차손익의 계산에 필요한 합병대가(법인세법 시행령 제80조 제1항 제2호)와 의제배당 계산에 필요한 합병대가(법인세법 제16조 제1항 제5호)가 있는데, 이 둘의 합병대가의 개념은 대부분이 유사하나 차이점도 있다.

(1) 법인세법 시행령 제80조 제1항 제2호 (가)목의 합병대가

양도가액 = [합병대가 = 합병신주 가액 + 금전 + 기타 재산가액 + 포합주식 가액(합병신주를 교부하지 않은 경우)] + 피합병법인의 법인세 등

법인세법 시행령 제80조 제1항 제2호 (가)목의 합병대가는 합병양도손익 또는 합병매수차손익의 계산에 필요한 합병대가로서 피합병법인이 합병법인으로부터 받은 양도가액을 말한다. 양도가액은 다음의 금액을 모두 더한 금액으로 한다.

① 합병으로 인하여 피합병법인의 주주가 지급받는 합병법인 또는 합병법인의 모회사의 주식(합병교부주식)의 가액 및 금전이나 그 밖의 재산가액의 합계액. 다만, 합병법인이 합병등기일 전 취득한 피합병법인의 주식(합병포합주식)이 있는 경우에는 그 합병포합주식에 대하여 합병교부주식을 교부하지 아니하더라도 그 지분비율에 따라 합병교부주식을 교부한 것으로 보아 합병교부주식의 가액을 계산한다(합병대가).

② 합병법인이 납부하는 피합병법인의 법인세 및 그 법인세(감면세액을 포함)에 부과되는 국세와 지방세법 제88조 제2항에 따른 법인지방소득세의 합계액

합병대가에는 금전 외에 주식 또는 주식 외의 것이 있게 되는데, 금전 외의 것으로 받은 합병대가는 적격합병의 여부에 따라 평가하여야 한다. 법인세법 시행령 제14조 제1항에서 법인세법 제16조 제1항 각 호에 따라 취득한 재산 중 금전 외 재산의 가액은 다음에 따르도록 하고 있다(2010.6.8. 개정 법인령 §14).

(1)-1. 합병대가가 주식인 경우

합병대가가 주식인 경우 재산가액의 평가는 다음에 따른다(법인령 §14 ① 1).

① 적격합병[12](법인법 §44 ② 1 및 2 또는 같은 조 ③)인 경우: 종전의 장부가액. 다만, 투자회사 등이 취득하는 주식 등의 경우에는 영으로 한다.

② 비적격합병인 경우: 취득 당시 법인세법 제52조의 규정에 의한 시가(위 3. 분할합병과 의제배당 관련 논쟁). 다만, 법인세법 시행령 제88조 제1항 제8호(부당행위계산의 유형)의 규정에 의하여 특수관계인으로부터 분여받은 이익이 있는 경우에는 그 금액을 차감한 금액으로 한다.

한편, 소득세법의 경우 합병대가가 주식인 경우로서 합병요건을 갖춘 경우(법인법 §44 ② 1 및 2 또는 같은 조 ③)에는 주식의 취득가액. 다만, 합병대가로 주식과 금전, 그 밖의 재산을 함께 받은 경우로서 해당 주식의 시가가 피합병법인의 주식의 취득가액보다 적은 경우에는 시가로 한다(소득령 §27 ① 1 나목).

(1)-2. 합병대가가 주식 외인 경우

합병대가가 주식 외인 경우에는 취득 당시의 시가(법인령 §14 ① 2). 이때 시가는 법인세법 제52조 제2항 및 같은 법 시행령 제89조 제1항에 의한 시가를 말한다.

* 시가(법인법 §52 ② 및 법인령 §89 ①)
건전한 사회통념 및 상관행과 특수관계인이 아닌 자 간의 정상적인 거래에서 적용되거나 적용될 것으로 판단되는 가격을 의미하며, 당해 거래와 유사한 상황에서 당해 법인이 특수관계인 외의 불특정다수인과 계속적으로 거래한 가격 또는 특수관계인이 아닌 제3자 간에 일반적으로 거래된 가격이 있는 경우에는 그 가격을 시가로 본다.

---

12) 법인세법 제44조 제2항・제3항
② (생략)
1. 합병등기일 현재 1년 이상 사업을 계속하던 내국법인 간의 합병일 것
2. 피합병법인의 주주 등이 합병으로 인하여 받은 합병대가의 총합계액 중 합병법인의 주식 등의 가액이 100분의 80 이상이거나 합병법인의 모회사의 주식 등의 가액이 100분의 80 이상인 경우로서 그 주식 등이 대통령령으로 정하는 바에 따라 배정되고, 대통령령으로 정하는 피합병법인의 주주 등이 합병등기일이 속하는 사업연도의 종료일까지 그 주식 등을 보유할 것
3. 합병법인이 합병등기일이 속하는 사업연도의 종료일까지 피합병법인으로부터 승계받은 사업을 계속할 것
4. 합병등기일 1개월 전 당시 피합병법인에 종사하는 대통령령으로 정하는 근로자 중 합병법인이 승계한 근로자의 비율이 100분의 80 이상이고, 합병등기일이 속하는 사업연도의 종료일까지 그 비율을 유지할 것
③ 내국법인이 발행주식총수 또는 출자총액을 소유하고 있는 다른 법인을 합병하는 경우에는 제2항에도 불구하고 양도손익이 없는 것으로 할 수 있다.

(2) 법인세법 제16조 제1항 제5호의 합병대가

합병대가 = 합병신주 가액 + 금전 + 기타 재산가액

법인세법 제16조 제1항 제5호의 합병대가는 의제배당 계산에 필요한 합병대가로서 합병법인으로부터 합병으로 인하여 취득하는 합병법인의 주식의 가액과 금전 또는 그 밖의 재산가액의 합계액을 말한다. 이때의 합병대가에는 법인세법 시행령 제80조 제1항 제2호 (가)목 단서의 금액(포합주식 가액)이 포함되지 않는다(법인칙 제7조). 의제배당의 합병대가와 양도가액의 합병대가가 다른 점이다. 합병대가에 대한 평가방법은 앞서 본 '법인세법 시행령 제80조 제1항 제2호 (가)목의 합병대가'와 동일하다.

(2)-1. 합병대가가 주식인 경우

① 적격합병(법인법 §44 ② 1·2 또는 같은 조 ③)인 경우: 법인세법 시행령 제80조 제1항 제2호 (가)목의 합병대가와 동일하다.

취득한 재산이 주식인 경우 2010.6.8. 법인세법 시행령 제14조 제1항 제1호(주식의 평가액)를 개정하면서 개정 이유에 대해 합병으로 인하여 발생한 양도손익에 대한 법인세 과세이연 요건을 갖춘 경우 피합병법인의 주주 등이 취득한 합병법인의 주식을 종전 주식의 장부가액으로 평가하여 의제배당 소득에 대한 과세를 이연함으로써 합병을 지원하도록 하되, 합병대가로 금전 등을 받은 부분에 대해서는 합병 시점에서 의제배당 소득이 과세되도록 과세체계를 정비함이라고 설명하고 있다.

② 비적격합병인 경우: 법인세법 시행령 제80조 제1항 제2호 (가)목의 합병대가와 동일하다.

(2)-2. 합병대가가 주식 외인 경우

법인세법 시행령 제80조 제1항 제2호 (가)목의 합병대가와 동일하다.

합병에 의한 의제배당을 정리하면 다음과 같다.

구분	합병요건 충족	합병요건 미충족
법인세법	원칙: 합병대가(주식) 종전 장부가액 - 구주 취득가액 예외: 합병대가(주식 + 금전 등) → 주식시가 〈 종전 장부가액 (주식시가 + 금전 등) - 구주 취득가액	원칙: 합병대가(주식) 시가 - 분여받은 이익 - 구주 취득가액 예외: 합병대가(주식 + 금전 등) (주식시가 + 금전 등) - 분여받은 이익 - 구주 취득가액 * 분여받은 이익은 불공정합병에 해당되는 경우임.
소득세법	원칙: 합병대가(주식) 구주 취득가액 - 구주 취득가액 예외: 합병대가(주식 + 금전 등) → 주식시가 〈 구주 취득가액 (주식시가 + 금전 등) - 구주 취득가액	원칙: 합병대가(주식) 시가 - 구주 취득가액 예외: 합병대가(주식 + 금전 등) (주식시가 + 금전 등) - 구주 취득가액

비적격합병 시 특수관계인으로부터 분여받은 이익을 차감하는 이유는, 분여받은 이익이 주식의 시가평가에 의한 이익이므로 합병대가를 시가로 평가하는 경우[이 경우 합병대가 중 주식은 시가평가로 이미 합병에 따른 이익으로 익금산입되어 과세가 되었으므로] 중복과세를 방지하기 위한 것이다. 그러나 소득세법 제17조 제2항 제4호(합병에 의한 의제배당)에서는 이 경우(시가로 평가하는 경우)에도 합병에 따른 이익(증여재산가액)을 합병대가에서 차감하지 아니하고 있다. 다만, 상속증여세법 해석에서는 합병대가를 주식 외의 재산으로 지급한 경우 증여의제가액을 계산할 때, 그 가액에 소득세법 제17조 제2항 제4호의 의제배당 금액이 포함된 경우에는 이를 차감한 금액에 대하여 증여세가 과세되는 것으로 한다(재산상속 46014-465, 2000.4.17.).

합병대가에 대한 의제배당과 양도가액의 관계는 다음과 같다.

| 의제배당(법인법 §16 ① 5)과 양도가액(법인령 §80 ① 1 및 2) |

구분	합병대가		요건 충족	요건 미충족
의제배당	주식 + 금전 + 기타재산	주식	종전 장부가액	시가
		금전 등 주식시가〈 종전 장부가액	시가	
양도가액	주식 + 금전 + 기타재산 + 합병 포합주식 가액 + 피합병법인 법인세 등		순자산 장부가액	시가

* 합병요건 미충족 의제배당인 경우 합병대가의 계산은 법인세법 시행령 제88조 제1항 제8호에 따른 특수관계인으로부터 분여받은 이익이 있는 경우에는 그 금액을 차감한 금액으로 한다.

2 | 합병과 의제배당

주식회사에 있어서 배당이라고 함은 상법상의 배당가능이익 중에서 이사회와 주주총회의 결의에 따라 주주의 지위에서 지급받는 금전 또는 기타재산을 말하며 결산주주총회의 결의에 의하여 지급받는 배당뿐만 아니라 주식배당과 중간배당을 포함한다. 또한 잉여금 중에서 지급한 것은 아니지만 건설이자배당도 배당으로 보고 있다. 이러한 잉여금 처분에 의한 배당이나 건설이자배당과는 달리 의제배당이라 함은 형식상으로는 배당이 아니지만, 법인세 또는 소득세를 부과함에 있어 배당으로 보는 것을 말한다.[13)]

의제배당은 기업경영의 성과인 잉여금 중 사외에 유출되지 않고 법정적립금, 이익준비금 기타 임의적립금 등의 형식으로 사내에 유보된 이익이 소정의 사유로 주주나 출자자에게 환원되어 귀속되는 경우에 이러한 이익은 실질적으로 현금배당과 유사한 경제적 이익이므로 과세형평의 원칙에 비추어 이를 배당으로 의제하여 과세하려는 것이 그 취지이다. 법인세법에서는 합병으로 인하여 소멸하는 법인(피합병법인)의 주주 등이 합병으로 인하여 설립되거나 합병 후 존속하는 법인(합병법인)으로부터 그 합병으로 인하여 취득하는 주식 등의 가액과 금전이나 기타 재산가액의 합계액(합병대가)이 그 피합병법인의 주식 등을 취득하기 위하여 소요된 금액을 초과하는 금액은 법인으로부터 이익을 배당받았거나 잉여금을 분배받은 금액으로 보고 있다(법인법 §16 ① 5).[14)]

13) 이준규 · 김진수, 『의제배당과세제도의 개선방안』, 한국조세연구원, 2002, p.14

14) 합병에 의한 의제배당은 소득세법 제17조 제2항 제4호에서도 규정하고 있다.

의제배당 = 합병대가(합병신주 + 금전 등) – 특수관계인으로부터 분여받은 이익– 구주 취득가액
* 합병대가: 합병요건 충족의 경우 종전 장부가액, 합병요건 미충족의 경우 시가

(1) 합병대가

합병대가는 위의 "1. 합병대가 (2) 법인세법 제16조 제1항 제5호의 합병대가"를 말한다.

(2) 구주 취득가액

구주 취득가액은 장부가액으로 실제 취득가액을 말한다. 이때 실제취득가액(대법원 92누4116, 1992.11.10.)은 "소멸한 법인의 주식을 취득하기 위하여 소요된 금액으로 소멸한 법인의 주식을 취득하기 위하여 실제로 지출한 금액을 의미한다. 따라서 자본준비금이나 재평가적립금의 자본전입에 따라 취득한 무상주(의제배당으로 과세되지 아니한 것)는 주금을 불입하지 않고 무상으로 교부받은 것으로서, 종전에 가지고 있던 주식의 취득에 소요된 취득가액 중에는 이러한 무상주의 취득가액도 사실상 포함된 것이므로 그 무상주의 액면가액은 소멸한 법인의 주식을 취득하기 위하여 소요된 금액이라고 할 수 없다. 다만, 이익준비금의 자본전입에 따라 취득하는 무상주의 경우에는 그 자본전입을 결정한 날에 이미 그 무상주의 액면금액이 의제배당 소득으로 확정되어 과세대상이 되므로 그 후 합병에 의하여 그 무상주에 대하여 합병신주가 교부되었다 하더라도 합병에 의한 의제배당 소득금액을 계산함에 있어서는 이 무상주의 액면금액을 구주의 취득비용으로 공제하여야 할 것이다. 또한 이와 같은 이유로 과세관청이 그 무상주의 가액에 대하여 별도의 의제배당 소득으로 과세하지 아니하였다 하여 달라지는 것은 아니라고 본다."고 판시하고 있다.

한편, 상속 등으로 취득한 주식의 경우 실제취득가액은 상속증여세법상의 평가액으로 한다. 대법원은 상속 등으로 취득한 주식의 취득가액에 대해(대법원 2005두15144, 2006.3.23.), "구 소득세법(1999.12.28. 법률 제6051호로 개정되기 전의 것) 제97조 제1항 제1호 (나)목은 양도차익의 계산에 있어서 양도가액에서 공제할 필요경비 중 취득가액에 대하여 당해 자산의 취득에 소요된 실지거래가액으로, 같은 조 제5항은 취득에 소요된 실지거래가액의 범위에 관하여 필요한 사항은 대통령령으로 정한다."고 규정하고 있고, 법 시행령(1999.12.

31. 대통령령 제16664호로 개정되기 전의 것) 제163조 제1항 제1호는 위 "취득에 소요된 실지거래가액"은 법 시행령 제89조 제1항을 준용하여 계산한 "취득원가에 상당하는 가액"이라고 규정하고 있으며, 그 제89조 제1항은 타인으로부터 매입하거나 스스로 제조, 생산 또는 건설하는 등으로 취득한 것이 아닌 자산의 취득가액은 "취득 당시의 시가"에 의하는 것으로 규정하고 있으므로, 상속재산의 취득의 경우 취득 당시의 시가를 확인할 수 있는 때에는 그것을 취득가액으로 할 수 있을 것이다."라고 하면서, 상속재산으로 취득한 주식의 경우에는 "상속증여세법 제63조 제1항 제1호 (가)목 및 (나)목에 규정된 평가방법에 의하여 평가된 가액은 이를 시가로 본다."라고 규정하고 있고, 같은 법 제63조 제1항 제1호 (나)목은 "대통령령이 정하는 협회등록법인의 주식 중 대통령령이 정하는 주식에 대하여는 (가)목의 규정을 준용한다."라고 규정하고 있으므로, 한국증권업협회에 등록된 주식에 대하여는 같은 법 제63조 제1항 제1호 (가)목에 규정된 평가방법(상장주식 평가방법)에 의하여 산정한 평가액을 구 소득세법 시행령 제89조 제1항에 규정된 취득 당시의 시가로 볼 수 있다."고 판시하고 있다.

법인세법에서 구주 취득가액은 다음에 의하도록 하고 있다.

① 장부가액(매입가액에 부대비용을 가산한 금액)에 자본전입에 의한 무상주 교부(의제배당으로 과세되는 것에 한함) 상당 금액(액면금액)을 더한 금액

② 법인세법 제16조 제1항 제2호 단서(상법 제459조의 자본준비금과 자산재평가법에 의한 재평가적립금의 자본전입 중 의제배당에서 제외하는 것)의 규정에 의하여 주식 등을 취득하는 경우 신·구주식 등의 1주당 장부가액은 다음에 의한다.

$$1\text{주당 장부가액} = \frac{\text{구주식 등 1주당 장부가액}}{1 + \text{구주식 등 1주당 신주식 등 배정수}}$$

위의 계산식은 무상주의 취득(주식수가 증가)으로 1주당 장부가액은 감소하게 되나 주식총수 취득가액은 무상주 취득 전과 무상주 취득 후의 취득가액은 변동이 없다.

③ 무액면주식의 가액은 그 주식을 발행하는 법인의 자본금을 발행주식총수로 나누어 계산한 금액이다.

한편, 소득세법상 소액주주에 해당하고 그 주식을 보유한 주주의 수가 다수이거나 그 주식의 빈번한 거래 등에 따라 그 주식을 취득하기 위하여 사용한 금액의 계산이 불분명한 경우에는 액면가액을 그 주식의 취득에 사용한 금액으로 본다. 다만, 단기 소각주식에 대한 특례규정이 적용되는 경우 및 해당 주주가 액면가액이 아닌 다른 가액을 입증하는 경우에는 그러하지 아니한다(소득법 §17 ④, 소득령 §27 ⑦). 그러나 법인세법에서는 이러한 규정을 두고 있지 아니하므로 법인주주가 취득하는 주식에 대하여는 적용되지 아니한다.

관련규정 및 예규판례

- **의제배당소득금액 계산 시 증여에 의하여 당해 주식 등을 취득한 경우 증여재산의 가액에 부대비용 등의 합계액으로 하고, 증여세상당액은 포함하지 않음**(서일 46014-658, 2004.5.13.)

  〈참고예규: 소득 46011-346, 1999.11.12.〉

  의제배당 소득금액을 계산함에 있어서 상속 또는 증여에 의하여 당해 주식 등을 취득한 경우에는 상속재산의 가액 또는 증여재산의 가액에 당해 주식 또는 출자를 취득하기 위하여 직접적으로 지출한 부대비용 등의 합계액으로 하는 것이며, 이때 당해 자산에 대하여 납부하였거나 납부할 상속세 또는 증여세상당액은 포함하지 아니하는 것임.

- **합병법인으로부터 교부받은 주식가액이 시가에 미달하는 경우 합병대가의 산정방법**

  (서울행법 2000구10822, 2001.7.27.)

  구 법인세법(1990.12.31. 법률 제4282호로 개정되기 전의 것) 제19조 제4호 소정의 기업합병으로 인한 의제배당에 있어서는 기업해산의 경우에 잔여재산의 형식으로 그 이익이 직접 주주들에게 귀속되는 것과는 달리 소멸법인의 순자산을 취득한 합병법인이 그에 대한 대가로 신주 또는 합병교부금을 소멸법인의 주주들에게 교부하는 형식에 의하여 그 이익이 귀속되는바, 합병법인이 발행하는 신주는 회사의 자본충실 요구에 따라 소멸법인의 순자산가액에 상당한 금액의 자본액 증가를 전제로 발행되는 것이 원칙이므로, 소멸법인의 주주들에게 교부되는 신주의 가액은 순자산의 가액을 나타내는 것으로서 그것은 바로 액면금액에 의한 가액임이 명백하다.

3 | 피합병법인의 양도손익

양도손익 = 합병법인으로부터 받은 양도가액 − (순자산 장부가액 + 환급법인세)
= 합병대가 − (순자산 장부가액 + 환급법인세)

합병양도손익은 비적격합병의 피합병법인에서 발생한다. 합병대가에서 순자산 장부가액을 차감한 금액이 +인 경우가 합병양도이익이 되고, −인 경우가 합병양도손실이 된다. 합병양도이익은 2009.12.31. 개정되기 전의 합병요건 미충족인 피합병법인의 청산소득에 해당된다. 합병양도손익을 다음과 같은 방식으로 나타낼 수 있다(법인세 등이 없는 경우).

차변		대변	
합병대가	×××	순자산 장부가액	×××
합병양도손실	×××	합병양도이익	×××
계	×××	계	×××

2010.6.8. 합병과세체계의 개정으로 합병의 인식을 피합병법인의 자산과 부채를 합병법인에 양도한 것으로 본다. 이 경우 양도에 따라 발생하는 합병양도손익은 피합병법인이 합병등기일이 속하는 사업연도의 소득금액을 계산할 때 익금 또는 손금에 산입한다(법인법 §44). 종전의 합병에 의한 청산소득을 폐지하고 피합병법인의 양도손익으로 하여 각 사업연도소득에 대한 법인세를 과세하도록 하였다.

2009.12.31. 합병과세체계 전반을 개정하면서 개정 이유를 다음과 같이 설명하고 있다. 법인이 합병·분할하면서 자산을 포괄적으로 이전·승계하는 경우 일정 요건을 갖추면 법인이나 주주에 대한 과세를 이연하고 있으나, 현행 과세체계가 지나치게 복잡하고 과세이연을 사업용 유형고정자산에 한정함으로써 과세이연 효과도 불완전하여 기업이 구조개편을 추진하는데 부담이 되고 있었다. 따라서 합병·분할 시 과세이연 요건을 갖추면 모든 자산을 장부가액으로 양도한 것으로 하고 이월결손금과 세무조정사항 등을 일괄하여 승계할 수 있도록 함으로써 합병·분할 시점에서 과세 문제가 발생하지 않도록 하고, 아울러 과세이연 요건 중 합병대가로 합병법인 주식을 100분의 95 이상 교부하여야

하던 것을 100분의 80 이상으로 완화하되, 합병 · 분할로 인하여 취득한 주식과 승계받은 사업은 일정 기간 계속 보유 · 유지하도록 하여 합병 · 분할이 조세회피 목적으로 악용되지 않도록 하였다.

(1) 양도가액

〈적격합병〉

양도손익 = 합병대가(순자산 장부가액) − 피합병법인의 순자산 장부가액

〈비적격합병〉

양도손익 = 합병대가(주식 + 금전 + 그 밖의 재산) − 피합병법인의 순자산 장부가액

* 주식에는 합병포합주식에 대한 미교부주식가액 포함

(1) - 1. 적격합병[15)]

적격합병의 합병양도가액은 순자산 장부가액이다. 법인세법 제44조 제2항의 요건(대통령령으로 정하는 부득이한 사유가 있는 경우에는 제2호 · 제3호 또는 제4호의 요건을 갖추지 못한 경우에도 가능) 또는 제3항[16)]의 요건을 갖춘 경우 피합병법인의 합병등기일 현재의 순자산 장부가액의 금액을 양도가액으로 한다(법인령 §80 ① 1). 적격합병의 경우 합병양도손익이 없는 것이 된다.

(1) - 2. 비적격합병

비적격합병의 합병양도가액은 위에서 본 "1. 합병대가 (1) 법인세법 시행령 제80조 제1항 제2호 (가)목의 합병대가 + 법인세 등"을 말한다.

---

15) 1. 합병등기일 현재 1년 이상 사업을 계속하던 내국법인 간의 합병일 것. 다만, 다른 법인과 합병하는 것을 유일한 목적으로 하는 법인으로서 대통령령으로 정하는 법인의 경우는 제외한다.
2. 피합병법인의 주주 등이 합병으로 인하여 받은 합병대가의 총합계액 중 합병법인의 주식 등의 가액이 100분의 80 이상이거나 합병법인의 모회사의 주식 등의 가액이 100분의 80 이상인 경우로서 그 주식 등이 대통령령으로 정하는 바에 따라 배정되고, 대통령령으로 정하는 피합병법인의 주주 등이 합병등기일이 속하는 사업연도의 종료일까지 그 주식 등을 보유할 것
3. 합병법인이 합병등기일이 속하는 사업연도의 종료일까지 피합병법인으로부터 승계받은 사업을 계속할 것
4. 합병등기일 1개월 전 당시 피합병법인에 종사하는 대통령령으로 정하는 근로자 중 합병법인이 승계한 근로자의 비율이 100분의 80 이상이고, 합병등기일이 속하는 사업연도의 종료일까지 그 비율을 유지할 것

16) 내국법인이 발행주식총수 또는 출자총액을 소유하고 있는 다른 법인을 합병하거나 그 다른 법인에 합병되는 경우에는 제2항에도 불구하고 양도손익이 없는 것으로 할 수 있다.

합병대가에 합병포합주식이 있는 경우에는 그 합병포합주식에 대하여 합병교부주식을 교부하지 아니하더라도 그 지분비율에 따라 합병교부주식을 교부한 것으로 보아 합병교부주식의 가액을 계산한다. 헌법재판소(헌재 2007헌바78, 2009.12.29.)는 포합주식을 취득한 후에 그 가치가 떨어진 경우에는 취득가액을 그대로 합병대가로 보는 것은 실질에 맞지 않는 점이 있지만 포합주식을 취득한 후에 그 가치가 상승한 경우에도 그 취득가액을 합병대가로 보는 점 등 포합주식 조항의 입법목적은 합병법인이 합병 전에 피합병법인의 주식을 미리 취득하여 청산소득에 대한 법인세 부담을 부당하게 회피하는 것을 방지하기 위한 것이므로 그 입법목적이 정당하고, 입법목적을 달성하기 위하여 합병법인이 포합주식을, 합병등기일 전 2년 이내에 취득한 경우에는 그 포합주식의 취득가액을 합병대가에 포함시키도록 하였다. 또한 합병대가에 가산되는 포합주식은 합병의 목적으로 취득하였을 개연성이 높은 합병등기일 전 2년 이내에 취득한 포합주식으로 한정되며, 실제로 지급된 취득대가는 취득 당시의 피합병법인의 순자산가치를 반영하는 것이었다고 볼 수 있고, 포합주식에 대하여 합병법인의 주식이 교부된 경우에는 그 가액을 공제하여 포합주식 취득가액을 합병대가에 합산하는 범위를 조절하고 있다.

합병등기일 전 2년 내에 취득한 포합주식의 가액

합병대가의 총합계액 중 주식 등의 가액이 법 제44조 제2항 제2호의 비율 이상인지를 판정할 때 합병법인이 합병등기일 전 2년 내에 취득한 합병포합주식 등이 있는 경우에는 다음 각 호의 금액을 금전으로 교부한 것으로 한다(법인령 제80조의2 제3항).

1. 합병법인이 합병등기일 현재 피합병법인의 지배주주 등이 아닌 경우
   합병법인이 합병등기일 전 2년 이내에 취득한 합병포합주식 등이 피합병법인의 발행주식총수의 100분의 20을 초과하는 경우 그 초과하는 합병포합주식 등에 대하여 교부한 합병교부주식 등(제80조 제1항 제2호 가목 단서에 따라 합병교부주식 등을 교부한 것으로 보는 경우 그 주식 등을 포함)의 가액
2. 합병법인이 합병등기일 현재 피합병법인의 지배주주 등인 경우
   합병등기일 전 2년 이내에 취득한 합병포합주식 등에 대하여 교부한 합병교부주식 등(제80조 제1항 제2호 가목 단서에 따라 합병교부주식 등을 교부한 것으로 보는 경우 그 주식 등을 포함)의 가액

사례 1 ••• 합병포합주식과 주식교부비율

합병법인이 합병등기일 현재 피합병법인의 지배주주 등이 아닌 경우로서 합병법인이 합병등기일 전 2년 이내에 취득한 합병포합주식 등이 피합병법인의 발행주식총수의 100분의 20을 초과하는 경우 그 초과하는 합병포합주식 등에 대하여 교부한 합병교부주식 등(제80조 제1항 제2호 가목 단서에 따라 합병교부주식 등을 교부한 것으로 보는 경우 그 주식 등을 포함)의 가액은 금전으로 교부한 것으로 본다(포합주식에 대해 합병대가를 지급하지 않은 것과 합병대가를 지급 후 자기주식을 소각한 것은 실질적으로 동일하다).

(합병교부주식 가액 − 합병등기일 전 2년 내에 취득한 합병포합주식) ÷ 합병대가의 총합계액 ≥ 주식비율 80%

합병당사법인의 현황은 다음과 같다. 합병법인 피합병법인의 주식 120,000주(합병등기일 전 2년 내 취득 108,000주)를 보유하고 있다.

합병법인(케미칼)			피합병법인(○○산업)		
주주	주식수	지분율	주주	주식수	지분율
갑	450,000	76.27%	김1	44,000	15.77%
을	40,000	6.78%	김2	63,000	22.58%
병	50,000	8.47%	김3	52,000	18.64%
정	50,000	8.47%	케미칼	120,000	43.01%
계	590,000	100.00%	계	279,000	100.00%

* 김1, 김2, 김3은 특수관계인임.

위 합병조건에 따라 합병을 하게 되면 합병신주 및 합병대가는 다음과 같게 된다.

구분	합병 전		합병신주	합병대가	합병 후	
주주	주식수	지분	주식수		주식수	지분
갑	450,000	76.27%			450,000	22.67%
을	40,000	6.78%			40,000	2.02%
병	50,000	8.47%			50,000	2.52%
정	50,000	8.47%			50,000	2.52%

구분	합병 전		합병신주	합병대가	합병 후	
주주	주식수	지분	주식수		주식수	지분
김			195,000	4,400,000,000	195,000	11.08%
이			315,000	6,300,000,000	315,000	15.87%
박			260,000	5,200,000,000	260,000	13.10%
포합주식			625,000	12,000,000,000	625,000	30.23%
계	590,000	100.00%	1,395,000	27,900,000,000	1,985,000	100.00%

* 합병가액: 합병법인 20,000원 : 피합병법인 100,000원(합병비율: 1 : 5)
* 합병대가: 20,000원 × 합병신주수
* 합병교부주식가액: 합병가액 20,000원 × 합병신주수 1,395,000주
* 합병대가가 총계: 27,900,000,000원

합병법인의 피합병법인에 대한 주식취득(포합주식취득)은 다음과 같다.

| 포합주식 취득내역 |

피합병법인 총발행주식수	2년 이내 취득 포합주식가액				
	취득 주식수	2년 이내 취득주식수/발행주식총수	20% 상당 주식수	20% 초과 취득주식수	초과취득가액
279,000	108,000	38.71%	55,800	52,200	5,220,000,000

* 초과 교부주식 5,220,000,000원: 초과 취득주식수 × 합병비율 5 × 합병가액 20,000원

합병대가 중 주식교부비율(80% 이상)의 계산에서 합병포합주식에 대하여 합병교부주식을 교부하지 아니하더라도 그 지분비율에 따라 합병교부주식을 교부한 것으로 보아 합병교부주식의 가액을 계산한다. 포합주식에 대해 합병대가를 지급한 경우 주식교부비율을 다음과 같이 계산할 수 있다(법인령 §80의2 ③, 2012.2.2. 개정).

| 포합주식에 대해 합병교부주식을 교부한 경우 |

구분	합병교부주식 가액 ①	초과교부주식 ② or 현금교부 간주	합병대가총계 ③	주식교부비율 (① − ②) ÷ ③
지배주주 ×	27,900,000,000	5,220,000,000	27,900,000,000	81.29%
지배주주	27,900,000,000	10,800,000,000	27,900,000,000	61.29%

* 지배주주 아닌 경우: 위 계산의 초과교부주식 5,220,000,000원
* 지배주주인 경우: 2년 내 취득한 주식 전부에 대한 교부주식(합병가액 20,000원 × 108,00주 × 합병비율)

포합주식에 대해 합병대가를 지급하지 아니한 경우라면 주식교부비율을 다음과 같이 계산할 수 있다. 이와 같이 계산하는 이유는 포합주식에 대해 합병대가를 지급하지 않은 것과 합병대가를 지급 후 자기주식을 소각한 것은 실질적으로 동일하기 때문에 합병대가 중 주식교부비율(80% 이상) 계산 시 합병포합주식에 대하여 합병교부주식을 교부하지 아니하더라도 그 지분비율에 따라 합병교부주식을 교부한 것으로 보아야 포합주식에 대해 합병대가를 지급한 것과 지급하지 않은 것이 주식교부비율이 동일하게 계산되어야 하기 때문이다.

| 포합주식에 대해 합병교부주식을 교부하지 않은 경우 |

구분	합병교부주식 가액 ①	교부간주 가액 ②	초과교부주식 ② or 현금교부 간주	합병대가총계 ④	주식교부비율 (①+②−③) ÷ ④
지배주주 ×	15,900,000,000	12,000,000,000	5,220,000,000	27,900,000,000	81.29%
지배주주	15,900,000,000	12,000,000,000	10,800,000,000	27,900,000,000	61.29%

* 지배주주 아닌 경우: 위 계산의 초과교부주식 5,220,000,000원

* 지배주주인 경우: 2년 내 취득한 주식 전부에 대한 교부주식(합병가액 20,000원× 108,00주 × 합병비율)

위 사례는 합병법인이 합병등기일 현재 피합병법인의 지배주주(43.01%)인 경우로서 포합주식에 대해 합병대가를 지급한 경우이므로 주식교부비율은 61.29%가 된다.

(2) 순자산 장부가액

순자산 장부가액 = 자산총액 − 부채총액 + 환급법인세

순자산 장부가액이란 피합병법인의 합병등기일 현재의 자산의 장부가액 총액에서 부채의 장부가액 총액을 뺀 가액을 말한다(법인법 §44 ① 2). 이 경우 피합병법인의 순자산 장부가액을 계산할 때 국세기본법에 따라 환급되는 법인세액이 있는 경우에는 이에 상당하는 금액을 피합병법인의 합병등기일 현재의 순자산 장부가액에 더한다(법인령 §80 ②). 비적격합병 시 순자산가액이 음수인 경우, 즉 부채가 자산을 초과하는 경우 양도손익을 계산하는 데 있어 그 초과액을 피합병법인의 양도소득에 가산한다(법인세과−181, 2012.3.13.).

관련규정 및 예규판례

- 합병으로 교부받은 자기주식을 합병등기일이 속하는 사업연도 또는 합병등기일이 속하는 사업연도의 다음 사업연도 개시일부터 3년 이내에 전부 소각하는 경우 적격합병 요건 위반 또는 적격합병 사후관리 위반임(법인세과-711, 2011.9.28.).

  【질의】 2010.7.1. 이후 C법인은 A법인과 B법인을 흡수합병하고자 하며 지분구조는 아래와 같다.

  A법인은 B법인 주식을 합병등기일로부터 6년 전에 취득, B법인은 C법인 주식을 합병등기일로부터 5년 전에 취득

  - A법인에게 합병신주를 교부하고 합병 후 소각하는 경우 지배주주 등 주식처분요건을 적용하는 것인지

  【회신】 3개 이상 법인 간 합병으로 피합병법인의 「법인세법 시행령」 제80조의2 제5항에 해당하는 지배주주 등에게 교부한 주식이 합병법인의 자기주식이 되어 합병등기일이 속하는 사업연도의 종료일 이내 또는 합병등기일이 속하는 사업연도의 다음 사업연도 개시일부터 3년 이내에 자기주식을 전부 소각하는 경우 같은 법 제44조 제2항 제2호 적격합병 요건 또는 같은 법 제44조의3 제3항 제2호에 의한 적격합병 사후관리 요건 위반에 해당하는 것임.

- 2010.7.1. 이후 비적격합병 시 피합병법인의 합병등기일 현재 부채가 자산을 초과하는 경우, 초과액은 피합병법인의 양도소득에 가산되는 것임(법인세과-181, 2012.3.13.).

  【질의】 질의법인은 2011년 6월 A법인을 흡수합병할 예정이며, 법인세법상 비적격합병에 해당함. 질의법인은 합병대가로 당사의 주식을 A법인 주주에게 액면가로 1천만원(시가 2천만원) 교부하기로 함(다른 합병대가는 없음).

  피합병법인(A)은 자본잠식 상태로 재무상태는 아래와 같음.

  자산 2억원, 부채 33억원, 자본금 3억원, 결손금 34억원

  - 비적격합병 시 피합병법인의 합병등기일 현재 부채가 자산을 초과하는 경우, 피합병법인의 양도손익 및 합병법인의 합병매수차손 계산방법

  【회신】

  2010.7.1. 이후 비적격합병 시 피합병법인의 합병등기일 현재 부채가 자산을 초과하는 경우, 「법인세법」 제44조 제1항에 따른 양도소득을 계산함에 있어 해당 초과액은 피합병법인의 양도소득에 가산되는 것이며, 합병법인은 피합병법인에 지급한 양도가액이 합병등기일 현재 피합병법인의 순자산시가를 초과하는 금액 중 「법인세법 시행령」 제80조의3 제2항에

해당하는 금액에 한하여 「법인세법」 제44조의2 제3항에 따라 합병매수차손으로 계상하는 것임.

적격합병에 따라 피합병법인의 자산 양도손익이 없는 것으로 한 경우 합병매수차익 익금산입 또는 합병매수차손 손금산입 규정이 적용되지 아니하는 것임(법인세과-1218, 2010.12.31.).

【질의】 갑법인은 아래와 같이 을법인을 흡수합병(2010.7.1. 이후)하였음.

순자산장부가액	순자산의 시가	양도가액(합병대가)
100	150	75

- 상기 합병은 법법 §44 ②에 의한 적격합병 요건을 충족함.
  적격합병 요건을 충족하여 피합병법인의 양도손익이 없는 것으로 한 경우 합병매수차손익에 대한 세무조정을 하여야 하는지
- 합병매수차손익: 합병법인이 피합병법인에게 지급한 양도가액에서 피합병법인의 합병등기일 현재의 순자산 시가(자산-부채)를 차감한 금액

【회신】 「법인세법」 제44조 제2항(2009.12.31. 법률 제9898호로 개정된 것)에 따라 피합병법인의 자산 양도손익이 없는 것으로 한 경우에는 합병법인에게 같은 법 제44조의2 제2항 및 제3항의 규정이 적용되지 않는 것이나, 합병법인이 적격합병 과세특례에 대한 사후관리 요건을 위반하여 같은 법 제44조의3 제4항이 적용되는 경우에는 그러하지 아니하는 것임.

「법인세법」 제44조 제2항(2009.12.31. 법률 제9898호로 개정된 것)에 따라 피합병법인의 자산양도손익이 없는 것으로 한 경우에는 같은 법 제44조의3(적격합병 시 합병법인에 대한 과세특례) 제1항에 따라 피합병법인의 자산을 장부가액으로 양도받은 것으로 보아 익금 또는 손금에 산입하는 것임(법인세과-216, 2013.5.8.).

① 합병 회계처리

(합병 전)

자산	200억원	부채	100억원
		자본	100억원

(합병 후)

자산	200억원	부채	100억원
영업권	200억원	자본금	50억원
		주발초	250억원

② 2011년 말 결산분개

(차) 영업권 상각 200　　　　(대) 영업권 200

자산성이 없다고 보아 영업권을 일시에 상각함.

- 적격합병 시 회계상 계상한 영업권(합병매수차손)에 대한 세무처리

▶ 지배주주 등인지는 합병등기일 시점으로 판단하며, 합병법인이 포합주식에 대하여 합병신주를 교부받은 경우 지배주주 등 요건 적용대상이지만 피합병법인이 합병등기일 이전부터 보유하고 있는 합병법인 주식은 지배주주 등 요건 적용대상 아님(법인세과-709, 2011.9.28.).

【질의 1】 2010.7.1. 이후 합병규정을 적용함에 있어 합병등기일 현재 처분이 제한되는 지배주주 등에 해당하는 임원이 합병 후 퇴사하고,

- 합병으로 교부받은 주식을 3년 이내에 전부 처분하는 경우 지배주주 등 주식보유 요건(사후관리 요건) 위반인지

【질의 2】 합병법인이 합병등기일 현재 보유하고 있는 피합병법인의 주식(포합주식)에 대하여 합병신주를 교부하여 보유하고 있는 합병신주를 합병등기일이 속하는 다음 사업연도 개시일부터 3년 이내에 처분 또는 소각하는 경우 지배주주 등 주식보유 요건 위반인지

【질의 3】 피합병법인이 합병등기일 현재 보유하고 있는 합병법인의 주식이 합병으로 인해 자기주식이 된 경우 지배주주 등 보유요건 적용대상인지

【회신】 1. 합병등기일 현재 「법인세법 시행령」 제80조의2 제5항에 해당하는 지배주주 등이 합병등기일이 속하는 사업연도의 다음 사업연도 개시일부터 3년 이내에 지배주주 등에 해당하지 않게 된 상태로 합병 시 교부받은 주식 전부를 처분하는 경우 같은 법 제44조의3 제3항 제2호에 의한 적격합병 사후관리 요건 위반에 해당하는 것임.

2. 합병법인이 피합병법인의 지배주주로서 보유하고 있는 주식(포합주식)에 대하여 합병신주(자기주식)를 교부받은 경우 합병법인은 「법인세법」 제44조 제2항 제2호의 피합병법인의 주주 등에 포함되는 것이며, 피합병법인의 주주 등에 해당되는 합병법인이 동 합병신주(자기주식)를 합병등기일이 속하는 사업연도의 다음 사업연도 개시일부터 3년 이내에 법령상 의무를 이행하기 위하여 처분하는 경우에는 「법인세법 시행령」 제80조의2 제1항 제1호에 따른 부득이한 사유에 해당되는 것이나, 합병신주(자기주식)를 소각하는 경우에는 부득이한 사유에 해당되지 아니하는 것임(법규과-1211, 2011.9.14.).

3. 피합병법인이 합병등기일 현재 보유하고 있는 합병법인의 주식이 합병으로 인하여 자기주식이 된 경우 「법인세법」 제44조의3 제3항 제2호의 규정이 적용되지 않는 것임.

4 | 합병법인의 매수차손익

합병매수차손익은 비적격합병인의 합병법인에서 발생한다. 합병대가에서 순자산시가를 차감한 금액이 +인 경우가 합병매수차손이 되고 -인 경우가 합병매수차익이 된다. 합병매수차손익은 2009.12.31. 개정되기 전의 합병요건 충족인 합병법인의 영업권과

관련된 합병평가차익에 해당된다. 법인세법은 합병법인이 합병으로 피합병법인의 자산을 승계한 경우에는 그 자산을 피합병법인으로부터 합병등기일 현재의 시가(법인법 §52 시가)로 양도받은 것으로 본다(법인법 §44의2 ①). 이 경우 피합병법인의 각 사업연도의 소득금액 및 과세표준을 계산할 때 익금 또는 손금에 산입하거나 산입하지 아니한 금액, 그 밖의 자산·부채 등은 대통령령으로 정하는 것만 합병법인이 승계할 수 있다.

(1) 비적격합병의 매수차손

합병법인이 피합병법인에게 지급한 양도가액이 피합병법인의 합병등기일 현재의 순자산시가를 초과하는 경우 그 차액을 합병매수차손이라 한다(법인령 §80의3 ①). 이때의 양도가액이란 위에서 본 "1. 합병대가 (1) 법인세법 시행령 제80조 제1항 제2호 (가)목의 합병대가 + 법인세 등"을 말한다. 합병매수차손을 다음과 같은 방식으로 나타낼 수 있다(법인세 등이 없는 경우)(합병매수차손에 대한 분석은 "제7절 합병과 영업권"에서 설명한다).

차변		대변	
순자산 시가	×××	합병대가	×××
합병매수차손	×××		
계	×××	계	×××

합병매수차손 = 승계한 순자산시가 〈 피합병법인에 지급한 양도가액(합병대가)

이때 합병매수차손은 합병법인이 피합병법인의 상호·거래관계, 그 밖의 영업상의 비밀 등에 대하여 사업상 가치가 있다고 보아 대가를 지급한 경우를 말한다. 합병매수차손은 세무조정계산서에 계상하고 합병등기일부터 5년간 균등하게 나누어 손금에 산입한다. 손금산입액의 계산과 산입방법 등에 관하여는 합병매수차익을 준용한다.

$$\text{합병매수차손} \times \frac{\text{해당 사업연도의 월수}}{\text{60월}}$$

비적격합병 시 피합병법인의 합병등기일 현재 부채가 자산을 초과하는 경우(승계순자산이 음수인 경우), 합병법인의 합병매수차손 계산방법은 합병법인은 피합병법인에 지급한 양도가액이 합병등기일 현재 피합병법인의 순자산시가를 초과하는 금액 중 영업권에 해당하는 금액에 한하여 합병매수차손으로 계상한다(법인세과-181, 2012.3.13.).

합병대가와 순자산 시가와의 차액인 합병매수차손을 영업권으로 보는 대법원의 판결은 아직까지는 존재하지 않는다. 대법원은 합병매수차손과 유사한 합병대가와 순자산 시가와의 차액을 영업권으로 보는 이유를 다음과 같이 설명하고 있다(대법원 2007.10.16. 선고 2007두12316.). 합병 시 피합병법인의 영업권을 별도로 분리하여 평가하지는 않았더라도 자산의 각 항목에 따라 사업상 가치를 평가하여 그 결과를 영업권가액으로 산정하는 것은 사실상 쉽지 아니할 뿐만 아니라 피합병법인이 갖고 있는 여러 장점들을 전체로서 영업권으로 파악·평가하여도 기업거래 관행이나 회계원칙상 부당한 것으로 보이지 아니하므로 합병을 통하여 피합병법인 주주에게 지급한 금액에서 피합병법인의 순자산가액을 공제한 금액을 모두 영업권으로 보더라도 영업권에 대한 적절한 평가방법이라고 볼 수 있다. 조세심판원(조심 2016중1693, 2017.8.10.)은 합병 시 피합병법인의 순자산가치를 초과하여 지급한 합병매수차손은 합병 이후 창출될 것으로 기대되는 사업상 시너지에 대한 대가를 지급한 것으로 보이는 점 등에 비추어 합병매수차손은 피합병법인의 상호·거래관계, 그 밖의 영업상의 비밀 등에 대하여 사업상 가치가 있다고 보아 대가로 지급한 것으로 보인다.

(2) 비적격합병의 매수차익

합병법인이 피합병법인에게 지급한 양도가액이 피합병법인의 합병등기일 현재의 순자산시가(자산총액에서 부채총액을 뺀 금액)보다 적은 경우에는 그 차액을 합병매수차익이라 한다(법인령 §80의3 ①). 이때의 양도가액이란 위에서 본 "1. 합병대가 (1) 법인세법 시행령 제80조 제1항 제2호 (가)목의 합병대가 + 법인세 등"을 말한다. 합병매수차익을 다음과 같은 방식으로 나타낼 수 있다(법인세 등이 없는 경우).

차변		대변	
순자산 시가	×××	합병대가	×××
		합병매수차익	×××
계	×××	계	×××

합병매수차익 = 승계한 순자산시가 〉 피합병법인에 지급한 양도가액(합병대가)

합병매수차익을 세무조정계산서에 계상하고 익금산입할 때에는 합병등기일이 속하는 사업연도부터 합병등기일부터 5년이 되는 날이 속하는 사업연도까지 다음 산식에 따라 계산한 금액을 익금산입한다. 이 경우 월수는 역에 따라 계산하되 1월 미만의 일수는 1월로 하고, 이에 따라 합병등기일이 속한 월을 1월로 계산한 경우에는 합병등기일부터 5년이 되는 날이 속한 월은 계산에서 제외한다.

$$\text{합병매수차익} \times \frac{\text{해당 사업연도의 월수}}{\text{60월}}$$

5 | 합병법인의 자산과 부채의 조정계정

자산과 부채의 조정계정은 적격합병인 합병법인에서 발생한다. 자산과 부채의 시가에서 자산과 부채의 장부가액을 차감한 금액이 +인 경우가 +자산과 부채의 조정계정이 되고, −인 경우가 −자산과 부채의 조정계정이 된다. +자산의 조정계정은 2010.6.8. 개정되기 전의 합병요건 충족인 합병법인의 합병영업권과 유사하다. 자산과 부채의 조정계정을 다음과 같은 방식으로 나타낼 수 있다(법인세 등이 없는 경우).

차변		대변	
자산 장부가액	×××	부채 장부가액	×××
±자산 조정계정	×××	±부채 조정계정	×××
		합병대가	×××
계	×××	계	×××

자산과 부채의 조정계정(±) = 승계한 자산 및 부채의 시가
− 피합병법인의 장부가액(세법상 가액)

※ **자산과 부채의 조정계정의 표기방식**

이 책에서는 자산과 부채의 조정계정의 표기방식을 세법과 달리 자산과 부채의 시가와 장부가액의 차액이 (+)인 경우를 자산 및 부채의 +조정계정으로 표기하고, 자산과 부채의 시가와 장부가액의 차액이 (−)인 경우를 자산 및 부채의 −조정계정으로 표기한다. 이와 같은 표기 방식은 자산과 부채의 조정계정의 금액이 시가와 장부가액의 차액임을 별도로 설명할 필요 없이 단순화함에 있다.

적격합병을 한 합병법인은 피합병법인의 자산을 장부가액으로 양도받은 것으로 하고 장부가액과 시가와의 차액을 자산별로 계상하여야 한다(법인법 §44의3 ①).

합병법인은 피합병법인의 자산을 장부가액으로 양도받은 경우 양도받은 자산 및 부채의 가액을 합병등기일 현재의 시가로 계상하되, 시가에서 피합병법인의 장부가액(세무조정사항 가감)을 뺀 금액이 0보다 큰 경우에는 그 차액을 익금에 산입하고 이에 상당하는 금액을 자산조정계정으로 손금에 산입하며, 0보다 적은 경우에는 시가와 장부가액의 차액을 손금에 산입하고 이에 상당하는 금액을 자산조정계정으로 익금에 산입한다(법인령 §80의4 ①). 자산조정계정은 다음의 구분에 따라 처리한다.

(1) 자산조정계정과 감가상각자산

자산조정계정으로 손금에 산입한 경우에는 해당 자산의 감가상각비(해당 자산조정계정에 상당하는 부분에 대한 것만 해당)와 상계하고, 자산조정계정으로 익금에 산입한 경우에는 감가상각비에 가산. 이 경우 해당 자산을 처분하는 경우에는 상계 또는 더하고 남은 금액을 그 처분하는 사업연도에 전액 익금 또는 손금에 산입한다.

(2) 자산조정계정과 비상각자산

해당 자산을 처분하는 사업연도에 전액 익금 또는 손금에 산입. 다만, 자기주식을 소각하는 경우에는 익금 또는 손금에 산입하지 아니하고 소멸한다.

(3) 적격합병 시 영업권

적격합병 시 발생한 영업권은 손금산입 규정이 적용되지 않는다(법인세과-146, 2011.2.25.). 피합병법인의 순자산시가와 장부가액이 동일한 경우에도 주식평가가 순자산가치보다 높아 자산인 영업권(매수차손)이 계상되는 경우가 있다. 이 경우 피합병법인의 자산을 장부가액으로 양도받은 것으로 보아야 하므로 합병매수차손은 손금산입 대상이 아니다(법인세과-216, 2013.5.8.).

6 양도손익 · 매수차손익 · 조정계정의 관계

합병과세소득은 합병양도손익, 합병매수차손익, 자산과 부채의 조정계정으로 구성되어 있으며 이들 과세소득은 합병대가를 중심으로 연결되어 있다. 이들의 관계를 다음과 같이 분석할 수 있다.

피합병법인의 재무상태표는 다음과 같다.

자산총계	600,000,000	부채총계	400,000,000
		자본금	100,000,000
		잉여금	100,000,000
계	600,000,000	계	600,000,000

(1) 시가와 장부가액이 같은 경우

합병법인이 승계한 자산과 부채의 시가는 피합병법인의 자산과 부채의 장부가액과 같다. 자산 및 부채의 시가와 장부가액은 다음과 같다.

구분	시가 ①	장부가액 ②	차액(① - ②)
자산	600,000,000	600,000,000	0
부채	400,000,000	400,000,000	0
순자산	200,000,000	200,000,000	0

(1) - 1. 합병양도이익 = 합병매수차손 = 차변 영업권?

합병법인은 피합병법인의 자산과 부채를 장부가액으로 승계하면서 합병신주를 다음과 같이 발행하였다.

1주당 액면가	1주당 시가	합병신주	합병대가
5,000	8,000	60,000	480,000,000

합병양도손익과 합병매수차손익을 계산하면 다음과 같게 된다.

| 피합병법인의 양도이익(합병대가 - 순자산 장부가액) |

부채총계	400,000,000	자산총계	600,000,000
합병대가	480,000,000	합병양도이익	280,000,000
계	880,000,000	계	880,000,000

| 합병법인의 매수차손(합병대가 - 순자산 시가) |

<table>
<tr><td>자산총계</td><td>600,000,000</td><td colspan="2">부채총계</td><td>400,000,000</td></tr>
<tr><td>합병매수차손</td><td>280,000,000</td><td rowspan="2">합병
대가</td><td>자본금</td><td>300,000,000</td></tr>
<tr><td></td><td></td><td>주발초</td><td>180,000,000</td></tr>
<tr><td>계</td><td>880,000,000</td><td colspan="2">계</td><td>880,000,000</td></tr>
</table>

피합병법인의 양도이익과 합병법인의 매수차손이 같은 금액으로 계산되고 있다.

| 합병법인의 순자산 조정계정(승계한 자산 및 부채의 시가 - 승계한 자산 및 부채의 장부가액) |

승계한 자산 및 부채의 시가와 승계한 자산 및 부채의 장부가액이 같으므로 순자산 조정계정은 다음과 같이 계산된다.

순자산 조정계정 0원(자산의 조정계정 0원 - 부채의 조정계정 0원)

<table>
<tr><td>자산총계</td><td>600,000,000</td><td colspan="2">부채총계</td><td>400,000,000</td></tr>
<tr><td>(영업권?)</td><td>280,000,000</td><td rowspan="2">합병
대가</td><td>자본금</td><td>300,000,000</td></tr>
<tr><td></td><td></td><td>주발초</td><td>180,000,000</td></tr>
<tr><td>계</td><td>880,000,000</td><td colspan="2">계</td><td>880,000,000</td></tr>
</table>

승계한 자산과 부채의 시가와 장부가액이 같은 경우 피합병법인의 양도이익 280,000,000원과 합병법인의 매수차손 280,000,000원이 같은 금액으로 계산되고 이 금액은 합병법인의 차변 (+)영업권? 280,000,000원과도 같다. 승계한 자산의 시가 600,000,000원과 장부가액 600,000,000원은 차이가 나지 않으므로 자산의 조정계정이 발생되지 않고, 부채의 시가 400,000,000원과 장부가액 400,000,000원은 차이가 나지 않으므로 부채의 조정계정이 발생되지 않는다. 피합병법인의 양도이익이 합병법인의 매수차손과 차이가 나는 금액이 없으며(0원), 순자산 조정계정 금액과의 차이도 0원이다.

(1) - 2. 합병양도손실 = 합병매수차익 = 대변 영업권?

다음은 위 (1)과 다른 모든 조건은 동일하고 1주당 시가가 6,000원에서 3,000원으로 변동되었다.

1주당 액면가	1주당 시가	합병신주	합병대가
5,000	3,000	60,000	180,000,000

합병양도손익과 합병매수차손익을 계산하면 다음과 같게 된다.

| 피합병법인의 양도손실(합병대가 - 순자산 장부가액) |

부채총계	400,000,000	자산총계	600,000,000
합병대가	180,000,000		
합병양도손실	20,000,000		
계	600,000,000	계	600,000,000

| 합병법인의 매수차익(합병대가 - 순자산 시가) |

자산총계	600,000,000	부채총계		400,000,000
		합병대가	자본금	300,000,000
			할인발행	−120,000,000
		합병매수차익		20,000,000
계	600,000,000	계		600,000,000

피합병법인의 양도손실과 합병법인의 매수차익이 같은 금액으로 계산되고 있다.

| 합병법인의 순자산 조정계정(승계한 자산 및 부채의 시가-승계한 자산 및 부채의 장부가액) |

승계한 자산 및 부채의 시가와 승계한 자산 및 부채의 장부가액이 같으므로 순자산 조정계정은 다음과 같이 계산된다.

순자산 조정계정 0원(자산의 조정계정 0원 - 부채의 조정계정 0원)

자산총계	600,000,000	부채총계		400,000,000
		합병 대가	자본금	300,000,000
			할인발행	-120,000,000
		(영업권?)		20,000,000
계	600,000,000	계		600,000,000

승계한 자산과 부채의 시가와 장부가액이 같은 경우 피합병법인의 양도손실 20,000,000원과 합병법인의 매수차익 20,000,000원이 같은 금액으로 계산되고 이 금액은 합병법인의 대변 (-)영업권? 20,000,000원과도 같다. 승계한 자산의 시가 600,000,000원과 장부가액 600,000,000원은 차이가 나지 않으므로 자산의 조정계정이 발생되지 않고, 부채의 시가 400,000,000원과 장부가액 400,000,000원은 차이가 나지 않으므로 부채의 조정계정이 발생되지 않는다. 피합병법인의 양도손실이 합병법인의 매수차익과 차이가 나는 금액이 없으며(0원), 순자산 조정계정 금액과의 차이도 0원이다.

(2) 시가와 장부가액이 다른 경우

합병법인이 승계한 자산과 부채의 시가는 피합병법인의 자산과 부채의 장부가액과 다르다. 자산 및 부채의 시가와 장부가액은 다음과 같다.

구분	시가 ①	장부가액 ②	차액(① - ②)
자산	700,000,000	600,000,000	100,000,000
부채	450,000,000	400,000,000	50,000,000
순자산	250,000,000	200,000,000	50,000,000

(2)-1. (합병양도이익 - 순자산 조정계정) = 합병매수차손 = 차변 영업권?

합병법인은 피합병법인의 자산과 부채를 시가로 승계하면서 합병신주를 다음과 같이 발행하였다.

1주당 액면가	1주당 시가	합병신주	합병대가
5,000	8,000	60,000	480,000,000

합병양도손익과 합병매수차손익을 계산하면 다음과 같게 된다.

| 피합병법인의 양도이익(합병대가 - 순자산 장부가액) |

부채총계	400,000,000	자산총계	600,000,000
합병대가	480,000,000	합병양도이익	280,000,000
계	880,000,000	계	880,000,000

| 합병법인의 매수차손(합병대가 - 순자산 시가) |

<table>
<tr><td>자산총계</td><td>700,000,000</td><td colspan="2">부채총계</td><td>450,000,000</td></tr>
<tr><td>합병매수차손</td><td>230,000,000</td><td rowspan="2">합병
대가</td><td>자본금</td><td>300,000,000</td></tr>
<tr><td></td><td></td><td>주발초</td><td>180,000,000</td></tr>
<tr><td>계</td><td>930,000,000</td><td colspan="2">계</td><td>930,000,000</td></tr>
</table>

피합병법인의 양도이익이 합병법인의 매수차손보다 50,000,000원 더 많이 계산되고 있다. 양도이익이 더 많이 계산되고 있는 금액은 다음에 보는 순자산 (+)조정계정 50,000,000원(자산의 조정계정 100,000,000원 - 부채의 조정계정 50,000,000원)의 금액이다.

| 합병법인의 순자산 조정계정(승계한 자산 및 부채의 시가 - 승계한 자산 및 부채의 장부가액) |

승계한 자산 및 부채의 시가와 승계한 자산 및 부채의 장부가액이 다르므로 순자산 조정계정은 다음과 같이 계산된다.

순자산 조정계정 50,000,000원(자산의 조정계정 100,000,000원 - 부채의 조정계정 50,000,000원)

<table>
<tr><td>자산총계</td><td>600,000,000</td><td colspan="2">부채총계</td><td>400,000,000</td></tr>
<tr><td>자산조정계정</td><td>100,000,000</td><td colspan="2">부채조정계정</td><td>50,000,000</td></tr>
<tr><td>(영업권?)</td><td>230,000,000</td><td rowspan="2">합병
대가</td><td>자본금</td><td>300,000,000</td></tr>
<tr><td></td><td></td><td>주발초</td><td>180,000,000</td></tr>
<tr><td>계</td><td>930,000,000</td><td colspan="2">계</td><td>930,000,000</td></tr>
</table>

승계한 자산과 부채의 시가와 장부가액이 다른 경우 피합병법인의 양도이익 280,000,000원과 합병법인의 매수차손 230,000,000원의 차이가 나는 금액은 50,000,000원으로 계산되고 합병법인의 매수차손 230,000,000원은 합병법인의 차변 (+)영업권? 230,000,000원과 같다. 승계한 자산의 시가 700,000,000원이 장부가액 600,000,000원보다 100,000,000원이 더 많은 금액이 자산의 조정계정 100,000,000원으로 계산되고 부채의 시가 450,000,000원이 장부가액 400,000,000원보다 50,000,000원 더 많은 금액이 부채의 조정계정 50,000,000원으로 계산되고 있다. 앞서 피합병법인의 양도이익 280,000,000원이 합병법인의 매수차손 230,000,000원보다 많은 금액 50,000,000원은 결국 순자산의 증가에 따른 순자산 조정계정 50,000,000원(자산의 증가 100,000,000원+부채의 증가 50,000,000원)에 의한 것이 된다.

(2) - 2. 합병양도손실 = (합병매수차익 - 순자산 조정계정)
= (대변 영업권? - 순자산 조정계정)

다음은 위 (2)와 다른 모든 조건은 동일하고 1주당 시가가 6,000원에서 3,000원으로 변동되었다.

1주당 액면가	1주당 시가	합병신주	합병대가
5,000	3,000	60,000	180,000,000

합병양도손익과 합병매수차손익을 계산하면 다음과 같게 된다.

| 피합병법인의 양도손실(합병대가 - 순자산 장부가액) |

부채총계	400,000,000	자산총계	600,000,000
합병대가	180,000,000		
합병양도손실	20,000,000		
계	600,000,000	계	600,000,000

| 합병법인의 매수차익(합병대가 - 순자산 시가) |

<table>
<tr><td>자산총계</td><td>700,000,000</td><td colspan="2">부채총계</td><td>450,000,000</td></tr>
<tr><td rowspan="3"></td><td rowspan="3"></td><td rowspan="2">합병대가</td><td>자본금</td><td>300,000,000</td></tr>
<tr><td>할인발행</td><td>-120,000,000</td></tr>
<tr><td colspan="2">합병매수차익</td><td>70,000,000</td></tr>
<tr><td>계</td><td>700,000,000</td><td colspan="2">계</td><td>700,000,000</td></tr>
</table>

피합병법인의 양도손실이 합병법인의 매수차익보다 50,000,000원 더 적게 계산되고 있다. 양도손실이 더 적게 계산되고 있는 금액은 다음에 보는 순자산 (+)조정계정 50,000,000원(자산의 조정계정 100,000,000원 - 부채의 조정계정 50,000,000원)의 금액이다.

| **합병법인의 순자산 조정계정(승계한 자산 및 부채의 시가 - 승계한 자산 및 부채의 장부가액)** |

승계한 자산 및 부채의 시가와 승계한 자산 및 부채의 장부가액이 다르므로 순자산 조정계정은 다음과 같이 계산된다.

순자산 조정계정 50,000,000원(자산의 조정계정 100,000,000원 - 부채의 조정계정 50,000,000원)

<table>
<tr><td>자산총계</td><td>600,000,000</td><td colspan="2">부채총계</td><td>400,000,000</td></tr>
<tr><td>자산조정계정</td><td>100,000,000</td><td colspan="2">부채조정계정</td><td>50,000,000</td></tr>
<tr><td rowspan="3" colspan="2"></td><td rowspan="2">합병
대가</td><td>자본금</td><td>300,000,000</td></tr>
<tr><td>할인발행</td><td>-120,000,000</td></tr>
<tr><td colspan="2">(영업권?)</td><td>70,000,000</td></tr>
<tr><td>계</td><td>700,000,000</td><td colspan="2">계</td><td>700,000,000</td></tr>
</table>

승계한 자산과 부채의 시가와 장부가액이 다른 경우 합병법인의 매수차익 70,000,000원과 피합병법인의 양도손실 20,000,000원의 차이가 나는 금액은 50,000,000원으로 계산되고 합병법인의 매수차익 70,000,000원은 합병법인의 대변 (-)영업권? 700,000,000원과 같다. 승계한 자산의 시가 700,000,000원이 장부가액 600,000,000원보다 100,000,000원이 더 많은 금액이 자산의 조정계정 100,000,000원으로 계산되고 부채의 시가 450,000,000원이 장부가액 400,000,000원보다 50,000,000원 더 많은 금액이 부채의 조정계정 50,000,000원으로 계산되고 있다. 앞서 합병법인의 매수차익 70,000,000원이 피합병법인의 양도손실 20,000,000원보다 많은 금액 50,000,000원은 결국 순자산 조정계정 50,000,000원(자산의 증가 100,000,000원 + 부채의 증가 50,000,000원)에 의한 것이 된다.

(3) 합병대가와 합병과세소득의 관계

(3)-1. 승계한 자산과 부채의 시가와 장부가액이 같은 경우

피합병법인의 양도이익과 합병법인의 매수차손이 같다. 피합병법인의 양도손실과 합병법인의 매수차익이 같다. 피합병법인의 양도이익과 합병법인의 매수차손은 합병법인의 차변 (+)영업권과 같다. 피합병법인의 양도손실과 합병법인의 매수차익은 합병법인의 대변 (-)영업권과 같다. 결론적으로 피합병법인의 양도이익과 합병법인의 매수차손과 합병법인의 차변 (+)영업권은 항상 같다. 또한 피합병법인의 양도손실과 합병법인의 매수차익과 합병법인의 대변 (-)영업권은 항상 같다.

(3)-2. 승계한 자산과 부채의 시가와 장부가액이 다른 경우

피합병법인의 양도이익과 합병법인의 매수차손이 차이가 나는 금액은 순자산 조정계정(자산 조정계정-부채 조정계정)의 금액과 같다. 피합병법인의 양도손실과 합병법인의 매수차익이 차이가 나는 금액은 순자산 조정계정(자산 조정계정-부채 조정계정)의 금액과 같다. 위 "(3)-1."에서 본 승계한 자산과 부채의 시가와 장부가액에 차이가 나는 금액인 순자산 조정계정의 금액이 없는 경우라면 피합병법인의 양도이익과 합병법인의 매수차손과 합병법인의 차변 (+)영업권은 항상 같고, 피합병법인의 양도손실과 합병법인의 매수차익과 합병법인의 대변 (-)영업권도 항상 같다.

결론적으로 승계한 자산과 부채의 시가와 장부가액이 다른 경우는 피합병법인의 양도이익과 합병법인의 매수차손과 합병법인의 차변 (+)영업권 또는 피합병법인의 양도손실과 합병법인의 매수차익과 합병법인의 대변 (-)영업권이 차이가 나는데 그 이유는 승계한 자산과 부채의 시가와 장부가액의 차이가 나는 금액인 자산 조정계정 금액과 부채 조정계정 금액에 의한 것임을 알 수 있다. 이들의 금액에서 자산 조정계정 금액과 부채 조정계정 금액을 각각 차가감하면 이들의 금액은 "승계한 자산과 부채의 시가와 장부가액이 같은 경우"의 금액이 된다.

(3)-3. 합병과세소득의 계산구조

위에서 본 분석의 기본 틀은 합병과세소득[피합병법인의 양도이익, 합병법인의 매수차손, 합병법인의 차변 (+)영업권?, 피합병법인의 양도손실, 합병법인의 매수차익, 합병법인의 대변 (-)영업권?]은 합병대가를 과세하기 위한 계산구조로 되어 있음을 말한다. 그리고 그 계산구조가 정교하게 서로 연관되어 있음을 알게 된다. 이와 같은 계산구조의 이해는 "제7절 합병과 영업권"을 분석하는 데 기반이 된다.

〔별지 제42호 서식〕(2010.6.30. 개정) (앞 쪽)

사업연도	. . . ~ . . .	**합병과세특례신청서**		
피합병법인	① 법 인 명		② 사 업 자 등 록 번 호	
	③ 대 표 자 성 명		④ 주 민 등 록 번 호	
	⑤ 본 점 소 재 지	(☎)		
합병법인	⑥ 법 인 명		⑦ 사 업 자 등 록 번 호	
	⑧ 대 표 자 성 명		⑨ 주 민 등 록 번 호	
	⑩ 본 점 소 재 지	(☎)		
⑪ 합 병 등 기 일				
양도가액	⑫ 합병으로 받은 주식의 출자가액			
	⑬ 합병으로 받은 주식 외의 금전이나 그 밖의 재산가액			
	⑭ 합병 전 취득한 피합병법인의 주식 등에 대한 합병신주 교부간주액			
	⑮ 합병법인이 납부하는 피합병법인의 법인세 및 그 법인세에 부과되는 국세와 「지방세법」 제85조 제4호에 따른 법인세분			
	⑯ 기 타			
	⑰ 합 계(⑫ + ⑬ + ⑭ + ⑮ + ⑯)			
순자산장부가액	⑱ 자산의 장부가액			
	⑲ 부채의 장부가액			
	⑳ 순자산장부가액(⑱ - ⑲)			
㉑ 양도손익(⑰ - ⑳)				

「법인세법 시행령」 제80조 제3항에 따른 합병과세특례신청서를 제출합니다.

년 월 일

피합병법인 (서명 또는 인)

합병법인 (서명 또는 인)

세무서장 귀하

〔별지 제46호 서식(갑)〕(2010.6.30. 신설) (앞 쪽)

사업연도	. . . ~ . . .	자산조정계정명세서(갑)	법인명	

※관리번호 □□-□□ 사업자등록번호 □□□-□□-□□□□□

※표시란은 적지 마십시오.

1. 합병(분할) 등기일 또는 현물출자일 현재의 자산

구 분	자산명	①시가	②장부가액	③세무조정사항	④자산조정계정 ① - (② - ③)
계					

2. 합병(분할) 등기일 또는 현물출자일 현재의 부채

구 분	부채명	①시가	②장부가액	③세무조정사항	④자산조정계정 ① - (② - ③)
계					

〔별지 제46호 서식(을)〕(2010.6.30. 신설) (앞 쪽)

사업연도	. . . ~ . . .	자산조정계정명세서(을)	법인명	

※관리번호 [ ][ ] - [ ][ ]　　사업자등록번호 [ ][ ][ ] - [ ][ ] - [ ][ ][ ][ ][ ]

※표시란은 적지 마십시오.

1. 자 산

구분	자산명	① 취득가액 (시가)	② 자산조정계정	익금 또는 손금산입					⑧ 당기말 자산조정계정 (②-④-⑥-⑦)
				전기분		당기분			
				③ 감가상각비 (누계)	④ 감가상각비 상계 및 가산(누계)	⑤ 감가 상각비	⑥ 감가상각비 상계 및 가산	⑦ 자산처분	
계									

2. 부 채

구분	자산명	① 취득가액 (시가)	② 자산조정계정	익금 또는 손금산입					⑧ 당기말 자산조정계정 (②-④-⑥-⑦)
				전기분		당기분			
				③ 감가상각비 (누계)	④ 감가상각비 상계 및 가산(누계)	⑤ 감가 상각비	⑥ 감가상각비 상계 및 가산	⑦ 자산처분	
계									

7 | 합병과 승계사항

(1) 합병과 자산 · 부채의 승계

내국법인이 합병 또는 분할하는 경우 법 또는 다른 법률에 다른 규정이 있는 경우 외에는 법인세법 제44조의2 제1항 후단, 제44조의3 제2항, 제46조의2 제1항 후단, 제46조의3 제2항 또는 제47조 제4항에 따라 피합병법인 등의 각 사업연도의 소득금액 및 과세표준을 계산할 때 익금 또는 손금에 산입하거나 산입하지 아니한 금액(세무조정사항)의 승계는 다음 각 호의 구분에 따른다(법인령 §85).

① **적격합병의 경우**

세무조정사항(분할의 경우에는 분할하는 사업부문의 세무조정사항)은 모두 합병법인 등에 승계

② **"①" 외의 경우**

법 제33조 제3항 · 제4항 및 제34조 제6항에 따라 퇴직급여충당금 또는 대손충당금을 합병법인 등이 승계한 경우에는 그와 관련된 세무조정사항을 승계하고 그 밖의 세무조정사항은 모두 합병법인 등에 미승계

(2) 합병과 이월결손금의 승계

(2)-1. 합병법인의 이월결손금 공제 제한

합병법인의 합병등기일 현재 법인세법 제13조 제1호의 결손금(15년 이내 발생 결손금)은 합병법인의 각 사업연도의 과세표준을 계산할 때 피합병법인으로부터 승계받은 사업에서 발생한 소득금액(법인세법 제113조 제3항 단서에 해당되어 구분경리하지 아니한 경우에는 그 소득금액을 대통령령으로 정하는 자산가액 비율[17]로 안분계산한 금액으로 한다)의 범위에서는 공제하지 아니한다(법인법 §45 ①).

이월결손금 공제에 대해 대법원(대법원 2017두39822, 2017.7.27.)은 법인세법 제18조 제8호에

17) 대통령령으로 정하는 자산가액 비율(법인령 §81 ①)
합병등기일 현재 합병법인과 피합병법인의 사업용 고정자산가액 비율을 말한다. 이 경우 합병법인이 승계한 피합병법인의 사업용 고정자산가액은 승계결손금을 공제하는 각 사업연도의 종료일 현재 계속 보유(처분 후 대체하는 경우를 포함한다) · 사용하는 고정자산에 한정하여 그 고정자산의 합병등기일 현재 가액에 따른다.

의해 자산수증이익으로 보전할 수 있는 이월결손금의 범위에 피합병법인으로부터 승계한 이월결손금을 포함시킬 것인지 여부는 회사합병의 본질이나 합병 시 이월결손금의 승계 여부나 그 공제범위에 관한 규율과는 별도로 입법정책적으로 결정할 수 있다고 보는 것이 타당하다. 법인세법 제18조 제8호에서는 내국법인의 각 사업연도의 소득금액계산에 있어서 익금에 산입하지 아니하는 수익 중 하나로 "무상으로 받은 자산의 가액과 채무의 면제 또는 소멸로 인한 부채의 감소액 중 대통령령이 정하는 이월결손금의 보전에 충당된 금액"을 규정하고 있고, 법인세법 시행령 제18조 제1항 제1호에서는 위 법 제18조 제8호의 "대통령령이 정하는 이월결손금"에 해당하는 것 중 하나로 "법 제14조 제2항의 규정에 의한 결손금[법인세법 제45조(합병 시 이월결손금 공제 제한) 및 제48조의2(분할에 따른 이월결손금 공제 제한)의 규정에 의하여 승계받은 결손금을 제외한다]으로서 법인세법 제13조 제1호의 규정에 의하여 그 후의 각 사업연도의 과세표준계산에 있어서 공제되지 아니한 금액"을 규정하고 있다. 따라서 법인세법 제45조(합병 시 이월결손금 공제 제한)의 규정에 의하여 승계받은 결손금은 합병법인이 승계한 피합병법인의 결손금이므로, 합병법인이 승계한 피합병법인의 결손금은 합병법인이 자산수증이익으로 보전할 수 있는 이월결손금의 범위에서 제외된다.

(2) - 2. 적격합병과 이월결손금 공제 허용

법인세법 제44조의3 제2항(적격합병: 피합병법인의 자산을 장부가액으로 양도받은 경우)에 따라 합병법인이 승계한 피합병법인의 결손금은 피합병법인으로부터 승계받은 사업에서 발생한 소득금액의 범위에서 합병법인의 각 사업연도의 과세표준을 계산할 때 공제한다(법인법 §45 ②). 이 경우 「법인세법」 제113조 제3항 단서에 해당되어 회계를 구분하여 기록하지 아니한 경우 그 소득금액을 같은 법 시행령 제81조 제1항에서 정하는 자산가액 비율로 안분계산한 금액을 피합병법인으로부터 승계받은 사업에서 발생한 소득금액으로 보아 결손금공제를 적용한다(법인-538, 2013.9.30.).

여기서 법인세법 제44조의3 제2항에 따른 합병이라고 함은 법인세법 제44조 제2항(적격합병 기본 요건) 또는 제3항(적격합병 예외 요건)에 따른 합병을 말하고, 법인세법 제44조 제3항(적격합병 예외 요건)에는 내국법인이 발행주식총수를 소유하고 있는 다른 법인을 합병하거나 그 다른 법인에 합병되는 경우, 동일한 내국법인이 발행주식총수를 소유하고 있는 서로 다른 법인 간에 합병하는 경우를 말한다(법인법 §44 ③).

2009.12.31. 개정되기 전에는 완전모자회사 간 합병이라고 하더라도 10% 이상 주식교부요건을 충족하지 못한 이상 이월결손금의 승계를 인정할 수 없었다(대법원 2015두43605, 2015.9.10.). 그러나 2009.12.31. 개정된 법인세법은 적격합병의 경우 합병법인은 합병 전 피합병법인의 사업에서 발생한 소득금액의 범위에서 피합병법인의 이월결손금을 공제할 수 있게 하고 있고, 이때 적격합병이란 「법인세법」 제44조 제2항 및 제3항의 합병으로서 제44조 제3항은 '내국법인이 발행주식총수를 소유하고 있는 다른 법인을 합병한 경우'는 합병비율과는 무관하므로 개정된 법인세법에 의한다면 합병비율과 관계없이 이월결손금은 당연히 승계되어 공제할 수 있다(조심 2013서1664, 2013.12.30.).

승계결손금의 범위액은 합병등기일 현재의 피합병법인의 법인세법 제13조 제1항 제1호에 따른 결손금(15년. 합병등기일을 사업연도의 개시일로 보아 계산한 금액)으로 하되, 합병등기일이 속하는 사업연도의 다음 사업연도부터는 매년 순차적으로 1년이 지난 것으로 보아 계산한 금액으로 한다(법인령 §81 ②).

이때 합병법인의 합병등기일 현재 결손금과 합병법인이 승계한 피합병법인의 결손금에 대한 공제는 법 제13조 제1항 각 호 외의 부분 단서에도 불구하고 다음 각 호의 구분에 따른 소득금액의 100분의 80(중소기업과 회생계획을 이행 중인 기업 등 100분의 100)을 한도로 한다(법인법 §45 ⑤).

1. 합병법인의 합병등기일 현재 결손금의 경우: 합병법인의 소득금액에서 피합병법인으로부터 승계받은 사업에서 발생한 소득금액을 차감한 금액
2. 합병법인이 승계한 피합병법인의 결손금의 경우: 피합병법인으로부터 승계받은 사업에서 발생한 소득금액

(2)-3. 합병 전 보유자산의 처분손실

적격합병을 한 합병법인은 합병법인과 피합병법인이 합병 전 보유하던 자산의 처분손실(합병등기일 현재 해당 자산의 법인세법 제52조 제2항에 따른 시가가 장부가액보다 낮은 경우로서 그 차액을 한도로 하며, 합병등기일 이후 5년 이내에 끝나는 사업연도에 발생한 것만 해당)을 각각 합병 전 해당 법인의 사업에서 발생한 소득금액(해당 처분손실을 공제하기 전 소득금액)의 범위에서 해당 사업연도의 소득금액을 계산할 때 손금에 산입한다.

이 경우 손금에 산입하지 아니한 처분손실은 자산 처분 시 각각 합병 전 해당 법인의 사업에서 발생한 결손금으로 본다(법인법 §45 ③).

(3) 합병과 감면 및 세액공제의 승계

합병법인은 피합병법인의 자산을 장부가액으로 양도받은 경우(적격합병) 피합병법인이 합병 전에 적용받던 법 제59조에 따른 감면 또는 세액공제를 승계하여 감면 또는 세액공제의 적용을 받을 수 있다. 이 경우 법 또는 다른 법률에 해당 감면 또는 세액공제의 요건 등에 관한 규정이 있는 경우에는 합병법인이 그 요건 등을 모두 갖춘 경우에만 이를 적용한다. 합병법인은 법 제44조의3 제2항에 따라 피합병법인으로부터 승계받은 감면 또는 세액공제를 다음 각 호에 따라 적용받을 수 있다(법인령 §81 ③).

1. 법 제59조 제1항 제1호에 따른 감면(일정 기간에 걸쳐 감면되는 것)의 경우에는 합병법인이 승계받은 사업에서 발생한 소득에 대하여 합병 당시의 잔존감면기간 내에 종료하는 각 사업연도분까지 그 감면을 적용
2. 법 제59조 제1항 제3호에 따른 세액공제(외국납부세액공제를 포함)로서 이월된 미공제액의 경우에는 합병법인이 다음 각 목의 구분에 따라 이월공제잔여기간 내에 종료하는 각 사업연도분까지 공제
   가. 이월된 외국납부세액공제 미공제액: 승계받은 사업에서 발생한 국외원천소득을 해당 사업연도의 과세표준으로 나눈 금액에 해당 사업연도의 세액을 곱한 금액의 범위에서 공제
   나. 「조세특례제한법」 제132조에 따른 법인세 최저한세액에 미달하여 공제받지 못한 금액으로서 같은 법 제144조에 따라 이월된 미공제액: 승계받은 사업부문에 대하여 「조세특례제한법」 제132조를 적용하여 계산한 법인세 최저한세액의 범위에서 공제. 이 경우 공제하는 금액은 합병법인의 법인세 최저한세액을 초과할 수 없다.
   다. 가목 및 나목 외에 납부할 세액이 없어 공제받지 못한 금액으로서 「조세특례제한법」 제144조에 따라 이월된 미공제액: 승계받은 사업부문에 대하여 계산한 법인세 산출세액의 범위에서 공제

≪구법≫

1 합병에 의한 청산소득(삭제: 2009.12.31.)

청산소득 = 합병대가의 총합계액 − 자기자본 총액

내국법인이 합병으로 인하여 청산하는 경우 그 청산소득(합병에 의한 청산소득은 해산에 의한 청산소득과 그 근거 및 적용을 일부 달리하고 있음)의 금액은 피합병법인의 주주 등이 합병법인으로부터 받은 합병대가의 총합계액에서 피합병법인의 합병등기일 현재의 자기자본의 총액을 공제한 금액으로 한다(법인법 §80).

청산소득에 대해 법원은 자산의 평가증으로 인한 합병평가차익(익금)이 두 번 과세되는지에 대해 합병으로 인한 청산소득금액은 피합병법인의 주주 등이 합병법인으로부터 받는 합병법인의 주식과 합병교부금의 총합계액에서 피합병법인의 합병일 현재의 자기자본총액(납입자본금 또는 출자금과 잉여금의 합계금액)을 공제한 금액이므로(구법인법 §43 ③ 참조) 자산평가증은 피합병법인들의 청산소득에 계상될 수 없는 것이고 피합병법인들이 자산평가증을 장부상 이익잉여금으로 기재한 경우에 있어서 청산소득은 더욱 발생할 여지가 없어지는 것이므로 자산평가증으로 인해 피합병법인에 청산소득이 발생한다는 주장은 이유 없다는 것이다(대법원 2001두6241, 2003.4.11.).

즉 자산의 평가증은 이익잉여금(자산의 평가증은 상법상으로는 합병차익에 해당한다. 상법상으로는 자본잉여금이나 법인세법에서는 합병평가차익을 익금으로 보기 때문에 이익잉여금에 해당한다고 볼 수 있다. 다만, 평가증으로 인한 합병평가차익은 자본잉여금으로 보든 이익잉여금으로 보든 자기자본총액에 포함되어 있다)으로 자기자본총액에 포함되어 있다. 따라서 합병대가의 총합계액에서 공제되므로 자산의 평가증으로 인하여 합병평가차익으로 익금산입하고 또 이로 인하여 청산소득이 발생되어 청산소득으로 과세될 여지는 없는 것이다.

(1) 합병대가의 총합계액

〈합병대가의 총합계액〉

합병대가(법 제16조 제1항 제5호: 합병에 의한 의제배당) + 포합주식 취득가액(포합주식 양도는 계산특례 적용) + 청산소득에 대한 법인세, 주민세 등

합병에 의한 청산소득금액 계산 시 합병대가의 총합계액은 다음의 금액을 합한 금액으로 한다(법인령 §122 ①). 합병대가의 범위가 의제배당을 계산할 때와 다른 이유는 그 과세의 목적, 성격, 인정되는 소득의 범위가 다르기 때문일 것이다.

1) 법인세법 제16조 제1항 제5호(합병에 의한 의제배당)의 규정에 의한 합병대가의 총합계액(피합병법인의 주주 등이 합병으로 인하여 취득하는 주식 등의 가액과 금전 기타 재산가액의 합계액)

합병에 의한 의제배당에 관한 규정을 합병으로 인한 청산소득 계산에 준용하도록 하고 있으므로 합병대가가 주식인 경우로서 합병요건(법인법 §44 ① 1 및 2)을 갖춘 경우(시가가 액면가액보다 큰 경우에 한함)에는 액면가액으로 하여야 한다. 따라서 합병요건을 갖추지 못한 경우와 요건을 갖추었더라도 주식 평가액(시가)이 액면가액에 미달하는 경우에는 시가로 평가하여야 한다.

2) 법인세법 제80조 제2항의 규정에 의한 포합주식 취득가액

합병대가에는 포합주식의 취득가액을 포함한다. 그러나 포합주식이 아닌 피합병법인의 주식(비포합주식)에 대하여 합병 당시 신주를 교부하지 아니하고 소각하는 경우 청산소득금액 계산 시 비포합주식 취득가액은 합병대가에 포함되지 아니한다(서이 46012-10226, 2003.1.30.).

법인세법 제80조 제2항의 규정에 의하면, 합병법인이 합병등기일 전 2년 이내에 취득한 피합병법인의 주식 등(포합주식 - 신설합병 또는 3 이상의 법인이 합병하는 경우 피합병법인이 취득한 다른 피합병법인의 주식 등을 포함한다)이 있는 경우로서 그 포합주식 등에 대하여 합병법인의 주식 등을 교부하지 아니한 경우 합병대가의 총합계액은 당해 포합주식 등의 취득가액을 가산한 금액으로 한다.

이 경우 주식 등을 교부한 경우에는 당해 포합주식 등의 취득가액에서 교부한 주식 등의 가액(법인세법 시행령 제14조 제1항 각 호의 규정에 의하여 평가한 가액)을 공제한 금액을 가산한 금액으로 한다(포합주식에 대하여 합병신주를 교부하였으므로 합병대가에 이미 포합주식에 대한 대가가 포함되어 있다. 따라서 당해 포합주식에 대하여 교부한 주식 등의 가액을 공제하여야 중복과세를 방지할 수 있다).

〈포합주식가액〉

- 합병신주를 교부하지 아니한 경우: 포합주식 등의 취득가액
- 합병신주를 교부한 경우: 포합주식 등의 취득가액 – 교부한 주식 등의 가액

다만, 다음의 요건을 충족하는 경우에는 "2)"의 규정에 의하여 피합병법인의 주주가 취득한 합병법인 주식가액(주식의 취득가액이 액면가액보다 큰 경우에는 액면가액)에 포합주식 양도금액 중 합병법인 주식 취득에 사용되지 아니한 금액을 더한 금액으로 한다.

① 합병법인이 포합주식 등을 피합병법인의 주주 등으로부터 취득할 당시 합병법인과 피합병법인이 특수관계자가 아닐 것

② 피합병법인의 주주가 포합주식 등을 합병법인에게 양도한 후 7일 이내에 포합주식 등의 양도금액의 100분의 95 이상에 상당하는 합병법인 주식(합병법인이 새로이 발행한 주식을 말한다)을 취득할 것

③ 법인세법 제44조 제1항 제1호 및 제2호의 요건(합병평가차익 과세이연 요건)

〈포합주식가액〉

피합병법인의 주주가 취득한 합병법인 주식가액(주식의 취득가액이 액면가액보다 큰 경우에는 액면가액) + 포합주식 양도금액 중 합병법인 주식 취득에 사용되지 아니한 금액

위 규정의 취지는 특수관계가 없는 법인 간에 합병하는 경우 원활한 합병을 위하여 먼저 피합병법인의 주식을 취득하여 경영권을 확보한 후 합병이 이루어지는 현실을 감안하여 포합주식에 대한 청산소득과세제도가 합병에 걸림돌이 되지 않도록 하기 위해서이다.[18]

18) 국세공무원교육원, 「2005 법인세법」, 2005, p.525

3) 합병법인이 납부하는 피합병법인의 청산소득에 대한 법인세 및 그 법인세(감면세액을 포함)에 부과되는 국세, 지방세법에 의하여 법인세에 부과되는 주민세

청산소득 계산 시 합병대가의 평가는 의제배당 계산 시와 같다. 즉 법인세법 제16조 제1항 제5호(합병에 의한 의제배당)에 의한 합병대가를 평가하는데 있어서 재산을 평가하는 것과 마찬가지로 합병요건을 충족한 경우와 합병요건을 충족하지 않은 경우로 구분하여 합병대가의 총합계액을 계산한다.

〈합병요건 충족〉

청산소득 = 합병대가의 총합계액(액면가액에 의한 합병신주 + 현금 등) − 자기자본총액

* 주식 등의 시가가 액면가액보다 큰 경우에 한함.

〈합병요건 미충족〉

청산소득 = 합병대가의 총합계액(시가에 의한 합병신주 + 현금 등 − 법인세법 시행령 제88조 제1항 제8호의 분여받은 이익) − 자기자본총액

(2) 자기자본총액

자기자본총액 = B/S 자본금 + 세무계산상 잉여금

* 세무계산상 잉여금 = B/S 잉여금 ± 유보금액 + 환급법인세 − 세무상 이월결손금

자기자본의 총액이라 함은 자본금(출자금)과 잉여금의 합계액을 말한다(법인법 §79 ①). 이때 잉여금은 세무계산상 잉여금을 의미하므로 자기자본총액은 세법상의 자기자본을 의미하고 있다(서이 46012-10585, 2002.3.22.; 법인 22601-3829, 1985.12.19.). 따라서 대차대조표상 자기자본과 법인세법상 유보(±)로 처분된 금액을 가감하여야 한다(법인세법 시행규칙 별지 제50호 서식 "자본금과 적립금 조정명세서(갑)"의 19. 차가감계(Ⅰ+Ⅱ−Ⅲ)란의 ⑤ 기말잔액).

자기자본총액 계산에 대한 법인세법의 규정을 보면, 국세기본법에 의하여 환급되는 법인세액이 있는 경우 이에 상당하는 금액은 그 법인의 합병등기일 현재의 자기자본의 총액에 가산한다(법인법 §79 ③).

또한 합병등기일 현재 이월결손금(법인세법상 이월결손금으로 발생시기와 관계없이 과세표준 계산상 공제되지 아니한 금액)이 있는 경우에는 그 이월결손금은 그날 현재의 그 법인의 자기자본의 총액에서 그에 상당하는 금액과 상계하여야 한다. 다만, 상계하는 이월결손금의 금액은 자기자본의 총액 중 잉여금의 금액을 초과하지 못하며, 초과하는 이월결손금이 있는 경우에는 이를 없는 것으로 본다(법인법 §79 ④). 즉 이월결손금의 공제는 잉여금(세무계산상)을 초과할 수 없으므로 이 경우 자기자본총액은 자본금이 된다.

다만, 법인의 합병에 의한 청산소득금액을 계산함에 있어 자기자본의 총액에 포함되는 잉여금은 합병 시 합병법인 등에게 승계되는 세무조정사항 중 손금불산입금액을 차감하고 동 세무조정사항 중 익금불산입액을 가산하여 계산한다(법인령 §122 ③; 법인 22601-3829, 1985.12.19.).

이와 같은 규정은 세무조정사항(손금불산입 또는 익금불산입) 중 감가상각 부인액 등은 합병법인에게 승계되지 않으나 퇴직급여충당금, 대손충당금 등의 부인액은 합병법인에게 승계되는 세무조정사항이다.

이와 같이 승계되는 세무조정사항 중에서 피합병법인의 자기자본에서 차감(손금불산입항목) 또는 가산(익금불산입항목)하는 것이 합병 전·후 법인세법상의 자기자본의 올바른 표시(금액)라 할 것이다. 따라서 올바른 자기자본에 의하여 청산소득을 계산하지 않을 경우 청산소득이 과소 또는 과대 계산될 수 있다.

관련규정 및 예규판례

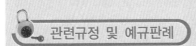

▶ 세무상 잉여금이 음수인 경우 청산소득금액 계산 시 자기자본총액의 계산방법 (서이 46012-10585, 2002.3.22.)

【질의】 발행자본금이 10억원, 세무상 잉여금 -20억원[자본금과 적립금조서(갑)상의 19호 차가감금액에서 1호 자본금을 공제한 것], 세무상 이월결손금 -15억원인 경우 청산소득금액 계산상 자기자본의 총액은 얼마인지?

【질의자 의견】 위의 법규정에서 잉여금이라 함은 세무상의 잉여금으로서 양수(+)의 금액을 의미하는바, 따라서 위의 경우는 세무상 잉여금(+)이 없어 이월결손금공제도 불가능하므로 발행자본금(10억원)이 곧 자기자본의 총액이 됨.

【회신】 해산에 의한 청산소득금액 계산 시 자기자본총액의 계산방법에 대하여 우리청

기질의회신 법인 22601－3829(1985.12.19.)를 참고하기 바람.

〈참고예규〉 법인 22601－3829(1985.12.19.)

이월결손금은 잉여금의 범위 내에서만 공제할 수 있고, 자본금에서는 이월결손금을 공제할 수 없고, 미공제이월결손금이 있다 하더라도 자본금의 금액은 불변하며, 이 경우 잉여금 및 이월결손금은 세무계산상의 금액을 말하는 것임.

피합병법인의 의제배당소득 및 청산소득 계산 시 합병으로 취득한 주식가액 산정방법 (서이 46012－11063, 2003.5.28.)

법인세법 제44조 제1항 제1호 및 제2호의 요건을 갖춘 합병으로서 같은 법 제16조 제1항 제5호의 규정에 의한 의제배당소득과 같은 법 제80조의 규정에 의한 청산소득을 계산함에 있어서 합병으로 인하여 취득한 주식의 가액은 액면가액으로 하는 것이나, 2001.1.1. 이후 최초로 합병하는 분부터는 같은 법 시행령 제14조 제1항 제1호 다목의 규정에 의한 합병법인의 주식가액이 액면가액에 미달하는 경우 합병대가로 받는 주식의 가액은 시가로 하는 것임.

1. 청산소득금액 계산 시 비포합주식 취득가액의 합병대가 포함 여부
2. 합병 시 피합병법인의 순자산가액과 비포합주식의 장부가액과의 차이를 영업권으로 계상한 금액의 법인세법상 영업권 해당 여부(서이 46012－10226, 2003.1.30.)

① 귀 질의 1.의 경우: 합병법인이 합병등기일 전 2년 이전에 취득하여 법인세법 제80조 제2항의 포합주식이 아닌 피합병법인의 주식(이하 "비포합주식"이라 함)에 대하여 합병 당시 신주를 교부하지 아니하고 소각하는 경우 청산소득금액 계산 시 비포합주식 취득가액은 합병대가에 포함되지 아니하는 것이며,

② 질의 2.의 경우: 위 합병대가에 포함되지 아니하는 비포합주식 취득시 기업인수·합병 등에 관한 회계처리준칙에 의하여 계상한 영업권(사업상 가치를 평가하여 추가지급한 금액 포함) 또는 합병 시 피합병법인의 순자산가액과 비포합주식의 장부가액과의 차이를 영업권으로 계상한 금액은 법인세법 시행령 제24조 제4항의 규정에 의한 영업권에 해당되지 아니하는 것임.

합병에 의한 청산소득금액 계산 시 피합병법인의 자기자본의 범위(법인 46012－482, 2000.2.19.)

합병에 의한 청산소득금액을 계산함에 있어서 피합병법인의 자기자본에는 재평가적립금을 포함하는 것이나, 법인세법 제39조의 규정에 의하여 손금산입하는 재평가차액에 상당하는 금액은 포함되지 아니하는 것임.

1. 합병대가 계산에 관한 근거법령이 없거나 무효여서 법인 해산 시 청산소득 산정방법
2. 합병법인으로부터 교부받은 주식가액이 시가에 미달하는 경우 합병대가의 산정방법
3. 합병신주의 시가평가 기준시점(서울행법 2000구10822, 2001.7.27.)

① 합병대가 계산에 관하여 직접 적용되는 규정이 없는가 여부에 관하여 살피건대, 법 제80조 제4항은 합병으로 인한 청산소득금액 산정에 있어서 합병대가의 총합계액의 계산 등은 대통령령에 의하도록 규정하고 있고, 구 시행령 제122조 제1항 제1호는 합병대가의 총합계액 산정을 법 제16조 제1항 제5호의 규정 등에 의하도록 하고 있으며, 법 제16조 제1항 제5호는 합병대가에 관하여 "합병으로 인하여 취득하는 주식 등의 가액과 금전 기타 재산가액의 합계액"이라고 규정하는 한편, 같은 조 제2항은 위 규정을 적용함에 있어 주식 등 재산가액의 평가 등에 관하여 필요한 사항은 대통령령으로 정하도록 하고 있어, 이에 따라 구 시행령 제14조 제1항이 합병으로 인하여 취득하는 주식가액평가에 있어 준용되는 것이므로, 구 시행령 제122조 제1항 제1호가 합병대가로 받은 재산가액의 평가를 구 시행령 제14조 제1항에 의하도록 명시적으로 규정하고 있지 않더라도 이를 들어 합병대가로 받은 재산가액의 평가에 관한 규정이 아예 없다고는 할 수 없다.

② 합병대가를 합병신주의 액면가액상당액으로 계산하도록 한 구 시행령 제14조 제1항 제1호 가목은 합병법인주식의 시가가 액면가액과 같거나 그보다 높을 경우를 전제로 하여 제정된 조문으로서 이 경우에 한정되어 적용되고, 합병법인주식의 시가가 액면가액에 미달하는 경우까지 규율하는 것은 아니라고 해석함이 상당하다. 즉 구 시행령 제14조 제1항 제1호 가목은 합병등기일 현재 1년 이상 계속하여 사업을 영위하던 내국법인 간의 합병으로서 피합병법인의 주주 등이 합병법인으로부터 받은 합병대가의 총합계액 중 주식 등의 가액이 100분의 95 이상이며 합병대가로 교부된 주식의 액면가액보다 시가가 높은 경우에 한정되어 적용된다 할 것이며, 이에 해당하지 않는 경우에는 일반규정이라 할 수 있는 같은 조 제1항 제1호 다목에 따라 주식 취득 당시의 법 제52조의 규정에 의한 시가에 따라 합병대가를 계산하여야 할 것이다(피고가 합병신주의 시가가 액면가액에 미달하는 경우 이를 액면가액으로 평가하여야 한다는 근거로 들고 있는 대법원 91다10565, 1991.9.10., 대법원 92누16126, 1993.6.11.은 모두 합병으로 인하여 피합병주주들에게 발생하는 의제배당의 과세에 관한 것으로서, 의제배당에 관한 법규정이 합병으로 인한 청산소득 계산에 준용되고 있기는 하나 의제배당에 대한 과세와 청산소득에 대한 과세는 그 과세의 근거, 성격, 인정되는 소득의 범위가 달라 법규정의 해석도 달리해야 할 것이고, 또한 구 시행령 제14조 제1항 제1호 가목은 2000.12.29. 대통령령 제17033호로 일부 개정되어 주식의 시가가

액면가액보다 큰 경우에만 액면가액에 의하여 합병신주를 평가하도록 명시하고 있는바, 위 조문을 이와 같이 개정한 취지는 개정 전 구시행령 제14조 제1항 제1호 가목의 해석상 인정되어 오던 적용범위를 명문으로 규정한 것이라고 봄이 상당하다).

③ 법 제80조 제1항은 청산소득의 산정에 있어 피합병법인의 자기자본총액 평가의 기준 시를 피합병법인의 합병등기일로 규정하고 있어 합병신주의 가액평가 시에도 피합병법인의 합병등기일을 기준 시로 보아야 하는 것이 아닌가 하는 의문이 있으나, 피합병법인의 합병등기일은 피합병법인이 합병되었음을 피합병법인의 등기부에 기재하고 이를 폐쇄하는 의미 외에 상법적으로나 세법적으로 특별한 의미가 없고, 피합병법인이 합병등기를 하였는가 여부와 관계없이 피합병법인 주주들은 합병기일에 합병신주를 배정받아 이를 취득하게 되고 그 상장도 피합병법인의 합병등기 여부와는 무관하게 이루어지며, 피합병법인의 자기자본총액은 합병기일로부터 합병등기일까지 사이에 피합병법인이 증자를 하지 않는 한 이에 증감이 있을 수 없고(합병기일과 합병등기일 사이에 피합병법인이 증자를 한다는 것은 현실적으로 일어나기 어려운 일일 것이다), 따라서 피합병법인의 자기자본총액의 평가일을 합병기일로 하든 합병등기일로 하든 실제로는 아무런 차이가 없으므로, 자기자본총액평가의 기준 시를 피합병법인의 합병등기일로 하는 것과는 별개로 합병신주의 가액평가의 기준 시는 피합병법인 주주들이 이를 실제취득한 때로 보아야 할 것이다.

2 | 합병평가차익(삭제: 2009.12.31.)

〈합병차익의 구성〉

합병평가차익 + 합병감자차익 + 자본잉여금 + 이익잉여금

합병법인은 피합병법인의 자산과 부채를 승계하고 그에 대한 대가로 피합병법인의 주주에게 합병법인의 주식을 발행하여 교부하거나 금전 등 기타 자산을 지급하게 된다. 이때 합병법인이 승계한 순자산가액과 합병대가가 일치하지 않는 경우가 발생하게 되는데 승계한 순자산가액이 합병대가보다 큰 경우 그 차액을 합병차익이라 하고 승계한 순자산가액이 합병대가보다 적은 경우를 합병차손(영업권)이라고 한다.

상법상의 합병차익 규정을 보면, 상법 제459조 제1항 제3호[19]의 규정에 의하면 회사합병의 경우에 소멸된 회사로부터 승계한 재산의 가액이 그 회사로부터 승계한 채무액, 그 회사의 주주에게 지급한 금액과 합병 후 존속하는 회사의 자본증가액 또는 합병으로 인하여 설립된 회사의 자본액을 초과한 때에는 그 초과금액을 합병차익이라고 규정하고 있다. 법인세법에서는 상법상의 합병차익의 개념을 차용하고 있다.

한편, 기업회계기준에서는 매수법일 경우 매수일에 피매수회사로부터 취득한 식별가능한 자산·부채의 공정가액 중 매수회사지분이 매수원가를 초과하는 경우에는 그 초과액을 부의 영업권으로 계상하도록 하고 있다.

부의 영업권에 대한 회계처리 방안 중 합병차익(자본잉여금)으로 처리하는 방안은 기업의 인수·합병거래에서 발생한 이익은 그 성격이 자본거래에서 연유한 것이므로 이를 당기순이익에 포함하여서는 안되고 자본잉여금으로 처리하여야 한다는 것이다. 합병차익을 당기순이익에 포함하면 자산의 취득시에 이익을 인식하게 되어 수익실현의 원칙에 부합하지 않고, 시장의 불완전성을 인정하지 않는 결과를 초래하여 시장경제의 현실에서 거의 존재하지 않는 차익거래이익을 인식하게 하는 결과를 초래한다는 것이다.[20]

따라서 합병차익은 자본거래로 인한 수익에 해당되므로 법인세법상 익금불산입하는 것이 원칙이다. 그러나 합병차익의 구성내용 중 자산의 평가로 인하여 발생한 합병평가차익이 있는 경우 이는 자본거래로 인한 수익은 아니며, 자산의 평가로 인한 순자산의 증가로 보아야 한다는 것이 법인세법의 인식이다. 원칙적으로 자산의 평가로 인한 순자산의 증가는 법인세법상 익금으로 보지 않지만 예외적으로 합병과정에서 발생하는 자산의 평가증은 익금으로 보도록 하고 있다(법인법 §17 3).

따라서 합병평가차익은 합병차익의 구성내용을 발생원천별로 구분할 때에만 가능하므로 법인세법에서는 합병차익의 발생원천에 대해서 다음과 같이 구분하고 있다.

---

19) 상법 제459조(자본준비금) 제1항 제3호(합병차익)
회사합병의 경우에 소멸된 회사로부터 승계한 재산의 가액이 그 회사로부터 승계한 채무액, 그 회사의 주주에게 지급한 금액과 합병 후 존속하는 회사의 자본증가액 또는 합병으로 인하여 설립된 회사의 자본액을 초과한 때에는 그 초과금액

20) 송인만, 김문철, 「고급재무회계」(제2판), 신영사, 2003, p.30

(1) 합병차익

법인세법상의 합병차익 규정을 보면 법인세법 시행령 제12조 제2항에서 "대통령령이 정하는 합병평가차익 등"이라 함은 상법 제459조 제1항 제3호의 규정에 의한 금액(합병차익)에 달할 때까지 다음의 순서에 따라 순차로 계산하여 산출한 1)·3)(법인세법 제16조 제1항 제2호 본문 규정에 해당하는 잉여금으로서 잉여금의 자본전입을 의제배당으로 보는 것) 및 4)(주식회사 외의 법인의 경우에는 이를 준용하여 계산한 금액)의 금액을 말한다.

다만, 취득한 자산을 시가(법인세법 시행령 제88조 제1항 제8호의 규정에 의하여 특수관계자로부터 분여받은 이익이 있는 경우에는 그 금액을 차감한 금액)에 의하여 평가하는 경우에는 1)의 금액으로 하도록 하고 있다(법인령 §12 ①). 따라서 법인세법에서는 상법에서 규정하고 있는 합병차익을 그 발생원천에 따라 구분하고 있음을 알 수 있다.

1) 합병평가차익

피합병법인으로부터 자산을 평가하여 승계한 경우 그 가액 중 피합병법인의 장부가액(합병에 의한 의제배당 계산 시 합병대가에 주식 등의 가액을 시가에 의하여 평가하는 경우[21]에는 합병대가의 총합계액에서 승계한 피합병법인의 자산의 장부가액과 부채의 차액을 차감한 금액을 가산한 가액)을 초과하는 부분의 가액(법인령 §12 ① 1)

이 경우 상법 제459조 제2항의 규정에 의한 준비금의 승계가 있는 경우에도 그 승계가 없는 것으로 보아 이를 계산한다(법인령 §12 ③). 또한 합병평가차익은 합병법인이 피합병법인들로부터 평가하여 승계한 순자산가액에서 피합병법인들의 주주에게 교부한 주식의 액면가액과 지급한 교부금을 차감한 금액으로 나타낼 수도 있다. 이때 순자산가액이라 함은 합병법인이 인수한 자산의 공정가액에서 부채의 공정가액을 차감한 금액으로 평가한 것을 말한다.

따라서 합병평가차익은 시가합병(매수법)의 경우에만 발생하며, 장부가액(지분통합법)으로 합병하는 경우에는 발생할 여지가 없게 된다.

21) 합병요건을 갖춘 경우로서 주식 등의 시가가 액면가액보다 적은 경우와 합병요건을 갖추지 않은 경우

〈합병평가차익 1: 합병요건 충족〉

평가하여 승계한 자산(**공정가액**) – 자산의 **장부가액**

* 주식 등의 시가가 액면가액보다 큰 경우에 한함.

〈합병평가차익 2: 합병요건 미충족〉

평가하여 승계한 자산(공정가액) – 〔자산의 장부가액 + {합병대가의 총합계액 – (피합병법인의 자산가액 – 부채액)}〕

*1) 위의 산식 중 [합병대가의 총합계액 – (피합병법인의 자산가액 – 부채액)]은 청산소득금액에 해당함. 즉 청산소득으로 과세된 금액은 합병평가차익에서 차감하도록 하고 있음.
*2) 한편, 위에서 합병대가의 총합계액은 주식 등을 시가로 평가한 금액임. 이 경우 특수관계자로부터 분여받은 이익이 있는 경우에는 그 금액을 차감한 금액으로 함(법인령 §88 ① 8).

자산을 평가하여 승계한 자산이라 함은 평가증과 평가감을 가감(±)한 자산가액을 말하며, 자산의 장부가액이라 함은 기업회계상의 장부가액에서 세무조정사항(피합병법인으로부터 승계받은 것 포함)을 가감한 세무상의 장부가액을 말한다(서이 46012-101, 2004.1.28.; 서이 46012-11932, 2002.10.21.). 이 경우 합병법인이 피합병법인으로부터 자산을 평가하여 승계한 경우에도 위 상법 규정의 "합병차익"이 없는 경우에는 "합병평가차익"이 발생하지 아니하는 것이다(법인 46012-2062, 1999.6.2.).

합병평가차익에 대한 법원의 판결을 보면, 합병차익 산정에 있어 부수(–)에 해당하는 자본금을 초과하여 발행된 합병신주의 가액, 자기주식처분손실, 당기말 미처분잉여금 등은 합병차익의 원천[자본잉여금에서 생긴 부분, 이익잉여금에서 생긴 부분, 합병감자액(자본금)에서 생긴 부분, 자산의 평가차익에서 생긴 부분] 중 자산의 평가차익으로 생긴 합병차익과는 관련이 없다.

따라서 자본금 및 잉여금과 관련이 있어 자본금 및 잉여금으로부터 발생한 합병차익의 원천에서 공제할 것이지, 위 합계금을 합병차익의 원천별로 안분비례하여 공제할 근거가 없다고 하였다(대법원 2001두624, 2003.4.11.).

2) 합병감자차익

법인세법 제16조 제1항 제5호(합병에 의한 의제배당)의 규정에 의한 합병대가의 총합계액(주식의 경우에는 액면가액에 의하여 평가한 금액)이 피합병법인의 자본금에

미달하는 경우 그 미달하는 금액(법인령 §12 ① 2)

〈합병감자차익〉
피합병법인의 **자본금** − 합병대가(**액면가액** + 현금 등)

3) 합병자본잉여금

피합병법인의 자본잉여금 중 법인세법 제16조 제1항 제2호 본문의 규정에 해당하는 잉여금 외의 잉여금부터 순차로 계산한 금액(자본잉여금의 자본전입 시 의제배당으로 보지 않는 잉여금부터 순차로 계산한 금액. 자본준비금의 구성내용에 따라 순서를 정함; 법인령 §12 ① 3)

4) 합병이익잉여금

피합병법인의 이익잉여금에 상당하는 금액(법인령 §12 ① 4)

위에서 보듯이 법인세법상의 합병차익은 상법상의 합병차익을 준용하며, 다만 합병차익의 구성요소를 발생원천별로 구분하고 있다는 점이 다르다 하겠다. 상법과 법인세법에서의 합병차익을 정리하면 다음과 같다.

〈상법 제459조 제1항 제3호(합병차익)〉
승계한 순자산(자산 − 부채) − 합병대가(합병신주 + 현금 등) = 합병차익

* 합병신주는 액면가

〈법인세법 시행령 제12조 제1항(합병차익)〉
상법상의 합병차익 = 합병평가차익 + 합병감자차익 + 합병자본잉여금 + 합병이익잉여금으로 순차로 계산한 금액

(2) 합병평가차익의 손금산입

〈합병요건 충족: 액면가액 평가〉
합병평가차익 = 평가하여 승계한 자산(평가증감 ±) − 장부가액

* 주식 등의 시가가 액면가액보다 큰 경우에 한함.

〈합병요건 미충족: 시가 평가〉

합병평가차익 = 평가하여 승계한 자산 − 〔피합병법인의 장부가액 + {합병대가의 총합계액 − (피합병법인의 자산 − 부채)}〕

* 합병대가의 총합계액에 특수관계자로부터 분여받은 이익이 있는 경우에는 그 금액을 차감한 금액(법인령 §88 ① 8)

법인세법상 자산의 평가는 원칙적으로 인정하지 아니한다(법인법 §18 1). 그러나 합병과정에서 피합병법인으로부터 평가하여 승계한 자산의 평가차익은 합병법인의 익금으로 하고 있다(법인법 §17 3). 합병평가차익을 익금에 산입하는 이유는 합병법인이 승계하는 자산의 평가차익은 피합병법인에게 과세되지 않으면서, 합병 후 합병법인의 감가상각비, 자산처분원가를 구성하여 합병법인의 과세소득을 감소시키기 때문이다.[22)]

한편, 원활한 합병을 유도하기 위하여 법인세법에서는 일정 합병요건을 갖춘 합병의 경우에는 자산의 평가차익에 대해 손금산입을 허용하는 과세이연제도를 두고 있다.

1) 손금산입

다음의 요건을 갖춘 합병으로서 합병법인이 피합병법인의 자산을 평가하여 승계하는 경우 그 승계한 자산(유형고정자산에 한한다)의 가액 중 당해 자산에 대한 합병평가차익에 상당하는 금액은 대통령령이 정하는 바에 따라 합병등기일이 속하는 사업연도의 소득금액 계산에 있어서 이를 손금에 산입할 수 있다(법인법 §44 ①).

① 합병등기일 현재 1년 이상 계속하여 사업을 영위하던 내국법인 간의 합병일 것
② 피합병법인의 주주 등이 합병법인으로부터 합병대가를 받은 경우에는 동 합병대가의 총합계액 중 주식 등의 가액이 100분의 95 이상일 것
③ 합병법인이 합병등기일이 속하는 사업연도의 종료일까지 피합병법인으로부터 승계받은 사업을 계속 영위할 것

손금에 산입하는 금액은 다음 산식에 의하여 계산한 금액으로 한다. 이 경우 합병평가차익은 유형고정자산의 시가를 초과하는 가액을 제외한 금액으로 한다(법인령 §80 ②).

22) 국세공무원교육원, 「2005 법인세법」, 2005, p.514

〈합병평가차익 손금산입〉

$$\text{유형고정자산의 합병평가차익} = \text{합병평가차익} \times \frac{\text{평가증된 유형고정자산의 총평가증액}}{\text{평가증된 전체 자산의 총평가증액}}$$

* 개별자산별로 평가증과 평가손이 발생한 경우 평가증된 개별자산만을 기준으로 계산함.

손금에 산입하는 금액은 개별 유형고정자산별로 감가상각자산의 경우에는 일시상각충당금으로, 토지의 경우에는 압축기장충당금으로 계상하여야 한다. 이 경우 개별 유형고정자산의 일시상각충당금 또는 압축기장충당금은 유형고정자산의 합병평가차익에 개별 유형고정자산의 평가증액이 평가증된 유형고정자산의 총평가증액에서 차지하는 비율을 곱하여 계산한 금액으로 한다(법인령 §80 ④). 손금으로 계상한 일시상각충당금은 당해 사업용 자산의 감가상각비(취득가액 중 당해 일시상각충당금에 상당하는 부분에 대한 것에 한한다)와 상계하여야 한다.

다만, 당해 자산을 처분하는 경우에는 상계하고 남은 잔액을 그 처분한 날이 속하는 사업연도에 전액 익금에 산입한다. 또한 압축기장충당금은 당해 사업용 자산을 처분하는 사업연도에 이를 전액 익금에 산입하여야 한다. 이 경우에 있어 당해 사업용 자산의 일부를 처분하는 경우의 익금산입액은 당해 사업용 자산의 가액 중 일시상각충당금 또는 압축기장충당금이 차지하는 비율로 안분계산한 금액에 의한다. 합병평가차익의 손금산입은 결산조정을 원칙으로 하되 신고조정에 의하여 손금산입할 수 있다.

2) 손금산입 배제

합병법인이 합병등기일이 속하는 사업연도의 종료일 이전에 피합병법인으로부터 승계한 고정자산가액의 2분의 1 이상을 처분하거나 승계한 당해 사업에 직접 사용하지 아니하는 경우에는 법인세법 제44조 제1항 제3호(합병요건 중 사업계속 영위)의 규정에 해당하지 아니하는 것으로 한다. 즉 이러한 요건에 해당되는 경우 과세이연을 적용하지 아니한다.

이 경우 승계한 사업(한국표준산업분류에 의한 세분류를 기준)이 2 이상인 경우에는 각 사업별로 판정하며, 동호(합병요건 중 사업계속 영위)의 규정에 해당하는 사업부문의 자산에 한하여 손금산입의 규정을 적용한다(법인령 §80 ③).

3) 익금산입

합병평가차익에 상당하는 금액을 손금에 산입한 합병법인이 합병등기일이 속하는 사업연도의 다음 사업연도 개시일부터 3년 이내에 피합병법인으로부터 승계받은 사업을 폐지하는 경우에는 손금에 산입한 금액을 그 폐지한 날이 속하는 사업연도의 소득금액 계산에 있어서 익금에 산입한다(법인법 §44 ②). 따라서 다음의 "①"에 해당하는 경우 당해 사유가 발생한 사업연도에 일시상각충당금 또는 압축기장충당금의 잔액 전액을 익금에 산입한다. 이 경우 승계한 사업이 2 이상인 경우에는 각 사업별로 판정한다(법인령 §80 ⑥).

① 합병법인이 피합병법인으로부터 승계한 고정자산가액의 3분의 2 이상을 처분하거나 승계한 당해 사업에 직접 사용하지 아니하는 경우

② 승계받은 사업을 6월 이상 계속하여 휴업하거나 폐업하는 경우

관련규정 및 예규판례

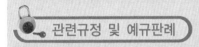

▶ **합병 시 자산을 평가하여 승계함에 있어서 익금산입할 "합병평가차익"의 범위**
(서이 46012-101, 2004.1.28.)

법인세법 제17조 제3호의 규정에 의한 "합병평가차익"은 상법 제459조 제1항 제3호의 규정에 의한 합병차익을 한도로, 합병법인이 피합병법인으로부터 자산을 평가하여 승계한 경우 그 가액(평가감된 자산을 포함한 전체 자산의 승계가액) 중 피합병법인의 장부가액을 초과하는 부분의 가액을 말하는 것임.

▶ **합병평가차익을 산정함에 있어 피합병법인으로부터 승계한 자산의 가액 및 피합병법인의 장부가액 산정기준**(서이 46012-11932, 2002.10.21.)

법인세법 제44조 제1항에 규정된 합병평가차익을 산정함에 있어 피합병법인으로부터 승계한 자산의 가액 및 피합병법인의 장부가액은 기업회계상의 장부가액에서 세무조정사항(피합병법인으로부터 승계받은 것 포함)을 가감한 세무상의 장부가액을 기준으로 하는 것임.

▶ **매수법 합병 시 유상취득한 영업권의 합병평가차익 해당 여부**(서이 46012-11717, 2003.9.27.)

합병법인이 피합병법인의 자산을 평가하여 승계함에 있어, 법인세법 시행령 제24조 제4항의 규정에 의하여 피합병법인의 상호・거래관계 기타 영업상의 비밀 등 사업상 가치를 평가하여 감가상각자산으로 계상한 영업권은 같은 법 시행령 제12조 제1항 제1호에서 규정하는 합병평가차익에 포함되는 것임.

▶ 합병법인이 피합병법인으로부터 자산을 평가하여 승계하는 경우 "합병평가차익"의 계산
(법인 46012-2062, 1999.6.2.)

내국법인이 합병하는 경우에 합병법인의 각 사업연도 소득금액 계산 시 익금에 산입하는 법인세법 제17조 제3호 규정의 "합병평가차익"은 상법 제459조 제1항 제3호의 규정에 의한 "합병차익"에 달할 때까지 법인세법 시행령 제12조 제1항 각 호의 순서에 따라 순차로 계산하여 산출한 금액 중 제1호의 금액을 말하는 것이므로, 합병법인이 피합병법인으로부터 자산을 평가하여 승계한 경우에도 위 상법 규정의 "합병차익"이 없는 경우에는 "합병평가차익"이 발생하지 아니하는 것임. 이 경우 상법 제459조 제2항의 규정에 의한 준비금의 승계가 있는 경우에도 그 승계가 없는 것으로 보아 법인세법 시행령 제12조 제1항의 규정을 적용하는 것임.

▶ 승계받은 세무조정사항과 관련된 이연법인세차의 합병평가차익 해당 여부
(서이 46012-10248, 2002.2.14.)

합병법인이 피합병법인의 대차대조표에 계상되지 않은 법인세효과를 기업회계기준 제90조에 의한 기업인수·합병 등에 관한 회계처리준칙에 따라 이연법인세차로 승계한 경우 동 이연법인세차는 법인세법 시행령 제12조 제1항 제1호의 규정에 의한 합병평가차익으로 보지 아니하는 것임.

3 | 합병 시 승계 사항

(1) 합병 시 자산·부채(2010.6.8. 개정 전)

합병법인은 피합병법인의 자산과 부채를 포괄이전받게 된다. 이때 합병법인이 피합병법인으로부터 취득하는 자산과 부채의 취득가액(승계)을 법인세법에서는 다음과 같이 규정하고 있다.

1) 자산의 승계

① 합병법인이 취득한 자산

합병 또는 분할에 의하여 취득한 자산의 취득가액은 장부에 계상한 출자가액 또는 승계가액(매수법에 의할 경우에는 평가하여 승계한 가액 또는 지분통합법에 의할 경우에는 장부가액을 말함). 다만, 그 가액이 시가를 초과하는 경우에는 그 초과금액을 제외하고, 법인세법 시행령 제61조 제2항 각 호의 1에 해당하는 금융기관의 재정경제부령이 정하는 금전채권 등의 경우에는 피합병법인 등의 장부가액으로 한다(법인령 §72 ① 3).

② 피합병법인의 주주 등이 취득한 주식 등

합병 또는 분할에 의하여 주주 등이 취득한 주식(합병신주) 등은 취득 당시의 시가. 다만, 합병 또는 분할(물적분할을 제외한다)의 경우에는 종전의 장부가액에 법인세법 제16조 제1항 제5호(의제배당) 및 법인세법 시행령 제11조 제9호(불공정합병에 해당되어 특수관계자로부터 분여받은 이익)의 금액을 가산한 가액으로 한다(법인령 §72 ① 4).

2) 세무조정 등의 승계

피합병법인의 세무조정사항은 합병법인에게 승계되지 아니하는 것을 원칙으로 한다. 다만, 피합병법인의 세무조정사항 중 일부에 대하여는 승계를 허용하고 있다. 승계에 대해 법인세법에서는, 내국법인이 합병 또는 분할하는 경우 법인세법 또는 다른 법률에 다른 규정이 있는 경우를 제외하고는 피합병법인의 각 사업연도의 소득금액 및 과세표준의 계산에 있어서 익금 또는 손금에 산입하거나 산입하지 아니한 금액 등의 처리 및 그 금액 기타 자산・부채의 합병법인 등에의 승계 등에 관하여 필요한 사항은 대통령령으로 정한다(법인법 §49).

구체적 세무조정사항의 승계에 대해 법인세법 시행령 제85조에서 피합병법인의 각 사업연도의 소득금액 및 과세표준의 계산에 있어서 익금 또는 손금에 산입하거나 산입하지 아니한 금액이라 함은 다음을 말한다.

① 압축기장충당금 및 일시상각충당금은 합병법인이 이를 승계할 수 있다.

② 법인세법 제40조(손익의 귀속 사업연도)의 규정에 의한 손익의 귀속 사업연도가 도래하지 아니하여 피합병법인의 익금 또는 손금에 산입하지 아니한 금액은 그 귀속 사업연도에 따라 합병법인에게 승계되는 것으로 한다.

③ 감가상각, 법인세법 제42조(자산・부채의 평가)의 규정에 의한 평가 그 밖에 세무조정과 관련하여 익금에 산입하거나 손금에 산입하지 아니한 금액은 합병법인에게 승계되지 아니한다. 다만, 다음의 규정에 의한 금액은 합병법인이 이를 승계할 수

있다.

㉮ 기업회계기준에 의한 퇴직급여충당금의 적립, 대손충당금의 적립 및 유가증권의 평가와 관련하여 익금에 산입하지 아니하거나 손금에 산입하지 아니한 금액

㉯ 기업회계기준에 의한 채권·채무의 재조정, 채권·채무의 현재가치에 의한 평가, 지급보증충당금의 적립과 관련하여 익금에 산입하지 아니하거나 손금에 산입하지 아니한 금액

㉰ 조세특례제한법에 의하여 손금에 산입한 준비금

㉱ 그 밖에 재정경제부령이 정하는 금액(전기사업 관련)

따라서 합병 시 자산·부채의 승계는 세무상의 자산·부채를 의미하므로 결국 자산·부채에 영향을 미치는 것으로 합병법인에게 승계되는 세무조정사항은 유보(또는 ▲유보) 사항과 관련된 항목을 말한다.

이와 관련하여 합병에 의한 청산소득 계산 시에도 피합병법인의 자기자본총액은 승계되는 세무조정사항을 차감(손금불산입항목) 또는 가산(익금불산입항목)하도록 하고 있다(법인령 §122 ③). 이와 같이 하는 이유는 승계되는 세무조정사항은 결국 합병법인의 자산·부채에 해당하므로 피합병법인의 자산·부채에서 제외하여야 피합병법인의 자기자본총액을 적정하게 나타낼 수 있기 때문이다. 한편, 압축기장충당금 및 일시상각충당금의 승계 여부는 합병법인에서 선택할 수 있도록 하고 있다.

3) 이월세액공제 등의 승계

각 사업연도에의 소득에 대한 감면규정(법인법 §59 ① 각 호)에 의한 감면 또는 세액공제를 적용받던 내국법인이 합병 또는 분할하는 경우에는 다음 각 호에 의하여 감면 또는 세액공제의 적용을 받을 수 있다.

① 법인세법 제59조 제1항 제1호의 규정에 의한 감면(일정기간에 걸쳐 감면되는 것에 한한다)의 경우에는 합병법인 등이 승계받은 사업에서 발생한 소득에 대하여 합병 또는 분할 당시의 잔존감면기간 내에 종료하는 각 사업연도분까지 그 감면을 적용(법인령 §96 ② 1)

② 법인세법 제59조 제1항 제3호의 규정에 의한 세액공제(외국납부세액공제를 포함)로서 이월된 미공제액의 경우에는 합병의 경우에 한하여 합병법인이 승계받은 자산

등에 대한 미공제액의 범위 안에서 이월공제잔여기간 내에 종료하는 각 사업연도분까지 이를 공제(법인령 §96 ② 2)

관련규정 및 예규판례

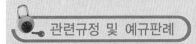

- 1. 장부가액으로 승계하는 합병에 있어서 피합병법인의 대차대조표에 계상된 영업권을 승계할 수 있는지 여부
  2. 장부가액으로 승계하는 합병에 있어서 피합병법인의 영업권의 세무상 유보잔액을 승계할 수 있는지 여부(재경부 법인 46012-71, 2002.4.11.)
  ① 귀 질의 1.의 경우: 피합병법인의 자산과 부채를 장부가액으로 승계하는 합병에 있어서 피합병법인이 합병일 이전에 제3자로부터 유상으로 취득하여 대차대조표에 계상한 영업권은 합병법인이 이를 장부가액으로 승계할 수 있는 것이며,
  ② 귀 질의 2.의 경우: 합병법인이 합병일 이전에 피합병법인이 계상하고 있는 영업권의 세무상 유보잔액은 승계되지 아니하는 것임.

- 합병법인이 피합병법인의 유가증권을 기업회계기준에 따라 평가증한 가액을 승계한 경우 평가손익 인정 여부 및 세무상 처리방법(재경부 법인 46012-146, 2000.10.5.)
  귀 질의의 경우 합병법인이 피합병법인의 유가증권을 기업회계기준에 의하여 평가증한 가액 그대로 승계하였다 하더라도 법인세법 제42조의 규정에 의하여 시가평가손익을 인정하지 아니하므로 이는 법인세법 제44조의 규정에 의한 자산을 평가하여 승계하는 경우에 해당하며, 평가증된 금액에 대하여는 합병비율에 따라 청산소득 또는 합병법인의 합병평가차익으로 과세되는 것임.

- 피합병법인의 세무조정에 의해 손금산입하지 아니한 장기외화평가손실금액의 합병법인이 승계 가능 여부(법인 46012-2026, 2000.10.2.)
  피합병법인이 (구)법인세법 시행령(1998.12.31. 대통령령 제15970호로 개정되기 전의 것) 제38조의2 제1항의 규정에 의하여 손금에 산입하지 아니한 환율조정계정상의 미상각잔액에 대하여는 법인세법 시행령 제85조 제1항 제3호의 규정에 의하여 합병법인에 승계되지 아니하는 것임.

- 퇴직급여충당금을 설정하지 않는 법인이 인적분할하는 경우 법인의 장부가액대로 분할하는 것이며 별도의 세무조정은 필요하지 않음(서이-2107, 2004.10.18.).
  귀 질의의 경우와 같이 퇴직급여충당금을 설정하지 않는 법인이 인적분할하는 경우 법인의 장부가액대로 분할하는 것으로 별도의 세무조정을 필요로 하지 않으며, 법인이 분할과

관련한 세무상의 특례요건을 만족시키기 위한 세법상의 분할비율 산출방식은 별도로 규정되어 있지 않으므로 분할법인 간의 계약에 의하여 그 비율을 산출하는 것임.

(2) 합병 시 이월결손금(2010.6.8. 개정 전)

법인세법상 이월결손금은 과세표준 계산에서 당연히 공제되는 금액이다. 그러나 두 기업 이상이 합병을 하는 데 있어 합병 이전에 발생한 합병당사법인(합병법인과 피합병법인)의 이월결손금을 합병 후에도 합병법인의 각 사업연도의 과세표준 계산에서 이월결손금공제를 허용할 것인지 하는 문제가 따르게 된다.

즉 합병으로 합병 후에 새로운 사업 내지는 사업의 종류가 달라질 수 있게 되는데, 이때 합병 전의 사업에서 발생한 결손금을 합병 후의 사업에서 발생한 소득에서 공제를 할 것인가 아니면 공제를 하지 않을 것인가 하는 문제와 또 공제를 허용할 경우에 그 대상과 범위를 어떻게 할 것인가 하는 이월결손금공제에 대한 문제가 제기될 수 있다.

따라서 이러한 결손금 공제요건 또는 기준의 요구에 따라 이월결손금의 공제에 대해 법인세법 제45조 제1항에서는 '합병요건을 갖춘 합병'에 대해 피합병법인의 결손금을 합병법인의 결손금으로 한다고 되어 있다. 원칙적으로는 피합병법인의 이월결손금은 합병 후 합병법인의 각 사업연도 소득에서 공제를 할 수가 없다는 것이다.

또한 법인세법 제45조 제3항에서는 조세를 부당하게 감소시키기 위한 목적의 합병이라고 인정되는 합병의 경우(역합병) 합병법인의 결손금은 합병법인의 각 사업연도의 과세표준 계산에 있어서 이를 공제하지 아니하도록 하고 있다.

이때 결손금이라 함은 당해 법인의 각 사업연도 개시일 전 5년 이내에 개시한 사업연도에서 발생한 결손금으로서 그 후의 각 사업연도의 과세표준 계산에서 공제되지 아니한 금액을 말한다(법인법 §13 1).

1) 이월결손금승계 허용

① 요건

다음의 합병요건을 갖춘 합병으로서 합병법인이 피합병법인의 자산을 장부가액으로 승계하는 경우 합병등기일 현재 피합병법인의 법인세법 제13조 제1호의 규정에 의한 결손금은 이를 합병법인의 결손금으로 보아 그 승계받은 사업에서 발행한 소득금액

(중소기업 간 또는 동일사업을 영위하는 법인 간 합병하는 경우에는 그 소득금액을 대통령령이 정하는 자산가액 비율로 안분계산한 금액)의 범위 안에서 합병법인의 각 사업연도의 과세표준 계산에 있어서 이를 공제한다(법인법 §45 ①).

피합병법인의 자산을 장부가액으로 승계하는 경우이므로 합병법인이 지분통합법이 아닌 매수법으로 합병을 하는 경우에는 이월결손금승계가 허용될 수 없다.

㉮ 법인세법 제44조 제1항 각 호에 해당할 것(합병평가차익의 손금산입요건)

㉯ 피합병법인의 주주 등이 합병법인으로부터 받은 주식 등이 합병법인의 합병등기일 현재 발행주식총수 또는 출자총액의 100분의 10 이상일 것

㉰ 합병법인이 법인세법 제113조 제3항(피합병법인의 이월결손금을 공제받고자 하는 합병법인은 자산·부채 및 손익을 피합병법인으로부터 승계받은 사업에 속하는 것과 기타의 사업에 속하는 것을 각각 별개의 회계로 구분하여 경리하여야 한다) 규정에 의하여 구분경리할 것. 다만, 중소기업 간 또는 동일사업을 영위하는 법인 간 합병하는 경우에는 구분경리하지 아니할 수 있다.

이때 중소기업의 판정은 합병 전의 현황에 의하고, 동일사업을 영위하는 법인의 판정은 한국표준산업분류에 따른 세세분류에 의한다. 이 경우 합병법인 또는 피합병법인이 2 이상의 세세분류에 해당하는 사업을 영위하는 경우에는 사업용 고정자산가액 중 동일사업에 사용하는 사업용 고정자산가액의 비율이 각각 100분의 70을 초과하는 경우에 한하여 동일사업을 영위하는 것으로 본다(법인령 §81 ③).

"대통령령이 정하는 자산가액 비율"이라 함은 합병등기일 현재 합병법인과 피합병법인의 사업용 고정자산가액 비율을 말한다. 이 경우 합병법인이 승계한 피합병법인의 사업용 고정자산가액은 승계결손금을 공제하는 각 사업연도의 종료일 현재 계속 보유(처분 후 대체하는 경우를 포함)·사용하는 고정자산에 한하여 그 고정자산의 합병등기일 현재 가액에 의한다(법인령 §81 ②).

다음은 회사가 신고한 합병내용이다. 피합병법인 △△산업의 법인세법상 이월결손금은 31,250백만원이다. 이월결손금승계 허용 여부는?

| 신고한 합병내용 |

구분	○○산업(합병법인)	△△산업(피합병법인)	합병 후
총주식 평가액	1,190,390,365,012	120,847,132,875	1,311,237,497,887
발행주식총수	122,116,369	18,956,413	
1주당 평가액	9,748	6,375	9,748
합병비율	1	0.654	
합병 후 주식수	122,116,369	12,397,494	134,513,863

□ 계산근거

- 합병법인의 합병등기일 현재 발행주식총수: 134,513,863주
- 피합병법인의 주주가 합병법인으로부터 받은 주식수: 12,397,494주

$$\frac{12,397,494\text{주}}{134,513,863\text{주}} = 9.2\% < 10\%$$

10%에 미달하므로 이월결손금승계가 허용될 수 없다.

〈2 이상 사업을 영위하는 경우 동일사업 법인 판정기준〉[23)]

■ 합병법인 및 피합병법인 각각의 사업용 고정자산가액 중 동일사업에 해당하는 사업용 고정자산가액의 비율이 각각 70%를 초과하는 경우

예

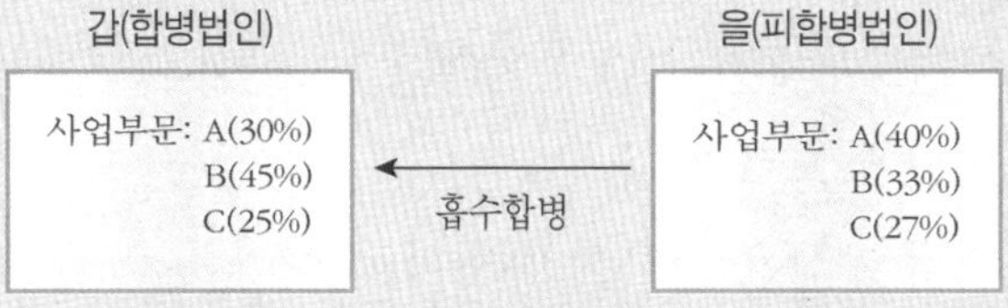

- 甲: A · B부문의 사업용 고정자산 비율 75%
- 乙: A · B부문의 사업용 고정자산 비율 73%

⇨ 동일 사업 요건 충족

■ A법인(제조업)이 이월결손금이 있는 B법인(건설업)을 흡수합병한 후 10억원의 소득이 발생한 경우

23) 2006년 개정세법해설 참조

A법인(제조업) (자산 20억원)	+	B법인(건설업) (자산 10억원)	=	A법인(제조, 건설) (자산 30억원)
		(소멸, 결손금 5억원)		* 소득 10억원 발생

• 현재는 합병법인이 제조업과 건설업을 구분경리하여 승계받은 사업(건설업)에서 발생한 소득을 계산한 경우에 한하여 그 금액 내에서 승계한 이월결손금의 공제를 허용

예 구분경리 결과, 제조업 소득 8억원, 건설업 소득 2억원인 경우 승계한 이월결손금 5억원은 건설업 소득(2억원)에서만 공제

* 나머지 3억원은 당초 발생시점부터 5년까지 이월공제 가능

• 그러나 현실적으로 중소기업의 경우 구분경리할 능력이 부족하고, 동일업종 간 합병의 경우 구분경리가 쉽지 않음.

• 따라서 2006.1.1.부터는 중소기업 간 또는 동일업종 간 합병의 경우에는 구분경리하지 않더라도 전체 소득을 합병 당시 두 법인의 사업용 자산가액비율로 안분하여 승계사업(건설업)에서 발생한 소득을 계산할 수 있도록 특례 허용

제조업 소득: 10억원 × 20억원/30억원 = 6.6억원

건설업 소득: 10억원 × 10억원/30억원 = 3.3억원

⇨ 따라서 구분경리하지 않더라도 승계한 이월결손금(5억원) 중 3.3억원까지는 공제 가능

② 이월결손금의 범위 및 승계방법

합병법인이 각 사업연도의 과세표준 계산에 있어서 승계하여 공제하는 결손금은 합병등기일 현재의 피합병법인의 법인세법 제13조 제1호의 규정에 의한 결손금(합병등기일을 사업연도의 개시일로 보아 계산한 금액을 말함)으로 하되, 합병등기일이 속하는 사업연도의 다음 사업연도부터는 매년 순차적으로 1년이 경과한 것으로 보아 계산한 금액(승계결손금의 범위액)으로 한다.

'승계결손금'의 범위액 계산은 다음에 의한다(법인칙 §41 ①).

㉮ 합병등기일이 속하는 사업연도의 경우: 합병등기일 전 5년 이내에 개시한 사업연도에 발생한 피합병법인의 결손금으로서 그 후의 각 사업연도의 과세표준 계산에 있어서 공제되지 아니한 금액

㉯ 합병등기일이 속하는 사업연도의 종료일 후 개시하는 사업연도의 경우 다음 ㉠의 금액에서 "㉡"의 금액을 차감한 금액

㉠ 당해 사업연도의 합병등기일 해당일 전 5년 이내에 개시한 사업연도에 발생한 피합병법인의 결손금

㉡ 당해 사업연도의 개시일 전에 승계하여 공제한 결손금

이월결손금을 공제받기 위해서는 합병법인이 합병등기일이 속하는 사업연도의 종료일까지 피합병법인으로부터 승계받은 사업을 계속 영위하여야 한다. 이때 '승계받은 사업 계속 영위'의 판정기준은 합병법인이 합병등기일이 속하는 사업연도의 종료일 이전에 피합병법인으로부터 승계한 고정자산가액의 2분의 1 이상을 처분하거나 승계한 당해 사업에 직접 사용하지 아니하는 경우에는 승계받은 사업을 계속 영위하지 아니하는 것으로 한다(법인령 §80 ④). 이 경우 승계한 사업이 2 이상인 경우에는 각 사업별로 판정하며, 그 일부만 계속하는 경우 승계결손금의 범위액은 승계한 사업별 자산가액의 비율로 안분하여 계산한 금액으로 한다.

③ **익금산입**

피합병법인의 결손금을 공제한 합병법인이 합병등기일이 속하는 사업연도의 다음 사업연도 개시일부터 3년 이내에 피합병법인으로부터 승계받은 사업을 폐지하는 경우에는 공제한 결손금(공제하지 아니한 결손금은 소멸한다)의 전액을 그 폐지한 날이 속하는 사업연도의 소득금액 계산에 있어서 익금에 산입한다(법인법 §45 ②). '사업을 폐지하는 경우'의 판정기준은 다음과 같다.

㉮ 합병법인이 피합병법인으로부터 승계한 고정자산가액의 3분의 2 이상을 처분하거나 승계한 당해 사업에 직접 사용하지 아니하는 경우

㉯ 승계받은 사업을 6월 이상 계속하여 휴업하거나 폐업하는 경우

이 경우 2 이상의 사업을 승계받아 일부만 계속 또는 폐지하는 경우의 승계결손금의 범위액 및 익금산입액은 승계한 사업별 자산가액의 비율로 안분하여 계산한 금액으로 한다.

④ **이월결손금승계 특례(벤처기업)**

법인(벤처기업을 포함)이 벤처기업을 합병함에 있어서 다음 각 호의 요건을 갖춘 경우에는 합병등기일 현재 피합병법인의 법인세법 제13조 제1호의 규정에 의한 결손금은 법인세법 시행령 제81조 제1항(합병 시 이월결손금 승계범위)에서 규정하는 금액의 범위 안에서 법인세법 제45조의 규정에 따라 합병법인의 각 사업연도의 과세표준 계산에 있어서

이를 공제할 수 있다(조특법 §47의3).

㉮ 법인세법 제44조 제1항 각 호의 요건을 갖출 것. 이 경우 동항 제1호를 적용함에 있어서 벤처기업이 연구·개발 등 사업을 영위하기 위하여 자산을 취득하거나 비용을 지출한 때부터 1년이 경과한 경우에는 1년 이상 계속하여 사업을 영위한 것으로 본다.

㉯ 합병법인이 피합병법인의 자산을 장부가액으로 승계할 것

㉰ 피합병법인의 주주·사원 또는 출자자가 합병법인으로부터 받은 주식 또는 출자지분이 합병법인의 합병등기일 현재 발행주식총수 또는 출자총액의 100분의 3 이상일 것

㉱ 합병법인이 법인세법 제113조 제3항의 규정에 의하여 구분경리할 것

2) 이월결손금승계 배제

① 요건(역합병 등)

조세를 부당하게 감소시키기 위한 목적의 합병이라고 인정되는 합병으로서 다음의 어느 하나에 해당하는 합병의 경우 합병법인의 법인세법 제13조 제1호의 규정에 의한 결손금은 합병법인의 각 사업연도의 과세표준 계산에 있어서 이를 공제하지 아니한다(법인법 §45 ③).

㉮ 합병등기일이 속하는 사업연도의 직전 사업연도 개시일(그 개시일이 서로 다른 법인이 합병한 경우에는 먼저 개시한 날)부터 합병등기일까지의 기간 중에 피합병법인의 상호(합병법인의 상호와 피합병법인의 상호 중 피합병법인의 상호만 포함된 다른 상호를 포함한다)로 미리 변경등기하였거나 합병등기일 후 5년 이내에 합병법인의 상호를 피합병법인의 상호로 변경등기할 것

㉯ 합병법인이 다음의 요건을 모두 충족할 것

㉠ 합병계약 당시 주식 등의 시가총액(총발행주식 등의 시가총액)이 피합병법인보다 낮을 것

* 주가의 개념을 시가총액임을 명확히 하여 합병 직전 무상주 발행, 시가에 비해 저가의 신주발행 등 1주당 가액을 변경하는 방법으로 악용할 소지를 방지(2007.2.28. 개정)

㉡ 피합병법인보다 합병등기일이 속하는 사업연도의 직전 사업연도의 소득금액이 적거나 결손금이 많을 것

㉢ 합병등기일이 속하는 사업연도의 직전 사업연도의 장부가액에 의한 순자산가액이 피합병법인보다 적을 것

㉣ 합병등기일이 속하는 사업연도의 직전 3사업연도의 소득금액 합계액이 결손금 합계액에 미달할 것

㉤ 합병등기일 현재 합병법인과 피합병법인 간 법인세법 제13조 제1호의 규정에 따른 결손금의 차액이 합병법인의 결손금의 100분의 50을 초과할 것

② 익금산입

법인세법 제13조 제1호의 규정에 따른 결손금이 많은 법인을 합병법인으로 하는 합병의 경우 합병법인이 각 사업연도의 소득금액 계산에 있어서 법인세법 제13조 제1호의 결손금을 공제한 후 위 "①"의 요건에 해당하게 되는 경우 당해 사업연도 전에 공제한 결손금은 "①"에 해당하게 되는 날이 속하는 사업연도의 소득금액 계산에 있어서 이를 익금에 산입한다(법인령 §81 ⑥).

관련규정 및 예규판례

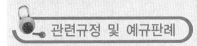

▶ 합병 시 이월결손금의 승계(법인통 45-0…1)

피합병법인의 주주 등이 합병법인으로부터 받은 주식 등이 당해 합병법인의 합병등기일 현재 발행주식총수 또는 출자총액의 100분의 10에 미달하는 때에는 법 제45조 제1항 제1호 및 제3호의 요건을 갖춘 경우에도 합병법인이 피합병법인의 이월결손금을 승계하여 공제할 수 없다.

▶ 피합병법인으로부터 승계받은 이월결손금을 경정청구로 공제받을 수 있는지 여부 (서삼 46019-10827, 2002.5.17.)

귀 질의의 경우 합병법인이 피합병법인의 이월결손금승계에 관한 법인세법 제45조의 규정을 적용함에 있어 피합병법인으로부터 승계받은 사업과 기타의 사업을 같은 법 제113조 제3항의 규정에 따라 구분경리하고 있는 사실이 당해 법인의 전산시스템, 원시자료 등에 의하여 객관적으로 인정되는 경우에는, 당초 법인세법 제60조의 규정에 의한 법인세 과세표준 등의 신고기한까지 소득구분계산서(법인세법 시행규칙 별지 제48호 서식)를 작성·제출하지 못한 경우에도 같은 법 제45조 제1항 제3호의 규정에 해당하는 것임.

합병등기 전 상호를 변경등기한 것을 이월결손금공제가 배제되는 부당역합병에 해당하는 것으로 보아 과세한 처분의 당부(국심 2003서1263, 2003.9.30.)

종전규정에서는 합병등기 후 2년 이내에 합병법인의 상호를 피합병법인의 상호로 변경등기하는 경우는 부당합병(역합병)에 해당하는 것으로 규정하고 있었으므로 합병등기 전에 상호를 변경등기하는 경우는 부당합병(역합병)에 해당하지 아니하였고, 개정규정(법인세법 시행령 제81조 제4항, 1999.12.31. 개정 후 규정)에서 이를 보완하여 합병등기일 이전에 합병법인의 상호를 피합병법인의 상호로 미리 변경등기한 경우에도 부당합병(역합병)에 해당하는 것으로 보아 과세할 수 있도록 그 요건을 강화한 사실이 확인되는 점, 위 개정규정이 1999.12.31. 개정 전에 개정취지와 같은 뜻으로 예규 또는 업무지시로 해석되거나 세무관서에 시달된 사례는 없는 것으로 확인되는 점 등으로 볼 때, 청구법인과 피합병법인의 합병이 이월결손금공제가 배제되는 부당역합병 및 부당행위계산 부인규정에 해당하는 것으로 보아 이 건 과세한 처분은 타당성이 결여된 것임.

신설합병의 경우 합병법인이 소멸법인의 결손금을 승계하여 공제 가능 여부
(법인 46012-220, 2001.1.29.)

신설합병의 경우에도 법인세법 제45조의 요건을 갖춘 경우에는 소멸법인의 결손금을 합병법인이 승계하여 공제할 수 있는 것임.

합병 시 이월결손금을 승계한 경우 승계사업에서 발생한 소득금액의 구분
(법인 46012-146, 2001.1.16.)

합병법인이 법인세법 제45조 제1항의 규정에 의하여 피합병법인으로부터 승계받은 이월결손금을 같은 법 시행령 제81조의 규정에 의하여 공제함에 있어서 합병법인이 피합병법인으로부터 승계받은 사업에서 발생한 소득금액은 독립된 계정과목에 의해 구분기장된 익금 및 손금에 의하여 계산하되, 승계받은 사업과 기타의 사업에 공통되는 익금과 손금은 같은 법 시행규칙 제77조 제1항 제4호의 규정에 의하여 구분 계산한 금액을 포함하는 것임.

다른 법인을 합병한 후 새로운 법인에 합병되는 경우 피합병법인으로부터 승계 가능한 결손금의 범위(서이 46012-10613, 2001.11.26.)

법인세법 제45조 제1항의 규정을 적용함에 있어서 합병등기일 전 5년 이내에 개시한 사업연도 중 피합병법인이 다른 법인을 흡수합병하면서 같은 규정에 의하여 그 다른 법인으로부터 승계받은 이월결손금 중 그 후의 각 사업연도의 과세표준 계산에 있어서 공제되지 아니한 금액은 같은 법 시행령 제81조 제1항의 규정에 의한 승계결손금의 범위액에 포함되는 것임.

제7절 합병과 영업권

지금까지는 부당한 합병에 따른 과세문제를 다루어 왔으나, 이 절에서는 부당한 합병에는 해당되지 않으나 합병과정에서 일반적으로 발생되는 과세부분을 다루고 있다. 부당한 합병에 따른 과세문제 외에 발생되는 과세부분은 "제6절 합병과 과세소득"에서 전반적인 개념에 대해서는 살펴보았다. 제7절의 대부분은 합병과세소득 중에서 영업권에 대해 분석하고 있다. 영업권은 합병과세체계를 분석해 봄으로써 영업권의 성격을 명확히 할 수 있다. 합병과세체계란 "제6절 합병과 과세소득"에서 본 2010.6.8. 개정된 후(이하 이 절에서 "개정된 후")의 합병양도손익과 합병매수차손익 또는 자산조정계정 간의 관계와 2010.6.8. 개정되기 전(이하 이 절에서 "개정되기 전")의 청산소득과 합병평가차익 간의 관계, 나아가 개정된 후와 개정되기 전의 이들과의 관계를 말한다. 영업권을 이와 같은 방식으로 분석해 보면 개정되기 전의 영업권이 개정된 후의 매수차손의 관계와 영업권에 대한 인식이 개정되기 전과 개정된 후가 달라진 점이 없다는 것을 알 수 있게 된다. 영업권에 대한 이와 같은 인식의 변화는 개정되기 전의 "피합병법인의 자산을 평가하여 승계한 경우"라는 영업권의 과세요건이 논란이 되지 않을 수 없게 한다.

1 | 개정되기 전의 영업권

(1) 영업권의 이해

(1)-1. 회계상의 영업권

① 영업권의 개념과 구조

한국회계기준원은 용어의 정의에서 영업권이란 개별적으로 식별하여 별도로 인식할 수 없으나, 사업결합에서 획득한 그 밖의 자산에서 생기는 미래 경제적 효익을 나타내는 자산을 말한다고 하면서, 한국회계기준원의 일반기업회계기준(2017.9.22.) 제12장 사업결합(영업권 또는 염가매수차익의 인식과 측정 12.32)에서, 취득자는 취득일 현재 이전대가로 일반적으로 취득일의 공정가치가 취득일의 식별 가능한 취득자산과 인수부채의 순액보다 클 경우 그 초과금액을 측정하여 영업권으로 인식하고 있다. 회계장부에 영업권으로 계상되는 영업권은 이전대가의 공정가치가 승계한 순자산가액의 공정가치보다 클 경우이므로 "이전대가의 공정가치 - 승계한 순자산가액의 공정가치"의 차액이 영업권이 된다. 회사의 합병에서 영업권을 일반적으로 인식하는 방식은 "합병대가 - 승계한 순자산가액 = 회계상 영업권"이 되는 것이 기본구조이다. 여기서 순자산가액이란 합병법인이 피합병법인으로부터 승계한 자산과 부채를 말한다.

한편, 회계상 영업권의 금액은 회계처리방식에 따라 각각 다르게 된다. 즉 지분풀링법의 영업권의 금액은 '합병대가 - 승계한 순자산 장부가액'이 되고, 매수법의 영업권의 금액은 '합병대가 - 승계한 순자산 평가액'이 된다. 지분풀링법과 매수법의 차이는 지분풀링법의 '승계한 순자산가액'이란 피합병법인의 자산과 부채의 장부가액을 말하며, 매수법의 '승계한 순자산가액'이란 피합병법인의 자산과 부채를 평가한 가액을 말한다. 이때 합병대가는 지분풀링법과 매수법이 차이가 없으므로, 두 가지 방법에서 영업권 금액의 차이는 자산과 부채의 장부가액과 평가액의 차이가 된다. 회계상 영업권은 대차평균의 원리에 따라 발생하는 것으로 합병대가와 승계한 순자산가액의 단순한 차액이 영업권이 된다. 한국회계기준원의 일반기업회계기준은 매수법을 원칙으로 한다.

② 영업권의 평가

일반기업회계기준 제12장 사업결합(12.32)에는, 이전대가의 공정가치가 승계한 순자산가액의 공정가치보다 클 경우 그 초과금액을 측정하여 영업권으로 인식하고 있다. 이때 합병대가에 해당하는 이전대가 측정[일반기업회계기준 제12장 사업결합(12.27)]은 공정가치로 측정하며, 그 공정가치는 취득자가 이전하는 자산, 취득자가 피취득자의 이전 소유주에 대하여 부담하는 부채 및 취득자가 발행한 지분의 취득일의 공정가치 합계로 산정한다. 여기서 공정가치란 합리적인 판단력과 거래 의사가 있는 독립된 당사자 사이의 거래에서 자산이 교환되거나 부채가 결제될 수 있는 금액을 말한다(용어의 정의). 결국 회사합병에서 영업권의 평가(측정)란 영업권 그 자체를 평가하는 것이 아니고 이전대가를 측정하는 것으로서 회계상의 영업권의 기본구조는 '합병대가 - 승계한 순자산가액'의 단순한 차액이 영업권이 된다. 이와 같은 영업권에 대한 인식은 "영업권이란 개별적으로 식별하여 별도로 인식할 수 없다."는 것에 대한 영업권의 측정방식으로 마련된 것으로 영업권의 인식을 개별적으로 평가할 수 있는 항목이 아님을 말한다.

(1) - 2. 법인세법의 영업권

① 영업권의 개념과 구조

법인세법의 합병에 따른 영업권은 개정된 후와 개정되기 전으로 각각 살펴볼 필요가 있다. 개정된 후의 영업권에 해당하는 합병매수차손의 개념과 그 구조는 양도가액이 순자산시가를 초과하는 경우 그 차액으로 하고 있다. 영업권의 계산방식이 개정되기 전과 비교하면 비교적 명확하다. 개정된 후의 합병매수차손의 계산방식에서 '양도가액이 순자산시가를 초과하는 경우 그 차액'으로 한다를 계산식으로는 '양도가액 - 순자산시가 = 합병매수차손'이 된다. 여기서 '양도가액 - 순자산시가'는 피합병법인의 법인세가 없는 경우라면 '합병대가 - 순자산시가'를 말한다. 이 계산방식은 영업권을 인식하고 측정하는 규정이 된다. 그러나 개정되기 전의 영업권의 개념과 구조에는 영업권에 대한 계산방식이 없다. 다만, '피병법인의 자산을 평가하여 승계한 경우로서 피합병법인의 영업상의 비밀 등으로 사업상 가치가 있어 대가를 지급한 것에 한한다'가 전부로서 개정되기 전에는 개정된 후와 달리 구체적인 계산방식을 규정하지 않고 있다. 이 경우 영업권의 개념과 구조는 회계상의 영업권에서 차용해 올 수밖에 없다. 앞서 회계상의 영업권에서 살펴보았듯이 회계상 영업권의 구조는 '합병대가 - 승계한 순자산가액'의 차액이다. 이와 같은 회계상의 영업권 구조는 개정된 후의 법인세법의 영업권의 기본구조인 '합병대가 - 순자산시가'와 유사하다. 개정된 후의 영업권의 계산방식이 개정되기 전보다 구체적으로 규정되었다고 해서 개정되기 전의 영업권의 개념과 계산구조까지 달라질 수는 없을 것이다.

대법원(대법원 2015두41463, 2018.5.11.)은 개정되기 전의 영업권이 2010.6.8. 개정 법인세법 시행령 제80조의3 제2항(합병매수차손)으로 옮겨 현재까지 유지되고 있다고 하였다. 그렇다고 한다면 개정되기 전 영업권에 대한 계산방식이 없거나 명확하지 않은 영업권의 개념보다는 합병 과세체계가 좀 더 정교하고 명확하게 변경된 개정된 후의 영업권의 개념으로 개정되기 전의 세법을 해석해도 문제가 될 것은 없을 것이다.

이 절에서는 이 부분에 대해서 구체적으로 분석하고 있다. 회계상 영업권의 구조와 개정된 후의 법인세법의 영업권 구조가 이러하다면 개정되기 전의 영업권도 '합병대가

- 승계한 순자산가액'의 차액에 해당되는 금액이 되어야 할 것이다.

② 지분풀링법과 매수법의 일반적인 이해

합병회사가 피합병회사의 자산과 부채를 승계하면서 합병회사의 장부에 피합병회사의 장부상의 가액으로 계상하느냐 아니면 자산과 부채를 평가한 가액으로 계상하느냐에 따라, 전자를 지분풀링법이라 하고 후자를 매수법이라고 한다.

이때 자산과 부채를 인수하는 데 따르는 이전대가(합병대가)는 지분풀링법이나 매수법이나 차이가 없다. 한국회계기준원의 일반기업회계기준은 매수법을 원칙으로 한다.

③ 영업권의 평가

개정되기 전 "피병법인의 자산을 평가하여 승계한 경우로서 영업상의 비밀 등으로 사업상 가치가 있어 대가를 지급한 것에 한한다."에서 "자산을 평가하여 승계한 경우"를 "피병법인의 영업권(=자산)을 평가하여 승계한 경우"로도 볼 수 있다. 개정된 후와 개정되기 전의 영업권의 과세요건을 비교해 보면, 개정된 후의 "영업상의 비밀 등에 대하여 사업상 가치가 있다고 보아 대가를 지급한 경우"와 개정되기 전의 "영업상의 비밀 등으로 사업상 가치가 있어 대가를 지급한 것에 한한다."는 차이가 없다. 차이점이 있다면 개정되기 전의 "피병법인의 자산을 평가하여 승계한 경우"라고 하는 표현이 개정된 후에는 이러한 표현이 없다. 그렇다고 하더라도 합병에 따라 발생하는 영업권이 개정된 후와 개정되기 전이 다를 수는 없다.

개정되기 전 영업권에서 "피병법인의 자산을 평가하여 승계한 경우"는 합병평가차익(법인령 제12조 제1항 제1호)의 계산방식을 규정하는 "피합병법인으로부터 자산을 평가하여 승계한 경우 그 가액 중 피합병법인의 장부가액을 초과하는 부분의 가액"에서 나온 것으로 보여진다. 법인세법 체계에서 볼 때 예외 규정인 합병평가차익(과세이연)을 익금으로 보기 위해서는 "피합병법인으로부터 자산을 평가하여 승계한 경우"라는 표현은 적절해 보인다. 다만, 법인세법 제16조 제1항 제2호 및 시행령 제12조 제1항 제1호의 과세 방식으로 보면 "피합병법인으로부터 자산을 평가하여 승계한 경우"란 영업권이 아닌 자산의 평가를 말하는 것으로 볼 수 있다. 그렇지 않다면 법인세법 시행령 제12조 제1항 제1호의 계산방식으로 보면 청산소득으로 과세된 부분을 영업권으로 인정해야 하는 문제가 있다. 결국 "자산을 평가하여 승계한 경우"에서 영업권이 그 평가의 대상이 되는 경우가 아니라면 영업권의 평가는 의미가 없는 것이 되고, 평가의 대상이 된다면 합병요건 미충족에서 피합병법인의 청산소득으로 과세된 부분이 영업권에 해당이 된다면 이 금액은 합병요건 충족에서 합병법인의 합병평가차익이 되어야 함은 당연한 것이 된다.

그렇다면 개정되기 전의 "피병법인의 영업권을 평가하여 승계한 경우"인 영업권의 "평가요건"은 세법의 영업권 인정의 요건이 될 수 없다고 할 것이다. 그러나 지금까지 대법원이 인정하고 있는 합병에 따른 영업권은, 모두 평가와 관련된 요건으로서 "사업상 가치평가" 요건(대법원 2018두52013, 2019.1.10., 대법원 2017두57509, 2018.5.15., 대법원 2017두43173, 2018.5.11., 대법원 2017두54791, 2018.5.11., 대법원 2015두41463, 2018.5.11.) 또는 "적절한 평가방법" 요건(대법원 2012두1044, 2012.5.9., 대법원 2007두12316, 2007.10.16.) 등이다.

한편, 개정된 후의 영업권의 인정 요건은 "영업상의 비밀 등에 대하여 사업상 가치가 있다고 보아 대가를 지급한 경우"인데, 여기서 사업상 가치의 "평가"에 대한 의문이 들 수 있다. 즉 사업가치의 금액(평가액)이 정해져야 대가지급의 금액이 정해지게 되므로, 사업가치의 금액을 정하기 위해서는 사업의 가치를 어떤 방식으로든 산정하여야 할 것이다. 그런데 영업권이 발생하는 회사합병에서의 사업가치의 평가는 사업의 양도·양수의 사업가치의 평가와는 다른 면이 있다. 즉 사업의 양도·양수의 경우 영업권가치의 평가는 양도·양수자산과는 별도로 평가한다. 그러나 회사합병에서는 승계하는 자산과 부채와는 별도로 영업권만을 평가한다는 규정이 없을뿐더러, 회사합병은 합병대가에 피합병회사의 자산과 부채와 그 밖의 영업상의 이점 등의 가치를 포함하여 계산되고 있다. 합병에서 사업가치의 평가란 영업권의 발생 구조에서 보았듯이, 영업권은 '합병대가 − 순자산시가'에 의한 계산구조에서 발생하고 있는 것으로, 회사합병에서의 영업권은 합병대가와 순자산시가와의 차액에 의해 정해지게 된다. 이때 합병대가와 순자산시가는 각각 평가의 과정을 거치게 되나 영업권 그 자체를 평가하는 것은 아니다. 따라서 회사합병에서 영업권의 인식은 영업권가치의 직접적인 평가와는 관련이 없는 것이 된다. 영업권평가에 대한 세법의 이와 같은 인식은 앞서 회사의 합병에서 본 "영업권이란 개별적으로 식별하여 별도로 인식할 수 없는 것이다."는 것과 같은 인식이 된다. 결론에서 보면 법인세법의 영업권 인정요건은 영업권의 "평가"가 아니라 "대가의 지급"에 있다. 합병에서의 대가의 지급이란 '피합병법인의 주주가 지급받는 합병교부주식의 가액 및 금전이나 그 밖의 재산가액의 합계액'이다.

(1)-3. 사업의 양도·양수의 영업권

① 영업권의 개념과 구조

법인세법은 사업의 양도·양수의 영업권을 합병영업권(합병매수차손)과는 별도로 규정하고 있다. 사업의 양도·양수의 영업권이란 사업의 양도·양수 과정에서 양도·양수 자산과는 별도로 양도사업에 관한 허가 등 영업상의 이점 등을 감안하여 적절한 평가방법에 따라 유상으로 취득한 금액으로 한다(법인세법 시행규칙 제12조 제1항 제1호). 사업의 양도·양수는 그 대가에 양도·양수 자산과 영업상의 이점 등인 영업권의 금액이 각각 구분되어 계산한다. 다만, 회계상의 합병영업권 또는 법인세법의 합병영업권과는 달리 영업권의 계산방식을 직접 규정하지 않고 있다.

② 영업권의 평가

사업의 양도·양수에서는 양도사업에 관한 영업상의 이점 등인 영업권의 금액을 '적절한 평가방법에 따라 유상으로 취득한 금액'으로 정하고 있다. 이때 영업권의 금액이 회계상의 영업권 또는 법인세법의 합병영업권과 다른 점은 영업권의 금액을 양도·양수 자산과는 별도로 평가한다는 점이다. 평가방법에 대해서는 "적절한 평가방법"이면 세법의 요건을 갖춘 것이 된다. 회사의 합병에서는 영업권을 자산·부채의 인수와는 별도로 '사업상의 가치'를 평가하는 규정은 일반기업회계기준이나 법인세법에는 없다.

(1)-4. 감정평가 실무기준

다음(국토교통부고시 제2015-377호)은 감정평가 및 감정평가사에 관한 법률 제3조(기준)에서 정하고 있는 감정평가 실무기준 원본을 그대로 게재한다.

3 영업권의 감정평가

3.1 정의

영업권이란 대상 기업이 경영상의 유리한 관계 등 배타적 영리기회를 보유하여 같은 업종의 다른 기업들에 비하여 초과수익을 확보할 수 있는 능력으로서 경제적 가치가 있다고 인정되는 권리를 말한다.

3.2 자료의 수집 및 정리

영업권의 가격자료에는 거래사례, 수익자료, 시장자료 등이 있으며, 기업이 보유한 자산의 경우에는 해당 물건의 자료의 수집 및 정리 규정을 준용하여, 대상 영업권의 감정평가에 있어서 적절한 자료를 수집하고 정리한다.

3.3 영업권의 감정평가방법

3.3.1 영업권의 감정평가 원칙

① 영업권을 감정평가할 때에는 수익환원법을 적용하여야 한다.

② 제1항에도 불구하고 수익환원법으로 감정평가하는 것이 곤란하거나 적절하지 아니한 경우에는 거래사례비교법이나 원가법으로 감정평가할 수 있다.

3.3.2 수익환원법의 적용

영업권을 수익환원법으로 감정평가할 때에는 다음 각 호의 어느 하나에 해당하는 방법으로 감정평가한다. 다만, 대상 영업권의 수익에 근거하여 합리적으로 감정평가할 수 있는 다른 방법이 있는 경우에는 그에 따라 감정평가할 수 있다.

1. 대상 기업 전체의 순수익을 같은 업종 다른 기업의 정상수익률로 환원한 수익가치에서 영업권을 제외한 순자산의 가치를 차감하는 방법
2. 대상 기업이 달성할 것으로 예상되는 지속가능기간의 초과수익을 현재가치로 할인하거나 환원하는 방법

3.3.3 거래사례비교법의 적용

영업권을 거래사례비교법으로 감정평가할 때에는 다음 각 호의 어느 하나에 해당하는 방법으로 감정평가한다. 다만, 영업권의 거래사례에 근거하여 합리적으로 감정평가할 수 있는 다른 방법이 있는 경우에는 그에 따라 감정평가할 수 있다.

1. 영업권이 다른 자산과 독립하여 거래되는 관행이 있는 경우에는 같거나 비슷한 업종의 영업권만의 거래사례를 이용하여 대상 영업권과 비교하는 방법
2. 같거나 비슷한 업종의 기업 전체 거래가격에서 영업권을 제외한 순자산 가치를 차감한 가치를 영업권의 거래사례 가격으로 보아 대상 영업권과 비교하는 방법
3. 대상 기업이 유가증권시장이나 코스닥시장에 상장되어 있는 경우에는 발행주식수에 발행주식의 주당가격을 곱한 가치에서 영업권을 제외한 순자산가치를 차감하는 방법

3.3.4 원가법의 적용

영업권을 원가법으로 감정평가할 때에는 다음 각 호의 방법으로 감정평가할 수 있다. 다만, 대상 영업권의 원가에 근거하여 합리적으로 감정평가할 수 있는 다른 방법이 있는 경우에는 그에 따라 감정평가할 수 있다.

1. 기준시점에서 새로 취득하기 위해 필요한 예상비용에서 감가요인을 파악하고 그에

> 해당하는 금액을 공제하는 방법
> 2. 대상 무형자산의 취득에 든 비용을 물가변동률 등에 따라 기준시점으로 수정하는 방법

(1)-5. 법인세법 영업권의 개정 연혁

1998. 12. 31. 법인세법 시행령 [대통령령 제15970호]이 개정되기 전 시행규칙 제27조 「별표 4 무형고정자산의 내용연수표」에 의하면 무형고정자산은 다음과 같다.

구분	내용연수	무형고정자산
1	5년	영업권, 의장권, 실용신안권, 상표권
2	10년	특허권, 어업권, 해저광물개발법에 의한 채취권(생산량비례법 선택적용), 유료도로관리권, 수리권, 전기가스공급시설이용권, 공업용수도시설이용권, 수도시설이용권, 열공급시설이용권 광업권(생산량비례법 선택적용)
3	20년	전신전화전용시설이용권, 전용측선이용권, 하수종말처리장시설관리권, 수도시설관리권 댐사용권
4	50년	

1998.12.31. 법인세법 시행령이 개정되기 전에는 사업 양도·양수의 영업권과 합병 영업권이 구분되어 있지 않았다. 1998. 12. 31. 법인세법 시행령 개정으로 처음 합병영업권이 무형고정자산에 포함되었다. 법인세법의 영업권 관련 개정내용은 다음과 같다.

법령	개정내용(개정되기 전)
법인세법 시행령 [대통령령 제15970호, 1998.12.31. 전부개정]	제24조(감가상각자산의 범위) ① 법 제23조 제2항에서 "건물, 기계 및 장치, 특허권 등 대통령령이 정하는 자산"이라 함은 다음 각 호의 고정자산(감가상각자산)을 말한다. 2. 다음 각 목의 1에 해당하는 무형고정자산 가. 영업권, 의장권, 실용신안권, 상표권 ④ 제1항 제2호 가목의 영업권중 합병 또는 분할의 경우 합병법인 또는 분할신설법인이 계상한 영업권은 합병법인 또는 분할신설법인이 피합병법인 또는 분할법인의 자산을 평가하여 승계한 경우로서 피합병법인 또는 분할법인의 상호·거래관계 기타 영업상의 비밀 등으로 사업상 가치가 있어 대가를 지급한 것에 한하여 이를 감가상각자산으로 한다.

법령	개정내용(개정되기 전)
법인세법 시행규칙 [재정경제부령 제86호, 1999.5.24. 전부개정]	제12조(감가상각자산의 범위) ① 영 제24조 제1항 제2호 가목의 규정에 의한 영업권에는 다음 각 호의 금액이 포함되는 것으로 한다. 1. 사업의 양도 · 양수과정에서 양도 · 양수자산과는 별도로 양도사업에 관한 허가 · 인가 등 법률상의 지위, 사업상 편리한 지리적 여건, 영업상의 비법, 신용 · 명성 · 거래선 등 영업상의 이점 등을 감안하여 적절한 평가방법에 따라 유상으로 취득한 금액
법령	**개정내용(개정된 후)**
법인세법 [시행 2010.7.1.] [법률 제9898호, 2009.12.31. 일부개정]	제44조의2 ③ 합병법인은 피합병법인의 자산을 시가로 양도받은 것으로 보는 경우에 피합병법인에 지급한 양도가액이 합병등기일 현재의 순자산시가를 초과하는 경우로서 대통령령으로 정하는 경우에는 그 차액을 세무조정계산서에 계상하고 합병등기일부터 5년간 균등하게 나누어 손금에 산입한다.
시행령 [시행 2010.7.1.] [대통령령 제22184호, 2010.6.8. 일부개정]	제80조의3(비적격합병 시 양도가액과 순자산시가와의 차액 처리) ② 법 제44조의2 제3항에서 "대통령령으로 정하는 경우"란 합병법인이 피합병법인의 상호 · 거래관계, 그 밖의 영업상의 비밀 등에 대하여 사업상 가치가 있다고 보아 대가를 지급한 경우를 말한다. (2010.6.8. 신설) ③ 법 제44조의2 제3항에 따라 양도가액이 순자산시가를 초과하는 경우 그 차액("합병매수차손")에 대한 손금산입액 계산, 산입방법 등에 관하여는 제1항을 준용한다. (2010.6.8. 신설)

(2) 영업권과 자산의 포괄적 양도

다음과 같은 조건으로 조세특례제한법 제37조(1917.12.19. 삭제)에 따라 자산을 포괄적으로 인수법인에 양도하고 그 대가로 인수법인의 주식을 받는 경우를 다음과 같은 방식으로 분석할 수 있을 것이다(금액 단위는 백만원).

(2)-1. 양도법인의 현황

재무상태표

자산총계	2,069,356	부채총계	1,699,082
		자본금	267,672
		잉여금	102,602
계	2,069,356	계	2,069,356

* 발행주식총수 267,672,000주(액면가 1,000원)

(2) - 2. 자산의 포괄적 양도 및 양수의 조건

구분	인수법인	양도법인
1주당 평가액	21,638원	2,213원
주식교부비율	1	0.1022738

자산을 포괄적으로 인수한 법인과 양도법인의 관계는 양도법인은 자산을 인수법인에 양도하고 그 대가로 인수법인은 인수법인의 발행주식을 양도법인의 주주에게 주식을 교부한다. 인수법인이 발행하는 인수신주(액면가 5,000원)와 인수대가는 다음과 같이 계산된다(계산의 편의를 위해 소수점 반올림).

인수한 신주: 267,672,000주 × 0.1022738 = 27,375,832주

증가 자본금: 5,000원 × 27,375,832주 = 136,879백만원

인수대가: 21,638원 × 27,375,832주 = 592,358백만원

(2) - 3. 영업권과 자산의 포괄적 양도

위의 자산의 포괄적 양도 및 양수 조건은 구 조세특례제한법 제37조에 따른 자산의 포괄적 양도를 하는 경우가 되겠다. 즉 자산을 다른 법인(인수법인)에 포괄적으로 양도하고 그 대가로 인수법인의 주식을 교부받고 청산하는 경우 양도하는 자산의 가액을 장부가액으로 할 수 있다(조특법 §37). 자산의 포괄적 양수에 따른 인수법인의 회계처리는 다음과 같게 된다.

자산	2,069,356	부채		1,699,082
영업권	222,084	인수대가	자본금	136,879
			주발초	455,479
계	2,291,440	계		2,291,440

여기서 인수대가 592,358백만원은 자본금 136,879백만원과 주식발행초과금 455,479백만원으로 구성된다. 자산의 포괄적 양도에 따라 발생된 영업권 222,084백만원은 인수대가에서 인수한 순자산가액을 차감한 금액이다. 자산의 포괄적 양도 및 양수에서 발생되는 영업권은 주식을 교부하고 취득한 것으로 유상으로 취득한 금액이므로 법인세법 시행규칙 제12조 제1항 제1호에서 말하는 사업의 양도 · 양수 과정에서 발생한 영업권이 된다.

(3) 영업권과 주식의 포괄적 교환

주식의 포괄적 교환에 의하여 완전자회사가 되는 회사의 주주가 가지는 그 회사의 주식은 주식을 교환하는 날에 주식교환에 의하여 완전모회사가 되는 회사에 이전하고, 그 완전자회사가 되는 회사의 주주는 그 완전모회사가 되는 회사가 주식교환을 위하여 발행하는 신주의 배정을 받음으로써 그 회사의 주주가 된다(상법 §360의2). 주식의 포괄적 교환은 합병과 법률 효과에서는 차이가 있지만 경제적인 효과에서는 유사한 점이 많다. 완전자회사가 되는 회사는 피합병회사에 해당하고 완전모회사가 되는 회사는 합병회사에 해당한다. 주식의 포괄적 교환이 완전모회사가 완전자회사가 되는 회사의 주주에게 주식을 교부하는 것과 마찬가지로 합병은 합병법인이 피합병법인의 주주에게 주식을 교부한다(이 부분에 대해서는 "제4장 주식의 포괄적 교환과 자본이익"에서 설명한다).

교환대가를 주식을 교부한다는 것과 신주의 발행주식가액인 주식교환가액과 합병가액이 동일하다는 점에서 주식의 포괄적 교환과 합병은 차이가 없다. 주식의 포괄적 교환은 완전모회사가 완전자회사의 주식을 100% 보유하게 되므로 경제적 실질에서 합병과 다를 게 없고 물적분할과도 유사하다. 주식의 포괄적 교환과 합병이 다른 점은 합병의 경우는 자산과 부채를 이전하지만, 주식의 포괄적 교환은 자산과 부채를 이전하지 않고 발행주식을 이전한다는 점에서 차이가 있다. 그러나 주식을 포괄적 교환을 한 후 완전모회사와 완전자회사가 합병을 하는 경우라면 주식의 포괄적 교환과 합병은 방법과 절차의 차이만 있을 뿐 경제적인 효과는 합병과 동일하다. 이와 같이 주식의 포괄적 교환과 합병은 유사한 점이 많아 법원에서도 이러한 점을 감안하여 "증권거래법령은 주식의 포괄적 교환에 대하여 별도의 규정을 두지 않고 합병에 관한 절차를 준용하도록 하여 주식교환의 적정비율 등 그 요건과 절차를 모두 합병과 동일하게 규율하고 있다(서울행법 2010구합31287, 2011.1.27.)."고 하면서, "자본시장법령이 규정한 주식가액의 산정방법에 따라 포괄적 교환 대상인 각 주식의 가격을 평가하였고, 이에 대하여 외부평가기관인 회계법인의 적정의견을 받아 교환비율을 산정하였으므로 자본시장법령에 따라 평가한 주식가액을 시가로 보아야 한다(대법원 2011두22075, 2011.12.22.)."고 하였다.

앞서 "(2) 영업권과 자산의 포괄적 양도"의 사례에서 자산의 포괄적 양도 및 양수 조건을 주식의 포괄적 교환의 조건으로 보게 되면 다음과 같게 된다.

(3)-1. 완전자회사가 되는 회사의 현황

재무상태표

자산총계	2,069,356	부채총계	1,699,082
		자본금	267,672
		잉여금	102,602
계	2,069,356	계	2,069,356

* 발행주식총수 267,672,000주(액면가 1,000원)

(3)-2. 주식의 포괄적 교환의 조건

구분	완전모회사가 되는 회사	완전자회사가 되는 회사
1주당 평가액	21,638원	2,213원
주식교환비율	1	0.1022738

완전자회사가 되는 회사의 주주는 그 회사의 주식을 완전모회사가 되는 회사에 이전하고 완전모회사가 되는 회사는 완전자회사가 되는 회사의 주주에게 주식을 교부한다. 완전모회사가 되는 회사가 완전자회사가 되는 회사의 주주에게 발행하는 교환신주(액면가 5,000원)와 주식교환대가는 다음과 같게 된다.

교환신주: 267,672,000주 × 0.1022738 = 27,375,832주

증가 자본금: 5,000원 × 27,375,832주 = 136,879백만원

주식교환대가: 21,638원 × 27,375,832주 = 592,358백만원

주식의 포괄적 교환에 따른 완전모회사가 되는 회사의 회계처리는 다음과 같게 된다.

투자유가증권	592,358	교환대가	자본금	136,879
			주발초	455,479
계	592,358	계		592,358

(3)-3. 영업권과 주식의 포괄적 교환

주식의 포괄적 교환은 완전모회사가 완전자회사의 발행주식총수를 보유한 경우가 된다. 투자유가증권 592,358백만원은 완전모회사가 발행한 교환신주의 가액으로서 투자유가

증권의 취득가액은 시가이다(대법원 2011두22075, 2011.12.22.). 주식을 포괄적 교환을 한 후 완전모회사가 완전자회사를 합병하는 경우라면 완전모회사의 회계처리는 다음과 같게 된다.

자산총계	2,069,356	부채총계	1,699,082
영업권	222,084	투자유가증권	592,358
계	2,291,440	계	2,291,440

위의 회계처리는 합병회사(완전모회사)가 피합병회사(완전자회사)의 발행주식총수를 보유하고 있는 법인이 합병한 경우가 되므로 자본금 증가가 없는 무증자 합병이 된다. 이때 발생되는 영업권은 완전모회사의 투자유가증권과 완전자회사의 순자산의 교환에 따른 자산의 교환차액에 해당된다. 이때의 교환차액은 완전모회사가 완전자회사로부터 자산과 부채를 승계하고 그대로 지급한 금액에서 승계한 순자산가액을 차감한 차액이다. 대가로 지급한 투자유가증권의 금액은 시가이고 주식의 포괄적 교환에서 주식교환가액은 투자유가증권의 취득가액으로 실지거래가액이다. 법원은 "포괄적 주식교환의 방법으로 교환되는 주식들의 가치를 평가하여 평가된 가치에 해당하는 수의 주식을 새로 취득하고 그 과정에서 발생하는 단주에 대하여는 현금으로 정산된다면 이는 결국 합의된 가치의 교환에 해당한다고 보는 것이 당사자의 의사나 거래 관념상 타당하고, 주식교환으로 ○○○에 양도한 이 사건 주식을 실지거래가액으로 봄이 상당하다(대법원 2009두19465, 2011.2.10.)."고 하였다.

주식의 포괄적 교환 후 합병은 절차와 법률적으로는 합병이지만 실질적 경제효과에서는 자산의 포괄적 양도 및 양수와 유사하다. 주식의 포괄적 교환 후 합병을 그 실질을 자산의 포괄적 양도 및 양수로 보면 이때 발생되는 영업권은 자산의 포괄적 양도 및 양수에서 발생되는 영업권과 다를 것이 없다.

(4) 영업권과 합병평가차익

앞서 "(2) 영업권과 자산의 포괄적 양도"의 사례에서 자산의 포괄적 양도 및 양수 조건을 합병의 조건으로 보게 되면 다음과 같게 된다. 자산의 포괄적 양도를 한 경우 발생되는 영업권과 합병에 따라 발생되는 영업권의 같은 점과 다른 점을 분석해 보자.

(4)-1. 피합병법인의 현황

재무상태표

자산총계	2,069,356	부채총계	1,699,082
		자본금	267,672
		잉여금	102,602
계	2,069,356	계	2,069,356

* 발행주식총수 267,672,000주(액면가 1,000원)

(4)-2. 합병조건

구분	합병법인	피합병법인
1주당 평가액	21,638원	2,213원
합병비율	1	0.1022738

합병법인이 발행하는 합병신주(액면가 5,000원)와 합병대가는 다음과 같게 된다(계산의 편의를 위해 소수점 반올림).

합병신주: 267,672,000주 × 0.1022738 = 27,375,832주

증가 자본금: 5,000원 × 27,375,832주 = 136,879백만원

합병대가: 21,638원 × 27,375,832주 = 592,358백만원

합병법인이 피합병법인의 자산과 부채를 장부가액으로 승계한 경우 합병법인의 합병 회계처리는 다음과 같게 된다.

자산	2,069,356	부채	1,699,082
영업권	222,084	자본금	136,879
		합병차익	455,479
계	2,291,440	계	2,291,440

(4)-3. 영업권과 합병평가차익

위의 합병은 앞서 자산의 포괄적 양도와 주식의 포괄적 교환을 같은 조건으로 합병을 하는 경우가 되겠다. 여기서 피합병법인은 자산의 포괄적 양도법인과 완전자회사가 되는

회사가 되고 합병법인은 자산의 포괄적 양수법인과 완전모회사가 되는 회사가 된다. 피합병법인의 청산소득과 합병평가차익을 계산하면 다음과 같게 된다.

| 법인세법 제80조 제1항의 청산소득 |

구분	합병대가 ①	피합병법인 순자산 (자본금+잉여금)②	청산소득 (① − ②)
합병요건 충족	136,879	370,274	−233,395
합병요건 미충족	592,358	370,274	222,084

| 법인세법 시행령 제12조 제1항 제1호의 합병평가차익 |

구분	승계가액 ①	피합병법인 장부가액 ②	청산소득 ③	합병평가차익 〔①−(②+③)〕
합병요건 충족	2,291,440	2,069,356	0	222,084
합병요건 미충족	2,291,440	2,069,356	222,084	0

합병법인이 피합병법인의 자산과 부채를 장부가액으로 승계했으므로 자산에 대한 평가차익이 발생하지 않는다. 그러므로 합병평가차익으로 계산된 222,084백만원은 자산의 승계에 대한 평가차익이 아닌 다른 그 무엇에 대한 평가차익이 된다. 다른 그 무엇에 대한 평가차익의 금액은 자산의 포괄적 양도와 주식의 포괄적 교환에서 발생된 영업권의 금액과 같다.

(5) 영업권과 자산의 포괄적 양도 · 주식의 포괄적 교환 · 합병

기업의 가치에서 보면 재무상태표 등의 조건이 동일하므로 자산의 양도법인, 완전자회사가 되는 회사, 피합병법인의 기업가치는 동일하다. 또한 자산의 인수법인, 완전모회사가 되는 회사, 합병법인의 기업가치도 동일하다. M&A형식과 법률형식을 달리한다고 해서 그 기업의 가치가 달라질 수는 없다. 그렇다면 위에서 사례로 든 자산의 포괄적 양도와 주식의 포괄적 교환과 합병은 M&A형식 또는 법률형식에서는 차이가 있으나 이때 차변에 발생하는 영업권의 금액과 그 성격이 서로 다를 수가 없을 것이다.

위 사례에서 구 조세특례제한법 제37조에 따른 인수법인이 자산과 부채의 포괄적 승계에 대한 대가인 인수대가를 현금 지급이 아닌 주식으로 교부했다고 해서 영업권의 문제를 제기할 수 없다(현금으로 지급했다면 당연 영업권이므로). 또한 양도 · 양수 자산과는 별도로 양도사업에 관한 이점 등을 평가하지 아니했다고 해서 영업권의 평가문제를 제기할 수 없다. 마찬가지로 주식의 포괄적 교환 후의 합병에서도 완전모회사가 완전자회사의 자산과 부채를 승계하고 그 대가로 현금이 아닌 유가증권으로 지급했다고 해서 영업권의 문제를 제기할 수 없으며 영업권을 별도로 평가하지 아니했다고 해서 영업권의 평가문제를 제기할 수 없다. 합병의 경우 합병법인이 계상한 영업권은 합병법인이 피병법인의 자산(영업권)을 평가하여 승계한 경우로서 영업상의 비밀 등으로 사업상 가치가 있어 대가를 지급한 것에 한하고 있으므로 영업권을 직접적으로 평가하여 승계한 경우에만 영업권으로 볼 수 있는 것으로 해석될 수 있다. 그런데 이 사례에서 재무상태표 등의 모든 조건이 동일한 자산의 포괄적 양도와 주식의 포괄적 교환 후 합병에서 발생되는 영업권은 영업권으로 보고 합병에서 발생되는 영업권은 영업권으로 보지 않는다면 앞서 분석한 이들과의 관계를 전면 부인하는 것이 된다.

여기서 "피병법인의 자산을 평가하여 승계한 경우"를 영업권의 요건 중 하나로 본다면 "합병회사가 회사합병에 따라 피합병회사에 지급하여야 할 영업권의 대가는 피합병회사의 허가권이나 영업망 등의 구체적인 항목에 따라 평가한 후 이를 산정함이 바람직할 것이나, 이러한 무형적 가치에 관한 평가방법이 확립되어 있지 않아 영업권의 가액을 산정하는 것은 쉽지 않으므로 합병법인이 피합병법인에게 그 주식 전부를 인수하면서 그 대가를 지급하고, 그 외에 3개 연도의 경상이익 합계액과 청산법인세를 더 지급하기로 하면서 이를 영업권으로 평가하기로 약정한 것은 당사자 사이에 조세회피 등의 불법적인 목적이 있다는 점이 드러나지 아니한 이상 원칙적으로 보호되어야 한다(대법원 2007두12316, 2007.10.16.)."고 한 것은 피병법인의 영업권을 직접 평가하여 승계한 경우가 아니라고 하더라도 이 사례의 경우는 영업권이 될 수 있다는 점으로 보여주고 있다.

(6) 영업권과 영업권의 인식

회계상 영업권의 인식은 순수한 회계의 영역이라기보다는 세법의 합병 관련법 규정(합병대가)에 따라 발생한 것이어서 일정 부분 세법의 영업권 인식이라고 할 수 있다. 세법해석과 적용에 있어서 문리해석과 유추해석 금지의 원칙을 따른다면 회계상의 영업권을 세법의 영업권으로 보는 데 있어 다음과 같은 점이 주목된다.

(6)-1. 영업권은 합병대가와 승계한 순자산가액의 차액이며 그 차액은 적절한 평가 방법에 의한 것이다.

합병대가와 승계한 순자산가액의 단순한 차액이 회계상의 영업권이다. 회계상의 영업권에 대해 법원은 "합병법인의 주식인수가 피합병법인에게 순자산가액을 초과하여 지급한 금액은 감가상각의 대상이 되는 영업권의 대가라고 봄이 상당하며 유상으로 영업권을 취득한 것으로 보아야 하고(대법원 2007두12316, 2007.10.16.), 피합병법인이 가지고 있던 사업에 관한 기술력, 거래관계 등을 장차 초과수익을 올릴 수 있는 무형의 재산적 가치로 인정하여 합병대가를 산정하였으므로 합병법인이 합병 시 피합병법인의 주주들에게 순자산가액을 초과하여 지급한 합병대가가 있는 경우 이는 감가상각의 대상이 되는 영업권의 대가라고 보는 것이 타당하다(서울고법 2011누26284, 2011.12.15.)."고 하였다.

앞에서 대법원이 인정하고 있는 영업권은 합병 관련법 규정에 따라 합병가액을 산정하고 그에 따라 회계처리를 한 결과로서 차변과 대변의 단순한 차액인 회계상의 영업권을 말한다. 이와 같은 회계상 영업권은 상장법인 간의 합병 또는 비상장법인 간의 합병이라고 해서 달라질 것이 없다. 모든 회계상의 영업권은 합병대가와 승계한 순자산가액이라는 2가지 요소에 의해 영업권의 금액이 정해지게 된다. 그런데 승계한 자산 및 부채의 가액과 승계한 장부가액의 단순한 차액은 영업권의 금액과는 관계가 없다. 결국 차변과 대변의 단순한 차액인 회계상의 영업권을 세법의 영업권으로 보기 위해서는 회계상 영업권의 구성 내용과 그 성격을 구분해야 한다는 점이 있다(다음 (6)-3. 참조).

(6)-2. 영업권과 승계한 자산의 합병평가차익은 성격이 다르다.

영업권의 평가 문제는 개정되기 전의 "자산을 평가하여 승계한 경우"에서 비롯되었다. 개정되기 전의 영업권에 관한 이와 같은 인식은 승계한 자산에 대한 합병평가차익을 염두에 둔 것이다. 즉 합병법인이 피합병법인의 자산을 평가하여 승계한 경우 발생하는 자산에 대한 평가차익을 과세하기 위한 것이다. 법인세법은 원칙적으로 자산의 평가증으로 인한 이익을 익금으로 보지 않으나 예외적으로 합병의 경우에만 익금으로 보고 있다. 여기서 합병평가차익의 대상이 되는 자산의 종류에 영업권을 제외한다는 규정이 없다. 다만, 영업권을 제외한 다른 자산의 경우는 평가의 방법(법인세법의 시가 규정)을 상세히 규정하고 있으나 영업권은 시가에 관한 규정이 없다.

그 이유는 사업의 양도와 양수에 대한 대가는 자산과 부채의 인수대가와 자산과 부채 외에 별도로 지급하는 대가(영업권 금액)가 구분될 수 있다. 그러나 합병의 경우 합병대가는 자산과 부채의 인수대가와 별도로 지급하는 그 외의 대가(영업권 금액)가 구분되어 있지 않고, 자산과 부채의 인수대가와 그 외에의 대가가 포함되어 지급하는 형식이다. 합병의 경우 자산과 부채의 인수대가와 그 외의 대가를 각각 구분할 수 없다. 이와 같이 승계하는 자산의 합병평가차익과 영업권의 합병평가차익은 그 성격이 다르다. 영업권이 다른 자산의 평가보다 논란이 끊이지 않는 이유는 합병대가의 이와 같은 특성 때문이다.

한편 대법원이 장부상의 영업권의 전부를 부인하거나 전부를 인정하는 문제는 영업권을 제외한 고정자산 등의 승계에서 발생되는 합병평가차익의 경우 승계한 고정자산 등의 합병평가차익의 부인은 승계한 고정자산 등의 가액이 법인세법의 시가를 초과하는 부분만 고정자산 등을 부인하는 것이지 승계한 고정자산 등의 가액 전부를 부인하는 것은 아니다. 대법원이 장부상의 영업권 전부를 부인하거나 인정하는 문제는 승계한 고정자산 등의 가액 전부를 부인하거나 인정하는 것과 다를 바 없다.

(6)-3. 영업권은 지분풀링법과 매수법에 따라 다르다.

지분풀링법과 매수법의 차이는 합병회사가 피합병회사의 자산과 부채를 승계하면서 합병회사가 피합병회사의 장부상의 가액으로 장부에 계상하느냐 아니면 자산과 부채를 평가한 가액으로 장부에 계상하느냐에 따라, 전자가 지분풀링법이고 후자가 매수법이다. 합병대가는 지분풀링법과 매수법의 회계처리방식과는 무관하게 동일하므로 합병회사의 회계처리방식에 따라 영업권의 금액이 각각 다르게 계상된다. 즉 승계한 자산과 부채를 평가한 가액으로 장부에 계상하는 매수법의 영업권은 지분풀링법의 영업권보다 많거나 적을 수 있다. 이와 같이 지분풀링법과 매수법에 따라 회계상의 영업권이 차이가 날 수 있음을 인식해야 한다.

(6)-4. 영업권 인식을 과세권자가 강제할 수 없다.

영업권이란 "기업의 전통, 사회적 신용, 그 입지조건, 특수한 제조기술 또는 특수거래 관계의 존재 등을 비롯하여 동종의 사업을 영위하는 다른 기업이 올리는 수익보다 큰 수익을 올릴 수 있는 초과수익력(대법원 2003두7804, 2004.4.9., 대법원 84누281, 1985.4.23.)"을 말한다.

여기서 초과수익력을 과세권자가 정할 수 있느냐이다.

사업의 포괄적 양도와 합병은 M&A 방식의 차이일 뿐 모든 자산과 부채, 권리와 의무가 승계된다는 점은 같다. 사업의 양수도는 그 과정에서 영업권을 인정할 것인지의 여부와 그 금액을 얼마로 할 것인지의 여부는 M&A 당사자의 사적영역에 속한다. 특별한 경우(상속증여세법의 영업권의 평가액으로 부당행위 계산을 하는 등)를 제외하고 사업의 양도자와 양수자가 평가(인식)하지 아니한 영업권을 과세권자가 강제로 인식하게 할 수는 없다. 다만, 양도자와 양수자가 인식한 영업권이 적정한지의 여부는 과세권자의 권한이 될 수 있다고 하겠으나 이 부분도 매우 제한적이다. 영업권의 유무 등을 정하는 데 있어 M&A 당사자 사이의 협의가 사업의 포괄적 양도에서는 가능하나 합병의 경우는 사실상 불가능하다. 합병의 경우 합병대가와 순자산 가액을 모두 법으로 강제하고 있으므로 합병은 사업의 포괄적 양도보다도 더 과세권자가 개입할 권한이 적다. 회사가 인식한 영업권 금액의 적정 여부에만 있다. 그러므로 납세자 인식한 영업권을 어떤 방식으로 평가를 했느냐보다는 인식한 영업권의 금액이 적정한지의 여부가 주목되어야 한다.

(7) 영업권과 대법원의 주요 판결

영업권의 이해를 위해서는 합병가액을 산정하는 방식을 알아야 한다. 자본시장법 시행령 제176조의5에 의하면 주권상장법인 간의 합병의 경우 (가) 최근 1개월간 평균종가, (나) 최근 1주일간 평균종가, (다) 최근일의 종가인 (가), (나), (다)를 산술평균한 가액으로 한다(자본시장령 제176조의5 제1항). 주권상장법인과 주권비상장법인 간의 합병의 경우 주권상장법인은 위의 평가방법을 준용하고 주권비상장법인은 자산가치와 수익가치를 가중산술평균한 가액과 상대가치의 가액을 산술평균한 가액으로 한다. 주권비상장법인 간의 합병은 상속증여세법 시행령 제54조의 순손익가치와 순자산가치를 각각 3과 2의 비율로 가중평균한 가액으로 한다. 이때 순손익가치는 최근 3년간의 순손익액의 가중평균액을 순손익가치환원율로 한 금액이며, 순자산가치는 당해 법인의 순자산가액을 발행주식총수로 나눈 금액이다.

지금까지 세법의 합병영업권은 영업권에 관한 '사업상 가치평가 요건'으로 "합병의 경위와 동기, 합병 무렵 합병법인과 피합병법인의 사업 현황, 합병 이후 세무 신고내용 등 여러 사정을 종합하여 객관적으로 판단하여야 한다."는 것(대법원 2018두52013, 2019.1.10.,

대법원 2017두57509, 2018.5.15., 대법원 2017두43173, 2018.5.11., 대법원 2017두54791, 2018.5.11., 대법원 2015두41463, 2018.5.11.)과 다른 하나는 영업권에 관한 '피합병법인의 자산평가 요건'으로 "적절한 평가방법(법인세법 시행규칙 제12조 제1항)"의 여부 등에 있다(대법원 2012두1044, 2012.5.9., 대법원 2007두12316, 2007.10.16.).

(7)-1. 주권상장법인 간의 합병

다음의 판결은 영업권에 대한 판결 중 주권상장법인 간의 합병으로서는 최초의 판결이다. 요약해서 정리하면 대법원(대법원 2015두41463, 2018.5.11.)은 합병의 경우 세법에서 영업권을 인식하여 그 가액을 합병평가차익으로 과세할 수 있는 요건이 무엇인가에 대해, 그 요건으로 기업회계상 합병대가가 피합병법인의 순자산가액을 초과한다는 것만으로 충분한지, 실제 무형자산에 대한 사업상 가치평가가 있을 것을 요건으로 하는지, 세법상 사업상 가치평가 여부를 판단하는 기준은 무엇인지 등을 쟁점으로 보고 있다. 그러면서 영업권이 합병평가차익으로 과세하기 위해서는 합병법인의 세법상의 자산으로 인정되어야 하고, 자산으로 인식되기 위해서는 시행령에서 정한 영업권에 관한 "사업상 가치평가 요건"에 적합해야 한다는 것이다. 여기서 영업권에 관한 "사업상 가치평가 요건"이라 함은 "합병법인이 피합병법인의 자산을 평가하여 승계한 경우로서 피합병법인의 상호·거래 관계 기타 영업상의 비밀 등으로 사업상의 가치가 있어 대가를 지급"한 것을 말한다(구 법인세법 시행령 제24조 제4항). 즉 영업권을 인식하여 합병평가차익으로 과세할 수 있는 요건은 피합병법인의 상호 등 무형의 자산을 평가하여 대가를 지급한 경우가 되어야 한다. 영업권의 인식 요건을 "가치평가"와 "대가지급"을 충족 요건으로 보고 있다.

따라서 회계장부에 영업권으로 계상한 금액은 관련 기업회계기준에 따른 것으로, 피합병법인의 상호·거래관계 그 밖의 영업상 비밀 등을 초과수익력 있는 무형의 재산적 가치로 인정하고 사업상 가치를 평가하여 대가를 지급한 것으로 보기 어려우므로, 영업권에 관한 회계상의 금액을 합병평가차익으로 보아 과세하는 것은 허용되지 않는다. 대법원은 상호 등에 대한 사업상 가치평가를 요구하는 것은 "차액설"에 따른 영업권 평가의 적절성을 수긍한 판례와 모순되는 것이 아니라고 하면서, 회계장부에 영업권으로 계상한 금액은 관련 기업회계기준에 따른 것일 뿐, 사업상 가치를 평가한 것으로 보기 어려워 세법상 영업권의 자산 인정 요건을 갖추지 않았다고 하였다.

(7)-2. 주권상장법인과 주권비상장법인 간의 합병

대법원(대법원 2017두54791, 2018.5.11.)의 판결내용을 정리하면, 기업회계기준에 따라 합병신주의 가액과 순자산 공정가액의 차액을 영업권으로 회계장부에 계상한 금액이 세법의 영업권에 해당되는지에 대해, 합병 시 영업권의 가액을 합병평가차익으로 과세할 수 있는지는 합병차익의 존부가 아니라 합병법인이 피합병법인의 무형재산에 대한 사업상 가치를 평가하여 대가를 지급한 것으로 볼 수 있는지를 살펴보아야 한다고 하면서, "사업상 가치의 평가" 여부는 합병의 경위와 동기, 합병 무렵 합병법인과 피합병법인의 사업 현황, 합병 이후 세무 신고 내용 등 여러 사정을 종합하여(합병당사법인의 합병 전후의 종합적인 사정) 객관적으로 판단하여야 한다. 이 사건에서는 다음과 같은 사정을 이유로 "사업상 가치의 평가"를 한 것으로 판단하고 있다. 즉 합병 당시 합병법인은 자본잠식에 따른 상장폐지의 가능성 등의 위기에 처해 있었고, 피합병법인은 연속 급격한 매출의 성장과 함께 높은 영업이익률을 보였으며 세무상으로도 연속하여 상당한 규모의 소득금액을 신고하였다. 이러한 사정은 관련규정에 따라 피합병법인 주식의 수익가치를 계산할 때 반영이 되었다. 또한 합병법인은 세법상 자산인 영업권으로 계상하여 4개 연도에 걸쳐 영업권 전액을 감가상각비로 손금산입 처리하였다. 따라서 합병법인은 합병 당시 피합병법인이 가지고 있던 거래관계 등 무형의 재산에 전체로서 사업상 가치를 인정하여 대가를 지급하고 합병하였다고 볼 여지가 크다. 특히 합병비율에 관하여는 증권거래법 등 관련 규정을 따라야 하고, 무형적 자산에 대한 가치평가액을 전체 합병대가에서 순자산가액을 공제한 금액으로 적절히 정하는 것이 가능하므로, 세법상 영업권으로 인정하기 위해서 반드시 합병대가 산정 시 별도의 적극적인 초과수익력 계산과정이 수반되어야 하는 것은 아니다.

대법원(대법원 2012두1044, 2012.5.9.)은 합병대가를 산정하고 그 가액 상당의 주식을 교부하였으므로 순자산가액을 초과하는 부분은 감가상각의 대상이 되는 영업권의 대가로 봄이 상당하다고 하면서, 적절한 평가방법에 따라 영업권을 산정하였는지에 관해, ① 원고(합병법인)가 향후 우리나라의 반도체 및 LCD 제조와 관련된 시장이 확대되어 무정전 클린룸 사업이 밝을 것으로 전망하여 이를 주로 하는 피합병법인을 흡수합병한 점, ② 합병법인의 제품매출이나 무정전 클린룸 사업과 관련된 공사수익이 성장세를 보이고 있고 향후에도 계속 지속될 것으로 예상되어 피합병법인이 보유한 무정전 클린룸 사업에 관한 기술력이나 영업상 비밀 등 무형의 가치가 높았던 것으로 보이는 점, ③ 실제로 합병 이후 피합병법인으로부터 승계한 사업부분에서 꾸준히 당기순이익이 발생하고 있는데 2004년부터 2010년까지 당기순이익이 원고가 합병대가로 지급한 주식의 가치를 훨씬 초과하고 있는 점, ④ 회계법인이 피합병법인의 대차대조표상 자본 총계, 향후 사업연도에 대한 추정손익계산서 등을 토대로 피합병법인의 주식가치를 산정함에 있어서 부당하게 부풀린 것으로는 보이지 않는 점 등에 비추어 보면, 원고가 피합병법인에 순자산가액을 초과하여 지급한 주식의 가치 16,315,813,095원은 영업권의 대가로서 적절한 방법에 의하여 평가된 금액으로 보인다. 이 판결도 결과적으로는 "차액설"에 따른 영업권 평가의 적절성을 수긍한 판결에 해당된다.

대법원(대법원 2017두57509, 2018.5.15.)은 회계장부에 영업권으로 계상한 금액은 관련 기업회계기준에 따른 것으로 보일 뿐이고, 피합병법인의 상호·거래관계 그 밖의 영업상의 비밀 등을 초과수익력 있는 무형의 재산적 가치로 인정하여 그 사업상 가치를 평가하여 대가를 지급한 것으로 보기 어려워서 세법상 영업권의 자산 인정요건을 갖추었다고 할 수 없다. 이처럼 법인합병의 경우 법령에서 정한 영업권의 자산 인정요건을 갖추지 못하였으므로, 영업권에 관한 회계상의 금액을 합병평가차익으로 보아 과세하는 것은 허용되지 아니한다.

(7)-3. 주권비상장법인 간의 합병

대법원(대법원 2007두12316, 2007.10.16.)은 ① 원고(합병법인)가 신규법인 설립의 방법으로 폐기물처리(소각)업을 하려고 할 경우 막대한 비용이 소요될 뿐만 아니라 각종 인허가 절차를 마칠 수 있을지 여부조차 불분명하였기 때문에 폐기물처리사업에 진출하여 영업을 하기 위하여는 피합병법인을 인수하는 것이 사실상 불가피하였던 점, ② 피합병법인이 폐기물처리사업에 대한 각종 인허가 및 기술 인력을 보유하면서 장기간 계속하여 경상이익을 실현하는 등 무형의 가치가 높은 회사였던 점, ③ 합병회사가 회사합병에 따라 피합병회사에 지급하여야 할 영업권의 대가는 피합병회사의 허가권이나 영업망, 신용도, 고용승계 등의 구체적인 항목에 따라 평가한 후 이를 산정함이 바람직할 것이나, 이러한 무형적 가치에 관한 평가 방법이 확립되어 있는 것이 아니어서 자산의 각 항목에 따라 사업성 가치를 평가하여 그 결과를 영업권 가액으로 산정하는 것은 사실상 쉽지 아니할 뿐만 아니라 이 사건과 같이 피합병회사가 가지는 여러 장점들을 전체로서 영업권으로 파악 · 평가를 하여도 기업거래 관행이나 회계원칙상 부당한 것으로 보이지 아니하는 점, ④ 원고가 피합병법인에 그 주식 전부를 인수하면서 그 대가로서 158억원을 지급하고, 그 외에 3개년도의 경상이익 합계액(당시 추정액 90억원)과 청산 법인세(당시 추정액 20억원)를 더 지급하기로 하면서 이를 영업권으로 평가하기로 약정한 것은 당사자 사이의 제반 경제적 효과를 감안한 사적자치에 의한 결과로서 양 당사자 사이에 조세회피 등의 불법적인 목적이 있다는 점이 드러나지 아니한 이상 원칙적으로 보호되어야 할 것인 점에서 합병법인이 회사합병을 통해 피합병법인의 주주에게 지급하거나 부담한 18,869,788,828원에서 피합병법인의 순자산가액 8,734,976,120원을 공제한 10,134,812,700원은 법인세법 시행규칙 제12조 제1항 소정의 방식에 의하여 원고가 피합병법인으로부터 양수한 영업권에 대한 적절한 평가방법에 의하여 유상으로 취득한 금액으로 보는 것이 타당하다. 이 판결도 결과적으로는 "차액설"에 따른 영업권 평가의 적절성을 수긍한 판결에 해당된다.

대법원(대법원 2018두52013, 2019.1.10.)은 법인합병의 경우 영업권가액을 합병평가차익으로 과세하기 위해서는 합병법인이 피합병법인의 상호 등을 장차 초과수익을 얻을 수 있는 무형의 재산적 가치로 인정하여 그 사업상 가치를 평가하여 대가를 지급한 것으로 볼 수 있어야 한다. 이때 사업상 가치를 평가하였는지 여부는 합병의 경위와 동기, 합병 무렵 합병법인과 피합병법인의 사업 현황, 합병 이후 세무 신고 내용 등 여러 사정을 종합하여 객관적으로 판단하여야 하고, 기업회계기준에 따라 영업권이 산출된다는 것만으로 이를 추단할 수 없다. 그 이유는 다음과 같다. ① 합병법인의 합병평가차익으로 과세하기 위해서는 논리적으로 먼저 합병법인의 자산으로 인정되어야 한다. 법인이 내부의 사업 활동으로 무형의 가치가 있는 영업권을 창출하였다고 하더라도 세법상 자산으로 인식되는 것은 아니며, 합병으로 피합병법인의 영업권을 취득하는 때에는 구 법인세법 시행령에서 정한 요건을 갖춘 경우에 한하여 세법상 합병법인의 자산으로 인정된다. 세법과 기업회계는 그 목적과 취지가 달라 법인세 법령에서 별도로 규정을 두는 경우가 있는데, 합병 시 영업권의 인식요건도 그러한 경우에 속한다. 시행령에서 정한 '영업권에 관한 사업상 가치평가 요건'은 1998.12.31. 법인세법 시행령 개정 시에 세법상 영업권을 제한적으로 인정하기 위해 도입된 것으로서, 합병과세의 틀이 정비된 2010.6.8. 개정 법인세법 시행령에서도 제80조의3 제2항으로 옮겨 현재까지 유지되고 있다. ② 합병의 경우 영업권을 세법상 자산으로 인정하기 위한 요건 문제는, 구체적 평가방법의 적절성을 판단할 때 영업권가액을 합병대가 중 순자산가액을 초과한 차액으로 계산하는 것이 적절한지라는 문제와는 논의 단계를 달리한다. 따라서 상호 등에 대한 사업상 가치평가를 요구하는 것이 차액설에 따른 영업권평가의 적절성을 수긍한 판례와 모순되는 것이 아니다. ③ 합병평가차익 과세는 피합병법인이 합병 전까지 보유하던 유·무형의 자산에서 발생한 이득을 합병을 계기로 일정한 요건에 따라 과세하는 것으로서, 구 법인세법 시행령 제15조 제2항이 그 계산법으로 같은 법 시행령 제12조 제1항 제1호를 인용하고 있을 뿐, 개념상 자본준비금(구 법인세법 제16조 제1항 제2호 가목) 등과는 아무런 관련이 없다. 합병법인이 피합병법인으로부터 인계받은 순자산가액과 합병신주 액면가액 사이의 단순 차액인 합병차익은 합병평가차익 과세의 요건이 될 수 없다.

대법원(대법원 2017두43173, 2018.5.11.)은 합병의 경우 영업권을 세법상 자산으로 인정하기 위한 요건 문제는, 구체적 평가방법의 적절성을 판단할 때 영업권 가액을 합병대가 중 순자산가액을 초과한 차액으로 계산하는 것이 적절한지라는 문제와는 논의 단계를 달리한다. 따라서 상호 등에 대한 사업상 가치평가를 요구하는 것이 차액설에 따른 영업권평가의 적정성을 수긍한 판례와 모순되는 것이 아니라고 하면서, 회계장부에 영업권으로 계상한 금액은 관련 기업회계기준에 따른 것으로 보일 뿐이고, 피합병법인인의 상호·거래관계 그 밖에 영업상의 비밀 등을 초과수익력 있는 무형의 재산적 가치로 인정하여 그 사업상 가치를 평가하여 대가를 지급한 것으로 보기 어려워서 세법상 영업권의 자산 인정 요건을 갖추었다고 할 수 없다. 이처럼 법인합병의 경우 법령에서 정한 영업권의 자산 인정 요건을 갖추지 못하였으므로, 영업권에 관한 회계상의 금액을 합병평가차익으로 보아 과세하는 것은 허용되지 않는다.

2 | 개정된 후의 영업권

"제6절 6. 양도손익·매수차손익·조정계정의 관계"에서 순자산 조정계정이 0원(승계한 자산과 부채의 시가와 장부가액이 같은 경우)인 경우 "피합병법인의 양도이익과 합병법인의 매수차손이 같고 피합병법인의 양도손실과 합병법인의 매수차익이 같다고 하였다. 또한 피합병법인의 양도이익과 합병법인의 매수차손은 합병법인의 자산조정계정 (+)영업권과 같고 피합병법인의 양도손실과 합병법인의 매수차익은 합병법인의 자산조정계정 (−)영업권과 같다고 하였다. 결론적으로 피합병법인의 양도이익과 합병법인의 매수차손과 합병법인의 자산조정계정 (+)영업권은 항상 같고 피합병법인의 양도손실과 합병법인의 매수차익과 합병법인의 자산조정계정 (−)영업권은 항상 같다."고 하였다. 이와 같은 방식으로 분석한 합병에 따른 과세소득 간의 관계는 개정된 후의 합병과세체계를 말한다. 개정된 후의 합병과세체계를 충실히 이해하려면 개정되기 전의 합병평가차익과 청산소득 간의 관계의 이해가 필요하고 나아가 개정되기 전의 과세체계와 개정된 후의 과세체계 간의 관계를 분석해 보는 것이 가장 좋은 방법이 된다.

(1) 합병대가와 합병과세체계

"제2장 제1절 2. (1) 합병과세체계의 이해"에서 합병평가차익, 합병양도손익, 합병매수차손익, 자산조정계정의 일반적 계산구조를 살펴보았다. 합병세무에서 가장 중요한 것은 합병가액에 따라 정해지는 합병비율이다. 합병비율의 변동은 합병대가의 변동을 가져오게 되므로 합병대가에 따라 합병양도손익, 합병매수차손익, 자산조정계정, 합병평가차익, 청산소득이 어떻게 변동되는지를 살펴봄으로써 합병과세체계와 그들 간의 관계를 이해할 수 있다. 특히 개정된 합병과세체계에서 합병매수차손은 개정되기 전의 합병영업권과 관련이 있게 되는데, 합병매수차손이 법인세법상의 영업권에 해당되는지의 여부를 판단하는 데 있어 합병 과세체계의 이해는 중요하다. 현행의 합병과세체계를 올바르게 이해하기 위해서는 개정되기 전의 합병과세체계를 이해하는 것도 필요하다. 이를 위해 다음과 같이 다양한 합병조건에 따른 현행의 합병과세체계와 개정되기 전의 합병과세체계를 비교해 분석해 보는 것이 중요하다(다음에 제시되는 자료는 「재경부법인 46012-146, 2000.10.5.」을 수정한 것임).

피합병법인의 재무상태표는 다음과 같이 제시되었다.

피합병법인(장부가액)

자산	100,000,000	부채	50,000,000
		자본금	50,000,000
계	100,000,000	계	100,000,000

* 피합병법인의 발행주식총수 100,000주(1주당 액면가 500원), 피합병법인의 순자산 50,000,000원
* 합병법인이 승계한 자산의 시가 150,000,000원, 합병법인의 1주당 액면가 500원
* 양도차익 또는 매수차익: 승계가액 150,000,000원 - 장부가액 100,000,000 = 50,000,000원

다음은 합병조건에 따라 개정된 후의 합병 과세소득의 계산구조와 개정되기 전의 합병 과세소득의 계산구조를 분석하고 있다(자산조정계정의 표기방식은 "제6절 5. 합병법인의 자산과 부채의 조정계정"에서 말하는 표기방식을 따른다).

※ 합병조건 (1)

합병비율: 1 : 1(합병가액: 합병법인 500원, 피합병법인 500원)

합병법인이 발행하는 합병신주와 합병대가는 다음과 같게 된다.
합병신주: 피합병법인의 발행주식총수 100,000주 × 1 = 100,000주
합병대가: 500원 × 100,000주 = 50,000,000원

합병법인이 자산을 평가하여 승계하였으므로 합병회계처리는 다음과 같게 된다.

자산	150,000,000	부채	50,000,000
		자본금	50,000,000
		합병차익	50,000,000
계	150,000,000	계	150,000,000

* 개정되기 전과 비교하기 위해 합병잉여금을 합병차익으로 표기하였다(이하의 표기 방식은 모두 같다).

〈개정된 후〉

| 피합병법인의 양도손익 |

비적격합병				적격합병			
부채총계	50,000,000	자산총계	100,000,000	부채총계	50,000,000	자산총계	100,000,000
합병대가	50,000,000	양도손익	0	합병대가	50,000,000	양도손익	0
계	100,000,000	계	100,000,000	계	100,000,000	계	100,000,000

| 합병법인의 매수차손익 및 자산조정계정 |

비적격합병				적격합병			
자산총계	150,000,000	부채총계	50,000,000	자산총계	100,000,000	부채총계	50,000,000
매수차손	0	합병대가	50,000,000	자산조정계정	50,000,000	합병대가	50,000,000
		매수차익	50,000,000	자산?	0	합병차익	50,000,000
계	150,000,000	계	150,000,000	계	150,000,000	계	150,000,000

〈개정되기 전〉

| 법인세법 제80조 제1항의 청산소득 |

구분	합병대가 ①	피합병법인 순자산 (자본금+잉여금) ②	청산소득 (①-②)
합병요건 충족	50,000,000	50,000,000	0
합병요건 미충족	50,000,000	50,000,000	0

* 합병대가는 합병요건 충족 시 주식의 액면가. 합병요건 미충족 시 주식의 시가

| 법인세법 시행령 제12조 제1항 제1호의 합병평가차익 |

구분	승계가액 ①	피합병법인 장부가액 ②	청산소득 ③	합병평가차익 〔①-(②+③)〕
합병요건 충족	150,000,000	100,000,000	0	50,000,000
합병요건 미충족	150,000,000	100,000,000	0	50,000,000

〈합병조건 (1)의 설명〉

개정된 후의 피합병법인의 비적격합병에 양도손익이 발생되지 않는다. 합병법인의 비적격합병에 매수차익이 50,000,000원 발생되고, 적격합병의 자산조정계정(+)에 50,000,000원이

발생한다. 개정되기 전의 피합병법인의 합병요건 미충족에 청산소득이 발생되지 않고, 합병법인의 합병요건 충족에 평가차익이 50,000,000원 발생한다. 합병법인이 승계한 자산의 시가와 장부가액의 차액인 50,000,000원이 자산조정계정(+)으로 계산되고, 같은 금액이 매수차익과 평가차익으로 계산되고 있다. 개정된 후의 양도손익(0원)과 개정되기 전의 피합병법인의 청산소득(0원)이 같은 금액으로 계산되고, 개정된 후의 매수차익과 자산조정계정(+)이 개정되기 전의 합병법인의 평가차익과 같다.

※ 합병조건 (2)

합병비율: 1 : 2(합병가액: 합병법인 500원, 피합병법인 1,000원)

합병법인이 발행하는 합병신주와 합병대가는 다음과 같게 된다.
합병신주: 피합병법인의 발행주식총수 100,000주 × 2 = 200,000주
합병대가: 500원 × 200,000주 = 100,000,000원

합병법인이 자산을 평가하여 승계하였으므로 합병회계처리는 다음과 같게 된다.

자산	150,000,000	부채	50,000,000
		자본금	100,000,000
		합병차익	0
계	150,000,000	계	150,000,000

〈개정된 후〉

| 피합병법인의 양도손익 |

비적격합병				적격합병			
부채총계	50,000,000	자산총계	100,000,000	부채총계	50,000,000	자산총계	100,000,000
합병대가	100,000,000	양도이익	50,000,000	합병대가	50,000,000	양도손익	0
계	150,000,000	계	150,000,000	계	100,000,000	계	100,000,000

| 합병법인의 매수차손익 및 자산조정계정 |

비적격합병				적격합병			
자산총계	150,000,000	부채총계	50,000,000	자산총계	100,000,000	부채총계	50,000,000
매수차손	0	합병대가	100,000,000	자산조정계정	50,000,000	합병대가	100,000,000
		매수차익	0	자산?	0		
계	150,000,000	계	150,000,000	계	150,000,000	계	150,000,000

〈개정되기 전〉

| 법인세법 제80조 제1항의 청산소득 |

구분	합병대가 ①	피합병법인 순자산 (자본금+잉여금)②	청산소득 (①-②)
합병요건 충족	100,000,000	50,000,000	50,000,000
합병요건 미충족	100,000,000	50,000,000	50,000,000

| 법인세법 시행령 제12조 제1항 제1호의 합병평가차익 |

구분	승계가액 ①	피합병법인 장부가액 ②	청산소득 ③	합병평가차익 〔①-(②+③)〕
합병요건 충족	150,000,000	100,000,000	50,000,000	0
합병요건 미충족	150,000,000	100,000,000	50,000,000	0

* 구 법인세법 시행령 제12조 제1항 제1호: 합병평가차익이란 피합병법인으로부터 자산을 평가하여 승계한 경우 그 가액 중 피합병법인의 장부가액[이 경우 시행령 제14조 제1항 제1호 다목의 규정에 해당하는 경우(합병요건 미충족으로 취득한 주식을 시가로 평가하는 경우)에는 법 제16조 제1항 제5호의 규정에 의한 합병대가의 총합계액에서 승계한 피합병법인의 자산의 장부가액과 부채의 차액을 차감한 금액을 가산한 가액을 말한다]을 초과하는 부분의 가액이다. 이와 같은 규정은 합병요건 미충족에 한해 청산소득이 합병평가차익으로 이중과세되는 것을 방지하기 위한 규정이다. 평가차익 = 자산의 승계가액 －[피합병법인의 장부가액 + 청산소득(합병대가 － 순자산 장부가액)]이 된다.

* 사례의 경우 액면가액이 시가와 같다. 합병평가차익 계산방식으로 보면 합병요건 충족인 경우 청산소득을 장부가액에 가산할 수 없다. 그런데 합병요건 충족인 경우 액면가액임에도 청산소득이 발생되고 있다. 이 경우 합병평가차익 계산 시 청산소득을 반영하지 않게 되면 과세되는 총소득은 100,000,000원(청산소득 50,000,000원 + 평가차익 50,000,000원)으로 합병요건 미충족보다 더 많다. 결국 합병대가(청산소득)가 중복 과세되고 있어 합리적인 계산방식이 아니다.

〈합병조건 (2)의 설명〉

개정된 후의 피합병법인의 비적격합병에 양도이익 50,000,000원이 발생된다. 합병법인의 비적격합병에 매수차손이 발생되지 않고, 적격합병의 자산조정계정(+)에 50,000,000원이 발생한다. 개정되기 전의 피합병법인의 합병요건 미충족에 청산소득이 50,000,000원 발생되고, 합병법인의 합병요건 충족에 청산소득이 50,000,000원 발생한다. 합병법인이 승계한 자산의 시가와 장부가액의 차액인 50,000,000원이 자산조정계정(+)으로 계산되고, 같은 금액이 양도이익과 청산소득으로 계산되고 있다. 개정된 후의 양도이익과 자산조정계정이 개정되기 전의 피합병법인의 청산소득과 같다.

다음은 위의 합병조건 "(1)"과 "(2)"를 다음과 같이 변경할 경우 합병조건에 따라 개정된 후의 합병과세소득과 개정되기 전의 합병과세소득을 비교해 보자.

※ 합병조건 (1) - 1

위의 합병조건 "(1)" 중 다른 조건은 변동이 없고 합병당사법인의 합병가액 500원과 500원이 각각 2,000원과 2,000원으로 변동된 경우이다.

합병비율: 1 : 1(합병가액: 합병법인 2,000원, 피합병법인 2,000원)

합병법인이 발행하는 합병신주와 합병대가는 다음과 같게 된다.

합병신주: 피합병법인의 발행주식총수 100,000주 × 1 = 100,000주

합병대가: 2,000원 × 100,000주 = 200,000,000원

합병법인이 자산을 평가하여 승계하였으므로 합병회계처리는 다음과 같게 된다.

자산	150,000,000	부채	50,000,000
영업권	100,000,000	자본금	50,000,000
		주발초	150,000,000
계	250,000,000	계	250,000,000

〈개정된 후〉

| 피합병법인의 양도손익 |

비적격합병				적격합병			
부채총계	50,000,000	자산총계	100,000,000	부채총계	50,000,000	자산총계	100,000,000
합병대가	200,000,000	양도이익	150,000,000	합병대가	50,000,000	양도손익	0
계	250,000,000	계	250,000,000	계	100,000,000	계	100,000,000

| 합병법인의 매수차손익 및 자산조정계정 |

비적격합병				적격합병			
자산총계	150,000,000	부채총계	50,000,000	자산총계	100,000,000	부채총계	50,000,000
매수차손	100,000,000	합병대가	200,000,000	자산조정계정	50,000,000	합병대가	200,000,000
		매수차익	0	자산?	100,000,000		
계	250,000,000	계	250,000,000	계	250,000,000	계	250,000,000

〈개정되기 전〉

| 법인세법 제80조 제1항의 청산소득 |

구분	합병대가 ①	피합병법인 순자산 (자본금+잉여금) ②	청산소득 (①-②)
합병요건 충족	50,000,000	50,000,000	0
합병요건 미충족	200,000,000	50,000,000	150,000,000

| 법인세법 시행령 제12조 제1항 제1호의 합병평가차익 |

구분	승계가액 ①	피합병법인 장부가액 ②	청산소득 ③	합병평가차익 [①-(②+③)]
합병요건 충족	250,000,000	100,000,000	0	150,000,000
합병요건 미충족	250,000,000	100,000,000	150,000,000	0

〈합병조건 (1)-1의 설명〉

개정된 후의 피합병법인의 비적격합병에 양도이익 150,000,000원이 발생한다. 합병법인의 비적격합병에 매수차손이 100,000,000원 발생되고, 적격합병의 자산조정계정(+)에 50,000,000원과 자산? 100,000,000원이 각각 발생한다. 개정되기 전의 피합병법인의 합병요건 미충족에 청산소득이 150,000,000원 발생되고, 같은 금액으로 합병법인의 합병요건 충족에 평가차익이 150,000,000원 발생한다. 합병법인이 승계한 자산의 시가와 장부가액의 차액인 50,000,000원이 자산조정계정(+)으로 계산되고, 양도이익이 매수차손보다 50,000,000원 더 많게 계산되고 있는 금액이 자산조정계정(+)의 금액과 같다. 개정된 후의 양도이익과 개정되기 전의 피합병법인의 청산소득이 같은 금액으로 계산되고 개정된 후의 매수차손과 자산?이 개정되기 전의 합병법인의 평가차익과 같다.

※ 합병조건 (2) - 1

위의 합병조건 "(2)" 중 다른 조건은 변동이 없고 합병당사법인의 합병가액 500원과 500원이 각각 1,000원과 2,000원으로 변동된 경우이다.

합병비율: 1 : 2(합병가액: 합병법인 1,000원, 피합병법인 2,000원)

합병법인이 발행하는 합병신주와 합병대가는 다음과 같게 된다.

합병신주: 피합병법인의 발행주식총수 100,000주 × 2 = 200,000주

합병대가: 1,000원 × 200,000주 = 200,000,000원

합병법인이 자산을 평가하여 승계하였으므로 합병회계처리는 다음과 같게 된다.

자산	150,000,000	부채	50,000,000
영업권	100,000,000	자본금	100,000,000
		주발초	100,000,000
계	250,000,000	계	250,000,000

〈개정된 후〉

| 피합병법인의 양도손익 |

비적격합병				적격합병			
부채총계	50,000,000	자산총계	100,000,000	부채총계	50,000,000	자산총계	100,000,000
합병대가	200,000,000	양도이익	150,000,000	합병대가	50,000,000	양도손익	0
계	250,000,000	계	250,000,000	계	100,000,000	계	100,000,000

| 합병법인의 매수차손익 및 자산조정계정 |

비적격합병				적격합병			
자산총계	150,000,000	부채총계	50,000,000	자산총계	100,000,000	부채총계	50,000,000
매수차손	100,000,000	합병대가	200,000,000	자산조정계정	50,000,000	합병대가	200,000,000
		매수차익	0	자산?	100,000,000		
계	250,000,000	계	250,000,000	계	250,000,000	계	250,000,000

〈개정되기 전〉

| 법인세법 제80조 제1항의 청산소득 |

구분	합병대가 ①	피합병법인 순자산 (자본금+잉여금) ②	청산소득 (①-②)
합병요건 충족	100,000,000	50,000,000	50,000,000
합병요건 미충족	200,000,000	50,000,000	150,000,000

| 법인세법 시행령 제12조 제1항 제1호의 합병평가차익 |

구분	승계가액 ①	피합병법인 장부가액 ②	청산소득 ③	합병평가차익 〔①-(②+③)〕
합병요건 충족	250,000,000	100,000,000	50,000,000	100,000,000
합병요건 미충족	250,000,000	100,000,000	150,000,000	0

〈합병조건 (2)-1의 설명〉

개정된 후의 피합병법인의 비적격합병에 양도이익 150,000,000원이 발생한다. 합병법인의 비적격합병에 매수차손이 100,000,000원 발생되고, 적격합병의 자산조정계정(+)에 50,000,000원과 자산? 100,000,000원이 각각 발생한다. 개정되기 전의 피합병법인의 합병요건 미충족에 청산소득이 150,000,000원 발생되고, 합병법인의 합병요건 충족에 청산소득 50,000,000원과 평가차익 100,000,000원의 합계 150,000,000원이 발생한다. 합병법인이 승계한 자산의 시가와 장부가액의 차액인 50,000,000원이 자산조정계정(+)으로 계산되고, 양도이익이 매수차손보다 50,000,000원 더 많게 계산되고 있는 금액이 자산조정계정(+)의 금액과 같다. 개정된 후의 양도이익이 개정되기 전의 합병요건 미충족인 피합병법인의 청산소득과 같은 금액으로 계산되고, 이 금액은 합병요건 충족인 피합병법인의 청산소득과 평가차익의 합계와 같다. 개정된 후의 매수차손과 자산?이 개정되기 전의 합병요건 미충족인 합병법인의 평가차익과 같다.

※ 합병조건 (3)

합병비율: 1 : 0.5(합병가액: 합병법인 1,000원, 피합병법인 500원)

합병법인이 발행하는 합병신주와 합병대가는 다음과 같게 된다.

합병신주: 피합병법인의 발행주식총수 100,000주 × 0.5 = 50,000주

합병대가: 1,000원 × 50,000주 = 50,000,000원

합병법인이 자산을 평가하여 승계하였으므로 합병회계처리는 다음과 같게 된다.

자산	150,000,000	부채	50,000,000
		자본금	25,000,000
		감자차익	25,000,000
		합병차익	50,000,000
계	150,000,000	계	150,000,000

〈개정된 후〉

| 피합병법인의 양도손익 |

비적격합병				적격합병			
부채총계	50,000,000	자산총계	100,000,000	부채총계	50,000,000	자산총계	100,000,000
합병대가	50,000,000	양도손익	0	합병대가	50,000,000	양도손익	0
계	100,000,000	계	100,000,000	계	100,000,000	계	100,000,000

| 합병법인의 매수차손익 및 자산조정계정 |

비적격합병				적격합병			
자산총계	150,000,000	부채총계	50,000,000	자산총계	100,000,000	부채총계	50,000,000
매수차손	0	합병대가	50,000,000	자산조정계정	50,000,000	합병대가	50,000,000
		매수차익	50,000,000	자산?	0	합병차익	50,000,000
계	150,000,000	계	150,000,000	계	150,000,000	계	150,000,000

〈개정되기 전〉

| 법인세법 제80조 제1항의 청산소득 |

구분	합병대가 ①	피합병법인 순자산 (자본금+잉여금) ②	청산소득 (①-②)
합병요건 충족	25,000,000	50,000,000	0
합병요건 미충족	50,000,000	50,000,000	0

| 법인세법 시행령 제12조 제1항 제1호의 합병평가차익 |

구분	승계가액 ①	피합병법인 장부가액 ②	청산소득 ③	합병평가차익 [①-(②+③)]
합병요건 충족	150,000,000	100,000,000	0	50,000,000
합병요건 미충족	150,000,000	100,000,000	0	50,000,000

〈합병조건 (3)의 설명〉

개정된 후의 피합병법인의 비적격합병에 양도손익이 발생되지 않는다. 합병법인의 비적격합병에 매수차손이 발생되지 않고, 적격합병의 자산조정계정(+)에 50,000,000원이 발생한다. 개정되기 전의 피합병법인의 합병요건 미충족과 합병요건 충족 둘 다 청산소득이 발생되지 않고, 합병법인의 합병요건 충족과 합병요건 미충족 둘 다 합병평가차익 50,000,000원이 발생한다. 합병법인이 승계한 자산의 시가와 장부가액의 차액인 50,000,000원이 자산조정계정(+)으로 계산되고, 매수차익이 자산조정계정(+)의 금액과 같다. 개정된 후의 양도이익(0원)과 개정되기 전의 피합병법인의 청산소득(0원)이 같게 계산되고, 개정된 후의 자산조정계정(+)이 개정되기 전의 합병법인의 평가차익과 같다.

※ 합병조건 (3)-1

위의 합병조건 "(3)" 중 다른 조건은 변동 없고 합병당사법인의 합병가액 1,000원과 500원이 각각 2,000원과 1,000원으로 변동된 경우이다.

합병비율: 1 : 0.5(합병가액: 합병법인 2,000원, 피합병법인 1,000원)

합병법인이 발행하는 합병신주와 합병대가는 다음과 같게 된다.

합병신주: 피합병법인의 발행주식총수 100,000주 × 0.5 = 50,000주

합병대가: 2,000원 × 50,000주 = 100,000,000원

합병법인이 자산을 평가하여 승계하였으므로 합병회계처리는 다음과 같게 된다.

자산	150,000,000	부채	50,000,000
		자본금	25,000,000
		감자차익	25,000,000
		합병차익	50,000,000
계	150,000,000	계	150,000,000

〈개정된 후〉

| 피합병법인의 양도손익 |

비적격합병				적격합병			
부채총계	50,000,000	자산총계	100,000,000	부채총계	50,000,000	자산총계	100,000,000
합병대가	100,000,000	양도이익	50,000,000	합병대가	50,000,000	양도손익	0
계	150,000,000	계	150,000,000	계	100,000,000	계	100,000,000

| 합병법인의 매수차손익 및 자산조정계정 |

비적격합병				적격합병			
자산총계	150,000,000	부채총계	50,000,000	자산총계	100,000,000	부채총계	50,000,000
매수차손	0	합병대가	100,000,000	자산조정계정	50,000,000	합병대가	100,000,000
		매수차익	0	자산?	0		
계	150,000,000	계	150,000,000	계	150,000,000	계	150,000,000

〈개정되기 전〉

| 법인세법 제80조 제1항의 청산소득 |

구분	합병대가 ①	피합병법인 순자산 (자본금+잉여금) ②	청산소득 (①-②)
합병요건 충족	25,000,000	50,000,000	0
합병요건 미충족	100,000,000	50,000,000	50,000,000

| 법인세법 시행령 제12조 제1항 제1호의 합병평가차익 |

구분	승계가액 ①	피합병법인 장부가액 ②	청산소득 ③	합병평가차익 〔①-(②+③)〕
합병요건 충족	150,000,000	100,000,000	0	50,000,000
합병요건 미충족	150,000,000	100,000,000	50,000,000	0

〈합병조건 (3)-1의 설명〉

개정된 후의 피합병법인의 비적격합병에 양도이익이 50,000,000원 발생된다. 합병법인의 비적격합병에 매수차손이 발생되지 않고, 적격합병의 자산조정계정(+)에 50,000,000원이 발생한다. 개정되기 전의 피합병법인의 합병요건 미충족에 청산소득이 50,000,000원 발생되고, 같은 금액으로 합병법인의 합병요건 충족에 평가차익이 발생된다. 합병법인이 승계한 자산의 시가와 장부가액의 차액인 50,000,000원이 자산조정계정(+)으로 계산되고, 매수차익이 자산조정계정(+)의 금액과 같다. 개정된 후의 양도이익과 개정되기 전의 피합병법인의 청산소득이 같은 금액으로 계산되고, 개정된 후의 자산조정계정(+)이 개정되기 전의 평가차익과 같다.

(2) 합병과세체계의 구조

위에서 분석한 내용을 각 조건별 합병내용에 따라 정리하면 다음과 같게 된다.

구분	합병비율	합병가액	합병신주	합병대가
합병조건(1)	1 : 1	500	100,000	50,000,000
합병조건(2)	1 : 2	500	200,000	100,000,000
합병조건(1)-1	1 : 1	2,000	100,000	200,000,000
합병조건(2)-1	1 : 2	1,000	200,000	200,000,000
합병조건(3)	1 : 0.5	1,000	50,000	50,000,000
합병조건(3)-1	1 : 0.5	2,000	50,000	100,000,000

| 개정된 후의 과세소득의 구성 내용 |

사례의 각 조건에 따르면 개정된 후의 양도손익, 매수차손익, 자산조정계정은 다음과 같이 계산되었다.

구분	합병대가	비적격합병		적격합병
		양도손익	매수차손익	자산조정계정
합병조건(1)	50,000,000	0	50,000,000	50,000,000
합병조건(2)	100,000,000	50,000,000	0	50,000,000
합병조건(1)-1	200,000,000	150,000,000	-100,000,000	50,000,000
합병조건(2)-1	200,000,000	150,000,000	-100,000,000	50,000,000
합병조건(3)	50,000,000	0	50,000,000	50,000,000
합병조건(3)-1	100,000,000	50,000,000	0	50,000,000

* ▲매수차손익은 매수차손임.
* 자산조정계정은 승계한 자산의 시가와 장부가액의 차액임.

위의 내용을 같은 금액의 합병대가별로 과세소득의 구성 내용을 정리해 보면 합병대가가 같은 경우 과세소득의 종류가 같고 과세소득의 합계도 같다. 합병대가가 50,000,000원인 경우 매수차익으로 50,000,000원이 과세되고 합병대가가 100,000,000원인 경우 양도이익으로 50,000,000원이 과세되고 있다. 이 경우 과세되는 금액은 자산조정계정의 50,000,000원과 같은 금액이다. 합병대가가 200,000,000원인 경우 양도이익으로 150,000,000원이 과세되고 매수차손이 100,000,000원 발생된다. 이 경우 양도이익 150,000,000원에서 자산조정계정을 차감한 금액이 매수차손 100,000,000원과 같은 금액이 된다. 매수차손과 자산조정계정을 합한 금액은 양도이익이 된다.

| 합병대가별 과세소득의 구성 내용 |

구분	합병대가	비적격		적격
		양도손익	매수차손익	자산조정계정
합병조건(1)	50,000,000	0	50,000,000	50,000,000
합병조건(3)	50,000,000	0	50,000,000	50,000,000
합병조건(2)	100,000,000	50,000,000	0	50,000,000
합병조건(3)-1	100,000,000	50,000,000	0	50,000,000
합병조건(1)-1	200,000,000	150,000,000	-100,000,000	50,000,000
합병조건(2)-1	200,000,000	150,000,000	-100,000,000	50,000,000

| 개정되기 전의 과세소득의 구성 내용 |

사례의 각 조건에 따르면 개정되기 전의 청산소득과 평가차익은 다음과 같이 계산되었다.

구분	합병대가	요건 미충족		요건 충족	
		청산소득	평가차익	청산소득	평가차익
합병조건(1)	50,000,000	0	50,000,000	0	50,000,000
합병조건(2)	100,000,000	50,000,000	0	50,000,000	0
합병조건(1)-1	200,000,000	150,000,000	0	0	150,000,000
합병조건(2)-1	200,000,000	150,000,000	0	50,000,000	100,000,000
합병조건(3)	50,000,000	0	50,000,000	0	50,000,000
합병조건(3)-1	100,000,000	50,000,000	0	0	50,000,000

위의 내용을 같은 금액의 합병대가별로 과세소득의 구성 내용을 정리해 보면 합병요건 충족과 합병요건 미충족 모두 합병대가가 같은 경우는 과세소득의 종류가 같은 것도 있고 다른 것도 있으나 과세소득의 합계는 같다. 합병대가가 50,000,000원인 경우 합병요건 충족 여부와 관계없이 모두 평가차익으로 50,000,000원이 과세된다. 합병대가가 100,000,000원인 경우 합병요건 미충족은 모두 평가차익으로 50,000,000원이 과세되고 합병요건 충족은 청산소득 50,000,000원 또는 평가차익 50,000,000원으로 각각 과세되고 있다. 이 경우 과세되는 금액 50,000,000원은 승계한 자산의 시가와 장부가액의 차액인 50,000,000원과 같은 금액이다. 합병대가가 200,000,000원인 경우 합병요건 미충족은 모두 청산소득으로 150,000,000원이 과세된다. 합병요건 충족은 평가차익 150,000,000원 또는 청산소득 50,000,000원과 평가차익 100,000,000원의 합계 150,000,000원이 각각 과세되고 있다. 합병요건 미충족과 합병요건 충족 모두 과세되는 금액의 합계금액은 같다.

| 합병대가별 과세소득의 구성 내용 |

구분	합병대가	요건 미충족		요건 충족	
		청산소득	평가차익	청산소득	평가차익
합병조건(1)	50,000,000	0	50,000,000	0	50,000,000
합병조건(3)	50,000,000	0	50,000,000	0	50,000,000
합병조건(2)	100,000,000	50,000,000	0	50,000,000	0
합병조건(3) -1	100,000,000	50,000,000	0	0	50,000,000
합병조건(1) -1	200,000,000	150,000,000	0	0	150,000,000
합병조건(2) -1	200,000,000	150,000,000	0	50,000,000	100,000,000

| 합병대가별 개정되기 전과 개정된 후의 과세소득 비교 |

위에서 계산된 개정된 후와 개정되기 전의 합병대가별 과세소득의 구성 내용을 비교하면 다음과 같게 된다.

구분		개정되기 전				개정된 후		
합병조건	합병대가	요건 미충족		요건 충족		비적격		적격
		청산소득	평가차익	청산소득	평가차익	양도손익	매수차손익	조정계정
합병조건(1)	50,000,000	0	50,000,000	0	50,000,000	0	50,000,000	50,000,000
합병조건(3)	50,000,000	0	50,000,000	0	50,000,000	0	50,000,000	50,000,000
합병조건(2)	100,000,000	50,000,000	0	50,000,000	0	50,000,000	0	50,000,000
합병조건(3)-1	100,000,000	50,000,000	0	0	50,000,000	50,000,000	0	50,000,000
합병조건(1)-1	200,000,000	150,000,000	0	0	150,000,000	150,000,000	-100,000,000	50,000,000
합병조건(2)-1	200,000,000	150,000,000	0	50,000,000	100,000,000	150,000,000	-100,000,000	50,000,000

(3) 영업권과 합병과세체계

위에서 분석한 내용을 종합적으로 검토하면 다음과 같게 되고, 다음과 같이 분석한 결론은 위에서 제시된 합병조건뿐만 아니라 어떠한 조건에서도 적용된다는 점이다.

(3)-1. 2010.6.8. 개정된 후

합병법인이 피합병법인으로부터 승계한 자산의 시가와 장부가액의 차액인 50,000,000원이 과세되는 방식은 다음과 같다.

승계한 자산의 시가와 장부가액의 차액인 50,000,000원은 합병법인의 적격합병에서 자산조정계정의 금액이다. 자산조정계정인 50,000,000원에 상당하는 금액은 비적격합병에서 피합병법인의 양도이익 또는 합병법인의 매수차익의 과세소득을 구성하게 된다. 여기서 각 조건에 따라 양도이익으로 과세되는 금액으로서 그 금액이 자산조정계정인 50,000,000원 이상이 되는 경우 그 금액은 자산조정계정 이익이 아닌 다른 그 무엇에 의한 이익이 된다. 한편, 비적격합병의 피합병법인의 양도이익에서 자산조정계정 금액을 차감한 잔액이 합병법인의 매수차손의 금액이 된다. 이 경우 피합병법인의 양도이익의 구성은 "자산의 시가와 장부가액의 차액에 의한 이익"과 "다른 그 무엇의 양도에 의한 이익"의 합계가 된다. 결국 합병법인의 매수차손은 "다른 그 무엇의 양수에 의한 이익"이 된다. 계산식으로 보면 "양도이익 - 자산조정계정 = 매수차손"이 되고, "양도이익 = 자산조정계정 + 다른 그 무엇의 양도이익"이 된다. 따라서 "(자산조정계정 + 다른 그 무엇의 양도이익) = (자산조정계정 + 매수차손)"이 되어 "다른 그 무엇의 양도이익 = 매수차손"이 된다. 곧 합병에 따른 "다른 그 무엇의 양도이익이"란 무형적 가치의 양도가 되는 영업권의 양도이익이 되고, 매수차손이란 무형적 가치의 양수가 되는 영업권의 양수가액이 된다고 보아야 한다.

(3)-2. 2010.6.8. 개정되기 전

합병법인이 피합병법인으로부터 승계한 자산의 시가와 장부가액의 차액인 50,000,000원이 과세되는 방식은 다음과 같다.

승계한 자산의 시가와 장부가액의 차액인 50,000,000원은 자산의 평가차익의 금액이다. 승계한 자산의 평가차익의 금액인 50,000,000원에 상당하는 금액은 합병법인의 합병요건 충족과 미충족에서 평가차익 또는 청산소득의 과세소득을 구성하게 된다. 여기서 각 조건에 따라 청산소득 또는 평가차익으로 과세되는 금액으로서 그 금액이 자산의 평가차익인 50,000,000원 이상이 되는 경우 그 금액은 자산의 평가차익의 이익이 아닌 "다른 그 무엇에 의한 이익"이 된다. 한편, 합병요건 미충족의 피합병법인의 청산소득에서 자산의 평가차익의 금액을 차감한 잔액이 "다른 그 무엇에 의한 이익"이 되고 합병요건 충족의 합병법인의 평가차익에서 자산의 평가차익을 차감한 잔액이 "다른 그 무엇에 의한 이익"이 된다. 결국 청산소득 또는 평가차익에는 "다른 그 무엇에 의한 이익"이 포함되어 있다는 것이 된다. 계산식으로 보면 "청산소득 - 자산의 평가차익 = 다른 그 무엇에 의한 이익" 또는 "평가차익 - 자산의 평가차익 = 다른 그 무엇에 의한 이익"이 된다. 곧 합병에 따른 "다른 그 무엇에 의한 이익"이란 자산의 평가차익에 의한 이익이 아닌 것이 되므로 이때의 이익은 무형적 가치에 의한 이익이 되고 그 이익은 영업권에 의한 이익이 된다고 보아야 한다.

앞서 본 사례들은 어떠한 경우의 합병조건(합병비율 또는 합병가액)이라고 하더라도 승계한 자산의 평가증으로 인한 금액(위 사례에서 자산의 평가증한 금액과 영업권을 말함)은 전액이 합병법인의 합병평가차익이든 피합병법인의 청산소득이든 과세된다는 사실이다. 또는 합병법인의 합병평가차익이든 피합병법인의 청산소득이든 과세되는 금액은 승계한 자산(유무형 자산)의 평가증으로 인한 금액이 된다.

재경부 해석(재경부 법인 46012-107, 2002.5.30., 법인세과-326, 2012.5.24. 외)에 의하면 "합병법인이 포합주식을 취득하면서 사업상의 가치 등을 평가하여 순자산가치보다 높은 대가를 지급한 경우에도 포합주식 취득 이후 합병이 2년 이내에 이루어져 포합주식의 취득가액이 합병대가에 포함되어 청산소득으로 법인세가 과세되었다면 포합주식 취득 시 지급된 금액도 법인세법시행령 제24조 제4항의 규정을 적용함에 있어 영업권 취득을 위하여 지급된 대가로 인정될 수 있다"고 한 것은 영업권이 반드시 청산소득으로만 과세되는 경우에만 유상취득 영업권으로 볼 수 있다는 것이 되어, 위 합병조건 '합병조건 (1)-1'과 '합병조건 (2)-1'에서 이를 확인할 수 있다.

| 합병과세체계 요약 |

구분		과세소득		
		2010.6.8. 개정되기 전	2010.6.8. 개정된 후	
비적격 (미충족)	피합병법인	청산소득	합병양도이익	합병양도손실
	합병법인	없음	합병매수차손	합병매수차익
적격 (충족)	피합병법인	없음	없음	없음
	합병법인	합병평가차익 / 합병영업권	자산조정계정	

(4) 사례로 본 영업권

지금까지 대법원과 과세관청은 회계처리 과정에서 발생된 회계상의 영업권이 세법이 인정하는 영업권인지 아닌지를 가리는 데 있었다. 이와 같은 영업권의 해석과 세법 적용은 회계상의 영업권 전부가 세법의 영업권이 되거나 아니 되거나 하는 어느 하나에만 해당하게 된다. 회계상의 영업권 전부가 세법의 영업권이 되는 것도 문제이지만 회계상의 영업권 전부가 세법의 영업권이 되지 않는 경우라면 영업권 자체가 존재하지 않는다는 것이 된다. 모든 합병에서 영업권 자체가 존재하지 않는다는 것은 가능하지 않다.

앞서 살펴보았듯이 영업권은 합병과세체계 안에서 해석되어야 한다. 합병과세체계가 아닌 영업권 그 자체만의 해석으로는 합병과정에서 발생되는 영업권을 해석할 수 없다. 올바른 영업권의 해석은 지분풀링법과 매수법의 영업권의 차이점, 개정된 후와 개정되기 전의 영업권의 관계를 비교 분석해 보는 것이 올바른 이해 방법이다.

사례 ① **승계한 자산의 시가가 장부가액보다 낮고 승계한 부채의 시가가 장부가액보다 높은 경우**(보충설명은 저자가 분석한 "합병과세체계에 대하여"를 참조)

다음의 사례는 동부하이텍의 합병영업권과 관련된 사건이다(대법원 2015두41463, 2018.5.11.).

1. 합병개요

(1) 재무상태표

○ 피합병회사의 재무상태표

구분	자산총계	부채총계	순자산
장부가액	2,069,356,000,000	1,699,082,000,000	370,274,000,000

○ 승계한 자산 및 부채의 가액(시가)과 장부가액의 명세

승계한 자산의 시가가 장부가액보다 낮고, 승계한 부채의 시가가 장부가액보다 높다.

종류	승계한 가액(시가) ①	장부가액 ②	증감(① − ②)	비고
자산총계	2,046,598,000,000	2,069,356,000,000	▲22,758,000,000	자산감소
부채총계	1,731,879,000,000	1,699,082,000,000	32,797,000,000	부채증가
순자산	314,719,000,000	370,274,000,000	▲55,555,000,000	순자산감소

(2) 회계처리방식

회계처리방식에 따른 영업권은 다음과 같게 된다.

○ 지분풀링법(장부가액 회계처리)

차변(자산 승계가액)		대변		
자산총계	2,069,356,000,000	부채총계		1,699,082,000,000
영업권	234,495,672,752	합병대가	자본금	137,048,965,000
			주발초	467,720,707,752
계	2,303,851,672,752	계		2,303,851,672,752

○ 매수법(공정가액 회계처리)

차변(자산 승계가액)		대변		
자산총계	2,046,598,000,000	부채총계		1,731,879,000,000
영업권	290,050,672,752	합병대가	자본금	137,048,965,000
			주발초	467,720,707,752
계	2,336,648,672,752	계		2,336,648,672,752

※ 공정가액을 법인세법 제52조 제2항의 시가로 본다.

2. 영업권과 합병과세체계

(1) 지분풀링법

지분풀링법의 회계상 영업권은 '합병대가－승계한 순자산(자산－부채) 장부가액'이므로 위에서 제시된 자료에 따르면 회계상 영업권은 234,495,672,752원으로 계산되었다. 합병대가의 과세방식을 다음과 같이 분석할 수 있다.

(가) 2010.6.8. 개정되기 전

① (합병요건 미충족) 피합병법인의 청산소득

청산소득 = 합병대가 － 자기자본 총액(순자산 장부가액)

청산소득이란 피합병법인의 주주가 합병법인으로부터 받은 합병대가의 총합계액에서 피합병법인의 합병등기일 현재의 자기자본의 총액(순자산 장부가액)을 공제한 금액으로 한다(구 법인법 제80조 제1항). 청산소득 234,495,672,752원은 장부상 영업권과 같은 금액으로 계산되었다.

구분	합병대가 ①	순자산 장부가액 ②	청산소득(① − ②)
요건 충족	137,048,965,000	370,274,000,000	−233,225,035,000
요건 미충족	604,769,672,752	370,274,000,000	234,495,672,752

※ 합병대가는 요건 충족인 경우 액면가, 요건 미충족인 경우 시가

② (합병요건 충족) 합병법인의 합병평가차익

합병평가차익 = 자산 승계가액 – 자산 장부가액

합병평가차익이란 피합병법인으로부터 자산을 평가하여 승계한 가액 중 피합병법인의 장부가액을 초과하는 부분의 가액이다(구 법인령 제12조 제1항). 이 경우 피합병법인의 상호·거래관계 기타 영업상의 비밀 등으로 사업상 가치가 있어 대가를 지급한 것에 한하여 이를 감가상각자산으로 한다(구 법인령 제24조 제4항). 다만, 합병요건 충족인 경우 피합병법인의 장부가액을 "장부가액 + 청산소득"으로 한다. 자산 승계가액을 자산 종류에 따라 다음과 같은 방식으로 자산의 종류에 따라 계산할 수 있다. 이때의 합병평가차익 234,495,672,752원은 장부상 영업권과 같은 금액이며, 청산소득의 금액과도 같다.

구분		자산 승계가액 ①	자산 장부가액 ②	청산소득 ③	합병평가차익 (① – ② – ③)
요건 충족	자산	2,069,356,000,000	2,069,356,000,000	0	0
	영업권	234,495,672,752	0	0	234,495,672,752
	계	2,303,851,672,752	2,069,356,000,000	0	234,495,672,752

※ 자산 승계가액은 지분풀링법의 차변의 합계금액

위의 합병평가차익에 대해 다음과 같은 방식으로 합병요건 충족과 미충족의 관계를 보면, 자산 승계가액에 대해 합병요건 충족인 경우는 자산 승계가액 전액이 합병평가차익으로 과세되고, 합병요건 미충족인 경우는 자산 승계가액 전액이 청산소득으로 과세되고 있다.

구분		자산 승계가액 ①	자산 장부가액 ②	청산소득 ③	합병평가차익 (① – ② – ③)
요건 충족	자산	2,069,356,000,000	2,069,356,000,000	0	0
	영업권	234,495,672,752	0	0	234,495,672,752
	계	2,303,851,672,752	2,069,356,000,000	0	234,495,672,752
요건 미충족	자산	2,069,356,000,000	2,069,356,000,000	0	0
	영업권	234,495,672,752	0	234,495,672,752	0
	계	2,303,851,672,752	2,069,356,000,000	234,495,672,752	0

(나) 2010.6.8. 개정된 후

① (비적격) 피합병법인의 합병양도이익

합병양도이익 = 합병대가 − 순자산 장부가액

합병양도이익이란 피합병법인이 합병법인으로부터 받은 양도가액 - 피합병법인의 합병등기일 현재의 자산의 장부가액 총액에서 부채의 장부가액 총액을 뺀 가액(순자산 장부가액)을 말한다(법인법 제44조 제1항). 계산에 따르면 합병양도이익 234,495,672,752원은 **장부상** 영업권과 같은 금액이다. 이 금액은 2010.6.8. 개정되기 전의 청산소득과 같으며, 합병평가차익의 금액과도 같다.

차변		대변	
합병대가	604,769,672,752	순자산 장부가액	370,274,000,000
		합병양도이익	234,495,672,752
계	604,769,672,752	계	604,769,672,752

② (비적격) 합병법인의 합병매수차손

합병매수차손 = 합병대가 − 순자산 시가

합병매수차손이란 합병법인이 피합병법인에 지급한 양도가액이 피합병법인의 합병등기일 현재의 순자산 시가를 초과하는 경우를 말한다(법인법 제44조의2 제3항). 합병매수차손의 계산방식(이하 "법인세법 계산방식")은 합병대가에서 승계한 순자산 시가를 뺀 금액으로 한다. 이때 "자산총액(시가) - 부채총액(시가)"은 차변의 순자산 시가가 된다. 다음의 합병매수차손 290,050,672,752원은 대변과 차변의 단순한 차액이다. 그 이유는 다음에서 보는 바와 같다. 한편, 이 금액은 장부상 영업권과 차이가 있으며, 매수법의 장부상 영업권과 같다.

차변		대변	
순자산 시가	314,719,000,000	합병대가	604,769,672,752
합병매수차손	290,050,672,752		
계	604,769,672,752	계	604,769,672,752

※ 순자산 시가를 법인세법의 시가와 같은 것으로 본다.

합병법인이 승계한 위의 순자산 시가 314,719,000,000원은 다음과 같이 승계한 자산의 시가는 장부가액보다 낮고, 승계한 부채의 시가는 장부가액보다 높았다.

구분	승계한 가액(시가)	장부가액	시가 – 장부가액
자산	2,046,598,000,000	2,069,356,000,000	-22,758,000,000
부채	1,731,879,000,000	1,699,082,000,000	32,797,000,000
순자산	314,719,000,000	370,274,000,000	-55,555,000,000

위의 내용으로 보면 승계한 순자산 시가의 구성 내용을 다음과 같이 승계한 자산과 부채로 각각 나누어 구별할 수 있다.

차변			대변		
시가	자산총계(장부가액)	2,069,356,000,000	시가	부채총계(장부가액)	1,699,082,000,000
	자산의 감소	-22,758,000,000		부채의 증가	32,797,000,000
합병매수차손		290,050,672,752	합병대가		604,769,672,752
계		2,336,648,672,752	계		2,336,648,672,752

위 분석방식에 따르면, 승계한 자산의 감소로 인한 금액이 22,758,000,000원이며 승계한 부채의 증가로 인한 금액은 32,797,000,000원이다. 결국 승계한 순자산 감소로 인한 금액이 55,555,000,000원(승계한 자산의 감소금액 + 승계한 부채의 증가금액)이 된다. 위의 합병매수차손 290,050,672,752원의 구성 내용을 발생 원인에 따라 그 성격을 구별해 보면, "법인세법 계산방식"의 합병매수차손은 다음과 같은 내용으로 구성된다. 이 경우 승계한 순자산 감소로 인한 금액이 합병매수차손에 포함되어 있게 된다. 즉 합병대가는 변동이 없으므로 "법인세법 계산방식"의 합병매수차손은 그 계산 구조상 합병매수차손을 변동시킬 수 있는 항목은 승계한 자산과 부채의 가액뿐이다. 이때 합병매수차손의 금액에는 승계한 자산과 부채의 증감인 순자산 감소로 인해 발생한 금액이 포함하여 계산되게 한다. 순자산 감소로 인해

발생한 합병매수차손 55,555,000,000원은 대변과 차변의 단순한 차액으로 합병대가의 지급과는 무관한 것이 된다. 이 금액을 "법인세법 계산방식"의 합병매수차손에서 제외해야 한다. 이와 같은 분석방식에 따르면 피합병법인에 지급한 양도가액에서 "사업상 가치가 있다고 보아 대가를 지급한 경우"에 해당하는 금액은 234,495,672,752원이 된다. 이 금액은 장부상 영업권과 같은 금액이다. 또한 이 금액은 합병양도이익과 같은 금액이며 2010.6.8. 개정되기 전의 청산소득과 합병영업권(합병평가차익)과도 같은 금액이다.

<table>
<tr><th colspan="3">차변</th><th colspan="2">대변</th></tr>
<tr><td>순자산 시가</td><td colspan="2">314,719,000,000</td><td rowspan="3">합병대가</td><td rowspan="3">604,769,672,752</td></tr>
<tr><td rowspan="2">합병매수차손</td><td>순자산 감소금액</td><td>55,555,000,000</td></tr>
<tr><td>영업권</td><td>234,495,672,752</td></tr>
<tr><td>계</td><td colspan="2">314,719,000,000</td><td>계</td><td>604,769,672,752</td></tr>
</table>

여기에서 "사업상 가치가 있다고 보아 대가를 지급한 경우에 해당하는 금액"인 234,495,672,752원을 다음과 같은 방식으로도 분석할 수 있다. 피합병법인의 양도이익의 계산방식은 "합병대가 － 순자산 장부가액"이며 234,495,672,752원으로 계산되었다. 합병양도이익의 구성을 다음에 보는 바와 같이 발생 내용에 따라 구별해 보면, 피합병법인의 장부에 계상된 자산 및 부채의 양도로 인한 이익의 합계금액(순자산 양도이익)은 양도손실이 55,555,000,000원 발생한다. 그런데도 피합병법인의 양도이익은 234,495,672,752원이 발생하였다. 이때의 양도이익은 피합병법인에는 장부에 계상되어 있지 않은 "그 무엇의 양도에 대한 대가"를 합병법인으로부터 지급받은 것이 되고, 합병법인은 "그 무엇의 양수에 대한 대가"를 피합병법인에 지급한 것이 된다. 이때 합병법인이 피합병법인에 "그 무엇의 양수에 대한 대가"의 지급은 피합병법인의 장부에 계상된 자산과 부채의 양수에 대한 대가의 지급이 아닌 것이 된다. 이때의 대가 지급은 "사업상 가치가 있다고 보아 대가를 지급한 경우"에 해당한다고 볼 수 있다. 결국 피합병법인의 합병양도이익은 "사업상 가치가 있다고 보아 대가를 지급한 금액"에서 발생한 것이 되고, 이 금액은 "사업상 가치가 있다고 보아 대가를 지급한 경우"인 합병매수차손이 된다.

구분	장부계상			장부미계상
	양도가액 ①	장부가액 ②	양도이익(① − ②)	합병양도이익
자산	2,046,598,000,000	2,069,356,000,000	−22,758,000,000	234,495,672,752
부채	1,731,879,000,000	1,699,082,000,000	−32,797,000,000	
순자산	314,719,000,000	370,274,000,000	−55,555,000,000	

※ 양도가액: 합병법인이 시가로 승계한 가액

③ (적격) 합병법인의 자산과 부채의 조정계정

(±)자산조정계정 = 시가(승계한 자산 및 부채) − 장부가액

앞서 제시된 자료에 따르면 합병법인이 승계한 자산과 부채의 내용은 다음과 같았다.

종류	승계한 가액(시가) ①	장부가액 ②	증감(① − ②)	비고
자산총계	2,046,598,000,000	2,069,356,000,000	▲22,758,000,000	자산감소
부채총계	1,731,879,000,000	1,699,082,000,000	32,797,000,000	부채증가
순자산	314,719,000,000	370,274,000,000	▲55,555,000,000	순자산감소

승계한 자산과 부채의 시가와 장부가액의 차액이 자산과 부채의 조정계정이 된다. 자산조정계정의 분석방식(이하 "법인세법 계산방식")은 앞의 합병매수차손의 분석방식과 같은 방식으로 진행한다. "법인세법 계산방식"에서 자산조정계정은 다음과 같이 계산된다. 그런데 피합병법인의 장부에 계상되어 있지 않은 자산의 자산조정계정 금액이 290,050,672,752원 발생하게 된다. 이때의 미계상 자산조정계정의 금액은 대변과 차변의 단순한 차액으로 장부상 영업권과 차이가 나며 "법인세법 계산방식"의 합병매수차손과 같고, 매수법의 장부상 영업권과 같은 금액이다.

차변			대변	
자산총계(장부가)		2,069,356,000,000	부채총계(장부가)	1,699,082,000,000
자산조정계정	계상자산	−22,758,000,000	부채조정계정	32,797,000,000
	미계상자산	290,050,672,752	합병대가	604,769,672,752
계		2,382,164,672,752	계	2,336,648,672,752

자산조정계정이란 합병법인이 피합병법인의 자산을 장부가액으로 양도받은 경우 양도받은 자산 및 부채의 가액을 합병등기일 현재의 시가로 계상하되, 시가에서 피합병법인의 장부가액을 뺀 금액이 0보다 큰 경우에는 그 차액을 익금에 산입하고 이에 상당하는 금액을 자산조정계정으로 손금에 산입하며, 0보다 적은 경우에는 시가와 장부가액의 차액을 손금에 산입하고 이에 상당하는 금액을 자산조정계정으로 익금에 산입한다(법인령 제80조의4). 자산의 (-)차액은 손금(기타)에 산입하고 이에 상당하는 금액을 자산조정계정으로 익금(유보)에 산입하며, 부채의 (+)차액은 익금에 산입(기타)하고 이에 상당하는 금액을 부채조정계정으로 손금(유보)에 산입한다.

"법인세법 계산방식"의 합병매수차손에서 승계한 순자산 증감 금액의 구성 내용에 의해 합병매수차손의 성격을 구별해 냈듯이 "법인세법 계산방식"의 자산조정계정도 미계상 자산조정계정의 성격을 다음과 같이 구별할 수 있다.

"법인세법 계산방식"의 미계상 자산조정계정 290,050,672,752원은 대변과 차변의 단순한 차액이었다. 이때 "법인세법 계산방식"의 미계상 자산조정계정 금액에는 승계한 순자산 감소로 인한 금액 55,555,000,000원이 포함되어 있게 된다. 미계상 자산조정계정 금액에서 이 금액을 제외하면 미계상 자산조정계정은 234,495,672,752원이 되고, 이 금액은 장부상 영업권과 같은 금액이다. 이 금액은 "사업상 가치가 있다고 보아 대가를 지급한 경우에 해당하는 금액"인 합병매수차손 및 합병양도이익과 같은 금액이며 2010.6.8. 개정되기 전의 청산소득과 합병영업권(합병평가차익)과도 같은 금액이다.

<table>
<tr><th colspan="3">차변</th><th colspan="2">대변</th></tr>
<tr><td colspan="2">자산총계(장부가)</td><td>2,069,356,000,000</td><td>부채총계(장부가)</td><td>1,699,082,000,000</td></tr>
<tr><td colspan="2">자산조정계정</td><td>-22,758,000,000</td><td rowspan="2">부채조정계정</td><td rowspan="2">32,797,000,000</td></tr>
<tr><td rowspan="2">미계상
자산조정계정</td><td>순자산 감소</td><td>55,555,000,000</td></tr>
<tr><td>미계상자산</td><td>234,495,672,752</td><td>합병대가</td><td>604,769,672,752</td></tr>
<tr><td colspan="2">계</td><td>2,382,164,672,752</td><td>계</td><td>2,336,648,672,752</td></tr>
</table>

※ 자산조정계정 차변은 자산의 익금(유보) 조정계정, 대변은 부채의 손금(유보) 조정계정

(2) 매수법

매수법의 장부상 영업권은 '합병대가 - 승계한 순자산 평가액(자산 - 부채)'이므로

위에서 제시된 자료에 따르면 장부상 영업권은 290,050,672,752원으로 계산되었다. 합병대가의 과세 방식을 다음과 같이 분석할 수 있다. 청산소득, 합병평가차익, 합병양도이익, 합병매수차손, 자산조정계정의 계산방식은 앞의 지분풀링법에서 계산하는 방법과 같다.

(가) 2010.6.8. 개정되기 전

① (합병요건 미충족) 피합병법인의 청산소득

청산소득 = 합병대가 − 순자산 장부가액

다음의 청산소득 234,495,672,752원은 장부상 영업권과 차이가 난다.

구분	합병대가 ①	순자산장부가액 ②	청산소득(① − ②)
요건 충족	137,048,965,000	370,274,000,000	−233,225,035,000
요건 미충족	604,769,672,752	370,274,000,000	234,495,672,752

※ 합병대가는 요건 충족인 경우 액면가, 요건 미충족인 경우 시가

② (합병요건 충족) 합병법인의 합병평가차익

합병평가차익 = 자산 승계가액 − 자산 장부가액

자산 승계가액을 자산 종류에 따라 다음과 같은 방식으로 구분할 수 있다. 합병평가차익 267,292,672,752원은 청산소득의 금액과 차이가 난다. 차이 나는 금액은 32,797,000,000원으로 이 금액은 승계한 부채의 증가로 인한 금액이다. 지분풀링법에서는 합병평가차익의 금액과 청산소득의 금액이 같았다.

구분	자산 승계가액 ①		자산 장부가액 ②	청산소득 ③	합병평가차익 (① − ② − ③)
요건 충족	자산	2,046,598,000,000	2,069,356,000,000	0	−22,758,000,000
	영업권	290,050,672,752	0		290,050,672,752
	계	2,336,648,672,752	2,069,356,000,000	0	267,292,672,752

※ 자산 승계가액은 매수법의 차변 합계금액

위의 합병평가차익에 대해 다음과 같은 방식으로 합병요건 충족과 미충족의 관계를 보면, 자산 승계가액에 대해 합병요건 충족인 경우는 합병평가차익으로 전액 과세되고, 합병요건 미충족인 경우는 청산소득과 합병평가차익으로 각각 과세되고 있다. 그러나 이와 같은 합병평가차익의 계산방법에는 다음과 같은 문제점이 있다.

구분	자산 승계가액 ①		자산 장부가액 ②	청산소득 ③	합병평가차익 (① − ② − ③)
요건 충족	자산	2,046,598,000,000	2,069,356,000,000	0	−22,758,000,000
	영업권	290,050,672,752	0		290,050,672,752
	계	2,336,648,672,752	2,069,356,000,000	0	267,292,672,752
요건 미충족	자산	2,046,598,000,000	2,069,356,000,000	0	−22,758,000,000
	영업권	290,050,672,752	0	234,495,672,752	55,555,000,000
	계	2,336,648,672,752	2,069,356,000,000	234,495,672,752	32,797,000,000

즉 합병평가차익의 계산방식(이하 "법인세법 계산방식")에서 자산 승계가액에는 유형적 자산과 무형적 자산이 각각 존재하게 된다. 따라서 합병평가차익은 유형적 자산의 평가차익과 무형적 자산인 영업권의 평가차익으로 구별할 수 있다. 이때 영업권의 평가차익은 합병대가의 지급에 의해 발생한 영업권만 해당되어야 한다.

위의 합병평가차익의 계산방식에서 유형적 자산의 경우 합병평가차손이 22,758,000원 발생하였다. 합병평가차손은 익금이나 손금의 대상이 아니다. 한편, 이 계산식에서 매수법의 차변 합계금액인 자산 승계가액(유형적 자산 + 장부상 영업권)에는 앞서 제시된 "승계한 자산 및 부채의 가액(시가)과 장부가액의 명세"에 따르면, 승계한 자산의 감소로 인한 금액 22,758,000원과 부채의 증가로 인한 금액 32,797,000,000원이 포함되어 있었다. 즉 위의 "법인세법 계산방식"에서 말하는 합병매수차손과 마찬가지로 매수법의 차변 합계금액인 자산(영업권을 포함) 승계가액에는 순자산 감소로 인한 금액 55,555,000원(영업권)이 포함되어 있게 되는데, 이 금액은 차변과 대변의 단순한 차액인 장부상의 영업권(자산 승계가액)이다. 승계한 순자산 감소로 인한 영업권의 발생 (+)금액은 합병대가의 지급에 의해 발생된 영업권이 아니므로 자산의 평가차익의 대상이 되는 자산이 될 수 없다. 자산 승계가액 영업권 290,050,672,752원에서 55,555,000원은 자산 승계가액에서 제외하여야 한다. 따라서 올바른 합병평가차익의 대상이 되는 자산 승계가액은 234,495,672,752원

(유형적 자산 0원 + 영업권 234,495,672,752원)이 된다(평가차손이 발생하는 유형적 자산 승계가액은 자산의 평가차익의 대상이 아니므로 제외한다). 이와 같은 방식으로 계산하면 다음과 같이 영업권 합병평가차익 234,495,672,752원은 지분풀링법과 마찬가지로 청산소득의 금액과 같고, 장부상 영업권과는 차이가 있다.

구분	자산 승계가액 ①		자산 장부가액 ②	청산소득 ③	합병평가차익 (① - ② - ③)
요건 충족	영업권	234,495,672,752	0	0	234,495,672,752
	계	234,495,672,752	0	0	234,495,672,752
요건 미충족	영업권	234,495,672,752	0	234,495,672,752	0
	계	234,495,672,752	0	234,495,672,752	0

(나) 201.6.8. 개정된 후

① (비적격) 피합병법인의 합병양도이익

합병양도이익 = 합병대가 − 순자산 장부가액

다음의 합병양도이익 234,495,672,752원은 회계상 영업권과 차이가 난다. 이때의 합병양도이익은 2010.6.8. 개정되기 전의 청산소득과 같으며, 합병평가차익의 금액과도 같다.

차변		대변	
합병대가	604,769,672,752	순자산 장부가액	370,274,000,000
		합병양도이익	234,495,672,752
계	604,769,672,752	계	604,769,672,752

② (비적격) 합병법인의 합병매수차손

합병매수차손 = 합병대가 − 순자산 시가

다음의 합병매수차손 290,050,672,752원은 대변과 차변의 단순한 차액이며 장부상 영업권과 같은 금액이다.

차변		대변	
순자산 시가	314,719,000,000	합병대가	604,769,672,752
합병매수차손	290,050,672,752		
계	604,769,672,752	계	604,769,672,752

※ 순자산 시가를 법인세법의 시가와 같은 것으로 본다.

"사업상 가치가 있다고 보아 대가를 지급한 경우에 해당되는 금액"의 합병매수차손을 계산하는 방법을 지분풀링법에서 계산한 방식으로 하면 다음과 같게 된다. 합병법인이 승계한 순자산 시가 314,719,000,000원은 다음과 같이 승계한 자산의 시가는 장부가액보다 낮고, 승계한 부채의 시가는 장부가액보다 높았다.

구분	승계한 가액(시가)	장부가액	시가 – 장부가액
자산	2,046,598,000,000	2,069,356,000,000	-22,758,000,000
부채	1,731,879,000,000	1,699,082,000,000	32,797,000,000
순자산	314,719,000,000	370,274,000,000	-55,555,000,000

승계한 순자산 시가의 구성 내용을 다음과 같이 승계한 자산과 부채로 각각 나누어 구별하면 다음과 같게 된다. 지분풀링법에서 분석한 구성 내용과 같다.

차변			대변		
시가	자산총계(장부가액)	2,069,356,000,000	시가	부채총계(장부가액)	1,699,082,000,000
	자산의 감소	-22,758,000,000		부채의 증가	32,797,000,000
합병매수차손		290,050,672,752	합병대가		604,769,672,752
계		2,336,648,672,752	계		2,336,648,672,752

지분풀링법에서 분석한 방법에 따라 합병매수차손의 성격을 발생 원인에 따라 구별해 보면 합병매수차손은 다음과 같이 구성된다. "사업상 가치가 있다고 보아 대가를 지급한 경우"에 해당이 되는 금액은 234,495,672,752원이 된다. 이 금액은 장부상 영업권과 차이가 나고 지분풀링법의 장부상 영업권과 같은 금액이다. 또한 이 금액은 합병양도이익과 같은 금액이며 2010.6.8. 개정되기 전의 청산소득과 합병영업권(합병평가차익)과도 같은 금액이다. 이 금액들은 지분풀링법에서 분석한 금액과 같다.

차변			대변	
순자산 시가		314,719,000,000	합병대가	604,769,672,752
합병매수차손	순자산 감소금액	55,555,000,000		
	영업권	234,495,672,752		
계		314,719,000,000	계	604,769,672,752

여기서 "사업상 가치가 있다고 보아 대가를 지급한 경우에 해당되는 금액"을 분석하는 방식도 지분풀링법에서 계산한 방식과 같은 방식으로 분석한다. 즉 지분풀링법에서 분석한 결과와 마찬가지로 피합병법인의 합병양도이익 234,495,672,752원은 "사업상 가치가 있다고 보아 대가를 지급한 금액"에서 발생한 것이 되고, 이 금액은 "사업상 가치가 있다고 보아 대가를 지급한 경우"인 합병매수차손이 된다(지분풀링법 분석내용 참조).

구분	장부계상			장부미계상
	양도가액 ①	장부가액 ②	양도이익(① − ②)	합병양도이익
자산	2,046,598,000,000	2,069,356,000,000	−22,758,000,000	234,495,672,752
부채	1,731,879,000,000	1,699,082,000,000	−32,797,000,000	
순자산	314,719,000,000	370,274,000,000	−55,555,000,000	

※ 양도가액: 합병법인이 시가로 승계한 가액

③ (적격) 합병법인의 자산과 부채의 조정계정

(±)자산조정계정 = 시가(승계한 자산 및 부채) − 장부가액

앞서 제시된 자료에 따르면 합병법인이 승계한 자산과 부채의 내용은 다음과 같았다.

종류	승계한 가액(시가) ①	장부가액 ②	증감(① − ②)	비고
자산총계	2,046,598,000,000	2,069,356,000,000	▲22,758,000,000	자산감소
부채총계	1,731,879,000,000	1,699,082,000,000	32,797,000,000	부채증가
순자산	314,719,000,000	370,274,000,000	▲55,555,000,000	순자산감소

자산조정계정의 분석방법도 지분풀링법에서 계산한 방식으로 하면 지분풀링법의 계산

결과와 같은 것이 된다. 피합병법인의 장부에 계상되어 있지 않은 자산의 자산조정계정 금액이 290,050,672,752원 발생하게 되는데, 이때 미계상 자산조정계정 금액은 장부상 영업권과 같은 금액이며, "법인세법 계산방식"의 합병매수차손과도 같은 금액이다.

차변			대변	
자산총계(장부가)		2,069,356,000,000	부채총계(장부가)	1,699,082,000,000
자산조정계정	계상자산	−22,758,000,000	부채조정계정	32,797,000,000
	미계상자산	290,050,672,752	합병대가	604,769,672,752
계		2,382,164,672,752	계	2,336,648,672,752

"법인세법 계산방식"의 미계상 자산조정계정을 분석하면 지분풀링법에서 분석한 결과와 같다. 지분풀링법에서 계산한 방법과 마찬가지로 "법인세법 계산방식"의 미계상 자산조정계정 금액에는 승계한 순자산 감소로 인한 금액 55,555,000,000원이 포함되어 있게 된다. 이 금액을 제외하면 미계상 자산조정계정은 234,495,672,752원이 되고, 이 금액은 장부상 영업권과 차이가 난다. 또한 이 금액은 지분풀링법에서 분석한 내용과 마찬가지로 "사업상 가치가 있다고 보아 대가를 지급한 경우에 해당되는 금액"인 합병매수차손 및 합병양도이익과 같은 금액이며 2010.6.8. 개정되기 전의 청산소득과 합병영업권(합병평가차익)과도 같은 금액이다.

차변			대변	
자산총계(장부가)		2,069,356,000,000	부채총계(장부가)	1,699,082,000,000
자산조정계정		−22,758,000,000	부채조정계정	32,797,000,000
미계상 자산조정계정	순자산 감소	55,555,000,000		
	미계상자산	234,495,672,752	합병대가	604,769,672,752
계		2,382,164,672,752	계	2,336,648,672,752

※ 자산조정계정 차변은 자산의 익금(유보) 조정계정, 대변은 부채의 손금(유보) 조정계정

3. ≪사례 1≫ 분석의 결론

합병과세소득의 계산방법인 "법인세법 계산방식"을 다음과 같이 정리할 수 있다.

(1) 지분풀링법의 경우 "법인세법 계산방식"에서 청산소득, 합병평가차익, 합병양도이익이 지분풀링법의 장부상 영업권과 같은 금액으로 계산되고, 합병매수차손,

미계상 자산조정계정은 차이가 난다. 차이가 나는 금액은 승계한 자산과 부채에 대한 시가와 장부가액의 차이에 의한 것이다.

(2) 매수법의 경우 "법인세법 계산방식"에서 청산소득과 합병양도이익이 지분풀링법의 장부상 영업권과 같은 금액으로 계산되고, 합병평가차익, 합병매수차손, 미계상 자산조정계정은 지분풀링법의 장부상 영업권과 차이가 난다. 차이가 나는 금액은 승계한 자산과 부채에 대한 시가와 장부가액의 차이에 의한 것이다.

(3) 위에서 차이가 나는 항목들은 "법인세법 계산방식"으로 계산할 때 승계한 자산과 부채에 대한 시가와 장부가액의 차이를 조정하는 과정이 있어야 한다.

(4) 시가와 장부가액의 차이를 조정한 계산방식에서 얻은 결과는 청산소득, 합병평가차익, 합병양도이익, 합병매수차손, 미계상 자산조정계정의 금액은 항상 같은 금액으로 계산된다는 것과 이 금액들은 지분풀링법과 매수법의 회계처리방식의 차이에도 불구하고 달라지지 않는다는 점이다.

사례 ② 승계한 자산의 시가와 부채의 시가가 장부가액보다 높은 경우
(보충설명은 저자가 분석한 "합병과세체계에 대하여"를 참조)

다음의 사례는 현대모비스 합병영업권과 관련된 사건이다(대법원 2019두59967, 2020.3.12.).

1. 합병개요

(1) 재무상태표

○ 피합병회사의 재무상태표

자산총계	부채총계	순자산
635,991,000,000	215,234,000,000	420,757,000,000

○ 승계한 자산 및 부채의 가액(시가)과 장부가액의 명세

승계한 자산의 시가가 장부가액보다 높고, 승계한 부채의 시가가 장부가액보다 높다.

종류	승계한 가액(시가) ①	장부가액 ②	증감(① − ②)	비고
자산총계	734,824,000,000	635,991,000,000	98,833,000,000	자산증가
부채총계	336,842,000,000	215,234,000,000	121,608,000,000	부채증가
순자산	397,982,000,000	420,757,000,000	▲22,775,000,000	순자산감소

(2) 회계처리방식

회계처리방식에 따른 영업권은 다음과 같게 된다.

○ 지분풀링법(장부가액 회계처리)

<table>
<tr><th colspan="2">차변(자산 승계가액)</th><th colspan="3">대변</th></tr>
<tr><td>자산총계</td><td>635,991,000,000</td><td colspan="2">부채총계</td><td>215,234,000,000</td></tr>
<tr><td>영업권</td><td>630,996,588,000</td><td rowspan="3">합병
대가</td><td>자본금</td><td>48,764,280,000</td></tr>
<tr><td rowspan="2" colspan="2"></td><td>주발초</td><td>1,028,926,308,000</td></tr>
<tr><td>자기주식</td><td>−25,937,000,000</td></tr>
<tr><td>계</td><td>1,266,987,588,000</td><td colspan="2">계</td><td>1,266,987,588,000</td></tr>
</table>

○ 매수법(공정가액 회계처리)

<table>
<tr><th colspan="2">차변(자산 승계가액)</th><th colspan="3">대변</th></tr>
<tr><td>자산총계</td><td>734,824,000,000</td><td colspan="2">부채총계</td><td>336,842,000,000</td></tr>
<tr><td>영업권</td><td>653,771,588,000</td><td rowspan="3">합병
대가</td><td>자본금</td><td>48,764,280,000</td></tr>
<tr><td rowspan="2" colspan="2"></td><td>주발초</td><td>1,028,926,308,000</td></tr>
<tr><td>자기주식</td><td>−25,937,000,000</td></tr>
<tr><td>계</td><td>1,388,595,588,000</td><td colspan="2">계</td><td>1,388,595,588,000</td></tr>
</table>

※ 공정가액을 법인세법 제52조 제2항의 시가로 본다.

2. 영업권과 합병과세체계

≪사례 1≫에서 분석한 내용 중 반복되는 것들은 생략한다.

(1) 지분풀링법

(가) 2010.6.8. 개정되기 전

① (합병요건 미충족) 피합병법인의 청산소득

> 청산소득 = 합병대가 − 자기자본 총액(순자산 장부가액)

다음의 청산소득 630,996,588,000원은 장부상 영업권과 같은 금액이다.

구분	합병대가 ①	순자산 장부가액 ②	청산소득(① - ②)
요건 충족	48,764,280,000	420,757,000,000	-371,992,720,000
요건 미충족	1,051,753,588,000	420,757,000,000	630,996,588,000

※ 합병대가는 요건 충족인 경우 액면가, 요건 미충족인 경우 시가

② (합병요건 충족) 합병법인의 합병평가차익

합병평가차익 = 자산 승계가액 - 자산 장부가액

다음의 합병평가차익 630,996,588,000원은 장부상 영업권과 같은 금액이며, 청산소득의 금액과도 같다.

구분		자산 승계가액 ①	자산 장부가액 ②	청산소득 ③	합병평가차익 (① - ② - ③)
요건 충족	자산	635,991,000,000	635,991,000,000	0	0
	영업권	630,996,588,000	0	0	630,996,588,000
	계	1,266,987,588,000	635,991,000,000	0	630,996,588,000

※ 자산 승계가액은 지분풀링법의 차변의 합계금액

≪사례 1≫과 마찬가지로 위의 합병평가차익에 대해 다음과 같은 방식으로 합병요건 충족과 미충족의 관계를 보면, 자산 승계가액에 대해 합병요건 충족인 경우는 자산 승계가액 전액이 합병평가차익으로 과세되고, 합병요건 미충족인 경우는 자산 승계가액 전액이 청산소득으로 과세되고 있다.

구분		자산 승계가액 ①	자산 장부가액 ②	청산소득 ③	합병평가차익 (① - ② - ③)
요건 충족	자산	635,991,000,000	635,991,000,000	0	0
	영업권	630,996,588,000	0	0	630,996,588,000
	계	1,266,987,588,000	635,991,000,000	0	630,996,588,000
요건 미충족	자산	2,069,356,000,000	2,069,356,000,000	0	0
	영업권	630,996,588,000	0	630,996,588,000	0
	계	1,266,987,588,000	635,991,000,000	630,996,588,000	0

(나) 2010.6.8. 개정된 후

① (비적격) 피합병법인의 합병양도이익

합병양도이익 = 합병대가 – 순자산 장부가액

다음의 합병양도이익 630,996,588,000원은 장부상 영업권과 같은 금액이다. 또한 2010.6.8. 개정되기 전의 청산소득과 같으며, 합병평가차익의 금액과도 같다.

차변		대변	
합병대가	1,051,753,588,000	순자산 장부가액	420,757,000,000
		합병양도이익	630,996,588,000
계	1,051,753,588,000	계	1,051,753,588,000

② (비적격) 합병법인의 합병매수차손

합병매수차손 = 합병대가 – 순자산시가

합병매수차손을 "법인세법 계산방식"에 따르면 다음과 같게 된다. 합병매수차손 653,771,588,000원은 대변과 차변의 단순한 차액이다. 이 금액은 장부상 영업권과 차이가 있으며, 매수법의 장부상 영업권과 같다.

차변		대변	
순자산 시가	397,982,000,000	합병대가	1,051,753,588,000
합병매수차손	653,771,588,000		
계	1,051,753,588,000	계	1,051,753,588,000

※ 순자산 시가를 법인세법의 시가와 같은 것으로 본다.

합병법인이 승계한 위의 순자산 시가 397,982,000,000원은 다음과 같이 승계한 자산의 시가는 장부가액보다 높고, 승계한 부채의 시가도 장부가액보다 높았다.

종류	승계한 가액(시가) ①	장부가액 ②	증감(① − ②)	비고
자산총계	734,824,000,000	635,991,000,000	98,833,000,000	자산증가
부채총계	336,842,000,000	215,234,000,000	121,608,000,000	부채증가
순자산	397,982,000,000	420,757,000,000	▲22,775,000,000	순자산감소

승계한 순자산 시가의 구성 내용을 다음과 같이 자산과 부채로 각각 나누어 분석할 수 있다.

차변			대변		
시가	자산총계 (장부가액)	635,991,000,000	시가	부채총계 (장부가액)	215,234,000,000
	자산의 증가	98,833,000,000		부채의 증가	121,608,000,000
합병매수차손		653,771,588,000	합병대가		1,051,753,588,000
계		1,388,595,588,000	계		1,388,595,588,000

위 분석방식에 따르면, 승계한 자산의 증가로 인한 금액이 98,833,000,000원이며 승계한 부채의 증가로 인한 금액은 121,608,000,000원이다. ≪사례 1≫과 마찬가지로 이 경우 승계한 순자산 감소로 인한 금액 22,775,000,000원(승계한 자산의 증가금액 + 승계한 부채의 증가금액)은 합병매수차손에 포함되어 있게 된다. 이때의 순자산 감소로 인해 발생한 합병매수차손의 금액은 대변과 차변의 단순한 차액으로 합병대가의 지급과는 무관한 것이 된다. 합병매수차손의 성격을 발생 원인에 따라 구별해 보면 합병매수차손은 다음과 같은 내용으로 구성되어 있다. 이와 같은 분석방식에 따르면 피합병법인에 지급한 양도가액에서 "사업상 가치가 있다고 보아 대가를 지급한 경우"에 해당되는 금액은 630,996,588,000원이 된다. 이 금액은 장부상 영업권과 같은 금액이다. 또한 이 금액은 합병양도이익과 같은 금액이며, 2010.6.8. 개정되기 전의 청산소득과 합병영업권(합병평가차익)과도 같은 금액이다.

차변			대변	
순자산 시가		397,982,000,000	합병대가	1,051,753,588,000
합병매수차손	순자산 감소금액	22,775,000,000		
	영업권	630,996,588,000		
계		1,051,753,588,000	계	1,051,753,588,000

여기에서 "사업상 가치가 있다고 보아 대가를 지급한 경우에 해당되는 금액"인 630,996,588,000원을 ≪사례 1≫과 마찬가지 방식으로 계산할 수 있다. 피합병법인의 양도이익의 계산방식은 "합병대가 – 순자산 장부가액"이며 630,996,588,000원으로 계산되었다. 합병양도이익의 구성을 다음에 보는 바와 같이 발생 원인에 따라 나누어 계산하면, 피합병법인의 장부에 계상된 자산과 부채의 양도로 인한 이익의 합계금액(순자산 양도이익)은 양도손실이 22,775,000,000원 발생한다. 그런데도 피합병법인에 양도이익은 630,996,588,000원이 발생하였다. 이때의 양도이익은 피합병법인에는 장부에 계상되어 있지 않은 "그 무엇의 양도에 대한 대가"를 합병법인으로부터 지급받은 것이 되고, 합병법인은 "그 무엇의 양수에 대한 대가"를 피합병법인에 지급한 것이 된다. 이때 합병법인이 피합병법인에 "그 무엇의 양수에 대한 대가"의 지급은 피합병법인의 장부에 계상된 자산과 부채의 양수에 대한 대가의 지급이 아닌 것이 된다. 이때의 대가 지급은 "사업상 가치가 있다고 보아 대가를 지급한 경우"에 해당한다고 볼 수 있다. 결국 피합병법인의 합병양도이익은 "사업상 가치가 있다고 보아 대가를 지급한 금액"에서 발생한 것이 되고, 이 금액은 "사업상 가치가 있다고 보아 대가를 지급한 경우"인 합병매수차손이 된다.

구분	장부계상			장부미계상
	양도가액 ①	장부가액 ②	양도이익(① – ②)	합병양도이익
자산	734,824,000,000	635,991,000,000	98,833,000,000	630,996,588,000
부채	336,842,000,000	215,234,000,000	▲121,608,000,000	
순자산	397,982,000,000	420,757,000,000	▲22,775,000,000	

※ 양도가액: 합병법인이 시가로 승계한 가액

③ (적격) 합병법인의 자산과 부채의 조정계정

(±)자산조정계정 = 시가(승계한 자산 및 부채) – 장부가액

앞서 제시된 자료에 따르면 합병법인이 승계한 자산과 부채의 내용은 다음과 같았다.

종류	승계한 가액(시가) ①	장부가액 ②	증감(① – ②)	비고
자산총계	734,824,000,000	635,991,000,000	98,833,000,000	자산증가
부채총계	336,842,000,000	215,234,000,000	121,608,000,000	부채증가
순자산	397,982,000,000	420,757,000,000	▲22,775,000,000	순자산감소

"법인세법 계산방식"에서 자산조정계정은 다음과 같이 계산된다. 그런데 피합병법인의 장부에 계상되어 있지 않은 자산의 자산조정계정 금액이 653,771,588,000원 발생하게 된다. 이때 미계상 자산조정계정 금액은 장부상 영업권과 차이가 나며 "법인세법 계산방식"의 합병매수차손과 같고, 매수법의 장부상 영업권과 같은 금액이다.

차변			대변	
자산총계(장부가)		635,991,000,000	부채총계(장부가)	215,234,000,000
자산조정계정	계상자산	98,833,000,000	부채조정계정	121,608,000,000
	미계상자산	653,771,588,000	합병대가	1,051,753,588,000
계		1,388,595,588,000	계	1,388,595,588,000

≪사례 1≫과 마찬가지 방식으로 "법인세법 계산방식"에서 발생된 합병매수차손을 승계한 순자산 증감 금액의 구성 내용에 의해 합병매수차손의 성격을 구별해 냈듯이 "법인세법 계산방식"의 미계상 자산조정계정의 성격을 구별할 수 있다. 위 "법인세법 계산방식"의 미계상 자산조정계정 653,771,588,000원은 대변과 차변의 단순한 차액이다. 이때 "법인세법 계산방식"의 미계상 자산조정계정 금액에는 승계한 순자산 감소로 인한 금액 22,775,000,000원이 포함되어 있게 된다. 미계상 자산조정계정 금액에서 이 금액을 제외하면 미계상 자산조정계정은 630,996,588,000원이 되고, 이 금액은 장부상 영업권과 같은 금액이다. 이 금액은 "사업상 가치가 있다고 보아 대가를 지급한 경우에 해당되는 금액"인 합병매수차손 및 합병양도이익과 같은 금액이며, 2010.6.8. 개정되기 전의 청산

소득과 합병영업권(합병평가차익)과도 같은 금액이다.

차변			대변	
자산총계(장부가)		635,991,000,000	부채총계(장부가)	215,234,000,000
자산조정계정		98,833,000,000	부채조정계정	121,608,000,000
미계상 자산조정계정	순자산 감소	22,775,000,000		
	미계상자산	630,996,588,000	합병대가	1,051,753,588,000
계		1,388,595,588,000	계	1,388,595,588,000

※ 자산조정계정 차변은 자산의 손금(유보) 조정계정, 대변은 부채의 손금(유보) 조정계정

(2) 매수법

매수법의 장부상 영업권은 '합병대가 - 승계한 순자산 평가액(자산 - 부채)'이므로, 위에서 제시된 자료에 따르면 장부상 영업권은 653,771,588,000원으로 계산되었다.

(가) 2010.6.8. 개정되기 전

① (합병요건 미충족) 피합병법인의 청산소득

청산소득 = 합병대가 − 순자산 장부가액

청산소득 630,996,588,000원은 회계상 영업권과 차이가 난다.

구분	합병대가 ①	순자산장부가액 ②	청산소득(① − ②)
요건 충족	48,764,280,000	420,757,000,000	−371,992,720,000
요건 미충족	1,051,753,588,000	420,757,000,000	630,996,588,000

※ 합병대가는 요건 충족인 경우 액면가, 요건 미충족인 경우 시가

② (합병요건 충족) 합병법인의 합병평가차익

합병평가차익 = 자산 승계가액 − 자산 장부가액

자산 승계가액을 자산 종류에 따라 다음과 같은 방식으로 구분할 수 있다. 합병평가차익 752,604,588,000원은 청산소득의 금액과 차이가 난다. 차이 나는 금액은 121,608,000,000원

으로 이 금액은 승계한 부채의 증가로 인한 금액이다. 지분풀링법에서는 합병평가차익의 금액과 청산소득의 금액이 같았다.

<table>
<tr><th>구분</th><th colspan="2">자산 승계가액 ①</th><th>자산 장부가액 ②</th><th>청산소득 ③</th><th>합병평가차익
(① − ② − ③)</th></tr>
<tr><td rowspan="3">요건
충족</td><td>자산</td><td>734,824,000,000</td><td>635,991,000,000</td><td rowspan="2">0</td><td>98,833,000,000</td></tr>
<tr><td>영업권</td><td>653,771,588,000</td><td>0</td><td>653,771,588,000</td></tr>
<tr><td>계</td><td>1,388,595,588,000</td><td>635,991,000,000</td><td>0</td><td>752,604,588,000</td></tr>
</table>

※ 자산 승계가액은 매수법의 차변 합계금액

≪사례 1≫과 마찬가지 방식으로 위의 합병평가차익에 대해 다음과 같은 방식으로 합병요건 충족과 미충족의 관계를 보면, 자산 승계가액에 대해 합병요건 충족인 경우는 합병평가차익으로 전액 과세되고, 합병요건 미충족인 경우는 청산소득과 합병평가차익으로 각각 과세되고 있다. 그러나 이와 같은 합병평가차익의 계산방법에는 다음과 같은 문제점이 있다.

<table>
<tr><th>구분</th><th colspan="2">자산 승계가액 ①</th><th>자산 장부가액 ②</th><th>청산소득 ③</th><th>합병평가차익
(① − ② − ③)</th></tr>
<tr><td rowspan="3">요건
충족</td><td>자산</td><td>734,824,000,000</td><td>635,991,000,000</td><td rowspan="2">0</td><td>98,833,000,000</td></tr>
<tr><td>영업권</td><td>653,771,588,000</td><td>0</td><td>653,771,588,000</td></tr>
<tr><td>계</td><td>1,388,595,588,000</td><td>635,991,000,000</td><td>0</td><td>752,604,588,000</td></tr>
<tr><td rowspan="3">요건
미충족</td><td>자산</td><td>734,824,000,000</td><td>635,991,000,000</td><td rowspan="2">630,996,588,000</td><td rowspan="2">121,608,000,000</td></tr>
<tr><td>영업권</td><td>653,771,588,000</td><td>0</td></tr>
<tr><td>계</td><td>1,388,595,588,000</td><td>635,991,000,000</td><td>630,996,588,000</td><td>121,608,000,000</td></tr>
</table>

즉 합병평가차익의 "법인세법 계산방식"에서 자산 승계가액에는 유형적 자산과 무형적 자산이 각각 존재하게 된다. 따라서 합병평가차익은 유형적 자산의 평가차익과 무형적 자산인 영업권의 평가차익으로 계산할 수 있다. 이때 영업권의 평가차익은 합병대가의 지급에 의해 발생한 영업권만 해당되어야 한다.

위의 합병평가차익의 계산방식에서 유형적 자산의 경우 평가차익이 발생하였다. 한편, 이 계산식에서 매수법의 차변 합계금액인 자산 승계가액(유형적 자산 + 장부상 영업권)

에는 앞서 제시된 "승계한 자산 및 부채의 가액(시가)과 장부가액의 명세"에 따르면, 승계한 자산의 증가로 인한 금액 98,833,000,000원과 승계한 부채의 증가로 인한 금액 121,608,000,000원이 포함되어 있다. 즉 매수법의 차변 합계금액인 자산 승계가액에는 순자산 감소로 인한 금액(자산증가 금액 + 부채증가 금액) 22,775,000원이 포함되어 있게 되는데, 이 금액은 차변과 대변의 단순한 차액인 장부상 영업권(자산 승계가액)을 구성하게 된다. 순자산 감소로 인한 장부상 영업권의 발생 (+)금액은 합병대가의 지급에 의해 발생한 영업권이 아니므로 자산의 평가차익의 대상이 되는 자산이 아니다. 자산 승계가액 장부상 영업권 653,771,588,000원에서 22,775,000원은 자산 승계가액에서 제외하여야 한다. 합병평가차익의 대상이 되는 자산 승계가액은 1,365,820,588,000원(유형적 자산 734,824,000,000원 + 영업권 630,996,588,000원)이 된다.

올바른 합병평가차익을 계산하면, 승계한 자산에서 98,833,000,000원과 영업권에서 630,996,588,000원이 각각 발생하게 된다. 이와 같은 방식으로 계산하면 영업권 합병평가차익 630,996,588,000원은 지분풀링법과 마찬가지로 청산소득의 금액과 같고, 장부상 영업권과는 차이가 있다. 합병요건 충족과 미충족의 관계를 보면, 자산 승계가액에 대해 합병요건 충족인 경우는 합병평가차익으로 전액 과세되고, 합병요건 미충족인 경우는 청산소득과 합병평가차익으로 각각 과세되고 있다.

구분		자산 승계가액 ①	자산 장부가액 ②	청산소득 ③	합병평가차익 (① − ② − ③)
요건 충족	자산	734,824,000,000	635,991,000,000	0	98,833,000,000
	영업권	630,996,588,000	0		630,996,588,000
	계	1,365,820,588,000	635,991,000,000	0	729,829,588,000
요건 미충족	자산	734,824,000,000	635,991,000,000	630,996,588,000	98,833,000,000
	영업권	630,996,588,000	0		0
	계	1,365,820,588,000	635,991,000,000	630,996,588,000	98,833,000,000

(나) 2010.6.8. 개정된 후

① (비적격) 피합병법인의 합병양도이익

합병양도이익 = 합병대가 − 순자산 장부가액

합병양도이익 630,996,588,000원은 장부상 영업권과 차이가 난다. 합병양도이익은 2010.6.8. 개정되기 전의 청산소득과 같으며, 합병평가차익의 금액과도 같다.

차변		대변	
합병대가	1,051,753,588,000	순자산 장부가액	420,757,000,000
		합병양도이익	630,996,588,000
계	1,051,753,588,000	계	1,051,753,588,000

② (비적격) 합병법인의 합병매수차손

합병매수차손 = 합병대가 − 순자산시가

합병매수차손 653,771,588,000원은 대변과 차변의 단순한 차액이며, 장부상 영업권과 같은 금액이다.

차변		대변	
순자산 시가	397,982,000,000	합병대가	1,051,753,588,000
합병매수차손	653,771,588,000		
계	1,051,753,588,000	계	1,051,753,588,000

※ 순자산 시가를 법인세법의 시가와 같은 것으로 본다.

"사업상 가치가 있다고 보아 대가를 지급한 경우에 해당되는 금액"의 합병매수차손을 계산하는 방법을 지분풀링법에서 계산한 방식으로 하면 다음과 같게 된다. 합병법인이 승계한 순자산 시가 397,982,000,000원은 다음과 같이 승계한 자산의 시가는 장부가액보다 높고, 승계한 부채의 시가도 장부가액보다 높았다.

종류	승계한 가액 ①	장부가액 ②	증감(① - ②)	비고
자산총계	734,824,000,000	635,991,000,000	98,833,000,000	자산증가
부채총계	336,842,000,000	215,234,000,000	121,608,000,000	부채증가
순자산	397,982,000,000	420,757,000,000	▲22,775,000,000	순자산감소

승계한 순자산 시가의 구성 내용을 자산과 부채로 각각 나누어 다음과 같이 분석할 수 있다. 지분풀링법에서 분석한 구성 내용과 같다.

차변			대변		
시가	자산총계(장부가액)	635,991,000,000	시가	부채총계(장부가액)	215,234,000,000
	자산의 증가	98,833,000,000		부채의 증가	121,608,000,000
합병매수차손		653,771,588,000	합병대가		1,051,753,588,000
계		1,388,595,588,000	계		1,388,595,588,000

지분풀링법에서 분석한 방법에 따라 합병매수차손의 성격을 발생 원인에 따라 구별해 보면 합병매수차손은 다음과 같이 구성되어 있다. "사업상 가치가 있다고 보아 대가를 지급한 경우"에 해당이 되는 금액은 630,996,588,000원이 된다. 이 금액은 장부상 영업권과 차이가 나고 지분풀링법의 장부상 영업권과 같은 금액이다. 이 금액은 합병양도이익과 같은 금액이며, 2010.6.8. 개정되기 전의 청산소득과 합병영업권(합병평가차익)과도 같은 금액이다. 이 금액들은 지분풀링법에서 분석한 금액과 같다.

차변			대변	
순자산 시가		397,982,000,000	합병대가	1,051,753,588,000
합병매수차손	순자산 감소금액	22,775,000,000		
	영업권	630,996,588,000		
계		1,051,753,588,000	계	1,051,753,588,000

여기서 "사업상 가치가 있다고 보아 대가를 지급한 경우에 해당되는 금액"을 분석하는 방식도 지분풀링법에서 계산한 방식과 같은 방식으로 분석한다. 지분풀링법에서 분석한 결과와 마찬가지로 피합병법인의 합병양도이익 630,996,588,000원은 "사업상 가치가 있다고 보아 대가를 지급한 금액"에서 발생한 것이 되고, 이 금액은 "사업상 가치가

있다고 보아 대가를 지급한 경우"인 합병매수차손이 된다.

구분	장부계상			장부미계상
	양도가액 ①	장부가액 ②	양도이익(① − ②)	합병양도이익
자산	734,824,000,000	635,991,000,000	98,833,000,000	630,996,588,000
부채	336,842,000,000	215,234,000,000	▲121,608,000,000	
순자산	397,982,000,000	420,757,000,000	▲22,775,000,000	

※ 양도가액: 합병법인이 시가로 승계한 가액

③ (적격) 합병법인의 자산과 부채의 조정계정

(±)자산조정계정 = 시가(승계한 자산 및 부채) − 장부가액

앞서 제시된 자료에 따르면 합병법인이 승계한 자산과 부채의 내용은 다음과 같았다.

종류	승계한 가액(시가) ①	장부가액 ②	증감(① − ②)	비고
자산총계	734,824,000,000	635,991,000,000	98,833,000,000	자산증가
부채총계	336,842,000,000	215,234,000,000	121,608,000,000	부채증가
순자산	397,982,000,000	420,757,000,000	▲22,775,000,000	순자산감소

자산조정계정의 분석방법도 지분풀링법에서 계산한 방식으로 계산하면 지분풀링법에서 계산한 결과와 같은 것이 된다. 피합병법인의 장부에 계상되어 있지 않은 자산의 자산조정계정 금액이 653,771,588,000원 발생하게 된다. 이때 미계상 자산조정계정 금액은 장부상 영업권과 같은 금액이며, "법인세법 계산방식"의 합병매수차손과도 같은 금액이다.

차변			대변	
자산총계(장부가)		635,991,000,000	부채총계(장부가)	215,234,000,000
자산조정계정	계상자산	98,833,000,000	부채조정계정	121,608,000,000
	미계상자산	653,771,588,000	합병대가	1,051,753,588,000
계		1,388,595,588,000	계	1,388,595,588,000

"법인세법 계산방식"의 미계상 자산조정계정 내용을 분석하면 지분풀링법에서 분석한

내용과 같다. 지분풀링법에서 계산한 방법과 마찬가지로 "법인세법 계산방식"의 미계상 자산조정계정 금액에는 승계한 순자산 감소로 인한 금액 22,775,000,000원이 포함되어 있게 된다. 이 금액을 제외하면 미계상 자산조정계정은 630,996,588,000원이 되고, 이 금액은 장부상 영업권과 차이가 난다. 또한 이 금액은 지분풀링법에서 분석한 내용과 마찬가지로 "사업상 가치가 있다고 보아 대가를 지급한 경우에 해당되는 금액"인 합병매수차손 및 합병양도이익과 같은 금액이며, 2010.6.8. 개정되기 전의 청산소득과 합병영업권(합병평가차익)과도 같은 금액이다.

<table>
<tr><th colspan="3">차변</th><th colspan="2">대변</th></tr>
<tr><td colspan="2">자산총계(장부가)</td><td>635,991,000,000</td><td>부채총계(장부가)</td><td>215,234,000,000</td></tr>
<tr><td colspan="2">자산조정계정</td><td>98,833,000,000</td><td rowspan="2">부채조정계정</td><td rowspan="2">121,608,000,000</td></tr>
<tr><td rowspan="2">미계산 자산조정계정</td><td>순자산 감소</td><td>22,775,000,000</td></tr>
<tr><td>미계상자산</td><td>630,996,588,000</td><td>합병대가</td><td>1,051,753,588,000</td></tr>
<tr><td colspan="2">계</td><td>1,388,595,588,000</td><td>계</td><td>1,388,595,588,000</td></tr>
</table>

※ 자산조정계정 차변은 자산의 손금(유보) 조정계정, 대변은 부채의 손금(유보) 조정계정

3. ≪사례 2≫ 및 다음 ≪사례 3≫ 분석의 결론

≪사례 1≫의 분석 결론을 참고하면 다음의 결론을 얻게 된다. ≪사례 2≫ 및 다음 ≪사례 3≫의 분석의 결론은 ≪사례 1≫ 분석의 결론과 일치한다. ≪사례 1≫과 ≪사례 2≫, ≪사례 3≫의 각각의 사례는 승계한 자산과 부채의 시가와 장부가액이 그 구성 내용에 차이가 있었다. 즉 ≪사례 1≫은 승계한 자산의 시가가 장부가액보다 낮고, 승계한 부채의 시가가 장부가액보다 높다(승계한 순자산 감소). ≪사례 2≫는 승계한 자산의 시가가 장부가액보다 높고, 승계한 부채의 시가가 장부가액보다 높다(승계한 순자산 감소). ≪사례 3≫은 승계한 자산의 시가가 장부가액보다 높고, 승계한 부채의 시가는 장부가액과 같다(승계한 순자산 증가). 모든 사례에서 다음과 같은 결론을 내릴 수 있다.

회계처리방식과 관계없이 합병과세소득의 상호관계는 기본적으로 항상 같은 금액으로 계산된다. 다만, 합병과세소득의 상호관계에 영향을 미치는 것은 승계한 유형적 자산이 장부가액보다 증가(평가증)한 경우이다(≪사례 2≫ 및 ≪사례 3≫). 승계한 순자산이 감소된 경우(≪사례 2≫) 매수법에서만 합병평가차익이 다른 합병과세소득보다 많게

계산된다. 많게 계산되는 금액은 승계한 유형적 자산의 평가증된 금액이다. 한편, 승계한 순자산이 증가된 경우(≪사례 3≫) 회계처리방식과 관계없이 청산소득과 합병양도이익, 매수법의 합병평가차익이 다른 합병과세소득보다 많게 계산된다. 많게 계산되는 금액은 승계한 유형적 자산의 평가증된 금액이다. 모든 사례에서 회계처리방식에도 불구하고 청산소득과 합병양도이익, 합병매수차손과 미계상 자산조정계정은 항상 같은 금액으로 계산된다. 그리고 "사업상 가치가 있다고 보아 대가를 지급한 경우"에 해당하는 영업권은 회계처리 방식에도 불구하고 언제나 같은 금액으로 계산된다. 모든 사례에서 합병과세소득 상호 간에 차이 나는 금액은 유형적 자산의 평가증으로 인한 금액뿐이다.

사례 3 ••• 승계한 자산이 증가하면서 승계한 순자산이 증가한 경우

≪사례 2≫에서 다른 변동은 없고 승계한 부채의 증가금액 121,608,000,000원이 없는 경우라면 승계한 자산 및 부채의 가액(시가)과 장부가액의 명세는 다음과 같게 된다. 승계한 자산의 시가가 장부가액보다 높고, 승계한 부채의 시가는 장부가액과 같다.

종류	승계한 가액 ①	장부가액 ②	증감(① − ②)	비고
자산총계	734,824,000,000	635,991,000,000	98,833,000,000	자산증가
부채총계	215,234,000,000	215,234,000,000	0	−
순자산	519,590,000,000	420,757,000,000	98,833,000,000	순자산증가

○ 지분풀링법(장부가액 회계처리)

<table>
<tr><th colspan="2">차변(자산 승계가액)</th><th colspan="3">대변</th></tr>
<tr><td>자산총계</td><td>635,991,000,000</td><td colspan="2">부채총계</td><td>215,234,000,000</td></tr>
<tr><td>영업권</td><td>630,996,588,000</td><td rowspan="3">합병 대가</td><td>자본금</td><td>48,764,280,000</td></tr>
<tr><td rowspan="2"></td><td rowspan="2"></td><td>주발초</td><td>1,028,926,308,000</td></tr>
<tr><td>자기주식</td><td>−25,937,000,000</td></tr>
<tr><td>계</td><td>1,266,987,588,000</td><td colspan="2">계</td><td>1,266,987,588,000</td></tr>
</table>

○ 매수법(공정가액 회계처리)

<table>
<tr><th colspan="2">차변(자산 승계가액)</th><th colspan="3">대변</th></tr>
<tr><td>자산총계</td><td>734,824,000,000</td><td colspan="2">부채총계</td><td>215,234,000,000</td></tr>
<tr><td>영업권</td><td>532,163,588,000</td><td rowspan="3">합병
대가</td><td>자본금</td><td>48,764,280,000</td></tr>
<tr><td colspan="2" rowspan="2"></td><td>주발초</td><td>1,028,926,308,000</td></tr>
<tr><td>자기주식</td><td>−25,937,000,000</td></tr>
<tr><td>계</td><td>1,266,987,588,000</td><td colspan="2">계</td><td>1,266,987,588,000</td></tr>
</table>

※ 공정가액을 법인세법 제52조 제2항의 시가로 본다.

(1) 지분풀링법

승계한 자산이 증가하면서 승계한 순자산이 증가한 경우 합병평가차익과 청산소득, 합병양도이익, 합병매수차손의 관계를 보면 다음과 같게 된다.

청산소득은 ≪사례 2≫의 지분풀링법의 630,996,588,000원과 같다. ≪사례 3≫의 지분풀링법의 장부상 영업권은 630,996,588,000원이다. 장부상 영업권이 청산소득으로 과세되고 있다.

구분	합병대가 ①	순자산 장부가액 ②	청산소득(① − ②)
요건 충족	48,764,280,000	420,757,000,000	−371,992,720,000
요건 미충족	1,051,753,588,000	420,757,000,000	630,996,588,000

합병평가차익은 ≪사례 2≫의 지분풀링법의 630,996,588,000원과 같다. ≪사례 3≫의 지분풀링법의 장부상 영업권은 630,996,588,000원이다. 장부상 영업권이 합병평가차익으로 과세되고 있다.

<table>
<tr><th>구분</th><th colspan="2">자산 승계가액 ①</th><th>자산 장부가액 ②</th><th>청산소득 ③</th><th>합병평가차익
(① − ② − ③)</th></tr>
<tr><td rowspan="3">요건
충족</td><td>자산</td><td>635,991,000,000</td><td>635,991,000,000</td><td>0</td><td>0</td></tr>
<tr><td>영업권</td><td>630,996,538,000</td><td>0</td><td>0</td><td>630,996,538,000</td></tr>
<tr><td>계</td><td>1,266,987,538,000</td><td>635,991,000,000</td><td>0</td><td>630,996,538,000</td></tr>
<tr><td rowspan="3">요건
미충족</td><td>자산</td><td>635,991,000,000</td><td>635,991,000,000</td><td>0</td><td>0</td></tr>
<tr><td>영업권</td><td>630,996,538,000</td><td>0</td><td>630,996,538,000</td><td>0</td></tr>
<tr><td>계</td><td>1,266,987,538,000</td><td>635,991,000,000</td><td>630,996,538,000</td><td>0</td></tr>
</table>

합병양도이익을 계산하면 다음과 같다. 합병양도이익도 ≪사례 2≫의 지분풀링법의 630,996,588,000원과 같다. 다만, 그 구성 내용은 다음의 분석에서 보는 바와 같이 차이가 있다.

차변		대변	
합병대가	1,051,753,588,000	순자산 장부가액	420,757,000,000
		합병양도이익	630,996,588,000
계	1,051,753,588,000	계	1,051,753,588,000

위의 합병양도이익 630,996,588,000원을 다음과 같이 분류할 수 있다.

구분	장부계상			장부미계상 합병양도이익
	양도가액 ①	장부가액 ②	양도이익(① − ②)	
자산	734,824,000,000	635,991,000,000	98,833,000,000	532,163,588,000
부채	215,234,000,000	215,234,000,000	0	
순자산	519,590,000,000	420,757,000,000	98,833,000,000	

여기서 "사업상 가치가 있다고 보아 대가를 지급한 경우에 해당되는 금액"을 앞서 분석 방식과 마찬가지로 계산할 수 있다. 즉 합병양도이익 630,996,588,000원에는 자산의 양도이익이 98,833,000,000원 포함되어 있다. 이 금액을 제외하면 532,163,588,000원이 되는데, 이 금액은 "사업상 가치가 있다고 보아 대가를 지급한 금액"에서 발생한 것이 되고, "사업상 가치가 있다고 보아 대가를 지급한 경우"인 합병매수차손이 된다. 합병양도이익 합계 630,996,588,000원은 ≪사례 2≫의 지분풀링법의 금액과 같으나 ≪사례 2≫는 합병매차손에 해당하는 양도이익이 630,996,588,000원이었다.

합병매수차손은 ≪사례 2≫의 지분풀링법 630,996,588,000원보다 98,833,000,000원이 적다. ≪사례 3≫의 지분풀링법의 장부상 영업권은 630,996,588,000원이다. 합병매수차손은 합병대가에서 순자산 시가(자산 시가 − 부채 시가) 519,590,000,000원을 차감하는 방식의 계산이므로, 이때 순자산 시가는 ≪사례 2≫의 지분풀링법보다 121,608,000,000원(부채의 증가금액)이 많다. 그런데 승계한 순자산 감소금액 22,775,000,000원이 없으므로 결국은 합병대가에서 차감되는 금액은 지분풀링법보다 98,833,000,000원(121,608,000,000원 − 22,775,000,000원)이 많으므로 지분풀링법보다 98,833,000,000원이 적게 계산된다.

차변			대변		
시가	자산총계 (장부가액)	635,991,000,000	시가	부채총계 (장부가액)	215,234,000,000
	자산의 증감	98,833,000,000		부채의 증감	0
합병매수차손		532,163,588,000	합병대가		1,051,753,588,000
계		1,266,987,588,000	계		1,266,987,588,000

위의 계산 결과를 종합하면 다음과 같다.

구분	청산소득	합병평가차익	합병양도이익	합병매수차손
금액	630,996,588,000	630,996,588,000	630,996,588,000	532,163,588,000

위의 계산에서 청산소득, 합병평가차익, 합병양도이익은 같은 금액으로 계산되고 이 금액들은 장부상의 영업권 630,996,588,000원과 같다. 그런데 영업권과 관련된 금액을 구분해 본다면, 합병매수차손 532,163,588,000원, 합병양도이익 630,996,588,000원 중 532,163,588,000원은 구분을 할 수 있으나 합병평가차익과 청산소득에서는 가능하지 않다.

이 사례는 승계한 순자산이 증가한 경우서 승계한 자산이 98,833,000,000원 증가하고 승계한 부채는 장부가액과 같았다. 앞서 ≪사례 1≫과 ≪사례 2≫는 승계한 순자산이 감소한 경우였다. 승계한 순자산이 감소한 경우는 합병매수차손의 금액이 합병양도이익과 청산소득 및 합병평가차익의 영업권과 같은 금액이었다.

(2) 매수법

승계한 자산이 증가하면서 승계한 순자산이 증가한 경우 합병평가차익과 청산소득, 합병양도이익, 합병매수차손의 관계를 보면 다음과 같게 된다.

청산소득은 ≪사례 2≫의 매수법 630,996,588,000원과 같다. 다만, ≪사례 3≫의 매수법의 장부상 영업권은 532,163,588,000원인데 청산소득이 630,996,588,000원으로 계산되었다. 청산소득과 장부상 영업권과의 차이가 나는 금액은 승계한 자산의 증가로 인한 금액 98,833,000,000원이다. 그렇다면 청산소득은 영업권으로 532,163,588,000원, 승계한 자산의 증가로 인한 98,833,000,000원으로 구성되어 있다고 볼 수 있을 것이다.

구분	합병대가 ①	순자산장부가액 ②	청산소득(① − ②)
요건 충족	48,764,280,000	420,757,000,000	−371,992,720,000
요건 미충족	1,051,753,588,000	420,757,000,000	630,996,588,000

합병평가차익은 ≪사례 2≫의 매수법 630,996,588,000원과 같다. 다만, 합병평가차익의 구성 내용에서 보면 ≪사례 2≫의 영업권 합병평가차익보다 98,8333,000,000원이 적게 계산되었다. 적게 계산된 금액은 승계자산의 평가증된 금액이다. ≪사례 3≫의 매수법의 장부상 영업권 532,163,588,000원이 모두 합병평가차익으로 과세되고 있다.

구분		자산 승계가액 ①	자산 장부가액 ②	청산소득 ③	합병평가차익 (① − ② − ③)
요건 충족	자산	734,824,000,000	635,991,000,000	0	98,833,000,000
	영업권	532,163,588,000	0		532,163,588,000
	계	1,266,987,588,000	635,991,000,000	0	630,996,588,000
요건 미충족	자산	734,824,000,000	635,991,000,000	630,996,588,000	0
	영업권	532,163,588,000	0		0
	계	1,266,987,588,000	635,991,000,000	630,996,588,000	0

합병양도이익은 ≪사례 2≫의 매수법 630,996,588,000원과 같다. 다만, 그 구성 내용은 다음의 분석에서 보는 바와 같이 차이가 있다.

차변		대변	
합병대가	1,051,753,588,000	순자산 장부가액	420,757,000,000
		합병양도이익	630,996,588,000
계	1,051,753,588,000	계	1,051,753,588,000

위의 합병양도이익 630,996,588,000원을 다음과 같이 분류할 수 있다. 분석의 내용은 위의 지분풀링법과 같은 방식이다. 이때 장부상 미계상 합병양도이익은 ≪사례 3≫의 매수법의 장부상 영업권 532,163,588,000원과 같다.

구분	장부계상			장부미계상 합병양도이익
	양도가액 ①	장부가액 ②	양도이익(① − ②)	
자산	734,824,000,000	635,991,000,000	98,833,000,000	532,163,588,000
부채	215,234,000,000	215,234,000,000	0	
순자산	519,590,000,000	420,757,000,000	98,833,000,000	

합병매수차손은 ≪사례 2≫의 매수법 630,996,588,000원과 차이가 난다. ≪사례 3≫의 매수법의 장부상 영업권 532,163,588,000원이 합병매수차손으로 계산된다.

차변			대변		
시가	자산총계 (장부가액)	635,991,000,000	시가	부채총계 (장부가액)	215,234,000,000
	자산의 증감	98,833,000,000		부채의 증감	0
합병매수차손		532,163,588,000	합병대가		1,051,753,588,000
계		1,266,987,588,000	계		1,266,987,588,000

위 계산 결과를 종합하면 다음과 같다.

구분	청산소득	합병평가차익	합병양도이익	합병매수차손
금액	630,996,588,000	630,996,588,000	630,996,588,000	532,163,588,000

위의 계산에서 청산소득, 합병평가차익, 합병양도이익은 같은 금액으로 계산되고 이 금액들은 앞의 지분풀링법과는 다르게 장부상의 영업권 532,163,588,000원과 차이가 난다. 위의 계산에서 영업권과 관련된 금액을 구분해 본다면, 합병매수차손 532,163,588,000원, 합병양도이익 630,996,588,000원 중 532,163,588,000원, 합병평가차익 630,996,588,000원 중 532,163,588,000원, 청산소득 630,996,588,000원 중 532,163,588,000원으로 구분을 할 수 있다. 이들의 금액은 모두 장부상 영업권 532,163,588,000원과 같은 금액이다.

지분풀링법과 매수법의 계산 결과를 다음과 같이 정리할 수 있다.

구분	합계 (① + ②)	지분풀링법		매수법	
		자산 ①	영업권 ②	자산 ①	영업권 ②
청산소득	630,996,588,000		630,996,588,000	98,833,000,000	532,163,588,000
합병평가차익	630,996,588,000		630,996,588,000	98,833,000,000	532,163,588,000
합병양도이익	630,996,588,000	98,833,000,000	532,163,588,000	98,833,000,000	532,163,588,000
합병매수차손	532,163,588,000	0	532,163,588,000	0	532,163,588,000

* 청산소득, 합병평가차익, 합병양도이익의 98,833,000,000원은 승계한 자산의 평가증된 금액임.

사례 4 승계한 부채가 감소하면서 승계한 순자산이 증가한 경우

≪사례 2≫에서 승계한 자산의 증가는 없고 승계한 부채의 감소금액이 98,833,000,000원 있는 경우라면 승계한 자산 및 부채의 가액(시가)과 장부가액의 명세는 다음과 같게 된다. 승계한 자산의 시가가 장부가액과 같고, 승계한 부채의 시가는 장부가액보다 낮다.

종류	승계한 가액 ①	장부가액 ②	증감(① − ②)	비고
자산총계	635,991,000,000	635,991,000,000	0	−
부채총계	116,401,000,000	215,234,000,000	−98,833,000,000	부채의 감소
순자산	519,590,000,000	420,757,000,000	98,833,000,000	순자산증가

○ 지분풀링법(장부가액 회계처리)

차변(자산 승계가액)		대변		
자산총계	635,991,000,000	부채총계		215,234,000,000
영업권	630,996,588,000	합병대가	자본금	48,764,280,000
			주발초	1,028,926,308,000
			자기주식	−25,937,000,000
계	1,266,987,588,000	계		1,266,987,588,000

○ 매수법(공정가액 회계처리)

차변(자산 승계가액)		대변		
자산총계	635,991,000,000	부채총계		116,401,000,000
영업권	532,163,588,000	합병대가	자본금	48,764,280,000
			주발초	1,028,926,308,000
			자기주식	-25,937,000,000
계	1,168,154,588,000	계		1,168,154,588,000

※ 공정가액을 법인세법 제52조 제2항의 시가로 본다.

(1) 지분풀링법

승계한 부채가 감소하면서 승계한 순자산이 증가한 경우 합병평가차익과 청산소득, 합병양도이익, 합병매수차손의 관계를 보면 다음과 같게 된다.

청산소득은 ≪사례 3≫의 지분풀링법의 630,996,588,000원과 같다. ≪사례 4≫의 지분풀링법의 장부상 영업권은 630,996,588,000원이다. 장부상 영업권이 청산소득으로 과세되고 있다.

구분	합병대가 ①	순자산 장부가액 ②	청산소득(① - ②)
요건 충족	48,764,280,000	420,757,000,000	-371,992,720,000
요건 미충족	1,051,753,588,000	420,757,000,000	630,996,588,000

합병평가차익은 ≪사례 3≫의 지분풀링법의 630,996,588,000원과 같다. ≪사례 4≫의 지분풀링법의 장부상 영업권은 630,996,588,000원이다. 장부상 영업권이 합병평가차익으로 과세되고 있다.

구분	자산 승계가액 ①		자산 장부가액 ②	청산소득 ③	합병평가차익 (① - ② - ③)
요건 충족	자산	635,991,000,000	635,991,000,000	0	0
	영업권	630,996,538,000	0	0	630,996,538,000
	계	1,266,987,538,000	635,991,000,000	0	630,996,538,000
요건 미충족	자산	635,991,000,000	635,991,000,000	0	0
	영업권	630,996,538,000	0	630,996,538,000	0
	계	1,266,987,538,000	635,991,000,000	630,996,538,000	0

합병양도이익을 계산하면 다음과 같다. 합병양도이익도 ≪사례 3≫의 지분풀링법의 630,996,588,000원과 같다. 다만, 그 구성 내용은 다음의 분석에서 보는 바와 같이 차이가 있다.

차변		대변	
합병대가	1,051,753,588,000	순자산 장부가액	420,757,000,000
		합병양도이익	630,996,588,000
계	1,051,753,588,000	계	1,051,753,588,000

위의 합병양도이익 630,996,588,000원을 다음과 같이 분류할 수 있다.

구분	장부계상			장부미계상 합병양도이익
	양도가액 ①	장부가액 ②	양도이익(① − ②)	
자산	635,991,000,000	635,991,000,000	0	532,163,588,000
부채	116,401,000,000	215,234,000,000	98,833,000,000	
순자산	519,590,000,000	420,757,000,000	98,833,000,000	

여기서 "사업상 가치가 있다고 보아 대가를 지급한 경우에 해당되는 금액"을 앞서 분석 방식과 마찬가지로 계산할 수 있다. 즉 합병양도이익 630,996,588,000원에는 부채의 양도이익이 98,833,000,000원 포함되어 있다. 이 금액을 제외하면 532,163,588,000원이 되는데, 이 금액은 "사업상 가치가 있다고 보아 대가를 지급한 금액"에서 발생한 것이 되고, "사업상 가치가 있다고 보아 대가를 지급한 경우"인 합병매수차손이 된다. 합병양도이익 합계 630,996,588,000원은 ≪사례 3≫의 지분풀링법의 금액과 같으며, 장부미계상 합병양도이익도 ≪사례 3≫과 같다.

합병매수차손은 ≪사례 3≫의 지분풀링법 532,163,588,000원과 같다. ≪사례 4≫의 지분풀링법의 장부상 영업권은 532,163,588,000원이다. 합병매수차손은 합병대가에서 순자산 시가(자산 시가 − 부채 시가) 519,590,000,000원을 차감하는 방식의 계산인데, 이때 순자산 시가는 ≪사례 3≫의 지분풀링법과 같다. 다만, ≪사례 3≫은 승계한 자산의 증가 금액이 98,833,000,000원이었으나 ≪사례 4≫는 승계한 부채의 감소 금액이 98,833,000,000원이었다. 결국 ≪사례 3≫과 ≪사례 4≫ 둘 다 승계한 순자산의 증가는

98,833,000,000원이므로 합병매수차손이 같은 금액으로 계산된다.

차변			대변		
시가	자산총계 (장부가액)	635,991,000,000	시가	부채총계 (장부가액)	215,234,000,000
	자산의 증감	0		부채의 증감	−98,833,000,000
합병매수차손		532,163,588,000	합병대가		1,051,753,588,000
계		1,168,154,588,000	계		1,168,154,588,000

위의 계산 결과를 종합하면 다음과 같다.

구분	청산소득	합병평가차익	합병양도이익	합병매수차손
금액	630,996,588,000	630,996,588,000	630,996,588,000	532,163,588,000

위의 계산에서 청산소득, 합병평가차익, 합병양도이익은 같은 금액으로 계산되고 이 금액들은 장부상의 영업권 630,996,588,000원과 같다. 그런데 영업권과 관련된 금액을 구분해 본다면, 합병매수차손 532,163,588,000원, 합병양도이익 630,996,588,000원 중 532,163,588,000원은 구분을 할 수 있으나 합병평가차익과 청산소득에서는 가능하지 않다. 이와 같은 내용은 ≪사례 3≫과 같다.

이 사례는 승계한 순자산이 증가한 경우서 승계한 부채가 98,833,000,000원 감소하고 승계한 자산은 장부가액과 같았다. 앞서 ≪사례 1≫과 ≪사례 2≫는 승계한 순자산이 감소한 경우였다. 승계한 순자산이 감소한 경우는 합병매수차손의 금액이 합병양도이익과 청산소득 및 합병평가차익의 영업권과 같은 금액이었다.

(2) 매수법

승계한 부채가 감소하면서 승계한 순자산이 증가한 경우 합병평가차익과 청산소득, 합병양도이익, 합병매수차손의 관계를 보면 다음과 같게 된다.

청산소득은 ≪사례 3≫의 매수법 630,996,588,000원과 같다. ≪사례 3≫과 마찬가지로 ≪사례 4≫의 매수법의 장부상 영업권은 532,163,588,000원인데 청산소득이 630,996,588,000원으로 계산되었다. 청산소득과 장부상 영업권과의 차이가 나는 금액은 승계한 부채의 감소로 인한 금액 98,833,000,000원이다. 그렇다면 청산소득은 영업권으로 532,163,588,000원,

승계한 부채의 감소로 인한 98,833,000,000원으로 구성되어 있다고 볼 수 있을 것이다.

구분	합병대가 ①	순자산장부가액 ②	청산소득(① − ②)
요건 충족	48,764,280,000	420,757,000,000	−371,992,720,000
요건 미충족	1,051,753,588,000	420,757,000,000	630,996,588,000

합병평가차익은 ≪사례 3≫의 매수법 630,996,588,000원과 차이가 있다. 합병평가차익의 구성 내용에서 보면 ≪사례 3≫의 영업권 합병평가차익 532,163,588,000원과는 같다. 앞에서 ≪사례 3≫과 ≪사례 4≫ 둘 다 승계한 순자산의 증가는 98,833,000,000원으로 같다고 하였다. 그러나 ≪사례 3≫은 승계한 자산의 증가로 인한 98,8333,000,000원이 평가차익으로 계산되는데, ≪사례 4≫는 승계한 부채의 감소로 인한 98,8333,000,000원은 계산되지 않는다. 그 이유는 합병평가차익은 승계한 자산에 한하는 것으로 평가차익만 대상이 되고(자산이라고 하더라도 평가차손은 안 됨) 승계한 부채의 감소는 평가차익의 대상이 되지 않기 때문이다. ≪사례 3≫과 ≪사례 4≫의 매수법의 장부상 영업권 532,163,588,000원이 모두 합병평가차익으로 과세되고 있다.

구분	자산 승계가액 ①		자산 장부가액 ②	청산소득 ③	합병평가차익 (① − ② − ③)
요건 충족	자산	635,991,000,000	635,991,000,000	0	0
	영업권	532,163,588,000	0		532,163,588,000
	계	1,168,154,588,000	635,991,000,000	0	532,163,588,000
요건 미충족	자산	635,991,000,000	635,991,000,000		0
	영업권	532,163,588,000	0	630,996,588,000	−98,833,000,000
	계	1,168,154,588,000	635,991,000,000	630,996,588,000	−98,833,000,000

합병양도이익은 ≪사례 3≫의 매수법 630,996,588,000원과 같다. 다만, 그 구성 내용은 다음의 분석에서 보는 바와 같이 차이가 있다.

차변		대변	
합병대가	1,051,753,588,000	순자산 장부가액	420,757,000,000
		합병양도이익	630,996,588,000
계	1,051,753,588,000	계	1,051,753,588,000

위의 합병양도이익 630,996,588,000원을 다음과 같이 분류할 수 있다. 분석의 내용은 위의 지분풀링법과 같은 방식이다. 이때 장부상 미계상 합병양도이익은 ≪사례 3≫의 매수법의 장부상 영업권 532,163,588,000원과 같다. 다만, 합병양도이익의 구성 내용에서 보면 ≪사례 3≫의 매수법은 승계한 자산에서 98,833,000,000원, ≪사례 4≫의 매수법은 승계한 부채에서 98,833,000,000원의 양도이익이 각각 발생하였다.

구분	장부계상			장부미계상 합병양도이익
	양도가액 ①	장부가액 ②	양도이익(① − ②)	
자산	734,824,000,000	635,991,000,000	0	532,163,588,000
부채	215,234,000,000	215,234,000,000	98,833,000,000	
순자산	519,590,000,000	420,757,000,000	98,833,000,000	

합병매수차손은 ≪사례 3≫의 매수법 532,163,588,000원과 같다. ≪사례 4≫의 매수법의 장부상 영업권 532,163,588,000원이 합병매수차손으로 계산된다.

차변			대변		
시가	자산총계 (장부가액)	635,991,000,000	시가	부채총계 (장부가액)	215,234,000,000
	자산의 증감	0		부채의 증감	−98,833,000,000
합병매수차손		532,163,588,000	합병대가		1,051,753,588,000
계		1,168,154,588,000	계		1,168,154,588,000

위 계산 결과를 종합하면 다음과 같다.

구분	청산소득	합병평가차익	합병양도이익	합병매수차손
금액	630,996,588,000	532,163,588,000	630,996,588,000	532,163,588,000

위의 계산에서 청산소득, 합병양도이익은 같은 금액으로 계산되고 이 금액들은 앞의 지분풀링법과는 다르게 장부상의 영업권 532,163,588,000원과 차이가 난다. 그런데 위의 계산에서 영업권과 관련된 금액을 구분해 본다면, 합병매수차손 532,163,588,000원, 합병양도이익 630,996,588,000원 중 532,163,588,000원, 합병평가차익 532,163,588,000원, 청산소득 630,996,588,000원 중 532,163,588,000원으로 구분을 할 수 있다. 이들의 금액은

모두 장부상 영업권 532,163,588,000원과 같은 금액이다.

지분풀링법과 매수법의 계산 결과를 다음과 같이 정리할 수 있다.

구분	합계 (① + ②)	지분풀링법		매수법	
		자산 ①	영업권 ②	자산 ①	영업권 ②
청산소득	630,996,588,000		630,996,588,000	98,833,000,000	532,163,588,000
합병평가차익	630,996,588,000		630,996,588,000	0	532,163,588,000
합병양도이익	630,996,588,000	98,833,000,000	532,163,588,000	98,833,000,000	532,163,588,000
합병매수차손	532,163,588,000	0	532,163,588,000	0	532,163,588,000

* 합병평가차익 합계 매수법은 532,163,588,000원, 매수법의 청산소득 98,833,000,000원은 승계한 부채의 감소된 금액, 합병양도이익은 부채 98,833,000,000원의 양도에 따른 이익임.

(3) ≪사례 3≫ 및 ≪사례 4≫ 분석의 결론

결론에서 보면 승계한 순자산이 감소한 ≪사례 1≫과 ≪사례 2≫와 다르게 승계한 순자산이 증가한 경우는 영업권에 해당하는 합병매수차손 532,163,588,000원이 매수법에서는 합병양도이익과 청산소득, 합병평가차익으로 과세되는 것이 분명하나 지분풀링법의 경우는 합병매수차손 532,163,588,000원보다 더 많은 금액이 영업권의 합병평가차익과 청산소득으로 과세되고 있는데(지분풀링법은 승계한 자산에서는 합병평가차익이 발생할 수 없으며, 장부상의 영업권 금액이 합병평가차익으로 계산되므로), 이 금액은 승계한 자산의 평가증된 금액에 해당하는 98,833,000,000원 또는 승계한 부채의 감소된 금액에 해당하는 98,833,000,000원이다. 승계한 순자산이 감소한 ≪사례 1≫과 ≪사례 2≫의 경우 지분풀링법에서는 장부상의 영업권 금액이 청산소득과 합병평가차익으로 계산되고 같은 금액이 합병양도이익과 합병매수차손으로 계산되었다. 그러나 승계한 순자산이 증가한 ≪사례 3≫과 ≪사례 4≫는 지분풀링법에서는 장부상의 영업권 금액이 청산소득과 합병평가차익으로 계산되었으나 같은 금액이 합병양도이익과 합병매수차손으로 계산되지 않았다.

이와 같은 분석에 대해 지분풀링법에서 영업권의 청산소득, 합병평가차익과 합병양도이익, 합병매수차손의 관계를 다음과 같이 분석할 수 있을 것이다. 2010.6.8. 개정 전의 계산방식에서는 지분풀링법의 합병평가차익과 청산소득은 장부상의 영업권과 같은 금액으로 계산된다. 즉 장부상의 영업권이 합병평가차익과 청산소득으로 과세되고 있다는 것이다. 그런데 2010.6.8. 개정 후의 계산방식에서는 승계한 자산의 평가증된 금액 98,833,000,000원이 합병양도이익 총액에 포함되어 있게 계산되는데, 이 금액을 합병양도이익 630,996,588,000원 계산 시 분리하면 532,163,588,000원이 남게 되고, 이 금액은 합병매수차손에 해당하는 금액이 된다. 한편, 합병매수차손의 계산방식은 합병대가와 순자산 시가와의 비교이므로 이때 합병대가는 변동이 없으나 순자산 시가는 ≪사례 2≫의 지분풀링법보다 98,833,000,000원이 증가하게 되는데 이 금액은 승계한 자산의 평가증된 금액 또는 승계한 부채의 감소금액이다. 즉 승계한 자산의 평가증된 금액 또는 승계한 부채의 감소금액이 합병매수차손의 계산식에 의하면 ≪사례 2≫의 지분풀링법의 순자산 시가보다는 순자산 시가를 증가하게 되므로 합병매수차손이 ≪사례 2≫의 지분풀링법 630,996,588,000원보다 98,833,000,000원이 적은 532,163,588,000원으로 계산된다. 그런데 ≪사례 3≫과 ≪사례 4≫의 지분풀링법의 경우는 ≪사례 2≫의 지분풀링법의 영업권의 합병평가차익이 합병매수차손보다 98,833,000,000원이 더 많고, 합병매수차손이 합병평가차익보다 98,833,000,000원 더 적게 계산되었다. 2010.6.8. 개정 전과 개정 후의 계산방식이 어느 것이 더 합리적인가는 검토가 필요하겠지만, ≪사례 1≫과 ≪사례 2≫에서는 매수법과 지분풀링법의 회계처리의 방법과는 관계없이 같은 금액의 세법의 영업권이 계산된다고 보고 있었다. 그러나 ≪사례 3≫과 ≪사례 4≫의 지분풀링법에서는 영업권에 대한 청산소득과 합병평가차익이 98,833,000,000원 더 많이 계산되고 있다. 매수법은 어떠한 사례에서도 영업권의 금액은 항상 같은 금액으로 계산되었다. 이와 같은 결론에서 얻을 수 있는 것은 ≪사례 2≫의 분석 중 "사업상 가치가 있다고 보아 대가를 지급한 경우"에 해당하는 영업권은 회계처리 방식에도 불구하고 언제나 같은 금액으로 계산된다고 하는 결론은 승계한 순자산이 감소한 경우에는 해당이 되겠으나 승계한 순자산이 증가한 경우에는 명확하지 않다는 것이 된다.

지분풀링법과 매수법의 회계처리 방식에 따른 합병과세소득(자산조정계정은 미계상 자산조정계정) 간의 상호관계를 정리하면 다음과 같게 된다.

≪사례 1≫ 승계한 순자산 감소(승계한 자산의 평가증 0원)

구분	지분풀링법		매수법	
과세소득	적격(충족)	비적격(미충족)	적격(충족)	비적격(미충족)
청산소득	–	234,495,672,752	–	234,495,672,752
합병평가차익	234,495,672,752	–	234,495,672,752	–
합병양도이익	–	234,495,672,752	–	234,495,672,752
합병매수차손	–	234,495,672,752	–	234,495,672,752
자산조정계정	234,495,672,752	–	234,495,672,752	–

≪사례 2≫ 승계한 순자산 감소(승계한 자산의 평가증 98,833,000,000원)

구분	지분풀링법		매수법	
과세소득	적격(충족)	비적격(미충족)	적격(충족)	비적격(미충족)
청산소득	–	630,996,588,000	–	630,996,588,000
합병평가차익	630,996,588,000	–	729,829,588,000	98,833,000,000
합병양도이익	–	630,996,588,000	–	630,996,588,000
합병매수차손	–	630,996,588,000	–	630,996,588,000
자산조정계정	630,996,588,000	–	630,996,588,000	–

※ 매수법의 적격 합병평가차익 중 영업권 평가차익이 630,996,588,000원 포함되어 있음.

≪사례 3≫ 승계한 순자산 증가(승계한 자산의 평가증 98,833,000,000원)

구분	지분풀링법		매수법	
과세소득	적격(충족)	비적격(미충족)	적격(충족)	비적격(미충족)
청산소득	–	630,996,588,000	–	630,996,588,000
합병평가차익	630,996,588,000	–	630,996,588,000	0
합병양도이익	–	630,996,588,000	–	630,996,588,000
합병매수차손	–	532,163,588,000	–	532,163,588,000
자산조정계정	630,996,588,000	–	630,996,588,000	–

※ 자산조정계정 중 미계상 자산조정계정이 532,163,588,000원, 매수법의 적격 합병평가차익 중 영업권 평가차익이 532,163,588,000원 각각 포함되어 있음.

≪사례 4≫ 승계한 순자산 증가(승계한 부채의 감소 98,833,000,000원)

구분	지분풀링법		매수법	
과세소득	적격(충족)	비적격(미충족)	적격(충족)	비적격(미충족)
청산소득	-	630,996,588,000	-	630,996,588,000
합병평가차익	630,996,588,000	-	532,163,588,000	0
합병양도이익	-	630,996,588,000	-	630,996,588,000
합병매수차손	-	532,163,588,000	-	532,163,588,000
자산조정계정	630,996,588,000	-	630,996,588,000	-

※ 자산조정계정 중 미계상 자산조정계정이 532,163,588,000원임.

위의 내용을 다음과 같은 방식으로 요약할 수 있다.

≪사례 1≫ 승계한 순자산 감소(자산감소 - 부채증가)

구분	지분풀링법	매수법	지분풀링법과 매수법의 차이
청산소득	234,495,672,752	234,495,672,752	* 승계한 자산의 평가증된 금액이 없음.
합병평가차익	234,495,672,752	234,495,672,752	
합병양도이익	234,495,672,752	234,495,672,752	
합병매수차손	234,495,672,752	234,495,672,752	
미계상 자산조정계정	234,495,672,752	234,495,672,752	

≪사례 2≫ 승계한 순자산 감소(자산증가 - 부채증가)

구분	지분풀링법	매수법	지분풀링법과 매수법의 차이
청산소득	630,996,588,000	630,996,588,000	* 합병평가차익의 매수법과 지분풀링법의 차이(+) 98,833,000,000원은 승계한 자산의 평가증된 금액
합병평가차익	630,996,588,000	729,829,588,000	
합병양도이익	630,996,588,000	630,996,588,000	
합병매수차손	630,996,588,000	630,996,588,000	
미계상 자산조정계정	630,996,588,000	630,996,588,000	

≪사례 3≫ 승계한 순자산 증가(자산증가 - 부채 변동없음)

구분	지분풀링법	매수법	지분풀링법과 매수법의 차이
청산소득	630,996,588,000	630,996,588,000	* 청산소득, 합병평가차익, 합병양도이익에는 승계한 자산의 평가증된 금액 98,833,000,000원이 포함되어 있음.
합병평가차익	630,996,588,000	630,996,588,000	
합병양도이익	630,996,588,000	630,996,588,000	
합병매수차손	532,163,588,000	532,163,588,000	
미계상 자산조정계정	532,163,588,000	532,163,588,000	

≪사례 4≫ 승계한 순자산 증가(자산 변동없음 - 부채감소)

구분	지분풀링법	매수법	지분풀링법과 매수법의 차이
청산소득	630,996,588,000	630,996,588,000	* 청산소득, 합병양도이익, 지분풀링법의 합병평가차익에는 승계한 부채의 감소금액 98,833,000,000원이 포함되어 있음.
합병평가차익	630,996,588,000	532,163,588,000	
합병양도이익	630,996,588,000	630,996,588,000	
합병매수차손	532,163,588,000	532,163,588,000	
미계상 자산조정계정	532,163,588,000	532,163,588,000	

(5) 회계처리방식과 영업권의 관계

회계처리방식(지분풀링법과 매수법)에 따라 영업권의 금액은 각각 다르게 계상된다. 즉 지분풀링법의 영업권은 '합병대가 - 승계한 순자산 장부가액(자산 - 부채) = 회계상 합병영업권'이 되고, 매수법의 영업권은 '합병대가 - 승계한 순자산 평가액(자산 - 부채) = 회계상 합병영업권'이 된다. 이 계산방식에서 지분풀링법의 '승계한 순자산 가액(자산 - 부채)'이란 피합병법인의 자산과 부채의 장부가액을 말하며, 매수법의 '승계한 순자산 가액(자산 - 부채)'은 피합병법인의 자산과 부채의 공정한 평가액을 말한다. 회계상 영업권은 대차평균의 원리에 따라 발생한 것으로 합병대가와 승계한 순자산 가액(장부가액 또는 공정가치)의 단순한 차액이 영업권이 된다. 이때 합병대가는 지분풀링법과 매수법이 차이가 없으므로 지분풀링법과 매수법의 영업권 계상 금액의 차이는 합병법인이 승계한 자산 가액과 부채 가액의 차이와 같은 금액이다. 회계처리방식에 따라 영업권의 크기가 다를 수 있다는 것이다. 한국회계기준원의 일반기업회계기준은 매수법을 원칙으로 한다.

앞 "(4) 사례로 본 영업권"에서 분석한 ≪사례 1≫과 ≪사례 2≫, ≪사례 3≫, ≪사례 4≫를 한국회계기준원의 회계처리방식에서 볼 때, 회계처리방식에도 불구하고 다음과 같은 점을 확인할 수 있다. 합병대가에 대한 과세소득 과세방식이 2010.6.8. 개정되기 전에는 청산소득과 영업권 합병평가차익으로 과세하고, 2010.6.8. 개정된 후는 합병양도이익과 합병매수차손으로 과세하고 있다. 청산소득과 영업권 합병평가차익이 같고, 합병양도이익과 합병매수차손과도 같았다. 이 의미는 합병대가에 대한 과세소득의 개념과 과세방식이 2010.6.8. 개정되기 전과 개정된 후를 비교해 보면 다르지 않다는 것을 알 수 있다. 다만, ≪사례 3≫, ≪사례 4≫와 같이 승계한 순자산이 증가한 경우로서 매수법의 경우는 영업권에 대해서 청산소득과 합병평가차익이 같고, 합병양도이익과 합병매수차손과도 같았으나 지분풀링법의 경우는 청산소득과 합병평가차익이 합병양도이익과 합병매수차손과 차이가 난다. 차이가 나는 금액은 승계한 자산의 평가증된 금액과 승계한 부채의 감소 금액이다. 지분풀링법에서는 승계한 자산의 평가증된 금액과 승계한 부채의 감소 금액이 모두 청산소득과 합병평가차익에 포함된 현상으로 나타나고 있다. 이 경우에도 청산소득의 합계금액은 지분풀링법과 매수법이 같으나 합병평가차익의 합계금액은 승계한 자산의 평가증된 경우는 지분풀링법과 매수법이 같으나 승계한 부채의 감소의 경우는 지분풀링법과 매수법이 같지 않다. 이와 같은 결론에 따라 승계한 순자산이 감소가 된 경우(≪사례 1≫ 및 ≪사례 2≫)는 지분풀링법에 따라 계상된 장부상 영업권이 "사업상 가치가 있다고 보아 대가를 지급한 경우"에 해당하는 영업권이 되고, 반대로 승계한 순자산이 증가가 된 경우(≪사례 3≫ 및 ≪사례 4≫)는 매수법에 따라 계상된 장부상 영업권이 "사업상 가치가 있다고 보아 대가를 지급한 경우"에 해당하는 영업권이 된다.

3 | 영업권과 합병대가

(1) 영업권과 합병대가

피합병법인에 지급한 합병대가가 피합병법인의 순자산 시가를 초과하는 금액이 영업권이다(법인법 제44조의2). 이 규정은 개정된 후의 세법의 영업권에 대해 계산방식과 발생구조를 간명하게 설명하고 있다. 개정되기 전에는 합병법인이 계상한 영업권은 합병법인이 피합병법인의 자산을 평가하여 승계한 경우로서 사업상 가치가 있어 대가를 지급한 것에 한하고(구 법인령 제24조 제4항), 그 계산방식을 합병법인이 피합병법인으로부터 자산을 평가하여 승계한 가액이 피합병법인의 장부가액을 초과하는 부분의 가액으로 하고 있다(구 법인령 제12조 제1항 제1호). 개정되기 전의 합병법인이 "계상한 영업권"은 장부상의 영업권이 되고 "평가하여 승계한 가액이 장부가액을 초과하는 가액"은 장부상의 영업권을 평가한 것으로 해석된다. 그렇기 때문에 개정되기 전의 영업권은 장부상의 영업권에 대한 평가 여부가 영업권의 인정요건이 되었다. 개정된 후는 "대가지급"이 영업권의 요건이 된다. 여기서의 "대가 지급"은 합병대가가 된다. 개정된 후의 영업권은 합병대가의 "지급"에 의한 것만 영업권이 되고 합병대가의 지급이 아닌 대변과 차변의 단순한 차액인 회계상의 영업권은 세법의 영업권이 되지 않음을 분명히 하고 있다.

개정되기 전 영업권의 평가와 관련된 부분은 다양한 분석 방법으로 그동안 문제점을 제기해 왔었다. 개정되기 전 영업권의 요건인 "자산을 평가하여 승계한 경우"에서 평가의 문제를 법인세법은 유형자산의 평가(시가)에 대해서는 세부적으로 규정하고 있다. 그러나 영업권인 무형자산의 평가에 관해서는 규정하지 않고 있다. 영업권에 대한 시가가 법인세법에 규정되어 있지 않음으로써 대법원이 영업권을 인정한 판례는 모두 영업권 그 자체에 대한 평가가 아니라 합병가액(합병대가)을 산정하는 과정과 절차에서 불가피하게 사업의 내용과 상황이 설명되어야 할 부분이 있는데, 그 부분에 관해 설명한 것들을 영업권을 평가한 것으로 보고 있다.

영업권에 대한 세법과 대법원, 과세관청의 이와 같은 인식으로 인해 지금까지 대법원의 판결은 장부상 영업권 전부를 부인하거나 전부를 인정하는 문제가 발생하였다. 영업권 전부를 인정하는 것도 문제가 되겠지만, 영업권 전부를 부인하는 것은 영업권 그 자체가 존재하지 않는다는 것이 되므로 합병과세체계상 일반적으로는 가능하지 않다. 영업권에 대한 대법원과 과세관청의 인식이 영업권은 합병대가를 과세하려는 것임을 합병과세체계 또는 그 구조에서 판단하였다면 영업권을 전부 부인하거나 전부 인정하는 문제는 발생하지 않았을 것이다.

(2) 사례에서 본 영업권과 합병대가

영업권은 합병대가에 의해 발생한다. ≪사례 1≫과 ≪사례 2≫에서 본 개정된 후의 합병과세소득인 합병양도이익과 합병매수차손, 미계상 자산조정계정이 승계한 자산의 평가증된 금액을 제외하고 모두 같은 금액으로 계산되었고, 개정되기 전의 합병과세소득인 청산소득과 합평평가차익이 같은 금액으로 계산되었다. 그리고 개정된 후의 합병과세소득과 개정되기 전의 합병과세소득이 같았고 지분풀링법과 매수법이 같았다. 이와 같은 합병과세소득은 모두 영업권에서 발생하였으며 이들 간의 관계는 합병과세체계의 기본 구조가 된다. 다음은 회계상 영업권과 세법이 인정하는 영업권의 관계를 보여주고 있다(보충 설명은 저자가 분석한 "합병과세체계에 대하여"를 참조).

(2)-1. ≪사례 1≫의 영업권

〈개정된 후〉

자산과 부채의 조정계정이 발생되는 경우(승계한 자산과 부채의 시가가 장부가액과 다른 경우) 승계한 순자산(자산 - 부채) 조정계정의 금액 55,555,000,000원은 합병매수차손과 미계상 자산조정계정을 합병양도이익보다 그 금액만큼 더 계산되게 한다. 이것은 승계한 순자산의 감소로 인한 금액이 합병매수차손과 미계상 자산조정계정에 포함되어 있음을 말한다. 이 의미는 순자산의 조정계정이 발생되지 않는 경우는 합병양도이익과 합병매수차손과 미계상 자산조정계정은 항상 같다는 것이 된다. 따라서 순자산의 조정계정이 발생되는 경우는 그 금액만큼을 합병매수차손에서 조정하여야 세법이 인정하는 합병매수차손이 된다.

○ (**지분풀링법**) **회계상 영업권**: 234,495,672,752**원**

조정 후 합병매수차손과 미계상 자산조정계정은 회계상의 영업권이다.

구분		합병양도이익	합병매수차손	순자산 조정계정	미계상 자산 조정계정
비적격	조정 전	234,495,672,752	290,050,672,752	-	-
	조정 후	234,495,672,752	234,495,672,752	-	-
적격	조정 전	-	-	▲55,555,000,000	290,050,672,752
	조정 후	-	-	▲55,555,000,000	234,495,672,752

○ (**매수법**) **회계상 영업권**: 290,050,672,752**원**

조정 후 합병매수차손과 미계상 자산조정계정은 회계상의 영업권과 차이가 난다.

구분		합병양도이익	합병매수차손	순자산 조정계정	미계상 자산 조정계정
비적격	조정 전	234,495,672,752	290,050,672,752	−	−
	조정 후	234,495,672,752	234,495,672,752	−	−
적격	조정 전	−	−	▲55,555,000,000	290,050,672,752
	조정 후	−	−	▲55,555,000,000	234,495,672,752

* 순자산 조정계정: 자산 조정계정(−) 22,758,000,000원, 부채 조정계정(−) 32,797,000,000원

〈개정되기 전〉

○ (**지분풀링법**) **회계상 영업권**: 234,495,672,752**원**

지분풀링법에서는 장부가액대로 승계하므로 평가의 증감이 발생하지 않는다. 청산소득과 합병평가차익이 같은 금액으로 계산된다. 이 금액은 회계상의 영업권이다.

구분		청산소득	합병평가차익		
			영업권	자산	계
미충족	조정 전	234,495,672,752	−	−	−
	조정 후	234,495,672,752	−	−	−
충족	조정 전	−	234,495,672,752	0	234,495,672,752
	조정 후	−	234,495,672,752	0	234,495,672,752

○ (**매수법**) **회계상 영업권**: 290,050,672,752**원**

승계한 자산과 부채에서 평가의 증감이 발생하는 경우(승계한 자산과 부채의 시가가 장부가액과 다른 경우) 승계한 순자산(자산 − 부채) 감소의 금액 55,555,000,000원은 합병평가차익을 청산소득보다 그 금액만큼 더 계산되게 한다. 이것은 승계한 순자산의 감소로 인한 금액이 합병평가차익에 포함되어 있음을 말한다. 이 의미는 자산과 부채에 평가의 증감이 발생하지 않는 경우는 청산소득과 합병평가차익은 항상 같다는 것이 된다. 따라서 자산과 부채에 평가의 증감이 발생하는 경우는 그 금액만큼을 합병평가차익에서 조정하여야 세법이 인정하는 영업권의 합병평가차익이 된다. 조정 후 합병평가차익

영업권은 장부상의 영업권과 차이가 난다.

구분		청산소득	합병평가차익		
			영업권	자산	계
미충족	조정 전	234,495,672,752	55,000,000,000	−22,758,000,000	32,797,000,000
	조정 후	234,495,672,752	0	−	0
충족	조정 전	−	290,050,672,752	−22,758,000,000	267,292,672,752
	조정 후	−	234,495,672,752	0	234,495,672,752

* 합병평가차익 계란의 금액은 영업권의 평가차익과 자산의 평가차손을 단순 합계한 금액임.

(2)-2. ≪사례 2≫의 영업권

〈개정된 후〉

자산과 부채의 조정계정이 발생되는 경우(승계한 자산과 부채의 시가가 장부가액과 다른 경우) 승계한 순자산(자산 − 부채) 조정계정의 금액 22,775,000,000원은 합병매수차손과 미계상 자산조정계정을 합병양도이익보다 그 금액만큼 더 계산되게 한다. 승계한 순자산의 감소로 인한 금액이 합병매수차손과 미계상 자산조정계정에 포함되어 있으므로 이 금액을 합병매수차손에서 조정하여야 세법이 인정하는 합병매수차손이 된다.

○ (**지분풀링법**) **회계상 영업권**: 630,996,588,000**원**

조정 후 합병매수차손과 미계상 자산조정계정은 회계상의 영업권이다.

구분		합병양도이익	합병매수차손	자산과 부채 조정계정	미계상 자산 조정계정
비적격	조정 전	630,996,588,000	630,996,588,000	−	−
	조정 후	630,996,588,000	630,996,588,000	−	−
적격	조정 전	−	−	▲22,775,000,000	630,996,588,000
	조정 후	−	−	▲22,775,000,000	630,996,588,000

○ (**매수법**) **회계상 영업권**: 653,771,588,000**원**

조정 후 합병매수차손과 미계상 자산조정계정은 회계상의 영업권과 차이가 난다.

구분		합병양도이익	합병매수차손	순자산 조정계정	미계상 자산 조정계정
비적격	조정 전	630,996,588,000	653,771,588,000	-	-
	조정 후	630,996,588,000	630,996,588,000	-	-
적격	조정 전	-	-	▲22,775,000,000	653,771,588,000
	조정 후	-	-	▲22,775,000,000	630,996,588,000

* 순자산 조정계정: 자산 조정계정(+) 98,833,000,000원, 부채 조정계정(-) 121,608,000,000원

〈개정되기 전〉

○ (**지분풀링법**) **회계상 영업권**: 630,996,588,000**원**

지분풀링법에서는 장부가액대로 승계하므로 평가의 증감이 발생하지 않는다. 청산소득과 합병평가차익이 같은 금액으로 계산된다. 이 금액은 장부상의 영업권이다.

구분		청산소득	합병평가차익		
			영업권	자산	계
미충족	조정 전	630,996,588,000	-	-	-
	조정 후	630,996,588,000	-	-	-
충족	조정 전	-	630,996,588,000	0	630,996,588,000
	조정 후	-	630,996,588,000	0	630,996,588,000

○ (**매수법**) **회계상 영업권**: 653,771,588,000**원**

자산과 부채에서 평가의 증감이 발생하는 경우(승계한 자산과 부채의 시가가 장부가액과 다른 경우) 승계한 순자산(자산 - 부채) 감소의 금액 22,775,000,000원은 영업권의 합병평가차익을 청산소득보다 그 금액만큼 더 계산되게 한다. 이것은 승계한 순자산의 감소로 인한 금액이 영업권의 합병평가차익에 포함되어 있으므로 이 금액은 합병평가차익에서 조정하여야 세법이 인정하는 영업권의 합병평가차익이 된다. 그런데 승계한 순자산의 감소금액에는 자산의 평가증으로 인한 금액이 98,833,000,000원이 있으므로 이 금액은 자산의 평가차익이 된다. 조정 후 합병평가차익 영업권은 장부상의 영업권과 차이가 난다.

구분		청산소득	합병평가차익		
			영업권	자산	계
미충족	조정 전	630,996,588,000	22,775,000,000	98,833,000,000	121,608,000,000
	조정 후	630,996,588,000	0	98,833,000,000	98,833,000,000
충족	조정 전	–	653,771,588,000	98,833,000,000	752,604,588,000
	조정 후	–	630,996,588,000	98,833,000,000	729,829,588,000

* 합병평가차익 계란의 금액은 영업권의 평가차익과 자산의 평가차손을 단순 합계한 금액임.

(3) 합병법인이 납부하는 법인세 등과 합병매수차손의 계산방식

세법의 합병매수차손의 계산방식이 피합병법인에 지급한 양도가액이 피합병법인의 순자산 시가를 초과하는 금액이 영업권이 된다. 여기서 피합병법인에 지급한 양도가액이란 "합병대가 + 합병법인이 납부하는 피합병법인의 법인세 등"이 된다. 합병법인이 납부하는 피합병법인의 법인세 등이 있는 경우 양도가액에는 합병법인이 납부하는 피합병법인의 법인세 등이 포함되어 있게 된다. 이 책에서 보았듯이 세법이 인정하는 영업권을 합병대가와 순자산의 시가를 단순 비교하는 계산방식은 합병대가의 지급과는 무관한 영업권을 인정하는 것이 된다. 결국 개정된 후의 합병매수차손도 "사업상 가치가 있다고 보아 대가를 지급한 경우"인지 아닌지를 가려야 하는 문제가 따르게 된다. 합병대가의 지급이라고 하더라도 "사업상 가치가 있다고 보아 지급한 경우"에 한하는 합병대가여야 한다. 이렇게 보면 합병법인이 납부하는 피합병법인의 법인세 등은 "사업상 가치가 있다고 보아 지급한 경우"가 아니므로 세법이 인정하는 합병매수차손이 될 수 없다.

따라서 합병법인이 납부하는 피합병법인의 법인세 등이 있는 경우 사업상 가치가 있다고 보아 지급한 경우"의 합병매수차손은 "양도가액(합병대가 + 합병법인이 납부하는 피합병법인의 법인세 등) - 순자산의 시가"에서 "양도가액(합병대가 - 순자산의 시가)"가 되어야 하므로 합병매수차손의 계산방식에서 계산된 합병매수차손의 금액에서 합병법인이 납부하는 피합병법인의 법인세 등을 차감한 금액이 세법이 인정하는 합병매수차손이 된다. 계산식에 따른 합병매수차손과 합병양도이익의 금액은 합병법인이 납부하는 피합병법인의 법인세 등만큼 각각 더 많게 계산된다. ≪사례 1≫, ≪사례 2≫, ≪사례 3≫, ≪사례 4≫ 모두 합병법인이 납부하는 피합병법인의 법인세 등이 없고 승계한 순자산이 감소 또는 증가한 사례이므로 합병매수차손의 계산방식에서 계산된 합병매수차손에서 차감할 금액은 없으며, 제외하여야 할 금액은 승계한 순자산의 감소금액뿐이다.

≪사례 1≫에서 합병법인이 납부하는 피합병법인의 법인세 등이 300,000,000원이 있는 경우 합병양도이익과 합병매수차손은 다음과 같이 계산될 것이다.

≪사례 1≫의 합병양도이익은 234,495,672,752원이었다. 합병법인이 납부하는 피합병법인의 법인세 등이 300,000,000원이 있는 경우 합병양도이익이 ≪사례 1≫보다 300,000,000원 더 많이 계산된다.

차변		대변	
양도가액	605,069,672,752	순자산 장부가액	370,274,000,000
		합병양도이익	234,795,672,752
계	605,069,672,752	계	605,069,672,752

≪사례 1≫의 합병매수차손은 234,495,672,752원이었다. 합병법인이 납부하는 피합병법인의 법인세 등이 300,000,000원이 있는 경우 합병매수차손이 ≪사례 1≫보다 300,000,000원 더 많이 계산된다. 이때 합병매수차손에 포함된 300,000,000원은 "사업상 가치가 있다고 보아 지급한 경우"에 해당하지 않으므로 합병매수차손에서 제외하여야 한다.

<table>
<tr><th colspan="3">차변</th><th colspan="2">대변</th></tr>
<tr><td>순자산 시가</td><td colspan="2">314,719,000,000</td><td rowspan="3">양도가액</td><td rowspan="3">605,069,672,752</td></tr>
<tr><td rowspan="2">합병매수차손</td><td>순자산 감소금액</td><td>55,555,000,000</td></tr>
<tr><td>영업권</td><td>234,795,672,752</td></tr>
<tr><td>계</td><td colspan="2">605,069,672,752</td><td>계</td><td>605,069,672,752</td></tr>
</table>

제8절 합병과 기타의 세무

1 | 합병과 자기주식

합병과정에서 발생되는 자기주식취득은 자연발생적이다. 합병에서 자기주식취득은 합병 전에 합병법인이 피합병법인의 주식을 보유한 경우(포합주식)와 이와는 반대로 피합병법인이 합병법인의 주식을 보유한 경우가 이에 해당된다. 이러한 경우에는 합병법인의 자기주식의 취득은 피할 수 없게 된다. 자기주식취득은 합병에 따른 자기주식취득 등 특정 목적에 의한 자기주식취득(상법 §341의2)과 일반적으로 회사가 자기의 계산으로 자기 회사의 주식을 취득하는 자기주식취득으로 나눌 수 있다.

회사는 원칙적으로 자기주식을 취득할 수 없다. 또한 회사는 자기의 명의와 계산으로 자기주식을 취득할 수 없을 뿐만 아니라 제3자 명의로도 자기주식을 취득하지 못한다. 그 이유는 ① 자본유지를 위협해서 자본충실의 원칙에 반하고 회사채권자와 주주의 이익을 해치는 결과가 된다. 주가가 하락하면 회사의 손해가 이중으로 확대되며, 유상취득의 경우에는 실질적으로 주금의 환급이 된다. ② 투기행위의 위험이 있다. 자기주식을 취득함으로써 부당한 투기나 주가를 조작하여 주주가 투자가의 이익을 해칠 우려가 있고, 일부의 주주에게만 유리한 투자회수의 기회를 부여하므로 주주평등의 원칙에 반한다. ③ 자기주식의 의결권을 이용해서[타인 명의로 취득하는 경우(상법 §625 2)] 회사의 지배권을 유지하는 수단으로 이용할 우려가 있다(최준선, 「회사법」, 2012년 시행 개정 회사법).

(1) 상법의 자기주식

(1)-1. 자기주식의 취득

개정되기 전의 상법은 자기주식취득을 원칙적으로 금지하고 있었다. 상법이 2011.4.14.

개정되면서 상법과 그 시행령이 정한 절차와 방법을 따르는 경우 자기주식취득을 허용하였다. 상법 개정 이후에도 자기주식취득이 엄격하다는 것은 유지된다. 대법원은 자기주식취득을 엄격히 적용하는 이유에 대해서 구 상법의 자기주식취득 금지규정 판결을 인용하고 있다. 즉 구 상법 제341조 제1항은 "회사의 자기주식취득이 회사의 자본적 기초를 위태롭게 하여 회사와 주주 및 채권자의 이익을 해하고 주주평등의 원칙을 해하며 대표이사 등에 의한 불공정한 회사지배를 초래하는 등의 여러 가지 폐해를 생기게 할 우려가 있다(대법원 2001다44109, 2003.5.16.)."고 하면서 개정되기 전의 상법이 자기주식취득을 원칙적으로 금지하고 있었던 취지에 비추어 볼 때, 상법의 관련 규정이 정한 절차와 방법에 따르지 않은 자기주식의 취득은 당연히 무효라고 본다고 하였다. 자기주식취득 방법인 상법 제462조 제1항, 상법 시행령 제9조, 제10조를 반드시 지켜야 한다는 점이다.

이와 관련된 개정 상법의 내용을 보면 다음과 같다.

회사는 다음의 방법에 따라 자기의 명의와 계산으로 자기의 주식을 취득할 수 있다. 다만, 그 취득가액의 총액은 직전 결산기의 대차대조표상의 순자산액에서 상법 제462조 제1항 각 호의 금액을 뺀 금액(배당가능이익 한도)을 초과하지 못한다(상법 §341).

상법 제462조 제1항 각 호

1. 자본금의 액
2. 그 결산기까지 적립된 자본준비금과 이익준비금의 합계액
3. 그 결산기에 적립하여야 할 이익준비금의 액
4. 미실현이익(회계 원칙에 따른 자산 및 부채에 대한 평가로 인하여 증가한 대차대조표상의 순자산액)

취득가액 총액 〈 [순자산액 − (자본금 + 자본준비금 + 이익준비금 + 미실현이익)]

① 거래소에서 시세가 있는 주식의 경우에는 거래소에서 취득하는 방법

② 주식의 상환에 관한 종류주식의 경우 외에 각 주주가 가진 주식 수에 따라 균등한 조건으로 취득하는 것으로서 대통령령으로 정하는 방법

대통령령으로 정하는 방법(상법 시행령 §9)

1. 회사가 모든 주주에게 자기주식취득의 통지 또는 공고를 하여 주식을 취득하는 방법
2. 「자본시장과 금융투자업에 관한 법률」 제133조부터 제146조까지의 규정에 따른 공개매수의 방법

자기주식을 취득하려는 회사는 미리 주주총회의 결의로 다음의 사항을 결정하여야 한다. 다만, 이사회의 결의로 이익배당을 할 수 있다고 정관으로 정하고 있는 경우에는 이사회의 결의로써 주주총회의 결의를 갈음할 수 있다.

① 취득할 수 있는 주식의 종류 및 수

② 취득가액의 총액의 한도

③ 1년을 초과하지 아니하는 범위에서 자기주식을 취득할 수 있는 기간

이 경우 해당 영업연도의 결산기에 대차대조표상의 순자산액이 상법 제462조 제1항 각 호의 금액의 합계액에 미치지 못할 우려가 있는 경우에는 자기주식의 취득을 하여서는 아니 된다.

자기주식취득의 방법

회사가 제9조 제1호에 따라 자기주식을 취득하는 경우에는 다음 각 호의 기준에 따라야 한다(상법 시행령 §10).

1. 법 제341조 제2항에 따른 결정을 한 회사가 자기주식을 취득하려는 경우에는 이사회의 결의로써 다음 각 목의 사항을 정할 것. 이 경우 주식취득의 조건은 이사회가 결의할 때마다 균등하게 정하여야 한다.
   가. 자기주식취득의 목적
   나. 취득할 주식의 종류 및 수
   다. 주식 1주를 취득하는 대가로 교부할 금전이나 그 밖의 재산(해당 회사의 주식은 제외. "금전 등")의 내용 및 그 산정 방법
   라. 주식 취득의 대가로 교부할 금전 등의 총액
   마. 20일 이상 60일 내의 범위에서 주식양도를 신청할 수 있는 기간("양도신청기간")
   바. 양도신청기간이 끝나는 날부터 1개월의 범위에서 양도의 대가로 금전 등을 교부하는 시기와 그 밖에 주식 취득의 조건
2. 회사는 양도신청기간이 시작하는 날의 2주 전까지 각 주주에게 회사의 재무 현황, 자기주식 보유 현황 및 제1호 각 목의 사항을 서면으로 또는 각 주주의 동의를 받아 전자문

서로 통지할 것. 다만, 회사가 무기명식의 주권을 발행한 경우에는 양도신청기간이 시작하는 날의 3주 전에 공고하여야 한다.
3. 회사에 주식을 양도하려는 주주는 양도신청기간이 끝나는 날까지 양도하려는 주식의 종류와 수를 적은 서면으로 주식양도를 신청할 것
4. 주주가 제3호에 따라 회사에 대하여 주식 양도를 신청한 경우 회사와 그 주주 사이의 주식 취득을 위한 계약 성립의 시기는 양도신청기간이 끝나는 날로 정하고, 주주가 신청한 주식의 총수가 제1호 나목의 취득할 주식의 총수를 초과하는 경우 계약 성립의 범위는 취득할 주식의 총수를 신청한 주식의 총수로 나눈 수에 제3호에 따라 주주가 신청한 주식의 수를 곱한 수(끝수는 버린다)로 정할 것

한편, 회사는 다음의 어느 하나에 해당하는 경우에는 제341조에도 불구하고 자기의 주식을 취득할 수 있다(상법 §341의2).
① 회사의 합병 또는 다른 회사의 영업 전부의 양수로 인한 때
② 회사의 권리를 실행함에 있어 그 목적을 달성하기 위하여 필요한 때
③ 단주의 처리를 위하여 필요한 때
④ 주주가 주식매수청구권을 행사한 때

(1)-2. 자기주식의 처분

회사가 보유하는 자기의 주식을 처분하는 경우에 다음의 사항으로서 정관에 규정이 없는 것은 이사회가 결정한다(상법 §342).

① 처분할 주식의 종류와 수
② 처분할 주식의 처분가액과 납입기일
③ 주식을 처분할 상대방 및 처분방법

(1)-3. 자기주식의 소각

① 주식은 자본금 감소에 관한 규정에 따라서만 소각할 수 있다. 다만, 이사회의 결의에 의하여 회사가 보유하는 자기주식을 소각하는 경우에는 그러하지 아니하다(상법 §343).
② 자본금 감소에 관한 규정에 따라 주식을 소각하는 경우에는 상법 제440조 및 제441조를 준용한다.

개정 상법은 결손보전을 위한 자본금 감소의 경우 절차적 요건을 완화하여 주주총회의

특별결의를 보통결의로 완화하였다(상법 §438 ②). 구 상법은 자본감소(개정 상법은 「자본」을 「자본금」으로 변경하였다)의 경우에 반드시 주주총회의 특별결의와 채권자 이의절차를 거치도록 하여 자본감소를 엄격히 규제하였다. 우선 자본감소의 경우에 주주총회의 특별결의를 요하고, 회사의 채권자는 변제 또는 담보의 제공을 요구할 수 있는 일종의 거부권을 가진다. 이와 같이 자본감소를 엄격히 규제하는 이유는 주주 사이에 불공정한 자본감소가 이루어지는 것을 방지하고, 출자의 반환에 따른 자본유지의 원칙을 확보하여 채권자를 보호하기 위한 것이었다. 이러한 자본감소의 규제는 자본감소에 따른 회사재산의 사외유출 여부를 불문하고 엄격히 규제하였다. 자본감소로 회사재산의 사외유출이 있는 실질적 자본감소는 규제의 필요가 있다고 하더라도 회사재산의 사외유출이 없는 형식적 자본감소의 경우에는 이와 같은 규제는 과중한 절차적 요건을 부과한 것으로, 거래비용을 비효율적으로 증가시킨다. 동시에 이와 같은 절차가 실제로 자본이 채권자 보호에 의미가 없는 점에 비하면 불합리한 규제라 할 수 있다. 예컨대 자본감소의 경우라도 결손보전을 위한 경우에는 주주에 대한 출자반환의 문제가 발생하지 않으므로 채권자 보호의 문제가 발생하지 않는다. 감자차익이 발생하지 않아 주주에게 회사재산이 유출되지 않는 경우에도 마찬가지이다.

개정 상법은 결손보전을 위한 경우에는 주주총회의 보통결의에 의하여 자본금 감소를 허용하고 아울러 상법 제439조에서 채권자 보호절차도 면제하였다.

(2) 법인세법의 자기주식

법인세법에서의 자기주식취득(매각목적 자기주식)은 일반적인 자산 취득의 경우와 같이 취득금액이 자기주식 취득원가이다(법인통 15-11…7). 합병의 경우에는 합병대가에 상당하는 금액이 된다. 자기주식을 취득한 후 상법 제342조의 자기주식처분과 제343조의 자기주식소각을 하는 경우 자기주식의 처분이나 소각 문제가 따르게 된다. 한편, 법인세법 시행령 제11조 제2호의2에서 자기주식(피합병법인이 보유하던 합병법인이 주식을 포함)의 양도금액을 수익의 범위로 규정하고 있다. 여기서 피합병법인이 보유하던 합병법인의 발행주식에 대해 법원은 반복적으로 합병과정에서 합병법인이 보유하던 피합병법인의 발행주식과 피합병법인이 보유하던 합병법인의 발행주식은 그 성질이 서로 달라 피합병회사가 보유하던 합병회사의 발행주식이 합병으로 자기주식취득이 된 경우 그 자기주식

처분이익은 합병차익에 해당된다고 밝히고 있다(대법원 2004두3755, 2005.6.10.). 이러함에도 법인세법 신설 규정(2009.2.4.)에서 자기주식의 양도금액에 피합병법인이 보유하던 합병법인의 주식의 양도금액도 포함하도록 하고 있다.

(2)-1. 자기주식 처분손익

법인세법 시행령 제11조 제2호의2(2009.2.4. 개정)에 의하면 자기주식 양도금액은 수익에 해당한다고 규정하고 있다. 따라서 상법 제341조 및 제341조의2에 의하여 자기주식을 취득한 경우에 자기주식의 매각손익은 합병 또는 매입 등 취득원인에 불구하고 모두 법인의 각 사업연도 소득금액 계산상 익금과 손금이 되어야 한다(법인령 §11 2의2). 그러나 법원은 합병으로 인한 자기주식의 처분을 합병법인이 보유하던 피합병법인의 발행주식과 피합병법인이 보유하던 합병법인의 발행주식을 서로 달리 봄으로써 합병법인이 보유하던 피합병법인의 발행주식(포합주식)의 처분이익은 익금산입의 대상이 되나 피합병법인이 보유하던 합병법인의 발행주식(자기주식)처분이익은 익금산입 대상이 아니라고 하였다.

대법원(대법원 2004두3755, 2005.6.10.)에서는 그 이유를 "법인세법 제15조 제1항은 익금은 자본 또는 출자의 납입 및 법에서 정하는 것을 제외하고 당해 법인의 순자산을 증가시키는 거래로 인하여 발생하는 수익의 금액이라고 규정하고, 법인세법 제17조 제3호는 익금산입 대상에서 제외되는 자본거래로 인한 수익 중의 하나로 합병차익(구 법인세법의 자산 평가증으로 인한 합병차익은 제외)을 규정하고 있다. 따라서 익금산입 대상이 되는 수익의 범위에 관하여 규정한 법인세법 시행령 제11조 제2호의2는 자기주식을 포함한 자산의 양도금액을 수익의 하나로 규정하고 있는바, 위 관련 규정의 체계와 그 규정들의 취지에 비추어 보면, 법인의 자기주식처분이익은 그것이 자본거래로 발생한 합병차익에 해당하는 경우에는 익금산입 대상에서 제외되고, 그 외에 자기주식의 취득과 처분이 법인의 순자산을 증감시키는 거래에 해당하는 경우 그 처분이익은 익금산입의 대상이 되는 것으로 보아야 한다. 그런데 합병의 경우 합병법인이 보유하던 피합병법인의 발행주식, 즉 포합주식에 대하여 합병신주가 교부되면 자기주식을 취득한 결과가 되나 그것은 원래 합병법인이 보유하던 자산으로서 피합병법인으로부터 승계 취득한 것이 아니므로 그 처분이익은 합병차익에 해당하지 않는다고 할 것이지만, 합병법인이 합병으로 인하여 피합병법인이 보유하던 합병법인의 발행주식을 승계 취득하여 처분하는 것은 자본의 증감에 관련된 거래로서 자본의 환급 또는 납입의 성질을 가지므로 자본거래로 보는 것이 상당하고 그 처분이익은 법 제17조 제3호에서 말하는 합병차익에 포함되어 익금산입대상에서 제외된다고 하겠다(대법원 91누13670, 1992.9.8., 대법원 94누21583, 1995.4.11., 대법원 2000두1720, 2000.5.12. 참조)"고 판시하고 있다.

(2)-2. 자기주식 소각손익

법인세법에서는 자기주식을 취득하여 소각함으로써 생긴 손익은 각 사업연도소득 계산상 익금 또는 손금에 산입하지 아니한다. 따라서 상법 제341조 또는 제341조의2에 의하여 자기주식취득이든 소각목적의 자기주식취득이든 자기주식의 소각손익은 익금 또는 손금에 산입하지 아니한다. 자기주식의 소각손익에 대해 대법원은 세무회계상 처리로는 포합주식에 신주를 교부하지 아니하고 소각하는 경우, 포합주식에 신주를 교부한 후 소각하는 경우, 협의의 자기주식을 소각하는 경우, 기타 자기주식을 소각하는 경우 등 모두를 자본거래로 보아 익금 및 손금으로 보지 아니하고 있다(대법원 92누13571, 1992.9.2.; 재경원 재산 46014-229, 1995.6.16. 등 참조). 다만, 기업회계기준에 따라 계상한 자기주식 소각이익(손실)은 자본거래에 해당하므로 익금 및 손금으로 보지 않는 것이나 고가매입 또는 저가양도에 해당하는 경우에는 법인세법 기본통칙 15-11…7에 의하여 익금 또는 손금에 해당한다(서이 46012-812, 2004.4.19.).

(2)-3. 자기주식취득 금지위반

법인세법은 자기주식취득을 자산의 취득으로 보고 있다. 회사의 자산취득은 예외적인 경우를 제외하고 취득에는 아무런 제한이 없다. 그러나 상법과 자본시장법은 자기주식 취득을 허용 또는 금지를 규정하고 있다. 자기주식을 취득하기 위해서는 먼저 상법과 자본시장법의 관련 규정을 살펴보아야 한다. 자기주식취득 행위가 무효인 경우 특수관계인인 주주들에게 지급된 자기주식 취득대금을 업무무관 가지급금으로 보고 있다.

대법원(대법원 2001다44109, 2003.5.16.)은 주식회사가 자기의 계산으로 자기의 주식을 취득하는 것은 회사의 자본적 기초를 위태롭게 하여 회사와 주주 및 채권자의 이익을 해하고 주주평등의 원칙을 해하며 대표이사 등에 의한 불공정한 회사지배를 초래하는 등의 여러 가지 폐해를 생기게 할 우려가 있으므로 「상법」은 일반 예방적인 목적에서 이를 일률적으로 금지하는 것을 원칙으로 하면서, 예외적으로 자기주식의 취득이 허용되는 경우를 유형적으로 분류하여 명시하고 있고, 그 외에 회사가 자기주식을 무상으로 취득하는 경우 또는 타인의 계산으로 자기주식을 취득하는 경우 등과 같이, 회사의 자본적 기초를 위태롭게 하거나 주주 등의 이익을 해한다고 할 수 없는 것이 유형적으로 명백한 경우에도 자기주식의 취득이 예외적으로 허용되지만, 그 밖의 경우에 있어서는, 설령 회사 또는 주주나 회사채권자 등에게 생길지도 모르는 중대한 손해를 회피하기 위하여 부득이한 사정이 있다고 하더라도 자기주식의 취득은 허용되지 아니하는 것이고 위와 같은 금지 규정에 위반하여 회사가 자기주식을 취득하는 것은 당연히 무효이다. 또한 법인과 소액주주를 제외한 주주 간에는 특수관계가 성립하는 것으로 청구법인과 쟁점 주주들 간에 특수관계가 성립하지 않는다는 청구주장 역시 받아들이기 어려워 보이므로 처분청이 청구법인의 자기주식 취득을 강행법규를 위반한 것으로 당연 무효에 해당하는 것으로 보아 법인세 등을 과세한 처분은 잘못이 없는 것으로 판단된다(조심 2010중2041, 2011.10.18.).

2012.4.15. 개정 상법 시행 이후 처음으로 자기주식취득에 대해 의미 있는 대법원 판결(대법원 2017두63337, 2021.7.29.)이 나왔다. 이 사건에서 서울고등법원(서울고법 2017누35631, 2017.8.30.)의 판결 결과는 2012.4.15. 개정 전의 판결내용과 크게 다를 것이 없었다. 고등법원은 자기주식취득 허용 여부를 결정하는 데 있어 구 상법의 자기주식취득 금지규정 판결을 인용했다는 점이다(대법원 2001다44109, 2003.5.16.). 개정 전의 상법이 자기주식취득을 원칙적으로 금지하고 있었던 취지에 비추어 볼 때, 상법의 관련 규정이 정한 절차와 방법에 따르지 않은 자기주식의 취득은 당연히 무효가 되겠지만, 특히 고등법원 판결에서 눈여겨볼 대목은 "원고 회사의 주주들은 모두 대표이사의 자녀들이거나 그들이 100% 지분을 소유한 회사와 원고 회사의 자회사 등으로 그 구성이 모두 대표이사와 밀접한 관계에 있었고, 원고 회사가 주주 전원에게 회사의 주식양도를 신청할 수 있음을 통지한 것에 대하여 대표이사만이 양도신청을 하였고 결국 원고 회사는 대표이사로부터만 자기주식을 취득하였다."는 점을 지적하고 있는 부분이다. 고등법원 판결에서 지적하고 있는 부분이 중요한 이유는 상법 제341조(자기주식의 취득)와 시행령 제9조(자기주식취득 방법의 종류 등) 및 제10조(자기주식취득의 방법)의 해석과 더불어 세법의 해석과 적용에 관한 판결 부분이기 때문이다. 그러나 대법원은 원고가 자기주식취득의 통지를 하면서 이사회에서 결의한 사항의 일부를 누락하였다는 이유만으로 주주들의 공평한 주식양도의 기회가 침해되었다고 보기 어렵다. 또한 원고가 모든 주주들에게 자기주식취득의 통지를 한

점 등에 비추어 보면, 원심이 든 사정만으로 원고가 처음부터 소외 1이 보유하고 있던 주식만을 취득하려고 하였다고 단정할 수 없다. 따라서 이 사건 거래를 무효로 볼 수 없다.

한편, 원심은 상법 제341조 제1항 단서는 배당가능이익을 재원으로 자기주식을 취득하여야 한다는 것을 의미하는데 차입금에 의한 자기주식취득은 배당가능이익을 재원으로 한 것이 아니라는 전제하에, 원고가 차입금으로 자기주식을 취득한 이상, 이 사건 거래는 상법 제341조 제1항 단서를 위반하여 무효라고 판단하였다. 이에 대해 대법원은 배당가능이익은 채권자의 책임재산과 회사의 존립을 위한 재산적 기초를 확보하기 위하여 직전 결산기상의 순자산액에서 자본금의 액, 법정준비금 등을 공제한 나머지로서 회사가 당기에 배당할 수 있는 한도를 의미하는 것이지 회사가 보유하고 있는 특정한 현금을 의미하는 것이 아니다. 또한 회사가 자기주식을 취득하는 경우 당기의 순자산이 그 취득가액의 총액만큼 감소하는 결과 배당가능이익도 같은 금액만큼 감소하게 되는데, 이는 회사가 자금을 차입하여 자기주식을 취득하더라도 마찬가지이다. 따라서 상법 제341조 제1항 단서는 자기주식 취득가액의 총액이 배당가능이익을 초과하여서는 안 된다는 것을 의미할 뿐 차입금으로 자기주식을 취득하는 것이 허용되지 않는다는 것을 의미하지는 않는다.

이와 같은 대법원의 판결은 2012.4.15. 개정 상법 시행 후 자기주식 취득이 특별한 경우를 제외하고 상당한 부분이 허용되는 것으로 볼 수 있을 것이다. 특히 모든 주주들에게 자기주식취득의 통지를 한 점 등에 비추어 보면, 원심이 든 사정만으로 원고가 처음부터 소외 1이 보유하고 있던 주식만을 취득하려고 하였다고 단정할 수 없다고 한 부분에서 상법 개정 후의 자기주식취득이 개정 전과 다르다는 것은 분명해 보인다. 다만, 이때에도 자기주식취득과 소각에 따른 과세문제는 별개의 것이라는 것을 이해할 필요가 있다.

(3) 상속증여세법의 자기주식

비상장법인의 주식평가와 증자 전 1주당 평가액 또는 합병 후 1주당 평가에 관련된 자기주식이 되겠다. 상속증여세법 제63조 제1항 제1호 다목 및 같은 법 시행령 제54조의 비상장법인의 주식평가에서는 자기주식취득이 소각목적인 경우 자기주식 가액을 자본에서 차감하고 발행주식총수에서 제외하며 보유목적인 경우에는 취득가액을 자산에 가산하고 발행주식총수에 포함시킨다(상담 4팀-4155, 2006.12.22.; 서일 46014-10198, 2003.2.20.). 상속증여세 집행기준(63-55-1)에서는 평가대상법인이 자기주식을 소각 등 감자 목적으로 보유한 경우에는 자기주식 평가액을 자산에 포함시키지 않고, 일시적 보유목적 등인 경우에는 자기주식 평가액을 자산에 포함하여 순자산을 계산하도록 한다. 또한 상속증여세법 시행령 제28조 제4항 합병 후 존속법인의 1주당 평가액의 경우 합병법인이 보유하던 피합병법인의 발행주식을 소각한 경우 자기주식 소각액은 합병당사법인의 합병 직전 주식가액의 합계액에서 제외하나(법규과-3696, 2006.9.8.; 서일 46014-10591, 2003.5.13.; 재산 46014-488, 2001.12.22. 등), 합병법인의 합병 직전 주식가액에서 합병법인이 소유한 피합병법인의 주식가액을 차감하지 아니한다(서일 46014-10564, 2001.12.4.; 서일 46014-10577, 2001.12.6.). 합병 후 신설·존속하는 법인의 1주당 평가액을 계산할 때 자기주식가액을 제외하지 아니한다(재삼 46014-1174, 1998.6.27.). 한편, 구 상속증여세법 시행령 제31조의2 제1항 제1호(현 제29조 제3항 제3호) 신주 고가인수의 산식은 그 구조에 비추어 볼 때 신주를 고가로 인수한 주주와 실권주주 사이에서 경제적 이익이 이전되는 것을 전제로 그 이익의 가액을 계산하고 있으므로, 이 사건 산식을 적용함에 있어 상법상 자기주식의 취득이 제한되어 신주를 배정받지 못한 자기주식이 있는 경우에는 이를 제외하고 '증자 전의 1주당 평가가액'이나 '증자 전의 발행주식총수'를 계산하여야 한다(대법원 2007두5363, 2009.11.26.).

(4) 자본시장과 금융투자업에 관한 법률의 자기주식

(4)-1. 자기주식취득의 특례

주권상장법인(외국법인 등은 제외한다)은 다른 법률에 따르는 경우 외에는 해당 법인의 명의와 계산으로 자기주식을 취득할 수 있다(자본시장법 §165의2). 주권상장법인이 자기주식을 취득하는 경우에는 다음 각 호의 방법에 따라야 한다. 이 경우 그 취득금액은 상법 제462조 제1항에 따른 이익배당을 할 수 있는 한도 이내이어야 한다.

① 증권시장에서 취득하는 방법

② 자본시장법 제133조 제1항에 따른 공개매수의 방법

③ 신탁계약에 따라 자기주식을 취득한 신탁업자로부터 신탁계약이 해지되거나 종료된 때 반환받는 방법. 다만, 신탁업자가 해당 법인의 자기주식을 "①" 또는 "②"에 따라 취득한 경우만 해당한다.

주권상장법인이 자기주식을 취득하는 경우에는 상법 제341조의2 제1항부터 제3항까지의 규정을 적용하지 아니한다.

(4)-2. 이익소각의 특례

주권상장법인은 다른 법률에 따르는 경우 외에는 주주에게 배당할 이익으로 주식을 소각할 수 있다는 뜻을 상법 제434조에 따른 결의로써 정관에 정하는 경우에는 이사회 결의로 주식을 소각할 수 있도록 할 수 있다(자본시장법 §165의3). 주식을 소각하려는 경우 이사회는 다음의 사항을 결의하여야 한다. 이 경우 소각할 주식은 해당 이사회 결의 후 취득한 주식만 해당한다.

① 소각할 주식의 종류와 총수

② 소각하기 위하여 취득할 주식가액의 총액

③ 주식을 취득하려는 기간. 이 경우 그 기간은 이사회 결의 후 최초의 정기주주총회일 이전이어야 한다.

주권상장법인은 위의 "①"에 따라 주식을 소각할 목적으로 자기주식을 취득하는 경우에는 다음의 기준에 따라야 한다.

① 자본시장법 제165조의2 제2항 제1호 또는 제2호의 방법에 따를 것. 이 경우 같은 항 제1호의 방법에 따른 때에는 그 취득기간과 방법이 대통령령으로 정하는 기준에 적합하여야 한다.

② 소각을 위하여 취득할 자기주식의 금액이 해당 사업연도 말 상법 제462조 제1항에 따른 이익배당을 할 수 있는 한도에서 대통령령으로 정하는 금액 이하일 것

주권상장법인이 위 "②"에 따른 한도를 위반하여 주식을 취득하여 소각한 경우에는 그 소각에 관한 이사회 결의에 찬성한 이사는 해당 법인에 대하여 그 한도를 초과하여 취득한 초과 취득가액에 대하여 연대하여 배상할 책임을 진다. 다만, 이사가 상당한 주의를 하였음에도 불구하고 그 한도를 초과할 수밖에 없었음을 증명하면 배상책임을 지지 아니한다.

관련규정 및 예규판례

수익의 범위(법인세법 시행령 제11조)

2. 자산의 양도금액 (2009.2.4. 개정)

2의2. 자기주식(합병법인이 합병에 따라 피합병법인이 보유하던 합병법인의 주식을 취득하게 된 경우를 포함한다)의 양도금액 (2009.2.4. 신설)

합병법인이 피합병법인이 보유하던 합병법인의 발행주식을 승계취득하여 처분하는 경우, 그 처분이익이 합병차익(익금)에 포함되는지 여부(대법원 2004두3755, 2005.6.10.)

합병의 경우 합병법인이 보유하던 피합병법인의 발행주식, 즉 포합주식에 대하여 합병신주가 교부되면 자기주식을 취득한 결과가 되나 그것은 원래 합병법인이 보유하던 자산으로서 피합병법인으로부터 승계취득한 것이 아니므로 그 처분이익은 합병차익에 해당하지 않는다고 할 것이지만, 합병법인이 피합병법인이 보유하던 합병법인의 발행주식(자기주식)을 승계취득하여 처분하는 것은 자본의 증감에 관련된 거래로서 자본의 환급 또는 납입의 성질을 가지므로 자본거래로 봄이 상당하고 그 처분이익은 법 제17조 제3호에서 말하는 합병차익에 포함되어 익금산입대상에서 제외된다(대법원 91누13670, 1992.9.8., 대법원 94누21583, 1995.4.11., 대법원 2000두1720, 2000.5.12.).

피합병회사가 보유하던 합병회사의 발행주식을 합병회사가 승계취득하여 처분함으로써 생기는 이익이 합병차익으로 익금불산입 여부(대법원 2000두1720, 2000.5.12.)

회사합병으로 인하여 피합병회사가 보유하던 합병회사의 발행주식을 합병회사가 승계취득하여 처분하는 것은 자본의 증감에 관련된 거래로서 자본의 환급 또는 납입의 성질을 가지는 자본거래로 봄이 상당하고 그 처분이익은 (구)법인세법 제15조 제1항 제3호에서 말하는 합병차익에 포함되어 익금불산입항목에 해당된다고 할 것이다(대법원 94누21583, 1995.4.11., 대법원 91누13670, 1992.9.8. 참조).

합병 전에 취득한 피합병법인의 주식소각 시 증여의제대상 여부(심사증여 99-265, 2000. 3.10.)

합병 시 세무회계상 처리로는 포합주식에 신주를 교부하지 아니하고 소각하는 경우, 포합주식에 신주를 교부한 후 소각하는 경우, 협의의 자기주식을 소각하는 경우, 기타 자기주식을 소각하는 경우 등 모두를 자본거래로 보아 익금 및 손금으로 보지 아니하는 것이며, (구)상속세법 제34조의5(감자 시의 증여의제) 규정이 적용되지 아니하는 것으로 해석하고 있음(대법원 1누13571, 1992.9.2. 및 재경원 재산 46014-229, 1995.6.16.).

(5) 자기주식취득과 소각(자본의 환급) 사례

자기주식의 취득과 소각은 자기주식의 취득과 처분에 따르는 세법적용의 문제와는 다르다. 자기주식취득과 소각은 주식취득의 적정 여부와 함께 주식의 거래(취득과 소각)가 양도인지 또는 자본의 환급인지의 여부이다. 자기주식의 취득과 소각의 일련의 거래가 양도일 경우는 양도소득이 되고 자본환급일 경우는 배당소득이 된다. 양도소득과 배당소득의 세율은 각 10~42%의 세율로 서로 차이가 난다. 자기주식의 취득과 소각에 따르는 세법 적용에 대한 대법원의 판결은 일관되게 나간다. 즉 특별한 경우를 제외하고 주식거래(자기주식취득과 소각)는 주식소각 방법에 의한 자본감소 절차의 일환으로 이루어진 것으로서 주주에 대한 자본의 환급에 해당하므로 그로 인하여 주주가 얻은 이득은 의제배당 소득을 구성한다는 것이다.

주식거래가 자본의 환급에 해당되는 경우 그 거래가 "주식의 소각이나 자본의 감소로 인하여 주주가 취득하는 금전, 그 밖의 재산 가액이 주주가 그 주식을 취득하기 위하여 사용한 금액을 초과하는 금액"은 의제배당에 해당된다(소득세법 제17조 제2항 제1호). 여기서 '소각'의 의미에 대해서 대법원(대법원 2016두56998, 2017.2.23., 서울고법 2015누67474, 2016.10.5.)은 주식의 소각에 관한 구 상법 제343조 제1항은 "주식은 자본감소에 관한 규정에 의하여서만 소각할 수 있다. 그러나 정관의 정한 바에 의하여 주주에게 배당할 이익으로써 주식을 소각하는 경우에는 그러하지 아니하다."라고 규정하고 있고, 이와 같이 이익소각이 자본금 감소를 동반하지 않는다고 하더라도 구 상법이 이를 주식소각의 하나로서 명시하고 있고, 구 소득세법 제17조 제2항 제1호가 "주식의 소각이나 자본의 감소"라고 규정하고 있는 이상, 구 소득세법 제17조 제2항 제1호 소정의 '주식의 소각'에 이익소각이 포함됨은 관련 규정의 문언상 명확하다고 하면서, 만일 입법자가 이익소각을 의제배당이 아닌 현금배당과 동일하게 취급하고자 하였다면 구 소득세법 제17조 제2항 제1호 중 '주식의 소각'이라는 문언은 불필요한 것이라고 하였다. 또한 구 상법상 자본감소가 동반되지 않는 주식소각은 이익소각밖에 없으므로 구 소득세법 제17조 제2항 제1호 중 '자본의 감소' 외에 '주식의 소각'은 이익소각을 염두에 둔 문언으로 보아야 하기 때문이라고 하면서, 일반적으로 주식소각과 자본감소는 함께 이루어지는 경우가 많기는 하지만, 상법상 자본감소를 동반하지 않는 주식소각이 가능하고 주식소각을 동반하지 않는 자본감소도

가능한데, 위와 같이 "주식의 소각이나 자본의 감소"라고 규정한 것은 이를 고려한 것으로 보인다고 하였다.

사례 1 자기주식취득과 소각을 배당소득과 불균등감자로 보는 경우

자기주식취득이 자본감소 절차의 일환이므로 배당소득이 되며, 그 취득금액(주식의 양도금액)이 시가보다 낮거나 높은 경우이다.

자기주식취득과 소각에 따른 주주 변동내역은 다음과 같다. 2002.10.8. 퇴직임원의 주식 44,450주를 회사가 취득함으로 인해 주주가 퇴직임원에서 자기주식 44,450주로 주주변동이 발생하게 된다.

주주명	자기주식 취득 전		자기주식 취득 후		비고
	주식수	지분율	주식수	지분율	
대표이사	381,670	54.3%	381,670	54.3%	본인
자1	12,302	1.7%	12,302	1.7%	자
자2	14,060	2.0%	14,060	2.0%	자
퇴직임원	44,450	6.3%			외삼촌
관계회사1	19,773	2.8%	19,773	2.8%	관계사
관계회사2	90,218	12.8%	90,218	12.8%	관계사
문화재단	140,527	20.0%	140,527	20.0%	관계사
자기주식			44,450	6.3%	취득
계	703,000	100.0%	703,000	100.0%	

2002.11.15. 회사는 보유하고 있던 자기주식을 소각함으로써 자기주식에 상당하는 주식수만큼 발행주식총수는 감소하게 된다.

주주명	자기주식 소각 전		자기주식 소각 후		비고
	주식수	지분율	주식수	지분율	
대표이사	381,670	54.3%	381,670	58.0%	본인
자1	12,302	1.7%	12,302	1.9%	자
자2	14,060	2.0%	14,060	2.1%	자
관계회사1	19,773	2.8%	19,773	3.0%	관계사

주주명	자기주식 소각 전		자기주식 소각 후		비고
	주식수	지분율	주식수	지분율	
관계회사2	90,218	12.8%	90,218	13.7%	관계사
문화재단	140,527	20.0%	140,527	21.3%	관계사
자기주식	44,450	6.3%			소각
계	703,000	100.0%	658,550	100.0%	

(1) 사실관계: 전직 임원으로서 보유주식 44,450주(지분율 6.3%)를 2002.10.8. 회사에 13,643백만원에 양도하고 증권거래세 및 양도소득세를 제외한 나머지 금액 12,253백만원 전부를 사회복지법인에 출연하고, 2002.11.15. 임시주주총회 특별결의를 통하여 자기주식 임의소각 방법으로 자본금 감소 절차를 이행하였다.

(2) 원고 주장: 퇴직하는 임원(주주)의 소유주식을 취득한 행위와 동 주식을 소각한 행위를 각각 별개의 동기 및 경위에 따라 이루어진 것으로 보아 그 매각차익을 배당소득이 아닌 단순한 양도소득으로 보아야 한다.

(3) 판단: 처분청과 심판원(국심 2005서2821, 2006.10.26.)은 전직 임원이 사회복지재단에 직접 주식을 출연할 경우 사회복지재단에 부과되는 증여세(최고 세율 50%)와 유상감자를 결의할 경우 전직 임원에게 부과될 배당소득에 대한 종합소득세(최고 세율 36%)를 회피할 목적으로 단순한 주식양도로 위장하였을 뿐, 그 실질은 회사가 주식소각을 통한 자본감소 절차이행을 전제로 한 자기주식취득 행위에 불과한 것이어서 자본의 환급으로 인한 매각소득은 배당소득이다(이 부분은 종결). 또한 자기주식소각 행위는 자본금감소절차의 일환으로 불균등감자에 따른 증여의제에 해당된다(이 부분은 불복).

대법원(대법원 2008두19635, 2010.10.28.)은 불균등감자에 따른 증여의제(고가감자에 따른 증여의제)에 대해, 주식의 매도가 자산거래인 주식의 양도에 해당하는가 또는 자본거래인 주식의 소각 내지 자본의 환급에 해당하는가는 법률행위 해석의 문제로서 그 거래의 내용과 당사자의 의사를 기초로 하여 판단하여야 할 것이지만, 실질과세의 원칙상 단순히 당해 계약서의 내용이나 형식에만 의존할 것이 아니라 당사자의 의사와 계약체결의 경위, 대금의 결정방법, 거래의 경과 등 거래의 전체과정을 실질적으로 파악하여 판단하여야 한다(대법원 1992.11.24. 선고 92누3786 판결, 대법원 2002.12.26. 선고 2001두6227 판결 등 참조)고 하면서, 회사가 전직 임원으로부터 이 사건 주식을 취득한 것은 자본감소절차의 일환으로서 상법 제341조 제1호에 따라 주식을 소각함으로써 회사에 대한 출자금을 환급해 주기 위한 목적에서 이루어진 것으로 보는 것이 타당하므로, 구 상속증여세법 제39조의2 제1항 소정의 불균등감자에 따른 증여의제 규정을 적용한 처분은 적법하다고 판단하였다.

사례 ② 자기주식취득과 소각을 업무무관 가지급금과 배당소득으로 보는 경우

이 사례의 경우는 불균등감자의 여부에 대해서는 쟁점이 없는 것으로 보아 그 취득금액(주식의 양도금액)이 시가와 같을 경우가 되겠다. 감자의 대가를 먼저 지급한 것이 되므로 자기주식취득이 업무무관 가지급금에 해당되고 소각은 자본의 환급이다.

(1) 사실관계: 회사는 2011.1.12. 임시주주총회 결의를 거쳐 회사의 주주인 김** 외 3인으로부터(양도 주주들) 회사의 주식 합계 4,980주(전체 주식의 49.8%)를 5,695,128,000원(주당 1,143,600원)에 매수하고 양도 주주들에게 매매대금을 송금하였다. 회사는 2012.4.5. 임시주주총회를 개최하여 양도 주주들로부터 취득한 이 사건 주식을 소각하기로 결의한 다음 2012.5.10. 자본감소의 변경등기를 하였다.

(2) 원고 주장: 회사는 주식 양도인들의 주식매수청구에 따라 주식을 취득한 이상 이는 주식매매거래로 보아야 할 것이고, 이후 그 주식을 소각한 것은 자기주식의 소각행위로서 합법적이고 사적자치의 범위 내에 있는 의사결정이다.

(3) 판단: 처분청은 자기주식을 취득하여 1년 3개월 경과한 후 소각한 것은 상법 제342조에서 정한 지체 없이 주식 실효의 절차를 거친 것으로 볼 수 없다. 따라서 자기주식취득 대금은 업무무관 가지급금이며, 자본감소와 관련해서는 배당소득에 해당된다. 대법원(대법원 2016두49525, 2019.6.27.)은 회사가 자기주식을 주식소각 목적으로 취득한 것인지 여부에 대해, 주식의 매도가 자산거래인 주식 양도에 해당하는지 또는 자본거래인 주식소각이나 자본환급에 해당하는지는 법률행위 해석의 문제로서 거래의 내용과 당사자의 의사를 기초로 판단해야 하지만, 실질과세의 원칙상 단순히 계약서의 내용이나 형식에만 의존할 것이 아니라, 당사자의 의사와 계약체결의 경위, 대금의 결정방법, 거래의 경과 등 거래의 전체 과정을 실질적으로 파악하여 판단해야 한다(대법원 2013.5.9. 선고 2012두27091 판결 등

참조)고 하면서, 이 사건 주식의 거래가 주식소각 방법에 의한 자본감소절차의 일환으로 이루어진 것이라고 판단하는 점을 다음과 같이 들고 있다.

① 부동산 임대업을 영위하던 회사가 사업의 원천이 되는 토지의 절반 가까이를 양도하여 마련한 돈으로 자기주식을 같은 날 취득하면서, 그 처분을 위한 어떠한 대책도 세우지 않았고, 회사가 매도한 위 토지의 매수인이 양도주주들 중 한 명인 김**이 대표이사이자 최대주주로 있는 평화주식회사였던 점 등에 비추어 볼 때 이 사건 주식거래가 단순한 자산거래에 불과하였는지 의심스럽다. ② 소규모 비상장 회사로서 주주들이 모두 대표이사의 친인척들로 구성되었고 회사가 전체 주식의 49.8%나 되는 이 사건 주식을 취득한 다음 1년 3개월 동안 그 처분을 위하여 상당한 노력을 하였다고 볼 만한 증거가 없다. ③ 회사가 이 사건 주식을 취득하고 주식을 소각하기까지 기간이 1년 3개월로 장기이나, 그러한 사정들만으로 회사에게 이 사건 주식을 취득할 당시 주식소각 또는 자본환급의 목적이 없었다고 단정할 수 없다. ④ 실제로 이 사건 주식이 소각됨으로써 그만큼 자본감소가 발생하였다. 또한 배당소득의 실현 이전에 지급된 주식 대금을 선급금(업무무관 가지급금)에 불과하다고 보아 그에 대한 인정이자 상당액을 익금산입하여 법인세를 과세한 처분에 위법이 없다.

사례 ③ 소각목적 자기주식취득을 업무무관 가지급금으로 보지 않는 경우

이 사례는 주식소각 목적으로 자기주식취득을 한 것이 인정되므로 자기주식취득이 업무무관 가지급금에 해당되지 않고 그 취득금액(주식의 양도금액)이 시가와 같을 경우가 되겠다(이 사건은 출자금의 반환을 위한 주식매매계약이므로 당연 배당으로 신고한 것이 된다).

(1) 사실관계: 회사가 2004.5.6. 임시주주총회를 개최하여 이**가 보유한 회사의 주식 33,350주(지분율 35.86%)를 2004.5월부터 2009년 내지 2017년까지 분할 매입하고 그 매입이 종료되는 시점에 위 주식을 소각하기로 결의하고, 이에 따라 회사는 이**로부터 2004.5.31. 10,422주, 2006.4.14. 6,253주, 2008.2.21. 4,169주, 2008.4.30. 8,337주를 각 매입함으로써 4회에 걸쳐 총 29,181주를 취득하였다. 뒤늦은 2012.2.17. 임시주주총회를 개최하여 감자결의하고 2012.4.5. 자본감소의 변경등기를 하였다.

(2) 원고 주장: 동업형식으로 회사를 운영하던 중 잦은 마찰과 갈등이 누적되어 주주총회에서 이**의 지분을 취득하여 감자하기로 결의한 것은 소각목적을 위한 주식취득이다. 따라서 자기주식 취득금액을 주주에 대한 자금대여 목적으로 보고 가지급금으로 보아 과세하는 것은 부당하다.

(3) 판단: 이에 대해 대법원(대법원 2012두27091, 2013.5.9.)은 주식의 매도가 자산거래인 주식의 양도에 해당하는가 또는 자본거래인 주식의 소각 내지 자본의 환급에 해당하는가는 법률행위 해석의 문제로서 그 거래의 내용과 당사자의 의사를 기초로 하여 판단하여야 할 것이지만, 실질과세의 원칙상 당해 계약서의 내용이나 형식과 아울러 당사자의 의사와 계약체결의 경위, 대금의 결정방법, 거래의 경과 등 거래의 전체과정을 실질적으로 파악하여 판단하여야 한다(대법원 2002.12.26. 선고 2001두6227 판결 등 참조)고 하면서, 사실관계로 미루어 보아 ① 이**는 자신의 출자금을 환급받기 위해 이 사건 주식을 매도하고 회사 역시 감자의 방법으로 이**의 출자금을 반환하기 위해 이**와 회사가 주식매매계약에 이른 것으로 볼 여지가 있고, ② 분할 매입 시마다 그 대금을 지급하고 뒤늦게 이 사건 주식에 대한 소각 절차를 완료하였다고 하더라도 그러한 사정만으로 원고가 주식소각의 목적 없이 이 사건 주식을 취득하였다고 볼 수는 없다. 그렇다면 회사가 이 사건 주식을 취득하게 된 경위, 분할 매입의 이유와 그 대금의 결정방법, 이 사건 주식에 대한 배당과 의결권 행사 여부, 그 밖의 거래 경과 등을 추가로 심리한 다음 회사에게 주식소각의 목적이 있었는지 여부를 판단하였어야 함에도 이러한 심리 · 판단을 하지 아니한 채 이 사건 주식취득이 주식소각의 목적에서 비롯된 것이 아니라고 단정한 것은 주식취득행위의 해석에 관한 법리 등을 오해하여 필요한 심리를 다하지 아니하였다.

사례 ④ 합병 시 취득한 자기주식 소각 차손익을 자본의 증감으로 보는 경우

이 경우는 합병법인이 보유하고 있었던 피합병법인의 주식(포합주식)을 합병하기 직전에 소각을 하고 합병을 한 경우이다. 이와 같은 소각의 효과(세무계산)는 포합주식에 대해 합병신주를 교부하고 소각한 것이나, 포합주식에 대해 합병신주를 교부하지 않은 것이나 그 효과는 동일하다.

(1) 사실관계: 상법이 규정하는 이사회결의를 거쳐 합병계약을 체결하고 합병법인이

보유한 피합병법인의 주식(포합주식)을 합병 시 인수하지 아니하고 합병기일에 소각손실로 처리하였다. 처분청은 비정상적인 자산거래로 보고 소각차손에 대해 부당행위계산을 부인하여 익금에 가산하였다.

(2) 청구인 주장: 자기주식취득으로 인한 폐해를 예방하기 위하여 상법은 합병을 함에 있어서 자기주식을 취득하는 경우에는 지체 없이 소각해야 하고, 매각처분 시에는 상당한 시기 내에 처분하도록 하고 있으므로 청구법인이 피합병법인을 흡수합병하면서 포합주식에 대하여 신주를 교부하지 아니하고 소각하는 것은 비정상적인 거래가 아니다.

(3) 판단: 국세청(심사법인 1999-0137, 1999.8.13.)은 포합주식에 대하여 교부한 자기주식을 처분함으로써 발생한 처분손익은 익금 및 손금에 산입하는 것이지만, 회사합병으로 인하여 자기주식을 교부받은 후 소각하는 것은 자본증감에 관련된 자본거래로 보는 것이 합당하므로 이 사건 거래를 순자산 증감거래로 보아 부당행위계산 부인한 것은 잘못이다.

위의 사례에서 본 결론은 소각목적의 자기주식취득(주식을 취득한 것이 자본감소 절차의 일환으로서 상법 제341조 제1호에 따라 주식을 소각함으로써 회사에 대한 출자금을 환급해 주기 위한 목적)은 그 주식의 거래를 양도가 아닌 배당소득(의제배당)으로 보고 있다. 자기주식취득의 업무무관 가지급금에 대해서는, 소각목적의 자기주식취득(분할 매입 시마다 그 대금을 지급하고 뒤늦게 소각 절차를 완료하는 경우를 포함)을 업무무관 가지급금에 해당하지 않는다고 보는 경우(≪사례 3≫)와 소각목적의 자기주식취득이라고 하더라도 배당소득의 실현 이전에 지급된 주식대금은 선급금(업무무관 가지급금)에 불과하다고 보아 업무무관 가지급금으로 보는 경우(≪사례 2≫)가 있다.

2 | 합병과 세무의 종합 사례

다음에 제시되는 합병 사례는 기업이 합병하는 과정에서 발생할 수 있는 세법상의 문제 중 흔히 발생할 수 있는 합병에 따른 이익의 증여, 합병에 따른 부당행위계산, 합병에 의한 의제배당, 합병에 의한 합병양도손익, 합병매수차손익 등을 망라하여 구성해 보았다. 우리는 이러한 종합적인 사례를 대하면서 기업이 합병함에 있어 세법상의 문제가 어디에서 어떻게 발생하고 있는지를 이해하게 될 것이다. 구체적 계산방식에 대해서는 앞에서 설명하였으므로 생략한다.

다음에 제시된 재무상태표와 합병 기본사항을 참고하여 합병과 이익증여, 부당행위계산, 의제배당, 수익, 양도손익, 매수차손익, 자산조정계정, 불공정비율 부당행위계산 등 종합적인 문제를 점검해 본다. 사례는 합병비율이 1 : 0.8(합병법인 6,000원 : 피합병법인 4,800원)로서 합병당사법인의 1주당 평가가액이 액면가액에 미달하는 경우로서 합병대가가 액면가액을 초과하는 경우이며 합병신주 45,600주에 대해서 합병교부금(현금)을 1주당 6,000원 지급하였다. 합병법인이 납부하는 피합병법인의 법인세 등이 30,000,000원이다.

사례 5 합병과 세무의 종합 사례

(가) 기본사항

구분		합병법인	피합병법인
발행주식총수		800,000	380,000
액면가액		5,000	5,000
신고	합병가액	6,000	4,800
	합병비율	1	0.8
공정	합병가액	6,000	2,500
	합병비율	1	0.41667

| 합병법인 재무상태표 |

자산(장부가액)	9,800,000,000	부 채	4,000,000,000
		자 본 금	4,000,000,000
		자본잉여금	1,500,000,000
		이익잉여금	300,000,000
자산총계	9,800,000,000	부채와 자본총계	9,800,000,000

| 피합병법인 재무상태표 |

자산(장부가액)	4,100,000,000	부 채	2,000,000,000
	(* 시가 4,500,000,000)	자 본 금	1,900,000,000
		자본잉여금	200,000,000
자산총계	4,100,000,000	부채와 자본총계	4,100,000,000

| 합병회계처리 |

자 산	4,500,000,000	부 채	2,000,000,000
		자 본 금	1,292,000,000
		주 발 초	258,400,000
		현 금	273,600,000
		매 수 차 익	676,000,000
자산총계	4,500,000,000	부채와 자본총계	4,500,000,000

| 합병 후 재무상태표 |

자 산	14,026,400,000	부 채	6,000,000,000
		자 본 금	5,292,000,000
		자본잉여금	1,758,400,000
		이익잉여금	976,000,000
자산총계	14,026,400,000	부채와 자본총계	14,026,400,000

| 불공정합병 |

구분	합병법인	피합병법인	합병 후 존속법인
총주식 평가액	4,800,000,000	950,000,000	5,750,000,000
발행주식총수	800,000	380,000	
1주당 평가액(공정)	6,000	2,500	5,208.33
합병비율(신고)	1	0.8	
합병 후 주식수(신고)	800,000	304,000	1,104,000
합병 전 1주당 평가액	6,000	3,125	* 평가차액 계가 합병 후 평가액의 30% (475,000,000) 충족
불공정비율		0.375	
1주당 평가차손 · 익	(792)	2,083	
평가차액 계	(633,333,333)	633,333,333	

구분	합병법인			피합병법인			합병 후 존속법인		
	주주	주식수	지분율	주주	주식수	지분율	주주	주식수	지분율
주주 현황	갑	160,000	20%	가	228,000	60%	갑	160,000	14.5%
	을㈜	640,000	80%	나㈜	152,000	40%	을㈜	640,000	58.0%
							가	182,400	16.5%
							나㈜	121,600	11.0%
	합계	800,000	100%	합계	380,000	100%	합계	1,104,000	100.0%

* A의 주주 을㈜은 B의 주주 나㈜와 법인세법 시행령 제87조에 의한 특수관계인에 해당됨.

합병대가(액면가액 5,000원)의 지급조건은 다음과 같다.

합병대가		교부받은 주식수	구 주식수
주식 85%	1,550,400,000	258,400	323,000
현금 15%	273,600,000	45,600	57,000
계	1,824,000,000	304,000	380,000

* 합병대가 합계 1,824,000,000원: 합병법인 합병가액 6,000원 × 교부받은 주식총수 304,000주
* 현금 15%의 합병대가 273,600,000원은 교부받아야 할 주식수 45,600주를 금액(합병교부금)으로 환산한 것임.

(나) 이익의 증여

① **주식(85%)의 이익증여**(상증령 §28 ③ 1)

(합병 후 1주당 평가액 － 합병 전 1주당 평가액) × 대주주의 합병 후 주식수

- 가: (5,208.33원 － 3,125원) × 182,400주 × 85% ＝ 323,000,000원
- 나㈜: (5,208.33원 － 3,125원) × 121,600주 × 85% ＝ 215,333,333원

② **현금(15%)의 이익증여**(상증령 §28 ③ 2)

(1주당 합병대가 － 합병 직전 1주당 평가액) × 대주주의 합병 후 주식수

- 가: (5,000원 － 3,125원) × 182,400주 × 15% ＝ 51,300,000원
- 나㈜: (5,000원 － 3,125원) × 121,600주 × 15% ＝ 34,200,000원

③ **대주주의 이익증여(① ＋ ②)**

- 가: 323,000,000원 ＋ 51,300,000원 ＝ 374,300,000원
- 나㈜: 215,333,333원 ＋ 34,200,000원 ＝ 249,533,333원

(다) 부당행위계산

〈주식 ＋ 현금〉 상속증여세법 시행령 제28조 제3항 제1호 및 제2호

① 을㈜이 분여한 총이익

분여한 총이익 633,333,333원 × 을의 지분율 80% ＝ 506,666,667원

② 을㈜이 나㈜에게 분여한 이익

을㈜이 분여한 총이익 506,666,667원 × 나㈜의 지분율 40% ＝ 202,666,667원

불공정합병에 따른 특수관계인에게 이익을 분여한 경우 익금에 산입할 금액의 계산에 관하여는 상속증여세법 제38조와 시행령 제28조 규정을 준용하고 있다(법인령 §89 ⑥). 이 규정에 따를 경우 부당행위계산 부인 대상 금액은 상속증여세법 시행령 제28조 제3항 제1호 및 제2호에 해당되는 금액이어야 한다.

(라) 분여받은 이익과 분여한 이익

합병에 따른 이익으로 인하여 특수관계인으로부터 분여받은 이익은 익금에 산입한다(법인령 §11 9). 피합병법인의 주주 나㈜가 분여받은 이익 중에서 특수관계자인 합병법인의 주주 을㈜로부터 분여받은 금액이 해당된다. 이 경우 분여받은 이익의 익금에 산입할 금액의

계산에 관하여는 부당행위계산 부인 금액과 마찬가지로 상속증여세법 제38조와 시행령 제28조 규정을 준용한 금액이 된다(법인령 §89 ⑥). 위의 계산한 바에 따르면 분여한 이익이 202,666,667원이 되고 합병대가를 주식과 현금을 포함한 가액으로 지급받은 경우 분여받은 이익은 199,626,667원이 되어 분여한 이익과 분여받은 이익이 일치하지 않는다.

나㈜가 분여받은 총이익 × 을㈜의 지분율 80% = 수익

구분	분여받은 총이익	을㈜ 지분율	수익(익금)
주식 + 현금	249,533,333	80%	199,626,667

(마) 의제배당과 이익증여

의제배당 계산 시 합병대가 중 일부를 금전이나 그 밖의 재산으로 받은 경우로서 합병으로 취득한 주식을 시가로 평가한 가액이 종전의 장부가액보다 적은 경우에는 시가를 말한다(법인령 §14 ①). 사례의 경우 1주당 평가액(시가)이 종전 장부가액보다 적으므로 합병대가를 계산함에 있어 적격합병 요건(법인법 §44 ② 1 및 2)을 충족한 경우나 충족하지 않은 경우나 주식의 가액은 시가에 의하여 평가하므로, 합병대가는 합병요건 충족 여부와 관계없이 동일하다(적격합병의 합병대가는 종전의 장부가액보다 낮아 의제배당이 발생하지 않지만 합병대가를 종전의 장부가액으로 통일하였다).

| 주주 '가'의 의제배당과 이익증여 |

구분		이익증여 ㉮	의제배당 ㉯			증여재산 (㉮ - ㉯)
			합병대가 ①	취득가액 ②	의제배당 (① - ②)	
적격	주식 85%	323,000,000	969,000,000	969,000,000	-	323,000,000
	현금 15%	51,300,000	164,160,000	171,000,000	-6,840,000	51,300,000
	계	374,300,000	1,133,160,000	1,140,000,000	-6,840,000	374,300,000
비적격	주식 85%	323,000,000	932,240,000	969,000,000	-38,760,000	323,000,000
	현금 15%	51,300,000	164,160,000	171,000,000	-6,840,000	51,300,000
	계	374,300,000	1,094,400,000	1,140,000,000	-45,600,000	374,300,000

* 합병대가가 주식인 경우 합병대가 산정방식: 적격합병은 합병대가를 종전의 장부가액으로 하되 합병대가로 금전을 받은 부분은 취득한 주식을 시가로 평가한 가액이 종전의 장부가액보다 적은 경우는 시가

상속증여세법 기본통칙(38-28…2): 이익증여에 의제배당 금액이 포함된 경우에는 이를 차감한다(의제배당 ▲인 경우 "0원").

| 나㈜의 의제배당과 수익 |

구분		수익 (익금)	의제배당			
			합병대가 ①	분여받은 이익 ②	취득가액 ③	의제배당 (① - ③)
적격	주식 85%	215,333,333	646,000,000	-	646,000,000	-
	현금 15%	34,200,000	109,440,000	-	114,000,000	-4,560,000
	계	249,533,333	755,440,000	-	760,000,000	-4,560,000
비적격	주식 85%	215,333,333	620,160,000	169,682,667	646,000,000	-195,522,667
	현금 15%	34,200,000	109,440,000	29,944,000	114,000,000	-34,504,000
	계	249,533,333	729,600,000	199,626,667	760,000,000	-230,026,667

* 합병대가가 주식인 경우 합병대가 산정방식: 적격합병은 합병대가를 종전의 장부가액으로 하되 합병대가로 금전을 받은 부분은 취득한 주식을 시가로 평가한 가액이 종전의 장부가액보다 적은 경우는 시가. 비적격합병은 취득 당시의 시가로 하되 특수관계인으로부터 분여받은 이익이 있는 경우 그 금액을 차감한 금액(법인령 제14조 제1항 제1호)

합병대가를 주식 85%와 현금 15%를 각각 받은 경우 이익증여와 수익의 금액은 합병대가를 주식 100%를 받은 경우보다 '가'는 5,700,000원, '나㈜'는 3,800,000원이 적게 과세되고 있다.

구분		주식 85%+현금 15% ①	주식 100% ②	과소금액(① - ②)
가	적격	374,300,000	380,000,000	-5,700,000
	비적격	374,300,000	380,000,000	-5,700,000
나㈜	적격	249,533,333	253,333,333	-3,800,000
	비적격	249,533,333	253,333,333	-3,800,000

(바) 합병양도손익과 합병매수차손익 및 자산과 부채의 조정계정

합병법인이 납부하는 피합병법인의 법인세 등이 30,000,000원이므로 양도가액은 다음과 같게 된다.

합병대가 ①	법인세 등 ②	양도가액(① + ②)
1,824,000,000	30,000,000	1,854,000,000

| 합병법인 |

비적격합병			
순자산 시가	2,500,000,000	양도가액	1,854,000,000
		합병매수차익	646,000,000
계	2,500,000,000	계	2,500,000,000

적격합병			
자산총계	4,100,000,000	부채총계	2,000,000,000
자산조정계정	400,000,000	양도가액	1,854,000,000
		합병차익	646,000,000
계	4,500,000,000	계	4,500,000,000

| 피합병법인 |

비적격합병			
양도가액	1,854,000,000	순자산 장부가액	2,100,000,000
합병양도손실	246,000,000		
계	2,100,000,000	계	2,100,000,000

적격합병			
자본금	1,900,000,000	순자산 장부가액	2,100,000,000
합병잉여금	200,000,000		
계	2,100,000,000	계	2,100,000,000

(사) 불공정한 비율 합병과 부당행위계산

사례의 합병이 "특수관계인인 법인 간 합병・분할에 있어서 불공정한 비율로 합병・분할하여 합병・분할에 따른 양도손익을 감소시킨 경우[「자본시장과 금융투자업에 관한 법률」 제165조의4에 따라 합병(분할합병을 포함)・분할하는 경우는 제외]"에는 부당행위계산에 해당된다(법인령 §88 ① 3의2).

위 사례가 적격합병 요건 미충족으로서 특수관계인인 법인 간의 합병으로 보고 불공정한 비율로 합병한 경우 부당행위계산을 다음과 같이 할 수 있다. 회사가 공정한 합병비율로 신고했다면 합병비율이 1 : 0.41667(6,000원 : 2,500원)가 되므로 합병양도손실은 다음과 같이 846,400,000원으로 계산된다. 앞서 공정한 비율(1 : 0.8)의 합병의 경우 합병양도손실이 246,000,000원이었으므로 부당행위계산 부인 금액은 600,400,000원(846,400,000원 - 246,000,000원)이 된다.

비적격합병			
양도가액	1,253,600,000	순자산 장부가액	2,100,000,000
합병양도손실	846,400,000		
계	2,100,000,000	계	2,100,000,000

(아) 청산소득과 합병평가차익

| 청산소득 |

구분	합병대가 ①	순자산 장부가액 ②	분여받은 이익 ③	청산소득 (①-②-③)
합병요건 충족	1,292,000,000	2,100,000,000	-	-808,000,000
합병요건 미충족	1,824,000,000	2,100,000,000	-	-276,000,000

합병평가차익은 승계한 자산의 가액과 장부가액의 차액으로 위의 자산 조정계정과 같은 금액이다. 이때의 합병평가차익은 승계한 자산(시가 4,500,000,000원-장부가액 4,100,000,000원)의 평가차익이다.

| 합병평가차익 |

구분	자산 승계가액 ①	자산 장부가액 ②	청산소득 ③	합병평가차익 (①-②-③)
합병요건 충족	4,500,000,000	4,100,000,000	-	400,000,000
합병요건 미충족	4,500,000,000	4,100,000,000	-	400,000,000

3 합병과 감가상각

2010.6.8. 합병과 분할의 과세체계가 변경된 후의 감가상각 관련 규정과 이와 관련된 대법원의 판례는 다음과 같다.

(1) 감가상각 규정

합병과 분할과 관련된 2010.12.30. 개정 및 신설된 감감상각 관련 규정은 다음과 같다 〈법인세법 시행령 제29조의2(중고자산 등의 상각범위액)〉.

① 내국법인이 기준내용연수(해당 내국법인에게 적용되는 기준내용연수를 말한다)의 100분의 50 이상이 경과된 자산(중고자산)을 다른 법인 또는 「소득세법」 제1조의2 제1항 제5호에 따른 사업자로부터 취득(합병 · 분할에 의하여 자산을 승계한 경우를 포함한다)한 경우에는 그 자산의 기준내용연수의 100분의 50에 상당하는 연수와 기준내용연수의 범위에서 선택하여 납세지 관할 세무서장에게 신고한 연수(수정내용연수)를 내용연수로 할 수 있다. 이 경우 수정내용연수를 계산할 때 1년 미만은 없는 것으로 한다. 〈개정 2010.12.30.〉

② 적격합병, 적격분할, 적격물적분할 또는 적격현물출자(적격합병 등)에 의하여 취득한 자산의 상각범위액을 정할 때 제26조 제2항 각 호 및 같은 조 제6항에 따른 취득가액은 적격합병 등에 의하여 자산을 양도한 법인(양도법인)의 취득가액으로 하고, 미상각 잔액은 양도법인의 양도 당시의 장부가액에서 적격합병 등에 의하여 자산을 양수한 법인(양수법인)이 이미 감가상각비로 손금에 산입한 금액을 공제한 잔액으로 하며, 해당 자산의 상각범위액은 다음 각 호의 어느 하나에 해당하는 방법으로 정할 수 있다. 이 경우 선택한 방법은 그 후 사업연도에도 계속 적용한다. 〈신설 2010.12.30., 2014년 1월 1일 이후 개시하는 사업연도의 감가상각시부인 계산 분부터 적용〉

1. 양도법인의 상각범위액을 승계하는 방법: 이 경우 상각범위액은 법인세법 및 이 영에 따라 양도법인이 적용하던 상각방법 및 내용연수에 의하여 계산한 금액으로 한다.
2. 양수법인의 상각범위액을 적용하는 방법: 이 경우 상각범위액은 법인세법 및 이 영에 따라 양수법인이 적용하던 상각방법 및 내용연수에 의하여 계산한 금액으로 한다.

⑤ 제1항의 규정은 내국법인이 다음 각 호에 규정하는 기한 내에 기획재정부령이 정하는 내용연수변경신고서를 제출한 경우에 한하여 적용한다.

1. 중고자산을 취득한 경우에는 그 취득일이 속하는 사업연도의 법인세 과세표준 신고기한
2. 합병 · 분할로 승계한 자산의 경우에는 합병 · 분할등기일이 속하는 사업연도의 법인세 과세표준 신고기한

(2) 대법원 판례

다음은 2010.12.30. 개정 및 신설되기 전의 합병 및 분할의 감가상각 관련에서 내용연수변경신고서 제출의 중요성에 대한 대법원(대법원 2011두32751, 2014.5.16.)의 판결내용이다. 구 법인세법 시행령 제28조 제1항 제2호는 그 문언 및 관련 규정의 체계상 감가상각자산의 취득 원인이나 취득 당시의 상태를 묻지 않고 그 구조 또는 자산별 · 업종별로 동일한 기준의 내용연수나 상각률을 적용하도록 규정한 것으로 보이는 점, 구 법인세법 시행령 제29조의2의 취지는 내국법인이 합병 · 분할에 의하여 승계받은 자산과 중고자산에 대하여는 그 경제적 실질에 맞게 신규자산보다 짧은 내용연수를 적용하려는 데 있는 점, 합병 · 분할에 의하여 승계받은 자산이나 중고자산에 대한 감가상각기간 등을 정하는 것은 입법정책의 문제인 점 등을 종합하여 보면, 분할에 의하여 자산을 승계받은 분할신설법인이 구 법인세법 시행령 제28조 제3항의 내용연수신고서만 제출하고 제29조의2 제2항 제2호의 내용연수변경신고서를 제출하지 않은 경우에는 특별한 사정이 없는 한 구 법인세법 시행령 제28조 제3항의 내용연수 신고에 따른 내용연수를 적용하여야 하고, 분할법인이 적용하여 온 내용연수에 따른 잔존내용연수를 적용할 것이 아니다.

2010.12.30. 개정 및 신설된 후의 합병과 분할의 경우 내용연수변경신고의 신청의 요건은 개정되기 전과 동일하다. 따라서 내용연수변경신고의 신청 요건이 충족되어야만 법인세법 시행령 제29조의2 제2항에서 말하는 양도법인의 상각범위액을 승계하는 방법 등 경우 상각범위액은 법인세법 및 시행령에 따라 양도법인이 적용하던 상각방법 및 내용연수에 의하여 계산한 금액(잔존가액에 잔존내용연수 적용)으로 하는 것이 가능하다. 그렇지 않은 경우 분할신설법인은 분할법인이 적용하여 온 내용연수를 적용하여야 하고 분할법인이 적용하여 온 잔존내용연수를 적용할 수 없다.

■ 법인세법 시행규칙 [별지 제63호 서식] 〈개정 2019. 3. 20.〉

[ ] 감가상각방법신고서 **[ ] 감가상각방법변경신청서**
[ ] 내용연수신고서 **[ ] 내용연수승인신청서**
[ ] 내용연수변경승인신청서 **[ ] 내용연수변경신고서**

접수번호	접수일자	처리기간 즉시

신고(청)인 적사항	법인명		사업자등록번호	
	본점소재지			
	대표자성명		생년월일	
	사업개시일	년 월 일	변경방법 적용 사업연도	년 월 일 부터

내용 연수 신고(청) 및 변경	자산 및 업종	내용연수범위	신고 내용연수(당초 신고 내용연수)	변경 내용연수	변경사유

감가상각 방법 신고(청) 및 변경	자산명	신고상각방법 (당초 신고상각방법)	변경상각방법	변경사유
	유형자산 (건축물제외)			
	광업권			
	광업용자산 (건축물제외)			

「법인세법 시행령」 제26조 제3항 • 제27조 제2항 • 제28조 제3항 • 제29조 제2항 및 제29조의2 제5항에 따라 감가상각방법신고서, 감가상각방법변경신청서, 내용연수신고서, 내용연수승인신청서, 내용연수변경승인신청서 및 내용연수변경신고서를 제출합니다.

년 월 일

신고(신청)인 (서명 또는 인)

세무서장 귀하

제9절 삼각합병과 이익증여

1 | 삼각합병

(1) 개념

삼각합병은 시장 기능에 의한 효율적인 자원배분을 통해 경제의 역동성을 제고하기 위해 'M&A 활성화 방안'으로 2012.4.15.부터 시행되고 있다. 상법은 "존속하는 회사가 합병으로 소멸하는 회사의 주주에게 합병대가의 전부 또는 일부로서 금전이나 그 밖의 재산을 제공하는 경우에는 그 내용 및 배정에 관한 사항(상법 §523 4)과 소멸하는 회사의 주주에게 제공하는 재산이 존속하는 회사의 모회사주식을 포함하는 경우에는 존속하는 회사는 그 지급을 위하여 모회사주식을 취득할 수 있다(상법 §523의2 ①)"는 규정을 두고 있다. 이 규정으로 삼각합병이 가능하게 되었다. 삼각합병은 일반적인 합병의 합병비율, 합병가액, 합병신주, 피합병회사 소멸 등의 효과와 다를 바 없다. 일반적인 합병의 개념이 그대로 삼각합병에도 적용된다.

삼각합병이 일반적인 합병과 차이가 나는 점은 "소멸하는 회사의 주주에게 제공하는 재산이 존속하는 회사의 모회사주식을 포함하는 경우에는 존속하는 회사는 그 지급을 위하여 모회사주식을 취득할 수 있다."인데, 합병대가의 지급에 있어 일반적인 합병에서 합병대가의 지급은 합병법인의 재산(주식, 금전 등)에 한하고 있으나 삼각합병의 합병대가의 지급은 모회사 재산으로 지급할 수 있다는 점이 일반적인 합병과 다른 점이다. 그 밖에 차이 나는 점은 삼각합병의 구조상 피합병법인의 주주가 일반적인 합병에서는 합병법인의 주주가 되었으나 삼각합병의 경우는 모회사의 주주가 된다.

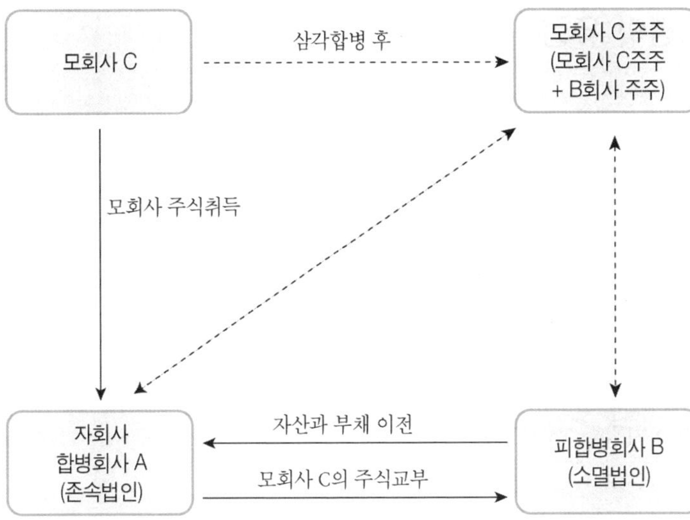

(2) 모회사 주식취득

일반적인 합병에서 합병대가의 지급은 합병법인의 주식(재산)만을 교부한다. 삼각합병의 경우 소멸하는 피합병법인의 주주에게 제공하는 재산이 존속하는 합병법인의 모회사 주식을 포함하는 경우에는 합병법인은 합병대가 지급을 위하여 모회사 주식을 취득할 수 있다. 즉 삼각합병에서는 합병대가의 지급을 위해 모회사 주식을 취득할 수 있다. 합병대가의 지급을 위해서는 합병당사법인인 자회사는 모회사의 주식을 취득하게 되는데, 이때 모회사 주식을 취득하는 방식으로는 비현금 취득과 현금 취득 방식을 예상할 수 있겠다. 비현금 취득은 모회사의 주식을 합병법인에 현물출자하게 함으로써 취득하는 방식 등이 될 것이며, 현금 취득은 모회사 주식을 합병법인이 현금으로 직접 매입하는 방식이 될 수 있겠다. 비현금 취득은 모회사가 보유한 자기주식 또는 모회사의 주주가 보유주식을 합병법인에 현물출자를 함으로써 합병법인은 모회사의 주식을 취득하게 된다. 현금 취득은 합병법인의 자금으로 모회사의 주식을 시장에서 직접 매입함으로써 취득하게 되는데, 이러한 방식에는 모회사가 신주를 발행하는 방식(자회사에게 제3자 배정 등)과 모회사의 주식을 매수 또는 공개매수(모회사 주식을 시장에서 직접 매입하는 방식과 동일하나 매수 결과에서는 다를 수 있다)하는 방식으로도 진행될 수 있을 것이며 각각의 취득 방식에는 장단점이 있겠다.

2 | 삼각합병의 유형

피합병법인의 주주가 합병으로 인하여 받은 합병대가의 총합계액 중 합병법인의 주식의 가액이 100분의 80 이상이거나 합병법인의 모회사의 주식의 가액이 100분의 80 이상인 경우로서(이하 "주식가액 비율"이라 한다) 그 주식이 지분비율(합병교부주식의 가액의 총합계액 × 각 해당 주주의 피합병법인에 대한 지분비율)에 따라 배정되어야 한다(법인법 §44 ② 2). 이와 같은 요건을 갖춘 합병의 경우 합병신주의 교부방식에 따라 합병 형태를 다음과 같이 예상할 수 있겠다(사례는 저자가 분석한 "삼각합병과 삼각주식교환의 형태 및 구조와 적격요건"을 수정·편집한 것임).

(1) 삼각합병과 주식가액비율(1)

(가) 합병의 기본사항

① 주주현황

합병법인(A)			피합병법인(B)			모회사(C)		
주주	주식수	지분율	주주	주식수	지분율	주주	주식수	지분율
C(모회사)	10,100,000	100.0%	갑	800,000	40.0%	김	3,250,000	40.94%
			을	820,000	41.0%	이	2,960,000	37.29%
			병	380,000	19.0%	자기주식	1,728,000	21.77%
계	10,100,000	100.0%	계	2,000,000	100.0%	계	7,938,000	100.0%

* 모회사의 자기주식 1,728,000주의 취득가액은 1주당 5,000원임.

② 합병가액과 합병비율

구분	합병법인(A)	피합병법인(B)	모회사(C)
합병가액(원/1주)	3,000	6,000	6,944.444
합병비율	1	2	2.314815
모회사 교부비율		0.8640	1
액면가(원/1주)	1,000	1,000	1,000

* 피합병법인의 순자산가액(장부가액)은 10,000,000,000원임. 합병법인(A)의 모회사인 (C)의 합병가액은 계산 편의상 6,944.444...로 한다(이하 "소수점 이하"는 생략한다).

③ 위 합병의 기본사항과 합병가액에 따르면 피합병법인과 모회사의 주주별 평가액은 다음과 같게 된다. 피합병법인의 주주가 지급받을 총합병대가와 모회사의 주식으로 지급할 총합병대가는 12,000,000,000원이 된다.

| 피합병법인의 주주별 평가액 |

주주	주식수	지분율	평가액
갑	800,000	40.0%	4,800,000,000
을	820,000	41.0%	4,920,000,000
병	380,000	19.0%	2,280,000,000
계	2,000,000	100.0%	12,000,000,000

| 모회사의 주주별 평가액 |

주주	주식수	지분율	평가액
김	3,250,000	40.94%	22,569,444,444
이	2,960,000	37.29%	20,555,555,556
자기주식	1,728,000	21.77%	12,000,000,000
계	7,938,000	100.0%	55,125,000,000

④ 합병법인의 모회사 주식취득 방법

모회사는 자기주식을 합병법인에 현물출자하고 모회사로부터 현물출자받은 합병법인은 모회사의 주식으로 합병대가를 지급하는 방식이다.

(나) 합병의 형식

피합병법인(B)의 주주 갑, 을, 병에게 다음과 같은 방법으로 합병신주를 교부하는 방식을 예상할 수 있다.

① 일반적인 합병

피합병법인의 주주에게 합병법인(A)의 주식 100%를 교부한다.

| 합병법인(A) |

주주	합병 전(A)		합병신주	합병 후(A)	
	주식수	지분율	주식수	주식수	지분율
C(모회사)	10,100,000	100.00%	-	10,100,000	100.00%
갑			1,600,000	1,600,000	11.35%
을			1,640,000	1,640,000	11.63%
병			760,000	760,000	5.39%
계	10,100,000	100.00%	4,000,000	14,100,000	100.00%

| 합병법인(A)의 회계처리 |

차변		대변	
순자산	10,000,000,000	자본금	4,000,000,000
영업권	2,000,000,000	주발초	8,000,000,000
계	12,000,000,000	계	12,000,000,000

② 삼각합병

≪삼각합병 1≫ 합병대가 100%를 모회사 주식으로 지급

피합병법인의 주주 갑, 을, 병에게 합병대가의 100%를 모회사의 주식으로 교부하는 방식이다. 피합병법인의 주주 갑, 을, 병이 교부받은 모회사주식과 합병회계 세무는 다음과 같게 된다.

| 피합병법인의 주주 갑, 을, 병이 교부받은 모회사의 주식 |

주주	주식수	모회사 교부비율	교부받은 주식수
갑	800,000	× 0.864	691,200
을	820,000		708,480
병	380,000		328,320
계	2,000,000		1,728,000

| 모회사 주식취득과 합병회계 세무 |

※ 모회사(C)의 자기주식 현물출자 시

차변		대변	
합병법인(A) 주식	12,000,000,000	주식 취득가액	8,640,000,000
		처분이익	3,360,000,000
계	12,000,000,000	계	12,000,000,000

* 합병법인(A) 주식: 자기주식 1,728,000주 × 모회사 합병가액 6,944.44원
* 주식취득가액: 1주당 5,000원 × 자기주식 1,728,000주

※ 합병법인(A)의 유상증자 시

차변		대변	
C(모회사) 주식	12,000,000,000	자본금	4,000,000,000
		주발초	8,000,000,000
계	12,000,000,000	계	12,000,000,000

* 유상증자 발행신주: 4,000,000주(자기주식 1,728,000주 × 현물출자 주식발행비율 2.314815)
* 유상증자 대가: 12,000,000,000원(유상증자 발행신주 4,000,000주 × 유상증자 발행가액 3,000원)
* 자본금 및 주발초: 유상증자 대가 - 자본금(액면가 1,000원 × 유상증자 발행신주 4,000,000주)

※ 합병법인(A)의 합병대가 지급 시

차변		대변	
순자산	10,000,000,000	C(모회사) 주식	12,000,000,000
영업권	2,000,000,000		
계	12,000,000,000	계	12,000,000,000

피합병법인의 주주 갑, 을, 병에게 합병대가로 모회사(C)의 주식으로 100%를 교부했으므로 합병 후의 모회사는 다음과 같게 된다.

| 모회사(C) |

주주	합병 전(C)		주식이전	합병 후(C)	
	주식수	지분율	주식수	주식수	지분율
김	3,250,000	40.94%		3,250,000	40.94%
이	2,960,000	37.29%		2,960,000	37.29%
자회사	1,728,000	21.77%	-1,728,000	-	-
갑			691,200	691,200	8.71%
을			708,480	708,480	8.93%
병			328,320	328,320	4.14%
계	7,938,000	100.00%	0	7,938,000	100.00%

사례의 경우 합병대가의 총합계액은 12,000,000,000원이며 자회사(합병법인 A)가 보유한 모회사의 주식가액(모회사의 자기주식가액)도 12,000,000,000원이다. 이 경우 자회사가 보유한 모회사의 주식(자기주식) 1,728,000주 전부를 피합병법인의 주주에게 합병대가로 교부하게 되므로 자회사가 보유한 모회사의 주식은 합병 후 남아 있지 않게 된다. 모회사가 자기의 주식으로 합병대가를 지급하는 경우는 법정자본금의 변동(증가액)이 발생되지 않는다. 모회사의 주주는 자회사의 주주(자기주식)에서 피합병법인의 주주로 이동이 있을 뿐이다.

③ 주식가액비율

합병대가의 총합계액은 다음과 같은 방법으로 계산할 수 있다.

> 합병신주수(피합병법인의 발행주식총수 × 합병비율) × 합병법인의 합병가액 = 피합병법인의 발행주식총수 × 피합병법인의 합병가액 = 모회사의 주식으로 교부할 주식수(피합병법인의 발행주식총수 × 모회사의 교부비율) × 모회사의 합병가액

12,000,000,000원 = 2,000,000주 × 2 × 3,000원 = 2,000,000주 × 6,000원
= 1,728,000원 × 6,944.444원

위 계산방식에서 "모회사의 주식으로 교부할 주식수(피합병법인의 발행주식총수 × 모회사의 교부비율) × 모회사의 합병가액"은 합병법인이 모회사의 주식(자기주식)으로 지급하는 합병대가의 가액을 의미한다. 모회사의 주식가액은 자회사가 보유한 모회사의

주식가액이 되므로, 다음과 같은 방법으로도 계산할 수 있다.

모회사의 주식으로 교부한 주식수(피합병법인의 발행주식총수 × 모회사의 교부비율) × 모회사의 합병가액 = 합병법인이 모회사로부터 현물출자 받은 자기주식에 대해 발행한 신주수(자기주식의 주식수 × 모회사의 합병비율) × 합병법인의 합병가액

12,000,000,000원 = 1,728,000주(2,000,000주 × 0.8640) × 6,944.444원
= 4,000,000주(1,728,000주 × 2.314815) × 3,000원

법인세법 제44조 제2항 제2호의 주식가액비율은 다음과 같이 100%로 계산된다.
80% ≥ 모회사의 주식(자기주식)으로 교부한 가액 ÷ 합병대가의 총합계액
100% = 12,000,000,000원 ÷ 12,000,000,000원

모회사의 주식취득(자기주식의 현물출자)과 합병대가의 지급으로, 다음과 같은 주식의 이동상황이 발생하게 된다.

| 모회사(C)의 자기주식 현물출자 시 |

현물출자 전			현물출자	현물출자 후		
주주	주식수	지분율	주식수	주주	주식수	지분율
김	3,250,000	40.94%		김	3,250,000	40.94%
이	2,960,000	37.29%		이	2,960,000	37.29%
자기주식	1,728,000	21.77%	-1,728,000	자기주식	-	-
			1,728,000	A(자회사)	1,728,000	21.77%
계	7,938,000	100.00%	0	계	7,938,000	100.00%

| 합병법인(A)의 유상증자 시 |

유상증자 전			유상증자	유상증자 후		
주주	주식수	지분율	주식수	주주	주식수	지분율
C(모회사)	10,100,000	100.00%	4,000,000	C(모회사)	14,100,000	100.00%
계	10,100,000	100.00%	4,000,000	계	14,100,000	100.00%

* 유상증자 발행신주: 4,000,000주(자기주식 1,728,000주 × 현물출자 주식발행비율 2.314815)

| 합병법인(A)의 합병대가 지급 시 |

C(모회사)의 주주

합병대가 지급 전			합병대가 지급 후			
주주	주식수	지분율	주주		주식수	지분율
김	3,250,000	40.94%	김		3,250,000	40.94%
이	2,960,000	37.29%	이		2,960,000	37.29%
A(자회사)	1,728,000	21.77%	B (피합병법인) 주주	갑	691,200	8.71%
				을	708,480	8.93%
				병	328,320	4.14%
계	7,938,000	100.00%	계		7,938,000	100.00%

A(자회사)의 주주

합병대가 지급 전			합병대가 지급 후		
주주	주식수	지분율	주주	주식수	지분율
C(모회사)	14,100,000	100.0%	C(모회사)	14,100,000	100.0%
계	14,100,000	100.0%	계	14,100,000	100.0%

≪삼각합병 2≫ 합병대가 81%를 모회사 주식 + 19%를 합병법인의 주식으로 지급

㉠ 합병의 기본사항

합병조건은 ≪삼각합병 1≫과 동일하다.

㉡ 합병의 형식

피합병법인의 주주 갑, 을, 병에게 합병대가의 81%는 모회사의 주식으로만, 나머지 19%는 합병법인의 주식을 교부하는 방식이다. 먼저 피합병법인의 주주 갑, 을, 병에게 합병대가의 81%를 모회사의 주식으로만 교부한다. 피합병법인의 주주 갑, 을, 병이 교부받은 모회사주식과 합병회계 세무는 다음과 같게 된다.

| 피합병법인의 주주 갑, 을, 병이 교부받은 모회사의 주식 |

주주	주식수	합병대가	모회사 교부비율	교부받은 주식수
갑	800,000	× 81%	× 0.8640	559,872
을	820,000			573,869
병	380,000			265,939
계	2,000,000			1,399,680

| 모회사 주식취득과 합병회계 세무 |

※ 모회사(C)의 자기주식 현물출자 시

차변		대변	
합병법인(A) 주식	9,720,000,000	주식 취득가액	6,998,400,000
		처분이익	2,721,600,000
계	9,720,000,000	계	9,720,000,000

* 합병법인(A) 주식: 자기주식 1,399,680주 × 모회사 합병가액 6,944.44원
* 주식취득가액: 1주당 5,000원 × 자기주식 1,399,680주

※ 합병법인(A)의 유상증자 시

차변		대변	
C(모회사) 주식	9,720,000,000	자본금	3,240,000,000
		주발초	6,480,000,000
계	9,720,000,000	계	9,720,000,000

* 유상증자 발행신주: 3,240,000주(자기주식 1,399,680주 × 현물출자 주식발행비율 2.314815)
* 유상증자 대가: 9,720,000,000원(유상증자 발행신주 3,240,000주 × 유상증자 발행가액 3,000원)
* 자본금 및 주발초: 유상증자 대가 - 자본금(액면가 1,000원 × 유상증자 발행신주 3,240,000주)

※ 합병법인(A)의 합병대가(81%) 지급 시

차변		대변	
순자산	10,000,000,000	C(모회사) 주식	9,720,000,000
영업권	2,000,000,000	합병대가 미지급	2,280,000,000
계	12,000,000,000	계	12,000,000,000

* 합병대가 미지급(19%): 합병가액 3,000원 × 합병신주 미발행 760,000,000주
* 주식가액비율: 합병대가의 총합계액은 위 ≪삼각합병 1≫의 계산방식과 동일하다.

모회사의 주식가액비율: 81% = 9,720,000,000원 ÷ 12,000,000,000원, 모회사의 주식의 가액 ÷ 합병대가의 총합계액 ≥ 80%

피합병법인의 주주 갑, 을, 병에게 합병대가를 모회사(C)의 주식으로 81%만을 교부했으므로 합병 후의 모회사는 다음과 같게 된다.

| 모회사(C) |

주주	합병 전(C)		주식이전	합병 후(C)	
	주식수	지분율	주식수	주식수	지분율
김	3,250,000	40.94%		3,250,000	40.94%
이	2,960,000	37.29%		2,960,000	37.29%
자기주식	328,320	4.14%		328,320	4.14%
자회사	1,399,680	21.77%	-1,399,680	-	-
갑			559,872	559,872	7.05%
을			573,869	573,869	7.23%
병			265,939	265,939	3.35%
계	7,938,000	100.00%	0	7,938,000	100.00%

다음은 피합병법인의 주주 갑, 을, 병에게 합병대가의 81%를 모회사의 주식으로만 교부했으므로 나머지 합병대가의 19%는 합병법인의 주식으로만 교부하게 된다. 피합병법인의 주주가 합병대가의 19%에 해당되는 교부받은 합병법인의 주식과 합병회계 세무는 다음과 같게 된다.

| 피합병법인의 주주 갑, 을, 병이 교부받은 합병법인의 주식 |

주주	주식수	합병대가	합병비율	교부받은 주식수
갑	800,000	× 19%	× 2	304,000
을	820,000			311,600
병	380,000			144,400
계	2,000,000			760,000

| 합병회계 세무 |

※ 합병법인(A)의 합병대가(19%) 지급 시

차변		대변	
합병대가	2,280,000,000	자본금	760,000,000
		주발초	1,520,000,000
계	2,280,000,000	계	2,280,000,000

* 합병대가(19%): 합병대가 미지급(합병가액 3,000원 × 합병신주 760,000,000주)의 지급
  합병대가(81%) 지급 시 자산과 부채가 100% 이전되었으므로 자본금과 주식발행초과금만 발생하는 것으로 표기하였다.
* 주식가액비율: 합병대가의 총합계액은 위 ≪삼각합병 1≫의 계산방식과 동일하다.
  합병법인의 주식가액비율: 19% = 2,280,000,000원 ÷ 12,000,000,000원, 합병법인의 주식의 가액 ÷ 합병대가의 총합계액 ≤ 80%

피합병법인의 주주 갑, 을, 병에게 합병대가를 합병법인(A)의 주식으로 19%만을 교부했으므로 합병 후의 합병법인은 다음과 같게 된다.

| 합병법인(A) |

주주	합병 전(A)		합병신주	합병 후(A)	
	주식수	지분율	주식수	주식수	지분율
C(모회사)	10,100,000	100.00%	–	10,100,000	93.00%
갑			304,000	304,000	2.80%
을			311,600	311,600	2.87%
병			144,400	144,400	1.33%
계	10,100,000	100.00%	760,000	10,860,000	100.00%

(다) 주식가액비율 요건

위 ≪삼각합병 2≫의 경우 적격합병 중 주식가액비율의 요건은 "피합병법인의 주주가 합병으로 인하여 받은 합병대가의 총합계액 중 합병법인의 주식의 가액이 100분의 80" 이상 또는 "합병법인의 모회사의 주식의 가액이 100분의 80 이상"에 해당되어 주식가액비율 요건을 충족하게 된다. 즉 합병대가의 총합계액 중 갑과 을 및 병이 교부받은 합병법인(A)의 주식가액비율이 19%로 80%에 미달되나 갑과 을 및 병이 교부받은 모회사의 주식가액비율이 81%이므로 주식가액비율 요건에 해당된다. 다만, 이 규정을 적용함에 있어 합병대가

중 80%는 모회사의 주식으로 나머지 20%는 모회사의 재산이 아닌 합병법인의 재산으로 지급을 하는 경우 주식가액비율이 개인별 주주에 대한 요건인지 주주 전체에 대한 요건인지는 검토가 필요해 보인다(다음의 "(2) 삼각합병과 주식가액비율(2)" 참조). 삼각합병에서 합병대가의 총합계액 중 합병법인의 주식가액이 80% 이상 또는 모회사의 주식가액이 80% 이상인 경우가 적격합병이 된다. M&A의 다양한 방식을 추구한다면 합병대가를 받는 피합병법인의 주주에서 보면, 피합병법인의 주주는 자기의 지분가치에 해당되는 금액을 모회사의 재산으로 지급받든 합병법인의 재산으로 지급받든 자기의 지분가치에 해당되는 금액을 받으면 된다. 그렇다면 합병대가의 총합계액이라 함은 "피합병법인의 주주가 합병으로 인하여 받은" 것이므로 합병대가의 총합계액을 모회사의 주식가액비율과 합병법인의 주식가액비율로 각각 구별해야 할 필요가 있는지는 검토가 필요해 보인다. 기업의 구조조정을 원활히 하기 위한 제도라면 개선할 필요가 있다.

(2) 삼각합병과 주식가액비율(2)

(가) 합병의 기본사항

합병의 기본사항인 주주현황, 합병가액과 합병비율, 합병법인의 모회사 주식취득 방법, 피합병법인과 모회사의 주식가액은 "(1) 삼각합병과 주식가액 비율(1)"과 동일하다.

(나) 합병의 형식

합병의 형태는 피합병법인(B)의 주주 갑, 을, 병에게 다음과 같은 방법으로 합병신주를 교부하는 방식을 예상할 수 있다.

① 일반적인 합병

"삼각합병과 주식가액비율(1)"과 동일하다.

② 삼각합병

≪삼각합병 1≫ 합병대가를 갑과 을은 모회사 주식 + 병은 합병법인의 주식으로 지급

피합병법인의 주주 갑과 을에게 합병대가 전부를 모회사의 주식으로 교부하고 병에게는 합병대가 전부를 합병법인의 주식으로 교부하는 방식이다. 먼저 피합병법인의 주주 갑과 을에게 합병대가 전부를 모회사의 주식으로만 교부한다. 피합병법인의 주주 갑과 을이 교부받은 모회사주식과 합병회계 세무는 다음과 같게 된다.

| 피합병법인의 주주 갑과 을이 교부받은 모회사주식 |

주주	주식수	모회사 교부비율	교부받은 주식수
갑	800,000		691,200
을	820,000	× 0.864	708,480
계	1,620,000		1,399,680

| 모회사 주식취득과 합병회계 세무 |

※ 모회사(C)의 자기주식 현물출자 시

차변		대변	
합병법인(A) 주식	9,720,000,000	주식취득가액	6,998,400,000
		처분이익	2,721,600,000
계	9,720,000,000	계	9,720,000,000

* 합병법인(A) 주식: 자기주식 1,399,680주 × 모회사 합병가액 6,944.44원
* 주식취득가액: 1주당 5,000원 × 자기주식 1,399,680주

※ 합병법인(A)의 유상증자 시

차변		대변	
C(모회사) 주식	9,720,000,000	자본금	3,240,000,000
		주발초	6,480,000,000
계	9,720,000,000	계	9,720,000,000

* 유상증자 발행신주: 3,240,000주(자기주식 1,399,680주 × 현물출자 주식발행비율 2.314815)
* 유상증자 대가: 9,720,000,000원(유상증자 발행신주 3,240,000주 × 유상증자 발행가액 3,000원)
* 자본금 및 주발초: 유상증자 대가 - 자본금(액면가 1,000원 × 유상증자 발행신주 3,240,000주)

※ 합병법인(A)의 합병대가(갑과 을) 지급 시

차변		대변	
순자산	10,000,000,000	C(모회사) 주식	9,720,000,000
영업권	2,000,000,000	합병대가 미지급	2,280,000,000
계	12,000,000,000	계	12,000,000,000

* 합병대가 미지급(병): 합병가액 3,000원 × 합병신주 미발행 760,000,000주
* 주식가액비율: 합병대가의 총합계액은 위의 삼각합병과 주식가액비율(1) ≪삼각합병 1≫의 계산방식과

동일하다.
갑과 을이 지급받은 모회사의 주식가액비율: 81% = 9,720,000,000원 ÷ 12,000,000,000원, 모회사의 주식의 가액 ÷ 합병대가의 총합계액 ≥ 80%

피합병법인의 주주 갑과 을에게 합병대가 전부를 모회사(C)의 주식으로만 교부했으므로 합병 후의 모회사는 다음과 같게 된다.

| 모회사(C) |

주주	합병 전(모회사)		주식이전	합병 후(모회사)	
	주식수	지분율	주식수	주식수	지분율
김	3,250,000	40.94%		3,250,000	40.94%
이	2,960,000	37.29%		2,960,000	37.29%
자기주식	328,320	4.14%		328,320	4.14%
자회사	1,399,680	21.77%	-1,399,680	-	-
갑			691,200	691,200	8.71%
을			708,480	708,480	8.93%
계	7,938,000	100.00%	0	7,938,000	100.00%

다음은 피합병법인의 주주 병에게 합병대가의 전부를 합병법인의 주식으로만 교부한다. 피합병법인의 주주 병이 교부받은 합병법인의 주식은 다음과 같게 된다.

| 피합병법인의 주주 병이 교부받은 합병법인의 주식 |

주주	주식수	합병대가	합병비율	교부받은 주식수
병	380,000	× 100%	× 2	760,000
계	380,000			760,000

| 합병회계 세무 |

※ 자회사(A)의 합병대가(병) 지급 시

차변		대변	
합병대가	2,280,000,000	자본금	760,000,000
		주발초	1,520,000,000
계	2,280,000,000	계	2,280,000,000

* 자본금 및 주발초: 합병대가(합병가액 3,000원 × 합병신주 760,000,000주) - 자본금(액면가 1,000원 ×

합병신주 760,000주)
* 합병대가(병): 합병대가 미지급(합병가액 3,000원 × 합병신주 760,000,000주)의 지급
합병대가(갑과 을) 지급 시 자산과 부채가 100% 이전되었으므로 자본금과 주식발행초과금만 발생하는 것으로 표기하였다.
* 합병대가 지급: 합병대가 미지급을 지급으로 표기하였다.
* 주식가액비율: 합병대가의 총합계액은 위의 삼각합병과 주식가액비율(1) ≪삼각합병 1≫의 계산방식과 동일하다.
병이 지급받은 합병법인의 주식가액비율: 19% = 2,280,000,000원 ÷ 12,000,000,000원, 합병법인의 주식의 가액 ÷ 합병대가의 총합계액 ≤ 80%

피합병법인의 주주 병에게 합병대가 전부를 합병법인(A)의 주식으로만 교부했으므로 합병 후의 합병법인은 다음과 같게 된다.

| 합병법인(A) |

주주	합병 전(A)		합병신주	합병 후(A)	
	주식수	지분율	신주수	주식수	지분율
C(모회사)	10,100,000	100.00%	–	10,100,000	93.0%
병			760,000	760,000	7.0%
계	10,100,000	100.00%	760,000	10,860,000	100.0%

위의 경우 적격합병 주식가액비율의 요건은 "피합병법인의 주주가 합병으로 인하여 받은 합병대가의 총합계액 중 합병법인의 주식의 가액이 100분의 80" 이상 또는 "합병법인의 모회사의 주식의 가액이 100분의 80 이상"에 해당되어 주식가액비율 요건을 충족한 것으로 본다면, 삼각합병과 주식가액비율(1)의 ≪삼각합병 2≫와 마찬가지로 합병대가의 총합계액 중 을이 지급받은 합병법인(A)의 주식가액 비율이 19%로 80%에 미달되나 갑과 을이 지급받은 모회사의 주식가액비율이 81%이므로 주식가액비율의 요건에 해당된다. 주식가액비율 요건 충족은 삼각합병과 주식가액비율(1)의 ≪삼각합병 2≫와 동일하다. 다만, 주식배정에 있어 삼각합병과 주식가액비율(1)의 ≪삼각합병 2≫는 지분비율에 따라 갑, 을, 병에게 모회사의 주식과 합병법인의 주식을 각각 배정하였으나, 이 사례는 주식배정에 있어 갑과 을에게는 모회사의 주식을, 병에게는 합병법인의 주식을 배정했다는 것이 다른 점이다.

이 사례의 경우 "주식이 지분비율(합병교부주식의 가액의 총합계액 × 각 해당 주주의 피합병법인에 대한 지분비율)에 따라 배정되어야 한다(법인법 §44 ② 2)."는 요건에 해당

되는지 여부에 대한 검토는 필요하다. 주식배정 요건인 "합병교부주식의 가액의 총합계액 × 각 해당 주주의 피합병법인에 대한 지분비율"에서 "합병교부주식의 가액의 총합계액"은 합병으로 인하여 교부받은 총합병대가로서 합병법인 또는 모회사의 주식가액이 되므로 (법인령 §80 ① 2 가) 합병법인의 주식가액과 모회사의 주식가액을 합한 금액이 된다. 이 사례는 모회사의 주식가액과 합병법인의 주식가액을 합한 금액이 "각 해당 주주의 피합병법인에 대한 지분비율"에 따라 배정되었으므로 주식배정 요건을 충족한다고 볼 수 있겠다.

≪삼각합병 2≫ 합병대가를 갑과 을은 합병법인 주식 + 병은 모회사의 주식으로 지급

피합병법인의 주주 갑과 을에게 합병대가 전부를 합병법인의 주식으로 교부하고 병에게는 합병대가 전부를 모회사의 주식으로 교부하는 방식이다. 먼저 피합병법인의 주주 갑과 을에게 합병대가 전부를 합병법인의 주식으로만 교부한다. 피합병법인의 주주 갑과 을이 교부받은 합병법인의 주식과 합병회계 세무는 다음과 같게 된다.

| 피합병법인의 주주 갑과 을이 교부받은 합병법인의 주식 |

주주	주식수	합병대가	합병비율	교부받은 주식수
갑	800,000	× 100%	× 2	1,600,000
을	820,000			1,640,000
계	1,620,000			3,240,000

| 합병회계 세무 |

※ 합병법인(A)의 합병대가(갑과 을) 지급 시

차변		대변	
순자산	10,000,000,000	자본금	3,240,000,000
영업권	2,000,000,000	주발초	6,480,000,000
		합병대가 미지급	2,280,000,000
계	12,000,000,000	계	12,000,000,000

* 자본금 및 주발초: 합병대가(합병가액 3,000원 × 합병신주 3,240,000주) - 자본금(액면가 1,000원 × 합병신주 3,240,000주)

* 합병대가 미지급(병): 합병가액 3,000원 × 합병신주 미발행 760,000,000주

* 주식가액비율: 합병대가의 총합계액은 위의 삼각합병과 주식가액비율(1) ≪삼각합병 1≫의 계산방식과

동일하다.
갑과 을이 지급받은 합병법인의 주식가액비율: 81% = 9,720,000,000원 ÷ 120,000,000,000원, 합병법인의 주식의 가액 ÷ 합병대가의 총합계액 ≥ 80%

피합병법인의 주주 갑과 을에게 합병대가 전부를 합병법인(A)의 주식으로 교부했으므로 합병 후의 합병법인은 다음과 같게 된다.

| 합병법인(A) |

주주	합병 전(A)		합병신주	합병 후(A)	
	주식수	지분율	주식수	주식수	지분율
C(모회사)	10,100,000	100.0%	-	10,100,000	75.7%
갑			1,600,000	1,600,000	12.0%
을			1,640,000	1,640,000	12.3%
계	10,100,000	100.0%	3,240,000	13,340,000	100.0%

다음은 피합병법인의 주주 병에게 합병대가 전부를 모회사의 주식으로만 교부한다. 피합병법인의 주주 병이 교부받은 모회사의 주식과 합병회계 세무는 다음과 같게 된다.

| 피합병법인의 주주 병이 교부받은 모회사 주식 |

주주	주식수	모회사 교부비율	교부받은 주식수
병	380,000	× 0.864	328,320
계	380,000		328,320

| 모회사 주식취득과 합병회계 세무 |

※ 모회사(C)의 자기주식 현물출자 시

차변		대변	
합병법인(A) 주식	2,280,000,000	주식취득가액	1,641,600,000
		처분이익	638,400,000
계	2,280,000,000	계	2,280,000,000

* 합병법인(A) 주식: 자기주식 328,320주 × 모회사 합병가액 6,944.44원
* 주식취득가액: 1주당 5,000원 × 자기주식 328,320주

※ 합병법인(A)의 유상증자 시

차변		대변	
C(모회사) 주식	2,280,000,000	자본금	760,000,000
		주발초	1,520,000,000
계	2,280,000,000	계	2,280,000,000

* 유상증자 발행신주: 760,000주(자기주식 328,320주 × 현물출자 주식발행비율 2.314815)
* 유상증자 대가: 2,280,000,000원(유상증자 발행신주 760,000주 × 유상증자 발행가액 3,000원)
* 자본금 및 주발초: 유상증자 대가 – 자본금(액면가 1,000원 × 유상증자 발행신주 760,000주)

※ 합병법인(A)의 합병대가(병) 지급 시

차변		대변	
합병대가	2,280,000,000	C(모회사) 주식	2,280,000,000
계	2,280,000,000	계	2,280,000,000

* 합병대가(병): 합병대가 미지급(합병가액 3,000원 × 합병신주 760,000,000주)의 지급
  합병대가(갑과 을) 지급 시 자산과 부채가 100% 이전된 것으로 표기하였다.
* 주식가액비율: 합병대가의 총합계액은 위의 삼각합병과 주식가액비율(1) ≪삼각합병 1≫의 계산방식과 동일하다.
  병이 지급받은 모회사의 주식가액비율: 19% = 2,280,000,000원 ÷ 120,000,000,000원, 모회사의 주식의 가액 ÷ 합병대가의 총합계액 ≤ 80%

피합병법인의 주주 병에게 합병대가 전부를 모회사(C)의 주식으로만 교부했으므로 합병 후의 모회사는 다음과 같게 된다.

| **모회사(C)** |

주주	합병 전(모회사)		주식이전	합병 후(모회사)	
	주식수	지분율	주식수	주식수	지분율
김	3,250,000	40.9%		3,250,000	40.9%
이	2,960,000	37.3%		2,960,000	37.3%
자기주식	1,399,680	17.6%		1,399,680	17.6%
자회사	328,320	4.1%	−328,320	–	–
병			328,320	328,320	4.1%
계	7,938,000	100.0%	0	7,938,000	100.0%

(다) 주식가액비율 요건

위의 적격합병 주식가액비율의 요건은 "피합병법인의 주주가 합병으로 인하여 받은 합병대가의 총합계액 중 합병법인의 주식의 가액이 100분의 80" 이상 또는 "합병법인의 모회사의 주식의 가액이 100분의 80 이상"에 해당되어 주식가액비율 요건을 충족한 것으로 본다면, 합병대가의 총합계액 중 병이 지급받은 모회사의 주식가액비율이 19%로 80%에 미달되나 갑과 을이 지급받은 합병법인(A)의 주식가액비율이 81%이므로 주식가액비율의 요건에 해당된다. 주식배정 요건에 있어서는 삼각합병과 주식가액비율(2)의 ≪삼각합병 1≫과 마찬가지로 이 사례는 주식배정에 있어 지분비율에 따라, 갑, 을에게 모회사 주식이 아닌 합병법인의 주식을, 병에게 합병법인의 주식이 아닌 모회사의 주식을 각각 배정하였다. 삼각합병과 주식가액비율(2)의 ≪삼각합병 1≫에서 살펴본 바에 따르면, 사례의 주식배정은 "주식이 지분비율(합병교부주식의 가액의 총합계액 × 각 해당 주주의 피합병법인에 대한 지분비율)에 따라 배정되어야 한다."는 요건에 해당한다고 볼 수 있을 것이다.

3 | 삼각합병의 구조와 이익증여

(1) 삼각합병의 구조

지배구조와 경영권승계에서 보는 삼각합병은 모회사의 지분변동에 있다. 삼각합병은 합병대가의 지급을 위해 합병법인이 모회사의 주식을 취득하는 방식은 구조적으로 모회사의 지분구조 또는 지분율의 변동을 가져오게 된다. 모회사의 지분구조 또는 지분율의 변동은 삼각합병의 형식에 따라 다를 수 있겠고, 합병대가 지급을 위한 자금조달 방식에 따라 모회사의 지분구조와 지분율은 다양한 모습으로 나타날 수 있겠지만 특정 주주에 대해서만 지분구조 변동을 가져오는 방법으로도 활용될 수 있다. 즉 합병당사법인이 아님에도 특정기업(모회사)의 지분구조와 지분율 변동을 가져올 수 있는 방법으로 삼각합병이 활용되고 있다. 주식가액비율과 주식배정비율의 구성에 따라서 모회사와 합병법인의 지분구조는 다양한 형태로 나타날 수 있다는 것이 된다.

(2) 삼각합병과 이익증여

삼각합병의 세무문제는 일반적인 합병의 세무문제가 당연히 발생된다. 즉 일반적인 합병에서 발생되는 합병과 이익의 증여(상증법 §38), 불공정합병과 부당행위계산(법인령 제88조 제1항 제8호 가목) 불공정합병과 수익(법인령 §11 9), 합병과 의제배당(법인법 §16 ① 5 및 소득법 §14 ② 4), 피합병법인과 양도손익(법인령 §80), 합병법인과 합병매수차손익(법인령 §80의3), 합병법인과 자산과 부채의 조정계정(법인령 §80의4), 불공정한 비율 합병과 부당행위계산(법인령 §88 ① 3의2) 등의 세무는 삼각합병에서도 발생하는 문제이다. 위의 세무 문제 중 자본이익의 핵심이라 할 수 있는 합병과 이익의 증여(상증법 §38)는 분석이 필요해 보인다. 그 분석의 의미는 모회사와 합병법인의 이익증여가 전통적인 합병의 이익증여와 다른 점이 있기 때문이다. 현행 세법은 삼각합병에 따른 이익의 계산방법에 대해 별도로 규정하고 있지 않으며 준용하는 규정도 없다. 삼각합병에 따른 이익의 문제는 합병에 따른 이익의 계산방법을 준용하여 이와 유사한 계산방법으로 이익을 계산해 볼 수밖에 없을 것이다.

앞(2. 삼각합병의 유형) 삼각합병과 주식가액비율(1)에서 ≪삼각합병 1≫의 합병가액이 다음과 같이 피합병법인의 1주당 가액이 6,000원(회사신고)에서 5,000원(공정신고)으로 변동되었으며, 합병법인과 모회사의 합병가액은 변동이 없다. 이 경우 합병에 따른 이익증여를 계산해 보면 다음과 같게 된다(모든 계산은 소수점을 끊어 버리지 않는다).

| 주주현황 |

합병법인(A)			피합병법인(B)			모회사(C)		
주주	주식수	지분율	주주	주식수	지분율	주주	주식수	지분율
C(모회사)	10,100,000	100.0%	갑	800,000	40.0%	김	3,250,000	40.94%
			을	820,000	41.0%	이	2,960,000	37.29%
			병	380,000	19.0%	자기주식	1,728,000	21.77%
계	10,100,000	100.0%	계	2,000,000	100.0%	계	7,938,000	100.0%

| 합병가액과 합병비율 |

구분		합병법인(A)	피합병법인(B)	모회사(C)
회사 신고	합병가액(원/1주)	3,000	6,000	6,944.444
	합병비율	1	2	2.314815
	모회사 교부비율	-	0.8640	1
공정 신고	합병가액(원/1주)	3,000	5,000	6,944.444
	합병비율	1	1.66666	2.314815
	모회사 교부비율	-	0.720	1

(2)-1. 삼각합병과 이익증여(모회사 주식 100% 지급)

(가) 일반적인 합병에 따른 이익증여

증권신고서의 합병비율 1 : 2가 공정신고 합병비율 1 : 1.666으로 변동되었으므로 일반적인 합병에 따른 이익증여는 다음과 같이 계산된다. 피합병법인의 주주(갑+을+병)가 얻은 총이익이 1,432,624,113원이므로 일반적인 합병의 이익증여는 1,432,624,113원이 된다(얻은 총이익이 합병 후 평가액의 30%에 미달되므로 개별 주주가 얻은 이익이 3억원 이상이 되어야 하나 여기서는 피합병법인의 합병가액이 변동됨에 따라 합병법인과 모회사의 이익증여의 관계와 이에 미치는 영향을 분석하고 있으므로 이익증여 요건에 해당하는 설명은 생략한다). 자세한 계산과정은 "제2장 합병과 자본이익"을 참조한다.

| 피합병법인 주주의 이익증여 |

구분		합병법인(A)	피합병법인(B)	합병 후(A)
발행주식총수		10,100,000	2,000,000	
신고	1주당 평가액	3,000	6,000	
	총주식 평가액	30,300,000,000	12,000,000,000	42,300,000,000
공정	1주당 평가액	3,000	5,000	
	총주식 평가액	30,300,000,000	10,000,000,000	40,300,000,000
신고	합병비율	1	2.000	
	합병 후 주식수	10,100,000	4,000,000	14,100,000
합병 후 1주당 평가액				2,858
합병 전 1주당 평가액		3,000	2,500	
합병 후 총평가액		28,867,375,887	11,432,624,113	40,300,000,000
얻은 총이익		-1,432,624,113	1,432,624,113	0

(나) 삼각합병에 따른 이익증여

위에서 합병비율이 1 : 2에서 1 : 1.666으로 변동됨으로 인해 모회사와 피합병법인의 교부비율도 1 : 0.8640에서 1 : 0.720으로 변동된다. 이로 인해 모회사 지분의 구조가 변동하게 된다. 사례는 피합병법인의 주주 갑, 을, 병에게 합병대가의 100%를 모회사의 주식을 교부하는 방식이었다. 합병 후 회사가 신고한 모회사의 지분구조는 다음과 같았다.

| 회사신고 모회사(C) |

주주		합병 전(C)		주식이전	합병 후(C)	
		주식수	지분	주식수	주식수	지분
모회사	김	3,250,000	40.94%		3,250,000	40.94%
	이	2,960,000	37.29%		2,960,000	37.29%
합병법인		1,728,000	21.77%	−1,728,000	−	−
피합병법인	갑			691,200	691,200	8.71%
	을			708,480	708,480	8.93%
	병			328,320	328,320	4.14%
계		7,938,000	100.00%	0	7,938,000	100.00%

합병에 따른 이익의 계산은 일반적인 합병의 이익계산과 다를 바 없다(합병 후 평가액과 합병 전 평가액을 비교하는 방식을 말한다. 다만, 삼각합병의 경우 모회사는 지분의 변동만 발생했으므로 합병 후의 모회사의 발행주식총수는 합병 전과 차이 없음이 일반적인 합병과 다른 점이다). 피합병법인의 주주가 얻은 총이익이 2,000,000,000원으로 계산되었다.

| 모회사의 피합병법인 주주의 이익증여 |

구분		C(모회사)	피합병법인(B)	합병 후(모회사)
발행주식총수		7,938,000	2,000,000	
신고	1주당 평가액	6,944.44	6,000	
	총주식 평가액	55,125,000,000	12,000,000,000	55,125,000,000
공정	1주당 평가액	6,944.44	5,000	
	총주식 평가액	55,125,000,000	10,000,000,000	55,125,000,000
신고	합병비율	1	0.8640	
	합병 후 주식수	7,938,000	1,728,000	7,938,000

구분	C(모회사)	피합병법인(B)	합병 후(모회사)
합병 후 1주당 평가액			6,944.44
합병 전 1주당 평가액	6,944.44	5,787	
합병 후 총평가액	55,125,000,000	12,000,000,000	55,125,000,000
얻은 총이익		2,000,000,000	2,000,000,000

합병에 따른 이익이 발생하는 이유는 불공정합병에 있다(이 경우는 피합병법인의 합병가액 변동이 원인이다). 피합병법인의 합병비율 문제는 일반적인 합병과 삼각합병 모두에게 동일한 영향을 미치게 된다. 그렇다면 피합병법인의 합병비율의 변동에 따른 이익증여는 일반적인 합병이익과 삼각합병의 합병이익이 같아야 하는데, 이 사례에서 일반적인 합병의 이익은 앞의 계산과 같이 1,432,624,113원인 데 비해 삼각합병의 이익은 2,000,000,000원으로 서로 차이가 난다.

(다) 합병대가와 주식의 희석가치

일반적인 합병대가는 합병법인이 발행하는 합병신주의 가액이 합병대가가 되나 삼각합병의 합병대가는 자회사(합병법인)가 취득한 모회사의 주식의 가액이 된다. 일반적인 합병(합병법인)은 합병대가의 지급으로 인해 자본(자본금)을 증가하게 만든다. 이때 신주식(합병신주)과 구주식(합병법인의 본래 주식)의 가치의 차이는 신주식의 가치뿐만 아니라 구주식의 가치에도 영향을 미치게 되는 이른바 주식가치의 희석효과가 발생하게 된다. 그러나 삼각합병의 경우 합병대가는 자회사가 취득하여 보유하고 있는 모회사의 주식으로 지급하게 되므로 모회사의 자본(자본금)이 증가하지는 않는다. 모회사의 주주 구성은 합병대가를 지급함으로 인해 자회사인 주주에서 피합병법인의 주주로 이전되는 형식으로 새로운 주주의 구성은 변동하게 되나 모회사의 구주주인 '김'과 '이'의 지분 변동에는 영향이 없다. 따라서 삼각합병의 경우는 모회사의 주식가치의 희석효과가 발생하지 않게 된다.

사례에서 보면 일반적인 합병의 경우 신고한 합병대가의 총합계액은 12,000,000,000원이며, 공정한 합병의 합병대가의 총합계액이 10,000,000,000원이다. 신고한 합병대가가 공정한 합병대가보다 2,000,000,000원을 과다 지급한 것이 되므로 피합병법인의 주주가 얻은 총이익이 2,000,000,000원이 되어야 한다. 그런데 일반적인 합병의 이익(상속증여세법 §38)은 1,432,624,113원이었다. 그 이유는 앞서 설명한 합병법인의 자본증가는 구주식과 신주식의 희석효과로 인해 과다 지급한 2,000,000,000원의 합병대가 전액이 피합병법인의 주주의 주식가치의 증가를 가져오지 않기 때문이다. 한편, 삼각합병의 경우도 합병대가를 2,000,000,000원 과다 지급한 것은 일반적인 합병과 동일하므로 피합병법인의 주주가 얻은 총이익이 2,000,000,000원이 되어야 한다. 삼각합병은 모회사 주주(피합병법인의 주주)가 얻은 총이익이 2,000,000,000원으로 계산되었다. 과다 지급한 합병대가 전액이 얻은 총이익이 되었다. 삼각합병의 경우 합병대가는 자회사가 취득한 주식으로 합병대가를 지급한 것이 되므로 자본(자본금)이 증가하지 않고 새로운 주주의 구성만 변동되었을 뿐이므로 주식가치의 희석효과가 발생하지 않게 된다. 따라서 피합병법인의 주주에게 과다 지급한 합병대가는 자회사가 지급한 것이므로 전액이 피합병법인의 주주가 얻은 총이익이 된다.

위의 합병이익은 다음과 같은 방식으로도 계산할 수 있다. 공정한 합병비율에 따르면 모회사의 지분구조는 다음과 같게 되고 회사가 신고한 합병비율과 비교해 보면 모회사 주주 '김'과 '이'를 제외하고는 모두 지분변동이 발생한다.

| 공정신고 모회사(C) |

주주		합병 전(C)		주식이전	합병 후(C)	
		주식수	지분	주식수	주식수	지분
모회사	김	3,250,000	40.94%		3,250,000	40.94%
	이	2,960,000	37.29%		2,960,000	37.29%
합병법인		1,728,000	21.77%	-1,440,000	288,000	3.63%
피합병법인	갑			576,000	576,000	7.26%
	을			590,400	590,400	7.44%
	병			273,600	273,600	3.45%
계		7,938,000	100.00%	0	7,938,000	100.00%

합병 전후의 지분변동은 합병에 따른 이익증여를 가져오게 된다. 삼각합병의 이익증여는 다음과 같이 계산할 수 있다. 삼각합병 후 신고한 합병과 공정한 합병의 모회사의 주식수와 지분의 변동 내용을 주주별로 정리하면 다음과 같게 된다.

주주		신고합병 후(C) ①		공정합병 후(C) ②		변동(① - ②)	
		주식수	지분	주식수	지분	주식수	지분
모회사	김	3,250,000	40.94%	3,250,000	40.94%	-	0.00%
	이	2,960,000	37.29%	2,960,000	37.29%	-	0.00%
합병법인		-	-	288,000	3.63%	-288,000	-3.63%
피합병법인	갑	691,200	8.71%	576,000	7.26%	115,200	1.45%
	을	708,480	8.93%	590,400	7.44%	118,080	1.49%
	병	328,320	4.14%	273,600	3.45%	54,720	0.69%
계		7,938,000	100.00%	7,938,000	100.00%	-	0.00%

위의 신고한 합병과 공정한 합병의 주식수의 변동분석에 따르면 다음과 같이 피합병법인의 주주 갑, 을, 병은 합병대가로 각각 115,200주, 118,080주, 54,720주로 합계 288,000주를 더 많이 교부받은 것이 되고, 합병법인은 1,440,000주를 교부해야 했으나 1,728,000주를 교부함으로써 288,000주를 더 많이 교부한 것으로 볼 수 있다(이 의미는 합병법인이 합병대가를 지급하기 위해 모회사의 주식을 취득하는 과정에서 지급할 합병대가보다 더 많은 모회사의 주식을 취득했다는 것이 된다). 이와 같은 현상은 지분의 가치에 영향을 미치게 되므로 다음과 같이 피합병법인의 주주 갑, 을, 병이 합병대가로 더 많이 교부받은 주식의 가액을 계산하면 각각 800,000,000원, 820,000,000원, 380,000,000원으로 합계 2,000,000,000원이 된다. 갑, 을, 병이 더 많이 교부받은 주식가액의 합계 2,000,000,000원은 합병법인이 분여한 것이 된다. 모회사의 합병대가는 자회사(합병법인)가 취득한 모회사의 주식의 가액이 되기 때문이다.

주주		주식수의 증감 ①			공정합병 평가액 ②	이익 (① × ②)
		신고주식A	공정주식B	증감(A-B)		
모회사	김	3,250,000	3,250,000	-	1주당 6,944.444	-
	이	2,960,000	2,960,000	-		-
합병법인		-	288,000	-288,000		-2,000,000,000
피합병법인	갑	691,200	576,000	115,200		800,000,000
	을	708,480	590,400	118,080		820,000,000
	병	328,320	273,600	54,720		380,000,000
계		7,938,000	7,938,000	0		0

이익의 계산은 신고한 지분율과 공정한 지분율의 증감으로도 계산할 수 있다.

주주		지분율의 증감 ①	공정합병 총평가액 ②	이익(① × ②)
모회사	김	0.00%	55,125,000,000	-
	이	0.00%		-
합병법인		-3.63%		-2,000,000,000
피합병 법인	갑	1.45%		800,000,000
	을	1.49%		820,000,000
	병	0.69%		380,000,000
계		0.00%		-

이익의 계산은 신고한 평가와 공정한 평가의 차액으로도 계산할 수 있다.

구분		신고한 평가액 ①			공정한 평가액 ②			이익
주주		신고주식	1주당	평가액	공정주식	1주당	평가액	(① - ②)
모 회사	김	3,250,000	6,944.4	22,569,444,444	3,250,000	6,944.4	22,569,444,444	-
	이	2,960,000		20,555,555,556	2,960,000		20,555,555,556	-
합병법인		-		0	288,000		2,000,000,000	-2,000,000,000
피합병 법인	갑	691,200		4,800,000,000	576,000		4,000,000,000	800,000,000
	을	708,480		4,920,000,000	590,400		4,100,000,000	820,000,000
	병	328,320		2,280,000,000	273,600		1,900,000,000	380,000,000
계		7,938,000		55,125,000,000	7,938,000		55,125,000,000	-

(2)-2. 삼각합병과 이익증여(모회사 주식 81% 지급)

합병대가의 81%를 모회사의 주식으로 지급하고 19%는 합병법인의 주식으로 지급한 형식이다. 이와 같은 합병형식은 모회사의 주주와 합병법인의 주주에게 각각의 이익증여가 발생하게 된다. 위 '삼각합병과 이익증여(모회사 주식 100% 지급)'와 동일한 방법으로 계산하면 얻은 이익은 다음과 같이 계산된다. 합병 후 주식수와 지분변동의 분석은 위와 같은 방법으로 계산하면 되므로 이익의 결과만을 분석한다. 합병대가의 81%를 모회사의 주식으로 교부하였으므로 이익증여는 다음과 같게 된다.

| 모회사의 피합병법인 주주의 이익증여 |

구분		C(모회사)	피합병법인(B)	합병 후(C)
발행주식총수		7,938,000	1,620,000	
신고	1주당 평가액	6,944.44	6,000	
	총주식 평가액	55,125,000,000	9,720,000,000	55,125,000,000
공정	1주당 평가액	6,944.44	5,000	
	총주식 평가액	55,125,000,000	8,100,000,000	55,125,000,000
신고	합병비율	1	0.8640	
	합병 후 주식수	7,938,000	1,399,680	7,938,000
합병 후 1주당 평가액				6,944.44
합병 전 1주당 평가액		6,944.44	5,787	
합병 후 총평가액		55,125,000,000	9,720,000,000	55,125,000,000
얻은 총이익			1,620,000,000	1,620,000,000

모회사의 합병대가의 총합계액이 9,720,000,000원이고, 공정한 합병의 합병대가의 총합계액은 8,100,000,000원이다. 합병대가를 1,620,000,000원(9,720,000,000원 − 8,100,000,000원) 과다 지급한 것이 되므로 피합병법인의 주주(모회사의 피합병법인의 주주)가 얻은 총이익이 1,620,000,000원이 되어야 한다. 계산의 결과에 따르면 삼각합병 후 모회사의 주주가 얻은 총이익이 1,620,000,000원이므로 과다 지급한 합병대가 전액이 이익증여가 되었다. 합병대가를 합병법인이 보유한 모회사의 주식으로 지급했으므로 이때 이익을 분여한 자는 합병법인이 된다. 일반적인 합병에서는 이익을 분여한 자가 합병법인의 주주들이다.

위에서 본 이익의 계산방식 "(2)−1. 삼각합병과 이익증여(모회사 주식 100% 지급)"와 같은 방식(계산과정은 생략)으로 계산할 수 있다.

이익의 계산은 주식수의 증감으로도 계산할 수 있다.

주주		주식수의 증감 ①			공정합병 평가액 ②	이익 (① × ②)
		신고주식A	공정주식B	증감(A-B)		
모회사	김	3,250,000	3,250,000	-		-
	이	2,960,000	2,960,000	-		-
합병법인		328,320	561,600	-233,280	1주당 6,944.444	-1,620,000,000
피합병 법인	갑	559,872	466,560	93,312		648,000,000
	을	573,869	478,224	95,645		664,200,000
	병	265,939	221,616	44,323		307,800,000
계		7,938,000	7,938,000	0		0

이익의 계산은 신고한 지분율과 공정한 지분율의 증감으로도 계산할 수 있다.

주주		지분율의 증감 ①	공정합병 총평가액 ②	이익(① × ②)
모회사	김	0.00%	55,125,000,000	-
	이	0.00%		-
합병법인		-2.94%		-1,620,000,000
피합병 법인	갑	1.18%		648,000,000
	을	1.20%		664,200,000
	병	0.56%		307,800,000
계		0.00%		-

이익의 계산은 신고한 평가와 공정한 평가의 차액으로도 계산할 수 있다.

구분		신고한 평가액 ①			공정한 평가액 ②			이익 (① - ②)
주주		신고주식	1주당	평가액	공정주식	1주당	평가액	
모 회사	김	3,250,000	6,944.4	22,569,444,444	3,250,000	6,944.4	22,569,444,444	-
	이	2,960,000		20,555,555,556	2,960,000		20,555,555,556	-
합병법인		328,320		2,280,000,000	561,600		3,900,000,000	-1,620,000,000
피합병 법인	갑	559,872		3,888,000,000	466,560		3,240,000,000	648,000,000
	을	573,869		3,985,200,000	478,224		3,321,000,000	664,200,000
	병	265,939		1,846,800,000	221,616		1,539,000,000	307,800,000
계		7,938,000		55,125,000,000	7,938,000		55,125,000,000	-

다음은 합병대가의 19%를 합병법인의 주식으로 교부하였으므로 이익증여는 다음과 같게 된다.

| 합병법인의 피합병법인 주주의 이익증여 |

구분		합병법인(A)	피합병법인(B)	합병 후(A)
발행주식총수		10,100,000	380,000	
신고	1주당 평가액	3,000	6,000	
	총주식 평가액	30,300,000,000	2,280,000,000	32,580,000,000
공정	1주당 평가액	3,000	5,000	
	총주식 평가액	30,300,000,000	1,900,000,000	32,200,000,000
신고	합병비율	1	2.000	
	합병 후 주식수	10,100,000	760,000	10,860,000
합병 후 1주당 평가액				2,965
합병 전 1주당 평가액		3,000	2,500	
합병 후 총평가액		29,946,593,002	2,253,406,998	32,200,000,000
얻은 총이익		-353,406,998	353,406,998	0

합병법인이 신고한 합병대가의 총합계액이 2,280,000,000원이고 공정한 합병대가의 총합계액은 1,900,000,000원이다. 합병대가를 380,000,000원 과다 지급한 것이 되므로 피합병법인의 주주들이 얻은 총이익이 380,000,000원이 되어야 한다. 계산의 결과에 따르면 얻은 총이익이 353,406,998원으로 과다 지급한 합병대가 전액이 이익증여가 되지 않았다. 합병대가를 합병법인이 지급했으므로 이때 이익을 분여한 자는 합병법인의 주주들이 된다. 이 사례에서 합병법인의 주주는 모회사 1인이므로 모회사가 이익분여자가 된다. 합병대가가 모회사 주식인 경우 이익분여자인 합병법인과는 차이가 있다.

그 이유를 다음과 같이 분석할 수 있다.

위 '삼각합병과 이익증여(모회사 주식 100% 지급)'는 합병대가 100%를 모회사의 주식으로 지급하였다. 이 사례는 합병대가의 81%는 모회사의 주식으로 19%는 합병법인의 주식으로 지급하는 방식이다. 이 사례에서 과다 지급한 합병대가는 모회사의 합병대가 1,620,000,000원과 합병법인의 합병대가 380,000,000원으로 합계 2,000,000,000원이 된다. 이 금액은 위 '삼각합병과 이익증여(모회사주식 100% 지급)'와 동일하다. 그런데도 이익증여의 총합계액은 1,973,406,998원(모회사 이익증여 1,620,000,000원 + 합병법인 이익증여 353,406,998원)이 된다. 둘 다 적격합병임에도 위 '삼각합병과 이익증여 (모회사주식 100% 지급)'는 2,000,000,000원이었다. 이러한 이익증여의 차이는 합병법인이 지급한 합병대가 19%는 이익을 분여한 자가 합병법인의 주주들이고 모회사가 지급한 합병대가 81%는 이익을 분여한 자가 합병법인이 되므로 앞서 설명한 바와 같이 합병법인의 합병대가에는 주식가치의 희석효과가 발생되나 모회사의 합병대가에는 희석효과가 발생하지 않기 때문이다.

이익계산은 위와 같은 방식(계산과정은 생략)으로도 할 수 있다.

이익의 계산은 주식수의 증감으로도 계산할 수 있다. 이때의 이익 380,00,000원은 합병의 이익계산 353,406,998원과 차이가 난다.

주주		주식수의 증감 ①			공정합병 평가액 ②	이익 (① × ②)
		신고주식A	공정주식B	증감(A−B)		
합병법인 주주		10,100,000	10,100,000	-		-
피합병 법인	갑	304,000	253,333	50,667	1주당 3,000	152,000,000
	을	311,600	259,667	51,933		155,800,000
	병	144,400	120,333	24,067		72,200,000
계		10,860,000	10,733,333	126,667		380,000,000

이익의 계산은 신고한 지분율과 공정한 지분율의 증감으로도 계산할 수 있다. 이때의 이익 353,406,998원은 합병의 이익계산과 같다.

주주		지분율의 증감 ①	공정합병 총평가액 ②	이익(① × ②)
합병법인 주주		-1.10%	55,125,000,000	-353,406,998
피합병 법인	갑	0.44%		141,362,799
	을	0.45%		144,896,869
	병	0.21%		67,147,330
계		0.00%		-

이익의 계산은 신고한 평가와 공정한 평가의 차액으로도 계산할 수 있다. 이때의 이익 380,00,000원은 합병의 이익계산 353,406,998원과 차이가 난다.

구분		신고한 평가액 ①			공정한 평가액 ②			이익
주주		신고주식	1주당	평가액	공정주식	1주당	평가액	(① － ②)
합병법인주주		10,100,000	3,000	30,300,000,000	10,100,000	3,000	30,300,000,000	-
피합병법인	갑	304,000		912,000,000	253,333		760,000,000	152,000,000
	을	311,600		934,800,000	259,667		779,000,000	155,800,000
	병	144,400		433,200,000	120,333		361,000,000	72,200,000
계		10,860,000		32,580,000,000	10,733,333		32,200,000,000	380,000,000

(2) - 3. 삼각합병과 이익증여(합병법인 주식 81% 지급)

합병대가의 81%를 합병법인의 주식으로 지급하고 19%는 모회사의 주식으로 지급한 형식이다. 합병대가의 81%를 합병법인의 주식으로 교부하였으므로 이익증여는 다음과 같게 된다.

| 합병법인의 피합병법인 주주의 이익증여 |

구분		합병법인(A)	피합병법인(B)	합병 후(A)
발행주식총수		10,100,000	1,620,000	
신고	1주당 평가액	3,000	6,000	
	총주식 평가액	30,300,000,000	9,720,000,000	40,020,000,000
공정	1주당 평가액	3,000	5,000	
	총주식 평가액	30,300,000,000	8,100,000,000	38,400,000,000
신고	합병비율	1	2.000	
	합병 후 주식수	10,100,000	3,240,000	13,340,000
합병 후 1주당 평가액				2,878.6
합병 전 1주당 평가액		3,000	2,500	
합병 후 총평가액		29,073,463,268	9,326,536,732	38,400,000,000
얻은 총이익		－1,226,536,732	1,226,536,732	0

위에서 본 이익의 계산방식 "(2) －1. 삼각합병과 이익증여(모회사 주식 100% 지급)"과 같은 방식(계산과정은 생략)으로 다음과 같이 계산할 수 있다.

이익의 계산은 주식수의 증감으로도 계산할 수 있다. 이때의 이익 1,620,000,000원은 합병의 이익계산 1,226,536,732원과 차이가 난다.

주주		주식수의 증감 ①			공정합병 평가액 ②	이익 (① × ②)
		신고주식(A)	공정주식(B)	증감(A-B)		
합병법인 주주		10,100,000	10,100,000	-		-
피합병 법인	갑	1,296,000	1,080,000	216,000	1주당 3,000	648,000,000
	을	1,328,400	1,107,000	221,400		664,200,000
	병	615,600	513,000	102,600		307,800,000
계		13,340,000	12,800,000	540,000		1,620,000,000

이익의 계산은 신고한 지분율과 공정한 지분율의 증감으로도 계산할 수 있다. 이때의 이익 1,226,536,732원은 합병의 이익계산과 같다.

주주		지분율의 증감 ①	공정합병 총평가액 ②	이익(① × ②)
합병법인 주주		-3.190%	38,400,000,000	-1,226,536,732
피합병 법인	갑	1.28%		490,614,693
	을	1.31%		502,880,060
	병	0.61%		233,041,979
계		0.00%		-

이익의 계산은 신고한 평가와 공정한 평가의 차액으로도 계산할 수 있다. 이때의 이익 1,620,000,000원은 합병의 이익계산 1,226,536,732원과 차이가 난다.

구분		신고한 평가액 ①			공정한 평가액 ②			이익 (① - ②)
주주		신고주식	1주당	평가액	공정주식	1주당	평가액	
합병법인 주주		10,100,000	3,000	30,300,000,000	10,100,000	3,000	30,300,000,000	-
피합병 법인	갑	1,296,000		3,888,000,000	1,080,000		3,240,000,000	648,000,000
	을	1,328,400		3,985,200,000	1,107,000		3,321,000,000	664,200,000
	병	615,600		1,846,800,000	513,000		1,539,000,000	307,800,000
계		13,340,000		40,020,000,000	12,800,000		38,400,000,000	1,620,000,000

다음은 합병대가의 19%를 모회사의 식으로 교부하였으므로 이익증여는 다음과 같게 된다.

| 모회사의 피합병법인 주주의 이익증여 |

구분		C(모회사)	피합병법인(B)	합병 후(C)
발행주식총수		7,938,000	380,000	
신고	1주당 평가액	6,944.44	6,000	
	총주식평가액	55,125,000,000	2,280,000,000	55,125,000,000
공정	1주당 평가액	6,944.44	5,000	
	총주식평가액	55,125,000,000	1,900,000,000	55,125,000,000
신고	합병비율	1	0.8640	
	합병 후 주식수	7,938,000	328,320	7,938,000
합병 후 1주당 평가액				6,944.4
합병 전 1주당 평가액		6,944.44	5,787	
합병 후 총평가액		55,125,000,000	2,280,000,000	55,125,000,000
얻은 총이익			380,000,000	380,000,000

이익계산은 다음과 같은 방식(계산과정은 생략)으로도 할 수 있다.

이익의 계산은 주식수의 증감으로도 계산할 수 있다. 이때의 이익 380,00,000원은 합병의 이익계산과 같다.

주주		주식수의 증감 ①			공정합병 평가액 ②	이익 (① × ②)
		신고주식(A)	공정주식(B)	증감(A−B)		
모회사	김	3,250,000	3,250,000	−	1주당 6,944.4	−
	이	2,960,000	2,960,000	−		−
합병법인		1,399,680	1,454,400	−54,720		−380,000,000
피합병 법인	갑	131,328	109,440	21,888		152,000,000
	을	134,611	112,176	22,435		155,800,000
	병	62,381	51,984	10,397		72,200,000
계		7,938,000	7,938,000	0		0

이익의 계산은 신고한 지분율과 공정한 지분율의 증감으로도 계산할 수 있다. 이때의 이익 380,000,000원은 합병의 이익계산과 같다.

주주		지분율의 증감 ①	공정합병 총평가액 ②	이익(① × ②)
모회사	김	0.00%	55,125,000,000	-
	이	0.00%		-
합병법인		-0.69%		-380,000,000
피합병법인	갑	0.276%		152,000,000
	을	0.283%		155,800,000
	병	0.13%		72,200,000
계		0.00%		-

이익의 계산은 신고한 평가와 공정한 평가의 차액으로도 계산할 수 있다. 이때의 이익 380,00,000원은 합병의 이익계산과 같다.

구분		신고한 평가액 ①			공정한 평가액 ②			이익 (① - ②)
주주		신고주식	1주당	평가액	공정주식	1주당	평가액	
모회사	김	3,250,000	6,944.4	22,569,444,444	3,250,000	6,944.4	22,569,444,444	-
	이	2,960,000		20,555,555,556	2,960,000		20,555,555,556	-
합병법인		1,399,680		9,720,000,000	1,454,400		10,100,000,000	-380,000,000
피합병법인	갑	131,328		912,000,000	109,440		760,000,000	152,000,000
	을	134,611		934,800,000	112,176		779,000,000	155,800,000
	병	62,381		433,200,000	51,984		361,000,000	72,200,000
계		7,938,000		55,125,000,000	7,938,000		55,125,000,000	0

(2)-4. 삼각합병과 이익증여(모회사 과대평가)

위와 모든 조건은 동일하다. 다만, 다음과 같이 모회사의 교부비율이 증권신고서의 1 : 0.8640이 공정한 신고는 1 : 1.2가 된다. 합병에 따른 이익증여를 계산하면 다음과 같게 된다. 이 사례는 모회사의 평가액이 높게 평가가 된 경우이다. 모회사의 교부비율이 1 : 0.720에서 1 : 1.2로 변동되었다.

(가) 합병가액과 합병비율

구분		합병법인(A)	피합병법인(B)	모회사(C)
회사 신고	합병가액(원/1주)	3,000	6,000	6,944.444
	합병비율	1	2	2.314815
	모회사 교부비율	–	0.8640	1
공정 신고	합병가액(원/1주)	3,000	6,000	5,000
	합병비율	1	2	1.666...
	모회사 교부비율	–	1.2	1

(나) 삼각합병에 따른 이익증여

삼각합병에 따른 이익증여는 다음과 같은 방식으로 계산된다. 사례는 피합병법인의 주주 갑, 을, 병에게 합병대가의 100%를 모회사의 주식으로 교부하는 방식이었다. 합병 후 회사 신고 모회사의 지분구조는 다음과 같게 된다

| 회사신고 모회사(C) |

주주		합병 전(C)		주식이전	합병 후(C)	
		주식수	지분	주식수	주식수	지분
모회사	김	3,250,000	40.94%		3,250,000	40.94%
	이	2,960,000	37.29%		2,960,000	37.29%
합병법인		1,728,000	21.77%	−1,728,000	–	–
피합병법인	갑			691,200	691,200	8.71%
	을			708,480	708,480	8.93%
	병			328,320	328,320	4.14%
계		7,938,000	100.00%	0	7,938,000	100.00%

합병대가의 100%를 모회사의 주식으로 교부하였으므로 이익증여는 다음과 같게 된다.

| 모회사의 피합병법인 주주의 이익분여 |

구분		모회사(C)	피합병법인(B)	합병 후(C)
발행주식총수		7,938,000	2,000,000	
신고	1주당 평가액	6,944.444	6,000	
	총주식 평가액	55,125,000,000	12,000,000,000	55,125,000,000
공정	1주당 평가액	5,000	6,000	
	총주식 평가액	39,690,000,000	12,000,000,000	39,690,000,000
신고	합병비율	1	0.8640	
	합병 후 주식수	7,938,000	1,728,000	7,938,000
합병 후 1주당 평가액				5,000
합병 전 1주당 평가액		5,000	6,944.44	
합병 후 총평가액		39,690,000,000	8,640,000,000	39,690,000,000
얻은 총이익			−3,360,000,000	−3,360,000,000

위의 이익계산 현상은 피합병법인의 주주는 합병대가를 적게 받은 것이 되고, 모회사의 주주인 합병법인은 합병대가를 적게 지급한 것이 된다. 이러한 원인은 모회사의 합병가액이 6,944원에서 5,000원으로 평가됨에 따라 결국 모회사의 주식을 과소 교부한 것으로 나타나게 된다. 즉 합병가액이 1주당 5,000원으로 평가되었다면 2,400,000주를 교부했어야 하나, 1주당 6,944원으로 평가됨에 따라 1,728,000주를 교부하게 되었으므로 결국 672,000주를 과소 교부한 것으로 볼 수 있다. 그런데 자회사인 합병법인이 얻은 이익은 자기주식 현물출자에 따른 주식처분이익과 같은 금액이다. 앞의 "(1) 삼각합병과 주식가액 비율(1) ≪삼각합병 1≫"에서 모회사(C)의 자기주식 현물출자 시 자기주식의 주식처분이익이 다음과 같이 3,360,000,000원으로 계산되었다.

차변		대변	
합병법인(A) 주식	12,000,000,000	주식 취득가액	8,640,000,000
		처분이익	3,360,000,000
계	12,000,000,000	계	12,000,000,000

이와 같이 모회사의 자기주식의 처분이익과 모회사의 주식취득에 따라 보유하게 된 자회사(합병법인)가 얻은 이익이 동일한 것은, 자기주식의 현물출자가액의 과대평가로

인해 합병법인인 자회사의 주식가치를 과대평가하게 된 것에 있다. 이 경우 자기주식의 과대평가에 따른 주식처분이익은 수정이 가능하다. 그러나 자회사인 합병법인이 합병으로 얻은 이익은 상속증여세법 제38조의 합병에 따른 이익의 성질과 같은 것이 되므로 수정할 수 없다. 또한 자기주식의 처분이익은 모회사가 되나 삼각합병의 이익증여는 자회사가 되어 이익을 얻은 자가 다르므로 이중과세 문제가 발생하지 않을 것이나 동일한 과세소득으로 본다면 이중과세 문제가 발생할 수 있겠다. 그러나 자기주식의 처분이익은 수정이 가능하므로 동일한 과세소득에 대한 이중과세 문제는 발생하지 않게 된다.

공정한 신고 교부비율(1 : 1.2)로 계산하면 모회사의 지분구조는 다음과 같게 되고, 회사가 신고한 교부비율(1 : 0.8640)과 비교해 보면 주주 '김'과 '이'를 제외하고는 모두 지분의 변동이 발생한다.

| 공정신고 모회사(C) |

주주		합병 전(C)		주식이전	합병 후(C)	
		주식수	지분	주식수	주식수	지분
모회사	김	3,250,000	40.94%		3,250,000	40.94%
	이	2,960,000	37.29%		2,960,000	37.29%
합병법인		1,728,000	21.77%	-2,400,000	-672,000	-8.47%
피합병법인	갑			960,000	960,000	12.09%
	을			984,000	984,000	12.40%
	병			456,000	456,000	5.74%
계		7,938,000	100.00%	0	7,938,000	100.00%

합병 전후의 주식수와 지분의 변동에 따라 삼각합병 후의 신고한 합병과 공정한 합병의 주식수와 지분의 변동을 주주별로 정리하면 다음과 같게 된다.

주주		신고합병 후(C) ①		공정합병 후(C) ②		변동(① - ②)	
		주식수	지분	주식수	지분	주식수	지분
모회사	김	3,250,000	40.94%	3,250,000	40.94%	-	0.00%
	이	2,960,000	37.29%	2,960,000	37.29%	-	0.00%
합병법인		-	-	-672,000	-8.47%	672,000	8.47%
피합병법인	갑	691,200	8.71%	960,000	12.09%	-268,800	-3.39%
	을	708,480	8.93%	984,000	12.40%	-275,520	-3.47%
	병	328,320	4.14%	456,000	5.74%	-127,680	-1.61%
계		7,938,000	100.00%	7,938,000	100.00%	-	0.00%

위의 주식수와 지분율의 증감 분석에 따르면 다음과 같이 피합병법인의 주주 갑, 을, 병은 합병대가로 각각 268,800주, 275,520주, 127,680주로 합계 672,000주를 더 적게 교부받은 것이 되고, 지회사가 2,400,000주를 교부해야 했으나 1,728,000주를 교부함으로써 672,000주를 더 적게 교부한 것으로 볼 수 있다(이 의미는 합병법인이 합병대가를 지급하기 위해 모회사의 주식을 취득하는 과정에서 지급할 합병대가보다 더 적은 모회사의 주식을 취득했다는 것이 된다). 지분의 증감(주식수의 증감)에 따른 이익을 다음과 같은 방식으로 계산할 수 있다. 피합병법인의 주주가 합병법인(자회사)에 분여한 총이익이 3,360,000,000원으로 계산되었다.

주주		주식수의 증감 ①			공정합병 평가액 ②	이익 (① × ②)
		신고주식A	공정주식B	증감(A-B)		
모회사	김	3,250,000	3,250,000	-	1주당 5,000	-
	이	2,960,000	2,960,000	-		-
합병법인		-	-672,000	672,000		3,360,000,000
피합병법인	갑	691,200	960,000	-268,800		-1,344,000,000
	을	708,480	984,000	-275,520		-1,377,600,000
	병	328,320	456,000	-127,680		-638,400,000
계		7,938,000	7,938,000	0		0

이익의 계산은 신고한 지분율과 공정한 지분율의 증감으로도 계산할 수 있다. 이때의 분여이익 3,360,000,000은 합병의 이익계산과 같다.

주주		지분율의 증감 ①	공정합병 총평가액 ②	이익(① × ②)
모회사	김	0.00%	39,690,000	–
	이	0.00%		–
합병법인		8.47%		3,360,000,000
피합병 법인	갑	-3.39%		-1,344,000,000
	을	-3.47%		-1,377,600,000
	병	-1.61%		-638,400,000
계		0.00%		–

(2)-5. 이익계산 방식의 결론

앞서 이익계산방식은 합병에 따른 이익계산, 주식수의 증감에 따른 이익계산, 지분율의 증감에 따른 이익계산, 평가의 차액에 따른 이익계산이다. 4가지 방식으로 다양한 형태의 삼각합병에 대해 이익계산을 해보았다. 4가지 방식 중에 합병에 따른 이익계산과 지분율의 증감에 따른 이익계산은 어떠한 삼각합병의 형태에서도 이익이 언제나 같이 계산되었다. 그러나 주식수의 증감에 따른 이익계산과 평가의 차액에 따른 이익계산은 삼각합병의 형태에 따라 이익계산이 일치하는 것도 있고 아닌 것도 있다. 일치하는 것으로는 합병대가를 모회사의 주식으로 지급하는 경우이고, 일치하지 않는 것은 합병대가를 합병법인의 주식으로 지급하는 경우이다. 일치하지 않는 이유에 대해 분석을 다양하게 할 수 있겠으나 4가지 이익계산 방식에서 분명한 것은 합병에 따른 이익계산과 지분율의 증감에 따른 이익계산은 모든 삼각합병의 형태에서도 같은 이익으로 계산되었으므로 이러한 이익계산 방식은 합리적인 이익계산 방식으로 보아도 될 것이다.

4 (실제)사례로 본 삼각합병

(실제)사례로 본 삼각합병은 저자가 분석한 "삼각합병에서 합병가액의 문제들(1부 및 2부)"을 요약한 내용이다.

(1) 합병당사법인의 범위

삼각합병은 합병대가를 합병법인의 주식이 아닌 합병법인의 모회사의 주식을 지급하는 합병의 형식으로 인해 합병과 관련이 되는 법인은 합병법인, 피합병법인, 합병법인의 모회사가 되므로 삼각합병은 3개 법인이 서로 관계를 갖게 된다. 삼각합병은 3개 법인이 서로 관계를 갖게 되지만 합병당사법인의 범위에 대해서는 명확하게 규정되어 있지 않다. 합병법인과 피합병법인이 합병당사법인이 됨은 말할 것도 없겠지만 모회사를 합병당사법인으로 보느냐 보지 않느냐에 따라 합병가액 산정 등 다양한 문제가 발생하게 된다. 합병당사법인의 범위는 합병가액 산정방식과 관계된 문제이다. 합병당사법인이 회사의 주식을 상장했느냐의 여부에 따라 합병가액을 자본시장법 또는 상속증여세법을 따르게 되므로 산정하는 방법과 절차가 다르게 진행된다. 여기서 합병법인과 피합병법인은 비상장주식이고 모회사는 상장주식인 경우 합병가액의 산정 법규정의 적용 문제가 발생할 수 있다(이와 반대의 경우도 마찬가지이다). 즉 삼각합병에서 합병당사법인은 합병법인과 피합병법인이다. 그러나 합병에 있어 핵심 요소인 합병대가를 합병법인의 모회사가 지급한다는 점에서 보면 합병법인의 모회사도 합병당사법인에 해당될 수 있다. 모회사를 합병당사법인으로 보는 경우는 3개의 법인 모두는 합병가액을 자본시장법의 산정방식을 따라야 하고, 모회사를 합병당사법인으로 보지 않는 경우는 2개의 법인(합병법인과 피합병법인)은 합병가액을 상속증여세법의 산정방식에 따라야 한다.

이와 같이 삼각합병의 경우 합병법인과 피합병법인만을 합병당사법인으로 보는 경우와 합병법인 및 피합병법인과 모회사 모두를 합병당사법인으로 보는 경우가 있겠는데, 합병당사법인의 범위에 따라 합병가액 산정의 적용 법규정이 다르므로 합병가액이 각각 다르게 계산된다. 모회사의 합병당사법인의 해당 여부에 대해서는 현행 법인세법 제44조 제2항 제2호(피합병법인의 주주가 합병으로 인하여 받은 합병대가의 총합계액 중 합병법인의 주식의 가액이 100분의 80 이상이거나 합병법인의 모회사의 주식의 가액이 100분의 80 이상인 경우)와 합병가액 산정방식인 상속증여세법 시행령 제28조 또는 자본시장법 제165조의4 및 시행령 제176조의5의 규정을 보아서는 모회사가 합병당사법인이 해당이 되는지에 대해서는 명확하지 않다.

(2) (실제)사례의 이익증여

(2)-1. 합병가액의 적정과 이익증여

삼각합병에서 모회사, 합병법인, 피합병법인 각각의 평가의 적정성 여부가 모회사의 주주 지분에 변동을 가져오는 것은 합병법인의 적정평가 여부는 모회사의 이익증여(지분증감)에는 영향을 미치지 않는 것으로 계산되고 있으며, 모회사의 이익증여에 영향을 미치는 것은 피합병법인의 평가액과 모회사의 평가액에만 있다. 이와 같은 이유는 합병법인의 평가는 합병대가 지급을 위한 모회사의 교부신주수에 영향을 주지 않는 반면, 피합병법인의 평가액과 모회사의 평가액은 모회사의 교부신주수에 영향을 주고 있기 때문이다. 모회사의 교부신주에 영향을 주는 경우(각각 과대평가인 경우)도 피합병법인의 과대평가는 모회사가 교부신주를 과다 발행한 것이 되고, 모회사의 과대평가는 모회사가 교부신주를 과소 발행한 것으로 되어 피합병법인의 과대평가는 피합병법인의 주주에게 이익증여가 발생되고 모회사의 주주에게는 분여한 이익이 발생하게 된다. 또한 모회사의 과대평가는 모회사의 주주에게 이익증여가 발생되고 피합병법인의 주주에게는 분여한 이익이 발생하게 된다.

한편, 합병법인인 존속법인의 주주의 이익은 계산의 결과에 따르면 모회사, 합병법인, 피합병법인의 평가액의 적정성 여부와는 관계없이 언제나 이익이 발생되고 있었다. 즉 삼각합병에서는 모회사, 합병법인, 피합병법인의 평가액의 적정성 여부와는 관계없이 피합병법인의 자산과 부채는 존속법인에 이전되므로 피합병법인의 평가액이 곧 합병법인의 평가액을 증가시키게 되므로 증가된 평가액은 합병법인의 주주의 이익이 된다. 삼각합병은 존속법인인 합병법인이 합병신주를 발행하지 않으면서(합병대가를 지급하지 않으면서) 자산과 부채를 이전받게 되므로 공정한 평가 여부와는 관계없이 존속법인의 평가는 증가하게 된다. 그런데 이때 존속법인의 주주는 모회사이므로 평가액의 증가는 모회사의 이익이 된다. 모회사의 이익은 합병대가를 모회사의 주식으로 지급하고 모회사(합병법인의 주주)가 자산과 부채를 인수한 것에 대한 이익으로 볼 수 있다. 이 경우의 피합병법인의 평가액을 모회사(합병법인의 주주)의 이익으로 볼 수 있을지는 논란이 된다. 다만, 존속법인이 다른 법인과 합병을 하는 경우 이때 존속법인의 합병가액은 피합병법인으로부터 인수받은 자산과 부채를 포함해서 합병가액을 평가를 하게 될 것이므로 존속법인이 다른 법인과 합병을 하는 경우 존속법인의 평가액이 피합병법인의 평가액만큼 증가하게 되어 결국 합병가액을 증가하게 만든다. 이와 같은 합병은 합병 후 존속법인의 주주(모회사)의 지분가치 증가를 이익으로 보는 문제는 앞서 본 이익과는 구별되어야 한다.

(2)-2. 모회사의 주식취득과 이익증여

모회사의 주식취득과 이익증여는 3개 법인(모회사, 합병법인, 피합병법인)에 대한 합병비율 또는 주식교부비율을 산정하기 위한 평가액의 적정성 여부에서 발생된 이익과는 다른 이익이 된다. 합병법인이 합병대가를 모회사의 주식으로 지급하는 과정에서 합병법인은 모회사의 주식을 취득하기 위해서 모회사의 제3자 배정 유상증자에 참여하게 되는 경우, 이때 모회사가 평가한 1주당 유상증자 가액과 모회사의 주식교부비율을 산정하기 위한 1주당 평가액(합병가액)은 각각 다르게 평가되는 경우가 되겠다. 이러한 문제는 유상증자 가액과 합병가액의 평가방법이 각각 달라서 발생되는 문제이다. 삼각합병의 실행 과정에서 모회사의 유상증자 가액과 합병가액의 차이는 합병법인이 합병대가를 모회사의 주식으로 지급한 금액과 합병대가를 모회사의 주식으로 지급할 금액이 다르게 된다. 이와 같은 이유로 인해 삼각합병 후 모회사의 주주의 지분은 회사가 신고한 지분(합병대가를 모회사의 주식으로 지급한 금액에 대한 주식수)과 공정한 지분(합병대가를 모회사의 주식으로 지급할 금액에 대한 주식수)의 차이를 가져오게 한다. 바로 이러한 현상이 (증자)이익증여의 원인이 된다. 이와 같은 이익증여의 문제는 3개 법인의 평가액의 적정성 여부에 따라 발생되는 이익과는 다른 것이다. 즉 3개 법인의 평가액의 적정성 여부에 따라 발생되는 이익은 평가의 공정성(위법성)에 있지만, 모회사의 주식취득과 이익증여는 관련된 평가 규정의 차이로 인해 발생되는 현상으로 평가의 공정성과는 관련이 없다. 현행 규정으로는 삼각합병의 실행 과정에서 합병대가 지급을 위해 증자 형식의 모회사의 주식을 취득하는 경우라면 모든 삼각합병에서 발생할 수 있는 문제이다.

5 삼각합병과 합병의 이익증여

합병법인, 피합병법인, 모회사의 합병비율과 합병신주, 합병대가는 다음과 같이 계산되었다(다음의 이익증여 계산은 저자가 분석한 "삼각합병에서 합병가액의 문제들"에서 일부만을 취득하여 수정한 것임).

구분		영우냉동식품 (합병법인)	케이엑스홀딩스 (피합병법인)	CJ제일제당(모회사)
발행주식총수		7,500,000	2,000,000	14,504,181
합병가액		5,068	363,499	388,325
합병비율		1	71.7243489	76.62292818
모회사 주식교환비율			0.936069014	1
합병 법인	합병신주		143,448,697	
	합병대가		726,998,000,000	
모회사	교환신주		1,872,138	
	교환대가		726,998,000,000	

위의 합병비율에 따른 삼각합병 후의 모회사(CJ제일제당)의 지분 현황은 다음과 같았다.

주주	합병 전		합병신주	합병 후	
	주식수	지분	주식수	주식수	지분
CJ	4,834,878	29.52%	1,872,138	6,707,016	40.96%
이재현	70,931	0.43%		70,931	0.43%
손경식	5,500	0.03%		5,500	0.03%
영우냉동식품	1,872,138	11.43%	-1,872,138	-	0.00%
김교숙	5,491	0.03%		5,491	0.03%
이경후	22,015	0.13%		22,015	0.13%
CJ나눔재단	30,351	0.19%		30,351	0.19%
CJ문화재단	7,844	0.05%		7,844	0.05%
기타	9,527,171	58.18%		9,527,171	58.18%
계	16,376,319	100.00%	-	16,376,319	100.00%

위의 사례 형식을 기본 모형으로 하여 합병법인, 피합병법인, 모회사 각각의 공정한 평가액이 4,268원, 360,499원, 333,500원으로 평가된 것으로 보고, 이익의 증여를 분석해 보면 다음과 같게 된다(자세한 계산방법은 『자본거래와 세무』 및 『자본거래세무 계산실무』 참고). 이익증여의 분석방식은 2개 법인의 합병(합병법인 + 피합병법인)을 가정한 이익증여, 삼각합병 후 합병(삼각합병과 동시에 합병법인을 모회사로 피합병법인을 합병법인으로 하는 합병을 말한다)하는 경우의 이익증여, 삼각합병의 이익증여(상속증여세법

제42조의2의 계산방식)를 각각 계산해 본다.

(1) 합병법인이 과대평가된 경우

합병법인이 신고한 평가액은 5,066원, 공정한 평가액이 4,268원이므로 과대평가한 경우에 해당된다. 이 경우 합병비율, 주식교환비율, 합병신주(합병대가), 교환신주(교환대가) 및 이익증여를 다음과 같은 방식으로 분석해 볼 수 있을 것이다.

(1)-1. 평가액의 변동

평가액 5,066원에서 4,268원으로 변동된 평가로 인해 합병비율, 주식교환비율, 합병신주(합병대가), 교환신주(교환대가)는 다음과 같이 변경된다.

<table>
<tr><th colspan="2">구분</th><th>영우냉동식품
(합병법인)</th><th>케이엑스홀딩스
(피합병법인)</th><th>CJ제일제당(모회사)</th></tr>
<tr><td colspan="2">발행주식총수</td><td>7,500,000</td><td>2,000,000</td><td>14,504,181</td></tr>
<tr><td colspan="2">합병가액</td><td>4,268</td><td>363,499</td><td>388,325</td></tr>
<tr><td colspan="2">합병비율</td><td>1</td><td>85.16846298</td><td>90.98523899</td></tr>
<tr><td colspan="2">모회사 주식교환비율</td><td rowspan="5"></td><td>0.936069014</td><td>1</td></tr>
<tr><td rowspan="2">합병
법인</td><td>합병신주</td><td>170,336,926</td><td rowspan="4"></td></tr>
<tr><td>합병대가</td><td>726,998,000,000</td></tr>
<tr><td rowspan="2">모회사</td><td>교환신주</td><td>1,872,138</td></tr>
<tr><td>교환대가</td><td>726,998,000,000</td></tr>
</table>

합병법인의 과대평가로 인해 합병비율과 합병신주수는 영향(변동)이 있으나 합병대가에는 영향이 없다. 또한 모회사 주식교환비율과 교환신주수는 변동이 있으나 교환대가는 변동이 없다. 이익증여는 다음과 같이 계산할 수 있을 것이다.

(1)-2. 이익의 유형

① 합병당사법인(1): 2개 법인의 합병(합병법인 + 피합병법인)과 이익증여

구분	합병법인	피합병법인	합병 후
발행주식총수	7,500,000	2,000,000	
1주당 평가액	4,268	363,499	5,028
총주식 평가액	32,010,000,000	726,998,000,000	759,008,000,000
합병비율	1.000	71.724349	
합병 후 주식수	7,500,000	143,448,698	150,948,698
합병 전 1주당 평가액	4,268	5,068	
1주당 평가차익	760	-40	
평가차손익 계	5,701,885,470	-5,701,885,470	0.0

② 합병당사법인(2): 삼각합병 후 합병과 이익증여

삼각합병 후 모법인이 합병법인을 흡수합병하는 경우(실제 사례의 경우도 이와 같았다)는 그 실질에서 보면 모법인을 합병법인으로 하면서 3개 법인이 동시에 합병하는 경우와 동일하다. 즉 삼각합병 후 합병법인을 흡수합병하는 경우와 3개 법인이 동시에 합병하는 경우를 각각 상정할 수 있을 것이다. 합병법인의 과대평가는 다음과 같이 계산되었다.

구분	회사 신고	공정한 신고	과대·과소평가 (회사 신고-공정한 신고)
발행주식총수	7,500,000	7,500,000	0
1주당 평가액	5,068	4,268	800
총주식 평가액	38,010,000,000	32,010,000,000	6,000,000,000

먼저 3개 법인(모회사 + 합병법인 + 피합병법인)이 동시에 합병하는 일반적인 합병의 경우 이익증여는 다음과 같이 합병법인의 주주에게는 얻은 이익이 발생되고, 피합병법인의 주주와 모회사의 주주에게는 분여한 이익이 발생하게 된다.

구분	모법인	피합병법인	합병법인	합병 후
발행주식총수	14,504,181	2,000,000	7,500,000	
1주당 평가액	388,325	363,499	4,268	387,961
총주식 평가액	5,632,336,086,825	726,998,000,000	32,010,000,000	6,391,344,086,825
합병비율	1.000	0.936069	0.01305	
합병 후 주식수	14,504,181	1,872,138	97,882	16,474,201
합병 전 1주당 평가액	388,325	388,325	327,027	
1주당 평가차익	364	-364	60,934	
평가차손익 계	-5,282,507,250	-681,843,581	5,964,350,831	0.0

다음은 합병대가를 모회사 주식으로 지급한 후(삼각합병 후) 모회사가 합병법인을 흡수합병하는 경우의 합병 이익증여는 다음과 같이 계산할 수 있을 것이다. 이와 같은 합병방식에서 합병의 실행과정과 순서로 보면, 모법인은 발행주식총수의 변동(증가)은 있겠지만 피합병법인의 자산과 부채가 모법인에 이전이 된 것이 아니므로 총주식 평가액은 변동이 없으며 1주당 평가액은 영향을 받게 된다. 합병법인의 경우는 합병법인의 발행주식총수의 변동은 없으나 피합병법인의 자산과 부채가 합병법인에 이전이 된 것이므로 총주식 평가액은 변동이 있게 된다. 따라서 1주당 평가액이 영향을 받게 된다. 합병 이익증여의 결과로 보면 다음과 같이 모법인의 주주가 분여한 이익 총합계액 5,282,507,250원은 일반적인 합병방식과 삼각합병 후의 흡수합병방식이 동일하다. 다른 점이라면 합병법인의 주주가 얻은 이익이 일반적인 합병에서는 5,964,350,831원이었으나 삼각합병 후의 흡수합병에서는 5,282,507,250원이 되고 피합병법인의 주주가 분여한 이익이 681,843,581원이 된다.

구분	모법인(삼각합병 후)	합병법인(삼각합병 후)	합병 후
발행주식총수	16,376,319	7,500,000	
1주당 평가액	343,932	101,201	387,961
총주식 평가액	5,632,336,086,825	759,008,000,000	6,391,344,086,825
합병비율	1.000	0.296574	
합병 후 주식수	16,376,319	2,224,302	16,474,201
합병 전 1주당 평가액	343,932	341,234	
1주당 평가차익	-364	2,681	
평가차손익 계	-5,282,507,250	5,282,507,250	0.0

다음은 위의 합병방식과 다르게 합병법인과 피합병법인이 합병을 한 후 모법인과 합병하는 방식이다(모법인에 흡수합병되는 방식이다). 합병 후 총주식 평가액은 6,391,344,086,825원이 된다. 이 금액은 합병 후 일반적인 합병방식의 총주식 평가액 및 삼각합병 후의 합병방식 총주식 평가액 6,391,344,086,825원과 같다. 이익증여의 결과를 보아도 분여한 이익 5,282,507,250원이 위 3개 법인의 일반적인 합병방식과 삼각합병 후의 흡수합병방식의 결과와 같다. 이익증여는 다음과 같이 계산된다.

구분	모법인	합병법인+삼각합병 후	합병 후
발행주식총수	14,504,181	150,948,698	
1주당 평가액	388,325	5,028	387,961
총주식 평가액	5,632,336,086,825	759,008,000,000	6,391,344,086,825
합병비율	1.000	0.013051	
합병 후 주식수	14,504,181	1,970,020	16,474,201
합병 전 1주당 평가액	388,325	385,279	
1주당 평가차익	-364	2,681	
평가차손익 계	-5,282,507,250	5,282,507,250	0.0

③ **삼각합병의 이익증여**(상속증여세법 제42조의2의 계산방식)

합병법인의 과대평가로 인해 다음과 같이 합병대가와 교환대가는 변동이 없다. 삼각합병 후 모회사 지분율의 변동도 발생하지 않는다. 즉 합병신주수는 변동(증가)이 있지만 교환신주수는 변동이 없기 때문에 회사 신고와 공정한 신고의 지분율의 차이인 지분율 증감이 발생하지 않게 된다.

구분		회사 신고	공정한 신고
합병비율		71.7243489	85.16846298
모회사 주식교환비율		0.936069014	0.936069014
합병 법인	합병신주	143,448,697	170,336,926
	합병대가	726,998,000,000	726,998,000,000
모회사	교환신주	1,872,138	1,872,138
	교환대가	726,998,000,000	726,998,000,000

변동 후와 변동 전 지분율의 변동이 없으므로 평가차액이 발생하지 않게 된다. 따라서 삼각합병에 따른 모회사 주주의 이익증여는 다음과 같이 계산할 수 있다.

주주	회사 신고 합병 후		공정 신고 합병 후		지분율 증감	이익증여
	주식수	지분율	주식수	지분율		
CJ	6,707,016	40.96%	6,707,016	40.96%	0.00%	-
이재현	70,931	0.43%	70,931	0.43%	0.00%	-
손경식	5,500	0.03%	5,500	0.03%	0.00%	-
영우냉동식품	-	0.00%	-	0.00%	0.00%	-
김교숙	5,491	0.03%	5,491	0.03%	0.00%	-
이경후	22,015	0.13%	22,015	0.13%	0.00%	-
CJ나눔재단	30,351	0.19%	30,351	0.19%	0.00%	-
CJ문화재단	7,844	0.05%	7,844	0.05%	0.00%	-
기타	9,527,171	58.18%	9,527,171	58.18%	0.00%	-
계	16,376,319	100.00%	16,376,319	100.00%	0.00%	-

* 이익증여 = 지분율 증감 × 모회사 총주식 평가액 5,632,336,086,825원

(1)-3. 이익증여 분석

일반적인 합병에서 과대평가된 법인의 주주에 이익증여가 발생된다. 삼각합병 후의 흡수합병의 경우도 과대평가된 법인의 주주에게서 이익증여가 발생된다. 이때 이익증여를 분석해 보면 일반적인 합병의 경우 얻은 이익은 과대평가된 합병법인이 5,964,350,831원이고, 분여한 이익은 피합병법인이 681,843,581원, 모회사가 5,282,507,250원이 된다. 한편, 삼각합병 후의 흡수합병의 경우 얻은 이익은 과대평가된 합병법인(삼각합병 후)이 5,282,507,250원이고, 분여한 이익은 모회사(삼각합병 후)가 5,282,507,250원이 되어 일반적인 합병의 경우와 차이가 난다. 그러나 분여한 이익에서 보면 모회사가 분여한 이익이 일반적인 합병과 삼각합병 후의 흡수합병이 동일한 금액이 된다. 앞서 합병법인이 과대평가된 금액은 60억원이었다. 삼각합병의 경우 합병법인의 과대평가는 합병법인의 합병신주수에는 영향을 미치고 있지만 모회사의 교환신주수에는 영향을 미치지 않고 있다. 교환신주수의 영향은 모회사 주주의 지분율에 영향을 미치게 되므로 합병법인의 과대평가로 인한 교환신주수에 영향(증감)이 없다면 변동 후와 변동 전의 지분율 증감이

발생하지 않게 된다. 따라서 이 경우 삼각합병은 모회사 주주에게 변동 후와 변동 전의 평가차액이 발생하지 않게 된다.

(2) 피합병법인이 과대평가된 경우

피합병법인이 신고한 평가액은 363,499원, 공정한 평가액이 360,499원이므로 과대평가한 경우이다. 이 경우 합병비율, 주식교환비율, 합병신주(합병대가), 교환신주(교환대가) 및 이익증여를 다음과 같은 방식으로 분석해 볼 수 있을 것이다.

(2)-1. 평가액의 변동

평가액 363,499원에서 360,499원으로 변동된 평가로 인해 합병비율, 주식교환비율, 합병신주(합병대가), 교환신주(교환대가)는 다음과 같이 변경된다.

구분		영우냉동식품 (합병법인)	케이엑스홀딩스 (피합병법인)	CJ제일제당(모회사)
발행주식총수		7,500,000	2,000,000	14,504,181
합병가액		5,068	360,499	388,325
합병비율		1	71.13239937	76.62292818
모회사 주식교환비율			0.928343527	1
합병법인	합병신주		142,264,799	
	합병대가		720,998,000,000	
모회사	교환신주		1,856,687	
	교환대가		720,998,000,000	

피합병법인의 과대평가로 인해 합병비율과 합병신주수, 합병대가에 영향(변동)이 있다. 또한 모회사 주식교환비율과 교환신주수, 교환대가도 변동이 있다. 이익증여는 다음과 같이 계산할 수 있을 것이다.

(2)-2. 이익의 유형

① **합병당사법인(1): 2개 법인의 합병(합병법인 + 피합병법인)과 이익증여**

모법인은 평가에 변동이 없으며 과대평가된 법인은 피합병법인이다. 따라서 2개 법인이 합병하는 경우 이익증여는 다음과 같게 된다.

구분	합병법인	피합병법인	합병 후
발행주식총수	7,500,000	2,000,000	
1주당 평가액	5,068	360,499	5,028
총주식 평가액	38,010,000,000	720,998,000,000	759,008,000,000
합병비율	1.000	71.724349	
합병 후 주식수	7,500,000	143,448,698	150,948,698
합병 전 1주당 평가액	5,068	5,026	
1주당 평가차익	−40	2	
평가차손익 계	−298,114,530	298,114,530	0.0

② **합병당사법인(2): 삼각합병 후 합병과 이익증여**

삼각합병 후 모법인이 합병법인을 흡수합병하는 경우와 모법인을 합병법인으로 하면서 3개 법인이 동시에 합병하는 경우는 앞 "(1) 합병법인이 과대평가된 경우"의 설명과 동일하다. 피합병법인의 과대평가는 다음과 같이 계산되었다.

구분	회사신고	공정한 신고	과대·과소평가 (회사 신고−공정한 신고)
발행주식총수	2,000,000	2,000,000	0
1주당 평가액	363,499	360,499	800
총주식 평가액	726,998,000,000	720,998,000,000	6,000,000,000

먼저 3개 법인(모회사 + 합병법인 + 피합병회사)이 동시에 합병하는 일반적인 합병의 경우 이익증여는 다음과 같이 피합병법인의 주주는 얻은 이익이 발생되고, 합병법인의 주주와 모회사의 주주에게는 분여한 익이 발생하게 된다.

구분	모법인	피합병법인	합병법인	합병 후
발행주식총수	14,504,181	2,000,000	7,500,000	
1주당 평가액	388,325	360,499	5,068	387,961
총주식 평가액	5,632,336,086,825	720,998,000,000	38,010,000,000	6,391,344,086,825
합병비율	1.000	0.936069	0.01305	
합병 후 주식수	14,504,181	1,872,138	97,882	16,474,201
합병 전 1주당 평가액	388,325	385,120	388,325	

구분	모법인	피합병법인	합병법인	합병 후
1주당 평가차익	-364	2,841	-364	
평가차손익 계	-5,282,507,250	5,318,156,419	-35,649,169	0.0

다음은 합병대가를 모회사 주식으로 지급한 후(삼각합병 후) 모회사가 합병법인을 흡수합병하는 경우의 합병 이익증여는 앞 "(1) 합병법인이 과대평가된 경우"의 방식과 같이 계산할 수 있다. 합병의 실행과정과 순서로 보면, 모법인은 발행주식총수의 변동(증가)은 있겠지만 피합병법인의 자산과 부채가 모법인에 이전이 된 것이 아니므로 총주식 평가액은 변동이 없으며 1주당 평가액은 영향을 받게 된다. 합병법인의 경우는 합병법인의 발행주식총수의 변동은 없으나 피합병법인의 자산과 부채가 합병법인에 이전이 된 것이므로 총주식 평가액은 변동이 있게 된다. 따라서 1주당 평가액이 영향을 받게 된다. 합병 이익증여의 결과로 보면 다음과 같이 모법인의 주주가 분여한 이익은 일반적인 합병방식과 삼각합병 후의 흡수합병방식이 동일하다. 다른 점이라면 합병법인의 주주가 얻은 이익이 일반적인 합병에서는 5,318,156,419원이었으나 삼각합병 후의 흡수합병에서는 5,282,507,250원이 되고 피합병법인의 주주가 분여한 이익이 35,649,169원이 된다.

구분	모법인(삼각합병 후)	합병법인(삼각합병 후)	합병 후
발행주식총수	16,376,319	7,500,000	
1주당 평가액	343,932	101,201	343,609
총주식 평가액	5,632,336,086,825	759,008,000,000	6,391,344,086,825
합병비율	1.000	0.296574	
합병 후 주식수	16,376,319	2,224,302	18,600,621
합병 전 1주당 평가액	343,932	341,234	
1주당 평가차익	-323	2,375	
평가차손익 계	-5,282,507,250	5,282,507,250	0.0

다음은 위의 합병방식과 다르게 합병법인과 피합병법인이 합병을 한 후 모법인과 합병하는 방식이다(모법인에 흡수합병되는 방식이다. 합병 후 총주식 평가액은 6,391,344,086,825원이 된다. 이 금액은 합병 후 일반적인 합병방식의 총주식 평가액 및 삼각합병 후의 합병방식 총주식 평가액 6,391,344,086,825원과 동일하다. 이익증여의

결과에서도 분여한 이익 5,282,507,250원이 위 3개 법인의 일반적인 합병방식과 삼각합병 후의 흡수합병방식과 동일하다. 분여한 이익 5,282,507,250원은 앞(1. 합병법인이 과대평가된 경우)의 결과와 동일하다. 그 이유는 앞(1. 합병법인이 과대평가된 경우)의 경우는 합병법인이 과대평가된 경우이고, 이 사례는 피합병법인이 과대평가된 경우로서 앞서 과대평가된 금액은 6,000,000,000원으로 합병법인의 과대평가와 동일하기 때문에 분여한 이익도 동일하게 계산되고 있다. 이익증여는 다음과 같이 계산된다.

구분	모법인	합병법인 + 피합병법인	합병 후
발행주식총수	14,504,181	50,948,698	
1주당 평가액	388,325	5,028	387,961
총주식 평가액	5,632,336,086,825	759,008,000,000	6,391,344,086,825
합병비율	1.000	0.013051	
합병 후 주식수	14,504,181	1,970,020	16,474,201
합병 전 1주당 평가액	388,325	385,279	
1주당 평가차익	-364	2,681	
평가차손익 계	-5,282,507,250	5,282,507,250	0.0

③ **삼각합병의 이익증여**(상속증여세법 제42조의2의 계산방식)

피합병법인의 과대평가로 인해 다음과 같이 합병신주수와 합병대가가 변동(감소)하고 교환신주수와 교환대가도 변동(감소)한다. 교환신주수의 변동은 회사 신고와 공정한 신고의 지분율의 차이인 지분율 증감의 발생 원인이 된다.

구분		회사 신고	공정한 신고
합병비율		71.7243489	71.13239937
모회사 주식교환비율		0.936069014	0.928343527
합병법인	합병신주	143,448,697	142,264,799
	합병대가	726,998,000,000	720,998,000,000
모회사	교환신주	1,872,138	1,856,687
	교환대가	726,998,000,000	720,998,000,000

변동 후와 변동 전 지분율의 변동이 있으므로 평가차액이 발생하게 된다. 따라서 삼각합병에 따른 모회사 주주의 이익증여는 다음과 같이 계산할 수 있다.

주주	회사신고 합병 후		공정신고 합병 후		지분율 증감	이익증여
	주식수	지분율	주식수	지분율		
CJ	6,707,016	40.96%	6,691,565	40.90%	0.06%	3,140,625,785
이재현	70,931	0.43%	70,931	0.43%	0.00%	−23,038,654
손경식	5,500	0.03%	5,500	0.03%	0.00%	−1,786,421
영우냉동식품	−	0.00%	−	0.00%	0.00%	−
김교숙	5,491	0.03%	5,491	0.03%	0.00%	−1,783,497
이경후	22,015	0.13%	22,015	0.13%	0.00%	−7,150,554
CJ나눔재단	30,351	0.19%	30,351	0.19%	0.00%	−9,858,118
CJ문화재단	7,844	0.05%	7,844	0.05%	0.00%	−2,547,761
기타	9,527,171	58.18%	9,527,171	58.23%	−0.05%	−3,094,460,780
계	16,376,319	100.00%	16,360,868	100.00%	0.00%	−

* 이익증여 = 지분율 증감 × 모회사 총주식 평가액 5,632,336,086,825원

(2)-3. 이익증여 분석

앞 "(1) 합병법인이 과대평가된 경우"의 설명에 따라 이익증여를 분석해 보면 일반적인 합병의 경우 얻은 이익은 과대평가된 피병법인이 5,318,156,419원이고, 분여한 이익은 합병법인이 35,649,169원, 모회사가 5,282,507,250원이 된다. 한편, 삼각합병 후의 흡수합병의 경우 얻은 이익은 과대평가된 합병법인(삼각합병 후)이 5,282,507,250원이고, 분여한 이익은 모회사(삼각합병 후)가 5,282,507,250원이 된다. 분여한 이익에서 보면 모회사가 분여한 이익이 일반적인 합병과 삼각합병 후의 흡수합병이 동일한 금액이 된다. 피합병법인이 과대평가된 금액은 6,000,000,000원이었다. 삼각합병의 경우 합병법인의 과대평가와는 달리 피합병법인의 과대평가는 합병법인의 합병신주수에 영향을 미치고 모회사의 교환신주수에도 영향을 미치고 있다. 교환신주수의 영향은 모회사 주주의 지분율에 영향을 미치게 되므로 피합병법인의 과대평가로 인해 교환신주수에 영향(증감)이 있다면 변동 후와 변동 전의 지분율 증감이 발생하게 된다. 따라서 이 경우 삼각합병은 모회사 주주에게 변동 후와 변동 전의 평가차액이 발생하게 된다.

(3) 모회사가 과대평가된 경우

모회사가 신고한 평가액은 388,325원, 공정한 평가액이 333,500원이므로 과대평가한

경우에 해당된다. 이 경우 합병비율, 주식교환비율, 합병신주(합병대가), 교환신주(교환대가) 및 이익증여를 다음과 같은 방식으로 분석해 볼 수 있을 것이다.

(3)-1. 평가액의 변동

평가액 388,325원에서 333,500원으로 변동된 평가로 인해 합병비율, 주식교환비율, 합병신주(합병대가), 교환신주(교환대가)는 다음과 같게 된다.

구분		영우냉동식품(합병법인)	케이엑스홀딩스(피합병법인)	CJ제일제당(모회사)
발행주식총수		7,500,000	2,000,000	14,504,181
합병가액		5,068	363,499	333,500
합병비율		1	71.72434886	65.8050513
모회사 주식교환비율			1.089952024	1
합병법인	합병신주		143,448,698	
	합병대가		726,998,000,000	
모회사	교환신주		2,179,904	
	교환대가		726,998,000,000	

모회사의 과대평가로 인해 합병비율과 합병신주수, 합병대가에는 영향(변동)이 없다. 또한 모회사 주식교환비율과 교환신주수는 변동이 있으나 교환대가는 변동이 없다. 이익증여는 다음과 같이 계산할 수 있을 것이다.

(3)-2. 이익의 유형

① **합병당사법인**(1): 2**개 법인의 합병**(**합병법인 + 피합병법인**)**과 이익증여**

과대평가된 법인은 모법인이며 합병법인과 피합병법인은 평가에 변동이 없다. 따라서 2개 법인의 이익증여는 발생하지 않게 된다.

구분	합병법인	피합병법인	합병 후
발행주식총수	7,500,000	2,000,000	
1주당 평가액	5,068	363,499	5,068
총주식 평가액	38,010,000,000	726,998,000,000	765,008,000,000
합병비율	1.000	71.724349	

구분	합병법인	피합병법인	합병 후
합병 후 주식수	7,500,000	143,448,698	150,948,698
합병 전 1주당 평가액	5,068	5,068	
1주당 평가차익	–	–	
평가차손익 계	–	–	–

② **합병당사법인(2): 삼각합병 후 합병과 이익증여**

삼각합병 후 모법인이 합병법인을 흡수합병하는 경우와 모법인을 합병법인으로 하면서 3개 법인이 동시에 합병하는 경우는 앞 "(1) 합병법인이 과대평가된 경우"의 설명과 동일하다. 여기서 일반적인 합병이라면 당연히 합병비율의 변동이 있겠지만, 삼각합병의 경우 모회사의 과대평가는 합병비율과 합병신주수, 합병대가, 교환대가에는 아무런 영향(변동)이 없으며 모회사 주식교환비율과 교환신주수만 변동이 있게 된다. 따라서 모회사의 발행주식총수는 증가하나 총주식 평가액이 변동이 없으므로 1주당 평가액이 다음과 같이 수정(환산)된다.

구분	회사 신고	공정한 신고	과대·과소평가 (회사 신고－공정한 신고)
발행주식총수	16,376,319	16,684,085	－307,766
1주당 평가액	343,932	337,587	6.345
총주식 평가액	5,632,336,086,825	5,632,336,086,825	–

먼저 3개 법인(모회사 + 합병법인 + 피합병회사)이 동시에 합병하는 일반적인 합병의 경우 이익증여는 다음과 같이 모회사의 주주는 얻은 이익이 발생되고, 합병법인의 주주와 피합병법인의 주주에게는 분여한 익이 발생하게 된다.

구분	모법인	피합병법인	합병법인	합병 후
발행주식총수	14,504,181	2,000,000	7,500,000	
1주당 평가액	333,500	363,499	5,068	340,056
총주식 평가액	4,837,144,363,500	726,998,000,000	38,010,000,000	5,602,152,363,500
합병비율	1.000	0.936069	0.01305	
합병 후 주식수	14,504,181	1,872,138	97,882	16,474,201
합병 전 1주당 평가액	333,500	388,325	388,325	

구분	모법인	피합병법인	합병법인	합병 후
1주당 평가차익	6,556	-48,269	-48,269	
평가차손익 계	95,090,716,025	-90,366,062,014	-4,724,654,012	-0.0

다음은 합병대가를 모회사 주식으로 지급한 후(삼각합병 후) 모회사가 합병법인을 흡수합병하는 경우의 합병 이익증여는 앞 "(1) 합병법인이 과대평가된 경우"의 방식과 같이 계산할 수 있다. 합병의 실행과정과 순서로 보면, 모법인은 발행주식총수의 변동(증가)은 있겠지만 피합병법인의 자산과 부채가 모법인에 이전이 된 것이 아니므로 총주식 평가액은 변동이 없으며 1주당 평가액은 영향을 받게 된다. 합병법인의 경우는 합병법인의 발행주식총수의 변동은 없으나 피합병법인의 자산과 부채가 합병법인에 이전된 것이므로 총주식 평가액은 변동이 있게 된다. 따라서 1주당 평가액이 영향을 받게 된다.

합병 이익증여의 결과로 보면 다음과 같이 모법인의 주주가 분여한 이익은 일반적인 합병방식과 삼각합병 후의 흡수합병방식이 다르다. 즉 모회사의 주주가 얻은 이익이 일반적인 합병에서는 95,090,716,025원이었으나 삼각합병 후의 흡수합병에서는 0원이 된다. 이와 같은 결과의 의미는 합병법인과 피합병법인이 과대 또는 과소평가가 아닌 한 삼각합병 후의 모회사의 발행주식총수는 증가하지만 총주식 평가액에는 증감이 발생하지 않기 때문이다. 즉 모법인(삼각합병 후)과 합병법인(삼각합병 후)의 합병 후의 총주식 평가액의 변동이 발생하지 않기 때문에 이익증여가 발생하지 않게 된다.

구분	모법인(삼각합병 후)	합병법인(삼각합병 후)	합병 후
발행주식총수	16,376,319	7,500,000	
1주당 평가액	343,932	102,001	343,932
총주식 평가액	5,632,336,086,825	765,008,000,000	6,397,344,086,825
합병비율	1.000	0.296574	
합병 후 주식수	16,376,319	2,224,302	18,600,621
합병 전 1주당 평가액	343,932	343,932	
1주당 평가차익	-	-	
평가차손익 계	-	-	0.0

다음은 위의 합병방식과 다르게 합병법인과 피합병법인이 합병을 한 후 모법인과 합병하는 방식이다(모법인에 흡수합병되는 방식이다). 합병 후 총주식 평가액은 6,397,344,086,825원이 된다. 이 금액은 합병 후 일반적인 합병방식의 총주식 평가액 5,602,152,363,500원과는 차이가 있다. 그러나 삼각합병 후의 합병방식 총주식 평가액 6,397,344,086,825원과는 같다. 이익증여의 결과를 보면 얻은 이익이 위 3개 법인의 일반적인 합병방식의 이익 95,090,716,025원과 같으며 삼각합병 후의 흡수합병방식의 이익 0원과는 다르다. 이익증여는 다음과 같이 계산된다.

구분	모법인	합병법인 + 피합병법인	합병 후
발행주식총수	14,504,181	150,948,698	
1주당 평가액	333,500	5,068	340,056
총주식평가액	4,837,144,363,500	765,008,000,000	5,602,152,363,500
합병비율	1.000	0.013051	
합병후주식수	14,504,181	1,970,020	16,474,201
합병전 1주당 평가액	333,500	388,325	
1주당평가차익	6,556	-48,269	
평가차손익 계	95,090,716,025	-95,090,716,025	0.0

③ **삼각합병의 이익증여**(상속증여세법 제42조의2의 계산방식)

삼각합병 후 모회사의 지분율의 변동은 모회사의 과대평가로 인해 다음과 같이 합병신주수와 합병대가, 교환대가는 변동하지 않으나 교환신주수는 변동(증가)한다. 교환신주수의 변동은 회사신고와 공정한 신고의 지분율의 차이인 지분율 증감의 발생원인이 된다.

구분		회사 신고	공정한 신고
합병비율		71.7243489	71.72434886
모회사 주식교환비율		0.936069014	1.089952024
합병법인	합병신주	143,448,697	143,448,698
	합병대가	726,998,000,000	726,998,000,000
모회사	교환신주	1,872,138	2,179,904
	교환대가	726,998,000,000	726,998,000,000

변동 후와 변동 전 지분율의 변동이 있으므로 평가차액이 발생하게 된다. 따라서 삼각합병에 따른 모회사 주주의 이익증여는 다음과 같이 계산된다.

주주	회사신고 합병 후		공정신고 합병 후		지분율 증감	이익증여
	주식수	지분율	주식수	지분율		
CJ	6,707,016	40.96%	7,014,782	42.04%	-1.09%	-61,345,929,977
이재현	70,931	0.43%	70,931	0.43%	0.01%	450,014,666
손경식	5,500	0.03%	5,500	0.03%	0.00%	34,894,202
영우냉동식품	-	0.00%	-	0.00%	0.00%	-
김교숙	5,491	0.03%	5,491	0.03%	0.00%	34,837,103
이경후	22,015	0.13%	22,015	0.13%	0.00%	139,671,975
CJ나눔재단	30,351	0.19%	30,351	0.18%	0.00%	192,558,897
CJ문화재단	7,844	0.05%	7,844	0.05%	0.00%	49,765,477
기타	9,527,171	58.18%	9,527,171	57.10%	1.07%	60,444,187,657
계	16,376,319	100.00%	16,684,085	100.00%	0.00%	-

* 이익증여 = 지분율 증감 × 모회사 총주식 평가액 5,632,336,086,825원

(3)-3. 이익증여 분석

앞 "(1) 합병법인이 과대평가된 경우"의 설명에 따라 이익증여를 분석해 보면 일반적인 합병의 경우 얻은 이익은 과대평가된 모법인이 95,090,716,025원이고, 분여한 이익은 합병법인이 90,366,062,014원, 모회사가 4,724,654,012원이 된다. 한편, 삼각합병 후의 흡수합병의 경우 얻은 이익은 과대평가된 모법인(삼각합병 후)이 12,451,802,011원이고, 분여한 이익은 합병법인(삼각합병 후)이 12,451,802,011원이 된다. 얻은 이익에서 보면 모회사가 얻은 이익이 일반적인 합병과 삼각합병 후의 흡수합병이 각각 다르게 계산된다. 삼각합병의 경우 모회사의 과대평가는 합병법인의 합병신주수에 영향을 미치지 않고 있지만 모회사의 교환신주수에는 영향을 미치고 있다. 교환신주수의 영향은 모회사 주주의 지분율에 영향을 미치게 되므로 모회사의 과대평가로 교환신주수에 영향(증감)이 있다면 변동 후와 변동 전의 지분율 증감이 발생하게 된다. 따라서 이 경우 삼각합병은 모회사 주주에게 변동 후와 변동 전의 평가차액을 발생하게 한다.

6 삼각합병의 이익증여와 세법적용

삼각합병의 이익증여는 모회사의 주주에서 발생한다. 삼각합병의 이익증여는 합병대가에서 발생되는 문제이기는 하나 일반적인 합병(합병법인)에서 발생되는 이익계산과는 다른 방식으로 하고 있다. 상속증여세법 시행령 제28조 제3항의 계산방식인 "합병 후 신설 또는 존속하는 법인의 1주당 평가가액 - 주가가 과대평가된 합병당사법인의 1주당 평가가액 × (주가가 과대평가된 합병당사법인의 합병 전 주식의 수 ÷ 주가가 과대평가된 합병당사법인의 주주가 합병으로 인하여 교부받은 신설 또는 존속하는 법인의 주식의 수) × 과대평가된 합병당사법인의 대주주 등이 합병으로 인하여 교부받은 신설 또는 존속하는 법인의 주식의 수"의 의미는 합병 후 평가액과 합병 전 평가의 차액을 합병의 이익증여로 본다는 것이다.

앞의 사례에서 본 바와 같이 삼각합병의 이익증여는 위의 계산방법으로 하기에는 계산방식이 부족하고 합리적이지 않다. 사례에서는 삼각합병의 이익증여 계산은 합병 후 지분의 변동 전과 변동 후의 차이에서 오는 평가액을 이익의 증여로 보고 있었다. 일반적인 합병이익의 증여 계산방식과는 다르다고 하겠다. 이와 같은 계산방식에 따르면 현행 삼각합병에 따른 이익증여에는 이익증여를 계산하는 구체적인 방법이 없다는 것이 된다. 삼각합병의 이익증여를 상속증여세법 제4조(증여세 과세대상) 제1항 제6호 "상속증여세법 제38조 규정의 경우와 경제적 실질이 유사한 경우 상속증여세법 제38조의 규정을 준용하여 증여재산의 가액을 계산할 수 있는 경우의 그 재산 또는 이익"을 적용할 수 있을지는 의문이 든다. 이 규정도 "상속증여세법 제38조의 규정을 준용하여 계산한 이익"이어야 하기 때문이다.

사례에서 본 삼각합병의 이익증여 계산의 과정으로 보면 '주식의 포괄적 교환의 이익증여' 계산방식인 상속증여세법 시행령 제32조의2(법인의 조직변경 등에 따른 이익의 계산방법 등)의 계산방식인 "(변동 후 지분 - 변동 전 지분) × 지분 변동 후 1주당 가액(시행령 제28조, 제29조, 제29조의2 및 제29조의3을 준용하여 계산한 가액)" 또는 "변동 후 가액 - 변동 전 가액"이 사례의 이익증여의 계산방식에 가깝다고 하겠다. 그러나 이 계산방식도 '지분'이란 의미가 지분율, 주식수 또는 평가액 등으로 해석될 수 있는데 그 의미가 분명하지 않다는 것이며, '변동 후 가액 – 변동 전 가액'의 계산식에서도 변동 후 가액과 변동 전 가액에 대해서 구체적 계산 방법이 없다는 점이 일반적인 합병의 이익증여 계산방법과 비교해 볼 때 충분하지 못한 것이 된다(자세한 내용은 "제4장 제3절 3. 신설된 상속증여세법 제42조의2의 이익계산" 참조).

자본거래와 세무

제 3 장

분할과 자본이익

제 1 절 분할 개관

분할의 개념과 성격을 살펴보고 분할비율과 분할과세체계의 관계를 분석을 통해 알아본다. 세법적용에서의 적격분할 요건의 중요성은 적격합병 요건과는 다른 면이 있다. 적격분할 요건의 중요성에 비추어 적격분할의 충족 요건을 그동안의 행정 해석과 대법원 판례를 기준으로 정리해 본다. 이와 같은 분석과 정리는 세법적용에서의 분할의 의미를 이해하게 될 것이다.

1 회사분할

합병이 피합병회사의 자산과 부채를 합병회사에 이전하고 그 대가로 피합병회사의 주주에게 합병회사의 주식과 교부금을 지급한다는 점과 인적분할이 분할회사의 자산과 부채를 분할신설회사에 이전하고 그 대가로 분할회사의 주주에게 분할신설회사의 주식과 교부금을 지급한다는 점에서 합병과 분할은 그 법적성격이 같다.

일반적으로 회사분할은 승계회사가 분리되는 사업부문을 승계하게 되는지 여부에 따라 분할합병과 단순분할로 분류되고, 분리의 대가인 분할신주를 분리시키는 회사(분할회사) 자체에 교부하는지 여부에 따라 인적분할과 물적분할로 분류된다(김건식, 「회사법」, p.514). 상법상 분할에 따라 사원이 수용되는 인적분할이 원칙이고 사원이 수용되지 않는 물적분할은 예외로 규정되어 있는 점에 비추어 분할은 인격의 분할로 보아야 한다(최준선, 「회사법」, pp.701~702). 회사분할은 회사의 영업을 분리하여 그 주체인 법인격을 달리하는 동시에 분할되는 영업에 상응하여 회사의 주식소유 관계를 분할하는 회사법상 법률사실이라고 설명하는 것이 분할의 법현상에 부합한다며(이철송, 「회사법강의」, pp.856~857), 분할의 대상과 관련하여 재산의 이전만으로 분할이 가능하다는 입장에 반대하고 있다.

또한 분할의 대상이 되어 이전되는 재산이란 개개의 재산이 아니라 영업, 즉 회사의 영업목적을 위하여 조직화되고 유기적 일체로서 기능하는 재산의 전부 또는 일부인 상법 제41조가 규정하는 영업(재산)을 뜻하는 것으로 이해하여야 한다(이철송, 「회사법강의」, p.858). 그러나 법문상 분할대상을 영업에 한정할 근거가 없을 뿐 아니라 세제상 불이익을 감수하면서 이루어지는 개별 재산의 분할을 금지할 필요는 없어 보인다(김건식, 「회사법」, p.810).

한편, 상법상의 영업양도는 일정한 영업목적에 의하여 조직화된 유기적 일체로서의 기능적 재산인 영업재산을 그 동일성을 유지시키면서 일체로서 이전하는 채권계약이므로 영업양도가 인정되기 위해서는 영업양도계약이 있었음이 전제가 되어야 하는데, 영업재산의 이전 경위에 있어서 사실상 경제적으로 볼 때 결과적으로 영업양도가 있는 것과 같은 상태가 된 것으로 볼 수는 있다고 하더라도 묵시적 영업양도계약이 있고 그 계약에 따라 유기적으로 조직화된 수익의 원천으로서의 기능적 재산을 그 동일성을 유지시키면서 일체로서 양도받았다고 볼 수 없어 상법상 영업양도를 인정할 수 없다(대법원 2005다602, 2005.7.22.).

영업양도와 분할의 차이점은 영업양도는 개별적 자산·부채의 이전 행위가 별도로 필요하나 분할은 개별적 절차 없이 분할등기 시에 권리·의무가 분할회사로부터 신설회사로 이전되는 효과가 발생한다(김건식, 「회사법」, p.516). 영업양도는 채권·채무의 개별양도가 가능하나 분할은 포괄승계가 되어야 한다. 현행 법인세법의 분할은 상법의 분할 개념을 법인세법에서 차용하고 있다. 다만, 법인세법의 분할과세체계로 보아 상법의 분할규정으로 법인세법의 분할규정이 신설되었다고 하더라도 세법 고유의 특질이 있어 분할에 대한 해석과 적용은 상법과 같을 수 없다. 즉 법인세법의 분할은 기업의 구조조정을 지원하기 위한 것과 분할을 이용한 조세회피 방지라는 2가지 상반된 목적을 동시에 달성한다는 조세정책적인 면이 있기 때문이다.

다음은 인적분할로서 분할계획서의 분할관련 내용에 따라 설립되는 회사 발행주식총수, 설립되는 회사 자본금, 분할되는 회사 감소할 자본금, 분할되는 회사 주식소각 및 소각 후 발행주식총수의 관계를 정리하면 다음과 같다.

사례 ••• **인적분할**

분할계획서 및 분할관련 내용은 다음과 같다.

| **분할계획서** |

○○주식회사(분할되는 회사)는 경영혁신계획에 의거 현 사업과 성격이 다른 □□사업에 대하여 상법에 의한 인적분할방식으로 □□사업을 영위할 새로운 회사로 주식회사 △△(설립되는 회사)를 다음과 같이 설립한다.

제1조 (생략)

제2조(설립되는 회사가 발행할 주식의 총수와 1주의 금액)

설립되는 회사가 발행할 주식의 총수는 기명식 보통주 4,000,000주이며, 1주의 금액은 5,000원으로 한다.

제3조(설립되는 회사가 분할 당시에 발행할 주식의 총수, 종류 및 종류별 주식의 수)

설립되는 회사가 설립 시 발행하는 주식의 총수는 기명식 보통주 1,440,000주로 한다.

제4조(분할신주의 배정)

전조의 규정에 의하여 발행하는 설립되는 회사의 주식 전부를 분할되는 회사의 주주에게 분할되는 회사의 지분율대로 배정한다.

제5조(설립되는 회사의 자본과 준비금)

1. 설립되는 회사의 자본금은 72억원으로 한다.
2. 설립되는 회사의 설립 당시 상법 제459조 제1항 제3호의2의 자본준비금은 ○○원으로 하되, 회계법인의 평가액에 따라 정산하여 동 자본준비금을 확정한다.

제6조～제10조 (중략)

제11조(분할되는 회사의 자본변경 등)

1. 감소할 자본은 금 72억원이며 감소할 준비금은 없다.
2. 자본감소의 방법은 주식소각의 방법에 의한다. 주식소각은 액면금액 5,000원인 주식 1,455,722주 중 1,440,000주를 소각한다.
3. 분할 후의 발행주식총수는 15,722주로 한다.

| 분할되는 회사(○○주식회사) 재무상태표 |

(제30기 200×년 ×월 ×일 현재)

과목	금액	과목	금액
자 산		부 채	
Ⅰ. 유동자산	9,085,081,993	Ⅰ. 유동부채	64,531,728,420
(1) 당좌자산	7,815,376,447	Ⅱ. 고정부채	6,205,086,214
(2) 재고자산	1,269,705,546	부채총계	70,736,814,634
Ⅱ. 고정자산	108,046,274,193	자 본	
(1) 투자자산	91,147,083,253	Ⅰ. 자본금	7,278,610,000
(2) 유형자산	14,495,395,174	Ⅱ. 이익잉여금	37,394,586,945
(3) 무형자산	2,403,795,766	Ⅲ. 자본조정	
		1. 투자유가증권 평가이익	1,721,344,607
		자본총계	46,394,541,552
자산총계	117,131,356,186	부채와 자본총계	117,131,356,186

| 분할되는 회사(○○주식회사) 주주명부 |

구분	주주	주식수	지분율(%)
분할되는 회사 자본금(5,000원) 7,278,6100,000원	갑	800,647	55.0
	을	349,500	24.0
	병	250,390	17.2
	정	55,185	3.8
	계	1,455,722	100.0

분할되는 회사 분할에 따른 회계처리는 다음과 같다.

차변		대변	
유동부채	38,295,845,356	유동자산	4,934,292,639
고정부채	2,006,324,991	고정자산	75,577,629,533
자 본 금	7,200,000,000		
감자차손	33,009,751,825		
계	80,511,922,172	계	80,511,922,172

* 자본금 감소: 1주당 액면가 5,000원 × 소각주식수 1,440,000주 = 7,200,000,000

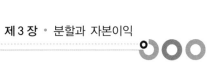

설립되는 회사(△△주식회사) 재무상태표

(제30기 200×년 ×월 ×일 현재)

과목	금액		과목	금액	
자 산			부 채		
Ⅰ. 유동자산		4,934,292,639	Ⅰ. 유동부채		38,295,845,356
(1) 당좌자산		3,753,586,510	1. 매입채무		8,966,735,000
1. 현금 등		532,900,386	2. 단기차입금		25,392,275,906
2. 단기금융상품		1,923,538,120	3. 미지급금		2,878,398,945
3. 매출채권	1,140,271,071		4. 선수금		33,853,701
대손충당금	(22,685,100)	1,117,585,971	5. 예수금		15,409,950
4. 단기대여금		94,431,000	6. 가맹보증금		34,175,136
5. 미수금		73,488,954	7. 미지급비용		46,597,773
6. 미수수익		7,647,519	8. 유동성부채		928,398,945
7. 선급금		2,492,000	Ⅱ. 고정부채		2,006,324,991
8. 선급비용		1,502,560	1. 장기차입금		1,819,389,359
(2) 재고자산		1,180,706,129	2. 퇴직급여충당금	180,921,204	
1. 상품 1		1,180,706,129	국민연금	(5,277,800)	175,643,404
Ⅱ. 고정자산		75,577,629,533	3. 단체퇴직보험료		11,292,228
(1) 투자자산		69,491,354,430	부채총계		40,302,170,347
1. 장기금융상품		1,171,265,202	자 본		
2. 투자유가증권		68,155,000,000	Ⅰ. 자본금		7,200,000,000
3. 퇴직보험금		11,292,228	Ⅱ. 자본잉여금		33,009,751,825
4. 보증금		153,797,000	1. 주식발행초과금		33,009,751,825
(2) 유형자산		3,685,913,580	자본총계		40,209,751,825
1. 구축물	87,581,360				
감가상각누계	(4,379,068)	83,202,292			
2. 차량운반구	45,573,508				
감가상각누계	(37,384,951)	8,188,557			
3. 공구기구	5,948,671,397				
감가상각누계	(2,354,148,666)	3,594,522,731			
(3) 무형자산		2,400,361,523			
1. 영업권		2,400,000,000			
2. 산업재산권		361,523			
자산총계		80,511,922,172	부채와 자본총계		80,511,922,172

* 자본금: 1주당 액면가 5,000원 × 발행주식총수 1,440,000주 = 7,200,000,000

| 설립되는 회사(△△주식회사) 주주명부 |

구분	주주	주식수	지분율(%)
설립되는 회사 자본금(5,000원) 7,200,000,000원	갑	792,000	55.0
	을	345,600	24.0
	병	247,680	17.2
	정	54,720	3.8
	계	1,440,000	100.0

| 분할존속법인 재무상태표 |

(제30기 200×년 ×월 ×일 현재)

과목	금액	과목	금액
Ⅰ. 유동자산	4,150,789,354	Ⅰ. 유동부채	26,235,883,064
(1) 당좌자산	4,061,789,937	Ⅱ. 고정부채	4,198,761,223
(2) 재고자산	88,999,417	부채총계	30,434,644,287
Ⅱ. 고정자산	32,468,644,660	Ⅰ. 자본금	78,610,000
(1) 투자자산	21,655,728,823	Ⅱ. 이익잉여금	37,394,586,945
(2) 유형자산	10,809,481,594	Ⅲ. 자본조정	(31,288,407,218)
(3) 무형자산	3,434,243	1. 투자유가증권 평가이익	1,721,344,607
		2. 감자차손	(33,009,725,596)
		자본총계	6,184,789,727
자산총계	36,619,434,014	부채와 자본총계	36,619,434,014

| 분할존속법인 주주명부 |

구분	주주	주식수	지분율(%)
자본금 7,278,610,000원 - 감소한 자본금 7,200,000,000원 = 78,610,000원	갑	8,647	55.0
	을	3,775	24.0
	병	2,704	17.2
	정	596	3.8
	계	15,722	100.0

2 | 분할비율과 분할과세체계

(1) 분할비율

(1) - 1. 분할비율

(가) 분할비율의 산정방식

분할비율(또는 분할가액)은 분할신설회사의 자본금을 결정(또는 분할존속회사의 자본금 감소를 결정)하는 중요한 요소이다. 분할비율에 따라(인적분할의 경우) 분할신설회사가 분할존속회사의 주주에게 교부(배정)할 주식수가 정해지기 때문이다. 합병비율의 경우에도 합병비율에 따라 합병법인이 피합병법인의 주주에게 교부할 합병법인의 합병신주가 정해지게 된다. 이와 같이 분할비율과 합병비율은 발행신주(분할신주 또는 합병신주)의 수를 정하고 자본금(설립되는 회사의 자본금 또는 존속하는 회사의 증가할 자본금)을 결정하므로 분할비율과 합병비율은 조세법에서 매우 중요한 위치를 차지하고 있다. 합병비율이 공정하지 않은 경우 합병에 따른 이익증여(상증법 §38)와 부당행위계산(법인령 §88) 등의 조세문제가 발생하게 된다. 분할비율의 불공정도 부당행위계산 대상이 된다. 즉 법인세법 시행령 제88조 제1항 제3호의2 "특수관계인인 법인 간 분할에 있어서 불공정한 비율로 분할하여 분할에 따른 양도손익을 감소시킨 경우"와 제8호의2 "제8호 외의 경우로서…합병 · 분할… 등 법인의 자본을 증가시키거나 감소시키는 거래를 통하여 법인의 이익을 분여하였다고 인정되는 경우" 등이다.

이처럼 분할비율과 합병비율이 과세요건 성립과 관계가 있으므로 조세법에서는 합병비율의 경우 그 산정방식에 대해서는 명확히 규정하고 있다(상증령 §28). 그러나 분할비율의 경우 상법이나 조세법, 자본시장법에서 분할비율(또는 분할가액)에 대한 구체적인 산정방식을 찾아볼 수 없다. 합병비율과 비교해 볼 때 분할비율의 산정방식에 관해 규정하고 있지 않은 것은 대조적이라고 하겠다. 즉 합병의 경우 합병비율의 명시가 상법에는 없으나 합병가액에 대해 그 산정 절차와 방법이 자본시장법 시행령 제176조의5 또는 상속증여세법 시행령 제28조 제6항에 상세히 규정되어 있다. 그러나 분할비율은 그렇지 못하다. 일부에서는 상법의 분할계획서 기재 사항, 예를 들면 설립되는 회사가 분할 당시에 발행하는 주식의 총수, 분할되는 회사의 주주에 대한 설립되는 회사의 주식의 배정에 관한 사항 및 배정에 따른 주식의 병합에 관한 사항, 설립되는 회사의 자본금과 준비금에 관한 사항, 설립되는 회사에 이전될 재산과 그 가액 등이 분할비율을 의미하는 것이라고 주장하기도 한다. 그러나 이러한 항목들은 분할비율의 산정방식과 절차와는 아무 관련이 없다. 분할계획서의 일부 내용이 합병비율 산정을 위한 합병가액의 산정방식과 절차를 규정하고 있는 자본시장법 시행령 제176조의5 또는 상속증여세법 시행령 제28조 제6항과 유사한 방법과 절차를 두고 있느냐에서 볼 때 분할계획서의 항목들은 분할비율 산정과는 거리가 멀다고 하겠다.

(나) **세법과 분할비율**

현행 분할비율이 상법과 조세법, 자본시장법 등에 규정되어 있지 않아 그 의미의 명확함을 알 수 없으나 실무적으로는 확인할 수 있다. 회사분할에서 전자공시 자료에 나타난 분할비율의 의미를 보면 "분할신주 배정기준일 현재 분할되는 회사의 주주명부에 등재되어 있는 주주에게 1주당 0.6954756주의 비율로 분할신설회사의 동종의 주식으로 배정되며, 분할되는 회사의 주식은 1주당 0.3045244주의 비율로 주식을 병합할 예정이다."라고 하면서, "이러한 배정비율은 회계법인의 감사를 통해 확정된 재무상태표상의 순자산가액 기준으로 작성되었으며, 인적분할대상 부문의 순자산 장부가액을 분할 전 순자산 장부가액으로 나누어 산정한다."라고 공시하고 있다. 실무적으로 사용되고 있는 분할비율은 분할대상 부문의 순자산 장부가액을 분할 전 순자산 장부가액으로 나눈 비율을 말한다.

분할에서 비례적 인적분할의 경우 분할비율을 0.5로 하던 0.6으로 하던 분할 전과 분할 후의 개별주주의 지분의 변동은 없다. 즉 비례적 인적분할의 경우 분할비율이 0.5에서 0.6으로 변동되었다고 하더라도 이익증여의 문제는 발생되지 않는다. 다만, 불비례적 인적분할이라면 분할비율의 변동이 개별주주의 지분의 변동에 영향을 미치므로 이익증여의 문제가 발생된다. 합병의 경우 합병비율의 0.5와 0.6의 차이는 직접적으로 이익증여 등의 과세소득에 영향을 미치게 된다. 이러한 점에서 볼 때 합병은 합병비율의 변동 그 자체만으로도 과세소득이 발생되나 분할비율은 분할 비율의 변동 그 자체만으로는 과세소득이 발생되지 않는다는 점이 분할비율을 규정하고 있지 않은 이유가 될 수 있을 것이다. 그런데 조세법에서 분할비율이 중요한 이유는 분할비율의 변동에 따라 과세소득이 영향을 받을 수도 있는데, 예를 들면 인적분할에서 비적격분할의 경우 분할비율에 따라 양도손익과 매수차손익이 다르게 계산된다. 분할비율이 현행 분할과세소득에 영향을 미치지 않는다고 보는 것은 분할의 시점에서만 보는 관점이며 적격분할에 한하는 것으로 보기 때문이다. 이러한 관점은 분할의 시점뿐만 아니라 분할 이후의 지분거래(또는 자본거래)를 예정한 자본거래의 과세체계에서 볼 때 단편적인 시각이라 하겠다. 그 이유는 분할비율은 분할교부신주를 정하는 중요한 요소로서 개별주주의 주식수의 비중을 분할존속회사와 분할신설회사 중 어디에다 둘 것인가를 정하는 역할을 하는데 기업이 임의로 분할비율을 정한다는 것은 분할 이후의 자본거래를 계획하고 있는 법인(분할존속 법인 또는 분할신설법인)이나 주주의 입장에서는 자본거래의 이익(이득)을 획득할 수 있는 하나의 방편이 될 수도 있다. 분할비율이 분할의 시점 당시의 분할당사법인의 과세에 미치는 영향의 문제로만 볼 것이 아니라는 것이다.

이와 같은 분할비율의 문제는 분할비율이 과세에 미치는 영향을 간과하고 있는 것에서 비롯된 것으로 볼 수 있다. 이러한 예는 법인세법의 분할비율의 불명료성에서도 찾을 수 있다. 예를 들면, 법인세법은 시행령 제88조 제1항 제3호의2에서 "…불공정한 비율로 분할하여 분할에 따른 양도손익을 감소시킨 경우"와 제8호의2에서 "제8호 외의 경우로서 …합병 · 분할… 등 법인의 자본을 증가시키거나 감소시키는 거래를 통하여 법인의 이익을 분여하였다고 인정되는 경우" 등을 부당행위계산의 유형으로 예시하고 있다. 불공정한 비율 분할에 따른 양도손익과 자본의 증가와 감소를 과세소득으로 삼고 있는데, 정작 "불공정한 비율 분할"이 무엇인지와 분할이 "법인의 자본을 증가시키거나 감소시키는 거래"가 무엇인지에 대해 조세법 어디에도 명료한 규정을 찾아볼 수 없다.

(1) - 2. 분할비율과 과세소득

분할비율이 과세소득에 미치는 영향을 다음과 같은 방법으로 분석할 수 있을 것이다.

(가) 분할비율과 분할양도손익

분할비율 0.45에 따른 분할교부신주(1,350,000주, 1주당 액면가 5,000원, 1주당 시가 17,538원)와 관련된 현황은 다음과 같다.

○ 분할 전후 재무상태표(백만원)

구분	분할 전	분할 후	
		분할되는 회사	신설회사
유동자산	86,550	58,902	27,648
비유동자산	144,231	99,982	44,249
자산총계	230,781	158,884	71,897
유동부채	99,638	74,663	24,975
비유동부채	45,375	37,154	8,221
부채총계	144,913	111,717	33,196
자본총계	85,868	37,702	38,701

* 분할비율: 38,701 ÷ 85,868 = 0.45070(이하 계산편의상 분할비율 0.45로 한다)

구분	분할 전		분할신설법인	
	주식수	지분율	주식수	지분율
신○○	139,960	4.67%	62,982	4.67%
신**	1,350,040	45.00%	607,518	45.00%
○○상사	1,510,000	50.33%	679,500	50.33%
계	3,000,000	100.00%	1,350,000	100.00%

○ 비적격분할의 양도손익

부채총계	33,196,000,000	자산총계	71,897,000,000
분할대가	23,676,300,000		
양도손실	15,024,700,000		
계	71,897,000,000	계	71,897,000,000

위에서 다른 사항은 변동 없이 분할비율이 0.45에서 0.6으로 분할비율이 변동될 경우 분할교부신주(1,800,000주, 1주당 액면가 5,000원, 1주당 시가 17,538원)와 관련된 현황은 다음과 같게 된다.

○ 분할 전후 재무상태표(백만원)

구분	분할 전	분할 후(분할비율 0.6)	
		분할되는 회사	신설회사
자산총계	230,781	139,064	91,717
부채총계	144,913	104,717	40,196
자본총계	85,868	34,347	51,521

○ 분할신설법인의 보유주식 현황

구분	분할 전		분할신설법인	
	주식수	지분율	주식수	지분율
신○○	139,960	4.67%	83,976	4.67%
신**	1,350,040	45.00%	810,024	45.00%
○○상사	1,510,000	50.33%	906,000	50.33%
계	3,000,000	100.00%	1,800,000	100.00%

분할비율을 0.6으로 할 경우 분할양도손익은 다음과 같게 된다.

○ 비적격분할의 양도손익

부채총계	40,196,000,000	자산총계	91,717,000,000
분할대가	31,568,400,000		
양도손실	19,952,600,000		
계	91,717,000,000	계	91,717,000,000

분할양도손실이 각각 분할비율이 0.45일 경우 15,024,700,000원과 분할비율이 0.6일 경우 19,952,600,000원으로 분할양도손익에 차이가 있다는 것을 알 수 있다. 분할비율이 분할신주에 영향을 미치고 분할신주는 분할대가에 영향을 미치고 있기 때문이다.

(나) 불공정한 분할비율과 분할합병

분할비율이 0.45인 경우 분할신설법인이 분할합병을 하는 경우가 되겠다. 피합병법인인 분할신설법인의 합병가액이 분할신주의 평가액인 17,538원이다. 분할합병비율은 다음과 같게 된다.

구분		합병법인	피합병법인(분할신설법인)
신고	합병가액	35,076	17,538
	합병비율	1	0.5

불공정한 분할비율이 분할합병에 따른 이익에 미치는 영향을 다음과 같은 방법으로 분석할 수 있다.

| 분할비율 0.45 경우 분할합병에 따른 이익 |

구분	합병법인	피합병법인	합병 후
총주식 평가액(공정)	35,076,000,000	23,676,300,000	58,752,300,000
발행주식총수	1,000,000	1,350,000	
1주당 평가액(공정)	35,076	17,538	35,076
합병비율(신고)	1	0.50	
합병 후 주식수(신고)	1,000,000	675,000	1,675,000
합병 전 1주당 평가액	35,076	35,076	
평가차액 계	0	0	

| 분할비율 0.6 경우 분할합병에 따른 이익 |

구분	합병법인	피합병법인	합병 후
총주식 평가액(공정)	35,076,000,000	31,568,400,000	66,644,400,000
발행주식총수	1,000,000	1,800,000	
1주당 평가액(공정)	35,076	17,538	35,076
합병비율(신고)	1	0.50	
합병 후 주식수(신고)	1,000,000	900,000	1,900,000
합병 전 1주당 평가액	35,076	35,076	
평가차액 계	0	0	

일반적으로 분할비율의 변동은 순자산가치의 변동을 가져오게 되나 1주당 평가액은 변동이 되는 경우가 있고 그렇지 않은 경우도 있다. 분할비율의 변동으로 인해 1주당 평가액이 변동되는 경우의 분할합병은 당연히 불공정 분할합병의 문제가 발생하겠으나 1주당 평가액이 변동되지 않는 경우의 분할합병은 불공정 분할합병의 문제는 발생되지

않는다. 위에서 본 사례는 분할비율이 변동이 있으나 1주당 평가액(합병가액)이 변동이 없는 경우의 분할합병이다. 그런데 합병에 따른 이익은 합병비율의 변동으로 인한 것이므로 이미 교부한 합병신주로 인해 발생이 되는데, 합병비율의 변동이 없는(합병가액에 변동이 없는) 분할합병에 따른 이익은 분할비율의 변동에 의한 것으로 교부한 분할신주가 원인이 되어 이미 교부한 분할합병신주로 인해 발생하게 된다. 즉 합병비율의 변동이 아닌 분할비율의 변동으로 인해 분할합병신주의 차이를 가져오게 된다. 합병비율의 변동이 없는(합병가액의 변동이 없는) 분할합병신주의 차이를 다음과 같은 방식으로 계산할 수 있다.

| 분할비율이 0.6과 0.45일 경우 분할합병에 따른 평가차액 |

구분	분할합병신주		과다 교부받은 주식수 ③ (① − ②)	합병 후 1주당 평가액 ④	①과 ②의 평가차액 (③ × ④)
	분할비율 ①	분할비율 ②			
	0.6	0.45			
신○○	41,988	31,491	10,497	35,076	368,192,772
신**	405,012	303,759	101,253		3,551,550,228
○○상사	453,000	339,750	113,250		3,972,357,000
계	900,000	675,000	225,000		7,892,100,000

불공정한 분할비율의 합병은 분할비율이 피합병법인의 발행주식총수에 영향을 미치고 발행주식총수는 피합병법인의 합병 후 발행주식총수와 분할합병 후 발행주식총수에 영향을 주게 된다. 즉 분할비율이 0.45인 경우의 분할합병신주와 분할비율이 0.6인 경우의 분할합병신주를 비교해 보면 분할비율이 0.6인 경우가 분할합병신주를 더 많이 교부받은 것이 된다. 결국 더 많이 교부받은 분할합병신주는 그에 상당하는 평가액을 이익을 얻은 것으로 보아야 한다. 그런데 이때의 이익은 합병비율에는 변동이 없으므로 합병비율의 불공정과는 관계없는 분할비율의 불공정과 관련된 이익이 된다.

(2) 분할비율 기준일

합병의 경우 합병비율 기준일(합병가액 평가기준일)을 상속증여세법 시행령 제28조 제4항 제1호에서 규정하고 있으나 분할의 경우는 구체적인 분할비율 기준일이 없다.

전자공시된 분할 증권신고서에 따르면 "최초 이사회 결의 시 승인된 분할계획서의 기준이 된 20××년 6월 30일 현재 재무상태표를 기준으로 '분할신설회사의 순자산 장부가액'을 '분할 전 순자산 장부가액과 분할 전 자기주식 장부가액을 합산한 금액'으로 나누어 산정하였다."고 공시하고 있다. 여기서 분할계획서의 기준이 된 재무상태표의 작성기준일은 증권신고서(분할)를 제출하는 회사가 정하는 것으로(이사회 결의일 등) 회사에 따라 작성기준일이 정해지게 된다.

법인세법은 분할법인이 양도에 따라 발생하는 양도손익은 분할법인이 분할등기일이 속하는 사업연도의 소득금액을 계산할 때 익금 또는 손금에 산입한다(법인법 §46 ①). 분할신설법인이 분할로 분할법인의 자산을 승계한 경우에는 그 자산을 분할법인으로부터 분할등기일 현재의 시가로 양도받은 것으로 본다(법인법 §46의2 ①). 한편, 상법 제530조의7(분할대차대조표 등의 공시) 제1항에서 분할회사의 이사는 상법 제530조의3 제1항에 따른 주주총회 회일의 2주 전부터 분할의 등기를 한 날 또는 분할합병을 한 날 이후 6개월 간 다음 각 호의 서류를 본점에 비치하여야 하며, 다음 각 호의 서류 제1호는 분할계획서 또는 분할합병계약서, 제2호는 분할되는 부분의 대차대조표, 제3호는 분할합병의 경우 분할합병의 상대방 회사의 대차대조표이다. 위의 관련 규정과 합병비율 기준일로 보면 분할비율의 기준일은 주주총회 회일의 2주 전의 대차대조표 공시일이 되겠다.

(3) 분할과세체계

분할과세체계는 물적분할을 제외하고 합병과세체계와 대부분 유사한 점이 많다. 분할에 따른 세무의 유형을 현행 세법규정에 따라 나열하면, 분할법인의 양도손익(법인법 §46 및 §46의2), 분할신설법인의 매수차손익(법인령 §82의3 ② 및 ③), 분할신설법인의 자산과 부채의 조정계정(법인령 §82의3 ② 및 ③), 분할법인 주주의 의제배당(법인법 §16 ① 6), 불공정한 비율 분할의 양도손익과 부당행위계산(법인령 §88 ① 3의2), 그 밖의 불공정분할과 부당행위계산(법인령 §88 ① 8의2), 그 밖의 불공정분할과 수익(법인령 §11 9), 그 밖의 분할과 이익의 증여(구상증법 §42 ① 3), 분할법인의 자산양도차익(법인법 §47 ①), 분할법인의 압축기장충당금(법인령 §84 ① 및 ②), 압축기장충당금의 익금(법인법 §47 ②), 압축기장충당금의 익금의 예외(법인법 §47 ② 단서) 등이 있다. 현행 세법 규정에 따른 다양한 분할세무의 유형을 이해하기 위해서는 기본적으로 분할법인의 양도손익과 분할신설법인의 매수차손익(또는 자산과 부채의 조정계정)의 관계에 대한 이해가 필요하다. 분할법인의 양도손익 등은 자산・부채의 승계에 따른 분할법인과 분할신설법인의 자산・부채의 장부가액과 세무상 가액의 차이를 분석하고 그 차이에 대한 상호관계를 알 수 있게 한다. 현행 분할과세체계의 이해를 위해서는 이들의 관계 분석이 중요하다.

(3)-1. 인적분할

다음에 제시된 자료를 근거로 하여 분할조건에 따라 분할양도손익, 분할매수차손익, 분할 자산과 부채의 조정계정 등의 관계를 분석해 본다. 분할법인이 피합병법인에 해당되고 분할신설법인이 합병법인에 해당되는 관계로 보므로 계산방식은 합병과 같다(자세한 설명은 "제2장 제7절 2. 개정된 후의 영업권" 참조, 자산과 부채의 조정계정 표기 방식은 "제2장 제6절 5. 합병법인의 자산과 부채의 조정계정"에서 말하는 표기 방식을 따른다).

| 분할 전 법인의 재무상태표 |

자산총계	10,000	부채총계	5,000
		자본금	3,000
		잉여금	2,000
계	10,000	계	10,000

| 분할법인과 분할신설법인의 재무상태표 |

분할법인의 재무상태표			
자산총계	6,000	부채총계	3,000
		자본금	1,800
		잉여금	1,200
계	6,000	계	4,800

분할신설법인의 재무상태표			
자산총계	4,000	부채총계	2,000
		자본금	1,200
		잉여금	800
계	4,000	계	4,000

* 분할비율 0.40

※ 분할조건 ≪유형 1≫

분할사업부문의 자산총계 4,000원(시가 4,000원) 및 부채총계 2,000원(시가 2,000원), 분할대가 2,000원(시가 2,400원)

| 분할신설법인 |

비적격분할				적격분할			
순자산 시가	2,000	분할대가 시가	2,400	자산총계	4,000	부채총계	2,000
매수차손	400			자산 조정계정	0	분할대가 장부가액	2,000
계	2,400	계	2,400	계	4,000	계	4,000

| 분할법인 |

비적격분할				적격분할			
분할대가 시가	2,400	순자산 장부가액	2,000	분할대가 장부가액	2,000	순자산 장부가액	2,000
		양도이익	400				
계	2,400	계	2,400	계	2,000	계	2,000

〈분할조건 ≪유형 1≫의 설명〉

자산과 부채의 장부가액과 시가가 같으므로 조정계정이 발생하지 않는다. 이때의 분할양도이익 400원과 분할매수차손 400원은 분할 영업권에 해당된다.

※ 분할조건 ≪유형 2≫

분할사업부문의 자산총계 4,000원(시가 4,400원) 및 부채총계 2,000원(시가 2,200원), 분할대가 2,000원(시가 2,000원)

| 분할신설법인 |

비적격분할				적격분할			
순자산 시가	2,200	분할대가 시가	2,000	자산총계	4,000	부채총계	2,000
				자산 조정계정	400	부채 조정계정	200
		매수차익	200			분할대가 장부가액	2,000
						분할잉여금	200
계	2,200	계	2,200	계	4,400	계	4,400

| 분할법인 |

비적격분할				적격분할			
분할대가 시가	2,000	순자산 장부가액	2,000	분할대가 장부가액	2,000	순자산 장부가액	2,000
계	2,000	계	2,000	계	2,000	계	2,000

〈분할조건 ≪유형 2≫의 설명〉

자산과 부채의 장부가액과 시가가 차이가 나므로 각각 자산과 부채의 조정계정이 발생한다. 이때의 자산(400원)과 부채(200원)의 조정계정의 합계가 분할매수차익 200원이 된다.

※ 분할조건 ≪유형 3≫

분할사업부문의 자산총계 4,000원(시가 4,400원) 및 부채총계 2,000원(시가 1,800원), 분할대가 2,000원(시가 2,000원)

| 분할신설법인 |

비적격분할				적격분할			
순자산 시가	2,600	분할대가 시가	2,000	자산총계	4,000	부채총계	2,000
		매수차익	600	자산 조정계정	400	부채 조정계정	−200
						분할대가 장부가액	2,000
						분할잉여금	600
계	2,600	계	2,600	계	4,400	계	4,400

| 분할법인 |

비적격분할				적격분할			
분할대가 시가	2,000	순자산 장부가액	2,000	분할대가 장부가액	2,000	순자산 장부가액	2,000
계	2,000	계	2,000	계	2,000	계	2,000

〈분할조건 ≪유형 3≫의 설명〉

자산과 부채의 장부가액과 시가가 차이가 나므로 각각 자산과 부채의 조정계정이 발생한다. 이때의 자산(400원)과 부채(−200원)의 조정계정의 합계가 분할매수차익 600원이 된다.

※ 분할조건 ≪유형 4≫

분할사업부문의 자산총계 4,000원(시가 4,800원) 및 부채총계 2,000원(시가 2,000원), 분할대가 2,000원(시가 2,400원)

| 분할신설법인 |

비적격분할				적격분할			
순자산 시가	2,800	분할대가 시가	2,400	자산총계	4,000	부채총계	2,000
		매수차익	400	자산 조정계정	800	분할대가 장부가액	2,000
						분할잉여금	800
계	2,800	계	2,800	계	4,800	계	4,800

| 분할법인 |

비적격분할				적격분할			
분할대가 시가	2,400	순자산 장부가액	2,000	분할대가 장부가액	2,000	순자산 장부가액	2,000
		양도이익	400				
계	2,400	계	2,400	계	2,000	계	2,000

〈분할조건 ≪유형 4≫의 설명〉

자산의 장부가액과 시가가 차이가 나므로 자산의 조정계정이 발생한다. 이때의 자산의 조정계정(800원)이 분할양도이익 400원과 분할매수차익 400원이 된다.

※ 분할조건 ≪유형 5≫

분할사업부문의 자산총계 4,000원(시가 3,600원) 및 부채총계 2,000원(시가 2,000원), 분할대가 2,000원(시가 1,600원)

| 분할신설법인 |

비적격분할				적격분할			
순자산 시가	1,600	분할대가 시가	1,600	자산총계	4,000	부채총계	2,000
				자산 조정계정	-400	분할대가 장부가액	2,000
						분할잉여금	-400
계	1,600	계	1,600	계	3,600	계	3,600

| 분할법인 |

비적격분할				적격분할			
분할대가 시가	1,600	순자산 장부가액	2,000	분할대가 장부가액	2,000	순자산 장부가액	2,000
양도손실	400						
계	2,000	계	2,000	계	2,000	계	2,000

〈분할조건 ≪유형 5≫의 설명〉

자산의 장부가액과 시가가 차이가 나므로 자산의 조정계정이 발생한다. 이때의 자산의 조정계정(－400원)이 분할양도손실 400원이 된다.

분할양도손익, 분할매수차손익, 분할 자산 및 부채의 조정계정 등은 발생 내용과 그 원인이 합병의 경우와 유사하다는 점을 알 수 있다. 법인세법에서는 분할에 따른 분할양도손익 등의 규정을 합병규정을 준용하도록 하고 있다.

위의 분석내용에 따라 분할양도손익, 분할매수차손익, 분할 자산 및 부채의 조정계정 사이의 관계를 정리하면 다음과 같다. 합병의 경우와 동일하다.

구분	조건			비적격분할		적격분할		(양도손익+매수차손익)－(자산・부채 조정계정)
				분할법인	신설법인	신설법인		
유형	분할대가 ①	순자산 장부가액 ②	순자산 시가 ③	양도손익 (① － ②)	매수차손익 (③ － ①)	자산 조정계정	부채 조정계정	
1	2,400	2,000	2,000	400	－400	－	－	－
2	2,000	2,000	2,400	－	200	400	200	－
3	2,800	2,000	2,400	－	600	400	－200	－
4	2,400	2,000	2,800	400	400	800	－	－
5	1,600	2,000	1,600	－400	－	－400	－	－

* 비적격의 양도손익 ＋ 비적격의 매수차손익 ＝ 적격의 자산 및 부채 조정계정의 합계

(3)－2. 물적분할

다음에 제시된 자료를 근거로 하여 분할조건에 따라 자산의 양도차익, 압축기장충당금, 압축기장충당금의 익금 등의 관계를 분석해 본다.

| 분할 전 법인의 재무상태표 |

자산총계	10,000,000	부채총계	5,000,000
		자본금	3,000,000
		잉여금	2,000,000
계	10,000,000	계	10,000,000

※ 분할조건

물적분할하는 사업부문의 분할신설법인의 자본금이 1,500,000원으로 자산총계는 4,000,000원(시가 4,500,000원)이고 부채총계는 2,000,000원(시가 2,000,000원)이다. 자산총계에는 대통령령으로 정하는 자산(감각상각자산, 토지, 주식 등) 1,000,000원(건물 및 토지의 시가 1,450,000원)이 포함되어 있다. 분할법인이 취득한 분할신설법인의 주식의 시가는 2,500,000원(장부가액 2,000,000원)이다.

| 분할 후 재무상태표 |

• 분할존속법인이 분할신설법인의 주식취득 가액을 장부가액으로 한 경우

구분	분할 전 A	분할존속법인 A′	분할신설법인 B	(A′+B) – A
자산	10,000,000	6,000,000	4,000,000	–
종속기업주식	–	2,000,000	–	2,000,000
자산총계	10,000,000	8,000,000	4,000,000	2,000,000
부채총계	5,000,000	3,000,000	2,000,000	–
자본금	3,000,000	3,000,000	1,500,000	1,500,000
잉여금	2,000,000	2,000,000	500,000	500,000
부채와 자본총계	10,000,000	8,000,000	4,000,000	2,000,000

* 종속기업주식: 분할신설법인의 순자산(자산 4,000,000원 – 부채 2,000,000원) 장부가액

• 분할존속법인이 분할신설법인의 주식취득 가액을 시가로 한 경우

구분	분할 전 A	분할존속법인 A′	분할신설법인 B	(A′+B) − A
자산	10,000,000	6,000,000	4,000,000	−
종속기업주식	−	2,500,000	−	2,500,000
자산총계	10,000,000	8,500,000	4,000,000	2,500,000
부채총계	5,000,000	3,000,000	2,000,000	−
자본금	3,000,000	3,000,000	1,500,000	1,500,000
잉여금	2,000,000	2,500,000	500,000	1,000,000
부채와 자본총계	10,000,000	8,500,000	4,000,000	2,500,000

* 종속기업주식(자산의 취득가액): 물적분할에 따라 분할법인이 취득하는 주식은 물적분할한 순자산의 시가(법인령 제72조 제2항 제3의2)
* 종속기업주식: 분할신설법인의 순자산(자산 4,500,000원 - 부채 2,000,000원) 시가

| 자산의 양도차익과 압축기장충당금 |

구분	자산의 시가 ①	자산의 장부가액 ②	양도차익 (① − ②)	압축기장충당금 (양도차익 한도)
건물 및 토지	1,450,000	1,000,000	450,000	450,000
기타 자산	3,050,000	3,000,000	50,000	50,000
자산총계	4,500,000	4,000,000	500,000	500,000

| 회계상 장부가액 |

• 분할법인이 분할신설법인의 주식취득을 장부가액으로 한 경우

차변		대변	
종속기업주식	2,000,000	순자산	2,000,000

• 분할법인이 분할신설법인의 주식취득을 시가로 한 경우

차변		대변	
종속기업주식	2,500,000	순자산	2,000,000
		잉여금(양도차익)	500,000
계	2,500,000	계	2,500,000

| 세무상 장부가액 |

차변		대변	
종속기업주식	2,500,000	순자산	2,000,000
		양도차익	500,000
계	2,500,000	계	2,500,000

| 세무조정 |

- 분할존속법인이 분할신설법인의 주식취득가액을 장부가액으로 한 경우
  종속기업주식 500,000(익금 유보) / 압축기장충당금 500,000(손금 유보)
- 분할존속법인이 분할신설법인의 주식취득가액을 시가로 한 경우
  압축기장충당금 500,000(손금 유보)

| 압축기장충당금의 익금 |

≪처분유형 1≫

분할신설법인이 취득한 주식의 처분		대통령령이 정하는 자산의 처분	
보유주식의 장부가액	처분주식의 장부가액	승계자산의 양도차익	처분자산의 양도차익
2,000,000	600,000	450,000	0

- 익금에 산입할 금액

구분	주식 및 자산의 처분비율		익금
	분할법인의 주식처분 비율	분할신설법인의 자산처분 비율	① × [((② + ③) − (② × ③))]
압축기장충당금 잔액 ①	처분주식 장부가액 ÷ 보유주식 장부가액 ②	처분자산 양도차익 ÷ 승계자산 양도차익 ③	
500,000	30%	0%	150,000

≪처분유형 2≫

분할신설법인이 취득한 주식의 처분		대통령령이 정하는 자산의 처분	
보유주식의 장부가액	처분주식의 장부가액	승계자산의 양도차익	처분자산의 양도차익
2,000,000	0	450,000	135,000

• 익금에 산입할 금액

구분	주식 및 자산의 처분비율		익금
	분할법인의 주식처분비율	분할신설법인의 자산처분비율	① × [((② + ③) − (② × ③)]
압축기장충당금 잔액 ①	처분주식 장부가액 ÷ 보유주식 장부가액 ②	처분자산 양도차익 ÷ 승계자산 양도차익 ③	
500,000	0%	30%	150,000

≪처분유형 3≫

분할신설법인이 취득한 주식의 처분		대통령령이 정하는 자산의 처분	
보유주식의 장부가액	처분주식의 장부가액	승계자산의 양도차익	처분자산의 양도차익
2,000,000	600,000	450,000	135,000

• 익금에 산입할 금액

구분	주식 및 자산의 처분비율		익금
	분할법인의 주식처분비율	분할신설법인의 자산처분비율	① × [((② + ③) − (② × ③)]
압축기장충당금 잔액 ①	처분주식 장부가액 ÷ 보유주식 장부가액 ②	처분자산 양도차익 ÷ 승계자산 양도차익 ③	
500,000	30%	30%	255,000

3 적격분할 요건

상법의 회사분할이 기업구조조정을 지원하기 위해 도입된 제도라면 법인세법상 과세특례인 적격분할 요건(법인법 §46 ② 및 법인령 §82의2 ①)은 과세와 조세회피를 방지하기 위한 규정으로서 의미가 있다. 즉 법인세법과 조세특례제한법에서 법인 분할에 대하여 양도손익과 자산조정계정에 대한 과세이연 또는 취득세 · 증권거래세의 감면되는 범위를 일반적인 상법상의 분할로 규정하지 않고 법인세법상의 분할요건을 갖춘 것으로 규정하고 있다. 그 이유는 법인이 상법상의 절차에 따라 회사분할을 하였다고 하더라도 세법상으로 적격분할의 각 요건을 모두 갖춘 경우에만 한정하여 세제지원을 함으로써 분할을 통한 조세회피 등의 행위를 방지하기 위한 것이라고 볼 수 있다(조심 2012지355, 2013.7.10.).

법인세법상의 적격분할 요건은 법인세의 과세이연 또는 지방세의 특혜규정이라고 볼 수 있는 것으로 엄격하게 해석하는 것이 조세공평의 원칙에 부합한다. 이러한 점에서 법인세법은 적격분할의 요건을 상세히 규정하고 있다. 합병의 경우는 사업의 전부를 대상으로 하기 때문에 적격합병 요건이 사업의 일부를 대상으로 하는 분할에 비교하면 단순하다고 볼 수도 있는데, 합병을 이유로 특정 사업부문을 두고 조세회피를 하는 것은 합병의 구조상 쉽지 않다. 그러나 분할의 경우는 분할구조가 합병과는 다르므로 특정의 사업부분을 대상으로 하는 조세회피방지 면에서 볼 때 상세한 규정이 필요하다고 하겠다. 다만, 현행 세법의 분할규정이 포괄적이어서 구체적인 판단기준으로 적용하기에는 분명하지 않은 경우가 많다. 그 이유는 회사분할이 기업의 구조조정 지원과 조세회피 방지라는 두 가지 목적을 달성하는 데는 현실적인 문제가 많이 나타나기 때문이며, 한편으로는 분할에 대한 과세체계가 아직 정비되지 않아 불합리성이 존재하며 행정해석의 혼란으로 인한 측면도 있다. 당분간은 구체적인 사안에 적용할 수 있는 판단을 위해서는 판례나 유권해석을 통해 유추해 볼 수밖에 없는 실정이다. 다행히 2014.2.21. 법인세법 시행령에서 신설된 규정들이 비교적 명확하게 구별되어 있어 지금까지 있었던 혼란은 어느 정도는 해소될 것으로 보인다.

적격분할 요건의 올바른 판단을 위해서는 법인세법의 규정뿐만 아니라 다양한 해석을 살펴보아야 하며, 적격분할 요건의 중요성에 비추어 볼 때 2014.2.21. 개정 전의 대법원 판례와 심판사례, 행정해석을 살펴보는 것도 현행의 적격분할 요건을 해석하고 적용하는 데 유용하다. 관련된 사건을 보면 "등록세 중과세 제외요건에 관한 규정의 하나인 구 법인세법 시행령 제82조 제3항 제2호 단서는 제한적 규정이라고 전제하고, 분할법인의 레미콘 사업부문이 분할되어 설립된 회사가 그 사업부문의 자산을 승계하면서 32개 사업장 부지 중 토지 등 일부 사업장 부지만 승계하고 나머지 대부분의 사업장 부지는 분할하기 어려운 자산이 아님에도 승계하지 아니하였으므로 토지 등록세 중과세대상에서 제외될 수 없다(대법원 2012두2726, 2012.5.24.). 받을어음 및 매출채권은 합성수지 사업과 관련하여 공급대가로 취득한 것이므로 분할하는 사업부문 자산에 해당되는 데 포괄승계되지 않은 이상 '분할하는 사업부문의 자산 및 부채가 포괄적으로 승계될 것'을 충족하지 못하는 한편, 이 사건 받을어음은 배서로 매출채권은 채권양도로 분할해줄 수 있으므로 '공동으로 사용하던 자산 등 분할하기 어려운 자산'에 해당되지 않는다(대법원 2011두30502, 2012.4.12.).

또한 분리하여 사업이 가능한 독립된 사업부문을 분할하는 것의 일반적 의미를 법인 전체 사업 중 일부 장소적 개념의 '사업장별'이 아닌 법인 전체 사업단위 개념의 '사업부문별' 분할로 보는 것이 타당하고, '분리하여 사업이 가능한 독립된 사업부문을 분할한 것'이라 함은 분할되는 사업부문의 인적·물적자원만으로 분할하기 전과 같이 제3자에게 의존하지 아니하고 독립적으로 사업을 영위할 수 있는 정도로 분할하는 것이라고 보아야 한다. 또한 사업부문 자산 및 부채의 포괄적으로 승계에서 공동으로 사용하던 자산, 채무자 변경이 불가능한 부채 등 분할하기 어려운 자산과 부채 등은 포괄승계의 예외가 인정되는 자산·부채로서 그 범위를 열거하고 있다. 이러한 점은 감면요건 규정 가운데 특혜규정이라고 볼 수 있는 것은 엄격하게 해석하는 것이 조세공평의 원칙에도 부합하므로 예외가 인정되는 자산·부채의 범위를 제한적으로 인정할 수밖에 없다. 따라서 충당부채 및 근저당권이 확정채무가 아니라고 보기 어려우므로 승계하여야 할 부채로 보는 것이 타당하다(조심 2012지355, 2013.7.10.).

한편, 분리하여 사업이 가능한 독립된 사업부문인 건설사업부문을 분할하여 설립하였고, 건설사업부문의 자산 중 영업활동과 직접적인 관계가 있는 일체의 분할대상 자산을 신설회사에 영업활동과 직접적인 관계가 없는 나머지 자산은 분할존속회사에 귀속시키며, 변제하여야 할 공익채권 중 건설부문의 영업활동에서 발생된 것은 신설회사가 승계하고 영업활동과 직접 관계가 없는 공익채권은 분할존속회사가 변제책임을 지며, 조세 등의 채무와 건설공제조합의 정리담보권 보증채무 및 정리채권 보증채무는 신설회사가 면책적으로 승계하고 이를 제외한 정리담보권 및 정리채권은 모두 분할존속회사가 책임을 지는 것으로 배분함으로써 건설사업 부문의 영업활동과 관계있는 자산 및 부채가 일응 포괄적으로 승계되었으며, 분할법인인 만의 출자에 의하여 분할되었다 할 것이므로, 구 법인세법 시행령 제82조 제3항 제1호 내지 제3호에서 정하는 법인의 분할요건을 갖추고 있다고 할 것이다(서울고법 2007누26645, 2008.5.16.).

위에서 적격분할 요건의 쟁점이 되었던 부분을 두루 살펴보았다.

지금까지 본 적격분할 요건을 판단한 사건들은 적격분할 요건 전체가 아닌 부분의 요건으로 그 설명이 단순하거나 세부적이지도 않아 적격분할 요건의 전부 판단의 기준으로 삼기에는 부족하다. 회사분할 제도에서 분할의 의미를 생각하면 사업부문의 분리는 분할의 중심이 되는 부분이다. 현행 세법의 사업부문의 분할요건은 포괄적이고 명확하지 않으며 기업구조조정 지원이라는 상법의 분할제도의 도입취지와는 다르다. 사업부문의 분리 요건을 엄격히 두는 것은 조세회피 방지를 위한 것인데, 예를 들면 하나의 회사가 단일 사업부만 있는 경우의 회사분할이 실질적인 조세회피 현상이 나타나는지 의문이다. 2014.2.21. 법인세법 시행령에서 신설된 사업부문의 분리 요건의 세부규정은 상당 부분이 조세회피와 관련된 부분으로 볼 수 있다. 그러나 단일 사업부문의 단순한 사업의 분할에 대해서는 명확히 규정하지 않고 있다. 이것으로 인해 단일 사업부문의 단순한 사업의 분할을 비적격분할로 비치고 있다. 이러하다면 사업부문의 분리요건은 앞으로도 쟁점이 계속될 것이다. 특히 단일 사업부문의 단순한 사업이 비적격분할이라고 한다면 상법의 분할제도의 도입취지에 반하기 때문이다. 대법원(대법원 2016두40986, 2018.6.28.)은 독립적으로 사업이 가능하다면 단일 사업부문의 일부를 분할하는 것도 가능하다고 하였다. 이 사건은 근래 들어 발생한 사건으로 적격분할의 요건을 세부적이고 구체적으로 판단하고 있어 적격분할의 요건을 해석하고 적용하는 데 있어 의미가 있는 판결이라 하겠다.

(1) 사업의 내용

내국법인이 다음의 요건을 모두 갖추어 분할하는 경우이어야 한다. 다만, 분할합병의 경우에는 소멸한 분할합병의 상대방법인 및 분할합병의 상대방법인이 분할등기일 현재 1년 이상 사업을 계속하던 내국법인이어야 한다(법인법 §46 ② 1).

(1)-1. 사업의 영위기간

분할등기일 현재 5년 이상 사업을 계속하던 법인이어야 한다(법인법 §46 ② 1).

5년 이상 사업을 계속하여야 하는 것은 분할을 하는 '내국법인'이다(서울고법 2018누73562, 2019.6.28.). 5년 이상 사업의 계속은 분할법인의 사업기간을 의미하며 분할하는 사업부문의 기간을 의미하지 않는다.

이와 관련된 행정해석을 살펴보면 다음과 같다. "분할등기일 현재 5년 이상 계속하여 사업을 영위한 내국법인"이 분리하여 사업이 가능한 독립된 사업부문을 분할하는 경우에 분할한 사업부문의 분할등기일 현재까지의 사업기간은 분할법인이 사업을 영위한 기간을 말한다(서면2팀-1759, 2005.11.3.). 또는 "분할등기일 현재 5년 이상 계속하여 사업을 영위한 내국법인"이란 그 분할의 주체를 법인으로 규정하고 있을 뿐, 분할하는 법인의 독립된 사업부문으로 구분하여 규정하고 있지는 아니한다(지방세운영과-4733, 2010.10.8.). 또한 5년 이상 계속하여 사업을 영위하였는지를 판단함에 있어 법인이 다른 법인을 흡수합병 후 분할하는 경우 합병 전 해당 사업부문을 영위하던 합병당사법인의 사업기간을 포함하여 계산하는 것이다(법인세과-1289, 2009.11.17.).

"분할등기일 현재 5년 이상 계속하여 사업을 영위하였는지 여부"를 판단함에 있어 분할신설법인이 승계받은 사업부문만을 분리하여 다시 분할하는 경우 그 사업영위기간은 분할 전 사업기간을 포함하는 것이나, 분할신설법인이 새로이 추가한 사업을 분할하는 경우에는 분할 전 사업기간을 포함하지 아니한다(서면2팀-1103, 2006.6.14.). 분할등기일 현재 5년 이상 계속하여 사업을 영위하였는지를 판단에 있어, 법인이 다른 법인을 흡수합병한 후 분할하는 경우 합병 전 해당 사업부문을 영위하던 합병당사법인의 사업기간을 포함하여 계산하는 것이다(조심 2010지227, 2010.10.14.). 대도시 내 5년 이상 사업을 영위한 기존 법인에서 인적분할된 신설법인이 설립 후 5년 이내에 취득하는 부동산이 등록세 중과세대상에 해당하는지 여부는, 법인세법 시행령 제82조 제3항 제1호 내지 제3호의 요건을 갖춘 인적분할 방법에 의하여 설립된 대도시 내의 법인으로 확인되므로 분할설립된 후 5년 내 이 사건 건축물을 취득하였다 하더라도 기존 법인이 취득·등기하는 것으로 보아야 하는데도 이 사건 등록세를 중과세한 처분은 잘못이다(행심 2007-210, 2007.4.30.).

(1)-2. 독립된 사업부문

분리하여 사업이 가능한 독립된 사업부문을 분할하는 것이어야 한다(법인법 §46 ② 1 가목). 이 요건은 기능적 관점에서 분할 이후 기존의 사업활동을 독립하여 영위할 수 있는 사업부문이 분할되어야 함을 뜻한다. 독립된 사업활동이 불가능한 개별 자산만을 이전하여 사실상 양도차익을 실현한 것에 불과한 경우와 구별하기 위함이다. 독립적으로 사업이 가능하다면 단일 사업부문의 일부를 분할하는 것도 가능하다(대법원 2016두40986, 2018.6.28.).

≪2023.12.19. 개정된 후 독립된 사업부문 요건≫

구분	독립된 사업부문 분할로 보지 않는 경우 법인세법 시행령 제82조의2 제2항
독립된 사업부문 (법인법 §46 ② 1 가목)	1. 기획재정부령으로 정하는 부동산 임대업을 주업으로 하는 사업부문 ≪기획재정부령으로 정하는 경우: 시행규칙 제41조 제1항≫ 부동산 임대업이 주업인지 여부는 분할하는 사업부문이 승계하는 자산총액 중 임대사업에 사용된 자산가액이 100분의 50 이상인 사업부문. 이 경우 하나의 분할신설법인 또는 피출자법인이 여러 사업부문을 승계하였을 때에는 분할신설법인 또는 피출자법인이 승계한 모든 사업부문의 자산가액을 더하여 계산한다.
	2. 분할하는 사업부문이 승계한 사업용 자산가액(기획재정부령으로 정하는 사업용 자산가액 제외) 중 소득세법 제94조 제1항 제1호(토지ㆍ건물) 및 제2호(부동산취득 권리 등)에 따른 자산이 100분의 80 이상인 사업부문 ≪기획재정부령으로 정하는 경우: 시행규칙 제41조 제2항 제1호≫ "사업용 자산"이란 분할일 현재 3년 이상 계속하여 사업을 경영한 사업부문이 직접 사용한 자산(부동산 임대업에 사용되는 자산은 제외)으로서 소득세법 제94조 제1항 제1호 및 제2호에 해당하는 자산
	3. 주식과 그와 관련된 자산ㆍ부채만으로 구성된 사업부문 (2021.2.17. 삭제)

구분	독립된 사업부문 분할로 보는 경우 법인세법 시행령 제82조의2 제3항
독립된 사업부문 (법인법 §46 ② 1 가목)	1. 분할법인이 분할등기일 전일 현재 보유한 모든 지배목적 보유주식(기획재정부령으로 정하는 주식)과 그와 관련된 자산ㆍ부채만으로 구성된 사업부문 ≪기획재정부령으로 정하는 경우: 시행규칙 제41조 제3항≫ 지배목적 보유주식은 분할법인이 지배주주로서 3년 이상 보유한 주식. 다만, 분할 후 분할법인이 존속하는 경우에는 해당 주식에서 제8항 제1호(법령상 의무보유 주식), 제2호(분할사업부문이 30% 이상 매출) 및 제4호(표준사업분류의 세분류상 동일사업)에 해당하는 주식(해당 각 호의 "분할하는 사업부문"을 "분할존속법인"으로 볼 때의 주식을 말한다)은 제외할 수 있다.
	2. 「독점규제 및 공정거래에 관한 법률」 및 「금융지주회사법」에 따른 지주회사를 설립하는 사업부문. 다만, 분할하는 사업부문이 지배주주로서 보유하는 주식과 그와 관련된 자산ㆍ부채만을 승계하는 경우로 한정한다.
	3. 제2호와 유사한 경우로서 기획재정부령으로 정하는 경우 ≪기획재정부령으로 정하는 경우: 시행규칙 제41조 제4항≫ 분할하는 사업부문이 다음의 요건을 모두 갖춘 내국법인을 설립하는 경우. 다만,

구분	독립된 사업부문 분할로 보는 경우 법인세법 시행령 제82조의2 제3항
	분할하는 사업부문이 지배주주로서 보유하는 주식과 그와 관련된 자산 · 부채만을 승계하는 경우로 한정한다. 1. 해당 내국법인은 외국법인이 발행한 주식 외의 다른 주식을 보유하지 아니할 것 2. 해당 내국법인이 보유한 외국법인 주식 가액의 합계액이 해당 내국법인 자산총액의 100분의 50 이상일 것. 이 경우 외국법인 주식 가액의 합계액 및 내국법인 자산총액은 분할등기일 현재 재무상태표상의 금액을 기준으로 계산한다. 3. 분할등기일이 속하는 사업연도의 다음 사업연도 개시일부터 2년 이내에 「자본시장법 시행령」 제176조의9 제1항에 따른 유가증권시장 또는 대통령령 제24697호 자본시장법 시행령 일부개정령 부칙 제8조에 따른 코스닥시장에 해당 내국법인의 주권을 상장할 것

2014.2.21. 개정되기 전의 독립된 사업부문 요건의 해석을 살펴보면 다음과 같다.

독립된 사업부문은 단순히 자산의 이전에 대해서는 과세특례가 적용될 수 없도록 제한하는 개념이므로 이를 분명히 하는 것은 과세특례가 적용되는 분할의 범위를 한정짓고 조세회피행위를 규제한다는 점에서 중요하다(황남석, 「회사분할 과세론」, p.352). 이 요건은 사업의 분리가능과 독립 여부이다.

분리하여 사업이 가능한 독립된 사업부문의 해당 여부에 대한 해석은 그동안 다음과 같이 진행되어 왔다. "분리하여 사업이 가능한 독립된 사업부문 분할"이라 함은 분할사업 또는 분할재산만으로 별도로 물적 또는 인적자원을 갖추어 향후 사업을 지속적으로 영위할 수 있는지 여부가 중요하며 실제 법문상 현재 사업부문의 존재 여부가 아닌 향후 독립된 사업이 가능한지 여부가 적격분할 여부를 판단하는 요건으로 본다(조심 2015부456, 2015.4.13.). "분리하여 사업이 가능한 독립된 사업부문을 분할하는 것일 것"에는 2 이상의 사업부문이 있는 하나의 공장을 분할하는 경우로서 분할하는 각 부문이 분리하여 사업이 가능한 경우를 포함하는 것이며, 이 경우 법인이 인적분할을 함에 있어서 분할하는 사업부문의 자산 및 부채에서 일부 자산을 제외하고 승계한 경우에도 분리하여 사업이 가능한 때에는 법인세법 시행령 제82조 제3항 제2호의 요건을 갖추어 분할하는 것으로 본다(서이-736, 2006.5.2.). 법인이 분할을 통하여 지주회사로 전환함에 있어서 투자주식(자기주식 포함) 및 그와 관련한 자산과 부채만을 분할하여 지주회사로 전환하는 경우에도 법인세법 시행령

제82조 제3항 제1호의 "분리하여 사업이 가능한 독립된 사업부문의 분할"에 해당하는 것이며, 법인세법 제46조 제1항 및 동법 시행령 제82조 제3항의 각 호의 요건을 갖추어 인적분할하는 경우 분할평가차익 상당액을 손금에 산입할 수 있는 것이다(서면2팀-372, 2006.2.20.).

내국법인이 투자주식 및 그와 관련한 자산과 부채만을 분할하여 분할신설법인을 설립하는 경우에도 법인세법 시행령 제82조 제3항 제1호의 "분리하여 사업이 가능한 독립된 사업부문을 분할"하는 경우에 해당하는 것이며, 위와 같이 설립한 후 분할등기일이 속하는 사업연도 종료일 이내에 제3의 법인이 해당 분할신설법인을 흡수합병(분할신설법인은 소멸)하여 사업의 계속성이 유지되는 경우에는 법인세법 제46조 제1항 제3호의 과세이연 요건을 충족하는 것으로 볼 수 있다(서면2팀-1518, 2005.9.23.). 법인이 분할을 통하여 지주회사로 전환함에 있어서 투자주식 및 그와 관련한 자산과 부채만을 분할하여 지주회사로 전환하는 경우에도 법인세법 시행령 제82조 제3항 제1호의 "분리하여 사업이 가능한 독립된 사업부문의 분할"에 해당하는 것이며, 분할 후 존속하는 법인에 대하여는 동 요건을 적용하지 아니한다(서이 46012-10535, 2001.11.15.). 내국법인이 부동산임대업에 사용되는 하나의 부동산 임대건물을 2010.7.1. 이후 인적분할하여 분할존속법인 및 분할신설법인이 각각 동일한 부동산임대업을 영위하는 것은 법인세법 시행령 제82조의2 제2항 제1호(2010.6.8. 신설)의 분리하여 사업이 가능한 독립된 사업부문의 분할에 해당되지 아니한다(법인세과-1165, 2010.12.20.).

법인세법 시행령 제82조의2 제2항 제1호(2010.6.8. 개정된 것)의 요건을 충족한 분할에 해당하는지를 판단함에 있어 투자주식 중 특정법인의 주식과 그와 관련된 자산 및 부채만을 물적분할하는 경우도 포함되는 것이나, 동 물적분할만으로 독립된 사업이 가능한지는 사실 판단할 사항이다(법인세과-1013, 2010.10.29.). 내국법인이 투자주식 중 특정법인의 주식과 그와 관련된 자산 및 부채만을 물적분할하여 분할신설법인을 설립한 경우 법인세법 기본통칙 46-82…1의 분리하여 사업이 가능한 독립된 사업부문에 해당되는 경우에는 같은 법 시행령 제82조 제3항 제1호에 해당하는 것이나, 분할신설법인이 특정법인의 주식과 그와 관련된 자산 및 부채만을 물적분할한 경우 분리하여 사업이 가능한 독립된 사업부문에 해당되는지 여부는 사실 판단할 사항이다(법인세과-3785, 2008.12.3.; 법인세과-

2776, 2008.10.7.). 임대사업부문과 기타사업부문을 영위하는 법인이 각각의 사업장으로 구분된 임대사업장 중 하나의 사업장을 물적분할하는 경우 법인세법 시행령 제82조 제3항 제1호의 요건을 갖춘 것으로 본다(법인세과-3982, 2008.12.15.; 법인-2650, 2008.9.27.).

(1)-3. 자산과 부채의 포괄승계

분할하는 사업부문의 자산 및 부채가 포괄적으로 승계되어야 한다. 다만, 공동으로 사용하던 자산, 채무자의 변경이 불가능한 부채 등 분할하기 어려운 자산과 부채 등은 제외한다(법인법 §46 ② 1 나목). 이 요건은 위의 독립된 사업부문 요건을 보완하는 것으로서 해당 사업활동에 필요한 자산・부채가 분할신설법인에 한꺼번에 이전되어야 함을 뜻한다. 다른 사업부문에 공동으로 사용되는 자산・부채 등과 같이 분할하기 어려운 것은 승계되지 않더라도 기업의 실질적 동일성을 해치지 않는다(대법원 2016두40986, 2018.6.28.).

≪2023.12.19. 개정된 후 자산・부채의 포괄승계 요건≫

분할하는 사업부문의 자산 및 부채가 포괄적으로 승계되어야 한다. 다만, 공동으로 사용하던 자산, 채무자의 변경이 불가능한 부채 등 분할하기 어려운 자산과 부채 등으로서 대통령령으로 정하는 것은 제외한다(법인령 §82의2 ④).

구분	분할하기 어려운 자산과 부채
	법인세법 시행령 제82조의2 제4항
자산・부채의 포괄승계 (법인법 §46 ② 1 나목)	1. 자산 가. 변전시설・폐수처리시설・전력시설・용수시설・증기시설 나. 사무실・창고・식당・연수원・사택・사내교육시설 다. 물리적으로 분할이 불가능한 공동의 생산시설, 사업지원시설과 그 부속토지 및 자산 라. 가목부터 다목까지의 자산과 유사한 자산으로서 기획재정부령으로 정하는 자산(공동으로 사용하는 상표권)
	2. 부채 가. 지급어음 나. 차입조건상 차입자의 명의변경이 제한된 차입금 다. 분할로 인하여 약정상 차입자의 차입조건이 불리하게 변경되는 차입금 라. 분할하는 사업부문에 직접 사용되지 아니한 공동의 차입금 마. 가목부터 라목까지의 부채와 유사한 부채로서 기획재정부령으로 정하는 부채

<table>
<tr><th rowspan="2">구분</th><th>분할하기 어려운 자산과 부채</th></tr>
<tr><th>법인세법 시행령 제82조의2 제4항</th></tr>
<tr><td></td><td>3. 분할하는 사업부문이 승계하여야 하는 자산·부채로서 분할 당시 시가로 평가한 총자산가액 및 총부채가액의 각각 100분의 20 이하인 자산·부채. 이 경우 분할하는 사업부문이 승계하여야 하는 자산·부채, 총자산가액 및 총부채가액은 기획재정부령으로 정하는 바에 따라 계산하되, 주식과 분할하기 어려운 자산과 부채는 제외
≪기획재정부령으로 정하는 바의 계산: 시행규칙 제41조 제7항≫
분할하는 사업부문과 존속하는 사업부문이 공동으로 사용하는 자산·부채의 경우에는 각 사업부문별 사용비율(사용비율이 분명하지 아니한 경우에는 각 사업부문에만 속하는 자산·부채의 가액과 사용비율로 안분한 공동사용 자산·부채의 가액을 더한 총액의 비율)로 안분하여 총자산가액 및 총부채가액을 계산한다. 이 경우 하나의 분할신설법인이 여러 사업부문을 승계하였을 때에는 분할신설법인이 승계한 모든 사업부문의 자산·부채 가액을 더하여 계산한다.</td></tr>
</table>

자산의 포괄승계와 "분할하기 어려운 자산"의 범위에 대해 대법원(대법원 2015두60822, 2016.4.12.)은 받을어음은 합성수지 사업부문에서 취득한 것이므로 합성수지 사업부문의 고유한 자산으로 보아야 하고, 다른 사업부문에서 취득한 어음으로 합성수지 사업부문에서 지급하여야 할 어음을 결제한다거나, 그 반대의 경우가 있다고 하더라도, 이는 단일한 회사 내 사업부문에 불과한 부서 간 정산 문제에 불과하므로, 이를 이유로 받을어음을 분할 전 모든 사업부문에서 '공동으로 사용하던 자산'이라고 볼 수는 없다. 또한 받을어음은 배서에 의하여 분할신설법인에 손쉽게 이전해 줄 수 있는 성질의 자산이므로 법령에서 정한 '분할하기 어려운 자산'에 해당한다고 볼 수도 없다(인천지법 2014구합2373, 2015.4.2.).

≪2023.12.19. 개정된 후 주식을 승계하는 경우의 포괄승계 요건≫

한편, 분할하는 사업부문이 주식을 승계하는 경우에는 분할하는 사업부문의 자산·부채가 포괄적으로 승계된 것으로 보지 아니한다. 다만, 법인세법 시행령 제82조의 제3항(독립된 사업부문의 분할요건) 각 호에 따라 주식을 승계하는 경우 또는 이와 유사한 경우로서 기획재정부령으로 정하는 경우에는 그러하지 아니하다(법인령 §82의2 ⑤).

<table>
<tr><th rowspan="2">구분</th><th>주식을 승계하는 경우로서 자산과 부채의 포괄적 승계로 보는 경우</th></tr>
<tr><th>법인세법 시행령 제82조의2 제5항 단서</th></tr>
<tr><td>자산·부채의 포괄승계 (법인령 §82의2 ⑤)</td><td>≪기획재정부령으로 정하는 경우: 시행규칙 제41조 제8항≫
다음 각 호의 어느 하나에 해당하는 주식을 승계하는 경우를 말한다.
1. 분할하는 사업부문이 분할등기일 전일 현재 법령상 의무로 보유하거나 인허가를 받기 위하여 보유한 주식
2. 분할하는 사업부문이 100분의 30 이상을 매출하거나 매입하는 법인의 주식과 분할하는 사업부문에 100분의 30 이상을 매출 또는 매입하는 법인의 주식. 이 경우 매출 또는 매입 비율은 분할등기일이 속하는 사업연도의 직전 3개 사업연도별 매출 또는 매입 비율을 평균하여 계산한다.
3. 분할존속법인이 「독점규제 및 공정거래에 관한 법률」 및 「금융지주회사법」에 따른 지주회사로 전환하는 경우로서 분할하는 사업부문이 분할등기일 전일 현재 사업과 관련하여 보유하는 다음의 어느 하나에 해당하는 주식
가. 분할하는 사업부문이 지배주주로서 보유하는 주식
나. 분할하는 사업부문이 외국자회사의 주식을 보유하는 경우로서 해당 외국자회사의 주식을 보유한 내국법인 및 거주자인 주주 중에서 가장 많이 보유한 경우의 해당 분할하는 사업부문이 보유한 주식
4. 분할하는 사업부문과 한국표준산업분류에 따른 세분류상 동일사업을 영위하는 법인의 주식
다음의 경우 동일사업을 영위하는 것으로 본다.
1. 분할하는 사업부문 또는 승계하는 주식 등의 발행법인의 사업용 자산가액 중 세분류상 동일사업에 사용하는 사업용 자산가액의 비율이 각각 100분의 70을 초과하는 경우
2. 분할하는 사업부문 또는 승계하는 주식 등의 발행법인의 매출액 중 세분류상 동일사업에서 발생하는 매출액의 비율이 각각 100분의 70을 초과하는 경우</td></tr>
</table>

독립된 사업부문의 요건과 마찬가지로 자산 및 부채의 포괄적 승계요건에 대해서도 그동안 다음과 같이 진행되어 왔다. 2014.2.21. 개정되기 전의 자산과 부채의 포괄적 승요건의 해석을 살펴보면 다음과 같다.

법인이 인적분할을 함에 있어서 분할하는 사업부문의 자산 및 부채에서 일부 자산을 제외하고 승계한 경우에도 분리하여 사업이 가능한 때에는 법인세법 시행령 제82조 제3항 제2호의 요건을 갖추어 분할하는 것으로 본다(서면2팀-1125, 2007.6.1.). 법인이 인적분할을 함에 있어서 분할신설법인이 일부 귀속이 불분명한 공동으로 사용하는 자산과 부채를 승계하지 아니하는 경우에도 분리하여 사업이 가능한 때에는 법인세법 시행령 제82조 제3항 제2호의 규정에 의한 "포괄적으로 승계"한 경우에 해당한다(서면2팀-543, 2006.3.28.). 분할하는 사업부문에 속하지 않는 투자유가증권 및 대여금과 법인세법 시행규칙 제41조의2에 규정하는 부채의 경우 같은 법 시행령 제82조 제3항 제2호 단서의 규정에 의하여 분할신설법인 등에 포괄승계하여야 하는 자산 및 부채에서 제외할 수 있다(서이 46012-10535, 2001.11.15.). 분할법인이 분할신설법인에게 자산 및 부채를 승계함에 있어 분할하는 사업부문의 자산 및 부채 외에 분할법인의 자산의 일부를 포함하여 승계하는 경우에도 같은 항 제2호의 요건을 갖춘 것으로 본다(법인세과-3982, 2008.12.15.; 법인-2650, 2008.9.27.). 한편, 물적분할 시 매출채권의 구분이 불가하여 매출채권을 분할신설법인이 승계하지 않는 경우 법인세법 시행령 제82조 제3항 제2호의 "분할하는 사업부문의 자산 및 부채가 포괄적으로 승계될 것"의 요건을 충족한 것으로 볼 수 없다(서이-1312, 2006.7.12.).

구 조세특례제한법 제120조 제1항 제9호의 규정에 의하여 분할로 인하여 취득하는 재산에 대하여 취득세를 면제하는 것은 분할의 경우 종래 같은 법인 내에 존재하던 특정 사업부문에 별개의 법인격을 부여하는 것에 불과하여 경제적 실질에는 변함이 없어 재산의 이전에 따르는 취득세를 부과할 당위성이 적을 뿐만 아니라 비록 분할로 설립되는 법인은 설립등기를 함으로써 대도시 내에서 새로이 법인이 신설되는 형식을 취하고 있지만 사실상 종전의 법인의 일부가 분할되어 계속 존속하는 것으로 볼 수 있으므로, 분할 전 법인이 1981.2.14. 소유권이전등기 이후 보유하고 있던 토지를 청구법인이 2008.9.2. 인적분할 방식으로 설립되면서 승계취득한 후 이로부터 5년 이내인 2008.12.2. 건축물을 신축 취득한 다음 그 일부인 건축물을 고급오락장과 본점 사무소로 사용한다고 하여 그 부속토지인 쟁점 토지에 대하여 면제된 취득세를 추징할 수는 없다 할 것이다(조심 2009지291, 2010.2.10.).

물적분할 과정에서 합성수지 사업부문의 자산인 받을어음을 분할신설법인에게 승계하지 않은 것은 법령에서 정한 포괄승계의 예외에 해당하지 않는다고 할 것이어서 분할은 법인세법 제47조 제1항, 제46조 제1항 각 호가 정한 요건을 갖춘 물적분할에 해당하지 않는다(대법원 2015두60822, 2016.4.12.).

중소건설업체에서 흔히 발생하는 자산・부채의 포괄승계 요건에 대해 법원은, "영업양수도계약에 의하면, '본건 영업의 양도는 양도인이 건설사업 부문을 분할하여 신규로 법인을 설립하여 양수인이 이를 인수하는 방법으로 한다. 이 경우 신규로 설립되는 회사의 자산이 부채보다 주식회사 최소 법정자본금을 초과하도록 분할하여야 한다'고 기재되어 있는바, 이는 이 사건 회사분할이 자산이 부채보다 초과하도록 인위적으로 조정한다는 것으로서 결국 구 법인세법 시행령 제82조 제3항 제2호의 포괄승계의 요건을 갖추지 못한 것이다."라는 주장에 대해, 법원은 "양수도계약 제2조에 신규로 설립되는 회사의 자산이 부채보다 주식회사 최소 법정자본금을 초과하도록 분할하여야 한다는 규정이 있는 사실은 인정되나, 한편 같은 계약 제1조는 양수도의 목적물인 건설사업에 속하는 모든 일체의 분할대상 자산과 부채가 원고에게 승계되는 것으로 규정하고 있고, 제4조, 제5조 제1항은 분할되는 회사에게 귀속되는 본건 영업의 분할대상 자산과 부채를 동액으로 하는 것을 전제로 총양도대가는 77억7,700만원으로 하되, 자산이 부채를 초과하거나 부채가 자산을 초과하는 경우에는 초과하는 금액은 정산하기로 각 규정하고 있는 점에 비추어 보면, 위 양수도계약 제2조의 규정은 건설사업부문의 자산과 부채를 포괄적으로 승계하는 것을 전제로 양도대금을 정하고, 영업양도 이후에 정산을 해본 결과, 자산과 부채가 당초 예상한 금액을 초과하는 경우에 사후 정산을 한다는 것을 명확히 한다는 의미에서 주의적으로 규정한 것에 불과하다(서울행법 2006구합35701, 2007.9.11.)."고 하였다.

(1)-4. 단독출자

분할법인만의 출자에 의하여 분할하는 것이어야 한다(법인법 §46 ② 1 다목).

분할신설법인의 설립 시 분할법인만 출자가 가능하며 제3자의 출자(공동출자)는 허용하지 않고 있다. 그러나 분할설립 후에는 제3자 출자가 가능하다할 것이다. 물적분할과 유사한 현물출자의 경우에는 제3자의 출자를 허용하고 있다. 즉 내국법인이 현물출자를 하는 경우(법인법 §47의2)에는 다른 내국인 또는 외국인과 공동으로 출자한 자가 출자법인의 법인세법 제52조 제1항에 따른 특수관계인이 아닐 경우로 제한하고 있을 뿐이다.

(2) 분할의 대가

분할법인의 주주가 분할신설법인으로부터 받은 분할대가의 전액이 주식인 경우(분할합병의 경우에는 80% 이상)로서 그 주식이 분할법인의 주주가 소유하던 주식의 비율에 따라 배정(분할합병의 경우에는 분할신설법인의 주식의 가액의 총합계액 × 지배주주 중 사촌 이상 혈족 등, 지분비율 1% 미만 등을 보유한 자를 제외한 지배주주의 분할법인에 대한 지분비율로 배정)되고 분할법인의 지배주주가 분할등기일이 속하는 사업연도의 종료일까지 그 주식을 보유하여야 한다(법인법 §46 ② 2 및 법인령 §82의2 ⑦ 및 ⑧). 이 요건은 분할법인이 분할되는 사업부문의 자산・부채를 분할신설법인으로 이전하는 대가로 분할신설법인 주식만을 취득하여야 한다는 것으로서 지분관계의 계속성을 정한 것이다(대법원 2016두40986, 2018.6.28.). "주식 보유요건"은 구 법인세법 시행령 제14조 제1항 제1호 나목 본문은 법인세법 제16조 제1항 제6호에 따른 주식의 경우에는 법인세법 제46조 제2항 제1호 및 제2호의 요건을 모두 갖춘 경우에는 주식 재산가액의 평가를 종전의 장부가액에 의하도록 하면서 괄호에서 제2호 중 "주식의 보유와 관련된 부분은 제외한다."고 규정하고 있어, 분할법인의 주주가 분할등기일이 속하는 사업연도의 종료일까지 분할법인의 주식을 보유하는 것을 적격분할에 대한 과세이연의 요건으로 하고 있지 아니하다(서울고법 2018누73562, 2019.6.28.). 여기서 "주식의 보유와 관련된 부분은 제외한다."는 규정은 법인세법 제16조(배당금의 의제)에서 말하는 의제배당을 계산할 때의 적격분할의 요건을 의미하는데, 의제배당 계산이 아닌 분할양도차손익 또는 분할매수차손익의 계산에서도 해당되는 적격분할 요건인지는 분명하지 아니하다.

분할과 합병에서 주주가 받은 분할대가와 합병대가의 요건이 차이가 있다. 즉 분할대가와 합병대가의 차이점은 합병대가는 총합병대가에서 주식의 대가가 80% 이상 되어야 하고, 분할대가는 총분할대가에서 주식의 대가가 100%가 되어야 한다는 점이 다르다. 자기주식 취득의 금지규정을 위반하여 회사가 자기주식을 취득하는 것은 당연히 무효에 해당한다고 할 것(대법원 2001다44108 판결, 2003.5.16. 선고 같은 뜻)인바, 자기주식을 취득하고 이를 소각하지 아니하였으므로 자기주식을 취득한 것은 무효에 해당한다 할 것이다. 따라서 분할법인과 인적분할로 신설된 법인의 주주 주식의 소유비율이 달라 적격분할 요건인 법인세법 제46조 제1항 제2호의 규정을 충족(자기주식을 취득하지 않았을 것을 가정하면 분할 전후에 주주 구성이 달라져 지분의 연속성을 충족한 것으로 보기 어려워)한 것으로 볼 수 없다(조심 2011중3386, 2013.9.10.).

(3) 사업의 계속

분할신설법인이 분할등기일이 속하는 사업연도의 종료일까지 분할법인으로부터 승계받은 사업을 계속하여야 한다(법인법 §46 ② 3). 이 요건은 분할 전후 사업의 실질적 동일성이 유지되도록 하는 것으로서, 분할등기일이 속하는 사업연도 종료일 전에 승계한 고정자산가액의 2분의 1 이상을 처분하거나 승계한 사업에 직접 사용하지 아니한 경우에는 사업의 폐지와 다름없다고 본다(구 법인세법 시행령 제83조 제4항, 제80조 제3항). 처분 또는 직접 사용 여부는 입법 취지와 해당 사업내용을 고려하여 실제의 사용 관계를 기준으로 객관적으로 판단하여야 한다(대법원 2016두40986, 2018.6.28.).

승계받은 사업의 계속 여부에 대해 대법원(대법원 2016두51535, 2017.1.25.)은 분할신설법인이 분할법인으로부터 지배목적으로 보유하는 주식과 그와 관련한 자산・부채로 구성된 사업부문을 적격분할의 요건을 갖추어 승계받은 경우에는 지배목적으로 보유하는 주식은 기업지배라는 사업의 성격상 그 발행기업의 운영 및 통제에 직접 사용되는 것이므로 매각에 의한 시세차익을 얻기 위해 보유하는 일반적인 투자주식과는 그 목적과 기능에 있어서 구별되고, 지배목적 보유주식으로 구성된 사업부문의 경우에 유형자산 외에 당초 승계받은 주식의 대부분을 매각한 때에도 그 사업의 계속성과 연속성을 부정하는 것이 타당한 점 등을 종합하여 볼 때, 그 사후관리를 위하여 승계받은 사업의 폐지 여부를 판단함에 있어서 지배목적 보유주식의 가액을 분할법인으로부터 승계한 고정자산 가액에 포함시켜 판정하여야 한다. 그리고 적격분할 과세특례에 대한 사후관리는 적격분할의 요건에 상응하는 것으로서 기업 전체적으로 회사분할이라는 조직변경에 불구하고 그 사업이 계속되는지를 확인하기 위한 것이므로, 그 폐지 역시 위 규정의 문언과 취지에 따라 개별 사업부문이나 개별 사업장이 아닌 승계받은 사업 전체를 기준으로 판단하여야 한다. 따라서 승계받은 사업의 폐지 여부를 판단할 때에도 주식의 가액을 승계한 고정자산 가액에 포함하여 그 2분의 1 이상을 처분하였는지를 살펴보아야 하고, 임대사업에 사용하던 부동산을 처분하였더라도 승계받은 사업 전체가 아닌 임대사업 부문이나 그 사업장만을 기준으로 판단할 수는 없다.

(3)-1. 분할 후 합병과 사업의 계속 여부

한편, 분할 후 합병하는 경우 사업의 계속 요건 충족 여부에 대해 대법원(대법원 2018두42184, 2018.10.25.)은 회사분할에 대한 과세이연 규정은 1998.12.28. 법인세법 전부개정으로 합병・분할 등 기업조직재편 세제를 도입할 때 마련된 것으로서, 회사가 기존 사업의 일부를 별도의 회사로 분리하는 조직형태의 변화가 있었으나 지분 관계를 비롯하여 기업의 실질적인 이해관계에는 변동이 없는 때에는, 이를 과세의 계기로 삼지 않음으로써 회사분할을 통한 기업구조조정을 지원하기 위한 취지이다. 구 법인세법령은 아래와 같이 이러한 실질적 동일성 기준 중 사업의 계속 요건을 구체화하여 규정하고 있다. 즉 '분할신설법인이 분할등기일이 속하는 사업연도의 종료일까지 분할법인으로부터 승계받은 사업을 계속 영위할 것'은 '분할신설법인이 분할법인으로부터 승계받은 사업을 분할신설법인과 합병한 법인이 다시 승계하는 경우에는 사업의 폐지로 보지 아니한다.'고 규정하고 승계받은 사업의 계속 또는 폐지에 관한 판정 기준 등에 관하여 필요한 사항은 대통령령으로 정하도록 하고 있다. 대통령에서 '분할신설법인이 분할등기일이 속하는 사업연도의 종료일 이전에 분할법인으로부터 승계한 사업용 고정자산가액의 2분의 1 이상을 처분하거나 승계한 해당 사업에 직접 사용하지 아니하는 경우에는 승계받은 사업을 계속 영위하지 않은 것으로 한다'고 규정하고 있다. 이들 규정의 문언내용과 체계, 입법목적과 취지 등을 종합하면, 분할신설법인이 분할법인으로부터 승계받은 사업을 분할신설법인과 합병한 법인이 다시 승계하는 경우에는 구 법인세법 시행령 제82조 제4항, 제80조 제3항 전문(201.6.8. 개정되기 전)이 규정하는 '분할신설법인이 분할법인으로부터 승계한 사업용 고정자산을 처분하거나 승계한 해당 사업에 직접 사용하지 아니하는 경우'에 해당한다고 볼 수 없다. 따라서 분할신설법인이 분할등기일이 속하는 사업연도의 종료일 전에 합병법인에 흡수합병되어 해산하였더라도, 분할신설법인이 분할법인으로부터 승계받은 사업을 합병법인이 다시 승계하여 분할등기일이 속하는 사업연도의 종료일까지 계속 영위한 경우에는 구 법인세법 제46조 제1항 제3호에서 정한 사업의 계속 요건을 충족하였다고 보는 것이 타당하다.

(3)-2. 합병 후 분할과 사업의 계속 여부

위의 분할 후 합병 사례(대법원 2018두42184, 2018.10.25.)는 합병 후 분할한 경우인 이 사건(서울고법 2019누40538, 2020.11.25. 진행 중)과 사안이 다르고, 과세이연 종료 사유인 '사업의 폐지'에 관하여 합병과 분할이 다르게 규정하고 있어 그 적용 법령도 다르며, 위 판결이 '분할에 따른 자산의 포괄승계가 처분에 해당하지 않는다.'라는 일반적 법리를 선언한 것으로 볼 수 없을 뿐만 아니라, 명시적인 규정이 없는 경우에도 과세이연의 혜택을 무제한 확대할 수 있다는 취지로 볼 수는 없다고 하면서, 이 사건의 경우 합병 후 분할에 관한 것일 뿐만 아니라, 사업의 계속 요건이 문제가 되는 것이 아니라, 과세이연의 사후관리가 문제되는 것으로, 분할 후 합병과는 달리 구 법인세법 제46조 제2항 후문과 같은 취지의 규정이 없는 이상, 위 판결의 법리를 그대로 적용할 수 없을 뿐만 아니라, 위와 같이 분할 후 합병에 있어 사업의 계속 요건이나 사후관리에 있어서 과세이연을 비교적 넓게 인정할 수 있는 것은, "분할 후 합병"을 그 실질이 크게 다르지 아니하는 "분할합병"과 구분하여 취급하는 것이 형평에 반할 수 있기 때문으로, 이 사건과 같이 합병 후 분할이 있는 경우에 위 대법원 판결의 법리를 그대로 적용하는 것은 이로부터 보더라도 부당하다.

(3)-3. 2023.12.19. 개정된 후의 합병 후 분할과 사업의 계속 여부

분할신설법인이 분할법인으로부터 승계받은 사업의 계속 여부의 판정 등에 관하여는 법인세법 시행령 제80조의2 제7항을 준용한다(법인령 §82의2 ⑨). 합병법인이 합병등기일이 속하는 사업연도의 종료일 이전에 피합병법인으로부터 승계한 자산가액(유형자산, 무형자산 및 투자자산의 가액을 말한다)의 2분의 1 이상을 처분하거나 사업에 사용하지 아니하는 경우에는 법인세법 제44조 제2항 제3호(승계받은 사업의 계속)에 해당하지 아니하는 것으로 한다(법인령 §80의2 ⑦). 다만, 부득이한 사유인 합병법인이 적격합병, 적격분할, 적격물적분할 또는 적격현물출자에 따라 사업을 폐지한 경우 적격합병의 요건으로 본다(법인령 §80의2 ① 2 나). 위의 판결(서울고법 2019누40538, 2020.11.25. 진행 중)을 2010.6.8. 개정된 규정으로 보면, 적격합병을 하고 적격분할인 경우 '합병법인이 피합병법인으로부터 승계한 사업용 고정자산을 처분하거나 승계한 해당 사업에 직접 사용하지 아니하는 경우'에 해당한다고 볼 수 없다. 따라서 합병법인이 합병등기일이 속하는 사업연도의 종료일 전에 분할되었더라도, 합병법인이 피합병법인으로부터 승계받은 사업을 분할신설법인이 다시 승계하여 분할등기일이 속하는 사업연도의 종료일까지 계속 영위한 경우에는 법인세법 제46조 제1항 제3호에서 정한 사업의 계속 요건을 충족하였다고 보아야 한다.

(4) 고용의 유지

2017.12.19. 신설된 조항으로 분할등기일 1개월 전 당시 분할하는 사업부문에 종사하는 대통령령으로 정하는 근로자 중 분할신설법인이 승계한 근로자의 비율이 100분의 80

이상이고, 분할등기일이 속하는 사업연도의 종료일까지 그 비율을 유지해야 한다(법인법 §46 ② 4). 대통령령으로 정하는 근로자란 근로기준법에 따라 근로계약을 체결한 내국인 근로자를 말한다. 다만, 다음 각 호의 어느 하나에 해당하는 근로자는 제외한다.

① 법인세법 제42조 제1항 각 호의 어느 하나에 해당하는 임원

② 합병등기일이 속하는 사업연도의 종료일 이전에 고용상 연령차별금지 및 고령자 고용촉진에 관한 법률 제19조에 따른 정년이 도래하여 퇴직이 예정된 근로자

③ 합병등기일이 속하는 사업연도의 종료일 이전에 사망한 근로자 또는 질병·부상 등 기획재정부령으로 정하는 사유로 퇴직한 근로자

④ 소득세법 제14조 제3항 제2호에 따른 일용근로자

⑤ 근로계약기간이 6개월 미만인 근로자. 다만, 근로계약의 연속된 갱신으로 인하여 합병등기일 1개월 전 당시 그 근로계약의 총 기간이 1년 이상인 근로자는 제외한다.

⑥ 금고 이상의 형을 선고받는 등 기획재정부령으로 정하는 근로자의 중대한 귀책사유로 퇴직한 근로자

⑦ 분할 후 존속하는 사업부문과 분할하는 사업부문에 모두 종사하는 근로자

⑧ 분할하는 사업부문에 종사하는 것으로 볼 수 없는 기획재정부령으로 정하는 업무를 수행하는 근로자

2017.12.19. 개정되기 전의 고용승계와 관련된 해석을 보면, 조세감면의 우대조치는 조세평등주의에 반하고 국가나 지방자치단체의 재원 포기이기도 하여 가급적 억제되어야 하고 그 범위를 확대하는 것은 결코 바람직하지 못하므로 특히 정책목표 달성에 필요한 경우에 그 면제 혜택을 받는 자의 요건을 엄격히 하여 극히 한정된 범위 내에서 예외적으로 허용되어야 한다(헌재 93헌바2, 1996.6.26.). 또한 조세법률주의의 원칙상 과세요건이거나 비과세요건 또는 조세감면 요건을 막론하고 조세법규의 해석은 특별한 사정이 없는 한 법문대로 해석할 것이고, 합리적 이유 없이 확장해석하거나 유추해석하는 것은 허용되지 아니하고, 특히 감면요건 규정 가운데에 명백히 특혜규정이라고 볼 수 있는 것은 엄격하게 해석하는 것이 조세공평의 원칙에도 부합한다(대법원 2003두7392, 2004.5.28.).

둘 이상의 사업을 영위하던 회사의 분할에 따라 일부 사업부문이 신설회사에 승계되는 경우 분할하는 회사가 분할계획서에 대한 주주총회의 승인을 얻기 전에 미리 노동조합과

근로자들에게 회사분할의 배경, 목적 및 시기, 승계되는 근로관계의 범위와 내용, 신설회사의 개요 및 업무 내용 등을 설명하고 이해와 협력을 구하는 절차를 거쳤다면 그 승계되는 사업에 관한 근로관계는 해당 근로자의 동의를 받지 못한 경우라도 신설회사에 승계되는 것이 원칙이다. 다만, 회사의 분할이 근로기준법상 해고의 제한을 회피하면서 해당 근로자를 해고하기 위한 방편으로 이용되는 등의 특별한 사정이 있는 경우에는, 해당 근로자는 근로관계의 승계를 통지받거나 이를 알게 된 때부터 사회통념상 상당한 기간 내에 반대 의사를 표시함으로써 근로관계의 승계를 거부하고 분할하는 회사에 잔류할 수 있다(대법원 2011두4282, 2013.12.12.). 상법 제530조의10은 분할로 인하여 설립되는 회사(신설회사)는 분할하는 회사의 권리와 의무를 분할계획서가 정하는 바에 따라서 승계한다고 규정하고 있으므로, 분할하는 회사의 근로관계도 위 규정에 따른 승계의 대상에 포함될 수 있다. 그런데 헌법이 직업선택의 자유를 보장하고 있고 근로기준법이 근로자의 보호를 도모하기 위하여 근로조건에 관한 근로자의 자기결정권(제4조), 강제근로의 금지(제7조), 사용자의 근로조건 명시의무(제17조), 부당해고 등의 금지(제23조) 또는 경영상 이유에 의한 해고의 제한(제24조) 등을 규정한 취지에 비추어 볼 때, 회사분할에 따른 근로관계의 승계는 근로자의 이해와 협력을 구하는 절차를 거치는 등 절차적 정당성을 갖춘 경우에 한하여 허용되고, 해고의 제한 등 근로자 보호를 위한 법령 규정을 잠탈하기 위한 방편으로 이용되는 경우라면 그 효력이 부정될 수 있어야 한다.

제2절 분할과 과세소득

회사는 일부(사업부)를 분할하여 새로운 회사를 설립하거나 또는 기존의 존립 중인 회사와 합병을 할 수가 있다. 전자에 해당하는 것을 분할이라 하고 후자에 해당하는 것을 분할합병이라고 한다. 법인세법에서는 분할과 분할합병 과정에서 발생되는 과세문제를 분할에 의한 의제배당, 분할에 의한 양도손익, 분할매수차손익, 분할 자산조정계정, 분할 시 자산·부채의 승계, 불공정 분할합병에 따른 이익의 증여와 부당행위계산(여기까지는 일반적인 합병과정에서 발생하는 과세문제 유형과 대부분 유사하다), 물적분할로 인한 자산양도차익의 손금산입, 분할 후 존속하는 법인에 관한 소득금액 계산특례 등으로 규정하고 있다.

분할과 분할합병에 관련된 과세문제를 이해하는 데는 상법과 기업회계기준의 분할과 분할합병 규정을 이해하여야 한다. 분할과 분할합병에 대한 개념을 상법 제530조의2의 규정에 의해 살펴보면 다음과 같다.

① 회사는 분할에 의하여 1개 또는 수개의 회사를 설립할 수 있다.
② 회사는 분할에 의하여 1개 또는 수개의 존립 중의 회사와 합병(분할합병)할 수 있다.
③ 회사는 분할에 의하여 1개 또는 수개의 회사를 설립함과 동시에 분할합병할 수 있다.

한편, 분할계획서(상법 §530의5)의 기재사항 일부를 보면(분할합병계약서는 상법 §530의6) 다음과 같다.

① 설립되는 회사의 상호, 목적, 본점의 소재지 및 공고의 방법
② 설립되는 회사가 발행할 주식의 총수 및 1주의 금액

③ 설립되는 회사가 분할 당시에 발행하는 주식의 총수, 종류 및 종류별 주식의 수
④ 분할되는 회사의 주주에 대한 설립되는 회사의 주식의 배정에 관한 사항 및 배정에 따른 주식의 병합 또는 분할을 하는 경우에는 그에 관한 사항
⑤ 분할되는 회사의 주주에게 지급할 금액을 정한 때에는 그 규정
⑥ 설립되는 회사의 자본과 준비금에 관한 사항
⑦ 설립되는 회사에 이전될 재산과 그 가액

분할 및 분할합병과 관련하여 발생되는 세무의 문제는 먼저 과세유형(분할의 유형)을 구별하고 다음으로 그 유형에 해당되는 세부 문제들을 살펴보아야 한다. 기본적으로는 분할 · 분할합병 과정에서 발생되는 과세의 문제는 일반적인 합병과정에서 발생되는 의제배당, 합병양도손익, 합병매수차손익, 자산 조정계정, 합병에 따른 이익의 증여와 부당행위계산(분할합병일 경우에만 해당) 등과 다를 것이 없다. 따라서 일반적인 합병과정에서 발생되는 과세유형을 먼저 충분히 이해한다면 분할 · 분할합병 과정에서 발생되는 과세의 문제는 어려움 없이 해결될 수 있다.

분할 · 분할합병의 개념을 상법과 기업회계기준해석에서 종합해 보면 분할 · 분할합병이라 함은 회사의 일부(사업부)를 분할하여 새로운 회사를 설립하거나 또는 기존의 존립중인 회사와 합병하는 것을 말한다. 분할 · 분할합병의 유형에는 여러 종류가 있을 수 있으나 기본적인 유형을 보면(아래 분할의 유형 도표 참조), 서울건설㈜에 건설사업부와 엔지니어링사업부가 있는 경우 엔지니어링사업부를 분할하여 서울엔지니어링㈜으로 독립된 회사를 설립하거나(분할) 또는 기존의 다른 회사인 부산중장비㈜와 합병하는 것을 말한다(흡수합병). 또는 분할과 동시에 부산중장비㈜와 새로운 회사를 설립하여 대전중공업㈜으로 되는 경우도 있다(신설합병).

| 분할 |

서울건설㈜의 엔지니어링사업부를 분할하여 서울엔지니어링㈜를 설립한다.

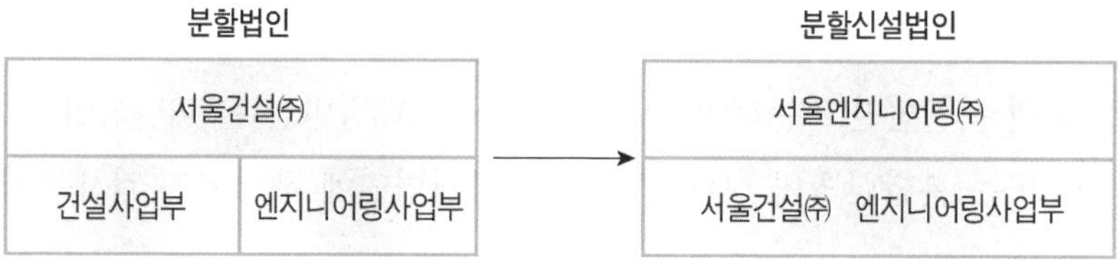

| 분할합병 |

서울건설㈜의 엔지니어링사업부가 분할되어 존립 중인 부산중장비㈜와 흡수합병한다.

① 흡수합병

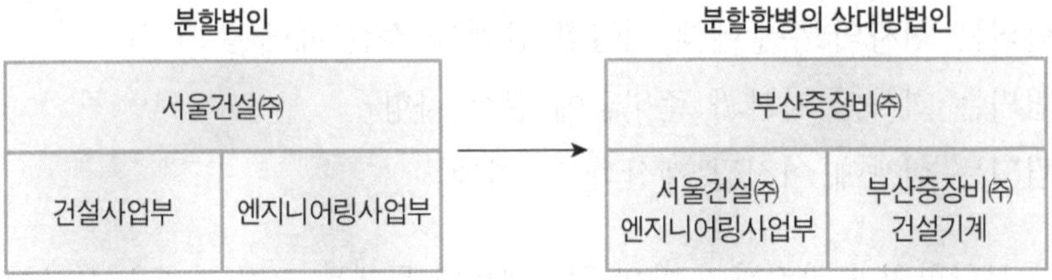

② 신설합병

서울건설㈜의 엔지니어링사업부의 분할과 존립 중인 부산중장비㈜가 신설합병한다.

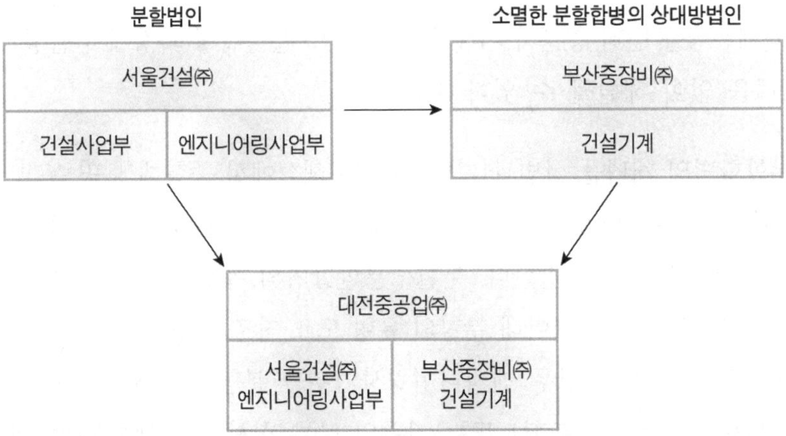

분할로 인하여 발행되는 주식의 총수를 분할회사가 직접 소유하는 것을 물적분할이라 하며, 분할회사의 주주들에게 배분하는 것을 인적분할이라 한다.

분할에 따른 과세의 문제는 분할회사(자산과 부채를 포괄 이전하는 회사)와 분할신설회사 또는 분할합병의 상대방회사(자산과 부채를 포괄 이전받는 회사)로 나누어진다. 여기서 분할 · 분할합병 과정에서 발생되는 법인세법상 과세의 문제 유형을 자산과 부채의 이전 관계로 보면 분할법인(또는 소멸한 분할합병의 상대방법인)은 피합병법인에 해당되고 분할신설법인(또는 분할합병의 상대방법인)은 합병법인에 해당되는 과세문제로 구분할 수 있는데, 합병과 유사한 부분은 간략하게 설명하고 분할·분할합병에서 새롭게 등장하는 개념만을 분석하기로 한다.

분할·분할합병 과정에서 발생될 수 있는 과세유형을 정리하면 다음과 같다.

유형		납세자	관련규정
분할법인 등	의제배당	분할법인 등의 주주	법인법 §16 ① 6
	분할양도손익	분할법인(해산·존속) 등	법인법 §46
	불공정한 비율 분할 양도손익	분할법인 등	법인령 §88 ① 3의2
	자산양도차익(물적분할)	분할법인 등	법인법 §47
	분할소득특례	분할법인(존속) 등	법인법 §46의5
	불공정 분할합병	분할법인 등의 주주	법인령 §88 ① 8
분할신설법인 등	분할매수차손·익	분할신설법인 등	법인법 §46의2
	분할 자산조정계정	분할신설법인 등	법인법 §46의3
	불공정 분할합병	분할신설법인 등의 주주	법인령 §88 ① 8
	자산·부채 승계	분할신설법인 등	법인령 §85

* 분할법인 등은 분할법인 또는 소멸한 분할합병의 상대방법인, 분할신설법인 등은 분할신설법인 또는 분할합병의 상대방법인을 말한다.

≪ 개정법 2009.12.31.≫

(법인세법 2009.12.31. 개정, 같은 법 시행령 2010.6.8. 신설)

1 분할대가

법인세법은 회사의 분할에 있어 분할신설법인은 분할법인으로부터 이전(승계)받은 자산 및 부채 등에 대하여 대가를 지급하게 되는데, 이때의 대가란 분할법인의 주주가 분할신설법인으로부터 분할로 인하여 취득하는 분할신설법인의 주식의 가액과 금전 또는 그 밖의 재산가액의 합계액을 말한다(법인법 §16 ② 2). 분할대가는 분할법인의 주주에게는 의제배당 소득이 되고 분할법인에는 자산과 부채의 양도에 따른 대가이므로 양도손익이 발생하게 된다. 또한 분할대가는 분할신설법인이 자산과 부채를 승계(포괄 양수)한 대가로 지급했으므로 분할신설법인에는 매수차손익이 발생한다.

분할계획서의 기재 사항 중 분할 당시에 발행하는 주식의 총수, 주식의 배정에 관한 사항, 금전이나 그 밖의 재산 지급에 관한 사항, 자본금과 준비금에 관한 사항, 이전될 재산과 그 가액 등은 분할대가와 관련된 규정이다. 법인세법의 분할대가는 분할양도손익 또는 분할매수차손익의 계산에 필요한 분할대가(법인세법 시행령 제82조 제1항 제2호)와 의제배당 계산에 필요한 분할대가(법인세법 제16조 제1항 제6호)가 있는데 이 둘의 분할대가의 개념은 대부분이 유사하나 차이점도 있다.

(1) 법인세법 시행령 제82조 제1항 제2호 (가)목의 분할대가

> 양도가액 = [분할대가 = 분할신주 가액 + 금전 + 기타 재산가액 + 포합주식 가액(분할합병에서 분할합병신주를 교부하지 않은 경우)] + 분할법인의 법인세 등

법인세법 시행령 제82조 제1항 제2호 (가)목의 분할대가는 분할양도손익 또는 분할매수차손익의 계산에 필요한 분할대가로서 분할법인이 분할신설법인으로부터 받은 양도가액을 말한다. 양도가액은 다음의 금액을 모두 더한 금액으로 한다.

① 분할로 인하여 분할법인의 주주가 지급받는 분할신설법인의 주식(분할교부주식)의 가액 및 금전이나 그 밖의 재산가액의 합계액. 다만, 분할합병의 경우 분할합병의 상대방법인이 분할등기일 전 취득한 분할법인의 주식(분할합병 포합주식)이 있는 경우에는 그 분할합병 포합주식에 대하여 분할합병교부주식을 교부하지 아니하더라도 그 지분비율에 따라 분할합병교부주식을 교부한 것으로 보아 분할합병교부주식의 가액을 계산한다(분할대가).

② 분할신설법인이 납부하는 분할법인의 법인세 및 그 법인세(감면세액을 포함)에 부과되는 국세와 지방세법 제88조 제2항에 따른 법인지방소득세의 합계액

분할대가에는 금전 외에 주식 또는 주식 외의 것이 있게 되는데 금전 외의 것으로 받은 분할대가는 적격분할의 여부에 따라 평가를 하여야 한다. 법인세법 시행령 제14조 제1항에서 법인세법 제16조 제1항 각 호에 따라 취득한 재산 중 금전 외의 재산의 가액은 다음에 따르도록 하고 있다(2010.6.8. 개정 법인령 §14).

(1)-1. 분할대가가 주식인 경우

분할대가가 주식인 경우 재산가액의 평가는 다음에 따른다(법인령 §14 ① 1).

① 적격분할(법인법 §46 ② 1 및 2)인 경우: 종전의 장부가액. 다만, 투자회사 등이 취득하는 주식 등의 경우에는 영으로 한다.

② 비적격분할인 경우: 취득 당시 법인세법 제52조의 규정에 의한 시가. 다만, 법인세법 시행령 제88조 제1항 제8호(부당행위계산의 유형)의 규정에 의하여 특수관계인으로부터 분여받은 이익이 있는 경우에는 그 금액을 차감한 금액으로 한다.

한편, 소득세법의 경우 분할대가가 주식인 경우로서 분할요건을 갖춘 경우(법인법 §46 ② 1 및 2)에는 주식의 취득가액. 다만, 분할대가로 주식과 금전, 그 밖의 재산을 함께 받은 경우로서 해당 주식의 시가가 분할법인의 주식의 취득가액보다 적은 경우에는 시가로 한다(소득령 §27 ① 1 나목).

(1)-2. 분할대가가 주식 외인 경우

분할대가가 주식 외인 경우에는 취득 당시의 시가(법인령 §1 4 ① 2). 이때 시가는 법인세법 제52조 제2항 및 같은 법 시행령 제89조 제1항에 의한 시가를 말한다.

* 시가(법인법 §52 ② 및 법인령 §89 ①)
건전한 사회통념 및 상관행과 특수관계인이 아닌 자 간의 정상적인 거래에서 적용되거나 적용될 것으로 판단되는 가격을 의미하며, 당해 거래와 유사한 상황에서 당해 법인이 특수관계인 외의 불특정 다수인과 계속적으로 거래한 가격 또는 특수관계인이 아닌 제3자 간에 일반적으로 거래된 가격이 있는 경우에는 그 가격을 시가로 본다.

(2) 법인세법 제16조 제1항 제6호의 분할대가

분할대가 = 분할신주 가액 + 금전 + 기타 재산가액

법인세법에서는 법인이 분할하는 경우 분할되는 법인(분할법인) 또는 소멸한 분할합병의 상대방법인의 주주가 분할로 인하여 설립되는 법인(분할신설법인) 또는 분할합병의 상대방법인으로부터 분할로 인하여 취득하는 주식의 가액과 금전 기타 재산가액의 합계액(분할대가)이 그 분할법인 또는 소멸한 분할합병의 상대방법인의 주식(분할법인이 존속하는 경우에는 소각 등에 의하여 감소된 주식에 한함)을 취득하기 위하여 소요된 금액을 초과하는 금액은 분할에 의한 의제배당으로 보고 있다(법인법 §16 ① 6). 의제배당의 대상자는 분할법인의 주주와 소멸한 분할합병의 상대방법인의 주주가 해당된다.

법인세법 제16조 제1항 제6호의 분할대가는 의제배당 계산에 필요한 분할대가로서 분할신설법인으로부터 분할로 인하여 취득하는 분할신설법인의 주식의 가액과 금전 또는 그 밖의 재산가액의 합계액을 말한다. 이때의 분할대가에는 법인세법 시행령 제82조 제1항 제2호 (가)목 단서의 금액(분할합병 포합주식 가액)이 포함되지 않는다(법인칙 제7조). 의제배당의 분할대가와 양도가액의 분할대가가 다른 점이다. 분할대가에 대한 평가방법은 앞서 본 "(1) 법인세법 시행령 제82조 제1항 제2호 (가)목의 분할대가"와 동일하다.

(2)-1. 분할대가가 주식인 경우

① 적격분할(법인법 §46 ② 1 및 2)인 경우: 법인세법 시행령 제82조 제1항 제2호 (가목)의 분할대가와 동일하다.
취득한 재산이 주식인 경우 2010.6.8. 법인세법 시행령 제14조 제1항 제1호(주식의 평가액)를 개정하면서 개정 이유에 대해 분할로 인하여 발생한 양도손익에 대한 법인세 과세이연 요건을 갖춘 경우 분할법인의 주주 등이 취득한 분할신설법인의 주식을 종전 주식의 장부가액으로 평가하여 의제배당 소득에 대한 과세를 이연함으로써 분할을 지원하도록 하되, 분할대가로 금전 등을 받은 부분에 대해서는 분할 시점에서 의제배당 소득이 과세되도록 과세체계를 정비함이라고 설명하고 있다.

② 비적격분할인 경우: 법인세법 시행령 제82조 제1항 제2호 (가)목의 분할대가와 동일하다.

(2)-2. 분할대가가 주식 외인 경우

법인세법 시행령 제82조 제1항 제2호 (가)목의 분할대가와 동일하다.

분할에 의한 의제배당을 정리하면 다음과 같다.

구분	분할요건 충족	분할요건 미충족
법인세법	원칙: 분할대가(주식) 종전 장부가액 - 구주 취득가액 예외: 분할대가(주식 + 금전 등) → 주식시가 〈 종전 장부가액 (주식시가 + 금전 등) - 구주 취득가액	원칙: 분할대가(주식) 시가 - 분여받은 이익 - 구주 취득가액 예외: 분할대가(주식 + 금전 등) (주식시가 + 금전 등) - 분여받은 이익 - 구주 취득가액 * 분여받은 이익은 불공정합병에 해당되는 경우임.
소득세법	원칙: 분할대가(주식) 구주 취득가액 - 구주 취득가액 예외: 분할대가(주식 + 금전 등) → 주식시가 〈 구주 취득가액 (주식시가 + 금전 등) - 구주 취득가액	원칙: 분할대가(주식) 시가 - 구주 취득가액 예외: 분할대가(주식 + 금전 등) (주식시가 + 금전 등) - 구주 취득가액

분할대가에 대한 의제배당과 양도가액의 관계는 다음과 같다.

| 의제배당(법인법 §16 ① 6)과 양도가액(법인령 §82 ① 1 및 2) |

<table>
<tr><th>구분</th><th colspan="2">분할대가</th><th>요건 충족</th><th>요건 미충족</th></tr>
<tr><td rowspan="2">의제배당</td><td rowspan="2">주식 + 금전 + 기타재산</td><td>주식</td><td>종전 장부가액</td><td rowspan="2">시가</td></tr>
<tr><td>금전 등
주식시가〈 종전 장부가액</td><td>시가</td></tr>
<tr><td>양도가액</td><td colspan="2">주식 + 금전 + 기타재산 + 분할합병 포합주식 가액
+ 분할법인 법인세 등</td><td>순자산 장부가액</td><td>시가</td></tr>
</table>

* 요건 미충족 의제배당인 경우 분할대가의 계산은 법인세법 시행령 제88조 제1항 제8호에 따른 특수관계인으로부터 분여받은 이익이 있는 경우에는 그 금액을 차감한 금액으로 한다.

2 | 분할과 의제배당

(1) 분할대가

분할대가는 위의 "1. 분할대가 (2) 법인세법 제16조 제1항 제6호의 분할대가"를 말한다.

(2) 구주 취득가액

구주 취득가액은 장부가액으로 실제취득가액을 말한다["제2장 제6절 2. (2) 구주 취득가액"과 동일하다]. 이때 실제취득가액(대법원 92누4116, 1992.11.10.)은 소멸한 법인의 주식을 취득하기 위하여 소요된 금액으로 소멸한 법인의 주식을 취득하기 위하여 실제로 지출한 금액을 의미한다. 따라서 자본준비금이나 재평가적립금의 자본전입에 따라 취득한 무상주(의제배당으로 과세되지 아니한 것)는 주금을 불입하지 않고 무상으로 교부받은 것으로서, 종전에 가지고 있던 주식의 취득에 소요된 취득가액 중에는 이러한 무상주의 취득가액도 사실상 포함된 것이므로 그 무상주의 액면가액은 소멸한 법인의 주식을 취득하기 위하여 소요된 금액이라고 할 수 없다.

대법원(대법원 2016두56998, 2017.2.23.)은 '주식의 소각'이나 '자본의 감소'의 의미에 관하여 구 소득세법은 달리 정하는 바가 없는 한편, 주식의 소각에 관한 구 상법(2011.4.14. 법률 제10600호로 개정되기 전의 것) 제343조 제1항은 "주식은 자본감소에 관한 규정에 의하여서만 소각할 수 있다. 그러나 정관의 정한 바에 의하여 주주에게 배당할 이익으로써 주식을 소각하는 경우에는 그러하지 아니하다."라고 규정하고 있고, 제343조의2는 총회결의에 의한 이익소각 규정을 두고 있다. 이와 같이 이익소각이 자본감소(정확하게는 자본금 감소)를 동반하지 않는다고 하더라도 구 상법이 이를 주식소각의 하나로서 명시하고 있고, 구 소득세법 제17조 제2항 제1호가 "주식의 소각이나 자본의 감소"라고 규정하고 있는 이상 구 소득세법 제17조 제2항 제1호 소정의 '주식의 소각'에 이익소각이 포함됨은 관련 규정의 문언상 명확하다.

주식의 소각대가 중 "주주가 당해 주식을 취득하기 위하여 소요된 금액"을 초과하는 부분만을 의제배당 소득으로 봄이 타당하다고 하면서, 구 소득세법 제17조 제2항 제1호는 주식소각의 대가 전액을 의제배당으로 보지 않고 여기에서 소각되는 주식의 취득가액을 공제하도록 규정하고 있다. 자본감소가 동반되지 않는 이익소각의 경우에도 위 규정이 적용된다고 보는 이상 그로 인하여 소각되는 주식의 취득가액을 공제하여야 한다고 해석하는 것은 당연하다. 이익소각의 경우 다른 취급을 할 특별규정도 존재하지 아니한다 (서울고법 2015누67474, 2016.10.5.).

법인세법에서 구주 취득가액은 다음에 의하도록 하고 있다.

① 장부가액(매입가액에 부대비용을 가산한 금액)에 자본전입에 의한 무상주교부(의제배당으로 과세되는 것에 한함) 상당 금액(액면금액)을 더한 금액

② 법인세법 제16조 제1항 제2호 단서(상법 제459조의 자본준비금과 자산재평가법에 의한 재평가적립금의 자본전입 중 의제배당에서 제외하는 것)의 규정에 의하여 주식 등을 취득하는 경우 신・구주식 등의 1주당 장부가액은 다음에 의한다.

$$1\text{주당 장부가액} = \frac{\text{구주식 등 1주당 장부가액}}{1 + \text{구주식 등 1주당 신주식 등 배정수}}$$

위의 계산식은 무상주의 취득(주식수가 증가)으로 1주당 장부가액은 감소하게 되나 주식총수 취득가액은 무상주 취득 전과 무상주 취득 후의 취득가액은 변동이 없다.

③ 무액면주식의 가액은 그 주식을 발행하는 법인의 자본금을 발행주식총수로 나누어 계산한 금액이다.

한편, 소득세법상 소액주주에 해당하고 그 주식을 보유한 주주의 수가 다수이거나 그 주식의 빈번한 거래 등에 따라 그 주식을 취득하기 위하여 사용한 금액의 계산이 불분명한 경우에는 액면가액을 그 주식의 취득에 사용한 금액으로 본다. 다만, 단기소각주식에 대한 특례규정이 적용되는 경우 및 해당 주주가 액면가액이 아닌 다른 가액을 입증하는 경우에는 그러하지 아니한다(소득법 §17 ④, 소득령 §27 ⑦). 그러나 법인세법에서는 이러한 규정을 두고 있지 아니하므로 법인주주가 취득하는 주식에 대하여는 적용되지 아니한다.

관련규정 및 예규판례

▶ 인적(존속)분할하는 경우 의제배당 계산 시 분할대가에서 차감하는 "소각 등에 의하여 감소된 주식을 취득하기 위하여 소요된 금액"의 계산방법(서이 46012-10556, 2003.3.19.)
법인이 분할(물적분할을 제외함)하는 경우 법인세법 제16조 제1항 제6호의 규정에 의하여 분할법인 주주가 분할신설법인으로부터 지급받는 배당금의 의제액을 계산함에 있어서 분할대가에서 차감되는 "분할법인의 주식(분할법인이 존속하는 경우에 한함)을 취득하기 위하여 소요된 금액"은 종전 분할법인주식의 취득가액에 분할로 인하여 감소한 분할법인의 자기자본(분할등기일 현재 자본금과 잉여금의 합계액 중 분할로 인하여 감소되는 금액)이 분할 전 분할법인의 자기자본에서 차지하는 비율에 상당하는 금액으로 하는 것임.

3 분할법인의 양도손익

양도손익 = 분할신설법인으로부터 받은 양도가액 − (순자산 장부가액 + 환급법인세)
= 분할대가 − (순자산 장부가액 + 환급법인세)

분할양도손익은 비적격분할의 분할법인에서 발생한다. 분할대가에서 순자산 장부가액을 차감한 금액이 +인 경우가 분할양도이익이 되고 −인 경우가 분할양도손실이 된다. 분할양도이익은 2009.12.31. 개정되기 전의 분할요건 미충족인 분할법인의 청산소득에 해당된다. 분할양도손익을 다음과 같은 방식으로 나타낼 수 있다(법인세 등이 없는 경우).

차변		대변	
분할대가	×××	순자산 장부가액	×××
분할양도손실	×××	분할양도이익	×××
계	×××	계	×××

2010.6.8. 분할 과세체계의 개정으로 분할의 인식을 분할법인의 자산과 부채를 분할신설법인에 양도한 것으로 본다. 이 경우 양도에 따라 발생하는 양도손익은 분할법인이 분할등기일이 속하는 사업연도의 소득금액을 계산할 때 익금 또는 손금에 산입한다(법인법

§46). 종전의 분할에 의한 청산소득을 폐지하고 분할법인의 양도손익으로 하여 각 사업연도소득에 대한 법인세를 과세하도록 하였다.

(1) 양도가액

〈적격분할〉
양도손익 = 분할대가(순자산 장부가액) - 분할법인의 순자산 장부가액
〈비적격분할〉
양도손익 = 분할대가(주식 + 금전 + 그 밖의 재산) - 분할법인의 순자산 장부가액
* 주식에는 분할합병포합주식에 대한 미교부주식가액 포함

(1)-1. 적격분할[24)]

적격분할의 분할양도가액은 순자산 장부가액이다. 법인세법 제46조 제2항의 요건(대통령령으로 정하는 부득이한 사유가 있는 경우에는 제2호·제3호 또는 제4호의 요건을 갖추지 못한 경우에도 가능)을 갖춘 경우 분할신설법인의 분할등기일 현재의 순자산 장부가액의 금액을 양도가액으로 한다(법인령 §82 ① 1). 적격분할의 경우 분할양도손익이 없는 것이 된다.

24) 1. 분할등기일 현재 5년 이상 사업을 계속하던 내국법이 다음의 요건을 모두 갖추어 분할하는 경우일 것
가. 분리하여 사업이 가능한 독립된 사업부문을 분할하는 것일 것
나. 분할하는 사업부문의 자산 및 부채가 포괄적으로 승계될 것. 다만, 공동으로 사용하던 자산, 채무자의 변경이 불가능한 부채등 분할하기 어려운 자산과 부채등으로서 대통령령으로 정하는 것은 제외한다.
다. 분할법인등만의 출자에 의하여 분할하는 것일 것
2. 분할법인등의 주주가 분할신설법인등으로부터 받은 분할대가의 전액이 주식인 경우(분할합병의 경우에는 분할대가의 100분의 80 이상이 분할신설법인등의 주식인 경우 또는 분할대가의 100분의 80 이상이 분할합병의 상대방 법인의 발행주식총수 또는 출자총액을 소유하고 있는 내국법인의 주식인 경우를 말한다)로서 그 주식이 분할법인등의 주주가 소유하던 주식의 비율에 따라 배정(분할합병의 경우에는 대통령령으로 정하는 바에 따라 배정한 것을 말한다)되고 대통령령으로 정하는 분할법인등의 주주가 분할등기일이 속하는 사업연도의 종료일까지 그 주식을 보유할 것
3. 분할신설법인등이 분할등기일이 속하는 사업연도의 종료일까지 분할법인등으로부터 승계받은 사업을 계속할 것
4. 분할등기일 1개월 전 당시 분할하는 사업부문에 종사하는 대통령령으로 정하는 근로자 중 분할신설법인등이 승계한 근로자의 비율이 100분의 80 이상이고, 분할등기일이 속하는 사업연도의 종료일까지 그 비율을 유지할 것

(1) - 2. 비적격분할

비적격분할의 분할양도가액은 위의 "1. 분할대가 (1) 법인세법 시행령 제82조 제1항 제2호 (가)목의 분할대가 + 법인세 등"을 말한다. 분할합병의 경우 분할합병대가에 분할합병포합주식이 있는 경우에는 그 분할합병포합주식에 대하여 분할합병교부주식을 교부하지 아니하더라도 그 지분비율에 따라 분할합병교부주식을 교부한 것으로 보아 분할합병교부주식의 가액을 계산한다. 한편, 물적분할의 경우 분할법인의 양도가액은 분할신설법인의 주식 취득가액이 된다. 이때 물적분할에 따라 분할법인이 취득하는 주식의 취득가액은 물적분할한 순자산의 시가가 된다(법인령 §72 ② 3의2). 이 경우 분할요건을 갖춘 경우 취득한 주식의 가액 중 물적분할로 인하여 발생한 자산의 양도차익에 상당하는 금액은 분할등기일이 속하는 사업연도의 소득금액을 계산할 때 손금에 산입할 수 있다(법인법 §47).

(2) 순자산 장부가액

순자산 장부가액 = 자산총액 - 부채총액 + 환급법인세

순자산 장부가액이라 함은 분할법인의 분할등기일 현재의 자산의 장부가액 총액에서 부채의 장부가액 총액을 뺀 가액을 말한다(법인법 §44 ① 2). 이 경우 분할법인의 순자산 장부가액을 계산할 때 국세기본법에 따라 환급되는 법인세액이 있는 경우에는 이에 상당하는 금액을 분할법인의 분할등기일 현재의 순자산 장부가액에 더한다(법인령 §82 ②).

4 | 분할신설법인의 매수차손익

분할매수차손익은 비적격분할인 분할신설법인에서 발생한다. 분할대가에서 순자산 시가를 차감한 금액이 +인 경우가 분할매수차손이 되고 -인 경우가 분할매수차익이 된다. 분할매수차손익은 2009.12.31. 개정되기 전의 분할요건 충족인 분할신설법인의 영업권과 관련된 분할평가차익에 해당된다. 법인세법은 내국법인이 분할로 해산하는 경우 분할신설법인이 분할로 분할법인의 자산을 승계하는 경우에는 그 자산을 분할법인

으로부터 분할등기일 현재의 시가(법인법 §52 시가)로 양도받은 것으로 본다(법인법 §46의2 ①). 이 경우 분할법인의 각 사업연도의 소득금액 및 과세표준을 계산할 때 익금 또는 손금에 산입하거나 산입하지 아니한 금액, 그 밖의 자산・부채 등은 대통령령으로 정하는 것만 분할신설법인이 승계할 수 있다.

(1) 비적격분할의 매수차손

분할신설법인이 분할법인에게 지급한 양도가액이 분할법인의 분할등기일 현재의 순자산시가를 초과하는 경우 그 차액을 분할매수차손이라 한다(법인령 §82의3 ①). 이때의 양도가액이라 함은 위에서 본 "1. 분할대가 (1) 법인세법 시행령 제82조 제1항 제2호 (가)목의 분할대가 + 법인세 등"을 말한다. 분할매수차손을 다음과 같은 방식으로 나타낼 수 있다(법인세 등이 없는 경우)(분할매수차손에 대한 분석은 "제2장 제7절 합병과 영업권"을 참조).

차변		대변	
순자산 시가	×××	분할대가	×××
분할매수차손	×××		
계	×××	계	×××

분할매수차손 = 승계한 순자산시가 < 분할법인에 지급한 양도가액(분할대가)

이때 분할매수차손은 분할신설법인이 분할법인의 상호・거래관계, 그 밖의 영업상의 비밀 등에 대하여 사업상 가치가 있다고 보아 대가를 지급한 경우를 말한다. 분할매수차손은 세무조정계산서에 계상하고 분할등기일부터 5년간 균등하게 나누어 손금에 산입한다. 손금산입액의 계산과 산입방법 등에 관하여는 분할매수차익을 준용한다.

$$\text{분할매수차손} \times \frac{\text{해당 사업연도의 월수}}{\text{60월}}$$

(2) 비적격분할의 매수차익

분할신설법인이 분할법인에게 지급한 양도가액이 분할법인의 분할등기일 현재의 순자산시가(자산총액에서 부채총액을 뺀 금액)보다 적은 경우에는 그 차액을 분할매수차익이라 한다(법인령 §82의3 ①). 이때의 양도가액이라 함은 위에서 본 "1. 분할대가 (1) 법인세법 시행령 제82조 제1항 제2호 (가)목의 분할대가 + 법인세 등"을 말한다. 분할매수차익을 다음과 같은 방식으로 나타낼 수 있다(법인세 등이 없는 경우).

차변		대변	
순자산 시가	×××	분할대가	×××
		분할매수차익	×××
계	×××	계	×××

분할매수차익 = 승계한 순자산시가 〉 분할법인에 지급한 양도가액(분할대가)

분할매수차익을 세무조정계산서에 계상하고 익금산입할 때에는 분할등기일이 속하는 사업연도부터 분할등기일부터 5년이 되는 날이 속하는 사업연도까지 다음 산식에 따라 계산한 금액을 익금산입한다. 이 경우 월수는 역에 따라 계산하되 1월 미만의 일수는 1월로 하고, 이에 따라 분할등기일이 속한 월을 1월로 계산한 경우에는 분할등기일부터 5년이 되는 날이 속한 월은 계산에서 제외한다.

$$\text{분할매수차익} \times \frac{\text{해당 사업연도의 월수}}{\text{60월}}$$

5 | 분할신설법인의 자산과 부채의 조정계정

자산과 부채의 조정계정은 적격분할인 분할신설법인에서 발생한다. 자산과 부채의 시가에서 자산과 부채의 장부가액을 차감한 금액이 +인 경우가 +자산과 부채의 조정계정이 되고, -인 경우가 -자산과 부채의 조정계정이 된다. -자산의 조정계정은 2010.6.8.

개정되기 전의 분할요건 충족인 분할신설법인의 분할영업권과 유사하다. 자산과 부채의 조정계정을 다음과 같은 방식으로 나타낼 수 있다(법인세 등이 없는 경우)(자산과 부채의 조정계정의 표기 방식은 "제2장 제6절 5. 합병법인의 자산과 부채의 조정계정"을 참조).

차변		대변	
자산 장부가액	×××	부채 장부가액	×××
±자산 조정계정	×××	±부채 조정계정	×××
		분할대가	×××
계	×××	계	×××

자산과 부채의 조정계정(±)
= 승계한 자산 및 부채의 시가 − 분할법인의 장부가액(세법상 가액)

적격분할을 한 분할신설법인은 분할법인의 자산을 장부가액으로 양도받은 것으로 하고 장부가액과 시가와의 차액을 자산별로 계상하여야 한다(법인법 §46의3 ①).

분할신설법인은 분할법인의 자산을 장부가액으로 양도받은 경우 양도받은 자산 및 부채의 가액을 분할등기일 현재의 시가로 계상하되, 시가에서 분할법인의 장부가액(세무조정사항 가감)을 뺀 금액이 0보다 큰 경우에는 그 차액을 익금에 산입하고 이에 상당하는 금액을 자산조정계정으로 손금에 산입하며, 0보다 적은 경우에는 시가와 장부가액의 차액을 손금에 산입하고 이에 상당하는 금액을 자산조정계정으로 익금에 산입한다. 이 경우 자산조정계정의 처리에 관하여는 법인세법 시행령 제80조의4 제1항(적격합병 과세특례에 대한 사후관리)을 준용한다(법인령 §82의4 ①).

6 양도손익 · 매수차손익 · 조정계정의 관계

분할 과세소득은 분할양도손익, 분할매수차손익, 자산과 부채의 조정계정으로 구성되어 있으며, 이들 과세소득은 분할대가를 중심으로 연결되어 있다. 이들의 관계에 대한 분석은 "제2장 제6절 6. 양도손익 · 매수차손익 · 조정계정의 관계"를 참조한다.

[별지 제42호의2 서식] (2010. 6. 30. 신설) (앞 쪽)

<table>
<tr><td>사업연도</td><td>. . .
~
. . .</td><td colspan="4">분할과세특례신청서</td></tr>
<tr><td rowspan="3">분할법인
(신 고 법 인)</td><td>① 법 인 명</td><td></td><td>② 사업자등록번호</td><td colspan="2"></td></tr>
<tr><td>③ 대표자성명</td><td></td><td>④주 민 등 록 번 호</td><td colspan="2"></td></tr>
<tr><td>⑤ 본점소재지</td><td colspan="4">(☎)</td></tr>
<tr><td rowspan="3">분할신설법인</td><td>⑥ 법 인 명</td><td></td><td>⑦ 사업자등록번호</td><td colspan="2"></td></tr>
<tr><td>⑧ 대표자성명</td><td></td><td>⑨주 민 등 록 번 호</td><td colspan="2"></td></tr>
<tr><td>⑩ 본점소재지</td><td colspan="4">(☎)</td></tr>
<tr><td colspan="2">⑪ 분할등기일</td><td colspan="3"></td><td></td></tr>
<tr><td colspan="2" rowspan="6">양 도 가 액</td><td colspan="3">⑫ 분할로 받은 주식의 출자가액</td><td></td></tr>
<tr><td colspan="3">⑬ 분할로 받은 주식 외의 금전이나 그 밖의 재산가액</td><td></td></tr>
<tr><td colspan="3">⑭ 분할 전 취득한 분할법인의 주식에 대한 분할신주 교부 간주액</td><td></td></tr>
<tr><td colspan="3">⑮ 분할신설법인 등이 납부하는 분할법인의 법인세 및 그 법인세에 부과되는 국세와 「지방세법」 제85조 제4호에 따른 법인세분</td><td></td></tr>
<tr><td colspan="3">⑯ 기 타</td><td></td></tr>
<tr><td colspan="3">⑰ 합 계(⑫+⑬+⑭+⑮+⑯)</td><td></td></tr>
<tr><td colspan="2" rowspan="3">순자산장부가액</td><td colspan="3">⑱ 자산의 장부가액</td><td></td></tr>
<tr><td colspan="3">⑲ 부채의 장부가액</td><td></td></tr>
<tr><td colspan="3">⑳ 순자산장부가액(⑱－⑲)</td><td></td></tr>
<tr><td colspan="5">㉑ 양도손익(⑰－⑳)</td><td></td></tr>
<tr><td colspan="6">「법인세법 시행령」 [□ 제82조의2 제3항 / □ 제83조의2 제3항] 에 따른 분할과세특례신청서를 제출합니다.

년 월 일

분 할 법 인 (서명 또는 인)
분할신설법인 (서명 또는 인)

세무서장 귀하</td></tr>
</table>

[별지 제46호 서식(갑)] (2013. 2. 23. 개정)

<table>
<tr><td>사 업
연 도</td><td>. . .
~
. . .</td><td>자산조정계정명세서(갑)</td><td>법인명</td><td></td></tr>
<tr><td></td><td></td><td></td><td>사업자등록번호</td><td></td></tr>
</table>

1. 합병등기일 또는 분할등기일의 자산

① 자산명	② 시가	③ 세무상 장부가액	④ 세무조정사항	⑤ 자산조정계정 [②-(③+④)]
계				

2. 합병등기일 또는 분할등기일의 부채

⑥ 부채명	⑦ 시가	⑧ 세무상 장부가액	⑨ 세무조정사항	⑩ 자산조정계정 [⑦-(⑧+⑨)]
계				

작 성 방 법

1. 세무조정사항(④)란은 자산과 관련된 세무조정사항이 있는 경우에 익금불산입액은 (+)의 금액을, 손금불산입액은 (-)의 금액을 적습니다.

2. 자산조정계정(⑤)란은 장부가액(③)에서 세무조정사항(④)을 가감한 금액을 시가(②)로부터 차감하여 적습니다. 부채의 자산조정계정(⑩)도 자산과 동일한 방식으로 계산하여 적습니다.

210mm×297mm[백상지 80g/㎡ 또는 중질지 80g/㎡]

[별지 제46호 서식(을)] (2012. 2. 28. 개정)

사 업 연 도	. . . ~ . . .	자산조정계정명세서(을)	법인명	
			사업자등록번호	

1. 자산

① 자산명	② 취득가액(시가)	③ 자산조정계정	익금 또는 손금산입					⑨ 당기말 자산조정계정 (③-⑤-⑦-⑧)
			전기분		당기분		⑧ 자산 처분	
			④ 감가상각비(누계)	⑤ 감가상각비 상계 및 가산(누계)	⑥ 감가상각비	⑦ 감가상각비 상계 및 가산		
계								

2. 부채

① 자산명	② 취득가액(시가)	③ 자산조정계정	익금 또는 손금산입					⑨ 당기말 자산조정계정 (③-⑤-⑦-⑧)
			전기분		당기분		⑧ 자산 처분	
			④ 감가상각비(누계)	⑤ 감가상각비 상계 및 가산(누계)	⑥ 감가상각비	⑦ 감가상각비 상계 및 가산		
계								

210mm×297mm[백상지 80g/㎡ 또는 중질지 80g/㎡]

7 물적분할과 자산양도차익

분할의 과세체계는 분할사업부문의 자산과 부채를 분할신설법인에 양도한 것으로 보면서 인적분할은 분할신설법인을 기준으로 하고 있으나 물적분할은 분할법인을 기준으로 하고 있다. 물적분할의 경우 분할법인의 양도가액은 분할신설법인의 주식 취득가액이 되는데 이때 물적분할에 따라 분할법인이 취득하는 주식의 취득가액은 물적분할한 순자산의 시가가 된다(법인령 §72 ② 3의2). 물적분할에 의하여 분할법인이 취득하는 분할신설법인 주식의 취득가액은 법인세법 제41조와 같은 법 시행령 제72조 제1항 제4호에 따라 취득 당시의 시가로 하는 것으로, 같은 영 제89조 제1항에 의한 시가가 없는 경우 같은 조 제2항 제2호에 의하여 상속증여세법 제63조에 의하여 평가한 가액으로 한다(법인세과-296, 2010.3.26.). 물적분할로 인한 자산양도차익 상당액의 손금산입을 통한 과세이연은 자산을 승계하는 분할신설법인으로부터 분할대가로 취득한 주식의 압축기장충당금 설정 방법을 통하여 이루어지는 것이므로 승계한 전체자산(양도차손익의 통산)을 기준으로 계산하는 것이며 법인의 물적분할로 인하여 자산양도차손이 발생한 경우 해당 차손은 발생한 사업연도의 손금에 산입한다(서면인터넷방문상담2팀-1686, 2005.10.20.).

(1) 자산양도차익

자산양도차익 = 승계한 자산과 부채의 시가 − 분할법인의 장부가액(세법상 가액)
승계한 순자산의 시가 − 분할법인의 순자산 장부가액(세법상 가액)

| 비적격 물적분할법인 |

분할대가	×××	순자산가액(장부가액)	×××
		자산양도차익	×××
계	×××	계	×××

분할법인이 물적분할에 의하여 분할신설법인의 주식을 취득한 경우로서 분할요건을 갖춘 경우 당해 주식의 가액 중 물적분할로 인하여 발생한 자산의 양도차익에 상당하는 금액은 분할등기일이 속하는 사업연도의 소득금액 계산에 있어서 이를 손금에 산입할 수 있다. 다만, 대통령령으로 정하는 부득이한 사유[25)]가 있는 경우에는 법인세법 제46조 제2항 제2호 및 제3호 또는 제4호의 요건을 갖추지 못한 경우에도 자산의 양도차익에 상당하는 금액을 대통령령으로 정하는 바에 따라 손금에 산입할 수 있다(법인법 §47 ①). 이때 분할법인이 손금에 산입하는 금액은 분할신설법인으로부터 취득한 주식의 가액 중 물적분할로 인하여 발생한 자산의 양도차익에 상당하는 금액으로 하며(법인령 §84 ①) 손금에 산입하는 금액은 분할신설법인 주식의 압축기장충당금으로 계상하여야 한다(법인령 §84 ②). 분할법인이 손금에 산입한 양도차익에 상당하는 금액은 다음의 어느 하나에 해당하는 사유가 발생하는 사업연도에 해당 주식 등과 자산의 처분비율을 고려하여 대통령령으로 정하는 금액만큼 익금에 산입한다(법인법 §47 ③). 다만, 분할신설법인이 적격합병되거나 적격분할하는 등 대통령령으로 정하는 부득이한 사유[26)]가 있는 경우에는 그러하지 아니하다.

① 분할법인이 분할신설법인으로부터 받은 주식 등을 처분하는 경우

② 분할신설법인이 분할법인으로부터 승계받은 대통령령으로 정하는 자산(감가상각자산, 토지, 주식)을 처분하는 경우. 이 경우 분할신설법인은 그 자산의 처분 사실을 처분일부터 1개월 이내에 분할법인에 알려야 한다.

한편, 양도차익 상당액을 손금에 산입한 분할법인은 다음의 어느 하나에 해당하는 사유가 발생하는 경우에는 손금에 산입한 금액 중 분할법인이 분할신설법인으로부터 받은 주식의 처분 또는 분할신설법인이 분할법인으로부터 승계받은 자산 등의 처분으로 익금에 산입하고 남은 금액을 그 사유가 발생한 날이 속하는 사업연도의 소득금액을 계산할 때 익금에 산입한다(법인법 §47 ①). 다만, 대통령령으로 정하는 부득이한 사유(양도차익의 손금산입

25) "대통령령으로 정하는 부득이한 사유가 있는 경우"란 다음의 어느 하나에 해당하는 경우를 말한다.
   1. 법 제46조 제2항 제2호 또는 제47조 제3항 제2호와 관련된 경우: 분할법인이 제80조의2 제1항 제1호 각 목의 어느 하나에 해당하는 경우
   2. 법 제46조 제2항 제3호 또는 제47조 제3항 제1호와 관련된 경우: 분할신설법인 등이 제80조의2 제1항 제2호 각 목의 어느 하나에 해당하는 경우

26) 분할법인 또는 분할신설법인이 최초로 적격합병, 적격분할, 적격물적분할, 적격현물출자, 「조세특례제한법」 제38조에 따라 과세를 이연받은 주식의 포괄적 교환등 또는 같은 법 제38조의2에 따라 과세를 이연받은 주식의 현물출자로 주식을 처분하거나 승계받은 사업을 폐지하는 경우를 말한다.

사유와 동일)가 있는 경우에는 그러하지 아니하다.

① 분할신설법인이 분할법인으로부터 승계받은 사업을 폐지하는 경우

② 분할법인이 분할신설법인의 발행주식총수의 100분의 50 미만으로 주식을 보유하게 되는 경우

③ 각 사업연도 종료일 현재 분할신설법인에 종사하는 대통령령으로 정하는 근로자 수가 분할등기일 1개월 전 당시 분할하는 사업부문에 종사하는 근로자 수의 100분의 80 미만으로 하락하는 경우

(2) 압축기장충당금의 익금산입

익금산입 = 압축기장충당금 잔액 × {[(처분한 분할신설법의 주식의 장부가액 ÷ 분할신설법인의 주식의 장부가액) + (처분한 승계자산의 양도차익 ÷ 승계자산의 양도차익)]
− [(처분한 분할신설법의 주식의 장부가액 ÷ 분할신설법인의 주식의 장부가액)
× (처분한 승계자산의 양도차익 ÷ 승계자산의 양도차익)]}

분할법인이 자산의 양도차익에 따라 손금에 산입한 양도차익에 상당하는 금액의 익금으로 산입할 금액은 다음의 "①"과 "②"를 더한 비율에서 "①"과 "②"를 곱한 비율을 뺀 비율을 직전 사업연도 종료일(분할등기일이 속하는 사업연도의 경우에는 분할등기일) 현재 분할신설법인의 주식의 압축기장충당금 잔액에 곱한 금액을 말한다(법인령 §84 ③).

① 분할법인이 직전 사업연도 종료일 현재 보유하고 있는 분할신설법인의 주식의 장부가액에서 해당 사업연도에 처분한 분할신설법인의 주식의 장부가액이 차지하는 비율

② 분할신설법인이 직전 사업연도 종료일 현재 보유하고 있는 분할법인으로부터 승계받은 자산(감가상각자산 및 토지, 주식)의 양도차익(분할등기일 현재의 승계자산의 시가에서 분할등기일 전날 분할법인이 보유한 승계자산의 장부가액을 차감한 금액)에서 해당 사업연도에 처분한 승계자산의 양도차익이 차지하는 비율

분할신설법인이 적격합병되거나 적격분할하는 등 대통령령으로 정하는 부득이한 사유에 해당하는 경우 해당 분할법인이 보유한 분할신설법인 주식 등의 압축기장충당금은 다음의 구분에 따른 방법으로 대체한다(법인령 §84 ⑥).

① 분할신설법인 주식 등의 압축기장충당금 잔액에 비율(처분한 승계자산의 양도차익 ÷ 승계자산의 양도차익. 비율을 산정할 때 처분한 승계자산은 적격구조조정으로 분할신설법인으로부터 분할신설법인의 자산을 승계하는 법인에 처분한 승계자산에 해당하는 것을 말한다)을 곱한 금액을 분할법인 또는 분할신설법인이 새로 취득하는 자산승계법인의 주식 등의 압축기장충당금으로 할 것. 다만, 자산승계법인이 분할법인인 경우에는 분할신설법인 주식 등의 압축기장충당금 잔액을 분할법인이 승계하는 자산 중 최초 물적분할 당시 양도차익이 발생한 자산의 양도차익에 비례하여 안분계산한 후 그 금액을 해당 자산이 감가상각자산인 경우 그 자산의 일시상각충당금으로, 해당 자산이 감가상각자산이 아닌 경우 그 자산의 압축기장충당금으로 한다.

② 분할신설법인 주식 등의 압축기장충당금 잔액에 비율(처분한 분할신설법인의 주식의 장부가액 ÷ 분할신설법인의 주식의 장부가액. 비율을 산정할 때 처분한 주식은 적격구조조정으로 분할법인으로부터 분할신설법인 주식 등을 승계하는 법인에 처분한 분할신설법인 주식 등에 해당하는 것을 말한다)을 곱한 금액을 주식승계 법인이 승계한 분할신설법인주식 등의 압축기장충당금으로 한다.

다음의 사례에서 압축기장충당금의 처리 과정을 살펴보자.

종속기업주식	90,000,000	순자산가액(장부가액)	62,130,018
		자산양도차익	27,869,982
계	90,000,000	계	90,000,000

압축기장충당금은 다음과 같았다.

압축기장충당금	분할법인의 계상액 ①		27,869,982
	손금산입한도	물적분할한 순자산의 시가 ②	90,000,000
		물적분할한 순자산의 장부가액 ③	62,130,018
		한도액(② − ③) ④	27,869,982
	한도초과액(① − ④)		−

| 적격 물적분할법인 |

압축기장충당금(손금) 27,869,982원 / 종속기업주식 27,869,982원

적격 물적분할법인이 분할신설법인의 주식을 51%를 처분한 경우

압축기장충당금(손금) 14,213,691원

* 압축기장충당금(손금) 14,213,691원: 압축기장충당금 잔액 27,869,982원 × 주식처분비율 51%

| 비적격 물적분할법인 |

자산양도차익(익금) 27,869,982원

(3) 물적분할과 영업권

물적분할은 분할되는 회사가 분할로 인하여 설립되는 회사의 주식의 총수를 취득하는 경우이므로(상법 §530의12) 인적분할의 분할로 인하여 설립되는 회사의 주식의 총수를 분할회사의 주주가 취득하는 경우와 차이가 있다. 인적분할은 분할로 인해 실질적으로 자산과 부채의 이전 현상이 발생되나 물적분할은 분할법인이 분할신설법의 지분 100%를 보유하고 있으므로 자산과 부채의 이전 현상이 형식적으로만 발생한다. 이와 같은 물적분할과 인적분할의 차이로 인해 법인세법 제46조 제1항에 따르면 내국법인이 분할로 해산하는 경우에는 그 법인의 자산을 분할신설법인 또는 분할합병의 상대방 법인에 양도한 것으로 본다고 하면서 이 규정은 물적분할과 법인세법 제46조의2부터 제46조의4까지 적용하지 않는다(법인법 §46 ①). 법인세법 제46조의2는 분할매수차익(법인법 §46 ②)과 분할매수차손(법인법 §46 ③)을, 제46조의3은 적격분할 사후관리, 제46조의4는 이월결손금 공정 규정이다. 법인세법 시행령 제72조 제2항 제3호의2에 따르면 물적분할에 따라 분할법인이 취득하는 주식등의 경우는 물적분할한 순자산의 시가가 분할대가가 된다.

| 비적격 물적분할신설법인: B회사 |

순자산가액(시가)	×××	분할대가	×××
분할매수차손	0		
계	×××	계	×××

분할과세체계에서 볼 때 물적분할의 경우 실질적인 자산과 부채의 이전 현상이 발생되지 않으므로 자산과 부채의 이전에 대한 대가인 분할대가는 분할법인으로부터 취득한 자산과 부채의 시가와 같은 것이 되므로 분할매수차손이 발생하지 않는다. 그러나 분할신설법인이 승계한 순자산 장부가액과 시가의 차이는 익금산입(세무조정)이 된다. 물적분할에 따라 분할법인이 취득한 주식은 「법인세법 시행령」 제72조 제2항 제3의2호에 따라 물적분할한 순자산의 시가를 취득가액으로 하는 것이며, 물적분할한 순자산에는 물적분할한 사업부문에 대한 영업권은 포함되지 않는다(사전-2018-법령해석법인-0323, 2018.6.20.).

기획재정부(기획재정부 법인세제과 770, 2020.6.29.)는 물적분할의 경우 분할신설법인은 법인세법 제46조 제1항에 따라 법인세법 제46조의2에서 규정한 분할매수차손익 또는 영업권을 인식할 수 없는 것이며, 물적분할로 분할법인이 취득한 주식을 제3자에게 사전 매매계약을 통해 양도하는 경우 물적분할과 주식양도는 별도의 법률행위로서 사업의 포괄양수도와 같은 하나의 법률행위로 볼 수 없다.

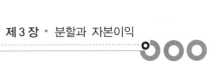

[별지 제43호 서식] (2012. 2. 28. 개정)

<table>
<tr><td colspan="4">물적분할과세특례 신청서</td></tr>
<tr><td>사업연도</td><td colspan="3">. . . ~ . . .</td></tr>
<tr><td colspan="4"></td></tr>
<tr><td rowspan="3">분할법인
(신고법인)</td><td colspan="2">①법 인 명</td><td>②사업자등록번호</td></tr>
<tr><td colspan="2">③대표자성명</td><td>④법인등록번호</td></tr>
<tr><td colspan="3">⑤본점소재지
(전화번호:)</td></tr>
<tr><td colspan="4"></td></tr>
<tr><td rowspan="4">분할신설
법인</td><td colspan="2">⑥법 인 명</td><td>⑦사업자등록번호</td></tr>
<tr><td colspan="2">⑧대표자성명</td><td>⑨법인등록번호</td></tr>
<tr><td colspan="3">⑩본점소재지
(전화번호:)</td></tr>
<tr><td colspan="3">⑪분할등기일</td></tr>
<tr><td colspan="4"></td></tr>
<tr><td rowspan="5">압축기장
충당금</td><td colspan="2">⑫분할법인의 계상액</td><td></td></tr>
<tr><td rowspan="3">손금
산입
한도</td><td>⑬물적분할한 순자산의 시가</td><td></td></tr>
<tr><td>⑭물적분할한 순자산의 장부가액</td><td></td></tr>
<tr><td>⑮한도액(⑬－⑭)</td><td></td></tr>
<tr><td colspan="2">⑯한도초과액(⑫－⑮)</td><td></td></tr>
<tr><td colspan="4">「법인세법 시행령」 제84조 제9항에 따른 물적분할과세특례 신청서를 제출합니다.
년 월 일
분할법인 (서명 또는 인)
분할신설법인 (서명 또는 인)
세무서장 귀하</td></tr>
<tr><td colspan="4"></td></tr>
<tr><td>첨부서류</td><td colspan="3">자산의 양도차익에 관한 명세서(갑) [별지 제46호의2 서식(갑)]</td></tr>
</table>

210mm×297mm[백상지 80g/㎡ 또는 중질지 80g/㎡]

[별지 제46호의2 서식(갑)] (2012. 2. 28. 신설)

사 업 연 도	. . . ~ . . .	자산의 양도차익에 관한 명세서(갑)	법인명	
			사업자등록번호	

1. 분할등기일 또는 현물출자일의 자산

① 구분	② 자산명	③ 시가	④ 회계상 장부가액	⑤ 세무조정사항	⑥ 양도차익 [③-(④-⑤)]
계					

2. 분할등기일 또는 현물출자일의 부채

⑦ 구분	⑧ 부채명	⑨ 시가	⑩ 회계상 장부가액	⑪ 세무조정사항	⑫ 양도차익 [⑨-(⑩-⑪)]
계					

작 성 방 법

1. 구분(①)란은 개별자산별로 「법인세법 시행령」 제84조 제4항 또는 제84조의2 제4항에 따른 감가상각자산, 토지, 주식 등 및 기타로 구분하여 적습니다.

2. 자산의 양도차익(⑥)란은 장부가액(④)에서 세무조정사항(⑤)을 차감한 금액을 시가(③)로부터 차감하여 적습니다. 부채의 양도차익(⑫)란도 자산과 마찬가지 방식으로 계산하여 적습니다.

210mm×297mm[백상지 80g/㎡ 또는 중질지 80g/㎡]

[별지 제46호의2 서식(을)] (2012. 2. 28. 신설)

사 업 연 도	. . . ~ . . .	자산의 양도차익에 관한 명세서(을)	법인명	
			사업자등록번호	

1. 분할신설법인 또는 피출자법인이 직전 사업연도 종료일 현재 보유하고 있는 승계자산

① 구분	② 자산명	③ 시가	④ 장부가액	⑤ 세무조정사항	⑥ 양도차익 [③-(④-⑤)]
계					

2. 분할신설법인 또는 피출자법인이 해당 사업연도에 처분한 승계자산

① 구분	② 자산명	③ 시가	④ 장부가액	⑤ 세무조정사항	⑥ 양도차익 [③-(④-⑤)]
계					

작 성 방 법

1. 구분(①)란은 개별자산별로 「법인세법 시행령」 제84조 제4항 또는 제84조의2 제4항에 따른 감가상각자산, 토지, 주식 등으로 구분하여 적습니다. "자산의 양도차익에 관한 명세서(갑)[별지 제46호의2 서식]"의 구분(①)란에 기타로 기재된 자산은 적지 않습니다.

2. 장부가액(④) · 세무조정사항(⑤)은 "자산의 양도차익에 관한 명세서(갑)[별지 제46호의2 서식]"에서 분할등기일 또는 현물출자일의 장부가액 · 세무조정사항의 금액을 적으며, 양도차익(⑥)은 장부가액(④)에서 세무조정사항(⑤)을 차감한 금액을 시가(③)에서 차감하여 적습니다.

210mm×297mm[백상지 80g/㎡ 또는 중질지 80g/㎡]

8 | 부가가치세 · 취득세 · 증권거래세

(1) 부가가치세

부가가치세법은 사업의 양도를 재화의 공급으로 보고 있다. 회사의 분할도 자산과 부채를 포괄승계하므로 사업부문의 양도에 해당된다. 부가가치세법은 사업을 양도하는 것으로서 대통령령으로 정하는 것은 재화의 공급으로 보지 아니한다(부가법 §10 ⑨ 2)고 하면서 사업장별 상법에 따라 분할하거나 분할합병하는 경우(같은 사업장 안에서 사업부문별로 구분하는 경우를 포함한다)로서 법인세법 제46조 제2항(인적 적격분할) 또는 제47조 제1항(물적 적격분할)의 요건을 갖춘 분할의 경우는 재화의 공급으로 보지 아니한다(부가령 §23).

(2) 취득세

취득세는 부동산, 차량, 기계장비, 항공기, 선박, 입목, 광업권, 어업권, 양식업권, 골프회원권, 승마회원권, 콘도미니엄 회원권, 종합체육시설 이용회원권 또는 요트회원권을 취득한 자에게 부과한다(지방세법 §7 ①). 다만, 법인세법 제46조 제2항 각 호(물적분할의 경우에는 같은 법 제47조 제1항)의 요건을 갖춘 분할로 인하여 취득하는 재산을 2024년 12월 31일까지 취득하는 경우에는 취득세의 100분의 60을 경감한다(지방특례법 §57의2 ③ 2). 분할등기일부터 3년 이내에 사후관리 요건을 위반하는 경우(법인세법 제46조의3 제3항 및 물적분할의 경우 제47조 제3항 각 호의 어느 하나에 해당하는 사유가 발생하는 경우)에는 경감받은 취득세를 추징한다.

(3) 증권거래세

주권의 양도에 대해서는 증권거래세를 부과한다(증권거래세법 §2). 이때의 "양도"란 계약상 또는 법률상의 원인에 의하여 유상(有償)으로 소유권이 이전되는 것을 말한다(증권거래세법 §1의2 ③). 다만, 적격합병과 적격분할의 요건을 갖춘 경우(법인세법 제47조의2에 따른 신설법인의 설립, 같은 법 제44조 제2항 각 호 또는 제3항에 따른 합병, 같은 법 제46조 제2항 각 호 또는 같은 법 제47조 제1항의 요건을 갖춘 분할의 경우)에는 증권거래세를 면제한다(조특법 §117 ① 14).

≪구법≫

1 분할법인

(1) 분할과 청산소득(삭제: 2009.12.31.)

일반적인 합병형태에 있어서는 피합병법인에게 청산소득이 발생한다. 마찬가지로 분할법인 또는 분할합병의 상대방법인이 분할 후 소멸하는 경우에는 피합병법인이 합병에 의한 청산소득이 발생하는 것과 같이 분할에 의한 청산소득이 발생하게 된다. 따라서 기본적으로는 합병에 의한 청산소득이나 분할에 의한 청산소득이나 크게 다를 바가 없다.

청산소득 = 분할대가의 총합계액 – 자기자본총액

법인세법에서는 분할법인 또는 분할합병의 상대방법인이 분할 후 소멸(해산)하는 경우로서 내국법인이 분할로 인하여 해산하는 경우 그 청산소득의 금액은 분할법인의 주주가 분할신설법인 또는 분할합병의 상대방법인으로부터 받은 분할대가의 총합계액에서 분할법인의 분할등기일 현재의 자기자본의 총액을 공제한 금액으로 한다(법인법 §81 ①). 이 규정은 소멸한 분할합병의 상대방법인의 분할에 의한 청산소득금액의 계산에 관하여 이를 준용한다(법인령 §123 ④).

〈분할대가의 총합계액〉

분할대가(법인법 §6 ① 6) + 포합주식 취득가액(분할합병의 경우에만 해당. 포합주식 양도는 계산특례) + 청산소득에 대한 법인세, 주민세 등

1) 분할대가

분할에 의한 청산소득금액 계산시 분할대가의 총합계액은 다음의 금액을 합한 금액으로 한다(법인령 §123 ①).

① 법인세법 제16조 제1항 제6호(분할에 의한 의제배당)의 규정에 의한 분할대가의 총합계액(분할법인 또는 소멸한 분할합병의 상대방법인의 주주 등이 합병으로 인하여 취득하는 주식 등의 가액과 금전 기타 재산가액의 합계액)

합병에 의한 의제배당에 관한 규정이 분할에 의한 청산소득 계산에 준용하도록 하고 있으므로 합병대가가 주식인 경우로서 분할요건(법인법 §44 ① 1 및 2)을 갖춘 경우(시가가 액면가액보다 큰 경우에 한함)에는 액면가액으로 하여야 한다. 그리고 합병요건을 갖추지 못한 경우와 합병요건을 갖추었더라도 주식 평가가액(시가)이 액면가액에 미달하는 경우에는 시가로 평가하여야 한다. 이때 분할대가의 총합계액은 당해 분할법인이 분할과 관련된 모든 분할신설법인 또는 분할합병의 상대방법인으로부터 받은 분할대가를 합한 금액으로 한다(법인령 §123 ②).

② 법인세법 제81조 제2항의 규정에 의한 포합주식가액

분할합병의 경우에는 분할합병의 상대방법인 또는 소멸한 분할합병의 상대방법인이 분할등기일 전 2년 이내에 취득한 분할법인의 주식(포합주식)이 있는 경우로서 그 포합주식에 대하여 분할신설법인 또는 분할합병의 상대방법인의 주식을 교부하지 아니한 경우 분할대가의 총합계액은 당해 포합주식의 취득가액을 가산한 금액으로 한다.

이 경우 주식을 교부한 경우에는 당해 포합주식의 취득가액에서 교부한 주식의 가액(법인세법 시행령 제14조 제1항 각 호의 규정에 의하여 평가한 가액)을 공제한 금액을 가산한 금액으로 한다(법인법 §81 ②).

〈포합주식가액〉

- 합병신주를 교부하지 아니한 경우: 포합주식 등의 취득가액
- 합병신주를 교부한 경우: 포합주식 등의 취득가액 − 교부한 주식 등의 가액

③ 분할신설법인 또는 분할합병의 상대방법인이 납부하는 분할법인의 청산소득에 대한 법인세 및 그 법인세(감면세액을 포함)에 부과되는 국세, 지방세법에 의하여 법인세에 부과되는 주민세

2) 자기자본총액

자기자본총액 = B/S자본금 + 세무계산상 잉여금

* 세무계산상 잉여금 = B/S잉여금 ± 유보금액 + 환급법인세 - 세무상 이월결손금

자기자본의 총액이라 함은 자본금(출자금)과 잉여금의 합계액을 말한다(법인법 §79 ①, §81 ④). 자기자본총액에 대해서는 합병에 의한 청산소득에서 자세히 설명하였으므로 세법규정만 소개하기로 한다.

자기자본총액이라 함은 국세기본법에 의하여 환급되는 법인세액이 있는 경우 이에 상당하는 금액은 그 법인의 합병등기일 현재의 자기자본의 총액에 가산한다(법인법 §79 ③).

또한 합병등기일 현재 이월결손금(법인세법상 이월결손금으로 발생시기와 관계없이 과세표준 계산상 공제되지 아니한 금액)이 있는 경우에는 그 이월결손금은 그날 현재의 그 법인의 자기자본의 총액에서 그에 상당하는 금액과 상계하여야 한다. 다만, 상계하는 이월결손금의 금액은 자기자본의 총액 중 잉여금의 금액을 초과하지 못하며, 초과하는 이월결손금이 있는 경우에는 이를 없는 것으로 본다(법인법 §79 ④).

다만, 법인의 분할에 의한 청산소득금액을 계산함에 있어 자기자본의 총액에 포함되는 잉여금은 분할 시 합병법인 등에게 승계되는 세무조정사항 중 손금불산입금액을 차감하고 동 세무조정사항 중 익금불산입액을 가산하여 계산한다(법인령 §122 ③).

관련규정

▶ 합병으로 합병당사법인 간 채권·채무가 정당하게 소멸된 후 재분할로 합병 전 상태로 차입금과 대여금이 원상회복된 경우 관련 지급이자 부인대상 여부
(재경부 법인 46012-55, 2001.3.9.)

합병 및 분할이 기업개선계획에 따라 이루어지고, 합병 및 분할과정에서 관계회사대여금과 차입금이 기업회계기준 및 기업인수·합병 등에 관한 회계처리준칙에 따라 적정하게 상계처리되고, 법률적으로도 채권·채무가 정당하게 소멸되었다면 재분할과정에서 합병 전 상태로 동 대여금과 차입금이 원상회복된 것으로 세무상 회계처리되지 아니함. 다만, 합병 및 분할이 조세를 절감할 목적으로 이루어진 경우에는 그러하지 아니함.

(2) 물적분할과 자산양도차익의 손금산입(삭제: 2009.12.31.)

물적분할이라 함은 분할되는 회사가 분할 또는 분할합병으로 인하여 설립되는 회사의 주식의 총수를 취득하는 경우(상법 §530의12)로서 분할 또는 분할합병으로 인하여 발행되는 주식의 총수를 분할회사가 직접 소유하는 것을 말한다(분할합병에 관한 회계처리해석 49-55: 1999.6.29., 2-2).

따라서 분할신설회사가 발행한 주식을 분할회사가 직접 소유하는 경우이므로 현물출자에 의한 회사설립과 유사하다. 분할회사는 분할로 인하여 감소된 자산·부채는 공정가액으로 평가하여 처분손익을 인식한다. 처분손익은 법인세법상 익금과 손금에 해당되나 일정한 분할요건을 갖춘 물적분할인 경우에는 처분이익에 상당하는 금액을 손금산입하는 과세이연 제도를 두고 있다.

자산의 양도차익에 대한 과세문제는 인적분할의 경우 분할로 인하여 감소된 자산·부채는 장부가액으로 이전한 것으로 하며, 물적분할의 경우에는 분할로 인하여 감소된 자산·부채를 공정가액으로 평가한다.

분할의 구조상 인적분할의 경우 분할교부주식을 분할법인 등의 주주가 취득하게 되므로 분할회사의 주주는 분할회사에 존재하던 위험과 효익을 분할 후에도 계속적으로 동일하게 부담하게 된다. 따라서 하나의 회사가 다수의 회사로 분리되어 그 형태만 변하였다고 보고 분할로 인한 기업가치의 변화를 인식하지 않는다.[27] 결국 지분통합법과 같이 회계처리해야 하므로 자산의 양도차익이 발생할 수 없는 것이다. 다만, 자산·부채를 포괄이전받는 분할신설법인 등에게는 분할평가차익(자산을 평가하여 승계한 경우)이 발생할 수 있다.

한편, 물적분할의 경우에는 분할교부주식을 분할법인 등이 취득하게 되어 현물출자와 유사하므로 분할회사에게는 자산의 양도차익이 발생할 수 있으나 자산·부채를 포괄이전받는 분할신설법인 등에게는 분할평가차익은 발생할 수 없다.

이러한 규정은 자산의 양도(이전)에 대해 분할법인에게 과세하는 방안(물적분할)과 분할신설법인 등에게 과세하는 방안(분할평가차익)으로 구별되는데, 결국 자산양도에 대해서는 과세가 이루어지고 있음을 알 수 있다.

27) 송인만·김문철, 「고급재무회계」(제2판), 신영사, 2003. p.55

자산의 양도차익 = 교부받은 주식(시가) - 분할사업부의 순자산가액

*1) 교부받은 주식은 감소된 자산·부채의 공정가액
*2) 분할사업부의 순자산가액 = 자산 - 부채

아래의 경우가 물적분할에 해당되는 경우로서 분할법인인 서울건설㈜은 엔지니어링 사업부를 분할하여 서울엔지니어링㈜을 설립하면서 서울엔지니어링㈜이 발행한 주식 500,000주를 서울건설㈜이 취득하는 경우이다.

| 분할법인 |

서울건설㈜		
건설사업부	엔지니어링사업부	
주주	주식수	지분율
갑	30,000	30%
을	50,000	50%
병	20,000	20%
합계	100,000	100%

→

| 분할신설법인 |

서울엔지니어링㈜		
서울건설㈜ 엔지니어링사업부		
주주	주식수	지분율
서울건설㈜	50,000	100%
합계	50,000	100%

* 분할신설법인인 서울엔지니어링㈜의 주주는 분할법인인 서울건설㈜임.

1) 손금산입

법인세법에서는 분할법인이 물적분할에 의하여 분할신설법인 또는 분할합병의 상대방 법인의 주식을 취득한 경우로서 법인세법 제46조 제1항(분할요건) 각 호의 요건(동항 제2호의 경우 전액이 주식이어야 함)을 갖춘 경우 당해 주식의 가액 중 물적분할로 인하여 발생한 자산의 양도차익에 상당하는 금액은 대통령령이 정하는 바에 따라 분할등기일이 속하는 사업연도의 소득금액 계산에 있어서 이를 손금에 산입할 수 있다(법인법 §47 ①).

이때 자산의 범위에는 재고자산을 포함하며(법인 46012-214, 2001.1.29.), 자산의 장부가액 등은 기업회계상의 장부가액에서 세무조정사항을 가감한 세무상의 장부가액을 기준으로 한다(서이 46012-629, 2004.3.29.). 이 경우 당해 법인이 분할하는 사업부문에 속하는 자산 및 부채를 공정가액으로 평가하지 아니하고 시가보다 낮은 가액으로 승계한 경우에는 법인세법 제52조(부당행위계산 부인)의 규정을 적용한다.

한편, 분할법인이 손금에 산입하는 금액은 분할신설법인 또는 분할합병의 상대방법인(분할신설법인 등)으로부터 취득한 주식의 가액 중 물적분할로 인하여 발생한 자산의 양도차익에 상당하는 금액으로 한다(법인령 §83 ①). 이때 손금에 산입하는 금액은 당해 주식의 압축기장충당금으로 계상하여야 한다.

손금산입금액(압축기장충당금) = "①"과 "②" 중 적은 금액

① 자산의 양도차익
② 분할신설법인으로부터 취득한 주식의 가액(시가)

2) 익금산입

① 전액환입

분할법인이 자산양도차익 상당액을 손금에 산입한 후 분할신설법인 또는 분할합병의 상대방법인(분할신설법인 또는 분할합병의 상대방법인이 다른 법인과 합병하는 경우에는 그 합병법인을 말함)이 분할등기일이 속하는 사업연도의 다음 사업연도 개시일부터 3년 이내에 분할법인으로부터 승계받은 사업을 폐지하는 경우에는 손금에 산입한 금액(법인세법 시행령 제47조 제3항의 규정에 해당하는 경우에는 동항의 규정에 의하여 손금에 산입한 금액을 말함)을 사업폐지일이 속하는 사업연도의 소득금액 계산에 있어서 익금에 산입한다.

이 경우 분할신설법인 또는 분할합병의 상대방법인이 분할법인으로부터 승계받은 사업을 합병법인이 다시 승계하는 경우에는 사업의 폐지로 보지 아니한다(법인법 §47 ②).

다만, 분할신설법인 또는 분할합병의 상대방법인이 분할법인으로부터 승계받은 사업을 합병법인이 다시 승계하는 경우에는 분할법인은 손금에 산입한 금액을 익금에 산입하지 아니하고 대통령령이 정하는 바에 따라 계속하여 손금에 산입할 수 있다(법인법 §47 ③).

분할신설법인이 승계한 사업의 계속 또는 폐지의 판정 및 적용에 관하여는 법인세법 시행령 제80조 제3항 및 제6항의 규정을 준용한다(법인령 §83 ④).

② **일부환입**

손금에 산입하는 금액을 당해 주식의 압축기장충당금으로 계상한 경우 계상한 압축기장충당금은 당해 주식을 처분하는 사업연도에 이를 익금에 산입한다. 이 경우 일부 주식을 처분하는 경우의 익금에 산입하는 금액은 처분한 주식수를 분할등기일 현재 분할로 인하여 취득한 분할신설법인 등의 발행주식총수(주식의 소각 또는 자본의 감소가 있는 경우 그 소각 또는 감소 후의 발행주식총수를 말함)로 나누어 계산한 율을 압축기장충당금에 곱하여 계산한 금액으로 한다(법인령 §83 ③).

다음 ≪사례 1≫은 물적분할의 경우 자산양도차익에 대한 법인세법상의 과세문제를 '분할합병의 회계처리에 관한 해석사례'를 기준으로 하여 살펴보도록 한다.

甲회사는 사업부 '가'와 사업부 '나'로 구성되어 있으며 각 사업부문의 자산·부채 내역은 다음과 같다.

사례 1 ••• 물적분할로 인한 자산양도차익

유동자산(사업부 가)	10,000	고정부채(사업부 가)	5,000
유동자산(사업부 나)	10,000	고정부채(사업부 나)	5,000
고정자산(사업부 가)	10,000	자 본 금	15,000
고정자산(사업부 나)	10,000		(액면가 100원)
		자본잉여금	5,000
		이익잉여금	9,000
		투자유가증권평가이익	1,000

甲회사는 '나 사업부'를 분할하여 乙회사를 신설하고 乙회사는 그 대가로 보통주식 75주(액면가 100원)를 발행하여 지급하였다. '나 사업부' 고정자산의 공정가액은 15,000이며 기타 자산·부채의 공정가액은 장부가액과 동일하다. 자본조정계정인 투자유가증권평가이익은 '나 사업부'의 고정자산과 관련된 것이다. 乙회사 발행주식을 甲회사가 전부 소유하는 경우의 회계처리는 다음과 같다.

〈甲회사: 분할회사〉

(차)	고정부채(나)	15,000	(대)	유동자산(나)	10,000
	투자주식	20,000		고정자산(나)	10,000
	투자유가증권평가이익	1,000		고정자산처분이익	6,000

*1) 투자주식은 감소된 자산·부채의 공정가액임.
투자주식 20,000 = [유동자산 10,000 + 고정자산(공정가액) 15,000 - 고정부채 5,000]

*2) 고정자산처분이익 6,000 중 1,000은 미실현 투자유가증권평가이익(매도가능증권)의 실현이익에 해당함.
고정자산처분이익 6,000 = 자산공정가액 25,000 - (유동자산장부가액 10,000 + 고정자산 장부가액 10,000 - 투자유가증권평가이익 1,000)

〈乙회사: 분할신설회사〉

(차)	유동자산(나)	10,000	(대)	고정부채(나)	5,000
	고정자산(나)	15,000		자 본 금	7,500
				주식발행초과금	12,500

과세문제 검토

乙회사의 발행주식을 甲회사가 전부 소유하는 경우이므로 물적분할에 해당된다. 물적분할의 경우에는 자산·부채를 공정가액으로 평가하여야 하므로 분할회사는 처분손익이 발생하게 된다. 이때 발생한 처분손익은 법인세법상 손금과 익금에 해당되는데 분할요건을 갖춘 경우와 분할요건을 갖추지 않은 경우로 구분하여 세법적용을 달리하고 있다.

〈甲회사: 분할회사〉

분할회사의 자산양도차익(고정자산처분이익 6,000)은 법인세법상 익금에 해당된다. 다만, 분할요건을 갖춘 물적분할의 경우에는 손금산입이 가능하다(아래 '해석' 자산양도차익 익금산입 참조).

☐ 사례분석

〈자산양도차익 익금(손금)산입〉

위 예에서 고정자산처분이익 6,000의 구성내용을 보면 고정자산의 공정가액 15,000과 장부가액 10,000의 차이 5,000과 매도가능증권(투자유가증권) 미실현이익(자본조정)이 실현이익으로 전환되는 부분인 1,000으로 구성되어 있다. 이를 장부와 세법(세무조정)과의 관계로 예를 들면 다음과 같다.

2004년(취득 시)

• 장부

(차)	매도가능증권	5,000	(대)	현금예금	5,000

• 12.31.

(차)	매도가능증권	1,000	(대)	매도가능증권평가이익 (자본조정)	1,000

* 취득원가 5,000, 기말 공정가액이 6,000이라고 가정한다.

• 세법(세무조정)

손금	매도가능증권	1,000	유보

2005년(분할)

• 장부(처분)

(차)	현금예금	6,000	(대)	매도가능증권	6,000
	매도가능증권평가이익 (자본조정)	1,000		매도가능증권처분이익 (고정자산처분이익)	1,000

* 매도가능증권처분을 6,000이라고 가정한다.

• 세법

(차)	현금예금	6,000	(대)	매도가능증권	5,000
				매도가능증권처분이익 (고정자산처분이익)	1,000

• 세무조정

익금	매도가능증권	1,000	유보

따라서 2005년에 물적분할로 인한 자산양도차익은 매도가능증권을 포함하여 6,000에 해당된다. 물적분할로 인한 자산의 양도차익 산정 시 자산의 장부가액은 세무상 금액이며(서이 46012-629, 2004.3.29.), 자산의 양도차익은 재고자산 등을 포함한 모든 자산에 해당된다.

〈乙회사: 분할신설회사〉

乙회사의 주식발행초과금(12,500)은 상법상 분할차익에 해당된다. 한편, 법인세법상 분할차익의 구성내용을 보면 분할평가차익 5,000은 익금에 해당되나 물적분할에 의한 분할평가차익은 제외하도록 하고 있다.

법인세법상 분할차익의 구성내용은 다음과 같다.

분할평가차익	5,000	고정자산평가(15,000 - 10,000)
자본잉여금	2,500	5,000 × 50%(분할비율)
이익잉여금	5,000	12,500 - 5,000 - 2,500
계	12,500	주식발행초과금

* 분할비율: $\frac{\text{'나'사업부 순자산 15,000}}{\text{'가'사업부 순자산 + '나'사업부 순자산 30,000}} = 50\%$

관련규정

▶ 물적분할로 인한 자산양도차익의 계산(법인통 47-83…1)

분할법인의 물적분할로 인한 자산양도차익을 계산함에 있어서 당해 법인이 분할하는 사업부문에 속하는 자산 및 부채를 공정가액으로 평가하지 아니하고 시가보다 낮은 가액으로 승계한 경우에는 법 제52조(부당행위계산 부인)의 규정을 적용한다.

▶ 분할법인이 특수관계의 분할신설법인에게 자산과 부채를 포괄승계하는 물적분할한 경우 자산양도차익의 손금산입 적용 여부(서이 46012-999, 2004.5.11.)

귀 질의의 경우 분할법인이 특수관계에 있는 분할신설법인 등에게 자산과 부채를 포괄승계하는 물적분할의 경우에 법인세법 시행령 제83조의 물적분할로 인한 자산양도차익의 손금산입을 적용함에 있어 양도자산과 부채를 포괄승계하지 않은 경우에는 같은 법 제52조의 규정에 의하여 부당행위계산의 부인이 적용되는 것이며, 이 경우 부당행위계산의 부인이 적용되는지에 대하여는 우리청의 유사사례에 대한 기존 질의회신(재경부 법인 46012-52, 2000.3.31.)을 참고하기 바람.

▶ 물적분할로 인한 자산의 양도차익 산정 시 자산의 장부가액이 세무상 금액인지 여부 (서이 46012-629, 2004.3.29.)

귀 질의의 경우 법인세법 제47조 제1항 및 같은 법 시행령 제83조 제1항에 규정된 물적분할로 인하여 발생한 자산의 양도차익을 산정함에 있어 분할법인이 분할신설법인 등에게 승계하는 자산의 장부가액 등은 기업회계상의 장부가액에서 세무조정사항을 가감한 세무상의 장부가액을 기준으로 하는 것임.

물적분할로 인한 자산양도차익의 손금산입 시 자산의 범위(법인 46012-214, 2001.1.29.)
법인세법 제46조 제1항 각 호의 요건을 갖춘 물적분할에 의하여 분할신설법인의 주식을 취득한 법인이 같은 법 제47조 "물적분할로 인한 자산양도차익 상당액의 손금산입"의 규정을 적용함에 있어 동 규정에 의한 자산의 범위에는 재고자산을 포함하는 것임.

(3) 분할 후 존속하는 법인의 소득금액 계산특례(삭제: 2009.12.31.)

회사가 분할(물적분할 제외) 후에는 분할법인(또는 분할합병의 상대방법인)이 소멸하는 경우와 존속하는 경우 둘 중의 하나가 될 것이다. 소멸하는 경우에는 일반적인 합병형태에 있어 피합병법인이 소멸하는 경우와 마찬가지로 소멸법인에게는 청산소득에 대한 납세의무가 있다.

그러나 분할 후 분할법인이 존속하는 경우에는 존속하는 분할법인에게 일반적인 각 사업연도 소득과는 다른 계산방법에 의해 분할소득금액을 계산하도록 하고 있다.

이와 같이 하는 이유는 물적분할이 아닌 인적분할은 분할법인의 주주가 받는 분할대가는 분할신설법인의 주식이므로 분할법인의 입장에서 보면 '분할사업부문'의 청산에 해당한다. 다만, 분할법인이 소멸하지 아니하고 존속하는 형태이므로 분할사업부문의 청산에 대해 청산소득으로 과세할 수는 없는 것이다.

따라서 분할사업부문의 청산에 해당되는 '분할로 인하여 발생한 소득금액'을 각 사업연도 소득과는 다른 방법에 의해 계산하도록 하고 있다.

한편, 기업회계기준 해석에서 인적분할이라 함은 분할 또는 분할합병으로 인하여 발행되는 주식의 총수를 분할회사의 주주들에게 배분하는 것을 말한다. 따라서 인적분할의 경우에는 분할법인 등의 주주가 분할신설법인 또는 분할합병의 상대방법인의 주주가 되는 것이다.

아래의 경우가 인적분할에 해당되는 것으로 분할법인인 서울건설㈜은 엔지니어링 사업부를 분할하여 서울엔지니어링㈜을 설립하면서 서울엔지니어링㈜이 발행한 주식 50,000주를 분할되는 회사인 서울건설㈜의 주주인 甲, 乙, 丙의 지분율에 비례하여 배분하는 경우이다.

| 분할법인 |

서울건설㈜		
건설사업부	엔지니어링사업부	
주주	주식수	지분율
갑	30,000	30%
을	50,000	50%
병	20,000	20%
합계	100,000	100%

→

| 분할신설법인 |

서울엔지니어링㈜		
서울건설㈜ 엔지니어링사업부		
주주	주식수	지분율
갑	15,000	30%
을	25,000	50%
병	10,000	20%
합계	50,000	100%

* 서울건설㈜의 주주인 갑, 을, 병이 서울엔지니어링㈜의 주주임.

법인세법에 의하면 내국법인이 분할(물적분할을 제외함)한 후 존속하는 경우 당해 분할법인의 분할등기일이 속하는 사업연도의 소득금액 계산에 있어서 그 분할로 인하여 발생한 소득금액은 법인세법 제14조 제1항(각 사업연도의 소득)의 규정에 불구하고 대통령령이 정하는 바에 따라 다음 "①"의 금액에서 "②"의 금액을 차감하여 계산한 금액으로 한다(법인법 §48 ①).

〈분할로 인하여 발생한 소득〉
분할대가의 총합계액 − 감소한 분할법인의 자기자본

① 분할법인의 주주가 분할로 인하여 분할신설법인 또는 분할합병의 상대방법인으로부터 받은 분할대가의 총합계액(법인령 §84 ①)
② 분할로 인하여 감소한 분할법인의 자기자본(분할한 사업부문의 것에 한함)(법인령 §84 ②)

1) 분할대가의 총합계액

분할대가의 총합계액은 다음 각 호의 금액을 합한 금액으로 한다.

① 법인세법 제16조 제1항 제6호의 규정에 의하여 계산한 분할대가의 총합계액: 분할되는 법인(분할법인) 또는 소멸한 분할합병의 상대방법인의 주주가 분할로 인하여 설립되는 법인(분할신설법인) 또는 분할합병의 상대방법인으로부터 분할로 인하여 취득하는 주식의 가액과 금전 기타 재산가액의 합계액(분할대가)

② 법인세법 제81조 제2항의 규정을 준용하여 계산한 가산금액: 분할합병의 상대방법인 또는 소멸한 분할합병의 상대방법인이 분할등기일 전 2년 이내에 취득한 분할법인의 주식(포합주식)

③ 법인세법 시행령 제123조 제1항 제3호의 규정을 준용하여 계산한 금액: 분할신설법인 또는 분할합병의 상대방법인이 납부하는 다음 각 목의 금액의 합계액

㉮ 분할법인의 청산소득에 대한 법인세 및 그 법인세(감면세액을 포함)에 부과되는 국세

㉯ 지방세법에 의하여 가목의 법인세에 부과되는 주민세

〈분할대가의 총합계액〉
분할대가 + 포합주식 + 법인세 등

분할대가의 평가방법은 분할요건을 충족한 경우와 충족하지 않은 경우로 구분되는데 그 평가방법은 법인세법 시행령 제14조(재산가액의 평가)에 의한다. 분할대가의 평가방법과 합병대가의 평가방법이 동일하다.

따라서 법인세법 제46조 제1항 제1호 및 제2호의 요건을 갖춘 분할(물적분할을 제외함)로서 분할하는 자산을 시가에 의하지 아니하고 장부가액으로 분할신설법인에게 승계하고 분할대가를 전액 주식으로 교부받은 경우에 분할 후 존속하는 법인의 분할등기일이 속하는 사업연도의 분할로 인하여 발생한 소득금액을 계산함에 있어서 분할대가로 받은 주식의 가액은 액면가액에 의한다(재경부 법인 46012-52, 2000.3.31.).

2) 자기자본

분할로 인하여 감소한 분할법인의 자기자본은 분할한 사업부문의 분할등기일 현재의 자본금과 잉여금의 합계액 중 분할로 인하여 감소되는 금액으로 한다. 세부적인 자기자본 계산에 대해서는 해산에 의한 청산소득(법인법 §79 ③ 및 ④)과 합병에 의한 청산소득(법인령 §122 ③)의 규정을 준용하도록 하고 있다. 준용규정을 보면, 청산기간 중에 국세기본법에 의하여 환급되는 법인세액이 있는 경우 이에 상당하는 금액은 그 법인의 해산등기일 현재의 자기자본의 총액에 가산하며, 해산등기일 현재 당해 내국법인에 이월결손금(법인세법상 이월결손금으로 발생시기와 관계없이 과세표준 계산상 공제되지 아니한

금액)이 있는 경우에는 그 이월결손금은 그날 현재의 그 법인의 자기자본의 총액에서 그에 상당하는 금액과 상계하여야 한다.

다만, 상계하는 이월결손금의 금액은 자기자본의 총액 중 잉여금의 금액을 초과하지 못하며, 초과하는 이월결손금이 있는 경우에는 이를 없는 것으로 본다(법인법 §79 ③ · ④).

그러나 분할에 의한 청산소득금액을 계산함에 있어 자기자본의 총액에 포함되는 잉여금은 분할 시 분할신설법인 등에게 승계되는 세무조정사항 중 손금불산입금액을 차감하고 동 세무조정사항 중 익금불산입액을 가산하여 계산한다(법인령 §122 ③).

자기자본총액 = B/S 자본금 + 세무계산상 잉여금

* 세무계산상 잉여금 = B/S 잉여금 ± 유보금액 + 환급법인세 - 세무상 이월결손금

이때 자기자본이 분할대가의 총합계액을 초과하는 경우 그 초과하는 금액은 이를 없는 것으로 한다. 한편, 분할신설법인 또는 분할합병의 상대방법인이 2 이상인 경우에 분할로 인하여 발생한 소득금액은 해당 법인별로 각각 계산한다(자기자본총액은 제6절 ≪구법≫ '합병에 의한 청산소득' 참조).

관련규정

- 택시 운수업을 영위하는 내국법인이 임대사업부문을 인적분할하고 분할법인이 존속하는 경우 분할법인의 이월결손금은 「법인세법」 제46조의5 제3항에 따라 분할신설법인에게 승계하지 아니하는 것임. 해당 분할이 「법인세법」 제46조 제2항의 요건을 충족하여 양도손익이 없는 것으로 할 경우에는 분할신설법인은 같은 법 시행령 제82조의4 제1항에 따라 양도받은 자산의 가액을 분할등기일 현재로 시가로 계상하되, 시가에서 분할법인의 장부가액을 뺀 금액을 자산조정계정으로 계상하여야 하는 것이나, 분할신설법인이 양도받은 토지를 분할법인의 장부가액으로 계상한 경우에는 분할등기일 현재의 시가와 해당 장부가액과의 차액을 각각 토지와 자산조정계정으로 익금 및 손금에 산입하여야 하는 것임(법규법인 2010-367, 2011.2.22.).
- 인적분할 후 존속하는 법인의 분할등기일이 속하는 사업연도의 소득금액 계산방법 (서이 46012-11839, 2003.10.23.)

귀 질의의 경우 유사사례인 기질의회신문(서이 46012－11343, 2003.7.16.)을 참고하기 바람.
〈참고예규〉 (서이 46012－11343(2003.7.16.)
법인이 장부가액에 의한 인적분할을 한 후 존속하는 경우 당해 분할법인의 분할등기일이 속하는 사업연도의 소득금액 계산에 있어서 그 분할로 인하여 발생한 소득금액은 법인세법 제48조의 규정에 의한 소득금액 계산특례에 의하는 것으로 동조 제1항 제2호의 규정에 의한 자기자본은 그 계산시 분할한 사업부문의 분할등기일 현재의 잉여금이 부의 숫자인 경우에는 그 잉여금을 "0"으로 보아 자본금과 잉여금의 합계액 중 분할로 인하여 감소되는 금액으로 하는 것임.

1. 합병평가차익의 손금산입 적용 시 "합병대가의 총합계액"의 계산
2. 합병대가를 지급하지 않는 합병의 합병평가차익 손금산입 적용 여부
3. 분할평가차익 손금산입 적용 시 포괄승계 판단
4. 물적분할로 인한 자산양도차익 계산 시 부당행위계산 부인 적용 여부
5. 물적분할에 따른 채권처분손실의 손금산입 여부
6. 분할대상 자산의 양도 후 주식으로 받는 경우 분할대가 산정방법
7. 이월된 미공제세액이 분할신설법인 등에 승계 가능 여부
8. 합병법인이 피합병법인으로부터 승계받은 부동산의 업무무관자산 여부
9. 피합병법인의 환율조정계정의 미상각잔액의 승계 가능 여부

(재경부 법인 46012－52, 2000.3.31.)

1. 법인세법 제44조 제1항 제2호의 요건을 적용함에 있어서 "합병대가의 총합계액"에 포함된 주식 등의 가액을 시가에 의하는지, 액면가액에 의하는지?
   〈갑설〉 시가에 의함.
2. 합병대가를 지급하지 아니하는 합병의 경우 법인세법 제44조 제1항 규정의 적용방법
   〈을설〉 법인세법 제44조 제1항 제2호의 요건을 갖추지 못한 합병으로 봄.
3. 분할하는 법인이 분할하는 사업부문에 속하는 자산 및 부채를 분할신설법인에게 승계함에 있어서 불량채권 등 일부 자산을 승계하지 아니한 경우 법인세법 시행령 제82조 제3항 제2호 규정의 "포괄적으로 승계"한 경우에 해당되는지?
   〈갑설〉 "포괄적으로 승계"한 경우에 해당하지 아니함.
4. 물적분할하는 법인이 분할하는 사업부문에 속하는 자산 및 부채를 분할신설법인에게 승계함에 있어서 공정가액으로 평가하지 아니하고 장부가액으로 분할함으로써 시가보다 낮은 가액으로 승계한 경우 분할법인의 분할로 인한 자산양도차익을 계산함에 있어서 법인세법 제52조의 부당행위계산 부인의 규정이 적용되는지?

〈갑설〉 부당행위계산 부인의 규정을 적용함.

5. 물적분할하는 법인이 분할하는 사업부문에 속하는 자산 및 부채를 분할신설법인에게 승계함에 있어서 불량채권 등을 공정가액으로 평가하여 승계한 경우 분할법인이 당해 채권의 처분손실을 손금에 산입할 수 있는지?

〈갑설〉 채권을 양도함으로 인하여 발생한 손실로 보아 분할법인의 각 사업연도 소득금액 계산 시 손금에 산입함.

6. 법인세법 제46조 제1항 제1호 및 제2호의 요건을 갖춘 분할(물적분할을 제외함)로서 분할하는 자산을 시가에 의하지 아니하고 장부가액으로 분할신설법인에게 승계하고 분할대가를 전액 주식으로 교부받은 경우에 법인세법 제48조의 규정에 따라 분할 후 존속하는 법인의 분할등기일이 속하는 사업연도의 분할로 인하여 발생한 소득금액을 계산함에 있어서 분할대가로 받은 주식의 가액을 액면가액에 의하는지, 시가에 의하는지?

〈갑설〉 액면가액에 의함.

7. 법인세법 제59조 제1항 제3호의 규정에 의한 세액공제로서 이월된 미공제액이 있는 법인이 분할하는 경우에 승계받은 자산에 대한 미공제액을 분할신설법인 또는 분할합병의 상대방법인이 이를 승계하여 공제할 수 있는지?

〈을설〉 분할신설법인 등이 승계하여 공제할 수 없으나, 동 미공제액은 분할법인이 공제함.

8. 합병법인이 피합병법인으로부터 승계받은 부동산에 대하여 법인세법 제27조 제1호의 업무와 관련없는 자산 해당 여부를 판정함에 있어서 법인세법 시행령 제49조 제1항 제1호의 유예기간의 기산일을 피합병법인의 취득일로 하는지, 합병일부터 새로이 기산하는지?

〈을설〉 합병에 의한 소유권이전일 등을 유예기간의 기산일로 함.

9. 피합병법인이 (구)법인세법 시행령(1998.12.31. 대통령령 제15970호로 개정되기 전의 것) 제38조의2 제1항의 규정에 의하여 설정한 환율조정계정의 세무계산상 미상각잔액을 합병법인이 승계하여 그 잔존상환기간에 균등하게 익금 또는 손금에 산입할 수 있는지?

〈을설〉 합병법인에 승계되지 아니함.

분할존속법인이 인적분할 시 분할신설법인에게 승계하지 아니한 유가증권평가이익 세무조정금액은 분할신설법인의 분할평가차익으로 과세되는 것임(서이 46012-2081, 2004.10.13.)

1. 분할존속법인이 인적분할 시 분할신설법인에게 승계하지 아니한 "유가증권의 평가와 관련한 익금불산입(▲유보)금액"은 법인세법 제48조의 규정에 의한 "분할 후 존속하는 법인에 관한 소득금액 계산특례" 시 분할로 인하여 발생한 소득금액으로 과세되거나, 같은 법 시행령 제15조 제3항의 규정에 의한 분할평가차익으로 과세되는 것임.
2. 기질의회신(재경부 법인 46012-146, 2000.10.5.)을 참고하기 바람.

합병법인이 피합병법인의 유가증권을 기업회계기준에 의하여 평가증한 가액 그대로 승계하였다 하더라도 법인세법 제42조의 규정에 의하여 시가평가손익을 인정하지 아니하므로 이는 법인세법 제44조의 규정에 의한 자산을 평가하여 승계하는 경우에 해당하며, 평가증된 금액에 대하여는 합병비율에 따라 청산소득 또는 합병법인의 합병평가차익으로 과세되는 것임.

다음 ≪사례 2≫와 ≪사례 3≫은 인적분할의 경우 '분할요건을 갖춘 경우'와 '분할요건을 갖추지 않은 경우'를 '분할합병의 회계처리에 관한 해석사례'를 기준으로 하여 법인세법상의 과세문제를 살펴보도록 한다.

甲회사는 사업부 '가'와 사업부 '나'로 구성되어 있으며, 각 사업부문의 자산·부채내역은 다음과 같다.

사례 2 ∙∙ 분할요건을 갖추지 않은 경우(인적분할)

유동자산(사업부 가)	10,000	고정부채(사업부 가)	5,000
유동자산(사업부 나)	10,000	고정부채(사업부 나)	5,000
고정자산(사업부 가)	10,000	자 본 금	15,000
고정자산(사업부 나)	10,000		(액면가 100)
		자본잉여금	5,000
		이익잉여금	9,000
		투자유가증권평가이익	1,000

甲회사는 '나 사업부'를 분할하여 乙회사를 신설하고 乙회사는 그 대가로 보통주식 75주(액면가 100)를 발행하여 지급하였다. '나 사업부' 고정자산의 공정가액은 15,000이며 기타 자산·부채의 공정가액은 장부가액과 동일하다. 자본조정계정인 투자유가증권평가이익은 '나 사업부'의 고정자산과 관련된 것이다. 甲회사는 원하는 주주들에게 주주들이 소유한 주식과 교환하여 乙회사 주식을 교부하였으며, 그 결과 乙회사 주식 전부가 교부되었다. 그리고 甲회사는 주주로부터 취득한 자기주식(甲회사 총발행주식의 50%)을 즉시 소각한 경우의 회계처리는 다음과 같다.

〈甲회사: 분할회사〉

(차)	고정부채(나)	5,000	(대)	유동자산(나)	10,000
	자 본 금	7,500		고정자산(나)	10,000
	감자차손	12,500		고정자산처분이익	6,000
	투자유가증권평가이익	1,000			

* 투자주식: 150주 × 50% × 100 = 7,500

(차)	자 본 금	7,500	(대)	투자주식	20,000
	감자차손	12,500			

〈乙회사: 분할신설회사〉

(차)	유동자산(나)	10,000	(대)	고정부채(나)	5,000
	고정자산(나)	15,000		자 본 금	7,500
				주식발행초과금	12,500

*1) 과세문제 검토
乙회사의 발행주식을 甲회사가 취득하고 취득한 주식을 甲회사의 주주들에게 배분하였으므로 인적분할에 해당된다. 다만, 분할요건을 갖추지 않은 인적분할에 해당하므로 분할대가로 받은 주식(신주)은 시가로 평가하여야 한다.

*2) 분할요건: 분할법인 또는 소멸한 분할합병의 상대방법인의 주주가 분할신설법인 또는 분할합병의 상대방법인으로부터 받은 분할대가의 전액(분할합병의 경우에는 제44조 제1항 제2호의 비율 이상)이 주식이고 그 주식이 분할법인 또는 소멸한 분할합병의 상대방법인의 주주가 소유하던 주식의 비율에 따라 배정될 것(법인법 §46 ① 2)

□ 사례분석

〈甲회사: 분할회사〉

자산양도차익(고정자산처분이익 6,000)은 법인세법에서 각 사업연도 소득금액 계산상 익금에 해당되나 분할로 인하여 발생한 소득은 각 사업연도 소득과는 다른 계산에 의해 분할소득을 계산하도록 하고 있다. 이때 분할대가를 주식으로 받은 경우 분할요건을 충족한 경우에는 액면가액(액면가액이 시가에 미달하는 경우에는 시가), 분할요건을 충족하지 않은 경우에는 시가로 평가하여야 한다. 분할소득을 계산하면 다음과 같다.

① 분할대가(시가): 20,000

분할요건을 갖추지 않았으므로 교부받은 주식 75주(액면가 100)를 시가로 평가한다. 교부받은 주식의 시가는 감소된 자산·부채의 공정가액임.

• 교부받은 주식 20,000 = [유동자산 10,000 + 고정자산(공정가액) 15,000 - 고정부채 5,000]

② 감소한 분할법인의 자기자본: 15,000

• 감소한 분할법인의 자기자본 15,000 = 분할 전 자기자본 30,000 - 분할 후 자기자본 15,000

• 분할 전 자기자본: 30,000(자본금 15,000 + 잉여금 15,000)

• 분할 후 자기자본: 15,000(자본금 7,500 + 잉여금 20,000 - 감자차손 12,500)

* 자기자본: 분할한 사업부문의 분할등기일 현재의 자본금과 잉여금의 합계액 중 분할로 인하여 감소되는 금액으로 한다(법령 §84 ②).

③ 분할소득(㉮ - ㉯): 20,000 - 15,000 = 5,000

〈乙회사: 분할신설회사〉

乙회사는 자산을 평가하여 승계한 경우에 해당되므로 분할평가차익은 익금에 해당된다. 다만, 분할소득 계산 시 분할대가로 받은 주식을 시가로 평가하여 분할소득으로 이미 과세하였으므로 분할소득으로 과세한 금액을 분할평가차익 계산 시 차감한다. 위 사례에서 주식발행초과금은 상법상 분할차익에 해당된다. 이를 법인세법상 분할차익의 구성내용으로 구분하면 다음과 같다.

분할평가차익	5,000	고정자산평가(15,000 - 10,000)
자본잉여금	2,500	5,000 × 50%(분할비율)
이익잉여금	5,000	12,500 - 2,500 - 5,000
계	12,500	주식발행초과금

* 분할평가차익
평가하여 승계한 자산 - [갑회사 장부가액 + (분할대가 - 순자산)]
25,000 - [20,000 + (20,000 - 15,000)] = 0
따라서 분할평가차익은 '0'이므로 익금산입할 금액이 없다(분할평가차익은 합병평가차익 계산과 같으므로 합병평가차익을 참조).

다음 ≪사례 3≫은 인적분할에 해당되면서 법인세법상 '분할요건을 갖춘 경우'에 해당되는 분할형태이다.

甲회사는 사업부 '가'와 사업부 '나'로 구성되어 있으며, 각 사업부문의 자산·부채내역은 다음과 같다.

사례 ③ 분할요건을 갖춘 경우(인적분할)

유동자산(사업부 가)	10,000	고정부채(사업부 가)	5,000
유동자산(사업부 나)	10,000	고정부채(사업부 나)	5,000
고정자산(사업부 가)	10,000	자 본 금	15,000
고정자산(사업부 나)	10,000		(액면가 100)
		자본잉여금	5,000
		이익잉여금	9,000
		투자유가증권평가이익	1,000

甲회사는 '나 사업부'를 분할하여 乙회사를 신설하고 乙회사는 그 대가로 보통주식 100주(액면가 100)를 발행하여 지급하였다. 乙회사는 갑회사의 '나 사업부'의 자산과 부채를 장부가액으로 인수하였다. 자본조정계정인 투자유가증권평가이익은 '나 사업부'의 고정자산과 관련된 것이다. 甲회사는 주주들이 소유한 주식과 교환하여 乙회사 주식을 주주들의 소유지분율에 비례하여 균등하게 교부하였다. 甲회사가 주주로부터 취득한 자기주식(총발행주식의 50%)을 즉시 소각하는 경우의 회계처리는 다음과 같다.

〈甲회사: 분할회사〉

(차)	고정부채(나)	5,000	(대) 유동자산(나)	10,000
	자 본 금	7,500	고정자산(나)	10,000
	감자차손	6,500		
	투자유가증권평가이익	1,000		

* 투자주식: 150주 × 50% × 100 = 7,500

(차)	자 본 금	7,500	(대) 투자주식	14,000
	감자차손	6,500		

〈乙회사: 분할신설회사〉

(차)	유동자산(나)	10,000	(대) 고정부채(나)	5,000
	고정자산(나)	10,000	자 본 금	10,000
			주식발행초과금	4,000
			투자유가증권평가이익	1,000

과세문제 검토

乙회사의 발행주식을 甲회사가 취득하고 취득한 주식을 갑회사의 주주들에게 배분하였으므로 인적분할에 해당된다. 다만, 분할요건을 갖춘(乙회사의 주식을 소유지분율에 비례하여 균등하게 교부) 인적분할에 해당하므로 분할대가로 받은 주식(신주)은 액면가액(액면가가 시가에 미달하는 경우 시가평가)으로 평가하여야 한다.

□ 사례분석

〈甲회사: 분할회사〉

甲회사는 자산·부채를 이전하고 그 대가로 乙회사주식 100주(액면가 100)를 교부받았다. 자산·부채를 이전하고 받은 분할대가에 대해 각 사업연도 소득과는 다른 계산에 의해 분할소득을 계산하도록 하고 있다. 분할소득을 계산하면 다음과 같다.

① 분할대가(시가): 10,000

분할요건을 갖추었으므로 교부받은 주식 100주를 액면가액으로 평가한다.

• 100주 × 100 = 10,000

② 감소한 분할법인의 자기자본: 15,000

• 감소한 분할법인의 자기자본 15,000 = 분할 전 자기자본 30,000
− 분할 후 자기자본 15,000

• 분할 전 자기자본: 30,000(자본금 15,000 + 잉여금 15,000)

• 분할 후 자기자본: 15,000(자본금 7,500 + 잉여금 14,000 − 감자차손 6,500)

③ 분할소득(㉮ − ㉯): 10,000 − 15,000 = ▲5,000

* 자기자본이 분할대가의 금액을 초과하는 경우 그 초과하는 금액은 이를 없는 것으로 한다(법령 §84 ③).

〈乙회사: 분할신설회사〉

乙회사는 자산과 부채를 장부가액으로 인수하였으므로 분할평가차익이 발생하지 않는다. 다만, 주식발행초과금 4,000과 투자유가증권평가이익(실현이익) 1,000은 상법상 분할차익(5,000)에 해당된다.

법인세법상 분할차익의 구성내용을 보면 다음과 같다.

분할평가차익	0	장부가액 인수
자본잉여금	2,500	5,000 × 50%(분할비율)
이익잉여금	2,500	5,000 - 2,500
계	5,000	

2 | 분할신설법인

(1) 분할차익(삭제: 2009.12.31.)

제7절 ≪구법≫ '합병차익'에서 합병차익과 합병평가차익에 대해 설명을 하였다. 기본적으로 합병차익이나 분할차익의 발생원인이 같기 때문에 분할차익은 합병차익의 개념을 원용하여 사용하고 있다. 따라서 분할차익과 합병차익은 다를 것이 없으며 합병차익에서와 마찬가지로 분할차익도 발생원천에 따라 구분하고 있다. 법인세법에서는 분할차익에 대해 발생원천별로 다음과 같이 구분하고 있다.

법인세법 시행령 제12조 제2항에서 "대통령령이 정하는 분할평가차익 등"이라 함은 상법 제459조 제1항 제3호의2의 규정에 의한 금액(분할차익)에 달할 때까지 다음의 순서에 따라 순차로 계산하여 산출한 "①・③" 및 "④"의 금액을 말한다. 다만, 취득한 자산을 시가에 의하여 평가하는 경우에는 "①"의 금액으로 하도록 하고 있다(법인령 §12 ②). 따라서 법인세법에서는 상법에서 규정하고 있는 분할차익을 그 발생원천에 따라 나누고 있음을 알 수 있다. 법인세법에서의 분할차익은 다음과 같이 구성되어 있다.

〈분할차익〉
분할합병평가차익 + 분할감자차익 + 자본잉여금 + 이익잉여금

① 분할평가차익

분할법인 또는 소멸한 분할합병의 상대방법인(물적분할의 경우를 제외,[28] 분할법인 등이라 함)으로부터 자산을 평가하여 승계한 경우 그 가액 중 분할법인 등의 장부가액

28) 물적분할의 경우는 분할법인 등에게 자산양도차익에 대해 과세가 이루어지고 있다. 따라서 자산양도차익에 상당하는 분할평가차익에 대해 분할신설법인 등에게 과세될 경우 동일한 소득에 대해 중복과세문제가 발생하게 되므로 물적분할의 경우에는 분할평가차익 과세를 제외하고 있다.

(분할에 의한 배당금의 의제금액 계산 시 분할대가에 주식 등의 가액을 시가에 의하여 평가하는 경우[29]에는 분할에 의한 배당금 의제규정에 의한 분할대가의 총합계액에서 승계한 분할법인 등의 자산의 장부가액과 부채의 차액을 차감한 금액을 가산한 가액)을 초과하는 부분의 가액(법인령 §12 ② 1)

이 경우 상법 제459조 제2항의 규정에 의한 준비금의 승계가 있는 경우에도 그 승계가 없는 것으로 보아 이를 계산한다(법인령 §12 ③).

또한 분할평가차익은 분할신설법인(또는 분할합병의 상대방법인)이 분할법인(또는 소멸한 분할합병의 상대방법인)으로부터 승계한 순자산가액에서 분할법인(또는 소멸한 분할합병의 상대방법인)의 주주에게 교부한 주식의 액면가액과 지급한 교부금을 차감한 금액으로 나타낼 수도 있다. 이때 순자산가액은 분할신설법인(또는 분할합병의 상대방법인)이 인수한 자산의 공정가액에서 부채의 공정가액을 차감한 금액으로 평가하도록 하고 있다.

- **분할평가차익** 1: 분할요건 충족
  평가하여 승계한 자산 − 자산의 **장부가액**
  승계한 순자산(자산 − 부채) − 분할대가(**액면가액** + 교부금)
  * 주식 등의 시가가 액면가액보다 큰 경우에 한함.
- **분할평가차익** 2: 분할요건 미충족
  평가하여 승계한 자산 − 자산의 **장부가액**[분할법인 등의 장부가액 + 분할대가의 총합계액(**시가** + 교부금) − 분할법인 등의 순자산(자산 − 부채)]
  * (분할대가의 총합계액 − 분할법인 등의 순자산)은 분할에 의한 청산소득에 해당된다. 즉 청산소득・분할소득으로 과세된 금액은 분할평가차익 계산 시 차감한다.

② 분할감자차익

분할에 의한 배당금 의제규정에 의한 분할대가의 총합계액(주식의 경우에는 액면가액)이 분할법인 등의 자본금에 미달하는 경우 그 미달하는 금액(법인령 §12 ② 2)

분할법인 등의 자본금 − 분할대가(액면가액 + 현금 등)

29) 합병요건을 갖춘 경우로서 주식 등의 시가가 액면가액보다 적은 경우와 합병요건을 갖추지 않은 경우

③ **분할자본잉여금**

분할법인 등의 자본잉여금 중 자본전입 시 의제배당에 해당되지 아니한 잉여금부터 순차(자본준비금의 구성내용에 따라 순서를 정함)로 계산한 금액(법인령 §12 ② 3)

④ **분할이익잉여금**

분할법인 등의 이익잉여금에 상당하는 금액(법인령 §12 ② 4)

- 상법 제459조 제1항 제3호의2(분할차익)
  자산 - 부채(승계한 순자산) - 분할대가(액면가 + 현금 등)
- 법인세법 시행령 제12조 제2항(분할차익)
  분할평가차익 + 분할감자차익 + 분할자본잉여금 + 분할이익잉여금을 순차로 계산한 금액

(2) 분할평가차익의 손금산입(삭제: 2009.12.31.)

법인세법상 자산의 평가는 원칙적으로 인정하지 아니한다. 그러나 분할과정에서 발생하는 자산의 평가차익은 예외적으로 익금으로 하고 있다(법인법 §17 4). 한편, 원활한 분할을 유도하기 위하여 법인세법에서는 일정요건을 갖춘 분할의 경우에 발생하는 자산의 평가차익에 대해 손금산입을 허용하는 과세이연제도를 두고 있다.

1) 손금산입

다음의 요건을 갖춘 분할(물적분할을 제외함)의 경우로서 분할신설법인 또는 분할합병의 상대방법인이 분할법인 또는 소멸한 분할합병의 상대방법인의 자산을 평가하여 승계하는 경우 그 승계한 자산(유형고정자산)의 가액 중 당해 자산에 대한 분할평가차익에 상당하는 금액은 대통령령이 정하는 바에 따라 분할등기일이 속하는 사업연도의 소득금액 계산에 있어서 이를 손금에 산입할 수 있다(법인법 §46 ①).

① 분할등기일 현재 5년 이상 계속하여 사업을 영위한 내국법인이 대통령령이 정하는 바에 따라 분할하는 것일 것

② 분할법인 또는 소멸한 분할합병의 상대방법인의 주주가 분할신설법인 또는 분할합병의 상대방법인으로부터 받은 분할대가의 전액(분할합병의 경우에는 법인세법 제44조 제1항 제2호의 비율 이상)이 주식이고 그 주식이 분할법인 또는 소멸한

분할합병의 상대방법인의 주주가 소유하던 주식의 비율에 따라 배정될 것

③ 분할신설법인 또는 분할합병의 상대방법인이 분할등기일이 속하는 사업연도의 종료일까지 분할법인 또는 소멸한 분할합병의 상대방법인으로부터 승계받은 사업을 계속 영위할 것

손금에 산입하는 금액은 다음 산식에 의하여 계산한 금액으로 한다. 이 경우 분할평가차익은 유형고정자산의 시가를 초과하는 가액을 제외한 금액으로 한다(법인령 §82 ②).

〈분할평가차익 손금산입〉

$$\text{유형고정자산의 분할평가차익} = \text{분할평가차익} \times \frac{\text{평가증된 유형고정자산의 총평가증액}}{\text{평가증된 전체 자산의 총평가증액}}$$

* 개별자산별로 평가증과 평가손이 발생한 경우 평가증된 개별자산만을 기준으로 계산한다.

손금에 산입하는 금액은 개별 유형고정자산별로 감가상각자산의 경우에는 일시상각충당금으로, 토지의 경우에는 압축기장충당금으로 계상하여야 한다.

이 경우 개별 유형고정자산의 경우에는 일시상각충당금 또는 압축기장충당금은 유형고정자산의 합병평가차익에 개별 유형고정자산의 평가증액이 평가증된 유형고정자산의 총평가증액에서 차지하는 비율을 곱하여 계산한 금액으로 한다(법인령 §82 ⑤).

손금으로 계상한 일시상각충당금은 당해 사업용 자산의 감가상각비(취득가액 중 당해 일시상각충당금에 상당하는 부분에 대한 것에 한한다)와 상계하여야 한다. 다만, 당해 자산을 처분하는 경우에는 상계하고 남은 잔액을 그 처분한 날이 속하는 사업연도에 전액 익금에 산입한다. 또한 압축기장충당금은 당해 사업용 자산을 처분하는 사업연도에 이를 전액 익금에 산입하여야 한다. 이 경우에 있어 당해 사업용 자산의 일부를 처분하는 경우의 익금산입액은 당해 사업용 자산의 가액 중 일시상각충당금 또는 압축기장충당금이 차지하는 비율로 안분계산한 금액에 의한다.

위 "①"에서 "대통령령이 정하는 바에 따라 분할하는 것"이라 함은 다음의 요건을 갖춘 것을 말한다(법인령 §82 ③).

① 분리하여 사업이 가능한 독립된 사업부문을 분할하는 것일 것

② 분할하는 사업부문의 자산 및 부채가 포괄적으로 승계될 것. 다만, 공동으로 사용하던

자산, 채무자의 변경이 불가능한 부채 등 분할하기 어려운 자산과 부채 등으로서 기획재정부령이 정하는 것의 경우에는 그러하지 아니하다.

③ 분할법인(소멸한 분할합병의 상대방법인을 포함한다)만의 출자에 의하여 분할하는 것일 것

④ 분할합병의 경우 분할합병의 상대방법인이 분할등기일 현재 1년 이상 계속하여 사업을 영위하던 내국법인일 것

2) 손금산입 배제

분할신설법인 또는 분할합병의 상대방법인이 분할등기일이 속하는 사업연도의 종료일 이전에 분할법인 또는 소멸한 분할합병의 상대방법인으로부터 승계한 고정자산가액의 2분의 1 이상을 처분하거나 승계한 당해 사업에 직접 사용하지 아니하는 경우에는 법인세법 제46조 제2항 제3호(분할요건 중 사업계속 영위)의 규정에 해당하지 아니하는 것으로 한다. 즉 이러한 요건에 해당되는 경우 과세이연을 적용하지 아니한다.

이 경우 승계한 사업(한국표준산업분류에 의한 세분류를 기준)이 2 이상인 경우에는 각 사업별로 판정하며, 동호(합병요건 중 사업계속 영위)의 규정에 해당하는 사업부문의 자산에 한하여 손금산입의 규정을 적용한다(법인령 §82 ④).

3) 익금산입

분할평가차익에 상당하는 금액을 손금에 산입한 분할신설법인 또는 분할합병의 상대방법인(분할신설법인 또는 분할합병의 상대방법인이 다른 법인과 합병하는 경우에는 그 합병법인을 말함)이 분할등기일이 속하는 사업연도의 다음 사업연도 개시일부터 3년 이내에 분할법인 또는 소멸한 분할합병의 상대방법인으로부터 승계받은 사업을 폐지하는 경우 손금에 산입한 금액(분할신설법인 또는 분할합병의 상대방법인이 다른 법인과 합병하는 경우로서 그 합병법인이 분할신설법인 또는 분할합병의 상대방법인으로부터 손금산입액을 승계받은 경우에는 그 승계받은 손금상당액을 말함)은 그 폐지한 날이 속하는 사업연도의 소득금액 계산에 있어서 이를 익금에 산입한다.

이 경우 분할신설법인 또는 분할합병의 상대방법인이 분할법인 또는 소멸한 분할합병의 상대방법인으로부터 승계받은 사업을 합병법인이 다시 승계하는 경우에는 사업의 폐지로 보지 아니한다(법인법 §46의3 ③ 1).

관련규정 및 예규판례

◐ 분할평가차익 상당액의 손금산입 요건 적용 시 사업부문별 분할 가능 여부

(제도 46012-11473, 2001.6.13.)

법인세법 시행령 제82조 제3항 제1호 및 제2호의 분할평가차익 상당액의 손금산입요건을 적용함에 있어서 별도로 분리하여 사업이 가능한 임대사업만을 영위하는 사업장을 분할하는 경우에도 "분리하여 사업이 가능한 독립된 사업부문"으로 보는 것임.

◐ "분리하여 사업이 가능한 독립된 사업부문을 분할하는 경우"의 범위

(법인 46012-436, 2002.8.12.)

귀 질의의 경우, 법인이 분리하여 사업이 가능한 독립된 사업부문을 분할하여 분할신설법인을 설립하면서 분할법인의 사업부문에 속하는 자산을 일부 포함하여 분할하는 경우에도, 법인세법 시행령 제82조 제3항 제1호의 요건을 갖추어 분할하는 것으로 보는 것임.

◐ 기업분할(단순분할 및 분할합병, 물적분할)에 대하여 법인세법 제46~49조에 신설되었으나 실무 적용에 있어서 아래와 같은 의문사항을 질의함(법인 46012-1937, 1999.5.24.).

【질의】 〈분할예시〉

• 1999.7.1.로 분할

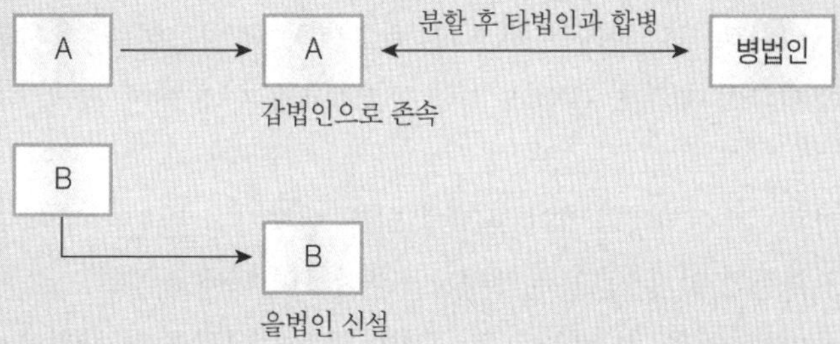

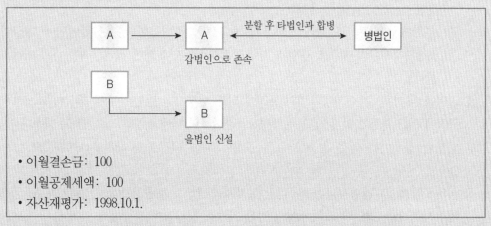

• 이월결손금: 100
• 이월공제세액: 100
• 자산재평가: 1998.10.1.

1. 내국법인이 분할하는 경우 이월결손금의 승계 여부
2. 분할 후 존속법인의 분할에 따른 소득금액 계산특례 적용방법
3. 기업분할 시 미공제된 이월공제세액 승계방법

4. 기업분할 시 자산재평가자산에 대한 1년 내 양도 해당 여부
5. 토지재평가차액 손금산입분의 기업분할 시 익금산입 여부

【회신】 질의 1.의 경우: 내국법인이 분할하는 경우 법인세법 제13조 제1호의 규정에 의한 이월결손금은 분할신설법인 또는 분할합병의 상대방법인(이하 "분할신설법인 등"이라 함)에 승계되지 아니하는 것임.

2. 질의 2.의 경우: 법인세법 제48조 제1항의 규정에 의하여 분할 후 존속하는 내국법인이 분할(물적분할은 제외)로 인하여 발생한 소득금액을 계산함에 있어 같은 항 제2호에서 규정하는 자기자본은, 분할한 사업부문의 분할등기일 현재의 자본금과 잉여금의 합계액 중 분할로 인하여 감소한 금액으로 하되, 법인세법 제18조 제8호의 규정에 의한 이월결손금이 있는 경우에는 같은 법 제79조 제4항의 규정을 준용하여 계산하는 것임.
3. 질의 3.의 경우
   가. 법인세법 제59조 제1항 제3호의 규정에 의한 이월공제가 인정되는 세액공제를 적용받던 법인이 분할하는 경우, 이월된 미공제액은 분할신설법인 등에 승계되지 아니하는 것이며,
   나. 조세특례제한법 제146조 제3호에서 열거하는 법인세를 공제받은 법인이 당해 규정에 의하여 투자를 완료한 날이 속하는 과세연도의 종료일부터 3년이 경과되기 전에 분할 또는 분할합병 등 같은 법 시행령 제137조 제7항 제1호에 해당하는 사유로 당해 자산의 소유권이 이전되는 경우에는, 당해 자산에 대한 세액공제상당액과 같은 법 시행령 제137조 제8항의 규정에 따라 계산한 이자상당액을 추징하지 아니하는 것임.
   다. 분할에 의하여 분할법인으로부터 중고설비를 취득한 분할신설법인에 대하여는 조세특례제한법 제27조 규정에 의한 중고설비투자에 대한 세액공제를 하지 아니하는 것임.
4. 질의 4.의 경우: 자산재평가법의 규정에 의해 재평가한 법인이 같은 법 제17조 제1항의 규정에 의한 결정이 있기 전 또는 재평가일 이후 1년 내에 분할함으로 인하여 재평가자산을 양도한 경우에는 같은 법 제18조의 규정에 의해 재평가를 하지 아니한 것으로 보는 것임.
5. 질의 5.의 경우: 재평가세율 1% 대상 토지에 해당하는 재평가차액을 압축기장충당금으로 계상하고 있는 법인이 질의 4.에서 정한 기간을 경과하여 분할함에 있어 당해 재평가한 토지가 분할신설법인 등에 이전되는 경우 당해 토지에 해당하는 압축기장충당금은 분할신설법인 등에 승계할 수 있는 것임.

기업회계기준에 의한 채무재조정 관련 분할신설법인의 회계처리방법
(재경부 법인 46012-39, 2003.3.6.)

기업회계기준에 의한 채무의 재조정과 관련하여 익금에 산입하지 아니하거나 손금에 산입하지 아니한 금액(이하 "세무조정사항"이라 함)을 보유하고 있는 법인이 인적분할로 인하여 자산과 부채를 분할신설법인에게 장부가액으로 승계하면서 당해 채무에 대한 세무조정사항은 승계하지 아니하는 경우 당해 채무에 대한 분할신설법인의 취득가액은 법인세법 시행령 제72조 제1항 제3호의 규정에 의한 장부에 계상한 승계가액으로 하는 것이며, 분할신설법인이 당해 채무와 관련하여 기업회계기준 제67조의 규정에 따른 이자비용을 계상하는 경우는 이를 손금불산입(유보)하고 동 유보사항은 당해 부채를 상환하는 시점에 손금산입(유보)하는 것임.

제3절 분할과 이익

구 상속증여세법에 의하면 "…합병 · 분할… 등 법인의 자본을 증가시키거나 감소시키는 거래로 얻은 이익은 증여재산가액으로 본다(상증법 §42 ① 3)." 분할이 법인의 자본을 증가시키거나 감소시키는 거래에서 개인주주가 얻은 이익을 증여로 보는 것은 당연하다. 그러나 이 경우의 분할을 현행 분할과세체계에서 사례를 찾아보기는 쉽지 않아 보인다. 한편, "특수관계인인 법인 간 합병(분할합병을 포함) · 분할에 있어서 불공정한 비율로 합병 · 분할하여 합병 · 분할에 따른 양도손익을 감소시킨 경우(자본시장과 금융투자업에 관한 법률 제165조의4에 따라 합병(분할합병 포함) · 분할하는 경우는 제외)는 부당행위계산에 해당된다(법인령 §88 ① 3의2). 즉 분할비율의 차이로 인해 양도손익을 감소시킬 수 있다는 것이다. 분할에 따른 양도차손익은 분할이 자본거래이므로 이때의 양도차손익은 분할대가를 과세하기 위한 것으로 일반적인 자산의 양도차손익의 계산과는 다르다. 분할비율과 분할기준일을 알아보고 분할비율이 양도손익에 미치는 영향을 먼저 분석한 다음 분할에 따른 이익의 증여를 살펴보기로 한다.

1 분할비율과 양도손익

(1) 분할비율

(1) - 1. 분할비율

합병과 합병세무의 중요성이 합병비율이듯이 분할과 분할세무의 중요성도 분할비율이다. 분할비율에 따라 분할교부신주, 분할자본금과 분할대가가 정해지기 때문이다. 일반적으로 분할비율이 세무에 미치는 영향은 합병비율과 달리 분할 그 자체에 직접인 영향을 미치지 않는다(법인세법 시행령 제88조 제1항 제3호의 2의 적용은 직접 영향을 미치기도 한다).

그런데도 분할비율의 의미는 분할과 분할세무에서 매우 중요하다. 그 중요성이란 분할비율이 분할세무에 직접적 영향을 미치지 않는다고 하더라도 분할 이후의 또 다른 자본거래(예를 들면, 분할합병 등)를 하는데 있어 그 영향을 예단하기 어렵기 때문이다.

상법 제530조의5에서 규정하고 있는 설립되는 회사가 분할 당시에 발행하는 주식의 총수, 분할되는 회사의 주주에 대한 설립되는 회사의 주식의 배정에 관한 사항, 설립되는 회사의 자본금과 준비금에 관한 사항 등은 분할계획서의 주요 기재 사항이다. 이와 같은 분할계획서의 기재 사항은 분할비율에 의해 정해지는 것들이다. 분할비율의 이러한 점은 합병계획서의 기재 사항인 존속하는 회사가 합병으로 인하여 그 발행할 주식의 총수를 증가하는 때에는 그 증가할 주식의 총수, 존속하는 회사의 증가할 자본금과 준비금의 총액, 존속하는 회사가 합병 당시에 발행하는 신주의 총수 등이 합병비율에 의해 정해지는 것과 유사하다. 그런데 합병의 경우 합병비율(합병가액)의 산정 방법 등에 대해 자본시장법 시행령 제176조의5 또는 상속증여세법 시행령 제28조 제6항에서 규정하고 있다. 그러나 분할의 경우 분할비율(분할가액)에 대해 규정하고 있는 관련 법령을 찾아볼 수 없다.

먼저 자본시장법의 관련 규정을 보면, 자본시장법 제165조의4(합병 등의 특례)에서 주권상장법인은 다른 법인과의 합병, 대통령령으로 정하는 중요한 영업 또는 자산의 양수 또는 양도, 주식의 포괄적 교환 또는 포괄적 이전, 분할 또는 분할합병을 하려면 대통령령으로 정하는 요건 · 방법 등의 기준에 따라야 하고, 같은 법 시행령 제176조의5(합병의 요건 · 방법 등)에서는 합병가액의 산정 방법에 관해 규정하고 있다. 같은 법 시행령 제176조의6에서는 주식의 포괄적 교환 또는 포괄적 이전과 분할합병에 관하여는 합병의 요건 · 방법(제176조의5)을 준용하도록 하고 있다. 중요한 영업 또는 자산의 양수 · 양도, 주식의 포괄적 교환, 포괄적 이전 또는 분할합병을 하려는 경우에는 각각 영업 또는 자산의 양수 · 양도가액, 주식의 포괄적 교환 비율, 포괄적 이전 비율 또는 분할합병 비율의 적정성에 대하여 외부평가기관의 평가를 받도록 하고 있다(이 규정은 주권상장법인과 비상장법인 간의 합병 등을 하는 경우이므로 상장법인뿐만이 아니라는 것임을 알아야 한다). 이처럼 자본시장법 시행령에서 합병가액의 산정 방법을 준용하는 행위에는 "영업 또는 자산의 양수 · 양도, 주식의 포괄적 교환, 포괄적 이전 또는 분할합병"은 규정하고 있으나 분할은 빠져 있다. 분할가액(분할비율)의 산정 방법에 관해서는 규정하지 않고 있다. 조세법의 경우에도 분할비율의 산정 방법에 관한 규정은 찾아볼 수 없다.

법인세법 시행령 제88조 제1항 제3호의2에서 "특수관계인인 법인 간 합병(분할합병 포함)·분할에 있어서 불공정한 비율로 합병·분할에 따른 양도손익을 감소시킨 경우(다만, 「자본시장법 제165조의4에 따라 합병(분할합병 포함)·분할하는 경우는 제외한다)는 부당행위계산대상이 된다. 그런데 여기서 부당행위계산 대상이 되는 "불공정한 비율의 분할"이 무엇을 의미하는지를 준용 규정을 두고 있지 않다. 이러한 점은 불공정한 비율의 합병과는 다른 모습이다.

자본시장법이나 법인세법 등에서 분할비율에 대해 명확한 개념이 없음에도 실무에서는 분할비율을 다음과 같이 산정하고 있다. 실무적으로는 분할비율이 분할신주배정비율의 의미로 사용되고 있는데 이때 분할비율은 분할대상 부문의 순자산 장부가액을 분할 전 순자산 장부가액으로 나눈 비율을 말하는 것으로 분할회사의 주주에 대해 분할신설회사가 교부하는 주식 배정비율이 된다. 여기서 분할가액이란 "분할대상 부문의 순자산 장부가액"과 "분할 전 순자산 장부가액"을 의미하고 있다. 따라서 분할비율은 합병비율과 달리 시가 비율이 아닌 장부가액 비율이 된다. 실무상 분할비율은 순자산 장부가액을 기초로 하고, 그 기초가 되는 장부가액은 분할계획서 작성일 전(공시자료에 의하면 일반적으로 3개월 또는 6개월)의 재무상태표의 표시가액으로 하고 있다.

(1)-2. 분할비율 기준일

합병가액(합병비율)의 평가기준일에 대해서는 상속증여세법령(상증법령 제28조 제5항 제2호)에서 규정하고 있었다. 그러나 분할비율의 평가기준일에 대해서는 세법에 규정하고 있지 않다. 다만, 상법 제530조의7(분할대차대조표 등의 공시)에 따르면 분할회사의 이사는 제530조의3 제1항에 따른 주주총회 회일의 2주 전부터 분할의 등기를 한 날 또는 분할합병을 한 날 이후 6개월 간 서류(분할계획서 또는 분할합병계약서, 분할되는 부분의 대차대조표, 분할합병의 경우 분할합병의 상대방 회사의 대차대조표 등)를 본점에 비치하도록 하고 있다. 이 규정으로 본다면 분할 주총회 회일의 2주 전부터의 재무상태표를 기준으로 해야 할 것이다. 그런데 여기서 주주총회 회일의 2주 전부터 분할되는 부분의 대차대조표를 비치해야 한다고는 하나 그 대차대조표를 작성한 기준일에 관해서는 규정하지 않고 있다.

(1)-3. 불공정한 비율 분할

법인세법 시행령 제88조 제1항 제3호의2는 "특수관계인인 법인 간 합병(분할합병을 포함)·분할에 있어서 불공정한 비율로 합병·분할하여 합병·분할에 따른 양도손익을 감소시킨 경우"는 부당행위계산에 해당한다. 이 규정은 불공정한 비율 합병으로 양도손익을 감소시킨 경우를 비교해서 불공정한 비율 분할로 양도손익을 감소시킨 경우를 규정한 것으로 보인다. 이 규정을 적용하기 위해서는 "불공정한 비율"이 무엇인지에 대한 정의가 필요하다. 합병에서 불공정한 비율이란 공정하지 않은 합병비율을 의미하고 공정한 합병비율이 무엇인지는 계산이 가능하다. 그러나 분할에서는 불공정한 비율이란 공정하지 않은 분할비율을 의미하지만 공정한 분할비율이 무엇인지는 알 수 없다. 공정한 분할비율을 계산하기 위해서는 대차대조표 작성기준일이 정해져야 하는데 앞에서 본 바와 같이 상법 제530조의7(분할대차대조표 등의 공시)은 "분할되는 부분의 대차대조표"의 작성기준일에 관해서는 규정하지 않아 주주총회 회일의 3월 전의 "분할되는 부분의 대차대조표"를 기준으로 한 분할비율과 6월 전의 "분할되는 부분의 대차대조표"를 기준으로 한 분할비율은 다르게 산정될 수밖에 없다. 이 경우 어떤 것이 공정한 분할비율인지가 결정되어야 불공정한 분할비율을 알 수 있다. 현행 법인세법의 해석으로는 주주총회 회일의 3월 전의 "분할되는 부분의 대차대조표" 기준 분할비율이든 6월 전의 "분할되는 부분의 대차대조표" 기준 분할비율이든 모두 공정한 분할비율이 된다. 그렇다면 현행 법인세법의 불공정한 비율 분할이란 "분할되는 부분의 대차대조표"의 작성기준일에 분할비율을 잘못 계산한 것에 한한다고 하겠다. 즉 "분할신설회사에 이전될 재산과 그 가액(상법 제530조의5 제1항 제7호)"을 잘못 계산한 것이 되겠다. 여기서 "잘못 계산"이라는 것은 가능해 보이지 않아 불공정한 비율 분할이 현실적으로 발생하기에는 어려워 보인다.

	분할법인의 계상액	
		물적분할한 순자산의 시간
압축기장충당금	손금산입한도	물적분할한 순자산의 장부가액
		한도액
	한초초과액	

(1)-4. 불공정한 비율 분할 발생원인

회사가 신고한 분할비율은 다음과 같았다(단위: 백만원).

분할비율 0.36 = 분할대상부문 순자산의 장부가액(1,161억원)
÷ 분할 전 순자산의 장부가액(3,226억원)

| 회사신고 분할비율 |

구분	분할 전	분할 후	
		분할존속회사	분할신설회사
자산총계	499,907	215,702	287,800
유동자산	199,790	40,634	159,156
비유동자산	300,117	175,068	128,644
부채총계	177,303	5,934	171,663
유동부채	163,829	5,934	157,895
비유동부채	13,474	-	13,768
자본총계	322,604	209,768	116,138
발행주식수	8,900,000	5,696,000	3,204,000
분할비율	1	0.64	0.36

공정한 분할비율은 다음과 같았다(단위: 백만원). 분할비율 0.328 = 분할대상부문 순자산의 장부가액(1,161억원) ÷ 분할 전 순자산의 장부가액(3,540억원) 분할비율이 0.36에서 0.328로 변동되었다. 분할비율의 변동에 따라 분할신주는 3,204,000주에서 2,919,200주가 된다.

| 공정한 분할비율 |

구분	분할 전	분할 후	
		분할존속회사	분할신설회사
자산총계	800,232	512,432	287,800
유동자산	368,465	209,309	159,156
비유동자산	431,767	303,123	128,644
부채총계	446,215	274,552	171,663

구분	분할 전	분할 후	
		분할존속회사	분할신설회사
유동부채	371,847	213,952	157,895
비유동부채	74,368	60,600	13,768
자본총계	354,017	237,879	116,138
발행주식수	8,900,000	5,980,800	2,919,200
분할비율	1	0.672	0.328

위에서 회사가 신고한 분할비율은 0.36이고, 공정한 분할비율이 0.328이다. 불공정한 비율의 분할은 회사의 분할비율 0.36과 공정한 분할비율 0.328의 차이로 인한 것이 된다. 불공정한 분할비율의 원인을 보면, 사례처럼 회사가 신고한 분할신설법인이 승계한 자산총계 287,800백만원과 부채총계 171,663백만원은 회사신고 분할과 공정한 분할의 차이는 없으나 분할 전 법인의 자산총계 499,907백만원이 800,232백만원으로, 부채총계 177,303백만원이 446,215백만원으로의 차이가 분할비율의 변동을 가져온 경우가 되겠다. 한편으로는 회사가 신고한 분할 전 법인의 자산과 부채의 변동은 없으나 분할신설법인이 승계한 자산과 부채의 변동으로 인한 경우가 있을 것이고, 신고한 분할 전 법인의 자산과 부채와 분할신설법인이 승계한 자산과 부채의 변동이 함께 있는 경우도 있겠다.

(2) 분할비율과 양도손익

법인세법은 분할법인이 양도에 따라 발생하는 양도손익은 분할법인이 분할등기일이 속하는 사업연도의 소득금액을 계산할 때 익금 또는 손금에 산입한다(법인법 §46 ①).

합병에서 합병양도손익과 합병매수차손익, 자산과 부채의 조정계정에 미치는 영향은 합병비율과 승계한 자산과 부채의 시가, 합병신주의 1주당 시가 등이 있었다. 분할에서도 분할비율과 승계한 자산과 부채의 시가, 분할신주의 1주당 시가가 분할양도손익, 분할매수차손익, 자산과 부채의 조정계정에 영향을 미친다(자세한 분석은 "제2장 제7절 2. 개정된 후의 영업권 (4) 사례로 본 영업권" 참조).

분할 전 법인의 재무상태표는 다음과 같이 제시되었다.

| 분할 전 법인 재무상태표 |

자산총계	130,000,000	부채총계	50,000,000
		자본금	30,000,000
		잉여금	50,000,000
계	130,000,000	계	130,000,000

* 발행주식총수 80,000주, 분할신주 1주당 시가 1,120원(액면가 500원)
* 자산총계 시가 150,000원, 부채총계 시가 60,000원

각 분할조건에 따른 분할양도손익, 분할매수차손익, 자산과 부채의 조정계정을 계산하면 다음과 같게 된다.

※ 분할조건 (1): 분할비율 : 0.7

분할신설법인이 발행하는 분할신주와 양도가액은 다음과 같게 된다.

분할신주: 분할법인의 발행주식총수 80,000주 × 0.7 = 56,000주
양도가액(액면가): 1주당 500원 × 56,000주 = 28,000,000원
양도가액(시가): 1주당 1,120원 × 56,000주 = 67,200,000원

분할비율 0.7에 따른 승계한 자산과 부채의 시가는 다음과 같게 된다.

자산		부채		순자산 시가	순자산 장부가액
장부가액	91,000,000	장부가액	35,000,000	63,000,000	56,000,000
시가	105,000,000	시가	42,000,000		

| 분할신설법인 |

비적격분할				적격분할			
순자산시가	63,000,000	양도가액	62,700,000	자산총계	91,000,000	부채총계	35,000,000
		매수차익	280,000	자산조정계정	14,000,000	부채조정계정	7,000,000
						양도가액	28,000,000
						잉여금	35,000,000
계	63,000,000	계	63,000,000	계	105,000,000	계	105,000,000

| 분할존속법인 |

비적격분할				적격분할			
양도가액	62,720,000	순자산 장부가	56,000,000	부채총계	35,000,000	자산총계	91,000,000
		양도이익	6,720,000	자본금	28,000,000		
				잉여금	28,000,000		
계	62,720,000	계	62,720,000	계	91,000,000	계	91,000,000

〈분할조건 (1)의 설명〉

분할신설법인이 승계한 자산과 부채의 시가가 장부가액과 각각 다르므로 자산과 부채의 조정계정이 각각 발생하게 된다. 이때의 분할법인의 양도이익에는 자산과 부채의 양도에 따른 이익이 포함되어 있다.

※ 분할조건 (2): 분할비율 : 0.5

분할신설법인이 발행하는 분할신주와 양도가액은 다음과 같게 된다.

분할신주: 분할법인의 발행주식총수 80,000주 × 0.5 = 40,000주
양도가액(액면가): 1주당 500원 × 40,000주 = 20,000,000원
양도가액(시가): 1주당 1,120원 × 40,000주 = 44,800,000원

분할비율 0.5에 따른 승계한 자산과 부채의 시가는 다음과 같게 된다.

자산		부채		순자산 시가	순자산 장부가액
장부가액	65,000,000	장부가액	25,000,000	45,000,000	40,000,000
시가	75,000,000	시가	30,000,000		

| 분할신설법인 |

비적격분할				적격분할			
순자산 시가	45,000,000	양도가액	44,800,000	자산총계	65,000,000	부채총계	25,000,000
		매수차익	200,000	자산조정계정	10,000,000	부채조정계정	5,000,000
						양도가액	20,000,000
						잉여금	25,000,000
계	45,000,000	계	45,000,000	계	75,000,000	계	75,000,000

| 분할존속법인 |

비적격분할				적격분할			
양도가액	44,800,000	순자산 장부가	40,000,000	부채총계	25,000,000	자산총계	65,000,000
		양도이익	4,800,000	자본금	20,000,000		
				잉여금	20,000,000		
계	44,800,000	계	44,800,000	계	65,000,000	계	65,000,000

〈분할조건 (2)의 설명〉

분할신설법인이 승계한 자산과 부채의 시가가 장부가액과 각각 다르므로 자산과 부채의 조정계정이 각각 발생하게 된다. 이때의 분할법인의 양도이익에는 자산과 부채의 양도에 따른 이익이 포함되어 있다.

※ 분할조건 (3): 분할비율 : 0.7

분할신설법인이 발행하는 분할신주와 양도가액은 다음과 같게 된다.

분할신주: 분할법인의 발행주식총수 80,000주 × 0.7 = 56,000주

양도가액(액면가): 1주당 500원 × 56,000주 = 28,000,000원

양도가액(시가): 1주당 1,120원 × 42,000주 = 62,720,000원

분할비율 0.7에 따른 승계한 자산과 부채의 시가는 다음과 같게 된다.

자산		부채		순자산 시가	순자산 장부가액
장부가액	91,000,000	장부가액	35,000,000	56,000,000	56,000,000
시가	91,000,000	시가	35,000,000		

| 분할신설법인 |

비적격분할				적격분할			
순자산 시가	56,000,000	양도가액	62,720,000	자산총계	91,000,000	부채총계	35,000,000
매수차손	6,720,000					양도가액	28,000,000
						잉여금	28,000,000
계	62,720,000	계	62,720,000	계	91,000,000	계	91,000,000

| 분할존속법인 |

비적격분할				적격분할			
양도가액	62,720,000	순자산 장부가	56,000,000	부채총계	35,000,000	자산총계	91,000,000
		양도이익	6,720,000	자본금	28,000,000		
				잉여금	28,000,000		
계	62,720,000	계	62,720,000	계	91,000,000	계	91,000,000

〈분할조건 (3)의 설명〉

분할신설법인이 승계한 자산과 부채의 시가가 장부가액과 각각 같으므로 자산과 부채의 조정계정이 각각 발생하지 않게 된다. 이때의 분할법인의 양도이익은 자산과 부채의 양도에 따른 이익이 아닌 것이 된다.

※ 분할조건 (4): 분할비율 : 0.5

분할신설법인이 발행하는 분할신주와 양도가액은 다음과 같게 된다.

분할신주: 분할법인의 발행주식총수 80,000주 × 0.5 = 40,000주

양도가액(액면가): 1주당 500원 × 40,000주 = 20,000,000원

양도가액(시가): 1주당 1,120원 × 40,000주 = 44,800,000원

분할비율 0.5에 따른 승계한 자산과 부채의 시가는 다음과 같게 된다.

자산		부채		순자산 시가	순자산 장부가액
장부가액	65,000,000	장부가액	25,000,000	40,000,000	40,000,000
시가	65,000,000	시가	25,000,000		

| 분할신설법인 |

비적격분할				적격분할			
순자산 시가	40,000,000	양도가액	44,800,000	자산총계	65,000,000	부채총계	25,000,000
매수차손	4,800,000					양도가액	20,000,000
						잉여금	20,000,000
계	44,800,000	계	44,800,000	계	65,000,000	계	65,000,000

| 분할존속법인 |

비적격분할				적격분할			
양도가액	44,800,000	순자산 장부가	40,000,000	부채총계	25,000,000	자산총계	65,000,000
		양도이익	4,800,000	자본금	20,000,000		
				잉여금	20,000,000		
계	44,800,000	계	44,800,000	계	65,000,000	계	65,000,000

〈분할조건 (4)의 설명〉

분할신설법인이 승계한 자산과 부채의 시가가 장부가액과 각각 같으므로 자산과 부채의 조정계정이 각각 발생하지 않게 된다. 이때의 분할법인의 양도이익은 자산과 부채의 양도에 따른 이익이 아닌 것이 된다.

위 분할조건에 따른 분할양도손익, 분할매수차손익, 자산과 부채의 조정계정을 정리하면 다음과 같다.

구분	분할조건(1)	분할조건(2)	분할조건(3)	분할조건(4)
분할비율	0.7	0.5	0.7	0.5
양도가액(시가)	67,720,000	44,800,000	67,720,000	44,800,000
매수차손익 ①	280,000	200,000	-6,720,000	-4,800,000
양도손익 ②	6,720,000	4,800,000	6,720,000	4,800,000
차액(① + ②)	7,000,000	5,000,000	0	0
순자산 조정계정	7,000,000	5,000,000	0	0
자산 조정계정	14,000,000	10,000,000	0	0
부채 조정계정	7,000,000	5,000,000	0	0

위 분석에 따르면 분할비율이 다르면 분할신주수가 다르게 되므로 분할대가인 양도가액이 다르게 계산된다. 승계한 자산과 부채의 시가와 장부가액이 다른 경우 각각 자산과 부채의 조정계정이 발생한다. 매수차손익과 양도손익의 합계는 언제나 순자산 조정계정과 같은 금액이다. 순자산 조정계정의 금액이 발생하지 않는 경우에는 매수차손익과 양도손익의 금액은 언제나 같다. 즉 분할법인이 양도한 자산과 부채의 시가가 장부가액과 같은 경우 분할양도이익은 자산과 부채에 따른 양도이익이 아닌 것이 된다. 그럼에도 양도이익이

각각 6,720,000원(분할조건 3)과 4,800,000원(분할조건 4)이 발생하였다. 이 경우의 분할양도이익은 영업권의 양도이익이 된다. 같은 방식의 분석으로 분할신설법인이 양수(승계)한 자산과 부채의 시가가 장부가액과 같은 경우의 분할매수차손은 자산과 부채에 승계에 따른 매수차손이 아닌 것이 된다. 그럼에도 매수차손이 각각 6,720,000원과 4,800,000원이 발생하였다. 이 경우의 분할매수차손은 분할대가의 지급에 의한 것이 되므로 영업권이 된다. 한편, 분할비율이 다른 경우 양도이익이 각각 다르게 계산된다. 이때(조건 1, 조건 2) 양도이익이 분할비율이 0.7(공정한 분할비율로 봄)인 경우 6,720,000원, 0.5(회사신고 분할비율로 봄)인 경우 4,800,000원으로 계산된다. 이때의 양도이익의 차액 1,920,000원은 "불공정한 비율로 분할하여 분할에 따른 양도손익을 감소시킨 경우"에 해당된다(법인령 §88 ① 3의2).

2 분할과 부당행위계산

(1) 불공정한 비율 분할

불공정한 비율의 합병과 마찬가지로 불공정한 비율의 분할의 경우에도 부당행위계산 대상이 된다. 법인세법 시행령 제88조 제1항 제3호의2 "특수관계인인 법인 간 분할에 있어서 불공정한 비율로 분할하여 분할에 따른 양도손익을 감소시킨 경우"는 부당행위계산에 해당된다. 여기서 불공정한 비율의 분할이 무엇인지 분명하지는 않으나 〔"1. 분할비율과 양도손익 (1) 분할비율" 참조〕 분할에 따른 양도손익을 감소시킨 경우라면 부당행위계산 대상이 된다고 보아야 한다. 또는 불공정한 분할은 같은 영 제8호의2에서 "… 분할법인의 자본을 증가시키거나 감소시키는 거래를 통하여 법인의 이익을 분여하였다고 인정되는 경우"에 해당될 것이다.

분할조건(분할비율, 승계한 자산과 부채의 시가, 분할신주의 1주당 시가 등)에 따라 분할양도손익과 분할매수차손익, 자산과 부채의 조정계정의 금액이 각각 차이가 발생하는데 여기서 분할양도손익의 차이는 부당행위계산 대상에 해당된다. 앞에서 분석한 방법에 따라 분할에 따른 부당행위계산을 다음 사례를 통해 계산해 보자(이 사례는 물적분할이었으나 인적분할로 수정하여 사례를 구성한 것임).

사례 1 분할과 부당행위계산

≪분할조건 1≫

분할비율 0.6에 따른 분할교부신주(1,800,000주, 1주당 액면가 5,000원, 1주당 시가 30,000원)와 관련된 내용은 다음과 같다.

| 분할 전후 재무상태표(백만원) |

구분	분할 전	분할 후(분할비율 0.6)	
		분할되는 회사	신설회사
자산총계	230,781	92,313	138,468
부채총계	144,913	57,966	86,947
자본총계	85,868	34,347	51,521

위 조건에 따른 분할매수차손익, 분할양도손익은 다음과 같게 계산된다.

| 분할신설법인 |

비적격분할				적격분할			
순자산 시가	51,521	분할대가	54,000	자산총계	138,469	부채총계	86,948
매수차손	2,479					분할대가	9,000
						잉여금	42,521
계	54,000	계	54,000	계	138,469	계	138,469

| 분할존속법인 |

비적격분할				적격분할			
분할대가	54,000	순자산 장부가액	51,521	부채총계	86,948	자산총계	138,469
		양도이익	2,479	자본총계	51,521		
계	54,000	계	54,000	계	138,469	계	138,469

≪분할조건 2≫

분할비율 0.5에 따른 분할교부신주(1,500,000주, 1주당 액면가 5,000원, 1주당 시가 30,000원)와 관련된 내용은 다음과 같다.

| 분할 전후 재무상태표(백만원) |

구분	분할 전	분할 후(분할비율 0.5)	
		분할되는 회사	신설회사
자산총계	230,781	115,391	115,391
부채총계	144,913	72,457	72,457
자본총계	85,868	42,934	42,934

위 조건에 따른 분할매수차손익, 분할양도손익은 다음과 같게 계산된다.

| 분할신설법인 |

비적격분할				적격분할			
순자산 시가	42,934	분할대가	45,000	자산총계	115,931	부채총계	72,457
매수차손	2,066					분할대가	7,500
						잉여금	35,434
계	45,000	계	45,000	계	115,931	계	115,931

| 분할존속법인 |

비적격분할				적격분할			
분할대가	45,000	순자산 장부가액	42,934	부채총계	72,457	자산총계	115,391
		양도이익	2,066	자본총계	42,934		
계	45,000	계	45,000	계	115,391	계	115,391

(2) 불공정한 비율 분할과 부당행위계산

이 사례에서 ≪분할조건 1≫의 경우 양도이익이 2,479백만원이 되고 ≪분할조건 2≫의 경우 양도이익이 2,066백만원이 된다. 회사에서 분할신고를 ≪분할조건 2≫로 하였다면 부당행위계산 부인 금액은 ≪분할조건 2≫와 ≪분할조건 1≫의 차액인 413백만원이 된다. 이와 같은 분석에서 분할비율의 차이는 결국 "특수관계인인 법인 간 분할에 있어서 불공정한 비율로 분할하여 분할에 따른 양도손익을 감소시킨 경우"에 해당된다.

3 분할과 이익증여

구 상속증여세법에 의하면 "출자 · 감자, 합병 · 분할… 등 법인의 자본을 증가시키거나 감소시키는 거래로 얻은 이익은 증여재산가액으로 본다. 이 경우 얻은 이익은 소유지분이나 그 가액의 변동 전 · 후 재산의 평가차액으로 한다(구 상증법 §42 ① 3)." 이 규정에 의하면 분할로 소유지분이나 평가액이 분할 전과 분할 후의 차이로 인한 이익은 증여에 해당된다. 이 경우 이익을 얻은 자가 법인주주인 경우 법인세법 시행령 제11조 제9호(제88조 제1항 제8호 각 목의 어느 하나 및 같은 항 제8호의2에 따른 자본거래로 인하여 특수관계인으로부터 분여받은 이익)의 수익에 해당된다. 또한 얻은 이익의 반대는 분여한 이익이므로 이익의 분여자가 법인주주이면서 특수관계인에 해당된다면 이익을 분여한 자는 부당행위계산에 해당된다. 즉 법인세법 시행령 제88조 제1항 제8호의2 "…합병 · 분할 등 법인의 자본을 증가시키거나 감소시키는 거래를 통하여 법인의 이익을 분여하였다고 인정되는 경우"에 해당된다.

그런데 구 상속증여세법 제42조 제1항 제3호 "…합병(분할합병 포함) · 분할… 등 법인의 자본을 증가시키거나 감소시키는 거래로 인하여 얻은 이익"의 규정이 2015.12.15. 세법 개정으로 삭제되고 이와 유사한 규정이 개정된 상속증여세법 제4조(증여세 과세대상) 제1항 제4호 및 제6호의 규정으로 신설되었다. 포괄 규정인 상속증여세법 제4조 제1항 제4호 및 제6호로 신설된 규정에는 "분할"에 관한 부분이 포함되어 있지 않아 이 규정이 구 상속증여세법 제42조 제1항 제3호(…합병 · 분할합병 · 분할… 등)에 해당되는지는 논란이 될 수 있다. 한편, 2015.12.15. 신설된 상속증여세법 제42조 제1항 …사업의 양수 · 양도, 사업 교환 및 법인의 조직변경 등에 의하여 소유 지분이나 그 가액이 변동됨에 따라 이익을 얻은 경우에는 그 이익에 상당하는 금액을 증여재산가액으로 한다. 여기서도 분할의 경우가 법인의 조직변경에 해당되는지의 여부는 논란이 되겠다. 또한 법인세법 시행령 제88조 제1항 제8호의2에서는 "증자 · 감자, 합병(분할합병 포함) · 분할… 등 법인의 자본을 증가시키거나 감소시키는 거래를 통하여 법인의 이익을 분여하였다고 인정되는 경우"인 분할에 대해서는 부당행위계산 대상이 됨을 분명히 하고 있으나 이익의 계산인 상속증여세법에서는 "분할에 따른 이익증여"의 증여재산가액의 계산방식에 대해서는 규정하고 있지 않다.

그런데도 "분할에 따른 이익증여"의 발생은 예상할 수는 있다. 다만, 실무에서 분할에 따른 이익증여가 발생하는 경우는 제한적일 수밖에 없다. 분할에서 이익증여가 발생하는 경우는 비례적 분할이 아닌 경우 발생하게 되는데 현행 법인세법은 비례적 인적분할을 적격분할의 요건으로 하고 있다. 즉 "분할법인의 주주가 분할신설법인으로부터 받은 분할대가의 전액이 주식으로서 그 주식이 분할법인의 주주가 소유하던 주식의 비율에 따라 배정"되어야 하므로(법인법 §46 ② 2) 분할법인의 주주는 분할대가의 전액을 주식이 아닌 현금 등으로 받는 경우와 소유하던 주식의 비율에 따라 배정받지 않는 한 증여가 발생할 여지는 없기 때문이다. 또한 세법의 적격분할 요건의 충족 여부를 떠나 현행 상법에서 불비례적 분할이 허용되는지의 여부도 검토되어야 할 것이다.

사례 2 ••• 인적분할과 이익증여

≪사례 1≫에서 분할 전 법인의 보유주식과 지분율은 다음과 같았다.

주주	관계	주식수	지분율	평가액
신○○	본인	139,960	4.67%	2,454,618,480
신**	제	1,350,040	45.00%	23,677,001,520
○○상사	관계회사	1,510,000	50.33%	26,482,380,000
계		3,000,000	100.00%	52,614,000,000

* 평가액: 1주당 평가액 17,538원 × 보유주식수

분할비율 0.45의 비율로 인적분할인 경우 분할법인의 주주는 분할신설법인의 주식을 다음과 같이 교부받은 것이 된다.

주주	주식수	지분율	평가액
신○○	62,982	4.67%	1,104,578,316
신**	607,518	45.00%	10,654,650,684
○○상사	679,500	50.33%	11,917,071,000
계	1,350,000	100.00%	23,676,300,000

* 주주별 보유주식수: 분할 전 보유주식수 × 분할비율 0.45
* 평가액: 1주당 평가액 17,538원 × 보유주식수

그런데 분할법인의 주주에게 분할신설법인의 주식을 "분할법인의 주주가 소유하던 주식의 비율에 따라 배정"하지 않고 다음과 같이 배정하였다.

주주	분할 전 보유주식비율	배정주식수	분할 후 보유주식비율
신○○	4.67%	402,732	29.83%
신**	45.00%	607,518	45.00%
○○상사	50.33%	339,750	25.17%
계	100.00%	1,350,000	100.00%

* ○○상사 신주교부: 679,500주 × 50%
* 신○○ 신주교부: 62,982주 + (679,500주 × 50%)

즉 분할신설법인이 분할법인의 주주에게 분할신주를 교부함에 있어 신**에게는 분할비율에 따라 신주를 교부하였으나 관계회사인 ○○상사에게는 분할비율의 50%에 상당하는 주식만을 교부하고, 나머지 50%를 신○○에게 교부하였다. 이 경우 분할신설법인의 주주별 보유주식과 그 평가액은 다음과 같게 된다. 따라서 분할 후 보유주식의 평가액을 보면 불비례적 분할의 평가액 "①"과 비례적 분할의 평가액 "②"의 차액은 이익의 증여에 해당될 것이다.

주주	주식수	지분율	평가액		증여재산 (① − ②)
			불비례적 분할 ①	비례적 분할 ②	
신○○	402,732	29.83%	7,063,113,816	1,104,578,316	5,958,535,500
신**	607,518	45.00%	10,654,650,684	10,654,650,684	0
○○상사	339,750	25.17%	5,958,535,500	11,917,071,000	▲5,958,535,500
계	1,350,000	100.00%	23,676,300,000	23,676,300,000	0

이 경우 신○○이 얻은 이익은 5,958,535,500원이며 이익을 분여한 자는 관계회사인 ○○상사가 된다. 이 사례는 "분할법인의 주주가 소유하던 주식의 비율에 따라 배정"하지 아니함으로써 "…합병·분할… 등 법인의 자본을 증가시키거나 감소시키는 거래로 얻은 이익은 증여재산가액으로 본다."에 해당되며 이 경우의 얻은 이익은 소유지분이나 그 가액의 변동 전·후 재산의 평가차액에 해당되는 것으로 볼 수 있겠다.

사례 3 ••• 자기주식 분할과 이익증여

다음은 심판(조심 2011중3386, 2013.9.10.) 사례를 불비례적 인적분할로 수정하여 재구성한 것이다. 분할 전 법인의 주주 구성은 A법인(550,000주, 지분율 25.6%), 김 외 3인(1,068,587주, 지분율 49.8%), Inc(529,850주, 지분율 24.6%)로 구성되어 있었다. 분할 전 법인은 2007.8.10. A법인으로부터 550,000주, 2007.9.22. 김 외 3인으로부터 1,068,587주, 합계 1,618,587주를 취득함으로써 지분율 75.34% 상당의 자기주식을 보유하게 되었다. 분할 전 법인은 그 이후 2007.11.21. 인적분할(분할비율 0.8489120)을 한 후 분할신설법인의 자기주식 중 2007.11.29. 380,054주를 조○○에게 양도하고, 2007.12.28. 993,984주를 다른 조**에게 양도하였다. 자기주식 취득과 분할비율(0.8489120)에 따른 분할은 다음과 같게 된다.

주주	분할 전		자기주식 취득	분할 후	
	주식수	지분율		주식수	지분율
자기주식			1,618,587	1,618,587	75.34%
A법인	466,902	25.60%	-466,902		
김○○	907,136	49.74%	-907,136		
Inc	449,796	24.66%	-	449,796	24.66%
계	1,823,834	100.00%	-	1,823,834	100.00%

분할 전 주주별 보유주식에 대한 평가액은 다음과 같다.

주주	주식수	지분율	평가액
A법인	550,000	25.60%	11,000,000,000
김○○	1,068,587	49.74%	21,371,740,000
Inc	529,850	24.66%	10,597,000,000
계	2,148,437	100.00%	42,968,740,000

* 평가액: 1주당 평가액 20,000원 × 보유주식수

이에 대해 심판원은 "자기주식을 취득하고 이를 소각하지 아니하였으므로 자기주식을 취득한 것은 무효에 해당하고, 분할법인과 인적분할로 신설된 법인의 주주의 주식보유비율이 달라 적격분할 요건인 법인세법 제46조 제2항 제2호의 규정을 충족한 것으로 볼 수 없다."고 하였다. 이 경우를 불비례적 인적분할로 본다면 이익증여의 계산은 다음과

같게 된다.

주주	비례적 분할		불비례적 분할		이익증여 (② - ①)
	주식수	평가액 ①	주식수	평가액 ②	
자기주식			1,618,587	27,480,758,547	27,480,758,547
A법인	466,902	9,338,032,000			-9,338,032,000
김○○	907,136	18,142,726,547			-18,142,726,547
Inc	449,796	8,995,920,464	449,796	8,995,920,464	-
계	1,823,834	36,476,679,011	1,823,834	36,476,679,011	-

한편, 분할 전에 임원과 직원이 보유한 주식 전부를 자기주식으로 취득하고 인적분할을 하면서 자기주식에 대해서는 주식을 배정하지 아니한 경우 이익증여를 다음과 같이 분석할 수 있을 것이다. 분할 전에 다음과 같이 임원과 직원이 보유한 주식 전부를 자기주식으로 취득하였다.

구분	자기주식 취득 전		자기주식 취득	자기주식 취득 후	
	주식수	지분율		주식수	지분율
자기주식			58,000	58,000	58.0%
대표이사	42,000	42.0%	-	42,000	42.0%
임원	30,000	30.0%	-30,000		
직원	28,000	28.0%	-28,000		
합계	100,000	100.0%	-	100,000	100.0%

사례에서 분할비율을 0.6으로 보고 자기주식에 대한 주식을 배정한 경우와 배정하지 아니한 경우의 주식수와 지분율은 다음과 같게 된다.

구분	주식배정한 경우		주식배정 안한 경우	
	주식수	지분율	주식수	지분율
자기주식	34,800	58.0%	-	-
대표이사	25,200	42.0%	25,200	100.0%
합계	60,000	100.0%	25,200	100.0%

자기주식에 대해 주식을 배정한 경우와 배정하지 아니한 경우의 평가액은 다음과 같게 된다(분할법인의 1주당 평가액은 207,639원이다).

구분	주식배정한 경우 평가액			주식배정 안한 경우 평가		
	주식수	지분율	평가액	주식수	지분율	평가액
자기주식	34,800	58.0%	7,225,837,200	–	–	–
대표이사	25,200	42.0%	5,232,502,800	60,000	100.0%	12,458,340,000
합계	60,000	100.0%	12,458,340,000	60,000	100.0%	12,458,340,000

이 사례는 분할 전에 자기주식을 취득하고 인적분할을 하면서 자기주식에 대한 분할대가로 지급하는 분할신설법인의 주식을 전부 대표이사에게 교부할 때 상속증여세법에 의한 증여세 과세 여부 질의에 대해, 자기주식을 제외한 주식의 전부를 1인이 소유한 법인이 특정사업부문을 인적분할하여 새로운 법인을 설립함에 있어 분할법인이 보유한 자기주식에 대하여 분할신설법인의 주식을 배정하지 아니한 경우 구 상속증여세법 제42조 제1항 제3호의 규정이 적용되지 아니한다(서면인터넷방문상담4팀 131, 2008.5.29.).

사례의 자기주식 취득이 무효가 되는지의 여부를 떠나 사례와 같은 불공정한 비례적 분할은 분할신설법인이 자기주식에 대해서 주식을 배정하지 아니하고 대표이사에게 주식 전부를 배정한 경우 대표이사의 지분의 평가액은 12,458,340,000원이 되고, 자기주식에 대해 주식을 배정한 경우라면 대표이사의 지분의 평가액은 5,232,502,800원이 되어, 대표이사 지분의 평가액은 자기주식에 대해 주식을 배정한 경우와 배정하지 아니한 경우의 지분의 평가액이 7,225,837,200원의 차이가 발생한다. 불공정한 합병의 경우는 자기증여 또는 자기이익분여에 대해 법인의 주주가 자신의 주식 지분 범위 내에서 당해 법인의 자산에 대하여 주주로서 권리를 보유한다고 하더라도 당해 법인의 자산 자체를 주주 자신이 소유한 것으로 볼 수는 없으므로, 법인 소유의 포합주식이나 자기주식으로부터 발생한 이익의 분여액 또는 증여액도 과세대상이 된다(대법원 2017두66244, 2021.9.30.).

제4절 분할합병과 과세소득

분할합병은 분할과 합병이 순차적으로 거래되는 것이므로 분할합병 과세소득은 분할과 관련된 과세소득과 합병과 관련된 과세소득이 혼합되어 있다. 분할합병 과세소득은 분할합병과 이익증여에서는 분할비율과 합병비율의 불공정에 따른 이익의 문제를 살펴보고, 분할합병과 과세소득에서는 의제배당, 양도차손익 및 매수차손익, 분할합병 후 지분의 양도에 따른 주식의 양도차익에 대해 살펴본다.

1 분할합병과 이익증여

사례의 분석으로 분할합병과 이익증여를 알아본다.

(1) 회사신고 분할합병 내용

(1)-1. 분할내용

분할회사 A와 분할회사 B는 다음의 분할비율로 각각 분할하였다. 분할 후 분할회사 A의 분할존속회사와 분할회사 B의 분할신설회사는 분할회사 A의 분할존속회사를 합병법인으로 분할회사 B의 분할신설회사를 피합병법인으로 하는 분할합병을 하였다. 관련 내용은 다음과 같다.

구분	분할회사 A		분할회사 B	
분할비율	분할존속회사 (합병법인)	분할신설회사	분할존속회사	분할신설회사 (피합병법인)
	0.64	0.36	0.6031	0.3969

분할비율에 따른 주식배정 현황은 다음과 같다.

| 분할회사 A |

주주	분할 전		분할존속회사 (합병법인)		분할신설회사	
	주식수	지분율	주식수	지분율	주식수	지분율
갑1	873,116	9.81%	558,794	9.81%	314,322	9.81%
갑2	2,086,507	23.44%	1,335,364	23.44%	751,143	23.44%
관계회사 A	686,112	7.71%	439,112	7.71%	247,000	7.71%
자기주식	310,590	3.49%	198,778	3.49%		
존속회사					111,812	3.49%
소액주주	4,943,675	55.55%	3,163,952	55.55%	1,779,723	55.55%
계	8,900,000	100.00%	5,696,000	100.00%	3,204,000	100.00%

| 분할회사 B |

주주	분할 전		분할존속회사		분할신설회사 (피합병법인)	
	주식수	지분율	주식수	지분율	주식수	지분율
관계회사 B	5,071,222	74.44%	3,058,454	74.44%	2,012,768	74.44%
분할회사 A	1,378,316	20.23%	831,262	20.23%	547,054	20.23%
관계회사 A	362,710	5.33%	218,750	5.33%	143,960	5.33%
계	6,812,248	100.00%	4,108,466	100.00%	2,703,782	100.00%

(1)-2. 합병내용

구분	합병법인 (분할회사 A의 분할존속법인)	피합병법인 (분할회사 B의 분할신설법인)
합병가액	21,052	5,835
합병비율	1	0.2771708

(2) 공정한(세법) 분할합병 내용

(2) - 1. 분할내용

구분	분할회사 A		분할회사 B	
분할비율	분할존속회사 (합병법인)	분할신설회사	분할존속회사	분할신설회사 (피합병법인)
	0.64	0.36	0.574658	0.425342

세법의 분할비율에 따라 주식배정을 하면 다음과 같게 된다.

| **분할회사 A** |

분할회사 A는 회사신고 분할비율과 세법의 분할비율이 같으므로 주식배정은 회사가 신고한 주식배정과 차이가 없다.

| **분할회사 B** |

주주	분할 전		분할존속회사		분할신설회사 (피합병법인)	
	주식수	지분율	주식수	지분율	주식수	지분율
관계회사 B	5,071,222	74.44%	2,914,218	74.44%	2,157,004	74.44%
분할회사 A	1,378,316	20.23%	792,060	20.23%	586,256	20.23%
관계회사 A	362,710	5.33%	208,434	5.33%	154,276	5.33%
계	6,812,248	100.00%	3,914,713	100.00%	2,897,535	100.00%

(2) - 2. 합병내용

구분	합병법인 (분할회사 A의 분할존속법인)	피합병법인 (분할회사 B의 분할신설법인)
합병가액	21,052	3,274
합병비율	1	0.15550067

(3) 분할합병과 이익증여

(3)-1. 불공정한 비율 분할과 공정한 합병

회사가 신고한 합병비율(1 : 0.2771708)은 공정한 합병비율로 본다. 이 경우 회사가 신고한 비율 분할(0.3969)의 분할합병과 공정한 비율 분할(0.425342)의 분할합병은 분할비율이 불공정하고 합병비율은 공정하므로 불공정합병에 따른 이익의 계산방식으로는 이익을 계산할 수 없다. 이 경우는 회사가 신고한 비율 분할에 의해 공정한 합병을 하는 경우의 분할합병 후 지분율과 공정한 비율 분할에 의해 공정한 합병을 하는 경우의 분할합병 후 지분율을 각각 계산한 다음 그 지분율의 차이에 합병 후 존속법인의 총평가액을 곱해서 계산할 수 있다. 회사신고 비율 분할합병(분할비율 0.3969, 합병비율 0.2771708)의 분할합병 후의 지분율은 다음과 같이 계산된다.

주주		분할합병 전	분할합병 신주	분할합병 후	
		주식수	주식수	주식수	지분율
갑1		558,794		558,794	8.67%
갑2		1,335,364		1,335,364	20.72%
관계사 A		439,112		439,112	6.81%
자기주식		198,778		198,778	3.08%
소액주주		3,163,952		3,163,952	49.09%
피합병 법인	관계사 B	2,012,768	39,901	39,901	0.62%
	분할회사 A	547,054	557,881	557,881	8.66%
	관계사 A	143,960	151,627	151,627	2.35%
계		8,399,781	749,409	6,445,409	100.00%

공정한 비율 분할합병(분할비율 0.425342, 합병비율 0.2771708)의 분할합병 후의 지분율은 다음과 같이 계산된다.

주주		분할합병 전	분할합병 신주	분할합병 후	
		주식수	주식수	주식수	지분율
갑1		558,794		558,794	8.60%
갑2		1,335,364		1,335,364	20.55%
관계사 A		439,112		439,112	6.76%
자기주식		198,778		198,778	3.06%
소액주주		3,163,952		3,163,952	48.68%
피합병 법인	관계사 B	2,157,004	42,761	42,761	0.66%
	분할회사 A	586,256	597,858	597,858	9.20%
	관계사 A	154,276	162,493	162,493	2.50%
계		8,593,535	803,112	6,499,112	100.00%

불공정한 비율 분할합병에 따른 이익을 다음과 같은 방식으로 계산할 수 있을 것이다. 이때의 이익은 합병비율은 공정하고 분할비율이 불공정한 경우가 된다. 인적분할에서 분할비율의 중요성은 분할 후 합병하는 분할합병에서 그 의미를 알 수 있다고 했다.

주주	공정한 비율 분할합병	회사신고 비율 분할합병	지분율변동 ③ (① − ②)	합병 후 존속법인 총평가액 ④	이익증여 (③ × ④)
	지분율 ①	지분율 ②			
갑1	8.60%	8.67%	−0.07%	136,819,308,904	−98,015,026
갑2	20.55%	20.72%	−0.17%		−234,228,959
관계회사 A	6.76%	6.81%	−0.06%		−77,022,255
자기주식	3.06%	3.08%	−0.03%		−34,866,571
소액주주	48.68%	49.09%	−0.41%		−554,971,665
관계회사 B	0.66%	0.62%	0.04%		53,196,123
분할회사 A	9.20%	8.66%	0.54%		743,760,444
관계회사 A	2.50%	2.35%	0.15%		202,147,908
계	100.00%	100.00%	−		−

* 합병 후 존속법인 총평가액: 공정한 비율 분할합병 합병가액 21,052원 × 공정한 비율 분할합병 후 발행 주식총수 6,499,112주(금액 차이는 소수점에서 옴)

(3)-2. 불공정한 비율 분할과 불공정한 합병

회사가 신고한 합병비율(1 : 0.2771708)을 불공정한 합병비율로 본다. 위의 합병내용에 따르면 공정한 합병비율이 1 : 0.15550067(21,052원 : 3,274원)이다. 이 경우 회사가 신고한 비율 분할(0.3969)의 분할합병과 공정한 비율 분할(0.425342)의 분할합병은 합병비율이 불공정하므로 다음과 같은 불공정한 비율 분할합병에 따른 이익의 계산방식으로 이익을 계산할 수 있다. 이때의 이익은 합병비율의 불공정과 분할비율이 불공정한 경우가 혼합된 이익이 된다.

구분	합병법인 (A의 분할존속법인)	피합병법인 (B의 분할신설법인)	합병 후 존속법인
발행주식총수	5,696,000	2,897,535	
1주당 평가액	21,052	3,274	19,910
총주식 평가액	119,912,192,000	9,485,371,194	129,397,563,194
합병비율	1	0.2771708	
합병 후 주식수	5,696,000	803,112	6,499,112
합병 전 평가액	21,052	11,811	
평가차손익 계	-6,504,622,106	6,504,622,106	

2 분할합병과 과세소득

사례의 분석으로 분할합병과 과세소득을 알아본다.

(1) 분할합병의 기본내용

G그룹의 IT사업부는 벤처기업인 IT회사를 인수합병함에 있어 다음과 같은 방식으로 진행하기로 하였다. 인수합병을 요약하면, 벤처기업인 IT회사(A회사)의 사업부문을 물적분할한 분할신설회사(B회사)를 합병법인으로 하고 A회사의 계열회사인 AT회사(C회사)를 피합병법인으로 하는 분할합병(D회사)을 한다. G그룹의 IT사업부는 분할합병법인인 D회사의 지분 51%를 인수하는 방식으로 인수합병이 종료된다. 벤처기업과 G그룹은 공인된 평가기관의 실사를 거쳐 양사 합의에 의해 물적분할한 B회사를 600억원, C회사를

200억원으로 각각 평가하였다. 인수합병과 관련된 내용은 다음과 같다.

A회사 재무상태표

계정과목	분할 전	분할존속회사	분할신설회사
I. 자 산	25,706,532,919	25,464,725,730	241,807,189
(1) 유동자산	21,521,830,426	21,417,641,576	104,188,850
(2) 비유동자산	4,184,702,493	4,047,084,154	137,618,339
II. 부 채	19,493,531,165	19,313,853,994	179,677,171
(1) 유동부채	15,231,402,793	15,125,377,152	106,025,641
(2) 비유동부채	4,262,128,372	4,188,476,842	73,651,530
III. 자 본	6,213,001,754	6,150,871,736	62,130,018

A회사의 분할 전후 주주현황

주주	A회사(분할존속회사)		B회사(분할신설회사)		
	주식수	지분율	주주	주식수	지분율
갑	35,500	35.50%	A회사	500,000	100.0%
을	13,600	13.60%			
병	10,300	10.30%			
정	2,900	2.90%			
기타	37,700	37.70%			
계	100,000	100.00%	계	500,000	100.0%

C회사 재무상태표

과목	당기	전기
Ⅰ. 유동자산	618,370,327	243,998,083
Ⅱ. 비유동자산	194,437,931	156,646,689
자산총계	812,808,258	400,644,772
Ⅰ. 유동부채	177,491,968	233,195,605
Ⅱ. 비유동부채	537,814,524	100,852,635
부채총계	715,306,492	334,048,240
Ⅰ. 자본금	55,580,000	53,163,500
자본금	53,163,500	53,163,500
우선주자본금	2,416,500	0

과목	당기	전기
Ⅱ. 자본잉여금	597,110,882	99,534,200
주식발행초과금	597,110,882	99,534,200
Ⅲ. 자본조정	0	0
Ⅳ. 기타포괄손익누계액	0	0
Ⅴ. 결손금	555,189,116	86,101,168
자본총계	97,501,766	66,596,532

C회사 주주현황

주주	주식수	지분율
을	63,240	52.3%
가	17,706	14.7%
나	10,633	8.8%
다	2,104	1.7%
A회사	5,263	4.4%
기타	21,880	18.1%
계	120,826	100.0%

(2) 분할합병의 과세소득

분할합병에 따른 과세소득을 다음과 같은 방식으로 계산할 수 있다.

(2)-1. 분할합병과 이익증여

앞서 공인된 평가기관의 평가와 당사자 사이의 합의에 따르면 합병법인(분할신설회사 B회사)의 총평가액이 600억원(500,000주), 피합병법인(C 회사)의 총평가액이 200억원(120,826주)으로 각각 평가되었으므로 합병비율은 다음과 같게 된다.

구분	합병법인 (분할신설회사 B회사)	피합병법인 (C회사)
합병가액	120,000(600억원/500,000주)	165,527(200억원/120,826주)
합병비율	1	1.379394

세법의 합병가액(액면가 5,000원)은 다음과 같이 평가되었다.

구분	합병법인 (분할신설회사 B회사)	피합병법인 (C회사)
합병가액	15,308	646
합병비율	1	0.421707

분할합병에 따른 이익증여의 합계는 다음과 같이 계산된다.

구분	합병법인 (B회사)	피합병법인 (C회사)	합병 후 (D회사)
발행주식총수	500,000	120,826	
1주당 평가액	15,308	646	11,598
총주식 평가액	7,654,000,000	78,053,596	7,732,053,596
합병비율	1	1.379394	
합병 후 주식수	500,000	166,667	666,666.66
합병 전 평가	15,308	468.3	
평가차손익계	-1,854,959,803	1,854,959,803	

증여재산에 대하여 수증자에게 소득세법에 따른 소득세 또는 법인세법에 따른 법인세가 부과되는 경우에는 증여세를 부과하지 아니한다(상증법 §4의2 ③). 상속증여세법 기본통칙(38-28…2)에 따르면 이익증여에 의제배당 금액이 포함된 경우에는 이를 차감하도록 하고 있다. 피합병법인의 주주별 얻은 이익의 계산은 다음과 같게 된다.

주주	얻은 이익 ①	자기로부터 얻은 이익 ②	차감액 ③ (① - ②)	의제배당 ④	얻은 이익 계 (③ - ④)
을	970,880,919	-	970,880,919	10,445,179,241	-9,474,298,322
가	271,828,235		271,828,235	2,924,451,987	-2,652,623,752
나	163,241,253		163,241,253	1,756,223,765	-1,592,982,512
다	32,301,288		32,301,288	347,511,972	-315,210,684
A회사	80,799,277	80,799,277	-	869,275,432	-869,275,432
기타	335,908,832	-	335,908,832	3,613,860,243	-3,277,951,412
계	1,854,959,803	80,799,277	1,774,160,526	19,956,502,640	-18,182,342,114

(2) - 2. 분할합병과 의제배당

분할합병 직후 주식을 양도하게 되므로 피합병법인의 주주가 합병등기일이 속하는 사업연도의 종료일까지 주식을 보유할 것(법인법 §44 ② 2) 또는 분할법인의 주주가 분할등기일이 속하는 사업연도의 종료일까지 그 주식을 보유할 것(법인법 §46 ② 2)에 해당되지 않는다. 합병대가가 주식인 경우 재산가액의 평가(법인령 §14 ① 1 나)는 적격합병(법인법 §44 ② 1 및 2 또는 같은 조 ③)인 경우는 종전의 장부가액, 비적격합병인 경우는 취득 당시 법인세법 제52조의 규정에 의한 시가. 다만, 법인세법 시행령 제88조 제1항 제8호의 규정에 의하여 특수관계인으로부터 분여받은 이익이 있는 경우에는 그 금액을 차감한 금액으로 한다. 또한 분할대가가 주식인 경우 재산가액의 평가(법인령 §14 ① 1 나)는 적격분할(법인법 §46 ② 1 및 2)인 경우는 종전의 장부가액, 비적격분할인 경우는 취득 당시 법인세법 제52조의 규정에 의한 시가. 다만, 법인세법 시행령 제88조 제1항 제8호의 규정에 의하여 특수관계인으로부터 분여받은 이익이 있는 경우에는 그 금액을 차감한 금액으로 한다.

인적분할된 비상장법인의 주식 취득가액 산정방법(부동산납세과 754, 2014.10.13.)

법인의 분할로 인하여 취득한 주식의 1주당 취득가액
= 〔총 취득가액 – 분할존속법인 주식 상당가액 + 의제배당금 등〕 ÷ 분할신설법인 주식수

* 총 취득가액: 개인이 분할 전 법인의 주식취득 시 지급한 금액
* 분할존속법인 주식 상당가액: 총 취득가액 × (분할존속법인 주식수 ÷ 분할 전 법인 주식수)
* 분할 전 법인 주식수: 개인이 당초 취득한 분할 전 법인의 주식총수
* 분할존속법인 주식수: 개인이 당초 취득한 분할 전 법인의 주식 중 분할 후 보유하는 주식수
* 분할신설법인 주식수: 분할로 인하여 개인이 취득한 분할신설법인의 주식수

피합병법인(C회사)의 비적격합병에 따른 의제배당은 다음과 같이 계산된다(구주 취득가액 1주당 360원).

주주	합병가액 ①	합병신주 ②	합병대가 ③ (① × ②)	구주 취득가액 ④	의제배당 (③ − ④)
을	12,000	87,233	10,467,945,641	22,766,400	10,445,179,241
가		24,424	2,930,826,147	6,374,160	2,924,451,987
나		14,667	1,760,051,645	3,827,880	1,756,223,765
다		2,902	348,269,412	757,440	347,511,972
A회사		7,260	871,170,112	1,894,680	869,275,432
기타		30,181	3,621,737,043	7,876,800	3,613,860,243
계		166,667	20,000,000,000	43,497,360	19,956,502,640

분할존속회사(A회사)의 비적격분할에 따른 의제배당은 다음과 같이 계산된다(구주 취득가액 1주당 5,000원).

구분	분할가액 ①	분할신주 ②	분할대가 ③ (① × ②)	구주 취득가액 ④	의제배당 (③ − ④)
분할존속회사	15,308	500,000	7,654,226,276	62,130,018	7,592,096,258

(2)-3. 분할합병과 주식양도차익

앞서 자료에 따르면 분할합병 후의 지분 51%를 인수하는데 있어 물적분할한 B회사와 C회사의 가치를 각각 600억원과 200억원으로 양사가 합의하였다. 합병 후 지분 51%(257,599주)를 확보하는 방식에 따라 주식양도소득은 다음과 같게 될 것이다. 먼저 분할합병 후 D회사의 지분 51%의 상당액은 408억원(800억원 × 51%)이므로 주식양도차익은 다음과 같이 계산된다(양도가액은 소수점 차이임). 이때 408억원 중 C회사(피합병법인)의 주식(분할합병신주) 200억원을 먼저 처분한 다음 나머지 208억원(408억원 − 200억원)은 B회사(분할합병법인)의 주식을 처분하는 것으로 한다.

구분	주주	주식수	양도가액	필요경비		양도차익
				취득가액	의제배당금액	
C회사 (합병 신주)	을	87,233	10,467,945,641	22,766,400.0	10,445,179,241	−
	가	24,424	2,930,826,147	6,374,160.0	2,924,451,987	−
	나	14,667	1,760,051,645	3,827,880.0	1,756,223,765	−

구분	주주	주식수	양도가액	필요경비		양도차익
				취득가액	의제배당금액	
	다	2,902	348,269,412	757,440.0	347,511,972	-
	A회사	7,260	871,170,112	1,894,680.0	869,275,432	
	기타	30,181	3,621,737,043	7,876,800.0	3,613,860,243	-
	소계	166,667	20,000,000,000	43,497,360	19,956,502,640	-
B회사	A회사	173,333	20,800,000,000	62,130,018	7,592,096,258	13,145,773,724
합계		340,000	40,800,000,000	105,627,378	27,548,598,898	13,145,773,724

분할합병 전의 지분양도는 분할합병 후 D회사의 지분 51%(257,599주)를 확보하는 조건이 유지되어야 하므로 주식양도차익은 다음과 같이 계산된다. 이 경우 51% 지분을 확보하는 방식으로는 C회사의 지분 전부(합병 후 지분 1.01% 상당)를 양도하고 나머지 지분은 B회사의 합병 후 지분 49.99%에 상당하는 252,504주를 양도하는 방식이다.

구분	주주	주식수	양도가액	필요경비		양도차익
				취득가액	의제배당금액	
C회사 (합병 전 보유 주식)	을	63,240	10,467,945,641	22,766,400	-	10,445,179,241
	가	17,706	2,930,826,147	6,374,160	-	2,924,451,987
	나	10,633	1,760,051,645	3,827,880	-	1,756,223,765
	다	2,104	348,269,412	757,440	-	347,511,972
	A회사	5,263	871,170,112	1,894,680	-	869,275,432
	기타	21,880	3,621,737,043	7,876,800	-	3,613,860,243
	소계	120,826	20,000,000,000	43,497,360	-	19,956,502,640
B회사	A회사	252,504	20,800,208,535	62,130,018	7,592,096,258	13,145,982,259
합계		373,330	40,800,208,535	105,627,378	7,592,096,258	33,102,484,899

결국 분할합병 후 지분 51%의 상당의 양도와 분할합병 전 지분 51% 상당의 양도의 차이는 주식양도에 따른 의제배당으로 과세되느냐 양도소득으로 과세되느냐에 달려있다.

자산취득에 든 실지거래가액(소득법 §97 ① 1 가)은 다음의 금액을 합한 것으로 한다(소득령 §163 ①). 합병으로 인하여 소멸한 법인의 주주가 합병 후 존속하거나 합병으로 신설되는 법인(합병법인)으로부터 교부받은 주식의 1주당 취득원가에 상당하는 가액은 합병 당시 해당 주주가 보유하던 피합병법인의 주식을 취득하는데 든 총금액(법인세법 제16조 제1항 제5호의 금액은 더하고 같은 호의 합병대가 중 금전이나 그 밖의 재산가액의 합계액은 뺀 금액으로 한다)을 합병으로 교부받은 주식수로 나누어 계산한 가액으로 한다. 분할법인 또는 소멸한 분할합병의 상대방 법인의 주주가 분할신설법인 또는 분할합병의 상대방 법인으로부터 분할 또는 분할합병으로 인하여 취득하는 주식의 1주당 취득원가에 상당하는 가액은 분할 또는 분할합병 당시의 해당 주주가 보유하던 분할법인 또는 소멸한 분할합병의 상대방 법인의 주식을 취득하는데 소요된 총금액(법인세법 제16조 제1항 제6호의 금액은 더하고 같은 호의 분할대가 중 금전이나 그 밖의 재산가액의 합계액은 뺀 금액으로 한다)을 분할로 인하여 취득하는 주식수로 나누어 계산한 가액으로 한다.

합병으로 인하여 소멸한 법인의 주주가 합병 후 존속 또는 신설되는 법인의 주식을 양도하는 경우로서 당해 주식의 1주당 양도차익을 실지거래가액에 의하여 산정하는 경우 당해 주식의 1주당 양도가액에서 차감하는 1주당 취득가액을 다음과 같이 계산한다(재경원재산 46014－117, 1996.3.12.). 피합병법인의 주식을 취득하는데 소요된 금액(합병 시 의제배당으로 과세된 의제배당 금액이 있는 경우에는 이를 가산하고, 합병교부금을 교부받는 경우에는 이를 차감한 금액을 말함)을 합병으로 교부받은 주식수로 나누어 계산, 다만 합병 후 존속 또는 신설법인의 1주당 취득가액이 합병으로 소멸한 법인이 발행한 주식의 1주당 취득가액에 미달하는 때에는 소멸한 법인이 발행한 주식의 1주당 취득가액을 1주당 양도가액에서 차감하여 1주당 양도차익을 산정한다. 주식양도에 따른 실지거래가액에 의한 양도차익 계산 시 양도가액에서 공제할 필요경비는 “양도자산의 취득에 소요된 실지거래가액과 자본적 지출・양도비 등의 합계액”으로 하는 것이며, 양도자산의 보유기간 중에 상속증여세법 제38조(합병 시의 증여의제)의 규정에 따라 증여세가 부과되는 경우 그 증여세 과세가액은 양도가액에서 공제할 필요경비에 포함되지 않는다(재산46014－218, 2002.7.30.).

(2)－4. 분할합병과 양도차손익 및 매수차손익

분할합병 직후 주식을 양도하게 되므로 피합병법인의 주주가 합병등기일이 속하는 사업연도의 종료일까지 주식을 보유할 것(법인법 §44 ② 2)에 해당되지 않는다. 앞서 제시된 재무상태표와 합병대가에 따라 양도차손익과 매수차손익을 계산할 수 있다.

| 비적격 물적분할합병법인: B회사 |

순자산가액	97,501,766	자본금	833,333,333
합병매수차손	9,902,498,234	주발초	19,166,666,667
계	20,000,000,000,000	계	20,000,000,000,000

* 자본금 833,333,333원: 액면가 5,000원 × 분할합병신주 166,666,66주
* 주발초 19,166,666,666원: (합병가액 120,000원 × 분할합병신주 166,666,66주) − 자본금 833,333,333

| 비적격 피합병법인: C회사 |

합병대가	20,000,000,000	순자산가액	97,501,766
		합병양도이익	19,902,498,234
계	20,000,000,000	계	20,000,000,000

분할합병 직후 주식을 양도하게 되므로 분할법인의 주주가 분할등기일이 속하는 사업연도의 종료일까지 그 주식을 보유할 것(법인법 §46 ② 2)에 해당되지 않는다. 법인세법 시행령 제72조 제2항 제3호의2에 따르면 물적분할에 따라 분할법인이 취득하는 주식등의 경우는 물적분할한 순자산의 시가가 분할대가가 된다. 순자산의 시가는 90,000,000원이다.

| 비적격 물적분할법인: A회사 |

분할대가	90,000,000	순자산가액(장부가액)	62,130,018
		자산양도차익	27,869,982
계	90,000,000	계	90,000,000

| 비적격 물적분할신설법인: B회사 |

순자산가액(시가)	90,000,000	분할대가	90,000,000
분할매수차손	0		
계	90,000,000	계	90,000,000

물적분할의 분할대가는 분할법인이 취득한 주식이 물적분할한 순자산의 시가이므로 분할매수차손이 발생하지 않는다. 그러나 세무조정은 분할신설법인이 승계한 순자산

장부가액과 시가의 차이는 익금산입이 된다. 물적분할에서 분할대가가 분할법인이 취득한 주식이 물적분할한 순자산의 시가라고 해서 그 시가가 분할신설법인의 가치를 평가한 주식의 평가는 아니라는 점이다. 즉 물적분할신설법인의 주식평가와 분할법인이 취득한 주식의 가액인 물적분할한 순자산의 시가는 다르다. 위의 사례를 들어 보면 물적분할신설법인의 주식의 가치는 600억원이나 물적분할의 대가는 90,000,000원이다.

제5절 분할과 주식평가

1 분할과 주식평가

분할사업부문에 대한 합병 직전 주식평가 방법이 2016.2.5. 신설되었다. 즉 분할합병을 하기 위하여 분할하는 법인의 분할사업부문에 대한 합병 직전 주식의 가액은 상속증여세법 제63조 제1항 제1호 나목(비상장주식 평가)에 따른 방법을 준용하여 분할사업부문을 평가한 가액으로 한다(상증령 §28 ⑦). 이 규정은 상장주식의 평가는 아니며 분할과 동시에 합병하는 경우로서 분할신설법인을 상정하고 있다. 분할 후 1년 또는 2년의 시차를 두고 합병하는 경우이거나 분할 후 합병을 하지 않는 경우 또는 분할존속법인의 합병가액 평가의 방법을 규정한 것이 아니다. 그러나 분할사업부문에 대한 평가의 방법을 명시한 것은 그동안 혼란이 있었던 분할당사법인(분할존속법인과 분할신설법인)에 대한 주식평가의 상당 부분이 해소된 것으로 보아야 한다.

분할과 주식평가의 논점은 분할 후 존속법인과 신설법인의 주식평가 방법을 말하는데, 분할법인의 사업부문이 구분경리가 되어 있지 않은 경우가 해당된다. 분할법인의 사업부문이 구분경리가 되어 있다면 분할당사법인의 주식평가는 특별히 문제 될 것이 없다. 분할과 주식평가의 올바른 이해를 위해서는 구 상속증여세법 시행규칙 제10조의2 제1항의 규정을 참고할 필요가 있다. 이와 관련하여 회사분할에서 주식평가의 기본적인 개념을 다음과 같이 정리할 수 있을 것이다. 즉 회사분할의 평가대상을 분할방법에 따른 분류로 인적분할과 물적분할로 나눌 수 있다. 인적분할은 다시 분할존속법인과 분할신설법인으로, 물적분할도 분할존속법인과 분할신설법인으로 나눌 수 있다. 따라서 평가대상 법인은 6개가 된다(이하의 관련 내용은 저자의 연구보고서 "회사분할에 따른 주식평가 방법에 대한 세법적용" 중 일부 내용을 수정한 것임).

분할유형	인적분할		물적분할	
평가대상법인	분할존속법인	분할신설법인	분할존속법인	분할신설법인

이러한 분류 방법 외에 평가의 방법을 분할합병의 경우와 분할합병 외의 경우의 방법으로 나눌 수도 있다. 분할사업부문에 대한 합병 직전 주식평가 방법이 2016.2.5. 신설되기 전에는 분할합병의 평가 방법만을 규정하고 있었다. 사업개시 후 3년 미만의 법인의 주식평가는 순자산가치로 평가한다(상증령 §54 ④ 2). 이때 법인세법 제46조의3, 제46조의5 및 제47조의 요건을 갖춘 적격분할 또는 적격물적분할로 신설된 법인의 사업기간은 분할 전 동일 사업부분의 사업개시일부터 기산한다(상증령 §54 ④ 2). 따라서 분할신설법인(인적분할 또는 물적분할)이 분할 전 동일 사업부분의 사업개시일부터 3년 이상인 경우는 순손익가치와 순자산가치의 가중평균한 평가액이 되고 3년 미만인 경우는 순자산가치로만 평가한다. 그런데 이 규정은 분할신설법인의 적격분할에 대한 것이고 비적격분할에 대한 평가의 방법은 아니다. 이와 같은 점에도 불구하고 이 규정으로 분할합병 외의 평가 방법에 대해 일부를 규정하고 있는 점은 개선되었으나 개정되기 전과 비교하면 특별히 달라진 것은 없다. 현재까지의 규정과 행정해석을 참고하여 평가의 방법을 분할합병과 분할합병 이외로 나누어 각 평가의 방법의 특징적인 차이를 다음과 같이 볼 수 있을 것이다.

첫째, 구 시행규칙 제10조의2 제1항에서는 분할합병은 분할 전 순손익액의 사업부문별의 구분 여부와 관계없이 순자산가액비율로 안분한다. 행정해석에서 분할합병 이외는 "분할 전 순손익액이 사업부문별로 구분된 경우와 구분되지 않은 경우"를 구별하여 평가방법을 달리하고 있다.

둘째, 분할신설법인의 평가에서 분할합병은 인적·물적분할 구분 없이 순자산가액비율로 안분한다. 분할합병 이외는 인적·물적분할 구분 없이 분할 전 순손익액이 사업부문별로 구분되는 경우에는 구분된 순손익액을 기준으로 계산하고 분할 전 순손익액이 사업부문별로 구분되지 않은 경우는 1주당 순손익가치를 순자산가액비율로 안분한다.

셋째, 분할존속법인의 평가에서 인적분할에 대해서는 말하지 않고 물적분할의 경우 분할합병은 분할 전의 주식가액으로, 분할합병 이외는 인적·물적분할 구분 없이 분할 전 순손익액이 사업부문별로 구분되는 경우는 구분된 순손익액을 기준으로 계산하고 분할 전 순손익액이 사업부문별로 구분되지 않은 경우는 1주당 순손익가치를 순자산가액비율로 안분한다.

분할과 주식평가의 이해는 이러한 평가 방법의 차이가 구체적으로 무슨 의미가 있는지에 대한 이해가 있어야 한다. 나아가 회사분할의 주식평가 방법은 분할의 유형과 그 유형에 따른 존속회사와 신설회사의 평가 방법의 차이뿐만 아니라 분할합병 평가와 분할합병 외의 평가에서도 어떤 차이가 있는지 함께 알아야 한다. 현행 개정 규정과 2016.2.5. 개정되기 전의 규정 및 행정해석의 평가 방법에 따르면 평가 방법을 다음과 같이 분류할 수 있을 것이다(회사분할과 관련된 주식평가 방법은 그동안의 다양한 행정해석이 분할합병에 국한되는지 여부가 분명하지 않은 것으로 보여 저자의 주관적인 판단에 따라 분류하였다).

(1) 분할합병과 주식평가

분할합병의 주식평가 방법에는 분할존속법인과 분할신설법인이 평가방법을 달리하고 있다.

(1)-1. 분할신설법인

2016.2.5. 신설 전 분할사업부문에 대한 합병 직전 주식평가 방법인 상속증여세법 시행규칙 제10조의2에 의하면 분할합병 시 주식평가를 다음과 같이 규정하고 있다. 분할하는 법인의 분할사업부문(분할신설법인)에 대한 합병 직전 주식가액은 다음의 산식에 의하고 있다(구상증칙 §10의2 ①).

$$\text{분할법인의 분할 직전 주식가액} \times \frac{\text{분할사업부문의 순자산가액}}{\text{분할법인의 순자산가액}}$$

상속증여세법 제38조 및 같은 법 시행령 제28조의 규정을 적용함에 있어 분할합병을 하기 위하여 분할하는 법인의 분할사업부문에 대한 합병 직전 주식가액은 같은 법 시행규칙 제10조의2 제1항의 산식에 의한다(서면4팀-2757, 2007.9.19.). 이때 '순자산가액'이라 함은 상속증여세법 시행령 제55조 규정에 의한 순자산가액을 말한다(재산세과-764, 2010.1.15.; 재산-611, 2010.8.18. 외). 즉 '순자산가액'은 상속증여세법의 평가액을 말한다. 이 규정과 해석은 인적분할과 물적분할을 별도 구별하지 않는다는 것과 분할존속법인의 사업부문이 아닌 분할신설법인의 사업부문의 합병가액 평가방식을 규정하고 있다는 점이다.

2016.2.5. 개정에서는 분할합병을 하기 위하여 분할하는 법인의 분할사업부문에 대한 합병 직전 주식의 가액은 상속증여세법 제63조 제1항 제1호 (나)목(비상장주식평가)에 따른 방법을 준용하여 분할사업부문을 평가한 가액으로 한다(상증령 §28 ⑦). 여기서 상속증여세법 제63조 제1항 제1호 (나)목에 따른 방법이란 비상장주식 평가방법으로 순손익가치와 순자산가치를 가중평균한 가액, 또는 순자산가치의 평가를 말한다. 이때 사업개시 후 3년 미만의 법인의 주식은 순자산가치로만 평가하고 있는데, 분할사업부문의 사업개시 기간에 대해서는 법인세법 제46조의3, 제46조의5 및 제47조의 요건을 갖춘 적격분할 또는 적격물적분할로 신설된 법인의 사업기간은 분할 전 동일 사업부문의 사업개시일부터 기산하도록 하고 있다. 즉 적격분할의 경우 사업개시 기간 3년 미만인 경우 순자산가치로의 평가는 분명하나, 비적격분할의 경우 분할 후 신설된 법인은 사업개시 기간과 관계없이 순자산가치로만 평가한다는 의미로 받아들여진다.

한편, 적격분할의 경우도 분할신설법인이 사업개시 후 3년 이상으로 분할사업부문의 최근 3년간의 순손익액이 각각 구분되지 않은 경우라면 그 적용 방법에 대해서는 분명하지 않다. 2016.2.5. 개정에서 분할사업부문에 대한 "합병 직전 주식의 가액"이란 순손익가치와 순자산가치를 가중평균한 가액 또는 순자산가치 평가를 말하는데 "합병 직전 주식의 가액"은 분할사업부문이 구분되어 있는 것과는 관계없이 합병기준일의 순자산가치의 평가는 가능하겠으나 분할사업부문이 구분되어 있지 않은 경우라면 순손익가치의 평가는 할 수가 없다. 결국 개정 규정은 개정되기 전의 규정이 합병 직전의 주식의 가액을 순자산가액비율로 안분하는 방식에서 합병가액을 분할신설법인의 사업부문에 대해 정확한 순자산가치를 평가한다는 데는 의미가 있겠으나 합병가액의 다른 한 부분인 순손익가치의 평가에 대해서는 해결점을 제시하지 못하고 있다. 개정 규정은 분할사업부문인 분할신설법인에 대한 평가방식이지 분할존속법인에 대한 것은 아니지만 개정 규정의 의미로 보면 분할존속법인의 사업부문에 대해서도 분할 직전 순자산가치를 상속증여세법 제63조 제1항 제1호 (나)목에 따른 방법을 준용하여 합병가액으로 평가하는 것이 개정 규정의 취지에 맞는 것이라 하겠다.

관련해서 2016.2.5. 개정 전의 행정해석을 보면, 요건을 갖춘 물적분할을 한 경우로서 분할당사법인의 최근 3년간의 순손익액이 각각 구분이 되는 경우에는 그 구분된 순손익액을 기준으로 계산한다(상속증여세과-229, 2017.3.9.). 또는 요건을 갖춘 물적분할을 한 경우로서 분할존속법인과 분할신설법인의 1주당 순손익가치를 상속증여세법 시행령 제56조 제1항 제1호의 규정에 의한 1주당 최근 3년간의 순손익액의 가중평균액으로 계산할 때, 분할존속법인과 분할신설법인의 최근 3년간의 순손익액이 각각 구분이 되는 경우에는 그 구분된 순손익액을 기준으로 계산한다(재산세과-839, 2009.11.24.)고 하는 해석은 모두 분할존속법인과 분할신설법인의 최근 3년간의 순손익액이 각각 구분되어 있는 경우이다.

(1)-2. 분할존속법인

분할로 인한 수개의 회사의 분할 직후의 주식평가액의 총합은 분할 직전의 총주식 평가액과 같아야 한다. 1개의 회사가 3개의 회사로 분할한 경우 분할 직후 3개 회사의 기업가치의 총합은 분할 전의 1개의 기업가치와 같아야 한다. 이것은 인적분할 또는 물적분할이라고 해서 다르지 않다. 이와 같은 평가의 원칙은 분할로 인한 기업가치 평가의 원칙이 되어야 할 것이다. 이 원칙에 의해 분할존속법인의 평가를 살펴본다.

2016.2.5. 신설되기 전 구상속증여세법 시행규칙 제10조의2 제1항의 분할합병 시 주식평가의 규정은 분할신설법인에 대한 평가방법이지 분할존속법인에 대한 평가방법을 규정한 것이 아니라고 했다. 또한 이 규정은 인적분할과 물적분할에 차이를 두지 않는다고 했다. 개정 후에도 이러한 인식에는 차이가 없다. 개정 전의 행정해석에 따르면 물적분할에서 분할존속법인의 주식평가 방법을 "합병당사법인 각자가 영위하는 특정사업부문을 물적분할의 방법으로 분할합병하여 새로운 법인을 설립함과 동시에 존속하는 사업부문을 합병하는 경우에는 합병당사법인의 1주당 평가액은 분할 전의 주식가액에 의한다(서면4팀-1736, 2007.5.29.)."고 하였다. 이 해석에 따르면 물적분할의 분할존속법인이 합병하는 경우 분할존속법인의 합병가액은 분할 전의 주식가액에 의하도록 하고 있다. 물적분할의 경우 분할존속법인이 분할신설법인의 주식 100%를 보유하고 있으므로 분할존속법인의 주식가치는 분할시점에 서는 분할 직전이나 분할 직후나 같다. 다만, 분할과 동시에 합병을 하는 경우가 아닌 분할 후 일정 기간이 지나서 합병을 하는 경우라면 이 해석을 따를 수는 없다. 또한 이 해석은 물적분할로서 인적분할의 경우에는 분할존속법인이 분할합병을

하는 경우 분할존속법인의 주식평가 방법을 어떻게 할 것인가에 대해서는 말하지 않는다.

인적분할의 경우 2016.2.5. 개정 전이라면 분할사업부문이 분할존속법인과 분할신설법인의 최근 3년간의 순손익액이 각각 구분되지 않는 경우라면 "구 상속증여세법 시행규칙 제10조의2 제1항"에 의한 순자산가액비율로 안분할 수 있을 것이다. 인적분할의 경우 분할 이후 2개 이상의 회사평가액의 총합은 분할 전 1개 회사의 평가액과 같아야 하므로 2개 이상의 회사평가액을 분할사업부문의 순자산가액비율로 안분하는 것이 합리적인 면이 있기 때문이다. 이 방법도 순자산가치는 합리적이나 순손익가치를 순자산가액비율로 안분하는 것은 합리적이지 않다. 인적분할의 경우도 물적분할과 마찬가지로 인적분할 후 1년이 지나서 분할존속법인이 분할합병하는 경우 분할존속법인 사업부문의 합병가액을 평가하는 방식에 관해서는 규정하고 있지 않다. 이 부분은 2016.2.5. 개정된 후에도 마찬가지이다.

(2) 분할합병 외의 주식평가

2016.2.5. 신설 개정되기 전 분할합병에서 합병가액은 분할법인의 분할 전 순손익액이 사업부문별로 구분되어 있는지 여부와 관계없이 순자자산가액비율로 안분하였다. 그러나 분할합병 외의 주식평가에서는 분할 전 순손익액이 사업부문별로 '구분된 경우'와 '구분되지 않은 경우'의 평가 방법을 달리하고 있다. 또한 물적분할의 경우 분할합병에서 분할존속법인과 분할신설법인의 평가 방법에 차이가 있었으나 분할합병 외의 주식평가에서는 특별한 차이를 두지 않고 있다. 즉 인적분할을 한 경우로서 분할존속법인과 분할신설법인의 1주당 순손익가치를 상속증여세법 시행령 제56조 제1항 제1호의 규정에 의한 1주당 최근 3년간의 순손익액의 가중평균액으로 계산할 때, 분할존속법인과 분할신설법인의 최근 3년간의 순손익액이 각각 구분이 되는 경우에는 그 구분된 순손익액을 기준으로 계산한다(재경부 재산-715, 2005.7.8.; 서사-1985, 2005.10.26.). 인적분할의 경우로서 분할신설법인의 1주당 순손익가치를 산정함에 있어서 분할법인의 분할 전 순손익액이 사업부문별로 구분되지 아니하는 경우에는 구상속증여세법 시행규칙 제10조의2 제1항의 규정을 준용하여 순자산가액비율로 안분계산한다(서면4팀-2325, 2007.7.30.). 한편, 물적분할의 경우에도 물적분할에 의한 분할신설법인과 분할존속법인의 1주당 순손익가치를 산정함에 있어 분할

전 순손익액이 사업부문별로 구분되지 아니한 때에는 상속증여세법 시행규칙 제10조의2 제1항의 규정을 준용하여 순자산가액비율로 안분계산한다(재산세과-611, 2010.8.18.). 이와 같은 해석에서 순자산가액비율 안분은 1주당 순손익가치의 안분이지 1주당 순자산가치의 안분이 아닌 것임을 주의해야 한다. 분할합병 외의 주식평가 방법이 분할합병의 주식평가 방법과 분명한 차이점은 분할 전 순손익액이 사업부문별로 구분되는 경우와 구분되지 않는 경우를 구별하여 평가방법을 달리하고 있다는 점이다.

(3) 분할과 주식평가

2016.2.5. 개정되기 전의 분할합병과 분할합병 외의 주식평가의 차이점을 다음과 같이 비교해 볼 수 있겠다. 분할합병의 경우로서 인적분할이 아닌 물적분할의 분할존속법인에 대한 주식평가 방법은 분할 전의 주식가액에 의하도록 하고 있고(서면4팀-1736, 2007.5.29.), 분할합병 외의 경우로서 '분할 전 순손익액이 사업부문별로 구분된 경우' 인적분할이 아닌 물적분할의 분할존속법인에 대한 주식평가는 순손익가치를 구상속증여세법 시행규칙 제10조의2 제1항의 규정을 준용하여 순자산가액비율로 안분하도록 하고 있다(재산세과-611, 2010.8.18.).

(3)-1. 분할 이후 일정 기간이 지난 시점의 평가방법의 문제

위의 해석에서 물적분할의 분할존속법인에 대한 주식평가 방법의 차이는 분할합병의 경우에는 분할 전의 주식가액, 즉 분할 전의 총주식평가액이 분할존속법인의 주식평가액이 된다. 반면, 분할합병 이외의 경우에는 순손익가치를 순자산가액비율로 안분하여 순손익가치와 순자산가치를 가중평균한 가액이 분할존속법인의 주식평가액이 된다. 즉 분할합병 이외의 경우는 분할 전의 총주식 평가액이 분할존속법인의 주식평가액이 될 수 없는 것이다. 분할합병 외의 주식평가 방법은 분할존속법인을 분할 전의 회사와 완전히 분리된 별개의 회사로 보았지만, 분할합병의 경우는 분할존속법인을 분할 전의 회사와 동일한 것으로 본다고 해석할 수 있다. 이와 같은 해석에 따르면 물적분할에서 분할존속법인의 경우 분할합병과 분할합병 외의 평가방법이 차이가 있고 물적분할의 분할신설법인과 인적분할의 분할존속법인 및 분할신설법인은 분할합병이나 분할합병 외의 평가방법(평가액)이 차이가 없다는 것이 된다.

분할과 주식평가에서 주요한 논점이 되어야 하는 것은 분할 이후 일정 기간이 지난 시점에서 분할존속법인과 분할신설법인에 대한 평가의 문제이지 분할의 시점에서 분할존속법인과 분할신설법인의 평가에 관한 문제는 아니다. 분할의 시점에서 분할존속법인과 분할신설법인의 평가액 합계는 분할 전의 평가액이 되어야 하기 때문에 분할시점의 평가의 문제는 발생될 여지가 없다. 이와 같은 원칙에서 볼 때 지금까지의 분할과 관련한 평가의 규정과 행정해석이 오히려 분할에 대한 주식평가를 혼란스럽게 한 측면이 있다.

현재까지의 분할과 관련 평가의 규정과 해석은 분할과 주식평가에서 주요 논점이 되는 분할 이후 일정 기간이 지난 시점, 즉 분할 후 1년 또는 2년이 되는 시점에서 분할존속법인과 분할신설법인이 합병하는 경우 또는 분할존속법인과 분할신설법인의 주식을 양도하는 경우로서 분할존속법인과 분할신설법인에 대한 평가방법이 규정되어 있지 않다는 점이다.

(3)-2. 분할 이후 일정 기간이 지난 시점의 합리적 평가방법

분할 이후 일정 기간이 지난 시점의 합리적 평가방법은 다음 같은 대법원의 판시내용이 기준이 될 만하다. 대법원(대법원 2019두60936, 2020.3.12.)은 분할존속법인의 순손익가치를 산정하면서 분할 전 법인의 소득금액 100%를 반영하는 것은 주식가치가 과대평가될 염려가 있다고 하면서, 순손익가치 계산 시 분할 전 사업연도의 1주당 순손익액을 산정함에 있어 전체 소득금액 중 분할존속법인의 자산비율에 해당하는 88.01%에 해당하는 소득금액만을 반영한 것이 아니라 분할 전 법인의 전체 소득금액 100%를 반영한 것은 존속법인의 순손익액에 분할신설법인 소득금액까지 포함하는 점에서 위법하다고 하였다.

대법원은 이에 대한 보완 설명으로서 분할존속법인의 순손익가치를 산정하면서 분할 전 법인의 소득금액 100%를 반영한다면 분할존속법인의 순손익액에 분할신설법인의 해당사업부문에 대한 소득금액이 포함될 수밖에 없어 분할신설법인의 해당 사업부문에 대한 소득금액에 상당하는 비율만큼 분할존속법인이 과대평가될 것이다. 이는 상속증여세법상의 평가원칙인 시가주의에 반하고, 분할존속법인의 객관적인 현재가치와도 괴리가 있게 된다. 가령 분할존속법인의 자산비율이 분할 전 법인의 1%에 불과한 경우에도 현재 시점의 분할존속법인의 비상장주식 가치를 평가하면서 분할 전 법인의 수익을 100% 고려한다면, 이는 분할존속법인 주식의 순손익가치에 관한 객관적인 평가로 보기 어렵다. 또한 과거의 실적이 미래에도 계속될 것임을 전제로 주식이 갖는 미래의 기대수익을 추정하는 것이 순손익가치 평가의 취지인데, 분할 후의 순손익가치를 산정함에 있어 분할 전의 순손익액 전부를 반영하여 산정하는 것은 이러한 평가의 취지에도 반한다고 하면서, 행정해석에서는 구상속증여세법 시행규칙 제10조의2 제1항은 분할합병을 하기 위하여 분할하는 법인의 분할사업부문에 대한 합병 직전 주식가액은 '분할법인의 분할 직전 주식가액 × (분할사업부문의 순자산가액 ÷ 분할법인의 순자산가액)'의 방법으로 산정하는 것으로 규정하고 있었다. 과세관청은 순손익가치 산정 시에도 이러한 규정 내용을 준용하여 "물적분할에 의한 분할신설법인과 분할존속법인의 1주당 순손익가치를 산정함에 있어 분할 전 순손익액이 사업부문별로 구분되지 아니한 때에는 구 상속증여세법 시행규칙 제10조의2 제1항의 규정을 준용하여 순자산가액비율로 안분계산하는 것이며, 이때 '순자산가액'이라 함은 상속증여세법 시행령 제55조 규정에 의한 순자산가액을 말하는 것"으로 처리하여 왔다(국세청 서면4팀-498, 2008.2.28.; 재산세과-498, 2009.10.20.; 재산세과-611, 2010.8.18.; 재산세과-764, 2010.10.15.; 상속증여세과-322, 2014.8.22. 등). 이러한 세무처리 관행을 근거로 순손익액 산정 시 분할존속법인의 자산비율에 해당하는 88.01%만을 반영하였던 것으로 보인다고 하였다.

2 | 분할 후 현물출자와 합병과 지배관계 및 지분가치

분할 후 분할존속법인 또는 분할신설법인이 또 다른 관계법인과의 자본거래는 지배관계의 변동을 가져오며 동시에 지분가치에도 영향을 미치게 된다. 지배관계와 지분가치의 변동이 분할로부터 시작된다. 사례를 통해 이들의 관계를 분석해 보자. 회사의 분할과 공개매수와 합병과 관련된 자료는 다음과 같다(이하의 관련 내용은 저자의 연구보고서 "우회상장 합병과 분할에 의한 경영권승계"의 일부를 수정한 것임).

(1) 분할 후 현물출자와 합병

(1)-1. 지배구조

분할 전의 지배 관계회사와 지분의 평가액은 다음과 같다. 지배구조가 A법인(최대주주 갑 61.5%) → B법인(A법인 51.9%), A법인 → C법인, A법인 → D법인으로 완전한 지주회사 체제가 되기 전의 단계로 A법인이 지주회사 역할을 수행하고 있다.

A법인(비상장)

주주	주식수	지분율	평가액
갑	800,000	61.5%	12,000,000,000
주주1	500,000	38.5%	7,500,000,000
계	1,300,000	100.0%	19,500,000,000

* 1주당 15,000원

B법인(상장)

주주	주식수	지분율	평가액
A법인	1,400,000	51.9%	42,000,000,000
주주2	1,300,000	48.1%	39,000,000,000
계	2,700,000	100.0%	81,000,000,000

* 1주당 30,000원

C법인(비상장)

주주	주식수	지분율	평가액
A법인	80,000	33.3%	640,000,000
주주3	160,000	66.7%	1,280,000,000
계	240,000	100.0%	1,920,000,000

* 1주당 8,000원

D법인(비상장)

주주	주식수	지분율	평가액
A법인	80,000	30.8%	480,000,000
주주4	180,000	69.2%	1,080,000,000
계	260,000	100.0%	1,560,000,000

* 1주당 6,000원

(1) - 2. 분할 후 주식현물출자

회사는 B법인(상장)을 분할비율 0.7로 하여, 다음과 같이 B1법인(분할법인)과 B2법인(분할신설법인)으로 인적분할하였다.

B1법인(분할법인)

주주	주식수	지분율
A법인	420,000	51.9%
주주2	390,000	48.1%
계	810,000	100.0%

* 분할비율: 0.7

B2법인(분할신설법인)

주주	주식수	지분율
A법인	980,000	51.9%
주주2	910,000	48.1%
계	1,890,000	100.0%

회사는 B법인(상장)을 B1법인(분할법인)과 B2법인(분할신설법인)으로 인적분할한 후 B1법인(분할법인)을 공개매수법인으로 B2법인(분할신설법인)을 공개매수대상 법인으로 하여 주식교환 형식의 공개매수를 하였다. 공개매수참여자는 B2법인(분할신설법인)의 주주 A법인이다(교환비율 1 : 1). 공개매수 후 공개매수법인인 B1법인(분할법인)의 지분구조는 다음과 같게 되었다.

| 공개매수 후 B1법인(분할법인) 지분변동 |

구분	공개매수 전		공개매수	공개매수 후		비고
	주식수	지분율	주식수	주식수	지분율	
A법인	420,000	51.9%	980,000	1,400,000	78.2%	매수자
주주2	390,000	48.1%	-	390,000	21.8%	
계	810,000	100.0%	980,000	1,790,000	100.0%	

* 주식교환비율: 1 : 1

공개매수대상 법인인 B2법인의 공개매수 참여 후 지분구조는 다음과 같게 된다.

| 공개매수 참여 후 B2법인(분할신설법인) 지분변동 |

구분	공개매수 전		공개매수	공개매수 후		비고
	주식수	지분율	주식수	주식수	지분율	
B1법인			980,000	980,000	51.9%	매수자
A법인	980,000	51.9%	-980,000			매수참여자
주주2	910,000	48.1%	-	910,000	48.1%	
계	1,890,000	100.0%	0	1,890,000	100.0%	

위와 같은 분할과 공개매수로 인해 지주회사가 된 B1법인에 대한 A법인(비상장법인. '갑'의 지분 61.5%)의 지분이 공개매수 전 51.9%에서 공개매수 후 78.2%로 증가되었다. 공개매수 후 자회사가 된 B2법인(분할신설법인)의 경우 주주 A법인의 B1법인에 대한 공개매수 참여로 주주 A법인의 지분이 51.9%에서 0%로 감소하였지만, B1법인의 지분은 0%에서 51.9%로 되었다. 이로써 B1법인은 B2법인을 사실상 지배하게 된다.

주식현물출자(공개매수) 후 지분의 평가액은 다음과 같이 계산되었다.

B1법인(분할법인)

주주	주식수	지분율	평가액
A법인	1,400,000	78.2%	42,000,000,000
주주2	390,000	21.8%	11,700,000,000
계	1,790,000	100.0%	53,700,000,000

B2법인(분할신설법인)

주주	주식수	지분율	평가액
B1	980,000	51.9%	29,400,000,000
기타2	910,000	48.1%	27,300,000,000
계	1,890,000	100.0%	56,700,000,000

(1) - 3. 분할 후 주식현물출자와 합병

위와 같이 분할과 주식현물출자를 한 후 B1법인(공개매수법인)을 합병법인으로 하고 A법인(비상장)을 피합병법인으로 하는 합병(합병비율 1 : 0.5)을 하고 합병에 따르는 자기주식을 소각하게 되면 지분율과 평가액은 다음과 같게 된다.

| B1법인(상장) |

주주	합병 전		합병신주	합병 후		주식 소각 후	평가액
	주식수	지분율		주식수	지분율		
자기주식 (A법인)	1,400,000	78.2%		1,400,000	57.38%	-	-
주주2	390,000	21.8%		390,000	15.98%	37.50%	27,450,000,000
갑			400,000	400,000	16.39%	38.46%	28,153,846,154
주주1			250,000	250,000	10.25%	24.04%	17,596,153,846
계	1,790,000	100.0%	650,000	2,440,000	100.00%	100.00%	73,200,000,000

* 합병비율 1 : 0.5(B1법인 30,000원 : A법인 15,000)

분할과 주식현물출자, 합병을 순차적으로 한 후의 지배구조는 다음과 같게 된다.

B1법인(상장)

주주	주식수	지분율
주주2	390,000	37.50%
갑	400,000	38.46%
주주1	250,000	24.04%
계	1,040,000	100.00%

B2법인(상장)

주주	주식수	지분율
B1법인	980,000	51.9%
주주2	910,000	48.1%
계	1,890,000	100.0%

C법인(비상장)

주주	주식수	지분율
B1법인	80,000	33.3%
주주3	160,000	66.7%
계	240,000	100.0%

D법인(비상장)

주주	주식수	지분율
B1법인	80,000	30.8%
주주4	180,000	69.2%
계	260,000	100.0%

분할과 공개매수, 합병 전의 지배구조가 A법인(최대주주 갑 61.5%) → B법인, A법인 → C법인, A법인 → D법인에서 분할과 공개매수, 합병 후의 지배구조는 B1법인(최대주주

갑 38.5%) → B2법인, B1법인 → C법인, B1법인 → D법인이 된다. 분할과 공개매수, 합병 후의 주주 '갑'은 B1법인의 최대주주(38.46%)이며 B1법인은 B2법인(상장)의 지분을 51.9% 보유하게 되어 완전한 지주회사 체제가 되기 전의 지주회사로서의 지분을 유지하게 된다.

(1)-4. 분할 후 현물출자와 합병과 지배관계 및 지분가치

이와 같은 분할과 현물출자, 합병은 갑의 개별적인 지분가치의 변동이 함께 증감하게 된다. 분할과 현물출자, 합병 전의 각 법인의 주주 '갑'의 직접보유 지분가치와 간접보유 지분가치는 아래와 같은 방법으로 직접보유와 간접보유 지분가치를 계산해 낼 수 있다(계산의 단순화를 위해 상호보유주식 할증평가는 하지 않기로 한다).

B법인의 갑 지분가치 = B법인의 A법인 지분평가액 × A법인의 갑 지분율

C법인의 갑 지분가치 = C법인의 A법인 지분평가액 × A법인의 갑 지분율

D법인의 갑 지분가치 = D법인의 A법인 지분평가액 × A법인의 갑 지분율

위와 같은 방식으로 분할(분할비율 0.7)과 현물출자, 합병(합병비율 0.5)으로 인한 주주 '갑'의 지분가치를 각각 계산하면 다음과 같게 된다.

분할과 공개매수, 합병 전 '갑'의 지분가치			분할과 공개매수, 합병 후 '갑'의 지분가치		
A법인의 갑	직접 지분	12,000,000,000	B1법인의 갑	직접 지분	28,153,846,154
B법인의 갑	간접 지분	25,846,153,846	B2법인의 갑	간접 지분	5,863,247,863
C법인의 갑		393,846,154	C법인의 갑		246,153,846
D법인의 갑		295,384,615	D법인의 갑		184,615,385
계		38,535,384,615	계		34,447,863,248

| 지분가치 증감 |

구분	분할합병 후	분할합병 전	증감
직접 보유	28,153,846,154	12,000,000,000	16,153,846,154
직접 + 간접	34,447,863,248	38,535,384,615	-4,087,521,368

위 계산에 따르면 분할합병 후와 분할합병 전의 '갑'의 지분가치 변동은 다음과 같은 방식으로 분석할 수 있을 것이다. '갑'의 직접보유 지분가치는 분할과 현물출자, 합병을

하기 전의 지분가치보다 분할과 현물출자와 합병을 한 후의 지분가치가 16,153,846,154원이 증가하게 되고, 간접보유 지분은 20,241,367,521원(분할 등 전 26,535,384,615원 - 분할 등 후 6,294,017,094원)이 감소하고 간접보유를 포함한 전체의 지분가치는 4,087,521,368원이 감소하게 된다. 이와 같은 현상은 분할과 동시에 합병하는 분할합병에서는 모든 주주의 지분가치의 증감이 발생하게 되나 분할과 현물출자와 분할합병에 의한 자본거래는 특정한 주주의 지분가치의 증감을 예정하는 방향으로 진행할 수 있다는 점에 의미가 있겠다. 사례에서 특정한 주주의 지분가치의 증감에 영향을 미치는 변수는 분할비율과 주식현물출자 비율과 합병비율이 된다. 곧 특정한 주주의 지분가치는 분할비율과 주식현물출자 비율과 합병비율을 정하는 방식에 따라 각각 다르게 된다는 점이다.

위에서 계산한 특정한 주주의 지분가치 증감이 있다고 해서 모두 이익(얻은 이익과 분여한 이익)이 될 수는 없다. 지분가치의 증감이 이익(얻은 이익과 분여한 이익)이 되는지의 여부는 분할비율과 주식현물출자비율과 합병비율의 공정성 여부에 있을 것이며 또한 그 이익의 발생 원천이 분할과 주식현물출자와 합병이 각각 단독적인 하나의 거래로 인한 경우와 분할과 주식현물출자와 합병이 앞서 분할합병에서 보았듯이 혼합된 거래로 인한 경우가 있겠다.

사례에서 다른 요건은 변동이 없고 분할비율이 0.7에서 0.6으로 변경된 경우 주주 '갑'의 지분가치를 분석해 보면 다음과 같게 된다.

분할과 공개매수, 합병 전 갑의 지분가치			분할과 공개매수, 합병 후 갑의 지분가치		
A법인의 갑	직접 지분	12,000,000,000	B1법인의 갑	직접 지분	26,358,974,359
B법인의 갑	간접 지분	25,846,153,846	B2법인의 갑	간접 지분	4,467,236,467
C법인의 갑		393,846,154	C법인의 갑		218,803,419
D법인의 갑		295,384,615	D법인의 갑		164,102,564
계		38,535,384,615	계		31,209,116,809

| 지분가치 증감 |

구분	분할비율 0.6			분할비율 0.7	증감 (① - ②)
	분할합병 후	분할합병 전	증감 ①	증감 ②	
직접 보유	26,358,974,359	12,000,000,000	14,358,974,359	16,153,846,154	-1,794,871,795
직접 + 간접	31,209,116,809	38,535,384,615	-7,326,267,806	-4,087,521,368	-3,238,746,439

위 계산에 따르면 '갑'의 직접보유 지분가치는 분할과 현물출자와 합병을 하기 전의 지분가치보다 분할과 현물출자와 합병을 한 후의 지분가치가 14,358,974,359원이 증가하게 되고 간접보유를 포함한 전체의 지분가치는 7,326,267,806이 감소하게 된다. 분할비율 0.7과 합병비율 0.5와 비교해 보면 '갑'의 직접보유 지분가치가 분할비율 0.7과 합병비율 0.5보다 1,794,871,795원이 감소하고 간접보유를 포함한 전체의 지분가치는 3,238,746,439원이 감소한 것으로 계산된다.

사례에서 다른 요건은 변동이 없고 분할비율이 0.7에서 0.6으로, 합병비율이 0.5에서 0.75(B법인의 1주당 평가액이 30,000원에서 20,000원이 되는 경우)로 변경된 경우 '갑'의 지분가치를 분석해 보면 다음과 같게 된다.

분할과 공개매수, 합병 전 갑의 지분가치			분할과 공개매수, 합병 후 갑의 지분가치		
A법인의 갑	직접 지분	12,000,000,000	B1법인의 갑	직접 지분	34,856,187,291
B법인의 갑	간접 지분	25,846,153,846	B2법인의 갑	간접 지분	5,244,147,157
C법인의 갑		393,846,154	C법인의 갑		256,856,187
D법인의 갑		295,384,615	D법인의 갑		192,642,140
계		38,535,384,615	계		40,549,832,775

| 지분가치 증감 |

구분	합병비율 0.75			합병비율 0.5	증감 (① − ②)
	분할합병 후	분할합병 전	증감 ①	증감 ②	
직접 보유	34,856,187,291	12,000,000,000	22,856,187,291	16,153,846,154	6,702,341,137
직접 + 간접	40,549,832,776	38,535,384,615	2,014,448,161	−4,087,521,368	6,101,969,528

위 계산에 따르면 '갑'의 직접보유 지분가치는 분할과 현물출자와 합병을 하기 전의 지분가치보다 분할과 현물출자와 합병을 한 후의 지분가치가 22,856,187,291원이 증가하게 되고 간접보유를 포함한 전체의 지분가치는 2,014,448,161원이 증가하게 된다. 분할비율 0.7과 합병비율 0.5와 비교해 보면 '갑'의 직접보유 지분가치가 분할비율 0.7과 합병비율 0.5보다 6,702,341,137원이 증가하고 간접보유를 포함한 전체의 지분가치는 6,101,969,528원이 증가한 것으로 계산된다.

(2) 분할비율 및 합병비율과 지배관계와 지분가치

사례의 분할과 현물출자와 합병은 분할비율과 합병비율에 따라 지배관계와 지분가치의 변동이 다양한 방식으로 발생함을 보여주고 있다. 여기서 지분가치에 대해 주주 '갑'의 직접보유 지분가치가 분할과 현물출자와 합병을 하기 전의 지분가치보다 분할과 현물출자와 합병을 한 후의 지분가치가 증가된다는 그 자체보다는 그 증가된 원인을 분석해 보는 것이 이 사례를 제공한 의미가 되겠다. 사례는 분할과 현물출자와 합병을 순차적으로 동시에 하는 경우이다. 이와 같은 자본거래를 일정한 시차를 두고 분할합병을 하는 경우라면 평가액이 변동됨에 따라 지배관계와 '갑'의 지분가치 증가는 실행방법에 따라 다를 수 있다. 사례에서 발생된 자기주식 취득과 소각의 문제는 '갑'의 지분가치 증가(직접보유 지분 또는 간접보유 지분)에는 합병으로 인한 자기주식 취득과 소각(또는 자기주식에 대한 신주 미교부)에 따라 발생한 것이 포함하여 있게 되는데 이와 같은 과정에서 취득하게 되는 자기주식의 보유는 지배구조와 지분의 가치로 활용될 수 있고 다양한 형태의 거래를 조합할 수 있게 만든다. 즉 특정인의 지분율, 지주회사 또는 모회사의 지분율, 분할비율, 합병비율 등은 지배관계와 지분가치에 영향을 미치게 되므로 이들의 거래를 활용할 수 있다는 것이며 이들 거래에 영향을 미치는 대부분은 주식의 평가방식에 따르는 문제이기도 하다는 점이다.

한편, 사례에서 '갑'의 직접보유 지분가치의 증감이 이익(얻은 이익 또는 분여한 이익)이 되는지의 여부는 분할비율과 주식교환비율(공개매수) 또는 합병비율의 공정성 여부에 있다고 하였다. 그런데 '갑'의 간접보유 지분가치의 증감의 경우에 분할비율과 주식교환비율 또는 합병비율의 불공정성에 따른 지분가치의 증감의 경우를 이익으로 볼 수 있느냐의 여부는 현행 상속증여세법의 포괄과세 규정을 적용하는 문제와 관련이 있겠다.

자본거래와 세무

제 4 장

주식의 포괄적 교환과 자본이익

제1절 주식의 포괄적 교환과 이익

1 | 개 설

(1) 자본이익과 양도소득

주식의 포괄적 교환에는 주식교환에 따르는 이익과 주식의 양도에 따른 세법적용의 문제가 되겠다. 여기서 양도란 자산에 대한 등기 또는 등록과 관계없이 매도, 교환, 법인에 대한 현물출자 등으로 인하여 그 자산이 유상으로 사실상 이전되는 것을 말한다(소득법 §88 ①). 주식의 포괄적 교환이란 완전자회사가 되는 회사의 주주가 가지는 그 회사의 주식은 주식을 교환하는 날에 주식교환에 의하여 완전모회사가 되는 회사에 이전하고, 그 대가로 완전자회사가 되는 회사의 주주는 그 완전모회사가 되는 회사가 주식교환을 위하여 발행하는 신주의 배정을 받음으로써 그 회사의 주주가 되는 제도로서 자회사가 되는 회사의 주주나 모회사의 입장에서는 자회사의 주식과 모회사의 신주를 서로 교환하는 것과 실질적으로 다를 바 없으므로, 그 법률적 성질은 주식의 교환이다. 따라서 주식의 교환은 자산이 유상으로 사실상 이전되는 것이므로 이는 양도에 해당된다(대법원 2015두3577, 2016.3.10.). 2001.7.24. 도입된 주식의 포괄적 교환의 주식양도 차익에 대한 과세이연이 2010.1.1.에서야 조세특례제한법(조특법 §38)에 신설되었다.

주식의 포괄적 교환의 세법적용의 문제 대부분은 주식교환에 따르는 이익(상증법 §42의 2)이다. 주식의 포괄적 교환에 따르는 이익은 "이익"의 성질이 합병에 따르는 이익과 유사한 점이 많다. 상속증여세법에서 주식의 포괄적 교환에 따른 이익의 성질은 합병에서 합병비율의 불공정에 따른 이익과 유사하게 주식교환비율의 불공정으로 인한 이익이 된다. 현행 세법에서는 불공정한 주식교환의 이익계산에 대해 불공정한 합병의 이익계산을 준용한다는 규정은 없지만, 주식의 포괄적 교환에 따른 이익의 의미를 이해하기 위해서는 상속증여세법 제38조 및 같은 법 시행령 제28조에서 말하는 합병에 따른 이익의 개념이 필요하다. 이와 같이 주식의 포괄적 교환이 합병과 유사한 점이 있으나 주식의 포괄적 교환에서 주식교환 그 자체가 주식의 양도에 해당하므로 자회사가 되는 회사의 주주에 대한 의제배당(법인법 §16) 또는 모회사가 취득하는 자회사의 주식취득에 대한 자산의 취득가액(법인령 §72) 등은 주식의 포괄적 교환에는 없다는 점이 합병과는 다른 점이다.

(2) 주식의 포괄적 교환과 합병

주식의 포괄적 교환이 합병과 유사한지의 여부에 대해 "증권거래법령(현행 자본시장법령)은 주식의 포괄적 교환에 대하여 별도의 규정을 두지 않는 대신, 합병에 관한 절차를 준용하도록 하여 주식교환의 적정비율 등 그 요건과 절차를 모두 합병과 동일하게 규율하고 있다. 따라서 증권거래법령에서 정한 기준과 절차 및 방법에 따라 체결·이행된 이상 증권거래법령에 의한 합병의 경우와 유사하다(대법원 2011두11075, 2011.9.8., 서울고법 2010누23035, 2011.4.26.). 한편으로는 "주식의 포괄적 교환이 합병과 유사하다고 하더라도 자회사가 되는 회사 주주나 모회사의 입장에서는 자회사의 주식과 모회사의 신주를 서로 교환하는 것과 실질적으로 다를 바 없으므로 그 법률적 성질은 주식의 교환, 즉 재산의 양도로 볼 것이지 2개 이상의 회사가 한 회사로 되어 재산과 사원이 포괄적으로 이전·수용되는 합병으로 볼 수 없다(대법원 2011두23047, 2014.4.24., 서울고법 2010누31340, 2011.8.24.). 위 두 사건의 판결에서 주식의 포괄적 교환과 합병의 법률적 성질을 유사하거나 다르게 본 원심은 주식의 포괄적 교환에 대해 전자 경우는 증권거래법령에 따른 주식교환가액으로 주식교환을 했으므로 합병의 경우와 유사하여 이익증여로 볼 수도 없고 또한 상속증여세법 제35조(고가양도 이익증여)에 해당되지 않는다는 것이고 후자의 경우는 증권거래법령에 따른 주식교환가액이라고 하더라도 주식의 포괄적 교환은 합병과는 다르므로 상속증여세법 제39조의 증자에 따른 이익을 적용해야 한다고 주장한다. 위의 두 사건은 주식의 포괄적 교환이라는 동일한 사건임에도 주식교환가액에 따르는 세법적용을 상속증여세법 제35조와 상속증여세법 제39조로 각각 달리하고 있다.

이 두 사건에 대한 대법원의 최종 결론은 주식의 포괄적 교환에 대해 주식교환을 상속증여세법 제35조의 고가로 양도한 것으로 본 것에 대해 증권거래법령에 따른 주식의 포괄적 교환가액이므로 주식의 고가양도에 해당되지 않는다는 것이며(대법원 2011두11075, 2011.9.8.), 상법상의 주식의 포괄적 교환에 의하여 완전자회사가 되는 회사의 주주가 얻은 이익에 대하여는 '재산의 고가양도에 따른 이익의 증여'에 관한 상속증여세법 제35조 제1항 제2호, 제2항이나 '신주의 저가발행에 따른 이익의 증여'에 관한 상속증여세법 제39조 제1항 제1호 (다)목을 적용하여 증여세를 과세할 수는 없고, '법인의 자본을 증가시키는 거래에 따른 이익의 증여'에 관한 구 상속증여세법 제42조 제1항 제3호를 적용하여 증여세를 과세하여야 한다고 하였다(대법원 2011두23047, 2014.4.24.).

| 주식의 포괄적 교환과 합병의 차이점 |

• 주식의 포괄적 교환(주식 맞교환)

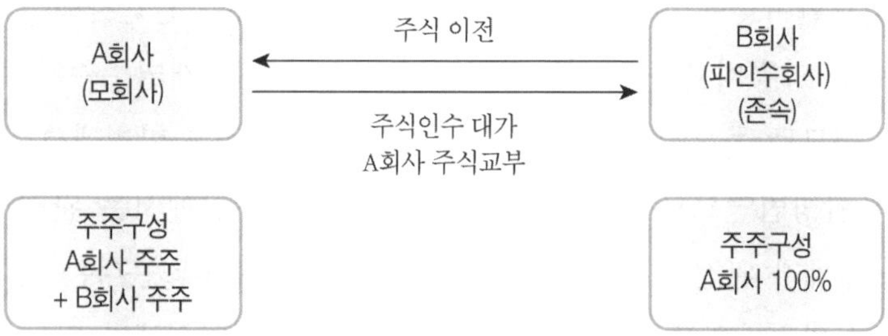

• 합병

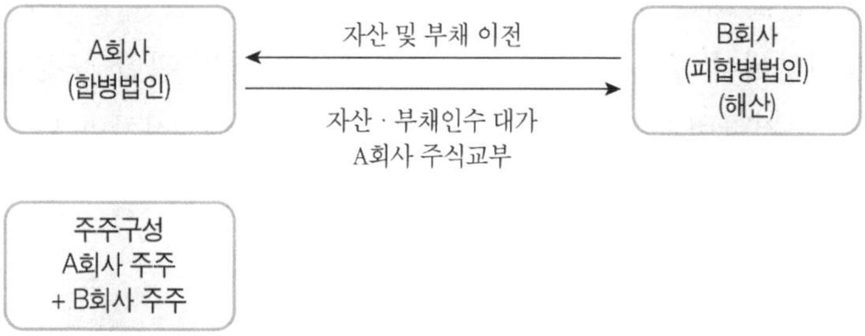

(3) 주식교환비율과 주식교환가액

주식의 포괄적 교환에서 완전모회사가 되는 회사가 완전자회사가 되는 회사의 주식을 이전받은 것에 대한 대가로 완전자회사가 되는 회사의 주주에게 완전모회사가 되는 회사가 발행하는 주식(교환신주)을 몇 주를 교부해야 할 것인가는 주식교환비율에 의해 정해진다. 주식교환비율을 계산하기 위해서는 주식교환가액을 산정해야 한다. 주식의 포괄적 교환에서 주식교환비율과 주식교환가액은 합병에서의 합병비율과 합병가액과 마찬가지이다. 합병의 경우 합병가액의 산정방식에 대해 상속증여세법에서 구체적으로 규정하고 있다. 그러나 주식의 포괄적 교환에 대해서는 규정되어 있지 않다. 자본시장법 시행령 제176조의6 제2항에 따르면 주식의 포괄적 교환에 관하여는 제176조의5 제1항(합병가액 산정방식)을 준용한다고 되어 있으므로 주식교환가액 산정방식을 합병가액산정방식에 따르고 있다. 따라서 완전모회사가 되는 회사와 완전자회사가 되는 회사가 완전모회사가 되는 회사를 합병법인으로 하고 완전자회사가 되는 회사를 피합병법인으로 하여 합병하는 경우라면 주식교환비율과 합병비율은 같은 것이 된다.

합병비율에 따라 교부받는 합병법인의 주식은 피합병법인의 개별주주의 주식에 대한 대가이며, 주식교환비율에 따라 교부받는 모회사의 주식은 완전자회사의 개별주주의 주식의 대가이다. 합병비율과 주식교환비율이 동일하다면 개별주주의 주식대가(또는 주식수)는 동일하므로 둘 사이에 차이가 없다. 다만, 다른 점은 합병에서는 피합병법인의 자산과 부채가 합병법인으로 이전되고 주식의 포괄적 교환에서는 완전자회사가 되는 회사의 자산과 부채가 완전모회사가 되는 회사에게 이전되지 않는다는 것이다. 주식교환 후 완전모회사와 완전자회사가 합병하여 하나의 독립된 기업실체가 되는 경우는 경제적 실질에 있어 합병과 동일한 효과가 발생한다. 자본시장법령에서도 이러한 점을 고려하여 주식의 포괄적 교환을 하는 경우 그 요건, 절차 등을 합병에 관한 규정에 따르도록 하고 있다. 자본시장법령에서 주식의 포괄적 교환가액을 합병에 관한 규정에 따른 이유는 주식교환비율의 산정방법과 절차가 합병비율의 산정방법과 절차와 달라야 할 이유가 없기 때문일 것이다.

(4) 주식교환가액의 평가기준일

합병가액의 평가기준일은 상법 제522조의2에 따른 대차대조표 공시일 또는 자본시장과 금융투자업에 관한 법률 제119조 및 같은 법 시행령 제129조에 따라 합병의 증권신고서를 제출한 날 중 빠른 날로 한다. 다만, 주권상장법인에 해당하지 아니하는 법인인 경우에는 상법 제522조의2에 따른 대차대조표 공시일로 한다(상증령 §28 ④ 1). 주식교환가액의 평가기준일에 대해 세법에서는 규정하지 않고 있다. 상법 제360조의4에 따르면 이사는 주주총회의 회일의 2주 전부터 주식교환의 날 이후 6월이 경과하는 날까지 다음의 서류를 본점에 비치하여야 한다.

① 주식교환계약서

② 완전모회사가 되는 회사가 주식교환을 위하여 신주를 발행하거나 자기주식을 이전하는 경우에는 완전자회사가 되는 회사의 주주에 대한 신주의 배정 또는 자기주식의 이전에 관하여 그 이유를 기재한 서면

③ 상법 제360조의3 제1항의 주주총회의 회일(상법 제360조의9의 규정에 의한 간이 주식교환의 경우에는 동조 제2항의 규정에 의하여 공고 또는 통지를 한 날) 전 6월 이내의 날에 작성한 주식교환을 하는 각 회사의 최종 대차대조표 및 손익계산서

세법에서는 주식교환가액 평가기준일을 별도 규정하고 있지 아니하므로 주식의 포괄적 교환가액의 산정방식이 합병가액의 산정방식과 같아 주식의 포괄적 교환가액 평가기준일을 합병가액 평가기준일에 따를 수 있다. 이 경우 상법 제522조의2에 따른 대차대조표 공시일 또는 자본시장과 금융투자업에 관한 법률 제119조 및 같은 법 시행령 제129조에 따라 주식교환 증권신고서를 제출한 날 중 빠른 날로 하고, 다만 주권상장법인에 해당하지 아니하는 법인인 경우에는 상법 제522조의2에 따른 대차대조표 공시일로 한다. 대법원(대법원 2019두19, 2022.12.29.)도 이러한 점을 감안하여 주식의 포괄적 교환의 교환가액의 평가기준일을 합병규정을 준용하도록 하였다.

2 주식의 포괄적 교환과 이익

주식의 포괄적 교환에 의하여 완전자회사가 되는 회사의 주주가 얻은 이익에 대하여는 상속증여세법 제42조 제1항 제3호(이하 "구 상속증여세법 제42조 제1항 제3호"라 한다)를 적용하여 증여세를 과세하여야 한다고 하였다(대법원 2011두23047, 2014.4.24.). 2015.12.15. 개정되기 전 구 상속증여세법 제42조 제1항 제3호에서의 이익은 전반부인 "출자 · 감자, 합병(분할합병 포함) · 분할, 상속증여세법 제40조 제1항의 규정에 의한 전환사채 등에 의한 주식의 전환 · 인수 · 교환 등 법인의 자본을 증가시키거나 감소시키는 거래로 인하여 얻은 이익"과 후반부인 "사업양수도 · 사업교환 및 법인의 조직변경 등에 의하여 소유지분 또는 그

가액이 변동됨에 따라 얻은 이익"으로 나누어진다.

2015.12.15.에 개정 신설된 상속증여세법 제42조의2의 '법인의 조직변경 등에 따른 이익증여'에서 구 상속증여세법 제42조 제1항 제3호의 전반부인 "법인의 자본을 증가시키거나 감소시키는 거래로 인하여 얻은 이익"에 해당되는 주식의 포괄적 교환과 후반부에 해당되는 "사업양수도 · 사업교환 및 법인의 조직변경 등에 의하여 소유지분 또는 그 가액이 변동됨에 따라 얻은 이익"이 하나로 통합되면서 주식의 포괄적 교환의 이익의 개념과 이익계산 방법을 보다 명확히 하게 되었다. 2015.12.15. 개정되기 전까지는 주식의 포괄적 교환은 구 상속증여세법 제42조 제1항 제3호의 "법인의 자본을 증가시키거나 감소시키는 거래로 인하여 얻은 이익" 중의 하나로만 되어 있어 이익의 개별적 유형이 특정되지 않았었다.

상법 제360조의2 제2항에서 "완전자회사가 되는 회사의 주주가 가지는 그 회사의 주식은 주식을 교환하는 날에 주식교환에 의하여 완전모회사가 되는 회사에 이전하고, 그 완전자회사가 되는 회사의 주주는 그 완전모회사가 되는 회사가 주식교환을 위하여 발행하는 신주의 배정을 받음으로써 그 회사의 주주가 된다." 상법 제360조의2의 주식의 포괄적 교환은 완전자회사가 되는 회사 주주의 주식교환은 주식의 양도에 해당하므로 상속증여세법 제35조 '저가양수 · 고가양도에 따른 이익증여'의 적용 문제와 완전자회사가 되는 회사의 주주는 보유주식을 완전모회사가 되는 회사에 현물출자를 하는 것과 다름없으므로 상속증여세법 제39조의3 '현물출자에 따른 이익의 증여'의 적용 여부가 있다. 한편으로는 주식의 포괄적 교환은 완전자회사의 주주가 보유하고 있는 주식을 완전모회사가 되는 회사에 이전하고 그 대가로 완전모회사의 주식을 교부받는 형식으로서 피합병법인의 주주가 자산 · 부채를 포괄이전하고 그 대가로 합병법인의 주식을 교부받는 형식의 합병의 경우와 유사하다는 점도 있는데, 이 경우 상속증여세법 제38조 '합병에 따른 이익의 증여'와 유사한 이익의 문제가 발생할 수 있다(이하의 내용은 저자의 연구보고서 "포괄적 주식교환에 대한 세법적용"에서 내용 일부를 수정한 것임).

(1) 과세요건

주식의 포괄적 교환에 의하여 소유지분이나 그 가액이 변동됨에 따라 이익을 얻은 경우에는 그 이익에 상당하는 금액을 그 이익을 얻은 자의 증여재산가액으로 한다(상증법 §42의2 ①). 이때 주식의 포괄적 교환에서 주식의 교환을 상속증여세법 제35조 '저가양수 · 고가양도이익' 및 제39조의3 '현물출자이익'과 제38조 '합병이익'과 유사한 '주식교환이익'의 과세문제로 볼 수 있다. 현행 조세법에서 주식교환에 따른 주식양도에 대해서는 소득세법 제94조와 상속증여세법 제35조에서 규정하고 있으며 주식의 현물출자에 대해서는 상속증여세법 제39조의3에 규정하고 있다. 주식의 포괄적 교환에서 불공정한 주식교환은 합병의 불공정한 합병과 유사한 점이 있다. 불공정합병에 대해서는 하나의 이익 유형으로 과세요건과 이익의 계산방법을 구체적으로 규정하고 있으나 불공정 주식교환에 대해서는 하나의 이익 유형으로 규정하지 않고 상속증여세법 제42조의2의 '법인의 조직변경 등에 따른 이익'의 범위에 포함되어 있어 구체적인 과세요건과 이익의 계산 방법이 명확하지 않다. 다만, 재경부 해석에서는 자본시장과 금융투자업에 관한 법률에 따른 '주식의 포괄적 교환'의 경우 특수관계가 없는 자 간의 거래로서 거래 관행상 정당한 사유가 없다고 인정되는 경우에 구 상속증여세법 제42조 제3항의 규정이 적용된다고 하였다.

주식의 포괄적 교환과 관련된 다양한 과세문제는 그 발생 원인과 과세취지가 서로 다르므로 발생 원인에 따라 각각의 과세요건을 적용해야 하나 과세요건은 이익의 개념과 이익계산 방식이 되므로 이익의 유형에 불구하고 이익계산에서 공통적인 논점은 주식의 교환가액이 된다. 즉 주식의 포괄적 교환에서 주식교환가액은 실지거래가액에 해당되며(대법원 2009두19465, 2011.2.10.), '자본시장법령'이 규정한 주식가액의 산정 방법에 따라 평가한 주식가액은 시가에 해당된다(대법원 2011두22075, 2011.12.22.).

지금까지의 관련 판례를 정리해 보면, 주식의 포괄적 교환에 있어 과세요건인 주식교환가액은 실지거래가액이며(당사자 사이의 주식의 포괄적 교환가액이 실지거래가액에 해당된다는 의미) 자본시장법령에 따라 평가한 가액이 상속증여세법의 시가에 해당된다는 점이다. 즉 자본시장법령에 따라 평가한 가액을 시가로 보는 이유는 주식의 포괄적 교환이 합병과 유사하므로 합병의 경우와 동일한 방법으로 평가한 경우(세법규정에는 없지만) 그 평가액은 시가에 해당된다는 것이다(이때의 시가는 상장회사와 상장회사 간의 주식교환, 상장회사와 비상장회사 간의 주식교환에 한한다). 따라서 상장회사와 상장회사, 상장회사와 비상장회사 간의 주식의 포괄적 교환에 있어 완전모회사와 완전자회사가 자본시장법령에 따라 평가한 주식교환가액은 시가가 되므로 시가를 교환비율로 하여 주식을 교환한 경우 상속증여세법 제35조 저가・고가양도이익과 제39조의3 현물출자이익 또는 제42조의2 주식의 포괄적 교환이익 등의 문제는 발생하지 않게 된다.

(1)-1. 주식의 포괄적 교환과 이익의 요건

주식의 포괄적 교환에 의하여 소유지분이나 그 가액이 변동됨에 따라 이익을 얻은 경우에는 그 이익에 상당하는 금액을 그 이익을 얻은 자의 증여재산가액으로 한다. 이때의 이익은 특수관계인이 아닌 자 간의 거래인 경우에는 거래의 관행상 정당한 사유가 없는 경우에 한정하여 적용한다(상증법 §42의2 ① 및 ②). 따라서 특수관계인 간의 거래인 경우에는 거래의 관행상 정당한 사유 유무와 관계없이 적용한다. 이익에 상당하는 금액이란 소유지분이나 그 가액의 변동 전・후 재산의 평가차액을 말한다.

(1)-2. 주식의 포괄적 교환과 양도의 요건

주식의 포괄적 교환의 적격주식교환 요건에 대해 합병의 적격합병 요건과 유사하게 주주의 주식양도차익에 대해 과세이연을 하고 있다. 내국법인이 다음의 요건을 모두 갖추어 상법 제360조의2에 따른 주식의 포괄적 교환에 따라 주식의 포괄적 교환의 상대방 법인의 완전자회사로 되는 경우 그 주식의 포괄적 교환으로 발생한 완전자회사 주주의 주식양도차익에 상당하는 금액에 대한 양도소득세 또는 법인세에 대해서는 완전자회사의 주주가 완전모회사 또는 그 완전모회사의 완전모회사의 주식을 처분할 때까지 과세를 이연받을 수 있다(조특법 §38 ①).

① 주식의 포괄적 교환일 현재 1년 이상 계속하여 사업을 하던 내국법인 간의 주식의 포괄적 교환일 것

② 완전자회사의 주주가 완전모회사로부터 교환대가를 받은 경우 그 교환대가의 총합계액 중 완전모회사 주식의 가액이 100분의 80 이상이거나 그 완전모회사의 완전모회사 주식의 가액이 100분의 80 이상으로서 그 주식이 대통령령으로 정하는 바에 따라 배정되고, 완전모회사 및 대통령령으로 정하는 완전자회사의 주주가 주식의 포괄적 교환으로 취득한 주식을 교환일이 속하는 사업연도의 종료일까지 보유할 것

③ 완전자회사가 교환일이 속하는 사업연도의 종료일까지 사업을 계속할 것

(1)-3. 주식의 포괄적 교환과 전략적 제휴 주식교환의 요건

벤처기업의 주주가 소유하는 벤처기업의 주식을 제휴법인이 보유한 자기주식 또는 제휴법인의 주주의 주식과 교환하거나 제휴법인에 현물출자하고 그 제휴법인으로부터 출자가액에 상당하는 주식을 새로 받음으로써 발생하는 양도차익에 대해서는 그 주주가 주식교환 또는 현물출자로 인하여 취득한 제휴법인의 주식을 처분할 때까지 양도소득세의 과세를 이연받을 수 있다(조특법 §46의7).

법원(서울행정법원 2018구단57974, 2019.1.8.)은 조세법률주의 원칙에서 파생되는 엄격해석의 원칙은 과세요건에 해당하는 경우에는 물론이고 비과세 및 조세감면 요건에 해당하는 경우에도 적용되는 것으로서, 납세자에게 유리하다고 하여 비과세요건이나 조세감면 요건을 합리적 이유 없이 확장해석하거나 유추해석하는 것은 조세법의 기본 이념인 조세공평주의에 반하는 결과를 초래하게 되므로 허용되지 아니한다면서(대법원 2005다19163, 2006.5.25.), 주식교환계약이 상법 제360조의2 '주식의 포괄적 교환' 계약에 해당하므로(이 사건 주식교환계약은 ○○모터스가 신주를 발행하여 이를 이 사건 회사의 주주들이 가진 주식의 전부와 교환함으로써 ○○모터스가 이 사건 회사의 완전모회사가 되고 이 사건 회사는 ○○모터스의 완전자회사가 되는 상법 제360조의2의 '주식의 포괄적 교환계약'에 해당하며 '주식의 포괄적 교환에 대한 과세특례' 요건은 조세특례제한법 제38조에서 별도로 규정하고 있다) 조세특례제한법 제46조의7의 '전략적 제휴를 위한 비상장 주식교환 등에 대한 과세특례' 요건을 갖추지 못했으므로 과세이연의 대상이 아니다.

(2) 이익계산

이익증여 = ① or ② ≥ 변동 전 해당 재산가액 × 100분의 30 또는 3억원

① 소유지분이 변동된 경우

이익증여 = (변동 후 지분 - 변동 전 지분) × 지분 변동 후 1주당 가액*

* 상속증여세법 시행령 제28조, 제29조, 제29조의2 및 제29조의3을 준용하여 계산한 가액

② **평가액이 변동된 경우**

이익증여 = 변동 후 가액 - 변동 전 가액

위 계산방식에서 주식의 포괄적 교환에서 소유지분이 변동된 경우와 평가액이 변동된 경우란 어떤 형태의 주식의 포괄적 교환을 말하는지가 분명하지 않다. 이제 이 문제는 대법원(대법원 2019두19, 2022.12.29.)의 최종 판결로 종결되었다. 다음에 보는 사례의 분석은 대법원 판결이 나기 전에 분석한 것이다. 한편, 주식의 포괄적 교환은 그 성격에 따라 주식의 양도는 소득세법의 양도소득과 상속증여세법의 저가·고가양도와 증여, 주식의 현물출자는 현물출자와 증여, 주식의 불공정교환에 따른 이익은 증여 등의 과세문제를 예상할 수 있다고 하였다. 이와 같은 과세문제 중에서 2015.12.15.에 신설된 상속증여세법 제42조의2 제1항의 주식의 포괄적 교환이익은 자본거래의 "이익"에 해당된다. 주식의 포괄적 교환에 따른 이익을 이해하기 위해서는 2015.12.15. 개정 전의 구 상속증여세법 제42조 제1항 제3호의 이익 적용에 대한 문제를 함께 살펴볼 필요가 있다.

다음의 사례는 주식의 포괄적 교환에 따른 이익을 구 상속증여세법 제42조 제1항 제3호를 적용해야 한다는 대법원(대법원 2011두23047, 2014.4.24.)의 판결에 대해 저자가 분석한 "주식의 포괄적 교환에 대한 이익증여 유형과 이익계산 방법에 대한 세법적용" 중에서 일부를 수정·편집하였다. 주식의 포괄적 교환에 따른 개념을 이해하기 위해 과세문제를 '자본이익'과 '주식양도'의 문제로 보고 주식의 포괄적 교환에 따른 자본이익의 계산을 상속증여세법 제38조의 합병에 따른 이익의 계산방식으로 보여주고 있다.

사례 ••• 주식의 포괄적 교환과 이익증여

다음에 제시되는 주식의 포괄적 교환 내용에 따라 이익의 과세문제를 다음과 같이 검토할 수 있다.

| 주식보유 현황 |

○○미디어(완전모회사가 되는 회사)			○○기획(완전자회사가 되는 회사)		
주주	주식수	지분율	주주	주식수	지분율
김	500,000	50.0%	갑	160,000	6.75%
이	300,000	30.0%	을	622,247	26.25%
박	200,000	20.0%	병	1,588,198	67.00%
계	1,000,000	100.0%	계	2,370,445	100.00%

회사가 신고한 완전모회사가 되는 회사와 완전자회사가 되는 회사의 주식교환가액은 다음과 같다.

| 주식교환비율 |

신고				경정(시가)			
교환가액		교환비율		교환가액		교환비율	
완전모회사	완전자회사	완전모회사	완전자회사	완전모회사	완전자회사	완전모회사	완전자회사
5,958	16,822	1	2.82343	6,780	1,004	1	0.14808

* 완전자회사가 되는 회사의 주식 1주당 취득가액 2,500원

회사가 신고한 주식교환가액에 따라 주식교환을 하는 경우 주식교환 후의 주식보유는 다음과 같게 될 것이다.

| 주식교환 전 · 후의 주식보유 현황 |

구분	교환 전		신주	교환 후	
주주	주식수	지분율	주식수	주식수	지분율
김	500,000	50.0%		500,000	6.50%
이	300,000	30.0%		300,000	3.90%
박	200,000	20.0%		200,000	2.60%
갑			451,749	451,749	5.87%
을			1,756,871	1,756,871	22.84%
병			4,484,167	4,484,167	58.29%
계	1,000,000	100.00%	6,692,787	7,692,787	100.00%

경정한 주식교환가액에 따라 주식교환을 하는 경우 주식교환 후의 주식보유 현황은 다음과 같게 될 것이다.

| 주식교환 전 · 후의 주식보유 현황 |

구분	교환 전		신주	교환 후	
주주	주식수	지분율	주식수	주식수	지분율
김	500,000	50.0%		500,000	37.01%
이	300,000	30.0%		300,000	22.21%
박	200,000	20.0%		200,000	14.80%
갑			23,693	23,693	1.75%
을			92,144	92,144	6.82%
병			235,185	235,185	17.41%
계	1,000,000	100.00%	351,022	1,351,022	100.00%

완전자회사의 주주 갑의 경우 회사신고의 경우는 교환신주를 451,749주를 교부받았으나 경정의 경우는 23,693주를 교부받게 된다. 이 경우 과세관청이 경정한 주식교환가액에 따를 경우 주식교환에 따른 주식양도 이익증여와 주식교환에 따른 이익을 다음과 같이 계산할 수 있을 것이다.

(1) 주식양도와 이익증여

상속증여세법 제35조에서 특수관계인 간에 재산을 양도하는 때 "대가와 시가의 차액에 상당하는 금액을 증여재산가액으로 한다." 즉 타인으로부터 시가보다 낮은 가액으로 재산을 양수하는 경우에는 그 재산의 양수자에게, 타인에게 시가보다 높은 가액으로 재산을 양도하는 경우에는 그 재산의 양도자에게 이익의 증여가 발생한다. 주식의 교환은 주식의 양도이므로 기본적으로 소득세법의 양도소득이 발생하게 된다. 그러나 양도가액이 시가보다 낮거나 높은 경우 시가와의 차액을 이익의 증여로 보고 있다. 위의 주식교환에서 주식의 양도에 따른 이익의 계산을 보면 다음과 같게 된다.

회사가 신고한 주식교환가액에 따라 완전자회사의 주주 갑의 주식교환에 따른 주식양도이익(소득)은 다음과 같다(이하의 양도가액 차이 나는 부분은 소수점에서 오는 것임).

구분	양도가액	취득가액	양도이익(차익)
신고	2,691,520,000	400,000,000	2,291,520,000

* 양도가액: 5,958원 × 451,749주 = 16,822원 × 160,000주 = 2,691,520,000원
* 취득가액: 2,500원 × 160,000주 = 400,000,000원

한편, 처분청의 경정에 의한 주식교환가액에 따른 완전자회사가 되는 회사의 주주 갑의 주식양도이익(소득)은 다음과 같다.

구분	양도가액	취득가액	양도이익
경정	141,164,177	400,000,000	▲258,835,823

* 양도가액: 6,780원 × 23,693주 = 141,164,177원

이 경우는 회사신고 주식교환가액(양도가액)이 2,691,520,000원, 경정 양도가액이 141,164,177원으로 회사신고 주식교환가액이 경정 주식교환가액보다 높으므로 "타인에게 시가보다 높은 가액으로 재산을 양도하는 경우"에 해당된다. 따라서 재산의 양도자에게 이익증여가 발생하게 된다. 위 주식교환에 따른 주식양도 이익을 다음과 같이 분석해 볼 수 있다.

예를 들어, 주주의 '갑'의 경우 회사에서 신고한 '갑'의 주식의 양도가액이 시가를 초과하는 양도가액에 대해서는 대가와 시가의 차액을 증여재산가액으로 보게 되므로 이 경우 증여재산가액은 2,550,355,823원이 발생하게 된다. 한편, 이 사건 거래가 특수관계법인 외의 자와 거래로 본다면 소득세법의 양도소득 계산은 "특수관계법인 외의 자에게 재산을 시가보다 높은 가격으로 양도한 경우로서 상속증여세법 제35조에 따라 해당 거주자의 증여재산가액으로 하는 금액이 있는 경우에는 그 양도가액에서 증여재산가액을 뺀 금액"을 실지거래가액으로 보고 있다(소득법 §96 ③ 2). 이 경우 실지거래가액은 양도가액 2,691,520,000원에서 증여재산가액 2,550,355,823원을 빼면 양도가액의 실지거래가액이 계산된다. 실지거래가액이 141,164,177원이 된다. 이 규정의 취지는 양도이익(차익)을 시가를 초과하는 부분과 미달하는 부분으로 나누어 시가를 초과하는 부분은 증여세로 과세하고, 시가에 미달하는 부분은 소득세(양도소득세)를 과세하겠다는 것으로 중복과세를 피하면서 편법적인 부의 이전을 차단하려는 데 있다.

(2) 주식교환과 자본이익

합병과 이익(제2장 제4절)에서 합병에 따른 이익은 합병비율의 불공정에 따라 합병당사법인(합병법인과 피합병법인을 말한다)의 주주와 주주 사이에서 이익의 증여 문제가 있었다. 주식교환도 합병과 유사하므로 합병에서 합병에 따른 이익증여가 발생하듯이 주식교환의 경우에도 주식교환에 따른 이익증여가 발생하게 된다. 즉 주식교환비율의 불공정에 따라 완전모회사가 되는 회사의 주주와 완전자회사가 되는 회사의 주주 사이에 이익의 증여가 발생한다. 주식의 포괄적 교환에 따른 이익을 합병에 따른 이익과 같은 방법으로 이익을 계산할 수 있다(계산방법은 "제2장 제4절 합병과 이익증여" 참조). 이 사례에서 주식의 포괄적 교환에 따른 이익을 계산하면 다음과 같게 된다.

| 주식교환과 이익 |

구분	○○미디어	○○기획	A′(교환 후)
발행주식총수	1,000,000	2,370,445	
1주당 평가액(경정)	6,780	1,004	1,190.7
총주식 평가액(경정)	6,780,000,000	2,379,926,780	9,159,926,780
교환비율(신고)	1	2.823431	
교환 후 주식수(신고)	1,000,000	6,692,787	7,692,787
1주당 교환 전 평가액	6,780	355.6	과다교부주식수 6,341,765주
1주당 평가차손익	−5,589.3	835.1	
평가차손익 계	−5,589,283,734	5,589,283,734	
교환비율(경정)	1	0.14808	
교환 후 주식수(경정)	1,000,000	351,022	1,351,022

* 평가차손익계산: (1주당 교환 후 평가액 − 1주당 교환 전 평가액) × 교환 후 주식수
* 평가차익계 (1,190.7 − 355.6) × 6,692,787주 = 5,589,283,734원
* 평가차손계 (1,190.7 − 6,780) × 1,000,000주 = −5,589,283,734원

주식의 포괄적 교환에 따른 이익이 발생되는 원인이 과다교부받은 주식이 되므로 그 이익의 성질이 합병과 다름이 없다. 위 계산에 따르면 불공정 주식교환에 따른 완전자회사가 되는 회사인 ○○기획의 주주가 얻은 총이익은 5,589,283,734원이 되고, 이를 주주별로 얻은 이익을 계산하면 다음과 같게 된다.

| 주주별 주식교환과 이익 |

구분	얻은 총이익	지분율	얻은 이익(교환이익)
갑	5,589,283,734	6.75%	377,264,774
을		26.25%	1,467,198,858
병		67.00%	3,744,820,102
계		100.00%	5,589,283,734

주식의 포괄적 교환에 따른 주주 '갑'의 고가양도이익(증여)과 불공정 주식교환이익을 정리하면 다음과 같게 된다. 이 경우 주주 '갑'의 '주식교환과 이익'의 증여재산이 '주식양도와 이익증여'의 증여재산과 이중과세에 해당되는지 여부에 대해서는 검토가 필요한 부분이다(자세한 내용은 저자의 연구보고서 "포괄적 주식교환에 대한 세법 적용"을 참조).

구분	주식양도와 이익증여	주식교환과 이익
주주 갑	2,550,355,823	377,264,774

(3) 주식교환가액과 시가

(3)-1. 주식의 교환(현물출자) 및 양도와 시가

자본거래에서 주식의 포괄적 교환은 현물출자(상증법 §39의3)에 해당된다. 또한 주식의 포괄적 교환은 주식의 양도에 해당된다. 주식의 현물출자와 양도에 있어 주식교환가액인 현물출자가액과 양도가액이 다를 수 없다. 대법원에서는 주식의 포괄적 교환에서 교환가액은 실지거래가액(소득세법)에 해당된다고 하였다(대법원 2009두19465, 2011.2.10.). 이 경우 실지거래가액은 상속증여세법 제35조(저가・고가양도)에서 말하는 재산의 양도대가에 해당된다. 주식의 현물출자와 양도에서 "시가"는 이익을 계산하는 중요한 요소이다. 현행 조세법상 주식의 포괄적 교환에 따른 주식현물출자의 시가와 주식양도의 시가 범위에 대해 알아보고 시가의 범위에 차이가 있다면 그 이유는 무엇인지 살펴본다.

(3)-2. 주식의 교환가액과 시가

상속증여세법 제39조의3 제1항 제1호에서 "주식을 시가(상속증여세법 제60조와 제63조에 따라 평가한 가액을 말한다)보다 낮은 가액으로 인수함에 따라 현물출자자가 얻은 이익"과 제2호에서는 "주식을 시가보다 높은 가액으로 인수함에 따라 현물출자자와 그의 특수관계인에 해당하는 주주가 얻은 이익"을 증여재산으로 보고 있다. 이 경우 현물출자의 시가는 상속증여세법 제60조와 제63조에 따라 평가한 가액이 된다.

서울고등법원(서울고법 2010누31340, 2011.8.24.)은 "상속증여세법 제39조 제1항 제1호 다목의 규정 내용과 입법취지 등에 비추어 보면, 위 규정에서 정한 과세요건을 충족하는 이상 이 사건 주식이 증권거래법에서 정한 절차에 따라 산정되었다고 하여 과세대상에서 제외할 수는 없다."고 하였다. 법원은 증권거래법과 상속증여세법의 입법목적을 "증권거래법 관련 규정은 포괄적 주식교환 조건 등에 관한 공정성과 투명성 등을 확보하기 위하여 일정한 제한을 두는 규정일 뿐이고, 상속증여세법 제39조 제1항 제1호 다목은 그와 별도의 입법목적을 가지고 시가보다 낮은 가격으로 주식을 인수하는 경우에 그 차액 상당의 이익을 증여받은 것으로 보기 위한 규정"이라는 점을 지적하면서 증여의제 이익에 대한 인식을 필요로 하는 것으로 볼 수 없다고 하였다.

즉 주식의 포괄적 교환을 현물출자 형식의 유상증자로 보면서 이때의 주식교환가액의 시가에 대해 "상속증여세법상 증여세가 부과되는 재산의 가액은 증여일 현재의 시가(상증법 §60 ①)에 의하고 상속증여세법 제63조 제1항 제1호 가목 및 나목에 규정된 평가방법에 의하여 평가한 가액을 시가로 본다."고 하면서 증권거래법 관련 규정에 따른 주식교환가액을 시가로 볼 수 없다는 것이다. 이 사건에 대한 대법원의 최종 판단은 "상법상의 주식의 포괄적 교환에 의하여 완전자회사가 되는 회사의 주주가 얻은 이익에 대하여는 재산의 고가양도에 따른 이익의 증여에 관한 상속증여세법 제35조 제1항 제2호, 제2항이나 신주의 저가발행에 따른 이익의 증여에 관한 상속증여세법 제39조 제1항 제1호 (다)목을 적용하여 증여세를 과세할 수는 없고, 법인의 자본을 증가시키는 거래에 따른 이익의 증여에 관한 구 상속증여세법 제42조 제1항 제3호를 적용하여 증여세를 과세해야 한다고 하였다(대법원 2011두23047, 2014.4.24.). 대법원은 주식의 포괄적 교환을 상속증여세법 제39조(증자)를 적용할 것이 아니라 구 상속증여세법 제42조 제1항 제3호를 적용해야 한다는 것으로 세법적용의 법조항 문제를 삼은 것이 되나 증권거래법 관련 규정에 따른 주식의 포괄적 교환가액을 시가로 볼 수 없다는 점은 변함이 없었다. 이 사건의 주식교환가액의 시가 계산방식인 증자 전 주식가액의 평가방식을 구체적으로 살펴보면, 평가대상법인은 협회등록법인으로 증자 전 주식가액을 상속증여세법(시행령 제52조의2,

제53조)에 따라 평가기준일(주식교환계약 임시주주총회의 주주확정일)인 2004.8.25. 전 2개월이 되는 날인 2004.6.24.부터 2004.8.24.까지의 평균종가인 2,636원을 증자 전 주식가액(시가)으로 산정하였다. 이 금액은 증권거래법령의 주식교환가액과는 다르다.

(3)-3. 주식의 양도가액과 시가

상법 제360조의2 주식의 포괄적 교환(주식교환)이 상속증여세법 제35조 제2항의 고가양도 해당 여부에 대해 대법원(대법원 2011두22075, 2011.12.22.)은 "과세요건 사실에 관한 증명책임은 과세관청에 있는 점, 같은 법 제35조 제2항의 문언내용 및 규정형식 등에 비추어 보면, 같은 법 제35조 제2항에 의한 증여세 부과처분이 적법하기 위해서는 양도자가 특수관계에 있는 자 외의 자에게 시가보다 현저히 높은 가액으로 재산을 양도하였다는 점뿐만 아니라 거래의 관행상 정당한 사유가 없다는 점도 과세관청이 증명하여야 한다."고 하였다. 그러면서 판시내용의 이유를 들어 "거래의 관행상 정당한 사유 없이 시가보다 현저히 높은 가액으로 재산을 양도한 경우에 해당한다고 볼 수 없다고 하였다(대법원 2011두11075, 2011.9.8. 같은 뜻)." 이 사건에서 자본시장법령의 주식평가액을 시가로 보는 이유에 대해서는 "구 증권거래법령은 주식의 포괄적 교환에 대하여 별도의 규정을 두지 않고 합병에 관한 절차를 준용하도록 하여 주식교환의 적정비율 등 그 요건과 절차를 모두 합병과 동일하게 규율하고 있고, 상속증여세법령은 증권거래법령에 의한 합병의 경우를 증여세 부과대상에서 제외하고 있다. 따라서 증권거래법령이 정한 기준과 절차 및 방법에 따라 체결·이행된 이상 증권거래법령에 의한 합병의 경우와 유사하므로 '정당한 사유'의 범위를 확대할 필요가 있다(서울고법 2010누23035, 2011.4.26.)."고 하였다. 즉 합병에 따른 이익의 증여 규정이 자본시장법령에 따라 합병하는 경우 증여세 부과대상에서 제외하고 있으므로 이와 유사한 주식의 포괄적 교환에서도 '정당한 사유'의 범위를 확대하여 증여세의 부과대상에서 제외하여 줄 필요가 있다는 것이다. 이 사건의 본질은 시가에 대한 증명책임의 문제이나 증권거래법령에 따른 주식의 포괄적 교환의 주식교환가액을 시가로 보고 있다.

(3)-4. 시가의 판단

앞에서 살펴본 자본거래에서 주식의 포괄적 교환은 상속증여세법 제42조의2에 따른 이익 및 제39조의3 주식의 현물출자이면서 상속증여세법 제35조의 주식의 양도에 해당되고, 이 규정은 모두 주식교환가액의 시가로 인해 발생된 과세 문제이며, 주식의 포괄적 교환과 관련된 판례의 판시 내용을 종합하면 자본시장법령에 따른 주식교환가액을 시가로 볼 수 있다는 것과 볼 수 없다는 것으로 나누어진다고 했다.

앞서 주식교환계약에 따라 교환한 주식교환가액은 실지거래가액에 해당된다(대법원 2009두19465, 2011.2.10.). 이 경우 실지거래가액은 소득세법 제96조의 자산의 양도가액이 된다. 앞에서 살펴보았듯이 상속증여세법 제39조의3의 주식 현물출자의 시가는 상속증여세법상의 평가액을 말하고 있다. 위 '주식의 양도가액과 시가'에서는 상속증여세법 제35조의 주식의 양도 시가는 자본시장법령의 평가액을 말하고 있다. 주식의 포괄적 교환에 대해 주식교환가액의 시가에 대한 판례의 내용들이 거래유형에 따라 각각 다른 것 같으나 이것은 개별적 사건에 따른 것으로 거래의 유형과 관계없이 주식교환가액의 시가는 다르지 않다. 주식의 포괄적 교환에 관하여는 자본시장법 시행령 제176조의5 제1항(합병가액 산정방식)을 준용한다고 되어 있으므로 주식교환가액 산정방식을 합병가액 산정방식에 따르고 있다. 비상장법인 간의 주식의 포괄적 교환이 아닌 한 자본시장법령에 따른 주식교환가액이 시가가 된다. 그러나 앞서 본 주식의 포괄적 교환은 법인의 자본을 증가시키는 거래에 따른 이익의 증여에 관한 구 상속증여세법 제42조 제1항 제3호를 적용해야 한다고 한 판결(대법원 2011두23047, 2014.4.24.)에 의하면, 특히 조세법의 경우 조세법률주의의 원칙상 과세요건이거나 비과세요건 또는 조세감면 요건을 막론하고 조세법규의 해석은 특별한 사정이 없는 한 법문대로 해석할 것이고 합리적 이유 없이 확장해석하거나 유추해석하는 것은 허용되지 않으므로 주식의 포괄적 교환의 경우 비록 합병과 유사한 실질을 가지고 있다고 하더라도 주식의 포괄적 교환의 주식교환가액은 구 상속증여세법(구 시행령 제52조의2, 제53조)에 따른 가액이 시가가 된다고 하였다.

제2절 주식의 포괄적 교환과 이익계산 방법

1 이익계산 방법의 논쟁

그동안 주식의 포괄적 교환에 따른 이익계산의 방법이 명료하지 않아 세법적용에 애로가 있었다. 이제는 대법원(대법원 2019두19, 2022.12.29.)의 최종 판결로 이익계산의 문제는 해결되었다. 대법원의 최종 판결이 나오기 전까지는 주식의 포괄적 교환에 대해 법인의 자본을 증가시키는 거래에 따른 이익의 증여에 관한 구 상속증여세법 제42조 제1항 제3호를 적용하여 증여세를 과세해야 한다(대법원 2011두23047, 2014.4.24.)고 할 뿐 이익계산의 구체적 방법에 관해서는 판단하지 않았다. 제2절과 제3절에서 분석한 모든 내용은 저자가 2015년부터 주장해 왔던 것으로 최종 대법원의 판결이 나오게 된 배경과 이유, 주식의 포괄적 교환에 따른 이익의 계산구조를 이해하는 데 도움이 될 것이다.

(1) 주식의 포괄적 교환에 대한 관점

대법원은 "주식의 포괄적 교환은 상속증여세법 제35조 제1항 제2호(고가양도), 제2항이나 신주의 저가발행에 따른 이익의 증여에 관한 상속증여세법 제39조 제1항 제1호 다목을 적용하여 증여세를 과세할 수는 없고, 법인의 자본을 증가시키는 거래에 따른 이익의 증여에 관한 구 상속증여세법 제42조 제1항 제3호를 적용하여 증여세를 과세해야 한다(대법원 2011두23047, 2014.4.24.)."고 하였다. 이와 같은 대법원의 판단은 세법에 규정되어 있지 않은 자본거래유형에 대해 세법적용과 이익계산 방식을 제시하면서도 한편으로는 주식의 포괄적 교환에 따른 구체적인 이익계산 방법이 무엇인가에 대한 질문을 던지고 있다. 구 상속증여세법 제42조 그 밖의 이익의 증여는 이익증여의 유형이 다양하게 구성되어 있었다. 2015.12.15. 개정세법에서는 이익증여 유형이 세분화하면서 제1항 제1호 및 제2호가 상속증여세법 제42조(재산사용 및 용역제공 등에 따른 이익증여)로, 제1항 제3호의 전반부인 "출자 · 감자, 합병(분할합병 포함) · 분할, 상속증여세법 제40조 제1항의 규정에 의한 전환사채 등에 의한 주식의 전환 · 인수 · 교환 등 법인의 자본을 증가시키거나 감소시키는 거래로 인하여 얻은 이익"은 상속증여세법 제4조(증여세 과세대상) 제1항 제6호(분할 및 교환은 제외)로, 후반부인 "사업양수도 · 사업교환 및 법인의 조직변경 등에 의하여 소유지분 또는 그 가액이 변동됨에 따라 얻은 이익"은 상속증여세법 제42조의2(법인의 조직변경 등에 따른 이익증여. 주식의 포괄적 교환을 포함)로, 제4항은 상속증여세법 제42조의3(재산 취득 후 재산가치 증가에 따른 이익증여)으로 각각 분리되었다.

주식의 포괄적 교환은 2015.12.15. 처음으로 상속증여세법 제42조의2에서 하나의 자본거래의 이익 유형임을 분명히 하게 되었다. 이렇게 개정된 배경에는 주식의 포괄적 교환에 대한 대법원의 판단을 반영한 것으로 개정 이전에는 명확하게 자본거래의 하나의 유형으로 적시되어 있지 않고 있었다. 신설된 상속증여세법 제42조의2에서 법인의 조직변경 등에 따른 이익의 증여란, 주식의 포괄적 교환 및 이전, 사업의 양수 · 양도, 사업교환 및 법인의 조직변경 등에 의하여 소유지분이나 그 가액이 변동됨에 따라 이익을 얻은 경우에는 그 이익에 상당하는 금액(소유지분이나 그 가액의 변동 전 · 후 재산의 평가차액을 말한다)을 그 이익을 얻은 자의 증여재산가액으로 하고 있다. 주식의 포괄적 교환 및 이전에 대해 개정과 신설된 규정은 개정 전 "…법인의 자본을 증가시키거나 감소시키는 거래로 인하여 얻은 이익"의 유형을 좀 더 명확하게 했다는 점에서 의미가 있다고 하겠다. 그러나 주식의 포괄적 교환의 이익계산 방법에 대한 문제는 개정 규정으로도 여전히 해결되지 않은 점이 있다.

주식의 포괄적 교환에 대한 이익계산 방법의 문제점을 다음과 같은 방식으로 분석해 볼 수 있을 것이다. 즉 개정되기 전 주식의 포괄적 교환에 대한 이익계산 방법에 대해 앞에서 본 대법원의 판단과 세법 적용의 문제점을 분석해 보고 개정된 후인 현행의 이익계산 방법에 대해 알아보는 방식이다. 주식의 포괄적 교환에 대해 이익계산 방법을 규정하고 있는 내용(대법원 2011두23047, 2014.4.24., 판결과 세법의 규정을 말한다)을 다음과 같이 정리할 수 있다.

- 2015.12.15. 개정되기 전(상속증여세법 시행령 제31조의9 제1항 제4호 및 제5호)의 이익계산

① 주식전환 등의 경우(제4호): 주식전환 등을 할 당시의 주식가액(상속증여세법 시행령 제30조 제4항 제1호 및 제2호의 규정에 의하여 계산한 가액을 말한다)에서 주식전환 등의 가액을 차감한 금액이 1억원 이상인 경우의 당해 금액

② 그 밖의 경우(제5호): 소유지분 또는 그 가액의 변동 전·후에 있어서 당해 재산의 평가차액이 변동 전 당해 재산가액의 100분의 30 이상이거나 그 금액이 3억원 이상인 경우의 당해 평가차액. 이 경우 당해 평가차액은 다음 각 목의 규정에 의하여 계산한다.

가. 지분이 변동된 경우: (변동 후 지분 - 변동 전 지분) × 지분변동 후 1주당 가액 (상속증여세법 시행령 제28조, 제29조, 제29조의2 및 제29조의3을 준용하여 계산한 가액을 말한다)

나. 평가액이 변동된 경우: 변동 후 가액 - 변동 전 가액

대법원이 말한 주식의 포괄적 교환에 대해서는 법인의 자본을 증가시키는 거래에 따른 이익의 증여에 관한 구 상속증여세법 제42조 제1항 제3호를 적용해야 한다는 이익계산 방법은 상속증여세법 시행령 제31조의9 제1항 제4호(주식전환 등의 경우)에 해당한다.

- 2015.12.15. 개정된 후(상속증여세법 시행령 제32조의2 제1항. 2016.2.5. 신설)의 이익계산

① 소유지분이 변동된 경우: (변동 후 지분 - 변동 전 지분) × 지분변동 후 1주당 가액 (상속증여세법 시행령 제28조, 제29조, 제29조의2 및 제29조의3을 준용하여 계산한 가액을 말한다)

② 평가액이 변동된 경우: 변동 후 가액 - 변동 전 가액

주식의 포괄적 교환에 대한 2016.2.5. 개정된 후의 이익계산 방법은 개정되기 전의 구 상속증여세법 시행령 제31조의9 제1항 제5호의 이익계산 방법이 된다.

주식의 포괄적 교환에 따른 이익의 계산방법은 문언으로는 개정 전의 "주식전환을 할 당시의 주식가액 - 주식전환의 가액"에서, 개정 후의 "소유지분이 변동된 경우는 (변동 후 지분 - 변동 전 지분) × 지분변동 후 1주당 가액 또는 평가액이 변동된 경우는 변동 후 가액 - 변동 전 가액"으로 이익계산 방법으로 변경되었다.

상법 제360조의2 주식의 포괄적 교환은 현행 조세법에서 주식교환의 성질이 합병과 현물출자와 양도의 개념을 포함하고 있다고 하였다. 이와 같은 주식의 포괄적 교환은

그 성질로 인해 어느 하나의 자본거래유형으로 단정 지을 수 없게 하고 있어 상속증여세법의 이익증여에서도 다른 자본거래유형과 달리 그 이익증여유형을 명확히 규정하지 않은 이유가 되기도 한다. 대법원은 주식의 포괄적 교환에 대해 "법인의 자본을 증가시키는 거래에 따른 이익의 증여에 관한 구 상속증여세법 제42조 제1항 제3호를 적용하여 증여세를 과세해야 한다."고 하였는데, 여기서 구 상속증여세법 제42조 제1항 제3호의 "법인의 자본을 증가 또는 감소시키는 거래"의 유형이라 함은 출자, 감자, 합병, 주식의 전환 등을 말한다. 그런데 자본을 증가 또는 감소시키는 거래에는 구 상속증여세법 제42조 제1항 제3호 외에도 상속증여세법 제38조(합병), 제39조(증자), 제39조의2(감자), 제39조의3(현물출자), 제40조(주식전환)가 있다. 그렇다면 자본을 증가 또는 감소시키는 거래인 구 상속증여세법 제42조 제1항 제3호의 유형과 상속증여세법 제38조(합병), 제39조(증자), 제39조의2(감자), 제39조의3(현물출자), 제40조(주식전환)의 차이점이 무엇인지 알 수 없게 한다.

(2) 주식의 포괄적 교환과 세법적용 ≪관점 1≫과 ≪관점 2≫

주식의 포괄적 교환에 대해서는 이미 대법원(대법원 2011두11075, 2011.9.8.)은 상속증여세법 제35조의 고가양도에 해당되지 않는다고 하면서 그 이유에 대한 근거로 "상속증여세법 제38조 제1항, 같은 법 시행령 제28조 제1항 단서에서 증권거래법령에 따라 행하는 합병은 특수관계에 있는 법인 간의 합병으로 보지 아니한다고 하면서, 포괄적 주식교환계약은 증권거래법령이 정한 기준과 절차 및 방법에 따라 체결·이행된 이상 증권거래법령에 의한 합병의 경우와 유사하다."고 하였다(유사 판례. 대법원 2011두22075, 2011.12.22., 이에 대한 자세한 내용은 저자가 분석한 "주식의 포괄적 교환에 대한 상속증여세법 제35조 제2항 적용" 참조).

주식의 포괄적 교환에서 주식교환가액에 대한 사건에서, 구 상속증여세법 제42조 제1항 제3호(법인의 자본을 증가시키는 거래에 따른 이익)로 보고 있는 경우(대법원 2011두23047, 2014.4.24., 서울고법 2010누31340, 2011.8.24., 이하 ≪관점 1≫이라 한다)와 상속증여세법 제35조 저가양수 및 고가양도의 문제로 보고 있는 경우(대법원 2011두11075, 2011.9.8., 서울고법 2010누23035, 2011.4.26., 이하 ≪관점 2≫라 한다)가 있다고 하였다. 이 두 사건 다 주식교환가액의 시가와 관련된 문제로서 시가에 따르는 세법적용의 문제를 주식의 포괄적 교환이라는 동일한 사건임에도 주식의 포괄적 교환에 따른 이익에 대해 대법원의 서로 다른 세법적용은 다음과 같은 문제점을 제기하고 있다.

주식의 포괄적 교환에 대한 ≪관점 1≫과 ≪관점 2≫는 주식의 포괄적 교환이 합병과 유사한지의 여부와 자본시장법령에 따라 평가한 주식교환가액을 시가로 볼 수 있는지의 여부로 압축할 수 있다. 먼저 주식의 포괄적 교환이 합병과 유사한지의 여부에 대해 "증권거래법령(현행 자본시장법령)은 주식의 포괄적 교환에 대하여 별도의 규정을 두지 않는 대신, 합병에 관한 절차를 준용하도록 하여 주식교환의 적정비율 등 그 요건과 절차를 모두 합병과 동일하게 규율하고 있다고 하면서, 증권거래법령에서 정한 기준과 절차 및 방법에 따라 체결・이행된 이상 증권거래법령에 의한 합병의 경우와 유사하다(≪관점 1≫)는 판단(합병의 경우와 유사하다고 해서 주식의 포괄적 교환에 따른 이익을 합병에 따른 이익인 상속증여세법 제38조를 적용해야 한다는 것은 아니다)과 주식의 포괄적 교환이 합병과 유사하다고 하더라도 자회사가 되는 회사 주주나 모회사의 입장에서는 자회사의 주식과 모회사의 신주를 서로 교환하는 것과 실질적으로 다를 바 없으므로 그 법률적 성질은 주식의 교환, 즉 재산의 양도로 볼 것이지 2개 이상의 회사가 한 회사로 되어 재산과 사원이 포괄적으로 이전・수용되는 합병으로 볼 수 없다(≪관점 2≫)는 판단으로 나누어지고 있다.

다음은 자본시장법령에 따라 평가한 주식교환가액을 시가로 볼 수 있는지의 여부에 대해서도 "상속증여세법 제60조는 증여세가 부과되는 재산의 가액을 증여일 현재의 시가로 하되 시가를 산정하기 어려운 경우에는 상속증여세법 제63조의 소정의 보충적 평가방법에 의하여 그 가액을 산정하도록 규정하고 있는데, 증권거래법의 절차에 따라 외부평가기관이 산정한 주식의 평가액은 당해 증권거래에 관한 한 다른 어떤 법률에서 정하고 있는 평가의 방법보다 교환 당시의 시가에 근접한다고 봄이 상당하고 또한 증권거래법령이 규정한 주식가액의 산정방법에 따라 포괄적 교환 대상인 각 주식의 가격평가"는 시가로 볼 수 있다(≪관점 2. 원심≫)는 판단과 증권거래법상 위 규정들은 주식교환과 관련하여 이사회 결의일 등을 기준으로 주식 가액을 평가하기 위한 것일 뿐 증여일 현재의 시가를 평가하기 위한 것이 아니므로, 특별한 사정이 없는 한 이러한 증권거래법상 주식 가액을 증여일 현재의 시가로 단정할 수는 없다(≪관점 1. 원심≫)는 판단으로 나누어진다.

이와 같은 주식교환가액의 시가에 대한 상반된 판단에서 주식의 포괄적 교환 시 주식의 포괄적 교환을 합병과 유사한 것으로 보는 경우에는 상속증여세법 제38조의 합병에 따른 이익증여, 같은 법 제42조 제1항 제3호의 자본증가에 따른 이익증여의 대상이 될 수 있고, 주식의 포괄적 교환을 합병과 유사한 것으로 보지 아니하는 경우에는 상속증여세법 제35조 저가양수・고가양도에 따른 이익증여, 같은 법 제39조 증자에 따른 이익증여, 같은 법 제39조의3 현물출자에 따른 이익증여, 같은 법 제42조 제1항 제3호 자본증가에 따른 이익증여의 대상이 될 수 있다. 여기서 주식의 포괄적 교환을 합병과 유사한 것으로 보는 경우든 보지 않는 경우든 공통적으로 적용되는 세법규정은 구 상속증여세법 제42조 제1항 제3호 자본증가에 따른 이익증여가 된다.

주식의 포괄적 교환이 "법인의 자본을 증가시키는 거래에 따른 이익의 증여에 관한 구 상속증여세법 제42조 제1항 제3호를 적용하여 증여세를 과세해야 한다≪관점 1≫."는 판결과 주식의 포괄적 교환이 "증권거래법령에 의한 합병의 경우와 유사하므로 증권거래법령에 따른 주식의 포괄적 교환가액은 상속증여세법 제35조의 고가양도에 해당되지 않는다≪관점 2≫."는 판결의 관점의 차이는 상속증여세법의 해당 조항의 적용에서 비롯된 것이나 결국 주식교환가액의 시가에 대한 문제이다. 즉 주식의 포괄적 교환의 주식교환가액에 대한 이익증여 여부에 대해 전자는 주식교환가액을 자본시장법령이 아닌 상속증여세법의 평가를 기준으로 한다는 점과 후자는 자본시장법령의 평가를 기준으로 한다는 점이다(이러한 관점의 차이는 두 사건의 고등법원 판결에서는 분명해 보인다).

(3) 주식의 포괄적 교환과 이익계산 방법 ≪관점 1≫과 ≪관점 2≫

이익증여 유형에 따른 이익의 계산방법에 대해 상속증여세법 제38조 합병에 따른 이익증여, 제35조 저가양수・고가양도에 따른 이익증여, 제39조 증자에 따른 이익증여, 제39조의3 현물출자에 따른 이익증여는 각 시행령에서 구체적으로 이익의 계산방법을 제시하고 있다. 구 상속증여세법 제42조 제1항 제3호에서 "법인의 자본을 증가시키는 거래"의 유형을 출자, 합병(분할합병 포함), 상속증여세법 제40조 제1항에 따른 전환사채 등에 의한 주식의 전환・인수・교환을 들고 있다. 구체적으로는 주식의 포괄적 교환을 구 상속증여세법 제42조 제1항 제3호의 "법인의 자본을 증가시키는 거래"로 보는 경우 이익의 계산방법을 구 상속증여세법 시행령 제30조 제4항 제1호 및 제2호에 따라 계산하도록 하고 있다. 그런데 이 계산방법은 전환사채 등의 주식전환에 따른 이익계산 방법이다. 구 상속증여세법 제42조 제1항 제3호의 "법인의 자본을 증가시키는 거래"에 따른 이익의 증여유형에서 출자, 합병, 특히 합병의 경우에도 전환사채의 주식전환 이익계산 방법을 적용하고 있다는 것이 된다.

합병의 경우는 상속증여세법 제38조의 합병에 따른 이익의 계산방법을 별도로 두고 있다. 그렇다면 구 상속증여세법 제42조 제1항 제3호의 "법인의 자본을 증가시키는 거래에 따른 이익의 증여" 유형인 합병과 상속증여세법 제38조의 "합병에 따른 이익의 증여"인 합병의 차이점이 무엇인지는 분명하지 않다. 그런데도 구 상속증여세법 제42조 제1항 제3호의 합병의 이익계산은 전환사채의 주식전환 이익계산 방법을 적용하고 있다. 결국 이러한 이익계산 방법의 차이는 주식의 포괄적 교환의 성격이 합병과 유사한 것으로 보는 경우에도 이익계산은 상속증여세법 제38조의 합병의 이익계산 방법을 적용할 수 없다는 것이 된다. 이러한 문제점을 찾기 위서는 전환사채의 주식전환이익과 상속증여세법 제38조의 합병이익의 차이가 무엇인지의 여부와 그 이익의 계산구조를 살펴보아야 한다(이 부분에 대해서는 "제3절 주식의 포괄적 교환과 이익계산"에서 분석한다).

하나의 증여에 대하여 둘 이상 동시에 적용되는 경우에는 각 해당 규정의 이익이 가장 많게 계산되는 것 하나만을 적용한다(상증법 §43 ①). 이와 같은 규정에 따라 이 사건의 사례를 앞서 이익의 유형 분류에 따라 주식의 포괄적 교환을 합병과 유사한 것으로 보는 경우는 상속증여세법 제38조, 증자와 유사한 경우는 상속증여세법 제39조, 현물출자와 유사한 경우는 상속증여세법 제39조의3, 법인의 자본을 증가시키는 거래인 경우는 구 상속증여세법 제42조 제1항 제3호를 적용하여 각각 이익을 계산해 본 바에 따르면 그 이익이 모두 동일한 것으로 나타난다. 이익의 계산 결과로만 보면 주식의 포괄적 교환에 대해 이익의 유형을 적용함에 있어 '법인의 자본을 증가시키는 거래인 구 상속증여세법 제42조 제1항 제3호'만을 적용할 이유가 없다. 그러나 ≪관점 1≫에서는 "상법상의 주식의 포괄적 교환에 의하여 완전자회사가 되는 회사의 주주가 얻은 이익에 대하여는 '신주의 저가발행에 따른 이익의 증여'에 관한 상속증여세법 제39조 제1항 제1호 다목을 적용하여 증여세를 과세할 수 없다."고 판단하고 있다. 이러한 판단은 하나의 증여에 대하여 둘 이상 동시에 적용되는 경우에는 각 해당 규정의 이익이 가장 많게 계산되는 것 하나만을 적용한다는 것과 배치된다고 할 것이다(이 사건은 구 상속증여세법 제43조 제1항의 규정 신설 전인

2010.12.27. 이전의 사건이나 이 규정 신설 후의 사건이라고 하더라도 달라질 것은 없다). 또한 이러한 판단으로 법인세법의 부당행위계산 유형(법인령 §88 ① 8의2)인 "증자 등 법인의 자본을 증가시키는 거래를 통하여 법인의 이익을 분여하였다고 인정되는 경우"라고 하더라도 부당행위계산을 할 수 없다는 것이 된다(주식의 포괄적 교환에 대해서는 명시하지 않고 있으므로). 이와 같은 관점에서 주식의 포괄적 교환에 대한 이익계산을 하기 전의 단계로 다음(2. 이익계산 방법의 세법적용 문제)과 같은 방식으로 주식의 포괄적 교환에 대해 세법을 적용하는 데 있어 자본거래의 유형 간의 관계를 살펴볼 필요가 있다. 이하의 내용들은 주식의 포괄적 교환에 대한 대법원의 관련 판결을 기준으로 하여 분류하였다.

2 | 이익계산 방법의 세법적용 문제

(1) 주식의 포괄적 교환과 이익의 유형

주식의 포괄적 교환은 "증권거래법령(현행 자본시장법령)은 주식의 포괄적 교환에 대하여 별도의 규정을 두지 않는 대신, 합병에 관한 절차를 준용하도록 하여 주식교환의 적정비율 등 그 요건과 절차를 모두 합병과 동일하게 규율하고 있다. 따라서 증권거래법령에서 정한 기준과 절차 및 방법에 따라 체결·이행된 이상 증권거래법령에 의한 합병의 경우와 유사하다≪관점 1≫."는 관점과 "주식의 포괄적 교환이 합병과 유사하다고 하더라도 자회사가 되는 회사 주주나 모회사의 입장에서는 자회사의 주식과 모회사의 신주를 서로 교환하는 것과 실질적으로 다를 바 없으므로 그 법률적 성질은 주식의 교환, 즉 재산의 양도로 볼 것이지 2개 이상의 회사가 한 회사로 되어 재산과 사원이 포괄적으로 이전·수용되는 합병으로 볼 수는 없다≪관점 2≫."는 서로 다른 관점을 두고 있다고 했다. 주식의 포괄적 교환에 대해 2015.12.15. 개정되기 전에는 상속증여세법의 이익증여에서 다른 자본거래유형과 달리 그 이익증여 유형을 명확히 규정하지 않고 있었다. 앞서 주식의 포괄적 교환은 그 주식교환의 성질이 합병과 현물출자(증자), 양도 등의 개념을 포괄하고 있으므로 인해 주식의 포괄적 교환을 어느 하나의 자본거래유형으로 단정 지을 수 없게 한다고 하였다. 이와 같은 관점에 따라 주식의 포괄적 교환에 따른 이익의 유형을 다음과 같이 볼 수 있다.

(1)-1. 주식의 포괄적 교환과 합병

앞서 합병과 주식의 포괄적 교환은 유사한 점이 많다. 합병비율에 따라 교부받는 합병법인의 주식은 피합병법인의 개별 주주의 주식의 대가이며, 주식교환비율에 따라 교부받는 모회사의 주식은 완전자회사의 개별 주주의 주식의 대가이다. 합병비율과 주식교환비율이 동일하다면 개별주주의 주식대가(또는 주식수)는 동일하므로 둘 사이에 차이가 없다. 다른 점은 합병에서는 피합병법인의 자산과 부채가 합병법인으로 이전되고 주식의 포괄적 교환에서는 완전자회사가 되는 회사의 자산과 부채가 완전모회사가 되는 회사에게 이전되지 않는다는 점이다. 주식교환 후 완전모회사와 완전자회사가 합병하여 하나의 독립된 기업실체가 되는 경우는 경제적 실질에 있어 합병과 동일한 효과가 발생한다. 자본시장법령에서도 이러한 점을 고려하여 주식의 포괄적 교환을 하는 경우 그 요건, 절차 등을 합병에 관한 규정에 따르도록 하고 있다. 자본시장법령에서 주식의 포괄적 교환을 합병에 관한 규정에 따른 이유는 주식교환비율의 산정방법과 절차가 합병비율의 산정방법과 절차와 달라야 할 이유가 없기 때문이라고 했다.

그러나 조세법 해석에서 "조세법률주의의 원칙상 과세요건이거나 비과세요건 또는 조세감면요건을 막론하고 조세 법규의 해석은 특별한 사정이 없는 한 법문대로 해석할 것이고 합리적 이유 없이 확장해석하거나 유추해석하는 것은 허용되지 않는다."라는 대법원의 판결은 일관적이다. 자본시장법 시행령 제176조의6 제2항에 근거하여 주식의 포괄적 교환을 상속증여세법 제38조(합병이익증여)와 동일시 보려면 과세요건 등을 살펴보아야 한다. 상속증여세법 시행령 제28조를 법문대로 해석한다면 "자본시장법 제165조의4 및 같은 법 시행령 제176조의5에 따라 하는 합병은 제외"한다고 명시되어 있지만, "자본시장법 제165조의4 및 같은 법 시행령 제176조의5에 따라 하는 주식의 포괄적 교환은 제외"한다고 명시되어 있지 않다. 또한 자회사가 되는 회사 주주나 모회사의 입장에서는 자회사의 주식과 모회사의 신주를 서로 교환하는 것은 그 법률적 성질은 주식의 교환, 즉 재산의 양도로 볼 것이지 2개 이상의 회사가 한 회사로 되어 재산과 사원이 포괄적으로 이전・수용되는 합병으로 볼 수는 없다. 이와 같이 주식의 포괄적 교환이 합병과 유사한 면이 있지만 상속증여세법 제38조의 합병과 동일하지는 않다.

그런데도 모회사가 되는 회사가 자회사가 되는 회사의 주주에서 신주를 교부하는 형식인 주식의 포괄적 교환과 합병법인이 피합병법인의 주주에게 신주를 교부하는 형식인 합병은 경제적 실질에서는 차이가 없다. 즉 주식의 포괄적 교환이나 합병은 둘 다 기업가치 평가인 주식평가에 따른 주식교환가액 또는 합병가액에 따라 주식교환비율 또는 합병비율이 정해지게 되는데 이 경우의 주식교환비율과 합병비율은 같을 수밖에 없다. 합병의 경우 순자산을 인계한 피합병법인이 소멸하지만 주식교환의 경우는 주식을 이전한 완전자회사는 독립된 법인격으로 남아 있게 되나 주식의 포괄적 교환 후 완전모회사와 완전자회사가 합병한 후 완전모회사가 자기주식(완전모회사가 보유하는 완전자회사의 주식)을 소각하면 합병과 경제적 실질에서 아무런 차이가 없다. "합병당사법인의 주주로서 합병으로 인하여 이익을 받은 경우에는 그 합병일(합병등기한 날)에 그 이익에 상당하는 금액을 그 이익을 얻은 자의 증여재산가액으로 한다(상증법 §38 ①)."와 "주식교환당사법인의 주주로서 주식교환으로 인하여 이익을 받은 경우에는 그 주식교환일에 그 이익에 상당하는 금액을 그 이익을 얻은 자의 증여재산가액으로 한다."는 서로 다를 게 없다. 이와 같이 주식교환이 합병과 경제적 실질에서 다르지 않다면 불공정한 합병에 대해 얻은 이익을 이익증여로 보는 것과 마찬가지로 불공정한 주식교환에 대해서도 얻은 이익을 이익증여로 볼 수 있을 것이다.

(1)-2. 주식의 포괄적 교환과 양도

양도란 자산에 대한 등기 또는 등록과 관계없이 매도, 교환, 법인에 대한 현물출자 등으로 인하여 그 자산이 유상으로 사실상 이전되는 것을 말한다(소득세법 §88 ①). 주식의 포괄적 교환이란 완전자회사가 되는 회사의 주주가 가지는 그 회사의 주식은 주식을 교환하는 날에 주식교환에 의하여 완전모회사가 되는 회사에 이전하고, 그 대가로 완전자회사가 되는 회사의 주주는 그 완전모회사가 되는 회사가 주식교환을 위하여 발행하는 신주의 배정을 받음으로써 그 회사의 주주가 되는 제도로서 자회사가 되는 회사 주주나 모회사의 입장에서는 자회사의 주식과 모회사의 신주를 서로 교환하는 것과 실질적으로 다를 바 없으므로 그 법률적 성질은 주식의 교환이다. 따라서 주식의 교환은 자산이 유상으로 사실상 이전되는 것이므로 양도에 해당된다. 이와 같이 주식의 포괄적 교환은 주식의 양도이므로 소득세법 제88조 제1호의 양도에 해당이 되면서 상속증여세법 제35조 저가양수 또는 고가양도에 따른 이익증여의 대상이 된다. 주식의 포괄적 교환에서 주식교환은 자산의 양도이므로 "재산을 양수하거나 양도하였을 때에 그 대가와 시가의 차액에 상당하는 금액을 증여재산가액으로 한다(상증법 §35)."에 해당된다. 즉 타인으로부터 시가보다 낮은 가액으로 재산을 양수하는 경우에는 그 재산의 양수자에게, 타인에게 시가보다 높은 가액으로 재산을 양도하는 경우에는 그 재산의 양도자에게 증여재산가액이 발생하게 된다.

(1)-3. 주식의 포괄적 교환과 유상증자

일반적인 유상증자에서 자본이 증가하는 것과 주식의 포괄적 교환에서 자본이 증가하는 것은 자본증가 면에서 볼 때 동일하다. 이 경우 유상증자 금액의 시가는 상속증여세법 제60조와 같은 법 제63조에 따라 평가한 가액이다(상증법 §39). 주식교환에 따른 이익증여는 "법인이 자본을 증가시키기 위하여 새로운 주식 또는 지분을 발행함에 따라 이익을 얻은 경우에는 그 이익에 상당하는 금액을 그 이익을 얻은 자의 증여재산가액으로 한다."에 해당된다. 법원에서도 "주식의 포괄적 교환의 경우 비록 합병과 유사한 실질을 가지고 있다고 하더라도 교환으로 시가보다 낮은 가격으로 주식을 배정받은 이상 상속증여세법 제39조 제1항 제1호 다목의 증자에 따른 이익증여에 해당한다. 따라서 포괄적 주식교환 계약에서 증권거래법 절차에 따라 적법하게 산정된 가액으로 주식을 인수하면서 증여이익에 대한 인식이 없었다고 하더라도, 증여의사 여부를 묻지 않고 시가보다 낮은 가액으로 신주를 배정받은 경우에 증여로 의제하는 상속증여세법 제39조 제1항 제1호 (다)목의 규정 내용과 입법 취지 등에 비추어 보면, 과세요건을 충족하는 이상 증권거래법에 정한 절차에 따라 산정되었다고 하여 과세대상에서 제외할 수는 없다≪관점 2. 2심≫."고 하였다.

(1)-4. 주식의 포괄적 교환과 현물출자

주식교환에 따른 증자는 현금이 아닌 현물이다. 따라서 주식교환은 "현물출자에 의하여 법인이 발행한 주식을 인수함에 따라 이익을 얻은 경우에는 그 이익에 상당하는 금액을 그 이익을 얻은 자의 증여재산가액으로 한다(상증법 §39의3)."에 해당된다. 즉 현금에 의한 증자이든 현물(주식)에 의한 증자이든 "지분비율을 초과하여 신주를 배정받아 이익을 받은 경우에는 신주인수권을 포기한 주주에게 증여의사가 있었는지 여부에 관계없이 증여로 본다(대법원 93누1343, 1993.7.27.)."는 취지에는 차이가 없다. 현물출자에 따른 이익계산 방법은 상속증여세법 시행령 제29조 제3항 제1호 (가)목을 준용하여 계산한 가액으로 하고 있는데

(상증령 §29의3 ② 1). 여기서 상속증여세법 시행령 제29조 제3항 제1호 (가)목의 이익계산은 현금 증자에 따른 이익계산 방법이므로 상속증여세법 제39조의3 현물출자에 따른 이익증여와 같은 법 제39조 증자에 따른 이익증여는 일부의 증자유형에 따라 과세요건에 차이가 있을 뿐이지 이익증여의 개념과 계산의 방법에는 차이가 없다.

(1)-5. 주식의 포괄적 교환과 구 상속증여세법 제42조 제1항 제3호

앞서 주식의 포괄적 교환에 대해 대법원은 '법인의 자본을 증가시키는 거래에 따른 이익의 증여'에 관한 구 상속증여세법 제42조 제1항 제3호를 적용하여 증여세를 과세해야 한다고 하였다≪관점 1≫. 여기서 '법인의 자본을 증가시키는 거래에 따른 이익'이란 출자·감자, 합병·분할, 전환사채 등에 의한 주식의 전환·인수·교환 등 법인의 자본을 증가시키는 거래로 얻은 이익을 말한다(상증법 §42 ① 3). 행정해석에서도 "상법 제360조의2에 따른 주식의 포괄적 교환으로 증여이익이 발생한 경우 구 상속증여세법 제42조에 따라 증여재산가액을 계산한다(기획재정부 재산세제과-491, 2010.6.3.)(주식의 포괄적 교환에 따른 이익에 대한 드문 예규로서 구체적 이익의 계산방법에 대해서는 설명하지 않고 있다)."고 하였다.

자본증가의 형식과 내용으로 볼 때 주식의 포괄적 교환을 통한 자본증가와 합병을 통한 자본증가는 유사하다. 즉 자본증가의 대가인 주식교환가액과 합병가액은 산정하는 방법과 절차가 동일하며 또한 주식의 포괄적 교환당사법인(모회사가 되는 회사와 자회사가 되는 회사)과 합병당사법인(합병법인과 피합병법인)의 관계에서 볼 때 모회사가 되는 회사는 합병법인에 해당되고 자회사가 되는 회사는 피합병법인에 해당된다. 불공정한 합병에 대해 얻은 이익을 이익증여(상증법 §38)로 보는 것과 마찬가지로 불공정한 주식교환에 대해서도 얻은 이익을 이익증여(상증법 §42 ① 3)로 볼 수 있다. 한편, 주식의 포괄적 교환은 출자(증자)와 유사하다. 주식교환으로 자본이 증가하는 현상은 상속증여세법 제39조 및 제39조의3의 증자와 유사하다. 무상이 아닌 유상증자이며 자본을 증가시키는 거래이다. 또한 주식의 포괄적 교환은 전환사채 등에 의한 주식의 전환·인수·교환과 유사하다. 전환사채 등의 주식전환은 자본의 증가를 가져오고 그 자본증가는 유상증자이다.

(2) 이익의 유형과 시가

주식의 포괄적 교환에서 주식교환가액에 대해 "상속증여세법 제60조는 증여세가 부과되는 재산의 가액을 증여일 현재의 시가로 하되 시가를 산정하기 어려운 경우에는 상속증여세법 제63조 소정의 보충적 평가방법에 의하여 그 가액을 산정하도록 규정하고 있는데, 증권거래법의 절차에 따라 외부평가기관이 산정한 주식의 평가액은 당해 증권거래에 관한 한 다른 어떤 법률에서 정하고 있는 평가의 방법보다 교환 당시의 시가에 근접한다고 봄이 상당하다≪관점 2. 원심≫."고 하였다. 한편, "증권거래법상 위 규정들은 주식교환과 관련하여 이사회결의일 등을 기준으로 주식가액을 평가하기 위한 것일 뿐 증여일 현재의 시가를 평가하기 위한 것이 아니므로, 특별한 사정이 없는 한 이러한 증권거래법상 주식 가액을 증여일 현재의 시가로 단정할 수는 없다≪관점 1. 원심≫."고 하였다.

(2)-1. 주식의 포괄적 교환과 합병

주식교환가액의 시가에 대해 ≪관점 2≫에서 보면, 주식의 포괄적 교환에 있어서 주식교환비율은 교환계약의 가장 중요한 내용으로서 각 회사의 재산상태와 그에 따른 주식의 실제적 가치에 비추어 공정하게 정함이 원칙이고, 이와 같은 교환비율 산정에 있어 각 회사 주식의 실질적인 가치는 자산가치 이외에 시장가치, 수익가치, 상대가치 등 다양한 요소를 고려하여 결정되어야 하는 만큼 엄밀한 객관적 정확성에 기하여 유일한 수치로 확정할 수 없고, 그 제반 요소의 고려가 합리적인 범위 내에서 이루어졌다면 결정된 교환비율이 현저하게 부당하다고 할 수 없으며, 교환당사자 회사의 일부가 주권상장법인인 경우 증권거래법과 그 시행령 등 관련 법령이 정한 요건과 방법 및 절차 등에 기하여 교환가액을 산정하고 그에 따라 교환비율을 정하였다면 그 교환가액 산정이 허위자료에 의한 것이라거나 터무니없는 예상수치에 근거한 것이라는 등의 특별한 사정이 없는 한 그 가치나 교환비율이 현저하게 불공정하다고 볼 수 없다(대법원 2009두19465, 2011.2.10., 대법원 2007다64136, 2008.1.10.). 따라서 증권거래법이 정한 요건과 방법 및 절차 등에 의한 주식교환가액은 증권거래에 관한 한 다른 어떤 법률에서 정하고 있는 평가방법보다 교환 당시의 시가에 근접하다. 그러나 이와 같은 판단은 주식의 포괄적 교환을 합병과 유사한 것으로 보는 경우 주식교환가액의 시가에 관한 판단으로서 그 판단의 의미는 주식의 포괄적 교환에서 "법인 간의 합병 중 자본시장법 제165조의4 및 같은 법 시행령 제176조의5에 따라 하는 합병은 특수관계에 있는 법인 간의 합병으로 보지 아니한다(상증령 §28 ①)."는 규정의 선행 과세요건을 충족시키기 위한 것이지 상속증여세법의 주식의 포괄적 교환의 주식교환가액에 대한 시가에 관한 판단이 아니다. 즉 상속증여세법의 주식교환가액에 대한 시가 판단이 먼저가 아니라 상장법인과 다른 법인 간의 주식의 포괄적 교환이 상장법인과 다른 법인 간의 합병과 유사하기 때문에 증권거래법령에 따라 산정한 교환가액을 시가로 볼 수밖에 없다는 점에 관한 판단이다. 앞서 "제1절 2. 주식의 포괄적 교환과 이익 (3) 주식교환가액과 시가"에서 보았듯이 주식의 포괄적 교환의 경우 주식교환가액이 증권거래법에서 정한 절차에 따라 산정되었다고 해서 특별한 사정이 없는 한 이러한 증권거래법상 주식 가액을 증여일 현재의 시가로 단정할 수는 없다고 하였다.

(2)-2. 주식의 포괄적 교환과 양도

양도란 자산에 대한 등기 또는 등록과 관계없이 매도, 교환, 법인에 대한 현물출자 등으로 인하여 그 자산이 유상으로 사실상 이전되는 것을 말한다(소득세법 §88 1). 주식의 포괄적 교환이란 완전자회사가 되는 회사의 주주가 가지는 그 회사의 주식은 주식을 교환하는 날에 주식교환에 의하여 완전모회사가 되는 회사에 이전하고, 그 대가로 완전자회사가 되는 회사의 주주는 그 완전모회사가 되는 회사가 주식교환을 위하여 발행하는 신주의 배정을 받음으로써 그 회사의 주주가 되는 구조로서 자회사가 되는 회사 주주나 모회사의 입장에서는 자회사의 주식과 모회사의 신주를 서로 교환하는 것과 실질적으로 다를 바 없으므로 그 법률적 성질은 주식의 교환이다. 따라서 주식의 교환은 자산이 유상으로 사실상 이전되는 것이므로 양도에 해당된다. 또한 "포괄적 주식교환계약은 증권거래법령이 정한 기준과 절차 및 방법에 따라 체결·이행된 이상 증권거래법령에 의한 합병의 경우와 유사하다."는 판결은 주식교환가액의 산정에 있어 합병가액의 산정방법이 적용될 수 있을지라도 주식의 포괄적 교환에서 주식교환이 양도가 아닌 합병이 될 수는 없다고 하였다.

소득세법 시행령 제167조 제5항의 부당행위 계산과 상속증여세법 제35조는 모두 시가의 문제이다. 따라서 주식의 포괄적 교환에서 주식교환가액의 시가평가가 중요하다. 주식교환가액의 시가(실지거래가액)는 상속증여세법 제60조부터 제66조까지와 같은 법 시행령 제49조, 제50조부터 제52조까지, 제52조의2, 제53조부터 제58조까지, 제58조의2부터

제58조의4까지, 제59조부터 제63조까지의 규정을 준용하여 평가한 가액에 따른다(소득령 §167 ⑤). 상속증여세법 제35조 저가양수·고가양도에 따른 이익의 계산방법에서도 시가란 상속증여세법 제60조부터 제66조까지의 규정에 따라 평가한 가액을 말한다(상증령 §26 ②).

주식의 포괄적 교환에서 주식교환가액의 양도가액(실지거래가액) 여부에 대해 "상법상 주식의 포괄적 교환은 그 소정의 절차와 요건을 충족하면 주식이 강제적으로 이전되는데 실지거래가액은 반드시 거래 당사자 간에 직접 목적물을 평가하여 합의한 가액이어야만 하는 것은 아닌 점 등을 고려하면, 이 사건 주식교환은 결국 원고의 의사에 기한 것이라 할 수 있어 원고가 이 사건 주식교환계약의 직접적인 당사자가 아니라고 하더라도 이 사건 주식의 실지거래가액이 없는 것은 아니다."라고 하면서, "이러한 포괄적 주식교환의 방법으로 교환되는 주식들의 가치를 평가하여 평가된 가치에 해당하는 수의 주식을 새로 취득하고 그 과정에서 발생하는 단주에 대하여는 현금으로 정산된다면 이는 결국 합의된 가치의 교환에 해당한다고 보는 것이 당사자의 의사나 거래 관념상 타당하고, 이와 달리 단순한 교환비율이나 교환차액에 대한 합의만 존재하는 것은 오히려 예외적인 경우라고 할 것인 점 등을 고려하면, 이 사건 주식교환은 주식의 교환거래에 있어서 적용된 실지거래가액이고 그 가액은 관련 서류에 의하여 확인 가능한 것이어서 주식의 실지거래가액으로 봄이 상당하다(대법원 2009두19465, 2011.2.10.)."고 하였다.

(2)-3. 주식의 포괄적 교환과 증자 및 현물출자

법인이 자본을 증가시키기 위하여 신주를 시가보다 낮은 가액 또는 높은 가액으로 발행함에 따라 이익을 얻은 경우에는 그 이익에 상당하는 금액을 그 이익을 얻은 자의 증여재산가액으로 한다. 이 경우의 시가는 상속증여세법 제60조와 제63조에 따라 평가한 가액을 말한다(상증법 §39 증자이익). 현물출자에 의하여 법인이 발행한 신주를 시가보다 낮은 가액 또는 높은 가액으로 주식 또는 지분을 인수함에 따라 이익을 얻은 경우에는 그 이익에 상당하는 금액을 그 이익을 얻은 자의 증여재산가액으로 한다. 이 경우의 시가는 상속증여세법 제60조와 제63조에 따라 평가한 가액을 말한다(상증법 §39의3 현물출자이익). 이와 같이 법인의 자본을 증가시키기는 거래에 따른 이익의 계산 시 주식의 시가는 상속증여세법 제60조와 같은 법 제63조에 따라 평가한 가액이 되므로 상속증여세법 제39조의 증자이익과 같은 법 제39조의3의 현물출자이익의 계산 시 주식의 시가는 동일하다.

(2)-4. 주식의 포괄적 교환과 구 상속증여세법 제42조 제1항 제3호

구 상속증여세법 제42조 제1항 제3호의 법인의 자본을 증가시키는 거래에 따른 이익인 주식전환 등의 경우 이익계산은 주식전환 등을 할 당시의 주식가액에서 주식전환 등의 가액을 뺀 금액을 이익증여로 보고 있다. 여기서 주식전환 등을 할 당시의 주식가액은 상속증여세법 시행령 제30조 제4항 제1호에 따라 계산한 가액으로 "교부받은 주식가액"을 말하며, 계산식은 다음과 같다.

$$\frac{\left(\begin{array}{c}\text{(전환 전의 1주당 평가가액}\\ \times\ \text{전환 전의 발행주식총수)}\end{array} + \begin{array}{c}\text{(주식 1주당 전환가액}\\ \times\ \text{전환에 의하여 증가한 주식수)}\end{array}\right)}{\text{(전환 전의 발행주식총수 + 전환에 의하여 증가한 주식수)}}$$

이 계산식에서 "전환 전의 1주당 평가가액 × 전환 전의 발행주식총수"는 완전모회사가 되는 회사의 평가액이 되며, "주식 1주당 전환가액 × 전환에 의하여 증가한 주식수"는 완전자회사가 되는 회사의 평가액(주금 납입금액)이 된다. 이 계산식은 주식전환 후의 1주당 평가액을 계산하는 방식으로 합병에서 말하는 합병 후 1주당 평가액을 계산하는 방식과 유사하다. 전환 후 1주당 가액에 해당되는 교부받은 1주당 주식가액의 계산구조를 합병 후 1주당 평가액과 비교해 보면 "전환 전의 1주당 평가가액 × 전환 전의 발행주식총수"는 완전모회사가 되는 회사의 전환 전의 총주식 평가액이 되며 "주식 1주당 전환가액 × 전환에 의하여 증가한 주식수"는 완전자회사가 되는 회사의 전환 전의 총주식 평가액이 된다. 여기서 완전자회사가 되는 회사의 전환 전의 총주식 평가액 계산방식인 "주식 1주당 전환가액 × 전환에 의하여 증가한 주식수"에서 "주식 1주당 전환가액"은 완전모회사가 되는 회사와 완전자회사가 되는 회사의 교환가액으로 이 경우의 교환가액은 주식교환계약에 의한 주식교환당사자가 신고한 증권신고서의 신고가액이 된다. 즉 '주식 1주당 전환가액'이 상속증여세법의 평가액(공정한 교환가액)과 다를 수 있다는 것이다. 이러한 점에서 합병 후 1주당 평가액의 경우 합병당사법인 모두 상속증여세법상의 평가액(공정한 합병가액)이 됨을 분명히 하고 있는 것과 다르다고 하겠다(이에 대해서는 "제3절 2. ≪유형 1≫과 ≪유형 2≫의 이익계산 차이점 (2) 이익계산식의 계산구조"에서 분석하고 있다).

제3절 주식의 포괄적 교환과 이익계산

주식의 포괄적 교환과 이익계산은 "제2절 2. 이익계산 방법의 세법적용 문제"에서 논의했던 주식의 포괄적 교환과 유사한 것으로 보는 합병, 유상증자(현물출자), 주식전환(구 상속증여세법 제42조 제1항 제3호)에 따른 이익의 계산방법으로 주식의 포괄적 교환에 따른 이익을 계산해 보고 있다. 이와 같은 이익의 계산은 2015.12.15. 신설된 상속증여세법 제42조의2에 따라 주식의 포괄적 교환의 이익계산 방법으로 2016.2.5. 신설된 시행령 제32조의2의 계산방법의 의미와 그 계산방법이 적절한가의 여부를 알아보는 데 있다. 주식의 포괄적 교환과 이익계산에서 완전모회사가 되는 회사는 유사한 것으로 보는 합병에서는 합병법인이 되고 현물출자와 주식전환에서는 법인이 자본을 증가시키기 위하여 새로운 주식을 발행한 법인이 된다. 또한 완전자회사가 되는 회사는 합병에서는 피합병법인이 되고 현물출자와 주식전환에서는 주식을 포괄적으로 이전 또는 교환한 주주의 회사가 된다.

1 이익의 유형과 이익계산

이익의 유형과 이익계산은 완전모회사가 되는 회사의 주식가액이 낮게 평가된 경우 ≪유형 1≫과 완전자회사가 되는 회사의 주식가액이 높게 평가된 경우 ≪유형 2≫로 나누어 이익계산을 해보고 이익계산 방식의 차이점을 알아보고 있다.

공시자료에서 발췌한 주식의 포괄적 교환과 관련된 다음의 자료를 바탕으로 앞에서 살펴본 주식의 포괄적 교환의 이익의 유형에 따른 이익을 각각 계산해 보면 다음과 같게 된다(특별한 경우를 제외하고 자료의 모든 단위는 "원, 주"이며 계산금액 차이는 소수점에서 온 것임). 주식교환 전 완전모회사가 되는 회사(○○블루)와 완전자회사가 되는 회사(○○웨이)의 주주현황은 다음과 같다.

| 주주현황 |

○○블루(코스닥)			○○웨이(비상장)		
주주	주식수	지분율	주주	주식수	지분율
○디지	1,000,000	22.78%	○○투자	1,554,970	12.96%
이○○	1,011,075	23.04%	@@투자	1,035,810	8.63%
소액주주	2,377,715	54.18%	우○○	2,996,098	24.97%
계	4,388,790	100.00%	○○스트	1,653,955	13.78%
			기타	4,759,167	39.66%
			계	12,000,000	100.00%

주식교환 결의 내용은 다음과 같다. ○○웨이의 주주명부에 등재된 주주에 대하여 보유주식 1주(액면가 500원)에 ○○블루 기명식 보통주식 1.00242주(액면가 500원)를 배정 교부한다. 주식교환가액과 주식교환비율은 다음과 같다.

| 주식교환비율 |

회사신고 주식교환가액			상속증여세법의 주식교환가액
구분	○○블루	○○웨이	
기준주가	2,064원	해당사항 없음	* 증자(교환) 전 완전모회사가 되는 ○○블루 1주당 주식가액: 2,636원 * 주식교환가액 평가방식: 상속증여세법 시행령 제52조의2, 제53조에 따라 기준일(주식교환일 2004.10.26.) 전 2개월이 되는 날인 2004.8.25.부터 2004.10.25.까지의 평균종가
본질가치	해당사항 없음	2,823원	
-자산가치	4,146원	1,014원	
-수익가치	해당사항 없음	4,030원	
상대가치	해당사항 없음	1,315원	
주식교환/1주	2,064원	2,069원	
주식교환비율	1	1.00242	

≪유형 1≫ 주식의 포괄적 교환

완전모회사가 되는 회사의 주식가액이 낮게 평가된 경우이다.

| 신고한 주식교환가액과 공정한 주식교환가액 |

구분	신고한 주식교환가액		공정한 주식교환가액	
	완전모회사가 되는 회사	완전자회사가 되는 회사	완전모회사가 되는 회사	완전자회사가 되는 회사
주식교환/1주	2,064원	2,069원	2,636원	2,069원
주식교환비율	1	1.00242	1	0.784901

위의 주식교환계약에 따라 주식을 교환하면 다음과 같게 된다.

| 주식교환신주 및 주식교환 후 지분명세 |

구분	교환 전		교환신주	교환 후	
주주	주식수	지분율	주식수	주식수	지분율
○디지	1,000,000	22.78%		1,000,000	6.09%
이○○	1,011,075	23.04%		1,011,075	6.16%
소액주주	2,377,715	54.18%		2,377,715	14.48%
○○투자			1,558,733	1,558,733	9.49%
@@투자			1,038,318	1,038,318	6.32%
우○○			3,003,348	3,003,348	18.29%
○○스트			1,657,957	1,657,957	10.10%
기타			4,770,684	4,770,684	29.06%
계	4,388,790	100.00%	12,029,040	16,417,830	100.00%

| 주식교환신주 산출명세 |

완전자회사가 되는 회사(○○웨이)의 주주에 교부한 완전모회사가 되는 회사의 교부주식수				
주주	보유주식수	×	교환비율	교부주식수
○○투자	1,554,970	×	1.00242	1,558,733
@@투자	1,035,810			1,038,318
우○○	2,996,098			3,003,348
○○스트	1,653,955			1,657,957
기타	4,759,167			4,770,684
계	12,000,000			12,029,040

≪유형 2≫ 주식의 포괄적 교환

완전자회사가 되는 회사의 주식가액이 높게 평가된 경우이다. 즉 앞의 ≪유형 1≫ 주식의 포괄적 교환에서 다른 조건은 변동이 없고 주식교환가액이 다음과 같이 완전자회사가 되는 회사의 주식의 공정한 주식교환가액이 2,069원에서 1,400원으로 변경된 경우이다.

| 신고한 주식교환가액과 공정한 주식교환가액 |

구분	신고한 주식교환가액		공정한 주식교환가액	
	완전모회사가 되는 회사	완전자회사가 되는 회사	완전모회사가 되는 회사	완전자회사가 되는 회사
주식교환/1주	2,064원	2,069원	2,064원	1,400원
주식교환비율	1	1.00242	1	0.678295

주식의 포괄적 교환을 ≪유형 1≫과 ≪유형 2≫로 나누어 주식의 포괄적 교환에 따른 이익의 계산을 이익의 유형에 따라 계산하면 다음과 같게 된다.

(1) ≪유형 1≫ 주식의 포괄적 교환

(1)-1. 주식의 포괄적 교환과 합병

주식의 포괄적 교환을 합병과 유사한 것으로 보는 이상 주식의 포괄적 교환에 따른 이익의 계산방법을 상속증여세법 제38조의 합병이익의 계산방식을 따를 수 있다. 상속증여세법 시행령 제28조 제3항에 따르면 다음의 (가)목의 규정에 의한 가액에서 (나)목의 규정에 의하여 계산한 가액을 차감한 금액이 합병에 따른 이익이 된다.

(가) 합병 후 존속하는 법인의 1주당 평가가액

(나) 주가가 과대평가된 합병당사법인의 1주당 평가가액 × (주가가 과대평가된 합병당사법인의 합병 전 주식수 ÷ 주가가 과대평가된 합병당사법인의 합병 후 주식수)

여기서 (가)는 "주가가 과대평가된 합병당사법인의 합병 직전 주식가액과 주가가 과소평가된 합병당사법인의 합병 직전 주식가액을 합한 가액을 합병 후 존속하는 법인의 주식수로 나눈 가액"을 말한다. 이와 같은 합병이익의 계산방식에 따라 불공정교환에 따른 이익을 계산하면 다음과 같게 된다.

| 불공정한 주식교환 |

구분	완전모회사가 되는 회사	완전자회사가 되는 회사	주식교환 후 모회사
발행주식총수	4,388,790	12,000,000	
1주당 교환가액(공정)	2,636	2,069	2,217
총주식 평가액(공정)	11,568,850,440	24,828,000,000	36,396,850,440
주식교환비율(신고)	1	1.00242	
교환 후 주식수(신고)	4,388,790	12,029,040	16,417,830
주식교환 전 평가액	2,636	2,064	
1주당 교환차익	-419	153	
교환차손익 계	-1,839,315,927	1,839,315,927	

(가)의 "합병 후 존속하는 법인의 1주당 평가가액"이 2,217원으로 평가되었다.

(나)의 "주가가 과대평가된 합병당사법인의 1주당 평가가액 × (주가가 과대평가된 합병당사법인의 합병 전 주식수 ÷ 주가가 과대평가된 합병당사법인의 합병 후 주식수)"는 2,064원으로 평가되었다.

이 계산방식에서 "합병 후 존속하는 법인의 1주당 평가가액"은 주식교환 후 완전모회사의 1주당 평가액이 되며, "주가가 과대평가된 합병당사법인의 1주당 평가가액 × (주가가 과대평가된 합병당사법인의 합병 전 주식수 ÷ 주가가 과대평가된 합병당사법인의 합병 후 주식수)"는 완전자회사가 되는 회사의 1주당 평가액이 된다. 주식의 포괄적 교환에 따른 이익의 계산방식을 합병에 따른 이익의 계산방식으로 바꾸어 보면 주식교환 후 완전모회사의 1주당 평가액이 2,217원, 주식교환 전 1주당 평가액은 완전모회사가 되는 회사가 2,636원, 완전자회사가 되는 회사는 2,064원이 된다. 이와 같은 계산방식으로 계산하면 1주당 교환차익은 153원이 되고, 주식의 포괄적 교환으로 얻은 총이익은 1,839,315,927원이 된다.

주식의 포괄적 교환에 따른 이익이 발생한 원인을 분석해 보면, 회사가 신고한 완전모회사가 되는 회사와 완전자회사가 되는 회사의 주식교환가액이 각각 2,064원과 2,069원이다. 이 주식교환가액에 따르면 주식교환비율이 1 : 1.00242가 되므로 완전자회사가 되는 회사의 주주에게 발행되는 완전모회사의 회사가 발행하는 신주의 배정주식총수는 다음과 같이 12,029,040주가 된다.

| 회사신고 주식교환 |

구분	완전모회사가 되는 회사	완전자회사가 되는 회사	교환 후 모회사
발행주식총수	4,388,790	12,000,000	
1주당 평가액	2,064	2,069	2,064
총주식 평가액	9,058,462,560	24,828,000,000	33,886,462,560
주식교환비율	1	1.00242	
교환 후 주식수	4,388,790	12,029,040	16,417,830
교환 전 평가	2,064	2,064	

그러나 공정한 주식교환일 경우 완전모회사가 되는 회사와 완전자회사가 되는 회사의 주식교환가액이 각각 2,636원과 2,069원으로, 이 주식교환가액에 따르면 주식교환비율은 1 : 0.784901이 된다. 완전자회사가 되는 회사의 주주에게 발행되는 완전모회사가 되는 회사가 발행하는 신주의 배정주식총수는 다음과 같이 9,418,816주가 된다.

| 공정한 주식교환 |

구분	완전모회사가 되는 회사	완전자회사가 되는 회사	교환 후 모회사
발행주식총수	4,388,790	12,000,000	
1주당 교환가액	2,636	2,069	2,636
총주식 평가액	11,568,850,440	24,828,000,000	36,396,850,440
주식교환비율	1	0.784901	
교환 후 주식수	4,388,790	9,418,816	13,807,606
교환 전 평가액	2,636	2,636	

결국 이와 같은 주식의 포괄적 교환으로 회사가 신고한 주식교환비율(1 : 1.00242)이 공정한 주식교환비율(1 : 0.784901)에 의하는 경우보다 완전모회사가 되는 회사가 발행한 신주 2,610,224주(회사신고 주식교환 신주 12,029,040주 − 공정한 주식교환 신주 9,418,816주)를 완전자회사의 회사가 되는 주주에게 더 많이 교부한 것이 된다. 공정한 주식교환비율에 의하는 경우보다 더 많이 교부받은 주식이 완전자회사가 되는 회사의 주주에게 주식의 포괄적 교환에 따른 이익증여를 발생시키고 있는 것이 된다. 이와 같은 이익은 상속증여세법 제38조의 합병에 따른 이익증여 개념과 다를 바 없다. 불공정한 주식교환에 따른 주주별 이익도 합병이익의 계산방법과 마찬가지로 이익증여는 다음과 같이 계산된다.

| 주주별 증여이익 |

주주	얻은 총이익	×	지분율 배분	불공정 교환이익
○○투자	1,839,315,927	×	12.96%	238,340,091
@@투자			8.63%	158,765,152
우○○			24.97%	459,230,897
○○스트			13.78%	253,512,148
기타			39.66%	729,467,638
계			100.00%	1,839,315,927

(1)-2. 주식의 포괄적 교환과 현물출자

주식의 포괄적 교환도 유상증자의 하나이므로 상속증여세법 제39조의 현금 증자의 이익계산 방식으로 이익계산을 할 수 있다. 상속증여세법 제39조 제1항 제1호 (다)목(불균등증자의 제3자배정)에 의한 증자이익은 다음 계산식의 (가)와 (나)의 차액이 증자이익이 된다.

(가) [(증자 전의 1주당 평가가액 × 증자 전의 발행주식총수) + (신주 1주당 인수가액 × 증자에 의하여 증가한 주식수)] ÷ (증자 전의 발행주식총수 + 증자에 의하여 증가한 주식수) = 증자 후 1주당 평가액

(나) 신주 1주당 인수가액

이 계산방식에 따라 주식의 포괄적 교환 따른 이익을 계산하면 다음과 같게 된다.

앞서 제시된 자료에 따라 계산식에 대입하면 '증자 후 1주당 평가액'은 다음과 같이 계산된다.

[(2,636원 × 4,388,790주) + (2,064원 × 12,029,070주)] ÷ (4,388,790주 + 12,029,070주)
= 36,396,850,440원(11,568,850,440원 + 24,828,000,000원) ÷ 16,417,860주 = 2,217원

따라서 주식의 포괄적 교환에 따른 완전자회사가 되는 회사의 주주들이 얻은 총이익은 다음과 같게 된다.

(증자 후 1주당 평가액 – 신주 1주당 인수가액) × 교부받은 주식수
(2,217원 – 2,064원) × 12,029,040주 = 1,839,315,927원

한편, 주식의 포괄적 교환에서 주식교환가액은 주식대금의 납입에 해당하므로 완전자회사가 되는 회사의 주주와 신주를 교환한 날이 주식대금 납입일이 된다. 제시된 자료에 따르면 주식교환가액의 공정한 평가액은 신고한 1주당 가액과 같은 1주당 2,069원이다. 완전자회사가 되는 회사의 주주가 증자대금으로 납입한 금액(증자금액)에 따라 증자이익을 계산하면 다음과 같게 된다. 이 계산식이 얻은 이익총계는 1,839,315,927원으로 위에서 계산한 금액과 같다.

| 주식교환이익(증자이익) |

구분	증자 전(교환 전)		증자금액 ②	계 ③	증자 후(교환 후)		증자이익
주주	1주당	평가액 ①	(주식교환가액)	(① + ②)	1주당	평가액 ④	(④ − ③)
○디지	2,636	2,636,000,000		2,636,000,000	2,217	2,216,906,193	−419,094,084
이○○		2,665,193,700		2,665,193,700		2,241,458,429	−423,735,551
소액주		6,267,656,740		6,267,656,740		5,271,171,108	−996,486,291
○○투자			3,217,232,930	3,217,232,930		3,455,564,901	238,340,091
@@투자			2,143,090,890	2,143,090,890		2,301,850,634	158,765,152
우○○			6,198,926,762	6,198,926,762		6,658,142,016	459,230,897
○○스트			3,422,032,895	3,422,032,895		3,675,536,407	253,512,148
기타			9,846,716,523	9,846,716,523		10,576,159,312	729,467,638
계		11,568,850,440	24,828,000,000	36,396,850,440		36,396,789,000	0

* 증자 전(교환 전) 완전모회사가 되는 회사의 평가액: 1주당 2,636원
* 증자금액(주식교환가액)의 계산은 증자 전(교환 전) 완전모회사가 되는 회사 1주당 2,064원 × 교부주식수(배정주식수) 또는 증자 전(교환 전) 완전자회사가 되는 회사 1주당 2,069원 × 보유주식수

위 증자금액(주식교환가액)의 계산은 다음과 같은 방식으로 할 수 있다.

| 교부주식수에 의한 증자금액의 계산 |

주주	1주당 평가액	×	교부주식수 배분	증자금액
○○투자	2,064	×	1,558,737	3,217,232,930
@@투자			1,038,319	2,143,090,890
우○○			3,003,356	6,198,926,762
○○스트			1,657,962	3,422,032,895
기타			4,770,696	9,846,716,523
계			12,029,070	24,828,000,000

| 보유주식수에 의한 증자금액의 계산 |

주주	1주당 평가액	×	보유주식수 배분	증자금액
○○투자	2,069	×	1,554,970	3,217,232,930
@@투자			1,035,810	2,143,090,890
우○○			2,996,098	6,198,926,762
○○스트			1,653,955	3,422,032,895
기타			4,759,167	9,846,716,523
계			12,000,000	24,828,000,000

이와 같이 이익증여가 발생하는 이유를 다음과 같이 설명할 수 있다. 주식교환(증자) 전 완전모회사가 되는 회사의 주식 1주당 평가액이 2,636원으로 평가되었다. 증자대금으로 납입한 주식교환가액(회사가 신고한 완전모회사가 되는 회사의 주식교환가액)은 1주당 2,064원이다. 완전자회사가 되는 회사의 주주들이 완전모회사가 되는 회사의 신주를 배정받은 주주는 1주당 2,636원의 주식을 2,064원에 교부받은 것이 된다. 구주식과 신주의 발행주식의 가격 차이에서 오는 희석효과로 인해 신주(2,064원)를 구주식(2,636원)보다 저가로 인수하는 경우 신주를 인수하는 주주는 증자 후에 증자금액(교환가액)보다 주식가치가 올라가게 된다. 예를 들면, 주주 우○○의 경우 우○○가 주식으로 교환한 가액(증자납입금액)이 6,198,926,762원이다. 그런데 주식교환 후의 지분가치를 평가해보니 6,658,157,659원이 되었다. 주식교환가액(증자금액)보다 지분가치가 459,230,897원이 증가하였다. 이 지분가치 증가가 증자에 따른 이익증여가 된다. 이 사례는 완전모회사가 되는 회사의 주식을 시가보다 낮은 가액으로 평가함에 따라 완전자회사가 되는 ○○웨이의

주주들이 얻은 이익에 해당한다. 이 경우 완전자회사가 되는 ○○웨이의 주주사이에 특수관계인 해당 여부와 관계없이 얻은 이익이 이익증여가 되므로 우○○가 얻은 이익은 모두 이익증여가 된다.

증자이익은 앞서 합병과 유사한 것으로 보는 불공정한 주식교환이익과 공통점이 있다. 이익의 성질에서 둘 다 완전모회사가 되는 회사의 주식가액이 낮게 평가됨으로써 공정한 주식가액인 경우보다 더 많은 신주를 인수하거나(증자이익) 배정받았다(불공정교환이익)는 것이 되므로 이익의 성질이 같다고 하겠다. 그러한 이유로 주주별 이익도 앞에서 본 '주식의 포괄적 교환과 합병'의 이익과 동일하다.

| 주주별 증자이익 및 불공정교환이익 |

주주	증자이익	불공정교환이익
○○투자	238,340,091	238,340,091
@@투자	158,765,152	158,765,152
우○○외	459,230,897	459,230,897
○○스트	253,512,148	253,512,148
기타	729,467,638	729,467,638
계	1,839,315,927	1,839,315,927

이와 같은 증자에 따른 이익의 계산방법은 앞서 본 상속증여세법 제39조 제1항 제1호 (다)목(불균등증자의 제3자배정)의 계산식에 의한 이익과 같은 것이 된다.

결론적으로 주식의 포괄적 교환의 당사법인 사이의 공정하지 않은 주식교환가액으로 인해 완전자회사가 되는 회사의 주주가 얻은 이익은 상속증여세법 제38조의 합병과 유사한 이익이 되기도 하며 또한 상속증여세법 제39조 증자에 따른 이익이 되기도 한다. 이 경우 하나의 증여에 대하여 상속증여세법 제33조부터 제39조까지, 제39조의2, 제39조의3, 제40조, 제41조, 제41조의3부터 제41조의5까지, 제44조 및 제45조가 둘 이상 동시에 적용되는 경우에는 각 해당 규정의 이익이 가장 많게 계산되는 것 하나만을 적용한다(상증법 §43 ①).

주식의 포괄적 교환을 법인의 자본을 증가시키는 거래로 보면 주식교환의 대가로 신주를 발행하게 되므로 주식교환은 자본증가에 해당된다. 다만, 자본증가임에도 증가된 금액이 현금이 아닌 주식이므로 주식교환에 따른 증자이익은 상속증여세법 제39조의3(현물출자에 따른 이익증여)에 해당된다. 상속증여세법 제39조의3의 이익증여 계산방법은 "상속증여세법 시행령 제29조 제3항 제1호 (가)목을 준용하여 계산한 가액에서 같은 호 (나)목의 가액을 차감한 가액에 현물출자자가 배정받은 신주수를 곱하여 계산한 금액"으로 하고 있다. 여기서 상속증여세법 시행령 제29조 제3항 제1호의 계산방법은 증자에 따른 이익증여의 계산법을 말한다. 이것은 현물출자에 따른 이익증여 계산방법이 현금증자에 따른 이익증여의 계산방법과 동일하다는 것이다. 또한 현금증자에 따른 이익증여 계산방법에서의 "증자"를 현물출자에 따른 이익증여 계산방법에서 "현물출자"로 본다고 하여 현물출자와 현금증자가 동일한 계산의 방법임을 분명히 하고 있다. 결국 상속증여세법 제39조와 같은 법 제39조의3은 유상증자의 형태에 따라 일부 과세요건에는 차이가 있으나 이익증여 계산의 방법이 동일하므로 완전자회사가 되는 회사의 주주 우○○가 얻은 이익은 상속증여세법 제39조의 이익증여와 동일하게 459,230,897원이 된다. 현물출자 이익증여의 경우에도 앞서 증자 이익증여와 마찬가지로 하나의 증여에 대하여 둘 이상 동시에 적용되는 경우에는 각 해당 규정의 이익이 가장 많게 계산되는 것 하나만을 적용한다(상증법 §43 ①).

(1)-3. 주식의 포괄적 교환과 구 상속증여세법 제42조 제1항 제3호

주식의 포괄적 교환은 '법인의 자본을 증가시키는 거래에 따른 이익의 증여'에 관한 구 상속증여세법 제42조 제1항 제3호를 적용하여 증여세를 과세해야 한다. ≪관점 1≫

그 이유에 대해 "완전자회사가 되는 회사의 주주가 주식의 포괄적 교환을 통하여 이익을 얻었는지 여부는 주식교환비율 산정의 기초가 된 완전자회사가 되는 회사 주식의 1주당 평가액이 상속증여세법상의 평가액보다 높은 가액이었는지 또는 완전모회사가 되는 회사로부터 배정받은 신주의 인수가액이 상속증여세법상의 평가액보다 낮은 가액이었는지 여부에만 의하여 결정되는 것이 아니라, 완전자회사가 되는 회사의 주주가 완전모회사가 되는 회사에 이전한 완전자회사가 되는 회사의 주식에 대한 상속증여세법상의 평가액과 완전모회사가 되는 회사로부터 배정받은 신주에 대한 상속증여세법상의 평가액의 차액, 즉 교환차익이 존재하는지 여부에 따라 결정된다."고 하였다.

대법원이 이익증여로 보는 '교환차익'의 계산방법에 대해서는 '구 상속증여세법 제42조 제1항 제3호를 적용'하고 있다. 구 상속증여세법 제42조 제1항 제3호의 계산방법은 상속증여세법 시행령 제31조의9 제1항 제4호에서 주식전환 등을 할 당시의 주식가액에서 주식전환 등의 가액을 뺀 금액에 의한다. 여기서 '주식전환 등을 할 당시의 주식가액'이란 상속증여세법 시행령 제30조 제4항 제1호(교부받은 주식가액) 및 제2호(교부받을 주식가액)에 따라 계산한 가액으로 전환사채 등의 이익계산 방법을 말한다. 전환사채 등의 이익계산 방법에서 '교부받은 1주당 주식가액'의 계산식은 다음과 같다(집행기준 40-30-4).

$$\frac{\left\{\begin{array}{c}(\text{전환 전의 1주당}\\ \text{평가가액} \times \text{전환 전의}\\ \text{발행주식총수})\end{array} + \begin{array}{c}(\text{주식 1주당 전환가액}\\ \times\ \text{전환에 의하여}\\ \text{증가한 주식수})\end{array}\right\}}{\begin{array}{c}(\text{전환 전의 발행주식총수}\\ +\ \text{전환에 의하여 증가한 주식수})\end{array}} = \frac{\begin{array}{c}(\text{전환 전 기업의 주식가치}\\ +\ \text{전환으로 증가한 자본금*})\end{array}}{\begin{array}{c}(\text{전환 전 발행주식총수}\\ +\ \text{전환으로 증가한 주식수})\end{array}}$$

* 전환으로 '증가한 자본금'은 '증가한 자본'으로 되어야 함.
* 전환 전 1주당 평가액은 전환 전 2개월이 되는 날부터 전환일 전일까지 2개월간 최종시세가액의 평균액(비상장주식은 보충적 평가액)

이 계산식을 다음과 같이 주식의 포괄적 교환에 따른 이익의 계산방식으로 변형할 수 있다.

$$\frac{\left(\begin{array}{c}(\text{주식교환 전의 1주당 평가가액}\\ \times\ \text{주식교환 전의 발행주식총수})\end{array} + \begin{array}{c}(\text{주식 1주당 교환가액} \times \text{주식교환에}\\ \text{의하여 증가한 주식수})\end{array}\right)}{(\text{주식교환 전의 발행주식총수} + \text{주식 교환에 의하여 증가한 주식수})}$$

앞서 제시된 자료에 따라 위의 변형된 계산식에 대입하면 '교부받은 1주당 주식가액'은 다음과 같이 계산된다.

[(2,636원 × 4,388,790주) + (2,064원 × 12,029,070주)] ÷ (4,388,790주 + 12,029,070주)
= 36,396,850,440원(11,568,850,440원 + 24,828,000,000원) ÷ 16,417,860주 = 2,217원

따라서 주식의 포괄적 교환에 따른 완전자회사가 되는 회사의 주주들이 얻은 총이익은 다음과 같게 된다.

(교부받은 1주당 주식가액 - 주식 1주당 교환가액) × 교부받은 주식수

(2,217원 − 2,064원) × 12,029,040주 = 1,839,315,927원

구 상속증여세법 제42조 제1항 제3호에 따른 이익계산 방법(상증령 §31의9 ① 4)에서 완전자회사가 되는 회사의 주주들이 얻은 총이익 1,839,315,927원은 앞서 합병과 유사한 것으로 보는 불공정한 주식교환에 따른 이익계산 방법에서 완전자회사가 되는 회사의 주주들이 얻은 총이익과 차이가 없다. 이와 같이 이익계산 방법이 다름에도 이익의 계산 결과가 같은 이유를 앞서 불공정한 주식교환의 이익을 불공정한 합병의 이익과 같은 방식으로 계산한 이익의 계산구조와 구 상속증여세법 제42조 제1항 제3호에 따른 상속증여세법 시행령 제31조의9 제1항 제4호에 따른 이익의 계산구조를 살펴볼 필요가 있다.

상속증여세법 시행령 제31조의9 제1항 제4호의 계산식(주식교환 전의 1주당 평가가액 × 교환 전의 발행주식총수)의 금액은 11,568,850,440원이 되는데, 이 금액은 합병과 유사한 것으로 보는 불공정한 주식교환에서 완전모회사가 되는 회사의 총주식 평가액 11,568,850,440원과 동일하다. 계산식(주식 1주당 교환가액 × 주식교환에 의하여 증가한 주식수)의 금액은 24,828,000,000원이 되는데, 이 금액은 합병과 유사한 것으로 보는 불공정한 주식교환에서 완전자회사가 되는 회사의 총주식 평가액 24,828,000,000원과 동일하다. 이 계산식의 분자의 합계(36,396,850,440원)는 불공정한 주식교환의 교환 후 총주식 평가액(36,396,850,440원)이 된다. 또한 계산식(주식교환 전의 발행주식총수 + 주식교환에 의하여 증가한 주식수)의 발행주식총수는 16,417,860주가 되는데, 이 발행주식총수는 합병과 유사한 것으로 보는 불공정한 주식교환에서 주식교환 후의 발행주식총수 16,417,860주와 일치한다.

결론적으로 이와 같은 계산식의 결과로만 보면 주식의 포괄적 교환은 '법인의 자본을 증가시키는 거래에 따른 이익의 증여'에 관한 구 상속증여세법 제42조 제1항 제3호의 이익증여가 합병에 따른 이익증여에 관한 상속증여세법 제38조의 이익증여와 다를 바 없다. 주식의 포괄적 교환에 따른 이익증여가 '법인의 자본을 증가시키는 거래에 따른 이익의 증여'임에는 틀림이 없다. 상속증여세법 제40조 제1항에 따른 전환사채 등에 의한 주식의 전환・인수・교환 등에 따른 이익증여나 합병에 의한 이익증여나 모두 '법인의 자본을 증가시키는 거래에 따른 이익의 증여'에 해당된다. 위 계산식의 결과로 보아 포괄적 주식교환에 따른 이익증여 계산방법을 합병에 따른 이익증여 계산방법(상증령 §28 ④)으로 적용해도 이익의 계산 결과가 같으므로 구 상속증여세법 제42조 제1항 제3호의 이익을

합병에 따른 이익의 계산방법으로 계산할 수 있다는 것이 된다.

(1)-4. 주식의 포괄적 교환과 양도

타인으로부터 시가보다 낮은 가액으로 재산을 양수하는 경우에는 그 재산의 양수자, 타인에게 시가보다 높은 가액으로 재산을 양도하는 경우에는 그 재산의 양도자에 대해서는 해당 재산을 양수하거나 양도하였을 때에 그 대가와 시가의 차액에 상당하는 금액을 증여재산가액으로 한다. 주식의 포괄적 교환에 대한 시가와 대가는 다음과 같이 계산할 수 있다. 계산에 따르면 저가 양수에 해당이 되며 이 경우 양수자는 완전모회사가 되는 회사가 되므로 저가양수에 따른 이익증여는 발생하지 않게 된다. 특수관계인이 아닌 자 간에 거래로서 저가양수의 대상이 된다고 볼 때도 이익증여는 발생되지 않는다.

구분	대가 ①	시가 ②	차액 ③ (② - ①)	시가 ②의 30% ④	이익증여 (③ - ④)
○○투자	3,217,232,930	4,108,830,428	891,597,498	1,232,649,128	-341,051,630
@@투자	2,143,090,890	2,737,009,489	593,918,599	821,102,847	-227,184,247
우○○	6,198,926,762	7,916,846,388	1,717,919,626	2,375,053,916	-657,134,290
○○스트	3,422,032,895	4,370,386,972	948,354,077	1,311,116,092	-362,762,014
기타	9,846,716,523	12,575,554,629	2,728,838,106	3,772,666,389	-1,043,828,283
계	24,828,000,000	31,708,627,907	6,880,627,907	9,512,588,372	-2,631,960,465

(2) ≪유형 2≫ 주식의 포괄적 교환

다음 ≪유형 2≫의 주식의 포괄적 교환의 이익계산 방식과 설명은 ≪유형 1≫의 주식의 포괄적 교환의 이익계산과 같으므로 생략하고 이익계산 결과만을 보여준다.

(2)-1. 주식의 포괄적 교환과 합병

| 불공정한 주식교환 |

구분	완전모회사가 되는 회사	완전자회사가 되는 회사	주식교환 후 모회사
발행주식총수	4,388,790	12,000,000	
1주당 교환가액(공정)	2,064	1,400	1,575
총주식 평가액(공정)	9,058,462,560	16,800,000,000	25,858,462,560
주식교환비율(신고)	1.000	1.002422	
교환 후 주식수(신고)	4,388,790	12,029,070	16,417,860
주식교환 전 평가액	2,064	1,397	
1주당 교환차익	-489	178	
교환차손익 계	-2,146,029,179	2,146,029,179	

(2)-2. 주식의 포괄적 교환과 현물출자

주식의 포괄적 교환을 상속증여세법 제39조의3의 현물출자와 유사한 것으로 보는 경우 현물출자에 따른 이익의 계산을 상속증여세법 제39조 제1항 제1호 (다)목(불균등증자의 제3자 배정)에 의한 증자이익으로 계산할 수 있다. 다음 계산식의 (가)와 (나)의 차액이 증자이익이 된다.

(가) [(증자 전의 1주당 평가가액 × 증자 전의 발행주식총수) + (신주 1주당 인수가액 × 증자에 의하여 증가한 주식수)] ÷ (증자 전의 발행주식총수 + 증자에 의하여 증가한 주식수) = 증자 후 1주당 평가액

(나) 신주 1주당 인수가액

앞서 제시된 자료에 따라 계산식에 대입하면 '증자 후 1주당 평가액'은 다음과 같이 계산된다.

[(2,064원 × 4,388,790주) + (2,064원 × 12,029,070주)] ÷ (4,388,790주 + 12,029,070주)
= 33,886,462,560원(9,058,462,560원 + 24,828,000,000원) ÷ 16,417,860주 = 2,064원

따라서 주식의 포괄적 교환에 따른 완전자회사가 되는 회사의 주주들이 얻은 총이익은 다음과 같게 된다.

(증자 후 1주당 평가액 - 신주 1주당 인수가액) × 교부받은 주식수

(2,064원 - 2,064원) × 12,029,040주 = 0원

상속증여세법 제39조 제1항 제1호 (다)목의 계산식에서는 증자이익이 발생하지 않는다(증자이익 계산식의 문제점은 "제6장 제1절 3" 참조).

한편, 현물출자에 따른 이익을 ≪유형 1≫과 마찬가지 방식으로 주식의 포괄적 교환에서 공정한 주식교환가액이 실질적인 주식대금의 납입금액이므로 증자이익 계산을 다음과 같이 할 수 있다. 제시된 자료에 따르면 주식교환가액의 공정한 평가액은 1,400원이고 신고한 1주당 가액은 2,069원이다. 이 계산방식은 주식대금의 납입금액과 납입한 후의 평가액을 비교하는 계산방식으로 계산에 따르면 완전자회사가 되는 회사의 주주들이 얻은 총이익이 2,146,029,179원으로 계산되는데, 이 금액은 주식의 포괄적 교환을 합병과 유사한 것으로 보는 이익과 같은 것으로 계산된다. 이 계산방식은 '법인의 자본을 증가시키는 거래에 따른 이익의 증여'에 관한 구 상속증여세법 제42조 제1항 제3호를 적용하여 계산하는 경우에도 같은 결과에 이르게 된다. 이렇게 되면 주식의 포괄적 교환에 따른 이익계산 방법으로 대법원 ≪관점 1≫이 "상속증여세법 제39조 제1항 제1호 (다)목을 적용하여 증여세를 과세할 수는 없고, '법인의 자본을 증가시키는 거래에 따른 이익의 증여'에 관한 상속증여세법 제42조 제1항 제3호를 적용하여 증여세를 과세해야 한다."고 한 것은 이익계산의 적용 규정으로는 적절하지 않은 것이 된다.

| 주식교환이익(증자이익) |

구분	증자 전(교환 전)		증자금액 ②	계 ③	증자 후(교환 후)		증자이익
주주	1주당	평가액 ①	(주식교환가액)	(① + ②)	1주당	평가액 ④	(④ − ③)
○디지	2,064	2,064,000,000		2,064,000,000	2,064	1,575,020,309	−488,979,691
이○○		2,086,858,800		2,086,858,800		1,592,463,659	−494,395,141
소액주		4,907,603,760		4,907,603,760		3,744,949,413	−1,162,654,347
○○투자			2,176,958,000	2,176,958,000		2,455,042,249	278,084,249
@@투자			1,450,134,000	1,450,134,000		1,635,373,874	185,239,874
우○○			4,194,537,200	4,194,537,200		4,730,346,678	535,809,478
○○스트			2,315,537,000	2,315,537,000		2,611,323,308	295,786,308
기타			6,662,833,800	6,662,833,800		7,513,943,071	851,109,271
계		9,058,462,560	16,800,000,000	25,858,462,560		25,858,462,560	0

* 증자 전(교환 전) 완전모회사가 되는 회사의 평가액: 1주당 2,064원
* 증자금액(주식교환가액)의 계산은 증자 전(교환 전) 완전모회사가 되는 회사 1주당 2,064원 × 교부주식수(배정주식수) 또는 증자 전(교환 전) 완전자회사가 되는 회사 1주당 2,069원 × 보유주식수

(2)-3. 주식의 포괄적 교환과 구 상속증여세법 제42조 제1항 제3호

구 상속증여세법 제42조 제1항 제3호의 계산방법은 상속증여세법 시행령 제31조의9 제1항 제4호에서 주식전환 등을 할 당시의 주식가액에서 주식전환 등의 가액을 뺀 금액에 의한다. 여기서 '주식전환 등을 할 당시의 주식가액'이란 상속증여세법 시행령 제30조 제4항 제1호(교부받은 주식가액) 및 제2호(교부받을 주식가액)에 따라 계산한 가액으로 전환사채 등의 이익계산 방법을 말한다. 전환사채 등의 이익계산 방법에서 '교부받은 1주당 주식가액'의 계산식은 다음과 같다(집행기준 40-30-4).

$$\frac{\left\{\begin{array}{c}(\text{전환 전의 1주당 평가가액} \times \text{전환 전의 발행주식총수}) + (\text{주식 1주당 전환가액} \times \text{전환에 의하여 증가한 주식수})\end{array}\right\}}{(\text{전환 전의 발행주식총수} + \text{전환에 의하여 증가한 주식수})} = \frac{(\text{전환 전 기업의 주식가치} + \text{전환으로 증가한 자본금}^{*})}{(\text{전환 전 발행주식총수} + \text{전환으로 증가한 주식수})}$$

* 전환으로 '증가한 자본금'은 '증가한 자본'으로 되어야 함.
* 전환 전 1주당 평가액은 전환 전 2개월이 되는 날부터 전환일 전일까지 2개월간 최종시세가액의 평균액(비상장주식은 보충적 평가액)

이 계산식을 다음과 같이 주식의 포괄적 교환에 따른 이익의 계산방식으로 변형할 수 있다.

$$\frac{\left\{(\text{주식교환 전의 1주당 평가가액} \times \text{주식교환 전의 발행주식총수}) + (\text{주식 1주당 교환가액} \times \text{주식교환에 의하여 증가한 주식수})\right\}}{(\text{주식교환 전의 발행주식총수} + \text{주식 교환에 의하여 증가한 주식수})}$$

앞서 제시된 자료에 따라 위의 변형된 계산식에 대입하면 '교부받은 1주당 주식가액'은 다음과 같이 계산된다.

[(2,064원 × 4,388,790주) + (2,064원 × 12,029,070주)] ÷ (4,388,790주 + 12,029,070주)

= 33,886,462,560원(9,058,462,560원 + 24,828,000,000원) ÷ 16,417,860주 = 2,064원

따라서 주식의 포괄적 교환에 따른 완전자회사가 되는 회사의 주주들이 얻은 총이익은 다음과 같게 된다. 이 계산방식에 따른 이익은 주식의 포괄적 교환을 현물출자와 유사한 것으로 보는 상속증여세법 제39조 제1항 제1호 (다)목(불균등증자의 제3자배정)에 따른 이익계산 방식과 같으나, 앞에서 본 실질적인 주식대금의 납입금액을 공정한 주식교환가액으로 하는 이익계산 방식과는 결과가 다른 것이 된다. 그러나 합병과 유사한 것으로 보는 불공정한 주식교환과는 다르다(≪유형 1≫에서는 같았다).

(교부받은 1주당 주식가액 - 주식 1주당 교환가액) × 교부받은 주식수

(2,064원 - 2,064원) × 12,029,040주 = 0원

2 | ≪유형 1≫과 ≪유형 2≫의 이익계산 차이점

이익의 유형과 이익계산은 주식의 포괄적 교환의 내용(주식교환가액과 주식교환비율)이 서로 다른 경우를 상정하여 주식의 포괄적 교환을 합병과 유사한 것으로 보는 경우(이하 "합병"이라 한다)와 현물출자와 유사한 것으로 보는 경우(이하 "현물출자"라 한다) 그리고 구 상속증여세법 제42조 제1항 제3호(이하 "주식전환"이라 한다)로 보는 경우로 나누어 각각의 유형에 따른 이익을 계산해 보았다. 이때 합병법인과 현물출자와 주식전환으로 법인의 자본을 증가시킨 법인이 완전모회사가 되는 회사가 되고, 피합병법인과 주식을 포괄적으로 현물출자와 주식교환을 한 주주의 법인이 완전자회사가 되는 회사가 된다. 이익의 계산결과를 ≪유형 1≫과 ≪유형 2≫를 비교해 보면 다음과 같은 점을 찾을 수 있다.

≪유형 1≫의 경우 주식의 포괄적 교환과 유사한 것으로 보는 합병, 현물출자, 주식전환을 각각의 이익의 계산방식에 따라 이익을 계산하면 모두 같은 금액으로 계산되었다(주식의 포괄적 교환과 양도는 이익의 성질이 다르므로 제외한다). ≪유형 2≫의 경우는 현물출자에 따른 이익의 계산방식과 주식전환에 따른 이익의 계산방식에 따른 이익이 같은 금액(0원)으로 계산되었으나 합병에 따른 이익의 계산방식과는 다르게 계산되었다. 한편, 현물출자에 따른 이익을 실질적인 주식대금의 납입금액으로 하는 이익의 계산방식과 합병에 따른 이익의 계산방식의 이익은 같은 금액으로 계산되었다.

≪유형 1≫은 완전모회사가 되는 회사의 주식가액이 낮게 평가된 경우이고, ≪유형 2≫는 완전자회사가 되는 회사의 주식가액이 높게 평가된 경우이다. 위에서 얻은 결과에 대해 그 원인을 다음과 같은 방식으로 분석해 볼 수 있다.

(1) 이익계산 결과가 같은 점과 다른 점

(1)-1. 이익계산 결과가 같은 점

≪유형 1≫ 완전모회사가 되는 회사의 주식가액이 낮게 평가된 경우

≪유형 1≫에서 주식의 포괄적 교환에 따른 이익과 유사한 것으로 보는 합병에 따른 이익, 현물출자에 따른 이익, 주식전환에 따른 이익이 같은 금액으로 계산된 이유를 알기 위해서는 각각의 이익계산 방식의 계산구조를 분석해 볼 필요가 있다. 앞서 계산한 바에 따르면 거래 직전의 총주식 평가액과 거래 직후의 총주식 평가액, 거래 직후의 발행주식총수가 합병과 현물출자와 주식전환이 다음과 같이 같은 것으로 계산되었다. 따라서 거래 직후의 1주당 평가액은 거래 직후의 총주식 평가액과 거래 직후의 발행주식총수가 합병과 현물출자와 주식전환이 같으므로 거래 직후의 1주당 평가액(2,217원)도 같은 금액으로 평가된다.

구분		합병	현물출자	주식전환
거래 직전 총주식 평가액	완전모회사가 되는 회사 ①	11,568,850,440	11,568,850,440	11,568,850,440
	완전자회사가 되는 회사 ②	24,828,000,000	24,828,000,000	24,828,000,000
거래 직후 총주식 평가액 ③ (① + ②)		36,396,850,440	36,396,850,440	36,396,850,440
거래 직후 발행주식총수 ④		16,417,860	16,417,860	16,417,860
거래 직후/1주당(③ ÷ ④)		2,217	2,217	2,217

* 거래 직전 총주식 평가액: 합병, 현물출자, 주식교환을 하기 전의 상속증여세법의 주식평가액
* 거래 직후 발행주식총수: 합병, 현물출자, 주식교환을 한 후의 발행주식총수

다음은 얻은 총이익 계산에서 거래 직전의 1주당 평가액(2,064원)이 합병과 현물출자와 주식전환이 같은 금액이다. 거래 직후의 1주당 평가액(2,217원)과 거래 직전의 1주당 평가액(2,064원)이 합병과 현물출자와 주식전환이 같으므로 주식교환 차익에 해당되는 1주당 얻은 이익(153원)이 같게 되고 교부받은 신주수(12,029,070주)가 같으므로 얻은

총이익(1,839,315,927원)이 같은 금액으로 계산되었다.

구분	합병	현물출자	주식전환
교부받은 신주수	12,029,070	12,029,070	12,029,070
거래 직후/1주당	2,217	2,217	2,217
거래 직전/1주당	2,064	2,064	2,064
차익/1주당	153	153	153
얻은 총이익	1,839,315,927	1,839,315,927	1,839,315,927

* 교부받은 신주수: 교부받은 합병 발행신주, 현물출자 발행신주, 주식교환 발행신주
* 거래 직후/1주당: 1주당 평가액(합병 직후, 현물출자 직후, 주식교환 직후)
* 거래 직전/1주당: 1주당 평가액(합병 직전가액, 현물출자 인수가액, 주식교환가액)
* 차익/1주당: 1주당 얻은 이익(거래 직후/1주당 - 거래 직전/1주당)
* 얻은 총이익: 차익/1주당 × 교부받은 신주수

이와 같은 이익계산의 결과로만 보면 주식의 포괄적 교환에 따른 이익계산을 대법원이 말하는 ≪관점 1≫ 구 상속증여세법 제42조 제1항 제3호(주식전환에 따른 이익)의 계산 방식이 아닌 상속증여세법 제38조(합병에 따른 이익) 또는 제39조의3(현물출자에 따른 이익)의 계산방식으로도 계산할 수 있다는 것이 된다.

(1)-2. 이익계산 결과가 다른 점

≪유형 2≫ 완전자회사가 되는 회사의 주식가액이 높게 평가된 경우

≪유형 1≫은 완전모회사가 되는 회사의 주식가액이 낮게 평가된 경우이다. 위의 "(1)-1. 이익계산 결과가 같은 점"과 마찬가지 방식으로 분석해 볼 수 있다.

앞서 계산한 바에 따르면 거래 직전의 총주식 평가액과 거래 직후의 총주식 평가액, 거래 직후의 발행주식총수가 합병과 현물출자와 주식전환이 다음과 같이 계산되었다.

≪유형 1≫과 같은 점은 거래 직후의 발행주식총수와 거래 직전의 총주식 평가액에서 완전모회사가 되는 회사의 평가액이 합병과 현물출자와 주식전환이 같은 금액으로 평가된 점이다. 다른 점은 거래 직전의 총주식 평가액에서 완전자회사가 되는 회사의 평가액이 현물출자와 주식전환은 같은 금액으로 평가되었으나 합병은 다른 금액으로 평가되었다. 따라서 거래 직후의 1주당 평가액은 거래 직후의 발행주식총수는 합병과 현물출자와 주식전환이 같으나 거래 직후의 총주식 평가액이 현물출자와 주식전환이 같고 합병은

다르므로 거래 직후의 1주당 평가액(2,064원)도 현물출자와 주식전환이 같고 합병의 거래 직후의 1주당 평가액(1,575원)은 다르게 평가된다.

구분		합병	현물출자	주식전환
거래 직전 총주식 평가액	완전모회사가 되는 회사 ①	9,058,462,560	9,058,462,560	9,058,462,560
	완전자회사가 되는 회사 ②	16,800,000,000	24,828,000,000	24,828,000,000
거래 직후 총주식 평가액 ③ (①+②)		25,858,462,560	33,886,462,560	33,886,462,560
거래 직후 발행주식총수 ④		16,417,860	16,417,860	16,417,860
거래 직후/1주당(③ ÷ ④)		1,575	2,064	2,064

다음은 얻은 총이익 계산에서 거래 직전의 1주당 평가액이 현물출자와 주식전환이 같고(2,064원) 합병은 다르다(1,397원). 현물출자와 주식전환은 거래 직후의 1주당 평가액(2,064원)과 거래 직전의 1주당 평가액(2,064원)이 같으므로 주식교환 차익에 해당되는 1주당 얻은 이익(0원)이 같게 되고 교부받은 신주수(12,029,070주)가 같으므로 얻은 총이익(0원)도 같은 금액으로 계산되었다. 합병은 교부받은 신주수(12,029,070주)는 현물출자와 주식전환과 같으나 거래 직후의 1주당 평가액(1,575원)과 거래 직전의 1주당 평가액(1,397원)이 다르므로 얻은 총이익이 2,146,029,179원으로 계산되었다.

구분	합병	현물출자	주식전환
교부받은 신주수	12,029,070	12,029,070	12,029,070
거래 직후/1주당	1,575	2,064	2,064
거래 직전/1주당	1,397	2,064	2,064
차익/1주당	178	-	-
얻은 총이익	2,146,029,179	-	-

≪유형 1≫과 ≪유형 2≫가 차이점이 없는 것은 거래 직후의 발행주식총수와 교부받은 신주수가 된다. 그런데도 ≪유형 1≫은 현물출자와 주식전환에 따른 이익이 합병에 따른 이익과 같은 금액으로 계산되었고 ≪유형 2≫는 현물출자와 주식전환에 따른 이익이 합병에 따른 이익과는 다르게 계산되었다. 현물출자와 주식전환에 따른 이익과 합병에 따른 이익이

차이가 나는 이유는 현물출자와 주식전환에 따른 이익의 계산구조와 합병에 따른 이익의 계산구조가 다르기 때문이다. 이익의 계산구조를 다음과 같이 살펴볼 수 있다.

(2) 이익계산식의 계산구조

(2)-1. 이익계산식의 계산구조

합병과 현물출자와 주식전환에서 자본을 증가시키는 거래인 교부받은 신주의 수는 ≪유형 1≫의 완전모회사가 되는 회사의 주식가액이 낮게 평가된 경우나 ≪유형 2≫의 완전자회사가 되는 회사의 주식가액이 높게 평가된 경우나 차이가 나지 않는다. 자본거래이익의 계산에서 주식의 가액이 시가보다 낮다와 높다는 회사가 신고한 주식가액과 비교하는 것으로 회사가 신고한 주식가액(합병비율과 현물출자발행비율, 주식교환비율)에 따라 한번 발행한 주식은 다시 발행할 수 없으므로 교부받은 신주수는 바뀔 수 없다. 즉 사례의 합병과 현물출자와 주식전환에서 회사가 신고한 주식교환당사법인의 주식가액(2,064원 : 2,069원)이 같으므로 주식가액을 기준으로 하는 비율(1 : 1.00242)에 해당되는 합병비율과 현물출자발행비율, 주식교환비율이 같게 산정되므로 발행한 신주수가 같게 된다. 따라서 거래 직전의 발행주식총수가 동일하므로 거래 직후의 발행주식총수도 같게 계산된다. 합병과 현물출자와 주식전환에 따른 이익계산식의 계산구조의 기본 요소 중의 하나인 교부받은 신주수와 거래 직후의 발행주식총수에 대한 이해가 있어야 한다.

이와 같은 인식 아래 현물출자와 주식전환에 따른 이익계산식의 계산구조와 합병에 따른 이익계산식의 계산구조의 차이점을 다음과 같은 방식으로 분석할 수 있다. 이를 위해서는 먼저 상속증여세법 시행령 제28조의 합병에 따른 이익계산식의 계산구조를 살펴볼 필요가 있다. 합병에 따른 이익계산식의 계산구조는 다음과 같다.

합병에 따른 1주당 이익 = (가) - (나)

(가) 합병 후 존속하는 법인의 1주당 평가액

(나) 합병 직전 과대평가된 법인의 1주당 평가액

(가)의 합병 후 존속하는 법인의 1주당 평가액은 다음과 같이 계산한다.

주가가 과대평가된 법인의 합병 직전 주식가액 + 주가가 과소평가된 법인의 합병 직전 주식가액

합병 후 존속하는 법인의 주식수

위의 계산식 합병 후 존속하는 법인의 1주당 평가액은 다음과 같은 것이 된다.

$$\text{〈합병 후 존손법인의 총주식 평가액〉} \quad \frac{(\text{합병법인의 총주식 평가액} + \text{피합병법인의 총주식 평가액})}{\text{합병 후 존속법인의 발행주식총수}}$$

(나)의 합병 직전 과대평가된 법인의 1주당 평가액은 다음과 같이 계산한다.

$$\frac{\text{주가가 과대평가된 법인의 1주당 평가가액} \times \text{주가가 과대평가된 법인의 합병 전 주식의 수}}{\text{주가가 과대평가된 합병당사법인의 주주가 합병으로 인하여 교부받은 존속하는 법인의 주식의 수}}$$

위의 계산식 합병 직전 과대평가된 법인의 1주당 평가액은 다음과 같은 것이 된다.

$$\frac{\text{주가가 과대평가된 법인의 총주식 평가액}}{\text{주가가 과대평가된 법인의 주주가 합병으로 인하여 교부받은 주식수}}$$

위에서 “합병 후 존속하는 법인의 1주당 평가액”은 합병법인의 평가액과 피합병법인의 평가액을 합한 금액에서 합병 후 발행주식총수로 나눈 값이다. 한편, “합병 직전 과대평가된 법인의 1주당 평가액”은 합병 전 과대평가된 법인의 평가액을 교부받은 주식수(합병신주)로 나눈 값이 된다. 이와 같은 이익계산의 방식은 피합병법인의 주식이 합병으로 인해 합병법인의 신주식(합병신주)으로 대체되는 과정에서 발생되는 구주(합병법인의 주식)와 신주(피합병법인의 주식)의 가격 차이에서 오는 주식가치의 희석효과(“제2장 제3절 2. 얻은 이익” 참조)를 감안하는 계산방식이다.

현물출자에 따른 이익계산식의 계산구조는 다음과 같다.

현물출자에 따른 1주당 이익 = (가) - (나)
(가) 현물출자 후 1주당 평가액
(나) 현물출자자의 1주당 인수가액

(가)의 현물출자 후의 1주당 평가액은 다음과 같이 계산한다.

$$\frac{(\text{현물출자 전의 1주당 평가액} \times \text{현물출자 전의 발행주식총수}) + (\text{신주 1주당 인수가액} \times \text{현물출자에 의하여 증가한 주식수})}{\text{현물출자 전의 발행주식총수} + \text{현물출자에 의하여 증가한 주식수}}$$

위의 계산식 현물출자 후 1주당 평가액은 다음과 같은 것이 된다.

〈현물출자 후 총주식 평가액〉

$$\frac{(\text{현물출자 받은 법인의 총주식 평가액} + \text{현물자한 주식의 총주식 평가액})}{\text{현물출자 후 발행주식총수}}$$

주식전환에 따른 이익계산식의 계산구조는 다음과 같다.
주식전환 따른 1주당 이익 = (가) - (나)
(가) 주식전환 후 1주당 평가액
(나) 주식전환자의 1주당 인수가액

(가)의 주식전환 후의 1주당 평가액은 다음과 같이 계산한다.
앞서 주식전환 후 1주당 평가액에 해당되는 상속증여세법 시행령 제30조 제4항 제1호의 '교부받은 1주당 주식가액'의 계산식을 다음과 같이 변형할 수 있었다.

$$\frac{(\text{주식교환 전의 1주당 평가액} \times \text{주식교환 전의 발행주식총수}) + (\text{주식 1주당 교환가액} \times \text{주식교환에 의하여 증가한 주식수})}{\text{주식교환 전의 발행주식총수} + \text{주식교환에 의하여 증가한 주식수}}$$

위의 계산식 주식전환 후 1주당 평가액은 다음과 같은 것이 된다.

$$\text{〈주식전환 후 총주식 평가액〉} = \frac{\text{(모회사가 되는 법인의 총주식 평가액 + 주식교환한 주식의 총주식 평가액)}}{\text{주식교환 후 발행주식총수}}$$

위에서 본 합병에 따른 이익, 현물출자에 따른 이익, 주식전환에 따른 이익의 이익계산식의 계산구조에서 다음과 같은 점을 찾을 수 있다.

(2)-2. 거래 직후의 1주당 평가액

거래 직후의 1주당 평가액이란, 거래 직전의 주식교환당사법인의(완전모회사와 완전자회사를 말한다) 총주식 평가액을 거래 직후의 발행주식총수로 나눈 금액이다. 구체적인 계산방식을 보면 거래 직전의 법인의 자본을 증가시킨 법인의 총주식 평가액과 주식을 이전한 주주의 법인(주식을 이전한 주주가 교부받은 신주)의 총주식 평가액을 합한 금액에서 거래 직후의 발행주식총수로 나눈 금액이 된다. 위 계산식의 분모에 해당되는 합병 후 존속법인의 발행주식총수와 현물출자 후 발행주식총수 그리고 주식교환 후 발행주식총수는 같다고 하였다. 계산식의 분자의 하나인 거래 직전의 법인의 자본을 증가시킨 법인의 총주식 평가액에 해당되는 합병법인과 현물출자를 받은 법인과 완전모회사가 되는 법인의 총주식 평가액은 모두 법인의 자본을 증가시키는 거래로 인한 신주를 발행한 법인으로 총주식 평가액이 같은 금액이라고 하였다.

계산식의 또 다른 분자의 하나인 주식을 이전한 주주의 법인의 총주식 평가액에 해당되는 피합병법인의 총주식 평가액과 현물출자한 주식의 총주식 평가액과 주식교환한 주식의 총주식 평가액은 그 평가방식이 다음과 같이 다른 면이 있다. 즉 피합병법인의 총주식 평가액은 상속증여세법에 따른 1주당 평가액에다 교부받은 주식수(합병신주)를 곱한 금액이 된다. 현물출자한 주식의 총주식 평가액과 주식교환한 주식의 총주식 평가액은 신주 1주당 인수가액(또는 주식 1주당 교환가액)에다 교부받은 주식수(현물출자 신주 또는 주식교환 신주)를 곱한 금액이다. 이 계산식에서 합병과 현물출자와 주식전환이 각각 교부받은 주식수는 같으나 피합병법인의 총주식 평가액의 1주당 평가액은 상속증여세법에 따른 1주당 평가액을 말하고, 현물출자와 주식교환한 주식의 총주식 평가액의 신주 1주당 인수가액과 주식 1주당 교환가액은 현물출자를 받은 법인 또는 완전모회사가 되는 법인이 발행한 주식의 1주당 가액을 말한다. 여기서 발행한 주식의 가액이라는 것은 회사가 발행한 주식의 가액으로 상속증여세법의 주식의 평가가액과 다를 수 있다. 현물출자의 신주 1주당 인수가액과 주식교환의 주식 1주당 교환가액은 신주의 발행가액과 동일하다.

결국 거래 직전의 법인의 자본을 증가시킨 법인의 총주식 평가액에 해당되는 합병법인과 현물출자를 받은 법인과 완전모회사가 되는 법인의 총주식 평가액은 차이가 없다는 것이 된다. 다만, 주식을 이전한 주주가 교부받은 신주(주식을 이전한 주주의 법인)의 총주식 평가액에 해당되는 피합병법인의 주식이 현물출자한 주식과 주식교환한 주식의 총주식 평가액과 다르게 평가된다는 점이다. 바로 이와 같은 점으로 인해 거래 직후의 1주당 평가액에 해당되는 합병 후 존속법인의 1주당 평가액이 현물출자 후 1주당 평가액과 주식전환 후 1주당 평가액과 다르게 평가된다.

(2)-3. 거래 직전의 1주당 평가액

1주당 이익의 계산에서 거래 직후의 1주당 평가액과 비교 대상이 되는 거래 직전의 1주당 평가액은 위에서 본 계산식의 또 다른 분자의 하나인 주식을 이전한 주주의 법인에 대한 1주당 평가액이 된다. 즉 합병의 경우 주식을 교부받은 주주의 피합병법인에 대한 주식을 상속증여세법에 따라 평가한 1주당 평가액이다. 반면에 현물출자와 주식전환의 경우 신주 1주당 인수가액과 주식 1주당 교환가액은 주식을 발행한 법인의 발행가액에 해당되는 가액으로 주식을 이전한 주주의 법인(또는 주식을 이전한 주주가 교부받은 신주)을 상속증여세법에 따라 평가한 1주당 평가액이 아니다. 예를 들면, 주식전환의 경우 '주식 1주당 교환가액'은 완전모회사가 되는 회사와 완전자회사가 되는 회사의 교환가액으로, 이 경우의 교환가액은 주식교환계약에 의한 주식교환당사자가 신고한 증권신고서의 신고가액이 된다. '주식 1주당 교환가액'이 상속증여세법의 평가액(공정한 교환가액)과 다를 수 있다는 것이다.

자본거래로 인한 이익의 과세체계는 기본적으로 거래 전과 거래 후의 재산의 변동을 대상으로 하고 있다. 이와 같은 이익의 개념이라면 거래 직전의 재산평가액과 거래 직후의 재산평가액의 차액이 이익이 되어야 하는데, 여기서 재산의 평가라고 함은 거래당사법인의 상속증여세법의 주식평가를 말한다. 합병의 경우 거래 직전의 평가액과 거래 직후의 평가액은 거래당사법인의 상속증여세법의 주식평가이다. 반면에 현물출자와 주식전환의 경우 거래 직전의 평가액은 증권신고서에 신고한 주식의 가액으로서 상속증여세법의 평가액이 될 수 없다. 또한 거래 직후의 평가액은 거래당사법인에 대한 평가의 형식을 일부 취하고는 있으나 완전모회사가 되는 회사의 평가액은 상속증여세법의 평가이고 완전자회사에 해당되는 회사에 대한 평가액은 증권신고서에 신고한 가액이므로 결국은 거래 직후의 평가액(완전모회사가 되는 회사의 평가액 + 완전자회사가 되는 회사의 평가액)이 적절한 평가가 되지 못하고 있다.

(2)-4. 자본을 증가시키는 거래에 따른 이익의 계산구조

앞서(1. 이익의 유형과 이익계산 (2) ≪유형 2≫ 주식의 포괄적 교환) 주식의 포괄적 교환을 현물출자와 유사한 것으로 보는 경우 이익의 계산방식에서 회사가 증권신고서에 신고한 주식교환가액이 아니라 실질적인 주식대금의 납입금액에 해당되는 공정한 주식교환가액으로 이익을 계산하면 '법인의 자본을 증가시키는 거래에 따른 이익의 증여'에 관한 구 상속증여세법 제42조 제1항 제3호를 적용하여 계산하는 경우에도 합병에 따른 이익과 같은 결과에 이르게 된다고 하였다. 이와 같은 관점에서 합병에 따른 이익계산식의 계산구조와 주식전환에 따른 이익계산식의 계산구조를 비교해 보면, 거래 직후의 1주당 평가액에 해당하는 합병의 경우 합병 후의 1주당 평가액은 합병당사법인(합병법인과 피합병법인)의 주식평가액을 합한 금액을 합병 후 존속법인의 발행주식총수로 나눈 금액으로 하고, 주식전환의 경우 1주당 교부받은 주식가액도 주식교환당사법인(완전모회사가 되는 회사와 완전자회사가 되는 회사)의 주식평가액을 합한 금액을 주식교환 후 모회사의 발행주식총수로 나눈 금액으로 한다. 합병 후 존속법인의 발행주식총수와 주식교환 후 모회사의 발행주식총수는 같다. 이와 같은 계산방식에서 합병 후 1주당 평가액은 합병당사법인 모두 상속증여세법상의 평가액(공정한 합병가액)에 의하나, 주식전환의 1주당 교부받은 주식가액은 완전모회사가 되는 회사는 상속증여세법상의 평가액(공정한 교환가액)이지만 완전자회사가 되는 회사는 상속증여세법상의 평가액(공정한 교환가액)이 아닌 주식교환계약에 따른 주식교환가액으로 증권신고서에 신고한 가액이다.

위에서 본 주식전환에 따른 이익과 합병에 따른 이익의 이익계산식의 계산구조에서 다음과 같은 점을 찾을 수 있다.

≪유형 1≫에서 완전모회사가 되는 회사의 1주당 교환가액이 2,064원, 합병법인의 1주당 평가액은 2,636원으로 각각 다른 금액으로 평가되었다(이 의미는 완전모회사가 되는 회사의 1주당 교환가액이 시가와 다르다는 것이 된다). 완전회사가 되는 1주당 교환가액과 피합병법인의 주식 1주당 평가액은 2,064원으로 같은 금액으로 평가되었다(이 의미는 1주당 교환가액이 시가와 같다는 것이 된다). 이와 같은 의미는 이익계산식의 계산구조에서 볼 때, 완전모회사가 되는 회사의 주식가액이 낮게 평가된 경우에는 완전모회사가 되는 회사의 1주당 교환가액은 상속증여세법에 의한 1주당 평가액이 되어야 하므로 완전모회사가 되는 회사의 1주당 교환가액과 합병법인의 1주당 평가액이 같게 된다. 따라서 완전모회사가 되는 회사의 1주당 평가액 = 합병법인의 1주당 평가액이 되고, 완전자회사가 되는 회사의 1주당 교환가액 = 피합병법인의 주식 1주당 평가액이 된다. 결론적으로 완전모회사가 되는 회사의 주식가액이 낮거나 높게 평가된 경우는 대법원이 말하는 ≪관점 1≫ 구 상속증여세법 제42조 제1항 제3호(주식전환에 따른 이익)의 이익과 상속증여세법 제38조(합병에 따른 이익)의 이익이 같다는 것이 된다.

한편, ≪유형 2≫에서는 완전모회사가 되는 회사의 1주당 교환가액과 합병법인의 1주당 평가액이 2,064원으로 같은 금액으로 평가되었다(이 의미는 완전모회사가 되는 회사의 1주당 교환가액이 시가와 같다는 것이 된다). 완전자회사가 되는 회사의 1주당 교환가액이 2,064원으로 평가되었고 피합병법인의 주식 1주당 평가액은 1,397원으로 평가되었다(이 의미는 완전자회사가 되는 회사의 1주당 교환가액이 시가와 다르다는 것이 된다). 이와 같은 의미는 이익계산식의 계산구조에서 볼 때, 완전자회사가 되는 회사의 주식가액이 높게 평가된 경우에는 완전자회사가 되는 회사의 1주당 교환가액은 상속증여세법에 의한 1주당 평가액이 아니므로 완전자회사가 되는 회사의 1주당 교환가액과 피합병법인의 1주당 평가액이 각각 다르게 평가된다. 따라서 완전모회사가 되는 회사의 1주당 교환가액 = 합병법인의 1주당 평가액이 되고, 완전자회사가 되는 회사의 1주당 교환가액 ≠ 피합병법인의 주식 1주당 평가액이 된다. 결론적으로 완전자회사가 되는 회사의 주식가액이 낮거나 높게 평가된 경우는 대법원이 말하는 ≪관점 1≫ 구 상속증여세법 제42조 제1항 제3호(주식전환에 따른 이익)의 이익과 상속증여세법 제38조(합병에 따른 이익)의 이익이 다르다는 것이 된다.

종합적인 결론은 자본을 증가시키는 거래에 따른 이익의 유형의 하나인 주식의 포괄적 교환에 따른 이익의 계산은 대법원이 말하는 ≪관점 1≫ 구 상속증여세법 제42조 제1항 제3호의 이익계산 방법인 구 상속증여세법 시행령 제31조의9 제1항 제4호(주식전환에 따른 이익)를 적용하는 것이 적절하지 않다는 것이 된다. 앞서 보았듯이 구 상속증여세법 시행령 제31조의9 제1항 제4호의 이익계산 방법은 완전모회사가 되는 회사의 주식가액이 낮거나 높게 평가된 경우는 적용가능하겠으나 완전자회사가 되는 회사의 주식가액이 낮거나 높게 평가된 경우는 적절하지 않은 것으로 나타났다. 이익계산의 결과로만 보면 주식의 포괄적 교환에 따른 이익계산을 대법원이 말하는 ≪관점 1≫ 구 상속증여세법 제42조 제1항 제3호(주식전환에 따른 이익)의 계산의 방법보다는 상속증여세법 제38조(합병에 따른 이익)의 계산방법으로 하는 것이 적절하다고 볼 수 있다.

3 | 신설된 상속증여세법 제42조의2의 이익계산

(1) 법률조항의 개정연혁

구 상속증여세법 제42조 제1항 제3호에 따르면 출자 · 감자, 합병(분할합병을 포함) · 분할, 제40조 제1항에 따른 전환사채에 의한 주식의 전환 · 인수 · 교환(이하 "주식전환"이라 한다) 등 법인의 자본을 증가시키거나 감소시키는 거래로 얻은 이익 또는 사업 양수 · 양도, 사업교환 및 법인의 조직변경 등에 의하여 소유지분이나 그 가액이 변동됨에 따라 얻은 이익. 이 경우 그 이익은 주식전환의 경우에는 주식전환 당시의 주식가액에서 주식전환의 가액을 뺀 가액으로 하고, 주식전환이 아닌 경우에는 소유지분이나 그 가액의 변동 전 · 후 재산의 평가차액으로 한다. 대법원 ≪관점 1≫이 말하는 '법인의 자본을 증가시키는 거래'가 주식전환에 해당된다. 여기서 "법인의 자본을 증가시키는 거래"인 구 상속증여세법 제42조 제1항 제3호의 전반부에 해당되는 출자, 합병, 주식전환 등과 상속증여세법 제38조(합병), 제39조(증자), 제39조의3(현물출자), 제40조(주식전환)의 차이점이 무엇인지 알 수는 없으나 대법원은 "주식의 포괄적 교환은 상속증여세법 제35조 제1항 제2호(고가양도), 제2항이나 신주의 저가발행에 따른 이익의 증여에 관한 상속증여세법 제39조 제1항 제1호

(다)목을 적용하여 증여세를 과세할 수는 없고, 법인의 자본을 증가시키는 거래에 따른 이익의 증여에 관한 구 상속증여세법 제42조 제1항 제3호를 적용하여 증여세를 과세해야 한다."고 분명히 하고 있다. 구 상속증여세법 제42조 제1항 제3호의 적용은 구 상속증여세법 시행령 제31조의9 제1항 제4호의 이익계산 방법으로 이때의 이익계산 방법에서 주식전환을 할 당시의 주식가액은 상속증여세법 시행령 제30조 제4항 제1호 및 제2호의 규정에 의하여 계산한 가액을 말한다.

주식의 포괄적 교환에 대해 2015.12.15. 상속증여세법 제42조의2가 신설되기 전에는 이익을 계산하는 구체적인 방법이 없었다. 그렇기 때문에 대법원도 구 상속증여세법 제42조 제1항 제3호를 적용해야 한다고만 했지, 구체적인 계산방법을 제시하지 않았다. 그런데 대법원이 주식의 포괄적 교환을 "법인의 자본을 증가시키는 거래"로 본 유형에는 구 상속증여세법 제42조 제1항 제3호에서 말하는 출자, 합병, 주식전환 등과 유사한 상속증여세법 제38조(합병)가 있음에도 주식전환을 할 당시의 주식가액을 상속증여세법 시행령 제28조에 따른 이익계산 방법으로 하지 않고 구 상속증여세법 제42조 제1항 제3호를 적용해야 한다고 한 이유는 "법인의 자본을 증가시키는 거래"인 구 상속증여세법 제42조 제1항 제3호의 합병과 상속증여세법 제38조의 합병이 다른 것으로 본 것이 된다. 그러나 이러한 판단은 주식의 포괄적 교환에 대한 구체적인 이익계산의 방법을 제시한 대법원(대법원 2019두19, 2022.12.29.)의 판결로 인해 주식의 포괄적 교환의 이익계산을 상속증여세법 제38조의 합병규정을 준용해야 한다고 하였다.

(2) 이익계산 방법

(2)-1. 상속증여세법 시행령 제32조 제1항의 계산방법

신설된 상속증여세법 제42조의2 및 같은 법 시행령 제32조의2 제1항의 주식의 포괄적 교환에 따른 이익계산 방법은 구 상속증여세법 제42조 제1항 제3호 및 같은 법 시행령 제31조의9 제1항 제5호의 법인의 조직변경 등에 따른 이익의 계산방법이었다. 대법원 ≪관점 1≫의 판결대로라면 주식의 포괄적 교환에 따른 이익은 "법인의 자본을 증가시키는 거래에 따른 이익"에 해당되므로 구 상속증여세법 제42조 제1항 제3호의 전반부인 법인의 자본을 증가시키는 거래인 출자, 합병, 주식전환에 따른 이익의 계산방법이 되어야 한다. 그러나 신설된 상속증여세법 제42조의2의 주식의 포괄적 교환에 따른 이익의 계산방법은

"법인의 조직변경 등에 따른 이익"의 계산방법이다.

즉 신설된 상속증여세법 제42조의2는 주식의 포괄적 교환을 사업의 양수·양도, 사업교환 및 법인의 조직변경 등에 포함해 같은 방법으로 이익을 계산하도록 하고 있다. 신설된 상속증여세법 제42조의2는 주식의 포괄적 교환에 따른 이익과 사업의 양수·양도, 사업교환 및 법인의 조직변경 등에 따른 이익으로 나눌 수 있는데, 신설된 상속증여세법 제42조의2는 이들의 이익이 그 성질이 서로 같다고 보고 있다. 여기서 조직변경은 회사가 그 법인격의 동일성을 유지하면서 다른 종류의 회사로 법적 형태를 변경하는 것으로 조직변경은 회사형태의 기업에만 허용된다(김건식, 「회사법」, p.887). 상법은 조직변경이 허용되는 경우를 합명회사와 합자회사, 주식회사와 유한회사, 주식회사와 유한책임회사 사이에서만 허용된다. 대법원 ≪관점 1≫은 주식의 포괄적 교환에 따른 이익과 사업의 양수·양도, 사업교환 및 법인의 조직변경 등에 따른 이익을 각각 분리하여 보고 있었다. 앞서 지금까지 분석한 이익의 성질로 보면 주식의 포괄적 교환에 따른 이익은 "법인의 자본을 증가시키는 거래에 따른 이익"의 한 유형에 가깝다고는 보겠으나 사업의 양수·양도, 사업교환 및 법인의 조직변경 등에 따른 이익과는 다르다고 하겠다.

① **이익계산 방법의 문제**

주식의 포괄적 교환은 소유지분이나 그 가액이 변동됨에 따라 이익을 얻은 경우에는 그 이익에 상당하는 금액을 그 이익을 얻은 자의 증여재산가액으로 한다. 상속증여세법 시행령 제32조의2 제1항 제1호에 따르면 소유지분이 변동된 경우 "(변동 후 지분 － 변동 전 지분) × 지분변동 후 1주당 가액(상속증여세법 시행령 제28조, 제29조, 제29조의2 및 제29조의3을 준용하여 계산한 가액)"으로 하는 이익계산 방법은 지분증가에 따른 이익을 계산하는 방식이다. 이 계산방식에서 지분증가에다 곱하는 지분 변동 후 1주당 가액이란 합병, 증자, 감자, 현물출자에 따른 이익계산 방법으로 계산한 합병 후 1주당 가액, 증자 후 1주당 가액, 감자 후 1주당 가액, 현물출자 후 1주당 가액이 된다. 법문대로라면 주식의 포괄적 교환에 따른 이익은 "주식교환 후 주주의 지분증가분 × 거래 직후 1주당 가액(합병 후 1주당 가액, 증자 후 1주당 가액, 감자 후 1주당 가액, 현물출자 후 1주당 가액)"이 된다. 여기서 지분증가분이 지분율의 증가인지 주식수의 증가인지가 명확하지 않고 지분증가분에 해당되는 "변동 후 지분 － 변동 전 지분"의 계산방식에 대해서도 규정되어 있지 않다. 또한 앞서 분석에서 보았듯이 지분 변동 후 1주당 가액에 해당되는 합병 후 1주당 가액이 증자 후 1주당 가액과 현물출자 후 1주당 가액과 같은 경우도 있고 다른 경우도 있었다. 이와 같은 점은 상속증여세법 시행령 제32조의2 제1항 제1호의 이익계산 방법의 적절성에 대한 의문을 일으키게 된다.

이익계산 방법의 또 하나인 제2호에 따르면 평가액이 변동된 경우 "변동 후 가액 - 변동 전 가액"으로 하고 있는데, "변동 후 가액"과 "변동 전 가액"의 계산방법이 규정되어 있지 않아 제1호의 이익계산 방법과 마찬가지로 이익계산 방법의 적절성이 문제가 되지 않을 수 없다.

어떻게 보든 상속증여세법 시행령 제32조의2 제1항의 "(변동 후 지분 - 변동 전 지분) × 지분 변동 후 1주당 가액"의 계산방식에서 "변동 후"와 "변동 전"이 무엇에 대한 비교인지 불분명하며, "지분"이란 의미가 지분율, 주식수 또는 평가액 등으로 해석될 수 있는데 그 의미가 분명하지 않다. "변동 후 가액 - 변동 전 가액"의 계산식에서도 변동 후 가액과 변동 전 가액에 대한 구체적 계산방법이 없어 합병에 따른 이익계산 방식과 비교해 볼 때 불충분하다. 특히 주식의 포괄적 교환에서 가장 중요한 주식교환가액(또는 주식교환비율)에 대한 평가 규정이 없다는 점이 이익계산 방법의 중요한 문제라 하겠다.

② 합병규정 준용의 문제

이와 같은 문제의 제기는 "법인의 자본을 증가시키는 거래"의 유형인 합병, 증자, 현물출자의 경우 이익계산 방법을 상속증여세법 시행령 제28조, 제29조, 제29조의3에서 구체적으로 규정하고 있으나 주식의 포괄적 교환이 "법인의 자본을 증가시키는 거래"의 한 유형임에도 주식의 포괄적 교환에 대해서는 합병, 증자, 현물출자와 같은 이익계산 방법을 규정하지 않고 있다는 점이다. 그런데 주식의 포괄적 교환에 따른 이익의 계산을 주식의 포괄적 교환이 합병과 유사하다는 점을 들어 합병에 따른 이익의 계산방식으로 이익계산을 하는 문제를 생각해 볼 수도 있다. 주식의 포괄적 교환이 합병과 유사한 점이 있음은 충분한 이해가 되고, 특히 주식의 포괄적 교환과 합병에 따른 이익은 자본거래라는 이익의 관점에서 보면 그 이익의 성질이 서로 같다는 점은 확인된다. 이와 같은 점에서 주식의 포괄적 교환에 따른 이익의 계산방법을 합병에 따른 이익의 계산방법으로 적용해 볼 수도 있다.

그러나 대법원 ≪관점 2. 원심≫은 조세법 해석에서 "조세법률주의의 원칙상 과세요건이거나 비과세요건 또는 조세감면 요건을 막론하고 조세 법규의 해석은 특별한 사정이 없는 한 법문대로 해석할 것이고 합리적 이유 없이 확장해석하거나 유추해석하는 것은 허용되지 않는다."고 하면서 자본시장법 시행령 제176조의6 제2항에 근거하여 주식의 포괄적 교환을 상속증여세법 제38조(합병이익증여)와 동일시 보려면 과세요건 등을 살펴보아야 한다. 상속증여세법 시행령 제28조를 법문대로 해석한다면 "자본시장법 제165조의4 및 같은 법 시행령 제176조의5에 따라 하는 합병은 제외"한다고 명시되어 있지만, "자본시장법 제165조의4 및 같은 법 시행령 제176조의5에 따라 하는 주식의 포괄적 교환은 제외"한다고 명시되어 있지 않다. 또한 자회사가 되는 회사 주주나 모회사의 입장에서는 자회사의 주식과 모회사의 신주를 서로 교환하는 것은 그 법률적 성질은 주식의 교환, 즉 재산의 양도로 볼 것이지 2개 이상의 회사가 한 회사로 되어 재산과 사원이 포괄적으로 이전·수용되는 합병으로 볼 수는 없다. 이와 같이 주식의 포괄적 교환이 합병과 유사한 면이 있지만 상속증여세법 제38조의 합병과 동일하지는 않다고 하였다.

(2)-2. 지분의 변동과 소유주식 수의 변동

대법원(대법원 2017두40273, 2017.7.27.)은 구 상속증여세법 시행령 제31조의9 제2항 제5호의 계산방법(현행 시행령 제32조 제1항의 계산방법)에 대해 상속증여세법 및 같은 법 시행령 규정은 '지분'과 '지분율'의 개념을 구별하여 사용하면서 소유주식의 비율을 규정하고자 하는 경우에는 '지분율' 또는 '지분비율'이라고 표현하고 있는 점(시행령 제15조, 제29조, 제30조 등), 상속증여세법 시행령 제31조의9 제2항 제5호 (가)목의 '지분'을 소유주식의 비율로 해석하면 위 (가)목의 산식 중 '(변동 전 지분 - 변동 후 지분)' 부분의 값은 언제나 1 미만이 되어 그 계산식이 무의미해지는 점, '(변동 전 지분 - 변동 후 지분) × 지분 변동 후 1주당 가액'의 산식에서 1주당 가액에 곱해지는 것이 소유주식 수가 아닌 지분율은 의미가 없는 점, 소유주식 수의 변동 없이 그 비율만 변동되는 경우 통상적으로 해당 소유주식의 평가액도 함께 변동되어 위 규정의 (나)목으로 포섭할 수 있는 점 등을 고려하면, 위 (가)목의 '지분이 변동된 경우'란 소유주식의 수가 변동된 경우를 의미할 뿐이고, 소유주식의 비율이 변동된 경우까지 포함한다고 볼 수 없다. 따라서 감자에 따라 소유주식의 수가 변동된 경우는 상속증여세법 시행령 제31조의9 제2항 제5호 (가)목을, 소유주식 수의 변동 없이 그 비율만 변동됨에 따라 소유주식의 평가액이 변동된 경우는 위 규정의 (나)목을 적용하여 당해 재산의 평가차액을 산출하여야 한다(서울고법 2016누54567, 2017.3.8.).

(3) 이익계산 결과

(3) - 1. 합리적인 계산방법

위에서 주식의 포괄적 교환에 따른 이익을 상속증여세법 시행령 제32조의2 제1항으로 적용하기에는 불충분하고 불명확한 점이 있음을 살펴보았다. 주식의 포괄적 교환에 따른 이익에서 "이익"이란 자본거래에 따른 이익으로 이익의 개념과 합리적인 이익계산 방법의 문제가 된다. 이익의 개념과 이익의 성질이 파악되었으므로 합리적인 계산방법으로 이익을 계산할 수 있다면 그 이익은 주식의 포괄적 교환에 따른 이익으로 볼 수 있을 것이다. 대법원 ≪관점 1≫이 판결한 사건도 결국은 조세법에서 주식의 포괄적 교환에 따른 이익의 계산방법이 규정되어 있지 않은 상황에서 합리적인 이익계산 방법을 찾은 것이 된다.

이와 같은 관점에서 주식의 포괄적 교환에 따른 합리적인 이익계산 방법으로 다음의 계산방식을 생각해 볼 수 있다. 이 계산방식의 기본적인 이익의 개념은 상속증여세법 시행령 제28조(합병에 따른 이익)의 이익계산 방식을 변형한 것으로 볼 수 있다. 앞서 이익의 유형과 이익계산에서 ≪유형 1≫의 주식의 포괄적 교환 자료에서 제시된 회사가 신고한 주식의 교환가액은 모회사가 되는 회사가 2,064원, 자회사가 되는 회사가 2,069원으로 교환비율(1 : 1.00242)에 따라 주식을 교환하면 주식교환 후의 주주별 주식수와 지분율은 다음과 같았다(회사 신고/변동 후 지분). 공정한 주식의 교환가액은 모회사가 되는 회사가 2,636원, 자회사가 되는 회사가 2,069원으로 교환비율(1 : 0.784901)에 따라 주식을 교환하면 주식교환 후의 주주별 주식수와 지분율은 다음과 같게 되고(공정한 신고/변동 전 지분), 지분의 증감은 "(회사 신고/변동 후 지분) - (공정한 신고/변동 전 지분)"이 된다. 다음의 계산에서 지분은 지분율을 의미한다.

| 보유지분의 증감 |

구분	주식교환 전	주식교환 후				지분증감 (① − ②)
		회사신고 ① (변동 후 지분)		공정신고 ② (변동 전 지분)		
		교환비율 1 : 1.00242		교환비율 1 : 0.784901		
주주	주식수	주식수	지분율	주식수	지분율	
○디지	1,000,000	1,000,000	6.09%	1,000,000	7.24%	−1.15%
이○○	1,011,075	1,011,075	6.16%	1,011,075	7.32%	−1.16%
소액주주	2,377,715	2,377,715	14.48%	2,377,715	17.22%	−2.74%
○○투자	1,554,970	1,558,737	9.49%	1,220,498	8.84%	0.65%
@@투자	1,035,810	1,038,319	6.32%	813,009	5.89%	0.44%
우○○	2,996,098	3,003,356	18.29%	2,351,641	17.03%	1.26%
○○스트	1,653,955	1,657,962	10.10%	1,298,192	9.40%	0.70%
기타	4,759,167	4,770,696	29.06%	3,735,477	27.05%	2.00%
계	16,388,790	16,417,860	100.00%	13,807,606	100.00%	0.00%

주주별 지분증감에다 변동 후 총평가액(주식교환 후 총주식 평가액)을 곱하면 주주별 얻은 이익과 분여한 이익을 계산할 수 있다. 이 계산방식에서 변동 후 총평가액은 주식교환 후 총주식 평가액이며, 주식교환 후 총주식 평가액은 주식교환 후 1주당 평가액(변동 후 1주당 가액)을 주식교환 후 발행주식총수(변동 후 총주식수)에 곱한 금액이다.

| 보유지분의 증감에 따른 이익증여 |

주주		지분증감 ①	변동 후 1주당 가액 ②	변동 후 총주식수 ③	변동 후 총평가액 ④(② × ③)	이익증여 (① × ④)
완전 모회사가 되는 회사	○디지	−1.15%	2,217	16,417,860	36,396,850,440	−419,094,084
	이○○	−1.16%				−423,735,551
	소액주주	−2.74%				−996,486,291
	소계	5.05%				−1,839,315,927
완전 자회사가 되는 회사	○○투자	0.65%	2,217	16,417,860	36,396,850,440	238,340,091
	@@투자	0.44%				158,765,152
	우○○	1.26%				459,230,897
	○○스트	0.70%				253,512,148

주주		지분증감 ①	변동 후 1주당 가액 ②	변동 후 총주식수 ③	변동 후 총평가액 ④(② × ③)	이익증여 (① × ④)
	기타	2.00%				729,467,638
	소계	5.05%				1,839,315,927
계		0.00%				0

이 계산방식에 따른 이익증여의 해석을 다음과 같이 할 수 있다.

완전자회사가 되는 회사의 주주들이 교부받아야 할 주식보다 더 많은 주식을 교부받음으로 인해 완전자회사가 되는 회사의 주주들이 보유해야 할 지분보다 더 많은 지분의 보유를 한 것을 이익으로 계산한 것이 된다. 즉 상속증여세법 시행령 제32조의2 제1항 제1호의 "(변동 후 지분 – 변동 전 지분) × 지분 변동 후 1주당 가액"의 계산식 "변동 후 지분 – 변동 전 지분"에서 이 계산방식에서는 변동 후 지분이 회사가 신고한 지분이 되고 변동 전 지분은 공정한 신고에 대한 지분이 된다. 이와 같이 계산된 지분의 증가에다 곱하는 "지분 변동 후 1주당 가액"은 이 계산식에서는 주식교환 후 1주당 평가액인 2,217원이 되는데, 상속증여세법 시행령 제32조의2 제1항 제1호의 계산식에 따른다면 "지분증가 × 1주당 2,217원"이 된다. 이 점에 대해서는 앞서 지적한 바 있다.

≪유형 2≫의 주식의 포괄적 교환도 위와 마찬가지 방식으로 계산할 수 있다.

회사가 신고한 주식의 교환가액이 모회사가 되는 회사가 2,064원, 자회사가 되는 회사가 2,069원이므로 교환비율(1 : 1.00242)은 변동될 수 없다. 공정한 주식의 교환가액은 모회사가 되는 회사가 2,064원, 자회사가 되는 회사가 1,400원으로 교환비율이 1 : 0.678295가 된다. 주주별 지분의 증감은 다음과 같이 계산된다.

| 보유지분의 증감 |

<table>
<tr><th rowspan="3">구분</th><th rowspan="3">주식교환 전</th><th colspan="4">주식교환 후</th><th rowspan="3">지분증감
(① − ②)</th></tr>
<tr><th colspan="2">회사신고 ①
(변동 후 지분)</th><th colspan="2">공정신고 ②
(변동 전 지분)</th></tr>
<tr><th colspan="2">교환비율 1 : 1.00242</th><th colspan="2">교환비율 1 : 0.678295</th></tr>
<tr><th>주주</th><th>주식수</th><th>주식수</th><th>지분율</th><th>주식수</th><th>지분율</th><th></th></tr>
<tr><td>○디지</td><td>1,000,000</td><td>1,000,000</td><td>6.09%</td><td>1,000,000</td><td>7.98%</td><td>−1.89%</td></tr>
<tr><td>이○○</td><td>1,011,075</td><td>1,011,075</td><td>6.16%</td><td>1,011,075</td><td>8.07%</td><td>−1.91%</td></tr>
<tr><td>소액주주</td><td>2,377,715</td><td>2,377,715</td><td>14.48%</td><td>2,377,715</td><td>18.98%</td><td>−4.50%</td></tr>
<tr><td>○○투자</td><td>1,554,970</td><td>1,558,737</td><td>9.49%</td><td>1,054,728</td><td>8.42%</td><td>1.08%</td></tr>
<tr><td>@@투자</td><td>1,035,810</td><td>1,038,319</td><td>6.32%</td><td>702,584</td><td>5.61%</td><td>0.72%</td></tr>
<tr><td>우○○</td><td>2,996,098</td><td>3,003,356</td><td>18.29%</td><td>2,032,237</td><td>16.22%</td><td>2.07%</td></tr>
<tr><td>○○스트</td><td>1,653,955</td><td>1,657,962</td><td>10.10%</td><td>1,121,869</td><td>8.95%</td><td>1.14%</td></tr>
<tr><td>기타</td><td>4,759,167</td><td>4,770,696</td><td>29.06%</td><td>3,228,117</td><td>25.77%</td><td>3.29%</td></tr>
<tr><td>계</td><td>16,388,790</td><td>16,417,860</td><td>100.00%</td><td>12,528,325</td><td>100.00%</td><td>0.00%</td></tr>
</table>

주주별 얻은 이익과 분여한 이익은 다음과 같게 계산된다.

| 보유지분의 증감에 따른 이익증여 |

<table>
<tr><th colspan="2">주주</th><th>지분증감
①</th><th>변동 후 1주당
가액 ②</th><th>변동 후
총주식수 ③</th><th>변동 후 총평가액
④(② × ③)</th><th>이익증여
(① × ④)</th></tr>
<tr><td rowspan="4">완전
모회사가
되는 회사</td><td>○디지</td><td>−1.89%</td><td rowspan="3">1,575</td><td rowspan="3">16,417,860</td><td rowspan="3">25,858,462,560</td><td>−488,979,691</td></tr>
<tr><td>이○○</td><td>−1.91%</td><td>−494,395,141</td></tr>
<tr><td>소액주주</td><td>−4.50%</td><td>−1,162,654,347</td></tr>
<tr><td>소계</td><td>8.3%</td><td colspan="3"></td><td>−2,146,029,179</td></tr>
<tr><td rowspan="6">완전
자회사가
되는 회사</td><td>○○투자</td><td>1.08%</td><td rowspan="5">1,575</td><td rowspan="5">16,417,860</td><td rowspan="5">25,858,462,560</td><td>278,084,249</td></tr>
<tr><td>@@투자</td><td>0.72%</td><td>185,239,874</td></tr>
<tr><td>우○○</td><td>2.07%</td><td>535,809,478</td></tr>
<tr><td>○○스트</td><td>1.14%</td><td>295,786,308</td></tr>
<tr><td>기타</td><td>3.29%</td><td>851,109,271</td></tr>
<tr><td>소계</td><td>8.3%</td><td colspan="3"></td><td>2,146,029,179</td></tr>
<tr><td colspan="2">계</td><td>0.00%</td><td colspan="3"></td><td>0</td></tr>
</table>

위 계산의 결과는 다음에 보는 합병에 따른 이익 계산방식의 결과와 같은 것이 된다.

≪유형 1≫의 주식의 포괄적 교환을 합병에 따른 이익의 계산방식으로 계산한 경우

| 불공정한 주식교환 |

구분	완전모회사가 되는 회사	완전자회사가 되는 회사	주식교환 후 모회사
발행주식총수	4,388,790	12,000,000	
1주당 교환가액(공정)	2,636	2,069	2,217
총주식 평가액(공정)	11,568,850,440	24,828,000,000	36,396,850,440
주식교환비율(신고)	1	1.00242	
교환 후 주식수(신고)	4,388,790	12,029,040	16,417,830
주식교환 전 평가액	2,636	2,064	
1주당 교환차익	−419	153	
교환차손익 계	−1,839,315,927	1,839,315,927	

완전자회사가 되는 회사의 주주들이 얻은 총이익 1,839,315,927원은 위에서 계산한 ≪유형 1≫의 보유지분의 증감에 따른 이익과 같다.

≪유형 2≫의 주식의 포괄적 교환을 합병에 따른 이익의 계산방식으로 계산한 경우

| 불공정한 주식교환 |

구분	완전모회사가 되는 회사	완전자회사가 되는 회사	주식교환 후 모회사
발행주식총수	4,388,790	12,000,000	
1주당 교환가액(공정)	2,064	1,400	1,575
총주식 평가액(공정)	9,058,462,560	16,800,000,000	25,858,462,560
주식교환비율(신고)	1.000	1.002422	
교환 후 주식수(신고)	4,388,790	12,029,070	16,417,860
주식교환 전 평가액	2,064	1,397	
1주당 교환차익	−489	178	
교환차손익 계	−2,146,029,179	2,146,029,179	

완전자회사가 되는 회사의 주주들이 얻은 총이익 2,146,029,179원은 위에서 계산한 ≪유형 2≫의 보유지분의 증감에 따른 이익과 같다.

이익계산의 결과로 보면 상속증여세법 시행령 제28조의 이익계산의 방식을 변형한 계산방식의 이익과 합병에 따른 이익계산의 방식에 따른 이익이 일치하는 것으로 계산된다. 이와 같은 이유는 주식의 포괄적 교환에 따른 이익과 합병에 따른 이익의 성질이 같으면서 이익의 계산구조가 서로 같기 때문이다. 주식의 포괄적 교환의 당사법인과 합병당사법인의 평가액(주식교환가액, 합병가액)이 같다면 주식의 교환비율과 합병비율이 같게 되고 그에 따른 이익도 같을 수밖에 없다. 그렇다면 대법원이 상법상의 주식의 포괄적 교환에 의하여 완전자회사가 되는 회사의 주주가 얻은 이익에 대하여는 '법인의 자본을 증가시키는 거래에 따른 이익의 증여'에 관한 구 상속증여세법 제42조 제1항 제3호를 적용하여 증여세를 과세해야 한다는 ≪관점 1≫ 이익의 계산방법을 합리적인 이익계산 방법으로 볼 수 없다는 것이 된다.

(3)-2. 지분의 변동과 소유주식 수의 변동을 고려한 계산방법

대법원(대법원 2017두40273, 2017.7.27.)의 이익계산 방법은 결론부터 말하자면 주식의 포괄적 교환의 경우 보유주식 수의 변동과 비율의 변동이 함께 발생하게 되므로 앞서 본 대법원이 지적한 계산방법에서 소유주식의 수가 변동된 경우는 상속증여세법 시행령 제31조의9 제2항 제5호 (가)목을, 소유주식 수의 변동 없이 그 비율만 변동됨에 따라 소유주식의 평가액이 변동된 경우는 (나)목을 적용하여 당해 재산의 평가차액을 산출하여 한다는 일률적인 방식은 적절하지 않아 보인다. 다음의 계산결과를 보자. 먼저 소유주식의 수가 변동된 경우 상속증여세법 시행령 제31조의9 제2항 제5호 (가)목을 적용하여 계산하면 다음과 같게 된다(≪유형 1≫, ≪유형 2≫의 경우도 결론은 같다).

(변동 후 지분 / 주식수 − 변동 전 지분 / 주식수) × 지분변동 후 1주당 가액 = 이익

| 보유주식수의 변동과 이익 |

구분	주식교환 후		주식수 증감 ③ (② − ①)	변동 후 1주당 가액 ④	이익 (③ × ④)
	변동 전 ①	변동 후 ②			
주주	주식수	주식수			
○디지	1,000,000	1,000,000	−	2,217	−
이○○	1,011,075	1,011,075	−		−

구분	주식교환 후		주식수 증감 ③ (② − ①)	변동 후 1주당 가액 ④	이익 (③ × ④)
	변동 전 ①	변동 후 ②			
주주	주식수	주식수			
소액주주	2,377,715	2,377,715	−		−
○○투자	1,558,737	1,220,498	−338,239		−749,843,614
@@투자	1,038,319	813,009	−225,311		−499,492,282
우○○	3,003,356	2,351,641	−651,715		−1,444,789,902
○○스트	1,657,962	1,298,192	−359,770		−797,576,542
기타	4,770,696	3,735,477	−1,035,219		−2,294,983,817
계	16,417,860	13,807,606	−2,610,253		−5,786,686,157

다음은 소유주식 수의 변동 없이 그 비율만 변동됨에 따라 소유주식의 평가액이 변동된 경우는 위 규정의 (나)목을 적용하여 계산하면 다음과 같게 된다.

변동 후 가액(주식교환 후 보유주식수 × 공정한 1주당 평가액) − 변동 전 가액(주식교환 후 보유주식수 × 회사신고 1주당 평가액) = 이익

| 보유주식의 가액변동과 이익 |

구분		주식교환 후		주식수 증감 ③ (② − ①)
		변동 전 가액 ①	변동 후 가액 ②	
주주		주식수 × 2,064원	주식수 × 2,636원	
○디지	완전 모회사가 되는 회사	2,064,000,000	2,636,000,000	572,000,000
이○○		2,086,858,800	2,665,193,700	578,334,900
소액주주		4,907,603,760	6,267,656,740	1,360,052,980
○○투자	완전 자회사가 되는 회사	3,217,232,930	3,217,232,930	−
@@투자		2,143,090,890	2,143,090,890	−
우○○		6,198,926,762	6,198,926,762	−
○○스트		3,422,032,895	3,422,032,895	−
기타		9,846,716,523	9,846,716,523	−
계		33,886,462,560	36,396,850,440	2,510,387,880

(4) 이익계산 방법의 결론

자본거래로 인해 법인의 주주 지분비율의 변동을 가져오는 합병, 분할합병 등에 따른 이익은 언제나 개별 주주의 얻은 이익의 반대편에는 개별 주주의 분여한 이익(손실)이 발생하게 되고, 이때 개별 주주들의 얻은 이익의 합계는 반드시 개별주주들의 손실의 합계와 같아야 한다. 이와 같은 이익의 계산구조라면 자본거래로 인한 법인의 주주 비율의 변동을 가져오는 이익의 계산방법으로는 합리적인 이익계산 방법이라고 할 수 있을 것이다. 주식의 포괄적 교환의 경우도 자본거래로 인해 법인의 주주 비율의 변동을 가져오므로 합리적인 이익의 계산구조는 이와 마찬가지가 되어야 할 것이다.

현행 상속증여세법 시행령 제32조의2 제1항의 주식의 포괄적 교환에 따른 이익계산 방법의 문제는 주식의 포괄적 교환에서 가장 중요한 주식의 교환비율을 정하는 주식의 포괄적 교환 당사법인에 관한 평가의 방법이 없다는 점이다. 합병의 경우는 합병비율을 정하는 합병당사법인의 평가 방법에 대해 구체적으로 규정하고 있다. 자본시장법에서는 주권상장법인 간 주식의 포괄적 교환과 주권상장법인과 주권비상장법인 간의 주식의 포괄적 교환의 경우 주식의 포괄적 교환가액을 합병을 준용하도록 하고 있다(자본시장법 시행령 제176조의6 제2항). 과세요건에서 보면 현행 상속증여세법 제42조의2의 주식의 포괄적 교환은 모든 법인 간의 주식교환의 경우에도 이익증여의 대상이 된다. 합병의 경우는 특수관계에 있는 법인 간의 합병에 한하면서 자본시장법에 따른 주권상장법인이 다른 법인과 같은 법 제165조의4 및 같은 법 시행령 제176조의5에 따라 하는 합병은 특수관계에 있는 법인 간의 합병으로 보지 아니하고 있다.

주식의 포괄적 교환과 합병의 유사함에 대한 법률적 성질을 떠나 자본거래의 이익의 개념에서 보면 주식의 포괄적 교환에 따른 이익이 합병에 따른 이익과 다를 바 없으므로 이익의 계산방법이 합병에 따른 이익의 계산방법과 달리 취급해야 할 이유가 없다. 대법원 ≪관점 2. 2심≫이 '자본시장법 시행령 제176조의6 제2항에 근거하여 주식의 포괄적 교환을 상속증여세법 제38조(합병)와 동일시 보려면 과세요건 등을 살펴보아야 한다고 하면서 상속증여세법 시행령 제28조를 법문대로 해석한다면 "자본시장법 제165조의4 및 같은 법 시행령 제176조의5에 따라 하는 합병은 제외"한다고 명시되어 있지만, "자본시장법 제165조의4 및 같은 법 시행령 제176조의5에 따라 하는 주식의 포괄적 교환은 제외"한다고 명시되어 있지 않아 주식의 포괄적 교환이 합병과 유사한 면이 있지만 "상속증여세법 제38조의 합병과 동일하지는 않다."고 한 부분은 입법으로 보완이 가능한 부분이다. 이렇게 되면 주식의 포괄적 교환에 따른 "교환차익"은 상속증여세법 제38조의 합병과 동일하게 된다.

제4절 교환가액 및 교환비율과 교환대가의 관계

주식의 포괄적 교환에 따른 이익의 문제는 교환대가의 문제이며, 이는 곧 교환가액과 교환비율과의 관계에 대한 이해이다. 이 문제는 합병대가에서 합병가액과 합병비율의 관계를 이해하는 것과 같다. 결국 주식의 포괄적 교환에 따른 이익의 문제는 합병대가의 구조를 이해하지 못했다는 것이 된다. 교환가액과 교환비율, 교환대가와의 관계를 사례(대법원 2019두19, 2022.12.29.)를 기준으로 분석해 본다. 이 사례가 중요한 이유는 주식의 포괄적 교환에 관한 폭넓은 이해를 할 수 있다는 점이다.

대법원의 사례란 처분청과 심판원, 1심, 원심에 이르기까지의 이익증여(또는 교환대가)의 계산을 말하는 것으로, 이 과정에서 밝혀진 것은 주식교환당사법인의 1주당 평가액의 증감과 교환비율의 관계를 이해하지 못함으로 인해 어처구니없는 증여재산가액(또는 교환대가)이 산정되었다는 점이다. 주식의 포괄적 교환에서 '교환대가'라 함은 모회사가 되는 회사로부터 주식의 포괄적 교환으로 인하여 취득하는 모회사가 되는 회사의 주식의 가액으로 교환신주 수에다 모회사가 되는 회사의 1주당 평가액(교환가액)을 곱하여 계산한다(또는 자회사가 되는 회사의 보유주식 수에다 자회사가 되는 회사의 1주당 평가액을 곱한다). 이때 교환신주 수는 교환비율에 의해 결정된다. 즉 주식교환당사법인의 1주당 평가액(교환가액)이 달라지면 교환비율이 달라지고, 이에 따라 교부받는 교환신주 수도 달라져, 결국 교환대가의 금액도 달라진다. 이때 완전자회사가 되는 회사의 1주당 평가액은 변동되지 않으면서(완전모회사가 되는 회사의 1주당 평가액만 변동되는 경우) 교환비율이 다르게 되는 경우 교환대가는 달라지지 않게 된다(자회사의 평가액이 교환대가가 되기 때문이다). 이 사건에서 처분청, 심판원, 1심, 원심의 교환대가의 계산은 주식교환의 구조를 이해하지 못한 것으로, 주식교환의 구조를 이해하지 못했다는 것은 자본거래의 세법해석과 적용에서 가장 중요한 거래인 합병의 구조를 이해하지 못한 것과 같은 것이 된다. 상법의 주식의 포괄적 교환(상법 제360조의2)이 2001.7.24. 도입되었고 주식의 포괄적 교환의 주식양도소득에 대한 과세이연(조특법 제38조)이 2010.1.1. 시행되었다. 이 제도가 도입된 지 24년이 지났음에도 여전히 이익계산의 문제가 논란이 됐다는 점에 대해서는 함께 생각해 볼 문제이다.

1 사례의 개요

(1) 사례의 개요

(1)-1. 사건의 개요

비상장법인(스타엠엔)과 코스닥법인(반포텍)은 2005.12.5. 반포텍의 1주당 가치를 5,174원으로 스타엠엔의 1주당 가치를 188,657원으로 각각 정하여 반포텍이 스타엠엔의 총발행주식 86,500주를 인수하고 그 대가로 스타엠엔의 주주들에게 스타엠엔의 주식 1주당 반포텍의 주식 36.4625주(188,657원 ÷ 5,174원)를 발행 · 교부하는 포괄적 주식교환계약을 체결하였다. 원고(홍○○)는 교환계약 당시 스타엠엔의 대표이사이자 스타엠엔 주식 30,150주(지분율 34.86%)를 보유하고 있는 최대주주였다. 반포텍은 교환계약에 따라 스타엠엔의 주주인 원고에게 반포텍의 신주 1,099,344주(30,150주 × 36.4625)를 발행 및 교부하였다.

(1)-2. 처분의 내용 및 근거

이에 대해 처분청은 주식교환 과정에서 반포텍과 스타엠엔의 주식가치가 각각 과소 및 과대평가되어 주식교환비율이 산정되었으므로, 구 상속증여세법상의 보충적 평가방법에 따라 스타엠엔의 주식가치를 평가하고 주식교환비율을 재산정하면, 주식교환은 원고가 주식을 특수관계자가 아닌 반포텍에게 시가보다 현저히 높은 가액으로 양도하여 그 차액 상당을 증여받은 경우에 해당한다고 보아, 스타엠엔의 주주인 원고에 대하여 구 상속증여세법 제35조 제2항 규정을 적용하여(2심에서 처분의 근거 법령을 구 상속증여세법 제42조 제1항 제3호로 변경) 증여세를 과세하였다. 사례의 주식교환을 요약을 다음과 같이 정리할 수 있다.

구분		완전모회사가 되는 회사 반포텍(코스닥법인)	완전자회사가 되는 회사 스타엠엔(비상장법인)
주식교환가액/ 1주	회사신고	5,174원	188,657원
	처분청	15,950원	50,585원
주식교환비율	회사신고	1	36.46250
	처분청	1	3.17147

이 사건에서 스타엠엔의 1주당 평가액 188,657원을 부인한 근거는 다음과 같았다. 회계법인이 평가한 스타엠엔 1주당 주식가치 188,657원은 객관적인 자료에 근거하지 않은 채 단순히 스타엠엔이 제시한 예상 매출액이나 그 당시 상황에 비추어 실현 가능성이 없어 보이는 자료에 기초한 것이고, 고려하여야 할 사정을 제대로 반영하지 아니함으로써 합리성과 객관성을 결여하여 과다하게 평가된 가액에 해당한다. 또한 아래와 같은 사정들에 비추어 보면, 우○○ 등과 ○○○ 간 매매사례가액을 정상적인 거래에 의하여 형성된 객관적 교환가격이라고 볼 수도 없다. ① 우○○ 등과 ○○○ 사이의 스타엠엔 주식에 대한 매매거래는 이 사건 교환계약이 이행되어 반포텍의 신주를 받을 것을 전제로 한 거래이므로, 이 사건 교환계약 체결 당시 스타엠엔 주식이 적정하게 평가되었는지 판단하는 비교자료로 삼기 어렵다. ② 우○○ 등은 스타엠엔의 우회상장을 추진하는 특수한 상황에서 투자금을 조기에 회수하기 위한 목적에서 ○○○에 스타엠엔의 주식을 양도한 것이므로, 그 거래 가액은 '일시적 · 일회적 거래가격'으로 보일 뿐 '불특정 다수인 사이에 자유로이 거래가 이루어지는 경우에 통상 성립된다고 인정되는 가액'으로 볼 수 없다. ③ 우○○ 등은 ○○○에 스타엠엔 주식을 매도하면서, 매매계약서에 향후 주식매도 시 발생하는 초과이익금의 분배조항을 두었는데, 이는 통상적으로 행해지는 주식매매 거래에서 찾아보기 어려운 이례적인 내용에 해당한다. ④ ○○○는 스타엠엔 주식의 교환대가로 취득한 반포텍의 신주를 이 사건 주식교환 직후에 매도하여 단기간에 무려 85억원 상당의 시세차익을 얻기도 하였다. 위와 같은 사정들 및 관련 규정과 법리에 비추어 보면, 회계법인이 평가한 가액이나 ○○○와의 매매사례가액을 스타엠엔 주식의 시가로 볼 수 없다.

(2) 주식교환의 개요

(2)-1. 주식교환의 내용

공시자료에 따르면 이 사건의 주식교환의 목적을 다음과 같이 하고 있다.

주식회사 반포텍은 사업다각화를 통한 성장과 경영합리화를 도모함은 물론 다양한 수익구조의 기반을 창출하고 경쟁력 강화를 통한 주주가치의 극대화를 추구하기 위하여 주식회사 스타엠엔을 포괄적 주식교환 방식에 의하여 완전자회사로 편입하여 엔터테인먼트 관련 사업의 시너지를 확대하고, 종합 엔터테인먼트 및 디지털컨텐츠 제조·판매 기업으로 사업을 다각화할 예정이다. 주식교환가액과 교환비율은 다음과 같다.

| 교환가액과 교환비율 |

구분	반포텍	스타엠엔	비고
기준주가	5,174원	해당사항 없음	
본질가치	해당사항 없음	269,510원	
-자산가치	해당사항 없음	49,877원	
-수익가치	해당사항 없음	415,932원	(주1)
상대가치	해당사항 없음	해당사항 없음	
주식교환가액/1주	5,174원	188,657원	
	(주당액면가액 1,000원)	(주당액면가액 5,000원)	
주식교환비율	1	36.4625	

(주1) 수익가치 스타엠엔의 415,932원의 산정 내역은 다음과 같았다(원).

구분	제1차 사업연도 (2005년)	제2차 사업연도 (2006년)
A. 추정경상이익 (주1)	(-)188,540,650	6,522,943,375
B. 유상증자추정이익	151,760,548	-
C. 소계(= A + B)	(-)36,780,102	6,522,943,375
D. 법인세 등	(-)23,314,528	1,780,609,428
E. 우선주배당금조정액	-	-
F. 추정이익(= C - D - E)	(-)13,465,574	4,742,333,947
G. 발행주식총수	86,500주	86,500주
H. 각 사업연도 1주당 추정이익(= F ÷ G)	(-)156	54,825

구분	제1차 사업연도 (2005년)	제2차 사업연도 (2006년)
I. 추정연도 가중치	3	2
J. 1주당 평균추정이익		21,836
K. 자본환원율		5.25%
L. 1주당 수익가치(= J ÷ K)		415,932

(주1) 추정손익(추정경상이익)의 제1차 사업연도 −188,540,650원, 제2차 사업연도 6,522,943,375원의 산정 내역은 다음과 같았다.

항목구분	2005년			2006년
	1월~10월 실적	11월~12월 추정	합계	
매출액	6,880,347,982	1,430,000,000	8,310,347,982	48,194,528,892
매출원가	5,643,832,504	1,086,420,000	6,730,252,504	39,014,359,699
매출이익	1,236,515,478	343,580,000	1,580,095,478	9,180,169,193
판매관리비	1,421,618,128	347,018,000	1,768,636,128	2,657,225,818
영업이익	(−)185,102,650	(−)3,438,000	(−)188,540,650	6,522,943,375
영업외수익	43,746,848	−	43,746,848	−
영업외비용	5,241,835	−	5,241,835	−
경상이익	(−)185,102,650	(−)3,438,000	(−)188,540,650	6,522,943,375

| 주식교환 전 주주상황 |

완전모회사가 되는 회사 반포텍(코스닥)			완전자회사가 되는 회사 스타엠엔(비상장)		
주주	주식수	지분율	주주	주식수	지분율
최○○	407,700	13.58%	홍○○	30,150	34.86%
김○○	105,000	3.50%	조○○	15,000	17.34%
특수관계	1,153,350	38.41%	장○○	9,000	10.40%
기타	1,336,550	44.51%	임원 등	15,100	17.46%
계	3,002,600	100.00%	기타	17,250	19.94%
			계	86,500	100.00%

주식의 포괄적 교환으로 완전자회사가 되는 회사의 주주 홍○○이 교부받은 교환신주는 1,099,344주가 된다.

| (완전모회사 반포텍) 주식교환 후 주주상황 |

구분	주주	주식교환 전		교환신주	주식교환 후	
		주식수	지분율	주식수	주식수	지분율
반포텍	최○○	407,700	13.58%		407,700	6.62%
	김○○	105,000	3.50%		105,000	1.71%
	특수관계	1,153,350	38.41%		1,153,350	18.73%
	기타	1,336,550	44.51%		1,336,550	21.71%
스타엠엔	홍○○			1,099,344	1,099,344	17.86%
	조○○			546,938	546,938	8.88%
	장○○			328,163	328,163	5.33%
	임원 등			550,584	550,584	8.94%
	기타			628,978	628,978	10.22%
	계	3,002,600	100.00%	3,154,006	6,156,606	100.00%

(2) - 2. 주식교환가액의 산정방법

① 평가의 개요

주식회사 반포텍과 주식회사 스타엠엔이 주식교환을 하면서 이사회 결의를 거쳐 금융감독위원회에 주식교환신고서를 제출하는바, 동 주식교환신고서상의 주식교환가액 산정에 대하여 본 평가법인은 증권거래법 제190조의2 및 동법 시행령 제84조의7, 동법 시행규칙 제36조의12, 유가증권의발행및공시등에관한규정 제82조 및 동규정 시행세칙 제5조 내지 제9조에 근거하여 코스닥상장법인인 반포텍과 주권비상장법인인 스타엠엔의 주당 평가액을 산출하였으며, 이를 기초로 하여 주식교환비율을 검토하였다

② 평가의 방법

증권거래법 시행규칙 제36조의12에 의하면, 코스닥 상장법인인 반포텍의 1주당 교환가액은 주식교환 신고서 제출일 전일을 기산일로 하여 산정된 기준주가로 하되, 증권거래법 시행령 제84조의7에 의거 기준주가가 1주당 자산가치에 미달하는 경우에는 그 자산가치를 교환가치로 할 수 있도록 규정하고 있다. 반포텍의 주식교환가액은 자산가치가 기준주가보다 높으므로 자산가치를 기준으로 평가하였다. 또한 비상장회사인 스타엠엔의 교환가액은 증권거래법 시행규칙 제36조의12 및 유가증권발행및공시등에관한규정시행세칙 제5조 내지

제8조에 의거 본질가치와 상대가치의 산술평균액으로 하되, 상대가치를 산출할 수 없는 경우에는 자산가치와 수익가치를 가중산술평균한 가액으로 산정하도록 규정하고 있다.

2 | 적용한 법규정과 이유 등

(1) 처분청

(1)-1. 적용 규정과 이유

구 상속증여세법 제42조 제1항 제3호를 적용. 당초 적용 규정은 구 상속증여세법 제35조 제2항(특수관계자가 아닌 자 간의 고가양도)이었으나 대법원(2018.3.29. 선고 2012두27787)의 판결 취지에 따라(상법상 주식의 포괄적 교환에 의하여 완전자회사가 되는 회사의 주주가 얻은 이익에 대하여는 '재산의 고가양도에 따른 이익의 증여'에 관한 구 상속증여세법 제35조 제1항 제2호, 제2항이나 '신주의 저가발행에 따른 이익의 증여'에 관한 같은 법 제39조 제1항 제1호 (다)목을 적용하여 증여세를 과세할 수는 없고, '법인의 자본을 증가시키는 거래에 따른 이익의 증여'에 관한 같은 법 제42조 제1항 제3호를 적용하여 증여세를 과세하여야 한다), 원심에 이르러 처분의 근거 규정을 구 상속증여세법 제42조 제1항 제3호로 하여 처분 사유를 변경하였다. 그 이유는 주식교환은 특수관계자가 아닌 완전모회사가 되는 회사에게 시가보다 현저히 높은 가액으로 양도하여 그 차액 상당을 증여받은 경우에 해당하므로 완전자회사가 되는 회사의 주주인 홍○○은 특수관계인이 아닌 자 간에 거래의 관행상 정당한 사유 없이 재산을 시가보다 현저히 높은 가액으로 양도한 경우로서 그 대가와 시가의 차액은 이익을 얻은 자의 증여재산가액으로 한다.

(1)-2. 평가기준일과 시가

주식교환계약 당시의 평가액은 시가가 아닐뿐더러 주식교환비율을 산정하기 위한 평가액에 불과하여 확정된 가액이 될 수 없고, 주식의 시가 평가기준일은 이사회에서 포괄적 주식교환을 결정한 주식교환일인 ○○일로 봄이 타당하다. 한편, 매매사례가액을 시가로 볼 수 없고, 외부평가기관의 주식가액 평가액은 증권거래법에 의한 것이라고 주장할 뿐, 주식가액 산정에 대한 구체적인 내용에 관하여는 증빙을 제시하지 못하고 있으므로 외부평가기관의 주식평가서는 합리적이고 공정하게 작성되었다고 볼 수 없다.

외부평가기관의 평가서상 평가액을 시가로 인정할 수 없으므로 상속증여세법의 평가액(보충적 평가방법에 의한 평가액)이 시가이다.

(2) 고등법원

(2)-1. 적용 규정과 이유

구 상속증여세법 시행령 제31조의9 제2항 제5호 (나)목을 적용. 그 이유는 구 상속증여세법 및 같은 법 시행령 조항의 규정 형식과 내용, 관련 규정의 체계 등을 종합하여 알 수 있는 점에 비추어 보면, 구 상속증여세법 제42조 제1항 제3호의 포괄적 주식교환으로 인한 증여재산가액은 구 상속증여세법 시행령 제31조의9 제2항 제5호 (나)목을 적용하여 산정하는 것이 타당하다. 따라서 이와 달리 구 상속증여세법 시행령 제31조의9 제2항 제5호 (가)목에 따라 구 상속증여세법 시행령 제28조 제4항을 준용하여야 한다는 주장은 이유 없다. 한편, 서울행정법원(서울행법 2011구합29854, 2012.05.24.)은 자회사가 되는 회사의 주주로서는 자신이 소유하고 있는 기존 주식을 모회사가 되는 회사에 양도하고 그 대가로 모회사가 되는 회사가 발행하는 신주를 배정받는 것이므로 그 법률적 성질은 주식의 교환, 즉 재산의 유상 양도라고 봄이 상당하다. 따라서 자회사가 되는 회사의 주주가 자신이 소유하고 있는 기존 주식을 시가보다 현저히 높은 가액으로 평가하여 정한 주식교환비율에 따라 모회사가 되는 회사가 발행하는 신주를 배정받는 경우에는 구 상속증여세법 제35조 제2항을 적용할 수 있다.

(2)-2. 평가기준일과 시가

주식교환은 주식교환일을 기준으로 주식가치를 평가하여야 한다고 봄이 상당하다. 합병, 감자와 달리 포괄적 주식교환의 경우에는 구 상속증여법 시행령 제31조의9 등에 위와 같이 평가기준일을 달리 정한 특별한 규정은 존재하지 않는다. 한편, 증권거래법 등 관계 법령이 정한 방법과 절차 등에 따라 전문 평가기관의 감정을 거쳐 교환가격을 산정하였고 그 평가방법에 잘못이 없다면, 그러한 가격은 해당 주식의 교환 당시의 객관적인 가치를 반영하는 시가로 볼 수 있다고 보는 것이 상당하나, 그 평가가 허위의 자료에 기한 것이거나 고려하여야 할 사정을 제대로 고려하지 아니한 채 산정되는 등의 잘못이 있어서 그 가치나 교환비율이 현저하게 잘못된 것이라면, 그러한 평가에 근거한 가격을 해당 주식의 시가로 볼 수 없다.

(3) 대법원

(3)-1. 적용 규정과 이유

구 상속증여세법 시행령 제28조 제3항 내지 제6항을 적용. 그 이유는 변동 전·후의 '가액'은 이익의 계산방법 등에 관한 구 상속증여세법 시행령 제28조 제3항 내지 제6항(합병규정)을 준용하여 산정하는 것이 타당하다. 주식의 포괄적 교환은 기업결합제도의 하나로서 교환당사회사들이 모회사와 자회사로 존속하기는 하나 그 경제적 실질은 합병과 유사하다. 이러한 점을 고려하여 구 증권거래법 제190조의2 및 구 증권거래법 시행령 제84조의8은 주권상장법인 또는 코스닥상장법인이 주식의 포괄적 교환을 하고자 하는 경우 그 요건·절차 등에 관하여 합병에 관한 규정을 준용하도록 정하였다.

(3)-2. 평가기준일과 시가

구 상속증여세법 시행령 제28조 제5항은 '합병 직전 주식가액의 평가기준일'을 상법 제522조의2의 규정에 의한 대차대조표 공시일 또는 증권거래법 제190조의2의 규정에 의한 합병신고를 한 날 중 빠른 날로 하도록 정하고 있다. 이는 합병계약 당시 예상하지 못했던 주식 시세변동으로 인하여 증여세가 부과되는 불합리한 결과가 발생하는 것을 방지하기 위하여 합병에 따른 이익을 계산할 때 합병법인의 1주당 평가가액을 합리적인 방법으로 산정하도록 한 것이다. 이러한 문제는 주식의 포괄적 교환의 경우에도 동일하게 발생할 수 있으므로 주식의 포괄적 교환에 따른 증여재산가액을 계산할 때에도 위 규정을 준용하여 산정하는 것이 합리적이다.

한편, 이 사건은 증권거래법령이 정한 방법과 절차 등에 따라 전문 평가기관이 평가한 가액을 시가로 보지 않고 있다. 따라서 구 상속증여세법 시행령 제28조 제5항(합병규정)에 따라 상법 제522조의2의 규정에 의한 대차대조표 공시일 또는 증권거래법 제190조의2의 규정에 의한 합병신고를 한 날 중 빠른 날의 평가액이 시가가 된다. 다만, 이 사건은 완전자회사가 되는 회사인 비상장법인인 스타엠엔의 평가의 방법이 되므로 상속증여세법 시행령 제28조 제5항 제2호에 따른 평가액(대차대조표 공시일 기준의 상속증여세법 제60조 및 제63조에 평가액)이 시가가 된다(파기 환송심에서는 완전모회사가 되는 회사인 코스닥법인의 평가기준일이 수정되어 평가액도 수정되었다. 파기 환송심 참고).

3 이익계산 방법

(1) 처분청, 심판원, 행정법원

완전자회사가 되는 회사의 주주 홍○○은 포괄적 교환대상 주식의 시가를 상속증여세법에 의해 완전자회사 주식 1주당 50,585원(보충적 평가방법에 의한 평가액)과 완전모회사 주식 1주당 581,576원(15,950원 × 36.4625주)의 1주(상장주식)와 교환한 것으로 보아 다음과 같이 계산하였다.

구 상증세법상 1주당 평가가액		주식교환비율 ③	1주당 분여이익 (① × ③ - ②)
완전모회사 ①	완전자회사 ②		
15,950원	50,585원	36.4625	530,992원

주주 홍○○의 이익증여 계산은 다음과 같았다.

주식수 ①	완전모회사 1주당 양도대가 ②	완전자회사 1주당 시가 ③	고가양도금액 [④=(②-③)×①]	증여재산가액 (④-3억원)
30,150	581,576	50,585	16,009,378,650	15,709,378,650

* 1주당 양도대가: 완전모회사 1주당 평가액 15,950원 × 교환비율 36.4625

(2) 고등법원

완전자회사가 되는 회사의 주주 홍○○의 이익증여 계산은 다음과 같았다.

이 사건 주식교환에 적용되는 구 상속증여세법 시행령 제31조의9 제2항 제5호 (나)목에 의하여 증여재산가액을 산정하면 16,009,399,050원이 된다. 그런데 처분 사유 변경 전 피고가 평가한 증여재산가액은 15,709,378,650원으로 위 증여재산가액 16,009,399,050원보다 적으므로 결국 이 사건 처분의 세액은 정당한 세액의 범위 내에 있다.

교환신주수 ①	완전모회사 시가 교환가액 ②	교부받은주식가액 ③ (①×②)	시가 보유주식가액 ④	이익증여 (③ - ④)
1,099,345	15,950	17,534,545,105	1,525,137,750	16,009,407,355

* 시가 보유주식가액: 완전자회사 보유주식 30,150주 × 완전자회사 1주당 시가 50,585원

(3) 대법원

변동 전후의 '가액'을 주식의 포괄적 교환의 구조, 효과 및 합병과의 유사성, 앞에서 본 규정을 비롯한 관련 규정의 내용 및 체계 등을 고려하면, 주식의 포괄적 교환이 있는 경우 이 사건 (나)목에 따른 변동 전후의 '가액'은 합병에 따른 이익의 계산방법 등에 관한 구 상속증여세법 시행령 제28조 제3항 내지 제6항(합병규정)을 준용하여 산정하는 것이 타당하다고 하면서, '합병 직전 주식가액의 평가기준일'을 상법 제522조의2의 규정에 의한 대차대조표 공시일 또는 증권거래법 제190조의2의 규정에 의한 합병신고를 한 날 중 빠른 날로 하도록 정하고 있는 이유에 대해서, 합병계약 당시 예상하지 못했던 주식 시세변동으로 인하여 증여세가 부과되는 불합리한 결과가 발생하는 것을 방지하기 위하여 합병에 따른 이익을 계산할 때 합병법인의 1주당 평가가액을 합리적인 방법으로 산정하도록 한 것이라고 하면서, 이러한 문제는 주식의 포괄적 교환의 경우에도 동일하게 발생할 수 있으므로 주식의 포괄적 교환에 따른 증여재산가액을 계산할 때에도 위 규정을 준용하여 '변동 후 가액'을 산정하는 것이 합리적이다.

4 | 교환가액 및 교환비율과 교환대가

(1) 교환가액 및 교환비율과 교환대가

주식의 포괄적 교환에서 '교환대가'라 함은 모회사가 되는 회사로부터 주식의 포괄적 교환으로 인하여 취득하는 모회사가 되는 회사의 주식의 가액으로 교환신주 수에다 모회사가 되는 회사의 1주당 평가액(교환가액)을 곱하여 계산한다(또는 자회사가 되는 회사의 보유주식 수에다 자회사가 되는 회사의 1주당 평가액을 곱한다). 이때 교환신주 수는 교환비율에 의해 결정된다. 즉 주식교환당사법인의 1주당 평가액(교환가액)이 달라지면 교환비율이 달라지고, 이에 따라 교부받는 교환신주 수도 달라져, 결국 교환대가의

금액도 달라진다. 이때 완전자회사가 되는 회사의 1주당 평가액은 변동되지 않으면서(완전모회사가 되는 회사의 1주당 평가액만 변동되는 경우) 교환비율이 다르게 되는 경우 교환대가는 달라지지 않게 된다(자회사의 평가액이 교환대가가 되기 때문이다). 이 사례에서 회사 신고의 교환가액과 처분청의 교환가액에 따라 교환대가를 계산하면 다음과 같게 된다. 공정(처분청 주장)한 교환신주는 95,620주가 되고 교환대가는 1,525,137,750원이 된다.

구분	보유주식 (A)	완전모회사가 되는 회사 ①	완전자회사가 되는 회사 ②	교환비율 (B)(②/①)	교환신주 (C)(A×B)	교환대가 (A×C)
		1주당 교환가액				
회사신고	30,150	5,174	188,657	36.46250	1,099,345	5,688,008,550
처분청	30,150	15,950	50,585	3.171473	95,620	1,525,137,750

교환대가는 다음의 방식으로도 계산할 수 있다.

구분	보유주식 (A)	완전자회사가 되는 회사 1주당 교환가액 (B)	교환대가 (A×B)
회사신고	30,150	188,657	5,688,008,550
처분청	30,150	50,585	1,525,137,750

위 교환대가의 계산에 의하면 주주 홍○○이 교환대가로 4,162,870,800원(회사가 신고한 대가 5,688,008,550원 - 공정한 대가 1,525,137,750원)을 더 많이 받은 것이 된다. 더 받은 교환대가를 이익의 증여로 볼 수 있을 것인가. 그러나 이러한 이익증여의 계산은 교환가액과 교환비율의 관계를 고려하지 않은 계산방식이다. 주식의 포괄적 교환에 따른 이익은 주식교환 후 "교환차익"이 발생하는가에 있다. 즉 주식의 포괄적 교환 후 발행주식총수에는 구주(완전모회사 주식)와 교환신주(완전자회사 주식)가 포함되어 있게 되고, 이런 관계로 주식의 포괄적 교환 후 총주식평가에는 구주의 가치와 신주의 가치가 희석되어 있게 된다. 이와 같은 희석효과 현상은 합병("제2장 제3절 2" 참조)의 경우와 같은 것으로 주식교환당사법인의 교환가액의 변동비율에 의해 발생한다. 주식의 포괄적 교환의 이익은 합병의 이익의 계산방식과 마찬가지로 이러한 현상을 고려하는 이익계산의 방식이 되어야 한다. 구주와 신주의 희석현상은 교환비율의 변동이 원인이므로 교환가액이

변동되어도 교환비율의 변동이 없다면 주식교환에 따른 이익증여는 발생하지 않게 된다. 예를 들면, 다음과 같은 주식교환당사법인의 1주당 교환가액이 회사의 신고 5,174원 : 188,657원, 공정한 신고 4,114원 : 150,000원인 경우 교환비율은 둘 다 36.46250으로 같고 교환신주 수도 같다.

구분	보유주식 (A)	완전모회사가 되는 회사 ①	완전자회사가 되는 회사 ②	교환비율 (B)(②/①)	교환신주 (C)(A×B)	교환대가 (A×C)
		1주당 교환가액				
회사신고	30,150	5,174	188,657	36.46250	1,099,345	5,688,008,550
공정신고	30,150	4,114	150,000	36.46250	1,099,345	4,522,500,000

위의 계산에서 회사가 신고한 1주당 교환가액이 완전모회사가 되는 회사가 5,174원, 완전자회사가 되는 회사가 188,657원이고, 공정한 1주당 교환가액은 완전모회사가 되는 회사가 4,114원, 완전자회사가 되는 회사가 150,000원이므로, 완전자회사가 되는 회사와 완전모회사가 되는 회사가 각각 과대평가 되었다. 그런데 교환비율을 보면 회사가 산정한 교환비율은 36,46250(188,657원 ÷ 5,174원)가 되고, 공정한 교환의 교환비율이 36,46250 (150,000원 ÷ 4,114원)가 된다. 교환비율이 같게 계산되었다. 이 경우 교환가액은 다르지만 교환비율이 변동이 없으므로 주식의 포괄적 교환에 따른 이익을 계산하면 다음과 같이 "교환차익"인 이익증여의 금액은 발생하지 않게 된다.

| 공정한 주식교환 이익 |

구분	완전모회사	완전자회사	주식교환 후
	반포텍(코스닥)	스타엠엔(비상장)	
발행주식총수	3,002,600	86,500	
1주당 평가액(공정)	4,114	150,000	4,114
총주식 평가액(공정)	12,352,140,975	12,975,000,000	25,327,140,975
주식교환비율(신고)	1	36.462505	
교환 후 주식수(신고)	3,002,600	3,154,007	6,156,607
교환 전 1주당 평가액	4,114	4,114	
1주당 평가차액	0	0	
평가차손익 계	0	0	

이와 같은 주식의 교환가액과 교환비율의 관계, 그리고 이들과 교환대가와의 관계를 이해하지 못함으로써 발생한 사건이 대법원의 판결 사례이다. 처분청, 심판원, 1심, 원심의 교환대가의 계산은 주식교환의 구조를 이해하지 못한 것으로, 주식교환의 구조를 이해하지 못했다는 것은 자본거래의 세법해석과 적용에서 가장 중요한 거래인 합병의 구조를 이해하지 못한 것과 다름이 없다. 즉 처분청이 계산한 이익증여는 양도대가에서 보유주식의 시가를 차감하는 방식의 계산인데, 여기서 양도대가의 계산을 완전모회사의 1주당 평가액 15,950원에다 회사가 신고한 교환비율 36.4625를 곱하여 1주당 양도가액(교환대가)을 581,576원으로 계산하였다. 이 계산방식은 교부받은 주식가액(교환대가)에서 보유주식의 시가를 차감하는 방식의 고등법원의 계산방식과 같은 것이다. 이와 같은 이익의 계산방식은 주식교환에 따른 "교환차익"이라는 그 "차익"의 의미를 이해하지 못한 계산방식일 뿐만 아니라, 교환비율이 변동되면 교환신주 수가 변동되고 따라서 교부받은 주식가액(교환대가)이 변동된다는 주식의 포괄적 교환의 구조를 모르고 있다는 것이 된다. 설령 처분청과 고등법원의 계산방식이 옳다고 하더라도 1주당 교환가액과 교환비율이 변동되면 정당하게 교부받아야 할 교환신주 수가 변동됨에도 교환신주 수는 회사가 신고한 신주 수를 그대로 적용했다는 점이다. 처분청과 원심의 주장대로라면, 교환신주는 95,620주가 되고 교환대가는 1,525,137,750원이 된다. 그러므로 고가양도로 계산한다고 하더라도 그 금액이 4,162,870,800원(회사 신고 5,688,008,550원 - 1,525,137,750원)으로 계산되나 처분청과 원심은 16,009,378,650원(17,534,545,105원 - 1,525,137,750원)이 된다고 하였다.

구분	보유주식 (A)	완전모회사가 되는 회사 ①	완전자회사가 되는 회사 ②	교환비율 (B)(②/①)	교환신주 (C)(A×B)	교환대가 (A×C)
		1주당 교환가액				
회사신고	30,150	5,174	188,657	36.46250	1,099,345	5,688,008,550
처분청	30,150	15,950	50,585	3.171473	95,620	1,525,137,750

한편, 이 사건을 양도소득으로 계산해 보면(주주 홍○○이 교환신주로 교부받은 완전모회사의 주식을 교환 후에 1주당 교환가액 5,174원으로 처분한다고 가정했을 때의 양도소득, 조특법 제38조에 따른 양도소득 계산), 홍○○이 30,150주의 취득가액은 2,690,797,050원으로 추정되므로 회사가 신고한 교환비율(36.46250)에 따라 주식교환에 따른 주식의 양도소득을 계산하면 다음과 같게 된다.

양도가액(교환대가) 5,688,008,550원(교환신주 1,099,345주 × 1주당 교환대가 5,174원)
- 취득가액 2,690,797,050원 = 양도차익 2,997,210,746원

한편, 처분청의 교환비율(3.171473)에 따라 계산하면 다음과 같게 된다. 이와 같은 계산의 결과는 주주 홍○○이 시가(처분청)보다 높은 가액으로 처분한 것이 된다.

양도가액(교환대가) 1,525,137,750원(교환신주 95,620주 × 1주당 교환대가 15,950원)
- 취득가액 2,690,797,050원 = 양도차익 -1,165,659,300원

(2) 교환이익과 교환대가

앞에서 교환가액이 다른데도 교환비율이 같게 산정된 경우 다음에서 보는 바와 같이 교환대가는 1,165,508,550원이 공정한 신고보다 회사 신고가 더 많이 계산된다. 여기서 교환대가는 완전모회사가 되는 회사로부터 교부받은 교환신주에 대한 평가의 금액이다. 그런데 이 교환신주의 평가의 금액은 교환 후 완전모회사의 총주식 평가액에 포함되어 있게 되고 교환 후 발행주식총수로 나눈 1주당 평가액에 포함되어 나타나게 된다. 이때 교환대가(평가액)에는 차이가 나지만 교환신주 수가 같으면(결국 주식교환 후 발행주식총수가 같다는 것이 된다) 교환대가의 차이와 관계없이 교환 전 1주당 평가액과 교환 후 1주당 평가액은 변동이 없다(위의 "공정한 주식교환 이익" 참조). 즉 교환대가의 차이 전부가 교환 후 이익의 증여로 되지 않는다. 결국 교환대가의 '금액'과 주식의 포괄적 교환의 '이익'과는 관계가 없다는 것이 된다. 따라서 주식의 포괄적 교환의 '이익'에서 교환가액과 교환비율의 관계는 절대적이지만 '교환이익'과 교환대가와는 관계가 없다.

구분	보유주식 (A)	완전모회사가 되는 회사 ①	완전자회사가 되는 회사 ②	교환비율 (B)(②/①)	교환신주 (C)(A×B)	교환대가 (A×C)
		1주당 교환가액				
회사신고	30,150	5,174	188,657	36.46250	1,099,345	5,688,008,550
공정신고	30,150	4,114	150,000	36.46250	1,099,345	4,522,500,000
차이	0	1,060	38,657	0	0	1,165,508,550

5 | 정당한 이익계산

파기 환송심(서울고법 2023누18, 2023.1.19.)에 의하면 정당한 1주당 주식교환가액은 완전모회사가 되는 회사는 5,174원에서 6,133원으로, 완전자회사가 되는 회사는 188,657원에서 44,824원으로 각각 평가되었다. 주식교환에 따른 이익을 계산하면 다음과 같게 된다.

| 불공정 주식교환에 따른 이익 |

구분	완전모회사	완전자회사	주식교환 후
	코스닥	비상장	
발행주식총수	3,002,600	86,500	
1주당 평가액(공정)	6,133	44,824	3,621
총주식 평가액(공정)	18,414,945,800	3,877,276,000	22,292,221,800
주식교환비율(신고)	1	36.462505	
교환 후 주식수(신고)	3,002,600	3,154,007	6,156,607
교환 전 1주당 평가액	6133	1229	
1주당 평가차액	−2,512	2,392	
평가차손익 계	−7,542,946,209	7,542,946,209	

계산에 따르면 완전자회사가 되는 회사의 주주들이 얻은 총이익은 7,542,946,209원이 되고, 다음과 같이 주주 홍○○이 얻은 이익은 2,629,130,962원이 된다. 한편으로는 완전모회사가 되는 회사의 주주들이 분여한 총이익도 7,542,946,209원이 된다.

| 완전자회사가 되는 회사의 주주별 얻은 이익 |

주주	배분율	얻은 이익(이익증여)
홍○○	34.86%	2,629,130,962
조○○	17.34%	1,308,025,354
장○○	10.40%	784,815,212
임원 등	17.46%	1,316,745,523
기타	19.94%	1,504,229,157
합계	100.00%	7,542,946,209

한편, 주식교환에 따른 이익을 다음과 같은 방식으로도 계산할 수 있다. 이 계산방식은 지분율의 증감을 주식교환 후 (공정한)총평가액에다 곱하여 이익을 계산하는 방식이다. 이와 같은 이익계산의 결과는 위의 합병에 따른 이익계산 방법과 결과가 같게 계산된다.

| 지분율 증감에 따른 주식교환의 이익 |

주주		신고 지분율 ①	공정 지분율 ②	지분율 증감 ③ (①−②)	주식교환후 공정 한 총평가액 ④	교환이익 (③×④)
최○○	완전 모회사가 되는 회사	6.62%	11.22%	−4.59%	22,292,221,800 (완전모회사와 완전자회사의 주식교환 후 총평가액)	−1,024,198,651
김○○		1.71%	2.89%	−1.18%		−263,774,487
특수관계		18.73%	31.73%	−13.00%		−2,897,374,329
기타		21.71%	36.77%	−15.06%		−3,357,598,005
홍○○	완전 자회사가 되는 회사	17.86%	6.06%	11.79%		2,629,130,705
조○○		8.88%	3.02%	5.87%		1,308,025,226
장○○		5.33%	1.81%	3.52%		784,815,136
임원 등		8.94%	3.04%	5.91%		1,316,745,394
기타		10.22%	3.47%	6.75%		1,504,229,010
계		100.00%	100.00%	0.00%		0

대법원이 말하는 이익계산 방법을 다시 한번 요약하면, 합병의 이익계산은 합병 후 존속법인의 1주당 평가액에서 합병 전 법인(과대평가된 법인)의 1주당 평가액을 차감하여 1주당 평가차액(+)을 계산한다. 한편, 합병 후 존속법인의 1주당 평가액은 [(합병 전 합병법인의 평가액 + 합병 전 피합병법인의 평가액) ÷ 합병 후 존속법인의 주식수]로 계산한다. 이때 합병 후 존속법인의 1주당 평가액의 평가기준일과 합병 전 법인의 1주당 평가액의 평가기준일은 일치되어야 한다. 여기서 평가기준일이란 주권상장법인 등은 대차대조표 공시일 또는 합병신고를 한 날 중 빠른 날, 주권비상장법인은 대차대조표 공시일로 한다(대법원이 주가가 과대평가된 합병당사법인의 합병 직전 주식가액과 주가가 과소평가된 합병당사법인의 합병직전 주식가액을 합한 가액을 '합병법인의 주식수로 나눈 가액'으로 한다고 한 것에서, '합병법인의 주식수로 나눈 가액'은 '합병 후 존속하는 법인의 주식수로 나눈 가액'으로 수정되어야 한다. "합병법인의 주식수"와 "합병 후 존속하는 법인의 주식수"는 엄연히 다르다).

이 사건에서 적용한 구 상속증여세법 제31조의9 제2항 제5호의 소유지분 또는 그 가액의 변동 전·후의 재산의 평가차액을 계산하면서, (가)목은 '지분이 변동된 경우는 (변동 후 지분 - 변동 전 지분) × 지분 변동 후 1주당 가액, (나)목은 '평가액이 변동된 경우는 변동 후 가액 - 변동 전 가액'으로 하고 있다. 대법원은 (나)목의 '변동 후 가액 - 변동 전 가액'의 계산방식에서, '변동 전·후의 가액'인 "가액"의 산정방법에 관하여는 따로 정하지 않아, 위 규정만으로는 그 "가액"을 기초로 한 평가차액을 산정할 수 없으므로 상속증여세법 시행령 제28조의 합병에 따른 이익의 규정을 준용하는 것이 타당하다고 하였다. 여기서 (나)목의 (변동 후 가액 - 변동 전 가액)은 (합병 후 평가액 - 합병 전 평가액)이 되며, 이와 같은 계산방식의 결과는 위에서 본(지분율 증감에 따른 주식교환의 이익계산), (변동 후 지분 - 변동 전 지분) × 지분 변동 후 평가액과 같은 결과가 된다. 이 사건에서 대법원이 주식교환의 평가차액을 계산하는 '변동 전·후'의 "평가차액"을 계산하는 방식으로는 합리적인 이익계산을 할 수 없으므로 합병에 따른 이익의 계산방법을 준용해야 한다고 한 부분은 '변동 전·후'의 "평가차액"을 계산하는 방법으로 해석한 것이다. 즉 합병규정을 준용하는 계산방법이 주식교환의 "이익"을 계산하는 데 있어 합리적이라는 의미가 된다.

그런데 자본거래 이익의 계산은 자본거래 전의 평가액과 자본거래 후의 평가액을 비교하는 방식이다. 결국 자본거래의 세무(이익증여)의 관점은, "이익"을 계산하는 방식과 자본의 "거래 가액"의 시가를 산정하는 데 있다. 이때 "이익"을 계산하는 방식과 "거래 가액"의 시가 산정방식은 합리적인 계산방법이면 된다. 그렇다면 주식의 '교환차익'에 관해 대법원이 계산하는 방법인 합병에 따른 이익의 계산방법이 아닌 방법(예를 들면, 위에서 계산한 '지분율 증감에 따른 주식교환의 이익')도 그 이익의 계산방법이 합리적이라면 그 이익을 계산하는 방법으로 되지 않을 이유가 없을 것이다. 예를 들어 이 사건에서 원고나 처분청이 처음부터 위에서 계산한 '지분율 증감에 따른 주식교환의 이익"의 계산방식으로 이익을 계산하였다고 해서, 대법원이 '이익의 계산방법에 관한 부분을 수긍하기 어렵다'고는 하지 못할 것이다. 즉 주식교환에 따른 이익을 계산하는 방법에 관한 해석에서 '합병규정을 준용'하는 이익계산 방법이 유일하다고 할 것은 아니라는 것이다. 결국 이 말의 의미는 이 사건에서 대법원이 주식의 포괄적 교환이 합병과 유사하므로 주식교환에 따른 이익을 계산하는 데 있어, 합병에 따른 이익의 계산방법을 준용해야 한다고는 할 뿐 그 이유에 관해서는 구체적이지 않으므로 다음과 같은 점에서 아쉬운 점이 있다(대법원은 주식의 포괄적 교환의 구조, 효과 및 합병과의 유사성, 앞에서 본 규정을 비롯한 관련 규정의 내용 및 체계 등을 고려하면, 합병규정을 준용하는 것이 타당하다고는 하였으나, 이것은 세법의 해석에 관한 문제이므로 다른 해석으로서 합리적인 이익계산 방법의 출현에 대비하는 것으로는 충실해 보이지 않는다는 의미가 되겠다).

주식교환에 따른 이익을 합병에 따른 이익의 계산방법을 준용해야 하는 이유는, 주식교환에 따른 이익은 자본거래 이익의 유형 중의 하나이다. 주식교환과 합병의 유사함은 주식교환가액과 합병가액의 산정방식이 같으며, 이를 기준으로 하여 산정된 교환비율과 합병비율은 같게 산정된다. 또한 주식교환과 합병에 따른 '이익'의 발생 원인은 교환비율 또는 합병비율의 불공정에서 비롯된다. 즉 불공정한 비율의 원인이 결국 교환신주 수와 합병신주 수의 과대 또는 과소 교부가 되어 자본거래(주식교환 또는 합병)에 따른 이익 문제가 발생하게 된다. 이와 같이 주식교환과 합병에 따른 '이익'은 그 이익의 발생 원인이 같고 그 이익의 성질도 같으므로 이익의 계산방법도 같아야 한다. 이와 같은 내용이 포함된다면 주식의 포괄적 교환에 따른 이익의 계산은 위에서 본 '지분율 증감에 따른 주식교환의 이익계산" 방법이 아닌 상속증여세법 시행령 제28조 제3항 내지 제6항에 따른 이익계산 방법을 따라야 하는 것이므로, 이익의 계산방법이 보다 명확하게 될 수 있을 것이라는 점이다.

6 | 상속증여세법 제42조의2의 이익계산

구 상속증여세법 제42조 제1항 제3호의 이익 중 "사업 양수 · 양도, 사업교환 및 법인의 조직 변경 등에 의하여 소유지분이나 그 가액이 변동됨에 따라 얻은 이익을 분리하여 상속증여세법 제42조의2를 2015.12.15. 신설하였다. 신설 규정에서 그 이익의 계산방법으로는 상속증여세법 시행령 제32조의2 제1호에서 소유지분이 변동된 경우는 "(변동 후 지분 - 변동 전 지분) × 지분 변동 후 1주당 가액(제28조, 제29조, 제29조의2 및 제29조의3을 준용하여 계산한 가액)"으로 하고, 제2호는 평가액이 변동된 경우는 "변동 후 가액 - 변동 전 가액"으로 한다. 이와 같은 이익의 계산방법은 구 상속증여세법 시행령 제31조의9 제5호의 규정을 그대로 이어 왔다. 따라서 이익의 계산방법의 문제는 개정 전과 다를 바 없이 여전히 남게 되었다. 즉 이익을 계산하는 방법인 "(변동 후 지분 - 변동 전 지분) × 지분변동 후 1주당 가액", 또는 "변동 후 가액 - 변동 전 가액"의 계산방식은 어떻게 보든, 상속증여세법 시행령 제32조의2 제1항의 "(변동 후 지분 - 변동 전 지분) × 지분변동 후 1주당 가액"의 계산방식에서 "변동 후"와 "변동 전"이 무엇에 대한 비교인지 불분명하며, "지분"이란 의미가 지분율, 주식수 또는 평가액 등으로 해석될 수 있는데 그 의미가 분명하지 않았다. 또한 "변동 후 가액 - 변동 전 가액"의 계산식에서도 변동 후 가액과 변동 전 가액에 대한 구체적 계산방법이 없어 합병에 따른 이익계산 방식과 비교해 볼 때 충분하지 않다. 이 사건의 판결을 계기로 주식의 포괄적 교환에 따른 이익의 부분에 관해서는 계산방법의 논쟁은 필요 없게 될 것이다.

7 | 주식의 포괄적 교환의 과세요건과 과세요건 명확주의

이 사건 대법원의 판결은 다음과 같은 점에서 과세요건 명확주의에 반하는 것으로 볼 수 있다. 이 사건 적용 규정인 구 상속증여세법 제42조 제1항은 다음 각 호의 어느 하나에 해당하는 이익으로서 대통령령으로 정하는 기준 이상의 이익을 얻은 경우에는 그 이익을 그 이익을 얻은 자의 증여재산가액으로 하고, 제3호는 출자·감자, 합병(분할합병 포함)·분할, 제40조 제1항에 따른 전환사채 등에 의한 주식의 전환·인수·교환(이하 "주식전환 등") 등 법인의 자본을 증가시키거나 감소시키는 거래로 얻은 이익 또는 사업 양수·양도, 사업교환 및 법인의 조직 변경 등에 의하여 소유지분이나 그 가액이 변동됨에 따라 얻은 이익으로 하고 있다. 주식의 포괄적 교환이 합병과 유사하다면 주식교환 이익은, 법인의 자본을 증가시키거나 감소시키는 거래로 얻은 이익에 해당하는 "주식전환 등의 이익"이 되지만, "사업 양수·양도, 사업교환 및 법인의 조직 변경 등에 의하여 소유지분이나 그 가액이 변동됨에 따라 얻은 이익"은 아니다. 그런데 대법원은 주식교환의 이익을 "주식전환 등의 이익"의 계산방법이 아닌 "사업 양수·양도 등의 이익"의 계산방법(현행 제42조의2)을 적용했다. 한편, 합병에 따른 이익의 과세요건은 특수관계에 있는 법인 간의 합병의 범위, 대주주의 범위, 이익의 계산방법, 기준금액의 범위(30% 또는 3억원)

등을 과세요건으로 정하고 있다. 그러나 주식교환의 이익은 이러한 요건 규정 없이 이익의 계산방법만을 규정하고 있다. 그 이익의 계산방법도 다양한 해석으로 이익을 계산할 수 있을 뿐만 아니라, '(변동 후 지분 - 변동 전 지분) × 지분 변동 후 1주당 가액' 또는 '변동 후 가액 - 변동 전 가액'은 지분 또는 변동 전 · 후 가액의 의미를 알 수 없게 한다. 이러한 점에서 주식의 포괄적 교환의 이익증여는, 납세의무를 성립시키는 납세의무자, 과세물건, 과세표준, 과세기간, 세율 등의 모든 과세요건과 부과 · 징수절차는 모두 국민의 대표기관인 국회가 제정한 법률로 규정하여야 하고, 과세요건을 법률로 규정하였다 하더라도 그 규정내용이 지나치게 추상적이고 불명확하면 과세관청의 자의적인 해석과 집행을 초래할 우려가 있으므로 그 규정내용이 명확하고 일의적이어야 한다(헌재 1992.12.24. 90헌바21,; 1995.11.30. 94헌바40 등 참조)는 것에 반한다. 이 사건에서 대법원의 판결은 주식교환의 이익계산의 계산방법만을 판단했지, 과세요건 등에 관해서는 판단하지 않고 있다. 과세요건이 포괄적이고 구체적이지도 않은 이익을 증여재산가액으로 볼 수 있을지 의문이다. 이 사건의 주식교환은 특수관계가 아닌 법인 간의 주식교환으로 상법과 자본시장법에 따른 주식교환이다.

제5절 삼각주식교환과 이익

1 삼각주식교환

(1) 개념

삼각주식교환은 2016.3.2.부터 시행되고 있다. 정부는 시장 기능에 의한 효율적인 자원 배분을 통해 경제의 역동성을 제고하기 위해 'M&A 활성화 방안'으로 도입된 점은 삼각합병과 마찬가지이다. 상법은 "교환대가의 전부 또는 일부로서 금전이나 그 밖의 재산을 제공하는 경우에는 그 내용 및 배정에 관한 사항(상법 §360의3 ③ 4)과 완전자회사가 되는 회사의 주주에게 제공하는 재산이 완전모회사가 되는 회사의 모회사 주식을 포함하는 경우에는 완전모회사가 되는 회사는 그 지급을 위하여 그 모회사의 주식을 취득할 수 있다(상법 §360의3 ⑥)."는 규정을 두고 있다. 이 규정으로 삼각주식교환이 가능하게 되었다.

조세법은 조세특례제한법 제38조 제1항 제2호에서 규정하고 있는데 적격 주식의 포괄적 교환 요건의 하나인 "완전자회사의 주주가 완전모회사로부터 교환대가를 받은 경우 그 교환대가의 총합계액 중 완전모회사의 완전모회사 주식의 가액이 100분의 80 이상"의 주식교환대가의 요건에서 "완전모회사의 완전모회사의 주식"이 삼각주식교환에 해당된다. 삼각주식교환에서 주식교환비율, 주식교환가액, 주식교환신주, 자회사의 존속 등은 주식의 포괄적 교환과 다를 바 없다. 삼각주식교환은 삼각합병(제2장 제9절 삼각합병과 이익증여)과 유사한 점이 많다. 삼각합병의 경우 합병의 개념이 그대로 삼각합병에 적용되었듯이 삼각주식교환도 주식의 포괄적 교환의 개념이 그대로 삼각주식교환에 적용된다. 다만, 삼각주식교환에 따른 이익에서도 삼각합병에 따른 이익이 일반적인 합병에 따른 이익과는 다른 면이 있다고 했듯이 삼각주식교환에 따른 이익도 주식의 포괄적 교환에 따른 이익과 다른 면이 있다. 특히 삼각주식교환에 따른 이익은 삼각합병에 따른 이익보다 더 다양한 문제가 발생하게 된다. 즉 앞에서 주식의 포괄적 교환에 따른 이익에서 보았듯이 주식의 포괄적 교환에 따른 이익의 구체적인 계산방법의 적절성과 불명확한 상태에서 삼각주식교환에 따른 이익을 계산한다는 것은, 그만큼 '이익' 계산방법의 적절성과 불명확함이 더 크기 때문이다.

삼각주식교환이 주식의 포괄적 교환과 차이 나는 점은 "완전자회사가 되는 회사의 주주에게 제공하는 재산이 완전모회사가 되는 회사의 모회사 주식을 포함하는 경우에는 완전모회사가 되는 회사는 그 지급을 위하여 그 모회사의 주식을 취득할 수 있다."인데, 주식교환대가의 지급에 있어 주식의 포괄적 교환에서의 주식교환대가의 지급은 완전모회사가 되는 회사의 재산(주식, 금전 등)에 한하고 있으나 삼각주식교환은 주식교환대가의 지급을 완전모회사가 되는 회사의 모회사의 재산으로 지급할 수 있다는 것이 주식의 포괄적 교환과 다른 점이다. 그 밖에 차이 나는 점은 삼각주식교환의 구조상 완전자회사가 되는 회사의 주주는 주식의 포괄적 교환에서는 완전모회사가 되는 회사의 주주가 되었으나 삼각주식교환의 경우는 완전모회사가 되는 회사의 모회사의 주주가 된다.

(2) 모회사의 주식취득

모회사의 주식취득 방식은 삼각합병과 차이가 없다. 주식의 포괄적 교환에서 주식의 교환대가의 지급은 완전모회사의 주식(재산)만을 교부한다. 삼각주식교환의 경우 완전자회사가 되는 회사의 주주에게 제공하는 재산이 완전모회사가 되는 회사의 모회사 주식을 포함하는 경우에는 완전모회사가 되는 회사는 그 지급을 위하여 그 모회사의 주식을 취득할 수 있다. 즉 삼각주식교환에서는 교환대가의 지급을 위해 완전모회사의 모회사 주식을 취득할 수 있도록 하고 있다. 이와 같은 교환대가의 지급 방식은 주식의 포괄적 교환에는 없는 방식이다.

주식의 교환대가의 지급을 위해서는 주식교환당사법인인 모회사는 그 모회사의 주식을 취득하게 되는데, 이때 모회사의 모회사 주식을 취득하는 방식으로는 삼각합병과 마찬가지로 비현금 취득과 현금 취득 방식을 예상할 수 있겠다. 즉 비현금 취득은 모회사의 모회사 주식을 모회사에 현물출자하게 함으로써 취득하는 방식 등이 될 것이며, 현금 취득은 모회사의 모회사 주식을 모회사가 현금으로 직접 매입하는 방식이 될 수 있겠다. 비현금 취득은 모회사의 모회사가 보유한 자기주식 또는 모회사의 모회사 주주가 보유주식을 모회사에 현물출자를 함으로써 모회사는 모회사의 모회사 주식을 취득하게 된다. 현금 취득은 모회사의 자금으로 모회사의 모회사 주식을 시장에서 직접 매입함으로써 취득하게 된다. 이러한 방식에는 모회사의 모회사가 신주를 발행하는 방식(모회사에게 제3자 배정)과 모회사의 모회사 주식을 매수 또는 공개매수(형식은 모회사 주식을 시장에서 직접 매입하는 방식과 동일하나 매수 결과에서는 다를 수 있으므로)하는 방식으로도 진행될 수 있을 것이며 각각의 취득의 방식에는 장단점이 있겠다.

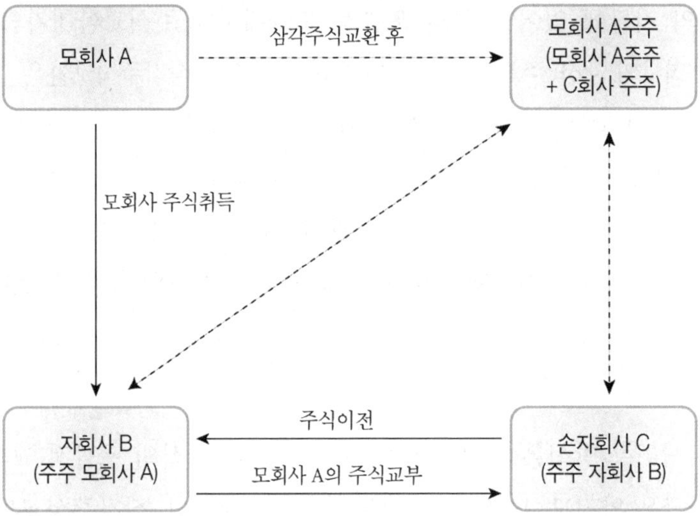

2 | 삼각주식교환의 유형

완전자회사의 주주가 완전모회사로부터 교환대가를 받은 경우 그 교환대가의 총합계액 중 완전모회사 주식의 가액이 100분의 80 이상이거나 그 완전모회사의 모회사 주식의 가액이 100분의 80 이상으로서 그 주식이 지분비율(완전모회사가 교환대가로 지급한 완전모회사 주식의 총합계액 × 해당 주주의 완전자회사에 대한 지분비율)에 따라 배정되어야 한다(조특법 §38 ① 2). 이와 같은 요건을 갖춘 주식교환의 경우 교환신주의 교부방식에 따라 주식교환 형태를 다음과 같이 예상할 수 있겠다. 다음의 사례는 "제2장 제9절 2. 삼각합병의 유형"과 같은 것으로서 삼각주식교환이 삼각합병과 유사하므로 이해의 편의를 위해서 동일한 조건의 사례를 활용하였다(사례는 저자가 분석한 "삼각합병과 삼각주식교환의 형태 · 구조와 적격요건"을 수정 · 편집한 것임).

(1) 삼각주식교환과 주식가액비율(1)

(가) 주식교환의 기본사항

세법의 명칭인 완전자회사, 완전모회사, 완전모회사의 모회사를 각각 손자회사(또는 인수대상회사), 자회사, 모회사라 부르기로 한다.

① 주주현황

자회사(A)			손자회사(B)			모회사(C)		
주주	주식수	지분율	주주	주식수	지분율	주주	주식수	지분율
C(모회사)	10,100,000	100.0%	갑	800,000	40.0%	김	3,250,000	40.94%
			을	820,000	41.0%	이	2,960,000	37.29%
			병	380,000	19.0%	자기주식	1,728,000	21.77%
계	10,100,000	100.0%	계	2,000,000	100.0%	계	7,938,000	100.0%

* 모회사의 자기주식 1,728,000주의 취득가액은 1주당 5,000원임.

② 교환가액과 교환비율

구분	자회사(A)	손자회사(B)	모회사(C)
교환가액(1주/원)	3,000	6,000	6,944.444
교환비율	1	2	2.314815
모회사 교환비율		0.8640	1
액면가(원/1주)	1,000	1,000	1,000

* 자회사(A)의 모회사(C)의 교환가액은 계산 편의상 6,944.444...로 한다(이하 "소수점 이하"는 생략한다).

③ 주식교환의 기본사항과 교환가액에 따르면 손자회사와 모회사의 주주별 평가액은 다음과 같게 된다. 손자회사의 주주가 지급받을 총교환대가와 모회사의 주식으로 지급할 총교환대가는 12,000,000,000원이 된다.

| 손자회사의 주주별 평가액 |

주주	주식수	지분율	평가액
갑	800,000	40.0%	4,800,000,000
을	820,000	41.0%	4,920,000,000
병	380,000	19.0%	2,280,000,000
계	2,000,000	100.0%	12,000,000,000

| 모회사의 주주별 평가액 |

주주	주식수	지분율	평가액
김	3,250,000	40.94%	22,569,444,444
이	2,960,000	37.29%	20,555,555,556
자기주식	1,728,000	21.77%	12,000,000,000
계	7,938,000	100.0%	55,125,000,000

④ **자회사의 모회사 주식취득 방법**

모회사는 보유하고 있는 자기주식을 자회사에 처분하고, 자회사는 모회사로부터 취득한 모회사의 자기주식을 교환대가로 지급하는 방식이다.

(나) 주식교환의 형식

인수대상회사(B)의 주주 갑, 을, 병에게 다음과 같은 방법으로 교환신주를 교부하는 방식을 예상할 수 있다.

① **주식의 포괄적 교환인 주식교환**

인수대상회사의 주주에게 자회사(A)의 주식 100%를 교부한다.

| 자회사(A) |

주주	주식교환 전(A)		교환신주	주식교환 후(A)	
	주식수	지분율	주식수	주식수	지분율
C(모회사)	10,100,000	100.00%	−	10,100,000	100.00%
갑			1,600,000	1,600,000	11.35%
을			1,640,000	1,640,000	11.63%

주주	주식교환 전(A)		교환신주	주식교환 후(A)	
	주식수	지분율	주식수	주식수	지분율
병			760,000	760,000	5.39%
계	10,100,000	100.00%	4,000,000	14,100,000	100.00%

| 자회사(A)의 회계처리 |

차변		대변	
인수대상회사(B) 주식	12,000,000,000	자본금	4,000,000,000
		주발초	8,000,000,000
계	12,000,000,000	계	12,000,000,000

② 삼각주식교환

≪삼각주식교환 1≫ 교환대가 100%를 모회사 주식으로 지급

손자회사의 주주 갑, 을, 병에게 주식교환대가의 100%를 모회사의 주식으로 교부하는 방식이다. 손자회사의 주주 갑, 을, 병이 교부받은 모회사주식과 주식교환 세무회계는 다음과 같게 된다.

| 손자회사의 주주 갑, 을, 병이 교부받은 모회사의 주식 |

주주	주식수	모회사 교환비율	교부받은 주식수
갑	800,000	× 0.864	691,200
을	820,000		708,480
병	380,000		328,320
계	2,000,000		1,728,000

| 모회사 주식취득과 주식교환 세무회계 |

※ 모회사(C)의 자기주식 처분 시

차변		대변	
예금(처분가액)	12,000,000,000	주식취득가액	8,640,000,000
		처분이익	3,360,000,000
계	12,000,000,000	계	12,000,000,000

* 처분가액: 자기주식 1,728,000주 × 모회사 주식교환가액 6,944.44원
* 주식취득가액: 1주당 5,000원 × 자기주식 1,728,000주

※ 자회사(A)의 모회사 주식취득 시

차변		대변	
C(모회사) 주식	12,000,000,000	예금	12,000,000,000
계	12,000,000,000	계	12,000,000,000

※ 자회사(A)의 교환대가 지급 시

차변		대변	
B(손자회사) 주식	12,000,000,000	C(모회사) 주식	12,000,000,000
계	12,000,000,000	계	12,000,000,000

손자회사의 주주 갑, 을, 병에게 주식교환대가로 모회사(C)의 주식으로 100%를 교부했으므로 주식교환 후의 모회사는 다음과 같게 된다.

| 모회사(C) |

주주	주식교환 전(C)		교환신주	주식교환 후(C)	
	주식수	지분율	주식수	주식수	지분율
김	3,250,000	40.94%		3,250,000	40.94%
이	2,960,000	37.29%		2,960,000	37.29%
자회사	1,728,000	21.77%	-1,728,000	-	-
갑			691,200	691,200	8.71%
을			708,480	708,480	8.93%
병			328,320	328,320	4.14%
계	7,938,000	100.00%	0	7,938,000	100.00%

사례의 경우 교환대가의 총합계액은 12,000,000,000원이며 자회사가 보유한 모회사의 주식가액(모회사의 자기주식가액)도 12,000,000,000원이다. 이 경우 자회사가 보유한 모회사의 주식(자기주식) 1,728,000주 전부를 손자회사의 주주에게 주식교환대가로 교부하게 되므로 자회사가 보유한 모회사의 주식은 교환 후 남아 있지 않게 된다. 모회사가 자기의 주식으로 교환대가를 지급하는 경우는 법정자본금의 변동(증가)이 발생되지

않는다. 모회사의 주주는 자회사의 주주(자기주식)에서 손자회사의 주주로 이동이 있을 뿐이다. 주식교환 후 손자회사의 지분은 자회사(A)가 100% 보유하게 된다.

| 손자회사(B) |

주주	주식교환 전(B)		주식이전	주식교환 후(B)	
	주식수	지분율	주식수	주식수	지분율
갑	800,000	40.00%	-800,000		
을	820,000	41.00%	-820,000		
병	380,000	19.00%	-380,000		
자회사(A)			2,000,000	2,000,000	100.00%
계	2,000,000	100.00%	2,000,000	2,000,000	100.00%

③ 주식가액비율

교환대가의 총합계액은 다음과 같은 방법으로 계산할 수 있다.

교환신주수(손자회사의 발행주식총수 × 교환비율) × 자회사의 교환가액 = 손자회사의 발행주식총수 × 손자회사의 교환가액 = 모회사의 주식으로 교부할 주식수(손자회사의 발행주식총수 × 모회사의 교환비율) × 모회사의 교환가액

12,000,000,000원 = 2,000,000주 × 2 × 3,000원 = 2,000,000주 × 6,000원

= 1,728,000원 × 6,944.444원

위 계산방식에서 "모회사의 주식으로 교부할 주식수(손자회사의 발행주식총수 × 모회사의 교환비율) × 모회사의 교환가액"은 자회사가 모회사의 주식(자기주식)으로 지급하는 교환대가의 가액을 의미한다. 모회사의 주식가액은 자회사가 보유한 모회사의 주식가액이 되므로, 다음과 같은 방법으로도 계산할 수 있다.

모회사의 주식으로 교부한 주식수(손자회사의 발행주식총수 × 모회사의 교환비율) × 모회사의 교환가액 = 자회사가 모회사로부터 현물출자 받은 자기주식에 대해 발행한 신주수(자기주식의 주식수 × 모회사의 교환비율) × 자회사의 교환가액

12,000,000,000원 = 1,728,000주(2,000,000주 × 0.8640) × 6,944.444원

= 4,000,000주(1,728,000주 × 2.314815) × 3,000원

조세특례제한법 제38조 제1항 제2호의 주식가액비율은 다음과 같이 100%로 계산된다.

80% ≥ 모회사의 주식(자기주식)으로 교부한 가액 ÷ 교환대가의 총합계액

100% = 12,000,000,000원 ÷ 12,000,000,000원

모회사의 주식취득(자기주식의 처분과 취득)과 교환대가의 지급으로 다음과 같은 주식의 이동상황이 발생하게 된다.

※ 모회사(C)의 자기주식 처분 시

처분 전			처분	처분 후		
주주	주식수	지분율	주식수	주주	주식수	지분율
김	3,250,000	40.94%		김	3,250,000	40.94%
이	2,960,000	37.29%		이	2,960,000	37.29%
자기주식	1,728,000	21.77%	−1,728,000	자기주식	−	−
			1,728,000	A(자회사)	1,728,000	21.77%
계	7,938,000	100.00%	0	계	7,938,000	100.00%

※ 자회사(A)의 모회사의 주식취득 시

구분	취득 전	취득	취득 후
C(모회사) 주식	0	12,000,000,000	12,000,000,000

※ 자회사(A)의 교환대가 지급 시

C(모회사)의 주주

<table>
<tr><th colspan="3">교환대가 지급 전</th><th colspan="4">교환대가 지급 후</th></tr>
<tr><th>주주</th><th>주식수</th><th>지분율</th><th colspan="2">주주</th><th>주식수</th><th>지분율</th></tr>
<tr><td>김</td><td>3,250,000</td><td>40.94%</td><td colspan="2">김</td><td>3,250,000</td><td>40.94%</td></tr>
<tr><td>이</td><td>2,960,000</td><td>37.29%</td><td colspan="2">이</td><td>2,960,000</td><td>37.29%</td></tr>
<tr><td rowspan="3">A(자회사)</td><td rowspan="3">1,728,000</td><td rowspan="3">21.77%</td><td rowspan="3">B
(손자회사)
주주</td><td>갑</td><td>691,200</td><td>8.71%</td></tr>
<tr><td>을</td><td>708,480</td><td>8.93%</td></tr>
<tr><td>병</td><td>328,320</td><td>4.14%</td></tr>
<tr><td>계</td><td>7,938,000</td><td>100.00%</td><td colspan="2">계</td><td>7,938,000</td><td>100.00%</td></tr>
</table>

A(자회사)의 주주

교환대가 지급 전			교환대가 지급 후		
주주	주식수	지분율	주주	주식수	지분율
C(모회사)	10,100,000	100.0%	C(모회사)	10,100,000	100.0%
계	10,100,000	100.0%	계	10,100,000	100.0%

A(자회사)의 보유주식

구분	교환대가 지급 전	교환대가 지급 후
C(모회사) 주식	12,000,000,000	
B(손자회사) 주식	-	12,000,000,000

B(손자회사)의 주주

교환대가 지급 전			교환대가 지급 후		
주주	주식수	지분율	주주	주식수	지분율
갑	800,000	40.0%	A(자회사)	2,000,000	100,00.0%
을	820,000	41.0%			
병	380,000	19.0%			
계	2,000,000	100.0%	계	2,000,000	100,00.0%

≪삼각주식교환 2≫ 교환대가 81%를 모회사 주식 + 19%를 자회사의 주식으로 지급

(가) 주식교환의 기본사항

주식교환조건은 ≪삼각주식교환 1≫과 동일하다.

(나) 주식교환의 형식

손자회사의 주주 갑, 을, 병에게 교환대가의 81%를 모회사의 주식으로만 교부하고 나머지 19%는 자회사의 주식을 교부하는 방식이다. 먼저 손자회사의 주주 갑, 을, 병에게 교환대가의 81%를 모회사의 주식으로만 교부한다. 손자회사의 주주 갑, 을, 병이 교부받은 모회사주식과 주식교환 세무회계는 다음과 같게 된다.

| 손자회사의 주주 갑, 을, 병이 교부받은 모회사의 주식 |

주주	주식수		모회사 교환비율	교부받은 주식수
갑	800,000	× 81%	× 0.8640	559,872
을	820,000			573,869
병	380,000			265,939
계	2,000,000			1,399,680

| 모회사의 주식취득과 주식교환 세무회계 |

※ 모회사(C)의 자기주식 처분 시

차변		대변	
예금(처분가액)	9,720,000,000	주식취득가액	6,998,400,000
		처분이익	2,721,600,000
계	9,720,000,000	계	9,720,000,000

* 처분가액: 자기주식 1,399,680주 × 모회사 교환가액 6,944.44원
* 주식취득가액: 1주당 5,000원 × 자기주식 1,399,680주

※ 자회사(A)의 모회사 주식취득 시

차변		대변	
C(모회사) 주식	9,720,000,000	예금	9,720,000,000
계	9,720,000,000	계	9,720,000,000

※ 자회사(A)의 교환대가(81%) 지급 시

차변		대변	
B(손자회사) 주식	9,720,000,000	C(모회사) 주식	9,720,000,000
계	9,720,000,000	계	9,720,000,000

* 주식가액비율: 교환대가의 총합계액은 위 ≪삼각주식교환 1≫의 계산방식과 동일하다.
모회사의 주식가액비율: 81% = 9,720,000,000원 ÷ 12,000,000,000원, 모회사의 주식의 가액 ÷ 교환대가의 총합계액 ≥ 80%

손자회사의 주주 갑, 을, 병에게 교환대가를 모회사(C)의 주식으로 81%만을 교부했으므로 주식교환 후의 모회사는 다음과 같게 된다.

| 모회사(C) |

주주	주식교환 전		교환신주	주식교환 후	
	주식수	지분율	주식수	주식수	지분율
김	3,250,000	40.94%		3,250,000	40.94%
이	2,960,000	37.29%		2,960,000	37.29%
자기주식	328,320	4.14%		328,320	4.14%
자회사	1,399,680	21.77%	-1,399,680	-	-
갑			559,872	559,872	7.05%
을			573,869	573,869	7.23%
병			265,939	265,939	3.35%
계	7,938,000	100.00%	0	7,938,000	100.00%

다음은 손자회사의 주주 갑, 을, 병에게 교환대가의 81%를 모회사의 주식으로만 교부했으므로 나머지 교환대가의 19%는 자회사의 주식으로만 교부하게 된다. 손자회사의 주주가 교환대가의 19%에 해당되는 교부받은 모회사주식과 주식교환 세무회계는 다음과 같게 된다.

| 자회사의 주주 갑, 을, 병이 교부받은 자회사의 주식 |

주주		주식수		교환비율	교부받은 주식수
자회사 주식	갑	800,000	× 19%	× 2	304,000
	을	820,000			311,600
	병	380,000			144,400
	계	2,000,000			760,000

| 주식교환 세무회계 |

※ 자회사(A)의 교환대가(19%) 지급 시

차변		대변	
B(손자회사) 주식	2,280,000,000	자본금	760,000,000
		주발초	1,520,000,000
계	2,280,000,000	계	2,280,000,000

* 자본금 및 주발초: 교환대가(교환가액 3,000원 × 교환신주 760,000,000주) - 자본금(액면가 1,000원 ×

교환신주 760,000주)
* 주식가액비율: 교환대가의 총합계액은 위 ≪삼각주식교환 1≫의 계산방식과 동일하다.
자회사의 주식가액비율: 19% = 2,280,000,000원 ÷ 12,000,000,000원, 자회사의 주식의 가액 ÷ 교환대가의 총합계액 ≤ 80%

손자회사의 주주 갑, 을, 병에게 교환대가를 자회사(A)의 주식으로 19%만을 교부했으므로 주식교환 후의 자회사는 다음과 같게 된다.

| 자회사(A) |

주주	주식교환 전(A)		교환신주	주식교환 후(A)	
	주식수	지분율	주식수	주식수	지분율
C(모회사)	10,100,000	100.00%	-	10,100,000	93.00%
갑			304,000	304,000	2.80%
을			311,600	311,600	2.87%
병			144,400	144,400	1.33%
계	10,100,000	100.00%	760,000	10,860,000	100.00%

주식교환대가를 각각 모회사의 주식 81%와 자회사의 주식 19%를 교부했으므로 주식교환 후 손자회사(B)의 지분은 자회사(A)가 100%를 보유하게 된다.

| 손자회사(B) |

주주	교환 전(B)		주식이전	교환 후(B)	
	주식수	지분율	주식수	주식수	지분율
갑	800,000	40.0%	-800,000		
을	820,000	41.0%	-820,000		
병	380,000	19.0%	-380,000		
A(자회사)			2,000,000	2,000,000	100.0%
계	2,000,000	100.0%	0	2,000,000	100.0%

(다) 주식가액비율 요건

위 ≪삼각주식교환 2≫의 경우 적격주식교환 중 주식가액비율의 요건은 "완전자회사의 주주가 완전모회사로부터 교환대가를 받은 경우 그 교환대가의 총합계액 중 완전모회사 주식의 가액이 100분의 80" 이상 또는 "그 완전모회사의 모회사 주식의 가액이 100분의

80"에 해당되면 주식가액비율 요건을 충족한다. 즉 교환대가의 총합계액 중 자회사(A)의 주식가액비율이 19%로 80%에 미달되나 모회사의 주식가액비율이 80%이므로 주식가액 비율요건에 해당된다. 다만, 이 규정을 적용함에 있어 교환대가 중 80%는 모회사의 주식으로 나머지 20%는 모회사의 재산이 아닌 자회사의 재산으로 지급을 하는 경우 주식가액 비율이 개인별 주주에 대한 요건인지 주주 전체에 대한 요건인지는 검토가 필요해 보인다 (다음 "(2) 삼각주식교환과 주식가액비율(2)" 참조).

삼각주식교환에서 교환대가의 총합계액 중 자회사의 주식가액이 80% 이상 또는 모회사의 주식가액이 80% 이상인 경우가 적격주식교환이 된다. M&A의 다양한 방식을 추구한다면 교환대가를 받는 손자회사의 주주에서 보면, 손자회사의 주주는 자기의 지분가치에 해당되는 금액을 모회사의 재산으로 지급받든 자회사의 재산으로 지급받든 자기의 지분가치에 해당되는 금액을 받으면 된다. 그렇다면 교환대가의 총합계액이라 함은 "손자회사의 주주가 주식교환으로 인하여 받은"것이므로 교환대가의 총합계액을 모회사의 주식가액비율과 자회사의 주식가액비율로 각각 구별해야 할 필요는 없어 보인다.

(2) 삼각주식교환과 주식가액비율(2)

(가) 주식교환의 기본사항

주식의 포괄적 교환의 기본사항인 주주현황, 교환가액과 교환비율, 자회사의 모회사 주식취득 방법, 손자회사와 모회사의 주식가액은 주식의 포괄적 교환과 주식가액 비율(1)과 동일하다.

(나) 주식교환의 형식

주식의 포괄적 교환의 형태는 완전자회사(B)의 주주 갑, 을, 병에게 다음과 같은 방법으로 주식교환신주를 교부하는 방식을 예상할 수 있다.

① 주식의 포괄적 교환인 주식교환
"삼각주식교환과 주식가액비율(1)"과 동일하다.

② 삼각주식교환

≪삼각주식교환 1≫ 교환대가를 갑과 을은 모회사 주식 + 병은 자회사의 주식으로 지급

손자회사의 주주 갑과 을에게 교환대가 전부를 모회사의 주식으로 교부하고 병에게는

합병대가 전부를 자회사의 주식으로 교부하는 방식이다. 먼저 손자회사의 주주 갑과 을에게 합병대가 전부를 모회사의 주식으로만 교부한다. 손자회사의 주주 갑과 을이 교부받은 모회사주식과 주식교환 세무회계는 다음과 같게 된다.

| 손자회사의 주주 갑과 을이 교부받은 모회사의 주식 |

주주	주식수	모회사 교환비율	교부받은 주식수
갑	800,000	× 0.8640	691,200
을	820,000		708,480
계	1,620,000		1,399,680

| 모회사 주식취득과 주식교환 세무회계 |

※ 모회사(C)의 자기주식 처분 시

차변		대변	
예금(처분가액)	9,720,000,000	주식취득가액	6,998,400,000
		처분이익	2,721,600,000
계	9,720,000,000	계	9,720,000,000

* 처분가액: 자기주식 1,399,680주 × 모회사 합병가액 6,944.44원
* 주식취득가액: 1주당 5,000원 × 자기주식 1,399,680주

※ 자회사(A)의 모회사 주식취득 시

차변		대변	
C(모회사) 주식	9,720,000,000	예금	9,720,000,000
계	9,720,000,000	계	9,720,000,000

※ 자회사(A)의 교환대가(갑과 을) 지급 시

차변		대변	
B(손자회사) 주식	9,720,000,000	C(모회사) 주식	9,720,000,000
계	9,720,000,000	계	9,720,000,000

* 주식가액비율: 교환대가의 총합계액은 위의 삼각주식교환과 주식가액 비율(1) ≪삼각주식교환 1≫의 계산방식과 동일하다.
  갑과 을이 지급받은 모회사의 주식가액비율: 81% = 9,720,000,000원 ÷ 12,000,000,000원, 모회사의 주식의 가액 ÷ 교환대가의 총합계액 ≥ 80%

손자회사의 주주 갑과 을에게 교환대가 전부를 모회사(C)의 주식으로만 교부했으므로 주식교환 후의 모회사는 다음과 같게 된다.

| 모회사(C) |

주주	주식교환 전		주식이전	주식교환 후	
	주식수	지분율	주식수	주식수	지분율
김	3,250,000	40.94%		3,250,000	40.94%
이	2,960,000	37.29%		2,960,000	37.29%
자기주식	328,320	4.14%		328,320	4.14%
자회사	1,399,680	21.77%	−1,399,680	−	−
갑			691,200	691,200	8.71%
을			708,480	708,480	8.93%
계	7,938,000	100.00%	0	7,938,000	100.00%

다음은 손자회사의 주주 병에게 교환대가의 전부를 자회사의 주식으로만 교부한다. 손자회사의 주주 병이 교부받은 자회사의 주식은 다음과 같게 된다.

| 손자회사의 주주 병이 교부받은 자회사의 주식 |

주주	주식수	교환대가	교환비율	교부받은 주식수
병	380,000	× 100%	× 2	760,000
계	380,000			760,000

| 주식교환 세무회계 |

※ 자회사(A)의 교환대가(병) 지급 시

차변		대변	
B(손자회사) 주식	2,280,000,000	자본금	760,000,000
		주발초	1,520,000,000
계	2,280,000,000	계	2,280,000,000

* 자본금 및 주발초: 교환대가(교환가액 3,000원 × 교환신주 760,000,000주) − 자본금(액면가 1,000원 × 교환신주 760,000주)
* 주식가액비율: 교환대가의 총합계액은 위의 삼각주식교환과 주식가액 비율(1) ≪삼각주식교환 1≫의 계산방식과 동일하다.

병이 지급받은 자회사의 주식가액비율: 19% = 2,280,000,000원 ÷ 12,000,000,000원, 자회사의 주식의 가액 ÷ 교환대가의 총합계액 ≤ 80%

손자회사의 주주 병에게 합병대가 전부를 자회사(A)의 주식으로만 교부했으므로 주식교환 후의 자회사는 다음과 같게 된다.

| 자회사(A) |

주주	주식교환 전(A)		교환신주	주식교환 후(A)	
	주식수	지분율	주식수	주식수	지분율
모회사(C)	10,100,000	100.00%	-	10,100,000	93.0%
병			760,000	760,000	7.0%
계	10,100,000	100.00%	760,000	10,860,000	100.00%

적격주식교환 주식가액비율의 요건은 "완전자회사의 주주가 완전모회사로부터 교환대가를 받은 경우 그 교환대가의 총합계액 중 완전모회사 주식의 가액이 100분의 80 이상 또는 그 완전모회사의 완전모회사 주식의 가액이 100분의 80 이상"에 해당되어 주식가액비율 요건을 충족한 것으로 본다면, 삼각주식교환 교환과 주식가액비율(1)의 ≪삼각주식교환 2≫와 마찬가지로 교환대가의 총합계액 중 '을'이 지급받은 완전모회사의 주식가액비율이 19%로 80%에 미달되나 '갑'과 '을'이 지급받은 완전모회사의 모회사의 주식가액비율이 81%이므로 주식가액비율 요건에 해당된다. 주식가액비율 요건 충족은 삼각주식교환과 주식가액비율(1)의 ≪삼각주식교환 2≫와 동일하다. 다만, 주식배정에 있어 삼각주식교환과 주식가액비율(1)의 ≪삼각주식교환 2≫는 지분비율에 따라 갑, 을, 병에게 완전모회사의 모회사의 주식과 완전모회사의 주식을 각각 배정하였으나, 이 사례는 주식배정에 있어 '갑'과 '을'에게는 완전모회사의 모회사의 주식을, '병'에게는 완전모회사의 주식을 배정했다는 것이 다른 점이다.

이 사례의 경우 "주식이 지분비율(주식교환 교부주식의 가액의 총합계액 × 해당 주주의 완전자회사에 대한 지분비율)에 따라 배정되어야 한다(조특법 §38 ① 2)."는 요건에 해당되는지 여부에 대한 검토는 필요하다. 주식배정 요건인 "완전모회사가 교환대가로 지급한 완전모회사 주식의 총합계액 × 해당 주주의 완전자회사에 대한 지분비율"에서 "완전모회사 주식의 총합계액"은 교환대가로 지급받은 총교환대가로서 완전모회사 또는 완전모회사의 모회사의 주식가액이 되므로(조특령 §35의2 ① 1) 완전모회사와 완전모회사의

모회사의 주식가액을 합한 금액이 된다. 이 사례는 완전모회사의 모회사의 주식과 완전모회사의 주식가액을 합한 금액이 "각 해당 주주의 완전자회사에 대한 지분비율"에 따라 배정되었으므로 주식배정 요건을 충족한다고 볼 수 있겠다.

≪삼각주식교환 2≫ 교환대가를 갑과 을은 자회사 주식 + 병은 모회사의 주식으로 지급

손자회사의 주주 '갑'과 '을'에게 교환대가 전부를 자회사의 주식으로 교부하고, '병'에게는 교환대가 전부를 모회사의 주식으로 교부하는 방식이다. 먼저 손자회사의 주주 '갑'과 '을'에게 교환대가 전부를 자회사의 주식으로만 교부한다. 손자회사의 주주 '갑'과 '을'이 교부받은 자회사의 주식과 주식교환회계 세무는 다음과 같게 된다.

| 손자회사의 주주 갑과 을이 교부받은 자회사의 주식 |

주주	주식수	교환대가	교환비율	교부받은 주식수
갑	800,000	× 100%	× 2	1,600,000
을	820,000			1,640,000
계	1,620,000			3,240,000

| 주식교환 세무회계 |

※ 자회사(A)의 교환대가(갑과 을) 지급 시

차변		대변	
B(손자회사) 주식	9,720,000,000	자본금	3,240,000,000
		주발초	6,480,000,000
계	9,720,000,000	계	9,720,000,000

* 자본금 및 주발초: 교환대가(교환가액 3,000원 × 교환신주 3,240,000주) − 자본금(액면가 1,000원 × 교환신주 3,240,000주)

* 주식가액비율: 교환대가의 총합계액은 위의 삼각주식교환과 주식가액 비율(1) ≪삼각주식교환 1≫의 계산방식과 동일하다.
갑과 을이 지급받은 자회사의 주식가액비율: 81% = 9,720,000,000원 ÷ 120,000,000,000원, 자회사의 주식의 가액 ÷ 교환대가의 총합계액 ≥ 80%

손자회사의 주주 갑과 을에게 교환대가 전부를 자회사(A)의 주식으로만 교부했으므로 주식교환 후의 자회사는 다음과 같게 된다.

| 완전모회사(A) |

주주	주식교환 전(A)		교환신주	주식교환 후(A)	
	주식수	지분율	주식수	주식수	지분율
C(모회사)	10,100,000	100.0%	–	10,100,000	75.7%
갑			1,600,000	1,600,000	12.0%
을			1,640,000	1,640,000	12.3%
계	10,100,000	100.0%	3,240,000	13,340,000	100.0%

다음은 손자회사의 주주 병에게 교환대가 전부를 모회사의 주식으로만 교부한다. 손자회사의 주주 병이 교부받은 모회사의 주식과 주식교환 세무회계는 다음과 같게 된다.

| 손자회사의 주주 병이 교부받은 모회사 주식 |

주주	주식수	모회사 교환비율	교부받은 주식수
병	380,000	× 0.864	328,320
계	380,000		328,320

| 모회사 주식취득과 주식교환 세무회계 |

※ 모회사(C)의 자기주식 처분 시

차변		대변	
예금(처분가액)	2,280,000,000	주식취득가액	1,641,600,000
		처분이익	638,400,000
계	2,280,000,000	계	2,280,000,000

* 자회사(A) 주식: 자기주식 328,320주 × 모회사 교환가액 6,944.44원
* 주식취득가액: 1주당 5,000원 × 자기주식 328,320주

※ 자회사(A)의 모회사 주식취득 시

차변		대변	
C(모회사) 주식	2,280,000,000	예금	2,280,000,000
계	2,280,000,000	계	2,280,000,000

※ 자회사(A)의 교환대가(병) 지급 시

차변		대변	
B(손자회사) 주식	2,280,000,000	C(모회사) 주식	2,280,000,000
계	2,280,000,000	계	2,280,000,000

* 주식가액비율: 교환대가의 총합계액은 위의 삼각주식교환과 주식가액 비율(1) ≪삼각주식교환 1≫의 계산방식과 동일하다.
병이 지급받은 모회사의 주식가액비율: 19% = 2,280,000,000원 ÷ 120,000,000,000원, 모회사의 주식의 가액 ÷ 교환대가의 총합계액 ≤ 80%

손자회사의 주주 병에게 교환대가 전부를 모회사(C)의 주식으로만 교부했으므로 주식교환 후의 모회사는 다음과 같게 된다.

| 모회사(C) |

주주	합병 전(모회사)		주식이전	합병 후(모회사)	
	주식수	지분율	주식수	주식수	지분율
김	3,250,000	40.9%		3,250,000	40.9%
이	2,960,000	37.3%		2,960,000	37.3%
자기주식	1,399,680	17.6%		1,399,680	17.6%
자회사	328,320	4.1%	−328,320	–	–
병			328,320	328,320	4.1%
계	7,938,000	100.0%	0	7,938,000	100.0%

주식교환대가를 각각 자회사의 주식(갑과 을) 81%와 모회사의 주식(병) 19%를 교부했으므로, 주식교환 후 손자회사(B)의 지분은 자회사(A)가 100%를 보유하게 된다.

| 손자회사(B) |

주주	주식교환 전(B)		주식이전	주식교환 후(B)	
	주식수	지분율	주식수	주식수	지분율
갑	800,000	40.0%	−800,000		
을	820,000	41.0%	−820,000		
병	380,000	19.0%	−380,000		
자회사(A)			2,000,000	2,000,000	100.0%
계	2,000,000	100.0%	0	2,000,000	100.0%

(다) 주식가액비율 요건

위 사례의 적격주식교환 주식가액비율의 요건은 "완전자회사의 주주가 완전모회사로부터 교환대가를 받은 교환대가의 총합계액 중 완전모회사 주식의 가액이 100분의 80" 이상 또는 "완전모회사의 완전모회사 주식의 가액이 100분의 80 이상"에 해당되어 주식가액비율 요건을 충족한 것으로 본다면, 교환대가의 총합계액 중 병이 지급받은 모회사의 주식가액비율이 19%로 80%에 미달되나 '갑'과 '을'이 지급받은 자회사(A)의 주식가액비율이 81%이므로 주식가액비율의 요건에 해당된다. 주식배정 요건에 있어서는 삼각주식교환과 주식가액비율(2)의 ≪삼각주식교환 1≫과 마찬가지로 이 사례는 주식배정에 있어 지분비율에 따라 '갑', '을'에게 모회사 주식이 아닌 자회사의 주식을, '병'에게 자회사의 주식이 아닌 모회사의 주식을 각각 배정하였다. 삼각주식교환과 주식가액비율(2)의 ≪삼각주식교환 1≫에서 살펴본 바에 따르면, 사례의 주식배정은 "주식이 지분비율(주식교환교부주식의 가액의 총합계액 × 해당 주주의 손자회사에 대한 지분비율)에 따라 배정되어야 한다."는 요건에 해당된다고 볼 수 있을 것이다.

3 | 삼각주식교환의 구조와 이익증여

(1) 삼각주식교환의 구조

지배구조와 경영권승계에서 보는 삼각주식교환은 완전모회사의 모회사의 지분변동에 있다. 삼각주식교환은 교환대가의 지급을 위해 완전모회사가 완전모회사의 모회사의 주식을 취득하는 방식은 구조적으로 완전모회사의 모회사의 지분구조 또는 지분율의 변동을 가져오게 된다. 완전모회사의 모회사의 지분구조 또는 지분율의 변동은 삼각주식교환의 형태에 따라 다를 수 있겠고, 교환대가 지급을 위한 자금조달 방식에 따라 완전모회사의 모회사의 지분구조와 지분율은 다양한 모습으로 나타날 수 있겠지만 특정주주에 대해서만 지분구조 변동을 가져오는 방법으로 활용될 수 있다. 즉 주식교환당사법인이 아님에도 특정기업(완전모회사의 모회사)의 지분구조와 지분율 변동을 가져올 수 있는 방법으로 삼각주식교환이 활용될 수 있다. 주식가액비율과 주식배정비율의 구성에 따라서 완전모회사의 모회사와 모회사의 지분구조는 다양한 형태로 나타날 수 있다는 것이다.

(2) 삼각주식교환과 이익증여

삼각주식교환의 세무의 문제는 주식의 포괄적 교환의 세무의 문제가 당연 발생된다. 즉 주식의 포괄적 교환에서 발생되는 주식교환과 이익의 증여(상증법 §42의2), 불공정주식교환과 부당행위계산(법인령 §88 ① 8의2), 불공정주식교환과 수익(법인령 §11 9), 주식교환과 의제배당, 주식교환과 부당행위계산(법인령 §88 ① 1), 주식교환과 고가양도(상증법 §35), 주식양도차익과 자산조정계정(조특법 §38 ②), 주식양도차익과 압축기장충당금(조특령 §35의2 ①), 압축기장충당금과 익금(조특령 §35의2 ②), 주식양도차익과 과세소득(조특령 §35의2 ③), 주식처분과 양도소득 과세(조특령 §35의2 ④) 등의 세무는 삼각주식교환에서도 발생되는 문제이다. 위의 세무의 문제 중 자본이익의 핵심이라 할 수 있는 주식교환과 이익의 증여(상증법 §42의2)는 분석이 필요해 보인다. 분석의 의미는 완전모회사의 모회사와 모회사의 주식교환의 이익증여가 주식의 포괄적 교환의 이익증여와 다른 점이 있기 때문이다. 앞서 "제2장 제9절 삼각합병과 이익증여"에서 현행 세법은 삼각합병에 따른 이익의 계산방법에 대해 별도로 규정되어 있지 않으며 준용하는 규정도 없으므로 삼각합병에 따른 이익의 문제는 합병에 따른 이익의 계산방법을 준용하여 이와 유사한 계산방법으로 이익을 계산해 볼 수밖에 없다고 하였다. 삼각주식교환에 따른 이익의 문제도 주식의 포괄적 교환에 따른 이익의 계산방법을 준용하여 이와 유사한 계산방법(제3절 3. 신설된 상속증여세법 제42조의2의 이익계산)으로 이익을 계산해 볼 수밖에 없을 것이다.

다만, 삼각주식교환은 앞서 "제3절 주식의 포괄적 교환과 이익계산(3. 신설된 상속증여세법 제42조의2의 이익계산)"에서 밝힌 바와 같이 현행 주식의 포괄적 교환의 이익증여 계산방법이 구체적이고 명확하지 않아 주식의 포괄적 교환에 따른 이익의 계산방법을 준용하여 이와 유사한 계산방법으로 이익을 계산하는 문제는 삼각합병에서 제기된 문제와는 다른 면이 있다. 다음의 삼각주식교환과 이익증여는 "제2장 제9절(3. 삼각합병의 구조와 이익증여)"의 사례로서 주식의 포괄적 교환과 합병의 유사점이 있듯이 삼각주식교환과 삼각합병의 유사점의 이해를 위해서 동일한 사례를 들고 있으므로 생략된 사례와 내용은 "삼각합병의 구조와 이익증여"를 참조한다.

앞(2. 삼각주식교환 유형) 삼각주식교환과 주식가액비율(1)에서 ≪삼각주식교환 1≫의 교환가액이 다음과 같이 자회사의 1주당 가액이 6,000원(회사신고)에서 5,000원(공정신고)으로 변동되었다. 모회사와 모회사의 모회사 주식가액은 변동 없다. 이 경우 주식교환에 따른 이익증여를 계산해 보면 다음과 같게 된다(모든 계산은 소수점을 끊어 버리지 않는다). 이해의 편의를 위해 모회사와 모회사의 모회사를 자회사와 모회사로 하고 주식교환대상자를 손자회사로 부르기로 한다.

| 주주현황 |

자회사(A)			손자회사(B)			모회사(C)		
주주	주식수	지분율	주주	주식수	지분율	주주	주식수	지분율
C(모회사)	10,100,000	100.0%	갑	800,000	40.0%	김	3,250,000	40.94%
			을	820,000	41.0%	이	2,960,000	37.29%
			병	380,000	19.0%	자기주식	1,728,000	21.77%
계	10,100,000	100.0%	계	2,000,000	100.0%	계	7,938,000	100.0%

| 교환가액과 교환비율 |

구분		자회사(A)	손자회사(B)	모회사(C)
회사신고	교환가액(원/1주)	3,000	6,000	6,944.444
	교환비율	1	2	2.314815
	모회사 교환비율	-	0.8640	1
공정신고	교환가액(원/1주)	3,000	5,000	6,944.444
	교환비율	1	1.666	2.314815
	모회사 교환비율	-	0.720	1

(2)-1. 삼각주식교환과 이익증여(모회사 주식 100% 지급)

(가) 주식의 포괄적 교환에 따른 이익증여

증권신고서의 교환비율 1(A) : 2(B)가 공정신고 교환비율 1(A) : 1.666(B)으로 변동되었으므로 주식의 포괄적 교환에 따른 이익증여는 다음과 같이 계산된다. 앞서 제3절(주식의 포괄적 교환과 이익계산)에서 본 바와 같이 주식의 포괄적 교환에 따른 이익증여가 합병에 따른 이익증여와 다를 바가 없다고 하였다. 다음은 주식의 포괄적 교환에 따른 이익증여의 계산을 합병에 따른 이익증여와 같은 방식으로 계산한 것이다. 얻은 총이익은 손자회사의 주주(갑+을+병)가 얻은 이익으로 주식의 포괄적 교환에 따른 이익증여가 된다(자세한 계산과정은 "제3절 주식의 포괄적 교환과 이익계산" 참조).

| 손자회사 주주의 이익증여 |

구분		자회사(A)	손자회사(B)	교환 후(A)
발행주식총수		10,100,000	2,000,000	
신고	1주당 평가액	3,000	6,000	
	총주식 평가액	30,300,000,000	12,000,000,000	42,300,000,000
공정	1주당 평가액	3,000	5,000	
	총주식 평가액	30,300,000,000	10,000,000,000	40,300,000,000
신고	교환비율	1	2.000	
	교환 후 주식수	10,100,000	4,000,000	14,100,000
교환 후 1주당 평가액				2,858
교환 전 1주당 평가액		3,000	2,500	
교환 후 총평가액		28,867,375,887	11,432,624,113	40,300,000,000
얻은 총이익		−1,432,624,113	1,432,624,113	0

(나) 삼각주식교환에 따른 이익증여

위에서 교환비율이 1 : 2에서 1 : 1.666으로 변동됨으로 인해 모회사와 손자회사의 교환비율도 1 : 0.8640에서 1 : 0.720으로 변동된다. 이로 인해 모회사의 지분구조가 변동하게 된다. 사례는 손자회사의 주주 갑, 을, 병에게 교환대가의 100%를 모회사 주식을 교부하는 방식이었다. 교환 후 회사가 신고한 모회사의 지분구조는 다음과 같았다.

| 회사신고 모회사(C) |

주주		교환 전(C)		주식이전	교환 후(C)	
		주식수	지분율	주식수	주식수	지분율
모회사	김	3,250,000	40.94%		3,250,000	40.94%
	이	2,960,000	37.29%		2,960,000	37.29%
자회사		1,728,000	21.77%	-1,728,000	-	-
손자회사	갑			691,200	691,200	8.71%
	을			708,480	708,480	8.93%
	병			328,320	328,320	4.14%
계		7,938,000	100.00%	0	7,938,000	100.00%

주식교환에 따른 이익의 계산은 주식의 포괄적 교환에 따른 이익계산과 다를 바 없는데(교환 후 평가액과 교환 전 평가액을 비교하는 방식을 말한다. 다만, 삼각주식교환의 경우 모회사는 지분의 변동만 발생했으므로 교환 후의 발행주식총수는 교환 전과 차이 없음이 주식의 포괄적 교환과 다른 점이다), 손자회사의 주주가 얻은 총이익이 2,000,000,000원으로 계산되었다.

| 모회사의 손자회사 주주의 이익증여 |

구분		C(모회사)	손자회사(B)	교환 후(모회사)
발행주식총수		7,938,000	2,000,000	
신고	1주당 평가액	6,944.44	6,000	
	총주식 평가액	55,125,000,000	12,000,000,000	55,125,000,000
공정	1주당 평가액	6,944.44	5,000	
	총주식 평가액	55,125,000,000	12,000,000,000	55,125,000,000
신고	교환비율	1	0.8640	
	교환 후 주식수	7,938,000	1,728,000	7,938,000
교환 후 1주당 평가액				6,944.44
교환 전 1주당 평가액		6,944.44	5,787	
교환 후 총평가액		55,125,000,000	12,000,000,000	55,125,000,000
얻은 총이익			2,000,000,000	2,000,000,000

주식교환에 따른 이익이 발생하는 이유는 불공정교환에 있다(이 경우는 손자회사의

교환가액 변동이 원인이다). 손자회사의 교환비율 문제는 주식의 포괄적 교환과 삼각주식교환 모두에게 동일한 영향을 미치게 된다. 즉 손자회사의 교환비율의 변동에 따른 이익증여는 주식의 포괄적 교환인 교환이익과 삼각주식교환의 교환이익이 같아야 한다. 그런데 이 사례에서 주식의 포괄적 교환의 이익은 1,432,624,113원인데 비해 삼각주식교환의 이익은 2,000,000,000원으로 서로 차이가 난다.

(다) 교환대가와 주식의 희석효과

주식의 포괄적 교환인 교환대가는 자회사가 발행하는 교환신주의 가액이 교환대가가 되나 삼각주식교환의 교환대가는 자회사가 취득한 모회사의 주식의 가액이 된다. 주식의 포괄적 교환인 주식교환(자회사)은 교환대가의 지급으로 인해 자본(자본금)을 증가하게 만든다. 이때 신주식(교환신주)과 구주식(자회사의 본래 주식)의 가치의 차이는 신주식의 가치뿐만 아니라 구주식의 가치에도 영향을 미치게 되는 이른바 주식가치의 희석효과가 발생하게 된다. 그러나 삼각주식교환의 경우 교환대가는 자회사가 취득하여 보유하고 있는 모회사의 주식으로 지급하게 되므로 모회사의 자본(자본금)이 증가하지 않는다. 모회사의 주주 구성은 교환대가를 지급함으로 인해 자회사인 주주에서 손자회사의 주주로 이전되는 형식으로 새로운 주주의 구성은 변동하게 되나 모회사의 구주주인 '김'과 '이'의 지분변동에는 영향이 없다. 따라서 삼각주식교환의 경우는 모회사의 주식가치의 희석효과가 발생하지 않게 된다.

사례에서 보면 주식의 포괄적 교환의 경우 신고한 교환대가의 총합계액은 120억원이며, 공정한 교환의 교환대가의 총합계액이 100억원이다. 신고한 교환대가가 공정한 교환대가보다 20억원 과다 지급한 것이 되므로 손자회사의 주주가 얻은 총이익이 20억원이 되어야 한다. 그런데 일반적인 주식교환의 이익(상속증여세법 제38조의 평가방법)은 1,432,624,113원이었다. 그 이유는 앞서 설명한 자회사의 자본증가는 구주식과 신주식의 희석효과로 인해 과다지급한 20억원의 교환대가 전액이 손자회사의 주주의 주식가치의 증가를 가져오지 않기 때문이다. 한편, 삼각주식교환의 경우도 교환대가를 20억원 과다지급한 것은 주식의 포괄적 교환과 동일하므로 손자회사의 주주가 얻은 총이익이 20억원이 되어야 한다. 삼각주식교환은 모회사의 주주(손자회사의 주주)가 얻은 총이익은 20억원으로 계산되었다. 과다지급한 교환대가 전액이 얻은 총이익이 되었다. 삼각주식교환의 경우 교환대가는 자회사가 취득한 주식으로 교환대가를 지급한 것이 되므로 자본(자본금)이 증가하지 않고 새로운 주주의 구성만 변동되었을 뿐이므로 주식가치의 희석효과가 발생하지 않게 된다. 따라서 손자회사의 주주에게 과다지급한 교환대가는 자회사가 지급한 것이므로 전액이 손자회사의 주주가 얻은 총이익이 된다.

위의 주식교환이익은 다음과 같은 방식으로도 계산할 수 있다. 공정한 교환비율에 따르면 모회사의 지분구조는 다음과 같게 되고, 회사신고 교환비율과 비교해 보면 모회사 주주 '김'과 '이'를 제외하고는 모두 지분변동이 발생한다.

| 공정신고 모회사(C) |

주주		교환 전(C)		주식이전	교환 후(C)	
		주식수	지분율	주식수	주식수	지분율
모회사	김	3,250,000	40.94%		3,250,000	40.94%
	이	2,960,000	37.29%		2,960,000	37.29%
자회사		1,728,000	21.77%	-1,440,000	288,000	3.63%
손자회사	갑			576,000	576,000	7.26%
	을			590,400	590,400	7.44%
	병			273,600	273,600	3.45%
계		7,938,000	100.00%	0	7,938,000	100.00%

주식교환 전후의 지분변동은 주식교환에 따른 이익증여를 가져오게 된다. 삼각주식교환의 이익증여는 다음과 같이 계산할 수 있다. 삼각주식교환 후 신고한 교환과 공정한 교환의 모회사의 주식수와 지분의 변동 내용을 주주별로 정리하면 다음과 같게 된다.

주주		신고교환 후(C) ①		공정교환 후(C) ②		변동(① - ②)	
		주식수	지분율	주식수	지분율	주식수	지분율
모회사	김	3,250,000	40.94%	3,250,000	40.94%	-	0.00%
	이	2,960,000	37.29%	2,960,000	37.29%	-	0.00%
자회사		-	-	288,000	3.63%	-288,000	-3.63%
손자회사	갑	691,200	8.71%	576,000	7.26%	115,200	1.45%
	을	708,480	8.93%	590,400	7.44%	118,080	1.49%
	병	328,320	4.14%	273,600	3.45%	54,720	0.69%
계		7,938,000	100.00%	7,938,000	100.00%	-	0.00%

위의 신고한 주식교환과 공정한 주식교환의 주식수의 변동분석에 따르면 다음과 같이 손자회사의 주주 갑, 을, 병은 교환대가로 각각 115,200주, 118,080주, 54,720주로 합계 288,000주를 더 많이 교부받은 것이 되고, 자회사는 1,440,000주를 교부해야 했으나 1,728,000주를 교부함으로써 288,000주를 더 많이 교부한 것으로 볼 수 있다(이 의미는 자회사가 교환대가를 지급하기 위해 모회사의 주식을 취득하는 과정에서 지급할 교환대가보다 더 많은 모회사의 주식을 취득했다는 것이 된다). 이와 같은 현상은 지분의 가치에 영향을 미치게 되므로 다음과 같이 손자회사의 주주 갑, 을, 병이 교환대가로 더 많이 교부받은 주식의 가액을 계산하면 각각 800,000,000원, 820,000,000원, 380,000,000원으로 합계 2,000,000,000원이 된다. 갑, 을, 병이 더 많이 교부받은 주식가액 합계 2,000,000,000원은 자회사가 분여한 것이 된다. 모회사의 주식교환대가는 자회사가 취득한 모회사의 주식의 가액이 되기 때문이다.

주주		주식수의 증감 ①			공정교환 평가액 ②	이익 (① × ②)
		신고주식(A)	공정주식(B)	증감(A−B)		
모회사	김	3,250,000	3,250,000	-	1주당 6,944.444	-
	이	2,960,000	2,960,000	-		-
자회사		-	288,000	−288,000		−2,000,000,000
손자회사	갑	691,200	576,000	115,200		800,000,000
	을	708,480	590,400	118,080		820,000,000
	병	328,320	273,600	54,720		380,000,000
계		7,938,000	7,938,000	0		0

이익의 계산은 신고한 지분율과 공정한 지분율의 증감으로도 계산할 수 있다.

주주		지분율의 증감 ①	공정교환 총평가액 ②	이익(① × ②)
모회사	김	0.00%	55,125,000,000	-
	이	0.00%		-
자회사		−3.63%		−2,000,000,000
손자회사	갑	1.45%		800,000,000
	을	1.49%		820,000,000
	병	0.69%		380,000,000
계		0.00%		-

이익의 계산은 신고한 평가와 공정한 평가의 차액으로도 계산할 수 있다.

구분		신고한 평가액 ①			공정한 평가액 ②			이익
주주		신고주식	1주당	평가액	공정주식	1주당	평가액	(① - ②)
모회사	김	3,250,000	6,944.4	22,569,444,444	3,250,000	6,944.4	22,569,444,444	-
	이	2,960,000		20,555,555,556	2,960,000		20,555,555,556	-
자회사		-		0	288,000		2,000,000,000	-2,000,000,000
손자회사	갑	691,200		4,800,000,000	576,000		4,000,000,000	800,000,000
	을	708,480		4,920,000,000	590,400		4,100,000,000	820,000,000
	병	328,320		2,280,000,000	273,600		1,900,000,000	380,000,000
계		7,938,000		55,125,000,000	7,938,000		55,125,000,000	-

(2)-2. 삼각주식교환과 이익증여(모회사 주식 81% 지급)

교환대가의 81%를 모회사의 주식으로 지급하고, 19%는 자회사의 주식으로 지급한 형식이다. 이와 같은 주식교환형식은 모회사의 주주와 자회사의 주주에게 각각의 이익증여가 발생하게 된다. 위 '삼각주식교환과 이익증여(모회사 주식 100% 지급)'과 동일한 방법으로 계산하면 얻은 이익은 다음과 같이 계산된다. 교환 후 주식수와 지분변동의 분석은 위와 동일한 방법으로 계산하면 되므로 이익의 결과만을 분석한다. 교환대가의 81%를 모회사의 모회사 주식을 교부하였으므로 모회사의 모회사 이익증여는 다음과 같게 된다.

| 모회사의 손자회사 주주의 이익증여 |

구분		C(모회사)	손자회사(B)	교환 후(모회사)
발행주식총수		7,938,000	1,620,000	
신고	1주당 평가액	6,944.44	6,000	
	총주식 평가액	55,125,000,000	9,720,000,000	55,125,000,000
공정	1주당 평가액	6,944.44	5,000	
	총주식 평가액	55,125,000,000	8,100,000,000	55,125,000,000
신고	교환비율	1	0.8640	
	교환 후 주식수	7,938,000	1,399,680	7,938,000
교환 후 1주당 평가액				6,944.44
교환 전 1주당 평가액		6,944.44	5,787	

구분	C(모회사)	손자회사(B)	교환 후(모회사)
교환 후 총평가액	55,125,000,000	9,720,000,000	55,125,000,000
얻은 총이익		1,620,000,000	1,620,000,000

모회사의 교환대가의 총합계액이 9,720,000,000원이고, 공정한 교환의 교환대가의 총합계액은 8,100,000,000원이다. 교환대가를 1,620,000,000원(9,720,000,000원 – 8,100,000,000원) 과다지급한 것이 되므로 손자회사의 주주(모회사의 손자회사의 주주)가 얻은 총이익이 1,620,000,000원이 되어야 한다. 계산의 결과에 따르면 삼각주식교환 후 모회사의 주주가 얻은 총이익이 1,620,000,000원이므로 과다지급한 교환대가 전액이 이익증여가 되었다. 교환대가를 자회사가 보유한 모회사의 주식으로 지급했으므로 이때 이익을 분여한 자는 자회사가 된다. 주식의 포괄적 교환에서는 이익을 분여한 자가 자회사의 주주들이다.

위에서 본 이익의 계산방식 "(2)-1. 삼각주식교환과 이익증여(모회사 주식 100% 지급)"와 같은 방식(계산과정은 생략)으로 계산할 수 있다.

이익의 계산은 주식수의 증감으로도 계산할 수 있다.

주주		주식수의 증감 ①			공정교환 평가액 ②	이익 (① × ②)
		신고주식(A)	공정주식(B)	증감(A−B)		
모회사	김	3,250,000	3,250,000	−	1주당 6,944.444	−
	이	2,960,000	2,960,000	−		−
자회사		328,320	561,600	−233,280		−1,620,000,000
손자회사	갑	559,872	466,560	93,312		648,000,000
	을	573,869	478,224	95,645		664,200,000
	병	265,939	221,616	44,323		307,800,000
계		7,938,000	7,938,000	0		0

이익의 계산은 신고한 지분율과 공정한 지분율의 증감으로도 계산할 수 있다.

주주		지분율의 증감 ①	공정교환 총평가액 ②	이익(① × ②)
모회사	김	0.00%	55,125,000,000	-
	이	0.00%		-
자회사		-2.94%		-1,620,000,000
손자회사	갑	1.18%		648,000,000
	을	1.20%		664,200,000
	병	0.56%		307,800,000
계		0.00%		-

이익의 계산은 신고한 평가와 공정한 평가의 차액으로도 계산할 수 있다.

구분		신고한 평가액 ①			공정한 평가액 ②			이익 (① - ②)
주주		신고주식	1주당	평가액	공정주식	1주당	평가액	
모회사	김	3,250,000	6,944.4	22,569,444,444	3,250,000	6,944.4	22,569,444,444	-
	이	2,960,000		20,555,555,556	2,960,000		20,555,555,556	-
자회사		328,320		2,280,000,000	561,600		3,900,000,000	-1,620,000,000
손자회사	갑	559,872		3,888,000,000	466,560		3,240,000,000	648,000,000
	을	573,869		3,985,200,000	478,224		3,321,000,000	664,200,000
	병	265,939		1,846,800,000	221,616		1,539,000,000	307,800,000
계		7,938,000		55,125,000,000	7,938,000		55,125,000,000	-

다음은 교환대가의 19%를 자회사의 주식으로 교부하였으므로 자회사의 이익증여는 다음과 같게 된다.

| 손자회사 주주의 이익증여 |

구분		자회사(A)	손자회사(B)	교환 후(A)
발행주식총수		10,100,000	380,000	
신고	1주당 평가액	3,000	6,000	
	총주식 평가액	30,300,000,000	2,280,000,000	32,580,000,000
공정	1주당 평가액	3,000	5,000	
	총주식 평가액	30,300,000,000	1,900,000,000	32,200,000,000

구분		자회사(A)	손자회사(B)	교환 후(A)
신고	교환비율	1	2.000	
	교환 후 주식수	10,100,000	760,000	10,860,000
교환 후 1주당 평가액				2,965
교환 전 1주당 평가액		3,000	2,500	
교환 후 총평가액		29,946,593,002	2,253,406,998	32,200,000,000
얻은 총이익			353,406,998	353,406,998

자회사가 신고한 교환대가의 총합계액이 2,280,000,000원이고, 공정한 교환대가의 총합계액은 1,900,000,000원이다. 교환대가를 380,000,000원 과다지급한 것이 되므로 손자회사의 주주들이 얻은 총이익이 380,000,000원이 되어야 한다. 계산의 결과에 따르면 얻은 총이익이 353,406,998원으로 과다지급한 교환대가 전액이 이익증여가 되지 않았다. 교환대가를 자회사가 지급했으므로 이때 이익을 분여한 자는 자회사의 주주들이 된다. 이 사례에서 자회사의 주주는 모회사 1인이므로 모회사가 이익분여자가 된다. 주식교환대가가 모회사의 주식인 경우 이익분여자인 자회사와는 차이가 있다.

그 이유를 다음과 같이 분석할 수 있다.

위 '삼각주식교환과 이익증여(모회사 주식 100% 지급)'는 교환대가 100%를 모회사의 주식으로 지급하였다. 이 사례는 교환대가의 81%는 모회사 주식으로 19%는 자회사의 주식으로 지급하는 방식이다. 이 사례에서 과다지급한 교환대가는 모회사의 교환대가 1,620,000,000원과 자회사의 교환대가 380,000,000원으로 합계 2,000,000,000원이 된다. 이 금액은 위 '삼각주식교환과 이익증여(모회사 주식 100% 지급)'와 동일하다. 그럼에도 이익증여의 총합계액은 1,973,406,998원(모회사 이익증여 1,620,000,000원 + 자회사 이익증여 353,406,998원)이 된다. 둘 다 적격주식교환임에도 위 '삼각주식교환과 이익증여(모회사 주식 100% 지급)'는 2,000,000,000원이었다. 이와 같은 이익증여의 차이는 자회사가 지급한 교환대가 19%는 이익을 분여한 자가 자회사의 주주들이고 모회사가 지급한 교환대가 81%는 이익을 분여한 자가 자회사가 되므로 앞서 설명한 바와 같이 자회사의 교환대가에는 주식가치의 희석효과가 발생되나 모회사의 교환대가에는 희석효과가 발생하지 않기 때문이다.

이익계산은 위와 같은 방식(계산과정은 생략)으로도 할 수 있다.

이익의 계산은 주식수의 증감으로도 계산할 수 있다. 이때의 이익 380,00,000원은 삼각주식교환의 이익계산 353,406,998원과 차이가 난다.

주주		주식수의 증감 ①			공정교환 평가액 ②	이익 (① × ②)
		신고주식(A)	공정주식(B)	증감(A−B)		
자회사 주주		10,100,000	10,100,000	-		-
손자회사	갑	304,000	253,333	50,667	1주당 3,000	152,000,000
	을	311,600	259,667	51,933		155,800,000
	병	144,400	120,333	24,067		72,200,000
계		10,860,000	10,733,333	126,667		380,000,000

이익의 계산은 신고한 지분율과 공정한 지분율의 증감으로도 계산할 수 있다. 이때의 이익 353,406,998원은 삼각주식교환의 이익계산과 같다.

주주		지분율의 증감 ①	공정교환 총평가액 ②	이익(① × ②)
자회사 주주		-1.10%	55,125,000,000	-353,406,998
손자회사	갑	0.44%		141,362,799
	을	0.45%		144,896,869
	병	0.21%		67,147,330
계		0.00%		-

이익의 계산은 신고한 평가와 공정한 평가의 차액으로도 계산할 수 있다. 이때의 이익 380,00,000원은 삼각주식교환의 이익계산 353,406,998원과 차이가 난다.

구분		신고한 평가액 ①			공정한 평가액 ②			이익 (① − ②)
주주		신고주식	1주당	평가액	공정주식	1주당	평가액	
자회사 주주		10,100,000	3,000	30,300,000,000	10,100,000	3,000	30,300,000,000	-
손자회사	갑	304,000		912,000,000	253,333		760,000,000	152,000,000
	을	311,600		934,800,000	259,667		779,000,000	155,800,000
	병	144,400		433,200,000	120,333		361,000,000	72,200,000
계		10,860,000		32,580,000,000	10,733,333		32,200,000,000	380,000,000

(2) - 3. 삼각주식교환과 이익증여(모회사 과대평가)

위와 모든 조건은 동일하다. 다만, 다음과 같이 모회사의 교환비율이 증권신고서의 1 : 0.8640이 공정한 신고는 1 : 1.2가 된다. 이 사례는 모회사의 평가액이 높게 평가가 된 경우이다. 주식교환에 따른 이익증여를 계산하면 다음과 같게 된다.

(가) 교환가액과 교환비율

구분		자회사(A)	손자회사(B)	모회사(C)
회사신고	교환가액(원/1주)	3,000	6,000	6,944.444
	교환비율	1	2	2.314815
	모회사 교환비율		0.8640	1
공정신고	교환가액(원/1주)	3,000	6,000	5,000
	교환비율	1	2	1.66666
	모회사 교환비율		1.2	1

(나) 삼각주식교환에 따른 이익증여

삼각주식교환에 따른 이익증여는 다음과 같은 방식으로 계산된다. 사례는 손자회사의 주주 갑, 을, 병에게 교환대가의 100%를 모회사의 모회사 주식으로 교부하는 방식이었다. 주식교환 후 회사신고 모회사의 지분구조는 다음과 같았다.

| 회사신고 모회사(C) |

주주		교환 전(C)		주식이전	교환 후(C)	
		주식수	지분율	주식수	주식수	지분율
모회사	김	3,250,000	40.94%		3,250,000	40.94%
	이	2,960,000	37.29%		2,960,000	37.29%
자회사		1,728,000	21.77%	-1,728,000	-	-
손자회사	갑			691,200	691,200	8.71%
	을			708,480	708,480	8.93%
	병			328,320	328,320	4.14%
계		7,938,000	100.00%	0	7,938,000	100.00%

교환대가의 100%를 모회사의 주식으로 교부하였으므로 이익증여는 다음과 같게 된다.

| 모회사의 손자회사 주주의 이익분여 |

구분		C모회사)	손자회사(B)	교환 후(모회사)
발행주식총수		7,938,000	2,000,000	
신고	1주당 평가액	6,944.44	6,000	
	총주식 평가액	55,125,000,000	12,000,000,000	55,125,000,000
공정	1주당 평가액	5,000	6,000	
	총주식 평가액	39,690,000,000	12,000,000,000	39,690,000,000
신고	교환비율	1	0.8640	
	교환 후 주식수	7,938,000	1,728,000	7,938,000
교환 후 1주당 평가액				5,000
교환 전 1주당 평가액		5,000	6,944.44	
교환 후 총평가액		39,690,000,000	8,640,000,000	39,690,000,000
얻은 총이익			−3,360,000,000	−3,360,000,000

위의 이익계산 현상은 손자회사의 주주는 교환대가를 적게 받은 것이 되고, 모회사의 모회사 주주 자회사는 교환대가를 적게 지급한 것이 된다. 이러한 원인은 모회사의 교환가액이 6,944원에서 5,000원으로 평가됨에 따라 결국 모회사의 주식을 과소교부한 것으로 나타나게 된다. 즉 교환가액이 1주당 5,000원으로 평가되었다면 2,400,000주를 교부했어야 하나, 1주당 6,944원으로 평가됨에 따라 1,728,000주를 교부하게 되었으므로 결국 672,000주 과소교부한 것으로 볼 수 있다. 앞의 '(1) 삼각주식교환과 주식가액비율(1) ≪삼각주식교환 1≫'에서 모회사(C)가 자기주식 처분 시 자기주식의 주식처분이익이 다음과 같이 3,360,000,000원으로 계산되었다.

차변		대변	
예금(처분가액)	12,000,000,000	주식 취득가액	8,640,000,000
		처분이익	3,360,000,000
계	12,000,000,000	계	12,000,000,000

이와 같이 모회사의 자기주식의 처분이익과 모회사의 주식취득에 따라 보유하게 된 자회사가 얻은 이익이 동일한 것은, 자기주식의 처분가액의 과대평가로 인해 자회사의

주식가치를 과대평가하게 된 것에 있다. 이 경우 자기주식의 과대평가에 따른 주식처분이익은 수정이 가능하다. 그러나 자회사가 주식교환으로 얻은 이익은 상속증여세법 제38조의 합병에 따른 이익의 성질과 같은 것이 되므로 수정할 수 없다. 또한 자기주식의 처분이익은 모회사가 되나 삼각주식교환의 이익증여는 자회사가 되어 이익을 얻은 자가 다르므로 이중과세 문제가 발생되지 않을 것이나 동일한 과세소득으로 본다면 이중과세 문제가 발생될 수 있겠다. 그러나 자기주식의 처분이익은 수정이 가능하므로 동일한 과세소득에 대한 이중과세 문제는 발생하지 않게 된다.

공정한 신고 교환비율(1 : 1.2)로 계산하면 모회사의 지분구조는 다음과 같게 되고, 회사가 신고한 교환비율(1 : 0.8640)과 비교해 보면 주주 '김'과 '이'를 제외하고는 모두 지분의 변동이 발생한다.

| 공정신고 모회사(C) |

주주		교환 전(C)		주식이전	교환 후(C)	
		주식수	지분율	주식수	주식수	지분율
모회사	김	3,250,000	40.94%		3,250,000	40.94%
	이	2,960,000	37.29%		2,960,000	37.29%
자회사		1,728,000	21.77%	-2,400,000	-672,000	-8.47%
손자회사	갑			960,000	960,000	12.09%
	을			984,000	984,000	12.40%
	병			456,000	456,000	5.74%
계		7,938,000	100.00%	0	7,938,000	100.00%

주식교환 전후의 주식수와 지분의 변동에 따라 삼각주식교환 후의 신고한 주식교환과 공정한 주식교환의 주식수와 지분의 변동을 주주별로 정리하면 다음과 같게 된다.

주주		신고교환 후(C) ①		공정교환 후(C) ②		변동(① − ②)	
		주식수	지분율	주식수	지분율	주식수	지분율
모회사	김	3,250,000	40.94%	3,250,000	40.94%	–	0.00%
	이	2,960,000	37.29%	2,960,000	37.29%	–	0.00%
자회사		–	0.00%	−672,000	−8.47%	672,000	8.47%
손자회사	갑	691,200	8.71%	960,000	12.09%	−268,800	−3.39%
	을	708,480	8.93%	984,000	12.40%	−275,520	−3.47%
	병	328,320	4.14%	456,000	5.74%	−127,680	−1.61%
계		7,938,000	100.00%	7,938,000	100.00%	–	0.00%

위의 주식수와 지분율의 증감 분석에 따르면 다음과 같이 손자회사의 주주 갑, 을, 병은 교환대가로 각각 268,800주, 275,520주, 127,680주로 합계 672,000주를 더 적게 교부받은 것이 되고, 자회사가 2,400,000주를 교부했어야 하나 1,728,000주를 교부함으로써 672,000주를 더 적게 교부한 것으로 볼 수 있다(이 의미는 자회사가 교환대가를 지급하기 위해 모회사의 주식을 취득하는 과정에서 지급할 교환대가보다 더 적은 모회사의 주식을 취득했다는 것이 된다). 지분의 증감(주식수의 증감)에 따른 이익을 다음과 같은 방식으로 계산할 수 있다. 손자회사의 주주가 자회사에 분여한 총이익이 3,360,000,000원으로 계산되었다.

주주		주식수의 증감 ①			공정교환 평가액 ②	이익 (① × ②)
		신고주식(A)	공정주식(B)	증감(A−B)		
모회사	김	3,250,000	3,250,000	–	1주당 5,000	–
	이	2,960,000	2,960,000	–		–
자회사		–	−672,000	672,000		3,360,000,000
손자회사	갑	691,200	960,000	−268,800		−1,344,000,000
	을	708,480	984,000	−275,520		−1,377,600,000
	병	328,320	456,000	−127,680		−638,400,000
계		7,938,000	7,938,000	0		0

이익의 계산은 신고한 지분율과 공정한 지분율의 증감으로도 계산할 수 있다. 이때의 분여이익 3,360,000,000원은 삼각주식교환의 이익계산과 같다.

주주		지분율의 증감 ①	공정교환 총평가액 ②	이익(① × ②)
모회사	김	0.00%	39,690,000	-
	이	0.00%		-
자회사		8.47%		3,360,000,000
손자회사	갑	-3.39%		-1,344,000,000
	을	-3.47%		-1,377,600,000
	병	-1.61%		-638,400,000
계		0.00%		-

4 삼각주식교환과 이익증여의 세법적용

현행 삼각주식교환에 대한 세법적용 규정은 조세특례제한법 제38조 제1항 제2호의 "완전자회사의 주주가 완전모회사로부터 교환대가를 받은 경우 그 교환대가의 총합계액 중 완전모회사 주식의 가액이 100분의 80 이상이거나 그 완전모회사의 완전모회사 주식의 가액이 100분의 80 이상"에서 주식배정 요건인 "완전모회사의 완전모회사 주식의 가액이 100분의 80 이상"이 삼각주식교환에 해당되는 부분이다. 주식의 포괄적 교환에 따른 이익증여는 상속증여세법 제42조의2 제1항의 "주식의 포괄적 교환 및 이전, 사업의 양수·양도, 사업교환 및 법인의 조직변경 등에 의하여 소유지분이나 그 가액이 변동됨에 따라 이익을 얻은 경우에는 그 이익에 상당하는 금액을 그 이익을 얻은 자의 증여재산가액으로 한다."가 전부이다. 현행 삼각주식교환에 따른 이익증여의 규정은 존재하지 않는다. 이 경우 상속증여세법 제4조(증여세 과세대상) 제1항 제6호 "상속증여세법 제42조의2 규정의 경우와 경제적 실질이 유사한 경우 상속증여세법 제42조의2의 규정을 준용하여 증여재산의 가액을 계산할 수 있는 경우의 그 재산 또는 이익"을 적용할 수 있을지는 의문이 든다. 이 규정도 "상속증여세법 제42조의2 규정을 준용하여 계산한 이익"이어야 하기 때문이다. 다만, 삼각주식교환에 따른 이익이 합병에 따른 이익 또는 삼각합병에 따른 이익과 유사한 점을 들어 이익증여의 계산구조를 합병에서 찾으려고 한 것이 앞서의 사례에서 보여준 이익계산 방식이라고 하겠다. 이러한 점에서 삼각주식교환에 따른 이익을 다음과 같이 살펴볼 수 있을 것이다.

삼각합병에 따른 이익증여가 모회사의 주주에서 발생하듯이 삼각주식교환에 따른 이익증여도 모회사의 주주에서 발생한다. 삼각주식교환의 이익증여와 주식의 포괄적 교환의 이익증여는 둘 다 교환대가에서 발생되는 문제이다. 교환대가에서 발생되는 문제이므로 이익증여의 계산방식이 서로 다를 것이 없다. 삼각합병의 경우 상속증여세법 제38조의 합병에 따른 이익의 계산방법을 삼각합병의 이익계산의 방법에 적용하기에는 계산방식이 부족하고 합리적이지 않았다. 현행 삼각합병에 따른 이익증여에서 이익증여를 계산하는 구체적인 계산방법이 없다는 것과 마찬가지로 삼각주식교환에 따른 이익증여도 이익계산 방법이 규정되어 있지 않다. 다만, 앞서 사례의 이익계산은 계산과정에서 보았듯이 삼각주식교환에 따른 이익의 발생 구조로 보면 그 계산방식이 합리적이므로 합리적인 계산방법으로 계산된 이익을 삼각주식교환에 따른 이익으로 볼 수 있을 것이다.

자본거래와 세무

제 5 장

현물출자와 자본이익

제1절 현물출자와 이익

1 현물출자

(1) 개념

회사의 주식을 취득하는 방법으로는 주식의 소유자로부터 양수받는 경우와 출자의 형식으로 주식을 취득하는 경우가 있다. 출자의 형식에는 금전으로 하는 출자와 금전 외의 재산으로 출자하는 경우가 있는데, 금전 외의 재산으로 하는 출자의 대상에는 유무형의 재산은 물론 사업의 포괄양도 방식으로 하는 경우가 있다. 현물출자와 자본이익은 현물출자 방식에 따라 유무형재산의 현물출자와 사업(부)의 현물출자로 나누어 살펴보고 있다. 유무형재산의 현물출자에는 상속증여세법 제39조의3(현물출자에 따른 이익)이 있고 기존 사업을 법인화하기 위한 조세특례제한법 제32조의 현물출자 또는 사업(부)의 자체를 현물출자하는 조세특례제한법 제37조(자산의 포괄양도. 2017.12.19. 삭제) 및 법인세법 제47조의2(현물출자)가 있다. 이들의 현물출자도 지분의 취득이므로 지분의 변동이 발생되고 그에 따른 이익이 발생될 수 있다.

현물출자는 변태설립사항으로(상법 §290) 검사인은 현물출자를 하는 자의 성명과 그 목적인 재산의 종류, 수량, 가격과 이에 대하여 부여할 주식의 종류와 수를 조사하여 법원에 보고하여야 한다(상법 §299). 이 경우 공인된 감정인의 감정으로 검사인의 조사에 갈음할 수 있다(상법 §299의2). 다만, 현물출자 재산이 회사의 규모에 비추어 낮은 경우(자본금의 5분의 1 이하)나 시장가격이 존재하는 유가증권의 경우(상법 §422 ② 2) 및 주금납입채무와 회사에 대한 채권의 상계의 경우(상법 §422 ② 3) 등에 검사인에 의한 가액평가를 생략할 수 있다(상법 §422 ②). 법원은 검사인의 조사보고서 또는 감정인의 감정결과를 심사하여 현물출자에 관한 사항이 부당하다고 인정하면 이를 변경하여 이사와 현물출자자에게 통고할 수 있다(상법 §422 ③).

상속증여세법 제39조의3의 현물출자는 금전 이외의 재산으로 출자하고 신주를 교부받는 방식으로 신주의 발행으로만 보면 법인이 자본금을 증가시키기 위하여 새로운 주식을 발행하는 상속증여세법 제39조와 차이가 없다. 그러나 현물출자는 신주인수권이 현물출자자에 한하여 미치므로 주주가 종래 가지고 있던 주식의 수에 비례하여 우선적으로 인수의 배정을 받을 수 있는 권리를 가지고 있는 상속증여세법 제39조와 다르다. 상속증여세법 제39조의3의 현물출자에 따른 이익증여는 2003.12.31. 신설된 조항으로 이 조항이 신설되기 전에는 현물출자는 경제적인 실질이 증자와 동일함에도 기존 주주에게는 신주인수권이 없다 하여 현물출자 시 고・저가 신주배정으로 얻은 이익에 과세할 수 없다는 것이 대법원의 판단이었다. 세법에서는 이를 수용하여 현물출자에 따른 이익의 증여규정을 신설하여 2004.1.1. 이후 현물출자를 하는 분부터 적용하도록 하였다. 상속증여세법 제39조의3은 금전 이외의 재산의 출자이므로 그 대상이 유형의 자산인 고정자산 및 주식, 전환사채(대법원 2015두46239, 2018.7.24.) 등과 무형의 자산인 특허권(서울고법 2020누35525, 2020.10.23.) 및 항만시설관리권(대법원 2002두4761, 2003.12.11.) 등이 될 수 있다.

대법원(대법원 88누889, 1989.3.14.)은 상속증여세법 제39조의3이 신설되기 전의 현물출자에 대해서 "주주의 신주인수권은 주주가 종래 가지고 있던 주식의 수에 비례하여 우선적으로 인수의 배정을 받을 수 있는 권리로서 주주의 자격에 기하여 법률상 당연히 주주에게 인정되는 것이긴 하나, 현물출자자에 대하여 발행하는 신주에 대하여는 일반주주의 신주인수권은 미치지 않는다고 보는 것이 타당하다. 따라서 신주인수권이 있음을 전제로 한 이 사건 각 증여세 부과처분을 위법하다 하여 취소를 명한 것은 정당하다."고 판시하고 있다. 심판원(국심 1994전3065, 1994.11.3.)에서도 "법인의 자본을 증가하기 위하여 새로운 주식을 배정함에 있어서는 당해 법인의 주주에게는 그 소유 주식수에 비례하여 신주인수권을 가지고 있으나 현물출자의 경우는 이사회 또는 정관의 규정에 의한 주주총회의 결의로 현물출자를 하는 자와 그 목적인 재산의 종류, 수량, 가액과 이에 대하여 부여할 주식의 종류와 수를 정하기 때문에 현물출자자에게 부여하는 신주에는 다른 주주의 신주인수권이 미치지 못한다. 또한 현물출자 시 다른 주주가 신주인수에 참여하지 아니한 것에 불과한 것이지 당사자 간 어떠한 증여행위가 있었던 것으로 인정되지 아니한다."고 하였다. 또한 법원(부산고법 2020누20491, 2020.7.24.)은 부동산을 '양도・양수'하는 거래를 함에 있어서 조세 등 관련비용의 부담 정도 등을 고려하여 '매매'가 아닌 법인에 '현물출자'를 하고 그 대가로 그 지분(주식)을 취득하기로 하여 부동산 취득을 위한 법률관계를 형성한 것으로, 이 사건 계약의 법적 형식뿐 아니라 그 실질 역시 '현물출자'이므로 실질과세의 원칙에 따라 그로 인한 조세의 내용이나 범위는 그 법률관계인 '현물출자'에 맞추어 결정함이 타당하다. 한편, 전환사채의 현물출자에 대해 대법원(대법원 2015두46239, 2018.7.24.)은 전환사채를 발행한 원고와 이를 인수한 소외 회사로서는 아직 전환권 행사기간이 도래하지 않아 전환권을 행사할 수 없는 전환사채를 현물출자하는 방법을 선택할 수 있는 것이다. 1차 외화표시 전환사채는 현금으로 조기 상환되는 등 전환권의 행사 없이 변제되었고, 이 사건 전환사채 역시 당시의 경영상황 등을 고려한 합리적인 거래의 일환으로 이루어진 것으로 보일 뿐, 실질과 괴리되는 비합리적인 형식이나 외관을 취하였다고 볼만한 사정도 찾기 어렵다. 비록 이 사건 현물출자 계약에서 정한 주식의 발행가액이 당초의 전환가액과 동일하다거나 원고가 위 현물출자 당시 회계처리를 제대로 하지 못하였더라도 그러한 사정만으로 곧바로 전환사채의 전환권 행사 시기만을 앞당긴 것으로 볼 것은 아니다.

(2) 현물출자와 무형적 권리

(2)-1. 현물출자와 무형적 권리

합작투자 회사를 설립하기 위해 제지기계(제지기계 + 생산기술, 설치 감독, 모든 엔지니어링 설계, 산업기술 및 기술적인 설계 작업)를 현물출자하고 지분을 취득하는 경우 취득한 주식의 시가평가에 대해 제지기계의 평가액과 출자지분의 취득가액을 동일하게 산정하였다고 하더라도 합작계약의 내용에 비추어 그것만으로는 제지기계의 감정평가액을 제지기계 이외에도 다양한 무형적 권리 등이 포함되어 있는 이 사건 출자지분의 취득 당시 시가로 볼 수는 없다(대법원 2008두8086, 2008.7.24.).

한편, 외국법인과 국내법인의 합작으로 회사를 설립하면서 각각 현금 1,500,000,000원씩을 투자하여 신설법인의 총발행주식(액면가 10,000원, 발행주식 300,000주)의 50%씩을 균등하여 인수하기로 하였으나 그 후 합작 조건을 변경하여 주식 인수비율은 종전과 같이 균등하게 50%씩으로 하되 외국인 투자자는 50% 할증된 가액으로 주식을 인수하기로 하였다. 따라서 외국인 투자자는 종전과 같이 현금 1,500,000,000원을 투자하여 100,000주(50%)를 취득하게 되었고 국내법인은 현금 300,000,000원(30,000주, 15%)과 공장부지(감정가액 841,500,000원 상당)를 700,000,000원(70,000주, 35%)으로 평가하여 현물로

출자하는 방식으로 하여 합계 100,000주(50%)를 취득하게 되었다.

이에 대해 대법원(대법원 95누8751, 1996.7.26.)은 법인인 두 출자자가 신설법인의 총발행 주식의 50%씩을 균등하게 인수하는 것을 조건으로 합작회사를 설립하면서 그중 1인은 출자의 일부를 공장 부지인 현물로써 하고 다른 1인은 50% 할증된 가액으로 주식을 인수하기로 한 경우 현물출자된 토지의 감정가액 841,500,000원을 시가로 볼 수 있으므로 이를 700,000,000원으로 계산하여 현물출자한 것은 단순히 계산상으로 보면 저가양도에 해당한다고 할 수 있을지 모르나, 현물출자자가 당초의 합작계약을 변경하여 영업권을 인정받아 다른 투자자만이 주식을 50% 할증 인수하게 된 사정에 비추어 보면, 그 현물출자가 건전한 사회통념이나 상관행에 어긋나는 비정상적인 거래로 경제적 합리성이 결여된 것이라고 보기 어렵고, 더구나 그 현물출자자는 다른 투자자와 투자비율 50 : 50으로 합작하여 법인을 설립하는 것이므로 신설법인에 이익을 분여하여야 할 특별한 이유도 찾아볼 수 없다.

(2)-2. 무형자산의 범위

조세특례제한법 제32조 제2항은 법인전환에 대한 양도소득세의 이월과세 적용요건으로 새로 설립되는 법인의 자본금이 대통령령으로 정하는 금액 이상인 경우에만 적용하고, "대통령령으로 정하는 사업용고정자산"이란 당해 사업에 직접 사용하는 유형자산 및 무형자산을 말한다. 다음은 개정 전의 판결이나 무형자산의 범위에 대한 판시는 참고할 만하다. 대법원(대법원 2006두13695, 2008.09.25.)은 구 조세특례제한법 제38조(2008.12.26. 삭제)가 적용되는 대상자산을 법인이 사업에 직접 사용하던 토지, 건축물, 일정한 기준내용연수 등의 적용을 받는 광업에 사용되는 사업용고정자산 등으로 규정하고 있을 뿐, 광업권 등의 무형자산은 그 대상자산으로 규정하고 있지 않다. 그러나 취득세를 면제받을 수 있는 재산을 어느 범위까지로 정할 것인지는 입법정책에 관한 문제로서 반드시 그 범위가 일치하여야 하는 것은 아니라고 할 것인바, 구법 제38조가 현물출자에 따른 자산의 양도차익에 대한 과세이연을 적용받을 수 있는 자산의 범위에 광업권 등의 무형자산을 포함시키고 있지 않다고 하더라도, "제38조의 규정에 의한 현물출자에 따라 취득하는 재산"이라 함은 "구법 제38조의 규정에 의하여 신설법인의 설립등기일 현재 5년 이상 계속하여 사업을 영위한 내국법인이 현물출자하는 경우에 그 신설법인이 취득한 재산"을 의미하는 것으로 볼 것이고, 이를 그 법 제38조의 과세이연에 관한 규정의 적용을 받는 자산만을 의미하는 것으로 한정하여 해석할 것은 아니다.

2 | 현물출자와 이익증여

현물출자에 따른 이익은 상속증여세법 제39조의 증자에 따른 이익과 유사하다. 조세특례제한법 제38조의2(지주회사 설립 또는 전환)의 주식의 현물출자는 주식의 양도차익에 대해 양도소득세 또는 법인세의 과세를 이연받는 규정이나 이 경우의 주식의 현물출자도 상속증여세법 제39조의3의 현물출자이므로 현물출자에 따른 이익증여의 대상이 된다. 현물출자는 현물출자자에 한해 신주인수권을 부여하므로 제3자 배정이 되어 불균등 배정이 되는데, 불균등 배정이 된다고 하더라도 신주를 시가에 따라 배정하게 되면 이익의 문제는 발생되지 않는다. 따라서 현물출자는 신주인수권 포기에 따른 이익의 문제는 발생되지 않으므로 현물출자에 따른 이익은 결국, 발행한 신주의 시가 여부에만 있다.

(1) 과세요건

현물출자에 의하여 주식을 시가보다 낮거나 높은 가액으로 인수하여 다음의 어느 하나에 해당하는 이익을 얻은 경우에는 현물출자 납입일을 증여일로 하여 그 이익에 상당하는 금액을 그 이익을 얻은 자의 증여재산가액으로 한다(상증법 §39의3 ①). 여기서 시가란 상속증여세법 제60조와 제63조에 따라 평가한 가액을 말한다. 현물출자 납입일에 대해 심판원(조심 2010서3736, 2011.6.29.)은 상법 제423조 제1항 및 제2항에서 신주의 인수인은 납입 또는 현물출자의 이행을 한 때에는 납입기일의 다음날로부터 주주의 권리의무가 있다고 규정하고 있고, 현물출자자가 현물을 납입하지 아니하는 경우에는 주식을 취득할 권리를 상실하므로 결국 현물을 납입할 때까지는 주식을 취득하였다고 보기 어려운 점 등으로 볼 때, 상속증여세법 제39조의3에 의한 현물출자에 따른 증여이익의 산정 기준일은 증여일인 "현물출자 납입일"로 하는 것이 타당하다(2015.12.15. 개정세법 반영).

① 주식을 시가보다 낮거나 높은 가액으로 인수

㉮ 시가보다 낮은 가액으로 인수

㉯ 시가보다 높은 가액으로 인수

② 특수관계 유무

㉮ 시가보다 낮은 가액으로 인수: 해당 없음.

㉯ 시가보다 높은 가액으로 인수: 현물출자자와 신주인수자 사이에 특수관계인에 해당해야 한다.

③ 이익을 얻은 자

㉮ 시가보다 낮은 가액으로 인수: 현물출자자

㉯ 시가보다 높은 가액으로 인수: 현물출자자의 특수관계인에 해당하는 주주

(2) 이익계산

현물출자는 상속증여세법 제39조의 증자의 한 방식으로 이익의 발생 원인과 이익의 계산방법이 증자의 제3자 배정과 유사하다. 상속증여세법 제39조의 경우 증자에 따른 이익이 발생하면 그 이익에 상당하는 금액을 그 이익을 얻은 자의 증여재산가액으로 하고 있다. 현물출자의 경우도 상속증여세법 제39조의 현금증자의 경우와 마찬가지로 현물출자에 따른 이익증여를 증여재산가액으로 본다. 이 경우 현물출자 전·후의 주식 1주당 가액이 모두 영(0) 이하인 경우에는 이익이 없는 것으로 본다(상증령 §29의3 ②). 이익의 계산방법은 상속증여세법 시행령 제29조(증자에 따른 이익증여)를 준용한다.

(2)-1. 저가발행(상증령 §29의3 ① 1)

이익증여 = (① − ②) × ③

① 현물출자 후 1주당 평가액

- [(현물출자 전의 1주당 평가가액 × 현물출자 전의 발행주식총수) + (신주 1주당 인수가액 × 현물출자에 의하여 증가한 주식수)] ÷ (현물출자 전의 발행주식총수 + 현물출자에 의하여 증가한 주식수)

또는

- (현물출자 전 총주식 평가액 + 현물출자가액) ÷ 현물출자 후 발행주식총수 = 현물출자 후 총주식 평가액 ÷ 현물출자 후 발행주식총수

② 신주 1주당 인수가액

③ 현물출자자가 배정받은 신주수

앞서 자본거래로 인해 법인의 주주 비율의 변동을 가져오는 합병, 분할합병, 주식의 포괄적 교환 등에 따른 이익은 언제나 개별 주주의 얻은 이익의 반대편에는 개별 주주의 분여한 이익(손실)이 발생하게 되고, 이때 개별 주주들의 얻은 이익의 합계는 반드시 개별주주들의 손실의 합계와 같아야 한다. 이와 같은 이익의 계산구조라면 자본거래로 인한 법인의 주주 비율의 변동을 가져오는 이익의 계산방법으로는 합리적인 이익계산 방법이라고 할 수 있을 것이다. 현물출자의 경우도 자본거래로 인해 법인의 주주 비율의 변동을 가져오므로 합리적인 이익의 계산구조는 이와 마찬가지가 되어야 할 것이다.

사례 1 현물출자와 이익증여

현물출자대상은 주식회사 ○○오팜의 기명식 보통주식 총지분의 74.36%에 해당하는 3,374,060주(액면가액 500원)를 ○○법인에 현물출자한다. 김○○와 이○○는 보유주식의 100%를 현물출자하고, 법인 외는 보유주식의 2,374,540주 중 1,211,600주를 현물출자한다. ○○법인과 현물출자 대상 법인(○○오팜)의 지분현황은 다음과 같다.

| 지분현황 |

○○법인			○○오팜			
주주	주식수	지분율	주주	주식수	지분율	현물출자 주식수
갑	1,650,000	20.49%	김○○	1,861,860	41.037%	1,861,860
을	827,160	10.27%	이○○	300,600	6.62%	300,600
병	5,573,805	69.23%	법인 외	2,374,540	52.33%	1,211,600
계	8,050,965	100.00%	계	4,537,000	100.0%	3,374,060

| ○○오팜 현물출자 후 지분현황 |

구분	현물출자 전		현물출자	현물출자 후	
	주식수	지분율	주식수	주식수	지분율
김○○	1,861,860	41.04%	1,861,860		
이○○	300,600	6.62%	300,600		
법인 외	2,374,540	52.33%	1,211,600	1,162,940	25.63%
○○법인				3,374,060	74.37%
계	4,537,000	100.00%	3,374,060	4,537,000	100.00%

현물출자와 관련된 자료는 다음과 같다.

현물출자 전 발행주식총수는 8,050,965주(1주당 액면가 500원)이며, 현물출자 신주교부비율은 다음과 같다.

구분	신 고		공 정	
	○○법인	○○오팜	○○법인	○○오팜
1주당 평가액	3,960	16,823	6,620	16,823
신주교부비율	1	4.24826	1	2.5412523

* 신주발행주식수: 현물출자 주식수 3,374,060주 × 신주교부비율 4.24826 = 14,333,867주

| 현물출자내용 |

구분	현물출자 전		현물출자	현물출자 후	
주주	주식수	지분율	주식수	주식수	지분율
갑	1,650,000	20.49%		1,650,000	7.37%
을	827,160	10.27%		827,160	3.70%
병	5,573,805	69.23%		5,573,805	24.90%
김○○			7,909,655	7,909,655	35.33%
이○○			1,277,026	1,277,026	5.70%
법인 외			5,147,185	5,147,186	22.99%
계	8,050,965	100.00%	14,333,867	22,384,832	100.00%

□ 계산방법

① 현물출자 후 1주당 평가액

[(6,620원 × 8,050,965주) + (3,960원 × 14,333,867주)] ÷ (8,050,965주 + 14,333,867주)

= 4,917원

② 신주 1주당 인수가액: 3,960원

③ 배정받은 신주수

김○○: 7,909,655주, 이○○: 1,277,026주, 법인 외: 5,147,186주

④ 얻은 이익

현물출자에 따른 이익증여의 계산방법은 현금증자의 이익계산 방법을 준용하고 있다(상증령 §29의3 ②). 현물출자에 따른 이익증여를 계산하면 다음과 같다(금액 차이는 소수점 차이에서 오는 것임).

계산식: (① - ②) × 배정받은 주식수

- 김○○이 얻은 이익: (4,917원 - 3,960원) × 7,909,655주 = 7,567,167,228원
- 이○○이 얻은 이익: (4,917원 - 3,960원) × 1,277,026주 = 1,221,730,135원
- 법인 외가 얻은 이익: (4,917원 - 3,960원) × 5,147,186주 = 4,924,312,146원

위 사례는 '주식을 시가(6,620원)보다 낮은 가액(3,960원)으로 인수함에 따라 현물출자자가 얻은 이익'으로서 현물출자자와 다른 주주 사이에 특수관계인 해당 여부와 관계없이 얻은 이익이 이익증여에 해당한다. 따라서 김○○와 이○○가 얻은 이익은 모두 이익증여가 된다(법인 외의 경우는 법인 외와 주주 갑, 을, 병 사이에 특수관계가 성립되지 않으면 법인세법상 익금에 해당되지 않는다).

⑤ 현물출자에 따른 이익을 다음과 같은 방식으로 분석해 볼 수 있다. 이 계산방식은 현물출자자가 납입한 금액(현물출자 가액)과 납입한 후(현물출자 후)의 평가액을 비교하는 방식으로 납입한 금액과 납입한 후의 평가액의 차액을 이익증여로 본다. 이익의 계산결과는 상속증여세법 시행령 제29조의3 제1항 제1호의 계산에 의한 것과 동일하다.

구분	현물출자 전 ①		현물출자 가액 ②	계(①+②)	현물출자 후		증감
주주	1주당	평가액			1주당	평가액	
갑	6,620	10,923,000,000		10,923,000,000	4,917	8,112,554,831	-2,810,445,169
을		5,475,799,200		5,475,799,200		4,066,897,487	-1,408,901,713
병		36,898,589,100		36,898,589,100		27,404,726,473	-9,493,862,627
김○○			31,322,238,347	31,322,238,347		38,889,405,575	7,567,167,228
이○○			5,057,020,854	5,057,020,854		6,278,750,989	1,221,730,135
법인 외			20,382,855,844	20,382,855,844		25,307,167,990	4,924,312,146
계		53,297,388,300	56,762,115,045	110,059,503,345		110,059,503,345	-

- 현물출자 전 평가액 53,297,388,300원: 현물출자 전 1주당 평가액 6,620원 × 현물출자 전 보유주식수
- 현물출자가액 56,762,115,045원: 신주 1주당 인수가액 3,960원 × 신주수
- 현물출자 후 1주당 평가액 4,917원: (현물출자 전 평가액 + 현물출자가액) ÷ 현물출자 후 발행주식수

⑥ 증여자별 · 수증자별 증여재산가액("제2장 제4절" 참조)

〈김○○이 얻은 이익〉

甲으로부터: 7,567,167,228원 × (2,810,445,169원/13,713,209,509원) = 1,550,848,368원

乙로부터: 7,567,167,228원 × (1,408,901,713원/13,713,209,509원) = 777,454,385원

丙으로부터: 7,567,167,228원 × (9,493,862,627원/13,713,209,509원) = 5,238,864,475원

계 7,567,167,228원

〈이○○이 얻은 이익〉

甲으로부터: 1,221,730,135원 × (2,810,445,169원/13,713,209,509원) = 250,386,720원

乙로부터: 1,221,730,135원 × (1,408,901,713원/13,713,209,509원) = 125,521,139원

丙으로부터: 1,221,730,135원 × (9,493,862,627원/13,713,209,509원) = 845,822,275원

계 1,221,730,134원

〈법인 외가 얻은 이익〉

甲으로부터: 4,924,312,146원 × (2,810,445,169원/13,713,209,509원) = 1,009,210,081원

乙로부터: 4,924,312,146원 × (1,408,901,713원/13,713,209,509원) = 505,926,188원
丙으로부터: 4,924,312,146원 × (9,493,862,627원/13,713,209,509원) = 3,409,175,877원
계 4,924,312,146원

한편, 현물출자에 따른 이익을 다음과 같은 방식으로도 계산할 수 있다. 회사신고 지분율과 공정한 신고의 지분율의 차이를 이익증여로 계산하는 방식이다(금액 차이는 소수점 차이에서 오는 것임). 이익계산의 결과는 상속증여세법 시행령 제29조의3 제1항 제1호에 의한 것과 동일하다.

구분	신고 ①	공정 ②		지분율증감 ③(①－②)	현물출자 후 총주식 평가액 ④	이익증여 (③ × ④)
	주식수	주식수	지분율			
갑	7.37%	1,650,000	9.92%	－2.55%	110,059,503,345	－2,810,451,221
을	3.70%	827,160	4.98%	－1.28%		－1,408,904,747
병	24.90%	5,573,805	33.53%	－8.63%		－9,493,883,072
김○○	35.33%	4,731,456	28.46%	6.88%		7,567,183,523
이○○	5.70%	763,900	4.59%	1.11%		1,221,732,766
법인 외	22.99%	3,078,981	18.52%	4.47%		4,924,322,751
계	100.00%	16,625,303	100.00%	0.00%		－

(2)－2. 고가발행(상증령 §29의3 ① 2)

〈요건충족〉

MIN[(① － ②) ÷ ② ≥ 30%, (① － ②) × ③ ≥ 3억원]

이익증여 ＝ (① － ②) × ③

① 신주 1주당 인수가액

② 현물출자 후 1주당 평가액

[(현물출자 전의 1주당 평가가액 × 현물출자 전의 발행주식총수) + (신주 1주당 인수가액 × 현물출자에 의하여 증가한 주식수)] ÷ (현물출자 전의 발행주식총수 + 현물출자에 의하여 증가한 주식수)

* 위 계산식을 다음과 같이 할 수 있다.
  (현물출자 전 총주식 평가액 + 현물출자가액) ÷ 현물출자 후 발행주식총수
  = 현물출자 후 총주식 평가액 ÷ 현물출자 후 발행주식총수

③ 현물출자자가 인수한 신주수 × 현물출자자 외의 주주(현물출자 전에 현물출자자의 특수관계인인 경우에 한함)의 지분비율

현물출자의 이익계산 방법에 대해 심판원(조심 2010서3736, 2011.6.29.)은 주식을 평가함에 있어 증권거래법령에 따라 최근 1개월 평균종가, 최근 1주일 평균종가, 최근일 종가를 산술평균한 종가와 최근일 종가 중 낮은 가액으로 하고, 10% 할인하여 1주당 가액을 810원으로 평가하였으나, 상속증여세법 제39조의3 제1항 제1호에 의하면 현물출자에 의하여 법인이 발행한 주식을 인수함에 따라 주식을 시가(제60조 및 제63조의 규정에 의하여 평가한 가액)보다 낮은 가액으로 인수함에 따라 현물출자자가 얻은 이익에 대하여 당해 이익에 상당하는 금액을 그 이익을 얻은 자의 증여재산가액으로 한다고 규정하고 있는 바, 여기서 시가라고 함은 상속증여세법 제60조 및 제63조의 규정에 의하여 평가한 가액을 말하는 것이고, 증권거래법과 상속증여세법은 동일한 주식의 가액에 대하여 상이한 계산방법을 사용하고 있으나 별개의 목적을 가지고 독립적으로 운영되는 것이므로, 상속증여세법에서 별도의 준용 규정이 없는 이상 현물출자에 따른 증여이익을 상속증여세법 제39조의3 및 같은 법 시행령 제29조의3에 따라 계산하여 과세한 처분에 대하여 다른 법령을 들어 위법 또는 부당하다고 하기는 어렵다고 판단된다(조심 2009서1909, 2009.9.24. 같은 뜻).

다음은 진행 중의 사건(서울고법 2021누54004, 2022.5.12.)으로 구 증권거래세법 제7조 제1항 제2호 (가)목에서 정한 '주권 등의 양도가액을 알 수 있는 경우'에 해당하는 증권거래세에 관한 사건이다. 이 사건에서 주식의 현물출자에 'DCF방법'으로 평가하였다는 점이 주목된다. 즉 보유하던 이 사건 000주식 합계 812,412주(원고 ○ 224,384주, A 406,206주, B 151,904주, C 22,438주, D 7,480주)를 ***에 현물출자하고, 이 사건 주식의 가액을 260,895,552,444원(1주당 가액 321,137원)으로 하며, 이에 상응하여 ***이 원고들에게 신주 25,637,690주(1주당 발행가액 10,176원)를 발행하기로 하는 현물출자 계약을 체결하였다. 주식의 현물출자 가액은 상법 제422조에 따라 현물출자의 검사 절차를 진행하였고, 감정인은 현금흐름할인법(Discounted Cash Flow Method, 'DCF방법')에 따라 주식의 가액을 257,715,771,876원(1주당 가액 317,223원)으로 평가하였다. 구 상증세법

시행령 제54조 내지 제56조에서 정한 비상장주식의 보충적 평가방법을 적용한 이 사건 주식의 1주당 시가는 333,504원으로 평가하였다. 이 사건은 주식의 현물출자를 'DCF 방법'으로 평가하여 현물출자한 것에 대해 상속증여세법 제39조의3의 현물출자 여부를 다투는 사건이 아니다.

사례 2 ••• 현물출자와 이익증여

다음은 자본시장법 제133조 공개매수 방식에 의한 주식현물출자의 사례이다. 공개매수에 응한 브레인 주식회사(공개매수 대상자)의 기명식 보통주식의 주주에게 현금을 지급하는 '현금매수 방식'이 아닌, 응모 주주에게 홀딩스 주식회사(공개매수자)의 기명식 보통주식을 발행하여 교부하는 '현물출자 신주발행의 방식'이다. 상속증여세법 시행령 제29조의3 제1항에 따르면 상속증여세법 제39조의3을 적용함에 있어 자본시장법에 따른 주권상장법인이 같은 법 제165조의6(주식의 발행 및 배정 등에 관한 특례)에 따른 일반공모증자의 방법으로 배정하는 경우는 제외하고 있다. 자본시장법 제133조의 공개매수는 여기에 해당되지 않는다. 따라서 공개매수 방식에 의해 현물출자한 주식의 시가는 상속증여세법 제60조 및 제63조에 따른 가액이 되어야 한다(저자가 분석한 "회사분할과 공개매수에 따른 세법적용" 참조).

| 공개매수 전 지분현황 |

홀딩스(공개매수자)			브레인(공개매수 대상자)				
주주	주식수	지분율	주주	주식수	지분율	공개매수	비고
특수관계인 1	2,850,839	29.64%	특수관계인 1	2,305,211	29.64%	-1,700,979	참여
특수관계인 2	587,546	6.11%	특수관계인 2	475,095	6.11%	-475,095	참여
특수관계인 3	232,102	2.41%	특수관계인 3	187,680	2.41%		
특수관계인 4	229,309	2.38%	특수관계인 4	185,421	2.38%		
특수관계인 5	279,614	2.91%	특수관계인 5	279,614	2.91%		
소액주주	5,440,295	56.55%	소액주주	4,163,782	53.53%	-385	참여
계	9,619,705	100.00%	홀딩스	235,281	3.02%	2,176,459	본인
			계	7,778,566	100.0%	-	

| 공개매수 현물출자 가격 및 신주발행비율 |

구분	증권신고서		공정한 신고	
공개매수	홀딩스	브레인	홀딩스	브레인
1주당 평가액	43,877	228,700	31,506	228,700
신주교부비율	1	5.212298	1	7.258925

위의 신주교부비율에 따라 공개매수에 응한 주주의 현물출자는 다음과 같게 된다. 이로 인해 특수관계인 1의 지분이 29.64%에서 55.89%가 되었다.

| 공개매수 결과 |

구분	출자 전		신주	출자 후	
주주	주식수	지분율	주식수	주식수	지분율
특수관계인 1	2,850,839	29.64%	8,866,009	11,716,848	55.89%
특수관계인 2	587,546	6.11%	2,476,337	3,063,883	14.61%
특수관계인 3	232,102	2.41%		232,102	1.11%
특수관계인 4	229,309	2.38%		229,309	1.09%
특수관계인 5	279,614	2.91%		279,614	1.33%
소액주주	5,440,295	56.55%	2,007	5,442,302	25.96%
계	9,619,705	100.00%	11,344,353	20,964,058	100.00%

• 신주 주식수: 공개매수에 응한 주주의 현물출자 주식수 × 신주교부비율

□ 계산방법

① 신주 1주당 인수가액: 43,877원

② 현물출자 후 1주당 평가액

[(31,506원 × 9,619,705주) + (43,877원 × 11,344,353주)]

÷ (9,619,705주 + 11,344,353주) = 38,200원

③ 현물출자자가 인수한 신주수

11,344,353주(특수1 8,866,009주 + 특수2 2,476,337주 + 소액주주 2,007주)

④ 현물출자자 외의 주주(현물출자 전에 현물출자자의 특수관계인인 경우에 한정한다)의 지분비율

현물출자자 외의 주주가 얻은 이익은 다음과 같이 계산된다(금액 차이는 소수점 차이에서 오는 것임).

얻은 이익: (① - ②) × ③ × ④

| 얻은 이익 |

주주	①	②	③	④	얻은 이익
특수관계인 3	43,877	38,200	11,344,353	2.41%	1,553,769,258
특수관계인 4	43,877	38,200	11,344,353	2.38%	1,535,071,972
특수관계인 5	43,877	38,200	11,344,353	2.91%	1,871,830,649
소액주주	43,877	38,200	11,344,353	56.55%	36,407,782,546
계					41,368,454,425

• 얻은 이익(소액주주): [(① - ②) × ③ × ④] - (① - ②) × 2,007주]
= 얻은 총이익 - 자신으로부터 분여받은 이익

위 사례는 '주식을 시가(31,506원)보다 높은 가액(43,877원)으로 인수함으로써 현물출자자 외의 주주가 이익을 얻게 된다. 다만, 이익증여는 이익을 얻은 주주가 현물출자 전에 현물출자자의 특수관계인인에 해당하는 경우에 한하므로 특수관계인이 아닌 소액주주에 대해서는 이익증여로 보지 않는다.

현물출자에 따른 이익은 다음과 같은 방식으로도 계산할 수 있다. ≪사례 1≫과 마찬가지 방식으로 현물출자자가 납입한 금액(현물출자 가액)과 납입한 후(현물출자 후)의 평가액을 비교하는 방식으로 납입한 금액과 납입한 후의 평가액의 차액을 이익증여로 본다. 이익계산의 결과는 상속증여세법 시행령 제29조의3 제1항 제2호의 계산에 의한 것과 동일하다.

| 얻은 이익 |

구분	증자 전(출자 전)		증자금액	계 ③	증자 후(출자 후)		이익
주주	1주당	평가액 ①	(출자가액) ②	(① + ②)	1주당	평가액 ④	(④ − ③)
특수1	31,506	89,818,658,846	389,013,897,300	478,832,556,146	38,200	447,588,087,684	−31,244,468,462
특수2		18,511,250,102	108,654,226,500	127,165,476,602		117,041,490,639	−10,123,985,963
특수3		7,312,615,814		7,312,615,814		8,866,385,072	1,553,769,258
특수4		7,224,619,434		7,224,619,434		8,759,691,405	1,535,071,972
특수5		8,809,530,975		8,809,530,975		10,681,361,624	1,871,830,649
소액주주		171,402,173,404	88,049,500	171,490,222,904		207,898,005,450	36,407,782,546
계		303,078,848,574	497,756,173,300	800,835,021,874		800,835,021,874	0

- 현물출자 전 평가액 303,078,848,574원: 현물출자 전 1주당 평가액 31,506원 × 현물출자 전 보유주식수
- 현물출자가액 497,756,173,300원: 신주 1주당 인수가액 43,877원 × 신주수
- 현물출자 후 1주당 평가액 38,200원: (현물출자 전 평가액 + 현물출자가액) ÷ 현물출자 후 발행주식수

공개매수 대상자인 브레인의 공개매수 결과는 다음과 같게 된다. 홀딩스의 지분이 공개매수 전 3.02%에서 공개매수 후 31.0%가 되면서 지배력을 확보하게 된다.

| 공개매수 대상자 공개매수 결과 |

구분	공개매수 전		현물출자	공개매수 후	
주주	주식수	지분율	주식수	주식수	지분율
특수1	2,305,211	29.64%	−1,700,979	604,232	7.77%
특수2	475,095	6.11%	−475,095	−	0.00%
특수3	187,680	2.41%		187,680	2.41%
특수4	185,421	2.38%		185,421	2.38%
특수5	279,614	2.91%		226,096	2.91%
소액주주	4,163,782	53.53%	−385	4,163,397	53.52%
홀딩스	235,281	3.02%	2,176,459	2,411,740	31.00%
계	7,778,566	100.0%	−	7,778,566	100.00%

관련규정 및 예규판례

- **현물출자는 신주인수권이 미치지 않으므로 증여세 부과처분은 위법**(대법원 88누889, 1989.3.14.)
  주주의 신주인수권은 주주가 종래 가지고 있던 주식의 수에 비례하여 우선적으로 인수의 배정을 받을 수 있는 권리로서 주주의 자격에 기하여 법률상 당연히 주주에게 인정되는 것이긴 하나, 다만 현물출자자에 대하여 발행하는 신주에 대하여는 일반주주의 신주인수권은 미치지 않는다고 보는 것이 타당하다. 원심이 위와 같은 취지에서 소외 ○○섬유주식회사의 이사회에서 원고로부터 현물출자를 받아 이에 대하여 원고에게 위 회사의 보통주식 170,000주를 배정하기로 결의한 이상 원고를 제외한 위 회사의 구주주들에게는 위 현물출자에 의하여 발행되는 신주에 대한 신주인수권이 없다고 판단하고, 신주인수권이 있음을 전제로 한 증여세 부과처분을 위법하다 하여 취소를 명한 것은 정당하다.

- **현물출자 당사자 간에 증여행위가 있었던 것으로 인정되지 아니함**(국심 1994전3065, 1994.11.3.).
  법인의 자본 또는 출자액을 증가하기 위하여 새로운 주식을 배정함에 있어서는 당해 법인의 주주에게는 그 소유 주식수에 비례하여 신주인수권을 가지고 있으나 현물출자의 경우는 이사회 또는 정관의 규정에 의한 주주총회의 결의로 현물출자를 하는 자와 그 목적인 재산의 종류 · 수량 · 가액과 이에 대하여 부여할 주식의 종류와 수를 정하기 때문에 현물출자자에게 부여하는 신주에는 다른 주주의 신주인수권이 미치지 못함. 현물출자에 따라 1주당 10,175원인 신주를 1주당 5,000원에 인수함으로써 실질적으로 3억 5천만원의 이익을 얻은 것은 사실이나 현물출자의 경우에도 다른 주주에게 신주인수권이 있다고 전제하여 상속세법 제34조의5 제1항에 의거 증여세를 과세한 것은 동 규정을 확대 또는 유추 해석한 것에 해당함. 또한 현물출자 시 다른 주주가 신주인수에 참여하지 아니한 것에 불과한 것이지 당사자 간 어떠한 증여행위가 있었던 것으로 인정되지 아니함.

제2절 사업(부)현물출자와 이익

1 사업(부)현물출자

사업 또는 사업부의 현물출자에 대한 규정으로는 조세특례제한법 제32조(법인전환) 및 제37조(자산의 포괄양도. 2017.12.19. 삭제), 법인세법 제47조의2(현물출자)가 있다. 이 규정들은 모두 사업 또는 사업부의 포괄적인 양도로서 매매의 방식이 아닌 주식을 취득하기 위한 방식이다. 대법원(대법원 97누1723, 1998.5.26.)은 법인 또는 개인이 다른 법인 소유의 부동산을 취득하고자 하는 경우 이를 위한 거래의 법적 형식은 당해 부동산을 매매에 의하여 직접 취득하는 방식과 그 부동산을 소유하는 법인 자체에 대한 지배권을 취득할 수 있는 주식을 양수하는 방식으로 나눌 수 있는바, 법인이 부동산을 취득하기 위하여 어느 방식을 취할 것인가의 문제는 그 목적 달성의 효율성, 조세 등 관련 비용의 부담 정도 등을 고려하여 스스로 선택할 사항이라고 할 것이며, 법인이 어느 한 가지 방식을 선택하여 부동산 취득을 위한 법률관계를 형성하였다면, 그로 인한 조세의 내용이나 범위는 그 법률관계에 맞추어 개별적으로 결정된다 할 것이고 서로 다른 거래의 궁극적 목적이 부동산의 취득에 있다고 하여 그 법적 형식의 차이에도 불구하고 그 실질이 같다고 하거나 조세법상 동일한 취급을 받는 것이라고 할 수는 없는바, 법인이 자본금을 증자한 후 타 회사 보유 부동산취득에 관하여 매매계약 대신에 타 회사 주식을 인수하는 방식이 자신에게 유리한 것으로 판단하여 타 회사와 경영권양도・양수계약을 체결하여 타 회사 주식을 취득하였다면, 이러한 경우에는 그 거래의 법적 형식은 물론 그 실질 또한 타 회사 주식의 취득이라고 할 것이다.

(1) 현물출자와 법인전환

거주자가 사업용고정자산을 현물출자하는 경우 그 사업용고정자산에 대해서는 이월과세를 적용받을 수 있다(조특법 §32 ①). 이 경우 새로 설립되는 법인의 자본금이 사업용고정자산을 현물출자하는 사업장의 순자산가액(현물출자일 현재의 시가로 평가한 자산의 합계액에서 충당금을 포함한 부채의 합계액을 공제한 금액을 말한다) 이상인 경우에만 적용한다(조특법 §32 ②). 여기서 현물출자일 현재의 시가란 실지거래가액이 불분명한 경우의 양도가액 또는 법인으로 전환하는 사업장의 순자산가액은 법인세법 시행령 제89조 제1항에 해당하는 가격, 같은 조 제2항 제1호의 감정가액, 상속증여세법 제61조부터 제64조까지의 규정을 준용하여 평가한 가액을 순서대로 적용한다(부동산거래관리과 442, 2012.8.20.: 서면인터넷방문상담2팀 1176, 2007.6.15.).

새로 설립되는 법인의 자본금 ≧ 법인으로 전환하는 사업장의 순자산가액

* 순자산가액: 현물출자일 현재의 시가로 평가한 자산의 합계액 – 충당금을 포함한 부채의 합계액

| 재무상태표(새로 설립되는 법인의 자본금) |

자본	금액	
1. 자본금		12,910,947,973
자본금	12,910,947,973	
자본총계		12,910,947,973

| 사업장 순자산가액의 산정내역(법인으로 전환하는 사업장의 순자산가액) |

구분	금액	비고
1. 사업장의 총자산	16,303,079,752	
유동자산	3,075,199,600	
비유동자산	13,227,880,152	
2. 사업장의 부채	3,392,131,779	
유동부채	1,392,131,779	
비유동부채	2,000,000,000	
3. 사업장의 순자산(1-2)	12,910,947,973	

(1)-1. 법인으로 전환하는 사업장의 순자산가액의 요건

개인사업의 자산과 부채를 포괄 양도하는 방식으로 현물출자하고 주식을 취득하는 개인사업자의 법인전환에 따른 양소득세 이월과세의 가장 중요한 요건은 법인으로 전환하는 사업장의 순자산가액의 요건이다. 그동안 사업장의 순자산가액 요건은 몇 번의 개정을 거쳐 현재에 이르게 되었다. 관련 내용을 살펴보면 다음과 같다.

대법원(대법원 2016두62771, 2017.3.9.)은(이하의 내용은 하급심. 서울고등법원 2016누45549, 2016.11.9.의 판결내용임) 개인사업자가 사업용 재산을 포함한 사업을 현물출자하여 법인전환하는 경우 설립법인의 자본금이 당해 사업장의 순자산가액 이상이면 그 사업용 재산에 대하여 취득세 등을 면제하는 취지는 그와 같은 법인전환이 실질적으로는 동일한 사업자가 사업의 운영형태만 바꾸는 것에 불과하여 재산이전에 따르는 취득세 등을 부과할 필요가 적을 뿐만 아니라 그와 같은 개인사업의 법인전환을 장려할 필요가 있다는 데에 있고(대법원 2002두12182, 2003.3.14.), 따라서 그 면제요건에서 설립법인의 자본금이 당해 사업장의 순자산가액 이상일 것을 요구하는 것은, 당해 사업장의 순자산가액이 설립법인에 그대로 승계되게 하려는데 있다(대법원 2012두17865, 2012.12.13.). 다만, 당해 사업장의 순자산가액 산정기준에 관하여 구 조세감면규제법 시행령(1997.12.31. 대통령령 제15562호로 개정되기 전의 것) 제28조 제1항 제2호에서는 '당해 사업장의 1년간 평균 순자산가액'으로 규정하고 있었고, 이에 관하여 현물출자일이 속하는 전월의 말일부터 소급하여 1년간 매월 말일 현재의 사업용 재산의 합계액에서 부채(충당금 포함)의 합계액을 공제한 다음 이를 12로 나누어 산출한 금액이 신설법인의 자본금 이하인 경우에 한하여 취득세 등이 면제되는 것으로 해석되었고(대법원 93누20160, 1994.11.18.), 그렇게 1년간의 평균 순자산가액과 비교하였던 것은 개인기업의 법인전환을 장려하되 그 과정에서 개인사업자가 출자금액을 부당하게 축소시키는 것을 방지하려는데 있는 것으로 풀이되었다(대법원 97누6216, 1998.11.24., 대법원 93누20160, 1994.11.18.).

그런데 위 구 조세감면규제법 시행령 규정이 1997.12.31. 자로 개정되면서 사업용 재산의 평가를 시가에 의하도록 함과 아울러, 1년간의 평균 순자산가액이 아니라 해당 기준일 당시 순자산가액에 의하도록 규정함에 따라, 현물출자에 의한 법인전환의 경우 그 현물출자일 당시 당해 사업장의 순자산가액과 비교하여 설립법인의 자본금이 그 이상이면 취득세 등이 면제되게 되었고, 이러한 규정이 이 사건에도 적용되는 구 조세특례제한법 시행령 제28조 제1항 제2호에 이르기까지 이어졌다. 따라서 이러한 규정하에서는 현물출자 당시 당해 사업장의 순자산가액이 외부 유출됨이 없이 설립법인의 자본금으로 그대로 승계되었는지 여부만 문제가 될 뿐 현물출자 이전과 비교해서 축소되었는지 여부는 더 문제 될 여지가 없게 되었고, 이는 설립법인의 자본충실이 확보되면 그 규모는 종전에 비하여 축소되더라도 취득세 면제 등의 과세특례를 인정하여 법인전환을 촉진시키자는 데 그 취지가 있는 것으로 볼 수가 있다. 그러므로 이 사건에서 개인사업체를 운영하여 오다가 2011.2.28. 그 자산 중 보통예금 901,493,822원을 인출한 후, 그 다음 날인 2011.3.1. 자로 나머지 토지와 건물 등 사업용 재산 2,923,512,339원을 포함한 사업을 현물출자 할 당시 당해 사업장의 순자산가액은 위 사업용 재산가액에서 당시 부채총액 1,510,734,839원을 공제한 나머지 1,412,777,500원이었고, 이것이 그 후 2011.5.12. 자로 설립된 원고의 자본금과 같은 금액이었던 이상 현물출자 대상이었던 위 사업용 재산에 관하여는 취득세 등이 면제된다고 할 것이다.

(1)-2. 사업장별 적용과 법원의 심사

양도소득세 이월과세의 요건으로 새로 설립되는 법인의 자본금이 법인으로 전환하는 사업장의 순자산가액 이상일 것을 규정한 이유는, 개인사업장을 법인으로 전환하여 기업의 조직 형태를 변경하는 것은 실질적으로 동일한 사업주가 사업의 운영 형태만 바꾸는 것에 불과한데 이처럼 실질적으로 동일한 사업주가 사업의 운영 형태만 바꾼 것으로 평가되기 위해서는 사업양수도 대상의 순자산가액이 신설 법인에 그대로 승계되어야 하기 때문으로(대법원 2012두17865, 2012.12.13.) 위와 같은 이월과세 제도의 취지는 개인기업을 법인기업으로 전환하는 것을 장려하되 그 과정에서 개인사업자가 출자금액을 부당하게 축소시키는 것을 방지하려는 데에 있다(대법원 93누20160, 1994.11.18.). 따라서 양도소득세 이월과세는 사업장별로 적용하는 것이 타당하고 그 이월과세 요건인 순자산가액, 즉 '현재의 시가로 평가한 자산의 합계액에서 충당금을 포함한 부채의 합계액을 공제한 금액'을 계산함에 있어서도 그 자산이나 부채는 해당 사업장의 사업과 직접 관련된 자산이나 부채로 한정하는 것이 상당하다.

한편, 법원(서울고법 2017누42363, 2017.12.15.)은 주식회사의 발기설립에 있어서 법원의 심사대상은 변태설립사항이나 현물출자의 이행 등의 적정성인데, 위와 같은 심사를 하도록 한 취지는 현물출자의 목적물을 과대평가하는 등의 방법으로 회사의 자본충실을 해하는 것을 방지하여 금전 출자자와 회사채권자를 보호하기 위한 것이다. 법원의 심사도 이러한 취지에 맞추어 부동산감정서의 평가기준일이나 근저당채무의 반영 여부, 대항력 있는 임차인의 존부, 현물출자의 이행 여부 등과 같은 외형적 · 형식적 사항에 집중되어 있고, 변경결정을 할 때에도 제도의 취지상 제한적 · 소극적 변경만이 가능할 뿐이다. 따라서 원고가 법원으로부터 이 사건 부동산의 현물출자에 대하여 승인받았다는 사정만으로는 개인사업자가 출자금액을 부당하게 축소하는 것을 방지하는 데 그 목적을 둔 조세특례제한법상의 이월과세의 요건까지 승인받은 것으로 볼 수는 없다고 하면서, 이처럼 원고가 법인전환을 위한 현물출자 직전에 소멸하는 사업장과 직접 관련 없는 이 사건 부동산에 설정된 물상보증채무 등의 상환을 목적으로 고액의 부채를 발생시킨 다음 축소된 순자산가액을 출자하여 이 사건 법인으로 전환한 것은, 사업의 동일성을 유지하면서 사업을 운영하는 형태만 변경한 것으로 보기 어렵다. 원고 주장에 의하더라도, 이 사건 부채는 원고가 그동안 이 사건 사업장에 출자한 금원(또는 누적된 이익금)을 인출하여 원고의 다른 사업장의 부채를 상환하였다는 것이어서 그 실질이 이 사건 사업장의 사업과 직접 관련이 없는 것임을 사실상 자인하고 있다. 이러한 원고의 행위는 개인사업자가 부채를 과대 계상함으로써 출자금액을 사실상 축소시키는 것임에 틀림없고, 사업양수도 대상의 순자산가액이 신설 법인에 그대로 승계되는 것이 아님도 분명하다.

(1) - 3. 법인전환과 영업권

(가) 법인전환 영업권의 인정 여부

조세특례제한법 제32조의 개인사업의 법인전환은 현물출자 방식과 사업 양도 · 양수 방식이 있다. 다음의 사례는 사업 양도 · 양수 방법의 법인전환에서 상속증여세법의 보충적 평가방법을 준용하여 평가한 영업권의 가액을 개인사업의 영업권 양도로 보고, 영업권을 무상으로 받은 법인주주에 대해서는 증여이익(영업권 × 각 주주 지분비율)으로 보고 있다. 심판원(조심 2018중3003, 2018.11.16.)은 소득세법 제21조 제1항 제7호에서는 원칙적으로 영업권 양도로 인하여 발생하는 소득은 기타소득으로 규정하고 있으나, 소득세법 제94조 제1항 제4호 (가)목에서 사업용 고정자산인 토지 · 건물과 함께 영업권이 양도된 것으로 인정되는 경우에는 그로 인하여 발생하는 소득을 양도소득으로 구분하도록 규정하고 있다. 이 사건의 법인전환 사업장의 경우 높은 기술력이 인정되고 동종 업계에 비하여 높은 이익을 실현한 것으로 보이는 점 등에 비추어 개인사업인 사업장의 법인전환 당시에 초과수익력이 존재하지 아니하였던 것으로 보기는 어렵다. 따라서 상속증여세법상 보충적 평가방법을 준용하여 평가한 영업권의 가액은 정당하고 대가 없이 영업권이 양수법인에 인도된 것으로 보아 상속증여세법 제41조에 따른 특정법인에 해당하는 양수법인을 통하여 그 주주가 받은 증여이익을 계산함이 타당하다. 또한 개인사업자가 법인전환하면서 사업에 사용하던 영업권을 사실상 법인에 이전한 것으로 보아 법인사업 개시 후 3년 미만임에도 영업권을 순자산가액에 포함하여 당해 주식을 평가함이 타당하다(조심 2013서4200, 2014.2.18., 같은 뜻, 조심 2019전0186, 2019.7.18.).

(나) 법인전환 영업권과 이월과세요건

한편, 법인으로 전환하는 사업장의 순자산가액에 대해서는 '사업장의 순자산가액'이라 함은 전환일 현재 시가로 평가한 사업용 자산의 합계액에서 충당금을 포함한 부채의 합계액을 공제한 금액을 말하는 것으로 영업권은 순자산가액에 포함되지 아니한다(재일 46014-108, 1999.1.19.). 법인전환 이월과세 적용 시 '사업장의 순자산가액'이라 함은 전환일 현재 시가로 평가한 사업용 자산의 합계액에서 충당금을 포함한 부채의 합계액을 공제한 금액을 말하는 것으로 영업권은 순자산가액에 포함되지 아니한다(부동산거래관리과-0738, 2011.8.22.).

(1)-4. 이월과세적용 신고세액과 이월과세 적용 여부

조세특례제한법은 '양도소득세의 이월과세를 적용받고자 하는 자는 통합일이 속하는 과세연도의 과세표준신고(예정신고를 포함한다) 시 통합법인과 함께 기획재정부령이 정하는 이월과세적용 신청서를 납세지 관할 세무서장에게 제출하여야 한다.'고 규정하고 있다. 과세연도의 과세표준신고 시까지 이월과세적용신청을 하였더라도 양도소득 과세표준 신고 당시 양도소득세액을 적게 신고한 경우에 대해, 대법원(대법원 2014두40661, 2014.12.24.)은 구 조세특례제한법 제31조 제1항에 정한 중소기업 간 통합에 대한 양도소득세 이월과세의 취지는 개인이 중소기업 간의 통합을 위하여 사업용 고정자산을 양도함으로써 발생하는 소득에 대한 과세시기를 통합법인이 이를 양도하는 시점으로 늦추고 아울러 그 납세의무자도 개인이 아닌 통합법인으로 변경함으로써 중소기업 간의 원활한 구조조정을 지원하려는 데 있는 점, 구 조세특례제한법 제2조 제1항 제6호의 문언상 장래에 통합법인이 납부하여야 할 세액은 '소득세법 제104조에 따른 양도소득 산출세액 전부'로 해석되는 점 등을 종합하여 보면, 사업용 고정자산의 양도인이 구 조세특례제한법 제31조 제1항, 제3항에 따라 통합일이 속하는 과세연도의 과세표준신고 시까지 이월과세적용신청을 함으로써 양도소득세 이월과세가 적용되는 경우에는 그 사업용 고정자산의 양도에 따른 양도소득세 전부에 대하여 이월과세가 적용된다고 봄이 타당하고 양도인이 양도소득 과세표준이나 양도소득세액을 적게 신고하였다고 하여 달리 볼 것은 아니다.

(2) 사업(부)현물출자

사업(부)의 현물출자에는 사업 전부의 포괄양도 방식인 조세특례제한법 제37조(2017.12.19. 삭제)와 사업의 일부 양도 방식인 법인세법 제47조의2가 있다. 2017.12.19. 삭제된 조세특례제한법 제37조는 내국법인이 요건을 갖추어 자산을 포괄적으로 양도하고 그 대가로 인수법인의 주식을 받는 경우이고 법인세법 제47조의2는 내국법인이 요건을 갖춘 현물출자를 하는 경우이다. 사업(부)의 현물출자에 따른 조세특례제한법 제37조와 법인세법 제47조의2는 현물출자 요건이 유사하다. 조세특례제한법 제37조를 삭제한 이유가 된다. 조세특례제한법 제37조를 삭제하면서 법인세법 제47조의2에서는 원활한 기업 구조조정을 지원하기 위하여 현물출자 시 자산 양도차익에 대한 법인세가 과세이연되는 요건 중 현물출자 대상이 독립된 사업부문이 아니더라도 손금 산입을 할 수 있도록 적격현물출자 요건에서 독립된 사업부문 승계요건을 폐지하였다.

사업(부)의 포괄적인 양도는 그 대가를 주식으로 받는 방식과 주식이 아닌 현금 등으로 받는 방식을 나눌 수 있는데 어떤 방식을 취할 것인가의 문제는 그 목적 달성의 효율성, 조세 등 관련비용의 부담 정도 등을 고려하여 스스로 선택할 사항이라고 할 것이다. 사업(부)의 포괄적인 양도에 대한 대가를 주식으로 받는 경우에도 현금 등으로 받은 것과 마찬가지로 영업권의 문제가 따르게 된다. 다만, 지분을 취득하게 되므로 지분의 변동에 따른 이익증여의 문제가 발생할 수 있다. 사업(부)의 포괄적인 양도에 따른 지분의 취득은 상속증여세법의 현물출자에 따른 이익증여(상증법 §39의3)에 해당된다. 따라서 사업(부)의 포괄적인 양도의 대가로 교부받은 주식의 평가액은 신주교부비율에 영향을 미치게 되므로 주주 간의 이익증여가 발생하게 된다. 여기서는 사업(부)의 양도에 따른 영업권 등의 문제는 "제2편(기업의 무형가치)"에서 다루기로 하고 이익증여의 문제만을 살펴보기로 한다.

2 사업(부)현물출자와 이익증여

(1) 과세요건

법인세법 제47조의2의 적격현물출자 요건은 다음과 같이 적격분할의 요건과 유사한 점이 많다.

① 출자법인이 현물출자일 현재 5년 이상 사업을 계속한 법인일 것

② 피출자법인이 그 현물출자일이 속하는 사업연도의 종료일까지 출자법인이 현물출자한 자산으로 영위하던 사업을 계속할 것

③ 다른 내국인 또는 외국인과 공동으로 출자하는 경우 공동으로 출자한 자가 출자법인의 특수관계인이 아닐 것

④ 출자법인 및 제3호에 따라 출자법인과 공동으로 출자한 자가 현물출자일 다음 날 현재 피출자법인의 발행주식총수의 100분의 80 이상의 주식을 보유하고, 현물출자일이 속하는 사업연도의 종료일까지 그 주식을 보유할 것

⑤ 출자법인이 분리하여 사업이 가능한 독립된 사업부문을 현물출자를 통하여 피출자법인에 승계할 것(2017.12.19. 삭제)

법인세법 제47조의2의 적격현물출자도 법인의 자본을 증가시키는 거래이므로 법인세법 제47조의2로 인한 얻은 이익은 상속증여세법 제39조의3의 현물출자에 따른 이익이 된다. 또한 이와 경제적 실질이 유사한 경우로서 상속증여세법 제33조부터 제39조까지, 제39조의2, 제39조의3, 제40조, 제41조의2부터 제41조의5까지, 제42조, 제42조의2 또는 제42조의3을 준용하여 증여재산의 가액을 계산할 수 있는 경우의 그 재산 또는 이익이 증여재산이 된다(상증법 §4 ① 6). 법인세법 제47조의2의 적격현물출자에 따른 이익은 상속증여세법 제39조의3의 과세요건과 같은 법 제4조 제1항 제6호가 충족되어야 한다.

(2) 이익계산

사업부 현물출자에 따른 이익을 다음과 같은 방식으로 계산할 수 있다.

사례 ••• 사업부 현물출자와 이익증여

주식회사 ○○산업은 사업부를 케이씨에 양도하고 그 대가를 주식으로 교부받는 형식의 현물출자 방식이다. 케이씨와 ○○산업의 지분과 현물출자 내용은 다음과 같다.

| 지분 현황 |

케이씨(양수법인)			○○산업(양도법인)
주주	주식수	지분율	* 사업부 양도대가인 40,434,211,242원을 현물출자(1주당 70,868원, 현물출자 발행주식수 500,000주)
갑	250,000	50.0%	
을	150,000	30.0%	
병	100,000	20.0%	
계	500,000	100.0%	

현물출자 대상 사업부에 대한 평가액 35,434백만원이다. 평가방법은 순자산에 대하여 자산가치 평가법에 의하여 평가를 수행하였다. 그 이유를 다음과 같이 설명하고 있다. 평가대상 현물출자대상 순자산의 개별 자산부채의 가치평가가 객관적인 유형자산 및 화폐성 자산부채의 비중이 높고 개별적인 가치평가의 불확실성이 높은 무형자산의 비중이 낮은 바, 비교적 직관적이고 객관적이라는 장점을 가지고 있는 순자산가치 평가방법을 적용하였다.

| 현물출자 현황 |

현물출자(장부가액) 매각자산 및 부채		영업양수도 가액
구분	금액	
Ⅰ. 유동자산	40,715,516	* 증권신고서 양도가액(A): 35,434,211,242원 인수한 주식수(B): 500,000주 1주당 인수가액(A/B): 70,868원 * 공정한 양도가액(A): 40,434,211,242원 인수한 주식수(B): 500,000주 1주당 인수가액(A/B): 80,868원
Ⅱ. 비유동자산	20,633,995	
매각예정자산	61,349,511	
Ⅰ. 유동부채	15,636,651	
Ⅱ. 비유동부채	13,489,502	
매각예정부채	29,126,153	
매각예정 사업부문 순자산	32,223,358	

위 현물출자 현황에 따르면 1주당 평가액과 신주교부비율은 다음과 같게 된다.

구분	증권신고서		공정한 신고	
	케이씨	○○산업	케이씨	○○산업
1주당 평가액	70,868	70,868	70,868	80,868
신주교부비율	1	1	1	1.14111

| 현물출자 결과 |

구분	현물출자 전		발행신주	현물출자 후	
주주	주식수	지분율	주식수	주식수	지분율
갑	250,000	50.0%		250,000	25.00%
을	150,000	30.0%		150,000	15.00%
병	100,000	20.0%		100,000	10.00%
○○산업			500,000	500,000	50.00%
계	500,000	100.0%	500,000	1,000,000	100.00%

상속증여세법 제39조의3의 이익계산 방법에 따른 이익을 계산하기 전에 다음과 같은 방식으로 이익계산을 해보자. 앞서 현물출자와 이익증여에서 현물출자자가 납입한 금액(사업부의 양도가액)과 납입한 후(현물출자 후)의 평가액을 비교하는 방식으로 납입한 금액과 납입한 후의 평가액의 차액을 이익증여로 보는 방식이 되겠다. 이익을 얻은 주주는 사업부를 양수한 법인의 주주들이며 이익을 분여한 자는 현물출자한 ○○산업이 된다.

| 얻은 이익 |

구분	현물출자 전		출자가액 ②	계 ③	현물출자 후		이익
주주	1주당	평가액 ①		(① + ②)	1주당	평가액 ④	(④ − ③)
갑	70,868	17,717,105,621		17,717,105,621	75,868	18,967,105,621	1,250,000,000
을		10,630,263,373		10,630,263,373		11,380,263,373	750,000,000
병		7,086,842,248		7,086,842,248		7,586,842,248	500,000,000
○○산업			40,434,211,242	40,434,211,242		37,934,211,242	−2,500,000,000
계		35,434,211,242	40,434,211,242	75,868,422,484		75,868,422,484	−

• 현물출자 전 평가액 40,434,211,242원: 현물출자 전 1주당 평가액 80,868원 × 현물출자 전

보유주식수
• 현물출자가액(양도대가): 35,434,211,242원
• 현물출자 후 1주당 평가액 75,868원: (현물출자 전 평가액 + 현물출자가액) ÷ 현물출자 후 발행주식수

한편, 상속증여세법 제39조의3의 이익계산 방법에 따르면 다음과 같게 된다.

□ **계산방법**

① 현물출자 후 1주당 평가액
[(70,868원 × 500,000주) + (80,868원 × 500,000주)] ÷ (500,000주 + 500,000주)
= 75,868원

② 신주 1주당 인수가액: 70,868원

상속증여세법 제39조의3의 이익계산 방법에 따르면 현물출자 후 1주당 평가액(75,868원)이 신주 1주당 인수가액(70,868원)보다 높으므로 주식을 시가보다 낮은 가액으로 인수함에 따라 "현물출자자가 얻은 이익"이 된다. 그런데 앞서 현물출자자가 실제 납입한 금액으로 하는 이익계산 방식에 따르면 이익을 얻은 자는 사업부를 양수한 법인의 주주들이며 현물출자자는 이익을 분여한 것으로 계산되고 있다. 상속증여세법 제39조의3의 현물출자에 따른 이익은 현물출자자가 주식을 시가보다 낮은 가액으로 인수함으로써 현물출자가 얻은 이익과 주식을 시가보다 높은 가액으로 인수함으로써 현물출자자의 특수관계인에 해당하는 주주가 얻은 이익으로 나누어지는데 현물출자자가 실제 납입한 금액으로 하는 계산방식에 따른 이익은 이 사례에서는 어느 경우에도 해당되지 않는다. 그 이유를 다음과 같이 분석할 수 있다. 즉 위 현물출자 현황에 따르면 증권신고서의 현물출자가액이 35,434,211,242원으로 현물출자자가 교부받은 주식은 500,000주이다. 그런데 공정한 현물출자 가액은 40,434,211,242원으로 현물출자자가 교부받아야 할 주식이 570,553주(500,000주 × 신주교부비율 1.14111)가 되어야 한다. 결국 현물출자자가 교부받은 주식은 교부받아야 할 주식보다 적게 받은 것이 된다. 이 경우의 얻은 이익은 상속증여세법 제39조의3의 방법으로는 계산할 수 없다.

법인세법 제47조의2의 적격현물출자에 따른 이익이 상속증여세법 제39조의3의 과세요건을 충족하지 않은 경우 같은 법 제4조 제1항 제6호에 따라 합리적인 이익계산 방식으로

이익을 계산할 수 있을 것이다. 모든 현물출자는 지분의 변동을 가져오게 되므로 지분의 변동에 따른 이익을 "제4장 제3절(주식의 포괄적 교환과 이익계산)"의 이익계산 방식으로 이익을 계산할 수 있다. 증권신고서의 지분율과 공정한 신고의 지분율의 차이를 이익증여로 계산하는 방식이다. 이 계산방식에 따른 이익은 현물출자자가 실제 납입한 금액으로 하는 계산방식에 따른 이익과 동일하게 계산된다.

| 지분율 증감 |

구분	증권신고서		공정한 신고		지분율 증감 (① − ②)
	주식수	지분율 ①	주식수	지분율 ②	
갑	250,000	25.00%	250,000	23.35%	1.65%
을	150,000	15.00%	150,000	14.01%	0.99%
병	100,000	10.00%	100,000	9.34%	0.66%
○○산업	500,000	50.00%	570,553	53.30%	−3.30%
계	1,000,000	100.00%	1,070,553	100.00%	0.00%

| 얻은 이익 |

구분	지분율 증감 ①	현물출자 후 총평가액	이익증여(① × ②)
갑	1.65%	75,868,422,484	1,250,000,000
을	0.99%		750,000,000
병	0.66%		500,000,000
○○산업	−3.30%		−2,500,000,000
계	0.00%		−

| 양도한 법인의 회계처리 |

차변		대변	
순자산(장부가액)	32,223,358,000	자본금	2,500,000,000
영업권	3,210,853,242	주발초	32,934,211,242
계	35,434,211,242	계	35,434,211,242

| 양수받은 법인의 회계처리 |

차변		대변	
투자주식	35,434,211,242	현물출자(장부가액)	32,223,358,000
		양도이익	3,210,853,242
계	35,434,211,242	계	35,434,211,242

| 현물출자 전 · 후의 요약 재무정보 |

구분	영업양도 전 ①	영업양도 후 ②	차이(② − ①)
비유동자산	45,215,788,511	57,389,950,356	12,174,161,845
투자자산	9,832,642,343	45,645,576,139	35,812,933,796
자본금	2,720,000,000	2,720,000,000	−
자본잉여금	3,923,512,271	3,923,512,271	−
기타포괄손익누계액	178,420,289	178,420,289	−
이익잉여금	26,875,207,592	26,875,207,592	−

* 투자자산의 영업양도 전(9,832,642,343원)과 영업양도 후(45,645,576,139원)의 차액 35,812,933,796원이 투자자산(투자주식)의 증가로 나타난다(영업양수도가액 35,434백만원과 차이가 있다).

자본거래와 세무

제 6 장

증자·감자와 자본이익

제 1 절 증자와 이익

> • 낮은 가액 발행: 증자 후 주식 평가액 − 주식 인수가액 = 이익
> • 높은 가액 발행: 주식 인수가액 − 증자 후 주식 평가액 = 이익

증자란 일정한 자본증가의 절차를 밟음으로써 자본액을 증가시키는 것을 말한다. 회사의 자산에 변동이 없는 준비금의 자본전입과 같은 형식상 증자와 회사 자산이 증가하는 실질상의 증자가 있는데, 전자를 무상증자라 하고 후자를 유상증자라 한다. 기타 증자 형식으로는 전환사채의 전환, 주식배당, 신주인수권부사채에 의한 증자도 있다. 상법상의 관련 규정을 보면 자본은 발행주식의 액면총액으로 한다(상법 §451: 자본). 주주는 그가 가진 주식 수에 따라서 신주의 배정을 받을 권리가 있으며 정관에 정하는 바에 따라 주주 외의 자에게 신주를 배정할 수도 있다(상법 §418: 신주인수권의 내용 및 배정일의 지정 · 공고). 또한 회사는 이사회의 결의에 의하여 준비금의 전부 또는 일부를 자본에 전입할 수 있으며, 자본에 전입하는 경우에는 주주에 대하여 그가 가진 주식의 수에 따라 주식을 발행하여야 한다(상법 §461: 준비금의 자본전입).

한편, 상속증여세법 제39조 '법인이 자본(출자액을 포함)을 증가시키기 위하여 ……'에서 '자본'은 상법상의 자본인 액면총액이 아니라 주식발행초과금을 포함하는 자본을 말하며 준비금의 자본전입인 무상증자는 해당되지 않는다. 따라서 '자본증가'에는 회사의 자산이 증가하는 유상증자에 한하는 것으로 볼 수 있다.[30] 주주가 되는 시기는 신주의 인수인은 납입의 이행을 한 때에는 납입기일의 다음날로부터 주주의 권리의무가 있으며 신주의 인수인이 납입기일에 납입의 이행을 하지 아니한 때에는 그 권리를 잃게 된다(상법 §423).
주금의 가장납입에 대해 대법원은(대법원 99두8039, 2001.3.27.), "주금의 가장납입의

30) 준비금의 자본전입은 자본의 구성내용 변동에 불과하다. 또한 자본에 전입하는 경우에는 주주에 대하여 그가 가진 주식의 수에 따라 주식을 발행하여야 하므로 증자에 따른 이익이 발생하지 않는다.

경우에도 금원의 이동에 따른 현실의 불입이 있는 것이고, 설령 그것이 실제로는 주금납입의 가장 수단으로 이용된 것이라고 할지라도 이는 그 납입을 하는 발기인 또는 이사들의 주관적 의도의 문제에 불과하다. 따라서 이러한 내심적 사정에 의하여 회사의 설립이나 증자와 같은 집단적 절차의 일환을 이루는 주금납입의 효력이 좌우될 수 없다."고 하였다. 또 다른 판결에서도 "회사를 설립함에 있어 일시적인 차입금을 가지고 주금납입의 형식을 취하여 회사설립 절차를 마친 후 곧 그 납입금을 인출하여 차입금을 변제하는 이른바 주금의 가장납입의 경우에도 주금납입의 효력을 부인할 수는 없는 것이므로 설사 주주가 주금을 가장납입하였다 하더라도 그 주주를 실질상의 주식 인수인에게 명의만을 빌려준 차명주주와 동일시할 수는 없다(대법원 93마1916, 1994.3.28.)."고 하여 주금의 가장납입에 대해서도 주금납입의 효력을 인정하고 있다.

1 | 증자와 경제적 이익

주주평등의 원칙이란 주주는 회사와의 법률관계에서는 그가 가진 주식의 수에 따라 평등한 취급을 받아야 함을 의미한다(대법원 2018다9920, 2018.9.13.). 주주가 주주라는 자격에서 가지는 법률관계(권리와 의무)는 원칙적으로 그가 보유한 주식의 수에 따라서 평등한 대우를 받아야 한다. 이 원칙은 주주라는 사람의 평등 대우를 의미하는 것이 아니라 주주가 가지고 있는 주식의 평등 대우를 의미하는 것이므로 주식평등의 원칙이라고도 한다(최준선, 「회사법」, p.199). 또는 회사는 주주의 자격에 근거를 둔 법률관계에 대해서 주주를 평등하게 취급할 것을 필요로 한다는 원칙이며, 주주 유한책임의 원칙과 함께 주식회사의 근본을 이루는 것으로 평등이란 주식회사의 특질상 지주수에 비례하여 취급할 수 있는 사항에 대해서는 그렇게 하는 것을 의미한다(증권용어 사전). 따라서 동일한 주식에 대하여 신주인수권, 주식의 병합, 주식의 소각 등에 관하여 소유주식의 비율에 따라 다른 취급을 하는 것은 주주평등의 원칙에 위배된다. 이익배당청구권(상법 §464), 의결권(상법 §369), 신주인수권 등은 각 주식에 대하여 평등한 취급을 하여야 한다는 주주평등의 원칙을 전제로 하고 있다. 주주평등의 원칙에 대한 예외로 상법 제418조에 주주는 정관에 정하는 바에 따라 주주 외의 자에게 신주를 배정할 수도 있다는 주주평등의 원칙에 대한 예외를 인정하고 있다.

"증자와 이익"은 반드시 주주평등의 원칙을 위반한 것에 따른 이익은 아니다. 모든 주주에게 평등한 신주인수 기회를 부여했음에도 신주를 인수하지 아니하거나 제3자 배정(상법 §418 ②)의 경우 등에도 발생된다. 모든 주주가 보유주식 비율에 따라 신주를 인수한다면 증자에 따른 이익은 발생할 여지가 없다. 증자에 따른 이익에 대해 증여세를 과세하는 이유는(헌재 2001헌바13, 2002.1.31.) "이 사건 법률조항은 법인의 증자 시 실권주를 배정받음으로써 얻은 이익을 증여로 보아 증여세를 과한다는 법률조항으로서 위 법률조항의 목적은 법률상 명백하게 증여가 아니더라도 증여와 같은 경제적 효과가 있는 경우에 증여세를 부과하기 위한 것으로 실질적 소득·수익이 있는 곳에 과세한다고 하는 실질과세원칙을 관철하기 위한 규정이라 할 것이므로, 그 목적이 헌법 이념과 헌법상의 제 원칙에 합치된다 할 것이어서 실질적 조세법률주의나 재산권보장원칙에 위배되지 않는다."고 판시하고 있다. 따라서 증자에 따른 이익은 법률상 명백하게 증여가 아니더라도 증여와 같은 경제적 효과인 경제적 이익 또는 재산가치의 증가에 대해 과세를 한다는 것이다.

증자에서 경제적 이익은 어떤 것이며 발생 원인은 무엇인가. 헌법재판소는 "법인이 증자를 하면서 주식가치보다 낮은 가액으로 신주를 발행하면 구주식의 가액은 증자액의 비율에 따라 희석되어 감소되고 신주식의 가액은 거꾸로 증가하게 되므로, 증자하기 전의 주식비율에 따른 신주인수를 하지 아니하면 신주의 전부 또는 일부를 인수하지 아니한 자가 소유하고 있는 구주식의 가액은 증자를 한 비율만큼 감소되고 반면에 비율을 초과하여 신주를 인수한 자의 주식가치는 구주식의 가액이 감소한 만큼 증가하게 되므로 실권주를 인수한 자는 신주인수를 포기한 자로부터 그 차액에 상당하는 이익을 취득한 것으로 볼 수 있다(헌재 2001헌바13, 2002.1.31.)."고 하였다.

이때 '이익'은 증자 후 1주당 평가액과 신주 1주당 인수가액을 비교하여 판단하는데 증자를 하는데 있어 1주당 신주발행가액을 증자 전 1주당 평가액과 같은 금액으로 하는 경우에는 증자 후 1주당 평가액과 신주 1주당 인수가액이 같아지므로 증자 후 주주에게는 이익 또는 손실이 발생하지 않게 된다. 그러나 증자 전 1주당 평가액보다 높거나 낮은 가액으로 신주발행을 하는 경우에는 균등증자와 불균등증자에 따라 증자 후 주주에게 이익 또는 손실이 발생하는 경우와 발생하지 않는 경우가 있게 된다. 이 경우 증자의 형태를 주주평등 원칙에서 보는 균등증자 또는 불균등증자와 신주발행가액에서 보는 시가발행, 저가발행 또는 고가발행으로 나눌 수 있다. 이해의 편의를 위해 균등증자에 있어 시가 및 저가, 고가발행과 불균등증자에 있어 시가 및 저가, 고가발행으로 나누어 이익이 어떻게 발생하는지를 살펴보기로 한다.

구분	증자형태					
주주평등 원칙	균등증자			불균등증자		
신주발행가액	시가	저가	고가	시가	저가	고가

(1) 균등증자

신주의 발행으로 기존 주주의 이익이 항상 영향을 받는 것은 아니다. 주식을 기존 주주가 소유주식수에 비례하여 인수한다면 기존 주주 지위에는 아무런 영향이 없을 것이다. 주주배정 증자의 경우 주주의 지주비율은 그대로 유지될 것이므로 지배적 이익에 변동이 없는 것은 당연하다. 또한 신주가 저가로 발행되는 경우에도 주식가치 희석으로 인한 기존 주주의 불이익은 저가의 인수로 인한 이익과 상쇄될 것이므로 결과적으로 재산적 이익에도 영향은 없다(김건식, 「회사법」, p.648). 이 책에서 균등증자는 주주가 가진 주식수에 비례하여 신주를 인수한 것으로 증자 전과 증자 후의 보유주식 비율에는 변동이 없다.

| 보유주식수에 비례한 증자내용 |

구분	증자 전		증자		증자 후	
주주	발행주식총수	지분율	주식수	지분율	발행주식총수	지분율
甲	400,000	40.0%	400,000	40.0%	800,000	40.0%
乙	300,000	30.0%	300,000	30.0%	600,000	30.0%
丙	200,000	20.0%	200,000	20.0%	400,000	20.0%
丁	100,000	10.0%	100,000	10.0%	200,000	10.0%
계	1,000,000	100.0%	1,000,000	100.0%	2,000,000	100.0%

(1)-1. 신주의 시가발행

• 증자 전 발행주식총수 1,000,000주(1주당 액면가 5,000원, 1주당 평가액 6,000원)
• 증자한 금액 60억원(1주당 신주발행가액 6,000원, 증자한 주식수 1,000,000주)

증자 전 1주당 시가(평가액)가 6,000원이며 신주 1주당 발행가액이 6,000원이므로 신주의 시가발행이 된다.

① 증자 전 1주당 평가액: 6,000원

② 신주 1주당 인수가액: 6,000원

③ 증자 후 1주당 평가액: 6,000원

• 증자 후 총주식 평가액 ÷ 증자 후 발행주식총수 = 증자 후 1주당 평가액

• (증자 전 총주식 평가액 6,000원 × 1,000,000주 + 증자 금액 6,000원 × 1,000,000주) ÷ (증자 전 발행주식총수 1,000,000주 + 증자 주식수 1,000,000주) = 6,000원

증자에 따른 주식가치 증감을 다음과 같은 방식으로 계산할 수 있다.

이 계산방식은 신주 인수금액을 납입한 후(구주 + 신주)의 주식가치와 증자 후의 1주당 주식가치를 비교하는 방식으로 구주와 신주의 희석효과를 반영하는 이익계산이 되겠다.

구분	증자 전		증자 금액	계 ③	증자 후		증감
주주	1주당	평가액 ①	②	(① + ②)	1주당	평가액 ④	(④-③)
甲	6,000	2,400,000,000	2,400,000,000	4,800,000,000	6,000	4,800,000,000	0
乙		1,800,000,000	1,800,000,000	3,600,000,000		3,600,000,000	0
丙		1,200,000,000	1,200,000,000	2,400,000,000		2,400,000,000	0
丁		600,000,000	600,000,000	1,200,000,000		1,200,000,000	0
계		6,000,000,000	6,000,000,000	12,000,000,000		12,000,000,000	0

* 증자 전 평가액 ①: 증자 전 1주당 평가액 6,000원 × 증자 전 발행주식총수
증자금액 ②: 신주 1주당 인수가액 6,000원 × 증자한 주식수
증자 후 1주당 평가액 ④: (증자 전 평가액 + 증자금액) ÷ 증자 후 발행주식총수

주주별 증자 전과 증자 후의 주식수와 총주식 평가액은 다음과 같게 된다.

구분	증자 전			증자 후		
주주	1주당 평가액	주식수	총주식 평가액	1주당 평가액	주식수	총주식 평가액
甲	6,000	400,000	24억원	6,000	800,000	48억원
乙		300,000	18억원		600,000	36억원
丙		200,000	12억원		400,000	24억원
丁		100,000	6억원		200,000	12억원
계		1,000,000	60억원		2,000,000	120억원

증자 후 총주식 평가액은 120억원(증자 전 총주식 평가액 60억원 + 증자금액 6,000원 × 1,000,000주)으로 증자로 인해 증자 전 총주식평가액 60억원(6,000원 × 1,000,000주)보다 60억원(120억원 − 60억원)이 증가하였다. 주식가치의 증가 원인을 보면 신주를 인수하는데 60억원(신주 1주당 인수가액 6,000원 × 증자 주식수 1,000,000주)이 신주인수대금으로 납입되었다. 주식가치 증가 60억원은 신주인수대금 납입에 의한 것으로 증자에 따른 경제적 이익이 없다(총주식 평가액 증가 60억원 − 신주인수대금 60억원). 또는 증자 후 1주당 평가액은 6,000원으로 신주 1주당 인수가액 6,000원과 같고 증자 전 1주당 평가액 6,000원과도 같다. 증자 전과 증자 후 증자에 따른 주식가치에 변동이 없으므로 경제적 이익이 발생하지 않는다.

예를 들면, 甲의 경우 증자 후 총주식 평가액 48억원으로 증자 전 총주식 평가액 24억원보다 24억원(48억원 − 24억원)이 증가하였다. 甲의 주식가치 증가 원인을 보면 신주를 인수하는데 24억원(신주 1주당 인수가액 6,000원 × 증자 주식수 400,000주)이 신주인수대금으로 납입되었다. 甲의 주식가치 증가 24억원은 신주인수대금 납입에 의한 것이므로 甲이 얻은 경제적 이익은 없는 것이 된다(총주식 평가액 증가 24억원 − 신주인수대금 24억원). 주식을 시가에 따라 인수하였으므로 신주인수에 따른 손실과 이익이 발생되지 않을뿐더러 구주에 대해서도 손실과 이익이 발생되지 않는다.

(1) - 2. 신주의 저가발행

- 증자 전 발행주식총수 1,000,000주(1주당 액면가 5,000원, 1주당 평가액 6,000원)
- 증자한 금액 40억원(1주당 신주발행가액 4,000원, 증자한 주식수 1,000,000주)

증자 전 1주당 시가(평가액)가 6,000원이며 신주 1주당 발행가액이 4,000원이므로 신주의 저가발행이 된다.

① 증자 전 1주당 평가액: 6,000원

② 신주 1주당 인수가액: 4,000원

③ 증자 후 1주당 평가액: 5,000원

- (증자 전 총주식 평가액 6,000원 × 1,000,000주 + 증자 금액 4,000원 × 1,000,000주) ÷ (증자 전 발행주식총수 1,000,000주 + 증자 주식수 1,000,000주) = 5,000원
- 증자 후 총주식 평가액 ÷ 증자 후 발행주식총수 = 증자 후 1주당 평가액

증자에 따른 주식가치 증감을 다음과 같은 방식으로 계산할 수 있다. 앞에서 본 신주 인수금액을 납입한 후(구주 + 신주)의 주식가치와 증자 후의 1주당 주식가치를 비교하는 방식으로 구주와 신주의 희석효과를 반영하는 이익계산 방식이 되겠다.

구분	증자 전		증자 금액	계 ③	증자 후		증감
주주	1주당	평가액 ①	②	(① + ②)	1주당	평가액 ④	(④−③)
甲	6,000	2,400,000,000	1,600,000,000	4,000,000,000	5,000	4,000,000,000	0
乙		1,800,000,000	1,200,000,000	3,000,000,000		3,000,000,000	0
丙		1,200,000,000	800,000,000	2,000,000,000		2,000,000,000	0
丁		600,000,000	400,000,000	1,000,000,000		1,000,000,000	0
계		6,000,000,000	4,000,000,000	10,000,000,000		10,000,000,000	0

* 증자 전 평가액 ①: 증자 전 1주당 평가액 6,000원 × 증자 전 발행주식총수
증자금액 ②: 신주 1주당 인수가액 4,000원 × 증자한 주식수
증자 후 1주당 평가액 ④: (증자 전 평가액 + 증자금액) ÷ 증자 후 발행주식총수

주주별 증자 전과 증자 후의 주식수와 총주식 평가액은 다음과 같게 된다.

구분	증자 전			증자 후		
주주	1주당 평가액	주식수	총주식 평가액	1주당 평가액	주식수	총주식 평가액
甲	6,000	400,000	24억원	5,000	800,000	40억원
乙		300,000	18억원		600,000	30억원
丙		200,000	12억원		400,000	20억원
丁		100,000	6억원		200,000	10억원
계		1,000,000	60억원		2,000,000	100억원

甲은 증자 후 총주식 평가액 40억원으로 증자 전 총주식 평가액 24억원보다 16억원(40억원 - 24억원)이 증가하였다. 甲의 주식가치 증가 원인을 보면 甲이 신주를 인수하는데 16억원(신주 1주당 인수가액 4,000원 × 증자 주식수 400,000주)이 신주인수대금으로 납입되었다. 甲의 주식가치 증가 16억원은 신주인수대금 납입에 의한 것이므로 甲이 얻은 경제적 이익은 없는 것이 된다(총주식 평가액 증가 16억원 - 신주인수대금 16억원). 또는 증자 후 1주당 평가액은 5,000원으로 신주 1주당 인수가액 4,000원보다 1,000원 증가하였다. 1주당 주식가치 증가 원인을 보면 증자 전 1주당 평가액이 6,000원이었던 주식을 1주당 4,000원으로 신주를 인수함으로써 1주당 평가액이 5,000원[(6,000원 + 4,000원) ÷ 2]이 되었다. 증자 후 1주당 평가액 5,000원은 신주인수대금 납입에 의한 신주 1주당 인수가액 4,000원에 비해 1,000원이 증가하였으나 1,000원의 증가는 증자 전 1주당 평가액이 6,000원이었던 주식이 증자 후 1주당 평가액 5,000원으로 1,000원이 감소하였다. 이와 같은 구주와 신주의 주식가치의 희석은 균등증자의 경우 결과적으로는 주식가치가 증가하지 않은 것이 된다. 증자에 따른 주식가치에 변동이 없으므로 경제적 이익이 발생하지 않는다.

한편, 증자 후 1주당 평가액 5,000원은 증자 전 1주당 평가액 6,000원보다 1주당 평가액이 1,000원 감소하였다. 1주당 주식가치 감소 원인을 보면 증자 전 1주당 평가액이 6,000원이었던 주식의 신주발행가액을 1주당 4,000원으로 함으로써 증자 후 1주당 평가액이 5,000원[(6,000원 + 4,000원) ÷ 2]이 되었다. 증자 후 1주당 평가액 5,000원은 신주인수대금 납입에 의한 것으로 증자 전 1주당 평가액 6,000원보다 1,000원으로 감소한 주식가치는 결국 현금 납입에 의한 주식가치 감소이므로(증자 전 1주당 평가액보다 1주당 신주 인수대금을 과소 납입하여 발생한 것이므로) 경제적 손실이 있는 것은 아니다. 주식을 기존 주주가 소유주식수에 비례하여 인수한 경우는 신주인수에 따른 손실과 구주의 이익이 상쇄되어 재산가치 증가가 발생하지 않는다.

(1) - 3. 신주의 고가발행

- 증자 전 발행주식총수 1,000,000주(1주당 액면가 5,000원, 1주당 평가액 6,000원)
- 증자한 금액 80억원(1주당 신주발행가액 8,000원, 증자한 주식수 1,000,000주)

증자 전 1주당 시가(평가액)가 6,000원이며 신주 1주당 발행가액이 8,000원이므로 신주의 고가발행이 된다.

① 증자 전 1주당 평가액: 6,000원

② 신주 1주당 인수가액: 8,000원

③ 증자 후 1주당 평가액: 7,000원

- (증자 전 총주식 평가액 6,000원 × 증자 금액 1,000,000주 + 8,000원 × 1,000,000주) ÷ (증자 전 발행주식총수 1,000,000주 + 증자 주식수 1,000,000주) = 7,000원
- 증자 후 총주식 평가액 ÷ 증자 후 발행주식총수 = 증자 후 1주당 평가액

증자에 따른 주식가치 증감을 다음과 같은 방식으로 계산할 수 있다. 앞에서 본 신주 인수금액을 납입한 후(구주 + 신주)의 주식가치와 증자 후의 1주당 주식가치를 비교하는 방식으로 구주와 신주의 희석효과를 반영하는 이익계산 방식이 되겠다.

구분	증자 전		증자 금액	계 ③	증자 후		증감
주주	1주당	평가액 ①	②	(① + ②)	1주당	평가액 ④	(④－③)
甲	6,000	2,400,000,000	3,200,000,000	5,600,000,000	7,000	5,600,000,000	0
乙		1,800,000,000	2,400,000,000	4,200,000,000		4,200,000,000	0
丙		1,200,000,000	1,600,000,000	2,800,000,000		2,800,000,000	0
丁		600,000,000	800,000,000	1,400,000,000		1,400,000,000	0
계		6,000,000,000	8,000,000,000	14,000,000,000		14,000,000,000	0

* 증자 전 평가액 ①: 증자 전 1주당 평가액 6,000원 × 증자 전 발행주식총수
  증자금액 ②: 신주 1주당 인수가액 8,000원 × 증자한 주식수
  증자 후 1주당 평가액 ④: (증자 전 평가액 + 증자금액) ÷ 증자 후 발행주식총수

주주별 증자 전과 증자 후의 주식수와 총주식 평가액은 다음과 같게 된다.

구분	증자 전			증자 후		
주주	1주당 평가액	주식수	총주식 평가액	1주당 평가액	주식수	총주식 평가액
甲	6,000	400,000	24억원	7,000	800,000	56억원
乙		300,000	18억원		600,000	42억원
丙		200,000	12억원		400,000	28억원
丁		100,000	6억원		200,000	14억원
계		1,000,000	60억원		2,000,000	140억원

甲은 증자 후 총주식 평가액 56억원으로 증자 전 총주식 평가액 24억원보다 32억원(56억원 – 24억원)이 증가하였다. 甲의 주식가치 증가 원인을 보면 신주를 인수하는 데 32억원(1주당 인수가액 8,000원 × 증자 주식수 400,000주)이 신주인수대금으로 납입되었다. 甲의 주식가치 증가 32억원은 신주인수대금 납입에 의한 것이므로 甲이 얻은 경제적 이익은 없는 것이 된다(총주식 평가액 증가 32억원 – 신주인수대금 32억원).

또는 증자 후 1주당 평가액은 7,000원으로 증자 전 1주당 평가액 6,000원보다 1,000원 증가하였다. 1주당 주식가치 증가 원인을 보면 증자 전 1주당 평가액이 6,000원이었던 주식을 1주당 8,000원으로 신주를 인수함으로써 1주당 평가액이 7,000원[(6,000원 + 8,000원) ÷ 2]이 되었다. 증자 전 1주당 평가액 6,000원이었던 주식이 증자 후 1주당 평가액 7,000원으로 1,000원 증가하였으나 신주인수대금 납입에 의한 신주 1주당 인수가액 8,000원은 증자 후 1주당 평가액이 7,000원으로 1,000원이 감소하였다. 이와 같은 구주와 신주의 주식가치의 희석은 균등증자의 경우 결과적으로는 주식가치가 증가하지 않은 것이 된다. 증자에 따른 주식가치에 변동이 없으므로 경제적 이익이 발생하지 않는다.

한편, 증자 후 1주당 평가액 7,000원은 신주 1주당 인수가액 8,000원보다 1,000원 감소하였다. 1주당 주식가치 감소 원인을 보면 증자 전 1주당 평가액이 6,000원이었던 주식의 신주발행가액을 1주당 8,000원으로 함으로써 1주당 평가액이 7,000원[(6,000원 + 8,000원) ÷ 2]이 되었다. 증자 후 1주당 평가액 7,000원은 신주인수대금 납입에 의한 것으로 증자 전 1주당 평가액 6,000원보다 1,000원으로 증가한 주식가치는 결국 현금납입에 의한 주식가치 증가이므로(증자 전 1주당 평가액보다 1주당 신주인수대금을 과다납입하여 발생한 것이므로) 경제적 이익이 있는 것은 아니다. 주식을 기존 주주가 소유주식수에 비례하여 인수한 경우는 신주인수에 따른 손실과 구주의 이익이 상쇄되어 재산가치 증가가 발생하지 않는다.

(2) 불균등증자

법인이 자본을 증가시키기 위해 신주를 발행하면 신주발행금액 상당액의 자산이 증가하게 된다. 이러한 자산의 증가는 기존의 주식가치(증자 전 평가가액)를 증가시키게 되는데 주식가치의 증가는 자산증가(신주인수대금 납입) 상당액이 될 것이다. 유상증자 상당액과 주식가치 증가는 같게 된다. 따라서 신주를 시가발행, 저가발행, 고가발행하는 경우에 있어 당해 유상증자 상당액이 주식가치 증가가 되므로 증자에 따른 이익과 손실이 발생하지 않게 된다. 즉 기업 전체의 주식가치 증가는 증자한 금액이 되므로 이러한 점에서는 균등증자나 불균등증자나 서로 다를 것이 없다. 그러나 주식가치를 주주 개인별로 보면 증자한 금액과 주식가치 증가가 일치하지 않는 경우가 있다. 이러한 경우의 불균등증자는 주주와 주주 사이에 경제적 이익과 손실이 발생하게 된다.

주주평등의 원칙이란 주주는 회사와의 법률관계에서는 그가 가진 주식의 수에 따라 평등한 취급을 받아야 함을 의미한다. 이를 위반하여 회사가 일부 주주에게만 우월한 권리나 이익을 부여하기로 하는 약정은 특별한 사정이 없는 한 무효이다(대법원 2018다9920, 9937, 2018.9.13.). 이 책에서 불균등증자는 주주가 가진 주식수에 비례하여 신주를 인수하지 아니한 것으로 상속증여세법의 불균등증자는 주주평등의 원칙에 위배된 것은 아니지만 신주인수권의 포기 또는 초과인수 등으로 인해 증자 전과 증자 후의 보유주식 비율에 변동이 발생하게 된다.

| 증자내용 |

구분	증자 전		증자		증자 후	
주주	발행주식총수	지분율	주식수	지분율	발행주식총수	지분율
甲	400,000	40.0%	100,000	10.0%	500,000	25.0%
乙	300,000	30.0%	200,000	20.0%	500,000	25.0%
丙	200,000	20.0%	300,000	30.0%	500,000	25.0%
丁	100,000	10.0%	400,000	40.0%	500,000	25.0%
계	1,000,000	100.0%	1,000,000	100.0%	2,000,000	100.0%

(2)-1. 신주의 시가발행

- 증자 전 발행주식총수 1,000,000주(1주당 액면가 5,000원, 1주당 평가액 6,000원)
- 증자한 금액 60억원(1주당 신주발행가액 6,000원, 증자한 주식수 1,000,000주)

증자 전 1주당 시가(평가액)가 6,000원이며 신주 1주당 발행가액이 6,000원이므로 신주의 시가발행이 된다.

① 증자 전 1주당 평가액: 6,000원
② 신주 1주당 인수가액: 6,000원
③ 증자 후 1주당 평가액: 6,000원
- (증자 전 총주식 평가액 6,000원 × 1,000,000주 + 증자 금액 6,000원 × 1,000,000주) ÷ 증자 전 발행주식총수 1,000,000주 + 증자 주식수 1,000,000주 = 6,000원
- 증자 후 총주식 평가액 ÷ 증자 후 발행주식총수 = 증자 후 1주당 평가액

증자에 따른 주식가치 증감을 다음과 같은 방식으로 계산할 수 있다.

이 계산방식은 신주인수금액을 납입한 후(구주 + 신주)의 주식가치와 증자 후의 1주당 주식가치를 비교하는 방식으로 구주와 신주의 희석효과를 반영하는 이익계산이 되겠다.

구분	증자 전		증자 금액	계 ③	증자 후		증감
주주	1주당	평가액 ①	②	(① + ②)	1주당	평가액 ④	(④－③)
甲	6,000	2,400,000,000	600,000,000	3,000,000,000	6,000	3,000,000,000	0
乙		1,800,000,000	1,200,000,000	3,000,000,000		3,000,000,000	0
丙		1,200,000,000	1,800,000,000	3,000,000,000		3,000,000,000	0
丁		600,000,000	2,400,000,000	3,000,000,000		3,000,000,000	0
계		6,000,000,000	6,000,000,000	12,000,000,000		12,000,000,000	0

* 증자 전 평가액 ①: 증자 전 1주당 평가액 6,000원 × 증자 전 발행주식총수
증자금액 ②: 신주 1주당 인수가액 6,000원 × 증자한 주식수
증자 후 1주당 평가액 ④: (증자 전 평가액 + 증자금액) ÷ 증자 후 발행주식총수

증자 후 총주식 평가액은 120억원(증자 전 총주식 평가액 60억원 + 증자금액 6,000원 × 1,000,000주)으로 증자 전 총주식 평가액 60억원(6,000원 × 1,000,000주)보다 60억원(120억원 － 60억원)이 증가하였다. 주식가치의 증가 원인을 보면 신주를 인수하는데 60억원(신주 1주당 인수가액 6,000원 × 증자 주식수 1,000,000주)이 신주인수대금으로 납입되었다. 주식가치 증가 60억원은 신주인수대금 납입에 의한 것으로 증자에 따른 경제적 이익이 없는 것이 된다(총주식 평가액 증가 60억원 － 신주인수대금 60억원). 기업 전체로 볼 때 주식가치의 변동은 증자한 금액만큼 주식가치가 증가한 것이 된다. 주식가치를 주주 개인별로 보면 증자한 금액과 주식가치 증가가 일치하게 되는데 다음의 분석을 보자.

주주별 증자 전과 증자 후의 주식수와 총주식 평가액은 다음과 같게 된다.

구분	증자 전			증자 후		
주주	1주당 평가액	주식수	총주식 평가액	1주당 평가액	주식수	총주식 평가액
甲	6,000	400,000	24억원	6,000	500,000	30억원
乙		300,000	18억원		500,000	30억원
丙		200,000	12억원		500,000	30억원
丁		100,000	6억원		500,000	30억원
계		1,000,000	60억원		2,000,000	120억원

한편, 모든 주주가 지분율에 따라 신주인수권리를 이행했을 경우(균등증자)의 주주별 증자 후의 총주식 평가액은 다음과 같게 된다.

주주	증자 후 1주당 평가액	균등증자 후 주식수	지분율	균등증자 후 총주식 평가액
甲	6,000	800,000	40.0%	4,800,000,000
乙		600,000	30.0%	3,600,000,000
丙		400,000	20.0%	2,400,000,000
丁		200,000	10.0%	1,200,000,000
계		2,000,000	100.0%	12,000,000,000

균등증자와 불균등증자에 따른 주주별 이익 또는 손실을 다음과 같은 방식으로 계산할 수 있다.

주주	불균등증자 후 총주식 평가액 ①	균등증자 후 총주식 평가액 ②	증감 ③ (① − ②)	신주인수 포기 및 초과 인수가액 ④	이익(손실) (③ − ④)
甲	3,000,000,000	4,800,000,000	▲1,800,000,000	▲1,800,000,000	0
乙	3,000,000,000	3,600,000,000	▲600,000,000	▲600,000,000	0
丙	3,000,000,000	2,400,000,000	600,000,000	600,000,000	0
丁	3,000,000,000	1,200,000,000	1,800,000,000	1,800,000,000	0
계	12,000,000,000	12,000,000,000	0	0	0

신주인수포기 및 초과인수 가액은 다음과 같이 계산된다.

1주당 인수가액 × (증자 후 주식수 − 균등증자 시 주식수)
= 신주인수포기(−) 및 신주초과인수(+) 가액

- 甲(신주인수포기): 6,000원 × (500,000주 − 800,000주) = ▲1,800,000,000원
- 乙(신주인수포기): 6,000원 × (500,000주 − 600,000주) = ▲600,000,000원
- 丙(신주초과인수): 6,000원 × (500,000주 − 400,000주) = 600,000,000원
- 丁(신주초과인수): 6,000원 × (500,000주 − 200,000주) = 1,800,000,000원

(가) 신주초과인수

앞의 균등증자와 마찬가지 방식으로 丙은 증자 후 총주식 평가액이 30억원으로 균등증자 시 총주식 평가액의 24억원보다 6억원(30억원 − 24억원)이 증가하였다. 丙의 주식가치 증가 원인을 보면 신주를 초과 인수하는 데 6억원[6,000원 × (500,000주 − 400,000주)]이 신주인수대금으로 납입되었다. 주식가치 증가와 신주 초과 인수대금이 같다. 결국 주식가치 증가는 신주인수대금 납입에 의한 것으로, 丙은 신주 초과 인수에 따른 경제적 이익이 없는 것이 된다. 또는 증자 후 총주식평가액이 30억원으로 증자 전 총주식 평가액 12억원보다 18억원(30억원 − 12억원)이 증가하였다. 丙의 주식가치 증가 원인을 보면 신주를 인수하는데 18억원(1주당 인수가액 6,000원 × 증자 주식수 300,000주)이 신주인수대금으로 납입되었다. 주식가치 증가와 신주인수대금이 같다. 결국 주식가치 증가는 신주인수대금 납입에 의한 것으로 丙은 신주인수에 따른 경제적 이익이 없는 것이 된다.

주식가치가 증가하지 않은 이유의 다른 분석으로는 丙은 증자 주식수 300,000주로 균등증자 시 증자 주식수 200,000주보다 100,000주를 초과 인수하였다. 신주 1주당 인수가액 6,000원인 주식이 증자 후 1주당 평가액 6,000원으로 주식가치에 변동이 없으므로(증자 후 1주당 평가액 6,000원 − 신주 1주당 인수가액 6,000원) 신주 초과 인수에 따른 이익(0원 × 신주 초과 인수 주식수 100,000주)이 없는 것이 된다.

丁의 경우도 증자 후 총주식평가액이 30억원으로 균등증자 시 총주식 평가액 12억원보다 18억원(30억원 − 12억원)이 증가하였다. 丁의 주식가치 증가 원인을 보면 신주를 초과 인수하는데 18억원[6,000원 × (500,000주 − 200,000주)]이 신주인수대금으로 납입되었다. 주식가치 증가와 신주인수대금이 같다. 결국 주식가치 증가는 신주인수대금 납입에 의한

것으로 丁은 신주 초과 인수에 따른 경제적 이익이 없는 것이 된다. 또는 증자 후 총주식 평가액이 30억원으로 증자 전 총주식 평가액 6억원보다 24억원(30억원 - 6억원)이 증가하였다. 丁의 주식가치 증가 원인을 보면 신주를 인수하는 데 24억원(1주당 인수가액 6,000원 × 증자 주식수 400,000주)이 신주인수대금으로 납입되었다. 주식가치 증가와 신주인수대금이 같다. 결국 주식가치 증가는 신주인수대금 납입에 의한 것으로 丁은 신주인수에 따른 경제적 이익이 없는 것이 된다.

주식가치가 증가하지 않은 이유의 다른 분석으로는 丁은 증자 주식수 400,000주로 균등증자 시 증자 주식수 200,000주보다 200,000주를 초과 인수하였다. 신주 1주당 인수가액 6,000원인 주식이 증자 후 1주당 평가액 6,000원으로 주식가치에 변동이 없으므로(증자 후 1주당 평가액 6,000원 - 신주 1주당 인수가액 6,000원) 신주 초과 인수에 따른 이익(0원 × 신주 초과 인수 주식수 200,000주)이 없는 것이 된다.

(나) 신주인수포기

甲은 증자 후 총주식 평가액이 30억원으로 균등증자 시 총주식 평가액 48억원보다 18억원(30억원 - 48억원)이 감소하였다. 甲의 주식가치 감소 원인을 보면 신주인수를 포기하는 데 따른 신주인수 포기금액이 18억원[6,000원 × (500,000주 - 800,000주)]이다. 주식가치 감소와 신주인수 포기금액이 같다. 결국 주식가치 감소는 신주인수 포기금액에 의한 것으로 甲은 신주인수 포기에 따른 경제적 손실이 없는 것이 된다. 또는 증자 후 총주식 평가액이 30억원으로 증자 전 총주식평가액 24억원보다 6억원(30억원 - 24억원)이 증가하였다. 甲의 주식가치 증가 원인을 보면 신주를 인수하는 데 6억원(1주당 인수가액 6,000원 × 증자 주식수 100,000주)이 신주인수대금으로 납입되었다. 주식가치 증가와 신주인수대금과 같다. 결국 주식가치 증가는 신주대금 납입에 의한 것으로 甲은 신주인수에 따른 경제적 이익이 없는 것이 된다.

주식가치가 증가하지 않은 이유의 다른 분석으로는 甲은 균등증자 시 증자 주식수 800,000주, 실제 증자 주식수는 500,000주로 300,000주를 인수 포기하였다. 신주 1주당 인수가액 6,000원인 주식이 증자 후에 1주당 평가액 6,000원으로 주식가치에 변동이 없으므로(증자 후 1주당 평가액 6,000원 - 신주 1주당 인수가액 6,000원) 신주인수 포기에 따른 이익과 손실(0원 × 신주인수 포기 주식수 300,000주)이 없는 것이 된다.

乙의 경우도 증자 후 총주식 평가액이 30억원으로 균등증자 시 총주식 평가액 36억원보다 6억원(30억원 - 36억원)이 감소하였다. 乙의 주식가치 감소 원인을 보면 신주인수를 포기하는 데 따른 신주인수 포기금액이 6억원[6,000원 × (500,000주 - 600,000주)]이다. 주식가치 감소와 신주인수 포기금액이 같다. 결국 주식가치 감소는 신주인수 포기금액에 의한 것으로 乙은 신주인수 포기에 따른 경제적 손실이 없는 것이 된다. 또는 증자 후 총주식 평가액 30억원으로 증자 전 총주식 평가액 18억원보다 12억원(30억원 - 18억원)이 증가하였다. 乙의 주식가치 증가 원인을 보면 신주를 인수하는데 12억원(1주당 인수가액 6,000원 × 증자 주식수 200,000주)이 신주인수대금으로 납입되었다. 주식가치 증가와 신주인수대금과 같다. 결국 주식가치 증가는 신주대금 납입에 의한 것으로 乙은 신주인수에 따른 경제적 이익이 없는 것이 된다.

주식가치가 증가하지 않은 이유의 다른 분석으로는 甲은 균등증자 시 증자 주식수 600,000주, 실제 증자 주식수는 500,000주로 100,000주를 인수 포기하였다. 신주 1주당 인수가액 6,000원인 주식이 증자 후에 1주당 평가액 6,000원으로 주식가치에 변동이 없으므로(증자 후 1주당 평가액 6,000원 - 신주 1주당 인수가액 6,000원) 신주인수 포기에 따른 이익과 손실(0원 × 신주인수 포기 주식수 100,000주)이 없는 것이 된다. 신주의 시가 발행의 경우 주식을 기존 주주가 소유주식수에 비례하여 인수하지 않았으나 주식을 시가에 따라 인수하였으므로 신주인수에 따른 손실과 이익이 발생되지 않을뿐더러 구주의 손실과 이익도 발생되지 않는다.

(2)-2. 신주의 저가발행

- 증자 전 발행주식총수 1,000,000주(1주당 액면가 5,000원, 1주당 평가액 6,000원)
- 증자한 금액 40억원(1주당 신주발행가액 4,000원, 증자한 주식수 1,000,000주)

증자 전 1주당 시가(평가액)가 6,000원이며 신주 1주당 발행가액이 4,000원이므로 신주의 저가발행이 된다.

① 증자 전 1주당 평가액: 6,000원
② 신주 1주당 인수가액: 4,000원
③ 증자 후 1주당 평가액: 5,000원

- (증자 전 총주식 평가액 6,000원 × 1,000,000주 + 증자금액 4,000원 × 1,000,000주) ÷ 증자 전 발행주식총수 1,000,000주 + 증자 주식수 1,000,000주 = 5,000원
- 증자 후 총주식 평가액 ÷ 증자 후 발행주식총수 = 증자 후 1주당 평가액

신주의 저가발행은 기본적으로 신주를 인수하거나 배정받은 자에게 이익이 발생된다. 증자에 따른 주식가치 증감을 다음과 같은 방식으로 계산할 수 있다. 앞에서 본 신주 인수금액을 납입한 후(구주 + 신주)의 주식가치와 증자 후의 1주당 주식가치를 비교하는 방식으로 구주와 신주의 희석효과를 반영하는 이익계산 방식이 되겠다.

구분	증자 전		증자 금액	계 ③	증자 후		증감
주주	1주당	평가액 ①	②	(① + ②)	1주당	평가액 ④	(④ − ③)
甲	6,000	2,400,000,000	400,000,000	2,800,000,000	5,000	2,500,000,000	-300,000,000
乙		1,800,000,000	800,000,000	2,600,000,000		2,500,000,000	-100,000,000
丙		1,200,000,000	1,200,000,000	2,400,000,000		2,500,000,000	100,000,000
丁		600,000,000	1,600,000,000	2,200,000,000		2,500,000,000	300,000,000
계		6,000,000,000	4,000,000,000	10,000,000,000		10,000,000,000	0

* 증자 전 평가액 ①: 증자 전 1주당 평가액 6,000원 × 증자 전 발행주식총수
증자금액 ②: 신주 1주당 인수가액 4,000원 × 증자한 주식수
증자 후 1주당 평가액 ④: (증자 전 평가액 + 증자금액) ÷ 증자 후 발행주식총수

증자 후 총주식 평가액은 100억원(증자 전 총주식 평가액 60억원 + 증자금액 6,000원 × 1,000,000주)으로 증자 전 총주식 평가액 60억원(6,000원 × 1,000,000주)보다 40억원(100억원 − 60억원)이 증가하였다. 주식가치의 증가 원인을 보면 신주를 인수하는데 40억원(1주당 인수가액 4,000원 × 증자 주식수 1,000,000주)이 신주인수대금으로 납입되었다. 주식가치 증가 40억원은 신주인수대금 납입에 의한 것이므로 증자에 따른 경제적 이익은 없다(총주식 평가액 증가 40억원 − 신주인수대금 40억원). 기업 전체로 볼 때 주식가치의 변동은 증자한 금액만큼 주식가치가 증가한 것이 된다. 그러나 개별 주주의 입장에서 보면 증자한 금액과 주식가치 증가가 일치하지 않게 되는데 다음의 분석을 보자.

주주별 증자 전과 증자 후의 주식수와 총주식 평가액은 다음과 같게 된다.

구분	증자 전			증자 후		
주주	1주당 평가액	주식수	총주식 평가액	1주당 평가액	주식수	총주식 평가액
甲	6,000	400,000	24억원	5,000	500,000	25억원
乙		300,000	18억원		500,000	25억원
丙		200,000	12억원		500,000	25억원
丁		100,000	6억원		500,000	25억원
계		1,000,000	60억원		2,000,000	100억원

한편, 모든 주주가 지분율에 따라 신주인수권리를 이행했을 경우(균등증자)의 주주별 증자 후의 총주식 평가액은 다음과 같게 된다.

주주	증자 후 1주당 평가액	균등증자 후 주식수	지분율	균등증자 후 총주식 평가액
甲	5,000	800,000	40.0%	4,000,000,000
乙		600,000	30.0%	3,000,000,000
丙		400,000	20.0%	2,000,000,000
丁		200,000	10.0%	1,000,000,000
계		2,000,000	100.0%	10,000,000,000

균등증자와 불균등증자에 따른 주주별 이익 또는 손실을 다음과 같은 방식으로 계산할 수 있다.

주주	불균등증자 후 총주식 평가액 ①	균등증자 후 총주식 평가액 ②	증감 ③ (① − ②)	신주인수 포기 및 초과인수가액 ④	이익(손실) (③ − ④)
甲	2,500,000,000	4,000,000,000	▲1,500,000,000	▲1,200,000,000	▲300,000,000
乙	2,500,000,000	3,000,000,000	▲500,000,000	▲400,000,000	▲100,000,000
丙	2,500,000,000	2,000,000,000	500,000,000	400,000,000	100,000,000
丁	2,500,000,000	1,000,000,000	1,500,000,000	1,200,000,000	300,000,000
계	10,000,000,000	10,000,000,000	0	0	0

신주인수 포기 및 초과 인수가액은 다음과 같이 계산된다.

1주당 인수가액 × (증자 후 주식수 – 균등증자 시 주식수)
= 신주인수포기(–) 및 신주초과인수(+) 가액

• 甲(신주인수포기): 4,000원 × (500,000주 – 800,000주) =▲1,200,000,000원
• 乙(신주인수포기): 4,000원 × (500,000주 – 600,000주) = ▲400,000,000원
• 丙(신주초과인수): 4,000원 × (500,000주 – 400,000주) = 400,000,000원
• 丁(신주초과인수): 4,000원 × (500,000주 – 200,000주) = 1,200,000,000원

(가) 이익

丙은 증자 후 총주식 평가액이 25억원으로 균등증자 시 총주식 평가액 20억원보다 5억원(25억원 – 20억원)이 증가하였다. 丙의 주식가치 증가 원인을 보면 丙이 신주를 초과 인수하는데 4억원[4,000원 × (500,000주 – 400,000주)]이 신주인수대금으로 납입되었다. 주식가치 증가는 신주인수대금 4억원이 되어야 하는데 5억원이 되었다. 신주인수대금 납입과는 무관하게 1억원(5억원 – 4억원)의 주식가치가 더 증가하였다. 또는 증자 후 총주식 평가액 25억원으로 증자 전 총주식 평가액 12억원보다 13억원(25억원 – 12억원)이 증가하였다. 丙의 주식가치 증가 원인을 보면 신주를 인수하는데 12억원(1주당 인수가액 4,000원 × 증자 주식수 300,000주)이 신주인수대금으로 납입되었다. 주식가치 증가는 신주인수대금 12억원이 되어야 하는데 13억원이 되었다. 신주인수대금 납입과는 무관하게 1억원(13억원 – 12억원)의 주식가치가 더 증가하였으므로 丙은 신주 초과 인수에 따른 경제적 이익 1억원을 얻은 것이 된다. 1억원의 주식가치 증가 원인의 다른 분석으로는 丙은 증자 주식수 300,000주로 균등증자 시 증자 주식수 200,000주보다 100,000주를 초과 인수하였다. 신주 1주당 인수가액 4,000원인 주식이 증자 후 1주당 평가액 5,000원으로 1,000원 증가하였으므로 신주 초과 인수에 따른 이익이 1억원(1주당 1,000원 × 신주 초과 인수 주식수 100,000주)이 되므로 1억원의 경제적 이익을 본 것이 된다.

丁의 경우도 증자 후 총주식 평가액이 25억원으로 균등증자 시 총주식 평가액 10억원보다 15억원(25억원 – 10억원)이 증가하였다. 丙의 주식가치 증가 원인을 보면 丙이 신주를 초과 인수하는데 12억원[4,000원 × (500,000주 – 200,000주)]이 신주인수대금으로 납입되었다. 주식가치 증가는 신주인수대금 12억원이 되어야 하는데 15억원이 되었다. 신주인수대금 납입과는 무관하게 3억원(15억원 – 12억원)의 주식가치가 더 증가하였다.

또는 증자 후 총주식 평가액 25억원으로 증자 전 총주식 평가액 6억원보다 19억원(25억원 - 6억원)이 증가하였다. 丁의 주식가치 증가 원인을 보면 신주를 인수하는데 16억원(1주당 인수가액 4,000원 × 증자 주식수 400,000주)이 신주인수대금으로 납입되었다. 주식가치 증가는 신주인수대금 16억원이 되어야 하는데 19억원이 되었다. 신주인수대금 납입과는 무관하게 3억원(19억원 - 16억원)의 주식가치가 더 증가하였으므로 丁은 신주 초과 인수에 따른 경제적 이익 3억원을 얻은 것이 된다.

3억원의 주식가치 증가 원인의 다른 분석으로는 丁은 증자 주식수 400,000주로 균등증자 시 증자 주식수 100,000주보다 300,000주를 초과 인수하였다. 신주 1주당 인수가액 4,000원인 주식이 증자 후 1주당 평가액 5,000원으로 1,000원 증가하였으므로 신주 초과 인수에 따른 이익이 3억원(1주당 1,000원 × 신주 초과 인수 주식수 300,000주)이 되어 결과적으로 3억원의 경제적 이익을 본 것이 된다.

(나) 손실

甲은 증자 후 총주식 평가액이 25억원으로 균등증자 시 총주식 평가액 40억원보다 15억원(25억원 - 40억원)이 감소하였다. 甲의 주식가치 감소 원인을 보면 甲이 신주인수를 포기하는 데 따른 신주인수 포기금액이 12억원[4,000원 × (500,000주 - 800,000주)]이다. 주식가치 감소는 신주인수 포기금액 12억원이 되어야 하는데 15억원이 되었다. 신주인수 포기금액과는 무관하게 3억원(12억원 - 15억원)의 주식가치가 더 감소하였다. 또는 증자 후 총주식 평가액 25억원으로 증자 전 총주식 평가액 24억원보다 1억원(25억원 - 24억원)이 증가하였다. 甲의 주식가치 증가 원인을 보면 甲이 신주를 인수하는데 4억원(1주당 인수가액 4,000원 × 증자 주식수 100,000주)이 신주인수대금으로 납입되었다. 주식가치 증가는 신주인수대금 4억원이 되어야 하는데 1억원이 되었으므로 결과적으로 주식가치는 신주인수대금 납입(증자금액)보다 3억원(1억원 - 4억원) 감소한 것과 마찬가지이므로 甲의 경제적 손실은 3억원이 된다.

3억원의 주식가치 감소 원인의 다른 분석으로는 甲은 균등증자 시 증자 주식수 800,000주, 실제 증자 주식수는 500,000주로 300,000주를 인수 포기하였다. 신주 1주당 인수가액 4,000원인 주식이 증자 후에는 1주당 평가액 5,000원으로 1,000원의 이익이 발생함에도 신주인수를 포기함으로써 3억원(1주당 1,000원 × 신주인수 포기 주식수 300,000주)의 경제적 손실을 본 것이 된다.

乙의 경우도 증자 후 총주식 평가액이 25억원으로 균등증자 시 총주식 평가액 30억원보다 5억원(25억원 − 30억원)이 감소하였다. 乙의 주식가치 감소 원인을 보면 乙이 신주를 포기하는 데 따른 신주인수 포기금액이 4억원[4,000원 × (500,000주 − 600,000주)]이다. 주식가치 감소는 신주인수 포기금액 4억원이 되어야 하는데 5억원이 되었다. 신주인수 포기금액과는 무관하게 1억원(4억원 − 5억원)의 주식가치가 더 감소하였다. 또는 증자 후 총주식 평가액 25억원으로 증자 전 총주식 평가액 18억원보다 7억원(25억원 − 18억원)이 증가하였다. 乙의 주식가치 증가 원인을 보면 신주를 인수하는데 8억원(1주당 인수가액 4,000원 × 증자 주식수 200,000주)이 신주인수대금으로 납입되었다. 주식가치 증가는 신주인수대금 8억원이 되어야 하는데 7억원이 되었으므로 결과적으로 주식가치는 신주인수대금 납입(증자금액)보다 1억원(7억원 − 8억원) 감소한 것과 마찬가지이므로 乙의 경제적 손실은 1억원이 된다.

1억원의 주식가치 감소 원인의 다른 분석으로는 乙은 균등증자 시 증자 주식수 600,000주, 실제 증자 주식수는 500,000주로 100,000주를 포기하였다. 신주 1주당 인수가액 4,000원인 주식이 증자 후에는 1주당 평가액 5,000원으로 1,000원의 이익이 발생함에도 이를 포기함으로써 1억원(1주당 1,000원 × 신주인수 포기 주식수 100,000주)의 경제적 손실을 본 것이 된다. 신주의 저가 발행의 경우 주식을 기존 주주가 소유주식수에 비례하여 인수하지 않았으므로 신주인수에 따른 이익과 구주의 손실이 동시에 발생하게 된다.

(2)-3. 신주의 고가발행

• 증자 전 발행주식총수 1,000,000주(1주당 액면가 5,000원, 1주당 평가액 6,000원) • 증자한 금액 80억원(1주당 신주발행가액 8,000원, 증자한 주식수 1,000,000주)

증자 전 1주당 시가(평가액)가 6,000원이며 신주 1주당 발행가액이 8,000원이므로 신주의 고가발행이 된다

① 증자 전 1주당 평가액: 6,000원

② 신주 1주당 인수가액: 8,000원

③ 증자 후 1주당 평가액: 7,000원

- (증자 전 총주식 평가액 6,000원 × 1,000,000주 + 증자 금액 8,000원 × 1,000,000주)

÷ 증자 전 발행주식총수 1,000,000주 + 증자 주식수 1,000,000주 = 7,000원

• 증자 후 총주식 평가액 ÷ 증자 후 발행주식총수 = 증자 후 1주당 평가액

신주의 고가발행은 기본적으로 신주인수를 포기한 자에게 이익이 발생된다.

증자에 따른 주식가치 증감을 다음과 같은 방식으로 계산할 수 있다. 앞에서 본 신주인수금액을 납입한 후(구주 + 신주)의 주식가치와 증자 후의 1주당 주식가치를 비교하는 방식으로 구주와 신주의 희석효과를 반영하는 이익계산 방식이 되겠다.

구분	증자 전		증자 금액	계 ③	증자 후		증감
주주	1주당	평가액 ①	②	(① + ②)	1주당	평가액 ④	(④ − ③)
甲	6,000	2,400,000,000	800,000,000	3,200,000,000	7,000	3,500,000,000	300,000,000
乙		1,800,000,000	1,600,000,000	3,400,000,000		3,500,000,000	100,000,000
丙		1,200,000,000	2,400,000,000	3,600,000,000		3,500,000,000	−100,000,000
丁		600,000,000	3,200,000,000	3,800,000,000		3,500,000,000	−300,000,000
계		6,000,000,000	8,000,000,000	14,000,000,000		14,000,000,000	0

* 증자 전 평가액 ①: 증자 전 1주당 평가액 6,000원 × 증자 전 발행주식총수
증자금액 ②: 신주 1주당 인수가액 8,000원 × 증자한 주식수
증자 후 1주당 평가액 ④: (증자 전 평가액 + 증자금액) ÷ 증자 후 발행주식총수

증자 후 총주식 평가액은 140억원(증자 전 총주식 평가액 60억원 + 증자금액 8,000원 × 1,000,000주)으로 증자 전 총주식 평가액 60억원(6,000원 × 1,000,000주)보다 80억원(140억원 − 60억원)이 증가하였다. 주식가치의 증가 원인을 보면 신주를 인수하는데 80억원(1주당 인수가액 8,000원 × 증자 주식수 1,000,000주)이 신주인수대금으로 납입되었다. 주식가치 증가 80억원은 신주인수대금 납입에 의한 것이므로 증자에 따른 경제적 이익은 없다(총주식 평가액 증가 80억원 − 신주인수대금 80억원). 기업 전체로 볼 때 주식가치의 변동은 증자한 금액만큼 주식가치가 증가한 것이 된다. 그러나 주식가치를 주주 개인별로 보면 증자한 금액과 주식가치 증가가 일치하지 않게 되는데, 다음의 분석을 보자. 주주별 증자 전과 증자 후의 주식수와 총주식 평가액은 다음과 같게 된다.

구분	증자 전			증자 후		
주주	1주당 평가액	주식수	총주식 평가액	1주당 평가액	주식수	총주식 평가액
甲	6,000	400,000	24억원	7,000	500,000	35억원
乙		300,000	18억원		500,000	35억원
丙		200,000	12억원		500,000	35억원
丁		100,000	6억원		500,000	35억원
계		1,000,000	60억원		2,000,000	140억원

한편, 모든 주주가 지분율에 따라 신주인수권리를 이행했을 경우(균등증자)의 주주별 증자 후의 총주식 평가액은 다음과 같게 된다.

주주	증자 후 1주당 평가액	균등증자 후 주식수	지분율	균등증자 후 총주식 평가액
甲	5,000	800,000	40.0%	5,600,000,000
乙		600,000	30.0%	4,200,000,000
丙		400,000	20.0%	2,800,000,000
丁		200,000	10.0%	1,400,000,000
계		2,000,000	100.0%	14,000,000,000

균등증자와 불균등증자에 따른 주주별 이익 또는 손실을 다음과 같은 방식으로 계산할 수 있다.

주주	불균등증자 후 총주식 평가액 ①	균등증자 후 총주식 평가액 ②	증감 ③ (① − ②)	신주인수 포기 및 초과인수가액 ④	이익(손실) (③ − ④)
甲	3,500,000,000	5,600,000,000	▲2,100,000,000	▲2,400,000,000	300,000,000
乙	3,500,000,000	4,200,000,000	▲700,000,000	▲800,000,000	100,000,000
丙	3,500,000,000	2,800,000,000	700,000,000	800,000,000	▲100,000,000
丁	3,500,000,000	1,400,000,000	2,100,000,000	2,400,000,000	▲300,000,000
계	14,000,000,000	14,000,000,000	0	0	0

신주인수포기 및 초과인수 가액은 다음과 같이 계산된다.

1주당 인수가액 × (증자 후 주식수 - 균등증자 시 주식수)
= 신주인수포기(-) 및 신주초과인수(+) 가액

- 甲(신주인수포기): 8,000원 × (500,000주 - 800,000주) = ▲2,400,000,000원
- 乙(신주인수포기): 8,000원 × (500,000주 - 600,000주) = ▲800,000,000원
- 丙(신주초과인수): 8,000원 × (500,000주 - 400,000주) = 800,000,000원
- 丁(신주초과인수): 8,000원 × (500,000주 - 200,000주) = 2,400,000,000원

(가) 이익

甲은 증자 후 총주식 평가액이 35억원으로 균등증자 시 총주식 평가액 56억원보다 21억원(35억원 - 56억원)이 감소하였다. 甲의 주식가치 감소 원인을 보면 甲이 신주인수를 포기하는 데 따른 신주인수 포기금액이 24억원[8,000원 × (500,000주 - 800,000주)]이다. 주식가치 감소는 신주인수 포기금액 24억원이 되어야 하는데 21억원이 되었다. 신주인수 포기로 인해 3억원(21억원 - 24억원)의 주식가치 감소가 더 적게 발생하였으므로 결과적으로 甲은 신주인수 포기에 따른 경제적 이익을 얻은 것이 된다.

또는 증자 후 총주식 평가액 35억원으로 증자 전 총주식 평가액 24억원보다 11억원(35억원 - 24억원)이 증가하였다. 甲의 주식가치 증가 원인을 보면 신주를 인수하는데 8억원(1주당 인수가액 8,000원 × 증자 주식수 100,000주)이 신주인수대금으로 납입되었다. 주식가치 증가는 신주인수대금 8억원이 되어야 하는데 11억원이 되었다. 신주인수대금 납입과는 무관하게 3억원(11억원 - 8억원)의 주식가치가 더 증가하였으므로 甲의 경제적 이익은 3억원이 된다. 3억원의 주식가치 증가 원인의 다른 분석으로는 甲은 균등증자 시 증자 주식수 800,000주, 실제 증자 주식수는 500,000주로 300,000주를 인수포기하였다. 따라서 신주 1주당 인수가액 8,000원인 주식이 증자 후에는 1주당 평가액 7,000원으로 1,000원의 손실이 발생하게 되는데, 신주인수를 포기함으로써 3억원(1주당 1,000원 × 신주인수포기 주식수 300,000주)의 손실이 발생하지 않았으므로 결과적으로 甲은 경제적 이익을 본 것이 된다.

乙의 경우도 증자 후 총주식 평가액이 35억원으로 균등증자 시 총주식 평가액 42억원보다 7억원(35억원 - 42억원)이 감소하였다. 乙의 주식가치 감소 원인을 보면 乙이 신주 인수를 포기하는 데 따른 신주인수 포기금액이 8억원[(500,000주 - 600,000주) × 8,000원]

이다. 주식가치 감소는 신주인수 포기금액 8억원이 되어야 하는데 7억원이 되었다. 신주인수 포기로 인해 1억원(7억원 - 8억원)의 주식가치 감소가 더 적게 발생하였으므로 결과적으로 乙은 신주인수 포기에 따른 경제적 이익을 얻은 것이 된다.

또는 증자 후 총주식 평가액 35억원으로 증자 전 총주식 평가액 18억원보다 17억원(35억원 - 18억원)이 증가하였다. 乙의 주식가치 증가 원인을 보면 신주를 인수하는데 16억원(1주당 인수가액 8,000원 × 증자 주식수 200,000주)이 신주인수대금으로 납입되었다. 주식가치 증가는 신주인수대금 16억원이 되어야 하는데 17억원이 되었다. 신주인수대금 납입과는 무관하게 1억원(17억원 - 16억원)의 주식가치가 더 증가하였으므로 乙의 경제적 이익은 1억원이 된다. 1억원의 주식가치 증가 원인의 다른 분석으로는 乙은 균등증자 시 증자 주식수 600,000주, 실제 증자 주식수는 500,000주로 100,000주를 인수 포기하였다. 따라서 신주 1주당 인수가액 8,000원인 주식이 증자 후에는 1주당 평가액 7,000원으로 1,000원의 손실이 발생하게 되는데, 신주인수를 포기함으로써 1억원(1주당 1,000원 × 신주인수 포기 주식수 100,000주)의 손실이 발생하지 않았으므로 결과적으로 乙은 경제적 이익을 본 것이 된다.

(나) 손실

丙은 증자 후(불균등증자) 총주식 평가액이 35억원으로 균등증자 시 총주식 평가액 28억원보다 7억원(35억원 - 28억원)이 증가하였다. 丙의 주식가치 증가 원인을 보면 丙이 신주를 초과 인수하는데 8억원[8,000원 × (500,000주 - 400,000주)]이 신주인수대금으로 납입되었다. 주식가치 증가는 신주인수대금 8억원이 되어야 하는데 7억원이 되었으므로 결과적으로 주식가치는 신주 초과 인수대금 납입보다 1억원(7억원 - 8억원) 적게 증가하였으므로 경제적 손실을 본 것이 된다. 또는 증자 후 총주식 평가액 25억원으로 증자 전 총주식 평가액 12억원보다 23억원(25억원 - 12억원)이 증가하였다. 丙의 주식가치 증가 원인을 보면 신주를 인수하는데 24억원(1주당 인수가액 8,000원 × 증자주식수 300,000주)이 신주인수대금으로 납입되었다. 주식가치 증가는 신주인수대금 24억원이 되어야 하는데 23억원이 증가하였으므로, 결과적으로 주식가치는 신주인수대금 납입(증자금액)보다 1억원(23억원 - 24억원)이 더 적게 증가하게 되어 丙의 경제적 손실은 1억원이 된다.

1억원의 주식가치 감소 원인의 다른 분석으로는 丙은 균등증자 시 증자 주식수 400,000주, 실제 증자 주식수는 500,000주로 100,000주를 초과 인수하였다. 신주 1주당 인수가액

8,000원인 주식이 증자 후에는 1주당 평가액 7,000원으로 1,000원의 손실이 발생하게 되는데, 신주를 초과 인수함으로써 1억원(1주당 1,000원 × 신주 초과 인수 주식수 100,000주)의 경제적 손실을 본 것이 된다.

丁의 경우도 증자 후 총주식 평가액이 35억원으로 균등증자 시 총주식 평가액 14억원보다 21억원(35억원 － 14억원)이 증가하였다. 丁의 주식가치 증가 원인을 보면 丁이 신주를 초과 인수하는데 24억원[8,000원 × (500,000주 － 100,000주)]이 신주인수대금으로 납입되었다. 주식가치 증가는 신주인수대금 24억원이 되어야 하는데 21억원이 되었으므로 결과적으로 주식가치는 신주 초과 인수대금 납입보다 3억원(21억원 － 24억원) 적게 증가하였으므로 경제적 손실을 본 것이 된다. 또는 증자 후 총주식 평가액 35억원으로 증자 전 총주식 평가액 6억원보다 29억원(35억원 － 6억원)이 증가하였다.

丁의 주식가치 증가 원인을 보면 신주를 인수하는데 32억원(1주당 인수가액 8,000원 × 증자 주식수 400,000주)이 신주인수대금으로 납입되었다. 주식가치 증가는 신주인수대금 32억원이 되어야 하는데 29억원이 증가하였으므로 결과적으로 주식가치는 신주인수대금 납입보다 3억원(29억원 － 32억원)이 더 적게 증가하게 되어 丁의 경제적 손실은 3억원이 된다. 3억원의 주식가치 감소 원인의 다른 분석으로는 丙은 균등증자 시 증자 주식수 200,000주, 실제 증자 주식수는 500,000주로 300,000주를 초과 인수하였다. 신주 1주당 인수가액 8,000원인 주식이 증자 후에는 1주당 평가액 7,000원으로 1,000원의 손실이 발생하게 되는데, 신주를 초과 인수함으로써 3억원(1주당 1,000원 × 신주 초과 인수 주식수 300,000주)의 경제적 손실을 본 것이 된다. 신주의 고가발행의 경우 주식을 기존 주주가 소유주식수에 비례하여 인수하지 않았으므로 신주인수에 따른 손실과 구주의 이익이 동시에 발생하게 된다.

| 증자 형태에 따른 증여세 과세 |

구분	증자유형	과세 여부	과세근거
균등증자	시가발행	×	
	저가발행	×	
	고가발행	×	법인령 제88조*

구분	증자유형	과세 여부	과세근거
불균등증자	시가 발행	×	
	저가 발행	○	상증법 제39조
	고가 발행	○	상증법 제39조

* 균등증자 고가발행의 경우 과세 여부에 대해 논란이 있다.

관련규정 및 예규판례

신주발행 시 각 주주의 지분비율대로 균등하게 신주를 인수함으로써 특정주주가 이익을 얻지 못한 경우에는 증여세 과세문제가 발생하지 아니하는 것임(서사-1384, 2005.8.5.).

1. 특수관계자와의 거래에 있어서 시가에 미달하게 양도하는 행위 등 당해 소득에 대한 조세의 부담을 부당하게 감소시킨 것으로 인정되는 때에는 그 거주자의 행위 또는 계산에 관계없이 시가를 양도가액으로 하여 양도소득세가 결정되는 것이며, 이 경우 "시가"라 함은 상속증여세법 제60조 내지 제66조의 규정에 의하여 평가한 가액을 말하는 것임.
2. 법인이 자본을 증가시키기 위하여 신주를 발행함에 있어 각 주주의 지분비율대로 균등하게 신주를 인수함으로써 특정주주가 얻은 이익이 없는 경우에는 상속증여세법 제39조의 규정에 의한 증여세 과세문제는 발생하지 아니함.

신주인수 포기자가 얻은 증여받은 이익을 산정할 때 증자 전의 1주당 평가가액이 부수인 경우 그 주식가액을 "0"으로 보는 것이며, 증자 전후의 주식가액이 모두 "0" 이하인 경우 이익이 없는 것으로 보는 것임(서사-1155, 2005.7.8.).

상속증여세법 제39조 제1항 제2호 나목의 규정에 의하여 당해 법인의 주주가 신주를 배정받을 수 있는 권리의 전부 또는 일부를 포기한 경우로서 실권주를 배정하지 아니하는 경우에는 당해 신주를 인수함으로써 그와 특수관계에 있는 신주인수 포기자가 얻은 이익상당액은 증여세 과세대상에 해당하는 것이며, 같은 법 시행령 제29조 제3항 제4호의 규정에 의한 계산산식을 적용하여 증여받은 이익을 산정할 때, "증자 전의 1주당 평가가액"이 부수인 경우에는 그 주식가액을 "0"으로 보는 것임. 다만, 증자 전·후의 주식 1주당 가액이 모두 "0" 이하인 경우에는 이익이 없는 것으로 보는 것임.

2 | 과세요건

(1) 자본금 증가의 요건

법인이 자본금을 증가시키기 위하여 새로운 주식(신주)을 발행하는 경우가 되어야 한다(상증법 §39 ①). 이때 신주발행은 시가보다 높거나 낮은 가액이어야 하므로 자본금을 증가시키는 신주발행이어도 신주를 시가에 발행하는 경우에는 해당되지 않는다. 여기서 자본금을 증가시키는 신주의 발행에는 회사의 자산이 증가하는 유상증자와 회사의 자산의 증가하지 않는 준비금의 자본전입과 같은 자본금만 증가하는 무상증자가 있다. 무상증자는 자본의 구성만 달라질 뿐 회사의 자산이 증가하지 않는다. 증자와 이익은 회사의 자산이 증가하는 신주의 발행으로서 현금 납입을 말하며 상속증여세법 제39조의3의 현물 납입은 해당되지 않는다. 한편, 법인이 자본금을 증가시키기 위하여 종류주식을 발행한 경우 발행 이후 다른 종류의 주식으로 전환함에 따라 얻은 이익에 대한 과세방법을 보완하여 증여세를 부과하도록 2016.12.20. 상속증여세법 제39조 제1항 제3호를 신설하였다.

(2) 이익의 요건

이익은 신주의 시가와 발행가액의 차액이다. 상속증여세법 제39조 제1항 제1호 내지 제3호에 해당하는 이익으로 과세요건 성립에서 '이익'은 신주의 시가와 발행가액의 차액에 대한 것으로 이때의 시가는 상속증여세법 제60조(평가의 원칙 등) 및 제63조(유가증권 등의 평가)의 규정에 의하여 평가한 가액을 말한다(상증법 §39 ① 1). 시가에 대해 대법원은 "… 신주인수권의 포기와 인수라는 절차를 통하여 주식의 납입금액과 시가와의 차액 상당이 증여되는 것을 증여세 과세대상으로 포착하여 과세하고자 함에 있는 것으로서 그 입법취지와 규정의 문언에 비추어 볼 때 이 경우 증여세 과세대상은 위 법령 소정의 현저히 저렴한 대가에 상응하는 이익인 주금을 납입한 때에 있어서의 납입금액과 그 당시의 주식의 시가 또는 시가를 산정하기 어려운 경우에는 법 소정의 평가방법에 의한 금액과의 차액 그 자체이다(대법원 91누9565, 1992.7.28.)."라고 하여 주식의 시가를 산정하기 어려운 경우 시가는 상속증여세법 제60조(평가의 원칙 등) 및 제63조에 의한 보충적 평가방법에 의한 평가가액이다.

증자에 따른 이익은 주식대금 납입일을 증여일로 하여 얻은 자의 증여재산가액으로 한다(상증법 §39 ①). 증자에 따른 이익을 증여로 보는 상속증여세법 제39조의 성격에 대해 법원은 "신주인수권을 포기한 주주와 특수관계에 있는 자가 그 포기한 신주를 배정받아 이익이 생기면 그 과세요건이 충족되는 것이고 반드시 신주인수권을 포기한 주주로부터 직접 그 신주인수권을 양여받아야 함을 요건으로 하는 것은 아니다. 또한 신주인수권을 포기한 주주와 특수관계에 있는 자가 그의 지분비율을 초과하여 신주를 배정받아 이익을 받은 경우에는 신주인수권을 포기한 주주에게 증여의사가 있었는지 여부에 관계없이 증여로 본다(대법원 93누1343, 1993.7.27.)."고 판시하고 있다.

상속증여세법 제39조에 따르면 증자형태에 따른 이익의 요건을 다음과 같이 8가지 유형으로 나누고 있다(2016.12.20. 신설된 상속증여세법 제39조 제1항 제3호의 종류주식의 주식전환의 이익은 이익의 요건이 8가지 유형과 차이가 없으므로 제외한다).

(2)-1. 신주의 저가발행

신주의 저가발행은 기본적으로 신주를 인수하거나 배정받은 자에게 이익이 발생되므로 신주의 인수자나 배정받은 자에 대한 요건이 된다.

(가) 실권주를 배정한 경우(상증법 §39 ① 1 가목)

주주는 그가 가진 주식 수에 따라서 신주의 배정을 받을 권리가 있다(상법 §418). 회사는 신주의 인수권을 가진 자에 대하여 그 인수권을 가지는 주식의 종류 및 수와 일정한 기일까지 주식 인수의 청약을 하지 아니하면 그 권리를 잃는다는 뜻을 통지를 하여야 한다. 통지에도 불구하고 그 기일까지 주식 인수의 청약을 하지 아니한 때에는 신주의 인수권을 가진 자는 그 권리를 잃게 된다(상법 §419).

① 내용

- 해당 법인의 주주가 신주를 배정받을 수 있는 권리(신주인수권)의 전부 또는 일부를 포기한 경우로서
- 그 포기한 신주(이하 "실권주"라 한다)를 배정[자본시장법에 따른 주권상장법인이 같은 법 제9조 제7항에 따른 유가증권의 모집방법(자본시장법 제11조 제3항에 따라 모집하는 경우 제외)으로 배정하는 경우 제외]하는 경우
- 그 실권주를 배정받은 자가 실권주를 배정받음으로써 얻은 이익

② 특수관계 유무: 해당 없음.

③ 이익을 얻은 자: 실권주를 배정받은 자

유가증권의 모집방법【자본시장법 제9조 제7항】

구 상속증여세법 제39조 제1항 제1호 가목 및 다목에서 구증권거래법 제2조 제3항의 규정에 의한 유가증권의 모집방법에 의한 신주발행의 경우에 이를 증여세 과세대상에서 제외하려는 입법취지는 주권상장법인 또는 협회등록법인이 구 증권거래법 등 관계법령에 따라 공모절차에 의하여 신주를 발행하는 경우에는 할인발행을 하더라도 불특정다수인 간에 한국증권거래소 또는 협회중개시장 내에서 공정한 경쟁매매과정을 거쳐 다시 적정한 가액이 결정되는 것이고, 일반인 및 제3자의 투자보호를 위하여 정당한 방법으로 공시, 홍보 등을 취하게 된다는 점과 또 일정한 한도 내에서의 할인발행은 구 증권거래법 등 관계법령이 주권상장법인 또는 협회등록법인의 자금조달을 용이하게 하기 위하여 허용하는 것인 점 등을 고려하여 이러한 경우는 주식의 발행가액이 비록 시가보다 낮게 결정된다 하더라도 주권상장법인 또는 협회등록법인이 그 차액 상당을 주식을 배정받은 제3자에게 증여한 것이라고 보기 어려워 이를 증여세의 과세대상에서 제외하려는데 있다고 할 것이다(서울고법 2012누12060, 2012.11.2.).

*「자본시장과 금융투자업에 관한 법률 시행령」 제11조 제3항에 따라 모집하는 경우 청약의 권유를 받는 자의 수가 50인 미만으로서 증권의 모집에 해당되지 아니할 경우에도 해당 증권이 발행일부터 1년 이내에 50인 이상의 자에게 양도될 수 있는 경우로서 증권의 종류 및 취득자의 성격 등을 고려하여 금융위원회가 정하여 고시하는 전매기준에 해당하는 경우에는 모집으로 본다.

(나) 실권주를 배정하지 아니한 경우(상증법 §39 ① 1 나목)

회사가 그 성립 후에 주식을 발행하는 경우에 신주의 종류와 수, 신주의 발행가액과 납입기일, 신주의 인수방법, 현물출자를 하는 자의 성명과 그 목적인 재산(종류 · 수량 · 가액)에 대하여 부여할 주식의 종류와 수, 주주가 가지는 신주인수권을 양도할 수 있는 것에 관한 사항, 주주의 청구가 있는 때에만 신주인수권증서를 발행한다는 것과 그 청구기간 등의 사항으로서 정관에 규정이 없는 것은 이사회가 이를 결정한다. 그러나 본법에 다른 규정이 있거나 정관으로 주주총회에서 결정하기로 정한 경우에는 그러하지 아니하다(상법 §416).

① 내용

- 해당 법인의 주주가 신주인수권의 전부 또는 일부를 포기한 경우로서
- 실권주를 배정하지 아니하는 경우
- 당해 신주인수를 포기한 자의 특수관계인이 신주를 인수함으로써 얻은 이익

② 특수관계 유무: 신주인수 포기자와 신주인수자 사이에 특수관계가 있어야 한다.

③ 이익을 얻은 자: 신주인수자

(다) 제3자 배정인 경우(**상증법** §39 ① 1 **다목**)

회사는 정관에 정하는 바에 따라 주주 외의 자에게 신주를 배정할 수 있다. 다만, 이 경우에는 신기술의 도입, 재무구조의 개선 등 회사의 경영상 목적을 달성하기 위하여 필요한 경우에 한한다(상법 §418).

① 내용

- 해당 법인의 주주가 아닌 자가 해당 법인으로부터 신주를 직접 배정(자본시장법 제9조 제12항에 따른 인수인으로부터 그 신주를 직접 인수·취득하는 경우를 포함)받는 경우
- 배정받음으로써 얻은 이익

② 특수관계 유무: 해당 없음.

③ 이익을 얻은 자: 신주를 배정받은 자

(라) 초과 배정한 경우(**상증법** §39 ① 1 **라목**)

① 내용

- 해당 법인의 주주가 소유한 주식의 수에 비례하여 균등한 조건으로 배정받을 수 있는 수를 초과하여 신주를 직접 배정(자본시장법 제9조 제12항에 따른 인수인으로부터 그 신주를 직접 인수·취득하는 경우를 포함)받는 경우
- 배정받음으로써 얻은 이익

② 특수관계 유무: 해당 없음.

③ 이익을 얻은 자: 신주의 초과인수자

(2)-2. 신주의 고가발행

신주의 고가발행은 기본적으로 신주를 인수하거나 배정받은 자는 이익을 분여한 것이 되므로 신주의 인수자나 배정받은 자가 아닌 자에 대한 요건이 된다.

(가) 실권주를 배정한 경우(상증법 §39 ① 2 가목)

① 내용

- 해당 법인의 주주가 신주인수권의 전부 또는 일부를 포기한 경우로서
- 실권주를 배정(자본시장법에 따른 주권상장법인이 같은 법 제9조 제7항에 따른 유가증권의 모집방법으로 배정하는 경우 제외)하는 경우
- 실권주를 배정받은 자가 이를 인수함으로써 그의 특수관계인에 해당하는 신주인수 포기자가 얻은 이익

② 특수관계 유무: 실권주 배정받은 자와 신주인수 포기자 사이에 특수관계가 있어야 한다.

③ 이익을 얻은 자: 신주인수 포기자

(나) 실권주를 배정하지 아니한 경우(상증법 §39 ① 2 나목)

① 내용

- 해당 법인의 주주가 신주인수권의 전부 또는 일부를 포기한 경우로서
- 실권주를 배정하지 아니하는 경우
- 신주를 인수함으로써 그의 특수관계인에 해당하는 신주인수 포기자가 얻은 이익

② 특수관계 유무: 신주인수자와 신주인수 포기자 사이에 특수관계가 있어야 한다.

③ 이익을 얻은 자: 신주인수 포기자

(다) 제3자 배정인 경우(상증법 §39 ① 2 다목)

① 내용

- 해당 법인의 주주가 아닌 자가 해당 법인으로부터 신주를 직접 배정(자본시장법 제9조 제12항에 따른 인수인으로부터 그 신주를 직접 인수·취득하는 경우를 포함)받음으로써
- 배정받은 자의 특수관계인이 얻은 이익

② 특수관계 유무: 신주를 배정받은 자와 신주를 배정받지 아니한 자 사이에 특수관계가 있어야 한다.

③ 이익을 얻은 자: 신주의 일부를 배정받거나 배정받지 아니한 자

(라) 초과 배정인 경우(상증법 §39 ① 2 라목)

① 내용

- 해당 법인의 주주가 소유한 주식의 수에 비례하여 균등한 조건으로 배정받을 수 있는 수를 초과하여 신주를 직접 배정(자본시장법 제9조 제12항에 따른 인수인으로부터 그 신주를 직접 인수·취득하는 경우를 포함)받음으로써
- 배정받은 자와의 특수관계인이 얻은 이익

② 특수관계 유무: 신주를 초과 배정받은 자와 주주 사이에 특수관계가 있어야 한다.

③ 이익을 얻은 자: 신주를 초과 배정받지 아니한 자

(3) 발행주식총수와 자기주식

(3)-1. 증자 전의 1주당 평가액 및 증자 후의 1주당 평가액 계산식

상속증여세법 시행령 제29조에 의하면 이익계산에서 신주 1주당 인수가액과 비교가 되는 증자 후 1주당 평가액의 계산식을 다음과 같이 하고 있다.

[(증자 전의 1주당 평가가액 × 증자 전의 발행주식총수) + (신주 1주당 인수가액 × 증자에 의하여 증가한 주식수)] ÷ (증자 전의 발행주식총수 + 증자에 의하여 증가한 주식수)
= (증자 전 총주식 평가액 + 증자금액) ÷ 증자 후 발행주식총수
= 증자 후 총주식 평가액 ÷ 증자 후 발행주식총수

이 계산식에서 '증자 전의 1주당 평가가액'과 '증자 전의 발행주식총수'를 계산할 때 발행주식총수에 자기주식이 포함되어 있는 경우 발행주식총수에 자기주식의 포함 여부에 따라 증자 전의 1주당 평가액과 증자 후의 1주 평가액이 다르게 계산된다.

(3)-2. 발행주식총수와 자기주식

자기주식은 발행주식총수에서 제외되어야 한다는 과세관청의 주장(당초 주장 변경)에

대해 법원(서울고법 2004누1829, 2007.1.24.)은 회사가 주식소각을 위하여 자기주식을 취득한 경우에는 지체 없이 주식실효의 절차를 밟아야 하고, 회사의 합병 또는 다른 회사의 영업 전부의 양수로 인하여 자기주식을 취득하는 등 상법 제341조 제2 내지 5호와 제341조의3 단서의 경우에는 상당한 시기에 그 주식이나 질권의 처분을 하도록 상법 제342조에서 규정하고 있다. 그러나 그러한 점만으로 회사가 보유하는 자기주식이 실질적으로 자본의 감소에 해당하는 것으로 볼 수 없고, 그 외 상법이나 구 상속증여세법 시행령 등 관련 법령 어느 곳에서도 자기주식은 발행주식총수에서 제외되어야 한다는 규정을 발견할 수 없으므로 자기주식은 발행주식총수에서 제외되어야 한다는 전제에 기초한 주장은 이유 없다.

그러나 대법원(대법원 2007두5363, 2009.11.26.)은 이 사건 시행령 조항은 실권주를 배정함에 있어서 신주를 배정받을 수 있는 권리의 전부 또는 일부를 포기한 주주와 특수관계에 있는 자가 실권주를 인수함으로써 당해 권리를 포기한 주주가 이익을 얻는 경우 그 증여의제 이익은 '신주 1주당 인수가액'에서 '증자 후의 1주당 평가가액[= {(증자 전의 1주당 평가가액 × 증자 전의 발행주식총수) + (신주 1주당 인수가액 × 증자에 의하여 증가한 주식 수)} ÷ (증자 전의 발행주식총수 + 증자에 의하여 증가한 주식 수)]'을 뺀 금액에 '신주인수를 포기한 주주의 실권주 수'와 '실권주주와 특수관계에 있는 자가 인수한 실권주 수 ÷ 실권주 총수'를 순차 곱하는 산식에 의하여 계산하도록 규정하고 있다. 위 각 규정의 내용과 입법취지, 신주의 고가인수가 기존 보유주식의 가치에 미치는 효과 등에 비추어 보면, 실권주 전부가 재배정된다고 할 때 이 사건 산식 중 신주 1주당 인수가액에서 증자 후의 1주당 평가가액을 뺀 금액은 신주를 고가로 인수하는 주주가 실권주 1주를 추가로 인수함에 따라 입게 되는 경제적 손실액을 의미하고, 이 손실액은 실권주주가 신주 1주의 인수를 포기함에 따라 그 실권주를 고가로 인수하는 주주로부터 기존 보유주식의 가치증가라는 형태로 무상으로 이전받게 되는 경제적 이익액과 일치하므로, 이 사건 시행령 조항이 이 사건 법률조항의 위임범위를 벗어나 과세대상을 확대한 무효의 규정이라고 할 수 없다. 따라서 이 사건 시행령 조항에 의하여 신주를 고가로 인수한 주주가 실권주주에게 분여한 이익을 산정하는 것은 객관적이고 합리적인 방법이라고 할 것이다. 다만, 이 사건 산식은 그 구조에 비추어 볼 때 신주를 고가로 인수한 주주와 실권주주 사이에서 경제적 이익이 이전되는 것을 전제로 그 이익의 가액을 계산하고 있으므로, 이 사건 산식을 적용함에 있어 상법상 자기주식의 취득이 제한되어 신주를 배정받지 못한 자기주식이 있는 경우에는 이를 제외하고 '증자 전의 1주당 평가가액'이나 '증자 전의 발행주식총수'를 계산하여야 할 것이다(다음 ≪사례 5-1≫ 참조)라고 하면서, 고가로 발행된 신주를 인수하는 주주는 누구든지 신주 1주를 인수할 때마다 신주 1주당 인수가액에서 증자 후의 1주당 평가가액을 뺀 금액 상당의 손실을 입게 된다는 전제 아래, 이 사건 시행령 조항은 실권주주가 상법상 신주인수의무가 있는 것으로 오해한 나머지 신주를 인수한 경우 입었을 손실을 신주인수를 포기함으로써 얻은 이익으로 파악하여 이를 과세대상이 되는 증여가액으로 포착함으로써 그 과세대상을 실권주의 재배정으로 인한 주식가치의 증가로 포착하고 있는 이 사건 법률조항이 위임한 범위를 초과하여 과세대상을 확대한 것으로서 무효이다.

(4) 증자 전 1주당 평가와 매매사례가액

"증자 전의 1주당 평가가액"이라 함은 증자 전의 시점을 기준으로 한 주식의 평가가액을 의미한다 할 것이므로(대법원 2005두2063, 2007.1.25.) 증자 후 3월 중 이루어진 매매거래가액을 증여세가 부과되는 재산의 시가로 볼 수 있다고 하여 이를 "증자 전의 1주당 평가가액"으로 볼 수는 없다(대법원 2007두5110, 2009.6.25.). 그 이유에 대해서 상증세법의 각 규정의 문언 내용과 입법 취지 및 증자로 인하여 당해 법인의 주식가치가 달라지게 되므로 ① '증자 전의 1주당 평가가액'과 '증자 후의 1주당 평가가액'을 동일시할 수 없는 점, ② 시행령 제49조 제1항 제1호(매매사례가액)는 증여세가 부과되는 재산의 가액이 증여 자체로 인하여 변동되지 않는 재산의 평가에 관한 규정이므로 이를 증자 시 증여의제가액의 계산방법에 그대로 적용하기 곤란한 점 등을 고려하면, 시행령 제29조 제2항 제1호의 산식 중 '증자 전의 1주당 평가가액'이라 함은 증자 전의 시점을 기준으로 한 주식의 평가가액을 의미한다 할 것이므로(대법원 2007.1.25. 선고 2005두2063 전원합의체 판결 참조), 시행령 제49조 제1항 제1호의 규정이 증자 후 3월 중 이루어진 매매거래가액을 증여세가 부과되는 재산의 시가로 볼 수 있다고 하여 이를 '증자 전의 1주당 평가가액'으로 볼 수는 없다. 한편(조심 2010광3207, 2012.4.25.) 처분청이 매매사례가액으로 본 주당 거래가격은 증자대금 납입을 전제로 하여 이루어진 신주의 거래 사례가액으로서 이를 증자대금이 납입되지 아니하였던 시점인 구주 상태에서의 시가로 인정하기는 어려운 반면, 증자일 현재와 유사한 상황에서 가장 최근 날짜에 제3자 간에 일반적으로 거래된 가격인 1주당 거래가액을 시가에 해당하는 것으로 보아야 한다.

3 | 증자와 이익계산

현행 상속증여세법 시행령 제29조 증자에 따른 이익은 기본적으로 신주인수 금액을 납입한 후의 1주당 주식가치가 증자한 후의 1주당 주식가치보다 낮거나 높은 경우에 발생하는 것으로 균등한 증자와 시가에 의한 증자를 하지 않은데 그 원인이 있다. 따라서 이익의 계산방식은 증자를 한 후의 주식가치의 변동을 비교하는 방식이 되겠다(이하의 이익계산 방식은 저자가 분석한 "증자 · 감자의 이익계산 방법 小考"의 일부를 수정한 것임). 이 계산방식은 "법인이 증자를 하면서 주식가치보다 낮은 가액으로 신주를 발행하면 구 주식의 가액은 증자액의 비율에 따라 희석되어 감소되고 신 주식의 가액은 거꾸로 증가하게 되므로 증자하기 전의 주식비율에 따른 신주인수를 하지 아니하면 신주의 전부 또는 일부를 인수하지 아니한 자가 소유하고 있는 구 주식의 가액은 증자를 한 비율만큼 감소되고 반면에 비율을 초과하여 신주를 인수한 자의 주식가치는 구 주식의 가액이 감소한 만큼 증가하게 된다(헌재 2001헌바13, 2002.1.31.)."는데 기초를 두고 있다. 현행 상속증여세법 시행령의 이익은 다음의 구분에 따라 계산한 이익으로 한다. 다만, 증자 전 · 후의 주식 1주당 가액이 모두 영 이하인 경우에는 이익이 없는 것으로 본다(상증령 §29 ③). 증자유형에 따른 이익의 계산방법은 다음과 같다.

(1) 신주의 저가발행

이익을 증여한 자가 소액주주로서 2명 이상인 경우에는 이익을 증여한 소액주주가 1명인 것으로 보고 이익을 계산한다(상증법 §39 ②).

(1)-1. 실권주 배정 및 제3자 배정, 초과 배정(상증령 §29 ② 1)

(증자 후 1주당 평가액 ① − 신주 1주당 인수가액 ②)
× 배정받은 실권주수 또는 신주수, 초과 배정받은 신주수 ③

① 증자 후 1주당 평가액

[(증자 전의 1주당 평가가액 × 증자 전의 발행주식총수) + (신주 1주당 인수가액 × 증자에 의하여 증가한 주식수)] ÷ (증자 전의 발행주식총수 + 증자에 의하여 증가한 주식수)

= (증자 전 총주식 평가액 + 증자금액) ÷ 증자 후 발행주식총수

= 증자 후 총주식 평가액 ÷ 증자 후 발행주식총수

다만, 주권상장법인 등의 경우로서 증자 후의 1주당 평가가액이 위 산식에 의하여 계산한 1주당 가액보다 적은 경우에는 당해 가액

② 신주 1주당 인수가액

③ 배정받은 실권주수 또는 신주수, 초과 배정받은 신주수

사례 ① 저가발행 실권주(전부 포기) 전부 배정

증자 전 발행주식총수 1,000,000주(1주당 액면가 5,000원, 1주당 평가액 8,000원), 신주인수 납입금액 50억원(1주당 신주발행가액 5,000원, 증자 주식수 1,000,000주), 주주 乙이 신주인수를 전부 포기하고 포기한 신주를 전부 배정했다.

| 증자내용 |

구분	증자 전			증자내역				증자 후	
주주	발행주식 총수(A)	지분율	균등증자 시 주식수 ①	배정 주식수 ②	실권주수 ③(②－①)	재배정 주식수 ④	증자주식수(B) (②－③+④)	발행주식 총수 (A＋B)	지분율
甲	400,000	40%	400,000	400,000	–	–	400,000	800,000	40%
乙	300,000	30%	300,000	300,000	300,000	–	–	300,000	15%
丙	200,000	20%	200,000	200,000	–	100,000	300,000	500,000	25%
丁	100,000	10%	100,000	100,000	–	200,000	300,000	400,000	20%
계	1,000,000	100%	1,000,000	1,000,000	300,000	300,000	1,000,000	2,000,000	100%

□ 계산방법

① 증자 후 1주당 평가액

[(8,000원 × 1,000,000주) + (5,000원 × 1,000,000주)] ÷ (1,000,000주 + 1,000,000주)

= 6,500원

② 신주 1주당 인수가액: 5,000원

③ 배정받은 실권주수: 300,000주

④ 얻은 이익: 신주의 저가발행이므로 신주를 재배정받은 자가 이익을 얻게 되고 신주인수를 포기한 자는 이익을 분여한 것이 된다.

- 계산식: (① - ②) × 배정받은 실권주수
- 丙이 얻은 이익: (6,500원 - 5,000원) × 100,000주 = 150,000,000원
- 丁이 얻은 이익: (6,500원 - 5,000원) × 200,000주 = 300,000,000원

⑤ 증자에 따른 이익을 다음과 같은 방식으로 분석해 볼 수 있다.

이 계산방식은 신주인수 금액을 납입한 후(구주의 가치 + 신주의 납입금액)의 1주당 가치와 증자 전의 구주 1주당 가치를 비교하는 방식으로 구주와 신주의 희석효과를 반영하는 이익계산이 되겠다. 이 계산방식의 이익의 결과는 상속증여세법 시행령 제29조 제2항 제1호의 계산방법과 동일하다.

구분	증자 전		증자금액	계 ③	증자 후		증감
주주	1주당	평가액 ①	②	(①+②)	1주당	평가액 ④	(④ - ③)
甲	8,000	3,200,000,000	2.000,000,000	5,200,000,000	6,500	5,200,000,000	-
乙		2,400,000,000	-	2,400,000,000		1,950,000,000	-450,000,000
丙		1,600,000,000	1,500,000,000	3,100,000,000		3,250,000,000	150,000,000
丁		800,000,000	1,500,000,000	2,300,000,000		2,600,000,000	300,000,000
계		8,000,000,000	5,000,000,000	13,000,000,000		13,000,000,000	0

* 증자 전 평가액 ①: 증자 전 1주당 평가액 8,000원 × 증자 전 발행주식총수
증자금액 ②: 신주 1주당 인수가액 5,000원 × 증자한 주식수
증자 후 1주당 평가액 ④: (증자 전 평가액 + 증자금액) ÷ 증자 후 발행주식총수

사례 1-1 ••• 저가발행 실권주(전부 포기) 일부 배정

증자 전 발행주식총수 1,000,000주(1주당 액면가 5,000원, 1주당 평가액 8,000원), 신주인수 납입금액 45억원(1주당 신주발행가액 5,000원, 증자 주식수 900,000주), 주주 乙이 신주인수를 전부 포기하고 포기한 신주의 중 일부만을 배정했다.

| 증자내용 |

구분	증자 전		균등증자 시 주식수 ①	증자내역				증자 후	
주주	발행주식 총수(A)	지분율		배정 주식수 ②	실권주수 ③(②－①)	재배정 주식수 ④	증자주식수(B) (②－③+④)	발행주식 총수 (A＋B)	지분율
甲	400,000	40%	400,000	400,000	–	–	400,000	800,000	42.1%
乙	300,000	30%	300,000	300,000	300,000	–	–	300,000	15.8%
丙	200,000	20%	200,000	200,000	–	100,000	300,000	500,000	26.3%
丁	100,000	10%	100,000	100,000	–	100,000	200,000	300,000	15.8%
계	1,000,000	100%	1,000,000	1,000,000	300,000	200,000	900,000	1,900,000	100.0%

□ **계산방법**

① 증자 후 1주당 평가액
[(8,000원 × 1,000,000주) ＋ (5,000원 × 900,000주)] ÷ (1,000,000주 ＋ 900,000주)
＝ 6,579원

② 신주 1주당 인수가액: 5,000원

③ 배정받은 실권주수: 200,000주

④ 얻은 이익: 신주의 저가발행이므로 신주를 재배정받은 자가 이익을 얻게 되고 신주인수를 포기한 자는 이익을 분여한 것이 된다.

- 계산식: (① － ②) × 배정받은 실권주수
- 丙이 얻은 이익: (6,579원 － 5,000원) × 100,000주 ＝ 157,894,737원
- 丁이 얻은 이익: (6,579원 － 5,000원) × 100,000주 ＝ 157,894,737원

⑤ 증자에 따른 이익을 다음과 같은 방식으로 분석할 수 있다.

1주당 평가액이 증자 전 8,000원에서 증자 후 6,579원으로 평가되었으므로 신주의

가치(5,000원)는 증가(6,579원)하고 구주의 가치(8,000원)는 감소(6,579원)되었다. 따라서 신주의 경우 1주당 얻은 이익은 1,579원(증자 후 6,579원 - 인수가액 5,000원)이 되고 구주의 경우 1주당 손실은 1,421원(증자 전 8,000원 - 증자 후 6,579원)이 된다. 이를 주주별로 계산하면 증자에 따른 얻은 이익과 분여한 이익은 다음과 같이 인수한 주식수에 비례하여 증자에 따른 이익이 발생되는 한편, 증자 전에 보유하고 있던 주식은 보유한 주식수에 비례하여 증자에 따른 손실을 보게 되는 주식가치의 희석으로 인한 것이 된다. 배정받은 실권주를 포함하여 결국 병이 얻은 이익은 신주에서 473,684,211원을 얻었고 구주에서는 284,210,526원의 손실을 본 것이 되고, 정이 얻은 이익은 신주에서 315,789,474원을 얻었고 구주에서는 142,105,263원의 손실을 본 것이 된다. 갑의 경우는 실권주를 배정받지 않았음에도 이익이 발생하게 된다. 이 계산방식의 이익의 결과는 상속증여세법 시행령 제29조 제2항 제1호의 계산방법과 차이가 있다.

주주	신주의 이익 ①	구주의 손실 ②	이익(손실)(① - ②)
갑	631,578,947	568,421,053	63,157,895
을	-	426,315,789	-426,315,789
병	473,684,211	284,210,526	189,473,684
정	315,789,474	142,105,263	173,684,211
계	1,421,052,632	1,421,052,632	0

⑥ 증자에 따른 이익을 다른 방식으로도 분석해 볼 수 있다.

앞에서 본 신주 인수금액을 납입한 후(구주의 가치 + 신주의 납입금액)의 1주당 가치와 증자 전의 구주 1주당 가치를 비교하는 방식으로 구주와 신주의 희석효과를 반영하는 이익계산 방식이 되겠다. 이 계산방식의 이익의 결과는 위의 신주의 이익과 구주의 손실에 따른 희석효과를 고려한 계산 결과와 같으며 상속증여세법 시행령 제29조 제2항 제1호의 계산방법과는 차이가 있다.

구분	증자 전		증자금액	계 ③	증자 후		증감
주주	1주당	평가액 ①	②	(① + ②)	1주당	평가액 ④	(④ - ③)
甲	8,000	3,200,000,000	2,000,000,000	5,200,000,000	6,579	5,263,157,895	63,157,895
乙		2,400,000,000	-	2,400,000,000		1,973,684,211	-426,315,789
丙		1,600,000,000	1,500,000,000	3,100,000,000		3,289,473,684	189,473,684
丁		800,000,000	1,000,000,000	2,400,000,000		1,973,684,211	173,684,211
계		8,000,000,000	4,500,000,000	12,500,000,000		12,500,000,000	0

* 증자 전 평가액 ①: 증자 전 1주당 평가액 8,000원 × 증자 전 발행주식총수
증자금액 ②: 신주 1주당 인수가액 5,000원 × 증자한 주식수
증자 후 1주당 평가액 ④: (증자 전 평가액 + 증자금액) ÷ 증자 후 발행주식총수

사례 2 ••• 저가발행 초과 배정

증자 전 발행주식총수 1,000,000주(1주당 액면가 5,000원, 1주당 평가액 8,000원), 신주인수 납입금액 50억원(1주당 신주발행가액 5,000원, 증자 주식수 1,000,000주), 주주 丙이 신주를 초과 배정받았다.

| 증자내용 |

구분	증자 전			증자내역			증자 후	
주주	발행주식 총수(A)	지분율	균등증자 시 주식수 ①	배정 주식수 ②	초과배정 주식수 ③ (② - ①)	증자주식수 (B) ②	발행주식 총수 (A + B)	지분율
甲	400,000	40%	400,000	300,000	-	300,000	700,000	35.0%
乙	300,000	30%	300,000	300,000	-	300,000	600,000	30.0%
丙	200,000	20%	200,000	300,000	100,000	300,000	500,000	25.0%
丁	100,000	10%	100,000	100,000	-	100,000	200,000	10.0%
계	1,000,000	100%	1,000,000	1,000,000	100,000	1,000,000	2,000,000	100.0%

□ 계산방법

① 증자 후 1주당 평가액

[(8,000원 × 1,000,000주) + (5,000원 × 1,00,000주)] ÷ (1,000,000주 + 1,000,000주)

= 6,500원

② 신주 1주당 인수가액: 5,000원

③ 병이 초과 배정받은 신주수: 100,000주

④ 얻은 이익: 신주의 저가발행이므로 신주를 초과 재배정받은 자가 이익을 얻게 되고 상대적으로 초과 배정받지 아니한 자는 이익을 분여한 것이 된다.

- 계산식: (① - ②) × 초과 배정받은 주식수
- 丙이 얻은 이익: (6,500원 - 5,000원) × 100,000주 =150,000,000원

⑤ 증자에 따른 이익을 다음과 같은 방식으로 분석할 수 있다.

앞에서 본 신주 인수금액을 납입한 후(구주의 가치 + 납입금액)의 1주당 가치와 증자 전의 1주당 가치를 비교하는 방식으로 구주와 신주의 희석효과를 반영하는 이익계산 방식이 되겠다. 이 계산방식의 이익의 결과는 상속증여세법 시행령 제29조 제2항 제1호의 계산방법과 같다.

구분	증자 전		증자금액	계 ③	증자 후		증감
주주	1주당	평가액 ①	②	(① + ②)	1주당	평가액 ④	(④ - ③)
甲	8,000	3,200,000,000	1,500,000,000	4,700,000,000	6,500	4,550,000,000	-150,000,000
乙		2,400,000,000	1,500,000,000	3,900,000,000		3,900,000,000	-
丙		1,600,000,000	1,500,000,000	3,100,000,000		3,250,000,000	150,000,000
丁		800,000,000	500,000,000	1,300,000,000		1,300,000,000	-
계		8,000,000,000	5,000,000,000	13,00,000,000		13,000,000,000	0

* 증자 전 평가액 ①: 증자 전 1주당 평가액 8,000원 × 증자 전 발행주식총수
증자금액 ②: 신주 1주당 인수가액 5,000원 × 증자한 주식수
증자 후 1주당 평가액 ④: (증자 전 평가액 + 증자금액) ÷ 증자 후 발행주식총수

사례 ③ 저가발행 제3자 배정

증자 전 발행주식총수 1,000,000주(1주당 액면가 5,000원, 1주당 평가액 8,000원), 신주인수 납입금액 50억원(1주당 신주발행가액 5,000원, 증자 주식수 1,000,000주), 戊가 신주를 제3자 배정받았다.

| 증자내용 |

구분	증자 전		균등증자 시 주식수	증자내역		증자 후	
주주	발행주식 총수(A)	지분율		배정 주식수	증자주식수(B)	발행주식총수 (A+B)	지분율
甲	400,000	40%	400,000	-	-	400,000	20.0%
乙	300,000	30%	300,000	-	-	300,000	15.0%
丙	200,000	20%	200,000	-	-	200,000	10.0%
丁	100,000	10%	100,000	-	-	100,000	5.0%
戊				1,000,000	1,000,000	1,000,000	50.0%
계	1,000,000	100%	1,000,000	1,000,000	1,000,000	2,000,000	100.0%

□ 계산방법

① 증자 후 1주당 평가액

[(8,000원 × 1,000,000주) + (5,000원 × 1,000,000주)] ÷ (1,000,000주 + 1,000,000주) = 6,500원

② 신주 1주당 인수가액: 5,000원

③ 무가 제3자 배정받은 신주수: 1,000,000주

④ 얻은 이익: 신주의 저가발행이므로 신주를 제3자 배정받은 자가 이익을 얻게 되고 상대적으로 배정받지 아니한 자는 이익을 분여한 것이 된다.

- 계산식: (① - ②) × 제3자 배정받은 주식수
- 戊가 얻은 이익: (6,500원 - 5,000원) × 1,000,000주 = 1,500,000,000원

⑤ 증자에 따른 이익을 다음과 같은 방식으로 분석해 볼 수 있다.

앞에서 본 신주 인수금액을 납입한 후(구주의 가치 + 신주의 납입금액)의 1주당 가치와 증자 전의 구주 1주당 가치를 비교하는 방식으로 구주와 신주의 희석효과를 반영하는 이익계산 방식이 되겠다. 이 계산방식의 이익의 결과는 상속증여세법 시행령 제29조 제2항 제1호의 계산방법과 같다.

구분	증자 전		증자금액	계 ③	증자 후		증감
주주	1주당	평가액 ①	②	(①+②)	1주당	평가액 ④	(④-③)
甲	8,000	3,200,000,000	-	3,200,000,000	6,500	2,600,000,000	-600,000,000
乙		2,400,000,000	-	2,400,000,000		1,950,000,000	-450,000,000
丙		1,600,000,000	-	1,600,000,000		1,300,000,000	-300,000,000
丁		800,000,000	-	800,000,000		650,000,000	-150,000,000
戊			5,000,000,000	5,000,000,000		6,500,000,000	1,500,000,000
계		8,000,000,000	5,000,000,000	13,000,000,000		13,000,000,000	0

* 증자 전 평가액 ①: 증자 전 1주당 평가액 8,000원 × 증자 전 발행주식총수
증자금액 ②: 신주 1주당 인수가액 5,000원 × 증자한 주식수
증자 후 1주당 평가액 ④: (증자 전 평가액 + 증자금액) ÷ 증자 후 발행주식총수

⑥ 증여자별·수증자별 증여재산가액

戊가 초과 배정받은 신주로 인해 15억원의 이익을 얻었으며 그 이익은 균등배정을 받지 못한 甲, 乙, 丙, 丁으로부터 각각 받은 것이 된다.

(1)-2. 실권주 불배정(상증령 §29 ② 2)

〈요건 충족〉

- MIN[(① - ②) / ① ≥ 30%, (① - ②) × ③ ≥ 3억원]

(증자 후 1주당 평가액 ① - 신주 1주당 인수가액 ②) × 특수관계인의 실권주수 비율 ③

① 증자 후 1주당 평가액(균등증자 시의 1주당 평가액)

[(증자 전의 1주당 평가가액 × 증자 전의 발행주식총수) + (신주 1주당 인수가액 × 증자 전의 지분비율대로 균등하게 증자하는 경우의 증가주식수)] ÷ (증자 전의 발행주식총수 + 증자 전의 지분비율대로 균등하게 증자하는 경우의 증가주식수) = (증자 전 총주식 평가액 + 균등증자 시 증자금액) ÷ 균등증자 시 증자 후 발행주식총수 = 균등증자 시 증자 후 총주식 평가액 ÷ 균등증자 시 증자 후 발행주식총수

다만, 주권상장법인 등의 경우로서 증자 후의 1주당 평가가액이 위 산식에 의하여 계산한 1주당 가액보다 적은 경우에는 당해 가액

② 신주 1주당 인수가액

③ 실권주 총수 × 증자 후 신주인수자의 지분비율 × (신주인수자의 특수관계인의 실권주수 ÷ 실권주 총수)

사례 4 ••• 저가발행 실권주(전부 포기) 불배정

증자 전 발행주식총수 1,000,000주(1주당 액면가 5,000원, 1주당 평가액 8,000원), 신주인수 납입금액 30억원(1주당 신주발행가액 5,000원, 증자 주식수 600,000주), 주주 乙과 丙은 특수관계자임. 주주 乙과 丁이 신주인수를 전부 포기했다.

| 증자내용 |

구분	증자 전		균등증자 시 주식수 ①	증자내역			증자 후	
주주	발행주식 총수(A)	지분율		배정 주식수 ②	실권주수 ③	증자주식수(B) (②－③)	발행주식 총수 (A＋B)	지분율
甲	400,000	40%	400,000	400,000	–	400,000	800,000	50.00%
乙	300,000	30%	300,000	300,000	300,000	–	300,000	18.75%
丙	200,000	20%	200,000	200,000	–	200,000	400,000	25.00%
丁	100,000	10%	100,000	100,000	100,000	–	100,000	6.25%
계	1,000,000	100%	1,000,000	1,000,000	400,000	600,000	1,600,000	100.00%

□ **계산방법**

① 증자 후 1주당 평가액(균등증자 시의 1주당 평가액)
[(8,000원 × 1,000,000주) ＋ (5,000원 × 1,000,000주)] ÷ (1,000,000주 ＋ 1,000,000주)
＝ 6,500원

② 신주 1주당 인수가액: 5,000원

③ 신주인수자: 甲 400,000주, 丙 200,000주

④ 얻은 총이익: 신주의 저가발행이므로 신주를 인수한 자가 이익을 얻게 되고 신주인수를 포기한 자는 이익을 분여한 것이 된다.
계산식: (① － ②) × 실권주 총수 × 증자 후 신주 인수자의 지분비율
• 甲이 얻은 총이익: (6,500원 － 5,000원) × 400,000주 × 50.0% ＝ 300,000,000원

- 丙이 얻은 총이익: (6,500원 − 5,000원) × 400,000주 × 25.0% = 150,000,000원

⑤ 요건 충족(丙이 특수관계자 乙로부터 얻은 이익)

- 차액비율: (6,500원 − 5,000원) ÷ 6,500원 = 23.1% ≤ 30%
- 계산식: (① − ②) × 실권주 총수 × 증자 후 신주인수자의 지분비율

× $\frac{\text{신주인수자와 특수관계인의 실권주수(을)}}{\text{실권주 총수}}$

(6,500원 − 5,000원) × 400,000주 × 25% × (300,000주 ÷ 400,000주)
= 112,500,000원 〈 3억원

⑥ 증자에 따른 이익을 다음과 같은 방식으로 분석할 수 있다.
실제 증자 후의 경우 1주당 평가액은 다음과 같이 계산된다.
[(8,000원 × 1,000,000주) + (5,000원 × 600,000주)] ÷ (1,000,000주 + 600,000주)
= 6,875원

증자 후 1주당 평가액이 6,875원으로 계산되는 이유는 균등증자 시의 증자 주식수(1,000,000주)와 실제 증자의 증자 주식수(600,000주)가 차이가 나기 때문에 균등증자하는 경우 1주당 평가액이 6,500원이 되는데 실제 증자의 1주당 평가액은 6,875원으로 계산된다. 1주당 평가액이 증자 전 8,000원에서 증자 후 6,875원으로 평가되었으므로 신주의 가치(5,000원)는 증가(6,875원)하고 구주의 가치(8,000원)는 감소(6,875원)되었다. 따라서 신주의 경우 1주당 얻은 이익은 1,875원(증자 후 6,875원 − 인수가액 5,000원)이 되고 구주의 경우 1주당 손실은 1,125원(증자 전 8,000원 − 증자 후 6,875원)이 된다. 이를 주주별로 계산하면 증자에 따른 얻은 이익과 분여한 이익은 다음과 같이 인수한 주식수에 비례하여 증자에 따른 이익이 발생되는 한편, 증자 전에 보유하고 있던 주식은 보유한 주식수에 비례하여 증자에 따른 손실을 보게 되는 주식가치의 희석으로 인한 것이 된다. 결국 갑이 얻은 이익 3억원은 신주에서 7.5억원을 얻었고 구주에서는 4.5억원의 손실을 본 것이 되고, 을이 얻은 이익 1.5억원은 신주에서 3.75억원을 얻었고 구주에서는 2.25억원의 손실을 본 것이 된다. 을과 정의 경우는 신주를 인수한 것이 없으므로 구주의 손실만 발생하게 된다. 이 계산방식의 이익의 결과는 상속증여세법 시행령 제29조 제2항 제2호의 계산방법과 같다.

주주	신주의 이익 ①	구주의 손실 ②	이익(손실)(① - ②)
갑	750,000,000	450,000,000	300,000,000
을	-	337,500,000	-337,500,000
병	375,000,000	225,000,000	150,000,000
정	-	112,500,000	-112,500,000
계	1,125,000,000	1,125,000,000	0

⑦ 증자에 따른 이익을 다른 방식으로도 분석해 볼 수 있다.

앞에서 본 신주 인수금액을 납입한 후(구주의 가치 + 신주의 납입금액)의 1주당 가치와 증자 전의 구주 1주당 가치를 비교하는 방식으로 구주와 신주의 희석효과를 반영하는 이익계산 방식이 되겠다. 이 계산방식의 이익의 결과는 위의 신주의 이익과 구주의 손실 효과를 고려한 계산의 결과와 같으며, 상속증여세법 시행령 제29조 제2항 제2호의 계산방법과도 같다.

| 실제 증자 시 주식가치 증감 |

구분	증자 전		증자금액	계 ③	증자 후(실제 증자)		증감
주주	1주당	평가액 ①	②	(① + ②)	1주당	평가액 ④	(④ - ③)
甲	8,000	3,200,000,000	2,000,000,000	5,200,000,000	6,875	5,500,000,000	300,000,000
乙		2,400,000,000	-	2,400,000,000		2,062,500,000	▲337,500,000
丙		1,600,000,000	1,000,000,000	2,600,000,000		2,750,000,000	150,000,000
丁		800,000,000	-	800,000,000		687,500,000	▲112,500,000
계		8,000,000,000	3,000,000,000	11,000,000,000		11,000,000,000	0

* 증자 전 평가액 ①: 증자 전 1주당 평가액 8,000원 × 증자 전 발행주식총수
증자금액 ②: 신주 1주당 인수가액 5,000원 × 증자한 주식수
증자 후 1주당 평가액 ④: (증자 전 평가액 + 증자금액) ÷ 증자 후 발행주식총수

⑧ 상속증여세법 시행령 제29조 제2항 제2호의 계산방법의 의미를 다음과 같이 살펴볼 수 있을 것이다. 먼저 주주별로 실제 증자한 경우의 증자 후의 평가액과 균등증자를 하는 경우의 증자 후의 평가액의 차이를 보면, 실제 증자한 경우의 증자 후의 평가액이 균등증자를 하는 경우의 증자 후의 평가액보다 더 많게 계산되고 그 금액은 다음과 같다.

| 실제 증자와 균등증자의 차이 |

구분	균등증자 후 ①		실제 증자 후 ②		증감(A) (② − ①)
주주	1주당	평가액	1주당	평가액	
甲	6,500	5,200,000,000	6,875	5,500,000,000	300,000,000
乙		1,950,000,000		2,062,500,000	112,500,000
丙		2,600,000,000		2,750,000,000	150,000,000
丁		650,000,000		687,500,000	37,500,000
계		10,400,000,000		11,000,000,000	600,000,000

한편, 세법에서 말하는 균등증자를 하는 경우의 이익을 다음과 같은 방식으로도 분석할 수 있을 것이다. 이 계산방식은 신주인수 금액을 납입한 후의 주식가치와 균등증자를 하는 경우의 증자 후의 주식가치를 비교하는 방식이다. 이 계산방식에 따르면 乙과 丁은 균등증자를 하는 경우의 증자 후의 주식가치는 신주인수 금액을 납입한 후의 주식가치가 되어야 하는데 더 낮게 계산되었으므로 결국 손실을 본 것이 된다. 이와 같이 발생된 손실금은 균등증자를 하는 경우의 증자 후의 주식가치 계산방법이 잘못되었다는 것이 된다.

| 균등증자 시 주식가치 증감 |

구분	증자 전		증자금액 ②	증자 후 (실제 증자)	증자 후 (균등증자 시)		증 감 (④ − ③)
주주	1주당	평가액 ①		계 ③ (① + ②)	1주당	평가액 ④	
甲	8,000	3,200,000,000	2,000,000,000	5,200,000,000	6,500	5,200,000,000	−
乙		2,400,000,000	−	2,400,000,000		1,950,000,000	▲450,000,000
丙		1,600,000,000	1,000,000,000	2,600,000,000		2,600,000,000	−
丁		800,000,000	−	800,000,000		650,000,000	▲150,000,000
계		8,000,000,000	3,00,000,000	11,000,000,000		10,400,000,000	▲600,000,000

* 증자 전 평가액 ①: 증자 전 1주당 평가액 8,000원 × 증자 전 발행주식총수
증자금액 ②: 신주 1주당 인수가액 5,000원 × 증자한 주식수
증자 후 1주당 평가액 ④: 균등증자 시의 1주당 평가액 × 균등증자 후 발행주식총수

위에서 본(실제 증자와 균등증자의 차이) 주주별 실제 증자한 경우의 증자 후의 평가액이 균등증자를 하는 경우의 증자 후의 평가액보다 더 많은 금액 중에는 균등증자를 하는

경우의 증자 후의 주식가치 계산방법의 잘못으로 발생된 손실금을 차감해야 정당한 증자 후의 평가액이 된다. 따라서 주주별로 계산방법의 잘못으로 발생된 손실금을 각각 차감하게 되면 다음과 같은 이익과 손실이 계산된다. 이와 같이 계산된 금액은 앞서 구주와 신주의 희석효과를 반영한 이익계산과 같은 것이 된다.

| 실제 증자와 균등증자의 차이 조정 |

구분	균등증자 후 ①		실제 증자 후 ②		증감(A)	균등증자 시	증감
주주	1주당	평가액	1주당	평가액	(② − ①)	증감(B)	(A − B)
甲	6,500	5,200,000,000	6,875	5,500,000,000	300,000,000	−	300,000,000
乙		1,950,000,000		2,062,500,000	112,500,000	450,000,000	▲337,500,000
丙		2,600,000,000		2,750,000,000	150,000,000	−	150,000,000
丁		650,000,000		687,500,000	37,500,000	150,000,000	▲112,500,000
계		10,400,000,000		11,000,000,000	600,000,000	600,000,000	0

* 균등증자 시 증감(B): 균등증자 시 주식가치 증감의 증감란의 금액임.

사례 4-1 ••• 저가발행 실권주(일부 포기) 불배정

증자 전 발행주식총수 1,000,000주(1주당 액면가 5,000원, 1주당 평가액 8,000원), 신주인수 납입금액 30억원(1주당 신주발행가액 5,000원, 증자 주식수 600,000주), 주주 甲, 乙, 丙이 신주인수를 일부 포기하였다. 주주 甲과 丙은 특수관계인임.

| 증자내용 |

구분	증자 전		균등증자 시	증자내역			증자 후	
주주	발행주식 총수(A)	지분율	주식수 ①	배정 주식수 ②	실권주수 ③	증자주식수(B) (②−③)	발행주식 총수 (A+B)	지분율
甲	400,000	40%	400,000	400,000	100,000	300,000	700,000	43.75%
乙	300,000	30%	300,000	300,000	200,000	100,000	400,000	25.00%
丙	200,000	20%	200,000	200,000	100,000	100,000	300,000	18.75%
丁	100,000	10%	100,000	100,000	−	100,000	200,000	12.50%
계	1,000,000	100%	1,000,000	1,000,000	400,000	600,000	1,600,000	100.00%

□ **계산방법**

① 증자 후 1주당 평가액(균등증자 시의 1주당 평가액)

[(8,000원 × 1,000,000주) + (5,000원 × 600,000주)] ÷ (1,000,000주 + 600,000주) = 6,250원

② 신주 1주당 인수가액: 5,000원

③ 신주인수자: 甲 300,000주, 乙 100,000주, 丙 100,000주, 丁 100,000주

④ 얻은 총이익: 신주의 저가발행이므로 신주를 배정받은 자가 이익을 얻게 되고 신주인수를 포기한 자는 이익을 분여한 것이 된다.

계산식: (① − ②) × 실권주 총수 × 증자 후 신주인수자의 지분비율

- 甲이 얻은 총이익: (6,250원 − 5,000원) × 400,000주 × 43.75% = 218,750,000원
- 乙이 얻은 총이익: (6,250원 − 5,000원) × 400,000주 × 25% = 125,000,000원
- 丙이 얻은 총이익: (6,250원 − 5,000원) × 400,000주 × 18.75% = 93,750,000원
- 丁이 얻은 총이익: (6,250원 − 5,000원) × 400,000주 × 12.5% = 62,500,000원

⑤ 요건 충족(丙이 특수관계인 甲으로부터 얻은 이익)

- 차액비율: (6,250원 − 5,000원) ÷ 6,250원 = 20.0% ≤ 30%
- 계산식: (① − ②) × 실권주 총수 × 증자 후 신주인수자의 지분비율

$$\times \frac{\text{신주인수자와 특수관계인의 실권주수(甲)}}{\text{실권주 총수}}$$

(6,250원 − 5,000원) × 400,000주 × 18.75% × (100,000주 ÷ 400,000주) = 23,437,500원 〈 3억원

⑥ 증자에 따른 이익을 다음과 같은 방식으로 분석할 수 있다.

실제 증자 후의 경우 1주당 평가액은 다음과 같이 계산된다.

[(8,000원 × 1,000,000주) + (5,000원 × 6000,000주)] ÷ (1,000,000주 + 600,000주) = 6,875원

증자 후 1주당 평가액이 6,875원으로 계산되는 이유는 균등증자 시의 증자 주식수(1,000,000주)와 실제 증자의 증자 주식수(600,000주)가 차이가 나기 때문에 균등증자하는 경우 1주당 평가액이 6,500원이 되는데 실제 증자의 1주당 평가액은 6,875원으로 계산된다.

1주당 평가액이 증자 전 8,000원에서 증자 후 6,875원으로 평가되었으므로 신주의 가치(5,000원)는 증가(6,875원)하고 구주의 가치(8,000원)는 감소(6,875원)되었다. 따라서 신주의 경우 1주당 얻은 이익은 1,875원(증자 후 6,875원 - 인수가액 5,000원)이 되고 구주의 경우 1주당 손실은 1,125원(증자 전 8,000원 - 증자 후 6,875원)이 된다. 이를 주주별로 계산하면 증자에 따른 얻은 이익과 분여한 이익은 다음과 같이 인수한 주식수에 비례하여 증자에 따른 이익이 발생되는 한편, 증자 전에 보유하고 있던 주식은 보유한 주식수에 비례하여 증자에 따른 손실을 보게 되는 주식가치의 희석으로 인한 것이 된다. 결국 갑이 얻은 이익 112,500,000원은 신주에서 562,500,000원을 얻었고 구주에서는 450,000,000원의 손실을 본 것이 되고, 정이 얻은 이익 75,000,000원은 신주에서 187,500,000원을 얻었고 구주에서는 112,500,000원의 손실을 본 것이 된다. 을과 병의 경우도 같은 방식으로 계산하면 이익과 손실이 각각 발생하게 된다. 이 계산방식의 이익의 결과는 상속증여세법 시행령 제29조 제2항 제2호의 계산방법과 차이가 있다.

주주	신주의 이익 ①	구주의 손실 ②	이익(손실)(① - ②)
갑	562,500,000	450,000,000	112,500,000
을	187,500,000	337,500,000	-150,000,000
병	187,500,000	225,000,000	-37,500,000
정	187,500,000	112,500,000	75,000,000
계	1,125,000,000	1,125,000,000	0

⑦ 증자에 따른 이익을 다른 방식으로도 분석해 볼 수 있다.

앞에서 본 신주 인수금액을 납입한 후(구주의 가치 + 신주의 납입금액)의 1주당 가치와 증자 전의 구주 1주당 가치를 비교하는 방식으로 구주와 신주의 희석효과를 반영하는 이익계산 방식이 되겠다. 이 계산방식의 이익의 결과는 위의 신주의 이익과 구주의 손실에 따른 희석효과를 고려한 계산의 결과와 같으며, 상속증여세법 시행령 제29조 제2항 제2호의 계산방법과는 차이가 있다.

| 실제 증자 시 주식가치 증감 |

구분	증자 전		증자금액	계 ③	증자 후(실제증자)		증 감
주주	1주당	평가액 ①	②	(①+②)	1주당	평가액 ④	(④-③)
甲	8,000	3,200,000,000	1,500,000,000	4,700,000,000	6,875	4,812,500,000	112,500,000
乙		2,400,000,000	500,000,000	2,900,000,000		2,750,000,000	▲150,000,000
丙		1,600,000,000	500,000,000	2,100,000,000		2,062,500,000	▲37,500,000
丁		800,000,000	500,000,000	1,300,000,000		1,375,000,000	75,000,000
계		8,000,000,000	3,000,000,000	11,000,000,000		11,000,000,000	0

* 증자 전 평가액 ①: 증자 전 1주당 평가액 8,000원 × 증자 전 발행주식총수
증자금액 ②: 신주 1주당 인수가액 5,000원 × 증자한 주식수
증자 후 1주당 평가액 ④: (증자 전 평가액 + 증자금액) ÷ 증자 후 발행주식총수

⑧ 상속증여세법 시행령 제29조 제2항 제2호의 계산방법의 의미를 다음과 같이 살펴볼 수 있을 것이다. 먼저 주주별로 실제 증자한 경우의 증자 후의 평가액과 균등증자를 하는 경우의 증자 후의 평가액의 차이를 보면, 실제 증자한 경우의 증자 후의 평가액이 균등증자를 하는 경우의 증자 후의 평가액보다 더 많게 계산되고, 그 금액은 다음과 같다.

| 실제 증자와 균등증자의 차이 |

구분	균등증자 후 ①		실제 증자 후 ②		증감(A)
주주	1주당	평가액	1주당	평가액	(②-①)
甲	6,250	4,375,000,000	6,875	4,812,500,000	437,500,000
乙		2,500,000,000		2,750,000,000	250,000,000
丙		1,875,000,000		2,062,500,000	187,500,000
丁		1,250,000,000		1,375,000,000	125,000,000
계		10,000,000,000		11,000,000,000	1,000,000,000

한편, 세법에서 말하는 균등증자를 하는 경우의 이익을 다음과 같은 방식으로도 분석할 수 있다. 이 계산방식은 신주 인수금액을 납입한 후의 주식가치와 균등증자를 하는 경우의 증자 후의 주식가치를 비교하는 방식이다. 이 계산방식에 따르면 甲, 乙, 丙, 丁 모두 균등증자를 하는 경우의 증자 후의 주식가치는 신주 인수금액을 납입한 후의 주식가치가

되어야 하는데 더 낮게 계산되었으므로 결국 손실을 본 것이 된다. 이와 같이 발생된 손실금은 균등증자를 하는 경우의 증자 후의 주식가치 계산방법이 잘못되었다는 것이 된다.

| 균등증자 시 주식가치 증감 |

구분	증자 전		증자금액	계 ③	증자 후(균등증자 시)		증감
주주	1주당	평가액 ①	②	(① + ②)	1주당	평가액 ④	(④ − ③)
甲	8,000	3,200,000,000	1,500,000,000	4,700,000,000	6,250	4,375,000,000	▲325,000,000
乙		2,400,000,000	1,500,000,000	3,900,000,000		2,500,000,000	▲400,000,000
丙		1,600,000,000	1,000,000,000	2,600,000,000		1,875,000,000	▲225,000,000
丁		800,000,000	500,000,000	1,300,000,000		1,250,000,000	▲50,000,000
계		8,000,000,000	4,500,000,000	12,500,000,000		10,000,000,000	▲1,000,000,000

* 증자 전 평가액 ①: 증자 전 1주당 평가액 8,000원 × 증자 전 발행주식총수
증자금액 ②: 신주 1주당 인수가액 5,000원 × 증자한 주식수
증자 후 1주당 평가액 ④: 균등증자 시의 1주당 평가액 × 균등증자 후 발행주식총수

위에서 본(실제 증자와 균등증자의 차이) 주주별 실제 증자한 경우의 증자 후의 평가액이 균등증자를 하는 경우의 증자 후의 평가액보다 더 많은 금액 중에는 균등증자를 하는 경우의 증자 후의 주식가치 계산방법의 잘못으로 발생된 손실금을 차감해야 정당한 증자 후의 평가액이 된다. 따라서 주주별로 계산방법의 잘못으로 발생된 손실금을 각각 차감하게 되면 다음과 같은 이익과 손실이 계산된다. 이와 같이 계산된 금액은 앞서 구주와 신주의 희석효과를 반영한 이익계산과 같은 것이 된다.

| 균등증자와 실제 증자의 차이 조정 |

구분	균등증자 후 ①		실제 증자 후 ②		증감 (A)	균등증자 시	증감
주주	1주당	평가액	1주당	평가액	(② − ①)	증감(B)	(A − B)
甲	6,250	4,375,000,000	6,875	4,812,500,000	437,500,000	325,000,000	112,500,000
乙		2,500,000,000		2,750,000,000	250,000,000	400,000,000	▲150,000,000
丙		1,875,000,000		2,062,500,000	187,500,000	225,000,000	▲37,500,000
丁		1,250,000,000		1,375,000,000	125,000,000	50,000,000	75,000,000
계		10,000,000,000		11,000,000,000	1,000,000,000	1,000,000,000	0

* 균등증자 시 증감(B): 균등증자 시 주식가치 증감의 증감란의 금액임.

(2) 신주의 고가발행

(2)-1. 실권주 배정(상증령 §29 ② 3)

(신주 1주당 인수가액 ① - 증자 후 1주당 평가액 ②) × 특수관계인이 인수한 실권주수 ③

① 신주 1주당 인수가액

② 증자 후 1주당 평가액

[(증자 전의 1주당 평가가액 × 증자 전의 발행주식총수) + (신주 1주당 인수가액 × 증자에 의하여 증가한 주식수)] ÷ (증자 전의 발행주식총수 + 증자에 의하여 증가한 주식수) = (증자 전 총주식 평가액 + 증자금액) ÷ 증자 후 발행주식총수 = 증자 후 총주식 평가액 ÷ 증자 후 발행주식총수

다만, 주권상장법인 등의 경우로서 증자 후의 1주당 평가가액이 위 산식에 의하여 계산한 1주당 가액보다 큰 경우에는 당해 가액

③ 신주인수를 포기한 주주의 실권주수

$\times \dfrac{\text{신주인수를 포기한 주주의 특수관계인이 인수한 실권주수}}{\text{실권주 총수}}$

사례 5 ••• 고가발행 실권주(일부 포기) 전부 배정

증자와 관련된 자료는 다음과 같다.

증자 전 발행주식총수 1,000,000주(1주당 액면가 5,000원, 1주당 평가액 5,000원), 신주인수 납입금액 80억원(1주당 신주발행가액 8,000원, 증자 주식수 1,000,000주), 주주 甲, 乙은 丁과 특수관계인임. 주주 甲과 乙이 신주인수를 일부 포기하고 포기한 신주를 전부 배정했다.

| 증자내용 |

구분	증자 전		균등증자 시 주식수 ①	증자내역			증자 후	
주주	발행주식 총수(A)	지분율		실권주수 ②	재배정 주식수 ③	증자주식수(B) (① − ② + ③)	발행주식 총수 (A + B)	지분율
甲	400,000	40%	400,000	300,000	−	100,000	500,000	25%
乙	300,000	30%	300,000	200,000	−	100,000	400,000	20%
丙	200,000	20%	200,000	−	200,000	400,000	600,000	30%
丁	100,000	10%	100,000	−	300,000	400,000	500,000	25%
계	1,000,000	100%	1,000,000	500,000	500,000	1,000,000	2,000,000	100%

□ 계산방법

① 신주 1주당 인수가액: 8,000원

② 증자 후 1주당 평가액

[(4,000원 × 1,000,000주) + (8,000원 × 1,000,000주)] ÷ (1,000,000주 + 1,000,000주)
= 6,500원

③ 신주인수 포기자: 甲 300,000주, 을 200,000주

④ 얻은 총이익

계산식: (① − ②) × 신주인수를 포기한 주주의 실권주수

- 甲이 얻은 총이익: (8,000원 − 6,500원) × 300,000주 = 450,000,000원
- 乙이 얻은 총이익: (8,000원 − 6,500원) × 200,000주 = 300,000,000원

⑤ 증여재산가액

계산식: (① − ②) × 신주인수를 포기한 주주의 실권주수 × [신주인수를 포기한 주주와 특수관계인이 인수한 실권주수(丁) ÷ 실권주 총수]

- 甲의 증여재산가액(甲이 특수관계인인 丁으로부터 얻은 이익)
  (8,000원 − 6,500원) × 300,000주 × (300,000주 ÷ 500,000주) =270,000,000원
- 乙의 증여재산가액(乙이 특수관계인인 丁으로부터 얻은 이익)
  (8,000원 − 6,500원) × 200,000주 × (300,000주 ÷ 500,000주) = 180,000,000원

⑥ 증자에 따른 이익을 다음과 같은 방식으로 분석할 수 있다.

이 계산방식은 신주 인수금액을 납입한 후(구주 + 신주)의 주식가치와 증자 후의

1주당 주식가치를 비교하는 방식으로 구주와 신주의 희석효과를 반영하는 이익계산이 되겠다.

구분	증자 전		증자금액	계 ③	증자 후		증감
주주	1주당	평가액 ①	②	(①+②)	1주당	평가액 ④	(④－③)
甲	5,000	2,000,000,000	800,000,000	2,800,000,000	6,500	3,250,000,000	450,000,000
乙		1,500,000,000	800,000,000	2,300,000,000		2,600,000,000	300,000,000
丙		1,000,000,000	3,200,000,000	4,200,000,000		3,900,000,000	－300,000,000
丁		500,000,000	3,200,000,000	3,700,000,000		3,250,000,000	－450,000,000
계		5,000,000,000	8,000,000,000	13,000,000,000		13,000,000,000	0

* 증자 전 평가액 ①: 증자 전 1주당 평가액 4,000원 × 증자 전 발행주식총수
증자금액 ②: 신주 1주당 인수가액 8,000원 × 증자한 주식수
증자 후 1주당 평가액 ④: (증자 전 평가액 + 증자금액) ÷ 증자 후 발행주식총수

사례 5-1 ••• 고가발행 실권주(자기주식 / 미배정 및 전부포기) 배정

다음의 사례는 대법원(대법원 2007두5363, 2009.11.26.)의 파기 환송심(서울고법 2009누37311, 2010.5.14.) 사건과 관련된 내용을 재구성한 것이다. 증자와 관련된 자료는 다음과 같다.

증자 전 발행주식총수 4,300,331주(1주당 액면가 5,000원, 1주당 평가액 955원, 자기주식 1,419,479주), 신주인수 납입금액 7,595,709,119원(1주당 신주발행가액 5,000원, 증자 주식수 1,519,142주). 주주 김**과 관계회사는 특수관계인임. 신주 배정비율은 구주 1주당 0.5273238주이며 주주 김**과 기타가 신주인수를 전부 포기하고 포기한 신주를 전부 배정했다.

| 증자내용 |

구분	증자 전		균등증자 시 주식수 ①	증자내역			증자 후	
주주	발행주식 총수(A)	지분율		미배정 및 실권주수 ②	재배정 주식수 ③	증자주식수(B) (①－②＋③)	발행주식 총수 (A＋B)	지분율
자기주식	1,419,479	33.0%	748,525	–	–	–	1,419,479	24.4%
김**	1,061,872	24.7%	559,950	559,950	–	–	1,061,872	18.2%
관계회사	1,224,287	28.5%	645,596	–	873,546	1,519,142	2,743,429	47.1%
기타	594,693	13.8%	313,596	313,596	–	–	594,693	10.2%
계	4,300,331	100.0%	2,267,667	873,546	873,546	1,519,142	5,819,473	100.0%

□ **계산방법**

① 신주 1주당 인수가액: 5,000원

② 증자 후 1주당 평가액(발행주식총수에 자기주식을 포함하여 계산한 것임)
[(955원 × 4,300,331주) + (5,000원 × 1,519,142주)] ÷ (4,300,331주 + 1,519,142주)
= 2,011원

③ 신주인수 미배정 및 인수 포기자
자기주식 748,525주, 김** 559,950주, 기타 313,596주

④ 얻은 총이익
계산식: (① - ②) × 신주인수의 미배정 주식수 및 포기한 주주의 실권주수
- 자기주식이 얻은 총이익: (5,000원 - 2,011원) × 748,525주 = 2,237,397,308원
- 김**이 얻은 총이익: (5,000원 - 2,011원) × 559,950주 = 1,673,733,500원
- 기타가 얻은 총이익: (5,000원 - 2,011원) × 313,596주 = 937,361,185원

⑤ 증여재산가액(현행 세법은 미배정과 실권주 배정이 혼합된 경우 이익의 계산방법이 명확하게 규정되어 있지 않다)
계산식: (① - ②) × 신주를 배정받지 아니한 주주의 배정받지 아니한 부분의 신주수 × (신주를 배정받지 아니한 주주의 특수관계인이 인수한 신주수 ÷ 당해 법인의 주주가 균등한 조건에 의하여 배정받을 신주수를 초과하여 인수한 신주의 총수) 또는 신주인수를 포기한 주주의 실권주수 × [신주인수를 포기한 주주와 특수관계인이 인수한 실권주수(관계회사) ÷ 실권주 총수]
- 자기주식이 얻은 총이익: (5,000원 - 2,011원) × 748,525주 × (748,525주 ÷ 873,546주) = 1,917,183,143원
- 김**이 얻은 총이익: (5,000원 - 2,011원) × 559,950주 × (873,546주 ÷ 873,546주) = 1,673,733,500원
- 기타가 얻은 총이익: (5,000원 - 2,011원) × 313,596주 × (873,546주 ÷ 873,546주) = 937,361,185원

⑥ 증자에 따른 이익(자기주식을 포함하여 계산한 이익)을 다음과 같은 방식으로 분석할 수 있다. 이 사례는 신주의 미배정(자기주식)과 실권주 배정(관계회사)이 혼합된 증자의 형태가 된다(자기주식을 일반주주로 보면 더 명확해진다).

1주당 평가액이 증자 전 955원에서 증자 후 2,011원으로 평가되었으므로, 신주의 가치(5,000원)는 감소(2,011원)하고 구주의 가치(955원)는 증가(20,11원)되었다. 따라서 신주의 경우 1주당 손실은 2,989원(증자 후 2,011원 - 인수가액 5,000원)이 되고 구주의 경우 1주당 이익이 1,056원(증자 후 2,011원 - 증자 전 955원)이 된다. 이를 주주별로 계산하면 증자에 따른 얻은 이익과 분여한 이익은 다음과 같이 인수한 주식수에 비례하여 증자에 따른 손실이 발생되는 한편, 증자 전에 보유하고 있던 주식은 보유한 주식수에 비례하여 증자에 따른 이익을 보게 되는 주식가치의 희석으로 인한 것이 된다. 이 계산방식의 이익의 결과는 상속증여세법 시행령 제29조 제2항 제3호의 계산방법과 차이가 있다.

주주	신주의 손실 ①	구주의 이익 ②	이익(손실)(① - ②)
자기주식	-	1,498,863,811	1,498,863,811
김**	-	1,121,257,527	1,121,257,527
관계회사	4,540,828,368	1,292,755,637	-3,248,072,731
기타	-	627,951,394	627,951,394
계	4,540,828,368	4,540,828,368	0

⑦ 증자에 따른 이익을 다른 방식으로도 분석할 수 있다.

앞에서 본 신주 인수금액을 납입한 후(구주의 가치 + 신주의 납입금액)의 1주당 가치와 증자 전의 구주 1주당 가치를 비교하는 방식으로 구주와 신주의 희석효과를 반영하는 이익계산 방식이 되겠다. 이 계산방식의 이익의 결과는 위의 신주의 손실과 구주의 이익에 따른 희석효과를 고려한 계산의 결과와 같으며, 상속증여세법 시행령 제29조 제2항 제3호의 계산방법과는 차이가 있다.

구분	증자 전		증자금액	계 ③	증자 후		증감
주주	1주당	평가액 ①	②	(①+②)	1주당	평가액 ④	(④ - ③)
자기주식	955	1,355,602,445	-	1,355,602,445	2,011	2,854,466,256	1,498,863,811
김**		1,014,087,760	-	1,014,087,760		2,135,345,287	1,121,257,527
관계회사		1,169,194,085	7,595,709,119	8,764,903,204		5,516,830,473	-3,248,072,731
기타		567,931,815	-	567,931,815		1,195,883,209	627,951,394
계		4,106,816,105	7,595,709,119	11,702,525,224		11,702,525,224	0

* 증자 전 평가액 ①: 증자 전 1주당 평가액 955원 × 증자 전 발행주식총수

증자금액 ②: 신주 1주당 인수가액 5,000원 × 증자한 주식수
증자 후 1주당 평가액 ④: (증자 전 평가액 + 증자금액) ÷ 증자 후 발행주식총수

※ 발행주식총수에 자기주식을 포함하여 계산(당초 과세관청의 과세방식)

이 사례는 신주고가발행으로서 실권주 배정에 대한 이익의 계산에 관한 것으로, 발행주식총수에 자기주식이 포함되어 있는 경우이다. 과세관청은 신주고가발행에서 실권주 배정에 따른 이익을 상속증여세법 시행령 제29조 제2항 제3호의 계산방법으로 계산한 이익 1,673,733,500원[계산방법: (5,000원 − 2,011원) × 559,950주 × (559,950 ÷ 873,546주)]을 실권주 고가매입에 의한 부당행위계산 부인 대상으로 판단한 뒤(관계회사가 특수관계인인 주주 김**에게 분여한 이익으로 보고) 관계회사에게 상여처분에 따른 원천징수 근로소득세 736,671,530원에 해당하는 소득금액변동통지를 하고, 근로소득세 736,671,530원의 징수 처분을 하는 한편, 위와 같은 분여이익 1,673,733,500원을 관계회사의 사업연도 소득금액 계산상 익금산입, 기타사외 유출로 처분함과 동시에 같은 금액만큼 손금산입, 사내유보로 처분하고, 그에 해당하는 주식이 무상 소각된 사업연도에 속하는 사업연도 소득금액계산상 1,673,733,500원을 익금 산입하여, 법인세 673,933,000원을 부과하였다. 한편, 주주 김**은 특수관계인인 관계회사가 이 사건 실권주를 재배정 받음으로써 주주 김**에게 위와 같은 분여이익을 증여한 것으로 보아 주주 김**에게 증여세 662,611,560원을 부과하였다.

※ 발행주식총수에 자기주식을 제외하고 계산

| 증자내용 |

구분	증자 전		균등증자 시 주식수 ①	증자내역			증자 후	
주주	발행주식 총수(A)	지분율		실권주수 ②	재배정 주식수 ③	증자주식수(B) (① − ② + ③)	발행주식 총수 (A + B)	지분율
김**	1,061,872	24.7%	559,950	559,950	−	−	1,061,872	24.1%
관계회사	1,224,287	28.5%	645,596	−	873,546	1,519,142	2,743,429	62.4%
기타	594,693	13.8%	313,596	313,596	−	−	594,693	13.5%
계	2,880,852	100.0%	2,267,667	873,546	873,546	1,519,142	4,399,994	100.0%

□ 계산방법

① 신주 1주당 인수가액: 5,000원

② 증자 후 1주당 평가액(발행주식총수에 자기주식을 포함하여 계산한 것임)

[(1,191원 × 2,880,852주) + (5,000원 × 1,519,142주)]

÷ (2,880,852주 + 1,519,142주) = 2,506원

③ 신주인수 포기자: 김** 559,950주, 기타 313,596주

④ 얻은 총이익

계산식: (① - ②) × 신주인수의 미배정 주식수 및 포기한 주주의 실권주수

- 김**이 얻은 총이익: (5,000원 - 2,506원) × 559,950주 = 1,396,476,524원
- 기타가 얻은 총이익: (5,000원 - 2,506원) × 313,596주 = 782,085,612원

⑤ 증여재산가액

계산식: (① - ②) × 신주인수를 포기한 주주의 실권주수 × [신주인수를 포기한 주주와 특수관계인이 인수한 실권주수(관계회사) ÷ 실권주 총수]

- 김**이 얻은 총이익: (5,000원 - 2,506원) × 559,950주 × (873,546주 ÷ 873,546주)
  = 1,396,476,524원
- 기타가 얻은 총이익: (5,000원 - 2,506원) × 313,596주 × (873,546주 ÷ 873,546주)
  = 782,085,612원

⑥ 증자에 따른 이익(자기주식을 제외하고 계산한 이익)을 앞서 본 신주와 구주의 증자 후 가치의 희석을 다음과 같은 방식으로 분석할 수 있다. 이 계산방식의 이익의 결과는 상속증여세법 시행령 제29조 제2항 제3호의 계산방법과 같다.

주주	신주의 손실 ①	구주의 이익 ②	이익(손실)(① - ②)
김**	-	1,396,476,524	1,396,476,524
관계회사	3,788,631,951	1,610,069,815	-2,178,562,136
기타	-	782,085,612	782,085,612
계	3,788,631,951	3,788,631,951	0

⑦ 증자에 따른 이익을 다른 방식으로도 분석할 수 있다.

이 계산방식의 이익의 결과는 위의 신주의 손실과 구주의 이익에 따른 희석효과를 고려한

계산의 결과와 같으며, 상속증여세법 시행령 제29조 제2항 제3호의 계산방법과는 같다.

구분	증자 전		증자금액	계 ③	증자 후		증감
주주	1주당	평가액 ①	②	(①+②)	1주당	평가액 ④	(④-③)
김**	1,191	1,264,650,030	-	1,264,650,030	2,056	2,661,126,554	1,396,476,524
관계회사		1,458,080,250	7,595,709,119	9,053,789,370		6,875,227,233	-2,178,562,136
기타		708,257,229	-	708,257,229		1,490,342,842	782,085,612
계		3,430,987,510	7,595,709,119	11,026,696,629		11,026,696,629	0

※ 발행주식총수에 자기주식을 제외하고 계산(파기 환송심 과세방식)

파기 환송심(서울고법 2009누37311, 2010.5.14.)의 이익의 계산 결과는 다음과 같았다. 이 사건은 상속증여세법 시행령 제53조 제7항(할증평가 제외. 시행 2003. 1. 1. 대통령령 제17828호, 2002.12.30. 일부개정)이 개정되기 전의 사건으로 증자에 따른 이익을 계산하면서 최대주주에 대해 할증평가를 하였다. 따라서 김** 및 관계회사의 증자 전 1주당 평가액은 1,310원(1,191원 × 할증평가 110%)이 된다.

□ 계산방법

① 신주 1주당 인수가액: 5,000원

② 증자 후 1주당 평가액(발행주식총수에 자기주식을 포함하여 계산한 것임)

[(1,310원× 2,286,159주 + 1,191원 × 594,863주) + (5,000원 × 1,519,142주)] ÷ (발행주식총수 4,300,331주 - 자기주식 1,419,479주 + 1,519,142주) = 2,568원

③ 신주인수 포기자: 김** 559,950주

④ 얻은 총이익

- 김**이 얻은 총이익: (5,000원 - 2,568원) × 559,950주 = 1,361,826,615원

⑤ 증여재산가액

계산식: (① - ②) × 신주인수를 포기한 주주의 실권주수 × [신주인수를 포기한 주주와 특수관계인이 인수한 실권주수(관계회사) ÷ 실권주 총수]

- 김**이 얻은 총이익: (5,000원 - 2,506원) × 559,950주 × (873,546주 ÷ 873,546주) = 1,361,826,615원

⑥ 증자에 따른 이익(자기주식을 제외하고 계산한 이익)을 앞서 본 신주와 구주의 증자 후 가치의 희석을 다음과 같은 방식으로 분석하면 이익의 결과는 상속증여세법 시행령 제29조 제2항 제3호의 계산방법과 차이가 있다.

주주	신주의 손실 ①	구주의 이익 ②	이익(손실)(① − ②)
김**	-	1,335,720,501	1,335,720,501
관계회사	3,694,626,968	1,540,021,061	−2,154,605,907
기타	-	818,885,406	818,885,406
계	3,694,626,968	3,694,626,968	0

⑦ 증자에 따른 이익을 다른 방식으로도 분석할 수 있다.

이 계산방식의 이익의 결과는 위의 신주의 손실과 구주의 이익에 따른 희석효과를 고려한 계산의 결과와 같으며, 상속증여세법 시행령 제29조 제2항 제3호의 계산방법과는 차이가 있다.

구분	증자 전		증자금액 ②	계 ③ (①+②)	증자 후		증감 (④−③)
주주	1주당	평가액 ①			1주당	평가액 ④	
김**	1,310	1,391,115,033	-	1,391,115,033	2,568	2,726,835,534	1,335,720,501
관계회사		1,603,888,275	7,595,709,119	9,199,597,395		7,044,991,488	−2,154,605,907
기타	1,191	708,257,229	-	708,257,229		1,527,142,635	818,885,406
계		3,703,260,538	7,595,709,119	11,298,969,657		11,298,969,657	0

사례 5-2 ••• 고가발행 실권주(일부 포기) 일부 배정

증자와 관련된 자료는 다음과 같다.

증자 전 발행주식총수 1,000,000주(1주당 액면가 5,000원, 1주당 평가액 5,000원), 신주인수 납입금액 56억원(1주당 신주발행가액 8,000원, 증자 주식수 700,000주), 주주 甲, 乙은 丁과 특수관계인임. 주주 甲과 乙이 신주인수를 일부 포기하고 포기한 신주의 중 일부만을 배정했다.

| 증자내용 |

구분	증자 전		균등증자 시 주식수 ①	증자내역			증자 후	
주주	발행주식 총수(A)	지분율		실권주수 ②	재배정 주식수 ③	증자주식수(B) (① − ② + ③)	발행주식 총수 (A + B)	지분율
甲	400,000	40%	400,000	300,000	−	100,000	500,000	29.4%
乙	300,000	30%	300,000	200,000	−	100,000	400,000	23.5%
丙	200,000	20%	200,000	−	100,000	300,000	500,000	29.4%
丁	100,000	10%	100,000	−	100,000	200,000	300,000	17.6%
계	1,000,000	100%	1,000,000	500,000	200,000	7000,000	1,700,000	100.0%

□ 계산방법

① 신주 1주당 인수가액: 8,000원

② 증자 후 1주당 평가액

[(5,000원 × 1,000,000주) + (8,000원 × 7,00,000주)] ÷ (1,000,000주 + 7,000,000주) = 6,235원

③ 신주인수 포기자: 甲 300,000주, 乙 200,000주

④ 얻은 총이익

계산식: (① − ②) × 신주인수를 포기한 주주의 실권주수

- 甲이 얻은 총이익: (8,000원 − 6,235원) × 300,000주 = 529,411,765원
- 乙이 얻은 총이익: (8,000원 − 6,235원) × 200,000주 = 352,941,176원

⑤ 증여재산가액

계산식: (① − ②) × 신주인수를 포기한 주주의 실권주수 × [신주인수를 포기한 주주와 특수관계인이 인수한 실권주수(丁) ÷ 실권주 총수]

- 甲의 증여재산가액(甲이 특수관계인인 丁으로부터 얻은 이익)
  (8,000원 − 6,235원) × 300,000주 × (100,000주 ÷ 200,000주) =264,705,882원
- 乙의 증여재산가액(乙이 특수관계인인 丁으로부터 얻은 이익)
  (8,000원 − 6,235원) × 200,000주 × (100,000주 ÷ 200,000주) = 176,470,588원

⑥ 증자에 따른 이익을 앞서 저가발행에서와 같은 방식으로 분석할 수 있다. 1주당 평가액이 증자 전 5,000원에서 증자 후 6,235원으로 평가되었으므로 신주의

가치(8,000원)는 감소(6,235원)하고 구주의 가치(5,000원)는 증가(6,235원)되었다. 따라서 신주의 경우 1주당 손실은 1,765원(증자 후 6,235원 - 인수가액 8,000원)이 되고 구주의 경우 1주당 이익이 1,235원(증자 전 5,000원 - 증자 후 6,235원)이 된다. 이를 주주별로 계산하면 증자에 따른 얻은 이익과 분여한 이익은 다음과 같이 인수한 주식수에 비례하여 증자에 따른 손실이 발생되는 한편, 증자 전에 보유하고 있던 주식은 보유한 주식수에 비례하여 증자에 따른 이익을 보게 되는 주식가치의 희석으로 인한 것이 된다. 이 계산방식의 이익의 결과는 상속증여세법 시행령 제29조 제2항 제3호의 계산방법과 차이가 있다.

주주	신주의 손실 ①	구주의 이익 ②	이익(손실)(① - ②)
갑	176,470,588	494,117,647	317,647,059
을	176,470,588	370,588,235	194,117,647
병	529,411,765	247,058,824	-282,352,941
정	352,941,176	123,529,412	-229,411,765
계	1,235,294,118	1,235,294,118	0

⑦ 증자에 따른 이익을 다른 방식으로도 분석할 수 있다.

앞에서 본 신주 인수금액을 납입한 후(구주의 가치 + 신주의 납입금액)의 1주당 가치와 증자 전의 구주 1주당 가치를 비교하는 방식으로 구주와 신주의 희석효과를 반영하는 이익계산 방식이 되겠다. 이 계산방식의 이익의 결과는 위의 신주의 손실과 구주의 이익에 따른 희석효과를 고려한 계산의 결과와 같으며, 상속증여세법 시행령 제29조 제2항 제3호의 계산방법과는 차이가 있다.

구분	증자 전		증자금액	계 ③	증자 후		증감
주주	1주당	평가액 ①	②	(① + ②)	1주당	평가액 ④	(④ - ③)
甲	5,000	2,000,000,000	800,000,000	2,800,000,000	6,235	3,117,647,059	317,647,059
乙		1,500,000,000	800,000,000	2,300,000,000		2,494,117,647	194,117,647
丙		1,000,000,000	2,400,000,000	3,400,000,000		3,117,647,059	-282,352,941
丁		500,000,000	1,600,000,000	2,100,000,000		1,870,588,235	-229,411,765
계		5,000,000,000	5,600,000,000	10,600,000,000		10,600,000,000	0

* 증자 전 평가액 ①: 증자 전 1주당 평가액 5,000원 × 증자 전 발행주식총수
증자금액 ②: 신주 1주당 인수가액 8,000원 × 증자한 주식수
증자 후 1주당 평가액 ④: (증자 전 평가액 + 증자금액) ÷ 증자 후 발행주식총수

(2) - 2. 실권주 불배정(상증령 §29 ② 4)

〈요건 충족〉

• MIN[(① - ②) / ② ≥ 30%, (① - ②) × ③ ≥ 3억원]

(신주 1주당 인수가액 ① - 증자 후 1주당 평가액 ②) × 특수관계인이 인수한 신주수 ③

① 신주 1주당 인수가액

② 증자 후 1주당 평가액

[(증자 전의 1주당 평가가액 × 증자 전의 발행주식총수) + (신주 1주당 인수가액 × 증자에 의하여 증가한 주식수)] ÷ (증자 전의 발행주식총수 + 증자에 의하여 증가한 주식수) = (증자 전 총주식 평가액 + 증자금액) ÷ 증자 후 발행주식총수 = 증자 후 총주식 평가액 ÷ 증자 후 발행주식총수

③ 신주인수를 포기한 주주의 실권주수 × (신주인수를 포기한 주주의 특수관계인이 인수한 신주수 ÷ 증자 전의 지분비율대로 균등하게 증자하는 경우의 증자 주식총수)

사례 6 ••• 고가발행 실권주(전부 포기) 불배정

증자와 관련된 자료는 다음과 같다.

증자 전 발행주식총수 1,000,000주(1주당 액면가 5,000원, 1주당 평가액 5,000원), 신주인수 납입금액 48억원(1주당 신주발행가액 8,000원, 증자 주식수 600,000주), 주주 甲은 乙 및 丁과 특수관계인임. 주주 甲이 신주인수를 전부 포기하였다.

| 증자내용 |

구분	증자 전		균등증자 시 주식수 ①	증자내역			증자 후	
주주	발행주식 총수(A)	지분율		실권주수 ②	재배정 주식수 ③	증자주식수(B) (① − ② + ③)	발행주식 총수 (A + B)	지분율
甲	400,000	40%	400,000	400,000	−	−	400,000	25.0%
乙	300,000	30%	300,000	−	−	300,000	600,000	37.5%
丙	200,000	20%	200,000	−	−	200,000	400,000	25.0%
丁	100,000	10%	100,000	−	−	100,000	200,000	12.5%
계	1,000,000	100%	1,000,000	400,000	−	600,000	1,600,000	100.0%

☐ **계산방법**

① 신주 1주당 인수가액: 8,000원

② 증자 후 1주당 평가액

[(5,000원 × 1,000,000주) + (8,000원 × 600,000주)] ÷ (1,000,000주 + 600,000주) = 6,125원

③ 신주인수 포기자: 甲 400,000주

④ 甲이 얻은 총이익

(① − ②) × 신주인수를 포기한 주주의 실권주수

(8,000원 − 6,125원) × 400,000주 = 750,000,000원

⑤ 요건 충족

- 차액비율: (6,125원 − 5,000원) ÷ 6,125원 = 18.4% ≤ 30%
- 계산식: [(① − ②) × 신주인수를 포기한 주주의 실권주수] × [신주인수를 포기한 주주의 특수관계인이 인수한 신주수(乙, 丁) ÷ 증자 전의 지분비율대로 균등하게 증자하는 경우의 증자 주식총수]
- 甲이 특수관계인인 乙로부터 얻은 이익: (8,000원 − 6,125원) × 400,000주 × (300,000주 ÷ 1,000,000주) = 225,000,000원 〈 3억원
- 甲이 특수관계인인 丁으로부터 얻은 이익: (8,000원 − 6,125원) × 400,000주 × (100,000주 ÷ 1,000,000주) = 75,000,000원 〈 3억원
- 甲이 얻은 이익: 300,000,000원(을 225,000,000원 + 정 75,000,000원) ≥ 3억원

⑥ 증자에 따른 이익을 다음과 같은 방식으로 분석할 수 있다.

앞에서 본 신주 인수금액을 납입한 후(구주의 가치 + 신주의 납입금액)의 1주당 가치와 증자 전의 구주 1주당 가치를 비교하는 방식으로 구주와 신주의 희석효과를 반영하는 이익계산 방식이 되겠다. 이 계산방식의 이익의 결과는, 상속증여세법 시행령 제29조 제2항 제4호의 계산방법과 같다.

구분	증자 전		증자금액	계 ③	증자 후		증감
주주	1주당	평가액 ①	②	(① + ②)	1주당	평가액 ④	(④ − ③)
甲	5,000	2,000,000,000	−	2,000,000,000	6,125	2,450,000,000	450,000,000
乙		1,500,000,000	2,400,000,000	3,900,000,000		3,675,000,000	−225,000,000
丙		1,000,000,000	1,600,000,000	2,600,000,000		2,450,000,000	−150,000,000
丁		500,000,000	800,000,000	1,300,000,000		1,225,000,000	−75,000,000
계		5,000,000,000	4,800,000,000	9,800,000,000		9,800,000,000	0

* 증자 전 평가액 ①: 증자 전 1주당 평가액 5,000원 × 증자 전 발행주식총수
증자금액 ②: 신주 1주당 인수가액 8,000원 × 증자한 주식수
증자 후 1주당 평가액 ④: (증자 전 평가액 + 증자금액) ÷ 증자 후 발행주식총수

사례 6-1 ••• 고가발행 실권주(일부포기) 불배정

증자와 관련된 자료는 다음과 같다.

증자 전 발행주식총수 1,000,000주(1주당 액면가 5,000원, 1주당 평가액 5,000원), 신주인수 납입금액 56억원(1주당 신주발행가액 8,000원, 증자 주식수 700,000주), 주주 甲은 乙 및 丁과 특수관계인임. 주주 甲이 신주인수를 일부 포기하였다.

| 증자내용 |

구분	증자 전		균등증자 시 주식수 ①	증자내역			증자 후	
주주	발행주식 총수(A)	지분율		실권주수 ②	재배정 주식수 ③	증자주식수(B) (① − ② + ③)	발행주식 총수 (A + B)	지분율
甲	400,000	40%	400,000	300,000	−	100,000	500,000	29.4%
乙	300,000	30%	300,000	−	−	300,000	600,000	35.3%
丙	200,000	20%	200,000	−	−	200,000	400,000	23.5%
丁	100,000	10%	100,000	−	−	100,000	200,000	11.8%
계	1,000,000	100%	1,000,000	300,000	−	700,000	1,700,000	100.0%

□ **계산방법**

① 신주 1주당 인수가액: 8,000원

② 증자 후 1주당 평가액

[(5,000원 × 1,000,000주) + (8,000원 × 700,000주)] ÷ (1,000,000주 + 700,000주)
= 6,235원

③ 신주인수 포기자: 甲 300,000주

④ 甲이 얻은 총이익

(① - ②) × 신주인수를 포기한 주주의 실권주수

(8,000원 - 6,235원) × 300,000주 = 529,411,765원

⑤ 요건 충족

- 차액비율: (6,235원 - 5,000원) ÷ 6,235원 = 19.8% ≤ 30%
- 계산식: [(① - ②) × 신주인수를 포기한 주주의 실권주수] × [신주인수를 포기한 주주의 특수관계인이 인수한 신주수(乙, 丁) ÷ 증자 전의 지분비율대로 균등하게 증자하는 경우의 증자 주식총수]
- 甲이 특수관계인인 乙로부터 얻은 이익: (6,235원 - 5,000원) × 400,000주 × (300,000주 ÷ 1,000,000주) = 158,823,529 〈 3억원
- 甲이 특수관계인인 丁으로부터 얻은 이익: (6,235원 - 5,000원) × 400,000주 × (100,000주 ÷ 1,000,000주) = 52,941,176원 〈 3억원
- 甲이 얻은 이익: 211,764,706원(을 158,823,529원 + 정 52,941,176원) 〈 3억원

⑥ 증자에 따른 이익을 앞서 저가발행에서와 같은 방식으로 분석할 수 있다.

1주당 평가액이 증자 전 5,000원에서 증자 후 6,235원으로 평가되었으므로 신주의 가치(8,000원)는 감소(6,235원)하고 구주의 가치(5,000원)는 증가(6,235원)되었다. 따라서 신주의 경우 1주당 손실은 1,765원(증자 후 6,235원 - 인수가액 8,000원)이 되고 구주의 경우 1주당 이익이 1,235원(증자 후 6,235원 - 증자 전 5,000원)이 된다. 이를 주주별로 계산하면 증자에 따른 얻은 이익과 분여한 이익은 다음과 같이 인수한 주식수에 비례하여 증자에 따른 손실이 발생되는 한편, 증자 전에 보유하고 있던 주식은 보유한 주식수에 비례하여 증자에 따른 이익을 보게 되는 주식가치의 희석으로 인한 것이 된다.

이 계산방식의 이익의 결과는 상속증여세법 시행령 제29조 제2항 제4호의 계산방법과 차이가 있다.

주주	신주의 손실 ①	구주의 이익 ②	이익(손실)(① - ②)
갑	176,470,588	494,117,647	317,647,059
을	529,411,765	370,588,235	-158,823,529
병	352,941,176	247,058,824	-105,882,353
정	176,470,588	123,529,412	-52,941,176
계	1,235,294,118	1,235,294,118	0

⑦ 증자에 따른 이익을 다른 방식으로도 분석할 수 있다.

앞에서 본 신주 인수금액을 납입한 후(구주의 가치 + 신주의 납입금액)의 1주당 가치와 증자 전의 구주 1주당 가치를 비교하는 방식으로 구주와 신주의 희석효과를 반영하는 이익계산 방식이 되겠다. 이 계산방식의 이익의 결과는 위의 신주의 손실과 구주의 이익에 따른 희석효과를 고려한 계산의 결과와 같으며, 상속증여세법 시행령 제29조 제2항 제4호의 계산방법과는 차이가 있다.

구분	증자 전		증자금액	계 ③	증자 후		증감
주주	1주당	평가액 ①	②	(① + ②)	1주당	평가액 ④	(④ - ③)
甲	5,000	2,000,000,000	800,000,000	2,800,000,000	6,235	3,117,647,059	317,647,059
乙		1,500,000,000	2,400,000,000	3,900,000,000		3,741,176,471	-158,823,529
丙		1,000,000,000	1,600,000,000	2,600,000,000		2,494,117,647	-105,882,353
丁		500,000,000	800,000,000	1,300,000,000		1,247,058,824	-52,941,176
계		5,000,000,000	5,600,000,000	10,600,000,000		10,600,000,000	0

* 증자 전 평가액 ①: 증자 전 1주당 평가액 5,000원 × 증자 전 발행주식총수
증자금액 ②: 신주 1주당 인수가액 8,000원 × 증자한 주식수
증자 후 1주당 평가액 ④: (증자 전 평가액 + 증자금액) ÷ 증자 후 발행주식총수

(2)-3. 직접배정(제3자 배정) 및 초과 배정(상증령 §29 ③ 5)

(1주당 인수가액 ① - 증자 후 1주당 평가액 ②) × 특수관계인이 인수한 신주수 ③

① 신주 1주당 인수가액

② 증자 후 1주당 평가액

[(증자 전의 1주당 평가가액 × 증자 전의 발행주식총수) + (신주 1주당 인수가액 × 증자에 의하여 증가한 주식수)] ÷ (증자 전의 발행주식총수 + 증자에 의하여 증가한 주식수) = (증자 전 총주식 평가액 + 증자금액) ÷ 증자 후 발행주식총수 = 증자 후 총주식 평가액 ÷ 증자 후 발행주식총수

③ 신주를 배정받지 아니하거나 균등한 조건에 의하여 배정받을 신주수에 미달되게 신주를 배정받은 주주의 배정받지 아니하거나 그 미달되게 배정받은 부분의 신주수 × (신주를 배정받지 아니하거나 미달되게 배정받은 주주의 특수관계인이 인수한 신주수 ÷ 주주가 아닌 자에게 배정된 신주 및 당해 법인의 주주가 균등한 조건에 의하여 배정받을 신주수를 초과하여 인수한 신주의 총수)

사례 ⑦ ••• 고가발행 제3자 배정(전부배정)

증자와 관련된 자료는 다음과 같다.

증자 전 발행주식총수 1,000,000주(1주당 액면가 5,000원, 1주당 평가액 5,000원), 신주인수 납입금 80억원(1주당 신주발행가액 8,000원, 증자 주식수 1,000,000주), 주주 甲과 戊는 특수관계인임. 戊와 己에게 미달 배정한 주식을 전부 배정했다.

| 증자내용 |

구분	증자 전		균등 증자 시 주식수 ①	증자내역			증자 후	
주주	발행주식 총수(A)	지분율		미배정 및 미달배정주식수 ②	제3자 배정주식수 ③	증자주식수(B) (①−②+③)	발행주식 총수 (A+B)	지분율
甲	400,000	40%	400,000	400,000	−	−	400,000	20%
乙	300,000	30%	300,000	200,000	−	100,000	400,000	20%
丙	200,000	20%	200,000	−	−	200,000	400,000	20%
丁	100,000	10%	100,000	−	−	100,000	200,000	10%
戊				−	200,000	200,000	200,000	10%
己				−	400,000	400,000	400,000	20.0%
계	1,000,000	100%	1,000,000	600,000	600,000	1,000,000	2,000,000	100%

□ 계산방법

① 신주 1주당 인수가액: 8,000원

② 증자 후 1주당 평가액

[(5,000원 × 1,000,000주) + (8,000원 × 1,000,000주)] ÷ (1,000,000주 + 1,000,000주)

= 6,500원

③ 신주 미배정 및 미달 배정받은 자: 甲 400,000주, 乙 200,000주

④ 甲과 乙이 얻은 총이익

계산식: (① - ②) × 신주를 배정받지 아니하거나 균등한 조건에 의하여 배정받을 신주수에 미달되게 신주를 배정받은 주주의 배정받지 아니하거나 그 미달되게 배정받은 부분의 신주수

甲: (8,000원 - 6,500원) × 400,000주 = 600,000,000원

乙: (8,000원 - 6,500원) × 200,000주 = 300,000,000원

⑤ 甲이 특수관계인인 戊로부터 얻은 이익

계산식: (① - ②) × 신주를 배정받지 아니하거나 균등한 조건에 의하여 배정받을 신주수에 미달되게 신주를 배정받은 주주의 배정받지 아니하거나 그 미달되게 배정받은 부분의 신주수 × [신주를 배정받지 아니하거나 미달되게 배정받은 주주의 특수관계인이 인수한 신주수(戊) ÷ 주주가 아닌 자에게 배정된 신주의 총수]

(8,000원 - 6,500원) × 400,000주 × [200,000주 ÷ (200,000주 + 400,000주)]

= 200,000,000원

⑥ 증자에 따른 이익을 다음과 같은 방식으로 분석할 수 있다.

앞에서 본 신주 인수금액을 납입한 후(구주의 가치 + 신주의 납입금액)의 1주당 가치와 증자 전의 구주 1주당 가치를 비교하는 방식으로 구주와 신주의 희석효과를 반영하는 이익계산 방식이 되겠다. 이 계산방식의 이익의 결과는, 상속증여세법 시행령 제29조 제2항 제5호의 계산방법과 같다.

구분	증자 전		증자금액	계 ③	증자 후		증감
주주	1주당	평가액 ①	②	(① + ②)	1주당	평가액 ④	(④ − ③)
甲	5,000	2,000,000,000	−	2,000,000,000	6,500	2,600,000,000	600,000,000
乙		1,500,000,000	800,000,000	2,300,000,000		2,600,000,000	300,000,000
丙		1,000,000,000	1,600,000,000	2,600,000,000		2,600,000,000	−
丁		500,000,000	800,000,000	1,300,000,000		1,300,000,000	−
戊			1,600,000,000	1,600,000,000		1,300,000,000	−300,000,000
己			3,200,000,000	3,200,000,000		2,600,000,000	−600,000,000
계		5,000,000,000	8,000,000,000	13,000,000,000		13,000,000,000	0

* 증자 전 평가액 ①: 증자 전 1주당 평가액 5,000원 × 증자 전 발행주식총수
증자금액 ②: 신주 1주당 인수가액 8,000원 × 증자한 주식수
증자 후 1주당 평가액 ④: (증자 전 평가액 + 증자금액) ÷ 증자 후 발행주식총수

사례 7-1 ••• 고가발행 제3자 배정(일부배정)

증자와 관련된 자료는 다음과 같다.

증자 전 발행주식총수 1,000,000주(1주당 액면가 5,000원, 1주당 평가액 5,000원), 신주인수 납입금 72억원(1주당 신주발행가액 8,000원, 증자 주식수 900,000주), 주주 甲과 戊는 특수관계인임. 戊와 己에게 미달 배정한 주식을 일부만 배정했다.

| 증자내용 |

구분	증자 전		균등 증자 시 주식수 ①	증자내역			증자 후	
주주	발행주식 총수(A)	지분율		미배정 및 미달배정주식수 ②	제3자 배정주식수 ③	증자주식수(B) (①−②+③)	발행주식 총수 (A+B)	지분율
甲	400,000	40%	400,000	400,000	−	−	400,000	21.1%
乙	300,000	30%	300,000	200,000	−	100,000	400,000	21.1%
丙	200,000	20%	200,000	−	−	200,000	400,000	21.1%
丁	100,000	10%	100,000	−	−	100,000	200,000	10.5%
戊				−	200,000	200,000	200,000	10.5%
己				−	300,000	300,000	300,000	15.8%
계	1,000,000	100%	1,000,000	600,000	500,000	900,000	1,900,000	100.0%

□ **계산방법**

① 신주 1주당 인수가액: 8,000원

② 증자 후 1주당 평가액

[(5,000원 × 1,000,000주) + (8,000원 × 900,000주)] ÷ (1,000,000주 + 9000,000주)

= 6,421원

③ 신주의 미배정 및 미달 배정한 자: 甲 400,000주, 乙 200,000주

④ 甲과 乙이 얻은 총이익

계산식: (① - ②) × 신주를 배정받지 아니하거나 균등한 조건에 의하여 배정받을 신주수에 미달되게 신주를 배정받은 주주의 배정받지 아니하거나 그 미달되게 배정받은 부분의 신주수

甲: (8,000원 - 6,421원) × 400,000주 = 631,578,947원

乙: (8,000원 - 6,421원) × 200,000주 = 315,789,474원

⑤ 甲이 특수관계인인 戊로부터 얻은 이익

계산식: (① - ②) × 신주를 배정받지 아니하거나 균등한 조건에 의하여 배정받을 신주수에 미달되게 신주를 배정받은 주주의 배정받지 아니하거나 그 미달되게 배정받은 부분의 신주수 × [신주를 배정받지 아니하거나 미달되게 배정받은 주주의 특수관계인이 인수한 신주수(戊) ÷ 주주가 아닌 자에게 배정된 신주의 총수]

(8,000원 - 6,421원) × 400,000주 × [200,000주 ÷ (200,000주 + 300,000주)]

= 252,631,579원

⑥ 증자에 따른 이익을 앞서 저가발행에서와 같은 방식으로 분석할 수 있다.

1주당 평가액이 증자 전 5,000원에서 증자 후 6,421원으로 평가되었으므로 신주의 가치(8,000원)는 감소(6,421원)하고 구주의 가치(5,000원)는 증가(6,421원)되었다. 따라서 신주의 경우 1주당 손실은 1,579원(증자 후 6,421원 - 인수가액 8,000원)이 되고 구주의 경우 1주당 이익이 1,421원(증자 후 6,421원 - 증자 전 5,000원)이 된다. 이를 주주별로 계산하면 증자에 따른 얻은 이익과 분여한 이익은 다음과 같이 인수한 주식수에 비례하여 증자에 따른 손실이 발생되는 한편 증자 전에 보유하고 있던 주식은 보유한 주식수에 비례하여 증자에 따른 이익을 보게 되는 주식가치의 희석으로 인한 것이 된다. 이 계산방식의 이익의 결과는 상속증여세법 시행령 제29조 제2항 제5호의 계산방법과 차이가 있다.

주주	신주의 손실 ①	구주의 이익 ②	이익(손실)(① − ②)
갑	−	568,421,053	568,421,053
을	157,894,737	426,315,789	268,421,053
병	315,789,474	284,210,526	−31,578,947
정	157,894,737	142,105,263	−15,789,474
무	315,789,474	−	−315,789,474
기	473,684,211	−	−473,684,211
계	1,421,052,632	1,421,052,632	0

⑦ 증자에 따른 이익을 다른 방식으로도 분석할 수 있다.

앞에서 본 신주 인수금액을 납입한 후(구주의 가치 + 신주의 납입금액)의 1주당 가치와 증자 전의 구주 1주당 가치를 비교하는 방식으로 구주와 신주의 희석효과를 반영하는 이익계산 방식이 되겠다. 이 계산방식의 이익의 결과는 위의 신주의 손실과 구주의 이익에 따른 희석효과를 고려한 계산의 결과와 같으며, 상속증여세법 시행령 제29조 제2항 제5호의 계산방법과는 차이가 있다.

구분	증자 전		증자금액 ②	계 ③ (① + ②)	증자 후		증감 (④ − ③)
주주	1주당	평가액 ①			1주당	평가액 ④	
甲	5,000	2,000,000,000	−	2,000,000,000	6,421	2,568,421,053	568,421,053
乙		1,500,000,000	800,000,000	2,300,000,000		2,568,421,053	268,421,053
丙		1,000,000,000	1,600,000,000	2,600,000,000		2,568,421,053	−31,578,947
丁		500,000,000	800,000,000	1,300,000,000		1,284,210,526	−15,789,474
戊			1,600,000,000	1,600,000,000		1,284,210,526	−315,789,474
己			2,400,000,000	2,400,000,000		1,926,315,789	−473,684,211
계		5,000,000,000	7,200,000,000	12,200,000,000		12,200,000,000	0

* 증자 전 평가액 ①: 증자 전 1주당 평가액 5,000원 × 증자 전 발행주식총수
증자금액 ②: 신주 1주당 인수가액 8,000원 × 증자한 주식수
증자 후 1주당 평가액 ④: (증자 전 평가액 + 증자금액) ÷ 증자 후 발행주식총수

사례 8 ••• 고가발행 초과 배정(전부배정)

증자와 관련된 자료는 다음과 같다.

증자 전 발행주식총수 1,000,000주(1주당 액면가 5,000원, 1주당 평가액 5,000원), 신주인수 납입금액 80억원(1주당 신주발행가액 8,000원, 증자 주식수 1,000,000주), 주주 甲과 丁은 특수관계인임. 미배정 및 미달 배정한 주식을 전부 배정했다.

| 증자내용 |

구분	증자 전		균등 증자 시 주식수 ①	증자내역			증자 후	
주주	발행주식 총수(A)	지분율		미배정 및 미달배정주식수 ②	초과배정 주식수 ③	증자주식수(B) (①−②+③)	발행주식 총수 (A+B)	지분율
甲	400,000	40%	400,000	400,000	−	−	400,000	20%
乙	300,000	30%	300,000	200,000	−	100,000	400,000	20%
丙	200,000	20%	200,000	−	200,000	400,000	600,000	30%
丁	100,000	10%	100,000	−	400,000	500,000	600,000	30%
계	1,000,000	100%	1,000,000	600,000	600,000	1,000,000	2,000,000	100%

□ **계산방법**

① 신주 1주당 인수가액: 8,000원

② 증자 후 1주당 평가액

[(5,000원 × 1,000,000주) + (8,000원 × 1,000,000주)] ÷ (1,000,000주 + 1,000,000주) = 6,500원

③ 신주의 미배정 및 미달 배정한 자: 甲 400,000주, 乙 200,000주

④ 얻은 총이익

계산식: (① − ②) × 신주를 배정받지 아니하거나 균등한 조건에 의하여 배정받을 신주수에 미달되게 신주를 배정받은 주주의 배정받지 아니하거나 그 미달되게 배정받은 부분의 신주수

- 甲이 얻은 총이익: (8,000원 − 6,500원) × 400,000주 = 600,000,000원
- 乙이 얻은 총이익: (8,000원 − 6,500원) × 200,000주 = 300,000,000원

⑤ 甲이 특수관계인인 丁으로부터 얻은 이익

계산식: (① - ②) × 신주를 배정받지 아니하거나 균등한 조건에 의하여 배정받을 신주수에 미달되게 신주를 배정받은 주주의 배정받지 아니하거나 그 미달되게 배정받은 부분의 신주수 × [신주를 배정받지 아니하거나 미달되게 배정받은 주주의 특수관계인이 인수한 신주수(丁) ÷ 당해 법인의 주주가 균등한 조건에 의하여 배정받을 신주수를 초과하여 인수한 신주의 총수]

(8,000원 - 6,500원) × 400,000주 × [400,000주 ÷ (200,000주 + 400,000주)]

= 400,000,000원

⑥ 증자에 따른 이익을 다음과 같은 방식으로 분석할 수 있다.

앞에서 본 신주 인수금액을 납입한 후(구주의 가치 + 신주의 납입금액)의 1주당 가치와 증자 전의 구주 1주당 가치를 비교하는 방식으로 구주와 신주의 희석효과를 반영하는 이익계산 방식이 되겠다. 이 계산방식의 이익의 결과는 상속증여세법 시행령 제29조 제2항 제5호의 계산방법과 같다.

구분	증자 전		증자금액	계 ③	증자 후		증감
주주	1주당	평가액 ①	②	(① + ②)	1주당	평가액 ④	(④ - ③)
甲	5,000	2,000,000,000	-	2,000,000,000	6,500	2,600,000,000	600,000,000
乙		1,500,000,000	800,000,000	2,300,000,000		2,600,000,000	300,000,000
丙		1,000,000,000	3,200,000,000	4,200,000,000		3,900,000,000	-300,000,000
丁		500,000,000	4,000,000,000	4,500,000,000		3,900,000,000	-600,000,000
계		5,000,000,000	8,000,000,000	13,000,000,000		13,000,000,000	0

* 증자 전 평가액 ①: 증자 전 1주당 평가액 5,000원 × 증자 전 발행주식총수
증자금액 ②: 신주 1주당 인수가액 8,000원 × 증자한 주식수
증자 후 1주당 평가액 ④: (증자 전 평가액 + 증자금액) ÷ 증자 후 발행주식총수

사례 8-1 ••• 고가발행 초과 배정(일부배정)

증자와 관련된 자료는 다음과 같다.

증자 전 발행주식총수 1,000,000주(1주당 액면가 5,000원, 1주당 평가액 5,000원), 신주인수 납입금액 80억원(1주당 신주발행가액 8,000원, 증자 주식수 1,000,000주), 주주 甲과 丁은 특수관계인임. 미배정 및 미달 배정한 주식을 일부만 배정했다.

| 증자내용 |

구분	증자 전		균등 증자 시 주식수 ①	증자내역			증자 후	
주주	발행주식 총수(A)	지분율		미배정 및 미달배정주식수 ②	초과배정 주식수 ③	증자주식수(B) (①−②+③)	발행주식 총수 (A+B)	지분율
甲	400,000	40%	400,000	400,000	−	−	400,000	21.1%
乙	300,000	30%	300,000	200,000	−	100,000	400,000	21.1%
丙	200,000	20%	200,000	−	200,000	400,000	600,000	31.6%
丁	100,000	10%	100,000	−	300,000	400,000	500,000	26.3%
계	1,000,000	100%	1,000,000	600,000	500,000	900,000	1,900,000	100%

☐ **계산방법**

① 신주 1주당 인수가액: 8,000원

② 증자 후 1주당 평가액

[(5,000원 × 1,000,000주) + (8,000원 × 900,000주)] ÷ (1,000,000주 + 9000,000주)

= 6,421원

③ 신주의 미배정 및 미달 배정한 자: 甲 400,000주, 乙 200,000주

④ 甲과 乙이 얻은 총이익

계산식: (① − ②) × 신주를 배정받지 아니하거나 균등한 조건에 의하여 배정받을 신주수에 미달되게 신주를 배정받은 주주의 배정받지 아니하거나 그 미달되게 배정받은 부분의 신주수

甲: (8,000원 − 6,421원) × 400,000주 = 631,578,947원

乙: (8,000원 − 6,421원) × 200,000주 = 315,789,474원

⑤ 甲이 특수관계인인 丁으로부터 얻은 이익

계산식: (① − ②) × 신주를 배정받지 아니하거나 균등한 조건에 의하여 배정받을 신주수에 미달되게 신주를 배정받은 주주의 배정받지 아니하거나 그 미달되게 배정받은 부분의 신주수 × [신주를 배정받지 아니하거나 미달되게 배정받은 주주의 특수관계인이 인수한 신주수(丁) ÷ 주주가 아닌 자에게 배정된 신주의 총수]

(8,000원 − 6,421원) × 400,000주 × [300,000주 ÷ (200,000주 + 300,000주)]

= 378,947,368원

⑥ 증자에 따른 이익을 앞서 저가발행에서와 같은 방식으로 분석할 수 있다.

1주당 평가액이 증자 전 5,000원에서 증자 후 6,421원으로 평가되었으므로 신주의 가치(8,000원)는 감소(6,421원)하고 구주의 가치(5,000원)는 증가(6,421원)되었다. 따라서 신주의 경우 1주당 손실은 1,579원(증자 후 6,421원 - 인수가액 8,000원)이 되고 구주의 경우 1주당 이익이 1,421원(증자 후 6,421원 - 증자 전 5,000원)이 된다. 이를 주주별로 계산하면 증자에 따른 얻은 이익과 분여한 이익은 다음과 같이 인수한 주식수에 비례하여 증자에 따른 손실이 발생되는 한편, 증자 전에 보유하고 있던 주식은 보유한 주식수에 비례하여 증자에 따른 이익을 보게 되는 주식가치의 희석으로 인한 것이 된다. 이 계산방식의 이익의 결과는 상속증여세법 시행령 제29조 제2항 제5호의 계산방법과 차이가 있다.

주주	신주의 손실 ①	구주의 이익 ②	이익(손실)(① - ②)
갑	-	568,421,053	568,421,053
을	157,894,737	426,315,789	268,421,053
병	631,578,947	284,210,526	-347,368,421
정	631,578,947	142,105,263	-489,473,684
계	1,421,052,632	1,421,052,632	0

⑦ 증자에 따른 이익을 다른 방식으로도 분석할 수 있다.

앞에서 본 신주 인수금액을 납입한 후(구주의 가치 + 신주의 납입금액)의 1주당 가치와 증자 전의 구주 1주당 가치를 비교하는 방식으로 구주와 신주의 희석효과를 반영하는 이익계산 방식이 되겠다. 이 계산방식의 이익의 결과는 위의 신주의 손실과 구주의 이익에 따른 희석효과를 고려한 계산의 결과와 같으며, 상속증여세법 시행령 제29조 제2항 제5호의 계산방법과는 차이가 있다.

구분	증자 전		증자금액	계 ③	증자 후		증감
주주	1주당	평가액 ①	②	(① + ②)	1주당	평가액 ④	(④ - ③)
甲	5,000	2,000,000,000	-	2,000,000,000	6,421	2,568,421,053	568,421,053
乙		1,500,000,000	800,000,000	2,300,000,000		2,568,421,053	268,421,053
丙		1,000,000,000	3,200,000,000	4,200,000,000		3,852,631,579	-347,368,421
丁		500,000,000	3,200,000,000	3,700,000,000		3,210,526,316	-489,473,684
계		5,000,000,000	7,200,000,000	12,200,000,000		12,200,000,000	0

* 증자 전 평가액 ①: 증자 전 1주당 평가액 5,000원 × 증자 전 발행주식총수
증자 금액 ②: 신주 1주당 인수가액 8,000원 × 증자한 주식수
증자 후 1주당 평가액 ④: (증자 전 평가액 + 증자 금액) ÷ 증자 후 발행주식총수

4 이익계산 방법의 논쟁

상속증여세법 시행령 제29조의 증자에 따른 이익의 계산방법은 그 기본구조가 신주 인수금액을 납입한 후(구주 + 신주)의 1주당 주식가치와 증자한 후의 1주당 주식가치를 비교하는 방식으로 구주와 신주의 희석효과를 반영하는 이익계산 방법이다. 이와 같은 계산방법은 합병에 따른 이익(상증령 §28)에서 합병을 하기 전의 주식의 가치와 합병을 한 후의 주식의 가치를 비교하는 방식의 이익계산에서 구주와 합병신주의 희석효과를 반영하는 계산구조와 유사하다. 다만, 합병의 경우는 합병 전 1주당 평가액과 합병 후 1주당 평가액이 구주와 합병신주의 희석의 효과가 합리적으로 배분된 계산구조라고 한다면 증자의 경우는 신주 1주당 인수가액과 증자 후의 1주당 평가액을 직접 비교하는 계산방법이라는 점이 다르다.

(1) 구주와 신주의 희석

앞서 본 사례에서 이익의 계산결과에 의하면, ≪사례 1≫, ≪사례 2≫, ≪사례 3≫, ≪사례 4≫, ≪사례 5≫, ≪사례 5-1≫, ≪사례 6≫, ≪사례 7≫, ≪사례 8≫의 경우는 모두 상속증여세법 시행령 제29조의 계산방법의 이익이 신주와 구주의 희석효과를 고려한 계산방식에 따른 이익계산의 결과와 같았다. 이 사례의 모든 증자는 신주인수의 전부 포기 또는 실권주의 전부 배정과 관련된 증자의 형태이다. 한편 ≪사례 1-1≫, ≪사례 4-1≫, ≪사례 5-2≫, ≪사례 6-1≫, ≪사례 7-1≫, ≪사례 8-1≫의 경우는 모두 상속증여세법 시행령 제29조의 계산방법의 이익이 신주와 구주의 희석효과를 고려한 계산방식에 따른 이익계산의 결과와는 차이가 있었다. 이 사례의 모든 증자는 신주인수의 일부 포기 또는 실권주의 일부 배정과 관련된 증자의 형태이다.

이와 같은 사례의 결과에서 보면 현행 상속증여세법 시행령 제29조의 이익계산 방법은 신주인수의 전부 포기 또는 실권주의 전부 배정과 관련된 증자 형태의 이익계산에서는

"법인이 증자를 하면서 주식가치보다 낮은 가액으로 신주를 발행하면 구주식의 가액은 증자액의 비율에 따라 희석되어 감소되고 신주식의 가액은 거꾸로 증가하게 되므로 증자하기 전의 주식비율에 따른 신주인수를 하지 아니하면 신주의 전부 또는 일부를 인수하지 아니한 자가 소유하고 있는 구주식의 가액은 증자를 한 비율만큼 감소되고 반면에 비율을 초과하여 신주를 인수한 자의 주식가치는 구주식의 가액이 감소한 만큼 증가하게 된다(2001헌바13, 2002.1.31.)."는 것과 일치가 되나, 신주인수의 일부 포기 또는 실권주의 일부 배정과 관련된 증자의 형태에서는 증자액의 비율에 따라 주식가치의 감소 또는 증가가 일치되지 않는다는 것이 된다. 그 이유는 상속증여세법 시행령 제29조의 이익계산 방법이 신주인수의 일부 포기 또는 실권주의 일부 배정의 경우에는 신주인수에 따른 이익 또는 손실과 구주의 이익 또는 손실이 인수한 주식수에 비례하여 이익 또는 손실이 발생되는 한편, 증자 전에 보유하고 있던 주식은 보유한 주식수에 비례하여 이익 또는 손실을 보게 되는 주식가치의 희석이 적절히 배분되어 계산되고 있지 않기 때문이다.

(2) 합리적인 이익계산 방법

반복되는 말이지만 자본거래로 인해 법인의 주주 지분비율의 변동을 가져오는 합병, 분할합병, 현물출자, 주식의 포괄적 교환 등에 따른 이익은 언제나 개별 주주의 얻은 이익의 반대편에는 개별 주주의 분여한 이익(손실)이 발생하게 되고, 이때 개별 주주들의 얻은 이익의 합계는 반드시 개별주주들의 손실의 합계와 같아야 한다. 자본거래에 따른 이익의 계산방식이 이와 같은 이익의 계산구조라면 자본거래로 인한 법인의 주주비율의 변동을 가져오는 이익의 계산방법으로는 합리적인 이익계산 방법이라고 할 수 있을 것이다. 증자의 경우도 자본거래로 인해 법인의 주주비율의 변동을 가져오므로 합리적인 이익의 계산구조는 이와 마찬가지가 되어야 할 것이다. 증자에 따른 이익계산 방법을 합병에 따른 이익계산 방법(상증령 §28)과 비교해 볼 때 다음과 같은 점을 찾을 수 있다. 상속증여세법 시행령 제29조의 계산방법은 1주당 신주인수가액과 증자 후 1주당 평가액을 직접 비교하는 방식이다. 여기서 증자 후 1주당 평가액의 계산식은 "[(증자 전의 1주당 평가가액 × 증자 전의 발행주식총수) + (신주 1주당 인수가액 × 증자에 의하여 증가한 주식수)] ÷ (증자 전의 발행주식총수 + 증자에 의하여 증가한 주식수)"가 되는데, 이 계산식을 풀어보면 "(증자 전 총주식 평가액 + 증자금액) ÷ 증자 후 발행주식총수 = 증자 후 총주식 평가액 ÷ 증자 후 발행주식총수"가 된다. 이와 같은 증자 후 1주당 평가액의 계산식은 구주(증자 전 총주식 평가액)와 신주(증자금액)가 증자액의 비율(증자 후 발행주식총수)에 따라 희석되어 "증자 후 1주당 가치"를 계산하고 있다.

합병에서 합병 후 1주당 평가액과 비교가 되는 합병 전 1주당 평가액은 그 계산구조로 보면 구주와 합병신주의 희석이 합리적으로 배분되어 평가가 되고 있다(제2장 제3절 참조). 그러나 증자의 경우는 증자 후 1주당 평가액과 비교가 되는 1주당 신주 인수가액은 신주의 가치만을 반영하고 있으므로 합병과 비교해 볼 때 그 계산방법이 합리적이지 못하다. 또한 현행의 이익계산 방법은 "인수한 주식수에 비례하여 증자에 따른 이익 또는 손실이 발생되는 한편 증자 전에 보유하고 있던 주식은 보유한 주식수에 비례하여 증자에 따른 이익 또는 손실을 보게 된다(헌재 2001헌바13, 2002.1.31.)."는 것과도 맞지 않는다. 앞의 사례에서 이를 확인할 수 있었다.

계산방식의 단순함과 이해에서 보아도 구주와 신주의 희석효과를 고려하는 계산방식은 그 계산의 구조가 간편하고 정형적이어서 이해하기가 쉬울뿐더러 특히 분여한 이익을 계산하는데 편리하다. 현행 상속증여세법 시행령 제29조의 이익계산 방법은 증자의 형태에 따라 이익의 계산방법이 매우 복잡하게 되어 있고 분여한 이익을 계산하는 데는 더 그러하다(고가 발행의 경우가 더 그러하다). 이익계산의 방법을 단순화할 필요가 있다. 결론적으로 현행 상속증여세법 시행령 제29조의 이익계산 방법은 신주인수의 전부 포기 또는 실권주의 전부 배정과 관련된 증자의 형태에서는 문제가 없겠으나 신주인수의 일부 포기 또는 실권주의 일부 배정 등 정형적인 증자의 형태가 아닌 이익계산의 방법에서는 합리적이지 못한 것이 된다.

관련규정 및 예규판례

- 주금납입일에 대해 법원(대법원 2007두7949, 2009.8.20.)은 주식의 취득시기를 주금납입일로 해석하면 증자에 관한 이사회 결의일 또는 공시일 이후 주가가 급등하는 경우 신주를 배정받은 자가 당시에는 예상하지 아니한 증여세를 부담하여야 하는 문제점이 발생할 수가 있지만, 상속증여세법의 관련규정과 상법 제423조 제1항에서 신주의 인수인은 납입 또는 현물출자의 이행을 한 때에는 납입기일 다음날로부터 주주의 권리의무가 있다고 규정하고 있는 점,

신주를 배정받은 자가 주금을 납입하지 아니한 경우에는 주식을 취득할 권리를 상실하므로 결국 그때까지는 아직 주식을 취득하였다고 하기는 사실상 어려운 점 등을 종합하여 보면, 「상속증여세법」 제39조에 의한 증자에 따르는 증여의제에 있어서 이익 산정의 기준이 되는 증여일인 주식의 취득시기는 주금납입일이다.

신주배정을 하면서 50인 이상의 불특정다수인을 상대로 청약의 권유절차를 거쳤다고 보기 어렵고, 증자 전의 1주당 평가가액 산정 시 증자에 관한 공시일이 아닌 주금납입일의 전날을 기준으로 하여 그 이전의 기간을 대상으로 하여야 한다고 본 사례

(서울고법 2012누12060, 2012.11.2.)

저가발행으로 인하여 이를 배정받은 자가 이득을 얻은 경우이더라도 구 증권거래법에 따른 유가증권 모집 방법에 의한 신주배정의 경우에는 그 이득금액을 증여재산가액에 포함시키지 않도록 하는 구상증법 제39조 제1항 제1호 가목 및 다목의 규정 취지와, 구 증권거래법 시행령 제2조의4 제4항의 간주모집 규정은 증권 거래법상의 고유의 필요에 의하여 유가증권 모집으로 보겠다는 것일 뿐 그 자체가 본질적으로는 유가증권 모집으로 볼 수 없는 것인 점 등을 고려할 때, 구 상증법 제39조 제1항 제1호 가목 및 다목에서 저가발행으로 인한 이득을 증여재산가액에 포함시키지 않는 예외사유인 "유가증권의 모집방법에 의한 배정"은 구 증권거래법 시행령 제2조의4 제1항 소정의 신규로 발행되는 유가증권의 취득의 청약을 권유받은 자의 수가 50인 이상인 경우의 일반적인 공모의 경우만을 가리키는 것으로 제한적으로 해석되어야 할 것이므로, 앞서 본 바와 같이 발행인이 투자자보호를 위한 공시규제를 회피하는 것을 방지하기 위하여 도입된 구 증권거래법 시행령 제2조의4 제4항 소정의 간주 모집의 경우까지 이에 해당하는 것으로 해석할 수는 없다. 따라서 이러한 간주모집의 방법에 의한 신주발행은 구 상증법 제39조 제1항 제1호 가목 및 다목의 유상증자로 인한 증여의제의 예외사유인 "유가증권의 모집방법에 의한 배정"에 해당된다고 할 수 없다. 이와 다른 전제에서 한 원고들의 이 부분 주장도 이유 없다.

법인이 유상증자 시 시가보다 고가발행한 주식을 기존 주주에게는 배정하지 아니하고 기존 주주와 특수관계 없는 제3자에게 배정하는 경우 기부금 규정 적용 여부

(서이-2236, 2004.11.4.)

법인이 유상증자를 하면서 시가에 비하여 고가로 발행한 주식을 기존 주주에게는 배정하지 아니하고 기존 주주와 특수관계 없는 제3자에게 배정하는 경우 주식의 발행가액과 정상가액과의 차액에 대하여 당해 주식의 인수법인에게 법인세법 시행령 제35조 제2호의 규정에 의한 기부금 규정을 적용하지 아니하는 것임.

제2절 감자와 이익

• 일반적인 경우
  감자한 주식 평가액 - 주식소각 시 지급한 금액 = (+)이익
• 감자한 주식 1주당 평가액이 액면가액 미달인 경우
  주식소각 시 지급한 금액 - 감자한 주식 평가액 = (+)이익

상속증여세법 제39조의2 제1항의 "법인이 자본금을 감소시키기 위하여 주식을 소각하는 경우로서…"에서 자본금의 감소(감자)란 회사가 자본금을 감소시키는 것으로 자본금의 감소는 회사 재산의 환급이 일어나는지 여부에 따라 실질적 감자와 형식적 감자로 나눌 수 있다. 실질적 감자는 법률상 자본금을 감소함과 동시에 실질적으로 이에 상당하는 회사의 재산이 주주에게 환급되는 것으로 과잉자본금의 감소 등의 목적이 있다(최준선, 「회사법」, p.630, 김건식, 「회사법」, p.882). 형식적 감자는 주로 회사의 순자산이 자본금과 법정자본금에 미달하여 결손이 생긴 경우에 그 결손을 보전하기 위한 목적으로 행해진다. 이 경우에는 순전히 계산상의 조작만이 일어날 뿐이고 회사재산의 외부유출은 발생하지 않는다(김건식, 「회사법」, p.882). 이 경우에는 순전히 자본감소(감자)는 회사의 발행주식의 액면총액, 즉 자본액을 감소하는 것이다.

한편, 상속증여세법 제39조의2 제1항의 "법인이 자본금을 감소시키기 위하여 주식을 소각하는 경우로서…"에서 주식의 소각이란 회사가 존속 중에 일부 주식만을 소멸시키는 행위를 말한다(김건식. 「회사법」, p.236). 주식의 소각에 의하여 주주의 자격도 절대적으로 소멸된다. 주식의 소각은 회사의 존속 중에 특정한 주식을 소명시키는 점에서 회사의 해산 시에 전주식을 소멸시키는 것과 구별된다(최준선, 「회사법」, p.294). 주식의 소각은 자본금 감소에 관한 규정에 의하는 방법과 자기주식을 소각하는 방법이 있다. 그 외 회사가 이익으로써 소각할 것이 예정된 상환주식(상법 §345 ①)의 상환이 있다.

주식의 소각은 자본금 감소에 관한 규정에 따라서만 소각할 수 있다. 다만, 이사회의 결의에 의하여 회사가 보유하는 자기주식을 소각하는 경우에는 그러하지 아니하다(상법 §343). 원칙적으로 회사의 자기주식 취득을 금지한 기존의 상법에서는 일정한 기간 내에 기업의 경제적 가치가 소멸되는 회사(예 수년 후에 광맥이 없어질 광산회사) 등이 해산하는 경우에 청산절차를 간단하게 하기 위하여 행해졌으나, 2011년 개정에 따라 회사의 자기주식 취득과 처분에 대한 규제가 완화되면서 회사가 자기주식을 취득하여 소각함으로써 이익소각과 동일한 효과를 볼 수 있다고 판단하여 이 제도를 폐지하고, 이사회의 결의에 따라 자기주식을 소각하는 경우에는 자본금 감소에 관한 규정을 따를 필요가 없도록 하였다(국가법령정보센터, 법령 용어사전).

주금액의 감소에는 발행주식수를 줄이지 않으면서 주식의 액면가액을 낮추는 방법이다. 주식수의 감소에는 주식소각과 주식병합이 있는데 주식소각은 일정한 주식을 절대적으로 소멸시키는 행위이며 임의소각(소각에 동의한 주주에 대해서만 하는 방법)과 강제소각(주주의 동의에 관계없이 회사가 일방적으로 하는 소각), 유상소각과 무상소각의 방법이 있다. 상법은 강제소각에 대하여만 규정하고 있다. 주식병합은 여러 개의 주식을 합하여 그보다 적은 수의 주식으로 하는 방법이다. 주식의 병합은 명의상의 감자방법이다.[31) 이와 같이 주식회사의 자본을 감소시키는 방법에는 주금액의 감소, 주식의 소각 및 주식의 병합이 있으나, 이 경우 증여의제 대상이 되는 자본의 감소란 주식소각의 경우만을 그 대상으로 하고 있다. 이는 주금액의 감소나 주식병합에 의하여 자본을 감소하는 경우에는 모든 주주에게 적용되어 주식의 내용이 동일하게 변경되므로 특정 주주만을 대상으로 할 여지가 없다. 그러나 주식소각의 경우에는 주주의 동의로서 특정 주주의 주식을 무상 또는 저가 소각함으로써 특정 주주에게 경제적 이익을 이전시키게 된다(심사증여 99-265, 2000.3.10.).

자본금 감소에는 상법 제434조(정관변경의 특별결의)의 규정에 의한 결의가 있어야 한다(상법 §438). 주식은 자본감소에 관한 규정에 의하여서만 소각할 수 있다. 그러나 정관의 정한 바에 의하여 주주에게 배당할 이익으로써 주식을 소각하는 경우에는 그러하지 아니하다(상법 §343). 회사는 주식의 소각 규정에 의하는 경우 외에 정기총회결의에 의하여

31) 조철희, 「상법」, p.579

주식을 매수하여 이를 소각할 수 있다(상법 §343의2).

1 감자와 경제적 이익

주식의 소각은 주주에게 대가를 지급하는지 여부에 따라 유상소각과 무상소각으로 구분되며 주주평등의 원칙에 여부에 따라 균등소각과 불균등소각이 있다. 소각대가로 지급한 금액의 시가 여부에 따라 시가 소각과 저가 소각, 고가 소각이 있다. 유상감자에 있어 환급액의 법적 제한과 관련하여 감자환급액이 자본금감소액을 초과할 수 있는지와 감자환급액이 해당 주식의 정당한 평가액을 정확히 반영하여야 하는지 등의 감자환급액 적정 여부에 대한 일반적인 의견은 감자가 주주평등의 원칙에 따라 이루어지고 자본충실의 원칙을 저해하지 아니하는 한 특별한 제한은 없다고 본다. 주식회사의 주주는 유한책임이므로 회사채권자는 주식회사에 대한 유일한 담보는 회사재산에 불과하다. 따라서 상법은 회사채권자 보호를 위해 자본금에 해당하는 출자가 확실히 이행되어야 하고 그에 상당하는 재산이 회사에 항상 유지되어야 한다는 자본충실의 원칙에 관한 규정을 마련해 두고 있다. 주주에 대한 이익배당은 배당가능이익의 한도 내에서만 할 수 있다(상법 §462)는 규정도 한 예일 것이다.

그런데 주주에 대한 감자환급액인 유상감자에 대해서는 이익배당의 경우와는 달리 그 감자환급액의 범위를 직접적으로 제한하거나 규제하는 규정을 두지 않고 있다. 즉 감자가 주주평등의 원칙에 따라 이루어지고 자본충실의 원칙을 저해하지 않는다면 감자환급액의 자본금 감소액 초과 여부 또는 해당 주식의 시가 반영 여부 등의 감자환급액 산정에 대한 규제가 없다는 것이다. 다만, 우리 상법이 자본충실의 원칙에 대한 예외를 인정하는 유상감자의 감자환급액이라고 하더라도 주주에게 과다한 감자환급액을 지급하여 회사가 도산에 처할 경우라면 회사법의 근간의 하나인 자본충실의 원칙을 침해할 수 있다고 본다. 주식의 소각과 경제적 이익 발생관계는 증자와 마찬가지로 법인이 감자를 하면서 감자 전 주식가치보다 낮은 가액으로 감자를 하면 구주식의 가액은 감자금액의 비율에 따라 구주식의 가액은 희석되어 거꾸로 증가하게 된다. 즉 감자하기 전의 주식비율에 따른 감자를 하지 아니하면 감자의 전부 또는 일부를 감자하지 아니한 자가 소유하고 있는 구주식의 가액은 감자를 한 비율만큼 증가되고 반면에 비율을 초과하여 감자를 한 자의 주식가치는 구주식의 가액이 증가한 만큼 감소하게 되므로 감자를 포기한 자는 감자를 한 자로부터 그 차액에 상당하는 이익을 취득한 것으로 볼 수 있다.

(1) 균등소각

제1절(1. 증자와 경제적 이익) 균등증자에서 본 바는 감자의 경우에도 그대로 적용된다. 즉 주식의 소각으로 기존 주주 이익이 항상 영향을 받는 것은 아니다. 주식을 기존 주주가 소유주식수에 비례하여 소각한다면 기존 주주 지위에는 아무런 영향이 없을 것이다. 소유주식수에 비례한 소각의 경우 주주의 지주비율은 그대로 유지될 것이므로 지배적 이익에 변동이 없는 것은 당연하다. 또한 주식을 저가로 소각되는 경우에도 주식가치 희석으로 인한 기준 주주의 불이익은 저가의 인수로 인한 이익과 상쇄될 것이므로 결과적으로 재산적 이익과 손실에도 영향은 없게 된다. 이 책에서 균등소각은 주주가 가진 주식수에 비례해서 주식을 소각한 것으로 감자 전과 감자 후의 보유주식비율에는 변동이 없다. 증자에서 균등증자의 경우 시가와 저가 또는 고가의 증자 형태가 있듯이 감자에서도 균등소각의 경우 시가와 저가 또는 고가의 감자 형태가 있다. 기본적으로 이익의 계산구조와 그 결과는 증자의 경우와 유사하다. 즉 균등증자의 경우 시가와 저가 또는 고가의 증자 형태에서 이익이 발생되지 않는 것과 마찬가지로 균등소각의 경우도 시가와 저가 또는 고가의 감자 형태에서도 이익이 발생되지 않는다.

- 감자 전 발행주식총수 1,000,000주(1주당 액면가 5,000원, 1주당 평가액 8,000원)
- 소각한 금액 12억원(1주당 지급금액 6,000원, 소각한 주식수 200,000주)

| 감자내용 |

구분	감자 전		균등감자(감자 비율 20%) 시 주식수	소각한 주식수 ②	감자 후	
주주	발행주식총수 ①	지분율			발행주식총수 (① – ②)	지분율
甲	400,000	40%	80,000	80,000	320,000	40%
乙	300,000	30%	60,000	60,000	240,000	30%
丙	200,000	20%	40,000	40,000	160,000	20%

구분 주주	감자 전		균등감자(감자 비율 20%) 시 주식수	소각한 주식수 ②	감자 후	
	발행주식총수 ①	지분율			발행주식총수 (① - ②)	지분율
丁	100,000	10%	20,000	20,000	80,000	10%
계	1,000,000	100%	200,000	200,000	800,000	100%

□ 계산방법

① 감자한 주식 1주당 평가액: 8,000원

② 주식소각 시 지급한 1주당 금액: 6,000원

③ 감자 후 1주당 평가액

[(감자 전 1주당 평가액 × 발행주식총수) - (1주당 지급금액 × 소각한 주식수)] ÷ 감자 후 발행주식총수

[(8,000원 × 1,000,000주) - (6,000원 × 200,000주)] ÷ 800,000주 = 8,500원

감자에 따른 주식가치 증감을 다음과 같은 방식으로 계산할 수 있다.

이 계산방식은 주식 소각금액을 지급하기 전(감자 전 구주)의 주식가치와 주식 소각금액을 지급한 후(감자 후 구주)의 1주당 주식가치를 비교하는 방식으로 감자하기 전의 구주와 감자한 후의 구주의 희석효과를 반영하는 이익계산이 되겠다.

구분 주주	감자 전		소각 금액 ②	계 ③ (① - ②)	감자 후		증감 (④ - ③)
	1주당	평가액 ①			1주당	평가액 ④	
甲	8,000	3,200,000,000	480,000,000	2,720,000,000	8,500	2,720,000,000	0
乙		2,400,000,000	360,000,000	2,040,000,000		2,040,000,000	0
丙		1,600,000,000	240,000,000	1,360,000,000		1,360,000,000	0
丁		800,000,000	120,000,000	680,000,000		680,000,000	0
계		8,000,000,000	1,200,000,000	6,800,000,000		6,800,000,000	0

* 감자 전 평가액 ①: 감자 전 1주당 평가액 8,000원 × 감자 전 발행주식총수
소각 금액 ②: 구주 1주당 지급금액 6,000원 × 소각한 주식수
감자 후 1주당 평가액 ④: (감자 전 평가액 - 소각 금액) ÷ 감자 후 발행주식총수

감자 전 1주당 평가액 8,000원이 감자 후 1주당 평가액 8,500원으로 증가하였다. 앞서 제1절(1. 증자와 경제적 이익)과 마찬가지 방식으로 감자에 따른 이익을 분석할 수 있다.

감자 후 총주식 평가액은 68억원으로 감자로 인해 감자 전 총주식 평가액 80억원보다 12억원이 감소하였다. 주식가치 감소 원인을 보면 주식 소각대금으로 지급한 금액이 12억원이다. 주식가치 감소 12억원은 주식 소각대금 지급에 의한 것으로 감자에 따른 경제적 이익이 발생하지 않는다. 모든 주주의 감자 후의 주식가치는 감자 전 주식가치에서 감자한 금액을 차감한 것과 일치하게 되는데 모든 주주는 주식 소각대가로 지급받은 금액만큼 주식가치가 동일하게 감소되었으므로 감자에 따른 이익과 손실이 발생하지 않게 된다. 균등소각의 경우는 주식을 시가보다 낮거나 높은 대가로 소각을 하더라도 감자하기 전의 소유주식수에 비례하여 주식을 소각하게 되므로 소각한 주식의 이익 및 손실과 구주의 이익 및 손실이 상쇄되어 재산가치의 증감이 발생하지 않게 된다.

(2) 불균등소각

제1절(1. 증자와 경제적 이익) 불균등증자에서 본 바는 감자의 경우에도 그대로 적용된다. 법인이 자본금을 감소시키기 위하여 주식을 소각하면 소각대금 상당액의 자산이 감소하게 된다. 이러한 자산의 감소는 기존의 주식가치(감자 전 평가가액)를 감소시키게 되는데 주식가치의 감소는 자산감소(소각대금 지급금액) 상당액이 될 것이다. 감자한 금액의 상당액과 주식가치 감소는 같게 된다. 따라서 주식 소각을 시가 소각, 저가 소각, 고가 소각하는 경우에 있어 당해 주식소각 상당액이 주식가치 감소가 되므로 감자에 따른 이익과 손실이 발생하지 않게 된다. 즉 기업 전체의 주식가치 감소는 감자한 금액이 되므로 이러한 점에서는 균등감자나 불균등감자나 서로 다를 것이 없다. 그러나 주식가치를 주주 개인별로 보면 감자한 금액과 주식가치 감소가 일치하지 않는 경우가 있다. 이러한 경우의 불균등소각은 주주와 주주 사이에 경제적 이익과 손실이 발생하게 된다. 이 책에서 불균등소각은 주주가 가진 주식수에 비례하여 소각을 하지 아니한 것으로 상속증여세법의 불균등감자는 주주평등의 원칙에 반드시 위배된 것은 아니지만 일부 주주의 주식을 소각함으로 인해 감자 전과 감자 후의 보유주식 비율에 변동이 발생하게 된다.

(2)-1. 시가 소각

감자와 관련된 자료는 다음과 같다(감자비율 20%).

- 감자 전 발행주식총수 1,000,000주(1주당 액면가 5,000원, 1주당 평가액 8,000원)
- 소각한 금액 16억원(1주당 지급금액 8,000원, 소각한 주식수 200,000주)

| 감자내용 |

구분	감자 전		균등소각(소각비율 20%) 시 주식수	소각한 주식수 ②	감자 후	
주주	발행주식총수 ①	지분율			발행주식총수 (① - ②)	지분율
甲	400,000	40%	80,000	-	400,000	50.0%
乙	300,000	30%	60,000	-	300,000	37.5%
丙	200,000	20%	40,000	200,000	-	0.0%
丁	100,000	10%	20,000	-	100,000	12.5%
계	1,000,000	100%	200,000	200,000	800,000	100.0%

□ 계산방법

① 감자한 주식 1주당 평가액: 8,000원

② 주식소각 시 지급한 1주당 금액: 8,000원

③ 감자 후 1주당 평가액

[(감자 전 1주당 평가액 × 발행주식총수) - (1주당 지급금액 × 소각한 주식수)] ÷ 감자 후 발행주식총수

[(8,000원 × 1,000,000주) - (8,000원 × 200,000주)] ÷ 800,000주 = 8,000원

감자에 따른 주식가치 증감을 위에서 본 감자하기 전의 구주와 감자한 후의 구주의 희석효과를 반영하는 이익계산 방식으로 계산할 수 있다.

구분	감자 전		소각 금액 ②	계 ③ (① - ②)	감자 후		증감 (④ - ③)
주주	1주당	평가액 ①			1주당	평가액 ④	
甲	8,000	3,200,000,000	-	3,200,000,000	8,000	3,200,000,000	0
乙		2,400,000,000	-	2,400,000,000		2,400,000,000	0
丙		1,600,000,000	1,600,000,000	-		0	0
丁		800,000,000	-	800,000,000		800,000,000	0
계		8,000,000,000	1,600,000,000	6,400,000,000		6,400,000,000	0

* 감자 전 평가액 ①: 감자 전 1주당 평가액 8,000원 × 감자 전 발행주식총수
소각 금액 ②: 구주 1주당 지급금액 8,000원 × 소각한 주식수
감자 후 1주당 평가액 ④: (감자 전 평가액 - 소각 금액) ÷ 감자 후 발행주식총수

1주당 평가액이 감자 전 8,000원과 감자 후 8,000원이 같다. 감자 후 총주식 평가액은 64억원으로 감자로 인해 감자 전 총주식 평가액 80억원보다 16억원이 감소하였다. 주식가치 감소 원인을 보면 주식 소각대금으로 지급한 금액이 16억원이다. 주식가치 감소 16억원은 주식 소각대금 지급에 의한 것으로 감자에 따른 경제적 이익이 발생하지 않는다. 기업 전체로 볼 때 주식가치의 변동은 감자한 금액만큼 주식가치가 감소한 것이 된다. 주식가치를 주주 개인별로 보면 일부 주주(丙)에 대해서만 주식 소각대가를 지급했음에도 주주와 주주 사이에 경제적 이익과 손실이 발생되지 않았다. 그 이유는 소각대가의 지급금액이 감자하기 전의 평가액과 같았기 때문이다. 즉 주식을 시가에 따라 소각하였으므로 소각에 따른 손실과 이익이 발생되지 않을뿐더러 구주에 대해서도 손실과 이익이 발생되지 않는다.

(2) - 2. 저가 소각

감자와 관련된 자료는 다음과 같다(감자비율 20%).

- 감자 전 발행주식총수 1,000,000주(1주당 액면가 5,000원, 1주당 평가액 8,000원)
- 소각한 금액 8억원(1주당 지급금액 4,000원, 소각한 주식수 200,000주)

| 감자내용 |

구분	감자 전		균등소각(소각비율 20%) 시 주식수	소각한 주식수 ②	감자 후	
주주	발행주식총수 ①	지분율			발행주식총수 (① - ②)	지분율
甲	400,000	40%	80,000	-	400,000	50%
乙	300,000	30%	60,000	-	300,000	37.5%
丙	200,000	20%	40,000	200,000	0	0.0%
丁	100,000	10%	20,000	-	100,000	12.5%
계	1,000,000	100%	200,000	200,000	800,000	100%

□ 계산방법

① 감자한 주식 1주당 평가액: 8,000원

② 주식소각 시 지급한 1주당 금액: 4,000원

③ 감자 후 1주당 평가액

[(감자 전 1주당 평가액 × 발행주식총수) − (1주당 지급금액 × 소각한 주식수)]

÷ 감자 후 발행주식총수

[(8,000원 × 1,000,000주) − (4,000원 × 200,000주)] ÷ 800,000주 = 9,000원

감자에 따른 주식가치 증감을 위에서 본 감자하기 전의 구주와 감자한 후의 구주의 희석효과를 반영하는 이익계산 방식으로 계산할 수 있다.

구분	감자 전		소각 금액	계 ③	감자 후		증감
주주	1주당	평가액 ①	②	(① − ②)	1주당	평가액 ④	(④ − ③)
甲	8,000	3,200,000,000	−	3,200,000,000	9,000	3,600,000,000	400,000,000
乙		2,400,000,000	−	2,400,000,000		2,700,000,000	300,000,000
丙		1,600,000,000	800,000,000	800,000,000		−	▲800,000,000
丁		800,000,000	−	800,000,000		900,000,000	100,000,000
계		8,000,000,000	800,000,000	7,200,000,000		7,200,000,000	0

* 감자 전 평가액 ①: 감자 전 1주당 평가액 8,000원 × 감자 전 발행주식총수
소각 금액 ②: 구주 1주당 지급금액 4,000원 × 소각한 주식수
감자 후 1주당 평가액 ④: (감자 전 평가액 − 소각 금액) ÷ 감자 후 발행주식총수

1주당 평가액이 감자 전 8,000원에서 감자 후 9,000원으로 증가하였다. 감자 후 총주식 평가액은 72억원으로 감자로 인해 감자 전 총주식 평가액 80억원보다 8억원이 감소하였다. 주식가치 감소 원인을 보면 주식 소각대금으로 지급한 금액이 8억원이다. 주식가치 감소 8억원은 주식 소각대금 지급에 의한 것으로 감자에 따른 경제적 이익이 발생하지 않는다. 기업 전체로 볼 때 주식가치의 변동은 감자한 금액만큼 주식가치가 감소한 것이 된다. 그러나 주식가치를 주주 개인별로 보면 일부 주주(丙)에 대해서만 주식 소각을 하면서 소각대가로 지급한 금액이 감자하기 전의 평가액보다 낮으므로 주식을 시가보다 낮은 대가로 소각한 경우에 해당된다. 감자하기 전의 소유주식수에 비례하여 주식을 소각하지 아니하였으므로 저가 소각의 경우 소각한 주식의 손실과 구주에 대한 이익이 동시에 발생된다.

주주	소각한 주식 손실 ①	구주 이익 ②	이익(손실)(② - ①)
갑	-	400,000,000	400,000,000
을	-	300,000,000	300,000,000
병	800,000,000	-	-800,000,000
정	-	100,000,000	100,000,000
계	800,000,000	800,000,000	0

(2)-3. 고가 소각

감자와 관련된 자료는 다음과 같다(감자비율 20%).

- 감자 전 발행주식총수 1,000,000주(1주당 액면가 5,000원, 1주당 평가액 8,000원)
- 소각한 금액 18억원(1주당 지급금액 9,000원, 소각한 주식수 200,000주)

| 감자내용 |

구분	감자 전		균등소각(소각 비율 20%) 시 주식수	소각한 주식수 ②	감자 후	
주주	발행주식총수 ①	지분율			발행주식총수 (① - ②)	지분율
甲	400,000	40%	80,000	-	400,000	50%
乙	300,000	30%	60,000	-	300,000	37.5%
丙	200,000	20%	40,000	200,000	0	0.0%
丁	100,000	10%	20,000	-	100,000	12.5%
계	1,000,000	100%	200,000	200,000	800,000	100%

□ **계산방법**

① 감자한 주식 1주당 평가액: 8,000원

② 주식소각 시 지급한 1주당 금액: 9,000원

③ 감자 후 1주당 평가액

[(감자 전 1주당 평가액 × 발행주식총수) - (1주당 지급금액 × 소각한 주식수)] ÷ 감자 후 발행주식총수

[(8,000원 × 1,000,000주) - (9,000원 × 200,000주)] ÷ 800,000주 = 7,750원

감자에 따른 주식가치 증감을 위에서 본 감자하기 전의 구주와 감자한 후의 구주의 희석효과를 반영하는 이익계산 방식으로 계산할 수 있다.

구분	감자 전		소각 금액	계 ③	감자 후		증감
주주	1주당	평가액 ①	②	(① − ②)	1주당	평가액 ④	(④ − ③)
甲	8,000	3,200,000,000	−	3,200,000,000	7,750	3,100,000,000	−100,000,000
乙		2,400,000,000	−	2,400,000,000		2,325,000,000	−75,000,000
丙		1,600,000,000	1,800,000,000	−200,000,000		−	200,000,000
丁		800,000,000	−	800,000,000		775,000,000	−25,000,000
계		8,000,000,000	1,800,000,000	6,200,000,000		6,200,000,000	0

* 감자 전 평가액 ①: 감자 전 1주당 평가액 8,000원 × 감자 전 발행주식총수
소각 금액 ②: 구주 1주당 지급금액 9,000원 × 소각한 주식수
감자 후 1주당 평가액 ④: (감자 전 평가액 − 소각 금액) ÷ 감자 후 발행주식총수

1주당 평가액이 감자 전 8,000원에서 감자 후 7,750원으로 감소하였다. 감자 후 총주식 평가액은 62억원으로 감자로 인해 감자 전 총주식 평가액 80억원보다 18억원이 감소하였다. 주식가치 감소 원인을 보면 주식 소각대금으로 지급한 금액이 18억원이다. 주식가치 감소 18억원은 주식 소각대금 지급에 의한 것으로 감자에 따른 경제적 이익이 발생하지 않는다. 기업 전체로 볼 때 주식가치의 변동은 감자한 금액만큼 주식가치가 감소한 것이 된다. 그러나 주식가치를 주주 개인별로 보면 일부 주주(丙)에 대해서만 주식 소각을 하면서 소각대가로 지급한 금액이 감자하기 전의 평가액보다 높으므로 주식을 시가보다 높은 대가로 소각한 경우에 해당된다. 감자하기 전의 소유주식수에 비례하여 주식을 소각하지 아니하였으므로 고가 소각의 경우 소각한 주식의 이익과 구주에 대한 손실이 동시에 발생된다.

주주	소각한 주식 이익 ①	구주 손실 ②	이익(손실)(② − ①)
갑	−	100,000,000	−100,000,000
을	−	75,000,000	−75,000,000
병	200,000,000	−	200,000,000
정	−	25,000,000	−25,000,000
계	200,000,000	200,000,000	0

2 | 과세요건

(1) 자본금 감소의 요건

상속증여세법 제39조의2 제1항의 "법인이 자본금을 감소시키기 위하여 주식을 소각하는 경우" 소각에 의하여 주식은 소멸하고 그만큼 발행주식총수가 감소한다. 자본금 감소방법에 의한 주식소각의 경우에는 자본금이 감소하나 자기주식 소각의 경우에는 그 재원이 이익이므로 자본금은 감소하지 아니한다. 소각의 결과 소각된 주식수는 발행예정주식총수 중에 미발행주식으로 다시 부활하지는 않으므로 소각된 주식을 재발행하지도 못한다. 자기주식에 의한 주식소각의 경우에는 발행주식의 액면총액이 자본액과 일치하지 않는다(최준선, 「회사법」, p.296).

(1)-1. 자본금이 감소하는 주식소각

자본금을 감소시키기 위하여 주식이나 지분을 소각할 때 주주에게 대가를 지급하는지 여부에 따라 유상소각과 무상소각을 구분되는데 유상소각은 주주에게 출자금을 반환하는 수단으로 이용되고 무상소각은 결손으로 이익배당이 불가능한 상태를 벗어나기 위한 자본금 감소의 수단으로 이용된다(김건식, 「회사법」, p.236). 상속증여세법상 자본금 감소는 특정(일부) 주주의 주식을 소각하는 경우라고만 되어 있어 유상소각과 무상소각 모두 해당된다고 보아야 할 것이다.

회사가 일부 주주가 보유하는 주식을 임의 소각하는 방법으로 자본금 감소절차를 이행함에 있어서 주식을 취득하는 방법이나 절차에 관하여는 상법상 이를 특별히 규율하는 규정이 없으므로 회사로서는 주주의 신청을 받거나 또는 시장에서 매입하는 등의 방법으로 자기주식을 취득한 후에 주식실효의 절차를 밟을 수도 있는 것인바, 회사가 자본금 감소절차의 일환으로서 이 사건 주식을 취득한 다음 이를 소각하는 과정에서 주주별 주식지분비율의 변동이 나타나 망인으로부터 원고에게로 경제적 이익이 이전되는 현상이 나타나게 된 이상 비록 소외 회사가 위 주식을 소각하기에 앞서 소외 회사의 이름으로 명의개서를 하였다 하더라도 이는 어디까지나 주식소각을 위한 절차의 일환에 불과한 것이어서 이 경우에도 불균등감자로 인한 이익의 증여과세에 관한 상속증여세법 제39조의2의 과세요건은 일응 충족되었다고 보는 것이 상당하다(대법원 2008두19635, 2010.10.28.).

(1) - 2. 자본금이 감소하지 아니하는 주식소각

회사는 주주에게 배당할 이익으로써 자기주식을 소각할 수 있다. 이때 특정 주주에게 이익을 주는 방법으로 자기주식을 매수한다면 주주평등의 원칙에 위배된다(최준선, 「회사법」, p.296). 자기주식소각은 상환주식의 상환과 마찬가지로 발행주식수는 감소하지만 자본금은 변하지 않는다. 이익소각은 회사의 존속 중에 특정한 주식을 절대적으로 소각시킴으로써 감자와 동일하게 자본과 주식발행총수가 감소한다. 그러나 감자는 회사채권자의 이해관계에 영향을 미치므로 주주총회의 특별결의(상법 §438)와 채권자보호절차(상법 §439)를 두고 있으나 이익소각은 이러한 절차가 필요하지 아니하고, 주식소각의 목적에서 자기주식 취득의 대가로 지급한 금액은 자본의 환급에 해당할 뿐이다(대법원 2013.5.23. 2013두673). 상속증여세법 제39조의2는 '특수관계인에 해당하는 대주주가 이익을 얻는 때'에 적용되고, 이를 제외한 자본거래로 인한 증여이익은 상속증여세법 제42조가 적용된다(서울행정법원 2013구합20301, 2014.4.11.). 자기주식소각이 상속증여세법 제39조의2(감자) 또는 제42조 제1항 제3호(제3항)에 해당되는지의 여부에 대해, 법인의 주식을 소각함에 있어서 일부 주주의 주식만을 소각함에 따라 다른 주주가 이익을 얻은 경우에는 상속증여세법 제39조의2 및 같은 법 제42조 제1항 제3호의 규정에 의하여 증여재산가액을 계산한다(재산-745, 2007.6.27.; 서면4팀-2344, 2005.11.28.).

(2) 이익의 요건

상속증여세법 제39조의2 제1항의 "법인이 자본금을 감소시키기 위하여 주식을 소각"을 문언대로 본다면 "자본금 감소"를 발행주식의 액면총액(상법 §451 ①)의 감소만인지 "순자산액(자산-부채) 감소"를 포함하는지가 명확하지 않다. 대법원(대법원 2008두19635, 2010.10.28.)은 상속증여세법 제39조의2의 과세요건에 대해 "주식을 소각하는 과정에서 주주별 주식지분 비율의 변동이 나타나 경제적 이익이 이전되는 현상이 나타나게 된 이상 불균등감자로 인한 이익의 증여과세에 관한 요건은 충족되었다."고 하였다. 이와 같은 과세요건으로 보면 회사재산의 유출 여부에 따른 유상소각과 무상소각(결손금 보전 등)은 자본금 감소에 해당되고 이익소각은 자본금 감소를 동반하지 않은 순자산액 감소에 해당된다. 상속증여세법에 말하는 "자본금을 감소시키기 위하여 주식을 소각하는 경우"는 '자본금 감소'와 '순자산액 감소'뿐만 아니라 회사재산의 유출이 없는 자기주식소각을 포함하는 "주식을 소각하는 과정에서 주주별 주식지분비율의 변동"이 나타나는 현상이 발생하면 과세요건은 충족한 것이 된다. 불균등 감자에 관한 상속증여세법 제39조의2는 '법인이 자본을 감소시키기 위하여 지분을 소각함으로써 그와 특수관계에 있는 대주주가 이익을 얻은 경우에 그 이익'을 규정함으로써 지분이 소각되는 자로부터 특수관계 있는 대주주에게로 이익이 증여되는 것으로 보고 있다(서울행정법원 2013구합20301, 2014.4.11.).

(2)-1. 저가 소각

① 내용: 일부 주주의 주식 또는 지분을 소각함으로써 대주주(주식을 소각하지 아니한 대주주)가 얻은 이익

② 특수관계 유무: 주식을 소각한 주주와 대주주 사이에 특수관계가 있어야 한다.

③ 이익을 얻은 자: 주식을 소각하지 아니한 대주주

④ 이익을 분여한 자: 주식을 소각한 주주

이익요건 중 주식을 소각한 주주와 대주주 사이에 특수관계가 아닌 경우로서 불균등 감자한 것에 대해 대법원(대법원 2011두9010, 2011.8.25.)은 구 상속증여세법 제42조(그 밖의 이익증여) 제1항 제3호의 해석상 증여재산가액으로 보아야 하는 "당해 이익"은 감자 등 법인의 자본을 증가시키거나 감소시키는 거래로 인하여 얻은 이익으로 소유 지분 또는 그 가액의 변동 전·후의 당해 재산의 평가차액을 의미하고, 그 당해 이익이 대통령령이 정하는 기준 이상의 것을 과세요건으로 하고 있다. 한편, 상속증여세법 제42조 제1항 제3호에서는 '감자 등 법인의 자본을 증가시키거나 감소시키는 거래로 인하여 얻은 이익으로서 대통령령이 정하는 기준 이상의 이익을 얻은 경우에는 당해 이익을 그 이익을 얻은 자의 증여재산가액으로 한다.'고 규정하고, 같은 조 제3항에서는 '거래 관행상 정당한 사유가 있다고 인정되는 경우에는 특수관계에 있는 자 외의 자 간에는 이를 적용하지 아니한다.'고 규정하고 있는바, 위 규정 형식에 비추어 볼 때 상속증여세법 제42조 제1항 제3호에 해당하면 증여재산가액으로 보고, 다만 같은 조 제3항에서 정한 예외 사유에 해당할 경우에는 증여재산가액으로 보지 아니한다고 볼 것인바, 과세관청으로서는 납세자에게 증여세를 부과하기 위해서 상속증여세법 제42조 제1항 제3호에 해당함을 입증하면 되고, 납세자가 자신의 경우에는 상속증여세법 제42조 제3항의 예외 사유에 해당하여 증여세 과세대상이 아님을 주장, 입증하여야 한다.

(2)-2. 고가 소각

주식의 1주당 평가액이 액면가액(대가가 액면가액에 미달하는 경우에는 해당 대가)에 미달하는 경우로 한정한다.

① 내용: 일부 주주의 주식 또는 지분을 소각함으로써 주주(주식을 소각한 주주)가 얻은 이익

② 특수관계 유무: 주식을 소각한 주주와 대주주 사이에 특수관계가 있어야 한다.

③ 이익을 얻은 자: 주식을 소각한 주주

④ 이익을 분여한 자: 주식을 소각하지 아니한 주주

감자에 따른 주식가치 변동은 감자하기 전보다 감자한 후의 주식가치의 감소된 금액은 주식소각 시 지급한 금액만큼 감소하게 된다. 이와 같은 현상은 개별 주주에게도 마찬가지가 되어야 한다. 그런데 일부 주주의 주식만을 소각하는 경우는 감자하기 전보다 감자한 후의 주식가치의 감소된 금액은 주식소각 시 지급한 금액만큼 감소하지 않고 개별 주주에 따라 소각대가로 지급받은 금액보다 더 많이 감소하기도 하고 더 적게 감소하기도 한다. 이와 같은 이유는 감자하기 전의 주식가치보다 주식소각 시 지급한 금액이 더 높기 때문이며 시가보다 높은 가액으로 소각을 하는 경우에 해당된다.

주식소각을 하는 주주 입장에서 보면 감자하기 전의 주식가치보다 더 많은 주식소각 대가를 받았으므로 이익을 얻은 것이 된다. 주식의 소각에는 기본적으로 의제배당 소득이 발생하게 된다. 즉 주식의 소각으로 인하여 주주(또는 내국법인)가 취득하는 금전과 그 밖의 재산가액의 합계액이 해당 주식을 취득하기 위하여 사용한 금액을 초과하는 금액은 의제배당으로 보고 있다(법인법 §16 ① 1, 소득법 §17 ② 1). 따라서 주식소각에는 의제배당과 이익증여라는 과세소득이 함께 발생할 수 있다. 상속증여세법은 주식의 고가 소각의 경우 일정 요건의 충족에 한해 이익으로 보고 있다(상증령 §29의2 ① 2). 감자한 주식 1주당 평가액이 액면가액에 미달하는 경우에는 감자하기 전의 주식가치보다 더 많은 주식소각 대가를 받아 이익이 발생하는 경우에도 의제배당이 발생하지 않을 수 있게 된다. 따라서 감자한 주식 1주당 평가액이 액면가액에 미달하는 경우로서 그 소각대가를 1주당 평가액보다 높은 대가로 지급한 경우에도 증여세를 과세할 수 있도록 하기 위해 이익 계산방법을 보완하게 되었다.

(3) 발행주식총수와 자기주식

감자의 경우에도 발행주식총수와 자기주식의 문제를 "제1절 2. (3) 발행주식총수와 자기주식"을 참고하여 찾아볼 수 있다.

(3)-1. 감자 전 1주당 평가액 및 감자 후 1주당 평가액 계산식

상속증여세법 시행령 제29조의2에 의하면 이익계산의 계산식은 다음과 같다.

① 주식의 저가 소각인 경우: (감자한 주식 1주당 평가액 - 주식소각 시 지급한 1주당 금액) × 총감자 주식수 × 대주주의 감자 후 지분율 × (대주주와 특수관계인의 감자 주식수 ÷ 총감자 주식수)

② 주식의 고가소각인 경우: (주식소각 시 지급한 1주당 금액 - 감자한 주식 1주당 평가액) × 해당 주주의 감자한 주식수

이 계산식에서 '감자한 주식 1주당 평가가액'을 계산할 때 발행주식총수에 자기주식이 포함되어 있는 경우 발행주식총수에 자기주식의 포함 여부에 따라 감자 전의 1주당 평가액과 감자 후의 1주당 평가액이 다르게 계산된다.

(3)-2. 발행주식총수와 자기주식

대법원(대법원 2007두5363, 2009.11.26.)은 상속증여세법 시행령 제29조의 산식(증자이익의 계산식)은 그 구조에 비추어 볼 때 신주를 고가로 인수한 주주와 실권주주 사이에서 경제적 이익이 이전되는 것을 전제로 그 이익의 가액을 계산하고 있으므로, 이 사건 산식을 적용함에 있어 상법상 자기주식의 취득이 제한되어 신주를 배정받지 못한 자기주식이 있는 경우에는 이를 제외하고 '증자 전의 1주당 평가가액'이나 '증자 전의 발행주식총수'를 계산해야 한다고 하였다. 여기서 "주주와 주주사이에 경제적 이익이 이전되는 것을 전제로 하는 이익의 계산식"의 구조는 합병 또는 증자 및 감자에 따른 이익을 계산하는 산식의 구조가 모두 그렇다. 그런데 증자의 이익계산 구조는 상법상 자기주식의 취득이 제한되어 신주를 배정받지 못한 자기주식이 있는 경우에도 신주인수 의무가 있는 것으로 보아 나머지 신주를 인수한 경우 입었을 손실을 신주인수를 포기함으로써 얻은 이익으로 파악하여 과세대상으로 삼고 있는 것에 대해, 감자의 이익계산 구조는 감자한 주식 그 자체로 인해 경제적 이익이 이전되는 것으로 전제로 하고 있으므로 상법상 자기주식

취득의 제한 문제는 발생하지 않게 된다(합병의 경우도 마찬가지이다). 따라서 감자의 이익계산 산식에서 감자 전 1주당 평가액(감자한 주식 1주당 평가액)과 감자 후 1주당 평가액을 계산할 때 발행주식총수에서 자기주식을 제외하는 문제는 발생하지 않는다.

3 감자와 이익계산

감자에 따른 이익계산으로 상속증여세법 시행령 제29조의2와 상속증여세법 제4조 제1항 제6호에 의한 이익의 계산방법으로 나눌 수 있다. 상속증여세법 제4조 제1항 제6호의 이익계산 방법은 구 상속증여세법 제42조 제1항 제3호와 연관하여 볼 필요가 있다. 대법원(대법원 2017두40273, 2017.7.27.)은 구 상속증여세법 제42조 제1항 본문은 그 문언 자체로 상속증여세법상 다른 증여세 과세규정이 적용되는 경우를 제외하고 있으므로, 개별적 증여 예시 규정인 상속증여세법 제39조의2 제1항이 적용되지 않는 감자에 따른 이익에 관하여는 포괄적 증여 예시 규정인 같은 법 제42조 제1항 제3호를 적용하여 증여재산가액을 산정하여야 한다. 주식 가액보다 주식소각 대가를 적게 지급하는 불균등 감자의 경우 감자에 따른 이익은 감자된 주주로부터 잔여 주주에게 분여되는데, 상속증세여법 시행령 제29조의2는 감자되는 주주와 특수관계가 있는 대주주 사이의 이러한 이익의 분여를 실제 이전받은 이익과 무관하게 논리적 관점에서만 과세대상으로 포착하는 것인 데에 반하여, 상속증여세법 시행령 제31조의9 제2항 제5호에 의하면 감자 이후 전체의 재산 평가액이 실제로 증가하였는지에 초점을 맞추고 있다. 따라서 감자에 따라 소유주식의 수가 변동된 경우는 상속증여세법 시행령 제31조의9 제2항 제5호 (가)목을, 소유주식 수의 변동 없이 그 비율만 변동됨에 따라 소유주식의 평가액이 변동된 경우는 위 규정의 (나)목을 적용하여 당해 재산의 평가차액을 산출하여야 한다.

즉 2015.12.15. 개정되기 전에는 감자에 따른 이익계산을 상속증여세법 제39조의2는 '특수관계인에 해당하는 대주주가 이익을 얻는 때'에 적용되고, 이를 제외한 자본거래로 인한 증여이익은 상속증여세법 제42조가 적용되는데(서울행정법원 2013구합20301, 2014.4.11.), 2015.12.15. 개정세법에서는 상속증여세법 제4조 제1항 제6호에서 '제4호 각 규정의 경우(감자 등)와 경제적 실질이 유사한 경우 등 제4호의 각 규정을 준용하여 증여재산의 가액을 계산할 수 있는 경우의 그 재산 또는 이익'을 감자에 따른 이익으로 하고 있으므로

2015.12.15. 개정 된 후에는 개정되기 전의 이익계산 방법(특수관계인 주주 여부에 따라 적용하는 규정)과 같은 적용 규정의 혼란은 없어 보인다.

감자와 이익계산은 증자와 마찬가지로 법인이 감자를 하면서 감자 전 주식가치보다 낮은 가액으로 감자를 하면 구주식의 가액은 감자금액의 비율에 따라 구주식의 가액은 희석되어 거꾸로 증가하게 된다. 위와 같이 계산되는 이유는 감자 전 주식가치보다 낮은 가액으로 감자를 하면 감자에 참여한 주주는 감자한 주식수에 비례하여 감자손실을 보게 되며, 반면 감자 후에 보유한 주식은 보유주식수에 비례하여 감자에 따른 이익을 보게 된다. 즉 손실과 이익이 동시에 발생하게 된다. 이와 같이 감자 전·후의 주식가치 증감(변동)이 감자에 따른 이익과 손실이 된다. 이와 같은 현상의 고가의 감자의 경우도 마찬가지이다.

증자에 따른 이익 계산과 마찬가지로 감자에 따른 이익 계산도 감자 전·후의 주식가치 변동은 결국 감자 후 1주당 평가액에서 감자 전 1주당 평가액을 차감한 금액에 감자 후 주식수를 곱한 금액과 같게 되어야 하는데, 이러한 계산방법이라면 상속증여세법 시행령 제28조 합병에 따른 이익의 계산방법과 유사하다고 하였다. 그러나 현행 감자에 따른 이익 계산방법의 일부의 문제점은 주식소각 시 지급한 1주당 지급금액과 감자한 주식 1주당 평가액과 직접 비교하는 계산방법인데, 지급금액이 시가가 아님에도 지급금액을 감자한 주식평가액과 직접 비교하고 있다는 점은 증자와 이익계산에서 본 증자에 따른 이익계산 방법의 문제점과 다를 것이 없다. 즉 주식의 소각에서 소각대가에 따라 소각 전에 보유한 주식의 가치와 소각한 후의 주식가치는 다를 수밖에 없는 주식가치의 희석현상이 발생하게 되는데 현행 상속증여세법 시행령 제29조의2 감자에 따른 이익의 계산방법은 이를 고려하지 않은 계산방식으로 적절하지 못한 점이 있는 것은 증자에 따른 이익계산 방법의 문제점과 유사하다. 이 부분은 뒤에서(4. 이익계산 방법의 논쟁) 살펴보고 있다.

상속증여세법 시행령의 감자에 따른 이익은 다음의 구분에 따라 계산한 이익으로 한다(상증령 §29의2).

(1) 저가의 소각

$$(① - ②) \div ① \geq 30\% \text{ 또는 } (① - ②) \times ③ \geq 3\text{억원}$$

① 감자한 주식 1주당 평가액

② 주식소각 시 지급한 1주당 금액

③ 총감자 주식수 × 대주주의 감자 후 지분비율

$$\times \frac{\text{대주주와 특수관계인의 감자 주식수}}{\text{총감자 주식수}}$$

사례 1 저가의 소각(균등소각비율 비례소각) (1)

감자와 관련된 자료는 다음과 같다(균등소각비율 50%).

감자 전 발행주식총수 1,000,000주(1주당 액면가 5,000원, 1주당 평가액 8,000원), 소각한 금액 8억원(1주당 지급금액 4,000원, 소각한 주식수 200,000주), 주주 甲은 丙 및 丁과 특수관계자임.

| 감자내용 |

구분	감자 전		균등소각(비율 50%) 시 주식수	소각한 주식수 ②	감자 후	
주주	발행주식총수 ①	지분율			발행주식총수 (① - ②)	지분율
甲	400,000	40%	200,000	200,000	200,000	25.0%
乙	300,000	30%	150,000	–	300,000	37.5%
丙	200,000	20%	100,000	–	200,000	25.0%
丁	100,000	10%	50,000	–	100,000	12.5%
계	1,000,000	100%	500,000	200,000	800,000	100.0%

□ **계산방법**

① 감자한 주식 1주당 평가액: 8,000원

② 주식소각 시 지급한 1주당 금액: 4,000원

③ 감자 후 1주당 평가액

[(감자 전 1주당 평가액 × 발행주식총수) - (1주당 지급금액 × 소각한 주식수)] ÷ 감자 후 발행주식총수

[(8,000원 × 1,000,000주) - (4,000원 × 200,000주)] ÷ 800,000주 = 9,000원

④ 특수관계에 있는 자(甲)의 감자한 주식수: 200,000주

⑤ 얻은 총이익

계산식: (① - ②) × 총감자 주식수 × 각 주주의 감자 후 지분비율

- 乙: (8,000원 - 4,000원) × 200,000주 × 37.5% = 300,000,000원
- 丙: (8,000원 - 4,000원) × 200,000주 × 25% = 200,000,000원
- 丁: (8,000원 - 4,000원) × 200,000주 × 12.5% = 100,000,000원

⑥ 요건 충족

(① - ②) ÷ ① ≥ 30% 또는 (① - ②) × ③ ≥ 3억원

(8,000원 - 4,000원) ÷ 8,000원 = 50% ≥ 30%

⑦ 증여재산가액

계산식: (① - ②) × 총감자 주식수 × 대주주의 감자 후 지분비율

$$\times \frac{\text{대주주의 특수관계인의 감자 주식수(甲)}}{\text{총감자 주식수}}$$

- 丙: (8,000원 - 4,000원) × 200,000주 × 25% × (200,000주 ÷ 200,000주)
  = 200,000,000원
- 丁: (8,000원 - 4,000원) × 200,000주 × 12.5% × (200,000주 ÷ 200,000주)
  = 100,000,000원

⑧ 감자에 따른 이익을 다음과 같이 소각대가를 지급한 후(구주의 가치 - 감자금액)의 1주당 가치와 감자하기 전의 구주의 1주당 가치를 비교하는 방식으로 감자하기 전의 구주와 감자한 후의 구주의 희석효과를 반영하는 방식으로 이익계산을 할 수 있겠다. 이 계산방식의 결과는 상속증여세법 시행령 제29조의2 제1항 제1호에

따른 계산 결과와 같다.

구분	감자 전		소각 금액	계 ③	감자 후		증감
주주	1주당	평가액 ①	②	(① - ②)	1주당	평가액 ④	(④ - ③)
甲	8,000	3,200,000,000	800,000,000	2,400,000,000	9,000	1,800,000,000	▲600,000,000
乙		2,400,000,000	-	2,400,000,000		2,700,000,000	300,000,000
丙		1,600,000,000	-	1,600,000,000		1,800,000,000	200,000,000
丁		800,000,000	-	800,000,000		900,000,000	100,000,000
계		8,000,000,000	800,000,000	7,200,000,000		7,200,000,000	0

* 감자 전 평가액 ①: 감자 전 1주당 평가액 8,000원 × 감자 전 발행주식총수
소각 금액 ②: 구주 1주당 지급금액 4,000원 × 소각한 주식수
감자 후 1주당 평가액 ④: (감자 전 평가액 - 소각 금액) ÷ 감자 후 발행주식총수

⑨ 감자에 따른 이익을 다음과 같은 방식으로도 계산할 수 있다.

감자하기 전의 소유주식수에 비례하여 주식을 소각하지 아니하였다. 주주 개인별로 보면 일부 주주(甲)에 대해서만 주식소각을 하면서 소각대가로 지급한 금액이 감자하기 전의 평가액보다 낮으므로 주식을 시가보다 낮은 대가로 소각한 경우에 해당된다. 저가소각의 경우 소각한 주식의 손실과 구주에 대한 이익이 동시에 발생하게 된다. 이 계산방식의 결과는 위의 희석효과를 반영한 계산 결과와 같으며 상속증여세법 시행령 제29조의2 제1항 제1호에 따른 계산 결과와도 같다. 구체적으로 살펴보면 감자 전 1주당 평가액 8,000원의 주식을 소각 대가로 지급한 금액이 1주당 4,000원이므로, 소각한 주식은 4,000원(1주당 지급금액 4,000원 - 감자 전 1주당 평가액 8,000원)의 손실을 본 것이 된다. 또한 감자 후 보유한 주식의 1주당 가치가 9,000원으로 평가되었으므로 감자하기 전 구주의 1주당 가치 8,000원은 감자로 인해 1,000원(감자 후 1주당 평가액 9,000원 - 구주의 1주당 가치 8,000원)의 이익을 본 것이 된다. 이를 주주별로 계산하면 감자에 따른 분여한 이익과 얻은 이익은 다음과 같이 감자한 주식수에 비례하여 감자에 따른 손실이 발생되는 한편, 감자 전에 보유하고 있던 주식은 감자 후 보유한 주식수에 비례하여 감자에 따른 이익을 보게 되는 주식가치의 희석으로 인한 것이 된다.

주주	소각한 주식 손실 ①	구주 이익 ②	이익(손실)(② − ①)
갑	800,000,000	200,000,000	−600,000,000
을	−	300,000,000	300,000,000
병	−	200,000,000	200,000,000
정	−	100,000,000	100,000,000
계	800,000,000	800,000,000	0

* 소각한 주식 손실 ①: 소각한 주식 1주당 손실 4,000원 × 소각한 주식수
구주 이익 ②: 구주 1주당 이익 1,000원 × 감자 후 보유 주식수

⑩ 대법원(대법원 2017두40273, 2017.7.27.)의 계산방법

"제4장 제3절 3. 신설된 상속증여세법 제42조의2의 이익계산 (4) 이익계산 방법의 결과"에서 본 바와 같이 대법원은 소유주식의 수가 변동된 경우는 구 상속증여세법 시행령 제31조의9 제2항 제5호 (가)목을, 소유주식 수의 변동 없이 그 비율만 변동됨에 따라 소유주식의 평가액이 변동된 경우는 (나)목을 적용하여 당해 재산의 평가차액을 계산하도록 하고 있다. 즉

- 소유주식의 수가 변동된 경우: (변동 후 지분 / 주식수 − 변동 전 지분 / 주식수) × 지분변동 후 1주당 가액 = 이익
- 소유주식 수의 변동 없이 그 비율만 변동됨에 따라 소유주식의 평가액이 변동된 경우: 변동 후 가액 − 변동 전 가액 = 이익

이 사례는 소유주식 수의 변동 없이 비율만 변동된 경우이므로 이익계산을 '변동 후 가액 − 변동 전 가액'으로 계산하면 위의 계산 결과와 같다.

구분	변동 후 가액 ①	변동 전 가액 ②	이익(① − ②)
을	2,700,000,000	2,400,000,000	300,000,000
병	1,800,000,000	1,600,000,000	200,000,000
정	900,000,000	800,000,000	100,000,000
계	5,400,000,000	4,800,000,000	600,000,000

사례 2 저가의 소각(균등소각비율 비례소각) (2)

감자와 관련된 자료는 다음과 같다(균등소각비율 60%).

감자 전 발행주식총수 1,000,000주(1주당 액면가 5,000원, 1주당 평가액 8,000원), 감자한 금액 14.4억원(1주당 지급금액 4,000원, 감자한 주식수 360,000주), 주주 甲과 乙은 丁과 특수관계인임.

| 감자내용 |

구분	감자 전		균등소각(비율 60%) 시 주식수	소각한 주식수 ②	감자 후	
주주	발행주식총수 ①	지분율			발행주식총수 (① − ②)	지분율
甲	400,000	40%	240,000	240,000	160,000	25.050%
乙	300,000	30%	180,000	−	300,000	46.875%
丙	200,000	20%	120,000	120,000	80,000	12.500%
丁	100,000	10%	60,000	−	100,000	15.625%
계	1,000,000	100%	600,000	360,000	640,000	100.000%

□ **계산방법**

① 감자한 주식 1주당 평가액: 8,000원

② 주식소각 시 지급한 1주당 금액: 4,000원

③ 감자 후 1주당 평가액

[(감자 전 1주당 평가액 × 발행주식총수) − (1주당 지급금액 × 감자한 주식수)] ÷ 감자 후 발행주식총수

[(8,000원 × 1,000,000주) − (4,000원 × 360,000주)] ÷ 640,000주 = 10,250원

④ 특수관계에 있는 자(甲)의 감자한 주식수: 240,000주

⑤ 얻은 총이익

계산식: (① − ②) × 총감자 주식수 × 각 주주의 감자 후 지분비율

- 乙: (8,000원 − 4,000원) × 360,000주 × 46.875% = 675,000,000원
- 丁: (8,000원 − 4,000원) × 360,000주 × 15.625% = 225,000,000원

⑥ 요건 충족

(① - ②) ÷ ① ≥ 30% 또는 (① - ②) × ③ ≥ 3억원

(8,000원 - 4,000원) ÷ 8,000원 = 50% ≥ 30%

⑦ 증여재산가액

계산식: (① - ②) × 총감자 주식수 × 대주주의 감자 후 지분비율

$$\times \frac{\text{대주주의 특수관계인의 감자 주식수(甲)}}{\text{총감자 주식수}}$$

주주 乙, 丁이 甲과 특수관계인이다. 따라서 乙과 丁이 얻은 이익 중 甲으로부터 얻은 이익이 증여재산가액이 된다.

- 乙: (8,000원 - 4,000원) × 360,000주 × 46.875% × (240,000주 ÷ 360,000주)
  = 450,000,000원
- 丁: (8,000원 - 4,000원) × 360,000주 × 15.625% × (240,000주 ÷ 360,000주)
  = 150,000,000원

⑧ 감자에 따른 이익을 다음과 같이 소각대가를 지급한 후(구주의 가치 - 감자금액)의 1주당 가치와 감자하기 전의 구주의 1주당 가치를 비교하는 방식으로 감자하기 전의 구주와 감자한 후의 구주의 희석효과를 반영하는 방식으로 이익계산을 할 수 있겠다. 이 계산방식의 결과는 상속증여세법 시행령 제29조의2 제1항 제1호에 따른 계산 결과와 같다.

구분	감자 전		소각 금액	계 ③	감자 후		증감
주주	1주당	평가액 ①	②	(① - ②)	1주당	평가액 ④	(④ - ③)
甲	8,000	3,200,000,000	960,000,000	2,240,000,000	10,250	1,640,000,000	▲600,000,000
乙		2,400,000,000	-	2,400,000,000		3,075,000,000	675,000,000
丙		1,600,000,000	480,000,000	1,120,000,000		820,000,000	▲300,000,000
丁		800,000,000	-	800,000,000		1,025,000,000	225,000,000
계		8,000,000,000	1,440,000,000	6,560,000,000		6,560,000,000	0

* 감자 전 평가액 ①: 감자 전 1주당 평가액 8,000원 × 감자 전 발행주식총수
소각 금액 ②: 구주 1주당 지급금액 4,000원 × 소각한 주식수
감자 후 1주당 평가액 ④: (감자 전 평가액 - 소각 금액) ÷ 감자 후 발행주식총수

⑨ 감자에 따른 이익을 다음과 같은 방식으로도 계산할 수 있다.

감자 전 1주당 평가액 8,000원의 주식을 소각 대가로 지급한 금액이 1주당 4,000원이므로 소각한 주식은 4,000원(1주당 지급금액 4,000원 - 감자 전 1주당 평가액 8,000원)의 손실을 본 것이 된다. 또한 감자 후 보유한 주식의 1주당 가치가 10,250원으로 평가되었으므로 감자하기 전 구주의 1주당 가치 8,000원은 감자로 인해 2,250원(감자 후 1주당 평가액 10,250원 - 구주의 1주당 가치 8,000원)의 이익을 본 것이 된다. 이를 주주별로 계산하면 감자에 따른 분여한 이익과 얻은 이익은 다음과 같이 감자한 주식수에 비례하여 감자에 따른 손실이 발생되는 한편, 감자 전에 보유하고 있던 주식은 감자 후 보유한 주식수에 비례하여 감자에 따른 이익을 보게 되는 주식가치의 희석으로 인한 것이 된다. 이 계산방식의 결과는 위의 희석효과를 반영한 계산 결과와 같으며, 상속증여세법 시행령 제29조의2 제1항 제1호에 따른 계산 결과와도 같다.

주주	소각한 주식 손실 ①	구주 이익 ②	이익(손실)(② - ①)
갑	960,000,000	360,000,000	-600,000,000
을	-	675,000,000	675,000,000
병	480,000,000	180,000,000	-300,000,000
정	-	225,000,000	225,000,000
계	1,440,000,000	1,440,000,000	0

* 소각한 주식 손실 ①: 소각한 주식 1주당 손실 4,000원 × 소각한 주식수
구주 이익 ②: 구주 1주당 이익 2,250원 × 감자 후 보유 주식수

⑩ 대법원(대법원 2017두40273, 2017.7.27.)의 계산방법

앞의 계산방식과 마찬가지로 이 사례는 소유주식 수의 변동 없이 비율만 변동된 경우이므로 이익계산을 '변동 후 가액 - 변동 전 가액'으로 계산하면 위의 계산 결과와 같다.

구분	변동 후 가액 ①	변동 전 가액 ②	이익(① - ②)
을	3,075,000,000	2,400,000,000	675,000,000
정	1,025,000,000	800,000,000	225,000,000
계	4,100,000,000	3,200,000,000	900,000,000

사례 3 ••• 저가의 소각(균등소각비율 불비례소각)

감자와 관련된 자료는 다음과 같다(균등소각비율 50%).

감자 전 발행주식총수 2,000,000주(1주당 액면가 및 취득가액 5,000원, 1주당 평가액 8,000원), 소각한 금액 45억원(1주당 지급금액 6,000원, 소각한 주식수 750,000주), 주주 甲, 乙, 丙, 丁은 각각 특수관계자임.

| 감자내용 |

구분	감자 전		균등소각(비율 50%) 시 주식수	감자내역		감자 후	
주주	발행주식총수 ①	지분율		소각한 주식수 ②	균등여부	발행주식총수 (① − ②)	지분율
甲	800,000	40.0%	400,000	300,000	미달	500,000	40.0%
乙	600,000	30.0%	300,000	200,000	미달	400,000	32.0%
丙	400,000	20.0%	200,000	200,000	균등	200,000	16.0%
丁	200,000	10.0%	100,000	50,000	미달	150,000	12.0%
계	2,000,000	100.0%	1,000,000	750,000		1,250,000	100.0%

□ **계산방법**

① 갑, 을, 병, 정이 각각 얻은 총이익은 다음과 같이 계산된다.

(감자한 주식 1주당 평가액 − 1주당 지급금액) × 총감자 주식수 × 감자 후 지분율 × 특수관계인의 감자한 주식수 ÷ 총감자 주식수

갑: (8,000원 − 6,000원) × 750,000주 × 40.0% = 600,000,000원

을: (8,000원 − 6,000원) × 750,000주 × 32.0% = 480,000,000원

병: (8,000원 − 6,000원) × 750,000주 × 16.0% = 240,000,000원

정: (8,000원 − 6,000원) × 750,000주 × 12.0% = 180,000,000원

얻은 총이익 계: 1,500,000,000원

위의 각 주주가 얻은 총이익에서 특수관계인으로부터 얻은 이익을 각각 계산하면 증여재산의 가액이 된다.

② 감자에 따른 이익을 다음과 같이 소각 대가를 지급한 후(구주의 가치 – 감자금액)의 1주당 가치와 감자하기 전의 구주의 1주당 가치를 비교하는 방식으로 감자하기 전의 구주와 감자한 후의 구주의 희석효과를 반영하는 방식으로 이익계산을 할 수 있겠다. 이 계산방식의 결과는 상속증여세법 시행령 제29조의2 제1항 제1호에 따른 계산 결과와 다르다.

구분	감자 전		소각 금액	계 ③	감자 후		증감
주주	1주당	평가액 ①	②	(① – ②)	1주당	평가액 ④	(④ – ③)
甲	8,000	6,400,000,000	1,800,000,000	4,600,000,000	9,200	4,600,000,000	–
乙		4,800,000,000	1,200,000,000	3,600,000,000		3,680,000,000	80,000,000
丙		3,200,000,000	1,200,000,000	2,000,000,000		1,840,000,000	-160,000,000
丁		1,600,000,000	300,000,000	1,300,000,000		1,380,000,000	80,000,000
계		16,000,000,000	4,500,000,000	11,500,000,000		11,500,000,000	0

* 감자 전 평가액 ①: 감자 전 1주당 평가액 8,000원 × 감자 전 발행주식총수
소각 금액 ②: 구주 1주당 지급금액 6,000원 × 소각한 주식수
감자 후 1주당 평가액 ④: (감자 전 평가액 – 소각 금액) ÷ 감자 후 발행주식총수

③ 감자에 따른 이익을 다음과 같은 방식으로도 계산할 수 있다.

감자 전 1주당 평가액 8,000원의 주식을 소각 대가로 지급한 금액이 1주당 6,000원이므로 소각한 주식은 2,000원(1주당 지급금액 6,000원 – 감자 전 1주당 평가액 8,000원)의 손실을 본 것이 된다. 또한 감자 후 보유한 주식의 1주당 가치가 9,200원으로 평가되었으므로 감자하기 전 구주의 1주당 가치 8,000원은 감자로 인해 1,200원(감자 후 1주당 평가액 9,200원 – 구주의 1주당 가치 8,000원)의 이익을 본 것이 된다. 이를 주주별로 계산하면 감자에 따른 분여한 이익과 얻은 이익은 다음과 같이 감자한 주식수에 비례하여 감자에 따른 손실이 발생되는 한편, 감자 전에 보유하고 있던 주식은 감자 후 보유한 주식수에 비례하여 감자에 따른 이익을 보게 되는 주식가치의 희석으로 인한 것이 된다.

이 계산방식의 결과는 위의 희석효과를 반영한 계산 결과와 같으나, 상속증여세법 시행령 제29조의2 제1항 제1호에 따른 계산 결과와는 차이가 난다.

주주	소각한 주식 손실 ①	구주 이익 ②	이익(손실)(② - ①)
갑	600,000,000	600,000,000	-
을	400,000,000	480,000,000	80,000,000
병	400,000,000	240,000,000	-160,000,000
정	100,000,000	180,000,000	80,000,000
계	1,500,000,000	1,500,000,000	0

* 소각한 주식 손실 ①: 소각한 주식 1주당 손실 2,000원 × 소각한 주식수
구주 이익 ②: 구주 1주당 이익 1,200원 × 감자 후 보유 주식수

주주별로 감자한 주식수의 손실과 감자 후 구주의 이익을 다음과 같은 방식으로 분석할 수 있다.

구분	감자한 주식의 손실				감자 후 구주의 이익				순손익 (A+B)
	1주당 지급액 ①	구주 1주당 ②	감자 주식수 ③	손실 A (① - ②) × ③	감자 후 1주당 ①	구주 1주당 ②	감자 후 주식수 ③	이익 B (① - ②) × ③	
갑	6,000	8,000	300,000	-600,000,000	9,200	8,000	500,000	600,000,000	-
을			200,000	-400,000,000			400,000	480,000,000	80,000,000
병			200,000	-400,000,000			200,000	240,000,000	-160,000,000
정			50,000	-100,000,000			150,000	180,000,000	80,000,000
계			750,000	-1,500,000,000			1,250,000	1,500,000,000	0

④ 감자한 주주의 의제배당을 계산하면 다음과 같게 된다. 丁의 감자이익은 의제배당을 차감하면 30,000,000원(감자이익 80,000,000원 - 의제배당 50,000,000원)이 된다.

주식소각 시 지급한 대가 - 주식취득 금액 = 의제배당

갑: 1,800,000,000원 - 1,500,000,000원(5,000원 × 300,000주) = 300,000,000원

을: 1,200,000,000원 - 1,000,000,000원(5,000원 × 200,000주) = 200,000,000원

병: 1,200,000,000원 - 1,000,000,000원(5,000원 × 200,000주) = 200,000,000원

정: 300,000,000원 - 250,000,000원(5,000원 × 50,000주) = 50,000,000원

⑤ 대법원(대법원 2017두40273, 2017.7.27.)의 계산방법

이 사례는 소유주식 수의 변동과 소유주식 수의 비율이 함께 변동된 경우이므로 이익계산을 '변동 후 가액 − 변동 전 가액'으로 계산할 수 없다.

구분	변동 후 가액 ①	변동 전 가액 ②	이익(① − ②)
갑	4,600,000,000	6,400,000,000	−1,800,000,000
을	3,680,000,000	4,800,000,000	−1,120,000,000
병	1,840,000,000	3,200,000,000	−1,360,000,000
정	1,380,000,000	1,600,000,000	−220,000,000
계	11,500,000,000	16,000,000,000	−4,500,000,000

(2) 고가의 소각

(② − ①) ÷ ② ≥ 30% 또는 (② − ①) × ③ ≥ 3억원

* 주식소각 시 지급한 대가가 액면가액 이하인 경우에는 해당 대가

① 감자한 주식 1주당 평가액

② 주식소각 시 지급한 1주당 금액

③ 해당 주주의 감자한 주식수

이 계산방법은 "감자한 주식 1주당 평가액이 액면가액(주식소각 시 지급한 대가가 액면가액에 미달하는 경우에는 해당 대가)에 미달하는 경우에 한정하여 이익을 계산하는 방법이다. 감자한 주식 1주당 평가액이 액면가액에 미달하는 경우로서 그 소각대가를 1주당 평가액보다 과다 지급한 경우에도 증여세를 과세할 수 있도록 하는 등 감자에 따른 이익의 계산방법을 보완하였다(시행 2004.1.1. 대통령령 제18177호, 2003.12.30., 일부개정).

사례 4 ••• 고가의 소각과 의제배당(균등소각비율 불비례소각) (1)

감자와 관련된 자료는 다음과 같다(균등소각비율 50%).

감자 전 발행주식총수 1,000,000주(1주당 액면가 5,000원, 1주당 취득가액 5,000원, 1주당

평가액 3,000원), 소각한 금액 1,000,000,000원(1주당 지급금액 5,000원, 소각한 주식수 200,000주)

| 감자내용 |

구분	감자 전		균등소각(비율 50%) 시 주식수	소각한 주식수 ②	감자 후	
주주	발행주식총수 ①	지분율			발행주식총수 (① − ②)	지분율
甲	400,000	40%	200,000	−	400,000	50.0%
乙	300,000	30%	150,000	−	300,000	37.5%
丙	200,000	20%	100,000	200,000	0	0.0%
丁	100,000	10%	50,000	−	100,000	12.5%
계	1,000,000	100%	500,000	200,000	800,000	100.0%

□ **계산방법**

① 감자한 주식 1주당 평가액: 3,000원

② 주식소각 시 지급한 1주당 금액: 5,000원

③ 감자 후 1주당 평가액

[(감자 전 1주당 평가액 × 발행주식총수) − (1주당 지급금액 × 소각한 주식수)] ÷ 감자 후 발행주식총수

[(3,000원 × 1,000,000주) − (5,000원 × 200,000주)] ÷ 800,000주 = 2,500원

④ 감자한 주식수: 丙 200,000주

⑤ 丙이 얻은 총이익

계산식: (② − ①) × 당해 주주의 감자 주식수

(5,000원 − 3,000원) × 200,000주 = 400,000,000원

⑥ 요건 충족

(② − ①) ÷ ② ≥ 30% 또는 (② − ①) × ③ ≥ 3억원

(5,000원 − 3,000원) ÷ 3,000원 = 40% ≥ 30%

⑦ 감자에 따른 이익을 다음과 같이 소각대가를 지급한 후(구주의 가치 − 감자금액)의 1주당 가치와 감자하기 전의 구주의 1주당 가치를 비교하는 방식으로 감자하기 전의 구주와 감자한 후의 구주의 희석효과를 반영하는 방식으로 이익계산을 할

수 있겠다. 이 계산방식의 결과는 상속증여세법 시행령 제29조의2 제1항 제2호에 따른 계산 결과와 같다.

구분	감자 전		소각 금액	계 ③	감자 후		증감
주주	1주당	평가액 ①	②	(① − ②)	1주당	평가액 ④	(④ − ③)
甲	3,000	1,200,000,000	−	1,200,000,000	2,500	1,000,000,000	▲200,000,000
乙		900,000,000	−	900,000,000		750,000,000	▲150,000,000
丙		600,000,000	1,000,000,000	▲400,000,000		−	400,000,000
丁		300,000,000	−	300,000,000		250,000,000	▲50,000,000
계		3,000,000,000	1,000,000,000	2,000,000,000		2,000,000,000	0

* 감자 전 평가액 ①: 감자 전 1주당 평가액 8,000원 × 감자 전 발행주식총수
소각 금액 ②: 구주 1주당 지급금액 5,000원 × 소각한 주식수
감자 후 1주당 평가액 ④: (감자 전 평가액 − 소각 금액) ÷ 감자 후 발행주식총수

⑧ 저가 소각과는 반대로 고가 소각의 이익계산은 감자한 주식수에 비례하여 감자에 따른 이익이 발생되는 한편, 감자 전에 보유하고 있던 주식은 감자 후 보유한 주식수에 비례하여 감자에 따른 손실을 보게 되는 주식가치의 희석으로 인한 것이 된다. 이 계산방식의 결과는 위의 희석효과를 반영한 계산 결과와 같으면 상속증여세법 시행령 제29조의2 제1항 제2호에 따른 계산 결과와도 같다.

주주	소각한 주식 이익 ①	구주 손실 ②	이익(손실)(① − ②)
갑	−	200,000,000	−200,000,000
을	−	150,000,000	−150,000,000
병	400,000,000	−	400,000,000
정	−	50,000,000	−50,000,000
계	400,000,000	400,000,000	0

* 소각한 주식 이익 ①: 소각한 주식 1주당 이익 2,000원 × 소각한 주식수
구주 손실 ②: 구주 1주당 손실 500원 × 감자 후 보유 주식수

⑨ 대법원(대법원 2017두40273, 2017.7.27.)의 계산방법

이 사례는 소유주식 수의 변동 없이 비율만 변동된 경우이므로 분여한 이익계산을 '변동 후 가액 − 변동 전 가액'으로 계산하면 위의 계산 결과와 같다.

구분	변동 후 가액 ①	변동 전 가액 ②	이익(① − ②)
갑	1,000,000,000	1,200,000,000	−200,000,000
을	750,000,000	900,000,000	−150,000,000
정	250,000,000	300,000,000	−50,000,000
계	2,000,000,000	2,400,000,000	−400,000,000

⑩ 감자이익과 의제배당(丙)

주식소각 시 지급한 대가 − 주식취득 금액 = 의제배당

(5,000원 × 200,000주) − (5,000원 × 200,000주) = 0원

주식을 시가보다 높은 가액으로 소각한 경우에도 주식소각으로 인한 丙의 의제배당은 발생되지 않는다(0원). 일반적인 고가 소각의 경우에는 소각에 따른 이익이 모두 의제배당으로 과세가 되나 1주당 평가액이 액면가액에 미달하는 경우로서 그 미달하는 가액보다 높은 가액으로 소각대가를 지급한 경우에도 그 대가 지급금액이 액면가액(정확하게는 취득가액)보다 낮은 경우에는 의제배당이 발생하지 않게 된다. 이러한 문제점을 개선하기 위해 고가 소각에 있어 감자한 주식 1주당 평가액이 액면가액에 미달하는 경우에는 감자에 따른 이익을 위의 계산방법으로 하도록 하였다. 丙의 감자이익은 4억원이 된다.

사례 5 ••• 고가의 소각과 의제배당(균등소각비율 불비례소각) (2)

감자와 관련된 자료는 다음과 같다(균등소각비율 50%).

감자 전 발행주식총수 1,000,000주(1주당 액면가 5,000원, 1주당 취득가액 5,000원, 1주당 평가액 4,000원), 소각한 금액 1,400,000,000원(1주당 지급금액 7,000원, 소각한 주식수 200,000주)

| 감자내용 |

구분	감자 전		균등소각(비율 50%) 시 주식수	소각한 주식수 ②	감자 후	
주주	발행주식총수 ①	지분율			발행주식총수 (① - ②)	지분율
甲	400,000	40%	200,000	-	400,000	50.0%
乙	300,000	30%	150,000	-	300,000	37.5%
丙	200,000	20%	100,000	200,000	-	-
丁	100,000	10%	50,000	-	100,000	12.5%
계	1,000,000	100%	500,000	200,000	800,000	100.0%

☐ **계산방법**

① 감자한 주식 1주당 평가액: 4,000원

② 주식소각 시 지급한 1주당 금액: 7,000원

③ 감자 후 1주당 평가액

[(감자 전 1주당 평가액 × 발행주식총수) - (1주당 지급금액 × 소각한 주식수)] ÷ 감자 후 발행주식총수

[(4,000원 × 1,000,000주) - (7,000원 × 200,000주)] ÷ 800,000주 = 3,250원

④ 감자한 주식수: 丙 200,000주

⑤ 丙이 얻은 총이익

계산식: (② - ①) × 당해 주주의 감자 주식수

(7,000원 - 4,000원) × 200,000주 = 600,000,000원

⑥ 요건 충족

(② - ①) ÷ ② ≥ 30% 또는 (② - ①) × ③ ≥ 3억원

(7,000원 - 4,000원) ÷ 7,000원 = 42.85% ≥ 30%

⑦ 감자에 따른 이익을 다음과 같이 소각대가를 지급한 후(구주의 가치 - 감자금액)의 1주당 가치와 감자하기 전의 구주의 1주당 가치를 비교하는 방식으로 감자하기 전의 구주와 감자한 후의 구주의 희석효과를 반영하는 방식으로 이익계산을 할 수 있겠다. 이 계산방식의 결과는 상속증여세법 시행령 제29조의2 제1항 제2호에 따른 계산 결과와 같다.

구분	감자 전		소각 금액	계 ③	감자 후		증감
주주	1주당	평가액 ①	②	(① − ②)	1주당	평가액 ④	(④ − ③)
甲	4,000	1,600,000,000	-	1,600,000,000	3,250	1,300,000,000	▲300,000,000
乙		1,200,000,000	-	1,200,000,000		975,000,000	▲225,000,000
丙		800,000,000	1,400,000,000	▲600,000,000		-	600,000,000
丁		400,000,000	-	400,000,000		325,000,000	▲75,000,000
계		4,000,000,000	1,400,000,000	2,600,000,000		2,600,000,000	0

* 감자 전 평가액 ①: 감자 전 1주당 평가액 4,000원 × 감자 전 발행주식총수
소각 금액 ②: 구주 1주당 지급금액 7,000원 × 소각한 주식수
감자 후 1주당 평가액 ④: (감자 전 평가액 − 소각 금액) ÷ 감자 후 발행주식총수

⑧ 저가 소각과는 반대로 고가 소각의 이익계산은 감자한 주식수에 비례하여 감자에 따른 이익이 발생되는 한편, 감자 전에 보유하고 있던 주식은 감자 후 보유한 주식수에 비례하여 감자에 따른 손실을 보게 되는 주식가치의 희석으로 인한 것이 된다. 이 계산방식의 결과는 위의 희석효과를 반영한 계산 결과와 같으면 상속증여세법 시행령 제29조의2 제1항 제2호에 따른 계산 결과와도 같다.

주주	소각한 주식 이익 ①	구주 손실 ②	이익(손실)(① − ②)
갑	−	300,000,000	−300,000,000
을	−	225,000,000	−225,000,000
병	600,000,000	−	600,000,000
정	−	75,000,000	−75,000,000
계	600,000,000	600,000,000	0

* 소각한 주식 이익 ①: 소각한 주식 1주당 이익 3,000원 × 소각한 주식수
구주 손실 ②: 구주 1주당 손실 750원 × 감자 후 보유 주식수

⑨ 대법원(대법원 2017두40273, 2017.7.27.)의 계산방법

이 사례는 소유주식 수의 변동 없이 비율만 변동된 경우이므로 분여한 이익계산을 '변동 후 가액 − 변동 전 가액'으로 계산하면 위의 계산 결과와 같다.

구분	변동 후 가액 ①	변동 전 가액 ②	이익(① - ②)
갑	1,300,000,000	1,600,000,000	-300,000,000
을	975,000,000	1,200,000,000	-225,000,000
정	325,000,000	400,000,000	-75,000,000
계	2,600,000,000	3,200,000,000	-600,000,000

⑩ 감자이익과 의제배당(丙)

주식소각 시 지급한 대가 - 주식취득 금액 = 의제배당

(7,000원 × 200,000주) - (5,000원 × 200,000주) = 400,000,000원

주식소각으로 인한 丙의 의제배당은 4억원으로 계산되었다. 그러나 丙의 감자이익은 6억원으로 계산되었다. 일반적인 고가 소각의 경우에는 소각에 따른 이익이 모두 의제배당으로 과세가 되나 1주당 평가액이 액면가액에 미달하는 경우로서 그 미달하는 가액보다 높은 가액으로 소각대가를 지급한 경우 소각 대가와 액면가액에 미달하는 평가액의 차액이 모두 의제배당으로 과세되지 않고 있다. 사례의 경우 소각 대가 14억원과 액면가액에 미달하는 평가액 8억원의 차액은 6억원이나 의제배당은 4억원으로 계산되었다. 사례에서 주식소각을 의제배당으로만 과세할 경우 소각으로 인하여 얻은 이익은 6억원이 되므로 2억원(6억원 - 4억원)은 과세를 할 수 없게 된다. 이러한 문제점을 개선하기 위해 고가 소각에 있어 감자한 주식 1주당 평가액이 액면가액에 미달하는 경우에 감자에 따른 이익을 계산하면 6억원이 된다. 이 경우 증여재산의 가액은 당해 주식의 소각에 따른 의제배당으로 소득세가 과세되는 금액을 차감하여 계산한다.

사례 6 ••• 무상의 소각

감자와 관련된 자료는 다음과 같다.

감자 전 발행주식총수 1,000,000주(1주당 액면가 5,000원, 1주당 평가액 8,000원), 소각한 금액 0원(1주당 지급금액 0원, 소각한 주식수 200,000주), 주주 甲은 乙 및 丁과 특수관계인임.

| 감자내용 |

구분	감자 전		균등감자 시 주식수	감자주식 수 ②	감자 후	
주주	발행주식총수 ①	지분율			발행주식총수 (① − ②)	지분율
甲	400,000	40%	200,000	200,000	200,000	25.0%
乙	300,000	30%	150,000	−	300,000	37.5%
丙	200,000	20%	100,000	−	200,000	25.0%
丁	100,000	10%	50,000	−	100,000	12.5%
계	1,000,000	100%	500,000	200,000	800,000	100.0%

□ **계산방법**

① 감자한 주식 1주당 평가액: 8,000원

② 주식소각 시 지급한 1주당 금액: 0원

③ 감자 후 1주당 평가액

[(감자 전 1주당 평가액 × 발행주식총수) − (1주당 지급금액 × 소각한 주식수)] ÷ 감자 후 발행주식총수

[(8,000원 × 1,000,000주) − (0원 × 200,000주)] ÷ 800,000주 = 10,000원

④ 감자한 주식수: 甲 200,000주

⑤ 얻은 총이익

계산식: (① − ②) × 총감자 주식수 × 각 주주의 감자 후 지분비율

- 을: (8,000원 − 0원) × 200,000주 × 37.5% = 600,000,000원
- 병: (8,000원 − 0원) × 200,000주 × 25% = 400,000,000원
- 정: (8,000원 − 0원) × 200,000주 × 12.5% = 200,000,000원

⑥ 요건 충족

(① − ②) ÷ ① ≥ 30% 또는 (① − ②) × ③ ≥ 3억원

(8,000원 − 0원) ÷ 8,000원 = 100% ≥ 30%

⑦ 증여재산가액

계산식: (① − ②) × 총감자 주식수 × 대주주의 감자 후 지분비율

$$\times \frac{\text{대주주의 특수관계인의 감자 주식수(甲)}}{\text{총감자 주식수}}$$

주주 乙, 丁이 甲과 특수관계자이다. 따라서 乙과 丁이 얻은 이익은 증여재산가액이 된다.

- 乙: (8,000원 - 0원) × 200,000주 × 37.5% × (200,000,000주 ÷ 200,000,000주)
  = 600,000,000원
- 丁: (8,000원 - 0원) × 200,000주 × 12.5% × (200,000,000주 ÷ 200,000,000주)
  = 200,000,000원

⑧ 위에서 본 유상소각과 같은 방식으로 이익을 계산할 수 있겠다. 무상소각이므로 소유주식의 비율만 변동이 된다.

구분	감자 전		소각 금액	계 ③	감자 후		증감
주주	1주당	평가액 ①	②	(① - ②)	1주당	평가액 ④	(④ - ③)
甲	8,000	3,200,000,000	-	3,200,000,000	10,000	2,000,000,000	▲1,200,000,000
乙		2,400,000,000	-	2,400,000,000		3,000,000,000	600,000,000
丙		1,600,000,000	-	1,600,000,000		2,000,000,000	400,000,000
丁		800,000,000	-	800,000,000		1,000,000,000	200,000,000
계		8,000,000,000	-	8,000,000,000		8,000,000,000	0

* 감자 전 평가액 ①: 감자 전 1주당 평가액 8,000원 × 감자 전 발행주식총수
소각 금액 ②: 구주 1주당 지급금액 0원 × 소각한 주식수
감자 후 1주당 평가액 ④: (감자 전 평가액 - 소각 금액) ÷ 감자 후 발행주식총수

⑨ 위에서 본 유상소각과 같은 방식으로 소각한 주식의 손실과 구주의 이익을 분석할 수 있다.

주주	소각한 주식 손실 ①	구주 이익 ②	이익(손실)(② - ①)
갑	1,600,000,000	400,000,000	-1,200,000,000
을	-	600,000,000	600,000,000
병	-	400,000,000	400,000,000
정	-	200,000,000	200,000,000
계	1,600,000,000	1,600,000,000	0

* 소각한 주식 손실 ①: 소각한 주식 1주당 손실 8,000원 × 소각한 주식수
구주 이익 ②: 구주 1주당 이익 2,000원 × 감자 후 보유 주식수

4 | 이익계산 방법의 논쟁

(1) 이익계산 방법의 논쟁

(1)-1. 감자한 주식과 구주의 희석

이익계산 방법으로 상속증여세법 시행령 제29조의2 제1항 제1호의 계산방법은 '감자한 주식 1주당 평가액에서 1주당 지급금액을 차감한 차액'을 이익으로 보는 계산방식을 취하고 있다. 이와 같은 계산방법은 위에서 본 사례에 의하면(≪사례 3≫) 감자비율(균등소각 비율)에 따른 소각이 아닌 균등소각 비율과 무관하게 소각한 경우 감자한 주식의 손실과 감자 후 보유주식의 이익이 적절히 배분(희석)되지 않은 상태로 이익계산이 됨으로써 이익의 계산이 정확하지 않은 점이 있었다. 저가의 소각의 경우(고가 소각의 경우는 소각한 자가 직접 이익을 얻으므로 이러한 문제는 발생되지 않는다)는 지분이 소각되는 자로부터 다른 주주에게로 경제적 이익이 이전된다는 것을 전제로 하는 이익계산 방법으로 지분이 소각된 주주가 분여한 이익(감자한 주식의 손실)은 다른 주주에게는 이익이 된다. 결론은 상속증여세법 시행령 제29조의2 제1항 제1호의 계산방법은 균등소각 비율이 아닌 소각의 경우는 소각된 주주가 분여한 이익이 다른 주주에게 적절히 배분되지 않는 계산방법이라는 점이다. 이와 같은 점은 "제1절 증자와 이익(4. 이익계산 방법의 논쟁)"에서 논한 바와 유사한 현상이다.

(1)-2. 특수관계인이 아닌 주주가 얻은 이익의 계산방법

구 상속증여세법 제42조 제1항 본문은 그 문언 자체로 보면 상속증여세법상 다른 증여세 과세 규정이 적용되는 경우를 제외하고 있으므로, 개별적 증여 예시 규정인 상속증여세법 제39조의2 제1항이 적용되지 않는 감자에 따른 이익에 관하여는 포괄적 증여 예시 규정인 같은 법 제42조 제1항 제3호를 적용하여 증여재산가액을 산정하여야 한다(대법원 2017두40273, 2017.7.27.). 이와 같은 감자에 따른 이익계산의 세법적용의 문제는 2015.12.15. 개정 후에는 상속증여세법 제4조 제1항 제6호의 적용 문제와 연관된다. 다음은 법원(서울행법 2013구합20301, 2014.4.11.)의 사건을 재구성한 자료이다. 감자에 따른 이익을 다음과 같은 다양한 방식으로 계산해 볼 수 있다(이와 같은 이익계산 방식은 앞의 사례에서 분석한 것들이다).

감자와 관련된 자료는 다음과 같다(감자비율 100%).

감자 전 발행주식총수 140,000주(1주당 액면가 5,000원, 1주당 평가액 100,000원), 소각한 금액 39.2억원(1주당 지급금액 70,000원, 소각한 주식수 56,000주), 주주 청구인은 다른 주주와 특수관계인에 해당되지 않은 자임.

| 감자내용 |

구분	감자 전		균등소각(비율 100%) 시 주식수	소각한 주식수 ②	감자 후	
주주	발행주식 총수 ①	지분율			발행주식총수 (① - ②)	지분율
청구인	77,250	55.18%	77,250	-	77,250	91.96%
자기주식	56,000	40.00%	56,000	56,000	-	-
기타	6,750	4.82%	6,750	-	6,750	8.04%
계	140,000	100.00%	140,000	56,000	84,000	100.00%

□ **상속증여세법 시행령 제29조의2 제1항 제1호의 이익계산 방법**

① 감자한 주식 1주당 평가액: 100,000원

② 주식소각 시 지급한 1주당 금액: 70,000원

③ 감자 후 1주당 평가액

[(감자 전 1주당 평가액 × 발행주식총수) - (1주당 지급금액 × 소각한 주식수)] ÷ 감자 후 발행주식총수

[(100,000원 × 140,000주) - (70,000원 × 56,000주)] ÷ 84,000주 = 120,000원

④ 감자한 주식수: 자기주식 56,000주

⑤ 얻은 총이익

계산식: (① - ②) × 총감자 주식수 × 각 주주의 감자 후 지분비율

• 청구인: (100,000원 - 70,000원) × 56,000주 × 91.96% = 1,545,000,000원

• 기타: (100,000원 - 70,000원) × 56,000주 × 8.04% = 135,000,000원

⑥ 다음에 보는 주주별 얻은 이익의 계산 결과는 상속증여세법 시행령 제29조의2 제1항 제1호에 따른 계산 결과와 같다.

구분	감자 전		소각 금액	계 ③	감자 후		증감
주주	1주당	평가액 ①	②	(① − ②)	1주당	평가액 ④	(④ − ③)
청구인	100,000	7,725,000,000	-	7,725,000,000	120,000	9,270,000,000	1,545,000,000
자기주식		5,600,000,000	3,920,000,000	1,680,000,000		-	−1,680,000,000
기타		675,000,000	-	675,000,000		810,000,000	135,000,000
계		14,000,000,000	3,920,000,000	10,080,000,000		10,080,000,000	0

⑦ 다음 계산방식의 계산 결과는 위의 계산 결과와 같으며, 상속증여세법 시행령 제29조의2 제1항 제1호에 따른 계산 결과와도 같다.

주주	소각한 주식 손실 ①	구주 이익 ②	이익(손실)(② − ①)
청구인	-	1,545,000,000	1,545,000,000
자기주식	1,680,000,000	-	−1,680,000,000
기타	-	135,000,000	135,000,000
계	1,680,000,000	1,680,000,000	0

이 사건에 대해 법원(서울행법 2013구합20301, 2014.4.11.)은 상속증여세법 제39조의2는 '특수관계인에 해당하는 대주주가 이익을 얻는 때'에 적용되고, 이를 제외한 자본거래로 인한 증여이익은 구 상속증여세법 제42조가 적용된다고 하였다. 이와 유사한 사건에서도 대법원(대법원 2017두40273, 2017.7.27.)은 상속증여세법 제39조의2 제1항이 적용되지 않는 감자에 따른 이익에 관하여는 포괄적 증여 예시 규정인 같은 법 제42조 제1항 제3호를 적용하여 증여재산가액을 산정하여야 한다고 하면서, 그 이익의 계산방법으로 감자에 따라 소유주식의 수가 변동된 경우는 구 상속증여세법 시행령 제31조의9 제2항 제5호 (가)목을, 소유주식 수의 변동 없이 그 비율만 변동됨에 따라 소유주식의 평가액이 변동된 경우는 위 규정의 (나)목을 적용하여 당해 재산의 평가차액을 산출하여야 한다고 하였다(서울고법 2016누54567, 2017.3.8.). 따라서 이 사건의 경우 자기주식의 소각으로 소유주식 수의 변동 없이 그 비율만 변동되었으므로 이익은 다음과 같이 변동 후 가액에서 변동 전 가액을 차감한 금액이 된다. 이 계산방식의 이익의 결과는 위에서 본 이익의 계산방식의 결과와 같다.

구분	변동 후 가액 ①	변동 전 가액 ②	이익(① - ②)
청구인	9,270,000,000	7,725,000,000	1,545,000,000
기타	810,000,000	675,000,000	135,000,000
계	10,080,000,000	8,400,000,000	1,680,000,000

결론적으로 위에서 본 이익의 계산은 모두 합리적인 이익계산 방식이다. 어떠한 방법으로 이익을 계산해도 이익은 같은 금액으로 계산되고 있다. 그럼에도 대법원은 이익의 계산방법을 구 상속증여세법 제42조 제1항 제3호 및 구 상속증여세법 시행령 제31조의9 제2항 제5호 (나)목을 적용하지 아니하고 상속증여세법 제39조의2 제1항(감자에 따른 이익)을 적용하였다는 이유로 과세관청의 상고를 기각하였다.

서울행정법원(서울행법 2015구합69133, 2016.6.17.)은 구 상속증여세법 제42조 제1항 제3호 및 상속증여세법 시행령 제31조의9 제2항 제5호 본문의 '당해 재산의 평가차액'은 상속증여세법상의 여러 규정 가운데 적절한 규정을 골라 유추적용할 수밖에 없다. 이러한 점들을 고려한다면 이 사건의 경우에는 감자에 따른 이익의 계산 규정인 상속증여세법 시행령 제29조의2 제2항 제1호의 계산식을 유추적용하는 것이 타당하다고 하였다.

(2) 합리적인 이익계산 방법

반복되는 말이지만 자본거래로 인해 법인의 주주 지분비율의 변동을 가져오는 합병, 분할합병, 현물출자, 주식의 포괄적 교환, 증자 등에 따른 이익은 언제나 개별 주주의 얻은 이익의 반대편에는 개별 주주의 분여한 이익(손실)이 발생하게 되고, 이때 개별 주주들의 얻은 이익의 합계는 반드시 개별주주들의 손실의 합계와 같아야 한다. 자본거래에 따른 이익의 계산방식이 이와 같은 이익의 계산구조라면 자본거래로 인한 법인의 주주비율의 변동을 가져오는 이익의 계산방법으로는 합리적인 이익계산 방법이라고 할 수 있다. 감자의 경우도 자본거래로 인해 법인의 주주비율의 변동을 가져오므로 합리적인 이익의 계산구조는 이와 마찬가지가 되어야 할 것이다.

"제1절 증자와 이익(4. 이익계산 방법의 논쟁)"에서 합병의 경우 합병 후 1주당 평가액과 비교가 되는 합병 전 1주당 평가액은 그 계산구조로 보면 구주와 합병신주의 희석이 합리적으로 배분되어 평가가 되고 있다고 하면서 증자의 경우는 증자 후 1주당 평가액과 비교가 되는 1주당 신주인수가액은 신주의 가치만을 반영하고 있으므로 합병과 비교해 볼 때 그 계산방법이 합리적이지 못하다고 하였다. 또한 "인수한 주식수에 비례하여 증자에 따른 이익 또는 손실이 발생되는 한편, 증자 전에 보유하고 있던 주식은 보유한 주식수에 비례하여 증자에 따른 이익 또는 손실을 보게 된다(헌재 2001헌바13, 2002.1.31.)."는 것과도 맞지 않는다고 하였다. 이익과 손실에 관한 이와 같은 인식은 자본거래 후와 자본거래 전의 주주별 평가액의 변동을 이익의 요건으로 보는 상속증여세법의 과세체계로 보면 증자에 따른 이익의 계산구조가 감자에 따른 이익의 계산구조에도 그대로 적용되어야 한다. 증자와 이익에서 한 말을 반복하자면 위의 사례에서 본 이익계산 방식의 단순함과 이해의 면에서 보아도 감자한 주식과 감자 후의 구주의 희석효과를 고려하는 계산방식은 그 계산의 구조가 간편하고 정형적이어서 이해하기가 쉬울뿐더러 특히 분여한 이익을 계산하는데 편리하다. 현행 상속증여세법 시행령 제29조의2의 이익계산 방법은 분여한 이익을 계산하는 계산구조는 아니다. 이익의 계산방법을 단순화 할 필요가 있다. 결론적으로 현행 상속증여세법 시행령 제29조의2의 이익계산 방법은 모든 주주가 균등소각 비율에 따른 소각이거나 일부 주주의 소각의 경우에는 문제가 없겠으나 모든 주주가 균등소각 비율과 무관하게 소각하는 경우에는 이익의 계산방법에서는 합리적이지 못한 것이 된다.

관련규정 및 예규판례

- **합명회사의 무한책임사원의 입사 및 퇴사로 인한 불균등증자·감자에 대하여 증여의제로 보아 과세**(국심 2004서4496, 2005.7.20.)

  주주 또는 사원이 유한책임을 지는지 또는 무한책임을 지는지 여부에 따라 과세상 달리 취급하는 별도의 규정이 명문화되어 있지 아니할 뿐만 아니라, 청구외 법인의 경우 정관에서 사원의 손익분배율은 사원의 출자비율에 의하여 분배 또는 손해를 보전하도록 규정하고 있고, 사원은 출자비율에 따른 일정한 권리와 함께 감자 시에는 자기지분비율대로 감자에 참여할 의무가 있으므로 일부 사원의 퇴사로 인하여 특수관계에 있는 다른 사원의 지분비율이 증가하여 경제적 이익을 받았다면 증여의제로 볼 수 있다고 하겠음.

- **합병 전에 취득한 피합병법인의 주식소각 시 증여의제대상 여부**(심사증여 99-265, 2000.3.10.)

  합병 시 세무회계상 처리로는 포합주식에 신주를 교부하지 아니하고 소각하는 경우, 협의의 자기주식을 소각하는 경우, 기타 자기주식을 소각하는 경우 등 모두를 자본거래로 보아 익금 및 손금으로 보지 아니하는 것이며, 이에는 (구)상속세법 제34조의5(감자 시의 증여의

제) 규정이 적용되지 아니하는 것으로 보므로 포합주식 소각은 불균등감자로 본 것 같은 비정상적인 소각이 아니라 상법 등 관련법령에 의하여 정상적으로 소각한 경우이므로 증여세 과세대상이 될 수 없는 것으로 증여세 과세처분은 잘못임.

합병 시 세무회계상 처리로는 포합주식에 신주를 교부하지 아니하고 소각하는 경우, 포합주식에 신주를 교부한 후 소각하는 경우, 협의의 자기주식을 소각하는 경우, 기타 자기주식을 소각하는 경우 등 모두를 자본거래로 보아 익금 및 손금으로 보지 아니하는 것이며, (구)상속세법 제34조의5(감자 시의 증여의제) 규정이 적용되지 아니하는 것으로 해석하고 있음(대법원 92누13571, 1992.9.2., 재경원 재산 46014-229, 1995.6.16. 등 참조).

- **(구)상속세법상 회사의 불균등 자본감소에 따른 주식소각으로 인하여 나머지 주주들의 주식 평가액이 증가한 경우, 증여세 과세대상인지 여부**(대법원 95누15964, 1996.9.24.)

증여세 과세대상이 되는 증여란 당사자 일방이 무상으로 재산을 상대방에게 수여하는 의사를 표시하고 상대방이 이를 승낙함으로써 재산수여에 대한 의사가 합치된 것을 말하므로(대법원 91누13571, 1992.9.22. 판결 등 참조), 회사가 자본의 감소를 위하여 특정주주의 주식을 상속세법상의 주당 평가액보다 적은 액면가액으로 취득하여 소각함으로써 다른 주주들의 주당 평가액이 감자 이전보다 높아지는 이익을 얻었다 하여도 이를 증여세 과세대상이 되는 증여라 할 수는 없다 할 것이다(이와 같은 이익에 대하여는 이 사건 감자 이후인 1990.12.31. 신설된 상속세법 제34조의5 제1항 제2호에 의하여 비로소 증여로 의제하여 과세할 수 있게 되었다).

- **감자에 따른 이익 계산 시 평가대상 법인이 보유하고 있는 다른 비상장법인의 주식가액은 최대주주의 할증평가 규정을 적용하되 대주주가 얻은 이익은 동 규정을 적용하지 아니하는 것임**(서이-358, 2006.2.16.).

1. 귀 질의의 경우 법인의 감자에 있어서 주주 등의 소유주식 등의 비율에 의하지 아니하고 일부 주주 등의 주식 등을 소각하는 자본거래로 인하여 주주 등인 법인이 특수관계자인 다른 주주 등에게 이익을 분여한 경우에는 법인세법 제52조 및 같은 법 시행령 제88조 제1항 제8호 다목의 규정에 의한 부당행위계산의 부인규정을 적용하는 것임.
2. 상속세 및 증여세법 시행령 제29조의2의 규정에 의하여 감자에 따른 이익을 계산할 때, 평가대상 법인이 보유하고 있는 다른 비상장법인의 주식가액은 같은 법 제63조 제3항에 의한 최대주주의 할증평가 규정을 적용하여 계산하는 것이며, 같은 법 시행령 제29조의2 제1항, 제2항의 규정에 의하여 대주주가 얻은 이익을 계산하는 경우 최대주주의 할증평가 규정은 적용하지 아니하는 것임.
3. 상속증여세법 제39조의2(감자에 따른 이익의 증여) 제1항의 규정에 의하여 법인이 자본을 감소시키기 위하여 주식을 소각함에 있어서 일부 주주의 주식만을 매입하여 소각함으로

인하여 그와 특수관계에 있는 대주주가 이익을 얻은 경우에는 그 이익에 상당하는 금액을 당해 대주주의 증여재산가액으로 하는 것이며, 특수관계에 있는 자 외의 자가 이익을 얻은 경우로서 거래의 관행상 정당한 사유가 있다고 인정되지 아니한 경우에는 같은 법 제42조 제1항 제3호・제3항의 규정에 의하여 증여세가 과세되는 것이며, 같은 법 제39조의2 및 제42조 제1항 제3호의 규정은 법인이 상법 제343조 제1항 단서의 규정에 의하여 주주에게 배당할 이익으로써 주식을 소각하는 경우에도 적용되는 것임.

불균등 감자 시 주식의 소각대가와 감자한 주식의 상속증여세법상 평가액과의 차액에 대하여 증여세를 과세하는 것임(서사-499, 2005.4.1.).

법인이 자본을 감소시키기 위하여 주식을 소각함에 있어서 그 주식의 1주당 소각대가가 감자한 주식 1주당 평가액을 초과하여 지급되는 경우에는 상속세 및 증여세법 제42조 제1항 제3호, 같은 법 시행령 제29조의2 제2항 제2호 및 동 시행령 제31조의9 제2항 제5호의 규정을 적용하여 주식을 소각한 주주에게 당해 주식의 소각대가와 감자한 주식의 평가액과의 차액 상당액에 대한 증여세를 과세하는 것이며, 이 경우 증여재산의 가액은 당해 주식의 소각에 따른 의제배당으로 소득세가 과세되는 금액을 차감하여 계산하는 것이 타당함. 다만, 주식을 소각한 주주와 소각하지 않은 주주 간에 특수관계가 없는 경우로서 주식의 소각 대가가 감자한 주식의 평가액을 초과하는 것이 거래의 관행상 정당한 사유가 있다고 인정되는 경우에는 같은 법 제42조 제3항의 규정에 의하여 증여세를 과세하지 아니하는 것이 타당함.

제3절 증자·감자와 부당행위계산

증자·감자와 부당행위계산은 법인세법 시행령 제88조의 부당행위계산 유형 중의 하나로 제1항 제1호의 '자산을 시가보다 높은 가액으로 매입한 경우'와 제8호 (나)목의 '법인의 자본을 증가시키는 거래에 있어서 신주를 배정·인수받을 수 있는 권리의 전부 또는 일부를 포기하거나 신주를 시가보다 높은 가액으로 인수하는 경우' 및 (다)목의 '법인의 감자에 있어서 주주의 소유주식의 비율에 의하지 아니하고 일부 주주의 주식을 소각하는 경우'로 나누어진다. 먼저 법인세법 시행령 제88조 제1항 제8호 (나)목은 증자에 따른 얻은 이익의 반대편인 분여한 이익을 말하고 (다)목은 감자에 따른 얻은 이익의 반대편인 분여한 이익을 말한다. 여기서 (나)목의 신주를 배정·인수받을 수 있는 권리의 전부 또는 일부 포기는 신주의 저가 발행(저가 증자)에 해당되며, 신주를 시가보다 높은 가액으로 인수하는 경우는 신주의 고가 발행(고가 증자)에 해당된다. (다)목의 감자에 따른 이익에는 특별히 다른 규정이 없다. 한편, 법인세법 시행령 제88조 제1항 제1호의 '자산을 시가보다 높은 가액으로 매입한 경우'란 신주(자산)의 인수(매입)를 시가보다 높은 가액으로 인수(매수)한 경우가 되므로 신주의 고가 발행이 되겠다. 여기서 법인세법 시행령 제88조 제1항 제1호의 신주의 고가 발행과 제8호의 신주의 고가 발행의 차이는 제1호는 증자에 참여한 주주와 자본금을 증가한 법인과의 부당행위계산의 여부의 문제이고(대법원 2002두7005, 2004.2.13.) 제8호는 자본금을 증가한 법인의 불균등증자에서 오는 주주와 주주 사이의 부당행위계산 여부의 문제가 된다.

법인세법 시행령 제11조 제8호(2019.2.12. 개정 전 제9호)에서 '시행령 제88조 제1항 제8호 각 목의 어느 하나 및 같은 항 제8호의2에 따른 자본거래로 인하여 특수관계인으로부터 분여받은 이익'을 법인의 수익으로 보고 있다. 즉 자본금을 증가한 법인의 불균등증자에서 오는 주주와 주주 사이의 이익의 분여는 이익을 분여받는 개인주주는 증여재산이 되고 법인주주는 수익(익금)이 된다.

위에서 본 증자·감자에 따른 법인세법 시행령 제88조 제1항 제8호 (나)목 및 (다)목의 부당행위계산 문제는 합병에 따른 부당행위계산 문제와 다를 것이 없다. 즉 증자·감자에 따른 이익을 얻은 이익과 분여한 이익으로 나눌 수 있는데, 얻은 이익은 증여재산가액 또는 수익(법인주주)에 해당되며 분여한 이익은 법인세법상 익금(부당행위계산)에 해당된다. 얻은 이익과 분여한 이익의 개념과 이익계산 방법에 대해서는 "제2장 합병과 자본이익"에서 자세히 설명하고 있다. 상속증여세법상의 이익이 얻은 이익이며 법인세법상의 이익은 분여한 이익이다. 여기서 분여한 이익의 계산은 상속증여세법상의 이익계산을 준용하도록 하고 있다. 증자·감자에 따른 이익은 합병에 따른 이익과 마찬가지로 자본거래로 인하여 발생하는 자본이익의 대표적인 거래이다. 증자·감자에 따른 이익의 부당행위계산에서 분여한 이익의 의미와 과세체계는 "제2장 제5절 합병과 부당행위계산"을 참고하면 된다.

부당행위계산에서 분여한 이익이라 함은(대법원 2008두8994, 2010.11.11.), 신주의 고가인수로 인하여 실권주주가 보유하고 있던 주식의 1주당 가액이 상승하는 것을 의미하는데, 신주의 고가인수가 있더라도 이를 전후하여 실권주주가 보유하고 있던 주식의 1주당 가액이 모두 음수로 평가되고 단지 그 음수의 절대치가 감소한 것에 불과하다면 그 주식의 가액은 없다고 보아야 하므로 그 주식의 가액이 상승하였다고 할 수 없고(대법원 2003두4249, 2003.11.28. 등 참조), 따라서 이러한 경우는 신주의 고가인수로 인하여 신주 발행법인의 일반 채권자들이 이익을 분여받았음은 별론으로 하고 적어도 실권주주가 이익을 분여받았다고 할 수는 없으므로 부당행위계산 부인의 대상이 될 수 없다.

1 | 불균등증자의 이익과 부당행위계산

(1) 과세요건

① 다음에 해당하는 자본거래로 인하여 주주인 법인이 특수관계인인 다른 주주에 이익을 분여(법인령 §88 ① 8)

② 법인의 자본을 증가시키는 거래에 있어서(법인령 §88 ① 8 나목)

- 신주를 배정·인수받을 수 있는 권리의 전부 또는 일부를 포기(그 포기한 신주가

자본시장과 금융투자업에 관한 법률 제9조 제7항에 따른 모집방법으로 배정되는 경우를 제외)하거나

• 신주를 시가보다 높은 가액으로 인수하는 경우

과세요건을 요약하자면 신주의 시가발행이 아닌 불균등증자에서만 발생될 수 있는 자본거래로서 이익을 분여한 법인 주주와 이익을 얻은 주주사이에 특수관계인에 해당이 되면 부당행위계산 부인에 해당된다. 법인세법 시행령 제88조 제1항 제8호 "… 특수관계인인 다른 주주 등에게 이익을 분여한 경우"에서 다른 주주는 법인 또는 개인주주를 말한다. 한편, 법인세법 시행령 제11조(수익의 범위) 제8호(2019.2.12. 개정 전 제9호)에서는 제88조 제1항 제8호 각 목의 어느 하나 및 같은 항 제8호의2에 따른 자본거래로 인하여 특수관계인으로부터 분여받은 이익은 수익으로 익금에 산입한다. 따라서 증자에 따른 얻은 이익이 개인의 경우 증여재산가액이 되고 법인인 경우에는 특수관계인으로부터 분여받은 이익에 대해서는 수익으로 익금에 산입하게 된다.

(2) 분여한 이익계산

불균등증자에 따른 부당행위계산에서 분여한 이익은 얻은 이익의 반대개념이다. 얻은 이익이 곧 분여한 이익이 된다. 분여한 이익으로 익금에 산입할 금액에 대해 법인세법 시행령 제89조 제6항에 의하면 익금에 산입할 금액의 계산에 관하여는 상속증여세법 제39조 및 시행령 제29조 제2항을 준용하도록 하고 있다. 2007.2.28. 개정 전에는 금액 충족요건인 3억원 이상은 적용하지 않았으므로 차액비율 30% 이상이 요건충족일 경우 30% 이상만 충족하게 되면 금액이 3억원 미만일 경우에도 과세하도록 하고 있었다. 그러나 2007.2.28. 개정 후에는 차액비율이 30% 이상이거나 3억원 이상의 요건이 충족되면 과세할 수 있도록 하였다.

즉 개정 전의 법인세법 시행령 제89조 제6항의 규정은 다음과 같았다. "시행령 제88조 제1항 제8호의 규정에 의하여 특수관계인에게 이익을 분여한 경우 제5항의 규정에 의하여 익금에 산입할 금액의 계산에 관하여는 그 유형에 따라 상속증여세법 제38조 · 제39조 · 제39조의2 · 제40조, 동법 시행령 제28조 제3항 내지 제6항 · 제29조 제3항 · 제29조의2 제2항 · 제30조 제4항 및 제5항(제4호를 제외한다)의 규정을 준용한다.

이 경우 "대주주" 및 "특수관계에 있는 자"는 이 영에 의한 "특수관계인"으로 보고, "이익" 및 "대통령령이 정하는 이익"은 "특수관계인에게 분여한 이익"으로 보되, 그 이익 중 "3억원 이상" 및 "1억원 이상"은 이를 적용하지 아니한다. 그러나 2007.2.28. 개정된 후에는 "그 이익 중 '3억원 이상' 및 '1억원 이상'은 이를 적용하지 아니한다."가 " '이익' 및 '대통령령이 정하는 이익'은 '특수관계인에게 분여한 이익'으로 본다."로 개정되었다.

분여이익 계산에 대해 대법원(대법원 2008두8994, 2010.11.11.)은 결손금이 누적되어 그 주식의 1주당 평가액이 유상증자 전에는 (−)14,128원, 유상증자 후에는 (−)12,813원으로 1주당 평가액이 유상증자를 전후하여 모두 음수임이 명백하므로 그 실권주를 고가로 인수하였다 하더라도 특수관계인인 실권주주에게 분여한 이익이 없는 경우에는 법인세법 제52조 제4항, 구 법인세법 시행령 제88조 제1항 제8호 (나)목이 규정하는 부당행위계산 부인의 대상이 되지 않는다고 하였다.

사례 ① 불균등증자(저가발행)와 부당행위계산

증자와 관련된 자료는 다음과 같다.

증자 전 발행주식총수 1,000,000주(1주당 액면가 5,000원, 1주당 평가액 8,000원), 증자금액 40억원(1주당 신주발행가액 4,000원, 증자한 주식수 1,000,000주), 주주 甲㈜과 丙, 주주 乙과 戊㈜는 법인세법상 특수관계인임.

| 증자내용 |

구분	증자 전		균등증자 시 주식수 ①	증자내역			증자 후	
주주	발행주식 총수(A)	지분율		배정 주식수 ②	초과배정 주식수 ③ (②−①)	증자주식수(B) ②	발행주식 총수 (A+B)	지분율
甲㈜	400,000	40%	400,000	200,000	−	200,000	600,000	30.0%
乙	300,000	30%	300,000	200,000	−	200,000	500,000	25.0%
丙	200,000	20%	200,000	300,000	100,000	300,000	500,000	25.0%
丁	100,000	10%	100,000	150,000	50,000	150,000	250,000	12.5%
戊㈜				150,000	−	150,000	150,000	7.5%
계	1,000,000	100%	1,000,000	1,000,000	150,000	1,000,000	2,000,000	100.0%

① 이익의 계산과정은 생략하고 이 책에서 말하는 방식으로 증자에 따른 이익을 분석해 보면 다음과 같게 된다. 이와 같은 이익계산 방식은 얻은 이익이 분여한 이익이 됨을 명확히 할 수 있을 뿐만 아니라 다음에 보는 분여한 이익의 귀속자를 찾는 데도 유용하다.

구분	증자 전		증자금액	계 ③	증자 후		증감
주주	1주당	평가액 ①	②	(① + ②)	1주당	평가액 ④	(④ − ③)
甲㈜	8,000	3,200,000,000	800,000,000	4,000,000,000	6,000	3,600,000,000	▲400,000,000
乙		2,400,000,000	800,000,000	3,200,000,000		3,000,000,000	▲200,000,000
丙		1,600,000,000	1,200,000,000	2,800,000,000		3,000,000,000	200,000,000
丁		800,000,000	600,000,000	1,400,000,000		1,500,000,000	100,000,000
戊㈜		−	600,000,000	600,000,000		900,000,000	300,000,000
계		8,000,000,000	4,000,000,000	12,000,000,000		12,000,000,000	0

② 주주별 얻은 이익과 분여한 이익을 다음과 같이 계산할 수 있다.

분여한 이익				얻은 이익			
주주	주주별	금액	계	주주	주주별	금액	계
甲㈜	丙에게	133,333,333	400,000,000	丙	甲㈜으로부터	133,333,333	200,000,000
	丁에게	66,666,666			乙로부터	66,666,666	
	戊㈜에게	200,000,000		丁	甲㈜으로부터	66,666,666	100,000,000
乙	丙에게	66,666,666	200,000,000		乙로부터	33,333,333	
	丁에게	33,333,333		戊㈜	甲㈜으로부터	200,000,000	300,000,000
	戊㈜에게	100,000,000			乙로부터	100,000,000	

③ 익금 및 수익, 증여재산가액은 다음과 같다.

甲㈜이 특수관계에 있는 丙에게 분여한 이익은 법인세법 시행령 제88조 제1항 제8호 (나)목의 이익분여 행위로 부당행위계산에 해당된다. 戊㈜가 얻은 이익은 甲㈜으로부터 얻은 이익과 특수관계인인 乙로부터 얻은 이익이므로 甲㈜이 얻은 이익 중 특수관계인인 乙로부터 얻은 이익은 법인세법 시행령 제11조 제8호(수익)의 분여받은 이익으로 수익에 해당된다. 한편, 丙과 丁이 얻은 모든 이익은 증여재산가액이 된다.

분여한 이익				얻은 이익			
주주	주주별	금액	유형	주주	주주별	금액	계
甲㈜	丙에게	133,333,333	익금	丙	甲㈜으로부터	133,333,333	증여재산가액
	丁에게	66,666,666	–		乙로부터	66,666,666	증여재산가액
	戊㈜에게	200,000,000	–	丁	甲㈜으로부터	66,666,666	증여재산가액
乙	丙에게	66,666,666	–		乙로부터	33,333,333	증여재산가액
	丁에게	33,333,333	–	戊㈜	甲㈜으로부터	200,000,000	–
	戊㈜에게	100,000,000	–		을로부터	100,000,000	수익

* 주주 甲㈜과 丙, 주주 乙과 戊㈜는 법인세법상 특수관계인이다.

사례 ② ••• 불균등증자(고가발행)와 부당행위계산

증자와 관련된 자료는 다음과 같다.

증자 전 발행주식총수 1,000,000주(1주당 액면가 5,000원, 1주당 평가액 4,000원), 증자금액 80억원(1주당 신주발행가액 8,000원, 증자한 주식수 1,000,000주), 주주 甲㈜과 乙 및 丙㈜은 법인세법과 상속증여세법상 특수관계인임.

| 증자내용 |

구분	증자 전		균등배정 주식수 ①	증자내역			증자 후	
주주	발행주식 총수(A)	지분율		실권주주 ②	재배정 주식수 ③	증자주식수(B) (① − ② + ③)	발행주식 총수 (A + B)	지분율
甲㈜	400,000	40%	800,000	–	–	800,000	1,200,000	60%
乙	300,000	30%	600,000	600,000	–	–	300,000	15%

구분	증자 전		균등배정 주식수 ①	증자내역			증자 후	
주주	발행주식 총수(A)	지분율		실권주주 ②	재배정 주식수 ③	증자주식수(B) (① − ② + ③)	발행주식 총수 (A + B)	지분율
丙㈜	200,000	20%	400,000	400,000	−	−	200,000	10%
丁	100,000	10%	200,000	−	−	200,000	300,000	15%
계	1,000,000	100%	2,000,000	1,000,000	−	1,000,000	1,600,000	100%

① 이익의 계산과정은 생략하고 이 책에서 말하는 방식으로 증자에 따른 이익을 분석해 보면 다음과 같게 된다. 앞서 본 바와 같이 이와 같은 이익계산 방식은 얻은 이익이 분여한 이익이 됨을 명확히 할 수 있을 뿐만 아니라 다음에 보는 분여한 이익의 귀속자를 찾는 데도 유용하다.

구분	증자 전		증자금액 ②	계 ③ (① + ②)	증자 후		증감 (④ − ③)
주주	1주당	평가액 ①			1주당	평가액 ④	
甲㈜	4,000	1,600,000,000	6,400,000,000	8,000,000,000	6,000	7,200,000,000	▲800,000,000
乙		1,200,000,000	−	1,200,000,000		1,800,000,000	600,000,000
丙㈜		800,000,000	−	800,000,000		1,200,000,000	400,000,000
丁		400,000,000	1,600,000,000	2,000,000,000		1,800,000,000	▲200,000,000
계		4,000,000,000	8,000,000,000	12,000,000,000		12,000,000,000	0

② 주주별 얻은 이익과 분여한 이익을 다음과 같이 계산할 수 있다.

분여한 이익				얻은 이익			
주주	주주별	금액	계	주주	주주별	금액	계
甲㈜	乙에게	480,000,000	800,000,000	乙	甲㈜으로부터	480,000,000	600,000,000
	丙㈜에게	320,000,000			丁으로부터	120,000,000	
丁	乙에게	120,000,000	200,000,000	丙㈜	甲㈜으로부터	320,000,000	400,000,000
	丙㈜에게	80,000,000			丁으로부터	80,000,000	

③ 익금 및 수익, 증여재산가액은 다음과 같다.

甲㈜이 특수관계에 있는 乙과 丙에게 분여한 이익은 법인세법 시행령 제88조 제1항 제8호

(나)목의 이익분여 행위로 부당행위계산에 해당된다. 丙㈜이 얻은 이익은 특수관계인인 甲㈜으로부터 얻은 이익과 특수관계인이 아닌 丁으로부터 얻은 이익이므로 丙㈜이 얻은 이익 중 특수관계인인 甲㈜으로부터 얻은 이익은 법인세법 시행령 제11조 제8호(수익)의 분여받은 이익으로 수익에 해당된다. 한편, 乙이 얻은 이익 중 특수관계에 있는 甲㈜으로부터 얻은 이익에 대해서만 증여재산가액이 된다.

분여한 이익				얻은 이익			
주주	주주별	금액	유형	주주	주주별	금액	유형
甲㈜	乙에게	480,000,000	익금	乙	甲㈜으로부터	480,000,000	증여재산가액
	丙㈜에게	320,000,000	익금		丁으로부터	120,000,000	–
丁	乙에게	120,000,000	–	丙㈜	甲㈜으로부터	320,000,000	수익
	丙㈜에게	80,000,000	–		丁으로부터	80,000,000	–

* 주주 甲㈜과 乙, 丙㈜은 법인세법과 상속증여세법상 특수관계인이다.

신주의 고가인수에 대해 대법원(대법원 2012두23488, 2014.6.26.)은 실권주의 고가인수에서 경제적 이익의 분여는 실권주 인수자와 실권주주 사이에 생기고 실권주를 발행한 법인은 그 이익을 주고받는 당사자가 될 수 없으므로 이와 다른 전제에서 원고가 실권주 발행법인에게 이익을 분여한 것으로 보고 부당행위계산 부인 규정을 적용한 부과처분은 위법하다고 하면서, 주주인 법인이 특수관계자인 다른 법인으로부터 그 발행의 신주를 시가보다 높은 가액으로 인수하였다고 하더라도 이를 '자산을 시가보다 높은 가액으로 매입하는 경우' 또는 '그에 준하는 경우'에 해당한다고 보아 구 법인세법 시행령 제88조 제1항 제1호(또는 제1호에서 정하는 행위에 준하는 행위에 관한 제9호)를 적용하여 부당행위계산 부인을 할 수는 없고, 다만 신주의 고가인수로 인하여 이익을 분여받은 다른 주주가 특수관계자인 경우에 구 법인세법 시행령 제88조 제1항 제8호 (나)목을 적용하여 부당행위계산 부인을 할 수 있을 뿐이다.

이 사건에 한해 대법원의 판결대로라면 증자를 함에 있어 실권주의 고가인수에 대해서는 투자산의 매입임에도 불구하고 법인세법 시행령 제88조 제1항 제1호(자산의 고가 매입)가 아닌 법인세법 시행령 제88조 제1항 제8호 (나)목(불균등증자)을 적용해야 한다. 그렇다면 실권주를 인수한 그 자체로서 불균등증자에 해당되어 분여한 이익이 발생하게 되는데,

이와 같은 경우에는 제1호(자산의 고가 매입)가 아닌 제8호 (나)목(불균등증자)을 적용해야 한다는 취지로 보인다(이 부분에 대해서는 뒤에서 살펴보고 있다). 한편, 실권주식과 당초 주주에게 배정된 주식을 포함하여 신주를 고가인수한 행위를 법인세법 시행령 제88조 제1항 제1호(자산의 고가 매입)에 해당되는 것으로 보고 있다(대법원 2002두7005, 2004.2.13.).

2 | 불균등감자의 이익과 부당행위계산

(1) 과세요건

① 다음에 해당하는 자본거래로 인하여 주주인 법인이 특수관계인인 다른 주주에 이익을 분여(법인령 §88 ① 8)

② 법인의 감자에 있어서 주주의 소유주식의 비율에 의하지 아니하고 일부 주주의 주식을 소각하는 경우(법인령 §88 ① 8 다목)

과세요건을 요약하자면 법인의 감자에 있어서 '주주의 소유주식의 비율에 의하지 아니하고 일부 주주의 주식을 소각하는 경우'로서 주식 소각대가의 지급금액이 시가가 아닌 것으로 불균등감자에서만 발생하는 경우가 된다. 이때 이익을 분여한 법인주주와 이익을 얻은 주주사이에 특수관계인에 해당되면 부당행위계산 부인에 해당된다. 법인세법 시행령 제88조 제1항 제8호 "…특수관계인인 다른 주주 등에게 이익을 분여한 경우"에서 다른 주주는 법인 또는 개인주주를 말한다. 한편, 법인세법 시행령 제11조(수익의 범위) 제8호(2019.2.12. 개정 전 제9호)에서는 제88조 제1항 제8호 각 목의 어느 하나 및 같은 항 제8호의2에 따른 자본거래로 인하여 특수관계인으로부터 분여받은 이익은 수익으로 익금에 산입한다. 따라서 감자에 따른 얻은 이익이 개인의 경우 증여재산가액이 되고 법인인 경우에는 특수관계인으로부터 분여받은 이익에 대해서는 수익으로 익금에 산입하게 된다.

(2) 분여한 이익계산

불균등증자와 마찬가지로 불균등감자에 따른 부당행위계산에서 분여한 이익은 얻은 이익의 반대개념이다. 얻은 이익이 곧 분여한 이익이 된다. 법인세법 시행령 제89조 제6항은 감자에 따른 분여한 이익으로 익금에 산입할 금액의 계산에 관하여는 상속증여세법 시행령 제29조의2 제2항을 준용하도록 하고 있다. 2007.2.28. 개정 전에는 금액 충족요건인 3억원 이상은 적용하지 않았으므로 차액비율 30% 이상이 요건충족일 경우 30% 이상만 충족하게 되면 금액이 3억원 미만일 경우에도 과세하도록 하고 있었다. 그러나 2007.2.28. 개정 후에는 차액비율이 30% 이상이거나 3억원 이상이 되면 과세할 수 있도록 하였다.

즉 개정 전 법인세법 시행령 제89조 제6항의 규정은 다음과 같았다. "시행령 제88조 제1항 제8호의 규정에 의하여 특수관계인에게 이익을 분여한 경우 제5항의 규정에 의하여 익금에 산입할 금액의 계산에 관하여는 그 유형에 따라 상속세 및 증여세법 제38조·제39조·제39조의2·제40조, 동법 시행령 제28조 제3항 내지 제6항·제29조 제3항·제29조의2 제2항·제30조 제4항 및 제5항(제4호를 제외한다)의 규정을 준용한다. 이 경우 "대주주" 및 "특수관계에 있는 자"는 이 영에 의한 "특수관계인"으로 보고, "이익" 및 "대통령령이 정하는 이익"은 "특수관계인에게 분여한 이익"으로 보되, 그 이익 중 "3억원 이상" 및 "1억원 이상"은 이를 적용하지 아니한다. 그러나 2007.2.28. 개정된 후에는 "그 이익 중 '3억원 이상' 및 '1억원 이상'은 이를 적용하지 아니한다."가 "'이익' 및 '대통령령이 정하는 이익'은 '특수관계인에게 분여한 이익'으로 본다."로 개정되었다.

사례 3 ••• 불균등감자(저가 소각)와 부당행위계산

감자와 관련된 자료는 다음과 같다.

감자 전 발행주식총수 1,000,000주(1주당 액면가 5,000원, 1주당 평가액 8,000원), 감자한 금액 14.4억원(1주당 지급금액 4,000원, 감자한 주식수 360,000주), 주주 甲㈜과 乙, 丁㈜은 특수관계인임.

| 감자내용 |

구분	감자 전		균등감자 시 주식수	감자주식수 ②	감자 후	
주주	발행주식총수 ①	지분율			발행주식총수 (① − ②)	지분율
甲㈜	400,000	40%	240,000	240,000	160,000	25.000%
乙	300,000	30%	180,000	−	300,000	46.875%
丙	200,000	20%	120,000	120,000	80,000	12.500%
丁㈜	100,000	10%	60,000	−	100,000	15.625%
계	1,000,000	100%	600,000	360,000	640,000	100.000%

① 이익의 계산과정은 생략하고 이 책에서 말하는 방식으로 감자에 따른 이익을 분석해 보면 다음과 같게 된다. 증자에서도 본 바와 같이 이와 같은 이익계산 방식은 얻은 이익이 분여한 이익이 됨을 명확히 할 수 있을 뿐만 아니라 다음에 보는 분여한 이익의 귀속자를 찾는 데도 유용하다.

구분	감자 전		감자금액 ②	계 ③ (① − ②)	감자 후		증감 (④ − ③)
주주	1주당	평가액 ①			1주당	평가액 ④	
甲㈜	8,000	3,200,000,000	960,000,000	2,240,000,000	10,250	1,640,000,000	▲600,000,000
乙		2,400,000,000	−	2,400,000,000		3,075,000,000	675,000,000
丙		1,600,000,000	480,000,000	1,120,000,000		820,000,000	▲300,000,000
丁㈜		800,000,000	−	800,000,000		1,025,000,000	225,000,000
계		8,000,000,000	1,440,000,000	6,560,000,000		6,560,000,000	0

② 주주별 얻은 이익과 분여한 이익을 다음과 같이 계산할 수 있다.

분여한 이익				얻은 이익			
주주	주주별	금액	계	주주	주주별	금액	계
甲㈜	乙에게	450,000,000	600,000,000	乙	甲㈜으로부터	450,000,000	675,000,000
	丁㈜에게	150,000,000			丙으로부터	225,000,000	
丙	乙에게	225,000,000	300,000,000	丁㈜	甲㈜으로부터	150,000,000	225,000,000
	丁㈜에게	75,000,000			丙으로부터	75,000,000	

③ 익금 및 수익, 증여재산가액은 다음과 같다.

甲㈜이 특수관계에 있는 乙과 丁㈜에게 분여한 이익은 법인세법 시행령 제88조 제1항 제8호 (다)목의 이익분여 행위로 부당행위계산에 해당된다. 丁㈜이 얻은 이익은 특수관계인인 甲㈜으로부터 얻은 이익과 특수관계인이 아닌 丙으로부터 얻은 이익이므로 丁㈜이 얻은 이익 중 특수관계인인 甲㈜으로부터 얻은 이익은 법인세법 시행령 제11조 제8호(수익)의 분여받은 이익으로 수익에 해당된다. 한편, 乙이 얻은 이익 중 특수관계에 있는 甲㈜으로부터 얻은 이익에 대해서만 증여재산가액이 된다.

분여한 이익				얻은 이익			
주주	주주별	금액	유형	주주	주주별	금액	유형
甲㈜	乙에게	450,000,000	익금	乙	甲㈜으로부터	450,000,000	증여재산가액
	丁㈜에게	150,000,000	익금		丙으로부터	225,000,000	–
丁	乙에게	225,000,000	–	丁㈜	甲㈜으로부터	150,000,000	수익
	丁㈜에게	75,000,000	–		丙으로부터	75,000,000	–

* 주주 甲㈜과 乙, 丁㈜은 법인세법과 상속증여세법상 특수관계인이다.

관련규정 및 예규판례

1. 포합주식은 부당성 여부 등 예외규정을 두지 아니하였는바, 포합주식에 대한 무상감자가 이루어졌더라도 무상감자된 가액을 포합주식의 취득가액에서 제외하여야 하는 것은 아니므로 유상증자로 취득한 주식가액과 감자된 가액을 포합주식의 취득가액에서 제외할 수는 없다.

2. 청산소득 계산 시 합병대가에 가산할 포합주식 취득가액은 청구법인이 소유한 ○○○ 포합주식 취득가액이 되어야 할 것인바, 청구법인이 소유한 ○○○의 포합주식의 취득가액은 합병대가이므로 ○○○의 청산소득에 대한 법인세를 과세하면서 ○○○가 소유한 포합주식을 포함하여 과세한 처분은 부당하다(국심 2004부2271, 2006.3.10.).

① 전시 법인세법 제80조에 피합병법인의 청산소득금액은 피합병법인의 주주 등이 합병법인으로부터 받은 합병대가의 총합계액에서 합병등기일 현재 피합병법인의 자기자본총액을 공제한 금액으로 하되, 합병대가의 총합계액에 합병법인이 합병등기일 2년 이내에 취득한 피합병법인의 주식, 즉 포합주식의 취득가액을 가산하도록 규정되어 있고, 동 포합주식에 대해 주식을 교부한 경우에는 당해 포합주식의 취득가액에서

교부한 주식의 가액을 공제한 금액을 가산하도록 규정되어 있음.

② 포합주식과 관련된 규정으로 1998.12.28. 개정 전 법인세법 제44조 및 같은 법 시행령 제117조의2에서는 포합주식에 대해 "합병법인이 합병 전에 취득한 피합병법인의 주식"이라고 규정하고 "그 취득으로 인하여 피합병법인의 청산소득이 부당히 감소되는 것으로 인정되는 때에는 포합주식 취득가액은 합병교부금으로 보고 청산소득을 계산한다"고 규정하여 "부당성 여부"가 포함되어 있었으나, 1998.12.28. 전면 개정된 법인세법 제80조에서는 포합주식에 대해 "합병법인이 합병등기일 전 2년 이내에 취득한 피합병법인의 주식"이라고 규정하고 "부당성 여부" 등 예외규정을 두지 아니하였는바, 포합주식의 취득사유에 따라 그 취득가액을 합병대가에 가산하여야 하는지 여부가 결정되는 것도 아니고, 포합주식에 대해 무상감자가 이루어졌다고 하더라도 동 무상감자된 가액을 포합주식의 취득가액에서 제외하여야 하는 것도 아니다.

3 | 신주의 인수 및 발행과 부당행위계산

(1) 신주의 고가인수와 부당행위계산

신주인수에 따르는 부당행위계산에서 법인세법 시행령 제88조 제1항 제1호(신주의 고가인수와 자산의 고가매입)는 신주인수행위를 투자와 피투자의 관계로 보았을 때 투자자의 입장에서 신주인수행위는 자산(투자유가증권 등)의 매입에 해당한다. 신주인수행위가 법인세법 시행령 제88조 제1항 제8호 (나)목(신주의 고가인수와 불균등증자)에도 해당되고 시행령 제88조 제1항 제1호에 해당되는 경우 부당행위계산을 적용하는데 있어 살펴보아야 할 문제가 있다. 이와 같은 문제는 신주의 인수행위가 법인세법 시행령 제11조 제8호(법인세법 시행령 제88조 제1항 제8호 각 목의 규정에 의한 자본거래로 인하여 특수관계인으로부터 분여받은 이익)의 적용에서도 마찬가지이다. '신주인수와 부당행위계산'에서는 이들의 관계와 세법적용의 문제점을 살펴보기로 한다. 신주인수에 대해 상법에서는 회사의 성립 후 신주를 발행하는 경우에 다른 사람에 우선하여 신주를 인수할 수 있는 권리를 신주인수권이라고 한다. 상법 제418조에 따르면 주주는 그가 가진 주식 수에 따라서 신주의 배정을 받을 권리가 있으며 정관에 정하는 바에 따라 주주 외의 자에게 신주를 배정할 수 있도록 되어 있다. 따라서 상법은 주주의 평등원칙으로 신주인수권을 가지지만 정관에 의하여 이를 제한하거나 특정한 제3자에게 이를 부여할 수 있도록 하고 있다.

신주의 액면 미달 발행에 대해서는 엄격히 제한하고 있다. 주식은 액면미달의 가액으로 발행하지 못하나(상법 제330조 액면 미달 발행의 제한) 회사가 성립한 날로부터 2년을 경과한 후에 주식을 발행하는 경우에는 회사는 주주총회의 결의와 법원의 인가를 얻어서 주식을 액면 미달의 가액으로 발행할 수 있다(상법 제417조 액면 미달의 발행).

신주의 고가인수행위에 대한 부당행위계산은 법인세법 시행령 제88조 제1항 제1호(자산을 시가보다 높은 가액으로 매입…)와 제8호 (나)목(…신주를 시가보다 높은 가액으로 인수하는 경우)에 해당되는데, 법인세법 시행령 제88조 제1항 제8호 (나)목에 대해서는 위에서 살펴보았다. 법인세법 시행령 제88조 제1항 제8호 (나)목은 주주와 주주 사이의 이익분여에 대한 부당행위계산이고 법인세법 시행령 제88조 제1항 제1호 (자산의 고가매입)는 투자자와 피투자자의 관계로서 일반 자산의 매입과 같이 신주인수행위를 자산의 매입으로 보는 부당행위계산에 대한 것이라고 했다.

이와 같은 신주의 고가인수행위에 대해 다음에 보는 2건의 판결 사례를 살펴볼 필요가 있다. 대법원(대법원 2002두7005, 2004.2.13.)은 "신주인수는 투자자산의 매입에 해당하므로 손익거래뿐 아니라 신주인수행위와 같은 자본거래도 소득금액에 영향을 미치는 한, 그 행위가 부당행위계산의 거래유형에 해당하거나 이에 준하는 행위 또는 계산으로서 법인의 이익을 분여하였다고 볼 수 있는 경우에는 부인의 대상이 된다(이하 "판결 1"이라 한다)."고 하였다. 한편, 실권주의 고가인수에 대해, 대법원(대법원 2012두23488, 2014.6.26.)은 구 법인세법 시행령 제88조 제1항 제1호를 적용하여 부당행위계산 부인을 할 수는 없고, 다만 신주의 고가인수로 인하여 이익을 분여받은 다른 주주가 특수관계자인 경우에 구 법인세법 시행령 제88조 제1항 제8호 (나)목을 적용하여 부당행위계산 부인을 할 수 있을 뿐이라고 하였다(이하 "판결 2"라 한다).

위에서 본 2건의 판결(판결 1 및 판결 2)에서 신주의 고가인수행위를 부당행위계산에 적용하는 경우 제1호로 할 것인가, 제8호 (나)목으로 할 것인가 아니면 둘 다 각각 적용할 것인가 하는 등의 문제가 될 수 있다. 또한 신주의 고가인수에 있어 법인세법 시행령 제88조 제1항 제1호와 제8호 (나)목과 법인세법 시행령 제11조 제8호(분여받은 이익의 익금)가 각각 무엇을 의미하는지에 대해서도 알아본다.

다음의 사례에서 법인세법 시행령 제88조 제1항 제1호(신주의 고가인수와 자산의 고가매입) 및 시행령 제88조 제1항 제8호 (나)목(신주의 고가인수와 불균등증자)과 법인세법 시행령 제11조(수익의 범위) 제8호의 금액을 각각 계산해 보자.

사례 4 신주의 고가인수와 부당행위계산

시가보다 높은 가액으로 신주를 발행한 법인(M법인)은 실권주를 배정하는 경우와 실권주를 배정하지 않는 경우로 나누어 볼 수 있다.

증자와 관련된 자료는 다음과 같다. 증자 전 발행주식총수 1,000,000주(1주당 액면가 5,000원, 1주당 평가액 4,000원), 1주당 신주발행가액 8,000원. 주주 甲㈜은 M법인의 최대주주이다.

| 실권주를 배정(특정인 1인)한 경우의 증자내용 |

구분	증자 전		균등배정 주식수 ①	증자내역			증자 후	
주주	발행주식 총수(A)	지분율		실권주수 ②	재배정 주수 ③	증자주식수(B) (① − ② + ③)	발행주식 총수 (A + B)	지분율
甲㈜	400,000	40%	800,000	−	1,000,000	1,800,000	2,200,000	73.3%
乙㈜	300,000	30%	600,000	600,000	−	−	300,000	10.0%
丙	200,000	20%	400,000	400,000	−	−	200,000	6.7%
丁	100,000	10%	200,000	−	−	200,000	300,000	10.0%
계	1,000,000	100%	2,000,000	1,000,000	1,000,000	2,000,000	3,000,000	100.0%

| 실권주를 배정(특정인 2인)한 경우의 증자내용 |

구분	증자 전		균등배정 주식수 ①	증자내역			증자 후	
주주	발행주식 총수(A)	지분율		실권주수 ②	재배정 주수 ③	증자주식수(B) (① − ② + ③)	발행주식 총수 (A + B)	지분율
甲㈜	400,000	40%	800,000	−	600,000	1,400,000	1,800,000	60.0%
乙㈜	300,000	30%	600,000	600,000	−	−	300,000	10.0%
丙	200,000	20%	400,000	400,000	−	−	200,000	6.7%
丁	100,000	10%	200,000	−	400,000	400,000	700,000	23.3%
계	1,000,000	100%	2,000,000	1,000,000	1,000,000	2,000,000	3,000,000	100.0%

| 실권주를 배정하지 않은 경우의 증자내용 |

구분	증자 전		균등배정 주식수 ①	증자내역			증자 후	
주주	발행주식 총수(A)	지분율		실권주수 ②	재배정 주수 ③	증자주식수(B) (① − ② + ③)	발행주식 총수 (A+B)	지분율
甲㈜	400,000	40%	800,000	−	−	800,000	1,200,000	60.0%
乙㈜	300,000	30%	600,000	600,000	−	−	300,000	15.0%
丙	200,000	20%	400,000	400,000	−	−	200,000	10.0%
丁	100,000	10%	200,000	−	−	200,000	300,000	15.0%
계	1,000,000	100%	2,000,000	1,000,000	−	1,000,000	2,000,000	100.0%

M법인의 증자와 관련하여 甲㈜의 신주인수에서 다음 관계를 확인할 수 있다.

구분	실권주 배정(특정인 1인)		실권주 배정(특정인 2인)		실권주 불배정	
인수한 신주총수	배정주식	실권주	배정주식	실권주	배정주식	실권주
	800,000	1,000,000	800,000	400,000	800,000	−
증자 전 1주당 평가액	4,000		4,000		4,000	
신주 1주당 인수가액	8,000		8,000		8,000	
증자 후 1주당 평가액	6,667		6,667		6,000	

① 이익의 계산과정은 생략하고 이 책에서 말하는 분여한 이익과 얻은 이익의 계산방식으로 증자에 따른 이익을 분석하면 주주 甲㈜과 丁이 분여한 이익과 乙㈜과 丙이 얻은 이익은 각각 다음과 같이 계산된다.

| 실권주를 배정(특정인 1인)한 경우 |

구분	증자 전		증자금액 ②	계 ③	증자 후		증감
주주	1주당	평가액 ①		(① + ②)	1주당	평가액 ④	(④ − ③)
甲㈜	4,000	1,600,000,000	14,400,000,000	16,000,000,000	6,667	14,666,666,667	−1,333,333,333
乙㈜		1,200,000,000	−	1,200,000,000		2,000,000,000	800,000,000
丙		800,000,000	−	800,000,000		1,333,333,333	533,333,333
丁		400,000,000	1,600,000,000	2,000,000,000		2,000,000,000	−
계		4,000,000,000	16,000,000,000	20,000,000,000		20,000,000,000	0

| 실권주를 배정(특정인 2인)한 경우 |

구분	증자 전		증자금액 ②	계 ③	증자 후		증감
주주	1주당	평가액 ①		(① + ②)	1주당	평가액 ④	(④ − ③)
甲㈜	4,000	1,600,000,000	11,200,000,000	12,800,000,000	6,667	12,000,000,000	−800,000,000
乙㈜		1,200,000,000	−	1,200,000,000		2,000,000,000	800,000,000
丙		800,000,000	−	800,000,000		1,333,333,333	533,333,333
丁		400,000,000	4,800,000,000	5,200,000,000		4,666,666,6667	−533,333,333
계		4,000,000,000	16,000,000,000	20,000,000,000		20,000,000,000	0

| 실권주를 배정하지 않은 경우 |

구분	증자 전		증자금액 ②	계 ③	증자 후		증감
주주	1주당	평가액 ①		(① + ②)	1주당	평가액 ④	(④ − ③)
甲㈜	4,000	1,600,000,000	6,400,000,000	8,000,000,000	6,00	7,200,000,000	−800,000,000
乙㈜		1,200,000,000	−	1,200,000,000		1,800,000,000	600,000,000
丙		800,000,000	−	800,000,000		1,200,000,000	400,000,000
丁		400,000,000	1,600,000,000	2,000,000,000		1,800,000,000	−200,000,000
계		4,000,000,000	8,000,000,000	12,000,000,000		12,000,000,000	0

□ 사례분석

(1) 위에서 계산한 금액에 따라 법인세법 시행령 제88조 제1항 제8호 (나)목(신주의 고가인수와 불균등증자)과 법인세법 시행령 제11조(수익의 범위) 제8호의 이익을 다음과 같이 계산할 수 있다.

주주 甲㈜과 丁이 乙㈜ 및 丙과 특수관계인이 아닌 경우는 주주 甲㈜이 분여한 이익은 특수관계인에게 분여한 이익이 아니기 때문에 부당행위계산 부인 금액은 없다. 또한 주주 乙㈜이 분여받은 이익도 수익에 해당되지 않는다. 주주 甲㈜과 丁이 乙㈜ 및 丙과 특수관계인인 경우 甲㈜이 분여한 이익과 乙㈜이 분여받은 이익은 각각 다음과 같이 계산된다.

① 실권주를 배정(특정인 1인)한 경우

주주 甲㈜이 분여한 총이익 1,333,333,333원은 乙㈜에게 800,000,000원, 丙에게 533,333,333원을 각각 분여하였다.

따라서 주주 甲㈜이 분여한 이익 중 특수관계인인 주주 乙㈜에게 분여한 이익 800,000,000원은 법인세법 시행령 제88조 제1항 제8호 (나)목에 의한 부당행위계산에 해당된다. 한편, 주주 乙㈜이 분여받은 이익 800,000,000원은 특수관계인 甲㈜으로부터 분여받은 이익이므로 법인세법 시행령 제11조 제8호의 수익(익금)에 해당된다.

② 실권주를 배정한 경우(특정인 2인) 甲㈜이 분여한 이익

주주 甲㈜이 분여한 총이익은 800,000,000원이다. 분여한 이익을 다음과 같이 배분할 수 있다.

- 甲㈜이 乙㈜에게 분여한 이익: 甲㈜이 분여한 총이익 800,000,000원 × (乙㈜이 얻은 이익 800,000,000원 ÷ 얻은 총이익 1,333,333,333원) = 480,000,000원
- 甲㈜이 丙에게 분여한 이익: 甲㈜이 분여한 총이익 800,000,000원 × (丙이 얻은 이익 533,333,333원 ÷ 얻은 총이익 1,333,333,333원) = 320,000,000원

따라서 주주 甲㈜이 분여한 이익 800,000,000원 중 특수관계인인 주주 乙㈜에게 분여한 이익 480,000,000원은 법인세법 시행령 제88조 제1항 제8호 (나)목에 의한 부당행위계산에 해당된다.

한편, 주주 乙㈜이 분여받은 총이익 800,000,000원은 다음과 같이 배분된다.

- 乙㈜이 甲㈜으로부터 분여받은 이익: 乙㈜이 분여받은 총이익 800,000,000원 × (甲㈜이 분여한 이익 800,000,000원 ÷ 분여한 총이익 1,333,333,333원) = 480,000,000원
- 乙㈜이 丁으로부터 분여받은 이익: 乙㈜이 분여받은 총이익 800,000,000원 × (丁이 분여한 이익 533,333,333원 ÷ 분여한 총이익 1,333,333,333원) = 320,000,000원

따라서 주주 乙㈜이 분여받은 이익 800,000,000원은 특수관계인 甲㈜과 丁으로부터

각각 분여받은 이익으로 법인세법 시행령 제11조 제8호의 수익(익금)에 해당된다.

③ 실권주를 배정하지 않은 경우 甲㈜이 분여한 이익

주주 甲㈜이 분여한 총이익 800,000,000원을 배분하면 다음과 같게 된다.

- 甲㈜이 乙㈜에게 분여한 이익: 甲㈜이 분여한 총이익 800,000,000원 × (乙㈜이 얻은 이익 600,000,000원 ÷ 얻은 총이익 1,000,000,000원) = 480,000,000원
- 甲㈜이 丙에게 분여한 이익: 甲㈜이 분여한 총이익 800,000,000원 × (丙이 얻은 이익 400,000,000원 ÷ 얻은 총이익 1,000,000,000원) = 320,000,000원

따라서 주주 甲㈜이 분여한 이익 800,000,000원 중 특수관계인인 주주 乙㈜에게 분여한 이익 480,000,000원은 법인세법 시행령 제88조 제1항 제8호 (나)목에 의한 부당행위계산에 해당된다.

한편, 주주 乙㈜이 분여받은 총이익 600,000,000원은 다음과 같이 배분된다.

- 乙㈜이 甲㈜으로부터 분여받은 이익: 乙㈜이 분여받은 총이익 600,000,000원 × (甲㈜이 분여한 이익 800,000,000원 ÷ 분여한 총이익 1,000,000,000원) = 480,000,000원
- 乙㈜이 丁으로부터 분여받은 이익: 乙㈜이 분여받은 총이익 600,000,000원 × (丁㈜이 분여한 이익 200,000,000원 ÷ 분여한 총이익 1,000,000,000원) = 120,000,000원

따라서 주주 乙㈜이 분여받은 이익 600,000,000원은 특수관계인 甲㈜과 丁으로부터 각각 분여받은 이익으로 법인세법 시행령 제11조 제8호의 수익(익금)에 해당된다.

위의 계산결과를 법인세법 시행령 제88조 제1항 제8호 (나)목의 부당행위계산 부인 금액과 법인세법 시행령 제11조 제8호의 수익(익금)을 정리하면 다음과 같게 된다.

| 법인세법 시행령 제88조 제1항 제8호 (나)목의 부당행위계산 부인 금액 |

구분	실권주 배정(특정인 1인)		실권주 배정(특정인 2인)		실권주 불배정	
인수한 신주총수	배정주식	실권주	배정주식	실권주	배정주식	실권주
	800,000	1,000,000	800,000	600,000	800,000	-
부당행위계산 부인 금액(1)	480,000,000		?		-	
부당행위계산 부인 금액(2)	800,000,000		480,000,000		480,000,000	

* 부당행위계산 부인 금액(1): 실권주만 고가인수에 따른 부당행위계산 부인 금액
  부당행위계산 부인 금액(2): 신주인수 전부의 고가인수에 따른 부당행위계산 부인 금액

| 법인세법 시행령 제11조 제8호의 수익(익금) |

구분	실권주 배정(특정인 1인)		실권주 배정(특정인 2인)		실권주 불배정	
인수한 신주총수	배정주식	실권주	배정주식	실권주	배정주식	실권주
	800,000	1,000,000	800,000	400,000	800,000	-
수익(1)	800,000,000		480,000,000		480,000,000	
수익(2)	-		320,000,000		120,000,000	
계	800,000,000		800,000,000		600,000,000	

* 수익(익금)(1): 甲㈜으로부터 분여받은 이익
  수익(익금)(2): 丁으로부터 분여받은 이익

(2) 법인세법 시행령 제88조 제1항 제1호(자산의 고가매입)

주주 甲㈜과 M법인은 특수관계인이다. 주주 甲㈜이 M법인의 발행주식을 고가로 인수한 행위는 자산의 고가매입에 해당되므로 부당행위계산부인 금액은 다음과 같이 계산된다(익금·손금 유보).

(신주 1주당 인수가액 8,000원 － 증자 후 1주당 평가액 ×××원)

× 인수한 신주수 ×××주 ＝ 부당행위계산 부인 금액

구분	실권주 배정(특정인 1인)		실권주 배정(특정인 2인)		실권주 불배정	
인수한 신주총수	배정주식	실권주	배정주식	실권주	배정주식	실권주
	800,000	1,000,000	800,000	400,000	800,000	-
부당행위계산 부인 금액(1)	1,333,333,333		800,000,000		-	
부당행위계산 부인 금액(2)	1,066,666,667		1,066,666,667		1,600,000,000	
계	2,400,000,000		1,866,666,667		1,600,000,000	

* 부당행위계산 부인 금액(1): 실권주만 고가인수에 따른 부당행위계산 부인 금액
  부당행위계산 부인 금액(2): 신주 배정주식만 고가인수에 따른 부당행위계산 부인 금액

(1)-1. 신주의 고가인수와 부당행위계산

위의 사례에서 보면 법인세법 시행령 제88조 제1항 제1호와 제8호 (나)목과 법인세법 시행령 제11조 제8호의 관계를 다음과 같이 볼 수 있다.

(가) 과세요건의 차이

① 이익을 분여한 자와 분여받은 자와의 관계

법인세법 시행령 제88조 제1항 제8호 (나)목은 주주 甲㈜과 주주 丙㈜ 사이와 주주 丁과 주주 丙㈜ 사이의 이익분여 행위이고 시행령 제88조 제1항 제1호는 투자자산을 매입한 주주 甲㈜과 신주발행법인 M법인과의 관계이므로 과세요건이 서로 다르다.

즉 제8호 (나)목은 이익을 분여한 자가 주주 甲㈜과 주주 丁이며 이익을 분여받은 자는 주주 丙㈜으로 이때 甲㈜과 丁으로부터 분여받은 이익은 丙㈜의 수익(익금)이 된다. 제1호는 이익을 분여한 자가 주주 甲㈜이며 이익을 분여받은 자는 M법인으로 이익을 분여한 주주 甲㈜에서만 보면 제8호 (나)목과 같으나 이때 甲㈜으로부터 분여받은 이익은 M법인의 익금이 되지 않는다(자본거래의 결과 거래상대방에게 분여된 이익이 과세소득을 구성하는지 여부를 불문하고 당해 법인의 행위계산이 시행령 소정의 거래형태를 남용하여 조세의 부담을 부당하게 회피하거나 경감시켰다고 인정되는 경우라면 부당행위계산으로서 부인의 대상이 된다(서울행법 2001구419, 2001.7.24.).

② 차액비율 및 금액의 충족 여부

법인세법 시행령 제88조 제1항 제8호 (나)목은 차액비율 30% 이상 또는 3억원 이상이나 제1호는 차액비율 5% 이상 또는 3억원 이상이면 충족한다.

③ 불균등증자 및 균등증자의 여부

법인세법 시행령 제88조 제1항 제8호 (나)목은 신주를 시가보다 높은 가액으로 발행하는 경우로서 불균등증자일 경우에만 해당되며 균등증자일 경우에는 해당되지 않는다. 그러나 제1호는 불균등증자와 균등증자 여부를 불문하고 신주를 시가보다 높은 가액으로 발행하는 경우에 해당된다.

④ 특수관계인 상대방

법인세법 시행령 제88조 제1항 제8호 (나)목은 주주 사이에 특수관계가 성립되어야 하며 주주 사이에 특수관계가 성립되지 않을 경우에는 과세요건이 충족되지 않는다.

그러나 제1호는 주주 사이에 특수관계인의 성립 여부와는 관계없으며 신주 인수자와 M법인과 특수관계인이 성립하면 된다. 따라서 특수관계인의 상대방이 서로 다르다.

(나) 중복과세의 문제

법인세법 시행령 제88조 제1항 제8호 (나)목에 의한 부당행위계산 부인 금액과 제1호에 의한 부당행위계산 부인 금액의 중복과세 문제이다. 甲㈜의 신주 고가인수행위에 대해 제8호 (나)목과 제1호를 각각 적용할 경우 중복과세문제가 발생할 수 있다. 과세요건이 서로 다르기는 하나 동일한 소득(신주의 고가인수에 따른 과세소득)에 대해 이중으로 과세를 하게 되는 경우가 될 수 있으므로 중복과세문제에 대한 조정은 필요해 보인다. 부당행위계산 부인 금액의 소득처분의 중복과세문제는 뒤에서(4. 신주의 고가인수와 소득처분) 살펴본다.

(1)-2. 신주의 고가인수와 부당행위계산에 대한 대법원의 판단

① ≪**판결 1**≫

≪판결 1≫은 실권주식과 당초 주주에게 배정된 주식을 포함하여 신주를 고가인수한 행위는 법인세법 시행령 제88조 제1항 제1호의 자산의 고가매입에 해당된다. 대법원(대법원 2002두7005, 2004.2.13.)은 기발행주식의 평가액이 사실상 0원인 특수관계자의 유상증자에 참여하여 액면가액대로 신주를 인수한 후 신주가액 전액을 투자주식감액손실로 회계처리한 다음 취득가액의 약 2%에 불과한 대가로 양도하여 위 투자주식감액손실액을 손금산입한 행위에 대해 "신주인수의 법률적 성질이 상법상으로는 사원관계의 발생을 목적으로 하는 입사계약으로 인정되고, 상법 제417조의 규정에 의하여 신주의 액면 미달 발행이 엄격하게 제한되어 신주를 인수하고자 할 때에 그 액면가액대로 인수할 수밖에 없다고 할지라도, 세무회계상 타법인발행의 신주인수는 투자자산의 매입에 해당하므로 신주발행 당시 발행회사의 자산상태 등의 평가에 의한 신주의 정당한 평가가액과 신주 인수가액과의 차액을 비교하여 부당행위계산부인의 대상이 되는 고가 매입 여부를 따져 보아야 한다(≪판결 1-1≫ 참조). 따라서 손익거래뿐 아니라 신주인수행위와 같은 자본거래도 소득금액에 영향을 미치는 한, 그 행위가 부당행위계산의 거래유형에 해당하거나 이에 준하는 행위 또는 계산으로서 법인의 이익을 분여하였다고 볼 수 있는 경우에는 부인의 대상이 된다."고 판시하고 있다.

≪판결 1-1≫ 그룹 내 계열회사의 신주발행 시 주식의 평가액이 액면가액에 현저히 미달함으로 인하여 발생한 실권주식과 당초 주주에게 배정된 주식을 포함하여 액면가액으로 인수한 후 액면가액에 훨씬 미달하는 가액으로 양도하고 그 차액을 투자자산처분손실로 처리한 사건에 대해 대법원(대법원 88누7255, 1989.12.22.)은 신주인수의 법률적 성질이 상법상으로는 사원관계의 발생을 목적으로 하는 입사계약으로 인정되고, 상법 제417조의 규정에 의하여 신주의 액면 미달발행이 엄격하게 제한되어 신주를 인수하고자 할 때에 그 액면가액대로 인수할 수밖에 없다고 할지라도, 세무회계상 타법인 발행의 신주인수는 투자자산의 매입에 해당하므로 신주발행 당시 발행회사의 자산상태 등의 평가에 의한 신주의 정당한 평가가액과 신주인수가액과의 차액을 비교하여 고가매입 여부를 따져 보아야 한다. 법인이 출자하고 있는 타법인에 대하여 상법상 타당한 증자절차를 밟아 다시 출자하는 경우에 그 타법인이 결손누적으로 순자산가액이 전무한 상태이더라도 당해 출자에 대하여 부당행위계산의 부인에 관한 법인세법 제 20조의 규정을 적용하지 아니한다는 재무부장관의 예규가 있었다는 사실만으로 비과세의 관행이 있었다고 할 수는 없다.

한편, 법인세법 시행령 제88조 제1항 제1호는 특수관계인인 주주와 신주발행법인 간의 거래이고 제8호 (나)목은 주주와 주주 간의 거래라고 하면서(서울행법 2001구419, 2001.7.24.), "1998.12.28. 대통령령 제15790호로 개정된 법인세법 시행령 제88조 제1항 제8호 (나)목에서 자본거래로 인하여 주주 등인 법인이 특수관계인인 다른 주주 등에게 이익을 분여한 경우를 부당행위계산의 구체적인 유형에 추가하였다고 하여 달리 볼 것은 아니다. 즉 종전의 구 법인세법이 시행되던 당시에도 위와 같이 특수관계인인 주주 간의 자본거래가 아닌 주주와 신주발행법인 사이의 자본거래로서 같은 법 시행령 소정의 거래유형에 해당하거나 이에 준하는 행위 또는 계산으로서 법인의 이익을 분여하여 조세의 부담을 부당하게 감소시킨 것으로 인정되는 경우라면 부당행위계산으로서의 부인대상에 해당한다."고 판시하고 있다. 또 다른 사건 ≪판결 1-2≫에서도 배정받은 주식의 고가인수 및 실권주의 고가인수에 대해 대법원(대법원 2007두5363, 2009.11.26.)은 구 법인세법 시행령 제46조 제2항 제4호 소정의 '출자자 등으로부터 자산을 시가를 초과하여 매입한 경우'에 준하는 행위로서 부당행위계산에 해당된다고 하였다. ≪판결 1≫ 및 ≪판결 1-1≫과 ≪판결 1-2≫는 모두 신주의 고가 발행으로 실권주식과 당초 주주에게 배정된 주식을 함께 인수했으며 불균등증자에 해당된다.

한편, 다른 사건 ≪판결 1-3≫에서는 유상증자(균등증자)에 참여하여 신주를 고가로 인수한 주주가 주식발행법인에 이익을 분여한 것으로 보아 구 법인세법 시행령 제88조 제1항 제8호의2 규정을 적용하여 부당행위계산 부인의 대상이 된다는 과세관청의 주장에 대해 대법원(대법원 2018두56602, 2020.12.10.)은 구 법인세법 시행령 제88조 제1항 제8호는 주주 상호 간의 이익분여에 관한 규정임이 문언상 명백하고 시행령 제88조 제1항 제8호의2의 규정은 제8호를 보완하여 제8호에 규정되지 않은 새로운 유형의 행위에 대처하기 위한 것으로 보이므로 이 사건에서 법인세법시행령 제88조 제1항 제8호의2는 신주를 고가인수한 주주가 주식발행법인에 이익을 분여한 것으로 보아 적용할 수 있는 규정으로 보기는 어렵다. 법원(서울고법 2017누82712, 2018.8.22.)은 이 사건에서 자본잠식 상태에 있거나 재무상태가 매우 악화된 법인의 경우 주식의 시가가 0원이거나 이에 근접할 정도로 하락할 수 있고, 이러한 경우 법인으로서는 그 시가보다 훨씬 높은 가액으로 주식을 발행할 수밖에 없는데, 이러한 경우 주주가 신주를 고가로 인수함으로써 신주발행법인에 이익을 분여하였다고 보고 부당행위계산 부인 규정인 이 사건 규정을 적용한다면 법인으로서는 사실상 추가 자금조달이 어려워지게 되고, 이로 인하여 계속하여 사업활동을 할 수 있는 기회를 상실하게 된다.

≪판결 1-3≫은 균등증자에 해당되면서 신주의 고가 발행에 해당되는 자본거래이다. 신주를 고가인수한 주주가 주식발행법인에게 이익을 분여한 이 사건을 과세관청은 투자자산의 고가 매입(제1호)이 아닌 법인세법 시행령 제88조 제1항 제8호의2(불균등증자에 따른 이익분여)를 적용한 것은 잘못된 법령 적용이라는 것이다.

② ≪**판결 2**≫

≪판결 2≫는 당초 주주에게 배정된 주식과 실권주식을 포함하여 신주를 고가로 인수한 후 인수한 주식 전부를 매각하면서 주식처분 손실을 익금산입(원고는 신주의 취득 시점에 실권주에 대해서만 구 법인세법 시행령 제88조 제1항 제8호 나목에 따라 부당행위계산 부인을 하여 인수가액과 시가의 차액을 익금산입하여 기타 사외유출로 처분하고 동시에 손금산입하여 유보로 처분하였다)한 것에 대해 과세관청은 원고가 이미 신고한 차액(신주 인수가액 - 시가)을 공제하여 분여이익을 산정하고 나머지 부분에 대해 법인세법 시행령

제88조 제1항 제1호를 적용하여 익금산입(처분손실의 손금부인)한 사건에 대해, 대법원(대법원 2012두23488, 2014.6.26.)은 법인세법 시행령 제88조 제1항 제1호를 적용할 수 없고, 법인세법 시행령 제88조 제1항 제8호 (나)목에 해당된다고 하면서 실권주의 고가인수에서 경제적 이익의 분여는 실권주 인수자와 실권주주 사이에 생기고 실권주를 발행한 법인은 그 이익을 주고받는 당사자가 될 수 없다. 즉 주주인 법인이 특수관계자인 다른 법인으로부터 그 발행의 신주를 시가보다 높은 가액으로 인수하였다고 하더라도 이를 '자산을 시가보다 높은 가액으로 매입하는 경우'로 보아 구 법인세법 시행령 제88조 제1항 제1호를 적용하여 부당행위계산부인을 할 수는 없고, 다만, 신주의 고가인수로 인하여 이익을 분여받은 다른 주주가 특수관계자인 경우에 구 법인세법 시행령 제88조 제1항 제8호 (나)목을 적용하여 부당행위계산 부인을 할 수 있을 뿐이다. 법인의 증자에 있어서는 실권주를 고가로 인수한 행위는 법인세법 시행령 제88조 제1항 제8호 (나)목이 적용되며 이와 다른 전제에서 실권주 인수자가 실권주 발행법인에 이익을 분여한 것으로 보고 구 법인세법 시행령 제88조 제1항 제1호를 적용한 이 사건 처분은 법령을 잘못 적용하여 위법하다.

(1)-3. 신주의 고가인수와 부당행위계산 적용규정의 문제

① 지금까지 분석한 내용들을 종합하여 다음과 같은 결론을 내릴 수 있겠다.

"신주인수는 투자자산의 매입에 해당하므로 손익거래뿐 아니라 신주인수행위와 같은 자본거래도 소득금액에 영향을 미치는 한, 그 행위가 부당행위계산의 거래유형에 해당하거나 이에 준하는 행위 또는 계산으로서 법인의 이익을 분여하였다고 볼 수 있는 경우에는 부인의 대상이 된다(≪판결 1≫).

투자자산의 경우 기본적인 세무조정은, 그 손익의 귀속시기는 그 자산을 양도하고 대금을 청산한 날이 속하는 사업연도이므로, 고가 매입의 경우 당해 자산을 양도하는 사업연도에 손익을 귀속시키기 위한 조정으로 세무회계처리는 매입연도에 시가 또는 정상가액을 초과하는 금액을 익금에 산입하여 법인세법시행령 제94조의2 제1항 제1호의 규정에 따라 소득처분하고, 동 금액을 손금에 산입하여 사내유보로 처분한 다음(따라서 매입연도에 있어서 법인세의 과세표준자체의 증감은 없게 된다) 그 자산을 양도한 때에 그 초과액을 익금에 산입하여 과세표준을 증액시키고 그 소득에 대하여는 사내유보로 처분하게 될 것이다(≪판결 1-1≫).

신주의 고가인수에는 당초 배정된 주식에 대한 고가인수와 실권주에 대한 고가인수로 나눌 수 있다. 신주의 고가인수에 따른 불균등증자는 실권주의 인수뿐만 아니라 실권주의 발생만으로도 불균등증자가 된다. 불균등증자에 해당되고 주주사이에 특수관계인이 존재하는 한 법인세법 시행령 제88조 제1항 제8호 (나)목에 따르는 부당행위계산 부인의 문제가 따르게 된다. 따라서 실권주의 고가인수는 투자산의 매입에 따르는 부당행위계산과 불균등증자에 따르는 부당행위계산이 동시에 적용될 수 있다.

위에서 본 ≪판결 1≫과 ≪판결 2≫는 신주의 고가인수행위에 대해 서로 다른 판단을 하고 있다. ≪판결 1≫과 ≪판결 2≫는 실권주의 고가인수행위와 당초 배정된 주식의 신주 고가인수행위가 복합된 사건이며, 고가로 인수한 신주를 처분하면서 처분손실이 발생한 거래이다. ≪판결 1≫은 실권주의 고가인수행위와 주주배정에 따른 신주 고가인수행위를 구분하지 않고 신주 고가인수행위 전부에 대해 법인세법 시행령 제88조 제1항 제1호를 적용하고 있다. ≪판결 2≫는 신주의 고가인수행위를 법인세법 시행령 제88조 제1항 제1호를 적용할 수 없고, 법인세법 시행령 제88조 제1항 제8호 (나)목에 해당된다는 것으로 실권주의 고가인수행위에 대해서만 판단한 것으로 보이고(불균등증자에 따른 부당행위계산) 주주배정에 따른 신주의 고가인수행위에 관한 판단은 아닌 것처럼 보인다. 판결의 결과로 보면 ≪판결 2≫가 당초 배정된 주식의 신주 고가인수행위가 아닌 실권주의 고가인수행위에 관해서만 판단한 것으로 본다고 하더라도 신주의 고가인수행위에 대한 ≪판결 2≫는 ≪판결 1≫과는 다른 판단을 하고 있다(≪판결 1≫에도 실권주가 있었으므로). 요약하자면 고가로 인수한 신주를 처분하면서 발생한 처분손실이 부당행위계산 대상이 되는지 여부에 대해 서로 다른 판단을 내리고 있는 것이 된다.

② 실권주의 고가인수(불균등증자에 따른 부당행위계산)행위에 대한 ≪판결 2≫에서 다음과 같은 문제점을 찾을 수 있겠다.

고가로 인수한 신주의 처분손실에 대한 부당행위계산의 문제는 법인세법 시행령 제88조 제1항 제1호와 연관 지어 볼 수는 있지만 불균등증자와는 연관될 수 없음에도 ≪판결 2≫는 고가로 인수한 신주의 처분손실을 불균등증자에 따른 부당행위계산의 문제와 연관을 짓고 있다. 그 밖에도 위의 사례에서 불균등증자에 따라 甲㈜이 분여한 이익을 부당행위계산 부인으로 할 경우 실권주를 배정(특정인 2인)한 경우가 480,000,000원이 되고 실권주를 배정하지 않은 경우도 480,000,000원이 된다. 여기서 주주배정의 신주만을 고가인수한 경우(실권주를 배정하지 않은 경우)의 분여한 이익이 480,000,00원이므로 실권주를 배정(특정인 2인)한 경우의 분여한 이익 480,000,000원이 실권주만의 고가인수에 따른 분여한 이익인지 주주배정에 따른 신주를 고가인수한 경우의 이익인지 구별할 수 없다. ≪판결 2≫로 본다면 주주배정이 아닌 실권주의 고가인수에 따른 분여한 이익만 부당행위계산 대상이 되는 것으로 보인다.

한편, 실권주를 배정(특정인 1인)한 경우의 분여한 이익의 합계 800,000,000원을 실권주만의 고가인수에 따른 분여한 이익 480,000,000원과 주주배정에 의한 신주 고가인수에 따른 분여한 이익 320,000,000원으로 나눌 수 있겠는데, ≪판결 2≫로 본다면 실권주의 고가인수에 따른 분여한 이익만 부당행위계산 대상이 되고 주주배정의 신주 고가인수에 따른 분여한 이익은 부당행위계산 대상이 되지 않는다는 것이 된다. ≪판결 2≫의 사건은 실권주를 배정하지 않아도 이미 불균등증자에 해당되어 부당행위계산 대상이 된다. 실권주를 배정하였다고 해서(실권주를 인수하였다고 해서) 불균등증자에 따른 부당행위계산 대상이 되는 것은 아니다. 불균등증자에 따른 부당행위계산은 신주의 고가 발행이 아닌 신주의 저가 발행의 경우에도 부당행위계산 대상이 된다(서울고법 2017누47207, 2017.12.20.).

법인세법 시행령 제88조 제1항 제8호는 불공정한 합병(가목), 불균등증자(나목), 불균등감자(다목)로 인하여 다른 주주에게 분여한 이익에 대한 부당행위계산 부인 규정이다. 이때 분여한 이익은 법인세법 시행령 제11조 제8호의 수익(익금)이 된다. 사례에서 실권주만을 인수한 경우의 분여한 이익(부당행위계산 부인 금액)은 실권주를 배정(특정인 1인)한 경우에만 480,000,000원이 되고 나머지의 경우는 발생되지 않는다. 그러나 실권주만을 인수한 경우의 분여받은 이익의 익금은 각각 800,000,000원, 480,000,000원, 480,000,000원으로 분여한 이익과 분여받은 이익이 같지 않다. 법인세법 시행령 제88조 제1항 제8호 (나)목의 "법인의 자본을 증가시키는 거래에 있어서 신주를 시가보다 높은 가액으로 인수하는 경우"에서 "신주를 시가보다 높은 가액으로 인수하는 경우"를 부당행위계산의 대상으로 삼고 있는데 "신주를 시가보다 높은 가액으로 인수하는 경우"는 균등증자가 아닌 불균등증자만 해당된다.

≪판결 2≫의 논점은 신주의 고가인수행위에서 불균등증자에 대해서만 법인세법 시행령 제88조 제1항 제8호 (나)목의 과세요건으로 삼고 있는 듯하다. 신주의 고가인수는 균등증자에 따른 신주의 인수도 해당되고 불균등증자에 따른 신주의 인수도 해당된다.

신주의 고가인수행위는 법인세법 시행령 제88조 제1항 제1호에도 해당되고, 법인세법 시행령 제88조 제1항 제8호 (나)목에도 해당된다.

대법원(대법원 93누1343, 1993.7.27.)은 "신주인수권을 포기한 주주에게 증여의사가 있었는지 여부에 관계없이 증여로 본다."고 하였다. 법인세법 시행령 제88조 제1항 제8호 (나)목은 불균등증자에서 이익을 분여한 자를 증여자로 보는데 있어 증여자인 법인주주에 대해 과세하는 방식이다. 따라서 법인세법 시행령 제11조 제8호(분여받은 이익의 익금)는 법인세법 시행령 제88조 제1항 제8호 (나)목에 따른 분여한 이익만 해당되고, 법인세법 시행령 제88조 제1항 제1호에 따른 분여한 이익은 해당되지 않는다. 경제적 합리성 유무에 따라 판단하는 부당행위계산에서 보면, 법인세법 시행령 제88조 제1항 제8호 (나)목에 따른 분여한 이익은 주주 사이에 특수관계인에 해당되기만 하면 경제적 합리성 유무에도 불구하고 부당행위계산 대상이 된다. 그러나 법인세법 시행령 제88조 제1항 제1호에 따른 분여한 이익은 경제적 합리성 유무에 관한 판단이 전혀 없다고 할 수 없을 것이다.

③ 결론적으로 "신주인수는 투자자산의 매입에 해당하므로 손익거래뿐 아니라 신주인수 행위와 같은 자본거래도 소득금액에 영향을 미치는 한(고가로 인수한 신주의 처분손실), 그 행위가 부당행위계산의 거래유형에 해당하거나 이에 준하는 행위 또는 계산으로서 법인의 이익을 분여하였다고 볼 수 있는 경우에는 부인의 대상이 되어야 한다. 법인세법 시행령 제88조 제1항 제1호를 적용함에 있어 이 규정은 부당행위계산 부인의 문제이므로 법인세법의 모든 부당행위계산은 경제적 합리성 유무에 따라 판단하고 있으므로 신주의 고가인수행위(균등증자에 따른 신주의 고가인수든 불균등증자에 따른 신주의 고가인수든) 그 자체를 부당행위계산 부인으로는 보는 데는 문제가 있을 것이나 법인세법 시행령 제88조 제1항 제8호 (나)목을 적용하는 데 있어 ≪판결 2≫는 사건의 내용으로 보면 반드시 경제적 합리성 유무에 따라 ≪판결 1≫과 다른 판단을 내린 것으로는 보이지 않는다. 그 이유는 고가로 인수한 신주의 처분손실과 불균등증자에 따른 부당행위계산은 연관될 수 없기 때문이다. 이와 같은 점으로 보아 법인세법 시행령 제88조 제1항 제1호와 제8호 (나)목의 적용 규정의 논란은 위의 신주의 고가인수와 부당행위계산에서 검토한 바와 같이 과세요건이 다르므로 각각 달리 적용되어야 할 세법규정이다.

(2) 신주의 저가 발행과 부당행위계산

(2) - 1. 신주인수권 포기와 부당행위계산

신주인수는 주주의 권리이지 의무는 아닌 것으로, 그에는 인수자금의 조달이라는 부담이 따르고 법령상의 제한 내지는 경제적 불이익이 수반되므로 신주인 수권을 포기한 것이 건전한 사회통념이나 상관행에 비추어 용인할 만한 상당한 사유가 있는 경우라면 부당행위계산 부인 규정을 적용할 수 없다(대법원 2004두6280, 2004.10.28.)(이 사건은 신주의 저가 발행으로서 불균등증자에 따른 분여한 이익에 대한 부당행위계산에 대한 것이 아니다). 대법원(대법원 96누9966, 1997.2.14.)은 "신주인수는 주주의 권리이지 의무는 아닌 것으로, 그에는 인수자금의 조달이라는 부담이 따르며 법인세법상 다른 법인 출자에 대한 지급이자 손금불산입, 증자소득공제의 배제 또는 상장법인의 경우에는 다른 법인에 대한 출자제한 등 법령상의 제한 내지는 경제적 불이익이 수반되므로 신주인수권을 포기한 것이 건전한 사회통념이나 상관행에 비추어 용인할 만한 상당한 사유가 있는 경우라면 부당행위계산 부인 규정을 적용할 수 없다. 따라서 신주인수권을 일부만 인수하고 나머지를 포기한 것은 원고와 증자회사에 대한 경영분석을 통하여 과중한 부채의 부담 및 법인세의 가중부담 등을 피하고 합리적인 투자 및 경영을 하기 위하여 행한 경제적 합리성이 있는 행위로서 건전한 사회통념이나 상관행에 비추어 용인할 만한 상당한 사유가 있다고 보이므로, 신주인수권 일부 포기를 구 법인세법 제20조 소정의 부당행위에 해당한다고 할 수 없다."고 판시하고 있다.

(2) - 2. 불균등증자와 부당행위계산

신주의 제3자 배정방식(불균등증자)의 저가 발행에 대해 법원(서울고법 2017누47207, 2017.12.20.)은 법인세법 시행령 제88조 제1항 제8호는 주주 상호 간의 이익 분여에 관한 규정임이 문언상 명백하고 제8호의2는 '제8호 외의 경우로서'라고 하여 문언 자체로 위 제8호의 규정을 보완하기 위한 것으로 볼 여지가 있다고 하면서, 신주를 제3자 배정방식을 통해 시가보다 낮은 가액으로 발행하는 경우 구주주가 기존에 보유하고 있던 주식의 가치가 낮아지게 되고, 이러한 경우 법인세법상 부당행위계산의 부인 규정을 적용하여 구주주가 신주주에게 이익을 분여하였다고 보는 것이므로, 제3자 배정방식이 구주주의 의사결정에 따른 것이 아니라고 하여 구주주가 이익 분여자가 아니라고 할 수는 없다.

4 | 신주의 고가인수와 소득처분

증자・감자에 따른 분여한 이익은 법인세법 제67조에 따라 익금에 산입한 금액은 그 귀속자 등에게 상여・배당・기타사외유출・사내유보로 처분한다. 소득처분에 대한 규정인 법인세법 시행령 제106조(1998.12.31. 전부 개정된 후) 제1항에 따르면 법인세법 제67조에 따라 익금에 산입한 금액은 다음 각 호의 구분에 따라 처분한다고 규정하면서, 제1호에서 익금에 산입한 금액(손금에 산입하지 아니한 금액을 포함)이 사외에 유출된 것이 분명한 경우에는 그 귀속자에 따라 다음 각 목에 따라 배당, 이익처분에 의한 상여, 기타소득, 기타 사외유출로 한다고 규정하고 있다. 그리고 제3호에서는 제1호에도 불구하고 다음 각 목의 금액은 기타 사외유출로 할 것을 규정하고, (자)목에서 "법인세법 시행령 제88조 제1항 제8호・제8호의2 및 제9호에 따라 익금에 산입한 금액으로서 귀속자에게 상속증여세법에 의하여 증여세가 과세되는 금액"을 들고 있다. 법인세법 시행령 제88조 제1항 제8호 (나)목(신주의 고가인수)의 부당행위계산 부인 금액에 대한 소득처분은 개인주주인 경우 법인세법 시행령 제106조 제1항 제3호 (자)목의 유형(법인세법 시행령 제88조 제1항 제8호・제8호의2 및 제9호)에 해당하므로 부당행위계산 부인 금액이 귀속자에게 증여세가 과세되는 경우는 기타 사외유출로 처분한다.

그동안 법인세법 시행령 제106조가 개정되기 전(1998.12.31. 전부 개정되기 전)의 법인세법 시행령 제88조 제1항 제8호 (나)목의 부당행위계산 부인 금액에 대한 소득처분은 일반 자산의 고가 매입과 같이 고가 매입 시점에 익금산입하고 상여 또는 배당, 기타소득, 기타 사외 유출로 처분하고 같은 금액을 손금산입 유보로 처분한 다음 해당 주식을 처분하는 시점에 익금산입 유보로 처분하였다.

대법원(대법원 2012두25248, 2014.11.27.)은 주식의 포괄적 교환에서 고가양수에 대해 주식의 포괄적 교환은 기본적으로 '법인의 자본을 증가시키는 거래'의 성격을 가지는 것이지만, 주식의 포괄적 교환은 자산의 유상 양도로서의 성격도 있기 때문에 주식의 포괄적 교환에 의하여 완전모회사가 되는 회사가 완전자회사가 되는 회사의 주식을 시가보다 높은 가액으로 양수한 경우에는 법인의 자산이 과대계상이 되므로 법인세법 시행령 제88조 제1항 제1호의 부당행위계산 부인에 의하여 그 시가 초과액을 자산의 취득가액에서 제외하는 한편, 그 금액을 완전모회사인 법인의 익금에 산입하게 되는 것이다. 그런데 주식의 포괄적 교환에 의하여 완전자회사가 되는 회사의 주주가 얻은 이익은 '법인의 자본을 증가시키는 거래에 따른 이익의 증여'로서 구 상속증여세법 제42조 제1항 제3호에 따라 증여세가 과세된다(대법원 2011두2304, 2014.4.24.). 따라서 주식의 포괄적 교환에 의하여 완전모회사가 되는 회사가 완전자회사가 되는 회사의 주식을 시가보다 높은 가액으로 양수함으로써 부당행위계산 부인에 따라 법인의 익금에 산입되는 금액에 대하여는 구 법인세법 시행령 제88조 제1항 제8호의 경우에 준하여 '기타 사외유출'로 처분하여야 하고 그 귀속자에게 배당, 상여 또는 기타소득의 처분을 할 수 없다.

법인세법 시행령 제88조 제1항 제8호 (나)목의 부당행위계산 부인 금액에 대한 소득처분에 대해 그동안 법인세법 시행령 제106조가 개정되기 전(1998.12.31. 전부 개정되기 전)의 소득처분을 다음과 같이 살펴볼 수 있다.

증자에 따른 이익분여에는 신주를 저가로 인수하는 경우와 고가로 인수하는 경우로 나눌 수 있는데 신주를 고가로 인수하는 경우는 자산의 고가 매입에 해당되는 경우 시가 초과액에 대해서는 익금에 산입한 금액은 법인세법 시행령 제94조의2 제1항 제1호의 규정에 따라 소득처분을 하고 동 금액을 손금산입하여 사내유보 처분한다. 사내유보 처분을 하는 이유는 일반 자산의 경우 그 손익의 귀속시기는 그 자산을 양도하고 대금을 청산한 날이 속하는 사업연도이므로 고가 매입의 경우에도 당해 자산을 양도하는 시점에 손익을 귀속시키기 위해 취득 시점에 손금 유보로 처분했던 것을 양도 시점에 익금산입 유보로 처분한다. 따라서 신주 고가 매입의 경우에도 일반 자산의 고가 매입과 다를 것이 없었다. 그러나 구 법인세법 시행령 제72조 제3항 제3호의 규정에서는 시행령 제88조 제1항 제1호(자산의 고가 매입)의 규정에 의한 시가 초과액(1998.12.31. 개정)에 대해서만 취득가액에 포함하지 아니한다고 되어 있었다. 이러한 규정으로 신주 고가인수에 따른 부당행위계산 부인 금액에 대해서 소득처분을 어떻게 할 것인가가 분명하지 않아 실무상의 혼란이 있었다. 마침내 2002.12.31. 법인세법 시행령 제72조(자산의 취득가액) 제3항 제3호의 개정으로 이 문제는 해결되었다. 시행령 제88조 제1항 제1호(자산의 고가 매입)의 규정에 의한 시가 초과액에서 시행령 제88조 제1항 제1호(자산의 고가 매입) 및 제8호 나목의 규정에 의한 시가 초과액(2002.12.31. 개정)으로 개정되었다.

심판(국심 2003서2574, 2003.12.6.)례에서도 시행령 제88조 제1항 제8호 나목(신주 고가인수)의 부당행위계산 부인에 대한 소득처분을 다음과 같이 설명하고 있다.

법인의 유상증자 시 특수관계자가 포기한 실권주를 고가 매입한 경우, 동 신주의 시가 초과액에 대하여 법인소득금액 계산 시 익금산입만 할 것이 아니라 손금산입(유보)도 동시에 하여 취득 시점에는 과세하지 않고 동 주식을 양도하는 시점에 과세하여야 한다는 청구주장에 대해, 법인이 특수관계자로부터 자산을 고가로 매입한 경우 그 취득가액의 계산방법에 대하여 종전에는 관련 법령에 아무런 규정이 없이 법인세법 기본통칙 4-4-10…32 및 대법원(대법원 1988누7255, 1989.12.22.) 등의 해석에 의거 고가 매입 상당액을 법인소득금액 계산 시 익금산입 및 손금산입하여 과세하다가 1998.12.31. 법인세법 시행령 제72조 제3항 제3호를 최초로 신설하여 자산의 취득가액 계산 시 법인세법 시행령 제88조 제1항 제1호의 규정에 의한 시가 초과액을 취득가액에서 제외하도록 명문으로 규정하였고, 그 후 이 건과 같이 법인의 증자에 있어서 특수관계자가 포기한 신주를 시가보다 높은 가액으로 인수하는 경우의 취득가액 계산은 2002.12.31. 위 시행령 제72조 제3항 제3호를 개정함으로써 명문으로 규정하기에 이르렀다.

기획재정부가 발간한 1999년 간추린 개정세법에 의하면 1998.12.31. 자로 신설 개정된 법인세법 시행령 제72조 제3항 제3호는 종전에 해석으로 취득가액에서 제외시키고 있던 부분을 자산의 취득방법에 따라 취득가액의 산정방법을 명확히 하기 위한 규정이라고 해설하고 있고, 2002년 간추린 개정세법에 의하면, 2002.12.31. 개정된 법인세법 시행령 제72조 제3항 제3호에 제88조 제1항 제8호 (나)목의 규정에 의한 시가 초과액을 취득가액에서 제외하도록 규정한 것은 특수관계자 간 신주의 고가 매입에 대하여도 일반자산의 고가 매입과 동일한 방법으로 취득 시점에 취득가액에서 시가 초과액을 차감하였다가 당해 자산을 처분하는 시점에 과세하도록 부당행위계산 부인 규정을 적용하기 위한 취지라고 설명하고 있다.

1998.12.31. 법인세법 시행령 제88조 제1항 제8호 (다)목을 신설하여 법인의 증자에 있어서 신주를 시가보다 높은 가액으로 인수하는 경우를 열거한 것은 (다)목도 결과적인 면에서 자산을 고가 매입한 것이므로 제88조 제1항 제1호에 규정된 자산을 시가보다 높은 가액으로 매입한 경우를 보다 세분화하여 열거한 것으로 볼 수 있다. 또한 1998.12.31. 및 2002.12.31. 법인세법 시행령 제72조 제3항 등을 신설 및 개정한 입법취지가 종전에는 해석으로 운용해 왔던 "자산의 취득방법에 따라 취득가액의 산정방법"을 명확히 하기 위한 것 내지는 "당초 누락된 특수관계자 간 신주의 고가 매입에 대하여도 일반자산의

고가 매입과 동일한 방법으로 부당행위계산 부인 규정을 적용"하기 위한 것임이 개정세법 해설 내용에 의하여 확인되는 점으로 볼 때 위 시행령 제72조 제3항의 신설 및 개정규정은 창설적 효력을 지닌 규정이 아니고 종래에 기본통칙 등에 의거 관행으로 운용해 왔던 사항을 법령으로 명확히 확인한 규정으로 해석하는 것이 합리적이라고 판단된다.

한편, 자산의 고가 매입에 대한 소득처분의 특례 이유를 보면, 1998.12.31. 법인세법 시행령 제72조 제3항 제3호가 최초로 신설되기 전부터 현재까지 시행되는 법인세법 기본통칙 4-4-10…32(현 67-106…9: 부당행위계산으로 부인한 시가초과액의 처분특례)에 의하면, 특수관계에 있는 자로부터 자산을 시가를 초과하여 매입한 경우로서 그 대금의 전부를 지급한 때에는 시가 초과액은 익금에 산입하여 이를 시행령 제94조의2 제1항 제1호(현재는 시행령 제106조 제1항 제1호)의 규정에 따라 처분하고 동 금액을 손금에 산입하여 사내유보로 한다고 규정하고 있다. 대법원(대법원 1988누7255, 1989.11.22.)은 투자자산(신주의 고가 매입)의 경우 그 손익의 귀속시기는 그 자산을 양도하고 대금을 청산한 날이 속하는 사업연도이므로 고가 매입의 경우 당해 자산을 양도하는 사업연도에 손익을 귀속시키기 위한 세무조정으로 세무회계처리는 매입 연도에 시가 또는 정상가액을 초과하는 금액을 익금에 산입하여 구 법인세법 시행령 제94조의2 제1항 제1호의 규정에 따라 소득처분을 하되, 동 금액을 손금에 산입하여 사내유보로 처분한 다음(따라서 매입 연도에 있어서 법인세의 과세표준 자체의 증감은 없다) 그 자산을 양도한 때에 그 초과액을 익금에 산입하여 과세표준을 증액시키고 그 소득에 대하여는 사내유보로 처분하는 것이 타당하다고 하였다(국심 2000서1817, 2000.11.22.).

관련규정 및 예규판례

유상증자 시 특수관계자가 포기한 실권주를 고가매입한 경우 시가초과액에 대한 과세의 시기는 취득시점인지, 양도시점인지(국심 2003서2574, 2003.12.6.)

투자자산의 경우 그 손익의 귀속시기는 그 자산을 양도하고 대금을 청산한 날이 속하는 사업연도이므로 고가매입의 경우 당해 자산을 양도하는 사업연도에 손익을 귀속시키기 위한 세무조정으로 세무회계처리는 매입연도에 시가 또는 정상가액을 초과하는 금액을 익금에 산입하여 법인세법 시행령 제94조의2 제1항 제1호의 규정에 따라 소득처분하되,

동 금액을 손금에 산입하여 사내유보로 처분한 다음(따라서 매입연도에 있어서 법인세의 과세표준 자체의 증감은 없다) 그 자산을 양도한 때에 그 초과액을 익금에 산입하여 과세표준을 증액시키고 그 소득에 대하여는 사내유보로 처분하는 것이 타당함.

특수관계자로부터 주식을 고가매입한 것으로 보아 부당행위계산 부인하여 과세한 처분의 당부(국심 2002서3199, 2003.5.13.)

증권거래소에 상장되지 아니한 주식은 시가가 불분명한 경우 상속세 및 증여세법 제63조를 준용하여 평가하도록 규정하고 있을 뿐 감정가액은 제외되는 것으로 해석함이 타당하므로 청구법인이 제시하는 감정가액은 이를 쟁점주식의 시가로 받아들이기 어려울 뿐만 아니라 감정평가법인이 평가기준으로 한 1999.9.30. 현재 임의작성한 대차대조표 이외에 세부평가 자료를 제시하지 아니하여 그 평가액의 적정성 여부 또한 확인되지 아니하므로 처분청이 상속세 및 증여세법 제63조의 규정에 의하여 직전 사업연도 말의 대차대조표를 기준으로 하여 평가기준일(1999.10.2.)까지의 변동된 순자산가액을 가감하여 쟁점주식의 1주당 시가를 산정하고 고가매입에 대하여 부당행위계산 부인하여 대표자 상여로 소득처분한 이 건 처분은 달리 잘못이 없는 것으로 판단됨.

5 | 주식의 소각과 부당행위계산

감자의 경우에도 부당행위계산의 문제는 증자와 유사하게 감자한 주주와 주식을 소각한 법인과의 부당행위계산과 법인세법 시행령 제88조 제1항 제8호 (다)목의 "법인의 감자에 있어서 주주의 소유주식의 비율에 의하지 아니하고 일부 주주의 주식을 소각하는 경우"의 부당행위계산으로 나눌 수 있겠다. 다음 2개의 사건은 1998.12.31. 법인세법 시행령 제88조 제1항 제8호 (다)목의 개정 전의 저가 주식소각에 대한 사건이다(불균등 감자에 따른 분여한 이익에 대한 부당행위계산 판결이 아니다). 대법원(대법원 87누174, 1988.11.8.)은 법인이 주식소각 방법에 의한 자본감소 절차의 일환으로 상법의 자본감소 규정에 따른 적법한 절차를 밟아 당해 법인의 기본자산(차입금)으로 일정량의 자기주식을 액면금액 5,000원(시가 1주당 – 629원)에 취득하여 그 주식을 유상소각을 하였다면 이는 자본거래인 자본의 환급에 해당되는 것으로서 법인세법상 그 자체로서는 법인의 손익 내지 소득금액 계산에 영향이 없는 것이므로 법인세법 시행령 제46조 제1항 제1호, 제2호의 규정과 같이 자본거래와 관련하여, 부당행위계산 부인의 대상으로 들고 있는 특별한 경우를 제외하고는 비록 당해 법인이 결손의 누적으로 자본감소 당시 그 주식시가가 액면금액에 미달하는 것으로 평가되는데도 이를 액면금액으로 매입하여 자본환급을 하였다 하더라도 이로써 위 초과자본환급액이 손금화하여 법인의 소득금액계산에 영향을 미치지 아니한다 할 것이다.

또한 대법원(대법원 87누925, 1988.2.9.)은 부동산임대업체인 A회사가 그 기금조성을 위하여 A회사 소유인 서흥캅셀의 주식을 처분하려 하였으나 재무구조가 나쁜 상태인 서흥캅셀의 주식을 인수하려는 사람이 없어 부득이 서흥캅셀의 주주총회의 액면가 유상상각 감자 결의를 받아들였던 것이고 그 환급금마저 감자결의 후 1년 2개월이나 지나 서흥캅셀이 은행으로부터 차입한 돈으로 지급받았으며 감자결의 당시 서흥캅셀주식의 비상장주식 평가방법에 의한 평가액이 1주당 금 2,442원임에도 액면가인 1주당 1,000원으로 받았다 하여 이를 A회사가 서흥캅셀에게 이익을 분여하기 위한 것이라거나 기타 경제적 합리성이 없이 조세부담을 감소시키는 행위라고 할 수 없다.

6 | 신주인수 행위와 부당지원

신주인수행위가 부당 지원행위의 규제 대상이 되는지 여부에 대하여 대법원(대법원 2004두3281, 2005.4.29.)은 신주인수행위는 신주를 발행하는 회사의 자본을 형성하는 단체법적, 회사법적 행위로서 그 인수대금이 발행회사의 자본을 구성한다는 점에서 이미 발행된 주식의 거래와는 다른 점이 있으나, 발행회사에 신주인수대금을 납입하고 발행회사로부터 주식을 취득하여 발행회사의 주주가 된다는 점에서 이미 발행된 주식을 매수하는 것과 실질적인 차이가 있다고 보기 어렵고, 부당 지원행위를 불공정거래행위의 한 유형으로 규정하여 이를 금지하는 입법 취지가 공정한 거래질서의 확립과 아울러 경제력 집중의 방지에 있는 점에 비추어 볼 때, 정상적인 가격보다 현저히 높은 가격으로 신주를 인수함으로써 발행회사에게 경제상 이익을 제공하는 행위가 출자행위로서의 성질을 가진다고 하여 부당지원행위의 규제대상이 되지 않는다고 할 수 없다.

사례 5 ••• 유상증자 전·후의 지분 이전과 부당행위계산

서울㈜는 관계회사인 문화㈜의 지분(70%) 전부를 대주주의 아들 丁에게 시가(상증법상 평가액)로 주식 이전을 하였다. 서울㈜이 丁에게 주식 이전 직전에 문화㈜는 다음과 같이 유상증자를 실시하였다.

| 문화㈜의 증자내용 |

구분	증자 전		증자			증자 후	
주주	주식수	지분율	주식수	금액	지분율	주식수	지분율
서울㈜	700,000	70%	700,000	35억원	70.0	1,400,000	70%
乙	200,000	20%	200,000	10억원	20.0	400,000	20%
丙	100,000	10%	100,000	5억원	10.0	200,000	10%
계	1,000,000	100%	1,000,000	50억원	100.0	2,000,000	100%

* 문화㈜는 자본잠식된 법인으로 경영정상화를 위해 유상증자 100%(1,000,000주)를 실시하였다. 신주발행가액 1주당 5,000원(액면가 5,000원), 증자 전 1주당 평가액 0원, 증자 후 1주당 평가액 0원

□ 사례분석

(가) 사실관계

- 문화㈜는 자본잠식이 된 법인으로 경영정상화를 위해 50억원(시가 0원, 신주발행가액 1주당 5,000원, 1,000,000주)의 유상증자를 실시하였다.
- 서울㈜는 유상증자에 참여한 직후 지분(70%) 모두를 대주주의 아들 丁에게 0원(시가)에 이전하였으며 지분 이전과 관련하여 서울㈜은 투자유가증권처분손실 70억원(처분가액 0원－장부가액 70억원)이 발생하였다.

(나) 부당행위계산 대상 여부

서울㈜는 문화㈜의 지분 70%를 보유하고 있는 상태에서 문화㈜가 실시한 유상증자에 참여하면서 1주당 시가 0원인 주식을 35억원(5,000원 × 700,000주)에 신주를 인수하고 신주인수 직후 서울㈜는 대주주의 아들 丁에게 시가(1주당 0원)로 지분 70% 전부를 이전하였다. 서울㈜의 신주인수는 시가(0원)보다 높은 가액으로 인수(5,000원)하였으나 인수 그 자체의 행위를 부당행위계산으로 보기는 어려울 것이다. 또한 대주주의 아들 丁에게 지분 전부를 시가대로 이전하였으므로 부당행위계산 대상이 되지 않을 것이다. 이 사례를 외양으로만 보면 정상적인 증자 참여와 주식 이전으로 보인다.

그런데 서울㈜이 보유하고 있는 문화㈜의 지분 70%를 대주주의 아들 丁에게 이전하는 방법에 따라 서울㈜의 투자유가증권처분손익과 丁의 주식취득금액은 다르게 나타난다.

즉 지분을 이전하는 데 있어 서울㈜이 증자에 참여하는 경우와 참여하지 않는 경우에 따라 법인의 소득금액에 영향을 미치게 된다. 따라서 문화㈜의 유상증자와 관련하여 서울㈜의 지분 모두를 丁에게 이전하는 방안으로서 서울㈜이 유상증자에 참여한 후 주식을 丁에게 이전하는 경우와 유상증자에 참여하기 전 주식을 丁에게 먼저 이전하고 丁이 유상증자에 참여하는 경우로 나누어 볼 수 있겠다.

① 유상증자 참여한 후에 지분을 丁에게 이전하는 경우

구분	증자 전		증자		지분 이전 후	
주주	주식수	지분율	주식수	지분율	주식수	지분율
서울㈜	700,000	70%	700,000	70.0	–	–
乙	200,000	20%	200,000	20.0	400,000	20%
丙	100,000	10%	100,000	10.0	200,000	10%
丁					1,400,000	70%
계	1,000,000	100%	1,000,000	100.0	2,000,000	100%

② 유상증자 참여하기 전에 지분을 丁에게 이전하는 경우

구분	증자 전		지분 이전 후		증자	
주주	주식수	지분율	주식수	지분율	주식수	지분율
서울㈜	700,000	70%	–	–	–	–
乙	200,000	20%	200,000	20.0%	400,000	20%
丙	100,000	10%	100,000	10.0%	200,000	10%
丁			700,000	70.0%	1,400,000	70%
계	1,000,000	100%	1,000,000	100.0%	2,000,000	100%

위와 같이 유상증자와 관련하여 문화㈜의 서울㈜의 지분 70%를 丁에게 이전하는 방안으로서는 증자 전에 이전하는 경우와 증자 후에 이전하는 경우로 나누어 볼 수 있는데, 지분 이전을 형식으로 보면 두 가지 방안에 아무런 차이가 없는 것처럼 보인다. 그러나 그 내용에서 보면 투자유가증권처분손익과 丁이 지분을 취득하는데 소요되는 금액에는 차이가 난다.

먼저 지분 이전과 관련하여 서울㈜의 투자유가증권처분이 법인의 소득금액에 미치는 영향을 보면 다음과 같다.

구분	유상증자에 참여한 후 주식(70%)을 丁에게 이전하는 경우	유상증자 참여하기 전에 주식(70%)을 丁에게 이전하는 경우
양도가액	1주당 0원(시가) × 1,400,000주 = 0원	1주당 0원(시가) × 700,000주 = 0원
취득가액	최초: 1주당 5,000원 × 700,000주 = 35억원 신주인수: 1주당 5,000원 × 700,000주 = 35억원 계: 70억원	최초: 1주당 5,000원 × 700,000주 = 35억원 신주인수: 0원 계: 35억원
처분손익	△70억원	△35억원

서울㈜이 관계회사인 문화㈜의 유상증자에 참여한 후 지분 모두를 丁에게 이전하는 경우 주식이전에 따른 투자유가증권처분손실 70억원이 발생하는 데 비해, 유상증자에 참여하기 전에 주식을 丁에게 먼저 이전하는 경우에는 투자유가증권처분손실이 35억원 발생하게 된다. 따라서 위 사례는 서울㈜이 지분(주식)을 丁에게 이전하는 방법의 선택에 따라 투자유가증권처분손실이 서로 다르게 나타난다는 것을 알 수 있다. 즉 이전하는 방법에 따라 법인의 소득금액에 영향을 미친다는 것이다.

한편, 유상증자와 관련하여 아들 丁이 문화㈜의 주식(70% 지분)을 취득하는데 소요되는 주식취득금액을 보면 다음과 같다.

구분	70% 지분을 취득하기 위한 丁의 주식취득금액	
유형	유상증자에 **참여한 후** 주식(70%)을 丁에게 이전하는 경우	유상증자 **참여하기 전**에 주식(70%)을 丁에게 이전하는 경우
주식 취득 금액	주식양수: 1주당 0원(시가) × 1,400,000주 = 0원 계: 0원	주식양수: 1주당 0원(시가) × 700,000주 = 0원 유상증자: 1주당 5,000원(인수가) × 700,000주 = 35억원 계: 35억원

丁이 서울㈜로부터 문화㈜의 지분(70%)을 취득하는데 소요되는 주식취득금액을 보면 서울㈜이 유상증자에 참여한 후 丁이 서울㈜의 주식을 양수하는 경우에는 0원, 서울㈜이 유상증자에 참여하기 전에 丁이 서울㈜의 주식을 먼저 양수하고 그 다음에 丁이 유상증자에 직접 참여하는 경우에는 35억원의 주식취득금액이 소요된다. 지분 이전 방법에 따라

丁이 지분(주식)취득에 소요되는 금액이 서로 다르다는 것을 알 수 있다.

(다) 결론

위 사례에서 보면, 결과적으로 서울㈜이 문화㈜의 지분을 특수관계인 丁에게 이전하는 데 있어 유상증자에 참여한 후 주식을 특수관계인에게 이전하게 되면 유상증자 참여하기 전에 주식을 먼저 이전하는 경우보다 서울㈜에서는 손금으로 35억원(70억원 - 35억원)의 주식처분손실이 더 발생하게 된다. 손금 35억원이 추가로 발생하게 된 이유를 보면, 결국 유상증자 참여에 의한 신주 고가인수가 그 원인임을 알 수 있다. 한편, 문화㈜의 지분 70%를 취득하는 丁에게서 보면 서울㈜이 유상증자에 참여한 후에 서울㈜로부터 주식을 취득하게 되면 0원이 된다. 그러나 서울㈜이 유상증자에 참여하기 전에 서울㈜로부터 주식을 먼저 취득하고 그다음에 유상증자에 직접 참여하게 되면 35억원의 주식취득금액이 소요된다. 결과적으로 보면 서울㈜이 특수관계인 丁에게 지분을 이전하는 데 있어 서울㈜이 유상증자에 참여하느냐의 여부에 따라 지분 이전과 관련하여 법인의 소득금액에 영향을 미치게 되며, 또한 丁이 문화㈜의 지분 취득에 따른 대가에서도 서로 차이가 난다. 따라서 이러한 유형의 유상증자는 부당행위계산 대상이 될 수 있으며, 이와 관련된 주식처분손실은 법인의 소득금액을 부당하게 감소시킨 것으로 판단된다고 할 것이다.

사례 6 유상증자 후 청산과 부당행위계산

□ 거래내용

① ㈜동양의 유상증자 내용

〈1차 증자〉

- 증자일자: 1997.7.11.
- 증자금액: 168억원(발행가 1주당 10,000원 × 1,680,000주)
- 시가: 1주당 가액 519원(액면가 1주당 10,000원)
- 회사회계처리: 투자유가증권 168억원 / 현금 168억원

〈2차 증자〉

- 증자일자: 1998.2.27.
- 증자금액: 300억원(발행가 1주당 10,000원 × 3,000,000주)

• 시가: 1주당 가액 3,006원(액면가 1주당 10,000원)

• 회사회계처리

투자유가증권 30,000,000,000원 / 현 금 30,000,000,000원

자 본 조 정 50,026,000,000원 / 투자유가증권 50,026,000,000원

〈손금불산입〉 평가(감액)손실 50,026,000,000원(유보)

〈손금산입〉 평가(감액)손실 50,026,000,000원(기타)

〈청 산〉

• 해산등기일: 2003.3.17.(청산등기일: 2003.6.27.)

• 회사회계처리: 〈손금산입〉 평가(감액)손실 52,377,002,542원(▲유보)

* 증자 후 추가로 발생한 투자유가증권 감액손실을 포함한 손금임.

② 유상증자 대금 사용내역

금융기관차입금(관계회사 보증채무) 상환 34,231백만원, 관계회사차입금 상환 8,069백만원, 운영자금 6,300백만원

③ ㈜동양M&C 유상증자 전후 현황

구분	1996년	1997년	1998년	1999년	2000년	2001년	2002년	2003년
매 출	52,858	89,489	54,765	43,434	30,718	15,157	4,627	49
손 익	-4,995	-675	-24,719	1,000	919	1,041	-1	132
결손금	-20,713	-21,506	-16,095	1,000	1,920	2,934	2,933	

* 1998년 ○○공장(기계사업부문) 중단으로 기계장치 등에 대한 평가손실 11,655백만원

□ **사례분석**

(가) ㈜동양의 유상증자 참여가 경제적 합리성이 있는가

① ㈜동양M&C가 유상증자를 하는 이유와 목적은 유상증자에 의한 자금조달로 재무구조를 개선하여 기업경영의 정상화를 가져오기 위함이다. ㈜동양M&C는 유상증자로 468억원이라는 자금을 확보하였으며 조달된 자금으로 차입금 등을 상환함으로써 증자 이후 금융비용이 현저히 감소하게 되었다(금융비용 1997년 8,561백만원, 1998년 4,401백만원, 1999년 1,137백만원, 2000년 490백만원). 또한 일부 사업부문 중 수익성이 없거나 수익이 예상되지 않는 사업부문을 중단하는 등으로 증자 이후에는 지속적으로 이익을 내고 있어

기업경영의 정상화를 하는데 노력하였다. 결국 증자로 재무구조가 개선되고 기업경영이 정상화 되어가는 데도 청산이라는 방법을 택한 것이다. 더 나아가 배관사업부문(모기업인 동양으로부터 외주를 받아 하는 공사)은 안정적인 매출신장과 수익성 확보가 틀림이 없는데도 ㈜동양M&C와 똑같은 형태의 ㈜동양이 100% 출자한 ㈜동양ENG라는 별도의 법인을 설립하여 ㈜동양M&C가 수행하던 배관사업부문을 그대로 ㈜동양ENG에게 사업을 하게 하고 스스로는 청산하는 행위는 정상적인 경제인으로서의 행위가 아니다. 동양ENG는 법인설립이 2002.1월로 1998.2.27. 증자 후 4년이나 지난 후에 사업을 시작하였으므로 정상적인 법인설립이라는 주장에 대해 ㈜동양M&C는 증자 후 아파트분양공사나 수주공사의 경우에는 전기로부터 계속된 공사이므로 사업을 중단할 수는 없는 상황이다. 따라서 증자 후 4년이나 사업을 계속한 것처럼 되어 있는 것은 아파트 분양에 따른 분양수입이지 실질적으로 사업을 한 것으로 볼 수 없다.

결과적으로 ㈜동양이 증자에 참여하기로 결정한 것은 ㈜동양M&C의 경영정상화로 배당이나 투자자본의 회수에 장애가 없는 등 ㈜동양이 이익이 되는 방향으로 나아가기 위해 증자에 참여했을 것이다. 그러나 ㈜동양은 증자참여로 어떠한 이익을 얻은 것도 없이 손실만을 입은 것이 되며 나아가서는 ㈜동양이 이익을 얻을 것이 예상되는데도 청산이라는 방법을 택하게 되었으므로 이익을 포기한 것이나 다름없다(동양ENG의 설립 후 매출과 이익을 보면 2002년 매출 23,401백만원, 당기순이익 981백만원, 2003년 매출 26,969백만원, 당기순이익 1,215백만원, 2004년 매출 25,509백만원, 당기순이익 1,424백만원으로 안정적인 매출신장과 이익이 보장되고 있었음). 물론 모든 기업이 투자에 따른 이익을 반드시 얻을 수는 없겠지만 이 사건의 경우는 투자에 따른 투자이익이 충분히 예상되었으므로(동양ENG는 법인설립 이후 계속 이익을 냈으므로) 이를 포기한 행위는 정상적인 경제인으로서의 행위로 볼 수 없다. 따라서 재무구조를 개선하여 기업경영의 정상화를 위한 증자참여가 아니라고 판단된다. 다음과 같은 이유에서도 증자 참여는 경제적 합리성이 결여되었다고 판단된다.

② 증자법인은 증자 직후 앞의 예시와 같이 일부 사업을 중단하거나 일부 사업을 다른 계열회사 법인에 이전하는 등 사업을 정리하는 수순으로 사업 축소, 포기 내지는 청산을 예상한 것으로 보인다[1997.12.31. 현재 ㈜동양M&C의 직원수가 356명에서 증자 후인 1998년 현재에는 99명으로 급격히 감소하였음]. 또한 1998.2.25. 2차 증자(300억원) 때

㈜동양M&C 이사회 의사록을 보면 증자이유가 사업확장을 위하여 부득이 신주식을 발행한다고 되어 있다. 증자이유가 사업확장임에도 증자 이후 오히려 사업을 축소 또는 포기한 것은 증자이유에도 합당하지 않다.

한편, 증자 참여를 한 당해 사업연도에 회사 스스로는 투자유가증권의 가치를 50,026,000,000원으로 감액하는 평가를 하고 있다(총신주인수가액이 468억원인데 500억원으로 감액했다는 것은 시가가 0에 가깝다는 것이다). 이러한 행위는 회사 스스로가 투자유가증권의 취득을 고가로 인수했다는 것과 ㈜동양M&C가 결손 누적으로 투자유가증권의 가치가 회복가능성이 없다는 것을 투자 시점에 이미 인정하고 있다는 것이다. 따라서 이러한 일련의 행위는 ㈜동양이 증자 참여 당시에 증자이유가 ㈜동양M&C의 기업경영 정상화가 목적이 아니며 ㈜동양M&C의 기업회생이 불가능할 것으로 예상하고 증자대금으로 특수관계인의 손실(보증채무 등)을 방지하기 위한 것으로 볼 수밖에 없다. 따라서 이러한 행위는 사업의 축소, 포기 내지는 청산을 예상하고 있었음에도 증자라는 형식을 빌려 관계회사에 자금을 지원하고 특수관계인의 손실을 방지하려는데 주력하는 등의 행위는 경제인으로서 합리성이 결여되었다고 판단된다.

(나) ㈜동양의 증자 참여로 누가 이익을 얻었는가

위에서 보면 ㈜동양은 증자의 참여로 오히려 손실을 보았다. 증자의 참여로 손실을 보았다면 증자의 참여로 인하여 이익을 얻은 자가 있는지 이익을 얻었다면 누구인지 보기로 한다. ㈜동양M&C의 유상증자 대금 486억원의 자금사용 내역을 보면 금융기관 부채상환(차입금, 회사채 등) 34,231백만원, 관계회사차입금상환 8,069백만원, 운영자금 6,300백만원이다. ㈜동양이 증자에 참여하지 않고 ㈜동양M&C를 청산한 경우라면 금융기관 차입금에 대한 채무보증인이 손실을 보았을 것이다. 따라서 증자참여로 ㈜동양M&C가 금융기관 부채를 상환함으로써 이익을 얻은 자는 채무보증에 대한 보증인이 이익을 얻었으며 이때 보증인은 ㈜동양 또는 ㈜동양 계열회사의 임원 등이다. 결과적으로 ㈜동양이 증자에 참여함으로써 ㈜동양은 손실을 보았으나 채무보증인은 이익을 얻은 것이 된다. 채무보증인 중 ㈜동양 계열회사의 임원이 연대보증인이 되는 경우 ㈜동양M&C가 금융기관 차입금을 상환함으로써 임원 등의 보증채무를 증자대금으로 상환한 것이 된다. 결국 증자형식을 빌려 임원 등 개인의 채무를 상환하는 데 사용한 것이 되므로 증자로 인하여 이익을 얻은 자는 연대보증인인 임원 등 개인이 된다.

한편, ㈜동양이 증자에 참여하지 않고 청산을 하게 되면 관계회사 대여금(㈜동양M&C에서 보면 관계회사 차입금)과 구상채권[㈜동양은 채무보증인으로써 보증채무를 이행하여야 할 것이므로]이 발생하게 된다. 그리고 이 사건의 경우처럼 ㈜동양이 증자에 참여하게 되어 결국 증자대금으로 관계회사대여금 회수가 가능하게 되고 구상채권문제도 발생하지 않게 된다. 그런데 ㈜동양은 증자에 참여함으로써 투자유가증권처분손실이 발생하게 되고 증자에 참여하지 않고 청산하게 되면 관계회사 대여금과 구상채권은 대손으로 처리하게 될 것이다. 따라서 증자 후 청산과 증자 전 청산은 기업회계기준에 의하면 투자유가증권처분손실 또는 대손으로 모두 기업의 손실(비용)에 해당한다. 다만, 유상증자 불참(증자 전 청산)으로 발생된 구상채권과 관계회사대여금의 대손이나 유상증자 참여(증자 후 청산)로 발생된 투자유가증권처분손실이나 결과는 같은데 법인세법에서는 구상채권과 특수관계인에 대한 대여금에 대한 대손에 대해서는 손금으로 인정을 하지 않고 있다.[32)]

그런데 투자유가증권처분손실에 대해서 손금으로 용인하게 한다면 동일한 내용을 회계처리를 어떻게 하느냐에 따라 손금으로 인정받지 못하는 경우와 손금으로 인정받는 경우가 되어 불합리한 결과를 초래하게 된다. 결과적으로 증자 참여로 ㈜동양이 이익을 얻게 된다면(투자유가증권처분손실을 손금으로 인정받게 된다면) 모든 기업이 증자형식을 빌려 관계회사에 자금지원을 하고 주식처분 또는 청산하는 방법을 택하게 될 것이다. 따라서 증자대금의 대부분이 회사의 운영자금이나 설비투자에 사용되지 않고 특수관계인의 차입금상환이나 구상채권 등에 사용된 점은 특수관계인의 손실 방지에 주력한 것으로 ㈜동양이 증자에 참여한 행위는 ㈜동양M&C의 재무구조를 개선하여 기업경영의 정상화를 하기 위한 것이라고는 하나 이러한 증자이유와 목적은 명목에 불과한 것으로 볼 수밖에 없다 할 것이다.

(다) 신주를 액면가로 인수하지 않으면 안 될 절박한 사유가 있었는지

이 문제는 ㈜동양의 증자 참여 이유 및 목적과 연관이 되겠으나 증자 당시의 상황에서

32) 1998.12.28. 법인세법 법률 제5581호 부칙 제6조 제3항 단서규정
제34조 제3항 제1호의 경우 종전의 제14조 제1항의 규정을 적용받던 법인에 있어서는 1998년 1월 1일 이후 최초로 채무보증(1997년 12월 31일 이전에 채무보증한 것으로서 그 기한을 연장하는 것을 포함한다)하는 분부터 적용하도록 하고 있다. 특수관계인 대여금은 기존의 법규해석을 명확하게 하기 위한 것으로 해석된다. 채무보증 등의 해석 차이라면 시행령 개정 전에는 부당행위계산 대상이 안되고 시행령 개정 후에는 부당행위계산 대상이 된다는 것은 행위계산 부인의 해석에 혼란을 가져오게 될 것이다.

신주를 액면가로 인수하지 않으면 안될 긴박한 사유가 있었는지에 대해 보기로 한다. 증자 당시 신주를 액면미달 발행하는데 절차 등에 있어 시간이 소요되는 등(회사 성립 후 2년이 경과하지 않았거나 법원의 인가를 얻는 등) 부득이 액면가로 발행할 수밖에 없었다는 주장에 대해 증자법인 ㈜동양M&C의 증자 당시의 긴박한 사정을 찾아볼 수가 없다는 것이다. 예를 들면, 1차 부도가 났다거나 또는 채권압류 통보 등의 조치를 받았거나 금융기관으로부터 차입금상환의 독촉을 받았거나 하는 등 어떠한 조치도 받지 않았다는 것이다. 따라서 신주를 액면가로 인수할 수밖에 없는 절박한 사정을 찾아볼 수 없다.

한편, 신주 액면 미달 발행 제한 규정에 관한 주장에 대해서 법원은 상법 제417조의 규정에 의하여 신주의 액면 미달 발행이 엄격하게 제한되어 신주를 인수하고자 할 때에 그 액면가액대로 인수할 수밖에 없다고 하더라도, 세무회계상 타법인발행의 신주인수가 투자자산의 매입에 해당함은 분명하므로 신주발행 당시 발행회사의 자산 및 수익상태 등의 평가에 의한 신주의 정당한 평가가액과 신주인수가액과의 차액을 비교하여 고가매입 여부를 따질 수 있다고 분명히 하고 있다(대법원 88누7255, 1989.12.22. 외).

(라) 청산 시 투자액 일부 회수가 부당행위계산 적용에 영향을 미치는가

대법원의 견해는 자본거래인 투자액에 대해 자본거래라 할지라도 법인의 소득에 영향을 미치는 한 손익거래와 달리 볼 것은 아니라고 분명히 하고 있다(대법원 88누7255, 1989.12.22. 외). 따라서 투자액의 일부 회수 여부에 따라 부당행위계산 적용이 달라지는 것은 아니라 할 것이다. 그리고 법인세법에서는 투자액 자체를 부인하는 것이 아니라 시가초과액에 대해서만 부인한다는 것이다(법인령 §88 ① 1). 한편, 심판례는 시가초과액 투자라고 하더라도 시가초과액 이상으로 처분함으로써 법인의 소득을 감소시키지 않았다면 부당행위대상이 되지 않는다고 하였다. 따라서 신주를 고가인수하고 동일한 가액으로 양도함으로써 아무런 소득이 발생하지 아니하도록 한 것은 조세회피를 위한 거래라고 보기 어렵다고 하였다(국심 2000서2516, 2001.3.21.). 이 사건에서 투자액 회수에 대해 그 내용을 보면, ㈜동양이 ㈜동양M&C에 투자한 투자유가증권(총액)은 64,185,657,000원이다. 이 금액 중 법인세법상 신주를 고가로 인수한 시가초과액은 36,910,080,000원에 해당한다(1주당 신주 시가 초과 인수액 × 신주수). 한편, 청산 시 잔여재산 수령액은 23,061,582,694원이다. 이 수령액은 토지 등의 지가 상승에 따른 시가차액 7,829,671,687원이 포함되어 있다. 따라서 총투자자본에 대한 회수손실은 41,124,074,306원(64,185,657,000원 − 23,061,582,694원)이 되며,

이 중 투자금액의 회수는 23,061,582,694원이 된다. 결국 투자금액을 일부 회수하였는데, 이 투자 회수금액 23,061,582,694원의 회수 내용을 보면 증자 전 법인설립 및 합병 시 투자금액 17,385,657,000원은 전액을 회수한 것이 되며 나머지 투자 회수금액 5,675,925,694원(23,061,582,694원 － 17,385,657,000원)은 신주인수 시 시가상당액 9,889,920,000원 (총신주인수가액 46,800,000,000원 － 시가 초과 인수가액 36,910,080,000원) 중에서 회수한 것이 된다.

또한 투자원본(증자 전 투자와 신주인수 시 시가상당액의 합계) 27,275,577,000원(설립 시 등 투자금액 17,385,657,000원 ＋ 신주인수 시 시가상당액 9,889,920,000원의 합계) 중 회수하지 못한 투자원본은 4,213,994,306원(투자원본 27,275,577,000원 － 투자원본 회수액 23,061,582,694원)이 된다. 결과적으로 보면 투자자본 회수손실 41,124,074,306원은 투자원본 회수손실 4,213,994,306원과 신주 시가 초과 인수액 36,910,080,000원으로 구분할 수 있다. 법인세법에서 손금으로 용인할 수 없는 것은 투자원본 회수손실 4,213,994,306원이 아니라 시가 초과액 회수에 대한 손실 36,910,080,000원을 용인하지 않겠다는 것이므로 투자액의 일부 회수는 그 내용과 성격을 검토하여야 할 것이다. 이 사건의 경우 투자액 회수 총손실을 손금으로 용인하지 않겠다는 것이 아니라 시가 초과액 회수 손실에 대해서만 손금으로 용인할 수 없다 할 것이므로 투자액의 일부 회수 여부는 이 사건과는 관련이 없다고 할 것이다. 이와 같이 증자와 청산이라는 일련의 과정을 경제적 합리성의 유무에 대해 제반 사정을 구체적으로 검토한바, ㈜동양이 신주를 고가로 인수한 후 청산함으로써 시가초과매입에 따른 투자유가증권처분손실 상당액 36,910,000,000원을 손금산입한 행위는 정상적인 경제인으로서의 합리적 거래형식에 의하지 아니하고 통상의 합리적인 거래형식을 취할 때 생기는 조세의 부담을 경감 내지는 배제시키는 행위로 판단된다.

사례 7 유상증자대금의 차입금 상환과 부당행위계산

관계회사의 차입금 상환을 위해 실시한 유상증자에서 발생한 주식발행초과금은 순수한 주식발행초과금이나 채무의 출자전환에 따른 채무면제익이 아니며 증자와 차입금 상환 등 일련의 거래를 살펴보면 증자형식을 빌려 특수관계자의 채권·채무를 정리하기 위한 행위로서 부당행위계산 대상이 된다(국심 2006서2418, 2007.4.27.).

| ○○㈜의 증자내용 |

구분	증자 전		증자			지분 이전 후	
주주	주식수	지분율	주식수	금액	지분율	주식수	지분율
○○통신㈜	35,000	100%	5,400	27억원	100%		
乙						40,400	100%
계	35,000	100%	5,400	27억원	100%	40,400	100%

* ○○㈜는 자본잠식된 법인으로 재무상태의 개선 및 회사 회생을 위해 유상증자(5,400주)를 실시하였다. 신주발행가액 1주당 500,000원(액면가 5,000원), 증자 전 1주당 평가액 0원, 증자 후 1주당 평가액 25원

□ 사례분석

(1) 사실관계

- 2003.12.4.에 ○○㈜는 주주인 ○○통신㈜로부터 자금지원 명목으로 23억원을 차입하였으나 경영악화로 파산위기에 이르자 채권자인 ○○통신㈜와 합의하여 차입원금 및 미지급이자의 합계액 27억원을 유상증자대금으로 상환하기로 하고 유상증자(5,400주, 1주당 500,000원)를 실시하였다. 유상증자 시 주식발행초과금 2,673,000천원이 발생하였다.
- 다음 날 ○○통신㈜로부터 받은 주금납입대금 27억원을 ○○통신㈜의 차입금 및 미지급이자 상환에 사용하였다.
- 2003.12.31. ○○통신㈜는 유상신주를 포함한 40,400주 모두를 1,010천원(1주당 25원)에 이○○에게 양도하고 투자주식처분손실 2,669,291천원을 계상하였다.

(2) 부당행위계산 대상 여부

청구인은 주식발행 및 채무의 상환은 유상증자와 채무의 상환이라는 두 가지 행위가 순차로 발생한 것이지 채무의 출자전환이 아니므로 주식발행초과금은 채무면제익이 아니며, 설령 주식발행초과금을 채무의 출자전환으로 본다고 하더라도 기획재정부 해석상 적용시기에 있어 이 건의 과세는 부당하다. 한편, 처분청은 유상증자와 채무상환은 일련의 거래 실질내용을 살펴보면 처음부터 채권자와 채무자가 합의하여 사실상 회수가 불가능한 부실채권에 대하여 유상증자의 형식을 빌려 장부상의 채권·채무를 정리한 것이라고 할 수 있고, 고가로 인수한 주식을 취득 후 1달 이내에 1주당 25원에 타인에게 전량 처분한 사실로 보아, 이 건 거래가 채권·채무조정이나 구조조정에 의한 출자전환과

같이 재무상태 개선이나 회사를 회생하여 차후 출자주식의 가치를 증대시켜 부실채권의 일부라도 장래에 회수할 목적으로 이루어진 것이 아니라 처음부터 부실채권의 대손처리 대신에 투자주식의 처분손실로 회계처리할 목적으로 이루어졌다고 할 것이며, 이와 같은 거래는 경제적인 합리성이 결여되었다고 할 수 있을 것이다.

결국 이 사건은 주식발행초과금의 성격을 무엇으로 볼 것이냐가 쟁점이 될 것이다. 즉 순수한 주식발행초과금인지, 채무의 출자전환에 따라 발생한 것인지, 사실상 회수 불가능한 부실채권을 증자형식을 빌려 채권·채무를 정리하는 과정에서 발생한 것인지를 판단하는데 있다 할 것이다. 기획재정부 예규에 의하면, 법정관리법인이 법정관리계획에 따라 채무를 출자전환하는 경우 주식의 액면가액을 초과하는 금액은 채무면제익이 아닌 주식발행액면초과액에 해당하므로(재법인46012-191, 1999.12.6.) 출자전환에 따른 채무면제익을 익금으로 보지 않고 있다.

(3) 심판례

이 건 유상증자와 채무상환의 일련의 거래는 액면가액 5,000원의 발행가격을 결정함에 있어 발행회사의 자산가치 등이 반영됨이 없이 채권자의 대여채권금액에 맞추어 모회사가 자산가치가 없는 결손법인인 자회사의 주식을 1주당 500,000원의 고가로 매입하여 1개월 이내 타인에게 불과 1주당 25원에 매각하고 그 손실을 모회사의 투자주식처분손실로 계상하고, 자회사인 ○○주식회사도 이 건 거래 이후 회사 회생을 위한 노력이 전혀 없는 사실 등에 비추어 보면, 이는 채권자인 ○○통신주식회사에게는 부실채권을 대손처리하는 과정에서의 가지급금 등의 손금불산입 규정을 회피하고자 가치가 없는 주식을 고가로 대체 취득하여 투자주식처분손실로 인식할 목적이 있었다고 할 것이므로 채권금액 전부를 포기한 것으로 인정하여 부당행위계산의 부인규정을 적용하고, ○○주식회사에게는 2,673,000천원을 채무면제익으로 보아 익금산입한 이 건 처분은 잘못이 없다고 판단된다.

한편, 청구법인은 설령 채무의 출자전환으로 보더라도 2003.3.5. 이전에 발생한 거래인데도 동 채무액을 익금산입하는 것은 부당하다고 주장하나, 부당행위가 있는 경우 과세관청은 법인세법의 규정에 의하여 그 행위의 존재 자체를 부인하고 실질적인 거래에 대하여 과세할 수 있는 것(같은 뜻: 대법원 94누1913, 1995.2.10.)이므로 처분청이 이 건 거래를 재무상태의 개선 및 회사를 회생하여 차후 출자주식의 가치를 증대시켜 장래에 채권의 일부를 회수하는 회사정리절차 · 화의절차 등과 같이 엄격한 요건에서 이루어지는 채권 · 채무 재조정에 의한 출자전환이라고 할 수 없는 것으로 보았기에 이 또한 이유 없다.

※ 채무 출자전환에 대한 해석

- **종전(재법인 46012－191, 1999.12.6.)**

법정관리법인이 법정관리계획에 따라 채무를 출자전환하는 경우, 주식의 액면가액을 초과하는 금액은 채무면제익이 아닌 주식발행액면초과액에 해당함.

- **개정(재법인 46012－37, 2003.3.5.)**

법정관리법인이 법정관리계획에 따라 채무를 출자전환하는 경우, 주식의 발행가액 중 시가를 초과하는 금액은 채무면제익에 해당하고 주식의 액면가액과 시가와의 차액은 주식발행액면초과액(또는 주식할인발행차금)에 해당함.

관련규정 및 예규판례

▶ **특수관계법인의 유상증자 시 실권주식을 액면가액으로 인수한 것에 대하여 고가매입으로 보아 부당행위계산 부인한 처분**(국심 2003서1657, 2004.3.19.)

처분청은 청구법인이 특수관계자인 청구외 법인으로부터 쟁점주식을 고가매입함으로써 청구외 법인의 주주들에게 이익을 분여한 것으로 보아 부당행위계산을 부인하고, 청구법인에게 소득귀속자별로 임원에 대한 상여, 출자자에 대한 배당, 출자법인에 대한 기타사외유출로 처분하였음. 청구외 법인의 결손으로 주주들이 유상증자 참여를 포기하고 청구법인이 동 실권주를 인수하였다면, 비록 청구외 법인이 상법상의 제한으로 유상증자주식의 액면 미달 발행이 어려웠다 하더라도 결과적으로 청구법인은 동 실권주의 인수로 인하여 특수관계자인 청구외 법인의 주주들에게 이익을 분여한 것이 되고, 청구법인 역시 청구외 법인의 결손으로 인하여 1주당 가액이 3,413원에 불과한 쟁점주식을 액면가액인 5,000원에 인수한 것은 경제적 합리성을 고려한 정상적인 경제행위라고 인정하기 어렵다.

▶ **유상증자 시 신주인수를 포기함으로써 발생한 실권주를 인수한 것에 대하여 부당행위계산 부인한 처분의 당부**(국심 2002전3298, 2003.3.26.)

처분청은 특수관계자가 인수 포기한 신주를 시가보다 높은 가액으로 인수하였는지 여부를 판단함에 있어서 ○○다림의 증자 전 1주당 주식가액의 평가 및 증자 후 1주당 주식가액의 평가를 법인세법 시행령 제89조 제6항에서 규정하는 바에 따라 상속세 및 증여세법상의 평가방법에 의하여 평가하였는바, 이는 적법한 것으로 보이며, 청구법인이 주장하는

○○다림의 기업가치(장부가치의 30배)는 적법한 평가방법에 의하여 평가한 것으로 보이지 아니한바, 청구법인은 증자 후 주식(1주당 53,451원)보다 높은 가액으로 신주(1주당 159,342원)를 인수하였다고 보아야 하며, 이는 법인세법 제52조 및 같은 법 시행령 제88조 제1항 제8호에 규정하는 "자본거래로 인하여 주주 등인 법인이 특수관계자인 다른 주주 등에게 이익을 분여한 경우"에 해당되므로 이익분여액에 상당하는 차액 1,323,634,822원을 부당행위계산 부인하여 익금산입한 처분은 잘못이 없는 것으로 판단됨.

기존 주주가 실권한 주식을 액면가액으로 취득하여 같은 가액으로 양도한데 대하여 그 인수(취득)가액만을 고가매입으로 보아 과세한 처분의 당부(국심 2000서2516, 2001.3.21.)

이 건의 경우 청구법인이 인수하였다가 양도한 쟁점주식의 인수 및 양도 당시의 평가액(시가)은 액면가액에 현저하게 미달된다. 이러함에도 불구하고 처분청과 같이 인수 당시의 가액만을 부당행위계산 부인에 의하여 평가액인 "0"원으로 하고 양도 당시의 가액은 청구법인과 특수관계 있는 ㈜○○과의 거래가액인 액면가액 5,000원으로 한다면 쟁점주식의 거래에 따른 소득은 양도가액 그 자체가 되는 결과가 된다. 즉 청구법인으로서는 액면가액으로 쟁점주식을 인수하여 액면가액으로 양도함으로써 기업회계상으로는 아무런 이익도 발생하지 아니하였는데도 세무회계상으로는 양도가액에 상당하는 소득이 발생한 것으로 의제되어 과세되는 결과가 됨.

신주인수권의 일부 포기가 우회적인 방법으로 특수관계자에게 신주인수권을 제공한 것이 아니라 건전한 사회통념이나 상관에 비추어 상당한 사유가 있고, 경제적 합리성이 있는 행위라면 이는 부당행위에 해당하지 아니함(대법원 2004두6280, 2004.10.28., 법인세법 시행령 제88조 제1항 제8호 나목 신설 전의 판결).

신주인수는 주주의 권리이지 의무는 아닌 것으로, 그에는 인수자금의 조달이라는 부담이 따르며 법인세법상 다른 법인 출자에 대한 지급이자 손금불산입, 증자소득공제의 배제 또는 상장법인의 경우에는 다른 법인에 대한 출자제한 등 법령상의 제한 내지는 경제적 불이익이 수반되므로 신주인수권을 포기한 것이 건전한 사회통념이나 상관행에 비추어 용인할 만한 상당한 사유가 있는 경우라면 부당행위계산 부인규정을 적용할 수 없다 할 것이다(대법원 96누9966, 1997.2.14. 참조). 따라서 신주인수권을 일부만 인수하고 나머지를 포기한 것은 원고와 증자회사에 대한 경영분석을 통하여 과중한 부채의 부담 및 법인세의 가중부담 등을 피하고 합리적인 투자 및 경영을 하기 위하여 행한 경제적 합리성이 있는 행위로서 건전한 사회통념이나 상관행에 비추어 용인할 만한 상당한 사유가 있다고 보이므로 부당행위계산 부인규정을 적용할 수 없다.

7 | 신주의 저가인수와 자산수증익

자본증가 및 자본감소에 있어서 이들 자본을 증감하는 법인(증자·감자법인)의 입장에서는 자본 자체가 증가하거나 감소하기 때문에 자본증가나 자본감소는 순자산에 영향을 미치지 않는 순수한 자본거래에 해당한다. 따라서 손익거래를 과세대상으로 하는 구 법인세법 제9조의 규정에 의하여 자본의 증가 또는 자본의 감소를 한 법인에 있어서는 법인세 과세문제가 제기되지 아니한다 하겠다. 그러나 자본을 증가하거나 감소한 법인이 아닌 이들 법인의 주주 입장에서 보면 이들이 소유하는 주식은 회계적으로는 투자주식으로서의 자산이 되므로 법인이 이러한 주식을 소유하는 경우에 있어서 동 주식가액이 증가하거나 감소하는 경우에 이는 구 법인세법 시행령 제12조 제1항 및 제2항의 수익 또는 손비가 된다(국심94서1867, 1995.6.17.).

법인세법에서 익금이라 함은 "자본 또는 출자의 납입 및 이 법에서 규정하는 것을 제외하고 당해 법인의 순자산을 증가시키는 거래로 인하여 발생하는 수익의 금액으로 한다(법인법 §15)"는 순자산증가설을 따르고 있다. 한편, 법인세법 시행령 제11조 수익의 범위에서 제5호(무상으로 받은 자산의 가액)와 제9호(개정 후 제8호. 법인세법 시행령 제88조 제1항 제8호 각 목의 어느 하나 및 같은 항 제8호의2에 따른 자본거래로 인하여 특수관계자로부터 분여받은 이익)를 수익유형의 하나로 예시하고 있다. 제5호는 수익의 범위에 제한이 없으나 제9호는 수익의 범위가 제한되어 있다. 또한 제5호(무상으로 받은 자산의 가액)는 얻은 이익이 특수관계자로부터 받은 것인지 여부를 불문하나, 제9호는 특수관계자로부터 얻은 이익에 한정하고 있다. 제9호의 얻은 이익은 이익 충족요건 등이 있어 제5호와는 과세요건이 다르다. 이러한 점들은 앞서 "신주 고가인수와 부당행위계산"에서 지적한 것과 마찬가지가 될 것이다.

대법원에서는 신주인수권을 인수한 자와 포기한 자 간의 신주인수권 무상이전을 법인세법 시행령 제11조 제5호의 자산수증익으로 보고 있었다(대법원 94누3629, 1995.7.28.). 심판례에서도 신주인수권 취득은 그 실질이 기존 주주들로부터 무상으로 취득한 것이므로 수익에 해당된다고 하였다(국심 2001부1372, 2001.11.1.). 다만, 국세청 예규에서는 수익에 해당되지 않는다와 해당된다로 분명하지 않았다. 그러나 대법원, 심판원, 국세청 모두

1998.12.31. 대통령령 제15970호로 개정되기 전의 것으로 개정 후의 사례가 아니다. 이러한 논란은 법인세법 시행령 제11조(수익의 범위)에서 "제88조 제1항 제8호 각 목의 어느 하나 및 같은 항 제8호의2에 따른 자본거래로 인하여 특수관계자로부터 분여받은 이익"이 제9호가 됨을 분명히 함으로써 종결되었다. 다만, 제9호가 추가되었다고 해서 기존의 판례인 제5호(무상으로 받은 자산가액)의 해석이 달라지는 것은 아니라 할 것인데 제5호의 범위가 어디까지인지 분명하지 않다.

사례 8 ••• 신주의 저가인수와 자산수증익

M법인의 증자와 관련된 자료는 다음과 같다.

증자 전 발행주식총수 1,000,000주(1주당 액면가 5,000원, 1주당 평가액 8,000원), 증자금액 24억원(1주당 신주발행가액 4,000원, 증자한 주식수 600,000주), 주주 乙과 丙은 특수관계인임.

| M법인의 증자내용 |

구분	증자 전		균등증자 시 주식수 ①	증자내역			증자 후	
주주	주식수 (A)	지분율		실권주수 ②	재배정 주식수 ③	증자주식수(B) (① − ② + ③)	주식수 (A + B)	지분율
甲	400,000	40%	400,000	200,000		200,000	600,000	37.5%
乙	300,000	30%	300,000	200,000		100,000	400,000	25.0%
丙㈜	200,000	20%	200,000	−		200,000	400,000	25.0%
丁	100,000	10%	100,000	−		100,000	200,000	12.5%
계	1,000,000	100%	1,000,000	400,000		600,000	1,600,000	100%

M법인의 증자와 관련하여 다음 관계를 확인할 수 있다.

① 丙㈜이 인수한 신주

신주수: 200,000주, 신주 1주당 인수가액: 4,000원

② 증자 전 1주당 평가액: 8,000원

③ 증자 후 1주당 평가액: 6,000원

[(8,000원 × 1,000,000주) + (4,000원 × 600,000주)] ÷ (1,000,000주 + 1,000,000주)

= 6,000원

주주 丙㈜은 신주를 저가로 인수하였다. 신주 저가인수행위를 법인세법 시행령 제11조 제5호(무상으로 받은 자산의 가액)와 제9호의 관계를 보자.

M법인의 증자에 따른 주식가치 증감은 다음과 같다.

구분	증자 전		증자금액	계 ③	증자 후		증감
주주	1주당	평가액 ①	②	(① + ②)	1주당	평가액 ④	(④ − ③)
甲	8,000	3,200,000,000	800,000,000	4,000,000,000	6,500	3,900,000,000	−100,000,000
乙		2,400,000,000	400,000,000	2,800,000,000		2,600,000,000	−200,000,000
丙㈜		1,600,000,000	800,000,000	2,400,000,000		2,600,000,000	200,000,000
丁		800,000,000	400,000,000	1,200,000,000		1,300,000,000	100,000,000
계		8,000,000,000	2,400,000,000	10,400,000,000		10,400,000,000	0

□ **사례분석**

(1) 법인세법 시행령 제11조 제9호(특수관계인으로부터 분여받은 이익)

〈요건 충족〉

■ 차액비율: (6,000원 − 4,000원) ÷ 6,000원 = 33.3% ≥ 30%

丙㈜이 얻은 이익

- 甲으로부터: 200,000,000원 × (100,000,000원 ÷ 300,000,000원) = 66,666,666원
- 乙로부터: 200,000,000원 × (200,000,000원 ÷ 300,000,000원) = 133,333,333원

계 200,000,000원

따라서 주주 丙㈜이 얻은 이익 2억원 중 특수관계인인 주주 乙로부터 얻은 이익 133,333,333원은 법인세법 시행령 제11조 제9호(특수관계인으로부터 분여받은 이익)에 의한 수익에 해당된다.

(2) 법인세법 시행령 제11조 제5호(무상으로 받은 자산의 가액)

기존의 판례로 보면 주주 丙㈜이 얻은 이익 2억원 모두가 법인세법 시행령 제11조 제5호(무상으로 받은 자산의 가액)에 의한 수익에 해당된다.

(3) 법인세법 시행령 제11조 제5호와 제9호(개정 후 제8호)의 관계

"신주의 고가인수와 부당행위계산"과 마찬가지로 과세요건 차이, 중복과세문제 등이 있을 것이다. 다만, 제5호(구 시행령 §12 ① 6)의 수증익에 대해서는 엇갈린 해석을 하고 있어 실무상 혼란을 가져오고 있다. 앞서 살펴본 바와 같이 자산의 수증익에 대해서는 제9호 자본거래로 인하여 분여받은 이익이 신설되기 전에도 과세가 되었었다. 따라서 제9호가 신설되었다고 해서 달리 볼 것은 아니라고 할 것이나 심판 사례 등(국심 98부2657, 1999.8.21., 법인 46012-923, 1999.3.15.)에서는 자본거래로 인하여 분여받은 이익은 수증익으로 볼 수 없다고 판단하고 있다.

그 이유로 기존 주주가 신주인수권을 포기하지 않으면 안 될 상당한 사유가 없음에도 이를 포기하여 사실상 무상 취득한 신주인수권이면서도 이사회 결의를 통한 우회적 절차에 의하여 재배정받은 것 등이 아닌 한 납입금액과 시가와의 차이로 생긴 경제적 이익은 익금에 산입하지 아니한다고 하여 자산수증익에 대한 경제적 합리성의 판단을 요구하고 있다. 또한 유상증자 시 증자법인의 이사회 결의에 의하여 재배정받은 신주인수권에 대하여 자산수증이익으로 과세하지 않겠다는 뜻은 재배정받은 법인주주가 동 신주인수권을 기존 주주로부터 취득한 것이 아니라 증자법인으로부터 취득한 것이므로 기존 주주가 정상적인 유상증자에 참여하여 시가보다 저가로 신주를 취득하였다 하더라도 시가와 취득가액과의 차액을 취득 시점에 자산수증이익으로 과세하지 아니하고 양도시점에서 자산양도차익으로 과세한다는 것과 같은 취지라고 하여 신주인수를 투자자와 피투자자의 관계로 보고 있다.

자본거래로 인하여 분여받은 이익이라 함은 투자자와 피투자자의 관계에서 얻은 이익을 의미하는 것이 아니고 주주와 주주 사이의 관계에서 얻은 이익을 의미하고 있는데 위의 심판례는 신주인수권을 기존 주주로부터 취득한 것이 아니라 증자법인으로부터 취득한 것으로 보고 있으므로 저가로 취득하였다고 하더라도 자산수증익으로 과세하지 않는다는 것이다. 또 다른 심판 사례에서는 법인세법 시행령 제11조(수익의 범위) 제9호(분여받은 이익)의 익금산입에 대해 "2000.12.29. 개정된 법인세법 시행령 제11조(수익의 범위) 제9호에서 '제88조 제1항 제8호 각 목의 규정에 의한 자본거래로 인하여 특수관계자로부터 분여받은 이익'이라고 규정하고 있는바, 이러한 이익은 청구법인이 신주를 인수함으로써 예상되는 손실을 회피한데 따른 반사적 이익이므로 이러한 반사적 이익은 법인세법상 수익에 포함할 수 있도록 특별히 규정함으로써 익금을 구성하는 의제익금이라 할 것이며", 또한 "법인의 순자산을 증가시키는 수익의 범위를 법인세법에서 모두 열거할 수 없으므로 법인세법 시행령 제11조에서 수익의 범위를 예시적으로 규정하고 있으나, 이와 같은 반사적 이익은 법인의 순자산을 직접 증가시킨 것이 아니고 법인세법에서 수익의 범위로 규정되어야만 비로소 익금이 되는 것이므로 시행령 제88조 제1항 제8호 각 목의 이익과 같은 경우에는 법인세법상 명확한 근거 규정이 있어야만 과세대상인 익금에 포함시킬 수 있다(국심 2002중2682, 2003.4.23.)."고 하였다.

법인세법상 자본거래로부터 분여받은 이익은 제5호(수증익)가 아니라 제9호에 의한 수익이라는 것이다. 이 경우 개인이 분여받은 이익은 상속증여세법상 증여재산가액이 되나 법인이 분여받은 이익 중 특수관계에 있지 않은 자로부터 분여받은 이익은 법인세법상 수익(익금)이 되지 않게 된다. 따라서 이익을 분여받는 주체에 따라 수익(익금·증여)이 되는 경우와 되지 않는 경우로 구분되는데 이것은 과세방식의 문제일 것이다(취득 시점 또는 양도 시점의 과세 여부는 조세법의 선택 문제이므로).

관련규정 및 예규판례

- **자산수증익**(대법원 94누3629, 1995.7.28.)

  특수관계에 있는 자가 인수 포기한 비상장주식을 회사가 상속세법 시행령 제5조 소정 평가가액보다 저렴한 가액으로 인수한 경우의 평가차액이 법인세법 시행령 제12조 제1항 제6호 소정의 무상으로 받은 자산의 가액 이른바 수증익에 해당한다.

- **유상증자와 무상감자에 따른 수증익**(심사94서1867, 1995.6.17.)

  청구법인이 소유하고 있는 주식의 발행법인(비상장법인)이 자본증가 시 특정주주가 신주인수권을 포기하거나 자본감소 시 특정주주의 주식이 무상소각됨으로써 청구법인 소유주식가액이 증가된 경우에는 특정주주로부터 청구법인에게 실질적인 증여가 있었다고 볼 수 있으므로 이에 법인세를 부과한 처분은 타당함.

- **무상감자에 따른 수증익**(국심91서1332, 1992.2.6.)

  청구법인이 출자하고 있는 청구외 회사의 특정 주주지분에 대한 무상감자에 의하여 청구법인의 출자지분율이 증가한 경우 동 증가된 지분율에 상당하는 평가액은 청구법인의 각 사업연도 소득금액 계산상 익금산입대상인 것으로 인정되므로 청구법인의 각 사업연도 소득금액을 계산함에 있어서 자산수증익을 익금가산하여 과세한 처분은 적법함.

신주인수행위의 부당지원 여부(대법원 2004두3281, 2005.4.29.)

1. 신주인수행위가 부당지원행위의 규제대상이 되는지 여부에 대하여

   신주인수행위는 신주를 발행하는 회사의 자본을 형성하는 단체법적, 회사법적 행위로서 그 인수대금이 발행회사의 자본을 구성한다는 점에서 이미 발행된 주식의 거래와는 다른 점이 있으나, 발행회사에 신주인수대금을 납입하고 발행회사로부터 주식을 취득하여 발행회사의 주주가 된다는 점에서 이미 발행된 주식을 매수하는 것과 실질적인 차이가 있다고 보기 어렵고, 부당지원행위를 불공정거래행위의 한 유형으로 규정하여 이를 금지하는 입법 취지가 공정한 거래질서의 확립과 아울러 경제력 집중의 방지에 있는 점에 비추어 볼 때, 정상적인 가격보다 현저히 높은 가격으로 신주를 인수함으로써 발행회사에게 경제상 이익을 제공하는 행위가 출자행위로서의 성질을 가진다고 하여 부당지원행위의 규제대상이 되지 않는다고 할 수 없다는 취지로 판단하였다. 원심의 위와 같은 판단은 정당하다.

   또한 주식회사의 신주발행에 관하여는 회사법, 증권거래법 등에 의하여 규율되고 있고 독점규제 및 공정거래에 관한 법률의 다른 규정에 의해서도 규제되고 있다고 하여 신주인수행위를 부당지원행위의 규제대상으로 삼을 수 없는 것은 아니고, 시가보다 높은 가격으로 신주를 인수하게 되면 그만큼 발행회사의 자본이 충실하게 되어 그로 인한 이익의 일부가 다시 신주인수인에게 귀속될 수 있으나, 이는 신주인수행위로 인한 간접적이고 반사적인 효과에 불과하므로 그러한 사정을 들어 신주인수행위가 부당지원행위의 규제대상이 되지 않는다고 할 수도 없다.

2. 현저히 유리한 조건의 거래인지 여부에 대하여

   공정거래법 제23조 제1항 제7호 소정의 현저히 유리한 조건의 거래에 해당하는지 여부를 판단함에 있어서는 급부와 반대급부 사이의 차이는 물론 지원성 거래규모와 지원행위로 인한 경제상 이익, 지원기간, 지원횟수, 지원시기, 지원행위 당시 지원 객체가 처한 경제적 상황 등을 종합적으로 고려하여 구체적·개별적으로 판단하여야 할 것이다(대법원 2001두2881, 2004.10.14. 참조).

   대규모기업집단 '○○'의 계열회사인 소외 ○○해운은 일명 IMF 사태로 인하여 1997.12. 말 결산기준으로 434억원 상당의 대규모 적자가 발생하여 완전자본잠식상태가 되었고 그러한 재무상태는 1998.6.25. 합계 2,500억원(액면가 5,000원 × 5,000만 주) 상당의 유상증자를 할 때까지 계속되었던 점, 위 유상증자 직전에 ○○해운의 주식 1,335,000주가 1주당 200원에 거래된 점, 당시는 IMF 사태 직후로서 투자전망이 불투명하였을 뿐 아니라

○○해운과 같은 업종에 종사하는 업체들의 주가가 주당 순자산가치에 미치지 못하고 있었던 점, 이 사건 유상증자 총액은 ○○해운의 기존 자본금 224억원의 11.1배에 달하는 규모인 점 등을 종합하면, 원고들이 이 사건 유상증자에 참여하여 합계 1,400억원 상당의 신주를 인수한 행위는 그 정상가격이 액면가보다 훨씬 낮다고 볼 수밖에 없는 신주를 액면가로 인수함으로써 그 차액 상당의 경제상 이익을 제공한 행위로서 ○○해운에게 현저히 유리한 조건의 거래에 해당한다는 취지로 판단하였다. 원심의 위와 같은 사실인정 및 판단은 정당하다.

3. 부당성에 대하여

지원행위가 부당성을 갖는지 유무를 판단함에 있어서는 지원주체와 지원객체와의 관계, 지원행위의 목적과 의도, 지원객체가 속한 시장의 구조와 특성, 지원성 거래규모와 지원행위로 인한 경제상 이익 및 지원기간, 지원객체가 속한 시장에서의 경쟁제한이나 경제력 집중의 효과 등을 종합적으로 고려하여 당해 지원행위로 인하여 지원객체의 관련 시장에서 경쟁이 저해되거나 경제력 집중이 야기되는 등으로 공정한 거래가 저해될 우려가 있는지 여부에 따라 판단한다(대법원 2001두2935, 2004.10.14.).

원고들과 ○○해운의 관계, 이 사건 신주인수행위는 ○○해운의 추가신규투자 및 재무구조 개선, 차입금 상환자금 확보 등을 위하여 이루어진 점, 이 사건 신주인수대금은 합계 1,400억원으로 기존 자본금 224억원의 6.2배, 1998년 기준 매출액 1조 3,457억원의 10%를 상회하는 규모인 점, 이 사건 신주인수 당시 ○○해운은 자본잠식상태에 있는 등 재무사정이 좋지 아니하였던 점, 1998년을 기준으로 ○○해운은 해운업시장에서 시장점유율 8.3%를 차지하고 있었던 점 등의 여러 사정에 비추어 보면, 이 사건 신주인수행위는 IMF 사태로 인하여 자금난을 겪고 있던 ○○해운으로 하여금 그가 속한 해운업 관련 시장에서 퇴출을 면하고 사업자로서의 지위를 유지・강화할 수 있게 함으로써 당해 시장에서의 공정하고 자유로운 경쟁을 저해할 우려가 있다고 봄이 상당하다고 할 것이다.

제 7 장

기타의 자본이익

2015.12.15. 개정된 상속증여세법(법률 제13557호)의 개정은 납세자가 법령을 쉽게 이해할 수 있도록 법령 체계를 정비하고 증여세 완전 포괄주의 원칙에 부합하도록 증여 및 증여재산의 개념과 과세대상 증여재산의 범위를 명확히 하며 각 증여시기를 구체화 하였다. 주요 내용으로 제1조에서 상속증여세의 공정한 과세 및 납세의무의 적정한 이행 확보 등 상속증여세법의 입법목적과 규율 대상을 명확히 알 수 있도록 목적 조항을 신설하였다. 제2조에서는 주요 용어 및 개념을 정의하는 규정을 신설하면서 상속, 상속재산, 상속인, 증여, 증여재산 및 수증자 등 상속증여세법에서 반복적으로 사용되는 주요 용어에 대한 정의를 알기 쉽게 모아서 규정하고, 증여세 완전 포괄주의의 원칙에 부합하도록 증여의 개념을 그 행위 또는 거래의 명칭·형식·목적 등과 관계없이 직접 또는 간접적인 방법으로, 타인에게 유형·무형의 재산 또는 이익을 무상으로 또는 현저히 낮은 대가를 받고 이전하거나 타인의 재산가치를 증가시키는 것으로 규정하였다.

2015.12.15. 개정된 상속증여세법의 개정 이유가 법령 체계를 정비했다고 해서 자본거래에 대한 과세체계가 바뀐 것은 아니며 완전 포괄주의의 개념은 여전히 유효하다. 대법원(대법원 2008두17882, 2011.4.28.)은 구 상속증여세법 제31조(증여재산의 범위)는 "제2조의 규정에 의한 증여재산에는 수증자에게 귀속되는 재산으로서 금전으로 환가할 수 있는 경제적 가치가 있는 모든 물건과 재산적 가치가 있는 법률상 또는 사실상의 모든 권리를 포함한다."고 규정하였으므로, 제33조 내지 제42조의 증여재산가액의 계산규정을 직접 적용할 수 없는 경우라 하더라도, 수증자에게 귀속되고 환가가 가능한 경우라면 합리적인 계산방법을 적용하여 증여세의 과세가 가능하다고 해석되는 점 등 법 제2조 제3항의 도입 배경, 입법 취지, 다른 조문과의 관계 등에 비추어 보면 위 조항에 근거한 증여세의 과세는 가능하다.

2015.12.15. 개정에서 제42조(그 밖의 이익의 증여)의 개정 이유를 다음과 같이 설명하고 있다. 통합적으로 규정되어 있는 이익의 증여를 개별 유형별로 분류하여 별도 조문으로 구성하여 각각 증여 예시적 성격의 규정임을 명확히 하였다. 재산의 사용 또는 용역의 제공에 의하여 이익을 얻은 경우를 타인에게 시가보다 낮은 대가를 지급하거나 무상으로 타인의 재산을 사용하거나 타인의 용역을 제공받은 경우 등으로 각각 구체화하여 해당 시가와 대가의 차액을 증여재산가액으로 하도록 하고, 특수관계인이 아닌 자 간의 거래인

경우에는 거래의 관행상 정당한 사유가 없는 경우에 한정하여 적용하도록 하고, 주식의 포괄적 교환 및 이전, 사업의 양수·양도, 사업 교환 및 법인의 조직 변경 등에 의하여 이익을 얻은 경우에 소유지분이나 그 가액의 변동 전과 후의 재산의 평가차액을 증여재산 가액으로 하도록 하고, 특수관계인이 아닌 자 간의 거래인 경우에는 거래의 관행상 정당한 사유가 없는 경우에 한정하여 적용하도록 하였다.

2015.12.15. 신설된 상속증여세법 제1조 및 제2조와 제4조의 용어의 개념과 정의를 위해서는 개정 전의 법령 체계를 알아 둘 필요가 있다.

2015.12.15. 개정은 증여의 범위를 좀 더 명확히 하는 방향으로 개정되었다. 즉 제4조에서 무상으로 이전받은 재산 또는 이익, 현저히 낮은 대가를 주고 재산 또는 이익을 이전받음으로써 발생하는 이익이나 현저히 높은 대가를 받고 재산 또는 이익을 이전함으로써 발생하는 이익, 재산 취득 후 해당 재산의 가치가 증가한 경우의 그 이익, 상속증여세법 제33조부터 제39조까지, 제39조의2, 제39조의3, 제40조, 제41조의2부터 제41조의5까지, 제42조, 제42조의2 또는 제42조의3에 해당하는 경우의 그 재산 또는 이익, 제44조 또는 제45조에 해당하는 경우의 그 재산 또는 이익으로 하고 있다. 특히 2015.12.15. 신설된 자본거래 유형에서 관심이 가는 부분은 구 상속증여세법 제42조 '그 밖의 이익의 증여'에 대한 개정 부분이다.

개정된 내용을 구체적으로 살펴보면 구 상속증여세법 제42조 제1항 제1호 및 제2호가 상속증여세법 제42조(재산사용 및 용역제공 등에 따른 이익증여)로, 제1항 제3호의 전반부인 "출자·감자, 합병(분할합병 포함)·분할, 상속세 및 증여세법 제40조 제1항의 규정에 의한 전환사채 등에 의한 주식의 전환·인수·교환 등 법인의 자본을 증가시키거나 감소시키는 거래로 인하여 얻은 이익"이 상속증여세법 제4조(증여세 과세대상) 제1항 제6호(분할은 제외)로, 후반부인 "사업양수도·사업교환 및 법인의 조직변경 등에 의하여 소유지분 또는 그 가액이 변동됨에 따라 얻은 이익"은 상속증여세법 제42조의2(법인의 조직변경 등에 따른 이익증여, 주식의 포괄적 교환 포함)로, 제4항은 상속증여세법 제42조의3(재산 취득 후 재산가치 증가에 따른 이익증여)으로 각각 분리되면서 이익의 개념과 이익계산 방법을 보다 명확히 하고 있다.

이러한 신설 규정은 대법원이 판단하고 있는 증여세 완전포괄주의 과세제도의 한계를 반영한 것으로 본다. 대법원(대법원 2014두1864, 2015.10.29.)은 "구 상속증여세법 제2조는

제1항에서 타인의 증여로 인한 증여재산에 대하여 증여세를 부과한다고 규정하면서 제3항에서 '증여'에 관하여 '그 행위 또는 거래의 명칭 · 형식 · 목적 등에 불구하고 경제적 가치를 계산할 수 있는 유형 · 무형의 재산을 타인에게 직접 또는 간접적인 방법에 의하여 무상으로 이전(현저히 저렴한 대가로 이전하는 경우를 포함한다)하는 것 또는 기여에 의하여 타인의 재산가치를 증가시키는 것을 말한다.'고 포괄적으로 규정하고 있다. 다만, 납세자의 예측가능성을 보장하고 조세법률관계의 안정성을 도모하기 위하여 증여재산가액의 계산에 관한 법의 규정이 특정한 유형의 거래 · 행위를 규율하면서 그중 일정한 거래 · 행위만을 증여세 과세대상으로 한정하고 그 과세범위도 제한적으로 규정함으로써 증여세 과세의 범위와 한계를 설정한 것으로 볼 수 있는 경우에는, 개별 가액산정규정에서 규율하고 있는 거래 · 행위 중 증여세 과세대상이나 과세범위에서 제외된 거래 · 행위가 법 제2조 제3항의 증여의 개념에 해당할 수 있더라도 그에 대하여 증여세를 과세할 수 없다."고 하였다.

이 책은 2015.12.15. 개정된 상속증여세법의 법령 체계의 정비를 고려하여 제2장에서부터 제6장까지는 기업활동에서 주로 거래되는 자본거래에 대한 이익을 다루고, 제7장은 제2장에서부터 제6장까지에 다루지 않았던 부분인 '기타의 자본거래에 대한 이익'을 분석하고 있다. 제7장(기타의 자본이익)에서는 정통 자본거래 이익에 해당되는 거래를 제1절(기타의 자본거래와 이익)에서 설명하고, 정통 자본거래 이익이라고 보기 어려운 재산가치 증가와 관련된 거래를 제2절(재산가치 증가와 이익)에서 설명하고 있다.

제1절 기타의 자본거래와 이익

1 | CB · BW와 이익

전환사채, 신주인수권부사채(신주인수권증권이 분리된 경우에는 신주인수권증권) 또는 그 밖의 주식으로 전환 · 교환하거나 주식을 인수할 수 있는 권리가 부여된 사채(전환사채 등)를 인수 · 취득 · 양도하거나 전환사채 등에 의하여 주식으로의 전환 · 교환 또는 주식의 인수를 함으로써 이익을 얻은 경우에는 그 이익에 상당하는 금액을 그 이익을 얻은 자의 증여재산가액으로 한다(상증법 §40 ①).

전환사채(Convertible bond)는 법률상으로는 사채이나 실질은 잠재적인 주식의 성격을 갖고 있는 특수사채이다. 종전에는 특수관계자 간 전환사채의 매매를 통하여 무상이전되는 자본이익에 대하여만 증여의제 과세대상으로 규정되어 있었으나 전환사채의 발행 시 전환가액을 전환사채와 교환되는 주식가액보다 현저히 낮은 가액으로 책정하여 특수관계인에게 배정함으로써 전환사채의 최초인수자가 얻는 자본이익에 대하여도 증여세를 과세하도록 하고 전환사채와 동일한 성격을 갖고 있는 신주인수권부사채 및 교환사채 등 신종사채를 과세대상에 포함하였다. '신주인수권부사채(Bond with stock purchase warrents)'라 함은 사채를 취득한 자에게 사채발행법인의 주식을 취득할 수 있는 권리가 부여된 사채를 말하는데 사채발행 시 주식전환권 및 주식전환기준가격이 부여되는 등 전환사채와 동일한 성격을 갖고 있는 반면, 전환사채는 사채가액이 주식납입금으로 대용 납입되므로 주식전환 시 별도의 주식납입금을 불입하지 않고 사채권이 소멸되나 신주인수권부사채는 별도의 주식납입금을 불입하되, 사채권이 계속 존속된다는 점에서 차이가 있다. 분리형 신주인권부사채의 발행은 1999.1.29. 허용되었다가 2013.5.28.(2013.8.29.부터 시행)부터 금지되었다. '교환사채(Exchangeble Bond)'는 사채를 취득한 자에게 사채발행법인이 보유한 다른 법인의 주식으로 교환할 수 있는 권리가 부여된 사채를 말하며, 교환되는 주식가액에 비해 교환가액을 현저히 낮게 하는 경우 전환사채를 이용한 자본이익의 무상 이전과 동일한 변칙증여 효과가 있게 된다(개정세법 해설).

사모의 형태로 신주인수권부사채를 발행하기로 하여 신주인수권증권의 매각 예정일을 신주인수권부사채의 발행일로, 매각 상대방을 '최대주주 및 특수관계인'으로 공시하였고, 금융기관들은 신주인수권부사채를 인수한 당일에 '최대주주 및 특수관계인'들에게 신주인수권증권을 매도하였다. 금융기관들은 신주인수권부사채 인수 대가로 인한 수수료(인수수수료)를 지급받은 바 없고, 신주인수권부사채 인수계약서에는 금융기관들이 신주인수권부사채 발행으로 인한 위험을 부담하기로 하는 내용도 없는 점 등에 비추어 보면, 금융기관들은 신주인수권부사채에 대한 투자에 따르는 위험을 최소화하기 위하여 신주인수권부사채에 포함된 신주인수권증권을 발행 당일 최대주주 및 특수관계인들에게 매도하는 내용을 투자 조건으로 삼았고, 이러한 투자 조건에 따라 신주인수권을 취득한 것에 불과하므로 금융기관들은 자본시장법상 인수인의 지위에서가 아니라 이자수익 및 매도차익을 얻기 위하여 스스로 투자자의 지위에서 신주인수권부사채를 취득하였다고 봄이 타당하다. 이와 같은 거래관계에 대해 법원(서울고법 2016누60814, 2017.7.14.)은 납세의무자는 경제활동을 할 때 동일한 경제적 목적을 달성하기 위하여 여러 가지의 법률관계 중의 하나를 선택할 수 있고 과세관청으로서는 특별한 사정이 없는 한 당사자들이 선택한 법률관계를 존중하여야 하며, 또한 여러 단계의 거래를 거친 후의 결과에는 손실 등의 위험 부담에 대한 보상뿐 아니라 외부적인 요인이나 행위 등이 개입되어 있을 수 있으므로, 여러 단계의 거래를 거친 후의 결과만을 가지고 실질이 증여행위라고 쉽게 단정하여 증여세의 과세대상으로 삼아서는 아니 된다(대법원 2015두3270, 2017.1.25.). 그러므로 당사자가 거친 여러 단계의 거래 등 법적 형식이나 법률관계를 재구성하여 직접적인 하나의 거래에 의한 증여로 보고 증여세 과세대상에 해당한다고 하려면, 납세의무자가 선택한 거래의 법적 형식이나 과정이 처음부터 조세회피의 목적을 이루기 위한 수단에 불과하여 그 재산 이전의 실질이 직접적인 증여를 한 것과 동일하게 평가될 수 있어야 하고, 이는 당사자가 그와 같은 거래형식을 취한 목적, 제3자를 개입시키거나 단계별 거래 과정을 거친 경위, 그와 같은 거래방식을 취한 데에 조세부담의 경감 외에 사업상의 필요 등 다른 합리적 이유가 있는지 여부, 각각의 거래 또는 행위 사이의 시간적 간격, 그러한 거래형식을 취한 데 따른 손실 및 위험 부담의 가능성 등 관련 사정을 종합하여 판단하여야 한다(대법원 2015두46963, 2017.2.15.). 따라서 '최대주주 및 특수관계인'들은 신주인수권부사채의 발행부터 신주인수권증권의 취득 및 행사에 따른 일련의 행위를 통하여 신주를 취득하여 전환차익을 얻을 것을 예정하고 있었고, 이와 같은 일련의 행위가 처음부터 주가 상승을 예상하고 '최대주주 및 특수관계인'들에게 주가 상승으로 인한 이익을 분여하기 위한 목적을 가지고 그 수단으로 이용된 행위라고 볼 수 있다(신주인수권부사채 발행에 사업상 목적이 일부 인정된다고 하더라도, 주가 상승을 예상하고 위와 같은 발행 등의 일련의 행위를 통하여 주가 상승 등으로 인한 이익을 분여받았다고 평가할 수 있다).

(1) 과세요건

전환사채 등에서 얻은 이익이란 전환사채 등을 인수・취득함으로써 얻은 이익과 주식전환・교환・인수 및 양도에 따른 이익으로 나눌 수 있다.

(1)-1. 전환사채 등의 인수・취득

① 내용(상증법 §40 ① 1)

㉮ 특수관계인으로부터 전환사채 등을 시가보다 낮은 가액으로 취득함으로써 얻은 이익(취득가액 〈 전환사채 시가)

㉯ 전환사채 등을 발행한 법인(자본시장법 제9조 제7항에 따른 유가증권의 모집방법으로 전환사채 등을 발행한 법인을 제외)(대통령령으로 정하는 경우를 제외)의 최대주주나 그의 특수관계인인 주주가 그 법인으로부터 전환사채 등을 시가보다 낮은 가액으로 그 소유주식수에 비례하여 균등한 조건으로 배정받을 수 있는 수를 초과하여 인수・취득(자본시장법 제9조 제12항에 따른 인수인으로부터 인수・취득한 경우를 포함)함으로써 얻은 이익(인수가액 〈 전환사채 시가)

㉰ 전환사채 등을 발행한 법인의 최대주주의 특수관계인(그 법인의 주주는 제외)이 그 법인으로부터 전환사채 등을 시가보다 낮은 가액으로 인수함으로써 얻은 이익(인수가액 〈 전환사채 시가)

② 특수관계 유무: "㉮"의 경우는 양도자와 양수자 사이에 특수관계, "㉯"와 "㉰"의 경우는 발행한 법인의 최대주주의 특수관계인과 전환사채 등을 인수・취득한 자 사이에 특수관계가 있어야 한다.

③ 이익을 얻은 자: 전환사채 등을 인수·취득한 자

(1)-2. 전환사채 등의 주식전환·교환·인수

① 내용(상증법 §40 ① 2)

㉮ 전환사채 등을 특수관계인으로부터 취득한 자가 전환사채 등에 의하여 교부받았거나 교부받을 주식의 가액이 전환·교환 또는 인수가액(전환가액 등)을 초과함으로써 얻은 이익(교부받았거나 교부받을 주식가액 〉 전환가액)

㉯ 전환사채 등을 발행한 법인의 최대주주나 그의 특수관계인인 주주가 그 법인으로부터 전환사채 등을 그 소유주식수에 비례하여 균등한 조건으로 배정받을 수 있는 수를 초과하여 인수 등을 한 경우로서 전환사채 등에 의하여 교부받았거나 교부받을 주식의 가액이 전환가액 등을 초과함으로써 얻은 이익(교부받았거나 교부받을 주식가액 〉 전환가액)

㉰ 전환사채 등을 발행한 법인의 최대주주의 특수관계인(그 법인의 주주 제외)이 그 법인으로부터 전환사채 등의 인수 등을 한 경우로서 전환사채 등에 의하여 교부받았거나 교부받을 주식의 가액이 전환가액 등을 초과함으로써 얻은 이익(교부받았거나 교부받을 주식가액 〉 전환가액)

㉱ 전환사채 등에 의하여 교부받은 주식의 가액이 전환가액 등보다 낮게 됨으로써 그 주식을 교부받은 자의 특수관계인이 얻은 이익(교부받았거나 교부받을 주식가액 〈 전환가액)

② 특수관계 유무: "㉮"의 경우는 양도자와 양수자 사이에 특수관계, "㉯"와 "㉰"의 경우는 발행한 법인의 최대주주의 특수관계인과 전환사채 등을 인수·취득한 자 사이에 특수관계, "㉱"의 경우 주식을 교부받은 자와 이익을 얻은 자가 특수관계가 있어야 한다.

③ 이익을 얻은 자: 주식의 전환·교환·인수한 자

(1) - 3. 전환사채 등의 양도

① 내용(상증법 §40 ① 3)

전환사채 등을 특수관계인에게 양도한 경우로서 전환사채 등의 양도일에 양도가액이 시가를 초과함으로써 양도인이 얻은 이익(양도가액 〉 전환사채 시가)

② 특수관계 유무: 양도자와 양수자 사이에 특수관계가 있어야 한다.

③ 이익을 얻은 자: 양도자

(2) 이익계산

(2) - 1. 과세요건 (1) - 1. 이익

〈전환사채 등을 인수 · 취득함으로써 얻은 이익〉

MIN[((① - ②) / ① ≥ 30% 또는 (① - ②) ≥ 1억원]

① 전환사채 등의 시가

② 전환사채 등의 인수 · 취득가액

사례 ① ••• 전환사채의 인수와 이익증여

(1) 전환사채 발행내역

- 사채의 명칭: ○○산업㈜ 제9회 전환사채
- 사채발행가액: 190억원(할인발행)
- 사채이자율: 사채발행일 익일부터 전환청구일까지 연 2.0%
- 사채발행일 및 만기일: 2005.12.20., 2010.12.20.(일시상환)
- 사채권의 발행: 사채권은 액면가 5억원권 40매로 발행한다.
- 원금상환의 방법과 기한: 사채의 원금은 2010.12.20.에 원금의 110.4%(원금에 보장수익률 4.0%를 복리로 계산한 금액)를 일시에 상환
- 전환비율: 사채발행가의 100%를 전환가격으로 나눈 주식수를 전환주식수로 하고 1주 미만의 단수주는 전환청구일로부터 30일 내에 현금으로 지급한다.
- 사채발행방법: 사채의 원금 금 200억원은 일시 발행한다.

주주	보유주식수	전환사채배정
부	400주	200억원
자 1	200주	-
자 2	200주	-
갑(타인)	200주	-
계	1,000주	200억원

(2) 증여재산가액

(① + ② - ③) × 초과배정받은 주식수

(19,998,536,281원 + 0원 - 190억원) × (600주 / 1,000주) = 599,121,769원

① 전환사채의 시가

현재가치할인가액: 22,080,000,000원 / $(1 + 0.2)^5$ = 19,998,536,281원

* 1) 만기상환금액: 200억원 × 110.4% = 22,080,000,000원
* 2) 사채발행이율 연 2.0%, 적정할인율 연 7.5%

② 발행 후 평가기준일까지 발생한 이자: 0원

③ 사채인수가액: 190억원

* 1) (① - ③) / ① ≥ 30% 또는 (① - ③) ≥ 1억원
(19,998,536,281원 - 190억원) / 19,998,536,281원 = 5%
* 2) 전환사채의 평가(상속증여세법 시행령 제58조의2 제2항 제1호 나목)
1. 주식으로의 전환 등이 불가능한 기간 중인 경우에는 다음 각 목의 구분에 따라 평가한 가액으로 한다.
나. 가목 외의 전환사채 등: 만기상환금액을 사채발행이율과 적정할인율 중 낮은 이율에 의하여 발행 당시의 현재가치로 할인한 가액에서 발행 후 평가기준일까지 발생한 이자상당액을 가산한 가액

(2)-2. 과세요건 (1)-2. ①·②·③ 이익

〈전환사채 등의 주식전환·교환·인수함으로써 얻은 이익〉

(① - ②) × ③ - 기획재정부령이 정하는 이자손실분 및 위 1)의 이익 ≥ 1억원

다만, 전환사채 등을 양도한 경우에는 전환사채 등의 양도가액에서 취득가액을 차감한 금액을 초과하지 못한다.

① 교부받은 주식가액(전환사채 등을 양도한 경우에는 교부받을 주식가액)

② 주식 1주당 전환가액 등

③ 교부받은 주식수(전환사채 등을 양도한 경우에는 교부받을 주식수)

'교부받았거나 교부받을 주식의 가액'이라 함은 다음의 구분에 따라 계산한 가액을 말한다(상증령 §30 ⑤).

교부받은 주식가액

전환사채 등에 의하여 주식으로 전환·교환하거나 주식을 인수(전환 등)한 경우 다음 산식에 의하여 계산한 1주당 가액. 이 경우 주권상장법인 등의 주식으로 전환 등을 한 경우로서 전환 등 후의 1주당 평가가액이 다음 산식에 의하여 계산한 1주당 가액보다 적은 경우(법 제40조 제1항 제2호 (라)목의 경우에는 높은 경우)에는 당해 가액

$$\frac{[(\text{전환 등 전의 1주당 평가가액} \times \text{전환 등 전의 발행주식총수}) + (\text{주식 1주당 전환가액 등} \times \text{전환 등에 의하여 증가한 주식수})]}{\text{전환 등 전의 발행주식총수} + \text{전환 등에 의하여 증가한 주식수}}$$

교부받을 주식가액

양도일 현재 주식으로의 전환 등이 가능한 전환사채 등을 양도한 경우로서 당해 전환사채 등의 양도일 현재 주식으로 전환 등을 할 경우 다음 산식에 의하여 계산한 1주당 가액. 이 경우 주권상장법인 등의 경우로서 양도일을 기준으로 한 1주당 평가가액이 다음 산식에 의하여 계산한 1주당 가액보다 적은 경우에는 당해 가액

$$\frac{[(\text{양도 전의 1주당 평가가액} \times \text{양도 전의 발행주식총수}) + (\text{주식 1주당 전환가액 등} \times \text{전환 등을 할 경우 증가하는 주식수})]}{\text{양도 전의 발행주식총수} + \text{전환 등을 할 경우 증가하는 주식수}}$$

사례 ② 전환사채의 주식전환과 이익증여 (1)

(1) 전환사채 발행내역

① **발행조건**

- 사채의 명칭: ○○상사㈜ 제8회 전환사채
- 사채발행가액: 36억 5천만원(액면발행)
- 사채이자율: 사채발행일 익일부터 전환청구일까지 연 5.0%

- 사채발행일 및 만기일: 2005.3.24., 2010.3.24.(일시상환)
- 사채권의 발행: 사채권은 발행하지 않고 인수계약서로 갈음한다.
- 원금상환의 방법과 기한: 사채의 원금은 2010.3.24.에 원금의 116.0%(원금에 보장수익률 8.0%를 복리로 계산한 금액)를 일시에 상환

② **전환에 관한 사항**

- 전환비율: 100%(전액 전환 가능)
- 전환가격: 10,000원 / 주
- 전환에 따른 발행주식수: 기명식 보통주식
- 전환청구기간: 2006.3.24.~2010.3.24.

사채전환청구서

1. ○○상사주식회사 제8회 전환사채 액면 금삼십육억오천만원
   1) 전환가액: 1주당 10,000원
   2) 전환사채의 종류: 전환사채번호 제8회
   3) 단주금액: -원
   4) 전환주권의 종류와 수: 기명식 보통주식 365,000주

위 사채를 귀 회사의 보통주식으로 전환하여 주시기 바라며 그 사채권을 첨부하여 이를 청구함.

2006년 3월 30일

청구인(사채권자) ○ ○ ○ 인

서울특별시 강남구 청담동 359-2

○○상사주식회사

대표이사 ○ ○ ○ 귀하

(2) 전환사채 전환내역

2006.3.30. 제8회 전환사채 전부 주식으로 전환

주주	보유주식수	지분율	전환사채인수	전환주식수	전환 후 주식수	지분율
부	594,000	40%	36.5억원	365,000	959,000	51.85%
자 1	297,000	20%	-	-	297,000	16.05%
자 2	297,000	20%	-	-	297,000	16.05%
자 3	297,000	20%	-	-	297,000	16.05%
계	1,485,000	100%	36.5억원	365,000	1,850,000	100%

(3) 증여재산가액: (① - ②) × ③ - ④ - ⑤

(11,644원 - 10,000원) × 219,000주 - 227,134,327원 - 0원 = 132,901,673원

① 교부받은 주식가액

[(전환 전 1주당 평가액 × 전환 전 발행주식총수) + (주식 1주당 전환가액 × 전환에 의하여 증가한 주식수)] / (전환 전 발행주식총수 + 전환에 의하여 증가한 주식수)

[(12,040원 × 1,485,000주) + (10,000원 × 365,000주)] / (1,485,000주 + 365,000주) = 11,644원

* 전환 전 1주당 평가액 12,040원

② 주식 1주당 전환가액: 10,000원

③ 교부받은 주식수: 365,000주 × 60% = 219,000주(초과 배정받은 주식수)

④ 이자손실분: (㉮ - ㉯)

이자손실분: 3,317,449,789원 - 3,090,315,462원 = 227,134,327원

㉮ 만기상환금액을 사채발행이율에 의하여 취득 당시의 현재가치로 할인한 금액:

$4,234,000,000원 / (1 + 0.05)^5 = 3,317,449,789원$

㉯ 만기상환금액을 적정할인율에 의하여 취득 당시의 현재가치로 할인한 금액:

$4,234,000,000원 / (1 + 0.065)^5 = 3,163,891,104원$

* 1) 만기상환금액: 3,650,000,000원 × 116% = 4,234,000,000원

* 2) 적정할인율: 연 6.5%

⑤ 인수 시점에 과세된 금액: 0원

이자손실분 계산방법【상속증여세법 시행규칙 제10조의3】

영 제30조 제5항 제2호 각 목 외의 부분 본문의 규정에 의한 이자손실분은 제1호의 가액에서 제2호의 가액을 차감한 가액을 말한다. 다만, 신주인수권증권에 의하여 전환 등을 한 경우에는 영 제58조의2 제2항 제1호 가목의 규정에 의하여 평가한 신주인수권증권의 가액을 말한다.

1. 전환사채 등의 만기상환금액을 사채발행이율에 의하여 취득 당시의 현재가치로 할인한 금액
2. 전환사채 등의 만기상환금액을 영 제58조의2 제2항 제1호 가목의 규정에 의한 이자율에 의하여 취득 당시의 현재가치로 할인한 금액

사례 3 ••• 신주인수권부사채의 주식전환과 이익증여

(1) 신주인수권부사채 발행내역

| BW 발행내용 |

사채종류	권면총액	사채만기	사채이자율 (표면이자율)	이자지급방법	만기상환	행사가액
무보증사 모분리형	230억원	발행 후 3년	6%	매 3개월 후급	원금 110.2017%	3,367
신주인수권증권매각계획		권면총액 115억원, 신주인수권증권 매각 단가 240원				

* 발행일 2010.3.8., 직전기 배당률 없음, 국세청장 고시율 8%

(2) 신주인수권부사채 행사 및 전환내역

| 신주인수권 행사내용 |

구분	행사일자	행사주식수	행사가액
주, 원	2011.8.17.	1,188,001	3,367

| 신주인수권 행사 전 · 후 지분현황 |

구분	신주인수권 행사 전		신주인수권 행사	신주인수권 행사 후	
주주	주식수	지분율	행사주식수	주식수	지분율
라++	9,592,004	11.86%	1,188,001	10,780,005	13.13%
김++	384,453	0.48%		384,453	0.47%
기 타	70,913,567	87.67%		70,913,567	86.40%
계	80,890,024	100.00%	1,188,001	82,078,025	100.00%

(3) 증여재산가액

위 행사 주식수는 초과배정받은 주식이므로 신주인수권증권의 주식전환에 따른 이익의 계산은 다음과 같게 된다(상증령 §30 ⑤ 1).

| 주식전환 이익 |

1주당 교부받은 주식가액 ①	1주당 전환가액 ②	교부받은 주식수 ③	이자손실 ④	취득이익 ⑤	1억원 이상 ⑥	증여이익 (① − ②) × ③ − (④+⑤+⑥)
4,730	3,607	1,188,001	143,138,186	−	100,000,000	1,090,409,643

* 1주당 교부받은 주식가액(①과 ② 중 적은 것)
  ① 행사일 상증법 주식시가 1주당 4,746원
  ② 교부받은 주식가액
  [(전환 전 1주당 평가액 × 전환 전 발행주식총수) + (주식 1주당 전환가액 × 전환에 의하여 증가한 주식수)] / (전환 전 발행주식총수 + 전환에 의하여 증가한 주식수)
  [(4,746원 × 80,890,024주) + (3,607원 × 1,188,001주)] / (80,890,024주 + 1,188,001주) = 4,730원
* 1주당 전환가액 3,607 = 행사가액 3,367원 + 신주인수권증권 매각단가 240원

(2) - 3. 과세요건 (1) - 2. ④ 이익

〈전환사채 등의 주식전환 · 교환 · 인수함으로써 얻은 이익〉
(① − ②) × ③ ≥ 1억원

① 주식 1주당 전환가액 등
② 제4항 제1호의 규정에 의한 교부받은 주식의 가액
③ 전환 등에 의하여 증가한 주식수 × 당해 주식을 교부받은 자의 특수관계인이 전환 등을 하기 전에 보유한 지분비율

이익계산 방법에 대해 대법원(대법원 2008두17882, 2011.4.28.)은 "우선매수청구권의 시가를 산정하기 어려울 뿐만 아니라 상속증여세법에서 그에 관하여 따로 평가방법을 규정하고 있지도 아니하므로 상속증여세법에 규정된 평가방법 중 적정한 것을 준용하여 합리적인 방법으로 그 가액을 평가하여야 한다고 전제한 다음, 이 사건 우선매수청구권은 그 행사가격과 이 사건 주식의 시가와의 차액 상당의 이익을 얻을 수 있는 권리인 점에서 신주인수권과 성격이 유사하므로 신주인수권증권 또는 신주인수권증서의 가액 평가방법에 관한 상속증여세법 제63조 제1항 제2호, 구 상속증여세법 시행령 제58조의2 제2항 제2호 (다)목 및 (라)목의 규정을 준용하여 이 사건 우선매수청구권의 가액은 그것을 행사하여 취득한 주식의 가액에서 그 취득에 소요된 비용을 차감하는 방식으로 산정하되, 취득한

주식의 가액은 상속증여세법 제63조 제1항 제1호 가목에 의하여 평가기준일 이전・이후 각 2월간에 공표된 매일의 한국증권거래소 최종시세가액의 평균액에 의하여야 한다."고 하였다.

사례 4 ••• **전환사채의 주식전환과 이익증여 (2)**

(1) 전환사채 발행내역 및 전환내역

위 ≪사례 3≫과 같음.

(2) 증여재산가액: (① - ②) × ③

(10,000원 - 5,193원) × 219,000주 = 1,052,733,000원

① 주식 1주당 전환가액: 10,000원

② 교부받은 주식가액

[(전환 전 1주당 평가액 × 전환 전 발행주식총수) + (주식 1주당 전환가액 × 전환에 의하여 증가한 주식수)] / (전환 전 발행주식총수 + 전환에 의하여 증가한 주식수)

[(4,012원 × 1,485,000주) + (10,000원 × 365,000주)] / (1,485,000주 + 365,000주)

= 5,193원

* 전환 전 1주당 평가액 4,012원

③ 전환에 의하여 증가한 주식수 × 특수관계인의 전환 전 지분비율

365,000주 × 60% = 219,000주

(2)-4. 과세요건 (1)-3. 이익

〈전환사채 등을 양도함으로써 얻은 이익〉

① - ②

① 전환사채 등의 양도가액

② 전환사채 등의 시가

(3) 주요 논점

(3)-1. 일반적인 논점

헌법재판소(95헌바55, 1998.4.30.)는 전환사채이익에 대해 실질은 증여나 다름없는 경우에도 형식적으로는 신탁이나 채무의 인수, 채무면제 등을 가장하거나 재산이전의 대가를 조작함으로써 이를 면탈하려 하는 시도가 많다. 따라서 이와 같은 조세회피를 방지하고 실질과세를 이룸으로써 공평한 조세부담을 통한 조세정의를 실현하기 위하여 법은 추정규정들을 둠과 동시에 형식적으로는 증여로 보기 어려우나 실질은 증여로 볼 수 있는 경우 이를 증여로 보는 의제 규정들을 두고 있다.

전환사채 등의 주식전환의 이익은 이익의 계산구조로 보면 상속증여세법 제29조 증자의 자본이익과 유사한 점이 있어 증자와 관련한 판단을 참고할 필요가 있다. 대법원(대법원 2007두5363, 2009.11.26.)은 신주를 고가로 인수한 주주와 실권주주 사이의 분여이익 계산 시 상법상 자기주식의 취득이 제한되어 신주를 배정받지 못한 자기주식이 있는 경우에는 이를 제외하고 '증자 전의 1주당 평가가액'이나 '증자 전의 발행주식총수'를 계산하여야 한다는 판단은, 전환사채의 주식전환의 경우 "소유주식 수에 비례하여 균등한 조건으로 배정받을 수 있는 수를 초과 인수・취득"하는 요건에도 적용된다고 본다. 대법원(대법원 93누1343, 1993.7.27.)은 신주인수권의 재배정에 따른 증여의제 과세요건에 있어 신주인수권을 포기한 주주와 특수관계에 있는 자가 그 포기한 신주를 배정받아 이익이 생기면 그 과세요건이 충족되는 것이고, 반드시 신주인수권을 포기한 주주로부터 직접 그 신주인수권을 양여받아야 함을 요건으로 하는 것은 아니다.

특수관계인 간의 거래가 아닌 경우에 대해 대법원(대법원 2013두24495, 2015.2.12.)은 법령에서 정한 특수관계가 없는 자 사이의 거래라고 하더라도 거래조건을 결정함에 있어서 불특정 다수인 사이에 형성될 수 있는 객관적 교환가치를 적절히 반영하지 아니할 만한 이유가 없으며, 거래조건을 유리하게 하기 위한 교섭이나 새로운 거래상대방의 물색이 가능함에도 신주인수권의 양도인이 자신의 이익을 극대화하려는 노력도 전혀 하지 아니한 채 자신이 쉽게 이익을 얻을 수 있는 기회를 포기하고 특정한 거래상대방으로 하여금 신주인수권의 취득과 행사로 인한 이익을 얻게 하는 등 합리적인 경제인이라면 거래 당시의 상황에서 그와 같은 거래조건으로는 거래하지 않았을 것이라는 객관적인 사유가 있는 경우에는 특별한 사정이 없는 한 구 상증세법 제42조 제3항에서 정한 '거래의 관행상 정당한 사유'가 있다고 보기 어렵다고 하면서, 이 사건 신주인수권증권의 양도 당시 이미 신주인수권의 행사기간이 도래하여 있었을 뿐만 아니라 원고가 BB레일 신주인수권증권을 매수한 바로 다음날부터 6일 이내에 신주인수권을 행사한 사실을 알 수 있으므로, 양도인이 신주인수권을 직접 행사하여 곧바로 이익을 얻거나 그 예상이익을 적절히 감안하여 거래가격을 정하는 데에 별다른 장애가 없었을 것으로 보이고, 신주인수권부사채 발행법인이 모두 코스닥 상장법인이어서 신주인수권의 행사로 수일 내에 인수하는 주식을 코스닥시장에서 자유로이 거래할 수 있으므로 이를 매수할 제3자를 찾는 것도 그리 어려운 일이 아니었을 것으로 보인다. 따라서 양도인들이 신주인수권을 직접 행사하여 신주를 처분하는 등의 방법으로 단기간에 이익을 취득할 수 있었던 이상, 미래의 주가 등락에 따른 위험의 부담이 이 사건 신주인수권증권의 거래가격을 현저히 낮게 할 만한 요인이 되기에는 부족하다.

(3)-2. 분리형 신주인수권부사채의 논점

신주인수권부사채의 발행, 신주인수권의 매각과 취득, 주식전환이라는 일련의 과정에서 발생하게 된 신주인수권의 주식전환이익에 대해 대법원(대법원 2017두49560, 2019.5.30.)은 구 상속증여세법 제40조 제1항에서 정하고 있는 '인수인'은 신주인수권부사채의 발행 법인을 위하여 제3자에게 취득의 청약을 권유하여 신주인수권부사채를 취득시킬 목적으로 이를 취득하는 자를 의미할 뿐이고, 이러한 목적 없이 단순한 투자 목적으로 취득하는 자는 특별한 사정이 없는 한 인수인에 해당하지 않는다. 따라서 인수인은 "제3자에게 취득의 청약을 권유하여 신주인수권을 취득시킬 목적"의 인수인이 아니므로, 솔로몬투자증권으로부터 취득하여 신주인수권을 행사하여 얻은 이익은 증여재산가액이 될 수 없다.

자본시장법에서 정한 인수인(금융위원회로부터 인가를 받거나 금융위원회에 등록된 금융투자업자)이 아닌 자로부터 신주인수권을 취득하여 주식전환을 한 경우 주식전환이익의 이익증여 해당 여부에 대해 법원(부산고법 2018누22661, 2019.1.18.)은 자본시장법의 인수인이라 함은 '금융위원회로부터 인가를 받거나 금융위원회에 등록한 금융투자업자'로 해석하여야 하고, 금융위원회로부터 인가를 받지 아니한 채 실질적으로 인수행위를 하는 자까지 포함된다고 해석하기 어렵다. 따라서 개인 인수자들로부터 취득한 신주인수권증권을 행사하여 얻은 주식전환이익에 대하여 구 상속증여세법 제40조 제1항 제2호 나목을 직접

적용하여 증여세를 과세할 수 없다. 나아가 '제3자에게 증권을 취득시킬 목적'으로 증권을 취득하는 실질적인 인수행위를 한 자를 포함시킨다고 하더라도, 신주인수권증권을 취득시킬 목적으로 신주인수권부사채를 취득하였다는 점을 인정하기에 부족하다. 따라서 신주인수권을 행사하여 얻은 주식전환이익에 대하여 구 상속증여세법 제40조 제1항 제2호 나목을 직접 적용하여 증여세를 과세할 수 없음은 마찬가지이다.

2 특정법인과의 거래와 이익

상속증여세법 제45조의5(법률 제16846호)는 2019.12.31. 일부개정을 하면서 특정법인과의 거래를 통한 증여이익에 대한 증여세 과세의 지분율 요건 및 과세대상 주주 범위 등을 법인의 결손여부 등과 관계없이 일원화함으로써 동일 유형의 증여에 대하여 과세방식을 동일하게 정비하고, 직접 증여한 경우보다 증여세액이 커지지 아니하도록 한도를 신설하였다. 특정법인과의 거래를 통한 증여이익의 문제는 그동안 많은 논란이 되어왔었다. 구 상속증여세법 제41조의 '특정법인과의 거래를 통한 이익의 증여'는 2015.12.15. 개정된 세법에서 삭제되고 제45조의5 '특정법인과의 거래를 통한 이익의 증여의제'로 신설하였다. 신설 이유에서 특정법인과의 거래를 통한 이익의 증여의제로의 전환 및 증여의제 이익 계산방법을 명확히 하기 위한 것으로, 특정법인과의 거래를 통한 이익의 증여를 증여예시적 성격의 규정에서 증여의제 규정으로 전환하고, 특정법인이 그 법인의 주주 또는 출자자와 특수관계가 있는 자와 거래를 함으로써 이익을 얻는 경우 그 거래를 통한 특정법인의 이익에 해당 주주 또는 출자자의 주식보유비율을 곱하여 계산한 금액 상당액을 특정법인의 주주 또는 출자자가 증여받은 것으로 보아 증여세 과세를 명확히 하기 위함이다. 이와 같은 신설은 대법원의 판결을 반영한 것이다.

'특정법인과의 거래를 통한 이익'에 대하여 그동안 대법원의 판결을 보면 특정법인의 주주 등이 특정법인과 재산을 무상으로 제공하는 등의 거래를 하는 경우에는 거래를 한 날을 증여일로 하여 그 특정법인의 이익에 특정법인의 주주의 주식보유비율을 곱하여 계산한 금액을 그 특정법인의 주주가 증여받은 것으로 본다(상증법 §45의5 ①)는 규정은 해당 조항(구 상속증여세법 §41)의 무효 판결(대법원 2006두19693, 2009.3.19.)과 개정, 개정된 조항의 무효 판결(대법원 2015두45700, 2017.4.20.) 그리고 신설(상증법 §45의5)을 거치면서 주목받게 되었다. 이 두 판결의 의미는 이익증여에 대한 증여세 과세체계를 다시 생각해 볼 수 있는 기회가 되고, 한편으로는 증여세 완전포괄주의 한계에 대해서도 생각해 보게 한다(자세한 내용은 저자의 "경영권승계와 자본거래" 참조).

즉 부동산 증여 후의 주식가치와 부동산 증여 전의 주식가치와의 차액 상당의 이익을 무상으로 이전하거나 기여에 의하여 주식가치를 증가시켜 증여세 과세대상에 해당하지만 증여재산가액을 계산한 것이 객관적이고 합리적인 방법에 의한 것이라고 볼 수 없으며 예측가능성이나 과세형평에도 반한다(서울고법 2012누26786, 2013.6.19.)는 판결과, 주식을 증여함으로써 주식가액에서 법인세를 차감한 금액 상당의 순자산이 증가하였고, 자녀들이 보유한 지분가치가 증여 전 가액과 증여 후 가액의 차액만큼 상승하였으므로 증여세 과세대상이 된다(서울행법 2011구합42543, 2012.8.17.)는 하급심 판결에 대한 최종 대법원의 판결은 주식을 증여함으로써 간접적으로 소외 회사의 주주인 원고들이 보유한 주식 가치가 상승하는 이익이 발생하였다고 하더라도, 상속증여세법 제2조 제3항, 제42조 제1항 제3호를 적용하여 증여세를 부과한 처분은 증여세 과세의 한계를 벗어난 것으로서 위법하다고 하였다(대법원 2016두285, 2016.6.23.).

상속증여세법 제45조의5가 신설되기 전인 구 상속증여세법 제41조의 '특정법인과의 거래를 통한 이익의 증여'에 대해, 법원은 결손금이 있는 특정법인에게 재산을 증여하여 그 증여가액을 결손금으로 상쇄시킴으로써 증여가액에 대한 법인세를 부담하지 아니하면서 특정법인의 주주 등에게 이익을 주는 변칙증여에 대하여 증여세를 과세하는 데 그 입법취지가 있다고(대법원 2008두6813, 2011.4.14.) 하면서, 이는 정상적으로 사업을 영위하면서 자산수증이익 등에 대하여 법인세를 부담하는 법인과의 거래로 인하여 주주 등이 받은 이익을 증여세 과세대상에서 제외하고자 하는 입법의도에 기한 것임이 분명하고 완전포괄주의 과세제도의 도입으로 인하여 이러한 입법의도가 변경되었다고 볼 수 없으므로, '결손법인과의 거래로 인한 이익 중 결손금을 초과하는 부분'이나 '휴업 · 폐업 법인을 제외한 결손금이 없는 법인과의 거래로 인한 이익'에 대하여는 주주 등에게 증여세를 과세하지 않도록 하는 한계를 설정한 것으로 보아야 한다. 따라서 이와 같은 이익에 대하여는 이를 증여세 과세대상으로 하는 별도의 규정이 있는 등의 특별한 사정이 없는 한 법 제2조 제3항 등을 근거로 하여 주주 등에게 증여세를 과세할 수 없다(대법원 2013두16104, 2015.10.15.).

영리법인이 증여받은 재산 또는 이익에 대하여 법인세법에 따른 법인세가 부과되는 경우(법인세가 법인세법 또는 다른 법률에 따라 비과세되거나 감면되는 경우를 포함) 해당 법인의 주주에 대해서는 상속증여세법 제45조의3부터 제45조의5까지(특수관계법인 거래, 특수관계법인 사업기회 제공 거래, 특정법인 거래)의 규정에 따른 경우를 제외하고는 증여세를 부과하지 아니한다(상증법 §4의2 ③).

(1) 과세요건

① 내용(상증법 §45의5 ①)

특정법인이 지배주주의 특수관계인과 다음 거래를 하는 경우

㉮ 재산 또는 용역을 무상으로 제공받는 것

㉯ 재산 또는 용역을 통상적인 거래 관행에 비추어 볼 때 현저히 낮은 대가로 양도・제공받는 것

㉰ 재산 또는 용역을 통상적인 거래 관행에 비추어 볼 때 현저히 높은 대가로 양도・제공하는 것

| 현저히 낮은 대가・현저히 높은 대가 |

(㉠ − ㉡) ÷ ㉠ ≥ 30% 또는 (㉠ − ㉡) ≥ 3억원

* 이 경우 금전을 대출하거나 대출받는 경우에는 상속증여세법 제41조의4(금전무상대출 이익증여)의 규정을 준용하여 계산한 이익으로 한다.

㉠ 양도・제공・출자하는 재산 및 용역의 시가
㉡ 대가(현물출자하는 경우에는 출자한 재산에 대하여 교부받은 주식의 액면가액의 합계액)

㉱ 그 밖에 "㉮"부터 "㉰"까지의 거래와 유사한 거래로서 대통령령이 정하는 것

유사한 거래

- 당해 법인의 채무를 면제・인수 또는 변제하는 것. 다만, 해산(합병 또는 분할에 의한 해산을 제외) 중인 법인의 주주 또는 출자자 및 그와 그 특수관계인 당해 법인의 채무를 면제・인수 또는 변제한 경우로서 주주 등에게 분배할 잔여재산이 없는 경우를 제외
- 시가보다 낮은 가액으로 당해 법인에 현물출자하는 것

② 특수관계 유무: 특정법인의 지배주주와 특수관계인이어야 한다.

③ 이익을 얻은 자: 특정법인의 지배주주

(2) 이익계산

이익증여 = 특정법인의 이익* × 특정법인의 주주의 주식보유비율 ≥ 1억원

* 특정법인의 이익 = ① - ②

① 다음의 구분에 따른 금액

가. 재산을 증여하거나 해당 법인의 채무를 면제·인수 또는 변제하는 경우: 증여재산가액 또는 그 면제·인수 또는 변제로 인하여 해당 법인이 얻는 이익에 상당하는 금액

나. "가." 외의 경우: 시가와 대가와의 차액에 상당하는 금액

② "가."의 금액에 "나."의 비율을 곱하여 계산한 금액

가. 특정법인의 법인세법 제55조 제1항에 따른 산출세액(같은 법 제55조의2에 따른 토지 양도소득에 대한 법인세액 제외)에서 법인세액의 공제·감면액을 뺀 금액

나. "①"에 따른 이익이 특정법인의 법인세법 제14조에 따른 각 사업연도의 소득금액에서 차지하는 비율(1을 초과하는 경우에는 1로 한다)

구 상속증여세법 제41조의 '특정법인과의 거래를 통한 이익의 증여'의 이익계산방법에 대해 법원(서울행법 2012구합4722, 2012.7.26.)은 증여재산가액을 계산함에 있어서 상속증여세법 시행령 제31조 제6항 제1호는 증여받은 재산의 가액에 당해 특정법인의 주주 등이 보유한 주식의 비율을 곱하여 계산한 금액을 증여가액으로 하되 당해 결손금을 한도로 한다고 규정하여, 그 증여가액을 결손금으로 상쇄시킴으로써 증여가액에 대한 법인세를 부담하지 아니한 부분에 대하여만 증여세를 과세하도록 하고 있다. 그런데 피고는 이 사건 증여에 대하여 상속증여세법 제42조 제1항 제3호를 적용하여, 소외 회사가 이 사건 부동산을 증여받은 하나의 거래 행위에 대하여 소외 회사가 그에 따른 법인세를 부담하였음에도 불구하고 이러한 사정을 전혀 고려하지 않은 채 소외 회사의 주주인 원고에게 소외 회사가 이 사건 부동산을 증여받음으로써 증가된 주식가치 상당액에 대하여 증여세를 부과하였는바, 이는 유사한 거래유형에 대하여 과세관청의 자의에 의하여 합리적인 이유 없이 조세부담에 있어서 현저한 차이를 가져오는 것으로서 형평에 반한다.

※ 이 사건 소외 회사는 부동산을 증여받은 데 대하여 자산수증이익 6,379,127,750원을 익금에 산입하여 2006 사업연도 법인세 1,567,990,230원을 신고·납부하였는바, 상속증여세법 제41조를 적용하는 경우에는 위와 같이 법인세를 신고·납부한 점을 감안하여 법인세를

부담하지 아니한 부분, 즉 증여가액을 결손금으로 상쇄시킨 부분 7,896,809원을 원고를 비롯한 주주들의 증여재산가액으로 보아 증여세를 부과하게 되지만, 피고는 상속증여세법 제42조 제1항 제3호를 적용하여 위와 같이 법인세를 신고・납부한 점을 감안하지 않고 원고를 비롯한 주주들의 증여재산가액을 3,011,745,000원으로 보아 증여세 합계 804,952,498원을 부과하였다.

한편, 상속증여세법 제41조 제1항과 관련하여 대법원(대법원 2004두4727, 2006.9.22.)은 시행령 제31조 제5항은 증여재산가액이나 채무면제 등으로 얻는 이익에 상당하는 금액(제1호)으로 인하여 "증가된 주식 또는 출자지분 1주당 가액"에 해당 지배주주 등의 주식수를 곱하여 계산하도록 규정하고 있는바, 여기서 "증가된 주식 등의 1주당 가액"은 증여 등의 거래를 전후한 주식 등의 가액을 비교하여 산정하는 것이 타당할 것이다. 따라서 특정법인의 주주와 특수관계에 있는 자가 법인에 대한 채무를 면제해 주어 법인의 주식 1주당 가액이 (−)2,440원에서 (+)1,924원으로 증가한 경우, 채무면제 전의 1주당 가액을 "0"원으로 보아 채무면제로 인하여 증가한 1주당 가액을 1,924원으로 계산한 것이 정당하다. 또한 특정법인에 대한 재산의 무상제공 등이 있더라도 주주 등이 실제로 이익을 얻은 바 없다면 증여세 부과대상에서 제외해야 한다(대법원 2009두3309, 2009.4.23.).

※ 이 사건 소외 회사는 아버지와 형의 가수금채권을 포기한 것에 대해 가수금채권 전액을 채무면제 이익으로 회계장부에 계상하였다. 처분청은 소외 회사의 누적결손금의 범위 내인 채무면제 전액에 원고의 주식보유비율을 곱한 금액에 상당하는 금액을 증여받은 것으로 보았다. 이 사건 소외 회사는 평가기준일이 속하는 사업연도 전 3년 내의 사업연도부터 계속하여 결손금이 발생한 법인으로 비상장주식의 평가는 순자산가치에 의하여 평가한 가액에 의한다.

조세특례제한법 제32조의 개인사업의 법인전환 영업권에 대해 상속증여세법의 보충적 평가방법을 준용하여 평가한 영업권의 가액을 무상으로 받은 법인주주의 증여이익(영업권 × 각 주주 지분비율)으로 보고 있다. 심판원(조심 2018중3003, 2018.11.16.)은 상속증여세법상 보충적 평가방법을 준용하여 평가한 영업권의 가액은 정당하고 대가 없이 영업권이 양수법인에 인도된 것으로 보아 상속증여세법 제41조에 따른 특정법인에 해당하는 양수법인을 통하여 그 주주가 받은 증여이익을 계산함이 타당하다.

사례 5 ••• 특정법인과의 거래와 이익증여

다음은 父가 보유하고 있는 △△㈜의 주식을 결손금이 있는 ㈜□□에게 증여하였다. ㈜□□의 손익계산서와 주주현황은 다음과 같다.

손익계산서

제××기 200×년 1월 1일부터 200×년 12월 31일까지

주식회사□□

구분	금액	주석사항
영업이익(손실)	(2,300,319,247)	
영업외수익	5,907,963,337	* 자산수증익 5,004,000,000 포함
영업외비용	2,023,100,633	
경상이익	1,584,543,457	
법인세비용차감전순이익	1,584,543,457	
법인세비용	396,135,864	
당기순이익	1,188,407,593	

* 자산수증익: 父가 보유하고 있는 비상장법인 △△㈜의 주식(54.2%) 중 25,000주를 ㈜□□에게 증여 (1주당 평가액 200,160원 × 25,000주)

| 주주현황 |

구분	주주	주식수	지분율(%)
주주	부	28,000	1.0
	자 1	952,000	34.0
	자 2	728,000	26.0
	자 3	560,000	20.0
	기타	532,000	19.0
	계	2,800,000	100.0

(1) 특정법인의 결손금: 각 사업연도 소득금액 470,300,218원 − 수증이익 5,004,000,000원 = ▲4,533,699,782원

* 각 사업연도 소득금액(소득금액조정합계표: 별지 제15호 서식): 당기순이익 1,188,407,593원 + 익금 3,536,789,153원 + 손금 4,254,896,528원 = 470,300,218원

(2) 특정법인의 주주가 얻은 이익 계산(상증령 §34의5 ④)

① 증여재산가액 5,004,000,000원

② ⓐ × ⓑ = 64,060,043원

ⓐ 산출세액

각 사업연도 소득금액 470,300,218원 × 세율 = 64,060,043원

ⓑ 증여재산가액 5,004,000,000원 ÷ 각 사업연도 소득금액 470,300,218원

(1을 초과하는 경우에는 1로 한다)

③ 주주별 증여재산가액

자 1(① - ②): 4,939,939,957원 × 34% = 1,679,579,585원 ≥ 1억원

자 2(① - ②): 4,939,939,957원 × 26% = 1,284,384,389원 ≥ 1억원

자 3(① - ②): 4,939,939,957원 × 20% = 987,987,991원 ≥ 1억원

위 이익의 계산방식은 특정법인이 재산을 무상으로 제공받은 금액(주식증여 금액)에서 법인세 산출세액(특정법인이 제공받은 금액이 특정법인의 사업연도의 소득금액에서 차지하는 비율을 곱한 금액) 상당액을 차감한 금액 전부에 대해 주주의 보유비율만큼 주주에게 이전된 것으로 보고 이익을 계산하는 방식이다.

(3) 주요 논점

(3)-1. 이익의 증여에서 이익의 증여의제로 전환

특정법인과의 거래를 통한 이익은 구 상속증여세법 제41조의 "이익의 증여" 규정에서 2015.12.15. 개정 후에는 "이익의 증여의제" 규정으로 전환되면서 제45조의5가 되었다. 2015.12.15. 개정 전후의 이익의 계산방법을 살펴보면 다음과 같다.

① **상속증여세법 시행령 제31조 제6항**(2003.12.30. **개정 전 이익계산 방법**)

다음 각 호의 1에 해당하는 이익(결손금을 한도로 한다)의 상당액으로 인하여 증가된 주식 1주당 가액에 지배주주 등의 주식수를 곱하여 계산한 금액에 의한다.

1. 재산을 증여하거나 당해 법인의 채무를 면제·인수 또는 변제하는 경우에는 증여재산가액 또는 그 면제·인수 또는 변제로 인하여 얻는 이익에 상당하는 금액

2. 제2항 제2호 내지 제4호의 경우에는 제3항의 규정에 의한 시가와 대가와의 차액에 상당하는 금액

채무면제 이익 등으로 인하여 증가된 주식 1주당 가액 × 지배주주의 주식수

② **상속증여세법 시행령 제31조 제6항**(2015.12.15. **개정 전, 이익계산 방법**)

다음 제1호의 금액에서 제2호의 금액을 뺀 금액에 제3호의 비율을 곱하여 계산한 금액(해당 금액이 1억원 이상인 경우로 한정한다)을 말한다.

1. 다음 각 목의 구분에 따른 금액

가. 재산을 증여하거나 해당 법인의 채무를 면제 · 인수 또는 변제하는 경우: 증여재산가액 또는 그 면제 · 인수 또는 변제로 인하여 얻는 이익에 상당하는 금액
나. 가목 외의 경우: 제3항에 따른 시가와 대가와의 차액에 상당하는 금액

2. 가목의 금액에 나목의 비율을 곱하여 계산한 금액

가. 특정법인의 「법인세법」 제55조 제1항에 따른 산출세액(같은 법 제55조의2에 따른 토지등 양도소득에 대한 법인세액은 제외한다)에서 법인세액의 공제 · 감면액을 뺀 금액
나. 제1호에 따른 이익이 특정법인의 「법인세법」 제14조에 따른 각 사업연도의 소득금액에서 차지하는 비율(1을 초과하는 경우에는 1로 한다)

3. 다음 각 목의 구분에 따른 비율

가. 제1항 제1호 및 제2호에 해당하는 특정법인의 경우: 그 특정법인의 최대주주등의 주식등의 비율
나. 제1항 제3호에 해당하는 특정법인의 경우: 그 특정법인의 지배주주등의 주식보유비율

③ **상속증여세법 시행령 제34조의5 제4항**(2015.12.15. **개정 후 이익계산 방법**)

다음 제1호의 금액에서 제2호의 금액을 뺀 금액을 말한다.

1. 다음 각 목의 구분에 따른 금액

가. 재산을 증여하거나 해당 법인의 채무를 면제 · 인수 또는 변제하는 경우: 증여재산가액 또는 그 면제 · 인수 또는 변제로 인하여 해당 법인이 얻는 이익에 상당하는 금액 나. 가목 외의 경우: 제7항에 따른 시가와 대가와의 차액에 상당하는 금액

2. 가목의 금액에 나목의 비율을 곱하여 계산한 금액

가. 특정법인의 「법인세법」 제55조 제1항에 따른 산출세액(같은 법 제55조의2에 따른 토지등 양도소득에 대한 법인세액은 제외한다)에서 법인세액의 공제 · 감면액을 뺀 금액 나. 제1호에 따른 이익이 특정법인의 「법인세법」 제14조에 따른 각 사업연도의 소득금액에서 차지하는 비율(1을 초과하는 경우에는 1로 한다)

2015.12.15. 개정 전과 개정 후의 이익의 계산방법의 근본적인 변화는 2003.12.30. 개정 전까지는 특정법인이 얻은 이익으로 인하여 주주가 보유한 주식의 가액 증가분에 대해 증여재산가액으로 하였다. 그러다가 대통령령 제18177호, 2003. 12. 30. 개정을 하면서 특정법인이 얻은 이익에 지배주주의 보유주식 비율을 곱한 금액의 상당액을 증여재산가액으로 하는 방식으로 변경하게 된다. 이와 같은 계산방법은 2015.12.15. 개정 이후 현재까지 변동이 없다. 즉 특정법인이 얻은 이익에 곧바로 보유주식의 비율을 곱하여 주주의 증여재산가액을 계산토록 하는 계산방법이다.

(3)-2. 대법원의 판결내용

① 2010.1.1. **개정 전 구 상속증여세법 제41조 제1항에 대해**

대법원 2009.3.19. 선고 2006두19693 전원합의체 판결은 2010.1.1. 개정 전 상속증여세법 제41조 제1항이 특정법인과 일정한 거래를 통하여 최대주주 등이 이익을 얻은 경우 이를 전제로 그 이익의 계산만을 시행령에 위임하고 있음에도, 2014년 개정 전 상속증여세법 시행령 제31조 제6항은 특정법인이 얻은 이익을 바로 주주 등이 얻은 이익으로 보고 증여재산가액을 계산하도록 하였다는 등의 이유로, 위 시행령 조항이 모법의 규정 취지에 반할 뿐만 아니라 그 위임범위를 벗어난 것으로서 무효라고 판단하였다.

② 2014.1.1. **개정 전 구 상속증여세법 제41조 제1항에 대해**

대법원 2017.4.20. 선고 2015두45700 전원합의체 판결은 위 대법원 2006두19693 판결과 사실상 같은 취지에서 2014년 개정 전 상속증여세법 제41조 제1항의 위임에 따른 2014년 개정 전 상속증여세법 시행령 제31조 제6항 역시 모법의 규정 취지에 반할 뿐만 아니라 그 위임범위를 벗어난 것으로서 무효라고 판단하였다.

③ 2015.12.15. **개정 전 구 상속증여세법 제41조 제1항에 대해**

대법원 2021.9.9. 선고 2019두35695 전원합의체 판결은 2014년 개정 상속증여세법 시행령 제31조 제6항은 모법인 2014.1.1. 개정 상속증여세법 제41조 제1항의 규정 취지에 반할 뿐만 아니라 그 위임범위를 벗어난 것으로서 무효라고 봄이 타당하다고 하면서 그 이유는 다음과 같이 들고 있다.

2014.1.1. 개정 상속증여세법 제41조 제1항은 범위를 확대하였을 뿐 나머지 과세요건에 대하여는 개정 전과 동일하게 규정하고 있으므로 여전히 특정법인에 대한 재산의 무상제공 등으로 인하여 그 주주가 상속증세법상 증여재산에 해당하는 이익을 얻었음을 전제로 하는 규정으로 보아야 하고, 재산의 무상제공 등의 상대방이 특정법인인 이상 그로 인하여 주주가 얻을 수 있는 이익은 그가 보유하고 있는 특정법인 주식의 가액 증가분 외에 다른 것을 상정하기 어렵다. '주주가 보유한 특정법인 주식의 가액 증가분'의 정당한 계산방법에 관한 사항만을 대통령령에 위임한 규정이라고 볼 것이다. 한편, 특정법인의 주주와 특수관계에 있는 자가 특정법인에 재산을 증여하는 거래를 하였더라도 그 거래를 전후하여 주주가 보유한 주식의 가액이 증가하지 않은 경우에는 그로 인하여 그 주주가 얻은 이익이 없으므로 2014년 개정 상속증여세법 제41조 제1항에 근거하여 증여세를 부과할 수는 없다고 보아야 한다. 설령 위와 같은 거래를 전후하여 주주가 보유한 주식의 가액이 증가하였다고 하더라도 특정법인에 대한 증여재산가액이 그 주식의 가액 증가분을 초과할 경우 그 초과분에 대하여는 그 주주가 얻은 이익이 없다고 보아야 하므로 그 부분에 대하여 증여세를 부과할 수 없음은 마찬가지이다.

결론적으로 2014년 개정 상속증여세법 시행령 제31조 제6항은 2014.1.1. 개정 상속증여세법 제41조 제1항이 특정법인의 범위를 확대함에 따라 해당 거래와 관련하여 법인의 소득금액에 대한 법인세와 그 주주의 이익에 대한 증여세가 함께 부과될 수 있음을 고려하여 증여재산가액에서 특정법인이 부담하는 법인세 중 일정액을 공제하는 것으로 그 내용이 일부 변경되었으나 위 시행령 조항이 특정법인에 대한 재산의 무상제공 거래 등이 있으면 그 자체로 주주가 이익을 얻은 것으로 간주하여 주주가 실제로 얻은 이익의 유무나 다과와 무관하게 증여세 납세의무를 부담하도록 정하고 있는 것은 2014년 개정 전 상속증여세법 시행령 제31조 제6항과 동일하다.

(3)-3. 주요 논점

상속증여세법 제45조의5는 2015.12.15. 개정 전에는 제41조에 해당되는 조항이었다. 제41조는 "특정법인과의 거래를 통한 이익의 증여"이며 제45조의5는 "특정법인과의 거래를 통한 이익의 증여의제"이다. 개정 조항의 의미는 특정법인과의 거래를 통한 이익의 증여를 증여 예시적 성격의 규정에서 증여의제 규정으로 전환한 것에 의미가 있다. 법원(서울행법 2016구합50372, 2016.8.26.)은 구 상속증여세법(2010.1.1. 법률 제9916호로 개정되기 전의 것) 제41조 제1항에 대해, 특정법인에 대한 증여에 의하여 특정법인의 주주 또는 출자자의 주식 또는 출자지분의 가치가 증가된다면 이는 구 상속증여세법 제2조 제3항에서 규정한 기여에 의하여 타인의 재산가치를 증가시키는 것으로서 증여에 해당하는바, 이 사건 법률 조항과 시행령 조항은 결국 특정법인에게 재산을 증여하는 경우, 특정법인에 대한 증여 전후의 주주 또는 출자자의 주식 또는 지분가치를 평가하여 그 차액을 증여재산가액으로 삼는 일반적인 계산방법이 아니라 "특정법인이 얻은 이익에 곧바로 주식 또는 출자지분의 비율을 곱하여 주주 또는 출자자의 증여재산가액을 계산토록 하는 특별한 증여재산가액의 계산방법을 정하는 것이다." 그러나 위 각 구 상속증여세법 조항의 편제 및 체계, 그 문언의 내용에 비추어 보면, 이 사건 법률 조항 및 시행령 조항은 특정법인에 대한 증여가 특정법인의 주주 또는 출자자의 주식 또는 출자지분의 가치를 증가시키는 증여행위에 해당함을 전제로 그 증여재산가액의 계산방법을 정한 것에 불과하다. 그러므로 특정법인에 대한 증여가 있었다고 하더라도 그로 인하여 그 주주 또는 출자자의 주식 또는 출자지분의 가치가 증가되지 않는 경우라면 증여세 과세대상이 되는 증여 자체가 존재하지 않고, 증여재산가액의 계산방법에 나아가 판단할 여지가 없다. 이 사건 법률조항에서 종전의 '이익'을 '대통령령으로 정하는 이익'으로 개정하였다고 하더라도 그 이익 역시 주주 또는 출자자가 얻은 이익을 의미할 뿐, 주주 또는 출자자의 주식 또는 출자지분의 가치가 증가하는 실질적인 이익이 없음에도 그와 같은 이익이 발생한 것으로 의제한다는 취지는 아니다.

위 사례는 특정법인이 증여받은 이익(증여받은 주식 평가액)에서 산출세액을 차감한 금액이 이 사업연도의 소득금액 한도 상당액 전부가 주주의 보유비율만큼 주주에게 이전된 것으로 보는 계산방식이다. 즉 "특정법인이 얻은 이익에 곧바로 주식의 비율을 곱하여 주주의 증여재산가액을 계산토록 하는 계산방법이다. 이와 같은 이익의 계산방식이 2015.12.15. 개정 전과 개정 후의 이익의 계산방법의 근본적인 변화가 없는 상황에서 2015.12.15. 개정 전인 이익의 증여에서는 위법하였으나 개정 후인 이익의 증여의제로 전환된 후에도 위법하지 아니한지는 지켜볼 일이다. 그 이유는 실제로 법인이 증여받은 금액이 주주가 증여를 통해 얻은 재산가액의 증가는 증여의 거래를 전후한 주식의 가액을 비교하여 산정하는 것이 타당하다는 대법원(대법원 2004두4727, 2006.9.22.)의 판시와 구 상속증여세법 조항의 편제 및 체계, 그 문언의 내용에 비추어 특정법인에 대한 증여가 있었다고 하더라도 그로 인하여 그 주주 또는 출자자의 주식 또는 출자지분의 가치가 증가되지 않는 경우라면 증여세 과세대상이 되는 증여 자체가 존재하지 않는다는 판결(서울행법 2016구합50372, 2016.8.26.)이 이익의 증여(제41조)에서 이익의 증여의제(제45조의5)로 전환되었다고 해서 달라질 것으로 보이지 않기 때문이다. 상속증여세법 제45조의5의 이익에 관한 판결이 주목된다. 자세한 내용은 저자의 "특정법인이 얻은 이익과 특정법인의 주주가 얻은 이익에 대한 세법적용"에 대한 '대법원(대법원 2019두35695, 2021.9.9.) 판결과 특정법인과의 거래를 통한 이익증여 의제(상속증여세법 제45조의5)와 관련하여'에서 구체적으로 분석하고 있다.

(3)-4. 증여의 개념과 증여세 과세체계

상속증여세법에서 증여의 개념과 증여세 과세체계를 다음과 같이 설명하고 있다. "증여"란 그 행위 또는 거래의 명칭·형식·목적 등과 관계없이 직접 또는 간접적인 방법으로 타인에게 무상으로 유형·무형의 재산 또는 이익을 이전하거나 타인의 재산 가치를 증가시키는 것을 말하는 것으로(상증법 제2조 제6호), "증여재산"이란 증여로 인하여 수증자에게 귀속되는 모든 재산 또는 이익으로 금전으로 환산할 수 있는 경제적 가치가 있는 모든 물건, 재산적 가치가 있는 법률상 또는 사실상의 모든 권리, 금전으로 환산할 수 있는 모든 경제적 이익을 말한다(상증법 제2조 제7호). 그러므로 증여세는 증여재산의 경제적 또는 재산적 가치를 정당하게 산정한 가액을 기초로 하여 과세하여야 하고, 납세의무자가 증여로 인하여 아무런 경제적·재산적 이익을 얻지 못하였다면 원칙적으로 증여세를 부과할 수 없다고 보아야 한다(대법원 2015두45700, 2017.4.20.). 여기서 "타인의 재산가치 증가"의 개념을 주주의 이익 증여로 보는 상속증여세법 제38조(합병), 제39조(증자), 제39조의2(감자), 제39조의3(현물출자), 제40조(전환사채 등), 제41조의3(주식 상장),

제41조의5(합병 상장), 제42조의2((법인 조직 변경 등)는 모두 보유주식의 주식가치 증가분인 미실현이익을 증여재산으로 삼고 있고, 그 외에는 모두 직접적인 경제적 이익이나 보유재산 가치 증가분을 증여재산으로 삼고 있다.

현행 상속증여세법 제45조의5 '특정법인과의 거래를 통한 이익의 증여의제'는 앞서 본 바와 같이 1996.12.31. 구 상속증여세법 제41조를 신설 후 그동안 몇 차례의 개정을 통해 특정법인의 주주 이익을 1996.12.31. 신설 시 '이익의 증여의제'에서 2003년 개정에서 '이익의 증여'로 다시 2015.12.15. 개정에서 '이익의 증여의제'로 변경되었으나, 이러한 개정에도 불구하고 특정법인의 주주가 얻은 이익을 과세하는 방식으로서는 보유주식의 증가분을 증여재산으로 삼고 있는 증여의 개념과 증여세 과세체계와는 다른 과세방식으로 운영되고 있다. 즉 증여받은 것으로 보는 이익의 계산을 증여이익 상당액으로 인하여 증여 전에 비하여 '실제로' 증가된 주식 1주당 가액에 해당 주주의 주식수를 곱하여 계산하는 계산방식이 아닌 증여이익 상당액 그 금액을 주식수로 나누어 그 가액만큼 주식의 1주당 가액이 증가된 것으로 보는 계산방식이다.

(3)-5. 특정법인의 주주가 얻은 이익

상속증여세법상 '특정법인과의 거래를 통한 이익'은 특정법인의 주주가 얻은 주식가치 증가분이 있어야 한다. 따라서 '특정법인과의 거래를 통한 이익'은 특정법인이 얻은 이익과는 무관한 것이다. 상속증여세법의 증여의 개념과 증여세 과세체계는 타인의 재산가치 증가 금액 그 자체를 증여로 보는 것 외에는 주주의 주식가치 증가분을 이익 증여로 보는 과세방식이다. 상속증여세법 제45조의5가 신설・개정 이유에서 '특정법인과의 거래를 통한 이익'을 "증여"에서 "증여의제" 규정으로 전환함으로써 증여세를 과세함을 명확히 함에 있다고 하더라도 증여세의 과세체계와 증여재산의 개념이 변동될 수는 없을 것이다. 대법원(대법원 2006두9818, 2009.4.9.)은 특정법인의 주주가 특수관계자로부터 특정법인과의 거래를 통하여 증여받은 것으로 보는 이익의 계산은 증여이익 상당액으로 인하여 증여 전에 비하여 '실제로' 증가된 주식 1주당 가액에 해당 최대주주의 주식수를 곱하여 계산하여야 하고, 이 경우 1주당 가액은 그 시가를 산정하기 어려운 경우 법 제63조 제1항 제1호 (다)목, 시행령 제54조 소정의 보충적 평가방법에 따라 거래를 전후한 가액을 산정하여야 함에도 불구하고, 단순히 무상대여금의 이자상당액을 주식수로 나누어 그 가액만큼 주식의 1주당 가액이 증가된 것으로 본 것은 위법하다고 하였다.

또한 대법원(대법원 2019두35695, 2021.9.9.)은 구 상속증여세법 제41조 제1항에 대해 재산의 무상제공 등의 상대방이 특정법인인 이상 그로 인하여 주주가 얻을 수 있는 이익은 그가 보유하고 있는 특정법인 주식의 가액 증가분 외에 다른 것을 상정하기 어렵다고 하였다. 결국 특정법인의 주주와 특수관계에 있는 자가 특정법인에 재산을 증여하는 거래를 하였더라도 그 거래를 전후하여 주주가 보유한 주식의 가액이 증가하지 않은 경우에는 그로 인하여 그 주주가 얻은 이익이 없으므로 증여세를 부과할 수는 없다고 할 것이다. 결국 특정법인과의 거래를 통하여 증여받은 것으로 보는 이익(증여재산)이란 특정법인이 얻은 이익이 아니라 특정법인의 주주가 얻은 이익을 말하며, 이때 이익은 증여 거래를 전후하여 주주가 보유한 주식의 가액 증가분 외는 없다. 또한 설령 증여 거래를 전후하여 주주가 보유한 주식의 가액이 증가하였다고 하더라도 특정법인에 대한 증여재산가액이 그 주식의 가액 증가분을 초과할 경우 그 초과분에 대하여는 그 주주가 얻은 이익이 없다고 보아야 하는 것은 마찬가지라 할 것이다.

(3)-6. 증여의제로 전환 후 대법원의 판결

이 사건에서 청구인은 토지를 증여받음으로 인해 실제로 얻은 이익이 없음에도 불구하고 토지의 자산수증이익 자체를 증여재산가액으로 인식하여 증여세를 자진신고·납부하는 것을 기대하기 어렵다는 주장에 대해, 대법원(대법원 2023두56088, 2024.1.11.)은 증여세 부과와 관련하여 증여재산의 가액을 어떻게 산정할 것인가 등 증여와 관련된 법제나 증여의 내용과 관련된 문제는 입법자의 입법형성재량에 기초한 정책적 판단에 맡겨져 있다고 할 것이어서, 그 입법이나 과세당국 또는 법원의 해석 및 적용이 헌법상 규정된 기본권이나 기본 원칙, 기본권제한의 입법 한계, 그리고 당해 법률의 입법목적 등에 비추어 자의적이거나 임의적이 아닌 합리적 범위 내의 것이라면 이를 위헌이라고 할 수 없다(헌법재판소 1998. 8. 27. 선고 96헌가22 결정 등 참조)고 하면서 이 사건 법률조항이 특정법인이 그 주주등의 특수관계인과 재산 또는 용역을 무상으로 제공받는 등의 거래를 하는 경우 그 특정법인의 이익에 특정법인의 주주등의 주식보유비율을 곱하여 계산한 금액을 그 특정법인의 주주등이 증여받은 것으로 의제하는 것은 정당한 입법목적의 실행을 위하여 기본권제한의 입법 한계를 준수하는 범위 내에서 재산권을 제한한 것으로서, 실질과세 원칙이나 헌법 제11조 제1항에 따른 조세평등의 원칙, 헌법 제37조 제2항에 따른 과잉금지원칙 등 헌법적 가치에 위배되거나 재산권 보장에 관한 헌법 제23조 또는 조세법률주의에 관한 헌법

제59조에 위반된다고 할 수 없다(인천지법 2022구합52717, 2022.10.20.). 한편, 상증세법령에서 정한 문언의 의미와 해당 법령의 체계적・합목적적 해석관점에 비추어 볼 때, 상증세법 제4조 제2항이 '증여의제'에 관한 규정을 두었고, 이 사건 법률 조항이 증여의제에 관한 것이라는 이유만으로, 이 사건 법률 조항 제2항 제1호에서 정한 '재산이나 용역을 무상으로 제공하는 것'을 구 상증세법상 '증여' 개념과는 구별되는 독자적인 의미가 있는 것으로는 해석할 수 없다. 이 사건 법률 조항에서 '증여'의 대상은 법인이고 '증여의제'의 대상은 해당 법인의 주주 등이며, 증여에 따른 법률관계와 증여의제에 따른 법률관계가 각각 구분되는 점에서도 그렇다(서울고법 2022누67526, 2023.9.7.).

결론에서 특정법인의 주주의 이익증여 계산은 '이익의 증여'에서 '이익의 증여의제'로 개정이 됨으로써 특정법인의 이익에 특정법인의 주주의 주식보유비율을 곱하여 계산한 금액이 그 특정법인의 주주가의 이익증여가 된다. 이와 같은 이익계산은 "특정법인의 주주와 특수관계에 있는 자가 특정법인에 재산을 증여하는 거래를 하였더라도 그 거래를 전후하여 주주가 보유한 주식의 가액이 증가하지 않은 경우에는 그로 인하여 그 주주가 얻은 이익이 없으므로 증여세를 부과할 수는 없다."는 기존 대법원의 판결과는 배치된다고 할 것이다. 결국, 이와 같은 이익계산의 문제는 해당 법률 조항의 위헌 여부가 헌법재판소의 최종 판결이 나기 전까지는 논란이 될 것이다.

관련규정 및 예규판례

- **가수금에 적정이자율을 적용한 경제적 이익이 특정법인에게 분여된 것으로 볼 때 가수금을 무상지급한 것은 무상대부한 것과 동일한 결과이므로 주주인 청구인에게 나누어 준 이익을 증여받은 것으로 본다**(국심 2004서3034, 2006.6.2.).

  구 상속증여세법 제41조 제1항, 같은 법 시행령 제31조 제6항에서 2년 이상 계속하여 결손금이 있는 법인의 주주와 특수관계에 있는 자가 당해 법인에게 재산을 무상제공하는 거래를 통하여 당해 법인의 주주에게 나누어 준 이익에 대하여는 당해 이익에 상당하는 금액을 당해 법인의 주주가 증여받은 것으로 본다고 규정하고 있는데, 이○○이 특정법인에게 계속하여 지급한 금전을 특정법인이 가수금으로 회계처리하고 당해 가수금을 사업목적에 사용하며 적정이자를 지급하지 아니한 이 건을 특정법인이 당해 가수금을 제3자(금융기관 등)로부터 차입하는 경우와 비교하여 보면 당해 가수금에 적정이자율을 적용하여 계산한 금액에 상당하는 경제적 이익이 특정법인에게 분여된 것으로 보아야 하고 결과적으로 당해 가수금을 무상지급한 것은 금전을 무상대부한 것과 실질적으로 차이가 없음. 그렇다면 이○○이 특정법인에게 금전을 무상대부한 거래를 통하여 당해 법인 주주인 청구인에게 나누어 준 이익에 상당한 금액을 청구인이 증여받은 것으로 보아 과세한 처분은 정당하다.

3 주식의 상장과 이익

상속증여세법 제41조의3의 규정은 기업의 내부정부를 이용하여 한국증권거래소 상장 또는 한국증권업협회 등록에 따른 거액의 시세차익을 얻게 할 목적으로 최대주주 등이 자녀 등 특수관계에 있는 자에게 비상장주식을 증여하거나 유상으로 양도함으로써 변칙적인 부의 세습을 가능하게 하거나 또는 수증자 내지 취득자가 이를 양도하지 아니하고 계속 보유하면서 사실상 세금부담 없이 계열사를 지배하는 문제를 규율하기 위해 그 차익에 대하여 과세하기 위해서 마련된 규정이다(대법원 2010두11559, 2012.5.10.). 상속증여세법 제41조의3은 이와 같이 내부정보를 이용하여 상장 또는 협회등록에 따른 막대한 시세차익을 얻을 목적으로 비상장주식을 증여하거나 취득하는 경우 상장시세차익을 과세하여 고액재산가의 변칙적인 부의 세습을 방지하기 위한 규정으로서 2000.1.1. 이후 주식 등 및 신종사채를 증여받거나 취득하는 분부터 적용하고 있다. 한편, 상속증여세법 제41조의3 제1항은 비상장주식의 상장이익을 증여재산가액으로 하여 증여나 양도 당시 그 실현이 예견되는 부의 무상이전에 대하여까지 증여세를 부과함으로써 조세평등을 도모하기 위한 데에 입법취지가 있으므로, 구 상속증여세법 제41조의3 제6항의 '신주'에는 당초 증여나 양도로 취득한 주식에 기초한 무상신주는 물론 유상신주도 포함된다고 보아야 한다(대법원 2013두14566, 2015.10.29.).

(1) 과세요건

① 내용(상증법 §41의3 ①)

- 기업의 경영에 관하여 공개되지 아니한 정보를 이용할 수 있는 지위에 있다고 인정되는 자(최대주주 등)의 특수관계인이
- 최대주주로부터 해당 법인의 주식을 증여받거나 유상으로 취득한 경우 또는 증여받은 재산(주식을 유상으로 취득한 날부터 소급하여 3년 이내에 최대주주로부터

증여받은 재산)으로 최대주주가 아닌 자로부터 해당 법인의 주식을 유상으로 취득한 경우로서

- 증여받거나 취득한 날부터 5년 이내에
- 비상장주식이 증권시장에 상장됨에 따라 그 가액이 증가한 경우

② 이익을 얻은 자: 위의 주식을 증여받거나 유상으로 취득한 자가 당초 증여세 과세가액(증여받은 재산으로 주식을 취득한 경우는 제외) 또는 취득가액을 초과하여 이익을 얻은 자

전환사채 등의 경우 과세요건

전환사채 등을 증여받거나 유상으로 취득(발행 법인으로부터 직접 인수·취득하는 경우를 포함)한 경우의 그 전환사채 등이 5년 이내에 주식 등으로 전환된 경우에는 그 전환사채 등을 증여받거나 취득한 때에 그 전환된 주식 등을 증여받거나 취득한 것으로 본다. 이 경우 정산기준일까지 주식 등으로 전환되지 아니한 경우에는 정산기준일에 주식 등으로 전환된 것으로 보되, 그 전환사채 등의 만기일까지 주식 등으로 전환되지 아니한 경우에는 정산기준일을 기준으로 과세한 증여세액을 환급한다(상증법 §41의3 ⑧).

공개되지 아니한 정보를 이용할 수 있는 지위에 있는 자

① 상속증여세법 제22조 제2항에 따른 최대주주 또는 최대출자자
② 내국법인의 발행주식총수의 100분의 25 이상을 소유한 자로서 대통령령이 정하는 자(시행령 제12조의2 제1항 각 호의 어느 하나에 해당하는 관계에 있는 자의 소유주식 등을 합하여 100분의 25 이상을 소유한 경우의 해당 주주 등을 말한다)

(2) 이익계산

이익증여 = [① − (② + ③)] × ④ ≥ (② + ③) × 증여·유상취득 주식수 × 30% 또는 3억원

① 정산기준일(상장일부터 3개월이 되는 날) 현재 1주당 평가가액(상속증여세법 제63조의 규정에 의하여 평가한 가액)
② 주식을 증여받은 날 현재의 1주당 증여세 과세가액(취득의 경우에는 취득일 현재의

1주당 취득가액)

③ 1주당 기업가치의 실질적인 증가로 인한 이익

④ 증여 또는 유상으로 취득한 주식수

| 기업가치 실질증가 이익 |

기업가치 실질증가 이익 = ① × ②

① 비상장주식의 증여일 또는 취득일이 속하는 사업연도 개시일부터 상장일 등 전일까지의 사이의 1주당 순손익액의 합계액(기획재정부령이 정하는 바에 따라 사업연도 단위로 계산한 순손익액의 합계액)을 당해 기간의 월수(1월 미만의 월수는 1월)로 나눈 금액(순손익액의 합계액 ÷ 당해 기간의 월수)

② 비상장주식의 증여일 또는 취득일부터 정산기준일까지의 월수(1월 미만의 월수는 1월)

위의 계산방식에서 결손금 등이 발생하여 주당 순손익액으로 당해 이익을 계산하는 것이 불합리한 경우에는 1주당 순자산가액의 증가분으로 당해 이익을 계산할 수 있다.

기업가치 실질증가 이익(1주당 순자산가액)

증여주식을 증여받은 이후부터 상장시점까지인 2006.12.29.~2007.12.10. 기간 동안 4회에 걸쳐 발행주식총수(11,200천주)의 30%에 상당하는 3,342천주의 유상증자가 실시되었고, 특히 상장일 직전(7일 전)에 일반공모방식에 의하여 발행주식총수의 26.9%의 수준에 해당되는 3,012천주가 집중적으로 증자됨에 따라 「1주당 순손익액」으로 산정하는 것은 불합리하므로 「상속세 및 증여세법 시행령」 제31조의6 제5항 본문 후단의 규정에 따라 「1주당 순자산가액의 증가분」인 3,491.8원을 적용하여 계산하는 것이 합리적이다(조심 2010부1213, 2010.12.17.).

이익계산 기준일은 해당 주식 등의 상장일부터 3개월이 되는 날(그 주식 등을 보유한 자가 상장일부터 3개월 이내에 사망하거나 그 주식 등을 증여 또는 양도한 경우에는 그 사망일·증여일 또는 양도일 "정산기준일")을 기준으로 계산한다(상증법 §41의3 ③).

이익을 얻은 자에 대해서는 그 이익을 당초의 증여세 과세가액(증여받은 재산으로 주식 등을 취득한 경우에는 그 증여받은 재산에 대한 증여세 과세가액)에 가산하여 증여세 과세표준과 세액을 정산한다. 다만, 정산기준일 현재의 주식 등의 가액이 당초의 증여세 과세가액보다 적은 경우로서 그 차액이 대통령령으로 정하는 기준 이상인 경우에는 그 차액에 상당하는 증여세액(증여받은 때에 납부한 당초의 증여세액)을 환급받을 수 있다(상증법 §41의3 ④). 증여받은 재산과 다른 재산이 섞여 있어 증여받은 재산으로 주식 등을 취득한 것이 불분명한 경우에는 그 증여받은 재산으로 주식 등을 취득한 것으로 추정한다. 이 경우 증여받은 재산을 담보로 한 차입금으로 주식 등을 취득한 경우에는 증여받은 재산으로 취득한 것으로 본다(상증법 §41의3 ⑥).

사례 6 ••• 주식의 상장과 이익증여

■ **상장시세차익 증여가액 계산사례**

(정산기준일 1주당 평가액 − 1주당 증여세 과세가액 − 1주당 기업가치 실질증가액) × 증여받거나 유상으로 취득한 주식수

(5,907원 − 601.2원* − 2,048원**) × 386,330주*** = 1,253,697,180원

* 당초 증여주식에 대한 과세가액 232,272천원을 386,330주로 나눈 금액
** 증여일부터 정산일까지의 1주당 순손익액
*** [28,800주(당초 증여주식) + 9,833주(쟁점 무상주)] × 10(액면분할)

■ **상장차익 증여이익 계산사례(집행기준 41의3－31의6－6)**

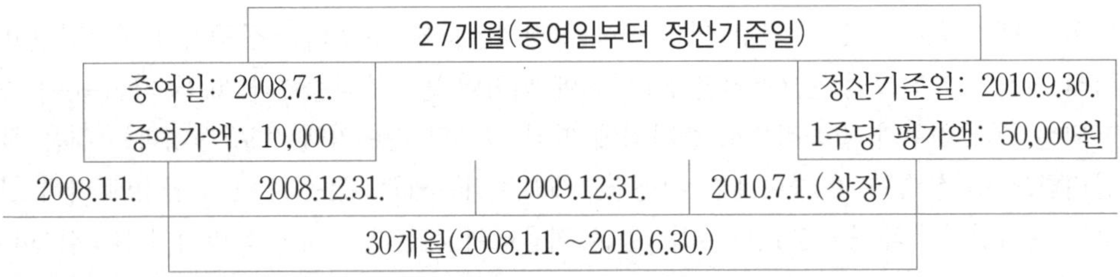

• 2008사업연도 1주당 순손익액: 10,000원
• 2009사업연도 1주당 순손익액: 15,000원
• 2010.1.1.~2010.6.30. 순손익액: 5,000원

① 정산기준일 1주당 평가액: 50,000원

② 증여일 현재 1주당 증여재산가액: 10,000원

③ 1주당 기업가치 실질적 증가로 인한 이익: 27,000원

㉮ 1개월당 순손익액: (10,000원+15,000원+5,000원) ÷ 30개월 = 1,000원

㉯ 1주당 기업가치 실질적 증가분: 1,000원 × 27개월 = 27,000원

④ 증여이익: 50,000원 − (10,000원 + 27,000원) = 13,000원

* 13,000원 ÷ 10,000원 ≥ 30%: 기준요건 충족

■ **일정 기간 매매제한된 주식(서울행법 2008구합51332, 2009.5.28.)**

법원은 상장 또는 등록으로 인하여 증가하는 이익의 규모는 비상장주식의 증여 또는 양도시점에는 제대로 파악할 수 없고 상장 또는 등록 후에나 파악이 가능하므로 그 이익에 대한 평가를 유보하였다가 실제로 상장 또는 등록된 후 일정한 시점인 정산기준일의 가격을 기준으로 산정하도록 한 점, 법 제41조의3 제1항은 증여하거나 양도한 주식이 상장 또는 등록됨에 따라 그 주식의 가액이 증가한 경우 이를 자산의 순증으로 보아 그 증가된 이익의 증여가 있는 것으로 간주하여 과세를 하겠다는 것일 뿐 그 이익이 현금화될 것을 과세요건으로 하고 있지 않은 점(만약 정산기준일에 이익이 현금화될 것을 요건으로 하는 것이라면 수증자나 양수인은 정산기준일 이후에 그 이익을 현금화함으로써 과세를 피하게 될 것이고 위 규정은 실효성을 상실하게 될 것이므로 이와 같이 해석할 수는 없을 것이다), 법 제41조의3 제3항이 주식의 상장 또는 등록으로 인한 이익을 당초의 증여세 과세가액에 가산하여 증여세 과세표준과 세액을 정산하도록 하고 있고 이 경우 정산기준일 현재의 주식의 가액이 당초의 증여세 과세가액보다 일정비율 이상 적은 경우에는 차액에 상당하는 증여세액을 환급받을 수 있도록 정하고 있는 취지, 양도 또는 증여의 목적물인 주식의 가액을 양도 또는 증여 시점이 아닌 정산기준일 기준으로 평가하려는 취지를 포함하고 있는 점(즉 증여 또는 양도목적물의 평가시점을 상장 또는 등록 후의 일정한 날인 정산기준일로 한다는 것이 법 제41조의3의 취지로 보이는 점), 법 제41조의3에 따라 증여세의 부과대상이 되는 이익은 추후 주식을 실제로 환가함으로써 양도세를 납부하여야 할 경우 취득가액으로서 공제될 수 있는 점 등에 비추어 보면, 법 제41조의3의 규정은 「구 협회중개시장 운영규정」에 의하여 양수 또는 증여받은 주식을 일정 기간 내에 매매할 수 없는 경우에도 적용된다고 해석함이 상당하고 이러한 해석이

조세법 엄격해석의 원칙, 조세형평의 원칙, 조세법률주의 및 실질과세원칙에 반하는 것이라 할 수 없다.

■ **정산기준일 전 증여자 사망(서울행법 2011구합8383, 2011.8.25.)**

박BB는 2004.9.30. 비상장법인인 ○○메탈의 발행주식 28,800주를 특수관계에 있는 자인 조부(祖父) 박AA로부터 증여받았고, 2006.8.21. ○○메탈의 무상증자로 인하여 당초 증여주식에 대하여 무상주 9,833주를 배정받았다. 그 이후 ○○메탈 주식은 2007.12.17. 코스닥시장에 상장되었고, 한편 조부 박AA는 이 사건 주식의 상장 전인 2007.8.12. 사망하였다.

| 증여주식내용 |

증여일	증여주식수(주)			상장일	증여자 사망일	정산기준일
	증여	무상증자	계			
2004.9.30.	28,800	9,833	38,633	2007.12.17.	2007.8.12.	2008.3.16.

상장차익에 대한 증여세 납세의무성립일은 정산기준일(2008.3.16.)인데, 정산기준일 이전에 증여자 박AA가 사망함으로써 증여자가 존재하지 않게 되었으므로 증여세의 과세요건을 충족하지 못했다는 주장에 대해, 법원은 상속증여세법 제41조의3의 규정 내용과 입법취지에 비추어 볼 때, 위 규정에 의하여 증여받은 주식의 상장에 따른 이익을 증여로 과세하기 위해서는, ① 비상장법인의 최대주주 등과 특수관계에 있는 수증자가 최대주주 등으로부터 비상장법인의 주식을 증여받을 것, ② 그 증여받은 날부터 5년 이내에 당해 주식이 한국증권선물거래소에 상장될 것, ③ 당해 주식의 상장일부터 3월이 되는 날(정산기준일)을 기준으로 수증자가 당초 증여세과세가액을 초과하여 이익을 얻었고 그 이익에서 기업가치의 실질적인 증가로 인한 이익을 차감하더라도 대통령령이 정하는 기준 이상일 것을 그 과세요건으로 하고 있을 뿐, 정산기준일 현재 증여자가 생존해 있을 것을 과세요건으로 하고 있지 않다 할 것이다(이는 정산기준일을 이 사건 증여세의 납세의무성립일로 보더라도 마찬가지이고, 한편 위 규정에서의 정산기준일은 상장차익을 계산하는 시점의 기준일을 정한 것에 불과할 뿐 정산기준일에 새로운 증여가 이루어진 것으로 보아 증여세를 과세하는 것으로 볼 수는 없다).

(3) 주요 논점

대법원(대법원 2017두35691, 2017.9.21.)은 구 상속증여세법 제41조의3 제6항에서 정한 '신주'에는 최대주주로부터 증여받거나 유상으로 취득한 주식에 기초하지 아니하고 또한 증여받은 재산과도 관계없이 인수하거나 배정받은 신주가 포함되지 아니하므로, 이러한 신주에 의하여 상장이익을 얻었다 하더라도 제41조의3 제1항에서 정한 증여재산가액에 해당한다고 볼 수 없다(대법원 2017.3.30. 2016두55926). 또한 상속증여세법 제2조 제1항은 타인의 증여로 인한 증여재산에 대하여 증여세를 부과하도록 하면서, 제3항에서 '증여'를 포괄적으로 규정하고 있다. 그렇지만 증여재산가액의 계산에 관한 법의 개별 규정이 특정한 유형의 거래・행위 중 일정한 거래・행위만을 증여세 과세대상으로 한정하고, 그 과세범위도 제한적으로 규정함으로써 증여세 과세의 범위와 한계를 설정한 것으로 볼 수 있는 경우에는, 그 개별 규정이 규율하는 과세대상 내지 과세범위에서 제외된 거래・행위는 제2조 제3항의 '증여'의 개념에 들어맞더라도 그에 대하여 증여세를 과세할 수 없다(대법원 2015.10.15. 2013두13266).

이와 같은 대법원의 판결을 반영하여 주식 등의 취득에는 법인이 자본을 증가시키기 위하여 신주를 발행함에 따라 인수하거나 배정받은 신주를 포함한다(상증법 §41의3 ⑦)로 개정되었다. 여기서 배정받은 "신주"는 주식을 증여받은 후 증여받은 주식으로 인하여 배정받은 신주이면 그것이 유상증자에 따른 것이든, 무상증자에 따른 것이든 관계없이 그 모두를 포함하는 의미로 해석함이 타당하고, 또한 구 상속증여세법 시행령 제31조의6 제7항, 제56조 제2항 단서, 구 상속증여세법 시행규칙 제17조의3 제5항에 의하면, 당해 주식의 증여일부터 상장일 전일까지 사이에 무상주를 발행한 경우 발행주식총수를 산정함에 있어 무상주의 환산 방식을 규정하고 있어 제41조의3에 따른 증여재산가액 산정 시 무상주식을 포함하는 것을 전제로 하고 있다 할 것이다. 또한 수증자가 비상장주식을 증여받은 후 무상증자에 의하여 증여받은 비상장주식분에 대하여 무상주식을 배정받은 경우, 수증자의 입장에서 경제적 가치의 실질적인 증가가 없다고 볼 수도 없다(서울행법 2011구합8383, 2011.8.25.).

자기주식 취득은 최대주주 등으로부터 취득한 것이 아니므로 취득한 후 상장되었다 하여 상장차익을 증여세 과세대상으로 볼 수 없다. 또한 취득한 자기주식 및 이를 모태로 하여 유상증자 취득한 주식의 상장차익에 대하여 증여세를 부과한 처분은 잘못이다(조심 2011부167, 2011.11.14.).

관련규정

- 주주가 보통주를 우선주로 직접 전환함에 따라 주식가액 증가로 얻은 이익은 증여로 보는 것임(서사-2079, 2005.11.4.).

  상속세 및 증여세법 제33조 내지 제41조 · 제41조의3 내지 제41조의5 · 제44조 및 제45조의 규정에 의한 증여 외에 출자 · 감자 · 합병 및 전환사채 등에 의한 주식의 전환 등 법인의 자본을 증가시키거나 감소시키는 거래로 인하여 얻은 이익 또는 사업양수도 · 사업교환 및 법인의 조직변경 등에 의하여 얻은 이익에 대하여는 같은 법 제42조 제1항 제3호의 규정에 의하여 증여세가 과세되는 것이며, 귀 질의와 같이 법인의 일부 주주가 보유한 보통주를 우선주로 전환함으로써 우선주로 전환한 주주 또는 우선주로 전환하지 않은 주주의 전환 후 주식가액이 증가하여 이익을 얻은 경우에는 증여세 과세대상에 해당하는 것임.

4 합병법인의 상장과 이익

2002.12.18. 신설된 상속 증여세법 제41조의5(합병에 따른 상장등 이익의 증여의제)는 "당해 이익을 증여받은 것으로 본다."에서 2003.12.30. "이익을 얻은 자의 증여재산가액으로 한다(합병에 따른 상장등 이익의 증여)로 개정되었다. 이 조항의 신설 이유는 최대주주와 특수관계에 있는 자가 최대주주로부터 비상장법인의 주식을 증여받거나 유상으로 취득한 후 증여일부터 3년 이내에 당해 비상장법인과 특수관계에 있는 상장법인이 합병됨으로써 상장시세차익을 얻은 경우 증여세를 과세함에 있다. 대법원(대법원 2010두11559, 2012.5.10.)은 이 규정의 입법취지는 기업의 내부정보를 잘 알고 있는 위치에 있는 자가 시세차익을 얻게 할 목적으로 최대주주와 특수관계에 있는 자에게 비상장주식을 증여하거나 유상으로 양도함으로써 변칙적인 부의 세습을 가능하게 하여 사실상 세금부담 없이 회사를 지배하는 문제를 규율하기 위해 그 차익에 대하여 과세하기 위해서 마련된 규정이다. 비상장법인인 피합병법인의 주주가 상장법인과 합병함으로써 피합병법인의 주주는 합병 후에 상장에 따른 시세차익이 발생할 수 있고 이 경우 피합병법인의 주주가 얻은 이익은 주식의

상장시세차익과 다를 바 없으므로 얻은 이익의 계산방법도 주식의 상장차익(상증령 §31의6 ③)을 준용하도록 하고 있다.

대법원(대법원 2010도10968, 2011.6.30.)은 구 상속증여세법 제41조의5는 주식 등의 증여일 또는 취득일로부터 일정 기간 이내에 합병이 이루어져 주식등 가액이 증가하는 경우에만 추가로 과세하는 점, 기업경영 등에 관한 미공개정보를 이용할 수 있고 경영상 판단에 상당한 영향력을 미칠 수 있는 지위에 있는 자가 그와 친족 등의 특수관계에 있는 자에게 주식 등 재산을 증여하거나 양도한 경우에 한하여 증여재산의 가액증가분을 증여재산으로 평가하여 과세하는 점, 납세자가 제시하는 재무제표 등에 의하여 기업가치의 실질적 증가로 인한 이익임이 확인되는 경우 과세대상에서 제외하고 있는 점, 일정한 경우 증여세액을 환급받을 수 있도록 한 점 등을 고려하면, 위 법률 규정에 의한 증여세 부과는 주식 등 재산의 증여 또는 취득 시점에 사실상 무상으로 이전된 재산 가액을 실질적으로 평가하여 과세함으로써 조세부담의 불공평을 시정하고 과세 평등을 실현하기 위한 것으로서 목적이 정당하고 수단·방법도 적절하므로, 위 규정이 과잉금지원칙이나 평등원칙 등에 위배된다고 할 수 없다.

(1) 과세요건

① 내용(상증법 §41의5 ①)

- 최대주주부터 해당 법인의 주식을 증여받거나 유상으로 취득한 경우
- 증여받은 재산으로 최대주주가 아닌 자로부터 해당 법인의 주식을 취득한 경우
- 증여받은 재산으로 최대주주가 주식을 보유하고 있는 다른 법인의 주식을 최대주주가 아닌 자로부터 취득함으로써 최대주주와 그의 특수관계인이 보유한 주식을 합하여 그 다른 법인의 최대주주에 해당하게 되는 경우

② 이익을 얻은 자: 위의 주식을 증여받거나 취득한 날부터 5년 이내에 그 주식을 발행한 법인이 특수관계에 있는 주권상장법인과 합병되어 그 주식의 가액이 증가함으로써 그 주식을 증여받거나 취득한 자가 당초 증여세 과세가액(증여받은 재산으로 주식을 취득한 경우는 제외) 또는 취득가액을 초과하여 이익을 얻은 자

(2) 이익계산

상속증여세법 시행령 제31조의6 제3항(주식 등 상장 등에 따른 이익계산)의 규정에 의한 이익계산을 준용한다(상증법 §41의5 ②).

> 이익증여 = 〔① − (② + ③)〕 × ④ ≥ (② + ③) × 증여 · 유상취득 주식수 × 30%
> 또는 3억원

① 정산기준일(상장일부터 3개월이 되는 날) 현재 1주당 평가가액(상속세 및 증여세법 제63조의 규정에 의하여 평가한 가액)

② 주식 등을 증여받은 날 현재의 1주당 증여세 과세가액(취득의 경우에는 취득일 현재의 1주당 취득가액)

③ 1주당 기업가치의 실질적인 증가로 인한 이익

④ 증여 또는 유상으로 취득한 주식수

대법원(대법원 2020두41207, 2020.9.24.)은 합병상장이익이란 비상장법인과 상장법인의 합병 이후 교부받은 신주에 대한 가액에서 당초의 증여세 과세가액 또는 취득가액 등을 뺀 이익이다. 즉 구 상증세법 제41조의5 제3항, 제41조의3 제3항은 증여세액의 정산에 대하여 규정하고 있는바, 비상장법인의 주식 등의 증여 또는 그 취득자금의 증여 시점에 과세되었던 증여세를 예납적으로 보고 차후 합병된 후 정산기준일 현재 정확한 평가를 하여 증여세 과세표준과 세액을 정밀하게 계산한다. 이에 따라 정산기준일 현재의 주식 등의 가액이 당초의 증여세 과세가액보다 적은 경우로서 그 차액이 일정한 기준 이상의 차이가 있는 경우에는 그 차액에 상당하는 증여세액을 환급받을 수 있다. 이처럼 증여세액의 정산구조를 통하여 증여세를 추가납부하거나 환급받도록 하고 있는 이상 구 상증세법 제41조의5에 따른 합병상장이익에 대한 증여세 부과는 실질과세원칙에 부합하는 것이라고 보아야 한다(서울고법 2019누57833, 2020.5.22.).

(3) 주요 논점

합병법인의 상장이익을 기존 증여재산가액에 합산하여 증여세를 결정 · 고지한 것에 대해 대법원(대법원 2015두3096, 2017.9.26.)은 상속증여세법 제47조 제2항 단서(합산배제증여재산)를 적용하여 합병상장이익이 합산배제증여재산에 해당된다고 하면서 이 경우 의제배당소득이 없는 것으로 계산되어 과세되지 않은 경우에는 증여재산인 합병상장이익에 관하여 '소득세법에 의한 소득세가 수증자에게 부과되거나 비과세 또는 감면되는 때'에 해당한다고 볼 수 없고, 증여세를 과세하더라도 구 상속증여세법 제2조 제2항(증여재산에 대하여 수증자에게 소득세나 법인세가 부과되는 경우 증여세를 부과하지 아니한다)이나 그 단서에 위반되지 않는다. 합병상장이익이 합산배제증여재산에 해당하는지 여부는 정산기준일을 기준으로 정하는 것이 타당하다. 다만, 개정 상속증여세법(2003.12.30. 법률 제7010호로 개정) 시행 이후에 합병상장이익의 증여세 정산기준일이 도래하는 이상 개정 상속증여세법 제47조 제2항 단서가 적용된다고 보아야 하므로 기존 증여재산가액에 합산하여 증여세를 결정・고지한 것은 위법하다.

법원(서울고법 2019누57833, 2020.5.22.)은 구 상속증여세법 제41조의5는 합병으로 인한 이익, 즉 합병행위와 인과관계가 있는 이익에 대하여 과세하고자 하는 것이 아니라 비상장법인과 상장법인의 합병을 계기로 증여 당시 실현이 예견되는 부의 무상이전에 따른 이익을 합병상장이익으로 과세하고자 하는 취지라고 하면서, 비상장법인의 주식 등의 증여 또는 그 취득자금의 증여 시점에 과세되었던 증여세를 예납적으로 보고 차후 합병된 후 정산기준일 현재 정확한 평가를 하여 증여세 과세표준과 세액을 정밀하게 계산한다. 이에 따라 정산기준일 현재의 주식 등의 가액이 당초의 증여세 과세가액보다 적은 경우로서 그 차액이 일정한 기준 이상의 차이가 있는 경우에는 그 차액에 상당하는 증여세액을 환급받을 수 있다. 이처럼 증여세액의 정산구조를 통하여 증여세를 추가납부하거나 환급받도록 하고 있는 이상 구 상속증여세법 제41조의5에 따른 합병상장이익에 대한 증여세 부과는 실질과세원칙에 부합하는 것이라고 보아야 한다.

사례 7 합병법인의 상장이익

김○○은 유가증권상장회사인 ○릿지와 ○릿지가 95% 지분을 소유한 비상장법인 ○○텍 및 코스닥등록법인인 ○○포텍의 대표이사로서 2008.11.14. ○릿지로부터 ○○텍의 발행주식 9,200주(1주당 500,000원)를 4,600,000,000원에 취득하여 일부 양도한 후 6,600주를 보유하던 중 2009.8.25. ○○텍이 ○○포텍에 흡수합병됨으로써 그 대가로 ○○포텍의 발행주식 2,356,180주를 취득하였다. 합병과 관련된 내용은 다음과 같다.

| 합병내용 |

구분	○○포텍(코스닥)	○○텍(비상장)	○○레콤(비상장)
	합병법인	피합병법인	피합병법인
합병가액/1주	3,375	1,204,865	74,472
합병비율	1	356.997037	2.2065777

합병 전 합병당사법인의 주주현황은 다음과 같다.

○○포텍(합병법인)			○○텍(피합병법인)			○○레콤(피합병법인)		
주주	주식수	지분율	주주	주식수	지분율	주주	주식수	지분율
○○텍	805,000	17.97%	김○○	6,600	33.0%	김**	32,357	2.32%
소액주	2,905,661	65.87%	○릿지	5,740	28.7%	김@@	80,894	5.82%
조○○	398,189	8.89%	송○○	1,000	5.0%	지**	80,894	5.82%
○○레콤	325,683	7.27%	기○○	6,660	33.3%	기##	1,196,972	86.04%
계	4,479,533	100.00%	계	20,000	100.0%	계	1,391,117	100.00%

위 합병조건(합병내용)에 따라 합병을 하면 합병 후 합병법인의 주주현황은 다음과 같게 된다.

구분	합병 전		합병신주	합병 후	
주주	주식수	지분율	주식수	주식수	지분율
자기주식	1,157,683	25.24%	-	1,157,683	7.70%
소액주	2,905,661	65.87%	-	2,905,661	20.09%
조○○	398,189	8.89%	-	398,189	2.71%
김○○			2,356,180	2,356,180	16.04%
○릿지			2,049,163	2,049,163	13.95%
송○○			356,997	356,997	2.43%
기○○			2,377,600	2,377,600	16.19%
김**			71,399	71,399	0.49%
김@@			178,498	178,498	1.22%
지**			178,498	178,498	1.22%
기##			2,641,213	2,641,213	17.98%
계	4,479,533	100.00%	10,209,548	14,689,081	100.00%

* 자기주식 1,157,683주는 ○○텍과 ○○레콤의 보유주식임.

① **과세요건**

김○○은 최대주주 ○릿지로부터 유상으로 취득하였으며 주식 양도법인 ○릿지의 대표이사이자 주주로서 합병당사법인의 대표이사이므로 특수관계자에 해당한다. 주식을 취득한 날부터 5년 이내에 특수관계에 있는 코스닥법인과 합병하였다.

처분청은 김○○은 합병법인인 ○○포텍과 피합병법인인 ○텍의 양사 모두의 대표이사로 합병을 주도한 당사자이며 양사 사이의 합병비율 및 합병신주 발행가액 등 내부정보를 누구보다 잘 알고 있어 합병을 통해 시세차익을 얻을 것이라는 것을 잘 알고 있는 위치에 있었으므로 합병 후 취득한 주식의 정산기준일 전후 2개월 종가평균액이 당초 취득한 ○○텍 주식의 취득가액을 초과하는 것에 대하여 상속증여세법 제41조의5 규정을 적용하여 과세 처분하였다.

② **이익계산**

상속증여세법 시행령 제31조의6 제3항(주식 등 상장 등에 따른 이익계산)의 규정에 따라 이익계산을 하면 다음과 같다.

* 1월 미만의 월수는 1월

- 2008사업연도 1주당 순손익액: 46,520원
- 2009.1.1.~2009.8.31. 1주당 순손익액: 31,020원

㉮ 정산기준일 1주당 평가액: 1,818원(환산 1주당 평가액 649,020원)

* 김○○이 취득한 6,600주 중 6,000주만 해당

합병신주: 취득주식수 6,000주 × 합병비율 356.997037 = 2,141,982주

환산 1주당 평가액: (1,818원 × 2,141,982주) / 6,000주 = 649,020원

㉯ 취득일 현재 1주당 취득가액: 500,000원

㉰ 1주당 기업가치 실질적 증가로 인한 이익(추정): 50,401원

㉠ 1개월당 순손익액: (46,520+31,020) ÷ 20개월 = 3,877원

㉡ 1주당 기업가치 실질적 증가분: 3,877원 × 13개월 = 50,401원

㉣ 1주당 증여이익

649,020원 - (500,000원 + 50,401원) = 98,619원

* (98,619원 × 6,000주 = 591,714,000원) ≥ 3억원: 기준요건 충족

관련규정 및 예규판례

▶ **특수관계에 있는 주권상장법인과 합병됨에 따라 증여받은 주식의 당초 증여세 과세가액을 초과하여 기준 이상의 이익을 얻는 경우 증여세가 과세되는 것임**(재산세과-20, 2010.1.13.).

【질의】 -[갑] 법인의 주주구성원은 A 35%, B 29%, C 35%, A의 모 1%(A, B, C는 형제임)
-[을] 법인의 주주구성원은 특수관계 없는 제3자 100%(결손법인)

[갑] 법인 주식을 A가 자에게 증여한 후 동 주식을 특수관계 없는 [을] 법인에게 상속증여세법상의 시가로 A의 자가 양도한 후, [갑] 법인이 특수관계 있는 상장법인인 [병] 법인에 5년 이내 합병되는 경우 상속증여세법 제41조의5[합병에 따른 상장 등 이익의 증여]에 따른 증여세가 A의 자에게 합병시점의 시가 등 평가액으로 재계산되어 과세되는지 여부

【회신】 상속증여세법 제41조의5의 규정에 의하여 최대주주 등과 특수관계에 있는 자가 최대주주 등으로부터 주식을 증여받은 경우로서 그 증여일로부터 5년 이내에 당해 법인이 특수관계에 있는 주권상장법인과 합병됨에 따라 당해 증여받은 주식의 당초 증여세 과세가액을 초과하여 같은 법 시행령 제31조의8 제1항에서 정하는 기준 이상의 이익을 얻는 경우 증여세가 과세되는 것임. 이 경우 거짓 그 밖의 부정한 방법으로 상속세 또는 증여세를 감소시킨 것으로 인정되는 경우에는 특수관계에 있는 자 외의 자 간의 증여나 취득에 대하여도 적용하는 것으로 귀 질의의 경우가 이에 해당하는지 및 같은 법 제2조 제4항에 해당하는지 여부는 구체적인 사실을 확인하여 판단할 사항임.

제2절 재산가치의 증가와 이익

1 법인의 조직변경과 이익

상속증여세법 제42조의2의 법인의 조직변경과 이익은 구 상속증여세법 제42조 '그 밖의 이익의 증여'의 제1항 제3호의 후반부인 "사업양수도 · 사업교환 및 법인의 조직변경 등에 의하여 소유지분 또는 그 가액이 변동됨에 따라 얻은 이익"이 상속증여세법 제42조의2의 규정으로 2015.12.15. 신설되었다. 신설 이유에서 주식의 포괄적 교환 및 이전('주식의 포괄적 교환'은 제4장 참조), 사업의 양수 · 양도, 사업 교환 및 법인의 조직 변경 등에 의하여 이익을 얻은 경우에 소유지분이나 그 가액의 변동 전과 후의 재산의 평가차액을 증여재산가액으로 하도록 하고, 특수관계인이 아닌 자 간의 거래인 경우에는 거래의 관행상 정당한 사유가 없는 경우에 한정하여 적용한다고 하였다.

이 규정에서 들고 있는 사업양수도나 사업교환은 일정한 영업목적에 의하여 조직화된 사업 일체, 즉 영업용 인적 · 물적 조직 일체가 이전 또는 교환됨으로써 법인의 수익구조 자체에 변경을 가져올 수 있는 경우를 상정하고 있는 것으로 보이고, 법인의 조직변경은 법인격은 그대로 유지하면서 법인의 법률상 조직형태를 변경(다른 종류의 회사로 전환)함으로써 기존 주주들의 소유지분이나 가액이 변동될 수 있는 경우를 의미한다고 할 것이므로, 이 규정의 형식 및 취지 등에 비추어 보면 구 상속증여세법 제42조 제1항 제3호 후단의 거래유형은 "사업양수도 · 사업교환 및 법인의 조직변경"에 준하는 정도로 법인의 사업 내지 조직에 중대한 변화가 있고 이로 인하여 그 소유지분 또는 가액의 변동이 초래되는 경우로 한정된다고 봄이 타당하다(서울행법 2011구합44532, 2012.11.15.).

(1) 과세요건

① 내용(상증법 §42의2 ①)

사업의 양수·양도, 사업 교환 및 법인의 조직 변경 등에 의하여 소유지분이나 그 가액이 변동된 경우

② 이익을 얻은 자: 소유지분 또는 가액이 변동된 법인의 주주

③ 특수관계인이 아닌 자 간의 거래인 경우에는 거래의 관행상 정당한 사유가 없는 경우에 한정하여 이익증여를 적용한다.

(2) 이익계산

이익증여 = ① or ② ≥ 변동 전 해당 재산가액 × 100분의 30 또는 3억원

① 소유지분이 변동된 경우

이익증여 = (변동 후 지분 − 변동 전 지분) × 지분 변동 후 1주당 가액*

* 상속증여세법 시행령 제28조, 제29조, 제29조의2 및 제29조의3을 준용하여 계산한 가액

② 평가액이 변동된 경우

이익증여 = 변동 후 가액 − 변동 전 가액

대법원(대법원 2013두12133, 2013.10.17.)은 주식가치 증가분 상당의 이익은 증여세 과세대상에 해당하지만 상속증여세법에서 정하고 있는 소유지분 또는 그 가액이 변동된 경우에 해당한다고 보아 증여재산가액을 산정한 것은 납세자의 예측가능성을 침해할 뿐만 아니라 과세형평에도 반하여 위법하다. 부동산 증여 후의 주식가치와 부동산 증여 전의 주식가치와의 차액 상당의 이익을 무상으로 이전하거나 기여에 의하여 주식가치를 증가시킨 것에 대해 구 상속증여세법 제2조 제3항, 제42조 제1항 제3호에 근거하여 증여세 부과처분을 한 것에 대해, 구 상속증여세법 제2조 제3항은 증여재산가액의 계산방법에 관하여 규정하고 있지 않을 뿐만 아니라 증여재산가액의 계산에 관한 상속증여세법 제42조 제1항 제3호의 적용 대상은 부동산의 증여와는 그 거래유형이 다르므로 상속증여세법 제42조 제1항 제3호를 적용하여 증여재산의 가액을 산정한 것은 위법하다고 하였다(서울고법 2012누26786,

2013. 6.19., 대법원 2013두15224, 2015.10.29.).

법원의 주요 판결내용은, 특수관계에 있는 자로서 회사에 부동산을 증여하는 방법을 통하여 회사의 주식 지분 비율의 범위 내에서 이 사건 부동산 증여 후의 회사 주식 가치와 이 사건 부동산 증여 전의 회사 주식 가치와의 차액 상당의 이익을 무상으로 이전하거나 기여에 의하여 원고 소유의 회사 주식 가치를 증가시켰다고 할 것이므로, 증여세 과세대상인 상속증여세법 제2조 제3항의 '증여'에 해당한다고 하였다. 다만, 증여재산가액 산정에 대해서는 "증여에 대한 증여재산가액을 계산함에 있어서 상속증여세법 제42조 제1항 제3호를 준용하여 이 사건 부동산의 증여 전·후의 소외 회사의 주식가액 차액 상당액을 증여재산가액으로 산정하였는바, 이 사건 증여는 상속증여세법 제42조 제1항 제3호에서 규정한 과세요건이나 거래유형과 유사한 거래형태라고 볼 수 없다."고 하였다.

상속증여세법 제42조 제1항 제3호에 규정하고 있는 거래유형, 특히 "사업양수도·사업교환 및 법인의 조직변경 등에 의하여 소유지분 또는 그 가액이 변동된 경우"와 유사하다고 보아 위 규정을 준용하여 증여재산가액을 계산하였는바, 상속증여세법 제42조 제1항 제3호는 출자·감자, 합병·분할, 전환사채 등에 의한 주식의 전환·인수·교환 등 법인의 자본을 증가시키거나 감소시키는 거래로 얻은 이익 또는 사업양수도, 사업교환 및 법인의 조직변경 등에 의하여 소유지분이나 그 가액이 변동됨에 따라 얻은 이익을 증여재산가액으로 한다고 규정하고 있다. 위 규정 전단에서는 '법인의 자본을 증가시키거나 감소시키는 거래'(자본거래를 의미한다)로 얻은 이익을 규정하고 있는바, 이는 법인의 합병·분할 및 감자 등에 참여 또는 참여하지 아니함으로써 통상적으로 지급하여야 하는 대가를 지급하지 아니하고 재산 또는 소유지분의 평가액이 변동됨에 따라 얻은 직접 또는 간접적인 이익에 관하여 과세하기 위한 규정이라 할 것인데, 조부인 지@@이 ○○건업에 대하여 이 사건 부동산을 증여한 행위는 ○○건업의 자본을 증가시키거나 감소시키는 자본거래가 아니라 자산수증이익을 발생시키는 손익거래일 뿐이므로 위 규정 전단에서 정하고 있는 거래유형에 해당하지 않는다.

나아가 위 규정 후단에서는 '사업양수도·사업교환 및 법인의 조직변경 등'에 의하여 소유지분이나 그 가액이 변동됨에 따라 얻은 이익을 규정하고 있는바, 여기서 말하는 거래유형은 주주의 소유지분이나 그 가액이 변동되는 모든 거래를 의미한다고 볼 수는 없고(주주의 소유지분의 가액이 변동되는 모든 거래를 의미한다는 것은 법인의 모든 거래를 의미한다는 것과 다를 바가 없게 되어 위와 같은 별도의 규정을 둔 의미가 없게 된다), 적어도 '사업양수도,[33] 사업교환 및 법인의 조직변경[34]'과 유사한 거래유형을 의미한다고 보아야 하는데 이 사건 증여의 경우 ○○건업이 조부인 지@@ 개인으로부터 단순히 이 사건 부동산을 증여받은 것에 불과하므로, '사업양수도 · 사업교환 및 법인의 조직변경 등'의 거래유형에 해당하지 않음은 명백하고, 달리 이와 유사한 거래유형이라고 볼만한 별다른 사정도 찾아볼 수 없다.

상속증여세법 제31조(증여재산가액 계산의 일반원칙)

① 증여재산의 가액은 다음 각 호의 방법으로 계산한다.

1. 재산 또는 이익을 무상으로 이전받은 경우: 증여재산의 시가(제4장에 따라 평가한 가액을 말한다) 상당액
2. 재산 또는 이익을 현저히 낮은 대가를 주고 이전받거나 현저히 높은 대가를 받고 이전한 경우: 시가와 대가의 차액. 다만, 시가와 대가의 차액이 3억원 이상이거나 시가의 100분의 30 이상인 경우로 한정한다.
3. 재산 취득 후 해당 재산의 가치가 증가하는 경우: 증가사유가 발생하기 전과 후의 재산의 시가의 차액으로서 대통령령으로 정하는 방법에 따라 계산한 재산가치상승금액. 다만, 그 재산가치상승금액이 3억원 이상이거나 해당 재산의 취득가액 등을 고려하여 대통령령으로 정하는 금액의 100분의 30 이상인 경우로 한정한다.

② 제1항에도 불구하고 제4조 제1항 제4호부터 제6호까지 및 같은 조 제2항에 해당하는 경우에는 해당 규정에 따라 증여재산가액을 계산한다.

사례 ••• 법인의 조직변경과 이익증여

주식을 증여함으로써 자녀들이 보유한 지분가치가 증여 전 가액과 증여 후 가액의 차액만큼 상승하였으므로 증여세 과세대상이 된다. 이 사건 주식의 증여로 증가한 원고들 소유의 소외 회사 지분의 가치변동을 상속증여세법 제2조 제3항에서 규정한 증여로 본

33) 일정한 영업목적에 의하여 조직화된 사업 일체, 즉 인적 · 물적 조직을 그 동일성을 유지하면서 일체로서 이전하는 것을 의미한다(상법 제41조, 대법원 2007다17123 판결, 2009.1.15. 선고 등 참조).

34) 주식회사를 유한회사로 변경하는 것과 같이 회사가 그의 인격의 동일성을 보유하면서 법률상의 조직을 변경하여 다른 종류의 회사로 전환되는 것을 의미한다(상법 제604조, 대법원 85누69 판결, 1985.11.12. 선고 등 참조).

후 상속증여세법 제42조 제1항 제3호를 적용하여 그 증여재산가액을 산정한 이 사건 처분은 적법하다(서울행법 2011구합42543, 2012.8.17.)고 하였으나 최종 판결에서는 주식 증여가 법 제42조 제1항 제3호의 '사업양수도 또는 법인의 조직변경 등'에 해당하지 아니하므로, 상속증여세법 제2조 제3항, 제42조 제1항 제3호를 적용하여 증여세를 부과한 처분은 증여세 과세의 한계를 벗어난 것으로서 위법하다(대법원 2016두285, 2016.6.23.). 이 사건과 관련한 다음의 사례는 저자의 『경영권승계와 자본거래』, '제6장 7. 주식증여를 활용한 경영권승계'를 편집한 것이다.

① 지분현황

2007.12.31. 주식증여 전 지분현황은 다음과 같다.

| ○○맥주 주주현황 |

주주	관계	기초		증가	감소	기말	
		주식수	지분율	주식수	주식수	주식수	지분율
박@@	본인	3,544,444	16.74%	-	-	3,544,444	16.74%
박^^	부	653,557	5.13%	사망	-653,557	0	0
김**	특수관계자	9,834	0.79%	-	-	9,834	0.79%
김**		1,559	0.01%	-	-	1,559	0.01%
윤**		8,149	0.04%	-	-	8,149	0.04%
김**		0	0	4,000	-	4,000	0.02%
○○○코트		2,096,428	11.77%	-	-	2,096,428	11.77%
문화재단		0	0	653,557	부사망증여	653,557	5.13%
○○유통		100,000	0.47%	2,827	-	102,827	0.47%
○○엔지		0	0	155,350	-	155,350	1.34%
계		6,413,971	34.95%	815,734	-653,557	6,576,148	36.31%

* ○○맥주의 최대주주는 박@@ 및 그의 특수관계자들이다.
* ○○맥주의 지분 11.77%를 보유하고 있는 ○○○코트의 주식은 박@@이 100%를 보유하고 있다.

② 주식취득

2007.7.12. ○○맥주의 최대주주인 박@@의 자녀인 박1은 ○○맥주의 지분 1.34%를 보유하고 있는 ○○엔지의 주식 51,100주(73%)를 취득하였다.

| ○○엔지 주식변동 현황 |

주주	양수도 전		양수도	양수도 후	
	주식수	지분율	주식수	주식수	지분율
박1	-	-	51,100	51,100	73.0%
박2	18,900	27.0%	-	18,900	27.0%
정**	21,000	30.0%	-21,000	-	-
유**	12,600	18.0%	-12,600	-	-
정**	9,660	13.8%	-9,660	-	-
정**	7,000	10.0%	-7,000	-	-
기타	840	1.2%	-840	-	-
계	70,000	100.0%	102,200	70,000	100.0%

③ 주식증여

2008.2.5. 박@@은 자신이 보유하던 ○○○코트의 주식 전부를 ○○엔지에게 증여하였다. 증여 후 지분변동은 다음과 같다.

| ○○○코트 주식변동현황 |

주주	관계	증여 전		증여	증여 후	
		주식수	지분율	주식수	주식수	지분율
박@@	대표이사	1,000,000	100.0%	-1,000,000	-	-
○○엔지	관계회사			1,000,000	1,000,000	100.0%
계		1,000,000	100.0%	0	1,000,000	100.0%

증여받은 주식에 따라 ○○엔지는 장부상 취득가액 99,494,000,000원 및 장부가액과 상속증여세법에 따른 평가액의 차액 23,348,000,000원, 합계 122,842,000,000원을 자산수증익으로 익금에 산입하여 2008사업연도 법인세 31,371,270,600원을 신고·납부하였다.

이와 같은 주식의 양도와 증여로 박1과 박2는 간접적으로 ○○맥주의 지분 13.11%(○○○코트 11.77% + ○○엔지 1.34%)에 대한 지배권을 행사할 수 있게 되었으며, 실질적으로 박1과 박2는 그룹의 총수인 박@@에 이어 그룹의 차순위 최대주주가 되었다.

| ○○맥주 지배구조 |

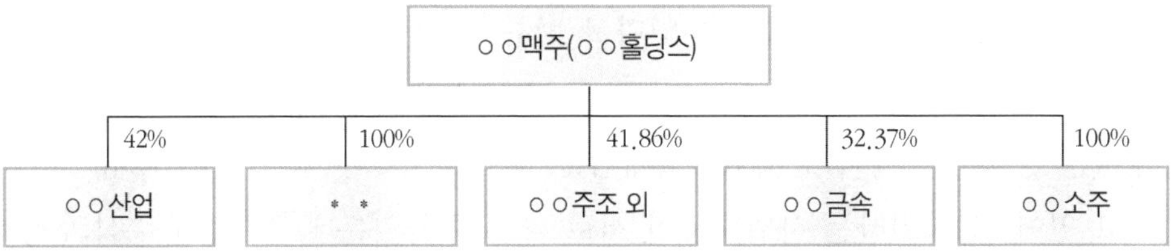

④ **과세관청**

처분청은 이 사건 주식의 증여는 상속증여세법 제42조 제1항 제3호에 규정된 '사업의 교환 및 법인의 조직 변경'에 준하는 사유에 해당하고 이로 인하여 ○○엔지의 주주들인 자녀들의 주식가액이 증가된 것은 상속증여세법 제2조 제3항에 규정된 증여에 해당한다고 보아, 아래와 같이 ○○엔지의 주식가액을 평가하고 1주당 평가액의 증가분에 자녀들의 소유주식수를 곱하여 증여재산가액을 산정하고 증여세를 부과처분하였다.

구분	총주식수	순자산가액(백만원)	1주당 평가액(원)
증여 전	70,000	12,839	220,888
증여 후	70,000	101,899	882,480
증가액	-	89,060*	661,592**

* 순자산가액 증가액 = 이 사건 주식가액 약 1,228억원 - 법인세 상당액 약 337억원
** 1주당 증가액 = (순자산가액 증가액 × 상속증여세법 시행령 제54조에 따른 순자산가치 반영비율 2 / 5 × 상속증여세법 제63조 제3항에 따른 최대주주 할증률 130%) / 총주식수

법원(서울행법 2011구합42543, 2012.8.17.)은 "사업의 양수·양도, 사업교환이나 법인의 조직변경 등"에 대해 일반적으로 상법상의 영업양도는 "일정한 영업목적에 의하여 조직화된 유기적 일체로서의 기능적 재산인 영업재산을 그 동일성을 유지시키면서 일체로서 이전하는 채권계약"을 말하고(대법원 2005다602, 2005.7.22. 판결 등 참조), 법인의 조직변경은 "주식회사를 유한회사로 변경하는 것과 같이 회사가 그 법인격의 동일성을 유지하면서 다른 종류의 회사로 변경하는 것"을 말한다. 그런데 상속증여세법 제41조 제1항 제3호는 "사업양도 및 조직변경 등"에 의하여 소유지분의 가액이 변동되어야 한다고 규정하여 그 지분가액의 변동사유를 사업양도 및 조직변경에 한정하고 있지 아니하므로, 이에 준하는 정도로 회사의 사업 내지 조직에 중대한 변화가 있고 이로 인하여 회사

주식가치가 상승할 경우 증여세 과세대상이 되고, 그 증여재산가액은 상속증여세법 제42조 제1항 제3호를 적용하여 산정할 수 있다고 보는 것이 상당하다.

법원은 그 이유를 박@@은 ○○○코트의 주식 100%를 ○○엔지에게 증여하였고, ○○엔지는 생맥주용 냉각기 제조·도매업을, ○○○코트는 양주 등의 주류 도매업을 영위하고 있어 그 영위하는 사업내용이 서로 다른 회사였는데, 이 사건 주식의 증여로 ○○엔지는 ○○○코트를 지배하게 되었으므로 자회사를 통하여 기존의 사업 외의 다른 분야에 진출하게 된 것으로 볼 여지도 있는 점, ○○엔지는 이 사건 주식의 증여로 ○○○코트의 100% 주주가 되었는데 그러한 ○○엔지의 주식 100%를 자녀들이 소유함으로써 자녀들은 간접적으로 ○○○코트에 대한 지배권을 행사하게 되었는바, ○○○코트는 ○○그룹의 지주회사인 ○○맥주의 지분을 상당수 소유하고 있었으므로 이 사건 주식의 증여로써 ○○○코트의 주주인 ○○엔지 더 나아가 ○○엔지의 주주들인 자녀들은 실질적으로 ○○그룹의 총수인 박@@에 이어 ○○그룹의 차순위 주주로서의 지위를 누리게 되었다. 한편, 증여세 완전포괄주의를 도입하게 된 배경 및 그 취지를 감안하여 볼 때 세법에 규정된 '사업의 양도' 개념을 상법상의 개념과 동일하게 규정하기보다는 실질과세의 원칙 및 조세형평의 원칙을 구현하기 위하여 조세법률주의를 해치지 않는 한도 내에서 조세법적 시각에 따라 폭넓게 보아야 필요가 있다.

증여세 완전포괄주의를 도입하면서도 기존의 증여의제규정이었던 상속증여세법 제42조를 증여재산가액 계산규정으로 변경하면서 이를 삭제하지 않은 것은 어떠한 경우 증여세가 과세되는지에 관한 예측가능성을 부여하기 위하여 변칙적인 거래유형의 예시를 든 것으로 보이고, 증여세 과세대상을 반드시 법에 명문으로 규정된 유형에 한정한 것으로 판단되지는 않는다. 또한 상속증여세법 제42조 제1항 제3호에 규정된 사업의 양도는 대등한 교환가치의 교환을 일반적인 전제로 하고 있는바 이러한 경우에도 주식가치의 변동이 있는 경우 그 변동분이 일정가액을 넘어서면 증여세를 부과하겠다는 것이 입법자의 의도인데, 하물며 아무런 대가를 지급하지 아니하는 증여로 인하여 주식가치가 증가하였음에도 이를 과세하지 않는다면 과세형평에 반하는 점 등을 종합하여 보면, 이 사건 주식의 증여는 상속증여세법 제42조 제1항 제3호에서 말하는 사업의 양도에 준하는 사유로서 '사업양도 등'에 해당한다고 보는 것이 상당하다.

(3) 주요 논점

(3)-1. 일반적인 논점

대법원(대법원 2016두285, 2016.6.23.)은 아버지가 D주식회사에 B주식회사의 주식 전부를 증여한 것은 단순한 주식의 증여에 해당할 뿐 상속증여세법 제42조 제1항 제3호에서 정한 '합병 등 법인의 자본을 증가시키거나 감소시키는 거래'나 '사업양수도 또는 법인의 조직변경 등'에 해당하지 않는다.

A회사(주주는 이○○의 자녀)는 유동화전문회사로부터 신주인수권부사채를 발행한 B회사의 신주인수권증권을 매수한 후 신주인수권증권의 행사로 인해 B회사의 지분을 취득하게 되었다. 이로 인해 A회사의주식가치가 상승하였으므로 A회사의 주주인 이○○의 자녀가 이익을 얻었다. 또한 C회사(주주는 이○○의 자녀)는 이○○으로부터 B회사 발행주식을 증여받았다. 이로 인해 C회사의주식가치가 상승하였으므로 C회사의 주주인 이○○의 자녀가 이익을 얻었다. 얻은 이익에 대해 구 상속증여세법 제2조 제3항, 제42조 제1항 제3호를 적용하여 이 사건 각 증여세를 부과하였다.

이에 대해 법원(서울행법 2014구합56383, 2016.1.29.)은 이러한 거래행위는 SP회사나 SL회사의 자본을 증가시키거나 감소시키는 자본거래가 아니라 자산수증이익을 발생시키는 손익거래이다. 따라서 구 상속증여세법 제42조 제1항 제3호 전단의 거래유형에는 해당하지 아니한다. 또한 이 사건 거래행위로 A회사와 C회사가 B회사의 지분을 취득하게 되었으나 그로 인하여 사업양수도나 사업의 교환에 준하는 정도의 어떠한 사업내용의 변경이 있었다거나 회사의 법적 형태가 변경되는 등의 변화가 초래되었다고 볼 만한 증명이 부족하므로 구 상속증여세법 제42조 제1항 제3호 후단의 거래유형에 해당한다고 보기도 어렵다(서울고법 2016누37791, 2016.8.25.).

(3)-2. 가업승계와 지분감소(조직변경)의 논점

조세특례제한법 제30조의6(가업의 승계에 대한 증여세 과세특례) 제3항에서 증여받은 주식의 지분이 줄어드는 경우는 증여세를 부과하도록 하고, 주식의 지분이 줄어드는 경우를 조세특례제한법 시행령 제27조의6 제6항에서 규정하고 있다.

법원(서울고법 2018누54462, 2019.9.27.)은 관련 법규정의 문언과 체계, 조세법률주의의 원칙을 종합하여 보면, '증여받은 주식의 지분이 줄어드는 경우'라는 문언을 그 해석 가능한 범위를 벗어나 '증여받은 주식의 지분이 수증자의 귀책사유로 인하여 줄어듦으로써 중소기업의 영속성과 가업의 경영승계 및 소유승계에 위험이 발생하는 경우'로 제한적으로 해석하여 과세특례 규정배제사유를 인정할 수는 없다. 또한 가업승계 기업의 경영사정이 열악하다는 등의 사정만으로 특례 규정을 확대하거나 특례 규정의 배제사유를 제한하여 해석하는 것이 허용될 수는 없다. 조직변경이라 함은 회사의 동일 인격은 계속 유지하면서 그 법률상의 조직을 변경하여 다른 종류의 회사로 전환하는 것을 의미하는 것으로서, 합병 · 분할 등 조직변경으로 인한 처분을 '증여받은 주식의 지분이 줄어드는 경우'에서 제외하는 것으로 규정하고 있는 취지는 합병 · 분할 등 조직변경으로 인하여 소멸하는 법인의 주식 등이 처분되지만 신설되는 법인의 주식이 새로이 배정되는 등 실질적으로 증여받은 주식의 지분이 줄어드는 경우에 해당한다고 보기 어렵기 때문이다. 그런데 이 사건의 경우 회생계획인가결정에 따른 회생절차 과정에서 무상감자의 방식으로 주식을 병합하여 보유주식의 수가 감소한 것일 뿐 법인의 조직이 변경되거나 주식이 새로이 배정된 것은 아니다.

2018.2.13. 개정된 조세특례제한법 시행령에서 '해당 법인의 채무가 출자전환됨에 따라 수증자의 지분율이 낮아지는 경우로서 수증자가 최대주주 등에 해당하는 경우'를 증여세 과세특례 규정의 적용배제에 대한 예외 사유(조세특례제한법 시행령 제27조의6 제6항 제2호 나목)로 추가하였다.

2 | 재산취득 후 재산가치 증가와 이익

구 상속증여세법 제42조 '그 밖의 이익의 증여'에 통합적으로 규정되어 있는 이익의 증여를 개별 유형별로 분류하여 별도 조문으로 구성하여 각각 증여 예시적 성격의 규정임을 명확히 하기 위해 구 상속증여세법 제42조 제4항의 규정을 삭제하고 제42조의3의 규정을 2015.12.15. 신설하였다. 법원(서울행법 2015구합5283, 2015.12.17.)은 미성년자 등 그 직업 · 연령 · 소득 · 재산상태로 보아 자신의 계산으로 개발사업의 시행, 형질변경 등의 행위를 할 수 없다고 인정되는 자가 타인의 증여 등의 사유로 재산을 취득하고 그 재산을 취득한 날부터 5년 이내에 개발사업의 시행, 형질변경 등으로 인하여 재산가치가 증가한 경우,

그 증가에 따른 이익으로서 재산가치상승금액이 3억원 이상이거나 그 상승률이 30% 이상일 때에는 그 이익을 증여재산가액으로 한다고 정하고 있다. 이 규정의 취지는 취득한 재산의 가치가 재산취득자 자신의 노력에 의해서가 아니라 타인의 기여에 의하여 증가한 것일 때에는 일정한 요건하에서 그 재산가치 증가액은 증여세의 부과대상이 된다. 따라서 토지를 취득한(증여받은) 날부터 5년 내에 형질변경으로 인하여 그 재산가치가 증가하였고 형질변경을 수반한 박물관 건립행위는 타인의 계산에 의하여 이루어졌음을 알 수 있으며, 재산가치상승금액의 상승률이 30% 이상임을 알 수 있으므로, 구 상속증여세법 제42조 제4항의 과세요건을 충족하고 있다(형질변경으로 인한 재산가치 증가에 스스로의 노력이나 부담으로 기여한 바가 있는지에 대하여 주장과 증명을 하지 않고 있다).

(1) 과세요건

① 내용(상증법 §42의3 ①)

- 다음의 사유로 재산을 취득
  - ㉮ 특수관계인으로부터 재산을 증여받은 경우
  - ㉯ 특수관계인으로부터 기업의 경영 등에 관하여 공표되지 아니한 내부 정보를 제공받아 그 정보와 관련된 재산을 유상으로 취득한 경우
  - ㉰ 특수관계인으로부터 차입한 자금 또는 특수관계인의 재산을 담보로 차입한 자금으로 재산을 취득한 경우
- 그 재산을 취득한 날부터 5년 이내에 재산가치증가사유가 있는 경우

② 이익을 얻은 자: 재산을 취득한 자

재산가치증가 사유

1. 개발사업의 시행, 형질변경, 공유물 분할, 지하수 개발・이용권 등의 인가・허가 및 그 밖에 사업의 인가・허가
2. 비상장주식의 자본시장법 제283조에 따라 설립된 한국금융투자협회에의 등록
3. 그 밖에 제1호 및 제2호의 사유와 유사한 것으로서 재산가치를 증가시키는 사유

얻은 이익은 재산가치증가사유 발생일 현재의 해당 재산가액, 취득가액(증여받은 재산의 경우에는 증여세 과세가액), 통상적인 가치상승분, 재산취득자의 가치상승 기여분 등을

고려하여 계산한 금액으로 한다. 이 경우 그 재산가치증가사유 발생일 전에 그 재산을 양도한 경우에는 그 양도한 날을 재산가치증가사유 발생일로 본다.

재산가치증가사유 발생일에 대해 심판원(조심 2013부3686, 2015.10.7.)은 취득한 재산의 가치 증가에 따른 이익에 대하여 5년 이내에 증여세를 부과할 수 있는 경우를 개발사업의 시행, 형질변경, 공유물 분할, 사업의 인가·허가, 주식·출자지분의 상장 및 합병 등으로 규정하고 있는바, 처분청은 쟁점 주식의 증여일로부터 5년이 되는 날을 재산가치증가사유 발생일로 보아 증여세를 과세하였으나, 처분청이 본 재산가치증가사유 발생일은 쟁점 주식의 증여일로부터 5년이 되는 날로서 개발사업의 시행, 형질변경, 사업의 인·허가 등 특별히 재산가치증가사유로 볼 수 있는 사유가 발생한 날이라고 보기 어렵고, 쟁점법인이 한 사업의 시행이나 사업의 인·허가 등은 쟁점주식의 증여일 전에 이루어진 것으로 보이므로 처분청이 재산가치증가사유 발생일로 특정한 증여일은 관련법령의 규정에 맞지 않는다고 할 것이다. 따라서 처분청이 쟁점주식의 증여일로부터 5년이 되는 날을 재산가치증가사유 발생일로 보아 이 건 증여세를 과세한 처분은 잘못이 있다고 하겠다.

(2) 이익계산

이익증여 = ① − (② + ③ + ④) ≥ (② + ③ + ④) × 30% 또는 3억원

① 해당 재산가액: 재산가치증가사유가 발생한 날 현재의 가액(상속증여세법 제4장에 따라 평가한 가액을 말한다. 다만, 해당 가액에 재산가치증가사유에 따른 증가분이 반영되지 아니한 것으로 인정되는 경우에는 개별공시지가·개별주택가격 또는 공동주택가격이 없는 경우로 보아 상속증여세법 시행령 제50조 제1항 또는 제4항에 따라 평가한 가액)

② 해당 재산의 취득가액: 실제 취득하기 위하여 지불한 금액(증여받은 재산의 경우에는 증여세 과세가액)

③ 통상적인 가치 상승분: 상속증여세법 시행령 제31조의3 제4항에 따른 기업가치의 실질적인 증가로 인한 이익과 연평균지가상승률·연평균주택가격상승률 및 전국 소비자물가상승률 등을 감안하여 해당 재산의 보유기간 중 정상적인 가치상승분에

상당하다고 인정되는 금액

④ 가치상승기여분: 개발사업의 시행, 형질변경, 사업의 인가·허가 등에 따른 자본적 지출액 등 해당 재산가치를 증가시키기 위하여 지출한 금액

(3) 주요 논점

대법원(대법원 2015두59570, 2016.3.24.)은 구 상속증여세법 제42조 제4항이 적용되기 위해서는 ① 미성년자 등 그 직업·연령·소득·재산상태로 보아 자신의 계산으로 당해 행위를 할 수 없다고 인정되는 자가(주체요건), ② 특수관계에 있는 자로부터 기업경영 등과 관련하여 공표되지 않는 내부정보를 제공받거나, 그로부터 직접 자금을 차입하거나 담보를 제공받아 차입한 자금으로 재산을 취득하고(재산취득요건), ③ 5년 이내에 개발사업의 시행, 형질변경, 공유물 분할, 사업의 인가·허가, 주식·출자지분의 상장 및 합병, 비상장주식의 한국금융투자협회에의 등록, 생명보험 또는 손해보험의 보험사고 발생, 지하수개발·이용권 등의 인가·허가 등의 사유로 재산가치가 증가할 것(재산가치 증가사유 요건)이 요구된다. 이 사건 주식을 취득한 이후 이를 양도할 당시까지 위 재산가치 증가사유 중 어떠한 사유도 발생하였다고 볼 수 없는 이상 재산가치 증가사유 요건이 충족되었다고 볼 수 없으므로, 구 상속증여세법 제42조 제4항을 직접 적용할 수는 없다. 피고는 위 법령상 "재산가치 증가사유 발생일"을 이 사건 주식 양도일로 보고 있는 것으로 보이는바 '이 사건 주식 양도'를 재산가치 증가사유로 보더라도 이는 앞서 본 재산가치 증가사유에 전혀 해당하지 않는다(서울행법 2014구합64780, 2015.1.15.).

한편, 법원(수원지법 2021구합73752, 2023.1.11.)은 이미 타인이 개발사업을 통해 조성해 놓은 토지를 매수한 후 그 지상에 다시 자본을 투여하여 건물을 신축하고 이를 분양·매각하여 수익을 창출하는 별개의 사업이라는 점에서, 토지 그 자체에 대한 개발과 그로 인한 불로소득 유사의 가치 상승분의 추출을 핵심으로 하는 상증세법 제42조의3 제1항의 '개발사업의 시행'과 그 경제적 실질이 유사하다고 보기 어렵고(단지 이 사건 토지상에서 이루어진다는 공통점만으로 이 사건 사업이 개발사업의 시행과 그 경제적 실질이 유사하다고 평가할 수는 없다), 위 조항에 규정된 다른 거래 또는 행위인 '형질변경, 공유물 분할, 지하수개발·이용권 등 인·허가, 그 밖의 사업의 인·허가, 비상장주식의 등록' 등과 유사하다고 볼 만한 근거도 없다. 따라서 이 사건 사업의 결과적 성공을 통하여

이루어진 이 사건 주식의 가치상승은 개발사업의 시행의 인허가에 따른 토지가치상승 이익과 전혀 그 경제적 실질이 유사하지 않고, 상증세법 제42조의3을 준용하여 증여재산의 가액을 계산할 수 있는 경우에 해당하지 않는다. 더구나 이 사건 건물의 사용승인일을 기준시점으로 보고 한 해당 증여이익산정 방법도 합리적이라고 볼 수 없다(진행 중 사건).

3 | 특수관계법인과의 거래와 이익

상속증여세법 제45조의3은 특수관계법인 간 일감몰아주기와 관련된 규정으로 특수관계법인 간 거래를 통한 변칙적인 증여에 대하여 증여세를 부과하여 공평과세를 실현하는데 있다. 2011.12.31. 신설 규정으로 특수관계법인을 이용하여 부를 이전하는 변칙적인 증여사례를 방지하기 위하여 특수관계법인 간 일감몰아주기를 통하여 발생한 이익을 증여로 의제하여 과세할 필요가 있다. 특수관계법인으로부터 일감을 받은 수혜법인의 사업연도를 기준으로 수혜법인과 특수관계법인과의 거래비율이 일정 비율을 초과하는 경우 해당 수혜법인의 지배주주와 그 지배주주의 친족이 수혜법인의 영업이익을 기준으로 계산한 이익을 증여받은 것으로 본다.

이 규정이 자기증여에 해당되는가에 대해(서울고법 2017누36917, 2017.5.30.) 수혜법인이 특수관계법인과의 거래를 통하여 얻은 이익을 지배주주의 증여이익으로 의제하여 과세하는 것이고, 여기서 특수관계법인은 수혜법인에 거래의 기회를 제공할 뿐 직접적으로 그 거래를 통해 수혜법인이 얻는 이익만큼의 손실을 입는 것은 아니다(특수관계법인이 손실을 보면서 수혜법인과의 거래를 통하여 이익을 이전한다면 그 이익은 오히려 전통적 의미의 증여이익에 가깝다). 수혜법인과 특수관계법인 사이의 거래를 통해 수혜법인이 얻은 이익은 특수관계법인의 관점에서 볼 때는 어차피 수혜법인이 아닌 다른 상대방과 거래하였더라도 지출하였어야 할 것이기 때문이다. 지배주주가 수혜법인과 특수관계법인의 지분을 동시에 보유하는 경우를 가정하여 보더라도, 특수관계법인이 거래를 통하여 손실을 입었다고 인정할 수 없는 이상, 수혜법인의 이익과 특수관계법인의 손실이 하나의 주체에 귀속되어 증여이익이 발생하지 않는다는 주장은 받아들일 수 없다.

한편, 대법원(대법원 2020두52214, 2022.11.10.)은 이 사건 거래로 실질적인 이익을 얻은 바가 없고, 실질적인 이익을 얻었다고 가정하더라도 이는 자기증여에 따른 것이므로 이 사건 처분은 구 상증세법 제45조의3 제1항의 과세요건을 충족하지 못하여 위법하다는 취지의 원고 주장을 배척하였다. 아울러 원심은 2014년 개정 전 상증세법 시행령 제34조의2 제10항 제1호가 수혜법인의 지배주주가 특수관계법인의 주식을 보유하더라도 그 100%를 보유하지 않은 경우에는 원고가 주장하는 자기증여 부분을 증여의제이익에서 공제하지 않더라도 구 상증세법 제45조의3 제1항의 위임범위나 한계를 벗어나 무효라고 볼 수 없다. 또한 조세법률주의의 원칙과 구 상증세법 제45조의3의 문언 등에 비추어 위 규정에 의한 과세에 위 규정에서 정한 요건 외에 다른 요건이 추가로 필요하다고 보기는 어려운 점, 구 상증세법 제45조의3은 전형적인 일감몰아주기, 즉 특수관계법인이 수혜법인에 일방적으로 이익을 주는 거래만을 과세대상으로 규정하고 있지 않고, 다른 일부 증여의제 규정과 달리 주관적 의도 내지 목적을 과세요건으로 요구하지도 않는 점 등에 비추어 보면, 상고이유 주장과 같이 구 상증세법 제45조의3의 과세요건, 과세대상 및 적용법조에 관한 법리를 오해한 잘못이 없다.

(1) 과세요건

① 내용

법인의 사업연도 매출액(법인세법 제43조의 기업회계기준에 따라 계산한 매출액)이 다음 어느 하나에 해당하는 경우

- 중소기업 또는 중견기업에 해당하는 경우
  특수관계법인에 대한 매출액이 차지하는 비율(특수관계법인거래비율)이 "정상거래비율"을 초과하는 경우
- 법인이 중소기업 및 중견기업에 해당하지 아니하는 경우
  특수관계법인거래비율이 "정상 거래비율"을 초과하는 경우 또는 특수관계법인거래비율이 정상거래비율의 3분의 2를 초과하는 경우로서 대통령령으로 정하는 금액을 초과하는 경우

② 이익을 얻은 자: "수혜법인"의 지배주주와 그 지배주주의 친족("한계보유비율"을 초과하는 주주에 한정)

※ 특수관계법인거래비율

특수관계법인에 대한 매출액 ÷ 당해 사업연도 매출액(기업회계기준 매출액)

※ 정상거래비율

특수관계법인에 대한 매출액 ÷ 당해 사업연도 매출액(기업회계기준 매출액)
= 30%(중소기업 50%, 중견기업 40%)

※ 한계보유비율

수혜법인 지배주주와 그 지배주주의 친족의 주식합계 보유지분 3%(중소기업 또는 중견기업에 해당하는 경우에는 10%)

증여의제이익의 계산은 수혜법인의 사업연도 단위로 하고, 수혜법인의 해당 사업연도 종료일을 증여시기로 본다.

(2) 이익계산

이익증여(증여의제이익) = ① × ② × ③

- 수혜법인이 중소기업에 해당하는 경우
  ① 수혜법인의 세후영업이익 × ② 정상거래비율을 초과하는 특수관계법인거래비율 × ③ 한계보유비율을 초과하는 주식보유비율
- 수혜법인이 중견기업에 해당하는 경우
  ① 수혜법인의 세후영업이익 × ② 정상거래비율의 100분의 50을 초과하는 특수관계법인거래비율 × ③ 한계보유비율의 100분의 50을 초과하는 주식보유비율
- 수혜법인이 중소기업 및 중견기업에 해당하지 아니하는 경우
  ① 수혜법인의 세후영업이익 × ② 100분의 5를 초과하는 특수관계법인거래비율 × ③ 주식보유비율

중소기업 간 매출액 등 제외

법인의 사업연도 매출액(기업회계기준 매출액)에는 중소기업인 수혜법인과 중소기업인 특수관계법인 간의 거래에서 발생하는 매출액 등은 제외(과세제외매출액)한다(상증법 §45의3 ④). 다음에 동시에 해당하는 경우에는 더 큰 금액으로 한다.

1. 중소기업인 수혜법인이 중소기업인 특수관계법인과 거래한 매출액
2. 수혜법인이 본인의 주식보유비율이 100분의 50 이상인 특수관계법인과 거래한 매출액
3. 수혜법인이 본인의 주식보유비율이 100분의 50 미만인 특수관계법인과 거래한 매출액에 그 특수관계법인에 대한 수혜법인의 주식보유비율을 곱한 금액
4. 수혜법인이 「독점규제 공정거래에 관한 법률」 제2조 제1호의2에 따른 지주회사인 경우로서 수혜법인의 자회사 및 손자회사(증손회사를 포함)와 거래한 매출액
5. 수혜법인이 제품・상품의 수출을 목적으로 특수관계법인(수혜법인이 중소기업 또는 중견기업에 해당하지 아니하는 경우에는 국외에 소재하는 특수관계법인으로 한정)과 거래한 매출액
6. 수혜법인이 다른 법률에 따라 의무적으로 특수관계법인과 거래한 매출액
7. 한국표준산업분류에 따른 스포츠 클럽 운영업 중 프로스포츠구단 운영을 주된 사업으로 하는 수혜법인이 특수관계법인과 거래한 광고 매출액

※ 수혜법인의 세후 영업이익

(㉮ − ㉯) × ㉰

㉮ 수혜법인의 영업손익

법인세법 제43조의 기업회계기준에 따라 계산한 매출액에서 매출원가 및 판매비와 관리비를 차감한 영업손익에 법인세법 제23조・제33조・제34조・제40조・제41조 및 같은 법 시행령 제44조의2・제74조에 따른 세무조정사항을 반영한 가액

㉯ ⓐ × ⓑ

ⓐ 법인세법 제55조에 따른 수혜법인의 산출세액(같은 법 제55조의2에 따른 토지 등 양도소득에 대한 법인세액은 제외)에서 법인세액의 공제・감면액을 뺀 세액

ⓑ "㉮"에 따른 가액이 수혜법인의 법인세법 제14조에 따른 각 사업연도의 소득금액에서 차지하는 비율(1을 초과하는 경우에는 1)

㉰ 과세매출비율

1 − (과세제외매출액 ÷ 과세제외매출액이 포함된 사업연도의 매출액)

증여의제이익의 계산 시 지배주주와 지배주주의 친족이 수혜법인에 직접적으로 출자하는 동시에 간접출자법인을 통하여 수혜법인에 간접적으로 출자하는 경우에는 위 계산식에 따라 각각 계산한 금액을 합산하여 계산한다(상증법 §45의3 ②). 한편, 증여의제이익을 계산할 때 지배주주 등이 수혜법인의 사업연도 말일부터 법 제68조 제1항에 따른 증여세 과세표준 신고기한까지 수혜법인 또는 간접출자법인으로부터 배당받은 소득이 있는 경우에는 다음의 구분에 따른 금액을 해당 출자관계의 증여의제이익에서 공제한다. 다만, 공제 후의 금액이 음수(-)인 경우에는 영으로 본다(상증령 §34의2 ⑬).

- 수혜법인으로부터 받은 배당소득: 다음 계산식에 따라 계산한 금액. 이 경우 배당가능이익은 「법인세법 시행령」 제86조의2 제1항에 따른 배당가능이익으로 한다.

$$\text{배당소득} \times \frac{\text{제11항에 따라 계산한 직접 출자관계의 증여의제이익}}{\begin{gathered}(\text{수혜법인의 사업연도 말일 배당가능이익} \\ \times \text{지배주주 등의 수혜법인에 대한 직접보유비율})\end{gathered}}$$

- 간접출자법인으로부터 받은 배당소득: 다음 계산식에 따라 계산한 금액

$$\text{배당소득} \times \frac{\text{제11항에 따라 계산한 간접 출자관계의 증여의제이익}}{\begin{gathered}[\text{간접출자법인의 사업연도 말일 배당가능이익} \\ + (\text{수혜법인의 사업연도 말일 배당가능이익} \\ \times \text{간접출자법인의 수혜법인에 대한 주식보유비율})] \\ \times \text{지배주주 등의 간접출자법인에 대한 직접보유비율}\end{gathered}}$$

(3) 주요 논점

(3)-1. 중소기업 일감몰아주기

법원(서울고법 2015누61087, 2016.4.7.)은 이 사건 증여의제 규정은 특수관계법인 간 일감몰아주기 거래를 통해서 얻은 이익에 대해서 일정한 범위에서 증여로 간주하여 증여세로 과세하는 것으로서, 이 사건 증여의제 규정의 도입 계기는 대기업이 그 지배주주가 지분을 많이 가진 계열사에게 일감을 몰아주어 계열사의 기업가치 상승을 통해 대기업 총수일가가 부를 편법적으로 이전하는 것을 막아 헌법적 가치인 경제민주화를 달성하기 위한 것이었

으나, 이 사건 증여의제 규정이 중소기업을 포함한 모든 법인을 적용대상으로 함으로 인해 중소기업의 세부담 증가로 귀결되는 문제점이 있었다. 이에 이 사건 증여의제 규정의 과세대상 법인의 범위에서 중소기업을 제외하고자 2014.1.1. 법률 12168호로 상속증여세법 제45조의3 제4항을 신설하여 "제1항에 따른 매출액에서 중소기업인 수혜법인과 중소기업인 특수관계법인 간의 거래에서 발생하는 매출액 등 대통령령으로 정하는 매출액은 제외한다."고 규정하면서, 상속증여세법 부칙〈제12168호, 2014.1.1.〉 제6조에서는 "제45조의3의 개정 규정은 이 법 시행 후 최초로 신고기한이 도래하는 분부터 적용한다."고 규정하였다.

그런데 ① 조세의 부과대상이 되는 과세대상 등을 선정하는 것은 원칙적으로 한 나라의 정치・경제・사회・문화적인 제반 여건과 재정사정 등을 종합적으로 감안하여 입법정책적으로 판단하여야 하는 문제이고, 이는 원칙적으로 입법재량의 영역에 속하는 것이므로, 입법자가 조세법에서 과세대상 등을 선정한 결과가 합리적인 재량의 범위를 벗어나 현저하게 불합리한 것이 아닌 한 조세평등주의나 재산권보장 원칙, 실질적 조세법률주의에 위배된다고 할 수 없는 점, ② 과세대상인 자본이득의 범위를 실현된 소득에 국한할 것인가 혹은 미실현이득을 포함시킬 것인가의 여부는, 과세목적・과세소득의 특성・과세기술상의 문제 등을 고려하여 판단할 입법정책의 문제일 뿐, 헌법상의 조세개념에 저촉되거나 그와 양립할 수 없는 모순이 있는 것으로는 볼 수 없는 점, ③ 특수관계법인 간 일감몰아주기 거래를 통해서 이전되는 부의 성격은 그 거래법인이 대기업이든 중소기업이든 다를 바 없는 점 등을 고려할 때, 이 사건 증여의제 규정이 중소기업을 포함한 모든 법인을 적용대상으로 규정한 것이 합리적인 재량의 범위를 벗어나 현저하게 불합리하다거나 본래의 입법취지에 반하여 헌법에 위배된다고 볼 수는 없다.

(3)-2. 주요 논점

특수관계법인의 상표권 사용료 수입이 수혜법인의 영업손익이 해당되는지의 여부에 대한 사건으로서, 이 사건 상표권을 양수하고 5년간 관련 비용을 무형자산상각비(판매비와 관리비)로 처리하였으며, 2002년부터 발생한 이 사건 상표권 사용료 수입을 영업외수익(수입수수료)으로 계정분류하였고, 외부감사인에 의한 회계감사에서 3개의 회계법인으로부터 모두 '적정 의견'을 받았다. 원고는 정관상 목적사업을 한국표준산업분류에 따라 상표권, 브랜드 사용권 등을 기재하였다. 한국표준산업분류상 이들은 무형재산권을 보유하여 제3자에게 사용할 수 있는 권한을 부여하고 사용료를 받는 산업활동은 '무형재산권

임대업(대분류: 부동산업 및 임대업)'으로 분류된다. 과세관청은 이 사건 상표권 사용료 수입의 영업손익 해당 여부에 대해 질의하였고, 이에 대해 상표권 사용료의 제공이 기업의 주된 영업활동에 해당한다면 상표권 사용료 수입을 매출액으로 분류한다. 주된 영업활동에 해당하는지는 정관에 규정된 사업목적 여부, 사업목적에 부합하는 실질적 사업 영위 여부, 수익 금액이 재무제표에서 차지하는 중요도 및 경제적 실질 등을 종합적으로 고려하여 판단한다고 회신하였다.

이에 대해 법원(서울행법 2019구합77002, 2020.9.1.)은 상표권 사용료 수입을 영업외수익으로 계상한 회계처리가 일반기업회계기준이나 관행에 어긋난다고 단정하기 어렵고, 달리 위 수입금액에 관한 부분이 영업손익에 포함되어야 한다고 인정할 자료가 없으므로, 이와 다른 전제에서 이루어진 이 사건 처분은 위법하다고 하면서, 상표권의 임대업이 정관상 사업목적에 명시되어 있지 않다. 그러나 재무제표상 매출액에 관련된 사업인 영유아용 교재 및 교구 제품의 제작・판매업은 한국표준산업분류상 '출판, 영상, 방송통신 및 정보서비스업'에 속하는 것으로 상표권 임대업과는 분류되는 업종이 전혀 다르다. 또한 교재, 교구 등의 자체 제작・판매를 위해 상표권 사용료를 지급한 것이므로 교재・교구 등을 공급받아 판매하는 사업을 영위함에 있어 상표권 사용료의 지급이 필수적으로 요구된다고 볼 수 없고, 상표권의 사용료를 지급한 다른 법인들은 교재・교구 등을 매입하지도 않았으므로 상표권 임대업이 사회통념상 위 제작・판매업에 겸하여 이루어지는 부대사업이라고 볼 수 없다. 상표권 사용료 수입금액은 매출액 대비 12.6~23.5%로서 수익의 상당한 비중을 차지하고 있다는 사정만으로 상표권 임대업을 실질적인 목적사업으로 삼아 주된 영업활동으로서 수익 창출 활동을 하였다고 보기 어렵다.

한편, 미실현이익 및 이중과세의 문제에 대해 수혜법인이 특수관계법인과의 거래로 얻은 영업이익은 수혜법인의 지배주주의 관점에서는 완전히 실현된 이익이라고 보기 어렵다. 그러나 과세대상인 증여이익의 범위를 실현된 소득에 국한할 것인가 혹은 미실현이득을 포함시킬 것인가의 여부는, 과세목적・과세소득의 특성・과세기술상의 문제 등을 고려하여 판단할 입법정책의 문제일 뿐, 헌법상의 조세개념에 저촉되거나 그와 양립할 수 없는 모순이 있는 것으로는 볼 수 없다(헌재 92헌바49, 1994.7.29.). 통상 지배주주 등은 수혜법인에 대한 의결권 등을 행사하는 방법으로 수혜법인이 얻은 이익을 배당하거나 내부에 유보하는 의사결정을 할 수 있고, 경영권 확보를 위하여 주식을 장기간 보유하고 있는 경우가 많아 수혜법인에 대한 법인세, 지배주주에 대한 배당소득세 등의 과세만으로는 입법목적의 달성이 곤란한 것이 현실이었던 점, 지배주주 등이 수혜법인을 통하여 간접적으로 획득한 이익액의 산정은 매우 어려운 반면 수혜법인이 얻은 이익을 기초로 지배주주 등의 지분비율을 곱하여 지배주주 등이 얻은 이익으로 간주하는 방법은 그 방법의 편리성, 합리성이 인정되는 점 등을 고려하면 수혜법인이 얻은 이익을 기초로 지배주주 등의 증여이익을 계산하는 것이 입법재량을 벗어났다고 보기는 어렵다.

4 | 초과배당과 이익

중간배당 등으로 거래의 분할이 가능한 초과배당의 경우에도 1년 이내 동일 거래에 따른 증여이익을 합산하여 과세하도록 하여 거래 분할을 통한 조세회피를 방지함이다(§43 ②). 상속증여세법 제41조의2의 초과배당의 이익증여는 2015.12.15. 신설된 규정으로 신설 전 실무에서는 "법인이 현금배당을 지급함에 있어 각 주주들이 소유하고 있는 주식의 수에 따라 배당금을 지급하지 않은 경우로서 균등한 조건에 의하여 지급받을 배당금을 초과하는 금액을 소득세법상 배당소득으로 보아 소득세가 과세되는 경우에는 상속증여세법 제2조 제2항에 따라 증여세를 과세하지 않는다(법규재산2014-110, 2014.4.28., 재산세제과-927, 2011.10.31.)."는 규정이 있어 세법적용에 있어 초과배당의 이익증여 여부는 그동안 많은 혼란이 있었다. 2015.12.15. 신설된 규정으로 초과배당의 이익증여 여부에 대해 "법인의 최대주주 등이 배당을 받지 아니하거나 보유지분에 비하여 과소 배당을 받음으로써 그 최대주주 등의 특수관계인이 본인의 보유지분을 초과하여 받는 배당을 증여로 보아 그 초과배당금액에 증여세를 부과하되, 초과배당금액에 대한 증여세가 소득세 상당액보다 적은 경우에는 증여세를 부과하지 아니한다(상증법 §41의2 ①)."고 하여 과세대상이 됨을 명확히 하고 있다. 2020.12.20. 개정에서는 과세방식을 법인의 최대주주가 배당을 포기하여 그 특수관계인에게 초과배당이 지급되는 경우 초과배당금액에 대한 소득세와 증여세를 비교하여 큰 금액을 과세하던 방식을 변경하여 소득세와 증여세를 함께 부과하되 증여이익에서 소득세 상당액을 차감하도록 하였다.

(1) 과세요건

① 내용

- 법인이 이익이나 잉여금을 배당하는 경우로서 그 법인의 최대주주가 본인이 지급받을 배당금액의 전부 또는 일부를 포기하거나
- 본인이 보유한 주식에 비례하여 균등하지 아니한 조건으로 배당을 받음에 따라
- 최대주주의 특수관계인이 본인이 보유한 주식에 비하여 높은 금액의 배당을 받은 경우

② 특수관계유무: 최대주주와 초과배당금액을 받은 자가 특수관계에 있어야 한다.

③ 이익을 얻은 자: 초과배당금을 받은 자

초과배당금액에 대한 소득세 상당액과 비교하는 초과배당금액에 대한 증여세액은 해당 증여일 전 10년 이내에 동일인으로부터 증여받은 재산을 합하여 계산하며, 초과배당에 따른 이익증여 후 다른 증여가 발생한 경우 합산하는 증여재산가액은 초과배당금액 전액이며, 공제하는 납부세액은 직전 증여의 산출세액 상당액이다(서면법령재산-6076, 2017.6.30.).

(2) 이익계산

이익증여 = ① × ②

① 특수관계인이 받은 배당금액 - 균등배당금액*

* 균등배당금액: 본인 보유 주식수에 비례하여 배당을 받을 경우 배당금액

② 최대주주의 과소배당금액 ÷ 개별 주주의 과소배당금액*

* 과소배당금액: 개별주주의 보유 주식수에 비례하여 배당을 받을 경우 배당금액 - 실제 받은 배당금액

초과배당금액에 대한 소득세 상당액은 초과배당금액에 대하여 해당 초과배당금액의 규모와 소득세율 등을 감안하여 기획재정부령으로 정하는 율을 곱한 금액으로 한다(상증령 §31의2 ③).

* 소득세 상당액(상증칙 §10의3)

초과배당금액	율
5천 220만원 이하	초과배당금액 × 100분의 14
5천 220만원 초과 8천 800만원 이하	731만원 + (5천 220만원을 초과하는 초과배당금액 × 100분의 24)
8천 800만원 초과 1억 5천만원 이하	1천 590만원 + (8천 800만원을 초과하는 초과배당금액 × 100분의 35)
1억 5천만원 초과	3천 760만원 + (1억 5천만원을 초과하는 초과배당금액 × 100분의 38)

(3) 주요 논점

특수관계에 있는 법인(특정법인)에게 주식보유비율대로 배당하지 아니하고 차등배당을 하는 경우 초과배당은 재산을 무상으로 제공한 거래에 해당하므로 상속증여세법 제45조의5의 특정법인과의 거래를 통한 이익의 증여의제에 해당된다(재산세제과-434, 2019.6.18.). 자본시장법에 따른 초과배당도 배당에 해당하는 것이며, 동 배당금 상당액이 해당 사업연도의 소득금액을 초과하는 경우 그 초과금액은 차기 이후 사업연도에 이월하여 소득공제할 수 없다(기획재정부 법인세제과 601, 2019.4.30.). 법인의 해산으로 잔여재산을 주주에게 분배하는 경우로서 최대주주가 본인이 분배받을 금액의 일부를 포기함에 따라 그 최대주주의 자녀가 본인이 보유한 주식에 비하여 높은 금액의 분배를 받는 경우 그 최대주주의 자녀가 본인이 보유한 주식에 비례하여 균등하지 아니한 조건으로 분배받은 금액에 대한 소득세법 제17조 제2항 제3호에 따른 의제배당 금액은 상속증여세법 제41조의2 제1항에 따른 초과배당금액에 해당한다(재산 0219-3164, 2020.9.29.).

법원(서울행법 2020구합74580, 2021.4.23.)은 ① 법인의 최대주주 등이 지분비율보다 낮은 배당을 받음에 따라 최대주주 등의 특수관계인이 지분비율보다 높은 금액의 배당을 받고, ② 특수관계인이 받은 해당 초과배당금액에 대한 증여세액이 그에 대한 소득세 상당액보다 많은 경우에 한하여 초과배당금액이 증여세 과세대상이 되므로, 초과배당금액에 대한 증여세 과세 여부를 결정하기 위해서는 '초과배당금액에 대한 증여세액'과 '초과배당금액에 대한 소득세 상당액'을 비교하여야 하는데, 구 상증세법 제41조의2와 그 위임법령이 '초과배당금액에 대한 증여세액'을 산정하는 별도의 규정을 두고 있지 않으므로, 구 상증세법이 규정한 일반적인 증여세액 산정 방법에 따라 '초과배당금액에 대한 증여세액'을 산정하여야 한다. 따라서(서울고법 2021누45406, 2022.1.14.) 초과배당금액에 대한 증여세 과세를 위한 과세요건 판단과 조세회피방지 규정인 합산과세규정(상증세법 제47조 제2항)을 적용하여 최종적으로 납부할 세액을 산출하는 것은 구별되어야 한다는 취지로도 주장하나, 구 상증세법상 "초과배당금액에 대한 증여세액"은 그 문언 그대로 초과배당금액에 대한 증여세 산출세액을 의미하는 것이지 하나의 용어가 과세요건을 판단할 때와 실제 납부할 세액을 정하는 단계에서 서로 다른 의미로 사용될 수는 없다.

제 2 편

기업의 무형가치

제 1 장

기업의 무형가치

제1절 기업의 무형가치

1 개 설

M&A와 관련하여 발생되는 영업권과 경영권프리미엄의 조세문제는 그 내용이 다양하겠으나 인수·합병의 일반적인 유형으로 합병, 사업의 양수도, 주식의 양수도 등이 있을 것이다. 기업의 무형가치는 이러한 유형에 따른 조세문제가 되겠는데 합병에 대해서는 제1편에서 설명하였으므로 제2편에서는 사업의 양수도와 주식의 양수도에 관련되는 부분에 대해서만 살펴본다. 영업권과 경영권프리미엄에 대한 조세는 조세법 조문의 규정이 포괄적이거나 명확히 제시되지 않아 이론적인 설명보다는 사례 위주로 분석하고 검토하는 것이 더 분명하며 가능한 이러한 사례를 많이 연구하고 경험하는 것 외에는 별다른 해결책이 없어 보인다. 그 이유는 M&A 당사자들은 각자에게 유리한 조건으로 M&A가 성사되기를 기대하기 때문에 그 거래형식은 다양하게 나타나게 될 것이고, 따라서 그 거래형식과 내용이 정형적인 것이 될 수 없을 것이므로 새로운 거래형식으로 나타나는 조세문제를 해결하는 데는 사례와 경험이 중요할 수밖에 없기 때문이다. 또한 기업가치평가는 이론적이며 주관적이므로 실제 M&A가 성사된 이후의 조세문제는 그 결과(기업의 매각금액 또는 지급대가)를 바탕으로 할 수밖에 없으므로 이론적인 기업가치 평가로서는 조세문제를 해결할 수 없다는 것도 하나의 이유가 될 수 있겠다.

M&A 과정에서 특정인의 이익을 위해 또는 가능한 조세의 부담을 회피 또는 경감하기 위해 다양한 형식의 거래를 활용하는 사례를 찾아볼 수 있는데, 이와 같은 다양한 거래형식과 새로운 기법(삼각합병 또는 삼각주식교환, 역삼각합병 등)에 대해 과세당국에서는 체계적인 과세방안을 내놓지 못하고 있는 점이 있다. 예를 들면 헌법재판소의 소수의견에서 경영권프리미엄의 평가문제에 대해 "경영권프리미엄의 가치는 회사의 규모, 업종, 재산상태,

경영실적, 장래의 전망, 사회의 신인도, 평가의 시기, 경영진의 능력과 성향, 상장 여부 등에 따라 달라질 수 있는 것이며 평가의 어려움은 경영권프리미엄의 고유한 것도 아니고 주식의 평가도 마찬가지인데, 주식의 평가와 마찬가지로 여러 가지 사정을 종합하여 세법에서 평가의 방법을 규정할 수 있다(헌재 2002헌바65, 2003.1.30. 합헌에 반대하는 소수 의견)."고 한 점을 들 수 있다.

M&A와 조세는 인수·합병의 당사자들에게는 매우 중요한 문제이며 조세전문가와 과세당국자들에게도 연구의 대상이 된다. 인수·합병의 당사자로서는 현행 조세제도에 근거해서 거래형식을 취할 수밖에 없을 것이지만 현행의 조세제도는 많은 부분이 포괄과세를 허용하는 태도를 취하고 있어 인수·합병 당사자들의 어려움이 클 수밖에 없다. 그리고 과세당국에서도 적극적 조세회피에 따른 규정의 미비와 포괄과세에 대한 불확신, 기타 여러 사정 등으로 인해 앞서 예를 든 새로운 M&A 형식에 따른 조세문제를 해결하는데 마찬가지로 어려움을 맞고 있다. 다른 조세 분야도 마찬가지겠지만 인수·합병에 따른 조세문제는 늘 새로운 방식의 M&A가 개발되고 이것은 새로운 조세문제를 발생하게 되는 사건을 우리는 대법원의 판례에서 찾아볼 수 있다. 이것은 인수·합병에 따른 조세문제는 고려할 요소가 그만큼 많아 변수가 늘 항존하고 있다는 것을 의미하고 있다.

제2편에서 설명하는 인수·합병의 사례도 M&A 형식의 한 유형의 일부에 한정된다는 것은 말할 필요도 없을 것이나 우리는 이러한 사례를 통하여 또 다른 사례를 예정하고 연구하는 자세를 가지게 된다면 인수·합병에 따른 새로운 유형의 조세문제를 해결하는 데 도움이 될 것이다. M&A는 기업을 매수 또는 매각하는 것으로 제품이나 상품을 사거나 파는 것과 다를 것이 없다. 기업이라는 실체 또는 기업집단을 하나의 제품이나 상품으로 보고 매매하는 거래형태가 되겠는데 제품이나 상품은 그 구조와 성질이 단순하나 기업이라는 실체는 그 구조와 성격이 매우 복잡하여 매매가액을 결정하는 것이나 조세문제를 해결하는 것이 제품의 거래와는 크게 다르다. 나아가 둘 이상 기업이 하나의 기업집단으로 매매가 될 경우에는 더욱 복잡한 회계처리와 조세문제가 대두하게 되는데, 인수·합병의 거래에서 나타날 수 있는 회계처리와 조세문제는 어느 특정의 거래에서 나타나기보다는 여러 요소가 결합되어 발생하는 문제가 대부분이기 때문이다. 여기에서는

다양한 요소 중에 중요하고 핵심적일 것이라고 생각되는 기업가치와 관련해서 발생되는 부분에 대해 분석할 것이며 기업가치 중에서도 무형의 가치에 대해 대법원의 판결내용을 통해 이를 살펴보고 있다.

조세법에서 기업의 무형가치는 영업권과 경영권프리미엄이 대표적일 것이다. 최근 들어 이들의 가치가 조세법상의 과세문제로 대두되면서 이들의 가치를 두고 이를 어떻게 받아들일 것인가에 대해 과세당국과 납세자 사이의 다툼이 되고 있다. 특히 다양한 유형과 형식의 M&A에 있어 이들의 가치는 과세소득의 종류와 그 크기에 지대한 영향을 미치게 되므로 과세당국이나 납세자들은 이들의 가치에 대해 분명하고도 충분한 이해가 있어야 한다. 법규정이나 해석의 미비로 이들의 가치를 두고 납세자는 자기에게 유리한 방식으로 인수·합병을 하게 될 것이며 이에 대해 과세당국이 과세권을 발동하게 되면 결국 납세자와 과세당국의 마찰은 끊임없이 계속될 것이다. 인수·합병에 있어 기업 무형의 가치는 매우 중요하다. 세법을 적용함에 있어 M&A의 유형과 방식에 따라 이들의 가치를 어떻게 인식하고 측정할 것인가는 납세자, 과세당국, 조세전문가 모두에게 어려운 문제이다.

2 기업의 무형가치

기업가치라고 함은 기업 유형의 가치와 무형의 가치를 통틀어 일컫는 말이다. 조세법에서의 기업가치는 주식가치(주식평가)와 혼용하여 사용되기도 하는데 주식가치에 대해서는 "제3편 주식의 평가"에서 살펴보고 있다. 여기에서는 기업가치의 개념과 분석모델 또는 평가기법 등의 이론적이며 학문적인 기업가치를 설명하고자 하는 것이 아니며, 기업 무형의 가치가 조세와 관련하여 발생되는 것에 한해 조세법적 측면에서 설명하고자 한다. 조세법에서 기업 무형의 가치가 중요시되는 이유는 M&A 과정에서 영업권이나 경영권프리미엄이 등장하게 되는데 영업권이나 경영권프리미엄이 과세소득에 중요한 영향을 미치고 있기 때문이다. 영업권이나 경영권프리미엄 모두 기업 무형의 가치로 전통적인 기업가치, 즉 재무적인 가치에서는 나타날 수 없는 것들이다. 최근 들어 이들의 가치가 그 중요성이 더욱 강조되는 경향을 보이고 있는데 전통적인 기업모델인 제조업 등에서 IT, 서비스산업 등으로 산업구조가 바뀐데 그 이유가 있겠으나 글로벌 기업환경에서의 기업가치인 기업브랜드 등의 가치가 제품의 가치뿐만 아니라 그 기업의 가치를 나타내고 있는 것이 현실인 면이 있다. 이와 같은 경향은 전통적인 재무적인 기업가치 못지않게 기업 무형의 가치가 그 기업의 가치에 매우 중요하기 때문이다. 조세법에서 기업 무형가치의 논점은 평가의 방법만을 의미하는 것이 아니며 기업매각과 관련하여 거래된 총금액(지급대가, 이미 결정 또는 평가된 가액)에 무형의 가치가 포함되어 있는지의 여부, 무형의 가치가 얼마인지의 여부, 영업권과 경영권프리미엄의 구별을 어떻게 할 것인지에 대한 여부, 그 귀속의 여부 등의 논의와 해석이 쟁점이 될 것이다. 따라서 기업 무형가치에 대한 이론적 · 기술적인 평가가 아닌 조세법상 무형가치에 대한 개념 또는 인식에 대한 이해가 먼저 요구된다 할 것이다. 특히 영업권과 경영권프리미엄은 과세소득의 종류가 다르기 때문에 결과적으로 과세소득의 크기와 조세부담에 영향을 미치게 되므로 영업권과 경영권프리미엄에 대해서는 충분하고도 분명한 인식과 이해가 있어야 하겠다.

(1) 영업권

기업의 무형가치가 무엇이냐에 대해 정의를 내리는 것은 쉽지 않다. 조세법에서 기업 무형의 가치는 영업권과 경영권대가(경영권프리미엄)로 대표될 수 있다. 기업 무형의 가치 또는 이와 유사한 가치에 대한 개념과 정의를 살펴보면, 한국채택국제회계기준은 무형자산을 포괄적으로 "기업은 경제적 자원을 사용하거나 부채를 부담하여 과학적 · 기술적 지식, 새로운 공정이나 시스템의 설계와 실행, 라이선스, 지적재산권, 시장에 대한 지식과 상표(브랜드명 및 출판표제 포함) 등의 무형자원을 취득, 개발, 유지하거나 개선한다. 이러한 예에는 컴퓨터소프트웨어, 특허권, 저작권, 영화필름, 고객목록, 모기지관리용역권, 어업권, 수입할당량, 프랜차이즈, 고객이나 공급자와의 관계, 고객충성도, 시장점유율과 판매권 등이 있다."로 정의하고 있다.

한편, 국토교통부 감정평가실무 기준(국토교통부고시 제2015-377호)에 따르면 유형재산이란 영업을 하는 자 또는 영업을 하려고 하는 자가 영업활동에 사용하는 영업시설, 비품, 재고자산 등 물리적 · 구체적 형태를 갖춘 재산을 말하고, 무형재산이란 영업을 하는 자 또는 영업을 하려고 하는 자가 영업활동에 사용하는 거래처, 신용, 영업상의 노하우, 건물의 위치에 따른 영업상의 이점 등 물리적 · 구체적 형태를 갖추지 않은 재산을 말한다. 영업권이란 대상 기업이 경영상의 유리한 관계 등 배타적 영리기회를 보유하여 같은 업종의 다른 기업들에 비하여 초과수익을 확보할 수 있는 능력으로서 경제적 가치가 있다고 인정되는 권리를 말한다. 기업회계에서의 무형자산이나 영업권은 인식과 측정에 기준을 두는 자산의 분류 방식이므로, 여기서 설명하고자 하는 기업 무형가치와는 관련이 없거나 다르다고 할 수 있겠다.

법인세법에서는 2010.6.8. 개정 이후 영업권(합병 또는 분할로 인하여 합병법인 등이 계상한 영업권은 제외)을 무형고정자산의 범위에 포함하고 있으며(법인령 §24 ① 2 가목) 적절한 평가방법에 따라 유상으로 취득한 것에 한하도록 하고 있다(법인칙 §12 ①). 합병의 경우 합병매수차손은 합병법인이 피합병법인의 상호 · 거래관계, 그 밖의 영업상의 비밀 등에 대하여 사업상 가치가 있다고 보아 대가를 지급한 경우를 말하고 있으므로(법인령 §80의3 ②) 이때의 합병매수차손이 사실상 영업권에 해당된다. 법인세법상의 합병 영업권은 기업 무형가치에서 발생한 것이나 단순히 대변과 차변의 차이에서 오는 기업회계상의 영업권과는 그 인식을 달리하고 있다. 즉 대변과 차변의 차이뿐만 아니라 사업상 가치가 있어 유상으로 취득하여야 한다.

대법원은 무형(영업권)의 가치를 다음과 같이 설명하고 있다(대법원 2003두7804, 2004.4.9., 대법원 84누281, 1985.4.23.). "소위 영업권이라는 것은 그 기업의 전통, 사회적 신용, 그 입지조건, 특수한 제조기술 또는 특수거래관계의 존재 등을 비롯하여 제조판매의 독점성 등으로 동종의 사업을 영위하는 다른 기업이 올리는 수익보다 큰 수익을 올릴 수 있는 초과수익력이라는 무형의 재산적 가치를 말하는 것이다."라고 판시하고 있다. 또 다른 판시를 보면(대법원 85누193, 1985.6.25.), "일반적으로 영업권이라고 함은 어떤 기업이 특수한 기술과 사회적 신용 및 거래관계 등 영업상의 기능 내지 특성으로 인하여 동종의 사업을 경영하는 다른 기업의 통상수익보다 높은 초과수익을 올릴 수 있는 무형의 재산적 가치를 의미하는 것인바, 한 회사가 다른 회사를 흡수합병하여 그 영업상 기능 내지 특성을 흡수함으로써 합병 전의 통상수익보다 높은 초과수익을 갖게 된다면 합병 후 높은 수익률을 가져올 수 있는 피흡수회사의 무형적 가치는 영업권이라고 보아도 무방할 것이다(대법원 85누592, 1986.2.11.). 또한 회사합병으로 인한 취급물량의 증대 등에 의하여 장차 기대되는 초과수익력인 무형의 가치를 인정하여 피합병회사의 순자산가액을 초과하는 대가를 지급하였으면 그 초과금액은 영업권의 대가이다." 따라서 대법원은 초과수익력이라는 무형적 재산가치를 영업권으로 인정하고 있다.

(2) 경영권프리미엄

일반적으로 주식 등은 각 단위 주식 등이 나누어 갖는 주식회사 등의 자산가치와 수익가치를 표창하는 것에 불과하지만, 최대주주 등이 보유하는 주식 등은 그 가치에 더하여 당해 회사의 경영권 내지 지배권을 행사할 수 있는 특수한 가치, 이른바 '경영권(지배권)프리미엄'을 지니고 있다. 지배주주의 회사지배권이란 특정한 주주가 보유하는, 이사의 선임을 통하여 경영진에 영향력을 행사하거나 또는 주주총회에서의 직접결의에 의하여 회사의 기본정책을 결정할 수 있는 힘을 말한다. 지배주주는 자신이 소유하는 주식을 통하여 이와 같이 회사지배권을 보유하고 있는 것이므로, 다른 주식과 달리 지배주주가 소유한 주식은 회사의 지배가치라는 별도의 경제적 가치를 지니게 되는바, 지배주식 양도 시에는 그 주식이 포함하는 이와 같은 별도의 가치가 인정되어 단순한 단위거래 주식가액의 합계액보다 높은 가액에 거래되고 있는 것이 현실이다(2002헌바65, 2003.1.30.).

경영권프리미엄[35]은 기업의 매수자는 일반적인 투자자들과 달리 그 기업의 진정한 가치에 대해 시장보다 더 잘 알고 있는 기업매수자가 결정하는 가치로 내재가치보다 더 높은 가액으로 제시되고 있다. 이러한 이유는 주식을 사놓고 그 기업이 기대보다 좋은 실적을 내주길 바라는 수동적인 투자자들과 달리 기업매수자들은 기업을 근본적으로 바꿀 수 있는 능동적인 위치에 있게 되므로 수동적인 투자자들보다 기업에 대해 더 많은 것을 행사할 수 있기 때문에(예를 들면, 무능한 경영진 교체, 비생산적인 자산 처분, 다른 기업과의 통합 등 생산적이고도 현금흐름을 늘릴 수 있는 조치 등을 할 수 있는 위치에 있게 되므로) 기꺼이 현재 시장가격보다 더 비싼 값을 치르려 하기 때문이며 이때 그 추가비용을 경영권프리미엄이라고 한다.

이 책에서 말하는 기업 무형의 가치는 결국 영업권과 경영권대가를 말하는데 전통적으로는 기업의 무형가치를 영업권에 한정해서 보는 경향이 있었다. 우리 세법의 연혁을 보면 알 수 있다. 그러나 근래 들어 경영권대가의 중요성이 거론되면서 경영권대가의 가치문제가 관심을 끌게 되었다. 이러한 흐름에 따라 근래 들어서는 그 발생 빈도가 증가하는 현상이 나타나고 있으며 이러한 추세는 계속될 것이다. 영업권이든 경영권대가이든 모두 기업

35) 브루스 그린왈드, 이순주 옮김, 「Value Investing」, 국일증권경제연구소

무형의 가치이지만 조세법에서는 이들에 대해 과세를 달리 취급하고 있으므로 이들에 대한 정확한 구별과 이해가 있어야 한다.

제2절 영업권과 경영권대가

영업권이나 경영권프리미엄은 모두 기업 무형의 가치이다. 영업권에 대해서는 회계학 또는 각 법률, 대법원 판례 등에서 그 개념을 분명히 하고 있으며 그 존재가치에 대해서도 우리 세법에서는 오래전부터 인정해오고 있었다. 그러나 경영권프리미엄(경영권대가)에 대해서는 대법원 판례나 일부 학자들의 주장이 있었으나 반복된 사례나 정립된 개념의 설명은 없는 실정이었다. 경영권프리미엄은 근래 들어서야 그 존재에 관해 관심을 갖게 되었으며 그 존재를 두고 납세자와 세정당국 사이에 다툼이 되고 있는 추세에 있다. 먼저 제2절에서는 영업권의 개념에 대해 이론적으로 살펴보고 영업권의 존재를 각 법률 등에서는 어떻게 취급하고 있는지 알아보도록 한다. 영업권에 대한 개념 정리는 "이우택, 「영업권(기업가치)의 회계와 세무에 관한 연구」, 한국세무사회 조세연구소, 2002"를 인용하여 영업권의 개념을 초과이익 개념, 잔여 개념, 조직 개념 등으로 설명할 수 있다. 이러한 개념들은 다음과 같다.[36)]

1 | 영업권

(1) 영업권의 개념

(1)-1. 초과이익 개념(excess earnings concept)

초과이익 개념에 의한 영업권은 회계상 동일 또는 유사한 산업에 있어서 장래 기대되는 이익이 정상이익을 초과하는 이익, 즉 초과이익을 자본환원율로 할인한 현재가치(자본환원가치)로 인식한다. 영업권에 공헌하는 요소에는 우수한 경영자층, 현저한

36) 이우택, 「영업권(기업가치)의 회계와 세무에 관한 연구」, 한국세무사회 조세연구소. pp.27~37

판매조직, 경쟁자의 관리상의 취약점, 효과적인 광고활동, 비밀공정이나 공법, 원만한 노사관계, 현저한 신용관계, 훌륭한 종업원 훈련계획, 기업사회에서의 높은 평판, 경쟁자의 관리상 불리한 개발, 기타 회사와의 좋은 유대관계, 전략적으로 유리한 입지, 재능이나 자원의 개발, 유리한 과세조건, 유리한 정부시책을 들고 있다.[37)]

또한 영국의 회계기준위원회(ASC) 토론자료 "영업권회계"에서 영업권은 '계산할 수 있는 식별되는 순자산(특허권, 면허권, 상표권 등 식별되는 무형자산 포함)의 공정가치를 상회하는 전체로서 기업가치의 초과분으로 이때의 영업권은 개별자산에 대한 미조정의 투자로부터 생길 것으로 예상되는 이익의 총액을 초과하여 이익을 생기게 하는 유리한 환경으로부터 생기는 기업가치부분'이라고 논하고 있다. 유리한 환경으로서 자기창설 또는 매입영업권에 공헌하는 요인을 위에서 열거한 것 외에 추가로 10개를 들고 있다. 그러나 영업권을 초과이익의 현재가치로 규정하는 것은 영업권의 측정을 말하는 것으로서 그의 성격을 기술하는 것은 아니다. 또한 장래의 초과이익의 자본환원가치의 측정은 사실상 극히 어렵다. 그래서 영업권을 초과이익으로 한정하지 않고 추가적인 이익의 원천 내지 공헌 요인으로서 정의하는 경우가 많다.

(1)-2. 잔여 개념(residuum concept)

잔여 개념에 의한 영업권은 초과이익 개념의 영업권이 그 본질을 설명하는 개념이 아니고 영업권의 가치를 계산하기 위하여 사용하는 방법을 이론적으로 합리화한 것에 불과하다는 비판에서 출발한다. 즉 유형자산으로 기록되지 않았다고 하더라도 이와 유사한 자산, 예를 들면 특별한 기술, 높은 경영능력, 독점적 상황, 사회와 기업의 관계, 명성과 평판, 호의적인 상황, 뛰어난 스태프 진영, 상표, 구축된 고객층 등은 이 범주의 자산이 된다. 일반적으로 이러한 자산이 무형자산이 되며 영업권의 가치를 구성한다.[38)] 자산이란 가치가 있는 사물을 말하고 경제적 자산은 경제적 가치를 가지기 때문이며 이때의 경제적 가치를 갖는 것은 미래의 유익한 용역잠재력을 포함하는 것을 말한다. 따라서 기업의 실체의 가치는 기업의 모든 실체자산(유형 및 무형)의 모든 용역잠재력의 현재가치로서, 만일 우리가 전지전능(Omniscience)하다면 앞에서 예를 든 "특별한 기술 및 지식" 또는 "높은 경영능력" 등과 같은 무형자산의 순현재가치를 산출할 수 있을 것이고 그렇게

37) George R. Catlett & Norman O. Olson, *Accounting for Goodwill*, AICPA, ARS No. 10, 1968, pp.17~18
38) Reg S, Gynther, "'Some Conceptualizing' on Goodwill", *The Accounting Review*, April 1969, pp.247~255

될 수 있다면 영업권과 같은 항목은 존재할 수 없다는 것이다. 그러나 기업의 가치를 구성하고 있는 모든 무형자산을 인식하여 평가하는 것은 현실적으로 불가능하다. 특히 명성과 평판, 우수한 참모진, 사회와 기업 간의 관계 등은 고도의 주관성이 강하여 이를 객관적으로 평가하는 것이 매우 어렵다. 이러한 상황에서는 ① 전체 기업의 순현가총액과 ② 직접 평가될 수 있는 기업 순자산들의 현재가치합계와의 차이가 영업권(①-②)이 된다.

다시 말하면, 영업권 개념은 전체 기업의 적정가치가 개별적으로 확인되는 취득 유형자산의 적정가치의 합계를 초과하는 경우 그 차액을 말하는 것으로 무형자산은 곧 그 잔액이 되며[39] 이러한 영업권을 잔액 개념이라고 한다. 따라서 잔액 개념의 영업권이란 평가가능한 자산가치의 합계에서 별도로 기입하고 가치평가할 수 없는 자산들의 순현재가치가 영업권이 되는 것이다. 이때의 차액 개념으로서 영업권은 개별자산의 가치평가에서 발생하는 오류들을 사후적으로 보상하고 조정하는 역할도 한다. 이 경우의 영업권은 앞에서 설명한 바 있는 초과이익 개념의 영업권과 반대적인 입장을 취한다.

(1)-3. 조직가치 개념(system value concept)

조직가치에 의한 영업권 개념은 기업실체의 조직과 개별적 자산과는 다른 별개의 가치체계를 가지고 있기 때문에 영업권을 개별자산의 합계치로 인식하는 것은 적합하지 않다는 데서 출발한다. 기업조직은 실체의 활동목표를 달성하기 위하여 제공되고 있는 사상, 속성의 상관요소로 구성되는 하나의 작용체계로서 기업의 가치는 그러한 구성요소 부분의 직접 이상의 속성·목적 또는 가치를 소유한다. 조직이란 부분의 단순한 집합이 아닌 전체로 불리는 어떤 현상세계이며 그것들은 분석적 방법으로 접근하기 어려운 하나의 논리적 체계를 갖기 때문이다.[40] 시스템은 내적 및 외적 관련성, 환경시스템과 관련된 사람, 마케팅, 생산 및 자금조달 능력이 전체적으로 재산권이나 부채 못지않게 중요하다는 것은 인정한다. 부를 순자산의 집합이 아니라 환경과의 목표성취에너지 교환능력으로 보는 것이다. 기업시스템가치는 유리하게 상호작용하는 환경과의 관계를 통해 시스템의 자금흐름창출능력의 유지 및 성장에 대한 정보에 의해 보충되는 과거 및 현재의 자금흐름의

39) W. A. Paton, *Accounting Theory*, The Ronald Press Company, 1992, p.310

40) D. C. Phillips, *Holistic Thought in Social Science*, Stanford University Press, 1976, pp.46~47

양과 가변성을 검토함으로써 평가된다는 논리이다.

조직이 이처럼 부분 이상의 어떤 가치를 갖는 이유는 조직들이 비고립적이고 비자동적인 개방시스템이기 때문에 조직과 환경 및 외부요인이 시스템 활동에 영향을 미친다는 개방적 시스템이라는 데 있다. 본래 생물조직이든 사회조직이든 조직의 특성은 전체성, 성장, 차별화, 계층적 질서, 우월성, 지배, 경쟁 등과 같은 개념들을 가지므로 조직은 분리된 상태의 부분이나 과정뿐만 아니라 부분들의 역동적 상호관련성에서 초래되는 문제들도 포용하여 접근하지 않으면 안된다.[41] 따라서 기업가치의 실질을 파악하려면 조직의 전체성과 역동적 개념을 전제로 하여야 하며 이러한 조직을 분석적 방법으로 부분으로 분해하여 가치를 부여한다는 것은 그 조직에 대한 정당한 평가라고 하기 어렵다. 하나의 복합조직의 부분의 활동은 그 조직의 통합된 기능으로서 작용하기 때문에 조직과 분리해서 논의할 수는 없는 것이다.

기업의 가치는 적절한 제품시장 범위의 선택, 그리고 그러한 시장에 대한 보상방법으로 독특한 경쟁력 개발과 같은 형태로 유리하게 상호작용하는 환경적 관련성에서 주로 연유된다. 그 상황은 환경의 요구에 따라 기업실체의 활동을 항상 재평가하고 조정한다는 점에서 역동적이다. 이러한 영업권 개념은 영업권의 산출기준이 되는 자산가치의 합계 개념이 부적절하다는 비판에서 출발되고 영업권 회계논쟁이 거의 1세기를 걸쳐 논란되고 있지만 아직도 논란만 계속되고 있는 현상에서 영업권의 본질에 대한 새로운 논제를 제기하고 있다는 데 특징이 있다. 회계실체를 역동적 개방시스템으로 이해한다면 기업실체의 가치도 적극적인 시스템흐름으로 전환되지 않는 부분들의 용역잠재력의 묶음(패키지)의 원가 또는 시장가치의 합계에서가 아니라 실체 대 환경 간 목표달성 활동에서 접근해야 할 필요가 있다.[42] 실제 대차대조표상 표시되고 있는 자산의 측정치는 시스템접근법에서 보면 매우 한정된 개념으로 추상적이거나 실체의 부분적인 표명에 불과하다. 관련성이 있는 자산은 실질을 나타내지 못하는 추상적인 개념이 아니라 수익흐름을 생산하기 위한 생산라인, 생산조직, 시장조직, 재무적 조직 그리고 이 모든 것이 함께 맞물려 돌아가는 활동적인 실질들이기 때문이다.

---

41) Ludwig Von Bertalanffy, *General System Theory*, New York: George Braziller, 1968, pp.30~31

42) Malcolm C. Miller, "Goodwill-An Aggregation Issue", *The Accounting Review*, April 1973, pp.280~291

대부분의 외부 이해관계자들도 시스템의 활동방법과 그것이 외부 환경과 어떻게 관련되는지를 알고자 한다. 따라서 부분만의 측정에 의해서는 추론할 수 없는 속성과 가치를 전체가 갖고 있다고 한다면 전체적인 시스템활동과 능력에 대한 정보의 중요성은 강조될 수밖에 없다.

결론적으로 시스템 안에서 상호작용하는 자산의 개별가치 평가는 임의적이다. 현재가치는 계산 불가능하고 자산의 재생산 원가는 관련성이 없다. 시스템구조의 일부분인 용역잠재력과 순실현가능가치의 대체 원가는 기업을 대체 또는 매각하기 위한 임의적인 용역 형상으로 분리하는 방법에 따라 좌우된다. 그것들은 신뢰할 만한 기업가치지표를 획득하기 위해 집합될 수 없다. 현재로서 손익계산서-대차대조표 틀의 영업권 문제에 대해 만족할 만한 해결책은 없다. 다만, 조직의 가치를 개별자산과 분리해서 조직의 환경과의 관계에서 찾으려는 논리는 오히려 현대 기업경영행태에 적합한 접근이 될 수 있다. 즉 최근의 기업은 고도의 기술집약적, 정보금융 등의 서비스산업들로서 이들 기업의 가치는 환경변화에 의존하는 정도가 더욱 심화되고 있고 따라서 기업가치를 개별자산의 평가치의 합계로부터 유도하지 않고 기업조직과 환경과의 역동적 관계성에서 찾으려고 하는 것은 매우 실질적이고 유익한 접근이 될 수 있을 것이다.

지금까지 영업권의 개념에 대해 이론적으로 살펴보았다. 이론적 영업권 개념이 현실(각 법률규정 등)에서는 그 존재에 대해 어떻게 취급하고 있는지 알아본다.

(2) 법규정상의 영업권

(2)-1. 상법

기업이 다른 동종의 기업들에 비하여 초과수익력을 가질 경우 그 배타적 영리기회를 가질 수 있는 권리를 영업권(goodwill)이라고도 하는데, 영업권이 생기는 원인은 입지조건·생산기술·조직의 우수성, 상호·상표·상품에 대한 신용, 거래선이나 단골과의 특수관계, 제조·판매면에서의 법적·경제적 독점성, 고객 등 이해자 집단의 호의, 기업의 역사 등이 있다. 이것들이 결합되어 초과수익력이 되는 것이 일반적이다.

상법은 영업권을 유상으로 승계취득한 경우에 한하여 그 취득가액을 특수자산 항목으로 계산할 수 있게 하였고, 또 이를 취득한 후 5년 내의 매결산기에 균등액 이상을 상각하도록 규정하고 있다(상법 §452 6). 상법에서는 영업권의 대차대조표 능력과 상각방법에 대하여만 규정하고 있을 뿐 영업권의 본질에 대한 언급은 없다.

(2)-2. 기업회계

일반기업회계기준(제11장 무형자산) 용어의 정의에서 무형자산을 '재화의 생산이나 용역의 제공, 타인에 대한 임대, 관리에 사용할 목적으로 기업이 보유하고 있으며, 물리적 실체는 없지만 식별할 수 있고, 기업이 통제하고 있으며, 미래 경제적 효익이 있는 비화폐성자산'으로 하고 있다. 무형자산의 식별가능성에서는 무형자산의 정의에서는 영업권과 구별하기 위하여 무형자산이 식별가능할 것을 요구한다.

사업결합으로 인식하는 영업권은 사업결합에서 획득하였지만 개별적으로 식별하여 별도로 인식하는 것이 불가능한 그 밖의 자산에서 발생하는 미래경제적효익을 나타내는 자산이다. 그 미래경제적효익은 취득한 식별가능한 자산 사이의 시너지효과나 개별적으로 인식기준을 충족하지 않는 자산으로부터 발생할 수 있다. 한편, 무형자산이 분리가능하지 않더라도 다른 방법으로 무형자산을 식별할 수 있는 경우가 있다. 예를 들면, 제조설비를 제조공정에 대한 특허권과 함께 일괄취득한 경우에는 그 특허권은 분리가능하지는 않지만 식별가능하다. 또한, 어떤 자산이 다른 자산과 결합해야만 미래경제적효익을 창출하는 경우에도 그 자산으로부터 유입되는 미래경제적효익을 확인할 수 있다면 그 자산은 식별가능한 것이다.

무형자산의 인식과 최초측정에서는 다음의 조건을 모두 충족하는 경우에만 무형자산을 인식한다. 즉 자산에서 발생하는 미래경제적효익이 기업에 유입될 가능성이 매우 높다와 자산의 원가를 신뢰성 있게 측정할 수 있는 경우가 된다. 사업결합으로 취득한 무형자산의 원가는 '사업결합'에 따라 취득일의 공정가치로 한다.

한편, 한국채택국제회계기준은 무형자산을 '기업은 경제적 자원을 사용하거나 부채를 부담하여 과학적 · 기술적 지식, 새로운 공정이나 시스템의 설계와 실행, 라이선스, 지적재산권, 시장에 대한 지식과 상표(브랜드명 및 출판표제 포함) 등의 무형자원을 취득, 개발, 유지하거나 개선한다. 이러한 예에는 컴퓨터소프트웨어, 특허권, 저작권, 영화필름, 고객목록, 모기지관리용역권, 어업권, 수입할당량, 프랜차이즈, 고객이나 공급자와의 관계, 고객충성도, 시장점유율과 판매권 등이 있다'로 정의하고 있다.

(2)-3. 감정평가실무

국토교통부 감정평가실무 기준(국토교통부고시 제2015-377호)에 따르면 유형재산이란 영업을 하는 자 또는 영업을 하려고 하는 자가 영업활동에 사용하는 영업시설, 비품, 재고자산 등 물리적·구체적 형태를 갖춘 재산을 말하고 무형재산이란 영업을 하는 자 또는 영업을 하려고 하는 자가 영업활동에 사용하는 거래처, 신용, 영업상의 노하우, 건물의 위치에 따른 영업상의 이점 등 물리적·구체적 형태를 갖추지 않은 재산을 말한다. 영업권의 평가와 관련하여서는 영업권이란 대상 기업이 경영상의 유리한 관계 등 배타적 영리기회를 보유하여 같은 업종의 다른 기업들에 비하여 초과수익을 확보할 수 있는 능력으로서 경제적 가치가 있다고 인정되는 권리를 말한다고 정의하고 있다. 영업권의 감정평가 원칙으로 영업권을 감정평가할 때에는 수익환원법을 적용하여야 한다. 다만, 위의 방법에도 불구하고 수익환원법으로 감정평가하는 것이 곤란하거나 적절하지 아니한 경우에는 거래사례비교법이나 원가법으로 감정평가할 수 있다. 수익환원법의 적용으로 영업권을 수익환원법으로 감정평가할 때에는 다음 각 호의 어느 하나에 해당하는 방법으로 감정평가한다. 다만, 대상 영업권의 수익에 근거하여 합리적으로 감정평가할 수 있는 다른 방법이 있는 경우에는 그에 따라 감정평가할 수 있다고 하면서, 제1호에서 대상 기업 전체의 순수익을 같은 업종 다른 기업의 정상수익률로 환원한 수익가치에서 영업권을 제외한 순자산의 가치를 차감하는 방법, 제2호에서는 대상 기업이 달성할 것으로 예상되는 지속가능기간의 초과수익을 현재가치로 할인하거나 환원하는 방법을 들고 있다.

(2)-4. 소득세법

소득세법의 영업권은 소득의 종류에 따라 기타소득과 양도소득으로 구분하고 있다. 먼저 소득세법 제21조(기타소득) 제1항 제7호에서, 광업권·어업권·양식업권·산업재산권·산업정보, 산업상 비밀, 상표권·영업권(대통령령으로 정하는 점포 임차권을 포함한다), 토사석의 채취허가에 따른 권리, 지하수의 개발·이용권, 그 밖에 이와 유사한 자산이나 권리를 양도하거나 대여하고 그 대가로 받는 금품을 기타소득으로 규정하고 있다. 소득세법 시행령 제41조 제3항은 소득세법 제21조 제1항 제7호에 따른 영업권에는 행정관청으로부터 인가·허가·면허 등을 받음으로써 얻는 경제적 이익을 포함하되, 같은 법 제94조 제1항 제1호 및 제2호의 자산과 함께 양도되는 영업권은 포함되지 않는다. 기타소득과 관련된 필요경비에 대해서는 소득세법 시행규칙 제87조(기타소득의 필요경비) 제1호의2에서 소득세법 제21조 제1항 제7호 · 제8호의2 · 제9호 · 제15호 및 제19호의 기타소득에 대해서는 거주자가 받은 금액의 100분의 70(2019년 1월 1일이 속하는 과세기간에 발생한 소득분부터는 100분의 60)에 상당하는 금액을 필요경비로 한다. 다만, 실제 소요된 필요경비가 거주자가 받은 금액의 100분의 70(2019년 1월 1일이 속하는 과세기간에 발생한 소득분부터는 100분의 60)에 상당하는 금액을 초과하면 그 초과하는 금액도 필요경비에 산입한다.

한편, 소득세법 제94조(양도소득) 제1항 제4호(기타자산의 양도) (가)목에서는, 사업에 사용하는 제1호(토지 또는 건물) 및 제2호(부동산에 관한 권리)의 자산과 함께 양도하는 영업권(영업권을 별도로 평가하지 아니하였으나 사회통념상 자산에 포함되어 함께 양도된 것으로 인정되는 영업권과 행정관청으로부터 인가 · 허가 · 면허 등을 받음으로써 얻는 경제적 이익을 포함한다)을 양도소득(기타자산의 양도)으로 보고 있다.

(2) - 5. 법인세법

종전(2010.6.8. 전) 법인세법상의 영업권은 합병 또는 분할 시 발생하는 영업권과 일반적인 경우의 영업권으로 나누고 있는데, 영업권 중 합병 또는 분할의 경우 합병법인 또는 분할신설법인(분할합병의 상대방법인을 포함)이 계상한 영업권은 합병법인 또는 분할신설법인(분할합병의 경우에 한함)이 피합병법인 또는 분할법인(소멸한 분할합병의 상대방법인을 포함)의 자산을 평가하여 승계한 경우로서 피합병법인 또는 분할법인의 상호 · 거래관계 기타 영업상의 비밀 등으로 사업상 가치가 있어 대가를 지급한 것에 한한다(구 법인령 §24 ④).

한편, 사업양도양수인 경우의 영업권은 사업의 양도 · 양수과정에서 양도 · 양수자산과는 별도로 양도사업에 관한 허가 · 인가 등 법률상의 지위, 사업상 편리한 지리적 여건, 영업상의 비법, 신용 · 명성 · 거래선 등 영업상의 이점 등을 감안하여 적절한 평가방법에 따라 유상으로 취득한 금액과 설립인가, 특정사업의 면허, 사업의 개시 등과 관련하여 부담한 기금 · 입회금 등으로서 반환청구를 할 수 없는 금액과 기부금 등을 말한다(법인칙 §12 ①). 대법원(대법원 2011두9904, 2014.11.27.)은 사업의 양수란 양수인이 양도인으로부터 그의 모든 사업시설뿐만 아니라 영업권 및 그 사업에 관한 채권, 채무 등 일체의 인적 · 물적 권리와 의무를 양수함으로써 양도인과 동일시되는 정도로 법률상의 지위를 그대로 승계하는 것을 의미한다(대법원 2008.11.13. 선고 2006두12722 판결 등 참조).

2010.6.8. 이후 법인세법상의 영업권은 합병 또는 분할로 인하여 합병법인 등이 계상한 영업권은 제외하도록 하고 있어(법인령 §24 ① 2 가목) 현행 법인세법상 영업권은 일반적인 경우의 영업권만 존재한다. 그러나 법인세법 제44조의2 제3항에서 "합병법인은 피합병법인의 자산을 시가로 양도받은 것으로 보는 경우에 피합병법인에 지급한 양도가액이 합병등기일 현재의 순자산시가를 초과하는 경우"를 합병매수차손이라고 하는데 이 경우의 합병매수차손이라고 함은 "합병법인이 피합병법인의 상호·거래관계, 그 밖의 영업상의 비밀 등에 대하여 사업상 가치가 있다고 보아 대가를 지급한 경우"를 말한다(법인령 §80의3 ②). 개정법이 합병·분할에서 영업권이라는 명칭(용어)을 사용하고 있지는 않지만 합병매수차손이 사실상은 개정 전의 영업권과 다름이 없다(분할의 경우는 법인세법 §46의2 ③ 및 시행령 §82의3 ②).

법인세법상의 영업권은 사업상의 가치로서 대가를 지급한 것에 한하므로 회계적인 잔액 개념이 아닌 가치 개념에 의하여 평가하고 있다.[43] 그러나 가치 개념에 의하여 평가하고 있지만 그 평가방법에 대해서는 아무런 언급이 없다. 결국 법인세법상의 영업권은 소송 과정을 통하여 법원의 심사를 받아야 하는데 사례에서 나타난 영업권은 전체 기업의 순현가총액과 직접 평가될 수 있는 기업 순자산들의 현재가치합계와의 차이가 장차 기대되는 초과수익력인 무형의 가치로 보고 있다.

(2)-6. 상속증여세법

상속증여세법에서는 상속·증여재산으로서 영업권의 평가는 다음의 산식에 의하여 계산한 초과이익금액을 평가기준일 이후의 영업권지속연수(원칙적으로 5년으로 한다)를 감안하여 기획재정부령이 정하는 방법에 의하여 환산한 가액에 의하도록 하고 있다. 다만, 매입한 무체재산권으로서 그 성질상 영업권에 포함시켜 평가되는 무체재산권의 경우에는 이를 별도로 평가하지 아니하되, 당해 무체재산권의 평가액이 환산한 가액보다 큰 경우에는 당해 가액을 영업권의 평가액으로 한다(상증령 §59 ②).

최근 3년간(3년에 미달하는 경우에는 당해 연수로 한다)의 순손익액의 가중평균액의 100분의 50에 상당하는 가액 − 〔평가기준일 현재의 자기자본 × 1년 만기 정기예금이자율을 감안하여 기획재정부령이 정하는 율〕

43) 이우택, 전게서, p.158

상속증여세법상 영업권의 평가는 본래 기업의 상속・증여재산에 따른 영업권으로서 이는 상속・증여라는 특수한 경우에 적용되는 영업권에 대한 상속증여세법상의 인식이다. 한편, 제3자 사이의 거래인 사업의 양수도에 따른 영업권의 인식은 상속・증여의 경우와는 다른 것인데 이 경우에도 상속증여세법상의 영업권 평가기준을 그대로 적용한다는 것은 공정한 평가기준이라 할 수 없다.[44] 또한 유상취득영업권을 전제로 한 법인세법상의 영업권을 무의미하게 만들 수 있다. 따라서 상속증여세법상 영업권의 평가기준을 상속・증여의 경우에 한정한 영업권의 평가는 일반 사업의 양수도에서 발생하는 영업권의 평가와는 구별하여 적용하여야 할 것이다. 상속증여세법상의 영업권은 단순히 영업권의 평가방법이지 영업권의 발생과 그 원천에 대한 것은 아니며 M&A와 관련해서 발생되는 영업권과는 다른 것이다. 법원에서도 상속증여세법상의 영업권평가액과 사업 양수도에 따른 영업권 가액은 별개의 것이라고 하고 있다. 다만, 사업 양수도 등에 따른 영업권 평가방법의 구체적인 규정은 현행 세법에는 정하지 않고 있으므로 평가규정의 보완이 절실하다.

(2)-7. 대법원

대법원은 위에서 무형의 가치를 설명할 때 소개한 바와 같이 영업권이라는 것은 그 기업의 전통, 사회적 신용, 그 입지조건, 특수한 제조기술 또는 특수거래관계의 존재 등을 비롯하여 제조판매의 독점성 등으로 동종의 사업을 영위하는 다른 기업이 올리는 수익보다 큰 수익을 올릴 수 있는 초과수익력이라는 무형의 재산적 가치를 의미하고 있다(대법원 2003두7804, 2004.4.9., 대법원 84누281, 1985.4.23.). 또는 어떤 기업이 특수한 기술과 사회적 신용 및 거래관계 등 영업상의 기능 내지 특성으로 인하여 동종의 사업을 경영하는 다른 기업의 통상수익보다 높은 초과수익을 올릴 수 있는 무형의 재산적 가치를 말하는데 어떤 기업이 다른 기업보다 높은 수익을 올릴 수 있는 어떤 특별한 존재를 보유하고 있을 때를 초과수익력이라 하고, 이 초과수익력인 무형적 재산가치를 영업권이라 한다. 따라서 대법원은 영업권의 개념을 가치 개념으로 보고 있다.

44) 이우택, 전게서, p.129

(2)-8. 자기(자가)창설영업권

영업권이라는 용어 사용에 있어 유상취득영업권과 자기창설영업권은 그 의미와 내용이 서로 다르므로 실무에서 구별할 필요가 있으며 그 쓰임에 대해서도 주의하여야 할 것이 있다. 영업권은 대가를 지불하고 취득한 영업권, 즉 유상취득영업권과 대가를 지불하지 않고 스스로 계상한 영업권, 즉 자기창설영업권과는 분명히 구별되어야 한다. 따라서 그 사용과 적용에 대해서도 달라야 할 것이다. 일반적으로 영업권[45]은 기업 전체를 매각하는 경우에 발생하고, 자기창설영업권은 기업의 매각과 관계없이 기업의 내부노력에 의하여 결산 시에 산정되는 기업가치를 기초로 하고 있다. 자기창설영업권은 매수가액과 같이 외부거래에 의해 생긴 것은 아니라 회계실체 내부의 독자적인 추산에 의하여 측정되기 때문에 주관적이고 자의적일 수밖에 없고 매우 유동적이기 때문에 객관성을 갖기 어렵다. 매입영업권은 실제 거래된 매수가액이 뒷받침하고 있기 때문에 측정자의 개인적 추측에 의존하여 결정되는 것은 아니고 당사 경제주체, 즉 매수기업과 피매수기업간의 동의에 의하여 결정된다. 따라서 매입영업권의 수치는 개인적 견적에 의한 것이 아닌 당사자 사이의 거래에 의하여 결정된 것이므로 증명이 가능한 것이다.

자기창설영업권의 대표적 사례는 회계상에서의 영업권(대・차의 차이)이 있으며 상속증여세법상의 영업권평가도 일종의 자기창설영업권에 해당한다. 대법원은 유상취득영업권과 자기창설영업권의 적용을 분명하게 구분하고 있는데 자기창설영업권의 인정에 대해 다음과 같은 견해를 보이고 있다(대법원 2002두9322・9339, 2004.7.22.).

"영업권평가(대법원 99두8459, 2001.8.21.)의 경우에는 영 제5조 제5항 제1호에서 '{상속개시일 전 3년간(3년에 미달할 때에는 그 연수)의 평균순이익 × 1 ÷ 2 - 상속개시일 현재의 자기자본 × 1년 만기 정기예금의 이자율을 감안하여 총리령이 정하는 율} × 상속개시일 이후의 영업권의 지속연수(원칙적으로 5년)'의 방식으로 그 가액을 산정하도록 규정하고 있는바, 이 사건에서와 같이 상속개시일 전 3년 중 한 해에 고정자산의 처분으로 순이익이 크게 증가한 경우라 하여 이 산식에 따라 그 영업권을 평가하는 것이 반드시 불합리하다고 할 수는 없다."고 하여 영업권평가 산식의 합리성을 인정하고 있다.

비상장주식의 가액을 평가하는 데 있어 그 법인의 영업권을 순자산가액에 포함하는

45) 이우택, 전게서, p.41

경우는 비상장주식이 상속재산 자체인 경우에 한정되는 것이지 상속재산인 비상장주식을 발행한 법인이 출자하고 있는 다른 법인의 순자산가액을 평가하는 데 있어서까지 그 법인의 영업권을 포함하여 순자산가액을 계산함으로써 상속재산인 비상장주식의 가액을 증가시키는 것은 부당하다는 주장에 대하여 "비상장주식의 보충적 평가방법을 규정하고 있는 구 상속증여세법 시행령(1996.12.31. 대통령령 제15193호 상속증여세법 시행령으로 전문 개정되기 전의 것) 제5조 제6항 제1호 (다)목 산식에서 말하는 법인의 순자산가액에는 당해 법인이 가지는 영업권도 당연히 포함되는 것이고, 그 영업권의 평가는 구법 제9조 제2항의 규정에 따라 시가를 산정할 수 있는 경우에는 그 시가에 의하되 시가를 산정하기 어려운 때에는 위 시행령에 규정된 보충적 평가방법에 따라 평가하여야 한다(대법원 91누13205, 1992.9.22. 참조).

또한 위 시행령 제5조 제6항 제1호 (아)목에 의하면, 상속재산인 주식을 발행한 법인이 다른 법인의 총발행주식 중 100분의 10 이하의 주식을 소유하고 있는 경우에 그 다른 법인 발행주식의 평가는 위 (다)목의 규정에 불구하고 상속개시일 현재의 당해 상속재산인 주식을 발행한 법인의 장부가액에 의한다고 규정하고 있어서, 그 반대 해석상 상속재산인 주식을 발행한 법인이 다른 법인의 총발행주식의 100분의 10을 초과하는 주식을 소유하고 있는 경우에는 비상장주식의 보충적 평가방법인 위 (다)목의 규정에 의하여 다른 법인 발행주식을 평가할 수 있다."며 다른 법인에 출자한 보유주식의 평가에서도 다른 법인의 영업권(자기창설영업권)을 계산하여 순자산가치에 포함하는 것이 정당하다는 것이다. 따라서 "이 사건에 있어서도 비록 상속재산인 이 사건 비상장주식을 발행한 ○○컴퓨터에는 영업권이 산출되지 아니하더라도 그 비상장주식을 평가하기 위하여 ○○컴퓨터가 전액 출자한 ○○시스템의 순자산가액을 평가함에 있어서는 위 (다)목의 규정에 의하여 그 순자산가액을 평가하여야 하는 것이고 따라서 이때에는 ○○시스템의 영업권을 포함하여 계산함이 상당하다."는 자기창설영업권의 존재를 인정하고 있다.

(3) 사업양도 영업권의 인식

위에서 본 세법의 영업권은 소득세법과 법인세법에서 개념과 정의를 설명하고 있다. 소득세법은 사업용 고정자산과 함께 양도하는 영업권을 양도소득(기타자산의 양도)(소득법 §94 ① 4 가목)으로, 영업권을 양도하거나 대여하고 그 대가로 받는 금품을 기타소득으로 규정하고 있다. 여기에는 행정관청으로부터 인가·허가·면허 등을 받음으로써 얻는 경제적 이익을 포함한다(소득령 §41 ③). 법인세법의 영업권은 사업양도영업권과 합병 및 분할 영업권으로 나누는데, 사업양도 영업권이라고 함은 "사업의 양도·양수과정에서 양도·양수자산과는 별도로 양도사업에 관한 허가·인가 등 법률상의 지위, 사업상 편리한 지리적 여건, 영업상의 비법, 신용·명성·거래처 등 영업상의 이점 등을 감안하여 적절한 평가방법에 따라 유상으로 취득한 금액"을 말한다(법인칙 §12 ① 1).

사업부양도 또는 사업부현물출자의 경우 현실적으로 사업양도 영업권의 발생은 불가피하다. 사업양도에서 인식하는 사업양도영업권이란 무엇인가. 소득세법의 사업양도영업권(사회통념상 자산에 포함되어 함께 양도된 것으로 인정되는 또는 경제적 이익)과 법인세법의 사업양도영업권(영업상의 이점을 감안하여 적절한 평가방법에 따라 유상으로 취득한 금액)의 개념만으로는 영업권 인식에는 한계가 있다. 사업양도영업권의 인식(측정)은 우리 세법에서는 매우 중요하다. 양도소득, 각 사업연도소득, 이익의 증여(상증법 §4) 등에 영향을 미치기 때문이다. 사업양도영업권 인식의 문제는 오래전부터 있어온 사안이다. 우리나라에서 M&A가 활성화된 시기는 IMF 이후라고 보아야 하는데, M&A가 활성화되고 기업재편이 활발하면서 영업권(또는 경영권프리미엄)의 중요성이 부각되었으며 근래 들어서는 경영권 승계 과정에서 영업권을 활용하는 거래가 증가하고 있음을 부인할 수 없다.

(3)-1. 사업양도가액

(가) 자본시장법

자본시장법 제165조의4 제1항은 다른 법인과의 합병, 중요한 영업 또는 자산의 양수 또는 양도, 주식의 포괄적 교환 또는 포괄적 이전, 분할 또는 분할합병을 하려면 대통령령으로 정하는 요건·방법 등의 기준에 따라야 한다. 자본시장법령 제176조의6(영업양수·양도 등의 요건·방법 등) 제3항에서는 중요한 영업 또는 자산의 양수·양도를 하려는 경우에는 영업 또는 자산의 양수·양도 가액의 적정성에 대하여 외부평가기관의 평가를 받아야 한다. 자본시장법에서의 자본시장은 증권 및 장내파생상품의 공정한 가격 형성과 그 매매를 위한 "거래소시장"이므로 위의 합병 등의 가액은 상장법인은 반드시 준수해야 한다. 주권비상장법인의 경우에도 사업양도(중요한 영업 또는 자산의 양수 또는 양도)의 가액 등에 대해서는 자본시장법을 따르고 있다(구체적 평가방법은 없으며 영업 또는 자산의 양수・양도 가액의 적정성에 대하여 외부평가기관의 평가를 받도록 하고 있다).

(나) 세법

법인세법 제47조의2에서 요건(분리하여 사업이 가능한 독립된 사업부문 등)을 갖춘 현물출자를 하는 경우 그 현물출자로 취득한 현물출자를 받은 내국법인(피출자법인)의 주식가액 중 현물출자로 발생한 자산의 양도차익에 상당하는 금액은 사업연도의 소득금액을 계산할 때 손금에 산입할 수 있다. 이 경우 양도차익은 현물출자일 현재 승계자산(감가상각자산, 토지 및 주식)의 시가에서 현물출자일 전날 출자법인이 보유한 승계자산의 장부가액을 차감한 금액이다(법인령 §84의2 ③ 2). 여기서 현물출자의 사업양도 가액은 법인세법의 시가가 된다. 구 조세특례제한법 제37조(2017.12.19. 삭제)는 요건을 모두 갖추어 자산을 포괄적 양도하고 그 대가로 인수법인의 주식을 받고 청산하는 경우 양도하는 자산의 가액을 장부가액으로 할 수 있다. 이때 피인수법인의 자산을 장부가액으로 양도받은 것으로 하는 경우 양도받은 자산 및 부채의 가액을 시가로 계상하되, 시가에서 피인수법인의 장부가액을 뺀 금액을 자산조정계정으로 계상한다. 위와 마찬가지로 사업양도(현물출자) 가액은 법인세법의 시가가 된다. 이와 같이 세법에서의 사업의 양도가액은 시가를 말한다. 이 경우 시가라고 함은 당연히 영업권이 포함된 금액이 되는데, 세법에서는 영업권의 측정(시가)에 대해서는 명확히 규정하지 않고 있다.

(3)-2. 사업양도 영업권의 평가 및 측정

(가) 상속증여세법

상속증여세법 기본통칙 64-59…1(영업권의 평가)에서 개인으로서 경영하는 사업체의 영업권을 평가하는 경우 시행령 제59조 제2항에 따라 평가기준일 전 최근 3년간의 순손익액의 가중평균액을 계산할 때 영 제56조 제3항에 따른 법인세법상 각 사업연도소득은 소득세법상 종합소득금액으로 보며 순손익액은 소득세법상 동일한 성격의 금액을 적용하여 계산한다. 결국 상속세법 시행령 제59조 제2항에서 영업권의 평가기준으로 들고 있는 "순손익액"은 법인사업자의 경우 법인세법 제14조의 규정에 의한 "사업연도소득"을, 개인사업자의 경우 소득세법 제19조 제2항에 규정된 "사업소득"을 기준으로 하여 상속증여세법 시행령 제56조 제3항 각 호에 규정된 금액을 가감하여 계산한다(대법원 2008두7625, 2008.8.21.).

(나) 소득세법

소득세법 제94조 제1항 제4호 (나)목에서 사업에 사용하는 토지 · 건물 및 부동산에 관한 권리와 함께 양도하는 영업권은 양도소득이다. 이때의 영업권은 별도로 평가하지 아니하였으나 사회통념상 자산에 포함되어 함께 양도된 것으로 인정되는 영업권과 행정관청으로부터 인가 · 허가 · 면허 등을 받음으로써 얻는 경제적 이익을 포함한다고 하면서 영업권의 평가와 관련하여서는 규정하지 않고 있다.

(다) 법인세법

법인세법 시행규칙 제12조 제1항 제1호에서 사업의 양도 · 양수과정에서 양도 · 양수 자산과는 별도로 "…영업상의 비법, 신용 · 명성 · 거래처 등 영업상의 이점 등을 감안하여 적절한 평가방법"에 따라 유상으로 취득한 금액으로 한다. 법인세법의 영업권평가는 적절한 평가방법이다. 적절한 평가방법이 무엇이냐에 대해서는 규정하지 않고 있다.

(라) 감정평가 실무기준(국토교통부고시 제2015-377호)

영업권의 감정평가방법(영업권의 감정평가 원칙)은 영업권을 감정평가할 때에는 수익환원법을 적용하여야 하고, 수익환원법으로 감정평가하는 것이 곤란하거나 적절하지 아니한 경우에는 거래사례비교법이나 원가법으로 감정평가할 수 있다. 영업권을 수익환원법으로 감정평가할 때에는 대상 기업 전체의 순수익을 같은 업종 다른 기업의 정상수익률로 환원한 수익가치에서 영업권을 제외한 순자산의 가치를 차감하는 방법, 대상 기업이 달성할 것으로 예상되는 지속가능기간의 초과수익을 현재가치로 할인하거나 환원하는 방법으로 한다. 영업권을 거래사례비교법으로 감정평가할 때에는 영업권이 다른 자산과 독립하여 거래되는 관행이 있는 경우에는 같거나 비슷한 업종의 영업권만의 거래사례를 이용하여 대상 영업권과 비교하는 방법, 같거나 비슷한 업종의 기업 전체 거래가격에서 영업권을 제외한 순자산 가치를 차감한 가치를 영업권의 거래사례 가격으로 보아 대상 영업권과 비교하는 방법으로 한다.

(마) 가치평가서비스 수행기준 및 외부평가업무 가이드라인

한국공인회계사회가 제정한 "가치평가서비스 수행기준"에는 가치평가를 수행할 때 가장 보편적인 세 가지 접근법(이익기준 평가접근법, 자산기준 평가접근법 또는 원가기준 평가접근법, 시장기준 평가접근법)을 고려하여야 한다. 일반적으로 자산기준 평가방법은 사업, 사업의 지분, 유가증권의 평가에 이용되고 원가기준 평가접근법은 무형자산의 평가에 이용되는 경우가 많다고 한다. 금융감독원에서 제시한 "외부평가업무 가이드라인"에서 평가접근법은 크게 이익접근법, 시장접근법, 자산접근법으로 구분할 수 있고, 평가자는 특별한 이유가 없는 한 이 세 가지 접근법을 모두 고려하여야 하며, 그 결과 평가자는 전문가적인 판단을 사용하여 평가대상 기업의 특성 등을 고려하여 가장 적합하다고 판단되는 하나 또는 둘 이상의 평가방법을 사용하여 적정가치를 계산하도록 하고 있다. 여기서 평가접근법이라 함은 일반적으로 이익접근법(Income Approach), 시장접근법(Market Approach), 자산접근법(Asset Approach)으로 구분할 수 있으나, 한편으로는 이익접근법은 소득접근법 또는 수익방식으로, 시장접근법은 비교방식으로, 자산접근법은 원가접근법 또는 원가방식으로 구분되어 사용되기도 한다.

(바) 대법원 판례

영업권의 공정한 평가에 대해 대법원(대법원 2006두2558, 2008.9.11.)은 ○○잉크에게 잉크제조 배합기술, 잉크재조설비 설계능력 및 거래선 등의 무형자산이 있었다고 하더라도 이 사건 영업양도계약 당시 ○○잉크의 초과수익력이라는 무형의 재산적 가치에 대하여 객관적이고 공정한 평가를 거쳐 영업권으로 산정하였다고 보기 어려울 뿐만 아니라 ○○잉크의 1994 사업연도부터 1997 사업연도까지의 당기순손실 합계액이 1,264,947,901원에 이르는 반면 동종의 사업을 영위하는 다른 기업들은 같은 기간 동안 수익을 올리고 있었던 점 등에 비추어 ○○잉크에게 영업권으로 인정할 만한 초과수익력이 존재한다고 보기도 어렵다. 영업권 평가액의 합리성에 대해 대법원(대법원 2006두19143, 2009.2.12.)은 경제적 합리성을 결한 비정상적인 거래인지 판단은 비특수자 간의 거래가격 거래 당시의 특별한 사정도 고려하여야 하는데 영업권 가액의 산정 경위 및 영업권 인수 이후의 실제 영업실적, 감정결과 등 여러 사정을 종합하면 경제적 합리성을 결한 비정상적 행위의 고가매입으로 볼 수 없다.

사업양수도계약은 양수인이 양도인으로부터 그 사업시설뿐만 아니라 영업권 및 그에 관한 채권, 채무 등 일체의 인적·물적 권리와 의무를 양수함으로써 양도인과 동일시되는 정도로 법률상의 지위를 그대로 승계하는 이른바 영업의 양도·양수로서 개별 자산·부채가 별도로 이전되는 것이 아니라 영업의 동일성을 유지하면서 포괄적으로 이전되는 것이고, 이 사건 사업양수도계약의 양도대금도 사업부문 전체를 대상으로 정하는 것이지 개별 자산의 가격을 일일이 정하여 결정되는 것은 아니다. 따라서 자산을 고가로 양수하였다고 보기는 어렵다[사업부문 양도대금에는 사업부문에 대한 영업권(초과수익력이라는 무형의 재산적 가치)도 포함되어 있을 것이나, 이러한 부분은 기존의 장부가액에는 반영되어 있지 않았다]. 또한 계약 이후 종료되는 사업연도를 기준으로 순손실의 상당이 발생하였다고 하더라도, 그러한 사정만으로 이 사건 계약 당시에 이 사건 사업부문에 관한 무형의 재산적 가치인 영업권의 가액을 평가하는 것이 객관적이고 합리적인 평가라고 볼 근거로는 부족하다(대법원 2013두10335, 2013.9.27.).

사업부양도에 있어 회계법인의 영업권평가라고 하더라도 영업권평가의 공정성이 의심되는 경우 영업권을 인정할 수 없다(심사법인2015-64, 2016.4.21.).

(4) 사업양도 영업권과 매수차손

사업양수도 과정에서 발생되는 영업권은 인수하는 사업부에 대한 사업의 양수대가에는 순자산 공정가치(유무형)와 영업권이 포함되어 있다. 이 경우 차변에 발생되는 영업권에는 인수한 자산의 시가차액(순자산의 공정가치와 장부가액의 차이)과 순수 영업권으로 구별할 수 있다. 따라서 차변에 발생된 영업권에는 사업양수 영업권과 자산의 시가차액(매수차손)이 포함되어 있다.

사례 1 ••• 사업부양도 영업권과 매수차손

(1) 삼성에버랜드 제일모직 패션사업부 양수

삼성의 경영권승계는 에버랜드(현 합병 후 삼성물산)에서 시작된다. 제일모직은 소재사업(케미칼 및 전자재료)과 패션사업으로 구성되어 있다. 제일모직은 패션사업부를 삼성에버랜드에 매각하고, 소재사업부(케미칼 및 전자재료)는 삼성SDI에 흡수합병됨으로써 제일모직은 해체된다. 삼성에버랜드는 제일모직의 패션사업부를 다음과 같이 양수한다

(백만원).

영업양수일	순자산(자본총계)	양수가액	양수도가액의 평가
2013.12.1.	882,580	1,000,072	DCF

사업의 양수영업권 분석을 다음과 같이 추정할 수 있겠다.

| 삼성에버랜드의 패션사업부 양수영업권(조정내역) |

구분	금액(천원)
이전대가	1,050,000,000
차감: 이전대가 정산가액	(−)49,927,409
차감: 식별가능한 취득한 순자산의 공정가치	(−)882,626,091
차감: 식별가능한 무형자산	(−)60,286,000
영업권	57,160,500

정산 후의 영업권 분석은 다음과 같이 추정할 수 있다.

차변		대변	
순자산(자본총계)	882,580,000	양수대가(시가)	1,000,072,591
영업권(?)	117,492,591		
계	1,000,072,591	계	1,000,072,591

이 경우 사업양수대가에는 순자산 공정가치(유무형) 942,912,091천원과 장부가액 882,580,000천원의 차이 60,332,091천원은 자산의 시가차액이 된다. 따라서 차변에 발생된 영업권? 117,492,591천원은 패션사업부 양수영업권 57,160,500천원과 패션사업부 매수차손 60,332,091천원으로 구성된다. 이때 사업양수 영업권은 법인세법 시행령 제24조 제1항 제2호 (가)목의 감가상각자산에 해당된다.

계	영업권	시가차액(매수차손)
117,492,591	57,160,500	60,332,091

제일모직은 패션사업부를 1조원(조정 후 942,912백만원)에 양도하고, 사업부처분이익을 118,838백만원(조정 후 60,332백만원)으로 계상하였다.

차변		대변	
현금	942,912,091	순자산	882,580,000
		양도이익	60,332,091
계	942,912,091	계	942,912,091

패션사업부 양수가액을 양수한 순자산가액으로 나눈 비율로 계산해보면, 삼성에버랜드의 패션사업부 양수가액은 패션사업부 순자산가액의 1.13배(1,000,072백만원/882,580백만원)가 된다. 삼성에버랜드는 패션사업부의 양수대가에 영업권 57,160백만원을 인식하였다. 영업권으로 인식한 금액은 양수한 패션사업부의 순자산가액의 0.064배(57,160백만원/882,580백만원)가 된다. 한편, 제일모직의 소재사업부(케미칼 및 전자재료)는 삼성SDI에 흡수합병됨으로써 제일모직은 소멸된다. 삼성SDI는 제일모직의 소재사업부(케미칼 및 전자재료)와 합병 후 제일모직의 케미칼사업부를 물적분할(분할신설법인)하고, 분할신설법인의 지분 90%를 양도하게 된다. 이를 분석하면 다음과 같다. 소재사업부의 순자산가액은 2,374,851백만원이며 합병대가는 3,521,817백만원이다. 삼성SDI의 합병회계처리는 다음과 같다.

| 삼성SDI와 제일모직의 소재사업부(케미칼 및 전자재료) 합병 |

차변		대변	
순자산	2,374,851	합병대가	3,521,817
영업권	1,146,966		
계	3,521,817	계	3,521,817

삼성SDI가 지급한 제일모직의 소재사업부의 합병대가는 3,521,817백만원이므로, 소재사업부의 순자산가액 2,374,851백만원 대비 합병대가는 1.48배가 된다.

삼성SDI가 흡수합병한 제일모직의 소재사업부(케미칼 및 전자재료)의 순자산가액과 물적분할한 사업부(케미칼사업부)의 순자산가액은 다음과 같다. 물적분할한 신설법인 지분 90%의 양도대가는 2,326,500백만원이다.

구분	자산총액	매출액	부채총액	순자산
케미칼+전자재료	4,785,270	4,167,955	1,819,074	2,966,196
양도대상 케미칼	1,272,043	2,602,519	197,360	1,074,683

* 현금흐름할인법(DCF법)에 의한 자산양수·도 가액 2,326,500백만원

삼성SDI는 합병 후 물적분할(케미칼사업부)한 신설법인의 지분 90%의 사업부 양도대가가 2,326,500백만원(지분 100%의 환산가액 2,585,000백만원의 90%)이므로 케미칼사업부의 순자산가액 1,074,683백만원 대비 사업부 양도대가는 2.4(지분 100% 환산한 경우)배가 된다.

(2) 삼성에버랜드 건물관리사업부 양도

삼성에버랜드는 건물관리사업부의 자산, 부채를 포함한 일체(자산총액 26,525백만원, 부채총액 25,510백만원)를 에스원에 494,773백만원에 양도한다(백만원).

영업양도일	순자산(자본총계)	양도가액	양수도가액 평가
2014.1.10.	1,015	494,773	합의

* 합의: 시장에서 통용되는 평가방법을 기준으로 양사가 상호 합의하여 결정(평가방법 공시자료 확인불가)한다.

에스원의 영업권 분석을 다음과 같이 할 수 있겠다.

| 에스원의 건물관리사업부 양수영업권 |

구분	금액(원)
이전대가	494,773,322,686
식별가능 순자산의 공정가치(총자산-총부채)	(-)166,680,593,580
영업권(이전대가-식별가능 순자산의 공정가치)	328,092,729,106

영업권 분석은 다음과 같게 된다.

차변		대변	
순자산(장부가)	26,525,000,000	양수대가	494,773,322,686
영업권(?)	468,248,322,686		
계	494,773,322,686	계	494,773,322,686

이 경우 사업양수대가에는 순자산 공정가치 166,680,593,580원과 장부가액 26,525,000,000원의 차이 140,155,593,580원은 자산의 시가차액이 된다. 따라서 차변에 발생된 영업권? 468,248,322,686원은 건물관리사업부의 양수영업권 328,092,729,106원과 건물관리사업부의 매수차손 140,155,593,580원으로 구성된다. 이때 사업양수 영업권은 법인세법 시행령 제24조 제1항 제2호 (가)목의 감가상각자산에 해당된다.

계	영업권	시가차액(매수차손)
468,248,322,686	328,092,729,106	140,155,593,580

건물관리사업부 양수가액을 양수한 순자산가액으로 나눈 비율로 계산해보면, 에스원의 사업부 양수가액은 사업양수 순자산가액의 487.4배(494,773백만원/1,015백만원)가 된다. 에스원은 건물관리사업부의 양수대가에 영업권 328,092백만원을 인식하였다. 영업권으로 인식한 금액은 양수한 건물관리사업부의 순자산가액의 323배(328,092백만원/1,015백만원)에 해당된다.

사례 ② ••• 사업부현물출자 영업권과 매수차손

케이씨더블류는 시스템사업부를 합작법인(Joint Venture) 케이비더블류에스에 현물출자(50% 지분)를 한다. 시스템사업부의 영업양수도가액은 35,434백원으로 평가되었다. 현물출자 사업부의 평가는 자산가치 평가법에 의하여 평가를 수행하였다.

케이비더블류에스의 영업권 분석을 다음과 같이 추정할 수 있겠다.

| 현물출자 순자산가액 평가내역(천원) |

계정과목	제시금액	조정금액	평가금액
현물출자 자산총계	61,353,449	740,189	62,093,638
현물출자 부채총계	26,659,427		26,659,427
현물출자 순자산	34,694,022	740,189	35,434,211

| 현물출자로 인한 매각 자산 및 부채(천원) |

구분	금액
매각예정자산	61,349,511
매각예정부채	29,126,153
매각예정으로 분류한 전용선 사업부문의 순자산	32,223,358

현물출자 시스템사업부의 공시자료에 의하면 영업권은 다음과 같이 추정된다.

차변		대변	
순자산(장부가액)	32,223,358,000	자본금	2,500,000,000
영업권(?)	3,210,853,242	주발초	32,934,211,242
계	35,434,211,242	계	35,434,211,242

이 경우 사업양수대가를 자산가치법으로 평가하였으므로 평가액 35,434,211,242원과 장부가액 32,223,358,000원의 차이 3,210,853,242원은 자산의 시가차액이 된다. 따라서 차변에 발생된 영업권? 3,210,853,242원은 시스템사업부의 양수영업권 0원과 시스템사업부의 매수차손 3,210,853,242원으로 구성된다. 이 경우는 법인세법 시행령 제24조 제1항 제2호 (가)목의 감가상각자산에 해당되는 사업양수 영업권은 없는 것이 된다.

계	영업권	시가차액(매수차손)
3,210,853,242	0	3,210,853,242

(5) 사업양도 영업권과 기업경영

(5)-1. 영업권과 경영권승계 활용

위의 ≪사례 1≫ 및 ≪사례 2≫ 분석을 종합정리하면 ≪사례 1≫의 경우 삼성에버랜드의 패션사업부의 양수가액과 영업권은 각각 양수한 순자산가액의 1.13배와 0.063배가 되며, 에스원의 건물관리사업부의 양수가액과 영업권은 각각 양수한 순자산가액의 487.4배와 323배가 된다. 결국은 삼성에버랜드는 양도한 사업부(건물관리사업)에 대해서는 양도가액(영업권)을 높게 평가한 것이 되고, 양수한 사업부(패션사업)에 대해서는 양수가액(영업권)을 낮게 평가한 것으로 분석할 수 있다. 또한 제일모직의 소재사업부(케미칼 및 전자재료)의 이전대가(합병)는 삼성SDI에게는 낮게 이전되고, 케미칼사업부의 양도

(90% 지분)는 상대적으로 높게 양도된 것으로 볼 수 있겠다. 이 의미는 계열사 삼성SDI는 제일모직으로부터 낮은 가액으로 합병(양수)하고 합병(양수) 후 적정가액으로 제3자(롯데케미칼)에게 양도한 것이 되는데, 이러한 거래로 인한 이익은 삼성SDI와 주주가 취하게 된다. ≪사례 2≫의 경우 현물출자 시스템사업부에 대한 평가를 자산가치법에 근거하였으므로 이 경우 자산의 평가차이는 장부가액과 시가의 차이이므로 영업권 인식은 불가능하게 된다. 순자산가액(평가액) 35,434백만원이 사업양수도 대가가 되므로 장부가액과 사업양수 대가의 차이는 매수차손이 된다. 사업부양도인 점은 앞의 ≪사례 1≫과 다를 바 없음에도 사업양도 영업권은 발생하지 않는다.

영업권 발생과 영업권 측정의 관점에서 볼 때 ≪사례 1≫과 ≪사례 2≫는 비교대상이 될 수 있다. 사업부양도 영업권의 측정을 양수한 순자산가액과 직접적으로 비교할 수는 없겠지만 삼성에버랜드의 패션사업부 양도와 삼성에버랜드의 건물관리사업부 양도, 케이씨더블류의 시스템사업부 양도에서 영업권의 평가 측정과 적정성에 대한 의문은 들지 않을 수 없다. 특히 계열회사 사이의 사업의 양도양수에서는 더욱 그러하다. 이와 같은 사례에서 영업권의 인식과 평가는 이용하기에 따라 기업경영에 활용될 수 있음을 알 수 있다. 기업경영의 문제라면 케이씨더블류의 시스템사업부 양도에서 영업권을 일으키지 않은 것도 마찬가지로 볼 수 있다.

(5)-2. 영업권과 발생 원천별 귀속시기

감정평가 실무기준(국토교통부고시 제2015-377호)에 따르면, 영업권을 수익환원법으로 감정평가할 때에는 대상 기업 전체의 순수익을 같은 업종 다른 기업의 정상수익률로 환원한 수익가치에서 영업권을 제외한 순자산의 가치를 차감하는 방법 또는 영업권을 거래사례비교법으로 감정평가할 때에는 영업권이 다른 자산과 독립하여 거래되는 관행이 있는 경우에는 같거나 비슷한 업종의 기업 전체 거래가격에서 영업권을 제외한 순자산 가치를 차감한 가치를 영업권의 거래사례 가격으로 보아 대상 영업권과 비교하는 방법으로 한다. 이와 같이 사업양수도 대가에서 순자산가치를 차감하는 방식의 영업권 평가방법인 '사업양수도 대가 － 순자산가치(장부가액) ＝ 영업권'이라고 하는 영업권과 사업부문에 대한 영업권(초과수익력이라는 무형의 재산적 가치)이 기존의 장부가액에는 반영되어 있지 않았으므로(대법원 2013두10335, 2013.9.27.), '사업양수도 대가 － 순자산가치(장부가액)

= 영업권'이라고 하는 영업권은 사업의 양수 영업권과 같은 개념의 영업권이다. 그러나 이와 같은 계산식의 영업권에는 위 사례의 영업권에서 보면, 차변에 발생되는 영업권(?)에는 순수 영업권뿐만 아니라 자산의 시가차액(자산의 시가와 장부가액의 차이)인 매수차손도 포함되어 있다고 보아야 한다. 위 사례와 같은 분석의 의미는 영업권을 발생 원천별로 분류한 것으로 영업권의 상각, 기타자산의 상각(건물 등의 경우) 또는 자산의 양도 시 손금 등의 문제로 손금의 귀속시기를 정하는 문제가 되겠다.

(6) 영업권 양도의 소득구분

법인세법은 각 사업연도에 속하거나 속하게 될 익금의 총액에서 그 사업연도에 속하거나 속하게 될 손금의 총액을 공제한 금액을 법인세법상의 소득으로 하고 있을 뿐 소득의 원천별로 세분화하여 그 개념 규정을 하고 있지 아니하나, 소득세법은 개인의 소득에 대하여 그 제17조 내지 제25조에서 소득원천별에 따라 9개의 소득으로 구분하여 각기 다른 방법으로 소득금액을 계산하고 있다(대법원 91누3154, 1991.12.10., 대법원 89누4512, 1989.12.8., 대법원 91누407, 1991.5.24. 참조). 개인사업자의 영업권 양도에 따른 소득에 대해 영업권의 양도를 양도소득으로 보는 경우와 기타소득으로 보는 경우로 구분하고 있다. 개인사업자의 사업의 포괄 양수도계약에 따라 사업을 양도하는 경우에 발생되는 영업권의 소득구분에 대한 판단이 되겠다.

영업권의 양도가 기타소득이 되는 경우란 소득세법 제21조(기타소득) 제1항에서 기타소득은 이자소득 · 배당소득 · 사업소득 · 근로소득 · 연금소득 · 퇴직소득 및 양도소득 외의 소득으로서 다음 각 호에서 규정하는 것으로 하고, 제7호에서 영업권을 양도하거나 대여하고 그 대가로 받는 금품으로 규정하고, 시행령 제41조 제3항에서는 법 제21조 제1항 제7호에 따른 영업권에는 행정관청으로부터 인가 · 허가 · 면허 등을 받음으로써 얻는 경제적 이익을 포함하되, 법 제94조 제1항 제1호 및 제2호의 자산과 함께 양도되는 영업권은 포함되지 않는다.

영업권의 양도가 양도소득이 되는 경우란 소득세법 제94조(양도소득의 범위) 제1항에서 양도소득은 해당 과세기간에 발생한 다음 각 호의 소득으로 하고, 제4호에서 다음 각 목의 어느 하나에 해당하는 자산(기타자산)의 양도로 발생하는 소득으로 (가)목에서 사업에 사용하는 제1호 및 제2호의 자산과 함께 양도하는 영업권(영업권을 별도로 평가하지 아니하였으나 사회통념상 자산에 포함되어 함께 양도된 것으로 인정되는 영업권과 행정관청으로부터 인가 · 허가 · 면허 등을 받음으로써 얻는 경제적 이익을 포함한다)을 들고 있다.

위의 관련 법규정을 정리하면 토지 · 건물 및 부동산에 관한 권리의 양도는 양도소득이다. 개인사업의 포괄 양수도에서 사업용 자산에 토지 · 건물 및 부동산에 관한 권리가 있는 경우의 영업권은 양도소득이 되고, 사업용 자산에 토지 · 건물 및 부동산에 관한 권리가 없는 경우의 영업권은 기타소득이 된다. 사업용 자산이 토지 · 건물 및 부동산에 관한 권리가 아닌 고정자산 또는 재고자산 등의 양도로 인한 소득은 사업소득(자산 처분소득)이 된다. 다음은 개인사업의 포괄 양수도에 따른 영업권에 대한 소득의 종류를 살펴본다.

(6)-1. 양도소득과 기타소득의 구분

개인사업의 포괄 양수도에 따른 영업권에 대한 소득이 양도소득인가 기타소득인가의 구분이 중요한 이유는 필요경비(기타소득의 필요경비는 받은 금액의 70%)에 따라 과세표준이 다르게 된다는 점이다.

영업권에 대한 소득의 종류(양도소득과 기타소득)를 판단함에 있어 대법원(대법원 91누3154, 1991.12.10.)은 "영업권을 양도하거나 대여하고 그 대가로 받는 금품"을 기타소득의 하나로 들고 있으면서 "다만, 영업권으로서 제23조 제1항 제3호의 규정에 의하여 양도소득으로 과세되는 경우에는 그러하지 아니하다."고 규정하고 있는 반면, 같은 법 제23조 제1항 제3호는 토지, 건물의 양도와 부동산에 관한 권리의 양도 이외에 대통령령이 정하는 자산(기타자산)의 양도로 인하여 발생하는 소득을 양도소득으로 규정하고 있으며, 같은 법 시행령 제44조의2 제1항 제3호는 "영업권"을 기타자산의 하나로 들고 있다. 그러므로 위 각 규정들을 종합하면, 소득세법 제23조 제1항 제3호 및 그 시행령 제44조의2 제1항 제3호 소정의 영업권, 즉 "영업권을 단독으로 양도한 때 또는 다른 자산과 영업권을 함께 양도한 경우로서 영업권을 별도로 평가하여 양도한 때와 영업권을 별도로 평가하지 아니하였으나 사회통념상 영업권이 포함되어 양도된 것으로 인정되는 때의 그 영업권의 양도로 인하여 발생한 소득"은 양도소득세의 과세대상이 되는 양도소득이고, 영업권을 대여하고 그 대가로 받는 금품만이 기타소득에 해당한다고 풀이함이 옳을 것이다.

영업권의 양도를 양도소득으로 본 경우를 보면, 유치원의 시설 일체 및 위 유치원의 명성과 신용을 그대로 승계함으로써 유치원의 영업권을 양도했다고 봄이 상당하고, 이는 소득세법 제94조 제1항 제4호 가목에서 정하는 사회통념상 사업용 고정자산에 포함되어 함께 양도된 것으로 인정되는 영업권과 행정관청으로부터 인가・허가・면허 등을 받음으로써 얻는 경제적 이익에 해당한다(대법원 2017두73808, 2018.3.29.). 고정자산(부동산) 양도계약서와 별도로 임의 구분하여 병원 영업권 매매계약서를 작성하였다 할지라도 고정자산과 함께 양도된 영업권에 해당된다(대법원 2020두34377, 2020.5.14.).

이 사건 부동산의 양도가액(토지의 양도가액 + 건물의 양도가액 + 구축물의 양도가액)에는 설비의 양도가액이 포함되어 있지 않다. 설비가 건물에 부속된 시설물임을 전제로 하여 부동산의 양도가액에서 설비의 취득가액이 공제되어야 한다는 주장에 대해, 설비가 구 소득세법 제94조 제1항 제1호에 따라 건물에 부속된 시설물에 해당하는지, 이에 해당한다면 설비에 대하여 원고 주장과 같은 취득가액이 인정되는지 등에 관한 심리・판단이 필요하다. 그런데도 원심은 위와 같은 사정 등에 대하여는 아무런 심리・판단을 하지 아니한 채 이 사건 부동산의 양도가액에 이 사건 설비에 관한 양도가액이 포함되어 있지 않다는 이유만으로 이 사건 설비의 취득가액의 공제가 허용되지 않는다는 취지로 원고의 주장을 배척하였으므로, 이와 같은 원심의 조치에는 양도소득금액의 계산에 관한 법리를 오해하거나 필요한 심리를 다하지 아니하고 판단을 누락한 잘못이 있다(대법원 2012두17872, 2013.10.31.).

영업권의 양도를 기타소득으로 본 경우를 보면, 영업권의 대여에 대한 대가 부분은 기타소득으로 보았어야 한다(대법원 97누7233, 1998.10.27.).

한편, 사업용 고정자산(토지 및 건물 등)과 함께 양도하는 영업권이 아닌 경우 사업소득으로 보고 있다. 대법원(대법원 2012두17193, 2012.11.15.)은 교육사업권을 포괄적 양도하면서 지급받은 것으로 볼 수 없고, 설령 영업권의 양도대가라고 하더라도 기타소득으로 정한 '영업권 등을 양도하거나 대여하고 그 대가로 받은 금품'은 사업소득 이외의 일시적・우발적 소득에 해당하는 경우만을 의미하는 것으로서 취득한 소득의 명목이 영업권의 양도에 따른 대가라고 하더라도 사업성이 인정되는 한 사업소득으로 보아야 한다.

(6)-2. 사업양수도계약과 사적자치

사업양수도계약은 사실상 대등한 당사자 사이의 자유로운 의사에 기하여 이루어진 것으로서 사업부문 양도대금에는 사업부문에 대한 영업권(초과수익력이라는 무형의 재산적 가치)도 포함되어 있을 것이나, 이러한 부분은 기존의 장부가액에는 반영되어 있지 않았으며, 사업부문에 관한 무형의 재산적 가치인 영업권의 가액을 평가하는 것이 객관적이고 합리적인 평가라고 볼 근거로는 부족하다(대법원 2013두10335, 2013.9.27.). 이와 같이 세법과 판례에서 사업양도 영업권의 인식은 유상취득(양수도가액)이며 사안에 따라서는 상속증여세법의 평가액으로 강제할 수 있다는 것으로 해석할 수 있겠다. 이러한 해석은 "영업권으로 평가하기로 약정한 것은 당사자 사이의 제반 경제적 효과를 감안한 사적자치에 의한 결과로서 양 당사자 사이에 조세회피 등의 불법적인 목적이 있다는 점이 드러나지 아니한 이상 원칙적으로 보호되어야(대법원 2007두12316, 2007.10.16.)"하므로 사업양도 영업권의 인식과 측정은 당사자 사이의 합의 또는 협의가 존중되어야 한다.

한편, 법원(서울행법 2019구단51874, 2020.7.21.)은 모든 내부외부시설 집기(비품) 일체를 3억원에 양도하는 내용의 '시설비품 및 사업포괄양수도계약'(이하 이 사건 양도계약이라 한다)을 체결하고 구 소득세법 제21조 제1항 제7호의 기타소득으로 신고한 것에 대해, 이 사건 양도계약에서 이 사건 모텔 영업권이 명시되어 있지 아니하고 이를 별도로 평가하지 아니하였다 하더라도 영업권이 양도대상에 포함되지 아니하였다고 단정할 근거가 될 수는 없다고 하면서, 당사자 간 합의에 반하여 이 사건 양도계약에 영업권의 양도가 포함되어 있다고 보고 그 대금을 임의로 나누어 일부는 비품 대금으로, 나머지는 영업권 대금으로 인정한 피고의 조치는 조세법률주의에 위반된다는 취지로도 주장하나, 이 사건 양도계약의 내용, 경위, 그 밖에 앞서 본 제반 사정에 비추어 사회 통념상 이 사건 양도계약에 이 사건 모텔 영업권의 양도가 포함되어 있다고 보아 이 사건 모텔 대차대조표 등에 의하여 특정되는 비품 대금을 제외한 나머지 대금을 영업권 대금으로 인정한 조치는 구 소득세법 제94조 제1항 제4호에 근거한 것으로서 적법하고 그것이 조세법률주의에 위반된다고 볼 수 없다.

(6)-3. 소득세법 영업권의 법규정 연혁

영업권에 대한 소득의 종류(양도소득과 기타소득)를 판단하기 위해서는 관련 조항의 개정 연혁을 살펴볼 필요가 있다. 대법원(대법원 2003두7088, 2005.1.28.)은 구 소득세법(2000.12.29. 개정 전) 제20조의2 제1항 제2호는 영업권의 양도로 인하여 발생하는 소득을 원칙적으로 일시재산소득의 과세대상으로 규정하면서, 다만 법 제94조 제5호, 구 소득세법 시행령 제158조 제1항 제3호가 '사업용 고정자산(법 제94조 제1호 및 제2호의 자산)과 함께 양도하는 영업권'의 양도로 인하여 발생하는 소득을 양도소득세의 과세대상으로 규정하고 있기 때문에 양도소득세와 중복 과세되는 것을 방지하기 위하여, 시행령 제40조의2 제3항이 일시재산소득의 과세대상이 되는 영업권의 범위에서 '사업용 고정자산과 함께 양도하는 영업권'을 제외하였다고 보는 것이 관련 법규정의 체계에 부합하는 합리적인 해석이고, 또한 일시재산소득에 관한 법 제20조의2 규정이 신설되기 전의 구 소득세법(1995.12.29. 개정 전) 제21조 제1항 제7호는 영업권의 양도로 인하여 발생하는 소득은 원칙적으로 모두 기타소득으로 과세하되 다만, 법 제94조 제5호 및 구 소득세법 시행령(1995.12.30. 개정 전) 제158조 제1항 제3호 소정의 '기타자산'에 해당하는 경우에만 예외적으로 그 영업권의 양도로 인한 소득을 양도소득으로 과세하는 것으로 규정함으로써, 영업권의 양도로 인하여 발생하는 소득은 모두 기타소득 또는 양도소득으로 과세되고 과세대상에서 제외된 경우가 없었는데, 시행령 제40조의2 제3항 소정의 '사업용 고정자산'의 범위에 '법 제94조 제1호 및 제2호의 자산(토지 · 건물 및 부동산에 관한 권리)' 외에 유 · 무형의 모든 고정자산을 포함하는 것으로 해석한다면, 결국 '토지 · 건물 및 부동산에 관한 권리' 외의 사업용 고정자산과 함께 양도하는 영업권은 양도소득으로도 과세하지 못하고 일시재산소득으로도 과세하지 못하는 결과가 되어 이는 법 제20조의2 규정의 신설 취지나 관련 법규정의 개정 취지에도 반하는 해석이 되므로, 시행령 제40조의2 제3항이 일시재산소득의 과세대상에서 제외한 '사업용 고정자산과 함께 양도하는 영업권'이라 함은 법 제94조 제5호, 시행령 제158조 제1항 제3호 소정의 양도소득세의 과세대상이 되는 '사업용 고정자산(법 제94조 제1호 및 제2호의 자산)과 함께 양도하는 영업권'을 의미한다고 보는 것이 타당하다.

(7) 영업권(사업양도가액)의 적정성

(7)-1. 사업양도 영업권과 세법적용

합병영업권의 경우 합병가액을 협의 또는 영업권을 별도 평가하여 정할 수는 없다. 합병가액은 관련법령에 따라 정해지므로 합병영업권의 발생도 관련법령에 의해 기계적으로 결정된다고 볼 수 있다. 그러나 사업양도 영업권의 경우는 사적자치(영업권평가라는 것도 결과적으로 협의 또는 합의에 의해 결정되므로)가 존중되다보니 사업양도 영업권의 적정 여부는 늘 쟁점이 되지 않을 수 없다. 사업양도 영업권의 평가액은 거래 당사자 사이의 자금지원의 역할을 하기도 하고, 기업재편, 경영권승계 등에 이용되기도 하기 때문이다. 이러한 문제는 법인세법의 부당행위계산부인, 소득세법의 기타자산(양도소득) 및 기타소득, 상속증여세법의 이익의 증여(상증법 §4) 등의 과세문제가 발생하게 된다.

이와 같은 관점에서 보면 사업양도 영업권의 적정평가 여부는 논란이 될 수밖에 없다. 법인세법은 시가가 불분명한 경우 시가는 감정평가법인이 감정한 가액이 있는 경우 그 가액(주식은 제외. 법인령 §89 ② 1), 감정가액이 없는 경우에는 상속증여세법 제64조(무체재산권 평가)의 방법에 의한 평가액으로 한다(법인령 §89 ② 2). 조세법 영역에 사업의 양도양수에 따른 영업권의 평가방법에 대한 규정은 없다. 다만, 영업권의 평가를 "적절한 평가방법"으로만 평가하면 충족된다. 적절한 평가방법은 당사자 사이에서 정한 평가방법이다. 심판원에서는 감정평가법인의 감정가액의 시가(조심 2009서3161, 2009.12.14.)와 상속증여세법 시행령 제59조(무체재산권의 평가방법)에 따른 보충적 평가방법의 영업권평가(조심 2016중1623, 2016.6.24.)를 시가로 보는 경우가 있다. 법세인법의 규정과 심판사례를 영업권 평가에 적용할 수 있을 것인가는 문제가 될 수 있겠다. 즉 법인세법(부당행위계산)의 영업권의 평가방법을 심판례에 따라 일률적으로 적용하는 데는 한계가 있을 것이면서도 사안에 따라서는 적용할 수도 있을 것이다. 그렇다면 상속증여세법의 이익의 증여에 해당되는 경우(영업권의 무상 양도 또는 증여)에 감정가액이나 상속증여세법의 평가액을 적용하는 문제도 법인세법의 적용과 마찬가지가 될 것이다.

(7)-2. 사업양도가액의 적정성

≪사례 1≫과 ≪사례 2≫의 거래에서 알 수 있는 것은 사업부의 양도가액인데 여기서 사업부의 양도가액이란 사업양도 영업권이 되겠다. 사업부의 양도가액에 대한 규정은 현행 세법규정과 자본시장법, 감정평가 실무기준, 가치평가서비스 수행기준 및 외부평가업무 가이드라인 등에서 살펴본바 그 어느 것도 명확하지 않다. 일반적으로 M&A에서 발생되는 사업양도 영업권은 사적자치 원칙(대법원 2007두12316, 2007.10.16.)과 자유로운 의사에 기하여 이루어진 사업양수도계약(서울행법 2011구합32256, 2012.8.23., 대법원 2013두10335, 2013.9.27.)이 존중되고 있다.

≪사례 2≫의 경우 사업부 양도가액의 평가에서 자산가치 접근법을 사용한 이유를 설명하면서 "수익가치 접근법은 기업가치를 결정하는 요소인 미래순현금흐름(FCF), 할인율(WACC), 계속기업가치(Terminal Value) 등의 결정 시 주관성이 개입될 여지가

있으며, 시장가치 평가방법은 회사의 현물출자대상 순자산과 유사한 자산을 적시에 선정하기가 용이하지 않아 적용하기 곤란한 단점이 있다고 하면서, 자본시장법에 의한 평가방법은 이론적으로 보편적인 가치 평가방법이 아니며, 또한 본 평가업무가 합병을 위한 것이 아니므로 본 평가의 목적에 부합하지 않다고 판단되는 바, 본 평가업무에서는 자본시장법에 의한 가치평가는 실시하지 않았다."고 하였다. 당사자 사이에 평가방법의 선택에 대해서 자유로울 수 있다는 것이다. 엄격히 말하면 평가기관은 의뢰인(회사)의 요구에 따라 평가방법을 선택할 수 있음을 보여주고 있다.

평가방법의 선택의 자유는 평가의 적정성을 해치게 되는 문제가 발생하게 된다. 이에 대해 금융감독원이 합병, 중요한 영업・자산의 양수도 등에 대해 「외부평가업무 가이드라인」을 제정하게 되는데, 제정한 이유를 보면 "자본시장법은 상장기업의 합병, 중요한 영업・자산의 양수도 등에 있어 대상자산 가액이 적정하지 않은 경우 상장기업의 재무구조 악화 및 투자자 등의 피해가 발생할 수 있어 상장기업의 자산관련 거래 시에는 가액의 적정성에 대하여 외부평가기관의 평가를 받도록 하고 있으나 최근 들어 비상장법인 자산의 과대평가 등 부실평가로 의심되는 사례가 증가하고 있어 자산평가의 공정성을 확보할 수 있는 보다 근본적인 방안 마련의 필요성이 대두하게 되어 외부평가기관이 준수해야 할 「외부평가업무 가이드라인」을 제정한다."고 설명하고 있다. 금융감독원이 설명하듯이 부실평가의 심각성은 그동안 상당했다는 것이다. 그런데 부실평가는 상대에게 피해만 주는 것이 아니라 상대에게 경제적 이익을 준다는 것이 피해 못지않게 심각하다는 것이다. 사업양도 영업권의 적정성 문제는 현행 과세체계의 한계를 보여주고 있다.

관련규정 및 예규판례

영업권의 의미(대법원 95누18697, 1997.5.28.)

영업권이라고 함은 그 기업의 전통, 사회적 신용, 입지조건, 특수한 제조기술 또는 거래관계의 존재 등 영업상의 기능 내지 특성으로 인하여 동종의 사업을 영위하는 다른 기업의 통상 수익보다 높은 수익을 올릴 수 있는 초과수익력이라는 무형의 재산적 가치를 말하므로(대법원 84누281, 1985.4.23., 대법원 85누592, 1986.2.11.), 원심이 원고 회사의 영업실적과 전망 등에 비추어 원고 회사가 소외 ○○○회사와 사이에 상표 및 기술도입계약을 체결함에 있어 상표 등에 관한 권리를 취득할 수 없고 계약 종료 시 상표 및 기술에 관한 모든 권리를 기술제공자에게 반환하기로 약정하였다고 하더라도 그러한 사실만으로는 그 영업권이 발생할 여지가 없었다고 볼 수는 없다고 판단한 것은 정당하다.

2 | 경영권대가

(1) 경영권대가

일반적으로 주식 양도에는 그 거래가격(실거래가액 또는 상속세 및 증여세법상 평가액)이 시가에 해당한다. 그러나 회사의 발행주식을 경영권과 함께 양도하는 경우에는 주식만을 양도하는 경우와 달리 '별도의 가치'가 포함되어 시가보다 더 높은 가액으로 주식의 거래가 이루어지는 것이 현실이다. 즉 주식만을 양도하는 경우에는 단순한 단위거래 주식가액의 합계액이 주식의 양도가액이 되겠으나 경영권이 포함된 주식의 거래에는 '별도의 가치'를 더하여 거래가 될 것이므로 단순한 단위거래 주식가액의 합계액보다는 높은 가액에서 거래가 이루어지고 있는 것은 경영권이 포함되어 있기 때문이다(대법원 88누9565, 1989.7.25. 외 다수). 여기서 단위주식 가치 이외의 별도의 가치를 무형의 가치인 '경영권프리미엄'이라고 부르고 있다. '경영권프리미엄'이 구체적으로 무엇이며 어디에서 연유하는지 대법원의 견해를 통해 살펴본다.

먼저 경영권의 이전에 따른 양도대금이 주식의 양도대금에 해당하는가에 대해 대법원(대법원 2001다36580, 2004.2.13.)은, "지배주식의 양도와 함께 경영권이 주식 양도인으로부터 주식 양수인에게 이전하는 경우 그와 같은 경영권의 이전은 지배주식의 양도에 따르는 부수적인 효과에 불과하고, 그 양도대금은 지배주식 전체에 대하여 지급되는 것으로서 주식 그 자체의 대가임이 분명하다."며 경영권프리미엄이 주식 양도대금에 해당한다고 판시하고 있다. 다음은 경영권프리미엄이 무엇이며 어디에서 연유하는지를 헌법재판소의 판시내용을 살펴본다(헌재 2002헌바65, 2003.1.30.). "상법상의 주식회사는 권리의무의 주체가 될 수 있는 영리사단법인이므로 비록 주주의 출자에 의하여 성립되더라도 회사의 구성원인 주주와 회사는 별개의 주체이다. 또한 오늘날 주식회사를 구성하는 주주는 불확정적인 다수이고 개성이 희박하여지는 반면, 전문적인 지식과 경험을 갖춘 전문경영인 그룹이 등장하여 회사를 실질적으로 경영함으로 인하여 소유와 경영의 분리현상이 나타나고 있다. 그러나 특정의 주주가 발행주식총수 중 과반수 이상의 주식을 소유하는 등의 경우에는 그 주주는 특히 주주의 의결권을 통한 이사회의 지배를 통하여 회사에 대한 지배권을 갖게 된다."며 지배주주의 회사지배권 개념에 대해서는 다음과 같이 설명하고 있다. "지배주주의 회사지배권이란 특정한 주주가 보유하는 주식으로 이사의 선임을 통하여 경영진에 영향력을 행사하거나 또는 주주총회에서의 직접결의에 의하여 회사의 기본정책을 결정할 수 있는 힘"을 말한다. 그러므로 "지배주주는 자신이 소유하는 주식을 통하여 이와 같이 회사지배권을 보유하고 있는 것이므로, 다른 주식과 달리 지배주주가 소유한 주식은 회사의 지배가치라는 별도의 경제적 가치를 지니게 되는바, 지배주식 양도 시에는 그 주식이 포함하는 이와 같은 별도의 가치가 인정되고 있다."며 단순한 단위거래 주식가액의 합계액보다 높은 가액에 거래되고 있는 현실을 인정하고 있다.

대법원도 회사의 발행주식을 회사의 경영권과 함께 양도하는 경우 그 거래가격은 주식만을 양도하는 경우의 객관적 교환가치를 반영하는 일반적인 시가로 볼 수는 없다고 일관되게 판시하고 있다(대법원 88누9565, 1989.7.25. 외 다수). "일반적으로 주식 등은 각 단위 주식 등이 나누어 갖는 주식회사 등의 자산가치와 수익가치를 표창하는 것에 불과하지만 최대주주 등이 보유하는 주식 등은 그 가치에 더하여 당해 회사의 경영권 내지 지배권을 행사할 수 있는 특수한 가치, 이른바 '경영권(지배권)프리미엄'을 지니고 있다."며 주식의 양도에는 경영권프리미엄이 존재하고 있음을 인정하고 있다.

다만, 지배주식에 대해 경영권프리미엄을 인정하지만 모든 주식에 획일적으로 적용하는 현행 상속증여세법의 규정의 합헌(헌재 2002헌바65, 2003.1.30.)에 대해 이를 반대하는 소수의견을 제시하고 있는데 반대의견의 논거를 살펴보는 것도 경영권프리미엄을 이해하는 데 필요하다. 소수의견은 "이 규정은 최대주주 등의 보유주식(지배주식)에 부수된 경영권프리미엄의 가치를 주식 평가액의 100분의 10이라고 규정하고 있다. 그러나 경영권프리미엄의 가치는 회사의 규모, 업종, 재산상태, 경영실적, 장래의 전망, 사회의 신인도, 평가의 시기, 경영진의 능력과 성향, 상장 여부 등에 따라 달라질 수 있는 것인데 이를 획일적으로 정하여 놓고 이를 기초로 하여 과세하는 것은 실질과세의 원칙에 어긋난다. 다만, 다수의견이 지적하는 바와 같이 그 가치를 개별적으로 정확히 평가하는 것이 그렇게 쉬운 일이 아닌 것은 분명하다."며 평가에 어려움이 있음을 인정하고 있다. 그러나 평가의 어려움은 경영권프리미엄의 경우에만은 아닌 것으로 주식평가의 이유를 들면서, "이 법의 규정만 보아도 주식 등을 평가함에 있어서 고려할 사항으로 열거된 것이 최종시세가액의 평균액, 증자나 합병의 유무, 자산, 수익, 재산의 종류, 규모, 거래 상황, 사업성, 상장 여부 등 한둘이 아니고 이러한 사항을 고려하여 과세당국이 개별적으로 평가하되 그것도 많은 경우에 대통령령이 정하는 방법에 따르도록 하고 있다. 더 나아가서는 소송의 과정을 통하여 법원의 심사까지 받게 되어 있는데, 이것은 주식의 평가 자체가 결코 간단히 될 일이 아니다."고 하여 주식평가에도 어려움이 있기는 마찬가지라는 것이다.

그런데 "유독 경영권프리미엄의 평가만은 이와 달리 획일적으로 정하여도 좋을 이유가 어디에 있는가. 경영권프리미엄의 평가가 주식의 평가보다 더 어려우면 어려웠지 더 간단한 것이 아님은 분명한데도 이렇듯 간단히 정하여 버리는 것은 오로지 획일화에 의한 편의의 도모에 그 취지가 있다고 보인다. 만일, 경영권프리미엄의 평가가 너무도 지난하여 달리 그 평가방법을 찾기가 어려워서 부득이 이러한 방식을 택한 것이라면 용혹무괴일 것이나, 주식의 평가와 비교할 때 그것이 그렇게 지난한 것이라고는 인정되지 아니하므로 달리 볼 여지도 없다. 주식의 평가와 마찬가지로 위에서 열거한 여러 가지 사정을 종합하여 대통령령이 정하는 방법으로 과세당국이 개별적으로 평가하되 다툼이 있으면 법원에서 결정하도록 하면 되는 것이다."라고 평가방법을 시행령에 정할 것을 주문하고 있다.

주식의 양도가 경영권 지배를 수반한다는 다른 판례를 들어보면(서울고법 2001누16769, 2002.12.24.), "위 ○○가 원고들에게 지급한 소외회사의 비상장주식에 대한 매입대금은 기존 주식 271,585주의 양도에 대한 대가는 물론, 원고들이 소외회사로 하여금 신주 1,428,050주를 발행하여 ○○에게 인수시키도록 주선하는 등의 방법으로 소외회사의 경영권을 ○○에게 양도하고, 원고들이 일정기간 동안 소외회사 등과 경쟁하지 아니하며, 소외회사로 하여금 계열회사의 주식을 인수하도록 하는 등의 구조조정을 하는 것에 대한 대가를 모두 포함하는 것이다. 이것은 매우 이례적인 거래방법에 해당할 뿐만 아니라 일반적으로 주식의 양도·양수에 경영권의 지배를 수반하는가 여부는 그 주식의 경제적 가치에 큰 영향을 미치게 되는 것이라는 점을 아울러 고려하면, ○○가 이 사건 계약에서 원고들에게 지급한 1주당 양도가액의 가액을 상속재산인 소외회사의 비상장주식의 시가로 인정하는 것은 그 객관적인 교환가치를 적절하게 반영하고 있다고 볼 수 없다."며 상속재산에 포함된 비상장주식을 시가로 본 위 주식의 양도가액에는 소외 회사의 경영권 이전에 대한 대가가 포함되어 있으므로 그 양도가액을 시가로 볼 수 없다(대법원 2003두1073, 2004.10.15.).

(2) 경영권프리미엄과 시가

(2)-1. 대법원의 판단

경영권프리미엄의 평가에 대한 법원의 판단을 보면, "경영권프리미엄이 수반된 주식을 취득하는 경우에도 그것이 일반적이고 정상적인 방법에 의하여 이루어지고 그 주식의 약정가격이 당시의 객관적 교환가치를 적정하게 반영하고 있다면 이를 그 주식의 시가로 볼 수 있다."[46]라고 한 것과 "회사의 발행주식을 회사의 경영권과 함께 양도하는 경우 그 거래가격은 주식만을 양도하는 경우의 객관적 교환가치를 반영하는 일반적인 시가로 볼 수 없다."[47]는 판단 또는 "상속재산에 포함된 비상장주식을 시가로 본 위 주식의 양도가액에는 경영권 이전에 대한 대가가 포함되어 있으므로 그 양도가액을 시가로 볼 수 없다."[48]는 등의 판단은 경영권프리미엄이 수반된 주식거래가격의 시가와 경영권프리미엄이 수반되지 않은 주식거래가격의 시가는 다를 수밖에 없다는 것으로 풀이된다.

한편, "양도하는 주식의 시가는 특별한 사정이 없는 한 상속증여세법 제60조 제1항 후문에 의하여 동법 제63조 제1항 제1호 나목의 보충적 평가방법에 따라 산정된 양도일 전·후 각 2개월 사이에 공표된 매일의 증권업협회 기준가격의 평균액이라고 봄이 상당하고, 이때 양도하는 주식이 최대주주 등이 보유하는 협회등록법인의 주식인 경우 그 시가는 위 평균액에 동법 제63조 제3항에 의한 할증률을 가산한 금액이 된다고 할 것이다."[49]는 판단 또는 "협회등록법인 주식의 시가는 보충적 평가방법에 따라 산정된 양도일 전·후 각 2개월 사이에 공표된 매일의 증권업협회 기준가격 평균액이라고 봄이 상당하고, 이때 최대주주 등이 보유하는 주식인 경우 할증률을 가산한 금액이다."는

46) 대법원 2008두21614 판결, 2011.7.8. 선고; 대법원 86누408 판결, 1987.5.26. 선고
47) 대법원 89누855 판결, 1990.1.12. 선고
48) 대법원 2003두1073 판결, 2004.10.15. 선고
49) 대법원 2008두9140 판결, 2011.1.13. 선고

판단[50]은 경영권프리미엄이 수반된 주식거래가격의 시가는 상속증여세법의 시가(또는 보충법의 평가액)에 할증률을 가산한 금액이 곧 시가가 된다는 것으로, 이때 경영권프리미엄의 시가는 주식의 시가(또는 보충법의 평가액)에 할증률을 곱한 금액이 경영권프리미엄의 시가가 된다고 풀이할 수 있다. 따라서 주식보유비율에 따라 최대주주 주식의 경영권프리미엄의 시가는 상속증여세법에 따른 평가액에 그 가액의 100분의 20(중소기업 100분의 10) 또는 100분의 30(중소기업 100분의 15)을 곱한 금액이 된다.

(2)-2. 경영권프리미엄과 선택의 문제

중소기업의 최대주주의 주식에 대해 경영권프리미엄이 가산된 금액으로 주식을 거래하는 경우 경영권프리미엄이 가산된 금액을 주식의 시가로 볼 수 있을 것인가.

조세특례제한법 제101조(2019.12.31. 삭제)를 들어 분석한 다음의 "(4) 경영권프리미엄과 세법적용(관련사례)"에 따르면("경영권프리미엄이 가산된 금액의 주식의 시가" 문제는 상속증여세법 제35조 저가 양수 또는 고가 양도에 따른 이익과 관련된 문제이므로 조세특례제한법 제101조가 삭제되었다고 하더라도 이와 관련된 분석은 유효하므로 이를 살펴볼 필요가 있다), 조세특례제한법 제101조에서 "상속증여세법 제63조를 적용하는 경우 같은 법 제63조 제3항에 따른 중소기업의 최대주주는 주주의 주식을 2017.12.31. 이전에 상속받거나 증여받는 경우에는 같은 법 제63조 제3항에도 불구하고 같은 법 제63조 제1항 제1호 및 제2항에 따라 평가한 가액에 따른다."에 따라 중소기업 최대주주의 주식에 대해서는 할증평가를 적용하지 않고 있다.[51] 그런데 주식의 양도자가 조세특례제한법 제101조 할증평가 예외 규정에도 불구하고 중소기업의 최대주주의 주식에 대해 경영권프리미엄이 가산된 금액으로 주식을 거래하는 경우 경영권프리미엄이 가산된 금액을 주식의 시가로 볼 수 있을 것인가.

조세특례제한법 제101조 할증평가 예외 규정은 중소기업 최대주주의 주식에 대해 상속, 증여, 양도(소득 또는 법인)에 있어 납세자의 조세부담을 완화하기 위한 조세정책적 목적으로 경영권프리미엄이 수반된 주식이라고 하더라도 주식의 시가에 할증률을 가산한 금액을 상속, 증여, 양도(소득 또는 법인)의 금액으로 보지 않겠다는 것이다. 조세특례제한법의

50) 대법원 2011두19444 판결, 2011.11.10. 선고

51) 소득세법 시행령 제167조 제5항, 법인세법 시행령 제89조 제2항 제2호

할증평가 예외 규정은 납세자를 위한 입법이므로 납세자가 할증평가의 여부를 선택할 수 있을 것인가. 즉 중소기업의 주식이라고 하더라도 납세자가 할증평가 예외규정을 포기하고 적극적으로 조세부담을 하는 경우, 즉 경영권프리미엄이 가산된 금액으로 주식을 양도하는 경우는 그 양도하는 주식의 거래가격을 주식의 시가로 보아야 할 것인가의 문제가 되겠다. 다만, 이 경우에도 시가로 볼 수 있는 경우는 "거래당사자 사이에 주식의 약정가격이 당시의 객관적 교환가치를 적정하게 반영하고 있다면 이를 그 주식의 시가로 볼 수 있다."[52]가 충족되어야 할 것이다. 이때의 경영권프리미엄의 할증률은 상속증여세법 제63조 제3항의 할증률은 의미가 없게 된다. 따라서 주식의 시가에 상속증여세법 제63조 제3항의 할증률 미만 또는 이상을 가산한 금액으로 주식을 거래한 경우에도 과세관청이 개입할 여지가 없다는 것이 된다.

(3) 경영권프리미엄과 시가의 문제

대법원[53]은 "양도하는 주식이 최대주주 등이 보유하는 협회등록법인의 주식인 경우 그 시가는 위 평균액에 상속증여세법 제63조 제3항에 의한 할증률을 가산한 금액이다."고 하였다. 여기서 "주식의 시가에 상속증여세법 제63조 제3항의 할증률 이상을 가산한 금액"인 경우에도 그 주식의 시가로 볼 수 있을 것인가. 앞서 사례를 든 판결에서 "주식의 시가(또는 보충법의 평가액)에 할증률을 곱한 금액"이 경영권프리미엄의 시가라고 하였다. 그런데 "주식의 시가에 상속증여세법 제63조 제3항의 할증률 이상을 곱한 금액"인 경우, 즉 경영권프리미엄이 주식의 시가에 상속증여세법 제63조 제3항의 할증률을 곱한 금액보다 큰 경우 경영권프리미엄의 시가를 얼마로 보아야 할 것인가에 대한 문제가 되겠다.

판례의 사례는 경영권프리미엄의 시가의 한도를 정하는 데 있어 최소 범위를 의미한다고 보아야 한다. 즉 양도하는 주식의 시가에 최소 상속증여세법 제63조 제3항의 할증률을 곱한 금액만큼은 경영권프리미엄의 시가로 보아야 한다는 것이다. 이때 양도주식의

52) 대법원 2008두21614 판결, 2011.7.8. 선고; 대법원 86누408 판결, 1987.5.26. 선고
〈판결요지〉 특별한 사정이 없는 한 교환으로 취득하는 자산의 취득 당시 시가에 의하여야 하고, 여기서 '시가'라 함은 일반적이고 정상적인 거래에 의하여 형성된 객관적 교환가치를 의미하므로 교환에 의하여 경영권프리미엄이 수반되는 대량의 주식을 취득하는 경우에도 그것이 일반적이고 정상적인 방법에 의하여 이루어지고 그 주식의 약정가격이 당시의 객관적인 교환가치를 적정하게 반영하고 있다면 이를 그 주식의 시가로 볼 수 있다.

53) 대법원 2008두9140 판결, 2011.1.13. 선고

거래가격이 주식의 시가에 할증률을 가산한 금액의 미만에 해당된다면 주식의 시가에 할증률을 가산한 금액과 양도주식의 거래가격의 차이는 부당행위계산 대상이 될 수 있다. 또한 경영권프리미엄이 수반된 주식의 시가는 "언제나 주식의 시가에 상속증여세법의 할증률만을 가산한 금액이다."라는 의미가 아니므로 경영권프리미엄이 "상속증여세법 제63조 제3항의 할증률을 곱한 금액" 이상인 경우라고 하더라도 경영권프리미엄의 시가를 부인할 수는 없을 것이다. 다만, 경영권 양도를 수반하여 이루어진 거래라고 하더라도, "주식의 1주당 매매가액이 한국거래소 최종시세가액의 약 3.45배에 이르고 상속증여세법에 따라 계산한 시가의 약 3배에 이르는 점 등을 종합하여 보면, 원고의 주장대로 이 사건 주식의 매매가 적대적 인수를 막고 합병하여 시너지 효과를 창출하려는 그룹의 전략적 판단에 기한 것이며 경영권 양도를 수반하여 이루어진 것이라는 점을 감안한다고 하더라도, 주식을 위와 같이 높은 가격에 매수한 것은 건전한 사회통념이나 상관행 등에 비추어 경제적 합리성이 결여된 비정상적인 거래로서 구 법인세법 시행령 제88조 제1항 제1호에서 정한 '자산을 시가보다 높은 가액으로 매입한 경우'에 해당하여 부당행위계산 부인 대상이 된다(대법원 2014두1772, 2014.7.10.)."

결론적으로 "주식의 시가에 상속증여세법 제63조 제3항의 할증률 이상을 가산한 금액"인 경우에도 거래당사자 사이에 주식의 약정가격이 당시의 객관적 교환가치를 적정하게 반영하고 있다면(건전한 사회통념이나 상관행 등에 비추어 경제적 합리성이 있다면) 이를 그 주식의 시가로 보는 데는 무리가 없겠다.[54)]

한편, 주식의 양도 시가를 적용하는 데 있어 법인세법상의 양도와 상속(또는 증여) 또는 개인의 양도와의 관계를 살펴보면, 시가가 분명한 상장주식의 경우 그 평가액은 상속증여세법과 소득세법이 차이가 없다. 그러나 법인의 양도의 경우는 시가가 분명한 상장주식의 경우는 "거래일의 한국거래소 최종시세가액"이 시가가 되므로 상속증여세법 또는 소득세법과는 다르다. 여기서[55)] "주식의 시가(또는 보충법의 평가액)에 할증률을 곱한 금액이 경영권프리미엄의 시가다."라고 할 때의 주식의 시가(또는 보충법의 평가액)라고 함은 "상속증여세법 제63조 제1항 제1호(주권상장법인, 비상장법인), 같은 법 제60조 제2항을 적용할 때"의 평가액을 말한다.[56)] 다시 말하면 상장주식의 시가는

---

54) 대법원 2008두21614 판결, 2011.7.8. 선고; 대법원 86누408 판결, 1987.5.26. 선고
55) 대법원 2008두9140 판결, 2011.1.13. 선고

"평가기준일 이전·이후 각 2개월의 최종시세가액의 평균액"을 적용할 때의 시가를 말한다. 그런데 법인의 양도의 경우 상장주식은 "거래일의 한국거래소 최종시세가액"이 시가가 되므로 상속증여세법 제63조 제3항의 시가에는 해당되지 않는다. 이 경우 법인이 양도하는 모든(중소기업 여부와 관계없이) 상장주식의 경우는 상속증여세법 제63조 제3항의 할증률을 적용할 수 없다는 것이 된다.

즉 중소기업 주식에 대한 할증평가 제외 규정인 조세특례제한법 제101조(2019.12.31. 삭제)에서는 "상속증여세법 제63조 제1항 제1호(주권상장법인, 비상장법인) 및 제2항(미상장주식 등)"에 따라 평가한 가액에 대해 할증평가를 제외하고 있는데, 법인세법의 평가액인 "거래일의 한국거래소 최종시세가액"은 할증평가 제외 대상인 "상속증여세법 제63조 제1항 제1호에 따라 평가한 가액"이 아니므로 할증평가 제외 대상에 포함되지 않게 된다. 이러한 점에서 볼 때 부당행위계산 적용 시에도 법인세법 시행령 제89조 제2항에서 시가가 불분명한 경우 그 평가액은 "… 조세특례제한법 제101조(할증평가 특례규정)를 준용하여 평가한 가액"으로 하고 있는데, 이 경우 중소기업 주식의 경우 할증평가를 제외하는 대상 주식은 시가가 불분명한 비상장주식을 보충법에 따라 평가하는 경우에 한하고 있다는 것이 된다(법인세법 시행령 제89조 시가의 범위에서 시가가 불분명한 경우 조세특례제한법 제101조 준용한 평가액은 2020.2.11. 삭제되었다). 결국 중소기업 주식이라고 하더라도 상장주식의 경우(시가가 불분명한 경우가 아니므로)는 조세특례제한법 제101조의 할증평가 제외 대상에 포함되어 있지 않은 것으로 볼 수 있다. 따라서 법인의 주식양도에서는 상장주식의 최대주주의 할증평가에 대한 시가 적용은 상장주식의 시가인 "거래일의 한국거래소 최종시세가액"에 할증률을 적용한 주식의 가액이 시가가 될 수 없다고 하겠다. 이와 같은 관계에서 볼 때 중소기업의 경우 조세특례제한법과 법인세법의 부당행위계산에서 법인의 주식양도에 있어 주식의 시가는 경영권프리미엄(할증률)을 포함한 가액이 되어야 합리적이다.

법원(서울고법 2018누66199, 2019.3.20. 진행 중)은 주식가치 평가를 위하여 사용한 현금흐름할인법(DCF Method)은 기업의 미래 현금흐름에 할인율을 적용하여 현재 시점에서의 자본가치를 추정하는 가치평가방법으로서 기업가치를 평가하는 과정에서

56) 상속증여세법 제63조 제3항

고려하여야 할 요소(미래순현금흐름, 할인율 등)의 결정 시 주관이 개입될 여지가 있고, 적절한 할인율을 결정하는 것이 어렵다는 단점이 있어, 코스닥시장 상장법인의 주식으로서 그 시세가 있고 경영권프리미엄까지 고려하여야 하는 이 사건 주식의 시가 산정에 있어서 최적의 방법으로 보이지 않는다(거래당사자인 원고 및 BB 역시 평가보고서상의 주식가치 평가액을 그대로 거래가격으로 한 것이 아니라 최종시세가액에 15%의 경영권프리미엄을 가산하는 방식으로 이 사건 거래가격을 정하였고, 다만 경영권프리미엄을 15%로 정하는 데 있어 위 주식가치 평가액을 참고한 것으로 보일 뿐이다).

따라서 이 사건 양도계약 체결일의 종가는 주당 74,000원(이 사건 거래가격의 약 220%)이며, 그로부터 이틀 후에는 종가가 주당 96,000원(이 사건 거래가격의 약 286%)에 달하였을 뿐만 아니라, 2010년 말까지 종가는 주당 약 60,000원(이 사건 거래가격의 약 178%)보다 높은 가격을 유지하고 있었고, 거래시기로부터 약 6개월 이상이 지난 종가는 주당 약 40,000원(이 사건 거래가격의 약 119%로서 15% 경영권프리미엄을 제외한 위 29,000원의 약 137%을 상회하고 있었으며 이 가액은 피고가 산정한 시가인 주당 37,000원보다도 높은 가격이다) 등을 고려할 때, 이 사건 거래가격이 이 사건 주식 거래와 관련하여 특수관계 없는 자들 사이에서 형성되었을 위 주식의 객관적인 교환가치를 적정하게 반영하고 있다고 보기 어렵다.

(4) 경영권프리미엄과 세법적용

(4)-1. 관련사례 분석

중소기업 주식에 대한 할증평가 규정(상속증여세법 제63조 제3항)이 2019.12.31. 삭제됨으로 인해 중소기업의 주식의 시가는 할증평가 한 금액이 시가가 될 수 없다. 다음의 사례는 조세특례제한법 제101조가 삭제(2019.12.31.)되기 전의 사례이나 "경영권프리미엄이 가산된 금액의 주식의 시가"에 관한 문제로서 상속증여세법 제35조 저가 양수 또는 고가 양도에 따른 이익 또는 중소기업 주식의 할증평가 삭제와 관련한 소득세법과 법인세법의 적용의 문제에도 해당되므로 이와 같은 분석은 유효하다. 금융감독원의 "주식 등의 대량보유 상황보고서", "임원·주요주주 특정증권 등 소유상황보고서" 및 "최대주주변동 등"의 공시자료를 참고하여 최대주주의 주식이동을 다음과 같이 추적해 볼 수 있다. 상속증여세법 제63조 제3항의 경영권프리미엄의 할증률은 중소기업이 아닌 일반기업 20%, 중소기업은

10%를 적용한다.

사례분석과 관련되는 조세법규정에는 상속증여세법 제35조, 소득세법 제101조 및 같은 법 시행령 제167조, 법인세법 제52조 및 같은 법 시행령 제88조, 조세특례제한법 제101조, 판례(대법원 2008두9140, 2011.1.13., 대법원 2008두21614, 2011.7.8.)가 해당된다. 앞서 주식거래내용에 대해 분석한 관련사례를 참고하여 최대주주가 매도한 주식거래에 대해 다음과 같이 분석해 볼 수 있을 것이다. 사례분석에서 제시되는 문제점은 중소기업 주식 할증평가 제외 규정인 조세특례제한법 제101조가 삭제(2019.12.31.)되었음에도 여전히 상속증여세법 제63조 제3항의 할증평가 규정 삭제(2019.12.31.)에 따라 같은 문제점이 계속되고 있다.

사례 3 ••• 할증평가와 이익증여

매도인(○○컴퍼니 대표이사 이@@)과 매수인(주식회사 ○○넥스, 김○○)은 ○○컴퍼니 보통주식 5,000,000주(40.09%, 매매금액 240억원)를 주식양수도계약을 하였다(최대주주 이@@ 장외매도). 이와 같은 주식양수도계약에 따라 최대주주가 된 관련기업은 주식회사 ○○넥스(대표자 김○○, 자본금 6,050백만원)이다.

주식 등의 대량보유상황보고서에 의하면 주식양수도와 관련하여 거래내용을 다음과 같이 요약할 수 있다. 매도자(○○컴퍼니 대표이사 이@@)의 현황은 다음과 같다.

| 이@@의 매도자 현황 | (단위: 원, 주)

보고사유	변동일	특정증권 등의 종류	소유주식수			취득/처분 단가(원)	비고
			변동 전	증감	변동 후		
장외매도	2012.3.5.	보통주	5,805,469	-5,000,000	805,469	4,800	주식양수도계약
합 계			5,805,469	-5,000,000	805,469	4,800	주식양수도계약

* 양도일(2012.3.5.) 이전 · 이후 각 2월간 최종시세가액의 평균액 4,100원
* 2012.3.5. 종가 4,385원

최대주주인 ○○넥스와 ○○넥스의 대표자 김○○의 장외매수 현황은 다음과 같다.

| ○○넥스 및 김○○의 매수자 현황 |

변동일	취득/처분 방법	변동 내역			취득/처분 단가	비고
		변동 전	증감	변동 후		
2012.3.5.	장외매수	0	2,500,000	2,500,000	5,800	주식 및 경영권양수도 ○○넥스
2012.3.5.	장외매수	0	1,000,000	1,000,000	3,800	주식 및 경영권양수도 김○○

* ○○넥스와 김○○은 특수관계자임.

(1) 고가양도

먼저 이@@가 법인인 ○○넥스에 양도한 주식을 다음과 같이 분석해 볼 수 있을 것이다.

| 개인주주 이@@가 법인 ○○넥스에 양도한 주식(경영권프리미엄 포함) 분석 |

구분	주당시가 ①	주당 경영권 포함시가 ② (①×할증률)	주당 양도가액③	주당 양도차익④ (③－②)	주식수 ⑤	고가양도 금액 (④×⑤)
일반기업	4,100	4,920	5,800	880	2,500,000	2,200,000,000
할증률 미적용	4,100	4,100	5,800	1,700	2,500,000	4,250,000,000
중소기업	4,100	4,510	5,800	1,290	2,500,000	3,225,000,000

분석에 따르면 상속증여세법 제35조 타인에게 시가보다 높은 가액으로 재산을 양도한 경우에 해당된다. 이 경우의 이익증여는 그 재산의 양도자이다. 따라서 거래의 관행상 정당한 사유 없는 경우 양도자인 이@@의 이익증여는 중소기업 주식이 아닌 경우(20% 할증률) 2,200,000,000원이 된다. 다만, 조세특례제한법 제101조에 따라 중소기업 주식인 경우(10% 할증률 미적용)는 할증률을 적용하지 않으므로 4,250,000,000원이 된다. 이 경우 상속증여세법 제63조 제3항의 할증평가규정으로 인해 고가양도에 따른 이@@의 증여재산이 조세특례제한법 제101조의 조세특례를 지원받는 중소기업 주식인 경우(10% 할증률 미적용)가 중소기업 주식이 아닌 경우(20% 할증률)보다 2,050,000,000원(4,250,000,000원 －2,200,000,000원)이나 더 많게 된다. 중소기업 주식인 경우가 중소기업 주식이 아닌 경우보다 불리하다. 한편, 중소기업 주식인 경우에도 조세특례를 적용받아 할증률을 적용하지 않는 경우(10% 할증률 미적용)가 할증률을 적용하는 경우(10% 할증률 적용)보다

증여재산이 1,025,000,000원(4,250,000,000원－3,225,000,000원) 더 늘어난다. 중소기업으로서 할증률을 적용하지 않는 것보다 할증률을 적용하는 것이 더 유리하므로 조세특례를 적용받지 않는 것이 오히려 조세부담이 경감된다.

결국 상속증여세법 제63조 제3항의 할증평가 규정은 상속·증여의 재산의 평가인 경우에는 중소기업 주식이 중소기업 주식이 아닌 경우보다 할증률이 낮으므로 일률적으로 조세부담이 경감되나 상속증여세법 제35조의 고가양도의 적용에서는 양도자의 증여재산이 중소기업 주식인 경우가 중소기업 주식이 아닌 경우보다 조세부담이 증가하게 된다. 이러한 현상은 중소기업 주식을 우대하는 상속증여세법 제63조 제3항의 할증평가규정이 일반적인 상속·증여재산의 경우에는 합리적이나 상속증여세법 제35조 고가양도의 경우에는 불합리한 것이다. 이와 같은 현상은 일반기업과 중소기업 간의 최대주주의 보유지분율에 따라 차등을 두는 취지에도 반한다.

또한 최대주주의 보유주식이 50%를 초과하는 경우 경영권프리미엄의 할증률이 높아지게 되는데 보유주식 비율이 높을수록 주당 경영권 포함 시가가 높아지게 되므로 결국 1주당 양도차익은 줄어들게 된다. 따라서 최대주주의 보유주식 비율이 높을수록 할증률이 높아지게 되고 1주당 양도차익이 줄어들게 되어 고가양도에 따른 이익증여가 줄어들게 된다. 최대주주의 보유주식 비율이 낮은 경우보다 높은 경우에 조세부담을 더 지우려는 의도와는 다르게 나타나고 있다. 이러한 현상은 조세특례제한법 제101조의 중소기업 할증률 특례규정의 경우에도 이@@의 주식양도가 조세특례를 적용받지 않는 경우(할증률을 적용하는 경우)가 조세특례를 적용받는 경우(할증률을 적용하지 않는 경우)보다 더 유리하게 되는 것과 다를 바 없다. 이와 같은 상속증여세법 제63조 제3항의 할증평가규정과 조세특례제한법 제101조의 특례규정이 상속증여세법 제35조의 고가양도의 경우는 일률적으로 일반기업과 중소기업에 할증률을 적용하는 문제와 중소기업 스스로 할증평가를 적용하는 데는 문제점이 있음을 알 수 있다.

이와 같은 현상은 부당행위계산에서도 발생한다.

예를 들면, 이 사례에서 주식양수자가 개인으로서 특수관계인 사이라면 중소기업 주식이 아닌 경우 양수자의 고가매입에 따른 부당행위계산부인 금액이 최대주주인 경우(20% 할증률 적용) 22억원, 최대주주가 아닌 경우(할증률 미적용) 4,250,000,000원이 되어 최대주주가 아닌 경우가 오히려 불리하다. 최대주주가 아닌 자보다 최대주주에게 높은 세금부담을 지우려는 것과는 반대현상이 되고 있다.

(2) 저가양도

| 개인주주 이@@가 개인주주 김○○에게 양도한 주식(경영권프리미엄 포함) 분석 |

구분	주당시가 ①	주당경영권 포함시가 ② (①×할증률)	주당 양도가액③	주당 양도차익④ (② − ③)	주식수 ⑤	저가양도금액 (④×⑤)
일반기업	4,100	4,920	3,800	1,120	1,000,000	1,120,000,000
할증률 미적용	4,100	4,100	3,800	300	1,000,000	300,000,000
중소기업	4,100	4,510	3,800	710	1,000,000	710,000,000

분석에 따르면 상속증여세법 제35조 타인에게 시가보다 낮은 가액으로 재산을 양도한 경우에 해당된다. 이 경우의 이익증여는 그 재산의 양수자이다. 따라서 거래의 관행상 정당한 사유 없는 경우 양수자인 김○○의 이익증여는 중소기업 주식이 아닌 경우(20% 할증률) 1,120,000,000원이 된다. 다만, 조세특례제한법 제101조에 따라 중소기업 주식인 경우(10% 할증률 미적용)는 300,000,000원이 된다.

저가양수에 따른 김○○의 증여재산이 중소기업 주식인 경우(10% 할증률 미적용)가 중소기업 주식이 아닌 경우(20% 할증률)보다 820,000,000원(1,120,000,000원 − 300,000,000원)이나 더 적다. 중소기업 주식이 아닌 경우보다 중소기업 주식인 경우가 더 낮으므로 중소기업 주식인 경우가 조세부담이 감소하게 된다. 앞에서 살펴본(고가양도) 바와는 다르게 상속증여세법 제35조의 저가양도의 경우는 중소기업 주식에 대해 상속증여세법 제63조 제3항의 할증평가 규정이 상속 및 증여의 재산평가와 마찬가지로 조세부담이 일률적으로 경감되고 있다. 상속증여세법 제63조 제3항의 할증평가규정이 저가양도의 경우에는 부합된다고 하겠다. 한편, 중소기업 주식인 경우 김○○의 증여재산이 10% 할증률을 적용하지 않는 경우(조세특례제한법 제101조의 특례규정을 적용받는 경우)에는 300,000,000원, 10% 할증률을 적용하는 경우(조세특례제한법 제101조의 특례규정을 적용받지 않는 경우)가 710,000,000원으로 조세특례를 적용받는 경우가 더 유리하다. 조세특례제한법 제101조의 특례규정은 저가양도의 경우 상속·증여의 재산평가와 마찬가지로 일률적으로 할증률을 적용(배제)하는 것이 특례규정의 취지에 맞게 운영되고 있다.

이 사례는 주식 양수도는 양도자(○○컴퍼니 대표이사 이@@)와 양수자(주식회사 ○○넥스, 김○○) 사이에 경영권확보를 위해 1주당 4,800원(보통주식 5,000,000주, 매매금액 240억원)으로 매매한 주식양수도계약에 따라 거래한 내용이다. 이러한 주식양수도계약은 "거래당사자 사이에 주식의 약정가격이 당시의 객관적 교환가치를 적정하게 반영하고 있다면 이를 그 주식의 시가로 볼 수 있다."고 할 것이다. 그러나 주주 개별적인 거래내용을 보면 법인에는 1주당 5,800원, 개인에게는 1주당 3,800원으로 거래한 것으로 확인된다. 이 경우 "거래당사자 사이에 주식의 약정가격이 당시의 객관적 교환가치를 적정하게 반영하고 있다면 이를 그 주식의 시가로 볼 수 있다."고 할 것인가. 이러한 문제는 거래상대방(법인과 개인)에 따라 경영권프리미엄의 차등을 둘 수 있는가의 문제이기도 할 것이다. 이에 대해서는 "최대주주 등에 대하여 일률적으로 가산하여 평가하고 그 상대방 및 거래량을 한정하지 않고 있는 것이 과연 합리적인 입법으로서 조세평등주의의 원칙에 합치하는 것인지의 문제에 대해 입법목적에 비추어 자의적이거나 임의적인 것으로서 입법형성권의 한계를 벗어났다고 볼 수 없으므로 조세평등주의에 위반되지 아니한다."[57]고 하였다. 거래상대방(법인과 개인) 및 거래량에 따라 할증률의 차등을 둘 수 없다는 것이다.

결론적으로 상속세 및 증여세법 제35조 저가·고가양도는 상속증여세법 제63조 제3항의 할증평가규정을 적용하는 데 있어 그 취지(중소기업 주식에 대한 조세부담 경감)가 동일하게 나타나지 않고 있다. 즉 저가양도의 경우는 중소기업 주식이 중소기업 주식이 아닌 경우보다 조세부담이 경감되어 중소기업 할증평가규정(20%가 아닌 10% 할증률)의 취지에 부합되나 고가양도의 경우에는 중소기업 주식이 중소기업 주식이 아닌 경우보다 조세부담이 증가되어 할증평가규정의 취지에 반하고 있다. 또한 조세특례제한법 제101조의 특례규정을 적용하는 데 있어서도 고가양도의 경우에는 특례규정을 적용받는 것이 양도자에게 조세부담이 증가되어 조세특례규정의 취지에 반한다 하겠으나, 저가양도의 경우에는 양수자에게 조세부담이 감소되어 조세특례규정의 취지에 부합된다고 하겠다.

57) 헌재 2003.1.30. 선고 2002헌바65 결정

사례 4 ••• 할증평가와 양도소득

개인주주 이##가 주식회사 엔○○에 장외매도한 현황은 다음과 같다.

| 이##의 매도자 현황 |

변동일	취득/처분 방법	주식 등의 종류	변동 내역			취득/처분 단가	매도자
			변동 전	증감	변동 후		
2013.7.17.	장외매수	의결권 있는 주식	0	1,005,453	1,005,453	10,700	이##

* 양도일(2013.7.17.) 이전·이후 각 2월간 최종시세가액의 평균액 7,882원
* 2013.7.17. 종가 7,540원

먼저 이##가 법인인 엔○○에게 양도한 주식을 다음과 같이 분석해 볼 수 있을 것이다.

| 이##가 법인 엔○○에 양도한 주식(경영권프리미엄 포함) 분석 |

구분	주당시가 ①	주당경영권 포함시가 ② (①×할증률)	주당 양도가액③	주당 양도차익④ (③－②)	주식수 ⑤	고가양도금액 (④×⑤)
일반기업	7,882	9,458	10,700	1,242	1,005,453	1,248,370,445
할증률 미적용	7,882	7,882	10,700	2,818	1,005,453	2,833,366,554
중소기업	7,882	8,670	10,700	2,030	1,005,453	2,040,868,499

* 개인주주 이##는 최대주주가 아니며, 주식회사 엔○○ 사이에 특수관계인에 해당된다.

상속증여세법 제35조 타인에게 시가보다 높은 가액으로 재산을 양도한 경우에 해당된다. 이 경우 이익의 증여는 그 재산의 양도자가 된다. 개인주주인 이##의 주식양도에 있어 할증평가를 하지 않은 경우 고가양도에 따른 증여재산은 2,833,366,554원이 된다. 그러나 일반기업으로서 최대주주인 경우(20% 할증률 적용) 증여재산은 1,248,370,445원이 되어 최대주주가 아닌 경우보다 많다. 이 경우 최대주주인 주식이 최대주주가 아닌 주식보다 높게 평가하여 회사의 지배권이 정당한 조세부과를 받기 위한 목적이라는 상속증여세법 제63조 제3항의 할증평가규정의 취지와는 반대 현상이 되고 있다. 다만, 이와 같은 현상은 소득세법의 양도소득과 관련하여 살펴보아야 최종 결론을 내릴 수 있다. 즉 소득세법 제96조 제3항 제2호에서 특수관계인 외의 자에게 자산을 시가보다 높은 가격으로 양도한

경우 상속증여세법 제35조에 따라 해당 거주자의 증여재산가액으로 하는 금액이 있는 경우에는 그 양도가액에서 증여재산가액을 뺀 금액이 양도가액(실지거래가액)이 된다.

이 사례에서 이##에게 상속증여세법 제35조의 고가양도에 따른 증여재산가액이 있는 것으로 본다면 양도가액(실지거래가액)은 다음과 같게 될 것이다.

| 양도실지거래가액 계산명세 |

구분	양도가액 ①	증여재산가액 ②	양도실지거래가액 (① - ②)
20% 할증	10,758,347,100	1,248,370,445	9,509,976,655
중소기업	10,758,347,100	2,833,366,554	7,924,980,546
10% 할증	10,758,347,100	2,040,868,499	8,717,478,601

소득세법의 이와 같은 계산구조는 동일 거래에 대한 중복과세 방지를 위해 양도가액이 시가를 초과하는 고가양도의 경우 시가초과 부분을 상속증여세법 제35조의 고가양도에 따른 증여세를 먼저 과세하고 증여세를 과세한 부분은 소득세법의 양도가액 계산 시 차감하도록 하고 있다. 결국 증여세로 과세된 부분만큼 양도소득 계산 시 양도차액이 줄어들게 되므로 인해 양도소득세가 줄어들게 되어 중복과세를 피할 수 있게 된다. 그러나 이와 같은 계산구조로는 증여세의 고율 세율과 소득세의 저율 세율에 따른 세율차이로 인한 중복과세를 완전히 피할 수는 없게 된다.

위 분석에 따르면 최대주주인 경우로서 증여재산가액이 중소기업 주식이 아닌 경우가 1,248,370,445원, 중소기업 주식인 경우 2,833,366,554원이다. 중소기업 주식이 아닌 경우보다 중소기업 주식인 경우가 증여재산가액이 1,584,996,109원(2,833,366,554원－1,248,370,445원) 더 많다. 반대로 소득세법의 양도가액은 중소기업 주식인 경우가 중소기업 주식이 아닌 경우보다 적게 되고, 결국 양도차익이 증여재산가액과 동일한 금액인 1,584,996,109원(9,509,976,655원－7,924,980,546원)만큼 적어지게 된다. 즉 주식양도에 따른 증여재산가액이 증가한 만큼 양도차익이 줄어들게 된다. 그러나 이와 같이 증가된 증여재산가액과 감소된 양도차익이 동일한 금액이라고 하더라도 증여와 양도에 대한 적용 세율의 차이로 인해 발생되는 조세부담의 불공평을 피할 수는 없는 것이다. 이와 같은 현상은 중소기업 주식으로서 조세특례제한법의 특례규정을 적용받은 경우에도 특례규정을 적용받는 경우가 적용받지 않는 경우보다 증여재산가액이 많아 양도차익은 적게 발생하나 조세부담에서 볼 때는 특례규정을 적용받는 것이 더 많은 조세부담을 할 수도 있으므로 중복과세를 완전히 해소하는 데는 한계가 있다.

(4)-2. 세법적용의 한계

기본적으로 경영권프리미엄의 평가는 주식양수도 당사자 사이의 계약으로 조세법이 개입할 수 없는 부분이기도 하다. 이러한 점 때문에 평가의 자의성이 개입할 여지가 상존한다. 실제로도 일정 시점의 공시자료 분석에 따르면 경영권프리미엄이 기준주가 대비 최대 106.2%, 최소 -28.0%[58] 또는 최대 1,459.09%, 최소 289.0%[59]로 조사되고 있다. 이와 같은 경영권프리미엄의 거래는 주식양도에 대한 양도소득(개인 및 법인)과 상속증여세법 제35조 저가·고가양도의 이익증여에 심대한 영향을 미치게 된다. 즉 "회사의 발행주식을 회사의 경영권과 함께 양도하는 경우 그 거래가격은 주식만을 양도하는 경우의 객관적 교환가치를 반영하는 일반적인 시가로 볼 수 없다."[60]거나, 또는 "상속재산에 포함된 비상장주식을 시가로 본 위 주식의 양도가액에는 경영권 이전에 대한 대가가 포함되어 있으므로 그 양도가액을 시가로 볼 수 없다."[61]에 해당된다면 결국 낮은 세율의 양도소득세만을 부담하기 때문이다.

(가) 상속증여세법 제63조 제3항의 할증평가규정

상속증여세법 제63조 제3항의 할증평가규정은 회사의 지배권이 정당한 조세부과를 받지 아니하고 낮은 액수의 세금만을 부담한 채 이전되는 것을 방지하기 위하여 적정한 과세를 위한 공정한 평가방법을 두고자 함이며[62] 지배주주가 보유한 주식에 대해 지배주주가 아닌 주식보다 높게 평가하여 상속·증여세를 부과함이 목적이다. 그러나 주식의 상속·증여가 아닌 주식의 양·수도의 거래 유형인 고가양도에서는 상속증여세법 제63조 제3항의 할증률 적용으로 인해 최대주주인 경우보다 최대주주가 아닌 경우가 오히려 증여재산가액이 더 많게 발생되어(≪사례 2≫) 상속증여세법 제63조 제3항의 할증평가 규정의 취지와는 반대 현상이 되고 있다. 또는 중소기업 주식인 경우가 중소기업

---

58) 박성훈, "세법상 최대주주 소유주식 할증평가율에 대한 실증연구", 서울시립대학교 석사학위논문, 2014, p.19

59) 홍성대, "경영권프리미엄에 대한 세법적용", [월간조세] 통권 283호, 영화조세통람, pp.165~166

60) 대법원 89누855 판결, 1990.1.12. 선고

61) 대법원 2003두1073 판결, 2004.10.15. 선고

62) 헌재 2002헌바65 결정, 2003.1.30. 선고

주식이 아닌 경우보다 세금부담이 증가하거나, 중소기업 주식으로서 조세특례제한법의 특례규정을 적용받지 않는 것보다 특례규정을 적용받는 것이 오히려 증여재산가액이 증가하기도 한다(≪사례 1≫). 이러한 현상은 중소기업 주식을 우대한다는 할증평가 규정과 조세특례 규정의 취지에 반하는 것이다. 또한 법인으로서 고가매입의 경우는 최대주주가 아닌 경우가 최대주주인 경우보다 부당행위계산부인 금액이 많게 발생하기도 한다(≪사례 1≫ 제1차 후반, 예를 들면). 지배주주에 대한 과세강화와는 다른 방향으로 가고 있다.

상속증여세법 제35조의 저가·고가양도에 따른 이익증여의 문제는 일반적인 증여와는 다른 개념이다. 기본적으로 주식의 양도에 대한 조세는 소득세법의 양도소득세이다. 상속증여세법 제35조의 저가·고가양도에 따른 이익증여는 동일한 주식양도에 대해 증여의 개념을 도입한 것으로 재산의 저가·고가양도에 대해 소득세법의 양도세율보다 높은 세율의 증여세를 부과함으로써 변칙적인 증여를 통하여 상속세 또는 증여세를 내지 아니하고 부를 이전하게 되는 것을 방지하려는 것이 입법취지이다. 이와 같이 상속증여세법 제35조의 저가·고가양도에 따른 증여재산가액은 상속증여세법의 일반적인 증여재산가액과는 그 의미가 다르다는 것을 알 수 있다. 이러함에도 불구하고 저가·고가양도에 따른 증여재산에 대해 상속증여세법의 일반적인 상속·증여재산의 평가와 동일하게 상속증여세법 제63조 제3항의 할증평가규정과 조세특례제한법 제101조의 조세특례를 적용하게 함으로써 앞에서 제기했던 다양한 문제점이 노출되고 있다.

(나) 개인과 법인의 경영권프리미엄

나아가 각 세법규정(상증법 §63, 소득령 §167, 법인령 §88)에서의 주식평가의 방법이 서로 달라 세목에 따라 그 평가액이 다른 경우가 있다. 그럼에도 상속증여세법 제63조 제3항에서 할증평가의 대상을 정함에 있어서 상속증여세법 제63조 제1항 제1호의 평가액으로 하고 있다. 이 규정으로 상장주식의 개인의 평가액(평가기준일 이전·이후 각 2개월의 최종시세가액의 평균액)과 법인의 평가액(거래일의 한국거래소 최종시세가액)의 차이는 과세체계의 문제로서 그 차액은 어느 시점에서 과세가 되고 있어 심각한 문제는 아닐 수 있다. 그러나 이러한 차이가 상속증여세법 제63조 제3항의 할증평가의 적용대상에 포함되느냐의 여부에 따라 평가액에 영향을 미치게 되고 결국 증여재산의 크기에도 영향을 미치게 되므로 중대한 문제가 된다. 즉 동일 회사의 주식임에도 개인의 주식양도에는 경영권프리미엄이 존재하고 법인의 주식양도에는 경영권프리미엄이 존재하지 않게 되기 때문이다. 이러한 문제는 단순히 양도자만이 아니라 양수자가 개인일 경우, 또는 양도자가 개인인 경우와 법인인 경우에 따라 저가 · 고가양도에서 양수자에게 이익증여가 발생되기도 하고 발생되지 않기도 하므로 우려되는 부분이라 하겠다. 또한 법인이 양도하는 주식이라고 하더라도 비상장주식은 경영권프리미엄이 존재하게 되고 상장주식은 존재하지 않게 되기도 한다.

(다) 결론

상속증여세법 제63조 제3항의 할증평가규정은 경영권프리미엄의 시가범위에 대한 규정이면서 최대주주에 대한 조세부담을 강화하는 한편, 219.12.31. 개정된 상속증여세법 제63조 제3항의 할증평가(중소기업 주식 제외) 및 조세특례제한법 제101조의 중소기업 주식에 대해서는 조세부담 완화라는 두 가지 목적을 수행하고 있다.

한편, 상속증여세법 제63조 제3항의 할증평가규정은 회사의 지배권이 정당한 조세부과를 받지 아니하고 낮은 액수의 세금만을 부담한 채 이전되는 것을 방지하기 위하여 적정한 과세를 위한 공정한 평가방법을 두고자 함이며, 지배주주가 보유한 주식에 대해 지배주주가 아닌 주식보다 높게 평가하여 상속 · 증여세를 부과함이 목적이다. 분석 결과에 따르면 주식의 상속 · 증여가 아닌 상속증여세법 제35조의 주식의 양도 · 양수의 거래 유형인 고가양도에서는 상속증여세법 제63조 제3항의 할증률 적용으로 인해 최대주주인 경우보다 최대주주가 아닌 경우가 오히려 증여재산가액이 더 많게 발생되어 상속증여세법 제63조 제3항의 할증평가규정의 취지와는 반대 현상이 되고 있다. 또한 중소기업 주식인 경우가 중소기업 주식이 아닌 경우보다 세금부담이 증가하거나, 중소기업 주식으로서 조세특례제한법의 특례규정을 적용받지 않는 것보다 특례규정을 적용받는 것이 오히려 증여재산가액이 증가하기도 한다. 이러한 현상은 중소기업 주식을 우대한다는 할증평가규정과 조세특례규정의 취지에 반하는 것이다. 또한 법인으로서 고가매입의 경우는 최대주주가 아닌 경우가 최대주주인 경우보다 부당행위계산부인 금액이 많게 발생하기도 한다. 지배주주에 대한 과세강화와는 다른 방향으로 가고 있다. 따라서 "상속증여세법 제35조의 저가 · 고가양도의 이익증여와 제63조 제3항의 할증평가규정, 조세특례제한법 제101조(삭제)"가 부분적으로는 불합리하거나 그 취지에 맞게 운영되지 않고 있다는 것이 된다.

제3절 무형가치와 평가

1 일반론

기업의 가치평가는 그 평가가 추정에 불과하지만, 객관적이고 합리적인 방법에 따른 평가는 평가가 목적하는 바에 의하여 그 평가액을 따라야 한다. 여기서 평가라고 함은 평가방법에 따른 평가, 예를 들면 상속증여세법 제63조의 주식평가 등은 물론이고 M&A에서 집단기업의 가치를 개별기업에 배분하는 방법 또는 영업권과 경영권대가가 혼재되어 있는 경우 이를 구별하는 합리적인 방법 등을 말한다. 특히 영업권과 경영권대가의 평가(또는 구별, 배분)는 현행 규정에 따른 일반적인 기업가치평가(주식평가. 조세법에서는 기업가치평가와 주식평가를 혼용하고 있다)로서는 해결할 수 없는 것들이다. 다만, 여기서 논의하고자 하는 것은 이들 무형의 가치를 이론적이고 기술적인 방법이 아닌 다른 합리적인 방안, 예를 들면 M&A 과정에서 이들 무형의 가치가 포함되어 M&A가 성사되었다면 이들의 가치는 구별 또는 배분되어야 할 것이므로 이를 구별 또는 배분하는 데 있어 합리적인 방안에 대해 분석해 보자는 것이다.

영업권가액은 당사자 사이의 사적자치에 의하여 결정되는 것이며 법률상 허위・가장 행위가 없는 한 조세권을 남용하여 이를 부인하는 것은 바람직하지 아니하다(국심 2004서1676, 2005.2.3.). 따라서 이론적이고 기술적인 방법으로 무형의 가치를 평가하는 것은 불가능하며, 또한 평가가 가능하더라도 그 평가액을 협상의 당사자들이 받아들이기에는 한계가 있다. 그 이유는 이들 무형의 가치는 M&A 과정에서 협상의 산물일 수밖에 없기 때문이다. 결국 협상에 따라 정해질 수밖에 없다. 앞 제2절에서 살펴본 평가와 관련된 각 규정과 법원의 견해는 무형의 가치를 이해하고 평가하는 데 있어 기준이 될 만하다. 결국 무형의 가치평가는 이를 합리적으로 구별 또는 배분하는 데 있고, 이들 무형가치의 내용과 성격을 분명하게 이해하는 것이 첫 번째 과정이다.

(1) 영업권의 평가

먼저 영업권평가를 보면 실무상 유상취득 영업권은 평가라기보다는 어떤 기업의 가치가 결정된 금액(지급금액, 매수 또는 매각대가)에서 일정금액을 차감하는 방법으로 영업권을 계산하고 있는데 이러한 방법은 실무에서 뿐만 아니라 현실적으로도 다른 방법이 없으므로 그 계산된 금액을 영업권으로 보고 있다. 물론 영업권의 평가기술의 개발로 이론적인 영업권 평가방법 등이 있어 그 방법을 사용할 수 있겠으나 M&A에 있어 영업권은 기업매수자와 매도자인 당사자들 사이에서 벌어지는 협상을 통하여 결정되는 것으로 영업권평가액 그 자체 그대로 조세법에 적용하는 데는 한계가 있다.

예를 들면, 부동산 가치(시가)의 경우 이를 평가하여 그 평가한 가액을 부동산의 가치(시가)로는 할 수 있으나 영업권을 이론적 또는 기술적으로 평가하여 그 금액을 영업권의 가치(시가)라고 할 수 없는 것이 현실이다(물론 기업의 브랜드가치 등을 기술적 · 이론적 방법에 따라 평가하여 그 평가의 출발에서 M&A를 하겠지만 협상의 단계에서 그 평가액은 참고일 뿐이므로 조세법에서 그 평가액이 있다고 하더라도 세법적용을 하는 데는 어려움이 따른다는 것이다).

영업권평가는 일반적으로 전체 기업의 가치(매수 또는 매도 대가)에서 직접 평가될 수 있는 기업 순자산들의 현재가치를 차감한 잔여 개념 또는 차액 개념을 무형의 가치(영업권)라고 할 수 있는데[63] 이러한 개념은 법원의 견해와도 일치하는 부분이 있다.

법원의 견해를 보면, "합병함으로써 각 회사의 평점과 그 영업에 관한 일체의 인적 · 물적시설 등 기업을 승계하여 신설회사의 요건을 취득하고 새로이 항만운송사업법에 따른 면허를 발급받음과 동시에 전용부두 사용권을 취득하는 등 특혜조치를 받고 통폐합에 따른 법인세 · 재산세 등이 비과세되는 세제상의 혜택도 받은 사실, 위 순자산취득가액과 주식취득가액과의 차액인 1,189,618,920원은 회사를 합병함에 있어 장차 기대되는 초과수익력에 대한 무형적 가치를 인정하여 피합병회사의 순자산가액을 초과하는 대가로서 지급한 것이므로 영업권의 대가에 해당한다(대법원 85누592, 1986.2.11.)."고 판시하고 있다.

또 다른 견해를 보면, "인적자원과 기존의 거래처 등의 영업에 관한 일체의 영업상의 비결과 장차 기대되는 초과수익력 등의 사실상 가치를 참작하여 위 두 회사의 순자산가액을

63) 이우택, 「M&A회계와 세무」, 조세통람사, pp.193~198

초과하는 대가를 지급한 사실을 인정하였는바, 원고 회사가 위 두 회사를 흡수합병함에 있어 장차 초과수익을 올릴 수 있는 무형의 재산적 가치를 인정하여 순자산가액을 초과하는 차액을 대가로 지급하고 유상으로 영업권을 취득한 것으로 보아야 한다(대법원 93누11395, 1993.12.14.)."며 순자산가액을 초과하여 지급한 대가를 유상취득 영업권으로 보고 있다. 한편, 영업권을 평가함에 있어서 재무회계방식이 아닌 내부손익자료 등에 기초한 관리회계방식에 따라 산정된 순손익을 기준으로 영업권의 가액을 산정하였다고 하여 이를 불합리하다고 단정할 수 없다(대법원 2006두19143, 2009.2.12.).

결국 M&A에 있어 영업권은 평가(상속증여세법 제60조에 의한 평가 등)에 의한 것이라기보다 기업가치에서 직접 평가될 수 있는 재산적 가치를 차감한 잔여 개념으로 보면서 가치 개념에 의한 유상취득 영업권에 한정한다고 볼 수 있겠다. 또한 영업권의 평가가 합리적이고 적절한 평가방법에 따라 평가된 것이라면 그 평가액을 합리적인 평가라고 볼 수 있다. 주의할 것은 위에서 설명하는 영업권과 상속증여세법 시행령 제59조에 의한 영업권평가, 즉 자기창설영업권과는 서로 다른 것이며 세법을 적용함에 있어서도 사안에 따라 구별되어야 한다.

(2) 경영권대가의 평가

경영권프리미엄(경영권대가)의 평가에 관해서는 관련사례나 논의가 활발하지 않은 것으로 알고 있다. 헌법재판소의 견해 중 그 일부를 보면서 평가의 의미를 되새겨 보기로 한다. 이미 앞에서 경영권프리미엄의 합헌에 대한 소수 의견에서 제시한 바와 같이 "경영권프리미엄의 가치는 회사의 규모, 업종, 재산상태, 경영실적, 장래의 전망, 사회의 신인도, 평가의 시기, 경영진의 능력과 성향, 상장 여부 등에 따라 달라질 수 있는 것이며 평가의 어려움은 경영권프리미엄의 경우에 고유한 것은 아니다. 즉 주식 등을 평가함에 있어서 고려할 사항으로 열거된 것이 최종시세가액의 평균액, 증자나 합병의 유무, 자산, 수익, 재산의 종류, 규모, 거래 상황, 사업성, 상장 여부 등 한둘이 아니고 이러한 사항을 고려하여 과세당국이 개별적으로 평가하고 소송의 과정을 통하여 법원의 심사까지 받게 되어 있다. 그런데 유독 경영권프리미엄의 평가만은 이와 달리 획일적으로 정하여도 좋을 이유가 어디에 있으며 경영권프리미엄의 평가가 주식의 평가보다 더 어려우면 어려웠지 더 간단한 것이 아님은 분명한데도 이렇듯 간단히 정하여 버리는 것은 오로지 획일화에 의한 편의의 도모에 그 취지가 있다고 보인다. 따라서 주식의 평가와 마찬가지로 위에서 열거한 여러 가지 사정을 종합하여 대통령령이 정하는 방법으로 과세당국이 개별적으로 평가하되 다툼이 있으면 법원에서 결정하도록 하면 된다(헌재2002헌바65, 2003.1.30., 합헌에 반대하는 소수 의견)."는 주장을 하고 있다.

이 의견에는 경영권프리미엄의 평가방법을 주식평가와 마찬가지로 그 방법을 규정하여 정할 것을 주문하고 있다. 현행의 주식 평가방법이 미흡하기는 하지만 주식평가에서 개별적 요소를 고려하여 평가를 할 수 있게 한 것과 마찬가지로 경영권프리미엄의 평가도 해당 관련 요소를 고려하여 평가방법을 제시하면 안 될 것도 없다는 것이다.

한편으로는 경영권프리미엄의 가치가 회사의 규모, 업종, 재산상태, 경영실적, 장래의 전망, 사회의 신인도, 평가의 시기, 경영진의 능력과 성향, 상장 여부 등 이외에 인식 또는 직접 평가될 수 없는 요소가 너무 많다는 것이 주식평가와는 다른 점이라고 할 수도 있겠다. 그런데 M&A에 있어 경영권프리미엄은 영업권과 마찬가지로 매수자와 매도자의 협상결과에 따라 그 금액이 결정되기도 하기 때문에 오히려 평가방법을 정하는 것이 획일적이거나 불합리하다고 볼 수 있다. 다만, 합헌에 대한 반대의견에서 "유독 경영권프리미엄의 평가만은 이와 달리 획일적으로 정하여도 좋을 이유가 어디에 있으며 경영권프리미엄의 평가가 주식의 평가보다 더 어려우면 어려웠지 더 간단한 것이 아님은 분명한데도 이렇듯 간단히 정하여 버리는 것은 오로지 획일화에 의한 편의의 도모에 그 취지가 있다고 보인다."는 주장은, 특히 세법을 적용함에 있어 의미 있다고 하겠다. 경영권프리미엄이나 영업권 모두 기업 무형의 가치를 반영하는 데는 서로 다를 것이 없으므로 이러한 주장은 영업권이라고 하여 달리 볼 것도 없다. 위 합헌에 대한 반대의견에서 제시한 평가방법에 대한 고민은 계속되어야 한다.

위 헌법재판소의 경영권프리미엄에 대한 합헌의 견해는 개별주식의 거래에 대한 것으로 주식의 거래(상속세 · 증여세)에 있어서 경영권프리미엄의 가치를 법규정으로 정한 것은 불합리하지 않다고 본다. 그러나 기업 그 자체를 매각하는 M&A에서의 주식 양수도와는 거래 상황이 다르므로 헌법재판소의 경영권프리미엄의 합헌에 대한 견해(상속증여세법상 일률적인 할증평가 문제)를 M&A에서 그대로 적용하기에는 한계가 있다. 결국 경영권프리미엄도 영업권과 마찬가지로 일률적인 평가방법에 의한 평가가 아니라 매수자와 매도자 당사자 사이의 협의에서 결정될 수밖에 없다. 따라서 경영권프리미엄의 평가액은 이미 결정된 기업가치(지급대가)에 포함되어 있으므로 전체 기업의 가치에서 직접 평가될 수 있는 기업가치를 차감한 차액을 경영권프리미엄이라고 할 수 있을 것이며 조세법에서는 일련의 거래에서 이들의 가치가 적정한지, 조세를 부당히 감소시키기 위하여 이들의 가치를 과소 또는 과대계상하지 않은지에 대한 검토만 필요하다고 하겠다. 다음에서 경영권대가에 대한 평가의 사례를 보자.

(2)-1. 경영권대가의 평가

지배권의 가치는 개개 주식과 같이 대규모의 거래시장이 존재하여 항시 확인가능상태로 존재하는 것도 아니기 때문에 그의 가치를 정확하게 입증하는 것은 당사자 및 과세관청 어느 편의 입장에서도 결코 용이한 일이 아니다. 그럴진대 법률조항에서 입법자가 개별 회사의 주식이 포함하는 지배권의 가치를 구체적으로 평가하여 과세하는 입법을 택하지 아니하였다 하여 그것이 자의적인 입법으로서 입법형성적 재량을 일탈한 것이라고 판단하기는 어렵다(헌재 2002헌바65, 2003.1.30.). 상속증여세법 제63조 제3항의 할증평가 규정은 경영권프리미엄을 일반주식 가치의 10~30%(2019.12.31. 이후 20%)를 일률적으로 가산한 금액으로 평가하고 있다. 이와 같은 경영권프리미엄의 평가는 상속증여세가 부과되는 재산의 가액(주식의 가액)을 평가할 때의 경우에 해당된다. 현행 조세법에서 지배권의 가치를 구체적으로 평가하는 방법은 제시되지 않고 있다고 하였다. 다만, 현실적으로 다음과 같은 방법으로 그 평가의 의미를 대신할 수 있겠다.

금융감독원의 '무자본 M&A 과정에서 발생한 불공정거래(경영권프리미엄의 고저가) 조사 결과 분석 및 투자자 유의사항(2014.9.24. 특별조사국)'의 보도에 대해 언론에서는 "통상 계약 당시 주가의 50%에서 100%가량 비싼 가격으로 주식을 사면서 시세와의 차이를 경영권프리미엄으로 보고 있는데 올해 상장사 중 '최대주주변경을 수반하는 주식양수도계약'을 체결한 회사는 총 17개 회사로 이들 기업의 경영권프리미엄은 평균 74%였다. 계약당시 주식의 시가보다 74% 비싸게 주고 산 것이다."라고 보도하고 있다. 이 경우 경영권프리미엄의 평가액은 주식의 양수도가격에서 일반 주식가치를 차감한 금액(또는 주가에 프리미엄률을 곱한 금액)이 경영권프리미엄의 평가액이 된다.

이와 같은 경영권프리미엄의 평가방법은 "경영권프리미엄이 수반된 주식을 취득하는 경우에도 그것이 일반적이고 정상적인 방법에 의하여 이루어지고 그 주식의 약정가격이 당시의 객관적 교환가치를 적정하게 반영하고 있다면 이를 그 주식의 시가로 볼 수 있다(대법원 2008두21614, 2011.7.8., 대법원 86누408, 1987.5.26.)."는 대법원의 일관된 판시에서 알 수 있듯이 경영권프리미엄이 포함된 주식의 취득가액은 일반 주식의 취득가액보다 높게 형성되는 것은 틀림이 없으므로, 결국 일반 주식의 취득가액보다 높게 형성된 가액은 경영권프리미엄이 되고 위와 같은 방법으로 평가를 한다고 하더라도 불합리한 평가라 할 수는 없을 것이다. 곧 경영권프리미엄의 평가라는 것은 경영권프리미엄 자체를 평가한다기보다는 경영권이 수반되는 주식의 양수도가격에 포함된 경영권프리미엄의 가치를 얼마로 볼 것인가의 문제와 관련되기도 한다.

경영권프리미엄의 가치(평가액)도 사업양도영업권과 마찬가지로 사적자치원칙이 존중되어야 하는 것은 다를 바 없어야 한다(M&A에서 발생되는 사업양도영업권은 사적자치 원칙(대법원 2007두12316, 2007.10.16.)과 자유로운 의사에 기하여 이루어진 사업양수도 계약(서울행법 2011구합32256, 2012.8.23., 대법원 2013두10335, 2013.9.27.)이 존중되고 있다).

그런데 사적자치의 원칙과 자유로운 의사에 의해 거래되는 경영권프리미엄 양수도의 가격을 결정하는 메커니즘은 무엇인가. 그것은 회사가 취득하기로 의사 결정한 주식취득 가액의 적정성 여부를 판단하기 위한 참고자료로 제공되는 "주식가치평가보고서(현행 '외부평가기관의 평가의견서')" 등이 될 수 있다. 즉 '외부평가기관의 평가의견서'의 주식평가액이 사적자치의 원칙과 자유로운 의사에 의해 거래되는 주식 양수도의 가격을 결정하는 근거가 되고 경영권프리미엄의 가격이 정해지게 되는 것이 현실적인 방안이 된다. 결국 사적자치의 원칙과 자유로운 의사에 의해 거래되는 주식 양수도의 가격은 '외부평가기관의 평가의견서'의 주식평가액으로 정해지게 된다.

기업가치(또는 주식가치)를 평가하는 방법에는 자산가치 평가방법, 시장가치 평가방법, 수익가치 평가방법, 자본시장법에 의한 평가방법 등 다양한 방법이 있으며 각각의 장단점이 존재한다. 평가방법은 평가기관이 임의로 선택할 수 있게 되어 있다.

다음은 회계법인이 작성한 "(비상장주식)주식평가보고서"로서 금융위원회에 평가법인의 주식취득을 위해 승인 신청한 내용이다.

구분	대주주	소수주주	합계
주식수	493,293	1,958,668	2,451,961
주당가치	23,462	23,462	-
총주식가치	11,573,400,067	45,953,314,485	57,526,714,552
경영권프리미엄	23,010,685,821	-	23,010,685,821
총주식매각가치	34,584,085,888	45,953,314,485	80,537,400,373

경영권프리미엄의 평가는 18,667백만원(취득가액 72,002백만원－주식평가액 53,335백만원)으로 평가되었으며, 세부내용은 다음과 같다.

- 주식취득 내용: 주식수 2,451,961주(지분율 100%), 주당금액 29,364원, 취득가액 720억원
- (비상장주식)주식취득 가액 산출근거: 1주당 주식가치 21,752원[(자산가치 14,371원 × 2) + (수익가치 26,673원 × 3)] ÷ 5
- 경영권프리미엄 평가: 1주당 경영권프리미엄 7,612원(1주당 주식가치 21,752원 × 35%). 경영권프리미엄 포함 1주당 주식가치 29,364원(21,752원 × 35%)
- 주식취득 가액: 29,364원 × 2,451,961주 ＝ 72,002백만원

(2)－2. 경영권대가 평가의 산정 절차와 방법

앞서 현실적으로 경영권이 수반된 주식은 주식 양수도 가격에서 일반 주식가치를 차감한 금액을 경영권프리미엄의 평가액으로 보게 된다고 하였다. 일반적으로 경영권프리미엄은 주식가치에서 발생된다(예외적으로 주식가치가 없는 경우에도 경영권프리미엄의 발생은 가능하다). 따라서 경영권프리미엄의 평가는 주식 양수도 가격이 결정되어야 하며, 이를 위해서는 기업가치를 평가해야 한다. 기업에서 가장 많이 사용되고 있는 기업가치(주식가치) 평가는 수익가치 평가방법 중 하나인 현금흐름할인(DCF)법에 의한 평가이다. 일반적으로 DCF란 평가대상회사의 향후 추정기간 동안의 손익을 추정한 후 세후영업이익에서 감가상각비, 순운전자본의 증감을 반영하고, 자본적지출을 차감하여 기업잉여현금흐름을 산정한 후, 기업잉여현금흐름에 내재된 위험을 반영한 적절한 가중평균자본비용으로 할인하여 평가대상회사의 영업가치를 산정한다. 이렇게 산정된 평가대상회사의 영업가치에서 비영업자산, 이자부부채 등을 조정하여 평가대상회사의 자기자본가치를 산정하는 방법이다.

사례 ••• 경영권프리미엄의 평가

주식의 양수인은 양도인과 주식양수도계약을 체결하고, 양도인의 비이㈜ 지분의 11.97%를 총 거래금액 60,000백만원(1주당 7,500원)에 양수할 예정이다. 평가기준일 현재 평가대상회사의 11.97%에 해당하는 양수대상주식의 가치는 56,967백만원에서 66,348백만원의 범위로 산출되었다. 이에 따라 양수인과 양도인 간에 합의된 양수대상주식의 실제 양수 예정가액인 60,000백만원은 평가한 주식가치 범위 내에 있으며, 최근 상장법인의 경영권프리미엄 거래범위(시장가치) 내에 있다. 이하 양수도가액의 평가와 관련된 내용은 다음과 같다.

① 타법인 주식양수 결정 내용

발행회사	회사명	비이(주)
	발행주식총수(주)	66,846,268
양수내역	양수주식수(주)	8,000,000
	양수금액(원)	60,000,000,000
양수 후 소유주식수 및 지분비율	소유주식수(주)	8,263,915
	지분비율(%)	12.36
거래상대방		법인주주 1인
양수목적		경영권 참여
외부평가에 관한 사항	근거 및 사유	회사가 취득하기로 의사 결정한 주식취득가액의 적정성 여부를 판단하기 위한 참고자료 제공

② 주식의 양수도가액 평가방법

현금흐름할인(DCF)법을 주된 평가방법으로 적용하여 가치평가를 수행하였으며, 보완적으로 시장가치를 고려하여 기준주가 대비 경영권프리미엄 수준이 합리적인 범위에 있는지를 검토하였다. 양수대상 비이㈜의 지분 11.97%(8,000,000주)에 해당되는 총평가액은 61,254백만원으로 평가되었다.

구분	내역
가. 추정기간 현금흐름의 현재가치	147,631
나. 영구현금흐름의 현재가치	329,190
다. 평가대상회사 영업가치(가+나)	476,821
라. 비영업자산의 가치	49,811
마. 평가대상회사 기업가치(다+라)	526,632
바. 이자부부채의 가치	15,020
사. 평가대상회사 자기자본가치(마－바)	511,611
아. 양수대상 지분율	11.97%
자. 양수대상 지분가치(사×아)	61,254

위 추정기간의 현금흐름의 현재가치 147,631원은 다음과 같은 방식으로 산정되었다.

(단위: 백만원)

구분	합계	하반기	2018년	2019년	2020년	2021년	2022년
가. 매출액	1,179,602	65,784	155,302	183,386	216,622	255,965	302,544
마. 영업이익	309,324	13,673	33,474	45,018	57,216	71,454	88,489
바. 법인세비용	66,537	－	4,939	10,432	13,384	16,830	20,952
사. 상각비	17,830	317	3,375	3,484	3,593	3,599	3,462
아. 자본적지출	37,770	35,062	625	631	630	524	297
자. 순운전자본의 증감	(3,930)	17,741	(3,002)	(3,561)	(4,214)	(4,988)	(5,906)
차. FCF(마－바+사－아+자)	218,917	(3,331)	28,283	33,878	42,581	52,710	64,795
카. 현가계수		0.9711	0.8892	0.7907	0.7032	0.6253	0.556
타. 현재가치(차×카)	147,631	(3,235)	25,150	26,789	29,941	32,958	36,027

위 영구현금흐름의 현재가치 329,190원은 다음과 같은 방식으로 산정되었다.

(단위: 백만원)

구분	금액
가. 2022년 세후영업이익	67,537
나. 영구성장률	1.00%
다. 2023년 이후 세후영업이익(다 = 가 × (1 + 나))	68,207
라. 2023년 이후 감가상각비	3,462
마. 2023년 이후 자본적지출	3,462
바. 2023년 이후 순운전자본의 변동	382

구분	금액
사. 2023년 이후 기업잉여현금흐름(사 = 다 + 라 - 마 - 바)	67,825
아. 할인율	12.46%
자. 현가계수	0.556
차. 영구현금흐름의 현재가치[차 = 사 / (아 - 나) × 자]	329,190

사례의 경우는 보완적으로 시장가치를 고려하였다. 기준주가(자본시장법 시행령 제176조의5의 규정에 따른 기준주가 산정방식에 따라 산정된 금액) 대비 경영권프리미엄 수준이 최근 1년간 최대주주의 변경을 수반하는 지분 양수도 거래사례를 검토하여 산정된 경영권프리미엄 범위는 다음과 같이 검토되었다.

| 유사사례 비교법에 따른 경영권프리미엄의 범위 |

최소 프리미엄률	단순 평균 프리미엄률	최고 프리미엄률
-24.2%	25.2%	81.2%

평가대상회사의 주식에 대하여 기준주가에 위 분석결과에 따른 경영권프리미엄률 적용 시 1주당 가액의 범위는 다음과 같게 된다. 1주당 양수예정가액 7,500원은 기준주가 대비 경영권프리미엄률 22.1% 수준으로서, 최근 거래사례의 평균 경영권프리미엄률(25.2%)과 유사한 수준이므로 적정하다.

| 경영권프리미엄률 적정 여부 |

1주당 기준주가		6,140
경영권프리미엄 반영 후 1주당 주식가액	최고 프리미엄률(81.2%) 반영 시	11,124
	단순 프리미엄률(25.2%) 반영 시	7,689
	최소 프리미엄률(-24.2%) 반영 시	4,653

주식의 양수도가액 평가에 의하면 양수대상 주식에 해당되는 8,000,000주(11.97%)의 총평가액은 61,254백만원이며, 주식 양수자의 양수가액은 60,000백만원이다. 따라서 양수가액에서 상장주식이므로 기준주가 49,120백만원(1주당 기준주가 6,140원 × 8,000,000주)을 차감하면 경영권프리미엄의 평가액은 10,880백만원이 된다.

2 | 경영권프리미엄의 논쟁

(1) 경영권대가 평가의 문제

기업의 무형가치인 영업권과 경영권프리미엄의 조세문제는 모두 무형가치의 평가에서 비롯된다. 경영권프리미엄의 가치평가는 세법규정과 최근 판례로 쟁점이 어느 정도 정리되어 가고 있는 모습이다. 그러나 영업권의 가치평가는 아직도 논란 중에 있다. 논란의 핵심은 법인세법에서 말하는 '적절한 평가방법'이 무엇이냐에 있다. 현행 영업권의 '적절한 평가방법'은 법원의 판결에 따를 수밖에 없다. 쟁점이 계속될 수 있는 이유를 다음 판결에서도 확인할 수 있다.

대법원(대법원 2006두12722, 2008.11.13.)은 법인세법 시행규칙 제12조 제1항 제1호에서 말하는 "양도・양수자산과는 별도로 양도사업에 관한 허가・인가 등 법률상의 지위, 사업상 편리한 지리적 여건 … 영업상의 이점 등을 감안하여 적절한 평가방법에 따라 유상으로 취득한 금액"이라 함은, 사업을 포괄적으로 양수하면서 법률상의 지위 등 시행규칙 제12조 제1항 제1호에 정한 초과수익력의 원인이 되는 여러 요소를 감안하여 양도・양수하는 다른 자산에 대한 평가와는 별도의 적절한 평가방법에 따른 평가를 거친 후 유상으로 취득한 금액을 의미하고, 나아가 "적절한 평가방법에 따라 유상으로 취득한 금액"에 해당하는지 여부는 건전한 사회통념과 상관행에 비추어 정상적인 거래라고 인정될 수 있는 범위 내의 금액으로서 양도・양수하는 사업의 실질적 내용에 따라 구체적으로 판단하여야 한다. 여기서 "사업의 실질적 내용에 따른 구체적인 판단"이란 1차적으로 거래당사자에 대한 요구로서 적절한 평가방법의 선택은 거래당사자에 있다.

경영권프리미엄은 주식양도와 관련하여 발생될 수 있는 조세이고 영업권은 영업양수도 또는 사업양수도와 관련하여 발생될 수 있는 조세이다. 기업 무형가치의 한 축인 경영권프리미엄이 현행 세법에서는 어떻게 적용되고 있는지 살펴보자(이하의 내용은 저자의 "경영권프리미엄에 대한 세법적용. 상속증여세법 제35조와 소득세법 시행령 제167조 및 법인세법 시행령 제88조를 중심으로" 중의 일부를 발췌한 것으로 부족한 부분은 이를 참조).

경영권프리미엄의 세법적용은 두 건의 사건(서울고법 2007누33148, 2008.5.15., 서울고법 2009누15199, 2010.1.22.)에서 논란이 되기 이전에는 경영권프리미엄의 가치평가가 세법규정에 명확하지 않으므로(더 나아가 평가규정이 없으므로) 주식양수·도에서 경영권프리미엄을 활용하는 방식으로 주주나 기업의 주식거래가 빈번하게 이루어진 것이 사실이었다. 이 두 건의 사건 이후 경영권프리미엄과 관련된 고등법원의 판결 과정에서 논란이 되자 이 사건을 계기로 하여 경영권프리미엄의 세법적용 문제가 일반인에게 많이 알려지게 되었다. 이 두 사건에서 경영권프리미엄에 대한 대법원의 판결(대법원 2008두21614, 2011.7.28., 대법원 2010두4421, 2011.1.27., 대법원 2008두9140, 2011.1.13.)은 경영권프리미엄의 세법적용에 있어 많은 시사점을 제시하고 있다(이하 "위 대법원의 판결"이라 한다). 특히 경영권프리미엄과 관련된 유사 사건에 대해 두 건의 연속적인 대법원의 판결은 그동안 다른 판결로 논란(서울고법 2007누33148, 2008.5.15., 서울고법 2009누15199, 2010.1.22.)이 되어왔던 쟁점을 분명하게 했다는 점에서 매우 중요하다 하겠다. 이러한 판결의 결과로 기업 무형가치 평가의 한 축인 경영권프리미엄에 대한 의문과 논쟁은 상당 부분 정리되었다고 볼 수 있다(기업 무형가치 평가의 또 다른 한 축인 영업권의 평가는 시장에 맡겨두고 있는 상태이므로 무형가치 평가의 논란은 계속되고 있다).

위 대법원의 판결이 지금까지의 판례와 다른 점은 경영권프리미엄의 존재를 인정한 면에서는 다를 게 없으나 위 대법원의 판결은 경영권프리미엄의 존재를 인정한 것에서 한 걸음 더 나아가 경영권프리미엄의 가치를 직접적으로 평가한 점을 들 수 있다. 다시 말하면 위 대법원의 판결 이전에는 경영권프리미엄이 포함된 주식의 거래가격이 객관적 교환가치를 반영하는 일반적인 시가로 볼 수 없다고 한 의미는 그 주식의 거래가격에 경영권프리미엄이 포함되어 있음을 인정하는 데 그쳤으나 그 경영권프리미엄의 가치를 직접적으로 평가한 것은 아니었다. 그러나 "최대주주 등이 보유하는 상장주식인 경우 그 시가는 위 평균액에 상속증여세법 제63조 제3항에 의한 할증률을 가산한 금액임은 법문상 분명하다(대법원 2010두4421, 2011.1.27.)."는 판결은 할증률을 가산한 금액이 곧 경영권프리미엄이라는 것으로 보아도 된다는 것이다.

이러한 판결로 소득세법과 법인세법의 경우 부당행위계산에서 경영권이 포함된 주식의 경우 그 주식의 거래가격의 시가 산정이 가능할 것인지와 시가 산정을 무엇으로 할 것인가 하는 등의 경영권프리미엄의 시가평가의 문제가 발생하게 되는데 위 대법원의 판결은 경영권프리미엄의 시가에 대한 일반적인 기준과 의미를 분명히 했다는 점에서 중요하다(위 대법원의 판결 이전에는 경영권프리미엄의 가치평가가 세법규정에 명확하지 않다는 이유로 주식 양수·도를 하는 과정에서 회사의 주식이 경영권과 함께 양도되었으므로 그 거래가격은 주식의 시가가 아니므로 증여나 부당행위계산에 해당하지 않는다는 판단이 주류를 이루었다. 나아가 경영권프리미엄에 대해서는 시가가 존재하지 않으므로 그 평가를 자의적으로 하여 터무니없이 높은 가액으로 주식을 양도하면서 낮은 양도세율을 적용하는 사례가 허다하였다).

법인주주의 경영권프리미엄의 경우 고등법원(서울고법 2008누8422, 2008.10.30.)의 판결내용을 보면, "경영권프리미엄이 포함된 주식은 코스닥시장의 거래가격을 그 시가로 볼 수 없으나, 그 거래가격이 경영권프리미엄이 포함된 가치를 적정하게 반영된 정상적인 거래가격이라면 그 거래가격을 경영권프리미엄이 포함된 주식의 시가로 볼 수 있다."고 하였다. 위 고등법원의 판결은 대법원(대법원 2008두21614, 2011.7.28.)에서도 동일한 취지의 판결을 하였다. 그러나 이 판결은 앞서 대법원(대법원 2010두4421, 2011.1.27.)의 판결이 개인주주의 경우 경영권프리미엄의 가치(평가액)를 분명하게 한 것과 달리 법인주주의 경우는 경영권프리미엄이 포함된 주식의 가치가 거래 당시의 객관적인 가치를 적정하게 반영하고 있다면 그 거래가격을 시가로 볼 수 있다는 것으로, 법인세법의 일반적인 시가에 대한 판결이지 경영권프리미엄 자체에 대한 판결은 아닌 것이다. 따라서 법인이 최대주주의 경우 개인의 최대주주에 대하여 할증률을 가산한 금액이 경영권프리미엄이 포함된 주식의 시가라는 대법원의 판결을 법인주주에게 적용할 수 있느냐의 문제가 따르게 된다.

이렇게 보는 이유는 법인세법 시행령 제88조 제1항 제1호(고가매입) 및 제3호(저가양도)의 시가와 소득세법 또는 상속증여세법의 시가의 범위가 다르기 때문이다. 즉 개인주주의 주식양도에 있어 대법원은 "양도하는 상장주식의 시가는 특별한 사정이 없는 한 양도일 이전·이후 각 2월간 공표된 매일의 한국거래소 최종시세가액의 평균액만이 시가로 간주되고, 양도하는 주식이 최대주주 등이 보유하는 상장주식의 경우 그 시가는 위 평균액에 상속증여세법 제63조 제3항의 할증률을 가산한 금액임은 법문상 분명하다."고 하였다. 그러나 법인세법의 경우 법인주주가 양도하는 상장주식의 시가는 그 거래일의 한국거래소 최종시세가액이다. 최대주주의 주식이라고 하더라도 상속증여세법 제63조 제3항의 할증률을 그대로 적용할 수 있을지는 법문상 분명하지 않아 보인다. 이러한 판결은 경영권프리미엄을 개인주주와 법인주주를 구분하여 달리 적용할 이유는 없을 것인데 법문상 분명하지 않아 세법적용에 있어 혼란을 가져올 수도 있는 결과가 된다. 물론 법인세법과 소득세법 또는 상속증여세법은 과세범위, 과세방법 등 과세체계가 다르므로 경영권프리미엄을 일치시킬 이유는 없을 것이다. 다만, 최대주주의 할증규정은 회사의 경영권을 수반하는 주식의 양도는 그렇지 않은 경우에 비하여 상대적으로 가격형성이 높게 될 가능성이 있는 등 회사의 지배주주가 소유하는 주식은 경영권과 관계가 있고 소액주주가 소유하는 주식에 비해 양도성 등에 차이가 있어 거래 현실상 일반적으로 그 가치가 높게 평가되는 점을 반영하자는 것이므로(대법원 2001두8292, 2003.2.11.) 지배주주에 해당된다면 개인주주와 법인주주의 주주 성격에 따라 적용을 달리해야 할 이유는 없어 보인다.

법원(서울고법 2018누66199, 2019.3.20., 진행 중)은 경영권프리미엄 산정의 어려움으로 인해 그 시가가 불분명한 경우 법인세법 시행령 제89조 제2항 제2호에 따라 상속증여세법 제63조 제1항을 준용하여 평가한 가액을 시가로 보아야 한다고 하면서, 경영권 이전을 수반하지 않는 상장주식의 장외거래인 경우에는 거래일의 종가를 시가로 보는 반면, 경영권 이전을 수반하는 상장주식의 장외거래인 경우에는 상속증여세법 규정을 준용하여 평가기준일(거래조건을 확정하고, 이에 대해 거래당사자 간 구속력 있는 합의가 있는 시점) '이전' 2개월 동안 공표된 매일의 거래소 종가평균액에 최대주주 할증평가 규정을 적용한 가격을 시가로 보아, 상속증여세법 제63조상 시가 산정 규정을 그대로 적용한 것이 아니라 '거래 당시'를 기준으로 그 '이전'의 거래소 종가만을 고려하여 시가를 산정한 것은 정당하다고 하였다.

(2) 경영권대가 귀속의 문제

주식 양수도에 있어 경영권프리미엄의 귀속은 양도인과 양수인 사이의 합의에 의하여 결정되므로 양수인이 특정 양도인에게 경영권프리미엄이 귀속됨을 전제로 하여 특정 양도인을 포함한 양도법인의 다른 주주들과 주식양수도계약을 체결한 경우 특정 양도인 외의 주주들이 자신에게 귀속되어야 할 경영권프리미엄을 특정 양도인에게 무상으로 이전하였다고 볼 수 없다(대법원 2017두40228, 2017.7.27.)(이하의 내용은 저자의 "경영권프리미엄 과세 논쟁(대법원 2017두40228, 2017.7.27., 서울고등법원 2016누40490, 2017.3.8.)와 관련하여"를 참조하였다).

한편, 경영권프리미엄을 정당하게 계산하여 그 가치를 평가함으로써 정당한 조세부과를 하는 규정으로서 실질적 소득·수익이 있는 곳에 과세한다고 하는 실질과세원칙을 관철하기 위한 규정이다(헌재 2002헌바65, 2003.1.30.).

이와 같은 헌법재판소와 대법원 2017두40228, 2017.7.27. 선고(이하 "이 사건"이라 한다)의 판결은 '경영권프리미엄'에 대해 상속증여세법을 적용하는 데 있어 납세자나 과세관청 모두에게 혼란을 줄 수 있다. 이 사건에서 경영권프리미엄이 특정인 주주에게만 귀속이 가능한지와 귀속이 가능할 경우 나머지 주주에 대해서 이익을 분여한 것으로 보아 증여세를 과세할 수 있느냐이다. 증여세 과세 여부에 대해서는 구 상속증여세법 제2조 제3항을 근거로 증여세를 과세할 수 있다고 하였다. 귀속에 대해서는 특정 주주 양도인과 양수인 사이에는 '주식 및 경영권 양수도계약'을, 나머지 주주들 양도인과 양수인 사이에는 '주식 양수도계약'을 합의에 의해 체결하였으므로 경영권프리미엄은 특정인 주주에게만 있다는 것이다. 이 사건에서 논쟁이 될 수 있는 것은 이 사건과 같이 지배주주 집단의 구성원 모두가 동시(여기서 '동시'는 시차적 양도도 포함)에 주식을 양도한 경우 특정인 주주만이 경영권프리미엄을 향유할 수 있느냐가 된다. 이 사건의 주주 개인별 경영권프리미엄은 다음과 같았다.

주주	주식수	지분율	1주당 평가액	총평가액	경영권프리미엄	계
신**(원고)	493,293	20.1%	23,462	11,573,640,366	23,010,685,821	34,584,326,187
신**(형)	530,876	21.7%	23,462	12,455,412,712	-	12,455,412,712
기타(특수)	1,427,792	58.2%	23,432	33,456,022,144	-	33,456,022,144
계	2,451,961	100.0%	-	57,485,075,222	23,010,685,821	80,495,761,043

앞서 헌재는 최대주주 등이 보유하는 주식의 이전은 수량이 어느 정도인가를 불문하고 획일적으로 이를 경영권프리미엄의 이전으로 취급하고 있다. 따라서 최대주주 등에 해당되는 주주라면 1주를 보유하고 있더라도 지배권가치 이전의 대상이 된다.

상속증여세법 제63조 제3항의 할증평가 규정은 상속증여세가 부과되는 재산의 가액을 평가할 때 최대주주 등이 보유하는 주식의 평가방법이다. 이 사건은 상속증여가 아닌 '주식 및 경영권 양수도계약'이다. 즉 최대주주 등 할증평가 규정은 재산의 무상이전에 대한 상속증여세 부과 기준인데 매매 등 일반적인 유상거래에도 적용할 수 있는가의 문제가 있다. 상속증여의 경우 최대주주 등에 해당되는 주주라면 1주를 보유하고 있더라도 지배권의 경제적 가치를 인정하고 있다. 앞서 헌재는 상속증여세법 제63조 제3항이 규율하는 양도는 상속 및 증여와 같은 재산의 무상이전이라는 점에서 매매 등 일반적인 유상거래와는 다르다고 하였다. 따라서 이 사건은 주식의 유상양도이므로 상속증여와 마찬가지로 최대주주 등에 해당되는 경우 지배권의 경제적 가치를 모든 주주가 동일하게 향유할 수 있을 것인가에 대해 의문이 제기될 수 있다.

이 사건에서는 최대주주 등에 해당되는 주주 중 특정인의 주주에 대해서만 경영권 프리미엄을 인정하였다. 이와 같은 법원의 주된 이유는(서울고법 2016누40490, 2017.3.8.), ① 매매대금 협상을 위하여 작성된 "주식가치평가보고서"에는 특정인 주주에게 경영권 프리미엄이 귀속됨을 전제로 주식가치가 산정되어 있다는 것과, 2순위 매수희망자인 경우에도 특정인 주주에게 경영권프리미엄이 귀속됨을 전제로 인수대금을 산정한 것으로 보인다는 점, ② 주식 및 경영권 양수도계약서에 나머지 주주들과 구분하여 특정인 주주로부터 경영권을 매수한다고 명시적으로 기재되어 있고 총 매매대금 또한 위 "주식가치평가보고서"의 내용을 기초로 결정된 것으로 보인다는 점, ③ 매수법인(유한회사)은 특정인 주주와는 '주식 및 경영권 양수도계약'을, 나머지 주주들과는 '주식 양수도계약'을 체결하여 특정인 주주에게만 경영권프리미엄을 인정하였음을 분명히 표시한 점, ④ 매수법인은 나머지 주주들에게 경영권프리미엄을 인정한 바 없고, 특정인 주주와 나머지 주주들은 당초부터 특정인 주주에게 경영권프리미엄이 귀속되는 것으로 전제하여 산정한 양도대금으로 매수법인과 양도계약을 체결한 점 등을 들고 있다.

법원이 들고 있는 주된 이유는 "주식가치평가보고서"와 "주식 양수도계약"이 전부이다. 이 사건 판단의 주요 논거가 되는 '주식가치평가보고서'는 현행 '외부평가기관의 평가의견서(과거의 '자산양수도가액 평가의견서' 등의 명칭이 변경되었음)'로서 회사가 합병이나 주식교환 시 합병비율, 주식교환비율을 산정하기 위한 기업가치 평가, 유형자산의 양수도가액 또는 타법인 주식양수도가액의 의사 결정을 위해 회계법인이 평가한 보고서이다. 이 사건의 '주식가치평가보고서'도 '타법인 주식양수도가액'의 적정성 판단을 위한 것으로서 의사결정을 위한 주식양도가액의 평가보고서이다. 회계법인이 작성한 '주식가치

평가보고서'는 이 사건 판단의 주요 논거 중 하나이므로 '주식가치평가보고서'가 무엇인지 정확하게 이해해야만 이 사건의 의미를 파악할 수 있다. 이를 위해서는 '주식가치평가보고서'의 작성 절차와 방법 등 세부적인 내용을 파악해야만 한다. 또한 당사자 사이의 "주식양수도계약"에만 의할 경우 주식양수도계약에 따라 경영권프리미엄의 가치를 임의로 특정인이 선택할 수 있다는 것이 된다.

이 사건과 같이 지배주주 집단의 구성원 모두(또는 일부)가 동시에 주식을 양도하는 경우, 특정인 주주에게만 경영권프리미엄 향유를 허용할 수 있는 판결이 계속 유지될지는 모를 일이다. 그 이유는 주식가치평가보고서와 계약자유의 원칙을 이유로 경영권프리미엄의 일방 귀속을 허용하는 문제는 기업을 경영하는 우리나라 가족기업인에게는 매우 관심이 가는 사건이다. 예를 들면, 우리 사회 오래된 기업일수록 부모는 명예회장으로 은퇴하고 자녀가 실질적인 경영을 하는 기업이 많다. 자녀가 부모보다 적은 지분을 보유하고 있는 회사의 주식을 제3자에게 일괄(또는 일부) 양도하면서 '주식가치평가보고서'에 자녀에게만 경영권프리미엄을 인정하는 경우를 상정해 볼 수 있다(특수관계인인 기업 간의 거래라고 하더라도 다를 게 없다). 이러한 거래의 허용은 상속의 문제와도 연결되어진다. 경영권프리미엄의 일방 귀속의 허용 문제는 지분확보 방안인 경영권승계에도 활용 가능하다. 그뿐만 아니라 우리나라의 M&A 특징인 계열기업 간의 인수합병에서도 활용 방안을 찾게 될 것이다. 이 사건 판결의 경영권프리미엄 일방 귀속의 허용 문제는 세법적용에 있어 많은 문제점이 제기될 것이다.

이 사건은 경영권프리미엄 가치의 계산 절차와 과정과 그 계산구조에 대해 분석을 해보고 그에 관한 판단을 내려야 했으나 그에 관한 판단은 보이지 않는다. 과세관청도 경영권프리미엄의 발생 원천에 대한 분석과 그 성격을 충분히 파악하여 주장해야 하는데 그렇게는 보이지 않는다. 결과적으로 경영권프리미엄을 명확히 이해하지 못한 것으로 볼 수밖에 없다.

제 2 장

무형가치와 세법적용

제1절 무형가치와 M&A 유형

앞에서 설명한 바와 같이 기업 무형의 가치는 영업권과 경영권프리미엄으로 나눌 수 있는데, 이들의 가치를 회사합병이나 사업 양수도에서는 영업권이라는 용어를 사용하고 주식 양수도에서는 경영권프리미엄이라는 용어를 사용하고 있다. 영업권이나 경영권프리미엄은 둘 다 기업 무형의 가치이나 M&A 형태나 형식에 따라 영업권도 될 수 있고 경영권프리미엄도 될 수 있다. 이와 같이 기업 무형의 가치가 그 거래의 형태나 형식 또는 실질에 있어 서로 다른 내용과 성격으로 구별되어지기 때문에 조세법에서도 달리 취급하고 있다.

여기에서는 M&A 과정에서 발생되는 과세문제를 중점적으로 다루고 있다. 예를 들면, 기업 매・수도에 있어 거래 하나하나를 개별거래로 볼 경우에는 정상적인 거래형태에 해당되나 이들 거래를 일련의 거래로 볼 경우에는 비정상적인 거래가 되는 경우가 있으므로 이러한 형태에 대해서 법원 판례를 기준으로 살펴보기로 한다. 그리고 인수・합병은 아니지만 특수관계에 있는 법인의 유상증자 참여에 있어 조세와 관련된 문제를 제기하고 대법원의 판례와 과세당국의 해석을 기준으로 하여 설명하고 있다.

인수・합병과 관련하여 발생되는 조세는 원칙적으로는 대법원의 판례를 기준으로 하겠지만 사례가 다양하지 않아 내용이 충실하지 않을 수도 있을 것이다. 그러나 제2편의 주제가 M&A에 있어 기업 무형의 가치를 어떻게 볼 것인가 하는데 대한 과세문제의 제기로 본다면 이러한 문제를 연구와 검토의 자료로 제시한다는 측면에서 보면 그 의미는 있다고 할 수 있겠다.

제2편의 결론은 기업 무형가치는 어떠한 거래형태를 취하든 동일한 세부담이 되어야 한다는 것이다. 즉 영업권이든 경영권프리미엄이든 그 대가는 기업의 가치에서 나온 것이므로 거래형태나 형식의 선택 또는 납세자의 선택에 따라 과세소득의 종류나 크기가

달라져서는 안된다는 점이다.

M&A 유형은 그 거래형태에 따라 매우 다양할 것이나 M&A 유형이 다양하다고 하더라도 조세법에서는 그 유형에 따라 모두 세법에 열거할 수는 없다. 특히 법인세법은 순자산증가설과 포괄과세 입장을 취하고 있으며, 부당행위계산 규정에서도 시행령에 열거된 규정에 준하는 행위 등에도 부당행위계산을 할 수 있도록 하고 있어 모든 유형을 열거할 이유는 없을 것이다. 일반적으로 인수·합병에는 다음과 같은 유형이 있다.

① 합병(분할합병, 삼각합병)

② 사업 양수도(자산 취득)

③ 주식 양수도(주식 취득)

④ 주식의 포괄적 교환(삼각주식교환)

위에서 제시한 합병, 사업 양수도, 주식 양수도, 주식의 포괄적 교환 등은 법인세법, 상속증여세법, 부가가치세법, 소득세법 등에서 찾아볼 수 있다. M&A를 위의 유형에 따라 나누어 보면 위의 유형 중 매수기업과 매도기업이 각각 하나일 경우에는 위 유형 중의 하나일 것이다. 그러나 매수기업과 매도기업이 둘 이상일 경우에는 둘 이상의 유형을 선택할 수 있을 것이므로 다양한 형태의 유형을 예상할 수 있을 것이다.

위의 유형 중 합병에 따른 조세는 제1편 "제2장 합병과 자본이익"에서 설명하였으므로 여기서는 제외하고 주식 양수도와 사업 양수도에 따른 조세에 대해서만 살펴보기로 한다. 유형을 도표로 나타내면 다음과 같이 예상할 수 있겠다.

≪유형 Ⅰ≫

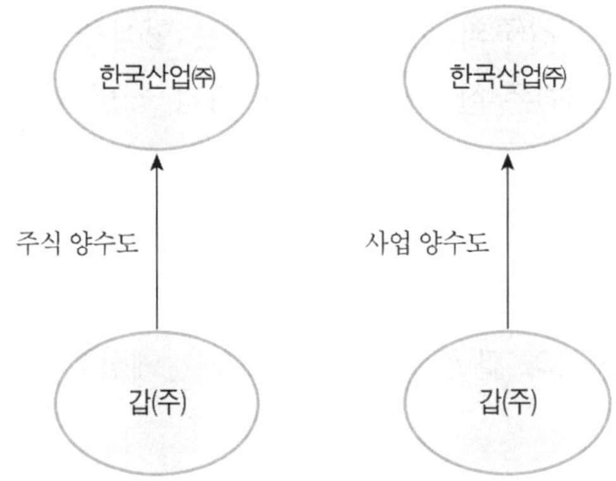

매수인 한국산업㈜과 매도인 갑㈜은 M&A 당사자로서 한국산업㈜은 갑㈜의 주식 모두를 인수하는 주식의 양수도 방식과 갑㈜의 사업을 양수하는 사업의 양수도 방식이 있을 것이다. 어떤 유형을 취하는가는 기업 사정과 M&A 당사자의 선택에 달려 있다. 기업 사정에 장애가 없다면 조세부담이 적은 형식으로 기업매각을 하려 할 것이다. 주식의 양수도 방식에는 주식 양도소득이 주주의 소득으로, 사업의 양수도 방식에는 사업 양도소득이 법인의 소득과 주주의 소득(청산소득)으로 되는데 이와 같은 M& 방식의 선택에 따라 소득의 종류와 크기는 다를 수 있다.

≪유형 Ⅱ≫

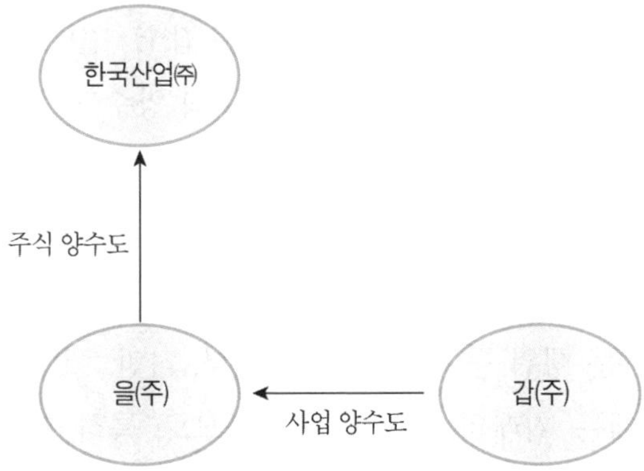

갑㈜과 을㈜이 동일 기업집단(계열법인)에 해당하는 경우 M&A 당사자인 한국산업㈜과 동일 기업집단은 다양한 유형의 거래형태와 형식을 예상할 수 있을 것이다. 위의 거래형태는 갑㈜과 을㈜은 사업 양수도 방식으로서 을㈜은 갑㈜의 사업을 양수하고 한국산업㈜은

을㈜의 주식 모두를 인수하는 형태가 되겠다. 이 거래형태에서 한국산업㈜이 주식 인수를 먼저하고 난 다음 을㈜이 갑㈜의 사업을 양수하는 형식을 취할 수도 있겠다. 이러한 거래형태 외에 갑㈜과 을㈜은 한국산업㈜에게 각각 개별적으로 주식 양수도나 사업 양수도를 할 수 있을 것이다. 다만, 조세법 측면에서 중요한 것은 어떠한 거래형태나 형식을 취한다고 할지라도 그 거래형태나 형식에 따라 소득의 종류나 귀속자에 영향을 미쳐서는 안된다는 점은 위와 마찬가지이다. 이러한 형식은 갑㈜이 우량기업이고 을㈜의 주주가 자녀 등일 경우 위와 같은 형식의 M&A를 예상할 수 있다.

≪**유형** Ⅲ≫

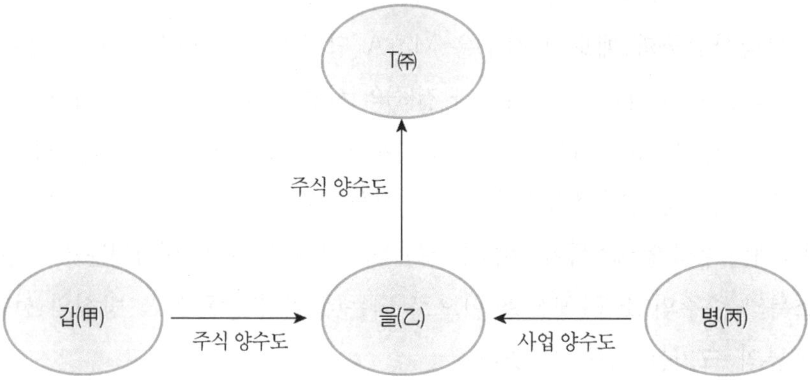

갑㈜ · 을㈜ · 병㈜이 기업집단일 경우 위와 같은 거래형태가 예상될 수 있다. T㈜와 기업집단(갑 · 을 · 병)은 M&A 당사자로서 T㈜는 갑㈜ · 을㈜ · 병㈜이라는 기업집단을 매수하는 형태이다. 이러한 유형의 거래형태는 주식 양수도 또는 사업 양수도 및 합병 등을 적절히 사용하는 거래형식이 예상되거나 거래 일자에 일정 기간을 둠으로써 기업집단을 분리하여 단독으로 매각하는 형식을 취할 수도 있을 것이다. 예를 들면, T㈜가 을㈜의 주식 모두를 동시 또는 시차를 두고 인수한 후 일정 기간(1월 또는 1년) 후에 병㈜의 사업을 양수하는 행위 등이 있을 수 있겠다. 다만, 어떠한 거래형태를 취하든지 조세법을 적용하는 데는 거래의 실질이 중요하므로 특히 기업집단의 인수 · 합병에 있어서는 이들 거래에 대한 전후 사정관계가 면밀히 검토되어야 한다.

위에서 제시한 M&A 유형은 법원의 판례와 저자가 직접 경험한 내용을 바탕으로 이해하기 쉽게 도표로 나타내 보았다. 이러한 유형을 보면서 인수 · 합병의 당사자들은 어떤 유형을 선택할 것인지에 관심이 갈 것이다. 가능한 한 조세에서 유리하고 인수 · 합병의 당사자에게 이익이 많이 돌아가는 형식을 택할 것이라고 예상하는 것은 자명한 일이다. 예를 들면, 기업을 매각하면서 특정의 주주 특히 대주주 또는 가족 등 특수관계자 주주 등이 기업매각에 따른 이익을 향유하려는 등이 있을 것이다.

인수 · 합병에서 각각 적정한 기업가치에 따른 이익이 해당 기업이나 해당 기업의 주주에게 돌아가는 것은 당연한 것이다. 그런데 위와 같은 거래형식의 인수 · 합병을 통하여 기업집단의 매각이익이 특정기업이나 특정기업의 주주에게 돌아가는 형식의 거래를 임의적으로 취하게 할 수 있다면 결국 거래형식에 따라 그 이익의 수취자를 바꿀 수도 있게 된다. 따라서 거래형식의 선택은 과세소득의 종류와 크기뿐만 아니라 귀속자에게도 영향을 미치게 되므로 조세법적인 측면에서는 거래형식보다는 거래실질이 우선되어야 한다. 그러나 이러한 유형의 거래를 조세법의 실질만을 주장하는 데는 현실적인 어려움이 있다. 기업가치 또는 기업 무형가치의 존재와 인식, 평가 등이 주관적이고 경계가 분명하지 않기 때문이다.

기업 무형가치와 부당행위계산은 사례에 따른 설명과 함께 저자의 주관적인 해석과 논리를 전개하는 경우도 있다. 그런데 여기서 소개하는 저자의 해석과 논리는 실무를 하면서 많은 토론 과정을 거친 후 문제점을 제기하는 것으로, 이러한 문제점을 제기하는 이유는 조세법의 미비(미비라기보다는 사례와 해석이 없다는 것이며 그 사례와 해석이라는 것도 쟁송이 제기되어야 하는데 그렇지 못하다는 것이다)가 있다면 이를 보완해야 할 것이며 납세자들에게는 인수 · 합병에서 쟁점이 될 수 있는 조세문제를 예상하여 봄으로써 인수 · 합병에 따른 조세를 미리 검토하고 확인해 볼 수 있도록 하려는 데 있다.

제2절 무형가치와 부당행위계산

1 M&A와 무형가치

(1) 거래형식과 무형가치

M&A는 기업 또는 사업 그 자체가 거래대상이 되므로 기업 또는 사업 그 자체의 가치가 결정(평가)되어야 한다. 사업 양수도에서 기업가치는 매수가액 또는 지급대가가 되며 매수가액에서 식별가능한 순자산(공정가치)을 차감하게 되면 기업의 무형가치(영업권)가 계산된다. 주식 양수도에서 기업가치는 주식 인수가액이며 주식 인수가액에서 주식 평가액(시가)을 차감하게 되면 기업의 무형가치(경영권대가)가 된다. 이러한 인식은 회계적인 잔액 개념으로 볼 수도 있겠지만 그와 다른 점은 지급대가에는 유형적 가치와 무형적 가치만 있으며 그 외 회계적인 잔액은 포함될 수 없다는 전제에서 출발한다. 또한 기업 대 기업의 매매에서 기업가치는 매수가액이 되는 것이고, 그 매수가액에는 무형적 가치가 포함되어 있다고 보는 것이다.

조세법상 M&A에 있어 기업가치는 획일적인 평가방법에 의한 기업가치가 아니라 M&A 당사자들 사이의 협의에 의한 기업가치가 일반적이다. 따라서 기업가치는 이미 결정된 것이므로 이론이나 기술상의 평가에 의한 기업가치는 참고는 되겠지만 결정적인 의미는 없다고 하겠다. 우리는 제1장에서 이와 유사한 사례와 판례를 통해 확인할 수 있었다. 이제 우리들의 관심 대상은 결정된 기업가치 속에 무형의 가치가 얼마나 어떻게 존재하느냐에 있다. 결정된 기업가치 속에 무형가치가 얼마나 존재할 것인가와 무형가치의 형태를 구별해 내기 위한 방안을 찾아보자는 것이다. 그러기 위해서는 기업 무형가치를 인식하고 측정할 수 있는 합리적인 또는 계산해 낼 방법은 결정된 기업가치에서 기업 유형의 가치를 차감하는 단순한 방식이 세법에서 요구하는 하나의 방법일 수도 있다.

기업 무형가치 = 결정된 기업가치(지급대가, 매수가액 또는 주식 인수가액) − 합리적인 계산방법에 따라 평가한 기업 유형가치

다음으로는 결정된 기업가치 속에 무형가치가 어떤 형태로 존재할 것인가는 무형가치의 존재 형태를 구별하자는 것으로 결국 영업권 또는 경영권프리미엄 둘 중의 하나가 될 것이다. 무형가치의 존재 형태는 M&A 당사자들의 선택에 따라 거래의 형식과 내용에 따라 다를 것이나 조세법에서는 실질내용에 따라 그 존재를 구별하여야 한다. 여기서 우리가 관심을 가져야 할 부분은 무형가치의 존재 형태와 거래형식에 따라 소득의 유형과 귀속자를 M&A 당사자들의 선택이 가능한지에 있다. 다음의 예를 보면서 기업가치와 기업 무형가치의 구별, 기업 무형가치의 존재 형태, 무형가치의 귀속에 대해 알아본다. 다음은 기업집단을 M&A한 실제 사례인데 설명의 편의를 위해 기업집단을 단순화하였다. 갑㈜과 을㈜의 재무제표(대차대조표)는 다음과 같다.

갑㈜: 부실기업		을㈜: 우량기업	
총자산 100억원	총부채 200억원 자본금 10억원 (결손금 110억원)	총자산 2,000억원	총부채 1,500억원 자본금 100억원 잉여금 400억원
계 100억원	계 100억원	계 2,000억원	계 2,000억원

갑㈜과 을㈜의 주주 현황은 다음과 같다.

갑㈜: 부실기업			을㈜: 우량기업		
주주 현황	주주	주식수	주주 현황	주주	주식수
	자 1	100,000		부	1,200,000
	자 2	50,000		모	500,000
	자 3	50,000		소액주주	300,000
	계	200,000		계	2,000,000

갑㈜과 을㈜은 특수관계에 있는 가족기업으로 갑㈜은 을㈜의 사업을 A/S하는 기업이다. 을㈜은 40년 된 기업으로 해당 시장의 40%를 점유하고 있는 모기업으로 우량기업이다. 특허권, 상표권, 기술력, 영업상의 비법, 신용 · 명성 · 거래처 등 영업상의 이점 등을 을㈜이

보유하고 있다. 을㈜의 유형적 가치는 500억원(장부가액 500억원)이다. 갑㈜은 결손누적 법인으로 유형적 가치는 0원(장부가액 ▲100억원)이다. 갑㈜, 을㈜ 모두 1주당 발행가액(액면가액)은 5,000원이다.

기업매수자인 한국산업㈜과 매도자인 갑㈜, 을㈜은 다음과 같은 거래형식으로 M&A를 하였다.

사례 1 ••• 기업집단 M&A와 무형가치 (1)

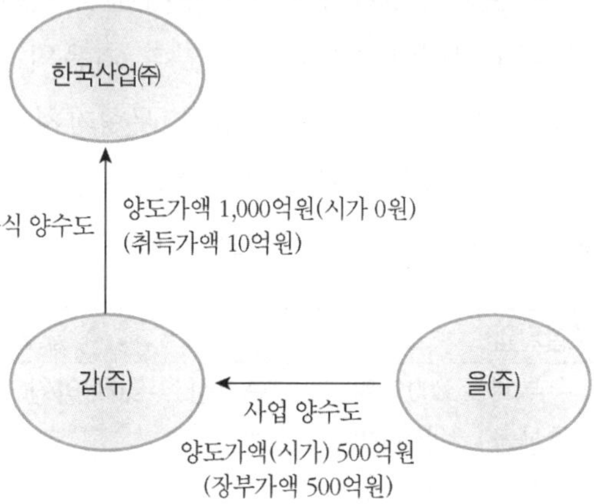

M&A의 유형을 결정하는 것은 M&A 당사자들의 선택이다. 기업집단을 매각하는 갑㈜과 을㈜의 입장에서 보면 우량기업인 을㈜의 사업을 부실기업인 갑㈜에게 양도하고 갑㈜의 주식 모두를 한국산업㈜에게 양도하는 형식의 거래이거나, 갑㈜의 주식 모두를 한국산업㈜에게 양도하고 갑㈜은 을㈜의 사업을 양수하는 거래형식을 생각할 수 있겠다. 한편, 기업집단을 매수하는 한국산업㈜ 입장에서 보면 갑㈜의 주식 모두를 인수하고 갑㈜이 을㈜의 사업을 양수하는 형식이거나, 갑㈜이 을㈜의 사업을 양수하고 한국산업㈜이 갑㈜의 주식 모두를 인수하는 형식이 될 수 있다. 이와 같이 기업집단을 매각함에 있어 거래 당사자의 입장과 전략에 따라 거래형식을 선택하게 된다. 다양한 거래형식의 M&A는 당사자들의 거래조건과 당시의 기업 상황 등 다양한 변수에 따라 여러 가지 형태로 나타날 수 있을 것이다. 다만, 세법을 적용함에 있어 조세와 관련된 문제는 M&A 형식보다는 그 거래내용의 실질이 중요하므로 일련의 거래과정을 분석해 보아야 알 수 있다.

□ 과세소득의 계산

위의 거래형식에 따라 갑㈜과 을㈜의 과세소득을 계산해 보면 다음과 같게 된다.

① 갑㈜의 주주(자1, 자2, 자3) 주식 양도이익(경영권프리미엄)

양도가액 1,000억원 - 취득가액 10억원(5,000원 × 200,000주) = 990억원

② 을㈜의 사업 양도이익(영업권대가)

양도가액 500억원 - 장부가액 500억원 = 0원

위의 거래형식에 대해 그 내용을 분석해 보면, 한국산업㈜은 갑㈜의 주식 모두를 1,000억원에 인수하고 을㈜의 사업을 500억원에 양수한 것이 된다. 결국 한국산업㈜이 갑㈜과 을㈜이라는 기업집단에게 지불한 대가는 1,500억원이다. 매수자인 한국산업㈜은 두 기업을 매수하는데 1,500억원을 지불했으며 매도자인 기업집단 갑㈜과 을㈜은 기업을 매각하면서 1,500억원의 대가를 받은 것이다. 따라서 갑㈜과 을㈜의 기업집단의 기업가치는 1,500억원이 된다. 이와 같은 형식의 M&A는 갑㈜의 기업가치를 1,000억원으로 을㈜의 기업가치는 500억원으로 본 것이 된다. 그런데 기업가치에는 유형적인 가치와 무형적인 가치가 존재하게 되는데 유형적인 가치를 제외한 가치가 무형적인 가치가 될 것이다. 유형적인 가치를 인식·측정·식별 가능한 자산으로 본다면 위 사례의 갑㈜의 유형적 가치는 없으며(순자산 시가 0원) 을㈜의 유형적 가치(순자산 시가)는 500억원이 된다. 그렇다면 갑㈜과 을㈜의 무형적 가치는 다음과 같이 계산될 수 있다.

- 갑㈜의 무형적 가치: 갑㈜의 가치 1,000억원 − 갑㈜의 유형적 가치 0원
  = 갑㈜의 무형적 가치 1,000억원
- 을㈜의 무형적 가치: 을㈜의 가치 500억원 − 을㈜의 유형적 가치 500억원
  = 을㈜의 무형적 가치 0원

다른 방법으로 기업집단의 무형적 가치를 다음과 같이 계산해 볼 수 있을 것이다.

기업집단의 가치 1,500억원(주식 인수가액 1,000억원 + 사업 양수가액 500억원)
− 기업집단의 유형적 가치 500억원(갑㈜의 유형적 가치 0원 + 을㈜의 유형적 가치 500억원)
= 기업집단의 무형적 가치 1,000억원

위 사례는 기업집단의 무형적 가치 1,000억원의 존재가 갑㈜과 을㈜ 중 갑㈜의 무형적 가치로 되고 있다. 결과적으로 ≪사례 1≫에서는 기업집단의 무형적 가치를 경영권 프리미엄으로 보고 있는 것이 된다. 기업집단의 무형적 가치가 갑㈜에게 있느냐, 을㈜에게 있느냐에 따라 기업집단의 무형적 가치는 경영권프리미엄이 되기도 하고 영업권이 되기도 한다. 기업집단의 무형적 가치가 갑㈜에게 있는 경우는 경영권프리미엄이 되고 을㈜에게 있는 경우는 영업권이 된다. 기업집단의 무형적 가치를 영업권으로 보는 경우와 경영권 프리미엄으로 보는 경우에 따라서 과세소득의 종류 및 크기와 귀속자 등이 다르게 나타나기 때문에 이들에 대한 인식과 구별을 명확히 할 필요가 있다.

≪사례 1≫의 거래형식이 다음과 같은 거래형식으로 되었을 경우 기업집단의 무형적 가치가 어떻게 되는가를 살펴보도록 한다.

사례 ② 기업집단 M&A와 무형가치 (2)

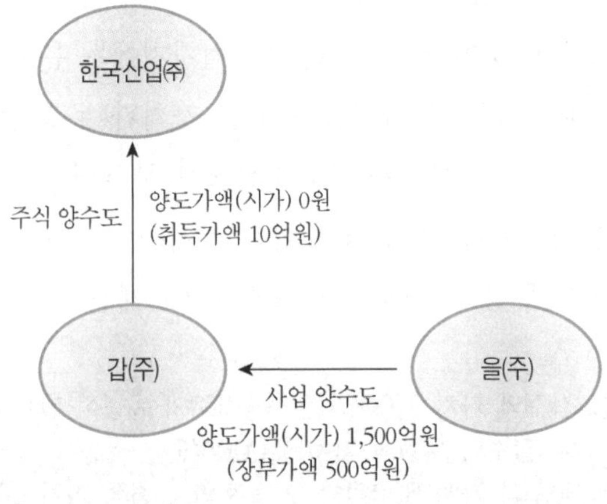

□ **과세소득 계산**

위의 거래형식에 따라 갑㈜과 을㈜의 과세소득을 계산해 보면 다음과 같게 된다.

① 갑㈜의 주주(자1, 자2, 자3) 주식 양도이익(경영권프리미엄)

양도가액 0원 - 취득가액 10억원(5,000원 × 200,000주) = -10억원

② 을㈜의 사업 양도이익(영업권대가)

양도가액 1,500억원 - 장부가액 500억원 = 1,000억원

위의 거래형식을 분석해 보면, 한국산업㈜은 갑㈜과 을㈜를 매수하는 대가로 1,500억원을 지불하였다. 즉 갑㈜의 주식 모두를 0원에 취득하고 을㈜의 사업 양수대금으로 1,500억원을 지불하였다. 한국산업㈜은 갑㈜과 을㈜ 두 기업의 가치를 모두 1,500억원으로 본 것이 된다. 기업집단의 가치는 각 개별 기업가치의 합이 될 것이므로 위 사례에서 갑㈜의 유형적 가치(인식 또는 식별가능한 가치로 상속증여세법상 평가액)는 없으며(시가 0원) 특허권, 상표권, 기술력, 영업상의 비법, 신용 · 명성 · 거래처 등 영업상의 이점 등을 보유하고 있지도 않다. 따라서 기업집단의 가치 1,500억원은 을㈜의 기업가치로 볼 수밖에 없을 것이다. 이 경우 을㈜의 기업가치 1,500억원은 유형적 가치 500억원(시가)과 무형적 가치 1,000억원으로 구별이 가능할 것이다. 다른 한편으로는 기업집단의 가치가 1,500억원이고 기업집단의 유형적 가치의 합이 500억원이므로 기업집단의 무형적 가치는 1,000억원으로 볼 수도 있다. 기업집단의 무형적 가치 1,000억원의 발생 원천이 을㈜에게서 나왔다고 보면 무형적 가치는 다음과 같이 계산할 수 있다.

- 갑㈜의 무형적 가치: 갑㈜의 가치 0원 − 갑㈜의 유형적 가치 0원
  = 갑㈜의 무형적 가치 0원
- 을㈜의 무형적 가치: 을㈜의 가치 1,500억원 − 을㈜의 유형적 가치 500억원
  = 을㈜의 무형적 가치 1,000억원

다른 방법으로 기업집단의 무형적 가치를 다음과 같이 계산해 볼 수 있을 것이다.

기업집단의 가치 1,500억원(주식 인수가액 0원 + 사업 양수가액 1,500억원)
− 기업집단의 유형적 가치 500억원(갑㈜의 유형적 가치 0원 + 을㈜의 유형적 가치 500억원)
= 기업집단의 무형적 가치 1,000억원

따라서 기업집단의 무형적 가치 1,000억원의 존재는 갑㈜과 을㈜ 중 을㈜에게만 있다는 것이 된다. 결과적으로 ≪사례 2≫에서는 기업집단의 무형적 가치를 영업권으로 보고 있는 것이 된다.

(2) 무형가치의 종류와 귀속의 문제

위 사례와 같은 기업집단의 M&A에서 다양한 거래유형의 선택은 M&A 당사자들에게

있다고 하였다. 즉 합병이나 주식 양수도, 사업 양수도 등의 선택 또는 갑㈜은 사업 양수도로 하고 을㈜은 주식 양수도로 하는 등의 모든 선택은 M&A 당사자들의 자유의사일 것이다. 다양한 거래유형의 선택은 매수자에서 보면 계속기업으로서 기업경영 전반에 대해 만족하는 수준에서 검토할 것이어서 오히려 매수자 측에서 필요로 하는 경우가 있다(이러한 사례로서 거래가격에 대한 합의는 되었음에도 매수자 측의 거래형식 요구를 받아들일 수 없어 M&A가 무산되기도 한다). 다양한 인수·합병의 거래유형 선택은 자유스러운 경제행위인 것이다. M&A 형식의 자유로운 선택은 사적자치 원칙(대법원 2007두12316, 2007.10.16.)과 자유로운 의사에 기하여 이루어진 사업양수도계약(서울행법 2011구합32256, 2012.8.23., 대법원 2013두10335, 2013.9.27.)의 보호이다. 다만, 그 거래유형의 선택으로 과세소득의 종류와 크기와 달라지거나 소득의 귀속자까지 달라진다면 거래형식의 선택은 신중한 접근이 필요하다.

예를 들면, ≪사례 1≫과 ≪사례 2≫에서 보듯이 거래형식의 선택에 따라 기업 무형적 가치가 경영권프리미엄이 되기도 하고 영업권이 되기도 하였다. 또한 이들 무형가치의 선택에 따라 과세소득의 종류와 크기 및 귀속자까지 달라지기도 한다. ≪사례 1≫과 ≪사례 2≫를 정리하면 다음과 같게 된다.

① ≪사례 1≫ 무형의 가치를 경영권프리미엄으로 보는 경우

- 갑㈜의 주주 주식 양도이익(경영권프리미엄)
  양도가액 1,000억원 − 취득가액 10억원(5,000원 × 200,000주) = 990억원
  *주식 취득 1주당 5,000원(액면가)
- 을㈜의 사업 양도이익(영업권대가)
  양도가액 500억원 − 장부가액 500억원 = 0원

② ≪사례 2≫ 무형의 가치를 영업권으로 보는 경우

- 갑㈜의 주주 주식 양도이익(경영권프리미엄)
  양도가액 0원 − 취득가액 10억원(5,000원 × 200,000주) = −10억원
- 을㈜의 사업 양도이익(영업권대가)
  양도가액 1,500억원 − 장부가액 500억원 = 1,000억원

* 을㈜의 사업 양도이익 1,000억원은 법인소득과 미래의 배당 등(의제배당 등)의 형태로 나타날 것이다.

위의 내용을 다음과 같이 정리할 수 있다.

구분	≪사례 1≫ 경영권프리미엄	≪사례 2≫ 영업권
귀속자	갑㈜의 주주	을㈜의 소득, 을㈜의 주주
과세소득종류	주식 양도이익	사업 양도이익, 의제배당 등
과세소득	990억원	1,000억원(1,000억원)
세율	양도소득세(10~30%)	법인세(13~25%), 종합소득세(8~35%)

* 영업권으로 보는 경우 과세소득은 사업 양도이익 1,000억원과 미래의 배당소득(청산소득) 등으로 1,000억원에서 법인세를 차감한 금액이 된다.

* 소득세법 제104조(양도소득세의 세율) 제1항 제11호
가. 대통령령이 정하는 중소기업 외의 법인의 주식 등으로서 대주주가 1년 미만 보유한 주식 등: 양도소득 과세표준의 100분의 30
나. 중소기업의 주식 등: 양도소득 과세표준의 100분의 10
다. 가목 및 나목 외의 주식 등: 양도소득 과세표준의 100분의 20

위의 사례는 M&A에서 거래형태와 형식에 따라 과세소득의 종류와 크기 및 귀속자가 다르게 결정되고 있다는 점을 말하고 있다. 이 사례에서 기업집단의 매각이라는 형태에서 개별기업의 가치(유형 및 무형)에 따라 그 과세소득의 종류와 크기 및 귀속자가 정해져야 함은 당연하다. M&A 당사자들이 거래형식을 선택함에 따라 조세부담에 영향을 미치게 된다면 당사자들 입장에서는 가능한 한 조세부담이 적은 형식의 유형을 선택하게 된다. 조세법에서는 어떠한 유형의 거래형식을 선택하더라도 조세에 미치는 영향이 다를 수 있다면 사적자치 또는 계약자유의 원칙에도 불구하고 그 거래행위가 부인의 대상이 될 수 있다. 그 이유는 조세평등주의와 공평과세는 조세법의 최고의 원리로 거래의 실질내용에도 불구하고 거래형식에 따라 조세부담에 차이가 있어서는 안 되기 때문이다.

≪사례 1≫이나 ≪사례 2≫ 모두 기업집단의 가치는 정해진 것이므로 기업집단의 가치 전체는 M&A 형식을 어떻게 하던 형식에 따라 차이가 날 수 없다. 그러나 위 사례는 M&A 형식에 따라 무형가치의 형태는 다르게 나타나고 있다. ≪사례 1≫은 기업집단 가치의 발생 원천이 갑㈜에 있다고 보는 것이며, ≪사례 2≫는 기업집단 가치의 발생 원천이 을㈜에 있다고 보는 것이 ≪사례 1≫과 ≪사례 2≫의 차이점이다. M&A 형식에 따라 무형가치의 형태가 다르게 나타날 수 있다는 것이다.

(2)-1. ≪사례 1≫

≪사례 1≫은 기업집단의 가치 1,500억원이 모두 갑㈜에게 있다고 본다. 기업집단의 거래를 개별기업의 독립적인 거래행위로 본다면 ≪사례 1≫은 정상적인 거래로 보인다. 즉 갑㈜과 을㈜은 특수관계자에 해당되므로 갑㈜과 을㈜은 시가에 의하여 사업을 양수도하였다. 특수관계자와의 거래에서 시가에 의하여 거래하였으므로 법인세법 제52조 부당행위계산 부인의 규정을 적용할 수 없다. 그리고 을㈜의 주주(개인주주)는 특수관계자가 아닌 한국산업㈜에게 주식 모두를 양도하였으므로 이때 주식의 양도가액이 고가인지 저가인지를 가리는 부담도 줄어들게 된다.[64] 그러나 위의 거래형식은 그 거래가 개별기업의 독립적인 거래행위가 아닌 기업집단을 하나의 거래로 볼 수 있다. 그 이유는 개별기업의 독립적인 거래행위일지라도 그 거래내용의 실질을 보면 개별기업의 거래행위는 연결되는 일련의 행위로 보아야 하기 때문이다. 이 경우 ≪사례 1≫은 비정상적인 거래행위에 해당된다. 즉 한국산업㈜과 갑㈜, 을㈜ 사이의 M&A는 한국산업㈜과 기업집단(갑 + 을) 간의 거래행위로 비록 갑㈜과 을㈜이 각 독립적인 기업이라고 하더라도 그 거래행위는 독립적일 수 없다는 것이다. 거래내용의 실질에 따라 보면 그 거래행위는 연결되는 하나의 거래로 보아야 하지 개별기업의 독립적인 거래로 볼 수는 없다. 이 M&A 거래를 이와 같은 내용으로 본다면 기업집단의 가치 1,500억원의 발생 원천이 어디에서 연유된 것인지를 알 수 있다.

(2)-2. ≪사례 2≫

≪사례 2≫는 기업집단의 가치 1,500억원이 모두 을㈜에게 있다고 본다. 그 이유는 특허권, 상표권, 기술력, 영업상의 비법, 신용·명성·거래처 등 영업상의 이점 등을 을㈜이 보유하고 있다는 점이다. 이와 같은 관점에서 보면 갑㈜에게는 유형적 가치뿐만 아니라 무형적 가치도 없다는 것이 된다. 갑㈜를 이와 같이 본다면 결국 ≪사례 1≫은 ≪사례 2≫의 형식을 활용한 거래로 우회행위, 다단계행위 그 밖의 이상한 거래형식을 취한 것으로서 정상적인 거래행위로 볼 수 없다는 것이 된다. 이와 같이 보는 이유는 갑㈜과

64) 주식 인수자인 한국산업㈜에서 보면 주식 인수가액이 고가냐 저가냐에 따라 법인세법 시행령 제35조 의제기부금의 규정을 적용할 수 있고 또는 상속증여세법 제35조를 적용할 수도 있을 것이다. 그러나 주식 인수자가 국내기업이 아닌 외국기업일 경우에는 의제기부금 규정마저 적용할 수 없다. 의제기부금 규정을 적용하는 경우에도 매수자인 한국산업㈜에서 보면 그 내용과 거래관계를 갑㈜과 을㈜ 편에서 검토하기는 어렵다.

을㈜의 개별기업 가치는 기업집단의 가치와 연관이 되어 있을 것이므로 거래형식에 불구하고 그 실질내용에 따라 개별기업 가치를 평가하여야 한다. 위 사례에서 갑㈜은 기업집단의 매각에서 기업집단 전체의 가치에 오히려 부정적인 영향을 미쳤거나 기업집단의 가치에는 아무런 기여도 하지 않았다는 것이고, 을㈜은 유형적 가치는 물론이고 무형적 가치의 존재가 기업집단의 가치에 절대적으로 영향을 미쳤을 것이라는 것에 대해 부인할 수 없을 것이라는 점이다.

그런데도 ≪사례 1≫은 갑㈜의 주주들이 주식양도에 따른 1,000억원의 주식양도대가(경영권프리미엄)를 얻고 있다. 기업집단의 무형적 가치 모두를 갑㈜의 주주들이 취하고 있는 것이다. 기업집단의 무형적 가치의 발생 원천이 을㈜에게 있는데도 을㈜에게는 아무런 무형적 가치(영업권 또는 경영권대가)가 발생하지 않았다. 이러한 거래행위로 인해 을㈜은 사업 양도이익(영업권대가) 1,000억원이 과소계상 되었으며, 또한 미래의 배당(의제배당)소득 등 1,000억원이 감소하는 결과를 가져오게 된다. 이와 같이 부실기업과 우량기업을 함께 M&A하는 경우 우량기업이 부실기업에게 순자산을 시가로 사업양도하고 부실기업은 주식 전부를 시가보다 높은 가액으로 양도하는 형식을 취할 때, 이 경우 부실기업 주주의 주식 양도대가를 경영권대가(경영권프리미엄)라고 주장할 수 있는지, 또한 이러한 형식의 M&A가 매수자와 매도자 사이의 계약에 의해 이루어졌을 경우 조세법에서는 그 거래를 어떻게 볼 것인지, 실질과세원칙과 부당행위계산의 입법취지가 어디에 있는가를 보고 판단하여야 할 것이다.

위 사례에서 ≪사례 1≫과 ≪사례 2≫는 과세소득의 종류와 크기뿐만 아니라 그 귀속자까지도 달라질 수 있다는 점을 말하고 있다. 기업집단의 매각으로 발생하는 이익을 거래형식의 선택에 따라 그 이익의 향유자를 자녀 또는 부모에게 임의적으로 귀속시킬 수 있는지 실질과세원칙과 공평과세 측면에서 그 거래내용을 비추어 보아야 할 것이다.

2 | 무형가치와 부당행위계산

(1) 영업권

앞에서 예를 든 M&A 유형은 정형적인 것이라기보다는 유형을 제시하기 위해 하나의 예를 든 것에 불과하다. 실제 M&A에 있어서는 당사자의 선택에 따라 그 유형은 다양하므로 수많은 형식으로 나타나게 된다. 다음에 제시되는 M&A 유형들과 M&A와 관련하여 발생되는 조세 사례는 조세에 대한 것만이 아닌 전략적 M&A를 진행하는 데도 도움이 된다. 또한 제시된 사례는 기업 무형의 가치 및 영업권에 대해 그 해석과 기준을 제시해 주기도 한다. 사례들은 M&A의 거래의 형식이 아닌 거래실질에 따라 보아야 한다는 것과 조세회피행위가 있다고 보는 이유를 명백히 밝히고 있다. 이러한 사례를 보면서 M&A와 세법적용은 거래 하나하나를 보기보다는 그 거래의 처음부터 끝까지를 일련의 거래과정으로 보는 것이 중요하다는 것을 알 수 있다. 또한 세법을 적용함에 있어 계약자유 및 사적자치의 원칙(대법원 2020두47809, 2020.12.24.)이 당연히 지켜져야 하는가에 대한 물음이기도 하다.

대부분은 대법원의 판례를 기준으로 삼을 것이나 심판 결정의 내용에 대해서도 분석해 보았다. 심판원에서의 세법해석, 예를 들면 무형의 가치인 영업권 · 시가 · 소득처분 등에 대해 법원과 다른 견해를 제시하고 있는데 법원과 심판원의 판결내용에서 논점의 차이점이 무엇인지 비교해 보는 것으로서도 그 의미를 명확히 할 수 있는데 도움이 된다. 특히 영업권에 대해 심판원에서는 분명한 의견을 제시하지 않거나, 상속증여세법상의 영업권 평가 금액과 M&A에서 발생되는 영업권이 다를 수 있음에도 이를 구별하지 않거나 명확한 의견을 제시하지 못하고 있다. 결국 기업가치에 대한 판단이 불명하며 그 기업가치의 발생 원천이 어디에서 연유하는지에 대한 분석이 부족했다고 볼 수 있겠다. 또한 심판원은 M&A를 하나의 유기체로 보아야 하는데 기업을 분리된 독립된 객체로 보고 있다. 하나의 거래가 단락이 아닌 일련의 거래로 보아야 진정한 기업의 가치를 평가할 수 있고 합리적인 조세회피 금액과 그에 따른 이익의 귀속자를 판단할 수 있는데 이 부분에 대해서도 보다 적극적인 결정이 아쉽다고 하겠다. 다음 대법원(대법원 95누18697, 1997.5.28.)의 판결은 합리적인 조세회피 금액과 그에 따른 영업권의 귀속자를 정하기 위한 판단을 하는데 있어 의미 있는 시사점을 제공한다.

사례 3 영업권과 부당행위계산 (1)

일자	거래내용
1984.12.12.	음식점(피자) 법인설립(주주 성○○ 등 100% 보유)
1991.6.12.	한국피자㈜ 설립(성○○ 등 50.9%, ××사 45%, ×××사 4.1%)
1991.10.1.	음식점(피자) 법인은 한국○○○㈜에게 영업장과 그 기계장치, 집기, 비품 등을 양도, 그 대가로 6,782백만원을 지급받음. 사업 양도 후 음식점(피자) 법인 폐업
1991.10.10.	한국피자㈜ 자본금 603백만원 증자 (액면가 10,000원, 주식발행초과금 5,859백만원 발생) * 주주 성○○ 등은 각 주식 보유비율에 따른 액면가액(1주당 10,000원) 상당의 주금만을 납입, 주주 ××사는 주식 보유비율에 따른 액면가액 외에 금 5,859,147,753원을 주식발행초과금으로 납입
1993.10.19.	성○○ 등은 한국피자㈜의 보유주식 전부(50.9%)를 주주 ××사에 1주당 248,517원(합계 7,627백만원)에 양도

□ 거래형식

① 사업의 양도(1991.10.1.)

음식점(피자) 법인	
주주	지분율
성○○ 등	100.0%

→

한국피자㈜	
주주	지분율
성○○ 등	50.9%
××사	45.0%
×××사	4.1%
계	100.0%

② 양도 현황

구분	장부가액	양도가액	차액
구축물(시설물)	2,011,700,407	6,782,205,922	923,058,169
기계장치	687,496,780		
공기구비품	756,933,509		
전화가입권	20,408,196		
임차보증금	1,963,032,500		
기타자산(원부재료)	419,576,361		
합계	5,859,147,753	6,782,205,922	923,058,169

* 사무실, 공급소, 영업장 19개 포함

③ **한국피자㈜ 증자 현황**

차변		대변	
제예금	6,462,147,753원 (성○○ 등 306,000,000원) (××사 6,155,147,753원) (×××사 1,000,000원)	자본금 주식발행초과금	603,000,000원 (성○○ 등 306,000,000원) (××사 296,000,000원) (×××사 1,000,000원) 5,859,147,753원
합계	5,859,147,753	6,782,205,922	923,058,169

④ **성○○ 등의 주식 양도(1993.10.19.)**

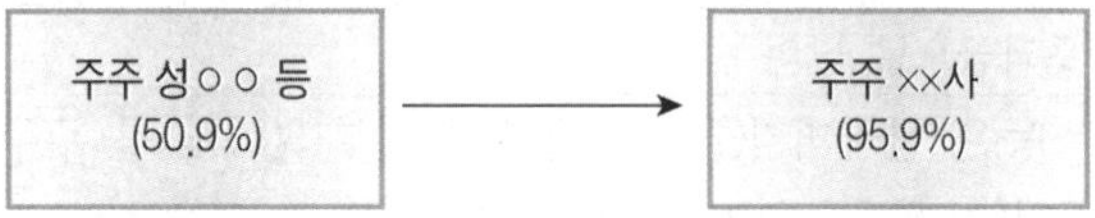

• 취득가액(액면가) 1주당 10,000원
• 양도가액 1주당 248,517원(합계 7,627백만원)

⑤ **성○○ 등의 보유주식 양도 전 · 후 한국피자㈜의 지분비율**

구분	양도 전		양도 후	
	주주	지분율	주주	지분율
주주 현황	성○○ 등	50.9%	성○○ 등	0.0%
	××사	45.0%	××사	95.9%
	×××사	4.1%	×××사	4.1%
	계	100.0%	계	100.0%

□ 사례의 분석

(1) 사실관계

■ 음식점(피자) 법인은 1984.12.12. 미국법인인 ○○회사와 사이에 상표 및 기술도입 계약을 체결하고 1985년부터 국내에서 독점적으로 ○○음식점업을 해오다가 1991.10.1. 한국피자 주식회사(소외회사)에 영업권의 대가는 따로 지급받지 아니한 채 직영점포 19개의 임차보증금 및 시설물 일체를 대금 6,782,205,922원에 양도한 후 폐업하였다. 위 양도 당시 국내의 피자 수요는 증가추세에 있었고, 음식점(피자) 법인의 1989년부터 1991년까지의 평균 당기순이익은 약 1,549,000,000원이며 미국법인인 ○○회사와의

계약기간 만료일인 1999.12.11.까지의 자체 예상 평균 당기순이익도 약 9,491,000,000원에 이르고 있다.

- 한편, 음식점(피자) 법인의 주식 전부를 소유한 주주이자 이사들인 소외 성○○ 및 그 처인 소외 김○신, 형인 소외 성×제(통틀어 '성○○ 등')는 위 미국법인인 ○○회사의 모회사인 소외 ××사 및 ×××사와 한국 내에서의 한국피자㈜라는 음식점업 공동경영을 위한 합작투자계약을 체결하고 1991.6.12. 합작법인인 소외회사를 설립하였다(주식 보유비율 성○○ 등 50.9%, ××사 45%, ×××사 4.1%).
- 1991.10.10. 자본금 총액을 603,930,000원으로 증자(60,393주)함에 있어 성○○ 등은 각 주식 보유비율에 따른 액면가액(1주당 10,000원) 상당의 주금만을 납입한 데 비하여, ××사는 주식 보유비율에 따른 액면가액 외에 5,859,147,753원을 주식발행초과금으로 납입하였다.
- 성○○ 등은 1993.10.19. 그 보유주식 전부를 위 ××사에 1주당 248,517.5원씩 합계 7,627,747,626원(30,693주)에 양도하였다.

(2) 대법원

(2)-1. 영업권 및 이익을 분여받은 자

- 일련의 거래과정에 비추어 원고는 소외회사에 영업과 관련한 시설물 등을 이전함에 있어 영업권에 대한 대가를 지급받아 이를 주주인 성○○ 등에게 교부하는 거래형식에 의하지 아니하고 정상적 경제인의 합리적 거래형식이 아닌 우회적인 행위형식을 통하여 영업권 이전에 대한 대가로 성○○ 등에게는 주식발행초과금의 납입을 면하게 하고 ××사만이 이를 납입하게 함으로써 적어도 위 주식발행초과금 중 성○○ 등의 주식 보유비율에 상당하는 이익을 성○○ 등에게 분여하고,
- 한편, 스스로는 영업권 양도에 따른 소득에 대한 조세의 부담을 배제시켰다고 보아 이는 법인세법 시행령 제46조 제2항 제9호에 정한 이익분여 행위로서 부당행위계산에 해당한다.

(2) - 2. 영업권의 평가방법

위 거래행위가 구 법인세법 시행령 제46조 제2항 제9호에 정한 이익분여에 해당하는 이상, 상고이유로 주장하는 바와 같이 동항 제4호 소정의 저가양도 등에 있어서의 시가 판정에 관한 보충적 평가방법인 구 상속증여세법 시행령(1994.12.31. 개정 전의 것) 제5조 제5항 제1호(영업권평가)에 의하여 평가한 영업권의 가액을 그 분여한 이익으로 보아야 하는 것은 아니다.

(3) 심판원(국심 93서2590, 1994.12.20.)

(3) - 1. 영업권

- 영업장 및 그에 따른 시설물 등에 대하여는 감정평가법인이 감정한 가액은 없으나 그 양도가액(6,782,205천원)이 장부가액(5,859,147천원)을 상회하고 있고, 위 장부가액은 ○○회계법인의 실사를 거쳐 확정한 것이며, 양도가액은 매매당사자 간의 쌍방합의에 의한 가액으로 그 양도가액이 시가보다 저렴하다고 볼 수 있는 근거도 없으며 이에 대하여는 다툼이 없다 하겠으나, 영업장 및 그 시설 이외에 영업권이 형성되었다고 볼 수 있겠는가, 볼 수 있다면 그 가액을 얼마로 볼 수 있는지에 대하여는 다툼이 있으므로 이에 대하여 살펴보면,
- 이 건 영업권 가액은 당해 계약서에는 영업장 및 시설물의 양도만으로 계약되어 있고 별도로 영업권을 표시한 바 없으며 법인세법령에 의하여 시가로 볼 수 있는 가액(상속증여세법에 의한 영업권 평가액)은 "0원"임이 확인되므로 영업권의 가액은 없는 것으로 볼 수도 있겠으나,
- 합작법인의 설립에 쟁점 프리미엄을 외국투자가인 ××사만이 납입한 데 대한 납득할 만한 객관적인 사유를 발견할 수 없는 점 등을 종합하여 보면 청구법인이 영업권으로서 취득한 바는 없으나 피자를 다년간 독점 판매함으로써 형성된 명성과 고객 등 거래처의 확보 등 눈에 보이지 않는 무형의 가치가 창설되어 있다고 보는 것이 타당하고,
- 다만, 청구법인의 영업권의 가액을 얼마로 확정할 수 있는지에 대한 문제점은 있으나 처분청이 쟁점 프리미엄(주식발행초과금) 중 내국인 출자지분 상당액 2,977,221,000원을 위 영업권의 가액으로 본 것은 무리가 없는 것으로 판단되므로, 청구법인의 주주인 성○○의 개인적 능력을 감안하여 외국투자가가 쟁점 프리미엄 상당액을 추가 출자하였다는 청구법인의 주장은 납득할 수 없고, 따라서 위 금액 상당에 대하여 그 대가를

평가하지 아니하고 유형재산가액만 지급받은 것이므로 청구법인의 법인세 과세표준금액 계산상 익금에 산입하여 법인세를 과세한 것은 정당하다.

(3)-2. 이익을 분여받은 자(소득처분)

- 청구법인의 영업권을 별도로 청구법인의 주주임원인 성○○ 등에게 무상으로 인계한 것으로 볼 것인지, 아니면 청구외 법인에 영업장을 양도하면서 동 영업권 상당액만큼 저가로 양도한 것으로 인정할 것인지를 보면, 법인세법 시행령 제94조 제1항에서는 익금에 산입한 금액이 사외에 유출된 것이 분명한 경우에는 그 귀속자에 따라 상여, 배당, 기타소득, 기타사외유출로 처분하도록 되어 있는바
- 합작법인이 그 영업권의 대가를 청구법인의 주주인 성○○ 등 3인에게 지급한 사실도 발견할 수 없으므로 이 건 영업권은 청구법인의 영업장을 포괄양도하는 과정에서 청구외 합작법인에게 영업권 상당액에 대한 대가를 계상하지 아니하고 저가로 양도한 것이라고 판단된다. 따라서 그 저가상당액에 대한 이익은 청구법인의 임원인 성○○ 등에게 직접적으로 귀속된 것으로 볼 수 없고 청구외 합작법인에게 귀속된 것으로 보는 것(기타사외유출)이 정당하다고 판단된다.
- 다만, 청구법인의 주주인 성○○ 등 3인이 경제적 이익을 본 2,977,221,000원에 대하여는 청구외 합작법인 설립 시 외국투자가가 쟁점 프리미엄을 납입할 때에 실현된 이익으로 보지 않고 그들이 청구외 합작법인의 주식을 처분하는 때에 그 주식의 가치를 높임으로써 양도가액에 자동적으로 반영되어 소득세법 제23조 제1항 제4호에 의거 양도소득세 과세대상이 되는 것은 별론으로 하고
- 처분청이 영업권을 청구법인의 주주에게 무상으로 인출한 것으로 보아 상여처분하여 청구법인에게 동 상여처분액에 대한 원천징수 불이행분 갑종근로소득세를 추징한 것은 부당하다고 판단된다.

(4) 대법원과 심판원의 비교

(4)-1. 부당행위계산 적용 여부

음식점(피자) 법인과 한국피자㈜는 특수관계자에 해당되므로 음식점(피자) 법인과 한국피자㈜ 간의 사업 양수도는 시가에 의하여야 할 것이다. 심판원도 "영업장 및 그에 따른 시설물 등에 대하여는 감정평가법인이 감정한 가액은 없으나 그 양도가액(6,782,205천원)이

장부가액(5,859,147천원)을 상회하고 있고, 위 장부가액은 ○○회계법인의 실사를 거쳐 확정한 것이며, 양도가액은 매매당사자 간의 쌍방합의에 의한 가액으로 그 양도가액이 시가보다 저렴하다고 볼 수 있는 근거도 없다."고 하여 음식점(피자) 법인과 한국피자㈜ 간의 사업 양수도는 시가에 거래되었다고 판단하고 있다.

따라서 특수관계자 사이에 시가에 따라 사업 양수도가 거래되었으므로 부당행위계산을 적용할 수 없다. 또한 음식점(피자) 법인의 주주인 성○○ 등이 한국피자㈜의 보유주식 모두를 한국피자㈜의 주주인 ××사에 양도한 행위는 성○○ 등과 ××사는 특수관계자에 해당되지 않으므로 부당행위계산 대상이 아니다. 결국 위의 M&A 사례를 개별기업 또는 개별거래로 볼 경우에는 부당행위계산을 적용할 수 없게 된다.

그러나 사례에서 음식점(피자) 법인과 한국피자㈜ 간의 사업 양수도, 한국피자㈜의 증자 시 주식발행초과금 발생 경위, 성○○ 등과 ××사 간의 주식 양수도 행위 등은 3년의 시차가 있어 형식상으로는 독립적인 거래를 취하고 있으나 이러한 거래색은 분리하여 볼 수 없는 일련의 연속적인 거래행위로 보아야 할 것이다. 즉 이와 같은 M&A 형식에서는 사업 양도, 증자, 주식양도 등을 독립적인 개별거래로 볼 수 없다.

독점적으로 운영하여 오던 음식점(피자)업의 포괄적 양도는 주주의 권리까지를 포기하게 되는 것이므로 결과적으로 음식점(피자) 법인의 포괄적 사업양도에 따른 이익은 음식점(피자) 법인에게 귀속되어야 하고 법인에 귀속된 소득은 사업 양도법인(음식점 법인)의 주주 몫이 되어야 한다. 사례에서는 결과적으로 포괄적 사업양도에 따른 이익을 사업 양도법인의 주주가 수취를 하였으나(성○○ 등의 주식 양도차익) 그 이익이 사업 양도법인에 귀속된 것은 없다. 따라서 사업 양도에 따른 소득(영업권)을 감소시켜 조세부담을 경감 내지는 배제시켰으므로 법인세법 시행령 제88조 제1항 제9호에 정한 이익분여행위로서 부당행위계산에 해당된다.

(4)-2. 영업권의 존재

대법원과 심판원은 모두 음식점(피자) 법인의 무형적 가치인 영업권을 인정하고 있다. 영업권을 인정하는 이유를 대법원에서는 영업권이라고 함은 그 기업의 전통, 사회적 신용, 입지조건, 특수한 제조기술 또는 거래관계의 존재 등 영업상의 기능 내지 특성으로 인하여 동종의 사업을 영위하는 다른 기업의 통상수익보다 높은 수익을 올릴 수 있는 초과수익력이라는 무형의 재산적 가치를 말하고 있다(대법원 84누281, 1985.4.23., 대법원 85누592, 1986.2.11.). 따라서 원고회사의 영업실적과 전망 등에 비추어 원고 회사가 소외 ○○회사와 사이에 상표 및 기술도입계약을 체결함에 있어 상표 등에 관한 권리를 취득할 수 없고 계약 종료 시 상표 및 기술에 관한 모든 권리를 기술제공자에게 반환하기로 "약정"하였다고 하더라도 그러한 사실만으로는 그 영업권이 발생할 여지가 없었다고 볼 수는 없다고 판단하고 있다. 한편, 심판원에서는 음식점(피자)업을 다년간 독점 판매함으로써 형성된 명성과 고객 등 거래처의 확보 등 눈에 보이지 않는 무형의 가치가 창설되어 있다고 보는 것이 타당하다는 영업권의 존재를 인정하고 있다.

(4)-3. 영업권의 평가

대법원은 음식점(피자) 법인의 무형가치 평가에 대해서는 언급하지 않으면서 영업권평가액을 구 상속증여세법 시행령(1994.12.31. 개정 전의 것) 제5조 제5항 제1호(영업권평가)에 의하여 평가한 영업권의 가액을 그 분여한 이익으로 보는 것은 아니라고 하였다. 즉 위와 같은 인수·합병에서 일련의 거래과정을 비추어 보면 음식점(피자) 법인의 기업가치는 9,759,426,922원(이 사건의 경우 유형적 가치인 시설물 등의 양도가액 6,782,205,922원 + 주식발행초과금 중 성○○ 등의 주식보유비율 상당액 2,977,221,000원)에 해당되고 음식점(피자) 법인의 무형적 가치는 일련의 거래과정(성○○ 등에게는 주식발행초과금의 납입을 면하게 하고 ××사만이 이를 납입하게 한 행위 등)에 비추어 보면 주식발행초과금 5,859,147,753원 중 적어도 성○○ 등의 주식보유비율(50.9%)에 상당하는 금액인 2,977,221,000원은 영업권에 해당한다고 보고 있다.

따라서 위와 같은 형식의 M&A에 있어 기업의 무형적 가치는 상속증여세법상 영업권평가(자기창설영업권)가 아니라 M&A 과정에서 지급된 대가를 의미하고 있다. 지급된 대가라고 함은 성○○ 등에게는 주식발행초과금의 납입을 면하게 하고 ××사만이 이를 납입한 주식발행초과금이 된다(무형적 가치를 주식발행초과금 모두를 볼 것인지 주식보유비율 상당액만을 볼 것인지에 대한 논란은 있을 것이다).

한편, 이 경우 "영업권의 가액은 상속증여세법상의 영업권평가는 아니다."라고 대법원에서는 분명히 밝히고 있는데 비해 심판원은 영업권 가액은 당해 계약서에는 영업장 및 시설물의 양도만으로 계약되어 있고 별도로 영업권을 표시한 바 없으며 법인세법 시행령에 의하여 시가로 볼 수 있는 가액(상속증여세법에 의한 영업권 평가액)은 "0원"임이 확인되므로 영업권의 가액은 없는 것으로 볼 수도 있겠으나 쟁점 프리미엄(주식발행초과금) 중 내국인 출자지분 상당액 2,977,221,000원을 위 영업권의 가액으로 본 것은 무리가 없는 것으로 판단된다고 하였다.

심판원은 상속증여세법상의 영업권평가금액을 영업권의 가액으로 볼 수도 있고 지급된 대가를 영업권의 가액으로 볼 수도 있다는 것인데(상속증여세법상 영업권평가액이 "0원"이 아니었다면 그 금액을 영업권 가액으로 보았을 것이므로), 심판원은 이러한 거래행위를 일련의 거래로 보지 않고 개별기업의 독립적인 행위로 보고 있기 때문이다. 결국 기업가치 또는 기업의 무형적 가치의 발생 원천에 대한 인식이 분명치 않다는 것을 보여주고 있다. 심판원에서는 "영업권은 청구법인의 영업장을 포괄양도하는 과정에서 청구외 합작법인에 영업권 상당액에 대한 대가를 계상하지 아니하고 저가로 양도한 것이라고 판단된다."고 하고 있어 개별기업의 양도를 저가양도로 판단하고 있는 것을 보아도 알 수 있다. 이 부분이 대법원과 심판원의 견해가 서로 다르다는 것을 알 수 있는데, 이 점은 M&A와 영업권에 대한 인식이 불명하다는 것을 알 수 있다.

이 사건을 심판원은 법인세법 시행령(현행) 제88조 제1항 제3호(저가양도)로 보고 있으며, 대법원은 제9호(기타 제1호 내지 제8호에 준하는 행위 또는 계산 및 그 외에 법인의 이익을 분여하였다고 인정되는 경우)로 보고 있는 것이다. 제9호에서 이익분여행위라 함은 이와 같은 거래행위는 자산의 양도(사업 양도)를 수반하는 일련의 거래행위로 보아야 하므로 음식점 법인을 양도한 후 폐업하고, 양수법인은 유상증자를 하면서 성○○ 등에게는 주식발행초과금의 납입을 면하게 하고, 성○○ 등은 주식 모두를 처분하는 등의 이와 같은 일련의 과정은 성○○ 등은 이미 영업권이 상당하다고 보는 음식점 법인(성○○ 등 100% 출자자)을 처분하기로 계획하고 이와 같은 거래형식을 취한 것으로 볼 수 있다는 것이다. 이 경우 음식점 법인의 양도에 따른 영업권 상당액은 법인의 사업 양도이익과 의제배당(폐업 · 청산)이 될 것이므로 성○○ 등은 이를 회피하기 위하여 이와 같은 일련의 과정을 거쳐 결국 음식점 법인을 처분(주식처분)하였던 것이다.

(4)-4. 영업권의 귀속

대법원이나 심판원은 음식점(피자) 법인의 양도에 따른 무형가치를 인정하고 있다고 하였다. 따라서 음식점(피자) 법인의 영업권은 법인의 사업 양도이익이다. 사업 양도이익

(영업권 상당액)은 법인의 익금으로 익금에 산입한 금액은 법인세법에 따라 귀속자를 결정하여야 한다. 대법원은 "영업권에 대한 대가를 지급받아 이를 주주인 성○○ 등에게 교부하는 거래형식에 의하지 아니하고 우회적인 행위형식을 통하여 영업권 이전에 대한 대가를 성○○ 등에게 분여하였다."고 판단하고 있다. 한편, 심판원은 "그 이익은 청구법인의 임원인 성○○ 등에게 직접적으로 귀속된 것으로 볼 수 없고 청구외 합작법인에게 귀속된 것으로 보는 것(기타사외유출)이 정당하다."고 판단하고 있다. 영업권의 귀속자에 대해 대법원과 심판원은 서로 다른 주장을 하고 있다.

이와 같이 서로 다른 주장을 하는 이유가 어디에서 연유되었는지를 살펴보면, 먼저 M&A에 있어 기업가치와 무형적 가치의 발생 원천에 대한 분석이 있어야 하겠다. 음식점(피자) 법인의 기업가치는 유형적 가치와 무형적 가치로 존재한다. 유형적 가치는 시설물 등의 양도가액이며 무형적 가치는 대법원과 심판원에서 인정하는 영업권이다. 무형적 가치(영업권)의 발생 원천에 대해 대법원과 심판원은 "영업실적과 전망 등에 비추어 원고 회사가 소외 ○○○회사와 사이에 상표 및 기술도입계약을 체결함에 있어 상표 등에 관한 권리를 취득할 수 없고 계약 종료 시 상표 및 기술에 관한 모든 권리를 기술제공자에게 반환하기로 약정하였다고 하더라도 그러한 사실만으로는 그 영업권이 발생할 여지가 없었다고 볼 수는 없다(대법원). 또한 음식점(피자)업을 다년간 독점 판매함으로써 형성된 명성과 고객 등 거래처의 확보 등 눈에 보이지 않는 무형의 가치가 창설되어 있다고 본다(심판원)."고 하였다.

국내에서 피자를 다년간 독점 판매하였고, 국내의 피자 수요는 증가추세에 있으며, 서울과 지방에 다수의 영업장(점포)을 소유하고, 거래관계의 존재, 영업실적과 전망 등이 영업권의 발생 원천에 해당한다. 영업권의 발생 원천이 음식점(피자) 법인에서 발생된 것임을 알 수 있다. 따라서 음식점(피자) 법인이 사업양도에 따른 영업권 대가를 수취하여야 하며 음식점(피자) 법인이 수취한 영업권은 결국 음식점(피자) 법인의 주주(성○○ 등)에게 돌아가야 하는 것이다(폐업을 하지 않았다고 하더라도 배당 등의 형태로 주주에게 귀속될 것이다).

그런데 심판원은 성○○ 등에게 직접적으로 귀속된 것으로 볼 수 없고 청구외 합작법인에게 귀속된 것으로 보고 있다(기타사외유출). 그 이유로 합작법인 한국피자㈜가 영업권의 대가를 음식점 법인의 주주인 성○○ 등 3인에게 지급한 사실을 발견할 수 없다는 점을 들고 있다. 그러면서 소득세법에 의한 성○○ 등의 주식양도에 따른 양도소득세는 별론으로 한다고 하였다. 이와 같은 심판의 판단은 기업가치 및 무형적 가치의 발생 원천과 M&A에 대한 이해가 부족하다고 볼 수밖에 없다. 이 사건에서 성○○ 등 3인은 음식점 법인의 사업 양도에 따른 영업권 상당액을 배당 등의 형태(종합소득)로 수취하여야 하는데도 이를 가장하여 양도소득(주식양도)으로 하고 있다. 소득의 종류는 세부담과 직접적인 연관을 갖게 되는데 이 사건은 일련의 거래과정을 제반 사정에 비추어 보면 정상적 경제인의 합리적 거래형식이 아닌 우회적인 행위형식을 통하여 영업권을 이전하였다고 볼 수밖에 없다.

(4)-5. 무형가치 금액의 정당성

음식점 법인은 임차보증금 및 시설물 일체 장부가액 5,859,147,753원을 6,782,205,922원에 한국○○○㈜에게 양도하였다. 한국○○○㈜는 위 시설물 등을 양수 후 유상증자를 실시하고 성○○ 등 3인의 주주에게는 주식발행초과금의 납입을 면하게 하고 주주 ××사만이 주식보유비율에 따른 액면가액 외에 5,859,147,753원의 주식발행초과금을 납입하였다(주식발행초과금은 시설물 등의 장부가액 5,859,147,753원과 같다). 주식발행초과금은 음식점 법인의 무형적 가치(영업권)를 증자라는 형식을 빌려 주식을 발행한 것으로 볼 수 있으므로 이와 같은 행위는 음식점 법인의 무형적 가치를 주식발행초과금으로 볼 수 있다. 이것은 장부가액(유형적 가치)의 2배에 상당하는 금액의 무형적 가치가 된다. 즉 주식발행초과금 전액이 음식점 법인의 무형적 가치가 된다. 성○○ 등의 3인이 주주 ××사에게 주식을 최종 처분할 때의 양도가액이 1주당 248,517.5원(합계 7,627,747,626원)으로 주주 ××사가 주식발행초과금으로 납입한 1주당 금액 215,925원과 큰 차이가 없다. 이 사건에서 음식점 법인의 사업 양도일이 1991.10.1.이고 한국○○○㈜의 유상증자일이 1991.10.10.로 9일이라는 길지 않은 시차로 이 경우 유상증자를 먼저 한 후 그 유상증자대금(주식발행초과금)에 상당하는 금액만큼 성○○ 등 3인의 주식을 인수하는 형식을 취할 수도 있을 것이다.

거래형식이야 어떠하든 음식점 법인을 인수하기 위해 유상증자를 실시하고 주식발행초과금이 발생했다면 주식발행초과금은 음식점 법인을 인수하기 위한 취득금액으로 볼 수 있다(음식점 법인의 주식을 취득하기 위한 것이 아니므로). 따라서 증자형식을 빌려 주식을 발행하는 등 주식 거래행위는 결과적으로 음식점 법인의 무형적 가치(영업권)를 취득하기 위한 가장행위로 볼 수 있다. 영업권을 주식발행초과금 중 성○○ 등의 주식 보유비율에 상당하는 금액만을 영업권으로 본다는 것은 주식거래와 사업양도를 외형(형식)적인 것으로만 판단하는 것과 같다. 예를 들면, 주식 보유비율에 따라 주식발행초과금이 동일하게 발생하고 그 이후에 주식양도가 될 경우 음식점 법인의 영업권은 없게 되며, 영업권은 결국 경영권프리미엄이라는 주주의 주식 양도소득으로 된다는 것이다.

(2) 영업권과 경영권대가

다음은 영업권 발생을 경영권대가로 가장한 기업집단의 M&A 사례이다. M&A 형식에 따라 영업권과 경영권대가가 어떻게 활용될 수 있는가를 볼 수 있는 사례라고 할 수 있겠다. 또한 사적자치 또는 계약자유의 원칙(대법원 2007두12316, 2007.10.16. 또는 서울행법 2011구합 32256, 2012.8.23., 대법원 2013두10335, 2013.9.27.)이 제한 내지는 배제될 수 있는가에 대한 세법적용의 문제이기도 하다.

사례 4 ••• 영업권과 경영권대가의 부당행위계산

□ 거래의 형식

① M&A 전

갑(비상장)			
주주	부	모	자녀1
	60%	30%	10%

을(비상장)			
주주	부	자녀1	자녀2
	50%	30%	20%

병(상장)			
주주	부	모	소액주주
	35%	30%	35%

* 갑, 을, 병은 계열기업으로 특수관계자에 해당된다.

② M&A 형태

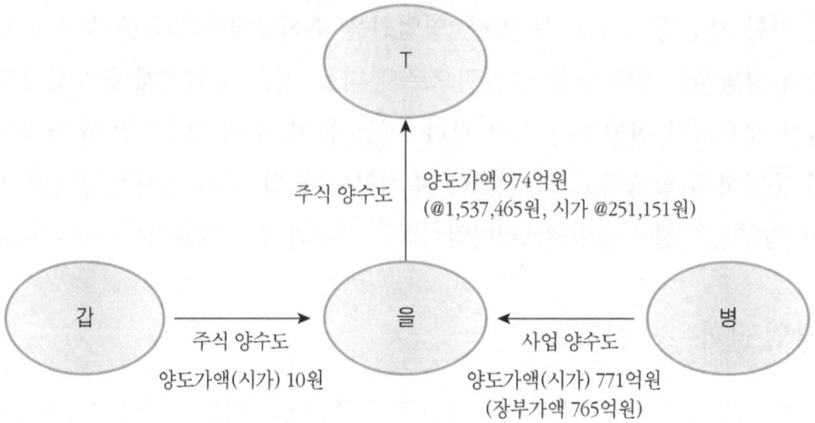

③ 乙의 유상증자 현황(T가 乙의 주식취득 직후 유상증자)

구분	증자 전		증자	증자 후	
주주	주식수	지분율	주식수	주식수	지분율
T	63,354	63.4%	46,584	109,938	75%
부	36,646	36.6%	0	36,646	25%
계	100,000	100%	46,584	146,584	100%

* 신주 1주당 발행가액 1,537,465원(액면가 5,000원)
납입총액 71,621,269,560원, 주식발행초과금 71,388,349,560원이다.

④ 재무제표

갑, 을, 병은 계열기업(기업집단)으로 개별 재무제표(요약)는 다음과 같다.

(단위: 백만원)

구분	갑	을	병
매출	55,561	51,443	203,351
당기순이익	-1,865	1,338	4,502
자산	46,036	36,412	183,407
부채	84,219	25,741	107,105
자본	-38,183	10,671	76,302

□ 사례의 분석

(1) 사실관계

丙은 40년간 고주파기기사업을 해온 국내 고주파기기 분야의 전문 업체로서 국내 고주파기기 시장의 2, 3위를 점유하고 있다. 1995년에 사업 확장을 위해 甲은 기기제작, 乙은 甲과 丙으로부터 기기제품을 구입하여 판매하는 형식의 법인을 설립하여 매각일 현재에 이르고 있다. 외국기업의 국내 고주파기기사업 진출로 국내 1위 기업인 ○○가 이미 인수 · 합병으로 외국기업에 매각되었다. 그동안 甲 · 乙 · 丙(이하 '기업집단'이라 한다)에 대해서도 인수 · 합병에 대한 협의가 진행되고 있었으며, 다음과 같은 형식으로 M&A하기로 최종 합의하였다.

- 20×5.9.30. 乙은 甲의 비상장발행주식 400,000주를 모두 10원(시가 0원)에 취득하고,
- 다음 날인 20×5.10.1. T는 乙의 비상장발행주식 100,000주 중 63.35%에 상당하는 63,354주(자녀1과 자녀2는 모든 주식, 아버지는 13,354주)를 시가(상속증여세법상 평가)가 1주당 251,151원의 주식을 시가보다 6배나 높은 1,537,465원에 취득하였다(총주식 취득금액 97,404,557,610원).
- 같은 날 乙은 유상증자(46,584주, 신주 1주당 1,537,465원, 납입총액 71,621백만원)를 하면서 주주인 아버지는 유상증자에 참여하지 않고 주주인 T는 액면가액(1주당 5,000원) 외에 71,388백만원을 주식발행초과금으로 납입하였다. 신주 모두를 주주 T가 인수하였다.
- 같은 날 乙은 위 유상증자 대금 71,621백만원을 포함한 77,170백만원으로 상장기업인 丙의 순자산(자산과 부채)을 77,170백만원(장부가액 76,500백만원)에 시가로 양수하였다.

(2) 개별기업의 거래내용

위의 거래관계를 살펴보면 이 사건은 기업집단의 가치(시너지 효과)와 개별기업의 가치, 영업권과 경영권대가가 혼재되어 있는 경우로서 과세소득의 종류와 크기, 귀속자가 M&A 형식의 선택에 따라 정해지고 있음을 보여주고 있다. 그러나 조세법에서는 M&A의 형식과 그 유형을 거래내용의 실질에 따라 보아야 하므로 이 사건에서 개별기업의 제반 사정을 구체적으로 검토해 보면 다음과 같은 결론에 이르게 된다.

(2) - 1. 가족이 100% 보유한 甲의 비상장발행주식 모두(400,000주)를 특수관계에 있는 乙에 10원에 양도하였다.

甲의 기업가치에 대해 살펴보면, 甲은 고주파기기 제조를 주업으로 하고 있다. 총매출액은 55,561백만원으로 매출 전부가 계열사인 丙(85%)과 乙(15%)에 대한 매출로 독자적인 영업활동은 하지 않고 있어 丙의 하도급업체나 다름없다. 자산 46,036백만원에 부채 84,219백만원, 자본 ▲38,183백만원으로 자본잠식 상태이며 경상이익은 ▲1,865백만원으로 상속증여세법상의 주식평가액은 "0원"이다. 따라서 甲의 유형적 가치는 없다. 甲은 모기업인 丙으로부터 매년 운영자금의 전부를 관계회사 차입금에 의존하고 있어 사실상 독자적인 기업운영으로 볼 수가 없을 정도이다. 한편, 기술연구소 연구원 5명에 연구개발비 118백만원(인건비 117백만원으로 재료비 등의 지출이 없어 형식상 연구원을 두고 있는 실정이며, 최근에는 연구원이 일반사무직으로 대체하고 있었다) 등으로 기술연구소는 설립되어 있으나 실질적인 기술개발은 丙의 기술연구소에서 이루어지고 있어 기술연구소는 명목에 불과하다. 따라서 甲은 영업비밀, 제품 브랜드, 등록상표, 기술력, 지적재산권, 산업재산권(특허, 실용신안, 의장) 등을 보유하고 있지 않아 무형의 가치를 인정할 만한 특별한 사정을 찾아볼 수 없으며 그 밖에 甲의 다른 어떤 것으로도 무형의 가치를 인정할 만한 다른 사정은 없다.

(2) - 2. 가족이 100% 보유한 乙의 비상장발행주식 100,000주 중 63,354주(63.35%)를 특수관계가 없는 T에 1주당 1,537,465원에 양도하였다.

乙은 모기업인 丙으로부터 상당 규모의 차입금에 의존하는 차입경영을 하고 있다. 乙의 기업가치에 대해 살펴보면, 총매출액은 51,443백만원으로 모기업인 丙(18%)과 서울지하철, 대한주택공사 등이 주요 거래처이다. 총매입액(세금계산서)은 43,257백만원으로 丙(20.3%), 甲(30.3%), 기타 ○○기공 등(49.4%)이다. 자산 36,412백만원, 부채 25,741백만원, 자본 10,671백만원, 경상이익 2,130백만원으로 상속증여세법상 주식 평가액은 1주당 251,151원(상속증여세법 제63조 제3항 할증평가한 평가액)이다. 乙의 유형적 가치를 계산해 보면 21,839백만원(할증평가 전 乙의 1주당 가액 218,392원 × 乙의 발행주식총수 100,000주)이 된다.

계열기업인 丙과 甲 등으로부터 고주파기기 부품을 구입하여 조립하는 조립생산을 제품으로만 하고 있어 제품에 대관 기술은 없다. 핵심기술이 없다는 것은 제품기술을 개발하는 연구원의 핵심인원, 연구개발비, 인력 및 연구개발준비금, 고주파기기 생산과 관련한 산업재산권(특허 · 실용신안 · 의장) 등을 보유하지 않고 있다는 것이 이를 뒷받침하고 있다. 또한 고주파기기 사업에서 중요한 고주파기기 설치(공사)와 유지보수는 전적으로 모기업인 丙에 외주를 줌으로써 설치와 유지보수에 대하여도 어떤 전문 인력이나 기술력을 보유한 것이 없다. 실제 사업내용은 영업부문에 한정되어 있다고 볼 수밖에 없는데, 영업활동이라는 것도 제품 브랜드가 그 제품의 가치와 시장 확보, 고객인지도 등과 직접 관련이 있게 되는데 乙이 조립생산하고 있는 제품의 상표는 모기업인 丙의 등록상표인 "DG○○"를 사용하고 있어 乙의 독자적인 영업활동이라고 보기도 어렵다. 또한 영업에서 '영업 노하우'라는 것도 제품 브랜드, 기술력 등이 고객에게 어떻게 인식되어 있느냐가 상당 부분을 차지한다고 볼 때 乙만의 '영업비밀'이 특별하다고도 볼 수 없다.

(2) - 3. 상장기업(가족 65%, 소액주주 35%)인 丙은 순자산(자산과 부채)을 특수관계에 있는 乙에 시가인 77,170백만원에 양도하였다.

丙의 기업가치에 대해 살펴보면, 丙은 모기업으로 1965.9.1. 설립하여 20×5.9.30. 乙에게 고주파기기사업을 양도하기까지 40년간을 고주파기기사업(제작, 설치, 유지보수)의 외길을 걸어 온 국내 고주파기기의 전문 제작과 설치, 유지보수를 하는 전담 기업이다. 국내 고주파기기 현재 시장 점유율이 19.9%로 ○○사(40%), ○○사(20.1%)에 이어 3위를 기록하고 있으며(과거에는 2위를 점유하고 있었다) 위 대형 3개사는 공정거래위원회가 지정, 고시하는 고주파기기 품목의 "시장지배적 사업자"로 지정되어 있다. 업계의 전반적인 사정은 꾸준한 수요의 증가, 수주 확대로 연간 10% 이상의 안정적 성장이 예상되고 있으며 1977년에 일본 도시바전기와 기술제휴 계약을 체결한 후 막대한 연구개발비의 투여로 꾸준한 기술연구개발을 통하여 현재는 고주파기기 전 부분 90% 이상을 국산화를 이룩하는 데 성공하였다. 사업양도계약에 따르면 20×5.10.1.에 임대부문을 제외한 자산의 93%, 매출액의 99.8%를 차지하는 고주파기기 사업부문의 자산 · 부채, 관련 인원 및 동 사업부문과 관련된 지위, 권리, 기타 영업에 필요한 유 · 무형의 자산 일체를 계열회사인 乙에 양도하였다.

丙은 30년 이상 축적된 기술력을 바탕으로 포스코사옥 및 전문건설회관, 삼성본관 등에 국내 최초의 고주파기기를 공급하는 등 고부가가치 제품 개발을 완료하여 국내시장은 물론 선진 국가인 일본·미국 등과의 경쟁에서도 확고한 입지를 구축하고 있다. 지난 2000년 9월에는 ISO14001 인증을 획득하는 등 자타가 공인한 기술력을 보유한 국내 최고수준의 고주파기기 전문 생산업체이다[금융감독원과 증권거래소에 보고한 "병의 제40기 3분기(20×5.1.1.~20×5.9.30.) 분기보고서" 참조]. 자회사로는 乙주식회사, 주식회사 甲, ○○보수주식회사(2000.9.19. 폐업) 등을 거느리고 있으며 20×5.9.30. 사업 양도 직전인 2004년 말 현재 계열기업의 총매출액(甲 제외)은 254,794백만원(丙 매출 79.8%)에 달한다. 주요 매출처로는 국내 대기업의 건설현장과 대한주택공사·서울지하철공사 등이며, 자산 183,407백만원, 부채 107,105백만원, 자본 76,302백만원으로 자산 규모로는 甲의 4배, 乙의 5배에 이르며 자본 규모로는 乙의 7배에 해당된다(甲은 자본잠식). 경상이익은 6,968백만원으로 수익면에서도 기업의 미래가치를 밝게 하고 있다. 사업 양도일 현재 사업양도부문의 장부상 순자산가액은 76,060백만원이며 상속증여세법상의 순자산 평가액은 77,170백만원이다.

(3) 부당행위계산

위의 거래행위가 법인세법 제52조 및 같은 법 시행령 제88조의 부당행위계산에 해당한다는 주장과 부당행위계산에 해당하지 않는다는 주장(반대의견 및 납세자주장)을 들어 보기로 한다.

(3)-1. 부당행위계산에 해당한다.

(가) 갑, 을, 병의 무형가치

개별기업이나 기업집단을 매각하는데 있어 M&A 형식은 당사자의 선택에 달려 있다. 다만, 조세법에서는 M&A 형식보다는 갑·을·병 개별기업의 매각행위는 기업집단을 매각하는 과정 중의 하나로 그 거래를 일련의 거래로 보아야 하므로 개별기업의 거래행위는 기업집단의 매각 범위 내에서 고려되어야 한다. 거래의 실질내용을 보기 위해서는 제반 사정을 구체적으로 보아야 하며 이 경우 개별기업에 대한 사정이 먼저 고려되어야 한다. 개별기업에 대한 사정이라 함은 개별기업의 재무제표는 물론 재무제표에 나타낼 수 없는 기업의 전통과 역사, 특허권의 가치, 상표권의 가치, 기술력, 시장지배력 등을 망라한 기업 유·무형의 모든 것이 고려되어야 한다.

① 개별기업에 대한 제반 사정에 따르면, 甲은 3년 계속 결손기업으로 총부채가 총자산의

1.7배에 달하는 자본잠식상태에 있다. 또한 운영자금 전부를 모기업인 丙으로부터 지원을 받고 있으며 매출 모두가 계열기업에 대한 매출로 구성되어 있다. 특별히 '영업비밀'이라는 것이 존재할 수가 없다. 또한 제품의 생산능력이라는 것도 모기업인 丙의 기술지원이 있으므로 가능한 것이어서 독립적으로 고주파기기 제품을 생산한다고도 볼 수 없다. 이 외에 甲에게서 특별히 다른 가치를 찾아볼 수 없다. 이러한 경우 기업집단 M&A에 있어 甲은 끼워 팔기에 해당된다. 따라서 매수자에서 보면 빚잔치 한 기업을 인수하게 되는데 그 대가로 다른 무엇을 요구하는 것은 협상 과정에서는 당연할 것이다. 결과적으로는 기업집단의 매각에 부정적인 영향으로 미쳤을 것으로 상정할 수 있다.

② 한편, 乙의 경우 자체 생산능력은 전무한 상태이며 고주파기기 기술 또한 전무하다. 영업은 하고 있으나 이 경우 영업이라는 것도 丙의 제품브랜드(상표)를 사용하고 있어 독자적인 영업활동을 한다고 보기도 어렵다. 또한 영업활동 중 중요한 부분인 고주파기기 설치(공사)와 보수에 관련되는 전문 인력이나 기술 모두를 丙에 의존하고 있으며 운영자금에 대해서도 상당부분 丙으로부터 지원받고 있는 실정이다. 결국 영업은 하고 있으나 영업의 비밀 등 '영업노하우'가 있는 것도 아니어서 乙의 무형적 가치가 특별히 존재한다고 볼 수도 없다.

③ 모기업인 丙은 40년간을 고주파기기사업(제작, 설치, 유지보수)의 외길을 걸어 온 국내 고주파기기 전문 제작, 설치, 유지보수 기업으로 국내 고주파기기 시장 점유율 2, 3위를 기록하고 있으며 공정거래위원회가 지정, 고시하는 고주파기기 품목의 "시장지배적 사업자"로 지정되어 있다. 업계의 전반적인 사정은 꾸준한 수요의 증가, 수주 확대로 연간 10% 이상의 안정적 성장이 예상되고 있다. 외국기업과의 기술제휴 계약 체결로 고주파기기 전 부분 90% 이상을 국산화를 이룩하는 데 성공하는 등 30년 이상 축적된 기술력을 바탕으로 국내 최초의 고부가가치인 고주파기기 제품 개발을 완료하여 국내시장은 물론 선진 국가인 일본·미국 등과의 경쟁에서도 확고한 입지를 구축하고 있으며 ISO14001 인증을 획득하는 등 자타가 공인한 기술력을 보유한 국내 최고수준의 고주파기기 전문 생산업체이다. 이와 같은 사정으로 보아 丙의 무형적 가치는 상당하다고 볼 수 있다. 대법원은 무형의 가치란 그 기업의 전통, 사회적 신용, 입지조건, 특수한 제조기술 또는 거래관계의 존재 등 영업상의

기능 내지 특성으로 인하여 동종의 사업을 영위하는 다른 기업의 통상수익보다 높은 수익을 올릴 수 있는 초과수익력을 말하는데(대법원95누18697, 1997.5.28., 대법원 84누281, 1985.4.23., 대법원 85누592, 1986.2.11.), 앞서 甲·乙·丙을 각각 살펴본 바와 같이 기업집단 무형의 기업가치는 丙에 있다고 보는 것이 타당하다. 甲과 乙은 기업집단의 매각에서 오히려 불리하게 작용했거나 특별히 기업의 가치를 증가시켰다고 볼 수도 없다. 특히 기업집단의 가치에서 무형의 가치를 고려할 때 甲이나 乙에게서는 무형의 가치를 고려할 만한 특별한 사정을 찾아볼 수가 없으므로 기업집단의 무형가치의 발생은 丙에서 나온 것이 된다.

(나) 부당행위계산 대상 여부

개별기업의 거래행위를 독립된 거래로 보는 경우 가족이 100% 보유한 甲의 비상장발행주식 모두를 특수관계에 있는 乙에게 시가(10원)에 양도한 행위는 정상적인 거래이다. 또한 가족이 100% 보유한 乙의 비상장발행주식을 특수관계가 없는 T에 양도한 행위는 부당행위계산 대상이 아니다. 상장기업인 丙의 순자산을 특수관계에 있는 乙에 시가에 양도하였으므로 丙의 양도행위는 정상적인 경제인의 행위이다.

개별기업의 거래행위를 독립된 거래로 보는 경우 정상적인 경제인의 합리적 거래형식이다. 그러나 개별기업의 거래행위를 기업집단의 거래로 보는 경우에는 개별기업의 양도(주식양도·사업양도)는 기업집단의 매각을 수반하는 일련의 행위로 본다면 거래의 실질내용에 따라 여러 사정을 구체적으로 고려하여 과연 그 거래행위가 건전한 사회통념이나 상관행에 비추어 경제적 합리성을 결여한 것인지 여부에 따라 판단하여야 할 것이다. 가족이 100% 보유한 乙의 주식 63,354주(63.35%)를 시가(1주당 가액 251,151원)보다 6배나 높은 1,537,465원에 양도한 사실, 乙의 유상증자(46,584주)시 父가 신주인수를 포기하고 T가 신주 모두를 인수하면서 T는 주식 보유비율에 따른 액면가액(1주당 5,000원) 외에 71,388,349,560원의 주식발행초과금(주금납입 신주 1주당 가액 1,537,465원으로 신주 1주당 가액은 가족이 乙의 주식을 T에 양도한 1주당 가액과 동일함)을 납입한 사실, 丙은 임대를 제외한 모든 자산·부채, 관련 인원 및 동 사업부문과 관련된 지위, 권리, 기타 영업에 필요한 유·무형의 자산 일체를 乙에게 양도하면서 丙은 유형적 가치 외에 무형적 가치의 존재를 인정할 만한 특별한 사정이 있는데도 유형적 가치에 대해서만 공정가액으로 양도한 사실 등 이러한 일련의 거래과정에 비추어 보면 기업집단의 매각에 따른 무형의 가치(영업권)는 丙에게 발생되어 丙의 주주(부모 65%, 소액주주 35%)가 영업권의 대가를 수취하여야 함에도 경영권대가라는 명목으로 乙의 주주(자녀)가 이를 취하는 한편, 丙 스스로는 사업양도에 따른 사업 양도이익을 계상하지 않음으로써 영업권 양도에 대한 조세부담을 배제시켰다고 할 것이다. 이와 같은 거래형식은 정상적 경제인의 합리적 거래형식이 아닌 우회적인 행위형식을 취함으로써 통상의 합리적인 거래형식을 취할 때 생기는 조세의 부담을 경감 내지는 배제시켰다고 판단된다. 이와 같은 거래형식과 행위는 앞서 ≪사례 3≫과 유사하다.

(다) 부당행위계산 부인 금액

이와 같은 일련의 거래형식과 행위가 이익분여 행위로서 부당행위계산에 해당된다면 분여한 이익의 계산은 어떻게 할 것인가. 분여한 이익의 계산은 다음과 같이 생각해 볼 수 있을 것이다.

① 乙 주식의 평가액(시가)은 1주당 251,151원(할증평가)인데 가족이 T에게 양도한 주식가액은 1주당 1,537,465원이다. 乙의 발행주식이 시가보다 6배나 높은 가액으로 거래된 것은 丙의 무형의 가치인 영업권을 우회적인 행위형식을 통하여 경영권 프리미엄이라는 명목으로 가장하고 있다. 이 경우 경영권프리미엄에 상당하는 금액은 영업권으로 보아야 하므로, 분여이익은 다음과 같이 계산할 수 있다.

㉮ 총주식 양도가액

1주당 가액 1,537,465원 × 양도주식수 63,354주 = 97,404백만원

㉯ 총주식 양도시가

1주당 가액 251,151원 × 양도주식수 63,354주 = 15,911백만원

㉰ 영업권(경영권프리미엄)

㉮ - ㉯ = 81,493백만원

② 기업집단을 T에 75% 지분을 양도한 것은 기업집단의 유・무형의 가치를 포함한 일체의 것을 양도한 것이 된다. 반대로 T가 '기업집단'의 지분 75%를 확보한 것에는 기업집단의 유・무형의 가치를 포함하여 취득한 것이 된다. 따라서 기업집단 전체의 가치(유・무형)에서 유형의 가치를 차감하게 되면 무형의 가치가 남게 된다. 이 무형의 가치는 乙의 것이 아닌 丙의 것이므로 丙의 영업권이 되어 사업 양도이익으로 나타나야 할 것이다. 분여이익은 다음과 같이 계산할 수 있다.

㉮ 기업집단의 인수가액(유·무형의 가치)

총주식 인수가액 97,404백만원 + 주식발행초과금 71,621백만원 = 169,025백만원

* T가 75% 지분을 확보하는 데 투입된 자본총계임.

㉯ 기업집단의 유형의 가치

[乙의 가치(1주당 가액 251,151원 × 총발행주식수 100,000주) 25,115백만원 + 丙의 가치(양수도가액) 77,170백만원] × 75% = 76,714백만원

㉰ 기업집단의 무형가치

㉮ - ㉯ = 92,311백만원

③ 기업집단의 총매각금액에는 기업집단의 유·무형의 가치가 포함되어 있다. 乙에게는 무형의 가치가 없으므로 乙주식의 양도가액(시가)을 차감하게 되면 丙의 유·무형의 가치가 된다. 따라서 丙의 무형가치는 다음과 같이 계산할 수 있다.

㉮ 기업집단의 총매각금액

총주식 양도가액 97,404백만원 + 순자산 양도가액 77,170백만원 = 174,574백만원

㉯ 乙주식의 양도가액(시가)

1주당 가액 251,151원 × 양도주식수 63,354주 = 15,911백만원

㉰ 丙의 가치(유·무형)

丙의 사업 양도가액 77,170백만원

㉱ 丙의 무형의 가치

㉮ - ㉯ - ㉰ = 81,493백만원

④ 父는 乙의 유상증자에 참여하면서 주식 보유비율에 따라 신주를 교부받아 주금을 납입하여야 하는데도 신주를 포기하고 T 단독으로 신주 모두를 인수받아 액면가액 외에 주식발행초과금으로 71,621백만원을 납입하였다. 따라서 아버지는 신주와 주식발행초과금의 납입을 면하게 하고 T만이 이를 납입하게 함으로써 주식발행초과금 중 아버지의 주식 보유비율(63.354%)에 상당하는 이익을 분여하였다. 분여이익은 다음과 같이 계산할 수 있을 것이다.

주식발행초과금 71,621백만원 × 가족지분율 63.354% = 45,374백만원

(라) 법인세법 시행령 제88조 제1항 제3호 및 제9호

일련의 거래행위가 법인세법 시행령 제88조 제1항 제3호(자산을 시가보다 낮은 가액으로

양도)에 해당하는지 제9호(기타 제1호 내지 제8호에 준하는 행위 또는 계산 및 그 외에 법인의 이익을 분여하였다고 인정되는 경우)에 해당하는지에 대해 살펴보면, 기업집단의 매각에 있어 丙이 특수관계에 있는 乙에게 자산(순자산)을 시가에 양도하였으므로 저가양도(제3호)에 해당되지 않는다. 그러나 일련의 거래과정에 비추어 보면 무형의 가치(영업권)는 丙에게 발생되어 丙의 주주(부모와 소액주주)가 영업권의 대가를 수취하여야 함에도 경영권대가라는 명목으로 乙의 주주(자녀)가 이를 취하는 한편, 丙 스스로는 사업 양도에 따른 사업 양도이익을 계상하지 않음으로써 소득(영업권)에 대한 조세부담을 배제시켰다고 할 것이므로 어떤 자산의 양도가 제3호의 저가양도에 해당하지 아니하는 경우에도 자산의 양도를 수반하는 일련의 행위로 보아 그 일련의 행위를 제9호의 이익분여행위에 해당한다고 할 수 있겠다(대법원 2001두9394, 2003.6.13.).

여기서 제9호의 의미는 제1호 내지 제8호에서 정한 거래행위 이외에 이에 준하는 행위로서 출자자 등에게 이익분여가 인정되는 경우를 의미하고 있다(대법원 95누18697, 1997.5.28., 대법원 2001두9394, 2003.6.13., 대법원 2002두9995, 2003.12.12., 대법원 2003두13267, 2006.1.13.).

한편, 일련의 거래행위가 시행령 제88조 제1항 제9호에 정한 이익분여에 해당하는 이상 제3호의 시가 판정에 관한 보충적 평가방법인 상속증여세법 시행령 제59조 제2항에 의하여 평가한 "영업권"의 가액을 그 분여한 이익으로 보아야 하는 것은 아니다(대법원 95누18697, 1997.5.28.). 즉 상속증여세법상의 영업권평가는 상속재산과 증여재산을 평가하기 위한 재산의 평가방법으로 자기창설영업권을 의미하고 M&A 과정에서 발생하는 영업권은 매입영업권으로 기업 전체를 매매하는 경우에 발생하는 것으로 전체 기업의 순현가총액에서 직접 가치평가가 될 수 있는 기업순자산들의 현재가치합계와의 차이인 잔여 개념을 의미하고 있다.[65] 상속증여세법상의 영업권과 매입영업권의 의미는 다르므로 조세법을 적용하는 데는 개별사안에 따라 달리 적용하여야 할 것이다.

(3) - 2. 부당행위계산에 해당하지 않는다(반대의견, 납세자 주장).

(가) 반대의견 Ⅰ

乙의 재무제표상의 영업권은 실질상으로는 부실자산이나 진부화된 자산의 가액을 감액하여 시가(공정가액)로 평가한 차액 상당액 33,653백만원을 영업권으로 하였으므로

65) 이우택, 「영업권(기업가치)의 회계와 세무에 관한 연구」, 한국세무사회 조세연구소, p.29

이러한 재무제표상의 표기로 丙의 순자산의 시가는 위 영업권 33,653백만원을 차감한 금액으로 보아야 한다. 따라서 丙이 乙에게 사업양도를 하면서 계약서상으로는 감정가액 및 상속증여세법상의 평가인 시가(77,170백만원)로 결정하였으나 실질상으로는 부실 자산이나 진부화된 자산의 가액을 감액한 후 사업 양도를 한 것이나 다름없으므로 영업권이 발생된 것과 같다(자산감액손실 33,653백만원, 영업권 양도이익 33,653백만원). 또한 가족과 T 사이에 2005.7.18. 주식매매계약서를 근거로 하여 연결재무제표기준으로 영업권이 300억원임을 합의했음이 확인되므로 위의 사실을 뒷받침하고 있다. 따라서 영업권 양도이익으로 33,653백만원을 계상한 것이나 다름없으므로 부당행위계산에 해당되지 않는다.

(나) 반대의견 Ⅱ

T와의 서신 중 20×5.2.13.과 20×5.4.16. 매수자가 매도자의 대리인에게 보낸 서신에서 T의 지분이 50%에서 70%로 증가하면서 '기업집단'의 가격도 증가하였는데, 이 증가분은 순수한 경영권대가이다. 또한 M&A 공로자로서 가족에게 추가로 지급한 보수상당액(보너스)은 기업가치와는 별도로 가족개인의 역량이므로 당연히 경영권대가로 보아야 한다.

(4) 종합적인 판단

M&A의 유형으로 주식 인수, 영업양수도, 합병 등이 있다. 이 사건(기업집단)은 M&A 형식에서 본 단순한 부당행위계산의 문제가 아니라 기업가치, 상속증여세법상의 평가, 법인세법상 시가 등에 대한 세법적용의 문제이다. 주식 인수에는 경영권대가, 영업양도와 합병에는 영업권대가가 발생할 수 있다. 경영권대가나 영업권대가는 모두 기업 무형의 가치로서 기업가치의 하나이다. 기업가치와 주식가치는 일치하지 않는 경우가 대부분인데 그 이유는 기업가치에는 직접적으로 평가(계상)되어 있지 않은 브랜드가치 등 무형의 가치가 존재하고 있기 때문이다. 이 사건에서 무형의 가치는 M&A 당사자 사이의 협상(협의)의 산물이었으며 객관적인 평가를 할 수 없는 평가의 대상이 될 수 없는 것이었다. 이때의 무형적 가치는 전체 기업의 가치(매수 또는 매도가액)에서 직접 평가될 수 있는 기업 순자산의 현재가치를 차감한 잔여 개념 또는 차액 개념을 무형의 가치(영업권)로 볼 수 있다.[66]

66) 이우택, 「M&A회계와 세무」, 조세통람사, pp.193~198

한편, 이 사건에서 저가양도 등을 판정함에 있어서 영업권평가를 상속증여세법상의 평가방법에 의하여 평가한 영업권을 시가로 보기에는 어렵다(대법원 95누18697, 1997.5.28.). 상속증여세법상의 평가는 보충적 방법에 의한 주식을 평가할 때, 즉 순손익가치와 순자산가치의 계산에서 1주당 순자산가치를 계산할 때 영업권을 포함하여 1주당 순자산가치를 계산하도록 하고 있는데, 이러한 계산방법은 비상장주식평가에 있어 영업권상당액을 계산하여 순자산에 포함하겠다는 취지일 뿐이지 이 평가액 금액이 영업권의 시가가 될 수는 없다. 상속증여세법상의 영업권평가는 용어가 "영업권"이라고 하더라도 일반적으로 사용하고 있는 영업기밀, 시장지배력, 기술력, 브랜드가치, 기업전통 등에 의하여 발생하는 영업권과 구별하여 사용되어야 한다.

대법원은 부당행위계산에 대하여 "납세자가 정상적인 경제인의 합리적 거래형식에 의하지 아니하고 우회행위, 다단계행위 그 밖의 이상한 거래형식을 취함으로써 경제적 합리성을 무시하고 통상의 합리적인 거래형식을 취할 때 생기는 조세의 부담을 경감 내지는 배제시키는 행위계산을 말한다. 또한 부당행위계산은 실질과세원칙을 보충하여 조세법적 측면에서 부당한 것이라고 보일 때 과세권자가 객관적으로 타당하다고 인정되는 소득이 있었던 것으로 의제하여 과세함으로써 과세의 공평을 기하고 조세회피행위를 방지하고자 하는데 그 입법취지가 있다."고 판시하고 있다. 행위계산의 부당성 판단기준은 "경제적 합리성의 결여 여부에 있다 할 것이고 경제적 합리성 유무에 대한 판단은 제반 사정을 구체적으로 고려하여 그 거래행위가 사회통념이나 상관행에 비추어 경제적 합리성을 결한 비정상적인 것인지의 여부에 따라 판단하여야 한다."고 일관되게 판시하고 있다. 법인세법 시행령 제88조 제1항 각 호는 부당행위계산 유형을 개괄적으로 예시한 것이며, 특히 같은 법 시행령 제88조 제1항 제9호에 대해 대법원의 위와 같은 판결은 일관적이다. M&A 형식의 사적자치 또는 계약자유의 원칙(대법원 2007두12316, 2007.10.16. 또는 서울행법 2011구합 32256, 2012.8.23., 대법원 2013두10335, 2013.9.27.)이 언제나 지켜져야 하는 것은 아니다.

(3) 경영권대가

다음의 사례는 발행주식을 인수하는 형식의 M&A 사례이다. 대법원(대법원 2001두9394, 2003.6.13.)은 "회사가 발행주식을 경영권과 함께 양도하는 경우 그 거래가격은 주식만을 양도하는 경우의 객관적 교환가치를 반영하는 일반적인 시가로 볼 수 없어 자산의 저가양도에는 해당되지 않으나 주식의 거래가 자산의 양도를 수반하는 일련의 행위로 보아 법인세법 시행령 제88조 제1항 제9호가 정한 이익분여행위로서 부당행위계산에 해당한다."고 판시하고 있다.

사례 5 ••• 경영권대가와 부당행위계산

일자	거래내용
1995.4.10.	○○회사는 보유(62,800주)하고 있던 ×××돌핀스(프로야구단)의 비상장발행주식 중 22,800주(1주당 5,000원)를 계열사 ○○패션에 양도
1995.6.30.	○○회사는 보유(62,800주)하고 있던 ×××돌핀스(프로야구단)의 비상장발행주식 중 14,400주(1주당 5,000원)를 계열사 △△사에 양도
1995.9.15.	○○그룹(위 ○○회사 포함)은 ××× 주식 120,000주(1주당 375,000원, 합계 450억원) 모두를 현대전자㈜ 외에 양도

□ 거래의 형식

㈜×××돌핀스

주주	주식수
○○○사	62,800
××사	24,000
×××사	12,000
○○사	12,000
기타	9,200
계	120,000

1995.4. 주식 양도 → 1주당 5,000원

㈜×××돌핀스

주주	주식수
○○○패션	22,800
△△사	14,400
○○제약	12,000
기타 외 3	70,800
계	120,000

1995.9. 주식 양도 → 1주당 375,000원

㈜×××돌핀스

주주	주식수
현대전자	62,800
현대차서비스	12,000
기타 외 3	45,200
계	120,000

□ 사례의 분석

(1) 사실관계

■ ○○그룹의 모기업인 원고회사를 비롯한 그룹 내 계열회사들은 프로야구단인 주식회사 ×××돌핀스의 비상장발행주식 총 120,000주를 보유하고 있었는데 그중 62,800주를 보유하고 있던 원고회사(○○사)가 1995.4.10. 특수관계인인 ○○패션에

그중 22,800주를, 같은 해 6.30. 역시 특수관계인인 △△사에 14,400주를 각 1주당 액면가인 5,000원에 양도하고,

- 그로부터 약 2개월 후인 같은 해 8.30.경 ○○그룹의 회장이던 서○환은 소외 현대전자의 회장이던 정○헌과의 사이에 이 사건 프로야구단을 450억원에 매각하기로 합의하였고,
- 이에 따라 원고회사 및 ○○패션 등을 비롯한 ○○○그룹의 각 계열회사들은 보유하고 있던 위 야구단의 주식 전부를 같은 해 9.15.부터 10.31.까지 사이에 1주당 375,000원(450억원/120,000주)의 가격으로 □□그룹 내 현대전자 등의 회사에 각각 양도하였다.

(2) 부당행위계산 여부

위의 주식거래를 개별적인 거래행위로 보면 그룹 내 계열회사 ○○사 등이 보유한 ×××돌핀스(프로야구단)의 비상장발행주식을 특수관계에 있는 같은 그룹 내 다른 계열회사 ○○패션 등에 1주당 시가가 0원인 주식을 5,000원에 양도한 행위는 자산의 저가양도에 해당하지 않는다. 또한 ○○○패션 등이 현대전자 등에 양도한 1주당 가액 375,000원은 발행주식을 경영권과 함께 양도한 경우이므로 일반적인 시가로 볼 수 없다. 따라서 ○○사 등이 같은 계열회사인 ○○패션 등에 1주당 5,000원에 양도한 주식의 시가를 375,000원으로 볼 수 없으므로 저가양도에 해당되지 않는다.

한편, 그룹 내 ○○사 등으로부터 주식을 1주당 5,000원에 인수한 ○○패션 등이 2~4개월 후에 특수관계가 없는 □□그룹의 현대전자 등에 1주당 375,000원에 양도한 행위는 특수관계인과의 거래가 아니므로 부당행위계산을 할 수 없다(경영권이 수반된 거래로 정상적인 교환가치를 반영하고 있지 아니하므로 기부금에도 해당되지 않는다). 그러나 ○○그룹과 □□그룹은 ×××돌핀스를 450억원에 매각하기로 합의하였고 이에 따라 ○○그룹은 계열회사가 보유한 ×××돌핀스 주식 모두를 □□그룹의 계열사에 양도하는데 있어 위와 같이 다단계행위, 우회행위형식을 취하고 있다. 이러한 거래형식은 거래행위의 실질내용에 따라 보면 주식의 양도과정은 ○○그룹과 □□그룹이 ×××돌핀스를 M&A하는데 있어 하나의 연속된 행위로 보아야 한다.

일련의 거래로 보는 이유는 ○○그룹의 계열회사들은 ×××돌핀스의 보유주식을 결손금이 많은 다른 계열회사들에 1주당 액면가인 5,000원에 양도하였고, 그로부터 약 2개월 후인

같은 해 ○○그룹과 □□그룹의 사이에 프로야구단을 450억원에 매각하기로 합의하였고, 이에 따라 ○○○패션 등을 비롯한 ○○그룹의 각 계열회사들은 보유하고 있던 위 야구단의 주식 전부를 같은 해 9.15.부터 10.31.까지 사이에 1주당 375,000원(450억원 ÷ 120,000주)의 가격으로 □□그룹 내 현대전자 등에 각각 양도한 사실을 들 수 있다. 이 사건을 일련의 거래로 보는 경우 ○○사 등은 ○○그룹 내에서 차지하고 있던 위상에 비추어 원고회사로서는 이 사건 프로야구단의 매각을 충분히 예상할 수 있었던 상황이어서 이 사건 주식을 그대로 보유하고 있을 경우 상당한 규모의 유가증권처분이익을 낼 수 있었음에도 불구하고 불과 2~4개월 전에 위와 같이 특수관계인들에게 액면가로 이 사건 주식을 양도한 행위는 경제적 합리성에 반하는 부당한 행위계산이라고 할 것이고, 나아가 어떤 자산의 양도가 제3호의 저가양도에 해당하지 아니하는 경우에도 자산의 양도를 수반하는 일련의 행위로 보아 당해 자산을 특수관계인에게 이전할 당시에 그로 인한 장래의 기대이익이 어느 정도 확정되어 있었다고 인정될 수 있는 경우에는 그 일련의 행위를 제9호의 이익분여행위에 해당한다고 할 수 있겠다(대법원 2000두1355, 2001.3.27., 대법원 99두11790, 2001.9.28.).

이러한 거래내용에 비추어 보면 ○○사 등은 ○○패션 등에 이 사건 주식을 양도할 당시 이미 □□그룹이 이 사건 프로야구단의 경영권을 인수하기 위하여 이 사건 주식을 시가보다 훨씬 높은 가격에 매수하려 한다는 사실을 알았거나 아니면 적어도 이를 예상하면서도 특수관계인인 ○○패션 등에 이 사건 주식을 액면가로 양도함으로써 결과적으로 그 차액상당의 이익을 ○○패션 등에 분여하는 한편, 스스로는 이 사건 주식을 양도함에 따른 소득에 대한 조세의 부담을 감소시켰다고 할 것이고, 또한 이와 같은 일련의 행위에 경제적 합리성이 있다고 할 수는 없다.

(3) 저가양도 및 경영권대가

(3)-1. 저가양도

이 사건 주식 거래는 시가에 미달하게 양도함으로써 법인의 소득에 대한 조세의 부담을 부당하게 감소시킨 것으로 판단된다고 하였다(고등법원). 그러나 시가라고 함은 정상적인 거래에 의하여 형성된 객관적 교환가격을 말하는 것으로서(대법원 93누22333, 1994.12.22.) 회사 발행주식을 경영권과 함께 양도하는 경우 그 거래가격은 주식만을 양도하는 경우의 객관적 교환가치를 반영하는 일반적인 시가로 볼 수 없는 것이므로(대법원 89누558, 1990.1.12.)

원고회사 등이 이 사건 프로야구단의 경영권과 함께 발행주식 전부를 양도할 때의 위 거래가액은 이를 시가로 볼 수 없다 할 것이므로, 이 사건 주식양도를 시행령 제88조 제1항 제3호 소정의 저가양도에 해당한다고 판단한 것은 잘못이다.

(3) - 2. 경영권대가

이 사건에서 발행주식을 경영권과 함께 양도하는 경우 주식 1주당 가액 375,000원에는 경영권대가가 포함되어 있다. 경영권대가의 발생 원천으로 일반적으로 프로야구단은 그 창설 또는 인수에 막대한 자금이 소요되기는 하나 그 운영을 통한 기업홍보 및 마케팅 효과가 커서 국내에서 프로야구리그가 시작된 이래 일부 대기업들 사이에서 상당한 금액의 권리금을 지급하고 기존 프로야구단 주식을 인수하고 있었던 때이므로 결손누적 법인으로 시가는 0(영)이지만 그 기업의 무형가치는 상당하다고 볼 수 있다는 것이다. 경영권대가가 주식 양도가액에 포함되어 있다는 것이다.

경영권대가의 존재에 대해 또 다른 사례를 보면(대법원 97누195, 1997.11.14.), "회사설립시 발행한 주식 860만주를 각자 430만주씩 인수하였다가 합작투자계약을 해지하기로 합의한 후 같은 해 외국합작투자법인으로부터 비상장주식인 430만주 전부를 1주당 4,400원씩에 매입하였는데 이 사건 주식거래는 내국법인이 외국합작투자법인에게 그 투자금을 반환하고 그 보유주식 전부를 일괄 양수하여 경영권을 확보하려고 하는 특수한 상황하에서 이루어진 거래로서 그 거래가액은 정상적인 주식양도에 있어서의 객관적인 교환가치를 반영하는 것으로 보기 어렵다. 따라서 이 사건 주식의 시가는 불분명한 경우에 해당되고 이와 같은 경우 상속증여세법 시행령 제54조 소정의 비상장주식 평가에 관한 규정에 의하여 평가한 가액인 1주당 1,412원을 기준으로 저가양도 여부를 가려야 할 것인데 이 사건 주식의 양도가액 1주당 4,400원은 이를 초과하므로 이 사건 주식양도는 저가양도에 해당하지 아니한다."고 판시하고 있다. 결과적으로 주식의 시가를 초과하는 금액은 "경영권대가"가 되겠는데 이 사건의 경우 경영권대가는 12,848,400천원[(4,400원 - 1,412원) × 430만주]이 된다.

지금까지 사례에서는 부당행위계산을 법인세법 시행령 제88조 제1항 제9호의 규정을 적용하였다. 제9호는 자산의 거래가 시행령 제88조 제1항 제1호 내지 제8호의 개별적인 유형에는 해당하지 않으나 거래의 실질내용에 따라 보면 개별행위가 아닌 일련의 행위로 인정되는 경우에는 제9호가 정한 이익분여행위에 해당한다는 것이다.

다음의 사례는 M&A가 아니면서 제9호의 규정에 의한 이익분여행위로 보고 있다(대법원 2000두1355, 2001.3.27.).

사례 6 ••• 시행령 제88조 제1항 제9호와 부당행위계산

일자	거래내용
1996.8.19.	박○호 외는 소유하고 있던 ○○종합금융㈜의 주식 54,000주(1주당 30,000원, 합계 16.2억원)를 ○○금속㈜에 양도
1996.9.18.	○○정밀㈜은 ○○금속㈜과 박○호 외가 소유하고 있던 ○○종합금융㈜의 주식을 인수하기로 결정
1996.9.19.	박○호 외는 1996.8.19. ○○금속㈜에 양도한 ○○종합금융㈜의 주식 54,000주(당초 16.2억원 + 이자 2,722천원)를 ○○금속㈜으로부터 재매입
1996.9.20.	박○호 외가 소유하고 있던 ○○종합금융㈜의 주식 487,670주(당초 54,000주 포함. 1주당 487,670원, 합계 242억원)를 ○○정밀㈜에 양도

박○호 및 그와 특수관계에 있는 자들이 보유한 ○○종합금융㈜의 주식을 태일정밀㈜에 양도하는 거래형식을 보면 다음과 같다.

□ 거래의 형식

○○종합금융㈜

주주	주식수
박○호 외	487,670
△△△ 외	191,000
○○사 외	1,721,330
계	2,400,000

1996.8.19. 박○호 외 → 주식 양도 1주당 30,000원

○○종합금융㈜

주주	주식수
박○호 외	433,670
○○금속	54,000
△△△ 외	191,000
○○사 외	1,721,330
계	2,400,000

1996.9.19. ○○금속 → 주식 양도 1주당 30,000원 +이자

○○종합금융㈜	
주주	주식수
박○호 외	487,670
△△△ 외	191,000
○○사 외	1,721,330
계	2,400,000

1996.9.20.
박○호 외
→
주식 양도
1주당 46,659원

○○종합금융㈜	
주주	주식수
○○정밀	487,670
△△ 외	191,000
○○사 외	1,721,330
계	2,400,000

□ 사례의 분석

(1) 사실관계

- ○○금속의 대주주인 소외 박○호 외 등이 ○○종합금융의 대주주의 지위에 있으면서 ○○종합금융의 증자자금을 마련하기 위하여 1996.8.19. 그들이 보유하고 있던 ○○종합금융의 주식 54,000주(사건 주식)를 ○○금속에 1주당 30,000원 합계 1,620,000,000원에 양도
- ○○종합금융의 주식을 인수하여 그 경영권을 장악하려던 ○○정밀주식회사가 같은 해 9.18. ○○금속과 박○호 외 등은 소유하고 있던 ○○종합금융 주식을 인수하기로 결정함에 따라 박○호 외 등은 ○○종합금융의 증자에 참가할 필요가 없게 되었고 이에 박○호 외 등은 같은 달 19일 ○○금속으로부터 이 사건 주식을 당초의 주식매매대금 1,620,000,000원 및 이에 대한 그간의 이자 2,722,901원을 합한 금액으로 양도받음.
- 그 다음날인 같은 달 20일 박○호 외 등은 이 사건 주식을 포함한 ○○종합금융의 주식 487,670주를 1주당 49,659.06원 합계 24,217,235,000원에 ○○정밀에 양도

(2) 부당행위계산 적용 여부

위의 거래를 개별행위로 볼 경우 박○호 외 등이 보유한 ○○종합금융의 주식을 특수관계에 있는 ○○금속에 저가로 양도하지 않은 행위와 ○○금속이 그간의 이자를 포함하여 박○호 외 등으로부터 매입한 주식을 3개월이 지난 후 박○호 외 등에게 양도한 행위는 부당행위계산에 해당하지 않는다. 또한 박○호 등이 ○○금속으로부터 재매입한 주식을 특수관계가 없는 ○○정밀에 양도한 행위는 특수관계인과의 거래가 아니므로 부당행위계산을 적용할 수 없다. 그러나 사실관계에 따르면 위 거래는 일련의 행위로써 ○○금속은 ○○정밀회사가 ○○종합금융주식회사의 경영권을 장악하기 위하여 이 사건 주식을 시가보다 훨씬 높은 가격에 매수하려 한다는 사실을 알았거나 아니면 적어도 이를

예상하면서도 ○○정밀주식회사와 매매계약을 체결하기 전날 위와 같이 박○호 외 등에게 이 사건 주식을 양도함으로써 그 차액상당의 이익을 박○호 외 등에게 분여하였다고 할 것이고 이는 경제적 합리성을 인정할 수 없으므로 법인세법 시행령 제88조 제1항 제9호가 정한 이익분여행위로서 부당행위계산에 해당한다고 판단하고 있다.

법인세법 시행령 제88조 제1항이 조세의 부담을 부당하게 감소시키는 것으로 인정되는 경우에 관하여 제1호 내지 제8호에서는 개별적·구체적인 행위유형을 규정하고 그 제9호에서는 "기타 출자자 등에게 법인의 이익을 분여하였다고 인정되는 것이 있을 때"라고 하여 개괄적인 행위유형을 규정하고 있으므로 제9호의 의미는 제1호 내지 제8호에서 정한 거래행위 이외에 이에 준하는 행위로서 출자자 등에게 이익분여가 인정되는 경우를 의미한다. 또한 경제적 합리성의 유무에 관한 판단은 제반 사정을 구체적으로 고려하여 그 거래행위가 건전한 사회통념이나 상관행에 비추어 경제적 합리성을 결한 비정상적인 것인지의 여부에 따라 판단하여야 한다.

(4) 거래의 외형과 실질의 판단

다음의 사례는 ≪사례 3≫과 외형적으로는 유사하나 개별 내용의 실질에 따라 보면 다르다. 거래의 실질내용에 따라 판단해 보면 그 거래행위가 건전한 사회통념이나 상관행에 비추어 경제적 합리성이 결여된 비정상적인 것이라고 할 수 없으므로 부당행위계산을 적용할 수 없다고 하였다(대법원 99두10131, 2001.11.27).

사례 7 ••• 영업권과 부당행위계산 (2)

일자	거래내용
1993.10.26.	○○㈜는 △△와 사이에 51% 대 49%의 비율로 출자하여 □□을 설립하고 ○○㈜의 RSC 사업 이외에 전기통신사업 전부를 장부가액으로 □□에 양도하기로 하는 합작투자계약을 체결
1993.12.27.	○○㈜와 △△는 □□의 발행주식 112만주(1주당 10,000원) 중 51%를 ○○㈜가, 49%를 △△가 인수하여 법인설립. 이때 △△는 **주식발행초과금**으로 20억원을 납부
1993.12.31.	○○㈜의 전기통신사업을 □□에게 장부가액으로 포괄양도

□ 거래의 형식

① 합작회사 설립(1993.12.27.)

차변		대변	
제예금	132억원	자본금	112억원 (○○㈜ 577.12억원) (△△ 44.88억원)
		주식발행초과금	20억원

합작회사 □□		
주주 현황	주주	지분율
	○○㈜	51%
	△△	49%
	계	100%

② 1993.12.31. 사업의 포괄양도로 ○○㈜의 전기통신사업부를 합작회사 □□에게 5,837,962,956원(장부가액)에 양도하였다.

□ 사례의 분석

(1) 사실관계

- 1993.10.26. ○○㈜는 호주의 △△와 합작으로 국내에 통신사업체 □□를 설립하기로 하여 □□의 발행주식총수(1주당 10,000원씩 120만주)의 51%는 원고가, 49%는 △△가 인수하되, △△는 인수주식의 액면가 외에 원고가 □□에 양도하게 될 사업관련 영업권을 고려하여 20억원의 주식발행초과금을 납부하기로 하고, ○○㈜는 □□에 전기통신사업 전부 및 이에 관련되는 사업을 1993.12.31. 현재의 장부가격으로 양도하기로 하는 내용의 합작투자계약을 체결
- 1993.12.27. □□의 발행주식 112만주 중 51%를 원고가, 49%를 △△가 인수하여 각 인수가액을 납부함으로써 자본금 112억원의 □□이 설립되었고, △△가 주식발행초과금으로 납부한 20억원은 □□의 자본잉여금으로 계상
- 1993.12.31. ○○㈜의 장부가액을 기초로 하여 □□의 외부 회계감사인이 한국기업회계준칙에 따라 확인한 금액으로 하여 포괄양도
- 1994.3.11. 양도자산의 가액을 5,837,962,956원으로 확정한 후 그 무렵 □□로부터

위 금액을 지급받았으나, 영업권의 양도대가는 장부가액에 반영되어 있지 아니한 관계로 이를 별도로 지급받지 아니하였다.

(2) 대법원

(2)-1. 부당행위계산 여부

○○㈜가 장부가액에 반영되지 아니한 영업권을 사실상 □□에 추가 출자하는 것으로 인정하여 △△로 하여금 그의 출자지분 49%에 따른 주식발행초과금으로 20억원을 □□에 추가 납입하도록 약정한 것은 ○○㈜는 아무런 대가없이 위 영업권을 □□에 양도한 것이 아니라, △△의 주식발행초과금 20억원 납입에 상응하여 원고의 출자지분 51%에 상당하는 주식발행초과금 2,081,632,653원의 납입에 갈음하여 위 영업권을 □□에 양도함으로써 위 합작투자계약상의 출자비율에 따른 납입의무를 이행한 것이다.

즉 ○○㈜는 △△이 출자지분 49%에 따른 주식발행초과금 20억원에 상응하는 출자지분 51%에 상당하는 2,081,632,653원의 주식발행초과금 납입을 면한 것이므로 사실상 영업권 상당액을 받은 것이나 다름없다는 것이다. 따라서 ○○㈜의 영업권 양도에 따른 행위계산이 ○○㈜가 위 영업권을 □□에 양도하면서 □□로부터 그 양도대가를 지급받지 아니하였다는 점만을 들어 시행령 제46조 제2항 제4호 소정의 저가양도에 해당한다고 할 수 없을 뿐만 아니라, ○○㈜가 영업권 양도의 대가로 주식발행초과금 2,081,632,653원의 납입을 면한 이익을 원고의 출자자 등에게 분여한 것으로 볼 수도 없어 시행령 제46조 제2항 제9호 소정의 기타 이익의 분여에도 해당한다고 할 수 없다.

(2)-2. ≪사례 3≫과의 비교

(가) 주식발행초과금 발생

≪사례 3≫은 합작투자회사의 설립 후 증자에서 성○○ 등은 각 주식보유비율에 따른 액면가액(1주당 10,000원) 상당의 주금만을 납입한 데 비하여 합작투자자인 ××사는 주식보유비율에 따른 액면가액 외에 5,859,147,753원을 주식발행초과금으로 납입하였다. 한편, 위 사례는 법인설립 시 ○○㈜는 주식보유비율 51%에 따른 액면가액(1주당 10,000원) 상당의 주금만을 납입하고 합작투자자인 △△는 주식보유비율 49%에 따른 액면가액 외에 20억원을 주식발행초과금으로 납입하였다.

주식발행초과금의 발생이 합작투자자에게서 발생한 점과 국내인이 주식발행초과금의 납입을 면하게 한 것은 동일하다.

(나) 합작투자회사의 주주

≪사례 3≫은 음식점 법인이 영업권의 대가는 따로 지급받지 아니한 채 사업에 관한 임차보증금 및 시설물 일체를 합작투자회사인 한국○○○㈜에 양도하였다. 한편, 위 사례는 ○○㈜가 영업권의 대가를 지급받지 아니하고 전기통신사업부에 속한 면허, 자산 등을 합자투자회사인 □□에 포괄양도하였다. 사업의 양도라는 점에서는 ≪사례 3≫과 위 사례는 서로 같다.

합작투자회사의 주주 구성을 보면 ≪사례 3≫의 경우 합작투자회사의 한국피자㈜은 사업양도 회사인 음식점 법인의 주주와 합작투자자인 ××사 등이다. 위 사례의 경우는 합작투자회사의 □□은 사업양도 회사와 합작투자자인 △△이다. 두 사례에서 합작투자자가 주주인 점은 서로 같다. 그러나 ≪사례 3≫은 양도회사의 주주(개인)가 합작투자회사의 주주인 데 비해 위 사례는 양도회사가 직접 주주가 된 것이 다르다.

≪사례 3≫

합작투자회사(한국○○○)의 주주	
양도회사의 주주 성○○ 등 50.9%	합작투자자 ××사 외 49.1%

≪위 사례≫

합작투자회사(□□)의 주주	
양도회사 ○○㈜ 51%	합작투자자 △△ 49%

(다) 이익을 분여한 자와 분여받은 자

≪사례 3≫은 양도회사인 음식점 법인이 사업양도에 따른 영업권을 지급받아 양도회사(음식점 법인)의 주주인 성○○ 등에 교부하는 형식이어야 하므로 양도자가 이익 분여자가 되고 이익을 분여받은 자는 양도자의 주주 성○○ 등이 된다. 한편, 위 사례는 양도자가 이익 분여자인 것은 같으나 이익을 분여받은 자는 양수자이다.

위 사례가 ≪사례 3≫과의 다른 점은 사업양도에 따른 영업권(사업 양도이익)을 지급받는 자가 양도회사[○○㈜]이면서 양도회사는 그 영업권 상당액을 지급하는 자(□□)의 주주이다. 그런데 □□가 법인설립을 하면서 △△는 주식발행초과금을 납입하게 하고 ○○㈜은 주식발행초과금의 납입을 면하게 하였다. 결과적으로 양도자인 ○○㈜가 □□의 설립 시 주식발행초과금의 납입을 면한 것은 영업권 상당액을 받은 것이나 다름없게 된다는 것이다.

(라) 결론

≪사례 3≫과 위 사례는 영업권 상당액이 있는 국내의 기업을 합작투자법인에 양도하면서 합작투자자인 외국법인은 보유지분율에 상당하는 주식발행초과금을 납입한데 비해 국내의 투자자는 주식발행초과금의 납입을 면하게 한 점은 동일하다. 이 경우 영업권 상당액은 양도회사의 사업 양도이익이 되어야 함은 당연하다 할 것이다. 다만, 양도회사의 사업 양도이익(영업권)을 수취한 자가 ≪사례 3≫의 경우에는 양도회사임이 분명한 데 비해 위 사례는 양도회사가 사업양도에 따른 이익을 수취하지 않았다는 것이다. 그 이유를 든 것이 법인설립 시 주식발행초과금의 납입을 면한 것은 영업권 상당액을 받은 것이나 다름없다는 것이다. 이렇게 보는 이유는 ≪사례 3≫은 합작투자자의 주주 성○○ 등과 사업 양도자(음식점 법인)가 다른 데 비해 위 사례는 합작투자자의 주주 ○○㈜와 사업 양도자[○○㈜]가 동일인이기 때문이다.

[대법원 판단의 문제점]

영업권대가를 받은 것이나 다름없다는 대법원의 판단은 다음과 같은 이유로 문제점이 있다. 즉 영업권대가를 실제 수수한 경우와 그렇지 않은 경우에는 다음과 같은 차이가 발생한다(기업회계와 세무회계 차이의 오해로 본다). 사업양도자 ○○㈜의 회계처리를 다음과 같이 예상(주주 포스가 보유주식을 다른 주주에게 처분한다고 보는 경우)할 수 있다.

| ○○㈜의 신주인수 |

장부 (영업권대가를 받은 것으로 간주)	세법 (영업권대가를 수수한 경우)
투자주식 6,120,000,000원 / 현금예금 6,120,000,000원	투자주식 8,201,632,653원 / 현금예금 8,201,632,653원 * 영업권에 상당하는 주발초 납입 제예금 2,081,632,653원 / 양도이익 2,081,632,653원

* 세무조정: 〈익금산입〉 영업권 양도이익 2,081,632,653원 유보

| ○○㈜의 주식처분 |

장부 (영업권대가를 받은 것으로 간주)	세법 (영업권대가를 수수한 경우)
제예금 8,201,632,653원 / 투자주식 6,120,000,000원 처분이익 2,081,632,653원 * 영업권 상당액을 포함하여 처분	제예금 8,201,632,653원 / 투자주식 8,201,632,653원

* 세무조정: 〈익금불산입〉 주식처분이익 2,081,632,653원(▲유보)

위의 회계처리에서 보듯이, 영업권대가를 받은 것이나 다름없다고 함은 현금 · 예금의 대차관계(순자산 증감)만을 고려한 것이다. 즉 ○○㈜의 신주인수 시 현금 · 예금 순증감에는 변동이 없게 된다(영업권대가를 직접 받은 경우와 받은 것으로 보는 경우와는 차이가 나지 않음). 따라서 법인[○○㈜]의 현금 · 예금을 기준으로 하는 변동만을 볼 경우 법원의 주장은 옳다. 다만, 이 경우는 신주인수(주발초 면제)와 처분이 동일 귀속연도일 경우 한하는 것이므로(동일 금액 익금, 손금) 신주인수와 처분의 귀속연도가 다를 경우에는 대법원의 판단은 받아들일 수 없을 것이다.

| ≪사례 3≫과 ≪사례 7≫ 비교 |

구분	사례 3	사례 7
적용규정	법인령 제88조 제1항 제9호(이외 이익분여)	부당행위계산 대상 아님.
이익분여 형식	사업양도자가 영업권대가를 지급받아 주주 성○○에게 교부하는 거래형식에 의하지 아니하고 우회적인 행위형식을 통하여 성○○에게 분여	사업양도자가 자신의 출자지분 51% 상당 주발초 2,081백만원의 납입을 면제받은 것은 위 영업권을 합작법인 에이텔에 양도한 것과 다름없음.
무형가치	사업양도자(○○피자)의 영업권	사업양도자(포스○○)의 영업권
영업권 양도 · 양수자	• 양도자: ○○피자 • 양수자: ○○한국피자(○○피자의 주주 성○○ 50.9% 지분)	• 양도자: 포스 • 양수자: 에이텔(포스 51% 지분)
영업권 발생원인	주발초 납입 면제	주발초 납입 면제
주발초 납입자	주주(성○○, ××사) 중 ××사	주주(포스, 텔스) 중 텔스

구분	사례 3	사례 7
영업권 평가	주발초 납입액(××사) × 면제받은 자(○○피자) 지분율 상당	면제받은 자(포스) 주발초 납입액 상당
이익 분여자	양도자(○○피자)	양도자(포스)
이익분여 받은 자	양도자 주주(성○○)	양수자(에이텔)
기타	부당행위(영업권) 1,000 / 영업권양도이익 1,000 * 익금산입 1,000 배당 · 상여 = 경영권대가(주식양도)	부당행위(영업권) 1,000 / 영업권양도이익 1,000 * 익금산입 양도이익 1,000(유보) • 주식처분 시 현금예금 1,000 / 주식처분이익 1,000 * 익금불산입 주식처분이익 1,000(▲유보)

3 영업권과 경영권대가의 과세체계

다양한 형식의 M&A는 기업경영에 따른 문제가 첫 번째일 것이다. 그러나 당사자들이 다양한 형식의 M&A를 선택하는 이유에는 조세부담을 회피 내지는 경감하려는 이유도 있을 것이다. 기업 대 기업에서 M&A에 따른 이익에 대한 과세소득의 종류나 귀속자는 M&A 방식과 형식에 관계없이 동일하여야 할 것인데, 그 방식과 형식에 따라 과세소득의 종류나 귀속자가 달라진다면 기업경영에 따른 문제가 없는 한 M&A 당사자는 가능한 한 조세부담에서 경감 내지는 유리한 형식을 선택하는 것도 절세의 한 방법이 된다. 영업권과 경영권대가는 기업매각에 있어 모두 기업의 무형적 가치이나 M&A 방식과 형식에 따라 영업권일 수도 있고 경영권대가일 수도 있는데, 현행 조세법에서는 이 둘의 무형적 가치에 대해 과세를 달리하고 있으므로 M&A 당사자로서는 당연히 자신에게 유리한 방식이나 형식을 선택하게 될 것이다. 다만, 이러한 선택이 법률상 허위나 가장행위가 아니어야 함은 물론이다.

기업 무형가치의 현행 세법의 과세체계의 문제점은 무형적 가치의 발생 원천이 동일한 경우에도 조세부담에 차이가 있다는 것이다. 당연히 M&A 당사자들은 조세부담이 유리한 형태의 유형을 취하려 할 것이다. 이러한 조세부담 불균형의 문제점은 세율구조에 있다. 세법의 세율구조는 다음과 같다.

- 영업권 양도: 영업권 양도소득에 대해 법인세율 13~25%, 배당소득에 대해서는 종합소득세율 8~35%를 적용한다. 영업권 양도소득은 종국적으로는 배당 등의 형태로 지급되므로 주주의 소득이 된다.
- 경영권대가: 주식 양도소득에 대해 양도소득세율 10(중소기업)~20%(1년 미만 보유 30%)를 적용한다(소득법 §104 ① 4).

M&A 거래에서 발생되는 경영권대가는 고액인 경우가 많아 종합소득세율의 최고세율에 해당된다. 그러나 경영권대가는 특별한 경우를 제외하고는 법인세율보다 낮고(중소기업의 경우 월등히 낮음) 배당소득을 감안한 종합소득세율과 비교하면 영업권 양도 때보다 월등히 조세부담 측면에서는 유리하다. 따라서 영업권 양도에 따른 조세부담과 동일한 조세부담이 되도록 하기 위해서는 경영권대가가 포함된 주식 양도에 대해서 종합소득세율의 최고세율을 적용할 수 있는 (양도)소득세의 세율구조 개편이 필요하다.

다음은 한국산업㈜이 갑㈜을 매수하는 형태를 도표로 나타낸 것이다.

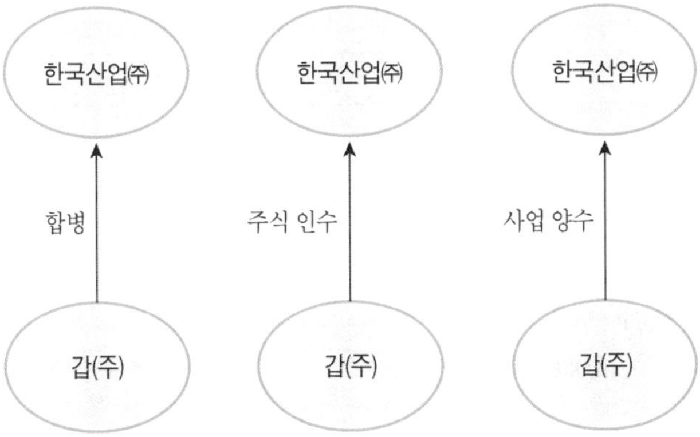

한국산업㈜이 갑㈜을 매수하는 형태는 합병, 주식 인수, 사업 양수의 형태가 있을 수 있겠으나 합병에 대한 과세체계는 제1편에서 설명하였으므로 제외하고 주식 인수와 사업 양수의 과세체계에 대해 기업매수 측면이 아닌 기업매도 측면에서 살펴보기로 한다. 갑㈜을 매각하는 M&A 방식에 따라 구분해 보면 다음과 같게 된다.

구분	주식양도		사업양도
과세근거	소득법 §94 ① 4		법인법 §15 ①
과세대상	경영권대가		영업권
귀속자	주주		법인, 주주
세율	중소기업	10%	13~25% * 종소세는 별도
	대기업	20%	
	대기업 대주주 1년 미만 보유	30%	

갑㈜은 중소기업이다. 순자산가치(시가)가 100억원인 갑㈜을 한국산업㈜에 150억원에 매각하였다. 비상장발행주식인 갑㈜의 1주당 발행가액 10,000원(액면가액 10,000원)이며 시가는 10,000원이다. 발행주식총수 1,000,000주이다. 주식을 양도한 경우와 사업을 양도한 경우로 나누어 세부담을 계산해 보면 다음과 같게 된다.

구분	주식양도	사업양도
과세소득	경영권대가 50억원	영업권 50억원
산출근거	150억원 - 100억원(1주당 취득가액 10,000원 × 주식총수 1,000,000주) = 50억원	150억원 - 100억원 = 50억원
세율	10%	25%
산출세액	5억원	12.5억원

① 주식양도소득

- 양도소득: 양도가액 150억원 − 취득가액 100억원(10,000원 × 1,000,000주) = 50억원
- 산출세액: 50억원 × 10% = 5억원

주식 양도소득 100억원에는 경영권대가가 포함되어 있으므로, 경영권대가를 다음과 같이 계산할 수 있다.

- 경영권대가: 양도가액 150억원 − 시가 100억원(10,000원 × 1,000,000주) = 50억원

② 사업양도소득(영업권)

• 사업소득: 양도가액 150억원 − 시가(순자산가치) 100억원 = 50억원
• 산출세액: 50억원 × 25% = 12.5억원

* 사업 양도이익(영업권) 50억원은 미래 배당 등의 원천이 되므로 미래의 종합소득세(배당소득, 8~35%)를 감안하면 세부담은 늘어난다.

위의 예에서 주식을 양도하는 경우나 사업을 양도하는 경우나 갑㈜의 무형적 가치는 50억원이다. 다만, 그 가치가 경영권대가와 영업권으로 나누어지는 것은 M&A 형식을 어떠한 방식으로 하느냐에 달려 있다. 주식양도인 경우에는 경영권대가가 사업양도인 경우에는 영업권이 되겠는데 이 둘의 무형적 가치는 과세요건, 소득의 종류, 귀속자, 총세부담 등에 차이가 있어 M&A를 실제로 행하는 납세자들로서는 관심이 가지 않을 수 없다. 기업환경이나 경영에 장애가 없다면 납세자들로서는 당연히 세부담이 적은 형태를 선호할 것이다. 이와 같이 M&A 형식에 따라 세부담은 물론 소득의 귀속자까지 영향을 미치게 되는 경우는 당사자들로서는 기업매수에 따른 기업환경이나 경영 못지않게 조세 등의 문제에 대해 고민을 하게 될 것이다. 그러나 단순구조하의 위와 같은 M&A 형식에서 조세를 절약할 수 있는 방안을 선택하는 것은 합법적인 절세행위이므로 조세법상 아무런 문제가 발생하지 않는다. 세부담에 따른 M&A 형식의 차이는 법규정의 미비를 보완하는 절차가 요구될 뿐이다.

문제는 단순구조하의 위와 같은 M&A 형식을 기업집단의 매각에 이용할 때는 심각한 조세문제가 발생하게 된다. 곧 직접적인 조세회피에 이용될 수 있다는 것이다. 즉 M&A의 다양한 형식을 이용한 우회, 다단계, 그 밖의 이상한 거래형식을 취함으로써 조세의 부담을 경감 내지는 배제시키는 행위를 한다는 것이다. 거래형식에 불구하고 실질내용에 따른 경제적 합리성을 둘 이상의 기업가치에 비교하여 판단한다는 것은 현실적으로 쉽지 않은 일이기는 하다. 두 개 이상의 기업가치가 확연히 구분되는 경우에는 무형가치의 발생원천에 대한 각종 자료와 증빙을 확보할 수 있겠으나, 그렇지 않은 경우에는 영업권과 경영권대가를 구분하는 것은 매우 어려운 일인지도 모른다.

M&A 형식의 사적자치 또는 계약자유의 원칙(대법원 2007두12316, 2007.10.16. 또는 서울행법 2011구합 32256, 2012.8.23., 대법원 2013두10335, 2013.9.27.)이 언제나 지켜져야 하는 것은 아니지만

또한 세법을 적용함에 있어 계약자유 및 사적자치의 원칙(대법원 2020두47809, 2020.12.24.)이 당연히 지켜져야 하는가에 대한 의문이 들기도 한다. 결국 불합리한 영업권과 경영권대가의 과세체계는 납세자에게는 조세회피의 유혹을 가져다주고 있으며 납세자와 과세당국 사이에는 끊임없는 조세분쟁을 일으키고 있는 것이 된다.

영업권과 경영권대가에 대해서도 그 인식과 측정을 획일적으로 규정할 수 없는 어려움에 대해 대법원 판례와 분석으로 그 애로를 앞에서 밝혔었다. 특히 이들에 대한 평가와 관련하여서는 납세자와의 마찰은 끊이지 않고 있다. 이에 대한 해결방안으로는[67] 영업권과세에 있어서는 거래의 실질을 파악하기 위한 판단의 재량을 주어야 하는 경제적 측면과 판단의 재량을 억제해야 하는 법률적 측면이 서로 심하게 상충하는 분야이므로 이러한 문제는 세법을 제정하고 해석하며 적용하는 데 있어서 고려해야 하며 대부분 세무행정에서 결정되는 사안들이므로 M&A 세계에 있어서는 특히 세무행정이 중요하게 작용한다. 따라서 세무행정에 있어서 필요한 재량권의 부여와 그의 남용을 통제할 수 있는 다양한 기준과 방법이 개발되어야 한다.

관련규정 및 예규판례

- **음식점업 하던 회사가 주주들 및 외국회사가 별도로 설립한 회사에게 사실상 영업권을 양도하면서 영업권대가로 양수회사에 참여한 외국회사만으로 하여금 주식발행초과금을 양수회사에 납입하게 한 경우 이익분여로 부당행위계산 대상이다**(대법원 95누18697, 1997.5.28.).

  그동안의 영업실적과 전망 등에 비추어 영업권을 가지게 되었다는 전제하에, 원고회사가 그 주주들 및 외국기업의 합작투자로 새로 설립된 회사에 영업과 관련한 시설물 등을 이전함에 있어, 영업권에 대한 대가를 지급받아 이를 주주들에게 교부하는 거래형식에 의하지 아니하고 정상적 경제인의 합리적 거래형식이 아닌 우회적인 행위형식을 통하여 영업권이전에 대한 대가로 위 주주들에게는 주식발행초과금의 납입의무를 면하게 하고 합작투자회사인 외국기업만이 이를 납입하게 함으로써 적어도 위 주식발행초과금 중 위 주주들의 주식보유비율에 상당하는 이익을 위 주주들에게 분여하는 한편, 스스로는 영업권을 양도함에 따른 소득에 대한 조세의 부담을 배제시켰다고 보아, 이는 (구)법인세법 시행령 제46조 제2항 제9호 소정의 이익분여행위로서 법인세법 제20조의 부당행위계산 부인대상에 해당한다.

---

67) 이우택, 전게서, p.166

자산을 특수관계자에게 양도 시 그로 인한 장래의 기대이익이 확정되어 있다고 인정될 수 있는 경우 이익분여행위에 해당하는지 여부(대법원 2001두9394, 2003.6.13.)

어떤 자산의 양도가 제4호 소정의 저가양도에 해당하지 아니하는 경우에도 자산의 양도를 수반하는 일련의 행위로 보아 당해 자산을 특수관계자에게 이전할 당시에 그로 인한 장래의 기대이익이 어느 정도 확정되어 있었다고 인정될 수 있는 경우에는 그 일련의 행위를 제9호 소정의 이익분여행위에 해당한다고 할 수 있다(대법원 2000두1355, 2001.3.27., 대법원 99두11790, 2001.9.28.). 따라서 원고회사로서는 ○○패션 등에게 이 사건 주식을 양도할 당시 이미 ○○그룹이 이 사건 프로야구단의 경영권을 인수하기 위하여 이 사건 주식을 시가보다 훨씬 높은 가격에 매수하려 한다는 사실을 알았거나 아니면 적어도 이를 예상하면서도 특수관계자인 ○○패션 등에게 이 사건 주식을 액면가로 양도함으로써 결과적으로 그 차액상당의 이익을 ○○패션 등에게 분여하는 한편, 스스로는 이 사건 주식을 양도함에 따른 소득에 대한 조세의 부담을 감소시켰다고 할 것이고, 또한 이와 같은 원고회사의 일련의 행위에 경제적 합리성이 있다고 할 수는 없으므로 이는 시행령 제46조 제2항 제9호가 정한 이익분여행위로서 부당행위계산에 해당한다.

거래 이후 가격 상승이 예상되는 주식을 대주주에게 양도한 것이 부당행위계산 대상인지 여부(대법원 2000두1355, 2001.3.27.)

원고회사는 소외 ××××주식회사가 소외회사의 경영권을 장악하기 위하여 이 사건 주식을 시가보다 훨씬 높은 가격에 매수하려 한다는 사실을 알았거나 아니면 적어도 이를 예상하면서도 소외 ××××주식회사와 매매계약을 체결하기 전날 위와 같이 소외인들에게 이 사건 주식을 양도함으로써 그 차액상당의 이익을 소외인들에게 분여하였다고 할 것이고, 이는 경제적 합리성을 인정할 수 없으므로 시행령 제46조 제2항 제9호가 정한 이익분여행위로서 부당행위계산에 해당한다.

제 3 편

주식의 평가

자본거래와 세무

제 1 장

주식평가의 개관

제1절 각 법률상의 주식평가

상속증여세법상의 주식평가에 앞서 다른 법률에서의 주식평가 규정을 살펴본다. 각 법률에서의 주식평가 규정은 유사 내지는 다른 규정과의 보완적 관계에 있으나 평가목적에 따라서 차이가 있다. 주식의 평가와 관련된 법률 중 "자본시장과 금융투자업에 관한 법률 시행령"과 "증권의 발행 및 공시 등에 관한 규정 시행세칙"의 규정은 상속증여세법의 주식평가 규정 못지않게 중요하다.

1 자본시장과 금융투자업에 관한 법률

2009.2.4.부터 시행 중인 증권거래법, 선물거래법, 간접투자자산 운용업법 등의 법률을 통합한 '자본시장과 금융투자업에 관한 법률(이하 "자본시장법"이라 한다)'은 자본시장에서의 금융혁신과 공정한 경쟁을 촉진하고 투자자를 보호하며 금융투자업을 건전하게 육성함으로써 자본시장의 공정성·신뢰성 및 효율성을 높여 국민경제의 발전에 이바지함을 목적으로 한다(구 증권거래법은 유가증권의 발행과 매매 기타의 거래를 공정하게 하여 유가증권의 유통을 원활하게 하고 투자자를 보호함에 있다). 주식의 평가방법에 대해서는 '자본시장과 금융투자업에 관한 법률 시행령' 및 '증권의 발행 및 공시 등에 관한 규정 시행세칙'에 평가와 관련하여 자세히 규정하고 있다. '자본시장과 금융투자업에 관한 법률 시행령(§176의5)'의 평가규정을 보면 다음과 같다.

> 제176조의5 【합병의 요건·방법 등】 ① 주권상장법인이 다른 법인과 합병하려는 경우에는 다음 각 호의 방법에 따라 산정한 합병가액에 따라야 한다. 이 경우 주권상장법인이 제1호 또는 제2호 가목 본문에 따른 가격을 산정할 수 없는 경우에는 제2호 나목에 따른 가격으로 하여야 한다.
>
> 1. 주권상장법인 간 합병의 경우에는 합병을 위한 이사회 결의일과 합병계약을 체결한

날 중 앞서는 날의 전일을 기산일로 한 다음 각 목의 종가(증권시장에서 성립된 최종 가격을 말한다. 이하 이 항에서 같다)를 산술평균한 가액(이하 이 조에서 "기준시가"라 한다)을 기준으로 100분의 30(계열회사 간 합병의 경우에는 100분의 10)의 범위에서 할인 또는 할증한 가액. 이 경우 가목 및 나목의 평균종가는 종가를 거래량으로 가중 산술평균하여 산정한다.

가. 최근 1개월간 평균종가. 다만, 산정대상기간 중에 배당락 또는 권리락이 있는 경우로서 배당락 또는 권리락이 있은 날부터 기산일까지의 기간이 7일 이상인 경우에는 그 기간의 평균종가로 한다.

나. 최근 1주일간 평균종가

다. 최근일의 종가

2. 주권상장법인(코넥스시장에 주권이 상장된 법인은 제외한다. 이하 이 호 및 제4항에서 같다)과 주권비상장법인 간 합병의 경우에는 다음 각 목의 기준에 따른 가격

가. 주권상장법인의 경우에는 제1호의 가격. 다만, 제1호의 가격이 자산가치에 미달하는 경우에는 자산가치로 할 수 있다.

나. 주권비상장법인의 경우에는 자산가치와 수익가치를 가중산술평균한 가액

② 제1항 제2호 나목에 따른 가격으로 산정하는 경우에는 금융위원회가 정하여 고시하는 방법에 따라 산정한 유사한 업종을 영위하는 법인의 가치(상대가치)를 비교하여 공시하여야 하며, 같은 호 각 목에 따른 자산가치·수익가치 및 그 가중산술평균방법과 상대가치의 공시방법은 금융위원회가 정하여 고시한다.

③ 제1항에도 불구하고 주권상장법인인 기업인수목적회사가 투자자 보호와 건전한 거래질서를 위하여 금융위원회가 정하여 고시하는 요건을 갖추어 그 사업목적에 따라 다른 법인과 합병하여 그 합병법인이 주권상장법인이 되려는 경우에는 다음 각 목의 기준에 따른 가액으로 합병가액을 산정할 수 있다.

1. 주권상장법인인 기업인수목적회사의 경우: 제1항 제1호에 따른 가액

2. 기업인수목적회사와 합병하는 다른 법인의 경우: 다음 각 목의 구분에 따른 가액

가. 다른 법인이 주권상장법인인 경우: 제1항 제1호에 따른 가격. 다만, 이를 산정할 수 없는 경우에는 제1항 각 호 외의 부분 후단을 준용한다.

나. 다른 법인이 주권비상장법인인 경우: 기업인수목적회사와 협의하여 정하는 가액

④ 주권상장법인이 주권비상장법인과 합병하여 주권상장법인이 되는 경우에는 다음 각 호의 요건을 충족하여야 한다.

1. 삭제 〈2013.8.27.〉

2. 합병의 당사자가 되는 주권상장법인이 법 제161조 제1항에 따라 주요사항보고서를 제출하는 날이 속하는 사업연도의 직전사업연도의 재무제표를 기준으로 자산총액·자본금 및 매출액 중 두 가지 이상이 그 주권상장법인보다 더 큰 주권비상장법인이

다음 각 목의 요건을 충족할 것

가. 법 제390조에 따른 증권상장규정(이하 이 호에서 "상장규정"이라 한다)에서 정하는 재무 등의 요건

나. 감사의견, 소송계류, 그 밖에 공정한 합병을 위하여 필요한 사항에 관하여 상장규정에서 정하는 요건

⑤ 특정 증권시장에 주권이 상장된 법인이 다른 증권시장에 주권이 상장된 법인과 합병하여 특정 증권시장에 상장된 법인 또는 다른 증권시장에 상장된 법인이 되는 경우에는 제4항을 준용한다. 이 경우 "주권상장법인"은 "합병에도 불구하고 같은 증권시장에 상장되는 법인"으로, "주권비상장법인"은 "합병에 따라 다른 증권시장에 상장되는 법인"으로 본다.

⑥ 삭제 〈2013.8.27.〉

⑦ 법 제165조의4 제2항에 따라 주권상장법인이 다른 법인과 합병하는 경우 다음 각 호의 구분에 따라 합병가액의 적정성에 대하여 외부평가기관의 평가를 받아야 한다. 〈개정 2013.8.27., 2014.12.9.〉

1. 주권상장법인(기업인수목적회사는 제외한다. 이하 이 호 및 제2호에서 같다)이 주권상장법인과 합병하는 경우로서 다음 각 목의 어느 하나에 해당하는 경우

가. 주권상장법인이 제1항 제1호에 따라 합병가액을 산정하면서 기준시가의 100분의 10을 초과하여 할인 또는 할증된 가액으로 산정하는 경우

나. 주권상장법인이 제1항 제2호 나목에 따라 산정된 합병가액에 따르는 경우

다. 주권상장법인이 주권상장법인과 합병하여 주권비상장법인이 되는 경우. 다만, 제1항 제1호에 따라 산정된 합병가액에 따르는 경우 또는 다른 회사의 발행주식총수를 소유하고 있는 회사가 그 다른 회사를 합병하면서 신주를 발행하지 아니하는 경우는 제외한다.

2. 주권상장법인이 주권비상장법인과 합병하는 경우로서 다음 각 목의 어느 하나에 해당하는 경우

가. 주권상장법인이 제1항 제2호 나목에 따라 산정된 합병가액에 따르는 경우

나. 제4항에 따른 합병의 경우. 다만, 다른 회사의 발행주식총수를 소유하고 있는 회사가 그 다른 회사를 합병하면서 신주를 발행하지 아니하는 경우는 제외한다.

다. 주권상장법인(코넥스시장에 주권이 상장된 법인은 제외한다)이 주권비상장법인과 합병하여 주권비상장법인이 되는 경우. 다만, 합병의 당사자가 모두 제1항 제1호에 따라 산정된 합병가액에 따르는 경우 또는 다른 회사의 발행주식총수를 소유하고 있는 회사가 그 다른 회사를 합병하면서 신주를 발행하지 아니하는 경우는 제외한다.

3. 기업인수목적회사가 다른 주권상장법인과 합병하는 경우로서 그 주권상장법인이 제1항 제2호 나목에 따라 산정된 합병가액에 따르는 경우

⑧ 외부평가기관은 다음 각 호의 어느 하나에 해당하는 자로 한다.

1. 제68조 제2항 제1호 및 제2호의 업무를 인가받은 자
2. 신용평가회사
3. 「공인회계사법」에 따른 회계법인

⑨ 제8항에 따른 외부평가기관(외부평가기관)이 다음 각 호의 어느 하나에 해당하는 경우에는 그 기간 동안 법 제165조의4 제2항에 따른 평가 업무를 할 수 없다. 다만, 제4호의 경우에는 해당 특정회사에 대한 평가 업무만 할 수 없다.

1. 제8항 제1호의 자가 금융위원회로부터 주식의 인수업무 참여제한의 조치를 받은 경우에는 그 제한기간
2. 제8항 제2호의 자가 신용평가업무와 관련하여 금융위원회로부터 신용평가업무의 정지처분을 받은 경우에는 그 업무정지기간
3. 제8항 제3호의 자가 「주식회사의 외부감사에 관한 법률」에 따라 업무정지조치를 받은 경우에는 그 업무정지기간
4. 제8항 제3호의 자가 「주식회사의 외부감사에 관한 법률」에 따라 특정회사에 대한 감사업무의 제한조치를 받은 경우에는 그 제한기간

⑩ 외부평가기관이 평가의 대상이 되는 회사와 금융위원회가 정하여 고시하는 특수관계에 있는 경우에는 합병에 대한 평가를 할 수 없다.

⑪ 법 제165조의4 제3항에서 "대통령령으로 정하는 경우"란 다음 각 호의 어느 하나에 해당하는 경우를 말한다.

1. 외부평가기관이 제9항 또는 제10항을 위반한 경우
2. 외부평가기관의 임직원이 평가와 관련하여 알게 된 비밀을 누설하거나 업무 외의 목적으로 사용한 경우
3. 외부평가기관의 임직원이 합병 등에 관한 평가와 관련하여 금융위원회가 정하여 고시하는 기준을 위반하여 직접 또는 간접으로 재산상의 이익을 제공받은 경우
4. 그 밖에 투자자 보호와 외부평가기관의 평가의 공정성ㆍ독립성을 해칠 우려가 있는 경우로서 금융위원회가 정하여 고시하는 경우

⑫ 금융위원회는 법 제165조의4 제3항에 따라 외부평가기관에 대하여 1년의 범위에서 일정한 기간을 정하여 같은 조 제2항에 따른 평가 업무의 전부 또는 일부를 제한할 수 있다.

⑬ 법률의 규정에 따른 합병에 관하여는 제1항부터 제5항까지 및 제7항부터 제12항까지를 적용하지 아니한다. 다만, 합병의 당사자가 되는 법인이 계열회사의 관계에 있고 합병가액을 제1항 제1호에 따라 산정하지 아니한 경우에는 합병가액의 적정성에 대하여 외부평가기관에 의한 평가를 받아야 한다.

한편, 주권비상장법인의 주식가치평가에 대해서는 금융위원회가 정하는 '증권의 발행 및 공시 등에 관한 규정 시행세칙'에서 자세히 규정하고 있는데, 평가와 관련된 규정을 발췌하면 다음과 같다.

(1) 합병가액의 산정기준

'증권의 발행 및 공시 등에 관한 규정' 제5－13조에 의하면 "자산가치 · 수익가치 및 그 가중산술평균방법과 상대가치의 산출방법"은 금융감독원장이 정하도록 하고 있으며, 시행세칙 제4조에서 자산가치 · 수익가치의 가중산술평균방법은 자산가치와 수익가치를 각각 1과 1.5로 하여 가중산술평균하는 것을 말한다. '증권의 발행 및 공시 등에 관한 규정 시행세칙'의 자산가치 · 수익가치 · 상대가치의 평가에 대한 규정을 보면 다음과 같다.

(1)－1. 자산가치

증권의 발행 및 공시 등에 관한 규정 시행세칙 제5조【자산가치】 ① 규정 제5－13조에 따른 자산가치는 분석기준일 현재의 평가대상회사의 주당 순자산가액으로서 다음 산식에 의하여 산정한다. 이 경우에 발행주식의 총수는 분석기준일 현재의 총발행주식수로 한다.

자산가치 ＝ 순자산 ÷ 발행주식의 총수

② 제1항의 순자산은 법 제161조 제1항에 따라 제출하는 주요사항보고서(이하 이 장에서 "주요사항보고서"라 한다)를 제출하는 날이 속하는 사업연도의 직전사업연도(직전사업연도가 없는 경우에는 최근 감사보고서 작성대상시점으로 한다. 이하 "최근사업연도"라 한다) 말의 재무상태표상의 자본총계에서 다음 각 호의 방법에 따라 산정한다.

1. 분석기준일 현재 실질가치가 없는 무형자산 및 회수가능성이 없는 채권을 차감한다.
2. 분석기준일 현재 투자주식 중 취득원가로 평가하는 시장성 없는 주식의 순자산가액이 취득원가보다 낮은 경우에는 순자산가액과 취득원가와의 차이를 차감한다.
3. 분석기준일 현재 퇴직급여채무 또는 퇴직급여충당부채의 잔액이 회계처리기준에 따라 계상하여야 할 금액보다 적을 때에는 그 차감액을 차감한다.
4. 최근사업연도 말 이후부터 분석기준일 현재까지 손상차손이 발생한 자산의 경우 동 손상차손을 차감한다.
5. 분석기준일 현재 자기주식은 가산한다.
6. 최근사업연도 말 이후부터 분석기준일 현재까지 유상증자, 전환사채의 전환권 행사

및 신주인수권부사채의 신주인수권 행사에 의하여 증가한 자본금을 가산하고, 유상감자에 의하여 감소한 자본금 등을 차감한다.
7. 최근사업연도 말 이후부터 분석기준일 현재까지 발생한 주식발행초과금등 자본잉여금 및 재평가잉여금을 가산한다.
8. 최근사업연도 말 이후부터 분석기준일 현재까지 발생한 배당금지급, 전기오류수정손실 등을 차감한다.
9. 기타 최근사업연도 말 이후부터 분석기준일 현재까지 발생한 거래 중 이익잉여금의 증감을 수반하지 않고 자본총계를 변동시킨 거래로 인한 중요한 순자산 증감액을 가감한다.

(1)-2. 수익가치

2012.12.5. 개정(시행일 2012.12.6.)된 증권의 발행 및 공시 등에 관한 규정 시행세칙 제6조(수익가치)는 개정 전의 일몰조항이었던 시행세칙 제6조 제2항 규정의 존치 여부와 관련하여 자본환원율을 적용하는 수익가치 산정기준을 폐지하고, 기업가치 산정모형을 적용하도록 자율화하였다.

증권의 발행 및 공시 등에 관한 규정 시행세칙 제6조【수익가치】 규정 제5-13조에 따른 수익가치는 현금흐름할인모형, 배당할인모형 등 미래의 수익가치 산정에 관하여 일반적으로 공정하고 타당한 것으로 인정되는 모형을 적용하여 합리적으로 산정한다.

주요 수익가치 산정모델(2012.10.24. 금융감독원 보도자료 참조)

■ **현금흐름할인모형**

〈기본가정〉

- 5개년 추정 주주잉여현금흐름*의 현재가치 할인

  * 주주잉여현금흐름 = 추정순이익 - (CapEx - 감가상각비) × (1 - 부채비율) - 순운전자본의 변동 × (1 - 부채비율)

- 영구성장률(0~5%)을 통해 구한 잔여 주주가치의 현재가치 할인
- 할인율은 자기자본비용(5년물 국채 + β × 시장위험프리미엄)

〈산식〉

$$\underbrace{\sum_{t=1}^{5}\left(\frac{FCFE_t}{(1+\text{자기자본비용})^t}\right)}_{\text{5개년 주주가치}}+\underbrace{\left(\frac{FCFE_{1+t}}{\text{자기자본비용}-\text{영구성장률}}\times\frac{1}{(1+\text{자기자본비용})^6}\right)}_{\text{잔여주주가치}}$$

■ **배당할인모형**

〈기본가정〉

- 추정배당(Div) = 추정 순이익 × 배당성향
- 자기자본비용 = 5년물 국채 + β × 시장위험프리미엄
- 영구성장률 = 0~5%
- 배당성향 = 과거 3개년 평균 배당성향(또는 업종 평균)

〈산식〉

$$\underbrace{\sum_{t=1}^{5}\left(\frac{Div_t}{(1+\text{자기자본비용})^t}\right)}_{\text{5개년 주주가치}}+\underbrace{\left(\frac{Div_{1+t}}{\text{자기자본비용}-\text{영구성장률}}\times\frac{1}{(1+\text{자기자본비용})^6}\right)}_{\text{잔여주주가치}}$$

2012.12.5. 개정 전의 증권의 발행 및 공시 등에 관한 규정 시행세칙 제6조(수익가치)는 다음과 같았다.

> **증권의 발행 및 공시 등에 관한 규정 시행세칙 제6조【수익가치】** ① 규정 제5-13조에 따른 수익가치는 향후 2사업연도(주요사항보고서를 제출하는 날이 속하는 사업연도와 그 다음 사업연도를 말한다)의 추정 재무제표를 기준으로 다음 산식에 의하여 산정한다.
>
> 수익가치 = 주당 추정이익 ÷ 자본환원율
>
> ② 제1항의 자본환원율은 분석기준일 현재 다음 각 호의 이율 중 큰 이율을 적용한다.
> 1. 평가대상회사가 상환하여야 할 모든 차입금의 가중평균이자율의 1.5배
> 2. 상속증여세법 시행령 제54조 제1항에 따라 기획재정부장관이 정하여 고시하는 이율
>
> ③ 제1항의 주당추정이익은 다음 산식에 의하여 산정한 제1차 사업연도(주요사항보고서를 제출하는 날이 속하는 사업연도를 말한다. 이하 같다) 및 제2차 사업연도(주요사항보고서를 제출하는 날이 속하는 사업연도의 그 다음 사업연도를 말한다. 이하 같다)의 주당추정이익을 각각 3과 2로 하여 가중산술평균한 가액으로 한다. 다만, 제2차 사업연도의 주당추정이익이 제1차 사업연도의 주당추정이익보다 적을 때에는 단순평균한 가액으로 한다.
>
> 주당추정이익 = (추정법인세비용차감전계속사업이익 - 우선주배당조정액 - 법인세등) ÷ 사업연도 말 현재의 발행주식수
>
> ④ 제3항의 법인세등 산정 시 한시적인 법인세등의 감면사항은 고려하지 아니한다.
> ⑤ 제3항의 우선주배당조정액은 평가대상회사가 배당에 관하여 우선적 내용이 있는 주식을 발행한 경우 보통주배당을 초과하는 우선배당예정액으로 한다.

(1)-3. 상대가치

> **증권의 발행 및 공시 등에 관한 규정 시행세칙 제7조【상대가치】** ① 규정 제5-13조에 따른 상대가치는 다음 각 호의 금액을 산술평균한 가액으로 한다. 다만, 제2호에 따라 금액을 산출할 수 없는 경우 또는 제2호에 따라 산출한 금액이 제1호에 따라 산출한 금액보다 큰 경우에는 제1호에 따라 산출한 금액을 상대가치로 하며, 제1호에 따라 금액을 산출할 수 없는 경우에는 이 항을 적용하지 아니한다.
> 1. 평가대상회사와 한국거래소 업종분류에 따른 소분류 업종이 동일한 주권상장법인 중 매출액에서 차지하는 비중이 가장 큰 제품 또는 용역의 종류가 유사한 법인으로서 최근사업연도 말 주당법인세비용차감전계속사업이익과 주당순자산을 비교하여 각각

100분의 30 이내의 범위에 있는 3사 이상의 법인(유사회사)의 주가를 기준으로 다음 산식에 의하여 산출한 유사회사별 비교가치를 평균한 가액의 30% 이상을 할인한 가액

유사회사별 비교가치
= 유사회사의 주가 × {(평가대상회사의 주당법인세비용차감전계속사업이익 / 유사회사의 주당법인세비용차감전계속사업이익) + (평가대상회사의 주당순자산 / 유사회사의 주당순자산)} / 2

2. 분석기준일 이전 1년 이내에 다음 각 목의 어느 하나에 해당하는 거래가 있는 경우 그 거래가액을 가중산술평균한 가액을 100분의 10 이내로 할인 또는 할증한 가액
가. 유상증자의 경우 주당 발행가액
나. 전환사채 또는 신주인수권부사채의 발행사실이 있는 경우 주당 행사가액

② 제1항의 유사회사의 주가는 당해 기업의 보통주를 기준으로 분석기준일의 전일부터 소급하여 1월간의 종가를 산술평균하여 산정하되 그 산정가액이 분석기준일의 전일종가를 상회하는 경우에는 분석기준일의 전일종가로 한다. 이 경우 계산기간 내에 배당락 또는 권리락이 있을 때에는 그 후의 가액으로 산정한다.

③ 제1항의 평가대상회사와 유사회사의 주당법인세비용차감전계속사업이익 및 제6항 제1호의 주당법인세비용차감전계속사업이익은 다음 산식에 의하여 산정한다. 이 경우에 발행주식의 총수는 분석기준일 현재 당해회사의 총발행주식수로 한다.

주당법인세비용차감전계속사업이익
= {(최근사업연도의 법인세비용차감전계속사업이익 / 발행주식의 총수) + (최근사업연도의 직전사업연도의 법인세비용차감전계속사업이익 / 발행주식의 총수)} / 2

④ 제1항의 평가대상회사의 주당순자산은 제5조 제1항에 따른 자산가치로 하며, 제1항의 유사회사의 주당순자산 및 제6항 제2호의 주당순자산은 분석기준일 또는 최근 분기말을 기준으로 제5조 제1항에 따라 산출하되, 제5조 제2항 제8호 및 같은 항 제9호의 규정은 이를 적용하지 아니한다.

⑤ 유사회사는 다음 각 호의 요건을 구비하는 법인으로 한다.
1. 주당법인세비용차감전계속사업이익이 액면가액의 10% 이상일 것
2. 주당순자산이 액면가액 이상일 것
3. 상장일이 속하는 사업연도의 결산을 종료하였을 것
4. 최근사업연도의 재무제표에 대한 감사인의 감사의견이 "적정" 또는 "한정"일 것

(2) 분석기준일

증권의 발행 및 공시 등에 관한·규정 시행세칙 제5조부터 제7조까지의 규정에 따른 분석기준일은 주요사항보고서를 제출하는 날의 5영업일 전일로 한다(증권의 발행 및 공시 등에 관한 규정 시행세칙 §8). 다만, 분석기준일 이후에 분석에 중대한 영향을 줄 수 있는 사항이 발생한 경우에는 그 사항이 발생한 날로 한다.

2 | 상 법

상법의 자산평가 규정은 변화하는 기업회계기준과 조화를 이루기 위해 원가주의 자산평가 원칙(상법 §31)을 삭제(2010.5.14.)함으로써 기업회계에 대한 상법의 관여를 최소화하였다. 2011.4.14. 전면적인 개정을 통해 회사의 회계는 공정 · 타당한 회계관행에 따르도록 규정(상법 §446의2)함과 동시에 개정 전 상법상의 회계관련 규정(자산의 평가방법 등)을 모두 삭제하였다(2012.4.15. 시행).

2011.4.14. 개정되기 전 상법에 규정된 자산의 평가방법은 다음과 같았다.

유동자산은 취득가액 또는 제작가액에 의한다. 그러나 시가가 취득가액 또는 제작가액보다 현저하게 낮은 때에는 시가에 의하여야 한다. 금전채권은 채권금액에 의한다. 그러나 채권을 채권금액보다 낮은 가액으로 취득한 때 또는 이것에 준하는 경우에는 상당한 감액을 할 수 있다. 추심불능의 염려가 있는 채권은 그 예상액을 감액하여야 한다. 거래소의 시세 있는 사채는 결산기 전 1월의 평균가격에 의하고, 그 시세 없는 사채는 취득가액에 의한다. 그러나 취득가액과 사채의 금액이 다른 때에는 상당한 증액 또는 감액을 할 수 있다. 추심불능의 염려가 있는 사채에는 제3호 후단의 규정을 준용한다. 사채에 준하는 것도 같다. 거래소의 시세 있는 주식은 취득가액에 의한다. 그러나 결산기 전 1월의 평균가격이 취득가액보다 낮을 때에는 그 시가에 의한다. 거래 기타의 필요상 장기간 보유할 목적으로 취득한 주식은 거래소의 시세의 유무를 불구하고 취득가액에 의한다. 그러나 발행회사의 재산상태가 현저하게 악화된 때에는 상당한 감액을 하여야 한다. 유한회사 기타에 대한 출자의 평가에도 같다. 영업권은 유상으로 승계취득한 경우에 한하여 취득가액을 기재할 수 있다. 이 경우에는 영업권을 취득한 후 5년 내의 매 결산기에 균등액 이상을 상각하여야 한다.

3 감정평가에 관한 규칙

감정평가에 관한 규칙은 감정평가 및 감정평가사에 관한 법률 제3조 제3항에 따라 감정평가업자가 감정평가를 할 때 준수하여야 할 원칙과 기준을 규정함을 목적으로 한다(규칙 §1). 감정평가업자는 다음의 감정평가방식에 따라 감정평가를 한다(규칙 §114).

- 원가방식: 원가법 및 적산법 등 비용성의 원리에 기초한 감정평가방식
- 비교방식: 거래사례비교법, 임대사례비교법 등 시장성의 원리에 기초한 감정평가방식 및 공시지가기준법
- 수익방식: 수익환원법 및 수익분석법 등 수익성의 원리에 기초한 감정평가방식

감정평가업자는 기업가치를 감정평가할 때에 수익환원법을 적용하여야 한다. 감정평가업자는 주식을 감정평가할 때에 다음의 구분에 따라야 한다(규칙 §24). 상장주식(자본시장법 제373조의2에 따라 허가를 받은 거래소에서 거래가 이루어지는 등 시세가 형성된 주식으로 한정한다)은 거래사례비교법을 적용할 것, 비상장주식 (상장주식 으로서 거래소에서 거래가 이루어지지 아니하는 등 형성된 시세가 없는 주식을 포함한다) 은 해당 회사의 자산·부채 및 자본 항목을 평가하여 수정재무상태표를 작성한 후 기업체의 유·무형의 자산가치(기업가치)에서 부채의 가치를 빼고 산정한 자기자본의 가치를 발행주식 수로 나눌 것. 다음은 감정평가실무기준(국토교통부고시 제2015-377호)의 주식의 감정평가에 관한 내용이다.

(1) 상장주식

상장주식이란 자본시장법에서 정하는 증권상장 규정에 따라 증권시장에 상장된 증권 중 주권을 말한다. 상장주식을 감정평가할 때에는 거래사례비교법을 적용하여야 한다. 거래사례비교법을 적용할 때에는 대상 상장주식의 기준시점 이전 30일간 실제거래가액의 합계액을 30일간 실제 총 거래량으로 나누어 감정평가한다. 기준시점 이전 30일간의 기간 중 증자·합병 또는 이익이나 이자의 배당 및 잔여재산의 분배청구권 또는

신주인수권에 관하여 상법에 따른 기준일의 경과 등의 이유가 발생한 상장주식은 그 이유가 발생한 다음 날부터 기준시점까지의 실제거래가액의 합계액을 해당 기간의 실제 총 거래량으로 나누어 감정평가한다.

(2) 비상장주식

비상장주식은 기업가치에서 부채의 가치를 빼고 산정한 자기자본의 가치를 발행주식수로 나누어 감정평가한다. 다만, 비슷한 주식의 거래가격이나 시세 또는 시장배수 등을 기준으로 감정평가할 때에는 비상장주식의 주당가치를 직접 산정할 수 있다. 기업가치를 감정평가할 때에는 수익환원법을 적용하여야 한다. 기업가치를 감정평가할 때에 수익환원법을 적용하는 것이 곤란하거나 적절하지 아니한 경우에는 원가법 · 거래사례비교법 등 다른 방법으로 감정평가할 수 있다.

4 | 국유재산법

국유재산법은 국유재산에 관한 기본적인 사항을 정함으로써 국유재산의 적정한 보호와 효율적인 관리 · 처분을 목적으로 하고 있는데 국유재산의 관리와 처분에 관하여는 다른 법률에 특별한 규정이 있는 것을 제외하고는 동법이 정하는 바에 의한다. 국유재산법 제43조의 규정에 따라 증권을 매각하는 때에는 국유재산법 시행령 제41조에서 정한 방법에 따르며 그 예정가격은 다음 금액 이상으로 하고 이를 공개하여야 하되, 지분증권을 처분하는 경우에는 공개하지 아니할 수 있다(국유령 §45).

(1) 비상장증권

비상장증권의 경우는 기획재정부령으로 정하는 산출방식에 따라 산출한 자산가치, 수익가치 및 상대가치를 고려하여 산출한 금액. 다만, 기획재정부령으로 정하는 경우에는 수익가치 또는 상대가치를 고려하지 아니할 수 있다(국유령 §44 ①). 국유재산법 시행규칙에서 자산가치 · 수익가치 및 상대가치는 다음과 같이 산출한다.

① **자산가치의 산출**(국유칙 §26)

자산가치는 평가기준일 직전 사업연도의 재무제표(감사원법에 따른 감사원의 감사 결과 또는 주식회사의 외부감사에 관한 법률 제2조에 따른 외부감사의 대상인 주식회사에 대한 감사 결과 수정의견이 있는 경우에는 그에 따라 수정된 재무제표를 말하며 "실적재무제표"라 함)를 기준으로 다음의 계산식에 따라 산출하되, 직전 사업연도가 끝난 후 평가기준일 전에 자본금 또는 자본잉여금의 증감이나 이익잉여금의 수정사항이 있는 경우에는 이를 더하거나 빼야 한다.

$$\frac{\left[\text{자산총액} - \text{무형고정자산(어업권·광업권 등 실질가치가 있는 무형고정자산은 제외) 및 부채총액} - \text{이익잉여금처분액 중 배당금 등의 사외유출금액}\right]}{\text{발행주식총수}}$$

위 계산식 중 법률에 따라 특별감가상각을 실시한 주식회사의 경우에는 자산총액에 그 누계액을 더할 수 있으며, 자산총액은 상속세 및 증여세법 제4장(제63조 제1항 제1호 다목을 제외)을 준용하여 산출한다. 이 경우 "상속개시일 또는 증여일"은 "평가기준일"로, "납세지 관할 세무서장"은 "중앙관서의 장 또는 영 제46조에 따른 평가기관"으로 본다.

② **수익가치의 산출**(국유칙 §27)

㉮ 수익가치는 평가기준일이 속하는 사업연도 및 그 직후 사업연도의 영업전망을 추정하여 작성한 재무제표를 기준으로 다음의 계산식에 따라 산출한 각 사업연도의 1주당 배당가능액을 가중산술평균한 후 이를 자본환원율로 나누어 산출한다.

$$\frac{\left[\text{법인세비용 차감 전 순이익} - \text{법인세(이에 부가되는 법인세할 주민세를 포함)} - \text{이월결손금} - \text{이익잉여금처분액 중 배당금 외의 사외유출금액}\right]}{\text{발행주식총수}}$$

㉯ 위 "㉮"의 가중산술평균에는 평가기준일이 속하는 사업연도의 경우에는 10분의 6, 그 직후 사업연도에 10분의 4의 가중치를 각각 부여한다.

㉰ 위 "㉮"의 배당가능액을 산출할 때 이미 발생하였거나 법령 등에 따라 발생할 것이 확실한 것으로 예상되는 손익이 있는 경우에는 그 손익을 법인세비용차감전순이익에 더하거나 뺄 수 있다.

㉱ 위 "㉮"의 자본환원율은 은행법에 따른 은행의 1년 만기 정기예금의 이자율 등을 고려하여 기획재정부장관이 정한다.

③ **상대가치의 산출**(국유칙 §28)

㉮ 상대가치는 '실적재무제표'를 기준으로 하여 다음의 계산식에 따라 산출한다.

$$\text{유사기업의 주가} \times \left(\frac{\text{발행기업의 1주당 순이익}}{\text{유사기업의 1주당 순이익}} + \frac{\text{발행기업의 1주당 순자산액}}{\text{유사기업의 1주당 순자산액}} \right) \times \frac{1}{2}$$

㉯ 위 "㉮"의 유사기업은 영 제46조에 따른 평가기관이 평가대상 증권의 발행기업과 같은 업종의 상장법인 중에서 매출액 규모, 자본금 규모, 납입자본이익률, 매출액 성장률 및 부채비율 등을 고려하여 정한다.

㉰ 위 "㉮"의 계산식 중 유사기업의 주가는 평가기준일이 속하는 달의 전달부터 소급하여 6개월간 매일의 종가를 평균한 금액과 평가기준일의 전날부터 소급하여 시가가 있는 30일간 매일의 종가를 평균한 금액 중 낮은 금액으로 한다. 이 경우 계산기간에 배당락 또는 권리락이 있을 때에는 그 후의 매일의 종가를 평균한다.

㉱ 위 "㉮"의 계산식 중 1주당 순이익은 평가일 전 2개 사업연도의 법인세비용차감전 순이익을 산술평균한 금액을 발행주식총수로 나누어 산출한다.

㉲ 위 "㉮"의 계산식 중 1주당 순자산액의 산출에 관하여는 제26조(자산가치의 산출)를 준용한다.

④ **증권가격 산출의 특례**(국유칙 §29)

다음에 해당하는 경우에는 수익가치 또는 상대가치를 고려하지 아니할 수 있다.

㉮ 비영리법인으로 전환할 기업체의 증권을 매각하려는 경우

㉯ 유사기업을 정하기 어려운 기업체의 증권을 매각하려는 경우

㉰ 그 밖에 기획재정부장관이 기업체의 사업 목적상 및 성질상 수익가치 또는 상대가치를 고려하지 아니할 수 있다고 인정하는 경우

기획재정부장관은 평가대상 증권을 발행한 기업의 안정성, 수익성, 성장성 및 평가관련 자료의 제출 여부 등을 고려하여 위의 자산가치, 수익가치, 상대가치의 산출방식과 그 일부를 달리하여 자산가치, 수익가치 및 상대가치를 산출할 수 있다.

(2) 상장증권

상장법인이 발행한 주권은 평가기준일 전 1년 이내의 최근에 거래된 30일간의 증권시장에서의 최종시세가액을 가중산술평균하여 산출한 가액으로 하되, 거래 실적이 있는 날이 30일 미만일 때에는 거래된 날의 증권시장의 최종시세가액을 가중산술평균한 가액과 제44조 제1항의 방법(위 3. (2) 비상장주식)에 따른 가액을 고려하여 산출한 가격. 다만, 경쟁입찰의 방법으로 처분하거나 자본시장법 제9조 제9항에 따른 매출(자본시장법 시행령 제11조의 규정에 따라 산출한 50인 이상의 투자자에게 이미 발행된 증권의 매도의 청약을 하거나 매수의 청약을 권유하는 것을 말한다)의 방법으로 처분하는 경우에는 평가기준일 전 1년 이내의 최근에 거래된 30일간(거래 실적이 있는 날이 30일 미만인 경우에는 거래된 날)의 증권시장에서의 최종시세가액을 가중산술평균한 가액과 제44조 제1항의 방법에 따른 가액을 고려하여 산출한 가격으로 할 수 있다(국유령 §43 ①).

상장법인이 발행한 주권 외의 상장증권은 평가기준일 전 1년 이내의 최근에 거래된 증권시장에서의 시세가격 및 수익률 등을 고려하여 산출한 가격 이상으로 한다(국유령 §43 ②). 다만, 상장증권을 증권시장 또는 기획재정부장관이 가격 결정의 공정성이 있다고 인정하여 고시하는 시장을 통하여 매각할 때에는 예정가격 없이 그 시장에서 형성되는 시세가격에 따른다(국유령 §43 ③).

제2절 주식평가의 이해

1 평가의 원칙

(1) 시가평가의 원칙

주식의 평가는 시가 평가가 원칙이다. 상속증여세법 제60조 제1항에서 상속세나 증여세가 부과되는 재산의 가액은 상속개시일 또는 증여일(평가기준일) 현재의 시가(時價)에 따른다. 이 경우 상장주식의 경우 상속증여세법 제63조 제1항 제1호 (가)목에 규정된 평가방법(상장주식의 평가방법)으로 평가한 가액을 시가로 본다(상증법 §60 ①). 이때의 시가는 불특정다수인 사이에 자유롭게 거래가 이루어지는 경우에 통상적으로 성립된다고 인정되는 가액으로 하고 수용가격·공매가격 및 감정가격, 시가로 인정되는 것(매매·감정·수용·경매·공매)을 포함한다(상증법 §60 ②). 여기서 통상적으로 성립된다고 인정되는 가액으로서 감정가격이라 함은 감정가격을 결정할 때에는 둘 이상의 감정기관에 감정을 의뢰하여야 한다. 이 경우 세무서장은 감정기관이 평가한 감정가액이 다른 감정기관이 평가한 감정가액의 100분의 80에 미달하는 등의 사유가 있는 경우에는 1년의 범위에서 기간을 정하여 해당 감정기관을 시가불인정 감정기관으로 지정할 수 있으며, 시가불인정 감정기관으로 지정된 기간 동안 해당 시가불인정 감정기관이 평가하는 감정가액은 시가로 보지 아니한다(상증법 §60 ⑤, 신설 2015.12.15.). 한편, 시가를 산정하기 어려운 경우에는 해당 재산의 종류, 규모, 거래 상황 등을 고려하여 상속증여세법 제61조부터 제65조까지에 규정된 방법(보충적 평가방법)으로 평가한 가액을 시가로 본다(상증법 §60 ③).

상속증여세법의 시가평가의 개념 정리를 위해 다음의 판결은 참고할 만하다.

대법원(대법원 2003두5723, 2004.10.15.)은 "시가는 불특정다수인 사이에 자유로이 거래가 이루어지는 경우에 통상 성립된다고 인정되는 가액으로서, 수용·공매가격 및 감정가격 등 대통령령이 정하는 바에 의하여 시가로 인정되는 것을 포함한다고 규정하고 있고, 구 상속증여세법 시행령 제49조 제1항, 제2항은 위 법규정에서 말하는 '대통령령이 정하는 바에 의하여 시가로 인정되는 것'이라 함은 평가기준일 전 6월(증여재산의 경우에는 3월)부터 상속세 과세표준신고 또는 증여세 과세표준신고의 기간 중 당해 재산에 대한 매매사실이 있는 경우에 그 거래가액 등을 말한다고 하면서, 다만 그 거래가액이 제26조 제4항에 규정된 특수관계에 있는 자와의 거래 등 그 가액이 객관적으로 부당하다고 인정되는 경우를 제외한다."고 하였다.

"시가란 일반적이고 정상적인 거래에 의하여 형성된 객관적인 교환가격을 말한다고 할 것이므로, 비록 거래 실례가 있다고 하여도 그 거래가액을 증여재산의 객관적 교환가치를 적정하게 반영하는 정상적인 거래로 인하여 형성된 가격이라고 할 수 없고, 증여의 대상이 비상장주식이라면 그 시가를 산정하기 어려운 것으로 보고 법 제63조 제1항 제1호 (다)목에 규정된 보충적 평가방법에 따라 그 가액을 산정할 수 있다(대법원 96누9423, 1996.10.29., 대법원 2004두2271, 2004.5.13.)."고 판시하고 있다. 또한 "'시가'라 함은 원칙적으로 정상적인 거래에 의하여 형성된 객관적 교환가격을 의미하지만 이는 객관적이고 합리적인 방법으로 평가한 가액도 포함하는 개념이므로, 거래를 통한 교환가격이 없는 경우에는 공신력 있는 감정기관의 감정가격도 시가로 볼 수 있고, 그 가액이 소급감정에 의한 것이라 하여도 달리 볼 수는 없다 할 것이나, 감정가격을 시가로 볼 수 있기 위해서는 어디까지나 감정이 적정하게 이루어져 객관적이고 합리적인 방법으로 평가되었다는 점이 인정되어야 한다(대법원 2001두6029, 2003.5.30.)."고 판시하고 있다.

(2) 상장주식의 시가

(2)-1. 원칙

자본시장법에 따른 증권시장에서 거래되는 주권상장법인의 주식의 경우 상속증여세법 제63조 제1항 제1호 (가)목에 규정된 평가방법으로 평가한 가액은 시가이다(상증법 §60 ①). 구체적 평가방법으로는 평가기준일 이전·이후 각 2개월 동안 공표된 매일의 "거래소" 최종시세가액(거래실적 유무를 따지지 아니한다)의 평균액으로 한다. 이때 평균액을 계산할 때 평가기준일 이전·이후 각 2개월 동안에 증자·합병 등의 사유가 발생하여 그 평균액으로 하는 것이 부적당한 경우에는 평가기준일 이전·이후 각 2개월의 기간 중 대통령령으로 정하는 바에 따라 계산한 기간의 평균액으로 한다. 다만, 상속증여세법 제38조에 따라 합병으로 인한 이익을 계산할 때 합병(분할합병을 포함)으로 소멸하거나 흡수되는 법인 또는 신설되거나 존속하는 법인이 보유한 상장주식의 시가는 평가기준일 현재의 거래소 최종시세가액으로 한다(상증법 §63 ① 1 가).

(2)-2. 법인세법의 상장주식의 시가

상장주식의 시가는 증권시장에서의 거래가격으로 한다. 다만, 증권시장 외에서 거래하는 방법과 '증권시장업무규정에서 일정 수량 또는 금액 이상의 요건을 충족하는 경우에 한정하여 매매가 성립하는 거래'의 경우는 거래소 최종시세가액(거래소 휴장 중에 거래한 경우에는 그 거래일의 직전 최종시세가액)으로 하며, 사실상 경영권의 이전이 수반되는 경우(상속증여세법 제63조 제3항에 따른 최대주주 또는 최대출자자가 변경되는 경우, 또는 최대주주 간의 거래에서 주식의 보유비율이 100분의 1 이상 변동되는 경우)는 그 가액의 100분의 20을 가산한다(법인령 제89조 제1항 단서). 법인세법 시행령 제89조 제1항이 2021.2.7. 개정되기 전에는 경영권프리미엄 산정의 어려움으로 인하여 시가가 불분명한 경우에 해당하므로 구 법인세법 시행령 제89조 제2항 제2호에 따라 구 상증세법 제63조 제1항, 제3항을 준용하여 평가한 가액, 즉 경영권프리미엄이 수반된 특수관계자 간 주식거래에 대해 평가기준일 이전 2개월 동안 거래소 종가평균액으로 산정한 가액에 할증률을 가산한 가액이 시가이다(대법원 2019두38472, 2023.6.1.).

(3) 시가로 인정되는 것

(3)-1. 매매·감정·수용·경매·공매

(가) 평가기간 이내의 기간 중 매매 등이 확인되는 가액

시가로 인정되는 "수용가격·공매가격 및 감정가격 등"이란 평가기준일 전후 6개월(증여재산의 경우 평가기준일 전 6개월부터 3개월까지. 평가기간) 이내의 기간 중 매매·감정·수용·경매 또는 공매(매매 등)가 있는 경우에 다음의 어느 하나에 따라 확인되는 가액을 말한다(상증령 §49 ①). 이때 평가기준일 전후 6개월(증여재산 평가기준일 전 6개월부터 3개월까지) 이내에 해당하는지 여부는 다음에 규정된 날을 기준으로 하여 판단한다.

- 매매사실이 있는 경우에는 매매계약일
- 감정가액의 평균액이 있는 경우에는 가격산정기준일과 감정가액평가서 작성일
- 수용 · 경매, 공매사실이 있는 경우 보상가액 · 경매가액, 공매가액이 결정된 날

① 해당 재산에 대한 매매사실이 있는 경우에는 그 거래가액. 다만, 다음의 어느 하나에 해당하는 경우는 제외한다.

㉮ 특수관계인과의 거래 등으로 그 거래가액이 객관적으로 부당하다고 인정되는 경우

㉯ 거래된 비상장주식의 가액(액면가액의 합계액)이 다음의 금액 중 적은 금액 미만인 경우(평가심의위원회의 심의를 거쳐 그 거래가액이 거래의 관행상 정당한 사유가 있다고 인정되는 경우는 제외)

- 액면가액의 합계액으로 계산한 해당 법인의 발행주식총액의 100분의 1에 해당하는 금액
- 3억원

② 해당 재산(주식을 제외)에 대하여 둘 이상의 "감정기관(부동산 중 기준시가 10억원 이하의 부동산의 경우에는 하나 이상의 감정기관)"이 평가한 감정가액이 있는 경우에는 그 감정가액의 평균액. 다만, 다음에 해당하는 것은 제외한다.

㉮ 일정한 조건이 충족될 것을 전제로 당해 재산을 평가하는 등 상속증여세의 납부목적에 적합하지 아니한 감정가액

㉯ 평가기준일 현재 당해 재산의 원형대로 감정하지 아니한 경우의 당해 감정가액

한편, 해당 감정가액이 제61조(부동산 등의 평가) · 제62조(선박 등 그 밖의 유형재산의 평가) · 제64조(무체재산권 등의 평가) 및 제65조(그 밖의 조건부권리 등의 평가)에 따라 평가한 가액과 시가의 90%에 해당하는 가액 중 적은 금액(기준금액)에 미달하는 경우(기준금액 이상인 경우에도 평가심의위원회의 심의를 거쳐 감정평가목적 등을 감안하여 동 가액이 부적정하다고 인정되는 경우를 포함)에는 세무서장이 다른 감정기관에 의뢰하여 감정한 가액에 의하되, 그 가액이 납세자가 제시한 감정가액보다 낮은 경우에는 그러하지

아니한다.

이 규정은 재감정의 기준이 보충적 방법에 의한 평가액의 90%인 점을 악용하여 적정시가가 있음에도 감정기관과 납세자 간 통정에 의해 기준율을 약간 상회하는 감정가액을 제시하여 저평가하는 등 감정기관을 이용한 재산평가의 왜곡을 방지하기 위해 세무서장 등이 재감정하도록 하여 부실감정을 방지하려는 데 있다(개정세법 해설 참조).

대법원(대법원 99두1595, 1999.4.27., 대법원 2004두2356, 2005.9.30.)은 "시가"라 함은 원칙적으로 정상적인 거래에 의하여 형성된 객관적 교환가격을 의미하지만 이는 객관적이고 합리적인 방법으로 평가한 가액도 포함하는 개념이므로 거래를 통한 교환가격이 없는 경우에는 공신력 있는 감정기관의 감정가격도 "시가"로 볼 수 있고, 그 가액이 소급감정에 의한 것이라 하여도 달라지지 않는다.

③ 해당 재산에 대하여 수용·경매 또는 공매사실이 있는 경우에는 그 보상가액·경매가액 또는 공매가액. 다만, 다음의 어느 하나에 해당하는 경우에는 해당 경매가액 또는 공매가액은 이를 제외한다.

㉮ 상속증여세법 제73조에 따라 물납한 재산을 상속인 또는 그의 특수관계인이 경매 또는 공매로 취득한 경우

㉯ 경매 또는 공매로 취득한 비상장주식의 가액(액면가액 합계액)이 다음의 금액 중 적은 금액 미만인 경우

- 액면가액의 합계액으로 계산한 당해 법인의 발행주식총액의 100분의 1에 해당하는 금액
- 3억원

㉰ 경매 또는 공매절차의 개시 후 관련법령이 정한 바에 따라 수의계약에 의하여 취득하는 경우

(나) 평가심의위원회의에서 확인된 가액

평가기간(상속 6개월, 증여 6개월 전부터 3개월까지)이 지난 기간으로서 평가기준일 전 2년 이내의 기간 중 매매 등이 확인되는 가액(상증령 §49 ① 단서).

평가심의위원회 확인된 가액

평가기간에 해당하지 아니하는 기간으로서 평가기준일 전 2년 이내의 기간 중에 매매 등이 있거나 평가기간이 경과한 후부터 상속세과세표준 신고기한부터 9개월, 증여세과세표준 신고기한부터 6개월까지의 기간 중 매매 등이 있는 경우에도 평가기준일부터 매매계약일 등의 어느 하나에 해당하는 날까지의 기간 중에 주식발행회사의 경영상태, 시간의 경과 및 주위환경의 변화 등을 고려하여 가격변동의 특별한 사정이 없다고 보아 상속세 또는 증여세 납부의무가 있는 자, 지방국세청장(또는 관할 세무서장)이 신청하는 때에는 평가심의위원회의 심의를 거쳐 해당 매매 등의 가액을 확인되는 가액에 포함시킬 수 있다(상증령 §49 ①).

(3) - 2. 면적 · 위치 · 용도 · 종목 및 기준시가가 동일

기획재정부령(2017.3.10. 신설)으로 정하는 해당 재산과 면적 · 위치 · 용도 · 종목 및 기준시가가 동일하거나 유사한 다른 재산에 대한 같은 항 각 호의 어느 하나에 해당하는 가액(상속세 또는 증여세 과세표준을 신고한 경우에는 평가기간 이내의 신고일까지의 가액)이 있는 경우에는 해당 가액을 시가로 본다(상증령 §49 ④).

공동주택(모두 충족)	공동주택 외
가. 평가대상 주택과 동일한 공동주택단지 내에 있을 것 나. 평가대상 주택과 주거전용면적의 차이가 평가대상 주택의 주거전용면적의 100분의 5 이내일 것 다. 평가대상 주택과 공동주택가격의 차이가 평가대상 주택의 공동주택가격의 100분의 5 이내일 것	평가대상 재산과 면적 · 위치 · 용도 · 종목 및 기준시가가 동일하거나 유사한 다른 재산

(4) 시가액에 2 이상의 재산가액이 포함된 경우

시가(매매 · 감정 · 수용 · 경매 · 공매)의 가액에 2 이상의 재산가액이 포함됨으로써 각각의 재산가액이 구분되지 아니하는 경우에는 각각의 재산을 상속증여세법 제61조 내지 제65조의 규정에 의하여 평가한 가액에 비례하여 안분계산하되 각각의 재산에 대하여 감정가액(동일감정기관이 동일한 시기에 감정한 각각의 감정가액을 말한다)이 있는 경우에는 감정가액에 비례하여 안분계산한다(상증령 §49 ③). 2 이상의 재산에 담보하는 채권액이 있는 경우 은행 측에서 감정평가한 가액으로 안분계산하여 당해 부동산의 담보채권액을 산출하여야 한다. 심판원(국심 2002중380, 2005.5.28.)은 "은행으로부터 시설자금을 융자받을 때 부동산뿐만 아니라 기계장치도 담보로 제공되어 근저당권이 설정되었으므로 부동산을 담보채권액으로 평가할 때 평가 당시 총담보채권액에서 기계장치가 담보하는 채권액을 제외한 금액을 당시 부동산의 가액으로 보고 순자산가액을 계산하는 것이 타당하다. 이때 부동산과 기계장치의 담보채권액을 안분하는 방법에는 근저당권 설정 시 은행 측에서 감정평가한 가액으로 안분하여야 한다."고 하였다.

다만, 토지와 그 토지에 정착된 건물, 기타 구축물의 가액이 구분되지 아니하는 경우에는 다음(부가령 §64)과 같이 안분계산한다.

① 토지와 건물 등에 대한 소득세법 제99조에 따른 기준시가(이하 "기준시가")가 모두 있는 경우: 공급계약일 현재의 기준시가에 따라 계산한 가액에 비례하여 안분계산한 금액. 다만, 감정평가가액이 있는 경우에는 그 가액에 비례하여 안분계산한 금액으로 한다.

② 토지와 건물 등 중 어느 하나 또는 모두의 기준시가가 없는 경우로서 감정평가가액이 있는 경우: 그 가액에 비례하여 안분계산한 금액. 다만, 감정평가가액이 없는 경우에는 장부가액(장부가액이 없는 경우에는 취득가액)에 비례하여 안분계산한 후 기준시가가 있는 자산에 대해서는 그 합계액을 다시 기준시가에 의하여 안분계산한 금액으로 한다.

③ "①"과 "②"를 적용할 수 없거나 적용하기 곤란한 경우: 국세청장이 정하는 바에 따라 안분하여 계산한 금액

관련규정 및 예규판례

- 법원이 한 시가 감정촉탁에 의하여 감정평가법인이 상속개시일 기준으로 상속재산을 감정평가한 금액은 적정한 비교표준지를 선정하고 부동산 시세를 적절히 반영하고 있으며 비교표준지와 개별요인 비교, 지역요인 등 기타요인 비교도 적정한 것으로 보여 이를 시가로 본다(대법원 2012두21109, 2013.2.14.).

- 소득세법상 부당행위계산 부인의 대상인 저가양도의 기준으로 규정하고 있는 시가는 객관적이고 합리적인 방법으로 평가한 가액도 포함하는 개념으로써 공신력 있는 감정기관의 감정가격도 시가로 볼 수 있고 그 가액이 소급감정에 의한 것이라 하여도 달라지지 아니한다

(대법원 2010두28328, 2012.5.24.).

- 구 상속세법 제9조 제2항 소정의 "시가"의 개념 및 감정가격을 시가로 보기 위한 요건 및 부동산에 대한 감정가격이 여러 가지 사정에 비추어 적정한 교환가치를 반영한 시가라고 할 수 없다(대법원 2001두6029, 2003.5.30.).
- 상속개시일과 감정시점 사이에 가격변동이 없었어야 한다(대법원 2002두6484, 2002.10.25.).

〈시가로 인정한 사례〉

- 증여일로부터 5개월 정도가 경과된 후에 토지에 대한 매매계약이 체결되었는바, 증여일 이후 매매계약일 사이에 가격상승이 없었으므로 그 매매가격은 증여 당시의 시가로 볼 수 있다(대법원 2001두7039, 2002.7.12.).
- 상속재산 평가 시 보충적 평가방법이라 함은 상속개시 당시 시가를 산정하기 어려운 때에 이루어지는 평가방법으로 피상속인이 사망하기 약 8개월 전에 대지를 매수하기로 계약하고 계약당일 계약금을 입금하고 잔금까지 청산한 경우 상속개시 당시의 시가로 인정하기에 충분함에도 이를 부적절하다고 보아 보충적 평가방법에 의해 상속세를 과세한 처분은 부당하다(대법원 98두15931, 1999.1.26.).
- 상속개시일로부터 4년 전에 한 한국감정원의 감정가격을 그 사이에 시가하락이나 토지상황의 변화가 없었다는 등 특별한 사정이 없는 한 시가로 볼 수 있다(대법원 93누10293, 1993.10.8., 대법원 93누10309, 1993.10.8.).
- 부동산시세가 상승세에 있는 경우 증여시점으로부터 3년 3개월 전의 감정가액을 증여 당시의 시가로 보아 과세한 처분은 잘못이 없다(대법원 90누1854, 1992.2.11.).
- 상속개시일로부터 약 6개월 정도 경과한 뒤에 매매계약이 체결된 경우에 있어서 과세관청이 당해 토지에 관하여 상속개시일과 매매체결일 사이에 아무런 가격변동이 없었다는 점을 입증하면 다른 특별한 사정이 없는 한 그 매매가액을 상속개시 당시의 시가로 볼 수 있는 것이다(대법원 89누6907, 1990.6.26.).

〈시가로 인정하지 아니한 사례〉

- 상속 직후 매도된 부동산의 처분대금(12억원)은 과세시가표준액(16억원)과 매도 직후의 감정평가액(24억원)에 비추어 지나치게 저렴한 가격으로 일반적이고 정상적인 거래에 의하여 형성된 객관적 교환가치를 적절하게 반영하였다고 보기 어렵다(대법원 97누1679, 2000.6.23.).
- 개별공시지가에 의한 평가액보다 적은 금액에 매매계약이 성립되었고, 이는 상속개시일로부터 약 10개월 후에 형성된 데다가 상속개시 당시 부동산경기 침체로 인하여 거래가 부진하고 호가수준이 저하되어 있었던 점에 비추어 매매가액을 곧바로 상속개시 당시의 적정시가

라고 추정할 수는 없고, 나아가 상속개시일과 매매시점 사이에 시가변동이 없었다고 인정할 만한 뚜렷한 자료도 없으므로 기준시가평가는 정당하다(대법원 98두12536, 1998.9.28.).

- 거래실례가 있었다고 하더라도 그 거래가액을 불특정다수인 간의 거래로 인하여 형성되는 거래는 시가라고 할 수 없다면, 시가를 산정하기 어려운 것으로 보아 보충적인 평가방법에 의하여 과세한 처분은 정당하다(대법원 90누1229, 1990.7.10.).
- 상속개시일로부터 4개월 뒤에 매매가 이루어진 경우, 그 매매가액을 상속개시 당시의 시가로 인정하기 위해서는 객관적으로 보아 그 매매가액이 일반적이고 정상적인 교환가치를 적정하게 반영하고 있다고 볼 사정이 있어야 하고, 또한 상속개시 당시와 매매일 사이에 그 가격의 변동이 없어야 하는바, 매매가격이 감정가격보다 무려 1.5배나 높아 매매당사자의 주관적인 사정이 작용하여 객관적인 교환가격을 반영하는 적정가액으로 인정하기 어렵다(대법원 97누10765, 1998.7.10.).

2 | 보충적 평가방법

(1) 보충적 평가의 요건

주식의 평가는 시가평가가 원칙이나(상증법 §60 ①) 시가를 산정하기 어려운 경우에는 당해 재산의 종류・규모・거래 상황 등을 고려하여 상속증여세법 제61조부터 제65조까지에 규정된 방법에 의하여 평가한 가액을 시가로 보고 있다(상증법 §60 ③). 이는 시가평가의 예외적인 방법으로 이와 같은 평가방법을 보충적 평가방법이라고 한다. 다만, 보충적 평가방법에 의하여 평가한 가액이 장부가액(취득가액에서 감가상각비를 차감한 가액)보다 적은 경우에는 장부가액으로 하되, 장부가액보다 적은 정당한 사유가 있는 경우에는 그러하지 아니한다(상증령 §55 ①).

보충적 평가방법에 대해 헌법재판소(헌재 2003헌바26, 2004.8.26.)는 "시가를 파악하는 방법에 있어 특별한 사정이 없는 이상 세무공무원이 현장조사 내지 시장조사(자료조사를 포함)를 통하여 이를 조사, 파악하는 것이 원칙이고 이는 세법에서 특별히 규정할 필요가 없는 당연한 일이다. 그러나 현장조사나 시장조사는 시간, 인력 및 비용의 소모가 크고 상속개시 당시라고 하는 과거 시점으로 회귀하여 소급조사를 하여야 한다는 어려움 때문에 조사자에 따라 큰 차이가 나거나 조사자의 자의가 개입될 우려가 있다. 그러므로 이러한 우려가 없는 통일적인 시가 파악의 행정지침이 필요하고 이에 응하여 등장한 것이 구 상속증여세법 시행령 제5조 제1항 내지 제6항이 규정하는 보충적 평가방법이다. 보충적 평가방법을 규정하는 위 구법 시행령 조항들은 집행명령에 해당하고 이 방법에 의하여 평가된 상속재산의 가액은 시가를 초과할 수 없다는 본래적이고 내재적인 한계를 갖는다. 따라서 보충적 평가방법에 의한 상속재산의 가액이 시가를 초과하는 경우 상속인은 이를 주장·입증하여 보충적 평가방법의 적용을 거부할 수 있다(대법원 94누8402, 1995.6.30.)."고 판시하고 있다.

상속증여세법에서는 보충적 평가방법이 적용되는 재산의 종류(부동산 등의 평가, 선박 등 기타 유형자산의 평가, 유가증권 등의 평가, 무체재산권 등의 평가, 기타 조건부권리 등의 평가)를 열거하고 있다. 보충적 평가방법은 재산의 종류에 따라 각각의 평가방법을 규정하고 있으므로 상속증여세법에서 규정하고 있는 평가방법을 따라야 한다.

이 책에서 재산평가 중에서 주식평가만을 설명하는 이유는 합병 등 자본거래 과정에서 발생할 수 있는 세법상의 모든 자본거래 과세 문제들은 주식평가가 올바르게 되어야 자본거래에 따른 과세문제를 제대로 다룰 수 있기 때문이다. 물론 기업가치 평가를 하는 데 있어서 해당 기업의 자산과 부채 등의 평가가 필수적이기는 하나 현실적으로 유가증권 등 일부를 제외하고는 대부분 감정가액 또는 공시지가 등에 의한 평가가 보편적인 것도 주식평가만을 설명하려는 이유가 되겠다.

(2) 보충적 평가와 대법원 판시

보유한 주식을 보충적 평가방법으로 평가한 주식의 평가액을 시가로 보아야 한다(보유의 주식은 평가기준일 현재 자본잠식 상태에 있어 보충적 평가방법으로 평가한 주식의 순자산가액은 0원으로 그 실질적 가치가 전혀 없다. 따라서 주식의 시가를 '장부가액'이 아닌 보충적 평가방법에 따라 0원으로 산정한 것은 '정당한 사유'가 있으므로 주식의 시가는 0원으로 평가되어야 함에도 장부가액으로 평가한 것은 위법하다)는 주장에 대해, 대법원(대법원 2016두50730, 2016.12.15.)은 예외적인 사유인 정당한 사유에 해당하기 위해서는 단지 보충적 평가방법에 의한 평가액이 장부가액보다 적다는 사실만으로는 부족하고, 비상장주식의 취득가액 및 양도 시점 당시의 보충적 평가방법에 따라 산정된 가액의 차이의 정도, 취득 시점 및 보충적 평가방법에 따른 평가 시점(양도 시점) 사이의 시간적 간격 및 그 기간 내에 비상장주식의 가치가 급격히 감소할 만한 특별한 사정이 있는지 여부, 향후 기업이 사업을 계속하여 진행할지 아니면 휴업·폐업 또는 청산 중에 있는지 여부, 비상장주식의 증여(저가양도)에 있어 증여자가 비상장주식을 취득할 당시 고려한 주식의 실질적 가치, 비상장주식의 양도 이후의 해당 비상장회사의 순자산가액 및 당기순이익의 회복·개선 정도 등을 종합적으로 고려하여야 하고, 그러한 사유에 대한 입증책임은 납세의무자가 진다. 따라서 주식을 특수관계인에게 양도할 당시 주식을 평가함에 있어 보충적 평가액이 0원으로 도출되었다는 것만으로 보충적 평가액이 장부가액보다 정당하다고 보기 어렵고, 오히려 향후 영업가치 등을 고려하면 장부가액이 실제 시가에 더 근접한 것으로 보이는 점 등에 비추어 보면, 보유한 주식에 대하여 장부가액이 아닌 보충적 평가액을 적용하여야 할 정당한 사유가 있는 것으로 보기 어렵다.

한편, 보충적 평가방법을 적용하기 위한 입증책임에 대해 대법원은 "구 상속증여세법 시행령(1990.12.31. 개정 전의 것) 제5조 제2항 내지 제5항에 규정하는 방법에 의한 증여재산의 평가는 증여개시 당시의 시가를 산정하기 어려운 때에 한하여 비로소 택할 수 있는 보충적인 평가방법이고, 시가를 산정하기 어려워서 보충적인 평가방법을 택할 수밖에 없었다는 점에 관한 입증책임은 과세관청에게 있다(대법원 95누23, 1995.6.13., 대법원 2000두406, 2001.9.14.)"고 하면서, "상속증여세법 제60조의 규정상 법 제61조 내지 제65조에 규정된 보충적 평가방법에 의하여 증여재산의 가액을 산정하는 것은 증여재산의 증여일 현재의 시가를 산정하기 어려운 경우에 한하고, 그 시가 산정이 어렵다는 점에 관하여는 과세관청인 피고에게 입증책임이 있다(대법원 2003두5723, 2004.10.15.)."고 판시하고 있다.

비상장주식의 시가에 대한 이해의 폭을 넓힌다는 의미에서 다양한 대법원(대법원 2005마958, 2006.11.23.)의 판시를 살펴볼 필요가 있다.

"회사의 합병 또는 영업양도 등에 반대하는 주주가 회사에 대하여 비상장주식의 매수를 청구하는 경우, 거래사례가 없으면 비상장주식의 평가에 관하여 보편적으로 인정되는 시장가치방식, 순자산가치방식, 수익가치방식 등 여러 가지 평가방법을 활용하되, 비상장주식의 평가방법을 규정한 관련 법규들은 그 제정 목적에 따라 서로 상이한 기준을 적용하고 있으므로, 어느 한 가지 평가방법(예컨대, 증권거래법 시행령 제84조의7 제1항 제2호의 평가방법이나 상속증여세법 시행령 제54조의 평가방법)이 항상 적용되어야 한다고 단정할 수는 없고, 당해 회사의 상황이나 업종의 특성 등을 종합적으로 고려하여 공정한 가액을 산정하여야 한다(대법원 2003다69638, 2005.10.28.)." 따라서 "유선방송사업의 경우 초기에 방송장비 및 방송망 설치 등의 대규모 시설투자가 필요한 반면, 그 이후에는 인건비 등의 비용 이외에는 추가비용이 크게 필요하지 않고, 일정 수 이상의 가입자가 확보되면 월 사용료 상당의 수입이 안정적으로 확보된다는 특색이 있기 때문에 가입자의 수, 전송망의 용량, 지역 내 독점 여부 등을 기초로 한 미래의 수익률이 기업가치 내지 주식가치를 평가하는데 중요한 고려 요소라고 할 것이다(대법원 2005도856, 2005.4.29.)."

3 | 저당권이 설정된 재산의 평가

저당권 및 담보권 또는 질권이 설정된 재산, 양도담보재산, 전세권이 등기된 재산(임대보증금을 받고 임대한 재산을 포함), 위탁자의 채무이행을 담보할 목적으로 신탁계약을 체결한 재산은 상속증여세법 제60조(평가의 원칙 등)의 규정에도 불구하고 그 재산이 담보하는 채권액 등을 기준으로 평가한 가액과 상속증여세법 제60조에 따라 평가한 가액 중 큰 금액을 그 재산의 가액으로 한다(상증법 §66).

구 상속증여세법 제9조 제4항 제1호(저당권이 설정된 재산)의 위헌심판제청 사건에 대해 재경부장관은 상속증여세법 '저당권 등이 설정된 재산평가의 특례'는 시가주의 원칙을 보충하여 시가에 보다 근접한 가액을 산정하려는 취지에서 규정된 것으로 담보권이 설정된 재산에 대한 평가의 특례규정이다. 담보권 설정의 상속재산의 평가 규정이 신설되기 전에는 상속부동산 가액을 토지의 경우 개별공시지가, 건물의 경우 지방세 과세표준액 등에 의한 보충적 방법으로만 평가하는 것이 실무관행이었다. 그러다 보니 위 보충적 평가방법이 시가를 제대로 반영하지 못하여 상속부동산이 이미 담보로 제공되어 있는 경우 담보채무가 당해 재산의 평가액을 초과하는 경우가 있고 이 초과하는 채무는 다른 상속재산가액에서 공제하게 되어 결과적으로 상속세의 부담을 부당하게 감소시키는 결과가 되고 있다. 따라서 근저당권이 설정되지 않은 상속재산의 평가 시보다 유리한 결과도 발생할 수 있어 이를 방지하기 위하여 구법 제9조 제4항을 신설하게 되었다.

법원은 이 사건의 제청신청 기각이유에서 통상 당해 재산의 객관적인 교환가치의 범위 안에서 피담보채권액이 정해지는 것이고 또 담보권을 설정하는 과정에서 당해 재산의 객관적 교환가치에 대한 감정평가가 이루어지는 경우 그 감정평가액에 의하여 시가에 가장 근접한 상속부동산의 가액을 이끌어 낼 수 있으므로, 대통령령에서 정할 내용은 상속증여세법의 시가주의 원칙상 보충적 평가방법보다 시가에 근접한 가액을 산정하는 방법으로서 설정된 담보권 등의 특성에 의하여 그 상속재산가액의 파악이 가능한 방법이 될 것임을 쉽게 예측할 수 있다 할 것이다. 또한 근저당권 설정 시의 감정평가액이 시가보다 크게 평가되었다는 점을 납세의무자가 이의한 경우에는 이 사건 법률조항이 적용되지 아니하고 시가가 그 상속재산의 가액이 된다고 해석되므로 이 사건 법률조항에 의하여 상속재산이 불합리하게 과다하게 평가될 염려가 없다 할 것이다.

헌법재판소(헌재 2003헌바26, 2004.8.26.)는 "구 상속증여세법 제9조 제4항이 법 제9조 제1항과 비교하여 큰 것을 선택하도록 명하고 있는 것은, 상속재산의 가액평가에 관하여 시가주의 원칙을 정한 법 제9조 제1항의 규정을 보충하여 시가에 보다 근접한 가액을 산정하려는 취지에서 규정된 것으로서, 어떤 재산에 관하여 근저당권을 설정하는 경우 그 피담보채권 최고액은 통상 그 재산의 실제가액 범위 내에서 결정되는 것으로 볼 수 있어서 근저당권의 피담보채권액이 다른 방법으로 산정한 가액보다 클 때에는 그 채권최고액을 실제가액으로 봄이 일반적으로 거래의 실정에 부합한다는 데에 그 타당성의 근거가 있는 것이다."고 하면서, 만일 예외적으로 당해 재산의 실제가액보다 큰 금액을 피담보채권최고액으로 하여 근저당권이 설정된 경우에는 "납세의무자가 그와 같은 예외적인 사정을 입증하여 위 규정의 적용으로부터 벗어날 수 있다[대법원 91누2137, 1993.3.23. 전원합의체 판결, 판례집 41(1)특, 547]."고 하여 담보권 등이 설정된 재산은 현 상속증여세법 제60조의 규정에 불구하고 당해 재산이 담보하는 채권액 등을 기준으로 대통령령이 정하는 바에 의하여 평가한 가액과 법 제60조의 규정에 의하여 평가한 가액 중 큰 금액을 그 재산의 가액으로 한다는 규정은 헌법에 위반되지 않는다.

즉 다음의 평가액과 상속증여세법 제60조(시가 또는 보충적 평가방법)의 평가액 중 큰 금액을 재산가액으로 한다(상증령 §63 ①).

① 저당권(공동저당권 및 근저당권을 제외)이 설정된 재산의 가액은 당해 재산이 담보하는 채권액

② 공동저당권이 설정된 재산의 가액은 당해 재산이 담보하는 채권액을 공동저당된

재산의 평가기준일 현재의 가액으로 안분하여 계산한 가액

③ 근저당이 설정된 재산의 가액은 평가기준일 현재 당해 재산이 담보하는 채권액

④ 질권이 설정된 재산 및 양도담보재산의 가액은 당해 재산이 담보하는 채권액

⑤ 전세권이 등기된 재산의 가액은 등기된 전세금(임대보증금을 받고 임대한 경우에는 임대보증금)

〈저당권 등이 설정된 재산평가〉

(1) 시가가 있는 경우 = ①, ② 중 큰 금액
- ① 평가기준일의 시가
- ② 당해 재산이 담보하는 채권액 등

(2) 시가가 없는 경우 = ①, ②, ③ 중 큰 금액
- ① 보충적 평가방법에 의한 평가액
- ② 당해 재산이 담보하는 채권액 등
- ③ 사실상 임대차계약이 체결된 재산의 임대료 환산 평가액

※ 저당권 등이 설정된 재산의 평가특례에서 "담보하는 채권액"이란 채권최고액이 아니라 평가기준일 현재 남아있는 채권액의 합계액을 말한다.

(1) 재산평가와 담보 채권액

'평가기준일 현재 당해 재산이 담보하는 채권액'이란 근저당권의 채권최고액이 아닌 당해 재산이 담보하는 평가기준일 현재의 실제 채권액을 말한다.

대법원(대법원 2010두8751, 2010.9.30.)은 상속증여세법 시행령 해당 규정의 연혁을 보면, 근저당권이 설정된 재산의 가액평가에 관하여, 1990.12.31.까지는 '당해 재산이 담보하는 채권의 최고액'으로 규정하였다가, 1998.12.31.까지는 '당해 근저당권을 설정하기 위한 감정한 가액이 있는 경우에는 감정가액'으로 규정하였으며, 그 이후부터는 현재와 같이 '평가기준일 현재 당해 재산이 담보하는 채권액'으로 규정하고 있다.

위와 같이 상속증여세법 시행령 규정이 변경된 경위 및 그 입법취지를 살펴보면, 당초 상속증여세법 시행령이 규정한 근저당권의 '채권최고액'은 당해 기업의 신용을 감안하여 높게 설정되는 경우 근저당설정재산가액이 시가보다 높게 평가되는 문제점이 있다는 이유로 '근저당권 설정 시 감정가액'으로 변경되었다가, 다시 위 '근저당권 설정 시

감정가액'도 감정일부터 평가기준일까지의 감가상각이 감안되지 않아 과대평가되는 문제점이 있다는 이유로 이를 해결하기 위하여 1998.12.31. 현재와 같이 개정하였다. 상속증여세법 제66조가 저당권 등이 설정된 재산에 관하여, "상속증여세법 제60조에 의한 평가가액(시가 또는 보충적 평가방법)과 당해 재산이 담보하는 채권액 등을 기준으로 대통령령으로 정하는 바에 따라 평가한 가액 중 큰 금액을 그 재산의 가액"으로 하도록 특별히 규정한 것은, 당해 재산을 시가나 보충적 평가방법으로 산정하면서 채무를 전액 인정할 경우 개별 재산가액을 초과하는 채무액을 다른 재산가액에서 차감하는 모순이 발생하는 것을 방지하기 위한 것인데, 현행 상속증여세법 시행령 제63조 제1항 제3호가 '평가기준일 현재 당해 재산이 담보하는 채권액'으로 구체적으로 규정함으로써, 위와 같은 문제점을 해결하면서도 시가평가의 원칙을 지키고자 한 것이다.

(2) 재산평가와 담보 채권액의 예외

저당권 및 담보권 또는 질권이 설정된 재산을 평가함에 있어서는 다음의 가액과 상속증여세법 제60조에 따라 평가한 가액 중 큰 금액을 그 재산의 가액으로 한다(상증령 §63 ②).

① 당해 재산에 설정된 근저당의 채권최고액이 담보하는 채권액보다 적은 경우에는 채권최고액

② 당해 재산에 설정된 물적담보 외에 신용보증기관의 보증이 있는 경우에는 담보하는 채권액에서 당해 신용보증기관이 보증한 금액을 차감한 가액

③ 동일한 재산이 다수의 채권(전세금채권과 임차보증금채권을 포함)의 담보로 되어 있는 경우에는 그 재산이 담보하는 채권액의 합계액

제3자에 의해 근저당권이 설정된 경우에는 그것이 증여와 같은 날 설정되었더라도 그 근저당권의 피담보채권액은 상속증여세법 시행령 제63조 제1항 제3호 소정의 '평가기준일 현재 당해 재산이 담보하는 채권액'에 해당하지 아니한다는 이유에 대해, 대법원(대법원 2013두1850, 2013.6.13.)은 증여일 당일에 설정된 근저당권에 의하여 담보되는 채권액은 통상 당해 재산에 관한 증여 시점의 시가를 정확히 반영할 가능성이 크므로 증여와 근저당 사이의 선후관계를 분명히 가려 증여 이전에 설정된 근저당권에 의해 담보되는 채권액만이

증여재산의 시가를 제대로 반영하는 것으로 한정하여 볼 필요가 없다.

* 공동담보된 재산의 평가방법(상증통 66-63…3)

① 상속증여세법 시행령 제63조 제1항 제3호를 적용할 때 근저당권이 설정된 재산이 공유물로서 공유자와 공동으로 그 재산을 담보로 제공한 경우에는 그 재산이 담보하는 채권액 중 각 공유자의 지분비율에 상당하는 금액을 그 채권액으로 한다.

② 평가할 재산과 그 외의 재산에 동일한 공동저당권 등이 설정되어 있거나 동일한 채무를 담보하기 위하여 양도담보된 경우 평가할 재산이 담보하는 채권액은 전체 채권액을 평가할 재산과 그 외 재산의 가액(평가기준일 현재 법에 따른 평가액을 말한다)으로 안분하여 계산한다.

4 | 최대주주 주식의 할증평가

(1) 최대주주 주식의 할증평가

〈최대주주 등이 보유하는 주식의 평가액〉

일반주주가 보유하는 주식의 평가액 × 120%(110%) 또는 130%(115%)

※ ( )는 중소기업(중소기업기본법 제2조의 규정에 의한 중소기업에 해당하는 기업을 말함) 주식의 할증평가율로 2019.12.31. 삭제되었다.

주식의 평가방법의 예외 규정으로 지배주주의 주식평가는 상속증여세법상 주식가액 상속증여세법 제63조 제1항 제1호(상장주식 및 비상장주식의 평가액) 및 제2항(기업공개 목적 주식 등)에 따라 평가한 평가액(일반주주의 주식 평가액) 또는 제60조 제2항에 인정되는 가액(시가로 인정되는 가액)을 적용할 때 최대주주 및 그의 특수관계인에 해당하는 주주(최대주주)의 주식에 대하여 2019.12.31. 개정되기 전은 주식가액의 20%(중소기업 10%)를 가산하되, 최대주주가 해당 법인의 발행주식총수의 50%를 초과하여 보유하는 경우에는 30%(중소기업 15%)를 가산한다(상증법 §63 ③). 2019.12.31. 개정된 후는 일반기업에 대해서만 주식가액의 20%의 할증률을 적용하고 중소기업(중소기업기본법 제2조의 규정에 의한 중소기업에 해당하는 기업을 말함), 대통령령이 정하는 중견기업 등의 주식은 할증평가를 적용하지 않는다.

최대주주가 보유하는 주식의 지분을 계산함에 있어서는 평가기준일부터 소급하여 1년 이내에 양도하거나 증여한 주식을 최대주주가 보유하는 주식에 합산하여 이를 계산한다(상증령 §53 ⑤).

헌법재판소(헌재 2002헌바65, 2003.1.30.)는 특정의 주주가 발행주식총수 중 과반수 이상의 주식을 소유하는 등의 경우에는 그 주주는 특히 주주의 의결권을 통한 이사회의 지배를 통하여 회사에 대한 지배권을 갖게 되는바, 여기서 등장하는 개념이 바로 지배주주의 회사지배권이다. 즉 지배주주의 회사지배권이란 특정한 주주가 보유하는, 이사의 선임을 통하여 경영진에 영향력을 행사하거나, 또는 주주총회에서의 직접결의에 의하여 회사의 기본정책을 결정할 수 있는 힘을 말한다. 지배주주는 자신이 소유하는 주식을 통하여 이와 같이 회사지배권을 보유하고 있는 것이므로, 다른 주식과 달리 지배주주가 소유한 주식은 회사의 지배가치라는 별도의 경제적 가치를 지니게 되는바, 지배주식 양도 시에는 그 주식이 포함하는 이와 같은 별도의 가치가 인정되어 단순한 단위거래 주식가액의 합계액보다 높은 가액에 거래되고 있는 것이 현실이다. 따라서 일반적으로 주식 등은 각 단위 주식 등이 나누어 갖는 주식회사 등의 자산가치와 수익가치를 표창하는 것에 불과하지만, 최대주주 등이 보유하는 주식 등은 그 가치에 더하여 당해 회사의 경영권 내지 지배권을 행사할 수 있는 특수한 가치, 이른바 "경영권(지배권)프리미엄"을 지니고 있다.

이와 같은 회사의 지배권이 정당한 조세부과를 받지 아니하고 낮은 액수의 세금만을 부담한 채 이전되는 것을 방지하기 위하여 적정한 과세를 위한 공정한 평가방법을 두고자 함이 이 사건 법률조항의 입법취지이다. 또한 최대주주 등의 보유주식 등의 가치를 다른 주주의 보유주식 등과 달리 취급하면서 예외를 인정하지 아니하는 일률적인 규율방식을 취하고, 거래주식 등의 수량이나 거래의 상대방 등에 따라 그 적용범위를 한정하는 방식을 취하지 아니하였다고 하더라도, 이는 주식 등의 가치 및 회사지배권의 특성을 감안한 바탕 위에 공평한 조세부담을 통한 조세정의 실현 요구, 징세의 효율성이라는 조세정책적, 기술적 요구를 종합적으로 고려하여 결정한 것이라고 할 수 있을 뿐, 그 입법목적에 비추어 자의적이거나 임의적인 것으로서 입법형성권의 한계를 벗어났다고 볼 수 없으므로 조세평등주의에 위반되지 아니한다.

또한(헌재 2006헌바22, 2007.1.17.) 최대주주의 주식에 대하여 통상 주식의 평가액에 20%를 가산하여 평가하도록 한 것은 지배권의 가치를 고려하였기 때문인데, 이 사건과 같이 명의신탁을 통해 명의만 이전된 경우에는 실질적으로 지배권이 이전되지 않았으므로, 이는 지배권의 이전이 없는 주식에 대하여 지배권의 이전이 있는 주식과 동등하게 평가하여 과세하는 것으로서 조세평등주의와 실질과세원칙에 위배된다고 주장하나 우리 세법은 조세정책적 측면에서 명의신탁이라는 문언에 불구하고 주식 등이 명의신탁된 경우를 증여된 것으로 의제하고 있으므로(2003.12.30. 개정 전 상증법 §41의2 ①), 적어도 세법상으로는 명의신탁과 단순증여의 법률적 효과를 동일하게 취급할 수밖에 없고, 따라서 최대주주의 주식이 명의신탁된 것으로 의제되는 경우에도 단순증여의 경우와 마찬가지로 통상 주식의 평가액에 가산하여 과세가액을 정할 수밖에 없다. 결국 이 사건 주식명의신탁의 경우를 배제하지 않은 것이 조세평등주의 또는 실질과세원칙에 위반된다고 볼 수 없다.

(2) 최대주주 주식의 할증평가 제외

다음에 해당하는 주식은 할증평가를 적용하지 아니한다(상증령 §53 ⑧).

① 평가기준일이 속하는 사업연도 전 3년 이내의 사업연도부터 계속하여 법인세법 제14조 제2항의 규정에 의한 결손금이 있는 법인의 주식

* 결손금 법인이란 상속증여세법 시행령 제56조 제1항의 "1주당 최근 3년간의 순손익액의 가중평균액"의 계산 시 각 사업연도 순손익액이 모두 결손인 법인을 말한다.

② 평가기준일 전후 6월(증여재산의 경우에는 평가기준일 전 6개월부터 평가기준일 후 3개월) 이내의 기간 중 최대주주가 보유하는 주식이 전부 매각된 경우(상속증여세법 시행령 제49조 제1항 제1호의 규정에 적합한 경우에 한함)

* 시행령 제49조 제1항 제1호(해당 재산에 대한 매매사실이 있는 경우에는 그 거래가액. 다만, 다음 각 목의 어느 하나에 해당하는 경우는 제외한다. 특수관계인과의 거래 등으로 그 거래가액이 객관적으로 부당하다고 인정되는 경우, 거래된 비상장주식의 가액(액면가액의 합계액)이 다음의 금액 중 적은 금액 미만인 경우(평가심의위원회의 관행상 정당한 사유가 있다고 인정되는 경우는 제외): 액면가액의 합계액으로 계산한 해당 법인의 발행주식총액의 100분의 1에 해당하는 금액과 3억원)

③ 상속증여세법 시행령 제28조 내지 제30조의 규정에 의한 이익을 계산하는 경우

㉮ 합병에 따른 이익의 계산방법 등(상증령 §28)

㉯ 증자에 따른 이익의 계산방법 등(상증령 §29)

㉰ 감자에 따른 이익의 계산방법 등(상증령 §29의2)

㉱ 현물출자에 따른 이익의 계산방법 등(상증령 §29의3)

㉲ 전환사채 등의 주식전환 등에 따른 이익의 계산방법 등(상증령 §30)

* 합병 · 증자 · 감자 · 현물출자 또는 전환사채이익의 증여 규정은 주식 자체의 증여가 아닌 간접적인 이익의 증여이므로 할증평가에서 제외한다.

④ 평가대상인 주식을 발행한 법인이 다른 법인이 발행한 주식을 보유함으로써 그 다른 법인의 최대주주에 해당하는 경우로서 그 다른 법인의 주식을 평가하는 경우(2021.2.17. 개정) 개정이유에서 최대주주의 주식을 평가할 때 그 가액의 20퍼센트를 가산하는 주식에서 최대주주가 보유한 주식을 발행한 법인이 보유한 다른 법인의 주식은 할증하여 평가하지 않도록 하여 주식이 과도하게 할증평가되지 않도록 함이다.

⑤ 평가기준일부터 소급하여 3년 이내에 사업을 개시한 법인으로서 사업개시일이 속하는 사업연도부터 평가기준일이 속하는 사업연도의 직전 사업연도까지 각 사업연도의 기업회계기준에 의한 영업이익이 모두 영(0) 이하인 경우

⑥ 상속증여세법 제67조의 규정에 의한 상속세과세표준 신고기한 또는 상속세 및 증여세법 제68조의 규정에 의한 증여세과세표준 신고기한 이내에 평가대상 주식을 발행한 법인의 청산이 확정된 경우

⑦ 최대주주가 보유하고 있는 주식을 최대주주 외의 자가 상속증여세법 제47조 제2항에서 규정하고 있는 기간 이내에 상속 또는 증여받은 경우로서 상속 또는 증여로 인하여 최대주주에 해당되지 아니하는 경우

⑧ 주식의 실제소유자와 명의자가 다른 경우로서 상속증여세법 제45조의2(명의신탁재산의 증여의제)에 따라 해당 주식을 명의자가 실제소유자로부터 증여받은 것으로 보는 경우

⑨ 중소기업 또는 대통령령이 정하는 중견기업이 발행한 주식 등

상속증여세법 제63조 제3항(할증평가, 2008.12.26. 개정되기 전의 것)의 규정을 적용하는 데 있어 대법원은 "최대주주 등이 보유하는 주식에 대하여 법 소정의 할증률이 적용되는 주식은 법 제63조 제1항 제1호에 따라 보충적 평가방법에 의하여 주식의 가액을 평가하는 경우와 법 제63조 제2항에 따라 기업공개준비 중인 주식의 가액을 평가하는 경우에 한정되고, 그 할증을 또한 법 제63조 제1항 제1호 및 제2항의 규정에 의하여 평가한

가액에 최대주주 등의 주식보유비율에 따라 20% 또는 30%의 할증률을 획일적으로 적용하도록 규정하고 있으므로, 비상장주식의 가액을 시가에 의하여 평가하는 경우에는 당해 주식이 최대주주 등이 보유하는 주식이라 하더라도 법 제63조 제3항을 적용하여 그 시가액에 다시 소정의 할증률을 획일적으로 적용할 수는 없는 것이고, 이는 법 제60조 제1항이 상장주식과 협회등록법인의 주식의 경우에 법 제63조 제1항 제1호 가목 및 나목에 규정된 평가방법에 의하여 평가한 가액을 시가로 본다고 규정하고 있다고 하더라도 달리 볼 것이 아니다. 따라서 비상장주식의 가액을 평가함에 있어서 그 매매실례가격인 1주당 20,568원을 객관적 교환가치가 적정하게 반영된 시가로 인정하는 이상, 그 시가액에다가 다시 법 제63조 제3항을 적용하여 30%의 할증률을 적용하는 방법으로 주식의 가액을 산정한 것은 위법하다(대법원 2005두7228, 2006.12.7.)."라고 판시하고 있었다. 이와 같은 판결취지를 반영하여 2009.1.1. 이후 상속 또는 증여부터는 비상장주식을 상속증여세법 제60조 제2항(매매가격 등)에 의하여 시가로 평가하더라도 할증평가 대상에 포함시키게 되었다(상증법 §63 ③ 개정).

자기주식의 할증평가 여부에 대해 발행주식총수에는 의결권이 없는 주식을 제외하는 것이며(재경부 법인-230, 2003.12.22.), 최대주주의 주식에 대하여 할증평가를 할 때에 최대주주가 보유하는 주식수 및 발행주식총수는 평가기준일 현재 당해 법인이 발행한 상법상 의결권이 있는 주식에 의하는 것인바(서일 46014-10519, 2003.4.24.), 최대주주 보유주식에 대하여 할증가산율을 적용하도록 한 규정이 의결권과 관련된 기업지배력을 고려한 규정인 점을 감안할 때, 불가피하게 일시적으로 보유하였다가 양도하게 된 의결권이 없는 자기주식에 대하여 최대주주의 할증가산율을 적용하여 평가한다는 것은 불합리하다(국심 2004서1355, 2004.10.2.).

| 할증평가 규정 변천 |

적용시기	할증내용
1993.1.1. 이후	• 비상장주식 평가액 × 1.1(10% 할증)
1997.1.1. 이후	• 상장법인과 협회등록법인도 할증평가 대상에 포함
2000.1.1. 이후	• 최대지분율 50% 이하: 20% 할증 • 최대지분율 50% 초과: 30% 할증 • 할증 제외대상: 평가기준일 전 3년간 결손법인

적용시기	할증내용
2003.1.1. 이후	• 최대지분율 50% 이하: 20% 할증(중소기업 10%) • 최대지분율 50% 초과: 30% 할증(중소기업 15%) • 할증평가 제외 대상: 평가기준일 전 3년간 결손법인, 매매사례가액이 있는 주식, 합병, 증자, 감자, 전환사채 등 증여의제 시의 주식, 1, 2차 출자법인 주식 등, 사업개시 3년 미만으로 영업이익이 결손인 법인주식, 상속·증여세 신고기한 내 청산이 완료된 주식, 최대주주 외의 자가 상속·증여받은 경우로서 최대주주 등에 해당하지 않는 경우
2005.1.1. 이후	• 중소기업 최대주주는 2017.12.31. 이전 상속·증여까지는 할증평가 제외
2009.1.1. 이후	• 비상장주식을 상증법 제60조 제2항에 따라 시가로 평가하더라도 할증평가
2016.2.5. 이후	• 명의신탁 증여의제의 경우 실제 소유권이 이전되는 것이 아님을 감안하여 할증평가 제외
2019.12.31. 이후	• 중소기업 최대주주에 대한 할증평가 제외 • 결손금 법인 등 최대주주에 대한 할증평가 제외 대상 개정

관련규정 및 예규판례

- 가. 최대주주 등이 보유하는 주식 혹은 출자지분은 일반 주식 등이 갖는 가치에 더하여 회사의 경영권을 행사할 수 있는 특수한 가치, 이른바 "경영권프리미엄"을 지니고 있는지 여부
  나. 대통령령이 정하는 최대주주 또는 최대출자자 및 그와 특수관계에 있는 주주 또는 출자자의 주식 및 출자지분에 대하여는 통상의 방법으로 평가한 주식 등의 가액에 그 100분의 10을 가산하여 평가하도록 한 구 상속증여세법 제63조 제3항이 조세평등주의원칙에 위반하는지 여부(헌재 2002헌바65, 2003.1.30.)

- 대통령령이 정하는 최대주주 및 그와 특수관계에 있는 주주의 주식에 대하여 주식 평가액의 100분의 20을 가산하도록 규정한 (구)상속세 및 증여세법 제63조 제3항 전문 전단 중 "제63조 제1항 제1호 다목이 정한 주식"에 관한 부분이 조세평등주의 또는 실질과세의 원칙에 위반되는지 여부(헌재 2006헌바22, 2007.1.17.)
  가. 우리 세법은 조세정책적 측면에서 명의신탁이라는 문언에도 불구하고 주식 등이 명의신탁된 경우를 증여된 것으로 의제하고 있으므로, 적어도 세법상으로는 명의신탁과 단순증여의 법률적 효과를 동일하게 취급할 수밖에 없고, 따라서 최대주주의 주식이 명의신탁된 것으로 의제되는 경우에도 단순증여의 경우와 마찬가지로 통상 주식의 평가액에 가산하여 과세가액을 정할 수밖에 없다. 따라서 이 사건 심판대상조항에

주식명의신탁의 경우를 배제하지 않은 것이 조세평등주의 또는 실질과세원칙에 위반된다고 볼 수 없다.

나. 이 사건 심판대상 조항이 최대주주의 주식에 대하여 20%의 가산율을 규정한 것이 지나치게 과잉한 것으로 입법자의 입법형성적 재량을 일탈하여 재산권을 침해하였다고 볼 수 없다.

비상장주식의 가액을 시가에 의하여 평가하는 경우, 구 상속증여세법 제63조 제3항에 정한 최대주주 보유주식에 대한 할증률을 적용할 수 있는지 여부(대법원 2005두7228, 2006.12.7.)

비상장주식의 가액을 시가에 의하여 평가하는 경우에는 당해 주식이 최대주주 등이 보유하는 주식이라 하더라도 같은 법 제63조 제3항을 적용하여 그 시가액에 다시 소정의 할증률을 획일적으로 적용할 수는 없는 것이고, 이는 같은 법 제60조 제1항이 상장주식과 협회등록법인의 주식의 경우에 같은 법 제63조 제1항 제1호 (가)목 및 (나)목에 규정된 평가방법에 의하여 평가한 가액을 시가로 본다고 규정하고 있다고 하더라도 달리 볼 것이 아니다(개정 전 판결).

제 2 장

주식평가의 방법

제1절 비상장주식의 평가원칙

상속증여세법 제60조에 의하면 상속세 또는 증여세가 부과되는 재산의 가액은 상속개시일 또는 증여일(평가기준일) 현재의 시가에 의한다는 시가평가를 원칙으로 하고 있다. 이때 "시가"라 함은 불특정다수인 간의 자유롭고 정상적인 거래에 의하여 형성된 객관적인 교환가격을 의미하는 것으로 수용·공매가격 및 감정가격 등 대통령령이 정하는 바에 의하여 시가로 인정되는 것을 포함하고 있다.

비상장주식의 경우에는 객관적인 교환가치를 적정하게 반영하고 있는 거래의 실례를 찾기가 쉽지 않으므로 이러한 경우에는 "시가를 산정하기 어려운 경우"에 해당한다. 그러므로 다른 적절한 평가방법이 없으므로 상속증여세법 시행령 제54조 제1항의 규정에 의한 보충적 평가방법에 의하여 평가하여야 한다. 대법원은 비상장주식의 시가에 대해 '시가'라 함은 정상적인 거래에 의하여 형성된 객관적 교환가격을 말한다고 해석하여야 할 것이므로 증권거래소에 상장되지 않은 비상장주식이더라도 위와 같은 객관적인 교환가치가 적정하게 반영된 정상적인 거래의 실례가 있으면 그 거래가격을 시가로 보아 주식의 가액을 평가하여야 할 것이고(대법원 2003두1073, 2004.10.15., 대법원 89누855, 1990.2.13., 대법원 99두8459, 2001.8.21.), 그와 같은 실례가 없거나 다른 방법으로 그 시가를 산정하기 어려울 때에 한하여 보충적인 방법으로 비상장주식의 가액을 평가한다(대법원 95누23, 1995.6.13., 대법원 2000두406, 2001.9.14.).

1 | 일반원칙

(1) 평가의 원칙

비상장주식의 평가도 시가에 의하는 것이 원칙이다. 다만, 시가를 산정하기 어려운 경우에 한하여 보충적 평가방법에 따라 그 시가를 산정할 수 있다. 비상장주식의 평가에 대해 대법원(대법원 2004두2271, 2004.5.13.)은 "상속증여세법 제60조(평가의 원칙 등)의 규정상법 제61조 내지 제65조가 정하는 보충적 평가방법에 의하여 상속재산의 가액을 산정하는 것은 상속재산의 상속개시일 현재의 시가를 산정하기 어려운 경우에 한하고, 그 시가 산정이 어렵다는 점에 관하여는 과세관청에 입증책임이 있다."고 하였다. 한편, 상속증여세법 제60조 제2항의 규정에서의 시가는 "불특정다수인 사이에 자유로이 거래가 이루어지는 경우에 통상 성립된다고 인정되는 가액, 즉 정상적인 거래에 의하여 형성된 객관적인 교환가격"을 말한다. 상속의 대상이 비상장주식이라면 "그 시가를 산정하기 어려운 것으로 보고 상속증여세법 제63조 제1항 제1호 (다)목의 보충적 평가방법에 따라 그 가액을 산정할 수 있다(대법원 96누9423, 1996.10.29.)."고 하면서, 그러나 상속재산이 비상장주식이라도 "상속개시일에 근접하여 거래가 이루어졌고, 그 거래가 일반적이고 정상적인 방법에 의하여 이루어진 것이어서 그 거래가격이 객관적 교환가치를 적절히 반영하고 있다고 판단되는 경우라면 그 거래가격을 상속개시 당시의 시가로 하여 상속재산가액을 산정할 수 있다(대법원 80누522, 1982.2.9.)."고 판시하고 있다. 따라서 비상장주식의 평가는 원칙적으로 시가(거래 실례의 가액 등)에 의하고 시가를 산정하기 어려운 경우에 한하여 상속증여세법 시행령 제54조 제1항(비상장주식평가)의 방법에 따라 평가하여야 한다.

한편, 예금 · 저금 · 적금 등의 평가는 평가기준일 현재 예입 총액과 같은 날 현재 이미 지난 미수이자 상당액을 합친 금액에서 소득세법 제127조 제1항에 따른 원천징수세액 상당 금액을 뺀 가액으로 하고(상증법 §63 ④), 분할합병을 하기 위하여 분할하는 법인의 분할사업부문에 대한 합병 직전 주식의 가액은 상속증여세법 제63조 제1항 제1호 나목(비상장주식평가)에 따른 방법을 준용하여 분할사업부문을 평가한 가액으로 한다(상증령 §28 ⑦).

구체적인 평가방법에 대해서는 다음과 같이 규정하고 있다(상증령 §54 ①).

1주당 순손익가치와 1주당 순자산가치를 각각 3과 2의 비율로 가중평균한 가액으로 한다. 부동산과다보유법인(소득법 §94 ① 4 다목)의 경우에는 1주당 순손익가치와 1주당 순자산가치의 비율을 각각 2와 3으로 한다. 다만, 가중평균한 가액이 1주당 순자산가치에 100분의 80을 곱한 금액보다 낮은 경우에는 1주당 순자산가치에 100분의 80을 곱한 금액을 비상장주식의 가액으로 한다. 한편, 대법원(대법원 2023두32839, 2023.5.18.)은 만일 비상장주식의 1주당 가액을 순손익가치와 순자산가치를 가중평균한 금액으로 평가할 수 없는 경우에는 순자산가치만에 의하여 평가하도록 한 구 상증세법 시행령 제54조 제4항의 방법 등 구 상증세법이 마련한 보충적 평가방법 중에서 객관적이고 합리적인 방법을 준용하여 평가할 수 있다(대법원 2011두32300, 2012.6.14., 대법원 2011두31253, 2013.11.14. 등 참조).

구분	계산방법	
1주당 순손익가치	① $\frac{\text{1주당 최근 3년간의 순손익액의 가중평균액}}{10\%}$	
1주당 순자산가치	② $\frac{\text{당해 법인의 순자산가액}}{\text{발행주식총수}}$	
1주당 평가액	㉮ 일반법인	1주당 평가액 $= \frac{(① \times 3 + ② \times 2)}{5}$
	㉯ 부동산과다보유법인	1주당 평가액 $= \frac{(① \times 2 + ② \times 3)}{5}$
	㉮ 또는 ㉯의 평가액이 ②의 80%보다 낮은 경우	② × 80%

1주당 순손익가치는 다음의 산식에 의하여 평가한 가액으로 한다.

$$\text{1주당 순손익가치} = \frac{\text{1주당 최근 3년간의 순손익액의 가중평균액}}{\text{기획재정부령으로 정하는 이자율(연간 10\%)}}$$

1주당 순자산가치는 다음의 산식에 의하여 평가한 가액으로 한다.

$$1주당\ 순자산가치 = \frac{당해\ 법인의\ 순자산가액}{발행주식총수}$$

※ "발행주식총수"는 평가기준일 현재의 발행주식총수

※ 부동산과다보유법인(소득세법 제94조 제1항 제4호 다목)
법인의 자산총액 중 다음의 합계액이 차지하는 비율이 100분의 50 이상인 법인의 과점주주가 그 법인의 주식의 100분의 50 이상을 해당 과점주주 외의 자에게 양도하는 경우에 해당 주식
① 제1호(토지 및 건축물) 및 제2호(부동산에 관한 권리)에 따른 자산(부동산등)의 가액
② 해당 법인이 보유한 다른 법인의 주식가액에 그 다른 법인의 부동산등 보유비율을 곱하여 산출한 가액

1주당 순손익가치와 1주당 순자산가치의 평가방법을 적용함에 있어서 상속증여세법 제63조 제1항 제1호 나목(비상장주식)의 주식을 발행한 법인이 다른 비상장주식을 발행한 법인의 발행주식총수(자기주식은 제외한다)의 100분의 10 이하의 주식을 소유하고 있는 경우에는 그 다른 비상장주식의 평가는 위의 1주당 순손익가치와 1주당 순자산가치의 평가방법에 불구하고 법인세법 시행령 제74조 제1항 제1호 마목(재고자산평가: 이동평균법)에 의한 취득가액에 의할 수 있다. 다만, 상속증여세법 제60조 제1항에 따른 시가가 있으면 시가를 우선하여 적용한다(상증령 §54 ③).

2003.12.30. 개정 전 종전의 평가방식은 순손익가치를 원칙으로 하되 기업을 청산가치로 평가하는 점을 감안 최소한 순자산가치 이상 평가되도록 하고 있으나, 회계이론상 기업의 가치는 순이익과 순자산가치에 의해 서로 보완적으로 결정된다고 보는 것이 일반적이다. 또한 상당수 비상장법인의 경우 순자산가치가 선택되는 경우가 많아 기업을 순자산의 집합체로만 평가되어 기업의 실질가치에 비해 과대평가된다는 지적이 있어 순손익가치와 순자산가치의 가중평가제 도입을 하게 되었다. 따라서 증권거래법에 의한 유가증권 평가 시 자산가치와 손익가치의 가중치를 적용하되,[61] 부동산 등의 가액이 50%를 초과하는 기업에 대하여는 순자산가치가 당해 기업의 주가에 영향이 크므로 순자산가치에 대한

61) 구 유가증권발행 및 공시 등에 관한 규정 시행세칙 제5조(합병가액 산정 시 자산가치와 수익가치를 1과 1.5의 비율로 가중산술평균), 현행 증권의 발행 및 공시 등에 관한 규정 제5조

가중치를 높게 부여하도록 하였다(2004, 개정세법 해설).

순손익가치: 10,000원, 순자산가치: 15,000원

- 종전 규정에 의한 평가: 15,000원(자산가치로 평가)
- 현행 규정에 의한 평가(2003.12.30. 개정)

– 일반법인: $\frac{(10,000원 \times 3 + 15,000원 \times 2)}{5} = 12,000원$

– 부동산과다법인: $\frac{(10,000원 \times 2 + 15,000원 \times 3)}{5} = 13,000원$

※ 순손익가치와 순자산가치를 단순산술평균(99년 이전)

$\frac{(10,000원 + 15,000원)}{2} = 12,500원$

※ 순손익가치와 순자산가치가 부수(-)인 경우의 평가방법

비상장주식의 1주당 평가액은 1주당 순자산가치와 1주당 순손익가치를 가중평균한 가액으로 한다. 이때 순자산가치와 순손익가치 중 어느 하나가 음수(-)가 되는 경우 이를 상계를 할 것인가 하는 의문이 제기될 수 있다. 이에 대해 1주당 최근 3년간의 순손익액의 가중평균액이 음수인 경우에는 0(영)으로 한다(상증령 §56 ①). 이때 1주당 순손익액의 가중평균액이 0(영)으로 평가되는 경우에도 가중치합계는 5로 한다(서사-1351, 2004.8.27.). 또한 당해 법인의 순자산가액이 0원 이하인 경우에는 0원으로 한다(상증령 §55 ①). 이 경우 1주당 평가액은 순손익가치 또는 순자산가치 어느 하나로만 평가를 하게 되는 결과가 된다(서사-1351, 2004.8.27.).

구분	순손익가치가 0원인 경우	순자산가치가 0원인 경우
일반법인	순자산가치 × $\frac{2}{5}$	순손익가치 × $\frac{3}{5}$
부동산과다법인	순자산가치 × $\frac{3}{5}$	순손익가치 × $\frac{2}{5}$

(2) 납세자 신청에 의한 평가

비상장주식을 평가할 때 납세자가 다음의 어느 하나에 해당하는 방법으로 평가한 평가가액을 첨부하여 평가심의위원회에 비상장주식의 평가가액 및 평가방법에 대한

심의를 신청하는 경우에는 일반적인 주식평가 방법에도 불구하고 평가심의위원회가 심의하여 제시하는 평가가액에 의하거나 그 위원회가 제시하는 평가방법을 고려하여 계산한 평가가액에 의할 수 있다(상증령 §54 ⑥). 다만, 납세자가 평가한 가액이 보충적 평가방법에 따른 주식평가액의 100분의 70에서 100분의 130까지의 범위 안의 가액인 경우로 한정한다.

① 해당 법인의 자산·매출액 규모 및 사업의 영위기간 등을 고려하여 같은 업종을 영위하고 있는 다른 법인(유가증권시장과 코스닥시장에 상장된 법인)의 주식가액을 이용하여 평가하는 방법

② 향후 기업에 유입될 것으로 예상되는 현금흐름에 일정한 할인율을 적용하여 평가하는 방법

③ 향후 주주가 받을 것으로 예상되는 배당수익에 일정한 할인율을 적용하여 평가하는 방법

④ 그 밖에 제1호부터 제3호까지의 규정에 준하는 방법으로서 일반적으로 공정하고 타당한 것으로 인정되는 방법

2 | 비상장주식 평가원칙의 예외

(1) 순자산가치 평가

비상장주식의 보충적 평가방법은 원칙적으로 순손익가치와 순자산가치를 가중평균한 가액으로 하도록 하고 있다. 다만, 특별한 사유가 있는 법인에 해당하는 경우 비상장주식 평가원칙(순손익가치와 순자산가치를 가중평균한 가액)에 불구하고 순자산가치 하나만으로 평가한다(상증령 §54 ④). 종전(2004.12.31. 이전)에는 법규정에 의한 사유가 발생 시는 "순자산가치에 의하여 평가할 수 있다."라고 되어 있어(구 상증령 §54 ④), 납세자의 선택에 맡겨 두고 있었으나 2005.1.1.부터는 의무규정으로 전환하였다. 이와 같이 개정한 이유는 정상적인 영업활동 전인 사업개시 초기에는 결손이 발생하는 등으로 순손익가치가 통상 '0'으로 산출되므로 가중평균액으로 할 경우 기업가치가 과소평가되는 법인, 휴·폐업 또는 청산 등으로 미래의 수익가치를 반영할 필요가 없는 법인에 대해서는 순자산가치로만 평가하도록 평가방법을 개선하였다. 대법원(대법원 2023두32839, 2023.5.18.)은 만일 비상장주식의

1주당 가액을 순손익가치와 순자산가치를 가중평균한 금액으로 평가할 수 없는 경우에는 순자산가치만에 의하여 평가하도록 한 구 상증세법 시행령 제54조 제4항의 방법 등 구 상증세법이 마련한 보충적 평가방법 중에서 객관적이고 합리적인 방법을 준용하여 평가할 수 있다(대법원 2011두32300, 2012.6.14., 대법원 2011두31253, 2013.11.14. 등 참조).

※ 순자산가치로만 평가하는 법인(상증령 §54 ④)

1. 상속증여세법 제67조 및 법 제68조에 따른 상속세 및 증여세 과세표준신고기한 이내에 평가대상법인의 청산절차가 진행 중이거나 사업자의 사망 등으로 인하여 사업의 계속이 곤란하다고 인정되는 법인의 주식. 영업권평가액을 당해 법인의 자산가액에 합산하지 아니한다.
2. 사업개시 전의 법인, 사업개시 후 3년 미만의 법인 또는 휴업・폐업 중인 법인의 주식. 이 경우 「법인세법」 제46조의3, 제46조의5 및 제47조의 요건을 갖춘 적격분할 또는 적격물적분할로 신설된 법인의 사업기간은 분할 전 동일 사업부분의 사업개시일부터 기산한다.
3. 법인의 자산총액 중 소득세법 제94조 제1항 제4호 다목의 합계액(부동산 + 다른 법인의 주식가액에 그 다른 법인의 부동산 등 보유비율을 곱하여 산출한 가액)이 차지하는 비율이 100분의 80 이상인 법인의 주식
5. 법인의 자산총액 중 주식의 가액의 합계액이 차지하는 비율이 100분의 80 이상인 법인의 주식
6. 법인의 설립 시 정관에 존속기한이 확정된 법인으로서 평가기준일 현재 잔여 존속기한이 3년 이내인 법인의 주식

(2) 순자산가치 평가와 평가기준일

보충적 평가방법에 의해 1주당 가액을 평가하는 경우에는 평가기준일 현재 당해 법인의 순자산가치를 산정하여야 한다. 법원(부산지법 2011구합1338, 2012.1.12.)은 2005.12.31. 시점의 회사의 자산 가액에서 부채 가액을 차감하는 방식으로 순자산가액을 산정하였는바, 주식은 일반적으로 그 가치변동이 심하고 2005.12.31.과 2006.7.26.은 반년 이상의 시간적 간격이 있어 위 두 시점 동안 회사의 재무상황이 동일하다고 보기 어렵고, 실제 위 회사의 2003년부터 2005년까지의 당기순이익 등이 상당한 변화가 있는 점 등을 감안하면, 과세관청의 위와 같은 산정 방식은 상속증여세법령에 따른 올바른 보충적 평가방법이라 할 수 없고, 2006.

7.26. 시점의 위 회사 재무상황을 알 수 없는 피고가 이 사건 주식을 평가함에 있어 상속증여세법령상의 보충적 평가방법을 적용하는 것은 부적당하다. 이 사건 주식의 가액을 보충적 평가방법으로 평가함에 있어 순자산가치의 산정은 매매계약일인 2006.7.26. 시점의 회사의 자산을 평가한 가액에서 부채를 차감한 가액으로 하여야 한다.

당해 법인의 평가기준일 현재 순자산가치가 아닌 다른 시점(결산일)의 순자산가치를 기준으로 1주당 가액을 산정하려면 평가기준일과 다른 시점 사이에 순자산가치의 변동이 없었다는 점을 과세관청이 주장 · 입증하여야 한다(서울고법 2010누34226, 2011.4.20.). 대법원(대법원 92누251, 1993.2.12.)은 증여일과 감정기준일 사이의 시간적 간격이 3개월여에 지나지 않는다는 사실만으로 그 사이에 순자산가액의 변동이 없다고 추정되는 것은 아니므로(1986.3.11. 선고 85누623 판결 참조), 1988.7.1.을 기준으로 감정한 순자산가액을 이 사건 2차 증여일 현재의 순자산가액으로 볼 수 있기 위하여는 그 사이에 순자산가액의 변동이 없었다는 점을 과세관청이 주장 · 입증하여야 할 것이다.

| 비상장주식 평가방법의 변천 |

구분	1999.1.1. 이후	2000.1.1. 이후	2004.1.1. 이후	2005.1.1. 이후	2012.2.2. 이후	2015.2.3. 이후
평가원칙	(순자산가치+순손익 가치)÷2	순손익가치	순손익가치 : 순자산가치 3 : 2 ※ 부동산과다 보유법인 2 : 3	순손익가치 : 순자산가치 3 : 2 ※ 부동산과다 보유법인 2 : 3	순손익가치 : 순자산가치 3 : 2 ※ 부동산과다 보유법인 2 : 3	순손익가치 : 순자산가치 3 : 2 ※ 부동산과다 보유법인 2 : 3
예외(순자산가치)	1. 사업개시 전의 법인, 사업개시 후 3년 미만의 법인과 휴·폐업 또는 청산 중에 있는 법인 2. 평가기준일이 속하는	평가한 가액이 순자산가치에 미달하는 경우(강제)	청산절차가 진행 중이거나 사업자의 사망 등으로 인하여 사업의 계속이 곤란하다고 인정되는 경우(선택)	1. 청산절차가 진행 중이거나 사업자의 사망 등으로 인하여 사업의 계속이 곤란하다고 인정되는	1. 청산절차가 진행 중이거나 사업자의 사망 등으로 인하여 사업의 계속이 곤란하다고 인정되는 경우	1. 청산절차가 진행 중이거나 사업자의 사망 등으로 인하여 사업의 계속이 곤란하다고 인정되는 경우 2. 사업개시 전의 법인, 사업개시 후

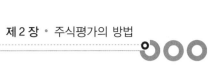

구분	1999.1.1. 이후	2000.1.1. 이후	2004.1.1. 이후	2005.1.1. 이후	2012.2.2. 이후	2015.2.3. 이후
	사업연도 전 3년 내의 사업연도부터 계속하여 결손금이 있는 법인 3. 자산총액(평가액) 중 부동산 및 구축물의 합계액(평가액)이 차지하는 비율이 100분의 50 이상인 법인 4. 1주당 순손익가치가 1주당 순자산가치의 100분의 50에 미달하는 경우(강제)			경우 2. 사업개시 전의 법인, 사업개시 후 3년 미만의 법인과 휴·폐업 중에 있는 법인 3. 평가기준일이 속하는 사업연도 전 3년 내의 사업연도부터 계속하여 결손금이 있는 법인(강제)	2. 사업개시 전의 법인, 사업개시 후 3년 미만의 법인과 휴·폐업 중에 있는 법인 3. 평가기준일이 속하는 사업연도 전 3년 내의 사업연도부터 계속하여 결손금이 있는 법인 4. 당해 법인의 자산총액 중 소득세법 제94조 제1항 제1호(토지/건물) 및 제2호(부동산에 관한 권리)의 자산가액의 합계액이 차지하는 비율이 100분의 80 이상인 법인(강제)	3년 미만의 법인과 휴·폐업 중에 있는 법인 3. 평가기준일이 속하는 사업연도 전 3년 내의 사업연도부터 계속하여 결손금이 있는 법인 4. 당해 법인의 자산총액 중 소득세법 제94조 제1항 제1호(토지/건물) 및 제2호(부동산에 관한 권리)의 자산가액과 해당 법인이 보유한 다른 법인의 주식가액(소득세법 시행령 제158조 제1항 제1호 가목 및 제5호 가목의 계산식에 따라 계산한 주식가액을 말한다)의

구분	1999.1.1. 이후	2000.1.1. 이후	2004.1.1. 이후	2005.1.1. 이후	2012.2.2. 이후	2015.2.3. 이후
						합계액이 차지하는 비율이 100분의 80 이상인 법인 (강제)
다른 비상장 주식 10% 이하 보유	장부가액 (강제)	장부가액과 취득가액 중 선택 ※ 시가 우선 선택(2009.2.4. 이후)				

3 | 상호출자주식의 평가

상호출자주식 평가는 평가대상 법인이 보유한 주식과 주식을 발행한 법인이 서로 상대방 법인이 발행한 주식을 보유하고 있는 경우의 주식평가 방법이다. 자산(투자주식)에 대한 평가이므로 순자산가치에만 영향을 미치게 된다. 즉 한국거래소에 상장되지 아니한 주식(비상장주식)은 순손익가치와 순자산가치를 가중평균한 가액으로 평가하는데 각 법인들이 서로 유가증권(상호출자주식)을 보유하고 있는 경우에는 각 법인의 보유주식에 대한 순자산가치 평가가 끝없이 계산될 수밖에 없다. 이와 같은 문제를 해결하기 위해 상속재산평가준칙 제60조에 따르면 상호출자주식 평가를 다원 1차 연립방정식에 의해 계산하도록 하고 있다. 다원 1차 연립방정식에 의한 평가를 할 경우에도 상속증여세법 제63조 제3항에 의하여 대통령령이 정하는 최대주주 및 그와 특수관계에 있는 주주(최대주주)에 대하여는 평가한 가액에 2019.12.31. 개정되기 전은 그 가액의 100분의 20(중소기업의 경우에는 100분의 10)을 가산하되, 최대주주 등이 당해 법인의 발행주식총수 등의 100분의 50을 초과하여 보유하는 경우에는 100분의 30(중소기업의 경우에는 100분의 15)을 가산하는 할증평가 규정을 적용하여야 한다. 2019.12.31. 개정 후는 중소기업이 아닌 기업에 한해 상호출자 주식의 할증평가를 하게 된다.

비상장주식 평가방법(순손익가치와 순자산가치를 가중평균한 가액)을 적용할 때 주식을 발행한 법인이 다른 비상장주식을 발행한 법인의 발행주식총수의 100분의 10 이하의 주식을 소유하고 있는 경우에는 그 다른 비상장주식의 평가는 취득가액에 의할 수 있다. 이 경우에도 상속증여세법 제60조 제1항에 따른 시가가 있으면 시가를 우선하여 적용한다(상증법 §54 ③). 따라서 발행주식총수의 10%를 초과하는 소유주식에 대하여는 반드시 다원 1차 연립방정식에 의하여 평가하여야 한다.

- 원칙: 다원 1차 연립방정식(할증평가)
- 상호출자지분이 10% 이하인 경우: 다원 1차 연립방정식(할증평가) 또는 취득가액

다원 1차 연립방정식은 다음과 같다(재산 1260-52, 1985.4.14., 1999.12.31. 개정 전).

$$\frac{\alpha+pl}{2} = \frac{\left[\dfrac{\left(p + b \times \dfrac{\beta+pl'}{2} + c \times \dfrac{\gamma+pl''}{2} - dt\right)}{n} + pl\right]}{2}$$

<보기>

- $\frac{\alpha+pl}{2}$: 1주당 평가액
- p, p′, pl″: A, B, C법인이 소유하고 있는 상호주식을 제외한 각 법인의 자산총액
- a, b, c: A, B, C법인이 발행한 주식 중 각 법인이 소유하고 있는 상호주식수
- dt, dt′, dt″: A, B, C 각 법인의 부채총액
- n, n′, n″: A, B, C 각 법인의 평가기준일 현재 발행주식총수
- α, β, γ: A, B, C 각 법인의 1주당 순자산가액
- pl, pl′, pl″: A, B, C 각 법인의 1주당 수익환원가치(최근 3년간 순손익액의 가중평균액에 의한 1주당 가액)

A법인의 1주당 순자산가액 α은 A법인이 보유한 B법인과 C법인의 주식(유가증권 등)을 평가한 후 그 평가액을 가산한 후의 금액을 말한다. 위의 산식 중 [ ] 안의 의미(pl을 제외)는 예를 들면, A법인(평가하고자 하는 법인)이 보유하고 있는 상호주식(관계회사주식

등을 평가하기 전의 장부가액을 말함)을 제외한 순자산가액(p - dt)과 A법인이 보유한 B법인의 주식 평가액, A법인이 보유한 C법인의 주식 평가액을 각각 합한 금액을 발행주식총수로 나눈 값에 해당된다.

계산의 산식에서 p(상호주식을 제외한 자산총액) - dt(부채총액) = K(상호주식을 제외한 순자산)로 하면 계산식은 다음과 같이 수정할 수 있다.

$$\frac{\alpha + pl}{2} = \frac{\left[\frac{\left(K + b \times \frac{\beta + pl'}{2} + c \times \frac{\gamma + pl''}{2} \right)}{n} + pl \right]}{2}$$

① 1주당 순자산가액: α

$$\frac{\left(K + b \times \frac{\beta + pl'}{2} + c \times \frac{\gamma + pl''}{2} \right)}{n}$$

K: 상호주식 제외 순자산가액

$b \times \frac{\beta + pl'}{2}$: B법인의 주식 평가액

$c \times \frac{\gamma + pl''}{2}$: C법인의 주식 평가액

n: 발행주식총수

② 1주당 수익환원가치: pl

③ 1주당 평가액: $\frac{(\text{1주당 순자산가액 ① } \alpha + \text{ 1주당 수익환원가치 ② } pl)}{2}$

일반법인의 경우 현행 평가방법(2004.1.1. 이후)에 따라 위 계산의 산식을 1주당 순자산가액에 2, 1주당 순손익가치에 3의 비율로 하여 계산의 산식을 수정하게 되면 다음과 같게 된다.

$$\frac{2\alpha+3pl}{5} = \frac{\left[2\times\frac{\left(p+b\times\frac{2\beta+3pl'}{5}+c\times\frac{2\gamma+3pl''}{5}-dt\right)}{n}+3pl\right]}{5}$$

계산의 산식에서 p(상호주식 제외 자산총계) - dt(부채총계) = K(상호주식 제외 순자산)로 하면 계산의 산식을 다음과 같이 수정할 수 있다.

$$\frac{2\alpha+3pl}{5} = \frac{\left[2\times\frac{\left(K+b\times\frac{2\beta+3pl'}{5}+c\times\frac{2\gamma+3pl''}{5}\right)}{n}+3pl\right]}{5}$$

즉 위의 계산의 산식 중 [K + b(2β + 3pl′) ÷ 5 + c(2γ + 3pl″) / 5] ÷ n은 상호주식을 포함한 1주당 순자산가액에 해당된다. 상호출자주식이 있는 경우 순자산가액은 다음과 같은 순서에 따라 계산한다.

① 자산총계 - 부채총계 + 영업권 = 순자산가액(순자산가액계산서 ⑳)

② 순자산가액 - 상호주식 보유금액 = 상호주식 제외 순자산가액

③ 상호주식 제외 순자산가액 + 상호주식 평가액 = 순자산가액(상호주식 평가 후 순자산가액)

사례 1 ••• 상호출자주식의 평가

A법인		B법인		C법인	
자산총계	650,000,000	자산총계	680,000,000	자산총계	495,000,000
(상호주식	150,000,000)	(상호주식	80,000,000)	(상호주식	95,000,000)
부채총계	200,000,000	부채총계	350,000,000	부채총계	100,000,000
상호주식 제외 순자산	300,000,000	상호주식 제외 순자산	250,000,000	상호주식 제외 순자산	300,000,000
발행주식총수	100,000주	발행주식총수	60,000주	발행주식총수	40,000주
1주당 순손익가치	8,000원	1주당 순손익가치	9,500원	1주당 순손익가치	4,000원

A법인	B법인	C법인
※ 보유주식 현황 B주식(30%) 18,000주 C주식(40%) 16,000주	※ 보유주식 현황 A주식(39%) 39,000주 C주식(30%) 12,000주	※ 보유주식 현황 B주식(35%) 21,000주

㈜ A법인이 보유하고 있는 C주식, B법인이 보유하고 있는 A주식, C법인이 보유하고 있는 B주식은 최대주주로서 할증평가대상이며 중소기업에 해당한다.

계산식(2α + 3pl) ÷ 5 = {2 × [K + b(2β + 3pl′) ÷ 5 + c(2γ + 3pl″) ÷ 5] / n + 3pl} / 5에 대입하면 A, B, C법인의 1주당 순자산가액은 다음과 같다.

① A법인의 1주당 순자산가액

$$\text{A법인의 1주당 평가액} = \frac{2\alpha + 24{,}000}{5}$$

$$= \frac{2\times\dfrac{\left[300{,}000{,}000 + \dfrac{18{,}000\text{주}(2\beta + 3\times9{,}500\text{원})}{5} + 1.1\times\dfrac{16{,}000\text{주}(2\gamma + 3\times4{,}000\text{원})}{5}\right]}{100{,}000\text{주}} + 3\times8{,}000\text{원}}{5}$$

$\alpha = 4{,}448.4 + 0.07200\beta + 0.07040\gamma$

② B법인의 1주당 순자산가액

$$\text{B법인의 1주당 평가액} = \frac{2\beta + 28{,}500}{5}$$

$$= \frac{2\times\dfrac{\left[250{,}000{,}000 + 1.1\times\dfrac{39{,}000\text{주}(2\alpha + 3\times8{,}000\text{원})}{5} + \dfrac{12{,}000\text{주}(2\gamma + 3\times4{,}000\text{원})}{5}\right]}{60{,}000\text{주}} + 3\times9{,}500\text{원}}{5}$$

$\beta = 8{,}078.7 + 0.28600\alpha + 0.08000\gamma$

③ C법인의 1주당 순자산가액

$$\text{C법인의 1주당 평가액} = \frac{2\gamma + 12{,}000}{5}$$

$$= \frac{2\times\left[\dfrac{300{,}000{,}000 + 1.1\times\dfrac{21{,}000\text{주}(2\beta + 3\times9{,}500\text{원})}{5}}{40{,}000\text{주}} + 3\times4{,}000\text{원}\right]}{5}$$

$\gamma = 10{,}791.8 + 0.23100\beta$

위의 방정식을 풀이하면 각 법인의 1주당 순자산가액은 다음과 같이 각각 α≒ 6,170, β≒10,908, γ≒13,311이 된다. A법인의 1주당 평가액은 다음과 같이 계산된다.

$$\frac{2\alpha + 3pl}{5} = \frac{(2 \times 6{,}170) + (3 \times 8{,}000)}{5} = 7{,}268$$

이를 다음과 같이 정리할 수 있다.

① 상호주식 평가 전 순자산 450,000,000

※ 자산총계 650,000,000 − 부채총계 200,000,000 + 영업권 0

② 상호주식금액 150,000,000

③ 상호주식제외 순자산(①−②) 300,000,000

④ 상호주식 평가액(B법인 + C법인) 317,087,040

• B법인 주식 평가액

$$181{,}137{,}600 = \frac{18{,}000\text{주}(2\beta + 3 \times 9{,}500\text{원})}{5} = \frac{(392{,}688{,}000 + 513{,}000{,}000)}{5}$$

• C법인의 주식평가액

$$135{,}949{,}440 = 1.1 \times \frac{16{,}000\text{주}(2\gamma + 3 \times 4{,}000\text{원})}{5} = \frac{(468{,}547{,}200 + 211{,}200{,}000)}{5}$$

⑤ 상호주식 평가 후 순자산(③+④) 617,087,040

⑥ 발행주식총수 100,000

⑦ 1주당 순자산가액(⑤/⑥) 6,170

⑧ 1주당 순손익액 8,000

⑨ 1주당 평가액 7,268

계산의 산식에 따라 각 법인의 1주당 순자산가액을 계산하면 다음과 같다.

구분	A	B	C
자산총계	650,000,000	680,000,000	495,000,000
부채총계	200,000,000	350,000,000	100,000,000
상호주식 평가 전 순자산	450,000,000	330,000,000	395,000,000
상호주식 보유금액	150,000,000	80,000,000	95,000,000
상호주식 제외 순자산	300,000,000	250,000,000	300,000,000
상호주식 평가액 (A + B + C)	317,087,040	404,490,000	232,459,920

구분	A	B	C
A		311,797,200	
B	181,137,600		232,459,920
C	135,949,440	92,692,800	
상호주식 평가 후 순자산	617,087,040	654,490,000	532,459,920
발행주식총수	100,000	60,000	40,000
1주당 순자산가액	6,170	10,908	13,311

다음은 1999.12.31. 이전 사례로 A, B, C, D, E법인이 합병한 경우로서 상호출자주식을 보유하고 있다. A, B, C, D, E법인의 주주별 보유지분율은 다음과 같다. 따라서 A가 보유한 D주식, B가 보유한 C주식과 E주식, C가 보유한 B주식은 최대주주에 해당되므로 10% 할증평가대상이다. 한편, E가 보유한 C주식(8.6%)과 C가 보유한 E주식(8.6%)은 지분율이 10% 미만에 해당되나 다원 1차 연립방정식에 의해 평가하였다. A, B, C, D, E법인의 상호출자주식 평가에 대한 다원 1차 연립방정식을 세워보자.

| 주주별 보유지분율 |

주주별 보유지분율	A	B	C	D	E
A	–	18.6	19.8	34.2	18.5
B	18.3	–	32.8	24.0	26.9
C	25.9	44.3	–	9.8	8.6
D	0.0	18.0	0.0	–	0.0
E	0.0	13.1	8.6	12.7	–
기타주주	55.8	6.0	38.8	19.3	46.0
합계	100%	100%	100%	100%	100%

| 다원 1차 연립방정식 |

구분	A	B	C	D	E
각 법인보유 A주식수 각 법인보유 B주식수 각 법인보유 C주식수 각 법인보유 D주식수 각 법인보유 E주식수	- W1 X1 Y1 Z1	V2 - X2 Y2 Z2	V3 W3 - Y3 Z3	V4 W4 X4 - Z4	V5 W5 X5 Y5 -
각 법인 상호주식 제외 순자산가액	K1	K2	K3	K4	K5
각 법인 발행주식총수	N1	N2	N3	N4	N5
각 법인 1주당 순자산가치	A1	A2	A3	A4	A5
각 법인 1주당 순손익가치	P1	P2	P3	P4	P5

위에서 제시된 자료에 따라 A, B, C, D, E법인의 상호출자주식 평가를 다원 1차 연립방정식으로 풀이하면 다음과 같게 된다.

• A: $\frac{(A1+P1)}{2}$

$$= \frac{\left[K1+\frac{W1(A2+P2)}{2}+\frac{X1(A3+P3)}{2}+1.1\times\frac{Y1(A4+P4)}{2}+\frac{Z1(A5+P5)}{2}\right]\div N1+P1}{2}$$

• B: $\frac{(A2+P2)}{2}$

$$= \frac{\left[K2+\frac{V2(A1+P1)}{2}+1.1\times\frac{X2(A3+P3)}{2}+1.2\times\frac{Y2(A4+P4)}{2}+1.1\times\frac{Z2(A5+P5)}{2}\right]\div N2+P2}{2}$$

• C: $\frac{(A3+P3)}{2}$

$$= \frac{\left[K3+\frac{V3(A1+P1)}{2}+1.1\times\frac{W3(A2+P2)}{2}+\frac{Y3(A4+P4)}{2}+\frac{Z3(A5+P5)}{2}\right]\div N3+P3}{2}$$

• D: $\frac{(A4+P4)}{2}$

$$= \frac{\left[K4 + \frac{V4(A1+P1)}{2} + \frac{W4(A2+P2)}{2} + \frac{X4(A3+P3)}{2} + \frac{Z4(A5+P5)}{2} \right] \div N4 + P4}{2}$$

• E: $\frac{(A5+P5)}{2}$

$$= \frac{\left[K5 + \frac{V5(A1+P1)}{2} + \frac{W5(A2+P2)}{2} + \frac{X5(A3+P3)}{2} + \frac{Y5(A4+P4)}{2} \right] \div N5 + P5}{2}$$

〈해설〉

A법인의 1주당 평가액(마 + 바): (A1 + P1) ÷ 2

가. A법인의 상호주식 제외한 순자산(자산 - 부채): S1 - D1

나. 각 법인보유 상호주식 평가 합계(① + ② + ③ + ④)

① B법인의 주식 평가액: W1(A2 + P2) ÷ 2

② C법인의 주식 평가액: X1(A3 + P3) ÷ 2

③ D법인의 주식 평가액: Y1(A4 + P4) ÷ 2

④ E법인의 주식 평가액: Z1(A5 + P5) ÷ 2

다. A법인의 상호주식 평가 후 순자산: (가 + 나)

라. A법인의 발행주식총수: N1

마. A법인의 1주당 순자산가치: (다 ÷ 라)

바. A법인의 1주당 순손익가치: P1

다음 ≪사례 2≫는 위의 방정식에 따라 상호출자주식을 평가한 후 순자산가액을 정산(평가)한 사례이다. 상호출자주식평가 전 순자산가액과 상호출자주식평가 후 순자산가액을 비교하여 보고 상호출자주식평가와 순자산가액의 관계를 알아보자.

사례 2 ••• 상호출자주식 평가 후 순자산가치

(단위: 천원)

구분	A	B	C	D	E
상호주식 평가 전 순자산	218,421	45,200	18,030	10,012	19,826
각 법인보유 상호주식금액	59,821	35,205	53,000	28,000	42,330
상호주식 제외 순자산 ㉮	158,600	9,995	-34,970	-17,988	-22,504
상호주식평가(합계) ㉯ (A + B + C + D + E)	22,809	38,000	84,650	7,850	15,100
A	0	32,000	68,000	6,500	
B	12,450	0	14,300		12,500
C	2,503	1,500	0	1,350	
D	5,800			0	2,600
E	2,056	4,500	2,350		0
상호주식 평가 후 순자산 ㉮ + ㉯	181,409	47,995	49,680	-10,138	-7,404
발행주식총수	2,800	2,900	870	800	420
1주당 순자산가액(원)	64.79	16.55	57.10	0.00	0.00
1주당 순손익가액(원)	0	0	0	0	118.00
1주당 평가액(원)	64.79	16.65	57.1	0	59.00
합병비율	1.00	0.26	0.88	0.00	0.91

※ 위의 예는 1999.12.31. 이전 평가로 예외 기준에 해당함(1주당 순손익가치가 1주당 순자산가치의 100분의 50에 미달하는 주식은 순자산가치로 평가한다).

관련규정 및 예규판례

▶ **상호출자주식에 대한 순자산가액 계산**(재경부 재산 46014-201, 2001.7.4.)

비상장법인의 순자산가액을 계산함에 있어 당해 비상장법인이 다른 비상장법인의 최대주주로서 소유하고 있는 주식은 상속증여세법 제63조 제3항의 규정을 적용하여 할증한 가액으로 평가함. 또한 당해 비상장법인의 최대주주가 보유하고 있는 주식에 대하여는 당해 비상장법인의 순자산가액 계산 시와는 별도로 그 지분에 따라 상속증여세법 제63조 제3항의 규정을 적용하여 할증한 가액으로 평가함.

〈1주당 순자산가액 평가 예시〉

상호출자 주식 평가사례(甲 · 乙주주 소유주식 평가방법)

A법인

자 산	80,000,000	부 채	22,000,000
B주식	1,400,000		
	81,400,000		

- 총발행주식수: 1,000주
- B주식: 280주(70%)
- 갑주주(A법인 최대주주): 60%
- α: B법인 주식 평가액

B법인

자 산	17,000,000	부 채	3,000,000
A주식	2,500,000		
	19,500,000		

- 총발행주식수: 400주
- A주식: 500주(50.5%)
- 을주주(B법인 최대주주): 70%
- β: B법인 주식 평가액

할증률을 적용하여 각 법인별 주식가치를 평가하고 당해 금액에 주주별 소유지분비율에 따라 할증률을 적용

$$\alpha = \frac{80{,}000{,}000 + 280\text{주} \times 1.3\beta - 22{,}000{,}000}{1{,}000\text{주}} = 58{,}000 + 0.364\beta$$

$$\beta = \frac{17{,}000{,}000 + 500\text{주} \times 1.3\alpha - 3{,}000{,}000}{400\text{주}} = 35{,}000 + 1.625\alpha$$

법인별 주식 평가액	주주별 주식 평가액
α(A법인) : 173,170원	갑주주(α× 1.3) : 225,121원
β(B법인) : 316,401원	을주주(β× 1.3) : 411,321원

제2절 비상장주식의 평가

1 순손익액

상속증여세법에서의 순손익가치 평가는 기업가치평가 이론에서 보면 수익가치법에 근거하고 있다. 수익가치법은 기업의 미래수익력의 현재가치를 기업의 정당한 평가액으로 인식하는 방법으로 미래에 발생할 이익을 할인율로 나눈 가액을 기업의 평가액으로 하는 방법이다. 이 경우 미래의 수익력을 계산하기 위해서는 미래에 발생할 이익을 기간별로 예측할 수 있어야 하며 현재가치를 계산하기 위해서는 합리적인 할인율을 사용하여야 한다. 그러나 미래의 상황을 정확히 예측하고 실질할인율을 파악하는 것이 어렵기 때문에 평가액의 산정에 있어서 예측에 따라 오차가 크게 발생할 여지가 있다. 현행 상속증여세법에서는 미래의 예측에 따라 오차가 크게 발생할 여지가 있는 미래의 이익 대신 현재의 이익 또는 최근 일정 기간의 동안 이익(과거의 이익)의 가중평균액을 사용한 순손익가치를 평가의 원칙으로 하고 있다(상증령 §56 ②). 다만, 일정 요건을 충족한 경우에는 1주당 추정이익의 평균가액으로 할 수 있다(상증령 §56 ②). 자본시장과 금융투자업에 관한 법률에서는 합병가액 산정 시 '증권의 발행 및 공시 등에 관한 규정 시행세칙' 제6조에서 '…수익가치는 현금흐름할인모형, 배당할인모형 등 미래의 수익가치 산정에 관하여 일반적으로 공정하고 타당한 것으로 인정되는 모형을 적용하여 합리적으로 산정한다.'고 되어 있어 미래의 추정이익을 기준으로 하여 수익가치를 산출하도록 하고 있다.

대법원(대법원 2016마272, 2018.12.17.)은 주당 순손익가치를 산정할 때 '평가기준일 이전 3년간 사업연도의 1주당 순손익액'을 기준으로 정한 것은 과거의 실적을 기초로 미래수익을 예측하여 현재의 주식가치를 정확히 파악하려는 취지이다(대법원 2005두15311, 2007.11.29.). 같은 취지로 법원(서울고법 2018누59207, 2019.11.13.)은 순자산가치는 본질적으로 평가기준일 시점에서의 기업의 '청산가치'를 전제한 개념으로 주식 발행법인의 '자산가치'를 나타내는 지표이다. 따라서 순자산가치는 과거 기업의 활동으로 축적된 순자산액을 기초로 현재 시점에서의 청산가치를 평가하는 것으로 평가기준일 현재 주식 발행법인이 보유하고 있는 순자산액(자산에서 부채를 공제한 금액)을 산정하게 된다. 반면에 순손익가치는 기본적으로 평가대상 주식의 발행법인을 '계속기업'이라고 가정하여 과거의 수익추세가 장래에도 지속될 것을 전제한 개념으로 주식 발행법인의 '수익가치'를 나타내는 지표이고, 구 상속증여세법에서는 법적 안정성과 예측가능성을 높이기 위하여 해당 법인의 과거 수익흐름을 현재가치로 할인하는 방식으로 계속기업가치의 평가를 하고 있다(대법원 2019두60936, 2020.3.12.).

(1) 순손익액의 일반원칙

1주당 순손익액은 1주당 최근 3년간의 순손익액의 가중평균액으로 한다. 1주당 최근 3년간의 순손익액의 가중평균액 산정은 법인세법 제14조에 따른 각 사업연도 소득에 익금불산입 항목 중 일부의 금액을 더한 금액에서 손금불산입 항목 중 일부의 금액을 뺀 금액으로 하고, 손금에 산입된 충당금 또는 준비금이 세법의 규정에 따라 일시환입되는 경우에는 해당 금액이 환입될 연도를 기준으로 안분한 금액을 환입될 각 사업연도 소득에 가산하도록 하고 있다(상증령 §56 ④). 법인세법 제14조의 규정에 의한 각 사업연도 소득과 상속증여세법 시행령 제56조 제1항 제1호의 규정에 의한 순손익액의 산출과정을 보면 유사한 점이 있다. 예를 들면, 각 사업연도 소득은 기업회계기준에 의해서 작성된 손익계산서상의 당기순이익에서 법인세법상의 익금과 손금을 가감하여 법인의 각 사업연도 소득을 산출하고 있는데, 상속증여세법에서의 순손익액은 법인의 각 사업연도 소득에서 상속증여세법상의 가산 항목과 차감 항목을 가감하여 순손익액을 계산하고 있다. 계산하는 과정에 있어 공통점은 기업의 장부(당기순이익)에서 출발하여 각 세법에서 규정하고 있는 익금(가산)과 손금(차감)을 가감한다는 것이다. 넓은 의미에서 각 사업연도 소득과 순손익액은 기업의 손익으로 볼 수 있는데, 사업연도 소득과 순손익액의 산출과정이 서로 다른 이유는 각 세법상의 과세목적과 과세방법 등이 다르기 때문이다. 상속증여세법에서의 순손익액은 당해 법인의 기업의 가치를 평가목적으로 하고 있으므로 당해 법인의 소득의 크기를 과세목적으로 하는 법인세법의 각 사업연도 소득과는 다르다고 하겠다. 1주당 최근 3년간의 순손익액의 가중평균액은 다음 계산식에 따라 계산한 가액으로 한다. 이 경우 그 가액이 음수(−)인 경우에는 영으로 한다.

• 1주당 최근 3년간의 순손익액의 가중평균액 = $\frac{(ⓐ \times 3) + (ⓑ \times 2) + (ⓒ \times 1)}{6}$

ⓐ 평가기준일 이전 1년이 되는 사업연도의 1주당 순손익액
ⓑ 평가기준일 이전 2년이 되는 사업연도의 1주당 순손익액
ⓒ 평가기준일 이전 3년이 되는 사업연도의 1주당 순손익액

• 순손익액 = 법인세법상 각 사업연도 소득 ± 상속증여세법상 익금(가산)·손금(차감)

• 1주당 순손익액 = $\frac{\text{순손익액}}{\text{발행주식총수(또는 환산주식수)}}$

• 1주당 가액(순손익가치) = $\frac{\text{1주당 최근 3년간의 순손익액의 가중평균액}}{\text{기획재정부령으로 정하는 이자율(10\%)}}$

(2) 1주당 추정이익

(2)-1. 1주당 추정이익의 평균가액

1주당 순손익액은 당해 법인의 '1주당 최근 3년간의 순손익액의 가중평균액'에 의하는 것이 원칙이다. 다만, 일정한 요건을 갖춘 경우에는 1주당 최근 3년간의 순손익액의 가중평균액이 아닌 기획재정부령으로 정하는 기준에 따라 산출한 "1주당 추정이익의 평균가액"으로 할 수 있다(상증령 §56 ②). 추정이익에 대해 대법원(대법원 2004두7153, 2005.6.9.)은 급속히 발전할 것으로 전망되는 정보통신관련 사업을 영위하면서 장래에도 계속 성장할 것으로 예상되는 기업의 주식가격은 기준시점 당시 당해 기업의 순자산가치 또는 과거의 순손익가치를 기준으로 하여 산정하는 방법보다는 당해 기업의 미래의 추정이익을 기준으로 하여 산정하는 방법이 그 주식의 객관적인 가치를 반영할 수 있는 보다 적절한 방법이라고 하였다.

(가) 1주당 추정이익의 평균가액의 적용 요건

1주당 순손익액은 '1주당 최근 3년간의 순손익액의 가중평균액'에 의하는 것이 원칙이다. 1주당 순손익액은 "1주당 추정이익의 평균가액"의 적용 요건을 갖춘 경우에 한해 1주당 순손익액으로 할 수 있다. 상속증여세법 시행령 제56조(시행 2014.2.21. 대통령령 제25195호, 2014.2.21. 개정) 제2항은 다음의 요건을 모두 갖춘 경우에는 1주당 최근 3년간의 순손익액의

가중평균액을 기획재정부령으로 정하는 신용평가전문기관, 공인회계사법에 따른 회계법인 또는 세무사법에 따른 세무법인 중 둘 이상의 신용평가전문기관, 공인회계사법에 따른 회계법인 또는 세무사법에 따른 세무법인이 기획재정부령으로 정하는 기준에 따라 산출한 1주당 추정이익의 평균가액으로 할 수 있다(상증령 §56 ②).

① 일시적이고 우발적인 사건으로 해당 법인의 최근 3년간 순손익액이 증가하는 등 기획재정부령으로 정하는 경우에 해당할 것(상증칙 §17의3 ①: ②, ⑥, ⑧의 개정규정은 2010.3.31. 이후 상속이 개시되거나 증여받는 분부터 적용한다. 상증법 부칙 §2)

> ※ 일시적이고 우발적 사건(기획재정부령으로 정하는 경우)
> ① 사업개시 후 3년 미만인 경우(2005.3.19. 삭제)
> ② 기업회계기준의 자산수증이익, 채무면제이익, 보험차익 및 재해손실(자산수증이익 등)의 합계액에 대한 최근 3년간 가중평균액이 법인세 차감 전 손익에서 자산수증이익 등을 뺀 금액에 대한 최근 3년간 가중평균액의 50퍼센트를 초과하는 경우
> ③ 평가기준일 전 3년이 되는 날이 속하는 사업연도 개시일부터 평가기준일까지의 기간 중 합병 또는 분할을 하였거나 주요업종이 바뀐 경우(2015.3.13. 개정)
> ④ 합병 시의 이익의 증여 규정(상증법 §38)에 의한 증여받은 이익을 산정하기 위하여 합병당사법인의 주식가액을 산정하는 경우
> ⑤ 최근 3개 사업연도 중 1년 이상 휴업한 사실이 있는 경우
> ⑥ 기업회계기준상 유가증권・유형자산의 처분손익과 자산수증이익 등의 합계액에 대한 최근 3년간 가중평균액이 법인세 차감 전 손익에 대한 최근 3년간 가중평균액의 50퍼센트를 초과하는 경우
> ⑦ 주요업종(당해 법인이 영위하는 사업 중 직접 사용하는 유형고정자산의 가액이 가장 큰 업종을 말함)에 있어서 정상적인 매출 발생기간이 3년 미만인 경우
> ⑧ "①"부터 "⑦"까지와 유사한 경우로서 기획재정부장관이 정하여 고시하는 사유에 해당하는 경우

② 상속세 과세표준 신고기한 및 증여세 과세표준 신고기한까지 1주당 추정이익의 평균가액을 신고할 것

③ 1주당 추정이익의 산정기준일과 평가서작성일이 해당 과세표준 신고기한 이내일 것

④ 1주당 추정이익의 산정기준일과 상속개시일 또는 증여일이 같은 연도에 속할 것

(나) 1주당 추정이익의 평균가액의 적용요건과 대법원의 판결

1주당 추정이익의 평균가액의 적용에 대한 지금까지 대법원의 판결[2014.2.21. 상속증여세법 시행령 제56조 개정되기 전의 사건. 개정 전에 대한 자세한 설명은 "제1편 제2장 제5절 2. (2)" 참조]은 개정된 후에도 상속증여세법 시행령 제56조 제2항에서 규정하고 있는 4가지 요건을 충족하지 않은 경우에도 "일시 우발적 사건"에 해당된다면 1주당 순손익액을 '1주당 최근 3년간의 순손익액의 가중평균액'이 아닌 "1주당 추정이익의 평균가액"으로 할 수 있는 것처럼 보일 수 있다.

지금까지의 관련된 판결을 보면, 사업개시 후 3년 미만인 법인에 대해 1주당 순손익가치 산정 방법을 "1주당 최근 2년간의 순손익액의 가중평균액"을 기초로 1주당 순손익가치를 산정하는 것에 대해, 대법원(대법원 2010두26988, 2012.4.26.)은 최근 3년간의 순손익액을 산정할 수 없거나 최근 3년간의 순손익액이 비정상적이어서 이를 기초로 1주당 순손익가치를 산정하는 것이 불합리하다고 보이는 사유들을 규정한 것이므로, 여기에 규정된 사유가 있다면 특별한 사정이 없는 한 "1주당 최근 3년간의 순손익액의 가중평균액"을 기초로 1주당 순손익가치를 산정할 수 없다(대법원 2006두16434, 2008.12.11). 이러한 법리는 "1주당 추정이익의 평균가액"이 산정되지 아니하였거나 "상속세과세표준신고 및 증여세과세표준신고의 기한 내에 신고한 경우로서 1주당 추정이익의 산정기준일과 평가서작성일이 과세표준신고기한 내에 속하고, 산정기준일과 상속개시일 또는 증여일이 동일연도에 속하는 경우에 한한다"는 요건을 갖추지 못함으로써 '3년간 순손익액의 가중평균액'의 가액을 기초로 1주당 순손익가치를 산정할 수 없더라도 '3년간 순손익액의 가중평균액'의 가액에 의하는 것이 불합리한 이상 마찬가지이다.

또한 대법원(대법원 2011두23306, 2012.6.14.)은 만일 비상장주식의 1주당 가액을 상속증여세법 시행령 제56조 제1항 제1호의 가액 또는 제2호의 가액을 기초로 한 순손익가치와 순자산가치를 가중평균한 금액으로 평가할 수 없는 경우에는, 상속증여세법 제65조 제2항이 상속증여세법에서 따로 평가방법을 규정하지 아니한 재산의 평가는 같은 조 제1항 및 제60조 내지 제64조에 규정된 평가방법을 준용하도록 규정하고 있고, 상속증여세법이 규정한 보충적 평가방법에 의하더라도 그 가액을 평가할 수 없는 경우에는 객관적이고 합리적인 방법으로 평가한 가액에 의할 수밖에 없는 점 등에 비추어 볼 때, 순자산가치만에 의하여 평가하도록 한 상속증여세법 시행령 제54조 제4항의 방법 등 상속증여세법이

마련한 보충적 평가방법 중에서 객관적이고 합리적인 방법을 준용하여 평가할 수 있을 것이다(대법원 2010두26988, 2012.4.26. 참조). 같은 취지에서 유형자산의 처분손익과 특별손익의 합계액에 대한 최근 3년간 가중평균액이 법인세 차감 전 손익에 대한 최근 3년간 가중평균액의 50퍼센트를 초과하는 사실을 인정하고, 상속세 과세표준신고기한 내에 상속증여세법 시행령 제56조 제1항 제2호에 의한 1주당 추정이익의 평균가액을 신고하지 않았다고 하더라도 상속증여세법 시행규칙 제17조의3 제1항 제6호의 사유에 해당하여 상속증여세법 시행령 제56조 제1항 제1호의 가액에 의하는 것이 불합리하다고 인정되는 이상 이에 의하여 '1주당 최근 3년간의 순손익액의 가중평균액'을 산정할 수 없다는 이유로 상속증여세법 시행령 제56조 제1항 제1호의 가액을 기초로 하여 상속재산가액을 계산한 이 사건 상속세 부과처분이 위법하고 상속증여세법 시행령 제56조 제1항에 관한 법리오해 등의 위법이 없다[2014.2.21. 상속증여세법 시행령 제56조 개정되기 전의 사건. 개정 전에 대한 자세한 설명은 "제1편 제2장 제5절 2. (2)" 참조].

대법원은 "1주당 추정이익의 평균가액"의 적용요건을 충족하지 않은 경우에도 "일시우발적 사건"에 해당된다면 1주당 순손익액을 '1주당 최근 3년간의 순손익액의 가중평균액'이 아닌 "1주당 추정이익의 평균가액"으로 할 수 있다는 것이다. 위와 같은 판결이 상속증여세법 시행령 제56조(2014.2.21. 개정)가 개정된 후에도 이어질지는 지켜볼 일이다.

(다) 2014.2.21. 개정된 후 대법원의 판결

대법원은 2014.2.21. 개정된 시행령 조항(상증령 제56조 제2항의 요건) 이후의 사건에서도 대법원의 판결은 종전과 다르지 않다. 대법원(대법원 2023두32839, 2023.5.18.)은 "구 상증세법 시행령 제56조 제2항의 가액인 '1주당 추정이익의 평균가액'이 산정되지 아니하였거나 위 규정에서 정한 적용요건을 모두 갖추지 못함으로써 추정이익의 평균가액을 기초로 1주당 순손익가치를 산정할 수 없다고 하여 달리 볼 것도 아니다."고 하였다. 그리고 만일 비상장주식의 1주당 가액을 순손익가치와 순자산가치를 가중평균한 금액으로 평가할 수 없는 경우에는 순자산가치만에 의하여 평가하도록 한 구 상증세법 시행령 제54조 제4항의 방법 등 구 상증세법이 마련한 보충적 평가방법 중에서 객관적이고 합리적인 방법을 준용하여 평가할 수 있다(대법원 2011두32300, 2012.6.14., 대법원 2011두31253, 2013.11.14. 등 참조).

※ 상속증여세법 시행령 제56조(1주당 최근 3년간의 순손익액의 계산방법)

2014.2.21. 개정되기 전	2014.2.21. 개정된 후
① 제54조 제1항에 따른 1주당 최근 3년간의 순손익액의 가중평균액은 제1호의 가액으로 하되, 해당 법인이 일시우발적 사건으로 해당 법인의 최근 3년간의 순손익액이 비정상적으로 증가하는 등 제1호의 가액으로 하는 것이 불합리한 것으로 기획재정부령으로 정하는 경우에는 제2호의 가액으로 할 수 있다.	① 제54조 제1항에 따른 1주당 최근 3년간의 순손익액의 가중평균액은 다음 계산식에 따라 계산한 가액으로 한다.
② 제1항 각 호 외의 부분 전단에 따라 1주당 최근 3년간의 순손익액의 가중평균액을 같은 항 제2호의 가액으로 하는 경우는 법 제67조 및 제68조에 따른 상속세 과세표준신고 및 증여세 과세표준신고의 기한까지 신고한 경우로서 1주당 추정이익의 산정기준일과 평가서 작성일이 해당 과세표준신고의 기한 이내에 속하고, 산정기준일과 상속개시일 또는 증여일이 같은 연도에 속하는 경우로 한정한다.	② 제1항에도 불구하고 다음 각 호의 요건을 모두 갖춘 경우에는 제54조 제1항에 따른 1주당 최근 3년간의 순손익액의 가중평균액을 기획재정부령으로 정하는 신용평가전문기관, 「공인회계사법」에 따른 회계법인 또는 「세무사법」에 따른 세무법인 중 둘 이상의 신용평가전문기관, 「공인회계사법」에 따른 회계법인 또는 「세무사법」에 따른 세무법인이 기획재정부령으로 정하는 기준에 따라 산출한 1주당 추정이익의 평균가액으로 할 수 있다. 1. 일시적이고 우발적인 사건으로 해당 법인의 최근 3년간 순손익액이 증가하는 등 기획재정부령으로 정하는 경우에 해당할 것 2. 법 제67조 및 제68조에 따른 상속세 과세표준 신고기한 및 증여세 과세표준 신고기한까지 1주당 추정이익의 평균가액을 신고할 것 3. 1주당 추정이익의 산정기준일과 평가서작성일이 해당 과세표준 신고기한 이내일 것 4. 1주당 추정이익의 산정기준일과 상속개시일 또는 증여일이 같은 연도에 속할 것

(라) 1주당 추정이익의 평균가액의 산정방식

*** 1주당 추정이익의 평균가액**

「자본시장과 금융투자업에 관한 법률 시행령」 제176조의5 제2항에 따라 금융위원회가 정한 수익가치에 영 제54조 제1항 따른 순손익가치환원율(10%)을 곱한 금액

*** 금융위원회가 정한 수익가치**

① 2012.12.6. 이후

2012.12.5.에 개정(시행일 2012.12.6.)된 증권의 발행 및 공시 등에 관한 규정 시행세칙 제6조(수익가치)는 개정 전의 일몰조항이었던 세칙 제6조 제2항 규정의 존치 여부와 관련하여 자본환원율을 적용하는 수익가치 산정기준을 폐지하고, 기업가치 산정모형을 적용하도록 자율화하였다. 증권의 발행 및 공시 등에 관한 규정 시행세칙 제6조(수익가치) 규정 제5-13조에 따른 수익가치는 현금흐름할인모형, 배당할인모형 등 미래의 수익가치 산정에 관하여 일반적으로 공정하고 타당한 것으로 인정되는 모형을 적용하여 합리적으로 산정한다.

| 주요 수익가치 산정모델(2012.10.24. 금융감독원 보도자료 참조) |

□ 현금흐름할인모형

〈기본가정〉

- 5개년 추정 주주잉여현금흐름*의 현재가치 할인
  * 주주잉여현금흐름 = 추정순이익 − (CapEx − 감가상각비) x (1 − 부채비율) − 순운전자본의 변동 x (1 − 부채비율)
- 영구성장률(0~5%)을 통해 구한 잔여 주주가치의 현재가치 할인
- 할인율은 자기자본비용(5년물 국채 + β x 시장위험프리미엄)

〈산식〉

$$\underbrace{\sum_{t=1}^{5}\left(\frac{FCFE_t}{(1+\text{자기자본비용})^t}\right)}_{\text{5개년 주주가치}} + \underbrace{\left(\frac{FCFE_{1+t}}{\text{자기자본비용}-\text{영구성장률}} \times \frac{1}{(1+\text{자기자본비용})^6}\right)}_{\text{잔여주주가치}}$$

□ **배당할인모형**

〈기본가정〉

- 추정배당(Div) = 추정 순이익 x 배당성향
- 자기자본비용 = 5년물 국채 + β x 시장위험프리미엄
- 영구성장률 = 0~5%
- 배당성향 = 과거 3개년 평균 배당성향(또는 업종 평균)

〈산식〉

$$\underbrace{\sum_{t=1}^{5}\left(\frac{Div_t}{(1+\text{자기자본비용})^t}\right)}_{\text{5개년 주주가치}} + \underbrace{\left(\frac{Div_{1+t}}{\text{자기자본비용}-\text{영구성장률}} \times \frac{1}{(1+\text{자기자본비용})^6}\right)}_{\text{잔여주주가치}}$$

② 2012.12.25. 이전

"증권의 발행 및 공시 등에 관한 규정 시행세칙" 제6조 제2항에서 주당 추정이익은 다음 산식에 의하여 산정한 제1차 사업연도(주요사항보고서를 제출하는 날이 속하는 사업연도) 및 제2차 사업연도(주요사항보고서를 제출하는 날이 속하는 사업연도의 그 다음 사업연도)의 주당 추정이익을 각각 3과 2로 하여 가중산술평균한 가액으로 한다. 다만, 제2차 사업연도의 주당 추정이익이 제1차 사업연도의 주당 추정이익보다 적을 때에는 단순평균한 가액으로 한다.

$$\text{주당 추정이익} = \frac{(\text{추정법인세비용차감전계속사업이익} + \text{유상증자추정이익} - \text{우선주배당조정액} - \text{법인세 등})}{\text{사업연도 말 현재의 발행주식수}}$$

관련규정 및 예규판례

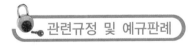

▶ 상속개시 전 3년 중 한 해에 고정자산의 처분으로 인하여 순손익액이 크게 증가한 경우

(대법원 99두8459, 2001.8.21.)

손익계산서상 1992년도의 매출액은 327,037,921원, 1993년도의 매출액은 54,353,391원, 1994년도의 매출액은 287,143,644원에 불과한데, 1993.6.26. 34년간 보유하고 있던 판시 토지를 37,570,000,000원에 매도하여 그 양도대금(고정자산처분이익은 35,396,648,139원)이 1993년

사업연도의 소득금액으로 계상되었기 때문에 1993년 사업연도의 소득이 35,486,401,996원으로 증가한 사실 등을 인정한 다음, 이와 같이 고정자산을 처분함으로 인하여 일시적으로 소득이 크게 증가한 경우에는 주식의 시가도 이에 따라 심한 기복을 보이는 것이 통례이므로, 단순히 영에 정한 산식에 따라 1992년부터 1994년까지의 손익액의 단순평균액 또는 가중평균액을 기준으로 하여 영업권과 순수익가치를 산정한 ○○기업주식의 평가방법은 위법하다(대법원 85누590, 1986.9.23. 참조)고 판단하였다(원심이 참조한 대법원 판결은 1주당 수익가치를 "최근 3년간 순손익액의 단순평균액"을 기초로 하던 때의 것으로서, 이 사건에서와 같이 그 산식이 위와 같이 "최근 3년간 순손익액의 가중평균액"으로 개정된 이후에는 원용하기에 적절하다고 볼 수 없다).

이들 규정에 의하면, 그 이전의 규정과는 달리 1주당 수익가치를 순손익액의 "가중평균액"을 기준으로 산정하고 있고, 그 "1주당 최근 3년간 순손익액의 가중평균액"을 일정한 요건을 갖춘 추정이익에 의할 수 있도록 하고 있음에 비추어, 최근 3년간의 순손익액의 기복이 큰 경우라 하더라도 위와 같은 추정이익이 없는 경우 "1주당 최근 3년간 순손익액의 가중평균액"에 의하여 산정한다 하여 위법하다 할 수는 없다.

(2)-2. 합병 및 분할과 순손익액

일시적이고 우발적인 사건의 요건에 대해 대법원(대법원 2016두50198, 2016.12.15.)은 주요업종을 "당해 법인이 영위하는 사업 중 직접 사용하는 유형고정자산의 가액이 가장 큰 업종을 말한다."고 규정하고 있으므로, 당해 법인이 영위하는 사업 중 주요 업종은 법인등기부상의 목적사업이나 정관의 기재로 판단하는 것이 아니라 당해 법인이 실제로 영위하는 사업 중 비중이 어느 정도 되는지에 따라 판단함이 상당하며 이 경우는 평가기준일 전 3년이 되는 날이 속하는 사업연도 개시일부터 평가기준일까지의 기간 중 합병·분할·증자 또는 감자를 하였거나 주요업종이 바뀐 경우 등에 해당한다.

평가대상 주식을 발행한 법인이 평가기준일 전 3년이 되는 날이 속하는 사업연도 개시일부터 평가기준일까지의 기간 중 합병한 경우 등 같은 법 시행규칙 제17조의3 제1항 각 호의 1에서 규정하는 사유가 있는 경우에는 같은 법 시행령 제56조 제1항 제1호의 규정에 의한 1주당 최근 3년간 순손익액의 가중평균액과 같은 항 제2호의 규정에 의한 1주당 추정이익의 평균가액 중에서 선택하여 순손익가치를 평가할 수 있는 것이며, 1주당 최근 3년간 순손익액의 가중평균액에 의하여 순손익가치를 평가하는 경우에는 평가기준일 이전 1년·2년·3년이 되는 날이 속하는 사업연도별로 합병법인과 피합병법인의 순손익액을 합계하여 합병 후 발행주식총수로 나누어서 계산한다(서면 인터넷방문상담 4팀-2049).

사업연도 또는 과세기간 중 합병이 있은 경우 합병 전 각 사업연도 또는 과세기간의 1주당 순손익액은 합병법인과 피합병법인의 순손익액의 합계액을 합병 후 발행주식총수로 나누어 계산한 가액에 따른다. 이 경우 1년 미만인 사업연도의 순손익액은 연으로 환산한 가액에 의하는 것이나, 합병일이 속하는 피합병법인의 사업연도가 1년 미만으로서 합병 후부터 피합병법인과 합병법인의 순손익액이 합산되어 계산되는 경우에는 연으로 환산하지 아니한다(상증통 63-56…12). 즉 1주당 최근 3년간 순손익액의 가중평균액 계산에 있어서 합병법인의 경우는 3년간 당해 연도별로 합병법인과 피합병법인의 순손익액을 합산하여 합병 후 발행주식총수로 나누어 1차적으로 1주당 순손익액을 구하고 이를 다시 가중평균하여 3년간의 순손익액을 계산한다.

구분	합병법인			피합병법인			합계		
	주식수	순손익 (천)	1주당 순손익	주식수	순손익 (천)	1주당 순손익	주식수	순손익 (천)	1주당 순손익
2003	1,000	1,000	1,000	500	▲250	▲500	1,500	750	500
2004	1,000	2,000	2,000	500	▲500	▲1,000	1,500	1,500	1,000
2005	1,500	2,250	1,500	합병	소멸		1,500	2,250	1,500

1주당 순손익가치 계산

- 2005사업연도 1주당 순손익액 1,500
- 2004사업연도 1주당 순손익액 1,000
- 2003사업연도 1주당 순손익액 500

$$\frac{(1{,}500 \times 3) + (1{,}000 \times 2) + (500 \times 1)}{6} = 1{,}166\text{원}$$

(2)-3. 추정이익의 객관성 문제

2012.12.5. 개정 전의 '증권의 발행 및 공시 등에 관한 시행세칙 제6조'에 따라 추정이익 산정 시의 문제점은 개정 후의 경우에도 실무를 하는 데 있어 눈여겨 볼 필요가 있다. 일시 우발적 사건 등에 의해 1주당 손익이 큰 차이가 있는 경우라면 순손익가치는 그

기업의 정확한 주식가치를 나타낼 수 없다. 따라서 과거의 가치가 아닌 미래의 가치인 추정이익은 그 기업의 가치를 보다 잘 나타낼 수 있는 방법이 될 수 있다. 다만, 미래의 가치인 추정이익을 객관적인 방법으로 추정할 수 있느냐이다. 주식평가에 있어 1주당 추정이익은 순손익가치를 상속증여세법에 의한 평가방법으로 평가하는 것이 불합리한 경우에 사용할 수 있는 예외적인 평가방법으로 자본시장법에 그 산출근거를 자세히 규정하고 있다. 자본시장법상 1주당 추정이익은 주권상장법인과 주권비상장법인 간의 합병에 있어 합병가액을 산정하기 위해 사용하는 평가방법의 하나이다. 즉 주권상장법인이 다른 법인과 합병하고자 하는 경우에는 자본시장법 시행령 제176조의5에 의하여 산정한 합병가액에 의하도록 하고 있다.

자본시장법상 1주당 추정이익은 합병가액 산정을 위한 수익가치의 평가방법인데 상속증여세법에서는 상속세와 증여세 과세가액을 산정하기 위한 주식평가로 사용되고 있다. 자본시장법 시행령 제176조의5에 의하면 주권상장법인 간 합병의 경우에는 합병을 위한 이사회 결의일과 합병계약을 체결한 날 중 앞서는 날의 전일을 기산일로 산정한 가격으로 하며(제1항 제1호), 주권상장법인과 주권비상장법인 간의 합병의 경우로서 주권상장법인의 경우에는 위 제1항 제1호의 가격으로 하고(제1항 제2호 가목), 주권비상장법인의 경우에는 자산가치 · 수익가치 및 그 가중산술평균방법과 상대가치의 가액을 산술평균한 가액으로 하며(제1항 제2호 나목) 자산가치 · 수익가치 및 그 가중산술평균방법과 상대가치의 산출방법은 금융위원회가 정하여 고시한다. 이때 주권상장법인이 주권비상장법인과 합병하여 주권상장법인이 되는 경우에는 합병비율의 적정성에 대하여 외부평가기관의 평가를 받도록 하고 있다(제3항 제1호).

합병가액 산정방법에 대해 '증권의 발행 및 공시 등에 관한 규정 제5-13조'에 의하면 자산가치 · 수익가치 및 그 가중산술평균방법과 상대가치의 산출방법은 금융감독원장이 정하며(제1항), 증권의 발행 및 공시 등에 관한 규정 시행세칙 제6조에서 수익가치는 현금흐름할인모형, 배당할인모형 등 미래의 수익가치 산정에 관하여 일반적으로 공정하고 타당한 것으로 인정되는 모형을 적용하여 합리적으로 산정하도록 하고 있다.

현금할인모형 또는 배당할인모형의 경우 '주당 추정이익'은 추정재무제표의 '추정순이익'에서 출발하는데 추정재무제표는 미래의 재무제표이다. 미래의 재무제표는 불확실성을 포함할 수밖에 없으며 불확실성은 부실평가를 가져올 수 있다. 이러한 부실평가는 상속 ·

증여재산가액의 과대 또는 과소평가를 가져오게 된다. 이를 방지하기 위해 금융감독위원회는 '외부평가기관의 평가가 심히 부실하거나… 경우에는 외부평가기관에 대하여 일정한 기간을 정하여 평가업무를 제한하거나 외부평가기관에서 제외시킬 수 있다(자본시장법 시행령 §176의5 ⑨)고 하고 있어 부실평가기관에 대해 제재를 가하고 있다.

이와 같이 '주당 추정이익'은 객관성에 있어 그 결함이 존재하고 있다는 것이다. 그럼에도 부실평가의 위험성, 부실평가기관의 구체적 제재방법 등은 미흡하다. 예를 들면, '추정경상이익'에 대해 '구 유가증권인수업무에 관한 규정 제28조'에서는 실적경상이익과 추정경상이익의 차이가 일정률(70%, 60%)에 미달하는 경우 등 구체적 제재방법이 있었으나 이 규정은 2000.12.29. 폐지되었다(이 규정이 폐지되지 않았더라도 상속·증여세 과세가액을 산출하는 근거로 적용하기에 적합한지는 논의되어야 한다). 또한 상속증여세법상 순손익가치의 평가에 대해서는 시행령, 시행규칙, 통칙, 예규 등에 그 평가방법이 자세히 규정되어 있어 객관적인 평가가 가능하도록 되어 있으나 자본시장법의 관련규정에서는 추정이익의 산출기준이 미흡하고 세부적이 아니어서 객관적인 평가를 기대하기가 어렵게 되어 있다.

자기주식 교환손실과 자기주식처분이익을 자본조정항목 또는 영업외 손익처리, 대손충당금의 대손율 조정, 매출채권 등의 대손금액 조정 등은 추정경상이익에 영향을 미치므로 '주당 추정이익'을 조정할 가능성이 충분히 있다. 이러한 '주당 추정이익' 조정은 실제 사례에서도 나타나고 있다. 주당 추정이익의 조정은 일반적인 상속·증여세 과세가액 산출을 위한 주식평가뿐만 아니라 '합병에 따른 이익'의 계산에 중대한 영향을 미치게 된다. 현행 상속증여세법에서는 법인 간의 합병 중 자본시장법에 따른 주권상장법인이 다른 법인과 같은 법 제165조의4 및 같은 법 시행령 제176조의5에 따라 하는 합병은 특수관계에 있는 법인 간의 합병으로 보지 아니하며(상증령 §28 ①), 법인세법에서도 자본시장법 제165조의4에 따라 합병(분할합병을 포함한다)하는 경우를 제외한다(법인령 §88 ① 8 가목)고 되어 있다. 따라서 상장법인과 비상장법인이 합병하는 경우에는 자본시장법에 따라 합병가액을 산정하여야 하며, 이때 비상장법인은 자산가치·수익가치 및 상대가치를 기준으로 가격을 산정하여야 한다. 수익가치는 주당 추정이익이므로 주당 추정이익의 조정은 합병가액에 영향을 미치게 된다. 이러한 합병가액은 상속증여세법상의 합병가액으로 보고 있으므로 '합병에 따른 이익계산'의 입법목적에 부합하지 않는다 할 것이다(상속증여세법에서는 '자본이익'에 대해 구체적이며 엄격하게 계산하도록 요구하고 있다. 다만, 세법에서 차용하고 있는 자본시장법상의 '자본이익'은 그렇지 않다는 것이다). 상속증여세법과 법인세법에서 자본시장법의 규정에 따라 합병하는 경우를 제외하도록 한 이유는 자본시장법상의 주식 평가를 신뢰하기 때문일 것이나 현실에서는 그렇지 않다는 것이다. 또한 세법과 자본시장법은 입법목적에서 차이가 날 수밖에 없는데 자본시장법의 일부 규정을 그대로 차용한 것은 과세가액을 산출하는데 부합하다고 할 수 없다.

다음 사례는 1주당 추정이익의 산출가액 내역이다(2012.12.5. 개정 전의 '증권의 발행 및 공시 등에 관한 시행세칙 제6조'에 따른 1주당 추정이익 산정임).

사례 1 ••• 1주당 추정이익의 산정방식

① 사업연도별 주당 추정이익 산정내역

(단위: 백만원)

구분	금액	
	제1차 사업연도	제2차 사업연도
Ⅰ. 추정경상이익(주1)	10,759	25,247
Ⅱ. 유상증자 추정이익	-	-
Ⅲ. 계(Ⅰ+Ⅱ)	10,759	25,247
Ⅳ. 법인세 등(주2)	2,921	6,943
Ⅴ. 우선주 배당조정액	-	-
Ⅵ. 각 사업연도 추정이익(Ⅲ - Ⅳ - Ⅴ)	7,838	18,304
Ⅶ. 발행주식총수(주3)	18,956,413	18,956,413
Ⅷ. 각 사업연도 주당 추정이익(Ⅵ / Ⅶ)	413원	966원

(주1) 아래 "추정손익계산서" 참조
(주2) 법인세 등은 추정경상이익에 유상증자추정이익을 가산하여 산정된 금액에 대한 법인세 및 주민세액으로 한시적인 법인세 등의 감면사항은 고려하지 않았음.
(주3) 발행주식총수는 분석기준일 현재의 발행주식총수에서 이사회결의에 의한 유상감자에 의한 주식의 감소를 반영한 것임.

| 추정 손익계산서 |

(단위: 백만원)

계정과목	제1차 사업연도	제2차 사업연도
Ⅰ. 영업수익	109,294	122,451
수수료수익	59,143	69,614

계정과목	제1차 사업연도	제2차 사업연도
이자수익	18,531	21,217
배당금수익	498	498
유가증권 등 손익	31,117	31,117
기타수익	5	5
Ⅱ. 영업비용	14,499	16,589
수수료비용	10,070	11,565
이자비용	4,429	5,024
Ⅲ. 판매비와 관리비	84,563	80,515
인건비	47,145	42,317
물건비	37,054	37,844
대손상각비	364	354
Ⅳ. 영업이익	10,232	25,347
Ⅴ. 영업외손익	527	−100
Ⅵ. 경상이익	10,759	25,247
Ⅶ. 법인세비용	2,921	6,943
Ⅷ. 당기순이익	7,838	18,304

② 1주당 추정이익

제1차 사업연도(A)	제2차 사업연도(B)	주당 추정이익〔(A×3+B×2)/5〕
413원	966원	634원

1주당 순손익가치는 '1주당 최근 3년간의 순손익액의 가중평균액'을 말한다. 이때 '1주당 최근 3년간의 순손익액의 가중평균액'은 과거의 실적을 기초로 하는 계산방법과 미래의 가치를 기초로 하는 계산방법이 있는데 미래의 가치를 기초로 계산하는 계산방법이 1주당 추정이익이다(상증령 §56 ① 2). 추정이익은 순손익가치의 예외적인 평가방법으로 그 적용에 있어 선택적용, 의무적용, 제한범위 등에 대해 몇 번의 개정이 있었다. 종전(2001.1.1. 이전)에는 납세자가 추정이익으로 순손익가치를 산정할 수 있는 경우를 제한하고 있지 않아 이러한 규정을 이용하여 순손익가치를 적정가액보다 낮게 평가될 수 있는 문제점이 있었으나 개정 이후에는 이러한 문제점이 일부 해소되었다.

(3) 발행주식총수

각 사업연도 소득에서 각 사업연도 종료일 현재의 발행주식총수를 나눈 것이 각 사업연도의 1주당 순손익액이 된다. 이때 발행주식총수의 계산에서 평가기준일이 속하는 사업연도 이전 3년 이내에 증자 또는 감자를 한 사실이 있는 경우에는 증자 또는 감자 전의 각 사업연도 종료일 현재의 발행주식총수는 기획재정부령으로 정하는 바에 따르며(상증령 §56 ③), 증자 또는 감자 전의 각 사업연도 종료일 현재의 발행주식총수는 다음 각 호의 계산식에 따라 환산한 주식수에 의한다(상증칙 §17의3 ⑤). 1주당 최근 3년간의 순손익액의 가중평균액을 계산함에 있어서 사업연도가 1년 미만인 경우에는 1년으로 계산한 가액(환산가액)으로 한다(상증칙 §17의3 ②). "평가기준일이 속하는 사업연도 전 3년 이내에 무상증자 또는 무상감자를 한 사실이 있는 경우"의 의미는 "평가기준일이 속하는 사업연도 중에 무상증자 또는 무상감자를 하여 평가기준일 현재 주식수가 증가하거나 감소한 경우도 포함한다(재재산 46014-44, 2002.2.22.)."

(3)-1. 발행주식총수와 환산주식수

(가) 2011.7.25. 개정된 후

1주당 최근 3년간 순손익액의 가중평균액 계산에 있어서 각 사업연도의 주식수는 각 사업연도 종료일 현재의 발행주식총수에 의한다. 다만, 평가기준일이 속하는 사업연도 전 3년 이내에 증자 또는 감자를 한 사실이 있는 경우에는 증자 또는 감자 전의 각 사업연도 종료일 현재의 발행주식총수는 기획재정부령이 정하는 바에 의한다(상증령 §56 ③).

* 기획재정부령(환산한 주식수)

• 환산주식수: 유・무상증자의 경우

$$\text{증자 전 각 사업연도 말 주식수} \times \frac{(\text{증자 직전 사업연도 말 주식수} + \text{증자주식수})}{\text{증자 직전 사업연도 말 주식수}}$$

• 환산주식수: 유・무상감자의 경우

$$\text{감자 전 각 사업연도 말 주식수} \times \frac{(\text{감자 직전 사업연도 말 주식수} - \text{감자주식수})}{\text{감자 직전 사업연도 말 주식수}}$$

2011.7.25. 개정되기 전에는 평가기준일이 속하는 사업연도 전 3년 이내에 무상증자 또는 무상감자를 한 사실이 있는 경우에만 각 사업연도 종료일 현재 총발행주식수를 환산하여 적용하였으나 2011.7.25. 이후 상속·증여부터는 평가기준일이 속하는 사업연도 전 3년 이내에 유상증자 및 유상감자가 있는 경우에도 각 사업연도 종료일 현재 총발행주식수를 환산하여 적용하고 이 경우 유상증자·감자에 따른 효과를 각 사업연도 순손익액에 반영하도록 개정하였다. 이 경우 "평가기준일이 속하는 사업연도 전 3년 이내에 증자 또는 감자를 한 사실이 있는 경우"란 평가기준일이 속하는 사업연도 중에 증자 또는 감자를 하여 평가기준일 현재 주식수가 증가하거나 감소한 경우를 포함한다(재산세과-172, 2012.5.8.). 유상증자·유상감자의 경우에는 각 사업연도 순손익액 계산 시에도 자본금의 변동이 없는 무상증자·무상감자와 달리 유상증자·유상감자에 따른 자본금의 추가 납입 등이 발생하므로 아래와 같이 각 사업연도 순손익액에 유상증자·유상감자에 따른 효과를 반영하고 있다(상증령 §56 ⑤).

유상 증자·감자 반영금액 = 각 사업연도 순손익액 ± (유상 증자·감자금액 × 자기자본이익률 10%)

* 사업연도 중 유상 증자·감자가 있는 경우 유상 증자·감자 전까지의 기간만 반영하도록 월할계산하며, 1개월 미만은 1개월 계산

(나) 2011.7.25. 개정되기 전

1주당 최근 3년간 순손익액의 가중평균액 계산에 있어서 각 사업연도의 주식수는 각 사업연도 종료일 현재의 발행주식총수에 의한다. 다만, 평가기준일이 속하는 사업연도 전 3년 이내에 무상증자 또는 무상감자를 한 사실이 있는 경우에는 무상증자 또는 무상감자 전의 각 사업연도 종료일 현재의 발행주식총수는 기획재정부령이 정하는 바에 의한다 (2011.7.25. 대통령령 제23040호로 개정되기 전의 상증령 §56 ②).

• 환산주식수: 무상증자의 경우

$$\text{무상증자 전 각 사업연도 말 주식수} \times \frac{(\text{무상증자 직전 사업연도 말 주식수} + \text{무상증자주식수})}{\text{무상증자 직전 사업연도 말 주식수}}$$

• 환산주식수: 무상감자의 경우

$$\text{무상감자 전 각 사업연도 말 주식수} \times \frac{(\text{무상감자 직전 사업연도 말 주식수} - \text{무상감자주식수})}{\text{무상감자 직전 사업연도 말 주식수}}$$

이와 같이 무상증자나 무상감자가 있는 경우 무상증자 또는 무상감자 전의 각 사업연도 종료일 현재의 발행주식총수를 환산주식수로 하는 이유는 순손익가치에 의해 1주당 순손익액을 계산하는 산식에서 '최근 3년간의 순손익액의 가중평균액'을 계산할 때 최근 3년간의 사업연도 종료일 현재의 주식수를 환산하지 아니한 장부상의 주식수로 할 경우에는 증여재산가액이 과대 또는 과소평가될 수가 있다. 예를 들면, '순자산가치'에 의한 1주당 순자산가액을 계산할 때 무상증자와 무상감자는 자본의 실질적 크기에는 변동이 없다(무상증자나 무상감자는 자본의 구성내용만 달라질 뿐 자본의 크기, 즉 순자산은 변동이 없다). 따라서 무상증자의 경우 무상증자로 보유 주식수가 증가하였지만, 보유주식의 전체 주식가치에는 아무런 변동이 없다(주식수의 증가로 1주당 순자산가치는 감소하였으나 상대적으로 주식수가 증가하였으므로 보유주식 전체의 주식가치는 무상증자 전이나 후에 변동이 없는 것이 된다).

한편, '순손익가치'에 의한 주식가치 계산에서 각 사업연도의 1주당 순손익액은 순손익액을 각 사업연도 종료일 현재의 발행주식총수로 나눈 값을 말한다. 결국 발행주식총수에 의해 1주당 순손익액을 결정하게 된다. 따라서 사업연도 종료일 현재 발행주식총수가 평가기간(3년) 동안 변동이 없을 경우에는 아무런 문제가 없겠으나 평가기간 이내에 무상증자나 무상감자가 있는 경우에는 발행주식총수가 증가 또는 감소하게 되며, 이로 인하여 1주당 순손익액이 영향을 받게 될 것이다. 결국 1주당 순손익액의 영향으로 주식가치의 평가가 달라질 수 있는데, '순자산가치'에 의한 1주당 순자산가액을 계산할 때와 마찬가지로 1주당 순손익액을 계산할 때에도 무상증자 등으로 보유주식의 총주식가치에 영향을 주지 않기 위해서는 각 사업연도 종료일 현재의 주식수를 환산하여야만 가능하다(≪사례 1≫ 참조). 이러한 규정은 무상증자 또는 무상감자 등으로 주식수의 증가 또는 감소에 따라 증여재산가액이 과대 또는 과소평가될 소지가 있으므로 이를 방지하자는 데 그 근거를 두고 있다.

2011.7.25. 대통령령 제23040호로 개정되기 전(상증령 §56 ②)에는 유상증자의 경우 환산주식수에 대해 대법원은 "무상주의 경우 유상증자와는 달리 새로 납입되는 자본금 없이 주식수만 늘어날 뿐이어서 그만큼 가치가 희석되는데, 무상주 발행 전후에 걸쳐 그러한 희석으로 인해 순손익가치가 과다산정되는 것을 고려한 것이다."고 판시하고 있다. 한편, 유상증자에 대해서는 "주식의 순손익가치는 사업연도라는 일정한 기간 동안 올린 순손익액을 해당 사업연도의 발행주식총수로 나누어 산정되는 것으로서, 그 기간 동안의 순손익액 실현에 전혀 기여한 바 없는 신주의 수를 합산하지 아니하고, '사업연도 종료일 현재의 발행주식총수'를 기준으로 이를 산정한다 하더라도 구 상속증여세법 제34조의7, 제9조 제2항이 정한 시가주의원칙에 위배된다고 볼 수 없다. 따라서 '평가기준일 현재의 발행주식총수'를 적용하여 순손익가치를 산정할 아무런 근거가 없다(대법원 2002두9667, 2003.10.10., 대법원 2005두2063, 2007.1.25.)."고 하였다.

(3)-2. 발행주식총수를 환산해야 하는 이유

사례 ② ••• 환산주식수와 증여재산가액 (1)

☐ 순자산가치에 의한 평가

구분	무상증자 전			무상증자 후		
	2010		2011.5.1.	2010		2011.5.1.
순자산가액	-		5,000,000,000	-		5,000,000,000
기초주식수	400,000		400,000	400,000		500,000
무상증자	-		-	100,000		-
기말주식수	400,000		400,000	500,000		500,000
1주당 순자산가액	-		12,500	-		10,000
주주 현황	주주	주식수	지분율	주주	주식수	지분율
	갑	200,000	50%	갑	250,000	50%
	소액주주	200,000	50%	소액주주	250,000	50%
	합계	400,000	100%	합계	500,000	100%

㈜ 2010.11.12. 재평가적립금 500,000,000원 자본전입(1주당 액면가액 5,000원)으로 무상주발행주식 100,000주, 평가기준일(증여일) 2011.5.1. 순손익가치는 0원이다. 수증자는 甲이다.

재평가적립금 500,000,000원 자본전입으로 무상주 100,000주를 발행하였으나 기업의 자본구성 내용에는 차이(자본준비금에서 자본금으로)가 있으나 총순자산가액(자본)에는 변동이 없다. 따라서 주주 입장에서는 자본전입 전이나 자본전입 후나 평가기준일의 주식가치(순자산가치)에 대하여는 주식가치의 증가(이익)나 감소(손실)가 발생하지 않아야 한다.

- $1주당\ 평가액 = \dfrac{(1주당\ 순손익가치 \times 3 + 1주당\ 순자산가치 \times 2)}{5}$
- 증여재산가액 = 1주당 평가액 × 증여주식수

① 무상증자 전 증여재산

- 1주당 평가액: $\dfrac{(0 \times 3 + 12,500 \times 2)}{5} = 5,000$원
- 증여재산가액: 5,000원 × 200,000주 = 1,000,000,000원

② 무상증자 후 증여재산

- 1주당 평가액: $\dfrac{(0 \times 3 + 10,000 \times 2)}{5} = 4,000$원
- 증여재산가액: 4,000원 × 250,000주 = 1,000,000,000원

위의 사례에서 무상증자로 1주당 평가액은 5,000원에서 4,000원으로 되었다. 그러나 무상증자를 하지 않은 경우와 무상증자를 한 경우 모두 증여재산가액은 1,000,000,000원으로 동일하다. 이것은 무상증자가 총순자산가액(자본)에 영향을 미치지 않으므로 주주 입장에서는 무상증자 전·후 주식가치에 이익이나 손실이 발생하지 않는 것과 같다(무상증자로 1주당 순자산가치는 감소하였으나 주식수의 증가로 총주식가치에는 변동이 없다). 같은 이유로 과거 3년간 총순자산가액의 변동이 없었다면(과거 3년간의 가중평균액을 계산한다고 가정할 때) 무상증자나 무상감자가 있었다는 이유로 증여재산가액이 달라져서는 안 될 것이다. 마찬가지로 순손익가치에 의해 주식의 평가를 하는데도 무상증자나 무상감자가 있었다는 이유로 증여재산가액이 달라져서는 안 된다. 즉 순자산가치에 의한 주식 평가 시 자본전입으로 무상주를 발행하여 발행주식총수가 증가하였으나 무상증자 전이나 무상증자 후에 증여재산가액이 변동 없었던 것과 마찬가지로 순손익가치에 의한 주식 평가를 하는 경우에도 무상증자 전이나 무상증자 후에 증여재산가액은 변동이 없어야

한다는 것이다. 이와 같은 현상은 다음에 설명하는 순손익가치 계산을 할 때에 사업연도 종료일 현재의 주식수가 아닌 환산주식수를 사용해야 하는 이유이다(순자산가치에 의한 1주당 순자산가액 계산은 평가기준일 현재의 주식수를 기준으로 하고 있으므로 환산주식수의 문제는 발생하지 않는다).

□ 순손익가치에 의한 평가

| 무상증자를 한 경우 |

<table>
<tr><th>구분</th><th colspan="2">2008</th><th colspan="2">2009</th><th colspan="2">2010</th><th>2011.5.</th></tr>
<tr><td>순손익액 ①</td><td colspan="2">5,000,000,000</td><td colspan="2">5,000,000,000</td><td colspan="2">5,000,000,000</td><td>–</td></tr>
<tr><td>기초주식수</td><td colspan="2">400,000</td><td colspan="2">400,000</td><td colspan="2">400,000</td><td>500,000</td></tr>
<tr><td>무상증자</td><td colspan="2">–</td><td colspan="2">–</td><td colspan="2">100,000</td><td>–</td></tr>
<tr><td>기말주식수 ②</td><td colspan="2">400,000</td><td colspan="2">400,000</td><td colspan="2">500,000</td><td>500,000</td></tr>
<tr><td>1주당 순손익액(①/②)</td><td colspan="2">12,500</td><td colspan="2">12,500</td><td colspan="2">10,000</td><td></td></tr>
<tr><td>환산주식수 ③</td><td colspan="2">500,000</td><td colspan="2">500,000</td><td colspan="2">500,000</td><td></td></tr>
<tr><td>1주당 순손익액(①/③)</td><td colspan="2">10,000</td><td colspan="2">10,000</td><td colspan="2">10,000</td><td></td></tr>
<tr><td rowspan="4">주주 현황</td><td>주주</td><td>주식수</td><td>주주</td><td>주식수</td><td>주주</td><td>주식수</td><td></td></tr>
<tr><td>갑</td><td>200,000</td><td>갑</td><td>200,000</td><td>갑</td><td>250,000</td><td></td></tr>
<tr><td>소액
주주</td><td>200,000</td><td>소액
주주</td><td>200,000</td><td>소액
주주</td><td>250,000</td><td></td></tr>
<tr><td>합계</td><td>400,000</td><td>합계</td><td>400,000</td><td>합계</td><td>500,000</td><td></td></tr>
</table>

㈜ 순자산가치는 0원이며, 순손익가치환원율은 10%이다.

① 순손익액의 가중평균액 계산(환산하지 않았을 경우)

- 평가기준일 이전 1년 1주당 순손익액 10,000 × 3 = 30,000
- 평가기준일 이전 2년 1주당 순손익액 12,500 × 2 = 25,000
- 평가기준일 이전 3년 1주당 순손익액 12,500 × 1 = 12,500

  계 6 = 67,500

- 1주당 순손익액의 가중평균액: $\frac{67,500}{6} = 11,250$

- 1주당 가액: $\frac{11,250}{10\%} = 112,500$

② 순손익액의 가중평균액 계산(환산한 경우)

- 평가기준일 이전 1년 1주당 순손익액 10,000 × 3 = 30,000
- 평가기준일 이전 2년 1주당 순손익액 10,000 × 2 = 20,000
- 평가기준일 이전 3년 1주당 순손익액 10,000 × 1 = 10,000

계 6 = 60,000

- 1주당 순손익액의 가중평균액: $\frac{60,000}{6}$ = 10,000
- 1주당 가액: $\frac{10,000}{10\%}$ = 100,000

| 무상증자를 하지 않았을 경우 |

<table>
<tr><th>구분</th><th colspan="2">2008</th><th colspan="2">2009</th><th colspan="2">2010</th><th>2011.5.</th></tr>
<tr><td>순손익액</td><td colspan="2">5,000,000,000</td><td colspan="2">5,000,000,000</td><td colspan="2">5,000,000,000</td><td>–</td></tr>
<tr><td>기초주식수</td><td colspan="2">400,000</td><td colspan="2">400,000</td><td colspan="2">400,000</td><td>400,000</td></tr>
<tr><td>무상증자</td><td colspan="2">–</td><td colspan="2">–</td><td colspan="2">–</td><td>–</td></tr>
<tr><td>기말주식수</td><td colspan="2">400,000</td><td colspan="2">400,000</td><td colspan="2">400,000</td><td>400,000</td></tr>
<tr><td>1주당 순손익액</td><td colspan="2">12,500</td><td colspan="2">12,500</td><td colspan="2">12,500</td><td>–</td></tr>
<tr><td rowspan="4">주주 현황</td><td>주주</td><td>주식수</td><td>주주</td><td>주식수</td><td>주주</td><td>주식수</td><td rowspan="4"></td></tr>
<tr><td>갑</td><td>200,000</td><td>갑</td><td>200,000</td><td>갑</td><td>200,000</td></tr>
<tr><td>소액주주</td><td>200,000</td><td>소액주주</td><td>200,000</td><td>소액주주</td><td>200,000</td></tr>
<tr><td>합계</td><td>400,000</td><td>합계</td><td>400,000</td><td>합계</td><td>400,000</td></tr>
</table>

㈜ 순자산가치는 0원이며, 순손익가치환원율은 10%이다.

③ 순손익액의 가중평균액 계산

- 평가기준일 이전 1년 1주당 순손익액 12,500 × 3 = 37,500
- 평가기준일 이전 2년 1주당 순손익액 12,500 × 2 = 25,000
- 평가기준일 이전 3년 1주당 순손익액 12,500 × 1 = 12,500

계 6 = 75,000

- 1주당 순손익액의 가중평균액: $\frac{75,000}{6}$ = 12,500

• 1주당 가액: $\frac{11,250}{10\%}$ = 125,000

위의 두 사례 무상증자를 한 경우(환산하지 않은 경우와 환산한 경우)와 무상증자를 하지 않았을 경우 각각 증여재산가액을 계산해 보면 다음과 같다.

① 무상증자한 경우(환산하지 않았을 경우)

• 1주당 평가액: $\frac{(112,500 \times 3 + 0 \times 2)}{5}$ = 67,500원

• 증여재산가액: 67,500원 × 250,000주 = 16,875,000,000원

② 무상증자한 경우(환산한 경우)

• 1주당 평가액: $\frac{(100,000 \times 3 + 0 \times 2)}{5}$ = 60,000원

• 증여재산가액: 60,000원 × 250,000주 = 15,000,000,000원

③ 무상증자하지 않았을 경우

• 1주당 평가액: $\frac{(125,000 \times 3 + 0 \times 2)}{5}$ = 75,000원

• 증여재산가액: 75,000원 × 200,000주 = 15,000,000,000원

앞서 순자산가치의 경우 무상증자를 한 경우나 무상증자를 하지 않았을 경우나 증여재산가액에는 아무런 변동이 없었다. 마찬가지로 순손익가치에 의한 평가에서도 무상증자 등으로 인하여 증여재산가액이 달라져서는 안 될 것이므로, 위 사례에서 무상증자를 하지 않았을 경우의 증여재산가액은 150억원이 되고, 무상증자를 하였으나 환산주식수에 의한 증여재산가액은 150억원이 된다. 환산주식수에 의하여 증여재산가액은 무상증자를 하지 않았을 경우의 증여재산가액과 같게 된다(순자산가치 계산에서 무상증자가 증여재산가액에 아무런 변동을 주지 않은 것처럼). 한편, 무상증자주식을 환산하지 않은 주식수로 증여재산가액을 평가하게 되면 위와 같이 16,875,000,000원이 되어 결국 1,875,000,000원(16,875,000,000원 − 15,000,000,000원)의 이익을 더 증여한 결과에 이르게 된다. 따라서 무상증자 등이 있는 경우에 1주당 순손익액을 환산주식수로 하게 되면 이러한 문제점을 해소할 수 있게 된다.

사례 3 ••• 환산주식수와 증여재산가액 (2)

다음의 사례(심사-증여-2016-0048, 2017.3.15.)는 각 사업연도 종료일 현재의 발행주식총수를 환산하지 아니한 경우와 환산한 경우의 1주당 최근 3년간 순손익액의 가중평균액을 보여주고 있다. 계산한 바에 따르면 1주당 순손익가치가 환산하지 아니한 경우 1,704,640원으로 평가되었고 환산한 경우 179,460원으로 평가되었다. 이로 인해 증여재산가액은 환산하지 아니한 경우 487,830,000원, 환산한 경우 41,430,000원으로 각각 계산되었다. 유상증자 내용은 다음과 같았다.

연도별	기초 주식수	유상증자	무상증자	기말 주식수
설립(2008.4.16.)	2,000	–	–	2,000
증자(2014.12.10.)	2,000	180,000	–	200,000
현재(2014.12.10.)	200,000	–	–	200,000

각 사업연도 종료일 현재의 발행주식총수를 환산하지 아니한 경우 1주당 최근 3년간 순손익액의 가중평균액은 다음과 같이 계산된다.

사업연도	계	2013	2012	2011
(16) 순손익액		616,650,018	58,074,920	79,474,751
(17) 유상증(감)자 시 반영액		–	–	–
(18) 순손익액((16)±(17))		616,650,018	58,074,920	79,474,751
(19) 사업연도 말 주식수 또는 환산주식수		2,000	2,000	2,000
(20) 주당 손익액((18)÷(19))		308,325(ⓐ)	29,037(ⓑ)	39,737(ⓒ)
(21) 가중평균액1)	170,464			
(22) 기획재정부장관이 고시하는 이자율	10%			
(23) 최근 3년간 순손익액의 가중평균액에 의한 1주당 가액((21)÷(22))	1,704,640			

각 사업연도 종료일 현재의 발행주식총수를 환산한 경우의 1주당 최근 3년간 순손익액의 가중평균액은 다음과 같이 계산된다.

사업연도	계	2013	2012	2011
(16) 순손익액		616,650,018	58,074,920	79,474,751
(17) 유상증(감)자 시 반영액		18,000,000	18,000,000	18,000,000
(18) 순손익액((16)±(17))		634,650,018	76,074,920	97,474,751
(19) 사업연도 말 주식수 또는 환산주식수		20,000	20,000	20,000
(20) 주당 손익액((18)÷(19))		31,733(ⓐ)	3,803(ⓑ)	4,873(ⓒ)
(21) 가중평균액2)	17,946			
(22) 기획재정부장관이 고시하는 이자율	10%			
(23) 최근 3년간 손익액의 가중평균액에 의한 1주당 가액((21)÷(22))	179,460			

(4) 순손익액의 계산구조

법인세법상 각 사업연도 소득금액 손금산입 충당금(준비금) 일시환입 시 안분한 금액 포함	법인세법 제66조에 의해 경정된 경우 경정 소득금액

법인세과세표준 및 세액조정계산서(별지 제3호 서식) ⑩의 금액

±

소득에 가산할 금액	② 국세, 지방세 과오납에 대한 환급금이자	(법인법 §18 4)
	③ 수입배당금 중 익금불산입한 금액	(법인법 §18의2 · §18의3)
	④ 기부금의 손금산입한도액 초과금액의 이월손금산입액	법인법 §24 ④ 조특법 §73 ④ 2010.12.27. 조특법 §73 삭제
가. 소계(① + ② + ③ + ④)		
소득에서 공제할 금액	⑤ 벌금, 과료, 과태료 가산금과 체납처분비	(법인법 §21 3)
	⑥ 손금 용인되지 않는 공과금	(법인법 §21 4)
	⑦ 업무에 관련 없는 지출	(법인법 §27)
	⑧ 각 세법에 규정하는 징수불이행 납부세액	(법인법 §21 1 및 법인령 §21)
	⑨ 기부금 한도초과액	(법인법 §24)
	⑩ 접대비 한도초과액	(법인법 §25)
	⑪ 과다경비 등의 손금불산입액	(법인법 §26)
	⑫ 지급이자의 손금불산입액	(법인법 §28)
	⑬ 감가상각비(시행령 제56조 제4항 라목)	(법인령 §32 ①)(감가상각비 시인부족액 - 상각부인액 손금추인)
	⑭ 법인세 총결정세액	평가대상 각 사업연도의 소득에 대하여 납부하였거나 납부하여야 할 법인세, 농어촌특별세 및 지방소득세의 총결정세액
	⑮ 농어촌특별세 총결정세액	
	⑯ 지방소득세 총결정세액	
나. 소계(⑤ ~ ⑯)		
다. 순손익액(가 - 나)		
라. 유상증자 · 감자 시 반영액		

⇩

상속증여세법상 순손익액(다 ± 라)

상속증여세법 시행령 제56조 제4항의 순손익액을 산출하는 출발점은 법인세법 시행규칙(별지 제3호 서식) 법인세 과세표준 및 세액조정계산서 '각 사업연도 소득계산'의 ⑩⑦번란의 각 사업연도 소득금액에서 시작된다.

법인세법 시행규칙 〔별지 제3호 서식〕

사업연도		법인세 과세표준 및 세액조정계산서	법 인 명	
			사업자등록번호	

① 각 사업연도 소득계산	⑩① 결 산 서 상 당 기 순 손 익		01	
	소 득 조 정 금 액	⑩② 익 금 산 입	02	
		⑩③ 손 금 산 입	03	
	⑩④ 차 가 감 소 득 금 액(⑩①+⑩②−⑩③)		04	
	⑩⑤ 기 부 금 한 도 초 과 액		05	
	⑩⑥ 기부금한도초과이월액손금산입		54	
	⑩⑦ 각 사업연도 소득금액(⑩④+⑩⑤−⑩⑥)		06	

법인세법상 각 사업연도 소득금액은 결산서상 당기순손익에 기업회계와 세무회계의 차이에서 발생하는 항목들을 가감하여 산출한다. 예를 들면, 법인세 등은 기업회계기준(당기순이익)에서는 비용이나 법인세법에서는 비용(손금)이 아니므로 익금(손금불산입)으로 한다. 기업업무추진비는 기업활동에 있어 필요하다. 그러나 법인세법에서는 일정한도 내에서만 비용으로 인정하고 한도를 초과하는 금액은 비용으로 인정하지 않는다(손금불산입). 이와 같이 법인의 과세소득을 산출하기 위해 기업회계에서는 비용이나 법인세법에서는 비용(손금)으로 보지 않으며, 또한 기업회계에서는 수익이나 법인세법에서는 수익으로 보지 않는 것들의 항목을 가감한 것이 차가감 소득금액(⑩④)이 되고 여기에다 기부금한도초과액을 더하고 기부금한도초과 이월액 손금산입을 차감하면 각 사업연도 소득금액이 계산된다.

상속증여세법에서 순손익액을 산출하는 과정은 법인의 각 사업연도 소득금액 계산상 익금에 산입하지 아니한 금액 중에 당해 법인의 수익에 해당되는 것은 가산하고 손금에 산입하지 아니한 금액 중에 당해 법인의 수익활동과 관련되어 발생한 비용들은 차감하도록 하고 있다. 즉 법인세법에서 각 사업연도 소득을 계산할 때 각각 익금과 손금에 산입하지 아니한 금액 중에 상속증여세법에 따라 반대로 각각 가산과 차감으로 하여 순손익액을 산출하고 있다. 이러한 것들은 반드시 일치하지는 않지만 상속증여세법상의 순손익액은 각 사업연도 소득에서 가산한 금액은 차감하고, 차감한 금액은 가산하게 되면 기업회계에 의해 작성된 손익계산서(당기순이익)에 이르게 된다. 이러한 이유로 상속증여세법상 순손익액의 계산은 법인세법상의 각 사업연도 소득금액을 산출하는 과정과 기업회계에서의 당기순손익에 대한 계산구조의 이해가 선행되어 있어야 한다. 법인세법의 각 사업연도 소득의 계산구조에 대한 이해만 잘 되어 있다면 비상장주식의 평가는 기계적인 계산방법이다. 뒤에서 설명하는 순자산가액 계산도 법인세법의 이해(법인세법의 이해 이전에 기업회계의 이해가 선행되어야 한다)가 우선되어야 함은 물론이다.

- 각 사업연도 소득(법인세법) = 당기순이익 + 익금(손금불산입) − 손금(익금불산입) + 기부금한도초과액
- 순손익액(상속세 및 증여세법) = 각 사업연도 소득 + 상증법상 가산 − 상증법상 차감

위에서 설명한 기업회계(장부)와 법인세법, 상속증여세법과의 관계를 다음과 같은 방식을 예를 들어 볼 수 있겠다.

| 손익계산서와 법인세법 및 상속증여세법과의 관계 |

구분	I/S	법인세법	상속증여세법		해설
과오납금 환급금이자	수익	수익 아님	가산	수익	각 사업연도 소득금액 + 상증법상 수익 = 기업회계 수익
익금불산입 배당소득	수익	수익 아님		수익	
벌금, 과료 등	비용	비용 아님	차감	비용	각 사업연도 소득금액 - 상증법상 비용 = 기업회계기준상 순손익
손금용인되지 않는 공과금	비용	비용 아님		비용	
업무와 관련없는 지출	비용	비용 아님		비용	
징수불이행납부세액	비용	비용 아님		비용	
기업업무추진비한도초과액	비용	비용 아님		비용	
기부금한도초과액	비용	비용 아님		비용	
과다경비 손금불산입	비용	비용 아님		비용	
지급이자 손금불산입	비용	비용 아님		비용	

구분	I/S	법인세법	상속증여세법		해설
법인세 등	비용	비용 아님		비용	
미계상 감가상각비 등	미계상	비용 아님		비용	적극적 비용[62)]
계	당기 순이익	사업연도 소득	±	순손익액	

순손익액 계산의 기본구조는 기업가치평가를 위한 기업의 수익력(과거수익) 측정이다. 따라서 기업회계나 법인세법에서 수익(익금)이나 비용(손금)으로 손익계산서나 각 사업연도 소득에 반영하지 아니한 것도 기업의 정확한 수익력 측정을 위해서는 수익이나 비용에 해당되면 손익계산서나 각 사업연도 소득 계상 여부와 관계없이 수익이나 비용으로 보아야 한다. 예를 들면, 감가상각비와 관련하여 법인세법에서는 감가상각비를 계상한 경우에 한해 법인세법상의 한도 내에서 비용(손금)으로 인정하며, 감가상각비를 기업이 계상하지 아니한 경우에는 비용으로 인정하지 아니한다. 그러나 상속증여세법상의 순손익액 계산에서는 감가상각비, 대손금 등 기업의 비용으로 확정된 것은 손익계산서 계상 여부 또는 각 사업연도 소득의 손금 여부와 관계없이 주식가치의 정확한 평가를 위하여 기업의 비용으로 보고 있다. 그 이유는 당해 법인의 순자산을 증가시키는 수익의 성질을 가졌지만 조세 정책상의 이유 등으로 각 사업연도 소득금액 계산 시 익금불산입된 금액 등을 가산하고, 그와 반대로 당해 법인의 순자산을 감소시키는 손비의 성질을 가졌지만 역시 조세 정책상의 이유 등으로 각 사업연도 소득금액 계산 시 손금에 손금불산입된 금액 등을 차감하여 '순손익액'을 산정함으로써 평가기준일 현재의 주식가치를 보다 정확히 파악하기 위한 것이다(대법원 2011두22280, 2013.11.14.). 따라서 각 사업연도 소득을 계산할 때 손금에 산입된 충당금 또는 준비금이 세법의 규정에 따라 일시 환입되는 경우에는 해당 금액이 환입될 연도를 기준으로 안분한 금액을 환입될 각 사업연도 소득에 가산한다(상증령 §56 ④).

(4)-1. 각 사업연도 소득금액에 가산할 금액

각 사업연도 소득에 가산할 금액을 '평가심의위원회 운영규정 별지 제4호 서식 부표3'에서 정하고 있는 '비상장 등 주식평가서(7. 순손익액)'의 순서에 따라 정리하면 다음과

62) 미계상 또는 과소계상 감가상각비가 있는 경우 조세심판사례와 국세청예규가 상충하고 있었으나(재산세과-484, 2011.10.19.; 서사-1418, 2004.9.13.; 국심 2006서1176, 2007.2.9.; 국심 2005서2006, 2005.11.24.), 감가상각비 시인부족액을 차감할 수 있도록 명문화 함(상증령 §56 ④, 2014.2.21. 개정).

같다(상증령 §56 ④ 1).

① 국세 또는 지방세의 과오납금의 환급금에 대한 이자의 익금불산입금액

법인세법 제18조 제4호에 의한 국세 등 과오납금의 환급금에 대한 이자는 수입이자로 기업회계에서는 수익이나, 법인세법에서는 조세정책적인 측면에서 익금(수익)으로 보지 아니하고 있다. 그러나 기업가치 평가를 하는데 있어서는 각 사업연도 소득에 가산한다.

② 수입배당금 중 법인세법상의 익금불산입금액

기업이 받은 배당소득은 배당수입으로 수익에 해당된다. 그러나 법인세법에서는 이중과세조정을 위해 배당수입금액의 일정부분에 대해서만 익금으로 하고 있다. 순손익가치에 의해 기업가치를 평가하는 데 있어서는 배당수입금액은 전액을 수익으로 하여야만 기업의 수익력을 적절히 나타낼 수 있을 것이다. 따라서 법인세법 제18조의2 및 제18조의3에 따른 수입배당금액 중 익금불산입이 된 배당수입금액을 각 사업연도 소득에 가산한다.

| 일반법인의 수입배당금 익금불산입률(법인법 §18의2) |

지분율	익금불산입률
50% 이상	100%
20% 이상 80% 미만	80%
20% 미만	30%

| 외국자회사의 수입배당금 익금불산입률(법인법 §18의4) |

지분율	익금불산입률
20% 또는 5% 이상	95%

③ 이월액 기부금의 손금산입금액

법인세법 제24조 제5항 및 조세특례제한법 제73조 제4항(2010.12.27. 삭제)의 기부금으로 기부금의 손금산입한도액을 초과하여 손금에 산입하지 아니한 금액은 해당 사업연도의 다음 사업연도 개시일부터 10년 이내에 끝나는 각 사업연도로 이월하여 그 이월된 사업연도의 소득금액을 계산할 때 손금산입한도액의 범위에서 손금에 산입한다(법인법 §24 ⑤). 이때 각 사업연도 소득금액 계산 시 손금에 산입된 이월기부금(기부금 조정명세서. 기부금 이월액 명세 ㉗해당 사업연도 손금추인액)은 당해 사업연도의 비용이 아님에도

법인세법에서는 손금으로 하고 있다. 이월액 기부금의 손금산입금액은 당해 사업연도 비용이 아니므로 각 사업연도 소득에 가산한다.

사업 연도	. . . ~ . . .	**기부금조정명세서**	법 인 명	
			사업자등록번호	

1. 「법인세법」 제24조 제2항 제1호에 따른 기부금 손금산입액 한도액 계산			
① 소득금액 계		⑤ 이월잔액 중 손금산입액 MIN[④, ㉓]	
② 「법인세법」 제13조 제1항 제1호에 따른 이월결손금 합계액 (기준소득금액의 60% 한도)		⑥ 해당연도지출액 손금산입액 MIN[(④-⑤)>0, ③]	
③ 「법인세법」 제24조 제2항 제1호에 따른 기부금 해당 금액		⑦ 한도초과액 [(③-⑥)>0]	
④ 한도액 {[(①-②)>0]×50%}		⑧ 소득금액 차감잔액 [(①-②-⑤-⑥)>0]	

2. 「조세특례제한법」 제88조의4에 따라 우리사주조합에 지출하는 기부금 손금산입액 한도액 계산			
⑨ 「조세특례제한법」 제88조의4 제13항에 따른 우리사주조합 기부금 해당 금액		⑪ 손금산입액 MIN (⑨, ⑩)	
⑩ 한도액 (⑧)×30%		⑫ 한도초과액 [(⑨-⑩)>0]	

3. 「법인세법」 제24조 제3항 제1호에 따른 기부금 손금산입 한도액 계산			
⑬ 「법인세법」 제24조 제3항 제1호에 따른 기부금 해당 금액		⑯ 해당연도지출액 손금산입액 MIN[(⑭-⑮)>0, ⑬]	
⑭ 한도액((⑧-⑪)×10%, 20%)		⑰ 한도초과액 [(⑬-⑯)>0]	
⑮ 이월잔액 중 손금산입액 MIN(⑭, ㉓)			

4. 기부금 한도초과액 총액		
⑱ 기부금 합계액(③+⑨+⑬)	⑲ 손금산입 합계(⑥+⑪+⑯)	⑳ 한도초과액 합계 (⑱-⑲)=(⑦+⑫+⑰)

5. 기부금 이월액 명세						
사업연도	기부금 종류	㉑한도초과 손금불산입액	㉒기공제액	㉓공제가능 잔액(㉑-㉒)	㉔해당사업연도 손금추인액	㉕차기이월액 (㉓-㉔)
합계	「법인세법」 제24조 제2항 제1호에 따른 기부금					
	「법인세법」 제24조 제3항 제1호에 따른 기부금					
	「법인세법」 제24조 제2항 제1호에 따른 기부금					
	「법인세법」 제24조 제3항 제1호에 따른 기부금					
	「법인세법」 제24조 제2항 제1호에 따른 기부금					
	「법인세법」 제24조 제3항 제1호에 따른 기부금					

④ 업무용승용차 관련비용 손금산입금액

법인세법 제27조의2 제3항의 업무용승용차 관련비용(감가상각비 등) 손금불산입금액과 제4항 업무용승용차 처분손실 손금불산입된 금액을 손금산입하는 경우 해당 사업연도의 손금에 산입한 금액은 각 사업연도 소득에 가산한다.

⑤ 준비금 등 일시환입 시 안분한 환입금액

각 사업연도 소득금액 계산 시 손금에 산입된 충당금 또는 준비금이 세법의 규정에 따라 일시환입되는 경우에는 당해 금액이 환입될 연도를 기준으로 안분한 금액을 환입될 각 사업연도 소득에 가산한다(상증령 §56 ④). 손금산입된 준비금이 조세특례제한법상 사후관리위반으로 일시환입된 경우 당해 금액은 당초 환입될 사업연도로 안분한 금액을 환입될 각 사업연도 소득에 가산한다(재산상속 46014-760, 2000.6.24.). 순자산가액 계산 시 각종 준비금과 충당금은 부채에서 제외한다. 부채에서 제외하므로 준비금 등 관련 유보금액(+, -)도 당연 유보금액에서 제외한다. 그런데 준비금 등의 환입액(유보액의 환입)을 가산한다는 것은 서로 상충된다고 할 수 있겠다. 이에 대해 대법원(대법원 2011두22280, 2013.11.14.)은 가공의 익금에 불과한 조세특례제한법 제4조의 중소기업투자준비금 및 제9조의 연구 및 인력개발준비금 환입액을 각 사업연도 소득에 가산하여 1주당 순손익가치 산정의 기초가 되는 '순손익액'을 산정하는 것은 허용되지 않는다(상속증여세법 시행령 제56조 제3항 후문은 각 사업연도 소득 계산 시 손금에 산입된 충당금 또는 준비금이

세법의 규정에 따라 일시 환입되는 경우에는 당해 금액이 환입될 연도를 기준으로 안분한 금액을 환입될 각 사업연도 소득에 가산하도록 규정하고 있으나, 이는 이 사건에서 문제되는 조세특례제한법 제4조 및 제9조의 준비금 환입액과는 달리 그 성질이 가공의 익금에 해당하지 아니하는 충당금 또는 준비금이 일시 환입되는 경우의 특례를 정한 것으로 보아야 할 것이다).[63)]

⑥ 평가하지 않은 화폐성외화자산 등의 평가이익

법인세법 시행령 제76조에 따른 화폐성외화자산·부채 또는 통화선도 등(화폐성외화자산 등)에 대하여 해당 사업연도 종료일 현재 매매기준율 등으로 평가하지 않은 경우 해당 화폐성외화자산 등에 대하여 해당 사업연도 종료일 현재의 매매기준율 등으로 평가하여 발생한 이익은 각 사업연도 소득에 가산한다.

⑦ 유상증자(+)·유상감자(−) 금액 반영(2011.7.25. **신설**)

평가기준일이 속하는 사업연도 이전 3년 이내에 유상증자·유상감자의 경우 유상증자 또는 유상감자를 한 사업연도와 그 이전 사업연도의 순손익액은 유상증자금(월할계산)액을 더하고 유상감자금액(월할 계산)을 뺀 금액으로 한다(순손익액계산서 ⑱). 이 경우 유상증자 또는 유상감자를 한 사업연도의 순손익액은 사업연도 개시일부터 유상증자 또는 유상감자를 한 날까지의 기간에 대하여 월할로 계산하며, 1개월 미만은 1개월로 하여 계산한다.

- 유상증자한 주식 1주당 납입금액 × 유상증자에 의하여 증가한 주식 수 × 기획재정부령으로 정하는 율(10%)

---

63) 대법원(대법원 2011두22280, 2013.11.14.)은 구 조세특례제한법 제4조의 중소기업투자준비금이나 제9조의 연구 및 인력개발준비금은 장래의 일정한 과세기간까지 사업용 자산의 개체 또는 신규취득이나 연구 및 인력개발 등에 소요될 비용에 충당하기 위하여 설정하는 것으로서, 이를 손금으로 계상한 경우에는 일정한 금액 범위 안에서 실제 지출 여부를 묻지 않고 그 사업연도의 소득금액 계산 시 손금에 산입되었다가 나중에 위 각 규정에서 정한 바에 따라 일정 과세기간에 걸쳐 균등하게 안분하여 환입되거나 일시에 환입되게 된다. 결국, 이러한 준비금은 일정한 정책적 목적을 달성하기 위하여 먼저 설정 사업연도의 소득금액 계산 시 이를 가공의 손금으로 산입하였다가 나중에 환입되는 사업연도에 그 환입액을 가공의 익금으로 산입하는 방법으로 일정 기간 동안 조세부과를 유예해 주기 위한 것에 불과하므로, 그 설정과 환입에 따른 손금이나 익금은 당해 법인의 손익이나 그 주식의 가치에 아무런 영향을 미칠 수 없음이 분명하다. 이처럼 가공의 익금에 불과한 조세특례제한법 제4조 및 제9조의 준비금 환입액을 각 사업연도 소득에 가산하여 1주당 순손익가치 산정의 기초가 되는 '순손익액'을 산정하는 것은 허용되지 않는다(상속증여세법 시행령 제56조 제3항 후문은 각 사업연도 소득 계산 시 손금에 산입된 충당금 또는 준비금이 세법의 규정에 따라 일시 환입되는 경우에는 당해 금액이 환입될 연도를 기준으로 안분한 금액을 환입될 각 사업연도 소득에 가산하도록 규정하고 있으나, 이는 이 사건에서 문제되는 조세특례제한법 제4조 및 제9조의 준비금 환입액과는 달리 그 성질이 가공의 익금에 해당하지 아니하는 충당금 또는 준비금이 일시 환입되는 경우의 특례를 정한 것으로 보아야 할 것이다).

• 유상감자 시 지급한 1주당 금액 × 유상감자에 의하여 감소된 주식 수 × 기획재정부령으로 정하는 율(10%)

사례 4 ••• 유상증자 시 환산주식수와 순손익액 (1)

㈜××는 액면가 10,000원, 자본금 10억원(100,000주)의 비상장법인이다. 2011.6.20.에 주당 20,000원으로 50,000주를 유상으로 증자(1,000,000,000원)하였다. 각 사업연도의 환산주식수와 유상증자 반영액 후 순손익액은 다음과 같이 계산된다. 평가기준일은 2024.4.1.이다.

| 유상증자 내용 |

구분	2023년	2022년	2021년
순손익액	300,000,000	200,000,000	100,000,000
기초주식수	100,000	100,000	100,000
유상증자주식수	50,000	0	0
유상증자 시 1주당가액	20,000	0	0
유상증자액	1,000,000,000	0	0
유상증자일	2011.6.20.		
기말주식수	150,000	100,000	100,000

| 계산내용 |

구분	2023년	2022년	2021년
순손익액 ①	300,000,000	200,000,000	100,000,000
환산주식수	150,000	150,000	150,000
계산근거	150,000	100,000×(100,000+50,000)/100,000=150,000	
유상증자반영액 ②	50,000,000	100,000,000	100,000,000
계산근거	10억원×10%×(6/12) =5천만원	10억원×10%×(12/12) =1억원	10억원×10%×(12/12) =1억원
유상증자반영후순손익액 (① + ②)	350,000,000	300,000,000	200,000,000

사례 5 유상증자 시 환산주식수와 순손익액 (2)

㈜××는 액면가 10,000원, 자본금 10억원(100,000주)의 비상장법인이다. 2012.3.31.에 주당 20,000원으로 50,000주를 유상으로 증자(1,000,000,000원)하였다. 각 사업연도의 환산주식수와 유상증자 반영액 후 순손액은 다음과 같이 계산된다. 평가기준일은 2024.6.1.이다.

| 유상증자 내용 |

구분	2024년	2023년	2022년	2021년
순손익액		300,000,000	200,000,000	100,000,000
기초주식수	100,000	100,000	100,000	100,000
유상증자주식수	50,000	0	0	0
유상증자 시 1주당가액	20,000	0	0	0
유상증자액	1,000,000,000	0	0	0
유상증자일	2012.3.31.			
기말주식수	150,000	100,000	100,000	100,000

| 계산내용 |

구분	2023년	2022년	2021년
순손익액 ①	300,000,000	200,000,000	100,000,000
환산주식수	150,000	150,000	150,000
계산근거	100,000×(100,000+50,000)/100,000=150,000		
유상증자반영액 ②	100,000,000	100,000,000	100,000,000
계산근거	10억원×10%×(12/12) =1억원	10억원×10%×(12/12) =1억원	10억원×10%×(12/12) =1억원
유상증자반영후순손익액 (① + ②)	400,000,000	300,000,000	200,000,000

(4)-2. 각 사업연도 소득에서 차감할 금액

각 규정의 입법 취지가 평가일 이전 최근 3년간 기업이 산출한 순손익액의 가중평균액을 기준으로 평가일 현재의 주식가치를 정확히 파악하려는 데 있는 점 등에 비추어 보면 당해 사업연도가 아닌 그 이전 사업연도의 퇴직급여충당금 과소계상액까지 손금에 산입할 수는 없다(대법원 2005두15311, 2007.11.29.). 즉 1998 사업연도의 소득을 산정하는데 있어 1995 사업연도 내지 1997 사업연도까지의 퇴직급여충당금 과소계상액 합계 159,631,469원을 손금에 산입하지 아니한 것은 적법하다고 판단한 것은 정당하고, 거기에 상고이유에서 주장하는 바와 같은 전기오류수정손익에 관한 법리 오해 등의 위법이 있다고 할 수 없다. 한편, 결산에 미계상된 퇴직급여충당금이나 대손상각비는 각 사업연도 말 현재 1년간 계속 근로한 임직원에게 지급한 총급여액의 10분의 1과 퇴직금추계액의 40%에 퇴직금전환금을 합한 금액에서 기중 퇴직금지급액 등을 차감한 누적 한도액 중 적은 금액을 한도로 손금산입하여 평가기준일 현재 1주당 순손익가치를 재계산하여야 한다(국심 2007서3974, 2008.6.13. 같은 뜻 조심 2021인1211, 2021.8.17.).

각 사업연도 소득에 차감할 금액을 '평가심의위원회 운영규정 별지 제4호 서식 부표3'에서 정하고 있는 '비상장 등 주식평가서(7. 순손익액)'의 순서에 따라 정리하면 다음과 같다(상증령 §56 ④ 2).

① 벌금, 과료, 과태료, 가산금, 체납처분비의 손금불산입금액

법인세법 제21조 제3호에 따른 벌금ㆍ과료(통고처분에 의한 벌금 또는 과료에 상당하는 금액을 포함)ㆍ과태료(과료와 과태금을 포함)ㆍ가산금 및 체납처분비의 손금불산입금액은 각 사업연도 소득에서 차감한다.

② 손금용인되지 않는 공과금의 손금불산입금액

법인세법 제21조 제4호에 따라 법령에 의하여 의무적으로 납부하는 것이 아닌 공과금(법인통 21-0…4 공과금의 범위)의 손금불산입금액은 각 사업연도 소득에서 차감한다.

③ 징벌적 목적 손해배상금의 손금불산입금액

법인세법 제21조의2의 내국법인이 지급한 손해배상금 중 실제 발생한 손해를 초과하여 지급하는 금액으로서 대통령령으로 정하는 금액(손금불산입 대상 손해배상금)은 내국법인의 각 사업연도의 소득금액을 계산할 때 손금에 산입하지 아니한 금액은 각 사업연도 소득에서 차감한다.

④ **업무와 관련이 없는 비용의 손금불산입금액**

법인세법 제27조 업무와 관련이 없는 비용의 손금불산입금액은 각 사업연도 소득에서 차감한다. 업무와 관련이 없는 비용이란 당해 법인의 업무와 직접 관련이 없다고 인정되는 다음의 자산을 취득 · 관리함으로써 생기는 비용 등과 그 법인의 업무와 직접 관련이 없다고 인정되는 지출금액을 말한다.

• 업무무관 부동산(업무에 직접 사용하지 않는 부동산)
• 업무무관 동산(서화 · 골동품 및 업무에 직접 사용하지 않는 자동차 · 선박 및 항공기)
• 당해 법인이 직접 사용하지 아니하고 다른 주주 등이 주로 사용하고 있는 장소 · 건축물 · 물건 등의 유지, 관리비 및 사용료 등
• 주주, 출연자인 임원 또는 그 친족이 사용하고 있는 사택의 유지 관리비 등
• 업무와 관련 없는 자산을 취득하기 위하여 지출한 자금의 차입과 관련된 비용

⑤ 각 세법상 징수불이행 납부세액의 손금불산입금액(삭제)

법인세법 제21조 제1호 및 같은 법 시행령 제21조에서 규정하는 징수불이행으로 인하여 납부하였거나 납부할 세액(가산세 포함)으로 각 사업연도 소득금액 계산상 손금에 산입하지 않은 금액은 각 사업연도 소득에서 차감한다. 이때 의무불이행에는 간접국세의 징수불이행 · 납부불이행과 기타의 의무불이행의 경우를 포함한다(서면4팀-684, 2007.2.22.).

⑥ **기부금한도초과액**

기부금이란 특수관계가 없는 자에게 법인의 사업과 직접 관계없이 무상으로 지출하는 재산적 증여의 가액으로 기업의 손금(비용)에는 해당되나 법인세법 제24조(기부금 손금불산입)에서는 일정한도액을 초과하는 금액과 비지정기부금에 대해서는 손금으로 인정하지 않고 있다. 손금불산입된 기부금은 각 사업연도 소득에서 차감한다.

⑦ **기업업무추진비한도초과액**

법인세법 제25조(기업업무추진비 손금불산입)에서 "기업업무추진비"라 함은 접대비 및 교제비 · 사례금 기타 명목 여하에 불구하고 이에 유사한 성질의 비용으로서 법인이 업무와 관련하여 지출한 금액을 말한다. 법인이 업무와 관련하여 지출한 금액이므로 원칙적으로 손금이 인정되어야 하나 법인세법에서는 일정 한도 내에서만 손금으로 인정하고 한도를 초과하는 금액은 손금불산입한다. 손금불산입된 기업업무추진비는 각

사업연도 소득에서 차감한다.

⑧ **과다경비 등의 손금불산입금액**

조세정책적 목적으로 법인세법 제26조(과다경비 손금불산입)에 의한 인건비, 복리후생비, 여비 및 교육·훈련비 등으로서 과다하거나 부당하다고 인정되는 금액은 각 사업연도의 소득금액 계산에 있어서 이를 손금에 산입하지 아니한 금액을 말한다. 손금불산입된 과다경비 등은 각 사업연도 소득에서 차감한다.

⑨ **업무용승용차 관련비용의 손금불산입금액**

조세정책적 목적으로 법인세법 제27조의2는 업무용승용차 관련비용(감가상각비 등)의 손금불산입 등 특례에서 일정 한도 내에서만 관련비용을 손금으로 인정하고 한도를 초과하는 금액은 각 사업연도의 소득금액 계산에 있어서 이를 손금에 산입하지 아니한다. 손금불산입된 업무용승용차 관련비용은 각 사업연도 소득에서 차감한다.

⑩ **지급이자의 손금불산입금액**

조세정책적 목적으로 법인세법 제28조(지급이자의 손금불산입)에 의한 차입금의 이자는 각 사업연도의 소득금액 계산에 있어서 이를 손금에 산입하지 아니한다. 손금불산입된 지급이자는 각 사업연도 소득에서 차감한다. 손금불산입하는 차입금의 이자 범위에 대해서는 법인세법에서 열거하고 있다. 국제조세조정에 관한 법률 제14조의 규정에 의하여 배당으로 간주된 이자의 손금불산입에 대해서도 각 사업연도 소득에서 차감한다.

- 채권자가 불분명한 사채의 이자
- 채권, 증권의 이자, 할인액 또는 차익 중 그 지급받은 자가 불분명한 채권, 증권의 이자, 할인액 또는 차익
- 건설자금에 충당하는 차입금의 이자
- 업무무관자산 등 관련한 지급이자 등

⑪ **조세특례제한법 접대비특례 및 특례기부금 손금불산입금액**(2010.12.27. **삭제**)

조세특례제한법 제136조(기업업무추진비의 손금불산입 특례)에 해당하는 기업업무추진비 손금불산입액 및 조세특례제한법 제73조(기부금의 과세특례) 제1항에 따라 손금불산입된 손금산입한도초과액은 각 사업연도 소득에서 차감한다.

⑫ 시인부족액에서 손금추인금액을 뺀 금액

법인세법 시행령 제32조 제1항에 따르면 법인이 상각범위액을 초과해 손금에 산입하지 않는 금액(상각부인액)은 그 후의 사업연도에 해당 법인이 손비로 계상한 감가상각비가 상각범위액에 미달하는 경우에 그 미달하는 금액(시인부족액)을 한도로 손금에 산입한다(법인이 감가상각비를 손비로 계상하지 않은 경우에도 상각범위액을 한도로 그 상각부인액을 손금에 산입한다). 2014.2.21. 신설된 규정으로 시인부족액에서 상각부인액을 손금으로 추인한 금액을 뺀 금액(시인부족액-상각부인액의 손금추인금액)은 각 사업연도 소득에서 차감한다. 결국 한국채택국제회계기준을 적용받는 법인이 아닌 경우(법인법 §23 ②) 상각부인액(⑩⑥)과 기왕부인액 중 당기 손금추인액(⑩⑧)이 없는 경우 시인부족액(⑩⑦)을 각 사업연도 소득에서 차감한 것이 된다. 이 규정의 신설로 그동안 결산상 미계상된 각 사업연도 감가상각비는 각 사업연도 소득에서 차감하는 것이 타당한지의 여부에 대한 논란은 종식하게 되었다.

법인세법 시행규칙 [별지 제20호 서식(4)]

감가상각비조정명세서합계표							
①자산구분		코드	② 합계액	유형자산			⑥무형자산
				③건축물	④기계장치	⑤기타자산	
재무 상태표 상가액	⑩①기말현재액	01					
	⑩②감가상각누계액	02					
	⑩③미상각잔액	03					
⑩④상각범위액		04					
⑩⑤회사손비계상액		05					
조정 금액	⑩⑥상각부인액(⑩⑤-⑩④)	06					
	⑩⑦시인부족액(⑩④-⑩⑤)	07					
	⑩⑧기왕부인액 중 당기손금추인액	08					
⑩⑨신고조정손비계상액		09					

⑬ 평가하지 않은 화폐성외화자산등의 평가손실

화폐성외화자산등에 대하여 해당 사업연도 종료일 현재의 매매기준율 등으로 평가하지 않은 경우 해당 화폐성외화자산등에 대해 해당 사업연도 종료일 현재의 매매기준율 등으로 평가하여 발생한 손실은 각 사업연도 소득에서 차감한다.

⑭ 법인세, 농어촌특별세, 주민세의 총결정세액(토지 양도소득세 포함)

당해 사업연도의 법인세액(법인세법 제57조에 따른 외국법인세액으로서 손금에 산입되지 아니하는 세액을 포함), 법인세액의 감면액 또는 과세표준에 부과되는 농어촌특별세액 및 지방소득세액은 각 사업연도 소득에서 차감한다. 각 사업연도 소득에서 차감하는 법인세 등은 순자산가액 계산 시 미지급법인세 등 부채에 관한 항목(부채에 가산)과 연계해서 검토되어야 한다. 각 사업연도 소득에 대하여 납부하였거나 납부하여야 할 법인세 총결정세액에 대해 심판원(조심 2011부3738, 2011.12.20.)은 법인세법의 규정에 의하여 평가대상인 각 사업연도 소득에 대하여 납부하였거나 납부하여야 할 법인세 총결정세액을 말하는 것으로 평가대상 사업연도에 해당하지 아니하는 2004사업연도의 법인세를 2007사업연도에 납부하였다 하더라도 순손익가치를 계산함에 있어 이를 2007사업연도 소득에서 공제할 수는 없다(조심 2011부3739, 2011.12.8. 같은 뜻). 이월결손금이 있는 경우 법인세비용 등(법인세 총결정세액, 농어촌특별세총결정세액, 주민세총결정세액)은 이월결손금을 공제하기 전의 각 사업연도 소득에 대한 법인세비용 등(제4절 비상장주식의 평가사례)을 말하며(법인통 63-56…9), 이에 따라 감면세액이 있는 경우에는 그 감면세액을 차감 후의 법인세액 등을 말한다(서면4팀-2028, 2007.7.2.).

법원(서울행법 2018구합53368, 2018.7.20.)은 평가기준일까지 발생된 '소득'에 대한 '법인세액'이란 당해 사업연도에 신고 대상이 되는 소득과 법인세액으로서 그 소득에 대한 법인세액을 납부할 의무가 현실적으로 발생되어 있음을 전제로 하는 것이다. 그런데 구 조세특례제한법 제32조에 따른 이월과세액은 거주자로부터 사업용 고정자산을 양수한 법인이 그 자산을 양도하는 경우 비로소 양수 당시 거주자가 납부하여야 했던 양도소득 산출세액 상당액을 법인세로 납부할 의무가 발생하는 것이므로 그 자산의 양도 전에는 이를 위에서 말하는 '소득에 대한 법인세액'에 포함된다고 볼 수 없다.

관련규정 및 예규판례

▶ **비상장주식 평가를 위한 1주당 순손익액 계산 시 법인세법상 각 사업연도 소득금액에서 결산조정하지 아니한 감가상각비를 차감할 수 있는지 여부**(국심 2002전3109, 2003.2.6.)

순손익액의 계산 시 각 사업연도 소득에서 차감하는 금액은 기업회계상 비용산입 대상으로 법인세법상으로는 손금불산입되는 항목들인바, 상속세 및 증여세법에서의 주식의 1주당 가액을 평가할 때 동 항목들을 차감하는 이유는 법인세법상의 법인세 과세표준 계산의 손익과는 다르더라도 그 주식의 가치를 정확하게 평가하고자 함에 있다 할 것(같은 뜻: 국심 96부2082, 1997.11.21.)이므로 법인세법상 한도금액 및 고정자산 등의 감가상각비는 결산 시 미계상되어 법인세법상 손금불산입대상이라 하더라도 주식의 가치를 정확하게 평가하기 위하여 순손익액 계산 시 각 사업연도 소득에서 차감하는 것이 정당하다(국심 2001서2725, 2002.2.8.). 순자산가치 계산 시 결산에 미계상한 감가상각비를 재산가액에서 차감하거나 순손익가치 계산 시 각 사업연도 소득금액에서 차감하는 것이 타당하다(국심 2001부2718, 2003.5.15. 경정).

비상장주식 평가를 위한 순손익액의 계산에 있어 대손금을 결산 시 반영하지 않았다면 이를 순손익액에서 차감할 수 없는 것인지(국심 2003전2789, 2003.12.16.)

순손익액의 계산 시 각 사업연도 소득에서 차감하는 금액은 기업회계상 비용산입 대상으로 법인세법상으로는 손금불산입되는 항목들인바, 상속증여세법에서의 주식의 1주당 가액을 평가할 때 동 항목들을 차감하는 이유는 법인세법상의 법인세 과세표준 계산의 손익과는 다르더라도 그 주식의 가치를 정확하게 평가하고자 함에 있다 할 것임(같은 뜻: 국심 2001서2725, 2002.2.8.).

2 | 순자산가액

(1) 순자산가액의 일반원칙

(1)-1. 일반원칙

상속증여세법의 순자산가액과 자본시장법(증권의 발행 및 공시 등에 관한 규정 시행세칙 제15조)의 자산가치는 기업가치평가 이론에서 보면 순자산가치법에 근거를 두고 있다. 상속증여세법의 '순자산가액'과 자본시장법의 '자산가치'는 평가목적에 따라 다를 수 있겠지만 자산과 부채를 현재의 적정한 가치로 산출하는 과정에서 볼 때 큰 차이가 없다. 즉 자산과 부채를 평가기준일 현재의 적정한 가치로 산출하는 것이 순자산가치법의 접근법이다. 비상장주식의 보충적 평가방법 요소 중의 하나인 순자산가액 평가방법은 다른 평가요소인 수익력가치평가법이나 유사상장법인 비교평가법이 법인의 계속가치를 전제로 평가하고 있는 것과는 달리, 순자산가치는 본질적으로 평가기준일 시점에서의 기업의 '청산가치'를 전제한 개념으로 주식 발행법인의 '자산가치'를 나타내는 지표이다

(서울고법 2018누59207, 2019.11.13., 대법원 2019두60936, 2020.3.12.).

상속증여세법의 순자산가액은 평가기준일 현재 당해 법인의 자산을 상속증여세법 제60조 내지 제66조의 규정에 의하여 평가한 가액에서 부채를 차감한 가액으로 하며 순자산가액이 0원 이하인 경우에는 0원으로 한다(상증령 §55 ①). 이 경우(2003.12.30. 신설) 당해 법인의 자산을 상속증여세법 제60조 제3항(보충적 평가방법) 및 법 제66조(저당권 등 설정자산 평가방법)의 규정에 의하여 평가한 가액이 장부가액(취득가액에서 감가상각비를 차감한 가액)보다 적은 경우에는 장부가액으로 하되, 장부가액보다 적은 정당한 사유가 있는 경우에는 그러하지 아니하다. 보충적 평가방법과 저당권 등이 설정된 재산평가의 평가방법에 따라 평가한 경우 특별한 경우가 아닌 한 장부가액보다 낮게 평가될 수는 없겠다.

평가액 = Max〔①, ②〕

① 상속증여세법에 의한 평가액

② 장부가액(취득가액 - 감가상각비)

즉 순자산가액은 평가기준일 현재 시가 등의 평가를 원칙으로 하되 시가가 불분명한 경우 보충적 방법에 의하여 평가하더라도 최소한 취득원가로 평가되도록 하였다. 이러한 규정으로 인해 특히 골프장용 토지의 경우 개별공시지가에 의한 평가가 토지의 원시취득가액과 자본적 지출인 개발비용(코스・그린조성비 등)의 합계액에 미달하게 평가되는 것을 방지하게 되었다.

| 골프장용 등 토지평가[64] |

(단위: 억원)

과목	금액	과목	금액
토지	120	부채	570
(공시지가)	(560)	자본	230
코스조성비 등	480		
기타자산	200		
자산총계	800	부채와 자본총계	800

* 발행주식총수: 10만주

64) 국세청, 「2004년 개정세법 해설」 참조

<2003.12.31. 이전>

- 토지가액: 공시지가로 평가하고 개발비 등을 차감
- 1주당 평가액: [{800억원(자산총계) + 560억원(토지공시지가) − 120억원(토지취득가액) −480억원(코스조성비 등)} − 570억원(부채)] ÷ 10만주 = 19만원

<2004.1.1. 이후>

- 토지가액: 토지 원시취득가액(120억원)과 토지의 자본적 지출에 해당하는 코스조성비 등(480억원)의 합계액(600억원)을 장부가액으로 보고 공시지가(560억원)와 비교해서 큰 금액으로 평가(토지평가액 600억원)
- 1주당 평가액: [600억원(토지평가액) + 200억원(기타자산) − 570억원(부채)] ÷ 10만주 = 23만원

(1)-2. 계산방법의 일반규정

순자산가액을 계산할 때 기획재정부령이 정하는 무형고정자산 · 준비금 · 충당금 등 기타 자산 및 부채의 평가와 관련된 금액은 이를 자산과 부채의 가액에서 각각 차감하거나 가산한다(상증령 §55 ②). 또한 상속증여세법 시행령 제59조 제2항에 따른 영업권평가액은 해당 법인의 자산가액에 이를 합산한다. 개인사업자의 법인전환 시 영업권의 무상양도로 인한 영업권은 자산에 가산하여야 한다(조심 2019전-0186, 2019.7.18.). 법인전환 시 영업권이 실질적으로 이전된 경우에는 그 영업권 평가액을 순자산가액에 포함하여 평가한다(조심 2013서4201, 2014.2.18.).

다만, 다음의 경우에는 그러하지 아니하다(상증령 §55 ③).

① 상속증여세법 시행령 제54조 제4항 제1호(청산절차가 진행 중이거나 사업자의 사망 등으로 인하여 사업의 계속이 곤란하다고 인정되는 법인) 또는 제3호(부동산 비율 80% 이상인 법인)에 해당하는 경우

② 상속증여세법 시행령 제54조 제4항 제2호(사업개시 전의 법인, 사업개시 후 3년 미만의 법인 또는 휴업 · 폐업 중인 법인)에 해당하는 경우. 다만, 개인사업자가 상속증여세법 제59조에 따른 무체재산권을 현물출자하거나 조세특례제한법 시행령 제29조 제2항에 따른 사업 양도 · 양수의 방법에 따라 법인으로 전환하는 경우로서 그 법인이 해당 사업용 무형자산을 소유하면서 사업용으로 계속 사용하는 경우로서

개인사업자와 법인의 사업 영위기간의 합계가 3년 이상인 경우는 제외한다.

③ 해당 법인이 평가기준일이 속하는 사업연도 전 3년 내의 사업연도부터 계속하여 법인세법에 따라 각 사업연도에 속하거나 속하게 될 손금의 총액이 그 사업연도에 속하거나 속하게 될 익금의 총액을 초과하는 결손금이 있는 법인인 경우

(2) 장부가액

당해 법인의 자산을 상속증여세법 제60조 제3항(보충적 평가방법) 및 법 제66조(저당권 등 설정자산 평가방법)의 규정에 의하여 평가한 가액이 장부가액(취득가액에서 감가상각비를 차감한 가액)보다 적은 경우에는 장부가액으로 한다(상증령 §55 ① 후단). 장부가액보다 적은 정당한 사유가 있는 경우에는 그러하지 아니하다. 다음은 저자의 "비상장주식 평가와 세법적용에서 감가상각자산의 평가(장부가액)와 세법적용"을 참고하여 정리한 것이다.

상속증여세법 시행령 제55조 제1항의 '장부가액'은 기업회계기준 등에 의해 작성된 대차대조표상 장부가액을 말하고(조심 2014전0816, 2014.4.30.), 취득가액에서 차감되는 '감가상각비'는 납세지 관할 세무서장에게 신고한 상각방법에 의하여 계산한 취득일부터 평가기준일까지의 감가상각비 상당액을 말하는 것으로서 기준내용연수에 의한 내용연수를 적용한다(국심 2006중1722, 2006.12.1.). 감가상각비는 기준 내용연수를 적용하여 계산한 취득일부터 평가기준일까지의 감가상각비를 말하고(재산세과-386, 2012.10.31.), 장부가액은 기업회계기준에 의해 작성된 대차대조표상 장부가액에 의하는 것이며(서면 인터넷방문상담4팀-1852, 2004.11.16., 서면 인터넷방문상담4팀-1960, 2005.10.24.), 이때 자본금과 적립금조정명세서(을)상의 유보금액 중 상속증여세법의 규정에 의하여 평가하는 자산과 관련된 유보금액은 순자산가액에 별도로 가감하지 아니하고(서면 인터넷방문상담4팀-1852, 2004.11.16., 서면 인터넷방문상담 4팀-1960, 2005.10.24.), 순자산가액 계산 시 장부가액을 적용하는 경우에는 자본금과 적립금조정명세서(을)상의 유보금액을 자산가액에 가감하는 것(재산 344, 2010.5.28., 서면 2016상속증여5087, 2016.9.27. 등 다수)이라고 하는 등 장부가액을 적용함에 있어 혼란을 주고 있다(자세한 내용은 저자의 "감가상각자산의 평가와 세법적용"을 참조).

(2)-1. 장부가액

(가) 감가상각자산의 장부가액

상속증여세법 시행령 제55조 제1항의 '장부가액'을 기업회계기준에 의해 작성된 대차대조표상 장부가액으로 하는 경우(회사가 계상한 감가상각비로 하는 경우) 동일한 자산임에도 회사가 계상한 감가상각비에 따라 순자산가액이 각각 다르게 평가된다. 이와 같은 평가방식은 평가가액의 객관성도 문제이지만 합리적인 평가방식이 되지 못한다. 자산의 종류가 동일하다면 특별한 경우를 제외하고는 그 자산의 가치가 사용 또는 이용 방식에도 불구하고 같은 가액으로 평가되어야 하는 것이 합리적일 것이다. 상속증여세법 시행령 제55조 제1항의 합리적인 평가방식이란 합리적인 장부가액을 말하며 이는 곧 합리적인 감가상각비를 말한다. 그러면 합리적인 감가상각비를 어떤 방식으로 계산할 것인가. 이를 위해서는 다음 2가지 요소가 고려되어야 한다.

첫째, 감가상각방법(정액법, 정률법 등)에 관한 문제이다.

법인세법에 의하면 감가상각방법은 개별 감가상각자산별로 건축물과 무형자산은 정액법, 건축물 외의 유형자산은 정률법 또는 정액법의 상각방법 중 법인이 납세지 관할 세무서장에게 신고한 방법에 의한다(법인령 §26 ①). 다만, 상각방법의 신고를 하지 아니한 경우 건축물과 무형자산은 정액법, 건축물 외의 유형자산은 정률법에 의한다(법인령 §26 ④). 상각방법은 원칙적으로 납세자가 선택하도록 하고 있다.

둘째, 내용연수(기준내용연수, 상하한 내용연수)에 관한 문제이다.

법인세법은 내용연수에 대해 감가상각자산(무형자산은 제외)은 구조 또는 자산별・업종별로 기준내용연수에 그 기준내용연수의 100분의 25를 가감하여 기획재정부령으로 정하는 내용연수범위 안에서 법인이 선택하여 납세지 관할 세무서장에게 신고한 내용연수와 그에 따른 상각률로 한다. 다만, 신고기한 내에 신고를 하지 않은 경우에는 기준내용연수와 그에 따른 상각률로 한다(법인령 §28 ① 2). 내용연수는 원칙적으로 납세자가 선택한다.

상속증여세법 시행령 제55조 제1항의 장부가액은 차감하는 "감가상각비"에 의해 결정된다. 이때의 감가상각비는 상각방법(정액법, 정률법 등)과 내용연수(기준, 상하한 내용연수)에 따라 감가상각비의 금액(범위액)이 결정된다. 상각방법과 내용연수 둘 다 감가상각비를 결정하는 요소가 되고 있다. 법인세법은 상각방법과 내용연수를 납세자가 선택하도록 하고 있다. 이 경우 동일한 자산이라고 하더라도 적용한 상각방법이나 내용연수에 따라 감가상각비의 금액이 각각 다르게 계산되므로 장부가액도 각각 다르게 계산된다. 이와 같은 불합리한 점을 감안한다면 자산의 종류가 동일한 자산의 가치는 같은 가액으로 평가되어야 한다는 원칙에서 볼 때, 각 회사가 선택적으로 적용하고 있는 상각방법과 내용연수를 모든 회사가 동등한 상각방법과 내용연수를 적용하여 계산된 감가상각비를 '취득가액에서 차감하는 감가상각비'로 한다면 자산의 종류가 동일한 자산의 감가상각비는 모두 같은 금액이 되므로 자산의 가치도 같은 가액으로 평가하게 될 것이다. 다만, 이와 같은 감가상각비의 계산방식에는 동일한 상각방법과 동일한 내용연수를 적용할 기준이 있어야 하는데, 이에 대한 기준으로 상각방법으로는 신고기한 내에 신고를 하지 아니한 경우 적용되는 건축물과 무형자산에 대해서는 정액법, 건축물 외의 유형자산에 대해서는 정률법에 의하고, 내용연수는 신고기한 내에 신고를 하지 않은 경우에 적용되는 기준내용연수에 의하는 것이 합리적이라 하겠다.

조세심판원과 국세청의 해석에 따르면, '감가상각비'는 납세지 관할 세무서장에게 신고한 상각방법에 의하여 계산한 취득일부터 평가기준일까지의 감가상각비 상당액으로서 기준내용연수를 적용한다(국심 2006중1722, 2006.12.1.)고 한 것은 상각방법은 회사가 신고한 방법에 따르고 내용연수는 기준내용연수를 적용한다는 것이 된다. 또한 '장부가액'은 기업회계기준 등에 의해 작성된 대차대조표상 장부가액을 말하고(조심 2014전0816, 2014.4.30.), 감가상각비는 기준내용연수를 적용하여 계산한 취득일부터 평가기준일까지의 감가상각비를 말하며(재산세과-386, 2012.10.31.), 장부가액은 기업회계기준에 의해 작성된 대차대조표상 장부가액에 의한다(서면 인터넷방문상담4팀-1852, 2004.11.16., 서면 인터넷방문상담4팀-1960, 2005.10.24.)고 한 것은 상각방법과 내용연수 둘 다를 회사가 신고한 방식에 따른다는 것이 된다. 조세심판원과 국세청의 해석으로는 자산의 종류가 동일하다면 특별한 경우를 제외하고는 그 자산의 가치가 사용 또는 이용 방식에도 불구하고 같은 가액으로 평가되어야 한다는 원칙을 지킬 수 없게 된다.

(나) 감각상각자산이 아닌 자산의 장부가액

상속증여세법 시행령 제55조의 제1항에서 감각상각자산이 아닌 자산의 장부가액에서 '장부가액'의 의미를 판단할 때, 장부가액이 회계상의 장부가액인지 아니면 세무계산상의 장부가액인지에 대해 다음과 같은 판결과 판단을 살펴볼 필요가 있다.

① 매출채권의 장부가액

대차대조표의 외상매출금은 대손충당금을 차감한 잔액으로 표시된다. 대손충당금에 따라 자산(외상매출금)의 장부가액이 결정된다. 순자산가액 계산방법(상증칙 §17의2)에서 대손충당금은 부채에서 차감한다는 의미는 대손충당금은 아직 대손이 확정된 부분이 아니기 때문에 매출채권액을 평가할 때 자산인 매출채권액에서 차감하지 못하도록 한 것이므로, 결국 대손충당금을 매출채권액에서 차감하지 못한 것이나(자산의 증가) 부채에서 차감하나(부채의 감소는 자산의 증가) 순자산에 미치는 영향은 동일하다. 따라서 단순히 세무계산상 대손충당금 한도초과로 손금불산입 유보처분된 금액은 매출채권에 가산하거나 차감하지 아니한다. 한편, 대손충당금중 평가기준일 현재 비용으로 확정된 것은 그러하지 않다는 것은 대손이 확정되어 비용으로 처리할 수 있는 부분은 예외로 한다고 하여 비용으로 확정된 충당금은 부채에서 차감하지 않는다(상증칙 §17의2 4). 이 경우 비용으로 확정된 충당금은 자산(외상매출금)의 장부가액에 가산하는 효과와 동일하다.

여기서 '비용으로 확정된 충당금'의 의미에 대해 대법원(서울고등법원 2007누19296, 2008.1.15., 대법원 2008두2729, 2008.10.23.)은 대출채권 및 미수금에 대한 대손충당금 중 '평가기준일 현재 비용으로 확정된 것'의 의미는 자산성의 관점에서 회수 불가능하다는 것이 객관적으로 명백하여 대손금과 다름없는 정도로 평가할 수 있는 상태에 있는 대출채권 및 미수금에 대한 대손충당금이라고 할 것이므로 회수불능이 확실하여 손비처리가 불가피한 '추정손실'의 단계에 있는 대출채권 및 미수금에 대한 대손충당금은 여기에 해당된다고 할 것이다. 그러나 손실 발생이 예상되나 현재 그 손실액을 확정할 수 없는 상태에 있는 '회수의문'의 상태 또는 그전 단계에 있는 대출채권 및 미수금에 대한 대손충당금은 여기에 해당된다고 볼 수 없다고 하였다. 따라서 다음의 대손충당금(단위: 백만원)에 대해 대손충당금 중 회수불가능채권으로 추정손실 24억 7,300만원은 평가기준일 현재 비용으로 확정된 것으로 보아야 하므로 이를 부채에서 차감하여서는 아니 된다고 하였다.

과목	회수가능채권		회수불확실채권		회수불가능채권	계
	정상	요주의	고정	회수의문	추정손실	
합계	41,860	3,283	2,723	4,353	2,473	54,692
대손충당금	209	33	544	3,265	2,473	6,524
대손설정률(%)	0.5	1	20	75	100	11.93

② **투자유가증권의 장부가액**

재무상태가 사실상 자본잠식[1주당 순자산가액 및 1주당 순손익액 모두 부(-)의 금액] 상태에 있다는 이유로 투자유가증권을 1주당 평가액을 0원으로 평가하였다. 이에 대해 투자유가증권에 대한 회계장부상 가액은 13억원이므로 장부가액으로 순자산액을 평가한 것은 정당하다고 하였다. 예외적인 사유인 정당한 사유에 해당하기 위해서는 단지 보충적 평가방법에 의한 평가액이 장부가액보다 적다는 사실만으로는 부족하고, 그러한 사유에 대한 입증책임은 납세의무자가 진다(대법원 2016두50730, 2016.12.15.).

③ **기타의 자산 장부가액**

장부가액보다 적은 정당한 사유에 대한 판단은 감가상각자산과 다름이 없다. 심판원(조심 2008서3258, 2009.4.7.)은 보유주식의 장부가액 589,290천원은 감사보고서상 전기의 감액손실을 환입한 가액으로 재무제표는 일반적으로 인정된 회계처리에 따라 중요성의 관점에서 적정하게 표시하고 있다고 되어 있다. 따라서 보충적 평가방법으로 평가한 1주당 가액 207원이 장부가액보다 적다는 이유만으로 이를 장부가액보다 적은 정당한 사유에 해당하는 것으로 보기는 어렵다.

④ **감각상각자산이 아닌 자산의 장부가액에 대한 판단**

감각상각자산이 아닌 자산의 '장부가액'은 기업회계기준에 의해 작성된 재무제표의 계상가액이 장부가액이 되는 것이 일반적이다. 위에서 본 매출채권 등의 장부가액은 모두 회사의 회계처리와 세무계산이 다른 경우 회사가 회계처리한 금액이 장부가액이 된다. 상속증여세법 시행령 제55조의 제1항에서 말하는 감각상각자산이 아닌 자산의 장부가액이라 함은 세무계산상의 장부가액이 아닌 회계상의 장부가액이 된다. 따라서 자본금과 적립금조정명세서(을)상의 유보금액을 순자산가액에 별도로 가감하지 아니한다. 그런데 건설자금이자(자본적 지출) 장부가액은 세무계산상의 장부가액이 상속증여세법 시행령 제55조의 제1항의 장부가액이 된다. 결국 상속증여세법 시행령 제55조의 제1항의 장부가액에 대한 판단은 해당 자산의 구체적인 거래내용과 사정에 따라 개별적으로 판단하여야 할 사항이다. 이에 대해서는 다음에서 보기로 한다.

(다) 유보금액과 장부가액

일반기업회계기준 유형자산의 취득원가(10.8)에 의하면, 유형자산은 최초에는 취득원가로 측정하며, 현물출자, 증여, 기타 무상으로 취득한 자산은 공정가치를 취득원가로 한다. 취득원가는 구입원가 또는 제작원가 및 경영진이 의도하는 방식으로 자산을 가동하는 데 필요한 장소와 상태에 이르게 하는데 직접 관련되는 원가와 관련된 지출 등으로 구성된다. 이 기준은 상속증여세법 시행령 제55조의 제1항에서 보충적 평가방법에 의하여 평가한 가액이 장부가액보다 적은 경우에는 장부가액으로 한다고 할 때의 "장부가액"의 판단 기준으로 삼아야 할 것이다.

상속증여세법 시행령 제55조의 제1항의 장부가액을 자본금과 적립금조정명세서(을)의 유보금액(+유보 및 -유보)을 평가하는 자산과 부채에 가감하느냐의 여부는 자산과 부채의 개별적인 사안에 따라 다르게 적용된다. 유보금액을 평가하는 자산과 부채에 가산 또는 차감하느냐의 여부는 앞에서 본 기업회계기준에 따른 회계상의 장부가액이 판단의 기준이 되어야 하며, 평가일 현재의 주식가치를 정확히 파악하려고 하는 상속증여세법 규정의 입법 취지에 부합되어야 한다. 따라서 조세정책(법인세법) 목적으로 인한 세무계산상의 (±)유보금액은 회계상의 금액이 아니므로 자산과 부채에 가감하지 아니하는 것이 원칙이다. 감가상각자산의 유보금액과 관련하여서는 "취득가액에서 감가상각비를 차감한 가액"을 장부가액으로 보고 있는 감가상각자산의 장부가액은 자본금과 적립금조정명세서(을)상의 유보금액(+유보)과 손금추인 받지 못한 금액(-유보)을 평가하는 감가상각자산에 일률적으로 가감여부를 판단할 문제는 아니다.

(2)-2. 정당한 사유

당해 법인의 자산을 상속증여세법 제60조 제3항(보충적 평가방법) 및 법 제66조(저당권 등 설정자산 평가방법)의 규정에 의하여 평가한 가액이 장부가액(취득가액에서 감가상각비를 차감한 가액)보다 적은 경우에는 장부가액으로 하되, 장부가액보다 적은 "정당한 사유"가 있는 경우에는 그러하지 아니하다(상증령 §55 ① 후단). 여기서 정당한 사유에 대해 대법원(대법원 2016두50730, 2016.12.15.)은 보충적 평가방법 규정에 의하여 평가한 가액이 장부가액보다 적은 정당한 사유에 대한 입증책임에 관한 판결이다. 비상장주식 평가에 있어서 예외적인 사유인 정당한 사유에 해당하기 위해서는 단지 보충적 평가방법에 의한 평가액이 장부가액보다 적다는 사실만으로는 부족하고, 그러한 사유에 대한 입증책임은 납세의무자가 진다. 또한 대법원(대법원 2015두54551, 2016.2.18.)은 법인의 자산가액이 장부가액보다 적다는 사실은 예외적인 사유에 속하는 것이므로 이러한 사유에 대한 입증책임은 이를 다투는 납세의무자에게 있다(서울고등법원 2015누41410, 2015.9.23.)고 하였다. 입증책임으로 고려할 사항에 대해(부산지방법원 2013구합4300, 2015.1.29.), 평가 시점 내에 비상장주식의 가치가 급격히 감소할 만한 특별한 사정이 있는지 여부, 향후 기업이 사업을 계속하여 진행할지 아니면 휴업·폐업 또는 청산 중에 있는지 여부, 비상장주식의 양도 이후의 해당 비상장회사의 순자산가액 및 당기순이익의 회복·개선 정도 등을 종합적으로 고려하여야 한다고 하면서, 평가기준일인 가결산 시점에 자본잠식 상태에 있었다고 하더라도 이는 일시적인 것에 불과하고, 당기순이익이 점차 개선되고 있으며, 순자산가액 역시 일시적 부(-)의 상태에서 벗어나 회복된 점, 평가기준일 당시 휴업이나 폐업상태도 아닌 사업을 계속하던 법인인 점 등으로 보아 장부가액이 아닌 보충적 평가액을 적용하여야 할 '정당한 사유'가 있는 것으로 보기 어렵고, 달리 이를 인정할 만한 증거가 없다.

(3) 순자산가액의 계산구조

재무상태표의 자산총액

±

가산	평가차액	자산을 상증법 제60조 내지 제66조에 의한 평가액과 재무상태표상 금액과의 차액. 다만, 평가액 〈 장부가액인 경우는 장부가액
	유보금액 (자본금과 적립금조정 명세서(을) 기말잔액합계)	(유보금액 중 제외할 금액) • 상증법에 의하여 평가한 자산가액에 포함된 부인 유보금액 • 개발비, 이연자산 관련 유보금액 • 제충당금, 제준비금 부인 유보금액 • 당기 익금불산입 이자 관련 유보금액 • 보험업법 영위법인의 책임준비금, 비상위험준비금 부인 유보금액
	유상증자 등	• 유상증자 및 감자가 반영되지 않은 재무상태표를 기준으로 순자산가액을 계산하는 경우 유상증자금액(유상감자 금액은 △차감) • 신주인수권포기에 따른 주식 평가를 하는 경우 증자에 의하여 불입된 자본금액
	기 타	• 평가기준일 현재 지급받을 권리가 확정된 금액
차감	선급비용 개발비 등	• 선급비용(평가기준일 현재 비용으로 확정된 것에 한함) • 무형고정자산 중 개발비
	증자일 전 잉여금유보액	증자일 전 잉여금 유보액을 신입주주에게 분배하지 아니하기로 한 조건으로 증자한 경우 신입주주의 출자지분 평가 시 잉여금 상당액

⇩

상속증여세법상 자산총액 (가)

재무상태표의 부채총액

±

가산	법인세 등	부채로 계상되지 아니한 평가기준일까지 발생된 소득에 대한 법인세, 농특세, 지방소득세
	미지급 배당금 등	평가기준일 현재 주주총회에서 처분 결의된 배당금 및 임원에 대한 상여금(미지급배당금 등)
	퇴직급여 추계액	재직하는 임원 또는 사용인 전원이 퇴직할 경우 지급할 퇴직금의 추계액
	기 타	• 평가기준일 현재 비용으로 확정된 충당금. 피상속인 사망에 따라 상속인 등에 지급이 확정된 퇴직수당, 공로금 등 • 가수금(당해 법인에 변제의무가 있는 경우)
차감	제준비금	재무상태표상 제준비금. 다만, 보험업 영위법인의 책임준비금, 비상위험준비금으로서 법인세법의 범위 안의 것은 제외
	제충당금	재무상태표상 제충당금(퇴직급여충당금, 대손충당금, 퇴직보험료 등). 다만, 평가기준일 현재 비용으로 확정된 것은 제외
	기 타	구상권행사가 가능한 부채(국심 2001서3227, 2002.5.14.)

⇩

상속증여세법상 부채총액 (나)

영업권평가금액 (다)

상속증여세법상 순자산가액
(가) − (나) + (다)

상속증여세법 시행령 제55조 제2항의 순자산가액을 산출하는 출발점은 재무상태표의 자산총계 47,525,829,998원과 부채총계 21,847,099,449원에서 시작된다(아래의 재무상태표 참조). 상속증여세법 시행령 제55조 제2항의 순자산가액은 '평가심의위원회 운영규정 별지 제4호 서식 부표3'에서 정하고 있는 '비상장 등 주식평가서(4. 순자산가액)'에 의하면 자산총액은 평가기준일 현재 재무상태표의 자산총액을 기재하고, 부채총액은 평가기준일 현재 재무상태표상의 부채총액을 기재한다.

재무상태표

제17기 ××× 현재

제16기 ××× 현재

회사명:

과목	금액
자산	
Ⅰ. 유동자산	32,445,980,171
1. 당좌자산	14,146,872,057
2. 재고자산	18,299,108,114
Ⅱ. 비유동자산	15,079,849,827
1. 투자자산	2,972,736,077
2. 유형자산	10,234,989,904
3. 무형자산	254,084,109
4. 기타비유동자산	1,730,220,728
자산총계	47,525,829,998
부채	
Ⅰ. 유동부채	18,365,418,359
Ⅱ. 비유동부채	3,481,681,090
부채총계	21,847,099,449
자본	
Ⅰ. 자본금	42,063,435,000
Ⅱ. 자본잉여금	37,617,856
Ⅲ. 자본조정	(8,290,865,866)
Ⅳ. 기타포괄손익누계액	10,281,055
Ⅴ. 결손금	(8,141,737,496)
자본총계	25,678,730,549
부채와 자본총계	47,525,829,998

• 순자산가액 = (재무상태표상 자산 ± 상증법상 자산)
　　　　　　　　 − (재무상태표상 부채 ± 상증법상 부채) + 상증법상 영업권
또는 재무상태표상 순자산 ± 상증법상 자산·부채 + 상증법상 영업권
※ 다만, 평가액 < 장부가액인 경우에는 장부가액

$$\text{1주당 가액} = \frac{\text{당해 법인의 순자산가액}}{\text{평가기준일 발행주식총수}}$$

대법원(대법원 2005두15311, 2007.11.29.)은 주당 순손익가치를 산정할 때 '평가기준일 이전 3년간 사업연도의 1주당 순손익액'을 기준으로 정한 것은 과거의 실적을 기초로 미래수익을 예측하여 현재의 주식가치를 정확히 파악하려는 취지라고 하면서 같은 취지로 법원(서울고법 2018누59207, 2019.11.13.)은 순자산가치는 본질적으로 평가기준일 시점에서의 기업의 '청산가치'를 전제한 개념으로 주식 발행법인의 '자산가치'를 나타내는 지표이다. 따라서 순자산가치는 과거기업의 활동으로 축적된 순자산액을 기초로 현재 시점에서의 청산가치를 평가하는 것으로 평가기준일 현재의 주식 발행법인이 보유하고 있는 순자산의 가액(자산에서 부채를 공제한 금액)을 산정하는 방식이 된다.

순자산가액의 계산구조는 기업회계에 의해 작성된 재무상태표의 자산총계와 부채총계에 상속증여세법상 자산에 가산하는 항목(과목)과 자산에서 차감되는 항목, 부채에 가산하는 항목과 부채에서 차감되는 항목을 가감하여 '순자산가액'을 계산한다. 또는 재무상태표의 순자산가액(자산 − 부채)에다 위의 항목들을 가감하여도 마찬가지 결과가 된다. 형식을 어떻게 취하든 중요한 것은 기업회계 또는 법인세법에서는 자산과 부채로 인정하고 있으나 상속증여세법상 비상장주식 평가에 있어서는 자산과 부채로 볼 수 있는 것과 없는 것들이 있다. 이들을 정확히 구별하는 것이 '순자산가치' 평가의 핵심이다. 상속증여세법에서 자산과 부채를 기업회계나 법인세법과 달리 보는 이유는 자산과 부채를 측정(평가)하는 목적이 서로 다르기 때문이며 기업가치평가를 목적으로 하는 자산과 부채의 평가는 그 자산과 부채가 평가기준일 현재 기업의 실질적인 가치를 나타내느냐가 판단의 기준이 되어야 할 것이기 때문이다.

(3)-1. 자산에 관한 항목

| 자산에 관한 항목 |

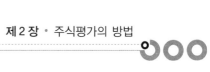

구분			재무상태표	상증법	법인세법	해설
가산	평가차액(+)		미계상	자산	미계상	예 토지 장부가액과 감정가액의 차액(+)
	유보금액(±) 미수임대료 등		미계상	자산	순자산 (±)	원칙적으로 법인세법상 유보금액[자본금과 적립금 조정명세서(을)]은 자산에 가산
	유보금액중제외금액	책임준비금, 비상위험준비금한도초과액	부채	자산 아님	순자산 (부채 부인)	한도 내에서만 부채로 인정. 한도초과액은 부채에 해당하지 않으므로 부채에서 제외. 따라서 순자산(부채의 부인)이 아님.
		대손충당금 한도초과액	△자산	자산 아님	순자산	충당금을 부채로 보지 않으므로 충당금 한도 초과액을 고려할 필요 없음.
		퇴직급여충당금 및 퇴직보험료 한도초과액	부채	자산 아님	순자산	
		상증법에 의해 평가한 자산	△자산	평가액 이미 반영	순자산	예 감가상각충당금 한도초과액, 재고자산 평가감 등은 건물평가액과 재고자산 평가액에 이미 반영되어 있음.
		개발비(사용수익기부자산 제외)부인액	자산	자산 아님	순자산	무형고정자산 중 개발비는 자산으로 보지 않으므로 관련 유보금액 고려할 필요 없음.
		준비금 등 한도초과액	부채	자산 아님	순자산	조세특례제한법 및 기타 법률상 준비금 등은 부채로 보지 않으므로 준비금한도 초과액을 고려할 필요 없음.
	유상증자 등		미계상	자산	미계상	직전 사업연도 종료일부터 평가기준일까지 유상증자금액
	기타		미계상	자산	자산	지급받을 권리가 확정된 채권
차감	선급비용		자산	자산 아님	자산 아님	평가기준일 현재 비용 확정된 선급비용에 한하여 차감
	창업비, 연구개발비 (종전 이연자산)		자산	자산 아님	자산	2003.1.1. 이후는 당기비용(손금)임.
	개발비		자산	자산 아님	자산	무형고정자산 중 개발비는 자산으로 보지 않음.

구분		재무상태표	상증법	법인세법	해설
	증자일 전 잉여금 유보액	자산	자산 아님	자산	신입주주의 출자지분을 평가함에 있어 분배하지 아니한다는 조건 시 자산으로 보지 않음.
	이연법인세차	자산	자산 아님	자산	자산으로 보지 않음.

자산에 가산할 금액과 차감할 금액을 '평가심의위원회 운영규정 별지 제4호 서식 부표3'에서 정하고 있는 '비상장 등 주식평가서(4. 순자산가액)'의 순서에 따라 정리하면 다음과 같다(상증령 §55 ②).

(가) 자산에 가산

자산은 과거의 거래나 사건의 결과로서 현재 기업실체에 의해 지배되고 미래에 경제적 효익을 창출할 것으로 기대되는 자원이다.[65] 따라서 재무상태표상의 자산은 회계적인 의미의 자산(예 과거의 취득가액 등)이므로 현재의 청산가치를 평가하는 데 있어서는 적당하지 않다. 상속증여세법의 자산은 회계적인 의미인 재무상태표상의 자산을 청산을 가정한 현재의 가치로 자산을 평가하도록 하고 있다. 자산에 가산하는 항목이란 결국 재무상태표상의 자산과 평가기준일 현재의 상속증여세법상의 자산평가액의 차이를 조정하는 과정에서 재무상태표에 자산으로 계상되어 있지 아니한 금액을 말한다.

① **평가차액**

예금 · 저금 · 적금 등의 평가는 평가기준일 현재 예입 총액과 같은 날 현재 이미 지난 미수이자 상당액을 합친 금액에서 소득세법 제127조 제1항에 따른 원천징수세액 상당 금액을 뺀 가액을 자산에 가산한다(상증법 §63 ④).

평가기준일 현재 당해 법인의 자산을 상속증여세법(제60조 내지 제66조)의 규정에 의하여 평가한 가액(시가)과 재무상태표에 계상된 자산과의 차액을 평가차액이라고 한다. 그런데 평가차액은 평가차익(+)과 평가차손(−)을 함께 의미할 수도 있는데 여기서 말하는 평가차액은 평가차익(+)을 말한다. 그 이유는 시가 또는 정당한 사유가 없는 경우에는

65) 재무회계개념체계 제90

시가액이 장부가액보다 적은 경우 장부가액을 적용하도록 하고 있으므로 평가차손(−)은 발생할 수 없게 된다. 평가차액이 발생하는 자산은 토지, 건물, 구축물, 기계장치, 차량운반구 등 유형자산이 대부분이다. 평가차익(+)을 자산에 가산한다.

관련규정 및 예규판례

▶ 비상장법인의 순자산가치 산정 시 차가감 대상인 주택건설업체가 보유하는 용지의 장부가액과 시가의 의미(재경부 재산 46014-47, 2002.2.22.)

주택건설업법인이 목적물 건설에 따라 법인세법 시행령 제69조의 규정에 의하여 작업진행률을 기준으로 계산한 수익과 비용을 각각 해당 사업연도의 익금과 손금에 산입한 경우에도 평가기준일 현재 당해 법인이 보유하고 있는 토지 전체를 상속증여세법 제60조 내지 제66조의 규정에 의하여 평가하는 것이며 익금에 산입한 분양수입금액 중 토지에 상당하는 가액은 부채에 가산하는 것임.

▶ 장기대여금채권을 현재가치로 할인하여 평가 시 "원본의 가액"의 의미 (서일 46014-11898, 2003.12.26.)

상속세 및 증여세법 시행령 제58조 제2항 및 같은 법 시행규칙 제18조의2 제2항 제1호의 규정에 의하여 원본의 회수기간이 3년을 초과하는 채권은 각 연도에 회수할 금액(원본에 이자상당액을 가산한 금액)을 고시하는 이자율에 의하여 현재가치로 할인한 금액의 합계액으로 평가하는 것이며, 원본의 가액은 대여금채권의 액면가액을 말하는 것임.

② 법인세법상 유보금액

〈상증법상 자산가액〉

(장부상 자산가액 ± 법인세법상 유보금액) − 상증법상 제외 유보금액

「자본금과 적립금조서(을)」의 ⑤란 기말잔액의 합계액에서 다음의 "㉠~㉢"을 차감한 금액을 자산에 가산한다.

㉠ 보험업법에 의한 책임준비금과 비상위험준비금을 부인한 유보액

㉡ 제충당금 및 제준비금을 부인한 유보액

㉢ 상속증여세법 시행령에 의하여 평가한 자산의 가액에 포함된 부인 유보액

법인세법상의 유보금액은 기업회계에 의해 작성된 당기순이익에서 익금(손금불산입)과 손금(익금불산입)을 가감하여 법인의 각 사업연도 소득을 계산하는 과정에서 발생한다. 즉 기업회계와 법인세법의 차이에서 오는 항목들을 세무조정이라는 과정을 거치게 되는데, 이때 익금 또는 손금 항목 중 자산과 부채에 영향을 미치는 과목들을 유보(또는 ▲유보)라고 한다. 이러한 과목들은 기업의 장부(재무상태표)상의 자본(순자산)과 법인세법상의 자본의 차이를 가져오게 된다. 법인세법상의 유보금액은 원칙적으로 장부상의 자산에 가감[(+)익금유보는 가산, (-)손금유보는 차감]하여야 한다. 그 이유는 장부상의 순자산가액과 법인세법상의 순자산가액의 차이가 유보이므로 세무계산상 법인의 정확한 순자산가액(자본)을 계산하기 위해서는 장부상의 순자산가액에서 유보금액을 가감하여야 기업의 정확한 순자산가액이 된다. 그러나 상속증여세법의 순자산가액은 법인이 청산될 것을 가정하는 이른바 청산가치에 의한 평가를 전제로 하고 있으므로(대법원 94누16243, 1996.2.15.) 법인세법상의 자산가액(유보액)이라고 하더라도 기업의 청산 시에 실질적인 자산가치와는 무관한 자산가액(유보액)은 자산에서 제외되어야 올바른 청산가치에 의한 평가가 된다.

법인세법의 유보액을 자산에 가산하지 않는 항목들을 보면[자세한 내용은 위의 "(2) 장부가액" 참조], ① 상속증여세법에 의하여 평가한 자산과 관련된 (+)유보액으로 평가한 자산은 평가액이 그 자산의 정확한 가치를 나타내므로(시가이므로) 이 경우의 유보액은 자산가액에 가감할 이유가 없다(평가한 가액이 장부가액보다 적은 경우 정당한 사유를 제외하고는 기업회계에 의해 작성된 재무상태표상 장부가액으로 평가하는 경우에도 유보액은 순자산가액에 별도로 가산하지 아니한다(서사-1852, 2004.11.16., 재산세과-1116, 2009.6.5.). 이 경우 정당한 사유가 있어 장부가액보다 적은 경우도 그 자산을 평가하였으므로 유보액은 자산에 가산하지 아니하는 것으로 보아야 할 것이다). ② 감가상각비부인액은 (+)유보에 해당하나 감가상각대상자산으로 평가한 평가액은 이미 시가가 반영되어 있다. 따라서 그 평가액(시가)에다 (+)유보액을 가산하게 되면 가산한 금액만큼 해당 자산이 과대평가된다. ③ 상속증여세법상 자산과 부채로 보지 않는 자산・부채와 관련하여 발생된 유보액은 법인세법상으로는 자산과 부채에 해당되어 (±)유보(익금 또는 손금)가 된다. 그런데 이들과 관련하여 발생된 유보액을 제외하지 않게 되면(가감하게 되면) 자산과 부채가 과대 또는 과소평가하게 된다.

법인세법에서는 익금과 손금사항 중 유보와 관련된 사항들은 별도로 자본금과 적립금 조정명세서(갑, 을)에 기록하여 관리하고 있다. 순자산가액 계산 시에는 평가기준일 현재의 자본금과 적립금 조정명세서(갑, 을)를 반드시 확인하고 해당 항목(과목)에 따라 자산에 가산할 금액과 차감할 금액을 판단해야 한다.

다음에 제시된 자본금과 적립금 조정명세서(을)상의 유보금액 중 제외할 유보금액의 항목을 보면, 제충당금과 관련된 대손충당금 5,432원과 퇴직보험충당금 132,520원, 평가한 자산과 관련된 건물감가상각비 95,168원과 기계장치감가상각비 325,050원과 개발비와 관련된 무형자산상각비(개발비) 3,834원이 해당된다. 자본금과 적립금 조정명세서(을) 유보금액 기말잔액 ⑤합계 605,646원 중 위 유보금액을 제외하면 23,642원(미수임대료와 잡손실)이 남게 되는데 이 금액을 자산에 가산한다.

사업연도		자본금과 적립금 조정명세서(을)	법인명	(주)○○	
세무조정유보소득 계산					
①과목 또는 사항	②기초잔액	당 기 중 증 감		⑤기말잔액 (익기초현재)	비 고
		③감 소	④증 가		
미수임대료			1,850	1,850	
잡손실			21,792	21,792	
대손충당금			25,432	25,432	
퇴직보험충당금	132,520			132,520	
건물감가상각누계액	523,420	428,252		95,168	
기계장치감가상각누계액	325,050			325,050	
무형자산상각비	3,834			3,834	
합계	984,824	428,252	49,074	605,646	

③ 지급받을 권리가 확정된 가액

법인이 평가기준일 현재 회수가능한 채권을 가진 경우 그 채권은 당연히 순자산가액에 포함된다(대법원 2004두6211, 2006.7.13.). 당해 법인이 증여일(평가기준일) 이전에 증여받은 금액은 증여일 현재 지급받을 권리가 확정된 가액에 해당한다고 보고 이를 평가자산에 가산할 수 없다(대법원 2007두2456, 2007.5.10.). 개인재산을 회사에 증여하여 재무구조를 개선하기로 금융기관과 약정한 경우 위 약정금액을 회사의 권리가 확정된 채권으로 보아 이를 회사의 평가자산에 가산하여야 한다(감심 2004-135, 2004.10.28.). 대차대조표 작성일 이후에 발생한 사건으로 대차대조표에 계상되지 아니한 금액(소송에서 승소한 금액 등)은 지급받을 권리가 확정된 가액이다.

④ 영업권

• 상속증여세법 시행령 제59조 제2항의 규정에 의한 영업권평가액과 개인사업자의 현물출자 또는 법인전환 등의 영업권은 당해 법인의 자산가액에 이를 합산한다(상증령 §55 ③). 다만, 비상장주식 평가 시 순자산가치로만 평가하는 경우 중 청산절차 진행 중 등인 주식, 3년 이내 계속 결손금 발생법인 주식, 골프장 및 스키장업 등의 예외적인 경우의 주식평가에는 합산하지 아니한다. 영업권은 법인세법상 사업상 편리한 지리적 여건, 거래관계, 영업상의 비결 등으로 사업상 가치가 있어 유상으로 취득한 가액에 한하여 자산으로 인정하고 있다. 따라서 법인세법상의 영업권은 재무상태표의 무형고정자산에 이미 포함되어 있으므로 여기에서 말하는 영업권은 상속증여세법상 초과수익력에 의하여 평가한 영업권(비상장주식 등 평가서 6. 영업권의 금액)으로 영업권포함 전 순자산가액에 가산하는 영업권과 개인사업자의 현물출자 또는 법인전환 등의 영업권을 말한다.

• 부(-)의 영업권에 대해 대법원(대법원 2000두7766, 2002.4.12.)은 구 상속증여세법 시행령 제5조 제5항 제1호의 산식에 따라 정수(+)의 가액이 산정되는 영업권만을 상속재산가액에 포함시키고 부수(-)의 가액이 산정되는 ○○주유소의 영업권은 이를 없는 것으로 보아 상속재산가액에서 제외하여야 하고, 단순히 영업권이 부수로 평가되었다고 하여 이를 소극적 재산인 채무와 같은 개념으로 보기는 어려워서 상속재산가액에서 공제할 수는 없고, 그러한 의미에서 영업장이 2개 이상이라고 하더라도 각 영업권의 평가액을 통산하여 상속재산가액을 산정할 수 없다.

• 합병영업권의 순자산가액 포함여부에 대해(기획재정부 재산세제과-496, 2018.6.14.) 「상속증여세법 시행령」 제55조 제1항에 따른 비상장법인의 순자산가액 산정 시 당해 비상장법인이 다른 비상장법인을 합병할 때 「상속증여세법 시행령」 제54조 제1항에 따라 산출한 주식평가액을 기준으로 산정한 합병비율로 계산한 합병대가를 지급하고 피합병법인이 순자산 장부가액의 차액을 재무상태표에 합병영업권으로 계상한 경우, 합병영업권 관련 세무조정사항(△)을 순자산가액 산정 시 반영하여야 한다. 비상장법인의 순자산가액을 계산함에 있어, 장부상 계상되어 있는 합병영업권 상당금액은 당해 법인의 자산가액

에 포함된다(재산세과-676, 2010.9.8.).

장부가액 흡수합병 시 계상한 영업권은 영업권가액의 자산성을 부인하여 법인이 손금계상한 영업권가액의 감가상각비를 손금부인하였으므로 주식가액 평가 시 영업권 가액은 법인의 자산가액에서 제외함이 타당하다(국심 2002서840, 2002.7.10.)는 것은 세법의 합병영업권으로 인정된 경우 합병영업권은 자산에 포함되는 것으로 보아야 한다.

개인사업자의 법인전환 시 영업권의 무상양도로 인한 영업권은 자산에 가산하여야 한다(조심 2019전-0186, 2019.7.18.). 법인전환 시 영업권이 실질적으로 이전된 경우에는 그 영업권 평가액을 순자산가액에 포함하여 평가한다(조심 2013서4201, 2014.2.18.).

(나) 자산에서 차감

① 선급비용

• 평가기준일 현재 비용으로 확정된 선급비용은 자산에서 차감한다.

여기에서는 선급비용의 성격을 재산적 가치 유무에 따라 구분하여 자산성격이 있는 경우에는 자산으로 보고 자산성격이 아닌 단순한 기간비용에 해당하는 경우에는 자산으로 보지 않는다(심사상속 98-325, 1999.2.26.). 선급비용은 비용으로 지급한 금액 중 아직 기간이 경과하지 아니한 것으로서 자산에 해당하나, 나중에 기간이 경과하면 비용화되는 금액이다(심사상속 99-0438, 1999.12.17.). 선급비용은 평가기준일 현재 비용으로 확정된 보험료로써 자산가액에서 차감되어야 한다(조심 2013중0323, 2014.3.24.).

• 평가기준일 현재 비용으로 확정된 선급비용이 아니므로 자산에서 차감할 수 없다.

법원(부산고법 2017누22572, 2018.4.6.)은 평가 기준일 현재의 가결산 대차대조표를 기초로 자산과 부채 항목을 가감조정하여 순자산가액을 산정하여야 하는 것이 원칙이지만, 평가기준일 현재 자산 및 부채를 정확히 확인할 수 있는 자료가 없는 경우에는 평가기준일과 다른 시점의 가결산 대차대조표 또는 직전 사업연도 말 기준 대차대조표상의 자산과 부채를 기초로 하되 평가기준일까지의 증감사항 및 평가차액 등을 반영하여 순자산가액을 계산하는 것이 위법하다고 할 수 없다.

비상장주식의 가액을 평가하기 위하여 당해 법인의 순자산가액을 산정함에 있어 자산에서 공제되는 선급비용은 원칙적으로 평가기준일 현재 비용의 선급과 그에 대한 반대급부로서의 용역제공이 완료되어 자산성을 완전히 상실한 경우를 의미한다고 할 것이므로, 이 사건 A/S 이관계약은 이 사건 회사가 2011년부터 2015년까지 5년간 거래업체에 대하여 부담할 설비 하자보수와 관련한 A/S업무 용역을 ㈜△△에 모두 이관하고, 그 대가로 ㈜△△에 하자보수비용 상당의 대금 809,068,950원을 지급하는 내용이다.

그런데 이 사건 A/S 이관계약은 주식의 평가기준일(2010.12.29.) 이전인 2010.11.30. 체결되기는 하였으나, 위 계약에 따른 대금 지급은 위 주식 평가기준일 이후인 2010.12.30. 에야 비로소 이루어졌는바, 이에 의하면 위 주식 평가기준일 현재 A/S 이관계약에 따른 비용의 선급과 그에 대한 반대급부로서의 용역제공이 완료되었다고 보기 어렵다. 따라서 A/S 이관계약에 따른 하자보수비용 상당의 대금은 순자산가액을 산정함에 있어 자산에서 차감할 수 있는 성격의 비용이라고 할 수 없다(대법원 2018두44005, 2018.9.13.).

관련규정 및 예규판례

▶ 상속세 과세가액 계산 시 선급화재보험료(심사상속98－325, 1999.2.26.)

화재보험료 7,888,000원 중 기간 미경과된 선급보험료는 1,542,177원으로서 동 보험료를 재산적 가치가 있는 자산으로 보아 상속재산가액에 산입하였다. 쟁점보험료는 1994.1.4.～1999.1.4.까지 상속재산에 대하여 납부한 화재(보장성)보험료 7,888,000원 중 상속개시일(1997.1.10.) 이후분에 해당하는 보험료이다. 일반적으로 보장성보험의 성질인 화재보험료 등은 장래에 발생될 손해를 부보하는 보험료로서 당해 보험료는 부보기간 전 선납하는 것으로 적립성 보험료와는 달리 자산성격이 아닌 기간비용의 성격에 해당하므로 그 선납보험료는 납부시점에 비용화되어질 뿐 회계학상 자산의 성격인 선급비용과는 달리 재산적 가치가 있는 상속재산으로 보기는 어렵다.

② 증자일 전의 잉여금의 유보액

증자일 전의 잉여금의 유보액을 신입주주 또는 신입사원에게 분배하지 아니한다는 것을 조건으로 증자한 경우 신입주주 또는 신입사원의 출자지분을 평가함에 있어 분배하지 아니하기로 한 잉여금에 상당하는 금액은 자산에서 차감한다(상증통 63－55…6). 여기서 "신입주주"는 상법 제344조 제1항에 따라 이익의 배당에 관하여 내용이 다른 종류주식을 배정받은 주주를 말한다(법령해석재산－0545, 2019.12.6.).

③ 무형고정자산

무형고정자산은 자산에서 차감한다(상증령 §55 ②). 여기서 무형고정자산은 법인세법 시행령 제24조 제1항 제2호 (바)목에 따른 무형고정자산인 개발비가 해당된다. 무형고정자산의 종류는 법인세법에 따른다. 법인세법상 무형고정자산은 기업회계에 의한 무형자산[66]과 차이가 있다. 법인세법에서는 종전 이연자산(2002.1.1. 이후 무형고정자산으로 개정)으로 분류하던 연구개발비는 기업회계와의 조정을 위해 2003.1.1. 이후 연구비 성질의 지출금은 당기비용으로 처리하고, 개발비는 무형고정자산으로 분류하였다. 개발비를 제외한 무형고정자산의 일종인 사용수익기부자산, 영업권, 어업권, 광업권 등 법인세법상의 무형고정자산은 자산에서 차감하지 아니한다. 법인세법 시행규칙 [별표 3] 무형고정자산의 내용연수표(2007.12.5. 개정)는 다음과 같다.

| 무형고정자산의 내용연수표(법인세법 시행규칙 제15조 제2항 관련) |

구분	내용연수	무형고정자산
1	5년	영업권, 디자인권, 실용신안권, 상표권(2007.12.5. 개정)
2	10년	특허권, 어업권, 「해저광물자원 개발법」에 의한 채취권(생산량비례법 선택 적용), 유료도로관리권, 수리권, 전기가스공급시설이용권, 공업용수도시설이용권, 수도시설이용권, 열공급시설이용권(2007.12.5. 개정)
3	20년	광업권(생산량비례법 선택 적용), 전신전화전용시설이용권, 전용측선이용권, 하수종말처리장시설관리권, 수도시설관리권
4	50년	댐사용권

④ 구 법인세법상 이연자산(사용수익기부자산액은 제외)[67]

구 법인세법에서는 창업비 및 연구개발비가 개업비 및 사채발행비와 함께 이연자산으로 분류되었으나, 2001년 말 법인세법 시행령 개정 시 창업비와 연구개발비가 무형고정자산으로,

66) 무형자산의 정의에서는 영업권과 구별하기 위하여 무형자산이 식별가능할 것을 요구한다. 사업결합으로 인식하는 영업권은 사업결합에서 획득하였지만 개별적으로 식별하여 별도로 인식하는 것이 불가능한 그 밖의 자산에서 발생하는 미래경제적 효익을 나타내는 자산이다. 그 미래경제적 효익은 취득한 식별가능한 자산 사이의 시너지효과나 개별적으로 인식기준을 충족하지 않는 자산으로부터 발생할 수 있다(일반기업회계기준 11.2).

67) 사용수익기부자산이라 함은 금전 이외의 자산을 국가, 지방자치단체, 조세특례제한법 제73조 제1항 각 호에 규정한 법인(특례기부금대상 법인), 법인세법 시행령 제36조 제1항 각 호에 규정하는 법인(지정기부금대상 법인)에 기부한 후 그 자산을 사용하거나 그 자산으로부터 수익을 얻는 경우에 당해 기부자산을 말한다. 국세공무원교육원, 「법인세법」(2005), p.271

개업비는 당기 비용으로, 사채발행비는 사채할인발행차금에 포함되도록 개정되었다.

2001.12.31. 이전	2002.1.1. 이후	2003.1.1. 이후
〈이연자산〉 - 창업비 - 연구개발비 - 사용수익기부자산 - 개업비 - 사채발행비 〈무형고정자산〉 - 영업권, 의장권, 실용신안권, 상표권 - 특허권, 어업권, 광업권 등	〈이연자산〉: 폐지 〈무형고정자산〉 - 기존의 무형고정자산 - 창업비 - 연구개발비 - 사용수익기부자산 ※ 개업비: 당기비용처리 ※ 사채발행비: 사채할인발행차금에 포함하여 상각	〈무형고정자산〉 - 기존의 무형고정자산 - 창업비: 삭제 - 개발비: 종전의 연구개발비 중 연구비 성질의 지출은 당기비용으로 분리 - 사용수익기부자산

⑤ 이연법인세차[68)]

이연법인세차란 회계상으로는 아직 당기순이익에 가산되지 않았으나 법인세법에 의하여 당해 사업연도 중 익금가산되어 당해 연도의 법인세를 상대적으로 많이 납부한 부분으로서 차후 회계상 당기순이익에 가산되는 사업연도에는 법인세를 상대적으로 적게 납부할 수 있는 효과가 있으므로 이를 "자산"으로 계상하도록 기업회계에서 규정하고 있다. 기업회계에서의 이연법인세회계는 자산 및 부채를 적정하게 표시하는 데 있다. 그러나 순자산가액 계산 시에는 당해 법인의 자산에서 차감한다(재산상속 46014-587, 2000.5.15.).

(3)-2. 부채에 관한 항목

| 부채에 관한 항목 |

구분		재무상태표	상증법	법인세법	해설
가산	법인세 등	미계상	부채	미계상	부채로 미계상된 법인세, 농특세, 지방소득세

68) '기업회계기준 등에 관한 해석'에 따르면 이연법인세의 회계는 법인세의 본질을 기간비용으로 간주하므로 법인세도 다른 비용과 같이 수익·비용대응의 원칙이 적용되며 특정회계연도의 법인세비용은 동 회계연도의 법인세비용차감 전 순이익과 대응되어야 한다. 따라서 이연법인세회계의 목적은 기업회계상 손익인식기준과 세무회계상 과세소득 산정기준의 차이 등으로 인하여 발생하는 법인세비용과 법인세부담액의 차이를 반영함으로써 당기순이익, 자산 및 부채를 적정하게 표시하는데 있다.

구분		재무상태표	상증법	법인세법	해설
	미지급 배당금 등	미계상	부채	미계상	이익처분에 의한 확정된 배당금, 상여금
	퇴직급여 추계액	미계상	부채	미계상	임직원 전원이 퇴직할 경우 지급해야 할 퇴직급여추계액
	기 타	미계상	부채	미계상	지급의무가 확정된 것
	보증채무	미계상	부채	미계상	구상권행사가 불가능한 부채
차감	제준비금	부채 (결산조정)	부채 아님	부채	제준비금은 부채 아님. 다만, 보험업의 준비금 등은 한도 내에서 부채로 봄.
	제충당금	부채	부채 아님	부채	부채로 보지 않음.
	보증채무	부채	부채 아님	부채	구상권행사가 가능한 부채
	외화자산부채 평가손익	부채	부채 아님	부채	부채로 보지 않음.
	이연법인세대	부채	부채 아님	부채	부채로 보지 않음.

부채에 가산할 금액과 차감할 금액을 '평가심의위원회 운영규정 별지 제4호 서식 부표3'에서 정하고 있는 '비상장 등 주식평가서(4. 순자산가액)'의 순서에 따라 정리하면 다음과 같다(상증령 §55 ②).

(가) 부채에 가산

부채는 과거의 거래나 사건의 결과로 현재 기업실체가 부담하고 있고 미래에 자원의 유출 또는 사용이 예상되는 의무 또는 기업의 실체가 현재의 시점에서 부담하는 경제적 의무이다. 의무란 법적 강제력이 있는 의무와 상관습이나 관행 등으로 인해 발생하는 의무가 있다.[69]

재무상태표의 부채는 회계학적인 의미의 부채이므로 비상장주식 평가에 있어 채무(대법원 2003두9886, 2004.9.24.)는 상속개시 당시 피상속인이 종국적으로 부담하여 이행하여야 할 것이 확실하다고 인정되는 채무를 뜻하는 것이므로, 사실상 채권을 회수할 수 없는 상황에 있는 것이 객관적으로 인정될 수 있는가 아닌가로 결정하여야 할 것이고, 한편

69) 재무회계개념체계 제97, 98

이와 같은 사유는 상속세 과세가액을 결정하는데 예외적으로 영향을 미치는 특별한 사유이므로 그와 같은 사유의 존재에 대한 주장·입증책임은 상속세 과세가액을 다투는 납세의무자 측에 있다.

① 미지급 법인세 등

• 확정된 미지급법인세 등의 의미

평가기준일까지 발생된 소득에 대한 법인세액, 법인세액의 감면액 또는 과세표준에 부과되는 농어촌특별세 및 지방소득세(상증칙 §17의2 3 가목)로서 대차대조표에 미지급법인세 등으로 계상되지 아니한 것을 말한다. 평가기준일까지 발생된 소득에 대한 법인세라 하면 평가기준일 현재 법인세법 등에 의하여 실제 납부하여야 할 법인세액(산출세액이 아닌 세액공제감면 후 결정세액) 등을 말한다(상증통 63-55…14). 따라서 사업연도 법인세를 사후에 감액하는 경정결정을 받은 경우 1주당 가액 평가를 위한 순자산가액을 산정할 때에는 법인세 감액경정이 대차대조표상 부채항목인 미지급법인세 계정 잔액도 감액된 법인세만큼 감액되어야 한다(서울고법 2016누78686, 2017.9.29.).

당해 법인의 순자산가액을 계산함에 있어 그 법인의 재산평가가액에서 공제하여야 할 부채의 하나인 "소득에 대한 법인세 및 주민세"는 상속개시일까지 그 법인의 재산평가액에 포함되는 소득에 대하여 이미 부과되었거나 부과될 것이 확정적인 법인세 및 주민세를 의미하므로 상속개시일까지 아직 익금에 산입되지 아니한, 당해 법인의 자산의 장부가액과 시가 평가액과의 차액에 대한 법인세 등 상당액을 재산평가가액에서 공제할 부채로 볼 수 없다(대법원 96누16308, 1998.11.27.). 소득에 대한 법인세 등은 소득에 대하여 이미 부과되거나 부과될 것이 확정적인 법인세 등을 의미한다(대법원 90누4136, 1991.1.29.).

• 이월과세액과 확정된 미지급법인세

조세특례제한법 제2조 제1항 제6호에 따르면, 이월과세는 개인이 자산을 현물출자하는 과정에서 "이미 발생한 소득"에 대하여 당해 소득에 대한 세금 납부의 주체를 현물출자받은 "법인"으로 변경하고 그 법인의 자산 양도 시점으로 세금 납부 시기만을 이연하는 규정이다. 심판원(조심 2019서4567, 2020.5.20.)은 조세특례의 경우 5년의 사후관리기간 종료 전에는 납부하여야 할 세액은 조세특례제한법 제2조 제1항 제6호에 따라 "개인이 종전 사업용 고정자산 등을 그 법인에 양도한 날이 속하는 과세기간에 다른 양도자산이 없다고 보아 계산한 소득세법 제104조에 따른 양도소득 산출세액 상당액"으로 확정되어 있었으나,

그 세액에 대한 납부의무자가 법인인지 아니면 개인인지 확정되지 아니한 상태에 있다가 사후관리 요건의 위반 없이 그 기간이 종료됨과 동시에 그 세금의 납부의무가 법인으로 확정적으로 이전되는바, 평가기준일 현재 사후관리기간이 경과하여 세금의 납부의무자가 법인으로 확정된 이월과세액은 부채의 가산항목에 해당한다.

관련규정 및 예규판례

미지급법인세 등(대법원 96누2392, 1997.2.11.)
평가기준일까지 발생한 소득에 대한 법인세 및 주민세 등으로서 납부할 세액과 이익처분에 의하여 확정된 배당금과 상여금 등도 부채에 포함된다. 여기서의 법인세액 등은 실제로 납부하였거나 납부할 세액을 의미하므로 세액공제감면이 행하여지기 전의 산출세액이 아니라 결정세액이라고 보아야 한다.

평가기준일까지 발생한 소득(재삼46014-1035, 1996.4.20.)
"평가기준일까지 발생한 소득"이라 함은 평가기준일이 속하는 사업연도 개시일부터 상속개시일까지 가결산에 의하여 산출된 소득을 말함.

순자산가액 계산 시 부동산평가차액에 대한 법인세 등의 "부채"(국심 99중2688, 2000.12.2.)
재산평가가액에서 공제하여야 할 부채의 하나인 소득에 대한 법인세는 상속개시일까지 그 법인의 재산평가액에 포함되는 소득에 대하여 이미 부과되거나 부과될 것이 확정적인 법인세 등을 의미한다고 할 것인데(대법원 90누4136, 1991.1.29.), 자산의 임의평가증의 경우 법인이 현실적으로 자산을 재평가하지 아니하는 한 자산의 평가차익이 법인의 소득계산상 익금에 산입될 수 없어 법인세 과세대상이 된다고 할 수 없다. 결국 자산의 평가차익에 대하여 법인세 및 주민세가 부과될지의 여부는 불확실하다고 할 것이며 공제할 부채로 볼 수는 없다(대법원 96누16308, 1998.11.27.).

② 이익처분에 의한 배당금 · 상여금 등

평가기준일 현재 주주총회에서 처분 결의된 주주에 대한 배당금 및 임원에 대한 상여금으로 이익처분에 의해 확정된 배당금 및 상여금 등은 결산일의 재무상태표에는 계상될 수가 없다. 이 경우의 배당금과 상여금 등은 평가기준일 현재 지급의무가 확정된 것이므로 부채에 가산한다.

관련규정 및 예규판례

배당기준일 현재 생존하고 있던 주주가 잉여금처분결의가 있기 전 사망으로 상속개시 후에 잉여금처분이 확정된 경우(재산상속46014-77, 1999.12.21.)

당해 배당금 및 상여금은 상속세 과세가액에 포함하지 아니하는 것이며, 상속받은 비상장주식을 평가함에 있어서는 이를 상속증여세법 시행규칙 제17조 제3항 제3호의 규정에 의한 부채에 포함하지 아니한다.

③ 퇴직급여추계액

평가기준일 현재 재직하는 임원 또는 사용인 전원이 퇴직할 경우에 퇴직급여로 지급되어야 할 금액의 추계액을 퇴직급여추계액이라고 한다. 순자산가액 계산 시 부채에 가산하는 퇴직금추계액을 종전에는 50%만 인정하였으나 1997.1.1. 이후 최초로 상속이 개시되거나 증여하는 분부터는 100% 전액을 부채로 인정하고 있다. 이 경우 퇴직금 추계액은 법인의 장부에 계상하였는지 여부에 관계없이 퇴직금추계액을 계산하여 부채에 가산해야 한다. 퇴직급여충당금과 퇴직금추계액의 관계를 보면, 퇴직급여충당금은 원칙적으로 부채성충당금으로 부채에 해당되나 순자산가액 계산 시 퇴직급여충당금을 부채에서 차감하고 퇴직금추계액을 부채로 인식하여 부채에 다시 가산하는 형식을 취하고 있다.

대법원(대법원 1996.2.15. 선고 94누16243 전원합의체 판결)은 비상장주식이나 출자지분의 보충적인 평가방법의 요소 중 순자산가액평가법은 다른 요소인 수익력가치평가법이나 유사상장법인 비교평가법이 법인의 계속가치를 전제로 평가하고 있는 것과는 달리, 법인이 청산될 것을 가정하는 이른바 청산가치에 의한 평가를 전제로 하고 있다고 하면서 퇴직금추계액의 50%만을 부채로 인정하도록 규정한 구 상속증여세법 시행규칙(제5조 제3항 제3호)이 조세법률주의에 위배되어 무효라고 판단하였다.

한편, 퇴직금추계액에 대해 "법인 평가기준일 현재 재직하는 임원 또는 사용인 전원이 퇴직할 경우에 퇴직급여로 지급되어야 할 금액의 추계액"이란 사용인 등이 퇴직할 경우 법인에서 실제 지급하여야 할 금액을 말하는 것으로 확정기여형 퇴직연금에 가입한 경우 적립금에서 지급되므로 법인에서는 퇴직급여를 지급할 의무가 없게 된다. 따라서 확정기여형 퇴직연금 가입자의 퇴직금추계액은 부채가 아니다(조심 2015중2804, 2016.3.30.).

④ 충당금 중 평가기준일 현재 비용으로 확정된 것 등

충당금 중 평가기준일 현재 비용으로 확정된 것은 부채에 가산한다.

'평가기준일 현재 비용으로 확정된 것'의 의미는 자산성의 관점에서 회수 불가능하다는 것이 객관적으로 명백하여 대손금과 다름없는 정도로 평가할 수 있는 상태에 있는 대출채권 및 미수금에 대한 대손충당금이라고 할 것이므로 회수불능이 확실하여 손비처리가 불가피한 '추정손실'의 단계에 있는 대출채권 및 미수금에 대한 대손충당금은 여기에 해당된다고 할 것이나, 손실 발생이 예상되나 현재 그 손실액을 확정할 수 없는 상태에 있는 '회수의문'의 상태 또는 그전 단계에 있는 대출채권 및 미수금에 대한 대손충당금은 여기에 해당된다고 볼 수 없다(대법원 2008두2729, 2008.10.23.).

⑤ 가수금 등

가수금의 부채 인정여부와 가수금의 채권 인정 여부는 같다.

○○물산에 대하여 가수금 채권을 보유하고 있었음을 전제로 상속재산가액을 산정함에 있어 위 가수금 채권을 포함시켰으나, 변제에 관한 소명자료를 제출하지 못하고 있다는 사정만으로는 가수금 채권을 보유하고 있다는 사실이 직접 증명되었다거나 경험칙에 비추어 그와 같은 사실이 추정된다고 보기에 부족하므로 가수금 채권을 보유하고 있었다고 볼 수 없으므로 상속재산가액을 과다 산정한 위법이 있다(서울고법 2015누54737, 2015.12.24.). 비상장법인의 부채 중 주주 및 임원 등으로부터의 가수금 또는 주주·임원·종업원 단기채무의 계정과목이 있는 경우 그 부채의 변제의무를 당해 법인이 가지는 경우에는 가수금 등을 부채에 포함한다(재삼 46104-815, 1996.3.28.).

관련규정 및 예규판례

- 순손익가치 평가 시 가수금에 대한 (부채)미지급이자상당액(국심 2003부310, 2003.4.3.)

  가수금에 대한 이자를 지급하거나 또는 미지급비용으로 손금계상하여야 함에도 이를 계상한 바가 없다. 주식을 평가함에 있어서 손금으로 계상하지 아니한 이자상당액을 공제할 수 있는 규정이 없다(적극적 공제에 반하는 판단이다).

(나) 부채에서 차감

① 제준비금

제준비금은 조세정책상의 이유 등으로 부채로 보고 있으나 회계적으로 보면 부채에 해당되지 않으므로 부채에서 차감한다(상증칙 §17의2 4). 그 이유는 순자산가액에서 공제되는 부채란 평가대상 법인이 지급 또는 변제하여야 할 채무를 뜻하는 것이므로 이들 준비금은 일정 기간 경과 후에 환입하거나 또는 발생된 손금과의 상계처리 등을 예정한 것이므로 이를 채무로서 볼 수가 없기 때문이다. 다만, 제준비금 중 비상장법인인 보험회사 주식평가의 경우 보험업법에 따른 책임준비금과 비상위험준비금으로서 법인세법 시행령 제57조 제1항부터 제3항까지에 준하는 금액(법인세법상 한도 내의 것)에 대해서는 부채로 보고 있다. 법인세법상의 책임준비금과 비상위험준비금은 사업연도 종료일 현재 모든 보험계약이 해약된 경우 계약자 또는 수익자에게 지급하여야 할 환급액에 대한 준비금 설정이므로 다른 준비금과는 성격이 다르며 퇴직금추계액과 비슷한 부채의 성격이 강한 준비금으로 볼 수 있으므로 동 준비금은 부채에서 차감하지 아니한다(상증칙 §17의2 4 나목).

손금으로 계상하고 상속개시일까지 아직 익금에 산입되지 아니한 수출손실준비금 및 해외시장개척준비금에 대하여는 법인세·주민세가 부과될는지 불확실하므로 그 법인의 재산평가가액에서 공제할 부채라고 볼 수 없다(대법원 90누4316, 1991.1.29.). 즉 추후 익금에 산입하도록 되어 있는 수출손실준비금환입 등에 대한 법인세 등은 확정된 부채로 볼 수 없다는 것이다(즉 소득에 대한 법인세·주민세는 평가기준일까지 그 법인의 재산평가액에 포함되는 소득에 대해 이미 부과되었거나 부과될 것이 확정적인 법인세·농어촌특별세 및 주민세를 의미하기 때문이다).

• 준비금의 회계처리에 따른 부채의 조정

제준비금은 결산조정과 신고조정으로 구분할 수 있다. 결산조정이라 함은 준비금을 재무상태표와 손익계산서에 준비금으로 계상한 경우를 말하며, 신고조정이라 함은 과세표준 신고 시 세무조정계산서에 손금으로 계상한 경우를 말한다. 법인세법상의 결산조정에 대한 표현을 보면 법인세법 제30조에 "… 책임준비금과 비상위험준비금을 손금으로 계상한 경우에는 …"이라고 표현되어 있다. 결산조정에 해당되는 제준비금을 결산조정하지 않은 경우에는 손금으로 인정할 수 없다는 것이다. 그러나 신고조정에 해당되는 과목들은 결산조정과 신고조정을 선택할 수 있다. 법인세법상의 준비금 중

책임준비금과 비상위험준비금, 계약자배당준비금만 결산조정에 해당되고, 기타 다른 모든 준비금은 신고조정에 해당된다.

준비금을 결산조정(재무상태표 계상)한 경우와 하지 않은 경우 장부상 자본과 세무상 자본은 다르게 표시된다. 결산조정한 경우는 장부상 자본과 세무상 자본에 차이가 나지 않지만 결산조정을 하지 않은 경우는 장부상 자본과 세무상 자본이 차이가 발생하게 된다. 준비금의 결산조정여부에 따라 준비금, 준비금한도초과액, 준비금환입 등의 처리가 다르므로 이에 대한 이해가 있어야 한다. 다음은 준비금 20에 대해 결산조정을 한 경우와 하지 않은 경우의 장부상 자본과 세무상 자본을 나타내고 있다.

| 결산조정한 경우 |

장부상 자본

자　산	100	부　채	60
		자　본	40
자산총계	100	부채 · 자본총계	100

법인세법 자본

자　산	100	부　채	60
		자　본	40
자산총계	100	부채 · 자본총계	100

* 부채 60에는 준비금 20이 포함되어 있음.

| 결산조정하지 않은 경우: 신고조정 |

장부상 자본

자　산	100	부　채	40
		자　본	60
자산총계	100	부채 · 자본총계	100

법인세법 자본

자　산	100	부　채	40
		자　본	60
		(유　보)	▲20
자산총계	100	부채 · 자본총계	80

* 준비금 손금산입 유보 ▲20은 자본의 차감항목임. 따라서 자본은 40이 된다.

준비금을 결산조정한 경우 순자산가액 계산 시 부채에 준비금이 포함되어 있으므로 준비금 20을 부채에서 차감한다. 이 경우 준비금 관련 모든 유보금액(+유보 및 ▲유보)은 제외되는 유보금액이 된다. 한편, 준비금을 결산조정하지 않은 경우 부채에 준비금이 포함되어 있지 않으므로 부채에서 차감할 금액은 없게 된다. 이 경우도 준비금 관련 모든 유보금액(+유보 및 ▲유보)은 제외되는 유보금액이 된다.

준비금의 결산조정과 신고조정의 차이는 재무상태표의 순자산에는 차이가 나지만 법인세법상의 순자산과 상속증여세법상의 순자산가액에는 차이가 없다. 또한 준비금의 손금산입, 익금불산입(과다환입 등), 익금산입금액(과소환입 등)인 유보금액은 법인세법의 순자산에 영향을 미치지만 상속증여세법의 순자산가액에는 영향을 미치지 않는다.

한편, 준비금의 익금(환입)에 대해 중소기업투자준비금이나 연구인력개발준비금은 소득금액 계산 시 이를 가공의 손금으로 산입하였다가 나중에 환입되는 사업연도에 그 환입액을 가공의 익금으로 산입하는 방법으로 일정 기간 동안 조세부과를 유예해 주기 위한 것에 불과하므로, 그 설정과 환입에 따른 손금이나 익금은 당해 법인의 손익이나 주식의 가치에 영향을 미칠 수 없다. 따라서 균등하게 환입한 준비금의 환입액을 가산하여 1주당 순손익가치를 산정한 것은 위법하다(대법원 2011두22280, 2013.11.14.).

② 제충당금

제충당금(퇴직급여충당금, 퇴직보험료, 대손충당금, 구상채권상각충당금 등)은 원칙적으로 부채에서 차감한다(자산에 가산 효과). 다만, 충당금 중 평가기준일 현재 비용으로 확정된 것은 부채에서 차감하지 아니한다(자산에 차감 효과)(상증칙 §17의2 4 가목). 여기서 '평가기준일 현재 비용으로 확정된 것'의 의미는 자산성의 관점에서 회수 불가능하다는 것이 객관적으로 명백하여 대손금과 다름없는 정도로 평가할 수 있는 상태에 있는 대출채권 및 미수금에 대한 대손충당금이라고 할 것이므로 회수불능이 확실하여 손비처리가 불가피한 '추정손실'의 단계에 있는 대출채권 및 미수금에 대한 대손충당금은 여기에 해당된다고 할 것이나, 손실 발생이 예상되나 현재 그 손실액을 확정할 수 없는 상태에 있는 '회수의문'의 상태 또는 그전 단계에 있는 대출채권 및 미수금에 대한 대손충당금은 여기에 해당된다고 볼 수 없다(대법원 2008두2729, 2008.10.23.).

• 대손충당금

대손충당금은 부채에서 차감하나 채권 중에서 평가기준일 현재 법인세법상의 대손요건충족(일반적으로)으로 대손금으로 확정된 금액(비용으로 확정된 금액)은 부채에서 차감하지 아니한다(국심 2001전2440, 2002.1.12., 국심 2001전3119, 2002.6.26.). 이 경우는 부채에 해당된다는 의미이다(자산에 차감 효과). 따라서 법인세법상 대손충당금 한도 이내 금액이라 하더라도 평가기준일 현재에는 비용으로 확정된 금액에 한해 부채에서 차감하지 않으므로(부채이므로), 결산(또는 가결산) 시점에 대손금으로 확정된 금액에 대해 대손(비용)으로 회계처리가 이루어졌다면 현실적으로는 부채(대손충당금)에서 차감하지 아니할 금액은 없게 된다. 대손충당금은 채권에 대한 평가성충당금이므로 재무상태표는 당해 채권에서 차감하는 방식으로 표시된다. 자산에 가산(순자산가액 증가)하는 것이 순리일 것이나 상속증여세법에서는 대손충당금을 부채에서 차감(순자산가액 증가)하도록 하고 있다. 이러한 계산방식은 결과(순자산)에 있어서는 차이가 없다(대손충당금을 채권에 가산하나 부채에서 차감하나 순자산가액에 미치는 영향은 차이가 없다).

• 퇴직급여충당금

퇴직급여충당금은 부채에서 차감할 항목이다.

퇴직급여충당금과 관련된 퇴직보험예치금 등의 처리 방법에 대해서는 다음과 같은 점을 확인할 필요가 있다. 퇴직보험예치금, 국민연금전환금은 직원 전원이 퇴직할 경우 퇴직금추계액에서 충당금 설정금액 중 실제 퇴직하는 사람에게 퇴직금을 지급하고자 일정액을 금융기관에 예치하는 금액으로 퇴직급여추계액 전액을 부채에 가산한 경우에 다시 부채에서 제외하는 제충당금에 포함되는 금액이므로 당연히 부채에서 제외(자산에 가산함과 동일한 효과)되어야 한다(국심 2005서2900, 2006.7.4.). 따라서 재무상태표에 계상된 국민연금전환금 및 퇴직보험예치금을 자산에 가산하여 주식을 평가한 처분은 타당하다. 또한 퇴직급여충당금에서 퇴직보험예치금 및 국민연금전환금을 차감하는 형식으로 표시하는 경우 재무상태표에 계상되어 있는 퇴직급여충당금(퇴직보험예치금과 국민연금전환금을 차감하기 전의 금액)은 부채에서 차감하는 것이며, 평가기준일 현재 재직하는 임원 또는 사용인 전원이 퇴직할 경우에 퇴직급여로 지급되어야 할 금액의 추계액은 부채에 가산한다(서면4팀-785, 2004.6.3.).

이와 같은 해석에 대해 퇴직보험예치금(퇴직연금운용자산), 국민연금전환금 등을 재무상태표에 표기하는 방식에 따라 분석해 보면 다음과 같은 결론에 이르게 된다.

| 퇴직급여충당금에서 퇴직보험예치금을 차감하는 방식의 표기 |

차변		대변	
자산	3,000,000	부채	2,500,000
		퇴직급여충당금	200,000
퇴직보험예치금	-	(퇴직보험예치금)	-100,000
		부채총계	2,600,000
		순자산	400,000
자산총계	3,000,000	부채 및 자본총계	3,000,000

| 퇴직보험예치금 자산항목 방식의 표기 |

차변		대변	
자산	2,900,000	부채	2,500,000
		퇴직급여충당금	200,000
퇴직보험예치금	100,000	(퇴직보험예치금)	-
		부채총계	2,700,000
		순자산	300,000
자산총계	3,000,000	부채 및 자본총계	3,00,000

퇴직보험예치금을 자산항목 방식의 표기 순자산 30,000원과 퇴직급여충당금에서 퇴직보험예치금을 차감하는 방식의 표기 순자산 400,000원은 차이가 있다. 재무상태표의 퇴직급여충당금에서 퇴직보험예치금을 차감하는 방식의 표기에서는 퇴직보험예치금을 차감하기 전의 퇴직급여충당금을 200,000원으로 해야 퇴직연금 가입자의 퇴직금추계액은 부채가 아니라(조심 2015중2804, 2016.3.30.)는 것과 조화를 이루게 된다. 즉 퇴직보험예치금을 자산항목 방식의 표기에서 순자산가액은 자산총계 3,00,000원 - 부채총계 2,300,000원(부채 2,500,000원 - 부채 제외 퇴직급여충당금 200,000원) = 700,000원이 된다. 퇴직급여충당금에서 퇴직보험예치금을 차감하는 방식의 표기에서 순자산가액은 자산총계 3,000,000원 - 부채총계 2,400,000원(부채 2,500,000원 - 부채 제외 퇴직급여충당금 100,000원) = 600,000원이 된다. 퇴직급여충당금에서 퇴직보험예치금을 차감하는 방식의 표기에서 순자산가액이 100,000원 과소평가한 것이 된다. 따라서 퇴직급여충당금에서 퇴직보험예치금을 차감하는 방식의 회계처리의 경우 부채에서 차감하는 퇴직급여충당금은 퇴직보험예치금을

차감하기 전의 퇴직급여충당금이어야 한다.

한편(순손익액의 계산구조 참조), 결산에 미반영된 퇴직급여충당금과 관련하여 최근 3년간의 '순손익액'을 산정함에 있어서는 당해 사업연도 말의 퇴직급여추계액을 기준으로 한 퇴직급여충당금 과소 계상액을 순손익가치 계산 시 차감하는 것이 상당하다(대법원 2005두15311, 2007.11.29. 등 참조).

③ 이연법인세대

이연법인세대란 기업회계상 아직 비용 처리되지 아니하였으나 법인세법에 의하여 당해 사업연도 중 손금가산되어 당해 연도의 법인세를 상대적으로 적게 납부한 부분이며, 추후 회계상 비용 처리하는 사업연도에는 법인세를 상대적으로 많이 납부하게 하는 효과가 있으므로 이를 기업회계에서는 고정부채 중 이연법인세대라는 계정과목으로 처리하도록 하고 있다. 이와 같이 재무상태표의 고정부채에 포함된 이연법인세대는 보충적 평가방법 적용 시 부채에서 차감한다(재산상속 46014-587, 2000.5.15.).

④ 사채할인(할증)발행차금과 신주인수권부사채의 장기미지급이자

사채할인(할증)발행차금은 당해 법인의 부채에서 가감하지 아니한다. 전환사채 및 신주인수권부사채의 권리자가 중도에 전환권 또는 신주인수권을 행사하지 않아 만기 상환할 것을 가정하여 발행회사가 채권자에게 만기에 지급하는 이자비용을 장기미지급이자로 계상한 경우 당해 장기미지급이자는 부채에 가산하지 아니한다(서일 46014-10359, 2001.10.26).

⑤ 구상권행사가 가능한 부채

구상권을 행사하더라도 변제를 받을 수 없으리라는 것이 확실시 되는 때에는 그 채무금액을 상속재산가액에서 공제하여야 할 것이다(대법원 91누1455, 1991.5.24.). 순자산가액 평가방법은 청산가치에 의한 평가를 전제하고 있으므로 당해 법인의 미지급금 등으로 당해 법인이 구상권을 행사할 수 있는 부채는 부채에서 제외한다(국심 2001서3227, 2002.5.14.).

관련규정 및 예규판례

▶ 원천징수 미지급금 부채여부(국심 2001서3227, 2002.5.14.)

대표이사의 인정상여소득에 대한 소득세를 원천징수납부하지 않아 법인에게 고지된

세액으로, 법인은 대표이사에게 쟁점미지급금에 대한 구상권이 있다 하겠다. 순자산가액 평가방법은 법인이 청산될 것을 가정하는 이른바 청산가치에 의한 평가를 전제하고 있으므로 구상권행사가 가능한 부채는 부채에서 제외한다(같은 뜻: 대법원 94누16243, 1996.2.15.).

⑥ 화폐성외화자산 및 부채 등의 평가손실 및 평가이익

2019.2.12. 화폐성외화자산 및 부채 등(파생상품 등)에 대하여 해당 사업연도 종료일 현재의 매매기준율 등으로 평가하지 않은 경우 해당 화폐성외화자산 및 부채 등에 대해 해당 사업연도 종료일 현재의 매매기준율 등으로 평가하여 발생한 이익과 손실은 각 사업연도 소득을 계산할 때 각각 각 사업연도 소득에 가산과 차감하도록 개정되었다(상증령 §56 ④). 이와 같은 취지로 보면 파생상품의 평가손실과 이익은 당연히 부채와 자산에 포함되어야 하는 것으로 보인다.

•2007.2.28. 법인세법 시행령 제76조(외화자산 및 부채의 평가) 제4항 개정 전

통화옵션거래(Call Option: 어떤 시점에 어떤 가격으로 매수할 수 있는 권리, Put Option: 어떤 시점에 어떤 가격으로 매도할 수 있는 권리) 형식의 파생상품평가손실 24,540,813,958원을 부채로 계상한 것에 대해, 평가기준일 현재의 제충당금은 이를 부채에서 차감하여 계산하되, 다만 평가기준일 현재 비용으로 확정된 것은 제외하도록 규정함으로써, 평가기준일 현재 비용으로 확정된 것만을 부채로 보도록 하고 있다. 위와 같은 관계 법령의 취지에 비추어 보면, 비상장주식의 가액을 평가하기 위하여 순자산가액을 산정함에 있어 자산가액에서 공제되는 부채는 그 산정 당시 당해 법인이 종국적으로 부담하여 이행하여야 할 것이 확실하다고 인정되는 채무를 뜻한다고 할 것이다(대법원 2002두12458, 2003.5.13. 판결 등 참조). 따라서 파생상품 거래는 거래종료일 당시 현물 환율의 시세에 따라 옵션상의 권리의 행사 여부와 손익의 발생 여부 및 손익액 등이 달라질 수 있으므로, 이 사건 파생상품 평가손실은 취득한 당시 종국적으로 부담하여 이행하여야 할 것으로 확정된 채무에 해당한다고 볼 수 없다. 평가 파생상품의 평가손익은 당해 파생상품계약이 만료되어 권리와 의무가 확정되기 이전 상태인 '파생상품의 평가'에 관한 것이므로, 파생상품의 평가손익은 자산가액에서 차감하는 부채로 볼 수 없다(대법원 2009두2788, 2009.5.14.).

•2007.2.28. 법인세법 시행령 제76조(외화자산 및 부채의 평가) 제4항 개정 후

법인세법 시행령 개정 후 파생상품 등의 평가손익이 익금과 손금으로 각 사업연도 소득으로 포함하게 되었으나, 대법원은 파생상품 거래는 거래종료일 당시 현물 환율의 시세에 따라 옵션상의 권리의 행사 여부와 손익의 발생 여부 및 손익액 등이 달라질 수 있으므로, 파생상품 평가손실은 취득한 당시 종국적으로 부담하여 이행하여야 할 것으로 확정된 채무에 해당한다고 볼 수 없다고 하여 결국 "파생상품 계약"의 구체적 내용에 따라 판단해야 할 것으로 보인다.

3 | 영업권의 평가

무형고정자산으로 분류된 법인세법의 영업권은 자산성을 인정하고 있으므로 자산에 포함된다. 상속증여세법의 영업권은 순자산가액 계산 시 합산할 영업권으로 법인세법상의 영업권과는 달리 비상장주식을 평가하는 데만 목적을 두고 있다. 상속증여세법의 영업권 평가는 초과이익 개념을 사용하고 있는데, 초과이익이란 동일하거나 유사한 산업에 있어서 장래에 기대되는 이익이 정상이익을 초과하는 이익의 개념이다. 즉 영업권은 평가기준일 이후 영업권지속연수 동안 미래에 발생할 초과이익금을 현재가치로 할인한 금액으로 평가하고 있다.

영업권평가액은 해당 법인의 자산가액에 원칙적으로 합산한다(상증법 §54 ③). 여기서 합산하는 영업권이란 상속증여세법상 초과수익력에 의하여 평가한 영업권(비상장주식 등 평가서 6. 영업권의 금액)으로 영업권포함 전 순자산가액에 가산하는 영업권과 개인사업자가 제59조에 따른 무체재산권을 현물출자하거나 조세특례제한법 시행령 제29조 제2항에 따른 사업 양도·양수의 방법에 따라 법인으로 전환하는 경우로서 그 법인이 해당 사업용 무형자산을 소유하면서 사업용으로 계속 사용하는 경우로서 개인사업자와 법인의 사업 영위기간의 합계가 3년 이상인 경우를 말한다. 개인사업자의 법인전환 시 영업권의 무상양도로 인한 영업권은 자산에 가산하여야 한다(조심 2019전-0186, 2019.7.18.). 법인전환 시 영업권이 실질적으로 이전된 경우에는 그 영업권 평가액을 순자산가액에 포함하여 평가한다(조심 2013서4201, 2014.2.18.). 다만, 다음의 경우에는 그러하지 아니한다.

* 영업권평가액의 자산가액 합산배제
1. 시행령 제54조 제4항 제1호(청산 중 등 법인주식)·제3호(부동산 등 80% 이상인 법인주식)에 해당하는 경우

> 2. 시행령 제54조 제4항 제2호(사업개시 전의 법인, 사업개시 후 3년 미만의 법인 또는 휴업·폐업 중인 법인의 주식)에 해당하는 경우
> 3. 해당 법인이 평가기준일이 속하는 사업연도 전 3년 내의 사업연도부터 계속하여 「법인세법」에 따라 각 사업연도에 속하거나 속하게 될 손금의 총액이 그 사업연도에 속하거나 속하게 될 익금의 총액을 초과하는 결손금이 있는 법인인 경우(2018년 신설)

(1) 평가방법

모든 자산의 평가액은 원칙적으로 상속증여세법 제60조 제3항 및 같은 법 제66조의 규정에 의하여 평가한 가액이 장부가액(취득가액에서 감가상각비를 차감한 가액을 말한다)보다 적은 경우에는 장부가액으로 하되, 장부가액보다 적은 정당한 사유가 있는 경우에는 그러하지 아니하다(상증령 §55 ①). 법원(서울행법 2014구합63572, 2015.8.28.)은 현물출자에 포함된 무체재산권은 정당한 사유가 없는 한 장부가액으로 평가하여야 한다고 하면서, 상속세 및 증여세법령에 따라 평가한 가액이 장부가액보다 적다는 것만으로 '정당한 사유'가 있다고 할 수 없고, 원고가 주장하는 사정만으로는 이러한 정당한 사유가 있다고 보기 부족하며 달리 이를 인정할 만한 증거가 없다. 따라서 무체재산권의 가액은 장부가액이 된다. 한편, 자가창설 무체재산권 중 '어업권'의 경우만 예외적으로 영업권에 포함하여 계산하고, 나머지 특허권·실용신안권·상표권·디자인권·저작권 및 광업권·채석권 등은 각각 그 평가방법에 따라 평가함을 규정하고 있으므로 이 사건 상표권은 영업권과 별도로 평가함이 타당하다(서울행법 2014구합50552, 2014.11.20.).

무체재산권의 가액은 원칙적으로 재산의 취득가액에서 취득한 날부터 평가기준일까지의 법인세법상의 감가상각비를 뺀 금액과 장래의 경제적 이익 등을 고려하여 대통령령으로 정하는 방법으로 평가한 금액 중 큰 금액으로 한다(상증법 §64). 장래의 경제적 이익 등을 고려하여 대통령령으로 정하는 방법으로 평가한 금액은 다음의 방식에 의한다. 즉 영업권의 평가는 다음 산식에 의하여 계산한 초과이익금액을 평가기준일 이후의 영업권지속연수(원칙적으로 5년)를 감안하여 기획재정부령이 정하는 방법에 의하여 환산한 가액에 의한다. 다만, 매입한 무체재산권으로서 그 성질상 영업권에 포함시켜 평가되는 무체재산권의 경우에는 이를 별도로 평가하지 아니하되, 당해 무체재산권의 평가액이 환산한 가액보다

큰 경우에는 당해 가액을 영업권의 평가액으로 한다(상증령 §59 ②). 또한 어업권 및 양식권업의 가액은 영업권에 포함하여 계산한다(상증령 §59 ④).

(1)-1. 초과이익금액

초과이익금액 = [최근 3년간(3년에 미달하는 경우에는 해당 연수로 하고 개인사업자로서 사업영위 기간 포함)의 순손익액의 가중평균액 × 50% - (평가기준일 현재의 자기자본 × 기획재정부령이 정하는 율)]

이때 "순손익액"은 상속증여세법 시행령 제56조 제1항 및 제2항에 의한 "1주당 순손익액 및 1주당 추정이익"을 말한다.

(1)-2. 영업권평가(환산한 가액)

상속증여세법 시행령 제59조 제2항에서 "기획재정부령이 정하는 방법에 의하여 환산한 가액"이라 함은 다음의 산식에 의하여 환산한 금액의 합계액을 말한다(평가기준일 이후의 영업권지속연수는 원칙적으로 5년이며, 그와 관련된 정상연금 1원의 현가계수는 3.7908이다).

$$\frac{\text{각 연도의 수입금액}}{\left(1+\frac{10}{100}\right)^{n}}$$

n: 평가기준일부터의 경과연수

영업권의 계산은 다음과 같이 나타낼 수 있다.

$$\text{영업권평가액} = \sum_{n=1}^{n} = \left[\frac{\text{초과이익금액}}{(1+0.1)^{n}}\right]$$

(2) 영업권평가의 기본구조

영업권 평가금액 = 최근 3년간 순손익액의 가중평균액 − (자기자본 × 기획재정부령으로 정하는 율 10%)

(2)-1. 최근 3년간 순손익액의 가중평균액

영업권평가 산식 중 최근 3년간 순손익액의 가중평균액은 상속증여세법 시행령 제56조 제1항(순손익가치 계산방법)의 규정을 준용하여 평가한다. 영업권평가를 위한 순손익액의 계산은 법인세법의 각 사업연도의 소득 및 소득세법 제19조의 규정에 의한 사업소득을 기준으로 하되, 그 소득금액을 경정함으로써 영업권의 평가액에 변동이 생긴 때에는 상속세(증여세) 과세표준과 세액을 경정하여야 한다.

(2)-2. 자기자본

자기자본은 제시한 증빙에 의하여 자기자본을 확인할 수 있는 경우와 확인할 수 없는 경우로 나누어 자기자본을 계산하고 있다.

① 자기자본을 확인할 수 있는 경우

상속증여세법 시행령 제59조 제2항에서 평가기준일 현재 자기자본이라 함은 상속증여세법 시행령 제55조 제1항(순자산가액 계산방법)의 규정에 의하여 계산한 당해 법인의 총자산가액에서 부채를 차감한 가액을 말한다. 상속증여세법상 평가한 자산에서 평가한 부채를 차감한 금액은 곧 순자산가액계산서의 영업권 포함 전 순자산가액에 해당하는 데 이 금액이 영업권 계산 시 적용되는 자기자본에 해당된다(가결산에 의한 예상손익이 있을 경우에는 예상손익을 가감한 금액). 이때 자기자본이 '0' 이하인 경우에는 '0'으로 한다. 이 경우 상속증여세법 시행령 제59조 제2항(영업권으로 평가한 가액)의 규정에 의한 영업권은 자산가액에 포함하지 아니한다(상증통 64-59…1). 상속증여세법의 자기자본이 장부상의 자기자본 및 법인세법상의 자기자본의 개념과는 다르다는 것을 알 수 있다.

② 자기자본을 확인할 수 없는 경우

영업권을 평가함에 있어서 제시한 증빙에 의하여 자기자본을 확인할 수 없는 경우에는 다음 각 호의 산식에 의하여 계산한 금액 중 많은 금액으로 한다(상증령 §59 ⑦).

㉮ 사업소득금액 ÷ 자기자본이익률(소득령 §165 ⑩ 1)

㉯ 수입금액 ÷ 자기자본회전율(소득령 §165 ⑩ 2)

자기자본이익률 및 자기자본회전율은 한국은행이 업종별, 규모별로 발표한 자기자본이익률 및 자기자본회전율을 말한다(소득칙 §81 ⑥).

광업권 평가 시 적용되는 평가기준일 전 3년간의 평균소득에 관하여 명문의 규정이 없어 영업권평가 시 적용되는 순손익의 개념을 차용하여 광업권 평가 시의 평균소득도 소득금액의 개념이므로 평균소득의 산출 시 매출액에서 매출원가와 판매비 및 일반관리비를 제외하여야 한다(대법원 2008두7625, 2008.8.21.). 토지를 취득할 수 있는 권리를 증여한 경우 그 권리의 가액산정 방법에 대해, 대법원(대법원 98두1369, 1999.12.10.)은 거래를 통한 교환가격이나 공신력 있는 감정기관이 감정평가한 가액도 없는 경우에는 시가에 갈음하여 객관적이고 합리적인 평가방법에 의하여 그 가액을 산정할 수밖에 없다고 할 것인데, 그 가액을 이러한 평가방법에 의하여 산정하는 과정에서 영 제5조 제2항 내지 제6항의 규정을 준용하는 것까지 배제할 것은 아니라 할 것이나(대법원 93누22333, 1994.12.22. 판결 참조), 그러한 평가방법에 의하여 산정한 가액이 시가에 갈음할 수 있기 위해서는 그 가액이 그 재산의 객관적인 거래가액에 근접할 것이라고 수긍될 수 있음이 전제되어야 할 것이다.

관련규정 및 예규판례

▶ **고정자산의 처분으로 순손익액이 크게 증가한 경우 영업권 평가**(대법원 99두8459, 2001.8.21.)

고정자산을 처분함으로 인하여 일시적으로 소득이 크게 증가한 경우에는 주식의 시가도 이에 따라 심한 기복을 보이는 것이 통례이므로, 단순히 영에 정한 산식에 따라 손익액의 단순평균액 또는 가중평균액을 기준으로 하여 영업권과 순수익가치를 산정한 평가방법은 위법하다(대법원 85누590, 1986.9.23. 참조)고 판단한 것에 대해(원심이 참조한 대법원 판결은 1주당 수익가치를 "최근 3년간 순손익액의 단순평균액"을 기초로 하던 때의 것으로서, 그 산식이 위와 같이 "최근 3년간 순손익액의 가중평균액"으로 개정된 이후에는 원용하기에 적절하다고 볼 수 없다), 최근 3년간의 순손익의 기복이 큰 경우라 하더라도 위와 같은 추정이익이 없는 경우 "1주당 최근 3년간 순손익액의 가중평균액"에 의하여 산정한다 하여 위법하다 할 수는 없고, 또한 영업권평가의 경우에는 상속개시일 전 3년 중 한 해에 고정자산의 처분으로 순이익이 크게 증가한 경우라 하여 이 산식에 따라 그 영업권을 평가하는 것이 반드시 불합리하다고 할 수는 없다.

무체재산권의 평가 시 차감하는 감가상각비는 법인세법의 규정에 의해 차감한 금액에 의하며, 평가액이 장부가액보다 적은 경우에는 평가액으로 함(서사-1420, 2004.9.13.).

1. 매입한 무체재산권의 가액은 매입가액에서 매입한 날부터 평가기준일까지의 법인세법상의 감가상각비를 차감한 금액으로 평가하는 것임. 이 경우 법인세법상의 감가상각비는 법인이 납세지 관할 세무서장에게 신고한 상각방법에 의하여 계산한 감가상각비상당액이 되는 것이며, 신고한 상각방법이 없는 경우에는 법인세법 시행령 제26조 제4항의 규정에 의한 상각방법을 적용하여 계산한 감가상각비상당액이 되는 것임.
2. 매입한 무체재산권을 같은 법 제64조 제1항의 규정에 의하여 평가한 가액이 당해 법인이 장부가액보다 적은 경우에는 장부가액보다 적은 정당한 사유가 있는 것으로 보아 그 가액으로 평가하는 것이 타당함.

토지를 취득할 수 있는 권리의 가액산정 방법(대법원 98두1369, 1999.12.10.)

토지를 취득할 수 있는 권리의 가액(172,380,000원)이 그 권리의 시가에 갈음하는 가액이 되기 위해서는 그 권리에 관하여 거래가 이루어지는 경우의 그 거래가액(불입금액+프리미엄)에 근접하여야 할 것인바, 그러기 위해서는 그 권리의 거래가 이루어지는 경우의 객관적인 프리미엄 가액이 143,780,000원(172,380,000원−28,600,000원) 상당이어야 한다는 셈이 되는데, 원심판결이 인정한 바인 이 사건 토지가 35,805,000원에 매매되었다는 사실과 대비해 볼 때, 토지를 취득할 수 있는 이 사건 권리에 관하여 거래가 이루어지는 경우의 그 권리의 객관적인 프리미엄이 143,780,000원 정도에 이르리라고는 추단할 수 없을 뿐만 아니라, 원심이 인정한 평가방법에 의할 경우 토지를 취득할 수 있는 권리를 증여받는 경우나 토지 자체를 증여받는 경우가 그 가액의 평가에 있어서는 차이가 없게 되는 결과가 되는바, 이러한 결과는 두 경우의 가액을 달리 평가하는 거래의 실정에도 맞지 않는다 할 것이므로 원심이 인정한 평가방법에 의하여 산정한 가액이 이 사건 토지를 취득할 수 있는 권리의 시가에 갈음하여 객관적이고 합리적인 평가방법에 의하여 산정한 가액이라고 보기는 어렵다 할 것이다.

제3절 해외 비상장법인의 주식평가

이하의 내용은 저자의 "비상장주식 평가와 세법적용" 중에서 '해외 비상장주식평가와 세법적용'을 참고한 것이므로, 부족한 부분은 위 관련 내용을 참고하기 바란다.

1 국외재산의 평가규정

(1) 세법규정

외국에 있는 상속 또는 증여재산으로서 상속증여세법 제60조 내지 제65조의 규정을 적용하는 것이 부적당한 경우에는 당해 재산이 소재하는 국가에서 양도소득세 · 상속세 또는 증여세 등의 부과목적으로 평가한 가액을 평가액으로 한다. 다만, 위 규정에 의한 평가액이 없는 경우에는 세무서장 등이 2 이상의 국내 또는 외국의 감정기관에 의뢰하여 감정한 가액을 참작하여 평가한 가액에 의한다(상증령 §58의3).

상속 및 증여재산의 평가는 국외의 모든 재산평가에 대해서도 국내재산의 평가원칙이 적용된다. 상속 및 증여재산의 평가는 상속증여세법 제60조(평가의 원칙) 및 제60조 제3항(시가를 산정하기 어려운 경우에는 해당 재산의 종류, 규모, 거래 상황 등을 고려하여 제61조부터 제65조)의 평가가액으로 하고, 여기서 상속증여세법 제61조부터 제65조라 함은 제61조(부동산 등의 평가), 제62조(선박 등 그 밖의 유형재산의 평가), 제63조(유가증권 등의 평가), 제64조(무체재산권의 가액), 제65조(그 밖의 조건부 권리 등의 평가)의 평가 규정을 말한다. 이 규정은 국내 외의 모든 재산의 평가에 적용된다. 한편, 상속증여세법 시행령 제58조의3은 국외재산에 대한 평가의 특칙으로 외국에 있는 상속 또는 증여재산으로서 상속증여세법 제60조 내지 제65조의 규정을 적용하는 것이 부적당한 경우에 한해 당해 재산이 소재하는 국가에서 양도소득세 · 상속세 또는 증여세 등의 부과목적으로 평가한 가액을 평가액으로 하고, 이와 같은 평가액이 없는 경우에는 세무서장 등이 2 이상의 국내 또는 외국의 감정기관에 의뢰하여 감정한 가액을 참작하여 평가한 가액으로 하고 있다. 상속증여세법 시행령 제58조의3은 국내재산 평가방식이 부적당한 경우에 한해 적용되는 예외 규정이다. 그런데 이와 같은 예외 규정의 평가방식이란 재산 소재국의 양도세, 상속세 또는 증여세의 세금부과 목적으로 평가한 가액과 과세관청이 감정기관에 의뢰한 감정가액이 전부가 된다. 국내재산의 평가방식에 비하면 국외재산의 평가방식은 단순하고 재산평가액의 정당성 여부를 일방적으로 과세관청에게만 지우고 있어 납세자 스스로는 재산평가액의 정당성 여부에 대해 확정하기를 어렵게 만들고 있다.

(2) 행정해석

국세청은 외국법인이 발행한 비상장주식 평가는 국내법인이 발행한 주식의 평가와 동일한 방식으로 평가한다는 것과 이때 그 평가가 부적당한 경우 상속증여세법 시행령 제58조의3의 평가액으로 한다고 하는 상속증여세법령의 평가규정을 반복적으로 설명하고 있을 뿐이다. 관련 행정해석을 살펴보면, 외국법인이 발행한 비상장주식을 상속증여세법 제63조 제1항 제1호 (다)목 및 상속증여세법 시행령 제54조의 규정에 의하여 평가하는 경우 순자산가액 및 순손익액의 계산은 국내법인과 같이 상속증여세법 제63조 및 상속증여세법 시행령 제54조 내지 제56조의 규정에 의하여 평가하는 것으로서, 순자산가액은 상속증여세법 시행령 제55조 제1항의 규정에 의하여 평가기준일 현재 당해 법인의 자산을 상속증여세법 제60조 내지 제66조의 규정에 의하여 평가한 가액에서 부채를 차감한 가액으로 하는 것이며, 최근 3년간의 순손익액은 법인세법 제14조의 규정에 의한 각 사업연도 소득에 상속증여세법 시행령 제56조 제3항 제1호의 규정에 의한 금액을 가산한 금액에서 같은 항 제2호의 규정에 의한 금액을 차감하여 계산하고(재산세과-1653, 2008.7.15.), 상속증여세법상 재산의 평가는 당해 재산의 소재지국에 관계없이 상속증여세법 제60조 내지 제66조의 규정에 의하여 평가하는 것이며, 외국법인이 발행한 비상장주식을 같은 법 시행령 제54조의 규정에 의하여 평가하는 경우 "최근 3년간의 순손익액"은 내국법인과 동일하게 법인세법 제14조의 규정에 의한 각 사업연도 소득에 상속증여세법 시행령 제56조 제3항 제1호의 규정에 의한 금액을 가산한 금액에서 같은 항 제2호의 규정에 의한 금액을 차감하여 계산한다(서면 인터넷방문상담4팀-1862, 2005.10.12.).

또한 상속증여세법 제63조 제1항 제1호 (다)목 및 같은 법 시행령 제54조의 규정에 의하여 평가하는 것이 부적당한 경우에는 같은 법 시행령 제58조의3의 규정에 의하여 당해 재산이 소재하는 국가에서 양도소득세 · 상속세 또는 증여세 등의 부과목적으로 평가한 가액을 평가액으로 하고(서면 인터넷방문상담2팀 480, 2007.3.22.), 외국에 있는 상속 또는 증여재산의 평가는 당해 재산의 소재지국에 관계없이 상속증여세법 제60조 내지 제65조의 규정에 의하여 평가하는 것이나 이에 따라 평가하는 것이 부적당한 경우에는 당해 재산이 소재하는 국가에서 양도소득세 · 상속세 또는 증여세 등의 부과목적으로 평가한 가액을 평가액으로 하는 것이며 같은 법 시행령 제58조의3 제1항의 규정에 의한 평가액이 없는 경우에는 세무서장 등이 2 이상의 국내 또는 외국의 감정기관에 의뢰하여 감정한 가액을 참작하여 평가한 가액에 의한다(재산세과-284, 2011.6.15.).

(3) 대법원 판결

(3)-1. 순손익가치의 평가

(가) 대법원의 판결

대법원(대법원 2007두5646, 2010.1.14.)은 상속증여세법의 법리와 각 규정의 내용 및 입법취지, 상속증여세법 시행령 제54조와 상속증여세법 시행규칙 제17조 제1항 소정의 순손익가치는 미래의 기대수익을 우리나라의 3년 만기 회사채 유통수익율을 반영한 이자율에 의하여 현재가치로 할인한 것이므로 이는 원칙적으로 우리나라에 있는 비상장법인의 주식을 그 적용대상으로 한다고 볼 수 있는 점 등에 비추어 보면, 그 평가대상 주식이 외국에 있는 비상장법인의 주식인 경우 상속증여세법 시행령 제54조와 상속증여세법 시행규칙 제17조 제1항 소정의 보충적 평가방법을 그대로 적용하는 것이 부적당하다. 그런데 미국에 있는 비상장법인임에도 상속증여세법 시행령 제54조 소정의 보충적 평가방법에 의하여 평가하는 것이 부적당하지 아니한지 여부를 따져보지 아니한 채, 위 보충적 평가방법을 그대로 적용하여 산정한 1주당 순손익가치를 미국 법인의 평가가액으로 본 것은 외국에 있는 비상장법인 주식의 평가에 관한 법리를 오해하여 필요한 심리를 다하지 아니함으로써 판결에 영향을 미친 위법이 있다.

위 대법원의 판결에서는 국내 법인에 적용되는 순자산가치의 평가방식이 해외 주식평가를 함에 있어 “부적당한 경우”에 해당되는지의 여부에 대해서는 판단하지 않고 있다. 이 사건 발생 당시 비상장주식의 평가는 순손익가치와 순자산가치를 비교하여 큰 금액을 주식의 평가가액으로 하는 방식이었다(이 사건은 순손익가치가 순자산가치보다 높게 평가되어 순손익가치로만 평가한 것임).

(나) 해외 비상장주식 평가방법의 법리

위에서 대법원이 든 상속증여세법의 법리는 "비상장주식인 경우 상속증여세법 제60조와 상속증여세법 시행령 제49조에 따라 시가에 의하여 평가함이 원칙이고, 시가를 산정하기 어려운 경우에는 상속증여세법 제63조 제1항 제1호 (다)목과 상속증여세법 시행령 제54조 내지 제56조에 의한 보충적 평가방법으로 평가할 수 있고, 이때 시가를 산정하기 어려워 보충적 평가방법에 의할 수밖에 없었다는 점에 관한 입증책임은 과세관청에게 있다(대법원 95누23, 1995.6.13., 대법원 2005두2063, 2007.1.25. 판결 참조)고 말하고, 각 규정의 내용이라 함은 상속증여세법 시행령 제54조와 상속증여세법 시행규칙 제17조 제1항은 비상장주식의 1주당 가액을 1주당 순손익가치로 평가하고, 그 1주당 순손익가치는 1주당 최근 3년간의 순손익액의 가중평균액을 "금융기관이 보증한 3년 만기 회사채의 유통수익률을 감안하여 국세청장이 고시하는 이자율"로 나누어 산출하되, 다만 1주당 순손익가치가 1주당 순자산가치(당해 법인의 순자산가액 ÷ 발행주식총수)에 미달하는 경우에는 1주당 순자산가치로 평가한다고 하는 규정과 상속증여세법 시행령 제58조의3은 "외국에 있는 증여재산으로서 상속증여세법 제60조 내지 제65의 규정을 적용하는 것이 부적당한 경우에는 당해 재산이 소재하는 국가에서 증여세 등의 부과 목적으로 평가한 가액을 평가액으로 하되, 그 평가액이 없는 경우에는 세무서장 등이 2 이상의 국내 또는 외국의 감정기관에 의뢰하여 감정한 가액을 참작하여 평가한 가액에 의한다는 규정을 말한다.

(3)-2. 순자산가치의 평가

(가) 대법원의 판결

대법원(대법원 2017두62716, 2020.12.30.)은 보충적 평가방법에 따를 때 비상장주식의 가치는 순손익가치와 순자산가치를 가중평균하여 산정하는데, 그중 순손익가치는 미래의 기대수익을 우리나라의 3년 만기 회사채 유통수익률을 반영한 이자율에 의하여 현재가치로 할인한 것이므로 이는 원칙적으로 우리나라에 있는 비상장법인의 주식을 그 적용대상으로 한다고 보아야 하고, 외국 비상장주식의 평가 시 위와 같은 방법을 그대로 적용할 수 없다는 것이 대법원(대법원 2007두5646, 2010.1.14.) 판결의 취지라고 하면서, 외국 비상장주식을 순손익가치의 고려 없이 순자산가치로만 평가하는 경우에는 우리 상속증여세법상 보충적 평가방법에 따르더라도 부당하다고 볼 이유가 없고, 과세관청이 우리 상속증여세법상 보충적 평가방법을 적용하는 것이 부적당하지 않다는 점에 대하여 추가적으로 증명할 필요가 있다고 보이지 않는다(서울행정법원 2015구합71747, 2016.12.8., 서울고등법원 2017누30360, 2017.8.11.).

(나) 해외 비상장주식 평가방법의 법리

이 사건은 평가기준일 당시 ○○는 휴・폐업 중인 법인이고, ○○○은 사업개시 후 3년 미만의 법인이다. 이 사건 발생 당시 순자산가치로만 평가하는 경우(상증령 §51 ④)를 보면, 상속증여세 과세표준신고기한 이내에 평가대상 법인의 청산절차가 진행 중이거나 사업자의 사망 등으로 인하여 사업의 계속이 곤란하다고 인정되는 법인의 주식, 사업개시 전의 법인, 사업개시 후 3년 미만의 법인과 휴・폐업 중에 있는 법인의 주식, 평가기준일이 속하는 사업연도 전 3년 내의 사업연도부터 계속하여 법인세법상 각 사업연도에 속하거나 속하게 될 손금의 총액이 그 사업연도에 속하거나 속하게 될 익금의 총액을 초과하는 결손금이 있는 법인의 주식으로 휴・폐업 및 사업개시 후 3년 미만 법인에 해당된다.

(3)-3. 보충적 평가방법의 부적당

중국 소재 비상장회사의 발행주식으로서, 상속증여세법상 보충적 평가방법을 적용하여 평가할 수 없는 경우에 해당한다. 중국 소재 비상장법인의 주식가치를 평가함에 있어 상속증여세법상 보충적 평가방법을 그대로 적용하는 것이 부적당하지 않다고 인정할 만한 뚜렷한 근거는 찾아볼 수 없다. 오히려 영업활동에 기여한 2008년에는 상당한 이익이 발생하였으나 영업 관련 업무를 그만둔 이후 2010년에는 적자를 기록하는 등 이익변동성이 커 과거 특정기간의 순손익이 미래에도 지속될 것임을 전제로 하는 상속증여세법상 보충적 평가방법의 가정과는 부합되지 않고, 2009~2010년경 중국 인민은행의 기준금리가 한국은행의 기준금리의 약 2.4배에 달할 정도로 높아서 3년 만기 회사채 유통수익률의 상당한 차이 등을 초래했으며, 거래 당사자인 원고가 국내 거주자라는 사정이 외국 소재 비상장법인의 주식에 대한 평가방법을 배제할 사유가 될 수는 없는 점 등에 비추어 보면 주식의 가치를 상속증여세법상 보충적 평가방법으로 평가하는 것은 부적당하다고 판단된다(대법원 2017두63344, 2018.1.25.).

법원(부산지법 2011구합1338, 2012.1.12.)은 홍콩의 인지세법상의 평가액은 상속증여세법 시행령 제58조의3 제1항에서 규정하고 있는 양도소득세·소득세 또는 증여세의 부과 목적으로 평가한 가액으로 볼 수 없고, 또 양도소득세·소득세 또는 증여세와 같이 주식의 객관적인 가치인 시가를 기준으로 부과하는 조세부과를 목적으로 평가한 가액으로도 볼 수 없다.

2 | 평가방법

(1) 순자산가액

(1)-1. 평가방법의 원칙

대부분 해외 현지법인의 자산 구성을 보면 유동자산에는 매출채권 및 재고자산, 비유동자산에는 토지사용권, 건축물, 기계장치 및 차량운반구가 주요 자산 항목이다. 이들 자산 항목 중에서 해외 비상장주식의 평가에서 쟁점이 되는 자산은 비유동자산의 토지사용권, 건축물, 기계장치 및 차량운반구가 해당될 것이다. 이들 자산 항목의 평가에 대해 세법적용을 하는 데 있어 다음과 같은 대법원(대법원 2007두17892, 2010.2.11.)의 판결을 살펴본다.

대법원은 기계장비와 토지사용권을 장부가액으로 평가한 것에 대해 처분청은 기계장비는 장부가액으로 토지사용권은 홍콩과학기술원의 고시가격으로 평가하였다. 대법원은 홍콩의 토지제도는 토지의 사적 소유를 인정하지 아니하고 임대차계약에 의한 사용권을 부여하고 있는 사실, 홍콩과학기술원은 산업단지 내 토지를 개발·관리하면서 불특정 다수인을 상대로 그 토지사용권의 가격을 고시하고 그 고시가격에 따라 임대차계약을 체결한 사실로 보아 고시가격을 시가로 볼 수 있다고 하면서도, 기계장비에 대한 보충적 평가방법은 이를 처분할 때에 취득할 수 있다고 예상되는 가액에 의하여 평가하는 것이 원칙임에도 막연히 장부가액에 의하여 기계장비의 가액(회계법인이 기계장비를 평가한 자료는 홍콩자회사가 취득할 당시의 가액이 현재 유형재산의 가액과 동일한 것을 전제로 평가한 가액)으로 평가한다면 결과적으로 홍콩자회사의 전체 순자산가액이 과대평가되었다고 볼 수 있는 점에서 기계장비를 장부가액에 따라 산정하여 이루어진 재산평가는 위법하다. 따라서 원심이 토지사용권에 대한 홍콩과학기술원의 고시가격을 시가로 볼 수 없다고 판단한 것은 잘못이라 할 것이나, 이 사건 처분이 위법하다고 본 것은 결론에 있어서 정당하다고 하였다.

위 대법원의 판결이 적용한 선박 · 항공기 · 차량 · 기계장비 등의 평가규정은 현행 상속증여세법 시행령 제52조 제1항에 의하면, 선박 · 항공기 · 차량 · 기계장비를 처분할 경우 다시 취득할 수 있다고 예상되는 가액을 말하되, 그 가액이 확인되지 아니하는 경우에는 장부가액(취득가액에서 감가상각비를 차감한 가액) 및 지방세법 시행령 제80조 제1항의 규정에 의한 시가표준액에 의한 가액을 순차로 적용한 가액을 말한다. 위 대법원 판결을 현행 평가규정에 적용해 보면 기계장비의 평가액은 처분할 경우 다시 취득할 수 있다고 예상되는 가액이 확인되지 아니하는 경우에는 장부가액(취득가액에서 감가상각비를 차감한 가액)이 된다. 즉 현행규정으로 보면 토지사용권은 재산 소재국의 방식(시가)으로 평가하고 기계장치 및 차량운반구는 장부가액으로 평가하면 될 것이다.

(1)-2. 건물 및 시설물, 구축물의 평가

그런데 나머지 주요 자산인 건축물의 경우, 건물에 대해서는 건물의 신축가격, 구조, 용도, 위치, 신축연도 등을 고려하여 매년 1회 이상 국세청장이 산정 · 고시하는 가액으로 하고(상증법 §61 ① 2), 시설물 및 구축물에 대하여는 그것을 다시 건축하거나 다시 취득할 경우에 소요되는 가액(재취득가액)에서 그것의 설치일부터 평가기준일까지의 감가상각비 상당액을 뺀 것을 말한다. 이 경우 재취득가액을 산정하기 어려운 경우에는 지방세법 시행령 제4조 제1항에 따른 가액을 해당 시설물 및 구축물의 가액으로 할 수 있다(상증령 §51 ④). 대법원(대법원 2007두5646, 2010.1.14.)의 판결로 보면 이와 같은 건물과 시설물 및 구축물의 평가방식(건물은 국세청장 고시가격 또는 시설물 및 구축물은 지방세법 과세가액)은 원칙적으로 우리나라에 있는 비상장법인의 주식평가 방식을 그 적용대상으로 하고 있으므로 외국에 있는 비상장법인의 주식평가를 순자산가치로만 평가하는 경우가 아니라면 상속증여세법 제61조 제1항 제2호와 상속증여세법 시행령 제51조 제4항의 규정을 적용하는 것은 부적당하다고 볼 수 있을 것이다.

또한(대법원 2017두62716, 2020.12.30.) 외국 비상장주식을 순자산가치로만 평가하는 경우에는 우리나라 상속증여세법의 평가방법에 따르더라도 부당하다고 볼 이유가 없다(서울행정법원 2015구합71747, 2016.12.8., 서울고등법원 2017누30360, 2017.8.11.)고 한 사건에서 평가기준일 당시

휴·폐업 중인 법인이고, 사업개시 후 3년 미만의 법인이고 재무제표상 해외 자산의 구성요소를 구체적으로 확인할 수 없으나, 자산의 구성요소가 매출채권이나 재고자산, 선박·항공기·차량·기계장비가 아닌 건물, 시설물 및 구축물이 포함되어 있다면, 대법원(대법원 2007두5646, 2010.1.14.)의 판결에 의하면 앞서 살펴본 건물 등의 자산 종류들의 평가방식은 우리나라에 있는 비상장법인의 주식평가 방식이므로 해외 자산의 평가방식에 적용하는 것은 부적당한 것이 된다. 한편, 대법원(대법원 2007두17892, 2010.2.11.)의 판결에 의하면 해외 자산에 토지사용권이 포함되어있는 경우라면 토지사용권은 우리나라 법제도에 존재하지 않는 권리이므로 상속증여세법상 이를 평가할 방법이 없게 되므로 우리나라 상속증여세법의 평가방법에 따르는 것도 부적당한 것이 된다. 결국 해외 소재하는 건물과 시설물 및 구축물 또는 토지사용권의 평가방식은 재산 소재국에서 세금부과 목적의 재산평가 자료가 없다면 세무서장이 2 이상의 감정기관에 의뢰하여 감정한 감정가액에 의할 수밖에 없다는 것이 된다.

(2) 순손익액

대법원(대법원 2007두5646, 2010.1.14.)은 상속증여세법의 법리와 각 규정의 내용 및 입법취지, 상속증여세법 시행령 제54조와 상속증여세법 시행규칙 제17조 제1항 소정의 순손익가치는 미래의 기대수익을 우리나라의 3년 만기 회사채 유통수익률을 반영한 이자율에 의하여 현재가치로 할인한 것이므로 이는 원칙적으로 우리나라에 있는 비상장법인의 주식을 그 적용대상으로 한다는 점을 분명히 하고 있다. 따라서 평가대상 주식이 외국에 있는 비상장법인의 주식인 경우 상속증여세법 시행령 제54조와 상속증여세법 시행규칙 제17조 제1항 소정의 보충적 평가방법을 그대로 적용하는 것은 부적당하다.

(3) 해외 비상장주식평가의 논점

비상장주식은 1주당 순손익가치와 1주당 순자산가치를 각각 3과 2의 비율로 가중평균한 가액으로 한다(상증령 §54 ①). 이 규정은 국내외 법인의 비상장주식평가 모두에게 적용된다. 다만, 해외 비상장주식평가의 경우 상속증여세법의 평가방식 규정을 적용하는 것이 부적당한 경우에는 국내 비상장주식 평가방법(보충적 평가방법)을 적용할 수 없다. 외국에 있는 상속 또는 증여재산으로서 상속증여세법 제60조 내지 제65조의 규정을 적용하는 것이 부적당한 경우에는 당해 재산이 소재하는 국가에서 양도소득세 · 상속세 또는 증여세 등의 부과목적으로 평가한 가액을 평가액으로 한다. 다만, 위 규정에 의한 평가액이 없는 경우에는 세무서장 등이 2 이상의 국내 또는 외국의 감정기관에 의뢰하여 감정한 가액을 참작하여 평가한 가액에 의하여 한다(상증령 §58의3). 다만, 보충적 평가방법을 적용하는 것이 부적당하지 아니하다는 점에 대한 입증책임은 과세관청에 있다(대법원 2007두5646, 2010.1.14.).

순손익가치는 미래의 기대수익을 우리나라의 3년 만기 회사채 유통수익률을 반영한 이자율에 의하여 현재가치로 할인하는 평가방식으로서 이와 같은 평가방식은 우리나라에 있는 비상장법인의 주식평가 방식에 적용된다고 할 것이므로 해외 비상장법인의 순손익가치 평가방식으로 적당하지 않다고 한 것은 분명하다. 그러나 순자산가치(판결 2) 평가방식은 해외 자산이 매출채권이나 재고자산, 선박 · 항공기 · 차량 · 기계장비가 아닌 건물, 시설물 및 구축물, 토지사용권 등이 포함되어 있다면 이와 같은 자산 종류들을 우리나라에 있는 비상장법인의 주식평가 방식으로 적용하는 것은 부적당한 평가방식이 된다고 할 것인데, 그런데도 대법원(서울고법 2017누30360, 2017.8.11.)의 평가방식이 해외 비상장법인의 순자산가치 평가방식으로도 적당하다고 볼 수 있을지 의문이 든다. 결론적으로 해외 비상장법인의 주식을 평가함에 있어 보충적 평가방법이 해외 비상장법인의 순자산가치 평가방식으로도 적당하다고 볼 수 있다고 하더라도, 보충적 평가방법이 해외 비상장법인의 순손익가치 평가방식으로는 적당하다고 보지 않고 있으므로 순손익가치와 순자산가치를 가중평균한 가액으로 하는 현행의 주식평가 방법에서 결론에서는 부적당한 것이 된다.

결론적으로 대법원의 해외 비상장주식의 평가를 상속증여세법의 보충적 평가방법(상속증여세법 시행령 제54조 내지 제56조)으로 평가하는 것은 부적당한 것이 되므로 재산 소재 국가에서 양도세, 상속세 또는 증여세의 세금부과 목적의 재산평가 가액이 없다면 과세관청이 감정기관에 의뢰한 감정가액에 의할 수밖에 없게 된다. 대법원은 해외 주식평가에 있어 보충적 평가방법을 적용하는 것이 부적당하지 아니하다는 점에 대한 입증책임은 과세관청에게 있다고 하여 납세자의 입증책임을 면하고 과세관청에게 입증책임을 지우고는 있으나, 과세관청이 의뢰한 감정가액에 의하는 경우 국외재산에 대한 평가방식은 사실상 납세자에게 모든 성실의 의무를 지우면서도 납세자 스스로는 과세표준을 확정할 수 없게 한다. 이러한 이유로 결국 납세자가 구체적인 과세요건 사실인정을 하고 이에 대해 세법적용을 함으로써 조세채무를 확정하려고 하여도 할 수 없게 되어, 납세자로서는 성실의 의무를 다하고 싶어도 할 수 있는 방법이 없으므로 불성실한 납세자를 만들게 되므로 납세자의 성실성 추정 원칙에도 반하고(국기법 §81의6 ③), 세법의 해석·적용에 있어 납세자의 재산권이 부당하게 침해되지 아니하도록 한다(국기법 §18)는 규정에도 반하는 것이 된다.

3 국외재산의 평가사례

연결재무제표 작성대상의 범위에 해당하는 종속기업에 대하여 지분법을 적용하고 있는 지분법적용 투자주식 ○○전자 ELECTRONIC IND의 경우 지분법에 따라 장부금액이 "0" 이하가 되어 지분법적용이 중지되었다고 보고하고 있다. 감사보고서상의 매도가능증권 일부의 내용을 확인한바 다음과 같았다.

| 매도가능증권 명세 |

구분	투자회사	내용	투자액	자본금	장부가액	지분율
○○ 전자	CONGTY TNHH VIET	현지법인투자	$150,000	166,966,468	172,700,000	100%
	ELECTRONIC IND	현지법인투자	$4,206,971.17	3,645,138,443	0	92%
	합계				172,700,000	
○○ 전기	SHANGHAI ELEC.DO	현지법인투자	$4,450,000	5,800,068,665	4,856,258,638	96.3%
	ELECTRONIC INDONES	현지법인투자	$377,031.64	3,645,138,443	423,533,285	8%
	유진투자증권	성아 1,127주			7,449,470	
	한국투자증권	KT 241주			6,507,000	
	합계				5,293,748,393	
○○ 제어	KT 6616762-01	KT 241주			6,507,000	
	합계				6,507,000	

(1) 국외재산의 평가사례(1)

(1)-1. 평가자료

외부회계감사보고서의 ○○전자 재무상태표와 매도가능증권 명세, 해외현지법인 명세서(출자금)는 다음과 같다. 인도네시아 ELECTRONIC IND의 투자액 $4,206,971.17을 확인한바 해외현지법인 명세서상의 투자금액은 4,876,674,349원(지분 92%)이며, 재무상태표의 매도가능증권은 베트남(CONG TY TNHH NUX VIET) 172,700,000원, 인도네시아(PT ELECTRONIC IND) 0원, 합계금액 172,700,000원이다.

| ○○전자 재무상태표 |

계정과목	당기	전기
Ⅱ. 비유동자산	10,306,304,203	10,251,918,070
(1) 투자자산	296,333,966	312,646,136
장기성예금	123,633,966	139,946,136
매도가능증권	172,700,000	172,700,000
(2) 유형자산	9,504,687,644	9,426,963,774
(3) 무형자산	277,716,326	379,741,893
(4) 기타비유동자산	227,566,267	132,566,267

| ○○전자 매도가능증권 명세 |

투자회사명	투자금액	평가일 기준 자본금	장부가액	투자 지분율
CONG TY TNHH NUX VIET	$150,000	172,977,261	172,700,000	100.00%
PT ELECTRONIC IND	$4,206,971	3,645,138,443	0	92.18%
합계	$4,356,971	3,818,115,704	172,700,000	-

① 모법인명	(○○전자) 해외현지법인 명세서	③ 모법인 사업연도
② 모법인 사업자등록번호		④ 해외현지법인 사업연도

Ⅰ. 해외현지법인 명세서 제출현황(총계)

구분	제출대상 법인 수				⑨ 제출법인 수	⑩ 미제출 법인 수 (⑧-⑨)
	⑤ 전기말 가동 법인 수	⑥ 해당 사업연도 중 신설 법인 수	⑦ 해당 사업연도 중 청산(지분양도) 법인 수	⑧ 제출대상 법인 수 (⑤+⑥)		
특수관계						
기 타						

Ⅱ. 제출대상 해외현지법인 (해외현지법인별로 작성)
1. 해외현지법인 기본사항: [ ] 국내모법인의 자회사 [ ] 국내모법인의 손회사 이하

⑪ 해외현지법인명	PT ELECTRONIC IND			⑫ 해외현지기업고유번호	
⑬ 거주지국	인도네시아	⑭ 투자일	. . .	⑮ 현지납세자번호	
⑯ 해외현지법인 소재지					
⑰ 업종 (업종코드)	( )	⑱ 직원 수 (모법인파견 직원 수)	( )	⑲ 현지법인 전화번호	

2. 해외현지법인 투자 명세
가. 해외현지법인에 대한 투자현황 (단위: %, 원)

⑳ 해외현지법인의 주주명 (주주의 거주지국)	출 자 명 세				대부투자 명세	
	㉑ 출자금액	㉒ 주식수	㉓ 지분율	㉔ 배당금수입	㉕ 대여금	㉖ 대부수입이자
(주주명) (한국)	4,876,674,349		92.0			
소액주주 소계	423,533,285		8.0			
계	5,300,207,634		100.0			

나. 해외현지법인이 10% 이상 직접 소유한 자회사 현황 (단위: %, 원)

㉗ 자회사명	㉘ 업종	㉙ 소재지 (국가 & 도시명)	㉚ 출자일	㉛ 현지법인의 출자금액	㉜ 지분율	㉝ 당기순손익

다. 청산(지분양도) 여부 (단위: 원)

㉞ 청산(지분양도)일		㉟ 청산유형		㊱ 회수금액		㊲ 주거래은행 신고 여부

「법인세법」 제121조의2 및 「법인세법 시행령」 제164조의2에 따라 해외현지법인명세서를 제출합니다.

년 월 일

제출인 (서명 또는 인)

세무서장 귀하

| ○○전자 해외현지법인 명세서 |

투자회사명	지분율	출자금액	
		외화($)	원화(₩)
CONG TY TNHH NUX VIET	100.00%	$150,000	172,700,000
PT ELECTRONIC IND	92.18%	$4,206,971	4,876,674,349
합　계	-	$4,356,971	5,049,374,349

○○전자의 자본금과 적립금 조정명세서(을)에 의하면 다음과 같이 회사는 해외현지법인(인도네시아 PT ELECTRONIC IND)에 대한 투자증권(매도가능증권) 4,876,674,349원에 대해 투자증권상각 평가손한 금액 4,876,674,349원에 대해 손금부인하고 유보로 처분하였다.

| ○○전자 자본금과 적립금 조정명세서(을) |

사업연도	20××.12.31.	자본금과 적립금 조정명세서(을)	법인명	㈜○○

※ 관리번호 [ ][ ] - [ ][ ]　　사업자등록번호 [ ][ ][ ] - [ ][ ] - [ ][ ][ ][ ][ ]

※표시란은 기입하지 마십시오.

세무조정유보소득 계산

①과목 또는 사항	②기초잔액	당 기 중 증 감		⑤기말잔액 (익기초현재)	비 고
		③감　소	④증　가		
대손충당금	1,857,552,678			1,867,552,678	
대손충당금	1,448,744,693	1,448,744,693			
업무용차량 감가상각	119,612,613			119,612,613	
퇴직급여충당금	3,233,407,431	599,361,117	485,305,092	3,119,351,406	
투자증권상각평가손	4,876,674,349			4,876,674,349	
유형자산상각부인	52,731,604	52,731,604			
합　계	11,588,723,368	2,100,837,414	485,305,092	9,983,191,046	

(1)-2. 평가의 내용과 결과

회사는 해외 투자증권의 평가를 상속증여세법의 보충적 평가방법으로 평가하기 위해 해외현지법인의 재산 소재 국가(인도네시아)에서 양도세, 상속세 또는 증여세의 세금부과 목적을 위한 재산평가 여부를 확인하였으나 평가한 바가 없음으로 확인되었다.

회사는 해외 현지법인 소재국인 인도네시아 국가의 감정평가법인으로부터 감정평가를 받아 투자증권(매도가능증권)의 평가를 하기로 하고 그 결과(일부)는 다음과 같았다.

○○전자(인도네시아) STATEMENTS OF FINANCIAL POSITION

(단위: 루피아)

ACCOUNT	CARRYING AMOUNT		EVALUATED RICE	BALANCE
ASSETS				
CURRENT ASSETS				
Cash and cash equivalents		848,540,639	848,540,639	0
Accounts receivable				
Related Parties		71,945,171,564	71,945,171,564	0
Third Parties		22,128,021,281	22,128,021,281	0
Other Receivables				
Related Parties		29,544,589	29,544,589	0
Third Parties		84,959,026	84,959,026	0
Inventories		85,593,543,790	85,593,543,790	0
Advance payments		600,563,228	600,563,228	0
Prepaid taxes		1,980,783,896	1,980,783,896	0
		183,211,128,013	183,211,128,013	0
NON CURRENT ASSETS				
FIXED ASSETS				
ACQUISITION COSTS				
- Land	11,081,300,130	11,081,300,130	56,689,460,000	45,608,159,870
- Buildings	66,570,047,167			
ACCUM. DEPRECIATION	(18,940,931,384)	47,629,115,783	60,918,300,000	13,289,184,217
- Machinery and equipments	181,515,649,712			
ACCUM. DEPRECIATION	(98,784,777,469)	82,730,872,243	82,730,872,243	0
- Furniture and fixtures	3,873,965,320			
ACCUM. DEPRECIATION	(3,638,652,086)	235,313,234	235,313,234	0
- Vehicles	4,375,285,163			
ACCUM. DEPRECIATION	(3,344,961,790)	1,030,323,373	1,030,323,373	0
	267,416,247,492			
Book value	(124,709,322,729)	142,706,924,763	201,604,268,850	58,897,344,087
Construction in progress-Cianjur		1,846,375,000	1,846,375,000	0
Cash Guarantee		492,989,405	492,989,405	0
		145,046,289,168	203,943,633,255	58,897,344,087
TOTAL ASSETS		328,257,417,181	387,154,761,268	58,897,344,087

회사는 해외현지법인(인도네시아)에 대한 평가와 관련하여 인도네시아 현지법인의 감사인으로부터 받은 인도네시아 루피아로 평가된 국외재산의 평가액을 원화(₩)로 환산한 평가액은 다음과 같다.

○○전자(인도네시아) 재무상태표(원화)

환율: @8.43/100(단위: 원화)

계정과목	장부가액		평가금액	증감액
자산				
유동자산				
현금및현금등가물		71,531,976	71,531,976	0
관계사 매출채권		6,064,977,963	6,064,977,963	0
기타 매출채권		1,865,392,194	1,865,392,194	0
관계사 미수금		2,490,609	2,490,609	0
기타 미수금		7,162,046	7,162,046	0
재고자산		7,215,535,741	7,215,535,741	0
선급금		50,627,480	50,627,480	0
선납세금		166,980,082	166,980,082	0
유동자산 계		15,444,698,091	15,444,698,091	0
비유동자산				0
유형자산				0
토지	934,153,601	934,153,601	4,778,921,478	3,844,767,877
건물	5,611,854,976	0	0	0
감가상각누계액	(1,596,720,516)	4,015,134,461	5,135,412,690	1,120,278,229
기계장치	15,301,769,271	0	0	0
감가상각누계액	(8,327,556,741)	6,974,212,530	6,974,212,530	0
공기구비품	326,575,276	0	0	0
감가상각누계액	(306,738,371)	19,836,906	19,836,906	0
차량운반구	368,836,539	0	0	0
감가상각누계액	(281,980,279)	86,856,260	86,856,260	0
취득가액계	22,543,189,664	0	0	0
감가상각누계액 계	(10,512,995,906)	12,030,193,758	16,995,239,864	4,965,046,107
무형자산				
소프트웨어		155,649,413	155,649,413	0
기타보증금		41,559,007	41,559,007	0

계정과목	장부가액	평가금액	증감액
비유동자산계	12,227,402,177	17,192,448,283	4,965,046,107
자산총계	27,672,100,268	32,637,146,375	4,965,046,107
부채및자본			
유동부채			
관계사매입채무	20,247,532,212	20,247,532,212	0
기타매입채무	1,446,051,625	1,446,051,625	0
단기금융	16,968,326	16,968,326	0
미지급세금	83,118,334	83,118,334	0
관계사미지급	95,880,185	95,880,185	0
미지급비용	948,605,058	948,605,058	0
소계	22,838,155,738	22,838,155,738	0
비유동부채			0
은행차입금	4,967,313,432	4,967,313,432	0
소계	4,967,313,432	4,967,313,432	0
부채총계	27,805,469,170	27,805,469,170	0
자본			
자본금	3,697,775,821	3,697,775,821	
자본잉여금	6,549,773	6,549,773	
자산평가액	0	4,965,046,107	4,965,046,107
이익잉여금	(3,837,694,496)	(3,837,694,496)	
차감	0	1,127,351,610	
자본총계	(133,368,902)	4,831,677,204	4,965,046,107
부채와 자본총계	27,672,100,268	32,637,146,375	4,965,046,107

베트남 투자금액(CONG TY TNHH NUX VIET) 172,700,000원(지분 100%, 장부가액 172,700,000원)과 인도네시아 투자금액(PT ELECTRONIC IND) 4,876,674,349원(지분 92%, 장부가액 0원), 합계금액 172,700,000원이 각각 716,390,912원과 2,690,174,656원으로 평가(순손익가치 감안하여 평가한 금액)되었다. ○○전자의 자본금과 적립금 조정명세서(을)에 의하면 투자유가증권평가손(인도네시아)이 4,876,674,349원으로 확인되었고, 해외현지법인 인도네시아의 주식평가 2,690,174,656원, 베트남의 주식평가 716,390,912원, 합계금액 3,406,565,569원으로 평가되었으므로 ○○전자의 비상장주식평가는 이를 반영하여 수정되어야 한다. 평가의 결과는 다음과 같다.

| ○○전자 매도가능증권 평가명세 |

투자회사명	투자금액	평가일 기준 자본금	장부가액	투자 지분율	평가액
CONG TY TNHH NUX VIET	$150,000	172,977,261	172,700,000	100.00%	716,390,912
PT ELECTRONIC IND	$4,206,971	3,645,138,443	0	92.18%	2,690,174,656
합계	$4,356,971	3,818,115,704	172,700,000	-	3,406,565,569

(2) 국외재산의 평가사례(2)

(2)-1. 평가자료

외부회계감사보고서의 ○○전기 재무상태표와 매도가능증권 명세, 해외현지법인 명세서(출자금)는 다음과 같다. 중국 SHANGHAI ELEC.DO의 투자액 $4,450,000을 확인한 바 해외현지법인 명세서의 투자금액이 5,800,068,665원(지분 96.3%)이며, 재무상태표의 매도가능증권은 중국 SHANGHAI ELEC.DO 4,856,258,638원이다.

| ○○전기 재무상태표 |

계정과목	당기	전기
Ⅱ. 비유동자산	8,151,801,686	5,036,089,888
(1) 투자자산	7,986,602,686	4,856,258,638
매도가능증권	4,856,258,638	4,856,258,638
관계회사주식	3,130,344,048	0
(2) 유형자산	584,000	584,000
(3) 무형자산	14,615000	29,247,250
(4) 기타비유동자산	150,000,000	150,000,000

| ○○전기 매도가능증권 명세 |

투자회사명	투자금액	평가일 기준 자본금	장부가액	투자 지분율
SHANGHAI ELEC.DO	$4,450,000	5,800,068,665	4,856,258,638	96.3%
합계	$4,450,000	5,800,068,665	4,856,258,638	96.3%

① 모법인명	(○○전기) 해외현지법인 명세서	③ 모법인 사업연도
② 모법인 사업자등록번호		④ 해외현지법인 사업연도

Ⅰ. 해외현지법인 명세서 제출현황(총계)

구분	제출대상 법인 수				⑨ 제출법인 수	⑩ 미제출 법인 수 (⑧－⑨)
	⑤ 전기말 가동 법인 수	⑥ 해당 사업연도 중 신설 법인 수	⑦ 해당 사업연도 중 청산(지분양도) 법인 수	⑧ 제출대상 법인 수 (⑤+⑥)		
특수관계						
기 타						

Ⅱ. 제출대상 해외현지법인 (해외현지법인별로 작성)
1. 해외현지법인 기본사항: [ ] 국내모법인의 자회사 [ ] 국내모법인의 손회사 이하

⑪ 해외현지법인명	SHANGHAI ELEC.DO			⑫ 해외현지기업고유번호	
⑬ 거주지국	중국	⑭ 투자일	. . .	⑮ 현지납세자번호	
⑯ 해외현지법인 소재지					
⑰ 업종 (업종코드)	( )	⑱ 직원 수 (모법인파견 직원 수)	( )	⑲ 현지법인 전화번호	

2. 해외현지법인 투자 명세
가. 해외현지법인에 대한 투자현황 (단위: %, 원)

⑳ 해외현지법인의 주주명 (주주의 거주지국)	출자 명세				대부투자 명세	
	㉑ 출자금액	㉒ 주식수	㉓ 지분율	㉔ 배당금수입	㉕ 대여금	㉖ 대부수입이자
(주주명) (한국)	4,856,258,638		96.3			
소액주주 소계						
계	4,856,258,638		96.3			

나. 해외현지법인이 10% 이상 직접 소유한 자회사 현황 (단위: %, 원)

㉗ 자회사명	㉘ 업종	㉙ 소재지 (국가 & 도시명)	㉚ 출자일	㉛ 현지법인의 출자금액	㉜지분율	㉝ 당기순손익

다. 청산(지분양도) 여부 (단위: 원)

㉞ 청산(지분양도)일		㉟ 청산유형		㊱ 회수금액		㊲ 주거래은행 신고 여부

「법인세법」 제121조의2 및 「법인세법 시행령」 제164조의2에 따라 해외현지법인명세서를 제출합니다.

년 월 일

제출인 (서명 또는 인)

세무서장 귀하

| ○○전기 해외현지법인 명세서 |

투자회사명	지분율	출자금액	
		외화($)	원화(₩)
SHANGHAI ELEC.DO	96.3%	$4,450,000	4,856,258,638
합계	96.3%	$4,450,000	4,856,258,638

○○전기의 자본금과 적립금 조정명세서(을)에 의하면 다음과 같이 회사는 해외현지법인(중국)에 대한 매도가능증권 4,856,258,638원에 대해 평가손익은 없는 것으로 확인되었다.

| ○○전기 자본금과 적립금 조정명세서(을) |

사업연도	20××.12.31.	자본금과 적립금 조정명세서(을)	법인명	㈜○○

※ 관리번호 [ ][ ] - [ ][ ]　　사업자등록번호 [ ][ ][ ] - [ ][ ] - [ ][ ][ ][ ][ ]

※표시란은 기입하지 마십시오.

세무조정유보소득 계산

①과목 또는 사항	②기초잔액	당 기 중 증 감		⑤기말잔액 (익기초현재)	비 고
		③감 소	④증 가		
보험료	232,798,000	232,798,000	321,023,000	321,023,000	
대손충당금	2,218,094,110			2,218,094,110	
무형자산감각상	881,641,000			881,641,000	
세금공과	450,000			450,000	
퇴직급여충당금	915,256,123			915,256,123	
합계	4,248,239,233	232,798,000	321,023,000	4,336,464,233	

(2) - 2. 평가의 내용과 결과

회사는 해외 투자증권의 평가를 상속증여세법의 보충적 평가방법으로 평가하기 위해 해외현지법인의 재산 소재 국가(중국)에서 양도세, 상속세 또는 증여세의 세금부과 목적을 위한 재산평가 여부를 확인하였으나 평가한 바가 없음으로 확인되었다.

회사는 해외현지법인(중국)에 대한 평가와 관련하여 중국 현지법인의 감사인으로부터 받은 중국 위안화(CNH)로 평가된 국외재산의 평가액은 다음과 같다.

○○전기(중국) 재무상태표(위안화)

과목	중국 위안화(CNH)		
	장부금액	재평가 금액	증감액
1) 유동자산	17,685,593.35	19,764,821.41	2,079,228.06
1. 현금예금	884,406.13	884,406.13	0.00
2. 외상매출금	902,779.05	902,779.05	0.00
3. 선급금	130,412.42	130,412.42	0.00
4. 기타미수금	52,447.50	52,447.50	0.00
5. 재고자산	15,396,739.53	17,475,967.59	2,079,228.06
6. 기타유동자산	318,808.72	318,808.72	0.00
2) 비유동자산	7,380,024.30	28,419,224.07	21,039,199.77
1. 고정자산	7,069,913.28	13,666,952.40	6,597,039.12
(1) 건물구축물	6,515,462.19	12,678,724.40	6,163,262.21
(2) 기기 설비	554,451.09	988,228.00	433,776.91
2. 무형자산	310,111.02	14,752,271.67	14,442,160.65
(1) 토지사용권	0.00	14,443,900	14,443,900
(2) 소프트웨어	310,111.02	308,371.67	(1,739.35)
자산총계	25,065,617.65	48,184,045.48	23,118,427.83
3) 유동부채	65,151,744.08	65,151,744.08	0.00
1. 외상매입금	63,128,452.34	63,128,452.34	0.00
2. 선수금	1,740,726.79	1,740,726.79	0.00
3. 미지급세금	36,323.01	36,323.01	0.00
4. 기타매입채무	246,241.94	246,241.94	0.00
부채총계	65,151,744.08	65,151,744.08	0.00
순자산 가액	(40,086,126.43)	(16,967,698.60)	23,118,427.83
1. 납입자본금	34,994,984.10	34,994,984.10	
2. 자본잉여금	4,417.00	23,122,844.83	23,118,427.83
3. 미처분결손금	(75,085,527.53)	(75,085,527.53)	
4. 자본총계	(40,086,126.43)	(16,967,698.60)	23,118,427.83

회사는 해외현지법인(중국)에 대한 평가와 관련하여 중국 현지법인의 감사인으로부터 받은 중국 위안화(CNH)로 평가된 국외재산의 평가액을 원화(₩)로 환산한 평가액은 다음과 같다.

○○전기(중국) 재무상태표(원화)

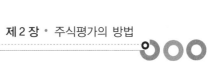

과목	원화환산금액(₩)		
	장부금액	재평가 금액	증감액
1) 유동자산	3,049,526,861	3,408,048,156	358,521,294
1. 현금예금	152,498,149	152,498,149	
2. 외상매출금	155,666,192	155,666,192	
3. 선급금	22,487,014	22,487,014	
4. 기타미수금	9,043,522	9,043,522	
5. 재고자산	2,654,859,797	3,013,381,092	358,521,294
6. 기타유동자산	54,972,188	54,972,188	
2) 비유동자산	1,272,537,590	4,900,326,806	3,627,789,216
1. 고정자산	1,219,065,147	2,356,592,602	1,137,527,455
(1) 건물구축물	1,123,461,145	2,186,192,448	1,062,731,303
(2) 기기 설비	95,604,001	170,400,154	74,796,153
2. 무형자산	53,472,443	2,543,734,204	2,490,261,761
(1) 토지사용권	0	2,490,561,677	2,490,561,677
(2) 소프트웨어	53,472,443	53,172,527	(299,916)
자산총계	4,322,064,451	8,308,374,962	3,986,310,511
3) 유동부채	11,234,115,232	11,234,115,232	
1. 외상매입금	10,885,239,037	10,885,239,037	
2. 선수금	300,153,520	300,153,520	
3. 미지급세금	6,263,177	6,263,177	
4. 기타매입채무	42,459,498	42,459,498	
부채총계	11,234,115,232	11,234,115,232	0
순자산 가액	(6,912,050,781)	(2,925,740,270)	3,986,310,511
1. 납입자본금	6,034,185,108	6,034,185,108	
2. 자본잉여금	761,623	3,987,072,134	3,986,310,511
3. 미처분결손금	(12,946,997,512)	(12,946,997,512)	
4. 자본총계	(6,912,050,781)	(2,925,740,270)	3,986,310,511

위의 평가내용을 보면 토지사용권과 건물구축물 등의 자산이 3,986,310,511원으로 장부가액보다 증가는 되었으나 순자산가액이 -2,925,740,270원으로 평가되었으며 최종 평가액(순손익가치를 감안하여 평가한 금액)은 0원으로 평가되었다. ○○전기의 자본금과 적립금 조정명세서(을)에 의하면 평가손익이 없는 것으로 확인되었고, 중국 해외현지 법인의 주식평가가 0원으로 평가되었으므로 ○○전기의 비상장주식평가는 수정할 필요가 없게 된다. 평가의 결과는 다음과 같다.

| ○○전기 매도가능증권 평가명세 |

투자회사명	투자금액	평가일 기준 자본금	장부가액	투자 지분율	평가액
SHANGHAI ELEC.DO	$4,450,000	5,800,068,665	4,856,258,638	96.3%	0
합계	$4,450,000	5,800,068,665	4,856,258,638	96.3%	0

제4절 비상장주식의 평가사례

비상장주식평가는 순손익가치와 순자산가치를 적정하게 계산하는 데 있다.

기업의 손익계산서와 재무상태표를 근거로 하고 있는 순손익가치와 순자산가치는 기업회계 내지는 재무제표에 대한 이해가 필수적이다(순손익가치의 경우에도 법인의 각 사업연도 소득금액에서 출발을 하지만 각 사업연도 소득금액은 손익계산서의 당기 순손익에서 출발하므로 당기 순손익 계산구조의 이해는 필수적이어야 한다). 기업이 공표한 손익계산서와 재무상태표는 주주, 채권자 등의 이해관계자에게 필요한 재무정보를 제공하기 위한 것이지만 한편으로는 과세목적을 위한 주식가치 평가에 활용되기도 한다는 것이 된다.

비상장주식의 평가사례에서 "1. 비상장주식평가 서식의 작성사례"는 비상장주식평가 서식작성을 위해 법인세법의 이해가 부족한 독자들을 위해 주식평가와 관련된 법인세법의 서식을 함께 제공하고 있다. 순자산가액 계산에 필요한 '자본금과 적립금 조정명세서(을)', 순손익액 계산에 필요한 '법인세 과세표준 및 세액조정계산서' 및 '소득금액조정합계표' 등을 참고하여 비상장주식평가 서식의 작성사례를 보여주고 있다.

다음 "2. 비상장주식평가와 이월결손금 및 공제감면세액"에서는 법인세법의 이월결손금 및 공제감면세액이 있는 법인의 경우 순손익액 계산 시 소득에서 공제할 법인세 등 총결정세액을 이월결손금과 공제감면세액의 영향으로 인한 법인세 등 총결정세액을 재계산해야 하는 문제가 있다. 이월결손금과 공제감면세액이 있는 비상장주식의 경우는 좀 복잡한 사례로서 추가적으로 '농어촌특별세 과세표준 및 세액신고서', '최저한세조정계산서', '공제감면 및 추가납부세액합계표(갑)' 등의 신고내용을 제공함으로써 주식평가에 필요한 법인세법의 서식과 그 내용에 대한 이해를 돕도록 하였다.

1 | 비상장주식평가 서식의 작성사례

재무상태표

㈜○○ 20××.4.1. 현재

(단위: 천원)

1. 유동자산	2,298,000	1. 유동부채	1,400,000
현금·예금	1,650,000	2. 고정부채	1,298,000
매출채권	200,000	차입금	798,000
대손충당금	(2,000)	퇴직급여충당금	500,000
재고자산	450,000	부채총계	2,698,000
2. 고정자산	4,500,000	1. 자본금	2,000,000
투자부동산	600,000	2. 자본준비금	400,000
토지	900,000	3. 이익잉여금	1,700,000
건물	300,000	자본총계	4,100,000
기타고정자산	2,500,000		
개발비	200,000		
자산총계	6,798,000	부채와자본총계	6,798,000

사업연도	20××.4.1.	자본금과 적립금 조정명세서(을)	법인명	㈜○○

※ 관리번호 □□-□□ 사업자등록번호 □□□-□□-□□□□□

※표시란은 기입하지 마십시오.

세무조정유보소득 계산

①과목 또는 사항	②기초잔액	당기중증감 ③감 소	당기중증감 ④증 가	⑤기말잔액 (익기초현재)	비 고
재고자산평가감	240,000,000	240,000,000	50,000,000	50,000,000	제 외
대손충당금한도초과액	6,000,000		4,000,000	10,000,000	
기술개발준비금			-300,000,000	-300,000,000	
공사수입	240,000,000		80,000,000	320,000,000	가 산
합 계	486,000,000	240,000,000	166,000,000	80,000,000	

사업연도	1차년도	법인세 과세표준 및 세액조정계산서	법인명	(주)○○
			사업자등록번호	

① 각사업연도소득계산			
⑩ 결산서상당기순손익		01	458 023 050
소득조정 금액	⑩ 익금산입	02	1 639 761 786
	⑩ 손금산입	03	1 021 398 000
⑩ 차가감소득금액 (⑩+⑩-⑩)		04	1 076 386 836
⑩ 기부금한도초과액		05	
⑩ 기부금한도초과이월액손금산입		54	
⑩ 각사업연도소득금액 (⑩+⑩-⑩)		06	1 076 386 836

⑤ 토지등양도소득에대한법인세계산			
양도차익	⑬ 등기자산	31	
	⑬ 미등기자산	32	
⑬ 비과세소득		33	
⑬ 과세표준 (⑬+⑬-⑬)		34	
⑬ 세율		35	
⑭ 산출세액		36	

사업연도	소득금액조정합계표		법인명
1차년도			(주)○○
사업자등록번호		법인등록번호	

익금산입 및 손금불산입				손금산입 및 익금불산입			
①과목	②금액	③소득처분		④과목	⑤금액	⑥소득처분	
		처분	코드			처분	코드
법인세 등	105 632 000	기타사외유출		전기재고자산평가감	236 856 000	유보	
재고자산평가감	42 300 000	유보		B공사수입금액	450 236 000	유보	
A공사수입금액	305 230 010	유보		구축물감가상각비 추인	36 256 000	유보	
대손충당금 한도초과액	186 253 230	유보		부당행위(토지)	298 050 000	유보	
건물감가상각비 한도초과액	110 352 000	유보					
기계감가상각비 한도초과액	35 000 000	유보					
기업업무추진비 한도초과액	230 425 000	기타사외유출					
지급이자	189 203 123	기타사외유출					
업무무관경비	13 250 000	기타사외유출					
벌과금	850 000	기타사외유출					
인정이자	123 216 423	상여					
부당행위(토지)	298 050 000	유보					
합계	1 639 761 786			합계	1 021 398 000		

사업연도	2차년도	법인세 과세표준 및 세액조정계산서	법인명	(주)○○
			사업자등록번호	

① 각사업연도소득계산		코드	금액
⑩결산서상당기순손익		01	256 956 780
소득조정 금액	⑩익금산입	02	1 436 020 974
	⑩손금산입	03	709 846 400
⑩차가감소득금액 (⑩+⑩-⑩)		04	983 131 354
⑩기부금한도초과액		05	129 230 000
⑩기부금한도초과 이월액손금산입		54	
⑩각사업연도소득금액 (⑩+⑩-⑩)		06	1 112 361 354

⑤ 토지등양도소득에대한법인세계산		코드	금액
양도차익	⑬등기자산	31	
	⑬미등기자산	32	
⑬비과세소득		33	
⑬과세표준 (⑬+⑬-⑬)		34	
⑬세율		35	
⑭산출세액		36	

사업연도	소득금액조정합계표	법인명
2차년도		(주)○○
사업자등록번호	법인등록번호	

익금산입 및 손금불산입				손금산입 및 익금불산입			
①과목	②금액	③소득처분		④과목	⑤금액	⑥소득처분	
		처분	코드			처분	코드
법인세 등	80 535 260	기타사외유출		전기재고자산평가감	240 052 000	유보	
재고자산평가감	236 856 000	유보		A공사수입금액	279 212 500	유보	
C공사수입금액	198 153 001	유보		기계감가상각비 추인	40 256 000	유보	
대손충당금 한도초과액	12 022 360	유보		전기오류수정손실 (건물)	150 325 900	유보	
건물감가상각비 한도초과액	122 335 200	유보					
공기구감가상각비 한도초과액	225 001 200	유보					
기업업무추진비 한도초과액	83 025 750	기타사외유출					
지급이자	320 201 282	기타사외유출					
업무무관경비	80 560 000	기타사외유출					
벌과금	1 200 000	기타사외유출					
인정이자	53 125 321	상여					
공과금	23 005 600	기타사외유출					
합계	1 436 020 974			합계	709 846 400		

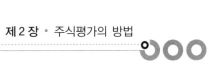

사업연도	3차년도	법인세 과세표준 및 세액조정계산서	법인명	(주)○○
			사업자등록번호	

			코드	금액
① 각사업연도소득계산	⑩ 결산서상당기순손익		01	325 856 425
	소득조정 금액	⑫ 익금산입	02	1 763 972 499
		⑬ 손금산입	03	902 187 300
	⑭ 차가감소득금액 (⑩+⑫−⑬)		04	1 187 641 624
	⑮ 기부금한도초과액		05	35 603 000
	⑯ 기부금한도초과 이월액손금산입		54	
	⑰ 각사업연도소득금액 (⑭+⑮−⑯)		06	1 223 244 624

			코드	금액
⑤ 토지등양도소득에대한법인세계산	양도차익	⑬⑤ 등기자산	31	
		⑬⑥ 미등기자산	32	
	⑬⑦ 비과세소득		33	
	⑬⑧ 과세표준 (⑬⑤+⑬⑥−⑬⑦)		34	
	⑬⑨ 세율		35	
	⑭⓪ 산출세액		36	

사업연도	소득금액조정합계표	법인명
3차년도		(주)○○
사업자등록번호	법인등록번호	

익금산입 및 손금불산입				손금산입 및 익금불산입			
①과목	②금액	③소득처분		④과목	⑤금액	⑥소득처분	
		처분	코드			처분	코드
법인세 등	145 523 652	기타사외유출		전기재고자산평가감	98 560 300	유보	
재고자산평가감	240 052 000	유보		A공사수입금액	423 602 000	유보	
C공사수입금액	253 642 800	유보		전기대손충당금한도초과액	30 025 000	유보	
퇴직급여충당금한도초과액	350 230 056	유보		기술개발준비금	350 000 000	유보	
건물감가상각비한도초과액	115 302 000	유보					
공기구감가상각비한도초과액	85 631 200	유보					
기업업무추진비한도초과액	63 251 000	기타사외유출					
지급이자	185 623 456	기타사외유출					
업무무관경비	45 230 090	기타사외유출					
벌과금	250 300 900	기타사외유출					
인정이자	23 562 345	상여					
공과금	5 623 000	기타사외유출					
합계	1 763 972 499			합계	902 187 300		

(1) 순자산가액의 작성사례

위의 재무상태표는 평가기준일 현재 가결산에 의한 재무상태표이다. 순자산가액 계산과 관련된 자료는 다음과 같다.

① 재고자산의 재취득가액이 600,000천원으로 평가되었다.

② 투자부동산에 20××.4.1. 현재 저당권에 의하여 담보된 채권액이 800,000천원이다.

③ 토지의 공시지가는 1,200,000천원이다.

④ 건물의 기준시가는 350,000천원이다.

⑤ 영업권은 영업권의 계산에 의한다.

⑥ 상속개시일까지 발생된 각 사업연도 소득에 대하여 납부할 법인세 150,000천원(지방소득세 15,000천원)이 미계상되었다.

⑦ 주주총회 결의되어 확정된 2009사업연도분에 대한 배당금 600,000천원이 미계상되었다.

⑧ 전 임직원이 일시퇴직 시 퇴직급여추계액은 700,000천원이다.

⑨ 조세특례제한법상 기술개발준비금 300,000천원을 가결산 시 결산조정을 하지 않고 신고조정을 하였다.

〈해설〉

(1) 평가차액계산명세서

① 재고자산: 평가액 600,000천원 － 장부가액 450,000천원 ＝ 150,000천원

② 투자부동산: 담보된 채권액 800,000천원 － 장부가액 600,000천원 ＝ 200,000천원

③ 토지: 공시지가액 1,200,000천원 － 장부가액 900,000천원 ＝ 300,000천원(상속개시일 현재 공표된 공시지가 적용)

④ 건물: 기준시가 350,000천원 － 장부가액 300,000천원 ＝ 50,000천원

⑤ 자산평가차액 합계: 평가액 2,950,000천원 － 장부가액 2,250,000천원 ＝ 700,000천원

※ 평가차액은 재무상태표상 계정과목 중 자산평가 차이가 있는 과목을 기재하며, 누락된 재산이 있으면 계정과목 및 금액에 추가 기재하여야 한다.

〈 자산에 가산 및 차감 〉

(②, ③……은 순자산가액 서식상의 번호임)

② 평가차액: 평가차액 서식 (가)(①－②)의 금액을 기재한다.

③ 유보금액: 자본금과 적립금 조정명세서(을)상 각 과목의 기말잔액은 원칙적으로 자산에 가감할 금액이다. 그러나 이미 자산평가에 반영되었거나 상속세 및 증여세법상 자산이나 부채로 보지 않는 항목에서 발생한 유보사항은 유보에서 제외할 항목이다. 따라서 유보금액(기말잔액) 중 자산에 가산할 항목만을 찾아 법인세법상 유보금액란에 기재하면 된다. 사례에서 이미 자산평가에 반영된 과목(항목)은 재고자산평가감, 자산이나 부채로 보지 않는 항목에서 발생된 과목은 대손충당금 한도초과액, 기술개발준비금 등을 제외하고 나면 공사수입금액 320,000,000원이 자산에 가산할 항목이다.

⑥ 선급비용(개발비): 상속증여세법상 순자산가액 계산 시에는 자산으로 보지 않으므로 자산에서 차감한다.

〈 부채에 가산 및 차감 〉

⑨ 법인세: 평가기준일 현재 납부할 미지급법인세로 재무상태표에 계상되지 아니한 금액으로 부채에 가산한다.

⑪ 지방소득세: 평가기준일 현재 납부할 미지급지방소득세로 재무상태표에 계상되지 아니한 금액으로 부채에 가산한다.

⑫ 배당금: 평가기준일 현재 확정된 미지급배당금으로 재무상태표에 계상되지 아니한 금액으로 부채에 가산한다.

⑬ 퇴직금추계액: 평가기준일 현재 전 임직원이 퇴직할 경우 퇴직급여추계액 700,000천원을 부채에 가산한다.

⑮ 기술개발준비금: 조세특례제한법상의 준비금 등은 기업이 결산조정(재무상태표상 준비금으로 계상하는 경우)하는 경우와 신고조정(법인세신고를 하면서 소득금액조정 합계표상 손금 과목란에 준비금으로 기재하는 경우)하는 경우가 있는데, 두 가지 중 기업이 임의로 선택할 수 있다. 법인이 신고 조정하는 경우에는 재무상태표상 준비금(부채)으로 계상하지 않았으므로 부채에서 차감할 금액이 없다. 그러나 결산조정의 경우에는 법인이 재무상태표에 부채인 준비금으로 계상하고 있으므로 결산조정인 경우에는 부채에 계상된 준비금은 상속증여세법상 부채로 보지 않고 있으므로 부채에서 차감한다.

⑯ 제충당금: 퇴직급여충당금과 대손충당금은 상속증여세법상 부채로 보지 않으므로 퇴직급여충당금 500,000천원과 대손충당금 2,000천원을 부채에서 차감한다.

5. 평가차액							
가. 평가차액 계산 (① - ②)		700,000,000		4. 순자산가액 "가"의 ② 기재			
자 산 금 액				부 채 금 액			
계정과목	상증법에 따른 평가액	재무상태표상 금액	차액	계정 과목	상증법에 따른 평가액	재무상태 표상 금액	차액
		① 합계				② 합계	
재고자산	600,000,000	450,000,000	150,000,000				
투자부동산	800,000,000	600,000,000	200,000,000				
토 지	1,200,000,000	900,000,000	300,000,000				
건 물	350,000,000	300,000,000	50,000,000				
계	2,950,000,000	2,250,000,000	700,000,000				

순자산가액 서식의 (가) 자산총액의 ① 재무상태표상의 자산가액은 재무상태표의 자산총계 6,798,000,000원을 기재한다. ② 평가차액은 평가차액 서식의 (가) 평가차액 계산의 금액 700,000,000원을 기재한다. 순자산가액 서식의 (나) 부채총액의 ⑧ 재무상태표상의 부채액은 재무상태표의 부채총계 2,698,000,000원을 기재한다. 그 외의 항목들로 자산에 가산할 금액과 차감할 금액 및 부채에 가산할 금액과 차감할 금액은 위에서 계산한 내용의 금액을 각각 기재한다. 이렇게 계산된 금액이 (다)의 영업권포함 전 순자산가액이 된다. 여기에다 영업권을 더하면 (라)의 순자산가액이 계산된다. 영업권은 영업권의 작성사례의 영업권 서식 (자)의 영업권 평가액(0원)을 기재한다.

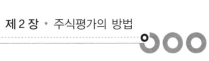

4. 순자산가액		
가. 자산총액		
① 재무상태표상의 자산가액	6,798,000,000	재무상태표 자산총계
② 평가차액	700,000,000	제4쪽 5. 평가차액 "가"
③ 법인세법상 유보금액	320,000,000	공사수입금액
④ 기타(평가기준일 현재 지급받을 권리가 확정된 가액 등)		
⑤ 선급비용 등	200,000,000	개발비
⑥ 증자일 전의 잉여금의 유보액		
⑦ 소계(① + ② + ③ + ④ - ⑤ - ⑥)	7,618,000,000	
나. 부채총액		
⑧ 재무상태표상의 부채액	2,698,000,000	재무상태표 부채총계
⑨ 법인세	150,000,000	미계상법인세
⑩ 농어촌특별세		
⑪ 지방소득세	15,000,000	미계상지방소득세
⑫ 배당금 · 상여금	600,000,000	평가기준일 현재 확정된 미지급배당금
⑬ 퇴직급여추계액	700,000,000	퇴직금추계액
⑭ 기타(충당금 중 평가기준일 현재 비용으로 확정된 것 등)		
⑮ 제준비금		
⑯ 제충당금	502,000,000	퇴직급여충당금, 대손충당금
⑰ 기타(이연법인세대 등)		
⑱ 소계(⑧+⑨+⑩+⑪+⑫+⑬+⑭-⑮-⑯-⑰)	3,661,000,000	
다. 영업권포함 전 순자산가액(⑦-⑱)	3,957,000,000	
라. 영업권	0	제5쪽 6. 영업권 "자"
마. 순자산가액(다+라)	3,957,000,000	

(2) 순손익액의 작성사례

위에서 제시된 각 사업연도의 '법인세 과세표준 및 세액조정계산서(별지 제3호)'와 '소득금액조정합계표(별지 제15호)'를 참고하여 순손익액을 작성하면 다음과 같게 된다. 소득에 가산할 금액은 없었으며, 소득에서 차감할 금액은 다음과 같았다.

(①, ⑤…은 순손익액 서식상의 번호임)

① 각 사업연도 소득금액은 '법인세 과세표준 및 세액조정계산서, ⑩⑦의 금액

⑤ 벌금, 과료, 과태료 등

1차년도	2차년도	3차년도
850,000	1,200,000	250,300,900

⑥ 손금 용인되지 않는 공과금

1차년도	2차년도	3차년도
–	23,005,600	5,623,000

⑦ 업무에 관련없는 지출

1차년도	2차년도	3차년도
13,250,000	80,560,000	45,230,090

⑩ 기부금한도초과액

1차년도	2차년도	3차년도
–	129,230,000	35,603,000

⑪ 기업업무추진비한도초과액

1차년도	2차년도	3차년도
230,425,000	83,025,750	63,251,000

⑬ 지급이자 손금불산입

1차년도	2차년도	3차년도
189,203,123	320,201,282	185,623,456

⑭ 법인세 총결정세액 및 ⑯ 지방소득세 총결정세액

구분	1차년도	2차년도	3차년도
법인세	96,029,091	73,213,873	132,294,229
지방소득세	9,602,909	7,321,387	13,229,423

7. 순손익액				
평가기준일 1년, 2년, 3년이 되는 사업연도		1년	2년	3년
① 각 사업연도 소득금액		1,076,386,836	1,112,361,354	1,223,244,624
소득에 가산할 금액	② 국세, 지방세 과오납에 대한 환급금이자			
	③ 수입배당금 중 익금불산입한 금액			
	④ 기부금의 손금산입한도액 초과금액의 이월 손금 산입액			
가. 소계(① + ② + ③ + ④)		1,076,386,836	1,112,361,354	1,223,244,624
소득에서 공제할 금액	⑤ 벌금, 과료, 과태료 가산금과 체납처분비	850,000	1,200,000	250,300,900
	⑥ 손금 용인되지 않는 공과금		23,005,600	5,623,000
	⑦ 업무에 관련 없는 지출	13,250,000	80,560,000	45,230,090
	⑧ 각 세법에 규정하는 징수불이행 납부세액			
	⑨ 기부금 한도초과액		129,230,000	35,603,000
	⑩ 기업업무추진비 한도초과액	230,425,000	83,025,750	63,251,000
	⑪ 과다경비등의 손금불산입액			
	⑫ 지급이자의 손금불산입액	189,203,123	320,201,282	185,623,456
	⑬ 감가상각비(시행령 제56조 제4항 라목)			
	⑭ 법인세 총결정세액	96,029,091	73,213,873	132,294,229
	⑮ 농어촌특별세 총결정세액			
	⑯ 지방소득세 총결정세액	9,602,909	7,321,387	13,229,423
나. 소계(⑤ ~ ⑯)		539,360,123	717,757,892	731,155,098
다. 순손익액(가－나)		537,026,713	417,609,062	497,712,526
라. 유상증자 · 감자 시 반영액				
마. 순손익액(다 ± 라)		537,026,713	417,609,062	497,712,526
바. 사업연도 말 주식수 또는 환산주식수		200,000	200,000	200,000
사. 주당순손익액(마 ÷ 바)		⑰ 2,685	⑱ 2,088	⑲ 2,489
아. 가중평균액{(⑰ × 3 + ⑱ × 2 + ⑲) / 6}		2,453		
자. 기획재정부령이 정하는 율		10%		
차. 최근 3년간 순손익액의 가중평균액에 의한 1주당 가액(아 ÷ 자)		24,530		

(3) 영업권의 작성사례

다음에 제시되는 자료를 참고하여 영업권의 서식을 작성해 보자.

① 평가기준일: 20××.4.1.

② 평가기준일 이전 3년간 순손익액(순손익액 서식 ⑰)

1차 사업연도:	537,026,716원
2차 사업연도:	417,609,062원
3차 사업연도:	497,7125,26원

③ 자기자본(순자산가액 서식 ⑱): 3,957,500,000원

④ 기타 사항: 평가기준일 이후 영업권 지속연수 5년(정상연금현가계수 3.79079)이며, 3년 만기 회사채의 유통수익률을 감안하여 기획재정부령으로 정하는 이자율은 10%이다.

〈해설〉

① 평가기준일 이전 3년간 순손익액의 가중평균액

$$\left[(537,026,716\text{원} \times 3 + 417,609,062\text{원} \times 2 + 497,7125,26\text{원} \times 1) \times \frac{1}{6}\right] = 490,668,465\text{원}$$

② 최근 3년간 순손익액의 가중평균액의 50% 계산

$$490,668,465\text{원} \times \frac{50}{100} = 245,334,232\text{원}$$

③ 평가기준일 현재 자기자본: 3,957,500,000원

상속증여세법 시행령 제59조 제2항에서 평가기준일 현재 자기자본이라 함은 상속증여세법 시행령 제55조 제1항(순자산가액 계산방법)의 규정에 의하여 계산한 당해 법인의 총자산가액에서 부채를 차감한 가액을 말한다. 재무상태표상의 순자산가액이나 법인세법상의 순자산가액이 아니다.

④ 초과 이익금액: 최근 3년간 순손익액의 가중평균액의 50% - 자기자본의 10%

245,334,232원 - 395,750,000원(3,957,500,000원 × 10%) = -150,365,768원

⑤ 영업권의 계산: 초과이익금액 × 연금현가계수(기간 5년 10%)

-150,365,768 × 3.79079 = 0원

6. 영업권		
가. 평가기준일 이전 3년간 순손익액의 가중평균액	490,668,465	(①×3 + ②×2+③) / 6
① 평가기준일 이전 1년이 되는 사업연도 순손익액	537,026,713	
② 평가기준일 이전 2년이 되는 사업연도 순손익액	417,609,062	
③ 평가기준일 이전 3년이 되는 사업연도 순손익액	497,712,526	
나. 가 × 50%	245,334,232	
다. 평가기준일 현재 자기자본	3,957,000,000	
라. 기획재정부령이 정하는 이자율	10%	10%
마. 다 × 라	395,700,000	
바. 영업권 지속연수	5년	5년
사. 영업권 계산액 $\sum_{n=1}^{n} = \left[\frac{(나-마)}{(1+0.1)^n}\right]$ n은 평가기준일부터의 경과연수	−150,365,768 × 3.79079	
아. 영업권 상당액에 포함된 매입한 무체재산권가액 중 평가기준일까지의 감가상각비를 공제한 금액	0	
자. 영업권 평가액(사−아)	0	제2쪽 4. 순자산가액 "라" 기재

2 비상장주식평가와 이월결손금 및 공제감면세액

다음에 제시된 자료를 참고하여 비상장주식 평가과정을 알아보자. 제시된 재무제표 등 관련 자료는 가결산에 의한 것으로 일부 과목 및 관련된 숫자는 이해의 편의를 위해 수정하였다. ○○㈜의 20××년 12월 31일의 재무상태표와 직전 최근 3년간 손익계산서 및 법인세과세표준 및 세액조정계산서 등은 다음과 같다.

사례의 비상장주식평가는 이월결손금과 공제감면세액이 함께 있는 경우이므로 법인세 총결정세액 등을 재계산해야 하는 문제가 따른다. 이월결손금과 공제감면세액이 함께 있는 경우 이월결손금을 공제하지 아니하고 계산한 법인세 등과 이월결손금을 공제하고 계산한 법인세 등은 차이가 날 수밖에 없다. 그뿐만 아니라 공제감면세액의 변동은 최저한세의 영향을 받게 되므로 법인세 등의 재계산 문제는 법인세과세표준 및 세액조정계산서의 재계산, 농어촌특별세 과세표준 및 세액신고서의 재계산, 최저한세조정계산서의 재계산, 공제감면세액 및 추가납부세액합계표(갑)와 세액공제조정명세서(3)의 재계산 등의 과정을 거쳐야 법인세 총결정세액 등을 계산해 낼 수 있게 된다.

비상장주식평가를 위한 준비자료

① 평가기준일 현재(20××년 12월 31일)의 재무상태표
② 평가기준일 현재의 자본금과 적립금 조정명세서(을)표
③ 평가기준일 직전 3년간의 법인세과세표준 및 세액조정계산서 및 소득금액조정합계표
④ 평가기준일 직전 3년간의 주식등변동상황명세서(유상증자 · 감자 확인)
⑤ 토지 필지별 공시지가 및 건물 물건별 기준시가
⑥ 기타 평가를 위한 자료

비상장주식평가의 계산 순서

① 평가차액의 계산
② 순자산가액의 계산
③ 순손익액의 계산(이월결손금이 공제된 순손익액과 공제되지 않은 순손익액)
④ 영업권의 계산(이월결손금이 공제된 영업권과 공제되지 않은 영업권)
⑤ 비상장주식 평가서(이월결손금이 공제된 평가와 공제되지 않은 평가)

상속증여세법의 '순손익액'은 평가기준일 현재의 주식가치를 보다 정확하게 파악하기 위한 것이다(대법원 2011두22280, 2013.11.14.). 이월결손금이 있는 경우 법인세 총결정세액 등에 대해 법원(서울고법 2019누30920, 2019.10.2.)은 순손익가치가 각각의 사업연도별 수익추세를 예측하기 위한 것이라는 점까지 더하여 보면, '당해'는 다른 사업연도의 간섭을 배제한 '당해' 사업연도에서 발생한 손익만을 의미하는 것으로 해석하는 것이 합리적이고, 따라서 '당해 사업연도의 법인세액'은 이월결손금이 반영되지 아니한 법인세액으로 해석하는 것이라고 하면서, 순손익가치의 의의, 상속증여세법상 순손익액 개념의 고유성, 법령의 문언, 이월결손금 제도의 취지 등을 종합적으로 고려하면, 상속증여세법 시행령 제54조 제4항 제2호 (가)목에서의 '당해 사업연도의 법인세액'은 '이월결손금을 공제하기 전 소득에

세율을 적용한 법인세액'으로 해석하는 것이 타당하다.

한편, 이월결손금 제도의 취지와 관련해서는 '당해 사업연도의 법인세액'을 '과거 사업연도의 결손금을 이월 · 공제한 후의 소득에 대응하는 법인세액'으로 보아 각 사업연도 소득에서 차감하게 된다면, 최장 10년 전에 발생한 이월결손금이 3년 이내로 한정한 상속증여세법상 순손익가치 평가에 반영되어 당해 사업연도의 순손익액을 정확하게 산정할 수 없으므로 평가기준일 현재의 주식가치를 정확하게 파악할 수 없게 된다. 나아가 이는 최근 3년간 실적만을 기초로 하고 최근 사업연도의 순손익액에 더 많은 가중치를 부여하여 수익력 추세를 평가하려는 순손익가치의 입법 취지에 반하게 되는 결과를 초래한다. 따라서 당해 사업연도의 정확한 순손익액을 산정하기 위해서는 이월결손금이라는 우연한 사정에 의한 공제 효과가 반영되지 아니한 '당해 사업연도의 소득에 대응하는 법인세액'을 차감하는 것이 타당하다.

한편, 이월결손금과 공제감면세액이 함께 있는 경우 최저한세에 영향을 미칠 수 있으므로 최저한세를 재계산하여야 한다. 최저한세란 조세특례제한법 제132조 제1항에서 '법인세액 계산'과 관련하여 조세특례제한법 제132조 제1항 각 호에 규정된 감면 등을 적용받은 후의 세액이 최저한세 과세표준(조특법 제132조 제1항 제1호 및 제2호에 따른 손금산입 및 소득공제 등을 하지 아니한 경우의 과세표준)에 최저한 세율(중소기업 7%)을 곱하여 계산한 세액(법인세 최저한세액)에 미달하는 경우 그 미달하는 세액에 상당하는 부분에 대해서는 감면 등을 하지 아니한다.

| 최저한세의 계산구조 |

1. 각종 감면 후의 세액

[• 조세특례제한법에 의한 준비금 · 특별감가상각비, 소득공제 · 익금불산입 · 비과세 금액, 세액공제, 법인세 면제 및 감면] 후의 세액

2. 각종 감면 전의 과세표준 × 최저한세율

[• 조세특례제한법에 의한 준비금 · 특별감가상각비, 소득공제 · 익금불산입 · 비과세금액] 전의 과세표준 × 최저한세율

(1과 2 중 큰 금액)

\+

3. 가산세 등		외국납부세액 등
• 가산세 • 이자상당가산액 • 감면세액의 추징세액	−	• 외국납부세액 • 재해손실세액 • 농업소득세액 등

* 최저한세 적용세율

구 분	과세표준	2009년	2010년	2011년
중소기업	유예기간 4년 포함	8%	7%	7%
일반기업	유예기간 이후 1~3년차	−	−	8%
	유예기간 이후 4~5년차	−	−	9%
	100억 이하	11%	10%	10%
	1천억 이하		11%	11%
	1천억 초과	14%	14%	14%

* 2011.1.1. 이후 최초로 개시하는 사업연도분부터 적용

* 사회적기업은 일반기업에 해당하는 경우에도 7%의 최저한세율 적용

또한 「조세특례제한법」·「관세법」·「지방세법」 또는 「지방세특례제한법」에 따라 소득세·법인세·관세·취득세 또는 등록에 대한 등록면허세의 감면을 받는 자는 농어촌특별세를 납부할 의무를 지게 되므로(농특법 §3) 최저한세의 문제는 농어촌특별세를 재계산해야 하는 문제도 따르게 된다.

(1) 순자산가액의 계산

(1) - 1. 재무상태표 및 자본금과 적립금조정명세서(을)

다음에 제시된 재무상태표와 자본금과 적립금조정명세서(을)를 참고하여 평가차액과 순자산가액을 계산해 보자.

재무상태표

20××년 12월 31일 현재

회사명: ○○㈜ (단위: 원)

과목	제 ×× 기	
자 산		
Ⅰ. 유동자산		1,188,750,410
(1) 당좌자산		974,217,307
1. 현금및현금성자산	5,063,186	
2. 단기금융상품	43,200,230	
3. 단기매매증권	35,001,800	
4. 매출채권	737,131,932	
대손충당금	(21,402,605)	
5. 단기대여금	–	
6. 미수금	147,811,632	
7. 미수수익	2,866,500	
8. 선급금	9,000,000	
9. 선급비용	15,544,630	
(2) 재고자산		214,533,103
1. 제품	150,996,398	
2. 재공품	12,984,192	
3. 원재료	48,504,853	
4. 저장품	2,047,660	
Ⅱ. 비유동자산		9,011,043,363
(1) 투자자산		1,014,654,153
1. 장기금융상품	812,634,000	
2. 매도가능증권	95,380,653	
3. 지분법투자주식	–	
4. 기타의투자자산	106,639,500	
(2) 유형자산		7,939,362,210
1. 토지	4,855,710,510	
2. 건물	4,040,459,534	
감가상각누계액	(1,398,356,345)	

과목	제 ×× 기	
3. 구축물	81,537,120	
감가상각누계액	(55,235,366)	
4. 기계장치	3,587,763,360	
감가상각누계액	(3,276,891,723)	
5. 차량운반구	216,600,723	
감가상각누계액	(186,895,833)	
6. 공구와기구	174,823,730	
감가상각누계액	(107,645,824)	
7. 비품	137,189,715	
감가상각누계액	(129,697,391)	
(3) 기타비유동자산		57,027,000
1. 보증금	49,519,000	
2. 회원권	7,508,000	
3. 이연법인세자산		
4. 개발비		
자 산 총 계		10,199,793,773
부 채		
Ⅰ. 유동부채		3,361,498,064
1. 매입채무	477,260,621	
2. 단기차입금	2,153,000,000	
3. 미지급금	43,127,135	
4. 미지급비용	170,294,686	
5. 미지급세금	6,414,810	
6. 예수금	17,730,812	
7. 유동성장기부채	493,670,000	
Ⅱ. 비유동부채		4,695,942,765
1. 장기차입금	3,747,595,000	
2. 퇴직급여충당부채	1,280,749,104	
퇴직연금운용자산	(757,330,239)	
퇴직보험예치금	(30,071,100)	
3. 임대보증금	455,000,000	
부 채 총 계		8,057,440,829
자 본		
Ⅰ. 자본금		1,000,000,000
Ⅱ. 기타포괄손익누계액		(1,219,347)
1. 매도가능증권평가이익	1,116,167	
2. 매도가능증권평가손실	(2,335,514)	
Ⅲ. 이익잉여금		1,143,572,291

과목	제 ×× 기	
1. 이익준비금	–	
2. 미처분이익잉여금	1,143,572,291	
자 본 총 계		2,142,352,944
부 채 및 자 본 총 계		10,199,793,773

사업연도	20××.1.1. ~20××.12.31.	자본금과 적립금조정명세서(을)	법인명	○○(주)

※ 관리번호 □□-□□　　사업자등록번호 □□□-□□-□□□□□

※표시란은 기입하지 마십시오.

세무조정유보소득 계산

①과목 또는 사항	②기초잔액	당 기 중 증 감		⑤기말잔액 (익기초현재)	비 고
		③감 소	④증 가		
퇴직급여충당부채	314,766,327	98,223,542	929,527,864	1,146,070,649	
퇴직연금부담금	-349,822,296	-62,556,060	-500,135,103	-787,401,339	
미수수익	-11,416,046	-11,416,046	-2,866,500	-2,866,500	
매도가능증권평가이익			-1,116,167	-1,116,167	
매도가능증권평가손실			2,335,514	2,335,514	
대손충당금			14,301,286	14,031,286	
합 계	676,004,669	172,195,648	1,450,282,434	1,953,821,455	

(1)-2. 순자산가액의 계산

비상장 등 주식평가서(별지 제4호 서식) 순자산가액은 다음과 같은 과정으로 진행한다.

① 재무상태표상의 자산가액(순자산가액 서식 ①)

평가기준일 현재 재무상태표의 자산총계를 기재한다. 자산총계는 대손충당금, 감가상각누계액, 유가증권평가손실 등이 차감된 금액으로 기업회계에 의해 작성한 자산총계의 금액을 기재한다.

② 자산에 가산 및 차감

상속증여세법상 자산에 가산 및 차감할 항목들을 기재한다. 자산・부채의 평가규정 설명에서는 매우 복잡하게 되어 있으나, 실제 실무에서는 해당되는 항목들이 그리 많지 않은 경우가 대부분이다. 다만, 법인세법상 유보금액[자본금과 적립금 조정명세서(을)]에 대해서는 충분한 이해와 검토가 있어야 하겠다. 유보금액을 설명할 때 유보금액에서 제외할 항목들이 많이 있는데 제외할 항목 하나하나를 분석해 보면 순자산가액의 증감과는 관련이 없는 항목들이 대부분이다. 여기에서 제외한다는 의미는 순자산가액 계산 시 고려할 필요가 없다는 의미이다. 즉 법인세법상에는 자산(또는 △자산)으로 되어 있으나(유보금액) 상속증여세법에 따른 순자산가액은 재무상태표상의 자산총계에서 출발하므로 재무상태표상의 자산총계에 가산할 항목들은 법인세법상 자산(±유보)으로 되어 있는 항목들(유보금액) 중 상속증여세법의 순자산가액(±유보)에 해당되는 항목만을 가감하게 되므로 가감하는 항목을 제외한 나머지 항목들은 고려할 필요가 없게 된다는 것이다.

재무상태표의 자산총계 + 재무상태표상의 자산가액과 상속증여세법상의 평가액의 차액 + 법인세법상 유보금액[자본금과 적립금 조정명세서(을)] 중 상속증여세법상 자산 해당 항목

③ 재무상태표상의 부채액(순자산가액 서식 ⑧)

평가기준일 현재 재무상태표의 부채총계를 기재한다. 부채총계는 사채발행차금, 국민연금전환금 등이 차감된 금액으로 기업회계에 의해 작성한 부채총계의 금액을 기재하면 된다.

④ 부채에 가산 및 차감

부채에 가산할 항목들은 평가기준일 현재 재무상태표에 부채로 계상되어 있지 아니한 항목들로 지급 또는 변제하여야 할 채무를 의미한다. 따라서 기업이 종국적으로 부담하여 이행하여야 할 것이 확실하다고 인정되는 보증채무 등은 부채에 가산한다. 부채에서 차감할 항목들은 기업회계나 법인세법 등에서는 부채로 보고 있으나 청산가치의 의미를 지닌 순자산가액을 계산하는 데는 부채로 보지 않는 항목들이다.

⑤ 영업권 포함 전 순자산가액(순자산가액 서식 다)

영업권 평가액을 포함하기 전의 순자산가액이다. 위(①, ②, ③, ④) 항목들을 가감하게 되면 (다)의 영업권 포함 전 순자산가액이 계산된다.

⑥ 영업권(순자산가액 서식 라)

영업권 서식 (자)의 영업권 평가액을 기재한다. 영업권이 부수(－)인 경우에는 "0"으로 기재한다. 영업권 평가액은 해당 법인의 자산가액에 합산하는 것이 원칙이다. 다만, 청산 중 등 법인주식 · 3년 계속 결손금 법인주식 등 일정 요건에 해당되는 법인의 주식평가 시에는 합산하지 아니하다(상증법 §54 ③).

⑦ 순자산가액(순자산가액 서식 마)

순자산가액 = ① + ②

① 영업권 포함 전 순자산가액 = (재무상태표 자산총계 ± 상증법 자산)
－ (재무상태표 부채총계 ± 상증법 부채)

② 영업권 평가액

순자산가액 계산의 계산구조를 보면 기업이 청산을 한다고 가정했을 때 평가기준일 현재 기업이 보유하고 있거나 기업이 받을 권리가 확정된 채권 등 기업의 총자산을 청산가치로 평가한 금액에서 기업이 지급하거나 변제해야 할 의무가 있는 현재의 채무만이 아닌 장래에 지급해야 할 확정채무 등을 포함한 총부채를 공제하게 되면 남는 것이 그 기업의 진정한 가치로 보고 있다. 선급비용 중 비용으로 확정된 비용을 자산가액에서 제외하는 이유도 청산가치에 의한 주식가치를 적정하게 평가하고자 함에 있다. 따라서 순자산가액을 계산하는 데는 기업의 재무제표나 법인세법상의 유보금액만을 참고할 것이 아니라 주식평가에 있어 자산과 부채의 범위는 기업회계와 법인세법과는 다르다는 것을 잊어서는 안 된다.

순자산가액을 계산하기에 앞서 법인세법의 이해가 부족한 독자들을 위해 기업의 재무상태표상의 항목(계정과목)을 보면서 각 항목별로 자산 · 부채의 평가가 어떻게 이루어지는가를 재무상태표와 자본금과 적립금조정명세서(을)를 참고하여 설명하기로 한다. 다음에 제시된 자료[자산총액(재무상태표와 상속증여세법상 평가액)의 계산, 부채총액(재무상태표와 상속증여세법상 평가액)의 계산]는 재무상태표와 상속증여세법상의 평가액과의 차이를 계정과목별로 한눈에 볼 수 있도록 작성하였다. 재무상태표상의 항목과 금액 중 자산에 가산하거나 차감할 금액 또는 부채에 가산하거나 차감할 금액에 대해 그 이유를 해설(주석)하였으며, 자산과 부채에 영향을 미치지 아니하는 항목과 금액은 설명에서 제외하였다.

재무상태표상의 자산·부채 금액이 상속증여세법상의 자산·부채 금액과 일치하더라도 항목별로 상속증여세법의 평가규정에 따른 설명이 필요하다고 하겠으나, 이미 앞서(순자산가액의 계산구조) 설명하였으므로 중복되기도 하거니와, 자산·부채의 항목에 따른 관련 해석과 판례 등이 다양하거나 발생빈도가 낮은 항목에 대한 세부적인 내용은 실무를 하는 데 있어 그 내용을 하나하나 직접 확인하는 것이 올바른 방법이라고 생각되어서 제외하였다. 실무에서 순자산가액에 영향을 미치는 것은 대부분 유형자산에 속하는 항목들이며, 기타의 다른 항목들은 기업이 결산한 금액 대부분을 그대로 자산·부채에 가감하면 된다.

(가) 재무상태표 자산의 조정사항

| 자산총액(재무상태표와 상속증여세법상 평가액) 계산 |

구분	재무상태표	상증법상 평가액	평가차액	해설
자 산				
Ⅰ. 유동자산	1,188,750,410	1,176,069,278	(12,681,132)	
(1) 당좌자산	974,217,307	961,536,175	(12,681,132)	
1. 현금및현금성자산	5,063,186	5,063,186	0	
2. 단기금융상품	43,200,230	43,200,230	0	〈주석 1〉
3. 단기매매증권	35,001,802	38,510,780	3,508,978	〈주석 2〉
4. 매출채권	737,131,932	723,808,322	(13,323,610)	〈주석 3〉
대손충당금	(21,402,605)	(21,402,605)	0	〈주석 4, 11〉
5. 단기대여금	-	-	-	
6. 미수금	147,811,632	147,811,632	0	
7. 미수수익	2,866,500	0	(2,866,500)	〈주석 13〉
8. 선급금	9,000,000	9,000,000	0	
9. 선급비용	15,544,630	15,544,630	0	
(2) 재고자산	214,533,103	214,533,103	0	〈주석 5〉
1. 제품	150,996,398	150,996,398	0	
2. 재공품	12,984,192	12,984,192	0	
3. 원재료	48,504,853	48,504,853	0	

구분	재무상태표	상증법상 평가액	평가차액	해설
4. 저장품	2,047,660	2,047,660	0	
Ⅱ. 비유동자산	9,011,043,363	14,408,965,966	5,397,922,603	
(1) 투자자산	1,014,654,153	1,014,654,153	0	〈주석 6〉
1. 장기금융상품	812,634,000	812,634,000	0	
2. 매도가능증권	95,380,653	95,380,653	0	
3. 지분법투자주식		-	-	
4. 기타의투자자산	106,639,500	106,639,500	0	
(2) 유형자산	7,939,362,210	13,337,284,813	5,397,922,603	〈주석 7〉
1. 토지	4,855,710,510	9,175,130,510	4,319,420,000	
2. 건물	4,040,459,534	5,118,962,137	1,078,492,603	
감가상각누계액	(1,398,356,345)	(1,398,356,345)	0	
3. 구축물	81,537,120	81,537,120	0	
감가상각누계액	(55,235,366)	(55,235,366)	0	
4. 기계장치	3,587,763,360	3,587,763,360	0	
감가상각누계액	(3,276,891,723)	(3,276,891,723)	0	
5. 차량운반구	216,600,723	216,600,723	0	
감가상각누계액	(186,895,833)	(186,895,833)	0	
6. 공구와기구	174,823,730	174,823,730	0	
감가상각누계액	(107,645,824)	(107,645,824)	0	
7. 비품	137,189,715	137,189,715	0	
감가상각누계액	(129,697,391)	(129,697,391)	0	
(3) 기타비유동자산	57,027,000	57,027,000	0	
1. 보증금	49,519,000	49,519,000	0	
2. 회원권	7,508,000	7,508,000	0	
3. 이연법인세자산	-	-	-	〈주석 8〉
4. 개발비	-	-	-	〈주석 9〉
자 산 총 계	10,199,793,773	15,585,035,244	5,385,241,471	

〈해설〉

순자산가액의 계산원칙은 평가기준일 현재 법인의 자산을 상속증여세법(제60조 내지 제66조)의 규정에 의하여 평가한 가액에서 부채를 차감한 가액으로 하며, 순자산가액이

0원 이하인 경우에는 0원으로 한다. 이 경우 법인의 자산을 평가한 가액이 장부가액(취득가액에서 감가상각비를 차감한 가액)보다 적은 경우에는 장부가액으로 하되, 장부가액보다 적은 정당한 사유가 있는 경우에는 그러하지 아니한다(상증령 §55 ①).

〈 주석 1 〉 단기 금융상품: 43,200,230원

예금·저금·적금 등의 평가는 평가기준일 현재 예입 총액과 같은 날 현재 이미 지난 미수이자 상당액을 합친 금액에서 원천징수세액(소득세법 제127조 제1항) 상당 금액을 뺀 가액으로 한다(상증법 §63 ④). 법인의 자산 중 예금·적금을 상속증여세법 제63조 제4항의 규정에 의하여 평가한 가액 및 원본의 회수기간이 5년을 초과하는 장기채권·채무를 상속증여세법 시행규칙 제18조의2 제2항 제1호의 규정에 의하여 평가한 가액이 장부가액보다 적은 경우에는 정당한 사유가 있는 것으로 보아 그 가액으로 평가한다(서사-133, 2004.2.25.). 사례에서는 결산서에 시가를 반영하였으므로 가감할 금액은 없다.

〈 주석 2 〉 단기 매매증권: 35,001,802원

단기매매증권은 상장주식투자액(취득가액)이며 상장주식의 시가는 상속증여세법 제63조 제1항에 의하여 평가기준일 이전·이후 각 2개월 동안에 공표된 매일의 한국거래소 최종시세가액의 평균액으로 평가한다. 상장주식의 평가기준일 현재 최종시세가액의 평균액이 38,510,780원이므로 평가차액은 3,508,978원이 된다.

〈 주석 3 〉 매출채권: 737,131,932원

외상매출금의 평가원칙은 상속증여세법(제60조 내지 제66조)의 규정에 의하여 평가한 가액을 말하며, 평가한 가액이 장부가액보다 적은 경우에는 장부가액으로 하되, 장부가액보다 적은 정당한 사유가 있는 경우에는 그러하지 아니한다. 사례의 매출채권 중 13,323,610원은 회수불가능이다. 이 경우 회수불가능한 매출채권에 대해서는 자산에서 차감한다(대법원 90누2338, 1990.10.26.). 원본의 회수기간이 5년 이내인 대부금, 장기매출채권, 받을어음 등은 원본에 평가기준일까지의 미수이자 상당액을 가산하고 평가기준일 현재 회수불능 가액을 차감하여 평가한다. 원본의 회수기간이 5년을 초과하거나 회사정리절차 또는 화의절차의 개시 등의 사유로 당초 채권의 내용이 변경된 대부금, 장기매출채권, 받을어음 등은 각 연도에 회수할 금액(원본액 + 이자상당액)을 현재가치로 할인한 금액의 합계액으로 평가하며, 그 가액이 장부가액보다 적은 경우에는 정당한 사유가 있는 것으로 보아 그 가액으로 평가한다.

〈 주석 4 〉 대손충당금: 21,402,605원

대손충당금은 원칙적으로 부채에서 차감하나(자산증가 효과) 평가기준일 현재 대손확정된 것에 한해서는 부채에 가산한다(순자산감소 효과). 따라서 실무에서는 법인세법상 대손 요건이 충족된 경우 대손에 해당되는 금액은 대손충당금과 당연히 상계하므로 장부상에 적절히 반영이 되었다고 보겠다(부채에 가산할 경우가 발생하지 않는다). 그러나 기업이 대손요건이 충족된 경우에도 대손충당금과 상계하지 않았을 경우에는 평가기준일 현재 비용으로 확정된 금액이므로 이 경우 대손충당금은 부채에서 차감하지 않는다(결국 순손익액 계산 시 적극적 비용이 된다). 재무상태표의 대손충당금은 매출채권에서 차감(차감적 평가항목)하는 형식으로 기재하고 있다. 그러나 상속증여세법에서는 부채로 보고 있다. 이러한 계산구조는 대손충당금을 매출채권에서 차감하나(순자산감소) 부채로 보나(순자산감소) 순자산에는 아무런 차이가 없다. 다만, 상속증여세법에서 대손충당금을 부채로 보고 있으므로 부채에서 차감한다는 표현의 차이일 뿐이다. 이 경우 매출채권은 대손충당금을 차감하기 전의 금액으로 하여야 할 것이다. 어떤 형식을 취하든 결과적으로 순자산가액은 대손충당금만큼 증가하게 된다.

〈 주석 5 〉 재고자산: 214,533,103원

재고자산(자산)의 평가원칙은 상속증여세법(제60조 내지 제66조)의 규정에 의하여 평가한 가액을 말하며, 평가한 가액이 장부가액보다 적은 경우에는 장부가액으로 하되, 장부가액보다 적은 정당한 사유가 있는 경우에는 그러하지 아니한다.

〈 주석 6 〉 투자자산: 1,014,654,153원

재무상태표상 유가증권 등의 가액은 상속증여세법 제63조 제1항에서 규정하고 있는 평가방법에 따라 평가한 가액과 재무상태표상 가액 중 큰 가액으로 평가한다. 따라서 평가차액 서식상의 "차액"란에 평가차손(-)은 발생하지 않는다. 즉 유가증권 중 상장주식은 평가기준일 전후 2월간의 최종시세가액의 평균액과 장부가액 중 큰 가액으로, 비상장 주식으로 시가가 없는 경우 보충적 평가가액(평가대상법인이 다른 비상장법인이 발행한 주식의 10% 이하를 소유하고 있는 경우 그 가액은 보충적 평가가액과 이동평균법에 의한 취득가액 중에서 선택할 수 있다)과 재무상태표상 가액 중 큰 가액으로 평가한다. 유가증권 평가 시 보유주식이 다른 법인의 최대주주 등에 해당되는 경우에는 할증평가 규정을 적용한다.

재무상태표상 매도가능증권은 수익증권(국공채)으로 평가기준일이 속한 사업연도에 취득하였으며 취득가액은 94,161,306원이다. 취득가액과 장부가액의 차액 1,116,167원(평가이익)은 기타포괄손익 누계액(-1,219,347원)에 계상되어 있다. 매도가능증권 평가이익은 법인세법상 익금불산입(△유보)으로 세무조정되어 자본금과 적립금조정 명세서(을)표에 기재되어 있다. 평가기준일 현재의 매도가능증권의 평가액은 장부가액과 같은 95,380,653원이다(따라서 평가액이 결산에 이미 반영되었으므로 가감할 금액은 없게 된다). 지분법 회계를 적용한 투자유가증권의 평가 시 지분법평가손익이 계상되었거나 투자유가증권평가손익(자본조정)이 계상되어 있는 경우 이와 관련된 자본금과 적립금조정 명세서(을)상의 유보금액(지분법평가손익, 투자유가증권평가손익 등)은 고려하지 않는다.

관련규정 및 예규판례

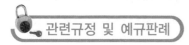

- 지분법적용투자주식의 경우 재무상태표상의 금액과 상속증여세법에 따른 보충적 평가액 중 큰 금액이 최종평가액이다(재산세과-300, 2009.1.28.).

〈주석 7〉 유형자산: 7,939,362,210원

재산의 평가원칙은 시가에 의한다. 시가를 산정하기 어려운 경우에는 해당 재산의 종류, 규모, 거래 상황 등을 고려하여 상속증여세법(제61조부터 제65조까지)에 규정된 방법(보충적 평가방법)으로 평가한 가액을 시가로 본다.

평가기준일 현재 토지 또는 건물의 기준시가(개별공시지가, 건물기준시가)가 장부가액보다 적은 경우에는 장부가액을, 장부가액보다 큰 경우에는 기준시가를 상속증여세법상의 평가액으로 한다. 토지와 건물의 평가차액을 계산한 결과는 다음과 같다.

자산 금액				부채 금액			
계정 과목	상증법에 따른 평가액	재무상태표상 금액	차액	계정 과목	상증법에 따른 평가액	재무상태표상 금액	차액
		① 합계				② 합계	
A토지	5,916,638,000	1,597,218,000	4,319,420,000				
A건물	2,985,303,742	1,921,520,220	1,063,783,522				
B토지	2,543,203,480	3,258,492,510	0	※ A토지는 개별공시지가를 평가액으로, B토지는 장부가액을 평가액으로 한다.			
B건물1	388,188,230	632,339,876	0				
B건물2	68,608,270	53,889,189	14,719,081				
토지계			4,319,420,000	※ A건물과 B건물2는 기준시가를 평가액으로, B건물1은 장부가액을 평가액으로 한다.			
건물계			1,078,502,603				
합계	11,901,941,722	7,463,459,795	10,795,845,206				

〈주석 8〉 이연법인세: 0원

기업회계에 의해 계상된 이연법인세자산과 이연법인세부채는 기업회계상 손익인식기준과 세무회계상 과세소득 산정기준의 차이 등으로 인하여 발생하는 법인세비용과 법인세부담액의 차이를 반영한 것으로 재무상태표에 자산과 부채에 계상하고 있으나 순자산가액 계산에서는 각각 자산과 부채에서 차감한다.

〈주석 9〉 개발비: 0원

무형고정자산 중 법인세법 시행령 제24조 제1항 제2호 바목의 규정에 의한 개발비는 상속증여세법상 순자산가액 계산 시 자산에서 차감한다. 무형고정자산 중 사용수익기부자산의 장부가액(금전 이외의 자산을 기부한 후 그 자산을 사용하거나 그 자산으로부터 수익을 얻는 경우)은 자산에서 차감하지 아니한다.

(나) 재무상태표 부채의 조정사항

| 부채총액(재무상태표와 상속증여세법상 평가액) 계산 |

구분	재무상태표	상증법상 평가액	평가차액	해설
부 채				
Ⅰ. 유동부채	3,361,498,064	3,361,498,064	0	
1. 매입채무	477,260,621	477,260,621	0	
2. 단기차입금	2,153,000,000	2,153,000,000	0	

구분	재무상태표	상증법상 평가액	평가차액	해설
3. 미지급금	43,127,135	43,127,135	0	
4. 미지급비용	170,294,686	170,294,686	0	
5. 미지급세금	6,414,810	6,414,810	0	〈주석 10〉
6. 예수금	17,730,812	17,730,812	0	
7. 유동성장기부채	493,670,000	493,670,000	0	
Ⅱ. 비유동부채	4,695,942,765	4,695,942,765	(21,402,605)	
1. 장기차입금	3,747,595,000	3,747,595,000	0	
2. 퇴직급여충당부채	1,280,749,104	1,280,749,104	(21,402,605)	〈주석 12〉
퇴직연금운용자산	(757,330,239)	(757,330,239)	0	
퇴직보험예치금	(30,071,100)	(30,071,100)	0	
3. 임대보증금	455,000,000	455,000,000	0	
부 채 총 계	8,057,440,829	8,036,038,224	(21,402,605)	
자 본				
Ⅰ. 자본금	1,000,000,000			
Ⅱ. 기타포괄손익누계액	(1,219,347)			
1. 매도가능증권평가이익	1,116,167			
2. 매도가능증권평가손실	(2,335,514)			
Ⅲ. 이익잉여금	1,143,572,291			
1. 이익준비금	-			
2. 미처분이익잉여금	1,143,572,291			
자 본 총 계	2,142,352,944	7,548,997,020	5,406,644,076	
부채 및 자본총계	10,199,793,773	15,858,035,244	5,385,241,471	

〈 주석 10 〉 미지급세금: 6,414,810원

미지급세금 6,414,810원은 법인세 과세표준 및 세액조정계산서상의 차감납부할세액 4,543,372원과 지방소득세 총결정세액 1,007,700원, 농어촌특별세 총결정세액 863,740원의 합계액이다.

〈 주석 11 〉 대손충당금: 21,402,605원

대손충당금은 부채에서 차감한다. 다만, 대손충당금 중 "평가기준일 현재 비용으로 확정된 것"은 대손충당금에서 제외한다(자산에서 차감하는 효과가 있다).

제외하도록 하고 있는 취지는 실제 회수불능이 명백하게 되어 대손이 발생한 것으로 아직 대손금으로 세무회계처리를 하기 전이기는 하나 채무자의 자산상황, 지급능력 등에 비추어 자산성의 관점에서 회수불가능하다는 것이 객관적으로 명백한 이상 그 해당 대출채권 및 미수금에 대해서는 자산에서 제외하도록 평가하는 것이 합리적이기 때문이다. 회수불능이 확실하여 손비처리가 불가피한 "추정손실"의 단계에 있는 대출채권 및 미수금에 대한 대손충당금은 여기에 해당된다고 할 것이나, 손실 발생이 예상되나 현재 그 손실액을 확정할 수 없는 상태에 있는 "회수의문"의 상태 또는 그전 단계에 있는 대출채권 및 미수금에 대한 대손충당금은 여기에 해당된다고 볼 수 없다(서울행법 2005구합 26328, 2007.1.18.).

〈 주석 12 〉 퇴직급여충당부채: 1,280,749,104원

퇴직급여충당부채는 부채성충당금으로 부채에 해당하나 부채에서 차감한다. 그리고 평가기준일 현재 퇴직금지급규정에 따라 계산된 모든 임직원의 퇴직급여추계액 총액을 부채에 가산한다. 사례의 퇴직급여충당부채 1,280,749,104원은 평가기준일 현재의 퇴직급여추계액과 동일하다. 원칙적으로 자본금과 적립금조정명세서(을)의 기말잔액 합계 371,053,443원은 자산에 가산한다. 자본금과 적립금조정명세서(을)은 법인세 신고를 위한 세무조정과정에서 익금산입 또는 손금산입으로 세무조정된 항목 중 소득처분이 「유보」로 처분된 항목은 기업회계(장부)상의 자산 · 부채 금액과 법인세법상의 자산 · 부채 금액의 차이를 나타내는 것으로써 차기 이후의 세무조정에 반영하기 위하여 법인세 신고서식 중 「자본금과 적립금조정명세서(을)」표에 과목별로 증감 및 기말잔액을 기록하고 있다.

유보란 각 사업연도 소득금액 계산상 세무조정으로 인한 과세소득 증감이 사외로 유출되지 아니하고 기업 내에 남아있는 것을 말하며, 법인의 세무계산상 자산을 증가시키기도 하고(대손충당금 한도초과액 등) 세무계산상 부채를 감소시키기도(퇴직급여충당부채 부인액 등) 한다.

유보로 남아있는 과목 중에서 상속증여세법에서 평가한 자산(토지, 건물 등)과 관련된 유보항목은 평가한 자산이 이미 시가로 평가되어 있으므로 자산에 가감할 이유가 없다. 그러나 상속증여세법상의 자산과 부채의 평가와 관련 없이 기업회계상의 장부가액과 관련된 유보항목은 자산과 부채에 가산 또는 차감하여야 한다. 유보금액은 재무상태표의 자산과 부채에 가감하는 항목과 가감하지 않는 항목으로 나누어지고 유보금액의 가감은 평가대상 자산에 따라 결정하게 된다.

(다) 자본금과 적립금조정명세서(을)의 조정사항

사업연도	20××.1.1. ~20××.12.31.	자본금과 적립금조정명세서(을)	법인명	○○(주)

세무조정유보소득 계산

①과목 또는 사항	②기초잔액	당기 중 증감		⑤기말잔액 (익기초현재)	비고
		③감소	④증가		
퇴직급여충당부채	314,766,327	98,223,542	929,527,864	1,146,070,649	<주석13> 및 <주석14>
퇴직연금부담금	-349,822,296	-62,556,060	-500,135,103	-787,401,339	
미수수익	-11,416,046	-11,416,046	-2,866,500	-2,866,500	
매도가능증권평가이익			-1,116,167	-1,116,167	
매도가능증권평가손실			2,335,514	2,335,514	
대손충당금			14,301,286	14,031,286	
합계	-46,472,015	24,251,436	442,046,894	371,053,443	

〈 주석 13 〉 미수수익: 2,866,500원

재무상태표의 미수수익 2,866,500원은 회수불가능한 대여금의 미수수익이다. 재무상태표의 자산(미수수익)을 세무계산상 손금산입(△유보)하였다. 세무계산상 법인의 자산으로 보지 않고 있다. 이 경우 △유보는 평가기준일 현재 미수수익을 회수할 수 없는 것으로 확정된 것이므로 재무상태표의 자산에서 차감하는 것이 기업의 정확한 청산가치가 되겠다. 따라서 유보금액에서 제외할 금액이 아니다(따라서 순자산을 감소시키는 효과가 발생하게 된다).

〈 주석 14 〉 유보금액: 자본금과 적립금조정명세서(을)의 조정사항

유보금액에서 제외하는 금액은 재무상태표의 자산에 가감하지 아니한다. 해당 자산이 평가와 관련된 자산이거나 상속증여세법에서 자산이나 부채로 보지 않는 항목에서 발생된 것으로 가감의 대상이 되지 않는 유보항목은 다음과 같다.

① **대손충당금 부인금액:** 14,301,286원

대손충당금 부인금액(+) 14,031,286원은 법인세법상 순자산가액을 증가시키는 항목이다. 대손충당금을 상속증여세법에서는 주식평가 시 부채로 인식하고 있으므로 부채에서 차감하고 있다. 대손충당금은 매출채권 등에 대한 차감적 평가항목으로 재무상태표에서는 매출채권에서 대손충당금을 차감한 후의 금액으로 표시된다. 그러나 기업의 청산 시점에서의 정확한 매출채권은 대손충당금을 차감하기 전의 금액이어야 할 것이므로 이를 차감하여서는 아니 된다. 따라서 대손충당금은 부채도 아니고 매출채권에서 차감할 금액도 아니므로 이와 관련하여 발생한 대손충당금 부인액이 유보금액(+자산)에 포함되어 있다고 하더라도 자산에 가산할 유보금은 아닌 것이다. 다음의 사례를 보자.

재무상태표

제 자 산	500,000,000	제 부 채	585,000,000
매출채권	300,000,000	자 본	200,000,000
(대손충당금)	(15,000,000)		
	285,000,000		
자산총계	785,000,000	부채와자본총계	785,000,000

〈대손충당금을 부채로 보는 경우〉

재무상태표(상속증여세법의 평가)

제 자 산	500,000,000	제 부 채	585,000,000
매출채권	300,000,000	대손충당금	15,000,000
		자 본	200,000,000
자산총계	800,000,000	부채와자본총계	800,000,000

자산총계 800,000,000 － 부채총계 600,000,000 － 부채제외(대손충당금) 15,000,000
＝ 순자산가액 215,000,000

〈대손충당금을 매출채권에서 차감하지 않는 경우〉

재무상태표(상속증여세법의 평가)

제 자 산	500,000,000	제 부 채	585,000,000
매출채권	300,000,000	자 본	215,000,000
자산총계	800,000,000	부채와자본총계	800,000,000

자산총계 800,000,000 － 부채총계 585,000,000 ＝ 순자산가액 215,000,000

② **대손금 부인금액**

평가기준일 현재 기업의 청산가치에서 보면 매출채권을 회수할 수 없는 것으로 확정된 것은 매출채권에서 차감(대손)하는 것이 진정한 기업의 순자산가액이 되겠으나 그러하지 않은 것을 차감할 경우 순자산가액이 과소평가된다. 대손금 부인은 장부상 대손으로 처리하였으나(매출채권 등이 감소) 법인세법상 대손요건이 충족되지 않아 대손으로 인정하지 않은 것이다. 기업의 장부상 자산은 대손금액만큼 감소되어 있으나 법인세법에서는 이를 부인했으므로 대손금 부인액만큼 자산의 감소가 없는 것과 마찬가지이다. 즉 재무상태표와 법인세법의 순자산가액이 차이가 나게 된다.

매출채권 등은 법인세법의 대손요건이 충족되어 대손금으로 처리함으로써 실질적인 자산이 감소하게 된다. 재무상태표가 대손요건이 충족되지 않은 매출채권을 대손으로 처리한 경우 실질적인 자산의 감소가 없었음에도 재무상태표는 자산(매출채권)이 감소한 것이므로 결국 순자산가액이 과소계상된다. 이 경우 대손금 부인금액(+유보금액)을 자산에 가산하게 되면 감소한 자산의 가치가 회복되므로 대손금 부인유보액은 유보금액에서 제외하지 않아야 한다.

③ **연구개발준비금 손금산입 한도초과액 등**

준비금 한도초과액은 법인세법상 부채(준비금)를 부인한 것으로, 부채의 부인은 법인세법의 순자산을 그만큼 증가하게 만든다. 자본금과 적립금조정명세서(을)상에는 자산의 증가(+유보)로 표기된다. 연구개발준비금 등 대부분의 제준비금은 조세정책적 목적에서 손금으로 계상(또는 신고조정)하고 일정 기간 경과 후에 환입하거나 발생된 손금과 상계처리를 함으로써 과세이연효과를 발생시킨다. 이러한 성질로 인해 상속증여세법에서는 부채로 보지 않는다. 따라서 준비금 한도초과액은 준비금이 부채가 아닌데 이와 관련하여 발생된 준비금 한도초과액이 유보금액(+)에 포함되어 있다고 하더라도 자산에 가산할 유보금액은 아니다.

④ **퇴직급여충당부채 부인금액:** *1,146,070,649원*

퇴직급여충당부채는 기업회계나 법인세법에서 모두 부채로 인정하고 있다. 퇴직급여충당부채를 부채에서 차감하는 이유는 퇴직급여충당부채 자체를 부채로 인정하지 않는다는 것이 아니라 기업의 임직원이 일시에 전원이 퇴직할 경우를 가정할 때 퇴직금으로 지급할 채무(퇴직금)를 적정하게 반영하고 있지 못하고 있기 때문에 퇴직급여충당부채를 부채에서 차감하고, 평가기준일 현재 퇴직급여추계액을 다시 계산하여 부채에 가산하도록 하고 있다. 따라서 퇴직급여충당부채 부인 1,146,070,649원은 퇴직급여충당부채가 부채가 아니므로(부채에서 차감하였으므로) 이와 관련된 퇴직급여충당부채 부인금액(+)이 유보금액에 포함되어 있다고 하더라도 자산에 가산할 유보금액은 아니다(퇴직연금부담금 조정에 대해서는 "제2절 2. 순자산가액 (3) 순자산가액의 계산구조 (3)-2. 부채에 관한 항목" 참조).

⑤ 퇴직보험예치금 손금산입 한도초과액

퇴직급여충당금 부채와 관련된 유보이므로 자산에 가산할 유보금액은 아니다.

관련규정 및 예규판례

주식가액 평가 시에 자본금과 적립금 조정명세서상의 공사부담금 관련 일시상각충당금을 자산가액에서 차감하지 않은 처분의 당부(국심99중1391, 2000.5.12.)

1. 순자산가액 계산 시 대차대조표상의 자산가액 67,581,620,254원에서 법인세법상 유보금액 142,170,972원 등을 가감하여 순자산가액을 33,099,057,298원으로 계산하여 1주당 가액을 5,308.7원으로 평가한 반면 청구인은 법인세법상 유보금액 12,960,329,008원을 차감하여 순자산가액을 20,919,789,081원으로 계산하고 1주당 가액을 3,936원으로 평가하여 신고하였다.
2. 자본금과 적립금 조정명세서상의 유보액 중 공사부담금(일시상각충당금) 관련 유보액은 공사부담금이 일시에 이익으로 계상되지 않고 내용연수에 따라 감가상각비만큼 이익으로 계상되도록 하기 위하여 세무상 유보한 금액일 뿐이므로 상속세법상 상속재산가액을 평가하는 경우에는 공사부담금으로 취득한 자산도 자산가액에 포함되어야 한다. 따라서 순자산가액 계산 시 세무상 유보액으로 계상된 공사부담금 관련 일시상각충당금은 자산가액에서 차감할 것은 아니다.

과목 또는 사항	기초잔액	당기 중 증감		기말잔액
		감소	증가	
일시상각충당금	▲11,334,265,132	3,731,171,721	2,378,073,353	▲12,687,403,500
감가상각충당금	72,692,828	3,298,550		69,394,278
무상주	13,800,000	13,800,000		0
미수수익	▲205,933,332	236,846,663	100,460,209	▲349,319,786
계	▲11,453,705,636	3,985,116,934	2,478,493,562	▲12,960,329,008

(1)-3. 평가차액 및 순자산가액

위의 평가조정 항목들을 반영하면 자산 및 부채의 평가차액과 순자산가액은 다음과 같게 된다. 평가차액은 재무상태표상의 자산가액에 (+)된다.

5. 평가차액							
가. 평가차액 계산(①−②)		5,388,097,971		4. 순자산가액 "가"의 ② 기재			
자 산 금 액				부 채 금 액			
계정 과목	상증법에 따른 평가액	재무상태표상 금액	차액	계정 과목	상증법에 따른 평가액	재무상태표상 금액	차액
		① 합계				② 합계	
A토지	5,916,638,000	1,597,218,000	4,319,420,000	<주석 7>			
A건물	2,985,303,742	1,921,520,220	1,063,783,522				
B토지	2,543,203,480	3,258,492,510	0				
B건물1	388,188,230	632,339,876	0				
B건물2	68,608,270	53,889,189	14,719,081				
단기매매 증권	38,510,780	35,001,802	3,508,978	<주석 2>			
매출채권	723,808,322	737,131,932	−13,323,610	<주석 3>			
합계	12,664,260,824	8,235,603,529	5,388,097,971				

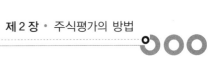

4. 순자산가액		
가. 자산총액		
① 재무상태표상의 자산가액	10,199,793,773	재무상태표 자산총계
② 평가차액	5,388,097,971	제4쪽 5. 평가차액 "가"
③ 법인세법상 유보금액	-2,866,500	자본금과 적립금 조정명세서(을)
④ 기타(평가기준일 현재 지급받을 권리가 확정된 가액 등)		
⑤ 선급비용 등		
⑥ 증자일 전의 잉여금의 유보액		
⑦ 소계(①+②+③+④-⑤-⑥)	15,585,035,244	
나. 부채총액		
⑧ 재무상태표상의 부채액	8,057,440,829	재무상태표 부채총계
⑨ 법인세		
⑩ 농어촌특별세		
⑪ 지방소득세		
⑫ 배당금·상여금		
⑬ 퇴직급여추계액	1,280,749,104	<주석 12>
⑭ 기타(충당금 중 평가기준일 현재 비용으로 확정된 것 등)		
⑮ 제준비금		
⑯ 제충당금	1,302,151,709	퇴직급여충당부채 1,280,749,104원 +대손충당금 21,402,605원
⑰ 기타(이연법인세대 등)		
⑱ 소계(⑧+⑨+⑩+⑪+⑫+⑬+⑭-⑮-⑯-⑰)	8,036,038,224	
다. 영업권포함 전 순자산가액(⑦-⑱)	7,548,997,020	
라. 영업권	0	제5쪽 6. 영업권 "자"
마. 순자산가액(다 + 라)	7,548,997,020	

(2) 이월결손금이 공제된 순손익액의 계산

다음에 제시된 손익계산서와 각 사업연도의 법인세 과세표준 및 세액조정계산서(별지 제3호 서식), 소득금액조정합계표(별지 제15호 서식) 등을 참고하여 순손익액을 계산해 보자. 소득에서 차감할 금액 중 법인세법의 규정에 의하여 각 사업연도의 소득에 대하여 납부하였거나 납부하여야 할 법인세 등이라 함은 법인세 총결정세액을 말하며, 이때 이월결손금이 있는 경우 법인세비용 등은 이월결손금을 공제하기 전의 각 사업연도 소득에 대한 법인세비용 등을 말하는 것으로서, 그에 따라 감면되는 법인세액이 있는 경우에는 그 금액을 차감한 후의 법인세액(농어촌특별세 등 가감)에 의한다(2019.121.23. 개정 전 상속증여세법 기본통칙 63-56…9, 서면4팀2028, 2007.7.2. 외 다수). 2019.12.23. 개정 후 상속증여세법 기본통칙 63-56…9는 상속증여세법 시행령 제56조 제4항 제2호 가목에 따른 세액은 법인세법 등에 따라 납부하였거나 납부하여야 할 법인세액을 말한다. 이 경우 법인세액에는 토지 등 양도소득에 대한 법인세, 미환류소득(2018.12.24. 삭제)에 대한 법인세, 법인세 부가세액, 법인세 감면세액에 대한 농어촌특별세를 포함한다.

이월결손금과 공제감면세액이 함께 있는 경우 이월결손금을 공제하기 전의 법인세를 재계산할 경우에 세액공제액도 다시 계산하여 추가적인 세액공제액과 이에 대한 농어촌특별세도 손순익가치 계산에 반영하여야 하는지 여부의 질의에 대해, 감면되는 법인세액이 있는 경우에는 그 금액을 차감한 후의 법인세액(농어촌특별세 등 가감)에 의한다는 질의에 맞지 않는 답변을 하고 있다(서면 인터넷방문상담4팀-46, 2007.1.4., 재산세과-212, 2011.4.28.). 이 사례에서는 순손액을 평가기준일 현재의 주식가치를 보다 정확하게 파악하기 위한 것으로(대법원 2011두22280, 2013.11.14.) 본다면, "당해 사업연도에서 발생한 순손익액"만을 계산하기 위해서는 이월결손금을 공제하기 전의 법인세를 재계산할 경우에는 세액공제액도 다시 계산하여 추가적인 세액공제액과 이에 대한 농어촌특별세도 손순익가치 계산에 반영해야 하는 것으로 보고 순손익액을 계산하고 있다.

이 사례는 법인세과세표준 및 세액조정계산서상 이월결손금과 공제감면세액이 함께 있으므로 법인세 총결정세액, 농어촌특별세 총결정세액, 지방소득세 총결정세액, 공제감면세액(최저한세)을 재계산해야 한다. 이월결손금공제 후의 법인세 총결정세액 등과 이월결손금 공제 전의 법인세 총결정세액 등의 비교와 각각의 순손익액을 계산해 보고, 이월결손금과 공제감면세액(최저한세)이 법인세 총결정세액 등에 미치는 영향을 분석해 본다. 법인세

총결정세액 등의 계산과정을 요약하면 다음과 같다.

• 이월결손금이 공제된 법인세 총결정세액 등의 계산(회사가 신고한 내용)은 다음과 같이 계산되었다.

구분	평가기준일 전 1년	평가기준일 전 2년	평가기준일 전 3년
각 사업연도 소득금액	780,924,088	783,310,056	252,369,447
이월결손금	636,966,046	783,310,056	252,369,447
과세표준	143,958,042	0	0

소득에서 공제할 법인세 총결정세액 = 과세표준(각 사업연도 소득금액 – 이월결손금) × 법인세율
– 최저한세 적용대상 공제감면세액

• 이월결손금이 공제되지 않은 법인세 총결정세액 등의 계산은 다음과 같이 계산된다. 과세표준의 변동으로 인해 회사가 신고한 법인세 산출세액이 변동되고 최저한세 공제감면세액도 변동되어 최종적으로는 법인세 총결정세액 등이 변동하게 된다.

구분	평가기준일 전 1년	평가기준일 전 2년	평가기준일 전 3년
각 사업연도 소득금액	780,924,088	783,310,056	252,369,447
이월결손금	0	0	0
과세표준	780,924,088	783,310,056	252,369,447

소득에서 공제할 법인세 총결정세액 = 과세표준(각 사업연도 소득금액) × 법인세율
– 최저한세 적용대상 공제감면세액

손익계산서

제 ×× 기 20××년 1월 1일부터 20××년 12월 31일까지

회사명: ○○(주) (단위: 원)

과목	제 ××기(평가기준일 전 1년)	
Ⅰ. 매출액		9,892,989,980
1. 제품매출	9,254,589,980	
2. 임대수입	638,400,000	

과목	제 ××기(평가기준일 전 1년)	
Ⅱ. 매출원가		7,397,413,611
1. 기초제품재고액	139,664,847	
2. 당기제품제조원가	7,408,745,162	
계	7,548,410,009	
3. 기말제품재고액	(150,996,398)	
Ⅲ. 매출총이익		2,495,576,369
Ⅳ. 판매비와 관리비		1,826,209,155
1. 급여	534,821,940	
2. 퇴직급여	806,058,965	
3. 복리후생비	2,713,380	
4. 임차료	49,681,274	
5. 접대비	24,485,399	
6. 감가상각비	64,649,060	
7. 세금과공과	126,072,945	
8. 광고선전비	1,630,000	
9. 대손상각비	12,960,164	
10. 여비교통비	10,383,209	
11. 통신비	5,644,143	
12. 수도광열비	5,046,605	
13. 수선비	31,818	
14. 보험료	57,052,457	
15. 운반비	13,027,780	
16. 차량유지비	69,497,140	
17. 교육훈련비	2,983,595	
18. 도서인쇄비	4,291,000	
19. 소모품비	5,496,134	
20. 지급수수료	28,922,147	
21. 잡비	760,000	
Ⅴ. 영업이익		669,367,214
Ⅵ. 영업외수익		95,960,371
1. 이자수익	45,437,336	
2. 유형자산처분이익	17,202,083	
3. 보험차익	316,866	

과목	제 ××기(평가기준일 전 1년)	
4. 잡이익	33,004,086	
Ⅶ. 영업외비용		400,709,608
1. 이자비용	362,092,950	
2. 외환차손	-	
3. 매출채권처분손실	3,207,282	
4. 유가증권처분손실	-	
5. 유형자산처분손실	2,090,000	
6. 기부금	1,026,061	
7. 잡손실	32,293,315	
VIII. 법인세차감전순이익(손실)		364,617,977
IX. 법인세등		11,948,500
X. 당기순이익(손실)		352,669,477

(2)-1. 법인세 과세표준 및 세액조정계산서, 최저한세조정계산서, 공제감면세액

다음은 회사가 신고(이월결손금공제)한 법인세과세표준 및 세액조정계산서(평가기준일 전 3년), 소득금액조정합계표(평가기준일 전 3년), 농어촌특별세 과세표준 및 세액신고서(평가기준일 전 3년), 최저한세조정계산서(평가기준일 전 3년), 공제감면세액 및 추가납부세액합계표(갑)와 세액공제조정명세서(3)의 평가기준일 전 3년의 요약된 자료의 내용을 보여주고 있다. 회사는 이월결손금이 공제된 법인세 총결정세액 등으로 하여 순손익액을 다음과 같이 계산하였다.

| 법인세비용 등의 계산을 위한 조특법 및 법인세법의 법령서식 |

구분	별지	서식명	평가기준일 1년	평가기준일 2년	평가기준일 3년
조특법	제1호서식	세액공제신청서	○	○	○
법인세법	제2호서식	농어촌특별세과세표준 및 세액신고서	○	×	×
	제3호서식	법인세과세표준 및 세액조정신고서	○	○	○
	제4호서식	최저한세조정계산서	○	×	×
	제8호서식(갑)	공제감면세액 및 추가납부세액합계표(갑)	○	○	○
	제8호서식부표3	세액공제조정명세서(3)	○	○	○

※ 평가기준일 전 1년의 요약된 자료는 다음과 같다.

사업연도	평가기준일 전 1년	법인세 과세표준 및 세액조정계산서	법인명	○○(주)
			사업자등록번호	

구분	항목	코드	금액
① 각사업연도소득계산	(101) 결산서상당기순손익	01	352 669 477
	소득조정금액 (102) 익금산입	02	1 032 931 437
	소득조정금액 (103) 손금산입	03	604 676 826
	(104) 차가감소득금액 (101+102−103)	04	780 924 088
	(105) 기부금한도초과액	05	
	(106) 기부금한도초과 이월액손금산입	54	
	(107) 각사업연도소득금액 (104+105−106)	06	780 924 088
② 과세표준계산	(108) 각사업연도소득금액 (108=107)	(음영)	780 924 088
	(109) 이월결손금	07	636 966 046
	(110) 비과세소득	08	
	(111) 소득공제	09	
	(112) 과세표준 (108−109−110−111)	10	143 958 042
	(159) 선박표준이익	55	
③ 산출세액계산	(113) 과세표준(112+159)	56	143 958 042
	(114) 세율	11	10%
	(115) 산출세액	12	14 395 804
	(116) 지점유보소득(「법인세법」 제96조)	13	
	(117) 세율	14	
	(118) 산출세액	15	
	(119) 합계(115+118)	16	14 395 804
④ 납부할세액계산	(120) 산출세액(120=119)	(음영)	14 395 804
	(121) 최저한세적용대상 공제감면세액	17	4 318 742
	(122) 차감세액	18	10 077 062
	(123) 최저한세적용제외 공제감면세액	19	
	(124) 가산세액	20	
	(125) 가감계(122−123+124)	21	10 077 062
	기납부세액 / 기한내납부세액 (126) 중간예납세액	22	
	기납부세액 / 기한내납부세액 (127) 수시부과세액	23	
	기납부세액 / 기한내납부세액 (128) 원천납부세액	24	5 533 690
	기납부세액 / 기한내납부세액 (129) 간접투자회사 등의 외국납부세액	25	
	기납부세액 / 기한내납부세액 (130) 소계 (126+127+128+129)	26	5 533 690
	기납부세액 (131) 신고납부전가산세액	27	
	기납부세액 (132) 합계(130+131)	28	5 533 690
	(133) 감면분추가납부세액	29	
	(134) 차감납부할세액 (125−132+133)	30	4 543 372
⑤ 토지 등 양도소득에 대한 법인세 계산	양도차익 (135) 등기자산	31	
	양도차익 (136) 미등기자산	32	
	(137) 비과세소득	33	
	(138) 과세표준 (135+136−137)	34	
	(139) 세율	35	
	(140) 산출세액	36	
	(141) 감면세액	37	
	(142) 차감세액(140−141)	38	
	(143) 공제세액	39	
	(144) 동업기업 법인세 배분액 (가산세 제외)	40	
	(145) 가산세액 (동업기업 배분액 포함)		
	(146) 가감계(142−143+144+145)	41	
	기납부세액 (147) 수시부과세액	42	
	기납부세액 (148) (　) 세액	43	
	기납부세액 (149) 계 (147+148)	44	
	(150) 차감납부할세액 (146−149)	45	
⑥ 세액계	(151) 차감납부할세액계 (134+150)	46	4 543 372
	(152) 사실과 다른 회계처리 경정세액공제	57	
	(153) 분납세액계산범위액 (151−124−133−145−152+131)	47	
	분납할세액 (154) 현금납부	48	
	분납할세액 (155) 물납	49	
	분납할세액 (156) 계 (154+155)	50	
	차감납부세액 (157) 현금납부	51	4 543 372
	차감납부세액 (158) 물납	52	
	차감납부세액 (160) 계 (157+158) (160=(151−152−156))	53	4 543 372

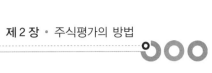

사 업 연 도 평가기준일 전 1년	소 득 금 액 조 정 합 계 표		법 인 명 ○○(주)
사업자등록번호		법인등록번호	

익금산입 및 손금불산입					손금산입 및 익금불산입				
①과 목	②금 액	③소득처분			④과 목	⑤금 액	⑥소득처분		
		처분	코드				처분	코드	
퇴직급여충당부채	929 527 864	유보	400		퇴직급여충당부채	98 223 542	유보	100	
퇴직연금부담금	62 556 060	유보	400		퇴직연금부담금	500 135 103	유보	100	
미수수익	11 416 046	유보	400		미수수익	2 866 500	유보	100	
대손충당금	14 031 284	유보	400		매도가능증권평가이익	1 116 167	유보	100	
매도가능증권평가이익	1 116 167	기타	600		매도가능증권평가손실	2 335 514	기타	200	
매도가능증권평가손실	2 335 514	유보	400						
법인세비용등	11 948 500	기타사외유출	600						
합 계	1 032 931 437				합 계	604 676 826			

농어촌특별세 과세표준 및 세액신고서

2. 농어촌특별세 과세표준 및 세액 조정내역

⑦과 세 표 준	4,318,742
⑧산 출 세 액	863,748
⑨가 산 세 액	
⑩총 부 담 세 액	863,748
⑪기 납 부 세 액	
⑫차감납부할세액	863,748
⑬분 납 할 세 액	
⑭차 감 납 부 세 액	863,748
⑮충 당 후 납 부 세 액	863,748

사업연도	평가기준일 전 1년	최저한세조정계산서	법 인 명	○○(주)
			사업자등록번호	

1. 최저한세 조정 계산 명세

① 구 분		코드	②감면 후 세액	③최저한세	④조정감	⑤조정 후 세액
⑩ 결산서상 당기순이익		01	352,669,477			
소득조정금액	⑩ 익금산입	02	1,032,931,437			
	⑩ 손금산입	03	604,676,826			
⑩ 조정 후 소득금액(⑩+⑩-⑩)		04	780,924,088	780,924,088		780,924,088
최저한세 적용대상 특별비용	⑩ 준비금	05				
	⑩ 특별상각 및 특례자산감가상각비	06				
⑩ 특별비용 손금산입 전 소득금액 (⑩+⑩+⑩)		07	780,924,088	780,924,088		780,924,088
⑩ 기부금 한도 초과액		08				
⑩ 기부금 한도초과 이월액 손금산입		09				
⑩ 각 사업연도 소득금액 (⑩+⑩-⑩)		10	780,924,088	780,924,088		780,924,088
⑪ 이월결손금		11	636,966,046	636,966,046		636,966,046
⑪ 비과세소득		12				
⑪ 최저한세 적용대상 비과세소득		13				
⑪ 최저한세 적용대상 익금불산입		14				
⑪ 차가감소득금액 (⑪-⑪-⑪+⑪+⑪)		15	143,958,042	143,958,042		143,958,042
⑪ 소득공제		16				
⑪ 최저한세 적용대상 소득공제		17				
⑪ 과세표준금액 (⑪-⑪+⑪)		18	143,958,042	143,958,042		143,958,042
⑪ 선박표준이익		24				
⑫ 과세표준금액(⑪+⑪)		25	143,958,042	143,958,042		143,958,042
⑫ 세율		19	10%	7%		10%
⑫ 산출세액		20	14,395,804	10,077,062		14,395,804
⑫ 감면세액		21				
⑫ 세액공제		22	96,577,916		92,259,174	4,318,742
⑫ 차감세액(⑫-⑫-⑫)		23	-82,182,112			10,077,062

2. 최저한세 세율 적용을 위한 구분 항목

⑫ 중소기업 유예기간 종료연월		⑫ 유예기간 종료후 연차		⑫ 사회적기업 여부	1. 여, 2. 부

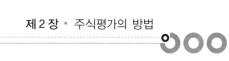

사 업 연 도	평가기준일 전 1년	공제감면세액 및 추가납부세액합계표(갑)	법 인 명	○○(주)
			사업자등록번호	

1. 최저한세 적용제외 공제감면세액

①구 분	②근 거 법 조 항	코드	③대상세액	④감면(공제)세액

2. 최저한세 적용대상 공제감면세액 (제2쪽)

	①구 분	②근 거 법 조 항	코드	⑤전기이월액	⑥당기발생액	⑦공제세액
세액공제	(171)중소기업투자세액공제	「조세특례제한법」 제5조	31			
	(172)기업의 어음제도개선을 위한 세액공제	「조세특례제한법」 제7조의2	75		1,439,580	
	(173)대·중소기업 상생협력을 위한 기금출연 세액공제	「조세특례제한법」 제8조의3	4M			
	(174)연구·인력개발비세액공제(최저한세 적용대상)	「조세특례제한법」 제10조	32			
	(175)연구·인력개발설비투자세액공제	「조세특례제한법」 제11조	34			
	(176)기술취득에 대한 세액공제	「조세특례제한법」 제12조제2항	76			
	(177)생산성향상시설투자세액공제	「조세특례제한법」 제24조	35			
	(178)안전설비투자 세액공제	「조세특례제한법」 제25조	36			
	(179)에너지절약시설투자세액공제	「조세특례제한법」 제25조의2	77	14,000,000		
	(180)환경보전시설 투자세액공제	「조세특례제한법」 제25조의3	4A			
	(181)의약품 품질관리시설투자 세액공제	「조세특례제한법」 제25조의4	4B			
	(182)임시투자세액공제	「조세특례제한법」 제26조	37	54,329,700	10,308,636	4,318,742
	(183)고용창출투자세액공제	「조세특례제한법」 제26조	4N			
	(184)정규직근로자 전환 세액공제	「조세특례제한법」 제30조의2	4H			
	(185)고용증대 세액공제	「조세특례제한법」 제30조의4	91	16,500,000		
	(196)중소기업 고용증가 인원에 대한 사회보험료 세액공제	「조세특례제한법」 제30조의4	4Q			
	(186)근로자복지증진시설투자세액공제	「조세특례제한법」 제94조	42			
	(187)전자신고에 대한 세액공제(납세의무자)	「조세특례제한법」 제104조의8 제1항	84			
	(188)전자신고에 대한 세액공제(세무법인 등)	「조세특례제한법」 제104조의8 제3항	4J			
	(198)소 계		49	84,829,700	11,748,216	4,318,742
(199)합 계((170) + (198))			50			4,318,742
(200)공제감면세액 총계((150) + (199))			51			4,318,742

사 업 연 도	평가기준일 전 1년	세액공제조정명세서(3)	법인명	○○(주)
			사업자등록번호	

1. 공제세액계산(「조세특례제한법」)

	(110)구 분	근거법 조 항	(102) 계 산 기 준	코드	(103)계산명세	(104)공제대상 세 액
조세특례제한법	중소기업투자세액공제	제5조	투자금액 × 3/100	01		
	기업의 어음제도개선을 위한 세액공제	제7조의2	(환어음 등 지급금액－약속어음 결제금액) × ((4,5)/1000, 15/10000) *산출세액의 10% 한도	02		1,439,580
	대·중소기업 상생협력을 위한 기금출연 세액공제	제8조의3	출연금 × 7/100	1D		
	연구·인력개발비세액공제	제10조	발생액 × (10,15,20,25,30)/100 또는 4년간 연평균 발생액의 초과액 × 50(40)/100	04		
	연구·인력개발설비투자세액공제	제11조	투자금액 × 10/100	06		
	기술취득에 대한 세액공제	제12조제2항	특허권 등 취득금액 × 7/100 *법인세의 10% 한도	07		
	생산성향상시설투자세액공제	제24조	투자금액 × 7(3)/100	08		
	안전설비투자세액공제	제25조	투자금액 × 3/100	09		
	에너지절약시설투자세액공제	제25조의2	투자금액 × 10/100	10		
	환경보전시설 투자세액공제	제25조의3	투자금액 × 10/100	21		
	의약품 품질관리시설투자세액공제	제25조의4	투자금액 × 7/100	22		
	임시투자세액공제	(구)제26조	'10.12.31 이전: 투자금액 × 7/100 '11.1.1 ~ 12.31: 투자금액 × 4%, 5%	11		10,308,636
합			계	30		11,748,216

2. 당기공제세액 및 이월액계산

(105) 구분	(106) 사업연도	요공제세액		당기공제대상세액						(115)최저한세 적용에 따른 미공제액	(116)기타사유로 인한 미공제액	(117) 공제세액 ((114)-(115)-(116))	(118) 소멸	(119)이월액 ((107)+(108)-(117)-(118))
		(107) 당기분	(108) 이월분	(109)당기분	(110)1차 연도	(111)2차 연도	(112)3차 연도	(113)4차 연도	(114) 계					
임시투자세액공제	2007		40,824,700					40,824,700	40,824,700	36,505,958		4,318,742		36,505,958
	2008		11,564,000				11,564,000		11,564,000	11,564,000				11,564,000
	2009		1,836,000			1,836,000			1,836,000	1,836,000				1,836,000
	2010		105,000		105,000				105,000	105,000				105,000
	2011	10,308636		10,308,636					10,308,636	10,308,636				10,308,636
	소계	10,308,636	54,329,700	10,308,636	105,000	1,836,000	11,564,000	40,824,700	64,638,336	60,319,594		4,318,742		60,319,594
에너지절약시설투자세액공제	2010		14,000,000		14,000,000				14,000,000	14,000,000				14,000,000
	소계		14,000,000		14,000,000				14,000,000	14,000,000				14,000,000
고용증대세액공제	2010		16,500,000		16,500,000				16,500,000	16,500,000				16,500,000
	소계		16,500,000		16,500,000				16,500,000	16,500,000				16,500,000
기업의어음제도개선을위한세액공제	2011	1,439,580		1,439,580					1,439,580	1,439,580				1,439,580
	소계	1,439,580		1,439,580					1,439,580	1,439,580				1,439,580
합	계	11,748,216	84,829,700	11,748,216	30,605,000	1,836,000	11,564,000	40,824,700	96,577,916	92,259,174		4,318,742		92,259,174

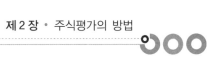

※ 평가기준일 전 2년의 요약된 자료는 다음과 같다.

사업연도	평가기준일 전 2년	법인세 과세표준 및 세액조정계산서	법인명	○○(주)
			사업자등록번호	

구분	항목		코드	금액
① 각사업연도소득계산	⑩ 결산서상당기순손익		01	769 296 992
	소득조정 금액	⑩ 익금산입	02	354 561 214
		⑩ 손금산입	03	342 561 150
	⑩ 차가감소득금액 (⑩+⑩-⑩)		04	781 270 056
	⑩ 기부금한도초과액		05	2 040 000
	⑩ 기부금한도초과 이월액손금산입		54	
	⑩ 각사업연도소득금액 (⑩+⑩-⑩)		06	783 310 056
② 과세표준계산	⑩ 각사업연도소득금액 (⑩=⑩)			783 310 056
	⑩ 이월결손금		07	783 310 056
	⑪ 비과세소득		08	
	⑪ 소득공제		09	
	⑫ 과세표준 (⑩-⑩-⑪-⑪)		10	0
	⑮ 선박표준이익		55	
③ 산출세액계산	⑬ 과세표준 (⑫+⑮)		56	
	⑭ 세율		11	
	⑮ 산출세액		12	
	⑯ 지점유보소득(「법인세법」 제96조)		13	
	⑰ 세율		14	
	⑱ 산출세액		15	
	⑲ 합계(⑮+⑱)		16	
④ 납부할세액계산	⑳ 산출세액 (⑳=⑲)			
	㉑ 최저한세적용대상 공제감면세액		17	
	㉒ 차감세액		18	
	㉓ 최저한세적용제외 공제감면세액		19	
	㉔ 가산세액		20	
	㉕ 가감계 (㉒-㉓+㉔)		21	
	기납부세액 / 기한내납부세액	㉖ 중간예납세액	22	
		㉗ 수시부과세액	23	
		㉘ 원천납부세액	24	1 735 430
		㉙ 간접투자회사 등의 외국납부세액	25	
		㉚ 소계 (㉖+㉗+㉘+㉙)	26	1 735 430
		㉛ 신고납부전가산세액	27	
		㉜ 합계(㉚+㉛)	28	1 735 430

구분	항목		코드	금액
	㉝ 감면분추가납부세액		29	
	㉞ 차감납부할세액 (㉕-㉜+㉝)		30	-1 735 430
⑤ 토지등양도소득에대한법인세계산	양도차익	㉟ 등기자산	31	
		㊱ 미등기자산	32	
	㊲ 비과세소득		33	
	㊳ 과세표준 (㉟+㊱-㊲)		34	
	㊴ 세율		35	
	㊵ 산출세액		36	
	㊶ 감면세액		37	
	㊷ 차감세액(㊵-㊶)		38	
	㊸ 공제세액		39	
	㊹ 동업기업 법인세 배분액 (가산세 제외)		40	
	㊺ 가산세액 (동업기업 배분액 포함)			
	㊻ 가감계 (㊷-㊸+㊹+㊺)		41	
	기납부세액	㊼ 수시부과세액	42	
		㊽ ( ) 세액	43	
		㊾ 계 (㊼+㊽)	44	
	㊿ 차감납부할세액 (㊺-㊾)		45	
⑥ 세액계	⑮ 차감납부할세액계 (⑬+⑮)		46	-1 735 430
	⑮ 사실과 다른 회계처리 경정세액공제		57	
	⑮ 분납세액계산범위액 (⑮-⑫-⑬-⑮-⑮+⑬)		47	
	분납할세액	⑮ 현금납부	48	
		⑮ 물납	49	
		⑮ 계 (⑮+⑮)	50	
	차감납부세액	⑮ 현금납부	51	-1 735 430
		⑮ 물납	52	
		⑯ 계 (⑮+⑮) ⑯=(⑮-⑮-⑮)	53	-1 735 430

사업연도	소득금액조정합계표					법인명	
평가기준일 전 2년						○○(주)	
사업자등록번호				법인등록번호			
익금산입 및 손금불산입				손금산입 및 익금불산입			
①과 목	②금 액	③소득처분 처분	코드	④과 목	⑤금 액	⑥소득처분 처분	코드
기업업무추진비	900 000	기타사외유출	500	퇴직보험예치금	25 783 800	유보	100
퇴직급여충당부채	321 859 908	유보	400	퇴직연금부담금	298 339 723	유보	100
미수수익	11 009 075	유보	400	미수수익	11 416 046	유보	100
세금과공과	10 454 870	기타사외유출	500	퇴직급여충당부채	7 093 581	유보	100
세금과공과	3 233 780	기타사외유출	500				
기부금	10 000	기타사외유출	500				
퇴직연금부담금	7 093 581	유보	400				
합 계	354 561 214			합 계	342 588 150		

사업연도	평가기준일 전 2년	공제감면세액 및 추가납부세액합계표(갑)	법인명	○○(주)
			사업자등록번호	

1. 최저한세 적용제외 공제감면세액

2. 최저한세 적용대상 공제감면세액

(제2쪽)

	①구 분	②근거법조항	코드	⑤전기이월액	⑥당기발생액	⑦공제세액
세액공제	(176)기술취득에 대한 세액공제	「조세특례제한법」 제12조제2항	76			
	(177)생산성향상시설투자세액공제	「조세특례제한법」 제24조	35			
	(178)안전설비투자 세액공제	「조세특례제한법」 제25조	36			
	(179)에너지절약시설투자세액공제	「조세특례제한법」 제25조의2	77		14,000,000	
	(180)환경보전시설 투자세액공제	「조세특례제한법」 제25조의3	4A			
	(181)의약품 품질관리시설투자 세액공제	「조세특례제한법」 제25조의4	4B			
	(182)임시투자세액공제	「조세특례제한법」 제26조	37	78,680,093	105,000	
	(183)고용창출투자세액공제	「조세특례제한법」 제26조	4N			
	(184)정규직근로자 전환 세액공제	「조세특례제한법」 제30조의2	4H			
	(185)고용증대 세액공제	「조세특례제한법」 제30조의4	91		16,500,000	
	(196)중소기업 고용증가 인원에 대한 사회보험료 세액공제	「조세특례제한법」 제30조의4	4Q			
	(186)근로자복지증진시설투자세액공제	「조세특례제한법」 제94조	42			
	(187)전자신고에 대한 세액공제(납세의무자)	「조세특례제한법」 제104조의8 제1항	84			
	(188)전자신고에 대한 세액공제(세무법인 등)	「조세특례제한법」 제104조의8 제3항	4J			
	(198)소 계		49	78,680,093	30,605,000	
(199)합 계((170) + (198))			50			
(200)공제감면세액 총계((150) + (199))			51			

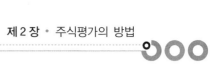

사업연도	평가기준일 전 2년	세액공제조정명세서(3)	법인명	○○(주)
			사업자등록번호	

1. 공제세액계산(「조세특례제한법」)

⑩구분		근거법조항	⑩계산기준	코드	⑩계산명세	⑩공제대상세액
	생산성향상시설투자세액공제	제24조	투자금액 × 7(3)/100	08		
	안전설비투자세액공제	제25조	투자금액 × 3/100	09		
	에너지절약시설투자세액공제	제25조의2	투자금액 × 20/100	10		14,000,000
조세특례제한법	환경보전시설 투자세액공제	제25조의3	투자금액 × 10/100	21		
	의약품 품질관리시설투자세액공제	제25조의4	투자금액 × 7/100	22		
	임시투자세액공제	(구)제26조	'10.12.31 이전: 투자금액 × 7/100 '11.1.1 이후: 투자금액 × 4%, 5%	11		105,000
	고용창출투자세액공제	제26조	투자금액 × 1%(한도: 상시근로자 증가분 × 1,000만원, 1,500만원)	1E		
	정규직 근로자 전환 세액공제	제30조의2	전환인원수 × 30만원	23		
	고용증대 세액공제	제30조의4	상시근로자 증가분 × 300만원	15		16,500,000
	근로자복지증진시설투자세액공제	제94조	투자금액 × 7/100	12		
	지급명세서 전자제출에 대한 세액공제	제104조의5	지급조서제출건수 × 100원(일용300원) *200만원(세무・회계법인은 300만원)한도	19		
	전자신고에 대한 세액공제(법인)	제104조의8①	법인세 전자신고시 2만원	20		
합			계	30		30,605,000

2. 당기공제세액 및 이월액계산

⑩구분	⑩사업연도	요공제세액 ⑩당기분	⑩이월분	당기공제대상세액 ⑩당기분	⑩1차연도	⑪2차연도	⑪3차연도	⑪4차연도	⑭계	⑮최저한세 적용에 따른 미공제액	⑯기타사유로 인한 미공제액	⑰공제세액 (⑭−⑮−⑯)	⑱소멸	⑲이월액 (⑰+⑱−⑰−⑱)
임시투자세액공제	2006		24,455,393					24,455,393	24,455,393		24,455,393			24,455,393
	2007		40,824,700				40,824,700		40,824,700		40,824,700			40,824,700
	2008		11,564,000			11,564,000			11,564,000		11,564,000			11,564,000
	2009		1,836,000		1,836,000				1,836,000		1,836,000			1,836,000
	2010	105,000		105,000					105,000		105,000			105,000
	소계	105,000	78,680,093	105,000	1,836,000	11,564,000	40,824,700	24,455,393	78,785,093		78,785,093			78,785,093
에너지절약시설투자세액공제	2010	14,000,000		14,000,000					14,000,000		14,000,000			14,000,000
	소계	14,000,000		14,000,000					14,000,000		14,000,000			14,000,000
고용증대세액공제	2010	16,500,000		16,500,000					16,500,000		16,500,000			16,500,000
	소계	16,500,000		16,500,000					16,500,000		16,500,000			16,500,000
합계		30,605,000	78,680,093	30,605,000	1,836,000	11,564,000	40,824,700	24,455,393	109,285,093		109,285,093			109,285,093

※ 평가기준일 전 3년의 요약된 자료는 다음과 같다.

사업연도	평가기준일 전 3년	법인세 과세표준 및 세액조정계산서	법인명	○○(주)
			사업자등록번호	

구분	항목		코드	금액
① 각사업연도소득계산	(101) 결산서상당기순손익		01	275 752 033
	소득조정 금액	(102) 익금산입	02	34 669 734
		(103) 손금산입	03	58 052 320
	(104) 차가감소득금액 (101)+(102)−(103)		04	252 369 447
	(105) 기부금한도초과액		05	
	(106) 기부금한도초과 이월액손금산입		54	
	(107) 각사업연도소득금액 (104)+(105)−(106)		06	252 369 447
② 과세표준계산	(108) 각사업연도소득금액 (108)=(107)			252 369 447
	(109) 이월결손금		07	252 369 447
	(110) 비과세소득		08	
	(111) 소득공제		09	
	(112) 과세표준 (108)−(109)−(110)−(111)		10	0
	(159) 선박표준이익		55	
③ 산출세액계산	(113) 과세표준((112)+(159))		56	
	(114) 세율		11	
	(115) 산출세액		12	
	(116) 지점유보소득(「법인세법」 제96조)		13	
	(117) 세율		14	
	(118) 산출세액		15	
	(119) 합계((115)+(118))		16	
④ 납부할세액계산	(120) 산출세액((120)=(119))			
	(121) 최저한세적용대상 공제감면세액		17	
	(122) 차감세액		18	
	(123) 최저한세적용제외 공제감면세액		19	
	(124) 가산세액		20	
	(125) 가감계((122)−(123)+(124))		21	
	기납부세액 / 기한내납부세액	(126) 중간예납세액	22	
		(127) 수시부과세액	23	
		(128) 원천납부세액	24	
		(129) 간접투자회사 등의 외국납부세액	25	
		(130) 소계 ((126)+(127)+(128)+(129))	26	
		(131) 신고납부전가산세액	27	
		(132) 합계((130)+(131))	28	

구분	항목		코드	금액
	(133) 감면분추가납부세액		29	
	(134) 차감납부할세액 ((125)−(132)+(133))		30	
⑤ 토지등양도소득에대한법인세계산	양도차익	(135) 등기자산	31	
		(136) 미등기자산	32	
	(137) 비과세소득		33	
	(138) 과세표준 ((135)+(136)−(137))		34	
	(139) 세율		35	
	(140) 산출세액		36	
	(141) 감면세액		37	
	(142) 차감세액((140)−(141))		38	
	(143) 공제세액		39	
	(144) 동업기업 법인세 배분액 (가산세 제외)		40	
	(145) 가산세액 (동업기업 배분액 포함)			
	(146) 가감계((142)−(143)+(144)+(145))		41	
	기납부세액	(147) 수시부과세액	42	
		(148) (　　)세액	43	
		(149) 계((147)+(148))	44	
	(150) 차감납부할세액 ((145)−(149))		45	
⑥ 세액계	(151) 차감납부할세액계 ((134)+(150))		46	
	(152) 사실과 다른 회계처리 경정세액공제		57	
	(153) 분납세액계산범위액 ((151)−(124)−(133)−(145)−(152)+(131))		47	
	분납할세액	(154) 현금납부	48	
		(155) 물납	49	
		(156) 계((154)+(155))	50	
	차감납부세액	(157) 현금납부	51	
		(158) 물납	52	
		(160) 계((157)+(158)) (160)=((151)−(152)−(156))	53	

사업연도	소득금액조정합계표									법인명
평가기준일 전 3년										○○(주)
사업자등록번호					법인등록번호					
익금산입 및 손금불산입					손금산입 및 익금불산입					
①과 목	②금 액	③소득처분			④과 목	⑤금 액	⑥소득처분			
		처분	코드				처분	코드		
대손금 부인액	30 000 000	유보	400		퇴직보험 예치금	9 603 600	유보	100		
세금과공과	43 640	기타사외유출	500		미수수익	11 009 075	유보	100		
기부금	5 000	기타사외유출	500		감가상각비	37 979 645	유보	100		
외화자산 평가손익	4 621 094	유보	400							
합 계	34 669 734				합 계	58 052 320				

사업연도	평가기준일 전 3년	공제감면세액 및 추가납부세액합계표(갑)	법인명	○○(주)
			사업자등록번호	

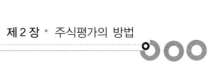

1. 최저한세 적용제외 공제감면세액

2. 최저한세 적용대상 공제감면세액 (2쪽)

①구 분		②근거법조항	코드	⑤전기 이월액	⑥당기 발생액	⑦공제세액
	⑯중소기업투자세액공제	「조세특례제한법」 제5조	31			
	⑯기업의 어음제도개선을 위한 세액공제	「조세특례제한법」 제7조의2	75			
	⑯연구·인력개발비세액공제(최저한세 적용대상)	「조세특례제한법」 제10조	32			
세액공제	⑱에너지절약시설투자세액공제	「조세특례제한법」 제25조의2	77			
	⑲환경보전시설 투자세액공제	「조세특례제한법」 제25조의3	4A			
	⑰의약품 품질관리시설투자 세액공제	「조세특례제한법」 제25조의4	4B			
	⑰임시투자세액공제	「조세특례제한법」 제26조	37	87,721,135	1,836,000	
	⑰정규직근로자 전환 세액공제	「조세특례제한법」 제30조의2	4H			
	⑰근로자복지증진시설투자세액공제	「조세특례제한법」 제94조	42			
	⑰전자신고에 대한 세액공제(납세의무자)	「조세특례제한법」 제104조의8 제1항	84			
	⑲소 계		49	87,721,135	1,836,000	
⑲합 계(⑯ + ⑲)			50			
⑳공제감면세액 총계(⑭ + ⑲)			51			

사업연도	평가기준일 전 3년	세액공제조정명세서(3)	법 인 명	○○(주)
			사업자등록번호	

1. 공제세액계산(「조세특례제한법」)

	(101)구 분	근거법조항	(102)계 산 기 준	코드	(103)계산명세	(104)공제대상세액
「조세특례제한법」	중소기업투자세액공제	제5조	투자금액 × 3/100	01		
	기업의 어음제도개선을 위한 세액공제	제7조의2	(환어음 등 지급금액 - 약속어음 결제금액) × ((4,5)/1000, 15/10000) *산출세액의 10% 한도	02		
	연구·인력개발비세액공제	제10조	발생액 × 25/100 [(3/100 + R&D지출비율 × 0.5(3%한도)] 또는 4년 평균초과액 × 50(40)/100	04		
	연구·인력개발설비투자세액공제	제11조	투자금액 × 10/100	06		
	기술취득에 대한 세액공제	제12조제2항	특허권 등 취득금액 × 7(3)/100 *법인세의 10% 한도	07		
	생산성향상시설투자세액공제	제24조	투자금액 × 7(3)/100	08		
	안전설비투자세액공제	제25조	투자금액 × 3/100	09		
	에너지절약시설투자세액공제	제25조의2	투자금액 × 20/100	10		
	환경보전시설 투자세액공제	제25조의3	투자금액 × 10/100	21		
	의약품 품질관리시설투자세액공제	제25조의4	투자금액 × 7/100	22		
	임시투자세액공제	제26조	투자금액 × (3,10)/100 + 3년 평균초과투자액* × 10% *한도 : '09.5.21. 속하는 과세연도 최초 투자개시금액	11		1,836,000
	정규직 근로자 전환 세액공제	제30조의2	전환인원수 × 30만원	23		
	근로자복지증진시설투자세액공제	제94조	투자금액 × 7/100	12		
	지급조서 전자제출에 대한 세액공제	제104조의5	지급조서제출건수 × 100원(일용300원) *200만원(세무·회계법인은 300만원)한도	19		
	전자신고에 대한 세액공제(법인)	제104조의8①	법인세 전자신고시 2만원	20		
합			계	30		1,836,000

2. 당기공제세액 및 이월액계산

(105)구분	(106)사업연도	요공제세액		당기공제대상세액						(115)최저한세 적용에 따른 미공제액	(116)공제세액 ((114)-(115)-(116))	(117) 소멸	(118)이월액 ((107)+(108)-(116)-(117))
		(107)당기분	(108)이월분	(109)당기분	(110)1차연도	(111)2차연도	(112)3차연도	(113)4차연도	(114)계				
임시투자세액공제	2005		10,877,042					10,877,042	10,877,042	10,877,042			10,877,042
	2006		24,455,393				24,455,393		24,455,393	24,455,393			24,455,393
	2007		40,824,700			40,824,700			40,824,700	40,824,700			40,824,700
	2008		11,564,000		11,564,000				11,564,000	11,564,000			11,564,000
	2009	1,836,000		1,836,000					1,836,000	1,836,000			1,836,000
	소계	1,836,000	87,721,135	1,836,000	11,564,000	40,824,700	24,455,393	10,877,042	89,557,135	89,557,135			89,557,135
합 계		1,836,000	87,721,135	1,836,000	11,564,000	40,824,700	24,455,393	10,877,042	89,557,135	89,557,135			89,557,135

(2)-2. 순손익액의 계산

순손익액의 계산은 다음의 순서에 따른다.

법인세 과세표준 및 세액조정계산서(별지 제3호 서식), 소득금액조정합계표(별지 제15호 서식)를 참고하여 다음의 순서에 따라 작성한다. 소득금액조정합계표에는 소득처분과 관련하여 자세한 설명이 없으므로 필요에 따라서는 과목별 소득금액조정명세서(1, 2)를 반드시 참조하여야 한다.

① 각 사업연도 소득금액(순손익액 서식 ①)

각 사업연도 소득금액은 법인세 과세표준 및 세액조정계산서상의 각 사업연도 소득금액 ⑩⑦을 기재한다. 각 사업연도 소득금액의 계산구조는 법인세 차감 후 당기순이익에서 법인세법상 익금(손금불산입)을 가산하고 손금(익금불산입)을 차감한 후 기부금한도초과액을 가산하고 기부금이월액손금산입을 하면 각 사업연도 소득금액이 된다. 주의할 점은 각 사업연도 소득금액 계산에서 기부금한도초과액과 비지정기부금은 손금불산입 항목으로 기타사외유출로 처분되는 것은 차이 없겠으나 기부금한도초과액과 기부금이월액손금산입 ⑩⑥은 소득금액조정합계표에는 나타나지 않고 법인세 과세표준 및 세액조정계산서(별지 제3호 서식)에 표기되므로 소득에서 차감할 금액 계산 시 빠뜨리지 않도록 주의해야 한다.

② 소득에 가산할 금액

소득금액조정합계표상 손금산입 및 익금불산입 항목 중 각 사업연도 소득에 가산할 항목들을 찾아 기재한다. 손금산입 및 익금불산입 항목 중 유보(자산과 부채)와 관련된 항목들은 순자산가액에 영향을 미칠 수 있으므로 순자산가액의 계산 시 필요하다. 유보를 제외한 '기타사외유출 또는 기타' 중에서 가산할 항목들을 찾으면 된다.

③ 소득에서 차감할 금액

소득금액조정합계표상 익금산입 및 손금불산입 항목 중 각 사업연도 소득에서 차감할 항목들을 찾아 기재한다. 익금산입 및 손금불산입 항목 중 유보(자산과 부채) 항목을 제외하면 사외유출(배당, 상여, 기타사외유출, 기타소득)과 기타가 남게 되는데, 이들 중에서 소득에서 차감할 금액들이 발생하게 된다. 대부분 기타사외유출에 해당하는 항목들이다.

소득에서 차감하는 항목들(손금불산입 또는 익금산입 중 사외유출에 해당하는 과목)은 기업에서는 비용에 해당되어 이미 손익계산서에서 비용으로 계상되어 있다.

다만, 법인세법에서는 비용으로 인정하지 않는 금액이므로(손금불산입) 이들 부인된 비용이 각 사업연도 소득금액에 포함되어 있다. 이 경우 기업의 수익(순손익)보다는 각 사업연도 소득금액이 더 많게 표시된다. 이들 비용(손금불산입된 비용 등)을 각 사업연도 소득금액에서 차감하게 되면 각 사업연도 소득금액은 감소하게 되어 손익계산서의 수익(순손익)과 같게 된다. 순손익액의 계산구조를 다시 확인해 보면 기업의 비용에 해당되나 법인세법에서는 비용으로 인정하지 않아(익금산입 및 손금불산입) 결과적으로 각 사업연도 소득금액이 기업의 순손익액보다 더 많게 나타나므로 순손익액 계산에서 법인세법상 부인된 비용을 차감하게 되면 손익계산서의 순손익이 되는데(반드시 일치하지 않는 이유는 각 사업연도 소득금액은 익금과 손금으로 조정되어 있는데, 이때 소득에서 차감하는 금액이 손금불산입한 금액 모두를 차감하는 것이 아니기 때문이다), 이와 같이 계산된 금액을 상속여세법의 순손익액으로 본다는 것이다.

'소득에서 차감할 항목'에 대해 확인하고 넘어가야 할 것들은 비용의 적극적인 차감이다. 예를 들면, 미계상 감가상각비(2014.2.21. 시행령 제56조의 개정으로 해소되었다), 미계상 대손금 등의 차감이다. 당기순이익에 반영되지 않은 비용 등을 차감하는 이유는 주식의 가치를 적정하게 평가하고자 함이다.

다음으로는 상속증여세법에서 명시하지 아니한 항목들을 어떻게 할 것인지에 대한 정리가 있어야 하겠다. 예를 들면, 증빙미수취기업업무추진비와 사적사용 경비(기업업무추진비, 복리후생비, 여비교통비, 기타경비 등)는 모두 손금불산입항목이나 이들의 성격이 다르므로 이들의 각 항목들에 대해 소득에서 차감할 것인지에 대한 정확한 판단이 있어야 할 것이다. 이러한 판단을 하는데 있어 첫 번째로 생각할 것은 순손익액의 계산은 기업의 과거의 이익으로 미래수익력을 측정하는 것으로 순손익액의 계산에서 기업의 활동과 관련된 비용이라면 각 사업연도 소득금액에서 차감되어야 함은 당연하다. 그러나 기업의 활동과는 무관한 임직원 개인의 비용 등 불법비용까지를 각 사업연도 소득에서 차감할 수는 없을 것이다. 그것은 기업의 영업활동과는 무관한 사적인 비용 또는 불법자금이기 때문이다. 상속증여세법상의 순손익액은 회계학적인 순손익이나 법인세법상의 소득의 개념과는 다르다는 것과 순손익액을 측정하는 목적이 어디에 있는지를 잊지 말아야 한다.

④ **순손익액**(**순손익액 서식 사**)

각 사업연도 소득금액에서 소득에 가산할 금액을 가산하고 소득에서 차감할 금액을 차감하면 순손익액(순손익액 서식 다)이 계산된다. 이때 주당 순손익액(사)을 계산하는 데 있어 사업연도 종료일 현재의 주식수는 환산주식수를 의미하고, 유상증자・유상감자가 있는 경우에는 유상증자 또는 유상감자를 한 사업연도와 그 이전 사업연도의 순손익액에 유상증자・유상감자 금액을 가감하여야 한다.

⑤ **환산주식수 및 유상증자금액・유상감자금액 순손익액 가감**(**순손익액 서식 라, 바**)

각 사업연도의 주식수는 각 사업연도 종료일 현재의 발행주식총수에 의한다. 다만, 평가기준일이 속하는 사업연도 전 3년 이내에 증자 또는 감자를 한 사실이 있는 경우에는 증자 또는 감자전의 각 사업연도 종료일 현재의 발행주식총수는 환산주식수에 의하며, 증자 또는 감자에 따라 각 사업연도의 주식수를 환산하여 적용하는 경우 무상증자・감자 시와는 달리 유상증자・감자 시에는 유상증자 또는 유상감자를 한 사업연도와 그 이전 사업연도의 순손익액은 다음 "1."과 같이 계산한 금액을 더하고 "2."와 같이 계산한 금액을 뺀 금액으로 한다. 이 경우 유상증자 또는 유상감자를 한 사업연도의 순손익액은 사업연도 개시일부터 유상증자 또는 유상감자를 한 날까지의 기간에 대하여 월할로 계산하며, 1개월 미만은 1개월로 하여 계산한다(2011.7.25. 이후 평가분부터 적용).

1. 유상증자한 주식 1주당 납입금액 × 유상증자에 의하여 증가한 주식수 × 순손익가치 환원율(10%)
2. 유상감자 시 지급한 1주당 금액 × 유상감자에 의하여 감소된 주식수 × 순손익가치 환원율(10%)

조세특례제한법에 따라 법인세의 감면을 받는 자는 농어촌특별세를 납부할 의무를 지게 된다(농특법 §3). 법인세 과세표준 및 세액조정계산서에 의하면 이 사례의 경우 평가기준일 1년이 되는 사업연도에 한해 감면받은 세액이 4,318,747원이므로 농어촌특별세(20%)는 863,748원이 된다. 소득금액조정합계표를 참고하여 순손익액을 계산하면 다음과 같게 된다.

7. 순손익액				
평가기준일 1년, 2년, 3년이 되는 사업연도		1년	2년	3년
① 각 사업연도 소득금액		780,924,088	783,310,056	252,369,447
소득에 가산할 금액	② 국세, 지방세 과오납에 대한 환급금이자			
	③ 수입배당금 중 익금불산입한 금액			
	④ 기부금의 손금산입한도액 초과금액의 이월손금 산입액			
가. 소계(① + ② + ③ + ④)		780,924,088	783,310,056	252,369,447
소득에서 공제할 금액	⑤ 벌금, 과료, 과태료 가산금과 체납처분비			43,640
	⑥ 손금 용인되지 않는 공과금		3,233,780	
	⑦ 업무에 관련 없는 지출			
	⑧ 각 세법에 규정하는 징수불이행 납부세액			
	⑨ 기부금 한도초과액(비정기부금 포함)		2,050,000	5,000
	⑩ 기업업무추진비 한도초과액		900,000	
	⑪ 과다경비등의 손금불산입액			
	⑫ 지급이자의 손금불산입액			
	⑬ 감가상각비(시행령 제56조 제4항 라목)			
	⑭ 법인세 총결정세액	10,077,062		
	⑮ 농어촌특별세 총결정세액	863,748		
	⑯ 지방소득세 총결정세액	1,007,706		
나. 소계(⑤ ~ ⑯)		11,948,516	6,183,780	48,640
다. 순손익액(가 - 나)		768,975,572	777,126,276	252,320,807
라. 유상증자 · 감자 시 반영액				
마. 순손익액(다 ± 라)		768,975,572	777,126,276	252,320,807
바. 사업연도말 주식수 또는 환산주식수		200,000	200,000	200,000
사. 주당순손익액(마 ÷ 바)		⑰ 3,845	⑱ 3,886	⑲ 1,262
아. 가중평균액{(⑰ × 3 + ⑱ × 2 + ⑲) / 6}		3,427		
자. 기획재정부령이 정하는 율		10%		
차. 최근 3년간 순손익액의 가중평균액에 의한 1주당 가액 (아÷자)		34,270		

(3) 이월결손금이 공제되지 않은 순손익액의 계산

(3)-1. 법인세 과세표준 및 세액조정계산서, 최저한세조정계산서, 공제감면세액

소득에서 차감할 금액 중 법인세법의 규정에 의하여 각 사업연도의 소득에 대하여 납부하였거나 납부하여야 할 법인세 등이라 함은 법인세 총결정세액을 말하며, 이월결손금이 있는 경우 법인세비용 등(법인세총결정세액, 농어촌특별세총결정세액, 주민세총결정세액)은 이월결손금을 공제하기 전의 각 사업연도 소득에 대한 법인세비용 등을 말하는 것으로서 그에 따라 감면되는 법인세액이 있는 경우에는 그 금액을 차감한 후의 법인세액(농어촌특별세 등 가감)에 의한다(서면4팀-2028, 2007.7.2. 외 다수). 이월결손금을 공제하지 아니하고 계산한 법인세 등과 이월결손금을 공제하고 계산한 법인세 등은 차이가 날 수밖에 없다. 그뿐만 아니라 공제감면세액이 있는 경우 공제감면세액은 최저한세의 영향을 받게 되므로 법인세 등의 재계산 문제는 복잡한 계산과정을 거쳐야 한다.

앞서 설명했듯이 이월결손금과 공제감면세액이 함께 있는 경우 이월결손금을 공제하기 전의 법인세를 재계산할 경우에 세액공제액도 다시 계산하여 추가적인 세액공제액과 이에 대한 농어촌특별세도 손순익가치 계산에 반영하여야 하는지에 대해, 이 사례에서는 순손액을 평가기준일 현재의 주식가치를 보다 정확하게 파악하기 위한 것으로(대법원 2011두22280, 2013.11.14.) 본다면, "당해 사업연도에서 발생한 순손익액"만을 계산하기 위해서는 이월결손금을 공제하기 전의 법인세를 재계산할 경우에는 세액공제액도 다시 계산하여 추가적인 세액공제액과 이에 대한 농어촌특별세도 손순익가치 계산에 반영해야 하는 것으로 보고 순손익액을 계산하고 있다.

사례는 이월결손금과 공제감면세액이 함께 있는 경우로서 법인세비용 등을 재계산하기 위해서는 평가기준일 전 3개년 각각의 법인세과세표준 및 세액조정계산서, 농어촌특별세 과세표준 및 세액신고서, 최저한세조정계산서, 공제감면세액 및 추가납부세액합계표(갑)와 세액공제조정명세서(3)를 재계산하여야 한다. 재계산을 위해서는 다음과 같은 법령서식의 참고가 필요하다.

| 법인세비용 등의 계산을 위한 조특법 및 법인세법의 법령서식 |

구분	별지	서식명	평가기준일 1년	평가기준일 2년	평가기준일 3년
조특법	제1호 서식	세액공제신청서	○	○	○
법인세법	제2호 서식	농어촌특별세과세표준 및 세액신고서	○	○	○
	제3호 서식	법인세과세표준 및 세액조정신고서	○	○	○
	제4호 서식	최저한세조정계산서	○	○	○
	제8호 서식(갑)	공제감면세액 및 추가납부세액합계표(갑)	○	○	○
	제8호 서식 부표3	세액공제조정명세서(3)	○	○	○
	제12호 서식	농어촌특별세 과세표준 및 세액조정계산서	○	○	○
	제13호 서식	농어촌특별세 과세대상 감면세액 합계표	○	○	○

이월결손금과 공제감면세액이 함께 있는 경우 법인세총결정세액 등을 재계산해야 하므로 이 계산과정에서 법인세과세표준 및 세액조정계산서의 과세표준 및 산출세액과 최저한세 적용대상 공제감면세액(서식⑫)이 영향을 받게 되므로 법인세과세표준 및 세액조정계산서의 재계산(평가기준일 전 3개년), 농어촌특별세 과세표준 및 세액신고서의 재계산(평가기준일 전 3개년), 최저한세조정계산서의 재계산(평가기준일 전 3개년), 공제감면세액 및 추가납부세액합계표(갑)와 세액공제조정명세서(3)의 재계산(평가기준일 전 3개년)을 모두 하여야 한다.

조세특례제한법 제144조(세액공제액의 이월공제)에 따르면 공제할 세액 중 해당 과세연도에 납부할 세액이 없거나 법인세 최저한세액에 미달하여 공제받지 못한 부분에 상당하는 금액은 세액공제 종류에 따라 5년에서 최장 10년의 기간 이내에 이월하여 법인세에서 공제할 수 있다(2020.12.19. 개정 현재는 모든 세액공제는 10년).

이월결손금과 공제감면세액이 함께 있는 경우 법인세 총결정세액 등의 계산은 회사가 신고한 법인세과세표준 및 세액조정계산서의 과세표준 및 산출세액과 최저한세 적용대상 공제감면세액을 다시 계산하게 되므로, 이월결손금이 있고 공제감면세액이 없는 경우라면 법인세과세표준 및 세액조정계산서의 과세표준 및 산출세액만 다시 계산하면 되지만 공제감면세액이 있는 경우에는 공제감면세액을 다시 계산해야 한다.

이월결손금이 공제되지 않은 법인세 총결정세액과 공제감면세액에 따른 농어촌특별세 총결정세액의 계산과정은 다음과 같은 순서에 따른다.

- 법인세과세표준 및 세액조정계산서의 과세표준 및 산출세액을 이월결손금이 공제되지 않은 평가기준일 3년, 평가기준일 2년, 평가기준일 1년의 순서로 계산한다. 그 이유는 산출세액에서 최저한세 적용대상 공제감면세액을 차감하여 법인세 총결정세액이 계산되는데, 조세특례제한법 제144조의 세액공제액의 이월공제가 소멸되는 사업연도에서부터 순차로 거꾸로 계산해야 평가기준일 2년, 평가기준일 1년의 최저한세조정계산서를 작성할 수 있기 때문이다. 즉 이월결손금이 공제되지 않은 평가기준일 3년이 되는 사업연도의 과세표준과 산출세액을 계산하고 평가기준일 3년이 되는 사업연도의 최저한세조정계산서를 작성하는 것으로 시작하여 최종적으로 평가기준일 1년이 되는 사업연도의 과세표준과 산출세액과 최저한세조정계산서를 작성하게 된다.
- 이월결손금을 공제하지 아니한 과세표준에 법인세율을 곱한 산출세액에서 최저한 적용 감면세액을 차감한 후의 법인세액을 법인세 총결정세액으로 하고, 여기서 차감한 감면세액에 대해서는 농어촌특별세액을 재계산한다. 법인세 총결정세액의 계산구조는 다음과 같게 된다.

산출세액 ①	과세표준(각 사업연도 소득금액 - 이월결손금 0원 - 비과세소득 0원 - 소득공제 0원)) × 법인세율
최저한세 공제감면세액 ②	최저한세조정계산서
차감세액(① - ②) ③	
최저한세 제외 공제감면세액 ④	공제감면세액 및 추가납부세액합계표(갑)
가산세 ⑤	
차가감세액(③ - ④ + ⑤)	법인세 총결정세액

- 최저한세조정계산서를 평가기준일 3년, 평가기준일 2년, 평가기준일 1년의 순서로 작성할 때 조세특례제한법 제144조에 따른 세액공제액의 이월공제가 소멸되는 사업연도와 당해 사업연도의 최저한세 적용대상 공제감면세액을 재계산하기 위해서는 "세액공제조정명세서(3)의2. 당기공제세액 및 이월액계산"의 내용과 "공제감면세액 및 추가납부세액합계표(갑)"의 내용을 재계산해야 평가기준일 3년, 평가기준일 2년, 평가기준일 1년의 정확한 최저한세조정계산서를 작성할 수 있게 된다.

다음은 이월결손금을 공제하기 전의 법인세총결정세액 등과 공제감면세액 추가에 따른 농어촌특별세 총결정액을 재계산한 결과이다.

※ 평가기준일 전 1년의 요약된 재계산 자료는 다음과 같다.

사업연도	평가기준일 전 1년	법인세 과세표준 및 세액조정계산서	법인명	○○(주)
			사업자등록번호	

구분	항목		코드	금액
① 각사업연도소득계산	(101) 결산서상당기순손익		01	352 669 477
	소득조정 금액	(102) 익금산입	02	1 032 931 437
		(103) 손금산입	03	604 676 826
	(104) 차가감소득금액 ((101)+(102)-(103))		04	780 924 088
	(105) 기부금한도초과액		05	
	(106) 기부금한도초과 이월액손금산입		54	
	(107) 각사업연도소득금액 ((104)+(105)-(106))		06	780 924 088
② 과세표준계산	(108) 각사업연도소득금액 ((108)=(107))			780 924 088
	(109) 이월결손금		07	
	(110) 비과세소득		08	
	(111) 소득공제		09	
	(112) 과세표준 ((108)-(109)-(110)-(111))		10	780 924 088
	(159) 선박표준이익		55	
③ 산출세액계산	(113) 과세표준((112)+(159))		56	780 924 088
	(114) 세율		11	22%
	(115) 산출세액		12	147 803 299
	(116) 지점유보소득(「법인세법」 제96조)		13	
	(117) 세율		14	
	(118) 산출세액		15	
	(119) 합계((115)+(118))		16	147 803 299
④ 납부할세액계산	(120) 산출세액((120)=(119))			147 803 299
	(121) 최저한세적용대상 공제감면세액		17	25 082 119
	(122) 차감세액		18	122 721 180
	(123) 최저한세적용제외 공제감면세액		19	
	(124) 가산세액		20	
	(125) 가감계((122)-(123)+(124))		21	122 721 180
	기납부세액 / 기한내납부세액	(126) 중간예납세액	22	
		(127) 수시부과세액	23	
		(128) 원천납부세액	24	
		(129) 간접투자회사 등의 외국납부세액	25	
		(130) 소계 ((126)+(127)+(128)+(129))	26	
		(131) 신고납부전가산세액	27	
		(132) 합계((130)+(131))	28	
	(133) 감면분추가납부세액		29	
	(134) 차감납부할세액 ((125)-(132)+(133))		30	122 721 180

구분	항목		코드	금액
⑤ 토지 등 양도소득에 대한 법인세 계산	양도차익	(135) 등기자산	31	
		(136) 미등기자산	32	
	(137) 비과세소득		33	
	(138) 과세표준 ((135)+(136)-(137))		34	
	(139) 세율		35	
	(140) 산출세액		36	
	(141) 감면세액		37	
	(142) 차감세액((140)-(141))		38	
	(143) 공제세액		39	
	(144) 동업기업 법인세 배분액 (가산세 제외)		40	
	(145) 가산세액 (동업기업 배분액 포함)			
	(146) 가감계((142)-(143)+(144)+(145))		41	
	기납부세액	(147) 수시부과세액	42	
		(148) (　　) 세액	43	
		(149) 계((147)+(148))	44	
	(150) 차감납부할세액 ((145)-(149))		45	
⑥ 세액계	(151) 차감납부할세액계 ((134)+(150))		46	
	(152) 사실과 다른 회계처리 경정세액공제		57	
	(153) 분납세액계산범위액 ((151)-(124)-(133)-(145)-(152)+(131))		47	
	분납할세액	(154) 현금납부	48	
		(155) 물납	49	
		(156) 계((154)+(155))	50	
	차감납부세액	(157) 현금납부	51	
		(158) 물납	52	
		(160) 계((157)+(158)) (160)=((151)-(152)-(156))	53	

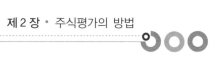

사업연도	평가기준일 전 1년	최저한세조정계산서	법인명	○○(주)
			사업자등록번호	

1. 최저한세 조정 계산 내역

① 구분		코드	②감면 후 세액	③최저한세	④조정감	⑤조정 후 세액
⑩ 결산서상 당기순이익		01	352,669,477			
소득조정금액	⑫ 익금산입	02	1,032,931,437			
	⑬ 손금산입	03	604,676,826			
⑭ 조정 후 소득금액(⑩+⑫−⑬)		04	780,924,088	780,924,088		
최저한세 적용대상 특별비용	⑮ 준비금	05				
	⑯ 특별상각 및 특례자산감가상각비	06				
⑰ 특별비용 손금산입 전 소득금액 (⑭ + ⑮ + ⑯)		07	780,924,088	780,924,088		
⑱ 기부금한도초과액		08				
⑲ 기부금 한도초과 이월액 손금산입		09				
⑪ 각사업연도소득금액 (⑰ + ⑱ − ⑲)		10	780,924,088	780,924,088		
⑪ 이월결손금		11				
⑫ 비과세소득		12				
⑬ 최저한세적용대상 비과세소득		13				
⑭ 최저한세적용대상 익금불산입		14				
⑮ 차가감소득금액 (⑩ − ⑪ − ⑫ + ⑬ + ⑭)		15	780,924,088	780,924,088		
⑯ 소득공제		16				
⑰ 최저한세적용대상 소득공제		17				
⑱ 과세표준금액 (⑮ − ⑯ + ⑰)		18	780,924,088	780,924,088		
⑲ 선박표준이익		24				
⑳ 과세표준금액(⑱ + ⑲)		25	780,924,088	780,924,088		
㉑ 세율		19	22%	7%		
㉒ 산출세액		20	147,803,299	54,664,686		
㉓ 감면세액		21				
㉔ 세액공제		22	25,082,119			
㉕ 차감세액(㉒−㉓−㉔)		23	122,721,180			

2. 최저한세 세율 적용을 위한 구분 항목

㉖ 중소기업 유예기간 종료연월		㉗ 유예기간 종료후 연차		㉘ 사회적기업 여부	1. 여, 2. 부

사업연도 평가기준일 전 1년	농어촌특별세과세표준 및 세액조정계산서			법인명 ○○(주)
사업자등록번호		법인등록번호		
①법인유형	②과세표준		세율	③세액
	구분	금액		
④일반법인	⑤법인세감면세액	25,082,119	20%	5,016,424
	⑥			
	⑦			
	⑧소계	25,082,119		5,016,424
⑨조합법인등	⑩법인세감면세액		20%	
	⑪			
	⑫소계			

사 업 연 도	평가기준일 전 1년	농어촌특별세 과세대상 감면세액 합계표	법인명	○○(주)
			사업자등록번호	

1. 일반법인의 감면세액

① 구 분	② 감 면 내 용	③ 「조세특례제한법」 근거조항	코드	④감 면 세 액 (소 득 금 액)	비 고
⑨ 세액 공제	⑫⑥중소기업투자세액공제	제5조	131		별지 제8호 서식(갑)의 ④, ⑦란 세액공제 해당금액
	⑫⑦기업의어음제도개선을 위한 세액공제	제7조의2	132	1,439,580	
	⑫⑧대중소기업 상생협력을 위한 기금 출연 세액공제	제8조의3	13D		
	⑫⑨생산성향상시설투자세액공제	제24조	134		
	⑬⓪안전설비투자세액공제	제25조	135		
	⑬①환경보전시설투자세액공제	제25조의3	143		
	⑬②에너지절약시설투자세액공제	제25조의2	136	10,308,636	
	⑬③의약품 품질관리시설투자 세액공제	제25조의4	144		
	⑬④임시투자세액공제	(구)제26조	137	13,333,903	
	⑬⑤고용창출투자세액공제	제26조	13E		
	⑬⑥근로자복지증진시설투자세액공제	제94조	138		
	⑬⑧제3자 물류비용 세액공제	제104조의14	145		
	⑬⑨해외자원개발사업지원 세액공제	제104조의15	148		
	⑭⓪대학 맞춤형 교육비용 등 세액공제	제104조의18 제1항	149		
	⑭①대학 기부설비에 대한 세액공제	제104조의18 제2항	13A		
⑩감 면 세 액 합 계				25,082,119	

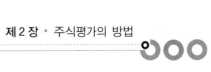

사업연도	평가기준일 전 1년	공제감면세액 및 추가납부세액합계표(갑)	법인명	○○(주)
			사업자등록번호	

1. 최저한세 적용제외 공제감면세액

2. 최저한세 적용대상 공제감면세액

(제2쪽)

	①구 분	②근 거 법 조 항	코드	⑤전기이월액	⑥당기발생액	⑦공제세액
세액공제	⑰중소기업투자세액공제	「조세특례제한법」 제5조	31			
	⑰기업의 어음제도개선을 위한 세액공제	「조세특례제한법」 제7조의2	75		1,439,580	1,439,580
	⑱환경보전시설 투자세액공제	「조세특례제한법」 제25조의3	4A			
	⑱의약품 품질관리시설투자 세액공제	「조세특례제한법」 제25조의4	4B			
	⑱임시투자세액공제	「조세특례제한법」 제26조	37		10,308,636	10,308,636
	⑱고용창출투자세액공제	「조세특례제한법」 제26조	4N			
	⑱정규직근로자 전환 세액공제	「조세특례제한법」 제30조의2	4H			
	⑱고용증대 세액공제	「조세특례제한법」 제30조의4	91	13,333,903		13,333,903
	⑲중소기업 고용증가 인원에 대한 사회보험료 세액공제	「조세특례제한법」 제30조의4	4Q			
	⑱근로자복지증진시설투자세액공제	「조세특례제한법」 제94조	42			
	⑲소 계		49	13,333,903	11,748,216	25,082,119
	⑲합 계(⑰ + ⑲)		50			25,082,119
	⑳공제감면세액 총계(⑮ + ⑲)		51			25,082,119
	⑳기술도입대가에 대한 조세면제	법률 제9921호 조세특례제한법 일부개정 법률 부칙 제77조	83			
	⑳간주·간접 외국납부세액공제	「법인세법」 제57조제3항·제4항·제6항 및 「조세특례제한법」 제104조의6	89			

사업연도	평가기준일 전 1년	세액공제조정명세서(3)	법인명	○○(주)
			사업자등록번호	

1. 공제세액계산(「조세특례제한법」)

	⑩구 분	근거법 조 항	⑩계 산 기 준	코드	⑩계산명세	⑩공제대상 세 액
조세특례제한법	중소기업투자세액공제	제5조	투자금액 × 3/100	01		
	기업의 어음제도개선을 위한 세액공제	제7조의2	(환어음 등 지급금액 - 약속어음 결제금액) × ((4.5)/1000, 15/10000) *산출세액의 10% 한도	02		1,439,580
	연구·인력개발설비투자세액공제	제11조	투자금액 × 10/100	06		
	기술취득에 대한 세액공제	제12조제2항	특허권 등 취득금액 × 7/100 *법인세의 10% 한도	07		
	임시투자세액공제	(구)제26조	'10.12.31 이전: 투자금액 × 7/100 '11.1.1 ~ 12.31: 투자금액 × 4%, 5%	11		10,308,636
합			계	30		11,748,216

2. 당기공제세액 및 이월액계산

⑩구분	⑩사업연도	요공제세액		당기공제대상세액						⑮최저한세 적용에 따른 미공제액	⑯기타사유로 인한 미공제액	⑰공제세액 (⑭-⑮-⑯)	⑱소멸	⑲이월액 (⑰+⑱-⑰-⑱)
		⑰당기분	⑱이월분	⑲당기분	⑩1차 연도	⑪2차 연도	⑫3차 연도	⑬4차 연도	⑭계					
임시투자세액공제	2011	10,308,636		10,308,636					10,308,636			10,308,636		
	소계	10,308,636		10,308,636					10,308,636			10,308,636		
고용증대세액공제	2010		13,333,903		13,333,903				13,333,903			13,333,903		
	소계		13,333,903		13,333,903				13,333,903			13,333,903		
기업어음세액공제	2011	1,439,580		1,439,580					1,439,580			1,439,580		
	소계	1,439,580		1,439,580					1,439,580			1,439,580		
합 계		11,748,216	13,333,903	11,748,216	13,333,903				25,082,119			25,082,119		

※ 평가기준일 전 2년의 요약된 재계산 자료는 다음과 같다.

사업연도	평가기준일 전 2년	법인세 과세표준 및 세액조정계산서	법인명	○○(주)
			사업자등록번호	

구분	항목		코드	금액
① 각사업연도소득계산	(101) 결산서상당기순손익		01	769 296 992
	소득조정 금액	(102) 익금산입	02	354 561 214
		(103) 손금산입	03	342 588 150
	(104) 차가감소득금액 ((101)+(102)-(103))		04	781 270 056
	(105) 기부금한도초과액		05	2 040 000
	(106) 기부금한도초과 이월액손금산입		54	
	(107) 각사업연도소득금액 ((104)+(105)-(106))		06	783 310 056
② 과세표준계산	(108) 각사업연도소득금액 ((108)=(107))			783 310 056
	(109) 이월결손금		07	
	(110) 비과세소득		08	
	(111) 소득공제		09	
	(112) 과세표준 ((108)-(109)-(110)-(111))		10	783 310 056
	(159) 선박표준이익		55	
③ 산출세액계산	(113) 과세표준((112)+(159))		56	783 310 056
	(114) 세율		11	22%
	(115) 산출세액		12	148 328 212
	(116) 지점유보소득(「법인세법」 제96조)		13	
	(117) 세율		14	
	(118) 산출세액		15	
	(119) 합계((115)+(118))		16	148 328 212
④ 납부할세액계산	(120) 산출세액((120)=(119))			148 328 212
	(121) 최저한세적용대상 공제감면세액		17	93 496 509
	(122) 차감세액		18	54 831 703
	(123) 최저한세적용제외 공제감면세액		19	
	(124) 가산세액		20	
	(125) 가감계((122)-(123)+(124))		21	54 831 703
	기납부세액 / 기한내납부세액	(126) 중간예납세액	22	
		(127) 수시부과세액	23	
		(128) 원천납부세액	24	1 735 430
		(129) 간접투자회사 등의 외국납부세액	25	
		(130) 소계 ((126)+(127)+(128)+(129))	26	1 735 430
	기납부세액	(131) 신고납부전가산세액	27	
		(132) 합계((130)+(131))	28	1 735 430

구분	항목		코드	금액
	(133) 감면분추가납부세액		29	
	(134) 차감납부할세액 ((125)-(132)+(133))		30	53 096 273
⑤ 토지등양도소득에대한법인세계산	양도차익	(135) 등기자산	31	
		(136) 미등기자산	32	
	(137) 비과세소득		33	
	(138) 과세표준 ((135)+(136)-(137))		34	
	(139) 세율		35	
	(140) 산출세액		36	
	(141) 감면세액		37	
	(142) 차감세액((140)-(141))		38	
	(143) 공제세액		39	
	(144) 동업기업 법인세 배분액 (가산세 제외)		40	
	(145) 가산세액 (동업기업 배분액 포함)			
	(146) 가감계((142)-(143)+(144)+(145))		41	
	기납부세액	(147) 수시부과세액	42	
		(148) ( ) 세액	43	
		(149) 계 ((147)+(148))	44	
	(150) 차감납부할세액 ((145)-(149))		45	
⑥ 세액계	(151) 차감납부할세액계 ((134)+(150))		46	
	(152) 사실과 다른 회계처리 경정세액공제		57	
	(153) 분납세액계산범위액 ((151)-(124)-(133)-(145)-(152)+(131))		47	
	분납할세액	(154) 현금납부	48	
		(155) 물납	49	
		(156) 계 ((154)+(155))	50	
	차감납부세액	(157) 현금납부	51	
		(158) 물납	52	
		(160) 계 ((157)+(158)) (160)=((151)-(152)-(156))	53	

<table>
<tr><td>사 업
연 도</td><td>평가기준일 전
2년</td><td rowspan="2">최저한세조정계산서</td><td>법 인 명</td><td>○○(주)</td></tr>
<tr><td></td><td></td><td>사업자등록번호</td><td></td></tr>
</table>

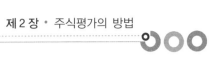

<table>
<tr><td colspan="2">① 구 분</td><td>코드</td><td>②감면 후 세액</td><td>③최저한세</td><td>④조정감</td><td>⑤조정 후 세액</td></tr>
<tr><td colspan="2">⑩ 결산서상 당기순이익</td><td>01</td><td>769,296,992</td><td></td><td></td><td></td></tr>
<tr><td rowspan="2">소 득
조 정 금 액</td><td>⑩ 익 금 산 입</td><td>02</td><td>354,561,214</td><td></td><td></td><td></td></tr>
<tr><td>⑩ 손 금 산 입</td><td>03</td><td>342,588,150</td><td></td><td></td><td></td></tr>
<tr><td colspan="2">⑩ 조정 후 소득금액(⑩+⑩−⑩)</td><td>04</td><td>781,270,056</td><td>781,270,056</td><td></td><td>781,270,056</td></tr>
<tr><td rowspan="2">최 저 한 세
적 용 대 상
특 별 비 용</td><td>⑩ 준 비 금</td><td>05</td><td></td><td></td><td></td><td></td></tr>
<tr><td>⑩ 특별상각 및 특례자산감가상각비</td><td>06</td><td></td><td></td><td></td><td></td></tr>
<tr><td colspan="2">⑩ 특별비용 손금산입 전 소득금액
(⑩ + ⑩ + ⑩)</td><td>07</td><td></td><td></td><td></td><td></td></tr>
<tr><td colspan="2">⑩ 기 부 금 한 도 초 과 액</td><td>08</td><td>2,040,000</td><td>2,040,000</td><td></td><td>2,040,000</td></tr>
<tr><td colspan="2">⑩ 기부금 한도초과 이월액 손금산입</td><td>09</td><td></td><td></td><td></td><td></td></tr>
<tr><td colspan="2">⑪ 각 사 업 연 도 소 득 금액
(⑩ + ⑩ − ⑩)</td><td>10</td><td>783,310,056</td><td>783,310,056</td><td></td><td>783,310,056</td></tr>
<tr><td colspan="2">⑪ 이 월 결 손 금</td><td>11</td><td></td><td></td><td></td><td></td></tr>
<tr><td colspan="2">⑪ 비 과 세 소 득</td><td>12</td><td></td><td></td><td></td><td></td></tr>
<tr><td colspan="2">⑪ 최 저 한 세 적 용 대 상
비 과 세 소 득</td><td>13</td><td></td><td></td><td></td><td></td></tr>
<tr><td colspan="2">⑪ 최 저 한 세 적 용 대상
익 금 불 산 입</td><td>14</td><td></td><td></td><td></td><td></td></tr>
<tr><td colspan="2">⑪ 차 가 감 소 득 금 액
(⑪ − ⑪ − ⑪ + ⑪ + ⑪)</td><td>15</td><td>783,310,056</td><td>783,310,056</td><td></td><td>783,310,056</td></tr>
<tr><td colspan="2">⑪ 소 득 공 제</td><td>16</td><td></td><td></td><td></td><td></td></tr>
<tr><td colspan="2">⑪ 최 저 한 세 적 용 대 상
소 득 공 제</td><td>17</td><td></td><td></td><td></td><td></td></tr>
<tr><td colspan="2">⑪ 과 세 표 준 금 액
(⑪ − ⑪ + ⑪)</td><td>18</td><td>783,310,056</td><td>783,310,056</td><td></td><td>783,310,056</td></tr>
<tr><td colspan="2">⑪ 선 박 표 준 이 익</td><td>24</td><td></td><td></td><td></td><td></td></tr>
<tr><td colspan="2">⑫ 과 세 표 준 금 액(⑪ + ⑪)</td><td>25</td><td>783,310,056</td><td>783,310,056</td><td></td><td>783,310,056</td></tr>
<tr><td colspan="2">⑫ 세 율</td><td>19</td><td>22%</td><td>7%</td><td></td><td>22%</td></tr>
<tr><td colspan="2">⑫ 산 출 세 액</td><td>20</td><td>148,328,212</td><td>54,831,703</td><td></td><td>148,328,212</td></tr>
<tr><td colspan="2">⑫ 감 면 세 액</td><td>21</td><td></td><td></td><td></td><td></td></tr>
<tr><td colspan="2">⑫ 세 액 공 제</td><td>22</td><td>106,830,412</td><td></td><td>13,333,903</td><td>93,496,509</td></tr>
<tr><td colspan="2">⑫ 차 감 세 액(⑫ − ⑫ − ⑫)</td><td>23</td><td>41,497,800</td><td></td><td></td><td>54,831,703</td></tr>
</table>

<table>
<tr><td>사업연도
평가기준일 전 2년</td><td colspan="4">농어촌특별세과세표준 및 세액조정계산서</td><td>법인명
○○(주)</td></tr>
<tr><td>사업자등록번호</td><td></td><td>법인등록번호</td><td colspan="3"></td></tr>
<tr><td rowspan="2">①법인유형</td><td colspan="2">②과세표준</td><td rowspan="2">세율</td><td rowspan="2">③세액</td></tr>
<tr><td>구분</td><td>금액</td></tr>
<tr><td rowspan="4">④일반법인</td><td>⑤법인세감면세액</td><td>93,496,509</td><td>20%</td><td>18,699,302</td></tr>
<tr><td>⑥</td><td></td><td></td><td></td></tr>
<tr><td>⑦</td><td></td><td></td><td></td></tr>
<tr><td>⑧소계</td><td>93,496,509</td><td></td><td>18,699,302</td></tr>
<tr><td rowspan="3">⑨조합법인등</td><td>⑩법인세감면세액</td><td></td><td>20%</td><td></td></tr>
<tr><td>⑪</td><td></td><td></td><td></td></tr>
<tr><td>⑫소계</td><td></td><td></td><td></td></tr>
</table>

<table>
<tr><td>사 업
연 도</td><td>평가기준일 전 2년</td><td rowspan="2">농어촌특별세 과세대상 감면세액
합계표</td><td>법인명</td><td>○○(주)</td></tr>
<tr><td></td><td></td><td>사업자등록번호</td><td></td></tr>
</table>

1. 일반법인의 감면세액

<table>
<tr><td>①
구 분</td><td>② 감 면 내 용</td><td>③「조세특례제한법」
근거조항</td><td>코
드</td><td>④감 면 세 액
(소 득 금 액)</td><td>비 고</td></tr>
<tr><td rowspan="16">⑨
세 액
공 제</td><td>⑫⑥중소기업투자세액공제</td><td>제5조</td><td>131</td><td></td><td rowspan="16">별지 제8호
서식(갑)의
④, ⑦란
세액공제
해당금액</td></tr>
<tr><td>⑫⑦기업의어음제도개선을 위한 세액공제</td><td>제7조의2</td><td>132</td><td></td></tr>
<tr><td>⑫⑧대중소기업 상생협력을 위한 기금 출연 세액공제</td><td>제8조의3</td><td>13D</td><td></td></tr>
<tr><td>⑫⑨생산성향상시설투자세액공제</td><td>제24조</td><td>134</td><td></td></tr>
<tr><td>⑬⓪안전설비투자세액공제</td><td>제25조</td><td>135</td><td></td></tr>
<tr><td>⑬①환경보전시설투자세액공제</td><td>제25조의3</td><td>143</td><td></td></tr>
<tr><td>⑬②에너지절약시설투자세액공제</td><td>제25조의2</td><td>136</td><td>14,000,000</td></tr>
<tr><td>⑬③의약품 품질관리시설투자 세액공제</td><td>제25조의4</td><td>144</td><td></td></tr>
<tr><td>⑬④임시투자세액공제</td><td>(구)제26조</td><td>137</td><td>76,330,412</td></tr>
<tr><td>⑬⑤고용창출투자세액공제</td><td>제26조</td><td>13E</td><td></td></tr>
<tr><td>⑬⑥근로자복지증진시설투자세액공제</td><td>제94조</td><td>138</td><td></td></tr>
<tr><td>⑮⑨고용을 증대시킨 기업에 대한 세액공제</td><td>제29조의7</td><td>18F</td><td>3,166,097</td></tr>
<tr><td>⑬⑧제3자 물류비용 세액공제</td><td>제104조의14</td><td>145</td><td></td></tr>
<tr><td>⑬⑨해외자원개발사업지원 세액공제</td><td>제104조의15</td><td>148</td><td></td></tr>
<tr><td>⑭⓪대학 맞춤형 교육비용 등 세액공제</td><td>제104조의18 제1항</td><td>149</td><td></td></tr>
<tr><td>⑭①대학 기부설비에 대한 세액공제</td><td>제104조의18 제2항</td><td>13A</td><td></td></tr>
<tr><td colspan="4">⑩감 면 세 액 합 계</td><td>93,496,509</td><td></td></tr>
</table>

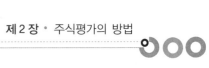

사업연도	평가기준일 전 2년	공제감면세액 및 추가납부세액합계표(갑)	법인명	○○(주)
			사업자등록번호	

1. 최저한세 적용제외 공제감면세액

2. 최저한세 적용대상 공제감면세액

(제2쪽)

①구 분		②근 거 법 조 항	코드	⑤전기이월액	⑥당기발생액	⑦공제세액
세액공제	(179)에너지절약시설투자세액공제	「조세특례제한법」 제25조의2	77		14,000,000	14,000,000
	(180)환경보전시설 투자세액공제	「조세특례제한법」 제25조의3	4A			
	(181)의약품 품질관리시설투자 세액공제	「조세특례제한법」 제25조의4	4B			
	(182)임시투자세액공제	「조세특례제한법」 제26조	37	76,225,412	105,000	76,330,412
	(183)고용창출투자세액공제	「조세특례제한법」 제26조	4N			
	(184)정규직근로자 전환 세액공제	「조세특례제한법」 제30조의2	4H			
	(185)고용증대 세액공제	「조세특례제한법」 제30조의4	91		16,500,000	3,166,097
	(186)근로자복지증진시설투자세액공제	「조세특례제한법」 제94조	42			
	(195)		65			
	(198)소 계		49	76,225,412	30,605,000	93,496,509
(199)합 계((170) + (198))			50			93,496,509
(200)공제감면세액 총계((150) + (199))			51			93,496,509

사업연도	평가기준일 전 2년	세액공제조정명세서(3)	법인명	○○(주)
			사업자등록번호	

1. 공제세액계산(「조세특례제한법」)

(100)구 분		근거법 조항	(102) 계 산 기 준	코드	(103)계산명세	(104)공제대상세액
조세특례제한법	생산성향상시설투자세액공제	제24조	투자금액 × 7(3)/100	08		
	안전설비투자세액공제	제25조	투자금액 × 3/100	09		
	에너지절약시설투자세액공제	제25조의2	투자금액 × 20/100	10		14,000,000
	환경보전시설 투자세액공제	제25조의3	투자금액 × 10/100	21		
	의약품 품질관리시설투자세액공제	제25조의4	투자금액 × 7/100	22		
	임시투자세액공제	(구)제26조	'10.12.31 이전: 투자금액 × 7/100 '11.1.1 이후: 투자금액 × 4%, 5%	11		105,000
	고용창출투자세액공제	제26조	투자금액 × 1%(한도: 상시근로자 증가분 × 1,000만원, 1,500만원)	1E		
	정규직 근로자 전환 세액공제	제30조의2	전환인원수 × 30만원	23		
	고용증대 세액공제	제30조의4	상시근로자 증가분 × 300만원	15		16,500,000
합			계	30		30,605,000

2. 당기공제세액 및 이월액계산

(105)구분	(106)사업연도	요공제세액		당기공제대상세액						(115)최저한세 적용에 따른 미공제액	(116)기타사유로 인한 미공제액	(117)공제세액((114)-(115)-(116))	(118)소멸	(119)이월액((107)+(108)-(117)-(118))
		(107)당기분	(108)이월분	(109)당기분	(110)1차연도	(111)2차연도	(112)3차연도	(113)4차연도	(114)계					
임시투자세액공제	2006		22,000,712					22,000,712	22,000,712			22,000,712		
	2007		40,824,700				40,824,700		40,824,700			40,824,700		
	2008		11,564,000			11,564,000			11,564,000			11,564,000		
	2009		1,836,000		1,836,000				1,836,000			1,836,000		
	2010	105,000		105,000					105,000			105,000		
	소계	105,000	76,225,412	105,000	1,836,000	11,564,000	40,824,700	22,000,712	76,330,412			76,330,412		
에너지절약투자세액공제	2010	14,000,000		14,000,000					14,000,000			14,000,000		
	소계	14,000,000		14,000,000					14,000,000			14,000,000		
고용증대세액공제	2010	16,500,000		16,500,000					16,500,000	13,333,903		3,166,097		13,333,093
	소계	16,500,000		16,500,000					16,500,000	13,333,903		3,166,097		13,333,093
합 계		30,605,000	76,225,412	30,605,000	1,836,000	11,564,000	40,824,700	22,000,712	106,830,412	13,333,903		93,496,509		13,333,903

※ 평가기준일 전 3년의 요약된 재계산 자료는 다음과 같다.

사업연도	평가기준일 전 3년	법인세 과세표준 및 세액조정계산서	법인명	○○(주)
			사업자등록번호	

구분	항목		코드	금액
①각사업연도소득계산	⑩결산서상당기순손익		01	275 752 033
	소득조정금액	⑩익금산입	02	34 669 734
		⑩손금산입	03	58 052 320
	⑭차가감소득금액(⑩+⑩-⑩)		04	252 369 447
	⑮기부금한도초과액		05	
	⑯기부금한도초과이월액손금산입		54	
	⑰각사업연도소득금액(⑭+⑮-⑯)		06	252 369 447
②과세표준계산	⑱각사업연도소득금액(⑱=⑰)			252 369 447
	⑲이월결손금		07	
	⑪비과세소득		08	
	⑪소득공제		09	
	⑫과세표준(⑱-⑲-⑩-⑪)		10	252 369 447
	⑮선박표준이익		55	
③산출세액계산	⑬과세표준(⑫+⑲)		56	252 369 447
	⑭세율		11	22%
	⑮산출세액		12	33 521 278
	⑯지점유보소득(「법인세법」 제96조)		13	
	⑰세율		14	
	⑱산출세액		15	
	⑲합계(⑮+⑱)		16	33 521 278
④납부할세액계산	⑳산출세액(⑳=⑲)			33 521 278
	㉑최저한세적용대상공제감면세액		17	13 331 723
	㉒차감세액		18	20 189 555
	㉓최저한세적용제외공제감면세액		19	
	㉔가산세액		20	
	㉕가감계(㉒-㉓+㉔)		21	20 189 555
	기납부세액 - 기한내납부세액	㉖중간예납세액	22	
		㉗수시부과세액	23	
		㉘원천납부세액	24	
		㉙간접투자회사 등의 외국납부세액	25	
		㉚소계(㉖+㉗+㉘+㉙)	26	
		㉛신고납부전가산세액	27	
		㉜합계(㉚+㉛)	28	

구분	항목		코드	금액
	㉝감면분추가납부세액		29	
	㉞차감납부할세액(㉕-㉜+㉝)		30	20 189 555
⑤토지등양도소득에대한법인세계산	양도차익	㉟등기자산	31	
		㊱미등기자산	32	
	㊲비과세소득		33	
	㊳과세표준(㉟+㊱-㊲)		34	
	㊴세율		35	
	㊵산출세액		36	
	㊶감면세액		37	
	㊷차감세액(㊵-㊶)		38	
	㊸공제세액		39	
	㊹동업기업 법인세 배분액(가산세 제외)		40	
	㊺가산세액(동업기업 배분액 포함)			
	㊻가감계(㊷-㊸+㊹+㊺)		41	
	기납부세액	㊼수시부과세액	42	
		㊽( )세액	43	
		㊾계(㊼+㊽)	44	
	㊿차감납부할세액(㊻-㊾)		45	
⑥세액계	⑮차감납부할세액계(㉞+㊿)		46	
	⑮사실과 다른 회계처리 경정세액공제		57	
	⑮분납세액계산범위액(⑮-㉔-㉝-㊺-⑮+㉛)		47	
	분납할세액	⑮현금납부	48	
		⑮물납	49	
		⑮계(⑮+⑮)	50	
	차감납부세액	⑮현금납부	51	
		⑮물납	52	
		⑯계(⑮+⑮) ⑯=(⑮-⑮-⑮)	53	

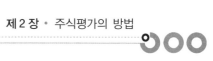

사업연도	평가기준일 전 3년	최저한세조정계산서	법인명	○○(주)
			사업자등록번호	

① 구분		코드	②감면 후 세액	③최저한세	④조정감	⑤조정 후 세액
(101) 결산서상당기순이익		01	275,752,033			
소득조정금액	(102) 익금산입	02	34,669,734			
	(103) 손금산입	03	58,052,320			
(104) 조정후소득금액((101)+(102)-(103))		04	252,369,447	252,369,447		252,369,447
최저한세 적용대상 특별비용	(105) 준비금	05				
	(106) 특별상각 및 특례자산감가상각비	06				
(107) 특별비용 손금산입 전 소득금액 ((104) + (105) + (106))		07	252,369,447	252,369,447		252,369,447
(108) 기부금한도초과액		08				
(109) 기부금한도 초과 이월액 손금산입		09				
(110) 각사업연도소득금액 ((107) + (108) - (109))		10	252,369,447	252,369,447		252,369,447
(111) 이월결손금		11				
(112) 비과세소득		12				
(113) 최저한세적용대상 비과세소득		13				
(114) 최저한세적용대상 익금불산입		14				
(115) 차가감소득금액 ((110) - (111) - (112) + (113) + (114))		15	252,369,447	252,369,447		252,369,447
(116) 소득공제		16				
(117) 최저한세적용대상 소득공제		17				
(118) 과세표준금액 ((115) - (116) + (117))		18	252,369,447	252,369,447		252,369,447
(119) 선박표준이익		24				
(120) 과세표준금액((118) + (119))		25	252,369,447	252,369,447		252,369,447
(121) 세율		19	22%	8%		22%
(122) 산출세액		20	33,521,278	20,189,555		33,521,278
(123) 감면세액		21				
(124) 세액공제		22	89,557,135		76,225,412	13,331,723
(125) 차감세액((122)-(123)-(124))		23	-56,035,857			20,189,555

사업연도	농어촌특별세과세표준 및 세액조정계산서				법인명
평가기준일 전 3년					○○(주)
사업자등록번호		법인등록번호			
①법인유형	②과세표준		세율	③세액	
	구분	금액			
④일반법인	⑤법인세감면세액	13,331,723	20%	2,666,345	
	⑥				
	⑦				
	⑧소계	13,331,723		2,666,345	
⑨조합법인등	⑩법인세감면세액		20%		
	⑪				
	⑫소계				

사업 연도	평가기준일 전 3년	농어촌특별세 과세대상 감면세액 합계표		법인명	○○(주)
				사업자등록번호	
1. 일반법인의 감면세액					
① 구 분	② 감 면 내 용	③「조세특례제한법」 근거조항	코드	④감 면 세 액 (소 득 금 액)	비 고
⑨ 세액공제	⑫⑥중소기업투자세액공제	제5조	131		별지 제8호 서식(갑)의 ④, ⑦란 세액공제 해당금액
	⑫⑦기업의어음제도개선을 위한 세액공제	제7조의2	132		
	⑫⑧대중소기업 상생협력을 위한 기금 출연 세액공제	제8조의3	13D		
	⑫⑨생산성향상시설투자세액공제	제24조	134		
	⑬⓪안전설비투자세액공제	제25조	135		
	⑬①환경보전시설투자세액공제	제25조의3	143		
	⑬②에너지절약시설투자세액공제	제25조의2	136		
	⑬③의약품 품질관리시설투자 세액공제	제25조의4	144		
	⑬④임시투자세액공제	(구)제26조	137	13,331,723	
	⑬⑤고용창출투자세액공제	제26조	13E		
	⑬⑥근로자복지증진시설투자세액공제	제94조	138		
	⑬⑧제3자 물류비용 세액공제	제104조의14	145		
	⑬⑨해외자원개발사업지원 세액공제	제104조의15	148		
	⑭⓪대학 맞춤형 교육비용 등 세액공제	제104조의18 제1항	149		
	⑭①대학 기부설비에 대한 세액공제	제104조의18 제2항	13A		
⑩감 면 세 액 합 계				13,331,723	

사업연도	평가기준일 전 3년	공제감면세액 및 추가납부세액합계표(갑)	법인명	○○(주)
			사업자등록번호	

1. 최저한세 적용제외 공제감면세액

①구 분	②근거법조항	코드	③대상세액	④감면(공제)세액

2. 최저한세 적용대상 공제감면세액

①구 분	②근거법조항	코드	③대상세액	④감면세액

①구 분	②근거법조항	코드	⑤전기이월액	⑥당기발생액	⑦공제세액
(166)생산성향상시설투자세액공제	「조세특례제한법」 제24조	35			
(171)임시투자세액공제	「조세특례제한법」 제26조	37	87,721,135	1,836,000	13,331,723
(172)정규직근로자 전환 세액공제	「조세특례제한법」 제30조의2	4H			
(173)근로자복지증진시설투자세액공제	「조세특례제한법」 제94조	42			
(174)전자신고에 대한 세액공제(납세의무자)	「조세특례제한법」 제104조의8 제1항	84			
(190)소 계		49	87,721,135	1,836,000	13,331,723
(195)합 계((160) + (190))		50			13,331,723
(200)공제감면세액 총계((141) + (195))		51			13,331,723

사업연도	평가기준일 전 3년	세액공제조정명세서(3)	법인명	○○(주)
			사업자등록번호	

1. 공제세액계산(「조세특례제한법」)

	(100)구 분	근거법조항	(102)계산기준	코드	(103)계산명세	(104)공제대상세액
「조세특례제한법」	중소기업투자세액공제	제5조	투자금액 × 3/100	01		
	기업의 어음제도개선을 위한 세액공제	제7조의2	(환어음 등 지급금액－약속어음 결제금액) × ((4,5)/1000, 15/10000) *산출세액의 10% 한도	02		
	연구·인력개발비세액공제	제10조	발생액 × 25/100 [(3/100 + R&D지출비율 × 0.5(3%한도)] 또는 4년 평균초과액 × 50(40)/100	04		
	에너지절약시설투자세액공제	제25조의2	투자금액 × 20/100	10		
	환경보전시설 투자세액공제	제25조의3	투자금액 × 10/100	21		
	의약품 품질관리시설투자세액공제	제25조의4	투자금액 × 7/100	22		
	임시투자세액공제	제26조	투자금액 × (3,10)/100 + 3년 평균초과투자액* × 10% *한도 : '09.5.21. 속하는 과세연도 최초 투자개시금액	11		1,836,000
합			계	30		1,836,000

2. 당기공제세액 및 이월액계산

(105)구분	(106)사업연도	요공제세액 (107)당기분	요공제세액 (108)이월분	당기공제대상세액 (109)당기분	(110)1차연도	(111)2차연도	(112)3차연도	(113)4차연도	(114)계	(115)최저한세 적용에 따른 미공제액	(116)공제세액 ((114)－(115)－(116))	(117)소멸	(118)이월액 ((107)+(108)－(116)－(117))
임시투자세액공제	2005		10,877,042					10,877,042	10,877,042		10,877,042		
	2006		24,455,393				24,455,393		24,455,393	22,000,712	2,454,681		22,000,712
	2007		40,824,700			40,824,700			40,824,700	40,824,700			40,824,700
	2008		11,564,000		11,564,000				11,564,000	11,564,000			11,564,000
	2009	1,836,000		1,836,000					1,836,000	1,836,000			1,836,000
	소계	1,836,000	87,721,135	1,836,000	11,564,000	40,824,700	24,455,393	10,877,042	89,577,135	76,225,412	13,331,723		76,225,412
합 계		1,836,000	87,721,135	1,836,000	11,564,000	40,824,700	24,455,393	10,877,042	89,577,135	76,225,412	13,331,723		76,225,412

(3) - 2. 순손익액의 계산

이월결손금과 공제감면세액 등을 감안한 법인세 총결정세액, 농어촌특별세 총결정세액, 지방소득세 총결정세액을 재계산한 결과는 다음과 같다.

| 이월결손금이 공제된 순손익액 및 1주당 가액 |

구분	평가기준일 전 1년	평가기준일 전 2년	평가기준일 전 3년
① 각 사업연도 소득금액	780,924,088	783,310,056	252,369,447
⑭ 법인세 총결정세액	10,077,062	0	0
⑮ 농어촌특별 세총결정세액	863,748	0	0
⑯ 지방소득세 총결정세액	1,007,706	0	0
(마) 순손익액	768,975,572	777,126,276	252,325,807
(사) 주당순손익액	3,845	3,886	1,262
(차) 1주당 가액	34,270		

| 이월결손금이 공제되지 않은 순손익액 및 1주당 가액 |

구분	평가기준일 전 1년	평가기준일 전 2년	평가기준일 전 3년
① 각 사업연도 소득금액	780,924,088	783,310,056	252,369,447
⑭ 법인세 총결정세액	122,721,180	54,831,703	20,189,555
⑮ 농어촌특별 세총결정세액	2,349,643	18,066,082	2,666,344
⑯ 지방소득세 총결정세액	12,272,118	5,483,170	2,018,955
(마) 순손익액	643,581,147	698,745,321	227,445,953
(사) 주당순손익액	3,217	3,493	1,137
(차) 1주당 가액	29,630		

이와 같이 법인세 총결정세액, 농어촌특별세 총결정세액, 지방소득세 총결정세액을 재계산해야 하는 이유는 소득에서 차감할 금액 중 법인세법의 규정에 의하여 각 사업연도의 소득에 대하여 납부하였거나 납부하여야 할 법인세 등은 이월결손금을 공제하기 전의 각 사업연도 소득에 대한 법인세비용 등을 말하기 때문이다. 따라서 이월결손금 공제 전의 법인세 등을 계산하기 위해서는 위와 같은 방법으로 재계산을 해야 한다. 이월결손금을 공제하기 전의 법인세총결정세액 등을 재계산한 후 작성된 순손익액계산서는 다음과 같게 된다.

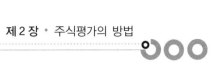

7. 순손익액				
평가기준일 1년, 2년, 3년이 되는 사업연도		1년	2년	3년
① 각 사업연도 소득금액		780,924,088	783,310,056	252,369,447
소득에 가산할 금액	② 국세, 지방세 과오납에 대한 환급금이자			
	③ 수입배당금 중 익금불산입한 금액			
	④ 기부금의 손금산입한도액 초과금액의 이월 손금 산입액			
가. 소계(① + ② + ③ + ④)		780,924,088	783,310,056	252,369,447
소득에서 공제할 금액	⑤ 벌금, 과료, 과태료 가산금과 체납처분비			43,640
	⑥ 손금 용인되지 않는 공과금		3,233,780	
	⑦ 업무에 관련 없는 지출			
	⑧ 각 세법에 규정하는 징수불이행 납부세액			
	⑨ 기부금 한도초과액(비정기부금 포함)		2,050,000	5,000
	⑩ 기업업무추진비 한도초과액		900,000	
	⑪ 과다경비등의 손금불산입액			
	⑫ 지급이자의 손금불산입액			
	⑬ 감가상각비(시행령 제56조 제4항 라목)			
	⑭ 법인세 총결정세액	122,721,180	54,831,703	20,189,555
	⑮ 농어촌특별세 총결정세액	2,349,643	18,066,082	2,666,344
	⑯ 지방소득세 총결정세액	12,272,118	5,483,170	2,018,955
나. 소계(⑤ ~ ⑯)		137,342,941	84,564,735	24,923,494
다. 순손익액(가 - 나)		643,581,147	698,745,321	227,445,953
라. 유상증자 · 감자 시 반영액				
마. 순손익액(다 ± 라)		643,581,147	698,745,321	227,445,953
바. 사업연도말 주식수 또는 환산주식수		200,000	200,000	200,000
사. 주당순손익액(마 ÷ 바)		⑰ 3,217	⑱ 3,493	⑲ 1,137
아. 가중평균액{(⑰ × 3 + ⑱ × 2 + ⑲) / 6}		2,963		
자. 기획재정부령이 정하는 율		10%		
차. 최근 3년간 순손익액의 가중평균액에 의한 1주당 가액(아 ÷ 자)		29,630		

(4) 영업권의 계산

(4)-1. 이월결손금이 공제된 영업권의 계산

영업권의 평가 = 초과이익금액 × 5년 연금현가 계수 3.79079

영업권 0원 = 412,107,6125원[(평가기준일 이전 3년간 순손익액의 가중평균액 685,584,179원 × 50%)-(자기자본 7,548,997,020원 × 10%)] × 5년 연금현가 계수 3.79079

6. 영업권		
가. 평가기준일 이전 3년간 순손익액의 가중평균액	685,584,179	(①×3 + ②×2+③) / 6
① 평가기준일 이전 1년이 되는 사업연도 순손익액	768,975,572	
② 평가기준일 이전 2년이 되는 사업연도 순손익액	777,126,276	
③ 평가기준일 이전 3년이 되는 사업연도 순손익액	252,325,807	
나. 가 × 50%	342,792,090	
다. 평가기준일 현재 자기자본	7,548,997,020	
라. 기획재정부령이 정하는 이자율	10%	10%
마. 다 × 라	754,899,702	
바. 영업권 지속연수	5년	5년
사. 영업권 계산액 $\sum_{n=1}^{n} = \left[\frac{(나-마)}{(1+0.1)^n}\right]$ n은 평가기준일부터의 경과연수	-412,107,6125 × 3.79079	
아. 영업권 상당액에 포함된 매입한 무체재산권가액 중 평가기준일까지의 감가상각비를 공제한 금액	0	
자. 영업권 평가액(사-아)	0	제2쪽 4. 순자산가액 "라" 기재

영업권 계산 시 최근 3년간의 순손익액의 가중평균액은 제56조 제1항 및 제2항을 준용하여 평가하고, "1주당 순손익액"과 "1주당 추정이익"은 "순손익액"으로 본다.

(4) - 2. 이월결손금이 공제되지 않은 영업권의 계산

영업권의 평가 = 초과이익금액 × 5년 연금현가 계수 3.79079

영업권 0원 = 458,593,032원[(평가기준일 이전 3년간 순손익액의 가중평균액 685,584,179원 × 50%) - (자기자본 7,548,997,020원 × 10%)] × 5년 연금현가 계수 3.79079

6. 영업권		
가. 평가기준일 이전 3년간 순손익액의 가중평균액	592,613,339	(①×3 + ②×2 + ③) / 6
① 평가기준일 이전 1년이 되는 사업연도 순손익액	643,581,147	
② 평가기준일 이전 2년이 되는 사업연도 순손익액	698,745,321	
③ 평가기준일 이전 3년이 되는 사업연도 순손익액	227,445,953	
나. 가 × 50%	296,306,670	
다. 평가기준일 현재 자기자본	7,548,997,020	
라. 기획재정부령이 정하는 이자율	10%	10%
마. 다 × 라	754,899,702	
바. 영업권 지속연수	5년	5년
사. 영업권 계산액 $\sum_{n=1}^{n} = \left[\frac{(나 - 마)}{(1 + 0.1)^n}\right]$ n은 평가기준일부터의 경과연수	-458,593,032 × 3.79079	
아. 영업권 상당액에 포함된 매입한 무체재산권가액 중 평가기준일까지의 감가상각비를 공제한 금액	0	
자. 영업권 평가액(사-아)	0	제2쪽 4. 순자산가액 "라" 기재

영업권 계산 시 최근 3년간의 순손익액의 가중평균액은 제56조 제1항 및 제2항을 준용하여 평가하고, "1주당 순손익액"과 "1주당 추정이익"은 "순손익액"으로 본다.

(5) 비상장주식 평가서

앞서 작성된 순자산가액과 순손익액에 의한 비상장주식 평가서는 다음과 같게 된다.

① **발행주식총수**(**비상장주식 평가서 서식 ①**)

비상장주식의 1주당 순자산가치를 계산할 때 "발행주식총수(①)"는 평가기준일 현재의 발행주식총수에 의한다. 이 경우 발행주식총수에는 보통주뿐만 아니라 배당우선주 및 상환우선주가 포함되나, 평가기준일 현재 발행되지 않은 신주는 포함하지 않는다. 또한 법인이 합병 등으로 인하여 취득한 자기주식 중 주식을 소각하기 위하여 보유하는 자기주식은 발행주식총수에 포함하지 아니한다. 주식을 소각하거나 자본을 감소하기 위하여 보유하는 자기주식인 경우, 자기주식을 자본에서 차감할 항목으로 보아 발행주식총수에서 해당 자기주식을 차감하여 1주당 순자산가치와 순손익가치를 평가한다. 기타 일시적으로 보유한 후 처분할 자기주식인 경우에는 자기주식을 자산으로 보아 해당 자기주식은 발행주식총수에 포함시킨다. 법인의 자산을 상속증여세법 시행령 제55조 제1항의 규정에 의하여 평가한 가액이 순자산가액이 되므로 자기주식이 있는 경우 1주당 순자산가액은 다음과 같은 방법으로 계산한다.

1. $$\text{1주당 순자산가액(x)} = \frac{\text{〔(자기주식을 제외한 순자산가액)} + \text{(자기주식수} \times \text{1주당 순자산가액(x))〕}}{\text{총 발행주식수}}$$

* 1주당 순자산가액을 "x"로 하여 1차 방정식으로 "x"를 계산함.

② **최대주주 할증**(**비상장주식 평가서 서식 ⑦**)

사례의 평가대상 법인은 중소기업이므로 최대주주 할증평가가 배제된다.

③ **부동산과다보유법인**[70](**비상장주식 평가서 서식 ⑥ ㉮**)

평가대상 법인의 자산총액 중 부동산 등[토지 또는 건물 + 부동산을 취득할 수 있는

70) 부동산과다보유법인 판단 기준이 되는 자산가액 산정 시 그 대상이 되는 자산을 '토지 또는 건물의 양도로 발생하는 소득' 및 '부동산을 취득할 수 있는 권리, 지상권, 전세권과 등기된 부동산의 임차권의 양도로 발생하는 소득'으로 명시한 점에 비추어 보면, 선박을 부동산으로 보아 위 각 규정을 유추적용하는 것은 조세법률주의에 위배된다(서울고법 2019누49610, 2020.12.3.).

권리 + 지상권 및 전세권과 등기된 부동산임차권 + 평가대상 법인이 보유한 다른 법인의 주식가액에 그 다른 법인의 부동산등 보유비율을 곱하여 산출한 가액]의 자산가액의 합계액이 차지하는 비율이 81.78%(소득법 §94 ① 4 다목)로 부동산과다보유법인에 해당되므로 비상장주식 1주당 평가액을 다음과 같은 방법으로 산정하였다.

1주당 평가액 = (순손익가치 × 2 + 순자산가치 × 3) ÷ 5

| 부동산과다보유법인 판정 |

구분	대차대조표상	기준시가*
자산총액(A)	10,199,793,773	15,726,539,136
부동산자산가액(B)	7,463,469,795	12,861,382,398
1. 토지	4,855,710,510	9,175,130,510
2. 건물	4,040,459,534	3,686,251,888
감가상각누계액	(1,432,700,249)	
부동산보유비율(B÷A)	73.17%	81.78%

* 토지와 건물의 기준시가와 장부가액 중 큰 금액 기준(평가차액의 계산 참조)

상속증여세법 시행령 제54 제1항의 부동산과다보유법인이란 소득세법 제94조 제1항 제4호 (다)목에 해당하는 법인을 말한다.

※ 소득세법 제94조 제1항 제4호 (다)목

법인의 자산총액 중 다음의 합계액이 차지하는 비율이 100분의 50 이상인 법인

- 토지 또는 건물 및 부동산에 관한 권리의 가액
- 해당 법인이 직접 또는 간접으로 보유한 다른 법인의 주식가액에 그 다른 법인의 부동산등 보유비율을 곱하여 산출한 가액

여기서 법인의 자산총액은 해당 법인의 장부가액(소득세법 제94조 제1항 제1호에 따른 자산으로서 해당 자산의 기준시가가 장부가액보다 큰 경우에는 기준시가)에 따른다. 이 경우 다음의 금액은 자산총액에 포함하지 아니한다(소득령 §158 ④).

- 법인세법 시행령 제24조 제1항 제2호 (바)목 및 (사)목에 따른 무형자산의 금액
- 양도일부터 소급하여 1년이 되는 날부터 양도일까지의 기간 중에 차입금 또는 증자

등에 의하여 증가한 현금·금융재산(상속증여세법 제22조의 규정에 의한 금융재산을 말한다) 및 대여금의 합계액

자산총액을 계산할 때 동일인에 대한 법인세법 제28조 제1항 제4호 (나)목에 따른 가지급금 등과 가수금이 함께 있는 경우에는 이를 상계한 금액을 자산총액으로 한다. 다만, 동일인에 대한 가지급금 등과 가수금의 발생 시에 각각 상환기간 및 이자율 등에 관한 약정이 있는 경우에는 상계하지 아니한다(소득령 §158 ⑤). 양도일로부터 소급하여 1년이 되는 날부터 양도일까지의 기간 중에 증가한 대여금이 위 기간 중에 '차입 또는 증자한 자금에 한하여' 소득세법 시행령 제158조 제3항 제2호가 적용되는 것으로(서울고법 2014누22656, 2015.1.30.) 정상적인 영업활동에 의하지 아니한 인위적인 외부자금 유입을 통하여 자산비율을 조정함으로써 누진세율의 적용을 회피하는 것을 차단하는 데에 있다(조심 2016서2856, 2018.3.16.).

자산총액을 산정함에 있어서 소득세법 시행령 제158조 제3항의 "당해 법인의 장부가액"이라 함은 당해 법인이 법인세법 제112조의 규정에 의하여 기장한 장부가액에 대하여 각 사업연도의 소득에 대한 법인세 과세표준 계산 시 자산의 평가와 관련하여 익금 또는 손금에 산입한 금액을 가감한 세무계산상 장부가액을 말하는 것이며, 부채성충당금인 대손충당금은 자산가액에서 차감하지 않는(재산세과 3914, 2008.11.21.) 소득세법 제94조 제1항 제4호 (다)목에 따른 다른 법인의 주식을 보유한 법인의 부동산 보유비율 계산 시 다른 법인의 주식가액은 장부가액에 따른다(서면 2018법령해석 재산 3021, 2019.8.21.).

부동산 보유비율 = (토지 또는 건물 및 부동산에 관한 권리의 가액 + 다른 법인 보유주식의 장부가액 × 다른 법인의 부동산 보유비율) ÷ 법인의 자산총액

계정과목	기준시가	장부가액
토지·건물	-	-
B법인주식	175억원	67억원
기타자산	22억원	22억원
자산총계	197억원	89억원

부동산 보유비율 48.93% = (토지 또는 건물 및 부동산에 관한 권리의 가액 0원 + 다른 법인 보유주식의 장부가액 67억원 × 다른 법인의 부동산 보유비율 65%) ÷ 법인의 자산총액 89억원 = 43.55억원 ÷ 89억원

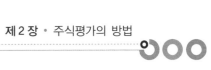

(5)-1. 이월결손금이 공제된 비상장주식 평가서

비상장주식 등 평가서

(단위: 주, 원) (제1쪽)

1. 평가대상 비상장법인

법인명		사업자등록번호		대표자 성명	
①발행주식총수	200,000	1주당 액면가액		자본금	
평가기준일	20××.12.31.		②부동산과다보유법인 해당여부	[√]	

2. 순자산가치로만 평가하는 경우 [v] 표시 (상속증여세법 시행령 제54조 제4항 해당여부)

가. 신고기한 이내에 청산절차가 진행 중이거나, 사업자의 사망 등으로 사업의 계속이 곤란하다고 인정되는 경우 해산(합병)등기일 (　　.　.　)	[ ]
나. 사업 개시전의 법인, 사업개시 후 3년 미만의 법인, 휴업·폐업 중인 경우 사업개시일 (　　.　.　), 휴·폐업일 (　　.　.　)	[ ]
다. 평가기준일이 속하는 사업연도 전 3년 내의 사업연도부터 계속하여 「법인세법」상 각 사업연도에 속하거나 속하게 될 손금의 총액이 그 사업연도에 속하거나 속하게 될 익금의 총액을 초과하는 결손금이 있는 경우	
라. 「소득세법 시행령」 제94조 제1항 제4호 라목에 해당하는 법인의 주식등에 해당하는 경우	
마. 법인의 자산총액 중 주식등의 가액의 합계액이 차지하는 비율이 100분의 80 이상인 법인의 주식등	
바. 법인의 설립 시 정관에 존속기한이 확정된 법인으로서 평가기준일 현재 잔여 존속기한이 3년 이내인 법인의 주식등	

3. 1주당 가액의 평가

③ 순자산가액	7,548,997,020	제2쪽 4. 순자산가액 "마"
④ 1주당 순자산가액(③ ÷ ①)	37,740	
⑤ 최근 3년간 순손익액의 가중평균액에 의한 1주당 가액 또는 2 이상의 회계법인 등이 산출한 1주당 추정이익의 평균액	34,270	제6쪽 7. 순손익액 "차"
⑥ 1주당 평가액 (㉮ 평가액과 ㉯의 평가액 중 많은 금액)	36,350	
㉮ [{(④×2)+(⑤×3)} ÷ 5] 부동산과다보유법인 [{(④ × 3)+(⑤ × 2)} ÷ 5]	36,350	
㉯ 1주당 순자산가액(④)의 80%	30,910	
⑦ 최대주주등에 해당하는 경우 1주당 평가액		
㉮ 최대주주등의 주식등의 1주당 평가액(⑥×할증율)		
㉯ (⑥ + ㉮)	36,350	

(5)-2. 이월결손금이 공제되지 않은 비상장주식 평가서

비상장주식 등 평가서

(단위: 주, 원) (제1쪽)

1. 평가대상 비상장법인

법인명		사업자등록번호		대표자 성명	
①발행주식총수	200,000	1주당 액면가액		자본금	
평가기준일	20××.12.31.		②부동산과다보유법인 해당여부		[√]

2. 순자산가치로만 평가하는 경우 [v] 표시 (상속증여세법 시행령 제54조 제4항 해당여부)

가. 신고기한 이내에 청산절차가 진행 중이거나, 사업자의 사망 등으로 사업의 계속이 곤란하다고 인정되는 경우 해산(합병)등기일 (. .)	[ ]
나. 사업 개시전의 법인, 사업개시 후 3년 미만의 법인, 휴업·폐업 중인 경우 사업개시일 (. .), 휴·폐업일 (. .)	[ ]
다. 평가기준일이 속하는 사업연도 전 3년 내의 사업연도부터 계속하여 「법인세법」상 각 사업연도에 속하거나 속하게 될 손금의 총액이 그 사업연도에 속하거나 속하게 될 익금의 총액을 초과하는 결손금이 있는 경우	
라. 「소득세법 시행령」 제94조 제1항 제4호 라목에 해당하는 법인의 주식등에 해당하는 경우	
마. 법인의 자산총액 중 주식등의 가액의 합계액이 차지하는 비율이 100분의 80 이상인 법인의 주식등	
바. 법인의 설립 시 정관에 존속기한이 확정된 법인으로서 평가기준일 현재 잔여 존속기한이 3년 이내인 법인의 주식등	

3. 1주당 가액의 평가

③ 순자산가액	7,548,997,020	제2쪽 4. 순자산가액 "마"
④ 1주당 순자산가액(③ ÷ ①)	37,740	
⑤ 최근 3년간 순손익액의 가중평균액에 의한 1주당 가액 또는 2 이상의 회계법인 등이 산출한 1주당 추정이익의 평균액	29,630	제6쪽 7. 순손익액 "차"
⑥ 1주당 평가액 (㉮ 평가액과 ㉯의 평가액 중 많은 금액)	34,490	
㉮ [{(④×2)+(⑤×3)} ÷ 5] 부동산과다보유법인 [{(④ × 3)+(⑤ × 2)} ÷ 5]	34,490	
㉯ 1주당 순자산가액(④)의 80%	30,910	
⑦ 최대주주등에 해당하는 경우 1주당 평가액		
㉮ 최대주주등의 주식등의 1주당 평가액(⑥ × 할증율)		
㉯ (⑥ + ㉮)	34,490	

제5절 상장주식의 평가

1 상장주식

상속세나 증여세가 부과되는 재산의 가액은 상속개시일 또는 증여일 현재의 시가에 따른다. 이 경우 상속증여세법 제63조 제1항 제1호 가목(상장주식평가)에 규정된 평가방법으로 평가한 가액(기업공개 목적 등은 제외)을 시가로 본다(상증법 §60 ①). 상장주식의 평가는 원칙적으로 보충적 평가방법을 적용할 수 없다.

(1) 평가의 원칙

(1)-1. 평가의 원칙

자본시장법에 따른 유가증권시장과 코스닥시장에서 거래되는 주권상장법인의 주식은 평가기준일 이전·이후 각 2개월 동안 공표된 매일의 거래소 최종시세가액(거래실적 유무 불문)의 평균액(평균액을 계산할 때 평가기준일 이전·이후 각 2개월 동안에 증자·합병 등의 사유가 발생하여 그 평균액으로 하는 것이 부적당한 경우에는 평가기준일 이전·이후 각 2개월의 기간 중 대통령령으로 정하는 바에 따라 계산한 기간의 평균액)에 의한다. 이 경우의 평가액은 당해 주식 등의 시가로 본다(상증령 §63 ① 1). 다만, 상속증여세법 제38조에 따라 합병으로 인한 이익을 계산할 때 합병(분할합병을 포함)으로 소멸하거나 흡수되는 법인 또는 신설되거나 존속하는 법인이 보유한 상장주식의 시가는 평가기준일 현재의 거래소 최종시세가액으로 한다(상증령 §63 ① 1).

대법원(대법원 2014두14327, 2016.6.23.)은 상장주식의 평가방법인 상속증여세법 제63조 제1항 제1호 (가)목에 대해, 주가의 일시적 급등락에 따른 평가의 왜곡을 막고 시가주의의 원칙에 충실하고자 원칙적으로 일정한 기간 동안 안정적으로 형성된 주가의 평균액으로 상장주식의 가치를 파악하도록 하면서도, 상속증여세법 제63조 제1항 제1호 (가)목 단서, 상속증여세법 시행령 제52조의2 각 호가 그 평가기간 내에 증자·합병 등의 사유가 발생한 경우 그로 인하여 영향을 받기 전의 기간 또는 받은 후의 기간을 제외하고 상장주식을 평가하도록 한 것은 그러한 사유가 유가증권시장에서 형성되는 주가에 상당한 영향을 미침으로써 평가기준일이 속한 기간의 주가와는 본질적인 차이를 가져옴을 감안한 것이다.

평가기준일이 공휴일(매매거래가 없는 토요일을 포함)인 경우에는 그 전일을 기준으로 평균액을 계산하며 종가평균액을 계산함에 있어서 평가기준일 이전·이후 각 2월간의 합산기간이 4월에 미달하는 경우에는 당해 합산기간을 기준으로 한다(상증칙 §16의2 ①). 이 경우 최종시세가액 평균액 계산 시 평가기준일의 최종시세가액도 포함된다. 기간 계산은 월력에 따라 계산한다. 상속개시일에 상장되는 주식의 평가도 상장주식 평가방법에 의하여 평가하며(재삼 46014-1263, 1994.5.9.), 평가기준일 후 2월 내에 상장이 폐지된 경우에도 평가기준일 현재는 상장주식이므로 평가기준일 이전 2월부터 상장이 폐지된 날까지의 종가평균액으로 평가한다. 평가기준일이 공휴일, 매매거래 정지일, 납회기간 등인 경우에는 그 전일을 기준으로 하여야 계산한다. 그러나 평가기준일 이전·이후 각 2월이 되는 날이 공휴일 등이더라도 그 전일이나 후일은 평가대상기간에 산입하지 아니한다(서사-1646, 2004.10.18.).

(1)-2. 상장주식의 시가

상장주식의 시가 적용에 있어 상속증여세법과 법인세법은 평가방법을 달리하고 있다. 법인세법 제52조 및 시행령 제89조 제1항의 규정에 따르면 시가는 특수관계인 외의 불특정다수인과 계속적으로 거래한 가격 또는 특수관계인이 아닌 제3자 간에 일반적으로 거래된 가격이 있는 경우에는 그 가격에 따른다. 다만, 주권상장법인이 발행한 주식을 한국거래소에서 거래한 경우 해당 주식의 시가는 그 거래일의 한국거래소 최종 시세가액으로 하며, 기획재정부령으로 정하는 바에 따라 사실상 경영권의 이전이 수반되는 경우에는 상속증여세법 제63조 제3항(할증평가)을 준용하여 그 가액의 100분의 20을 가산한다(2021.2.17. 개정). 경영권프리미엄이 포함된 가액을 시가로 본다는 것을 명확히 하고 있다. 시행령 개정 전 주식 양도(법인세법상 부당행위계산)에 있어 상장주식의 시가는 최종시세가액이 된다는 심판원(국심 2005중1068, 2006.6.22.)의 판단을 보면, "법인세법 제52조 및 같은 법 시행령 제89조 제1항의 규정에 따르면 시가는 특수관계인이 아닌 제3자 간에 일반적으로 거래된 가격이 있는 경우에는 그 가격으로 하도록 하고 있어 비상장법인이 보유한 상장주식의 시가는 평가기준일 현재 최종시세가액으로 하여야 하므로, 비상장법인의 주식을 상속증여세법 제63조의 규정을 준용하여 평가하더라도 당해 법인이 자산으로 보유하고 있는 상장주식의 시가는 평가기준일 현재의 최종시세가액으로 평가한 것은 정당하다."고 하였다.

상장주식 등의 경우에 상속개시일(증여일)로부터 6개월(3개월) 이내에 처분가격이 있는 경우에도 그 처분가액을 시가로 할 수 없는 것은 상속증여세법 제60조 제1항에서 '제63조 제1항 제1호 가목 및 나목에 규정된 평가방법에 의하여 평가한 가액은 이를 시가로 본다고 규정하고 있으므로 상속증여세법 시행령 제49조 제1항 제1호에 의한 시가(매매가액)를 같은 법 제60조에서 규정하고 있는 시가보다 우선하여 적용할 수는 없는 것이다(국심 2001부1709, 2001.11.17.). 또한 상장주식을 최대주주가 특수관계에 있는 타 주주에게 당일 현재의 증권거래소 종가로 장외에서 양도하더라도 이 가액은 상속증여세법상 시가에 해당되지 아니하므로 이 경우 시가는 상속증여세법 제63조 제1항 제1호 가목에 의하여 평가한 후 다시 최대주주의 주식에 대한 할증평가를 가산하여 계산한다(징세 46101-1338, 1997.5.28.).

구분	평가방법
주권상장법인 주식 (출자지분)	평가기준일 이전·이후 각 2월간에 공표된 매일의 한국거래소 최종시세가액(거래실적의 유무를 불문함)의 평균액
코스닥시장상장법인 주식 (출자지분)*	

* 평가기준일 전·후 6월(증여재산의 경우 평가기준일 전 6개월부터 평가기준일 후 3개월까지) 이내에 매매거래가 정지되거나 관리종목으로 지정·고시된 사실이 없는 경우에 한함(기획재정부령으로 정하는 경우는 제외한다).

| 평가방법 변동 |

1999.12.31.까지	2000.1.1. 이후
① 평가기준일 이전 3개월간 종가평균액 ② 최대주주의 보유주식 10% 할증 ③ 경정청구 등의 특례(상증령 §81 ③ 2) 10% 할증평가된 상장주식을 상속세 신고기한으로부터 6개월 내에 일괄하여 매각한 경우로서 당해 매각금액이 상속세 과세가액에 미달하는 경우(증여의 경우에는 적용되지 아니함)	① 평가기준일 이전·이후 2개월(총 4개월) 종가평균액 ② 최대주주 보유주식 20% 할증(지분 50% 초과 시 30% 할증, 2016.12.20. 삭제) ③ 경정청구(사유) 등의 특례(상증령 §81 ③ 2) 20~30% 할증평가하였으나, 상속세 신고기한으로부터 6개월 내에 일괄하여 매각(특수관계인에게 매각한 경우는 제외)함으로써 최대주주에 해당되지 아니한 경우(증여의 경우에는 적용되지 아니한다)

(2) 증자·합병 등의 사유 발생 시 평가방법

(2)-1. 일반원칙

주권상장법인의 주식 등을 평가함에 있어 평가기준일 이전·이후 각 2개월 동안에 증자·합병 등의 사유가 발생하여 그 평균액으로 하는 것이 부적당한 경우에는 다음에 정하는 기간의 평균액으로 한다(상증법 §63 ① 1 가목 단서). 이 개정 규정은 2010.1.1. 이후 최초로 개시되거나 증여하는 분부터 적용된다. 따라서 상장주식의 평가는 원칙적으로 "증여일 전·후 2개월 동안 공표된 매일의 최종시세가액의 평균액"으로 하고 증자 등의 사유로 전·후 2개월 동안의 평균액에 의하는 것이 부적당한 경우에 한하여 적용된다고 하겠다. 그 이유는 상속증여세법 시행령 제52조의2 각 호가 그 평가기간 내에 증자·합병 등의 사유가 발생한 경우 그로 인하여 영향을 받기 전의 기간 또는 받은 후의 기간을 제외하고 상장주식을 평가하도록 한 것은 그러한 사유가 유가증권시장에서 형성되는 주가에 상당한 영향을 미침으로써 평가기준일이 속한 기간의 주가와는 본질적인 차이를 가져옴을 고려한 것으로, 이때 상장주식에 관하여 매매거래가 정지된 기간 동안은 유가증권시장에서 불특정 다수인의 거래에 의하여 정상적으로 형성된 주가가 존재할 수 없고, 상속증여세법 시행령 제52조의2 각 호도 평가기준일 이전·이후 각 2개월간의 합산기간이 4개월에 미달하더라도 당해 합산기간의 주가만으로 상장주식을 평가하도록 하고 있으므로, 상속증여세법 제63조 제1항 제1호 (가)목, 상속증여세법 시행령 제52조의2

각 호가 정한 평가기간에 매매거래 정지기간이 포함되어 있다면 원칙적으로 이를 제외하고 나머지 기간만을 평가기간으로 삼아야 한다(대법원 2014두14327, 2016.6.23.). 또한 상속증여세법 시행령 제29조 제4항이 '주금납입일'을 기준으로 하여 신주의 저가인수에 따른 이익을 계산하도록 정하고 있으므로 '증자 전 1주당 평가가액'은 그 평가기준일인 주금납입일 전날을 기준으로 하여 특별한 사정이 없는 한 그 이전 2월의 기간 동안 형성된 주가의 평균액으로 산정하여야 할 것이다(대법원 2014두2560, 2016.6.28.).

한편(서울행법 2012구합9086, 2012.10.19.), 평가기준일(증여일 2005.8.1.) 이전 증자의 사유가 발생한 날을 이사회결의일로 보아야 할지 주금납입일로 보아야 할지가 문제된다. 상증세법 시행령 제52조의2 제3호에서 평가기준일 이전 동 사유가 발생한 날이란 권리락일을 의미한다고 할 것인바(상증세법 기본통칙 63-0…2 참조), 이는 증자 · 합병 등의 사유로 신주가 발행되는 경우 권리락이 발생하게 되고 이에 따라 권리락 이전과 그 이후의 주가는 달라지게 마련이므로 증자 후의 가액을 기준으로 주식을 평가하도록 하는 것은 증자 등의 사유가 향후 주가의 형성에 미치는 영향을 반영하기 위한 것이다. 유상증자에서 권리락의 효과가 발생하는 날은 주주배정방식의 경우 주주의 신주인수권이 소멸되는 것으로 볼 수 있는 신주배정기준일 전날이라 할 것이고, 제3자 배정방식의 경우 해당 유상증자를 결의한 이사회결의일에 주주의 신주인수권이 확정적으로 소멸하므로 위 날짜에 권리락이 발생한다고 보아야 할 것이다. 이 사건 유상증자는 제3자 배정방식이므로, 이사회결의일인 2005.6.9.의 다음날인 2005. 6. 10.이 유상증자 사유가 발생한 날의 다음날이 되므로, 위 일자를 최종시세가액의 평균액의 평가 기간의 기산일로 삼아야 한다. 결국 주식의 최종시세가액 평균액의 산정 기간은 2005.6.10.부터 평가기준일 이전 · 이후에 증자 · 합병 등의 사유가 발생한 경우에는 '평가기준일 이전 동 사유가 발생한 날의 다음날부터 평가기준일 이후 동 사유가 발생한 날의 전일까지의 기간(상증령 §52의2 ② 3)'이므로 감자 사유가 발생한 날(감자일)인 2005.8.3. 전일인 2005.8.2.까지라 할 것이다.

① 평가기준일 이전에 증자 · 합병 등의 사유가 발생한 경우: 동 사유가 발생한 날(증자 · 합병 등의 사유가 2회 이상 발생한 경우에는 평가기준일에 가장 가까운 날을 말함)의 다음날부터 평가기준일 이후 2개월이 되는 날까지의 기간

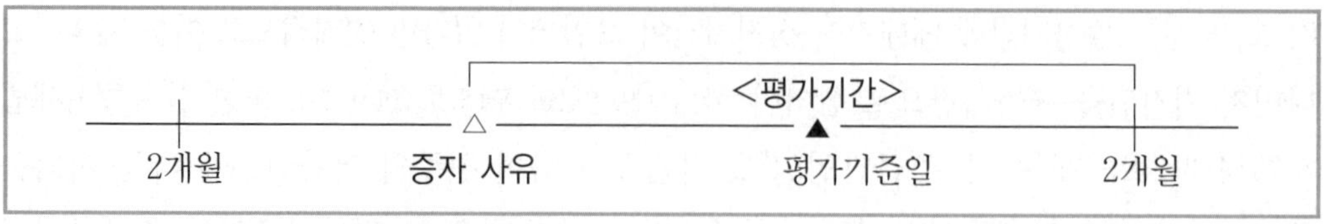

② 평가기준일 이후에 증자 · 합병 등의 사유가 발생한 경우: 평가기준일 이전 2개월이 되는 날부터 동 사유가 발행한 날의 전일까지의 기간

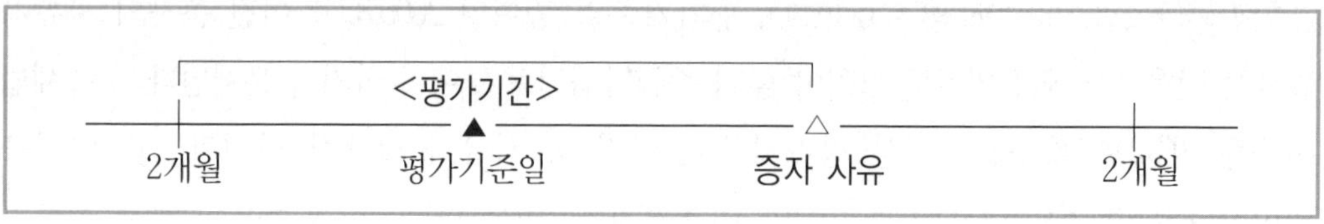

③ 평가기준일 이전 · 이후에 증자 · 합병 등의 사유가 발생한 경우: 평가기준일 이전 동 사유가 발생한 날의 다음날부터 평가기준일 이후 동 사유가 발생한 날의 전일까지의 기간

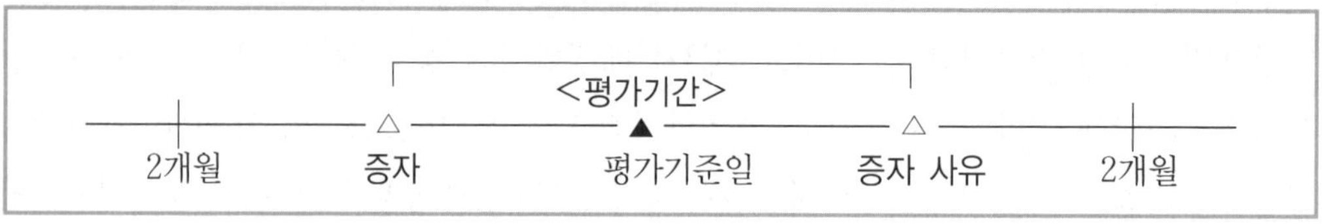

증자 · 합병 등의 사유로 신주가 발행되면 권리락이 생기게 되고, 이에 따라 권리락 전과 그 후의 주가는 다르게 된다. 위 규정은 증자 · 합병 등의 사유로 신주가 발행되면 주가의 변동이 있기 때문에 이를 고려한 평가방식이다. 상속증여세법 기본통칙 63-0…2은 평가기준일 이전 증자 · 합병 등의 사유가 발생한 날의 다음날이 권리락일이 된다.

(2)-2. 매매거래정지 기간과 최종시세가액 평균액

상장주식에 관하여 매매거래가 정지된 기간 동안은 유가증권시장에서 불특정다수인의 거래에 의하여 정상적으로 형성된 주가가 존재할 수 없고, 상속증여세법 시행령 제52조의2 각 호도 평가기준일 이전 · 이후 각 2개월간의 합산기간이 4개월에 미달하더라도, 당해 합산기간의 주가만으로 상장주식을 평가하도록 하고 있으므로, 상속증여세법 제63조 제1항 제1호 (가)목, 상속증여세법 시행령 제52조의2 각 호가 정한 평가기간에 매매거래정지

기간이 포함되어 있다면 원칙적으로 이를 제외하고 나머지 기간만을 평가기간으로 삼아야 한다. 따라서 이사회결의일인 2005.1.14.를 '증자 등 사유가 발생한 날'로 보고, 2005.1.14. 이전인 구주의 경우에는 상속증여세법 시행령 제52조의2 제2호를 적용하되 평가기준일인 2004.12.31.(명의 개서일) 이전 2개월이 되는 날인 2004.11.1부터 매매거래정지가 개시되기 전날인 2005.1.21.까지의 기간을 평가기간으로 삼고, 2005.1.14. 이후인 신주의 경우에는 상속증여세법 시행령 제52조의2 제1호를 적용하되 매매거래정지 해제일인 2005.3.22.부터 평가기준일인 2005.3.15.(명의 개서일) 이후 2개월이 되는 날인 2005.5.13(2005.5.14.은 토요일)까지의 기간을 평가기간으로 삼아 각 증여재산가액을 산정하여야 할 것이다(대법원 2013두23058, 2016.6.9.).

관련규정 및 예규판례

상장주식 평가(국심 2001부1709, 2001.11.17.)

상장주식의 경우 상속개시일로부터 6개월 이내에 처분가격이 있는 경우에도 그 처분가액을 상속개시 당시의 시가로 할 수 없다. 법 제63조 제1항 제1호 가목에 따른 평가기준일 이전・이후 각 2월간에 공표된 매일의 한국증권거래소 최종시세가액의 평균가액으로 평가한 가액을 쟁점주식의 시가로 봄이 타당하고 상속세 및 증여세법 시행령 제49조 제1항 제1호에 의한 시가(매매가액)를 같은 법 제60조에서 규정하고 있는 시가보다 우선적용하여 상속개시일로부터 4개월 11일이 지난 시점에서 처분한 쟁점주식의 처분가액을 쟁점주식의 시가로 인정할 수 없다.

증여일 전에 무상증자된 주식을 증자일의 다음날로부터 증여일까지의 종가평균액으로 평가하여 과세한 처분(국심 2001서2799, 2002.1.19.)

상속증여세법 제63조 제1항 제1호 가목 규정에서 상장주식의 평가는 "증여일 이전 3월간 공표된 매일의 최종시세가액의 평균액"을 원칙으로 하고, 증자 등의 사유로 3월간의 평균액에 의하는 것이 부적당한 경우에는 "증자 등이 있은 다음날부터 증여일까지의 평균액"으로 하도록 하고 있는바, 증자일의 다음날부터 증여일까지의 최종시세가액의 평균액에 최대주주에 대한 할증액을 가산한 가액으로 평가하여 과세한 처분은 잘못이 없다.

상장법인의 주식은 쟁점 주식양도일 현재 최종시세가액으로 평가(국심 2005중1068, 2006.6.22.)

주식의 양도일의 최종시세가액은 18,500원이고, 동일자 기준의 상속증여세법의 3월간 최종시세가액의 평균액은 12,705원이며, 상장법인의 1주당 평가가액을 18,500원으로 적용할 경우에는, 비상장법인의 1주당 가액은 8,715원(할증평가가액 포함)으로 계산되므로 지방국세청장이 평가한 1주당 가액 5,825원은 결과적으로 2,890원이 과소평가되었음을 알 수 있다. 법인이 양도한 비상장주식에 대한 평가를 함에 있어서 비상장법인이 상장법인에 출자가 이루어진 경우에는 상장법인의 주식에 대한 평가가 선행되어야 할 것이다. 이 경우 상장법인 주식은 쟁점 주식의 양도일 현재 최종시세가액이 18,500원으로 확인되므로 이를 적용하여 평가한 것은 타당하다. 따라서 평가대상인 주식이 비상장주식인 경우에는 주식의 자산 구성 형태에 불구하고 법인세법 시행령 제89조 제2항에 의거 상속증여세법 제63조 규정을 준용하여 증권거래소 최종 3개월간의 평균액으로 계산하여야 한다는 주장은 받아들일 수 없다.

- "증자 · 합병 등의 사유"에는 감자, 주식 등의 액면분할 또는 병합, 상법 제530조의2 규정에 의한 회사의 분할 · 분할합병을 포함한다(상증통 63-0…2, 서일 46014-11315, 2002.10.9.).

- 평가기준일 이전 2월간에 당해 법인의 1주당 액면가액을 분할 · 병합하여 새로운 주식을 변경 상장하는 경우에는 그 변경 상장일부터 평가기준일 이후 2월이 되는 날까지의 기간에 대한 평균액에 의한다(서일 46014-10382, 2002.3.21.).

상 장 주 식 평 가 조 서 (갑)

1. 평가대상 상장법인

① 법 인 명		② 대 표 자	
③ 법 인 소 재 지		④ 평가기준일(평가기준일이 공휴일 등인 때 그 전일)	. . . (. .)
⑤ 평가대상주식종류		⑥ 상 장 일 자	. . .
⑦ 증 자 일 자	. . .	⑧ 합 병 일 자	. . .

2. 1주당 가액 평가

⑨ 평가기준일 이전 · 이후 2개월 동안(증자 · 합병 등의 경우 상증령 52의 2기간) 종가평균(⑱)	
⑩ 최대주주 소유주식의 1주당 평가액 : ⑨ × ( ) / 100	

3. 미상장주식의 1주당 가액 평가

⑪ 직 전 기 배 당 률	%	⑫ 직전기배당액 (1주당 액면가액 × ⑪)		⑬ 배당기산일(주금납입 다음날)	
⑭ 배당기산일 전일까지의 일수	(/ 365)	⑮ 배 당 차 액 (⑫ × ⑭)		⑯ 1주당 가액 (⑨ − ⑮)	
⑰ 최대주주 소유주식의 1주당 평가액 : ⑯ × ( ) / 100					

1. 평가기준일(④): 상속개시일 또는 증여일을 기재함(평가기준일이 공휴일 등인 경우에는 그 전일을 괄호 안에 기재함).
2. 평가대상 주식종류(⑤): 평가대상 주식의 종류를 보통주, 1신주 ……, 1우선주 …… 등으로 기재함.
3. 상장일자(⑥): 한국증권거래소에 최초로 상장한 연월일을 기재함.
4. 증자일자(⑦): 평가기준일로부터 2월 이내의 증자일자를 기재함(증자일의 다음날은 신주배정기준일 전일인 권리락일을 말함).
5. 합병일자(⑧): 법인등기부상 합병등기일을 기재함.
6. "3. 미상장주식"이란 상장법인의 증자로 인하여 취득한 신주가 평가기준일 현재 증권거래소에 상장되지 아니한 주식을 말함.
7. 배당기산일 전일까지의 일수(⑭): 사업연도 개시일로부터 배당기산일(주금납입일 다음날) 전일까지의 일수를 기재함.
8. 최대주주 소유주식의 1주당 평가액(⑩, ⑰): 상속세 및 증여세법 제63조 제3항 및 동법 시행령 제53조 제3항의 경우 적용함.
- 최대주주의 1주당 평가액은 20%(중소기업 10%)를 가산함.
- 주식소유비율이 50%를 초과하는 경우에는 30%(중소기업 15%)를 가산함.

* 상장주식평가조서(갑) 및 (을)은 훈령 조사사무처리준칙의 별지 서식이었으나 현행 훈령서식에서는 삭제되어 없는 상태이나 종전의 서식을 사용하여도 무방하다.

[조사사무처리준칙 별지 제66호 서식]

상 장 주 식 평 가 조 서 (을)

구분	월 일	종 가	월 일	종 가	구분	월 일	종 가	월 일	종 가
1					1				
2					2				
3					3				
4					4				
5					5				
6					6				
7					7				
8					8				
9					9				
10					10				
11					11				
12					12				
13					13				
14					14				
15					15				
16					16				
17					17				
18					18				
19					19				
20					20				
21					21				
22					22				
23					23				
24					24				
25					25				
26					26				
27					27				
28					28				
29					29				
30					30				
31					31				
소계					소계				
일 수									
종가합계									
⑱ 종가평균									

2 기업공개준비 중인 주식의 평가

다음의 어느 하나에 해당하는 주식에 대해서는 상장주식 평가방법에도 불구하고 해당 법인의 사업성, 거래 상황 등을 고려하여 대통령령으로 정하는 방법으로 평가한다(상증법 §63 ②). 최대주주의 주식에 대해서는 평가한 가액의 100분의 20을 가산한다(상증법 §63 ③).

1. 기업공개를 목적으로 금융위원회에 대통령령으로 정하는 기간에 유가증권 신고를 한 법인의 주식
2. 비상장주식 중 「자본시장법」에 따른 증권시장으로서 증권시장에서 주식을 거래하기 위하여 대통령령으로 정하는 기간에 거래소에 상장신청을 한 법인의 주식
3. 거래소에 상장되어 있는 법인의 주식 중 그 법인의 증자로 인하여 취득한 새로운 주식으로서 평가기준일 현재 상장되지 아니한 주식

(1) 기업공개목적 주식의 평가

기업공개를 목적으로 금융위원회에 유가증권 신고를 한 법인의 주식으로서 평가기준일 현재 유가증권 신고(유가증권 신고를 하지 아니하고 상장신청을 한 경우에는 상장신청을 말한다) 직전 6개월(증여세가 부과되는 주식 등의 경우에는 3개월)부터 거래소에 최초로 주식 등을 상장하기 전까지의 기간의 해당 주식 등은 다음 "①"의 가액과 "②"의 가액 중 큰 가액으로 평가한다(상증령 §57 ①).

한편, 대법원(대법원 2006두8648, 2007.5.17.)은 평가대상 주식의 범위를 확장하는 것은 모법인 구 상속증여세법 제63조 제2항 제2호의 규정에 부합하지 않을 뿐만 아니라 그와 같이 확장하도록 위임한 규정도 같은 법에서 찾아볼 수 없으므로, 구 상속증여세법 시행령 제57조 제2항 제1호 중 같은 조항의 평가대상이 되는 주식의 범위를 모법에서 정한 '유가증권신고 등을 한 법인의 주식' 이외에 유가증권신고 전 6월부터 그 신고 전까지의 기간 중의 주식도 포함하는 것으로 확장하여 규정한 부분은 무효라고 할 것이다.

① 자본시장법에 따라 금융위원회가 정하는 기준에 따라 결정된 공모가격
② 상장주식의 평가방법(그 가액이 없는 경우에는 주권비상장법인 주식의 평가방법에 의한 가액)의 규정에 의하여 평가한 당해 주식 등의 가액

※ 기업공개 준비기간 중

1) 유가증권신고를 한 경우로서 평가기준일이 "①~②"의 기간 중에 있는 경우에는 본 규정에 적용하여 평가

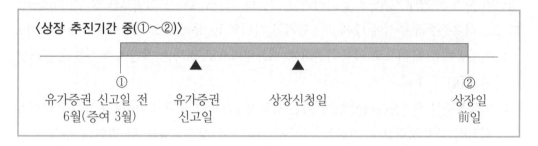

〈상장 추진기간 중(①~②)〉

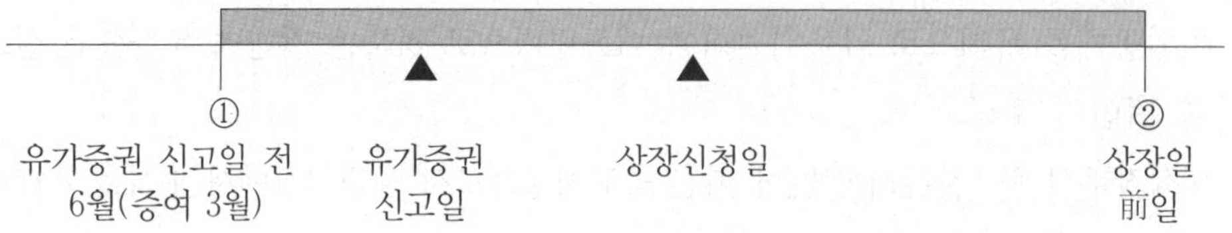

2) 유가증권 신고 없이 직접 상장하는 경우로서 평가기준일이 "①~②"의 기간 중에 있는 경우는 본 규정에 적용하여 평가

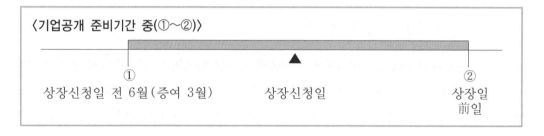

〈기업공개 준비기간 중(①~②)〉

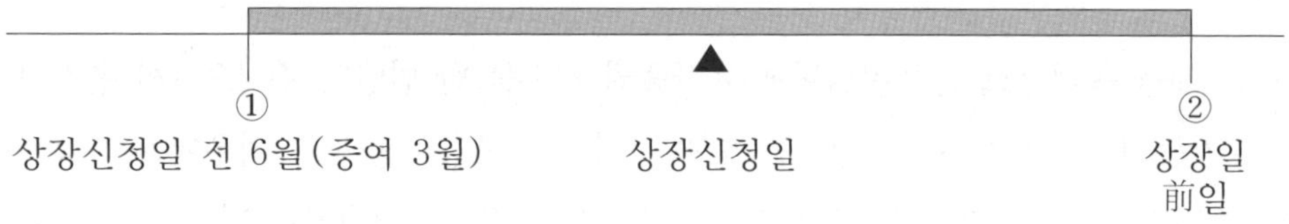

(2) 상장신청한 주식의 평가

평가기준일 현재 유가증권 신고(유가증권 신고를 하지 아니하고 등록신청을 한 경우에는 등록신청을 말한다) 직전 6개월(증여세가 부과되는 주식 등의 경우에는 3개월로 한다)부터 한국금융투자협회에 등록하기 전까지의 기간을 말하며, 해당 주식 등은 다음 "①"의 가액과 "②"에 따라 평가한 가액 중 큰 가액으로 평가한다(상증령 §57 ②).

① 자본시장법에 따라 금융위원회가 정하는 기준에 따라 결정된 공모가격

② 비상장법인의 주식의 평가방법에 의한 가액

평가대상법인이 보유하는 비상장주식이 자본시장법에 따른 코스닥시장에서 주식을 거래하기 위해 평가기준일 현재 유가증권신고(유가증권신고를 하지 아니하고 상장신청을 한 경우에는 상장신청을 말함) 직전 6월(증여세가 부과되는 주식의 경우에는 3월)부터

한국거래소에 상장하기 전까지의 기간 내에 한국거래소에 상장신청을 한 법인의 주식인 경우에는 자본시장법에 따라 금융위원회가 정하는 기준에 따라 결정된 공모가격과 상속증여세법 제63조 제1항 제1호 다목에 따라 평가한 가액 중 큰 가액으로 평가한다(재산세과-2, 2012.1.18.).

(3) 증자 후 상장되지 않은 주식의 평가

거래소에 상장되어 있는 법인의 주식 중 그 법인의 증자로 인하여 취득한 새로운 주식으로서 평가기준일 현재 상장되지 아니한 주식은 다음과 같이 평가한다(상증령 §57 ③).

주식 평가액 = ① - ②

① 상장주식의 평가방법
② 배당차액(기획재정부령)

※ 배당차액(상증칙 §18 ②)

$$\text{주식등 1주당 액면가액} \times \text{직전기 배당률} \times \frac{\text{신주발행일이 속하는 사업연도 개시일부터 배당기산일 전일까지의 일수}}{365}$$

다만, 해당 법인의 정관에 의하여 해당 법인의 증자로 인하여 취득한 신주에 대한 이익을 배당함에 있어서 평가기준일 현재 상장되어 있는 해당 법인의 주식등과 배당기산일을 동일하게 하는 경우에는 배당차액을 차감하지 아니한다(상증칙 §18 ②). 배당기산일이란 신주발행의 효력발생시기인 주금납입기일의 다음날을 말한다(상법 §423 ①).

상장법인의 증자로 인하여 취득한 신주식이 상속개시일 현재 아직 상장되지 아니하여 시가가 형성되지 아니한 경우에는 그 미상장 신주식은 이미 상장되어 정상적인 거래가 있는 그 법인의 주식가액을 기준으로 하여 상장주식과 미상장주식 간의 배당차액을 차감하여 평가한다(재삼 46014-627, 1994.3.7.). 비상장법인이 일반공모증자방식으로 유상증자를 통해 신규 상장하는 경우 공모가격이 상속증여세법 시행령 제57조 제1항 및 제2항에 따라 평가한 가액보다 낮은 경우에는 같은 법 제39조 증자에 따른 이익의 증여규정을 적용한다(재산세과-356, 2010.6.3.).

| 평가방법 요약 |

구분		평가방법
일반적인 경우		평가기준일 이전·이후 각 2개월 동안의 한국거래소 최종시세가액의 평균액
증자·합병 등의 경우		평가기준일 이후 각 2개월의 기간 중 대통령령(상증령 §52의2)이 정하는 바에 따라 계산한 기간의 평균액
유·무상 증자 후 미상장의 경우	구주평가액	증자가 있은 날의 다음날부터 평가기준일까지의 한국거래소 평균액
	신주평가액	구주평가액 - 배당차액
	신주인수권의 평가액	구주평가액 - 배당차액 - 주금납입액

3 | 상장주식의 평가사례

평가기준일 이전·이후 각 2개월 동안에 공표된 매일의 한국거래소 최종시세가액은 다음과 같다.

월일	종가	월일	종가	월일	종가	월일	종가
1. 2.	토요일	2. 2.	4,080	3. 5.	3,670	4. 6.	3,454
1. 3.	일요일	2. 3.	4,060	3. 6.	토요일	4. 7.	3,500
1. 4.	3,700	2. 4.	4,060	3. 7.	일요일	4. 8.	3,980
1. 5.	3,300	2. 5.	3,920	3. 8.	3,650	4. 9.	4,055
1. 6.	3,420	2. 6.	토요일	3. 9.	3,600	4.10.	토요일
1. 7.	3,700	2. 7.	일요일	3.10.	3,380	4.11.	일요일
1. 8.	3,030	2. 8.	4,000	3.11.	3,550	4.12.	4,023
1. 9.	토요일	2. 9.	4,250	3.12.	3,400	4.13.	4,010
1.10.	일요일	2.10.	4,050	3.13.	토요일	4.14.	4,100
1.11.	4,250	2.11.	4,090	3.14.	일요일	4.15.	4,150
1.12.	4,135	2.12.	4,100	3.15.	3,100	4.16.	4,150
1.13.	3,900	2.13.	공휴일	3.16.	3,200	4.17.	토요일
1.14.	3,900	2.14.	설 날	3.17.	3,120	4.18.	일요일
1.15.	4,040	2.15.	공휴일	3.18.	3,185	4.19.	4,120

월일	종가	월일	종가	월일	종가	월일	종가
1.16.	토요일	2.16.	4,100	3.19.	3,035	4.20.	3,990
1.17.	일요일	2.17.	4,100	3.20.	토요일	4.21.	3,980
1.18.	4,045	2.18.	4,190	3.21.	일요일	4.22.	4,000
1.19.	3,960	2.19.	4,050	3.22.	3,040	4.23.	3,890
1.20.	3,600	2.20.	토요일	3.23.	2,900	4.24.	토요일
1.21.	3,600	2.21.	일요일	3.24.	2,730	4.25.	일요일
1.22.	4,100	2.22.	4,040	3.25.	2,490	4.26.	3,860
1.23.	토요일	2.23.	4,050	3.26.	2,350	4.27.	3,850
1.24.	일요일	2.24.	4,050	3.27.	토요일	4.28.	3,850
1.25.	3,785	2.25.	4,000	3.28.	일요일	4.29.	3,800
1.26.	3,890	2.26.	4,000	3.29.	2,300	4.30.	3,850
1.27.	4,020	2.27.	토요일	3.31.	2,300	5. 1.	근로자날
1.28.	4,000	2.28.	일요일	4. 1.	2,240	5. 2.	일요일
1.29.	3,490	3. 1.	삼일절	4. 2.	2,500		
1.30.	토요일	3. 2.	4,050	4. 3.	토요일		
1.31.	일요일	3. 3.	3,890	4. 4.	일요일		
2. 1.	4,100	3. 4.	3,830	4. 5.	2,900		

(1) 상장주식의 평가사례

상장주식 저가양도(시간외대량매매거래)로 인한 양도소득의 부당행위계산 부인대상 여부를 판단함에 있어 양도하는 상장주식의 시가는 특별한 사정이 없는 한 양도일 이전・이후 각 2월간에 공표된 매일의 한국증권거래소 최종시세가액의 평균액이며, 이때 최대주주 할증률을 가산한다(대법원 2009두13061, 서울고법 2008누30252, 2009.6.26.). 부당행위계산 부인 적용 시 2021년 이후 법인세법 시행령 제89조 제1항 개정 후 상장주식을 장외거래한 경우는 거래일의 최종시세가액이 상장주식의 시가이다.

〈자료〉

① 상속개시일(평가기준일): 20×0.3.2.

② 보유주식수: 126,000주(액면가액 5,000원)

③ 평가대상 주식발행법인은 상장 대기업임.

④ 평가대상 주식은 최대주주의 보유주식이며 피상속인의 지분율은 20%임.

〈해설〉

상속증여세법 제63조 제1항 제1호 가목의 규정에 의하여 상장주식을 평가기준일 이전·이후 각 2월간에 공표된 매일의 한국증권거래소 최종시세가액의 평균액으로 평가함에 있어 원단위 미만의 금액은 이를 절사하는 것이며, 이 경우 평가기준일이 공휴일 등 매매거래가 없는 날인 경우에는 그 전일을 기준으로 하여 위의 규정을 적용하는 것이나, 평가기준일 이전·이후 각 2월이 되는 날이 공휴일 등인 경우 그 전일이나 후일을 평가대상 기간에 산입하지는 아니하는 것임(서면 인터넷방문상담4팀-1646, 2004.10.18.).

상속개시일 이전·이후 각 2월간의 최종시세가액을 계산하면서 평가기준일의 최종시세가액이 포함된다(재삼 46014-684, 1999.4.7.). 따라서 20×0.3.2. 이후 2개월은 기산일이 20×0.3.2. 이므로 5월 1일이 근로자의 날이 되어 4월 30일까지가 되고, 20×0.3.2. 이전 2개월은 기산일이 20×0.3.2.이므로 1월 3일이 일요일이 되어 1월 4일부터가 된다.

- 평가대상 기간의 일수: 116일
- 종가평균액: 2,604(원 미만 절사, 상증통 60-0…1)

$$2{,}604\text{원} = \frac{302{,}177(79{,}965 + 77{,}240 + 67{,}460 + 77{,}512)}{116\text{일}}$$

- 최대주주 소유주식의 1주당 평가액

  2,604원 × 120%(할증평가) = 3,124원
- 상속재산평가액: 510,678,000원

  3,124원 × 126,000주 = 393,624,000원

상장주식평가조서(을)									
구분	평가기준일 이전 2월				구분	평가기준일 이후 2월			
	월 일	종 가	월 일	종 가		월 일	종 가	월 일	종 가
1	1. 2.	토요일	2. 2.	4,080	1	3. 3.	3,890	4. 4.	일요일
2	1. 3.	일요일	2. 3.	4,060	2	3. 4.	3,830	4. 5.	2,900
3	1. 4.	3,700	2. 4.	4,060	3	3. 5.	3,670	4. 6.	3,454
4	1. 5.	3,300	2. 5.	3,920	4	3. 6.	토요일	4. 7.	3,500
5	1. 6.	3,420	2. 6.	토요일	5	3. 7.	일요일	4. 8.	3,980
6	1. 7.	3,700	2. 7.	일요일	6	3. 8.	3,650	4. 9.	4,055
7	1. 8.	3,030	2. 8.	4,000	7	3. 9.	3,600	4.10.	토요일
8	1. 9.	토요일	2. 9.	4,250	8	3.10.	3,380	4.11.	일요일
9	1.10.	일요일	2.10.	4,050	9	3.11.	3,550	4.12.	4,023
10	1.11.	4,250	2.11.	4,090	10	3.12.	3,400	4.13.	4,010
11	1.12.	4,135	2.12.	4,100	11	3.13.	토요일	4.14.	4,100
12	1.13.	3,900	2.13.	공휴일	12	3.14.	일요일	4.15.	4,150
13	1.14.	3,900	2.14.	설 날	13	3.15.	3,100	4.16.	4,150
14	1.15.	4,040	2.15.	공휴일	14	3.16.	3,200	4.17.	토요일
15	1.16.	토요일	2.16.	4,100	15	3.17.	3,120	4.18.	일요일
16	1.17.	일요일	2.17.	4,100	16	3.18.	3,185	4.19.	4,120
17	1.18.	4,045	2.18.	4,190	17	3.19.	3,035	4.20.	3,990
18	1.19.	3,960	2.19.	4,050	18	3.20.	토요일	4.21.	3,980
19	1.20.	3,600	2.20.	토요일	19	3.21.	일요일	4.22.	4,000
20	1.21.	3,600	2.21.	일요일	20	3.22.	3,040	4.23.	3,890
21	1.22.	4,100	2.22.	4,040	21	3.23.	2,900	4.24.	토요일
22	1.23.	토요일	2.23.	4,050	22	3.24.	2,730	4.25.	일요일
23	1.24.	일요일	2.24.	4,050	23	3.25.	2,490	4.26.	3,860
24	1.25.	3,785	2.25.	4,000	24	3.26.	2,350	4.27.	3,850
25	1.26.	3,890	2.26.	4,000	25	3.27.	토요일	4.28.	3,850
26	1.27.	4,020	2.27.	토요일	26	3.28.	일요일	4.29.	3,800
27	27	4,000	2.28.	일요일	27	3.29.	2,300	4.30.	3,850
28	1.29.	3,490	3. 1.	삼일절	28	3.31.	2,300	5. 1.	근로자날
29	1.30.	토요일	3. 2.	4,050	29	4. 1.	2,240	5. 2.	일요일
30	1.31.	일요일			30	4. 2.	2,500		
31	2. 1.	4,100			31	4. 3.	토요일		
소계	29	79,965	29	77,240	소계	31	67,460	27	77,512
일 수	29 + 29 + 31 + 27 = 116일								
종가합계	79,965 + 77,240 + 67,460 + 77,512 = 302,177원								
종가평균	302,177 ÷ 116 = 2,604원								

증자의 경우 증자방식으로 주주배정과 제3자 배정(공모를 포함)이 있고 증자과정으로 증자 공시, 권리락(주주배정방식), 제3자 배정에 관한 이사회결의, 주금납입일 등이 있다. 이 중 어느 시점을 기준으로 증자하는 데 따라 주식가격을 정 함에 있어 차이가 있을 수밖에 없다(원고는 주금납입일을, 피고는 권리락일을 주장하고 있다). 여기에서 기준으로 삼을 수 있는 것은 주가의 형성에 상당한 영향을 미치는 시점을 중점을 두어야 하고 거기에 더하여 주가의 비정상적인 요소는 제외하여야 한다. 주주 배정 방식의 경우 신주인수권을 확정하기 위하여 신주배정기준일(이 사건 신주배정기준일은 2005.2.11., 8, 9, 10 설날)을 정하고, 기준일에 주식을 보유해야 주주 배정 유상증자에 참여할 권리가 있다. 한편, 상장법인의 경우 원칙적으로 주식거래 계약 체결일로부터 2일이 지나야 당해 매수주식에 대한 소유권을 취득하므로 기준일 전 2일까지 주식을 매수해야 유상증자에 참여할 권리가 있고 기준일 전 1일에는 그 주식을 매수하더라도 유상증자 참여권이 없는 주식을 매수하는 것이 되어 기준일 전 1일의 주식 가치는 기준일 전 2일의 주식가치보다 떨어진다고 볼 수 있다. 통상 다음날 주식거래의 시작 가격은 전날 종가를 기준으로 일정 범위 내에서 결정되는데, 기준일 전 1일의 주식에 대한 거래가 한국거래소에서 이루어지는 최초 시점에서 당해 주식의 증권시장 시초가를 산정하는 기준이 되는 전날의 종가를 인위적으로 떨어뜨리는 조치를 할 필요가 있어 이를 '권리락'이라 한다(예컨대 10일이 기준일이라고 하면, 8일까지 주식을 매수해야 신주인수권이 있고, 9일 주식을 매수하면 신주인수권이 없어, 9일 시초가를 인위적으로 떨어뜨리는 조치가 이루어져 9일이 '권리락일'이 된다). 즉 기준일 이후에 결제되는 주권에는 신주인수권이 없어지므로 한국거래소에서는 신주배정기준일 전일에 실제로 해당 종목에 이론적으로 계산된 가격(권리부가격과 권리락가격의 차이)만큼 주가를 떨어뜨리는 권리락 조치를 취함으로써 주가가 합리적으로 형성되도록 관리한다. 따라서 주주 배정 방식 증자의 경우 권리락 이전·이후에 신주인수권의 존부에 따라 실제로 주가가 달리 형성되고 거래되므로 그 이전 종가평균액과 이후 종가평균액을 동일하게 보는 것이 불합리하여 '권리락일'을 '증자 등 사유가 발생한 날 다음날'로 봄이 상당하다(서울고법 2013누9788, 2013.9.26.).

(2) 비상장주식의 평가사례

〈자료〉

① 평가기준일: 20×0.3.2.

② 보유주식수: 126,000주, 1주당 액면가액: 5,000원

③ 신주배정기준일(주주배정 유상증자 10%): 20×0.2.4., 전기배당률: 5%

④ 주금납입일: 20×0.3.5.(상장예정일: 20×0.3.10.)

⑤ 평가대상 주식은 최대주주의 소유주식이며 지분율은 50%임.

〈해설〉

상속개시일 이전 · 이후 각 2월간의 최종시세가액을 계산함에 있어서 평가기준일의 최종시세가액이 포함된다(재삼 46014-684, 1999.4.7.). 평가기준일 20×0.3.2. 이후 2월은 기산일이 20×0.3.2.이므로 5월 2일의 전일, 즉 5월 1일이 근로자의 날이 되어 4월 30일이 된다. 또한 20×0.3.2. 이전 2월은 기산일이 20×0.3.2.이므로 1월 2일의 전일, 즉 1월 3일이 일요일이 되어 1월 4일이 되나, 신주배정기준일이 20×0.2.4.이므로 권리락일은 20×0.2.3.이 된다.

• 구주식 평가액
  평가대상 기간의 일수: 86 = 28 + 31 + 27
  종가평균액: 2,536원(원 미만 절사, 상증통 60-0…1)
  최대주주의 소유주식 평가액: 2,536원 × 120% × 126,000주 = 383,443,200원
• 비상장주식 평가액: [(2,536원 - 43원) × 120%] × 12,600주(126,000주 × 10%)
  = 37,694,160원
  배당차액: 액면가 5,000원 × 직전기 배당률 5% × 배당기산일(주금납입일 20×0.3.5.)
  전일까지의 일수 63일 ÷ 365일 = 43원
• 평가액 계: 383,443,200원 + 37,694,160원 = 421,137,360원

상 장 주 식 평 가 조 서 (을)

구분	평가기준일 이전 2월				구분	평가기준일 이후 2월			
	월 일	종 가	월 일	종 가		월 일	종 가	월 일	종 가
1	2. 3.	4,060	권리락일		1	3. 3.	3,890	4. 4.	일요일
2	2. 4.	4,060			2	3. 4.	3,830	4. 5.	2,900
3	2. 5.	3,920			3	3. 5.	3,670	4. 6.	3,454
4	2. 6.	토요일			4	3. 6.	토요일	4. 7.	3,500
5	2. 7.	일요일			5	3. 7.	일요일	4. 8.	3,980
6	2. 8.	4,000			6	3. 8.	3,650	4. 9.	4,055
7	2. 9.	4,250			7	3. 9.	3,600	4.10.	토요일
8	2.10.	4,050			8	3.10.	3,380	4.11.	일요일
9	2.11.	4,090			9	3.11.	3,550	4.12.	4,023
10	2.12.	4,100			10	3.12.	3,400	4.13.	4,010
11	2.13.	공휴일			11	3.13.	토요일	4.14.	4,100
12	2.14.	설 날			12	3.14.	일요일	4.15.	4,150
13	2.15.	공휴일			13	3.15.	3,100	4.16.	4,150
14	2.16.	4,100			14	3.16.	3,200	4.17.	토요일
15	2.17.	4,100			15	3.17.	3,120	4.18.	일요일
16	2.18.	4,190			16	3.18.	3,185	4.19.	4,120
17	2.19.	4,050			17	3.19.	3,035	4.20.	3,990
18	2.20.	토요일			18	3.20.	토요일	4.21.	3,980
19	2.21.	일요일			19	3.21.	일요일	4.22.	4,000
20	2.22.	4,040			20	3.22.	3,040	4.23.	3,890
21	2.23.	4,050			21	3.23.	2,900	4.24.	토요일
22	2.24.	4,050			22	3.24.	2,730	4.25.	일요일
23	2.25.	4,000			23	3.25.	2,490	4.26.	3,860
24	2.26.	4,000			24	3.26.	2,350	4.27.	3,850
25	2.27.	토요일			25	3.27.	토요일	4.28.	3,850
26	2.28.	일요일			26	3.28.	일요일	4.29.	3,800
27	3. 1.	삼일절			27	3.29.	2,300	4.30.	3,850
28	3. 2.	4,050	평가기준일		28	3.31.	2,300	5. 1.	근로자날
29					29	4. 1.	2,240		
30					30	4. 2.	2,500		
31					31	4. 3.	토요일		
소계	28	73,160			소계	31	67,460	27	77,512
일 수	28 + 31 + 27 = 86일								
종가합계	73,160 + 67,460 + 77,512 = 218,132원								
⑱ 종가평균	218,132 ÷ 86 = 2,536원								

(3) 평가대상 기간 중 증자 등의 사유

〈자료〉

① 평가기준일: 20×0.3.2.

② 보유주식수: 126,000주

③ 신주배정기준일(유상증자 10%): 20×0.1.11.

④ 주금납입일: 20×0.2.11.(상장일: 20×0.2.28.)

⑤ 평가대상 주식은 최대주주의 보유주식이며 지분율은 50%임.

〈해설〉

상속개시일 이전·이후 각 2월간의 최종시세가액을 계산함에 있어서 평가기준일의 최종시세가액이 포함된다(재삼 46014-684, 1999.4.7.). 신주의 경우 기산일이 20×0.3.2.이므로 이전 2월은 1월 2일의 전일, 즉 1월 3일이 해당되나 배정기준일이 20×0.1.11.이므로 권리락일 20×0.1.8.(토 9, 일 10)부터 5월 2일의 전일, 즉 4월 30일(5월 1일 근로자의 날)까지의 기간이 된다. 구주의 경우 평가기준일 20×0.3.2. 전후 2개월(1월 4일부터 4월 30일까지, 1월 3일은 일요일)의 종가평균액

• 구주 126,000주 평가액

평가대상 기간의 일수: 116일 = 31 + 27 + 31 + 27

종가평균액: 2,604원(원 미만 절사, 상증통 60-0…1)

평가액: 2,604원 × 126,000주 × 120% = 393,724,800원

• 신주 12,600주 평가액

평가대상 기간의 일수: 112일 = 31 + 23 + 31 + 27

종가평균액: 2,571원(원 미만 절사, 상증통 60-0…1)

평가액: 2,571원 × 12,600주 × 120% = 38,873,520원

• 평가액 계: 393,724,800원 + 38,873,520원 = 432,598,320원

평가대상 기간에 대해 법원(서울고법 2013누9788, 2013.9.26.)은 2004.12.31. 자로 명의개서된 주식인 경우, 평가기준일인 2004.12.31.을 기준으로 그 이후 2월의 기간 내에 2005.1.14. 자 증자와 관련된 증자 등 사유가 발생한 다음 날로 보는 것이 타당한 권리락일(2005.2.7.)이

있었으므로(이 사건에서 신주배정기준일은 2005.2.11., 8, 9, 10 설날), 그 평가대상 기간은 평가기준일인 2004.12.31 이전 2월이 되는 2004.11.1.(2004.10.31.이 공휴일임)부터 증자 등 사유가 발생한 날의 전일인 2005.2.4.(2005.2.5., 2.6.이 공휴일임)까지라 할 것이다. 또한 2005.3.15. 자로 명의개서된 경우에는 평가기준일인 2005.3.15.를 기준으로 그 이전 2월의 기간 내에 증자 등 사유가 발생한 날의 다음날로 보는 것이 타당한 권리락일(2005.2.7.)이 있었으므로, 평가대상 기간은 위 권리락일인 2005.2.7.부터 위 평가기준일 이후 2월이 되는 2005.5.15.까지라 할 것이다.

〈구주평가〉

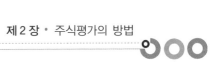

상 장 주 식 평 가 조 서 (을)									
구분	평가기준일 이전 2월				구분	평가기준일 이후 2월			
	월 일	종 가	월 일	종 가		월 일	종 가	월 일	종 가
1	1. 4.	3,700	2. 4.	4,060	1	3. 3.	3,890	4. 4.	일요일
2	1. 5.	3,300	2. 5.	3,920	2	3. 4.	3,830	4. 5.	2,900
3	1. 6.	3,420	2. 6.	토요일	3	3. 5.	3,670	4. 6.	3,454
4	1. 7.	3,700	2. 7.	일요일	4	3. 6.	토요일	4. 7.	3,500
5	1. 8.	3,030	2. 8.	4,000	5	3. 7.	일요일	4. 8.	3,980
6	1. 9.	토요일	2. 9.	4,250	6	3. 8.	3,650	4. 9.	4,055
7	1.10.	일요일	2.10.	4,050	7	3. 9.	3,600	4.10.	토요일
8	1.11.	4,250	2.11.	4,090	8	3.10.	3,380	4.11.	일요일
9	1.12.	4,135	2.12.	4,100	9	3.11.	3,550	4.12.	4,023
10	1.13.	3,900	2.13.	공휴일	10	3.12.	3,400	4.13.	4,010
11	1.14.	3,900	2.14.	설 날	11	3.13.	토요일	4.14.	4,100
12	1.15.	4,040	2.15.	공휴일	12	3.14.	일요일	4.15.	4,150
13	1.16.	토요일	2.16.	4,100	13	3.15.	3,100	4.16.	4,150
14	1.17.	일요일	2.17.	4,100	14	3.16.	3,200	4.17.	토요일
15	1.18.	4,045	2.18.	4,190	15	3.17.	3,120	4.18.	일요일
16	1.19.	3,960	2.19.	4,050	16	3.18.	3,185	4.19.	4,120
17	1.20.	3,600	2.20.	토요일	17	3.19.	3,035	4.20.	3,990
18	1.21.	3,600	2.21.	일요일	18	3.20.	토요일	4.21.	3,980
19	1.22.	4,100	2.22.	4,040	19	3.21.	일요일	4.22.	4,000
20	1.23.	토요일	2.23.	4,050	20	3.22.	3,040	4.23.	3,890
21	1.24.	일요일	2.24.	4,050	21	3.23.	2,900	4.24.	토요일
22	1.25.	3,785	2.25.	4,000	22	3.24.	2,730	4.25.	일요일
23	1.26.	3,890	2.26.	4,000	23	3.25.	2,490	4.26.	3,860
24	1.27.	4,020	2.27.	토요일	24	3.26.	2,350	4.27.	3,850
25	1.28.	4,000	2.28.	일요일	25	3.27.	토요일	4.28.	3,850
26	1.29.	3,490	3. 1.	삼일절	26	3.28.	일요일	4.29.	3,800
27	1.30.	토요일	3. 2.	4,050	27	3.29.	2,300	4.30.	3,850
28	1.31.	일요일			28	3.31.	2,300	5. 1.	근로자날
29	2. 1.	4,100			29	4. 1.	2,240		
30	2. 2.	4,080			30	4. 2.	2,500		
31	2. 3.	4,060			31	4. 3.	토요일		
소계	31	88,105	27	69,100	소계	31	67,460	27	77,512
일 수	31 + 27 + 31 + 27 = 116일								
종가합계	88,105 + 69,100 + 67,460 + 77,512 = 302,177원								
⑱ 종가평균	302,177 ÷ 116 = 2,604원								

〈신주평가〉

상 장 주 식 평 가 조 서 (을)									
구분	평가기준일 이전 2월				구분	평가기준일 이후 2월			
	월 일	종 가	월 일	종 가		월 일	종 가	월 일	종 가
1	1. 8.	3,030	2. 8.	4,000	1	3. 3.	3,890	4. 4.	일요일
2	1. 9.	토요일	2. 9.	4,250	2	3. 4.	3,830	4. 5.	2,900
3	1.10.	일요일	2.10.	4,050	3	3. 5.	3,670	4. 6.	3,454
4	1.11.	4,250	2.11.	4,090	4	3. 6.	토요일	4. 7.	3,500
5	1.12.	4,135	2.12.	4,100	5	3. 7.	일요일	4. 8.	3,980
6	1.13.	3,900	2.13.	공휴일	6	3. 8.	3,650	4. 9.	4,055
7	1.14.	3,900	2.14.	설 날	7	3. 9.	3,600	4.10.	토요일
8	1.15.	4,040	2.15.	공휴일	8	3.10.	3,380	4.11.	일요일
9	1.16.	토요일	2.16.	4,100	9	3.11.	3,550	4.12.	4,023
10	1.17.	일요일	2.17.	4,100	10	3.12.	3,400	4.13.	4,010
11	1.18.	4,045	2.18.	4,190	11	3.13.	토요일	4.14.	4,100
12	1.19.	3,960	2.19.	4,050	12	3.14.	일요일	4.15.	4,150
13	1.20.	3,600	2.20.	토요일	13	3.15.	3,100	4.16.	4,150
14	1.21.	3,600	2.21.	일요일	14	3.16.	3,200	4.17.	토요일
15	1.22.	4,100	2.22.	4,040	15	3.17.	3,120	4.18.	일요일
16	1.23.	토요일	2.23.	4,050	16	3.18.	3,185	4.19.	4,120
17	1.24.	일요일	2.24.	4,050	17	3.19.	3,035	4.20.	3,990
18	1.25.	3,785	2.25.	4,000	18	3.20.	토요일	4.21.	3,980
19	1.26.	3,890	2.26.	4,000	19	3.21.	일요일	4.22.	4,000
20	1.27.	4,020	2.27.	토요일	20	3.22.	3,040	4.23.	3,890
21	1.28.	4,000	2.28.	일요일	21	3.23.	2,900	4.24.	토요일
22	1.29.	3,490	3. 1.	삼일절	22	3.24.	2,730	4.25.	일요일
23	1.30.	토요일	3. 2.	4,050	23	3.25.	2,490	4.26.	3,860
24	1.31.	일요일			24	3.26.	2,350	4.27.	3,850
25	2. 1.	4,100			25	3.27.	토요일	4.28.	3,850
26	2. 2.	4,080			26	3.28.	일요일	4.29.	3,800
27	2. 3.	4,060			27	3.29.	2,300	4.30.	3,850
28	2. 4.	4,060			28	3.31.	2,300	5. 1.	근로자날
29	2. 5.	3,920			29	4. 1.	2,240		
30	2. 6.	토요일			30	4. 2.	2,500		
31	2. 7.	일요일			31	4. 3.	토요일		
소계	31	81,965	23	61,120	소계	31	67,460	27	77,512
일 수	31 + 23 + 31 + 27 = 112일								
종가합계	81,965 + 61,120 + 67,460 + 77,512 = 280,057원								
⑱ 종가평균	280,057 ÷ 112 = 2,571원								

2004.12.31. 주식 220,000주(구주)를 원고 명의로 명의개서, 이사회 2005.1.14. 주주배정 방식의 유상증자를 결의하고 이를 공시하였으며, 2005.3.12. 그 실권주를 제3자 배정하기로 결의하고 이를 공시하였는데, 그 주금납일은 모두 2005.3.14. 그 실권주를 제3자 배정하기로 결의하고 2005.3.14.인 사실, 2005.3.15.이 사건 구주에 대하여 배정된 1,460,220주(신주)를 원고 명의로 명의개서. 구주의 경우에는 상증세법 시행령 제52조의2 제2호를 적용하되 평가기준일인 2004.12.31.이전 2개월이 되는 날인 2004.11.1부터 매매거래정지가 개시되기 전날인 2005.1.21.까지의 기간을 평가기간으로 삼고, 이 사건 신주의 경우에는 상증세법 시행령 제52조의2 제1호를 적용하되 매매거래정지 해제일인 2005.3.22.부터 평가기준일인 2005.3.15. 이후 2개월이 되는 날인 2005.5.13(2005.5.14.은 토요일)까지의 기간을 평가기간으로 삼아 각 증여재산가액을 산정하여야 할 것이다(대법원 2013두23058, 2016.6.9.). 한편, 상속증여세법 제63조 제1항 제1호 가목에 따른 상장주식의 평가에 있어 같은 법 시행령 제52조의2 제2항 제1호의 평가기준일 이전에 합병의 사유가 발생한 날의 다음 날이란 「상법」 제523조 제6호에 따른 합병을 할 날의 다음 날을 말하는 것이다(기획재정부 조세법령 운용과-814, 2021.9.23.).

제6절 국채·공채·전환사채 등의 평가

1 국채 · 공채 및 사채의 평가

(1) 거래소에서 거래되는 국채 등

(1)-1. 평가기준일 이전 2개월간 거래실적이 있는 국채 등

거래소에서 거래되는 국채 · 공채 및 사채(전환사채 등 제외)는 평가기준일 이전 2개월간에 공표된 매일의 거래소 최종시세가액의 평균액(상속증여세법 제63조 제1항 제1호 가목 본문의 규정을 준용하여 평가한 가액)과 평가기준일 이전 최근일의 최종시세가액 중 큰 가액에 의한다(상증령 §58 ① 1).

(1)-2. 평가기준일 이전 2개월간 거래실적이 없는 국채 등

평가기준일 이전 2개월의 기간 중 거래실적이 없는 국채 등은 다음 "(2)"에 의하는 방법으로 평가한다.

(2) 거래소에서 거래되지 않는 국채 등

(2)-1. 타인으로부터 매입한 국채 등

타인으로부터 매입한 국채 등 중 국채 등의 발행기관 및 발행회사로부터 액면가액으로 직접 매입한 것을 제외한 국채 등은 매입가액에 평가기준일까지의 미수이자 상당액을 가산한 금액(상증령 §58 ② 가)

채권의 취득가액에는 프리미엄 상당액도 포함된다. 즉 채권의 취득가액은 발행가액과 발행일로부터 상속개시일까지의 표면이자 합계액 상당의 매입가액 + 프리미엄이 된다(대법원 2007두17137, 2009.6.11.).

(2) - 2. 그 외의 국채 등

그 외의 국채 등은 평가기준일 현재 이를 처분하는 경우에 받을 수 있다고 예상되는 금액(처분예상금액). 다만, 처분예상금액을 산정하기 어려운 경우에는 당해 국채 등의 상환기간 · 이자율 · 이자지급방법 등을 참작하여 기획재정부령(자본시장과 금융투자업에 관한 법률에 따라 인가를 받은 투자매매업자 · 투자중개업자, 공인회계사법에 따른 회계법인 또는 세무사법에 따른 세무법인 중 둘 이상의 자가 상환기간 · 이자율 · 이자지급방법 등을 감안하여 평가한 금액의 평균액)이 정하는 바에 따라 평가한 가액으로 할 수 있다(상증령 §58 ② 나).

※ **기획재정부령**(상증칙 §18의2 ①)

타인으로부터 매입한 국채 등(시행령 제58조 제1항 제2호 가목 외의 국채 등)을 자본시장법에 따라 인가를 받은 투자매매업자, 투자중개업자, 「공인회계사법」에 따른 회계법인 또는 세무사법에 따른 세무법인 중 둘 이상의 자가 상환기간 · 이자율 · 이자지급방법 등을 감안하여 평가한 금액의 평균액을 말한다.

국민주택채권 매입자금은 증여에 의한 소유권이전등기 시의 필수적인 부수비용인 바 비록 증여자가 그의 부담으로 위 국민주택채권을 매입하여 타에 처분하였다 하더라도 이는 수증자가 증여자로부터 이를 증여받아 위 국민주택채권을 매입해야 하는 법률상의 의무를 이행하는 데에 소비한 것으로 보아야 할 것이므로 위 국민주택채권액을 증여받은 것으로 보아야 한다(대법원 83누532, 1985.12.24.).

(3) 대부금 · 외상매출금 등

대부금 · 외상매출금 및 받을어음 등의 채권가액과 입회금 · 보증금 등의 채무가액은 원본의 회수기간 · 약정이자율 및 금융시장에서 형성되는 평균이자율 등을 고려하여 기획재정부령으로 정하는 바에 따라 평가한 가액으로 한다. 다만, 채권의 전부 또는 일부가 평가기준일 현재 회수불가능한 것으로 인정되는 경우에는 그 가액을 산입하지 않는다(상증령 §58 ③).

※ **기획재정부령**(상증칙 §18의2 ②)

원본의 회수기간이 5년을 초과하거나 회사정리절차 또는 화의절차의 개시 등의 사유로 당초 채권의 내용이 변경된 경우에는 각 연도에 회수할 금액(원본에 이자상당액을 가산한 금액을 말한다)을 시행령 제58조의2 제2항 제1호 (가)목에 따른 적정할인율에 의하여 현재가치로 할인한 금액의 합계액. 이 경우 소득세법 제94조 제1항 제4호 (나)목의 규정에 의한 시설물이용권에 대한 입회금·보증금 등으로서 원본의 회수기간이 정하여지지 아니한 것은 그 회수기간을 5년으로 본다. 그 외의 채권의 경우에는 원본의 가액에 평가기준일까지의 미수이자상당액을 가산한 금액을 말한다.

2 | 전환사채 등의 평가

(1) 거래소에서 거래되는 전환사채 등

거래소에서 거래되는 전환사채 등(평가기준일 이전 2월의 기간 중 거래실적이 없는 경우 포함)은 거래소에서 거래되는 국채 등 평가방법을 준용한다. 즉 상장주식 등의 규정에 의하여 평가한 가액과 평가기준일 이전 최근일의 최종시세가액 중 큰 가액에 의한다(상증령 §58의2 ①).

(2) 거래소에서 거래되지 않는 전환사채 등

거래소에서 거래되지 아니하는 전환사채 등 및 신주인수권증서는 다음의 가액에 의하여 평가한 가액에 의하되, 2 이상의 투자매매업자 등에서 상환기간·이자율·이자지급방법 등을 감안하여 평가한 금액의 평균액이 있는 경우에는 해당 가액으로 할 수 있다(상증령 §58의2 ②).

(2)-1. 주식으로의 전환 등이 불가능한 기간 중인 경우

㉮ 신주인수권증권: 신주인수권부사채의 만기상환금액(만기 전에 발생하는 이자상당액을 포함)을 사채발행이율에 따라 발행 당시의 현재가치로 할인한 가액에서 그 만기상환금액을 3년 만기 회사채의 유통수익률을 고려하여 기획재정부령으로 정하는 이자율(적정할인율)에 따라 발행 당시의 현재가치로 할인한 가액을 뺀 가액. 이 경우 그

가액이 음수인 경우에는 영으로 한다.

㉯ "㉮" 외의 전환사채 등: 만기상환금액을 사채발행이율과 적정할인율 중 낮은 이율에 의하여 발행 당시의 현재가치로 할인한 가액에서 발행 후 평가기준일까지 발생한 이자상당액을 가산한 가액

$$전환사채평가액 = \frac{만기상환금액}{(1 + R \text{ 또는 } r)^n} + 평가기준일까지\ 이자상당액$$

※ R 또는 r 중 낮은 이율
R: 사채발행이율
r: 기획재정부령으로 정하는 이자율(적정할인율)

(2)-2. 주식으로의 전환 등이 가능한 기간 중인 경우

① 전환사채: 위 "(2)-1의 ㉯" 규정에 의하여 평가한 가액과 당해 전환사채로 전환할 수 있는 주식가액에서 배당차액을 차감한 가액 중 큰 가액

② 신주인수권부사채: "(2)-1의 ㉯"의 규정에 의하여 평가한 가액과 동 가액에서 "(2)-1의 ㉮"의 규정을 준용하여 평가한 신주인수권가액을 차감하고 다음 ③의 규정을 준용하여 평가한 신주인수권가액을 가산한 가액 중 큰 가액

③ 신주인수권증권: "(2)-1의 ㉮"의 규정에 의하여 평가한 가액과 당해 신주인수권증권으로 인수할 수 있는 주식가액에서 배당차액과 신주인수가액을 차감한 가액 중 큰 금액

④ 신주인수권증서: 다음의 구분에 따른 가액(개정)

ⓐ 거래소에서 거래되는 경우: 거래소에 상장되어 거래되는 전체 거래일의 종가 평균

ⓑ 그 밖의 경우: 해당 신주인수권증서로 인수할 수 있는 주식의 권리락 전 가액에서 배당차액과 신주인수가액을 차감한 가액. 다만, 당해 주식이 주권상장법인 등의 주식인 경우로서 권리락 후 주식가액이 권리락 전 주식가액에서 배당차액을 차감한 가액보다 적은 경우에는 권리락 후 주식가액에서 신주인수가액을 차감한 가액으로 한다.

⑤ 기타: 위 "①" 내지 "③"의 규정을 준용하여 평가한 가액

(3) 신주인수권부사채 등의 평가사례

(3) - 1. 신주인수권부사채(집행기준 63 - 58의2 - 6)

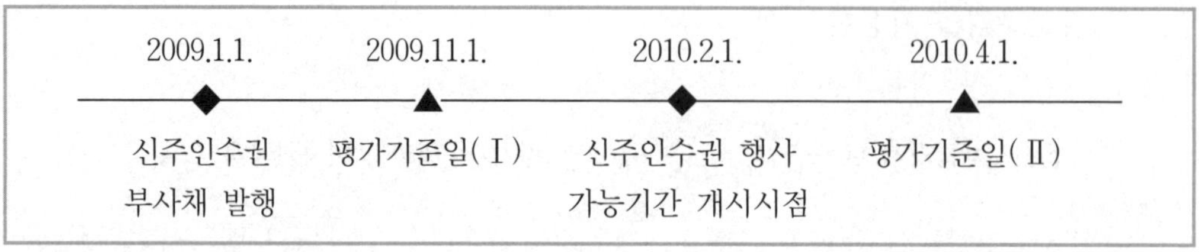

- 사채발행가액: 10억원 액면발행(액면금액 1좌당 10,000원) 상환할증조건 아님.
- 신주인수권부사채 만기: 발행 후 3년
- 사채발행이자율: 3%(국세청장 고시율: 6.5%)
- 신주인수권 내용: 발행 후 1년 후부터 사채 액면금액 10,000원당 신주 1주를 8,000원에 매입할 수 있음.
- 법인의 발행주식총수 및 1주당 액면가액: 100만주, 5,000원
- 2010.4.1. 현재 법인의 주식의 1주당 시가: 12,000원
- 직전기 배당률: 없음.

(가) 평가기준일(Ⅰ)의 평가액

① 신주인수권부사채의 평가: (가+나+다) 1,024,986,301원

(가+나). 사채이자율에 의한 발행 당시 평가액 + 다. 발생이자 상당액

가. 이자의 현재가치: 10억원 × 3%×연금현가계수(n=3, r=3%)=84,858,341원

나. 원금의 현재가치: 10억원 × 현가계수(n=3, r=3%)=915,141,659원

다. 2009.11.1. 발생이자 상당액: 10억원 × 3% × 304 ÷ 365=24,986,301원

② 행사금지기간의 신주인수권증권 평가: (가-나) 92,696,643원

가. 사채발행이율에 의한 발행 당시 평가액: 10억원(액면발행)

나. 적정이자율에 의한 발행 당시 평가액: ⅰ)+ⅱ)=907,303,357원

ⅰ) 이자의 현재가치: 10억원 × 3% × 연금현가계수(n=3, r=6.5%)=79,454,265원

ⅱ) 원금의 현재가치: 10억원 × 현가계수(n=3, r=6.5%)=827,849,092원

(나) 평가기준일(Ⅱ)의 평가액

(나)-1. **신주인수권증권의 평가**: Max[①, ②]=400,000,000원

① 신주인수권행사 금지기간의 평가액: 19,863,567원(상기 "(가) ②" 금액)
92,696,643원

② 신주인수할 경우 자본소득: ⅰ) 1,200,000,000원 - ⅱ) 0원 - ⅲ) 800,000,000원 =400,000,000원

ⅰ) 인수할 경우 주식가액: 12,000원 × 100,000주=1,200,000,000원

ⅱ) 배당차액: 0(없음)

ⅲ) 인수가액: 8,000원 × 100,000주=800,000,000원

(나)-2. **신주인수권부사채의 평가**(① - ② + ③): 1,314,782,809원

① 사채의 평가: (가+나) 1,007,479,452원

가. 2009.1.1.의 신주인수권부사채가액

ⅰ) 이자의 현재가치: 10억원 × 3% × 연금현가계수(n=3, r=3%) =84,858,341원

ⅱ) 원금의 현재가치: 10억원 × 현가계수(n=3, r=3%) =915,141,659원

ⅲ) 발행일의 전환사채 가치(ⅰ+ⅱ): 10억원

나. 2010.4.1.까지 발생한 이자상당액: 10억원 × 3% × 91 ÷ 365=7,479,452원

② 행사금지기간 신주인수권증권 평가액(상기 "(가) ②" 금액): 92,696,643원

③ 행사가능기간 신주인수권증권 평가액(상기 "(나)의 (나)-1"의 금액: 400,000,000원

(3)-2. 신주인수권증권의 평가(집행기준 63-58의2-4)

(가) 한국거래소에서 거래되는 경우: 일반 국·공채 평가방법

평가액=Max[①, ②]

① 평가기준일 이전 2개월간의 공표된 최종시세가액의 평균액

② 평가기준일 이전 최근일의 최종시세가액

(나) 한국거래소에서 거래되지 않는 경우 주식을 인수가능기간과 인수금지기간으로 나누어 다음과 같이 평가하거나 2 이상의 투자매매업자 또는 투자중개업자가 평가한 가액이 있을 경우에는 그 가액으로 할 수 있다.

(나)-1. 신주인수가능기간의 평가액

사채발행이율을 적용한 신주인수권부사채의 발행 당시 현재가치에서 적정 할인율을 적용한 신주인수권부사채의 발행 당시 현재가치의 차이로 평가된 가액과 신주인수권증권으로 주식으로 인수할 경우 주식가액차이(주식의 시가 등 - 인수가액) 중 큰 금액으로 한다.

신주인수권증권 평가액=Max〔①, ②〕

① (㉮-㉯)

㉮ 신주인수권부사채의 발행 당시의 현재가치(사채발행이율 적용)

= 원금의 현재가치 + 이자의 현재가치

$$= \frac{\text{만기 상환금액}}{(1+R)^n} + \sum_{n=1}^{n} \frac{\text{매년표시 이자액}}{(1+R)^n}$$

㉯ 신주인수권부사채의 발행 당시 현재가치(적정할인율 적용)

= 원금의 현재가치+이자의 현재가치

$$= \frac{\text{만기 상환금액}}{(1+r)^n} + \sum \frac{\text{매년표시 이자액}}{(1+r)^n}$$

- R: 사채발행이율, r: 적정이자율(국세청장고시율: 6.5%)
- n: 발행일부터 만기까지 남은 기간

② 신주인수할 경우의 자본소득

=신주인수 시 주식가액(시가 등)-배당차액-신주인수가액

$$\text{배당차액}=\text{1주당 액면가액} \times \text{직전기배당률} \times \frac{\text{사업연도개시일}-\text{신주배당기산일 전일}}{365}$$

(나)-2. 신주인수금지기간의 평가액

사채발행이율을 적용한 신주인수권부사채의 발행 당시 현재가치에서 적정 할인율을 적용한 신주인수권부사채의 발행 당시 현재가치의 차이로 평가하며, 그 가액이 0원 이하인 경우 0원으로 한다.

신주인수권증권 평가액: (㉮-㉯)

㉮ 신주인수권부사채의 발행당시의 현재가치(사채발행이율 적용)

= 원금의 현재가치 + 이자의 현재가치

$$= \frac{\text{만기 상환금액}}{(1+R)^n} + \sum_{n=1}^{n} \frac{\text{매년표시 이자액}}{(1+R)^n}$$

㉯ 신주인수권부사채의 발행 당시 현재가치(적정할인율 적용)
= 원금의 현재가치+이자의 현재가치

$$= \frac{\text{만기 상환금액}}{(1+r)^n} + \sum \frac{\text{매년표시 이자액}}{(1+r)^n}$$

• R: 사채발행이율, r: 적정이자율(국세청장고시율: 6.5%)
• n: 발행일부터 만기까지 남은 기간

(3)-3. 신주인수권증서의 평가방법(집행기준 63-58의2-9)

신주인수권증서는 당해 신주인수권증서로 인수할 수 있는 주식의 권리락 전 가액에서 배당차액과 신주인수가액을 차감하여 평가한다. 다만, 당해 주식이 주권상장법인 또는 코스닥상장법인 주식인 경우로서 권리락 후 주식가액이 권리락 전 주식가액에서 배당차액을 차감한 가액보다 적은 경우에는 신주인수권증서는 권리락 후 주식가액에서 신주인수가액을 차감하여 평가한다.

① 원칙

평가액 = 권리락 전 주식가액 − 배당차액 − 신주인수가액

$$\text{배당차액} = \frac{\text{1주당}}{\text{액면가액}} \times \frac{\text{직전기}}{\text{배당률}} \times \frac{\text{사업연도개시일} - \text{신주배당기산일 전일}}{365}$$

② 예외

가. 예외조건: 주권상장법인 등의 주식으로 권리락 후 주식가액이 권리락 전 주식가액에 배당차액을 차감한 금액보다 적은 경우

나. 평가액 = 권리락 후 주식가액 − 신주인수가액

(3)-4. 신주인수권증서(집행기준 63-58의2-8)

신주인수권증서는 유상증자 등에 참여할 수 있는 기존주주의 권리, 즉 신주인수권을 증서화한 것을 말한다. 신주인수권증서를 발행하기 위해서는 정관에 규정되거나 또는 이사회의 결의가 있어야 하며, 기존주주가 증서의 발행을 청구하여야 한다.

홍성대

- 한양대학교 행정학(석사)
- 국세공무원교육원 교수(법인세)
- 국세청(조사국 6회, 조사/법인/교육 25년)
- 서울지방국세청 납세자권익존중위원회 위원
- 現) 경영권승계 & 자본거래 컨버전스 대표 세무사
  Tel: 02)2275-0088(대)　　Fax: 02)2275-9988
  Email: 431hong@naver.com　홈페이지: www.som-ct.com　블로그: 홍성대/경영권승계 전략 & 세무

〈저서 등〉
- 『자본거래와 세무』, 삼일인포마인, 2013~2022
- 『경영권승계와 자본거래』, 삼일인포마인, 2013~2018
- 『자본거래세무 계산실무』, 삼일인포마인, 2016
- 『자본이익과 조세』, 세경사, 2006~2010
- 『합병에 따른 이익증여와 부당행위계산』, 세경사, 2005
- 『법인세실무』, 국세공무원교육원, 2002~2005
- 『자본거래와 세무』 강의 및 전문가기고(삼일인포마인 · 영화조세통람 · 이택스코리아 · 조세일보 · 월간조세 · 코스닥협회 · 국세신문 · 국세월보), 2005~현재
- 자본거래세무 연구보고서 · 논문(법원도서관 저작물 등록), 2009~현재

- 경영권 프리미엄 과세논쟁(대법원 2017두40228 ; 서울고등법원 2016누40490)
- 하림그룹 편법 증여 · 승계의 오해와 진실(계열사 간의 합병 · 분할 · 주식양수도와 경영권 프리미엄 · 영업권)
- 사업부양도에 따른 영업권과 세법적용
- 삼성의 경영권승계와 자본거래
- 자기주식에 대한 세법적용(대법원 2007두5363)
- 주식의 포괄적 교환에 대한 상증세법 제35조 제2항 적용(대법원 2011두33075)
- 상증세법 이익증여유형(주식교환)과 이익계산방법에 대한 세법적용 (대법원 2011두23047)
- 회사분할과 분할비율에 따른 세법적용(분할비율이 분할과세소득에 미치는 영향)
- 회사분할에 따른 주식평가방법에 대한 세법적용(분할 후 주식교환 · 양도의 주식평가방법)
- 우회상장(합병)과 분할에 의한 경영권승계
- 회사분할과 공개매수에 따른 세법적용
- 합병영업권과 합병평가차익의 세법적용
- 기업무형가치(영업권과 경영권대가)에 대한 세법적용
- 불공정합병의 법인세법적용(법인령 §88)
- 비상장법인의 합병가액에 대한 자본시장법과 세법적용(자본시장령 §176의5 · 상증법 §38)
- 합병대가의 현금지급에 대한 세법적용(상증령 §28 · 법인령 §88)
- 경영권프리미엄에 대한 세법적용(상증법 §35 · 소득령 §167 · 법인령 §88)
- 경영권프리미엄(할증평가)에 대한 상증세법 제35조 및 조특법 제101조의 세법적용
  -무자본 M&A에서 발생되는 경영권프리미엄을 중심으로-
- 주식의 교환에 따른 세법적용(상법 §360의2 · 상증법 §35, §42 · 소득세법 §94)
- 증자, 감자 이익계산방법 小考(상증령 §29, §29의2)
- 신주인수 및 신주인수포기와 부당행위계산

개정증보판 **자본거래와 세무**

2013년 4월 19일 초판 발행
2024년 5월 21일 6판 발행

저 자 홍 성 대
발 행 인 이 희 태
발 행 처 **삼일인포마인**

저자협의
인지생략

서울특별시 용산구 한강대로 273 용산빌딩 4층
등록번호 : 1995. 6. 26 제3－633호
전 화 : (02) 3489－3100
F A X : (02) 3489－3141
I S B N : 979－11－6784－266－4 93320

♣ 파본은 교환하여 드립니다. **정가 90,000원**